CB123172

ESTA BÍBLIA PERTENCE A

....

....

....

BÍBLIA mulheres

NOVA ALMEIDA ATUALIZADA

BÍBLIA mulheres

por Viviane Martinello

Vida

EDITORA VIDA
Rua Conde de Sarzedas, 246 — Liberdade
CEP 01512-070 — São Paulo, SP
Tel.: 0 xx 11 2618 7000
atendimento@editoravida.com.br
www.editoravida.com.br
@editora_vida /editoravida

Direção: Renan Menezes
Editora-chefe: Sarah Lucchini
Supervisão e projeto gráfico: Claudia Fatel Lino
Textos adicionais: Maurício Zágari
Mapas mentais: Philippe Azevedo
Revisão de provas: Eliane Viza, Jacqueline Mattos, Mara Eduarda Garro e Paulo Peres
Conferências do texto bíblico: Cibelle Oliveira
Diagramação: Marcelo Alves, Willinas Rentz, Madalena Araujo e Philipe Santos
Capa: Lira Lira, Thiago Bech e Vanessa S. Marine

BÍBLIA MULHERES

Bíblia Sagrada, *Nova Almeida Atualizada*

Tradução de João Ferreira de Almeida
Edição Revista e Atualizada®, 3ª edição

1ª edição: maio 2025

Dados Internacionais de Catalogação na Publicação (CIP)
(Câmara Brasileira do Livro, SP, Brasil)

Bíblia Mulheres : NAA (Antigo e Novo Testamentos) / adaptação por Viviane Martinello.
-- São Paulo : Editora Vida, 2025.

978-65-5584-646-1 - Capa Luxo Básica Marrom
978-65-5584-639-3 - Capa Luxo Folhas Caramelo
978-65-5584-645-4 - Capa Luxo Para um tempo como este
978-65-5584-641-6 - Capa Luxo Coleção Mulheres Vinho
978-65-5584-647-8 - Capa Dura Clássica Bordô

1. Bíblia - Estudos 2. Mulheres - Aspectos religiosos - Cristianismo I. Martinello, Viviane.

24-238116 CDD-220.07

Índice para catálogo sistemático:

1. Bíblia : Estudos 220.07
Eliete Marques da Silva - Bibliotecária - CRB-8/9380

Eu creio profundamente que a Palavra de Deus é a bússola para a humanidade. Digo por experiência própria: quando analiso a minha vida, percebo o impacto das Escrituras em minha construção pessoal, assim como as transformações que ela causou em mim e, por consequência, através de mim.

A Bíblia desempenha um papel insubstituível em nossa vida, oferecendo verdade, direção, ensino, consolo e sabedoria para enfrentar os desafios do cotidiano. Ela é fonte de esperança, alegria, força, paz e confronto. É por meio deste Livro precioso que compreendemos o caráter de Deus, também quem somos e a nossa responsabilidade na família e na sociedade.

Há séculos, cada verso das Escrituras Sagradas nos estende um convite ao amor, arrependimento, verdade, salvação, dignidade e transformação. Todo dia, ao folhear e ler a minha Bíblia, eu me dou conta do privilégio de possuir a Obra mais inestimável da História. Neste exato momento, milhares de pessoas dariam qualquer coisa para obter, ao menos, uma página deste exemplar que está em suas mãos. Quantos não são perseguidos, torturados e mortos pela fé em Cristo? São homens e mulheres que compreenderam o valor do que está escrito aqui. Para eles, o conceito de liberdade tem outro significado — o mesmo descrito em João 8.32.

A Palavra nos liberta. Ainda que, como Paulo, estejamos em cadeias, somos livres de fato, e satisfeitos pelo que é eterno e não pode ser roubado de nós. A Palavra é vida. É alimento. Ninguém pode contra ela. Nunca conseguirão detê-la, exterminá-la ou alterá-la. Ela é absoluta. Reis, governos, tendências e estações podem mudar, mas as palavras divinas jamais passarão (cf. Mateus 24.35).

Ao longo do tempo, pessoas comuns e notáveis, como eu e você, foram completamente transformadas pelas verdades contidas nestas páginas. Quem nunca se emocionou ou foi encorajado por Ester, Maria, Enoque, Rute, José, Débora, Eliseu e tantos outros exemplos de coragem, devoção e fé; sobretudo, pelo exemplo de sacrifício e liderança de Jesus? Essas biografias nos inspiram a assumir nossos próprios papéis com ousadia e a confiar na providência divina, que nunca falha.

Hoje, mais uma vez, temos a chance de absorver este Tesouro que nos foi presenteado, guardá-lo com cuidado em nosso coração e permitir que o Espírito Santo nos acompanhe e modifique nesta jornada. Desafios e instabilidades vêm e vão, mas os justos, firmados nas Escrituras, nunca serão abalados (cf. Salmos 112.6).

Foi com isso em mente que planejei esta Bíblia tão especial. Nela, reuni todas as características do que eu chamaria de "A edição perfeita". Além de espaços para anotar as revelações divinas que virão até você em sua leitura diária, ela também possui mapas mentais que lhe conduzirão a um entendimento mais profundo dos livros. Foi com muito cuidado e amor que pensei também no tamanho da letra, no tipo da fonte, nas frases que aparecem no decorrer dos capítulos e na versão bíblica. Enquanto desenvolvia este projeto lindo, percebi que o ideal era que este exemplar não fosse muito robusto, assim você e eu seríamos capazes de fazer o nosso devocional em outros ambientes, levá-lo para a casa de uma amiga ou para a igreja, sem muitas preocupações com relação ao peso.

A minha oração é que você desfrute de cada linha com a certeza de que, enquanto lê e processa, Deus está presente ao seu lado. Que esta Bíblia seja a sua amiga íntima e a acompanhe pelo caminho.

Uma Bíblia nova para um tempo novo.

Com muito amor,

Viviane Martinello

Livros da Bíblia em

Ordem Bíblica

ANTIGO TESTAMENTO ✦

39 livros, 929 capítulos

NOVO TESTAMENTO

27 livros, 260 capítulos

Livros da Bíblia em Ordem Alfabética

LIVRO	ABREVIATURA	TESTAMENTO	PÁGINA	CAPÍTULOS
Ageu	Ag	AT	1052	2
Amós	Am	AT	1008	9
Apocalipse	Ap	NT	1400	22
Atos	At	NT	1220	28
Cânticos	Ct	AT	738	8
Colossenses	Cl	NT	1324	4
1Coríntios	1Co	NT	1278	16
2Coríntios	2Co	NT	1294	13
1Crônicas	1Cr	AT	432	29
2Crônicas	2Cr	AT	462	36
Daniel	Dn	AT	966	12
Deuteronômio	Dt	AT	194	34
Eclesiastes	Ec	AT	728	12
Efésios	Ef	NT	1312	6
Esdras	Ed	AT	500	10
Ester	Et	AT	528	10
Êxodo	Êx	AT	72	40
Ezequiel	Ez	AT	910	48
Filemom	Fm	NT	1354	1
Filipenses	Fp	NT	1318	4
Gálatas	Gl	NT	1306	6

LIVRO	ABREVIATURA	TESTAMENTO	PÁGINA	CAPÍTULOS
Gênesis	Gn	AT	18	50
Habacuque	Hc	AT	1040	3
Hebreus	Hb	NT	1356	13
Isaías	Is	AT	746	66
Jeremias	Jr	AT	826	52
Jó	Jó	AT	538	42
João	Jo	NT	1188	21
1João	1Jo	NT	1386	5
2João	2Jo	NT	1392	1
3João	3Jo	NT	1394	1
Joel	Jl	AT	1002	3
Jonas	Jn	AT	1024	4
Josué	Js	AT	238	24
Judas	Jd	NT	1396	1
Juízes	Jz	AT	264	21
Lamentações	Lm	AT	900	5
Levítico	Lv	AT	118	27
Lucas	Lc	NT	1144	24
Malaquias	Ml	AT	1068	4
Marcos	Mc	NT	1118	16
Mateus	Mt	NT	1072	28

LIVROS DA BÍBLIA EM ORDEM ALFABÉTICA *(continuação)*

LIVRO	ABREVIATURA	TESTAMENTO	PÁGINA	CAPÍTULOS
Miqueias	Mq	AT	1028	7
Naum	Na	AT	1036	3
Neemias	Ne	AT	512	13
Números	Nm	AT	150	36
Obadias	Ob	AT	1020	1
Oseias	Os	AT	988	14
1Pedro	1Pe	NT	1376	5
2Pedro	2Pe	NT	1382	3
Provérbios	Pv	AT	690	31
1Reis	1Rs	AT	364	22
2Reis	2Rs	AT	398	25
Romanos	Rm	NT	1260	16
Rute	Rt	AT	292	4

LIVRO	ABREVIATURA	TESTAMENTO	PÁGINA	CAPÍTULOS
Salmos	Sl	AT	588	150
1Samuel	1Sm	AT	298	31
2Samuel	2Sm	AT	334	24
Sofonias	Sf	AT	1046	3
1Tessalonicenses	1Ts	NT	1330	5
2Tessalonicenses	2Ts	NT	1336	3
Tiago	Tg	NT	1370	5
1Timóteo	1Tm	NT	1340	6
2Timóteo	2Tm	NT	1346	4
Tito	Tt	NT	1350	3
Zacarias	Zc	AT	1056	14
TOTAL	66 livros, 1189 capítulos			

ANTIGO TESTAMENTO

Introdução ao Pentateuco

O Pentateuco, composto pelos primeiros cinco livros da Bíblia — Gênesis, Êxodo, Levítico, Números e Deuteronômio — forma a base das Escrituras Sagradas e é essencial para a compreensão de toda a narrativa bíblica. Esses livros, de autoria tradicionalmente atribuída a Moisés, com colaboradores, tratam do período que abrange desde a criação do mundo até a preparação do povo de Israel para entrar na terra prometida. Eles não contêm apenas relatos históricos, mas também textos teológicos que revelam a natureza de Deus, seu relacionamento com a humanidade e o plano redentor. O Pentateuco forma a base para a teologia bíblica e aborda temas fundamentais, que são desenvolvidos ao longo das Escrituras.

O conceito de aliança, por exemplo, é central no Pentateuco. Em Gênesis, vemos o Todo-Poderoso estabelecendo alianças com Noé, Abraão e, eventualmente, com toda a nação de Israel. O pacto com Abraão inclui promessas de descendência, terra e bênção para todas as nações (Gn 12.1-3;15;17). Essas alianças revelam um Deus que se compromete com seu povo, faz promessas e as cumpre.

Outra abordagem essencial no Pentateuco é a da presença de Deus. No Êxodo, ela se manifesta na coluna de nuvem e de fogo que guia os israelitas (Êx 13.21-22) e na construção do tabernáculo (Êx 25—40), que simboliza o Senhor habitando no meio de seu povo. Essa presença culmina na encarnação de Cristo, o Emanuel, pois "o Verbo se fez carne e habitou entre nós" (Jo 1.14).

ENSINAMENTOS PRINCIPAIS DO PENTATEUCO

1. *A soberania divina*: o Pentateuco revela um Deus soberano que cria, sustenta e redime. Ele está no controle de todas as coisas e cumpre fielmente suas promessas.
2. *A natureza do pecado e da redenção*: da queda no Éden até a redenção do Egito, o Pentateuco mostra a gravidade do pecado e a necessidade de um redentor.
3. *A santidade de Deus*: por meio das leis e do culto, especialmente em Levítico, o Senhor revela sua santidade e exige que seu povo seja santo.
4. *A fidelidade de Deus*: apesar das falhas e infidelidades humanas, Deus permanece fiel à sua aliança e às suas promessas.
5. *A tipologia de Cristo*: o Pentateuco está repleto de tipos e sombras que apontam para Jesus e sua obra redentora. Vemos antecipações do Messias em diferentes passagens, como Gênesis 3.15, o sacrifício de Isaque, a Páscoa e a serpente de bronze.

GÊNESIS: O LIVRO DAS ORIGENS

O primeiro livro do Pentateuco relata a criação do mundo, a queda do homem, o Dilúvio e a dispersão das nações. Também narra a história dos patriarcas — Abraão, Isaque, Jacó e José —, estabelecendo as bases para a nação de Israel. A criação em seis dias, culminando no descanso sabático, demonstra a ordem e a intencionalidade de Deus. A queda do homem no Éden introduz o pecado e a necessidade de redenção, um tema que permeia toda a Bíblia.

Gênesis não apenas estabelece o Senhor como o Criador soberano, mas também revela seu caráter como um ser ordenado, intencional e poderoso. A criação *ex nihilo* (a partir do nada) demonstra seu poder absoluto e sua autoridade sobre toda a criação. Ele cria o homem à sua imagem e semelhança, destacando a dignidade e o propósito especiais da humanidade.

Em termos proféticos, Gênesis aponta para Jesus de várias maneiras. Desde que Deus cobre a nudez de Adão e Eva com peles de animais, prefigurando o sacrifício de Cristo, o conceito de redenção é apresentado. Da mesma forma, a promessa feita a Abraão — de que todas as nações seriam abençoadas por meio de sua descendência (Gn 12.3) — encontra seu cumprimento em Cristo.

ÊXODO: LIBERTAÇÃO E ALIANÇA

Êxodo descreve a escravidão dos israelitas no Egito, a liderança de Moisés, as dez pragas, a Páscoa, a travessia do mar Vermelho e a entrega da Lei no monte Sinai. O livro enfatiza a redenção e a formação do povo de Deus como uma nação distinta, guiada por uma aliança com o Senhor. A Páscoa, em particular, é um tipo de Cristo, o Cordeiro de Deus que tira o pecado do mundo (Jo 1.29).

A entrega da Lei, incluindo os Dez Mandamentos, estabelece o padrão moral e espiritual para o povo do Senhor. A presença contínua dele com Israel é simbolizada pelo tabernáculo, o que aponta para a encarnação de Cristo, o Verbo que "se fez carne e habitou entre nós" (Jo 1.14). O próprio êxodo dos israelitas é um tipo de nossa libertação do pecado por intermédio de Cristo.

LEVÍTICO: SANTIDADE E ADORAÇÃO

Levítico é, muitas vezes, considerado um livro de leis e regulamentos, mas, fundamentalmente, trata de santidade e adoração. O texto detalha as ofertas e os sacrifícios, as leis cerimoniais e o papel do sacerdócio. A mensagem maior de Levítico é que Deus é santo e requer santidade de seu povo: "Consagrem-se e sejam santos, porque eu sou santo" (Lv 11.44).

O texto detalha o sistema sacrificial que Deus instituiu para lidar com o pecado e a impureza. Os sacrifícios de animais falam sobre a seriedade do pecado e a necessidade de derramamento de sangue para a expiação. Esse sistema sacrificial é uma prefiguração clara do sacrifício de Cristo, que ofereceu a si mesmo como o Cordeiro de Deus para tirar os pecados do mundo (Jo 1.29). A expiação no Pentateuco antecipa a obra redentora de Cristo, que é o cumprimento perfeito e final de todos os sacrifícios.

Assim, os sacrifícios prescritos em Levítico apontam para a cruz de Jesus. O Dia da Expiação, em particular, prefigura a obra expiatória de Cristo, que entrou no Santuário uma vez por todas, proporcionando a eterna redenção (Hb 9.12). O conceito de substituição e purificação é plenamente realizado na morte e ressurreição de Jesus.

NÚMEROS: PEREGRINAÇÃO E PREPARAÇÃO

Esse livro relata a jornada dos israelitas desde o Sinai até a terra prometida, incluindo suas murmurações e rebeliões e a provisão contínua de Deus. O texto destaca a fidelidade do Senhor e a importância da obediência.

Os eventos de Números também servem como advertência para os cristãos. O autor de Hebreus usa a incredulidade dos israelitas como uma exortação para que os crentes entrem no "descanso" prometido por Deus por meio de Cristo (Hb 3.7-19). A fidelidade de Deus em meio à infidelidade do povo é um tema que ressoa com a perseverança e a paciência divina.

DEUTERONÔMIO: RENOVAÇÃO DA ALIANÇA

Esse livro é a recapitulação e explicação da Lei para a geração que nasceu no deserto e estava prestes a entrar na terra prometida. Moisés exorta o povo a lembrar-se das obras de Deus e a manter a aliança. Deuteronômio enfatiza, assim, a obediência como resposta ao amor e à graça de Deus.

A profecia de um profeta semelhante a Moisés (Dt 18.15-19) é diretamente aplicada a Jesus no Novo Testamento (At 3.22; 7.37). Deuteronômio destaca a importância de amar a Deus de todo o coração, alma e força (Dt 6.5), um preceito que Jesus reafirma como o maior mandamento (Mt 22.37-40).

O PENTATEUCO E CRISTO

Todo o Pentateuco deve ser entendido como uma antecipação do advento de Jesus. Os eventos, os personagens e as leis são sombras das realidades que se encontram em Cristo. O Novo Testamento frequentemente se refere ao Pentateuco para explicar a missão e a obra de Jesus, o descendente prometido a Abraão, o verdadeiro Cordeiro pascal, o sumo sacerdote perfeito, o profeta maior que Moisés e o cumpridor da Lei.

Em Lucas 24.27, ao caminhar com os discípulos no caminho de Emaús, Jesus "começando por Moisés e todos os Profetas, explicou-lhes o que constava a respeito dele em todas as Escrituras". Isso reafirma que a leitura cristocêntrica do Pentateuco não é apenas uma interpretação teológica posterior, mas uma perspectiva que o próprio Cristo validou.

CONCLUSÃO

O Pentateuco não é apenas a introdução à Bíblia; ele é o fundamento sobre o qual toda a Escritura se edifica. Revela a Criação, a Queda e o início do plano redentor de Deus, culminando na pessoa e obra de Jesus Cristo. Para o cristão, o estudo do Pentateuco é essencial para entender a grandiosidade do plano divino de salvação, a santidade do Criador e a necessidade de viver em obediência e adoração em resposta ao amor incondicional e à graça imensurável do Senhor.

Estudar o Pentateuco ajuda o leitor a compreender melhor o caráter de Deus e o projeto de salvação da humanidade, mas também o leva a compreender de forma mais profunda a seriedade do pecado, a necessidade de expiação e a graça abundante de Deus. As histórias e leis que às vezes parecem distantes ou complexas ganham vida quando entendidas à luz de Cristo e de sua obra redentora.

Assim, o Pentateuco não apenas enriquece nosso entendimento teológico, mas também aprofunda nossa fé e nossa apreciação pelo plano de salvação de Deus.

Pentateuco

Gênesis

ORIGEM de todas as coisas

QUEM ESCREVEU

A tradição aponta Moisés como autor (com base em Êx 17.14 e Dt 31.9,24), mas cogita-se a contribuição de outros autores em sua escrita.

O AUTOR

Moisés foi o profeta que liderou os israelitas para fora do Egito e recebeu os Dez Mandamentos no Monte Sinai. Ele é venerado como uma figura fundamental na história da redenção do povo de Deus.

CRISTO E GÊNESIS

- Gênesis aponta para Jesus de diversas maneiras simbólicas e proféticas.
- Desde o início, Gênesis narra a criação do mundo por Deus, que mais tarde se manifesta em Jesus como o Verbo de Deus (Jo 1.1-3).
- A promessa da semente da mulher que feriria a cabeça da serpente (Gn 3.15) é uma profecia da vitória de Jesus sobre Satanás.
- Além disso, figuras como Abraão, em sua intenção de sacrificar Isaque, seu filho, prefigura o sacrifício de Jesus, e José, cuja vida de sofrimento e redenção se assemelha à vida de Cristo, reforçam essa tipologia.

Livro 1 do Pentateuco com

50 CAPÍTULOS

"Gênesis" vem do grego e significa "princípio" ou "origem".

Em hebraico, o título original é *bereshit*, que significa "no princípio".

OBJETIVO DO LIVRO

Relatar a criação do mundo material e da humanidade, e o surgimento do pecado, apresentando o início do plano de salvação.

RESUMO DO LIVRO

- ★ A Criação Gn 1.1—2.3
- ★ O Éden Gn 2.4-25
- ★ A Queda e suas consequências Gn 3
- ★ O progresso do pecado Gn 4.1—6.8
- ★ O Dilúvio Gn 6.9—9
- ★ A dispersão das nações Gn 10.1—11.26
- ★ Abraão e sua família Gn 11.27—25.11
- ★ Jacó e Esaú Gn 25.19—37.1
- ★ A vida de José Gn 37.2—50

DUAS PARTES PRINCIPAIS

Gênesis é composto por duas seções principais. A primeira relata a história dos primórdios, com a criação do Universo, do mundo terreno e do ser humano (Gn 1-11). A segunda trata da história dos patriarcas, com foco nas origens da nação de Israel a partir de Abraão, Isaque, Jacó e José (Gn 12-50).

PERSONAGENS IMPORTANTES

Adão e Eva → Caim e Abel → Noé e seus filhos → Abraão e Sara → Isaque e Rebeca → Jacó e Raquel → José e seus irmãos.

A CRIAÇÃO DO UNIVERSO

1 1 No princípio, Deus criou os céus e a terra.

2 A terra era sem forma e vazia; havia trevas sobre a face do abismo, e o Espírito de Deus se movia sobre as águas.

3 Então Deus disse:

— Haja luz!

E houve luz. 4 E Deus viu que a luz era boa e fez separação entre a luz e as trevas. 5 Deus chamou à luz "dia" e chamou às trevas "noite". Houve tarde e manhã, o primeiro dia.

6 E Deus disse:

— Haja um firmamento no meio das águas e separação entre águas e águas.

7 E Deus fez o firmamento e a separação entre as águas debaixo do firmamento e as águas acima do firmamento. E assim aconteceu. 8 E Deus chamou ao firmamento "céus". Houve tarde e manhã, o segundo dia.

9 E Deus disse:

— Ajuntem-se as águas debaixo dos céus num só lugar, e apareça a porção seca.

E assim aconteceu. 10 Deus chamou à porção seca "terra" e ao ajuntamento de águas chamou "mares". E Deus viu que isso era bom. 11 E Deus disse:

— Que a terra produza relva, ervas que deem semente e árvores frutíferas que deem fruto segundo a sua espécie, cuja semente esteja no fruto sobre a terra.

E assim aconteceu. 12 E a terra produziu relva, ervas que davam semente segundo a sua espécie e árvores que davam fruto, cuja semente estava nele, conforme a sua espécie. E Deus viu que isso era bom. 13 Houve tarde e manhã, o terceiro dia.

14 E Deus disse:

— Que haja luzeiros no firmamento dos céus, para fazerem separação entre o dia e a noite; e sejam eles para sinais, para estações, para dias e anos. 15 E sirvam de luzeiros no firmamento dos céus, para iluminar a terra.

E assim aconteceu. 16 Deus fez os dois grandes luzeiros: o maior para governar o dia, e o menor para governar a noite; e fez também as estrelas. 17 E os colocou no firmamento dos céus para iluminarem a terra, 18 para governarem o dia e a noite e fazerem separação entre a luz e as trevas. E Deus viu que isso era bom. 19 Houve tarde e manhã, o quarto dia.

20 E Deus disse:

— Que as águas sejam povoadas de enxames de seres vivos; e as aves voem sobre a terra, sob o firmamento dos céus.

21 Assim Deus criou as grandes criaturas marinhas e todos os seres vivos que se movem, os quais povoam as águas, segundo as suas espécies; e todas as aves, segundo as suas espécies. E Deus viu que isso era bom. 22 E Deus os abençoou, dizendo:

— Sejam fecundos, multipliquem-se e encham as águas dos mares; e, na terra, se multipliquem as aves.

23 Houve tarde e manhã, o quinto dia.

24 E Deus disse:

— Que a terra produza seres vivos, conforme a sua espécie: animais domésticos, animais que rastejam e animais selvagens, segundo a sua espécie.

E assim aconteceu. 25 E Deus fez os animais selvagens, segundo a sua espécie, e os animais domésticos, conforme a sua espécie, e todos os animais que rastejam sobre a terra, segundo a sua espécie. E Deus viu que isso era bom.

26 E Deus disse:

— Façamos o ser humano à nossa imagem, conforme a nossa semelhança. Tenha ele domínio sobre os peixes do mar, sobre as aves dos céus, sobre os animais domésticos, sobre toda a terra e sobre todos os animais que rastejam pela terra.

27 Assim Deus criou o ser humano à sua imagem, à imagem de Deus o criou; homem e mulher os criou. 28 E Deus os abençoou e lhes disse:

— Sejam fecundos, multipliquem-se, encham a terra e sujeitem-na. Tenham domínio sobre os peixes do mar, sobre as aves dos céus e sobre todo animal que rasteja pela terra.

29 E Deus disse ainda:

— Eis que lhes tenho dado todas as ervas que dão semente e se acham na superfície de toda a terra e todas as árvores em que há fruto que dê semente; isso servirá de alimento para vocês. 30 E para todos os animais da terra, todas as aves dos céus e todos os animais que rastejam sobre a terra, em que há fôlego de vida, toda erva verde lhes servirá de alimento.

E assim aconteceu. 31 Deus viu tudo o que
havia feito, e eis que era muito bom. Houve
tarde e manhã, o sexto dia.

2 1 Assim, pois, foram acabados os céus e a
terra e tudo o que neles há. 2 E, havendo
Deus terminado no sétimo dia a sua obra,
que tinha feito, descansou nesse dia de toda
a obra que tinha feito. 3 E Deus abençoou o
sétimo dia e o santificou; porque nele des-
cansou de toda a obra que, como Criador,
tinha feito.

A FORMAÇÃO DO HOMEM

4 Esta é a gênese dos céus e da terra quando
foram criados, quando o SENHOR Deus os criou.
5 Não havia ainda nenhuma planta do
campo na terra, pois ainda nenhuma erva
do campo havia brotado; porque o SENHOR
Deus não tinha feito chover sobre a terra, e
também não havia ninguém para cultivar
o solo. 6 Mas uma neblina subia da terra e
regava toda a superfície do solo.
7 Então o SENHOR Deus formou o homem do
pó da terra e lhe soprou nas narinas o fôlego
de vida, e o homem se tornou um ser vivente.
8 E o SENHOR Deus plantou um jardim no
Éden, na direção do Oriente, e pôs nele
o homem que havia formado. 9 Do solo o
SENHOR Deus fez brotar todo tipo de árvores
agradáveis à vista e boas para alimento; e
também a árvore da vida no meio do jardim e
a árvore do conhecimento do bem e do mal.
10 E um rio saía do Éden para regar o jardim
e de lá se dividia, repartindo-se em qua-
tro braços. 11 O nome do primeiro é Pisom,
que rodeia a terra de Havilá, onde há ouro.
12 O ouro dessa terra é bom; também se
encontram lá o bdélio e a pedra de ônix.
13 O nome do segundo rio é Giom; é o que
rodeia a terra de Cuxe. 14 O nome do terceiro
rio é Tigre; é o que corre pelo leste da Assí-
ria. E o quarto rio é o Eufrates.
15 O SENHOR Deus tomou o homem e o
colocou no jardim do Éden para o culti-
var e o guardar. 16 E o SENHOR Deus ordenou
ao homem:
— De toda árvore do jardim você pode
comer livremente, 17 mas da árvore do
conhecimento do bem e do mal você não
deve comer; porque, no dia em que dela
comer, você certamente morrerá.

A FORMAÇÃO DA MULHER

18 O SENHOR Deus disse ainda:
— Não é bom que o homem esteja só; farei
para ele uma auxiliadora que seja seme-
lhante a ele.
19 Havendo, pois, o SENHOR Deus formado
da terra todos os animais do campo e todas
as aves dos céus, trouxe-os a Adão, para ver
que nome lhes daria; e o nome que ele desse
a todos os seres vivos, esse seria o nome
deles. 20 O homem deu nome a todos os ani-
mais domésticos, às aves dos céus e a todos
os animais selvagens; mas para o homem
não se achava uma auxiliadora que fosse
semelhante a ele.
21 Então o SENHOR Deus fez cair um pesado
sono sobre o homem, e este adormeceu.
Tirou-lhe uma das costelas e fechou o lugar
com carne. 22 E da costela que havia tirado
do homem, o SENHOR Deus formou uma
mulher e a levou até ele. 23 E o homem disse:

"Esta, afinal, é osso dos meus ossos
e carne da minha carne;
será chamada varoa,
porque do varão foi tirada."

24 Por isso, o homem deixa pai e mãe e
se une à sua mulher, tornando-se os dois
uma só carne. 25 Ora, um e outro, o homem
e a sua mulher, estavam nus e não se enver-
gonhavam.

A QUEDA

3 1 Mas a serpente, mais astuta que todos
os animais selvagens que o SENHOR Deus
tinha feito, disse à mulher:
— É verdade que Deus disse: "Não comam
do fruto de nenhuma árvore do jardim"?
2 A mulher respondeu à serpente:
— Do fruto das árvores do jardim pode-
mos comer, 3 mas do fruto da árvore que está
no meio do jardim, Deus disse: "Vocês não
devem comer dele, nem tocar nele, para que
não venham a morrer."
4 Então a serpente disse à mulher:
— É certo que vocês não morrerão. 5 Por-
que Deus sabe que, no dia em que dele
comerem, os olhos de vocês se abrirão e,
como Deus, vocês serão conhecedores do
bem e do mal.

6 Vendo a mulher que a árvore era boa para se comer, agradável aos olhos e árvore desejável para dar entendimento, tomou do seu fruto e comeu; e deu também ao marido, e ele comeu. 7 Então os olhos de ambos se abriram; e, percebendo que estavam nus, costuraram folhas de figueira e fizeram cintas para si.

8 Ao ouvirem a voz do Senhor Deus, que andava no jardim quando soprava o vento suave da tarde, o homem e a sua mulher se esconderam da presença do Senhor Deus, entre as árvores do jardim. 9 E o Senhor Deus chamou o homem e lhe perguntou:

— Onde você está?

10 Ele respondeu:

— Ouvi a tua voz no jardim, e, porque estava nu, tive medo, e me escondi.

11 Deus perguntou:

— Quem lhe disse que você estava nu? Você comeu da árvore da qual ordenei que não comesse?

12 Então o homem disse:

— A mulher que me deste para estar comigo, ela me deu da árvore, e eu comi.

13 Então o Senhor Deus disse à mulher:

— Que é isso que você fez?

A mulher respondeu:

— A serpente me enganou, e eu comi.

14 Então o Senhor Deus disse à serpente:

— Por causa do que você fez, você é maldita entre todos os animais domésticos e entre todos os animais selvagens. Você rastejará sobre o seu ventre e comerá pó todos os dias da sua vida. 15 Porei inimizade entre você e a mulher, entre a sua descendência e o descendente dela. Este lhe ferirá a cabeça, e você lhe ferirá o calcanhar.

16 E à mulher ele disse:

— Aumentarei em muito os seus sofrimentos na gravidez; com dor você dará à luz filhos. O seu desejo será para o seu marido, e ele a governará.

17 E a Adão disse:

— Por ter dado ouvidos à voz de sua mulher e comido da árvore que eu havia ordenado que não comesse, maldita é a terra por sua causa; em fadigas você obterá dela o sustento durante os dias de sua vida. 18 Ela produzirá também espinhos e ervas daninhas, e você comerá a erva do campo. 19 No suor do seu rosto você comerá o seu pão, até que volte à terra, pois dela você foi formado; porque você é pó, e ao pó voltará.

20 E o homem deu à sua mulher o nome de Eva, por ser a mãe de todos os seres humanos. 21 O Senhor Deus fez roupas de peles, com as quais vestiu Adão e sua mulher.

22 Então o Senhor Deus disse:

— Eis que o homem se tornou como um de nós, conhecedor do bem e do mal. É preciso impedir que estenda a mão, tome também da árvore da vida, coma e viva eternamente.

23 Por isso o Senhor Deus o lançou fora do jardim do Éden, para cultivar a terra da qual havia sido tomado. 24 E, depois de lançar fora o homem, Deus colocou querubins a leste do jardim do Éden e uma espada flamejante que se movia em todas as direções, para guardar o caminho da árvore da vida.

CAIM E ABEL

4 1 Adão teve relações com Eva, a sua mulher. Ela ficou grávida e deu à luz Caim. Então ela disse:

— Adquiri um varão com o auxílio do Senhor.

2 Depois, deu à luz Abel, irmão de Caim. Abel foi pastor de ovelhas, e Caim foi agricultor. 3 Aconteceu que, ao fim de um certo tempo, Caim trouxe do fruto da terra uma oferta ao Senhor. 4 Abel, por sua vez, trouxe das primícias do seu rebanho e da gordura deste. O Senhor se agradou de Abel e de sua oferta, 5 mas de Caim e de sua oferta não se agradou. Caim ficou muito irritado e fechou a cara. 6 Então o Senhor lhe disse:

— Por que você anda irritado? E por que essa cara fechada? 7 Se fizer o que é certo, não é verdade que você será aceito? Mas, se não fizer o que é certo, eis que o pecado está à porta, à sua espera. O desejo dele será contra você, mas é necessário que você o domine.

O PRIMEIRO HOMICÍDIO

8 Caim disse a Abel, seu irmão:

— Vamos ao campo.

Estando eles no campo, Caim se levantou contra Abel, o seu irmão, e o matou.

9 O Senhor disse a Caim:

— Onde está Abel, o seu irmão?

Ele respondeu:

— Não sei; por acaso sou o guardador do meu irmão?

10 E o SENHOR disse:
— O que foi que você fez? A voz do san-
gue do seu irmão clama da terra a mim.
11 E agora você é maldito sobre a terra, cuja
boca se abriu para receber da sua mão o
sangue do seu irmão. 12 Quando você culti-
var o solo, ele não lhe dará a sua força; você
será fugitivo e errante pela terra.
13 Então Caim disse ao SENHOR:
— Meu castigo é tão grande, que não pode-
rei suportá-lo. 14 Eis que hoje me expulsas
da face da terra, e da tua presença terei
de me esconder; serei fugitivo e errante
pela terra; quem se encontrar comigo
me matará.
15 O SENHOR, porém, lhe disse:
— Não! E, se alguém matar Caim, será vin-
gado sete vezes.

E o SENHOR pôs um sinal em Caim para
que, se alguém viesse a encontrá-lo, não o
matasse. 16 E Caim se retirou da presença
do SENHOR e habitou na terra de Node,
a leste do Éden.

DESCENDENTES DE CAIM

17 E Caim teve relações com sua mulher;
ela ficou grávida e deu à luz Enoque. Caim
edificou uma cidade e a chamou de Enoque,
o nome de seu filho. 18 A Enoque nasceu
Irade. Irade gerou Meujael, Meujael gerou
Metusael, e Metusael gerou Lameque.
19 Lameque tomou para si duas esposas: o
nome de uma era Ada, e o nome da outra
era Zilá. 20 Ada deu à luz Jabal, que foi o
pai dos que habitam em tendas e possuem
gado. 21 O nome de seu irmão era Jubal, que
foi o pai de todos os que tocam harpa e
flauta. 22 Zilá, por sua vez, deu à luz Tubal-
caim, artífice de todo instrumento cortante,
de bronze e de ferro; a irmã de Tubalcaim
foi Naamá.
23 E Lameque disse às suas esposas:

"Ada e Zilá, ouçam o que eu digo;
vocês, mulheres de Lameque,
escutem o que passo a dizer:
Matei um homem
porque me feriu;
e um jovem porque me machucou.
24 Se Caim é vingado sete vezes,
Lameque será vingado
setenta vezes sete."

SETE E ENOS

25 Adão tornou a ter relações com sua
mulher. E ela deu à luz um filho, a quem
pôs o nome de Sete, dizendo:
— Deus me concedeu outro descendente
em lugar de Abel, que Caim matou.
26 A Sete nasceu-lhe também um filho, ao
qual pôs o nome de Enos. Foi nesse tempo
que se começou a invocar o nome do SENHOR.

DESCENDENTES DE ADÃO

1Cr 1.1-4

5 1 Este é o livro da genealogia de Adão.
No dia em que Deus criou o ser humano,
à semelhança de Deus o fez. 2 Deus os criou
homem e mulher, os abençoou e lhes deu
o nome de "ser humano", no dia em que
foram criados.
3 Adão viveu cento e trinta anos, e gerou
um filho à sua semelhança, conforme a
sua imagem, e lhe deu o nome de Sete.
4 Depois que gerou esse filho, Adão viveu
oitocentos anos; e teve filhos e filhas.
5 Todos os dias da vida de Adão foram nove-
centos e trinta anos; e morreu.
6 Sete viveu cento e cinco anos e gerou
Enos. 7 Depois que gerou Enos, Sete viveu
oitocentos e sete anos; e teve filhos e filhas.
8 Todos os dias de Sete foram novecentos e
doze anos; e morreu.
9 Enos viveu noventa anos e gerou Cainã.
10 Depois que gerou Cainã, Enos viveu oito-
centos e quinze anos; e teve filhos e filhas.
11 Todos os dias de Enos foram novecentos
e cinco anos; e morreu.
12 Cainã viveu setenta anos e gerou Maala-
lel. 13 Depois que gerou Maalalel, Cainã
viveu oitocentos e quarenta anos; e teve
filhos e filhas. 14 Todos os dias de Cainã
foram novecentos e dez anos; e morreu.
15 Maalalel viveu sessenta e cinco anos
e gerou Jarede. 16 Depois que gerou Jarede,
Maalalel viveu oitocentos e trinta anos;
e teve filhos e filhas. 17 Todos os dias de
Maalalel foram oitocentos e noventa e cinco
anos; e morreu.
18 Jarede viveu cento e sessenta e dois anos
e gerou Enoque. 19 Depois que gerou Eno-
que, Jarede viveu oitocentos anos; e teve
filhos e filhas. 20 Todos os dias de Jarede
foram novecentos e sessenta e dois anos;
e morreu.

Você se olha e não vê motivos para ser escolhida. Deus olha para você e não vê motivos para não lhe escolher.

21 Enoque viveu sessenta e cinco anos e gerou Metusalém. 22 Enoque andou com Deus; e, depois que gerou Metusalém, viveu trezentos anos; e teve filhos e filhas. 23 Todos os dias de Enoque foram trezentos e sessenta e cinco anos. 24 Enoque andou com Deus e não foi mais visto, porque Deus o levou para junto de si.

25 Metusalém viveu cento e oitenta e sete anos e gerou Lameque. 26 Depois que gerou Lameque, Metusalém viveu setecentos e oitenta e dois anos; e teve filhos e filhas. 27 Todos os dias de Metusalém foram novecentos e sessenta e nove anos; e morreu.

28 Lameque viveu cento e oitenta e dois anos e gerou um filho. 29 Deu-lhe o nome de Noé, dizendo:

— Este nos consolará dos nossos trabalhos e das fadigas de nossas mãos, nesta terra que o Senhor amaldiçoou.

30 Depois que gerou Noé, Lameque viveu quinhentos e noventa e cinco anos; e teve filhos e filhas. 31 Todos os dias de Lameque foram setecentos e setenta e sete anos; e morreu.

32 Noé tinha quinhentos anos de idade e gerou Sem, Cam e Jafé.

A CORRUPÇÃO DO GÊNERO HUMANO

6 1 Quando as pessoas começaram a se multiplicar sobre a face da terra e tiveram filhas, 2 os filhos de Deus viram que as filhas dos homens eram bonitas e tomaram para si mulheres, aquelas que, entre todas, mais lhes agradaram. 3 Então o Senhor disse:

— O meu Espírito não agirá para sempre no ser humano, pois este é carnal; e os seus dias serão cento e vinte anos.

4 Naquele tempo havia gigantes na terra, e também depois, quando os filhos de Deus possuíram as filhas dos homens, as quais lhes deram filhos. Estes foram valentes, homens de renome, na antiguidade.

5 O Senhor viu que a maldade das pessoas havia se multiplicado na terra e que todo desígnio do coração delas era continuamente mau. 6 Então o Senhor ficou triste por haver feito o ser humano na terra, e isso lhe pesou no coração. 7 O Senhor disse:

— Farei desaparecer da face da terra o ser humano que criei. Destruirei não apenas as pessoas, mas também os animais, os seres que rastejam e as aves dos céus; porque estou triste por havê-los feito.

8 Porém Noé encontrou favor aos olhos do Senhor.

A ARCA DE NOÉ

9 São estas as gerações de Noé.

Noé era homem justo e íntegro entre os seus contemporâneos; Noé andava com Deus. 10 Gerou três filhos: Sem, Cam e Jafé.

11 A terra estava corrompida à vista de Deus e cheia de violência. 12 Deus olhou para a terra, e eis que estava corrompida; porque todos os seres vivos haviam corrompido o seu caminho na terra. 13 Então Deus disse a Noé:

— Resolvi acabar com todos os seres humanos, porque a terra está cheia de violência por causa deles. Eis que os destruirei juntamente com a terra.

14 — Faça uma arca de tábuas de cipreste. Nela você fará compartimentos e a revestirá com betume por dentro e por fora. 15 Deste modo você a fará: seu comprimento será de cento e trinta metros, a largura, de vinte e dois; e a altura, de treze. 16 Faça uma cobertura, deixando entre ela e a arca uma abertura de meio metro. Coloque uma porta lateral e faça três andares: um embaixo, um segundo e um terceiro. 17 Porque vou trazer um dilúvio de águas sobre a terra para destruir todo ser em que há fôlego de vida debaixo dos céus; tudo o que há na terra será destruído. 18 Mas com você estabelecerei a minha aliança, e você entrará na arca, você e os seus filhos, a sua mulher, e as mulheres dos seus filhos. 19 De todos os seres vivos, você fará entrar na arca dois de cada espécie, macho e fêmea, para conservá-los vivos com você. 20 Das aves segundo as suas espécies, do gado segundo as suas espécies, de todo animal que rasteja sobre a terra segundo as suas espécies, dois de cada espécie virão a você, para que sejam conservados vivos. 21 Leve com você todo tipo de comida e armazene-a com você; isso será para alimento, a você e a eles.

22 Foi o que Noé fez. Conforme tudo o que Deus lhe havia ordenado, assim ele fez.

O DILÚVIO

7 1 O SENHOR disse a Noé:

— Entre na arca, você e toda a sua família, porque reconheço que você tem sido justo diante de mim no meio desta geração. 2 De todo animal puro leve com você sete pares: o macho e sua fêmea. Mas dos animais impuros leve um par: o macho e sua fêmea. 3 Também das aves dos céus leve sete pares: macho e fêmea, para se conservar a semente sobre a face da terra. 4 Porque, daqui a sete dias, farei chover sobre a terra durante quarenta dias e quarenta noites; e farei desaparecer da superfície da terra todos os seres que fiz.

5 E Noé fez tudo como o SENHOR lhe havia ordenado. 6 Noé tinha seiscentos anos de idade quando as águas do dilúvio inundaram a terra. 7 Por causa das águas do dilúvio, Noé entrou na arca, ele com os seus filhos, a sua mulher e as mulheres dos seus filhos. 8 Dos animais puros, dos animais impuros, das aves e de todo animal que rasteja sobre a terra, 9 entraram para junto de Noé, na arca, de dois em dois, macho e fêmea, como Deus havia ordenado a Noé. 10 E aconteceu que, depois de sete dias, vieram sobre a terra as águas do dilúvio.

11 No ano seiscentos da vida de Noé, aos dezessete dias do segundo mês, nesse dia romperam-se todas as fontes do grande abismo, e as comportas dos céus se abriram, 12 e caiu chuva sobre a terra durante quarenta dias e quarenta noites. 13 Nesse mesmo dia entraram na arca Noé, os seus filhos Sem, Cam e Jafé, a mulher dele e as mulheres dos seus filhos. 14 Entraram eles e todos os animais segundo as suas espécies, todo gado segundo as suas espécies, todos os animais que rastejam sobre a terra segundo as suas espécies, todas as aves segundo as suas espécies, todos os pássaros e tudo o que tem asa. 15 De todos os seres em que havia fôlego de vida, entraram na arca de dois em dois, para junto de Noé; 16 eram macho e fêmea os que entraram de todos os seres vivos, como Deus havia ordenado a Noé; e o SENHOR fechou a porta da arca.

17 O dilúvio durou quarenta dias sobre a terra. As águas subiram e elevaram a arca sobre a terra. 18 As águas prevaleceram e aumentaram muito na terra; a arca, porém, flutuava sobre as águas. 19 As águas prevaleceram excessivamente sobre a terra e cobriram todos os altos montes que havia debaixo do céu. 20 As águas ficaram sete metros acima deles; e os montes foram cobertos. 21 E morreram todos os seres vivos que se moviam sobre a terra: aves, animais domésticos, animais selvagens, e todos os enxames de criaturas que povoam a terra, e todos os seres humanos. 22 Tudo o que havia em terra seca e que tinha fôlego de vida em suas narinas morreu. 23 Assim, foram exterminados todos os seres que havia sobre a face da terra: as pessoas e os animais, os seres que rastejam e as aves dos céus foram extintos da terra; ficou somente Noé e os que com ele estavam na arca. 24 E as águas prevaleceram sobre a terra durante cento e cinquenta dias.

O FIM DO DILÚVIO

8 1 Então Deus se lembrou de Noé e de todos os animais selvagens e de todos os animais domésticos que estavam com ele na arca. Deus fez soprar um vento sobre a terra, e as águas começaram a baixar. 2 Fecharam-se as fontes do abismo e também as comportas dos céus, e a chuva dos céus se deteve. 3 As águas iam escoando continuamente da face da terra. Ao fim de cento e cinquenta dias as águas tinham baixado. 4 No dia dezessete do sétimo mês, a arca repousou sobre as montanhas de Ararate. 5 E as águas continuaram a baixar até o décimo mês. No primeiro dia desse mês apareceram os picos das montanhas.

6 Quarenta dias depois, Noé abriu a janela que tinha feito na arca 7 e soltou um corvo, o qual, tendo saído, ia e voltava, até que se secaram as águas sobre a terra. 8 Depois, Noé soltou uma pomba para ver se as águas já tinham diminuído na superfície da terra. 9 Mas a pomba, não achando lugar para pousar os pés, voltou para junto de Noé, na arca; porque as águas ainda cobriam a terra. Noé, estendendo a mão, pegou a pomba e a recolheu consigo na arca e a trouxe de novo para dentro da arca. 10 Noé esperou mais sete dias e de novo soltou a pomba fora da arca. 11 À tarde, ela voltou a ele, trazendo no bico uma folha nova de oliveira. Assim Noé entendeu que as águas tinham baixado sobre a terra. 12 Esperou mais sete

dias e de novo soltou a pomba; ela, porém, já não voltou mais para ele.

NOÉ E SUA FAMÍLIA SAEM DA ARCA

13 Aconteceu que, no primeiro dia do primeiro mês do ano seiscentos e um, as águas que estavam sobre a terra secaram. Então Noé removeu a cobertura da arca e olhou, e eis que o solo estava enxuto. 14 E, aos vinte e sete dias do segundo mês, a terra estava seca. 15 Então Deus disse a Noé:

16 — Saia da arca, você, a sua mulher, os seus filhos e as mulheres dos seus filhos. 17 Faça sair também todos os animais que estão com você, tanto aves como gado, e todo animal que rasteja sobre a terra, para que povoem a terra, sejam fecundos e nela se multipliquem.

18 Saiu, pois, Noé, com os seus filhos, a sua mulher e as mulheres dos seus filhos. 19 E também saíram da arca todos os animais, todos os animais que rastejam, todas as aves e tudo o que se move sobre a terra, segundo as suas famílias.

NOÉ LEVANTA UM ALTAR

20 Noé levantou um altar ao Senhor e, tomando de animais puros e de aves puras, ofereceu holocaustos sobre o altar. 21 E o Senhor aspirou o aroma agradável e disse consigo mesmo:

— Nunca mais vou amaldiçoar a terra por causa das pessoas, porque é mau o desígnio íntimo do ser humano desde a sua mocidade. Também nunca mais vou destruir todos os seres vivos, como fiz desta vez. 22 Enquanto durar a terra, não deixará de haver semeadura e colheita, frio e calor, verão e inverno, dia e noite.

A ALIANÇA DE DEUS COM NOÉ

9 1 Deus abençoou Noé e os seus filhos, dizendo:

— Sejam fecundos, multipliquem-se e encham a terra. 2 Todos os animais da terra e todas as aves dos céus terão medo e pavor de vocês. Tudo o que se move sobre a terra e todos os peixes do mar serão entregues nas mãos de vocês. 3 Tudo o que se move e vive servirá de alimento para vocês. Assim como lhes dei a erva verde, agora lhes dou todas as coisas. 4 Carne, porém, com sua vida, isto é, com seu sangue, vocês não devem comer. 5 Certamente requererei o sangue de vocês, o sangue da vida de vocês; de todo animal o requererei, bem como do ser humano; sim, de cada um requererei a vida de seu semelhante. 6 Se alguém derramar o sangue de uma pessoa, o sangue dele será derramado por outra pessoa; porque Deus fez o ser humano segundo a sua imagem. 7 Mas sejam fecundos e multipliquem-se; povoem a terra e multipliquem-se sobre ela.

8 Deus também disse a Noé e aos seus filhos:

9 — Eis que estabeleço a minha aliança com vocês, e com a descendência de vocês, 10 e com todos os seres vivos que estão com vocês: tanto as aves, os animais domésticos e os animais selvagens que saíram da arca como todos os animais da terra. 11 Estabeleço a minha aliança com vocês: nunca mais os seres vivos serão destruídos pelas águas de um dilúvio; nunca mais haverá dilúvio para destruir a terra.

12 Deus disse:

— Este é o sinal da minha aliança que faço entre mim e vocês e entre todos os seres vivos que estão com vocês, para todas as futuras gerações: 13 porei o meu arco nas nuvens e ele será por sinal da aliança entre mim e a terra. 14 Quando eu trouxer nuvens sobre a terra, e nelas aparecer o arco, 15 então me lembrarei da minha aliança, firmada entre mim e vocês e todos os seres vivos de todas as espécies; e as águas não mais se tornarão em dilúvio para destruir todos os seres vivos. 16 O arco estará nas nuvens; eu o verei e me lembrarei da aliança eterna entre Deus e todos os seres vivos de todas as espécies que há sobre a terra.

17 Deus disse a Noé:

— Este é o sinal da aliança estabelecida entre mim e todos os seres vivos sobre a terra.

18 Os filhos de Noé, que saíram da arca, foram Sem, Cam e Jafé. Cam é o pai de Canaã. 19 Esses três são os filhos de Noé; e a partir deles se povoou toda a terra.

NOÉ PRONUNCIA BÊNÇÃO E MALDIÇÃO

20 Sendo Noé agricultor, passou a plantar uma vinha. 21 Bebendo do vinho,

embriagou-se e ficou nu dentro de sua
tenda. 22 Cam, pai de Canaã, vendo a nudez
do pai, foi contar isso aos seus dois irmãos,
que estavam do lado de fora. 23 Então Sem e
Jafé pegaram uma capa, puseram-na sobre
os seus próprios ombros e, andando de
costas e com os rostos desviados, cobriram a
nudez do pai, sem que a vissem. 24 Quando
Noé despertou do seu vinho, soube o que o
filho mais moço havia feito. 25 Então disse:

"Maldito seja Canaã;
seja servo dos servos
para os seus irmãos."

26 E continuou:

"Bendito seja o SENHOR,
Deus de Sem;
e Canaã lhe seja servo.
27 Que Deus engrandeça Jafé,
e que ele habite
nas tendas de Sem;
e Canaã lhe seja servo."

28 Noé, depois do dilúvio, viveu ainda tre-
zentos e cinquenta anos. 29 Todos os dias de
Noé foram novecentos e cinquenta anos;
e morreu.

DESCENDENTES DOS FILHOS DE NOÉ

1Cr 1.5-23

10 1 São estas as gerações de Sem, Cam
e Jafé, os filhos de Noé. A eles nasce-
ram filhos depois do dilúvio.

2 Os filhos de Jafé foram: Gômer, Mago-
gue, Madai, Javã, Tubal, Meseque e Tiras.
3 Os filhos de Gômer foram: Asquenaz, Rifate
e Togarma. 4 Os filhos de Javã foram: Elisá,
Társis, Quitim e Dodanim. 5 Estes repartiram
entre si as ilhas das nações nas suas terras,
cada qual segundo a sua língua, segundo as
suas famílias, em suas nações.

6 Os filhos de Cam foram: Cuxe, Mizraim,
Pute e Canaã. 7 Os filhos de Cuxe foram: Sebá,
Havilá, Sabtá, Raamá e Sabtecá; e os filhos
de Raamá: Sabá e Dedã. 8 Cuxe gerou Nin-
rode, que começou a ser poderoso na terra.
9 Foi valente caçador diante do SENHOR. Daí
dizer-se: "Como Ninrode, poderoso caçador
diante do SENHOR." 10 O princípio do seu reino
foi Babel, Ereque, Acade e Calné, na terra de
Sinar. 11 Daquela terra ele foi para a Assíria e
edificou Nínive, Reobote-Ir e Calá. 12 E, entre
Nínive e Calá, a grande cidade de Resém.
13 Mizraim gerou Ludim, Anamim, Leabim,
Naftuim, 14 Patrusim, Casluim (de quem des-
cendem os filisteus) e Caftorim.

15 Canaã gerou Sidom, seu primogênito, e
Hete, 16 e também os jebuseus, os amorreus,
os girgaseus, 17 os heveus, os arqueus, os
sineus, 18 os arvadeus, os zemareus e os
hamateus. Depois as famílias dos cananeus
se espalharam. 19 E a fronteira dos cananeus
foi desde Sidom, indo para Gerar, até Gaza,
indo para Sodoma, Gomorra, Admá e
Zeboim, até Lasa. 20 São estes os filhos de
Cam, segundo as suas famílias, segundo as
suas línguas, em suas terras, em suas nações.

21 A Sem, que foi pai de todos os filhos de
Héber e irmão mais velho de Jafé, também
nasceram filhos. 22 Os filhos de Sem foram:
Elão, Assur, Arfaxade, Lude e Arã. 23 Os filhos
de Arã foram: Uz, Hul, Geter e Más. 24 Arfa-
xade gerou Salá, e Salá gerou Héber.

25 A Héber nasceram dois filhos: o nome
de um foi Pelegue, porque em seus dias se
repartiu a terra; e o nome de seu irmão foi
Joctã. 26 Joctã gerou Almodá, Selefe, Hazar-
-Mavé, Jerá, 27 Hadorão, Uzal, Dicla, 28 Obal,
Abimael, Sabá, 29 Ofir, Havilá e Jobabe. Todos
estes foram filhos de Joctã. 30 E habitaram
desde Messa, indo para Sefar, montanha
do Oriente. 31 São estes os filhos de Sem,
segundo as suas famílias, segundo as suas
línguas, em suas terras, em suas nações.

32 São estas as famílias dos filhos de Noé,
segundo as suas gerações, nas suas nações;
e destes foram disseminadas as nações na
terra, depois do dilúvio.

A TORRE DE BABEL

11 1 Em toda a terra havia apenas uma
língua e uma só maneira de falar.

2 Os homens partiram do Oriente, encon-
traram uma planície na terra de Sinar
e habitaram ali. 3 E disseram uns aos outros:
— Venham, vamos fazer tijolos e queimá-
-los bem.

Os tijolos lhes serviram de pedra, e o
betume, de argamassa. 4 Disseram:

— Venham, vamos construir uma ci-
dade e uma torre cujo topo chegue até os

céus e tornemos célebre o nosso nome, para que não sejamos espalhados por toda a terra.

5 Então o SENHOR desceu para ver a cidade e a torre, que os filhos dos homens estavam construindo. 6 E o SENHOR disse:

— Eis que o povo é um, e todos têm a mesma língua. Isto é apenas o começo; agora não haverá restrição para tudo o que planejam fazer. 7 Venham, vamos descer e confundir a língua que eles falam, para que um não entenda o que o outro está dizendo.

8 Assim o SENHOR os dispersou dali pela superfície da terra; e pararam de edificar a cidade. 9 Por isso a cidade foi chamada de Babel, porque ali o SENHOR confundiu a língua de toda a terra e dali o SENHOR os dispersou por toda a superfície dela.

DESCENDENTES DE SEM

1Cr 1.24-27

10 São estas as gerações de Sem. Ele tinha cem anos de idade quando gerou Arfaxade, dois anos depois do dilúvio. 11 E, depois que gerou Arfaxade, Sem viveu quinhentos anos; e gerou filhos e filhas.

12 Arfaxade viveu trinta e cinco anos e gerou Salá. 13 E, depois que gerou Salá, Arfaxade viveu quatrocentos e três anos; e gerou filhos e filhas.

14 Salá viveu trinta anos e gerou Héber; 15 e, depois que gerou Héber, Salá viveu quatrocentos e três anos; e gerou filhos e filhas.

16 Héber viveu trinta e quatro anos e gerou Pelegue; 17 e, depois que gerou Pelegue, Héber viveu quatrocentos e trinta anos; e gerou filhos e filhas.

18 Pelegue viveu trinta anos e gerou Reú; 19 e, depois que gerou Reú, Pelegue viveu duzentos e nove anos; e gerou filhos e filhas.

20 Reú viveu trinta e dois anos e gerou Serugue; 21 e, depois que gerou Serugue, Reú viveu duzentos e sete anos; e gerou filhos e filhas.

22 Serugue viveu trinta anos e gerou Naor; 23 e, depois que gerou Naor, Serugue viveu duzentos anos; e gerou filhos e filhas.

24 Naor viveu vinte e nove anos e gerou Tera; 25 e, depois que gerou Tera, Naor viveu cento e dezenove anos; e gerou filhos e filhas.

26 Tera viveu setenta anos e gerou Abrão, Naor e Harã.

27 São estas as gerações de Tera. Tera gerou Abrão, Naor e Harã; e Harã gerou Ló. 28 Harã morreu na terra de seu nascimento, em Ur dos caldeus, estando Tera, seu pai, ainda vivo. 29 Abrão e Naor tomaram para si mulheres. A mulher de Abrão se chamava Sarai, e a mulher de Naor era Milca, filha de Harã, que foi pai de Milca e de Iscá. 30 Sarai era estéril, não tinha filhos.

31 Tera tomou Abrão, seu filho, e Ló, filho de Harã, filho de seu filho, e Sarai, sua nora, mulher de seu filho Abrão, e saiu com eles de Ur dos caldeus, para ir à terra de Canaã. Foram até Harã, onde ficaram. 32 E, havendo Tera vivido duzentos e cinco anos ao todo, morreu em Harã.

DEUS CHAMA ABRÃO E LHE FAZ PROMESSAS

12 1 O SENHOR disse a Abrão:

— Saia da sua terra, da sua parentela e da casa do seu pai e vá para a terra que lhe mostrarei. 2 Farei de você uma grande nação, e o abençoarei, e engrandecerei o seu nome. Seja uma bênção! 3 Abençoarei aqueles que o abençoarem e amaldiçoarei aquele que o amaldiçoar. Em você serão benditas todas as famílias da terra.

4 Partiu, pois, Abrão, como o SENHOR lhe havia ordenado. E Ló foi com ele. Abrão tinha setenta e cinco anos quando saiu de Harã. 5 Abrão levou consigo a sua mulher Sarai, o seu sobrinho Ló, todos os bens que haviam adquirido e as pessoas que lhes foram acrescentadas em Harã. Partiram para a terra de Canaã e lá chegaram. 6 Abrão atravessou a terra até Siquém, até o carvalho de Moré. Nesse tempo os cananeus habitavam essa terra.

7 O SENHOR apareceu a Abrão e lhe disse:

— Darei esta terra à sua descendência.

Ali Abrão edificou um altar ao SENHOR, que lhe tinha aparecido. 8 Passando dali para o monte a leste de Betel, armou a sua tenda, ficando Betel a oeste e Ai a leste. Ali edificou um altar ao SENHOR e invocou o nome do SENHOR. 9 Depois, Abrão partiu dali, indo sempre na direção do Neguebe.

ABRÃO NO EGITO

10 Havia fome naquela terra. Assim, Abrão foi para o Egito, para ali ficar, porque era

grande a fome na terra. 11 Quando se apro-
ximava do Egito, quase ao entrar, disse a
Sarai, sua mulher:
— Ora, bem sei que você é uma mulher
muito bonita. 12 Os egípcios, quando virem
você, vão dizer: "Essa é a mulher dele." Então
eles vão me matar, deixando você com vida.
13 Diga, pois, que você é minha irmã, para
que me tratem bem por sua causa e, por
amor a você, me conservem a vida.

14 Tendo Abrão entrado no Egito, os egípcios
viram que a mulher era, de fato, muito bonita.
15 Os príncipes de Faraó a viram e foram elo-
giá-la diante de Faraó. E a mulher foi levada
para a casa de Faraó. 16 Este, por causa dela,
tratou bem a Abrão, o qual veio a ter ovelhas,
bois, jumentos, escravos e escravas, jumen-
tas e camelos.

17 Porém o Senhor puniu Faraó e a sua casa
com grandes pragas, por causa de Sarai,
mulher de Abrão. 18 Faraó chamou Abrão
e lhe disse:
— O que é isso que você fez comigo? Por
que não me disse que ela era a sua mulher?
19 E por que me disse que ela era sua irmã?
Foi por isso que a tomei para ser minha
mulher. Agora, pois, aqui está a sua mulher;
tome-a e vá embora daqui.

20 E Faraó deu ordens aos seus servos a
respeito de Abrão e eles o acompanharam,
a ele, a sua mulher e a tudo o que possuía.

ABRÃO E LÓ SE SEPARAM

13 1 Abrão saiu do Egito e foi para o
Neguebe, ele e a sua mulher e tudo
o que tinha. E Ló foi com ele. 2 Abrão era
muito rico; possuía gado, prata e ouro. 3 Fez
as suas jornadas do Neguebe até Betel, até
o lugar onde primeiro tinha armado a sua
tenda, entre Betel e Ai, 4 até o lugar do altar,
que anteriormente tinha feito. E ali Abrão
invocou o nome do Senhor.

5 Ló, que ia com Abrão, também tinha
rebanhos, gado e tendas. 6 E a terra não
podia sustentá-los, para que morassem
juntos, porque eram muitos os seus bens,
de maneira que não podiam morar um
na companhia do outro. 7 Houve desen-
tendimento entre os pastores do gado de
Abrão e os pastores do gado de Ló. Nesse
tempo os cananeus e os ferezeus habita-
vam essa terra.

8 Então Abrão disse a Ló:
— Não deveria haver conflito entre
mim e você e entre os meus pastores e
os seus pastores, porque somos parentes
chegados. 9 Não está toda a terra aí diante
de você? Peço que você se afaste de mim.
Se você for para a esquerda, irei para a
direita; se você for para a direita, irei para
a esquerda.

10 Ló ergueu os olhos e viu toda a campina
do Jordão, que era toda bem-regada, como
o jardim do Senhor, como a terra do Egito,
até a região de Zoar. Isto foi antes de haver
o Senhor destruído Sodoma e Gomorra.
11 Então Ló escolheu para si toda a campina
do Jordão e partiu para o Oriente. E assim
separaram-se um do outro. 12 Abrão habi-
tou na terra de Canaã, e Ló foi morar nas
cidades da campina. E ia armando as suas
tendas até Sodoma. 13 Ora, os moradores de
Sodoma eram maus e grandes pecadores
contra o Senhor.

DEUS PROMETE A ABRÃO A TERRA DE CANAÃ

14 O Senhor disse a Abrão, depois que
Ló se separou dele:
— Erga os olhos e olhe de onde você está
para o norte, para o sul, para o leste e para
o oeste; 15 porque toda essa terra que você
está vendo, eu a darei a você e à sua descen-
dência, para sempre. 16 Farei a sua descen-
dência como o pó da terra, de maneira que,
se alguém puder contar o pó da terra, então
será possível também contar os seus descen-
dentes. 17 Levante-se e percorra essa terra no
seu comprimento e na sua largura, porque
eu a darei a você.

18 E Abrão, mudando as suas tendas, foi
morar nos carvalhais de Manre, que estão
junto a Hebrom. E ali edificou um altar
ao Senhor.

GUERRA DE QUATRO REIS CONTRA CINCO

14 1 Naquele tempo Anrafel, rei de Sinar,
Arioque, rei de Elasar, Quedorlaomer,
rei de Elão, e Tidal, rei de Goim, 2 fizeram
guerra contra Bera, rei de Sodoma, con-
tra Birsa, rei de Gomorra, contra Sinabe, rei
de Admá, contra Semeber, rei de Zeboim, e
contra o rei de Bela, também chamada de

Zoar. 3 Todos estes se ajuntaram no vale de Sidim, onde fica o mar Salgado. 4 Durante doze anos serviram Quedorlaomer, porém no décimo terceiro eles se rebelaram. 5 No décimo quarto ano, veio Quedorlaomer e os reis que estavam com ele e derrotaram os refains em Asterote-Carnaim, e os zuzins em Hã, e os emins em Savé-Quiriataim, 6 e os horeus no seu monte Seir, até El-Parã, que está junto ao deserto. 7 De volta passaram em En-Mispate, que é Cades, e conquistaram toda a terra dos amalequitas e dos amorreus, que moravam em Hazazom-Tamar.

8 Então saíram os reis de Sodoma, de Gomorra, de Admá, de Zeboim e de Bela, que é Zoar, e se prepararam para a batalha contra eles no vale de Sidim, 9 contra Quedorlaomer, rei de Elão, contra Tidal, rei de Goim, contra Anrafel, rei de Sinar, contra Arioque, rei de Elasar. Eram quatro reis contra cinco. 10 Ora, o vale de Sidim estava cheio de poços de betume. Os reis de Sodoma e de Gomorra fugiram. Alguns caíram nesses poços, e os restantes fugiram para um monte. 11 Os reis vitoriosos pegaram todos os bens de Sodoma e de Gomorra e todo o seu mantimento e se foram.

LÓ É PRESO

12 Apossaram-se também de Ló, sobrinho de Abrão, que morava em Sodoma, e dos seus bens; e partiram. 13 Porém um homem que conseguiu escapar veio e contou tudo a Abrão, o hebreu. Este morava junto dos carvalhais de Manre, o amorreu, irmão de Escol e de Aner, os quais eram aliados de Abrão.

14 Quando Abrão soube que o seu sobrinho estava preso, fez sair trezentos e dezoito homens dos mais capazes, nascidos em sua casa, e perseguiu os inimigos até Dã. 15 E, de noite, Abrão dividiu os seus homens em grupos, derrotou os inimigos e os perseguiu até Hobá, que fica ao norte de Damasco. 16 Trouxe de novo todos os bens, e também o seu sobrinho Ló, os bens dele, e ainda as mulheres, e o povo.

MELQUISEDEQUE ABENÇOA ABRÃO

17 Quando Abrão regressava, depois de derrotar Quedorlaomer e os reis que estavam com ele, o rei de Sodoma foi ao encontro dele no vale de Savé, que é o vale do Rei. 18 E Melquisedeque, rei de Salém, trouxe pão e vinho. Ele era sacerdote do Deus Altíssimo. 19 Ele abençoou Abrão e disse:

"Abrão seja abençoado
  pelo Deus Altíssimo,
que criou os céus e a terra.
20 E bendito seja o Deus Altíssimo,
que entregou os adversários
  de você nas suas mãos."

E Abrão deu a Melquisedeque o dízimo de tudo.

21 Então o rei de Sodoma disse a Abrão:

— Dê-me as pessoas e fique com os bens para você.

22 Mas Abrão lhe respondeu:

— Juro pelo Senhor, o Deus Altíssimo, que criou os céus e a terra, 23 que nada tomarei de tudo o que é seu, nem um fio, nem uma correia de sandália, para que você não diga: "Fui eu que enriqueci Abrão." 24 Nada quero para mim, a não ser o que os rapazes comeram e a parte que toca a Aner, Escol e Manre, os homens que foram comigo; que estes fiquem com a parte deles.

DEUS FAZ UMA ALIANÇA COM ABRÃO

15 1 Depois destes acontecimentos, a palavra do Senhor veio a Abrão, numa visão, dizendo:

— Não tenha medo, Abrão, eu sou o seu escudo, e lhe darei uma grande recompensa.

2 Abrão respondeu:

— Senhor Deus, que me darás, se continuo sem filhos e o herdeiro da minha casa é o damasceno Eliézer?

3 Abrão continuou:

— Tu não me deste descendência, e um servo nascido na minha casa será o meu herdeiro.

4 E eis que a palavra do Senhor veio a ele, dizendo:

— Esse não será o seu herdeiro. Pelo contrário, aquele que será gerado por você, esse será o seu herdeiro.

5 Então o Senhor levou-o para fora e disse:

— Olhe para os céus e conte as estrelas, se puder contá-las.

E lhe disse:
— Assim será a sua posteridade.
6 Abrão creu no SENHOR, e isso lhe foi atri-
buído para justiça.
7 O SENHOR disse também:
— Eu sou o SENHOR que o tirei de Ur dos cal-
deus, para lhe dar esta terra como herança.
8 Mas Abrão perguntou:
— Senhor DEUS, como saberei que vou her-
dar essa terra?
9 O SENHOR respondeu:
— Traga-me uma novilha, uma cabra e um
cordeiro, cada qual de três anos, uma roli-
nha e um pombinho.
10 Abrão trouxe todos esses animais, cor-
tou-os pelo meio e pôs as metades umas
diante das outras. As aves, porém, não cortou
pelo meio. 11 Aves de rapina desciam sobre
os cadáveres, porém Abrão as enxotava.
12 Ao pôr do sol, um profundo sono caiu
sobre Abrão, e grande pavor e densas tre-
vas tomaram conta dele. 13 Então o SENHOR
lhe disse:
— Fique sabendo, com certeza, que a sua
posteridade será peregrina em terra alheia,
será reduzida à escravidão e será afligida
durante quatrocentos anos. 14 Mas eu casti-
garei a nação que os escravizar. Depois eles
sairão com muitas riquezas. 15 E você irá para
junto de seus pais em paz; será sepultado em
boa velhice. 16 Na quarta geração, voltarão
para cá; porque a medida da iniquidade dos
amorreus ainda não se encheu.
17 Quando o sol se pôs e houve densas
trevas, eis que um fogareiro fumegante e
uma tocha de fogo passaram entre aqueles
pedaços dos animais. 18 Naquele mesmo dia,
o SENHOR fez aliança com Abrão, dizendo:
— À sua descendência dei esta terra, desde
o rio do Egito até o grande rio Eufrates: 19 a
terra dos queneus, dos quenezeus, dos cad-
moneus, 20 dos heteus, dos ferezeus, dos
refains, 21 dos amorreus, dos cananeus,
dos girgaseus e dos jebuseus.

SARAI E AGAR

16 1 Ora, Sarai, mulher de Abrão, não
lhe dava filhos. Mas tinha uma
serva egípcia, chamada Agar. 2 Então Sarai
disse a Abrão:
— Eis que o SENHOR me impediu de dar
à luz filhos. Tome, pois, a minha serva;
talvez assim eu possa ter filhos por meio
dela.
E Abrão concordou com o plano de Sarai.
3 Então Sarai, mulher de Abrão, tomou
Agar, sua serva egípcia, e a deu por mulher
a Abrão, seu marido, depois que ele já estava
morando durante dez anos na terra de Canaã.
4 Ele teve relações com Agar, e ela ficou grá-
vida. Ao saber que estava grávida, Agar
começou a olhar com desprezo para a
sua senhora. 5 Então Sarai disse a Abrão:
— Seja sobre você a afronta que é feita a
mim. Eu mesma pus a minha serva em seus
braços; ela, porém, vendo que engravidou,
me olha com desprezo. Que o SENHOR julgue
entre mim e você.
6 Abrão respondeu a Sarai:
— Você continua a ter controle sobre a
sua serva. Faça com ela o que melhor lhe
parecer.
Então Sarai a humilhou, e Agar fugiu da
presença dela.
7 Quando o Anjo do SENHOR a encontrou
junto a uma fonte de água no deserto,
junto à fonte no caminho de Sur, 8 pergun-
tou-lhe:
— Agar, serva de Sarai, de onde você vem
e para onde vai?
Ela respondeu:
— Fujo da presença de Sarai, minha
senhora.
9 Então o Anjo do SENHOR lhe disse:
— Volte para a sua senhora e sujeite-se
a ela.
10 E o Anjo do SENHOR disse também:
— Aumentarei em muito a sua descen-
dência, de maneira que, de tão numerosa,
não poderá ser contada.
11 E o Anjo do SENHOR continuou:
— Você está grávida e dará à luz um filho,
a quem chamará Ismael, porque o SENHOR
ouviu o seu grito de aflição. 12 Ele será, entre
os homens, como um jumento selvagem;
a sua mão será contra todos, e a mão de
todos será contra ele; e habitará diante
de todos os seus irmãos.
13 Então Agar deu ao SENHOR, que havia
falado com ela, o nome de "Tu és o Deus
que vê". Porque ela dizia: "Neste lugar eu
olhei para Aquele que me vê!" 14 Por isso,
aquele poço se chama Beer-Laai-Roi. Fica
entre Cades e Berede.

O NASCIMENTO DE ISMAEL

15 Agar deu à luz um filho a Abrão; e Abrão
chamou de Ismael o filho que Agar lhe deu.
16 Abrão tinha oitenta e seis anos, quando
Agar lhe deu à luz Ismael.

A ALIANÇA E A CIRCUNCISÃO

17 1 Quando Abrão atingiu a idade de
noventa e nove anos, o Senhor apa-
receu a ele e disse:
— Eu sou o Deus Todo-Poderoso; ande na
minha presença e seja perfeito. 2 Farei uma
aliança entre mim e você e darei a você
uma descendência muito numerosa.
3 Abrão se prostrou com o rosto em terra
e Deus lhe falou:
4 — Quanto a mim, esta é a minha aliança
com você: você será pai de muitas nações.
5 O seu nome não será mais Abrão, e sim
Abraão, porque eu o constituí pai de muitas
nações. 6 Farei com que você seja extraordi-
nariamente fecundo. De você farei surgir
nações, e reis procederão de você. 7 Estabe-
lecerei uma aliança entre mim e você e a sua
descendência no decurso das suas gerações,
aliança perpétua, para ser o seu Deus e o
Deus da sua descendência. 8 Darei a você e
à sua descendência a terra onde agora você
é estrangeiro, toda a terra de Canaã, como
propriedade perpétua, e serei o Deus deles.
9 Deus disse ainda a Abraão:
— Guarde a minha aliança, você e a sua
descendência no decurso das suas gerações.
10 Esta é a aliança que vocês guardarão entre
mim e vocês e a sua descendência: todos do
sexo masculino que estão no meio de vocês
deverão ser circuncidados. 11 Vocês devem
circuncidar a carne do prepúcio e isso ser-
virá como sinal de aliança entre mim e vocês.
12 O menino que tem oito dias será circunci-
dado entre vocês. Todos do sexo masculino
nas suas gerações devem ser circuncidados,
também o escravo nascido em casa e o com-
prado de qualquer estrangeiro, que não for
da sua linhagem. 13 Deve ser circuncidado
o que nasceu em sua casa e o que você
comprou com dinheiro. A minha aliança
estará na carne de vocês e será aliança per-
pétua. 14 O incircunciso, que não tiver sido
circuncidado na carne do prepúcio, deve ser
eliminado do meio do seu povo, pois que-
brou a minha aliança.

DEUS MUDA O NOME DE SARAI

15 Deus disse a Abraão:
— A Sarai, sua mulher, você não chamará
mais de Sarai, porém de Sara. 16 Eu a aben-
çoarei e darei a você um filho que nascerá
dela. Sim, eu a abençoarei, e ela se tornará
nações; reis de povos procederão dela.
17 Então Abraão se prostrou com o rosto
em terra, e riu, dizendo consigo mesmo:
"Pode nascer um filho a um homem de cem
anos? E será que Sara, com os seus noventa
anos, ainda poderá dar à luz?"
18 Então Abraão disse para Deus:
— Quem dera que Ismael vivesse sob a
tua bênção!
19 Deus lhe respondeu:
— Na verdade, Sara, a sua mulher, lhe
dará um filho, e você o chamará de Isa-
que. Estabelecerei com ele a minha aliança,
aliança perpétua para a sua descendên-
cia. 20 Quanto a Ismael, eu ouvi o pedido
que você me fez: vou abençoá-lo, farei
com que seja fecundo e o multiplicarei
extraordinariamente; ele será pai de doze
príncipes, e dele farei uma grande nação.
21 Mas a minha aliança eu estabelecerei
com Isaque, o filho que Sara dará à luz
para você, neste mesmo tempo, daqui a
um ano.
22 Quando acabou de falar com Abraão,
Deus se retirou dele, elevando-se.

A INSTITUIÇÃO DA CIRCUNCISÃO

23 Naquele mesmo dia, Abraão tomou
o seu filho Ismael, e todos os escravos
nascidos em sua casa, e todos os que ele
tinha comprado com o seu dinheiro, todos
os do sexo masculino que havia em sua
casa, e circuncidou a carne do prepúcio
de cada um, como Deus lhe havia orde-
nado. 24 Abraão tinha noventa e nove
anos de idade quando foi circuncidado
na carne do seu prepúcio. 25 Ismael, seu
filho, tinha treze anos quando foi circunci-
dado na carne do seu prepúcio. 26 Abraão e
seu filho, Ismael, foram circuncidados no
mesmo dia. 27 E também foram circuncida-
dos todos os homens de sua casa, tanto os
escravos nascidos nela como os comprados
de estrangeiros.

DEUS PROMETE UM FILHO A ABRAÃO

18 1 O SENHOR apareceu a Abraão nos carvalhais de Manre, quando ele estava assentado à entrada da tenda, no maior calor do dia. 2 Abraão levantou os olhos, olhou, e eis que três homens estavam em pé diante dele. Ao vê-los, Abraão correu da porta da tenda ao encontro deles, prostrou-se em terra 3 e disse:

— Senhor meu, se eu puder obter favor diante de seus olhos, peço que não passe adiante sem ficar um pouco com este seu servo. 4 Vou pedir que se traga um pouco de água, para que lavem os pés e descansem debaixo desta árvore. 5 Trarei um pouco de comida, para que refaçam as forças, visto que chegaram até este servo de vocês; depois, poderão seguir adiante.

Responderam:

— Faça como você disse.

6 Abraão correu para a tenda de Sara e lhe disse:

— Amasse depressa três medidas da melhor farinha e faça pão.

7 Abraão, por sua vez, correu ao gado, pegou um novilho tenro e bom, e o entregou a um empregado, que se apressou em prepará-lo. 8 Pegou também coalhada e leite e o novilho que tinha mandado preparar e pôs tudo diante deles; e permaneceu em pé junto a eles debaixo da árvore; e eles comeram. 9 Então lhe perguntaram:

— Onde está Sara, a sua mulher?

Ele respondeu:

— Está aí na tenda.

10 Um deles disse:

— Certamente voltarei a você, daqui a um ano; e Sara, a sua mulher, dará à luz um filho.

Sara estava escutando, à porta da tenda, atrás de Abraão. 11 Abraão e Sara já eram velhos, avançados em idade; e a Sara já lhe havia cessado o costume das mulheres. 12 Por isso Sara riu em seu íntimo, dizendo consigo mesma:

— Depois de velha, e velho também o meu senhor, terei ainda prazer?

13 Então o SENHOR perguntou a Abraão:

— Por que Sara riu, dizendo: "Será verdade que darei ainda à luz, sendo velha?" 14 Por acaso, existe algo demasiadamente difícil para o SENHOR? Daqui a um ano, neste mesmo tempo, voltarei a você, e Sara terá um filho.

15 Então Sara teve medo e negou, dizendo:

— Eu não ri.

Ele, porém, disse:

— Não é verdade; é certo que você riu.

ABRAÃO INTERCEDE POR SODOMA

16 Quando aqueles homens se levantaram dali, olharam para Sodoma; e Abraão ia com eles, para os encaminhar. 17 O SENHOR disse:

— Será que eu devo esconder de Abraão o que estou para fazer, 18 visto que Abraão certamente virá a ser uma grande e poderosa nação, e nele serão benditas todas as nações da terra? 19 Porque eu o escolhi para que ordene aos seus filhos e a sua casa depois dele, a fim de que guardem o caminho do SENHOR e pratiquem a justiça e o juízo, para que o SENHOR faça vir sobre Abraão o que lhe prometeu.

20 Então o SENHOR disse:

— O clamor contra Sodoma e Gomorra tem aumentado, e o seu pecado é gravíssimo. 21 Descerei e verei se, de fato, o que têm praticado corresponde a esse clamor que veio até mim. E, se este não for o caso, eu ficarei sabendo.

22 Assim, aqueles homens partiram dali e foram para Sodoma; mas Abraão ainda permaneceu na presença do SENHOR. 23 E, aproximando-se, Abraão perguntou:

— Será que vais destruir o justo com o ímpio? 24 Se houver, por acaso, cinquenta justos na cidade, ainda assim destruirás e não pouparás o lugar por amor dos cinquenta justos que nela se encontram? 25 Longe de ti fazeres tal coisa: matar o justo com o ímpio, como se o justo fosse igual ao ímpio. Longe de ti! Será que o Juiz de toda a terra não faria justiça?

26 Então o SENHOR disse:

— Se eu encontrar cinquenta justos dentro da cidade de Sodoma, pouparei a cidade toda por amor a eles.

27 Abraão continuou:

— Eis que me atrevi a falar ao Senhor, eu que sou pó e cinza. 28 Caso faltarem cinco para cinquenta justos, destruirás por isso toda a cidade?

Deus continua recrutando homens e mulheres simples e vulneráveis.

Deus respondeu:
— Não a destruirei se eu encontrar ali qua-
renta e cinco.
29 Então Abraão disse:
— E se, por acaso, houver ali apenas
quarenta?
Deus respondeu:
— Não o farei por amor aos quarenta.
30 Abraão insistiu:
— Não se ire o Senhor, se eu continuar a
falar. E se houver ali apenas trinta?
O SENHOR respondeu:
— Não o farei se eu encontrar ali trinta.
31 Abraão continuou:
— Eis que me atrevi a falar ao Senhor. E se,
por acaso, houver ali apenas vinte?
O SENHOR respondeu:
— Não a destruirei por amor aos vinte.
32 Finalmente Abraão disse:
— Não se ire o Senhor, se lhe falo somente
mais esta vez. E se, por acaso, houver ali
apenas dez?
O SENHOR respondeu:
— Não a destruirei por amor aos dez.
33 Quando acabou de falar com Abraão,
o SENHOR se retirou, e Abraão voltou para
onde estava antes.

LÓ RECEBE EM SUA CASA OS DOIS ANJOS

19 1 Ao anoitecer, os dois anjos chegaram
a Sodoma. Ló estava sentado junto
ao portão da cidade. Quando viu os anjos,
levantou-se e, indo ao encontro deles, pros-
trou-se com o rosto em terra 2 e lhes disse:
— Por favor, meus senhores, venham para
a casa deste servo de vocês. Poderão passar
a noite, lavar os pés, levantar-se de madru-
gada e seguir o seu caminho.
Mas eles responderam:
— Não; passaremos a noite na praça.
3 Ló insistiu tanto, que eles foram e entra-
ram na casa dele. Deu-lhes um banquete, fez
assar uns pães sem fermento, e eles come-
ram. 4 Mas, antes que eles se deitassem, os
homens daquela cidade cercaram a casa.
Eram os homens de Sodoma, tanto os moços
como os velhos, sim, todo o povo de todos
os lados. 5 E chamaram Ló e lhe disseram:
— Onde estão os homens que, à noitinha,
entraram na sua casa? Traga-os aqui fora
para que abusemos deles.
6 Então Ló foi até a porta, fechou-a atrás
de si 7 e lhes disse:
— Meus irmãos, peço-lhes que não come-
tam essa maldade. 8 Olhem aqui! Tenho
duas filhas, virgens, e vou trazê-las para
vocês. Façam com elas o que quiserem,
porém não façam nada a estes homens, por-
que se acham sob a proteção do meu teto.
9 Eles, porém, disseram:
— Saia daí!
E acrescentaram:
— Ele é estrangeiro, veio morar entre nós
e pretende ser juiz em tudo? Vamos fazer
com você pior do que com eles.
E atiraram-se contra o homem, contra Ló,
e se aproximaram para arrombar a porta.
10 Porém os homens, estendendo a mão,
puxaram Ló para dentro e fecharam a
porta. 11 E feriram de cegueira os que esta-
vam do lado de fora, desde o menor até o
maior, de modo que se cansaram à procura
da porta.
12 Então os homens disseram a Ló:
— Você tem aqui mais alguém dos seus?
Genro, filhos, filhas, todos quantos você
tem na cidade, faça-os sair daqui, 13 pois
vamos destruir este lugar, porque o seu
clamor tem aumentado, chegando até a
presença do SENHOR, e o SENHOR nos enviou
a destruí-lo.
14 Então Ló saiu e foi falar com os seus
genros, os que estavam para casar com as
suas filhas. Ele disse:
— Levantem-se e saiam deste lugar, por-
que o SENHOR vai destruir a cidade.
Mas eles pensaram que Ló estava brin-
cando.
15 Ao amanhecer, os anjos apressaram Ló,
dizendo:
— Levante-se, pegue a sua mulher e as
suas duas filhas, que aqui se encontram,
e saia daqui, para que você não morra
quando a cidade for castigada.
16 Como, porém, ele se demorasse, aque-
les homens o pegaram pela mão, a ele, a sua
mulher e as duas filhas, sendo-lhe o SENHOR
misericordioso, e o tiraram, e o puseram fora
da cidade. 17 Havendo-os levado para fora,
um deles disse:
— Corra, para sair daqui com vida! Não
olhe para trás, nem pare em toda a campina.
Fuja para o monte, para que você não morra.

18 Mas Ló disse a eles:

— Assim não, meu Senhor! 19 Eis que o teu servo encontrou favor diante dos teus olhos, e engrandeceste a tua misericórdia para comigo, salvando-me a vida. Mas não posso fugir para o monte, pois receio que a destruição vá me alcançar, e eu morra. 20 Eis aqui perto uma cidadezinha para a qual eu posso fugir. Ela é bem pequena. Permite que eu fuja para lá — ela é bem pequena, não é verdade? —, e nela poderei salvar a minha vida.

21 O anjo respondeu:

— Quanto a isso, estou de acordo, para não destruir a cidade de que você acaba de falar. 22 Vá depressa e refugie-se nela; pois nada posso fazer, enquanto você não tiver chegado lá. Por isso, a cidade recebeu o nome de Zoar.

A DESTRUIÇÃO DE SODOMA E GOMORRA

23 O sol estava nascendo sobre a terra, quando Ló entrou em Zoar. 24 Então o SENHOR fez chover enxofre e fogo sobre Sodoma e Gomorra. Isso veio da parte do SENHOR, desde os céus. 25 Ele destruiu aquelas cidades, e toda a campina, e todos os moradores das cidades, e o que nascia na terra. 26 E a mulher de Ló olhou para trás e virou uma estátua de sal.

27 Na manhã seguinte, Abraão se levantou de madrugada e foi para o lugar onde tinha estado na presença do SENHOR. 28 Abraão olhou para Sodoma e Gomorra e para toda a terra da campina e viu que da terra subia fumaça, como se fosse a fumaça de uma fornalha.

29 Assim, quando destruiu as cidades da campina, Deus se lembrou de Abraão e tirou Ló do meio da destruição, quando subverteu as cidades em que Ló tinha morado.

A ORIGEM DOS MOABITAS E DOS AMONITAS

30 Ló partiu de Zoar e habitou no monte, ele e as duas filhas, porque receavam permanecer em Zoar. Ló habitou numa caverna, e com ele as duas filhas. 31 Então a primogênita disse à mais moça:

— Nosso pai está velho, e não há homem na terra que venha unir-se conosco, segundo o costume de toda terra. 32 Venha, vamos embebedá-lo com vinho, deitemo-nos com ele e conservemos a descendência de nosso pai.

33 Naquela noite, deram de beber vinho a seu pai. E, entrando a primogênita, se deitou com ele, sem que ele o notasse, nem quando ela se deitou, nem quando se levantou. 34 No dia seguinte, a primogênita disse à mais nova:

— Ontem à noite, deitei-me com o meu pai. Vamos embebedá-lo também esta noite; entre e deite-se com ele, para que preservemos a descendência de nosso pai.

35 De novo, naquela noite, deram de beber vinho a seu pai. E, entrando a mais nova, se deitou com ele, sem que ele o notasse, nem quando ela se deitou, nem quando se levantou.

36 E assim as duas filhas de Ló ficaram grávidas do próprio pai. 37 A primogênita deu à luz um filho e lhe deu o nome de Moabe. Este é o pai dos moabitas, até o dia de hoje. 38 A mais nova também deu à luz um filho e lhe deu o nome de Ben-Ami. Este é o pai dos amonitas, até o dia de hoje.

ABRAÃO E ABIMELEQUE

20 1 Abraão partiu dali e foi para a terra do Neguebe. Habitou entre Cades e Sur e morou em Gerar. 2 Abraão dizia que Sara, a mulher dele, era sua irmã. Então Abimeleque, rei de Gerar, mandou buscá-la. 3 Deus, porém, veio a Abimeleque em sonhos de noite e lhe disse:

— Você vai ser castigado com a morte por causa da mulher que tomou, porque ela tem marido.

4 Ora, Abimeleque ainda não havia se aproximado de Sara e por isso disse:

— Senhor, matarás até uma nação inocente? 5 Não foi ele mesmo que me disse: "É minha irmã"? E ela também me disse: "Ele é meu irmão." Com sinceridade de coração e na minha inocência foi que eu fiz isso.

6 Deus respondeu-lhe em sonho:

— Bem sei que com sinceridade de coração você fez isso. Por isso impedi que você pecasse contra mim e não permiti que você tocasse nela. 7 Agora devolva a mulher a seu marido, pois ele é profeta e intercederá por você, e você viverá. Mas, se não a devolver, saiba que você certamente morrerá, você e tudo o que é seu.

8 Abimeleque levantou-se de madru-
gada, chamou todos os seus servos e lhes
contou todas essas coisas. E os homens
ficaram com muito medo. 9 Então Abime-
leque chamou Abraão e lhe disse:
— O que é isso que você fez conosco?
Em que foi que pequei contra você, para que
você trouxesse tamanho pecado sobre mim
e sobre o meu reino? O que você me fez é
coisa que não se deve fazer.
10 E Abimeleque perguntou a Abraão:
— O que é que levou você a fazer uma
coisa dessas?
11 Abraão respondeu:
— É que eu pensei: "Certamente não há
temor de Deus neste lugar, e eles me mata-
rão por causa de minha mulher." 12 Por outro
lado, ela é, de fato, minha irmã por parte de
pai, embora não por parte de mãe; e veio a
ser minha mulher. 13 Quando Deus me fez
sair da casa de meu pai para andar errante
por aí, eu disse a ela: "Este é o favor que você
me fará: em todo lugar para onde formos
você dirá que eu sou o seu irmão."
14 Então Abimeleque tomou ovelhas,
bois, servos e servas e os deu a Abraão; e
lhe devolveu Sara, sua mulher. 15 Abimele-
que disse:
— A minha terra está diante de você; more
onde melhor lhe parecer.
16 E a Sara ele disse:
— Dei mil moedas de prata ao seu irmão,
como compensação por tudo o que acon-
teceu com você; e diante de todos você
está justificada.
17 Abraão intercedeu junto a Deus e ele
curou Abimeleque, a mulher e as servas
dele, de modo que elas pudessem ter filhos.
18 Porque o Senhor havia tornado estéreis
todas as mulheres da casa de Abimeleque,
por causa de Sara, mulher de Abraão.

O NASCIMENTO DE ISAQUE

21 1 O Senhor visitou Sara, como tinha
dito, e cumpriu o que lhe havia pro-
metido. 2 Sara ficou grávida e deu à luz um
filho a Abraão na sua velhice, no tempo
determinado, de que Deus lhe havia falado.
3 Ao filho que lhe nasceu, que Sara lhe
dera à luz, Abraão deu o nome de Isaque.
4 Abraão circuncidou o seu filho Isaque,
quando ele tinha oito dias, segundo Deus
lhe havia ordenado. 5 Abraão tinha cem
anos quando lhe nasceu Isaque, seu filho.
6 E Sara disse:
— Deus me deu motivo de riso. E todo
aquele que ouvir isso vai rir comigo.
7 E acrescentou:
— Quem diria a Abraão que Sara ainda
amamentaria um filho? Pois na sua velhice
lhe dei um filho.
8 Isaque cresceu e foi desmamado. Nesse
dia em que o menino foi desmamado,
Abraão deu um grande banquete.

AGAR NO DESERTO

9 Sara viu que o filho que Agar, a egípcia,
teve com Abraão estava zombando de Isa-
que. 10 Então Sara disse a Abraão:
— Mande embora essa escrava e o filho
dela, porque o filho dessa escrava não será
herdeiro com o meu filho Isaque.
11 Abraão ficou muito incomodado com
isso, por causa de seu filho. 12 Mas Deus
disse a Abraão:
— Não fique incomodado por causa do
menino e por causa da escrava. Faça tudo o
que Sara disser, porque por meio de Isaque
será chamada a sua descendência. 13 Mas
também do filho da escrava farei uma
grande nação, porque ele é seu descendente.
14 Na manhã seguinte, Abraão levantou-
-se de madrugada, pegou pão e um odre
de água, pôs tudo sobre as costas de Agar,
deu-lhe o menino e a despediu. Ela saiu, an-
dando sem rumo pelo deserto de Berseba.
15 Quando acabou a água que havia no
odre, Agar colocou o menino debaixo de
um dos arbustos. 16 E, afastando-se, foi sen-
tar-se em frente, à distância de um tiro de
arco, porque dizia:
— Assim, não verei o menino morrer.
E, sentando-se em frente dele, levantou
a voz e chorou. 17 Deus, porém, ouviu a voz
do menino. E, do céu, o Anjo de Deus cha-
mou Agar e lhe disse:
— O que é que você tem, Agar? Não tenha
medo, porque Deus ouviu a voz do menino,
aí onde ele está. 18 Ponha-se em pé, levante
o menino e segure-o pela mão, porque eu
farei dele um grande povo.
19 Então Deus lhe abriu os olhos, e ela viu
um poço de água. E, indo até o poço, encheu
o odre de água, e deu de beber ao menino.

20 Deus estava com o menino, que cresceu, morou no deserto e se tornou flecheiro. 21 Ele morava no deserto de Parã, e a sua mãe o casou com uma mulher da terra do Egito.

ABRAÃO FAZ ALIANÇA COM ABIMELEQUE

22 Por esse tempo, Abimeleque e Ficol, comandante do seu exército, disseram a Abraão:

— Deus está com você em tudo o que você faz. 23 Portanto, aqui neste lugar, jure por Deus que você não enganará a mim, nem a meu filho, nem a meu neto, e que tratará a mim e a terra em que você tem morado com a mesma bondade com que eu tratei você.

24 Abraão respondeu:

— Eu juro.

25 Mas Abraão repreendeu Abimeleque por causa de um poço de água que os servos deste haviam tomado à força. 26 Abimeleque disse:

— Não sei quem fez isso. Além do mais, você nunca me falou nada e eu não tinha ouvido nada a respeito, a não ser hoje.

27 Então Abraão pegou ovelhas e bois e os deu a Abimeleque. E os dois fizeram uma aliança. 28 Abraão pôs à parte sete cordeiras do rebanho. 29 Abimeleque perguntou a Abraão:

— Que significam as sete cordeiras que você pôs à parte?

30 Abraão respondeu:

— Você receberá das minhas mãos as sete cordeiras, para que me sirvam de testemunho de que eu cavei este poço.

31 Por isso aquele lugar foi chamado de Berseba, porque ali os dois fizeram um juramento. 32 Assim, fizeram aliança em Berseba. Depois Abimeleque e Ficol, comandante do seu exército, voltaram para as terras dos filisteus. 33 Abraão plantou uma tamargueira em Berseba e invocou ali o nome do SENHOR, o Deus Eterno. 34 E por muito tempo Abraão morou na terra dos filisteus.

DEUS PÕE ABRAÃO À PROVA

22 1 Depois dessas coisas, Deus pôs Abraão à prova e lhe disse:

— Abraão!

Este lhe respondeu:

— Eis-me aqui!

2 Deus continuou:

— Pegue o seu filho, seu único filho, Isaque, a quem você ama, e vá à terra de Moriá. Ali, ofereça-o em holocausto, sobre um dos montes, que eu lhe mostrar.

3 Na manhã seguinte, Abraão levantou-se de madrugada e, tendo preparado o seu jumento, levou consigo dois dos seus servos e Isaque, seu filho. Rachou lenha para o holocausto e foi para o lugar que Deus lhe havia indicado.

4 No terceiro dia, Abraão ergueu os olhos e viu o lugar de longe. 5 Então disse aos servos:

— Esperem aqui com o jumento. Eu e o rapaz iremos até lá e, depois de termos adorado, voltaremos para junto de vocês.

6 Abraão pegou a lenha do holocausto e a colocou sobre Isaque, seu filho. Ele, por sua vez, levava nas mãos o fogo e a faca. Assim, os dois caminhavam juntos. 7 Isaque rompeu o silêncio e disse a Abraão, seu pai:

— Meu pai!

Abraão respondeu:

— Eis-me aqui, meu filho!

Isaque perguntou:

— Eis aqui o fogo e a lenha, mas onde está o cordeiro para o holocausto?

8 Abraão respondeu:

— Deus proverá para si o cordeiro para o holocausto, meu filho.

E os dois seguiam juntos.

9 Chegaram ao lugar que Deus lhe havia indicado. Ali Abraão edificou um altar, arrumou a lenha sobre ele, amarrou Isaque, seu filho, e o deitou no altar, em cima da lenha. 10 E, estendendo a mão, pegou a faca para sacrificar o seu filho. 11 Mas do céu o Anjo do SENHOR o chamou:

— Abraão! Abraão!

Ele respondeu:

— Eis-me aqui!

12 Então lhe disse:

— Não estenda a mão sobre o menino e não faça nada a ele, pois agora sei que você teme a Deus, porque não me negou o seu filho, o seu único filho.

13 Abraão ergueu os olhos e viu atrás de si um carneiro preso pelos chifres entre os arbustos. Abraão pegou o carneiro e o ofereceu em holocausto, em lugar de seu filho. 14 E Abraão deu àquele lugar o nome

de "O Senhor Proverá". Daí dizer-se até o dia de hoje: "No monte do Senhor se proverá."

15 Então do céu pela segunda vez o Anjo do Senhor chamou Abraão 16 e disse:

— Porque você fez isso e não me negou o seu filho, o seu único filho, juro por mim mesmo, diz o Senhor, 17 que certamente o abençoarei e multiplicarei a sua descendência como as estrelas dos céus e como a areia que está na praia do mar. Sua descendência tomará posse das cidades dos seus inimigos. 18 Na sua descendência serão benditas todas as nações da terra, porque você obedeceu à minha voz.

19 Então Abraão voltou para onde estavam os seus servos, e, juntos, foram para Berseba, onde fixou residência.

DESCENDÊNCIA DE NAOR

20 Passadas essas coisas, foram dizer a Abraão que Milca também tinha dado à luz filhos a Naor, irmão de Abraão: 21 Uz, o primogênito, Buz, seu irmão, Quemuel, pai de Arã, 22 Quésede, Hazo, Pildas, Jidlafe e Betuel. 23 Betuel gerou Rebeca. Milca deu esses oito filhos a Naor, irmão de Abraão. 24 A concubina de Naor, cujo nome era Reumá, lhe deu também à luz filhos: Teba, Gaã, Taás e Maaca.

A MORTE DE SARA

23 1 Sara viveu cento e vinte e sete anos. 2 Morreu em Quiriate-Arba, que é Hebrom, na terra de Canaã. Abraão veio lamentar Sara e chorar por ela. 3 Depois, Abraão levantou-se da presença da falecida e falou aos filhos de Hete:

4 — Sou estrangeiro e morador entre vocês. Deixem-me adquirir uma sepultura na terra de vocês, para que eu possa sepultar a minha falecida mulher.

5 Os filhos de Hete responderam a Abraão, dizendo:

6 — Escute: o senhor é um príncipe de Deus em nosso meio. Sepulte a falecida numa das nossas melhores sepulturas. Nenhum de nós se recusará a ceder a sua própria sepultura, para que você sepulte a sua falecida.

7 Então Abraão se levantou e se inclinou diante do povo da terra, diante dos filhos de Hete. 8 E lhes falou, dizendo:

— Se é do agrado de vocês que eu sepulte a minha falecida, escutem-me e intercedam por mim junto a Efrom, filho de Zoar, 9 para que ele me ceda a caverna de Macpela, que pertence a ele e que fica no extremo do seu campo. Que ele a entregue a mim pelo devido preço, para que eu tenha uma sepultura entre vocês.

10 Ora, Efrom, o heteu, estava sentado no meio dos filhos de Hete. Ele respondeu a Abraão, de maneira que pudesse ser ouvido pelos filhos de Hete, a saber, por todos os que entravam pelo portão da cidade:

11 — De modo nenhum, meu senhor. Escute: eu lhe dou o campo e também a caverna que nele está. Na presença dos filhos do meu povo eu lhe dou isso; sepulte a sua falecida.

12 Então Abraão se inclinou diante do povo da terra 13 e falou a Efrom, na presença do povo da terra, dizendo:

— Mas, se você concorda, escute: pagarei o preço do campo; aceite-o de mim, e sepultarei ali a minha falecida.

14 Efrom respondeu:

15 — Meu senhor, escute: um terreno que vale quatrocentas barras de prata, que é isso entre mim e você? Sepulte ali a sua falecida.

16 Abraão ouviu Efrom dizer isso e pesou-lhe a prata de que este lhe tinha falado na presença dos filhos de Hete, a saber, quatro quilos e meio de prata, segundo o peso usado entre os mercadores.

17 Assim, o campo de Efrom, que estava em Macpela, em frente de Manre, o campo, a caverna e todo o arvoredo que nele havia, e todo o terreno ao redor 18 passaram a ser propriedade de Abraão, na presença dos filhos de Hete, a saber, de todos os que entravam pelo portão da cidade. 19 Depois, Abraão sepultou Sara, a sua mulher, na caverna do campo de Macpela, em frente de Manre, que é Hebrom, na terra de Canaã. 20 E assim, pelos filhos de Hete, se confirmou a Abraão o direito do campo e da caverna que nele estava, como propriedade para servir de sepultura.

UMA ESPOSA PARA ISAQUE

24 1 Abraão já era velho, de idade bem avançada, e o Senhor o havia abençoado em tudo. 2 Abraão disse ao mais antigo servo da sua casa, que governava tudo o que possuía:

— Ponha a sua mão por baixo da minha coxa, 3 para que eu faça com que você jure

pelo Senhor, Deus do céu e da terra, que você
não buscará uma esposa para o meu filho
entre as filhas dos cananeus, no meio dos
quais estou morando, 4 mas que você irá à
minha parentela e ali buscará uma esposa
para Isaque, meu filho.

5 Então o servo disse:

— Talvez a mulher não queira vir comigo
para esta terra. Nesse caso, devo levar o
seu filho à terra de onde o senhor veio?

6 Abraão respondeu:

— Cuidado! Não faça o meu filho voltar
para lá. 7 O Senhor, Deus do céu, que me
tirou da casa de meu pai e da terra dos
meus parentes, e que me falou, e jurou,
dizendo: "À sua descendência darei esta
terra", ele enviará o seu Anjo adiante de
você, para que lá você encontre uma
esposa para o meu filho. 8 Caso a mulher
não queira vir, você ficará desobrigado do
seu juramento; entretanto, não leve o meu
filho para lá.

9 Com isso, o servo pôs a sua mão por
baixo da coxa de Abraão, seu senhor, e jurou
fazer segundo o resolvido.

10 O servo pegou dez dos camelos do
seu senhor e, levando consigo uma parte
dos bens dele, levantou-se e partiu para
a Mesopotâmia, para a cidade onde Naor
havia morado.

11 Fora da cidade, fez os camelos se ajoe-
lharem junto a um poço de água. Era de
tardinha, a hora em que as moças saem
para tirar água. 12 Então o servo orou:

— Ó Senhor, Deus de meu senhor Abraão,
peço-te que me ajudes hoje e sejas bon-
doso para com o meu senhor Abraão! 13 Eis
que estou ao pé da fonte de água, e as filhas
dos homens desta cidade saem para tirar
água. 14 Concede, pois, que a moça a quem
eu disser: "Incline o cântaro para que eu
beba"; e ela me responder: "Beba, e darei
ainda de beber aos seus camelos", seja a
que designaste para o teu servo Isaque; e
nisso verei que foste bondoso para com o
meu senhor.

15 Antes que ele acabasse de orar, eis que
surgiu Rebeca, filha de Betuel, filho de Milca,
mulher de Naor, irmão de Abraão, trazendo
um cântaro sobre o ombro. 16 A moça era
muito bonita, virgem, a quem nenhum
homem havia possuído. Ela desceu até a
fonte, encheu o seu cântaro e subiu. 17 Então
o servo correu ao encontro dela e disse:

— Peço que me deixe beber um pouco da
água do seu cântaro.

18 Ela respondeu:

— Beba, meu senhor.

E prontamente, baixando o cântaro para
a mão, deu-lhe de beber. 19 Depois de lhe
dar de beber, disse:

— Vou tirar água também para os seus
camelos, até que todos bebam.

20 E, apressando-se em despejar o cân-
taro no bebedouro, correu outra vez ao
poço para tirar mais água; ela tirou água
para todos os camelos. 21 O homem a obser-
vava, em silêncio, atentamente, para saber
se o Senhor teria levado a bom termo a sua
jornada ou não.

22 Quando os camelos acabaram de beber,
o homem pegou um pendente de ouro
pesando seis gramas e duas pulseiras para
as mãos dela, pesando cento e vinte gramas
de ouro. 23 Em seguida perguntou:

— Diga-me: De quem você é filha? Será
que na casa de seu pai haveria lugar para eu
e os que estão comigo passarmos a noite?

24 Ela respondeu:

— Sou filha de Betuel, que é filho de Milca
e de Naor.

25 E acrescentou:

— Temos palha, muito pasto e lugar para
passar a noite.

26 Então o homem se inclinou e adorou o
Senhor. 27 E disse:

— Bendito seja o Senhor, Deus de meu
senhor Abraão, que não retirou a sua bon-
dade e a sua verdade do meu senhor. Quanto
a mim, estando no caminho, o Senhor me
guiou à casa dos parentes do meu senhor.

28 E a moça correu e contou tudo aos da casa
de sua mãe. 29 Ora, Rebeca tinha um irmão,
chamado Labão. Este correu ao encontro
do homem junto à fonte. 30 Acontece que
Labão tinha visto o pendente e as pulseiras
nas mãos de sua irmã e ouvido as palavras
de Rebeca, sua irmã, que dizia: "Ele me falou
assim e assim." Por isso foi até onde ele
estava e o encontrou em pé junto aos came-
los, ao lado da fonte. 31 E Labão disse:

— Entre, bendito do Senhor! Por que você
está aí fora? Já preparei a casa e o lugar para
os camelos.

32 Então o homem entrou na casa. Descarregaram os camelos e lhes deram forragem e pasto. Também trouxeram água para que ele e os homens que estavam com ele lavassem os pés. 33 Puseram comida diante dele. Porém ele disse:

— Não vou comer enquanto não disser o que tenho para dizer.

Labão respondeu:

— Diga.

34 Então ele disse:

— Sou servo de Abraão. 35 O Senhor tem abençoado muito o meu senhor, e ele se tornou um grande homem. O Senhor lhe deu ovelhas e bois, prata e ouro, servos e servas, camelos e jumentos. 36 Sara, mulher do meu senhor, já era idosa quando lhe deu à luz um filho, a quem o meu senhor deu tudo o que tem. 37 E meu senhor me fez jurar, dizendo: "Não busque uma esposa para o meu filho entre as mulheres dos cananeus, em cuja terra estou morando. 38 Pelo contrário, vá à casa de meu pai e à minha família e ali busque uma esposa para o meu filho." 39 Respondi ao meu senhor: "Talvez a mulher não queira me acompanhar." 40 Ele me disse: "O Senhor, em cuja presença eu ando, enviará o seu Anjo com você e levará a bom termo a sua jornada, para que, da minha família e da casa de meu pai, você traga uma esposa para o meu filho. 41 Você estará desobrigado do seu juramento, caso você for até a minha família e eles não quiserem dar a moça a você; neste caso, você estará desobrigado do juramento."

42 — Hoje, pois, quando cheguei à fonte, eu disse: "Ó Senhor, Deus de meu senhor Abraão, leva a bom termo a jornada em que sigo. 43 Eis-me agora junto à fonte de água. A moça que sair para tirar água, a quem eu disser: 'Dê-me um pouco de água do seu cântaro', 44 e ela me responder: 'Beba, e também tirarei água para os seus camelos', seja essa a mulher que o Senhor designou para o filho de meu senhor."

45 — Antes que eu acabasse de orar em meu íntimo, eis que veio Rebeca trazendo o seu cântaro sobre o ombro. Ela desceu à fonte e tirou água. E eu lhe disse: "Peço que me dê de beber." 46 Ela prontamente baixou o cântaro do ombro e disse: "Beba, e também darei de beber aos seus camelos." Bebi, e ela deu de beber aos camelos. 47 Daí lhe perguntei: "De quem você é filha?" Ela respondeu: "Filha de Betuel, que é filho de Naor e Milca." Então lhe pus o pendente no nariz e as pulseiras nas mãos. 48 E, prostrando-me, adorei o Senhor e louvei o Senhor, Deus do meu senhor Abraão, que me havia conduzido por um caminho direito, a fim de encontrar para o filho do meu senhor uma filha do seu parente. 49 Agora, pois, se estiverem dispostos a usar de bondade e de fidelidade para com o meu senhor, digam; do contrário, digam também, para que eu siga o meu caminho, para a direita ou para a esquerda.

50 Labão e Betuel responderam:

— Isto procede do Senhor. Nada temos a dizer, nem a favor nem contra. 51 Aqui está Rebeca; leve-a com você e que ela seja a mulher do filho do seu senhor, segundo a palavra do Senhor Deus.

52 Quando o servo de Abraão ouviu tais palavras, prostrou-se em terra diante do Senhor. 53 Tirou joias de ouro e de prata e vestidos e os deu a Rebeca. Também deu ricos presentes ao irmão e à mãe dela. 54 Depois, comeram e beberam, ele e os homens que estavam com ele, e passaram a noite. De madrugada, quando se levantaram, o servo disse:

— Permitam que eu volte ao meu senhor.

55 Mas o irmão e a mãe da moça disseram:

— Deixe que ela fique conosco mais alguns dias, pelo menos dez; e depois poderá ir.

56 Ele, porém, lhes disse:

— Não me detenham, pois o Senhor me tem levado a bom termo na jornada; deixem que eu volte ao meu senhor.

57 Disseram:

— Vamos chamar a moça para ver o que ela diz.

58 Chamaram, pois, Rebeca e lhe perguntaram:

— Você quer ir com este homem?

Ela respondeu:

— Sim, quero.

59 Então deixaram que Rebeca, a irmã deles, partisse, junto com a sua ama, com o servo de Abraão e os homens que estavam com ele. 60 Abençoaram Rebeca e lhe disseram:

— Que você, nossa irmã, seja a mãe de milhares de milhares, e que a sua descendência tome posse das cidades dos seus inimigos.

61 Então Rebeca se levantou com as suas
servas e, montando os camelos, seguiram o
homem. O servo de Abraão tomou Rebeca
e partiu.

62 Ora, Isaque veio de Beer-Laai-Roi, por-
que morava na terra do Neguebe. 63 Ao cair
da tarde, Isaque saiu para meditar no
campo. Erguendo os olhos, viu, e eis que
vinham camelos. 64 Também Rebeca levan-
tou os olhos e, vendo Isaque, desceu do
camelo, 65 e perguntou ao servo:

— Quem é aquele homem que vem pelo
campo ao nosso encontro?

O servo respondeu:

— É o meu senhor.

Então ela pegou o véu e se cobriu.

66 O servo contou a Isaque todas as coi-
sas que havia feito. 67 Isaque a conduziu
até a tenda de Sara, a mãe dele. Ele tomou
Rebeca, e esta se tornou sua mulher. Ele a
amou; e assim Isaque foi consolado depois
da morte de sua mãe.

DESCENDENTES DE ABRAÃO E QUETURA

1Cr 1.32-33

25 1 Abraão casou com outra mulher, que
se chamava Quetura. 2 Ela lhe deu à
luz Zinrã, Jocsã, Medã, Midiã, Isbaque e Sua.
3 Jocsã gerou Seba e Dedã. Os filhos de Dedã
foram: Assurim, Letusim e Leumim. 4 Os filhos
de Midiã foram: Efá, Éfer, Enoque, Abida e
Elda. Todos estes foram filhos de Quetura.
5 Abraão deu tudo o que tinha a Isaque.
6 Porém, aos filhos das concubinas que tinha,
Abraão deu presentes e, ainda em vida, os
separou de seu filho Isaque, enviando-os
para a terra do Oriente.

A MORTE DE ABRAÃO

7 Os dias da vida de Abraão foram cento e
setenta e cinco anos. 8 Abraão expirou e mor-
reu após uma longa velhice, e foi reunido ao
seu povo. 9 Os filhos dele, Isaque e Ismael,
o sepultaram na caverna de Macpela, no
campo de Efrom, filho de Zoar, o heteu, em
frente de Manre, 10 o campo que Abraão
havia comprado dos filhos de Hete. Ali
foram sepultados Abraão e Sara, sua mulher.

11 Depois da morte de Abraão, Deus aben-
çoou Isaque, o filho dele. Isaque morava
perto de Beer-Laai-Roi.

DESCENDENTES DE ISMAEL

1Cr 1.28-31

12 São estas as gerações de Ismael, filho de
Abraão, que Agar, egípcia, serva de Sara, lhe
deu à luz. 13 Estes são os nomes dos filhos
de Ismael, por ordem de nascimento: o pri-
mogênito de Ismael foi Nebaiote; depois,
Quedar, Abdeel, Mibsão, 14 Misma, Dumá,
Massá, 15 Hadade, Tema, Jetur, Nafis e Que-
demá. 16 Estes são os filhos de Ismael e
estes são os seus nomes pelas suas aldeias
e pelos seus acampamentos: doze prínci-
pes de seus povos. 17 E os anos da vida de
Ismael foram cento e trinta e sete; e mor-
reu e foi reunido ao seu povo. 18 Os filhos
de Ismael habitaram desde Havilá até Sur,
nas imediações do Egito, no caminho para
a Assíria. Ele se estabeleceu diante de todos
os seus irmãos.

DESCENDENTES DE ISAQUE

19 São estas as gerações de Isaque, filho
de Abraão. Abraão gerou Isaque. 20 Ele tinha
quarenta anos quando tomou por esposa
Rebeca, filha de Betuel, o arameu de Padã-
-Arã, e irmã de Labão, o arameu.

21 Isaque orou ao SENHOR por sua mulher,
porque ela era estéril. O SENHOR ouviu as
orações dele, e Rebeca, a mulher de Isaque,
ficou grávida. 22 Os filhos lutavam no ven-
tre dela. Então ela disse: "Por que isso está
acontecendo comigo?" E ela foi consultar o
SENHOR. 23 E o SENHOR lhe respondeu:

"Duas nações estão no seu ventre,
dois povos, nascidos de você,
se dividirão:
um povo será mais forte
do que o outro,
e o mais velho
servirá o mais moço."

24 Cumpridos os dias para que desse à
luz, eis que havia gêmeos no seu ventre.
25 Nasceu o primeiro, ruivo, todo reves-
tido de pelo; por isso, deram-lhe o nome
de Esaú. 26 Depois, nasceu o irmão. Com a
mão segurava o calcanhar de Esaú, e por
isso lhe deram o nome de Jacó. Isaque tinha
sessenta anos quando Rebeca deu à luz.

Deus é especialista em transformar um simples terreno em um empreendimento valioso.

ESAÚ VENDE O SEU DIREITO DE PRIMOGENITURA

27 Cresceram os meninos. Esaú tornou-
-se perito caçador, homem do campo; Jacó,
porém, era homem pacato e morava em
tendas. 28 Isaque amava Esaú, porque se sabo-
reava de sua caça; Rebeca, porém, amava Jacó.
29 Jacó tinha feito um ensopado, quando
Esaú, exausto, veio do campo 30 e lhe disse:
— Por favor, me deixe comer um pouco
da coisa vermelha, essa coisa vermelha aí,
pois estou exausto. (Por isso deram-lhe o
nome de Edom.)
31 Jacó respondeu:
— Primeiro me venda o seu direito de
primogenitura.
32 Ele respondeu:
— Estou morrendo de fome; de que me
vale o direito de primogenitura?
33 Então Jacó disse:
— Primeiro jure.
Esaú jurou e vendeu o seu direito de pri-
mogenitura a Jacó. 34 E Jacó deu a Esaú pão e
o ensopado de lentilhas; ele comeu e bebeu,
levantou-se e saiu. Assim, Esaú desprezou
o seu direito de primogenitura.

ISAQUE NA TERRA DOS FILISTEUS

26 1 Sobreveio fome à terra, assim
como tinha acontecido nos dias de
Abraão. Então Isaque foi a Gerar, encontrar-
-se com Abimeleque, rei dos filisteus.
2 O Senhor apareceu a Isaque e lhe disse:
— Não desça ao Egito, mas fique na terra
que eu lhe indicar. 3 Habite nela, e estarei
com você e o abençoarei. Porque a você e à
sua descendência darei todas estas terras e
confirmarei o juramento que fiz a Abraão, o
seu pai. 4 Multiplicarei a sua descendência
como as estrelas dos céus e a ela darei todas
estas terras. Na sua descendência serão
benditas todas as nações da terra, 5 porque
Abraão obedeceu à minha palavra e guardou
os meus mandamentos, os meus preceitos,
os meus estatutos e as minhas leis.
6 Isaque, pois, ficou em Gerar. 7 Quando
os homens daquele lugar perguntaram a
respeito de sua mulher, ele disse: "É minha
irmã." Ele tinha medo de dizer: "É minha
mulher", porque pensava assim: "Os homens
do lugar me matarão por causa de Rebeca,
porque ela é muito bonita."
8 Depois que Isaque havia permanecido ali
por muito tempo, Abimeleque, rei dos filis-
teus, olhou por uma janela e viu que Isaque
acariciava Rebeca, sua mulher. 9 Então Abi-
meleque chamou Isaque e lhe disse:
— É evidente que ela é a sua mulher! Como
é que você disse que ela era a sua irmã?
Isaque respondeu:
— É que eu pensei que poderiam me
matar por causa dela.
10 Então Abimeleque disse:
— O que é isso que você fez conosco?
Facilmente alguém do povo poderia ter se
deitado com a sua mulher, e você teria tra-
zido culpa sobre nós.
11 Então Abimeleque deu esta ordem a
todo o povo:
— Quem tocar neste homem ou na sua
mulher certamente morrerá.
12 Isaque semeou naquela terra e, no
mesmo ano, recolheu cem por um, porque o
Senhor o abençoava. 13 Ele enriqueceu, conti-
nuou prosperando, ficou riquíssimo. 14 Tinha
ovelhas e bois e grande número de servos,
de maneira que os filisteus tinham inveja
dele. 15 E, por isso, lhe entulharam todos
os poços que os servos de seu pai haviam
cavado, nos dias de Abraão, enchendo-os de
terra. 16 Abimeleque disse a Isaque:
— Saia da nossa terra, porque você já é
muito mais poderoso do que nós.
17 Então Isaque saiu dali e se acampou no
vale de Gerar, onde ficou morando. 18 Isaque
tornou a abrir os poços que haviam sido
cavados nos dias de Abraão, seu pai, por-
que os filisteus os haviam entulhado depois
da morte de Abraão, e lhes deu os mesmos
nomes que o seu pai já lhes tinha dado.
19 Os servos de Isaque cavaram no vale e
acharam um poço de água nascente. 20 Mas
os pastores de Gerar entraram em conflito
com os pastores de Isaque, dizendo:
— Esta água é nossa!
Por isso, Isaque chamou o poço de Eseque,
porque entraram em conflito com ele. 21 Então
cavaram outro poço e também por causa
desse houve conflito. Por isso, recebeu o nome
de Sitna. 22 Partindo dali, Isaque cavou ainda
outro poço. E, como por esse não houve con-
flito, deu-lhe o nome de Reobote. Ele disse:
— Porque agora o Senhor abriu espaço
para nós e vamos prosperar nesta terra.

23 Dali Isaque foi para Berseba. 24 Na mes-
ma noite, o Senhor lhe apareceu e disse:
— Eu sou o Deus de seu pai Abraão. Não
tenha medo, porque eu estou com você. Eu o
abençoarei e multiplicarei a sua descendên-
cia por amor de Abraão, meu servo.
25 Então Isaque levantou ali um altar e,
tendo invocado o nome do Senhor, armou
a sua tenda; e os servos de Isaque abriram
ali um poço.

ISAQUE FAZ ALIANÇA COM ABIMELEQUE

26 Abimeleque, seu amigo Austate e Ficol,
comandante do seu exército, saíram de Gerar
para encontrar Isaque. 27 Isaque perguntou:
— Por que vocês vieram à minha presença,
se me odeiam e me expulsaram do meio
de vocês?
28 Eles responderam:
— Vimos claramente que o Senhor está
com você. Então pensamos que seria bom
se houvesse um juramento entre nós e você.
Queremos fazer uma aliança com você.
29 Você jura que não nos fará mal, assim
como nós também não fizemos nenhum
mal a você, mas fizemos somente o bem e
o deixamos ir em paz. Você é agora o aben-
çoado do Senhor.
30 Então Isaque lhes deu um banquete,
e comeram e beberam. 31 Levantando-se
de madrugada, juraram de parte a parte.
Isaque os despediu, e eles se foram em
paz. 32 Nesse mesmo dia, vieram os servos
de Isaque e, dando-lhe notícia do poço que
tinham cavado, lhe disseram:
— Achamos água.
33 Ao poço, Isaque deu o nome de Seba.
Por isso, Berseba é o nome daquela cidade
até o dia de hoje.
34 Quando Esaú tinha quarenta anos de
idade, tomou por esposa Judite, filha de
Beeri, heteu, e Basemate, filha de Elom,
heteu. 35 Essas duas se tornaram amargura
de espírito para Isaque e para Rebeca.

ISAQUE ABENÇOA JACÓ

27 1 Quando Isaque envelheceu e os
seus olhos se enfraqueceram, a
ponto de não mais poder ver, chamou Esaú,
seu filho mais velho, e lhe disse:
— Meu filho!
Esaú respondeu:
— Aqui estou!
2 O pai lhe disse:
— Estou velho e não sei o dia da minha
morte. 3 Pegue agora as suas armas, a sua
aljava e o seu arco, vá ao campo e apanhe
para mim alguma caça. 4 Faça uma comida
saborosa, como eu aprecio, e traga aqui
para mim, para que eu coma e abençoe
você antes que eu morra.
5 Rebeca esteve escutando enquanto Isa-
que falava com Esaú, seu filho. E Esaú foi
ao campo para apanhar a caça e trazê-la.
6 Então Rebeca disse a Jacó, seu filho:
— Ouvi seu pai falar com Esaú, o seu
irmão. Ele disse: 7 "Traga uma caça e faça
uma comida saborosa para mim, para
que eu coma e o abençoe na presença do
Senhor, antes que eu morra." 8 Agora, meu
filho, escute as minhas palavras e faça o que
lhe ordeno. 9 Vá ao rebanho e traga-me dois
bons cabritos. Deles farei uma saborosa
comida para o seu pai, como ele aprecia.
10 Você a levará ao seu pai, para que a coma
e o abençoe, antes que ele morra.
11 Mas Jacó disse a Rebeca, sua mãe:
— Esaú, meu irmão, é um homem peludo,
e eu sou um homem de pele lisa. 12 Se o meu
pai me apalpar, passarei a ser visto por ele
como zombador e trarei sobre mim maldi-
ção e não bênção.
13 A mãe respondeu:
— Caia sobre mim essa maldição, meu
filho. Faça somente o que eu digo: vá e traga
os cabritos para mim.
14 Ele foi, pegou os cabritos e os trouxe
a sua mãe, que fez uma saborosa comida,
como o pai dele apreciava. 15 Depois, Rebeca
pegou a melhor roupa de Esaú, seu filho
mais velho, roupa que tinha consigo em
casa, e vestiu Jacó, seu filho mais novo.
16 Com a pele dos cabritos cobriu-lhe as
mãos e a lisura do pescoço. 17 Então entre-
gou a Jacó, seu filho, a comida saborosa e o
pão que havia preparado.
18 Jacó foi a seu pai e disse:
— Meu pai!
Ele respondeu:
— Fale! Quem é você, meu filho?
19 Jacó respondeu a seu pai:
— Sou Esaú, seu filho primogênito. Fiz
o que o senhor ordenou. Levante-se, por

favor; sente-se e coma da minha caça,
para que depois o senhor me abençoe.
20 Isaque perguntou a seu filho:
— Como foi que você conseguiu achar a
caça tão depressa, meu filho?
Ele respondeu:
— Porque o SENHOR, seu Deus, a mandou
ao meu encontro.
21 Então Isaque disse a Jacó:
— Chegue mais perto, para que eu o
apalpe, meu filho, e veja se você é meu
filho Esaú ou não.
22 Jacó se aproximou de Isaque, seu pai,
que o apalpou e disse:
— A voz é de Jacó, mas as mãos são de
Esaú.
23 E não o reconheceu, porque as mãos
realmente estavam peludas como as de
seu irmão Esaú. E o abençoou. 24 Então per-
guntou:
— Você é mesmo o meu filho Esaú?
Ele respondeu:
— Eu sou.
25 Então disse:
— Traga isso para perto de mim, para
que eu coma da caça de meu filho e o
abençoe.
Jacó a levou até ele e o pai comeu. Trou-
xe-lhe também vinho, e ele bebeu. 26 Então
Isaque, seu pai, lhe disse:
— Venha cá e me dê um beijo, meu filho.
27 Ele se aproximou e o beijou. Então o pai
aspirou o cheiro da roupa dele e o aben-
çoou. Ele disse:

"Eis que o cheiro do meu filho
é como o cheiro do campo,
que o SENHOR abençoou;
28 Deus lhe dê do orvalho do céu,
e da exuberância da terra,
e fartura de trigo e de vinho.
29 Que povos sirvam você,
e nações o reverenciem.
Que você seja senhor
de seus irmãos,
e os filhos de sua mãe
se curvem diante de você.
Maldito seja quem o amaldiçoar,
e bendito quem o abençoar."

30 E aconteceu que, depois que Isaque
abençoou Jacó e este tinha acabado de sair
da presença de seu pai, chegou Esaú, seu
irmão, vindo da sua caçada. 31 Ele também
fez uma comida saborosa e a levou ao seu
pai. E lhe disse:
— Levante-se, meu pai, e coma da caça de
seu filho, para que o senhor me abençoe.
32 Então Isaque, o pai dele, perguntou:
— Quem é você?
Ele respondeu:
— Sou o seu filho, o seu primogênito;
sou Esaú.
33 Isaque estremeceu, sentindo uma vio-
lenta comoção. E disse:
— Mas então quem foi aquele que apa-
nhou a caça e trouxe para mim? Eu comi
tudo, antes que você chegasse, e o abençoei,
e ele será abençoado.
34 Ao ouvir tais palavras de seu pai, Esaú
deu um grito cheio de amargura e disse:
— Abençoe também a mim, meu pai!
35 Mas Isaque respondeu:
— Seu irmão veio e, com astúcia, tomou
a bênção que era sua.
36 Esaú disse:
— Não é com razão que ele se chama Jacó?
Pois já duas vezes me enganou: tirou-me o
direito de primogenitura e agora tomou a
bênção que era minha.
E perguntou:
— Então o senhor não reservou nenhuma
bênção para mim?
37 Isaque respondeu a Esaú:
— Eis que o constituí senhor sobre você, e
fiz com que todos os parentes sejam servos
dele; de trigo e de vinho o supri. Assim, o
que posso fazer por você, meu filho?
38 Esaú disse a seu pai:
— Será que o senhor, meu pai, tem so-
mente uma bênção? Abençoe também a
mim, meu pai.
E, levantando Esaú a voz, chorou. 39 Então
Isaque, seu pai, disse:

"Sua habitação será longe
dos lugares férteis da terra,
longe do orvalho
que cai do alto.
40 Você viverá da sua espada
e servirá o seu irmão;
quando, porém, você se libertar,
sacudirá do seu pescoço
o jugo dele."

41 Esaú passou a odiar Jacó por causa da
bênção com que seu pai o tinha abençoado.
E disse em seu íntimo:
— Os dias de luto por meu pai se aproxi-
mam; então matarei meu irmão Jacó.
42 Chegaram aos ouvidos de Rebeca estas
palavras de Esaú, seu filho mais velho. Então
ela mandou chamar Jacó, seu filho mais
moço, e lhe disse:
— Eis que o seu irmão Esaú se consola
fazendo planos para matá-lo. 43 Agora, pois,
meu filho, ouça bem o que vou dizer:
levante-se e fuja para a casa de Labão,
meu irmão, em Harã. 44 Fique com ele
alguns dias, até que passe o furor de seu
irmão, 45 e cesse o rancor dele contra você,
e se esqueça do que você lhe fez. Quando
isso acontecer, enviarei alguém para trazer
você de volta. Não posso perder os meus
dois filhos num só dia!
46 Então Rebeca disse a Isaque:
— Estou aborrecida da vida por causa das
filhas de Hete. Se Jacó tomar esposa dentre
as filhas de Hete, tais como estas, as filhas
desta terra, de que me servirá a vida?

JACÓ VAI PARA A CASA DE LABÃO

28 1 Isaque chamou Jacó e, dando-lhe
a sua bênção, lhe ordenou, dizendo:
— Não escolha uma esposa dentre as
filhas de Canaã. 2 Levante-se e vá a Padã-Arã,
à casa de Betuel, pai de sua mãe, e tome lá
por esposa uma das filhas de Labão, irmão
de sua mãe. 3 Que o Deus Todo-Poderoso
o abençoe, faça com que seja fecundo e o
multiplique para que você venha a ser uma
multidão de povos. 4 Que ele lhe dê a bênção
de Abraão, a você e à sua descendência, para
que você possua a terra de suas peregrina-
ções, concedida por Deus a Abraão.
5 Assim, Isaque despediu Jacó, que se foi
a Padã-Arã, à casa de Labão, filho de Betuel,
o arameu, irmão de Rebeca, mãe de Jacó e
de Esaú.
6 Esaú viu que Isaque havia abençoado
Jacó e o havia mandado a Padã-Arã, para
tomar de lá esposa para si, e que, ao
abençoá-lo, lhe havia ordenado que não
escolhesse uma esposa dentre as filhas de
Canaã. 7 Soube também que Jacó, obede-
cendo ao seu pai e à sua mãe, havia ido a
Padã-Arã. 8 Sabendo também que Isaque,
seu pai, não via com bons olhos as filhas de
Canaã, 9 Esaú foi à casa de Ismael e, além das
mulheres que já tinha, tomou por mulher
Maalate, filha de Ismael, filho de Abraão, e
irmã de Nebaiote.

A VISÃO DA ESCADA

10 Jacó partiu de Berseba e seguiu para Harã.
11 Quando chegou a certo lugar, ali passou a
noite, porque o sol já se havia posto. Pegou
uma das pedras do lugar, fez dela o seu tra-
vesseiro e se deitou ali mesmo para dormir.
12 E sonhou: Eis que estava posta na terra uma
escada cujo topo atingia o céu, e os anjos de
Deus subiam e desciam por ela. 13 E eis que
o SENHOR estava perto dele e lhe disse:
— Eu sou o SENHOR, Deus de Abraão,
seu pai, e Deus de Isaque. A terra em que
agora você está deitado, eu a darei a você e
à sua descendência. 14 A sua descendência
será como o pó da terra; você se estenderá
para o oeste e para o leste, para o norte e
para o sul. Em você e na sua descendência
serão benditas todas as famílias da terra.
15 Eis que eu estou com você e o guarda-
rei por onde quer que você for. Farei com
que você volte para esta terra, porque não
o abandonarei até que eu cumpra aquilo
que lhe prometi.
16 Quando Jacó despertou do sono, disse:
— Na verdade, o SENHOR está neste lugar,
e eu não o sabia.
17 E, temendo, disse:
— Quão temível é este lugar! É a casa de
Deus, a porta dos céus.

A COLUNA DE BETEL

18 Na manhã seguinte, Jacó levantou-se
de madrugada, pegou a pedra que havia
usado como travesseiro e a pôs em pé
como coluna. E sobre o topo dela derra-
mou azeite. 19 E ao lugar, cidade que antes
se chamava Luz, deu o nome de Betel. 20 Jacó
fez também um voto, dizendo:
— Se Deus for comigo, e me guardar nesta
jornada que empreendo, e me der pão para
comer e roupa para vestir, 21 de maneira que
eu volte em paz para a casa de meu pai,
então o SENHOR será o meu Deus; 22 e a pedra,
que pus como coluna, será a casa de Deus;
e, de tudo o que me concederes, certamente
te darei o dízimo.

JACÓ SE ENCONTRA COM RAQUEL

29 1 Jacó se pôs a caminho e foi à terra
do povo do Oriente. 2 Olhou, e eis um
poço no campo e três rebanhos de ovelhas
deitados junto dele, porque daquele poço
davam de beber aos rebanhos. E havia uma
grande pedra que tapava a boca do poço.
3 Ajuntavam-se ali todos os rebanhos, os
pastores removiam a pedra da boca do poço,
davam de beber às ovelhas e tornavam a
colocá-la no seu devido lugar.
4 Jacó perguntou aos pastores:
— De onde são vocês, meus irmãos?
Responderam:
— Somos de Harã.
5 Perguntou-lhes:
— Vocês conhecem Labão, filho de Naor?
Responderam:
— Conhecemos.
6 Jacó perguntou ainda:
— Ele vai bem?
Eles responderam:
— Sim, vai bem. Olhe! Raquel, a filha dele,
vem vindo aí com as ovelhas.
7 Então Jacó disse:
— É ainda pleno dia, não é tempo de reco-
lher os rebanhos. Deem de beber às ovelhas
e vão apascentá-las.
8 Mas eles responderam:
— Não podemos, enquanto não se ajun-
tarem todos os rebanhos, seja removida a
pedra da boca do poço e demos de beber
às ovelhas.
9 Enquanto Jacó ainda falava, chegou
Raquel com as ovelhas de seu pai, por-
que era pastora. 10 Quando Jacó viu Raquel,
filha de Labão, irmão de sua mãe, e as ove-
lhas de Labão, aproximou-se, removeu
a pedra da boca do poço e deu de beber
ao rebanho de Labão, irmão de sua mãe.
11 Feito isso, Jacó beijou Raquel e, erguendo
a voz, chorou. 12 Então Jacó contou a Raquel
que ele era parente de seu pai, pois era
filho de Rebeca. Ela correu e o comunicou
a seu pai.
13 Quando Labão ouviu as notícias a
respeito de Jacó, filho de sua irmã, correu
ao encontro dele, abraçou-o, beijou-o e
o levou para casa. E Jacó contou a Labão
tudo o que havia acontecido. 14 Então
Labão disse:
— De fato, você é meu osso e minha carne.

JACÓ CASA COM LIA E COM RAQUEL

Jacó ficou na casa de Labão durante um
mês.
15 Depois, Labão disse a Jacó:
— Será que você vai trabalhar de graça,
só por ser meu parente? Diga-me qual deve
ser o seu salário.
16 Ora, Labão tinha duas filhas: Lia, a mais
velha, e Raquel, a mais nova. 17 Lia tinha uns
olhos sem brilho, porém Raquel era bonita
e formosa. 18 Como Jacó amava Raquel,
disse a Labão:
— Trabalharei para o senhor durante sete
anos para poder casar com Raquel, sua filha
mais nova.
19 Labão respondeu:
— É melhor dá-la a você do que a outro
homem. Fique aqui comigo.
20 Assim, por amor a Raquel, Jacó traba-
lhou durante sete anos. E esses anos lhe
pareceram como poucos dias, pelo muito
que a amava.
21 Então ele disse a Labão:
— Dê-me a minha mulher, pois já venceu o
prazo, para que eu me case com ela.
22 Assim, Labão reuniu todos os homens
do lugar e deu um banquete. 23 À noite, ele
trouxe Lia, sua filha, e a entregou a Jacó.
E eles tiveram relações. 24 (Labão tinha
dado sua serva Zilpa para que fosse serva
de Lia, sua filha.)
25 Ao amanhecer, Jacó viu que era Lia. Por
isso, disse a Labão:
— O que é isso que o senhor fez comigo?
Não é verdade que eu trabalhei por amor
a Raquel? Por que, então, o senhor me
enganou?
26 Labão respondeu:
— Em nossa terra não se costuma dar
em casamento a mais nova antes da pri-
mogênita. 27 Complete a semana de festa
de casamento da primogênita. Depois,
daremos a você também a outra, pelo tra-
balho de mais sete anos que você ainda
me servirá.
28 Jacó fez o que Labão pediu e comple-
tou a semana de festa da primogênita.
Depois, Labão lhe deu por mulher a
sua filha Raquel. 29 (Labão tinha dado sua
serva Bila para que fosse serva de Raquel,
sua filha.) 30 E Jacó teve relações também

com Raquel. Ele amava Raquel mais do que
amava Lia. E continuou trabalhando para
Labão durante mais sete anos.

OS FILHOS DE JACÓ

31 Quando o Senhor viu que Lia era
desprezada, fez com que ela fosse fecunda,
ao passo que Raquel era estéril. 32 Assim, Lia
ficou grávida e deu à luz um filho, a quem
deu o nome de Rúben, pois disse:
— O Senhor viu a minha aflição. Por isso,
agora meu marido vai me amar.
33 Ela ficou grávida outra vez e deu à luz
um filho. E disse:
— O Senhor ouviu que eu era desprezada
e me deu mais este filho.
E deu-lhe o nome de Simeão.
34 Lia ficou grávida ainda outra vez e deu
à luz um filho. E disse:
— Agora, desta vez, o meu marido se
unirá mais a mim, porque lhe dei à luz
três filhos.
Por isso lhe deu o nome de Levi.
35 Mais uma vez ela ficou grávida e deu à
luz um filho. Então disse:
— Desta vez louvarei o Senhor.
E por isso lhe deu o nome de Judá.
E depois disso não teve mais filhos.

30 1 Quando Raquel viu que não dava
filhos a Jacó, teve ciúmes de sua
irmã e disse a Jacó:
— Dê-me filhos, do contrário morrerei.
2 Então Jacó ficou irado com Raquel e disse:
— Será que eu estou em lugar de Deus,
que a impediu de ter filhos?
3 Então Raquel disse:
— Eis aqui Bila, minha serva; tenha rela-
ções com ela, para que dê à luz e eu traga
filhos ao meu colo por meio dela.
4 Assim, Raquel lhe deu Bila, sua serva,
por mulher; e Jacó teve relações com ela.
5 Bila ficou grávida e deu à luz um filho
a Jacó. 6 Então Raquel disse:
— Deus me fez justiça; ouviu a minha
voz e me deu um filho.
Por isso lhe chamou Dã.
7 Outra vez Bila, serva de Raquel, ficou
grávida e deu à luz o segundo filho a Jacó.
8 Raquel disse:
— Com grandes lutas tenho competido
com minha irmã e consegui vencer.
Por isso deu ao filho o nome de Naftali.
9 Quando Lia viu que ela mesma tinha
cessado de ter filhos, tomou a sua serva
Zilpa e a deu a Jacó por mulher. 10 Zilpa,
serva de Lia, deu a Jacó um filho. 11 Lia disse:
— Afortunada!
E deu ao filho o nome de Gade.
12 Depois, Zilpa, serva de Lia, deu o segundo
filho a Jacó. 13 Então Lia disse:
— É a minha felicidade! Porque as mulhe-
res dirão que sou feliz.
E lhe deu o nome de Aser.
14 Nos dias da colheita do trigo, Rúben saiu
e achou umas mandrágoras no campo. Ele
as trouxe para Lia, sua mãe. Então Raquel
disse a Lia:
— Dê-me algumas das mandrágoras que
o seu filho trouxe.
15 Mas Lia respondeu:
— Você acha pouco o fato de ter tomado
de mim o marido? Vai tomar também as
mandrágoras de meu filho?
Raquel respondeu:
— Ele poderá ter relações com você
esta noite, em troca das mandrágoras de
seu filho.
16 À tarde, quando Jacó voltava do campo,
Lia saiu ao encontro dele e lhe disse:
— Esta noite você terá relações comigo,
pois eu aluguei você pelas mandrágoras
de meu filho.
E naquela noite Jacó teve relações
com ela. 17 Deus ouviu Lia, ela ficou grá-
vida e deu à luz o quinto filho. 18 Então Lia
disse:
— Deus me recompensou, porque dei
a minha serva ao meu marido.
E deu ao filho o nome de Issacar.
19 E Lia engravidou mais uma vez e deu a
Jacó o sexto filho. 20 E disse:
— Deus me concedeu excelente dádiva.
Agora meu marido vai permanecer comigo,
porque lhe dei seis filhos.
E ela deu ao filho o nome de Zebulom.
21 Depois disto, deu à luz uma filha e lhe
chamou Diná.
22 Deus lembrou-se de Raquel, ouviu-a e
a fez fecunda. 23 Ela engravidou e deu à luz
um filho. Então disse:
— Deus tirou de mim o meu vexame.
24 E deu ao filho o nome de José, dizendo:
— Que o Senhor me dê ainda outro filho.

JACÓ E LABÃO FAZEM UM ACORDO

25 Depois que Raquel deu à luz José, Jacó disse a Labão:

— Deixe-me voltar ao meu lugar e à minha terra. 26 Dê-me os meus filhos e as mulheres, pelas quais trabalhei para o senhor, e partirei. O senhor sabe muito bem quanto e de que maneira o servi.

27 Labão lhe respondeu:

— Se puder me fazer este favor, peço que fique comigo. Descobri por meio de adivinhações que o Senhor Deus me abençoou por causa de você.

28 E Labão continuou:

— Fixe o seu salário, que eu pagarei.

29 Então Jacó disse:

— O senhor sabe como tenho trabalhado e como cuidei do seu gado. 30 Porque o pouco que o senhor tinha antes de eu chegar foi aumentado grandemente; e o Senhor Deus o abençoou com o meu trabalho. Mas quando vou começar a trabalhar também por minha própria casa?

31 Labão perguntou a Jacó:

— Quanto você quer que eu lhe dê?

Jacó respondeu:

— Não precisa me dar nada. Voltarei a apascentar e a guardar o seu rebanho, se o senhor concordar com isto: 32 Passarei hoje por todo o seu rebanho, separando para mim todas as ovelhas salpicadas e malhadas, todos os cordeiros negros, e todas as cabras malhadas e salpicadas. Isto será o meu salário. 33 Assim, a minha justiça responderá por mim, no dia de amanhã, quando o senhor vier conferir o meu salário. As cabras que não forem salpicadas e malhadas e as ovelhas que não forem negras, caso forem achadas comigo, o senhor pode considerá-las como roubadas.

34 Labão disse:

— Está bem. Seja como você disse.

35 Mas, naquele mesmo dia, Labão separou os bodes listrados e malhados e todas as cabras salpicadas e malhadas, todos os que tinham alguma brancura e todos os cordeiros pretos; e os passou às mãos de seus filhos. 36 E pôs a distância de três dias de viagem entre si e Jacó. E Jacó apascentava o restante dos rebanhos de Labão.

JACÓ SE ENRIQUECE

37 Jacó pegou galhos verdes de álamo, de aveleira e de plátano e lhes removeu a casca, em riscas abertas, deixando aparecer a brancura dos galhos. 38 Pôs esses galhos descascados em frente ao rebanho, nos canais de água e nos bebedouros, aonde os rebanhos vinham para beber água. E como acasalavam quando vinham beber, 39 as ovelhas ficavam prenhes diante dos galhos e davam crias listradas, salpicadas e malhadas. 40 Então Jacó separou os cordeiros e virou o rebanho para o lado dos animais listrados e dos animais pretos nos rebanhos de Labão; e pôs o seu rebanho à parte e não o juntou com o rebanho de Labão. 41 E, todas as vezes que as ovelhas fortes ficavam prenhes, Jacó punha os galhos à vista do rebanho nos canais de água, para que ficassem prenhes diante dos galhos. 42 Porém, quando o rebanho era fraco, não punha os galhos. Assim, os animais fracos eram de Labão, e os fortes eram de Jacó. 43 E o homem se tornou mais e mais rico; teve muitos rebanhos, servas, servos, camelos e jumentos.

JACÓ VOLTA PARA A TERRA DE SEUS PAIS

31 1 Jacó ouvia os comentários dos filhos de Labão, que diziam:

— Jacó se apossou de tudo o que era de nosso pai. Ele juntou toda essa riqueza a partir do que era de nosso pai.

2 Jacó, por sua vez, reparou que o rosto de Labão não lhe era favorável como anteriormente. 3 E o Senhor disse a Jacó:

— Volte para a terra de seus pais e para a sua parentela; e eu estarei com você.

4 Então Jacó mandou vir Raquel e Lia ao campo, para junto do seu rebanho, 5 e lhes disse:

— Vejo que o rosto do pai de vocês não me é favorável como anteriormente; porém o Deus de meu pai tem estado comigo. 6 Vocês mesmas sabem que com todo empenho tenho trabalhado para o pai de vocês, 7 mas ele me tem enganado e por dez vezes mudou o meu salário; porém Deus não permitiu que ele me prejudicasse. 8 Se ele dizia: "Os salpicados serão o seu salário", então todos os rebanhos davam salpicados; e, se ele dizia: "Os listrados serão o seu salário", então os rebanhos

todos davam listrados. 9 Assim, Deus tirou o
gado do pai de vocês e o deu a mim.
10 — Pois, chegado o tempo em que os
animais acasalavam, levantei os olhos e vi
em sonhos que os machos que cobriam as
ovelhas eram listrados, salpicados e malha-
dos. 11 E o Anjo de Deus me disse em sonho:
"Jacó!" E eu respondi: "Eis-me aqui!" 12 Ele
continuou: "Levante agora os olhos e veja
que todos os machos que cobrem o rebanho
são listrados, salpicados e malhados, porque
vejo tudo o que Labão está fazendo com você.
13 Eu sou o Deus de Betel, onde você ungiu
uma coluna, onde me fez um voto. Levante-
-se agora, saia desta terra e volte para a terra
de sua parentela."
14 Então Raquel e Lia disseram:
— Será que ainda existe para nós parte
ou herança na casa de nosso pai? 15 Não
é verdade que ele nos considera como
estrangeiras? Pois nos vendeu e consumiu
tudo o que nos era devido. 16 Porque toda a
riqueza que Deus tirou de nosso pai é nossa
e de nossos filhos; agora, pois, faça tudo o
que Deus pediu que você fizesse.
17 Então Jacó se levantou e, fazendo mon-
tar seus filhos e suas mulheres em camelos,
18 levou todo o seu gado e todos os seus
bens que chegou a possuir, o gado de sua
propriedade que havia acumulado em Padã-
-Arã, para ir a Isaque, seu pai, à terra de Canaã.
19 Enquanto Labão tinha ido fazer a tosquia
das ovelhas, Raquel roubou os ídolos do lar
que pertenciam a seu pai. 20 E Jacó enganou
Labão, o arameu, não revelando que tinha
planos de fugir. 21 E fugiu com tudo o que
lhe pertencia. Levantou-se, passou o Eufra-
tes e tomou o rumo dos montes de Gileade.

LABÃO SEGUE NO ENCALÇO DE JACÓ

22 No terceiro dia, Labão foi avisado de que
Jacó ia fugindo. 23 Reuniu os seus parentes e
saiu no encalço de Jacó, por sete dias de via-
gem, e o alcançou nos montes de Gileade.
24 De noite, porém, Deus veio em sonhos a
Labão, o arameu, e lhe disse:
— Cuidado! Não fale a Jacó nem bem
nem mal.
25 Labão alcançou Jacó. Este havia armado
a sua tenda naqueles montes. Também
Labão armou a sua tenda com os seus
parentes, nos montes de Gileade. 26 E Labão
disse a Jacó:
— Que foi que você fez? Você me enganou
e levou as minhas filhas como se fossem pri-
sioneiras de guerra. 27 Por que você fugiu em
segredo, e me enganou, e não me disse nada?
Eu o teria despedido com alegria, com cânti-
cos, com tamborins e com harpa. 28 E por que
não permitiu que eu beijasse meus netos e
minhas filhas? Nisso você agiu como um tolo.
29 Tenho em minhas mãos poder para fazer
mal a vocês, mas ontem à noite o Deus do pai
de vocês me falou e disse: "Cuidado! Não fale
a Jacó nem bem nem mal." 30 E agora que você
partiu de vez, pois está com saudades da casa
de seu pai, por que roubou os meus deuses?
31 Jacó respondeu:
— Porque tive medo. Pensei assim: para
que não aconteça que me tome à força as
suas filhas. 32 Que seja morto aquele com
quem o senhor achar os seus deuses. Na pre-
sença de nossos parentes, verifique o que
pertence ao senhor e, se estiver comigo,
pode levar embora.
Acontece que Jacó não sabia que Raquel
os havia roubado.
33 Labão entrou na tenda de Jacó, na tenda
de Lia e na tenda das duas servas, mas não
achou nada. Tendo saído da tenda de Lia,
entrou na tenda de Raquel. 34 Ora, Raquel
havia pegado os ídolos do lar e, depois de
colocá-los na sela de um camelo, estava sen-
tada sobre eles. Labão apalpou toda a tenda
e não os achou. 35 Então Raquel disse ao pai:
— Não fique zangado, meu senhor, por eu
não poder me levantar na sua presença, pois
estou no meu período menstrual.
Ele procurou, mas não encontrou os ído-
los do lar.
36 Então Jacó ficou zangado e discutiu com
Labão. Dirigiu-se a Labão, dizendo:
— Qual é a minha transgressão? Qual o
meu pecado, para o senhor me perseguir
com tanta fúria? 37 Havendo apalpado todos
os meus utensílios, quais foram os utensí-
lios de sua casa que o senhor encontrou?
Coloque-os aqui diante dos meus paren-
tes e dos seus parentes, para que julguem
entre nós dois. 38 Vinte anos eu estive com
o senhor. As suas ovelhas e as suas cabras
nunca perderam as crias, e não comi um
só carneiro do seu rebanho. 39 Não lhe

apresentei os animais que eram despedaça-
dos pelas feras; assumi o prejuízo. Da minha
mão o senhor o requeria, tanto o roubado
de dia como de noite. 40 De maneira que eu
andava, de dia consumido pelo calor, de
noite, pela geada; e o meu sono me fugia dos
olhos. 41 Vinte anos permaneci em sua casa.
Catorze anos trabalhei para o senhor pelas
suas duas filhas e seis anos trabalhei para
conseguir o seu rebanho; dez vezes o senhor
mudou o meu salário. 42 Se não fosse o Deus
de meu pai, o Deus de Abraão e o Temor de
Isaque, por certo o senhor me despediria
agora de mãos vazias. Mas Deus viu o meu
sofrimento e o trabalho das minhas mãos
e ontem à noite ele repreendeu o senhor.

A ALIANÇA ENTRE LABÃO E JACÓ

43 Então Labão respondeu a Jacó:
— As filhas são minhas filhas, os filhos
são meus netos, os rebanhos são meus reba-
nhos, e tudo o que você está vendo é meu.
Que posso fazer hoje a estas minhas filhas
ou aos filhos que elas deram à luz? 44 Venha,
pois, e façamos uma aliança, eu e você, que
sirva de testemunho entre mim e você.
45 Então Jacó tomou uma pedra e a erigiu
por coluna. 46 E disse aos seus parentes:
— Ajuntem pedras.
Eles foram ajuntar pedras e fizeram um
montão, ao lado do qual comeram. 47 Labão
deu-lhe o nome de Jegar-Saaduta, mas Jacó
lhe chamou Galeede. 48 E Labão disse:
— Seja hoje este montão de pedras por
testemunha entre mim e você.
Por isso foi chamado de Galeede 49 e
Mispa, pois disse:
— Que o Senhor vigie entre mim e você e
nos julgue quando estivermos separados
um do outro. 50 Se você maltratar as minhas
filhas e tomar outras mulheres além delas,
não estando ninguém conosco, lembre-se
de que Deus é testemunha entre mim e você.
51 E Labão continuou:
— Eis aqui este montão de pedras e esta
coluna que levantei entre mim e você.
52 Seja o montão testemunha, e seja a
coluna testemunha de que para mal não
passarei para o lado de lá do montão e você
não passará para o lado de cá do montão
e da coluna. 53 O Deus de Abraão e o Deus de
Naor, o Deus do pai deles, julgue entre nós.
E Jacó jurou pelo Temor de Isaque, seu
pai. 54 E Jacó ofereceu um sacrifício na mon-
tanha e convidou seus parentes para uma
refeição. Eles comeram e passaram a noite
na montanha.
55 Na manhã seguinte, Labão se levan-
tou de madrugada, beijou os seus netos e
as suas filhas e os abençoou. E, partindo,
voltou para a sua casa.

32 1 Também Jacó seguiu o seu caminho,
e anjos de Deus foram encontrar-se
com ele. 2 Quando Jacó os viu, disse:
— Este é o acampamento de Deus.
E deu àquele lugar o nome de Maanaim.

JACÓ SE RECONCILIA COM ESAÚ

3 Então Jacó enviou mensageiros adiante
de si a Esaú, seu irmão, à terra de Seir, ter-
ritório de Edom. 4 E lhes deu esta ordem:
— Assim vocês falarão a meu senhor
Esaú: "O seu servo Jacó manda dizer isto:
'Como estrangeiro morei com Labão, em
cuja companhia fiquei até agora. 5 Tenho
bois, jumentos, rebanhos, servos e servas.
Envio este comunicado a meu senhor, para
encontrar favor na sua presença.'"
6 Os mensageiros voltaram a Jacó, dizendo:
— Fomos até o seu irmão Esaú. Tam-
bém ele está vindo para se encontrar com
o senhor, e quatrocentos homens estão
com ele.
7 Então Jacó teve medo e ficou angus-
tiado. Dividiu em dois grupos o povo
que estava com ele, e também os reba-
nhos, os bois e os camelos. 8 Pois pensou:
"Se Esaú vier e atacar um grupo, o outro
grupo escapará."
9 E Jacó orou:
— Deus de meu pai Abraão e Deus de
meu pai Isaque, ó Senhor, que me disseste:
"Volte para a sua terra e para a sua paren-
tela, e eu farei bem a você", 10 sou indigno
de todas as misericórdias e de toda a fideli-
dade que tens usado para com o teu servo.
Pois com apenas o meu cajado atraves-
sei este Jordão; já agora sou dois grupos.
11 Livra-me das mãos de meu irmão Esaú,
porque temo que ele venha e ataque a
mim e às mães com os filhos. 12 Pois tu
disseste: "Certamente serei bondoso com
você e lhe darei uma descendência como

a areia do mar, que, de tão numerosa, não
se pode contar."
13 Depois de passar ali aquela noite, Jacó
separou do que tinha consigo um presente
para o seu irmão Esaú: 14 duzentas cabras
e vinte bodes, duzentas ovelhas e vinte
carneiros, 15 trinta camelas de leite com as
suas crias, quarenta vacas e dez touros, vinte
jumentas e dez jumentinhos. 16 Entregou-os
aos seus servos, cada rebanho à parte. Então
disse aos servos:
— Vão à minha frente e deixem espaço
entre rebanho e rebanho.
17 Ordenou ao primeiro servo, dizendo:
— Quando Esaú, meu irmão, se encontrar
com você e perguntar: "De quem você é, para
onde você vai, de quem são estes animais
que você vem trazendo?", 18 responda: "São
do seu servo Jacó. É um presente que ele
está enviando ao meu senhor Esaú. E eis
que ele mesmo vem vindo atrás de nós."
19 Jacó ordenou também ao segundo, ao
terceiro e a todos os que vinham condu-
zindo os rebanhos:
— É assim que vocês devem falar com
Esaú, quando se encontrarem com ele.
20 Também dirão: "Eis que o seu servo Jacó
vem vindo atrás de nós." Porque Jacó pen-
sava assim: "Eu o aplacarei com o presente
que me antecede. Depois eu o verei pes-
soalmente e talvez ele me dê boa acolhida."
21 Assim, mandou os presentes à sua
frente. Ele, porém, ficou aquela noite no
acampamento.

JACÓ LUTA EM PENIEL

22 Naquela mesma noite, Jacó se levantou,
tomou suas duas mulheres, suas duas ser-
vas e seus onze filhos e transpôs o vau do
Jaboque. 23 Reuniu todos e fez com que pas-
sassem o ribeiro. Também fez passar tudo
o que lhe pertencia. 24 Jacó ficou sozinho,
e um homem lutava com ele, até o romper
do dia. 25 Vendo este que não podia com
Jacó, tocou-lhe na articulação da coxa, de
modo que a junta da coxa de Jacó se des-
locou, na luta com o homem. 26 Então o
homem disse:
— Deixe-me ir, pois já rompeu o dia.
Jacó respondeu:
— Não o deixarei ir se você não me aben-
çoar.
27 Então o homem perguntou:
— Como você se chama?
Ele respondeu:
— Jacó.
28 Então disse:
— Seu nome não será mais Jacó, e sim
Israel, pois você lutou com Deus e com os
homens e prevaleceu.
29 Jacó disse:
— Por favor, diga-me como você se chama.
Ele respondeu:
— Por que você pergunta pelo meu nome?
E o abençoou ali. 30 Jacó deu àquele lugar
o nome de Peniel, pois disse: "Vi Deus face
a face, e a minha vida foi salva."
31 Nasceu-lhe o sol, quando ele atraves-
sava Peniel. E mancava por causa da coxa.
32 Por isso, os filhos de Israel não comem,
até hoje, o nervo do quadril, na articulação
da coxa, porque o homem tocou a articula-
ção da coxa de Jacó no nervo do quadril.

O ENCONTRO DE ESAÚ E JACÓ

33 1 Quando Jacó ergueu os olhos, viu
que Esaú se aproximava, e com
ele quatrocentos homens. Então repartiu
os filhos entre Lia, Raquel e as duas ser-
vas. 2 Pôs as servas e seus filhos à frente,
Lia e seus filhos atrás deles e Raquel e José
por último. 3 E ele mesmo, adiantando-
-se, prostrou-se em terra sete vezes, até
aproximar-se de seu irmão. 4 Então Esaú
correu ao encontro dele e o abraçou; pôs
os braços em volta do pescoço dele e o
beijou; e choraram. 5 Daí, levantando os
olhos, Esaú viu as mulheres e os meni-
nos e disse:
— Quem são estes que estão com você?
Jacó respondeu:
— Os filhos com que Deus agraciou este
seu servo.
6 Então se aproximaram as servas, elas e
seus filhos, e se prostraram. 7 Chegaram tam-
bém Lia e seus filhos e se prostraram. Por
último chegaram José e Raquel e se pros-
traram.
8 Esaú perguntou:
— Qual é o seu propósito com todos esses
grupos que encontrei?
Jacó respondeu:
— É para obter favor na presença de
meu senhor.

É fácil ser Jacó, uma pessoa dominada pela carne; difícil é nos abrirmos à transformação divina.

9 Então Esaú disse:
— Eu tenho muitos bens, meu irmão;
guarde o que você tem.
10 Mas Jacó insistiu:
— Não recuse. Se alcancei favor na sua
presença, peço que aceite o meu presente,
porque ver o seu rosto é como contemplar o
semblante de Deus; e você me acolheu tão
bem. 11 Portanto, aceite o meu presente, que
eu lhe trouxe. Porque Deus tem sido gene-
roso para comigo, e tenho fartura.
E insistiu com ele, até que o aceitou.
12 Então Esaú disse:
— Vamos partir e seguir viagem. Eu irei
à sua frente.
13 Porém Jacó lhe disse:
— Meu senhor sabe que estes meninos
são fracos, e tenho comigo ovelhas e vacas
de leite. Se forçados a caminhar demais um
só dia, morrerão todos os rebanhos. 14 Passe
meu senhor adiante de seu servo; eu segui-
rei aos poucos, no passo do gado que me vai
à frente e no passo dos meninos, até chegar
a meu senhor, em Seir.
15 Esaú respondeu:
— Então permita que eu deixe com você
alguns dessa gente que está comigo.
Jacó respondeu:
— Para quê? Basta que eu alcance favor
aos olhos de meu senhor.
16 Assim, naquele dia Esaú voltou para
Seir, pelo caminho por onde tinha vindo.
17 E Jacó foi para Sucote, e edificou para si
uma casa, e fez cabanas para o seu gado. Por
isso, o lugar se chamou Sucote.

JACÓ CHEGA A SIQUÉM

18 Voltando de Padã-Arã, Jacó chegou são
e salvo à cidade de Siquém, que está na
terra de Canaã, e armou a sua tenda junto
da cidade. 19 A parte do campo, onde tinha
armado a sua tenda, ele a comprou dos
filhos de Hamor, pai de Siquém, por cem
peças de dinheiro. 20 E levantou ali um altar
e lhe deu o nome de "Deus, o Deus de Israel".

DINÁ E OS SIQUEMITAS

34 1 Ora, Diná, a filha que Lia teve com
Jacó, saiu para ver as filhas da terra.
2 Quem a viu foi Siquém, filho do heveu
Hamor, que era príncipe daquela terra.
Tomando-a, ele teve relações com ela e assim
a humilhou. 3 Siquém se apegou a Diná, filha
de Jacó, amou a jovem e lhe falou ao coração.
4 Então Siquém disse a seu pai Hamor:
— Consiga-me esta jovem para que seja
a minha esposa.
5 Quando Jacó ficou sabendo que Diná,
sua filha, havia sido desonrada por Siquém,
os seus filhos estavam no campo com o gado.
Por isso, calou-se e esperou até que eles vol-
tassem. 6 Então Hamor, o pai de Siquém, saiu
para falar com Jacó. 7 Quando os filhos de
Jacó vieram do campo e ouviram o que
havia acontecido, indignaram-se e ficaram
muito irados, pois Siquém havia praticado
uma afronta em Israel, violentando a filha
de Jacó, que era algo que não se devia fazer.
8 Mas Hamor falou com eles, dizendo:
— Meu filho Siquém está profundamente
apaixonado pela filha de vocês. Peço que
ela lhe seja dada por esposa. 9 Tornem-se
nossos parentes; deem as filhas de vocês
para nós e vocês tomem as nossas filhas.
10 Vocês habitarão em nosso meio, a terra
estará ao seu dispor. Morem nela, negociem
e adquiram propriedades.
11 E o próprio Siquém disse ao pai e aos
irmãos de Diná:
— Que eu obtenha este favor diante
de vocês e lhes darei o que me pedirem.
12 Aumentem em muito o dote de casamento
e as dádivas, e darei o que me pedirem;
deem-me, porém, a moça por esposa.
13 Então os filhos de Jacó, por haver Siquém
desonrado Diná, a irmã deles, responderam
com astúcia a Siquém e a seu pai Hamor e
lhes disseram:
14 — Não podemos fazer isso, dar a nossa
irmã a um homem que ainda não foi circun-
cidado, porque isso seria uma vergonha
para nós. 15 Sob uma única condição per-
mitiremos: que vocês se tornem como nós,
circuncidando todos os do sexo masculino.
16 Então lhes daremos as nossas filhas,
tomaremos para nós as filhas de vocês, habi-
taremos no meio de vocês e seremos um só
povo. 17 Se, porém, não ouvirem e não quise-
rem ser circuncidados, tomaremos a nossa
filha e iremos embora.
18 Tais palavras agradaram Hamor e Siquém,
seu filho. 19 O jovem não tardou em fazer o que
foi solicitado, porque amava a filha de Jacó e
era o mais honrado de toda a casa de seu pai.

20 Assim, Hamor e Siquém, seu filho, vie-
ram ao portão da sua cidade e falaram aos
homens da cidade:
21 — Esses homens são pacíficos em rela-
ção a nós. Portanto, deixem que morem na
terra e negociem nela. A terra é bastante
espaçosa para contê-los. Vamos tomar as
filhas deles por esposas e dar também as
nossas filhas a eles. 22 Mas eles só concor-
darão em morar conosco, tornando-nos
um só povo, se todos os homens em nosso
meio se deixarem circuncidar, como eles
são circuncidados. 23 Não é verdade que o
gado, os bens e todos os animais deles serão
nossos? Portanto, vamos concordar e eles
ficarão morando entre nós.
24 E todos os que saíam do portão da ci-
dade deram ouvidos a Hamor e a Siquém,
seu filho. E todos os do sexo masculino
foram circuncidados, todos os que saíam
pelo portão da cidade.

A TRAIÇÃO DE SIMEÃO E LEVI

25 No terceiro dia, quando os homens sen-
tiam mais forte a dor, dois filhos de Jacó,
Simeão e Levi, irmãos de Diná, pegaram cada
um a sua espada, entraram inesperadamente
na cidade e mataram todos os homens. 26 Pas-
saram também ao fio da espada Hamor e seu
filho Siquém; tiraram Diná da casa de Siquém
e saíram. 27 Os filhos de Jacó vieram, passa-
ram por cima dos cadáveres, e saquearam a
cidade, porque a irmã deles havia sido deson-
rada. 28 Levaram deles os rebanhos, os bois,
os jumentos e o que havia na cidade e no
campo. 29 Pegaram todos os bens, levaram
cativas as mulheres e todas as crianças,
e saquearam tudo o que havia nas casas.
30 Então Jacó disse a Simeão e a Levi:
— Vocês me criaram um problema e me
fizeram odioso entre os moradores desta
terra, entre os cananeus e os ferezeus. Como
somos pouca gente, eles se reunirão contra
mim, e serei destruído, eu e a minha casa.
31 Eles responderam:
— E que direito ele tinha de tratar a nossa
irmã como se fosse prostituta?

JACÓ FAZ UM ALTAR EM BETEL

35 1 Deus disse a Jacó:
— Levante-se, vá para Betel e
habite ali. Faça ali um altar ao Deus que
lhe apareceu quando você fugia do seu
irmão Esaú.
2 Então Jacó disse à sua família e a todos
os que estavam com ele:
— Joguem fora os deuses estranhos que
há no meio de vocês, purifiquem-se e tro-
quem de roupa. 3 Vamos nos preparar e ir
para Betel. Farei ali um altar ao Deus que me
respondeu no dia da minha angústia e me
acompanhou no caminho por onde andei.
4 Então deram a Jacó todos os deuses
estranhos que tinham em mãos e as argo-
las que lhes pendiam das orelhas. E Jacó
os escondeu debaixo do carvalho que está
junto a Siquém.
5 Quando eles partiram, o terror de Deus
invadiu as cidades vizinhas, e não persegui-
ram os filhos de Jacó. 6 Assim, Jacó chegou
a Luz, chamada Betel, que fica na terra de
Canaã, ele e todo o povo que estava com ele.
7 E edificou ali um altar. E àquele lugar deu
o nome de El-Betel, porque ali Deus havia
se revelado a ele quando estava fugindo do
seu irmão.
8 Débora, a ama de Rebeca, morreu e foi
sepultada ao pé de Betel, debaixo do car-
valho que se chama Alom-Bacute.
9 Depois que Jacó havia retornado de
Padã-Arã, Deus lhe apareceu outra vez e o
abençoou. 10 Deus disse a ele:
— Você se chama Jacó, mas o seu nome
não será mais Jacó; o seu nome será Israel.
E lhe deu o nome de Israel. 11 Disse-lhe
mais:
— Eu sou o Deus Todo-Poderoso; seja
fecundo e multiplique-se; uma nação e
multidão de nações sairão de você, e reis
procederão de você. 12 A terra que dei a
Abraão e a Isaque darei também a você e,
depois de você, à sua descendência.
13 E Deus se retirou dele, elevando-se do
lugar onde lhe havia falado. 14 Então Jacó pôs
uma coluna de pedra no lugar onde Deus
havia falado com ele e derramou uma liba-
ção e azeite sobre ela. 15 Ao lugar onde Deus
lhe havia falado, Jacó deu o nome de Betel.

O NASCIMENTO DE BENJAMIM E A MORTE DE RAQUEL

16 Partiram de Betel, e, havendo ainda
pequena distância para chegar a Efrata,
Raquel deu à luz um filho, num parto que

foi muito difícil. 17 Em meio às dores, a parteira disse a Raquel:

— Não tenha medo, pois você ainda terá este filho.

18 Ao sair-lhe a alma (porque morreu), deu ao filho o nome de Benoni. Mas seu pai lhe chamou Benjamim. 19 Assim, Raquel morreu e foi sepultada no caminho de Efrata, que é Belém. 20 Jacó levantou uma coluna sobre a sepultura de Raquel. Essa é a coluna da sepultura de Raquel até o dia de hoje. 21 Então Israel partiu e armou a sua tenda além da torre de Éder.

DESCENDENTES DE ISRAEL

1Cr 2.1-2

22 E aconteceu que, habitando Israel naquela terra, Rúben foi e se deitou com Bila, concubina de seu pai. E Israel ficou sabendo disso.

Eram doze os filhos de Israel. 23 Rúben, o primogênito de Jacó, Simeão, Levi, Judá, Issacar e Zebulom, filhos de Lia; 24 José e Benjamim, filhos de Raquel; 25 Dã e Naftali, filhos de Bila, serva de Raquel; 26 e Gade e Aser, filhos de Zilpa, serva de Lia. São estes os filhos de Jacó, que lhe nasceram em Padã-Arã.

A MORTE DE ISAQUE

27 Jacó veio a Isaque, seu pai, a Manre, a Quiriate-Arba (que é Hebrom), onde peregrinaram Abraão e Isaque. 28 Os dias da vida de Isaque foram cento e oitenta anos. 29 Após uma longa velhice, Isaque expirou e morreu, sendo reunido ao seu povo; e Esaú e Jacó, seus filhos, o sepultaram.

DESCENDENTES DE ESAÚ

1Cr 1.35-37

36 1 São estes os descendentes de Esaú, que é Edom. 2 Esaú tomou por mulheres dentre as filhas de Canaã: Ada, filha de Elom, heteu; Oolibama, filha de Aná, filho de Zibeão, heveu; 3 e Basemate, filha de Ismael, irmã de Nebaiote. 4 De Ada teve Esaú um filho chamado Elifaz e de Basemate lhe nasceu Reuel. 5 A Oolibama nasceu Jeús, Jalão e Corá. Estes são os filhos de Esaú, que lhe nasceram na terra de Canaã.

6 Esaú tomou as suas mulheres, os seus filhos, as suas filhas, todas as pessoas de sua casa, o seu rebanho, todo o seu gado, todos os bens, tudo o que havia adquirido na terra de Canaã e os levou para outra terra, longe de seu irmão Jacó. 7 Porque os bens deles eram muitos para habitarem juntos e a terra de suas peregrinações não os podia sustentar por causa do seu gado. 8 Então Esaú, que é Edom, habitou no monte Seir.

9 Esta é a descendência de Esaú, pai dos edomitas, no monte Seir. 10 São estes os nomes dos filhos de Esaú: Elifaz, filho de Ada, mulher de Esaú; Reuel, filho de Basemate, mulher de Esaú. 11 Os filhos de Elifaz foram: Temã, Omar, Zefô, Gaetã e Quenaz. 12 Timna era concubina de Elifaz, filho de Esaú; ela deu à luz Amaleque. Estes são os filhos de Ada, mulher de Esaú. 13 E os filhos de Reuel são estes: Naate, Zerá, Samá e Mizá; estes foram os filhos de Basemate, mulher de Esaú. 14 E são estes os filhos de Oolibama, filha de Aná, filho de Zibeão, mulher de Esaú; ela deu a Esaú: Jeús, Jalão e Corá.

15 São estes os chefes dos filhos de Esaú; os filhos de Elifaz, o primogênito de Esaú: os chefes Temã, Omar, Zefô, Quenaz, 16 Corá, Gaetã, Amaleque. Estes são os chefes que nasceram a Elifaz na terra de Edom; são os filhos de Ada.

17 São estes os filhos de Reuel, filho de Esaú: os chefes Naate, Zerá, Samá e Mizá. Estes são os chefes que nasceram a Reuel na terra de Edom; são os filhos de Basemate, mulher de Esaú.

18 São estes os filhos de Oolibama, mulher de Esaú: os chefes Jeús, Jalão e Corá. Estes são os chefes que descendem de Oolibama, filha de Aná e mulher de Esaú. 19 São estes os filhos de Esaú, isto é, Edom, e esses são os seus chefes.

DESCENDENTES DE SEIR

1Cr 1.38-42

20 São estes os filhos de Seir, o horeu, moradores da terra: Lotã, Sobal, Zibeão e Aná, 21 Disom, Eser e Disã. Estes são os chefes dos horeus, filhos de Seir na terra de Edom.

22 Os filhos de Lotã são Hori e Homã; a irmã de Lotã é Timna.

23 São estes os filhos de Sobal: Alvã, Manaate, Ebal, Sefô e Onã.

24 São estes os filhos de Zibeão: Aiá e Aná; este é o Aná que achou as fontes termais no

deserto, quando apascentava os jumentos
de Zibeão, seu pai.
25 São estes os filhos de Aná: Disom e
Oolibama, a filha de Aná. 26 Estes são os
filhos de Disom: Hendã, Esbã, Itrã e Querã.
27 São estes os filhos de Eser: Bilã, Zaavã
e Acã.
28 São estes os filhos de Disã: Uz e Arã.
29 São estes os chefes dos horeus: Lotã,
Sobal, Zibeão, Aná, 30 Disom, Eser e Disã.
Estes são os chefes dos horeus na terra de Seir.

REIS E CHEFES DE EDOM

1Cr 1.43-54

31 São estes os reis que reinaram na terra de
Edom, antes que houvesse rei sobre os filhos
de Israel. 32 Em Edom reinou Belá, filho de
Beor, e o nome da sua cidade era Dinabá.
33 Belá morreu, e, em seu lugar, reinou Jobabe,
filho de Zerá, de Bozra. 34 Morreu Jobabe, e,
em seu lugar, reinou Husão, da terra dos
temanitas. 35 Morreu Husão, e, em seu lugar,
reinou Hadade, filho de Bedade, o que der-
rotou Midiã no campo de Moabe. O nome da
sua cidade era Avite. 36 Morreu Hadade, e, em
seu lugar, reinou Samlá, de Masreca. 37 Mor-
reu Samlá, e, em seu lugar, reinou Saul, de
Reobote, junto ao Eufrates. 38 Morreu Saul,
e, em seu lugar, reinou Baal-Hanã, filho de
Acbor. 39 Morreu Baal-Hanã, filho de Acbor,
e, em seu lugar, reinou Hadar. O nome de sua
cidade era Paú, e o de sua mulher era Mee-
tabel, filha de Matrede, filha de Me-Zaabe.
40 São estes os nomes dos chefes de Esaú,
segundo as suas famílias, os seus lugares e
os seus nomes: os chefes Timna, Alva, Jetete,
41 Oolibama, Elá, Pinom, 42 Quenaz, Temã,
Mibzar, 43 Magdiel e Irã. Estes são os chefes de
Edom, segundo as suas habitações na terra
que possuíam. Este é Esaú, pai dos edomitas.

JOSÉ E SEUS IRMÃOS

37 1 Jacó habitou na terra das peregri-
nações de seu pai, na terra de Canaã.
2 Esta é a história de Jacó.
Quando José tinha dezessete anos, apas-
centava os rebanhos com os seus irmãos.
Sendo ainda jovem, acompanhava os filhos
de Bila e os filhos de Zilpa, mulheres de seu
pai; e trazia más notícias deles a seu pai.
3 Ora, Israel amava mais José do que todos
os seus outros filhos, porque era filho da sua
velhice; e mandou fazer para ele uma túnica
talar de mangas compridas. 4 Quando os seus
irmãos viram que o pai o amava mais do que
todos os outros filhos, odiaram-no e já não
podiam falar com ele de forma pacífica.
5 José teve um sonho e o contou aos seus
irmãos; por isso, o odiaram ainda mais.
6 Ele lhes disse:
— Peço que ouçam o sonho que tive. 7 So-
nhei que estávamos amarrando feixes no
campo, e eis que o meu feixe se levantou e
ficou em pé, enquanto os feixes de vocês o
rodeavam e se inclinavam diante do meu.
8 Então os irmãos lhe disseram:
— Você pensa que vai mesmo reinar
sobre nós? Pensa que realmente domi-
nará sobre nós?
E com isso o odiavam ainda mais, por
causa dos seus sonhos e de suas palavras.
9 José teve ainda outro sonho, que ele
contou aos seus irmãos, dizendo:
— Sonhei também que o sol, a lua e onze
estrelas se inclinavam diante de mim.
10 Quando José contou esse sonho ao
pai e aos seus irmãos, o pai o repreendeu,
dizendo:
— Que sonho é esse que você teve? Você
está querendo dizer que eu, a sua mãe e os
seus irmãos iremos e nos inclinaremos até
o chão diante de você?
11 Os irmãos tinham inveja dele; o pai, no
entanto, guardou aquilo no coração.

JOSÉ É VENDIDO E LEVADO PARA O EGITO

12 Como os irmãos foram apascentar o
rebanho do pai, em Siquém, 13 Israel per-
guntou a José:
— Os seus irmãos não estão apascen-
tando o rebanho em Siquém? Venha, pois
vou mandar você até eles.
José respondeu:
— Eis-me aqui.
14 Israel continuou:
— Vá, agora, e veja se está tudo bem com
os seus irmãos e com o rebanho; e traga-
-me notícias.
Assim, o enviou do vale de Hebrom, e
ele foi a Siquém. 15 E um homem encon-
trou José, que andava errante pelo campo,
e lhe perguntou:
— O que você está procurando?

16 Ele respondeu:

— Estou procurando os meus irmãos. Por favor, pode me dizer onde eles estão apascentando o rebanho?

17 O homem respondeu:

— Foram embora daqui. Ouvi quando disseram: "Vamos a Dotã."

Então José seguiu atrás dos irmãos e os encontrou em Dotã. 18 De longe eles o viram e, antes que chegasse, conspiraram contra ele para o matar. 19 Disseram uns aos outros:

— Lá vem o grande sonhador! 20 Venham, pois, agora, vamos matá-lo e jogar o corpo numa destas cisternas. Diremos que um animal selvagem o devorou. Vejamos em que vão dar os sonhos dele.

21 Mas Rúben, ouvindo isso, livrou-o das mãos deles e disse:

— Não lhe tiremos a vida.

22 Rúben disse mais:

— Não derramem sangue. Joguem o rapaz naquela cisterna que está no deserto, e não lhe façam mal.

Rúben disse isto para o livrar deles, a fim de levá-lo de volta ao pai. 23 Mas, logo que José chegou a seus irmãos, despiram-no da túnica, a túnica talar de mangas compridas que trazia, 24 e o jogaram na cisterna. A cisterna estava vazia, sem água.

25 Depois sentaram-se para comer. Levantando os olhos, viram que uma caravana de ismaelitas vinha de Gileade. Seus camelos traziam especiarias, bálsamo e mirra, que levavam para o Egito. 26 Então Judá disse aos irmãos:

— O que vamos ganhar se matarmos o nosso irmão e depois escondermos a sua morte? 27 Venham, vamos vendê-lo aos ismaelitas. Não lhe façamos mal, pois é nosso irmão, é do nosso sangue.

Seus irmãos concordaram. 28 E, quando os mercadores midianitas passaram, os irmãos de José o tiraram da cisterna e o venderam aos ismaelitas por vinte moedas de prata. E os ismaelitas levaram José para o Egito.

29 Quando Rúben voltou à cisterna, eis que José não estava nela; então rasgou as suas roupas. 30 E, voltando aos seus irmãos, disse:

— O rapaz não está mais lá! E agora, o que eu vou fazer?

31 Então pegaram a túnica de José, mataram um bode e molharam a túnica no sangue. 32 E enviaram a túnica de mangas compridas ao pai com este recado:

— Achamos isto. Veja se é ou não a túnica de seu filho.

33 Ele a reconheceu e disse:

— É a túnica de meu filho. Um animal selvagem o devorou. Certamente José foi despedaçado.

34 Então Jacó rasgou as suas roupas, vestiu-se de pano de saco e lamentou o filho durante muitos dias. 35 Todos os seus filhos e todas as suas filhas vieram, para o consolar; ele, porém, recusou ser consolado e disse:

— Chorando, descerei à sepultura para junto do meu filho.

E continuou a chorar pelo filho.

36 Enquanto isso, no Egito, os midianitas venderam José a Potifar, oficial de Faraó, comandante da guarda.

JUDÁ E TAMAR

38 1 Aconteceu, por esse tempo, que Judá se afastou de seus irmãos e se hospedou na casa de um adulamita, chamado Hira. 2 Ali Judá viu a filha de um cananeu, chamado Sua; ele a tomou por mulher e teve relações com ela. 3 A mulher ficou grávida e deu à luz um filho, e Judá lhe deu o nome de Er. 4 Ela ficou grávida outra vez e deu à luz um filho, a quem ela deu o nome de Onã. 5 Mais uma vez ela ficou grávida e deu à luz outro filho, a quem ela chamou de Selá. Ela estava em Quezibe quando o teve.

6 Judá tomou uma esposa para Er, o seu primogênito; o nome dela era Tamar. 7 No entanto, Er, o primogênito de Judá, era mau aos olhos do SENHOR, e por isso o SENHOR fez com que ele morresse. 8 Então Judá disse a Onã:

— Tenha relações com a mulher do seu irmão, cumpra a obrigação de cunhado e dê uma descendência ao seu irmão.

9 Mas Onã sabia que o filho não seria considerado seu. Por isso, todas as vezes que tinha relações com a mulher de seu irmão deixava o sêmen cair na terra, para não dar descendência a seu irmão. 10 Isso, porém, que fazia, era mau aos olhos do SENHOR, e por isso fez com que também este morresse. 11 Então Judá disse a Tamar, sua nora:

— Continue viúva na casa de seu pai, até que Selá, meu filho, cresça.

Pois Judá pensava assim: "É para que não morra também este, como os seus irmãos." Assim, Tamar se foi, passando a morar na casa do pai dela.

12 Algum tempo depois morreu a mulher de Judá, que era filha de Sua. Quando terminou o período de luto, Judá foi até onde estavam os tosquiadores de suas ovelhas, em Timna, ele e seu amigo Hira, o adulamita. 13 E alguém foi dizer a Tamar:

— Eis que o seu sogro está a caminho de Timna, para tosquiar as ovelhas.

14 Então ela tirou as suas roupas de viúva, e, cobrindo-se com um véu, se disfarçou e se sentou à entrada de Enaim, no caminho de Timna. Porque ela sabia que Selá já era homem, e ela não lhe havia sido dada por mulher. 15 Quando Judá a viu, pensou que se tratava de uma prostituta, pois ela havia coberto o rosto. 16 Então se dirigiu a ela no caminho e lhe disse:

— Venha, quero ter relações com você!

Acontece que ele não sabia que ela era a sua nora. Ela respondeu:

— O que você me dá para ter relações comigo?

17 Ele respondeu:

— Eu mando para você um cabrito do meu rebanho.

Ela perguntou:

— Você deixa comigo alguma garantia até mandar o cabrito?

18 Ele respondeu:

— Que garantia posso deixar com você?

Ela disse:

— O seu selo, o seu cordão e o cajado que você tem na mão.

Ele lhe deu os objetos, teve relações com ela, e ela ficou grávida dele. 19 Tamar se levantou e foi embora. Tirou o véu e pôs outra vez as suas roupas de viúva.

20 Judá enviou o cabrito, por meio do adulamita, seu amigo, para reaver a garantia que tinha deixado com a mulher, mas ele não a encontrou. 21 Então o amigo de Judá perguntou aos homens daquele lugar:

— Onde está a prostituta cultual que costumava ficar junto ao caminho de Enaim?

Responderam:

— Aqui não havia nenhuma prostituta cultual.

22 Ele voltou a Judá e disse:

— Não encontrei a mulher. E além disso os homens do lugar me disseram que lá nunca houve nenhuma prostituta cultual.

23 Judá respondeu:

— Que ela fique com aquelas coisas para si, para que não venhamos a passar vergonha. Eis que mandei o cabrito, mas você não encontrou a mulher.

24 Passados quase três meses, foram dizer a Judá:

— A sua nora Tamar se prostituiu, pois está grávida.

Ao que Judá respondeu:

— Tragam-na para fora para que seja queimada.

25 Quando a estavam trazendo para fora, ela mandou dizer ao sogro:

— Eu estou grávida do homem a quem pertencem estas coisas.

E disse mais:

— Veja se reconhece de quem é este selo, este cordão e este cajado.

26 Judá os reconheceu e disse:

— Ela é mais justa do que eu, porque não a dei a Selá, meu filho.

E nunca mais teve relações com ela.

27 E aconteceu que, estando ela para dar à luz, havia gêmeos no seu ventre. 28 Ao nascerem, um pôs a mão para fora, e a parteira, tomando-a, amarrou nela um fio vermelho, dizendo:

— Este saiu primeiro.

29 Mas, recolhendo ele a mão, o outro nasceu primeiro. E a parteira disse:

— Como você rompeu a saída?

E lhe deram o nome de Perez. 30 Depois nasceu o irmão, em cuja mão estava o fio vermelho. E lhe deram o nome de Zera.

JOSÉ NA CASA DE POTIFAR

39 1 José foi levado para o Egito, e Potifar, oficial de Faraó, comandante da guarda, egípcio, comprou-o dos ismaelitas que o tinham levado para lá. 2 O SENHOR Deus estava com José, que veio a ser homem próspero e estava na casa de seu dono egípcio. 3 Potifar viu que o SENHOR estava com José e que tudo o que ele fazia o SENHOR prosperava em suas mãos. 4 Assim, José achou favor diante dos olhos de seu dono e o servia. E ele pôs José por mordomo de sua casa e lhe

passou às mãos tudo o que tinha. 5 E, desde que Potifar o fez mordomo de sua casa e encarregado de tudo o que tinha, o Senhor abençoou a casa do egípcio por causa de José. A bênção do Senhor estava sobre tudo o que tinha, tanto em casa como no campo. 6 Potifar confiou tudo o que tinha às mãos de José, de maneira que não se preocupava com nada, a não ser com o pão que comia.

José tinha um belo porte e boa aparência. 7 Assim, depois de algum tempo, a mulher de Potifar pôs os olhos em José e lhe disse:

— Venha para a cama comigo.

8 Ele, porém, recusou e disse à mulher do seu dono:

— Escute! O meu senhor não se preocupa com nada do que existe nesta casa, porque eu estou aqui; tudo o que tem ele passou às minhas mãos. 9 Não há ninguém nesta casa que esteja acima de mim. Ele não me vedou nada, a não ser a senhora, porque é a mulher dele. Como, pois, cometeria eu tamanha maldade e pecaria contra Deus?

10 Ela falava com José todos os dias, mas ele não lhe dava ouvidos, recusando-se a ir para cama com ela e a ficar perto dela. 11 Aconteceu, porém, que, certo dia, José entrou na casa para fazer o seu serviço, e ninguém dos de casa se achava presente. 12 Então ela o pegou pela roupa e lhe disse:

— Venha para a cama comigo.

Ele, porém, deixando a roupa nas mãos dela, saiu, fugindo para fora. 13 Quando notou que José tinha fugido para fora, mas havia deixado a roupa nas mãos dela, 14 chamou pelos homens de sua casa e lhes disse:

— Vejam! Meu marido nos trouxe este hebreu para nos humilhar. Ele entrou no meu quarto, querendo me levar para a cama, mas eu gritei bem alto. 15 Quando ele ouviu que eu levantava a voz e gritava, deixou a roupa ao meu lado e saiu, fugindo para fora.

16 Ela conservou junto de si a roupa de José, até que o dono dele voltasse para casa. 17 Então lhe falou, segundo as mesmas palavras, e disse:

— O escravo hebreu, que você nos trouxe, entrou no meu quarto para me humilhar. 18 Mas, quando levantei a voz e gritei, ele deixou a roupa ao meu lado e fugiu para fora.

19 Quando o dono ouviu as palavras de sua mulher, que lhe disse: "Foi assim que o seu escravo me tratou", ele ficou irado. 20 E o dono de José o tomou e o lançou na prisão, no lugar onde os presos do rei estavam encarcerados; ali José ficou na prisão. 21 O Senhor, porém, estava com José, foi bondoso com ele e fez com que encontrasse favor aos olhos do carcereiro. 22 Este confiou às mãos de José todos os presos que estavam no cárcere. E José fazia tudo o que se devia fazer ali. 23 O carcereiro não se preocupava com nada do que tinha sido entregue às mãos de José, porque o Senhor estava com ele, e tudo o que ele fazia o Senhor prosperava.

JOSÉ NA PRISÃO INTERPRETA DOIS SONHOS

40 1 Passadas estas coisas, aconteceu que o copeiro e o padeiro do rei do Egito ofenderam o seu senhor, o rei do Egito. 2 O Faraó indignou-se contra os seus dois oficiais, o copeiro-chefe e o padeiro-chefe, 3 e mandou prendê-los na casa do comandante da guarda, no cárcere onde José estava. 4 O comandante da guarda os deixou aos cuidados de José, para que os servisse; e por algum tempo estiveram na prisão.

5 E os dois sonharam, cada um o seu sonho, na mesma noite; cada sonho com o seu próprio significado, o copeiro e o padeiro do rei do Egito, que se achavam encarcerados. 6 Quando José chegou pela manhã, viu-os, e eis que estavam preocupados. 7 Então perguntou aos oficiais de Faraó, que estavam com ele no cárcere da casa do seu senhor:

— Por que vocês estão com a cara triste hoje?

8 Eles responderam:

— Tivemos um sonho, e não há quem o interprete.

José lhes disse:

— Não pertencem a Deus as interpretações? Contem-me o sonho que tiveram.

O SONHO DO COPEIRO-CHEFE

9 Então o copeiro-chefe contou o seu sonho a José. Ele disse:

— Em meu sonho havia uma videira diante de mim. 10 E na videira havia três ramos. Ao brotar a videira, havia flores, e seus cachos produziam uvas maduras. 11 O copo de Faraó estava na minha mão. Peguei as uvas e as espremi no copo de Faraó, e o entreguei a Faraó.

12 Então José disse:

— Esta é a interpretação do sonho: os três ramos são três dias. 13 Dentro de três dias, Faraó vai reabilitar você e reintegrá-lo no seu cargo, e você lhe dará o copo na mão dele, segundo o costume antigo, quando era seu copeiro. 14 Porém lembre-se de mim, quando tudo lhe correr bem. Peço que você seja bondoso para comigo e fale a meu respeito com Faraó, e me tire desta prisão; 15 porque, de fato, fui roubado da terra dos hebreus; e aqui nada fiz, para que me pusessem nesta masmorra.

O SONHO DO PADEIRO-CHEFE

16 Vendo o padeiro-chefe que a interpretação era boa, disse a José:

— Eu também sonhei, e eis que três cestos de pão branco estavam sobre a minha cabeça. 17 No cesto mais alto havia todo tipo de comida que um padeiro faz para Faraó. E as aves comiam do cesto que estava sobre a minha cabeça.

18 Então José disse:

— Esta é a interpretação do sonho: os três cestos são três dias. 19 Dentro de três dias, Faraó vai mandar cortar a sua cabeça e pendurá-lo numa árvore, e as aves comerão a sua carne.

20 No terceiro dia, que era aniversário de nascimento de Faraó, ele deu um banquete a todos os seus servos. E, no meio destes, reabilitou o copeiro-chefe e condenou o padeiro-chefe. 21 Reintegrou o copeiro-chefe no seu cargo, no qual dava o copo na mão de Faraó, 22 mas mandou enforcar o padeiro-chefe, como José havia interpretado. 23 Porém o copeiro-chefe não se lembrou de José; esqueceu-se dele.

JOSÉ INTERPRETA OS SONHOS DE FARAÓ

41 1 Passados dois anos completos, Faraó teve um sonho e eis que estava em pé junto ao rio Nilo. 2 Do rio subiam sete vacas de boa aparência e gordas e pastavam no meio dos juncos. 3 Após elas subiam do rio outras sete vacas, de aparência feia e magras; e pararam junto às primeiras, na margem do rio. 4 As vacas de aparência feia e magras engoliam as sete vacas de boa aparência e gordas.

Então Faraó acordou. 5 Tornando a dormir, sonhou outra vez. De uma só haste saíam sete espigas cheias e boas. 6 E após elas nasciam sete espigas mirradas e queimadas pelo vento leste. 7 As espigas mirradas devoravam as sete espigas grandes e cheias.

Então Faraó acordou. Tinha sido um sonho. 8 De manhã, ao despertar muito perturbado, mandou chamar todos os magos do Egito e todos os seus sábios. Contou-lhes os seus sonhos, mas não havia ninguém que pudesse dar a interpretação.

9 Então o copeiro-chefe disse a Faraó:

— Hoje me lembro das minhas ofensas. 10 Quando Faraó ficou irado com os seus servos e me pôs na prisão, na casa do comandante da guarda, a mim e ao padeiro-chefe, 11 tivemos um sonho na mesma noite, eu e ele. Sonhamos, e cada sonho tinha o seu próprio significado. 12 Achava-se conosco um jovem hebreu, escravo do comandante da guarda. Contamos a ele os nossos sonhos, e ele nos deu a interpretação, a cada um segundo o seu sonho. 13 E tal como nos interpretou, assim aconteceu: eu fui restituído ao meu cargo, e o outro foi enforcado.

14 Então Faraó mandou chamar José, e o fizeram sair às pressas da masmorra. Ele se barbeou, mudou de roupa e foi apresentar-se a Faraó. 15 Este lhe disse:

— Tive um sonho, e não há quem o interprete. Porém ouvi falar a respeito de você que, quando ouve um sonho, é capaz de interpretá-lo.

16 José respondeu:

— Isso não está em mim; mas Deus dará resposta favorável a Faraó.

17 Então Faraó disse a José:

— No meu sonho, eu estava em pé na margem do Nilo, 18 e eis que subiam dele sete vacas gordas e de boa aparência e pastavam no meio dos juncos. 19 Após estas subiam outras vacas, fracas, muito feias e magras. Eu nunca tinha visto vacas tão feias, em toda a terra do Egito. 20 E as vacas magras e ruins devoravam as primeiras sete vacas gordas. 21 E, depois de as terem engolido, não davam aparência de que as tinham devorado, pois

Deus transforma pessoas improváveis em elementos surpresa do Céu para estabelecer belos propósitos na Terra.

o aspecto delas continuava ruim como
no princípio. Então acordei. 22 Depois, vi,
em meu sonho, que sete espigas saíam
da mesma haste, cheias e boas. 23 Depois
delas nasceram sete espigas secas, mirra-
das e queimadas pelo vento leste. 24 As sete
espigas mirradas devoravam as sete espigas
boas. Contei isso aos magos, mas ninguém
foi capaz de me dar a interpretação.

25 Então José respondeu:

— O sonho de Faraó é apenas um; Deus
revelou a Faraó o que ele vai fazer. 26 As sete
vacas boas serão sete anos; as sete espigas
boas, também sete anos; o sonho é um só.
27 As sete vacas magras e feias, que subiam
após as primeiras, serão sete anos, bem como
as sete espigas mirradas e queimadas pelo
vento leste serão sete anos de fome.

28 — Esta é a palavra, como acabo de
dizer a Faraó: Deus manifestou a Faraó o
que ele vai fazer. 29 Eis que vêm sete anos
de grande abundância por toda a terra do
Egito. 30 Depois virão sete anos de fome. Toda
aquela abundância será esquecida na terra
do Egito e a fome consumirá a terra; 31 e não
será lembrada a abundância na terra, por
causa da fome que seguirá, porque será
gravíssima. 32 O sonho de Faraó foi repetido,
porque a coisa é estabelecida por Deus,
e Deus se apressa a fazê-la.

33 — Agora, pois, Faraó devia escolher um
homem ajuizado e sábio e encarregá-lo de
dirigir a terra do Egito. 34 Faraó devia fazer
isto: pôr administradores sobre a terra e reco-
lher a quinta parte dos frutos da terra do Egito
nos sete anos de fartura. 35 Esses adminis-
tradores deviam ajuntar toda a colheita dos
bons anos que virão, recolher cereal por
ordem de Faraó, para mantimento nas cida-
des, e guardá-lo em armazéns. 36 Assim, o
mantimento servirá para abastecer a terra
nos sete anos da fome que haverá no Egito,
para que a terra não seja destruída pela fome.

JOSÉ COMO GOVERNADOR DO EGITO

37 O conselho agradou a Faraó e a todos
os seus oficiais. 38 Então Faraó perguntou
aos seus oficiais:

— Será que poderíamos achar alguém
melhor do que José, um homem em quem
está o Espírito de Deus?

39 Depois, Faraó disse a José:

— Visto que Deus revelou tudo isto a você,
não há ninguém tão ajuizado e sábio como
você. 40 Você será o administrador da minha
casa, e todo o meu povo obedecerá à sua
palavra. Somente no trono eu serei maior
do que você.

41 E Faraó disse mais a José:

— Eis que eu o constituo autoridade sobre
toda a terra do Egito.

42 Então Faraó tirou o seu anel-sinete da
mão e o pôs no dedo de José. Mandou que
o vestissem com roupas de linho fino e lhe
pôs no pescoço um colar de ouro. 43 E o fez
subir na sua segunda carruagem, e cla-
mavam diante dele: "Inclinem-se todos!"
Desse modo, deu-lhe autoridade sobre toda
a terra do Egito.

44 Disse ainda Faraó a José:

— Eu sou Faraó, mas sem a sua ordem
ninguém poderá fazer nada em toda a
terra do Egito.

45 E Faraó chamou José de Zafenate-Paneia
e lhe deu por mulher Asenate, filha de Potí-
fera, sacerdote de Om. E José percorreu toda
a terra do Egito.

46 José tinha trinta anos de idade quando
se apresentou a Faraó, rei do Egito, e andou
por toda a terra do Egito. 47 Nos sete anos
de fartura a terra produziu com abundân-
cia. 48 E José ajuntou todo o mantimento
que houve na terra do Egito durante os
sete anos e o guardou nas cidades; o man-
timento do campo ao redor de cada cidade
foi guardado na mesma cidade. 49 Assim,
José ajuntou muitíssimo cereal, como a
areia do mar, até perder a conta, porque ia
além das medidas.

50 Antes de chegar a fome, nasceram dois
filhos a José, os quais lhe deu Asenate, filha
de Potífera, sacerdote de Om. 51 Ao primogê-
nito José chamou de Manassés, pois disse:
"Deus me fez esquecer todo o meu trabalho
e toda a casa de meu pai." 52 Ao segundo deu
o nome de Efraim, pois disse: "Deus me fez
próspero na terra da minha aflição."

53 Passados os sete anos de abundância
que houve na terra do Egito, 54 começaram os
sete anos de fome, como José havia predito.
E havia fome em todas as terras, mas em
toda a terra do Egito havia pão. 55 Quando
toda a terra do Egito começou a sentir a

fome, o povo clamou a Faraó por pão; e
Faraó dizia a todos os egípcios:
— Vão falar com José e façam o que ele
disser.
56 Havendo, pois, fome sobre toda a terra,
José abriu todos os celeiros e vendia aos
egípcios; porque a fome aumentava na
terra do Egito. 57 E todas as terras vinham ao
Egito para comprar de José, porque a fome
aumentava em todo o mundo.

OS IRMÃOS DE JOSÉ VÃO AO EGITO

42 1 Quando Jacó soube que havia
mantimento no Egito, disse a seus
filhos:
— Por que vocês estão aí olhando uns
para os outros?
2 E acrescentou:
— Ouvi dizer que há cereais no Egito. Vão
até lá e comprem cereais, para que vivamos
e não morramos.
3 Então dez dos irmãos de José foram,
para comprar cereal do Egito. 4 Mas Jacó não
enviou Benjamim, o irmão de José, na com-
panhia dos irmãos, porque dizia: "E se lhe
acontecer algum desastre?" 5 Entre os que
iam, pois, para lá, foram também os filhos
de Israel, pois havia fome na terra de Canaã.
6 José era governador daquela terra; era
ele quem vendia a todos os povos da terra.
Os irmãos de José vieram e se prostraram
com o rosto em terra, diante dele. 7 Quando
José viu os seus irmãos, reconheceu-os,
porém não se deu a conhecer. Foi ríspido
com eles e lhes perguntou:
— De onde vocês vêm?
Responderam:
— Da terra de Canaã, para comprar man-
timento.
8 José reconheceu os irmãos, mas eles
não o reconheceram. 9 Então José se lem-
brou dos sonhos que teve a respeito deles
e lhes disse:
— Vocês são espiões e vieram para ver os
pontos fracos da terra.
10 Eles responderam:
— Não, meu senhor. Estes seus servos vie-
ram só para comprar mantimento. 11 Somos
todos filhos de um mesmo homem; somos
homens honestos; estes seus servos não
são espiões.
12 Ele, porém, lhes respondeu:
— Nada disso! Pelo contrário, vocês vie-
ram para ver os pontos fracos da terra.
13 Eles disseram:
— Nós, seus servos, somos doze irmãos,
filhos de um homem na terra de Canaã.
O mais novo está hoje com o nosso pai,
outro já não existe.
14 Então José lhes disse:
— É como já falei: vocês são espiões.
15 Nisto vocês serão provados: juro pela vida
de Faraó que vocês não sairão daqui, sem
que primeiro venha o irmão mais novo de
vocês. 16 Enviem um de vocês, que busque
o seu irmão. Vocês ficarão detidos para que
sejam provadas as palavras de vocês, se há
verdade no que dizem; ou se não, juro pela
vida de Faraó que vocês são espiões.
17 E deixou todos presos por três dias.
18 No terceiro dia, José lhes disse:
— Façam o seguinte e viverão, pois temo
a Deus. 19 Se são homens honestos, que
um de vocês fique detido aqui onde estão
presos; os outros podem ir, levando cereal
para matar a fome das suas famílias. 20 E tra-
gam-me o seu irmão mais novo, com o que
serão verificadas as palavras de vocês, e
vocês não morrerão.
E eles se dispuseram a fazê-lo. 21 Então
disseram entre si:
— Na verdade, estamos sendo castiga-
dos por causa de nosso irmão, pois vimos
a angústia de sua alma, quando nos pedia, e
não lhe demos ouvidos; por isso, nos sobre-
vém agora esta ansiedade.
22 Rúben respondeu-lhes:
— Não é verdade que eu disse: "Não
pequem contra o jovem"? Mas vocês não qui-
seram me ouvir. Pois agora estão vendo que
o sangue dele está sendo requerido de nós.
23 Eles, porém, não sabiam que José os
entendia, porque lhes falava por meio
de um intérprete. 24 E, retirando-se deles,
José chorou. Depois, voltando para junto
deles, lhes falou outra vez. Escolheu Simeão
e o algemou na presença deles.

OS IRMÃOS DE JOSÉ REGRESSAM DO EGITO

25 José ordenou que lhes enchessem
de cereal os sacos, e lhes restituíssem o
dinheiro, a cada um no saco de cereal, e

os suprissem de comida para o caminho.
E assim foi feito. 26 E carregaram o cereal
sobre os seus jumentos e partiram dali.
27 Quando um deles abriu o saco de cereal,
para dar de comer ao seu jumento na estala-
gem, encontrou o dinheiro na boca do saco
de cereal. 28 Então disse aos irmãos:

— Devolveram o meu dinheiro. Está aqui
na boca do saco de cereal.

O coração dos irmãos se encheu de medo,
e, tremendo, entreolhavam-se, dizendo:

— O que é isto que Deus nos fez?

29 E vieram para Jacó, seu pai, na terra de
Canaã, e lhe contaram tudo o que lhes havia
acontecido, dizendo:

30 — O homem, o senhor da terra, falou
conosco de maneira ríspida e nos tratou
como espiões da terra. 31 Dissemos a ele:
"Somos homens honestos e não espiões.
32 Somos doze irmãos, filhos de um mesmo
pai; um já não existe, e o mais novo está hoje
com o nosso pai na terra de Canaã." 33 Então o
homem, o senhor da terra, respondeu: "Nisto
saberei que vocês são homens honestos: dei-
xem comigo um de seus irmãos, peguem o
cereal para remediar a fome de suas casas e
vão embora. 34 Mas tragam-me o seu irmão
mais novo. Assim saberei que vocês não
são espiões, mas homens honestos. Então
entregarei o irmão de vocês, e vocês pode-
rão negociar na terra."

35 Aconteceu que, quando foram despe-
jar o cereal que havia nos sacos, cada um
tinha a sua trouxinha de dinheiro no saco de
cereal. Ao ver as trouxinhas com o dinheiro,
eles e o seu pai ficaram com medo. 36 Então
Jacó, o pai deles, disse:

— Vocês vão me deixar sem filhos. José
se foi. Simeão se foi. Agora querem levar
Benjamim! Todas essas coisas acontecem
contra mim.

37 Mas Rúben disse a seu pai:

— O senhor pode matar os meus dois
filhos, se eu não trouxer Benjamim de volta.
Deixe que eu tome conta dele, e o trarei de
volta para o senhor.

38 Mas Jacó respondeu:

— O meu filho não irá com vocês. O irmão
dele está morto, e ele é o único que ficou.
Se lhe acontece algum desastre no caminho,
vocês farão descer os meus cabelos brancos
com tristeza à sepultura.

OS IRMÃOS DE JOSÉ VOLTAM AO EGITO

43 1 A fome continuava gravíssima na
terra. 2 Quando eles acabaram de
consumir o cereal que tinham trazido do
Egito, Jacó disse aos filhos:

— Voltem e comprem mais um pouco de
mantimento para nós.

3 Mas Judá lhe disse:

— Aquele homem nos advertiu solene-
mente, dizendo: "Vocês não verão o meu
rosto, se o outro irmão não vier com vocês."
4 Se o senhor resolver enviar conosco o nosso
irmão, iremos e compraremos mantimento
para o senhor. 5 Mas, se o senhor não o
enviar, não iremos, pois o homem nos
disse: "Vocês não verão o meu rosto, se o
outro irmão não vier com vocês."

6 Israel respondeu:

— Por que vocês me fizeram esse mal,
dando a saber àquele homem que vocês
tinham outro irmão?

7 Eles responderam:

— O homem nos fez perguntas específi-
cas a respeito de nós e de nossa parentela,
dizendo: "O pai de vocês ainda é vivo?
Vocês têm outro irmão?" Nós apenas res-
pondemos o que ele nos perguntou. Como
podíamos adivinhar que ele nos diria: "Tra-
gam o outro irmão?"

8 Então Judá disse a Israel, seu pai:

— Deixe o jovem ir comigo, e nos levan-
taremos e iremos, para que vivamos e não
morramos, nem nós, nem o senhor, nem os
nossos filhinhos. 9 Eu serei responsável por
ele; da minha mão o senhor poderá reque-
rê-lo. Se eu não o trouxer de volta e não o
puser diante do senhor, serei culpado para
com o senhor pelo resto da minha vida.
10 Se não nos tivéssemos demorado, já tería-
mos ido e voltado duas vezes.

11 Então Israel, seu pai, disse:

— Se é assim, então façam o seguinte:
peguem do mais precioso desta terra,
ponham nos sacos para o mantimento e
levem de presente a esse homem: um pouco
de bálsamo e um pouco de mel, especia-
rias e mirra, nozes de pistácia e amêndoas.
12 Levem dinheiro em dobro. E devolvam o
dinheiro restituído na boca dos sacos de
cereal; é possível que tenha havido algum
engano. 13 Levem também o irmão de vocês.

Levantem-se e voltem àquele homem.
14 Deus Todo-Poderoso lhes dê misericór-
dia diante do homem, para que restitua o
outro irmão e deixe que Benjamim volte
com vocês. Quanto a mim, se eu perder os
filhos, sem filhos ficarei.

JOSÉ HOSPEDA SEUS IRMÃOS

15 Então os homens pegaram os presentes,
o dinheiro em dobro e Benjamim; levanta-
ram-se, foram ao Egito e se apresentaram
diante de José. 16 Quando José viu que
Benjamim estava com eles, disse ao admi-
nistrador de sua casa:

— Leve estes homens para casa, mate um
animal e prepare tudo, pois estes homens
comerão comigo ao meio-dia.

17 Ele fez como José lhe havia ordenado
e levou os homens para a casa de José.
18 Os homens tiveram medo, porque foram
levados à casa de José. E diziam:

— É por causa do dinheiro que da outra
vez voltou nos sacos de cereal que nós
fomos trazidos para cá, para que possa nos
acusar e atacar, nos escravizar e tomar os
nossos jumentos.

19 E se aproximaram do administrador da
casa de José, e lhe falaram à porta, 20 e dis-
seram:

— Meu senhor, já estivemos aqui uma vez
para comprar mantimento. 21 Mas, quando
chegamos à estalagem, ao abrir os sacos de
cereal, eis que o dinheiro de cada um estava
na boca do saco de cereal, nosso dinheiro
intacto. Por isso, trouxemos esse dinheiro de
volta. 22 Trouxemos também outro dinheiro
conosco, para comprar mantimento. Não
sabemos quem pôs o nosso dinheiro nos
sacos de cereal.

23 O administrador disse:

— Que a paz esteja com vocês! Não te-
nham medo. O seu Deus e o Deus do pai
de vocês colocou esse tesouro nos sacos
de cereal. Eu recebi o dinheiro que vocês
trouxeram.

Então ele trouxe Simeão para fora.
24 Depois, o administrador levou aqueles
homens à casa de José e lhes deu água, e
eles lavaram os pés. Também deu ração aos
seus jumentos. 25 Então prepararam o pre-
sente, para quando José viesse ao meio-dia,
pois ouviram que ali haviam de comer.

26 Quando José chegou à sua casa, trouxe-
ram-lhe para dentro o presente que tinham
em mãos e se inclinaram até o chão diante
dele. 27 Ele lhes perguntou como tinham
passado e disse:

— O pai de vocês, aquele velho de quem
me falaram, vai bem? Ainda vive?

28 Responderam:

— O seu servo, nosso pai, vai bem e
ainda vive.

E abaixaram a cabeça e se inclinaram.
29 Quando José levantou os olhos, viu
Benjamim, seu irmão, filho de sua mãe,
e disse:

— É este o irmão mais novo de vocês, de
quem me falaram?

E acrescentou:

— Deus lhe conceda a sua graça, meu
filho.

30 José, profundamente emocionado por
causa do seu irmão, apressou-se e procurou
um lugar onde chorar. Entrou no quarto e
ali chorou. 31 Depois, lavou o rosto e saiu;
conteve-se e disse:

— Sirvam a refeição.

32 Serviram a comida dele numa mesa à
parte, e a comida deles também numa mesa
à parte. Também os egípcios que comiam
com ele foram servidos numa mesa à parte,
porque os egípcios não podiam comer com
os hebreus, pois isso é abominação para
os egípcios. 33 E sentaram-se diante dele
por ordem de idade, desde o mais velho ao
mais novo. Eles olhavam uns para os outros
cheios de espanto. 34 Então José lhes apre-
sentou as porções que estavam diante dele,
e a porção de Benjamim era cinco vezes
maior do que a dos outros. E beberam com
ele até ficarem alegres.

O COPO DE JOSÉ

44 1 José deu esta ordem ao adminis-
trador da sua casa:

— Encha de mantimento os sacos que
estes homens trouxeram, quanto pude-
rem levar, e ponha o dinheiro de cada um
na boca do saco de mantimento. 2 E colo-
que o meu copo de prata na boca do saco
de mantimento do mais novo, junto com o
dinheiro do seu cereal.

E o administrador fez como José havia
ordenado. 3 De manhã, quando já estava

claro, os homens partiram, eles com os seus jumentos. 4 Saíram da cidade e, antes que pudessem ter se distanciado, José disse ao administrador de sua casa:

— Levante-se e vá atrás daqueles homens. E, alcançando-os, diga o seguinte: "Por que vocês pagaram o bem com o mal? 5 Não é este o copo em que bebe o meu senhor e que ele usa para fazer as suas adivinhações? Vocês fizeram algo muito errado."

6 O administrador os alcançou e lhes falou essas palavras. 7 Então eles responderam:

— Por que o meu senhor está dizendo uma coisa dessas? Longe de nós, seus servos, fazer uma coisa assim. 8 O dinheiro que achamos na boca dos sacos de mantimento nós trouxemos de volta da terra de Canaã; como, então, iríamos roubar prata ou ouro da casa do seu senhor? 9 Se algum de nós tiver esse copo, será morto; e nós ainda seremos escravos do meu senhor.

10 O administrador respondeu:

— Que seja como vocês disseram. Aquele com quem for encontrado o copo será meu escravo; os outros ficam livres.

11 Eles se apressaram; cada um colocou o seu saco de mantimento no chão e o abriu. 12 O administrador os examinou, começando do mais velho e acabando no mais novo; e o copo foi encontrado no saco de mantimento de Benjamim. 13 Então eles rasgaram as suas roupas; cada um carregou de novo o seu jumento, e eles voltaram para a cidade.

14 Quando Judá e seus irmãos chegaram à casa de José, este ainda estava ali. E prostraram-se em terra diante dele. 15 José lhes perguntou:

— O que é isso que vocês fizeram? Vocês não sabiam que um homem como eu é capaz de adivinhar?

16 Então Judá respondeu:

— Que podemos dizer a meu senhor? Que podemos falar? E como vamos nos justificar? Deus descobriu a nossa culpa. Eis que somos escravos de meu senhor, tanto nós como aquele em cuja mão se achou o copo.

17 Mas José disse:

— Longe de mim fazer uma coisa dessas! O homem em cuja mão foi encontrado o copo, esse será meu escravo; os outros podem voltar em paz para junto de seu pai.

18 Então Judá se aproximou dele e disse:

— Meu senhor, permita que este seu servo diga uma palavra aos ouvidos do meu senhor, e não se acenda a sua ira contra este seu servo, pois o senhor é como o próprio Faraó. 19 Meu senhor perguntou a seus servos: "Vocês têm pai ou mais algum irmão?" 20 E respondemos a meu senhor: "Temos um pai já velho e um filho da sua velhice, o mais novo, cujo irmão é morto; e só ele ficou de sua mãe, e seu pai o ama." 21 Então o senhor disse a estes seus servos: "Tragam o jovem, para que eu o veja." 22 Respondemos ao meu senhor: "O jovem não pode deixar o pai; se deixar o pai, este morrerá." 23 Então meu senhor disse a estes seus servos: "Se o irmão mais novo não vier com vocês, nunca mais vocês verão o meu rosto."

24 — Quando voltamos à casa de meu pai, que é seu servo, e repetimos a ele as palavras de meu senhor, 25 nosso pai disse: "Voltem e comprem um pouco de mantimento." 26 Nós respondemos: "Não podemos ir para lá. Mas, se o nosso irmão mais moço for conosco, iremos. Porque não podemos ver a face do homem, se este nosso irmão mais moço não estiver conosco." 27 Então nos disse o seu servo, nosso pai: "Vocês sabem que a minha mulher me deu dois filhos. 28 Um se ausentou de mim, e eu disse: 'Certamente foi despedaçado, e até agora não mais o vi.' 29 Se agora vocês me tirarem também este da minha presença, e lhe acontecer algum desastre, farão descer os meus cabelos brancos com tristeza à sepultura."

30 — Agora, pois, se eu voltar para junto de meu pai, seu servo, sem que o jovem vá conosco, visto que a alma de meu pai está ligada com a alma dele, 31 vendo ele que o jovem não está conosco, morrerá; e estes seus servos farão descer os cabelos brancos de nosso pai, seu servo, com tristeza à sepultura. 32 Porque este seu servo ficou responsável por este jovem diante de meu pai, dizendo: "Se eu não o trouxer de volta, serei culpado para com o meu pai pelo resto da minha vida." 33 Agora, pois, que este seu servo fique em lugar do jovem como escravo de meu senhor, e que o jovem volte com os seus irmãos. 34 Porque como poderei voltar a meu pai, se o jovem não for comigo? Eu não poderia ver esse mal se abatendo sobre o meu pai.

JOSÉ SE DÁ A CONHECER A SEUS IRMÃOS

45 [1] Então José, não conseguindo se conter diante de todos os que estavam com ele, gritou:

— Saiam todos da minha presença!

E ninguém ficou com ele, quando José se deu a conhecer a seus irmãos. [2] E levantou a voz em choro, de maneira que os egípcios o ouviam e também a casa de Faraó. [3] E disse a seus irmãos:

— Eu sou José. Meu pai ainda está vivo?

E seus irmãos não lhe puderam responder, de tão assustados que ficaram diante dele. [4] E José disse aos seus irmãos:

— Agora cheguem perto de mim.

E eles chegaram. Então ele disse:

— Eu sou José, o irmão de vocês, que vocês venderam para o Egito. [5] Agora, pois, não fiquem tristes nem irritados contra vocês mesmos por terem me vendido para cá, porque foi para a preservação da vida que Deus me enviou adiante de vocês. [6] Porque já houve dois anos de fome na terra, e ainda restam cinco anos em que não haverá lavoura nem colheita. [7] Deus me enviou adiante de vocês, para que fosse conservado para vocês um remanescente na terra e para que a vida de vocês fosse salva por meio de um grande livramento. [8] Assim, não foram vocês que me enviaram para cá, e sim Deus, que fez de mim como que um pai de Faraó, e senhor de toda a sua casa, e como governador em toda a terra do Egito. [9] Voltem depressa para junto de meu pai e digam a ele: "Assim manda dizer o seu filho José: Deus me pôs por senhor em toda a terra do Egito. Venha para junto de mim; não demore. [10] O senhor habitará na terra de Gósen e estará perto de mim — o senhor, os seus filhos, os filhos de seus filhos, os seus rebanhos, o seu gado e tudo o que lhe pertence. [11] Ali eu o sustentarei, porque ainda haverá cinco anos de fome. Do contrário, acabará empobrecendo — o senhor, a sua casa e tudo o que lhe pertence."

[12] José continuou:

— Eis que vocês mesmos estão vendo, e meu irmão Benjamim vê também, que sou eu mesmo quem está falando com vocês. [13] Anunciem a meu pai toda a minha glória no Egito e tudo o que vocês puderam ver. Vão depressa e tragam o meu pai para cá.

[14] E, lançando-se ao pescoço de seu irmão Benjamim, chorou. E, abraçado com ele, Benjamim também chorou. [15] José beijou todos os seus irmãos e chorou, abraçado com eles. Depois, os seus irmãos falaram com ele.

FARAÓ OUVE FALAR DOS IRMÃOS DE JOSÉ

[16] Fez-se ouvir na casa de Faraó esta notícia: "Chegaram os irmãos de José." E Faraó e seus oficiais ficaram contentes com a notícia. [17] Então Faraó disse a José:

— Diga aos seus irmãos que façam o seguinte: carreguem os animais e voltem para a terra de Canaã; [18] peguem o pai e as famílias de vocês e venham para junto de mim. Eu lhes darei o melhor da terra do Egito e vocês comerão a fartura da terra.

[19] — Ordene que façam também isto: levem da terra do Egito carretas para trazer os filhinhos e as mulheres de vocês; tragam o pai de vocês e venham. [20] Não se preocupem com as suas coisas, porque o melhor de toda a terra do Egito será de vocês.

[21] E os filhos de Israel fizeram assim. José lhes deu carretas, conforme a ordem de Faraó; também lhes deu mantimento para a viagem. [22] A cada um deles deu roupas novas, mas a Benjamim deu trezentas moedas de prata e cinco roupas novas. [23] Também enviou a seu pai dez jumentos carregados do melhor do Egito, e dez jumentas carregadas de cereais e pão, e mantimento para a viagem do pai. [24] E despediu os seus irmãos. Ao partirem, disse-lhes:

— Não briguem pelo caminho.

[25] Então partiram do Egito e vieram à terra de Canaã, a Jacó, seu pai, [26] e lhe disseram:

— José ainda vive e é governador de toda a terra do Egito.

Com isto, o coração lhe ficou como sem bater, porque não podia acreditar no que diziam. [27] Mas, quando eles lhe contaram tudo o que José havia falado e quando ele viu as carretas que José havia mandado para levá-lo ao Egito, o espírito de Jacó, o pai deles, reviveu. [28] E Israel disse:

— Basta! O meu filho José ainda vive. Irei e o verei antes que eu morra.

JACÓ E SUA FAMÍLIA VÃO PARA O EGITO

46 1 Israel partiu com tudo o que possuía. E chegou a Berseba e ofereceu sacrifícios ao Deus de Isaque, seu pai. 2 Deus falou a Israel em visões, de noite, e disse:

— Jacó! Jacó!

Ele respondeu:

— Eis-me aqui!

3 Então disse:

— Eu sou Deus, o Deus do seu pai. Não tenha medo de ir para o Egito, porque lá eu farei de você uma grande nação. 4 Eu irei com você para o Egito e certamente farei com que você volte de lá. A mão de José fechará os seus olhos.

5 Então Jacó saiu de Berseba. Os filhos de Israel levaram seu pai Jacó, os filhinhos e as mulheres deles nas carretas que Faraó havia mandado para o levar. 6 Levaram o gado e os bens que haviam adquirido na terra de Canaã e foram para o Egito, Jacó e toda a sua descendência. 7 Seus filhos e os filhos de seus filhos, suas filhas e as filhas de seus filhos e toda a sua descendência, levou-os consigo para o Egito.

8 São estes os nomes dos filhos de Israel, Jacó, e seus filhos, que foram para o Egito: Rúben, o primogênito de Jacó. 9 Os filhos de Rúben: Enoque, Palu, Hezrom e Carmi. 10 Os filhos de Simeão: Jemuel, Jamim, Oade, Jaquim, Zoar e Saul, filho de uma mulher cananeia. 11 Os filhos de Levi: Gérson, Coate e Merari. 12 Os filhos de Judá: Er, Onã, Selá, Perez e Zera; Er e Onã, porém, morreram na terra de Canaã. Os filhos de Perez foram Hezrom e Hamul. 13 Os filhos de Issacar: Tola, Puva, Jó e Sinrom. 14 Os filhos de Zebulom: Serede, Elom e Jaleel. 15 São estes os filhos de Lia, que ela teve com Jacó em Padã-Arã, além de Diná, sua filha. Ao todo os seus filhos e as suas filhas eram trinta e três pessoas.

16 Os filhos de Gade: Zifiom, Hagi, Suni, Esbom, Eri, Arodi e Areli. 17 Os filhos de Aser: Imna, Isvá, Isvi, Berias e Sera, irmã deles. Os filhos de Berias foram Héber e Malquiel. 18 São estes os filhos de Zilpa, a qual Labão deu à sua filha Lia; estes ela teve com Jacó, a saber, dezesseis pessoas.

19 Os filhos de Raquel, mulher de Jacó: José e Benjamim. 20 A José, na terra do Egito, nasceram Manassés e Efraim. São os filhos que teve com Asenate, filha de Potífera, sacerdote de Om. 21 Os filhos de Benjamim: Belá, Bequer, Asbel, Gera, Naamã, Eí, Rôs, Mupim, Hupim e Arde. 22 São estes os filhos de Raquel, que nasceram a Jacó, ao todo catorze pessoas.

23 O filho de Dã: Husim. 24 Os filhos de Naftali: Jazeel, Guni, Jezer e Silém. 25 São estes os filhos de Bila, a qual Labão deu à sua filha Raquel; e estes ela teve com Jacó, ao todo sete pessoas.

26 Todos os que foram com Jacó para o Egito, que eram os seus descendentes, fora as mulheres dos filhos de Jacó, eram sessenta e seis pessoas. 27 E os filhos de José, que lhe nasceram no Egito, eram dois. Todas as pessoas da casa de Jacó, que entraram no Egito, foram setenta.

O ENCONTRO DE JOSÉ COM SEU PAI

28 Jacó enviou Judá adiante de si a José para que soubesse encaminhá-lo a Gósen. E chegaram à terra de Gósen. 29 Então José aprontou a sua carruagem e foi ao encontro de Israel, seu pai, a Gósen. Apresentou-se, lançou-se ao pescoço do pai e chorou assim longo tempo. 30 Israel disse a José:

— Já posso morrer, pois vi o seu rosto e sei que você ainda está vivo.

31 E José disse a seus irmãos e à casa de seu pai:

— Partirei e darei a notícia a Faraó, dizendo: "Meus irmãos e a casa de meu pai, que estavam na terra de Canaã, vieram para junto de mim. 32 Os homens são pastores, criadores de gado, e trouxeram consigo o seu rebanho, o seu gado e tudo o que têm." 33 Quando, pois, Faraó mandar chamá-los e perguntar: "Qual é o trabalho de vocês?", 34 respondam: "Estes seus servos foram criadores de gado desde a mocidade até agora, tanto nós como os nossos pais." Assim, vocês poderão morar na terra de Gósen, porque todo pastor de rebanho é abominação para os egípcios.

ISRAEL É APRESENTADO A FARAÓ

47 1 Então José foi e deu a notícia a Faraó:

— O meu pai e os meus irmãos, com os seus rebanhos e o seu gado, com tudo o que têm, chegaram da terra de Canaã; e eis que estão na terra de Gósen.

2 E levou cinco dos seus irmãos e os apresentou a Faraó. 3 Então Faraó perguntou aos irmãos de José:

— Qual é o trabalho de vocês?

Eles responderam:

— Nós, seus servos, somos pastores de rebanho, como já foram os nossos pais.

4 Disseram mais a Faraó:

— Viemos para morar nesta terra, porque na terra de Canaã não há pasto para o rebanho destes seus servos, pois a fome é severa. E agora pedimos que o senhor permita que estes seus servos morem na terra de Gósen.

5 Então Faraó disse a José:

— Seu pai e seus irmãos vieram para junto de você. 6 A terra do Egito está à sua disposição. Faça com que seu pai e seus irmãos se estabeleçam na melhor região da terra; que morem na terra de Gósen. Se souber que há no meio deles homens capazes, ponha-os por responsáveis pelo gado que me pertence.

7 José levou Jacó, seu pai, e o apresentou a Faraó; e Jacó abençoou Faraó. 8 Então Faraó perguntou a Jacó:

— Quantos anos o senhor já tem?

9 Jacó lhe respondeu:

— São cento e trinta anos de peregrinação. Foram poucos e maus os anos de minha vida e não chegam aos anos de vida de meus pais, nos dias das suas peregrinações. 10 Depois Jacó abençoou Faraó e saiu de sua presença. 11 Então José estabeleceu seu pai e seus irmãos e lhes deu propriedades na terra do Egito, no melhor da terra, na terra de Ramessés, como Faraó havia ordenado. 12 E José providenciou alimento para seu pai, seus irmãos e toda a casa de seu pai, segundo o número de seus filhos.

JOSÉ COMPRA TODA A TERRA DO EGITO PARA FARAÓ

13 Não havia alimento em toda a terra, porque a fome era muito grande. Assim, o povo do Egito e o povo de Canaã desfaleciam por causa da fome. 14 Então José arrecadou todo o dinheiro que havia na terra do Egito e na terra de Canaã, pelo cereal que compravam, e o recolheu à casa de Faraó. 15 Quando acabou o dinheiro na terra do Egito e na terra de Canaã, todos os egípcios foram a José e disseram:

— Queremos comida! Por que o senhor nos deixaria morrer em sua presença só porque o dinheiro acabou?

16 José respondeu:

— Se vocês não têm dinheiro, tragam o seu gado. Em troca do gado eu lhes darei comida.

17 Então trouxeram o seu gado a José e ele lhes deu mantimento em troca de cavalos, rebanhos, gado e jumentos. E José os sustentou aquele ano em troca de todo o gado deles. 18 Tendo acabado aquele ano, foram a José no ano seguinte e lhe disseram:

— Não podemos esconder de meu senhor que o dinheiro acabou e que meu senhor já é dono dos animais. Nada mais nos resta diante de meu senhor, a não ser o nosso corpo e a nossa terra. 19 Por que o senhor nos deixaria perecer em sua presença, tanto a nós como à nossa terra? Compre a nós e a nossa terra em troca de mantimento, e nós e a nossa terra seremos escravos de Faraó. Dê-nos semente para que vivamos e não morramos, e a terra não fique deserta.

20 Assim, José comprou toda a terra do Egito para Faraó, porque os egípcios venderam cada um o seu campo, porque a fome era extrema sobre eles. E a terra passou a ser de Faraó. 21 Quanto ao povo, ele o escravizou de uma a outra extremidade da terra do Egito. 22 José só não comprou a terra dos sacerdotes, porque os sacerdotes recebiam uma porção de mantimento de Faraó e viviam dessa porção que Faraó lhes dava; por isso, não venderam a sua terra. 23 Então José disse ao povo:

— Eis que hoje comprei vocês e a terra de vocês para Faraó. Aqui estão as sementes, para que semeiem a terra. 24 Das colheitas vocês darão a quinta parte a Faraó. As outras quatro partes serão de vocês, para semear o campo e para servir de alimento a vocês, aos que estão em suas casas, e para alimentar os seus filhos.

25 Eles disseram a José:

— O senhor salvou a nossa vida! Que possamos alcançar favor diante de meu senhor e seremos escravos de Faraó.

26 E José estabeleceu por lei até o dia de hoje que, na terra do Egito, um quinto

pertence a Faraó. Só a terra dos sacerdotes não ficou sendo de Faraó.

27 Assim, Israel habitou na terra do Egito, na terra de Gósen. Nela adquiriram propriedades, e foram fecundos, e muito se multiplicaram. 28 Jacó viveu na terra do Egito dezessete anos. Assim, os dias de Jacó, os anos da sua vida, foram cento e quarenta e sete.

29 Aproximando-se, pois, o tempo da morte de Israel, chamou o seu filho José e lhe disse:

— Se agora alcancei favor diante de você, peço que ponha a sua mão debaixo da minha coxa e use de bondade e fidelidade para comigo; peço que você não me sepulte no Egito, 30 mas que eu possa descansar com os meus pais. Por isso, você me levará do Egito e me colocará na sepultura deles.

José respondeu:

— Farei o que o senhor me pede.

31 Então Jacó lhe disse:

— Jure para mim.

José jurou e Israel se inclinou sobre a cabeceira da cama.

JACÓ FICA DOENTE

48 1 Passadas estas coisas, disseram a José:

— Seu pai está doente.

Então José tomou consigo seus dois filhos, Manassés e Efraim. 2 E avisaram a Jacó:

— Eis que o seu filho José vem visitá-lo.

Israel fez um esforço e se sentou na cama. 3 Então Jacó disse a José:

— O Deus Todo-Poderoso me apareceu na cidade de Luz, na terra de Canaã, me abençoou 4 e me disse: "Eis que eu o farei fecundo e o multiplicarei. De você farei uma multidão de povos e à sua descendência darei esta terra como propriedade perpétua." 5 E agora os seus dois filhos, que lhe nasceram na terra do Egito antes que eu viesse para junto de você aqui no Egito, são meus. Efraim e Manassés serão meus, assim como Rúben e Simeão são meus. 6 Mas os filhos que você gerar depois deles serão seus; segundo o nome de um de seus irmãos serão chamados na sua herança. 7 Quando eu vinha de Padã, para minha tristeza morreu Raquel na terra de Canaã, no caminho, a pouca distância de Efrata; eu a sepultei ali no caminho de Efrata, que é Belém.

8 Quando Israel viu os filhos de José, perguntou:

— Quem são estes?

9 José respondeu a seu pai:

— São meus filhos, que Deus me deu aqui.

Israel disse:

— Traga-os para perto de mim, para que eu os abençoe.

10 Os olhos de Israel já estavam fracos por causa da velhice, de modo que não podia ver bem. Por isso José levou os filhos para perto dele; e ele os beijou e os abraçou.

JACÓ ABENÇOA JOSÉ E OS FILHOS DESTE

11 Então Israel disse a José:

— Eu não esperava ver o seu rosto outra vez; e eis que Deus me permitiu ver também os seus filhos.

12 E José, tirando-os dentre os joelhos de seu pai, se prostrou com o rosto em terra, diante dele. 13 Depois José pegou os dois filhos e os colocou diante do pai. Pegou Efraim com a mão direita, para que ficasse à esquerda de Israel, e Manassés com a mão esquerda, para que ficasse à direita de Israel. 14 Mas Israel estendeu a mão direita e a pôs sobre a cabeça de Efraim, que era o mais novo, e pôs a mão esquerda sobre a cabeça de Manassés, cruzando assim as mãos, mesmo sendo Manassés o primogênito. 15 E Israel abençoou José, dizendo:

— O Deus em cuja presença andaram meus pais Abraão e Isaque, o Deus que tem sido o meu pastor durante a minha vida até este dia, 16 o Anjo que me tem livrado de todo mal, abençoe estes meninos! Que por meio deles seja lembrado o meu nome e o nome de meus pais Abraão e Isaque! Que cresçam e se tornem uma multidão sobre a terra.

17 José viu que seu pai havia posto a mão direita sobre a cabeça de Efraim e isto não lhe agradou. Pegou a mão de seu pai para mudá-la da cabeça de Efraim para a cabeça de Manassés. 18 E José disse ao pai:

— Não assim, meu pai, pois o primogênito é este; ponha a mão direita sobre a cabeça dele.

19 Mas seu pai recusou e disse:
— Eu sei, meu filho, eu sei. Ele também
será um povo, também ele será grande. Mas
o seu irmão menor será maior do que ele,
e a sua descendência será uma multidão
de nações.
20 Assim, os abençoou naquele dia, decla-
rando:
— Por vocês Israel abençoará, dizendo:
"Deus faça com você como fez com Efraim
e com Manassés."
E assim Israel pôs Efraim antes de Manas-
sés. 21 Depois Israel disse a José:
— Eis que estou morrendo, mas Deus
estará com vocês e os fará voltar à terra de
seus pais. 22 Dou a você uma parte a mais
que a seus irmãos, um declive montanhoso,
o qual tomei das mãos dos amorreus com a
minha espada e com o meu arco.

BÊNÇÃOS PROFÉTICAS DE JACÓ

49 1 Depois, Jacó chamou os seus
filhos e disse:
— Ajuntem-se, e eu lhes farei saber o que
vai acontecer com vocês nos dias que virão:

2 "Reúnam-se e ouçam,
filhos de Jacó;
ouçam o que diz Israel,
o pai de vocês."

3 "Rúben, você é
o meu primogênito,
minha força e as primícias
do meu vigor,
o mais excelente em dignidade
e o mais excelente em poder.
4 Impetuoso como a água,
você não será o mais excelente,
porque subiu ao leito de seu pai
e o profanou;
você profanou a minha cama."

5 "Simeão e Levi são irmãos;
as suas espadas são instrumentos
de violência.
6 Que a minha alma não entre
no conselho deles;
que a minha glória não participe
do seu agrupamento;
porque no seu furor
mataram homens,
e na sua vontade perversa
mutilaram touros.
7 Maldito seja o seu furor,
pois era forte;
e maldita seja a sua ira,
pois era intensa;
eu os dividirei em Jacó
e os espalharei em Israel."

8 "Judá, os seus irmãos o louvarão;
a sua mão estará
sobre o pescoço
dos seus inimigos;
os filhos de seu pai
se inclinarão diante de você.
9 Judá é um leãozinho;
da presa você subiu, meu filho.
Ele se agacha e se deita como leão
e como leoa; quem o despertará?
10 O cetro não se afastará de Judá,
nem o bastão sairá
de entre os seus pés,
até que venha Siló;
e a ele obedecerão os povos.
11 Ele amarrará o seu jumentinho
à vide
e o filho da sua jumenta,
à videira mais excelente;
lavará as suas roupas no vinho
e a sua capa, em sangue de uvas.
12 Os seus olhos serão
cintilantes de vinho,
e os seus dentes serão
brancos de leite."

13 "Zebulom habitará
na praia dos mares
e servirá de porto para os navios,
e a sua fronteira
se estenderá até Sidom."

14 "Issacar é jumento
de ossos fortes,
deitado entre
os rebanhos de ovelhas.
15 Viu que o repouso era bom
e que a terra era deliciosa;
baixou os ombros à carga
e sujeitou-se ao trabalho escravo."

16 "Dã julgará o seu povo,
como uma das tribos de Israel.

O nosso sucesso não é medido pelos padrões do mundo. O verdadeiro sucesso é medido pelos padrões de Deus.

17 “Dã será uma serpente
junto ao caminho,
uma víbora junto à vereda,
que morde o calcanhar do cavalo
e faz o seu cavaleiro cair para trás.”

18 “A tua salvação espero,
ó SENHOR!”

19 “Gade será atacado
por guerrilheiros,
mas ele lhes atacará a retaguarda.”

20 “Aser, o seu pão será abundante
e ele produzirá delícias reais.”

21 “Naftali é uma gazela solta;
ele fala palavras bonitas.”

22 “José é um ramo frutífero,
ramo frutífero junto à fonte;
seus galhos se estendem
sobre o muro.
23 Os flecheiros lhe dão amargura,
atiram contra ele e o hostilizam.
24 O seu arco, porém,
permanece firme,
e os seus braços
são feitos ativos
pelas mãos do Poderoso de Jacó,
sim, pelo Pastor
e pela Pedra de Israel,
25 pelo Deus de seu pai,
que o ajudará,
e pelo Todo-Poderoso,
que o abençoará
com bênçãos dos altos céus,
com bênçãos das profundezas,
com bênçãos dos seios e do ventre.
26 As bênçãos de seu pai
excederão as bênçãos de meus pais
até o alto dos montes eternos;
estejam elas
sobre a cabeça de José
e sobre o alto da cabeça
do que foi distinguido
entre seus irmãos.”

27 “Benjamim é lobo
que despedaça;
pela manhã devora a presa
e à tarde reparte o despojo.”

28 São estas as doze tribos de Israel e isto é o que lhes falou seu pai quando os abençoou; a cada um deles abençoou segundo a bênção que lhe cabia.

A MORTE E O SEPULTAMENTO DE JACÓ

29 Depois Jacó lhes ordenou, dizendo:

— Vou ser reunido ao meu povo; sepultem-me junto de meus pais, na caverna que está no campo de Efrom, o heteu, 30 na caverna que está no campo de Macpela, em frente a Manre, na terra de Canaã, a qual Abraão comprou de Efrom com aquele campo, como propriedade para servir de sepultura. 31 Ali eles sepultaram Abraão e Sara, sua mulher; ali eles sepultaram Isaque e Rebeca, sua mulher; e ali eu sepultei Lia. 32 O campo e a caverna que nele está foram comprados dos filhos de Hete.

33 Quando Jacó acabou de dar essas ordens a seus filhos, recolheu os pés na cama, expirou e foi reunido ao seu povo.

50 1 Então José se lançou sobre o rosto de seu pai, chorou sobre ele e o beijou. 2 José ordenou a seus servos, aos que eram médicos, que embalsamassem o corpo de seu pai. E os médicos embalsamaram Israel, 3 gastando nisso quarenta dias, pois assim se cumprem os dias do embalsamamento; e os egípcios ficaram de luto setenta dias.

4 Passados os dias de luto, José falou à casa de Faraó:

— Se agora encontrei favor diante de vocês, peço que falem aos ouvidos de Faraó, dizendo: 5 “Meu pai me fez jurar, declarando: ‘Eis que estou morrendo; sepulte-me no túmulo que abri para mim na terra de Canaã.’ Agora, quero ir e sepultar meu pai; depois voltarei.”

6 Faraó respondeu:

— Vá e sepulte o seu pai como ele fez você jurar.

7 José partiu para sepultar o seu pai. Com ele foram todos os oficiais de Faraó, os principais da sua casa e todos os principais da terra do Egito, 8 bem como toda a casa de José, e seus irmãos, e a casa de seu pai. Deixaram na terra de Gósen somente as crianças, os rebanhos e o gado. 9 E foram

também com ele tanto carruagens como
cavaleiros; e o cortejo foi muito grande.
10 Quando eles chegaram à eira de Atade,
que fica do outro lado do Jordão, fizeram ali
grande e intensa lamentação; e José pran-
teou seu pai durante sete dias. 11 Quando
os moradores da terra, os cananeus, viram
o luto na eira de Atade, disseram:

— Como é grande este pranto dos egípcios!

E por isso aquele lugar foi chamado de
Abel-Mizraim; fica do outro lado do Jordão.
12 Os filhos de Jacó fizeram como ele lhes
havia ordenado: 13 levaram-no para a terra
de Canaã e o sepultaram na caverna do
campo de Macpela, que, juntamente com
o campo, Abraão havia comprado de Efrom,
o heteu, para ser lugar de sepultura. Esse
lugar fica em frente a Manre. 14 Depois disso,
José voltou para o Egito, ele, os seus irmãos
e todos os que o haviam acompanhado para
sepultar o seu pai.

JOSÉ CONSOLA SEUS IRMÃOS

15 Vendo os irmãos de José que seu pai já
era morto, disseram:

— É possível que José tenha ódio de nós;
certamente nos retribuirá todo o mal que
lhe fizemos.

16 Por isso, mandaram dizer a José:

— O seu pai, antes de morrer, ordenou o
seguinte: 17 "É isto que vocês dirão a José:
'Perdoe, por favor, a transgressão dos seus
irmãos e o pecado que cometeram, porque
eles lhe fizeram mal.'" Agora pedimos que
perdoe a transgressão dos servos do Deus
de seu pai.

Ao ouvir estas palavras, José chorou.
18 Depois, vieram também os seus irmãos,
prostraram-se diante dele e disseram:

— Eis-nos aqui; somos seus servos.

19 Mas José respondeu:

— Não tenham medo; será que eu estou no
lugar de Deus? 20 Vocês, na verdade, planeja-
ram o mal contra mim; porém Deus o tornou
em bem, para fazer, como estão vendo agora,
que se conserve a vida de muita gente.
21 Portanto, não tenham medo; eu susten-
tarei vocês e os seus filhos.

E assim José os consolou e lhes falou
ao coração.

A MORTE DE JOSÉ

22 José ficou morando no Egito, ele e a casa
de seu pai. Viveu cento e dez anos. 23 José
viu os filhos de Efraim até a terceira gera-
ção; também os filhos de Maquir, filho de
Manassés, os quais José tomou sobre os
seus joelhos. 24 José disse a seus irmãos:

— Eu vou morrer em breve. Mas Deus cer-
tamente visitará vocês e fará com que saiam
desta terra para ir à terra que jurou dar a
Abraão, a Isaque e a Jacó.

25 José pediu aos filhos de Israel que fizes-
sem um juramento, dizendo:

— Deus certamente visitará vocês. Quando
isso acontecer, levem os meus ossos daqui.

26 José morreu com a idade de cento e dez
anos. Eles embalsamaram o seu corpo e o
puseram num caixão, no Egito.

Pentateuco

Êxodo

Livro 2 do Pentateuco com **40** CAPÍTULOS

O AUTOR

A tradição de judeus e cristãos aponta Moisés (com base em passagens como Êx 17.14; 24.4; 34.27-28; Mc 7.10; 12.26; Lc 2.22-23). Mais recentemente, estudiosos passaram a cogitar a contribuição de outros autores em sua escrita.

O TÍTULO "ÊXODO"

Êxodo significa "saída" ou "partida". No hebraico, o título original é *shemoth*, que significa "nomes".

INFORMAÇÕES GERAIS

Estima-se que o Êxodo ocorreu por volta de 1446 a.C., pois 1Reis 6.1 afirma que aconteceu 480 anos antes do quarto ano do reinado de Salomão em Israel (966 a.C.). Até hoje não se sabe o local exato da travessia do mar Vermelho, apesar de haver pelo menos três teorias.

ADORAÇÃO A DEUS

A primeira metade de Êxodo revela por que o Senhor é digno de adoração. A segunda metade revela como os hebreus deveriam adorá-lo. O livro também apresenta a necessidade de um mediador entre o povo pecador e o Deus santo.

A PALAVRA-CHAVE É LIBERTAÇÃO

ESTRUTURA DO LIVRO

- ★ A opressão de Israel e o libertador Êx 1—2
- ★ O chamado de Moisés Êx 3—4
- ★ O início da liderança de Moisés Êx 5—6
- ★ As dez pragas Êx 7—11
- ★ A Páscoa e a saída do Egito Êx 12—13
- ★ A travessia do mar Vermelho Êx 14—15.21
- ★ Do mar Vermelho ao Sinai Êx 15.22—18
- ★ A aliança do Sinai Êx 19—24
- ★ Instruções sobre o tabernáculo Êx 25—31
- ★ Idolatria e renovação da aliança Êx 32—34
- ★ Construção do tabernáculo Êx 35—40

TEOLOGIA DA SALVAÇÃO

Um dos temas principais de Êxodo é a teologia da salvação. O texto mostra que Deus se preocupa em resgatar (Êx 6.6; 15.13), e a Páscoa judaica aponta para o princípio da redenção, em que o cordeiro é morto para propiciar a preservação do povo de Deus (Jo 1.29; 1Co 5.7).

OS DEZ MANDAMENTOS RESUMIDOS (ÊX 20.3-17)

1. Não tenha outros deuses diante de mim.
2. Não faça para você imagem de escultura.
3. Não tome o nome do Senhor em vão.
4. Lembre-se do dia de sábado, para o santificar.
5. Honre o seu pai e a sua mãe.
6. Não mate.
7. Não cometa adultério.
8. Não furte.
9. Não dê falso testemunho contra o seu próximo.
10. Não cobice [...] coisa alguma que pertença ao seu próximo.

OS FILHOS DE ISRAEL NO EGITO

1 1 São estes os nomes dos filhos de Israel que entraram com Jacó no Egito, cada um com a sua família: 2 Rúben, Simeão, Levi e Judá, 3 Issacar, Zebulom e Benjamim, 4 Dã, Naftali, Gade e Aser. 5 Todos os descendentes diretos de Jacó foram setenta; José, porém, já estava no Egito. 6 Com o tempo morreram José, todos os seus irmãos e toda aquela geração. 7 Mas os filhos de Israel foram fecundos, aumentaram muito, se multiplicaram e se tornaram extremamente fortes, de maneira que a terra se encheu deles.

8 Nesse meio-tempo, levantou-se um novo rei sobre o Egito, que não havia conhecido José. 9 Ele disse ao seu povo:

— Eis que o povo dos filhos de Israel é mais numeroso e mais forte do que nós. 10 Vejam! Precisamos usar de astúcia para com esse povo, para que não se multiplique, e para evitar que, em caso de guerra, ele se alie aos nossos inimigos, lute contra nós e saia da terra.

11 E os egípcios puseram sobre eles feitores de obras, para os afligir com trabalhos pesados. E assim os israelitas construíram para Faraó as cidades-celeiros de Pitom e Ramessés. 12 Mas quanto mais os afligiam, tanto mais se multiplicavam e tanto mais se espalhavam, de maneira que os egípcios se inquietavam por causa dos filhos de Israel. 13 Então os egípcios, com tirania, escravizaram os filhos de Israel 14 e lhes amargaram a vida com dura servidão: preparar o barro, fabricar tijolos e fazer todo tipo de trabalho no campo. Todo este serviço lhes era imposto com tirania.

AS PARTEIRAS DESOBEDECEM A FARAÓ

15 O rei do Egito deu uma ordem às parteiras hebreias, das quais uma se chamava Sifrá e a outra se chamava Puá. 16 Ele disse:

— Quando vocês servirem de parteira às mulheres hebreias, verifiquem se é menino ou menina; se for menino, matem; se for menina, deixem viver.

17 As parteiras, porém, temeram a Deus e não fizeram o que o rei do Egito lhes havia ordenado; pelo contrário, deixaram viver os meninos. 18 Então o rei do Egito chamou as parteiras e lhes perguntou:

— Por que vocês fizeram isso e deixaram viver os meninos?

19 As parteiras responderam a Faraó:

— É que as mulheres hebreias não são como as egípcias; são vigorosas e dão à luz antes que a parteira chegue.

20 E Deus foi bom para as parteiras; e o povo aumentou e se tornou muito forte. 21 E, porque as parteiras temeram a Deus, ele lhes constituiu família.

22 Então Faraó deu ordem a todo o seu povo, dizendo:

— Joguem no rio Nilo todos os meninos hebreus que nascerem; quanto às meninas, deixem viver.

O NASCIMENTO DE MOISÉS

2 1 Um homem da casa de Levi casou com uma mulher da mesma tribo. 2 A mulher ficou grávida e deu à luz um filho. Vendo que o menino era bonito, escondeu-o durante três meses. 3 Não podendo, porém, escondê-lo por mais tempo, pegou um cesto de junco, tapou os buracos com betume e piche e, pondo nele o menino, largou o cesto no meio dos juncos à beira do rio. 4 A irmã do menino ficou de longe, para ver o que ia acontecer com ele.

5 A filha de Faraó desceu para se banhar no rio, e as moças que tinham vindo com ela passeavam pela margem. Quando ela viu o cesto no meio dos juncos, mandou que uma das criadas fosse buscá-lo. 6 Abrindo o cesto, viu a criança; e eis que o menino chorava. Ela teve compaixão dele e disse:

— Este é um menino dos hebreus.

7 Então a irmã do menino perguntou à filha de Faraó:

— Quer que eu vá chamar uma das hebreias para que sirva de ama e crie esta criança para a senhora?

8 A filha de Faraó respondeu:

— Vá.

A moça foi e chamou a mãe do menino. 9 Então a filha de Faraó disse à mulher:

— Leve este menino e amamente-o para mim; eu darei um salário para você.

A mulher pegou o menino e o criou. 10 Quando o menino já era grande, ela o levou

à filha de Faraó, da qual ele passou a ser
filho. Esta lhe deu o nome de Moisés e disse:
— Porque das águas o tirei.

MOISÉS FOGE DO EGITO

11 Naqueles dias, sendo Moisés já homem
feito, saiu para visitar os seus irmãos e viu o
trabalho pesado que faziam. Viu também que
certo egípcio espancava um hebreu, um do
seu povo. 12 Olhou para todos os lados e, vendo
que não havia ali ninguém, matou o egípcio e
escondeu o corpo na areia. 13 Moisés saiu no
dia seguinte, e eis que dois hebreus estavam
brigando. Então perguntou ao culpado:
— Por que você está espancando o seu
próximo?
14 O homem respondeu:
— Quem pôs você por príncipe e juiz sobre
nós? Está querendo me matar, como matou
aquele egípcio?
Moisés ficou com medo e pensou: "Com
certeza já descobriram o que eu fiz."
15 Informado desse caso, Faraó quis matar
Moisés; porém Moisés fugiu da presença
de Faraó e foi morar na terra de Midiã.
Chegando lá, sentou-se junto a um
poço. 16 O sacerdote de Midiã tinha sete
filhas, as quais vieram tirar água e encheram
os bebedouros para dar de beber ao rebanho
de seu pai. 17 Então vieram os pastores e as
expulsaram dali. Moisés, porém, se levantou,
e as defendeu, e deu de beber ao rebanho.
18 Quando elas voltaram para junto de Reuel,
seu pai, este lhes perguntou:
— Por que vocês vieram mais cedo hoje?
19 Elas responderam:
— Um egípcio nos livrou das mãos dos
pastores, e ainda nos tirou água, e deu de
beber ao rebanho.
20 Então Reuel disse às filhas:
— E onde está ele? Por que vocês o deixa-
ram lá? Chamem o homem para que venha
comer conosco.
21 Moisés consentiu em morar com aquele
homem; e ele deu a Moisés sua filha Zípora,
22 a qual deu à luz um filho, a quem Moisés
deu o nome de Gérson, porque disse:
— Sou peregrino em terra estranha.

O SOFRIMENTO DO POVO

23 Decorridos muitos dias, o rei do Egito
morreu. Os filhos de Israel gemiam por
causa da sua escravidão. Eles clamaram,
e o seu clamor chegou até Deus. 24 Deus
ouviu o gemido deles e lembrou-se da sua
aliança com Abraão, com Isaque e com Jacó.
25 E Deus viu os filhos de Israel e atentou
para a situação deles.

DEUS FALA COM MOISÉS

3 1 Moisés apascentava o rebanho de Jetro, o
seu sogro, sacerdote de Midiã. E, levando
o rebanho para o lado oeste do deserto,
chegou a Horebe, o monte de Deus. 2 Ali o
Anjo do SENHOR lhe apareceu numa chama de
fogo, no meio de uma sarça. Moisés olhou, e
eis que a sarça estava em chamas, mas não
se consumia. 3 Então disse consigo mesmo:
— Vou até lá para ver essa grande maravi-
lha. Por que a sarça não se queima?
4 Quando o SENHOR viu que ele se aproxi-
mava para ver, Deus, do meio da sarça, o
chamou e disse:
— Moisés! Moisés!
Ele respondeu:
— Eis-me aqui!
5 Deus continuou:
— Não se aproxime! Tire as sandálias
dos pés, porque o lugar em que você está
é terra santa.
6 Disse mais:
— Eu sou o Deus de seu pai, o Deus de
Abraão, o Deus de Isaque e o Deus de Jacó.
Moisés escondeu o rosto, porque teve
medo de olhar para Deus.
7 Então o SENHOR continuou:
— Certamente vi a aflição do meu povo,
que está no Egito, e ouvi o seu clamor
por causa dos seus feitores. Conheço o
sofrimento do meu povo. 8 Por isso desci
a fim de livrá-lo das mãos dos egípcios e
para fazê-lo sair daquela terra e levá-lo
para uma terra boa e ampla, terra que
mana leite e mel; o lugar do cananeu, do
heteu, do amorreu, do ferezeu, do heveu e
do jebuseu. 9 Pois o clamor dos filhos de
Israel chegou até mim, e também vejo a
opressão com que os egípcios os estão
oprimindo. 10 Agora venha, e eu o enviarei
a Faraó, para que você tire do Egito o meu
povo, os filhos de Israel.
11 Então Moisés perguntou a Deus:
— Quem sou eu para ir a Faraó e tirar do
Egito os filhos de Israel?

12 Deus respondeu:

— Eu estarei com você. E este será o sinal de que eu o enviei: depois que você tiver tirado o povo do Egito, vocês adorarão a Deus neste monte.

13 Moisés disse para Deus:

— Eis que, quando eu for falar com os filhos de Israel e lhes disser: "O Deus dos seus pais me enviou a vocês", eles vão perguntar: "Qual é o nome dele?" E então o que lhes direi?

14 Deus disse a Moisés:

— Eu Sou o Que Sou.

Disse mais:

— Assim você dirá aos filhos de Israel: "Eu Sou me enviou a vocês."

15 Deus disse ainda mais a Moisés:

— Assim você dirá aos filhos de Israel: "O Senhor, o Deus dos seus pais, o Deus de Abraão, o Deus de Isaque e o Deus de Jacó, me enviou a vocês. Este é o meu nome eternamente, e assim serei lembrado de geração em geração."

16 — Vá, reúna os anciãos de Israel e diga-lhes: "O Senhor, o Deus dos seus pais, o Deus de Abraão, o Deus de Isaque e o Deus de Jacó, me apareceu, dizendo: 'Em verdade eu os tenho visitado e visto o que tem sido feito com vocês no Egito.
17 E prometi tirá-los da aflição do Egito e levá-los para a terra do cananeu, do heteu, do amorreu, do ferezeu, do heveu e do jebuseu, para uma terra que mana leite e mel.'"
18 E ouvirão o que você vai dizer. E você irá, com os anciãos de Israel, ao rei do Egito e lhe dirá: "O Senhor, o Deus dos hebreus, veio ao nosso encontro. Agora deixe-nos ir caminho de três dias ao deserto, a fim de oferecer sacrifícios ao Senhor, nosso Deus."
19 Eu sei, porém, que o rei do Egito não os deixará ir se não for obrigado por mão forte.
20 Portanto, estenderei a mão e ferirei o Egito com todos os meus prodígios que farei no meio dele. Depois disso, o rei os deixará ir.

21 — Eu farei com que este povo encontre favor diante dos egípcios; e, quando vocês saírem, não será de mãos vazias.
22 Cada mulher pedirá à sua vizinha e à mulher que estiver hospedada em sua casa objetos de prata, objetos de ouro e roupas, que vocês porão sobre os seus filhos e sobre as suas filhas. E assim vocês despojarão os egípcios.

DEUS CONCEDE PODERES A MOISÉS

4 1 Moisés respondeu:

— Mas eis que eles não vão acreditar em mim, nem ouvirão o que vou dizer, pois dirão: "O Senhor não apareceu a você."

2 Então o Senhor perguntou a Moisés:

— Que é isso que você tem na mão?

Ele respondeu:

— Um bordão.

3 Então lhe disse:

— Jogue-o no chão.

Ele o jogou no chão, e o bordão virou uma serpente. E Moisés fugia dela.
4 Mas o Senhor disse a Moisés:

— Estenda a mão e pegue-a pela cauda.

Ele estendeu a mão, pegou-a pela cauda, e ela se transformou em bordão.

5 Então o Senhor disse:

— Isto é para que creiam que o Senhor, o Deus de seus pais, o Deus de Abraão, o Deus de Isaque e o Deus de Jacó, apareceu a você.

6 E o Senhor continuou:

— Ponha, agora, a mão no peito.

Ele o fez; e, tirando a mão do peito, eis que ela estava leprosa, branca como a neve.

7 Então o Senhor disse:

— Ponha a mão no peito outra vez.

Ele a pôs no peito novamente; e, quando a tirou, eis que se havia tornado como o restante de sua carne.

8 O Senhor continuou:

— Se eles não acreditarem em você, nem atenderem à evidência do primeiro sinal, talvez acreditarão na evidência do segundo.
9 Se eles ainda não acreditarem mediante esses dois sinais, nem ouvirem o que você disser, pegue um pouco de água do rio e derrame na terra seca; e a água que você pegou do rio se transformará em sangue sobre a terra.

10 Então Moisés disse ao Senhor:

— Ah! Senhor! Eu nunca fui eloquente, nem no passado, nem depois que falaste a teu servo, pois sou pesado de boca e pesado de língua.

11 O Senhor respondeu:

— Quem fez a boca do homem? Ou quem faz o mudo, ou o surdo, ou o que vê, ou o cego?

Não sou eu, o SENHOR? 12 Agora vá, e eu serei
com a sua boca e lhe ensinarei o que você
deve falar.
13 Porém Moisés respondeu:
— Ah! Senhor! Envia alguém outro que
quiseres enviar, menos a mim.
14 Então a ira do SENHOR se acendeu contra
Moisés. O SENHOR disse:
— Arão, o levita, não é seu irmão? Eu sei
que ele fala fluentemente. Eis que ele vem
ao seu encontro e, ao ver você, se alegrará
em seu coração. 15 Você falará com ele e lhe
porá na boca as palavras; eu serei com a
sua boca e com a dele e ensinarei a vocês
o que devem fazer. 16 Ele falará por você ao
povo; ele será como se fosse a sua boca, e
você será para ele como Deus. 17 Leve, pois,
na mão este bordão, com o qual você fará
os sinais.

MOISÉS VOLTA PARA O EGITO

18 Moisés voltou para Jetro, seu sogro, e
lhe disse:
— Deixe-me voltar aos meus irmãos que
estão no Egito para ver se ainda vivem.
Jetro respondeu:
— Vá em paz.
19 O SENHOR disse a Moisés, em Midiã:
— Volte para o Egito, porque já morreram
todos os que queriam matar você.
20 Então Moisés tomou a mulher e os filhos,
fez com que montassem num jumento e
voltou para a terra do Egito. Moisés levava
na mão o bordão de Deus.
21 O SENHOR disse a Moisés:
— Quando você voltar ao Egito, trate de
fazer diante de Faraó todos os milagres que
pus em sua mão. Mas eu vou endurecer o
coração de Faraó, para que não deixe o
povo ir. 22 Diga a Faraó: Assim diz o SENHOR:
"Israel é meu filho, meu primogênito.
23 E eu digo a você: deixe o meu filho ir,
para que me adore; mas, se você não quiser
deixá-lo ir, eis que eu matarei seu filho, seu
primogênito."
24 Estando Moisés no caminho, numa
estalagem, o SENHOR o encontrou e quis
matá-lo. 25 Então Zípora pegou uma pedra
afiada, cortou o prepúcio de seu filho e com
ele tocou os pés de Moisés. E lhe disse:
— Sem dúvida, você é para mim um
marido de sangue.
26 Assim, o SENHOR o deixou. Ela disse
"marido de sangue" por causa da circuncisão.
27 O SENHOR disse a Arão:
— Vá encontrar-se com Moisés, no deserto.
Ele foi e, encontrando-o no monte de Deus,
o beijou. 28 Moisés relatou a Arão todas as
palavras do SENHOR, com as quais o havia
enviado, e todos os sinais que lhe havia
mandado realizar.
29 Então Moisés e Arão foram e reuniram
todos os anciãos dos filhos de Israel. 30 Arão
falou todas as palavras que o SENHOR tinha
dito a Moisés, e este fez os sinais diante do
povo. 31 E o povo creu. E, quando ouviram
que o SENHOR havia visitado os filhos de
Israel e visto a aflição deles, inclinaram-se
e adoraram.

MOISÉS E ARÃO FALAM COM FARAÓ

5 1 Depois Moisés e Arão foram e disseram
a Faraó:
— Assim diz o SENHOR, Deus de Israel:
"Deixe o meu povo ir, para que me celebre
uma festa no deserto."
2 Faraó respondeu:
— Quem é o SENHOR para que eu ouça a sua
voz e deixe Israel ir? Não conheço o SENHOR
e não deixarei Israel ir.
3 Eles prosseguiram:
— O Deus dos hebreus veio ao nosso
encontro; portanto, deixe-nos ir caminho
de três dias ao deserto, para que ofereçamos
sacrifícios ao SENHOR, nosso Deus, para
evitar que ele venha sobre nós com peste
ou com espada.
4 Então o rei do Egito disse:
— Moisés e Arão, por que estão afastando
o povo das suas tarefas? Voltem ao trabalho!
5 E Faraó disse também:
— O povo da terra já é muito e vocês ainda
querem que eles descansem de suas tarefas!

FARAÓ AFLIGE OS ISRAELITAS

6 Naquele mesmo dia Faraó deu uma
ordem aos feitores do povo e aos seus
capatazes, dizendo:
7 — Daqui em diante não forneçam mais
palha ao povo, para fazer tijolos, como
antes; que eles mesmos ajuntem para si a
palha. 8 Mas exijam deles a mesma quan-
tidade de tijolos que antes faziam. Não

Foi em um deserto, quando Moisés estava escondido, que Deus o atraiu novamente ao chamado.

diminuam a cota. Eles estão desocupados e, por isso, gritam: "Vamos e sacrifiquemos ao nosso Deus." 9 Imponham mais serviço a esses homens, para que se mantenham ocupados e não deem ouvidos a palavras mentirosas.

10 Então os feitores do povo e seus capatazes foram e falaram ao povo:

— Assim diz Faraó: "Não fornecerei mais palha para vocês. 11 Vão vocês mesmos e ajuntem palha onde a puderem achar; porque não haverá redução no trabalho de vocês."

12 Então o povo se espalhou por toda a terra do Egito para ajuntar restolho em lugar de palha. 13 Os feitores os pressionavam, dizendo:

— Terminem o trabalho de vocês, a tarefa do dia, como quando havia palha.

14 E os capatazes dos filhos de Israel, que os feitores de Faraó tinham posto sobre eles, foram açoitados. Os feitores perguntavam aos capatazes:

— Por que não terminaram nem ontem nem hoje a tarefa de vocês, fazendo tijolos como antes?

OS ISRAELITAS SE QUEIXAM DE MOISÉS E ARÃO

15 Então os capatazes dos filhos de Israel foram se queixar a Faraó, dizendo:

— Por que o senhor trata assim estes seus servos? 16 Já não nos fornecem palha, mas nos dizem: "Façam tijolos." Eis que estes seus servos são açoitados; porém o seu próprio povo é que tem a culpa.

17 Mas Faraó respondeu:

— Vocês são uns desocupados! Vocês estão desocupados e, por isso, dizem: "Vamos e sacrifiquemos ao SENHOR." 18 Voltem, agora, ao trabalho. Vocês não receberão palha, mas terão de produzir a mesma quantidade de tijolos.

19 Então os capatazes dos filhos de Israel se viram em aperto, porque diziam a eles: "Não haverá redução na quantidade de tijolos, na tarefa diária de vocês." 20 Quando saíram da presença de Faraó, encontraram Moisés e Arão, que estavam à espera deles, 21 e lhes disseram:

— Que o SENHOR olhe para vocês e os julgue, porque vocês nos fizeram odiosos aos olhos de Faraó e diante dos seus servos, dando-lhes a espada na mão para nos matar.

MOISÉS SE QUEIXA A DEUS

22 Então Moisés, voltando-se ao SENHOR, disse:

— Ó Senhor, por que afligiste este povo? Por que me enviaste? 23 Pois, desde que me apresentei a Faraó, para falar-lhe em teu nome, ele tem maltratado este povo; e tu nada fizeste para livrar o teu povo.

6 1 Então o SENHOR disse a Moisés:

— Agora você verá o que vou fazer a Faraó, pois, por mão poderosa, os deixará ir e, por mão poderosa, os expulsará da sua terra.

DEUS PROMETE LIVRAR O SEU POVO

2 Deus falou a Moisés e lhe disse:

— Eu sou o SENHOR. 3 Apareci a Abraão, a Isaque e a Jacó como o Deus Todo-Poderoso; mas pelo meu nome, O SENHOR, não lhes fui conhecido. 4 Também estabeleci a minha aliança com eles, para dar-lhes a terra de Canaã, a terra em que viveram como estrangeiros. 5 Eu também ouvi os gemidos dos filhos de Israel, os quais os egípcios escravizam, e me lembrei da minha aliança. 6 Portanto, diga aos filhos de Israel: "Eu sou o SENHOR. Vou tirá-los dos trabalhos pesados no Egito, vou livrá-los da escravidão, vou resgatar vocês com braço estendido e com grandes manifestações de juízo. 7 Eu os tomarei por meu povo e serei o seu Deus; e vocês saberão que eu sou o SENHOR, seu Deus, que os tiro dos trabalhos pesados no Egito. 8 Eu os levarei para a terra que jurei dar a Abraão, a Isaque e a Jacó; darei essa terra a vocês como herança. Eu sou o SENHOR."

9 Desse modo Moisés falou aos filhos de Israel, mas eles não deram ouvidos a Moisés, por causa da angústia de espírito e da dura escravidão.

10 O SENHOR falou a Moisés, dizendo:

11 — Vá e diga a Faraó, rei do Egito, que deixe que os filhos de Israel saiam de sua terra.

12 Moisés, porém, respondeu ao SENHOR, dizendo:

— Eis que os filhos de Israel não me têm ouvido; como, pois, me ouvirá Faraó? E não sei falar bem.

13 No entanto, o SENHOR falou a Moisés e a Arão e lhes deu uma ordem para os filhos de Israel e para Faraó, rei do Egito: deveriam tirar os filhos de Israel da terra do Egito.

GENEALOGIAS DE MOISÉS E ARÃO

14 São estes os chefes das famílias: os filhos de Rúben, o primogênito de Israel: Enoque, Palu, Hezrom e Carmi; são estas as famílias de Rúben. 15 Os filhos de Simeão: Jemuel, Jamim, Oade, Jaquim, Zoar e Saul, filho de uma cananeia; são estas as famílias de Simeão. 16 São estes os nomes dos filhos de Levi, segundo as suas gerações: Gérson, Coate e Merari; e os anos da vida de Levi foram cento e trinta e sete. 17 Os filhos de Gérson: Libni e Simei, segundo as suas famílias. 18 Os filhos de Coate: Anrão, Isar, Hebrom e Uziel; e os anos da vida de Coate foram cento e trinta e três. 19 Os filhos de Merari: Mali e Musi; são estas as famílias de Levi, segundo as suas gerações.

20 Anrão tomou por mulher Joquebede, sua tia, e ela lhe deu à luz Arão e Moisés; e os anos da vida de Anrão foram cento e trinta e sete. 21 Os filhos de Isar: Corá, Nefegue e Zicri. 22 Os filhos de Uziel: Misael, Elzafã e Sitri. 23 Arão tomou por mulher Eliseba, filha de Aminadabe, irmã de Naassom; e ela lhe deu à luz Nadabe, Abiú, Eleazar e Itamar. 24 Os filhos de Corá: Assir, Elcana e Abiasafe; são estas as famílias dos coraítas. 25 Eleazar, filho de Arão, tomou por mulher, para si, uma das filhas de Putiel; e ela lhe deu à luz Fineias; são estes os chefes de suas casas, segundo as suas famílias.

26 São estes Arão e Moisés, aos quais o SENHOR disse: "Tirem os filhos de Israel da terra do Egito, segundo os seus exércitos." 27 Foram eles que falaram a Faraó, rei do Egito, a fim de tirar do Egito os filhos de Israel; são estes Moisés e Arão.

MOISÉS FALA NOVAMENTE A FARAÓ

28 No dia em que o SENHOR falou a Moisés na terra do Egito, 29 o SENHOR disse a Moisés:

— Eu sou o SENHOR; diga a Faraó, rei do Egito, tudo o que eu digo a você.

30 Porém Moisés respondeu na presença do SENHOR:

— Eu não sei falar bem. Como é que Faraó vai me ouvir?

7 1 Então o SENHOR disse a Moisés:

— Veja, eu o constituí como Deus sobre Faraó, e o seu irmão Arão será o seu profeta. 2 Você falará tudo o que eu lhe ordenar e Arão, seu irmão, falará a Faraó, para que deixe sair da sua terra os filhos de Israel. 3 Eu, porém, endurecerei o coração de Faraó e multiplicarei na terra do Egito os meus sinais e as minhas maravilhas. 4 Faraó não vai ouvir vocês; e eu porei a mão sobre o Egito e farei sair os meus exércitos, o meu povo, os filhos de Israel, da terra do Egito, com grandes manifestações de juízo. 5 Os egípcios saberão que eu sou o SENHOR, quando eu estender a mão sobre o Egito e tirar do meio deles os filhos de Israel.

6 Assim fizeram Moisés e Arão; como o SENHOR lhes havia ordenado, assim fizeram. 7 Moisés tinha oitenta anos, e Arão, oitenta e três, quando falaram com Faraó.

8 O SENHOR falou a Moisés e a Arão:

9 — Quando Faraó lhes disser: "Façam um milagre", você, Moisés, dirá a Arão: "Pegue o seu bordão e jogue-o diante de Faraó"; e o bordão virará uma serpente.

10 Então Moisés e Arão foram até Faraó e fizeram como o SENHOR lhes havia ordenado. Arão jogou o seu bordão diante de Faraó e diante dos seus oficiais, e ele virou uma serpente. 11 Faraó, porém, mandou vir os sábios e encantadores, e eles, os sábios do Egito, fizeram também o mesmo com as suas ciências ocultas. 12 Pois cada um deles jogou o seu bordão, e eles viraram serpentes; mas o bordão de Arão devorou os bordões deles. 13 No entanto, o coração de Faraó se endureceu, e não os ouviu, como o SENHOR tinha dito.

PRIMEIRA PRAGA: ÁGUAS VIRAM SANGUE

14 O SENHOR disse a Moisés:

— O coração de Faraó está obstinado. Ele não quer deixar o povo ir. 15 Vá falar com Faraó pela manhã. Ele sairá às águas e você estará à espera dele na beira do rio. Leve o bordão que virou serpente 16 e diga a Faraó: "O SENHOR, o Deus dos hebreus, me enviou para dizer-lhe: 'Deixe o meu povo ir, para que me adore no deserto.' Mas até agora você não quis ouvir. 17 Assim diz o SENHOR: 'Nisto você saberá que eu sou o SENHOR: com este bordão que tenho na mão ferirei as águas do rio, e elas vão virar sangue. 18 Os peixes que estão no rio vão morrer, o rio vai cheirar mal, e os egípcios terão nojo de beber água do rio.'"

19 O SENHOR disse ainda a Moisés:

— Diga a Arão que pegue o seu bordão e estenda a mão sobre as águas do Egito, sobre os seus rios, sobre os seus canais, sobre as suas lagoas e sobre todos os seus reservatórios, para que virem sangue. E haverá sangue em toda a terra do Egito, tanto nas vasilhas de madeira como nas de pedra.

20 Moisés e Arão fizeram como o SENHOR lhes havia ordenado: Arão, levantando o bordão, feriu as águas que estavam no rio, à vista de Faraó e seus oficiais; e toda a água do rio virou sangue. 21 Os peixes que estavam no rio morreram, o rio cheirou mal, e os egípcios não podiam beber a água do rio; e houve sangue por toda a terra do Egito. 22 Porém os magos do Egito fizeram o mesmo com as suas ciências ocultas, de maneira que o coração de Faraó se endureceu, e não os ouviu, como o SENHOR tinha dito. 23 Faraó virou-se e foi para casa, sem dar atenção ao que havia acontecido. 24 Todos os egípcios cavaram junto ao rio para encontrar água para beber, pois das águas do rio não podiam beber. 25 Assim se passaram sete dias, depois que o SENHOR feriu o rio.

SEGUNDA PRAGA: RÃS

8 1 Depois o SENHOR disse a Moisés:

— Vá falar com Faraó e diga-lhe: Assim diz o SENHOR: "Deixe o meu povo ir, para que me adore. 2 Se você não quiser deixá-lo ir, eis que castigarei com rãs todo o seu território. 3 O rio produzirá rãs em abundância, que subirão e entrarão em sua casa, no seu quarto de dormir, sobre a sua cama, nas casas dos seus oficiais, sobre o seu povo, nos seus fornos e nas suas amassadeiras. 4 As rãs virão sobre você, sobre o seu povo e sobre todos os seus oficiais."

5 O SENHOR disse ainda a Moisés:

— Diga a Arão que estenda a mão com o seu bordão sobre os rios, sobre os canais e sobre as lagoas e faça subir rãs sobre a terra do Egito.

6 Arão estendeu a mão sobre as águas do Egito, e subiram rãs e cobriram a terra do Egito. 7 Então os magos fizeram o mesmo com as suas ciências ocultas e fizeram aparecer rãs sobre a terra do Egito.

8 Faraó chamou Moisés e Arão e lhes disse:

— Peçam ao SENHOR que tire as rãs de mim e do meu povo; então deixarei que o povo vá e ofereça sacrifícios ao SENHOR.

9 Moisés disse a Faraó:

— Tenha a bondade de me dizer quando é que devo orar por você, pelos seus oficiais e pelo seu povo, para que as rãs sejam retiradas de você e das suas casas e fiquem somente no rio.

10 Faraó respondeu:

— Amanhã.

Moisés disse:

— Seja conforme a sua palavra, para que você saiba que não há ninguém como o SENHOR, nosso Deus. 11 As rãs se afastarão de você, das suas casas, dos seus oficiais e do seu povo; ficarão somente no rio.

12 Então Moisés e Arão saíram da presença de Faraó. E Moisés clamou ao SENHOR por causa das rãs, conforme havia combinado com Faraó. 13 E o SENHOR fez conforme a palavra de Moisés: morreram as rãs nas casas, nos pátios e nos campos. 14 Os egípcios ajuntaram as rãs em montões e montões, e a terra cheirou mal. 15 Vendo, porém, Faraó que havia alívio, continuou de coração endurecido e não os ouviu, como o SENHOR tinha dito.

TERCEIRA PRAGA: PIOLHOS

16 O SENHOR disse a Moisés:

— Diga a Arão que estenda o seu bordão e bata no pó da terra, para que se transforme em piolhos por toda a terra do Egito.

17 Eles assim fizeram. Arão estendeu a mão com seu bordão e bateu no pó da terra, e houve muitos piolhos nas pessoas e no gado; todo o pó da terra se transformou em piolhos por toda a terra do Egito. 18 E os magos fizeram o mesmo com as suas ciências ocultas para produzirem piolhos, mas não conseguiram. E havia piolhos nas pessoas e no gado. 19 Então os magos disseram a Faraó:

— Isto é o dedo de Deus.

Porém o coração de Faraó se endureceu,
e não os ouviu, como o SENHOR tinha dito.

QUARTA PRAGA: MOSCAS

20 O SENHOR disse a Moisés:
— Levante-se de manhã cedo e apresente-
-se a Faraó. Eis que ele sairá às águas. Diga-
-lhe: Assim diz o SENHOR: "Deixe o meu povo
ir, para que me adore. 21 Se você não deixar
o meu povo ir, eis que eu enviarei enxames
de moscas sobre você, sobre os seus oficiais,
sobre o seu povo e nas suas casas. As casas
dos egípcios se encherão destes enxames,
e também a terra em que eles estiverem.
22 Naquele dia, separarei a terra de Gósen,
onde mora o meu povo, para que nela não
haja enxames de moscas, e você saiba que
eu sou o SENHOR no meio desta terra. 23 Farei
distinção entre o meu povo e o seu povo;
amanhã se dará este sinal."
24 Assim fez o SENHOR, e vieram grandes
enxames de moscas à casa de Faraó, às
casas dos seus oficiais e sobre toda a terra
do Egito. E a terra ficou arruinada com
estes enxames.
25 Faraó chamou Moisés e Arão e disse:
— Vão e ofereçam sacrifícios ao seu Deus,
mas sem sair desta terra.
26 Moisés respondeu:
— Não convém que façamos assim
porque ofereceríamos ao SENHOR, nosso
Deus, sacrifícios que são abomináveis aos
egípcios. Se oferecermos tais sacrifícios
diante dos seus olhos, não é verdade que
eles nos apedrejarão? 27 Temos de ir cami-
nho de três dias ao deserto e ofereceremos
sacrifícios ao SENHOR, nosso Deus, como
ele nos disser.
28 Então Faraó disse:
— Eu os deixarei ir, para que ofereçam
sacrifícios ao SENHOR, seu Deus, no deserto.
Só que vocês não devem ir muito longe.
E orem também por mim.
29 Moisés respondeu:
— Eis que saio da sua presença e orarei ao
SENHOR. Amanhã, estes enxames de moscas
se afastarão de Faraó, dos seus oficiais e do
seu povo. Só que Faraó não deve me enganar
outra vez, não deixando o povo ir para que
ofereça sacrifícios ao SENHOR.
30 Então Moisés saiu da presença de Faraó
e orou ao SENHOR. 31 E o SENHOR fez conforme a
palavra de Moisés, e os enxames de moscas
se afastaram de Faraó, dos seus oficiais e do
seu povo; não ficou uma só mosca. 32 Mas
ainda desta vez Faraó endureceu o coração
e não deixou o povo ir.

QUINTA PRAGA: PESTE NOS ANIMAIS

9 1 O SENHOR disse a Moisés:
— Apresente-se a Faraó e diga-lhe:
Assim diz o SENHOR, o Deus dos hebreus:
"Deixe o meu povo ir, para que me adore.
2 Porque, se você se recusar a deixá-los ir
e ainda por força quiser detê-los, 3 eis que
a mão do SENHOR trará uma terrível peste
sobre o seu rebanho, que está no campo,
sobre os cavalos, sobre os jumentos, sobre
os camelos, sobre o gado e sobre as ovelhas.
4 E o SENHOR fará distinção entre os rebanhos
de Israel e o rebanho do Egito, para que
nada morra de tudo o que pertence aos
filhos de Israel. 5 O SENHOR designou certo
tempo, dizendo: 'Amanhã o SENHOR fará
isto na terra.'"
6 E o SENHOR o fez no dia seguinte, e todo
o rebanho dos egípcios morreu; porém,
do rebanho dos israelitas, não morreu um
único animal. 7 Faraó mandou verificar, e eis
que do rebanho de Israel não havia morrido
nem um sequer. Mas o coração de Faraó se
endureceu, e ele não deixou o povo ir.

SEXTA PRAGA: ÚLCERAS

8 Então o SENHOR disse a Moisés e a Arão:
— Peguem mãos cheias de cinza de um
forno, e que Moisés atire essa cinza para
o ar diante de Faraó. 9 Ela se transformará
em pó fino sobre toda a terra do Egito e
em tumores que se arrebentem em úlceras
nas pessoas e nos animais, por toda a terra
do Egito.
10 Eles pegaram cinza de um forno e se
apresentaram a Faraó. Moisés atirou a
cinza para o ar, e ela se transformou em
tumores que se arrebentavam em úlceras
nas pessoas e nos animais. 11 Os magos não
puderam permanecer diante de Moisés, por
causa dos tumores, porque havia tumores
nos magos e em todos os egípcios. 12 Porém
o SENHOR endureceu o coração de Faraó, e
este não os ouviu, como o SENHOR tinha dito
a Moisés.

SÉTIMA PRAGA: CHUVA DE PEDRAS

13 O Senhor disse a Moisés:

— Levante-se de manhã cedo, apresente-se a Faraó e diga-lhe: Assim diz o Senhor, o Deus dos hebreus: "Deixe o meu povo ir, para que me adore. 14 Pois desta vez enviarei todas as minhas pragas sobre o seu coração, sobre os seus oficiais e sobre o seu povo, para que você saiba que em toda a terra não há ninguém que seja semelhante a mim. 15 Pois eu já poderia ter estendido a mão para ferir você e o seu povo com peste, e você teria sido cortado da terra. 16 Mas, em verdade, foi para isso que eu o mantive: para mostrar a você o meu poder, e para que o meu nome seja anunciado em toda a terra. 17 Você ainda vai se levantar contra o meu povo, para não deixá-lo ir? 18 Eis que amanhã, por este tempo, farei cair uma forte chuva de pedras, como nunca houve no Egito, desde o dia em que foi fundado até hoje. 19 Agora, pois, mande recolher o seu gado e tudo o que você tem no campo. Todas as pessoas e os animais que estiverem no campo e não forem levados para casa morrerão ao cair sobre eles a chuva de pedras."

20 Aqueles oficiais de Faraó que temiam a palavra do Senhor fizeram com que os seus servos e o seu gado fugissem para as casas; 21 aqueles, porém, que não se importavam com a palavra do Senhor deixaram que os seus servos e o seu gado ficassem no campo.

22 Então o Senhor disse a Moisés:

— Estenda a mão para o céu, e cairá chuva de pedras em toda a terra do Egito, sobre as pessoas, sobre animais e sobre toda planta do campo na terra do Egito.

23 E Moisés estendeu o seu bordão para o céu e o Senhor deu trovões e chuva de pedras, e fogo desceu sobre a terra. E o Senhor fez cair chuva de pedras sobre a terra do Egito. 24 De maneira que havia chuva de pedras e fogo misturado com a chuva de pedras tão grave, como nunca houve em toda a terra do Egito, desde que veio a ser uma nação. 25 Por toda a terra do Egito a chuva de pedras destruiu tudo o que havia no campo, tanto pessoas como animais. A chuva de pedras destruiu também todas as plantas do campo e quebrou todas as árvores do campo. 26 Somente na terra de Gósen, onde estavam os filhos de Israel, não houve chuva de pedras.

27 Então Faraó mandou chamar Moisés e Arão e lhes disse:

— Desta vez pequei. O Senhor é justo, porém eu e o meu povo somos ímpios. 28 Orem ao Senhor, pois já bastam estes grandes trovões e a chuva de pedras. Eu os deixarei ir, e vocês não ficarão mais aqui.

29 Moisés respondeu:

— Quando eu sair da cidade, estenderei as mãos ao Senhor. Os trovões cessarão, e já não haverá chuva de pedras, para que você saiba que a terra é do Senhor. 30 Mas quanto a você e aos seus oficiais, eu sei que ainda não temem o Senhor Deus.

31 O linho e a cevada foram destruídos, pois a cevada já estava na espiga e o linho estava em flor. 32 Porém o trigo e o centeio não sofreram dano, porque ainda não haviam nascido.

33 Moisés saiu da presença de Faraó e da cidade e estendeu as mãos ao Senhor. Cessaram os trovões e a chuva de pedras, e não caiu mais chuva sobre a terra. 34 Quando Faraó viu que cessaram as chuvas, as pedras e os trovões, tornou a pecar e endureceu o coração, ele e os seus oficiais. 35 E assim Faraó, de coração endurecido, não deixou ir os filhos de Israel, como o Senhor tinha dito a Moisés.

OITAVA PRAGA: GAFANHOTOS

10 1 O Senhor disse a Moisés:

— Vá falar com Faraó, porque lhe endureci o coração e o coração de seus oficiais, para que eu faça estes meus sinais no meio deles, 2 e para que você possa contar aos seus filhos e aos filhos de seus filhos como zombei dos egípcios e quantos sinais fiz no meio deles, e para que vocês saibam que eu sou o Senhor.

3 Moisés e Arão apresentaram-se a Faraó e lhe disseram:

— Assim diz o Senhor, o Deus dos hebreus: "Até quando você se recusará a humilhar-se diante de mim? Deixe o meu povo ir, para que me adore. 4 Se você não deixar o meu povo ir, eis que amanhã trarei gafanhotos ao

seu território. 5 Eles cobrirão de tal maneira
a face da terra que não será possível ver o
chão. Comerão o restante que escapou, o que
restou depois da chuva de pedras, e comerão
todas as árvores que crescem no campo.
6 Os gafanhotos encherão as suas casas, as
casas de todos os seus oficiais e as casas
de todos os egípcios, como nunca viram
os seus pais, nem os seus antepassados
desde o dia em que se estabeleceram na
terra até o dia de hoje."

Moisés virou-se e saiu da presença de
Faraó. 7 Então os oficiais de Faraó disseram:

— Até quando este homem será um
perigo para nós? Deixe essa gente ir, para
que adorem o SENHOR, o Deus deles. Será
que o rei ainda não sabe que o Egito está
arruinado?

8 Então Moisés e Arão foram conduzidos à
presença de Faraó, e este lhes disse:

— Vão e adorem o SENHOR, o seu Deus.
Mas eu gostaria de saber quem são os que
irão.

9 Moisés respondeu:

— Iremos com os nossos jovens, com os
nossos velhos, com os filhos, com as filhas,
com os nossos rebanhos e com os nossos
gados. Iremos, porque temos de celebrar
uma festa ao SENHOR.

10 Então Faraó disse:

— Que o SENHOR esteja de fato com vocês,
se eu permitir que vocês saiam e levem
junto as crianças. Vejam, vocês têm más
intenções. 11 Mas não é assim que vai ser.
Vão somente vocês, os homens, e ado-
rem o SENHOR, pois é isso o que vocês es-
tão pedindo.

E os expulsaram da presença de Faraó.

12 Então o SENHOR disse a Moisés:

— Estenda a mão sobre a terra do Egito,
para que venham gafanhotos sobre a terra
do Egito e comam toda a vegetação da terra,
tudo o que a chuva de pedras não destruiu.

13 Moisés estendeu o seu bordão sobre
a terra do Egito, e o SENHOR trouxe sobre
a terra um vento leste todo aquele dia e
toda aquela noite. Quando amanheceu,
o vento leste tinha trazido os gafanhotos.
14 E os gafanhotos se espalharam por toda
a terra do Egito e pousaram sobre todo o
seu território. Eram muito numerosos. Antes
destes, nunca houve tantos gafanhotos,
nem depois deles virão outros assim.
15 Porque cobriram a superfície de toda a
terra, de modo que a terra se escureceu.
Devoraram toda a vegetação da terra e todo
fruto das árvores que a chuva de pedras não
havia destruído. E não restou nada verde nas
árvores, nem na vegetação do campo, em
toda a terra do Egito.

16 Então Faraó se apressou em chamar
Moisés e Arão e lhes disse:

— Pequei contra o SENHOR, seu Deus, e
contra vocês. 17 Agora peço que me perdoem
o pecado ainda esta vez e que orem ao
SENHOR, seu Deus, para que tire de mim esta
praga mortal.

18 Moisés saiu da presença de Faraó e orou
ao SENHOR. 19 Então o SENHOR fez soprar um
vento oeste muito forte, que levantou os
gafanhotos e os lançou no mar Vermelho.
Não restou um só gafanhoto em todo o terri-
tório do Egito. 20 O SENHOR, porém, endureceu
o coração de Faraó, e este não deixou ir os
filhos de Israel.

NONA PRAGA: TREVAS

21 Então o SENHOR disse a Moisés:

— Estenda a mão para o céu, e virão
trevas sobre a terra do Egito, trevas que se
possam apalpar.

22 Moisés estendeu a mão para o céu, e
houve trevas espessas sobre toda a terra
do Egito durante três dias. 23 Os egípcios
não podiam ver uns aos outros, e ninguém
se levantou do seu lugar durante três dias.
Porém todos os filhos de Israel tinham
claridade nas suas casas.

24 Então Faraó chamou Moisés e lhe disse:

— Vão e adorem o SENHOR. Fiquem somente
os seus rebanhos e o seu gado; as crianças
podem ir com vocês.

25 Moisés respondeu:

— Então você teria de nos providenciar
os animais para os sacrifícios e holocaustos
que queremos oferecer ao SENHOR, nosso
Deus. 26 Por isso os nossos rebanhos irão
conosco. Nem um casco de animal ficará
para trás, porque temos de escolher alguns
para oferecer em sacrifício ao SENHOR,
nosso Deus. E, enquanto não chegarmos lá,
não saberemos com que animais teremos
de adorar o SENHOR.

27 O Senhor, porém, endureceu o coração de Faraó, e este não quis deixá-los ir. 28 Faraó disse a Moisés:

— Saia da minha presença e tenha cuidado para nunca mais aparecer aqui. Porque, no dia em que você tornar a ver o meu rosto, será morto.

29 Moisés respondeu:

— Como queira! Nunca mais tornarei a ver o seu rosto.

DEUS ANUNCIA A DÉCIMA PRAGA

11 1 O Senhor disse a Moisés:

— Trarei só mais uma praga sobre Faraó e sobre o Egito. Então ele os deixará sair daqui. E, quando deixar que vocês saiam, é certo que ele os expulsará totalmente. 2 Fale, agora, aos ouvidos do povo que todo homem peça ao seu vizinho e que toda mulher peça à sua vizinha objetos de prata e de ouro.

3 E o Senhor fez com que o seu povo encontrasse favor da parte dos egípcios. Além disso, o próprio Moisés era homem famoso na terra do Egito, aos olhos dos oficiais de Faraó e aos olhos do povo.

4 Moisés disse:

— Assim diz o Senhor: "Perto da meia-noite passarei pelo meio do Egito. 5 E todo primogênito na terra do Egito morrerá, desde o primogênito de Faraó, que se assenta no seu trono, até o primogênito da escrava que mói a farinha, e todo primogênito dos animais. 6 Haverá grande clamor em toda a terra do Egito, como nunca houve antes, nem haverá jamais. 7 Porém contra nenhum dos filhos de Israel, desde os homens até os animais, nem mesmo um cão rosnará, para que vocês saibam que o Senhor fez distinção entre os egípcios e os israelitas."

8 E Moisés continuou:

— Então todos esses seus oficiais descerão a mim e se inclinarão diante de mim, dizendo: "Saiam daqui, você e todo o povo que o segue." E, depois disto, sairei.

E, enfurecido, Moisés se retirou da presença de Faraó. 9 Então o Senhor disse a Moisés:

— Faraó não vai ouvir vocês, para que as minhas maravilhas se multipliquem na terra do Egito.

10 Moisés e Arão fizeram todas essas maravilhas diante de Faraó. Mas o Senhor endureceu o coração de Faraó, que não permitiu que os filhos de Israel saíssem da sua terra.

A INSTITUIÇÃO DA PÁSCOA

12 1 O Senhor disse a Moisés e a Arão na terra do Egito:

2 — Este mês será para vocês o principal dos meses; será o primeiro mês do ano. 3 Falem a toda a congregação de Israel, dizendo: No dia dez deste mês, cada um tomará para si um cordeiro, segundo a casa dos pais, um cordeiro para cada família. 4 Mas, se a família for pequena para um cordeiro, então o chefe da família convidará o seu vizinho mais próximo, conforme o número de pessoas. Conforme o que cada um puder comer, por aí vocês calcularão quantos são necessários para o cordeiro. 5 O cordeiro será sem defeito, macho de um ano, podendo também ser um cabrito. 6 Vocês guardarão o cordeiro até o décimo quarto dia deste mês, e todo o ajuntamento da congregação de Israel o matará no crepúsculo da tarde. 7 Pegarão um pouco do sangue e o passarão nas duas ombreiras e na viga superior da porta, nas casas em que o comerem.

8 — Naquela noite, comerão a carne assada no fogo, com pães sem fermento e ervas amargas. 9 Não comam do animal nada cru, nem cozido em água, porém assado ao fogo: a cabeça, as pernas e as vísceras. 10 Não deixem nada do cordeiro até pela manhã; o que, porém, ficar até pela manhã, queimem. 11 É assim que vocês devem comê-lo: já prontos para viajar, com as sandálias nos pés e o cajado na mão. Comam depressa. É a Páscoa do Senhor. 12 Porque, naquela noite, passarei pela terra do Egito e matarei na terra do Egito todos os primogênitos, tanto das pessoas como dos animais, e executarei juízo sobre todos os deuses do Egito. Eu sou o Senhor.

13 — O sangue será um sinal para indicar as casas em que vocês se encontram. Quando eu vir o sangue, passarei por vocês, e não haverá entre vocês praga destruidora, quando eu ferir a terra do Egito. 14 Este dia lhes será por memorial, e vocês o celebrarão como

festa ao Senhor; de geração em geração vocês celebrarão este dia por estatuto perpétuo.

A FESTA DOS PÃES SEM FERMENTO

15 — Sete dias vocês comerão pães sem fermento. Logo no primeiro dia, tirem o fermento das suas casas, pois todo aquele que comer coisa levedada, desde o primeiro dia até o sétimo dia, será eliminado de Israel. 16 No primeiro dia vocês terão santa convocação, e também no sétimo dia terão santa convocação. Não façam nenhum trabalho nesses dias, exceto o que diz respeito ao comer; somente isso poderão fazer. 17 Guardem a Festa dos Pães sem Fermento, porque nesse mesmo dia tirei os exércitos de vocês da terra do Egito. Portanto, vocês guardarão este dia de geração em geração por estatuto perpétuo. 18 Vocês comerão pães sem fermento desde o dia catorze do primeiro mês, à tarde, até a tarde do dia vinte e um do mesmo mês. 19 Por sete dias, não se ache nenhum fermento em suas casas, porque todo aquele que comer pão levedado será eliminado da congregação de Israel, tanto o estrangeiro como o natural da terra. 20 Não comam nada que tenha fermento. Em todas as suas habitações, comam somente pães sem fermento.

A PRIMEIRA PÁSCOA

21 Moisés chamou todos os anciãos de Israel e lhes disse:

— Escolham e peguem cordeiros para as famílias de vocês, e matem esses animais para celebrar a Páscoa. 22 Peguem ramos de hissopo, molhem no sangue que estiver na bacia e marquem a viga superior da porta e suas ombreiras com o sangue que estiver na bacia. E que nenhum de vocês saia da porta da sua casa até pela manhã. 23 Porque o Senhor passará para matar os egípcios. Quando, porém, enxergar o sangue na viga superior da porta e em ambas as ombreiras, o Senhor passará por cima da porta e não permitirá que o Destruidor entre na casa de vocês para matá-los. 24 Portanto, guardem isto por estatuto para vocês e para os seus filhos, para sempre. 25 E, quando estiverem na terra que o Senhor lhes dará, como prometeu, observem este rito. 26 Quando os seus filhos perguntarem: "Que rito é este?", 27 respondam: "É o sacrifício da Páscoa ao Senhor, que passou por cima das casas dos filhos de Israel no Egito, quando matou os egípcios e livrou as nossas casas."

Então o povo se inclinou e adorou. 28 E os filhos de Israel foram e fizeram como o Senhor havia ordenado a Moisés e Arão.

DÉCIMA PRAGA: MORTE DOS PRIMOGÊNITOS

29 Aconteceu que, à meia-noite, o Senhor matou todos os primogênitos na terra do Egito, desde o primogênito de Faraó, que se assentava no seu trono, até o primogênito do prisioneiro que estava na cadeia, e todos os primogênitos dos animais. 30 Faraó levantou-se de noite, ele, todos os seus oficiais e todos os egípcios; e houve grande clamor no Egito, pois não havia casa em que não houvesse um morto. 31 Então, naquela mesma noite, Faraó chamou Moisés e Arão e lhes disse:

— Levantem-se e saiam do meio do meu povo, vocês e os filhos de Israel! Vão e adorem o Senhor, como vocês disseram. 32 Levem também com vocês as suas ovelhas e o seu gado, como vocês pediram. Vão embora e abençoem também a mim.

33 Os egípcios insistiram com o povo para que saísse da terra o mais depressa possível, pois diziam:

— Todos vamos morrer.

34 O povo pegou a sua massa de pão, antes que levedasse, e as suas amassadeiras atadas em trouxas com as suas roupas, sobre os ombros. 35 Os filhos de Israel fizeram conforme a palavra de Moisés e pediram aos egípcios objetos de prata, objetos de ouro e roupas. 36 E o Senhor fez com que o seu povo encontrasse favor da parte dos egípcios, de maneira que estes lhes davam o que pediam. E despojaram os egípcios.

A SAÍDA DOS ISRAELITAS DO EGITO

37 Assim, os filhos de Israel partiram de Ramessés para Sucote. Eram cerca de seiscentos mil a pé, somente de homens, sem contar mulheres e crianças. 38 Saiu

também com eles um misto de gente, ovelhas, gado, muitos animais. 39 E assaram pães sem fermento da massa que levaram do Egito, pois a massa não tinha levedado, porque eles foram expulsos do Egito. Não puderam deter-se e não haviam preparado para si provisões.

40 Ora, o tempo que os filhos de Israel habitaram no Egito foi de quatrocentos e trinta anos. 41 Aconteceu que, ao final dos quatrocentos e trinta anos, nesse mesmo dia, todos os exércitos do SENHOR saíram da terra do Egito. 42 Esta noite será dedicada ao SENHOR, porque, nela, os tirou da terra do Egito. Esta é a noite do SENHOR, que todos os filhos de Israel devem comemorar de geração em geração.

INSTRUÇÕES SOBRE A PÁSCOA

43 O SENHOR disse a Moisés e a Arão:

— Esta é a ordenança da Páscoa: nenhum estrangeiro comerá dela. 44 Porém todo escravo comprado por dinheiro, depois de ser circuncidado, comerá da Páscoa. 45 O estrangeiro e o assalariado não comerão dela. 46 O cordeiro deverá ser comido numa só casa. Não levem nada da carne para fora da casa nem lhe quebrem osso nenhum. 47 Toda a congregação de Israel o fará. 48 Porém, se algum estrangeiro se hospedar com você e quiser celebrar a Páscoa do SENHOR, que primeiro sejam circuncidadas todas as pessoas do sexo masculino; depois poderá observar a Páscoa, e será como o natural da terra; mas nenhum incircunciso comerá dela. 49 A mesma lei será aplicada ao natural da terra e ao estrangeiro que estiver entre vocês.

50 Assim fizeram todos os filhos de Israel; como o SENHOR havia ordenado a Moisés e a Arão, assim fizeram. 51 Naquele mesmo dia o SENHOR tirou os filhos de Israel do Egito, segundo os seus exércitos.

A CONSAGRAÇÃO DOS PRIMOGÊNITOS

13 1 O SENHOR disse a Moisés:

2 — Consagre-me todo primogênito. Todo o primeiro que sair do ventre de sua mãe entre os israelitas, tanto de homens como de animais, é meu.

A FESTA DOS PÃES SEM FERMENTO

3 Moisés disse ao povo:

— Lembrem-se deste dia, o dia em que vocês saíram do Egito, da casa da servidão; pois com mão forte o SENHOR os tirou de lá; portanto, não comam pão feito com fermento. 4 Hoje, mês de abibe, vocês estão saindo do Egito. 5 Quando o SENHOR os tiver introduzido na terra dos cananeus, dos heteus, dos amorreus, dos heveus e dos jebuseus, terra que o SENHOR jurou a seus pais que daria a vocês, terra que mana leite e mel, vocês observarão este rito neste mês. 6 Durante sete dias vocês comerão pães sem fermento; e no sétimo dia haverá festa ao SENHOR. 7 Durante sete dias vocês comerão pães sem fermento. Nada que tenha sido levedado se encontrará entre vocês nem ainda fermento será encontrado em todo o seu território.

8 — Naquele mesmo dia, vocês dirão a seus filhos: "Isto é pelo que o SENHOR nos fez, quando saímos do Egito." 9 E será como sinal na mão de vocês e por memorial entre os seus olhos, para que a lei do SENHOR esteja na sua boca; pois com mão forte o SENHOR os tirou do Egito. 10 Portanto, guardem esta ordenança no tempo determinado, de ano em ano.

A SEPARAÇÃO DOS PRIMOGÊNITOS

11 — Quando o SENHOR os tiver introduzido na terra dos cananeus, como jurou a vocês e aos seus pais, quando ele lhes tiver dado essa terra, 12 vocês deverão separar para o SENHOR todo primeiro filho homem que nascer e todo primogênito dos seus animais; os filhos e filhotes machos serão do SENHOR. 13 Porém todo primogênito da jumenta vocês poderão resgatar com um cordeiro; se não o resgatarem, deverá ser desnucado; mas vocês resgatarão todo primogênito do homem entre os seus filhos.

14 — Se no futuro o seu filho perguntar: "O que significa isso?", você responderá: "O SENHOR com mão forte nos tirou da casa da servidão. 15 Pois aconteceu que, endurecendo-se Faraó para não nos deixar sair, o SENHOR matou todos os primogênitos

na terra do Egito, desde o primogênito do
homem até o primogênito dos animais; por
isso, sacrificamos ao SENHOR todo primeiro
filhote macho. Mas a todo primogênito de
nossos filhos nós resgatamos." 16 E isto será
como sinal nas suas mãos e por frontais
entre os seus olhos; porque o SENHOR com
mão forte nos tirou do Egito.

DEUS GUIA O POVO PELO CAMINHO

17 Quando Faraó deixou o povo ir, Deus não
os levou pelo caminho da terra dos filisteus,
embora fosse mais perto, pois disse:

— Para não acontecer que, vendo a guerra,
o povo se arrependa e queira voltar para
o Egito.

18 Porém Deus fez o povo rodear pelo
caminho do deserto perto do mar Vermelho. Os filhos de Israel saíram do Egito
organizados como um exército. 19 Moisés
levou consigo também os ossos de
José, pois este havia feito com que os
filhos de Israel jurassem solenemente,
dizendo: "Deus certamente visitará vocês.
Quando isso acontecer, levem os meus
ossos daqui."

20 Os israelitas partiram de Sucote e acamparam em Etã, à entrada do deserto. 21 O SENHOR
ia adiante deles, durante o dia, numa coluna
de nuvem, para os guiar pelo caminho;
durante a noite, numa coluna de fogo, para
os iluminar, a fim de que caminhassem de
dia e de noite. 22 A coluna de nuvem nunca se
afastou do povo durante o dia, nem a coluna
de fogo durante a noite.

A TRAVESSIA DO MAR VERMELHO

14 1 O SENHOR disse a Moisés:
2 — Diga aos filhos de Israel que
voltem e se acampem diante de Pi-Hairote,
entre Migdol e o mar, diante de Baal-Zefom;
em frente desse lugar, junto ao mar, vocês
acamparão. 3 Então Faraó dirá a respeito
dos filhos de Israel: "Estão desorientados
na terra, presos no deserto." 4 Eu vou
endurecer o coração de Faraó, para que os
persiga, e serei glorificado em Faraó e em
todo o seu exército. E os egípcios saberão
que eu sou o SENHOR.

Eles assim o fizeram.

5 Quando foi anunciado ao rei do Egito que
o povo fugia, ele e os seus oficiais mudaram
de ideia a respeito do povo. Disseram:

— Que é isto que fizemos, permitindo que
Israel nos deixasse de servir?

6 E Faraó aprontou o seu carro de guerra e
levou consigo o seu povo. 7 Levou também
seiscentos carros de guerra escolhidos e
todos os outros carros de guerra do Egito
com capitães sobre todos eles. 8 Porque o
SENHOR endureceu o coração de Faraó, rei
do Egito, para que perseguisse os filhos
de Israel. Porém os filhos de Israel saíram,
marchando corajosamente.

9 Os egípcios os perseguiram, com todos
os cavalos e carros de guerra de Faraó, os
seus cavaleiros e o seu exército, e os alcançaram acampados junto ao mar, perto de
Pi-Hairote, diante de Baal-Zefom.

10 E, chegando Faraó, os filhos de Israel
levantaram os olhos e eis que os egípcios
vinham atrás deles, e ficaram com muito
medo. Então os filhos de Israel clamaram
ao SENHOR. 11 Disseram a Moisés:

— Será que foi por não haver sepulturas
no Egito que você nos tirou de lá, para que
morramos neste deserto? O que foi que
você fez conosco, tirando-nos do Egito?
12 Não foi isso que dissemos a você no Egito:
"Deixe-nos em paz, para que sirvamos os
egípcios"? Pois teria sido melhor para nós
servir os egípcios do que morrer no deserto.

13 Moisés, porém, respondeu ao povo:

— Não tenham medo; fiquem firmes
e vejam o livramento que o SENHOR lhes
fará no dia de hoje, porque vocês nunca
mais verão esses egípcios que hoje
vocês estão vendo. 14 O SENHOR lutará por
vocês; fiquem calmos.

A PASSAGEM PELO MEIO DO MAR

15 O SENHOR disse a Moisés:

— Por que você está clamando a mim?
Diga aos filhos de Israel que marchem.
16 E você, levante o seu bordão e estenda a
mão sobre o mar. As águas se dividirão, para
que os filhos de Israel passem pelo meio
do mar em seco. 17 Eis que vou endurecer o
coração dos egípcios, para que venham atrás
de vocês e entrem no mar. Serei glorificado
em Faraó e em todo o seu exército, nos seus

Deus cuida de nós não por causa do que fazemos, mas por causa do que ele fez por nós.

carros de guerra e nos seus cavaleiros; 18 e os egípcios saberão que eu sou o SENHOR, quando for glorificado em Faraó, nos seus carros de guerra e nos seus cavaleiros.

19 Então o Anjo de Deus, que ia adiante do exército de Israel, se retirou e passou para trás deles. Também a coluna de nuvem se retirou de diante deles, e se pôs atrás deles, 20 e ia entre o exército dos egípcios e o exército de Israel. A nuvem era escuridão para os egípcios, mas iluminava a noite para o povo de Israel, assim que, durante toda a noite, os dois exércitos não puderam se aproximar.

21 Então Moisés estendeu a mão sobre o mar, e o SENHOR, por um forte vento leste que soprou toda aquela noite, fez com que o mar se retirasse, tornando-se terra seca, e as águas foram divididas. 22 Os filhos de Israel entraram pelo meio do mar em seco, e as águas foram qual muralha à direita e à esquerda deles. 23 Os egípcios que os perseguiam entraram atrás deles, todos os cavalos de Faraó, os seus carros de guerra e os seus cavaleiros, até o meio do mar. 24 Na vigília da manhã, o SENHOR, na coluna de fogo e de nuvem, viu o acampamento dos egípcios e criou alvoroço no acampamento dos egípcios; 25 emperrou as rodas dos carros dos egípcios, fazendo com que andassem com dificuldade. Então os egípcios disseram:

— Vamos fugir da presença de Israel, porque o SENHOR está lutando por eles contra os egípcios.

OS EGÍPCIOS MORREM NO MAR

26 O SENHOR disse a Moisés:

— Estenda a mão sobre o mar, para que as águas se voltem sobre os egípcios, sobre os seus carros de guerra e sobre os seus cavaleiros.

27 Então Moisés estendeu a mão sobre o mar, e o mar, ao romper da manhã, retomou a sua força. Os egípcios fugiram de encontro a ele, e o SENHOR jogou os egípcios para dentro do mar. 28 As águas voltaram e cobriram os carros de guerra e os cavaleiros de todo o exército de Faraó, que os haviam seguido no mar; nem ao menos um deles escapou com vida. 29 Mas os filhos de Israel caminhavam a pé enxuto pelo meio do mar; e as águas lhes eram quais muralhas, à sua direita e à sua esquerda.

30 Assim o SENHOR livrou Israel, naquele dia, das mãos dos egípcios; e Israel viu os egípcios mortos na praia do mar. 31 E Israel viu o grande poder que o SENHOR havia usado contra os egípcios; e o povo temeu o SENHOR e confiou no SENHOR e em Moisés, seu servo.

O CÂNTICO DE MOISÉS

15 1 Então Moisés e os filhos de Israel entoaram este cântico ao SENHOR:

"Cantarei ao SENHOR,
porque triunfou gloriosamente;
lançou no mar o cavalo
e o seu cavaleiro.
2 O SENHOR é a minha força
e o meu cântico;
ele se tornou a minha salvação.
Este é o meu Deus;
portanto, eu o louvarei;
ele é o Deus de meu pai;
por isso, o exaltarei.
3 O SENHOR é homem de guerra;
SENHOR é o seu nome.
4 Lançou no mar os carros de Faraó
e o seu exército;
e os seus capitães afogaram-se
no mar Vermelho.
5 As águas profundas
os cobriram;
desceram às profundezas
como pedra.
6 A tua mão direita, ó SENHOR,
é gloriosa em poder;
a tua mão direita, ó SENHOR,
despedaça o inimigo.
7 Na grandeza da tua excelência,
derrubas os que se levantam
contra ti;
envias o teu furor,
que os consome como palha.
8 Com o sopro das tuas narinas,
amontoaram-se as águas,
as correntes pararam em montão;
as águas profundas
se tornaram sólidas
no coração do mar.
9 O inimigo dizia:
'Perseguirei, alcançarei,

repartirei os despojos;
a minha alma se fartará deles,
arrancarei a minha espada,
e a minha mão os destruirá.'
10 Sopraste com o teu vento,
e o mar os cobriu;
afundaram-se como chumbo
em águas impetuosas."

11 "Ó SENHOR, quem é como tu
entre os deuses?
Quem é como tu,
glorificado em santidade,
terrível em feitos gloriosos,
que operas maravilhas?
12 Estendeste a mão direita,
e a terra os engoliu.
13 Com a tua bondade
guiaste o povo que salvaste;
com a tua força o levaste
à habitação da tua santidade.
14 Os povos ouviram
e estremeceram;
agonias apoderaram-se
dos habitantes da Filístia.
15 Então os chefes de Edom
se perturbam,
dos poderosos de Moabe
se apodera temor,
esmorecem todos os habitantes
de Canaã.
16 Sobre eles cai espanto e pavor;
pela grandeza do teu braço,
emudecem como pedra;
até que passe o teu povo, ó SENHOR,
até que passe o povo
que adquiriste.
17 Tu o introduzirás e o plantarás
no monte da tua herança,
no lugar que preparaste,
ó SENHOR, para a tua habitação,
no santuário, ó Senhor,
que as tuas mãos estabeleceram.
18 O SENHOR reinará
por todo o sempre."

19 Porque os cavalos de Faraó, com os seus
carros de guerra e com os seus cavaleiros,
entraram no mar, e o SENHOR fez com que
as águas do mar voltassem e os cobrissem;
mas os filhos de Israel passaram a pé enxuto
pelo meio do mar.

O CÂNTICO DE MIRIÃ

20 A profetisa Miriã, irmã de Arão, pegou
um tamborim, e todas as mulheres saíram
atrás dela com tamborins e com danças.
21 E Miriã lhes respondia:

"Cantem ao SENHOR,
porque triunfou gloriosamente
e lançou no mar o cavalo
e o seu cavaleiro."

AS ÁGUAS AMARGAS SE TORNAM DOCES

22 Moisés fez o povo de Israel partir do mar
Vermelho, e eles foram para o deserto de
Sur. Caminharam três dias no deserto e não
acharam água. 23 Por fim, chegaram a Mara.
No entanto, não puderam beber as águas
de Mara, porque eram amargas. Por isso
aquele lugar foi chamado de Mara. 24 E o
povo murmurou contra Moisés, dizendo:
— O que vamos beber?
25 Então Moisés clamou ao SENHOR, e o
SENHOR lhe mostrou um pedaço de madeira.
Moisés jogou a madeira nas águas, e as
águas se tornaram doces. Ali o SENHOR lhes
deu estatutos e uma ordenança, e ali os
provou, 26 e disse:
— Se vocês ouvirem com atenção a voz
do SENHOR, seu Deus, fizerem o que é reto
diante dos seus olhos, derem ouvidos aos
seus mandamentos e guardarem todos os
seus estatutos, nenhuma enfermidade virá
sobre vocês, das que enviei sobre os egípcios;
pois eu sou o SENHOR, aquele que cura vocês.
27 Então chegaram a Elim, onde havia
doze fontes de água e setenta palmeiras.
E acamparam junto das águas.

DEUS MANDA O MANÁ

16 1 Partiram de Elim, e toda a congre-
gação dos filhos de Israel veio para o
deserto de Sim, que está entre Elim e Sinai,
aos quinze dias do segundo mês, depois que
saíram da terra do Egito. 2 Toda a congrega-
ção dos filhos de Israel murmurou contra
Moisés e Arão no deserto. 3 Os filhos de Israel
disseram a Moisés e Arão:
— Quem nos dera tivéssemos morrido
pela mão do SENHOR na terra do Egito, quando
estávamos sentados junto às panelas de
carne e comíamos pão à vontade! Pois

vocês nos trouxeram a este deserto a fim de matarem de fome toda esta multidão.

4 Então o Senhor disse a Moisés:

— Eis que farei chover do céu pão para vocês, e o povo sairá e recolherá diariamente a porção para cada dia. Eu os porei à prova para ver se andam na minha lei ou não. 5 No sexto dia prepararão o que recolherem, e será o dobro do que recolhem nos outros dias.

6 Então Moisés e Arão disseram a todos os filhos de Israel:

— Hoje à tarde vocês saberão que foi o Senhor quem os tirou da terra do Egito, 7 e, pela manhã, vocês verão a glória do Senhor, porque ele ouviu as murmurações de vocês contra o Senhor. Pois quem somos nós, para que vocês fiquem murmurando contra nós?

8 Moisés continuou:

— Isso acontecerá quando o Senhor, à tarde, lhes der carne para comer e, pela manhã, pão à vontade, porque o Senhor ouviu as murmurações, com que vocês se queixam contra ele. Pois quem somos nós? Vocês não estão murmurando contra nós, mas contra o Senhor.

9 Então Moisés disse a Arão:

— Diga a toda a congregação dos filhos de Israel: "Cheguem-se à presença do Senhor, pois ele ouviu as murmurações de vocês."

10 Enquanto Arão falava a toda a congregação dos filhos de Israel, olharam para o deserto, e eis que a glória do Senhor apareceu na nuvem.

DEUS MANDA CODORNIZES

11 E o Senhor disse a Moisés:

12 — Tenho ouvido as murmurações dos filhos de Israel. Diga-lhes: "Ao crepúsculo da tarde, vocês comerão carne, e, pela manhã, vocês comerão pão à vontade, e saberão que eu sou o Senhor, seu Deus."

13 À tarde, apareceram codornizes e cobriram o arraial. Pela manhã, havia orvalho ao redor do arraial. 14 E, quando o orvalho que havia caído se evaporou, na superfície do deserto restava uma coisa fina e semelhante a escamas, fina como a geada sobre a terra. 15 Quando os filhos de Israel viram aquilo, perguntaram uns aos outros:

— Que é isso?

Pois não sabiam o que era. Moisés respondeu:

— Isso é o pão que o Senhor dá a vocês para comerem. 16 Isto é o que o Senhor ordenou: "Que cada um recolha o que se consegue comer: dois litros por cabeça, segundo o número de pessoas. Cada um pegará para todos os que vivem em sua tenda."

17 Assim o fizeram os filhos de Israel. E recolheram, uns, mais, outros, menos, 18 conforme a medida fixada. E não sobrava para quem havia recolhido muito, nem faltava para quem havia recolhido pouco, pois cada um recolhia o quanto conseguia comer. 19 Então Moisés disse:

— Ninguém deixe nada para a manhã seguinte.

20 Eles, porém, não deram ouvidos a Moisés, e alguns deixaram do maná para a manhã seguinte, mas deu bichos e cheirava mal. E Moisés se indignou contra eles. 21 Colhiam-no, pois, manhã após manhã, cada um quanto conseguia comer; porque, vindo o calor do sol, o maná se derretia.

O POVO DE ISRAEL RECOLHE O MANÁ

22 No sexto dia, colheram alimento em dobro, quatro litros para cada um. E os principais da congregação vieram e contaram isso a Moisés. 23 Ele respondeu:

— Isto é o que disse o Senhor: "Amanhã é repouso, o santo sábado dedicado ao Senhor. O que vocês quiserem assar no forno, assem, e o que quiserem cozinhar em água, cozinhem; e tudo o que sobrar separem, guardando para a manhã seguinte."

24 E guardaram-no até a manhã seguinte, como Moisés havia ordenado; e não cheirou mal, nem deu bichos. 25 Então Moisés disse:

— Comam isto hoje, pois hoje é o sábado dedicado ao Senhor; hoje vocês não encontrarão nada no campo. 26 Seis dias vocês o recolherão, mas o sétimo dia é o sábado; nele, não haverá nada a recolher.

27 No sétimo dia algumas pessoas saíram para o recolher, porém não o acharam. 28 Então o Senhor disse a Moisés:

— Até quando vocês se recusarão a guardar os meus mandamentos e as minhas leis? 29 Vejam! O Senhor deu a vocês o sábado; por isso, ele, no sexto dia, lhes dá alimento

para dois dias; cada um fique onde está,
ninguém saia do seu lugar no sétimo dia.
30 Assim, o povo descansou no sétimo dia.
31 A casa de Israel deu àquele alimento o
nome de maná. Ele era como semente de
coentro, branco e com gosto de bolo de mel.
32 Moisés disse:
— Esta é a palavra que o SENHOR ordenou:
"Dele você pegará dois litros e guardará
para as futuras gerações, para que vejam
o pão com que eu os sustentei no deserto,
quando os tirei do Egito."
33 Então Moisés disse a Arão:
— Pegue um vaso, ponha nele dois litros
de maná e coloque-o diante do SENHOR,
para que seja guardado para as futuras
gerações.
34 Como o SENHOR havia ordenado a Moisés,
assim Arão o colocou diante da arca do
testemunho para o guardar. 35 E os filhos
de Israel comeram maná durante quarenta
anos, até que entraram em terra habitada.
Comeram maná até que chegaram aos limi-
tes da terra de Canaã. 36 A porção de maná
para cada pessoa era um décimo da medida
padrão, que tinha vinte litros.

A ÁGUA DA ROCHA EM REFIDIM

17 1 Toda a congregação dos filhos
de Israel partiu do deserto de Sim,
fazendo suas paradas, segundo o manda-
mento do SENHOR, e acamparam em
Refidim; mas ali não havia água para o povo
beber. 2 Então o povo discutiu com Moisés
e disse:
— Dê-nos água para beber.
Moisés respondeu:
— Por que vocês estão discutindo comigo?
Por que estão tentando o SENHOR?
3 Mas ali o povo estava com sede de água e
murmurou contra Moisés, dizendo:
— Por que você nos tirou do Egito, para
nos matar de sede, a nós, a nossos filhos e
aos nossos rebanhos?
4 Então Moisés clamou ao SENHOR:
— Que farei com este povo? Daqui a pouco
vão me apedrejar.
5 O SENHOR respondeu:
— Passe adiante do povo e leve com você
alguns dos anciãos de Israel. Leve também
o bordão com que você feriu o rio Nilo e
siga em frente. 6 Eis que estarei ali diante
de você sobre a rocha em Horebe. Bata na
rocha, e dela sairá água; e o povo beberá.
Moisés assim o fez na presença dos
anciãos de Israel. 7 E chamou o nome
daquele lugar Massá e Meribá, por causa
da discussão dos filhos de Israel e porque
tentaram o SENHOR, dizendo:
— Está o SENHOR no meio de nós ou não?

OS AMALEQUITAS ATACAM ISRAEL

8 Então vieram os amalequitas e atacaram
Israel em Refidim. 9 Com isso, Moisés orde-
nou a Josué:
— Escolha alguns homens e vá lutar contra
os amalequitas. Amanhã eu estarei no alto
do monte, e o bordão de Deus estará na
minha mão.
10 Josué fez como Moisés lhe havia orde-
nado e lutou contra os amalequitas. Porém
Moisés, Arão e Hur subiram para o alto do
monte. 11 Quando Moisés levantava a mão,
Israel vencia; quando, porém, ele abaixava
a mão, os amalequitas venciam. 12 Quando as
mãos de Moisés ficaram pesadas, pegaram
uma pedra e a puseram por baixo dele, para
que Moisés se sentasse. Arão e Hur sustenta-
vam as mãos de Moisés, um, de um lado, e o
outro, do outro; assim as mãos dele ficaram
firmes até o pôr do sol. 13 E Josué destruiu os
amalequitas a fio de espada.
14 Então o SENHOR disse a Moisés:
— Escreva isto para memória num livro
e repita-o a Josué, porque eu vou apagar
totalmente a memória dos amalequitas da
face da terra.
15 E Moisés edificou um altar e lhe deu
o nome de O SENHOR É Minha Bandeira.
16 E disse:
— Porque o SENHOR jurou, haverá guerra
do SENHOR contra os amalequitas de geração
em geração.

JETRO VISITA MOISÉS

18 1 Jetro, sacerdote de Midiã, sogro de
Moisés, ouviu todas as coisas que
Deus tinha feito por Moisés e por Israel,
seu povo; ouviu como o SENHOR havia tirado
Israel do Egito. 2 Jetro, sogro de Moisés, foi
até ele, levando consigo Zípora, a mulher
de Moisés, depois que este a havia enviado
até ele, 3 juntamente com os dois filhos
dela. Um dos filhos se chamava Gérson,

pois Moisés tinha dito: "Fui peregrino em terra estranha." 4 O outro se chamava Eliézer, pois Moisés tinha dito: "O Deus de meu pai foi a minha ajuda e me livrou da espada de Faraó."

5 Jetro, o sogro de Moisés, juntamente com os filhos e a mulher deste, veio a Moisés no deserto onde estava acampado, junto ao monte de Deus. 6 E Jetro mandou dizer a Moisés: "Eu, seu sogro Jetro, estou chegando, com a sua mulher e os seus dois filhos." 7 Então Moisés foi ao encontro do sogro, inclinou-se e o beijou; e, indagando pelo bem-estar um do outro, entraram na tenda. 8 Moisés contou a seu sogro tudo o que o SENHOR havia feito a Faraó e aos egípcios por amor de Israel, e todas as aflições que enfrentaram no Egito, e como o SENHOR os havia livrado.

9 Jetro ficou contente com todo o bem que o SENHOR havia feito a Israel, livrando-o das mãos dos egípcios. 10 E disse:

— Bendito seja o SENHOR, que libertou vocês das mãos dos egípcios e da mão de Faraó. 11 Agora sei que o SENHOR é maior do que todos os deuses, porque livrou este povo das mãos dos egípcios, quando agiram arrogantemente contra o povo.

12 Então Jetro, sogro de Moisés, ofereceu um holocausto e sacrifícios a Deus. E Arão e todos os anciãos de Israel vieram para comer com o sogro de Moisés, na presença de Deus.

A NOMEAÇÃO DE AUXILIARES

Dt 1.9-18

13 No dia seguinte Moisés sentou-se para julgar o povo; e o povo estava em pé diante de Moisés desde a manhã até o pôr do sol. 14 Quando o sogro de Moisés viu tudo o que ele fazia ao povo, perguntou:

— Que é isto que você está fazendo ao povo? Por que você fica sentado sozinho e todo o povo está em pé diante de você, desde a manhã até o pôr do sol?

15 Moisés respondeu a seu sogro:

— É porque o povo vem a mim para consultar a Deus. 16 Quando eles têm alguma questão, vêm a mim, para que eu julgue entre um e outro, e eu lhes dou a conhecer os estatutos de Deus e as suas leis.

17 O sogro de Moisés, porém, lhe disse:

— Não é bom o que você está fazendo. 18 Com certeza todos ficarão cansados, tanto você como este povo que está com você. Isto é pesado demais para você; você não pode fazer isso sozinho. 19 Escute agora o que vou dizer. Eu o aconselharei, e que Deus esteja com você. Represente o povo diante de Deus, leve as suas causas a Deus, 20 ensine-lhes os estatutos e as leis e faça com que conheçam o caminho em que devem andar e a obra que devem fazer. 21 Procure entre o povo homens capazes, tementes a Deus, homens que amam a verdade e odeiam a corrupção. Coloque-os como chefes do povo: chefes de mil, chefes de cem, chefes de cinquenta e chefes de dez, 22 para que julguem este povo em todo tempo. Toda causa grave trarão a você, mas toda causa pequena eles mesmos julgarão; assim será mais fácil para você, e eles o ajudarão a levar essa carga. 23 Se você fizer isto, e se essa for a ordem de Deus, então você poderá suportar e também todo este povo voltará em paz ao seu lugar.

24 Moisés atendeu às palavras de seu sogro e fez tudo o que este lhe tinha dito. 25 Escolheu homens capazes, de todo o Israel, e os constituiu por chefes sobre o povo: chefes de mil, chefes de cem, chefes de cinquenta e chefes de dez. 26 Estes julgaram o povo em todo tempo; a causa grave trouxeram a Moisés e toda causa simples eles mesmos julgaram. 27 Então Moisés se despediu de seu sogro, e este voltou para a sua terra.

DEUS FALA COM MOISÉS NO MONTE SINAI

19 1 No terceiro mês depois da saída dos filhos de Israel da terra do Egito, no primeiro dia desse mês, eles chegaram ao deserto do Sinai. 2 Tendo partido de Refidim, vieram ao deserto do Sinai, no qual acamparam; ali Israel acampou em frente ao monte. 3 Moisés subiu para encontrar-se com Deus. E do monte o SENHOR o chamou e lhe disse:

— Assim você falará à casa de Jacó e anunciará aos filhos de Israel: 4 "Vocês viram o que fiz aos egípcios e como levei vocês sobre asas de águia e os trouxe para perto de mim. 5 Agora, pois, se ouvirem atentamente

a minha voz e guardarem a minha aliança,
vocês serão a minha propriedade peculiar
dentre todos os povos. Porque toda a terra
é minha, 6 e vocês serão para mim um
reino de sacerdotes e uma nação santa."
São estas as palavras que você falará aos
filhos de Israel.

7 Moisés foi, chamou os anciãos do povo e
expôs diante deles todas estas palavras que
o Senhor lhe havia ordenado. 8 Então todo o
povo respondeu a uma só voz:

— Tudo o que o Senhor falou faremos.

E Moisés relatou ao Senhor as palavras do
povo. 9 O Senhor disse a Moisés:

— Eis que virei a você numa nuvem escura,
para que o povo ouça quando eu falar com
você e para que também creiam sempre
em você.

Porque Moisés tinha anunciado as pala-
vras do povo ao Senhor.

10 E o Senhor disse a Moisés:

— Vá ao povo e consagre-o no dia de hoje
e amanhã. Que eles lavem as suas roupas
11 e estejam prontos para o terceiro dia,
porque no terceiro dia o Senhor, à vista de
todo o povo, descerá sobre o monte Sinai.
12 Marque ao redor do monte limites para
o povo, dizendo: "Tomem cuidado para
não subir o monte, nem tocar a sua extre-
midade. Todo aquele que tocar o monte
será morto. 13 Mão nenhuma tocará nele.
Se o fizer, será apedrejado ou flechado; quer
seja animal, quer seja homem, não viverá.
Quando soar longamente a trombeta, então
subirão o monte."

14 Moisés desceu do monte para junto do
povo e consagrou o povo; e lavaram as suas
roupas. 15 E Moisés disse ao povo:

— Estejam prontos no terceiro dia. Que até
lá ninguém tenha relações com a sua mulher.

16 Ao amanhecer do terceiro dia, houve
trovões e relâmpagos, uma espessa nuvem
cobriu o monte, e ouviu-se um forte som
de trombeta, de maneira que todo o povo
que estava no arraial tremeu de medo.
17 E Moisés levou o povo para fora do arraial
ao encontro de Deus; e puseram-se ao pé
do monte. 18 Todo o monte Sinai fumegava,
porque o Senhor havia descido sobre ele
em fogo. A fumaça subia como fumaça
de uma fornalha, e todo o monte tremia
com violência. 19 E o som da trombeta ia
aumentando cada vez mais. Moisés falava,
e Deus lhe respondia no trovão. 20 O Senhor
desceu sobre o monte Sinai, sobre o alto do
monte. O Senhor chamou Moisés para o alto
do monte e Moisés foi até lá. 21 E o Senhor
disse a Moisés:

— Desça e avise ao povo que não ultra-
passe o limite até o Senhor para vê-lo, para
evitar que muitos deles sejam mortos.
22 Também os sacerdotes, que se aproximam
do Senhor, devem se consagrar, para que o
Senhor não se volte contra eles.

23 Então Moisés disse ao Senhor:

— O povo não poderá subir o monte Sinai,
porque tu nos advertiste, dizendo: "Marque
limites ao redor do monte e consagre-o."

24 E o Senhor respondeu:

— Vá, desça; depois você subirá, e Arão
virá com você; porém os sacerdotes e o
povo não devem ultrapassar o limite para
subir ao Senhor, para que Deus não se volte
contra eles.

25 Então Moisés desceu ao povo e lhe
disse tudo isso.

OS DEZ MANDAMENTOS

Dt 5.1-21

20 1 Então Deus falou todas estas pa-
lavras:

2 — Eu sou o Senhor, seu Deus, que o tirei
da terra do Egito, da casa da servidão.

3 — Não tenha outros deuses diante de
mim.

4 — Não faça para você imagem de es-
cultura, nem semelhança alguma do que
há em cima no céu, nem embaixo na terra,
nem nas águas debaixo da terra. 5 Não adore
essas coisas, nem preste culto a elas, porque
eu, o Senhor, seu Deus, sou Deus zeloso, que
visito a iniquidade dos pais nos filhos até
a terceira e quarta geração daqueles que
me odeiam, 6 mas faço misericórdia até mil
gerações daqueles que me amam e guardam
os meus mandamentos.

7 — Não tome o nome do Senhor, seu
Deus, em vão, porque o Senhor não terá por
inocente o que tomar o seu nome em vão.

8 — Lembre-se do dia de sábado, para o
santificar. 9 Seis dias você trabalhará e fará
toda a sua obra, 10 mas o sétimo dia é o
sábado dedicado ao Senhor, seu Deus. Não
faça nenhum trabalho nesse dia, nem você,

nem o seu filho, nem a sua filha, nem o seu servo, nem a sua serva, nem o seu animal, nem o estrangeiro das suas portas para dentro. 11 Porque em seis dias o Senhor fez os céus e a terra, o mar e tudo o que neles há e, ao sétimo dia, descansou; por isso o Senhor abençoou o dia de sábado e o santificou.

12 — Honre o seu pai e a sua mãe, para que você tenha uma longa vida na terra que o Senhor, seu Deus, lhe dá.

13 — Não mate.

14 — Não cometa adultério.

15 — Não furte.

16 — Não dê falso testemunho contra o seu próximo.

17 — Não cobice a casa do seu próximo. Não cobice a mulher do seu próximo, nem o seu servo, nem a sua serva, nem o seu boi, nem o seu jumento, nem coisa alguma que pertença ao seu próximo.

MOISÉS, MEDIADOR ENTRE DEUS E O POVO

Dt 5.22-33

18 Todo o povo presenciou os trovões, os relâmpagos, o som da trombeta e o monte fumegante; e o povo, observando, tremeu de medo e ficou de longe. 19 Disseram a Moisés:

— Fale-nos você, e ouviremos; porém não fale Deus conosco, para que não morramos.

20 Moisés respondeu ao povo:

— Não tenham medo; Deus veio para provar vocês e para que o seu temor esteja diante de vocês, a fim de que não pequem.

21 O povo estava de longe, em pé; Moisés, porém, se aproximou da nuvem escura onde Deus estava.

LEIS A RESPEITO DOS ALTARES

22 Então o Senhor disse a Moisés:

— Assim você dirá aos filhos de Israel: "Vocês viram que dos céus eu lhes falei. 23 Não façam deuses de prata ao lado de mim, nem façam para vocês deuses de ouro. 24 Façam um altar de terra para mim e sobre ele vocês sacrificarão os seus holocaustos, as suas ofertas pacíficas, as suas ovelhas e os seus bois; em todo lugar onde eu fizer celebrar a memória do meu nome, virei até vocês e os abençoarei. 25 Se vocês fizerem um altar de pedras para mim, não o façam de pedras lavradas; pois, se fizerem uso de ferramentas, vocês terão profanado o altar. 26 Nem subam ao meu altar por degraus, para que ali não seja exposta a sua nudez."

LEIS A RESPEITO DOS ESCRAVOS

Dt 15.12-18

21 1 São estes os estatutos que você apresentará aos filhos de Israel:

2 — Se você comprar um escravo hebreu, ele trabalhará para você durante seis anos; mas no sétimo ano será livre, de graça. 3 Se chegou solteiro, irá embora sozinho; se era homem casado, a mulher irá com ele. 4 Se o dono lhe der uma mulher, e ela der à luz filhos e filhas, a mulher e seus filhos serão do dono do escravo, e ele irá embora sozinho. 5 Porém, se o escravo expressamente disser: "Eu amo o meu dono, a minha mulher e os meus filhos; não quero ser livre", 6 então o dono do escravo o levará aos juízes, e o fará chegar à porta ou à ombreira da porta, e o seu dono furará a orelha dele com um furador; e ele será seu escravo para sempre.

7 — Se um homem vender a sua filha para ser escrava, esta não ficará livre como ficam livres os escravos homens. 8 Se ela não agradar ao seu dono, que se comprometeu a casar com ela, ele terá de permitir que ela seja resgatada; não poderá vendê-la a um povo estranho, pois isso será deslealdade para com ela. 9 Mas, se a casar com seu filho, deverá tratá-la como se tratam as filhas. 10 Se ele der ao filho outra mulher, não diminuirá o mantimento da primeira, nem os seus vestidos, nem os seus direitos conjugais. 11 Se não lhe fizer estas três coisas, ela poderá ir embora de graça, sem ter de pagar nada.

LEIS A RESPEITO DA VIOLÊNCIA

12 — Quem ferir um homem, de modo que este venha a morrer, também será morto. 13 Porém, se não lhe armou ciladas, mas Deus permitiu que ele caísse em suas mãos, então designarei a você um lugar para onde ele fugirá. 14 Se alguém vier maliciosamente contra o próximo, matando-o à traição, você deve tirá-lo até mesmo do meu altar, para que seja morto.

15 — Quem ferir seu pai ou sua mãe será morto.

16 — Quem raptar alguém e o vender, ou for achado tendo esse alguém ainda em seu poder, será morto.

17 — Quem amaldiçoar seu pai ou sua mãe será morto.

18 — Se dois brigarem e um ferir o outro com uma pedra ou com o punho, e o ferido não morrer, mas ficar de cama; 19 se ele se levantar outra vez e andar fora, apoiado no seu bordão, então será absolvido aquele que o feriu; somente lhe pagará o tempo que perdeu e fará com que seja completamente curado.

20 — Se alguém ferir o seu escravo ou a sua escrava com um bordão, e o ferido morrer logo, será punido; 21 porém, se ele sobreviver por um ou dois dias, o dono não será punido, porque o escravo é propriedade sua.

22 — Se homens brigarem e ferirem uma mulher grávida, e forem causa de que aborte, porém sem maior dano, aquele que feriu será obrigado a indenizar segundo o que lhe exigir o marido da mulher; e pagará como os juízes lhe determinarem. 23 Mas, se houver dano grave, então o castigo será vida por vida, 24 olho por olho, dente por dente, mão por mão, pé por pé, 25 queimadura por queimadura, ferimento por ferimento, golpe por golpe.

26 — Se alguém ferir o olho do seu escravo ou o olho da sua escrava e inutilizar o olho, deverá deixar o escravo ir livre como pagamento pelo olho. 27 E, se com violência fizer cair um dente do seu escravo ou da sua escrava, deverá deixar o escravo ir livre como pagamento pelo dente.

A RESPONSABILIDADE DOS DONOS DE ANIMAIS

28 — Se um boi chifrar um homem ou uma mulher, fazendo com que morra, o boi será apedrejado e a carne dele não será comida; mas o dono do boi será absolvido. 29 Mas, se o boi já antes costumava chifrar, e o seu dono sabia disso e não o prendeu, e o boi matar um homem ou uma mulher, o boi será apedrejado, e também será morto o seu dono. 30 Se lhe for exigido resgate, dará, então, como resgate da sua vida tudo o que lhe for exigido. 31 Quer tenha chifrado um filho, quer tenha chifrado uma filha, este julgamento lhe será aplicado. 32 Se o boi chifrar um escravo ou uma escrava, o dono deles receberá um pagamento de trezentos e sessenta gramas de prata, e o boi será apedrejado.

33 — Se alguém deixar aberta uma cova ou se alguém cavar uma cova e não a tapar, e nela cair um boi ou um jumento, 34 o dono da cova pagará o valor do animal; pagará dinheiro ao seu dono, mas o animal morto será seu.

35 — Se o boi de um homem ferir o boi de outro, e o boi ferido morrer, venderão o boi vivo e repartirão o valor; e dividirão entre si o boi morto. 36 Mas, se for notório que o boi já antes costumava chifrar, e o seu dono não o prendeu, certamente pagará boi por boi; porém o boi morto será seu.

LEIS A RESPEITO DA PROPRIEDADE

22 1 — Se alguém furtar um boi ou uma ovelha e abater ou vender o animal, por um boi pagará cinco bois, e quatro ovelhas por uma ovelha.

2 — Se um ladrão for achado arrombando uma casa e, sendo ferido, morrer, quem o feriu não será culpado do sangue. 3 Se, porém, já havia sol quando isso aconteceu, quem o feriu será culpado do sangue. O ladrão deverá fazer restituição total. Se não tiver com que pagar, será vendido por seu furto. 4 Se aquilo que roubou for achado vivo em seu poder, seja boi, jumento ou ovelha, pagará o dobro.

5 — Se alguém fizer pastar o seu animal num campo ou numa vinha e o largar para comer em campo de outra pessoa, pagará com o melhor do seu próprio campo e o melhor da sua própria vinha.

6 — Se irromper fogo, e pegar nos espinheiros, e destruir os feixes de cereal colhido, ou a plantação que já estiver madura, ou o campo todo, aquele que acendeu o fogo pagará totalmente o queimado.

7 — Se alguém der ao seu próximo dinheiro ou objetos para guardar, e isso for furtado àquele que o recebeu, o ladrão, se for achado, pagará o dobro. 8 Se o ladrão não for achado, então o dono da casa será levado diante dos juízes, a ver se não meteu a mão nos bens do próximo.

9 — Em todo negócio fraudulento, seja a respeito de boi, ou de jumento, ou de ovelhas,

Tudo o que Deus faz em nossa vida começa pelos fundamentos.

ou de roupas, ou de qualquer coisa perdida, de que uma das partes diz: "Isto é meu", a causa de ambas as partes será levada diante dos juízes; aquele a quem os juízes condenarem pagará o dobro ao seu próximo.

10 — Se alguém der ao seu próximo um animal para que tome conta dele, seja jumento, boi, ovelha ou outro animal qualquer, e este morrer, ficar aleijado ou for afugentado, sem que ninguém o veja, 11 então haverá juramento do SENHOR entre ambos, de que não meteu a mão nos bens do seu próximo; o dono aceitará o juramento, e o outro não fará restituição. 12 Porém, se, de fato, o animal tiver sido furtado, terá de pagá-lo ao seu dono. 13 Se for dilacerado, trará o que restou em testemunho disso e não pagará o animal dilacerado.

14 — Se alguém pedir emprestado a seu próximo um animal, e este ficar aleijado ou morrer, não estando presente o dono, aquele que pediu emprestado terá de pagá-lo ao seu dono. 15 Se o dono esteve presente, não o pagará; se foi alugado, o preço do aluguel será o pagamento.

LEIS CIVIS E RELIGIOSAS

16 — Se alguém seduzir uma virgem que ainda não foi prometida em casamento e tiver relações com ela, pagará seu dote e a tomará por mulher. 17 Se o pai dela definitivamente não quiser dar-lhe a moça em casamento, aquele que a seduziu pagará em dinheiro conforme o dote das virgens.

18 — A feiticeira você não deixará viver.

19 — Quem tiver coito com animal será morto.

20 — Quem sacrificar aos deuses e não somente ao SENHOR será destruído.

21 — Não maltrate o estrangeiro, nem o oprima; porque vocês foram estrangeiros na terra do Egito. 22 Não maltratem as viúvas nem os órfãos. 23 Se de algum modo os maltratarem, e eles clamarem a mim, eu lhes ouvirei o clamor; 24 a minha ira se acenderá, e eu matarei vocês à espada; as suas mulheres ficarão viúvas, e os seus filhos ficarão órfãos.

25 — Se você emprestar dinheiro a alguém do meu povo, ao pobre que está com você, não trate com ele como um credor que impõe juros. 26 Se você pegar o manto do seu próximo como penhor, devolva-o antes do pôr do sol, 27 porque é com ele que se cobre, é a roupa do seu corpo; em que ele se deitaria? Quando ele clamar a mim, eu o ouvirei, porque sou misericordioso.

28 — Não blasfeme contra Deus, nem amaldiçoe uma autoridade do seu povo.

29 — Não demore em trazer ofertas do melhor das suas colheitas e das suas vinhas; entregue-me o primogênito dos seus filhos. 30 Faça o mesmo com as suas vacas e com as suas ovelhas; deixe que a cria fique sete dias com a mãe, mas no oitavo dia você a entregará para mim.

31 — Vocês serão homens consagrados a mim; portanto, não comam carne de animais dilacerados no campo; joguem essa carne aos cães.

JUSTIÇA E MISERICÓRDIA

23 1 — Não espalhe notícias falsas e não entre em acordo com o ímpio, para ser testemunha maldosa. 2 Não siga a multidão para fazer o mal e, num processo, não deponha com a maioria, para torcer a justiça. 3 Não seja parcial nem mesmo com o pobre nas suas demandas.

4 — Se você encontrar desgarrado o boi ou o jumento do seu inimigo, leve-o sem falta de volta para ele. 5 Se você vir prostrado debaixo da sua carga o jumento daquele que odeia você, não o abandone, mas ajude o dono a erguer o animal.

DEVERES DOS JUÍZES

Dt 16.18-20

6 — Não perverta o direito do pobre que vem até você com a sua causa. 7 Fique longe da falsa acusação. Não mate o inocente e o justo, porque não justificarei o ímpio. 8 Não aceite suborno, porque o suborno cega até o perspicaz e perverte as palavras dos justos.

9 — Não oprima o estrangeiro; vocês sabem o que é ser estrangeiro, pois foram estrangeiros na terra do Egito.

O SÉTIMO ANO E O SÉTIMO DIA

Lv 25.1-7; 23.3

10 — Durante seis anos você semeará a sua terra e recolherá os seus frutos. 11 Porém, no sétimo ano, deixe a terra descansar e não a cultive, para que os pobres do seu

povo achem o que comer e os animais do
campo comam do que sobrar. Faça o mesmo
com a sua vinha e com o seu olival.
12 — Seis dias você fará o seu trabalho, mas,
no sétimo dia, descanse, para que descanse
também o seu boi e o seu jumento, e para
que o filho da sua escrava e o estrangeiro
se revigorem.
13 — Deem atenção a tudo o que eu tenho
dito a vocês. O nome de outros deuses
não deve ser lembrado nem pronunciado
por vocês.

AS TRÊS FESTAS

Êx 34.18-26; Lv 23.4-21,33-44; Dt 16.1-17

14 — Três vezes no ano celebrem uma festa
para mim. 15 Celebrem a Festa dos Pães sem
Fermento; durante sete dias vocês comerão
pães sem fermento, como ordenei a vocês.
Façam isso no tempo indicado no mês de
abibe, porque nesse mês vocês saíram do
Egito. Ninguém apareça diante de mim de
mãos vazias. 16 Celebrem a Festa da Ceifa,
dos primeiros frutos do seu trabalho, do
que vocês semeiam no campo, e a Festa
da Colheita, ao final do ano, quando vocês
recolhem do campo o fruto do seu trabalho.
17 Três vezes por ano, todo homem deve
comparecer diante do Senhor Deus.
18 — Não ofereçam o sangue do meu
sacrifício com pão fermentado, nem deixem
que a gordura da minha festa fique durante
a noite até a manhã seguinte. 19 Tragam as
primícias dos frutos de sua terra à casa do
Senhor, seu Deus. Não cozinhem o cabrito
no leite da sua própria mãe.

DEUS PROMETE A POSSE DA TERRA

20 — Eis que eu envio um Anjo adiante de
vocês, para que os guarde pelo caminho e os
leve ao lugar que tenho preparado. 21 Deem
atenção a ele e ouçam o que ele diz. Não se
rebelem contra ele, porque não perdoará a
transgressão de vocês; pois nele está o meu
nome. 22 Mas, se vocês ouvirem atentamente o
que ele disser e fizerem tudo o que eu ordeno,
então serei inimigo dos que são inimigos de
vocês e adversário dos que são adversários
de vocês. 23 Porque o meu Anjo irá adiante de
vocês e os levará aos amorreus, aos heteus,
aos ferezeus, aos cananeus, aos heveus
e aos jebuseus; e eu os destruirei. 24 Não se
curvem diante dos deuses deles, nem os
adorem, nem sigam os costumes deles; pelo
contrário, destruam totalmente esses ídolos
e despedacem as suas colunas. 25 Adorem o
Senhor, o Deus de vocês, e ele abençoará o pão
e a água de vocês. Tirarei as enfermidades
do meio de vocês. 26 Na sua terra não haverá
mulher que aborte, nem estéril. Darei a vocês
uma vida longa.
27 — Enviarei o meu terror diante de vocês,
confundindo todos os povos que vocês
encontrarem. Farei com que todos os seus
inimigos virem as costas e fujam de vocês.
28 Também enviarei vespas diante de vocês,
que expulsem os heveus, os cananeus e os
heteus de diante de vocês. 29 Não os expul-
sarei de diante de vocês num só ano, para
que a terra não se torne em desolação, e as
feras do campo não se multipliquem con-
tra vocês. 30 Pouco a pouco os expulsarei de
diante de vocês, até que vocês se multipli-
quem e tomem posse da terra. 31 Porei as
suas fronteiras desde o mar Vermelho até
o mar dos filisteus e desde o deserto até o
Eufrates; porque entregarei nas suas mãos
os moradores da terra, para que vocês os
expulsem de diante de vocês. 32 Não façam
nenhuma aliança com eles, nem com os deu-
ses deles. 33 Eles não habitarão na sua terra,
para que não façam com que vocês pequem
contra mim; se adorarem os deuses deles,
isso será uma cilada para vocês.

A ALIANÇA DE DEUS COM ISRAEL

24 1 Deus disse a Moisés:
— Subam para junto do Senhor, você,
Arão, Nadabe, Abiú e setenta dos anciãos
de Israel; e adorem de longe. 2 Só Moisés
se aproximará do Senhor; os outros não se
aproximarão, nem o povo subirá com ele.
3 Moisés foi e transmitiu ao povo todas
as palavras do Senhor e todos os estatutos.
Então todo o povo respondeu a uma voz
e disse:
— Tudo o que o Senhor falou nós faremos.
4 Moisés escreveu todas as palavras do
Senhor e, tendo-se levantado de manhã cedo,
edificou um altar ao pé do monte e ergueu
doze colunas, segundo as doze tribos de
Israel. 5 E enviou alguns jovens dos filhos
de Israel, os quais ofereceram ao Senhor

holocaustos e sacrifícios pacíficos de novilhos. 6 Moisés pegou a metade do sangue e o pôs em bacias; e a outra metade aspergiu sobre o altar. 7 Depois pegou o livro da aliança e o leu para o povo. E eles disseram:

— Tudo o que o SENHOR falou nós faremos e obedeceremos.

8 Então Moisés pegou aquele sangue, e o aspergiu sobre o povo, e disse:

— Eis aqui o sangue da aliança que o SENHOR fez com vocês de acordo com todas estas palavras.

9 Moisés, Arão, Nadabe, Abiú e setenta dos anciãos de Israel subiram o monte. 10 E viram o Deus de Israel, sob cujos pés havia como que uma pavimentação de pedra de safira, que se parecia com o céu na sua claridade. 11 Deus não estendeu a mão contra os escolhidos dos filhos de Israel; eles viram Deus, comeram e beberam.

MOISÉS E OS ANCIÃOS SOBEM O MONTE OUTRA VEZ

12 Então o SENHOR disse a Moisés:

— Suba para junto de mim, no monte, e fique lá; darei a você tábuas de pedra, a lei e os mandamentos que escrevi, para que você ensine o povo.

13 Moisés se aprontou, juntamente com Josué, seu auxiliar, e subiu o monte de Deus. 14 Ele disse aos anciãos:

— Esperem aqui até que voltemos para junto de vocês. Eis que Arão e Hur ficam com vocês; quem tiver alguma questão deve se dirigir a eles.

15 Tendo Moisés subido, uma nuvem cobriu o monte. 16 E a glória do SENHOR pousou sobre o monte Sinai, e a nuvem o cobriu durante seis dias. No sétimo dia, do meio da nuvem o SENHOR chamou Moisés. 17 Aos olhos dos israelitas, o aspecto da glória do SENHOR era como um fogo consumidor no alto do monte. 18 E Moisés, entrando pelo meio da nuvem, subiu o monte; e lá permaneceu quarenta dias e quarenta noites.

DEUS MANDA TRAZER OFERTAS PARA O TABERNÁCULO

Êx 35.4-9

25 1 O SENHOR disse a Moisés:

2 — Diga aos filhos de Israel que me tragam uma oferta. De todo homem cujo coração o mover para isso, dele vocês receberão a minha oferta. 3 Esta é a oferta que dele vocês receberão: ouro, prata e bronze; 4 pano azul, púrpura e carmesim; linho fino; pelos de cabra; 5 peles de carneiro tingidas de vermelho e peles finas; madeira de acácia; 6 azeite para a iluminação; especiarias para o óleo da unção e para o incenso aromático; 7 pedras de ônix e pedras de engaste, para a estola sacerdotal e para o peitoral. 8 E farão para mim um santuário, para que eu possa habitar no meio deles. 9 Segundo tudo o que eu mostrar a você como modelo do tabernáculo e como modelo de todos os seus móveis, assim mesmo vocês o farão.

A ARCA DA ALIANÇA

Êx 37.1-5

10 — Também farão uma arca de madeira de acácia, de um metro e dez de comprimento, sessenta e seis centímetros de largura, e sessenta e seis centímetros de altura. 11 Revista a arca de ouro puro. Coloque esse revestimento por dentro e por fora, e ponha um remate de ouro ao redor da arca. 12 Mande fundir quatro argolas de ouro e fixe-as nos quatro cantos da arca: duas argolas num lado dela e duas argolas no outro lado. 13 Faça também cabos grossos de madeira de acácia e revista-os de ouro. 14 Passe os cabos pelas argolas nos lados da arca, para que ela possa ser carregada por meio deles. 15 Os cabos ficarão nas argolas da arca e não serão tirados dela. 16 E você porá na arca o testemunho, que eu lhe darei.

O PROPICIATÓRIO

Êx 37.6-9

17 — Faça também um propiciatório de ouro puro, de um metro e dez de comprimento e sessenta e seis centímetros de largura. 18 Faça dois querubins de ouro batido, nas duas extremidades do propiciatório. 19 Um querubim deve ficar numa extremidade, e o outro, na outra extremidade. Faça os querubins nas duas extremidades de modo que formem uma só peça com o propiciatório. 20 Os querubins estenderão as asas por cima, cobrindo com elas o propiciatório. Eles estarão de frente um para o outro, olhando para o propiciatório. 21 Ponha o

propiciatório em cima da arca; e dentro dela
coloque o testemunho, que eu lhe darei. 22 Ali
eu me encontrarei com você e, de cima do
propiciatório, do meio dos dois querubins
que estão sobre a arca do testemunho,
falarei com você a respeito de tudo o que
eu lhe ordenar para os filhos de Israel.

A MESA DOS PÃES DA PROPOSIÇÃO

Êx 37.10-16

23 — Faça também uma mesa de madeira
de acácia. Terá o comprimento de oitenta
e oito centímetros, a largura de quarenta e
quatro e a altura de sessenta e seis. 24 Faça
um revestimento de ouro puro e ponha um
remate de ouro ao redor. 25 Faça também
uma borda ao redor, da largura de quatro
dedos, e ponha um remate de ouro ao redor
da borda. 26 Faça também quatro argolas de
ouro e fixe-as nos quatro cantos que estão
nos quatro pés da mesa. 27 As argolas devem
estar perto da borda, como lugares para os
cabos, para que se possa carregar a mesa.
28 Faça estes cabos de madeira de acácia e
revista-os de ouro, para que a mesa possa ser
carregada por meio deles. 29 Faça também os
seus pratos, os seus recipientes para incenso,
as suas jarras e as suas taças em que serão
oferecidas as libações; faça tudo isso de
ouro puro. 30 Ponha sobre a mesa os pães da
proposição diante de mim perpetuamente.

O CANDELABRO

Êx 37.17-24

31 — Faça também um candelabro de
ouro puro; de ouro batido deverá ser feito
este candelabro. O seu pedestal, a sua
haste, os seus cálices, as suas maçanetas
e as suas flores formarão com ele uma só
peça. 32 Seis hastes sairão dos lados do
candelabro: três de um lado e três do outro.
33 Numa haste haverá três cálices com
formato de amêndoas, uma maçaneta e
uma flor; na outra haste haverá três cálices
com formato de amêndoas, uma maçaneta
e uma flor; e assim serão as seis hastes que
saem do candelabro.

34 — Mas no candelabro mesmo haverá
quatro cálices com formato de amêndoas,
com suas maçanetas e com suas flores.
35 Haverá uma maçaneta sob duas hastes que
saem dele; e ainda uma maçaneta sob duas
outras hastes que saem dele; e ainda mais
uma maçaneta sob duas outras hastes que
saem dele; assim se fará com as seis hastes
que saem do candelabro. 36 As maçanetas
e as hastes do candelabro formarão
uma só peça com o mesmo; tudo será
de uma só peça, obra batida de ouro puro.

37 — Faça também as sete lâmpadas do
candelabro, as quais se acenderão para
iluminar o espaço diante dele. 38 As suas
tesouras de cortar pavios e os seus apagado-
res serão de ouro puro. 39 Com trinta e quatro
quilos de ouro puro se fará o candelabro com
todos estes utensílios. 40 Tenha o cuidado
de fazer tudo segundo o modelo que foi
mostrado a você no monte.

AS CORTINAS DO TABERNÁCULO

Êx 36.8-18

26 1 — Faça o tabernáculo, que terá dez
cortinas, de linho retorcido, pano
azul, púrpura e carmesim; faça as cortinas
com querubins, obra de artista. 2 O compri-
mento de cada cortina será de doze metros
e meio, e a largura será de um metro e
oitenta; todas as cortinas terão a mesma
medida. 3 Cinco cortinas serão ligadas umas
às outras; e as outras cinco também ligadas
umas às outras. 4 Ponha laçadas de pano
azul na borda da cortina na extremidade
do primeiro agrupamento; faça o mesmo
com a borda da cortina na extremidade do
segundo agrupamento. 5 Faça cinquenta
laçadas numa cortina, e cinquenta laçadas
na outra cortina na extremidade do segundo
agrupamento; as laçadas serão contrapostas
uma à outra. 6 Faça cinquenta colchetes de
ouro, com os quais você prenderá as cortinas
uma à outra; e o tabernáculo passará a ser
um todo.

7 — Faça também de pelos de cabra corti-
nas para servirem de tenda sobre o taber-
náculo; faça onze cortinas. 8 O comprimento
de cada cortina será de treze metros e trinta,
e a largura será de um metro e oitenta; as
onze cortinas terão a mesma medida. 9 Junte
cinco cortinas entre si, e faça o mesmo
com as seis restantes; a sexta cortina você
dobrará na parte dianteira da tenda. 10 Ponha
cinquenta laçadas na borda da cortina que
está na extremidade do primeiro agrupa-
mento e cinquenta laçadas na borda da

cortina que está na extremidade do segundo agrupamento. 11 Faça também cinquenta colchetes de bronze, e ponha esses colchetes nas laçadas, juntando a tenda, para que venha a ser um todo. 12 A parte que restar das cortinas da tenda, a saber, a meia cortina que sobrar, penderá às costas do tabernáculo. 13 Os quarenta e cinco centímetros de um lado e os quarenta e cinco centímetros de outro lado, do que sobrar no comprimento das cortinas da tenda, penderão de um e de outro lado do tabernáculo para o cobrir.

A COBERTURA DE PELES E AS TÁBUAS

14 — Faça também de peles de carneiro tingidas de vermelho uma cobertura para a tenda e outra cobertura de peles finas.

15 — Faça também de madeira de acácia as tábuas para o tabernáculo, as quais serão colocadas verticalmente. 16 Cada uma das tábuas terá quatro metros e quarenta e cinco de comprimento e sessenta e sete centímetros de largura. 17 Cada tábua terá dois encaixes, para que se possa unir uma tábua à outra; faça o mesmo com todas as tábuas do tabernáculo. 18 No preparar as tábuas para o tabernáculo, coloque vinte delas para o lado sul. 19 Faça também quarenta bases de prata debaixo das vinte tábuas: duas bases debaixo de uma tábua para os seus dois encaixes e duas bases debaixo de outra tábua para os seus dois encaixes. 20 Também haverá vinte tábuas ao outro lado do tabernáculo, para o lado norte, 21 com as suas quarenta bases de prata: duas bases debaixo de uma tábua e duas bases debaixo de outra tábua. 22 Para o lado posterior do tabernáculo, o lado oeste, faça seis tábuas. 23 Faça também duas tábuas para os cantos do tabernáculo, na parte posterior, 24 as quais, por baixo, estarão separadas, mas, em cima, se ajustarão à primeira argola; assim se fará com as duas tábuas; serão duas para cada um dos dois cantos. 25 Assim serão as oito tábuas com as suas bases de prata, dezesseis bases: duas bases debaixo de uma tábua e duas debaixo de outra tábua.

26 — Faça travessas de madeira de acácia, cinco para as tábuas de um lado do tabernáculo, 27 cinco para as tábuas do outro lado do tabernáculo e cinco para as tábuas do tabernáculo, ao lado posterior, que olha para o oeste. 28 A travessa do meio passará ao meio das tábuas, de uma extremidade à outra. 29 Revista de ouro as tábuas e faça de ouro as suas argolas, pelas quais passarão as travessas, que também deverão ser revestidas de ouro. 30 Faça o tabernáculo segundo o modelo que foi mostrado a você no monte.

O VÉU, O CORTINADO E AS COLUNAS

Êx 36.35-38

31 — Faça também um véu de pano azul, púrpura, carmesim e linho fino retorcido; faça-o com querubins, obra de artista. 32 Pendure esse véu em quatro colunas de madeira de acácia, revestidas de ouro; os seus colchetes serão de ouro, sobre quatro bases de prata. 33 Pendure o véu debaixo dos colchetes e leve para lá a arca do testemunho, para dentro do véu; o véu fará separação entre o Santo Lugar e o Santo dos Santos.

34 — Ponha a cobertura do propiciatório sobre a arca do testemunho no Santo dos Santos. 35 A mesa ficará fora do véu e o candelabro ficará diante da mesa, ao lado do tabernáculo, para o sul; e a mesa ficará para o lado norte.

36 — Faça também para a porta da tenda um cortinado de pano azul, púrpura, carmesim e linho fino retorcido, obra de bordador. 37 Para este cortinado faça cinco colunas de madeira de acácia revestidas de ouro; os seus colchetes serão de ouro, e para as colunas você mandará fundir cinco bases de bronze.

O ALTAR DO HOLOCAUSTO

Êx 38.1-7

27 1 — Faça também o altar de madeira de acácia. Seu comprimento será de dois metros e vinte e a largura será de dois metros e vinte; o altar será quadrado. A altura será de um metro e trinta. 2 Nos quatro cantos coloque quatro chifres, os quais formarão uma só peça com o altar, que deverá ser revestido de bronze. 3 Faça também recipientes para recolher a cinza do altar, além de pás, bacias, garfos e braseiros; todos esses utensílios serão feitos de bronze. 4 Faça também para o altar uma grelha de

bronze em forma de rede e fixe quatro argo-
las de metal nos seus quatro cantos. 5 Colo-
que as argolas dentro do rebordo do altar
para baixo, de maneira que a rede chegue
até o meio do altar. 6 Faça também cabos
para o altar, cabos de madeira de acácia
revestidos de bronze. 7 Os cabos devem ser
passados pelas argolas, de um e de outro
lado do altar, quando este for transportado.
8 Oco e de tábuas você fará o altar; como lhe
foi mostrado no monte, assim o farão.

O ÁTRIO DO TABERNÁCULO

Êx 38.9-20

9 — Faça também o átrio do tabernáculo.
Do lado meridional, que dá para o sul, o
átrio terá cortinas de linho fino retorcido;
o comprimento de cada lado será de
quarenta e quatro metros. 10 Também as
suas vinte colunas e as suas vinte bases
serão de bronze; os ganchos das colunas
e as suas vigas superiores serão de prata.
11 De igual modo, para o lado norte ao
comprido, haverá cortinas de quarenta e
quatro metros de comprimento; e as suas
vinte colunas e as suas vinte bases serão
de bronze; os ganchos das colunas e as suas
vigas superiores serão de prata. 12 Na largura
do átrio para o lado oeste, haverá cortinas de
vinte e dois metros; as colunas serão dez, e
as suas bases, dez. 13 A largura do átrio do
lado leste, para o nascente, será de vinte
e dois metros. 14 As cortinas para um lado
da entrada terão seis metros e sessenta de
comprimento; as suas colunas serão três, e
as suas bases, três. 15 Para o outro lado da
entrada, haverá cortinas de seis metros e
sessenta de comprimento; as suas colunas
serão três, e as suas bases, três. 16 À porta do
átrio, haverá um cortinado de oito metros
e oitenta de comprimento, de pano azul,
púrpura, carmesim e linho fino retorcido,
obra de bordador; as suas colunas serão
quatro, e as suas bases, quatro. 17 Todas as
colunas ao redor do átrio serão ligadas por
vigas superiores de prata; os seus ganchos
serão de prata, mas as suas bases serão de
bronze. 18 O átrio terá quarenta e quatro
metros de comprimento, vinte e dois de
largura por todo o lado e dois metros e
vinte de altura. As suas cortinas serão
de linho fino retorcido, e as suas bases
serão de bronze. 19 Todos os utensílios do
tabernáculo em todo o seu serviço, todas
as suas estacas e todas as estacas do átrio
serão de bronze.

O AZEITE PARA O CANDELABRO

Lv 24.1-4

20 — Ordene aos filhos de Israel que tragam
a você azeite puro de oliveira, batido, para
o candelabro, para que haja lâmpada acesa
continuamente. 21 Na tenda do encontro
fora do véu, que está diante da arca do
testemunho, Arão e seus filhos a conser-
varão em ordem, desde a tarde até pela
manhã, diante do Senhor. Este será um
estatuto perpétuo entre os filhos de Israel
de geração em geração.

AS VESTES SACERDOTAIS

Êx 39.1

28 1 — Traga para junto de você, do
meio dos filhos de Israel, o seu irmão
Arão e os filhos dele, para que me sirvam
como sacerdotes, a saber, Arão e seus filhos
Nadabe, Abiú, Eleazar e Itamar. 2 Faça vestes
sagradas para o seu irmão Arão, para que lhe
deem glória e beleza.
3 — Diga também a todos os homens
hábeis a quem enchi do espírito de sabe-
doria, que façam vestes para Arão para
consagrá-lo, para que me sirva no ofício
sacerdotal. 4 As vestes que farão são estas:
um peitoral, uma estola sacerdotal, uma
sobrepeliz, uma túnica bordada, mitra e
cinto. Farão vestes sagradas para o seu
irmão Arão e para os filhos dele, para que
me sirvam como sacerdotes. 5 Pegarão ouro,
pano azul, púrpura, carmesim e linho fino.

A ESTOLA SACERDOTAL

Êx 39.2-7

6 — Farão a estola sacerdotal de ouro, pano
azul, púrpura, carmesim e linho fino retor-
cido, obra esmerada. 7 Terá duas ombreiras
que se unam às suas duas extremidades,
e assim se unirá. 8 E o cinto de obra esme-
rada, que estará sobre a estola sacerdotal,
será de obra igual, da mesma obra de ouro,
pano azul, púrpura, carmesim e linho fino
retorcido. 9 Pegue duas pedras de ônix e
grave nelas os nomes dos filhos de Israel:
10 seis de seus nomes numa pedra e os

outros seis na outra pedra, por ordem de
nascimento. 11 Conforme a obra de um
lapidador, quando faz um sinete, você
gravará os nomes dos filhos de Israel nas
duas pedras, colocando engastes de ouro
ao redor delas. 12 Coloque as duas pedras
nas ombreiras da estola sacerdotal, por
pedras de memória aos filhos de Israel;
e Arão levará esses nomes sobre os seus
ombros, para memória diante do Senhor.
13 Faça também engastes de ouro 14 e duas
correntes de ouro puro, trançadas como
um cordão; prenda as correntes trançadas
nos engastes.

O PEITORAL

Êx 39.8-21

15 — Faça também o peitoral do juízo.
Será obra esmerada, feita conforme a
obra da estola sacerdotal. Faça-o de ouro,
pano azul, púrpura, carmesim e linho fino
retorcido. 16 Será quadrado e duplo, e terá
um palmo de comprimento e um palmo de
largura. 17 Coloque nele engaste de pedras,
com quatro ordens de pedras: a ordem
de sárdio, topázio e carbúnculo será a
primeira ordem; 18 a segunda ordem será de
esmeralda, safira e diamante; 19 a terceira
ordem será de jacinto, ágata e ametista; 20 a
quarta ordem será de berilo, ônix e jaspe;
elas serão guarnecidas de ouro nos seus
engastes. 21 As pedras serão conforme os
nomes dos filhos de Israel, doze segundo
os seus nomes; serão esculpidas em forma
de sinete, cada uma com o seu nome, para
as doze tribos. 22 Para o peitoral, faça corren-
tes como cordas, de obra trançada de ouro
puro. 23 Faça também para o peitoral duas
argolas de ouro e prenda as duas argolas
nas extremidades do peitoral. 24 Então passe
as duas correntes de ouro nas duas argolas,
nas extremidades do peitoral. 25 Prenda
as duas pontas das correntes nos dois engas-
tes e coloque-as nas ombreiras da estola
sacerdotal, na frente dele. 26 Faça também
duas argolas de ouro e coloque-as nas duas
extremidades do peitoral, na sua borda
interior junto à estola sacerdotal. 27 Faça
também duas argolas de ouro e coloque-as
nas duas ombreiras da estola sacerdotal,
abaixo, na frente dele, perto da sua juntura,
sobre o cinto de obra esmerada da estola
sacerdotal. 28 E ligarão o peitoral com as suas
argolas às argolas da estola sacerdotal por
cima com uma fita azul, para que esteja
sobre o cinto da estola sacerdotal; e nunca
o peitoral se separará da estola sacerdotal.
29 Assim, Arão levará os nomes dos filhos
de Israel no peitoral do juízo sobre o seu
coração, quando entrar no santuário, para
memória diante do Senhor continuamente.
30 — Ponha também no peitoral do
juízo o Urim e o Tumim, para que estejam
sobre o coração de Arão, quando entrar
diante do Senhor; assim, Arão levará o
juízo dos filhos de Israel sobre o seu cora-
ção diante do Senhor continuamente.

AS OUTRAS VESTES SACERDOTAIS

Êx 39.22-31

31 — Faça também a sobrepeliz da estola
sacerdotal toda de pano azul. 32 No meio
dela haverá uma abertura para a cabeça. Essa
abertura será rematada, como a abertura de
uma gola, para que não se rasgue. 33 Em toda
a borda da sobrepeliz coloque romãs de
pano azul, púrpura e carmesim; e sininhos
de ouro no meio delas. 34 Haverá em toda a
borda da sobrepeliz um sininho de ouro e
uma romã, outro sininho de ouro e outra
romã. 35 Esta sobrepeliz estará sobre Arão
quando ministrar, para que se ouça o som
dos sininhos quando ele entrar no santuário
diante do Senhor e quando sair; e isso para
que não morra.
36 — Faça também uma lâmina de ouro
puro e grave nela à maneira de gravuras de
sinetes as seguintes palavras: "Santidade
ao Senhor". 37 Amarre essa lâmina com um
cordão de pano azul, de maneira que esteja
na mitra; bem na frente da mitra estará.
38 E estará sobre a testa de Arão, para que
Arão leve a iniquidade concernente às coisas
santas que os filhos de Israel consagrarem
em todas as ofertas de suas coisas santas.
Essa lâmina sempre estará sobre a testa
de Arão, para que eles sejam aceitos diante
do Senhor.
39 — Você tecerá a túnica de linho fino
e fará uma mitra de linho fino e um cinto de
obra de bordador.
40 — Para os filhos de Arão você fará túni-
cas, cintos e turbantes, para que lhes deem
glória e beleza. 41 Com essas roupas vista o

seu irmão Arão, bem como os filhos dele;
unja, consagre e santifique-os, para que me
sirvam como sacerdotes. 42 Faça também
calções de linho para eles, para cobrirem a
pele nua; irão da cintura às coxas. 43 Esses
calções estarão sobre Arão e sobre seus
filhos, quando entrarem na tenda do encon-
tro ou quando se aproximarem do altar
para ministrar no santuário, para que não
incorram em iniquidade e morram. Isto
será estatuto perpétuo para ele e para sua
posteridade depois dele.

A CONSAGRAÇÃO DOS SACERDOTES

Lv 8.1-36

29 1 — Isto é o que você lhes fará, para
os consagrar, a fim de que me sirvam
como sacerdotes: separe um novilho e
dois carneiros sem defeito; 2 da melhor
farinha faça pães e bolos sem fermento
amassados com azeite e pãezinhos bem
finos untados com azeite. 3 Ponha tudo
isso num cesto e ofereça no cesto. Traga
também o novilho e os dois carneiros.
4 Então você fará com que Arão e seus filhos
se aproximem à porta da tenda do encontro
e mandará que se lavem com água. 5 Depois
você pegará as vestes, vestirá Arão com a
túnica, a sobrepeliz, a estola sacerdotal e
o peitoral, e o cingirá com o cinto de obra
esmerada da estola sacerdotal. 6 Você porá
a mitra na cabeça dele e sobre a mitra, a coroa
sagrada. 7 Então você pegará o óleo da unção
e o derramará sobre a cabeça dele; assim
você o ungirá. 8 Depois você fará com que
os filhos de Arão se aproximem e os vestirá
com túnicas; 9 também os cingirá com o cinto,
Arão e seus filhos, e lhes atará os turbantes,
para que tenham o sacerdócio por estatuto
perpétuo. Assim você consagrará Arão e os
seus filhos.

10 — Você fará chegar o novilho diante
da tenda do encontro, e Arão e seus filhos
porão as mãos sobre a cabeça dele. 11 Mate
o novilho diante do SENHOR, à porta da tenda
do encontro. 12 Depois, pegue o sangue do
novilho e, com o dedo, ponha-o sobre os
chifres do altar; o restante do sangue você
derramará na base do altar. 13 Pegue também
toda a gordura que cobre as entranhas, a
membrana do fígado, os dois rins e a gordura
que está neles e queime-os sobre o altar;
14 mas a carne do novilho, a pele e os excre-
mentos você queimará fora do arraial; é
sacrifício pelo pecado.

15 — Depois você pegará um dos carneiros,
e Arão e seus filhos porão as mãos sobre
a cabeça dele. 16 Mate o carneiro, pegue o
sangue e jogue-o sobre o altar, ao redor.
17 Corte o carneiro em pedaços e, lavadas
as entranhas e as pernas, coloque-as sobre
os pedaços e sobre a cabeça. 18 Assim, você
queimará todo o carneiro sobre o altar; é
holocausto para o SENHOR, de aroma agra-
dável, oferta queimada ao SENHOR.

19 — Depois pegue o outro carneiro, e
Arão e seus filhos porão as mãos sobre a
cabeça dele. 20 Mate o carneiro, pegue um
pouco do sangue e coloque-o na ponta da
orelha direita de Arão e na ponta da orelha
direita de seus filhos, bem como sobre
o polegar da mão direita deles e sobre o
polegar do pé direito deles; o restante do
sangue você jogará sobre o altar, ao redor.
21 Então pegue um pouco do sangue sobre
o altar e um pouco do óleo da unção e faça
aspersão sobre Arão e suas vestes e sobre
seus filhos e as vestes de seus filhos com
ele, para que ele seja santificado, e as suas
vestes, e também seus filhos e as vestes de
seus filhos com ele.

22 — Depois retire do carneiro a gordura,
a cauda gorda, a gordura que cobre as
entranhas, a membrana do fígado, os dois
rins, a gordura que está neles e a coxa
direita — porque é o carneiro da consagra-
ção — 23 e pegue também um pão, um bolo
de pão azeitado e um pãozinho de massa
bem fina do cesto dos pães sem fermento
que estão diante do SENHOR. 24 Ponha todas
estas coisas nas mãos de Arão e dos filhos
dele e, movendo-as para a frente e para
trás, ofereça-as como ofertas movidas
diante do SENHOR. 25 Depois pegue todas as
coisas das mãos deles e queime-as sobre o
altar; é holocausto para o SENHOR, de aroma
agradável, oferta queimada ao SENHOR.

26 — Pegue o peito do carneiro da consa-
gração de Arão e, movendo-o para a frente
e para trás, ofereça-o como oferta movida
diante do SENHOR; e esta será a porção que
fica para você. 27 Consagre o peito da oferta
movida e a coxa da porção que foi movida,

a qual se tirou do carneiro da consagração, que é de Arão e de seus filhos. 28 Isto será a obrigação perpétua dos filhos de Israel, devida a Arão e seus filhos, por ser a porção do sacerdote, oferecida, da parte dos filhos de Israel, dos sacrifícios pacíficos; é a oferta que eles fazem ao SENHOR.

29 — As vestes santas de Arão passarão a seus filhos depois dele, para serem ungidos nelas e consagrados nelas. 30 Sete dias as vestirá o filho que for sacerdote em seu lugar, quando entrar na tenda do encontro para ministrar no santuário.

31 — Pegue o carneiro da consagração e cozinhe a sua carne no lugar santo. 32 E Arão e seus filhos comerão a carne deste carneiro e o pão que está no cesto à porta da tenda do encontro 33 e comerão das coisas com que for feita a expiação, para consagrá-los e para santificá-los; o estranho não comerá delas, porque são santas. 34 Se sobrar alguma coisa da carne das consagrações ou do pão, até pela manhã, queime isso que sobrou; não se comerá, porque é santo.

35 — Assim, pois, você fará com Arão e seus filhos, conforme tudo o que ordenei a você; durante sete dias você os consagrará. 36 Também cada dia prepare um novilho como oferta pelo pecado para as expiações; e você purificará o altar, fazendo expiação por ele mediante oferta pelo pecado; e você o ungirá para consagrá-lo. 37 Durante sete dias você fará expiação pelo altar e o consagrará; e o altar será santíssimo; tudo o que o tocar será santo.

AS OFERTAS CONTÍNUAS

Nm 28.1-8

38 — Isto é o que você oferecerá sobre o altar: dois cordeiros de um ano, cada dia, continuamente. 39 Ofereça um cordeiro de manhã e o outro, ao crepúsculo da tarde. 40 Com um cordeiro ofereça dois litros da melhor farinha, amassada com um litro de azeite batido; e, para libação, um litro de vinho. 41 O outro cordeiro você oferecerá ao pôr do sol, como a oferta de cereais e a libação da manhã, de aroma agradável, oferta queimada ao SENHOR.

42 — Este será o holocausto contínuo oferecido de geração em geração, à porta da tenda do encontro, diante do SENHOR, onde me encontrarei com vocês, para falar com você ali. 43 Ali virei aos filhos de Israel, para que, por minha glória, sejam santificados, 44 e consagrarei a tenda do encontro e o altar. Também santificarei Arão e os seus filhos, para que me sirvam como sacerdotes. 45 E habitarei no meio dos filhos de Israel e serei o seu Deus. 46 E saberão que eu sou o SENHOR, seu Deus, que os tirou da terra do Egito, para habitar no meio deles; eu sou o SENHOR, o Deus deles.

O ALTAR DO INCENSO

Êx 37.25-28

30 1 — Faça também um altar para queimar incenso; faça-o de madeira de acácia. 2 Será quadrado, tendo quarenta e cinco centímetros de comprimento e quarenta e cinco de largura; a altura será de noventa centímetros. Os chifres formarão uma só peça com ele. 3 Revista-o de ouro puro, a parte superior, as paredes ao redor e os chifres; ponha também um remate de ouro ao redor. 4 Faça também duas argolas de ouro e coloque-as debaixo do remate; coloque-as de ambos os lados. Por essas argolas serão passados os cabos, quando o altar for transportado. 5 Faça esses cabos de madeira de acácia, revestindo-os de ouro. 6 Ponha o altar em frente do véu que está diante da arca do testemunho, diante do propiciatório que está sobre o testemunho, onde me encontrarei com você. 7 Arão queimará o incenso aromático sobre o altar; cada manhã, quando preparar as lâmpadas, o queimará. 8 Quando, ao crepúsculo da tarde, acender as lâmpadas, o queimará; será incenso contínuo diante do SENHOR, de geração em geração. 9 Não ofereçam incenso estranho sobre esse altar, nem holocausto, nem ofertas de cereais. Também não ofereçam libações sobre ele.

10 — Uma vez por ano, Arão fará expiação sobre os chifres do altar com o sangue da oferta pelo pecado; uma vez por ano, fará expiação sobre ele, de geração em geração; é altar santíssimo ao SENHOR.

O PAGAMENTO DO RESGATE

11 O SENHOR disse mais a Moisés:

12 — Quando você fizer recenseamento dos filhos de Israel, cada um deles dará ao

SENHOR o resgate de si próprio, quando você fizer a contagem; para que não haja entre eles praga nenhuma, quando você fizer a contagem. 13 Todo aquele que for incluído na lista dará isto: seis gramas, segundo o peso padrão do santuário, que é de doze gramas. Esses seis gramas são a oferta ao SENHOR. 14 Todo aquele que for incluído na lista, de vinte anos para cima, dará a oferta ao SENHOR. 15 O rico não dará mais de seis gramas, nem o pobre dará menos, quando derem a oferta ao SENHOR, para fazerem expiação pela vida de vocês. 16 Você receberá o dinheiro das expiações dos filhos de Israel e o usará para o serviço da tenda do encontro; e será para memória aos filhos de Israel diante do SENHOR, para fazerem expiação pela vida de vocês.

A BACIA DE BRONZE

Êx 38.8

17 O SENHOR disse mais a Moisés:

18 — Faça também uma bacia de bronze com o seu suporte de bronze, para lavar. Coloque-a entre a tenda do encontro e o altar e ponha água dentro dela. 19 Nela, Arão e seus filhos lavarão as mãos e os pés. 20 Quando entrarem na tenda do encontro, eles se lavarão com água, para que não morram. Também quando se aproximarem do altar para ministrar, para acender a oferta queimada ao SENHOR, 21 lavarão as mãos e os pés, para que não morram. E isto lhes será por estatuto perpétuo, a ele e à sua posteridade, através de suas gerações.

O ÓLEO SAGRADO PARA A UNÇÃO

Êx 37.29

22 O SENHOR disse mais a Moisés:

23 — Pegue as mais excelentes especiarias: seis quilos de mirra líquida; a metade, a saber, três quilos de cinamomo aromático; três quilos de cálamo aromático; 24 seis quilos de cássia, segundo o peso padrão do santuário; e três litros e meio de azeite de oliveira. 25 Disto você fará o óleo sagrado para a unção, o perfume composto segundo a arte do perfumista; este será o óleo sagrado da unção. 26 Com ele você ungirá a tenda do encontro, a arca do testemunho, 27 a mesa com todos os seus utensílios, o candelabro com os seus utensílios, o altar do incenso, 28 o altar do holocausto com todos os utensílios e a bacia com o seu suporte. 29 Assim você consagrará estas coisas, para que sejam santíssimas; tudo o que tocar nelas será santo. 30 Você ungirá também Arão e os seus filhos e os consagrará para que me sirvam como sacerdotes. 31 Diga aos filhos de Israel: "Este me será o óleo sagrado da unção de geração em geração. 32 Não se ungirá com ele o corpo de quem não for sacerdote. Não façam outro óleo semelhante, da mesma composição; é óleo santo e será santo para vocês. 33 Quem preparar óleo igual a este ou com ele ungir um estranho será eliminado do meio do seu povo."

O INCENSO SANTO

34 O SENHOR disse a Moisés:

— Pegue a mesma quantidade de substâncias aromáticas, estoraque, ônica, gálbano e incenso puro, 35 e com isto faça incenso, perfume segundo a arte do perfumista, temperado com sal, puro e santo. 36 Moa uma parte desse incenso e coloque-o diante da arca do testemunho na tenda do encontro, onde me encontrarei com você. Esse incenso será coisa santíssima para vocês. 37 Porém o incenso que vocês farão, segundo a composição deste, não o façam para seu uso pessoal; santo será para o SENHOR. 38 Quem fizer incenso igual a este para o cheirar será eliminado do meio do seu povo.

OS ARTÍFICES DA OBRA DO TABERNÁCULO

Êx 35.30—36.1

31 1 O SENHOR disse mais a Moisés:

2 — Eis que chamei pelo nome Bezalel, filho de Uri, filho de Hur, da tribo de Judá, 3 e o enchi do Espírito de Deus, de habilidade, de inteligência e de conhecimento, em todo artifício, 4 para elaborar desenhos e trabalhar em ouro, prata e bronze, 5 para lapidação de pedras de engaste, para entalho de madeira, para todo tipo de trabalho artesanal. 6 Escolhi Aoliabe, filho de Aisamaque, da tribo de Dã, para trabalhar com ele. Também dei habilidade a todos os homens hábeis, para que me façam tudo o que tenho ordenado: 7 a tenda do encontro, a arca do testemunho,

Cada uma de nós carrega um potencial dado por Deus, que deve ser desenvolvido com perseverança.

o propiciatório que está por cima dela e
todos os pertences da tenda; 8 a mesa com
os seus utensílios, o candelabro de ouro
puro com todos os seus utensílios e o altar
do incenso; 9 o altar do holocausto com
todos os seus utensílios e a bacia com o
seu suporte; 10 as vestes finamente tecidas,
as vestes sagradas do sacerdote Arão e
as vestes de seus filhos, para servirem
como sacerdotes; 11 o óleo da unção e o
incenso aromático para o santuário; eles
farão tudo segundo tenho ordenado.

O SÁBADO SANTO E AS DUAS TÁBUAS DO TESTEMUNHO

12 Disse mais o SENHOR a Moisés:
13 — Fale aos filhos de Israel e diga-lhes
o seguinte: "Certamente vocês guardarão
os meus sábados, pois é sinal entre mim e
vocês de geração em geração, para que vocês
saibam que eu sou o SENHOR, que os santifica.
14 Portanto, guardem o sábado, porque é
santo para vocês. Aquele que o profanar
morrerá; quem nesse dia fizer alguma obra
será eliminado do meio do seu povo. 15 Seis
dias se trabalhará, porém o sétimo dia é o
sábado do repouso solene, santo ao SENHOR;
quem fizer alguma obra no dia do sábado
morrerá. 16 Os filhos de Israel guardarão
o sábado, celebrando-o por aliança perpétua
de geração em geração. 17 Entre mim e os
filhos de Israel é sinal para sempre; porque,
em seis dias, o SENHOR fez os céus e a terra e,
no sétimo dia, descansou e tomou alento."
18 Quando o SENHOR acabou de falar com
Moisés no monte Sinai, deu a ele as duas
tábuas do testemunho, tábuas de pedra,
escritas pelo dedo de Deus.

O BEZERRO DE OURO

Dt 9.6-21

32 1 O povo viu que Moisés demorava
para descer do monte. Então reuniu-
-se em volta de Arão e lhe disse:
— Levante-se, faça para nós deuses que
vão adiante de nós; pois, quanto a este
Moisés, o homem que nos tirou do Egito,
não sabemos o que lhe aconteceu.
2 Arão respondeu:
— Tirem as argolas de ouro das orelhas
de suas mulheres, de seus filhos e de suas
filhas e tragam para mim.
3 Então todo o povo tirou das orelhas as
argolas e as trouxe a Arão. 4 Este, recebendo-
-as das mãos deles, trabalhou o ouro com
buril e fez dele um bezerro de metal fundido.
Então disseram:
— São estes, ó Israel, os seus deuses, que
tiraram você da terra do Egito.
5 Arão, vendo isso, edificou um altar diante
do bezerro e fez a seguinte proclamação:
— Amanhã haverá festa ao SENHOR.
6 No dia seguinte, madrugaram, ofereceram
holocaustos e trouxeram ofertas pacíficas.
E o povo sentou-se para comer e beber e
levantou-se para se divertir.
7 Então o SENHOR disse a Moisés:
— Vá, desça; porque o seu povo, o povo
que você tirou do Egito, se corrompeu 8 e
depressa se desviou do caminho que eu
lhe havia ordenado; fez para si um bezerro
de metal fundido, o adorou e lhe ofereceu
sacrifícios, dizendo: "São estes, ó Israel,
os seus deuses, que tiraram você da terra
do Egito."
9 O SENHOR disse ainda a Moisés:
— Tenho visto este povo, e eis que é povo
teimoso. 10 Agora, pois, deixe-me, para que
se acenda contra eles o meu furor, e eu os
consuma; e de você farei uma grande nação.

MOISÉS INTERCEDE PELO POVO

Êx 32.30-34; Dt 9.25-29

11 Porém Moisés suplicou ao SENHOR, seu
Deus, dizendo:
— Ó SENHOR, por que se acende a tua ira
contra o teu povo, que tiraste da terra do
Egito com grande poder e forte mão? 12 Por
que deixar que os egípcios digam: "Ele os
tirou de lá com más intenções, para matá-los
nos montes e para eliminá-los da face da
terra"? Deixa de lado o furor da tua ira e
muda de ideia quanto a este mal contra o
teu povo. 13 Lembra-te de Abraão, de Isaque e
de Israel, teus servos, aos quais por ti mesmo
juraste, dizendo: "Multiplicarei a descendên-
cia de vocês como as estrelas do céu, e toda
esta terra de que tenho falado, eu a darei
à sua descendência, para que a possuam
por herança eternamente."
14 Então o SENHOR mudou de ideia quanto
ao mal que ele tinha dito que traria sobre
o povo.

15 Moisés voltou-se e desceu do monte
com as duas tábuas do testemunho nas
mãos, tábuas escritas de ambos os lados;
de um e de outro lado estavam escritas.
16 As tábuas eram obra de Deus; também
o que estava escrito tinha sido escrito pelo
próprio Deus, esculpido nas tábuas.

17 Quando Josué ouviu a voz do povo que
gritava, disse a Moisés:

— Há um alarido de guerra no arraial.

18 Moisés respondeu:

— O que ouço não é alarido de vence-
dores nem de vencidos, mas o alarido de
pessoas cantando.

19 Logo que se aproximou do arraial e
viu o bezerro e as danças, Moisés ficou
muito irado. Arremessou as tábuas de
pedra das suas mãos e quebrou-as ao pé
do monte. 20 E, pegando o bezerro que
tinham feito, queimou-o e o reduziu a
pó, que espalhou sobre a água, e deu de
beber aos filhos de Israel. 21 Depois, Moisés
perguntou a Arão:

— O que foi que esse povo fez a você,
para que você trouxesse sobre ele tão
grande pecado?

22 Arão respondeu:

— Não fique irado, meu senhor. Você sabe
que este povo é propenso para o mal. 23 Pois
me disseram: "Faça para nós deuses que vão
adiante de nós; pois, quanto a este Moisés,
o homem que nos tirou da terra do Egito, não
sabemos o que lhe aconteceu." 24 Então eu
lhes disse: "Quem tem ouro, tire-o." Eles o
deram para mim, eu o lancei no fogo, e saiu
este bezerro.

MOISÉS MANDA MATAR OS IDÓLATRAS

25 Quando Moisés viu que o povo estava
sem controle, pois Arão o tinha deixado
à solta para vergonha no meio dos seus
inimigos, 26 pôs-se em pé à entrada do
arraial e disse:

— Quem é do Senhor venha até mim.

Então se juntaram a ele todos os filhos de
Levi, 27 aos quais ele disse:

— Assim diz o Senhor, o Deus de Israel:
"Cada um ponha a espada na cintura.
Passem e tornem a passar pelo arraial de
porta em porta, e cada um mate o seu irmão,
o seu amigo e o seu vizinho."

28 E os filhos de Levi fizeram segundo a
palavra de Moisés e, naquele dia, morre-
ram uns três mil homens. 29 Pois Moisés
tinha dito: "Consagrem-se hoje ao Senhor,
cada um contra o seu filho e contra o seu
irmão, para que hoje Deus lhes conceda
uma bênção."

MOISÉS INTERCEDE PELO POVO

Êx 32.11-14; Dt 9.25-29

30 No dia seguinte, Moisés disse ao povo:

— Vocês cometeram um grande pecado.
Agora, porém, subirei ao Senhor; talvez
eu possa fazer propiciação pelo pecado
de vocês.

31 Moisés voltou ao Senhor e disse:

— Ah! O povo cometeu grande pecado,
fazendo para si deuses de ouro. 32 Agora,
pois, perdoa-lhe o pecado; ou, se não, peço-
-te que me risques do livro que escreveste.

33 Então o Senhor disse a Moisés:

— Riscarei do meu livro todo aquele
que pecar contra mim. 34 Vá, pois, agora, e
conduza o povo para o lugar do qual falei
a você. Eis que o meu Anjo irá adiante de
você. Porém, no dia da minha visitação, eu
os castigarei pelo pecado que cometeram.

35 Assim, o Senhor feriu o povo, porque fize-
ram o bezerro — aquele que Arão tinha feito.

O ANJO DE DEUS IRÁ ADIANTE DO POVO

33 1 O Senhor disse a Moisés:
— Suba deste lugar, você e o povo que
você tirou da terra do Egito, e vá para a terra
a respeito da qual jurei a Abraão, a Isaque
e a Jacó, dizendo: "Eu a darei à sua descen-
dência." 2 Enviarei o Anjo adiante de você
e expulsarei os cananeus, os amorreus, os
heteus, os ferezeus, os heveus e os jebuseus.
3 Vão para uma terra que mana leite e mel.
Eu não irei no meio de vocês, porque vocês
são um povo teimoso, para que eu não os
destrua no caminho.

4 Quando o povo ouviu estas más notícias,
pôs-se a prantear, e nenhum deles usou as
suas joias. 5 Porque o Senhor tinha dito a
Moisés: "Diga aos filhos de Israel: 'Vocês são
um povo teimoso. Se eu fosse com vocês,
ainda que por um momento, eu os destruiria.
Portanto, tirem as suas joias, para que eu
saiba o que hei de fazer com vocês.'"

[6] Então os filhos de Israel tiraram de si as
suas joias desde o monte Horebe em diante.

A TENDA DO ENCONTRO

[7] Ora, Moisés costumava pegar a tenda e
armá-la para si, fora, bem longe do arraial.
Ele a chamava de "tenda do encontro". Todo
aquele que buscava o SENHOR saía à tenda do
encontro, que estava fora do arraial. [8] Quando
Moisés saía para a tenda, fora, todo o povo
se erguia, cada um em pé à porta da sua
tenda, e seguiam-no com os olhos, até ele
entrar na tenda. [9] Quando Moisés entrava
na tenda, descia a coluna de nuvem e
punha-se à porta da tenda; e o SENHOR falava
com Moisés. [10] Todo o povo via a coluna
de nuvem que se detinha à porta da tenda;
todo o povo se levantava, e cada um, à porta
da sua tenda, adorava o SENHOR. [11] O SENHOR
falava com Moisés face a face, como quem
fala com o seu amigo. Depois Moisés voltava
para o arraial. Porém o moço Josué, seu auxi-
liar, filho de Num, não se afastava da tenda.

MOISÉS ROGA A DEUS A SUA PRESENÇA

[12] Moisés disse ao SENHOR:

— Eis que me dizes para conduzir este povo,
mas não me disseste quem enviarás comigo.
Disseste: "Eu conheço você pelo nome e você
alcançou favor diante de mim." [13] Agora, se
alcancei favor diante de ti, peço que me faças
saber neste momento o teu caminho, para
que eu te conheça e obtenha favor diante
de ti; e lembra-te que esta nação é teu povo.

[14] Deus respondeu:

— A minha presença irá com você, e eu lhe
darei descanso.

[15] Então Moisés disse:

— Se a tua presença não for comigo, não nos
faças sair deste lugar. [16] Pois como se poderá
saber que alcançamos favor diante de ti, eu e
o teu povo? Será que não é o fato de andares
conosco, de maneira que somos separados,
eu e o teu povo, de todos os povos da terra?

MOISÉS ROGA A DEUS QUE LHE MOSTRE A SUA GLÓRIA

[17] O SENHOR disse a Moisés:

— Farei também isto que você falou,
porque você alcançou favor diante de mim,
e eu o conheço pelo nome.

[18] Então Moisés disse:

— Peço que me mostres a tua glória.

[19] O SENHOR respondeu:

— Farei passar toda a minha bondade
diante de você e lhe proclamarei o nome
do SENHOR; terei misericórdia de quem eu
tiver misericórdia e me compadecerei de
quem eu me compadecer.

[20] E acrescentou:

— Você não poderá ver a minha face,
porque ninguém verá a minha face e viverá.

[21] Disse mais o SENHOR:

— Eis aqui um lugar perto de mim, onde
você ficará sobre a rocha. [22] Quando a minha
glória passar, eu porei você numa fenda da
rocha e o cobrirei com a mão, até que eu
tenha passado. [23] Depois, quando eu tirar
a mão, você me verá pelas costas; mas a
minha face ninguém verá.

AS SEGUNDAS TÁBUAS DA LEI

Dt 10.1-5

34 [1] Então o SENHOR disse a Moisés:
— Corte duas tábuas de pedra,
como as primeiras, e eu escreverei nelas as
mesmas palavras que estavam nas primeiras
tábuas, que você quebrou. [2] E prepare-se
para amanhã, para que você suba, pela
manhã, o monte Sinai e se apresente ali
diante de mim no alto do monte. [3] Ninguém
deverá subir com você, ninguém deverá
aparecer em todo o monte; nem ainda
ovelhas nem gado devem ser apascentados
diante dele.

[4] Então Moisés cortou duas tábuas de
pedra, como as primeiras. E, levantando-se
de madrugada, subiu o monte Sinai, como
o SENHOR lhe havia ordenado, levando nas
mãos as duas tábuas de pedra.

[5] O SENHOR desceu na nuvem, esteve ali
junto de Moisés e proclamou o nome do
SENHOR. [6] O SENHOR passou diante de Moisés
e proclamou:

— O SENHOR! O SENHOR Deus compassivo
e bondoso, tardio em irar-se e grande em
misericórdia e fidelidade; [7] que guarda a
misericórdia em mil gerações, que perdoa
a maldade, a transgressão e o pecado,
ainda que não inocente o culpado, e visita
a iniquidade dos pais nos filhos e nos filhos
dos filhos, até a terceira e quarta geração!

8 E imediatamente Moisés curvou-se para a terra, adorou o SENHOR 9 e disse:

— Senhor, se agora alcancei favor diante de ti, continua no meio de nós; porque este povo é teimoso. Perdoa a nossa iniquidade e o nosso pecado e toma-nos por tua herança.

A RENOVAÇÃO DA ALIANÇA

Dt 7.1-5

10 Então o SENHOR disse:

— Eis que eu faço uma aliança. Diante de todo o seu povo farei maravilhas que nunca foram feitas em toda a terra, nem entre nação alguma, de maneira que todo este povo, em cujo meio você está, veja a obra do SENHOR; porque coisa terrível é o que faço com você.

11 — Observe o que hoje eu ordeno a vocês: eis que expulsarei da frente de vocês os amorreus, os cananeus, os heteus, os ferezeus, os heveus e os jebuseus. 12 Abstenham-se de fazer aliança com os moradores da terra para onde vocês vão, para que isso não seja uma armadilha no meio de vocês. 13 Pelo contrário, derrubem os altares deles, quebrem as suas colunas e cortem os postes da deusa Aserá. 14 Porque vocês não devem adorar outro deus; pois o nome do SENHOR é Zeloso; sim, ele é Deus zeloso. 15 Não façam aliança com os moradores da terra, para não acontecer que, em se prostituindo eles com os deuses e lhes sacrificando, alguém os convide, e vocês comam dos seus sacrifícios. 16 Também para que não aconteça que vocês escolham para os seus filhos mulheres do meio das filhas deles, e estas, ao se prostituírem com os deuses que adoram, façam com que também os seus filhos se prostituam com esses deuses.

17 — Não façam deuses de metal para vocês.

AS TRÊS FESTAS

Êx 23.14-19; Lv 23.4-21,33-44; Dt 16.1-17

18 — Celebrem a Festa dos Pães sem Fermento. Durante sete dias vocês comerão pães sem fermento, como ordenei a vocês. Façam isso no tempo indicado no mês de abibe, porque nesse mês vocês saíram do Egito. 19 Todo o primeiro filho que nascer é meu. Também de todo o seu gado, o primeiro filhote macho de vacas e ovelhas é meu. 20 Mas o jumento que for a primeira cria, esse vocês podem resgatar com um cordeiro; se vocês não o resgatarem, ele deverá ser desnucado. Vocês devem resgatar todos os primogênitos de seus filhos. Ninguém aparecerá diante de mim de mãos vazias.

21 — Seis dias vocês trabalharão, mas no sétimo dia vocês descansarão. Mesmo no tempo de arar e de colher vocês deverão descansar.

22 — Celebrem também a Festa das Semanas, que é a festa das primícias da colheita do trigo, e a Festa da Colheita no fim do ano.

23 — Três vezes por ano, todo homem deve aparecer diante do soberano SENHOR, o Deus de Israel. 24 Porque expulsarei as nações de diante de vocês e aumentarei o seu território; ninguém cobiçará a sua terra quando vocês comparecerem na presença do SENHOR, seu Deus, três vezes por ano.

25 — Não ofereçam o sangue do meu sacrifício com pão levedado. O sacrifício da Festa da Páscoa não deve ficar da noite para a manhã do dia seguinte. 26 Tragam as primícias dos primeiros frutos da terra à casa do SENHOR, seu Deus. Não cozinhem o cabrito no leite da sua própria mãe.

27 O SENHOR disse ainda a Moisés:

— Escreva estas palavras, porque, segundo o teor destas palavras, fiz aliança com você e com Israel.

28 E Moisés esteve ali com o SENHOR quarenta dias e quarenta noites. Não comeu pão nem bebeu água. E escreveu nas tábuas as palavras da aliança, as dez palavras.

O ROSTO DE MOISÉS RESPLANDECE

29 Quando Moisés desceu do monte Sinai, tendo nas mãos as duas tábuas do testemunho, sim, quando desceu do monte, Moisés não sabia que a pele do seu rosto resplandecia, depois de Deus ter falado com ele. 30 Quando Arão e todos os filhos de Israel olharam para Moisés, eis que a pele do seu rosto resplandecia; e ficaram com medo de chegar perto dele. 31 Então Moisés os chamou. Arão e todos os chefes da congregação foram até ele, e Moisés lhes falou. 32 Depois, vieram também todos os filhos

de Israel, aos quais Moisés ordenou tudo o que o SENHOR lhe havia falado no monte Sinai. 33 Quando Moisés acabou de falar com eles, pôs um véu sobre o rosto. 34 Porém, quando Moisés vinha diante do SENHOR para falar-lhe, removia o véu até sair; e, saindo, dizia aos filhos de Israel tudo o que lhe tinha sido ordenado. 35 Assim, os filhos de Israel viam o rosto de Moisés, viam que a pele do seu rosto resplandecia; porém Moisés cobria de novo o rosto com o véu até entrar para falar com o SENHOR.

O SÁBADO

35 1 Moisés convocou toda a congregação dos filhos de Israel e lhes disse:

— São estas as palavras que o SENHOR ordenou que se cumprissem: 2 Seis dias vocês trabalharão, mas o sétimo dia lhes será santo, o sábado do repouso solene ao SENHOR; quem nele trabalhar morrerá. 3 Não acendam fogo em nenhuma das suas moradas no dia do sábado.

DEUS MANDA TRAZER OFERTAS PARA O TABERNÁCULO

Êx 25.1-9

4 Moisés disse a toda a congregação dos filhos de Israel:

— Esta é a palavra que o SENHOR ordenou, dizendo: 5 Separem do que vocês têm uma oferta ao SENHOR. Cada um, de coração disposto, voluntariamente a trará por oferta ao SENHOR: ouro, prata, bronze, 6 pano azul, púrpura, carmesim, linho fino, pelos de cabra, 7 peles de carneiro tingidas de vermelho, peles finas, madeira de acácia, 8 azeite para a iluminação, especiarias para o óleo da unção e para o incenso aromático, 9 pedras de ônix e pedras de engaste para a estola sacerdotal e para o peitoral.

OS UTENSÍLIOS DO TABERNÁCULO

Êx 39.32-43

10 — Venham todos os homens hábeis entre vocês e façam tudo o que o SENHOR ordenou: 11 o tabernáculo com a sua tenda e a sua cobertura, os seus ganchos, as suas tábuas, as suas vigas superiores, as suas colunas e as suas bases; 12 a arca e os seus cabos, o propiciatório e o véu do cortinado; 13 a mesa e os seus cabos, todos os seus utensílios e os pães da proposição; 14 o candelabro da iluminação, os seus utensílios, as suas lâmpadas e o azeite para a iluminação; 15 o altar do incenso e os seus cabos, o óleo da unção, o incenso aromático e o cortinado da porta à entrada do tabernáculo; 16 o altar do holocausto e a sua grelha de bronze, os seus cabos e todos os seus utensílios, a bacia e o seu suporte; 17 as cortinas do átrio, as suas colunas, as suas bases e o cortinado da porta do átrio; 18 as estacas do tabernáculo, as estacas do átrio e as suas cordas; 19 as vestes do ministério para ministrar no santuário, as vestes santas do sacerdote Arão e as vestes de seus filhos, para oficiarem como sacerdotes.

A PRONTIDÃO DO POVO EM TRAZER OFERTAS

20 Então toda a congregação dos filhos de Israel saiu da presença de Moisés. 21 Todo aquele cujo coração o moveu e cujo espírito o impeliu veio e trouxe a oferta ao SENHOR para a obra da tenda do encontro, para todo o seu serviço e para as vestes sagradas. 22 Vieram homens e mulheres, todos dispostos de coração. Trouxeram fivelas, pendentes, anéis, braceletes, todos os objetos de ouro; todo homem fazia oferta de ouro ao SENHOR. 23 E todos os que tinham pano azul, púrpura, carmesim, linho fino, pelos de cabra, peles de carneiro tingidas de vermelho e peles de animais marinhos trouxeram isso também. 24 Todo aquele que fazia oferta de prata ou de bronze trazia isso como oferta ao SENHOR; e todo aquele que possuía madeira de acácia para toda obra do serviço a trazia também. 25 Todas as mulheres hábeis traziam o que, por suas próprias mãos, tinham fiado: pano azul, púrpura, carmesim e linho fino. 26 E todas as mulheres cujo coração as moveu em habilidade fiavam os pelos de cabra. 27 Os chefes traziam pedras de ônix, pedras de engaste para a estola sacerdotal e para o peitoral, 28 as especiarias e o azeite para a iluminação, para o óleo da unção e para o incenso aromático. 29 Os filhos de Israel trouxeram oferta voluntária ao SENHOR, a saber, todo homem e mulher cujo coração os dispôs para trazerem uma oferta para toda a obra que o SENHOR havia ordenado que se fizesse por meio de Moisés.

DEUS CHAMA BEZALEL E AOLIABE
Êx 31.1-11

30 Moisés disse aos filhos de Israel:
— Eis que o Senhor chamou por nome
Bezalel, filho de Uri, filho de Hur, da tribo
de Judá, 31 e o Espírito de Deus o encheu de
habilidade, inteligência e conhecimento em
todo artifício, 32 para elaborar desenhos e
trabalhar em ouro, em prata, em bronze,
33 para lapidação de pedras de engaste,
para entalho de madeira e para todo tipo
de trabalho artesanal. 34 Também lhe dispôs
o coração para ensinar os outros, tanto a
ele como a Aoliabe, filho de Aisamaque,
da tribo de Dã. 35 Encheu-os de habilidade
para fazer toda obra de mestre, até a mais
engenhosa, e a do bordador em pano azul,
em púrpura, em carmesim e em linho fino,
e a do tecelão, sim, todo tipo de trabalho e
a elaborar desenhos.

36 1 Assim, trabalharam Bezalel,
Aoliabe e todos os homens hábeis
a quem o Senhor tinha dado habilidade e
inteligência para saberem fazer toda obra
para o serviço do santuário, segundo tudo
o que o Senhor havia ordenado.

MOISÉS ENTREGA AS OFERTAS DO POVO

2 Moisés chamou Bezalel, Aoliabe e
todos os homens hábeis em cujo coração o
Senhor tinha posto sabedoria, isto é, todos os
homens cujo coração os impeliu a vir e fazer
a obra. 3 Estes receberam de Moisés todas as
ofertas que os filhos de Israel haviam trazido
para a obra do serviço do santuário, para
fazê-la; e, ainda, cada manhã o povo trazia
a Moisés ofertas voluntárias. 4 Então todos
os homens sábios que se ocupavam em toda
a obra do santuário deixaram o que faziam,
vieram 5 e disseram a Moisés:
— O povo traz muito mais do que é neces-
sário para o serviço da obra que o Senhor
ordenou que se fizesse.
6 Então Moisés ordenou e a ordem foi
proclamada no arraial:
— Nenhum homem ou mulher faça mais
obra alguma para a oferta do santuário.
Assim, o povo foi proibido de trazer
mais. 7 Porque o material que tinham era
suficiente para toda a obra que se devia
fazer e ainda sobrava.

AS CORTINAS DO TABERNÁCULO
Êx 26.1-13

8 Assim, todos os homens hábeis, entre os
que faziam a obra, fizeram o tabernáculo
com dez cortinas de linho fino retorcido,
pano azul, púrpura e carmesim com
querubins; de obra de artista as fizeram.
9 O comprimento de cada cortina era de
doze metros e meio, e a largura era de um
metro e oitenta; todas as cortinas tinham
a mesma medida.
10 Cinco cortinas eram ligadas umas às
outras; e as outras cinco também eram
ligadas umas às outras. 11 Fizeram laçadas
de pano azul na borda da cortina que estava
na extremidade do primeiro agrupamento; e
fizeram o mesmo com a borda da cortina que
estava na extremidade do segundo agrupa-
mento. 12 Fizeram cinquenta laçadas numa
cortina, e cinquenta laçadas na outra cortina
na extremidade do segundo agrupamento;
as laçadas eram contrapostas uma à outra.
13 Fizeram cinquenta colchetes de ouro, com
os quais prenderam as cortinas uma à outra;
e o tabernáculo passou a ser um todo.
14 Fizeram também de pelos de cabra
cortinas para servirem de tenda sobre
o tabernáculo; fizeram onze cortinas.
15 O comprimento de cada cortina era de
treze metros e trinta, e a largura era de um
metro e oitenta; as onze cortinas tinham a
mesma medida. 16 Juntaram cinco cortinas
entre si e, de igual modo, as seis restantes.
17 Fizeram cinquenta laçadas na borda
da cortina que estava na extremidade do
primeiro agrupamento e cinquenta laçadas
na borda da cortina que estava na extremi-
dade do segundo agrupamento. 18 Fizeram
também cinquenta colchetes de bronze para
ajuntar a tenda, para que viesse a ser um
todo. 19 Fizeram também de peles de carneiro
tingidas de vermelho uma cobertura para
a tenda e outra cobertura de peles finas.

A COBERTURA DE PELES E AS TÁBUAS
Êx 26.14-30

20 Fizeram também de madeira de acácia
as tábuas para o tabernáculo, as quais

eram colocadas verticalmente. 21 Cada
uma das tábuas tinha quatro metros e
meio de comprimento e sessenta e sete
centímetros de largura. 22 Cada tábua tinha
dois encaixes, para que se pudesse unir
uma tábua à outra; assim fizeram com todas
as tábuas do tabernáculo. 23 No preparar as
tábuas para o tabernáculo, colocaram vinte
delas para o lado sul. 24 Fizeram também
quarenta bases de prata debaixo das vinte
tábuas: duas bases debaixo de uma tábua
para os seus dois encaixes e duas bases
debaixo de outra tábua para os seus dois
encaixes. 25 Também fizeram vinte tábuas
ao outro lado do tabernáculo, para o lado
norte, 26 com as suas quarenta bases de
prata: duas bases debaixo de uma tábua e
duas bases debaixo de outra tábua. 27 Para o
lado posterior do tabernáculo, o lado oeste,
fizeram seis tábuas. 28 Fizeram também duas
tábuas para os cantos do tabernáculo, na
parte posterior, 29 as quais, por baixo, esta-
vam separadas, mas, em cima, se ajustavam
à primeira argola; assim se fez com as duas
tábuas nos dois cantos. 30 Assim eram as oito
tábuas com as suas bases de prata, dezesseis
bases: duas bases debaixo de uma tábua e
duas debaixo de outra tábua.

31 Fizeram também travessas de madeira
de acácia; cinco para as tábuas de um lado
do tabernáculo, 32 cinco para as tábuas do
outro lado do tabernáculo e cinco para as
tábuas do tabernáculo ao lado posterior,
que olha para o oeste. 33 A travessa do
meio passava ao meio das tábuas, de uma
extremidade à outra. 34 Revestiram de ouro
as tábuas e de ouro fizeram as suas argolas,
pelas quais passavam as travessas, que
também foram revestidas de ouro.

O VÉU, O CORTINADO E AS COLUNAS

Êx 26.31-37

35 Fizeram também um véu de pano azul,
púrpura, carmesim e linho fino retorcido;
fizeram-no com querubins, obra de artista.
36 Penduraram esse véu em quatro colunas
de madeira de acácia, revestidas de ouro; os
seus colchetes eram de ouro, sobre quatro
bases de prata. 37 Fizeram também para a
porta da tenda um cortinado de pano azul,
púrpura, carmesim e linho fino retorcido,
obra de bordador, 38 e as suas cinco colu-
nas, e os seus colchetes. Revestiram de
ouro as suas cabeças e as suas molduras,
mas as suas cinco bases eram de bronze.

A ARCA DA ALIANÇA

Êx 25.10-15

37 1 Bezalel fez também a arca de
madeira de acácia, de um metro
e dez de comprimento, sessenta e seis
centímetros de largura e sessenta e seis
de altura. 2 Ele a revestiu de ouro puro, por
dentro e por fora, e pôs um remate de ouro
ao redor. 3 Fundiu para ela quatro argolas de
ouro e fixou-as nos quatro cantos da arca:
duas argolas num lado dela e duas argolas
no outro lado. 4 Fez também cabos grossos
de madeira de acácia e os revestiu de ouro.
5 Passou os cabos pelas argolas nos lados
da arca, para que ela pudesse ser carregada
por meio deles.

O PROPICIATÓRIO

Êx 25.17-22

6 Fez também o propiciatório de ouro
puro, de um metro e dez de comprimento
e sessenta e seis centímetros de largura.
7 Fez também dois querubins de ouro,
nas duas extremidades do propiciatório.
8 Um querubim, na extremidade de uma
parte, e o outro, na extremidade da outra
parte; de uma só peça com o propiciatório
fez os querubins nas duas extremidades
dele. 9 Os querubins estendiam as asas por
cima, cobrindo com elas o propiciatório.
Estavam de frente um para o outro, olhando
para o propiciatório.

A MESA DOS PÃES DA PROPOSIÇÃO

Êx 25.23-30

10 Fez também a mesa de madeira de
acácia. Tinha o comprimento de oitenta
e oito centímetros, a largura de quarenta e
quatro centímetros, e a altura de sessenta
e seis centímetros. 11 Revestiu-a de ouro
puro e pôs um remate de ouro ao redor.
12 Também lhe fez uma borda ao redor, da
largura de quatro dedos, e pôs um remate ao
redor da borda. 13 Também fez quatro argolas
de ouro e fixou-as nos quatro cantos que
estavam nos quatro pés da mesa. 14 Perto
da borda estavam as argolas, como lugares

para os cabos, para carregar a mesa. 15 Fez os
cabos de madeira de acácia e revestiu-os de
ouro, para que a mesa pudesse ser carregada
por meio deles. 16 Também fez de ouro puro
os utensílios que deveriam estar sobre a
mesa: os seus pratos, os seus recipientes
para incenso, as suas jarras e as suas taças
em que seriam oferecidas as libações.

O CANDELABRO

Êx 25.31-39

17 Fez também o candelabro de ouro puro;
de ouro batido o fez. O seu pedestal, a sua
haste, os seus cálices, as suas maçanetas
e as suas flores formavam com ele uma
só peça. 18 Seis hastes saíam dos lados do
candelabro; três de um lado e três do outro.
19 Numa haste havia três cálices com formato
de amêndoas, uma maçaneta e uma flor; na
outra haste havia três cálices com formato
de amêndoas, uma maçaneta e uma flor;
assim eram as seis hastes que saíam do
candelabro. 20 Mas no candelabro mesmo
havia quatro cálices com formato de amên-
doas, com suas maçanetas e com suas flores.
21 Havia uma maçaneta sob duas hastes que
saíam dele; e ainda uma maçaneta sob duas
outras hastes que saíam dele; e ainda mais
uma maçaneta sob duas outras hastes que
saíam dele; assim se fez com as seis hastes
que saíam do candelabro. 22 As maçanetas e
as hastes do candelabro formavam uma só
peça com o mesmo; tudo era de uma só peça,
obra batida de ouro puro. 23 Fez também as
sete lâmpadas do candelabro. As suas tesou-
ras de cortar pavios e os seus apagadores
eram de ouro puro. 24 Com trinta e quatro
quilos de ouro puro se fez o candelabro com
todos os seus utensílios.

O ALTAR DO INCENSO

Êx 30.1-10

25 Fez de madeira de acácia o altar do
incenso. Era quadrado, tendo quarenta
e cinco centímetros de comprimento e
quarenta e cinco de largura; a altura era de
noventa centímetros. Os chifres formavam
uma só peça com ele. 26 Revestiu-o de ouro
puro, a parte superior, as paredes ao redor
e os chifres; pôs também um remate de
ouro ao redor. 27 Fez também duas argolas
de ouro e colocou-as debaixo do remate,
de ambos os lados. Por essas argolas foram
passados os cabos, para que se pudesse
levar o altar. 28 Fez esses cabos de madeira
de acácia, revestindo-os de ouro.

O ÓLEO SAGRADO E O INCENSO SANTO

Êx 30.22-38

29 Fez também o óleo sagrado para a
unção e o incenso aromático, puro, segundo
a arte do perfumista.

O ALTAR DO HOLOCAUSTO

Êx 27.1-8

38 1 Fez também o altar do holo-
causto de madeira de acácia. Seu
comprimento era de dois metros e vinte e
a largura era de dois metros e vinte; o altar
era quadrado. A altura era de um metro e
trinta. 2 Nos quatro cantos colocou quatro
chifres, os quais formavam uma só peça com
o altar; e o revestiu de bronze. 3 Fez também
todos os utensílios do altar: recipientes para
recolher as suas cinzas, pás, bacias, garfos
e braseiros; todos esses utensílios foram
feitos de bronze. 4 Fez também para o altar
uma grelha de bronze em forma de rede, do
rebordo do altar para baixo, a qual chegava
até o meio do altar. 5 Fundiu quatro argolas
para os quatro cantos da grelha de bronze,
para que nelas fossem passados os cabos.
6 Fez também os cabos de madeira de acácia
revestidos de bronze. 7 Passou os cabos pelas
argolas, de um e de outro lado do altar, para
ser levado; oco e de tábuas o fez.

A BACIA DE BRONZE

Êx 30.17-21

8 Fez também a bacia de bronze, com o
seu suporte de bronze, dos espelhos das
mulheres que se reuniam para ministrar à
porta da tenda do encontro.

O ÁTRIO E O CORTINADO

Êx 27.9-19

9 Fez também o átrio ao lado meridional,
que dá para o sul. As cortinas do átrio
eram de linho fino retorcido, de quarenta e
quatro metros de comprimento. 10 As suas
vinte colunas e as suas bases eram de
bronze; os ganchos das colunas e as suas
vigas superiores eram de prata. 11 De igual

O Espírito Santo nos ensina que fazemos parte do Israel de Deus, o povo escolhido, e nos chama a seguir ao seu lado, permanecendo fiéis até o fim.

modo para o lado norte havia cortinas de
quarenta e quatro metros de comprimento;
as suas vinte colunas e as suas vinte bases
eram de bronze; os ganchos das colunas
e as suas vigas superiores eram de prata.
12 Para o lado oeste havia cortinas de vinte
e dois metros; as suas colunas eram dez,
e as suas bases eram dez; os ganchos das
colunas e as suas vigas superiores eram
de prata. 13 Do lado leste, para o nascente,
as cortinas tinham vinte e dois metros de
comprimento. 14 As cortinas para um lado
da entrada tinham seis metros e sessenta de
comprimento; e as suas colunas eram três,
e as suas bases, três. 15 Para o outro lado da
entrada do átrio, de um e de outro lado
da entrada, havia cortinas de seis metros e
sessenta de comprimento; as suas colunas
eram três, e as suas bases, três. 16 Todas as
cortinas ao redor do átrio eram de linho
fino retorcido. 17 As bases das colunas
eram de bronze; os ganchos das colunas
e as suas vigas superiores eram de prata.
18 O cortinado da porta do átrio era de obra
de bordador, de pano azul, púrpura, carme-
sim e linho fino retorcido; o comprimento
era de oito metros e oitenta, e a altura, na
largura, era de dois metros e vinte, segundo
a medida das cortinas do átrio. 19 As suas
quatro colunas e as suas quatro bases eram
de bronze, os seus ganchos eram de prata, e
o revestimento das suas cabeças e as suas
vigas superiores eram de prata. 20 Todos os
pregos do tabernáculo e do átrio ao redor
eram de bronze.

A ENUMERAÇÃO DAS COISAS DO TABERNÁCULO

21 Esta é a enumeração das coisas para
o tabernáculo, a saber, o tabernáculo do
testemunho, segundo, por ordem de Moisés,
foram contadas pelos levitas, sob a direção
de Itamar, filho do sacerdote Arão. 22 Bezalel,
filho de Uri, filho de Hur, da tribo de Judá,
fez tudo o que o SENHOR havia ordenado a
Moisés. 23 Com ele estava Aoliabe, filho
de Aisamaque, da tribo de Dã, mestre de
obras, desenhista e bordador em pano azul,
púrpura, carmesim e linho fino.
24 Todo o ouro empregado na obra, em toda
a obra do santuário, a saber, o ouro da oferta,
foram mil quilos, segundo o peso padrão
do santuário. 25 A prata dos arrolados da
congregação foram três mil quatrocentos e
vinte e um quilos, segundo o peso padrão
do santuário: 26 seis gramas por cabeça,
isto é, metade do peso padrão, segundo o
peso padrão do santuário, de cada um dos
arrolados, de vinte anos para cima, que
foram seiscentos e três mil quinhentos e
cinquenta. 27 Empregaram-se três mil e
quatrocentos quilos de prata para fundir
as bases do santuário e as bases do véu;
para as cem bases, três mil e quatrocentos
quilos: trinta e quatro quilos para cada
base. 28 Dos vinte e um quilos de prata que
restaram, fez os colchetes das colunas, e
cobriu as suas cabeças, e lhes fez as vigas
superiores. 29 O bronze da oferta foram
dois mil e quatrocentos quilos. 30 Dele fez
as bases da porta da tenda do encontro, o
altar de bronze, a sua grelha de bronze, todos
os utensílios do altar, 31 as bases do átrio ao
redor, as bases da porta do átrio, todas as
estacas do tabernáculo e todas as estacas
do átrio ao redor.

AS VESTES SACERDOTAIS
Êx 28.2

39 1 Fizeram também de pano azul,
púrpura e carmesim as vestes, fina-
mente tecidas, para ministrar no santuário,
e também fizeram as vestes sagradas
para Arão, como o SENHOR havia ordenado
a Moisés.

A ESTOLA SACERDOTAL
Êx 28.6-14

2 Fizeram a estola sacerdotal de ouro, pano
azul, púrpura, carmesim e linho fino retor-
cido. 3 De ouro batido fizeram lâminas finas
e as cortaram em fios, para serem tecidos
com o pano azul, a púrpura, o carmesim e
o linho fino da obra de desenhista. 4 Tinha
duas ombreiras que se uniam às suas duas
extremidades, e assim se uniam. 5 O cinto
de obra esmerada, que estava sobre a estola
sacerdotal, era de obra igual, da mesma obra
de ouro, pano azul, púrpura, carmesim e
linho fino retorcido, segundo o SENHOR havia
ordenado a Moisés.
6 Também se prepararam as pedras de
ônix, engastadas em ouro, trabalhadas como
quando se faz um sinete, com os nomes dos

filhos de Israel. 7 E puseram as duas pedras nas ombreiras da estola sacerdotal, por pedras de memória aos filhos de Israel, segundo o Senhor havia ordenado a Moisés.

O PEITORAL

Êx 28.15-30

8 Fizeram também o peitoral de obra esmerada, conforme a obra da estola sacerdotal: de ouro, pano azul, púrpura, carmesim e linho fino retorcido. 9 O peitoral era quadrado e duplo: de um palmo era o seu comprimento e de um palmo dobrado era a sua largura. 10 Colocaram nele engastes de pedras, com quatro ordens de pedras: a ordem de sárdio, topázio e carbúnculo era a primeira; 11 a segunda ordem era de esmeralda, safira e diamante; 12 a terceira ordem era de jacinto, ágata e ametista; 13 e a quarta ordem era de berilo, ônix e jaspe; elas eram guarnecidas de ouro nos seus engastes. 14 As pedras eram conforme os nomes dos filhos de Israel, doze segundo os seus nomes; eram esculpidas em forma de sinete, cada uma com o seu nome, para as doze tribos.

15 E fizeram para o peitoral correntes como cordas, de obra trançada de ouro puro. 16 Também fizeram para o peitoral dois engastes de ouro e duas argolas de ouro; e prenderam as duas argolas nas extremidades do peitoral. 17 E passaram as duas correntes trançadas de ouro nas duas argolas, nas extremidades do peitoral. 18 Fixaram as outras duas pontas das duas correntes trançadas nos dois engastes e as puseram nas ombreiras da estola sacerdotal, na frente dele. 19 Fizeram também duas argolas de ouro e as puseram nas duas extremidades do peitoral, na sua borda interior oposta à estola sacerdotal. 20 Fizeram também mais duas argolas de ouro e as puseram nas duas ombreiras da estola sacerdotal, abaixo, na frente dele, perto da sua juntura, sobre o cinto de obra esmerada da estola sacerdotal. 21 E ligaram o peitoral com as suas argolas às argolas da estola sacerdotal por cima com uma fita azul, para que estivesse sobre o cinto de obra esmerada da estola sacerdotal, e para que nunca o peitoral se separasse da estola sacerdotal, segundo o Senhor havia ordenado a Moisés.

AS OUTRAS VESTES SACERDOTAIS

Êx 28.31-43

22 Fizeram também a sobrepeliz da estola sacerdotal, de obra tecida, toda de pano azul. 23 No meio dela havia uma abertura; era rematada, como a abertura de uma gola, para que não se rasgasse. 24 Em toda a borda da sobrepeliz, fizeram romãs de pano azul, carmesim e linho retorcido. 25 Fizeram campainhas de ouro puro e as colocaram no meio das romãs em toda a borda da sobrepeliz; 26 uma campainha e uma romã, outra campainha e outra romã, em toda a borda da sobrepeliz, para se usar ao ministrar, segundo o Senhor havia ordenado a Moisés.

27 Fizeram também as túnicas de linho fino, de obra tecida, para Arão e para seus filhos, 28 e a mitra de linho fino, os turbantes de linho fino, os calções de linho fino retorcido 29 e o cinto de linho fino retorcido, e de pano azul, de púrpura e de carmesim, obra de bordador, segundo o Senhor havia ordenado a Moisés.

30 Também fizeram de ouro puro a lâmina da coroa sagrada e nela gravaram à maneira de gravuras de sinete: "Santidade ao Senhor". 31 E ataram-na com um cordão de pano azul, para prender a lâmina à parte superior da mitra, segundo o Senhor havia ordenado a Moisés.

A OBRA DO TABERNÁCULO É CONCLUÍDA

Êx 35.10-19

32 Assim se concluiu toda a obra do tabernáculo da tenda do encontro. Os filhos de Israel fizeram tudo segundo o Senhor havia ordenado a Moisés. 33 Depois, trouxeram a Moisés o tabernáculo, a tenda e todos os seus pertences, os seus colchetes, as suas tábuas, as suas vigas superiores, as suas colunas e as suas bases; 34 a cobertura de peles de carneiro tingidas de vermelho, a cobertura de peles finas e o véu do cortinado; 35 a arca do testemunho, os seus cabos e o propiciatório; 36 a mesa com todos os seus utensílios e os pães da proposição; 37 o candelabro de ouro puro com suas lâmpadas; as lâmpadas colocadas em ordem, todos os seus utensílios e o azeite para a iluminação; 38 também o altar de ouro, o óleo da unção, o incenso

aromático e o cortinado da porta da tenda; 39 o altar de bronze, a sua grelha de bronze, os seus cabos e todos os seus utensílios, a bacia e o seu suporte; 40 as cortinas do átrio, as suas colunas, as suas bases, o cortinado para a porta do átrio, as suas cordas, os seus pregos e todos os utensílios do serviço do tabernáculo, para a tenda do encontro; 41 as vestes finamente tecidas para ministrar no santuário, as vestes sagradas do sacerdote Arão e as vestes de seus filhos, para oficiarem como sacerdotes.

42 Tudo segundo o Senhor havia ordenado a Moisés, assim fizeram os filhos de Israel toda a obra. 43 Moisés examinou toda a obra, e viu que a tinham feito segundo o Senhor havia ordenado; assim a fizeram, e Moisés os abençoou.

DEUS MANDA MOISÉS ARMAR O TABERNÁCULO

40 1 Depois o Senhor disse a Moisés: 2 — No primeiro dia do primeiro mês, arme o tabernáculo da tenda do encontro. 3 Ponha nele a arca do testemunho e cubra-a com o véu. 4 Ponha nele a mesa e coloque em ordem as coisas que estão sobre ela; ponha nele também o candelabro e monte as suas lâmpadas. 5 Coloque o altar de ouro para o incenso diante da arca do testemunho e pendure o cortinado da porta do tabernáculo. 6 Coloque o altar do holocausto diante da porta do tabernáculo da tenda do encontro. 7 Ponha a bacia entre a tenda do encontro e o altar e encha-a com água. 8 Depois, arme o átrio ao redor e pendure o cortinado à porta do átrio.

9 — Pegue o óleo da unção, e unja o tabernáculo e tudo o que nele está, e consagre-o com todos os seus pertences; e será santo. 10 Unja também o altar do holocausto e todos os seus utensílios e consagre o altar; e o altar se tornará santíssimo. 11 Depois, unja a bacia e o seu suporte e consagre-a.

12 — Faça com que Arão e seus filhos se aproximem da porta da tenda do encontro e mande que se lavem com água. 13 Vista Arão com as vestes sagradas, unja e consagre-o para que me sirva como sacerdote. 14 Faça com que também os filhos de Arão se aproximem, vista-os com as túnicas, 15 e unja-os assim como você ungiu o pai deles, para que me oficiem como sacerdotes; sua unção lhes será por sacerdócio perpétuo de geração em geração.

O TABERNÁCULO É ARMADO

16 E Moisés fez tudo segundo o Senhor lhe havia ordenado. 17 No primeiro mês do segundo ano, no primeiro dia do mês, o tabernáculo foi armado. 18 Moisés ergueu o tabernáculo, pôs as suas bases, armou as suas tábuas, colocou nele as suas vigas superiores e levantou as suas colunas; 19 estendeu a tenda sobre o tabernáculo e pôs a cobertura da tenda por cima, segundo o Senhor havia ordenado a Moisés. 20 Pegou o testemunho e o pôs na arca, passou os cabos na arca e pôs o propiciatório em cima da arca. 21 Introduziu a arca no tabernáculo, pendurou o véu do cortinado e com ele cobriu a arca do testemunho, segundo o Senhor havia ordenado a Moisés. 22 Pôs também a mesa na tenda do encontro, ao lado do tabernáculo, para o norte, fora do véu, 23 e sobre ela pôs em ordem os pães da proposição diante do Senhor, segundo o Senhor havia ordenado a Moisés. 24 Pôs também, na tenda do encontro, o candelabro diante da mesa, ao lado do tabernáculo, para o sul, 25 e preparou as lâmpadas diante do Senhor, segundo o Senhor havia ordenado a Moisés. 26 Pôs o altar de ouro na tenda do encontro, diante do véu, 27 e acendeu sobre ele o incenso aromático, segundo o Senhor havia ordenado a Moisés. 28 Pendurou também o cortinado da porta do tabernáculo, 29 pôs o altar do holocausto à porta do tabernáculo da tenda do encontro e ofereceu sobre ele holocausto e oferta de cereais, segundo o Senhor havia ordenado a Moisés. 30 Pôs a bacia entre a tenda do encontro e o altar e a encheu de água, para se lavar. 31 Nela, Moisés, Arão e seus filhos lavavam as mãos e os pés, 32 quando entravam na tenda do encontro e quando se aproximavam do altar, segundo o Senhor havia ordenado a Moisés. 33 Levantou também o átrio ao redor do tabernáculo e do altar e pendurou o cortinado da porta do átrio. Assim Moisés acabou a obra.

A NUVEM COBRE O TABERNÁCULO

Nm 9.15-23

34 Então a nuvem cobriu a tenda do
encontro, e a glória do SENHOR encheu o
tabernáculo. 35 Moisés não podia entrar
na tenda do encontro, porque a nuvem
permanecia sobre ela, e a glória do SENHOR
enchia o tabernáculo. 36 Quando a nuvem
se levantava de sobre o tabernáculo, os
filhos de Israel seguiam adiante, em todas
as suas jornadas; 37 se a nuvem, porém, não
se levantava, não seguiam adiante, até o dia
em que ela se levantava. 38 De dia, a nuvem
do SENHOR repousava sobre o tabernáculo,
e, de noite, havia fogo nela, à vista de toda
a casa de Israel, em todas as suas jornadas.

Pentateuco

Levítico

Livro 3 do Pentateuco com

27 CAPÍTULOS

AUTORIA

Moisés, segundo a tradição de judeus e cristãos. Há referências em Levítico a Deus ter ditado regras e histórias a Moisés e por meio dele (Lv 1.1; 4.1; 5.14; 6.1; 7.22,28). Mais recentemente, estudiosos passaram a cogitar a contribuição de outros autores em sua escrita.

SIGNIFICADO DO TÍTULO

Atribuído na Septuaginta, "Levítico" significa "relativo aos levitas".

Em hebraico, o título é *wayiqra*, algo como "e chamou", ou "e ele [o Senhor] chamou".

Embora Levítico não trate somente dos deveres dos levitas, tem esse nome por abordar a adoração no tabernáculo, responsabilidade dos descendentes de Levi.

INFORMAÇÕES GERAIS

O foco de Levítico é a importância da santidade (Lv 11.45; 19.2; 20.7). O livro trata ainda de Israel como representação terrena do Reino de Deus, um povo que deveria viver em santidade, refletida no culto e com base na obediência aos mandamentos.

TEMAS DE LEVÍTICO

A teologia de Levítico enfatiza a presença de Deus no meio de seu povo. E, com a presença do ser santíssimo no meio de sua gente, torna-se imperativo haver santidade, pureza e expiação.

ESTRUTURA DO LIVRO

- ★ As cinco principais ofertas Lv 1—7
- ★ As funções de Arão e seus descendentes Lv 8—10
- ★ Leis de pureza Lv 11—15
- ★ O Dia da Expiação e a adoração no tabernáculo Lv 16—17
- ★ Leis morais Lv 18—20
- ★ Regras para sacerdotes, ofertas e festas anuais Lv 21—24.9
- ★ Castigos por pecados Lv 24.10-23
- ★ Ano sabático, Jubileu, terras e escravidão Lv 25
- ★ Bênçãos por obediência e maldições por desobediência Lv 26
- ★ Regras para ofertas a Deus Lv 27

CRISTO E LEVÍTICO

- ★ O Dia da Expiação foi estabelecido com o objetivo de purificar o tabernáculo, mediante o sacrifício de animais. Ele aponta para o futuro sacrifício de Cristo, que fez expiação por todos os que creem nele para a remissão dos pecados.

- ★ O sangue dos animais era aspergido no tabernáculo, assim como o sangue de Jesus foi derramado na cruz (Hb 9.6-14,23-24).
- ★ A expiação era feita pelos israelitas uma vez por ano, mas a de Cristo foi definitiva (Hb 9.25-10.4; Rm 8.3; Lc 22.19-20).
- ★ Os princípios elementares do sistema sacrificial de Levítico se aplicam a nós hoje (Rm 12.1; 15.16; Fp 4.18; Hb 13.15-16; 1Pe 2.5).

OS HOLOCAUSTOS

1 1 O Senhor chamou Moisés e, da tenda do encontro, lhe disse:

2 — Fale aos filhos de Israel e diga-lhes: Quando alguém trouxer oferta ao Senhor, traga um animal do rebanho de gado ou do rebanho de gado miúdo.

3 — Se a oferta for holocausto do rebanho de gado, o homem trará um macho sem defeito. Ele o trará à porta da tenda do encontro, para que o homem seja aceito diante do Senhor. 4 Porá a mão sobre a cabeça do holocausto, para que seja aceito a favor dele, para a sua expiação. 5 Depois, matará o novilho diante do Senhor. Os filhos de Arão, os sacerdotes, apresentarão o sangue e o aspergirão ao redor sobre o altar que está diante da porta da tenda do encontro. 6 Então ele tirará o couro do animal e o cortará em pedaços. 7 E os filhos do sacerdote Arão acenderão fogo sobre o altar e porão em ordem lenha sobre o fogo. 8 Também os filhos de Arão, os sacerdotes, colocarão em ordem os pedaços, a saber, a cabeça e a gordura, sobre a lenha que está no fogo sobre o altar. 9 Porém as entranhas e as pernas, o sacerdote as lavará com água; e queimará tudo isso sobre o altar; é holocausto, oferta queimada, de aroma agradável ao Senhor.

10 — Se a oferta for de gado miúdo, de carneiros ou de cabritos, para holocausto, trará um macho sem defeito. 11 E matará o animal ao lado do altar, para o lado norte, diante do Senhor. Os filhos de Arão, os sacerdotes, aspergirão o seu sangue sobre o altar, ao redor. 12 Depois, ele o cortará em pedaços, junto com a cabeça e a gordura; e o sacerdote os porá em ordem sobre a lenha que está no fogo sobre o altar. 13 Porém as entranhas e as pernas serão lavadas com água; e o sacerdote oferecerá tudo isso e o queimará sobre o altar; é holocausto, oferta queimada, de aroma agradável ao Senhor.

14 — Se a oferta ao Senhor for holocausto de aves, trará a sua oferta de rolinhas ou de pombinhos. 15 O sacerdote a trará ao altar, destroncará a cabeça da ave, sem a separar do pescoço, e a queimará sobre o altar; o sangue da ave, ele o fará correr na parede do altar. 16 Tirará o papo com suas penas e o jogará junto ao altar, para o lado leste, no lugar da cinza. 17 Então abrirá a ave, puxando pelas asas, mas sem separá-la em duas metades; o sacerdote a queimará sobre o altar, em cima da lenha que está no fogo; é holocausto, oferta queimada, de aroma agradável ao Senhor.

AS OFERTAS DE CEREAIS

2 1 — Quando alguma pessoa fizer oferta de cereais ao Senhor, a sua oferta será da melhor farinha; derramará azeite sobre a farinha e porá incenso sobre ela. 2 Levará a oferta aos filhos de Arão, os sacerdotes, e um deles pegará um punhado da melhor farinha e do seu azeite com todo o seu incenso e os queimará como porção memorial sobre o altar; é oferta queimada, de aroma agradável ao Senhor. 3 O que ficar da oferta de cereais será de Arão e de seus filhos; é coisa santíssima das ofertas queimadas ao Senhor.

4 — Quando você trouxer oferta de cereais, assada no forno, será de bolos sem fermento feitos da melhor farinha, amassados com azeite e pãezinhos bem finos, sem fermento e untados com azeite. 5 Se a oferta que você trouxer for de cereais cozida na assadeira, será da melhor farinha sem fermento amassada com azeite. 6 Você a partirá em pedaços e derramará azeite sobre ela; é oferta de cereais. 7 Se a oferta que você trouxer for de cereais preparados na frigideira, deverá ser da melhor farinha com azeite.

8 — E a oferta de cereais que será feita daquilo, você a trará ao Senhor; será apresentada ao sacerdote, o qual a levará ao altar. 9 Da oferta de cereais o sacerdote pegará a porção memorial e a queimará sobre o altar; é oferta queimada, de aroma agradável ao Senhor. 10 O que ficar da oferta de cereais será de Arão e de seus filhos; é coisa santíssima das ofertas queimadas ao Senhor.

11 — Nenhuma oferta de cereais, que você apresentar ao Senhor, será feita com fermento; porque vocês não devem queimar nem fermento nem mel como oferta ao Senhor. 12 Vocês podem trazê-los ao Senhor como oferta das primícias, mas não os porão sobre o altar como aroma agradável. 13 Tempere com sal todas as suas ofertas de cereais. Na sua oferta de cereais você não deixará faltar o sal da aliança do seu Deus; em todas as suas ofertas você aplicará sal.

14 — Se você trouxer ao Senhor oferta
de cereais das primícias, faça a oferta de
cereais das suas primícias de espigas verdes,
tostadas ao fogo, isto é, os grãos esmagados
de espigas verdes. 15 Derrame azeite sobre
ela e, por cima, ponha incenso; é oferta de
cereais. 16 Assim, o sacerdote queimará
a porção memorial dos grãos de espigas
esmagados e do azeite, com todo o incenso;
é oferta queimada ao Senhor.

OS SACRIFÍCIOS PACÍFICOS

3 1 — Se a oferta de alguém for sacrifício
pacífico, se a fizer de gado, seja macho ou
fêmea, terá de oferecê-la sem defeito diante
do Senhor. 2 Porá a mão sobre a cabeça da sua
oferta e matará o animal diante da porta da
tenda do encontro; e os filhos de Arão, os
sacerdotes, aspergirão o sangue sobre o altar,
ao redor. 3 Do sacrifício pacífico apresentará
como oferta queimada ao Senhor a gordura
que cobre as entranhas e toda a gordura que
fica no meio das entranhas, 4 os dois rins,
a gordura que está sobre eles e junto aos
lombos, e a membrana sobre o fígado, que
tirará junto com os rins. 5 E os filhos de Arão
queimarão tudo isso sobre o altar, em cima
do holocausto, que estará sobre a lenha no
fogo; é oferta queimada, de aroma agradável
ao Senhor.

6 — Se a oferta por sacrifício pacífico
ao Senhor for de gado miúdo, seja macho
ou fêmea, terá de oferecê-la sem defeito.
7 Se trouxer um cordeiro por sua oferta, a
pessoa deve oferecê-lo diante do Senhor.
8 Porá a mão sobre a cabeça da sua oferta e
matará o animal diante da tenda do encon-
tro; e os filhos de Arão aspergirão o sangue
sobre o altar, ao redor. 9 Então do sacrifício
pacífico trará ao Senhor por oferta queimada
a sua gordura: a cauda toda, a qual tirará
rente ao espinhaço, a gordura que cobre as
entranhas, toda a gordura que está no meio
das entranhas, 10 os dois rins, a gordura
que está sobre eles e junto aos lombos, e a
membrana sobre o fígado, que tirará junto
com os rins. 11 E o sacerdote queimará tudo
isso sobre o altar como oferta de alimento
ao Senhor.

12 — Se a oferta da pessoa for uma cabra,
diante do Senhor a trará. 13 Porá a mão sobre
a cabeça da cabra e a matará diante da tenda
do encontro; e os filhos de Arão aspergirão
o sangue sobre o altar, ao redor. 14 Depois,
trará dela a sua oferta, por oferta queimada
ao Senhor: a gordura que cobre as entranhas
e toda a gordura que está no meio das entra-
nhas, 15 os dois rins, a gordura que está sobre
eles e junto aos lombos, e a membrana sobre
o fígado, que tirará junto com os rins. 16 E o
sacerdote queimará tudo isso sobre o altar
como oferta de alimento, de aroma agradá-
vel. Toda a gordura será do Senhor. 17 Este é
um estatuto perpétuo durante as gerações
de vocês, onde quer que morarem: vocês
não comerão nem a gordura nem o sangue.

O SACRIFÍCIO PELOS PECADOS DOS SACERDOTES

4 1 O Senhor disse a Moisés:
2 — Fale aos filhos de Israel, dizendo:
Quando alguém cometer pecado involun-
tário contra qualquer dos mandamentos do
Senhor, por fazer contra algum deles o que
não se deve fazer, 3 se o sacerdote ungido
pecar, de tal maneira que o povo se torne
culpado, oferecerá ao Senhor, como oferta
pelo pecado, um novilho sem defeito. 4 Trará
o novilho à porta da tenda do encontro,
diante do Senhor, porá a mão sobre a cabeça
do novilho e o matará diante do Senhor.
5 Então o sacerdote ungido pegará um pouco
do sangue do novilho e o trará à tenda do
encontro; 6 e, molhando o dedo no sangue, o
aspergirá sete vezes diante do Senhor, diante
do véu do santuário. 7 O sacerdote também
porá um pouco daquele sangue sobre
os chifres do altar do incenso aromático,
diante do Senhor, altar que está na tenda
do encontro. Todo o restante do sangue
do novilho ele derramará na base do altar
do holocausto, que está à porta da tenda do
encontro. 8 O sacerdote tirará toda a gordura
do novilho da expiação: a gordura que cobre
as entranhas e toda a gordura que está no
meio das entranhas, 9 os dois rins, a gordura
que está sobre eles e junto aos lombos, e a
membrana sobre o fígado, que tirará junto
com os rins, 10 assim como se tira isso do
novilho do sacrifício pacífico. E o sacerdote
queimará essas partes sobre o altar do holo-
causto. 11 Mas o couro do novilho, toda a sua
carne, a cabeça, as pernas, as entranhas e o
excremento, 12 a saber, o novilho todo, levará

para fora do arraial, a um lugar puro, onde se
lança a cinza, e o queimará sobre a lenha;
será queimado onde se lança a cinza.

OS SACRIFÍCIOS PELOS PECADOS DE TODA A CONGREGAÇÃO

Nm 15.22-26

13 — Mas, se toda a congregação de
Israel cometer pecado involuntário, e isso
for oculto aos olhos da coletividade, e se
fizerem, contra algum dos mandamentos
do SENHOR, aquilo que não se deve fazer, e
forem culpados, 14 e o pecado que cometeram
ram for notório, então a coletividade trará
um novilho como oferta pelo pecado e o
apresentará diante da tenda do encontro.
15 Os anciãos da congregação porão as
mãos sobre a cabeça do novilho diante do
SENHOR; e o novilho será morto diante do
SENHOR. 16 Então o sacerdote ungido levará
uma parte do sangue do novilho à tenda do
encontro; 17 molhará o dedo no sangue e o
aspergirá sete vezes diante do SENHOR, diante
do véu. 18 Depois, porá um pouco daquele
sangue sobre os chifres do altar que está
diante do SENHOR, na tenda do encontro.
Todo o restante do sangue ele derramará
na base do altar do holocausto, que está
à porta da tenda do encontro. 19 Tirará do
novilho toda a gordura e a queimará sobre o
altar, 20 e fará com este novilho como fez com
o novilho da oferta pelo pecado. Assim, o
sacerdote fará expiação por eles, e eles serão
perdoados. 21 Depois, levará o novilho para
fora do arraial e o queimará como queimou
o primeiro novilho; é oferta pelo pecado
da coletividade.

OS SACRIFÍCIOS PELOS PECADOS DE UM CHEFE

22 — Quando um chefe pecar, fazendo
de forma involuntária alguma das coisas
que o SENHOR, seu Deus, ordenou que não
se fizessem, e se tornar culpado; 23 ou se o
pecado em que ele caiu lhe for notificado,
trará por sua oferta um bode sem defeito.
24 Porá a mão sobre a cabeça do bode e o
matará no lugar onde são mortos os animais
oferecidos em holocausto, diante do SENHOR;
é oferta pelo pecado. 25 Então o sacerdote,
com o dedo, pegará um pouco do sangue da
oferta pelo pecado e o porá sobre os chifres
do altar do holocausto. Todo o restante
do sangue derramará na base do altar do
holocausto. 26 Como no caso do sacrifício
pacífico, queimará toda a gordura sobre o
altar. Assim, o sacerdote fará expiação por
ele, no que se refere ao pecado, e este lhe
será perdoado.

OS SACRIFÍCIOS PELOS PECADOS DE QUALQUER PESSOA

27 — Se qualquer pessoa do povo da terra
cometer pecado involuntário, por fazer
alguma das coisas que o SENHOR ordenou
que não se fizessem, e se tornar culpada;
28 ou se o pecado em que ela caiu lhe for notificado,
ficado, trará por sua oferta uma cabra sem
defeito, pelo pecado que cometeu. 29 Porá a
mão sobre a cabeça da oferta pelo pecado
e matará o animal no lugar do holocausto.
30 Então o sacerdote, com o dedo, pegará um
pouco do sangue da oferta e o porá sobre
os chifres do altar do holocausto. Todo o
restante do sangue derramará na base do
altar. 31 Tirará toda a gordura, como se tira a
gordura do sacrifício pacífico; o sacerdote
a queimará sobre o altar como aroma
agradável ao SENHOR. Assim, o sacerdote
fará expiação pela pessoa, e o pecado lhe
será perdoado.

32 — Mas, se trouxer uma cordeira como
oferta pelo pecado, deverá trazer uma fêmea
sem defeito. 33 Porá a mão sobre a cabeça da
oferta pelo pecado e matará o animal como
oferta pelo pecado, no lugar onde são mortos
os animais oferecidos em holocausto.
34 Então o sacerdote, com o dedo, pegará um
pouco do sangue da oferta pelo pecado e o
porá sobre os chifres do altar do holocausto.
Todo o restante do sangue derramará na
base do altar. 35 O sacerdote tirará toda a
gordura, como se tira a gordura do cordeiro
do sacrifício pacífico, e a queimará sobre
o altar, em cima das ofertas queimadas do
SENHOR. Assim, o sacerdote, por essa pessoa,
fará expiação do pecado que ela cometeu, e
o pecado lhe será perdoado.

CASOS EM QUE É PRECISO OFERECER SACRIFÍCIO

5 1 — Se alguém pecar porque, sendo
testemunha de um fato que viu ou
ficou sabendo, não o quis revelar, mesmo

sob ameaça de maldição, essa pessoa
levará a sua iniquidade. 2 Se alguém tocar
em alguma coisa impura, como o cadáver
de um animal impuro, seja de um animal
selvagem, de um animal doméstico ou de
um animal que rasteja pelo chão, ainda que
não se dê conta disso, e se tornar impuro,
então será culpado. 3 Se tocar a impureza de
uma pessoa, seja qual for a impureza com
que se faça impuro, e não se der conta disso,
mas ficar sabendo depois, será culpado.
4 Se alguém jurar de forma precipitada,
dizendo que vai fazer alguma coisa má ou
boa, seja o que for que alguém pronuncie
de forma precipitada com juramento, e ele
não se der conta disso, mas ficar sabendo
depois, culpado será numa destas coisas.
5 Quem for culpado numa destas coisas,
confessará aquilo em que pecou. 6 Como sua
oferta pela culpa, pelo pecado que cometeu,
essa pessoa trará ao SENHOR, do gado miúdo,
uma cordeira ou uma cabrita como oferta
pelo pecado; assim, o sacerdote, por essa
pessoa, fará expiação do seu pecado.

7 — Se as suas posses não lhe permitirem
trazer uma cordeira, trará ao SENHOR, como
oferta pela culpa, pelo pecado que cometeu, duas rolinhas ou dois pombinhos: um
como oferta pelo pecado, e o outro como
holocausto. 8 Entregará as duas aves ao
sacerdote, que primeiro oferecerá a ave que é
oferta pelo pecado. O sacerdote destroncará
a cabeça da ave, sem a separar do pescoço.
9 Do sangue da oferta pelo pecado aspergirá
sobre a parede do altar, e o restante do
sangue fará correr na base do altar; é oferta
pelo pecado. 10 E da outra ave fará um holocausto, conforme o estabelecido. Assim, o
sacerdote, por essa pessoa, fará oferta pelo
pecado que ela cometeu, e o pecado lhe
será perdoado.

11 — Porém, se as suas posses não lhe
permitirem trazer duas rolinhas ou dois
pombinhos, então essa pessoa que pecou
trará, por sua oferta, dois litros da melhor
farinha como oferta pelo pecado; não
derramará azeite sobre a farinha, nem lhe
porá em cima incenso, pois é oferta pelo
pecado. 12 Entregará a oferta ao sacerdote, e
o sacerdote pegará um punhado da farinha
como porção memorial e a queimará sobre
o altar, em cima das ofertas queimadas
ao SENHOR; é oferta pelo pecado. 13 Assim,
o sacerdote, por essa pessoa, fará oferta
pelo pecado que cometeu em alguma
destas coisas, e o pecado lhe será perdoado.
O restante da farinha será do sacerdote,
como no caso da oferta de cereais.

O SACRIFÍCIO PELO SACRILÉGIO

14 O SENHOR disse a Moisés:
15 — Se alguém cometer ofensa e pecar de
forma involuntária nas coisas sagradas
do SENHOR, trará ao SENHOR, por oferta, do
rebanho, um carneiro sem defeito, conforme
avaliação em prata, segundo o peso padrão
do santuário, como oferta pela culpa.
16 Assim, restituirá o que tirou das coisas
sagradas, e ainda acrescentará o seu quinto,
e o dará ao sacerdote; assim, o sacerdote,
com o carneiro da oferta pela culpa, fará
expiação por essa pessoa, e o pecado lhe
será perdoado.

O SACRIFÍCIO PELOS PECADOS INVOLUNTÁRIOS

17 — Se alguma pessoa pecar e fizer contra
algum dos mandamentos do SENHOR aquilo
que não se deve fazer, ainda que não tenha
se dado conta disso, será culpada mesmo
assim e levará a sua iniquidade. 18 E do rebanho trará ao sacerdote um carneiro sem
defeito, conforme avaliação feita, para
oferta pela culpa, e o sacerdote, por essa
pessoa, fará expiação no que se refere ao
erro que, de forma involuntária, cometeu,
e lhe será perdoado. 19 É oferta pela culpa,
pois certamente se tornou culpada diante
do SENHOR.

O SACRIFÍCIO PELOS PECADOS VOLUNTÁRIOS

6 1 O SENHOR falou a Moisés, dizendo:
2 — Se uma pessoa pecar e cometer
ofensa contra o SENHOR, negando ao seu
próximo o que este lhe deu em depósito, ou
como penhor; ou se roubar, ou tiver usado
de extorsão para com o seu próximo; 3 ou se,
tendo achado um objeto perdido, negar com
falso juramento que o achou, ou fizer alguma
outra coisa de todas em que se costuma
pecar, 4 será, pois, que, tendo pecado e ficado culpada, essa pessoa restituirá aquilo

que roubou, ou que extorquiu, ou o depósito que lhe foi dado, ou o perdido que achou, 5 ou tudo aquilo sobre que jurou falsamente. Restituirá por inteiro e a isso ainda acrescentará a quinta parte. Entregará isso àquele a quem pertence no dia em que trouxer a oferta pela culpa. 6 E, por sua oferta pela culpa, trará, do rebanho, ao Senhor um carneiro sem defeito, devidamente avaliado, para a oferta pela culpa; trará o carneiro ao sacerdote. 7 E o sacerdote fará expiação por essa pessoa diante do Senhor, e ela será perdoada de qualquer dessas coisas que fez e que a tornou culpada.

A LEI A RESPEITO DO HOLOCAUSTO

8 O Senhor disse a Moisés:

9 — Ordene a Arão e a seus filhos, dizendo: Esta é a lei a respeito do holocausto: o holocausto ficará sobre as brasas do altar toda a noite até pela manhã, e o fogo do altar nunca poderá ser apagado. 10 O sacerdote vestirá a sua túnica de linho e os calções de linho sobre a pele nua, e levantará a cinza, quando o fogo houver consumido o holocausto sobre o altar, e a colocará ao lado do altar. 11 Depois, despirá as suas vestes e porá outras roupas; e levará a cinza para fora do arraial a um lugar puro.

12 — O fogo sempre ficará aceso sobre o altar; não deve ser apagado. O sacerdote acenderá lenha no altar cada manhã, e sobre ele porá em ordem o holocausto, e sobre ele queimará a gordura das ofertas pacíficas. 13 O fogo queimará continuamente sobre o altar; não deve ser apagado.

A LEI A RESPEITO DA OFERTA DE CEREAIS

14 — Esta é a lei a respeito da oferta de cereais: os filhos de Arão a oferecerão diante do Senhor, diante do altar. 15 Um dos sacerdotes pegará um punhado da melhor farinha da oferta de cereais com seu azeite e todo o incenso que está sobre a oferta de cereais e o queimará sobre o altar, como porção memorial de aroma agradável ao Senhor. 16 O restante da oferta Arão e seus filhos comerão. Deve ser comido sem fermento, em lugar santo; no pátio da tenda do encontro, o comerão. 17 Isso não poderá ser preparado com fermento; é a porção das minhas ofertas queimadas que dei aos sacerdotes; coisa santíssima é, como a oferta pelo pecado e a oferta pela culpa. 18 Todos os homens que são descendentes de Arão podem comer da oferta de cereais; estatuto perpétuo será para as gerações de vocês dentre as ofertas queimadas do Senhor; tudo o que tocar nelas será santo.

A OFERTA NA CONSAGRAÇÃO DOS SACERDOTES

19 O Senhor disse a Moisés:

20 — Esta é a oferta de Arão e de seus filhos, que oferecerão ao Senhor no dia em que aquele for ungido: dois litros da melhor farinha pela oferta contínua de cereais; metade dela será oferecida pela manhã, e a outra metade, à tarde. 21 Será feita numa assadeira, com azeite; traga-a bem amassada. Em pedaços cozidos você trará a oferta de cereais de aroma agradável ao Senhor. 22 Também o sacerdote, que entre os filhos de Arão for ungido em seu lugar, fará o mesmo; por estatuto perpétuo será de todo queimada ao Senhor. 23 Assim, toda a oferta de cereais trazida por um sacerdote será totalmente queimada; não poderá ser comida.

A LEI A RESPEITO DA OFERTA PELO PECADO

24 O Senhor disse a Moisés:

25 — Fale a Arão e a seus filhos, dizendo: Esta é a lei a respeito da oferta pelo pecado: o animal que é oferta pelo pecado será morto no lugar onde são mortos os animais oferecidos em holocausto, diante do Senhor; coisa santíssima é. 26 O sacerdote que a oferecer pelo pecado a comerá; no lugar santo se comerá, no pátio da tenda do encontro. 27 Tudo o que tocar a carne da oferta será santo; se alguém aspergir desse sangue sobre a sua roupa, você terá de lavar aquilo sobre que o sangue caiu, no lugar santo. 28 E o vaso de barro em que a carne for cozida será quebrado; porém, se for cozida num vaso de bronze, o vaso deverá ser esfregado e lavado com água. 29 Somente os homens da linhagem sacerdotal poderão comer dessa carne; coisa santíssima é. 30 Porém não se comerá nenhuma oferta pelo pecado, cujo sangue se traz à tenda

do encontro, para fazer expiação no santuário; essa terá de ser queimada no fogo.

A LEI A RESPEITO DA OFERTA PELA CULPA

7 1 — Esta é a lei a respeito da oferta pela culpa; coisa santíssima é. 2 O animal que é oferta pelo pecado será morto no lugar onde são mortos os animais oferecidos em holocausto, e o seu sangue será aspergido sobre o altar, ao redor. 3 Dessa oferta se oferecerá toda a gordura, a cauda e a gordura que cobre as entranhas; 4 também ambos os rins e a gordura que está sobre eles, junto aos lombos; e a membrana sobre o fígado, que deve ser tirada com os rins. 5 O sacerdote o queimará sobre o altar em oferta queimada ao SENHOR; é oferta pela culpa. 6 Todos os homens da linhagem sacerdotal podem comer dela; no lugar santo, se comerá; coisa santíssima é.

7 — Como a oferta pelo pecado, assim será a oferta pela culpa; uma única lei haverá para elas: será do sacerdote que, com ela, fizer expiação. 8 O sacerdote que oferecer o holocausto de alguém terá o couro do holocausto que oferece. 9 Também toda oferta de cereais que for assada no forno, ou que se preparar na frigideira e na assadeira, será do sacerdote que a oferece. 10 Toda oferta de cereais amassada com azeite ou seca será de todos os filhos de Arão; cada um receberá a sua parte.

A LEI A RESPEITO DAS OFERTAS PACÍFICAS

11 — Esta é a lei a respeito das ofertas pacíficas que alguém pode oferecer ao SENHOR. 12 Se fizer por ação de graças, com a oferta de ação de graças trará bolos sem fermento amassados com azeite, pãezinhos sem fermento bem finos e untados com azeite e bolos feitos da melhor farinha bem amassados com azeite. 13 Com os bolos trará, por sua oferta, pão levedado, com o sacrifício de sua oferta pacífica por ação de graças. 14 E, de toda oferta, trará um bolo por oferta ao SENHOR, que será do sacerdote que aspergir o sangue da oferta pacífica. 15 Mas a carne do sacrifício de ação de graças da sua oferta pacífica se comerá no dia do seu oferecimento; nada se deixará dela até a manhã seguinte.

16 — E, se o sacrifício da oferta de alguém for voto ou oferta voluntária, no dia em que oferecer o seu sacrifício se comerá; e o que dele ficar também poderá ser comido no dia seguinte. 17 Porém o que ainda restar da carne do sacrifício ao terceiro dia, será queimado. 18 Se da carne do sacrifício pacífico se comer ao terceiro dia, aquele que a ofereceu não será aceito, nem lhe será atribuído o sacrifício; coisa abominável será, e a pessoa que dela comer levará a sua iniquidade.

19 — A carne que tocar alguma coisa impura não se comerá; será queimada. Quem estiver puro poderá comer a carne do sacrifício. 20 Porém, se alguma pessoa, tendo sobre si impureza, comer a carne do sacrifício pacífico, que é do SENHOR, será eliminada do meio do seu povo. 21 Se uma pessoa tocar alguma coisa impura, como impureza humana, ou um animal impuro, ou qualquer impureza abominável, e comer da carne do sacrifício pacífico, que é do SENHOR, será eliminada do meio do seu povo.

DEUS PROÍBE COMER GORDURA E SANGUE

22 O SENHOR disse a Moisés:

23 — Fale aos filhos de Israel, dizendo: Não comam gordura de boi, nem de carneiro, nem de cabra. 24 A gordura do animal que morre por si mesmo e a do animal que é dilacerado por feras podem servir para qualquer outro uso, mas de maneira nenhuma poderá ser comida. 25 Quem comer a gordura do animal, do qual se trouxer ao SENHOR oferta queimada, será eliminado do meio do seu povo.

26 — Não comam sangue em qualquer das suas habitações, quer seja sangue de aves, quer seja sangue de gado. 27 Toda pessoa que comer algum sangue será eliminada do meio do seu povo.

A PORÇÃO DOS SACERDOTES

28 O SENHOR disse a Moisés:

29 — Fale aos filhos de Israel, dizendo: Quem oferecer ao SENHOR o seu sacrifício pacífico trará a sua oferta ao SENHOR. Do seu sacrifício pacífico 30 trará com suas próprias mãos as ofertas queimadas do SENHOR. Trará a gordura do peito com

o peito, para movê-lo por oferta movida diante do SENHOR. 31 O sacerdote queimará a gordura sobre o altar, porém o peito será de Arão e de seus filhos. 32 Também a coxa direita vocês deverão dar ao sacerdote como oferta tirada dos sacrifícios pacíficos que vocês oferecem. 33 Aquele dos filhos de Arão que oferecer o sangue do sacrifício pacífico e a gordura, esse terá a coxa direita por sua porção. 34 Porque tomei dos filhos de Israel, dos seus sacrifícios pacíficos, o peito que é movido e a coxa da oferta e os dei a Arão, o sacerdote, e a seus filhos, por direito perpétuo dos filhos de Israel. 35 Esta é a porção de Arão e a porção de seus filhos, das ofertas queimadas do SENHOR, no dia em que foram apresentados para oficiarem como sacerdotes ao SENHOR. 36 Isto é o que o SENHOR ordenou que os filhos de Israel dessem a eles, no dia em que os ungiu; estatuto perpétuo é de geração em geração.

37 Esta é a lei a respeito do holocausto, da oferta de cereais, da oferta pelo pecado, da oferta pela culpa, da consagração e do sacrifício pacífico, 38 que o SENHOR ordenou a Moisés no monte Sinai, no dia em que ordenou aos filhos de Israel que oferecessem as suas ofertas ao SENHOR, no deserto do Sinai.

A CONSAGRAÇÃO DE ARÃO E DE SEUS FILHOS

Êx 29.1-37

8 1 O SENHOR disse a Moisés:

2 — Leve Arão e os filhos dele, as vestes, o óleo da unção, o novilho da oferta pelo pecado, os dois carneiros e o cesto dos pães sem fermento 3 e reúna toda a congregação à porta da tenda do encontro.

4 Moisés fez como o SENHOR lhe havia ordenado, e a congregação se reuniu à porta da tenda do encontro. 5 Então Moisés disse à congregação:

— Isto é o que o SENHOR ordenou que se fizesse.

6 E fez com que Arão e os filhos dele se aproximassem e mandou que se lavassem com água. 7 Vestiu Arão com a túnica, cingiu-o com o cinto e pôs sobre ele a sobrepeliz. Também pôs sobre ele a estola sacerdotal, cingiu-o com o cinto de obra esmerada da estola sacerdotal e o ajustou com esse cinto. 8 Depois, colocou-lhe o peitoral, pondo no peitoral o Urim e o Tumim; 9 e lhe pôs a mitra na cabeça e, na mitra, na sua parte dianteira, pôs a lâmina de ouro, a coroa sagrada, como o SENHOR havia ordenado a Moisés.

10 Então Moisés pegou o óleo da unção, ungiu o tabernáculo e tudo o que havia nele e o consagrou. 11 Sete vezes ele aspergiu do óleo sobre o altar e ungiu o altar e todos os seus utensílios, bem como a bacia e o seu suporte, para os consagrar. 12 Depois, derramou do óleo da unção sobre a cabeça de Arão e ungiu-o, para consagrá-lo. 13 Também Moisés fez chegar os filhos de Arão, vestiu-lhes as túnicas, cingiu-os com o cinto e atou-lhes os turbantes, como o SENHOR lhe havia ordenado.

14 Então fez chegar o novilho da oferta pelo pecado; e Arão e os seus filhos puseram as mãos sobre a cabeça do novilho da oferta pelo pecado. 15 Moisés matou o novilho, pegou um pouco do sangue, pôs isso, com o dedo, sobre os chifres do altar ao redor e purificou o altar. Depois, derramou o resto do sangue na base do altar e o consagrou, para fazer expiação por ele. 16 Depois, pegou toda a gordura que está sobre as entranhas, a membrana do fígado, os dois rins e sua gordura; e Moisés os queimou sobre o altar. 17 Mas queimou o novilho com o seu couro, a sua carne e o seu excremento fora do arraial, como o SENHOR havia ordenado a Moisés.

18 Depois, fez chegar o carneiro do holocausto; e Arão e seus filhos puseram as mãos sobre a cabeça do carneiro. 19 Moisés matou o carneiro e aspergiu o sangue sobre o altar, ao redor. 20 Cortou também o carneiro em pedaços; e Moisés queimou a cabeça, os pedaços e a gordura. 21 Porém as entranhas e as pernas lavou com água; e Moisés queimou todo o carneiro sobre o altar; era holocausto de aroma agradável, oferta queimada ao SENHOR, como o SENHOR havia ordenado a Moisés.

22 Então fez chegar o outro carneiro, o carneiro da consagração; e Arão e seus filhos puseram as mãos sobre a cabeça do carneiro. 23 Moisés matou o carneiro, pegou um pouco do sangue e o pôs sobre a ponta da orelha direita de Arão, sobre o polegar da sua mão direita e sobre o polegar do seu

pé direito. 24 Também fez chegar os filhos
de Arão; pôs daquele sangue sobre a ponta
da orelha direita deles, sobre o polegar da
mão direita e sobre o polegar do pé direito;
e Moisés aspergiu o resto do sangue sobre
o altar, ao redor. 25 Pegou a gordura, a cauda,
toda a gordura que está nas entranhas, a
membrana do fígado, ambos os rins, a sua
gordura e a coxa direita. 26 Também do cesto
dos pães sem fermento, que estava diante
do Senhor, pegou um bolo sem fermento,
um bolo de pão azeitado e um pãozinho
achatado e os pôs sobre a gordura e sobre a
coxa direita. 27 E tudo isso pôs nas mãos de
Arão e de seus filhos e o moveu por oferta
movida diante do Senhor. 28 Depois, Moisés
o tomou das mãos deles e o queimou no
altar sobre o holocausto; era uma oferta da
consagração, por aroma agradável, oferta
queimada ao Senhor. 29 Moisés pegou o
peito e moveu-o por oferta movida diante
do Senhor; era a porção que cabia a Moisés,
do carneiro da consagração, como o Senhor
lhe havia ordenado.

30 Moisés pegou também um pouco do
óleo da unção e um pouco do sangue que
estava sobre o altar e aspergiu sobre Arão
e as suas vestes, bem como sobre os filhos
de Arão e as suas vestes; e consagrou Arão
e as vestes dele bem como os filhos de Arão e
as vestes deles. 31 Moisés disse a Arão e aos
seus filhos:

— Cozinhem a carne diante da porta da
tenda do encontro e a comam ali junto com
o pão que está no cesto da consagração,
como tenho ordenado, dizendo: "Arão e
seus filhos a comerão. 32 Mas o que restar
da carne e do pão vocês devem queimar."
33 Não se afastem da porta da tenda do
encontro por sete dias, até o dia em que
se cumprirem os dias da consagração de
vocês; porque o Senhor consagrará vocês
durante sete dias. 34 Como se fez neste dia,
assim o Senhor ordenou que se fizesse, em
expiação por vocês. 35 Fiquem, pois, à porta
da tenda do encontro dia e noite, por sete
dias, e observem as prescrições do Senhor,
para que não morram; porque assim me
foi ordenado.

36 E Arão e seus filhos fizeram todas as
coisas que o Senhor havia ordenado por
meio de Moisés.

ARÃO OFERECE SACRIFÍCIOS POR SI E PELO POVO

9 1 No oitavo dia, Moisés chamou Arão e os
filhos dele, e os anciãos de Israel 2 e disse
a Arão:

— Pegue um bezerro, para oferta pelo
pecado, e um carneiro, para holocausto,
ambos sem defeito, e apresente-os
ao Senhor. 3 Depois, você dirá aos filhos de
Israel: "Tragam um bode, para oferta pelo
pecado, um bezerro e um cordeiro, ambos
de um ano e sem defeito, como holocausto;
4 e um boi e um carneiro, por oferta pacífica,
para sacrificar diante do Senhor, e oferta de
cereais amassada com azeite; porque hoje
o Senhor aparecerá a vocês."

5 Então trouxeram o que Moisés havia
ordenado, diante da tenda do encontro, e
toda a congregação se aproximou e se pôs
diante do Senhor. 6 Então Moisés disse:

— Isto é o que o Senhor ordenou que vocês
fizessem, e a glória do Senhor aparecerá
a vocês.

7 Depois Moisés disse a Arão:

— Aproxime-se do altar, faça a sua oferta
pelo pecado e o seu holocausto; e faça expia-
ção por você mesmo e pelo povo; depois,
faça a oferta do povo e a expiação por ele,
como o Senhor ordenou.

8 Arão se aproximou do altar e matou o
bezerro da oferta pelo pecado que estava
oferecendo por si mesmo. 9 Os filhos de
Arão trouxeram-lhe o sangue; ele molhou
o dedo no sangue e o pôs sobre os chifres
do altar; e o resto do sangue derramou na
base do altar. 10 Mas queimou sobre o altar
a gordura, os rins e a membrana do fígado
da oferta pelo pecado, como o Senhor havia
ordenado a Moisés. 11 Porém a carne e o
couro queimou fora do arraial.

12 Depois, Arão matou o animal para o
holocausto, e os filhos de Arão lhe entre-
garam o sangue, e ele o aspergiu sobre o
altar, ao redor. 13 Também lhe entregaram
o holocausto nos seus pedaços, com a
cabeça; e queimou-o sobre o altar. 14 E lavou
as entranhas e as pernas e as queimou sobre
o holocausto, no altar.

15 Depois, apresentou a oferta do povo,
e, pegando o bode da oferta pelo pecado,
que era pelo povo, o matou e o preparou
por oferta pelo pecado, como tinha feito

No Reino de Deus, não caminhamos pelo que vemos, mas sim pelas verdades incrustadas em nosso interior por meio do Espírito.

com o primeiro. 16 Também apresentou
o holocausto e o ofereceu segundo o rito.
17 Apresentou a oferta de cereais, e dela
pegou um punhado e queimou sobre o altar,
além do holocausto da manhã.

18 Depois, Arão matou o boi e o carneiro
em sacrifício pacífico, que era pelo povo; e
os filhos de Arão entregaram-lhe o sangue,
que aspergiu sobre o altar, ao redor.
19 Entregaram-lhe também a gordura do
boi e do carneiro, a cauda, o que cobre as
entranhas, os rins e a membrana do fígado.
20 E puseram a gordura sobre o peito dos
animais, e ele a queimou sobre o altar;
21 mas o peito e a coxa direita Arão moveu
por oferta movida diante do Senhor, como
Moisés havia ordenado.

22 Depois, Arão levantou as mãos para o
povo e o abençoou; então desceu do altar,
havendo feito a oferta pelo pecado, o holo-
causto e a oferta pacífica. 23 Então Moisés
e Arão entraram na tenda do encontro.
Quando saíram, abençoaram o povo; e a
glória do Senhor apareceu a todo o povo.
24 E eis que, saindo fogo de diante do Senhor,
consumiu o holocausto e a gordura sobre
o altar. Quando todo o povo viu isso, deu
gritos de alegria e se prostrou com o rosto
em terra.

A MORTE DE NADABE E ABIÚ

10 1 Nadabe e Abiú, filhos de Arão,
tomaram cada um o seu incensá-
rio, puseram fogo dentro deles, e sobre o
fogo colocaram incenso; e trouxeram fogo
estranho diante da face do Senhor, algo que
ele não lhes havia ordenado. 2 Então saiu
fogo de diante do Senhor e os consumiu;
e morreram diante do Senhor. 3 E Moisés
disse a Arão:

— Isto é o que o Senhor disse: "Mostrarei
a minha santidade naqueles que se apro-
ximam de mim e serei glorificado diante
de todo o povo."

Porém Arão se calou.

4 Então Moisés chamou Misael e Elzafã,
filhos de Uziel, tio de Arão, e disse-lhes:

— Venham e tirem os seus parentes de
diante do santuário, e levem-nos para fora
do arraial.

5 Chegaram-se, pois, e os levaram nas suas
túnicas para fora do arraial, como Moisés
tinha dito. 6 Moisés disse a Arão e aos seus
filhos Eleazar e Itamar:

— Não deixem os cabelos sem pentear,
nem rasguem as suas roupas, para que
vocês não morram, nem venha grande ira
sobre toda a congregação; mas os seus
irmãos, toda a casa de Israel, poderão
lamentar o fogo que o Senhor causou. 7 Não
se afastem da porta da tenda do encontro,
para que vocês não morram; porque sobre
vocês está o óleo da unção do Senhor.

E fizeram conforme a palavra de Moisés.

DEVERES E PORÇÕES DOS SACERDOTES

8 Então o Senhor falou a Arão, dizendo:

9 — Você e seus filhos não devem beber
vinho ou bebida forte, quando entrarem na
tenda do encontro, para que não morram.
Isso será estatuto perpétuo entre as suas
gerações, 10 para que vocês façam diferença
entre o santo e o profano e entre o impuro
e o puro 11 e para ensinarem aos filhos de
Israel todos os estatutos que o Senhor lhes
tem falado por meio de Moisés.

12 Moisés disse a Arão e aos filhos deste,
Eleazar e Itamar, que ficaram vivos:

— Peguem a oferta de cereais que restou das
ofertas queimadas ao Senhor, e comam-na,
sem fermento, junto ao altar, porque coisa
santíssima é. 13 Comam-na em lugar santo,
porque é a porção que foi dada a vocês e aos
seus filhos, das ofertas queimadas do Senhor;
porque assim me foi ordenado. 14 Também
o peito da oferta movida e a coxa da oferta
vocês devem comer em lugar puro, você,
seus filhos e suas filhas, porque foram dados
por sua porção e por porção de seus filhos,
dos sacrifícios pacíficos dos filhos de Israel.
15 Trarão a coxa da oferta e o peito da oferta
movida com as ofertas queimadas de
gordura, para mover por oferta movida
diante do Senhor; esta é a porção que foi
dada a você e aos seus filhos, por estatuto
perpétuo, como o Senhor tem ordenado.

16 Moisés procurou diligentemente o bode
da oferta pelo pecado, e eis que já tinha sido
queimado. Por isso, Moisés indignou-se
contra Eleazar e contra Itamar, os filhos
de Arão que ficaram vivos, e disse:

17 — Por que vocês não comeram a oferta
pelo pecado no lugar santo? Pois coisa

santíssima é; e o SENHOR a deu a vocês, para levarem a iniquidade da congregação, para fazerem expiação por eles diante do SENHOR. 18 Eis que desta oferta o sangue não foi trazido para dentro do santuário; certamente vocês deviam tê-la comido no santuário, como eu havia ordenado.

19 Arão respondeu a Moisés:

— Eis que hoje meus filhos ofereceram a sua oferta pelo pecado e o seu holocausto diante do SENHOR, e mesmo assim tais coisas me aconteceram. Se eu hoje tivesse comido a oferta pelo pecado, será que isso teria sido aceito aos olhos do SENHOR?

20 Quando Moisés ouviu isso, deu-se por satisfeito.

LEIS A RESPEITO DOS ANIMAIS PUROS E IMPUROS

Dt 14.3-20

11 1 O SENHOR falou a Moisés e a Arão, dizendo-lhes:

2 — Digam aos filhos de Israel: De todos os animais que existem sobre a terra são estes que vocês podem comer: 3 todos os que têm unhas fendidas, cujo casco se divide em dois e que ruminam, esses vocês podem comer. 4 Mas dos que ruminam ou dos que têm casco dividido são estes que vocês não podem comer: o camelo, que rumina, mas não tem casco dividido; este será impuro para vocês; 5 o arganaz, porque rumina, mas não tem casco dividido; este será impuro para vocês; 6 a lebre, porque rumina, mas não tem casco dividido; esta será impura para vocês. 7 Também o porco, porque tem unhas fendidas e o casco dividido, mas não rumina; este será impuro para vocês; 8 não comam da sua carne, nem toquem no seu cadáver. Estes animais serão impuros para vocês.

9 — De todos os animais que há nas águas vocês podem comer os seguintes: todo o que tem barbatanas e escamas, nos mares e nos rios; esses vocês podem comer. 10 Porém todo o que não tem barbatanas nem escamas, nos mares e nos rios, todos os que enxameiam as águas e todo ser vivo que há nas águas, estes serão abominação para vocês. 11 Vocês devem considerá-los uma abominação; não comam da sua carne e abominem o cadáver desses animais. 12 Todo o que nas águas não tem barbatanas ou escamas será abominação para vocês.

13 — Das aves, estas vocês abominarão; não se comerão, serão abominação: a águia, o urubu e a águia marinha; 14 o milhano e o falcão, segundo a sua espécie; 15 todo corvo, segundo a sua espécie; 16 o avestruz, a coruja, a gaivota, o gavião, segundo a sua espécie; 17 o mocho, o corvo marinho, a íbis, 18 a gralha, o pelicano, o abutre, 19 a cegonha, a garça, segundo a sua espécie; a poupa e o morcego.

20 — Todo inseto que voa e que anda sobre quatro pés será abominação para vocês. 21 Mas de todo inseto que voa, que anda sobre quatro pés, cujas pernas traseiras são mais compridas, para saltar com elas sobre a terra, estes vocês podem comer. 22 Deles, vocês podem comer estes: a locusta, segundo a sua espécie; o gafanhoto devorador, segundo a sua espécie; o grilo, segundo a sua espécie; e o gafanhoto, segundo a sua espécie. 23 Mas todos os outros insetos que voam e que têm quatro pés serão abominação para vocês.

24 — E por estes vocês se tornam impuros; quem tocar o cadáver deles ficará impuro até a tarde. 25 Quem levar o cadáver desses animais deverá lavar as suas roupas e ficará impuro até a tarde. 26 Todo animal que tem unhas fendidas, mas o casco não dividido em dois e não rumina deve ser considerado impuro por vocês; quem tocar neles ficará impuro. 27 Todo animal quadrúpede que anda na planta dos pés será impuro para vocês; quem tocar o cadáver desses animais ficará impuro até a tarde. 28 E quem levar o cadáver desses animais deverá lavar as suas roupas e ficará impuro até a tarde; esses animais serão impuros para vocês.

29 — Entre o enxame de criaturas que se movem sobre a terra, estas serão impuras para vocês: a doninha, o rato, o lagarto, segundo a sua espécie; 30 geco, o crocodilo da terra, a lagartixa, o lagarto da areia e o camaleão. 31 Entre todas as criaturas que se movem sobre a terra, estas vocês devem considerar impuras; quem tocar nelas, estando elas mortas, ficará impuro até a tarde. 32 E tudo aquilo sobre que cair qualquer um desses animais, estando eles mortos, ficará impuro, seja vaso de madeira,

roupa, pele, pano de saco ou qualquer instrumento com que se faz alguma obra; deverá ser posto em água e ficará impuro até a tarde; depois, ficará puro. 33 E todo vaso de barro, dentro do qual cair alguma coisa deles, tudo o que houver nele ficará impuro; o vaso deverá ser quebrado. 34 Todo alimento que se come, preparado com aquela água, ficará impuro; e todo líquido que se bebe, se estiver naquele vaso, ficará impuro. 35 E aquilo sobre o que cair alguma coisa do seu corpo morto ficará impuro; se for um forno ou um fogareiro de barro, serão quebrados; são impuros; portanto, vocês os devem considerar impuros. 36 Porém a fonte ou cisterna, em que se recolhem águas, será pura; mas quem tocar no cadáver desses animais ficará impuro. 37 Se do seu cadáver cair alguma coisa sobre alguma semente de semear, esta estará pura; 38 mas, se alguém derramar água sobre a semente, e, se do cadáver cair alguma coisa sobre ela, será impura para vocês.

39 — Se morrer algum dos animais que vocês podem comer, quem tocar no seu cadáver ficará impuro até a tarde. 40 Quem comer do cadáver desse animal lavará as suas roupas e ficará impuro até a tarde; e quem levar o corpo morto desse animal deverá lavar as suas roupas e ficará impuro até a tarde.

41 — Também dos que se movem sobre a terra, todo animal que rasteja sobre o chão será impuro; não se comerá. 42 Tudo o que anda sobre o ventre, e tudo o que anda sobre quatro pés ou que tem muitos pés, entre todas as criaturas que se movem sobre a terra, não comam, porque são abominação. 43 Não se façam abomináveis por nenhuma dessas criaturas, nem se contaminem por meio delas, para que vocês não fiquem impuros. 44 Eu sou o SENHOR, o Deus de vocês; portanto, consagrem-se e sejam santos, porque eu sou santo; e não se contaminem por nenhuma dessas criaturas que rastejam sobre o chão, entre todas as criaturas que se movem sobre a terra. 45 Eu sou o SENHOR, que os tirei da terra do Egito, para que eu seja o Deus de vocês; portanto, sejam santos, porque eu sou santo.

46 — Esta é a lei a respeito dos animais, das aves, de todo ser vivo que se move nas águas e de toda criatura que rasteja sobre o chão, 47 para fazer diferença entre o impuro e o puro e entre os animais que podem ser comidos e os animais que não podem ser comidos.

A PURIFICAÇÃO DA MULHER DEPOIS DO PARTO

12 1 O SENHOR disse a Moisés:

2 — Diga aos filhos de Israel: Se uma mulher conceber e tiver um menino, ficará impura durante sete dias; como nos dias da sua menstruação, ficará impura. 3 E, no oitavo dia, o menino será circuncidado. 4 Depois, ela ficará trinta e três dias a purificar-se do seu sangue; nenhuma coisa santa tocará, nem entrará no santuário até que se cumpram os dias da sua purificação. 5 Mas, se tiver uma menina, ficará impura durante duas semanas, como na sua menstruação; depois, ficará sessenta e seis dias a purificar-se do seu sangue.

6 — E, cumpridos os dias da sua purificação pelo nascimento de um filho ou de uma filha, trará ao sacerdote, à porta da tenda do encontro, um cordeiro de um ano, por holocausto, e um pombinho ou uma rolinha, por oferta pelo pecado; 7 o sacerdote oferecerá esse sacrifício diante do SENHOR e, pela mulher, fará expiação; e ela será purificada do fluxo do seu sangue. Esta é a lei a respeito da que der à luz um menino ou uma menina. 8 Mas, se as suas posses não lhe permitirem trazer um cordeiro, então a mulher trará duas rolinhas ou dois pombinhos, um para o holocausto e o outro para a oferta pelo pecado; assim, o sacerdote fará expiação pela mulher, e ela ficará pura.

LEIS A RESPEITO DA LEPRA

13 1 O SENHOR disse a Moisés e a Arão:

2 — Quando uma pessoa tiver na sua pele inchação, pústula ou mancha lustrosa, e isto se tornar na sua pele como praga de lepra, essa pessoa será levada a Arão, o sacerdote, ou a um de seus filhos, sacerdotes. 3 O sacerdote examinará a praga na pele, e, se os pelos na praga se tornaram brancos e a praga parecer mais profunda do que a pele da sua carne, é praga de lepra; o sacerdote examinará a pessoa e a declarará impura. 4 Se a mancha lustrosa na pele for

branca e não parecer mais profunda do que
a pele, e os pelos não se tornaram brancos,
então o sacerdote encerrará por sete dias a
pessoa que tem a praga. 5 No sétimo dia,
o sacerdote a examinará. Se, na opinião
dele, a praga tiver parado e não se espalhou
na pele daquela pessoa, então o sacerdote
a encerrará por mais sete dias. 6 No sétimo
dia, o sacerdote a examinará outra vez. Se a
lepra se tornou pálida e não se espalhou na
pele, então o sacerdote a declarará pura; é
apenas uma pústula. A pessoa lavará as suas
roupas e estará pura. 7 Mas, se a pústula
se espalha muito na pele, depois que a
pessoa se mostrou ao sacerdote para a sua
purificação, terá de se mostrar outra vez ao
sacerdote. 8 Este a examinará, e se a pústula
tiver se alastrado pela pele, o sacerdote
declarará que a pessoa está impura; é lepra.

9 — Quando uma pessoa tiver praga de
lepra, será levada ao sacerdote. 10 Este a
examinará, e, se houver inchação branca
na pele, a qual tornou brancos os pelos, e
houver carne viva na inchação, 11 é lepra
crônica na pele; portanto, o sacerdote declarará que a pessoa está impura; não encerrará
essa pessoa, porque está impura. 12 Se a lepra
se espalhar de todo na pele e cobrir a pele
da pessoa que tem a lepra, desde a cabeça
até os pés, quanto podem ver os olhos
do sacerdote, 13 então este a examinará.
Se a lepra cobriu toda a carne, o sacerdote
declarará que a pessoa que tem a mancha
está pura; a lepra tornou-se branca; a pessoa
está pura. 14 Mas, no dia em que aparecer
nela carne viva, será impura. 15 Ao ver a carne
viva, o sacerdote declarará que a pessoa está
impura; a carne viva é impura; é lepra. 16 Se a
carne viva mudar e ficar de novo branca,
então a pessoa virá ao sacerdote, 17 e este
a examinará. Se a lepra se tornou branca,
então o sacerdote declarará que a pessoa
que tem a praga está pura.

18 — Quando sarar a carne em cuja pele
houver uma úlcera, 19 e no lugar da úlcera
aparecer uma inchação branca ou mancha lustrosa, de um branco que puxa para
o vermelho, a pessoa terá de se mostrar
ao sacerdote. 20 O sacerdote examinará a
inchação, e, se ela parece mais profunda
do que a pele, e os seus pelos se tornaram
brancos, o sacerdote declarará que a pessoa
está impura; é praga de lepra, que brotou da
úlcera. 21 Porém, se o sacerdote a examinar,
e nela não houver pelos brancos, e ela
não estiver mais profunda do que a pele,
porém pálida, então o sacerdote encerrará
essa pessoa por sete dias. 22 Se a inchação
se espalhar na pele, o sacerdote declarará
que a pessoa está impura; é lepra. 23 Mas, se
a mancha lustrosa parar no seu lugar, não
se espalhando, é cicatriz da úlcera; o sacerdote, pois, declarará que a pessoa está pura.

24 — Quando, na pele, houver queimadura
de fogo, e a carne viva da queimadura se
tornar em mancha lustrosa, de um branco
que puxa para o vermelho ou para o branco,
25 o sacerdote a examinará. Se os pelos
da mancha lustrosa se tornaram brancos,
e ela parece mais profunda do que a pele,
é lepra que brotou na queimadura. O sacerdote declarará que a pessoa está impura; é
a praga de lepra. 26 Porém, se o sacerdote a
examinar, e não houver pelos brancos na
mancha lustrosa, e ela não estiver mais
profunda do que a pele, mas for de cor
pálida, o sacerdote encerrará a pessoa por
sete dias. 27 Depois, no sétimo dia, o sacerdote a examinará, e, se a mancha tiver se
alastrado pela pele, o sacerdote declarará
que a pessoa está impura; é praga de lepra.
28 Mas, se a mancha lustrosa parar no seu
lugar e não se espalhar na pele, mas se
tornou pálida, é inchação da queimadura;
portanto, o sacerdote declarará que a pessoa
está pura, porque é cicatriz da queimadura.

29 — Quando um homem ou uma mulher
tiver praga na cabeça ou no queixo, 30 o
sacerdote examinará a praga. Se ela parece
mais profunda do que a pele, e se nela
houver pelos finos amarelados, o sacerdote declarará que a pessoa está impura;
é micose, é lepra da cabeça ou do queixo.
31 Mas, se o sacerdote, havendo examinado
a praga da micose, achar que ela não parece
mais profunda do que a pele, e, se nela não
houver pelos pretos, então o sacerdote
encerrará a pessoa que tem a praga da
micose por sete dias. 32 No sétimo dia, o
sacerdote examinará a praga; se a micose
não tiver se espalhado, e nela não houver
pelos amarelos, e a micose não parecer mais
profunda do que a pele, 33 então a pessoa
será rapada; mas não se rapará a micose.

O sacerdote, por mais sete dias, encerrará a
pessoa que tem a micose. 34 No sétimo dia,
o sacerdote examinará a micose; se ela não
tiver se alastrado pela pele e não parecer
mais profunda do que a pele, o sacerdote
declarará pura essa pessoa; ela lavará as suas
roupas e estará pura. 35 Mas, se a micose,
depois da sua purificação, tiver se espa-
lhado muito na pele, 36 então o sacerdote a
examinará; se a micose tiver se espalhado
na pele, o sacerdote não precisa procurar
pelos amarelados; está impura. 37 Mas, se,
na opinião do sacerdote, a micose parou, e
pelos pretos cresceram nela, a micose está
sarada; a pessoa está pura, e o sacerdote
declarará que ela está pura.

38 — E, quando um homem ou uma mulher
tiver manchas lustrosas na pele, 39 então o
sacerdote examinará a pessoa. Se na pele
aparecerem manchas pálidas, brancas, é
uma pequena ferida branca que brotou na
pele; a pessoa está pura.

40 — Quando os cabelos do homem lhe
caírem da cabeça, é calva; contudo, está
puro. 41 Se lhe caírem na frente da cabeça,
é antecalva; contudo, está puro. 42 Porém,
se, na calva ou na antecalva, houver praga
branca, que puxa para o vermelho, é lepra,
brotando na calva ou na antecalva. 43 O sacer-
dote examinará o homem, e, se a inchação
da praga, na sua calva ou antecalva, está
branca, puxando para o vermelho, como
parece a lepra na pele, 44 aquele homem
é leproso, está impuro; o sacerdote decla-
rará que ele está impuro; a sua praga está
na cabeça.

45 — As roupas do leproso, em quem está
a praga, serão rasgadas, e os seus cabelos
deixados sem pentear; com a mão sobre a
boca, gritará: Impuro! Impuro! 46 Será impuro
durante os dias em que a praga estiver nele;
está impuro, habitará só; a sua habitação
será fora do arraial.

LEIS A RESPEITO DO MOFO

47 — Quando também em alguma roupa
houver praga de mofo, roupa de lã ou de
linho, 48 seja na urdidura, seja na trama,
de linho ou de lã, em couro ou em qualquer
objeto feito de couro, 49 se a praga for esver-
deada ou avermelhada na roupa, na pele,
na urdidura ou na trama, em qualquer coisa
feita de couro, é a praga de mofo, e deverá
ser mostrada ao sacerdote. 50 O sacerdote
examinará a praga e encerrará, por sete
dias, aquilo que tem a praga. 51 Então, no
sétimo dia, examinará a praga; se ela tiver
se alastrado pela roupa, na urdidura ou na
trama, seja no couro, seja qual for a obra em
que se empregue, é mofo que se espalha;
isso é impuro. 52 Ele queimará aquela roupa,
seja a urdidura, seja a trama, de lã, de linho
ou qualquer coisa feita de couro, em que se
acha a praga, pois é mofo que se espalha;
tudo deverá ser queimado.

53 — Mas, se o sacerdote examinar e a praga
não tiver se espalhado na roupa, nem na
urdidura, nem na trama, nem em qualquer
coisa feita de couro, 54 então o sacerdote
ordenará que se lave aquilo em que havia
a praga e o encerrará por mais sete dias.
55 O sacerdote, examinando a coisa em
que havia praga, depois de lavada aquela,
se a praga não mudou a sua cor, nem se
espalhou, está impura; terá de ser queimada
com fogo; é mofo que se espalha, seja no
avesso ou no direito. 56 Mas, se o sacerdote
examinar a mancha, e esta se tornou pálida
depois de lavada, então rasgará aquela parte
da roupa, do couro, da urdidura ou da trama.
57 Se a praga ainda aparecer na roupa, quer
na urdidura, quer na trama, ou em qualquer
coisa feita de couro, é mofo que se espalha;
com fogo terá de ser queimado aquilo em
que está a praga. 58 Mas a roupa, quer na
urdidura, quer na trama, ou qualquer coisa
feita de couro, que você lavar e de que
a praga desaparecer, deve ser lavada mais
uma vez e estará pura.

59 Esta é a lei a respeito da praga do mofo
da roupa de lã ou de linho, quer na urdi-
dura, quer na trama; ou de qualquer coisa
feita de couro, para se poder declará-las
puras ou impuras.

A LEI A RESPEITO DO LEPROSO DEPOIS DE SARADO

14 1 O SENHOR disse a Moisés:
2 — Esta será a lei a respeito do le-
proso no dia da sua purificação: o leproso
será levado ao sacerdote; 3 este sairá fora
do arraial e o examinará. Se a praga da lepra
estiver curada, 4 o sacerdote mandará trazer,
para aquele que se houver de purificar,

duas aves vivas e puras, madeira de cedro,
pano escarlate e hissopo. 5 O sacerdote
mandará que se mate uma das aves num
vaso de barro, sobre águas correntes.
6 Depois o sacerdote pegará a ave que ficou
viva, a madeira de cedro, o pano escarlate
e o hissopo e os molhará no sangue da ave
que foi morta sobre as águas correntes.
7 E aspergirá sete vezes sobre aquele que há
de purificar-se da lepra; então o declarará
puro e soltará a ave que ficou viva para o
campo aberto. 8 Aquele que tem de se puri-
ficar lavará as suas roupas, rapará todos os
seus pelos, se banhará com água e estará
puro; depois, entrará no arraial, porém ficará
fora da sua tenda por sete dias. 9 No sétimo
dia, rapará todo o seu cabelo, a cabeça, a
barba e as sobrancelhas; rapará todos os
pelos, lavará as suas roupas, banhará o corpo
com água e estará puro.

10 — No oitavo dia, pegará dois cordeiros
sem defeito, uma cordeira sem defeito, de um
ano, seis litros da melhor farinha, para oferta
de cereais, amassada com azeite, e separada-
mente um copo de azeite. 11 O sacerdote que
faz a purificação apresentará o homem que
houver de purificar-se e essas coisas diante
do Senhor, à porta da tenda do encontro;
12 pegará um dos cordeiros e o oferecerá por
oferta pela culpa juntamente com o copo de
azeite; e os moverá por oferta movida diante
do Senhor. 13 Depois matará o cordeiro no
lugar onde são mortos os animais da oferta
pelo pecado e do holocausto, no lugar santo;
porque tanto a oferta pela culpa como a
oferta pelo pecado são para o sacerdote; são
coisas santíssimas. 14 O sacerdote pegará um
pouco do sangue da oferta pela culpa e o
porá sobre a ponta da orelha direita daquele
que tem de purificar-se, sobre o polegar da
sua mão direita e sobre o polegar do seu
pé direito. 15 Também pegará o copo de
azeite e derramará um pouco na palma da
própria mão esquerda. 16 Molhará o dedo
direito no azeite que está na mão esquerda
e daquele azeite aspergirá, com o dedo,
sete vezes diante do Senhor; 17 do restante
do azeite que está na mão, o sacerdote porá
um pouco sobre a ponta da orelha direita
daquele que tem de purificar-se, sobre o
polegar da sua mão direita e sobre o pole-
gar do seu pé direito, em cima do sangue
da oferta pela culpa. 18 O restante do azeite
que está na mão do sacerdote ele porá sobre
a cabeça daquele que tem de purificar-se;
assim, o sacerdote fará expiação por ele
diante do Senhor.

19 — Então o sacerdote fará a oferta pelo
pecado e fará expiação por aquele que tem
de purificar-se da sua impureza. Depois,
matará o animal do holocausto 20 e o ofere-
cerá com a oferta de cereais sobre o altar;
assim, o sacerdote fará expiação pelo
homem, e este ficará puro. 21 Se for pobre,
e as suas posses não lhe permitirem trazer
tanto, pegará um cordeiro para oferta pela
culpa como oferta movida, para fazer expia-
ção por ele, e dois litros da melhor farinha,
amassada com azeite, para oferta de cereais,
um copo de azeite, 22 duas rolinhas ou dois
pombinhos, segundo as suas posses, dos
quais um será para oferta pelo pecado, e
o outro, para holocausto. 23 No oitavo dia
da sua purificação, trará isso ao sacerdote,
à porta da tenda do encontro, diante do
Senhor. 24 O sacerdote pegará o cordeiro
da oferta pela culpa e o copo de azeite e os
moverá por oferta movida diante do Senhor.
25 Então o sacerdote matará o cordeiro da
oferta pela culpa, pegará um pouco do
sangue da oferta pela culpa e o porá sobre
a ponta da orelha direita daquele que tem
de purificar-se, sobre o polegar da sua mão
direita e sobre o polegar do seu pé direito.
26 Derramará um pouco do azeite na palma
da própria mão esquerda; 27 e, com o dedo
direito, aspergirá do azeite que está na sua
mão esquerda sete vezes diante do Senhor.
28 Então, do azeite que está na sua mão, o
sacerdote porá um pouco na ponta da orelha
direita daquele que tem de purificar-se, no
polegar da sua mão direita e no polegar do
seu pé direito, por cima do sangue da oferta
pela culpa. 29 O restante do azeite que está
na mão do sacerdote ele porá sobre a cabeça
do que tem de purificar-se, para fazer expia-
ção por ele diante do Senhor. 30 Oferecerá
uma das rolinhas ou um dos pombinhos,
segundo as suas posses; 31 será um para
oferta pelo pecado, e o outro, para holo-
causto, além da oferta de cereais; e, assim, o
sacerdote fará expiação por aquele que tem
de purificar-se diante do Senhor. 32 Esta é a
lei a respeito daquele em quem está a praga

da lepra, cujas posses não lhe permitem o que é preciso para a sua purificação.

A LEI A RESPEITO DO MOFO NUMA CASA

33 O SENHOR disse a Moisés e a Arão:

34 — Quando vocês entrarem na terra de Canaã, que lhes darei por herança, e eu enviar a praga do mofo a alguma casa da terra que vocês passarão a possuir, 35 o dono da casa fará saber ao sacerdote, dizendo: "Parece-me que existe algo como que uma praga em minha casa." 36 O sacerdote ordenará que se esvazie a casa, antes que venha para examinar a praga, para que não seja contaminado tudo o que está na casa. Depois o sacerdote virá para examinar a casa 37 e examinará a praga. Se, nas paredes da casa, há manchas esverdeadas ou avermelhadas e parecem mais fundas que a parede, 38 então o sacerdote sairá da casa e a fechará por sete dias. 39 No sétimo dia, o sacerdote voltará e examinará a casa. Se notar que a praga se alastrou nas paredes da casa, 40 ele ordenará que arranquem as pedras em que estiver a praga e que as lancem fora da cidade num lugar impuro; 41 e fará raspar a casa por dentro, ao redor, e o pó que houverem raspado lançarão, fora da cidade, num lugar impuro. 42 Depois pegarão outras pedras e as colocarão no lugar das primeiras; e rebocarão a casa com outra argamassa.

43 — Se a praga tornar a brotar na casa, depois de arrancadas as pedras, raspada a casa e de novo rebocada, 44 então o sacerdote entrará e examinará. Se a praga tiver se alastrado pela casa, há nela mofo que se espalha; está impura. 45 O sacerdote mandará derrubar a casa, as pedras e a sua madeira, bem como todo o reboco da casa; e se levará tudo para fora da cidade, a um lugar impuro. 46 Aquele que entrar na casa, enquanto está fechada, ficará impuro até a tarde. 47 Também o que se deitar na casa terá de lavar as suas roupas; e quem nela comer terá de lavar as suas roupas.

48 — Porém, se o sacerdote entrar na casa, e, examinando, verificar que a praga não se alastrou pela casa, depois que ela foi rebocada, o sacerdote a declarará pura, porque a praga está curada. 49 Para purificar a casa, pegará duas aves, madeira de cedro, pano escarlate e hissopo, 50 e matará uma ave num vaso de barro sobre águas correntes. 51 Depois, pegará a madeira de cedro, o hissopo, o pano escarlate e a ave que ficou viva, os molhará no sangue da ave que foi morta e nas águas correntes e aspergirá a casa sete vezes. 52 Assim, purificará aquela casa com o sangue da ave, com as águas correntes, com a ave que ficou viva, com a madeira de cedro, com o hissopo e com o pano escarlate. 53 Então soltará a ave que ficou viva para fora da cidade, para o campo aberto; assim, fará expiação pela casa, e ficará pura.

54 Esta é a lei para todos os tipos de praga de lepra, de micose, 55 de mofo das roupas e das casas, 56 da inchação, da pústula e das manchas lustrosas, 57 para ensinar quando alguma coisa é pura ou impura. Esta é a lei a respeito da lepra.

IMPUREZAS DO HOMEM E DA MULHER

15 1 O SENHOR disse a Moisés e a Arão:
2 — Falem aos filhos de Israel e digam-lhes: Qualquer homem que tiver fluxo seminal do seu corpo ficará impuro por causa do fluxo. 3 Esta, pois, será a sua impureza por causa do seu fluxo: se o seu corpo vaza o fluxo ou se o seu corpo o estanca, esta é a sua impureza. 4 Toda cama em que se deitar o que tiver fluxo ficará impura; e tudo sobre que ele se assentar ficará impuro. 5 Quem tocar na cama dele terá de lavar as suas roupas, se banhará em água e ficará impuro até a tarde. 6 Quem se assentar sobre aquilo em que se havia assentado o homem que tem o fluxo lavará as suas roupas, se banhará em água e ficará impuro até a tarde. 7 Quem tocar o corpo do que tem o fluxo lavará as suas roupas, se banhará em água e ficará impuro até a tarde. 8 Se o homem que tem o fluxo cuspir sobre uma pessoa pura, essa pessoa lavará as suas roupas, se banhará em água e ficará impura até a tarde. 9 Também toda sela em que cavalgar o que tem o fluxo ficará impura. 10 Quem tocar alguma coisa que esteve debaixo dele ficará impuro até a tarde; e aquele que levar alguma dessas coisas lavará as suas roupas, se banhará em água e ficará impuro

até a tarde. 11 Também todo aquele em quem
tocar o que tiver o fluxo, sem haver lavado as
suas mãos com água, lavará as suas roupas,
se banhará em água e ficará impuro até a
tarde. 12 O vaso de barro em que tocar o que
tem o fluxo será quebrado; porém todo vaso
de madeira será lavado com água.

13 — Quando, pois, o que tem o fluxo estiver puro dele, serão contados sete dias para
a sua purificação; lavará as suas roupas,
banhará o corpo em águas correntes e ficará
puro. 14 No oitavo dia, pegará duas rolinhas
ou dois pombinhos, e virá diante do Senhor,
à porta da tenda do encontro, e os dará ao
sacerdote. 15 Este os oferecerá, um para oferta
pelo pecado, e o outro, para holocausto; e,
assim, o sacerdote fará, por ele, expiação do
seu fluxo diante do Senhor.

16 — Quando um homem tiver emissão
de sêmen, banhará todo o seu corpo em
água e ficará impuro até a tarde. 17 Toda
roupa e toda peça de couro em que houver
sêmen têm de ser lavadas em água e ficarão impuras até a tarde. 18 Se um homem
tiver relações com mulher e tiver emissão
do sêmen, ambos se banharão em água e
ficarão impuros até a tarde.

19 — A mulher, quando tiver o fluxo de
sangue, se este for o fluxo habitual do corpo
dela, estará sete dias na sua menstruação,
e quem a tocar ficará impuro até a tarde.
20 Tudo sobre que ela se deitar durante a
menstruação ficará impuro; e tudo sobre
que se assentar ficará impuro. 21 Quem
tocar no leito dela lavará as suas roupas,
se banhará em água e ficará impuro até a
tarde. 22 Quem tocar alguma coisa sobre que
ela se tiver assentado lavará as suas roupas,
se banhará em água e ficará impuro até a
tarde. 23 Também quem tocar alguma coisa
que estiver sobre a cama ou sobre aquilo
em que ela se assentou, esse ficará impuro
até a tarde. 24 Se um homem tiver relações
com a mulher, e a menstruação dela tocar
nele, ficará impuro por sete dias; e toda cama
sobre que ele se deitar ficará impura.

25 — Quando uma mulher tiver um fluxo
de sangue por muitos dias fora do tempo
da sua menstruação, ou quando tiver
fluxo do sangue por mais tempo do que o
habitual, todos os dias do fluxo ela ficará
impura, como nos dias da sua menstruação.
26 Toda cama sobre que se deitar durante
os dias do seu fluxo será como a cama em
que ela se deita na sua menstruação; e toda
coisa sobre que se assentar ficará impura,
conforme a impureza da sua menstruação.
27 Quem tocar estas coisas ficará impuro;
portanto, lavará as suas roupas, se banhará
em água e ficará impuro até a tarde.
28 Porém, quando lhe cessar o fluxo, então
se contarão sete dias, e depois estará pura.
29 No oitavo dia, pegará duas rolinhas ou dois
pombinhos e os trará ao sacerdote à porta
da tenda do encontro. 30 Então o sacerdote
oferecerá um para oferta pelo pecado, e o
outro, para holocausto; o sacerdote fará,
por ela, expiação do fluxo da sua impureza
diante do Senhor.

31 — Assim, vocês separarão os filhos de
Israel das suas impurezas, para que não
morram nelas, ao contaminarem o meu
tabernáculo, que está no meio deles.

32 Esta é a lei a respeito daquele que tem o
fluxo, daquele que tem emissão de sêmen e
que, por causa dela, fica impuro, 33 da mulher
em sua menstruação, daquele que tem o
fluxo, seja homem ou mulher, e do homem
que se deita com mulher impura.

O DIA DA EXPIAÇÃO

16 1 O Senhor falou a Moisés, depois
da morte dos dois filhos de Arão,
quando estes chegaram diante do Senhor e
morreram. 2 O Senhor disse a Moisés:

— Diga a seu irmão Arão que não entre no
santuário a qualquer hora, para dentro do
véu, diante do propiciatório que está sobre a
arca, para que não morra; porque aparecerei
na nuvem sobre o propiciatório. 3 Mas é
assim que Arão deverá entrar no santuário:
com um novilho, para oferta pelo pecado, e
um carneiro, para holocausto. 4 Ele vestirá
a túnica sagrada de linho, terá as calças de
linho sobre a pele, porá o cinto de linho na
cintura e se cobrirá com a mitra de linho;
são estas as vestes sagradas. Banhará o seu
corpo em água e então porá essas vestes.

5 — Da congregação dos filhos de Israel
pegará dois bodes, para a oferta pelo pecado,
e um carneiro, para o holocausto. 6 Arão trará
o novilho da sua oferta pelo pecado e fará
expiação por si e pela sua casa. 7 Também
pegará os dois bodes e os porá diante

do Senhor, à porta da tenda do encontro. 8 Lançará sortes sobre os dois bodes: uma sorte para o Senhor, e a outra para o bode emissário. 9 Arão fará chegar o bode sobre o qual cair a sorte para o Senhor e o oferecerá por oferta pelo pecado. 10 Mas o bode sobre o qual cair a sorte para bode emissário será apresentado vivo diante do Senhor, para fazer expiação por meio dele e enviá-lo ao deserto como bode emissário.

O SACRIFÍCIO PELO PRÓPRIO SUMO SACERDOTE

11 — Arão fará chegar o novilho da sua oferta pelo pecado e fará expiação por si e pela sua casa; matará o novilho da sua oferta pelo pecado. 12 Pegará também, de sobre o altar, o incensário cheio de brasas de fogo, diante do Senhor, e dois punhados de incenso aromático bem moído e o trará para dentro do véu. 13 Porá o incenso sobre o fogo, diante do Senhor, para que a nuvem do incenso cubra o propiciatório, que está sobre a arca do testemunho. Assim, Arão não correrá o risco de ser morto. 14 Ele pegará um pouco do sangue do novilho e, com o dedo, o aspergirá sobre a frente do propiciatório; e, diante do propiciatório, aspergirá sete vezes do sangue, com o dedo.

O SACRIFÍCIO PELO POVO

15 — Depois, matará o bode da oferta pelo pecado, que será para o povo. Trará o sangue do bode para dentro do véu e fará com esse sangue como fez com o sangue do novilho; ele o aspergirá no propiciatório e também diante dele. 16 Assim, fará expiação pelo santuário por causa das impurezas dos filhos de Israel e por causa das suas transgressões e de todos os seus pecados. Fará o mesmo pela tenda do encontro, que está com eles no meio das suas impurezas. 17 Ninguém poderá estar na tenda do encontro quando Arão entrar para fazer propiciação no santuário, até que ele saia depois de feita a expiação por si mesmo, pela sua casa e por toda a congregação de Israel. 18 Então sairá para junto do altar, que está diante do Senhor, e fará expiação pelo altar. Pegará um pouco do sangue do novilho e do sangue do bode e o porá sobre os chifres do altar, ao redor. 19 Do sangue aspergirá, com o dedo, sete vezes sobre o altar, o purificará e o santificará das impurezas dos filhos de Israel.

20 — Depois de fazer expiação pelo santuário, pela tenda do encontro e pelo altar, Arão fará chegar o bode vivo. 21 Porá as duas mãos sobre a cabeça do bode vivo e sobre ele confessará todas as iniquidades dos filhos de Israel, todas as suas transgressões e todos os seus pecados; e os porá sobre a cabeça do bode. Depois, enviará o bode ao deserto, pela mão de um homem à disposição para isso. 22 Assim, aquele bode levará sobre si todas as iniquidades deles para terra solitária; e o homem soltará o bode no deserto.

23 — Depois, Arão virá à tenda do encontro, despirá as vestes de linho que havia usado quando tinha entrado no santuário e ali as deixará. 24 Banhará o seu corpo em água no lugar santo e porá as suas roupas. Então sairá, e oferecerá o seu holocausto e o holocausto do povo, e fará expiação por si e pelo povo. 25 Também queimará a gordura da oferta pelo pecado sobre o altar. 26 E aquele que tiver levado o bode emissário lavará as suas roupas, banhará o seu corpo em água e, depois, entrará no arraial. 27 Mas o novilho e o bode da oferta pelo pecado, cujo sangue foi trazido para fazer expiação no santuário, serão levados para fora do arraial; o couro, a carne e o excremento deles serão queimados. 28 Aquele que o queimar lavará as suas roupas, banhará o seu corpo em água e, depois, entrará no arraial.

EXPIAÇÃO UMA VEZ POR ANO

29 — Isso lhes será por estatuto perpétuo: no sétimo mês, aos dez dias do mês, vocês se humilharão e não farão nenhum trabalho, nem o natural da terra nem o estrangeiro que peregrina entre vocês. 30 Porque, naquele dia, se fará expiação por vocês, para purificá-los; e vocês serão purificados de todos os seus pecados, diante do Senhor. 31 É sábado de descanso solene para vocês, e vocês se humilharão; é estatuto perpétuo. 32 Aquele que for ungido e consagrado para oficiar como sacerdote no lugar de seu pai é que fará a expiação, havendo posto as vestes de linho, as vestes santas; 33 fará expiação pelo santuário, pela tenda do encontro e pelo altar; também a

fará pelos sacerdotes e por todo o povo da congregação. 34 Isto lhes será por estatuto perpétuo, para fazer expiação uma vez por ano pelos filhos de Israel, por causa dos seus pecados.

E Arão fez como o SENHOR havia ordenado a Moisés.

LEIS A RESPEITO DO DERRAMAMENTO DE SANGUE

17 1 O SENHOR disse a Moisés:

2 — Fale a Arão, a seus filhos e aos filhos de Israel e diga-lhes: Isto é o que o SENHOR ordenou, dizendo:

3 — Qualquer homem da casa de Israel que matar um boi, um cordeiro ou uma cabra, no arraial ou fora dele, 4 e não os trouxer à porta da tenda do encontro, como oferta ao SENHOR diante do seu tabernáculo, a tal homem será atribuída a culpa do sangue; ele derramou sangue e por isso será eliminado do seu povo. 5 Isto é assim para que os filhos de Israel, trazendo os seus sacrifícios, que oferecem em campo aberto, os apresentem ao SENHOR, à porta da tenda do encontro, ao sacerdote, e os ofereçam por sacrifícios pacíficos ao SENHOR. 6 O sacerdote aspergirá o sangue sobre o altar do SENHOR, à porta da tenda do encontro, e queimará a gordura de aroma agradável ao SENHOR. 7 Nunca mais oferecerão os seus sacrifícios aos demônios, com os quais eles se prostituem; isso lhes será por estatuto perpétuo nas suas gerações.

8 — Diga-lhes também: Qualquer homem da casa de Israel ou dos estrangeiros que peregrinam entre vocês que oferecer holocausto ou sacrifício 9 e não o trouxer à porta da tenda do encontro, para oferecê-lo ao SENHOR, esse homem será eliminado do seu povo.

A PROIBIÇÃO DE COMER SANGUE

10 — Qualquer homem da casa de Israel ou dos estrangeiros que peregrinam entre vocês que comer sangue, contra ele me voltarei e o eliminarei do seu povo. 11 Porque a vida da carne está no sangue. Eu o tenho dado a vocês sobre o altar, para fazer expiação pela vida de vocês, porque é o sangue que fará expiação pela vida. 12 Portanto, tenho dito aos filhos de Israel: nenhum de vocês comerá sangue, nem o estrangeiro que peregrina entre vocês o comerá.

13 — Qualquer homem dos filhos de Israel ou dos estrangeiros que peregrinam entre vocês que caçar animal ou ave que se pode comer derramará o sangue e o cobrirá com pó. 14 Porque a vida de toda carne é o seu sangue. Por isso, tenho dito aos filhos de Israel que não comam o sangue de nenhuma carne, porque a vida de toda carne é o seu sangue; todo o que comer será eliminado.

15 — Qualquer pessoa, natural da terra ou estrangeira, que comer carne de um animal que morre por si ou que é dilacerado por feras lavará as suas roupas, se banhará em água e ficará impura até a tarde; depois, estará pura. 16 Mas, se não lavar a roupa, nem banhar o corpo, levará sobre si a sua iniquidade.

RELAÇÕES ILÍCITAS

18 1 O SENHOR disse a Moisés:

2 — Fale aos filhos de Israel e diga-lhes: Eu sou o SENHOR, o Deus de vocês. 3 Não façam como se faz na terra do Egito, onde vocês moraram, nem façam como se faz na terra de Canaã, para onde eu os estou levando. Não andem segundo os estatutos desses povos. 4 Cumpram os meus juízos e guardem os meus estatutos, para andarem neles. Eu sou o SENHOR, o Deus de vocês. 5 Portanto, guardem os meus estatutos e os meus juízos. Aquele que os cumprir, por eles viverá. Eu sou o SENHOR.

6 — Nenhum homem se aproximará de qualquer parenta próxima, para ter relações sexuais com ela. Eu sou o SENHOR. 7 Não envergonhe o seu pai, tendo relações com a própria mãe. Ela é a sua mãe; não tenha relações com ela. 8 Não tenha relações com a mulher de seu pai; este é um direito que somente o seu pai tem. 9 Não tenha relações com a sua irmã, filha de seu pai ou filha de sua mãe, nascida em casa ou fora de casa. 10 Não tenha relações com a filha do seu filho ou com a filha de sua filha; não faça isso, porque seria uma vergonha para você. 11 Não tenha relações com a filha da mulher de seu pai, gerada por seu pai; ela é a sua irmã. 12 Não tenha relações com a irmã do seu pai; ela é parenta de seu pai. 13 Não tenha relações com a irmã de sua mãe, pois ela

Em vez de nos expormos, precisamos permitir que Deus nos exponha no tempo certo.

é parenta de sua mãe. 14 Não envergonhe o irmão de seu pai, tendo relações com a mulher dele; ela é a sua tia. 15 Não tenha relações com a sua nora; ela é a mulher de seu filho; não tenha relações com ela. 16 Não tenha relações com a mulher de seu irmão; este é um direito que somente o seu irmão tem. 17 Não tenha relações com uma mulher e com a filha dela; não tenha relações com a filha do filho dela, nem com a filha da filha dela; são parentes; é perversidade. 18 E não case com a irmã de sua mulher, de modo que se torne rival dela, nem tenha relações com a outra, enquanto a sua mulher estiver viva.

19 — Não se aproxime da mulher, para ter relações com ela, durante a sua menstruação. 20 Nem se deite com a mulher do seu próximo, para ter relações sexuais, porque isso torna você impuro. 21 E não entregue nenhum dos seus descendentes para que se dedique a Moloque. Não profane o nome do seu Deus. Eu sou o SENHOR.

22 — Não se deite com outro homem para ter relações com ele como se fosse mulher; é abominação. 23 Nem tenha relações com um animal, para se contaminar com ele; e também a mulher não se porá diante de um animal, para ajuntar-se com ele; é confusão.

24 — Não se contaminem com nenhuma destas coisas, porque com todas estas coisas se contaminaram as nações que eu vou expulsar da presença de vocês. 25 A terra se contaminou; eu a castiguei por sua iniquidade, e ela vomitou os seus moradores. 26 Vocês, porém, guardarão os meus estatutos e os meus juízos, e não farão nenhuma dessas abominações, nem o natural da terra, nem o estrangeiro que peregrina entre vocês. 27 Porque os moradores desta terra que nela estavam antes de vocês fizeram todas essas abominações, e a terra se contaminou. 28 Que não aconteça que a terra vomite vocês também, por terem se contaminado, como vomitou o povo que nela estava antes de vocês. 29 Todo aquele que fizer alguma dessas abominações, sim, aqueles que as cometerem serão eliminados do seu povo.

30 — Portanto, vocês devem guardar a obrigação que têm para comigo, não praticando nenhum dos costumes abomináveis que foram praticados antes de vocês, e não se contaminem com eles. Eu sou o SENHOR, o Deus de vocês.

A REPETIÇÃO DE DIVERSAS LEIS

19 1 O SENHOR disse a Moisés:

2 — Fale a toda a congregação dos filhos de Israel e diga-lhes: Sejam santos, porque eu, o SENHOR, o Deus de vocês, sou santo. 3 Cada um respeite a sua mãe e o seu pai e guarde os meus sábados. Eu sou o SENHOR, o Deus de vocês. 4 Não se voltem para os ídolos, nem façam para si deuses de metal. Eu sou o SENHOR, o Deus de vocês.

5 — Quando oferecerem um sacrifício pacífico ao SENHOR, ofereçam-no para que vocês sejam aceitos. 6 Podem comer dele no dia em que o oferecerem e no dia seguinte; mas o que sobrar, no terceiro dia, será queimado. 7 Se uma parte dele for comida no terceiro dia, é abominação; não será aceita. 8 Quem dele comer levará a sua iniquidade, porque profanou coisa santa do SENHOR; por isso, será eliminado do seu povo.

9 — Quando você fizer a colheita da sua terra, não colha totalmente o canto do seu campo, nem volte para recolher as espigas caídas. 10 Não seja rigoroso demais ao fazer a colheita da sua vinha, nem volte para recolher as uvas que tiverem caído no chão; deixe-as para os pobres e estrangeiros. Eu sou o SENHOR, o Deus de vocês.

11 — Não furtem, não mintam, nem usem de falsidade uns com os outros. 12 Não façam juramentos falsos pelo meu nome, pois vocês estariam profanando o nome do seu Deus. Eu sou o SENHOR.

13 — Não oprima nem roube o seu próximo. Que o pagamento do trabalhador diarista não fique com você até a manhã seguinte.

14 — Não amaldiçoe o surdo, nem ponha tropeço diante do cego, mas tema o seu Deus. Eu sou o SENHOR.

15 — Não seja injusto ao julgar uma causa, nem favorecendo o pobre, nem agradando o rico; julgue o seu próximo com justiça.

16 — Não ande como mexeriqueiro no meio do seu povo, nem atente contra a vida do seu próximo. Eu sou o SENHOR.

17 — Não guarde ódio no coração contra o seu próximo, mas repreenda-o e não incorra em pecado por causa dele.

18 — Não procure vingança, nem guarde
ira contra os filhos do seu povo, mas ame
o seu próximo como você ama a si mesmo.
Eu sou o SENHOR.
19 — Guarde os meus estatutos. Não
permita que os seus animais se ajuntem com
os de espécie diversa. Não plante semente
de duas espécies em seu campo, nem use
roupa de dois tipos diferentes de tecido.
20 — Se um homem tiver relações com
uma mulher, e esta for escrava prometida
a outro homem, mas que não foi resgatada
nem posta em liberdade, então deverá haver
punição; não serão mortos, pois ela ainda
não havia sido libertada. 21 O homem, como
oferta pela sua culpa, trará um carneiro ao
SENHOR, à porta da tenda do encontro. 22 Com
o carneiro da oferta pela culpa, o sacerdote
fará expiação, diante do SENHOR, pelo pecado
que o homem cometeu, e o pecado lhe
será perdoado.
23 — Quando entrarem na terra e planta-
rem todo tipo de árvore frutífera, os frutos
dessas árvores lhes serão vedados; nos
primeiros três anos serão impuros para
vocês; não poderão comê-los. 24 Porém,
no quarto ano, todo fruto dessas árvores
será santo, será oferta de louvores ao
SENHOR. 25 No quinto ano, vocês poderão
comer os frutos para que as árvores aumen-
tem a sua produção. Eu sou o SENHOR, o Deus
de vocês.
26 — Não comam nada que tenha sangue.
Não façam adivinhações nem pratiquem
magia.
27 — Não cortem o cabelo nas têmporas,
nem danifiquem as pontas da barba.
28 Pelos mortos não façam cortes no corpo,
nem ponham marca nenhuma sobre vocês.
Eu sou o SENHOR.
29 — Não desonre a sua filha, fazendo
dela uma prostituta, para que a terra não
se prostitua, nem se encha de maldade.
30 Guardem os meus sábados e reverenciem
o meu santuário. Eu sou o SENHOR.
31 — Não se voltem para os necromantes,
nem para os adivinhos; não os procurem,
pois vocês serão contaminados por eles.
Eu sou o SENHOR, o Deus de vocês.
32 — Fique em pé na presença dos idosos,
honre a presença do ancião e tema o seu
Deus. Eu sou o SENHOR.
33 — Não oprimam o estrangeiro que pere-
grinar na terra de vocês. 34 Tratem o estran-
geiro que peregrina entre vocês como tratam
quem é natural da terra; amem o estrangeiro
como amam a vocês mesmos, pois vocês
foram estrangeiros na terra do Egito. Eu sou
o SENHOR, o Deus de vocês.

PESOS E MEDIDAS JUSTOS

Dt 25.13-16

35 — Não cometam injustiça no juízo, nem
na vara para medir, nem no peso, nem na
quantidade. 36 Tenham balanças justas,
pesos justos e medidas de cereais e de
líquidos que sejam justas. Eu sou o SENHOR,
o Deus de vocês, que os tirei da terra do
Egito. 37 Guardem todos os meus estatutos
e cumpram todos os meus juízos. Eu sou
o SENHOR.

CASTIGOS PARA DIVERSOS PECADOS

20 1 O SENHOR disse a Moisés:
2 — Diga também aos filhos de
Israel: Qualquer dos filhos de Israel, ou dos
estrangeiros que peregrinam em Israel,
que entregar um de seus filhos a Moloque
será morto; o povo da terra o apedrejará.
3 Voltarei o meu rosto contra esse homem
e o eliminarei do meio do seu povo, porque
entregou um de seus filhos a Moloque,
contaminando, assim, o meu santuário
e profanando o meu santo nome. 4 Se o
povo da terra fechar os olhos para o que
esse homem fez, ao entregar um de seus
filhos a Moloque, e não o matar, 5 então eu
voltarei o meu rosto contra esse homem e
contra a sua família e o eliminarei do meio
do seu povo, com todos os que o seguem e
se prostituem com Moloque.
6 — Quando alguém se voltar para os
necromantes e feiticeiros, para se prostituir
com eles, eu voltarei o meu rosto contra ele e
o eliminarei do meio do seu povo. 7 Portanto,
santifiquem-se e sejam santos, pois eu sou o
SENHOR, o Deus de vocês. 8 Guardem os meus
estatutos e tratem de cumpri-los. Eu sou o
SENHOR, que os santifico.
9 — Se um homem amaldiçoar o seu pai
ou a sua mãe, será morto. Amaldiçoou o
seu pai ou a sua mãe; é responsável pela
própria morte.

10 — Se um homem adulterar com a mulher
do seu próximo, será morto o adúltero e a
adúltera. 11 O homem que tiver relações com
a mulher de seu pai terá envergonhado o seu
pai; tanto aquele homem quanto a mulher
serão mortos; o seu sangue cairá sobre eles.
12 Se um homem tiver relações com a nora,
ambos serão mortos; fizeram confusão; o
seu sangue cairá sobre eles. 13 Se também
um homem tiver relações com outro
homem, como se fosse mulher, ambos prati-
caram coisa abominável; serão mortos; o seu
sangue cairá sobre eles. 14 Se um homem
tiver relações com uma mulher e com a mãe
dela, isso é perversidade; queimarão tanto
ele quanto elas, para que não haja maldade
no meio de vocês. 15 Se também um homem
tiver relações com um animal, será morto;
matem também o animal. 16 Se uma mulher
se aproximar de algum animal e tiver rela-
ções com ele, matem tanto a mulher como o
animal; o seu sangue cairá sobre eles.

17 — Se um homem casar com a sua irmã,
filha de seu pai ou filha de sua mãe, e se ele
tiver relações com ela e ela tiver relações
com ele, será uma indecência; portanto,
serão eliminados na presença dos filhos do
seu povo; ele envergonhou a sua irmã; levará
sobre si a sua iniquidade. 18 Se um homem
se deitar com uma mulher no período da
menstruação dela e tiver relações com ela,
descobrindo a sua fonte, e ela descobrir
a fonte do seu sangue, ambos serão elimi-
nados do meio do seu povo. 19 Também
não tenha relações com a irmã de sua mãe
ou a irmã de seu pai, porque significa ter
relações com uma parenta; levarão sobre
si a sua iniquidade. 20 Se um homem tiver
relações com a tia, envergonhou o seu tio;
levarão seu pecado sobre si; morrerão sem
filhos. 21 Se um homem tomar a mulher de
seu irmão, isso é impureza; envergonhou o
seu irmão; ficarão sem filhos.

22 — Guardem, portanto, todos os meus
estatutos e cumpram todos os meus juízos,
para que a terra para a qual eu os estou
levando, para nela habitar, não os vomite
de lá. 23 Não andem nos costumes dos
povos que eu vou expulsar de diante de
vocês, porque fizeram todas estas coisas;
por isso, me aborreci deles. 24 Mas a vocês
eu já disse que herdarão a terra deles; eu a
darei a vocês em herança, terra que mana
leite e mel. Eu sou o Senhor, o Deus de vocês,
que os separei dos outros povos.

25 — Portanto, façam distinção entre os
animais puros e os impuros e entre as aves
impuras e as puras; não se façam abomi-
náveis por causa dos animais, ou das aves,
ou de tudo o que se arrasta sobre a terra, os
quais separei de vocês, para que as consi-
derem impuras. 26 Sejam santos para mim,
porque eu, o Senhor, sou santo e os separei
dos outros povos, para que sejam meus.

27 — O homem ou a mulher que for necro-
mante ou feiticeiro será morto; será apedre-
jado; o seu sangue cairá sobre ele.

LEIS PARA OS SACERDOTES

21 1 O Senhor disse a Moisés:
— Fale aos sacerdotes, os filhos de
Arão, e diga-lhes: O sacerdote não se conta-
minará por causa de um morto entre o seu
povo, 2 a não ser que se trate de um parente
mais chegado: a mãe, o pai, um filho, uma
filha, um irmão. 3 Também no caso da morte
de uma irmã virgem, chegada a ele, que
ainda não teve marido, pode contaminar-
-se. 4 Ele, sendo homem principal entre o
seu povo, não se contaminará, pois ele se
profanaria. 5 Os sacerdotes não farão calva na
sua cabeça e não cortarão as extremidades
da barba, nem farão cortes no próprio corpo.
6 Serão santos para o seu Deus e não profa-
narão o nome do seu Deus, porque oferecem
as ofertas queimadas do Senhor, o pão de seu
Deus; portanto, serão santos. 7 Não poderão
casar com mulher prostituta ou desonrada,
nem com mulher divorciada de seu marido,
pois o sacerdote é santo para o seu Deus.
8 Portanto, você deve considerá-lo santo,
porque oferece o pão do seu Deus. Ele será
santo para vocês, porque eu, o Senhor que
os santifico, sou santo. 9 Se a filha de um
sacerdote se desonrar, entregando-se à pros-
tituição, profana o pai dela; será queimada.

10 — O sumo sacerdote entre seus irmãos,
sobre cuja cabeça foi derramado o óleo da
unção, e que for consagrado para usar as
vestes sagradas, não deixará os cabelos
sem pentear, nem rasgará as suas roupas.
11 Não se aproximará de cadáver algum,
nem se contaminará por causa do seu pai
ou da sua mãe. 12 Não sairá do santuário,

nem profanará o santuário do seu Deus, pois
a consagração do óleo da unção do seu Deus
está sobre ele. Eu sou o SENHOR. 13 Ele tomará
por mulher uma virgem. 14 Não casará com
viúva, divorciada, desonrada ou prostituta,
mas tomará por mulher uma virgem do seu
povo. 15 E não profanará a sua descendência
entre o seu povo, porque eu sou o SENHOR,
que o santifico.

16 O SENHOR disse a Moisés:

17 — Fale a Arão, dizendo: Nenhum dos
seus descendentes, nas suas gerações, em
quem houver algum defeito se aproximará
para oferecer o pão do seu Deus. 18 Pois
nenhum homem em quem houver defeito
se aproximará: seja um homem cego, coxo,
de rosto mutilado ou desproporcionado,
19 homem que tiver o pé quebrado ou
mão quebrada, 20 que for corcunda, anão,
que tiver defeito nos olhos, sarna, feridas
na pele, ou que tiver testículo esmagado.
21 Nenhum homem da descendência de
Arão, o sacerdote, em quem houver algum
defeito se aproximará para oferecer as ofer-
tas queimadas do SENHOR; ele tem defeito;
não se aproximará para oferecer o pão do
seu Deus. 22 Poderá comer o pão do seu
Deus, tanto do santíssimo como do santo.
23 Porém não poderá entrar até o véu, nem
se aproximará do altar, porque tem defeito,
para que não profane os meus santuários,
porque eu sou o SENHOR, que os santifico.

24 Foi isso que Moisés disse a Arão, aos
filhos deste e a todos os filhos de Israel.

A SANTIDADE DAS OFERTAS

22 1 O SENHOR disse a Moisés:
2 — Diga a Arão e aos seus filhos
que se abstenham das ofertas sagradas,
dedicadas a mim pelos filhos de Israel,
para que não profanem o meu santo nome.
Eu sou o SENHOR. 3 Diga-lhes: Ao longo de suas
gerações, qualquer descendente de vocês
que se aproximar das ofertas sagradas que
os filhos de Israel dedicam ao SENHOR, tendo
sobre si a sua impureza, será eliminado da
minha presença. Eu sou o SENHOR.

4 — Ninguém da descendência de Arão que
for leproso ou tiver fluxo comerá das ofertas
sagradas, até que esteja puro. Também não
poderá comer das ofertas sagradas o que
tocar alguma coisa impura por causa de
um morto ou aquele que tiver emissão
de sêmen; 5 nem aquele que tocar algum
animal que rasteja pelo chão, com o que se
faz impuro, ou alguma pessoa, com a qual
se faz impuro, seja qual for a impureza
dessa pessoa. 6 Quem tocar em tais coisas
ficará impuro até a tarde e não comerá das
ofertas sagradas sem primeiro banhar o seu
corpo em água. 7 Depois do pôr do sol estará
puro e poderá comer das ofertas sagradas,
porque este é o seu alimento. 8 Do animal
que morre por si mesmo ou é dilacerado por
outro animal não comerá, para não se conta-
minar com isso. Eu sou o SENHOR. 9 Guardarão,
pois, a obrigação que têm para comigo, para
que, por isso, não levem sobre si pecado e
morram, havendo feito profanação. Eu sou
o SENHOR, que os santifico.

10 — Nenhum estranho poderá comer
das ofertas sagradas; nem o hóspede do
sacerdote nem o seu trabalhador diarista
poderão comer das ofertas sagradas. 11 Mas,
se o sacerdote comprar algum escravo com
o seu dinheiro, este poderá comer delas; os
que nascerem na casa do sacerdote, estes
poderão comer do seu pão. 12 Se a filha do
sacerdote se casar com um estranho, ela
não poderá comer da oferta das coisas
sagradas. 13 Mas, se a filha do sacerdote
for viúva ou divorciada, não tiver filhos e
tiver voltado à casa de seu pai, como na
sua mocidade, poderá comer do pão de seu
pai; mas nenhum estranho poderá comer
desse alimento.

14 — Se alguém, por engano, comer a
oferta sagrada, deverá acrescentar a ela
a sua quinta parte e a dará ao sacerdote com
a oferta sagrada. 15 Os sacerdotes não devem
profanar as coisas sagradas que os filhos de
Israel oferecem ao SENHOR, 16 pois assim os
fariam levar sobre si a culpa da iniquidade,
comendo as ofertas sagradas; porque eu sou
o SENHOR, que os santifico.

LEIS A RESPEITO DOS ANIMAIS SACRIFICADOS

17 O SENHOR disse a Moisés:

18 — Fale a Arão, a seus filhos e a todos
os filhos de Israel e diga-lhes: Quando
um homem da casa de Israel ou dos
estrangeiros em Israel apresentar a sua
oferta ao SENHOR em holocausto, quer em

cumprimento de seus votos ou como ofertas voluntárias, 19 para que seja aceitável deverá oferecer um macho sem defeito, seja do gado, do rebanho de ovelhas ou de cabras. 20 Porém todo o que tiver defeito, esse vocês não poderão oferecer; porque não seria aceito em favor de vocês. 21 Quando alguém oferecer sacrifício pacífico ao SENHOR, quer em cumprimento de voto ou como oferta voluntária, do gado ou do rebanho, o animal deve ser sem defeito para ser aceitável; nele, não poderá haver defeito nenhum. 22 O cego, aleijado, mutilado, ulceroso, sarnoso ou cheio de feridas na pele, vocês não os devem oferecer ao SENHOR e deles não devem apresentar como oferta queimada ao SENHOR sobre o altar. 23 Porém novilho ou cordeiro desproporcionados vocês poderão oferecer por oferta voluntária, mas não será aceito se for para cumprir um voto. 24 Não ofereçam ao SENHOR animal que tiver os testículos machucados, moídos, arrancados ou cortados; não façam isso em sua terra. 25 Também da mão de um estrangeiro nenhum desses animais vocês poderão oferecer como pão do Deus de vocês, porque são corrompidos pelo defeito que há neles; não serão aceitos em favor de vocês.

26 O SENHOR disse ainda a Moisés:

27 — Quando nascer um bezerro, um cordeiro ou um cabrito, ele ficará sete dias com a mãe dele; do oitavo dia em diante será aceito por oferta queimada ao SENHOR. 28 Quer seja vaca ou ovelha, não mate a ela e seu filhote, ambos no mesmo dia. 29 Quando vocês oferecerem sacrifício de ação de graças ao SENHOR, façam-no para que vocês sejam aceitos. 30 No mesmo dia, será comido; e, dele, não deixem ficar nada até a manhã seguinte. Eu sou o SENHOR.

31 — Guardem e cumpram os meus mandamentos. Eu sou o SENHOR. 32 Não profanem o meu santo nome, mas serei santificado no meio dos filhos de Israel. Eu sou o SENHOR, que os santifico, 33 que os tirei da terra do Egito, para ser o Deus de vocês. Eu sou o SENHOR.

AS FESTAS SOLENES

23 1 O SENHOR disse a Moisés:

2 — Fale aos filhos de Israel e diga-lhes: As festas fixas do SENHOR, que vocês proclamarão, serão santas convocações; são estas as minhas festas.

O SÁBADO

Êx 23.12

3 — Seis dias vocês trabalharão, mas o sétimo dia será o sábado de descanso solene, santa convocação; não façam nenhuma obra; é sábado dedicado ao SENHOR onde quer que vocês morarem.

A PÁSCOA E OS PÃES SEM FERMENTO

Êx 23.14-15; 34.18; Dt 16.1-8

4 — São estas as festas fixas do SENHOR, as santas convocações, que vocês proclamarão no seu tempo determinado: 5 no primeiro mês, aos catorze do mês, no crepúsculo da tarde, é a Páscoa do SENHOR. 6 E aos quinze dias deste mês é a Festa dos Pães sem Fermento do SENHOR; durante sete dias vocês comerão pães sem fermento. 7 No primeiro dia vocês terão santa convocação; não façam nenhum trabalho. 8 Durante sete dias vocês apresentarão oferta queimada ao SENHOR; no sétimo dia haverá santa convocação; não façam nenhum trabalho nesse dia.

AS PRIMÍCIAS

Êx 23.16; 34.22-26

9 O SENHOR disse a Moisés:

10 — Fale aos filhos de Israel e diga-lhes: Quando entrarem na terra que eu lhes dou e fizerem a colheita, vocês trarão um feixe das primícias da colheita ao sacerdote; 11 este moverá o feixe diante do SENHOR, para que vocês sejam aceitos; 12 o sacerdote moverá o feixe no dia imediatamente após o sábado. No dia em que moverem o feixe, vocês oferecerão um cordeiro sem defeito, de um ano, em holocausto ao SENHOR. 13 A oferta de cereais que acompanha o holocausto serão quatro litros da melhor farinha, amassada com azeite, para oferta queimada de aroma agradável ao SENHOR, e a libação que acompanha será de um litro de vinho. 14 Vocês não deverão comer pão, nem trigo torrado, nem espigas de trigo verdes, até o dia em que vocês trouxerem a oferta ao seu Deus; este é um estatuto perpétuo durante as gerações de vocês, onde quer que morarem.

O PENTECOSTES
Dt 16.9-12

15 — Contem sete semanas a partir do dia imediatamente após o sábado, a partir do dia em que trouxerem o feixe da oferta movida; deverão ser semanas inteiras. 16 Até o dia que vem depois do sétimo sábado, contem cinquenta dias; então apresentem nova oferta de cereais ao SENHOR. 17 De onde estiverem morando tragam dois pães para serem movidos. Os pães serão feitos com quatro litros da melhor farinha, assados com fermento; são primícias ao SENHOR. 18 Junto com o pão ofereçam sete cordeiros de um ano, sem defeito, um novilho e dois carneiros; serão holocausto ao SENHOR, acompanhado da oferta de cereais e das libações, que serão apresentadas como oferta queimada de aroma agradável ao SENHOR. 19 Ofereçam também um bode como oferta pelo pecado, e dois cordeiros de um ano como oferta pacífica. 20 O sacerdote os moverá, com o pão das primícias, por oferta movida diante do SENHOR, com os dois cordeiros; santos serão ao SENHOR, para o uso do sacerdote. 21 No mesmo dia, se proclamará que vocês terão santa convocação; não façam nenhum trabalho nesse dia; é estatuto perpétuo onde quer que vocês morarem, de geração em geração.

22 — Quando fizerem a colheita na terra de vocês, não colham até as beiradas do seu campo, nem recolham as espigas que caíram durante a colheita; deixem essas espigas para os pobres e para os estrangeiros. Eu sou o SENHOR, o Deus de vocês.

A FESTA DO ANO-NOVO

23 O SENHOR disse a Moisés:

24 — Fale aos filhos de Israel, dizendo: No primeiro dia do sétimo mês, vocês terão um descanso solene, memorial, com toques de trombetas, santa convocação. 25 Nesse dia não farão nenhum trabalho, mas trarão oferta queimada ao SENHOR.

O DIA DA EXPIAÇÃO
Lv 16.29-34

26 O SENHOR disse ainda a Moisés:

27 — Mas, aos dez dias deste sétimo mês, será o Dia da Expiação; façam santa convocação e humilhem-se; tragam uma oferta queimada ao SENHOR. 28 Nesse mesmo dia, vocês não farão nenhum trabalho, porque é o Dia da Expiação, para fazer expiação por vocês diante do SENHOR, o seu Deus. 29 Qualquer pessoa que, nesse dia, não se humilhar será eliminada do seu povo. 30 Quem, nesse dia, fizer algum trabalho, a esse eu destruirei do meio do seu povo. 31 Não façam nenhum trabalho nesse dia; é estatuto perpétuo pelas gerações de vocês, onde quer que morarem. 32 Será um sábado de descanso solene para vocês e vocês se humilharão; da tarde do dia nove desse mês até a tarde do dia seguinte vocês celebrarão esse sábado.

A FESTA DOS TABERNÁCULOS

33 O SENHOR disse a Moisés:

34 — Fale aos filhos de Israel, dizendo: Aos quinze dias deste sétimo mês será a Festa dos Tabernáculos ao SENHOR, durante sete dias. 35 No primeiro dia, haverá santa convocação; não façam nenhum trabalho. 36 Durante sete dias, apresentem ofertas queimadas ao SENHOR. No oitavo dia, vocês terão santa convocação e apresentarão ofertas queimadas ao SENHOR; é reunião solene, não façam nenhum trabalho nesse dia.

37 — São estas as festas fixas do SENHOR, que vocês proclamarão para santas convocações, para apresentar ao SENHOR oferta queimada, holocausto e oferta de cereais, sacrifício e libações, cada qual em seu dia próprio, 38 além dos sábados do SENHOR, das dádivas, de todos os votos de vocês e de todas as ofertas voluntárias que vocês darão ao SENHOR.

39 — Porém, aos quinze dias do sétimo mês, quando tiverem recolhido os produtos da terra, vocês celebrarão a festa do SENHOR, durante sete dias. No primeiro dia e também no oitavo, haverá descanso solene. 40 No primeiro dia, peguem para vocês frutos das melhores árvores, ramos de palmeiras, ramos de árvores frondosas e de salgueiros; e, durante sete dias, vocês se alegrarão diante do SENHOR, o seu Deus. 41 Celebrem esta festa ao SENHOR durante sete dias cada ano; é estatuto perpétuo de geração em geração; no sétimo mês, vocês celebrarão esta festa. 42 Durante sete dias vocês habitarão em tendas de ramos; todos os naturais de Israel habitarão em tendas, 43 para que as

gerações de vocês saibam que eu fiz com que os filhos de Israel habitassem em tendas, quando os tirei da terra do Egito. Eu sou o Senhor, o Deus de vocês.

44 Assim, Moisés declarou as festas fixas do Senhor aos filhos de Israel.

O AZEITE PARA O CANDELABRO

Êx 27.20-21

24 1 O Senhor disse a Moisés:

2 — Ordene aos filhos de Israel que lhe tragam azeite puro de oliveira, azeite batido, para o candelabro, para que haja lâmpada acesa continuamente. 3 Na tenda do encontro fora do véu, que está diante da arca do testemunho, Arão a conservará em ordem, desde a tarde até pela manhã, continuamente, diante do Senhor; este será estatuto perpétuo de geração em geração. 4 Sobre o candeeiro de ouro puro conservará em ordem as lâmpadas diante do Senhor, continuamente.

O PÃO PARA A MESA DO SENHOR

5 — Pegue também da melhor farinha e dela faça doze pães, cada um deles com dois quilos. 6 E coloque-os em duas fileiras, seis em cada fileira, sobre a mesa de ouro puro, diante do Senhor. 7 Sobre cada fileira coloque incenso puro, que será, para o pão, como porção memorial; é oferta queimada ao Senhor. 8 Em cada sábado, Arão os porá em ordem diante do Senhor, continuamente, da parte dos filhos de Israel, por aliança perpétua. 9 Esses pães serão de Arão e de seus filhos, os quais os comerão num lugar santo, porque são coisa santíssima para eles, das ofertas queimadas ao Senhor, como estatuto perpétuo.

A PENA PELO PECADO DE BLASFÊMIA

10 Havia entre os filhos de Israel o filho de uma israelita, cujo pai era um egípcio. O filho dessa israelita e certo homem israelita brigaram no arraial. 11 Então o filho da mulher israelita blasfemou contra o nome do Senhor e o amaldiçoou; por isso o levaram a Moisés. O nome da mãe dele era Selomite, filha de Dibri, da tribo de Dã. 12 E o levaram à prisão, até que o Senhor lhes declarasse o que deviam fazer.

13 O Senhor disse a Moisés:

14 — Leve o homem que blasfemou para fora do arraial. E todos os que o ouviram porão as mãos sobre a cabeça dele, e toda a congregação o apedrejará. 15 Você dirá aos filhos de Israel: Quem amaldiçoar o seu Deus levará sobre si o seu pecado. 16 Aquele que blasfemar contra o nome do Senhor será morto; toda a congregação o apedrejará. Tanto o estrangeiro como o natural da terra, blasfemando contra o nome do Senhor, será morto.

17 — Quem matar alguém será morto. 18 Mas quem matar um animal deve restituí-lo: igual por igual. 19 Se alguém desfigurar o seu próximo, como ele fez, assim lhe será feito: 20 fratura por fratura, olho por olho, dente por dente; como ele tiver desfigurado a algum homem, assim se fará com ele. 21 Quem matar um animal restituirá outro; quem matar um homem será morto. 22 Vocês terão uma e a mesma lei para o estrangeiro e para o natural da terra; pois eu sou o Senhor, o Deus de vocês.

23 Então Moisés disse aos filhos de Israel que levassem o que tinha blasfemado para fora do arraial e o apedrejassem; e os filhos de Israel fizeram como o Senhor havia ordenado a Moisés.

O ANO DE DESCANSO

Êx 23.10-11

25 1 O Senhor disse a Moisés, no monte Sinai:

2 — Fale aos filhos de Israel e diga-lhes: Quando entrarem na terra que eu lhes dou, a própria terra guardará um sábado dedicado ao Senhor. 3 Durante seis anos vocês semearão os seus campos, e durante seis anos vocês podarão as suas vinhas e colherão os frutos delas. 4 Porém, no sétimo ano, haverá um sábado de descanso solene para a terra, um sábado dedicado ao Senhor; não semeiem os seus campos, nem façam a poda de suas vinhas. 5 Não façam a colheita do que nascer por si mesmo nos seus campos, nem colham as uvas de suas vinhas que não foram podadas; será um ano de descanso solene para a terra. 6 Mas vocês poderão comer os frutos da terra em descanso — vocês, os seus escravos, as suas escravas, os seus trabalhadores

diaristas e os estrangeiros que moram com vocês. 7 Também o seu gado e os animais que estão na sua terra comerão tudo o que a terra produzir.

O ANO DO JUBILEU

8 — Conte sete semanas de anos, isto é, sete vezes sete anos, de maneira que os dias das sete semanas de anos somem quarenta e nove anos. 9 Então, no sétimo mês, aos dez dias do mês, você fará soar a trombeta; no Dia da Expiação, vocês farão soar a trombeta por toda a terra de vocês. 10 Santifiquem o quinquagésimo ano e proclamem liberdade na terra a todos os seus moradores. Esse será um ano de jubileu para vocês, e cada um de vocês voltará à sua propriedade, cada um de vocês voltará à sua família. 11 O quinquagésimo ano será jubileu para vocês; não semeiem o campo, não colham o que nascer por si mesmo, nem colham as uvas das vinhas não podadas. 12 Porque é jubileu, será santo para vocês; o produto do campo vocês podem comer.

13 — Neste Ano do Jubileu, cada um de vocês voltará à sua propriedade.

14 — Quando você vender algo ao seu próximo ou comprar alguma coisa dele, não explore o seu irmão. 15 Você comprará do seu próximo com base no número dos anos desde o último Jubileu; e, segundo o número dos anos das colheitas até o próximo Jubileu, ele venderá a você. 16 Sendo muitos os anos, você aumentará o preço e, sendo poucos, você abaixará o preço; porque ele está vendendo a você o número das colheitas. 17 Que ninguém explore o seu próximo; cada um, porém, tema o seu Deus; porque eu sou o Senhor, o Deus de vocês.

18 — Observem os meus estatutos e cumpram os meus juízos; assim, vocês habitarão seguros na terra. 19 A terra dará o seu fruto, e vocês terão comida à vontade e nela habitarão em segurança. 20 Se vocês perguntarem: "Que comeremos no sétimo ano, se não podemos semear nem fazer a colheita?", 21 saibam que eu lhes darei a minha bênção no sexto ano, para que a terra produza o suficiente para três anos. 22 No oitavo ano, vocês semearão e comerão da colheita anterior até o nono ano; até que venha a colheita do nono ano, vocês comerão da antiga. 23 Também a terra não será vendida em definitivo, porque a terra é minha; pois vocês são para mim estrangeiros e peregrinos. 24 Portanto, em todas as terras da propriedade de vocês, permitam que as terras sejam resgatadas.

25 — Se alguém do seu povo empobrecer e vender alguma parte das suas propriedades, então virá o seu resgatador, seu parente, e resgatará o que esse seu irmão vendeu. 26 Se alguém não tiver resgatador, porém vier a tornar-se próspero e achar o bastante com que a remir, 27 então contará os anos desde a sua venda, e o que ficar restituirá ao homem a quem vendeu; e assim poderá voltar à sua propriedade. 28 Mas, se as suas posses não lhe permitirem reavê-la, então a propriedade que for vendida ficará na mão do comprador até o Ano do Jubileu; porém, no Ano do Jubileu, sairá do poder deste, e aquele poderá voltar para a sua propriedade.

29 — Se alguém vender uma casa de moradia em cidade murada, poderá resgatá-la antes que se complete um ano a contar de sua venda; durante um ano, será lícito o seu resgate. 30 Se, depois de passado um ano, não for resgatada, então a casa que estiver na cidade que tem muralhas pertencerá em definitivo ao que a comprou, de geração em geração; não sairá do poder dele no Jubileu. 31 Mas as casas das aldeias que não têm muralhas ao redor serão estimadas como os campos da terra; para elas haverá resgate, e sairão do poder do comprador no Jubileu. 32 Mas, com respeito às cidades dos levitas, às casas das cidades da sua propriedade, os levitas terão direito perpétuo de resgate. 33 Se o levita não resgatar a casa que vendeu, então a casa comprada na cidade da sua propriedade sairá do poder do comprador, no Jubileu; porque as casas das cidades dos levitas são a sua propriedade no meio dos filhos de Israel. 34 Mas o campo em volta das suas cidades não será vendido, porque pertence a eles para sempre.

LEIS A FAVOR DOS POBRES

Dt 15.7-11

35 — Se alguém do seu povo se tornar pobre e as suas mãos se enfraquecerem, então você tem o dever de sustentá-lo; ele viverá com você como estrangeiro e peregrino. 36 Não cobre dele juros nem ganho, mas

> *Deus está à procura de pessoas nas quais ele possa construir um conjunto de valores que não se baseia nos padrões deste mundo.*

tema o seu Deus, para que esse seu irmão possa viver perto de você. 37 Não cobre juros sobre o dinheiro que emprestar a ele, nem dê mantimento a ele esperando obter lucro. 38 Eu sou o SENHOR, o Deus de vocês, que os tirei da terra do Egito, para dar a vocês a terra de Canaã e para ser o seu Deus.

LEIS A FAVOR DOS ESCRAVOS

39 — Também se alguém do seu povo se tornar pobre, estando ele com você, e vender-se a você, não o faça servir como escravo. 40 Trate-o como um trabalhador diarista ou estrangeiro que mora com você. Até o Ano do Jubileu ele trabalhará para você; 41 então ficará livre de você, ele e os filhos dele, e voltará à sua família e à propriedade de seus pais. 42 Porque eles são meus servos, que tirei da terra do Egito; não serão vendidos como escravos. 43 Não domine sobre eles com tirania, mas tema o seu Deus.

44 — Quanto aos escravos ou escravas que vocês tiverem, virão das nações que estão ao redor de vocês; delas vocês comprarão escravos e escravas. 45 Também poderão comprá-los dos filhos dos estrangeiros que peregrinam entre vocês, deles e das famílias deles que estiverem com vocês, que nasceram na terra de vocês; e eles se tornarão propriedade de vocês. 46 Vocês poderão deixá-los como herança para os seus filhos depois de vocês, para que sejam propriedade deles. Vocês poderão fazer com que esses sirvam perpetuamente, mas sobre os seus irmãos, os filhos de Israel, vocês não devem dominar com tirania uns sobre os outros.

47 — Se um estrangeiro ou peregrino que mora no meio do povo enriquecer, e se alguém do seu povo tornar-se pobre e vender-se como escravo a esse estrangeiro ou peregrino que mora no meio do povo, ou a alguém da família desse estrangeiro, 48 depois de haver-se vendido, haverá ainda possibilidade de resgate para ele. Um de seus parentes poderá resgatá-lo: 49 seu tio ou primo poderá resgatá-lo; um outro parente da sua família também poderá resgatá-lo; ou, se tiver condições, poderá resgatar a si mesmo. 50 Com aquele que o comprou acertará contas desde o ano em que se vendeu a ele até o Ano do Jubileu; o preço da sua venda será segundo o número dos anos, conforme se paga a um trabalhador diarista. 51 Se ainda faltarem muitos anos, devolverá proporcionalmente a eles, do dinheiro pelo qual foi comprado, o preço do seu resgate. 52 Se restarem poucos anos até o Ano do Jubileu, então fará contas com ele e pagará, em proporção aos anos restantes, o preço do seu resgate. 53 Como trabalhador diarista, de ano em ano, estará com aquele que o comprou; não permita que o comprador domine sobre ele com tirania. 54 Se não for resgatado por nenhum desses meios, sairá no Ano do Jubileu, ele e seus filhos com ele. 55 Porque é a mim que os filhos de Israel servem. Eles são meus servos, que tirei da terra do Egito. Eu sou o SENHOR, o Deus de vocês.

BÊNÇÃOS DECORRENTES DA OBEDIÊNCIA

Dt 7.12-24; 28.1-14

26 1 — Não façam ídolos para vocês, nem levantem imagem de escultura nem coluna, nem ponham pedra com figuras esculpidas na terra de vocês, para se inclinarem diante dela; porque eu sou o SENHOR, o Deus de vocês. 2 Guardem os meus sábados e reverenciem o meu santuário. Eu sou o SENHOR.

3 — Se andarem nos meus estatutos, guardarem os meus mandamentos e os cumprirem, 4 então eu lhes darei as chuvas na época certa, a terra produzirá a sua colheita e a árvore do campo dará o seu fruto. 5 A debulha dos grãos se estenderá até o tempo da colheita das uvas, e a colheita se estenderá até o tempo da sementeira. Vocês comerão o seu pão à vontade e habitarão em segurança na sua terra.

6 — Estabelecerei paz na terra. Vocês se deitarão, e não haverá quem os atemorize; afastarei da terra os animais nocivos, e pela terra de vocês não passará espada. 7 Vocês perseguirão os seus inimigos, e eles cairão à espada diante de vocês. 8 Cinco de vocês perseguirão cem deles, e cem de vocês perseguirão dez mil; e os seus inimigos cairão à espada diante de vocês. 9 Olharei para vocês, e os farei fecundos, e os multiplicarei, e confirmarei a minha aliança com vocês. 10 Comerão o que tiver sobrado da colheita anterior e, para dar lugar à nova colheita, jogarão fora o que tiver sobrado da anterior.

11 Porei o meu tabernáculo no meio de vocês e não me aborrecerei com vocês. 12 Andarei entre vocês e serei o seu Deus, e vocês serão o meu povo. 13 Eu sou o SENHOR, o Deus de vocês, que os tirei da terra do Egito, para que não fossem escravos dos egípcios; quebrei o jugo que pesava sobre vocês e os fiz andar de cabeça erguida.

CASTIGOS DECORRENTES DA DESOBEDIÊNCIA

Dt 28.15-68

14 — Mas, se não me ouvirem e não cumprirem todos estes mandamentos; 15 se rejeitarem os meus estatutos, e se ficarem aborrecidos com os meus juízos, a ponto de não cumprirem todos os meus mandamentos, e quebrarem a minha aliança, 16 então eu lhes farei isto: trarei sobre vocês pavor, fraqueza e febre, que fazem desaparecer o brilho dos olhos e definhar a vida. Vocês semearão os campos em vão, porque os seus inimigos ficarão com a colheita. 17 Voltarei o meu rosto contra vocês, e serão derrotados pelos seus inimigos. Aqueles que os odeiam dominarão sobre vocês, e vocês fugirão mesmo quando ninguém os estiver perseguindo. 18 Se ainda assim não me ouvirem, tornarei a castigá-los sete vezes mais por causa dos seus pecados. 19 Quebrarei o orgulho da força de vocês e farei com que os céus sejam como ferro e a terra de vocês seja como bronze. 20 Vocês gastarão as suas forças em vão; a terra não dará a sua colheita, e as árvores da terra não darão o seu fruto.

21 — E, se andarem em oposição a mim e não quiserem me ouvir, trarei sobre vocês pragas sete vezes piores, segundo os seus pecados. 22 Porque enviarei para o meio de vocês animais selvagens, que os deixarão sem filhos, acabarão com o seu gado e os reduzirão a poucos; e as suas estradas ficarão desertas.

23 — Se ainda com isto vocês não se corrigirem e não voltarem para mim, porém andarem em oposição a mim, 24 eu também serei contrário a vocês e eu mesmo os ferirei sete vezes mais por causa dos seus pecados. 25 Trarei sobre vocês a espada vingadora da minha aliança. E então, quando vocês se refugiarem nas suas cidades, enviarei a peste para o meio de vocês, e vocês serão entregues nas mãos do inimigo. 26 Quando eu lhes tirar o sustento do pão, dez mulheres poderão assar o pão de vocês num único forno e o repartirão por peso; vocês comerão, mas não conseguirão ficar satisfeitos.

27 — Se ainda com isto não me ouvirem e andarem em oposição a mim, 28 eu também, com furor, serei contrário a vocês e os castigarei sete vezes mais por causa dos seus pecados. 29 Terão de comer a carne de seus próprios filhos e filhas. 30 Destruirei os seus lugares altos, derrubarei os altares onde queimam incenso e amontoarei os seus cadáveres sobre o cadáver dos deuses que vocês adoram; a minha alma se aborrecerá com vocês. 31 Reduzirei as cidades de vocês a deserto, destruirei os santuários onde vocês adoram e não aspirarei o aroma agradável dos seus sacrifícios. 32 Assolarei a terra, e os inimigos de vocês, que nela vierem morar, ficarão espantados. 33 Espalharei vocês entre as nações e irei atrás de vocês com a espada na mão; a terra de vocês será assolada, e as cidades ficarão em ruínas.

34 — Então a terra celebrará nos seus sábados, todos os dias da sua assolação, e vocês estarão na terra dos seus inimigos; nesse tempo, a terra descansará e observará os seus sábados. 35 Durante todos os dias da assolação a terra descansará, porque não descansou nos sábados de vocês, quando vocês moravam nela. 36 Aqueles de vocês que sobreviverem, eu lhes meterei no coração uma ansiedade tal, nas terras dos seus inimigos, que o ruído de uma folha movida os perseguirá; fugirão como quem foge da espada; e cairão sem ninguém os perseguir. 37 Cairão uns sobre os outros como diante da espada, sem ninguém os perseguir; vocês não conseguirão se levantar diante dos seus inimigos. 38 Vocês perecerão entre as nações, e a terra dos seus inimigos os consumirá. 39 Aqueles de vocês que sobreviverem serão consumidos pela sua iniquidade nas terras dos inimigos de vocês e pela iniquidade de seus pais com eles serão consumidos.

40 — Mas, se eles confessarem a sua iniquidade e a iniquidade de seus pais, na infidelidade que cometeram contra mim, e se confessarem que andaram em oposição a mim, 41 fazendo com que também eu

fosse contrário a eles e os fizesse entrar na terra dos seus inimigos; se o coração incircunciso que eles têm se humilhar, e aceitarem o castigo da sua iniquidade, 42 então me lembrarei da minha aliança com Jacó, e também da minha aliança com Isaque, e também da minha aliança com Abraão, e da terra me lembrarei. 43 Mas a terra na sua assolação, deixada por eles, folgará nos seus sábados; e eles aceitarão o castigo da sua iniquidade, visto que rejeitaram os meus juízos e se aborreceram com os meus estatutos. 44 Mesmo assim, estando eles na terra de seus inimigos, não os rejeitarei, nem me aborrecerei com eles, para consumi-los e invalidar a minha aliança com eles, porque eu sou o SENHOR, o Deus deles. 45 Pelo contrário, por amor deles, me lembrarei da aliança com os seus antepassados, que tirei da terra do Egito à vista das nações, para lhes ser por Deus. Eu sou o SENHOR.

46 São estes os estatutos, juízos e leis que o SENHOR estabeleceu entre si e os filhos de Israel, por meio de Moisés, no monte Sinai.

VOTOS PARTICULARES E A AVALIAÇÃO DELES

27 1 O SENHOR disse ainda a Moisés:

2 — Fale aos filhos de Israel e diga-lhes: Quando alguém fizer um voto especial ao SENHOR com respeito a pessoas, o resgate será feito conforme a seguinte avaliação. 3 Se o objeto da avaliação for um homem, da idade de vinte anos até a de sessenta, a avaliação será de seiscentos gramas de prata, segundo o peso padrão do santuário. 4 Porém, se for mulher, a avaliação será de trezentos e sessenta gramas. 5 Se a idade for de cinco anos até vinte, a avaliação do homem será de duzentos e quarenta gramas, e a da mulher será de cento e vinte gramas. 6 Se a idade for de um mês até cinco anos, a avaliação do homem será de sessenta gramas de prata, e a avaliação pela mulher será de trinta e seis gramas de prata. 7 De sessenta anos para cima, se for homem, a avaliação será de cento e oitenta gramas; se mulher, cento e vinte gramas. 8 Mas, se for pobre e não puder pagar o previsto, então se apresentará ao sacerdote, para que este faça a avaliação; o sacerdote avaliará segundo o que permitem as posses de quem fez o voto.

9 — Se o que foi prometido for animal dos que se oferecem ao SENHOR, tudo o que desse animal se der ao SENHOR será santo. 10 Não se poderá substituir ou trocar um animal bom por um ruim ou um ruim por um bom; porém, se de algum modo se trocar animal por animal, tanto um como o outro serão santos. 11 Se for animal impuro dos que não podem ser oferecidos ao SENHOR, então apresentará o animal diante do sacerdote. 12 O sacerdote o avaliará, seja bom ou mau; segundo a avaliação do sacerdote, assim será. 13 Porém, se de algum modo o resgatar, então acrescentará a quinta parte ao que foi avaliado.

14 — Quando alguém dedicar a sua casa para ser santa ao SENHOR, o sacerdote a avaliará, seja boa ou seja má; como o sacerdote a avaliar, assim será. 15 Mas, se a pessoa que a dedicou quiser resgatar a casa, então acrescentará a quinta parte do dinheiro à avaliação feita, e a casa ficará com a pessoa.

VOTO DE UM CAMPO E O RESGATE DELE

16 — Se alguém dedicar ao SENHOR parte do campo da sua herança, então a avaliação será segundo a semente necessária para o semear: cem quilos de cevada será avaliado por seiscentos gramas de prata. 17 Se dedicar o seu campo desde o Ano do Jubileu, a avaliação será pelo valor integral. 18 Mas, se dedicar o seu campo depois do Ano do Jubileu, então o sacerdote calculará o valor segundo os anos restantes até o Ano do Jubileu, de modo que o preço será menor. 19 Se aquele que dedicou o campo de algum modo o quiser resgatar, então acrescentará a quinta parte do dinheiro à avaliação feita, e o campo ficará com ele. 20 Se não quiser resgatar o campo ou se o vender a outro homem, nunca mais poderá ser resgatado. 21 Porém, havendo o campo saído livre no Ano do Jubileu, será santo ao SENHOR, como campo consagrado; a posse dele será do sacerdote.

22 — Se alguém dedicar ao SENHOR o campo que comprou, e não for parte da sua herança, 23 então o sacerdote calculará o valor da avaliação até o Ano do Jubileu; e, no mesmo dia, pagará o valor da avaliação como coisa santa ao SENHOR. 24 No Ano do Jubileu, o campo tornará àquele que o vendeu, àquele de quem era a posse do campo por herança.

25 Toda a avaliação se fará segundo o peso
padrão do santuário; o peso padrão será de
doze gramas.
26 — Mas o primogênito de um animal, por
já pertencer ao Senhor, ninguém o dedicará;
seja boi ou gado miúdo, é do Senhor. 27 Mas,
se for de um animal impuro, poderá ser
resgatado, segundo a avaliação, com o
acréscimo de uma quinta parte do valor;
se não for resgatado, poderá ser vendido,
segundo a avaliação.

NÃO HÁ RESGATE PARA CERTAS COISAS CONSAGRADAS

28 — No entanto, nada do que alguém
consagrar por completo ao Senhor, de tudo
o que tem, seja homem, animal ou campo da
sua herança, se poderá vender, nem resgatar;
toda coisa assim consagrada será santíssima
ao Senhor. 29 Ninguém que dentre os homens
for consagrado por completo ao Senhor
poderá ser resgatado; terá de ser morto.

A RESPEITO DOS DÍZIMOS

30 — Também todos os dízimos da terra,
tanto dos cereais do campo como dos frutos
das árvores, são do Senhor; são santos ao
Senhor. 31 Se alguém quiser resgatar alguma
coisa dos seus dízimos, acrescentará a isso
a quinta parte.
32 — Quanto aos dízimos do gado e do rebanho, de tudo o que passar debaixo do bordão
do pastor, o dízimo será santo ao Senhor.
33 Não se investigará se é bom ou mau, nem
poderá ser trocado; mas, se de algum modo o
trocar, tanto um quanto o outro serão santos;
não poderão ser resgatados.
34 São estes os mandamentos que o Senhor
ordenou a Moisés, para os filhos de Israel,
no monte Sinai.

Pentateuco

Números

Livro 4 do Pentateuco com **36** CAPÍTULOS

AUTORIA

Moisés, segundo a tradição de judeus e cristãos (com base em passagens como Êx 17.14; 24.4; 34.27-28; Mc 7.10; 12.26; Lc 2.22-23). Mais recentemente, estudiosos passaram a cogitar a contribuição de outros autores em sua escrita.

SIGNIFICADO DO TÍTULO

Estabelecido na Septuaginta, Números tem essa designação por causa das listas do censo registrado nos capítulos 1 e 26. Em hebraico, o título original é *bemidbar*, que significa "no deserto", referência aos locais onde ocorreram os fatos relatados no livro.

INFORMAÇÕES GERAIS

Números relata o período de 38 anos de peregrinação do povo de Deus pelo deserto depois da aliança do Sinai (Nm 1.1), até chegar a Moabe, nos limites da terra prometida. Em contraste com o manso e obediente Moisés, o povo de Israel é apresentado como rebelde e murmurador.

CRISTO E NÚMEROS

O livro aponta para Jesus por símbolos como a serpente de bronze, que prefigura sua crucificação e salvação (Jo 3.14-15), e o maná no deserto, que o representa como o pão da vida (Jo 6.31-35). Moisés como intercessor prefigura Jesus como mediador de uma nova aliança (Hb 9.15).

ESTRUTURA DO LIVRO

- ★ O primeiro censo de Israel Nm 1—4
- ★ Mandamentos sobre pureza Nm 5—10.10
- ★ Viagem do Sinai a Cades Nm 10.11—12
- ★ A rebelião mantém o povo estagnado Nm 13—20.13
- ★ Viagem de Cades a Moabe Nm 20.14—22.1
- ★ Nas planícies de Moabe: Balaão, o segundo censo e instruções Nm 22.2—32
- ★ Questões variadas Nm 33—36

TEMAS DE NÚMEROS

Números enfatiza assuntos que podem ser agrupados em três temas: Deus, o povo e a terra. O Senhor chamou um povo específico e lhe prometeu dar uma terra — inicialmente, Javé, Israel e Canaã. A promessa se mantém na nova aliança, com Javé, a Igreja e o Reino de Deus em novos céus e nova Terra.

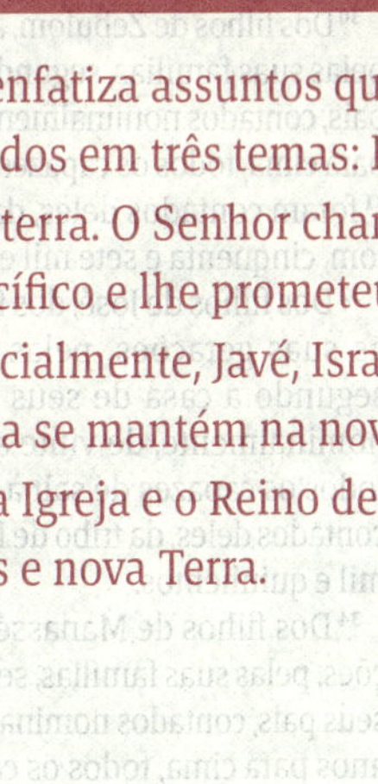

O DEUS DE GRAÇA QUE SE IRA

Números mostra a ação de Deus na História, voltada a redimir a criação e glorificar seu nome. É uma ação graciosa, mas que revela a ira divina. Números ensina para o povo de Deus da antiga e da nova alianças (Rm 15.4; 1Co 10.6,11) que o Senhor derrama ira mesmo sobre o seu povo, mas, apesar da nossa desobediência, sua graça se renova e seu propósito redentor jamais será frustrado.

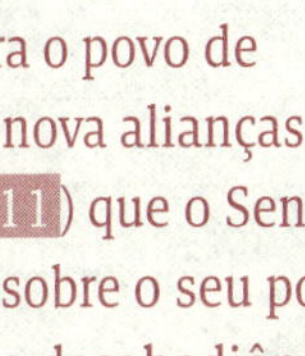

DEUS MANDA MOISÉS LEVANTAR O CENSO DE ISRAEL

1 1 No segundo ano após a saída dos filhos de
Israel do Egito, no primeiro dia do segundo
mês, o SENHOR falou a Moisés, no deser-
to do Sinai, na tenda do encontro, dizendo:
2 — Levantem o censo de toda a congre-
gação dos filhos de Israel, segundo as suas
famílias, segundo a casa de seus pais,
contando todos os homens, nominalmente,
cabeça por cabeça. 3 Da idade de vinte anos
para cima, todos os capazes de sair à guerra
em Israel, a esses você e Arão devem contar
segundo os seus exércitos. 4 De cada tribo
vocês terão a ajuda de um homem que seja
chefe da casa de seus pais.
5 — Estes, pois, são os nomes dos homens
que ajudarão vocês: de Rúben, Elizur, filho
de Sedeur; 6 de Simeão, Selumiel, filho de
Zurisadai; 7 de Judá, Naassom, filho de
Aminadabe; 8 de Issacar, Natanael, filho de
Zuar; 9 de Zebulom, Eliabe, filho de Helom;
10 dos filhos de José: de Efraim, Elisama,
filho de Amiúde; de Manassés, Gamaliel,
filho de Pedazur; 11 de Benjamim, Abidã,
filho de Gideoni; 12 de Dã, Aiezer, filho de
Amisadai; 13 de Aser, Pagiel, filho de Ocrã;
14 de Gade, Eliasafe, filho de Deuel; 15 de
Naftali, Aira, filho de Enã. 16 Estes foram os
escolhidos da congregação, os chefes das
tribos de seus pais, os cabeças dos milhares
de Israel.
17 Então Moisés e Arão reuniram estes
homens, que foram designados pelos
seus nomes. 18 E, tendo ajuntado toda a
congregação no primeiro dia do segundo
mês, declararam a descendência deles,
segundo as suas famílias, segundo a casa
de seus pais, contados nominalmente, de
vinte anos para cima, cabeça por cabeça.
19 Como o SENHOR havia ordenado a Moisés,
assim os contou no deserto do Sinai.
20 Dos filhos de Rúben, o primogênito de
Israel, as suas gerações, pelas suas famílias,
segundo a casa de seus pais, contados
nominalmente, cabeça por cabeça, todos
os homens de vinte anos para cima, todos
os capazes de sair à guerra, 21 foram contados
deles, da tribo de Rúben, quarenta e seis mil
e quinhentos.
22 Dos filhos de Simeão, as suas gerações,
pelas suas famílias, segundo a casa de seus
pais, contados nominalmente, cabeça por
cabeça, todos os homens de vinte anos
para cima, todos os capazes de sair à guerra,
23 foram contados deles, da tribo de Simeão,
cinquenta e nove mil e trezentos.
24 Dos filhos de Gade, as suas gerações,
pelas suas famílias, segundo a casa de seus
pais, contados nominalmente, de vinte anos
para cima, todos os capazes de sair à guerra,
25 foram contados deles, da tribo de Gade,
quarenta e cinco mil seiscentos e cinquenta.
26 Dos filhos de Judá, as suas gerações,
pelas suas famílias, segundo a casa de seus
pais, contados nominalmente, de vinte anos
para cima, todos os capazes de sair à guerra,
27 foram contados deles, da tribo de Judá,
setenta e quatro mil e seiscentos.
28 Dos filhos de Issacar, as suas gerações,
pelas suas famílias, segundo a casa de seus
pais, contados nominalmente, de vinte anos
para cima, todos os capazes de sair à guerra,
29 foram contados deles, da tribo de Issacar,
cinquenta e quatro mil e quatrocentos.
30 Dos filhos de Zebulom, as suas gerações,
pelas suas famílias, segundo a casa de seus
pais, contados nominalmente, de vinte anos
para cima, todos os capazes de sair à guerra,
31 foram contados deles, da tribo de Zebu-
lom, cinquenta e sete mil e quatrocentos.
32 Dos filhos de José, dos filhos de Efraim,
as suas gerações, pelas suas famílias,
segundo a casa de seus pais, contados
nominalmente, de vinte anos para cima,
todos os capazes de sair à guerra, 33 foram
contados deles, da tribo de Efraim, quarenta
mil e quinhentos.
34 Dos filhos de Manassés, as suas gera-
ções, pelas suas famílias, segundo a casa de
seus pais, contados nominalmente, de vinte
anos para cima, todos os capazes de sair à
guerra, 35 foram contados deles, da tribo de
Manassés, trinta e dois mil e duzentos.
36 Dos filhos de Benjamim, as suas gera-
ções, pelas suas famílias, segundo a casa de
seus pais, contados nominalmente, de vinte
anos para cima, todos os capazes de sair à
guerra, 37 foram contados deles, da tribo de
Benjamim, trinta e cinco mil e quatrocentos.
38 Dos filhos de Dã, as suas gerações, pelas
suas famílias, segundo a casa de seus pais,
contados nominalmente, de vinte anos
para cima, todos os capazes de sair à guerra,

39 foram contados deles, da tribo de Dã,
sessenta e dois mil e setecentos.

40 Dos filhos de Aser, as suas gerações,
pelas suas famílias, segundo a casa de seus
pais, contados nominalmente, de vinte anos
para cima, todos os capazes de sair à guerra,
41 foram contados deles, da tribo de Aser,
quarenta e um mil e quinhentos.

42 Dos filhos de Naftali, as suas gerações,
pelas suas famílias, segundo a casa de seus
pais, contados nominalmente, de vinte anos
para cima, todos os capazes de sair à guerra,
43 foram contados deles, da tribo de Naftali,
cinquenta e três mil e quatrocentos.

44 Estes foram os homens contados, os
quais Moisés e Arão contaram com os chefes
de Israel, que eram doze homens, cada um
representando a casa de seus pais. 45 Assim,
pois, todos os contados dos filhos de Israel,
segundo a casa de seus pais, de vinte anos
para cima, todos os capazes de sair à guerra,
46 todos os contados foram seiscentos e três
mil quinhentos e cinquenta.

OS LEVITAS NÃO SÃO CONTADOS

47 Mas os levitas, segundo a tribo de
seus pais, não foram contados entre eles,
48 porque o SENHOR havia falado a Moisés,
dizendo: 49 "Somente não faça a contagem
da tribo de Levi, nem levante o censo deles
entre os filhos de Israel. 50 Mas encarregue
os levitas de cuidarem do tabernáculo do
testemunho, de todos os seus utensílios e
de tudo o que nele se encontra. Eles levarão
o tabernáculo e todos os seus utensílios; eles
ministrarão no tabernáculo e acamparão
ao redor dele. 51 Quando o tabernáculo
partir, os levitas o desarmarão; e, quando o
tabernáculo for armado outra vez, os levitas
o farão; o estranho que se aproximar será
morto. 52 Os filhos de Israel acamparão, cada
um no seu arraial e cada um junto ao seu
estandarte, segundo as suas turmas. 53 Mas
os levitas acamparão ao redor do taber-
náculo do testemunho, para que não haja
ira sobre a congregação dos filhos de Israel.
Os levitas assumirão a tarefa de cuidar do
tabernáculo do testemunho."

54 Assim fizeram os filhos de Israel. Segundo
tudo o que o SENHOR havia ordenado a Moisés,
assim o fizeram.

A ORDEM DAS TRIBOS NO ACAMPAMENTO

2 1 O SENHOR disse a Moisés e a Arão:
2 — Os filhos de Israel acamparão junto
ao seu estandarte, segundo as insígnias da
casa de seus pais; eles acamparão ao redor
da tenda do encontro e de frente para ela.
3 Os que acamparem ao leste, para o lado do
nascente, serão os do estandarte do arraial
de Judá, segundo as suas turmas; e Naassom,
filho de Aminadabe, será chefe dos filhos
de Judá. 4 E o seu exército, segundo o censo,
foram setenta e quatro mil e seiscentos.
5 E junto a ele acampará a tribo de Issacar;
e Natanael, filho de Zuar, será chefe dos
filhos de Issacar. 6 E o seu exército, segundo
o censo, foram cinquenta e quatro mil e
quatrocentos. 7 Depois, a tribo de Zebulom; e
Eliabe, filho de Helom, será chefe dos filhos
de Zebulom. 8 E o seu exército, segundo o
censo, foram cinquenta e sete mil e quatro-
centos. 9 Todos os que foram contados do
arraial de Judá foram cento e oitenta e seis
mil e quatrocentos, segundo as suas turmas;
e estes marcharão primeiro.

10 — O estandarte do arraial de Rúben,
segundo as suas turmas, estará para o lado
sul; e Elizur, filho de Sedeur, será chefe dos
filhos de Rúben. 11 E o seu exército, segundo o
censo, foram quarenta e seis mil e quinhentos.
12 E junto a ele acampará a tribo de Simeão; e
Selumiel, filho de Zurisadai, será chefe dos
filhos de Simeão. 13 E o seu exército, segundo
o censo, foram cinquenta e nove mil e trezen-
tos. 14 Depois, a tribo de Gade; e Eliasafe, filho
de Deuel, será chefe dos filhos de Gade. 15 E o
seu exército, segundo o censo, foram quarenta
e cinco mil seiscentos e cinquenta. 16 Todos
os que foram contados no arraial de Rúben
foram cento e cinquenta e um mil quatrocen-
tos e cinquenta, segundo as suas turmas; e
estes marcharão em segundo lugar.

17 — Então partirá a tenda do encontro com
o arraial dos levitas no meio dos arraiais;
como acamparem, assim marcharão, cada
um no seu lugar, segundo os seus estandartes.

18 — O estandarte do arraial de Efraim,
segundo as suas turmas, estará para o
lado oeste; e Elisama, filho de Amiúde,
será chefe dos filhos de Efraim. 19 E o seu
exército, segundo o censo, foram quarenta
mil e quinhentos. 20 E junto a ele, a tribo de

Manassés; e Gamaliel, filho de Pedazur,
será chefe dos filhos de Manassés. 21 E o
seu exército, segundo o censo, foram trinta
e dois mil e duzentos. 22 Depois, a tribo de
Benjamim; e Abidã, filho de Gideoni, será
chefe dos filhos de Benjamim. 23 O seu exér-
cito, segundo o censo, foram trinta e cinco
mil e quatrocentos. 24 Todos os que foram
contados no arraial de Efraim foram cento
e oito mil e cem, segundo as suas turmas; e
estes marcharão em terceiro lugar.

25 — O estandarte do arraial de Dã estará
para o norte, segundo as suas turmas; e Aiezer,
filho de Amisadai, será chefe dos filhos de Dã.
26 E o seu exército, segundo o censo, foram
sessenta e dois mil e setecentos. 27 E junto a
ele acampará a tribo de Aser; e Pagiel, filho
de Ocrã, será chefe dos filhos de Aser. 28 E o
seu exército, segundo o censo, foram quarenta
e um mil e quinhentos. 29 Depois, a tribo de
Naftali; e Aira, filho de Enã, será chefe dos
filhos de Naftali. 30 E o seu exército, segundo
o censo, foram cinquenta e três mil e quatro-
centos. 31 Todos os que foram contados no
arraial de Dã foram cento e cinquenta e sete
mil e seiscentos; e estes marcharão no último
lugar, segundo os seus estandartes.

32 São estes os que foram contados dos
filhos de Israel, segundo a casa de seus pais;
todos os que foram contados dos arraiais
pelas suas turmas foram seiscentos e três
mil quinhentos e cinquenta. 33 Mas os levitas
não foram contados entre os filhos de Israel,
como o Senhor havia ordenado a Moisés.

34 Assim fizeram os filhos de Israel.
Segundo tudo o que o Senhor havia orde-
nado a Moisés, assim acamparam conforme
os seus estandartes e assim marcharam,
cada qual segundo as suas famílias, segundo
a casa de seus pais.

NÚMERO E OFÍCIO DOS LEVITAS

3 1 São estas as gerações de Arão e de
Moisés, no dia em que o Senhor falou
com Moisés no monte Sinai. 2 E são estes
os nomes dos filhos de Arão: o primogênito,
Nadabe; depois, Abiú, Eleazar e Itamar.
3 Estes são os nomes dos filhos de Arão,
os sacerdotes ungidos, consagrados para
oficiar como sacerdotes. 4 Mas Nadabe e
Abiú morreram diante do Senhor, quando
ofereciam fogo estranho ao Senhor, no
deserto do Sinai, e não tiveram filhos; assim,
Eleazar e Itamar oficiaram como sacerdotes
na presença de Arão, seu pai.

5 O Senhor disse a Moisés:

6 — Mande chamar a tribo de Levi e colo-
que-a diante de Arão, o sacerdote, para que
o sirvam 7 e cumpram seus deveres para
com ele e para com todo o povo, diante da
tenda do encontro, para ministrarem no
tabernáculo. 8 Terão cuidado de todos os
utensílios da tenda do encontro e cumprirão
o seu dever para com os filhos de Israel, ao
ministrarem no tabernáculo. 9 Portanto, você
entregará os levitas a Arão e a seus filhos;
de todos os filhos de Israel, os levitas são
dedicados ao serviço de Arão. 10 Mas a
Arão e aos filhos dele você ordenará que se
dediquem só ao seu sacerdócio, e o estranho
que se aproximar será morto.

11 O Senhor disse a Moisés:

12 — Eis que tenho tomado os levitas do
meio dos filhos de Israel, em lugar de todo
primogênito entre os filhos de Israel. Os levi-
tas serão meus, 13 porque todo primogênito é
meu. Desde o dia em que feri todos os primo-
gênitos na terra do Egito, consagrei para mim
todo primogênito em Israel, desde o homem
até o animal; serão meus. Eu sou o Senhor.

14 O Senhor falou a Moisés no deserto do
Sinai, dizendo:

15 — Conte os filhos de Levi, segundo a casa
de seus pais, pelas suas famílias; conte todo
homem da idade de um mês para cima.

16 E Moisés os contou segundo o mandado
do Senhor, como lhe havia sido ordenado.
17 São estes os filhos de Levi pelos seus
nomes: Gérson, Coate e Merari. 18 E estes são
os nomes dos filhos de Gérson pelas suas
famílias: Libni e Simei. 19 E os filhos de Coate
pelas suas famílias: Anrão, Izar, Hebrom e
Uziel. 20 E os filhos de Merari pelas suas
famílias: Mali e Musi; são estas as famílias
dos levitas, segundo a casa de seus pais.

21 De Gérson é a família dos libnitas e a dos
simeítas; são estas as famílias dos gersoni-
tas. 22 Todos os homens que deles foram
contados, cada um nominalmente, de um
mês para cima, foram sete mil e quinhentos.
23 As famílias dos gersonitas acamparão atrás
do tabernáculo, a oeste. 24 O chefe da casa
paterna dos gersonitas será Eliasafe, filho
de Lael. 25 Os filhos de Gérson terão a seu

encargo, na tenda do encontro, o tabernáculo, a tenda e sua cobertura, o cortinado para a porta da tenda do encontro, 26 as cortinas do pátio, o cortinado da porta do pátio, que rodeia o tabernáculo e o altar, as suas cordas e todo o serviço a eles devido.

27 De Coate é a família dos anramitas, a dos izaritas, a dos hebronitas e a dos uzielitas; são estas as famílias dos coatitas. 28 Contados todos os homens, da idade de um mês para cima, foram oito mil e seiscentos, que tinham a seu encargo o santuário. 29 As famílias dos filhos de Coate acamparão ao lado do tabernáculo, do lado sul. 30 O chefe da casa paterna das famílias dos coatitas será Elisafã, filho de Uziel. 31 Terão eles a seu encargo a arca, a mesa, o candelabro, os altares, os utensílios do santuário com que ministram, o cortinado e todo o serviço a eles devido. 32 O líder dos chefes de Levi será Eleazar, filho de Arão, o sacerdote; terá a superintendência dos que têm a seu encargo o santuário.

33 De Merari é a família dos malitas e a dos musitas; são estas as famílias de Merari. 34 Todos os homens que deles foram contados, de um mês para cima, foram seis mil e duzentos. 35 O chefe da casa paterna das famílias de Merari será Zuriel, filho de Abiail; eles acamparão ao lado do tabernáculo, do lado norte. 36 Os filhos de Merari, por designação, terão a seu encargo as tábuas do tabernáculo, as suas travessas, as suas colunas, as suas bases, todos os seus utensílios e todo o serviço a eles devido; 37 também as colunas do pátio ao redor, as suas bases, as suas estacas e as suas cordas.

38 Os que acamparão diante do tabernáculo, ao leste, diante da tenda do encontro, para o lado do nascente, serão Moisés e Arão, com seus filhos, tendo a seu encargo os ritos do santuário, para cumprirem seus deveres prescritos, em prol dos filhos de Israel; o estranho que se aproximar será morto. 39 Todos os que foram contados dos levitas, contados por Moisés e Arão, por mandado do SENHOR, segundo as suas famílias, todo homem de um mês para cima, foram vinte e dois mil.

O RESGATE DOS PRIMOGÊNITOS

40 O SENHOR disse a Moisés:

— Conte todos os primogênitos dos filhos de Israel que são do sexo masculino, cada um nominalmente, de um mês para cima. 41 E separe os levitas para mim — eu sou o SENHOR — em lugar de todos os primogênitos dos filhos de Israel. Separe também os animais dos levitas em lugar de todos os primogênitos entre os animais dos filhos de Israel.

42 Como o SENHOR havia ordenado, Moisés contou todos os primogênitos entre os filhos de Israel. 43 Todos os primogênitos do sexo masculino, contados nominalmente, de um mês para cima, segundo o censo, foram vinte e dois mil duzentos e setenta e três.

44 O SENHOR disse a Moisés:

45 — Ponha os levitas em lugar de todos os primogênitos entre os filhos de Israel e os animais dos levitas em lugar dos animais dos filhos de Israel, porque os levitas serão meus. Eu sou o SENHOR. 46 Pelo resgate dos duzentos e setenta e três primogênitos dos filhos de Israel, que excedem o número dos levitas, 47 recolha por cabeça sessenta gramas de prata, segundo o peso padrão do santuário, que é de doze gramas. 48 Entregue a Arão e aos seus filhos esse dinheiro com o qual são resgatados os que excedem o número dos levitas.

49 Então Moisés recolheu o dinheiro do resgate dos que excederam os que foram resgatados pelos levitas. 50 Dos primogênitos dos filhos de Israel ele recolheu esse dinheiro, dezesseis quilos e meio de prata, segundo o peso padrão do santuário. 51 E Moisés deu o dinheiro dos resgatados a Arão e a seus filhos, segundo o mandado do SENHOR, como o SENHOR havia ordenado a Moisés.

DEVERES DOS COATITAS

4 1 O SENHOR disse a Moisés e a Arão:

2 — Levantem o censo dos filhos de Coate, do meio dos filhos de Levi, pelas suas famílias, segundo a casa de seus pais; 3 da idade de trinta anos para cima até os cinquenta será todo aquele que entrar neste serviço, para exercer algum encargo na tenda do encontro. 4 É este o serviço dos filhos de Coate na tenda do encontro, nas coisas santíssimas.

5 — Quando o arraial partir, Arão e seus filhos virão, tirarão o véu de cobrir, e, com ele, cobrirão a arca do testemunho; 6 por cima, lhe porão uma cobertura de peles finas e, sobre ela, estenderão um pano, todo azul,

> *Deus construirá as nossas raízes e estabelecerá em nosso interior fundamentos sustentadores de seu bom propósito.*

e passarão os cabos pelas argolas. 7 Também
sobre a mesa da proposição estenderão um
pano azul; e, sobre ela, porão os pratos, os
recipientes do incenso, as taças e as jarras;
também o pão contínuo estará sobre ela.
8 Depois, estenderão, em cima deles, um
pano de carmesim, e, com a cobertura de
peles finas, o cobrirão, e passarão os cabos
pelas argolas. 9 Tomarão um pano azul e
cobrirão o candelabro da iluminação, as suas
lâmpadas, as suas tesouras de cortar pavios,
os seus apagadores e todos os seus vasos de
azeite com que o servem. 10 E envolverão a
ele e todos os seus utensílios na cobertura de
peles finas e o porão sobre os cabos. 11 Sobre
o altar de ouro estenderão um pano azul, e,
com a cobertura de peles finas, o cobrirão, e
passarão os cabos pelas argolas. 12 Pegarão
todos os utensílios do serviço com os quais
servem no santuário e os envolverão num
pano azul; então os cobrirão com uma
cobertura de peles finas e os porão sobre
os cabos. 13 Do altar tirarão as cinzas e, por
cima dele, estenderão um pano de púrpura.
14 Sobre ele porão todos os seus utensílios
com que o servem: os braseiros, os garfos, as
pás e as bacias, todos os utensílios do altar;
e, por cima dele, estenderão uma cobertura
de peles finas e passarão os cabos pelas
argolas. 15 Quando Arão e seus filhos tiverem
acabado de cobrir o santuário e todos os
móveis dele, e o arraial estiver pronto para
partir, os filhos de Coate virão para levá-lo.
Mas não tocarão nas coisas santas, para que
não morram. São estas as coisas da tenda do
encontro que os filhos de Coate devem levar.

16 — Eleazar, filho de Arão, o sacerdote,
terá a seu encargo o azeite da iluminação,
o incenso aromático, a oferta contínua de
cereais e o óleo da unção; sim, terá a seu
encargo todo o tabernáculo e tudo o que nele
há, o santuário e os móveis.

17 O Senhor disse a Moisés e a Arão:

18 — Não deixem que a tribo das famílias
dos coatitas seja eliminada do meio dos
levitas. 19 Para que eles fiquem vivos e não
morram, quando se aproximarem das coisas
santíssimas, façam o seguinte: Arão e seus
filhos entrarão e lhes designarão a cada um o
seu serviço e a sua carga. 20 Porém os coatitas
não entrarão, nem por um instante, para ver
as coisas santas, para que não morram.

DEVERES DOS GERSONITAS

21 O Senhor disse ainda a Moisés:

22 — Levante o censo dos filhos de Gérson,
segundo a casa de seus pais, segundo as
suas famílias. 23 Da idade de trinta anos para
cima até os cinquenta conte todo aquele que
entrar neste serviço, para exercer algum
encargo na tenda do encontro. 24 É este o
serviço das famílias dos gersonitas para
servir e levar cargas: 25 levarão as cortinas
do tabernáculo, a tenda do encontro, sua
cobertura, a cobertura de peles finas, que
está sobre ele, o cortinado da porta da
tenda do encontro, 26 as cortinas do pátio,
o cortinado da porta do pátio, que rodeia
o tabernáculo e o altar, as suas cordas e
todos os objetos do seu serviço; e servirão
em tudo o que diz respeito a estas coisas.
27 Todo o serviço dos filhos dos gersonitas,
toda a sua carga e tudo o que devem fazer
será segundo o mandado de Arão e de seus
filhos; e vocês lhes determinarão tudo o
que devem carregar. 28 Este é o serviço das
famílias dos filhos dos gersonitas na tenda
do encontro; o seu cargo estará sob a direção
de Itamar, filho de Arão, o sacerdote.

DEVERES DOS FILHOS MERARITAS

29 — Quanto aos filhos de Merari, faça
a contagem segundo as suas famílias e
segundo a casa de seus pais. 30 Da idade de
trinta anos para cima até os cinquenta conte
todo aquele que entrar neste serviço, para
exercer algum encargo na tenda do encontro.
31 Isto é o que eles terão de levar, segundo
todo o seu serviço, na tenda do encontro: as
tábuas do tabernáculo, os seus cabos, as suas
colunas e as suas bases; 32 as colunas do pátio
ao redor, as suas bases, as suas estacas e as
suas cordas, com todos os seus utensílios e
com tudo o que pertence ao seu serviço; e
vocês designarão, nome por nome, os objetos
que eles devem levar. 33 Este é o encargo das
famílias dos filhos de Merari, segundo todo
o seu serviço, na tenda do encontro, sob a
direção de Itamar, filho de Arão, o sacerdote.

NÚMERO DOS COATITAS

34 Moisés, Arão e os chefes do povo
contaram os filhos dos coatitas, segundo
as suas famílias e segundo a casa de seus
pais, 35 da idade de trinta anos para cima até

os cinquenta, todo aquele que entrou neste
serviço, para exercer algum encargo na tenda
do encontro. 36 Os que deles foram contados,
segundo as suas famílias, foram dois mil
setecentos e cinquenta. 37 São estes os que
foram contados das famílias dos coatitas,
todos os que serviam na tenda do encontro,
os quais Moisés e Arão contaram, segundo
o mandado do SENHOR, por Moisés.

NÚMERO DOS GERSONITAS

38 Os que foram contados dos filhos de
Gérson, segundo as suas famílias e segundo
a casa de seus pais, 39 da idade de trinta anos
para cima até os cinquenta, todo aquele que
entrou neste serviço, para exercer algum
encargo na tenda do encontro, 40 os que deles
foram contados, segundo as suas famílias,
segundo a casa de seus pais, foram dois mil
seiscentos e trinta. 41 São estes os que foram
contados das famílias dos filhos de Gérson,
todos os que serviam na tenda do encontro,
os quais Moisés e Arão contaram, segundo
o mandado do SENHOR.

NÚMERO DOS MERARITAS

42 Os que foram contados das famílias dos
filhos de Merari, segundo as suas famílias e
segundo a casa de seus pais, 43 da idade de
trinta anos para cima até os cinquenta, todo
aquele que entrou neste serviço, para exercer
algum encargo na tenda do encontro, 44 os que
deles foram contados, segundo as suas famí-
lias, foram três mil e duzentos. 45 São estes os
que foram contados das famílias dos filhos
de Merari, os quais Moisés e Arão contaram,
segundo o mandado do SENHOR, por Moisés.

NÚMERO DE TODOS OS LEVITAS

46 Todos os que foram contados dos levitas,
contados por Moisés, Arão e os chefes de
Israel, segundo as suas famílias e segundo
a casa de seus pais, 47 da idade de trinta anos
para cima até os cinquenta, todos os que
entraram para cumprir a tarefa do serviço
e a de levarem cargas na tenda do encon-
tro, 48 os que deles foram contados foram
oito mil quinhentos e oitenta. 49 Segundo
o mandado do SENHOR, por Moisés, foram
designados, cada um para o seu serviço e a
sua carga; e deles foram contados, como o
SENHOR havia ordenado a Moisés.

O LEPROSO E O IMPURO SÃO LANÇADOS FORA DO ARRAIAL

5 1 O SENHOR disse a Moisés:
2 — Ordene aos filhos de Israel que
expulsem do arraial todo leproso, todo o
que tiver um fluxo e todo impuro por ter
tocado em algum morto. 3 Tanto homem
como mulher devem ser expulsos do arraial,
para que não contaminem o arraial, no meio
do qual eu habito.

4 Os filhos de Israel fizeram assim e os
expulsaram do arraial. Como o SENHOR
havia falado a Moisés, assim fizeram os
filhos de Israel.

A LEI A RESPEITO DA RESTITUIÇÃO

5 O SENHOR disse ainda a Moisés:
6 — Diga aos filhos de Israel: Quando um
homem ou uma mulher cometer algum
dos pecados que as pessoas cometem,
ofendendo ao SENHOR, tal pessoa é culpada.
7 Confessará o pecado que cometer e, pela
culpa, fará plena restituição, lhe acrescentará
a sua quinta parte, e dará tudo àquele contra
quem se fez culpado. 8 Mas, se esse homem
não tiver parente chegado, a quem possa
fazer restituição pela culpa, então o que se
restitui ao SENHOR pela culpa será do sacer-
dote, além do carneiro expiatório com que
se fizer expiação pelo culpado. 9 Toda oferta
de todas as coisas santas dos filhos de Israel,
que trouxerem ao sacerdote, será deste 10 e
também as coisas sagradas de cada um; o
que alguém der ao sacerdote será deste.

A PROVA DA MULHER SUSPEITA DE ADULTÉRIO

11 O SENHOR disse a Moisés:
12 — Fale aos filhos de Israel e diga-lhes:
Se a mulher de alguém se desviar e lhe for
infiel, 13 de maneira que algum homem
tenha tido relações com ela, e for oculto aos
olhos de seu marido, e ela o tiver ocultado,
havendo-se ela contaminado, e contra ela
não houver testemunha, e não for surpreen-
dida em flagrante, 14 e o espírito de ciúmes
vier sobre o marido, e ele tiver ciúmes de sua
mulher, por ela se haver contaminado, ou se
ele tiver ciúmes, mesmo que ela não tenha
se contaminado, 15 então esse homem levará
a sua mulher ao sacerdote, juntamente com
a sua oferta por ela: dois litros de farinha de

cevada, sobre a qual não derramará azeite, nem sobre ela porá incenso, pois é oferta de cereais por ciúmes, oferta memorativa, que traz a iniquidade à memória.

16 — O sacerdote levará a mulher para a frente e a colocará diante do SENHOR. 17 O sacerdote colocará um pouco de água santa num vaso de barro; também pegará do pó que houver no chão do tabernáculo e o colocará na água. 18 Apresentará a mulher diante do SENHOR e soltará a cabeleira dela; e lhe porá nas mãos a oferta memorativa de cereais, que é a oferta de cereais por ciúmes. A água amarga, que traz consigo a maldição, estará na mão do sacerdote. 19 O sacerdote fará com que a mulher jure, dizendo-lhe: "Se ninguém teve relações com você, e se você não se desviou para a impureza, estando sob o domínio de seu marido, você será livre destas águas amargas, que trazem maldição. 20 Mas, se você se desviou, quando sob o domínio de seu marido, e se contaminou, e algum homem, que não é o seu marido, teve relações com você..." 21 Então o sacerdote fará com que a mulher tome o juramento de maldição e lhe dirá: "O SENHOR ponha você por maldição e por praga no meio do seu povo, fazendo com que você fique estéril e inche o seu ventre; 22 e que esta água amaldiçoante penetre nas suas entranhas, para fazer com que inche o seu ventre e você fique estéril." Então a mulher dirá: "Amém! Amém!"

23 — O sacerdote escreverá estas maldições num livro e, com a água amarga, as apagará. 24 E fará com que a mulher beba a água amarga, que traz consigo a maldição; e, sendo bebida, lhe causará amargura. 25 O sacerdote pegará da mão da mulher a oferta de cereais por ciúmes e a moverá diante do SENHOR; e a trará ao altar. 26 Pegará um punhado da oferta de cereais, da oferta memorativa, e o queimará sobre o altar; e depois fará com que a mulher beba a água. 27 E, havendo-lhe dado a beber aquela água, se ela tiver se contaminado, tendo sido infiel a seu marido, a água amaldiçoante entrará nela para amargura, e o seu ventre ficará inchado e o útero secará; a mulher será por maldição no meio do seu povo. 28 Se a mulher não tiver se contaminado, mas estiver pura, então será livre e poderá ter filhos.

29 — Esta é a lei para o caso de ciúmes, quando a mulher, sob o domínio de seu marido, se desviar e for contaminada; 30 ou quando sobre o homem vier o espírito de ciúmes, e tiver ciúmes de sua mulher, apresente a mulher diante do SENHOR, e o sacerdote execute nela toda esta lei. 31 O homem será livre da iniquidade, porém a mulher levará a sua iniquidade.

A LEI A RESPEITO DO NAZIREADO

6 1 O SENHOR disse a Moisés:

2 — Fale aos filhos de Israel e diga-lhes: Quando alguém, seja homem seja mulher, fizer voto especial, o voto de nazireu, a fim de consagrar-se ao SENHOR, 3 deverá abster-se de vinho e de bebida forte. Não beberá vinagre de vinho, nem vinagre de bebida forte, nem tomará suco de uvas, nem comerá uvas frescas nem secas. 4 Todos os dias do seu nazireado não comerá nada que venha da videira, desde as sementes até as cascas. 5 Todos os dias do seu voto de nazireado não passará navalha pela cabeça; até que se cumpram os dias para os quais se consagrou ao SENHOR, santo será, deixando o cabelo crescer livremente.

6 — Todos os dias da sua consagração ao SENHOR, não se aproximará de um cadáver. 7 Mesmo que se trate de seu pai, de sua mãe, de seu irmão ou de sua irmã, por eles não se contaminará, quando morrerem; porque o nazireado do seu Deus está sobre a sua cabeça. 8 Por todos os dias do seu nazireado, será santo ao SENHOR.

9 — Se alguém vier a morrer junto a ele subitamente, e contaminar a cabeça do seu nazireado, rapará a cabeça no dia da sua purificação; no sétimo dia, ele rapará a cabeça. 10 No oitavo dia, trará duas rolinhas ou dois pombinhos ao sacerdote, à porta da tenda do encontro. 11 O sacerdote oferecerá um como oferta pelo pecado e o outro, para holocausto; e fará expiação por ele, visto que pecou relativamente ao morto; assim, naquele mesmo dia, consagrará a sua cabeça. 12 Então consagrará os dias do seu nazireado ao SENHOR e, para oferta pela culpa, trará um cordeiro de um ano; os dias antecedentes serão perdidos, porque o seu nazireado foi contaminado.

13 — Esta é a lei para o nazireu: no dia em que se cumprirem os dias do seu nazireado, será trazido à porta da tenda do encontro. 14 Ele apresentará a sua oferta ao SENHOR, um cordeiro de um ano, sem defeito, em

holocausto, e uma cordeira de um ano,
sem defeito, para oferta pelo pecado, e um
carneiro, sem defeito, por oferta pacífica, 15 e
um cesto de pães sem fermento, bolos feitos
da melhor farinha com azeite, amassados, e
pãezinhos bem finos feitos sem fermento e
untados com azeite, bem como a sua oferta
de cereais e as suas libações. 16 O sacerdote os
trará diante do SENHOR e apresentará a oferta
pelo pecado e o holocausto. 17 Oferecerá o
carneiro em sacrifício pacífico ao SENHOR, com
o cesto dos pães sem fermento. O sacerdote
apresentará também a devida oferta de
cereais e a libação. 18 O nazireu, à porta da
tenda do encontro, rapará a cabeleira do seu
nazireado, e, pegando o cabelo, o porá sobre
o fogo que está debaixo do sacrifício pacífico.
19 — Depois, o sacerdote pegará o quarto
dianteiro do carneiro, já assado, um bolo sem
fermento do cesto, e um pãozinho bem fino
feito sem fermento e os porá nas mãos do
nazireu, depois de haver este rapado o cabelo
do seu nazireado. 20 O sacerdote os moverá
em oferta movida diante do SENHOR; isto é
santo para o sacerdote, juntamente com o
peito da oferta movida e com a coxa da oferta;
depois disto, o nazireu pode beber vinho.
21 — Esta é a lei para o nazireu que fizer
voto. A sua oferta ao SENHOR será segundo o
seu nazireado, além do que as suas posses
lhe permitirem. Segundo o voto que fizer,
assim fará conforme a lei a respeito do
seu nazireado.

A BÊNÇÃO SACERDOTAL

22 O SENHOR disse a Moisés:
23 — Fale com Arão e com os seus filhos,
dizendo que abençoem os filhos de Israel
do seguinte modo:

24 "O SENHOR os abençoe
e os guarde;
25 o SENHOR faça resplandecer
o seu rosto sobre vocês
e tenha misericórdia de vocês;
26 o SENHOR sobre vocês
levante o seu rosto
e lhes dê a paz."

27 — Assim, os sacerdotes porão o meu
nome sobre os filhos de Israel, e eu os
abençoarei.

AS OFERTAS DOS CHEFES NA DEDICAÇÃO DO ALTAR

7 1 No dia em que Moisés acabou de
levantar o tabernáculo, ele o ungiu e o
consagrou juntamente com todos os seus
utensílios, bem como o altar e todos os seus
pertences. 2 Então os chefes de Israel, os cabe-
ças da casa de seus pais, os que foram chefes
das tribos, que haviam presidido o censo,
ofereceram 3 e trouxeram a sua oferta diante
do SENHOR: seis carros cobertos e doze bois.
Cada dois chefes ofereceram um carro, e cada
um deles, um boi; e os apresentaram diante
do tabernáculo. 4 O SENHOR disse a Moisés:
5 — Receba as ofertas deles, e serão desti-
nadas ao serviço da tenda do encontro.
E entregue essas ofertas aos levitas, a cada
um segundo o seu serviço.
6 Moisés recebeu os carros e os bois e os
deu aos levitas. 7 Dois carros e quatro bois
deu aos filhos de Gérson, segundo o seu
serviço. 8 Quatro carros e oito bois deu aos
filhos de Merari, segundo o seu serviço, sob a
direção de Itamar, filho de Arão, o sacerdote.
9 Mas aos filhos de Coate não deu nada,
porque a cargo deles estava o santuário,
que deviam levar nos ombros.
10 Os chefes trouxeram as ofertas para
a consagração do altar, no dia em que foi
ungido; sim, apresentaram a sua oferta
diante do altar. 11 O SENHOR disse a Moisés:
— Cada chefe apresentará, no seu dia, a
sua oferta para a dedicação do altar.
12 No primeiro dia, quem apresentou a sua
oferta foi Naassom, filho de Aminadabe, pela
tribo de Judá. 13 A oferta dele foi um prato
de prata, pesando um quilo quinhentos
e sessenta gramas, uma bacia de prata,
pesando oitocentos e quarenta gramas,
segundo o peso padrão do santuário; ambos
cheios da melhor farinha, amassada com
azeite, para oferta de cereais; 14 um recipiente
de cento e vinte gramas de ouro, cheio de
incenso; 15 um novilho, um carneiro, um
cordeiro de um ano, para holocausto; 16 um
bode, para oferta pelo pecado; 17 e, para
sacrifício pacífico, dois bois, cinco carneiros,
cinco bodes, cinco cordeiros de um ano; esta
foi a oferta de Naassom, filho de Aminadabe.
18 No segundo dia, quem apresentou a sua
oferta foi Natanael, filho de Zuar, chefe de
Issacar. 19 Como sua oferta apresentou um

prato de prata, pesando um quilo quinhen-
tos e sessenta gramas, uma bacia de prata,
pesando oitocentos e quarenta gramas,
segundo o peso padrão do santuário; ambos
cheios da melhor farinha, amassada com
azeite, para oferta de cereais; 20 um recipiente
de cento e vinte gramas de ouro, cheio de
incenso; 21 um novilho, um carneiro, um
cordeiro de um ano, para holocausto; 22 um
bode, para oferta pelo pecado; 23 e, para
sacrifício pacífico, dois bois, cinco carneiros,
cinco bodes, cinco cordeiros de um ano; esta
foi a oferta de Natanael, filho de Zuar.

24 No terceiro dia, foi Eliabe, filho de Helom,
chefe dos filhos de Zebulom. 25 A oferta dele
foi um prato de prata, pesando um quilo
quinhentos e sessenta gramas, uma bacia
de prata, pesando oitocentos e quarenta
gramas, segundo o peso padrão do santuá-
rio; ambos cheios da melhor farinha, amas-
sada com azeite, para oferta de cereais; 26 um
recipiente de cento e vinte gramas de ouro,
cheio de incenso; 27 um novilho, um carneiro,
um cordeiro de um ano, para holocausto;
28 um bode, para oferta pelo pecado; 29 e, para
sacrifício pacífico, dois bois, cinco carneiros,
cinco bodes, cinco cordeiros de um ano; esta
foi a oferta de Eliabe, filho de Helom.

30 No quarto dia, foi Elizur, filho de Sedeur,
chefe dos filhos de Rúben. 31 A oferta dele
foi um prato de prata, pesando um quilo
quinhentos e sessenta gramas, uma bacia
de prata, pesando oitocentos e quarenta
gramas, segundo o peso padrão do santuá-
rio; ambos cheios da melhor farinha, amas-
sada com azeite, para oferta de cereais; 32 um
recipiente de cento e vinte gramas de ouro,
cheio de incenso; 33 um novilho, um carneiro,
um cordeiro de um ano, para holocausto;
34 um bode, para oferta pelo pecado; 35 e, para
sacrifício pacífico, dois bois, cinco carneiros,
cinco bodes, cinco cordeiros de um ano; esta
foi a oferta de Elizur, filho de Sedeur.

36 No quinto dia, foi Selumiel, filho de Zuri-
sadai, chefe dos filhos de Simeão. 37 A oferta
dele foi um prato de prata, pesando um quilo
quinhentos e sessenta gramas, uma bacia
de prata, pesando oitocentos e quarenta
gramas, segundo o peso padrão do santuá-
rio; ambos cheios da melhor farinha, amas-
sada com azeite, para oferta de cereais; 38 um
recipiente de cento e vinte gramas de ouro,
cheio de incenso; 39 um novilho, um carneiro,
um cordeiro de um ano, para holocausto;
40 um bode, para oferta pelo pecado; 41 e, para
sacrifício pacífico, dois bois, cinco carneiros,
cinco bodes, cinco cordeiros de um ano; esta
foi a oferta de Selumiel, filho de Zurisadai.

42 No sexto dia, foi Eliasafe, filho de Deuel,
chefe dos filhos de Gade. 43 A oferta dele
foi um prato de prata, pesando um quilo
quinhentos e sessenta gramas, uma bacia
de prata, pesando oitocentos e quarenta
gramas, segundo o peso padrão do santuá-
rio; ambos cheios da melhor farinha, amas-
sada com azeite, para oferta de cereais; 44 um
recipiente de cento e vinte gramas de ouro,
cheio de incenso; 45 um novilho, um carneiro,
um cordeiro de um ano, para holocausto;
46 um bode, para oferta pelo pecado; 47 e, para
sacrifício pacífico, dois bois, cinco carneiros,
cinco bodes, cinco cordeiros de um ano; esta
foi a oferta de Eliasafe, filho de Deuel.

48 No sétimo dia, foi Elisama, filho de
Amiúde, chefe dos filhos de Efraim. 49 A oferta
dele foi um prato de prata, pesando um quilo
quinhentos e sessenta gramas, uma bacia de
prata, pesando oitocentos e quarenta gramas,
segundo o peso padrão do santuário; ambos
cheios da melhor farinha, amassada com
azeite, para oferta de cereais; 50 um recipiente
de cento e vinte gramas de ouro, cheio de
incenso; 51 um novilho, um carneiro, um
cordeiro de um ano, para holocausto; 52 um
bode, para oferta pelo pecado; 53 e, para sacri-
fício pacífico, dois bois, cinco carneiros, cinco
bodes, cinco cordeiros de um ano; esta foi a
oferta de Elisama, filho de Amiúde.

54 No oitavo dia, foi Gamaliel, filho de
Pedazur, chefe dos filhos de Manassés.
55 A oferta dele foi um prato de prata,
pesando um quilo quinhentos e sessenta
gramas, uma bacia de prata, pesando
oitocentos e quarenta gramas, segundo o
peso padrão do santuário; ambos cheios da
melhor farinha, amassada com azeite, para
oferta de cereais; 56 um recipiente de cento
e vinte gramas de ouro, cheio de incenso;
57 um novilho, um carneiro, um cordeiro de
um ano, para holocausto; 58 um bode, para
oferta pelo pecado; 59 e, para sacrifício pací-
fico, dois bois, cinco carneiros, cinco bodes,
cinco cordeiros de um ano; esta foi a oferta
de Gamaliel, filho de Pedazur.

60 No nono dia, foi Abidã, filho de Gideoni,
chefe dos filhos de Benjamim. 61 A oferta dele
foi um prato de prata, pesando um quilo
quinhentos e sessenta gramas, uma bacia
de prata, pesando oitocentos e quarenta
gramas, segundo o peso padrão do santuário;
ambos cheios da melhor farinha, amassada
com azeite, para oferta de cereais; 62 um reci-
piente de cento e vinte gramas de ouro, cheio
de incenso; 63 um novilho, um carneiro, um
cordeiro de um ano, para holocausto; 64 um
bode, para oferta pelo pecado; 65 e, para sacri-
fício pacífico, dois bois, cinco carneiros, cinco
bodes, cinco cordeiros de um ano; esta foi a
oferta de Abidã, filho de Gideoni.

66 No décimo dia, foi Aiezer, filho de Amisa-
dai, chefe dos filhos de Dã. 67 A oferta dele
foi um prato de prata, pesando um quilo
quinhentos e sessenta gramas, uma bacia
de prata, pesando oitocentos e quarenta
gramas, segundo o peso padrão do santuá-
rio; ambos cheios da melhor farinha, amas-
sada com azeite, para oferta de cereais; 68 um
recipiente de cento e vinte gramas de ouro,
cheio de incenso; 69 um novilho, um carneiro,
um cordeiro de um ano, para holocausto;
70 um bode, para oferta pelo pecado; 71 e, para
sacrifício pacífico, dois bois, cinco carneiros,
cinco bodes, cinco cordeiros de um ano; esta
foi a oferta de Aiezer, filho de Amisadai.

72 No décimo primeiro dia, foi Pagiel, filho
de Ocrã, chefe dos filhos de Aser. 73 A oferta
dele foi um prato de prata, pesando um quilo
quinhentos e sessenta gramas, uma bacia
de prata, pesando oitocentos e quarenta
gramas, segundo o peso padrão do santuá-
rio; ambos cheios da melhor farinha, amas-
sada com azeite, para oferta de cereais; 74 um
recipiente de cento e vinte gramas de ouro,
cheio de incenso; 75 um novilho, um carneiro,
um cordeiro de um ano, para holocausto;
76 um bode, para oferta pelo pecado; 77 e, para
sacrifício pacífico, dois bois, cinco carneiros,
cinco bodes, cinco cordeiros de um ano; esta
foi a oferta de Pagiel, filho de Ocrã.

78 No décimo segundo dia, foi Aira, filho de
Enã, chefe dos filhos de Naftali. 79 A oferta
dele foi um prato de prata, pesando um
quilo quinhentos e sessenta gramas,
uma bacia de prata, pesando oitocentos e
quarenta gramas, segundo o peso padrão do
santuário; ambos cheios da melhor farinha,
amassada com azeite, para oferta de cereais;
80 um recipiente de cento e vinte gramas de
ouro, cheio de incenso; 81 um novilho, um
carneiro, um cordeiro de um ano, para holo-
causto; 82 um bode, para oferta pelo pecado;
83 e, para sacrifício pacífico, dois bois, cinco
carneiros, cinco bodes, cinco cordeiros de
um ano; esta foi a oferta de Aira, filho de Enã.

84 Esta é a dádiva feita pelos chefes de Israel
para a dedicação do altar, no dia em que foi
ungido: doze pratos de prata, doze bacias de
prata, doze recipientes de ouro; 85 cada prato
de prata, de um quilo quinhentos e sessenta
gramas, e cada bacia, de oitocentos e qua-
renta gramas; toda a prata dos utensílios foi
de vinte e oito quilos e oitocentos gramas,
segundo o peso padrão do santuário; 86 doze
recipientes de ouro cheios de incenso, cada
um de cento e vinte gramas, segundo o
peso padrão do santuário; todo o ouro dos
recipientes foi de um quilo quatrocentos e
quarenta gramas; 87 todos os animais para o
holocausto foram doze novilhos; carneiros,
doze; doze cordeiros de um ano, com a sua
oferta de cereais; e doze bodes para oferta
pelo pecado. 88 E todos os animais para o
sacrifício pacífico foram vinte e quatro
novilhos; os carneiros, sessenta; os bodes,
sessenta; os cordeiros de um ano, sessenta;
esta é a dádiva para a dedicação do altar,
depois que foi ungido.

89 Quando Moisés entrava na tenda do
encontro para falar com o SENHOR, ouvia a
voz que lhe falava de cima do propiciatório,
que está sobre a arca do testemunho entre
os dois querubins; assim lhe falava.

AS SETE LÂMPADAS DO CANDELABRO

8 1 O SENHOR disse a Moisés:
2 — Fale a Arão e diga-lhe: Quando você
colocar as lâmpadas, seja de tal maneira que
as sete venham a iluminar o espaço diante
do candelabro.

3 E Arão fez assim: colocou as lâmpadas
para que iluminassem o espaço diante do
candelabro, como o SENHOR havia ordenado
a Moisés. 4 O candelabro era feito de ouro
batido desde o seu pedestal até as suas
flores. Segundo o modelo que o SENHOR
havia mostrado a Moisés, assim ele fez
o candelabro.

A PURIFICAÇÃO E A APRESENTAÇÃO DOS LEVITAS

5 O SENHOR disse a Moisés:

6 — Separe os levitas do meio dos filhos de Israel e purifique-os. 7 Faça o seguinte para purificá-los: você aspergirá sobre eles a água da expiação; e eles farão passar a navalha sobre todo o corpo deles, lavarão as suas roupas e se purificarão. 8 A seguir, pegarão um novilho, com a sua oferta de cereais, feita da melhor farinha, amassada com azeite; e você pegará outro novilho para oferta pelo pecado. 9 Você fará chegar os levitas diante da tenda do encontro e reunirá toda a congregação dos filhos de Israel. 10 Quando, pois, fizerem chegar os levitas diante do SENHOR, os filhos de Israel porão as mãos sobre eles. 11 Arão apresentará os levitas como oferta movida diante do SENHOR, da parte dos filhos de Israel; e serão para o serviço do SENHOR. 12 Os levitas porão as mãos sobre a cabeça dos novilhos; e você sacrificará um dos novilhos para oferta pelo pecado e o outro para holocausto ao SENHOR, para fazer expiação pelos levitas. 13 Você porá os levitas diante de Arão e diante dos seus filhos e os apresentará por oferta movida ao SENHOR.

14 — Assim você separará os levitas do meio dos filhos de Israel; os levitas serão meus. 15 Depois disso, os levitas entrarão para fazerem o serviço da tenda do encontro; e você os purificará e os apresentará por oferta movida, 16 porque dentre os filhos de Israel eles me são dados; eu os tomei para mim em lugar de todo o primeiro filho que nascer, do primogênito de cada um dos filhos de Israel. 17 Porque meu é todo primogênito entre os filhos de Israel, tanto de homens como de animais. No dia em que matei todos os primogênitos na terra do Egito, eu os consagrei para mim. 18 Tomei os levitas em lugar de todos os primogênitos entre os filhos de Israel. 19 E os levitas, dados a Arão e a seus filhos dentre os filhos de Israel, entreguei-os para fazerem o serviço dos filhos de Israel na tenda do encontro e para fazerem expiação por eles, para que não haja praga entre o povo de Israel, quando os filhos de Israel se aproximarem do santuário.

20 E assim fizeram Moisés, Arão e toda a congregação dos filhos de Israel com os levitas. Segundo tudo o que o SENHOR havia ordenado a Moisés a respeito dos levitas, assim lhes fizeram os filhos de Israel. 21 Os levitas se purificaram e lavaram as suas roupas, e Arão os apresentou por oferta movida diante do SENHOR e fez expiação por eles, para purificá-los. 22 Depois disso, chegaram os levitas, para fazerem o seu serviço na tenda do encontro, diante de Arão e dos seus filhos. Como o SENHOR havia ordenado a Moisés a respeito dos levitas, assim lhes fizeram.

23 O SENHOR disse ainda a Moisés:

24 — Isto é o que diz respeito aos levitas: da idade de vinte e cinco anos para cima entrarão, para fazerem o seu serviço na tenda do encontro; 25 mas a partir da idade de cinquenta anos deixarão de estar a serviço e não mais servirão; 26 porém ajudarão os seus irmãos na tenda do encontro, no que diz respeito ao cargo deles; não terão mais serviço. Assim você fará com os levitas quanto aos seus deveres.

A CELEBRAÇÃO DA PÁSCOA

9 1 O SENHOR falou a Moisés no deserto do Sinai, no primeiro mês do segundo ano depois da saída do povo de Israel da terra do Egito, dizendo:

2 — Que os filhos de Israel celebrem a Páscoa no tempo determinado. 3 No dia catorze deste mês, ao crepúsculo da tarde, vocês celebrarão a Páscoa no tempo determinado; devem celebrá-la segundo todos os seus estatutos e segundo todos os seus ritos.

4 Portanto, Moisés disse aos filhos de Israel que celebrassem a Páscoa. 5 Então celebraram a Páscoa no dia catorze do primeiro mês, ao crepúsculo da tarde, no deserto do Sinai. Segundo tudo o que o SENHOR havia ordenado a Moisés, assim fizeram os filhos de Israel.

6 Houve alguns que estavam impuros por terem tocado o cadáver de uma pessoa, de maneira que não puderam celebrar a Páscoa naquele dia. Por isso, chegaram diante de Moisés e de Arão naquele mesmo dia 7 e lhes disseram:

— Estamos impuros por termos tocado o cadáver de uma pessoa. Por que havemos de ser privados de apresentar a oferta do SENHOR, no tempo determinado, no meio dos filhos de Israel?

8 Moisés lhes respondeu:

— Esperem, e ouvirei o que o Senhor ordenará a vocês.

9 Então o Senhor disse a Moisés:

10 — Fale aos filhos de Israel, dizendo: Quando algum de vocês ou dos seus descendentes se tornar impuro por causa de contato com um morto ou estiver em viagem longe de vocês, ainda assim celebrará a Páscoa ao Senhor. 11 Devem celebrá-la no dia catorze do segundo mês, no crepúsculo da tarde; devem comê-la com pães sem fermento e ervas amargas. 12 Não deixarão sobrar nada até a manhã seguinte e não quebrarão nenhum osso do cordeiro; farão tudo segundo todo o estatuto da Páscoa. 13 Porém, se um homem estiver puro, não estiver em viagem e deixar de celebrar a Páscoa, esse será eliminado do seu povo, porque não apresentou a oferta do Senhor no tempo determinado; tal homem levará sobre si o seu pecado.

14 — Se um estrangeiro habitar entre vocês e também quiser celebrar a Páscoa ao Senhor, deverá celebrá-la segundo o estatuto da Páscoa e segundo o seu rito; vocês terão um só estatuto, tanto para o estrangeiro como para o natural da terra.

A NUVEM SOBRE O TABERNÁCULO

Êx 40.34-38

15 No dia em que foi levantado o tabernáculo, a nuvem cobriu o tabernáculo, a saber, a tenda do testemunho. E, à tarde, estava sobre o tabernáculo uma aparência de fogo até a manhã seguinte. 16 Assim acontecia sempre: a nuvem o cobria, e, de noite, havia aparência de fogo. 17 Quando a nuvem se erguia de sobre a tenda, os filhos de Israel se punham em marcha; e, no lugar onde a nuvem parava, aí os filhos de Israel acampavam. 18 Segundo o mandado do Senhor, os filhos de Israel partiam e, segundo o mandado do Senhor, acampavam; por todo o tempo em que a nuvem pairava sobre o tabernáculo, permaneciam acampados. 19 Quando a nuvem se detinha muitos dias sobre o tabernáculo, os filhos de Israel cumpriam a ordem do Senhor e não partiam. 20 Às vezes, a nuvem ficava poucos dias sobre o tabernáculo; então, segundo o mandado do Senhor, permaneciam e, segundo a ordem do Senhor, partiam. 21 Às vezes, a nuvem ficava desde a tarde até a manhã seguinte; quando, pela manhã, a nuvem se erguia, punham-se em marcha; quer de dia, quer de noite, erguendo-se a nuvem, partiam. 22 Se a nuvem se detinha sobre o tabernáculo por dois dias, ou um mês, ou por mais tempo, enquanto pairava sobre ele, os filhos de Israel permaneciam acampados e não se punham em marcha; mas, quando a nuvem se erguia, eles partiam. 23 Segundo o mandado do Senhor, acampavam e, segundo o mandado do Senhor, se punham em marcha. Cumpriam o seu dever para com o Senhor, segundo a ordem do Senhor por meio de Moisés.

AS DUAS TROMBETAS DE PRATA

10 1 O Senhor disse a Moisés:

2 — Faça duas trombetas de prata batida. Elas serão usadas por você para convocar a congregação e para dar o sinal de partida dos arraiais. 3 Quando tocarem as duas trombetas, toda a congregação se ajuntará a você à porta da tenda do encontro. 4 Mas, quando tocar uma só, se ajuntarão a você os chefes, os cabeças dos milhares de Israel. 5 Quando vocês derem um toque de alarme, partirão os arraiais que estão acampados do lado leste. 6 E, quando derem um segundo toque de alarme, então partirão os arraiais que estão acampados do lado sul. Para a partida, deve soar um toque de alarme. 7 Para reunir a congregação, devem tocar as trombetas, mas não na forma de alarme. 8 Os filhos de Arão, sacerdotes, tocarão as trombetas; e isto será para vocês por estatuto perpétuo de geração em geração.

9 — Quando, na sua terra, vocês saírem a lutar contra os inimigos que os oprimem, também tocarão as trombetas na forma de alarme, e diante do Senhor, o Deus de vocês, haverá lembrança de vocês, e serão salvos de seus inimigos. 10 Também nos dias de alegria, e nas festas fixas, e no princípio de cada mês, toquem as suas trombetas sobre os seus holocaustos e sobre os seus sacrifícios pacíficos, para que sejam por memorial diante do seu Deus. Eu sou o Senhor, o Deus de vocês.

OS ISRAELITAS PARTEM DO SINAI

11 No segundo ano, no segundo mês, aos vinte dias do mês, a nuvem se ergueu

de sobre o tabernáculo da congregação. 12 Os filhos de Israel puseram-se em marcha, partindo do deserto do Sinai, jornada após jornada; e a nuvem repousou no deserto de Parã. 13 Assim, pela primeira vez, se puseram em marcha, segundo o mandado do SENHOR, por Moisés. 14 Primeiramente partiu o estandarte do arraial dos filhos de Judá, segundo as suas turmas; e sobre o seu exército estava Naassom, filho de Aminadabe. 15 Sobre o exército da tribo dos filhos de Issacar estava Natanael, filho de Zuar, 16 e sobre o exército da tribo dos filhos de Zebulom estava Eliabe, filho de Helom.

17 Então desarmaram o tabernáculo, e os filhos de Gérson e os filhos de Merari partiram, levando o tabernáculo. 18 Depois, partiu o estandarte do arraial de Rúben, segundo as suas turmas; e sobre o seu exército estava Elizur, filho de Sedeur. 19 Sobre o exército da tribo dos filhos de Simeão estava Selumiel, filho de Zurisadai, 20 e sobre o exército da tribo dos filhos de Gade estava Eliasafe, filho de Deuel. 21 Então partiram os coatitas, levando as coisas santas; e o tabernáculo era levantado até que estes chegassem.

22 Depois, partiu o estandarte do arraial dos filhos de Efraim, segundo as suas turmas; e sobre o seu exército estava Elisama, filho de Amiúde. 23 Sobre o exército da tribo dos filhos de Manassés estava Gamaliel, filho de Pedazur, 24 e sobre o exército da tribo dos filhos de Benjamim estava Abidã, filho de Gideoni.

25 Então partiu o estandarte do arraial dos filhos de Dã, formando a retaguarda de todos os arraiais, segundo as suas turmas; e sobre o seu exército estava Aiezer, filho de Amisadai. 26 Sobre o exército da tribo dos filhos de Aser estava Pagiel, filho de Ocrã. 27 E sobre o exército da tribo dos filhos de Naftali estava Aira, filho de Enã. 28 Nesta ordem, puseram-se em marcha os filhos de Israel, segundo os seus exércitos.

MOISÉS ROGA A HOBABE QUE VÁ COM ELES

29 Moisés disse a Hobabe, filho de Reuel, o midianita, sogro de Moisés:

— Estamos de viagem para o lugar de que o SENHOR disse: "Eu o darei a vocês." Venha conosco! Nós o trataremos bem, porque o SENHOR prometeu boas coisas a Israel.

30 Mas Hobabe respondeu:

— Não irei. Prefiro voltar à minha terra e à minha parentela.

31 Moisés insistiu:

— Por favor, não nos deixe, porque você sabe que devemos acampar no deserto; e você nos servirá de guia. 32 Se vier conosco, faremos a você o mesmo bem que o SENHOR Deus fizer a nós.

33 Assim, partiram do monte do SENHOR e caminharam durante três dias. A arca da aliança do SENHOR ia adiante deles durante esses três dias, para encontrar um lugar de descanso para eles. 34 A nuvem do SENHOR pairava sobre eles de dia, quando partiam do arraial. 35 Quando a arca partia, Moisés falava: "Levanta-te, SENHOR, sejam espalhados os teus inimigos e fujam diante de ti os que te odeiam." 36 E, quando a arca parava, Moisés dizia: "Volta, ó SENHOR, para os milhares de milhares de Israel."

AS QUEIXAS DOS ISRAELITAS

11 1 O povo se queixou de sua sorte aos ouvidos do SENHOR. Quando o SENHOR ouviu as reclamações, sua ira se acendeu, e fogo do SENHOR ardeu entre eles e consumiu algumas extremidades do arraial. 2 Então o povo clamou a Moisés. Este orou ao SENHOR, e o fogo se apagou. 3 Por isso aquele lugar foi chamado de Taberá, porque o fogo do SENHOR se havia acendido entre eles.

4 Um bando de estranhos que estava no meio deles veio a ter grande desejo das comidas dos egípcios. Também os filhos de Israel começaram a chorar outra vez, dizendo:

— Quem nos dará carne para comer? 5 Lembramos dos peixes que comíamos de graça no Egito. Que saudade dos pepinos, dos melões, dos alhos silvestres, das cebolas e dos alhos! 6 Mas agora a nossa alma está seca, e não vemos nada a não ser este maná.

7 O maná era como semente de coentro, e a sua aparência era semelhante à de bdélio. 8 O povo ia por toda parte e o colhia. Eles o moíam em moinhos ou o socavam em pilões. Depois o cozinhavam em panelas e dele faziam bolos. O sabor do maná era como o de bolos amassados com azeite. 9 Quando, de noite, descia o orvalho sobre o arraial, sobre este também caía o maná.

MOISÉS ACHA PESADO O SEU CARGO

10 Então Moisés ouviu como o povo
chorava por famílias, cada um à porta da sua
tenda. O SENHOR ficou muito irado, e Moisés
também não gostou daquilo. 11 Moisés disse
ao SENHOR:

— Por que fizeste mal a teu servo, e por
que não achei favor aos teus olhos, visto
que puseste sobre mim a carga de todo este
povo? 12 Será que fui eu quem concebeu todo
este povo? Será que fui eu quem o deu à luz,
para que me digas que o leve no colo, como
a babá leva a criança que mama, até a terra
que prometeste dar a seus pais? 13 Onde eu
poderia conseguir carne para dar a todo este
povo? Pois chora diante de mim, dizendo:
"Dê-nos carne para comer." 14 Eu sozinho não
posso levar todo este povo, pois é pesado
demais para mim. 15 Se me tratas assim,
mata-me de uma vez. Se achei favor aos
teus olhos, peço que não me deixes ver a
minha miséria.

SETENTA ANCIÃOS PARA AJUDAR MOISÉS

16 O SENHOR disse a Moisés:

— Reúna para mim setenta homens dos
anciãos de Israel, que você sabe que são
anciãos e superintendentes do povo, e traga-
-os diante da tenda do encontro, para que
estejam ali com você. 17 Então descerei e ali
falarei com você. Tirarei do Espírito que está
sobre você e o porei sobre eles; e eles ajuda-
rão você a levar a carga do povo, para que
você não tenha de levá-la sozinho. 18 Diga ao
povo: "Santifiquem-se para amanhã e vocês
comerão carne, porque vocês choraram aos
ouvidos do SENHOR, dizendo: 'Quem nos dará
carne para comer? A vida era melhor no
Egito.'" Por isso o SENHOR lhes dará carne e
vocês poderão comer. 19 Não comerão um
dia, nem dois dias, nem cinco, nem dez, nem
ainda vinte, 20 mas um mês inteiro, até que
saia pelo nariz, até que fiquem com nojo
dela, porque vocês rejeitaram o SENHOR, que
está no meio de vocês, e choraram diante
dele, dizendo: "Por que saímos do Egito?"

21 Moisés, porém, respondeu:

— Este povo no meio do qual estou é de
seiscentos mil homens em pé, e tu dizes:
"Eu lhes darei carne, e eles a comerão durante
um mês inteiro." 22 Quantos rebanhos de
ovelhas e de gado teríamos de matar, para
que tivessem o suficiente? Ou será que basta-
ria, se ajuntássemos para eles todos os peixes
do mar?

23 Porém o SENHOR respondeu a Moisés:

— Será que a mão do SENHOR se encurtou?
Agora mesmo você verá se a minha palavra
se cumprirá ou não!

24 Moisés saiu e contou ao povo as palavras
do SENHOR. Ele reuniu setenta homens dos
anciãos do povo e os pôs ao redor da tenda.
25 Então o SENHOR desceu na nuvem e falou
com Moisés. E, tirando do Espírito que estava
sobre Moisés, o pôs sobre aqueles setenta
anciãos. Quando o Espírito repousou sobre
eles, profetizaram; mas isto nunca mais
se repetiu.

ELDADE E MEDADE

26 Porém dois homens ficaram no arraial.
Um se chamava Eldade, e o outro, Medade.
O Espírito repousou sobre eles, porque
estavam entre os inscritos, mesmo que não
tivessem ido até a tenda; e profetizavam no
arraial. 27 Então um jovem correu e anunciou
a Moisés:

— Eldade e Medade estão profetizando
no arraial.

28 Josué, filho de Num, auxiliar de Moisés,
um dos seus escolhidos, respondeu e disse:

— Moisés, meu senhor, ordene que parem
com isso.

29 Porém Moisés lhe disse:

— Você está com ciúmes por mim? Eu
gostaria que todo o povo do SENHOR fos-
se profeta, que o SENHOR lhes desse o seu
Espírito!

30 Depois, Moisés se recolheu ao arraial,
ele e os anciãos de Israel.

DEUS MANDA CODORNIZES

31 Então soprou um vento do SENHOR, e
trouxe codornizes do mar, e as espalhou
pelo arraial em todas as direções, numa
extensão de cerca de um dia de caminhada,
a uma altura de quase um metro sobre a
terra. 32 Todo aquele dia e toda aquela noite,
e também no dia seguinte, o povo se levan-
tou e recolheu as codornizes; o que menos
recolheu teve dez montões; e as estenderam
para si ao redor do arraial.

> Devemos adorá-lo por quem ele é e por tudo que fez e faz por nós. E quem ele é muda tudo a respeito de quem somos.

33 Enquanto a carne ainda estava entre os seus dentes, antes que fosse mastigada, a ira do SENHOR se acendeu contra o povo, e o feriu com uma terrível praga. 34 Por isso aquele lugar foi chamado de Quibrote-Hataavá, porque ali foi sepultado o povo que teve o desejo das comidas dos egípcios.

35 De Quibrote-Hataavá o povo partiu para Hazerote e ali ficou.

A REBELIÃO DE MIRIÃ E ARÃO

12 1 Miriã e Arão falaram contra Moisés, por causa da mulher cuxita que este havia tomado; pois ele tinha tomado uma mulher cuxita. 2 E disseram:

— Será que o SENHOR falou somente por meio de Moisés? Será que não falou também por meio de nós?

E o SENHOR ouviu o que eles disseram. 3 Moisés era um homem muito manso, mais do que qualquer outro sobre a terra.

4 Imediatamente o SENHOR disse a Moisés, a Arão e a Miriã:

— Vocês três, dirijam-se à tenda do encontro.

E os três foram até lá. 5 Então o SENHOR desceu na coluna de nuvem e se pôs à porta da tenda. Depois, chamou Arão e Miriã, e eles se apresentaram. 6 Então o SENHOR disse:

— Ouçam, agora, as minhas palavras: se entre vocês há um profeta, eu, o SENHOR, em visão me faço conhecer a ele ou falo com ele em sonhos. 7 Não é assim com o meu servo Moisés, que é fiel em toda a minha casa. 8 Falo com ele face a face, claramente e não por enigmas; pois ele vê a forma do SENHOR. Como, pois, vocês não tiveram medo de falar contra o meu servo, contra Moisés?

9 E a ira do SENHOR se acendeu contra eles; e ele se retirou. 10 Quando a nuvem se afastou de sobre a tenda, eis que Miriã estava leprosa, branca como a neve. Arão olhou para Miriã, e eis que ela estava coberta de lepra. 11 E Arão disse a Moisés:

— Ah! Meu senhor, não ponha sobre nós este pecado, porque agimos de forma tola e pecamos. 12 Não permita que Miriã seja como um aborto, que, saindo do ventre de sua mãe, tenha metade de sua carne já consumida.

13 Moisés clamou ao SENHOR, dizendo:

— Ó Deus, peço-te que a cures.

14 O SENHOR respondeu a Moisés:

— Se o pai de Miriã tivesse cuspido no rosto dela, não seria envergonhada por sete dias? Que ela seja encerrada sete dias fora do arraial e, depois, trazida de volta.

15 Assim, Miriã foi detida fora do arraial durante sete dias; e o povo não partiu enquanto Miriã não foi trazida de volta. 16 Porém, depois, o povo partiu de Hazerote e acampou no deserto de Parã.

OS ESPIAS

Dt 1.19-25

13 1 O SENHOR disse a Moisés:

2 — Envie alguns homens que espiem a terra de Canaã, que eu vou dar aos filhos de Israel. Enviem um homem de cada tribo de seus pais, sendo cada qual chefe entre eles.

3 Moisés os enviou do deserto de Parã, segundo o mandado do SENHOR. Todos aqueles homens eram chefes dos filhos de Israel. 4 São estes os seus nomes: da tribo de Rúben, Samua, filho de Zacur; 5 da tribo de Simeão, Safate, filho de Hori; 6 da tribo de Judá, Calebe, filho de Jefoné; 7 da tribo de Issacar, Jigeal, filho de José; 8 da tribo de Efraim, Oseias, filho de Num; 9 da tribo de Benjamim, Palti, filho de Rafu; 10 da tribo de Zebulom, Gadiel, filho de Sodi; 11 da tribo de José, pela tribo de Manassés, Gadi, filho de Susi; 12 da tribo de Dã, Amiel, filho de Gemali; 13 da tribo de Aser, Setur, filho de Micael; 14 da tribo de Naftali, Nabi, filho de Vofsi; 15 da tribo de Gade, Geuel, filho de Maqui. 16 São estes os nomes dos homens que Moisés enviou a espiar aquela terra. E a Oseias, filho de Num, Moisés deu o nome de Josué.

17 Moisés os enviou a espiar a terra de Canaã e disse-lhes:

— Subam pelo Neguebe e entrem na região montanhosa. 18 Vejam a terra, como ela é, e o povo que nela habita, se é forte ou fraco, se são poucos ou muitos. 19 Vejam também como é a terra em que esse povo habita, se é boa ou má, e como são as cidades em que habita, se são arraiais ou fortalezas. 20 Também como é o solo, se é fértil ou estéril, se nele há matas ou não. Tenham coragem e tragam dos frutos da terra.

Aqueles dias eram os dias das primícias das uvas.

21 Assim, foram e espiaram a terra desde
o deserto de Zim até Reobe, à entrada de
Hamate. 22 E subiram pelo Neguebe e foram
até Hebrom. Ali viviam Aimã, Sesai e Talmai,
filhos de Anaque. (Hebrom foi edificada sete
anos antes de Zoã, no Egito.) 23 Depois, foram
até o vale de Escol e ali cortaram um ramo
de videira com um cacho de uvas, o qual
foi trazido por dois homens numa vara.
Trouxeram também romãs e figos. 24 Esse
lugar foi chamado de vale de Escol, por
causa do cacho de uvas que os filhos de
Israel cortaram ali.

O RELATÓRIO DOS ESPIAS

Dt 1.26-33

25 Depois de quarenta dias, voltaram de
espiar a terra. 26 Vieram a Moisés, a Arão e
a toda a congregação dos filhos de Israel
em Cades, no deserto de Parã. Fizeram um
relato do que tinham visto, a eles e a toda
a congregação, e mostraram-lhes os frutos
da terra. 27 Relataram a Moisés e disseram:

— Fomos à terra à qual você nos enviou.
De fato, é uma terra onde mana leite e mel;
estes são os frutos dela. 28 Mas o povo que
habita nessa terra é poderoso, e as cidades
são muito grandes e fortificadas. Também
vimos ali os filhos de Anaque. 29 Os amalequi-
tas habitam na terra do Neguebe. Os heteus,
os jebuseus e os amorreus habitam nas
montanhas. Os cananeus habitam perto do
mar e na beira do Jordão.

30 Então Calebe fez calar o povo diante de
Moisés e disse:

— Vamos subir agora e tomar posse da
terra, porque somos perfeitamente capazes
de fazer isso.

31 Porém os homens que tinham ido com
ele disseram:

— Não podemos atacar aquele povo,
porque é mais forte do que nós.

32 E, diante dos filhos de Israel, falaram
mal da terra que haviam espiado, dizendo:

— A terra pela qual passamos para espiar é
terra que devora os seus moradores; e todo o
povo que vimos nela são homens de grande
estatura. 33 Também vimos ali gigantes (os
filhos de Anaque são descendentes de
gigantes), e éramos, aos nossos próprios
olhos, como gafanhotos e assim também
éramos aos olhos deles.

A REBELIÃO DO POVO

14 1 Então toda a congregação se levan-
tou e gritou em alta voz; e o povo
chorou aquela noite. 2 Todos os filhos de
Israel murmuraram contra Moisés e contra
Arão; e toda a congregação lhes disse:

— Quem dera tivéssemos morrido na terra
do Egito ou mesmo neste deserto! 3 E por que
o Senhor nos traz a esta terra, para cairmos à
espada e para que nossas mulheres e nossas
crianças sejam por presa? Não seria melhor
voltarmos para o Egito?

4 E diziam uns aos outros:

— Vamos escolher um chefe e voltemos
para o Egito.

5 Então Moisés e Arão caíram sobre o seu
rosto diante da congregação dos filhos de
Israel. 6 E Josué, filho de Num, e Calebe,
filho de Jefoné, que eram daqueles que
espiaram a terra, rasgaram as suas roupas
7 e falaram a toda a congregação dos filhos de
Israel, dizendo:

— A terra pela qual passamos para espiar é
terra muitíssimo boa. 8 Se o Senhor se agradar
de nós, então nos fará entrar e nos dará essa
terra, que é uma terra que mana leite e mel.
9 Tão somente não sejam rebeldes contra
o Senhor e não tenham medo do povo
dessa terra, porque, como pão, os podemos
devorar; a proteção que eles tinham se
foi. O Senhor está conosco; não tenham
medo deles.

10 Apesar disso, toda a congregação disse
que Josué e Calebe deviam ser apedrejados;
porém a glória do Senhor apareceu na tenda
do encontro a todos os filhos de Israel.
11 O Senhor disse a Moisés:

— Até quando este povo me provocará e
até quando não crerá em mim, apesar de
todos os sinais que fiz no meio dele? 12 Vou
feri-lo com pestilência e deserdá-lo; e farei
de você povo maior e mais forte do que este.

MOISÉS INTERCEDE PELO POVO

13 Moisés respondeu ao Senhor:

— Os egípcios não somente ouviram
que, com o teu poder, fizeste este povo sair
do meio deles, 14 mas também o disseram
aos moradores desta terra. Eles ouviram
que tu, ó Senhor, estás no meio deste povo,
que face a face, ó Senhor, lhes apareces, tua
nuvem está sobre eles e vais adiante deles

numa coluna de nuvem, de dia, e, numa
coluna de fogo, de noite. 15 Se matares este
povo de uma só vez, as nações, que antes
ouviram a tua fama, dirão: 16 "Visto que o
Senhor não conseguiu fazer este povo entrar
na terra que lhe prometeu com juramento,
matou-os no deserto." 17 Agora, pois, peço
que a força do meu Senhor se engrandeça,
como tens falado, dizendo: 18 "O Senhor é
tardio em irar-se e rico em bondade; ele
perdoa a iniquidade e a transgressão, mas
não inocenta o culpado, e visita a iniquidade
dos pais nos filhos até a terceira e a quarta
geração." 19 Perdoa, pois, a iniquidade deste
povo, segundo a grandeza da tua misericór-
dia e como também tens perdoado a este
povo desde a terra do Egito até aqui.

O CASTIGO DADO POR DEUS

Dt 1.34-40

20 O Senhor respondeu:
— Conforme você me pediu, eu perdoei.
21 Porém, tão certo como eu vivo, e como
toda a terra se encherá da glória do Senhor,
22 nenhum dos homens que viram a minha
glória e os prodígios que fiz no Egito e
no deserto, e mesmo assim me puseram
à prova já dez vezes e não obedeceram à
minha voz, 23 nenhum deles verá a terra que,
com juramento, prometi a seus pais; sim,
nenhum daqueles que me desprezaram a
verá. 24 Porém o meu servo Calebe, visto que
nele houve outro espírito, e perseverou em
seguir-me, eu o farei entrar na terra que
espiou, e a sua descendência a possuirá.
25 Ora, os amalequitas e os cananeus habi-
tam no vale; portanto, amanhã mudem
de rumo e caminhem para o deserto, pelo
caminho do mar Vermelho.
26 Depois, o Senhor disse a Moisés e a Arão:
27 — Até quando vou aguentar esta má
congregação que murmura contra mim?
Tenho ouvido as murmurações que os filhos
de Israel proferem contra mim. 28 Diga-lhes:
"Tão certo como eu vivo, diz o Senhor, vou
tratar vocês de acordo com o que falaram
aos meus ouvidos. 29 Neste deserto, cairá o
cadáver de vocês — de todos vocês que foram
contados no censo, de vinte anos para cima,
e que murmuraram contra mim. 30 Vocês não
entrarão na terra na qual jurei que os faria
habitar, com a exceção de Calebe, filho de
Jefoné, e Josué, filho de Num. 31 Mas os seus
filhos, dos quais vocês dizem que serão
por presa, esses eu farei entrar nela; e eles
conhecerão a terra que vocês desprezaram.
32 Porém, quanto a vocês, o seu cadáver cairá
neste deserto. 33 Os filhos de vocês serão
pastores neste deserto durante quarenta
anos e levarão sobre si as infidelidades de
vocês, até que o cadáver de vocês se consuma
neste deserto. 34 Segundo o número dos dias
em que vocês espiaram a terra, quarenta
dias, cada dia representando um ano, vocês
levarão sobre si as suas iniquidades durante
quarenta anos e terão experiência do meu
desagrado. 35 Eu, o Senhor, falei. Assim farei
a toda esta má congregação, que se levantou
contra mim; neste deserto, se consumirão e
aí morrerão."
36 Os homens que Moisés havia mandado
para espiar a terra e que, voltando, fizeram
murmurar toda a congregação contra ele,
falando mal da terra, 37 esses mesmos
homens que falaram mal da terra morreram
de praga diante do Senhor. 38 Mas Josué,
filho de Num, e Calebe, filho de Jefoné,
que eram dos homens que foram espiar a
terra, sobreviveram.

O POVO É DERROTADO EM HORMA

Dt 1.41-46

39 Moisés falou estas palavras a todos os
filhos de Israel, e o povo ficou muito triste.
40 Levantaram-se de manhã cedo e subiram
ao alto do monte, dizendo:
— Aqui estamos e subiremos ao lugar que
o Senhor nos prometeu, porque pecamos.
41 Porém Moisés respondeu:
— Por que vocês estão transgredindo o
mandado do Senhor? Isso não prosperará.
42 Não vão, porque o Senhor não estará no
meio de vocês, e vocês serão derrotados
pelos seus inimigos. 43 Porque os amalequitas
e os cananeus estão logo ali adiante, e vocês
cairão à espada. Uma vez que se desviaram
do Senhor, o Senhor não estará com vocês.
44 Contudo, eles teimaram em querer entrar
na região montanhosa. No entanto, a arca
da aliança do Senhor e Moisés não saíram
do meio do arraial. 45 Então os amalequitas
e os cananeus que habitavam na região
montanhosa desceram e os atacaram,
derrotando-os até Horma.

LEIS A RESPEITO DE OFERTAS

15 1 O SENHOR disse a Moisés:

2 — Fale aos filhos de Israel e diga-lhes: Quando entrarem na terra em que vocês vão habitar, a terra que eu lhes darei, 3 e ao SENHOR fizerem oferta queimada, holocausto ou sacrifício, em cumprimento de um voto ou em oferta voluntária, ou, nas suas festas fixas, apresentarem ao SENHOR aroma agradável com o sacrifício de gado e ovelhas, 4 então aquele que apresentar a sua oferta ao SENHOR, por oferta de cereais, trará dois litros da melhor farinha, misturada com um litro de azeite. 5 E de vinho para libação prepare um litro para cada cordeiro, além do holocausto ou do sacrifício. 6 Para cada carneiro prepare uma oferta de cereais de quatro litros da melhor farinha, misturada com um litro e meio de azeite. 7 E de vinho para a libação ofereça um litro e meio ao SENHOR, em aroma agradável. 8 Quando você preparar um novilho para holocausto ou sacrifício, em cumprimento de um voto ou um sacrifício pacífico ao SENHOR, 9 traga com o novilho uma oferta de cereais de seis litros da melhor farinha, misturada com dois litros de azeite, 10 e de vinho para a libação traga dois litros, oferta queimada de aroma agradável ao SENHOR.

11 — Assim se fará com todos os novilhos, carneiros, cordeiros e bodes. 12 Segundo o número que vocês oferecerem, assim o farão para cada um. 13 Todos os naturais da terra assim farão estas coisas, trazendo oferta queimada de aroma agradável ao SENHOR. 14 Se também morar com vocês algum estrangeiro ou quem quer que estiver entre vocês ou os seus descendentes e trouxer uma oferta queimada de aroma agradável ao SENHOR, deverá fazer o mesmo que vocês fazem. 15 Quanto à congregação, haja apenas um estatuto, tanto para vocês como para os estrangeiros que morarem entre vocês, por estatuto perpétuo nas suas gerações; vocês e os estrangeiros serão iguais diante do SENHOR. 16 A mesma lei e o mesmo rito se aplicam a vocês e aos estrangeiros que moram com vocês.

17 O SENHOR disse a Moisés:

18 — Fale aos filhos de Israel e diga-lhes: Quando chegarem à terra em que eu os farei entrar, 19 ao comerem do pão da terra, apresentem uma oferta ao SENHOR. 20 Das primícias da farinha grossa vocês apresentarão um bolo como oferta; como oferta da eira, assim vocês o apresentarão. 21 Das primícias da farinha grossa vocês apresentarão ao SENHOR oferta nas suas gerações.

SACRIFÍCIOS PELOS PECADOS INVOLUNTÁRIOS

Lv 4.13-21

22 — Quando vocês cometerem pecado involuntário e não cumprirem todos estes mandamentos que o SENHOR falou a Moisés, 23 sim, tudo o que o SENHOR lhes ordenou por meio de Moisés, desde o dia em que o SENHOR ordenou e daí em diante, nas suas gerações, 24 então, quando se fizer alguma coisa de forma involuntária e isso for oculto aos olhos da coletividade, toda a congregação oferecerá um novilho, para holocausto de aroma agradável ao SENHOR, com a sua oferta de cereais e de libação, segundo o rito, e um bode, para oferta pelo pecado. 25 O sacerdote fará expiação por toda a congregação dos filhos de Israel, e lhes será perdoado, porque foi algo involuntário, e eles trouxeram a sua oferta, oferta queimada ao SENHOR, e a sua oferta pelo pecado diante do SENHOR, por causa do seu pecado involuntário. 26 Assim, toda a congregação dos filhos de Israel e também os estrangeiros que habitam no meio deles serão perdoados, pois todo o povo foi envolvido nesse pecado involuntário.

27 — Se alguma pessoa cometer pecado involuntário, apresentará uma cabra de um ano como oferta pelo pecado. 28 O sacerdote fará expiação pela pessoa que errou, quando cometer pecado involuntário diante do SENHOR, fazendo expiação por ela, e lhe será perdoado. 29 Tanto para o natural dos filhos de Israel como para o estrangeiro que habita no meio deles a lei será a mesma, caso alguém cometer pecado involuntário. 30 Mas a pessoa que fizer alguma coisa deliberadamente, quer seja dos naturais da terra quer dos estrangeiros, está blasfemando contra o SENHOR; tal pessoa será eliminada do meio do seu povo, 31 pois desprezou a palavra do SENHOR e desrespeitou o seu mandamento. Essa pessoa será eliminada, e a sua iniquidade será sobre ela.

CASTIGO PELA VIOLAÇÃO DO SÁBADO

32 Quando os filhos de Israel estavam
no deserto, encontraram um homem
apanhando lenha no dia de sábado. 33 Os que
o encontraram apanhando lenha o levaram
a Moisés, a Arão e a toda a congregação.
34 Eles o mantiveram preso, porque ainda
não estava declarado o que se devia fazer
com ele. 35 Então o Senhor disse a Moisés:
— Esse homem deve ser morto; toda a
congregação o apedrejará fora do arraial.
36 Assim, toda a congregação o levou
para fora do arraial, e o apedrejaram; e ele
morreu, como o Senhor havia ordenado
a Moisés.

AS FRANJAS DAS CAPAS

Dt 22.12

37 O Senhor disse a Moisés:
38 — Fale aos filhos de Israel e diga-lhes
que ao longo das suas gerações coloquem
franjas nas extremidades das suas capas
e ponham um cordão azul em cada franja.
39 E as franjas estarão ali para que, ao vê-las,
vocês se lembrem de todos os mandamentos do Senhor e os cumpram, para que
vocês não se deixem arrastar à infidelidade,
seguindo os desejos do seu coração e dos
seus olhos. 40 As franjas estarão ali para
que vocês se lembrem de todos os meus
mandamentos, os cumpram e sejam santos
ao Deus de vocês. 41 Eu sou o Senhor, o Deus
de vocês, que os tirei da terra do Egito, para
ser o Deus de vocês. Eu sou o Senhor, o Deus
de vocês.

A REBELIÃO DE CORÁ, DATÃ E ABIRÃO

16 1 Corá, filho de Isar, filho de Coate,
filho de Levi, tomou consigo Datã
e Abirão, filhos de Eliabe, e também Om,
filho de Pelete, todos da tribo de Rúben,
2 e se levantaram diante de Moisés com
duzentos e cinquenta homens dos filhos de
Israel, chefes da congregação, eleitos por ela,
homens de renome, 3 e se ajuntaram contra
Moisés e contra Arão e lhes disseram:
— Basta! Toda a congregação é santa, cada
um deles é santo, e o Senhor está no meio
deles. Por que, então, vocês se exaltam sobre
a congregação do Senhor?
4 Quando ouviu isto, Moisés caiu sobre
o seu rosto. 5 E falou a Corá e a todo o seu
grupo, dizendo:
— Amanhã pela manhã, o Senhor fará
saber quem é dele e quem é o santo que
ele fará chegar a si. Aquele a quem ele escolher, esse ele fará chegar a si. 6 Façam isto:
peguem incensários, Corá e todo o seu grupo.
7 Ponham brasas nos incensários amanhã,
coloquem incenso sobre as brasas diante do
Senhor. O homem a quem o Senhor escolher,
este será o santo. E agora basta, filhos de Levi!
8 Moisés disse também a Corá:
— Agora escutem, filhos de Levi! 9 Será que
para vocês é pouca coisa o fato de o Deus
de Israel os ter separado da congregação
de Israel, para os fazer chegar a si, a fim
de cumprirem o serviço do tabernáculo do
Senhor e estarem diante da congregação para
ministrar-lhe? 10 Ele fez chegar você, Corá, e
todos os seus irmãos, os filhos de Levi, com
você. E agora vocês buscam também o sacerdócio? 11 Portanto, você e todo o seu grupo
estão contra o Senhor. E Arão, o que é ele
para que estejam murmurando contra ele?
12 Moisés mandou chamar Datã e Abirão,
filhos de Eliabe. Porém eles disseram:
— Não iremos! 13 Será que é pouca coisa
o fato de você nos ter tirado de uma terra
que mana leite e mel, para nos fazer morrer
neste deserto? E agora você quer também se
fazer príncipe sobre nós? 14 Além disso, você
não nos levou a uma terra que mana leite
e mel, nem nos deu campos e vinhas como
herança. Você pensa que pode arrancar os
olhos dessa gente? Pois não iremos!
15 Então Moisés ficou muito irado e disse
ao Senhor:
— Não atentes para a oferta deles! Não tirei
deles nem um só jumento e não fiz mal a
nenhum deles.
16 Moisés disse ainda a Corá:
— Você e todo o seu grupo, ponham-se
diante do Senhor — você e eles, e também
Arão — no dia de amanhã. 17 Cada um pegará
o seu incensário e porá incenso nele. Que
cada um traga o seu incensário diante do
Senhor, duzentos e cinquenta incensários;
também você e Arão, cada qual o seu.
18 Assim, pegaram cada qual o seu incensário, puseram brasas neles, sobre as brasas
colocaram incenso e se puseram com Moisés

e Arão diante da porta da tenda do encontro.
19 Corá reuniu contra eles todo o povo à
porta da tenda do encontro. Então a glória
do SENHOR apareceu a toda a congregação.

OS REBELDES SÃO CASTIGADOS

20 O SENHOR disse a Moisés e a Arão:
21 — Afastem-se do meio desta congre-
gação, e eu os consumirei num momento.
22 Mas Moisés e Arão se prostraram sobre
o seu rosto e disseram:
— Ó Deus, autor e conservador de toda
a vida, será que, pelo fato de pecar um só
homem, ficarás indignado contra toda
esta congregação?
23 O SENHOR respondeu a Moisés:
24 — Fale a toda esta congregação, dizendo:
"Afastem-se da habitação de Corá, Datã e
Abirão."
25 Então Moisés se levantou e foi para
onde estavam Datã e Abirão; e os anciãos
de Israel foram com ele. 26 E Moisés disse
à congregação:
— Peço que vocês se afastem das tendas
destes homens perversos e não toquem
em nada do que é deles, para que vocês
não sejam destruídos por causa de todos
os pecados que eles cometeram.
27 Eles se afastaram da habitação de Corá,
Datã e Abirão.
Datã e Abirão saíram e se puseram à
porta da sua tenda, juntamente com suas
mulheres, seus filhos e suas crianças.
28 Então Moisés disse:
— Nisto vocês saberão que o SENHOR me
enviou a realizar todas estas obras, que
não procedem de mim mesmo: 29 se estes
homens morrerem como morrem todas as
pessoas e se forem visitados por qualquer
castigo como se dá com todas as pessoas,
então o SENHOR não me enviou. 30 Mas, se
o SENHOR criar alguma coisa nova, e a terra
abrir a sua boca e os engolir com tudo o que
eles têm, e se eles descerem vivos ao mundo
dos mortos, então vocês saberão que estes
homens desprezaram o SENHOR.
31 E aconteceu que, assim que Moisés
acabou de dizer todas estas palavras, a
terra debaixo deles se fendeu, 32 abriu a sua
boca e os engoliu com as famílias deles, com
todos os que eram partidários de Corá e com
todos os bens deles. 33 Eles e tudo o que lhes
pertencia desceram vivos ao mundo dos
mortos; a terra os cobriu, e desapareceram
do meio da congregação. 34 Todo o Israel que
estava ao redor deles fugiu do grito deles.
Todos gritavam:
— Vamos fugir, para que a terra não venha
a nos engolir também!
35 Então veio fogo do SENHOR e consumiu
os duzentos e cinquenta homens que ofere-
ciam o incenso.

OS INCENSÁRIOS SÃO APROVEITADOS

36 O SENHOR disse a Moisés:
37 — Diga a Eleazar, filho de Arão, o sacer-
dote, que pegue os incensários do meio do
incêndio e espalhe as brasas para longe,
porque os incensários são santos. 38 Quanto
aos incensários daqueles que pecaram
contra a sua própria vida, que deles se façam
lâminas para cobertura do altar, porque eles
os trouxeram diante do SENHOR; por isso, são
santos e serão por sinal aos filhos de Israel.
39 O sacerdote Eleazar pegou os incensários
de metal que aqueles homens que foram
queimados tinham trazido, e os incensários
foram transformados em lâminas para cober-
tura do altar, 40 por memorial para os filhos de
Israel, para que nenhum estranho, que não for
da descendência de Arão, se aproxime para
acender incenso diante do SENHOR; para que
não seja como Corá e o seu grupo, como o
SENHOR lhe tinha dito por meio de Moisés.

NOVO TUMULTO E SEU CASTIGO

41 Mas, no dia seguinte, toda a congregação
dos filhos de Israel murmurou contra Moisés
e contra Arão, dizendo:
— Vocês mataram o povo do SENHOR.
42 Quando o povo se ajuntou contra Moisés
e Arão, eles se viraram para a tenda do
encontro. E eis que a nuvem a cobriu, e a
glória do SENHOR apareceu. 43 Moisés e Arão
foram para a frente da tenda do encontro.
44 Então o SENHOR falou a Moisés, dizendo:
45 — Saiam do meio desta congregação, e
eu a consumirei num momento.
Então eles se prostraram sobre o seu rosto.
46 Moisés disse a Arão:
— Pegue o seu incensário, ponha nele
algumas brasas do altar, coloque incenso
sobre elas, vá depressa à congregação e

faça expiação por eles; porque grande indignação saiu de diante do SENHOR; já começou a praga.

47 Arão pegou o incensário, como Moisés lhe havia falado, e correu para o meio da congregação. Eis que a praga já havia começado entre o povo. Arão colocou incenso nele e fez expiação pelo povo. 48 Pôs-se em pé entre os mortos e os vivos; e cessou a praga. 49 Ora, os que morreram daquela praga foram catorze mil e setecentos, fora os que morreram por causa de Corá. 50 Arão voltou para junto de Moisés, à porta da tenda do encontro; e cessou a praga.

O BORDÃO DE ARÃO FLORESCE

17 1 O SENHOR disse a Moisés:

2 — Fale aos filhos de Israel e receba deles bordões, um pela casa de cada pai de todos os seus chefes, segundo as casas de seus pais, isto é, doze bordões; escreva o nome de cada um sobre o seu bordão. 3 Porém o nome de Arão você escreverá sobre o bordão de Levi; porque cada cabeça da casa de seus pais terá um bordão. 4 Ponha esses bordões na tenda do encontro, diante da arca do testemunho, onde eu me encontro com vocês. 5 O bordão do homem que eu escolher, esse florescerá; assim, farei cessar as murmurações que os filhos de Israel proferem contra vocês.

6 Então Moisés falou aos filhos de Israel, e todos os seus chefes lhe deram bordões; cada um lhe deu um, segundo as casas de seus pais: doze bordões; e, entre eles, estava o bordão de Arão. 7 Moisés pôs estes bordões diante do SENHOR, na tenda do testemunho.

8 No dia seguinte, Moisés entrou na tenda do testemunho, e eis que o bordão de Arão, pela casa de Levi, havia brotado, e, tendo feito sair brotos, havia produzido flores e dava amêndoas. 9 Então Moisés trouxe todos os bordões de diante do SENHOR a todos os filhos de Israel; e eles olharam, e cada um pegou o seu bordão.

10 O SENHOR disse a Moisés:

— Torne a pôr o bordão de Arão diante da arca do testemunho, para que se guarde por sinal para filhos rebeldes. Assim você fará acabar as murmurações que eles proferem contra mim, para que não morram.

11 E Moisés fez assim. Como o SENHOR lhe havia ordenado, assim fez. 12 Então os filhos de Israel disseram a Moisés:

— Eis que vamos morrer! Estamos perdidos! Estamos todos perdidos! 13 Todo aquele que se aproximar do tabernáculo do SENHOR morrerá. Será que todos vamos morrer?

DEVERES E DIREITOS DOS SACERDOTES

18 1 O SENHOR disse a Arão:

— Você, os seus filhos e a casa de seu pai levarão sobre si a iniquidade com relação ao santuário; você e os seus filhos levarão sobre si a iniquidade com relação ao sacerdócio. 2 Traga também os seus irmãos, a tribo de Levi, a tribo de seu pai, para que se ajuntem a você e o sirvam, quando você e os seus filhos estiverem diante da tenda do testemunho. 3 Eles farão o serviço que devem prestar a você e à tenda, mas não deverão se aproximar dos utensílios do santuário, nem do altar, para que não sejam mortos, nem eles, nem vocês. 4 Eles se ajuntarão a você e farão todo o serviço da tenda do encontro; o estranho, porém, não deverá se aproximar de vocês. 5 Portanto, vocês farão o serviço do santuário e do altar, para que não haja outra vez ira contra os filhos de Israel. 6 Eis que eu tomei os irmãos de vocês, os levitas, do meio dos filhos de Israel; eles são dados a vocês como dádiva ao SENHOR, para servirem na tenda do encontro. 7 Mas você e os seus filhos atenderão ao seu sacerdócio em tudo o que diz respeito ao altar, e ao que estiver para dentro do véu; este é o serviço de vocês. Eu lhes dou o seu ofício sacerdotal como dádiva; porém o estranho que se aproximar será morto.

8 O SENHOR disse a Arão:

— Eis que eu dei a você o que foi separado das minhas ofertas, com todas as coisas consagradas dos filhos de Israel; dei-as por direito perpétuo como porção a você e aos seus filhos. 9 Das coisas santíssimas que não forem queimadas isto será seu: todas as ofertas deles, com todas as ofertas de cereais, com todas as ofertas pelo pecado e com todas as ofertas pela culpa, que eles me apresentarem, serão coisas santíssimas para você e para os seus filhos. 10 Você deve comer essas coisas num lugar santíssimo;

todos os homens poderão comer; isso será
algo santo para você.
11 — Também isto será seu: a oferta das
dádivas que eles trouxerem com todas as
ofertas movidas dos filhos de Israel, as quais
dou a você, aos seus filhos e às suas filhas,
por direito perpétuo. Todos os da sua casa
que estiverem puros poderão comer dessas
coisas. 12 Todo o melhor do azeite, do vinho
e dos cereais, as primícias que eles derem ao
SENHOR, eu dei a você. 13 Os primeiros frutos
de tudo o que houver na terra, que eles
trouxerem ao SENHOR, serão de você. Todos
os da sua casa que estiverem puros poderão
comer dessas coisas. 14 Tudo o que em Israel
tiver sido consagrado por completo a Deus
será seu.
15 — Todo primeiro filho que nascer,
tanto de homens como de animais, que os
filhos de Israel trouxerem ao SENHOR, será
seu. Porém os primogênitos dos homens
você deve resgatar, e o mesmo vale para
os primogênitos dos animais impuros.
16 O resgate será feito quando tiverem um
mês de idade e será segundo esta avaliação:
por sessenta gramas de prata, segundo o
peso padrão do santuário, que é de doze
gramas. 17 Mas o primogênito do gado, o
primogênito de ovelhas ou o primogênito
de cabra você não deve resgatar; são santos;
você aspergirá o sangue deles sobre o altar
e a sua gordura você queimará em oferta
queimada de aroma agradável ao SENHOR.
18 A carne deles será sua, assim como será
seu o peito movido e a coxa direita.
19 — Todas as ofertas sagradas, que os
filhos de Israel oferecerem ao SENHOR, eu
dou a você, aos seus filhos e às suas filhas,
por direito perpétuo. Esta é uma aliança
perpétua de sal diante do SENHOR, para você
e para a sua descendência.
20 O SENHOR disse também a Arão:
— Na terra deles você não terá nenhuma
herança e, no meio deles, você não terá
nenhuma porção. Eu sou a sua porção e a
sua herança no meio dos filhos de Israel.

OS DÍZIMOS E OS LEVITAS

21 — Aos filhos de Levi dei todos os dízimos
em Israel por herança, pelo serviço que pres-
tam, serviço da tenda do encontro. 22 E nunca
mais os filhos de Israel se aproximarão da
tenda do encontro, para que não levem
sobre si o pecado e sejam mortos. 23 Mas os
levitas farão o serviço da tenda do encontro
e responderão por suas faltas; este é um esta-
tuto perpétuo para todas as suas gerações.
E os levitas não terão nenhuma herança
no meio dos filhos de Israel. 24 Porque os
dízimos dos filhos de Israel, que apresentam
ao SENHOR em oferta, esses eu dei por herança
aos levitas; porque eu lhes disse: "Vocês não
terão nenhuma herança no meio dos filhos
de Israel."
25 O SENHOR disse a Moisés:
26 — Fale aos levitas e diga-lhes o seguinte:
Quando vocês receberem dos filhos de Israel
os dízimos que eu lhes dou por herança,
desses dízimos vocês apresentarão uma
oferta ao SENHOR: será o dízimo dos dízimos.
27 Essa oferta de vocês será considerada
como se fosse cereal da eira ou vinho do
lagar. 28 Assim, também vocês apresentarão
ao SENHOR uma oferta de todos os dízimos
que receberem dos filhos de Israel e deles
darão a oferta do SENHOR a Arão, o sacerdote.
29 De todas as dádivas que receberem vocês
apresentarão toda oferta devida ao SENHOR:
do melhor delas, a parte que lhe é sagrada.
30 — Portanto, diga-lhes o seguinte:
Quando vocês oferecerem o melhor que há
nos dízimos, isso será atribuído aos levitas
como se fosse produto da eira ou produto do
lagar. 31 Vocês poderão comer isso em qual-
quer lugar, vocês e as suas famílias, porque é
a recompensa pelo serviço de vocês na tenda
do encontro. 32 E vocês não levarão sobre si
pecado, quando deles oferecerem o melhor.
E não profanem as coisas sagradas dos filhos
de Israel, para que não sejam mortos.

A ÁGUA PURIFICADORA

19 1 O SENHOR disse a Moisés e a Arão:
2 — Esta é uma prescrição da lei
que o SENHOR ordenou, dizendo: Diga aos
filhos de Israel que tragam uma novilha
vermelha, perfeita, sem defeito, que não
tenha ainda levado jugo. 3 Entreguem essa
novilha ao sacerdote Eleazar. Este a levará
para fora do arraial, e ela será morta diante
dele. 4 O sacerdote Eleazar pegará um pouco
do sangue com o dedo e dele aspergirá
para a frente da tenda do encontro sete
vezes. 5 À vista do sacerdote, a novilha

Deus molda a nossa mente para que ela se expanda até onde ele deseja.

será queimada; o couro, a carne, o sangue e o excremento, tudo será queimado. 6 E o sacerdote, pegando um pedaço de madeira de cedro, hissopo e pano de carmesim, os lançará no meio do fogo que queima a novilha. 7 Então o sacerdote lavará as suas roupas e banhará o seu corpo em água; depois, entrará no arraial e ficará impuro até a tarde. 8 Também o que queimou a novilha lavará as suas roupas com água e em água banhará o seu corpo, e ficará impuro até a tarde. 9 Um homem que esteja puro ajuntará a cinza da novilha e a depositará fora do arraial, num lugar puro, e ela será guardada para a congregação dos filhos de Israel, para a água purificadora; é oferta pelo pecado. 10 Aquele que ajuntou a cinza da novilha lavará as suas roupas e ficará impuro até a tarde. Isto será por estatuto perpétuo aos filhos de Israel e aos estrangeiros que habitam no meio deles.

CONTATO COM CADÁVERES

11 — Aquele que tocar no cadáver de uma pessoa ficará impuro durante sete dias. 12 No terceiro dia e no sétimo dia, se purificará com esta água e ficará puro; mas, se no terceiro dia e no sétimo não se purificar, não ficará puro. 13 Todo aquele que tocar no cadáver de uma pessoa, e não se purificar, contamina o tabernáculo do SENHOR; essa pessoa será eliminada de Israel. Porque a água purificadora não foi aspergida sobre essa pessoa, ficará impura; a sua impureza ainda está nela.

14 — Esta é a lei quando alguém morrer numa tenda: todo aquele que entrar nessa tenda e todo aquele que nela estiver ficarão impuros durante sete dias. 15 Também toda vasilha aberta, sobre a qual não houver tampa amarrada, ficará impura. 16 Todo aquele que, no campo aberto, tocar em alguém que for morto pela espada, em outro morto, nos ossos de alguma pessoa ou numa sepultura ficará impuro durante sete dias.

17 — Para a pessoa impura, pegarão da cinza da queima da oferta pelo pecado e sobre esta cinza porão água corrente, num vaso. 18 Um homem puro pegará hissopo, molhará naquela água e a aspergirá sobre aquela tenda, sobre todo utensílio e sobre as pessoas que ali estiverem. Também a aspergirá sobre quem tocar nos ossos, em alguém que foi morto ou que morreu, ou numa sepultura. 19 O puro aspergirá sobre o impuro no terceiro dia e no sétimo dia; deverá purificá-lo no sétimo dia. E a pessoa que era impura lavará as suas roupas, se banhará na água e à tarde ficará pura.

20 — No entanto, a pessoa que estiver impura e não se purificar, essa será eliminada do meio da congregação, porque contaminou o santuário do SENHOR; água purificadora não foi aspergida sobre ela; está impura. 21 Isto será um estatuto perpétuo para eles. Aquele que aspergir a água purificadora lavará as suas roupas, e quem tocar a água purificadora ficará impuro até a tarde. 22 Tudo o que uma pessoa impura tocar também ficará impuro; e quem a tocar ficará impuro até a tarde.

A MORTE DE MIRIÃ

20 1 Toda a congregação dos filhos de Israel chegou ao deserto de Zim, no primeiro mês, e o povo ficou em Cades. Ali Miriã morreu e ali ela foi sepultada.

MOISÉS FERE A ROCHA EM MERIBÁ

2 Não havia água para o povo. Então se ajuntaram contra Moisés e contra Arão. 3 E o povo discutiu com Moisés, dizendo:

— Antes tivéssemos morrido quando os nossos irmãos morreram diante do SENHOR! 4 Por que vocês trouxeram a congregação do SENHOR a este deserto, para morrermos aqui, nós e os nossos animais? 5 E por que vocês nos tiraram do Egito, para nos trazer a este lugar horrível, onde não há cereais, nem figos, nem vinhas, nem romãs, nem água para beber?

6 Então Moisés e Arão saíram da presença do povo e foram para a porta da tenda do encontro e se lançaram sobre o seu rosto; e a glória do SENHOR lhes apareceu. 7 O SENHOR disse a Moisés:

8 — Pegue o seu bordão e ajunte o povo, você e Arão, o seu irmão. E, diante do povo, falem à rocha, e ela dará a sua água. Assim vocês tirarão água da rocha e darão de beber à congregação e aos animais.

9 Então Moisés pegou o bordão que estava diante do SENHOR, como este lhe havia

ordenado. 10 Moisés e Arão reuniram o povo
diante da rocha. Então Moisés lhes disse:

— Agora escutem, rebeldes! Será que
teremos de fazer com que saia água desta
rocha para vocês?

11 Moisés levantou a mão e feriu a rocha
duas vezes com o seu bordão, e saíram
muitas águas; e a congregação e os seus
animais beberam. 12 Mas o Senhor disse a
Moisés e a Arão:

— Porque não creram em mim, para me
santificarem diante dos filhos de Israel,
vocês não farão entrar este povo na terra
que lhe dei.

13 São estas as águas de Meribá, porque os
filhos de Israel discutiram com o Senhor; e o
Senhor se santificou neles.

MOISÉS SOLICITA PASSAGEM POR EDOM

14 De Cades, Moisés enviou mensageiros
ao rei de Edom, para dizer-lhe:

— Assim diz o seu irmão Israel: Você
conhece todas as aflições que nos sobrevie-
ram. 15 Sabe como os nossos pais desceram
ao Egito, e nós moramos no Egito muito
tempo, e como os egípcios nos maltrataram,
a nós e aos nossos pais. 16 Clamamos ao
Senhor, e ele ouviu a nossa voz; mandou o
Anjo e nos tirou do Egito. E eis que estamos
em Cades, cidade nos confins do seu país.
17 Deixe-nos passar pela sua terra. Não
passaremos pelo campo, nem pelas vinhas,
nem beberemos a água dos poços. Iremos
pela estrada real. Não nos desviaremos
para a direita nem para a esquerda, até que
passemos pelo seu país.

18 Porém o rei de Edom respondeu:

— Não passem por aqui! Se o fizerem,
sairei com a espada ao encontro de vocês.

19 Então os filhos de Israel lhe disseram:

— Passaremos pelo caminho principal, e,
se nós e o nosso gado bebermos das águas
de vocês, pagaremos o preço delas. Não
queremos outra coisa a não ser passar a pé.

20 Mas o rei de Edom respondeu:

— Vocês não podem passar!

E o rei de Edom veio ao encontro deles,
com muita gente e com mão forte. 21 Assim
os edomitas se recusaram a deixar Israel
passar pelo seu país, e por isso Israel se
desviou dali.

A MORTE DE ARÃO

Nm 33.38-39

22 Então partiram de Cades, e os filhos de
Israel, toda a congregação, foram ao monte
Hor. 23 O Senhor disse a Moisés e a Arão no
monte Hor, nos confins da terra de Edom:

24 — Arão será reunido ao seu povo, porque
não entrará na terra que dei aos filhos de
Israel, pois vocês foram rebeldes à minha
palavra, nas águas de Meribá. 25 Chame
Arão e Eleazar, o filho dele, e diga-lhes que
subam o monte Hor. 26 Depois tire as vestes
sacerdotais de Arão e coloque-as em Eleazar,
o filho dele; porque Arão será reunido ao seu
povo e ali morrerá.

27 Moisés fez como o Senhor lhe havia
ordenado. Subiram o monte Hor, diante dos
olhos de toda a congregação. 28 Moisés tirou
as vestes sacerdotais de Arão e as pôs em
Eleazar, o filho dele. E Arão morreu ali, no
alto do monte. Depois disso Moisés e Eleazar
desceram do monte. 29 Quando toda a congre-
gação soube que Arão era morto, toda a casa
de Israel chorou por Arão durante trinta dias.

A DERROTA DO REI DE ARADE

21 1 O rei cananeu de Arade, que habi-
tava no Neguebe, ouviu que Israel
vinha pelo caminho de Atarim. Ele atacou
os israelitas e levou alguns deles cativos.
2 Então Israel fez um voto ao Senhor, dizendo:

— Se, de fato, entregares este povo nas
minhas mãos, destruirei totalmente as
suas cidades.

3 O Senhor ouviu o pedido de Israel e
lhe entregou os cananeus. Os israelitas os
destruíram totalmente, tanto eles como as
suas cidades; e aquele lugar foi chamado
de Horma.

A SERPENTE DE BRONZE

4 Então os israelitas partiram do monte
Hor, pelo caminho do mar Vermelho, para
rodear a terra de Edom. Mas o povo se tornou
impaciente no caminho 5 e falou contra Deus
e contra Moisés, dizendo:

— Por que vocês nos tiraram do Egito, para
que morramos neste deserto, onde não há
pão nem água? Já estamos enjoados dessa
comida ruim.

6 Então o Senhor mandou para o meio do
povo cobras venenosas, que mordiam o

povo; e morreram muitos do povo de Israel.
7 Então o povo foi a Moisés e disse:

— Nós pecamos, porque falamos contra o SENHOR Deus e contra você. Ore ao SENHOR, pedindo que tire de nós as cobras.

Então Moisés orou pelo povo. 8 O SENHOR
disse a Moisés:

— Faça uma serpente e coloque-a sobre uma haste. Quem for mordido e olhar para ela viverá.

9 Moisés fez uma serpente de bronze e a pôs sobre uma haste. Quando alguém era mordido por alguma cobra, se olhava para a serpente de bronze, ficava curado.

JORNADAS DOS ISRAELITAS

10 Então os filhos de Israel partiram e
acamparam em Obote. 11 Depois, partiram
de Obote e acamparam em Ijé-Abarim, no
deserto que está diante de Moabe, para o
nascente. 12 Dali, partiram e acamparam no
vale de Zerede. 13 E, dali, partiram e acampa-
ram na outra margem do Arnom, que está
no deserto que se estende do território dos
amorreus. O rio Arnom é a fronteira de
Moabe, entre Moabe e os amorreus. 14 Por
isso se diz no Livro das Guerras do SENHOR:

"Vaebe, em Sufa,
e os vales do Arnom,
15 e o declive dos vales
que se estende para a sede de Ar
e se encosta na fronteira
de Moabe."

16 Dali partiram para Beer. Este é o poço do
qual o SENHOR disse a Moisés:

— Reúna o povo, e lhe darei água.

17 Então Israel cantou este cântico:

"Brote, ó poço!
Entoem cânticos para ele!
18 Poço que os príncipes cavaram,
que os nobres do povo abriram,
com o cetro
e com os seus bordões."

Do deserto, partiram para Matana. 19 E, de
Matana, para Naaliel e, de Naaliel, para
Bamote. 20 De Bamote, ao vale que está no
campo de Moabe, no alto do monte Pisga,
que olha para o deserto.

A VITÓRIA SOBRE SEOM, REI DE HESBOM

Dt 2.26-36

21 Então Israel mandou mensageiros a
Seom, rei dos amorreus, dizendo:

22 — Deixe-nos passar pela sua terra. Não nos desviaremos pelos campos nem pelas vinhas. As águas dos poços não beberemos. Iremos pela estrada real até que tenhamos passado pelo seu país.

23 Porém Seom não deixou Israel passar
pelo seu país. Pelo contrário, reuniu todo
o seu povo e saiu ao encontro de Israel no
deserto. Veio até Jaza, e lutou contra Israel.
24 Mas Israel o matou a fio de espada e tomou
posse de sua terra, desde o Arnom até o Jabo-
que, até os filhos de Amom, cuja fronteira
era fortificada. 25 Assim Israel tomou todas
estas cidades dos amorreus e habitou em
todas elas, em Hesbom e em todas as suas
aldeias. 26 Porque Hesbom era cidade de
Seom, rei dos amorreus, que tinha lutado
contra o antigo rei dos moabitas, de cuja
mão havia tomado toda a sua terra até o rio
Arnom. 27 Por isso os poetas dizem:

"Venham a Hesbom! Edifique-se,
estabeleça-se a cidade de Seom!
28 Porque fogo saiu de Hesbom,
e chama, da cidade de Seom,
e consumiu Ar, de Moabe,
e os senhores dos altos do Arnom.
29 Ai de você, Moabe!
Você está perdido,
povo de Quemos;
entregou seus filhos
como fugitivos
e suas filhas, como cativas
a Seom, rei dos amorreus.
30 Nós os ferimos com flechas;
estão destruídos
desde Hesbom até Dibom;
e os assolamos até Nofa
e com fogo, até Medeba."

A VITÓRIA SOBRE OGUE, REI DE BASÃ

Dt 3.1-11

31 Assim, Israel habitou na terra dos
amorreus. 32 Depois, Moisés mandou espiar
a cidade de Jazer. Tomaram as suas aldeias
e expulsaram os amorreus que estavam ali.

33 Então voltaram e subiram o caminho de Basã. E Ogue, rei de Basã, saiu contra eles, ele e todo o seu povo, para atacá-los em Edrei. 34 O SENHOR disse a Moisés:

— Não tenha medo dele, porque eu o entreguei na sua mão, junto com todo o povo e a terra dele. E você fará com ele como fez com Seom, rei dos amorreus, que habitava em Hesbom.

35 De tal maneira o derrotaram, a ele, a seus filhos e a todo o seu povo, que nenhum deles escapou. E tomaram posse da terra dele.

BALAQUE ENVIA MENSAGEIROS A BALAÃO

22 1 Os filhos de Israel partiram e acamparam nas campinas de Moabe, do outro lado do Jordão, na altura de Jericó. 2 Balaque, filho de Zipor, viu tudo o que Israel havia feito aos amorreus. 3 E os moabitas tiveram grande medo deste povo, porque era muito numeroso. E andavam angustiados por causa dos filhos de Israel. 4 Por isso o povo de Moabe disse aos anciãos dos midianitas:

— Agora essa multidão vai lamber tudo o que houver ao redor de nós, como o boi lambe a erva do campo.

Balaque, filho de Zipor, era o rei dos moabitas naquele tempo. 5 Ele enviou mensageiros a Balaão, filho de Beor, a Petor, que está junto ao rio Eufrates, na terra dos filhos do seu povo, para chamá-lo, dizendo:

— Eis que um povo saiu do Egito, cobre a face da terra e está morando perto de mim. 6 Venha agora e, por favor, amaldiçoe este povo, pois eles são mais poderosos do que eu; talvez assim eu possa atacá-los e expulsá-los da terra. Porque sei que a quem você abençoar será abençoado, e a quem você amaldiçoar será amaldiçoado.

7 Então os anciãos dos moabitas e os anciãos dos midianitas foram, levando consigo o dinheiro para pagar os encantamentos. Chegaram ao lugar onde Balaão estava e lhe transmitiram as palavras de Balaque. 8 Balaão lhes disse:

— Fiquem aqui esta noite, e lhes trarei a resposta, como o SENHOR me falar.

Então os chefes dos moabitas ficaram com Balaão. 9 Deus veio a Balaão e perguntou:

— Quem são esses homens que estão com você?

10 Balaão respondeu:

— Balaque, rei dos moabitas, filho de Zipor, enviou esses homens para que me dissessem: 11 "Eis que o povo que saiu do Egito cobre a face da terra. Venha agora e amaldiçoe este povo; talvez eu possa combatê-lo e expulsá-lo daqui."

12 Então Deus disse a Balaão:

— Não vá com eles, nem amaldiçoe o povo; porque é povo abençoado.

13 Na manhã seguinte Balaão se levantou e disse aos chefes de Balaque:

— Voltem para a sua terra, porque o SENHOR não me deixa ir com vocês.

14 Então os chefes dos moabitas se levantaram, foram a Balaque e disseram:

— Balaão se recusou a vir conosco.

15 De novo, Balaque enviou chefes, em maior número e mais honrados do que os primeiros. 16 Eles chegaram a Balaão e lhe disseram:

— Assim diz Balaque, filho de Zipor: Peço-lhe que não se demore em vir até aqui, 17 porque eu o cobrirei de honras e farei tudo o que você me disser; venha, pois, e, por favor, amaldiçoe este povo.

18 Balaão respondeu aos oficiais de Balaque:

— Ainda que Balaque me desse a sua casa cheia de prata e de ouro, eu não poderia transgredir o mandado do SENHOR, meu Deus, para fazer coisa pequena ou grande. 19 Agora peço que fiquem aqui também esta noite, para que eu saiba o que mais o SENHOR me dirá.

20 De noite o SENHOR veio a Balaão e lhe disse:

— Como aqueles homens vieram chamá-lo, levante-se e vá com eles; mas faça apenas o que eu lhe disser.

O ANJO DO SENHOR E A JUMENTA DE BALAÃO

21 Balaão levantou-se pela manhã, preparou a sua jumenta e partiu com os chefes de Moabe. 22 Mas acendeu-se a ira de Deus, porque Balaão foi, e o Anjo do SENHOR se pôs por adversário no caminho dele. Ora, Balaão ia montado na sua jumenta, e dois de seus servos iam com ele. 23 A jumenta viu o Anjo do SENHOR parado no caminho, com a sua espada na mão; por isso a jumenta se desviou do caminho, indo pelo campo. Então Balaão espancou a jumenta para fazê-la

voltar ao caminho. 24 Mas o Anjo do SENHOR pôs-se num caminho estreito entre as vinhas, havendo muro dos dois lados. 25 Quando a jumenta viu o Anjo do SENHOR, encostou-se no muro e apertou o pé de Balaão contra ele. Por isso Balaão tornou a espancá-la. 26 Então o Anjo do SENHOR passou mais adiante e pôs-se num lugar estreito, onde não havia caminho para se desviar nem para a direita nem para a esquerda. 27 Quando a jumenta viu o Anjo do SENHOR, deixou-se cair debaixo de Balaão. Balaão ficou irado e espancou a jumenta com uma vara. 28 Então o SENHOR fez a jumenta falar, e ela disse a Balaão:

— O que foi que eu fiz a você, para que você me espancasse já três vezes?

29 Balaão respondeu à jumenta:

— Foi porque você zombou de mim. Se eu tivesse uma espada na mão, mataria você agora mesmo!

30 A jumenta disse a Balaão:

— Não é verdade que eu sou a sua jumenta, em que você tem montado toda a sua vida até hoje? Será que tem sido o meu costume fazer isso com você?

Ele respondeu:

— Não.

31 Então o SENHOR abriu os olhos a Balaão e ele viu o Anjo do SENHOR, que estava no caminho, com a sua espada desembainhada na mão. Por isso Balaão inclinou a cabeça e se prostrou com o rosto em terra. 32 Então o Anjo do SENHOR lhe disse:

— Por que você já espancou a sua jumenta três vezes? Eis que eu saí para ser o seu adversário, porque o seu caminho é perverso diante de mim. 33 A jumenta me viu e já três vezes se desviou de mim. Se ela não tivesse se desviado, eu teria matado você e a teria deixado com vida.

34 Então Balaão disse ao Anjo do SENHOR:

— Pequei, porque não sabia que o senhor estava neste caminho para se opor a mim; agora, se parece mal aos seus olhos seguir viagem, voltarei.

35 O Anjo do SENHOR disse a Balaão:

— Vá com esses homens, mas fale somente o que eu lhe disser.

Assim, Balaão foi com os chefes de Balaque. 36 Quando Balaque ouviu que Balaão havia chegado, foi ao encontro dele até a cidade de Moabe, que está nos confins do Arnom e na fronteira extrema. 37 Balaque perguntou a Balaão:

— Por acaso não mandei mensageiros para chamá-lo? Por que você não veio até aqui? Será que não posso, de fato, cobrir você de honrarias?

38 Balaão respondeu a Balaque:

— Eis que estou aqui diante de você. Mas será que poderei, agora, falar alguma coisa? A palavra que Deus puser na minha boca, essa falarei.

39 Balaão foi com Balaque, e chegaram a Quiriate-Huzote. 40 Então Balaque sacrificou bois e ovelhas, e enviou uma parte da carne a Balaão e aos chefes que estavam com ele. 41 Na manhã seguinte, Balaque fez Balaão subir a Bamote-Baal; e dali Balaão viu a parte mais próxima do povo de Israel.

BALAÃO ABENÇOA ISRAEL PELA PRIMEIRA VEZ

23 1 Então Balaão disse a Balaque:

— Construa neste lugar sete altares e prepare sete novilhos e sete carneiros para mim.

2 Balaque fez como Balaão tinha dito, e os dois ofereceram um novilho e um carneiro sobre cada altar. 3 Então Balaão disse a Balaque:

— Fique aqui junto do seu holocausto, e eu irei mais adiante; talvez o SENHOR venha ao meu encontro, e o que ele me mostrar direi a você.

E Balaão subiu a um monte descampado. 4 Deus se encontrou com Balaão, e este lhe disse:

— Preparei sete altares e sobre cada um ofereci um novilho e um carneiro.

5 Então o SENHOR pôs a palavra na boca de Balaão e disse:

— Volte para Balaque e transmita a ele o que eu falei a você.

6 Quando Balaão voltou, eis que Balaque ainda estava junto do seu holocausto, ele e todos os chefes dos moabitas. 7 Então Balaão proferiu a sua palavra e disse:

"Balaque me fez vir de Arã,
o rei de Moabe,
dos montes do Oriente.
Venha — disse-me ele —
e amaldiçoe Jacó;
venha e denuncie Israel.

8 Como posso amaldiçoar
a quem Deus não amaldiçoou?
Como posso denunciar
a quem o SENHOR não denunciou?
9 Pois do alto dos rochedos
vejo Israel
e dos montes o contemplo:
eis que é povo que habita só
e não será reputado
entre as nações.
10 Quem contou o pó de Jacó
ou enumerou
a quarta parte de Israel?
Que eu morra a morte dos justos,
e o meu fim seja como o deles."

11 Então Balaque disse a Balaão:
— O que foi que você me fez? Eu o chamei para amaldiçoar os meus inimigos, mas eis que você somente os abençoou.
12 Mas Balaão respondeu:
— Será que eu não deveria ter o cuidado de dizer apenas o que o SENHOR pôs na minha boca?

BALAÃO ABENÇOA ISRAEL PELA SEGUNDA VEZ

13 Então Balaque lhe disse:
— Peço que venha comigo a outro lugar, de onde você poderá ver o povo. Você verá somente a parte mais próxima dele, mas não verá todos eles. E daquele lugar lance uma maldição sobre eles.
14 Balaque levou-o consigo ao campo de Zofim, no alto do monte Pisga; e edificou sete altares e sobre cada um ofereceu um novilho e um carneiro. 15 Então Balaão disse a Balaque:
— Fique aqui junto do seu holocausto, e eu irei ali ao encontro do SENHOR.
16 O SENHOR se encontrou com Balaão, pôs-lhe na boca a palavra e disse:
— Volte para Balaque e transmita a ele o que eu falei a você.
17 Balaão voltou, e eis que Balaque ainda estava junto do holocausto, e os chefes dos moabitas estavam com ele. Balaque perguntou:
— O que foi que o SENHOR falou?
18 Então Balaão proferiu a sua palavra e disse:

"Levante-se, Balaque, e ouça;
escute-me, filho de Zipor:
19 Deus não é homem,
para que minta;
nem filho de homem,
para que mude de ideia.
Será que, tendo ele prometido,
não o fará?
Ou, tendo falado, não o cumprirá?
20 Eis que recebi ordem
para abençoar;
ele abençoou, não o posso revogar.
21 Não viu desgraça em Jacó,
nem contemplou calamidade em Israel;
o SENHOR, seu Deus, está com eles;
no meio deles se ouvem
aclamações ao seu Rei.
22 Deus os tirou do Egito;
as forças deles são como
as do boi selvagem.
23 Pois contra Jacó
não vale encantamento,
nem adivinhação contra Israel;
agora, se poderá dizer de Jacó
e de Israel:
Que coisas tem feito Deus!
24 Eis que o povo
se levanta como leoa
e se ergue como leão;
não se deita
até que devore a presa
e beba o sangue
dos que forem mortos."

25 Então Balaque disse a Balaão:
— Não amaldiçoe o povo, mas também não o abençoe.
26 Porém Balaão respondeu e disse a Balaque:
— Eu não tinha dito a você: tudo o que o SENHOR falar, isso farei?

BALAÃO ABENÇOA ISRAEL PELA TERCEIRA VEZ

27 Então Balaque disse a Balaão:
— Venha, por favor, que eu o levarei a outro lugar. Talvez pareça bem aos olhos de Deus que dali você amaldiçoe o povo.
28 Assim, Balaque levou Balaão consigo ao alto do monte Peor, de onde se avista o deserto. 29 Balaão disse a Balaque:
— Construa neste lugar sete altares e prepare sete novilhos e sete carneiros para mim.

30 Balaque fez como Balaão havia ordenado e ofereceu sobre cada altar um novilho e um carneiro.

24 1 Quando Balaão viu que era do agrado do Senhor que ele abençoasse Israel, não foi esta vez, como antes, ao encontro de agouros, mas voltou o rosto para o deserto. 2 Balaão levantou os olhos e viu Israel acampado segundo as suas tribos. E o Espírito de Deus veio sobre Balaão 3 e ele proferiu a sua palavra, dizendo:

"Palavra de Balaão, filho de Beor,
palavra do homem
de olhos abertos;
4 palavra daquele que ouve
os ditos de Deus,
daquele que tem
a visão do Todo-Poderoso
e prostra-se,
porém de olhos abertos:
5 Como são boas as suas
tendas, ó Jacó!
Como são boas as suas moradas,
ó Israel!
6 São como vales que se estendem,
como jardins à beira dos rios,
como árvores de sândalo
que o Senhor plantou,
como cedros junto às águas.
7 Águas manarão de seus baldes,
e as suas sementeiras
terão águas abundantes.
O seu rei se levantará
mais do que Agague,
e o seu reino será exaltado.
8 Deus tirou do Egito
o povo de Israel,
cujas forças são como
as do boi selvagem;
consumirá as nações inimigas,
e quebrará seus ossos,
e, com as suas flechas,
os atravessará.
9 Israel abaixou-se,
deitou-se como leão
e como leoa; quem o despertará?
Benditos
os que abençoarem você,
e malditos
os que amaldiçoarem você."

10 Então Balaque ficou irado com Balaão, e bateu com uma mão na outra. Balaque disse a Balaão:

— Eu o chamei para que você amaldiçoasse os meus inimigos, mas agora, já três vezes, você somente os abençoou. 11 Agora vá embora para a sua casa. Eu tinha dito que o cobriria de honras, mas eis que o Senhor o privou delas.

12 Então Balaão disse a Balaque:

— Não é verdade que eu também tinha dito aos mensageiros que você me enviou que, 13 mesmo que você me desse a sua casa cheia de prata e de ouro, eu não poderia transgredir o mandado do Senhor, fazendo bem ou mal por minha própria iniciativa? E não é verdade que eu disse que falaria apenas o que o Senhor me dissesse? 14 Agora eis que volto ao meu povo. Mas antes disso, venha, pois quero avisá-lo do que este povo fará ao seu povo, nos últimos dias.

A PROFECIA DE BALAÃO. A ESTRELA DE JACÓ

15 Então Balaão proferiu a sua palavra e disse:

"Palavra de Balaão, filho de Beor,
palavra do homem
de olhos abertos;
16 palavra daquele que ouve
os ditos de Deus
e tem o conhecimento
do Altíssimo;
daquele que tem a visão
do Todo-Poderoso
e prostra-se,
porém de olhos abertos:
17 Eu o vejo, porém não agora;
eu o contemplo, mas não de perto.
Uma estrela procederá de Jacó,
de Israel subirá um cetro
que ferirá as têmporas de Moabe
e destruirá todos os filhos de Sete.
18 Edom será uma propriedade;
Seir, que é inimigo dele,
também será uma propriedade;
mas Israel fará proezas.
19 De Jacó sairá o dominador;
ele exterminará os que restam
das cidades."

20 Balaão viu Amaleque, proferiu a sua
palavra e disse:

"Amaleque é
o primeiro das nações,
porém o seu fim será destruição."

21 Viu os queneus, proferiu a sua palavra
e disse:

"A sua habitação está segura,
e você pôs o seu ninho na rocha.
22 Todavia, o queneu
será consumido,
até que Assur leve você
cativo."

23 Balaão proferiu ainda a sua palavra
e disse:

"Ai! Quem viverá,
quando Deus fizer isto?
24 Homens virão da costa de Quitim
em seus navios;
afligirão Assur e Héber;
e também
eles mesmos perecerão."

25 Depois Balaão se levantou e se foi, e
voltou para a sua terra. Também Balaque
se foi pelo seu caminho.

A ADORAÇÃO A BAAL-PEOR E O ZELO DE FINEIAS

25 1 Quando Israel estava em Sitim, o
povo começou a prostituir-se com
as filhas dos moabitas. 2 Estas convidaram
o povo aos sacrifícios oferecidos aos seus
deuses; e o povo comeu a carne dos sacri-
fícios e adorou os deuses dessas mulheres.
3 Assim, quando Israel se juntou ao culto a
Baal-Peor, a ira do SENHOR se acendeu contra
Israel. 4 O SENHOR disse a Moisés:

— Reúna todos os chefes do povo e
enforque-os diante do SENHOR ao ar livre, e
a ardente ira do SENHOR se afastará de Israel.

5 Então Moisés disse aos juízes de Israel:

— Cada um mate os homens da sua tribo
que se juntaram a Baal-Peor.

6 Naquele momento, eis que um homem
dos filhos de Israel trouxe para a sua tenda
uma mulher midianita, à vista de Moisés e
de toda a congregação dos filhos de Israel,
enquanto eles choravam diante da tenda do
encontro. 7 Quando Fineias, filho de Eleazar,
filho do sacerdote Arão, viu isso, levantou-se
do meio da congregação, e, pegando uma
lança, 8 seguiu o homem israelita até o
interior da tenda, e, com a lança, atravessou
os dois, tanto o homem israelita quanto a
mulher midianita, pelo ventre; então a praga
cessou entre os filhos de Israel. 9 Os que
morreram da praga foram vinte e quatro mil.

10 Então o SENHOR disse a Moisés:

11 — Fineias, filho de Eleazar, filho do
sacerdote Arão, desviou a minha ira de sobre
os filhos de Israel, pois estava animado com
o meu zelo no meio deles, assim que, no
meu zelo, não consumi os filhos de Israel.
12 Portanto, diga: Eis que lhe dou a minha
aliança de paz. 13 E ele e a sua descendência
terão a aliança do sacerdócio perpétuo,
porque teve zelo pelo seu Deus e fez expia-
ção pelos filhos de Israel.

14 O nome do israelita que foi morto, isto é,
que foi morto com a mulher midianita, era
Zinri, filho de Salu, chefe da casa paterna dos
simeonitas. 15 O nome da mulher midianita
que foi morta era Cosbi, filha de Zur, chefe
do povo da casa paterna entre os midianitas.

16 O SENHOR disse a Moisés:

17 — Atormentem e ataquem os midianitas,
18 porque eles atormentaram vocês quando
os enganaram no caso de Peor e no caso de
Cosbi, filha do chefe dos midianitas, irmã
deles, que foi morta no dia da praga no caso
de Peor.

O CENSO DE TODOS OS ISRAELITAS

26 1 Passada a praga, o SENHOR falou a
Moisés e a Eleazar, filho do sacerdote
Arão, dizendo:

2 — Levantem o censo de toda a congre-
gação dos filhos de Israel, da idade de vinte
anos para cima, segundo as casas de seus
pais, todos os que, em Israel, forem capazes
de sair à guerra.

3 Assim, nas campinas de Moabe, junto
do Jordão, na altura de Jericó, Moisés e o
sacerdote Eleazar falaram aos chefes de
Israel, dizendo:

4 — Contem o povo da idade de vinte anos
para cima, como o SENHOR havia ordenado

a Moisés e aos filhos de Israel que saíram do Egito.

5 Rúben, o primogênito de Israel; os filhos de Rúben: de Enoque, a família dos enoquitas; de Palu, a família dos paluítas; 6 de Hezrom, a família dos hezronitas; de Carmi, a família dos carmitas. 7 São estas as famílias dos rubenitas, e deles foram contados quarenta e três mil setecentos e trinta. 8 O filho de Palu: Eliabe. 9 Os filhos de Eliabe: Nemuel, Datã e Abirão. Estes, Datã e Abirão, são os que foram eleitos pela congregação e que se rebelaram contra Moisés e contra Arão, no grupo de Corá, quando se rebelaram contra o SENHOR. 10 A terra abriu a boca e os engoliu com Corá, morrendo aquele grupo, quando o fogo consumiu duzentos e cinquenta homens, e isso serviu de advertência. 11 Mas os filhos de Corá não morreram.

12 Os filhos de Simeão, segundo as suas famílias: de Nemuel, a família dos nemuelitas; de Jamim, a família dos jaminitas; de Jaquim, a família dos jaquinitas; 13 de Zera, a família dos zeraítas; de Saul, a família dos saulitas. 14 São estas as famílias dos simeonitas, num total de vinte e dois mil e duzentos.

15 Os filhos de Gade, segundo as suas famílias: de Zefom, a família dos zefonitas; de Hagi, a família dos hagitas; de Suni, a família dos sunitas; 16 de Ozni, a família dos oznitas; de Eri, a família dos eritas; 17 de Arodi, a família dos aroditas; de Areli, a família dos arelitas. 18 São estas as famílias dos filhos de Gade, segundo os que foram deles contados, num total de quarenta mil e quinhentos.

19 Os filhos de Judá: Er e Onã; mas Er e Onã morreram na terra de Canaã. 20 Assim, os filhos de Judá foram, segundo as suas famílias: de Selá, a família dos selaítas; de Perez, a família dos perezitas; de Zera, a família dos zeraítas. 21 Os filhos de Perez foram: de Hezrom, a família dos hezronitas; de Hamul, a família dos hamulitas. 22 São estas as famílias de Judá, segundo os que foram deles contados, num total de setenta e seis mil e quinhentos.

23 Os filhos de Issacar, segundo as suas famílias, foram: de Tola, a família dos tolaítas; de Puva, a família dos puvitas; 24 de Jasube, a família dos jasubitas; de Sinrom, a família dos sinronitas. 25 São estas as famílias de Issacar, segundo os que foram deles contados, num total de sessenta e quatro mil e trezentos.

26 Os filhos de Zebulom, segundo as suas famílias, foram: de Serede, a família dos sereditas; de Elom, a família dos elonitas; de Jaleel, a família dos jaleelitas. 27 São estas as famílias dos zebulonitas, segundo os que foram deles contados, num total de sessenta mil e quinhentos.

28 Os filhos de José, segundo as suas famílias, foram Manassés e Efraim. 29 Os filhos de Manassés foram: de Maquir, a família dos maquiritas; e Maquir gerou Gileade; de Gileade, a família dos gileaditas. 30 São estes os filhos de Gileade: de Jezer, a família dos jezeritas; de Heleque, a família dos helequitas; 31 de Asriel, a família dos asrielitas; de Siquém, a família dos siquemitas. 32 De Semida, a família dos semidaítas; de Héfer, a família dos heferitas. 33 Porém Zelofeade, filho de Héfer, não tinha filhos; somente filhas. Os nomes das filhas de Zelofeade foram: Macla, Noa, Hogla, Milca e Tirza. 34 São estas as famílias de Manassés; os que foram deles contados foram cinquenta e dois mil e setecentos. 35 São estes os filhos de Efraim, segundo as suas famílias: de Sutela, a família dos sutelaítas; de Bequer, a família dos bequeritas; de Taã, a família dos taanitas. 36 São estes os filhos de Sutela: de Erã, a família dos eranitas. 37 São estas as famílias dos filhos de Efraim, segundo os que foram deles contados, num total de trinta e dois mil e quinhentos. São estes os filhos de José, segundo as suas famílias.

38 Os filhos de Benjamim, segundo as suas famílias: de Belá, a família dos belaítas; de Asbel, a família dos asbelitas; de Airão, a família dos airamitas; 39 de Sufã, a família dos sufamitas; de Hufã, a família dos hufamitas. 40 Os filhos de Belá foram: Arde e Naamã; de Arde, a família dos arditas; de Naamã, a família dos naamanitas. 41 São estes os filhos de Benjamim, segundo as suas famílias; os que foram deles contados foram quarenta e cinco mil e seiscentos.

42 São estes os filhos de Dã, segundo as suas famílias: de Suão, a família dos suamitas. São estas as famílias de Dã, segundo as suas famílias. 43 Todas as famílias dos suamitas, segundo os que foram deles contados, foram sessenta e quatro mil e quatrocentos.

44 Os filhos de Aser, segundo as suas
famílias: de Imna, a família dos imnaítas; de
Isvi, a família dos isvitas; de Berias, a família
dos beriaítas. 45 Os filhos de Berias foram: de
Héber, a família dos heberitas; de Malquiel,
a família dos malquielitas. 46 O nome da filha
de Aser foi Sera. 47 São estas as famílias dos
filhos de Aser, segundo os que foram deles
contados, num total de cinquenta e três mil
e quatrocentos.
48 Os filhos de Naftali, segundo as suas
famílias: de Jazeel, a família dos jazeelitas;
de Guni, a família dos gunitas; 49 de Jezer, a
família dos jezeritas; de Silém, a família dos
silemitas. 50 São estas as famílias de Naftali,
segundo as suas famílias; os que foram
deles contados eram quarenta e cinco mil
e quatrocentos.
51 São estes os contados dos filhos de
Israel: seiscentos e um mil setecentos e
trinta.

A LEI A RESPEITO DA DIVISÃO DA TERRA

52 O Senhor disse a Moisés:
53 — A estes se repartirá a terra em herança,
segundo o censo. 54 À tribo mais numerosa
você dará herança maior, e à pequena você
dará herança menor; a herança será dada a
cada tribo, em proporção ao seu número.
55 Todavia, a terra será repartida por sorteio;
eles a herdarão segundo os nomes das
tribos de seus pais. 56 A herança deles será
repartida por sorteio entre as tribos maiores
e menores.

O CENSO DOS LEVITAS

57 São estes os que foram contados dos
levitas, segundo as suas famílias: de Gérson,
a família dos gersonitas; de Coate, a família
dos coatitas; de Merari, a família dos merari-
tas. 58 São estas as famílias de Levi: a família
dos libnitas, a família dos hebronitas, a
família dos malitas, a família dos musitas,
a família dos coraítas. Coate gerou Anrão.
59 A mulher de Anrão chamava-se Joque-
bede, filha de Levi, a qual lhe nasceu no
Egito. De Anrão ela teve Arão, Moisés e Miriã,
irmã deles. 60 A Arão nasceram Nadabe, Abiú,
Eleazar e Itamar. 61 Nadabe e Abiú morreram
quando levaram fogo estranho diante do
Senhor. 62 Dos levitas foram contados vinte
e três mil, todos os homens de um mês de
idade para cima. Eles não foram contados
entre os filhos de Israel, porque não lhes foi
dada herança com os outros.
63 São estes os que foram contados por
Moisés e o sacerdote Eleazar, que conta-
ram os filhos de Israel nas campinas de
Moabe, junto do Jordão, na altura de Jericó.
64 Entre estes, porém, não havia nenhum
dos que foram contados por Moisés e
pelo sacerdote Arão, quando levantaram
o censo dos filhos de Israel no deserto do
Sinai. 65 Porque o Senhor tinha dito a respeito
deles que certamente morreriam no deserto;
e nenhum deles ficou, a não ser Calebe, filho
de Jefoné, e Josué, filho de Num.

AS FILHAS DE ZELOFEADE

27 1 Então vieram as filhas de Zelofeade,
filho de Héfer, filho de Gileade, filho
de Maquir, filho de Manassés, entre as famí-
lias de Manassés, filho de José. E são estes
os nomes delas: Macla, Noa, Hogla, Milca
e Tirza. 2 Elas se apresentaram diante de
Moisés, diante do sacerdote Eleazar, diante
dos chefes e diante de todo o povo, à porta
da tenda do encontro, dizendo:
3 — Nosso pai morreu no deserto e não
estava entre os que se ajuntaram contra o
Senhor no grupo de Corá; mas morreu por
causa do seu próprio pecado e não teve
nenhum filho homem. 4 Por que se tiraria o
nome de nosso pai do meio da sua família,
só porque não teve filhos? Dê-nos uma
herança entre os parentes de nosso pai.
5 Moisés apresentou a causa delas ao
Senhor. 6 E o Senhor disse a Moisés:
7 — As filhas de Zelofeade estão pedindo o
que é justo. Certamente você deve dar-lhes
propriedade como herança entre os paren-
tes do pai delas e deverá transferir a elas a
herança do pai. 8 E diga aos filhos de Israel:
Se alguém morrer e não tiver filho, passem
a herança dele para a sua filha. 9 E, se não
tiver filha, deem a herança aos irmãos dele.
10 Porém, se não tiver irmãos, deem a herança
aos irmãos do pai dele. 11 Se também o pai
não tiver irmãos, deem a herança ao parente
mais chegado de sua família, para que tome
posse dela. Isto será prescrição de direito
aos filhos de Israel, como o Senhor ordenou
a Moisés.

Deus não costuma nos convidar para sairmos da zona de conforto, ele simplesmente tem o hábito de nos arrancar de lá.

DEUS ANUNCIA A MORTE DE MOISÉS

Dt 3.23-28

12 Depois, o SENHOR disse a Moisés:
— Suba a este monte Abarim e veja a terra
que dei aos filhos de Israel. 13 E, depois de a
ter visto, você também será reunido ao seu
povo, assim como já aconteceu com o seu
irmão Arão. 14 Porque, no deserto de Zim,
quando a congregação discutia comigo,
vocês foram rebeldes ao meu mandado de
me santificar nas águas diante dos olhos do
povo. São estas as águas de Meribá de Cades,
no deserto de Zim.
15 Então Moisés disse ao SENHOR:
16 — Que o SENHOR, autor e conservador
de toda vida, ponha um homem sobre esta
congregação 17 que saia adiante deles, que
entre adiante deles, que os faça sair e que
os faça entrar, para que a congregação do
SENHOR não seja como ovelhas que não
têm pastor.

JOSUÉ DESIGNADO SUCESSOR DE MOISÉS

18 O SENHOR disse a Moisés:
— Chame Josué, filho de Num, homem
em quem há o Espírito, e imponha as mãos
sobre ele. 19 Apresente-o ao sacerdote
Eleazar e a toda a congregação, e, à vista de
todos, transmita-lhe as suas ordens. 20 Ponha
sobre ele uma parte da sua autoridade, para
que toda a congregação dos filhos de Israel
obedeça a ele. 21 Josué deverá se apresentar
diante de Eleazar, o sacerdote, o qual por ele
consultará o SENHOR, de acordo com o juízo
do Urim. Segundo a palavra do sacerdote,
sairão e, segundo a sua palavra, entrarão,
ele, e todos os filhos de Israel com ele, e toda
a congregação.
22 Moisés fez como o SENHOR lhe havia
ordenado: chamou Josué e o apresentou ao
sacerdote Eleazar e a toda a congregação;
23 impôs as mãos sobre ele e lhe deu as suas
ordens, como o SENHOR havia falado por meio
de Moisés.

OFERTAS CONTÍNUAS

Êx 29.38-42

28 1 O SENHOR disse a Moisés:
2 — Ordene aos filhos de Israel e
diga-lhes: Tenham cuidado da minha oferta,
do meu alimento para as minhas ofertas
queimadas, do aroma agradável, para me
trazer essas ofertas no tempo determinado.
3 — Diga aos filhos de Israel: Esta é a oferta
queimada que vocês devem oferecer ao
SENHOR, dia após dia: dois cordeiros de um
ano, sem defeito, em holocausto contínuo.
4 Um cordeiro será oferecido de manhã, e o
outro, ao crepúsculo da tarde, 5 junto com
dois litros da melhor farinha, em oferta de
cereais, amassada com um litro de azeite
batido. 6 É holocausto contínuo que foi
instituído no monte Sinai, de aroma agra-
dável, oferta queimada ao SENHOR. 7 A libação
que acompanha o holocausto será um
litro para cada cordeiro. E esta libação de
bebida forte ao SENHOR será oferecida no
santuário. 8 O outro cordeiro você oferecerá
no crepúsculo da tarde. Como a oferta de
cereais da manhã e como a libação que a
acompanha, você o trará em oferta quei-
mada de aroma agradável ao SENHOR.

OFERTAS DOS SÁBADOS

9 — No dia de sábado, ofereçam dois
cordeiros de um ano, sem defeito, e quatro
litros da melhor farinha, amassada com
azeite, em oferta de cereais, e a libação que
a acompanha. 10 Este é o holocausto de cada
sábado, além do holocausto contínuo e a
libação que o acompanha.

OFERTAS DA FESTA DA LUA NOVA

11 — No princípio de cada mês, ofereçam
em holocausto ao SENHOR dois novilhos e
um carneiro, sete cordeiros de um ano, sem
defeito, 12 e seis litros da melhor farinha,
amassada com azeite, em oferta de cereais,
para um novilho; quatro litros da melhor
farinha, amassada com azeite, em oferta
de cereais, para um carneiro; 13 e dois litros
da melhor farinha, amassada com azeite,
em oferta de cereais, para um cordeiro;
é holocausto de aroma agradável, oferta
queimada ao SENHOR. 14 As libações que
acompanham serão dois litros de vinho
para um novilho, um litro e meio para um
carneiro, e um litro para um cordeiro. Este é
o holocausto da lua nova de cada mês, para
todos os meses do ano. 15 Também se trará
um bode como oferta pelo pecado, ao SENHOR,
além do holocausto contínuo, com a libação
que o acompanha.

OFERTAS DA FESTA DA PÁSCOA E DA FESTA DOS PÃES SEM FERMENTO

Êx 12.1-13; Lv 23.5-8; Dt 16.1-2

16 — No primeiro mês, aos catorze
dias do mês, é a Páscoa do SENHOR. 17 Aos
quinze dias do mesmo mês, haverá festa;
sete dias se comerão pães sem fermento.
18 No primeiro dia, haverá santa convocação;
não façam nenhum trabalho nesse dia,
19 mas apresentem uma oferta queimada
em holocausto ao SENHOR, dois novilhos,
um carneiro e sete cordeiros de um ano,
todos sem defeito. 20 A oferta de cereais
que acompanha o holocausto será a melhor
farinha, amassada com azeite. Ofereçam seis
quilos da melhor farinha para um novilho e
quatro quilos para um carneiro. 21 Para cada
um dos sete cordeiros ofereçam dois quilos;
22 e um bode, para oferta pelo pecado, para
fazer expiação por vocês. 23 Ofereçam estas
coisas, além do holocausto da manhã, que
é o holocausto contínuo. 24 Assim, ofereçam
cada dia, durante sete dias, o alimento da
oferta queimada em aroma agradável ao
SENHOR. Além do holocausto contínuo,
ofereçam isto, juntamente com a libação
que acompanha. 25 No sétimo dia, vocês
terão santa convocação; não façam nenhum
trabalho nesse dia.

OFERTAS DA FESTA DAS SEMANAS

Lv 23.15-22

26 — Vocês terão também santa convocação
no dia das primícias, quando trouxerem
oferta nova de cereais ao SENHOR durante
a Festa das Semanas; não façam nenhum
trabalho nesse dia. 27 Então ofereçam ao
SENHOR por holocausto, em aroma agradável,
dois novilhos, um carneiro e sete cordeiros
de um ano. 28 A correspondente oferta de
cereais da melhor farinha, amassada com
azeite, será de seis litros para um novilho,
quatro litros para um carneiro, 29 dois litros
para cada um dos sete cordeiros. 30 Ofereçam
também um bode, para fazer expiação por
vocês. 31 Tragam todas estas ofertas, além
do holocausto contínuo, da correspondente oferta de cereais, e das libações que
a acompanham. Todos os animais devem
ser sem defeito.

OFERTAS DA FESTA DO ANO-NOVO

Lv 23.23-25

29 1 — No primeiro dia do sétimo mês,
vocês terão santa convocação; não
façam nenhum trabalho nesse dia. Nesse dia
as trombetas tocarão. 2 Então, por holocausto,
de aroma agradável ao SENHOR, ofereçam um
novilho, um carneiro e sete cordeiros de um
ano, sem defeito. 3 A correspondente oferta
de cereais da melhor farinha, amassada
com azeite, será de seis litros para o novilho,
quatro litros para o carneiro 4 e dois litros
para cada um dos sete cordeiros. 5 Ofereçam
também um bode, para oferta pelo pecado,
para fazer expiação por vocês, 6 além do
holocausto do mês e a correspondente
oferta de cereais, do holocausto contínuo
e a correspondente oferta de cereais, com
as libações que acompanham, segundo o
seu estatuto, em aroma agradável, oferta
queimada ao SENHOR.

OFERTAS DO DIA DA EXPIAÇÃO

Lv 23.26-32

7 — No dia dez deste sétimo mês, vocês
terão santa convocação; vocês se humilharão e não farão nenhum trabalho. 8 Mas, por
holocausto, em aroma agradável ao SENHOR,
ofereçam um novilho, um carneiro e sete
cordeiros de um ano, todos sem defeito.
9 A correspondente oferta de cereais da
melhor farinha, amassada com azeite, será
de seis litros para o novilho, quatro litros para
o carneiro 10 e dois litros para cada um dos
sete cordeiros. 11 Ofereçam também um bode,
para oferta pelo pecado, além da oferta pelo
pecado, para fazer expiação, e do holocausto
contínuo, e da correspondente oferta de
cereais, com as libações que acompanham.

OFERTAS DA FESTA DOS TABERNÁCULOS

Lv 23.33-44

12 — Aos quinze dias do sétimo mês, vocês
terão santa convocação. Não façam nenhum
trabalho, mas durante sete dias celebrem
uma festa ao SENHOR. 13 Por holocausto em
oferta queimada, de aroma agradável ao
SENHOR, ofereçam treze novilhos, dois carneiros e catorze cordeiros de um ano, todos sem
defeito. 14 A correspondente oferta de cereais
da melhor farinha, amassada com azeite,

será de seis litros para cada um dos treze
novilhos, quatro litros para cada um dos
dois carneiros 15 e dois litros para cada um
dos catorze cordeiros. 16 Ofereçam também
um bode, para oferta pelo pecado, além do
holocausto contínuo, a correspondente
oferta de cereais e a libação que acompanha.

17 — No segundo dia, ofereçam doze no-
vilhos, dois carneiros, catorze cordeiros
de um ano, sem defeito, 18 com a oferta de
cereais e as libações para os novilhos, para
os carneiros e para os cordeiros, conforme
o seu número, segundo o estatuto, 19 e um
bode, para oferta pelo pecado, além do holo-
causto contínuo, a correspondente oferta de
cereais e a libação que acompanha.

20 — No terceiro dia, ofereçam onze no-
vilhos, dois carneiros, catorze cordeiros
de um ano, sem defeito, 21 com a oferta de
cereais e as libações para os novilhos, para
os carneiros e para os cordeiros, conforme
o seu número, segundo o estatuto, 22 e um
bode, para oferta pelo pecado, além do holo-
causto contínuo, a correspondente oferta de
cereais e a libação que acompanha.

23 — No quarto dia, ofereçam dez novilhos,
dois carneiros, catorze cordeiros de um ano,
sem defeito, 24 com a oferta de cereais e as
libações para os novilhos, para os carneiros
e para os cordeiros, conforme o seu número,
segundo o estatuto, 25 e um bode, para oferta
pelo pecado, além do holocausto contínuo, a
correspondente oferta de cereais e a libação
que acompanha.

26 — No quinto dia, ofereçam nove novi-
lhos, dois carneiros, catorze cordeiros de um
ano, sem defeito, 27 com a oferta de cereais
e as libações para os novilhos, para os
carneiros e para os cordeiros, conforme o seu
número, segundo o estatuto, 28 e um bode,
para oferta pelo pecado, além do holocausto
contínuo, a correspondente oferta de cereais
e a libação que acompanha.

29 — No sexto dia, ofereçam oito novilhos,
dois carneiros, catorze cordeiros de um ano,
sem defeito, 30 com a oferta de cereais e as
libações para os novilhos, para os carneiros
e para os cordeiros, conforme o seu número,
segundo o estatuto, 31 e um bode, para oferta
pelo pecado, além do holocausto contínuo, a
correspondente oferta de cereais e a libação
que acompanha.

32 — No sétimo dia, ofereçam sete novilhos,
dois carneiros, catorze cordeiros de um ano,
sem defeito, 33 com a oferta de cereais e as
libações para os novilhos, para os carneiros
e para os cordeiros, conforme o seu número,
segundo o estatuto, 34 e um bode, para oferta
pelo pecado, além do holocausto contínuo, a
correspondente oferta de cereais e a libação
que acompanha.

35 — No oitavo dia, vocês terão uma reunião
solene; não façam nenhum trabalho nesse
dia. 36 E, por holocausto, em oferta queimada
de aroma agradável ao SENHOR, ofereçam um
novilho, um carneiro, sete cordeiros de um
ano, sem defeito, 37 com a oferta de cereais
e as libações para o novilho, para o carneiro
e para os cordeiros, conforme o seu número,
segundo o estatuto, 38 e um bode, para oferta
pelo pecado, além do holocausto contínuo, a
correspondente oferta de cereais e a libação
que acompanha.

39 — Estas coisas vocês oferecerão ao
SENHOR nas suas festas fixas, além dos seus
votos e das suas ofertas voluntárias, para os
seus holocaustos, as suas ofertas de cereais,
as suas libações e as suas ofertas pacíficas.

40 E Moisés falou aos filhos de Israel,
conforme tudo o que o SENHOR lhe havia
ordenado.

A RESPEITO DE VOTOS

Dt 23.21-23

30 1 Moisés falou aos chefes das tribos
dos filhos de Israel, dizendo:

— Esta é a palavra que o SENHOR orde-
nou: 2 Quando um homem fizer um voto
ao SENHOR ou juramento para obrigar-se
a alguma abstinência, não violará a sua
palavra, mas fará segundo tudo o que
prometeu. 3 Quando, porém, uma mulher
fizer um voto ao SENHOR ou se obrigar
a alguma abstinência, estando na casa
de seu pai, na sua mocidade, 4 e seu pai,
sabendo do voto e da abstinência a que ela
se obrigou, não lhe disser nada, todos os
seus votos serão válidos; terá de observar
toda a abstinência a que se obrigou. 5 Mas,
se o pai, no dia em que souber disso, o
desaprovar, não será válido nenhum dos
votos dela, nem lhe será preciso observar
a abstinência a que se obrigou; o SENHOR
perdoará isso a ela, porque o pai se opôs.

6 — Porém, se ela casar, ainda sob seus
votos ou dito irrefletido dos seus lábios,
com que a si mesma obrigou, 7 e seu marido,
ouvindo-o, não disser nada no dia em que
souber disso, serão válidos os votos dela, e
ela terá de observar a abstinência a que se
obrigou. 8 Mas, se seu marido o desaprovar
no dia em que souber disso e anular o voto
que estava sobre ela, bem como o dito
irrefletido dos seus lábios, com que a si
mesma obrigou, o SENHOR perdoará isso a ela.
9 Quanto ao voto da viúva ou da divorciada,
tudo com que se obrigar lhe será válido.

10 — Porém, se ela fez voto na casa de seu
marido ou com juramento se obrigou a
alguma abstinência, 11 e seu marido o soube,
mas não lhe disse nada, e não desaprovou o
que ela fez, todos os votos dela serão válidos;
e ela terá de observar toda a abstinência a
que se obrigou. 12 Porém, se o marido anulou
os votos no dia em que ficou sabendo, tudo o
que saiu dos lábios dela, quer dos seus votos,
quer da abstinência a que se obrigou, não
será válido; o marido dela anulou os votos,
e o SENHOR perdoará isso a ela. 13 Todo voto e
todo juramento com que ela se obrigou, para
se humilhar, seu marido pode confirmar ou
anular. 14 Porém, se o marido, dia após dia,
não disser nada, então confirma todos os
votos dela e tudo aquilo a que ela se obrigou,
porque não disse nada no dia em que ficou
sabendo. 15 Porém, se ele anular os votos
algum tempo depois de os ter ouvido, levará
sobre si a iniquidade dela.

16 São estes os estatutos que o SENHOR
ordenou a Moisés a respeito do marido e
sua mulher, e a respeito do pai e sua filha
moça, se ela estiver na casa de seu pai.

A VITÓRIA SOBRE OS MIDIANITAS

31 1 O SENHOR disse a Moisés:
2 — Vingue os filhos de Israel dos
midianitas. Depois disso você será reunido
ao seu povo.

3 Então Moisés falou ao povo, dizendo:
— Armem alguns de vocês para a guerra,
e que eles saiam contra os midianitas, para
fazerem a vingança do SENHOR contra eles.
4 Enviem à guerra mil homens de cada tribo
entre todas as tribos de Israel.

5 Assim, dos milhares de Israel foram
mandados mil homens de cada tribo: doze
mil ao todo, armados para a guerra. 6 Moisés
mandou-os para a guerra, mil de cada tribo,
juntamente com Fineias, filho do sacerdote
Eleazar, o qual levava consigo os utensílios
sagrados e as trombetas para o toque de
ataque. 7 Eles atacaram os midianitas,
como o SENHOR havia ordenado a Moisés,
8 e mataram todos os homens. Mataram,
além dos que já haviam sido mortos, os
reis dos midianitas, Evi, Requém, Zur, Hur
e Reba, cinco reis dos midianitas. Também
mataram à espada Balaão, filho de Beor.

9 Porém os filhos de Israel levaram presas
as mulheres dos midianitas e as suas
crianças. Também levaram todos os seus
animais, todo o seu gado e todos os seus
bens. 10 Queimaram todas as cidades em
que os midianitas habitavam e todos os seus
acampamentos. 11 Pegaram todo o despojo
e todos os prisioneiros, tanto de pessoas
como de animais. 12 Trouxeram a Moisés,
ao sacerdote Eleazar e à congregação dos
filhos de Israel os cativos, os prisioneiros e
o despojo, para o arraial, nas campinas de
Moabe, junto do Jordão, na altura de Jericó.

O TRATAMENTO DOS CATIVOS

13 Moisés, o sacerdote Eleazar, e todos os
chefes da congregação saíram a recebê-los
fora do arraial. 14 Moisés se indignou contra
os oficiais do exército, capitães dos milhares
e capitães das centenas, que vinham do
campo de batalha. 15 Moisés lhes disse:
— Por que vocês deixaram viver todas as
mulheres? 16 Eis que estas, por conselho
de Balaão, fizeram com que os filhos de
Israel fossem infiéis ao SENHOR, no caso de
Peor, e assim houve uma praga no meio
da congregação do SENHOR. 17 Agora, pois,
matem, dentre as crianças, todas as do
sexo masculino. Matem também todas as
mulheres que já tiveram relações com algum
homem, deitando-se com ele. 18 Mas todas
as meninas, e as jovens que não tiveram
relações com algum homem, deitando-se
com ele, deixem viver para vocês.

19 — Fiquem acampados durante sete dias
fora do arraial. Todos os que tiverem matado
alguma pessoa ou tiverem tocado em algum
morto devem se purificar no terceiro dia e
no sétimo dia; purifiquem a si mesmos e

também aos seus prisioneiros. 20 Purifiquem também todas as roupas, todos os objetos feitos de couro, todos os objetos feitos de pelos de cabra e todo artigo de madeira.

21 Então o sacerdote Eleazar disse aos homens do exército que tinham ido à guerra:

— Este é o estatuto da lei que o SENHOR ordenou a Moisés: 22 o ouro, a prata, o bronze, o ferro, o estanho e o chumbo, 23 tudo o que pode suportar o fogo vocês devem passar pelo fogo, para que fique puro; e ainda terá de ser purificado com a água purificadora. Mas tudo o que não pode suportar o fogo vocês devem passar pela água. 24 Lavem também as suas roupas no sétimo dia, para que vocês fiquem puros; e, depois, poderão entrar no arraial.

A DIVISÃO DO DESPOJO

25 O SENHOR disse a Moisés:

26 — Faça a contagem daquilo que foi aprisionado, tanto de pessoas como de animais, com a ajuda do sacerdote Eleazar e dos chefes das casas dos pais da congregação. 27 Divida aquilo que foi aprisionado em duas partes iguais, uma para os soldados que saíram à guerra, e a outra para toda a congregação. 28 Dos homens do exército que saíram a esta guerra, cobre um tributo para o SENHOR: de cada quinhentas cabeças, uma, tanto dos homens como dos bois, dos jumentos e das ovelhas. 29 Tome esse tributo da metade que toca aos soldados e entregue-o ao sacerdote Eleazar, como oferta ao SENHOR. 30 Mas, da metade que toca aos filhos de Israel, de cada cinquenta, tome um, tanto dos homens como dos bois, dos jumentos e das ovelhas, de todos os animais; e entregue isso aos levitas que têm a seu encargo o serviço do tabernáculo do SENHOR.

31 Moisés e o sacerdote Eleazar fizeram como o SENHOR havia ordenado a Moisés.

32 O total do despojo que os homens de guerra pegaram foi de seiscentas e setenta e cinco mil ovelhas, 33 setenta e dois mil bois, 34 sessenta e um mil jumentos 35 e trinta e duas mil pessoas, as mulheres que ainda não haviam tido relações com homem algum, deitando-se com ele. 36 E a metade, a parte que cabe aos que saíram à guerra, foi em número de trezentas e trinta e sete mil e quinhentas ovelhas. 37 O tributo em ovelhas para o SENHOR foram seiscentas e setenta e cinco. 38 E os bois foram trinta e seis mil; e o seu tributo para o SENHOR, setenta e dois. 39 E os jumentos foram trinta mil e quinhentos; e o seu tributo para o SENHOR, sessenta e um. 40 As pessoas foram dezesseis mil; e o seu tributo para o SENHOR, trinta e duas. 41 Então Moisés deu ao sacerdote Eleazar o tributo da oferta do SENHOR, como este havia ordenado a Moisés.

42 Da metade que cabe aos filhos de Israel, que Moisés havia separado da parte que cabe aos homens que saíram à guerra 43 — a metade para a congregação foram, em ovelhas, trezentas e trinta e sete mil e quinhentas; 44 em bois, trinta e seis mil; 45 em jumentos, trinta mil e quinhentos; 46 e, em pessoas, dezesseis mil —, 47 desta metade que cabe aos filhos de Israel, Moisés tomou um de cada cinquenta, tanto de pessoas como de animais, e os deu aos levitas que tinham a seu encargo o serviço do tabernáculo do SENHOR, como o SENHOR havia ordenado a Moisés.

A OFERTA VOLUNTÁRIA DOS CAPITÃES

48 Então os oficiais que estavam sobre os milhares do exército, capitães sobre mil e capitães sobre cem, foram falar com Moisés 49 e lhe disseram:

— Estes seus servos fizeram a conta dos homens de guerra que estiveram sob as nossas ordens, e não está faltando nenhum. 50 Por isso trouxemos uma oferta ao SENHOR, cada um o que achou: objetos de ouro, ornamentos para o braço, pulseiras, sinetes, brincos e colares, para fazer expiação por nós diante do SENHOR.

51 Assim, Moisés e o sacerdote Eleazar receberam deles o ouro, sendo todos os objetos finamente trabalhados. 52 Todo o ouro da oferta que os capitães de mil e os capitães de cem trouxeram ao SENHOR pesou duzentos e um quilos. 53 Pois cada um dos homens de guerra havia tomado despojo para si. 54 Moisés e o sacerdote Eleazar receberam o ouro dos capitães de mil e dos capitães de cem e o trouxeram à tenda do encontro, como memorial para os filhos de Israel diante do SENHOR.

AS TRIBOS QUE FICARAM A LESTE DO RIO JORDÃO

Dt 3.12-22

32 1 Os filhos de Rúben e os filhos de Gade tinham muito gado. Quando viram a terra de Jazer e a terra de Gileade, que eram boas para a criação de gado, 2 os filhos de Gade e os filhos de Rúben foram falar com Moisés, com o sacerdote Eleazar, e com os chefes da congregação. Disseram:

3 — Atarote, Dibom, Jazer, Ninra, Hesbom, Eleale, Sebã, Nebo e Beom, 4 a terra que o SENHOR subjugou diante da congregação de Israel é terra de gado; e estes seus servos têm gado.

5 Disseram mais:

— Se encontramos favor aos seus olhos, permita que a posse desta terra seja dada a estes seus servos; e não nos faça passar o Jordão.

6 Porém Moisés disse aos filhos de Gade e aos filhos de Rúben:

— Então os irmãos de vocês irão à guerra, enquanto vocês ficam aqui? 7 Por que vocês querem desanimar os filhos de Israel, para que não entrem na terra que o SENHOR lhes deu? 8 Assim fizeram os pais de vocês, quando os enviei de Cades-Barneia para ver esta terra. 9 Eles chegaram até o vale de Escol e, vendo a terra, desanimaram os filhos de Israel, para que não entrassem na terra que o SENHOR lhes tinha dado. 10 Então a ira do SENHOR se acendeu naquele mesmo dia, e ele jurou, dizendo: 11 "Porque não me seguiram com fidelidade, é certo que os homens que saíram do Egito, de vinte anos para cima, não verão a terra que prometi com juramento a Abraão, a Isaque e a Jacó. 12 Somente Calebe, filho de Jefoné, o quenezeu, e Josué, filho de Num, verão a terra, porque seguiram o SENHOR com fidelidade." 13 Por isso a ira do SENHOR se acendeu contra Israel, e ele os fez andar errantes pelo deserto durante quarenta anos, até que se consumiu toda a geração que havia feito o que era mau aos olhos do SENHOR. 14 E agora vocês, geração de pecadores, se levantaram em lugar de seus pais, para aumentar ainda mais o furor da ira do SENHOR contra Israel. 15 Se vocês não quiserem segui-lo, também ele deixará todo o povo novamente no deserto, e vocês serão a causa da ruína deste povo.

16 Então os filhos de Gade e os filhos de Rúben se aproximaram de Moisés e lhe disseram:

— Edificaremos currais aqui para o nosso gado e cidades para as nossas crianças. 17 Mas nós nos armaremos e vamos para a guerra adiante dos filhos de Israel, até que os tenhamos levado ao seu lugar. Porém as nossas crianças ficarão nas cidades fortificadas, por causa dos moradores da terra. 18 Não voltaremos para nossas casas até que os filhos de Israel estejam de posse, cada um, da sua herança. 19 Porque não herdaremos com eles do outro lado do Jordão, nem mais adiante, porque já temos a nossa herança deste lado do Jordão, ao leste.

20 Então Moisés lhes disse:

— Se vocês fizerem isso, se vocês se armarem para a guerra diante do SENHOR, 21 e cada um de vocês, armado, passar o Jordão diante do SENHOR, até que ele tenha expulsado os seus inimigos de diante dele, 22 e a terra estiver subjugada diante do SENHOR, então vocês poderão voltar e estarão desobrigados diante do SENHOR e diante de Israel; e a posse desta terra será de vocês diante do SENHOR. 23 Porém, se vocês não fizerem isso, estarão pecando contra o SENHOR. E fiquem sabendo que esse pecado certamente os encontrará. 24 Construam cidades para os seus filhos e currais para as suas ovelhas; e cumpram o que vocês prometeram.

25 Então os filhos de Gade e os filhos de Rúben disseram a Moisés:

— Nós, seus servos, faremos o que nos foi ordenado. 26 Nossas crianças, nossas mulheres, nossos rebanhos e todos os nossos animais estarão aí nas cidades de Gileade, 27 mas estes seus servos passarão para o outro lado, cada um armado para a guerra, diante do SENHOR Deus, como nos está sendo ordenado.

28 Então Moisés deu ordem a respeito deles ao sacerdote Eleazar, a Josué, filho de Num, e aos chefes das casas dos pais das tribos dos filhos de Israel. 29 Moisés lhes disse:

— Se os filhos de Gade e os filhos de Rúben passarem o Jordão com vocês, cada um armado para a guerra, diante do SENHOR, e a terra estiver subjugada diante de vocês, então deem a eles a posse da terra de Gileade. 30 Mas, se eles não passarem, armados, com vocês, terão a parte deles entre vocês na terra de Canaã.

31 Os filhos de Gade e os filhos de Rúben responderam:

— O que o SENHOR Deus disse a estes seus servos, isso faremos. 32 Passaremos, armados, diante do SENHOR à terra de Canaã e teremos a posse de nossa herança deste lado do Jordão.

33 Moisés deu aos filhos de Gade, aos filhos de Rúben e à meia tribo de Manassés, filho de José, o reino de Seom, rei dos amorreus, e o reino de Ogue, rei de Basã: a terra com as cidades e seus distritos, as cidades em toda a extensão do país. 34 Os filhos de Gade edificaram Dibom, Atarote e Aroer; 35 Atarote-Sofã, Jazer e Jogbeá; 36 Bete-Ninra e Bete-Harã, cidades fortificadas, e currais de ovelhas. 37 Os filhos de Rúben edificaram Hesbom, Eleale e Quiriataim; 38 Nebo e Baal-Meom, mudando-lhes o nome, e Sibma; e deram outros nomes às cidades que edificaram. 39 Os filhos de Maquir, filho de Manassés, foram para Gileade, a tomaram e expulsaram os amorreus que estavam nela. 40 Portanto, Moisés deu Gileade a Maquir, filho de Manassés, o qual habitou nela. 41 Jair, filho de Manassés, foi e conquistou as aldeias dos amorreus; e deu-lhes o nome de Havote-Jair. 42 Noba foi e conquistou Quenate com as suas aldeias; e chamou-lhe Noba, que era o seu próprio nome.

OS ACAMPAMENTOS DESDE O EGITO

33 1 São estas as caminhadas dos filhos de Israel que saíram da terra do Egito, segundo os seus exércitos, sob as ordens de Moisés e Arão. 2 Moisés escreveu os lugares de que saíram, caminhada após caminhada, conforme o mandado do SENHOR. E são estas as suas caminhadas, segundo os lugares de que saíram: 3 eles partiram de Ramessés no décimo quinto dia do primeiro mês. No dia seguinte ao da Páscoa, os filhos de Israel saíram, corajosamente, aos olhos de todos os egípcios, 4 enquanto estes sepultavam todos os seus primogênitos, a quem o SENHOR havia matado entre eles; também contra os deuses o SENHOR executou juízos.

5 Os filhos de Israel partiram de Ramessés e acamparam em Sucote. 6 Partiram de Sucote e acamparam em Etã, que está no fim do deserto. 7 Partiram de Etã e voltaram a Pi-Hairote, que está diante de Baal-Zefom, e acamparam diante de Migdol. 8 Partiram de Pi-Hairote, passaram pelo meio do mar em direção ao deserto e, depois de terem caminhado três dias no deserto de Etã, acamparam em Mara. 9 Partiram de Mara e chegaram a Elim. Em Elim, havia doze fontes de água e setenta palmeiras; e acamparam ali. 10 Partiram de Elim e acamparam junto ao mar Vermelho. 11 Partiram do mar Vermelho e acamparam no deserto de Sim. 12 Partiram do deserto de Sim e acamparam em Dofca. 13 Partiram de Dofca e acamparam em Alus. 14 Partiram de Alus e acamparam em Refidim, porém ali não havia água para o povo beber. 15 Partiram de Refidim e acamparam no deserto do Sinai. 16 Partiram do deserto do Sinai e acamparam em Quibrote-Hataavá. 17 Partiram de Quibrote-Hataavá e acamparam em Hazerote. 18 Partiram de Hazerote e acamparam em Ritma. 19 Partiram de Ritma e acamparam em Rimom-Perez. 20 Partiram de Rimom-Perez e acamparam em Libna. 21 Partiram de Libna e acamparam em Rissa. 22 Partiram de Rissa e acamparam em Queelata. 23 Partiram de Queelata e acamparam no monte Sefer. 24 Partiram do monte Sefer e acamparam em Harada. 25 Partiram de Harada e acamparam em Maquelote. 26 Partiram de Maquelote e acamparam em Taate. 27 Partiram de Taate e acamparam em Tera. 28 Partiram de Tera e acamparam em Mitca. 29 Partiram de Mitca e acamparam em Hasmona. 30 Partiram de Hasmona e acamparam em Moserote. 31 Partiram de Moserote e acamparam em Benê-Jaacã. 32 Partiram de Benê-Jaacã e acamparam em Hor-Hagidgade. 33 Partiram de Hor-Hagidgade e acamparam em Jotbatá. 34 Partiram de Jotbatá e acamparam em Abrona. 35 Partiram de Abrona e acamparam em Eziom-Geber. 36 Partiram de Eziom-Geber e acamparam no deserto de Zim, que é Cades. 37 Partiram de Cades e acamparam no monte Hor, na fronteira da terra de Edom.

38 Então Arão, o sacerdote, subiu o monte Hor, segundo o mandado do SENHOR; e morreu ali, no primeiro dia do quinto mês do quadragésimo ano depois da saída dos filhos de Israel da terra do Egito. 39 Arão tinha

cento e vinte e três anos de idade quando morreu no monte Hor.

40 Então o rei cananeu de Arade, que habitava o Sul da terra de Canaã, soube que os filhos de Israel estavam chegando.

41 Eles partiram do monte Hor e acamparam em Zalmona. 42 Partiram de Zalmona e acamparam em Punom. 43 Partiram de Punom e acamparam em Obote. 44 Partiram de Obote e acamparam em Ijé-Abarim, na fronteira de Moabe. 45 Partiram de Ijé-Abarim e acamparam em Dibom-Gade. 46 Partiram de Dibom-Gade e acamparam em Almom-Diblataim. 47 Partiram de Almom-Diblataim e acamparam nos montes de Abarim, diante de Nebo. 48 Partiram dos montes de Abarim e acamparam nas campinas de Moabe, junto ao Jordão, na altura de Jericó. 49 E acamparam junto ao Jordão, desde Bete-Jesimote até Abel-Sitim, nas campinas de Moabe.

DEUS MANDA EXPULSAR OS MORADORES DE CANAÃ

50 Nas campinas de Moabe, junto ao Jordão, na altura de Jericó, o SENHOR disse a Moisés:

51 — Fale com os filhos de Israel e diga-lhes: Quando vocês tiverem passado o Jordão para entrar na terra de Canaã, 52 devem expulsar da frente de vocês todos os moradores da terra, destruir todas as pedras com figura e todas as imagens fundidas. Devem também derrubar todos os santuários nos lugares altos. 53 Tomem posse da terra e morem nela, porque eu lhes dei esta terra, para que vocês tomem posse dela. 54 Vocês herdarão a terra por sorteio, segundo as suas famílias. À tribo mais numerosa deem uma herança maior; à tribo pequena deem uma herança menor. Onde lhe cair a sorte, esse lugar lhe pertencerá; vocês herdarão segundo as tribos de seus pais. 55 Porém, se não expulsarem os moradores da terra, então os que vocês deixarem ficar serão para vocês como espinhos nos olhos e como aguilhões nas costas e eles os perturbarão na terra em que vocês irão morar. 56 E farei com vocês o que pensei fazer com eles.

AS FRONTEIRAS DA TERRA

34 1 O SENHOR disse a Moisés:

2 — Ordene aos filhos de Israel e diga-lhes: Quando vocês entrarem em Canaã, esta será a terra que lhes cairá em herança: a terra de Canaã, segundo as suas fronteiras.

3 — A região sul irá desde o deserto de Zim até a fronteira de Edom; e a fronteira do sul irá desde a extremidade do mar Salgado para o lado leste. 4 Esta fronteira irá rodeando do sul para a subida de Acrabim e passará até Zim; e as suas saídas serão do sul a Cades-Barneia; e sairá a Hazar-Adar e passará a Azmom. 5 Depois esta fronteira rodeará de Azmom até o ribeiro do Egito; e as suas saídas serão para o lado do mar.

6 — Por fronteira do oeste vocês terão o mar Grande; esta será a fronteira do oeste.

7 — Esta será a fronteira do norte: marquem a fronteira desde o mar Grande até o monte Hor. 8 Marquem a fronteira desde o monte Hor até a entrada de Hamate; e as saídas desta fronteira serão até Zedade; 9 dali, seguirá até Zifrom, e as suas saídas serão em Hazar-Enã. Esta será para vocês a fronteira norte.

10 — E, por fronteira do lado leste, marquem a fronteira de Hazar-Enã até Sefã. 11 A fronteira descerá desde Sefã até Ribla, para o lado leste de Aim; depois, a fronteira descerá e irá ao longo da borda do mar de Quinerete para o lado leste; 12 descerá ainda ao longo do Jordão, e as suas saídas serão no mar Salgado. Esta será a terra de vocês, com as suas fronteiras ao redor.

13 Moisés deu ordem aos filhos de Israel, dizendo:

— Esta é a terra que vocês herdarão por sorteio, a qual o SENHOR mandou dar às nove tribos e meia. 14 Porque a tribo dos filhos dos rubenitas, segundo a casa de seus pais, e a tribo dos filhos dos gaditas, segundo a casa de seus pais, já receberam a sua herança; também a meia tribo de Manassés já recebeu a sua herança. 15 Estas duas tribos e meia receberam a sua herança deste lado do Jordão, na altura de Jericó, do lado leste.

OS HOMENS QUE DEVEM REPARTIR A TERRA

16 O SENHOR disse a Moisés:

17 — São estes os nomes dos homens que repartirão a terra para vocês por herança: Eleazar, o sacerdote, e Josué, filho de Num. 18 Escolham ainda um chefe de cada tribo, para repartir a terra em herança. 19 São

A vontade e a direção do Céu serão sempre a nossa melhor escolha na Terra.

estes os nomes dos homens: da tribo de
Judá, Calebe, filho de Jefoné; 20 da tribo dos
filhos de Simeão, Samuel, filho de Amiúde;
21 da tribo de Benjamim, Elidade, filho de
Quislom; 22 da tribo dos filhos de Dã, o
chefe Buqui, filho de Jogli; 23 dos filhos de
José, da tribo dos filhos de Manassés, o
chefe Haniel, filho de Éfode; 24 da tribo dos
filhos de Efraim, o chefe Quemuel, filho de
Siftã; 25 da tribo dos filhos de Zebulom, o
chefe Elizafã, filho de Parnaque; 26 da tribo
dos filhos de Issacar, o chefe Paltiel, filho
de Azã; 27 da tribo dos filhos de Aser, o
chefe Aiude, filho de Selomi; 28 da tribo
dos filhos de Naftali, o chefe Pedael, filho
de Amiúde.
29 A estes o SENHOR ordenou que repartis-
sem a herança entre os filhos de Israel, na
terra de Canaã.

AS CIDADES DOS LEVITAS

35 1 Nas campinas de Moabe, junto ao
Jordão, na altura de Jericó, o SENHOR
disse a Moisés:
2 — Ordene aos filhos de Israel que, da
herança da sua posse, deem cidades aos
levitas, em que possam morar, e também
campos de pastagem ao redor das cidades.
3 Os levitas terão essas cidades para morar
nelas. Os campos de pastagem ao redor das
cidades serão para o gado, para os rebanhos
e para todos os animais deles. 4 Os campos
de pastagem ao redor das cidades que vocês
darão aos levitas, desde a muralha da cidade
para fora, serão de quatrocentos e cinquenta
metros ao redor. 5 Fora da cidade, do lado
leste, vocês devem medir novecentos
metros; do lado sul, novecentos metros;
do lado oeste, novecentos metros e do lado
norte, novecentos metros, ficando a cidade
no meio; estes lhes serão os campos de
pastagem ao redor das cidades.
6 — Das cidades que vocês darão aos
levitas, seis serão cidades de refúgio, as
quais vocês darão para que, nelas, se acolha
o homicida. Além destas, vocês darão aos
levitas quarenta e duas cidades. 7 Todas as
cidades que vocês darão aos levitas serão
quarenta e oito cidades, juntamente com os
campos de pastagem. 8 As cidades que vocês
darão aos levitas devem ser da herança dos
filhos de Israel. Se a tribo for numerosa, dará
muitas cidades; se a tribo for pequena, dará
poucas cidades; cada tribo dará das suas
cidades aos levitas, na proporção da herança
que lhe couber.

SEIS CIDADES DE REFÚGIO

Dt 4.41-43; 19.1-3

9 O SENHOR disse ainda a Moisés:
10 — Fale com os filhos de Israel e diga-
-lhes: Quando passarem o Jordão para
entrar na terra de Canaã, 11 escolham para
vocês algumas cidades que lhes sirvam
de refúgio, para que, nelas, se acolha o
homicida que matar alguém involunta-
riamente. 12 Nessas cidades o homicida
poderá se refugiar do vingador do sangue,
para que o homicida não morra antes de ser
apresentado diante da congregação para
julgamento. 13 Essas cidades que vocês
derem serão seis cidades de refúgio para
vocês. 14 Três destas cidades devem ficar
deste lado do Jordão e três devem ficar na
terra de Canaã; serão cidades de refúgio.
15 Estas seis cidades serão de refúgio para
os filhos de Israel, e para o estrangeiro,
e para o que se hospedar no meio deles,
para que, nelas, se acolha aquele que matar
alguém involuntariamente.

EXECUÇÃO DO HOMICIDA

Dt 19.11-13

16 — Mas, se alguém ferir uma pessoa
com instrumento de ferro, e essa pessoa
morrer, é homicida; o homicida será morto.
17 Ou se alguém ferir uma pessoa, com pedra
na mão, que possa causar a morte, e essa
pessoa morrer, é homicida; o homicida será
morto. 18 Ou se alguém ferir uma pessoa
com instrumento de pau que tiver na mão,
que possa causar a morte, e essa pessoa
morrer, é homicida; o homicida será morto.
19 O vingador do sangue, ao encontrar o
homicida, deverá matá-lo.
20 — Se alguém empurrar uma pessoa com
ódio ou com má intenção lançar contra ela
alguma coisa, e essa pessoa morrer, 21 ou, por
inimizade, a ferir com a mão, e essa pessoa
vier a morrer, aquele que feriu essa pessoa
será morto; é homicida; o vingador do sangue,
ao encontrar o homicida, deverá matá-lo.

PRIVILÉGIOS OFERECIDOS PELAS CIDADES DE REFÚGIO

Dt 19.4-10

22 — Porém, se alguém empurrar outra
pessoa subitamente, sem inimizade, ou
contra ela lançar algum instrumento, sem
má intenção, 23 ou, sem vê-la, deixar cair
sobre ela alguma pedra que possa causar-lhe
a morte, e essa pessoa morrer, não sendo sua
inimiga, nem tendo a intenção de causar-lhe
mal, 24 então a congregação julgará entre o
matador e o vingador do sangue, segundo
estas leis, 25 e livrará o homicida da mão do
vingador do sangue, e o fará voltar à sua
cidade de refúgio, onde havia se refugiado;
ali, ficará até a morte do sumo sacerdote,
que foi ungido com o santo óleo.

26 — Porém, se, em determinado momento,
o homicida sair dos limites da sua cidade
de refúgio, onde tinha se refugiado, 27 e o
vingador do sangue o encontrar fora dos
limites dela, se o vingador do sangue matar
o homicida, não será culpado do sangue.
28 Pois deve ficar na sua cidade de refúgio até
a morte do sumo sacerdote; porém, depois
da morte deste, o homicida voltará à terra da
sua posse. 29 Estas coisas serão por estatuto
de direito para vocês de geração em geração,
onde quer que vocês morarem.

30 — Todo aquele que matar uma pessoa
será morto conforme o depoimento das
testemunhas; mas uma só testemunha
não deporá contra alguém para que
morra. 31 Não aceitem resgate pela vida do
homicida que é culpado de morte; ele deve
ser morto. 32 Também não aceitem resgate
por aquele que se acolher a uma cidade
de refúgio e quiser voltar para a sua terra
antes da morte do sumo sacerdote. 33 Assim,
não profanem a terra em que vocês estão;
porque o sangue profana a terra. Nenhuma
expiação se fará pela terra por causa do
sangue que nela for derramado, a não ser
com o sangue daquele que o derramou.
34 Portanto, não contaminem a terra na qual
vocês vivem, no meio da qual eu habito;
pois eu, o Senhor, habito no meio dos filhos
de Israel.

O CASAMENTO DAS HERDEIRAS

36 1 Os cabeças das casas paternas da
família dos filhos de Gileade, filho
de Maquir, filho de Manassés, das famílias
dos filhos de José, foram falar com Moisés
e com os chefes, cabeças das casas paternas
dos filhos de Israel. 2 Eles disseram:

— O Senhor Deus ordenou a meu senhor
que, por sorteio, dê esta terra em herança
aos filhos de Israel; e a meu senhor foi ordenado pelo Senhor Deus que a herança do
nosso irmão Zelofeade fosse dada às filhas
dele. 3 Porém, se elas casarem com algum
dos filhos das outras tribos dos filhos de
Israel, a herança delas seria diminuída da
herança de nossos pais e acrescentada à
herança da tribo a que vierem pertencer.
Assim, seria tirada uma parte da herança
que nos coube por sorteio. 4 E, quando
chegar o Ano do Jubileu dos filhos de
Israel, a herança delas será acrescentada
à herança da tribo daqueles a que vierem
pertencer. Assim, a herança delas será
tirada da tribo de nossos pais.

5 Então Moisés deu ordem aos filhos
de Israel, segundo o mandado do Senhor,
dizendo:

— A tribo dos filhos de José está pedindo
o que é justo. 6 Esta é a palavra que o Senhor
deu a respeito das filhas de Zelofeade,
dizendo: Elas podem casar com quem quiserem, desde que se casem na família da tribo
do pai delas. 7 Assim, a herança dos filhos de
Israel não passará de uma tribo a outra. Pois
os filhos de Israel devem ficar vinculados
cada um à herança da tribo de seus pais.
8 Qualquer filha que possuir alguma herança
das tribos dos filhos de Israel deverá casar
com alguém da família da tribo de seu
pai, para que os filhos de Israel possuam
cada um a herança de seus pais. 9 Assim, a
herança não passará de uma tribo a outra;
pois as tribos dos filhos de Israel devem ficar
vinculadas cada uma à sua herança.

10 Como o Senhor havia ordenado a Moisés,
assim fizeram as filhas de Zelofeade, 11 pois
Macla, Tirza, Hogla, Milca e Noa, filhas de
Zelofeade, casaram com filhos de seus tios
paternos. 12 Casaram nas famílias dos filhos
de Manassés, filho de José, e a herança delas
permaneceu na tribo da família de seu pai.

13 São estes os mandamentos e os juízos
que o Senhor, por meio de Moisés, ordenou
aos filhos de Israel nas campinas de Moabe,
junto ao Jordão, na altura de Jericó.

Pentateuco

Livro 5 do Pentateuco

Deuteronômio

34 CAPÍTULOS

SIGNIFICADO DO TÍTULO

"Deuteronômio" significa, com base no grego, "segunda lei", com o sentido de "repetição da lei". O título original, em hebraico, é *devarim*, "palavras"; da forma mais complexa *'elleh daddevarim*, "estas são as palavras".

AUTORIA

Moisés, segundo as tradições judaica e cristã, com base em trechos do livro (Dt 1.5; 31.9,22,24) e de outros livros da Bíblia (1Rs 2.3; 8.53; Mt 19.7-8; Mc 10.3-5; Jo 5.46-47; At 3.22-23; Rm 10.19). Certamente, alguém mais redigiu partes do texto, como o início (Dt 1.1-5) e o relato da morte de Moisés (Dt 34).

INFORMAÇÕES GERAIS

Os fatos de Deuteronômio se passam após a morte no deserto da geração desobediente. Escrito provavelmente por volta de 1406 a.C., apresenta os últimos discursos de Moisés ao povo de Israel em Moabe, próximo ao local onde o rio Jordão desagua no mar Morto. Nessas falas, o patriarca renova a aliança, ressalta leis e transmite a liderança a Josué.

DEUTERONÔMIO NO NT

Existem no Novo Testamento quase cem citações de trechos de Deuteronômio e referências a ele.

ESTRUTURA DO LIVRO

- ★ Preâmbulo Dt 1.1-5
- ★ Prólogo histórico Dt 1.6—4.43
- ★ Condições da aliança Dt 4.44—26
- ★ Maldições e bênçãos ratificadas Dt 27—30
- ★ Sucessão de liderança Dt 31—33
- ★ A morte de Moisés Dt 34

TEMAS DE DEUTERONÔMIO

O conteúdo de Deuteronômio é marcado pela temática da relação de amor entre Deus e seu povo, que remete a adoração e obediência. O cerne da teologia do livro está em Deuteronômio 6.4-9, o *Shemá* judaico.

CRISTO E DEUTERONÔMIO

Deuteronômio aponta para Cristo como o profeta maior prometido, o perfeito cumpridor da Lei e o mediador do novo pacto. As bênçãos e maldições ilustram a redenção em Cristo, que toma as maldições sobre si e garante as bênçãos aos crentes.

O PRIMEIRO DISCURSO DE MOISÉS

1.1—4.43

MOISÉS CONTA A HISTÓRIA DE ISRAEL

1 1 São estas as palavras que Moisés falou a todo o Israel, a leste do Jordão, no deserto, na Arabá, diante de Sufe, entre Parã, Tofel, Labã, Hazerote e Di-Zaabe. 2 É uma jornada de onze dias desde Horebe até Cades-Barneia, pelo caminho dos montes de Seir.

3 Aconteceu que, no quadragésimo ano, no primeiro dia do décimo primeiro mês, Moisés falou aos filhos de Israel, segundo tudo o que o Senhor lhe havia ordenado a respeito deles, 4 depois que derrotou Seom, rei dos amorreus, que habitava em Hesbom, e Ogue, rei de Basã, que habitava em Astarote, em Edrei. 5 A leste do Jordão, na terra de Moabe, Moisés encarregou-se de explicar esta lei, dizendo:

6 — O Senhor, nosso Deus, nos falou em Horebe, dizendo: "Vocês já ficaram bastante tempo neste monte. 7 Voltem e sigam viagem. Vão à região montanhosa dos amorreus, a todos os seus vizinhos, na Arabá, à região montanhosa, à Sefelá, ao Neguebe, à costa marítima, terra dos cananeus, e ao Líbano, até o grande rio Eufrates. 8 Eis aqui a terra que eu pus diante de vocês; entrem e tomem posse da terra que o Senhor, com juramento, deu a seus pais, a Abraão, Isaque e Jacó, a eles e à sua descendência depois deles."

A NOMEAÇÃO DE AUXILIARES

Êx 18.13-27

9 — Nesse mesmo tempo, eu disse a vocês: "Sozinho não poderei levá-los. 10 O Senhor, o Deus de vocês, fez com que vocês se multiplicassem e eis que hoje vocês são uma multidão como as estrelas dos céus. 11 O Senhor, Deus dos pais de vocês, faça com que vocês sejam mil vezes mais numerosos do que são agora e os abençoe, como prometeu. 12 Mas como poderia eu sozinho suportar o peso e a carga de vocês, e como poderia eu resolver sozinho todas as questões que surgem no meio de vocês? 13 Escolham homens sábios, inteligentes e experimentados, segundo as suas tribos, para que eu os ponha por chefes de vocês."

14 — Então vocês me responderam que era bom fazer o que eu tinha falado. 15 Assim, peguei os chefes de suas tribos, homens sábios e experimentados, e os fiz chefes sobre vocês, chefes de milhares, chefes de cem, chefes de cinquenta, chefes de dez e oficiais, segundo as suas tribos. 16 Nesse mesmo tempo, ordenei aos juízes, dizendo: "Deem atenção às questões que surgem entre os seus irmãos e julguem com justiça entre um homem e seu irmão ou o estrangeiro que está com ele. 17 Não sejam parciais no julgamento. Ouçam tanto o pequeno como o grande; não tenham medo de ninguém, porque o julgamento é de Deus. Porém, se a questão for demasiadamente difícil para vocês, tragam para mim, e eu a ouvirei."

18 — Assim, naquele tempo, eu lhes ordenei todas as coisas que vocês deveriam fazer.

OS ESPIAS NA TERRA DE CANAÃ

Nm 13.1-33

19 — Então partimos de Horebe e caminhamos por todo aquele grande e terrível deserto que vocês viram, pelo caminho da região montanhosa dos amorreus, como o Senhor, nosso Deus, nos havia ordenado; e chegamos a Cades-Barneia. 20 Então eu lhes disse: "Vocês chegaram à região montanhosa dos amorreus, que o Senhor, nosso Deus, nos dá. 21 Eis que o Senhor, seu Deus, colocou esta terra diante de vocês. Vão e tomem posse dessa terra, como o Senhor, o Deus de seus pais, falou. Não tenham medo e não se assustem."

22 — Então todos vocês se aproximaram de mim e disseram: "Vamos mandar alguns homens adiante de nós, para que espiem a terra e nos digam por que caminho devemos seguir e a que cidades devemos ir." 23 Isto me pareceu uma boa ideia, de maneira que escolhi, do meio de vocês, doze homens, um de cada tribo. 24 Eles saíram e foram à região montanhosa, e, espiando a terra, foram até o vale de Escol. 25 Tomaram do fruto da terra nas mãos e o trouxeram até nós. E nos informaram, dizendo: "É boa esta terra que o Senhor, nosso Deus, nos dá."

26 — Porém vocês não quiseram ir, mas foram rebeldes à ordem do Senhor, seu Deus. 27 Ficaram murmurando em suas

tendas e disseram: "O SENHOR está com ódio
de nós e por isso nos tirou da terra do Egito
para nos entregar nas mãos dos amorreus
e nos destruir. 28 Para onde iremos? Nossos
irmãos nos deixaram com medo, dizendo:
'Aquele povo é maior e mais alto do que
nós. As cidades são grandes e fortifica-
das até o céu. Também vimos ali os filhos
dos anaquins.'"
29 — Então eu lhes disse: "Não fiquem
apavorados, nem tenham medo deles.
30 O SENHOR, o seu Deus, que vai adiante de
vocês, ele lutará por vocês, segundo tudo o
que viram que ele fez conosco no Egito, 31 e
também no deserto, onde vocês viram que o
SENHOR, seu Deus, os levou, como um homem
leva o seu filho, por todo o caminho pelo
qual vocês andaram, até chegar a este lugar."
32 — Mas nem assim vocês creram no
SENHOR, seu Deus, 33 que foi adiante de vocês
por todo o caminho, para procurar o lugar
onde deveriam acampar; de noite, estava no
fogo, para mostrar o caminho por onde vocês
deveriam andar, e, de dia, estava na nuvem.

O CASTIGO DE DEUS

Nm 14.20-38

34 — O SENHOR ouviu o que vocês disseram,
ficou irado e jurou, dizendo: 35 "Nenhum dos
homens desta geração perversa verá a boa
terra que jurei dar aos pais de vocês, 36 com
a exceção de Calebe, filho de Jefoné. Ele verá
essa terra e darei a ele e aos filhos dele a
terra em que ele pisou, porque perseverou
em seguir o SENHOR." 37 Também contra mim
se indignou o SENHOR por causa de vocês,
dizendo: "Também você não entrará nessa
terra. 38 Josué, filho de Num, que está diante
de você, ele é quem vai entrar; anime-o,
porque ele fará com que Israel a receba por
herança. 39 E as crianças de vocês, de quem
vocês disseram que seriam presa do inimigo,
sim, os filhos de vocês, que hoje nem sabem
distinguir entre bem e mal, esses ali entra-
rão, e a eles darei a terra, e eles a possuirão.
40 Mas vocês voltem e sigam para o deserto,
pelo caminho do mar Vermelho."

O POVO É DERROTADO EM HORMA

Nm 14.39-45

41 — Então vocês responderam: "Pecamos
contra o SENHOR. Nós iremos e lutaremos,
segundo tudo o que o SENHOR, nosso Deus,
nos ordenou." Vocês se armaram, cada um
com os seus instrumentos de guerra, e
pensaram que seria fácil entrar na região
montanhosa. 42 Mas o SENHOR mandou que
eu dissesse a vocês: "Não vão, nem comecem
a lutar, pois não estou no meio de vocês, e
vocês serão derrotados pelos seus inimigos."
43 Isso eu lhes falei, mas vocês não quise-
ram escutar; pelo contrário, foram rebeldes
às ordens do SENHOR e, presunçosos, foram
na direção das montanhas. 44 Os amorreus
que habitavam naquela região montanhosa
saíram contra vocês e os perseguiram como
fazem as abelhas e os derrotaram desde Seir
até Horma. 45 Vocês voltaram e foram se quei-
xar diante do SENHOR, porém o SENHOR não
lhes deu atenção e não inclinou os ouvidos
a vocês. 46 Assim, vocês permaneceram mui-
tos dias em Cades.

A JORNADA DE CADES ATÉ ZEREDE

2 1 — Depois, voltamos e seguimos para
o deserto, na direção do mar Vermelho,
como o SENHOR me havia ordenado, e por
muitos dias rodeamos os montes de Seir.
2 Então o SENHOR me falou, dizendo: 3 "Vocês
já rodearam bastante estes montes; agora
sigam para o norte. 4 Ordene ao povo,
dizendo: 'Vocês passarão pelo território de
seus irmãos, os filhos de Esaú, que habitam
em Seir. Eles terão medo de vocês; portanto,
tenham muito cuidado. 5 Não entrem em
conflito com eles, porque da terra deles
não darei a vocês nem mesmo a pisada da
planta de um pé; pois a Esaú dei por herança
os montes de Seir. 6 Comprarão deles, por
dinheiro, comida, para que possam comer,
e também água, para que possam beber.'"
7 Pois o SENHOR, seu Deus, os abençoou em
tudo o que vocês fizeram. Ele sabe que vocês
estão andando por este grande deserto.
Durante estes quarenta anos o SENHOR,
seu Deus, esteve com vocês; coisa nenhuma
lhes faltou.
8 — Assim, passamos ao lado do terri-
tório de nossos irmãos, os filhos de Esaú,
que habitavam em Seir, bem como do cami-
nho da Arabá, de Elate e de Eziom-Geber.
Voltamos e seguimos o caminho do
deserto de Moabe. 9 Então o SENHOR me

disse: "Não provoque Moabe e não entre em
conflito com eles, porque não darei a você
herança da terra deles; porque dei Ar em
herança aos filhos de Ló." 10 (Antigamente os
emins habitavam nela, povo grande, nume-
roso e alto como os anaquins. 11 Também
eles foram considerados refains, como os
anaquins; e os moabitas os chamavam de
emins. 12 Antigamente também os horeus
habitavam em Seir; porém os filhos de Esaú
os expulsaram dali, os destruíram de diante
de si e habitaram no lugar deles, assim como
Israel fez à terra da sua herança, que o Senhor
lhes tinha dado.) 13 "Agora levantem-se e
passem o ribeiro de Zerede."

— Assim, passamos o ribeiro de Zerede.
14 O tempo que caminhamos, desde Cades-
-Barneia até passarmos o ribeiro de Zerede,
foram trinta e oito anos, até que toda aquela
geração dos homens de guerra desapareceu
do meio do arraial, como o Senhor lhes havia
jurado. 15 A mão do Senhor estava contra eles,
para os destruir do meio do arraial, até que
todos desaparecessem.

16 — Quando todos os homens de guerra
já haviam desaparecido do meio do povo,
consumidos pela morte, 17 o Senhor me
falou, dizendo: 18 "Hoje você passará por
Ar, na fronteira de Moabe, 19 e chegará até
diante dos filhos de Amom. Não os pro-
voque e não entre em conflito com eles,
porque da terra dos filhos de Amom não
lhe darei herança, porque a tenho dado
por herança aos filhos de Ló." 20 (Também
esta é considerada terra dos refains; anti-
gamente habitavam nela refains, e os
amonitas os chamavam de zanzumins,
21 povo grande, numeroso e alto como
os anaquins; o Senhor os destruiu diante
dos amonitas; estes os expulsaram dali e
habitaram no lugar deles. 22 O Senhor fez
com eles assim como fez com os filhos de
Esaú que habitavam em Seir, de diante
dos quais destruiu os horeus. Os filhos de
Esaú os expulsaram e habitaram no lugar
deles até hoje; 23 também os caftorins que
saíram de Caftor destruíram os aveus, que
habitavam em aldeias até Gaza, e habita-
ram no lugar deles.) 24 "Levantem-se, sigam
adiante e passem o ribeiro de Arnom; eis
que entrego nas mãos de vocês Seom,
amorreu, rei de Hesbom, bem como a
terra dele; comecem a ocupação e entrem
em guerra com eles. 25 Hoje começarei a
incutir o terror e o medo de vocês aos povos
que estão debaixo do céu; os que ouvirem
a sua fama tremerão diante de vocês e fica-
rão angustiados."

A VITÓRIA SOBRE SEOM, REI DE HESBOM

Nm 21.21-30

26 — Então desde o deserto de Quedemote
mandei mensageiros a Seom, rei de Hesbom,
com palavras de paz, dizendo: 27 "Deixe-nos
passar pela sua terra. Iremos somente pela
estrada; não nos desviaremos para a direita
nem para a esquerda. 28 Você nos venderá o
alimento que comermos e também a água
que bebermos; tão somente deixe-nos pas-
sar a pé, 29 como fizeram os filhos de Esaú,
que habitam em Seir, e os moabitas, que
habitam em Ar, até que passemos o Jordão
e entremos na terra que o Senhor, nosso
Deus, nos está dando." 30 Mas Seom, rei de
Hesbom, não nos quis deixar passar pela
terra dele, porque o Senhor, o Deus de vocês,
havia endurecido o espírito dele e tornado
inflexível o seu coração, para entregá-lo nas
mãos de vocês, como hoje se vê.

31 — O Senhor me disse: "Eis que já come-
cei a dar a você Seom e a terra dele; comece
agora a tomar posse do país dele." 32 Então
Seom saiu ao nosso encontro, ele e todo
o seu povo, para lutar contra nós em Jaza.
33 E o Senhor, nosso Deus, o entregou em nos-
sas mãos e nós o derrotamos, a ele, aos filhos
dele e a todo o seu povo. 34 Naquele tempo,
tomamos todas as suas cidades e a cada uma
destruímos com os seus homens, mulheres
e crianças; não deixamos nenhum sobre-
vivente. 35 Somente tomamos, por presa, o
gado e o despojo das cidades conquistadas.
36 Desde Aroer, que está à beira do vale de
Arnom, e a cidade que nele está, até Gileade,
não houve nenhuma cidade que fosse alta
demais para nós; tudo isto o Senhor, nosso
Deus, nos entregou. 37 Vocês apenas não se
aproximaram da terra dos filhos de Amom,
nem de toda a região que fica às margens
do ribeiro de Jaboque, nem das cidades da
região montanhosa, nem de qualquer outro
lugar que o Senhor, nosso Deus, nos havia
proibido de atacar.

A VITÓRIA SOBRE OGUE, REI DE BASÃ

Nm 21.31-35

3 1 — Depois, voltamos e fomos na direção de Basã. E Ogue, rei de Basã, saiu ao nosso encontro, ele e todo o seu povo, para lutar contra nós em Edrei. 2 Então o SENHOR me disse: "Não tenha medo, porque eu o entreguei nas suas mãos, ele, todo o seu povo e a terra dele. Você fará com ele como fez com Seom, rei dos amorreus, que habitava em Hesbom." 3 E o SENHOR, nosso Deus, entregou em nossas mãos também Ogue, rei de Basã, e todo o seu povo; lutamos contra ele, até que não sobrasse ninguém. 4 Nesse tempo, tomamos todas as suas cidades. Não houve nenhuma cidade que não lhe tomássemos: sessenta cidades, toda a região de Argobe, o reino de Ogue, em Basã. 5 Todas estas cidades eram fortificadas com altas muralhas, portões e ferrolhos. Tomamos também muitas outras cidades que não tinham muralhas. 6 Nós as destruímos totalmente, como fizemos com Seom, rei de Hesbom, destruindo por completo cada uma das cidades com os seus homens, suas mulheres e crianças. 7 Porém todo o gado e o despojo das cidades tomamos para nós, por presa.

8 — Assim, nesse tempo, tomamos a terra das mãos daqueles dois reis dos amorreus que estavam além do Jordão: desde o ribeiro de Arnom até o monte Hermom. 9 (Os sidônios chamam o Hermom de Siriom; porém os amorreus o chamam de Senir.) 10 Tomamos todas as cidades do planalto, todo o Gileade e todo o Basã, até Salca e Edrei, cidades do reino de Ogue, em Basã. 11 (Ogue, rei de Basã, era o último sobrevivente dos refains. A cama dele era feita de ferro e ainda se encontra em Rabá dos filhos de Amom. Tinha quatro metros de comprimento e um metro e oitenta de largura, pela medida comum.)

AS TRIBOS A LESTE DO JORDÃO

Nm 32.33-42

12 — Tomamos posse desta terra nesse tempo. A região que vai de Aroer, que está junto ao vale de Arnom, e a metade da região montanhosa de Gileade, com as suas cidades, dei aos rubenitas e gaditas. 13 O resto de Gileade e toda a região de Basã, o reino de Ogue, dei à meia tribo de Manassés. (Toda aquela região de Argobe, todo o Basã, se chamava a terra dos refains.) 14 Jair, filho de Manassés, tomou toda a região de Argobe até a fronteira dos gesuritas e maacatitas, isto é, Basã, e às aldeias chamou pelo seu nome: Havote-Jair, até o dia de hoje. 15 A Maquir dei Gileade. 16 Aos rubenitas e gaditas dei desde Gileade até o vale de Arnom, cujo meio serve de fronteira; e até o ribeiro de Jaboque, na fronteira dos filhos de Amom, 17 bem como a Arabá e o Jordão por fronteira, desde Quinerete até o mar da Arabá, o mar Salgado, pelas encostas do monte Pisga, para o leste.

18 — Nesse mesmo tempo, eu lhes ordenei, dizendo: "O SENHOR, o Deus de vocês, lhes deu esta terra, para que vocês tomem posse dela. Todos os homens valentes, armados, devem passar adiante de seus irmãos, os filhos de Israel. 19 Tão somente as mulheres, as crianças e o gado de vocês — porque sei que vocês têm muito gado — ficarão nas cidades que já lhes dei. 20 Vocês deverão lutar até que o SENHOR dê descanso a seus irmãos como deu a vocês, para que eles também ocupem a terra que o SENHOR, o Deus de vocês, está dando a eles do outro lado do Jordão; depois, vocês poderão voltar, cada um à propriedade que lhe dei."

21 — Também, nesse tempo, dei ordem a Josué, dizendo: "Você viu tudo o que o SENHOR, o Deus de vocês, tem feito com esses dois reis; assim o SENHOR fará com todos os reinos em que você entrar. 22 Não tenham medo deles, porque o SENHOR, o Deus de vocês, é o que luta por vocês."

O PEDIDO DE MOISÉS PARA ENTRAR EM CANAÃ

Nm 27.12-23

23 — Também eu, nesse tempo, implorei ao SENHOR, dizendo: 24 "Ó Senhor DEUS, já começaste a mostrar ao teu servo a tua grandeza e a tua mão poderosa! Pois que deus há, nos céus ou na terra, que possa fazer as obras e os feitos poderosos que tu realizas? 25 Peço-te que me deixes passar, para que eu veja esta boa terra que está do outro lado do Jordão, esta boa região montanhosa e o Líbano." 26 Porém o SENHOR estava

indignado contra mim, por causa de vocês, e não me ouviu. Pelo contrário, ele me disse: "Basta! Não me fale mais nisso. 27 Suba ao alto do monte Pisga e levante os olhos para o oeste, para o norte, para o sul e para o leste e contemple com os seus próprios olhos, porque você não passará este Jordão. 28 Dê ordens a Josué, anime-o e fortaleça-o; porque ele irá à frente deste povo e o fará possuir a terra que você apenas verá."

29 — Assim, ficamos no vale diante de Bete-Peor.

MOISÉS EXORTA O POVO À OBEDIÊNCIA

4 1 — Agora, pois, ó Israel, ouça os estatutos e os juízos que eu lhes ensino, para que vocês os cumpram, para que vivam, entrem e tomem posse da terra que o SENHOR, o Deus de seus pais, está dando a vocês. 2 Não acrescentem nada à palavra que eu lhes ordeno, nem diminuam nada dela, para que vocês guardem os mandamentos do SENHOR, o Deus de vocês, que eu lhes ordeno. 3 Com os seus próprios olhos vocês viram o que o SENHOR fez por causa de Baal-Peor, pois o SENHOR, seu Deus, eliminou do meio de vocês todos os que seguiram Baal-Peor. 4 Porém vocês que permaneceram fiéis ao SENHOR, seu Deus, todos hoje estão vivos.

5 — Eis que eu lhes tenho ensinado estatutos e juízos, como o SENHOR, meu Deus, me ordenou, para que vocês os cumpram na terra que passarão a possuir. 6 Portanto, guardem e cumpram essas leis, porque isto será a sabedoria e o entendimento de vocês aos olhos dos povos que, ouvindo todos esses estatutos, dirão: "De fato, este grande povo é gente sábia e inteligente." 7 Pois que grande nação há que tenha deuses tão chegados a si como o SENHOR, nosso Deus, todas as vezes que o invocamos? 8 E que grande nação há que tenha estatutos e juízos tão justos como toda esta lei que hoje eu lhes proponho?

9 — Tão somente tenham cuidado e guardem bem a sua alma, para que vocês não se esqueçam daquelas coisas que os seus olhos têm visto, e elas não se afastem do seu coração todos os dias da sua vida. Vocês também contarão isso aos seus filhos e aos filhos dos seus filhos. 10 Não se esqueçam do dia em que vocês estiveram diante do SENHOR, seu Deus, em Horebe, quando o SENHOR me disse: "Reúna este povo, e os farei ouvir as minhas palavras, a fim de que aprendam a temer-me durante todos os dias em que viverem na terra e também as ensinem aos seus filhos."

11 — Então vocês chegaram e ficaram ao pé do monte. E o monte estava em chamas que subiam até o céu, e havia trevas, nuvens e escuridão. 12 Então o SENHOR falou a vocês do meio do fogo e vocês ouviram o som das palavras dele. Vocês ouviram a voz, mas não viram aparência nenhuma; só escutaram a voz. 13 Então ele anunciou a sua aliança, que ordenou a vocês, os dez mandamentos, e os escreveu em duas tábuas de pedra. 14 Ao mesmo tempo o SENHOR ordenou que eu ensinasse a vocês estatutos e juízos, para que os cumprissem na terra que passarão a possuir.

15 — Tenham cuidado! Guardem bem a sua alma. Porque vocês não viram aparência nenhuma no dia em que o SENHOR, o Deus de vocês, lhes falou em Horebe, no meio do fogo. 16 Portanto, tenham cuidado para não se corromperem e fazerem para si alguma imagem esculpida na forma de ídolo, semelhança de homem ou de mulher, 17 semelhança de algum animal que há na terra, semelhança de alguma ave que voa pelos céus, 18 semelhança de algum animal que rasteja sobre a terra, semelhança de algum peixe que há nas águas debaixo da terra. 19 Quando levantarem os olhos para os céus e virem o sol, a lua e as estrelas, a saber, todo o exército dos céus, cuidem para que vocês não sejam seduzidos a inclinar-se diante deles e prestar culto a essas coisas que o SENHOR, seu Deus, repartiu a todos os povos debaixo dos céus. 20 Mas quanto a vocês, o SENHOR os tomou e os tirou da fornalha de ferro do Egito, para que sejam povo da sua herança, como hoje se vê.

21 — Também o SENHOR se indignou contra mim, por causa de vocês, e jurou que eu não passaria o Jordão e não entraria na boa terra que o SENHOR, seu Deus, lhes dá por herança. 22 Porque eu morrerei neste lugar; não passarei o Jordão. Mas vocês vão passar o Jordão e possuir aquela boa terra. 23 Tenham o cuidado de não se esquecer da aliança que o SENHOR, seu Deus, fez com vocês. Não façam

para si nenhuma imagem esculpida, seme-
lhança de alguma coisa que o SENHOR, o
Deus de vocês, proibiu. 24 Porque o SENHOR,
o Deus de vocês, é fogo consumidor, é
Deus zeloso.

25 — Quando, pois, gerarem filhos e tiverem
netos, e já estiverem muito tempo na terra, e
se corromperem, e fizerem alguma imagem
esculpida, semelhança de alguma coisa, e
praticarem o que é mau aos olhos do SENHOR,
o Deus de vocês, para o provocar à ira, 26 hoje
tomo o céu e a terra por testemunhas con-
tra vocês, que vocês serão imediatamente
eliminados da terra da qual, passando o
Jordão, vocês tomarão posse. Vocês não
prolongarão os seus dias nela; pelo contrá-
rio, serão totalmente destruídos. 27 O SENHOR
os espalhará entre os povos, e restarão ape-
nas alguns de vocês entre as gentes aonde o
SENHOR os levará. 28 Lá, vocês servirão a deu-
ses que são obra de mãos humanas, madeira
e pedra, que não veem, nem ouvem, nem
comem, nem cheiram. 29 De lá, vocês busca-
rão o SENHOR, seu Deus, e o acharão, quando o
buscarem de todo o coração e de toda a sua
alma. 30 Quando estiverem em angústia, e
todas estas coisas lhes sobrevierem nos últi-
mos dias, e vocês se voltarem para o SENHOR,
seu Deus, e lhe atenderem a voz, 31 então
o SENHOR, o Deus de vocês, não os abando-
nará, porque é Deus misericordioso, nem os
destruirá, nem se esquecerá da aliança que
jurou aos pais de vocês.

32 — Agora, pois, perguntem aos tem-
pos passados, que transcorreram antes
de vocês, desde o dia em que Deus criou
o ser humano sobre a terra, desde uma
extremidade do céu até a outra, se já acon-
teceu algo tão grandioso como isto ou se
em algum momento se ouviu falar de
coisa semelhante. 33 Perguntem se algum
povo ouviu a voz de algum deus falando do
meio do fogo, como vocês ouviram, e fica-
ram vivos; 34 ou se já houve um deus que
tentou ir tomar para si um povo do meio
de outro povo, com provas, com sinais, com
milagres, com lutas, com mão poderosa,
com braço estendido e com feitos espan-
tosos, segundo tudo o que o SENHOR, seu
Deus, fez por vocês no Egito, como vocês
viram com os seus próprios olhos. 35 Isso
foi mostrado a vocês para que soubessem
que o SENHOR é Deus; nenhum outro há, além
dele. 36 Dos céus ele fez com que ouvissem a
sua voz, para ensiná-los, e sobre a terra lhes
mostrou o seu grande fogo, e do meio do
fogo vocês ouviram as suas palavras. 37 Ele
amou os pais de vocês e escolheu os seus
descendentes depois deles; por isso o SENHOR
os tirou do Egito com a sua presença e com a
sua grande força, 38 para expulsar da frente
de vocês nações maiores e mais podero-
sas do que vocês, para fazer com que vocês
entrassem na terra deles e dá-la a vocês por
herança, como hoje se vê.

39 — Por isso, hoje vocês saberão e refleti-
rão em seu coração que só o SENHOR é Deus
em cima no céu e embaixo na terra; não há
nenhum outro deus. 40 Portanto, guardem os
seus estatutos e os seus mandamentos que
hoje lhes ordeno, para que tudo vá bem com
vocês e com os seus filhos depois de vocês
e para que vocês prolonguem os seus dias
na terra que o SENHOR, seu Deus, lhes está
dando para todo o sempre.

TRÊS CIDADES DE REFÚGIO

Nm 35.9-15; Dt 19.1-3

41 Então Moisés separou três cidades além
do Jordão, para o nascente do sol, 42 para
que ali pudesse se refugiar o homicida que
tivesse matado, involuntariamente, o seu
próximo, de quem, antes daquilo, não tivesse
ódio algum. Esse homicida poderia se refu-
giar numa destas cidades e salvar a sua
vida. 43 As cidades eram Bezer, no deserto,
no planalto, para os rubenitas; Ramote, em
Gileade, para os gaditas; e Golã, em Basã,
para os manassitas.

O SEGUNDO DISCURSO DE MOISÉS

4.44—26.19

MOISÉS CONTA A HISTÓRIA DA LEGISLAÇÃO

44 Esta é a lei que Moisés apresentou aos
filhos de Israel. 45 São estes os testemu-
nhos, os estatutos e os juízos que Moisés
falou aos filhos de Israel, quando saíram
do Egito, 46 além do Jordão, no vale diante
de Bete-Peor, na terra de Seom, rei dos
amorreus, que habitava em Hesbom, a
quem Moisés e os filhos de Israel derrota-
ram quando saíram do Egito, 47 e tomaram

posse da terra dele, bem como da terra de
Ogue, rei de Basã, dois reis dos amorreus,
que estavam além do Jordão, para o nas-
cente do sol. 48 Essas terras se estendiam
desde Aroer, que está à beira do vale de
Arnom, até o monte Siom, que é Hermom,
49 e incluíam toda a Arabá, além do Jordão, do
lado leste, até o mar da Arabá, pelas encos-
tas do monte Pisga.

OS DEZ MANDAMENTOS

Êx 20.1-17

5 1 Moisés chamou todo o Israel e lhe disse:
— Escute, Israel, os estatutos e juízos que
hoje lhes anuncio, para que vocês os apren-
dam e tenham o cuidado de pôr em prática.
2 O Senhor, nosso Deus, fez aliança conosco
em Horebe. 3 Não foi com nossos pais que o
Senhor fez esta aliança, e sim conosco, todos
os que hoje aqui estamos vivos. 4 Face a face
o Senhor falou conosco, no monte, do meio
do fogo. 5 Naquela ocasião, eu me coloquei
entre o Senhor e vocês, para lhes anunciar
a palavra do Senhor, porque vocês ficaram
com medo do fogo e não subiram o monte.
E o Senhor disse:
6 — "Eu sou o Senhor, seu Deus, que o tirei
da terra do Egito, da casa da servidão."
7 — "Não tenha outros deuses diante de
mim."
8 — "Não faça para você imagem de
escultura, nem semelhança alguma do que
há em cima no céu, nem embaixo na terra,
nem nas águas debaixo da terra. 9 Não adore
essas coisas, nem preste culto a elas, por-
que eu, o Senhor, seu Deus, sou Deus zeloso,
que visito a iniquidade dos pais nos filhos
até a terceira e quarta geração daqueles que
me odeiam, 10 mas faço misericórdia até mil
gerações daqueles que me amam e guardam
os meus mandamentos."
11 — "Não tome o nome do Senhor, seu
Deus, em vão, porque o Senhor não terá por
inocente o que tomar o seu nome em vão."
12 — "Guarde o dia de sábado, para o santi-
ficar, como o Senhor, seu Deus, lhe ordenou.
13 Seis dias você trabalhará e fará toda a sua
obra, 14 mas o sétimo dia é o sábado dedi-
cado ao Senhor, seu Deus; não faça nenhum
trabalho nesse dia, nem você, nem o seu
filho, nem a sua filha, nem o seu servo,
nem a sua serva, nem o seu boi, nem o seu
jumento ou qualquer outro dos seus ani-
mais, nem o estrangeiro das suas portas
para dentro, para que o seu servo e a sua
serva descansem como você. 15 Lembre-se
de que você foi escravo na terra do Egito e
que o Senhor, seu Deus, o tirou de lá com
mão poderosa e braço estendido. Por isso o
Senhor, seu Deus, ordenou que você guar-
dasse o dia de sábado."
16 — "Honre o seu pai e a sua mãe, como
o Senhor, seu Deus, lhe ordenou, para que
você tenha uma longa vida e para que tudo
vá bem com você na terra que o Senhor,
seu Deus, lhe dá."
17 — "Não mate."
18 — "Não cometa adultério."
19 — "Não furte."
20 — "Não dê falso testemunho contra o
seu próximo."
21 — "Não cobice a mulher do seu próximo.
Não deseje a casa do seu próximo, nem o seu
campo, nem o seu servo, nem a sua serva,
nem o seu boi, nem o seu jumento, nem
coisa alguma que pertença ao seu próximo."

MOISÉS, MEDIADOR ENTRE DEUS E O POVO

Êx 20.18-21

22 — São estas as palavras que o Senhor
falou a toda a congregação de vocês, junto
ao monte. Ele falou do meio do fogo, da
nuvem e da escuridão, com voz forte, e
nada acrescentou. Ele escreveu essas pala-
vras em duas tábuas de pedra, e as deu para
mim. 23 Quando ouviram a voz que vinha do
meio das trevas, enquanto o monte estava
em chamas, vocês se aproximaram de mim,
todos os chefes das tribos e os anciãos,
24 e disseram: "Eis que aqui o Senhor, nosso
Deus, nos mostrou a sua glória e a sua gran-
deza, e ouvimos a sua voz do meio do fogo.
Hoje vimos que Deus fala com as pessoas e
que elas permanecem vivas. 25 Agora, pois,
por que morreríamos? Pois este grande
fogo nos consumirá! Se continuarmos a
ouvir a voz do Senhor, nosso Deus, mor-
reremos. 26 Afinal, de toda a humanidade,
quem é que ouviu a voz do Deus vivo falar
do meio do fogo, como nós ouvimos, e per-
maneceu vivo? 27 Aproxime-se você e ouça
tudo o que o Senhor, nosso Deus, disser. Você
nos dirá tudo o que o Senhor, nosso Deus,

lhe disser. Nós ouviremos e cumpriremos o que for dito."

28 — Quando o SENHOR ouviu o que vocês disseram, quando falavam comigo, o SENHOR me disse: "Eu ouvi as palavras que este povo lhe falou, e em tudo eles falaram muito bem. 29 Quem dera que eles sempre tivessem tal coração, e sempre me temessem e guardassem todos os meus mandamentos! Assim tudo iria bem para eles e para os filhos deles, para sempre! 30 Vá e diga-lhes que voltem para as suas tendas. 31 Mas você fique aqui comigo, e eu lhe direi todos os mandamentos, estatutos e juízos que você lhes ensinará, para que os cumpram na terra que eu lhes darei para que seja deles."

32 — Tenham o cuidado de fazer como o SENHOR, seu Deus, lhes ordenou. Não se desviem, nem para a direita nem para a esquerda. 33 Andem em todo o caminho que o SENHOR, seu Deus, lhes ordenou, para que vocês vivam, para que tudo lhes vá bem, e para que se prolonguem os seus dias na terra que irão possuir.

O GRANDE MANDAMENTO

6 1 — São estes os mandamentos, os estatutos e os juízos que o SENHOR, seu Deus, ordenou que fossem ensinados a vocês, para que vocês os cumprissem na terra em que vão entrar e possuir, 2 para que durante todos os dias da sua vida vocês, os seus filhos, e os filhos dos seus filhos temam o SENHOR, seu Deus, e guardem todos os seus estatutos e mandamentos que eu lhes ordeno, e para que os seus dias sejam prolongados. 3 Portanto, escute, Israel, e tenha o cuidado de cumprir esses mandamentos, para que tudo lhes corra bem e vocês muito se multipliquem na terra que mana leite e mel, como o SENHOR, o Deus dos seus pais, lhes prometeu.

4 — Escute, Israel, o SENHOR, nosso Deus, é o único SENHOR. 5 Portanto, ame o SENHOR, seu Deus, de todo o seu coração, de toda a sua alma e com toda a sua força. 6 Estas palavras que hoje lhe ordeno estarão no seu coração. 7 Você as inculcará a seus filhos, e delas falará quando estiver sentado em sua casa, andando pelo caminho, ao deitar-se e ao levantar-se. 8 Também deve amarrá-las como sinal na sua mão, e elas lhe serão por frontal entre os olhos. 9 E você as escreverá nos umbrais de sua casa e nas suas portas.

ADMOESTAÇÕES CONTRA A DESOBEDIÊNCIA

10 — Quando, pois, o SENHOR, seu Deus, tiver levado vocês para a terra que, sob juramento, prometeu aos seus pais Abraão, Isaque e Jacó, que daria a vocês — uma terra com grandes e boas cidades, que vocês não construíram; 11 com casas cheias de tudo o que é bom, que vocês não encheram; com poços abertos, que vocês não cavaram; com vinhas e olivais, que vocês não plantaram — e quando vocês comerem e se fartarem, 12 tenham o cuidado de não esquecer o SENHOR, que os tirou da terra do Egito, da casa da servidão. 13 Temam o SENHOR, seu Deus, sirvam a ele e jurem somente pelo nome dele. 14 Não sigam outros deuses, nenhum dos deuses dos povos que estiverem à sua volta, 15 porque o SENHOR, seu Deus, é Deus zeloso no meio de vocês, para que a ira do SENHOR, seu Deus, não se acenda contra vocês e os destrua de sobre a face da terra.

16 — Não ponham à prova o SENHOR, seu Deus, como o fizeram em Massá. 17 Guardem cuidadosamente os mandamentos do SENHOR, seu Deus, os seus testemunhos e os seus estatutos que ele lhes ordenou. 18 Façam o que é reto e bom aos olhos do SENHOR, para que tudo lhes vá bem, e para que vocês entrem e possuam a boa terra que o SENHOR, sob juramento, prometeu aos pais de vocês, 19 expulsando todos os inimigos de diante de vocês, como o SENHOR prometeu.

20 — Quando, no futuro, os seus filhos perguntarem: "Que significam os testemunhos, estatutos e juízos que o SENHOR, nosso Deus, lhes ordenou?", 21 vocês dirão a eles: "Nós éramos escravos de Faraó, no Egito, mas o SENHOR nos tirou de lá com mão poderosa. 22 Diante dos nossos olhos o SENHOR fez sinais e maravilhas, grandes e terríveis, contra o Egito e contra Faraó e toda a sua casa. 23 Ele nos tirou do Egito, para nos trazer e nos dar a terra que, sob juramento, prometeu aos nossos pais. 24 O SENHOR nos ordenou que cumpríssemos todos estes estatutos e temêssemos o SENHOR, nosso Deus, para o nosso perpétuo bem, para nos preservar a vida, como tem feito até hoje. 25 E será justiça

A verdadeira transformação do nosso "eu" acontece na intimidade com Deus, quando o nosso interior é tocado.

para nós, quando tivermos cuidado de cum-
prir todos estes mandamentos diante do
SENHOR, nosso Deus, como ele nos ordenou."

ADMOESTAÇÕES CONTRA A INFIDELIDADE

Êx 34.10-17

7 1 — Quando o SENHOR, seu Deus, os levar
para a terra que vocês vão possuir, e
tiver expulsado muitas nações de diante
de vocês: os heteus, os girgaseus, os amor-
reus, os cananeus, os ferezeus, os heveus e
os jebuseus — sete nações mais numerosas
e mais poderosas do que vocês; 2 e, quando
o SENHOR, seu Deus, as tiver entregue nas
mãos de vocês, para que as ataquem, vocês
devem destruí-las totalmente. Não façam
aliança com essas nações, nem tenham pie-
dade delas. 3 Não casem com pessoas dessas
nações; não deem as suas filhas aos filhos
dessa gente, nem tomem as filhas deles para
os filhos de vocês, 4 pois elas levariam os
filhos de vocês a se desviar de mim, para
que servissem outros deuses. Assim, a ira do
SENHOR se acenderia contra vocês e depressa
ele os destruiria. 5 Mas o que vocês devem
fazer é derrubar os altares dessas nações,
quebrar as suas colunas sagradas, cortar os
postes da deusa Aserá e queimar as suas
imagens de escultura.
6 — Porque vocês são povo santo para o
SENHOR, seu Deus. O SENHOR, seu Deus, os
escolheu, para que, de todos os povos que
há sobre a terra, vocês fossem o seu povo
próprio. 7 O SENHOR os amou e os escolheu,
não porque vocês eram mais numerosos do
que outros povos, pois vocês eram o menor
de todos os povos. 8 Mas porque o SENHOR os
amava e, para cumprir o juramento que tinha
feito aos pais de vocês, o SENHOR os tirou
com mão poderosa e os resgatou da casa
da servidão, do poder de Faraó, rei do Egito.
9 Portanto, saibam que o SENHOR, seu Deus, é
Deus; ele é o Deus fiel, que guarda a aliança
e a misericórdia até mil gerações aos que o
amam e cumprem os seus mandamentos.
10 Porém ele retribui diretamente aos que o
odeiam, fazendo-os perecer. Ele não demora
em castigar aqueles que o odeiam; pronta-
mente lhes retribuirá. 11 Portanto, guardem
os mandamentos, os estatutos e os juízos
que hoje lhes mando cumprir.

BÊNÇÃOS DECORRENTES DA OBEDIÊNCIA

Lv 26.3-13; Dt 28.1-14

12 — Portanto, se vocês derem ouvidos a
estes juízos, e os guardarem e cumprirem,
o SENHOR, seu Deus, guardará a aliança e a
misericórdia prometida sob juramento aos
seus pais. 13 Ele os amará, os abençoará e fará
com que vocês se multipliquem. Também
abençoará os filhos de vocês, o fruto da terra,
o cereal, o vinho, o azeite e as crias das vacas
e das ovelhas, na terra que prometeu dar a
vocês, conforme o juramento que fez aos
seus pais. 14 Vocês serão mais abençoados
do que todos os povos. Não haverá no meio
de vocês nenhum homem ou mulher que
seja estéril, nem entre os seus animais.
15 O SENHOR afastará de vocês toda enfer-
midade; não porá sobre vocês nenhuma
das terríveis doenças dos egípcios, que
vocês conheceram tão bem; pelo contrário,
ele as porá sobre todos os que os odeiam.
16 Vocês devem destruir todos os povos que
o SENHOR, seu Deus, entregar nas mãos de
vocês. Não tenham piedade deles, nem
adorem os seus deuses, pois isso seria uma
armadilha para vocês.
17 — Não fiquem pensando: "Estas nações
são mais numerosas do que nós; como
poderemos expulsá-las de lá?" 18 Não
tenham medo delas; lembrem-se do que
o SENHOR, seu Deus, fez a Faraó e a todo o
Egito. 19 Lembrem-se das grandes provas que
vocês viram com os seus próprios olhos, dos
sinais, das maravilhas, da mão poderosa e do
braço estendido, com que o SENHOR, seu Deus,
os tirou do Egito; assim o SENHOR, seu Deus,
fará com todos os povos, dos quais vocês
estão com medo. 20 Além disso, o SENHOR, seu
Deus, mandará vespões para o meio deles,
até que pereçam os que ficarem e se escon-
derem de vocês.
21 — Não fiquem apavorados diante deles,
porque o SENHOR, seu Deus, está no meio de
vocês, Deus grande e temível. 22 O SENHOR,
seu Deus, expulsará estas nações, pouco a
pouco, de diante de vocês. Vocês não pode-
rão destruí-las todas de uma só vez, para
que as feras do campo não se multipliquem
contra vocês. 23 Mas o SENHOR, seu Deus, as
entregará nas mãos de vocês e causará
grande confusão entre elas, até que sejam

destruídas. 24 Entregará também nas mãos
de vocês os reis dessas nações, para que
vocês apaguem o nome deles da face da
terra; ninguém poderá resistir a vocês, até
que os destruam. 25 Queimem as imagens
de escultura dos deuses desses povos. Não
cobicem a prata e o ouro que estão sobre
essas imagens, nem fiquem com isso para
vocês, para que não sejam uma armadilha
para vocês; pois são abominação ao Senhor,
seu Deus. 26 Não levem nenhuma coisa abo-
minável para casa, para que vocês não sejam
amaldiçoados juntamente com ela; pelo
contrário, devem, de todo, detestar e abo-
minar essa coisa, pois é amaldiçoada.

A TERRA A SER CONQUISTADA

8 1 — Tenham o cuidado de cumprir
todos os mandamentos que hoje lhes
ordeno, para que vocês vivam, se multipli-
quem, entrem e tomem posse da terra que o
Senhor prometeu sob juramento aos pais de
vocês. 2 Lembrem-se de todo o caminho pelo
qual o Senhor, seu Deus, os guiou no deserto
durante estes quarenta anos, para humilhar
vocês, para pôr vocês à prova, para saber o
que estava no coração de vocês, se guar-
dariam ou não os seus mandamentos.
3 Ele humilhou vocês, ele os deixou passar
fome, ele os sustentou com o maná, que
vocês não conheciam e que nem os pais
de vocês conheciam, para que vocês com-
preendessem que o ser humano não viverá
só de pão, mas de tudo o que procede da
boca do Senhor. 4 Durante estes quarenta
anos, as roupas que vocês usavam não
envelheceram, e os seus pés não ficaram
inchados. 5 Portanto, saibam em seu cora-
ção que, assim como um homem disciplina
o seu filho, assim o Senhor, seu Deus, dis-
ciplina vocês. 6 Guardem os mandamentos
do Senhor, seu Deus, para que vocês andem
nos seus caminhos e o temam. 7 Porque o
Senhor, o Deus de vocês, os faz entrar numa
terra boa, terra de ribeiros de águas, de fon-
tes, de mananciais profundos, que saem
dos vales e das montanhas; 8 terra de trigo
e cevada, de vinhas, figueiras e romãzeiras;
terra de oliveiras, de azeite e mel; 9 terra
em que vocês não terão escassez e em que
não lhes faltará nada; terra cujas pedras
são ferro e de cujos montes vocês extrairão
o cobre. 10 Vocês comerão e ficarão satisfei-
tos, e louvarão o Senhor, seu Deus, pela boa
terra que lhes deu.

ADMOESTAÇÃO CONTRA O ORGULHO

11 — Tenham o cuidado de não se esquecer
do Senhor, seu Deus, deixando de cumprir
os seus mandamentos, os seus juízos e os
seus estatutos, que hoje lhes ordeno. 12 Não
aconteça que, depois de terem comido e
estarem fartos, depois de haverem edifi-
cado boas casas e morado nelas; 13 depois
de se multiplicarem o seu gado e os seus
rebanhos, e aumentar a sua prata e o seu
ouro, e ser abundante tudo o que vocês têm,
14 se eleve o seu coração e vocês se esque-
çam do Senhor, seu Deus, que os tirou da
terra do Egito, da casa da servidão, 15 que
os conduziu por aquele grande e terrível
deserto de serpentes abrasadoras, de escor-
piões e de aridez, onde não havia água; e que
fez sair água da rocha para vocês beberem;
16 que no deserto os sustentou com maná,
que os pais de vocês não conheciam; para
humilhar vocês, para pôr vocês à prova e,
afinal, lhes fazer bem.
17 — Portanto, não pensem: "A minha força
e o poder do meu braço me conseguiram
estas riquezas." 18 Pelo contrário, lembrem-se
do Senhor, seu Deus, porque é ele quem lhes
dá força para conseguir riquezas; para con-
firmar a sua aliança, que, sob juramento,
prometeu aos pais de vocês, como hoje se
vê. 19 Se vocês se esquecerem do Senhor, seu
Deus, e seguirem outros deuses, os servirem
e os adorarem, eu lhes asseguro hoje que
vocês certamente serão destruídos. 20 Como
as nações que o Senhor destruiu diante de
vocês, assim vocês também perecerão, por-
que não quiseram obedecer à voz do Senhor,
seu Deus.

MOISÉS LEMBRA AOS ISRAELITAS O SOCORRO DIVINO

9 1 — Escute, Israel! Hoje vocês vão passar
o Jordão para tomar posse de nações
maiores e mais fortes do que vocês, cida-
des grandes e com muralhas que chegam
até os céus, 2 um povo grande e alto, filhos
dos anaquins, que vocês conhecem e de
quem vocês já ouviram dizer: "Quem poderá

resistir aos filhos de Anaque?" 3 Saibam,
pois, hoje que o SENHOR, seu Deus, é que
vai adiante de vocês. Ele é fogo que con-
some; ele os destruirá e os subjugará
diante de vocês. Assim, vocês os expulsa-
rão e, depressa, os farão desaparecer, como
o SENHOR prometeu a vocês.
4 — Quando, pois, o SENHOR, seu Deus,
tiver expulsado essas nações de diante de
vocês, não fiquem pensando: "É por causa
da nossa justiça que o SENHOR nos trouxe a
esta terra para que tomemos posse dela."
Pelo contrário, é por causa da maldade
dessas nações que o SENHOR irá expulsá-
-las de diante de vocês. 5 Não é por causa
da justiça de vocês, nem por causa da reti-
dão do seu coração que vocês entrarão
para possuir a terra dessas nações, mas o
SENHOR, o seu Deus, as expulsará de diante
de vocês por causa da maldade delas e tam-
bém para confirmar a palavra que o SENHOR,
o seu Deus, jurou aos seus pais, Abraão,
Isaque e Jacó.

AS INFIDELIDADES DE ISRAEL

Êx 32.1-20

6 — Saibam, pois, que não é por causa da
justiça de vocês que o SENHOR, seu Deus, lhes
dá esta boa terra para que tomem posse
dela, pois vocês são um povo teimoso.
7 Lembrem-se e não se esqueçam de como
no deserto vocês provocaram o SENHOR à ira.
Desde o dia em que saíram do Egito até que
chegaram a este lugar, vocês foram rebeldes
contra o SENHOR. 8 Em Horebe, vocês tanto
provocaram o SENHOR à ira, que o SENHOR ficou
irado com vocês, ao ponto de querer destruí-
-los. 9 Quando eu subi o monte para receber
as tábuas de pedra, as tábuas da aliança
que o SENHOR havia feito com vocês, fiquei
no monte quarenta dias e quarenta noites;
não comi pão, nem bebi água. 10 O SENHOR me
deu as duas tábuas de pedra, escritas com o
dedo de Deus. Nelas estavam todas as pala-
vras que o SENHOR havia falado com vocês
no monte, do meio do fogo, quando todo o
povo estava reunido. 11 No fim dos quarenta
dias e quarenta noites, o SENHOR me deu as
duas tábuas de pedra, as tábuas da aliança.
12 E o SENHOR me disse: "Levante-se, desça
depressa, porque o seu povo, que você tirou
do Egito, já se corrompeu. Bem depressa se
desviaram do caminho que lhes ordenei;
fizeram uma imagem fundida para si."
13 — E o SENHOR continuou, dizendo: "Tenho
observado este povo, e eis que ele é povo tei-
moso. 14 Deixe que eu os destrua e apague o
nome deles da face da terra; e farei de você
uma nação mais forte e mais numerosa do
que esta."
15 — Então me virei e desci do monte,
que estava em chamas. As duas tábuas da
aliança estavam em minhas mãos. 16 Olhei,
e eis que vocês haviam pecado contra o
SENHOR, seu Deus: tinham feito para si um
bezerro de metal fundido. Bem depressa
vocês se desviaram do caminho que o SENHOR
lhes havia ordenado. 17 Então peguei as duas
tábuas e as joguei no chão, quebrando-as
diante dos olhos de vocês. 18 Depois, como
havia feito na ocasião anterior, fiquei pros-
trado diante do SENHOR durante quarenta
dias e quarenta noites. Não comi pão e não
bebi água, por causa de todo o pecado que
vocês haviam cometido, fazendo o que é
mau aos olhos do SENHOR, para o provocar
à ira. 19 Porque eu estava com medo por
causa da ira e do furor com que o SENHOR
tanto estava irado contra vocês, ao ponto de
querer destruí-los. Porém mais uma vez o
SENHOR me ouviu. 20 O SENHOR estava muito
irado com Arão e queria destruí-lo; mas
também orei por Arão ao mesmo tempo.
21 Depois peguei o pecado de vocês, aquele
bezerro que vocês tinham feito, o queimei
e o esmaguei, moendo-o bem, até que se
desfez em pó; e o pó eu joguei no ribeiro
que descia do monte.
22 — Também em Taberá, em Massá e em
Quibrote-Hataavá vocês provocaram muito
a ira do SENHOR. 23 Também quando o SENHOR
os enviou de Cades-Barneia, dizendo: "Vão
e tomem posse da terra que lhes dei", vocês
se rebelaram contra o mandado do SENHOR,
seu Deus, e não creram nem obedeceram
à sua voz. 24 Vocês têm sido rebeldes contra
o SENHOR, desde o dia em que os conheci.

MOISÉS INTERCEDE PELO POVO

Êx 32.11-14,30-35

25 — Assim, fiquei prostrado diante do
SENHOR. Durante quarenta dias e quarenta
noites, estive prostrado, porque o SENHOR
tinha dito que queria destruir vocês. 26 Orei

ao Senhor, dizendo: "Ó Senhor Deus! Não
destruas o teu povo e a tua herança, que
resgataste com a tua grandeza, que tiraste
do Egito com mão poderosa. 27 Lembra-te
dos teus servos Abraão, Isaque e Jacó. Não
atentes para a dureza deste povo, nem para a
sua maldade, nem para o seu pecado, 28 para
que o povo da terra da qual nos tiraste não
diga: 'O Senhor não conseguiu levá-los para
a terra que lhes havia prometido. E, por odiá-
-los, tirou-os daqui para matá-los no deserto.'
29 Mas eles são o teu povo e a tua herança,
que tiraste com o teu grande poder e com o
braço estendido."

AS SEGUNDAS TÁBUAS DA LEI

Êx 34.1-9

10 1 — Naquele tempo, o Senhor
me disse: "Corte duas tábuas de
pedra, como as primeiras, e suba o monte
para encontrar-se comigo. Faça também
uma arca de madeira. 2 Escreverei nas duas
tábuas as palavras que estavam nas pri-
meiras, e que você quebrou; depois você as
colocará na arca."
3 — Assim, fiz uma arca de madeira de
acácia, cortei duas tábuas de pedra, como
as primeiras, e subi o monte com as duas
tábuas na mão. 4 Então o Senhor escreveu
nas tábuas, segundo a primeira escritura,
os dez mandamentos que ele havia falado
a vocês no dia da congregação, no monte, no
meio do fogo. Depois o Senhor entregou as
tábuas para mim. 5 Então me virei e desci do
monte, e pus as tábuas na arca que eu havia
feito; e ali estão, como o Senhor me ordenou.
6 (Os filhos de Israel partiram de Beerote-
-Benê-Jaacã e foram para Mosera. Ali morreu
Arão e ali foi sepultado. Eleazar, seu filho,
oficiou como sacerdote em seu lugar. 7 Dali
partiram para Gudgodá e de Gudgodá foram
para Jotbatá, terra de ribeiros de águas.)
8 — Por esse mesmo tempo, o Senhor
separou a tribo de Levi para levar a arca
da aliança do Senhor, para estar diante do
Senhor, para o servir e para abençoar em seu
nome até o dia de hoje. 9 Por isso Levi não
tem parte nem herança com os seus irmãos;
o Senhor é a sua herança, como o Senhor, o
Deus de vocês, lhe prometeu.
10 — Permaneci no monte, como da pri-
meira vez, quarenta dias e quarenta noites.
Mais uma vez o Senhor me ouviu e não quis
destruir vocês. 11 Porém o Senhor me disse:
"Levante-se e ponha-se a caminho diante
do povo, para que entrem e tomem posse da
terra que, sob juramento, prometi dar aos
pais deles."

EXORTAÇÃO À OBEDIÊNCIA

12 — E agora, Israel, o que é que o Senhor
requer de vocês? Não é que vocês temam
o Senhor, seu Deus, andem em todos os
seus caminhos, amem e sirvam o Senhor,
seu Deus, de todo o coração e de toda a
alma, 13 para guardarem os mandamentos
do Senhor e os seus estatutos que hoje lhes
ordeno, para o bem de vocês? 14 Eis que os
céus e os céus dos céus são do Senhor, o Deus
de vocês; a ele pertencem a terra e tudo o
que nela há. 15 Mas o Senhor se afeiçoou tão
somente aos pais de vocês para os amar; e
a vocês, descendentes deles, ele escolheu
do meio de todos os povos, como hoje se
vê. 16 Portanto, circuncidem o coração de
vocês e deixem de ser teimosos. 17 Pois o
Senhor, o Deus de vocês, é o Deus dos deu-
ses e o Senhor dos senhores, o Deus grande,
poderoso e temível, que não trata as pessoas
com parcialidade, nem aceita suborno. 18 Ele
faz justiça aos órfãos e às viúvas e ama os
estrangeiros, dando-lhes comida e roupa.
19 Portanto, amem os estrangeiros, porque
vocês foram estrangeiros na terra do Egito.
20 Temam o Senhor, seu Deus, e sirvam a
ele; sejam fiéis a ele e jurem somente pelo
seu nome. 21 Ele é o seu louvor e o Deus de
vocês, que em favor de vocês fez estas gran-
des e temíveis coisas que vocês viram com
os seus próprios olhos. 22 Quando os pais
de vocês desceram ao Egito, eram apenas
setenta pessoas; agora o Senhor, seu Deus,
fez de vocês uma multidão tão numerosa
como as estrelas do céu.

AS GRANDES OBRAS DE DEUS

11 1 — Amem o Senhor, o Deus de vocês,
e sempre guardem os seus precei-
tos, os seus estatutos, os seus juízos e os
seus mandamentos. 2 Considerem hoje —
e não me dirijo aos filhos de vocês, que
não conheceram nem viram a disciplina
do Senhor, seu Deus —, sim, considerem a
grandeza do Senhor, a sua mão poderosa e o

seu braço estendido. 3 Considerem também os sinais e as obras que ele fez no meio do Egito contra Faraó, rei do Egito, e contra toda a sua terra. 4 Também o que ele fez com o exército do Egito, com os seus cavalos e os seus carros de guerra, fazendo passar sobre eles as águas do mar Vermelho, quando estavam perseguindo vocês, e como o SENHOR os destruiu até o dia de hoje. 5 Considerem o que ele fez no deserto, até que vocês chegassem a este lugar. 6 E ainda o que ele fez com Datã e Abirão, filhos de Eliabe, filho de Rúben; como a terra abriu a boca e os engoliu, junto com as famílias deles, as tendas e tudo o que os seguia, no meio de todo o Israel. 7 Porque vocês viram com os seus próprios olhos todas as grandes obras que o SENHOR fez.

OS BENEFÍCIOS DA OBEDIÊNCIA

8 — Portanto, guardem todos os mandamentos que hoje lhes ordeno, para que vocês sejam fortes, entrem e tomem posse da terra para onde estão indo, 9 e para que se prolonguem os seus dias na terra que o SENHOR, sob juramento, prometeu dar aos pais de vocês e à descendência deles, terra que mana leite e mel. 10 Porque a terra da qual vocês tomarão posse não é como a terra do Egito, de onde vocês saíram, em que semeavam as suas sementes e depois tinham de regar com o pé, como se a plantação fosse uma horta. 11 Mas a terra da qual vocês tomarão posse é terra de montes e de vales, que bebe a água da chuva dos céus. 12 É terra da qual o SENHOR, seu Deus, cuida; os olhos do SENHOR, Deus de vocês, estão sobre ela continuamente, desde o princípio até o fim do ano.

13 — Se vocês de fato obedecerem aos meus mandamentos que hoje lhes ordeno, de amar o SENHOR, seu Deus, e de o servir de todo o coração e de toda a alma, 14 então no devido tempo darei as chuvas que a terra de vocês precisa, tanto as primeiras como as últimas, para que vocês recolham o seu cereal, o vinho e o azeite. 15 Nos campos, darei pasto ao gado, e vocês comerão e se fartarão.

16 — Tenham cuidado para que não aconteça que o coração de vocês se engane, e vocês se desviem, sirvam outros deuses e se prostrem diante deles. 17 Se isso acontecer, a ira do SENHOR se acenderá contra vocês, ele fechará o céu para que não chova, a terra não dará a sua colheita, e em pouco tempo vocês serão eliminados da boa terra que o SENHOR lhes dá.

18 — Ponham estas minhas palavras no seu coração e na sua alma. Amarrem-nas como sinal na mão, para que sejam por frontal entre os olhos. 19 Ensinem essas palavras aos seus filhos, falando delas quando estiverem sentados em casa, andando pelo caminho, quando se deitarem e quando se levantarem. 20 Devem escrevê-las nos umbrais de sua casa e nas suas portas, 21 para que se multipliquem os seus dias e os dias de seus filhos na terra que o SENHOR, sob juramento, prometeu dar aos pais de vocês, e para que esses dias sejam tão numerosos como os dias do céu acima da terra. 22 Porque, se vocês de fato guardarem todos estes mandamentos que lhes ordeno, amando o SENHOR, o Deus de vocês, andando em todos os seus caminhos, e sendo fiéis a ele, 23 o SENHOR expulsará todas estas nações e vocês tomarão posse de nações maiores e mais poderosas do que vocês. 24 Todo lugar onde puserem a planta do pé, desde o deserto, desde o Líbano, desde o rio, o rio Eufrates, até o mar ocidental, será de vocês. 25 Ninguém poderá resistir a vocês. O SENHOR, seu Deus, espalhará o terror e o temor de vocês por toda terra que vocês pisarem, como ele já lhes prometeu.

A BÊNÇÃO E A MALDIÇÃO

26 — Eis que hoje eu ponho diante de vocês a bênção e a maldição: 27 a bênção, se cumprirem os mandamentos do SENHOR, seu Deus, que hoje eu lhes ordeno; 28 a maldição, se não cumprirem os mandamentos do SENHOR, seu Deus, mas se desviarem do caminho que hoje eu lhes ordeno, para seguirem outros deuses que vocês não conheciam. 29 Quando o SENHOR, o Deus de vocês, os tiver levado para a terra da qual tomarão posse, vocês pronunciarão a bênção sobre o monte Gerizim e a maldição sobre o monte Ebal. 30 Esses montes estão do outro lado do Jordão, na direção do pôr do sol, na terra dos cananeus, que habitam na Arabá, em frente de Gilgal, junto aos carvalhais de Moré. 31 Porque vocês vão atravessar o Jordão para entrar e tomar posse da terra

que o Senhor, seu Deus, está dando a vocês; vocês tomarão posse da terra e vão morar nela. 32 Portanto, tenham o cuidado de cumprir todos os estatutos e juízos que eu hoje lhes prescrevo.

O LUGAR DO CULTO VERDADEIRO

12 1 — São estes os estatutos e juízos que vocês devem ter o cuidado de cumprir todos os dias que viverem na terra que o Senhor, o Deus dos seus pais, lhes deu por herança. 2 Destruam por completo todos os lugares onde as nações que vocês irão expulsar serviram os seus deuses, sobre as altas montanhas, sobre as colinas e debaixo de toda árvore frondosa. 3 Derrubem os seus altares, quebrem as suas colunas sagradas, queimem os postes da deusa Aserá, despedacem as imagens esculpidas dos seus deuses e façam com que o nome desses deuses desapareça daquele lugar.

4 — Não é assim que vocês devem adorar o Senhor, seu Deus. 5 Pelo contrário, busquem o lugar que o Senhor, seu Deus, escolher entre todas as tribos, para ali pôr o seu nome e sua habitação; é para lá que vocês devem ir. 6 A esse lugar vocês devem levar os seus holocaustos, os seus sacrifícios, os seus dízimos, as ofertas que vocês prepararam, as ofertas prometidas, as ofertas voluntárias e os primogênitos das vacas e das ovelhas de vocês. 7 Ali, vocês comerão diante do Senhor, seu Deus, e se alegrarão em tudo o que fizerem, vocês e as suas famílias, no que o Senhor, seu Deus, os tiver abençoado.

8 — Vocês não farão como hoje estamos fazendo aqui, cada um segundo melhor lhe parece, 9 porque ainda não entraram no descanso e na herança que o Senhor, seu Deus, lhes dará. 10 Mas vocês irão passar o Jordão e morar na terra que o Senhor, seu Deus, lhes dará por herança. Ele lhes dará descanso de todos os seus inimigos ao redor, e vocês viverão seguros. 11 Então haverá um lugar que o Senhor, seu Deus, escolherá para ali fazer habitar o seu nome. A esse lugar vocês levarão tudo o que eu lhes ordeno: os seus holocaustos, os seus sacrifícios, os seus dízimos, as ofertas que vocês prepararam e tudo o que tiverem decidido oferecer ao Senhor em cumprimento a um voto. 12 E vocês se alegrarão diante do Senhor, seu Deus, vocês, os seus filhos, as suas filhas, os seus servos e as suas servas e os levitas que moram nas cidades em que vocês vivem e que não têm porção nem herança entre vocês. 13 Cuidado! Não ofereçam os seus holocaustos em qualquer lugar que encontrarem, 14 mas, no lugar que o Senhor escolher numa das tribos de vocês, ali vocês devem oferecer os seus holocaustos e ali farão tudo o que lhes ordeno.

15 — Porém, sempre que desejarem, vocês podem matar animais e comer carne nas cidades em que estiverem morando, segundo a bênção do Senhor, seu Deus. Todos vocês, tanto os que estiverem impuros como os que estiverem puros, poderão comer, assim como se come carne de gazela ou de veado. 16 Tão somente não comam o sangue; este deve ser derramado na terra como se fosse água. 17 Nas suas cidades, vocês não poderão comer o dízimo do cereal, nem do vinho, nem do azeite, nem os primogênitos das vacas e das ovelhas, nem nenhuma das ofertas que tiverem prometido, nem as ofertas voluntárias, nem as ofertas que vocês prepararam. 18 Estas ofertas só poderão ser comidas diante do Senhor, seu Deus, no lugar que o Senhor, o Deus de vocês, escolher. Isto se aplica a vocês, a seus filhos e filhas, a seus servos e servas, e aos levitas que moram nas cidades onde vocês vivem. Vocês se alegrarão diante do Senhor, seu Deus, em tudo o que fizerem. 19 Tenham o cuidado de não desamparar o levita durante todo o tempo em que vocês viverem naquela terra.

20 — Quando o Senhor, seu Deus, ampliar o território de vocês, como ele lhes prometeu, e vocês disserem: "Queremos comer carne", porque este é o seu desejo, vocês poderão comer carne, segundo o seu desejo. 21 Se estiver longe de vocês o lugar que o Senhor, seu Deus, escolher para ali fazer habitar o seu nome, vocês poderão matar das vacas e ovelhas que o Senhor lhes tiver dado, conforme lhes ordenei; e comerão a carne nas cidades em que estiverem morando, segundo todo o seu desejo. 22 Porém, vocês devem comer destas carnes como se come carne de gazela ou de veado; e delas tanto as pessoas impuras como as puras podem comer. 23 Somente tenham o cuidado de não comer o sangue, porque o sangue é a vida, e vocês

não devem comer a vida com a carne. 24 Não
comam o sangue; este deve ser derramado
na terra como se fosse água. 25 Não o comam,
para que tudo vá bem com vocês e com os
seus filhos depois de vocês, quando fizerem
o que é reto aos olhos do Senhor. 26 Porém
as coisas que tiverem consagrado daquilo
que lhes pertence e as ofertas prometidas
vocês devem pegar e levar para o lugar que
o Senhor escolher. 27 E ali, sobre o altar do
Senhor, seu Deus, vocês oferecerão os seus
holocaustos, a carne e o sangue. Derramem
o sangue dos seus sacrifícios sobre o altar
do Senhor, seu Deus; porém a carne vocês
podem comer. 28 Guardem e cumpram todas
estas palavras que eu lhes ordeno, para que
tudo vá bem com vocês e com os seus filhos
depois de vocês, para sempre, quando fize-
rem o que é bom e reto aos olhos do Senhor,
seu Deus.

CONTRA A IDOLATRIA

29 — Quando o Senhor, seu Deus, eliminar
de diante de vocês as nações que moram
na terra em que vocês vão entrar para dela
tomar posse, e vocês desalojarem essas
nações para habitar na terra delas, 30 cui-
dem para que vocês não caiam na cilada
de imitar essas nações, depois que elas
foram eliminadas de diante de vocês. Não
procurem saber a respeito dos deuses dessas
nações, dizendo: "Assim como estas nações
serviram os seus deuses, também nós quere-
mos fazer!" 31 Não é assim que vocês devem
adorar o Senhor, seu Deus, porque eles ado-
raram os seus deuses, fazendo tudo o que é
abominável ao Senhor e que ele odeia; até
seus filhos e suas filhas eles queimaram aos
seus deuses.

32 — Tudo o que eu lhes ordeno vocês
devem observar; não acrescentem nem dimi-
nuam nada.

CONTRA OS FALSOS PROFETAS E OS IDÓLATRAS

13 1 — Se aparecer no meio de vocês
um profeta ou sonhador e anunciar
um sinal ou prodígio, 2 e se acontecer esse
sinal ou prodígio de que ele falou, e ele dis-
ser: "Vamos seguir e adorar outros deuses",
deuses esses que vocês não conheceram,
3 não deem ouvidos às palavras desse
profeta ou sonhador. Porque o Senhor, seu
Deus, está pondo vocês à prova, para saber
se vocês amam o Senhor, seu Deus, de todo
o coração e de toda a alma. 4 Sigam o Senhor,
seu Deus, e temam somente a ele. Guardem
os seus mandamentos, deem ouvidos à sua
voz, sirvam-no e sejam fiéis a ele. 5 Esse pro-
feta ou sonhador será morto, pois pregou
rebeldia contra o Senhor, o Deus de vocês,
que os tirou da terra do Egito e os resgatou
da casa da servidão. Esse profeta ou sonha-
dor quis afastá-los do caminho que o Senhor,
seu Deus, lhes ordenou, para que andas-
sem nele. Assim eliminarão o mal do meio
de vocês.

6 — Caso se aproximar de você o seu
irmão, filho de sua mãe, ou o seu filho, ou a
sua filha, ou a mulher que você ama, ou
um amigo íntimo, e, em segredo, disser:
"Vamos servir outros deuses", deuses que
você não conhecia e que nem os seus pais
conheceram, 7 deuses dos povos que estão
ao redor de você, tanto os que estão perto
como os que estão longe, desde uma até a
outra extremidade da terra, 8 não concorde
com ele, nem dê ouvidos a ele. Não olhe
para ele com piedade, não o poupe, nem o
esconda; 9 pelo contrário, você certamente
o matará. Você será o primeiro a levantar a
mão contra ele, para o matar, e depois todo
o povo levantará a mão contra ele. 10 Vocês
devem apedrejá-lo até que morra, porque ele
procurou afastá-los do Senhor, seu Deus, que
os tirou da terra do Egito, da casa da servi-
dão. 11 E todo o Israel ouvirá e temerá, e não
se tornará a praticar maldade como esta no
meio de vocês.

12 — Se em alguma das cidades que o
Senhor, seu Deus, lhes dá para morar vocês
ouvirem dizer 13 que homens malignos
saíram do meio de vocês e incitaram os
moradores da cidade, dizendo: "Vamos
servir outros deuses", deuses que vocês
não conheceram, 14 então vocês devem
inquirir, investigar e perguntar com dili-
gência. E eis que, se for verdade e certo que
tal abominação foi praticada no meio de
vocês, 15 então certamente vocês deverão
matar a fio de espada os moradores daquela
cidade, destruindo-a completamente e
tudo o que nela houver, até os animais.
16 Depois ajuntem todo o seu despojo no

meio da praça e queimem a cidade e todo o seu despojo como oferta total ao SENHOR, seu Deus. E a cidade ficará um montão de ruínas para sempre; nunca mais deverá ser edificada. 17 Também nada do que for condenado deverá ficar nas mãos de vocês, para que o SENHOR se afaste do furor da sua ira, seja misericordioso, e tenha piedade de vocês, e os multiplique, como jurou aos pais de vocês. 18 Isto se vocês ouvirem a voz do SENHOR, seu Deus, e guardarem todos os seus mandamentos que hoje lhes ordeno, para que façam o que é reto aos olhos do SENHOR, seu Deus.

MUTILAÇÃO DO CORPO PROIBIDA

14 1 — Vocês são filhos do SENHOR, seu Deus. Não façam cortes em seu corpo, nem rapem a parte da frente da cabeça por causa de algum morto. 2 Porque vocês são povo santo ao SENHOR, seu Deus, e o SENHOR os escolheu de todos os povos que há sobre a face da terra, para lhe serem o seu povo próprio.

LEIS A RESPEITO DOS ANIMAIS PUROS E OS IMPUROS

Lv 11.1-47

3 — Não comam coisa alguma abominável. 4 São estes os animais que vocês podem comer: o boi, a ovelha, a cabra, 5 o veado, a gazela, a corça, a cabra selvagem, o antílope, a ovelha selvagem e o gamo. 6 Vocês podem comer todos os animais que têm unhas fendidas, cujo casco se divide em dois e que ruminam. 7 Porém dos que ruminam ou que têm a unha fendida vocês não podem comer o camelo, a lebre e o arganaz, porque ruminam, mas não têm a unha fendida; serão impuros para vocês. 8 Nem o porco, porque tem unha fendida, mas não rumina; será impuro para vocês. Destes vocês não devem comer a carne, nem tocar no seu cadáver.

9 — Dos animais que vivem nas águas vocês podem comer tudo o que tem barbatanas e escamas. 10 Mas tudo o que não tiver barbatanas nem escamas vocês não podem comer; será impuro para vocês.

11 — Toda ave pura vocês podem comer. 12 Estas, porém, são as que vocês não devem comer: a águia, o urubu, a águia marinha, 13 o açor, o falcão e o milhano, segundo a sua espécie; 14 e todo corvo, segundo a sua espécie; 15 o avestruz, a coruja, a gaivota e o gavião, segundo a sua espécie; 16 o mocho, a íbis, a gralha, 17 o pelicano, o abutre, o corvo marinho, 18 a cegonha, e a garça, segundo a sua espécie, e a poupa e o morcego.

19 — Também todo inseto que voa será impuro para vocês; não se comerá. 20 Todo ser que tem asas e for puro vocês podem comer.

21 — Não comam nenhum animal que morreu por si mesmo. Vocês podem dá-lo ao estrangeiro que mora na cidade onde vocês vivem, para que o coma, ou vendê-lo ao estranho. Porque vocês são povo santo ao SENHOR, seu Deus.

— Não cozinhem o cabrito no leite da sua própria mãe.

A LEI A RESPEITO DOS DÍZIMOS

22 — Certamente vocês devem dar o dízimo de todo o fruto das suas sementes, que ano após ano se recolher do campo. 23 E, diante do SENHOR, seu Deus, no lugar que ele escolher para ali fazer habitar o seu nome, vocês comerão os dízimos do cereal, do vinho, do azeite e os primogênitos das vacas e das ovelhas. Façam isso para que aprendam a temer o SENHOR, seu Deus, todos os dias. 24 Se o caminho for comprido demais e não lhes for possível levar isso, por estar longe de vocês o lugar que o SENHOR, seu Deus, escolher para ali fazer habitar o seu nome, então, quando o SENHOR, seu Deus, os tiver abençoado, 25 vendam aquilo e, com o dinheiro na sua mão, vão ao lugar que o SENHOR, o Deus de vocês, escolher. 26 Com esse dinheiro comprem tudo o que quiserem: vacas, ovelhas, vinho ou bebida forte, ou qualquer coisa que desejarem. Consumam isso ali na presença do SENHOR, seu Deus, e alegrem-se, vocês e os membros da sua casa.

27 — Porém não desamparem os levitas que moram nas cidades de vocês, pois não têm parte nem herança com vocês. 28 Ao fim de cada três anos, tirem todos os dízimos do fruto do terceiro ano e os recolham nas cidades de vocês. 29 Então virão os levitas — porque não têm parte nem herança com vocês —, os estrangeiros, os órfãos e as viúvas que moram nas cidades de vocês,

e comerão e se fartarão, para que o Senhor, o seu Deus, os abençoe em todas as obras que vocês fizerem.

O ANO DO PERDÃO DAS DÍVIDAS

15 1 — Ao final de cada sete anos, vocês devem cancelar as dívidas. 2 Este é o modo como isso será feito: todo credor que emprestou alguma coisa ao seu próximo dará por pago o que havia emprestado; não exigirá pagamento do seu próximo ou do seu compatriota, porque a remissão do Senhor é proclamada. 3 Do estranho vocês podem exigir o pagamento da dívida, mas o que tiverem emprestado aos seus compatriotas vocês devem dar por quitado, 4 para que não haja pobre no meio de vocês. Porque o Senhor, o Deus de vocês, os abençoará ricamente na terra que lhes dá por herança, para que vocês tomem posse dela, 5 se apenas ouvirem atentamente a voz do Senhor, seu Deus, cumprindo todos estes mandamentos que hoje lhes ordeno. 6 Pois o Senhor, seu Deus, os abençoará, conforme prometeu. Assim, vocês emprestarão a muitas nações, mas não tomarão empréstimos; e dominarão muitas nações, porém elas não terão domínio sobre vocês.

LEIS A FAVOR DOS POBRES

Lv 25.35-38

7 — Se houver algum pobre entre vocês, no meio dos seus irmãos, em alguma das cidades de vocês, na terra que o Senhor, seu Deus, lhes dá, não endureçam o seu coração, nem fechem as mãos a seu compatriota pobre; 8 pelo contrário, devem abrir a mão para ele e lhe emprestar o que lhe falta, tudo aquilo de que tiver necessidade. 9 Tenham cuidado para que não haja pensamento vil em seu coração e vocês digam: "Está próximo o sétimo ano, o ano do perdão das dívidas", fazendo com que os olhos de vocês sejam malignos para com o seu compatriota pobre, e vocês não lhe deem nada, e ele clame ao Senhor contra vocês, e vocês sejam culpados de pecado. 10 Vocês devem dar livremente, sem maldade no coração, quando lhe derem o que ele precisa, porque, por isso, o Senhor, seu Deus, os abençoará em todas as suas obras e em tudo o que vocês empreenderem. 11 Pois nunca deixará de haver pobres na terra. Por isso, eu ordeno a vocês que, livremente, abram a mão para o seu compatriota, para o necessitado, para o pobre que vive na terra de vocês.

LEIS A RESPEITO DOS ESCRAVOS

Êx 21.1-11

12 — Se um de seus compatriotas, hebreu ou hebreia, for vendido a você como escravo, ele trabalhará para você durante seis anos; mas no sétimo ano você lhe dará a liberdade. 13 E, quando você o puser em liberdade, não o mande embora de mãos vazias. 14 Liberalmente, você deve lhe fornecer animais do seu rebanho e do produto da sua eira e do seu lagar; daquilo com que o Senhor, seu Deus, o tiver abençoado, você lhe dará. 15 Lembre-se de que você foi escravo na terra do Egito e de que o Senhor, seu Deus, o resgatou; por isso, hoje estou dando esta ordem a você.

16 — Se, porém, o escravo disser: "Não quero me afastar de você", porque ama você e a sua casa e por se sentir bem com você, 17 então você deve pegar um furador e furar a orelha dele, na porta, e ele será seu escravo para sempre. Faça o mesmo com a escrava que quiser ficar. 18 Não pareça aos seus olhos algo difícil deixar que ele fique livre, porque durante seis anos ele o serviu por metade do salário de um trabalhador diarista. Assim, o Senhor, seu Deus, abençoará você em tudo o que fizer.

LEIS A RESPEITO DOS PRIMOGÊNITOS DO GADO

19 — Do seu gado e de suas ovelhas, consagrem ao Senhor, seu Deus, todo primogênito macho. Com os primogênitos do gado vocês não devem trabalhar, nem devem tosquiar os primogênitos das suas ovelhas. 20 De ano em ano vocês e as suas casas devem comer esses animais diante do Senhor, no lugar que o Senhor escolher. 21 Porém, se um desses animais tiver algum defeito, se for coxo, ou cego, ou tiver outro defeito grave, não o sacrifiquem ao Senhor, seu Deus. 22 Vocês devem comer a carne desses animais na cidade em que moram. Tanto as pessoas impuras como as puras poderão comer dessa carne, como se come a carne da gazela ou do veado. 23 Tão somente não comam o

sangue; este vocês devem derramar sobre a
terra como se fosse água.

AS TRÊS FESTAS

A PÁSCOA

Êx 23.14-15; 34.18; Lv 23.4-8

16 1 — Guardem o mês de abibe e cele-
brem a Páscoa do Senhor, seu
Deus, porque, no mês de abibe, o Senhor,
seu Deus, os tirou do Egito, de noite.
2 Sacrifiquem como oferta de Páscoa ao
Senhor, seu Deus, um animal do rebanho ou
do gado, no lugar que o Senhor escolher para
ali fazer habitar o seu nome. 3 Na Páscoa,
vocês não devem comer pão fermentado.
Durante sete dias, comam pães sem fer-
mento, o pão da aflição — porque às pressas
vocês saíram do Egito —, para que todos os
dias da vida vocês se lembrem do dia em que
saíram da terra do Egito. 4 Durante os sete
dias nenhum fermento deve ser encontrado
com vocês, em todo o seu território. Também
da carne do animal que vocês sacrificarem
à tarde, no primeiro dia, nada deve ficar
até a manhã seguinte. 5 Vocês não podem
sacrificar a Páscoa em nenhuma das cida-
des que o Senhor, seu Deus, lhes dá, 6 a não
ser no lugar que o Senhor, seu Deus, esco-
lher para ali fazer habitar o seu nome. Ali
vocês devem oferecer o sacrifício da Páscoa
à tarde, ao pôr do sol, na hora em que saí-
ram do Egito. 7 Cozinhem e comam a carne
no lugar que o Senhor, seu Deus, escolher;
na manhã do dia seguinte vocês podem vol-
tar para as suas tendas. 8 Durante seis dias
comam pães sem fermento, e, no sétimo dia,
haverá reunião solene ao Senhor, seu Deus;
não façam nenhum trabalho nesse dia.

A FESTA DAS SEMANAS

Êx 23.16; 34.22; Lv 23.15-21

9 — Contem sete semanas. Quando
começarem a fazer a colheita, iniciem a
contagem das sete semanas. 10 Celebrem
a Festa das Semanas ao Senhor, seu Deus,
com ofertas voluntárias trazidas por vocês,
segundo o Senhor, seu Deus, os tiver aben-
çoado. 11 Alegrem-se diante do Senhor, seu
Deus, vocês, os seus filhos, as suas filhas,
os seus escravos, as suas escravas, os levi-
tas que moram nas cidades de vocês,
os estrangeiros, os órfãos e as viúvas que
estão no meio de vocês, no lugar que o
Senhor, seu Deus, escolher para ali fazer
habitar o seu nome. 12 Lembrem-se de que
vocês foram escravos no Egito, guardem e
cumpram estes estatutos.

A FESTA DOS TABERNÁCULOS

Lv 23.33-43

13 — A Festa dos Tabernáculos deve ser
celebrada durante sete dias, depois que
tiverem recolhido o produto da eira e do
lagar. 14 Alegrem-se nessa festa, vocês, os
seus filhos, as suas filhas, os seus escravos,
as suas escravas, os levitas, os estrangei-
ros, os órfãos e as viúvas que moram nas
cidades de vocês. 15 Durante sete dias vocês
celebrarão a festa ao Senhor, seu Deus, no
lugar que o Senhor escolher. Porque o Senhor,
o Deus de vocês, os abençoará em todas as
suas colheitas e em tudo o que vocês fize-
rem, e por isso vocês certamente poderão
se alegrar.
16 — Três vezes por ano, todos os homens
israelitas devem apresentar-se diante do
Senhor, seu Deus, no lugar que ele escolher,
na Festa dos Pães sem Fermento, na Festa
das Semanas e na Festa dos Tabernáculos.
Não devem se apresentar de mãos vazias
diante do Senhor, 17 mas cada um oferecerá
na proporção em que possa dar, segundo
a bênção que o Senhor, seu Deus, lhe hou-
ver concedido.

DEVERES DOS JUÍZES

Êx 23.6-9

18 — Nomeiem juízes e oficiais em todas
as cidades que o Senhor, seu Deus, lhes der
entre as suas tribos, para que julguem o
povo com justiça. 19 Vocês não devem tor-
cer a justiça, não devem tratar as pessoas
com parcialidade, nem aceitar suborno,
porque o suborno cega os olhos dos sábios
e subverte a causa dos justos. 20 Sigam a
justiça, somente a justiça, para que vivam
e herdem a terra que o Senhor, seu Deus,
lhes dá. 21 Não estabeleçam um poste da
deusa Aserá, plantando qualquer árvore
junto ao altar que vocês construírem
para o Senhor, seu Deus. 22 Nem levantem
coluna, porque isso o Senhor, o Deus de
vocês, odeia.

Mudar quem somos por dentro requer processos mais profundos, vivenciados no secreto com Deus.

O CASTIGO DA IDOLATRIA

17 1 — Não sacrifiquem ao Senhor, seu
Deus, um novilho ou uma ovelha
em que haja imperfeição ou algum defeito
grave, pois isto é abominação ao Senhor,
seu Deus.
2 — Se no meio de vocês, em alguma das
cidades que o Senhor, seu Deus, lhes dá, apa-
recer algum homem ou mulher que proceda
mal aos olhos do Senhor, seu Deus, transgre-
dindo a sua aliança, 3 que vá, sirva outros
deuses e os adore, ou faça isso com o sol,
a lua, ou todo o exército do céu, o que eu
não ordenei; 4 e se isto lhes for denunciado e
vocês o ouvirem, então devem indagar bem
e, se for verdade e certo que se fez tal abomi-
nação em Israel, 5 devem levar o homem ou
a mulher que fez este malefício aos portões
da cidade e apedrejá-los, até que morram.
6 Por depoimento de duas ou três testemu-
nhas, será morto o que houver de morrer;
por depoimento de uma só testemunha, não
morrerá. 7 A mão das testemunhas será a
primeira contra ele, para matá-lo; e, depois,
a mão de todo o povo. E assim eliminarão o
mal do meio de vocês.

O JULGAMENTO DE QUESTÕES DIFÍCEIS

8 — Se aparecer alguma coisa difícil
demais para ser julgada — um caso de homi-
cídio, uma demanda, um caso de violência
ou outras questões de litígio —, então vocês
devem se dirigir ao lugar que o Senhor, seu
Deus, escolher. 9 Vocês virão aos sacerdo-
tes levitas e ao juiz que houver naqueles
dias, buscando uma solução, e eles anun-
ciarão a sentença do juízo. 10 E vocês farão
segundo o mandado da palavra que anun-
ciarem do lugar que o Senhor escolher e terão
cuidado de fazer tudo o que eles ensinarem.
11 Façam segundo o mandado da lei que eles
ensinarem e de acordo com o juízo que eles
disserem. Da sentença que eles anuncia-
rem vocês não devem se desviar, nem para
a direita nem para a esquerda. 12 A pessoa
que se mostrar orgulhosa e não der ouvi-
dos ao sacerdote, que está ali a serviço do
Senhor, seu Deus, nem ao juiz, essa será
morta. E assim vocês eliminarão o mal de
Israel, 13 para que todo o povo ouça, tema e
jamais se encha de orgulho.

A ELEIÇÃO E OS DEVERES DE UM REI

14 — Quando vocês entrarem na terra que
o Senhor, seu Deus, está dando a vocês para
que dela tomem posse, e estiverem morando
nela, e disserem: "Poremos sobre nós um
rei, tal como todas as nações que estão ao
nosso redor", 15 vocês certamente porão
como rei sobre vocês aquele que o Senhor,
seu Deus, escolher. Homem estranho, que
não seja do meio dos seus compatriotas,
vocês não devem pôr como rei sobre vocês,
e sim um do meio dos seus compatriotas.
16 Porém esse rei não deve multiplicar para
si cavalos, nem fazer o povo voltar ao Egito,
para multiplicar cavalos, pois o Senhor já lhes
disse: "Nunca mais vocês devem voltar por
este caminho." 17 Esse rei também não deve
tomar para si muitas mulheres, para que o
seu coração não se desvie; nem deve acumu-
lar muita prata e muito ouro.
18 — Também, quando se assentar no trono
do seu reino, mandará escrever num livro
uma cópia desta lei, feita a partir do livro que
está com os sacerdotes levitas. 19 O rei terá
esse livro consigo e nele lerá todos os dias
da sua vida, para que aprenda a temer o
Senhor, seu Deus, a fim de guardar todas
as palavras desta lei e estes estatutos, para
os cumprir. 20 Ele fará isso para que o seu
coração não se exalte sobre os seus irmãos
e não se desvie do mandamento, nem para
a direita nem para a esquerda. Assim pro-
longará os dias no seu reino, ele e os filhos
dele no meio de Israel.

A HERANÇA E OS DIREITOS DOS SACERDOTES E DOS LEVITAS

18 1 — Os sacerdotes levitas e toda a
tribo de Levi não terão parte nem
herança em Israel; comerão das ofertas
queimadas ao Senhor e daquilo que lhes
é devido. 2 Não terão herança no meio de
seus compatriotas; o Senhor é a herança
deles, como ele mesmo lhes prometeu.
3 Será este, pois, o direito devido aos sacer-
dotes, da parte do povo, dos que oferecerem
sacrifício, seja gado ou rebanho: devem dar
ao sacerdote a espádua, as queixadas e o
estômago. 4 Vocês devem dar-lhes as pri-
mícias do cereal, do vinho e do azeite e as
primícias da tosquia das ovelhas. 5 Porque

o SENHOR, o Deus de vocês, escolheu os levitas e os filhos deles do meio de todas as tribos de Israel para ministrarem em nome do SENHOR, todos os dias.

6 — Se um levita que estiver morando em qualquer das cidades de todo o Israel vier com todo o desejo da sua alma ao lugar que o SENHOR escolheu, 7 e ministrar em nome do SENHOR, o Deus de vocês, como fazem todos os outros levitas que ali ministram diante do SENHOR, 8 ele deverá receber porção igual à dos outros levitas para comer, além das vendas do seu patrimônio.

CONTRA OS ADIVINHOS E OS FEITICEIROS

9 — Quando vocês entrarem na terra que o SENHOR, seu Deus, lhes der, não aprendam os costumes abomináveis daqueles povos. 10 Que não exista entre vocês ninguém que queime o seu filho ou a sua filha em sacrifício, nem que seja adivinho, prognosticador, agoureiro, feiticeiro, 11 encantador, necromante, praticante de magia, ou alguém que consulte os mortos, 12 pois todo aquele que faz tal coisa é abominação ao SENHOR; e por estas abominações o SENHOR, o Deus de vocês, está expulsando esses povos de diante de vocês. 13 Sejam perfeitos para com o SENHOR, seu Deus. 14 Porque as nações dessa terra que vocês vão possuir ouvem os prognosticadores e os adivinhos, mas o SENHOR, o Deus de vocês, não permitiu que vocês fizessem tal coisa.

A PROMESSA DO GRANDE PROFETA

15 — O SENHOR, seu Deus, fará com que do meio de vocês, do meio dos seus irmãos, se levante um profeta semelhante a mim; a ele vocês devem ouvir. 16 Porque isso foi o que vocês pediram ao SENHOR, seu Deus, em Horebe, no dia em que o povo estava reunido. Vocês disseram: "Não nos faça ouvir de novo a voz do SENHOR, nosso Deus, nem ver este grande fogo, para que não morramos." 17 Então o SENHOR me disse: "Eles estão corretos naquilo que disseram. 18 Farei com que se levante do meio de seus irmãos um profeta semelhante a você, em cuja boca porei as minhas palavras, e ele lhes falará tudo o que eu lhe ordenar. 19 De todo aquele que não ouvir as minhas palavras, que ele falar em meu nome, disso lhe pedirei contas."

20 — Porém o profeta que tiver a presunção de falar alguma palavra em meu nome, algo que eu não mandei que falasse, ou o que falar em nome de outros deuses, esse profeta deve ser morto. 21 Se vocês pensarem: "Como conheceremos a palavra que o SENHOR não falou?", 22 saibam que, quando esse profeta falar em nome do SENHOR, e a palavra dele não se cumprir, nem acontecer o que ele profetizou, esta é uma palavra que o SENHOR não falou. Tal profeta falou isso com presunção; não tenham medo dele.

AS CIDADES DE REFÚGIO

Nm 35.9-29; Dt 4.41-43

19 1 — Quando o SENHOR, seu Deus, eliminar as nações cuja terra dará a vocês, e quando vocês desalojarem essas nações e morarem nas cidades e nas casas deles, 2 separem três cidades no meio da terra que o SENHOR, seu Deus, dará a vocês para que dela tomem posse. 3 Preparem o caminho e dividam em três partes a terra que o SENHOR, seu Deus, lhes dará por herança. E isto será para que nelas se refugie todo homicida.

4 — Este é o caso do homicida que nelas se refugiar, para que salve a sua vida: aquele que, involuntariamente, matar o seu próximo, a quem não odiava. 5 Assim, se alguém entrar com o seu próximo na floresta, para cortar lenha, e, manejando com impulso o machado para cortar uma árvore, o ferro saltar do cabo e atingir o seu próximo, e este morrer, aquele homem poderá se refugiar numa dessas cidades e salvar a sua vida. 6 Isto para que o vingador do sangue não persiga o homicida, quando ficar furioso, e o alcance, por ser longo o caminho, e lhe tire a vida, porque não merece morrer, pois não o odiava. 7 Portanto, ordeno a vocês que separem três cidades.

8 — Se o SENHOR, seu Deus, ampliar o território de vocês, como jurou aos pais de vocês, e lhes der toda a terra que prometeu a eles, 9 desde que vocês guardem e cumpram todos estes mandamentos que hoje lhes ordeno, amando o SENHOR, seu Deus, e andando nos seus caminhos todos os dias, então vocês devem acrescentar mais três

cidades além destas três, 10 para que não se derrame sangue inocente na terra que o SENHOR, seu Deus, lhes está dando por herança, pois vocês seriam culpados da morte de homens inocentes.

11 — Mas, se houver alguém que odeia o seu próximo, arma-lhe ciladas, levanta-se contra ele e o mata, e então se refugia numa dessas cidades, 12 os anciãos da sua cidade mandarão tirá-lo dali e entregá-lo na mão do vingador do sangue, para que seja morto. 13 Não olhem para ele com piedade; pelo contrário, exterminem de Israel a culpa do sangue inocente, para que tudo vá bem com vocês.

A RESPEITO DAS DIVISAS E DAS TESTEMUNHAS

14 — Não mudem os marcos de divisa do seu próximo, que os antigos fixaram na herança de vocês, na terra que o SENHOR, seu Deus, lhes dá para que dela tomem posse.

15 — Uma só testemunha não poderá se levantar contra alguém por qualquer iniquidade ou por qualquer pecado, seja qual for que cometer; pelo depoimento de duas ou três testemunhas se estabelecerá o fato. 16 Quando se levantar testemunha falsa contra alguém, para o acusar de alguma transgressão, 17 então os dois homens que tiverem a demanda se apresentarão diante do SENHOR, diante dos sacerdotes e dos juízes que houver naqueles dias. 18 Os juízes examinarão o caso com cuidado e, se a testemunha for falsa e tiver testemunhado falsamente contra o seu irmão, 19 receberá o castigo que tinha em vista para o seu irmão. E assim exterminarão o mal do meio de vocês, 20 para que os que ficarem ouçam, temam e nunca mais tornem a fazer semelhante mal no meio de vocês. 21 Não olhem para ele com piedade: vida por vida, olho por olho, dente por dente, mão por mão, pé por pé.

A RESPEITO DA GUERRA

20 1 — Quando vocês saírem para fazer guerra aos seus inimigos e virem cavalos, carros de guerra e um povo maior em número do que vocês, não tenham medo deles, pois o SENHOR, seu Deus, que os tirou da terra do Egito, está com vocês. 2 Quando estiverem se preparando para a batalha, o sacerdote se adiantará e falará ao povo, 3 dizendo: "Escute, povo de Israel! Hoje vocês estão se preparando para lutar contra os seus inimigos. Que o coração de vocês não desfaleça. Não tenham medo, não tremam, nem fiquem apavorados diante deles, 4 porque o SENHOR, o Deus de vocês, é quem os acompanha e vai lutar por vocês contra os seus inimigos, para que vocês sejam salvos." 5 Os oficiais falarão ao povo, dizendo: "Existe aqui entre nós alguém que construiu uma casa nova e ainda não a consagrou? Vá, volte para casa, para que não morra na batalha, e outro tenha de consagrar a casa. 6 Existe aqui entre nós alguém que plantou uma vinha e ainda não colheu as uvas? Vá, volte para casa, para que não morra na batalha, e outro venha a desfrutar da vinha. 7 Existe aqui entre nós algum homem que contratou casamento com uma mulher e ainda não a recebeu como esposa? Vá, volte para casa, para que não morra na batalha, e outro homem a receba como esposa."

8 — E os oficiais continuarão a falar com o povo, dizendo: "Existe aqui entre nós algum homem medroso e de coração tímido? Vá, volte para casa, para que os seus irmãos não acabem ficando com medo também." 9 Quando os oficiais tiverem falado ao povo, designarão os capitães dos exércitos para que fiquem à frente do povo.

10 — Quando vocês se aproximarem de uma cidade para lutar contra ela, apresentem-lhe primeiro uma proposta de paz. 11 Se a resposta é de paz, e os moradores abrirem os portões, todos os que estiverem na cidade serão sujeitos a trabalhos forçados e passarão a servir vocês. 12 Porém, se eles não fizerem paz com vocês, mas declararem guerra, então vocês devem sitiar a cidade. 13 E o SENHOR, seu Deus, a entregará na mão de vocês e vocês devem matar com a espada todos os do sexo masculino que houver na cidade. 14 Mas vocês podem ficar com as mulheres, as crianças, os animais e tudo o que houver na cidade, todo o seu despojo; podem desfrutar o despojo dos inimigos, que o SENHOR, seu Deus, entregou a vocês. 15 Façam assim com todas as cidades que estiverem longe de vocês, que não forem das cidades destes povos.

16 — Porém, das cidades destas nações que
o SENHOR, seu Deus, lhes dá como herança,
não deixem ninguém com vida. 17 Pelo con-
trário, como o SENHOR, seu Deus, ordenou,
vocês devem destruí-las totalmente: os
heteus, os amorreus, os cananeus, os fere-
zeus, os heveus e os jebuseus, 18 para que
estas nações não ensinem vocês a fazer
segundo todas as suas abominações, que
fizeram a seus deuses, pois vocês estariam
pecando contra o SENHOR, seu Deus.
19 — Quando sitiarem uma cidade por
muito tempo, lutando contra ela para a tomar,
não destruam as árvores, cortando-as com
o machado, porque vocês podem comer dos
seus frutos. Por isso, não cortem as árvores.
Será que as árvores do campo são pessoas,
para que sejam sitiadas por vocês? 20 Mas as
árvores cujos frutos vocês sabem que não
são comestíveis, essas vocês podem derru-
bar e cortar, para com elas cercar a cidade
que está em guerra contra vocês, até que
seja conquistada.

A EXPIAÇÃO POR MORTE CUJO AUTOR É DESCONHECIDO

21 1 — Se na terra que o SENHOR, seu
Deus, lhes dá para que tomem posse
dela, alguém for achado morto, caído no
campo, sem que se saiba quem o matou,
2 os anciãos e os juízes devem sair e medir
a distância entre o morto e as cidades ao
redor. 3 Os anciãos da cidade mais próxima
do morto tomarão uma novilha do rebanho,
que ainda não tenha sido usada no trabalho,
nem puxado com o jugo, 4 e a trarão a um
vale de águas correntes, que não foi lavrado,
nem semeado; e ali, naquele vale, desnu-
carão a novilha. 5 Então se aproximarão os
sacerdotes, filhos de Levi, porque o SENHOR, o
Deus de vocês, os escolheu para o servirem,
para abençoarem em nome do SENHOR e, por
sua palavra, decidirem toda demanda e todo
caso de violência. 6 Todos os anciãos dessa
cidade mais próxima do morto lavarão as
mãos sobre a novilha desnucada no vale 7 e
dirão: "As nossas mãos não derramaram este
sangue, e os nossos olhos não viram quem
o derramou. 8 Perdoa o teu povo de Israel,
que tu, ó SENHOR, resgataste, e não ponhas a
culpa do sangue inocente no meio do teu
povo de Israel." E a culpa daquele sangue lhe
será perdoada. 9 Assim vocês eliminarão a
culpa do sangue inocente do meio de vocês,
pois farão o que é reto aos olhos do SENHOR.

A RESPEITO DA MULHER PRISIONEIRA

10 — Quando vocês saírem para fazer
guerra aos seus inimigos, e o SENHOR, seu
Deus, os entregar nas suas mãos e vocês fize-
rem prisioneiros de guerra, 11 se algum de
vocês vir entre eles uma mulher bonita, gos-
tar dela e quiser tomá-la por esposa, 12 deve
levá-la para casa, onde ela rapará a cabeça,
cortará as unhas, 13 e trocará a roupa que
estava usando ao ser capturada. Ela perma-
necerá em casa e ficará de luto pelo pai e
pela mãe durante um mês. Depois disto você
pode tomá-la; você será o seu marido e ela
será a sua mulher. 14 E, se você não gostar
mais dela, deixe que ela vá para onde quiser.
Você não pode vendê-la por dinheiro nem
maltratá-la, porque a humilhou.

O DIREITO DO PRIMOGÊNITO

15 — Se um homem tiver duas mulheres,
uma a quem ama e outra a quem não ama,
e as duas lhe derem filhos, e o primogênito
for da que ele não ama, 16 no dia em que
repartir a herança entre os filhos, não poderá
dar a primogenitura ao filho da amada,
preferindo-o ao filho da que ele não ama
e que é de fato o primogênito. 17 Pelo con-
trário, deve reconhecer por primogênito o
filho da mulher que ele não ama, dando-lhe
dobrada porção de tudo o que possuir, por-
que aquele é o primogênito do seu vigor; o
direito da primogenitura é dele.

A RESPEITO DOS FILHOS DESOBEDIENTES

18 — Se alguém tiver um filho teimoso e
rebelde, que não obedece à voz de seu pai
nem à voz de sua mãe e, mesmo quando
castigado, não lhes dá ouvidos, 19 seu pai e
sua mãe o pegarão e o levarão aos anciãos
da cidade, junto ao portão daquele lugar,
20 e dirão: "Este nosso filho é rebelde e tei-
moso, não dá ouvidos à nossa voz, é comilão
e beberrão." 21 Então todos os homens da
cidade o apedrejarão até que morra. Assim
vocês eliminarão o mal do meio de vocês;
todo o Israel ouvirá e temerá.

OS CADÁVERES DEVEM SER TIRADOS DO MADEIRO

22 — Se alguém tiver cometido um pecado que é passível da pena de morte, e tiver sido morto, e vocês o pendurarem num madeiro, 23 o seu cadáver não deve permanecer no madeiro durante a noite. É preciso sepultá-lo no mesmo dia, pois o que for pendurado no madeiro é maldito de Deus. Assim vocês não contaminarão a terra que o Senhor, seu Deus, lhes dá por herança.

A RESPEITO DO QUE SE PERDEU

22 1 — Se você notar que um boi ou uma ovelha de seu compatriota se extraviou, não se omita, mas, sem falta, leve os animais de volta ao dono. 2 Se este não for o seu vizinho ou for alguém que você não conhece, leve os animais para casa e fique com eles até que o dono venha buscá-los; então você os entregará a ele. 3 Faça o mesmo com o jumento, com a roupa, ou com qualquer outra coisa que o seu compatriota perder e que você achar; você não pode se omitir.

4 — Se você enxergar o jumento ou o boi que pertence ao seu compatriota caído no caminho, não se omita; sem falta ajude-o a levantar o animal.

DIVERSAS LEIS

5 — A mulher não deve usar roupa de homem, e o homem não deve vestir roupa de mulher, pois quem faz isso é abominável ao Senhor, seu Deus.

6 — Se, no caminho, você encontrar um ninho de ave, em alguma árvore ou no chão, com passarinhos ou ovos, e a mãe sobre os passarinhos ou sobre os ovos, não pegue a mãe com os filhotes. 7 Você pode ficar com os filhotes, mas deixe a mãe ir, livremente, para que tudo vá bem com você, e para que você prolongue os seus dias.

8 — Quando você construir uma casa nova, faça um parapeito no terraço, para que você não traga culpa de sangue sobre a casa, se alguém de algum modo cair do terraço.

9 — Não plante outra semente na sua vinha, para que não se profane toda a produção, tanto da vinha quanto da semente que você plantou.

10 — Não lavre a terra com junta de boi e jumento.

11 — Não vista roupa feita de pano de lã e linho misturados.

12 — Coloque franjas nos quatro cantos do manto que você usa.

LEIS A RESPEITO DA CASTIDADE E DO CASAMENTO

13 — Se um homem casar com uma mulher, e, depois de ter tido relações com ela, passar a odiá-la, 14 e lhe atribuir atos vergonhosos, e a difamar, dizendo: "Casei com esta mulher e, quando tive relações com ela, descobri que não era virgem", 15 então o pai e a mãe da moça levarão as provas da virgindade da moça aos anciãos da cidade, junto ao portão. 16 O pai da moça dirá aos anciãos: "Dei minha filha por mulher a este homem, porém ele passou a odiá-la. 17 Eis que lhe atribuiu atos vergonhosos, dizendo: 'Descobri que a sua filha não era virgem.' Mas aqui estão as provas da virgindade de minha filha." E estenderão a roupa dela diante dos anciãos da cidade, 18 os quais pegarão o homem, o açoitarão 19 e o condenarão a pagar cem barras de prata ao pai da moça, porque difamou uma virgem de Israel. Ela ficará sendo mulher dele, e ele não poderá mandá-la embora durante a sua vida.

20 — Porém, se isso for verdade, ou seja, se ficar provado que a moça não era virgem, 21 então a levarão à porta da casa de seu pai, e os homens de sua cidade a apedrejarão até que morra, pois cometeu um ato infame em Israel, prostituindo-se na casa de seu pai. Assim vocês eliminarão o mal do meio de vocês.

22 — Se um homem for encontrado deitado com uma mulher que tem marido, ambos devem ser mortos, o homem que se deitou com a mulher e a mulher. Assim vocês eliminarão o mal de Israel.

23 — Se uma moça virgem tiver casamento contratado, e outro homem a encontrar na cidade e tiver relações com ela, 24 vocês devem trazer ambos ao portão daquela cidade e apedrejá-los até que morram; a moça, porque não gritou por socorro, estando na cidade, e o homem, porque humilhou a mulher do seu próximo. Assim vocês eliminarão o mal do meio de vocês.

25 — Porém, se um homem, no campo,
encontrar uma moça que tem casamento
contratado, e a forçar, e tiver relações com
ela, então morrerá só o homem que teve rela-
ções com ela; 26 à moça vocês não devem
fazer nada; ela não tem culpa de morte,
porque este caso é semelhante ao do homem
que se levanta contra o seu próximo e lhe tira
a vida. 27 Pois o homem encontrou a moça no
campo; a moça que tinha o casamento con-
tratado gritou, e não houve quem a livrasse.
28 — Se um homem encontrar uma moça
virgem, que não tem casamento contra-
tado, e a pegar à força, e tiver relações com
ela, e eles forem apanhados, 29 então o
homem que teve relações com ela pagará
ao pai da moça cinquenta barras de prata;
e, uma vez que a humilhou, terá de recebê-
-la por esposa; não poderá mandá-la embora
durante a sua vida.
30 — Nenhum homem terá relações com
a sua madrasta e não profanará o leito
de seu pai.

PESSOAS EXCLUÍDAS DAS ASSEMBLEIAS SANTAS

23 1 — Aquele a quem forem esma-
gados os testículos ou cortado o
membro viril não entrará na assembleia
do SENHOR.
2 — Nenhum bastardo entrará na assem-
bleia do SENHOR; nem ainda a sua décima
geração entrará nela.
3 — Nenhum amonita ou moabita entrará
na assembleia do SENHOR; nem ainda a sua
décima geração entrará na assembleia do
SENHOR, eternamente. 4 Porque não foram
ao encontro de vocês com pão e água,
no caminho, quando vocês estavam saindo
do Egito; e porque contrataram Balaão, filho
de Beor, de Petor, da Mesopotâmia, para
amaldiçoar vocês. 5 Porém o SENHOR, o Deus
de vocês, não quis ouvir Balaão; pelo contrá-
rio, mudou a maldição em bênção, porque
o SENHOR, seu Deus, amava vocês. 6 Não
procurem nem paz nem bem para os amo-
nitas e moabitas enquanto vocês viverem,
para sempre.
7 — Não odeiem os edomitas, porque são
irmãos de vocês; nem odeiem os egípcios,
porque vocês viveram como estrangeiros na
terra deles. 8 Os filhos que lhes nascerem
na terceira geração, cada um deles poderá
entrar na assembleia do SENHOR.

A SANTIDADE DO ACAMPAMENTO

9 — Quando o exército sair para lutar con-
tra os inimigos de vocês, então vocês devem
se guardar de toda coisa má.
10 — Se houver entre vocês alguém
que, por motivo de polução noturna,
não esteja puro, sairá do acampamento; não
poderá permanecer nele. 11 Porém, ao cair da
tarde, ele se lavará com água; e, depois do
pôr do sol, poderá voltar ao acampamento.
12 — Também haverá um lugar fora do
acampamento, para onde vocês devem ir e
fazer as suas necessidades. 13 Tenham entre
as suas armas uma pá; e, quando alguém
se abaixar, fora do acampamento, cavará
um buraco com a pá e, virando-se, cobrirá
as fezes com terra. 14 Porque o SENHOR, seu
Deus, anda no meio do acampamento de
vocês para livrá-los e para entregar os ini-
migos de vocês em suas mãos; portanto, o
acampamento de vocês deve ser santo, para
que ele não veja em vocês coisa indecente e
se afaste de vocês.

A RESPEITO DE FUGITIVOS, PROSTITUTAS E USURA

15 — Não entreguem ao seu senhor o
escravo que, tendo fugido dele, se refugiar
entre vocês. 16 Poderá ficar morando com
vocês, no lugar que escolher, em alguma
das cidades de vocês que for do seu agrado;
não o oprimam.
17 — Das filhas de Israel não haverá quem
se prostitua no serviço do templo, nem dos
filhos de Israel haverá quem o faça. 18 Não
permitam que o salário pago a prostituta ou
a prostituto, por qualquer voto, seja trazido
à Casa do SENHOR, seu Deus; porque uma e
outra coisa são igualmente abomináveis ao
SENHOR, seu Deus.
19 — De um compatriota vocês não devem
cobrar juros, ao emprestarem dinheiro,
comida ou qualquer coisa que se costuma
emprestar com juros. 20 Aos estrangeiros vocês
podem emprestar com juros, porém aos seus
compatriotas vocês não devem emprestar
com juros, para que o SENHOR, seu Deus,
os abençoe em todos os seus empreendi-
mentos na terra que vocês vão possuir.

A RESPEITO DE VOTOS

21 — Se fizerem um voto ao SENHOR, seu Deus, não devem demorar a cumpri-lo, porque o SENHOR, seu Deus, certamente o exigirá de vocês, e vocês serão culpados de pecado. 22 Mas, se vocês se abstiverem de fazer um voto, não serão culpados de pecado. 23 O que proferiram os seus lábios, isso vocês têm de guardar e cumprir, porque livremente fizeram um voto ao SENHOR, seu Deus, com as palavras que disseram.

24 — Quando entrarem na vinha do seu próximo, podem comer uvas à vontade, até ficarem fartos, porém não devem levá-las embora num cesto. 25 Quando entrarem na plantação do seu próximo, podem arrancar as espigas com as mãos; porém não devem colher nada com a foice.

A RESPEITO DO DIVÓRCIO

24 1 — Se um homem tomar uma mulher e se casar com ela, e se ela não for agradável aos seus olhos, por ter ele achado coisa indecente nela, e se ele escrever uma carta de divórcio e a entregar à mulher, e a mandar embora; 2 e se ela, saindo da casa dele, for e se casar com outro homem; 3 e se este passar a odiá-la, e escrever uma carta de divórcio e a entregar à mulher, e a mandar embora de sua casa ou se este último homem, que a tomou para si por mulher, vier a morrer, 4 então o primeiro marido dessa mulher, que a mandou embora, não poderá casar-se de novo com ela, depois que foi contaminada, pois é abominação diante do SENHOR. Assim, vocês não farão pecar a terra que o SENHOR, seu Deus, lhes dá por herança.

LEIS DE CARÁTER HUMANITÁRIO

5 — Um homem recém-casado não sairá à guerra, nem lhe será imposto qualquer encargo. Durante um ano ficará livre em casa e fará feliz a mulher com quem se casou.

6 — Não se tomarão em penhor as duas pedras de moinho, nem apenas a de cima, porque assim se acabaria penhorando a própria vida.

7 — Caso seja encontrado alguém que, tendo raptado um de seus irmãos, dos filhos de Israel, o trata como escravo ou o vende, esse ladrão deve morrer. Assim vocês eliminarão o mal do meio de vocês.

8 — Em caso de lepra, tenham todo o cuidado de fazer segundo tudo o que lhes ensinarem os sacerdotes levitas. Como lhes tenho ordenado, vocês terão cuidado de o fazer. 9 Lembrem-se do que o SENHOR, seu Deus, fez com Miriã no caminho, quando vocês saíram do Egito.

10 — Se você emprestar alguma coisa a seu próximo, não deve entrar na casa dele para lhe tirar o penhor. 11 Fique do lado de fora, e o homem a quem você fez o empréstimo trará o penhor até você. 12 Porém, se for homem pobre, não fique com o penhor durante a noite; 13 ao pôr do sol, restitua-lhe, sem falta, o penhor para que durma no seu manto e abençoe você; isto será para você um ato de justiça diante do SENHOR, seu Deus.

14 — Não oprima o empregado pobre e necessitado, seja ele um dos seus compatriotas ou um estrangeiro que está morando na terra e na cidade onde você vive. 15 Pague-lhe o salário no mesmo dia, antes do pôr do sol, porque ele é pobre, e a vida dele depende disso; para que ele não clame ao SENHOR contra você, e você seja culpado de pecado.

16 — Os pais não serão mortos por causa dos filhos, nem os filhos serão mortos por causa dos pais; cada um será morto pelo seu próprio pecado.

17 — Não pervertam o direito do estrangeiro e do órfão; nem tomem em penhor a roupa da viúva. 18 Lembrem-se de que vocês foram escravos no Egito e de que o SENHOR os resgatou de lá; por isso lhes ordeno que façam assim.

19 — Quando estiverem no campo, fazendo a colheita, e, nele, esquecerem um feixe de espigas, não voltem para buscá-lo; deixem que fique para os estrangeiros, para os órfãos e para as viúvas, para que o SENHOR, seu Deus, abençoe vocês em tudo o que fizerem. 20 Quando sacudirem a oliveira, não voltem para colher os frutos que ficaram nos ramos; deixem que fiquem para os estrangeiros, para os órfãos e para as viúvas. 21 Ao fazerem a colheita das uvas, não sejam rigorosos demais; deixem que o restante fique para os estrangeiros, para os órfãos e

para as viúvas. 22 Lembrem-se de que vocês foram escravos na terra do Egito; por isso lhes ordeno que façam assim.

A PENA DE AÇOITES

25 1 — Quando houver desentendimento entre dois homens, e vierem a juízo, os juízes os julgarão, justificando o inocente e condenando o culpado. 2 Se o culpado merecer açoites, o juiz mandará que ele se deite no chão e seja açoitado, na sua presença, com o número de açoites que o caso exigir. 3 Poderá ordenar quarenta açoites, não mais; do contrário, se ordenasse mais do que isso, um compatriota seria humilhado aos olhos de vocês.

4 — Não amarrem a boca do boi quando estiver pisando o trigo.

O LEVIRATO

5 — Se dois irmãos morarem juntos, e um deles morrer sem filhos, a mulher do que morreu não se casará com um estranho, alguém de fora da família; seu cunhado a tomará, a receberá por mulher e exercerá para com ela a obrigação de cunhado. 6 O primogênito que ela lhe der será sucessor do nome do seu irmão falecido, para que o nome deste não se apague em Israel.

7 — Porém, se o homem não quiser se casar com a cunhada, ela irá ao portão da cidade para falar com os anciãos, e dirá: "Meu cunhado se recusa a dar continuidade ao nome de seu irmão em Israel; não quer exercer para comigo a obrigação de cunhado." 8 Então os anciãos da cidade devem chamá-lo e falar com ele. Se ele persistir e disser: "Não quero casar com ela", 9 então a cunhada chegará perto dele, na presença dos anciãos, e lhe descalçará a sandália do pé, e lhe cuspirá no rosto, e protestará, dizendo: "Assim se fará com o homem que não quer edificar a casa de seu irmão." 10 E, em Israel, se dará à casa daquele homem o nome de "A casa do descalçado".

11 — Quando dois homens estiverem brigando, um contra o outro, e a mulher de um chegar para livrar o marido da mão daquele que o fere, e ela estender a mão, e o pegar pelo órgão genital, 12 vocês devem cortar a mão dela; não olhem para ela com piedade.

PESOS E MEDIDAS JUSTOS

13 — Não levem na bolsa pesos diferentes, um grande e um pequeno. 14 Não tenham em casa dois tipos de medidas, um grande e um pequeno. 15 Usem um peso integral e justo, e uma medida integral e justa; para que se prolonguem os seus dias na terra que o SENHOR, seu Deus, lhes dá. 16 Porque todo aquele que pratica tal injustiça é abominação ao SENHOR, o Deus de vocês.

A ORDEM PARA DESTRUIR OS AMALEQUITAS

17 — Lembrem-se do que os amalequitas fizeram no caminho, quando vocês estavam saindo do Egito. 18 Eles saíram ao encontro de vocês no caminho e, quando vocês estavam abatidos e cansados, atacaram na retaguarda todos os desfalecidos que vinham atrás; e não temeram a Deus. 19 Portanto, quando o SENHOR, seu Deus, lhes houver dado sossego de todos os seus inimigos ao redor, na terra que o SENHOR, seu Deus, lhes dá por herança, para que dela tomem posse, apaguem a memória dos amalequitas da face da terra; não se esqueçam disto.

AS PRIMÍCIAS DA TERRA

26 1 — Ao entrar na terra que o SENHOR, seu Deus, lhe dá por herança, ao possuí-la e morar nela, 2 você deve pegar as primícias de todos os frutos que colheu na terra que o SENHOR, seu Deus, lhe deu, colocá-las num cesto e ir ao lugar que o SENHOR, seu Deus, escolher para ali fazer habitar o seu nome. 3 Você chegará ao sacerdote que estiver de serviço naqueles dias e lhe dirá: "Hoje declaro ao SENHOR, seu Deus, que entrei na terra que o SENHOR, sob juramento, prometeu dar aos nossos pais." 4 O sacerdote pegará o cesto e o colocará diante do altar do SENHOR, seu Deus. 5 Então você testificará diante do SENHOR, seu Deus, dizendo: "Meu pai foi um arameu prestes a perecer. Ele foi para o Egito, e ali viveu como estrangeiro com pouca gente; e ali veio a ser uma nação grande, forte e numerosa. 6 Mas os egípcios nos maltrataram, oprimiram e nos impuseram dura servidão. 7 Clamamos ao SENHOR, Deus de nossos pais; e o SENHOR ouviu a nossa voz e viu a nossa angústia, o nosso

> *Deus deseja que suas filhas entendam a importância de crescer nele, com ele e para ele.*

trabalho e a nossa opressão. 8 E o Senhor nos tirou do Egito com mão poderosa, com braço estendido, com grande espanto, com sinais e com milagres. 9 Ele nos trouxe a este lugar e nos deu esta terra, terra que mana leite e mel. 10 Eis que, agora, trago as primícias dos frutos da terra que tu, ó Senhor, me deste." Então você as colocará diante do Senhor, seu Deus, e se prostrará diante dele. 11 Você se alegrará por todo o bem que o Senhor, seu Deus, tem dado a você e à sua casa. E também se alegrarão os levitas e os estrangeiros que morarem onde você vive.

OS DÍZIMOS

12 — Quando, no terceiro ano, que é o ano dos dízimos, você acabar de separar todos os dízimos da colheita, você os dará aos levitas, aos estrangeiros, aos órfãos e às viúvas, para que comam até se fartarem nas cidades de vocês. 13 Depois, diante do Senhor, seu Deus, você dirá: "Tirei de minha casa o que é consagrado e dei também aos levitas, aos estrangeiros, aos órfãos, às viúvas, segundo todos os mandamentos que me tens ordenado; nada transgredi dos teus mandamentos, nem deles me esqueci. 14 Dos dízimos não comi quando estava de luto e deles nada tirei estando impuro, nem deles dei para a casa de algum morto; obedeci à voz do Senhor, meu Deus; segundo tudo o que me ordenaste, assim eu fiz. 15 Olha desde a tua santa habitação, desde o céu, e abençoa Israel, o teu povo, e a terra que nos deste, como juraste aos nossos pais, terra que mana leite e mel."

EXORTAÇÃO À OBEDIÊNCIA

16 — Hoje o Senhor, seu Deus, ordena que vocês cumpram estes estatutos e juízos; portanto, vocês devem guardar e cumpri-los de todo o seu coração e de toda a sua alma. 17 Hoje vocês declararam que o Senhor será o seu Deus, e que vocês andarão nos seus caminhos, guardarão os seus estatutos, os seus mandamentos e os seus juízos e que darão ouvidos à sua voz. 18 E hoje o Senhor declarou que vocês serão o seu povo próprio, como ele prometeu, e que vocês devem guardar todos os seus mandamentos. 19 Assim ele os exaltará em louvor, renome e glória sobre todas as nações que fez e fará de vocês um povo santo ao Senhor, seu Deus, como ele falou.

O TERCEIRO DISCURSO DE MOISÉS

27.1—28.68

PROMULGAÇÃO SOLENE DA LEI

27 1 Moisés e os anciãos de Israel deram ordens ao povo, dizendo:

— Guardem todos estes mandamentos que hoje lhes ordeno. 2 No dia em que vocês passarem o Jordão e entrarem na terra que o Senhor, seu Deus, lhes dá, levantem pedras grandes e pintem-nas com cal. 3 Ao passarem, escrevam nessas pedras todas as palavras desta lei, para que vocês entrem na terra que o Senhor, seu Deus, lhes dá, terra que mana leite e mel, como o Senhor, o Deus dos seus pais, lhes prometeu. 4 Quando vocês tiverem passado o Jordão, levantem essas pedras no monte Ebal, como hoje lhes ordeno, e pintem-nas com cal. 5 Ali vocês devem construir um altar ao Senhor, seu Deus, altar de pedras que não tenham sido trabalhadas com instrumentos de ferro. 6 Construam o altar do Senhor, seu Deus, com pedras toscas e sobre este altar lhe ofereçam holocaustos. 7 Também sacrifiquem ofertas pacíficas; comam ali e alegrem-se na presença do Senhor, seu Deus. 8 Nessas pedras, escrevam, de forma bem nítida, todas as palavras desta lei.

9 Moisés, juntamente com os sacerdotes levitas, disse ainda a todo o Israel:

— Fique em silêncio e escute, ó Israel! Hoje vocês vieram a ser o povo do Senhor, seu Deus. 10 Portanto, obedeçam à voz do Senhor, seu Deus, e cumpram os mandamentos e os estatutos que hoje lhes ordeno.

MALDIÇÕES DO MONTE EBAL

11 Naquele dia, Moisés deu ordem ao povo, dizendo:

12 — Quando vocês tiverem passado o Jordão, estas tribos devem se colocar sobre o monte Gerizim, para abençoar o povo: Simeão, Levi, Judá, Issacar, José e Benjamim. 13 E estas tribos estarão sobre o monte Ebal, para amaldiçoar o povo: Rúben, Gade, Aser, Zebulom, Dã e Naftali. 14 Os levitas testificarão a todo o povo de Israel em alta voz e dirão:

15 — "Maldito o homem que fizer imagem
de escultura ou de fundição, abominável ao
SENHOR, obra de artífice, e a puser em lugar
oculto." E todo o povo responderá: "Amém!"
16 — "Maldito aquele que desprezar o
seu pai ou a sua mãe." E todo o povo dirá:
"Amém!"
17 — "Maldito aquele que mudar os marcos
de divisa do seu próximo." E todo o povo
dirá: "Amém!"
18 — "Maldito aquele que fizer o cego errar
o caminho." E todo o povo dirá: "Amém!"
19 — "Maldito aquele que perverter o
direito do estrangeiro, do órfão e da viúva."
E todo o povo dirá: "Amém!"
20 — "Maldito aquele que tiver relações
sexuais com a madrasta, porque profanaria
o leito de seu pai." E todo o povo dirá:
"Amém!"
21 — "Maldito aquele que tiver relações
sexuais com um animal." E todo o povo
dirá: "Amém!"
22 — "Maldito aquele que tiver relações
sexuais com a sua irmã, filha de seu pai
ou filha de sua mãe." E todo o povo dirá:
"Amém!"
23 — "Maldito aquele que tiver relações
sexuais com sua sogra." E todo o povo dirá:
"Amém!"
24 — "Maldito aquele que matar o seu próximo
às escondidas." E todo o povo dirá:
"Amém!"
25 — "Maldito aquele que aceitar suborno
para matar pessoa inocente." E todo o povo
dirá: "Amém!"
26 — "Maldito aquele que não confirmar as
palavras desta lei, não as cumprindo." E todo
o povo dirá: "Amém!"

BÊNÇÃOS DECORRENTES DA OBEDIÊNCIA

Lv 26.3-13; Dt 7.12-26

28 1 — Se vocês ouvirem atentamente
a voz do SENHOR, seu Deus, tendo o
cuidado de guardar todos os seus mandamentos
que hoje lhes ordeno, o SENHOR, seu
Deus, exaltará vocês sobre todas as nações
da terra. 2 Se ouvirem a voz do SENHOR,
seu Deus, sobre vocês virão e os alcançarão
todas estas bênçãos:
3 — Benditos serão vocês na cidade e benditos
serão vocês no campo.
4 — Bendito será o fruto do seu ventre, o
fruto da sua terra, o fruto dos seus animais,
e benditas serão as crias das suas vacas
e ovelhas.
5 — Bendito será o seu cesto de cereais e
bendita será a sua amassadeira de pão.
6 — Benditos serão vocês ao entrar e benditos
serão ao sair.
7 — O SENHOR fará com que os inimigos que
se levantarem contra vocês sejam derrotados
na presença de vocês; eles virão contra
vocês por um caminho, mas fugirão da presença
de vocês por sete caminhos.
8 — O SENHOR determinará que a bênção
esteja nos seus celeiros e em tudo o que colocarem
a mão; ele os abençoará na terra que
o SENHOR, seu Deus, lhes dá.
9 — O SENHOR os constituirá para si em povo
santo, como prometeu com juramento, se
guardarem os mandamentos do SENHOR,
seu Deus, e andarem nos seus caminhos.
10 E todos os povos da terra verão que vocês
são chamados pelo nome do SENHOR e terão
medo de vocês. 11 O SENHOR lhes dará abundância
de bens no fruto do seu ventre, no
fruto dos seus animais e no fruto do seu solo,
na terra que o SENHOR prometeu dar a vocês
sob juramento aos seus pais. 12 O SENHOR lhes
abrirá o seu bom tesouro, o céu, para dar
chuva à terra no tempo certo e para abençoar
todo o trabalho das suas mãos; vocês
emprestarão a muitas nações, porém não
tomarão emprestado. 13 O SENHOR os porá
por cabeça e não por cauda; e só estarão
em cima e não debaixo, se obedecerem
aos mandamentos do SENHOR, seu Deus, que
hoje lhes ordeno, para os guardar e cumprir.
14 Não se desviem de todas as palavras
que hoje lhes ordeno, nem para a direita
nem para a esquerda, seguindo outros deuses,
para os servir.

CASTIGOS DECORRENTES DA DESOBEDIÊNCIA

Lv 26.14-46

15 — Porém, se não derem ouvidos à voz
do SENHOR, seu Deus, deixando de cumprir
todos os seus mandamentos e os seus estatutos
que hoje lhes ordeno, então virão sobre
vocês e os alcançarão todas estas maldições:
16 — Malditos serão vocês na cidade e malditos
serão no campo.

17 — Maldito será o seu cesto de cereais e maldita será a sua amassadeira de pão.

18 — Maldito será o fruto do seu ventre, o fruto da sua terra, e malditas serão as crias das suas vacas e ovelhas.

19 — Malditos serão vocês ao entrar e malditos serão ao sair.

20 — O Senhor mandará sobre vocês a maldição, a confusão e a ameaça em tudo o que empreenderem, até que vocês sejam destruídos e pereçam repentinamente, por causa da maldade das suas obras, com que vocês me abandonaram. 21 O Senhor fará com que a peste se apegue a vocês, até que os consuma da terra em que vão entrar e da qual tomarão posse. 22 O Senhor os ferirá com fraqueza, febre e inflamação, com calor ardente e seca, com crestamento e ferrugem nas plantas; e isto os perseguirá até que vocês pereçam. 23 O céu sobre a cabeça de vocês será de bronze, e a terra debaixo de vocês será de ferro. 24 Por chuva sobre a sua terra, o Senhor lhes dará pó e cinza, que descerão do céu sobre vocês, até que vocês sejam destruídos. 25 O Senhor fará com que vocês sejam derrotados pelos seus inimigos; vocês sairão contra eles por um caminho, mas voltarão, fugindo, por sete caminhos, e serão objeto de espanto para todos os reinos da terra. 26 Os seus cadáveres servirão de comida a todas as aves do céu e aos animais selvagens; e não haverá quem os espante. 27 O Senhor os ferirá com as úlceras do Egito, com tumores, com sarna e com coceira, e disso vocês não conseguirão se curar. 28 O Senhor os ferirá com loucura, com cegueira e com perturbação do espírito. 29 Vocês andarão às apalpadelas ao meio-dia, como o cego apalpa nas trevas, e não prosperarão nos seus caminhos. Serão sempre oprimidos e roubados durante todos os seus dias; e não haverá ninguém que os salve.

30 — Você contratará casamento com uma mulher, mas outro homem é que terá relações com ela; você construirá uma casa, mas não irá morar nela; plantará uma vinha, mas não colherá os frutos. 31 O seu boi será morto diante dos seus olhos, mas você não comerá da carne; o seu jumento será roubado diante dos seus olhos e não lhe será restituído; as suas ovelhas serão dadas aos seus inimigos, e não haverá ninguém que o socorra.

32 — Os seus filhos e as suas filhas serão entregues a outro povo; vocês verão tudo isso e ficarão morrendo de saudade todos os dias, mas vocês não poderão fazer nada. 33 O fruto da sua terra e de todo o seu trabalho será comido por um povo que vocês nunca conheceram; e vocês serão oprimidos e quebrantados todos os dias; 34 e ficarão loucos pelo que verão com os seus próprios olhos. 35 O Senhor os castigará com úlceras malignas nos joelhos e nas pernas, das quais vocês não poderão se curar, desde a planta do pé até o alto da cabeça.

36 — O Senhor levará vocês e o rei que tiverem constituído sobre vocês a uma nação que não conheceram, nem vocês, nem os seus pais; e lá servirão outros deuses, feitos de madeira e de pedra. 37 Vocês serão objeto de horror, de provérbio e de escárnio entre todos os povos para onde o Senhor os levar.

38 — Vocês lançarão muita semente ao campo, mas colherão pouco, porque os gafanhotos irão consumir tudo. 39 Vocês plantarão e cultivarão muitas vinhas, mas não beberão o vinho, nem colherão as uvas, porque os vermes acabarão com tudo. 40 Em todo o seu território vocês plantarão oliveiras, mas não terão azeite para se ungir, porque as azeitonas cairão. 41 Vocês gerarão filhos e filhas, mas ficarão sem eles, porque serão levados ao cativeiro. 42 Todas as árvores e os frutos da terra de vocês serão consumidos pelos gafanhotos. 43 Os estrangeiros que estão no meio de vocês se elevarão cada vez mais, e vocês cada vez mais descerão. 44 Eles emprestarão a vocês, mas vocês não emprestarão a eles; eles serão por cabeça, e vocês serão por cauda.

45 — Todas estas maldições virão sobre vocês, os perseguirão e os alcançarão, até que vocês sejam destruídos, porque não ouviram a voz do Senhor, seu Deus, para guardarem os mandamentos e os estatutos que ele lhes ordenou. 46 Serão, no meio de vocês, por sinal e por maravilha, bem como entre os seus descendentes, para sempre. 47 Vocês não serviram o Senhor, seu Deus, com alegria e bondade de coração, apesar de terem abundância de tudo, 48 e, por isso, com fome, com sede, com nudez e com falta de tudo, servirão os inimigos que o Senhor

enviará contra vocês; sobre o pescoço de vocês porá um jugo de ferro, até que os tenha destruído.

49 — O SENHOR fará vir contra vocês uma nação de longe, que virá da extremidade da terra, como o voo impetuoso da águia, uma nação cuja língua vocês não entenderão, 50 nação cruel, que não respeitará os velhos, nem terá piedade dos moços. 51 Eles comerão o produto dos animais e da terra de vocês, até que vocês sejam destruídos. Eles não lhes deixarão cereal, vinho, azeite, nem as crias das vacas e das ovelhas de vocês, até que vocês sejam destruídos. 52 Eles cercarão todas as cidades em que vocês moram, até que venham a cair, em toda a terra, as altas e fortes muralhas em que vocês confiavam; eles sitiarão vocês em todas as suas cidades, em toda a terra que o SENHOR, seu Deus, lhes deu. 53 Na angústia e no aperto em que vocês ficarão com o cerco dos seus inimigos, vocês comerão o fruto do seu ventre, isto é, a carne de seus filhos e de suas filhas, que o SENHOR, seu Deus, lhes der. 54 O mais sensível dos homens e o mais delicado do meio de vocês será mesquinho para com seu irmão, e para com a mulher que ama, e para com os outros filhos que ainda lhe restarem, 55 de modo que não dará a nenhum deles da carne de seus filhos, que ele comer; porque nada lhe restou na angústia e no aperto com que os inimigos apertarão vocês em todas as suas cidades. 56 A mais sensível das mulheres e a mais delicada do meio de vocês, que de tão sensível e delicada não tentaria pôr a planta do pé sobre o chão, será mesquinha para com o marido que ama, e para com o seu filho, e para com a sua filha; 57 será mesquinha, não repartindo com eles a placenta que lhe saiu do ventre e os filhos que tiver, porque os comerá às escondidas pela falta de tudo, na angústia e no aperto com que os inimigos apertarão vocês nas suas cidades.

58 — Se vocês não tiverem o cuidado de cumprir todas as palavras desta lei, escritas neste livro, para temerem este nome glorioso e terrível, a saber, o SENHOR, seu Deus, 59 então o SENHOR fará com que sejam terríveis as pragas que virão sobre vocês e sobre a sua descendência, pragas grandes e duradouras, e enfermidades graves e duradouras. 60 Ele fará voltar contra vocês todas as moléstias do Egito, que vocês temeram; e elas se apegarão a vocês. 61 O SENHOR também fará vir sobre vocês enfermidades e pragas que não estão escritas no livro desta Lei, até que vocês sejam destruídos. 62 Vocês, que eram tão numerosos como as estrelas do céu, ficarão reduzidos a poucas pessoas, porque não deram ouvidos à voz do SENHOR, o Deus de vocês. 63 Assim como o SENHOR tinha prazer em fazer bem a vocês e torná-los mais numerosos, assim também o SENHOR terá prazer em destruir e fazê-los perecer; vocês serão desarraigados da terra em que estão entrando para dela tomar posse.

64 — O SENHOR os espalhará entre todos os povos, de uma até a outra extremidade da terra. Ali vocês servirão outros deuses, deuses de madeira e de pedra, que nem vocês nem os seus pais conheceram. 65 Nem ainda entre estas nações vocês terão descanso, nem a planta de seus pés terá repouso, porque ali o SENHOR dará a vocês um coração que treme, olhos cansados e uma alma que desfalece. 66 A vida de vocês estará suspensa como por um fio diante de vocês; terão pavor de noite e de dia e não terão certeza de que irão sobreviver. 67 Pela manhã vocês dirão: "Ah! Quem dera já fosse noite!" E, à noitinha, vocês dirão: "Ah! Quem dera já fosse dia!" Isso pelo pavor que sentirão no coração e pelo espetáculo que terão diante dos olhos. 68 O SENHOR fará com que vocês voltem ao Egito em navios, pelo caminho de que eu lhes disse: "Nunca mais vocês o verão." Ali vocês serão oferecidos para venda como escravos e escravas aos seus inimigos, mas não haverá quem queira comprá-los.

O QUARTO DISCURSO DE MOISÉS

29.1—30.20

DEUS FAZ NOVA ALIANÇA COM O POVO

29 1 São estas as palavras da aliança que o SENHOR ordenou que Moisés fizesse com os filhos de Israel na terra de Moabe, além da aliança que havia feito com eles em Horebe. 2 Moisés mandou reunir todo o Israel. Então lhes disse:

— Vocês viram com os seus próprios olhos tudo o que o SENHOR fez na terra do Egito com Faraó, com todos os seus servos, e com toda a sua terra. 3 Viram grandes provas, sinais e grandes maravilhas. 4 Mas até o dia de hoje o SENHOR não deu a vocês um coração para entender, nem olhos para ver, nem ouvidos para ouvir. 5 Durante quarenta anos eu os conduzi pelo deserto e, nesse tempo, não envelheceram as roupas que vocês usavam, nem se gastaram as sandálias que vocês calçavam. 6 Vocês não comeram pão, nem beberam vinho ou bebida forte, para que soubessem que eu sou o SENHOR, seu Deus. 7 Quando chegaram a este lugar, Seom, rei de Hesbom, e Ogue, rei de Basã, saíram ao nosso encontro para lutar contra nós, e nós os derrotamos. 8 Tomamos a terra deles e a demos por herança aos rubenitas, aos gaditas e à meia tribo dos manassitas. 9 Portanto, guardem e cumpram as palavras desta aliança, para que vocês prosperem em tudo o que fizerem.

10 — Hoje todos vocês estão diante do SENHOR, seu Deus: os chefes das tribos, os anciãos e os oficiais, todos os homens de Israel, 11 as crianças, as mulheres e os estrangeiros que se encontram no arraial, desde o rachador de lenha até o tirador de água, 12 para que entrem na aliança do SENHOR, seu Deus, e no juramento que hoje o SENHOR, seu Deus, está fazendo com vocês, 13 para que hoje os estabeleça por seu povo, e ele seja o Deus de vocês, como ele lhes prometeu e como jurou aos pais de vocês, Abraão, Isaque e Jacó. 14 Não é somente com vocês que faço esta aliança e este juramento, 15 porém com aquele que, hoje, aqui, está conosco diante do SENHOR, nosso Deus, e também com aquele que não está aqui, hoje, conosco.

16 — Porque vocês sabem como habitamos na terra do Egito e como passamos pelo meio das nações pelas quais vocês passaram. 17 Viram as suas abominações e os seus ídolos, feitos de madeira e de pedra, e viram também a prata e o ouro que havia entre elas. 18 Que entre vocês não haja homem, nem mulher, nem família, nem tribo cujo coração hoje se desvie do SENHOR, nosso Deus, e vá servir os deuses destas nações. Que não haja entre vocês raiz que produza erva venenosa e amarga, 19 ninguém que, ouvindo as palavras desta maldição, se abençoe no seu íntimo, dizendo: "Terei paz, mesmo que eu ande na teimosia do meu coração", pois isso destruiria a terra molhada com a seca. 20 O SENHOR não estará disposto a perdoá-lo; pelo contrário, a ira do SENHOR e o seu zelo se acenderão sobre tal homem, e toda maldição escrita neste livro cairá sobre ele; e o SENHOR apagará o nome desse homem da face da terra. 21 O SENHOR o separará de todas as tribos de Israel para calamidade, segundo todas as maldições da aliança escrita neste Livro da Lei.

22 — Então a geração vindoura, os filhos que vierem depois de vocês e os estrangeiros que virão de terras remotas verão as pragas desta terra e as suas doenças, com que o SENHOR a terá afligido; 23 verão toda a terra abrasada com enxofre e sal, de modo que não será semeada, nada produzirá, nem crescerá nela erva alguma, assim como foi a destruição de Sodoma e de Gomorra, de Admá e de Zeboim, que o SENHOR destruiu na sua ira e no seu furor; 24 sim, todas as nações verão isso e perguntarão: "Por que o SENHOR fez isso com esta terra? Qual foi a causa do furor de tamanha ira?" 25 Então se dirá: "Porque abandonaram a aliança que o SENHOR, Deus de seus pais, fez com eles, quando os tirou do Egito. 26 Eles foram e serviram outros deuses, e os adoraram; deuses que não conheceram e que ele não lhes havia designado. 27 Por isso a ira do SENHOR se acendeu contra esta terra, trazendo sobre ela toda a maldição que está escrita neste livro. 28 Com ira, indignação e grande furor, o SENHOR os arrancou de sua terra e os lançou para outra terra, como hoje se vê."

29 — As coisas encobertas pertencem ao SENHOR, nosso Deus, porém as reveladas nos pertencem, a nós e aos nossos filhos, para sempre, para que cumpramos todas as palavras desta lei.

PROMESSAS DE MISERICÓRDIA

30 1 — Quando todas estas coisas vierem sobre vocês, a bênção e a maldição que pus diante de vocês, se vocês se lembrarem delas entre todas as nações para onde o SENHOR, seu Deus, os lançar 2 e voltarem para o SENHOR, seu Deus, vocês e os seus filhos, de todo o seu coração e de toda a sua alma, e derem ouvidos à sua voz, segundo tudo o que hoje lhes ordeno, 3 então o SENHOR, seu Deus, mudará a sorte de vocês, e se

compadecerá de vocês, e os reunirá de todos
os povos entre os quais o Senhor, o Deus de
vocês, os havia espalhado. 4 Ainda que os
desterrados estejam nos lugares mais dis-
tantes da terra, desde aí o Senhor, seu Deus,
os ajuntará e os trará de volta. 5 O Senhor,
seu Deus, introduzirá vocês na terra que
seus pais possuíram, e dela vocês tomarão
posse. Ele fará bem a vocês e os multipli-
cará mais do que aos seus pais. 6 O Senhor,
seu Deus, circuncidará o coração de vocês e
o coração dos seus descendentes, para que
vocês amem o Senhor, seu Deus, de todo o
coração e de toda a alma, para que vocês
tenham vida. 7 O Senhor, seu Deus, porá todas
estas maldições sobre os inimigos de vocês
e sobre aqueles que os odeiam e os perse-
guiram. 8 De novo vocês darão ouvidos à voz
do Senhor e cumprirão todos os seus manda-
mentos que hoje lhes ordeno. 9 O Senhor, seu
Deus, dará a vocês abundância em tudo o
que fizerem, no fruto do seu ventre, no fruto
dos seus animais e no fruto da terra, e os
beneficiará. Porque o Senhor voltará a se ale-
grar em vocês, para lhes fazer bem, como se
alegrou nos pais de vocês, 10 se derem ouvi-
dos à voz do Senhor, seu Deus, guardando
os seus mandamentos e os seus estatutos,
escritos neste Livro da Lei, se vocês se con-
verterem ao Senhor, seu Deus, de todo o
coração e de toda a alma.

11 — Porque este mandamento que hoje
lhes ordeno não é demasiadamente difí-
cil, nem está longe de vocês. 12 Não está
no céu, para que tenham de dizer: "Quem
subirá até o céu por nós, para nos trazer o
mandamento e anunciá-lo a nós, para que
o cumpramos?" 13 Nem está do outro lado
do mar, para que tenham de dizer: "Quem
irá atravessar o mar por nós, para nos tra-
zer o mandamento e anunciá-lo a nós, para
que o cumpramos?" 14 Pois esta palavra está
bem perto de vocês, na sua boca e no seu
coração, para que vocês a cumpram.

A VIDA OU A MORTE

15 — Vejam! Hoje coloco diante de vocês a
vida e o bem, a morte e o mal. 16 Se guarda-
rem o mandamento que hoje lhes ordeno,
que amem o Senhor, seu Deus, andem nos
seus caminhos e guardem os seus manda-
mentos, os seus estatutos e os seus juízos,
então vocês viverão e se multiplicarão, e o
Senhor, seu Deus, os abençoará na terra em
que estão entrando para dela tomar posse.
17 Mas, se o coração de vocês se desviar, e
não quiserem ouvir, mas forem seduzidos,
se inclinarem diante de outros deuses e os
servirem, 18 então hoje lhes declaro que,
certamente, perecerão; não permanecerão
muito tempo na terra na qual, passando o
Jordão, vocês vão entrar para dela tomar
posse. 19 Hoje tomo o céu e a terra por teste-
munhas contra vocês, que lhes propus a vida
e a morte, a bênção e a maldição; escolham,
pois, a vida, para que vivam, vocês e os seus
descendentes, 20 amando o Senhor, seu Deus,
dando ouvidos à sua voz e apegando-se a
ele; pois disto depende a vida e a longevi-
dade de vocês. Escolham a vida, para que
habitem na terra que o Senhor, sob jura-
mento, prometeu dar aos pais de vocês, a
Abraão, Isaque e Jacó.

AS ÚLTIMAS DISPOSIÇÕES

31.1—32.47

JOSUÉ, SUCESSOR DE MOISÉS

31 1 Moisés foi e falou estas palavras a
todo o Israel. 2 Ele disse:

— Hoje estou com cento e vinte anos
de idade. Já não tenho forças para fazer o
meu trabalho, e o Senhor me disse: "Você
não passará o Jordão." 3 O Senhor, o Deus de
vocês, passará adiante de vocês. Ele des-
truirá as nações que estão diante de vocês,
e vocês tomarão posse delas. Josué pas-
sará adiante de vocês, como o Senhor falou.
4 O Senhor fará com essas nações o que fez
com Seom e Ogue, reis dos amorreus, e com
a terra deles, que ele destruiu. 5 Quando, pois,
o Senhor entregar nas suas mãos esses povos
que estão diante de vocês, façam com eles
segundo todo o mandamento que ordenei
a vocês. 6 Sejam fortes e corajosos, não
tenham medo, nem fiquem apavorados
diante deles, porque o Senhor, seu Deus, é
quem vai com vocês; ele não os deixará, nem
os abandonará.

7 Moisés chamou Josué e lhe disse na pre-
sença de todo o Israel:

— Seja forte e corajoso, porque, com este
povo, você entrará na terra que o Senhor, sob
juramento, prometeu dar a seus pais; e você

os fará herdá-la. 8 O Senhor é quem irá à sua frente. Ele estará com você, não o deixará, nem o abandonará. Não tenha medo, nem fique assustado.

A LEITURA DA LEI

9 Moisés escreveu esta Lei e a entregou aos sacerdotes, filhos de Levi, que levavam a arca da aliança do Senhor, e a todos os anciãos de Israel. 10 Moisés lhes deu a seguinte ordem:

— Ao final de cada sete anos, precisamente no ano do perdão das dívidas, na Festa dos Tabernáculos, 11 quando todo o Israel se apresentar diante do Senhor, seu Deus, no lugar que este escolher, vocês devem ler esta Lei diante de todo o Israel. 12 Reúnam o povo, os homens, as mulheres, as crianças e os estrangeiros que se encontram nas cidades onde vocês moram, para que ouçam, aprendam e temam o Senhor, o Deus de vocês, e cuidem de cumprir todas as palavras desta Lei, 13 e para que os seus filhos que não a souberem ouçam e aprendam a temer o Senhor, seu Deus, todos os dias que viverem na terra em que, passando o Jordão, vocês vão entrar e da qual tomarão posse.

A FUTURA REBELDIA DE ISRAEL

14 O Senhor disse a Moisés:

— Eis que está chegando o dia em que você vai morrer. Chame Josué, e apresentem-se na tenda do encontro, para que eu lhe dê ordens.

Assim, Moisés e Josué foram e se apresentaram na tenda do encontro. 15 Então o Senhor apareceu, ali, na coluna de nuvem, a qual se deteve sobre a porta da tenda. 16 O Senhor disse a Moisés:

— Eis que em breve você vai morrer e então este povo se levantará, e se prostituirá, seguindo deuses estranhos na terra em que vão entrar. Eles me deixarão, e anularão a aliança que fiz com eles. 17 Nesse dia, a minha ira se acenderá contra eles; eu os abandonarei e deles esconderei o rosto, para que sejam destruídos. E tantos males e angústias os alcançarão, que naquele dia dirão: "Não é verdade que estes males nos alcançaram porque o nosso Deus não está entre nós?" 18 Certamente esconderei o rosto naquele dia, por todo o mal que tiverem feito, por terem se voltado para outros deuses.

19 — Escrevam para vocês este cântico e tratem de ensiná-lo aos filhos de Israel. Ponham este cântico na boca de cada um deles, para que me seja por testemunha contra os filhos de Israel. 20 Quando eu tiver introduzido o meu povo na terra que mana leite e mel, a qual, sob juramento, prometi aos pais deles, e eles tiverem comido, se fartado e engordado, então eles se voltarão para outros deuses, os servirão e me desprezarão, anulando a minha aliança. 21 E, quando muitos males e angústias os tiverem alcançado, este cântico será minha testemunha contra eles, pois os descendentes deles sempre o trarão na boca. Porque conheço os desígnios que hoje estão formulando, antes que os leve para a terra que, sob juramento, prometi.

22 Assim, naquele mesmo dia, Moisés escreveu este cântico e o ensinou aos filhos de Israel.

23 O Senhor deu esta ordem a Josué, filho de Num:

— Seja forte e corajoso, porque você levará os filhos de Israel para a terra que, sob juramento, lhes prometi; e eu estarei com você.

O LIVRO DA LEI É POSTO AO LADO DA ARCA

24 Tendo Moisés acabado de escrever, integralmente, as palavras desta Lei num livro, 25 deu ordem aos levitas que levavam a arca da aliança do Senhor, dizendo:

26 — Peguem este Livro da Lei e coloquem-no ao lado da arca da aliança do Senhor, seu Deus, para que fique ali como testemunha contra vocês. 27 Porque conheço a rebeldia e teimosia de vocês. Porque se hoje, durante a minha vida, enquanto ainda estou aqui, vocês já são rebeldes contra o Senhor, o que vai acontecer depois da minha morte? 28 Reúnam diante de mim todos os anciãos das tribos e os oficiais, para que eu fale aos seus ouvidos estas palavras e tome o céu e a terra por testemunhas contra eles. 29 Porque sei que, depois da minha morte, vocês certamente se deixarão corromper e se desviarão do caminho que lhes tenho ordenado. Então, nos últimos dias, este mal os alcançará, porque vocês farão o que é mau aos olhos do Senhor, provocando-o à ira com as obras das suas mãos.

O CÂNTICO DE MOISÉS

30 Então Moisés pronunciou, integralmente, as palavras deste cântico aos ouvidos de toda a congregação de Israel:

32 1 "Inclinem os ouvidos, ó céus,
e falarei;
e ouça a terra as palavras
da minha boca.
2 Goteje a minha doutrina
como a chuva,
destile a minha palavra
como o orvalho,
como chuvisco sobre a relva
e como gotas de água sobre a erva."

3 "Porque proclamarei
o nome do SENHOR.
Louvem a grandeza do nosso Deus.
4 Eis a Rocha!
Suas obras são perfeitas,
porque todos os seus caminhos
são juízo.
Deus é fidelidade,
e nele não há injustiça;
é justo e reto."

5 "Procederam corruptamente
contra ele,
já não são seus filhos,
e sim suas manchas;
é geração perversa e deformada.
6 É assim que vocês
retribuem ao SENHOR,
povo tolo e insensato?
Não é ele o Pai de vocês,
que os adquiriu,
que os fez e estabeleceu?"

7 "Lembrem-se
dos dias da antiguidade,
atentem para os anos
de sucessivas gerações.
Perguntem aos seus pais,
e eles informarão;
aos seus anciãos,
e eles lhes dirão.
8 Quando o Altíssimo distribuía
as heranças às nações,
quando separava
os filhos dos homens
uns dos outros,
fixou as fronteiras dos povos,
segundo o número
dos filhos de Israel.
9 Porque a porção do SENHOR
é o seu povo;
Jacó é a parte da sua herança."

10 "Ele o encontrou
numa terra deserta
e num ermo solitário
povoado de uivos;
rodeou-o e cuidou dele,
guardou-o como a menina dos olhos.
11 Como a águia desperta
a sua ninhada
e voeja sobre os seus filhotes,
estende as asas e, tomando-os,
os leva sobre elas,
12 assim, só o SENHOR guiou
o seu povo,
e não havia com ele deus estranho."

13 "Ele o fez cavalgar
sobre os altos da terra,
comer o produto do campo,
chupar mel da rocha
e azeite da pedra dura;
14 alimentou-o com
coalhada de vacas
e leite de ovelhas,
com a gordura dos cordeiros,
dos carneiros que pastam em Basã
e dos bodes,
com o melhor trigo.
E vocês beberam
o sangue das uvas, o vinho."

15 "Mas Jesurum engordou
e deu coices —
vocês engordaram, engrossaram,
se estufaram!
Ele abandonou a Deus, que o fez,
desprezou a Rocha da sua salvação.
16 Com deuses estranhos
eles provocaram ciúmes,
com abominações o irritaram.
17 Ofereceram sacrifícios
aos demônios, não a Deus;
sacrificaram a deuses
que não conheceram,
novos deuses
que vieram há pouco,

diante dos quais os seus pais
não tremeram.
[18] Não se lembraram da Rocha
que os gerou;
e se esqueceram do Deus
que os fez nascer."

[19] "O SENHOR viu isso
e os desprezou,
por causa da provocação
de seus filhos e suas filhas.
[20] Ele disse: 'Esconderei deles o rosto,
verei qual será o seu fim;
porque são uma geração perversa,
filhos em quem não há lealdade.
[21] Provocaram ciúmes em mim
com aquilo que não é Deus;
com seus ídolos me provocaram à ira.
Portanto, provocarei ciúmes neles
com aquele que não é povo;
com uma nação tola
os despertarei à ira.
[22] Porque um fogo se acendeu
no meu furor
e queimará até o mais profundo
do inferno,
consumirá a terra
e as suas colheitas
e incendiará os fundamentos
dos montes.'"

[23] "'Amontoarei males sobre eles;
esgotarei as minhas flechas
contra eles.
[24] Consumidos serão pela fome,
devorados pela febre
e peste violenta.
Contra eles enviarei
animais selvagens
e veneno de criaturas
que se arrastam no pó.
[25] Do lado de fora,
a espada causará devastação;
em casa, o pavor,
tanto ao jovem como à virgem,
tanto à criança de peito
como ao homem
de cabelos brancos.
[26] Eu disse que os espalharia
por todos os cantos
e que faria cessar a sua memória
dentre os homens,
[27] se eu não tivesse receado
a provocação do inimigo,
para que os seus adversários
não se iludam,
para que não digam:
A nossa mão prevaleceu,
e não foi o SENHOR
quem fez tudo isto.'"

[28] "'Porque o meu povo
é gente sem juízo,
e neles não há entendimento.
[29] Quem dera fossem eles sábios!
Então entenderiam isto
e compreenderiam qual será o seu fim.
[30] Como poderia
um só perseguir mil,
e dois fazerem fugir dez mil,
se a sua Rocha
não os tivesse vendido,
se o SENHOR
não os tivesse entregue?'"

[31] "'Porque a rocha deles
não é como a nossa Rocha;
e os próprios inimigos o atestam.
[32] Porque a vinha deles
é da vinha de Sodoma
e dos campos de Gomorra;
as suas uvas são uvas de veneno,
seus cachos são amargos;
[33] o vinho deles
é veneno de serpentes
e peçonha terrível de víboras.'"

[34] "'Não está isto guardado comigo,
selado nos meus tesouros?
[35] A mim pertence a vingança,
a retribuição,
a seu tempo, quando o pé deles
resvalar;
porque o dia da sua calamidade
está próximo,
e o seu destino
se apressa em chegar.'
[36] Porque o SENHOR fará justiça
ao seu povo
e se compadecerá dos seus servos,
quando notar que o poder deles se foi,
e já não há nem escravo nem livre.
[37] Então dirá: 'Onde estão
os seus deuses?

E a rocha em quem confiavam?
38 Deuses que comiam
a gordura de seus sacrifícios
e bebiam o vinho de suas libações?
Que eles se levantem e os ajudem,
para que haja um esconderijo
para vocês!'"

39 "'Vejam, agora, que eu,
sim, eu sou Ele,
e que não há nenhum deus
além de mim;
eu mato e eu faço viver;
eu firo e eu saro;
e não há quem possa livrar
alguém da minha mão.
40 Levanto a mão aos céus
e afirmo por minha vida eterna:
41 se eu afiar
a minha espada reluzente,
e a minha mão exercitar o juízo,
tomarei vingança
contra os meus adversários
e retribuirei aos que me odeiam.
42 Embriagarei as minhas setas
de sangue
— a minha espada
comerá carne —,
do sangue dos mortos
e dos prisioneiros,
das cabeças cabeludas
do inimigo.'"

43 "Ó nações,
louvem com o povo de Deus,
porque o SENHOR vingará
o sangue dos seus servos,
tomará vingança
dos seus adversários
e fará expiação
pela terra do seu povo."

44 Moisés veio e falou todas as palavras
deste cântico aos ouvidos do povo, ele e
Josué, filho de Num. 45 Quando Moisés aca-
bou de falar todas estas palavras a todo o
Israel, 46 disse-lhes:
— Guardem no coração todas as palavras
que hoje testifico entre vocês, para que
ordenem a seus filhos que tratem de cum-
prir todas as palavras desta Lei. 47 Porque
esta palavra não é para vocês coisa vã; pelo
contrário, é a sua vida; e, por esta mesma
palavra, vocês prolongarão os dias na terra
em que, passando o Jordão, vocês vão entrar
e da qual tomarão posse.

O FIM DA VIDA DE MOISÉS

32.48—34.12

MOISÉS VÊ A TERRA DE CANAÃ

48 Naquele mesmo dia, o SENHOR falou
a Moisés, dizendo:
49 — Suba a este monte de Abarim, ao
monte Nebo, que está na terra de Moabe, em
frente de Jericó, e veja a terra de Canaã, que
dou como propriedade aos filhos de Israel.
50 Você vai morrer no monte, ao qual terá
subido, e será reunido ao seu povo, como
Arão, o seu irmão, morreu no monte Hor e foi
reunido ao seu povo. 51 Porque vocês foram
infiéis a mim no meio dos filhos de Israel,
nas águas de Meribá de Cades, no deserto
de Zim, pois não me santificaram no meio
dos filhos de Israel. 52 Por isso você verá a
terra à sua frente, mas não entrará nela, na
terra que dou aos filhos de Israel.

A BÊNÇÃO DE MOISÉS

33 1 Esta é a bênção que Moisés, homem
de Deus, deu aos filhos de Israel,
antes da sua morte. 2 Ele disse:

"O SENHOR veio do Sinai
e lhes alvoreceu de Seir;
resplandeceu desde o monte Parã.
Ele veio das miríades de santos;
à sua direita, havia para eles
o fogo da lei.
3 Na verdade, amas os povos;
todos os teus santos estão
na tua mão;
eles se colocam a teus pés
e aprendem das tuas palavras.
4 Moisés nos deu a Lei,
a herança da congregação de Jacó.
5 O SENHOR se tornou rei em Jesurum,
quando se congregaram os
chefes do povo
com as tribos de Israel."

6 "Que Rúben viva e não morra;
e que não sejam poucos os
seus homens!"

No Reino de Deus e na jurisdição do Céu, a verdadeira autoridade é forjada no esconderijo.

7 Isto é o que disse de Judá:

"Ouve, ó Senhor, a voz de Judá
e faze com que volte ao seu povo;
com as tuas mãos, luta por ele
e sê tu ajuda contra os seus inimigos."

8 De Levi disse:

"Dá, ó Deus, o teu Tumim e o teu Urim
para o homem fidedigno,
que tu provaste em Massá,
com quem discutiste nas águas
de Meribá;
9 aquele que disse a seu pai e a sua mãe:
'Nunca os vi';
e que não conheceu os seus irmãos
e não estimou os seus filhos,
pois guardou a tua palavra
e observou a tua aliança.
10 Ensina os teus juízos a Jacó
e a tua lei, a Israel;
oferece incenso às tuas narinas
e holocausto, sobre o teu altar.
11 Abençoa o seu poder, ó Senhor,
e aceita a obra das suas mãos;
fere os lombos dos que se levantam
contra ele e o odeiam,
para que nunca mais se levantem."

12 De Benjamim disse:

"O amado do Senhor habitará seguro
com ele;
todo o dia o Senhor o protegerá,
e ele descansará nos seus braços."

13 De José disse:

"Bendita do Senhor seja a sua terra,
com o que é mais excelente dos céus,
do orvalho e das profundezas;
14 com o que é mais excelente daquilo
que o sol amadurece
e daquilo que os meses produzem;
15 com o que é mais excelente dos
montes antigos
e mais excelente das colinas eternas;
16 com o que é mais excelente da terra
e da sua plenitude
e da bondade daquele que
apareceu na sarça.
Que tudo isto venha sobre a
cabeça de José,
sobre a cabeça do príncipe
entre seus irmãos.
17 Ele tem a imponência do
primogênito de um touro,
e os seus chifres são como os de
um boi selvagem;
com eles rechaçará todos os povos
até as extremidades da terra.
Tais, pois, são as miríades de Efraim,
e tais são os milhares de Manassés."

18 De Zebulom disse:

"Alegre-se, Zebulom, nas suas viagens,
e você, Issacar, nas suas tendas.
19 Os dois chamarão os povos ao monte;
ali oferecerão sacrifícios aceitáveis,
porque sugam a abundância dos mares
e os tesouros escondidos da areia."

20 De Gade disse:

"Bendito aquele que expande o
território de Gade!
Como leoa ele fica à espreita
e despedaça o braço e o alto da cabeça.
21 Ficou com a melhor parte,
porque ali estava escondida a porção
que cabe ao chefe;
ele veio com os chefes do povo,
executou a justiça do Senhor
e os seus juízos para com Israel."

22 De Dã disse:

"Dã é um leãozinho
que vem saltando de Basã."

23 De Naftali disse:

"Naftali receberá favores
e, cheio da bênção do Senhor,
possuirá o lago e o Sul."

24 De Aser disse:

"Bendito seja Aser entre
os filhos de Jacó!
Que ele seja favorecido pelos
seus irmãos

e banhe em azeite os seus pés.
25 Sejam de ferro e de bronze os
seus ferrolhos,
e que a sua paz dure como os seus dias."

26 "Não há ninguém como Deus,
ó Jesurum!
Ele cavalga sobre os céus
para ajudar você
e com a sua alteza, sobre as nuvens.
27 O Deus eterno é a sua habitação
e, por baixo de você, ele estende os
braços eternos.
Ele expulsou os inimigos de
diante de você
e disse: 'Destrua-os'.
28 Israel, pois, habitará seguro,
a fonte de Jacó habitará a sós
numa terra de cereal e de vinho;
e os seus céus destilarão orvalho."

29 "Feliz é você, ó Israel!
Quem é como você?
Povo salvo pelo SENHOR,
que é o escudo que o socorre,
a espada que lhe dá alteza.
Assim, os seus inimigos se
sujeitarão a você,
e você pisará os seus altos."

A MORTE DE MOISÉS

34 1 Então Moisés subiu das campinas
de Moabe ao monte Nebo, ao alto do
monte Pisga, que está em frente de Jericó. E o
SENHOR lhe mostrou toda a terra de Gileade
até Dã; 2 e todo o Naftali, e a terra de Efraim
e Manassés; e toda a terra de Judá até o mar
ocidental; 3 e o Neguebe e a campina do vale
de Jericó, a cidade das palmeiras, até a região
de Zoar. 4 E o SENHOR disse a Moisés:
— Esta é a terra que, sob juramento, prometi a Abraão, a Isaque e a Jacó, dizendo que a daria à descendência deles. Estou permitindo que você a veja com os seus próprios olhos, mas você não entrará nela.
5 Assim Moisés, servo do SENHOR, morreu
ali, na terra de Moabe, segundo a palavra
do SENHOR. 6 Este o sepultou num vale, na
terra de Moabe, diante de Bete-Peor, mas até
hoje ninguém sabe o lugar da sua sepultura.
7 Moisés tinha cento e vinte anos quando
morreu, mas os seus olhos não se haviam
enfraquecido, e ele não havia perdido o
vigor. 8 Os filhos de Israel prantearam Moisés
durante trinta dias, nas campinas de Moabe;
então se cumpriram os dias do pranto do
luto por Moisés.
9 Josué, filho de Num, estava cheio do
espírito de sabedoria, porque Moisés havia
imposto as mãos sobre ele. Assim, os filhos
de Israel lhe deram ouvidos e fizeram como
o SENHOR havia ordenado a Moisés.
10 Nunca mais se levantou em Israel um
profeta como Moisés, com quem o SENHOR
tratava face a face. 11 Nunca houve ninguém
que fizesse todos os sinais e maravilhas
que, por ordem do SENHOR, ele fez na terra
do Egito, a Faraó, a todos os seus oficiais
e a toda a sua terra. 12 Nunca houve quem
tivesse tanto poder e fizesse os grandes e
terríveis feitos que Moisés realizou à vista
de todo o Israel.

Introdução aos Livros Históricos

Os Livros Históricos, compostos por Josué, Juízes, Rute, 1 e 2Samuel, 1 e 2Reis, 1 e 2Crônicas, Esdras, Neemias e Ester, oferecem um relato detalhado e profundo da história do povo de Israel desde a entrada na terra prometida até o período pós-exílico. Esses livros narram eventos históricos significativos e proporcionam uma compreensão rica da relação contínua entre Deus e seu povo. Eles não são apenas registros cronológicos, mas também teológicos, que revelam a fidelidade do Senhor, os desafios da obediência e a importância do arrependimento e da fé. Os Livros Históricos conectam o Pentateuco aos Livros de Sabedoria e Proféticos, criando uma narrativa coesa da redenção divina.

ENSINAMENTOS PRINCIPAIS DOS LIVROS HISTÓRICOS

1. *A fidelidade de Deus e a infidelidade humana*: esses livros repetidamente mostram como o Senhor cumpre suas promessas, apesar da desobediência e da rebelião de Israel. Desde a conquista de Canaã, sob a liderança de Josué, até a restauração em Jerusalém, vemos um Deus que permanece fiel à sua aliança. A infidelidade humana é contrastada com a fidelidade divina, destacando a paciência e a misericórdia do Eterno, que continuamente chama seu povo ao arrependimento.
2. *A importância da liderança piedosa*: a história de Israel é marcada por líderes que buscaram o coração de Deus, como Josué, Davi e Esdras, e aqueles que se afastaram dele, como Saul e os reis de Israel. A liderança justa traz bênçãos, enquanto a liderança corrupta resulta em juízo. A vida desses líderes serve como um lembrete da responsabilidade e do impacto que uma liderança centrada no Senhor pode ter sobre uma nação inteira.
3. *A soberania de Deus na história*: a soberania divina é evidente ao longo da narrativa dos Livros Históricos. O Senhor levanta e derruba nações, guia seu povo em batalhas e provê no tempo de necessidade. Nada escapa ao seu controle. Essa soberania é um tema constante que reafirma a autoridade divina sobre toda a criação, independentemente das circunstâncias.
4. *A necessidade de arrependimento e renovação*: os períodos de declínio espiritual são frequentemente seguidos por movimentos de arrependimento e renovação. Os ciclos de pecado, opressão, arrependimento e libertação nos Juízes exemplificam essa dinâmica, destacando a misericórdia de Deus em responder ao arrependimento genuíno. A história de Israel serve como um espelho para a condição humana, mostrando a necessidade contínua de buscar ao Senhor de todo o coração.
5. *A preparação para o Messias*: esses livros não apenas relatam eventos passados, mas também preparam o cenário para a vinda do Messias. A linhagem davídica, a centralidade de Jerusalém e o retorno do exílio são elementos-chave na narrativa redentora que culmina em Jesus Cristo.

Os Livros Históricos são, portanto, essenciais para entender a progressão da promessa messiânica que se cumpre no Novo Testamento.

JOSUÉ: A CONQUISTA DA TERRA PROMETIDA

O livro de Josué narra a conquista de Canaã sob a liderança de Josué, sucessor de Moisés. Esse período crucial na história de Israel é marcado pela fé e obediência de Josué e do povo ao comando de Deus. A travessia do Jordão e a queda de Jericó são eventos que demonstram o poder e a fidelidade do Todo-Poderoso. A aliança é renovada em Siquém, reafirmando o compromisso de Israel com o Senhor. Josué é um tipo de Cristo, pois conduz o povo à "terra de descanso", uma antecipação do descanso espiritual encontrado em Jesus (Hb 4.8-10).

JUÍZES: CICLOS DE APOSTASIA E REDENÇÃO

Juízes cobre um período de desordem e instabilidade, durante o qual Israel repetidamente cai em idolatria, é oprimido por nações estrangeiras, clama por libertação, e é resgatado por líderes levantados por Deus. Débora, Gideão e Sansão são exemplos de juízes que o Senhor usou para libertar Israel. O livro destaca a necessidade de uma liderança justa e a misericórdia divina em responder ao arrependimento. O trecho "cada um fazia o que achava mais certo" (Jz 21.25) resume a anarquia espiritual e moral desse período, em contraste com o reinado justo que seria estabelecido sob Davi.

RUTE: REDENÇÃO E FIDELIDADE

O livro de Rute, embora curto, é profundo em significado teológico. Sua narrativa de acontecimentos durante o período dos juízes traz a história de Rute, uma moabita, que se torna parte da linhagem messiânica por sua fidelidade à sogra, a judia Noemi, e sua devoção a Deus. O casamento de Rute com Boaz, seu redentor, é uma bela prefiguração de Cristo como nosso Redentor eterno. O livro ilustra a providência divina e a inclusão dos gentios no plano de salvação, ressaltando a amplitude do amor do Eterno e seu plano de redenção que se estende além de Israel.

1 E 2SAMUEL: A MONARQUIA DE ISRAEL

Esses livros traçam a transição de Israel de uma confederação de tribos para uma monarquia unida. Samuel, juiz e profeta, unge Saul como o primeiro rei de Israel e, mais tarde, Davi, que se torna o padrão do rei ideal. A aliança davídica (2Sm 7) é central, pois promete que a dinastia do rei duraria para sempre, apontando diretamente para Jesus, a raiz de Davi. Esses livros exploram temas de liderança, pecado, arrependimento e a busca de Deus por um "um homem segundo o seu coração" (1Sm 13.14).

1 E 2REIS: DECLÍNIO E EXÍLIO

Os livros de Reis narram a divisão do reino após a morte de Salomão, a decadência espiritual e política de Israel e Judá, e o eventual cativeiro de ambos os reinos. Os profetas, como Elias e Eliseu, desempenham papéis cruciais, por chamar o povo ao arrependimento e confrontar a idolatria. A queda de Samaria (722 a.C.) e de Jerusalém (586 a.C.) são testemunhos do julgamento divino sobre a infidelidade, mas também da esperança de restauração futura. Esses livros sublinham a soberania divina sobre as nações e a necessidade de fidelidade ao Eterno.

1 E 2CRÔNICAS: RETROSPECTIVA E ESPERANÇA

Os livros de Crônicas recontam a história de Israel, com ênfase nas bênçãos da obediência e na esperança messiânica. Eles começam com Adão e traçam a linhagem até o retorno do exílio, focando particularmente a dinastia de Davi e o templo. A ênfase na adoração e nas reformas religiosas sublinha a importância de um relacionamento correto com Deus. Ambos os livros de Crônicas apontam para a continuidade da promessa davídica e a esperança de um reino eterno.

ESDRAS E NEEMIAS: RESTAURAÇÃO E REFORMA

Os dois textos narram o retorno do exílio babilônico e a reconstrução de Jerusalém e do templo. Esdras, como escriba e sacerdote, lidera a restauração espiritual, enquanto Neemias, como governador, supervisiona a reconstrução das muralhas da cidade. Esses livros destacam a fidelidade de Deus em restaurar seu povo e a importância de uma liderança piedosa e de reformas comunitárias. As orações e os pactos renovados refletem um compromisso renovado com a aliança divina, e as reformas institucionais lideradas por Esdras e Neemias servem como um modelo de renovação espiritual e social.

ESTER: PROVIDÊNCIA E PRESERVAÇÃO

O livro de Ester narra a história da providência divina na preservação do povo judeu no Império Persa. A coragem de Ester e a sabedoria de Mardoqueu, ou Mordecai, são centrais na narrativa. Embora o nome de Deus não seja mencionado, sua mão soberana é evidente na proteção e no livramento dos judeus. Esse livro é um testemunho da fidelidade do Senhor e da importância da fé e da coragem em meio à adversidade. Ester serve como um exemplo de como a providência divina pode operar por meio de circunstâncias aparentemente comuns para realizar planos extraordinários.

CONCLUSÃO

Os Livros Históricos da Bíblia são essenciais para compreender a continuidade da história redentora de Deus. Eles revelam a fidelidade do Senhor, a importância da obediência e a necessidade de arrependimento e renovação. Cada livro, em seu contexto único, aponta para o Messias, preparando o caminho para Jesus Cristo. A leitura desses textos enriquece nossa compreensão da natureza do Todo-Poderoso, da história de seu povo e do plano divino de redenção.

Estudar os Livros Históricos nos ajuda a ver a mão do Criador na história e a confiar em sua soberania e fidelidade em nossa vida. Além disso, eles fornecem lições valiosas sobre a importância de viver uma vida de fé, confiança e obediência a Deus. Ao explorar esses livros, somos chamados a refletir sobre nosso relacionamento com o Senhor e a buscar uma caminhada mais profunda e significativa com ele, reconhecendo sua mão em todos os aspectos de nossa vida.

Josué

Livro 6 com 24 capítulos

SIGNIFICADO DO TÍTULO

O nome "Josué" vem do hebraico *Yehoshua*, que significa "*Yahweh* [Javé] é a salvação" ou "*Yahweh* [Javé] é o meu auxílio". O filho de Num originariamente se chamava Oseias (do hebraico *Oshea*), que significa "salvação" (Nm 13.8), nome que foi mudado por Moisés (Nm 13.16). O nome "Jesus" deriva de sua versão grega.

AUTORIA

Não se sabe. Pela tradição judaica, o próprio Josué, com a seção sobre seu sepultamento escrita por Eleazar, filho de Arão. Como a expressão "até hoje" ocorre doze vezes no texto, isso sugere uma redação próxima aos fatos narrados. Josué 24.26 infere que Josué escreveu pelo menos parte do livro.

Muitos estudiosos, porém, consideram que não foi escrito antes do fim do período dos reis, cerca de oitocentos anos depois dos acontecimentos relatados.

INFORMAÇÕES GERAIS

Josué relata, essencialmente, a entrada do povo de Deus na terra prometida, a campanha bélica para a conquista de Canaã e a distribuição do território entre as tribos após a vitória. Os fatos teriam ocorrido entre 1406 e 1220 a.C., período que se encaixa historicamente na era conhecida como Alta Idade do Bronze.

ESTRUTURA DO LIVRO

- ★ A entrada em Canaã Js 1.1—5.12
- ★ A conquista da terra prometida Js 5.13—12
- ★ A partilha do território Js 13—21
- ★ Unidade das tribos e lealdade a Deus Js 22—24

TEMAS DE JOSUÉ

Existem diferentes temas tratados em Josué, entre os quais a garantia da presença do Deus amoroso e santo no meio do seu povo, a importância da obediência a ele, a aliança do Senhor com os que ele chama para si e a promessa de um destino bastante esperado para os escolhidos.

CRISTO E JOSUÉ

O livro aponta para Jesus ao mostrar Josué como um tipo de Cristo, liderando o povo de Deus para a terra prometida, simbolizando a liderança de Jesus na salvação. A conquista de inimigos por Josué prefigura a vitória de Jesus sobre o pecado, e a inclusão de Raabe antecipa a salvação dos gentios por meio de Cristo.

Tenho certeza de que os habitantes de Jericó não tinham respeito por Raabe; até que, um dia, ela demonstrou respeito por Deus e por seu povo, e passou a ser respeitada.

DEUS ANIMA JOSUÉ

1 1 Depois que Moisés, servo do SENHOR,
morreu, o SENHOR falou a Josué, filho de
Num, auxiliar de Moisés, dizendo:
2 — Moisés, meu servo, está morto. Prepa-
re-se, agora, e passe este Jordão, você e todo
este povo, e entre na terra que eu vou dar aos
filhos de Israel. 3 Todo lugar em que puse-
rem a planta do pé eu darei a vocês, como
prometi a Moisés. 4 O território de vocês irá
desde o deserto e o Líbano até o grande rio,
o rio Eufrates, estendendo-se através de toda
a terra dos heteus e até o mar Grande, na
direção do poente do sol. 5 Ninguém poderá
resistir a você todos os dias da sua vida.
Assim como estive com Moisés, estarei com
você. Não o deixarei, nem o abandonarei.
6 Seja forte e corajoso, porque você fará este
povo herdar a terra que, sob juramento, pro-
meti dar aos pais deles. 7 Tão somente seja
forte e muito corajoso para que você tenha
o cuidado de fazer segundo toda a Lei que o
meu servo Moisés lhe ordenou. Não se desvie
dela, nem para a direita nem para a esquerda,
para que seja bem-sucedido por onde quer
que você andar. 8 Não cesse de falar deste
Livro da Lei; pelo contrário, medite nele dia e
noite, para que você tenha o cuidado de fazer
segundo tudo o que nele está escrito; então
você prosperará e será bem-sucedido. 9 Não
foi isso que eu ordenei? Seja forte e corajoso!
Não tenha medo, nem fique assustado, por-
que o SENHOR, seu Deus, estará com você por
onde quer que você andar.

PREPARAÇÃO PARA ATRAVESSAR O JORDÃO

10 Então Josué deu ordens aos chefes do
povo, dizendo:
11 — Passem pelo meio do arraial e orde-
nem ao povo, dizendo: "Preparem a comida,
porque, daqui a três dias, vocês vão atraves-
sar este Jordão, para que entrem na terra que
o SENHOR, seu Deus, lhes dá para que tomem
posse dela."
12 Josué falou aos rubenitas, aos gaditas e
à meia tribo de Manassés, dizendo:
13 — Lembrem-se do que Moisés, servo do
SENHOR, ordenou a vocês, dizendo: "O SENHOR,
seu Deus, está dando descanso a vocês e lhes
dará esta terra. 14 Que as mulheres de vocês,
as crianças e o gado fiquem na terra que
Moisés lhes deu deste lado do Jordão. Mas
vocês, todos os valentes, passarão armados
na frente de seus irmãos e os ajudarão, 15 até
que o SENHOR conceda descanso aos irmãos
de vocês, como deu descanso a vocês, e eles
também tomem posse da terra que o SENHOR,
o Deus de vocês, lhes dá. Depois, vocês pode-
rão voltar e tomar posse da terra que Moisés,
servo do SENHOR, lhes deu por herança deste
lado do Jordão, para o nascente do sol."
16 Eles responderam a Josué:
— Tudo o que você nos ordenou faremos
e aonde quer que você nos enviar iremos.
17 Como em tudo obedecemos a Moisés,
assim obedeceremos a você; tão somente
esteja com você o SENHOR, seu Deus, como
esteve com Moisés. 18 Todo homem que se
rebelar contra as ordens que você der e não
obedecer às suas palavras em tudo o que
você lhe ordenar será morto; tão somente
seja forte e corajoso.

OS ESPIAS E RAABE

2 1 Da localidade de Sitim, Josué, filho
de Num, enviou secretamente dois es-
pias, dizendo:
— Vão e observem a terra e a cidade de
Jericó.
Eles foram e entraram na casa de uma
mulher prostituta, cujo nome era Raabe, e
pousaram ali. 2 Então a seguinte notícia che-
gou aos ouvidos do rei de Jericó:
— Eis que, esta noite, vieram aqui uns
homens dos filhos de Israel para espiar
a terra.
3 Por isso, o rei de Jericó mandou dizer a
Raabe:
— Traga para fora esses homens que
vieram a você e que estão aí em sua casa,
porque vieram espiar toda a terra.
4 Mas a mulher, que havia escondido os
dois homens, respondeu:
— É verdade que os homens vieram a mim,
mas eu não sabia de onde eram. 5 Quando
o portão da cidade ia ser fechado, sendo
já escuro, eles saíram. Não sei para onde
foram. Se forem depressa atrás deles, ainda
os alcançarão.
6 Ela, porém, os tinha levado para o ter-
raço da casa e os havia escondido entre
as canas de linho que havia colocado em
ordem no terraço.

7 Aqueles homens foram atrás dos espias pelo caminho que leva aos vaus do Jordão. E, depois que eles saíram, fechou-se o portão da cidade.

8 Antes que os espias se deitassem, Raabe foi aonde eles estavam, no terraço, 9 e lhes disse:

— Bem sei que o Senhor deu esta terra a vocês, e que o pavor que vocês estão causando caiu sobre nós, e que todos os moradores da terra estão se derretendo de medo. 10 Porque ouvimos que o Senhor secou as águas do mar Vermelho diante de vocês, quando saíram do Egito. Também ouvimos o que vocês fizeram com os dois reis dos amorreus, Seom e Ogue, que estavam do outro lado do Jordão, os quais vocês destruíram. 11 Quando ouvimos isso, o nosso coração se derreteu, todos ficamos desanimados, por causa da presença de vocês. Porque o Senhor, o Deus de vocês, é Deus em cima nos céus e embaixo na terra. 12 E agora jurem pelo Senhor que, assim como usei de misericórdia para com vocês, vocês também usarão de misericórdia para com a casa de meu pai e que me darão um sinal certo 13 de que conservarão a vida de meu pai e de minha mãe, dos meus irmãos e das minhas irmãs, com tudo o que eles têm, e de que livrarão a nossa vida da morte.

14 Então os homens lhe disseram:

— A nossa vida responderá pela de vocês, se vocês não denunciarem esta nossa missão. E, quando o Senhor nos der esta terra, usaremos de bondade e de fidelidade para com você.

15 Então ela os fez descer por uma corda pela janela, porque a casa em que ela morava estava construída sobre a muralha da cidade. 16 E disse a eles:

— Vão para o monte, para que os perseguidores não os encontrem. Escondam-se lá durante três dias, até que eles voltem; e, depois, sigam o seu caminho.

17 Os homens lhe disseram:

— Estaremos desobrigados deste seu juramento que você nos fez jurar, 18 se, quando entrarmos nesta terra, você não amarrar este cordão de fio de escarlate na janela por onde você nos fez descer; e se você não reunir em sua casa o seu pai, a sua mãe, os seus irmãos e toda a família de seu pai. 19 Quem sair para fora da porta da casa será responsável pelo que lhe acontecer, e nós seremos inocentes; mas, se alguém puser a mão em alguém que estiver com você dentro de casa, nós seremos responsáveis. 20 E, se você denunciar esta nossa missão, estaremos desobrigados do juramento que você nos fez jurar.

21 E ela disse:

— Que seja assim como vocês disseram.

Então Raabe os despediu, e eles se foram. E ela amarrou o cordão de escarlate na janela.

22 Os espias foram e chegaram ao monte. E ficaram lá durante três dias, até que os perseguidores voltaram a Jericó; porque os perseguidores os procuraram por todo o caminho, porém não os acharam. 23 Assim, os dois homens voltaram. Desceram do monte, passaram o rio, e vieram a Josué, filho de Num, e lhe contaram tudo o que lhes havia acontecido. 24 E disseram a Josué:

— Certamente o Senhor entregou toda esta terra em nossas mãos, e todos os seus moradores estão se derretendo de medo por causa de nós.

A PASSAGEM DO JORDÃO

3 1 Josué se levantou de madrugada, e, tendo ele e todos os filhos de Israel partido de Sitim, vieram até o Jordão e pousaram ali antes que passassem. 2 Ao fim de três dias, os oficiais passaram pelo meio do arraial 3 e deram ordens ao povo, dizendo:

— Quando vocês virem que os sacerdotes levitas estão levando a arca da aliança do Senhor, seu Deus, saiam também do lugar em que vocês estão e sigam a arca. 4 Contudo, deixem uma distância de cerca de um quilômetro entre vocês e a arca; não se aproximem dela. Dessa forma, vocês saberão o caminho pelo qual devem ir, visto que nunca antes passaram por tal caminho.

5 Josué disse ao povo:

— Santifiquem-se, porque amanhã o Senhor fará maravilhas no meio de vocês.

6 E também falou aos sacerdotes, dizendo:

— Levantem a arca da aliança e passem adiante do povo.

Levantaram, pois, a arca da aliança e foram andando adiante do povo.

7 Então o Senhor disse a Josué:

— Hoje começarei a engrandecer você aos olhos de todo o Israel, para que saibam que, como estive com Moisés, assim estarei com você. 8 Portanto, você dará uma ordem aos sacerdotes que levam a arca da aliança, dizendo: "Quando chegarem às margens das águas do Jordão, parem ali."

9 Então Josué disse aos filhos de Israel:

— Venham cá e ouçam as palavras do SENHOR, seu Deus.

10 Josué continuou:

— Nisto vocês saberão que o Deus vivo está no meio de vocês e que sem falta expulsará de diante de vocês os cananeus, os heteus, os heveus, os ferezeus, os girgaseus, os amorreus e os jebuseus. 11 Eis que a arca da aliança do Senhor de toda a terra vai passar o Jordão na frente de vocês. 12 E agora escolham doze homens das tribos de Israel, um de cada tribo. 13 Quando as plantas dos pés dos sacerdotes que levam a arca do SENHOR Deus, o Senhor de toda a terra, tocarem nas águas do Jordão, elas serão cortadas, a saber, as águas que vêm de cima, e se amontoarão.

14 Quando o povo saiu das suas tendas, para passar o Jordão, os sacerdotes que levavam a arca da aliança iam adiante do povo. 15 E, quando os que levavam a arca chegaram ao Jordão, e os seus pés se molharam na beira das águas (porque o Jordão transbordava sobre todas as suas ribanceiras, durante todo o tempo da colheita), 16 as águas que vinham de cima pararam de correr; levantaram-se num montão, numa grande distância, até a cidade de Adã, que fica ao lado de Sartã; e as águas que desciam ao mar da Arabá, que é o mar Salgado, foram completamente cortadas. Então o povo passou diante de Jericó. 17 Porém os sacerdotes que levavam a arca da aliança do SENHOR pararam firmes no meio do Jordão, e todo o Israel passou a pé enxuto, atravessando o Jordão.

AS DOZE PEDRAS TIRADAS DO MEIO DO JORDÃO

4 1 Quando todo o povo tinha passado o Jordão, o SENHOR falou com Josué, dizendo:

2 — Escolham doze homens do meio do povo, um de cada tribo, 3 e ordenem que tirem doze pedras do meio do Jordão, do lugar onde os pés dos sacerdotes ficaram parados, e que levem essas pedras e as depositem no lugar em que vocês irão passar a noite.

4 Então Josué chamou os doze homens que havia escolhido dos filhos de Israel, 5 um de cada tribo, e disse-lhes:

— Passem adiante da arca do SENHOR, seu Deus, até o meio do Jordão. Cada um levante sobre o ombro uma pedra, segundo o número das tribos dos filhos de Israel, 6 para que isto seja por sinal entre vocês. E, no futuro, quando os seus filhos perguntarem: "O que significam estas pedras para vocês?", 7 respondam que as águas do Jordão foram cortadas diante da arca da aliança do SENHOR. Quando a arca passou, as águas do Jordão foram cortadas. Estas pedras serão, para sempre, por memorial aos filhos de Israel.

8 Os filhos de Israel fizeram como Josué havia ordenado e levantaram doze pedras do meio do Jordão, como o SENHOR tinha dito a Josué, segundo o número das tribos dos filhos de Israel, e levaram-nas consigo ao lugar onde passariam a noite, e as depositaram ali. 9 Josué também levantou doze pedras no meio do Jordão, no lugar onde ficaram parados os pés dos sacerdotes que levavam a arca da aliança; e essas pedras estão ali até o dia de hoje. 10 Porque os sacerdotes que levavam a arca haviam parado no meio do Jordão, em pé, até que se cumpriu tudo o que o SENHOR, por meio de Moisés, havia ordenado a Josué que falasse ao povo; e o povo se apressou e passou.

11 Quando todo o povo tinha passado, a arca do SENHOR e os sacerdotes também passaram, à vista de todo o povo. 12 Passaram os filhos de Rúben, os filhos de Gade e a meia tribo de Manassés, armados, na frente dos filhos de Israel, como Moisés lhes tinha dito. 13 Uns quarenta mil homens de guerra armados passaram diante do SENHOR para a batalha, às campinas de Jericó. 14 Naquele dia, o SENHOR engrandeceu Josué na presença de todo o Israel; e respeitaram-no todos os dias da sua vida, como haviam respeitado Moisés.

15 O SENHOR disse a Josué:

16 — Ordene aos sacerdotes que estão levando a arca do testemunho que saiam do Jordão.

17 Então Josué ordenou aos sacerdo-
tes, dizendo:
— Saiam do Jordão.
18 Quando os sacerdotes que levavam a
arca da aliança do Senhor saíram do meio do
Jordão, e as plantas dos seus pés se puseram
na terra seca, as águas do Jordão voltaram
ao seu lugar e corriam como antes, sobre
todas as suas ribanceiras.
19 O povo subiu do Jordão no dia dez do
primeiro mês; e acamparam em Gilgal,
do lado leste de Jericó. 20 E foi em Gilgal que
Josué levantou as doze pedras que haviam
tirado do Jordão. 21 E Josué disse aos filhos
de Israel:
— Quando, no futuro, os filhos pergun-
tarem a seus pais: "O que significam estas
pedras?", 22 expliquem aos filhos de vocês,
dizendo: "Israel passou em seco este Jordão."
23 Porque o Senhor, o seu Deus, fez secar as
águas do Jordão diante de vocês, até que
vocês tivessem passado, como o Senhor, o
seu Deus, fez com o mar Vermelho, que ele
secou diante de nós, até que tivéssemos
passado. 24 Para que todos os povos da terra
saibam que a mão do Senhor é forte, a fim
de que vocês temam o Senhor, seu Deus,
todos os dias.

A CIRCUNCISÃO DOS FILHOS DE ISRAEL

5 1 Quando todos os reis dos amorreus que
habitavam deste lado do Jordão, a oeste,
e todos os reis dos cananeus que estavam
junto ao mar ouviram que o Senhor tinha
secado as águas do Jordão diante dos filhos
de Israel, até que tivéssemos passado, o
coração deles se derreteu de medo e ficaram
desanimados, por causa dos filhos de Israel.
2 Naquele tempo o Senhor disse a Josué:
— Faça facas de pedra e passe de novo a
circuncidar os filhos de Israel.
3 Então Josué fez facas de pedra e circunci-
dou os filhos de Israel em Gibeate-Haralote.
4 Foi esta a razão por que Josué os circunci-
dou: todo o povo que tinha saído do Egito, os
homens, todos os homens de guerra, tinham
morrido pelo caminho, no deserto. 5 Porque
todo o povo que saiu do Egito estava circunci-
dado, mas a nenhum deles que havia nascido
no deserto, pelo caminho, depois de terem
saído do Egito, haviam circuncidado. 6 Porque
os filhos de Israel andaram quarenta anos
pelo deserto, até desaparecer toda a nação,
a saber, os homens de guerra que saíram do
Egito, que não obedeceram à voz do Senhor,
aos quais o Senhor tinha jurado que não
lhes deixaria ver a terra que o Senhor, sob
juramento, prometeu dar a seus pais, terra
que mana leite e mel. 7 Porém em seu lugar
pôs os filhos deles, e a estes Josué circunci-
dou. Estavam incircuncisos, porque não os
circuncidaram no caminho. 8 Depois que toda
a nação foi circuncidada, ficaram no seu lugar
no arraial, até que sararam. 9 Então o Senhor
disse a Josué:
— Hoje removi de vocês a vergonha do
Egito.
Por isso aquele lugar foi chamado de Gilgal
até o dia de hoje.

A CELEBRAÇÃO DA PÁSCOA

10 Enquanto os filhos de Israel estavam
acampados em Gilgal, celebraram a Páscoa
no dia catorze do mês, à tarde, nas campi-
nas de Jericó. 11 No dia seguinte à Páscoa,
comeram do fruto da terra; nesse mesmo
dia comeram pães sem fermento e cereais
tostados. 12 Um dia depois de terem comido
do produto da terra, o maná cessou, e os
filhos de Israel não mais o tiveram; mas,
naquele ano, comeram do que foi colhido
na terra de Canaã.

O PRÍNCIPE DO EXÉRCITO DE DEUS

13 Quando Josué estava perto de Jericó,
levantou os olhos e olhou; e eis que se
achava em pé diante dele um homem que
trazia na mão uma espada. Josué se apro-
ximou dele e perguntou:
— Você é dos nossos ou dos nossos ad-
versários?
14 Ele respondeu:
— Não sou nem uma coisa nem outra.
Sou príncipe do exército do Senhor e acabo
de chegar.
Então Josué se prostrou com o rosto em
terra e o adorou. E lhe disse:
— Que diz meu senhor ao seu servo?
15 O príncipe do exército do Senhor res-
pondeu a Josué:
— Tire as sandálias dos pés, porque o
lugar em que você está é santo.
E Josué fez assim.

A DESTRUIÇÃO DE JERICÓ

6 1 Ora, Jericó estava rigorosamente fechada por causa dos filhos de Israel; ninguém saía, nem entrava. 2 Então o SENHOR disse a Josué:

— Olhe! Estou entregando em suas mãos a cidade de Jericó, o seu rei e os seus valentes. 3 Vocês, todos os homens de guerra, devem rodear a cidade, marchando ao redor dela uma vez. Façam isso durante seis dias. 4 Sete sacerdotes levarão sete trombetas de chifre de carneiro adiante da arca; no sétimo dia, rodeiem a cidade sete vezes, e os sacerdotes tocarão as trombetas. 5 Quando eles tocarem longamente a trombeta de chifre de carneiro, e vocês ouvirem o som dela, todo o povo gritará bem alto; a muralha da cidade cairá, e o povo subirá nela, cada qual em frente de si.

6 Então Josué, filho de Num, chamou os sacerdotes e disse:

— Levem a arca da aliança, e sete sacerdotes levem sete trombetas de chifre de carneiro adiante da arca do SENHOR.

7 E disse ao povo:

— Avancem e rodeiem a cidade! E quem estiver armado passe adiante da arca do SENHOR.

8 E assim foi que, como Josué havia falado ao povo, os sete sacerdotes, com as sete trombetas de chifre de carneiro diante do SENHOR, passaram e tocaram as trombetas; e a arca da aliança do SENHOR os seguia. 9 Os homens armados iam adiante dos sacerdotes que tocavam as trombetas; a retaguarda seguia após a arca, e as trombetas soavam continuamente. 10 Mas Josué tinha dado ordens ao povo, dizendo:

— Não gritem, nem façam ouvir a sua voz. Não digam uma palavra sequer, até o dia em que eu disser: "Gritem!" Então vocês gritarão.

11 Assim, Josué fez a arca do SENHOR rodear a cidade, contornando-a uma vez. Depois voltaram ao arraial e ali pernoitaram.

12 Josué se levantou de madrugada, e os sacerdotes levaram, de novo, a arca do SENHOR. 13 Os sete sacerdotes que levavam as sete trombetas de chifre de carneiro diante da arca do SENHOR iam tocando continuamente. Os homens armados iam adiante deles, e a retaguarda seguia após a arca do SENHOR, enquanto as trombetas soavam continuamente. 14 No segundo dia, rodearam, outra vez, a cidade e voltaram para o arraial; e assim fizeram durante seis dias.

15 No sétimo dia, madrugaram ao romper da manhã e, da mesma maneira, rodearam a cidade sete vezes; somente naquele dia rodearam a cidade sete vezes. 16 E aconteceu que, na sétima vez, quando os sacerdotes tocavam as trombetas, Josué disse ao povo:

— Gritem, porque o SENHOR está entregando a cidade a vocês! 17 Porém a cidade será condenada, ela e tudo o que nela houver; somente ficará viva Raabe, a prostituta, e todos os que estiverem com ela em casa, porque escondeu os mensageiros que enviamos. 18 Quanto a vocês, cuidem para não ficar com nenhuma das coisas condenadas, para não acontecer que, depois de as terem condenado, vocês as tomem para si. Neste caso, tornariam maldito o arraial de Israel e trariam confusão a ele. 19 Porém toda prata, ouro e utensílios de bronze e de ferro são consagrados ao SENHOR; irão para o seu tesouro.

20 Assim, o povo gritou, e os sacerdotes tocaram as trombetas. Ao ouvir o som da trombeta, o povo gritou com toda a força, as muralhas ruíram, e o povo subiu à cidade, cada qual em frente de si, e a tomaram. 21 Destruíram totalmente a fio de espada tudo o que havia na cidade, tanto homens como mulheres, tanto jovens como velhos, também bois, ovelhas e jumentos.

RAABE É SALVA

22 Então Josué disse aos dois homens que espiaram a terra:

— Entrem na casa da prostituta e tirem-na de lá com tudo o que ela tiver, como vocês juraram a ela.

23 Então os jovens, os espias, entraram e tiraram Raabe, o seu pai, a sua mãe, os seus irmãos e tudo o que ela possuía. Tiraram também toda a sua parentela e os acamparam fora do arraial de Israel. 24 Porém queimaram a cidade e tudo o que havia nela; tão somente a prata, o ouro e os utensílios de bronze e de ferro deram para o tesouro da Casa do SENHOR. 25 Mas Josué conservou com vida a prostituta Raabe, a casa de seu pai e tudo o que ela possuía. E Raabe ficou morando no meio de Israel até o dia

de hoje, porque escondeu os mensageiros
que Josué tinha enviado para espiar Jericó.
26 Naquele tempo, Josué fez o povo jurar
e dizer:

"Maldito diante do Senhor seja
o homem que se levantar
e reedificar esta cidade de Jericó;
com a perda do seu primogênito
lançará os seus alicerces
e, à custa do filho mais novo,
lhe colocará os portões."

27 Assim, o Senhor estava com Josué e a
fama dele se espalhou por toda a terra.

O PECADO DE ACÃ

7 1 Mas os filhos de Israel foram infiéis em
relação às coisas condenadas, porque
Acã, filho de Carmi, filho de Zabdi, filho de
Zera, da tribo de Judá, pegou para si uma
parte das coisas condenadas. A ira do Senhor
se acendeu contra os filhos de Israel.

2 Josué enviou alguns homens de Jericó até
a cidade de Ai, que está junto a Bete-Áven,
a leste de Betel, e lhes falou, dizendo:
— Vão e espiem a terra.
Os homens foram e espiaram a cidade.
3 E voltaram a Josué e lhe disseram:
— Não é necessário que vá todo o povo;
bastam uns dois ou três mil homens, para
atacar a cidade de Ai. Não fatigue ali todo o
povo, porque são poucos os inimigos.

4 Assim, apenas uns três mil homens do
povo foram até lá, os quais fugiram diante
dos homens da cidade de Ai. 5 Os homens
dali mataram uns trinta e seis deles, e perse-
guiram os outros desde o portão da cidade
até as pedreiras, e os derrotaram na des-
cida. E o coração do povo se derreteu e se
tornou como água.

6 Então Josué rasgou a sua roupa e se pros-
trou com o rosto em terra diante da arca do
Senhor até a tarde, ele e os anciãos de Israel;
e puseram pó sobre a cabeça. 7 E Josué disse:
— Ah! Senhor Deus, por que fizeste este
povo passar o Jordão, para nos entregares
nas mãos dos amorreus, para sermos destruí-
dos? Antes tivéssemos nos contentado em
ficar do outro lado do Jordão! 8 Ah! Senhor,
que direi? Pois Israel virou as costas diante
dos seus inimigos! 9 Quando os cananeus e
todos os moradores da terra ouvirem isto, nos
cercarão e apagarão o nosso nome da face da
terra; e, então, que farás ao teu grande nome?
10 Então o Senhor disse a Josué:
— Levante-se! Por que você está assim
prostrado sobre o seu rosto? 11 Israel pecou.
Quebraram a minha aliança, aquilo que eu
lhes havia ordenado, pois tomaram das
coisas condenadas, furtaram, mentiram e
até debaixo da sua bagagem o puseram.
12 Por isso os filhos de Israel não pude-
ram resistir aos seus inimigos; viraram as
costas diante deles, porque Israel está con-
denado à destruição. Não continuarei com
vocês, se não eliminarem do meio de vocês
a coisa roubada.
13 — Levante-se, santifique o povo e diga:
"Santifiquem-se para amanhã, porque
assim diz o Senhor, Deus de Israel: 'Há coi-
sas condenadas no meio de vocês, ó Israel.
Vocês não poderão resistir aos seus inimi-
gos enquanto não eliminarem do meio de
vocês as coisas condenadas. 14 Pela manhã,
pois, vocês se apresentarão, segundo as
suas tribos; e a tribo que o Senhor desig-
nar por sorteio se apresentará, segundo
as famílias; e a família que o Senhor desig-
nar se apresentará por casas; e a casa que
o Senhor designar se apresentará homem
por homem. 15 Aquele que for achado com a
coisa condenada será queimado, ele e tudo
o que tiver, porque quebrou a aliança do
Senhor e cometeu um ato infame em Israel.'"
16 Então Josué se levantou de madrugada e
fez com que Israel se apresentasse, segundo
as suas tribos; e a sorte caiu sobre a tribo de
Judá. 17 Ele fez com que se apresentasse a
tribo de Judá, e a família indicada foi a dos
zeraítas. Fez com que se apresentasse a famí-
lia dos zeraítas, homem por homem, e a casa
indicada foi a de Zabdi. 18 E, fazendo com que
se apresentasse a casa de Zabdi, homem por
homem, o indicado foi Acã, filho de Carmi,
filho de Zabdi, filho de Zera, da tribo de Judá.
19 Então Josué disse a Acã:
— Meu filho, dê glória ao Senhor, Deus
de Israel, e renda louvores a ele. E conte-
-me, agora, o que foi que você fez; não me
esconda nada.
20 Acã respondeu a Josué:
— É verdade, eu pequei contra o Senhor,
Deus de Israel, e fiz assim e assim. 21 Quando

vi entre o despojo uma boa capa babilônica, uns dois quilos e meio de prata e uma barra de ouro pesando mais de meio quilo, cobicei essas coisas e as peguei para mim; e eis que estão escondidas na terra, no meio da minha tenda, e a prata, por baixo.

22 Então Josué enviou mensageiros que foram correndo à tenda de Acã; e eis que tudo estava escondido nela, e a prata estava por baixo. 23 Tiraram aquelas coisas do meio da tenda, e as trouxeram a Josué e a todos os filhos de Israel, e as colocaram diante do SENHOR. 24 Então Josué e todo o Israel com ele pegaram Acã, filho de Zera, e a prata, a capa, a barra de ouro, os filhos e as filhas dele, os seus bois, os seus jumentos, as suas ovelhas, a sua tenda e tudo o que ele tinha e os levaram para o vale de Acor. 25 Josué disse a Acã:

— Por que você trouxe esta calamidade sobre nós? O SENHOR hoje trará calamidade sobre você.

E todo o Israel o apedrejou. E, depois de apedrejá-los, ainda os queimou. 26 E levantaram sobre ele um montão de pedras, que permanece até o dia de hoje.

Assim, o SENHOR apagou o furor da sua ira. Por isso aquele lugar se chama o vale de Acor até o dia de hoje.

A CIDADE DE AI É DESTRUÍDA

8 1 O SENHOR disse a Josué:

— Não tenha medo, nem fique assustado. Leve com você toda a gente de guerra, prepare-se e marche contra a cidade de Ai. Eis que entreguei em suas mãos o rei de Ai, o seu povo, a sua cidade, e a sua terra. 2 Você fará com a cidade de Ai e com o seu rei o que fez com Jericó e com o seu rei, exceto que desta vez vocês poderão saquear os seus despojos e o seu gado. Ponha emboscadas à cidade, por detrás dela.

3 Então Josué se preparou com toda a gente de guerra para marchar contra a cidade de Ai. Josué escolheu trinta mil homens valentes e os enviou de noite. 4 Deu-lhes uma ordem, dizendo:

— Ponham-se de emboscada contra a cidade, por detrás dela; não se distanciem muito da cidade; e todos estejam alertas. 5 Eu e todo o povo que está comigo nos aproximaremos da cidade; e, quando eles saírem contra nós, como da primeira vez, fugiremos deles. 6 Vamos deixar que saiam atrás de nós, até que os tiremos da cidade; porque dirão: "Estão fugindo de nós como da primeira vez." Assim, fugiremos deles. 7 Então vocês sairão da emboscada e tomarão a cidade; porque o SENHOR, o seu Deus, entregará a cidade nas mãos de vocês. 8 Depois de tomar a cidade, ponham fogo nela. Façam segundo a palavra do SENHOR. Vejam bem: é isto que estou ordenando a vocês.

9 Assim, Josué os enviou, e eles se foram à emboscada; e ficaram entre Betel e Ai, a oeste da cidade de Ai. Porém Josué passou aquela noite no meio do povo.

10 Josué se levantou de madrugada, convocou o povo, e marcharam ele e os anciãos de Israel, diante do povo, contra a cidade de Ai. 11 Marcharam também todos os homens de guerra que estavam com ele. Aproximaram-se e chegaram em frente da cidade; e acamparam do lado norte de Ai. Havia um vale entre eles e a cidade de Ai. 12 Josué reuniu uns cinco mil homens e os pôs entre Betel e Ai, em emboscada, a oeste da cidade. 13 Assim foi disposto o povo: todo o acampamento ao norte da cidade e a emboscada a oeste dela. E naquela noite Josué foi até o meio do vale.

14 E aconteceu que, ao ver isso, o rei da cidade de Ai e os homens daquele lugar se apressaram e, levantando-se de madrugada, saíram de encontro a Israel, à batalha, diante das campinas. Porque o rei não sabia que uma emboscada estava armada contra ele atrás da cidade. 15 Josué e todo o Israel fizeram de conta que estavam sendo derrotados por eles e fugiram pelo caminho do deserto. 16 Por isso todo o povo que estava na cidade foi convocado para os perseguir; e perseguiram Josué e foram afastados da cidade. 17 Nem um só homem ficou em Ai, nem em Betel; todos saíram atrás dos israelitas. Deixaram a cidade aberta e perseguiram Israel.

18 Então o SENHOR disse a Josué:

— Estenda na direção da cidade de Ai a lança que você tem na mão, porque entregarei a cidade nas suas mãos.

E Josué estendeu a sua lança na direção da cidade. 19 Então a emboscada se levantou apressadamente do seu lugar, e, ao estender ele a mão, vieram à cidade e a tomaram; e apressaram-se e puseram fogo nela. 20 Quando os homens da cidade de Ai se viraram para trás, olharam, e eis que a fumaça da cidade subia ao céu, e não puderam fugir nem para um lado nem para outro; porque o povo que fugia para o deserto se voltou contra os que os perseguiam.

21 Quando Josué e todo o Israel viram que a emboscada havia tomado a cidade e que a fumaça da cidade subia, voltaram e atacaram os homens de Ai. 22 Da cidade saíram os outros ao encontro do inimigo, que, assim, ficou no meio de Israel, uns de uma parte, outros de outra. E os atacaram de tal maneira, que nenhum deles sobreviveu, nem escapou. 23 Porém o rei da cidade de Ai foi capturado com vida e levado a Josué.

24 Quando os israelitas acabaram de matar todos os moradores da cidade de Ai no campo e no deserto onde os tinham perseguido, e todos tinham caído a fio de espada e já estavam mortos, todo o Israel voltou à cidade de Ai, e a passaram a fio de espada. 25 Os que morreram naquele dia, tanto homens como mulheres, foram doze mil, todos os moradores da cidade de Ai. 26 Porque Josué não retirou a mão que havia estendido com a lança até haver destruído totalmente os moradores da cidade. 27 Os israelitas saquearam para si o gado e os despojos daquela cidade, segundo a palavra do SENHOR, que havia ordenado a Josué. 28 Então Josué pôs fogo na cidade de Ai e a reduziu, para sempre, a um montão, a ruínas até o dia de hoje. 29 Enforcou o rei da cidade de Ai numa árvore e o deixou ali até a tarde; ao pôr do sol, por ordem de Josué, tiraram o cadáver da árvore e o jogaram na entrada do portão da cidade. E sobre ele levantaram um montão de pedras, que permanece até o dia de hoje.

RENOVAÇÃO DA ALIANÇA

30 Então Josué edificou um altar ao SENHOR, Deus de Israel, no monte Ebal, 31 como Moisés, servo do SENHOR, havia ordenado aos filhos de Israel, segundo o que está escrito no Livro da Lei de Moisés, a saber, um altar de pedras toscas, que não tinham sido trabalhadas com instrumentos de ferro. Sobre esse altar ofereceram holocaustos ao SENHOR e apresentaram ofertas pacíficas. 32 Ali Josué escreveu, em pedras, uma cópia da lei de Moisés, que este já havia escrito diante dos filhos de Israel.

33 Todo o Israel, tanto estrangeiros como naturais, com os seus anciãos, os seus chefes e os seus juízes estavam de um e de outro lado da arca, diante dos sacerdotes levitas que levavam a arca da aliança do SENHOR. Metade deles se postou em frente do monte Gerizim, e a outra metade, em frente do monte Ebal, como Moisés, servo do SENHOR, havia ordenado anteriormente, para que o povo de Israel fosse abençoado. 34 Depois, Josué leu todas as palavras da lei, a bênção e a maldição, segundo tudo o que está escrito no Livro da Lei. 35 Não houve uma só palavra, de tudo o que Moisés havia ordenado, que Josué não lesse para toda a congregação de Israel, e para as mulheres, as crianças e os estrangeiros que viviam no meio deles.

A ALIANÇA COM OS GIBEONITAS

9 1 Todos os reis que estavam do lado oeste do Jordão, nas montanhas e nas campinas, em toda a costa do mar Grande até o Líbano ficaram sabendo disso. Eram os reis dos heteus, dos amorreus, dos cananeus, dos ferezeus, dos heveus e dos jebuseus. 2 Então eles se ajuntaram de comum acordo, para guerrear contra Josué e contra Israel.

3 Mas os moradores de Gibeão, ouvindo o que Josué tinha feito com Jericó e com Ai, 4 usaram de astúcia: foram e se fingiram de embaixadores, levando sacos velhos sobre os seus jumentos e odres de vinho, velhos, rasgados e cheios de remendos, 5 calçando sandálias velhas e remendadas e vestindo roupas velhas. E todo o pão que traziam para comer era seco e bolorento. 6 Foram a Josué, no arraial, em Gilgal, e lhe disseram, a ele e aos homens de Israel:

— Viemos de uma terra distante e queremos que vocês façam uma aliança conosco.

7 Mas os homens de Israel responderam aos heveus:

— Talvez vocês morem aqui perto. Como podemos fazer uma aliança com vocês?

8 Então disseram a Josué:

— Somos seus servos.

Mas Josué perguntou:

— Quem são vocês? De onde vêm?

9 Eles responderam:
— Estes seus servos vieram de uma terra
muito distante, por causa do nome do Senhor,
seu Deus. Pois ouvimos a sua fama e tudo o
que fez no Egito, 10 e tudo o que fez com os
dois reis dos amorreus que estavam do outro
lado do Jordão, a saber, Seom, rei de Hesbom,
e Ogue, rei de Basã, que estava em Astarote.
11 Por isso os nossos anciãos e todos os mora-
dores da nossa terra nos disseram: "Levem
com vocês alimentos para a viagem e vão ao
encontro deles, dizendo: 'Somos seus servos;
façam uma aliança conosco.' 12 Este nosso pão
nós pegamos em nossas casas quando ainda
estava quente, no dia em que saímos para
vir falar com vocês, e agora aqui está ele, já
seco e bolorento. 13 Estes odres eram novos
quando os enchemos de vinho, mas agora já
estão rasgados. E estas nossas roupas e estas
nossas sandálias já envelheceram, por causa
da longa viagem."
14 Então os israelitas aceitaram os ali-
mentos deles e não pediram conselho ao
Senhor. 15 Josué concedeu-lhes paz e fez com
eles a aliança de lhes poupar a vida; e os
chefes da congregação confirmaram isso
com juramento.
16 Ao fim de três dias, depois de terem feito
a aliança com eles, souberam que eram
seus vizinhos e que moravam perto deles.
17 Pois, partindo os filhos de Israel, chega-
ram às cidades deles ao terceiro dia. E as
cidades deles eram Gibeão, Cefira, Beerote
e Quiriate-Jearim. 18 Os filhos de Israel não
os atacaram, porque os chefes da congrega-
ção lhes haviam jurado pelo Senhor, Deus de
Israel. Por isso toda a congregação murmu-
rou contra os chefes. 19 Então todos os chefes
disseram a toda a congregação:
— Nós juramos a eles pelo Senhor, Deus
de Israel; por isso, não podemos tocar neles.
20 Isto, porém, lhes faremos: vamos deixá-los
viver, para que não venha grande ira sobre
nós, por causa do juramento que lhes fizemos.
21 E os chefes acrescentaram:
— Deixem que vivam.
E assim eles se tornaram rachadores de
lenha e tiradores de água para toda a con-
gregação, como os chefes lhes tinham dito.
22 Josué chamou os gibeonitas e lhes disse:
— Por que vocês nos enganaram, dizendo
que moravam bem longe de nós, quando na
verdade moram aqui perto? 23 Agora vocês
estão sob maldição e entre vocês nunca dei-
xará de haver escravos, rachadores de lenha
e tiradores de água para a casa do meu Deus.
24 Então eles responderam a Josué:
— É que foi anunciado a estes seus ser-
vos, como certo, que o Senhor, seu Deus,
havia ordenado ao seu servo Moisés que
lhes desse toda esta terra e destruísse todos
os seus moradores diante de vocês. Teme-
mos muito pela nossa vida por causa de
vocês e foi por isso que fizemos aquilo.
25 Eis que estamos nas suas mãos; trate-nos
segundo lhe parecer bom e reto.
26 Josué fez como tinha dito e livrou-os das
mãos dos filhos de Israel; e não os mataram.
27 Naquele dia, Josué os fez rachadores de
lenha e tiradores de água para a congrega-
ção e para o altar do Senhor, até o dia de hoje,
no lugar que Deus escolhesse.

GIBEÃO SITIADA POR CINCO REIS

10 1 Quando Adoni-Zedeque, rei de Jeru-
salém, ouviu que Josué havia tomado
a cidade de Ai e a havia destruído totalmente,
fazendo com Ai e com o seu rei o mesmo
que havia feito com Jericó e com o seu rei,
e que os moradores de Gibeão tinham feito
paz com os israelitas e estavam no meio
deles, 2 ficou com muito medo, porque
Gibeão era uma cidade grande, tão grande
como uma das cidades reais e ainda maior
do que Ai, e todos os seus homens eram
valentes. 3 Por isso Adoni-Zedeque, rei de
Jerusalém, enviou mensageiros a Hoão, rei
de Hebrom, e a Pirã, rei de Jarmute, e a Jafia,
rei de Laquis, e a Debir, rei de Eglom, dizendo:
4 — Venham até aqui e me ajudem. Vamos
atacar Gibeão, porque fez paz com Josué e
com os filhos de Israel.
5 Então se ajuntaram cinco reis dos amor-
reus, o rei de Jerusalém, o rei de Hebrom, o rei
de Jarmute, o rei de Laquis e o rei de Eglom,
eles e todas as suas tropas; vieram e acam-
param junto a Gibeão e atacaram a cidade.

JOSUÉ SOCORRE GIBEÃO

6 Os homens de Gibeão mandaram dizer
a Josué, no arraial de Gilgal:
— Não deixe de ajudar estes seus servos.
Venha depressa até aqui! Livre-nos e aju-
de-nos, pois todos os reis dos amorreus

que moram nas montanhas se ajuntaram
contra nós.
7 Então Josué partiu de Gilgal, ele e todo
o exército com ele e todos os valentes. 8 E o
Senhor disse a Josué:
— Não tenha medo deles, porque eu os
entreguei nas suas mãos. Nenhum deles
poderá resistir a você.
9 Josué os atacou de surpresa, porque tinha
marchado durante toda a noite, saindo de
Gilgal. 10 O Senhor fez com que eles entras-
sem em pânico diante de Israel, e os derrotou
completamente em Gibeão, e os foi perse-
guindo pelo caminho que sobe a Bete-Horom,
e os derrotou até Azeca e Maquedá. 11 E acon-
teceu que, enquanto eles fugiam de Israel, na
descida de Bete-Horom, o Senhor fez cair do
céu sobre eles grandes pedras, até Azeca, e
morreram. Mais foram os que morreram pela
chuva de pedras do que os que foram mortos
à espada pelos filhos de Israel.

O SOL E A LUA SE DETÊM

12 Então Josué falou ao Senhor, no dia em
que o Senhor entregou os amorreus nas
mãos dos filhos de Israel. E, na presença
dos israelitas, ele disse:

"Sol, detenha-se em Gibeão,
e você, lua, pare
no vale de Aijalom."
13 E o sol se deteve, e a lua parou
até que o povo se vingou
de seus inimigos.

Não está isso escrito no Livro dos Justos?
O sol se deteve no meio do céu e não se
apressou a pôr-se, por quase um dia inteiro.
14 Não houve dia semelhante a este, nem
antes nem depois dele, tendo o Senhor,
assim, atendido à voz de um homem; por-
que o Senhor lutava por Israel.
15 Então Josué voltou ao arraial, em Gilgal,
e todo o Israel foi com ele.

JOSUÉ PRENDE OS CINCO REIS E OS MATA

16 Aqueles cinco reis fugiram e se escon-
deram numa caverna em Maquedá. 17 E foi
dito a Josué:
— Os cinco reis foram achados. Estão
escondidos numa caverna em Maquedá.
18 Então Josué disse:
— Rolem grandes pedras até a entrada
da caverna e ponham junto a ela alguns
homens para que fiquem vigiando. Mas
vocês não se detenham. 19 Persigam os
seus inimigos e matem os que vão ficando
para trás. Não os deixem entrar nas cidades
deles, porque o Senhor, o Deus de vocês, já
os entregou nas mãos de vocês.
20 Quando Josué e os filhos de Israel aca-
baram de derrotá-los completamente, até
consumi-los, e os que conseguiram esca-
par tinham entrado nas cidades fortificadas,
21 todo o povo voltou em paz para junto de
Josué, no acampamento de Maquedá. E não
houve ninguém que movesse a língua con-
tra os filhos de Israel.
22 Depois Josué disse:
— Abram a entrada da caverna e tra-
gam para mim aqueles cinco reis que lá se
encontram.
23 Eles fizeram assim e da caverna lhe trou-
xeram os cinco reis: o rei de Jerusalém, o
de Hebrom, o de Jarmute, o de Laquis e o
de Eglom. 24 Quando os reis foram trazidos
a Josué, este chamou todos os homens de
Israel e disse aos capitães do exército que
tinham ido com ele:
— Venham e ponham o pé sobre o pes-
coço destes reis.
E eles foram e puseram os pés sobre o pes-
coço deles. 25 Então Josué disse aos capitães
do exército:
— Não tenham medo, nem fiquem assus-
tados. Sejam fortes e corajosos, porque
assim o Senhor fará com todos os seus ini-
migos, contra os quais vocês lutarem.
26 Depois disto, Josué matou os reis e os
pendurou em cinco árvores. E eles ficaram
pendurados ali até a tarde. 27 Ao pôr do sol,
Josué ordenou que os tirassem das árvores.
E lançaram-nos na caverna onde se haviam
escondido. Na entrada da caverna, puseram
grandes pedras, que estão lá até o dia de hoje.

JOSUÉ VENCE MAIS SETE REIS

28 No mesmo dia, Josué tomou a cidade de
Maquedá e a feriu à espada, bem como ao
seu rei; destruiu-os totalmente e a todos os
que nela estavam, sem deixar nem sequer
um. Fez com o rei de Maquedá o mesmo que
havia feito com o rei de Jericó.

Assim como uma mulher que engravida não aparenta estar grávida no dia seguinte, muitos frutos gerados em nosso lugar secreto com Deus só serão revelados no tempo e no lugar apropriados.

29 Então Josué, e todo o Israel com ele, foi de Maquedá a Libna e atacou a cidade. 30 E o SENHOR a entregou nas mãos de Israel, tanto a cidade como o seu rei, e a feriu à espada, a ela e todos os que nela estavam, sem deixar nem sequer um. Fez com o seu rei o mesmo que havia feito com o rei de Jericó.

31 Então Josué, e todo o Israel com ele, foi de Libna a Laquis; cercou a cidade e a atacou. 32 E o SENHOR entregou Laquis nas mãos de Israel, que, no dia seguinte, a tomou e a feriu à espada, a ela e todos os que nela estavam, conforme tudo o que havia feito com Libna. 33 Horão, rei de Gezer, saiu para ajudar Laquis; porém Josué o derrotou, a ele e o seu povo, sem deixar nem sequer um.

34 E Josué, e todo o Israel com ele, foi de Laquis a Eglom. Cercaram a cidade e a atacaram; 35 e, no mesmo dia, a tomaram e a feriram à espada; e destruíram totalmente os que nela estavam, conforme tudo o que haviam feito com Laquis.

36 Depois, Josué, e todo o Israel com ele, foi de Eglom a Hebrom. E guerrearam contra ela, 37 tomaram a cidade e a feriram à espada, tanto o seu rei como todas as suas cidades e todos os que nelas estavam, sem deixar nem sequer um, conforme tudo o que haviam feito com Eglom. Josué executou a condenação contra ela e contra todos os que nela estavam.

38 Então Josué, e todo o Israel com ele, voltou e atacou Debir; 39 e tomou a cidade com o seu rei e todas as suas cidades e as feriu à espada. Todos os que nelas estavam, destruiu-os totalmente sem deixar nem sequer um. Como havia feito com Hebrom, com Libna e o seu rei, também fez com Debir e o seu rei.

40 Assim Josué conquistou toda aquela terra, a região montanhosa, o Neguebe, a Sefelá e as descidas das águas, e derrotou todos os seus reis. Destruiu tudo o que tinha fôlego de vida, sem deixar nem sequer um, como o SENHOR, o Deus de Israel, havia ordenado. 41 Josué os derrotou desde Cades-Barneia até Gaza, bem como toda a terra de Gósen até Gibeão. 42 E, de uma só vez, Josué venceu todos estes reis e tomou as suas terras, porque o SENHOR, o Deus de Israel, lutava por Israel. 43 Então Josué, e todo o Israel com ele, voltou ao arraial em Gilgal.

OUTRAS VITÓRIAS DE JOSUÉ

11 1 Quando Jabim, rei de Hazor, ouviu isto, enviou mensageiros a Jobabe, rei de Madom, ao rei Sinrom, ao rei Acsafe 2 e aos reis que estavam na região montanhosa ao norte, na Arabá ao sul de Quinerete, na Sefelá e em Nafate-Dor, do lado do mar, 3 aos cananeus do leste e do oeste: aos amorreus, aos heteus, aos ferezeus, aos jebuseus nas montanhas e aos heveus ao pé do Hermom, na terra de Mispa. 4 Saíram, pois, estes e todas as suas tropas com eles, muito povo, em multidão como a areia que está na praia do mar, e também muitos cavalos e carros de guerra. 5 Todos estes reis se ajuntaram, vieram e acamparam junto às águas de Merom, para lutar contra Israel.

6 O SENHOR disse a Josué:

— Não tenha medo deles, porque amanhã, a esta mesma hora, eu os entregarei, todos mortos, aos filhos de Israel. Você mutilará os cavalos deles e queimará os seus carros de guerra.

7 Josué e todos os homens de guerra com ele avançaram de surpresa contra eles junto às águas de Merom, e os atacaram. 8 O SENHOR os entregou nas mãos de Israel, que os atacou e perseguiu até a grande Sidom, e até Misrefote-Maim, e até o vale de Mispa, ao leste. Os israelitas os mataram sem deixar nem sequer um. 9 Josué fez com eles como o SENHOR lhe havia ordenado: mutilou os cavalos deles e queimou os seus carros de guerra.

10 Nesse mesmo tempo, Josué voltou, tomou Hazor e feriu à espada o seu rei, porque naquela época Hazor era a capital de todos esses reinos. 11 Mataram à espada todos os que nela estavam e os destruíram totalmente; ninguém sobreviveu. E a cidade de Hazor foi queimada. 12 Josué tomou todas essas cidades e também os seus reis. Matou todos, destruindo-os totalmente, como Moisés, servo do SENHOR, havia ordenado. 13 Mas os israelitas não queimaram as cidades que estavam sobre as colinas, exceto Hazor, que Josué queimou. 14 Os israelitas saquearam para si todos os despojos dessas cidades e também o gado; porém mataram à espada todas as pessoas, até que as destruíram; e ninguém sobreviveu. 15 Como o SENHOR havia ordenado a Moisés,

seu servo, assim Moisés ordenou a Josué; e assim Josué o fez. Nem uma só palavra deixou de cumprir de tudo o que o SENHOR havia ordenado a Moisés.

16 Assim Josué tomou toda aquela terra, a saber, a região montanhosa, todo o Neguebe, toda a terra de Gósen, a Sefelá, a Arabá e a região montanhosa de Israel com as suas planícies; 17 desde o monte Halaque, que sobe a Seir, até Baal-Gade, no vale do Líbano, ao pé do monte Hermom; também venceu todos os seus reis e os matou. 18 Por muito tempo, Josué fez guerra contra todos esses reis. 19 Não houve cidade que fizesse paz com os filhos de Israel, a não ser os heveus, moradores de Gibeão; todas as demais foram tomadas por meio de guerra. 20 Porque do SENHOR vinha o endurecimento do seu coração para saírem à guerra contra Israel, a fim de que fossem totalmente destruídos e não se tivesse piedade alguma; pelo contrário, fossem totalmente destruídos, como o SENHOR havia ordenado a Moisés.

21 Naquele tempo, Josué foi e eliminou os anaquins da região montanhosa, de Hebrom, de Debir, de Anabe, e de todas as montanhas de Judá, e de todas as montanhas de Israel; Josué os destruiu totalmente com as suas cidades. 22 Nem um dos anaquins sobreviveu na terra dos filhos de Israel; somente em Gaza, Gate e Asdode permaneceram alguns. 23 Assim Josué tomou toda esta terra, segundo tudo o que o SENHOR tinha dito a Moisés. E Josué deu a terra em herança aos filhos de Israel, conforme as suas divisões e tribos. E a terra repousou da guerra.

OS REIS VENCIDOS POR MOISÉS

12 1 Estes são os reis da terra que os filhos de Israel derrotaram e de cujas terras se apossaram do outro lado do Jordão, na direção do leste, desde o ribeiro de Arnom até o monte Hermom e toda a planície do leste: 2 Seom, rei dos amorreus, que habitava em Hesbom e dominava desde Aroer, que está à beira do vale de Arnom, e desde o meio do vale e a metade de Gileade até o ribeiro de Jaboque, limite dos filhos de Amom; 3 desde a campina até o mar de Quinerete, para o leste, e até o mar da Campina, o mar Salgado, para o leste, pelo caminho de Bete-Jesimote; e desde o sul abaixo das encostas do monte Pisga.

4 Também derrotaram Ogue, rei de Basã, um dos remanescentes dos refains que morava em Astarote e em Edrei. 5 Ele dominava no monte Hermom, em Salca e em toda a Basã, até a fronteira dos gesuritas e dos maacatitas, e metade de Gileade, até a fronteira de Seom, rei de Hesbom. 6 Moisés, servo do SENHOR, e os filhos de Israel os derrotaram. E Moisés, servo do SENHOR, deu esta terra como propriedade aos rubenitas, aos gaditas e à meia tribo de Manassés.

OS REIS VENCIDOS POR JOSUÉ

7 Estes são os reis da terra que Josué e os filhos de Israel derrotaram deste lado do Jordão, na direção do oeste, desde Baal-Gade, no vale do Líbano, até o monte Halaque, que sobe a Seir, e cuja terra Josué deu como propriedade às tribos de Israel, segundo as suas divisões, 8 a saber, o que havia na região montanhosa, na Sefelá, na Arabá, nas descidas das águas, no deserto e no Neguebe, onde estava o heteu, o amorreu, o cananeu, o ferezeu, o heveu e o jebuseu: 9 o rei de Jericó; o rei de Ai, que está ao lado de Betel; 10 o rei de Jerusalém; o rei de Hebrom; 11 o rei de Jarmute; o rei de Laquis; 12 o rei de Eglom; o rei de Gezer; 13 o rei de Debir; o rei de Geder; 14 o rei de Horma; o rei de Arade; 15 o rei de Libna; o rei de Adulão; 16 o rei de Maquedá; o rei de Betel; 17 o rei de Tapua; o rei de Héfer; 18 o rei de Afeca; o rei de Lasarom; 19 o rei de Madom; o rei de Hazor; 20 o rei de Sinrom-Merom; o rei de Acsafe; 21 o rei de Taanaque; o rei de Megido; 22 o rei de Quedes; o rei de Jocneão do Carmelo; 23 o rei de Dor, em Nafate-Dor; o rei de Goim, em Gilgal; 24 e o rei de Tirza. Ao todo, trinta e um reis.

AS TERRAS AINDA NÃO CONQUISTADAS

13 1 Josué já era bem idoso e o SENHOR lhe disse:

— Você já é bem idoso, e ainda ficou muita terra para ser conquistada. 2 Esta é a terra ainda não conquistada: todas as regiões dos filisteus e toda a Gesur; 3 desde Sior, que está diante do Egito, até o limite de Ecrom, para o norte, que se considera como dos cananeus; cinco governantes dos filisteus: o de Gaza, o de Asdode, o de Asquelom, o de Gate e o de Ecrom; e os aveus, 4 ao sul, além de toda a terra dos cananeus e Meara, que é dos sidônios, até Afeca, na fronteira dos amorreus; 5 e ainda a terra dos gibleus e todo o Líbano, para o leste, desde Baal--Gade, ao pé do monte Hermom, até a entrada de Hamate; 6 todos os que habitam nas montanhas desde o Líbano até Misrefo-te-Maim, todos os sidônios. Eu os expulsarei de diante dos filhos de Israel; reparta, pois, a terra por herança a Israel, como ordenei a você. 7 Distribua, agora, a terra por herança às nove tribos e à meia tribo de Manassés.

AS TERRAS DAS TRIBOS A LESTE DO JORDÃO

8 Com a outra meia tribo, os rubenitas e os gaditas já receberam a sua herança do outro lado do Jordão, para o leste, como já lhes tinha dado Moisés, servo do SENHOR. 9 Começando com Aroer, que está à borda do vale de Arnom, mais a cidade que está no meio do vale, todo o planalto de Medeba até Dibom; 10 e todas as cidades de Seom, rei dos amorreus, que reinou em Hesbom, até a fronteira dos filhos de Amom. 11 E Gileade, o território dos gesuritas, o dos maacatitas, todo o monte Hermom e toda a Basã até Salca; 12 todo o reino de Ogue, em Basã, que reinou em Astarote e em Edrei, que ficou do resto dos refains, o qual Moisés derrotou e expulsou. 13 Porém os filhos de Israel não expulsaram os gesuritas, nem os maacatitas; pelo contrário, Gesur e Maacate permaneceram no meio de Israel até o dia de hoje.

AS HERANÇAS DISTRIBUÍDAS POR MOISÉS

14 Foi somente à tribo de Levi que Moisés não deu herança; as ofertas queimadas do SENHOR, Deus de Israel, são a sua herança, como já lhe tinha dito.

15 Moisés deu herança à tribo dos filhos de Rúben, segundo as suas famílias, 16 começando o seu território com Aroer, que está à borda do vale de Arnom, mais a cidade que está no meio do vale e todo o planalto até Medeba; 17 Hesbom e todas as suas cidades, que estão no planalto: Dibom, Bamote-Baal e Bete-Baal-Meom, 18 Jaza, Quedemote, Mefaate; 19 Quiriataim, Sibma, Zerete-Saar, no monte do vale; 20 Bete-Peor, as encostas do monte Pisga e Bete-Jesimote; 21 e todas as cidades do planalto e todo o reino de Seom, rei dos amorreus, que reinou em Hesbom, a quem Moisés derrotou, bem como os príncipes de Midiã, Evi, Requém, Zur, Hur e Reba, príncipes de Seom, moradores da terra. 22 Além de outros que foram mortos, os filhos de Israel também mataram à espada Balaão, filho de Beor, o adivinho. 23 A fronteira dos filhos de Rúben é o Jordão e suas imediações; esta é a herança dos filhos de Rúben, segundo as suas famílias: as cidades com suas aldeias.

24 Moisés deu herança à tribo de Gade, a saber, a seus filhos, segundo as suas famílias. 25 O seu território incluía Jazer, todas as cidades de Gileade e metade da terra dos filhos de Amom, até Aroer, que está diante de Rabá; 26 desde Hesbom até Ramate--Mispa e Betonim; e desde Maanaim até o limite de Debir; 27 e, no vale: Bete-Arã, Bete--Ninra, Sucote e Zafom, o resto do reino de Seom, rei de Hesbom, mais o Jordão e suas imediações, até a extremidade do mar de Quinerete, do outro lado do Jordão, na direção do leste. 28 Esta é a herança dos filhos de Gade, segundo as suas famílias: as cidades com as suas aldeias.

29 Moisés também deu herança à meia tribo de Manassés, segundo as suas famílias. 30 O seu território começava com Maanaim e incluía todo o Basã, todo o reino de Ogue, rei de Basã, e todas as aldeias de Jair, que estão em Basã, sessenta cidades; 31 e metade de Gileade, Astarote e Edrei, cidades do reino de Ogue, em Basã. Estas foram dadas aos filhos de Maquir, filho de Manassés, a saber, à metade dos filhos de Maquir, segundo as suas famílias.

32 São estas as heranças que Moisés repartiu nas campinas de Moabe, do outro lado do Jordão, na altura de Jericó, para o leste. 33 Porém à tribo de Levi Moisés não deu herança; o SENHOR, Deus de Israel, é a sua herança, como já lhe tinha dito.

A DIVISÃO DA TERRA DE CANAÃ

14 1 São estas as heranças que os filhos de Israel receberam na terra de

Canaã, e que Eleazar, o sacerdote, e Josué, filho de Num, e os chefes das famílias das tribos dos filhos de Israel repartiram entre eles. 2 A distribuição da herança foi feita por sorteio, como o SENHOR havia ordenado por meio de Moisés, a respeito das nove tribos e meia. 3 Porque às duas tribos e meia Moisés já tinha dado herança do outro lado do Jordão; mas aos levitas não tinha dado herança entre os seus irmãos. 4 Os filhos de José constituíram duas tribos, Manassés e Efraim. Aos levitas não deram herança na terra, a não ser cidades em que habitassem e os seus arredores para seu gado e para sua posse. 5 Como o SENHOR havia ordenado a Moisés, assim fizeram os filhos de Israel e repartiram a terra.

JOSUÉ DÁ HEBROM A CALEBE

6 Os filhos de Judá chegaram a Josué em Gilgal. E Calebe, filho de Jefoné, o quenezeu, lhe disse:

— Você sabe o que o SENHOR falou a Moisés, homem de Deus, em Cades-Barneia, a respeito de mim e de você. 7 Eu tinha quarenta anos quando Moisés, servo do SENHOR, me enviou de Cades-Barneia para espiar a terra. E eu lhe relatei o que estava no meu coração. 8 Os meus irmãos que tinham ido comigo amedrontaram o povo, mas eu perseverei em seguir o SENHOR, meu Deus. 9 Então Moisés, naquele dia, jurou, dizendo: "Certamente a terra em que você pôs o pé será sua e de seus filhos, em herança perpétua, pois você perseverou em seguir o SENHOR, meu Deus."

10 — E, agora, eis que o SENHOR me conservou com vida, como prometeu. Quarenta e cinco anos se passaram desde que o SENHOR falou essas palavras a Moisés, quando Israel ainda andava no deserto; e, agora, eis que estou com oitenta e cinco anos. 11 Estou tão forte hoje como no dia em que Moisés me enviou. A força que eu tinha naquele dia eu ainda tenho agora, tanto para combater na guerra como para fazer o que for necessário. 12 Dê-me agora este monte de que o SENHOR falou naquele dia, pois, naquele dia, você ouviu que lá estavam os anaquins, morando em cidades grandes e fortificadas. Se o SENHOR Deus estiver comigo, poderei expulsá-los, como ele mesmo prometeu.

13 Josué o abençoou e deu a cidade de Hebrom a Calebe, filho de Jefoné, para ser a herança dele. 14 Por isso, Hebrom passou a ser de Calebe, filho de Jefoné, o quenezeu, em herança até o dia de hoje, visto que havia perseverado em seguir o SENHOR, Deus de Israel. 15 Antes disso o nome de Hebrom era Quiriate-Arba; este Arba foi o maior homem entre os anaquins.

E a terra repousou da guerra.

AS HERANÇAS DAS NOVE TRIBOS E MEIA

A HERANÇA DE JUDÁ

15 1 A sorte da tribo dos filhos de Judá, segundo as suas famílias, caiu para o sul, até o limite de Edom, até o deserto de Zim, até a extremidade do lado sul. 2 O seu limite ao sul foi desde a extremidade do mar Salgado, desde a baía que olha para o sul; 3 sai para o sul, até a subida de Acrabim, passa por Zim, sobe do sul a Cades-Barneia, 4 passa por Hezrom, sobe a Adar e rodeia Carca; passa por Azmom e sai ao ribeiro do Egito; as saídas deste limite vão até o mar. Este será o limite de vocês do lado sul.

5 O limite para o leste será o mar Salgado, até a foz do Jordão; e o limite para o norte será da baía do mar, começando com a embocadura do Jordão, 6 limite que sobe até Bete-Hogla e passa do norte a Bete-Arabá, subindo até a pedra de Boã, filho de Rúben, 7 subindo ainda este limite a Debir desde o vale de Acor, olhando para o norte, rumo a Gilgal, a qual está à subida de Adumim, que está para o sul do ribeiro; daí, o limite passa até as águas de En-Semes; e as suas saídas estarão do lado de En-Rogel. 8 Deste ponto sobe pelo vale de Ben-Hinom, do lado dos jebuseus do Sul, isto é, Jerusalém; e este limite sobe até o alto do monte que está diante do vale de Hinom, para o oeste, que está no fim do vale dos Refains, do lado norte. 9 Então o limite vai desde o alto do monte até a fonte das águas de Neftoa; e sai até as cidades do monte Efrom; este limite vai ainda até Baalá, isto é, Quiriate-Jearim. 10 Então o limite dá volta desde Baalá, para o oeste, até o monte Seir, passa ao lado do monte de Jearim do lado norte, isto é, Quesalom, e, descendo a Bete-Semes, passa por

Timna. 11 Segue mais ainda o limite ao lado de Ecrom, para o norte, e, indo a Siquerom, passa o monte de Baalá, saindo em Jabneel, para terminar no mar.

12 O limite do lado oeste é o mar Grande e as suas imediações.

Estes são os limites dos filhos de Judá ao redor, segundo as suas famílias.

CALEBE CONQUISTA HEBROM

Jz 1.11-15

13 Josué deu a Calebe, filho de Jefoné, uma parte no meio dos filhos de Judá, segundo o Senhor lhe havia ordenado, a saber, Quiriate-Arba, isto é, Hebrom. Este Arba era o pai de Anaque. 14 Dali Calebe expulsou os três filhos de Anaque: Sesai, Aimã e Talmai, gerados de Anaque. 15 Então Calebe avançou contra os moradores de Debir, cujo nome havia sido Quiriate-Sefer. 16 Calebe disse:

— Darei a minha filha Acsa por mulher ao homem que atacar e conquistar Quiriate--Sefer.

17 Quem conquistou a cidade foi Otniel, filho de Quenaz, irmão de Calebe. E Calebe lhe deu a sua filha Acsa por mulher. 18 Esta, quando foi morar com Otniel, insistiu com ele para que pedisse um campo ao pai dela. Quando ela desceu do jumento, Calebe lhe perguntou:

— O que é que você quer?

19 Ela respondeu:

— Quero que me dê um presente. Já que o senhor me deu uma terra seca, me dê também algumas fontes de água.

Então Calebe lhe deu as fontes superiores e as fontes inferiores.

AS CIDADES DE JUDÁ

20 Esta é a herança da tribo dos filhos de Judá, segundo as suas famílias. 21 As cidades no extremo sul da tribo dos filhos de Judá, na direção do território de Edom, eram estas: Cabzeel, Éder, Jagur, 22 Quiná, Dimona, Adada, 23 Quedes, Hazor, Itnã, 24 Zife, Telém, Bealote, 25 Hazor-Hadata, Queriote-Hezrom, que é Hazor, 26 Amã, Sema, Molada, 27 Hazar-Gada, Hesmom, Bete-Palete, 28 Hazar-Sual, Berseba, Biziotiá, 29 Baalá, Iim, Ezém, 30 Eltolade, Quesil, Horma, 31 Ziclague, Madmana, Sansana, 32 Lebaote, Silim, Aim e Rimom. Ao todo, vinte e nove cidades com as suas aldeias.

33 Na Sefelá, as cidades eram Estaol, Zorá, Asná, 34 Zanoa, En-Ganim, Tapua, Enã, 35 Jarmute, Adulão, Socó, Azeca, 36 Saaraim, Aditaim, Gedera e Gederotaim. Ao todo, catorze cidades com as suas aldeias.

37 Zenã, Hadasa, Migdal-Gade, 38 Dileã, Mispa, Jocteel, 39 Laquis, Boscate, Eglom, 40 Cabom, Laamás, Quitlis, 41 Gederote, Bete-Dagom, Naamá e Maquedá. Ao todo, dezesseis cidades com as suas aldeias.

42 Libna, Eter, Asã, 43 Ifta, Asná, Nezibe, 44 Queila, Aczibe e Maressa. Ao todo, nove cidades com as suas aldeias.

45 Ecrom com as suas vilas e aldeias; 46 desde Ecrom até o mar, todas as que estão do lado de Asdode, com as suas aldeias.

47 Asdode, as suas vilas e aldeias; Gaza, as suas vilas e aldeias, até o rio do Egito e o mar Grande com as suas imediações.

48 Na região montanhosa, as cidades eram Samir, Jatir, Socó, 49 Daná, Quiriate-Sana, que é Debir, 50 Anabe, Estemoa, Anim, 51 Gósen, Holom e Gilo. Ao todo, onze cidades com as suas aldeias.

52 Arabe, Dumá, Esã, 53 Janim, Bete-Tapua, Afeca, 54 Hunta, Quiriate-Arba, que é Hebrom, e Zior. Ao todo, nove cidades com as suas aldeias.

55 Maom, Carmelo, Zife, Jutá, 56 Jezreel, Jocdeão, Zanoa, 57 Caim, Gibeá e Timna. Ao todo, dez cidades com as suas aldeias.

58 Halul, Bete-Zur, Gedor, 59 Maarate, Bete--Anote e Eltecom. Ao todo, seis cidades com as suas aldeias. 60 Quiriate-Baal, que é Quiriate-Jearim, e Rabá. Ao todo, duas cidades com as suas aldeias.

61 No deserto, as cidades eram Bete-Arabá, Midim, Secaca, 62 Nibsã, Cidade do Sal e En-Gedi. Ao todo, seis cidades com as suas aldeias.

63 Mas os filhos de Judá não puderam expulsar os jebuseus que viviam em Jerusalém. Assim, os jebuseus moram com os filhos de Judá em Jerusalém até o dia de hoje.

A HERANÇA DE EFRAIM

16 1 O território que, por sorteio, caiu aos filhos de José ia desde o Jordão, na altura de Jericó e no lado leste das águas de Jericó, até o deserto que sobe de Jericó pela região montanhosa até Betel. 2 De Betel ia

até Luz, passava ao limite dos arquitas até
Atarote 3 e descia, na direção do oeste, para
a divisa de Jaflete, até a região de Bete-Ho-
rom-de-Baixo e até Gezer, terminando no
mar. 4 Assim, Manassés e Efraim, filhos de
José, receberam a sua herança.

5 O limite da herança dos filhos de Efraim,
segundo as suas famílias, era, no leste, Ata-
rote-Adar até Bete-Horom-de-Cima; 6 e vai o
limite para o mar com Micmetate, ao norte,
de onde volta para o leste até Taanate-Siló, e
passa por ela a leste de Janoa; 7 desce desde
Janoa a Atarote e a Naarate, toca em Jericó,
terminando no Jordão. 8 De Tapua o limite
vai, para o oeste, ao ribeiro de Caná, termi-
nando no mar. Esta é a herança da tribo dos
filhos de Efraim, segundo as suas famílias,
9 mais as cidades que foram separadas
para os filhos de Efraim, que estavam no
meio da herança dos filhos de Manassés;
todas aquelas cidades com as suas aldeias.
10 Não expulsaram os cananeus que viviam
em Gezer. Assim, eles moram no meio dos
efraimitas até o dia de hoje, mas estão sujei-
tos a trabalhos forçados.

A HERANÇA DA MEIA TRIBO DE MANASSÉS

17 1 Também caiu a sorte à tribo de
Manassés, que era o primogênito
de José. Maquir, o primogênito de Manas-
sés, pai de Gileade, porque era homem de
guerra, recebeu Gileade e Basã. 2 Os outros
filhos de Manassés também receberam a
sua parte, segundo as suas famílias, a saber,
os filhos de Abiezer, os filhos de Heleque,
os filhos de Asriel, os filhos de Siquém, os
filhos de Héfer, os filhos de Semida. Estes
são os filhos de Manassés, filho de José,
segundo as suas famílias. 3 Porém Zelo-
feade, filho de Héfer, filho de Gileade, filho
de Maquir, filho de Manassés, não teve
filhos, mas só filhas, que se chamavam
Macla, Noa, Hogla, Milca e Tirza. 4 Estas
chegaram diante de Eleazar, o sacerdote, e
diante de Josué, filho de Num, e diante dos
chefes, dizendo:

— O Senhor ordenou a Moisés que nos
fosse dada uma herança no meio de nos-
sos parentes.

Assim, segundo a ordem do Senhor, Josué
lhes deu herança no meio dos parentes de
seu pai. 5 Couberam a Manassés dez partes,
além da terra de Gileade e Basã, que está do
outro lado do Jordão; 6 porque tanto as filhas
de Manassés como os filhos dele receberam
herança. Os outros filhos de Manassés rece-
beram a terra de Gileade.

7 O limite de Manassés foi desde Aser até
Micmetate, que está a leste de Siquém; e
este limite vai, na direção do sul, até os
moradores de En-Tapua. 8 A terra de Tapua
pertencia a Manassés, mas Tapua, ainda
que situada no limite de Manassés, era dos
filhos de Efraim. 9 Então o limite desce ao
ribeiro de Caná. As cidades, entre as de
Manassés, ao sul do ribeiro, pertenciam
a Efraim; então o limite de Manassés vai
ao norte do ribeiro, terminando no mar.
10 Efraim, ao sul, Manassés, ao norte, e o
mar é seu limite; pelo norte, tocam em
Aser e, pelo leste, em Issacar. 11 Porque,
nos territórios de Issacar e Aser, Manas-
sés tinha Bete-Seã e as suas vilas, Ibleão
e as suas vilas, os habitantes de Dor e as
suas vilas, os habitantes de En-Dor e as
suas vilas, os habitantes de Taanaque e
as suas vilas e os habitantes de Megido
e as suas vilas, a região das três colinas.
12 E os filhos de Manassés não puderam
expulsar os moradores daquelas cidades,
porque os cananeus persistiam em morar
nessa terra. 13 Quando os filhos de Israel se
tornaram fortes, sujeitaram os cananeus a
trabalhos forçados, porém não os expulsa-
ram totalmente.

14 Então o povo dos filhos de José disse
a Josué:

— Por que você nos deu por herança ape-
nas uma sorte e uma porção, sendo nós um
povo numeroso, visto que o Senhor até aqui
nos tem abençoado?

15 Josué respondeu:

— Se vocês são um povo numeroso,
subam à floresta e abram ali uma clareira
na terra dos ferezeus e dos refains, visto que
a região montanhosa de Efraim é estreita
demais para vocês.

16 Então os filhos de José disseram:

— A região montanhosa não nos basta. E
todos os cananeus que vivem na planície
têm carros de ferro, tanto os que estão em
Bete-Seã e nas suas vilas como os que estão
no vale de Jezreel.

17 Então Josué disse à casa de José, a Efraim e a Manassés:

— Vocês são um povo numeroso e forte. Vocês não terão só uma parte, 18 mas a região montanhosa será de vocês. Ainda que seja uma floresta, vocês poderão cortá-la, e até as suas extremidades será toda de vocês. Porque vocês expulsarão os cananeus, embora eles tenham carros de ferro e sejam fortes.

A DIVISÃO DO RESTO DA TERRA

18 1 Toda a congregação dos filhos de Israel se reuniu em Siló, e ali armaram a tenda do encontro. E a terra estava sujeita diante deles.

2 Sete tribos dos filhos de Israel ainda não tinham recebido a sua herança. 3 Então Josué disse aos filhos de Israel:

— Até quando vocês terão preguiça de entrar e tomar posse da terra que o SENHOR, o Deus de seus pais, deu a vocês? 4 Escolham três homens de cada tribo, para que eu os envie, eles se disponham, percorram a terra, façam uma descrição por escrito segundo a herança das tribos e depois voltem para junto de mim. 5 Dividirão a terra em sete partes: Judá ficará no seu território, ao sul, e a casa de José ficará no seu território, ao norte. 6 Descrevam a terra em sete partes e me tragam essa descrição, para que aqui diante do SENHOR, nosso Deus, eu lhes faça o sorteio. 7 Porque os levitas não têm parte entre vocês, pois a parte deles é o sacerdócio do SENHOR. Gade, Rúben e a meia tribo de Manassés já haviam recebido a sua herança do outro lado do Jordão, na direção do leste, a qual lhes foi dada por Moisés, servo do SENHOR.

8 Então aqueles homens se levantaram e se foram. E Josué deu a seguinte ordem aos que iam fazer a descrição da terra:

— Vão, percorram a terra, façam uma descrição dela e voltem para mim. Aqui em Siló, diante do SENHOR, farei o sorteio para vocês.

9 Assim os homens foram, percorreram a terra, fizeram dela uma descrição num livro, cidade por cidade, em sete partes, e voltaram a Josué, ao arraial em Siló. 10 Então Josué lhes lançou as sortes em Siló, diante do SENHOR. E ali Josué repartiu a terra, segundo as suas divisões, aos filhos de Israel.

A HERANÇA DE BENJAMIM

11 Saiu a sorte da tribo dos filhos de Benjamim, segundo as suas famílias; e o território sorteado ficava entre os filhos de Judá e os filhos de José.

12 O seu limite foi para o lado norte desde o Jordão; subia ao lado de Jericó, para o norte, e subia pela região montanhosa, para o oeste, para terminar no deserto de Bete-Áven. 13 E dali o limite passava a Luz, ao lado de Luz, que é Betel, para o sul; descia a Atarote-Adar, ao pé do monte que está do lado sul de Bete-Horom-de-Baixo.

14 O limite seguia e voltava ao lado oeste, para o sul do monte que está diante de Bete-Horom, para o sul, e terminava em Quiriate-Baal, que é Quiriate-Jearim, cidade dos filhos de Judá; este era o lado oeste.

15 O lado do sul começava na extremidade leste de Quiriate-Jearim e seguia até a fonte das águas de Neftoa; 16 o limite descia até a extremidade do monte que está diante do vale de Ben-Hinom, ao norte do vale dos Refains, e descia pelo vale de Hinom do lado dos jebuseus, para o sul; e baixava a En-Rogel; 17 volvia-se para o norte, chegava a En-Semes, de onde passava para Gelilote, que está diante da subida de Adumim, e descia à pedra de Boã, filho de Rúben; 18 passava pela vertente norte, diante da planície, e descia à planície. 19 Depois, o limite passava até o lado de Bete-Hogla, para o norte, para terminar na baía do mar Salgado, na desembocadura do Jordão, ao sul; este era o limite do sul.

20 Do lado leste, o Jordão era o seu limite.

Esta era a herança dos filhos de Benjamim nos seus limites ao redor, segundo as suas famílias.

AS CIDADES DE BENJAMIM

21 As cidades da tribo dos filhos de Benjamim, segundo as suas famílias, eram Jericó, Bete-Hogla, Emeque-Quesis, 22 Bete-Arabá, Zemaraim, Betel, 23 Avim, Pará, Ofra, 24 Quefar-Amonai, Ofni e Gaba. Ao todo, doze cidades com as suas aldeias.

25 Gibeão, Ramá, Beerote, 26 Mispa, Cefira, Mosa, 27 Requém, Irpeel, Tarala, 28 Zela, Elefe, Jebus, que é Jerusalém, Gibeá e Quiriate. Ao todo, catorze cidades com as suas aldeias.

Esta era a herança dos filhos de Benjamim, segundo as suas famílias.

A HERANÇA DE SIMEÃO

19 1 Saiu a segunda sorte a Simeão, à
tribo dos filhos de Simeão, segundo
as suas famílias, e a herança deles ficava
no meio da herança dos filhos de Judá. 2 Na
herança receberam Berseba, Seba, Molada,
3 Hazar-Sual, Balá, Ezém, 4 Eltolade, Betul,
Horma, 5 Ziclague, Bete-Marcabote, Hazar-
-Susa, 6 Bete-Lebaote e Saruém. Ao todo,
treze cidades com as suas aldeias. 7 Aim,
Rimom, Eter e Asã; ao todo, quatro cidades
com as suas aldeias. 8 E todas as aldeias que
havia ao redor destas cidades, até Baala-
te-Ber, que é Ramá do Neguebe. Esta era
a herança da tribo dos filhos de Simeão,
segundo as suas famílias. 9 A herança dos
filhos de Simeão foi tirada da porção dos
filhos de Judá, pois a herança destes era
demasiadamente grande para eles. Por
isso os filhos de Simeão receberam a sua
herança no meio dos filhos de Judá.

A HERANÇA DE ZEBULOM

10 Saiu a terceira sorte aos filhos de Zebu-
lom, segundo as suas famílias. O limite da
sua herança ia até Saride. 11 O seu limite
subia, pelo oeste, a Marala, tocava em Dabe-
sete e chegava até o ribeiro que está diante
de Jocneão. 12 De Saride, voltava para o leste,
para o nascente do sol, até o limite de Quis-
lote-Tabor, saía a Daberate, e ia subindo a
Jafia; 13 dali, passava, para o nascente, a
Gate-Hefer, a Ete-Cazim, ia a Rimom, que
se estendia até Neá, 14 e, rodeando-a, o
limite passava, para o norte, a Hanatom e
terminava no vale de Ifta-El. 15 Ainda Catate,
Naalal, Sinrom, Idala e Belém, completando
doze cidades com as suas aldeias. 16 Esta era
a herança dos filhos de Zebulom, segundo
as suas famílias; estas cidades com as
suas aldeias.

A HERANÇA DE ISSACAR

17 A quarta sorte saiu a Issacar, aos filhos
de Issacar, segundo as suas famílias. 18 O seu
território incluía Jezreel, Quesulote, Suném,
19 Hafaraim, Siom, Anacarate, 20 Rabite, Qui-
sião, Ebes, 21 Remete, En-Ganim, En-Hada e
Bete-Pasês. 22 O limite tocava o Tabor, Saa-
zima e Bete-Semes e terminava no Jordão.
Ao todo, dezesseis cidades com as suas
aldeias. 23 Esta era a herança da tribo dos
filhos de Issacar, segundo as suas famílias;
estas cidades com as suas aldeias.

A HERANÇA DE ASER

24 Saiu a quinta sorte à tribo dos filhos de
Aser, segundo as suas famílias. 25 O seu ter-
ritório incluía Helcate, Hali, Béten, Acsafe,
26 Alameleque, Amade e Misal; e tocava o
Carmelo, para o oeste, e Sior-Libnate; 27 vol-
tava para o nascente do sol, Bete-Dagom,
e tocava Zebulom e o vale de Ifta-El, ao
norte de Bete-Emeque e de Neiel, e vinha
sair a Cabul, pela esquerda, 28 Ebrom, Reobe,
Hamom e Caná, até a grande Sidom. 29 O
limite voltava a Ramá e até a cidade forti-
ficada de Tiro; então tornava a Hosa, para
terminar no mar, na região de Aczibe; 30 tam-
bém Umá, Afeca e Reobe, completando
vinte e duas cidades com as suas aldeias.
31 Esta era a herança da tribo dos filhos de
Aser, segundo as suas famílias; estas cida-
des com as suas aldeias.

A HERANÇA DE NAFTALI

32 Saiu a sexta sorte aos filhos de Naftali,
segundo as suas famílias. 33 O seu limite ia
desde Helefe, do carvalho em Zaananim,
Adami-Nequebe, Jabneel, até Lacum e ter-
minava no Jordão. 34 O limite voltava, pelo
oeste, a Aznote-Tabor, de onde passava a
Hucoque; tocava Zebulom, ao sul, e Aser,
a oeste, e Judá, pelo Jordão, ao nascente do
sol. 35 As cidades fortificadas eram Zidim,
Zer, Hamate, Racate, Quinerete, 36 Adamá,
Ramá, Hazor, 37 Quedes, Edrei, En-Hazor,
38 Irom, Migdal-El, Horém, Bete-Anate e
Bete-Semes. Ao todo, dezenove cidades
com as suas aldeias. 39 Esta era a herança da
tribo dos filhos de Naftali, segundo as suas
famílias; estas cidades com as suas aldeias.

A HERANÇA DE DÃ

40 A sétima sorte saiu à tribo dos filhos
de Dã, segundo as suas famílias. 41 O terri-
tório da sua herança incluía Zorá, Estaol,
Ir-Semes, 42 Saalabim, Aijalom, Itla, 43 Elom,
Timna, Ecrom, 44 Elteque, Gibetom, Baalate,
45 Jeúde, Benê-Beraque, Gate-Rimom,
46 Me-Jarcom e Racom, com o território
diante de Jope. 47 Mas o território dos filhos
de Dã era pequeno demais para eles. Por
isso os filhos de Dã foram e atacaram Lesém,

O lugar secreto com Deus é onde recebemos estratégias do Céu para solucionarmos as circunstâncias terrenas.

e a tomaram, matando os moradores a fio de
espada. E tomando posse da cidade, foram
morar nela e lhe chamaram Dã, segundo o
nome de Dã, seu pai. 48 Esta era a herança
da tribo dos filhos de Dã, segundo as suas
famílias; estas cidades com as suas aldeias.

A HERANÇA DE JOSUÉ

49 Quando acabaram de repartir a terra em
herança, segundo os seus territórios, os filhos
de Israel deram a Josué, filho de Num, uma
herança no meio deles. 50 Segundo o man-
dado do SENHOR, deram-lhe a cidade que ele
havia pedido, Timnate-Sera, na região mon-
tanhosa de Efraim. Josué reedificou a cidade
e morou nela.
51 Estas foram as heranças que Eleazar, o
sacerdote, e Josué, filho de Num, e os che-
fes das famílias repartiram por sorteio, em
herança, pelas tribos dos filhos de Israel,
em Siló, diante do SENHOR, à porta da tenda
do encontro. E assim acabaram de repar-
tir a terra.

AS CIDADES DE REFÚGIO

Nm 35.9-28; Dt 4.41-43; 19.1-13

20 1 O SENHOR ordenou a Josué:
2 — Diga aos filhos de Israel: "Esco-
lham as cidades de refúgio de que lhes falei
por meio de Moisés, 3 para que possa fugir
para lá o homicida que matar uma pessoa
por engano ou sem querer. Essas cidades
serão para vocês um lugar de refúgio contra
o vingador do sangue. 4 Ao fugir para uma
dessas cidades, o homicida involuntário se
colocará junto ao portão da cidade e exporá
o seu caso aos anciãos daquela cidade.
Então eles o levarão para dentro da cidade
e lhe darão lugar, para que habite com
eles. 5 Se o vingador do sangue o perseguir,
não lhe entregarão nas mãos o homicida,
porque matou o seu próximo sem querer e
não porque o odiava. 6 Habitará nessa cidade
até que compareça em juízo diante da con-
gregação, até que morra o sumo sacerdote
que estiver servindo naqueles dias. Então
o homicida poderá voltar à sua cidade e à
sua casa, à cidade de onde fugiu."
7 Assim, designaram solenemente Que-
des, na Galileia, na região montanhosa de
Naftali, Siquém, na região montanhosa
de Efraim, e Quiriate-Arba, ou seja, Hebrom,
na região montanhosa de Judá. 8 Do outro
lado do Jordão, na altura de Jericó, para
o leste, designaram Bezer, no deserto, no
planalto da tribo de Rúben; e Ramote, em
Gileade, da tribo de Gade; e Golã, em Basã,
da tribo de Manassés.
9 São estas as cidades que foram designa-
das para todos os filhos de Israel e para os
estrangeiros que moravam entre eles, para
que nelas pudesse se refugiar todo aquele
que, por engano, matasse uma pessoa,
para que não morresse às mãos do vin-
gador do sangue, até comparecer diante
da congregação.

CIDADES DOS LEVITAS

1Cr 6.54-81

21 1 Então os chefes das famílias dos
levitas se aproximaram de Eleazar,
o sacerdote, de Josué, filho de Num, e dos
chefes das famílias das tribos dos filhos
de Israel, 2 em Siló, na terra de Canaã, e
lhes disseram:
— O SENHOR ordenou, por meio de Moisés,
que nos fossem dadas cidades para morar
e também os seus arredores para os nos-
sos animais.
3 E os filhos de Israel deram aos levitas,
da sua herança, segundo o mandado do
SENHOR, algumas cidades e os seus arre-
dores. 4 A sorte saiu para as famílias dos
coatitas. Assim, os levitas que eram des-
cendentes do sacerdote Arão receberam,
por sorteio, treze cidades das tribos de Judá,
Simeão e Benjamim. 5 Os outros filhos de
Coate receberam, por sorteio, dez cidades
das famílias da tribo de Efraim, da tribo de
Dã e da meia tribo de Manassés.
6 Os filhos de Gérson receberam, por sor-
teio, treze cidades das famílias da tribo de
Issacar, da tribo de Aser, da tribo de Naftali
e da meia tribo de Manassés, em Basã.
7 Os filhos de Merari receberam, por sorteio,
segundo as suas famílias, doze cidades das
tribos de Rúben, Gade e Zebulom.
8 Os filhos de Israel deram aos levitas
estas cidades e os seus arredores, por sor-
teio, como o SENHOR havia ordenado por
meio de Moisés.
9 Das tribos dos filhos de Judá e dos filhos
de Simeão, os filhos de Israel deram mais
algumas cidades que, nominalmente,

foram designadas, 10 para que fossem dos filhos de Arão, das famílias dos coatitas, dos filhos de Levi, porque a primeira sorte foi deles. 11 Assim, lhes deram Quiriate-Arba (Arba era pai de Anaque), que é Hebrom, na região montanhosa de Judá, e, em torno dela, os seus arredores. 12 Porém o campo da cidade, com as suas aldeias, deram a Calebe, filho de Jefoné, como sua propriedade.

13 Assim, aos filhos de Arão, o sacerdote, deram Hebrom, cidade de refúgio do homicida, com os seus arredores, Libna com os seus arredores, 14 Jatir com os seus arredores, Estemoa com os seus arredores, 15 Holom com os seus arredores, Debir com os seus arredores, 16 Aim com os seus arredores, Jutá com os seus arredores e Bete-Semes com os seus arredores. Ao todo, nove cidades dessas duas tribos. 17 Da tribo de Benjamim, deram Gibeão com os seus arredores, Gaba com os seus arredores, 18 Anatote com os seus arredores e Almom com os seus arredores. Ao todo, quatro cidades. 19 O total das cidades dos sacerdotes, filhos de Arão, foi treze cidades com os seus arredores.

20 As outras famílias dos levitas de Coate receberam as cidades da sua sorte da tribo de Efraim. 21 Deram-lhes Siquém, cidade de refúgio do homicida, com os seus arredores, na região montanhosa de Efraim, Gezer com os seus arredores, 22 Quibzaim com os seus arredores e Bete-Horom com os seus arredores. Ao todo, quatro cidades. 23 Da tribo de Dã, deram Elteque com os seus arredores, Gibetom com os seus arredores, 24 Aijalom com os seus arredores e Gate-Rimom com os seus arredores. Ao todo, quatro cidades. 25 Da meia tribo de Manassés, deram Taanaque com os seus arredores e Gate-Rimom com os seus arredores. Ao todo, duas cidades. 26 No total, dez cidades com os seus arredores, para as famílias dos demais filhos de Coate.

27 Aos filhos de Gérson, das famílias dos levitas, deram, em Basã, da tribo de Manassés, Golã, a cidade de refúgio para o homicida, com os seus arredores, e Beesterá com os seus arredores. Ao todo, duas cidades. 28 Da tribo de Issacar, deram Quisião com os seus arredores, Daberate com os seus arredores, 29 Jarmute com os seus arredores e En-Ganim com os seus arredores. Ao todo, quatro cidades. 30 Da tribo de Aser, deram Misal com os seus arredores, Abdom com os seus arredores, 31 Helcate com os seus arredores e Reobe com os seus arredores. Ao todo, quatro cidades. 32 Da tribo de Naftali, deram, na Galileia, Quedes, cidade de refúgio para o homicida, com os seus arredores, Hamote-Dor com os seus arredores e Cartã com os seus arredores. Ao todo, três cidades. 33 Total das cidades dos gersonitas, segundo as suas famílias: treze cidades com os seus arredores.

34 Às famílias dos demais levitas dos filhos de Merari deram, da tribo de Zebulom, Jocneão com os seus arredores, Cartá com os seus arredores, 35 Dimna com os seus arredores e Naalal com os seus arredores. Ao todo, quatro cidades. 36 Da tribo de Rúben, deram Bezer com os seus arredores, Jaza com os seus arredores, 37 Quedemote com os seus arredores e Mefaate com os seus arredores. Ao todo, quatro cidades. 38 Da tribo de Gade, deram, em Gileade, Ramote, cidade de refúgio para o homicida, com os seus arredores, Maanaim com os seus arredores, 39 Hesbom com os seus arredores e Jazer com os seus arredores. Ao todo, quatro cidades. 40 Todas estas cidades tocaram por sorteio aos filhos de Merari, segundo as suas famílias, que ainda restavam das famílias dos levitas: doze cidades.

41 O total das cidades dos levitas, no meio da herança dos filhos de Israel, foram quarenta e oito cidades com os seus arredores. 42 Cada uma dessas cidades tinha pastagens ao seu redor. Era assim com todas elas.

O POVO DE ISRAEL TOMA POSSE DA TERRA

43 Desta maneira, o SENHOR deu a Israel toda a terra que, sob juramento, havia prometido dar a seus pais; eles tomaram posse dela e habitaram nela. 44 O SENHOR lhes deu repouso ao redor, segundo tudo o que havia jurado a seus pais. Nenhum de todos os seus inimigos resistiu diante deles; a todos eles o SENHOR entregou nas mãos dos filhos de Israel. 45 Nenhuma promessa falhou de todas as boas palavras que o SENHOR havia falado à casa de Israel; tudo se cumpriu.

JOSUÉ ABENÇOA E DESPEDE AS DUAS TRIBOS E MEIA

22 1 Então Josué chamou os rubenitas, os gaditas e a meia tribo de Manassés 2 e lhes disse:

— Vocês fizeram tudo o que Moisés, servo do SENHOR, lhes ordenou e também foram obedientes a mim em tudo o que lhes ordenei. 3 Durante todo esse tempo, até o dia de hoje, vocês não abandonaram os seus irmãos; pelo contrário, tiveram o cuidado de guardar o mandamento do SENHOR, seu Deus. 4 Agora o SENHOR, seu Deus, já concedeu repouso aos irmãos de vocês, como lhes havia prometido. Voltem, pois, agora, e vão para as suas tendas, à terra que lhes pertence, que Moisés, servo do SENHOR, deu a vocês do outro lado do Jordão. 5 Mas tenham o maior cuidado em guardar o mandamento e a lei que Moisés, servo do SENHOR, lhes ordenou: que vocês amem o SENHOR, seu Deus, andem em todos os seus caminhos, guardem os seus mandamentos, sejam fiéis a ele e o sirvam de todo o coração e de toda a alma.

6 Assim, Josué os abençoou e os despediu. E eles foram para as suas tendas.

7 Ora, Moisés tinha dado herança em Basã à meia tribo de Manassés; porém à outra metade da tribo Josué deu herança entre os seus irmãos, deste lado do Jordão, para o oeste. E Josué, ao despedi-los para as suas tendas, os abençoou 8 e lhes disse:

— Voltem para as suas tendas com grandes riquezas, com muito gado, prata, ouro, bronze, ferro e muitas roupas. Repartam com os seus irmãos o despojo que tomaram dos inimigos.

9 Assim, os filhos de Rúben, os filhos de Gade e a meia tribo de Manassés voltaram e se retiraram dos filhos de Israel em Siló, que está na terra de Canaã, para irem à terra de Gileade, à terra da sua propriedade, de que foram feitos possuidores, segundo o mandado do SENHOR, por meio de Moisés.

O ALTAR JUNTO AO JORDÃO

10 Quando chegaram à região próxima ao Jordão, na terra de Canaã, os filhos de Rúben, os filhos de Gade e a meia tribo de Manassés edificaram um altar junto ao Jordão, altar grande e vistoso. 11 Os filhos de Israel ouviram dizer:

— Eis que os filhos de Rúben, os filhos de Gade e a meia tribo de Manassés edificaram um altar diante da terra de Canaã, perto do Jordão, do lado dos filhos de Israel.

12 Quando os filhos de Israel ouviram isso, toda a congregação dos filhos de Israel se reuniu em Siló, para fazer guerra contra eles.

13 E os filhos de Israel enviaram Fineias, filho do sacerdote Eleazar, aos filhos de Rúben, aos filhos de Gade e à meia tribo de Manassés. 14 Com ele foram dez chefes, um de cada tribo de Israel, sendo cada um deles chefe da casa de seus pais entre os grupos de milhares de Israel. 15 Eles se dirigiram à terra de Gileade, onde estavam os filhos de Rúben, os filhos de Gade e a meia tribo de Manassés, e lhes falaram, dizendo:

16 — Assim diz toda a congregação do SENHOR: Que infidelidade é esta que vocês cometeram contra o Deus de Israel, deixando hoje de seguir o SENHOR, edificando um altar para vocês, para se rebelarem contra o SENHOR? 17 Será que não nos bastou a iniquidade de Peor, de que até hoje ainda não nos purificamos, apesar de ter vindo uma praga sobre a congregação do SENHOR, 18 para que hoje vocês deixem de seguir o SENHOR? Se hoje vocês se rebelam contra o SENHOR, amanhã ele ficará irado com toda a congregação de Israel. 19 Se a terra que vocês receberam por herança é impura, passem para a terra que pertence ao SENHOR, onde está o tabernáculo do SENHOR, e tomem posse entre nós. Porém não se rebelem contra o SENHOR, nem se rebelem contra nós, edificando para vocês um altar que não é o altar do SENHOR, nosso Deus. 20 Não cometeu Acã, filho de Zera, infidelidade no que diz respeito às coisas condenadas? E não veio ira sobre toda a congregação de Israel? Pois aquele homem não morreu sozinho na sua iniquidade.

21 Então os filhos de Rúben, os filhos de Gade e a meia tribo de Manassés responderam aos cabeças dos grupos de milhares de Israel:

22 — O Poderoso, Deus, o SENHOR! O Poderoso, Deus, o SENHOR, ele sabe, e Israel mesmo o saberá. Se foi em rebeldia ou por infidelidade contra o SENHOR que fizemos

isso, não nos poupem a vida no dia de hoje.
23 Se edificamos um altar para deixarmos
de seguir o SENHOR, ou para, sobre ele, ofe-
recermos holocausto e oferta de cereais, ou,
sobre ele, fazermos oferta pacífica, que o
SENHOR mesmo nos responsabilize por isso.
24 Pelo contrário, fizemos isso por causa da
seguinte preocupação: amanhã talvez os
filhos de vocês dirão aos nossos filhos:
"O que é que vocês têm a ver com o SENHOR,
o Deus de Israel? 25 Porque o SENHOR pôs o
Jordão por limite entre nós e vocês, ó filhos
de Rúben e filhos de Gade. Vocês não têm
nada a ver com o SENHOR!" E, assim, bem
poderiam os filhos de vocês afastar os
nossos filhos do temor do SENHOR. 26 Por
isso dissemos: "Vamos edificar um altar,
não para holocausto, nem para sacrifício,
27 mas para que entre nós e vocês e entre
as nossas gerações depois de nós nos sirva
de testemunho, e possamos servir o SENHOR
na presença dele com os nossos holocaus-
tos, os nossos sacrifícios e as nossas ofertas
pacíficas." E também para que, no futuro,
os filhos de vocês não digam aos nossos
filhos: "Vocês não têm nada a ver com o
SENHOR." 28 Por isso dissemos: Se, no futuro,
disserem algo assim a nós ou aos nossos
descendentes, responderemos: "Vejam o
modelo do altar do SENHOR que os nossos
pais fizeram, não para holocausto, nem para
sacrifício, mas para testemunho entre nós
e vocês." 29 Longe de nós a intenção de nos
rebelarmos contra o SENHOR e deixarmos
hoje de seguir o SENHOR, edificando um altar
para holocausto, oferta de cereais ou sacri-
fício, altar que não é o altar do SENHOR, nosso
Deus, que está diante do seu tabernáculo.

30 Quando o sacerdote Fineias, os chefes
da congregação e os cabeças dos grupos
de milhares de Israel que estavam com ele
ouviram as palavras que disseram os filhos
de Rúben, os filhos de Gade e os filhos de
Manassés, deram-se por satisfeitos. 31 E
Fineias, filho do sacerdote Eleazar, disse
aos filhos de Rúben, aos filhos de Gade e
aos filhos de Manassés:

— Hoje sabemos que o SENHOR está no
meio de nós, porque vocês não comete-
ram infidelidade contra o SENHOR. Assim
vocês livraram os filhos de Israel da mão
do SENHOR.

32 Fineias, filho do sacerdote Eleazar, e os
chefes, deixando os filhos de Rúben e os
filhos de Gade, voltaram da terra de Gileade
para a terra de Canaã, aos filhos de Israel,
e lhes deram relatório de tudo. 33 Com esta
resposta os filhos de Israel se deram por
satisfeitos e bendisseram a Deus. E não fala-
ram mais de ir e fazer guerra contra eles,
para destruírem a terra em que habitavam
os filhos de Rúben e os filhos de Gade. 34 Os
filhos de Rúben e os filhos de Gade cha-
maram o altar de "Testemunho", porque
disseram: "É um testemunho entre nós de
que o SENHOR é Deus."

JOSUÉ EXORTA O POVO A OBSERVAR A LEI

23 1 Muito tempo havia se passado
desde que o SENHOR tinha dado a
Israel repouso de todos os seus inimigos
ao redor. Josué agora já era bem idoso. 2 Ele
chamou todo o Israel, os seus anciãos, os
seus chefes, os seus juízes e os seus oficiais
e lhes disse:

— Já estou bem velho, 3 e vocês já viram
tudo o que o SENHOR, seu Deus, fez com todas
essas nações por causa de vocês, porque o
SENHOR, seu Deus, é o que lutou por vocês.
4 Vejam bem: por sorteio eu reparti entre
as tribos de vocês estas nações que res-
tam, juntamente com todas as nações que
tenho eliminado, desde o Jordão até o mar
Grande, na direção do pôr do sol. 5 O SENHOR,
seu Deus, as afastará e as expulsará da pre-
sença de vocês; e vocês tomarão posse das
terras dessas nações, como o SENHOR, seu
Deus, prometeu.

6 — Portanto, esforcem-se muito para
guardar e cumprir tudo o que está escrito
no Livro da Lei de Moisés, para que dela
não se afastem, nem para a direita nem
para a esquerda, 7 e para que não se mistu-
rem com essas nações que restaram entre
vocês. Não façam menção dos nomes de
seus deuses, nem jurem por eles. Não sir-
vam, nem adorem esses deuses. 8 Pelo
contrário, apeguem-se ao SENHOR, seu
Deus, como vocês têm feito até o dia de
hoje. 9 Porque o SENHOR expulsou de diante
de vocês grandes e fortes nações; e, até o
dia de hoje, ninguém conseguiu resistir a
vocês. 10 Um só de vocês perseguirá mil,

pois o Senhor, seu Deus, é quem luta por vocês, como ele prometeu.

11 — Portanto, empenhem-se em amar o Senhor, seu Deus. 12 Porque, se vocês se desviarem dele e se apegarem ao que resta dessas nações que ainda se encontram entre vocês, e se unirem com elas por meio de casamento, e se misturarem com elas, e elas com vocês, 13 saibam com certeza que o Senhor, seu Deus, não expulsará mais essas nações de diante de vocês. Pelo contrário, elas serão um laço e uma rede para vocês, e açoite nas costas e espinhos nos olhos, até que vocês desapareçam desta boa terra que o Senhor, seu Deus, lhes deu.

14 — Eis que hoje sigo pelo caminho de todos os mortais, e vocês sabem de todo o coração e de toda a alma que nem uma só promessa falhou de todas as boas palavras que o Senhor, seu Deus, lhes falou; todas se cumpriram, nem uma delas falhou. 15 E assim como se cumpriram todas estas boas coisas que o Senhor, seu Deus, lhes prometeu, assim o Senhor também cumprirá contra vocês todas as ameaças, até que os destrua de sobre a boa terra que o Senhor, seu Deus, lhes deu. 16 Se violarem a aliança que o Senhor, seu Deus, lhes ordenou, e forem e servirem outros deuses, e os adorarem, a ira do Senhor se acenderá sobre vocês, e logo vocês desaparecerão da boa terra que ele lhes deu.

JOSUÉ SE DESPEDE DO POVO

24 1 Depois Josué reuniu todas as tribos de Israel em Siquém e chamou os anciãos de Israel, os seus chefes, os seus juízes e os seus oficiais, e eles se apresentaram diante de Deus. 2 Então Josué disse a todo o povo:

— Assim diz o Senhor, Deus de Israel: "Antigamente, os pais de vocês, incluindo Tera, pai de Abraão e de Naor, viviam do outro lado do Eufrates e serviam outros deuses. 3 Eu, porém, trouxe Abraão, o pai de vocês, do outro lado do rio e o fiz percorrer toda a terra de Canaã. Também multipliquei a descendência dele e lhe dei Isaque. 4 A Isaque dei Jacó e Esaú. A Esaú dei como propriedade as montanhas de Seir, mas Jacó e seus filhos desceram para o Egito. 5 Então enviei Moisés e Arão e castiguei o Egito com o que fiz ali; e, depois, tirei vocês de lá. 6 Quando tirei os seus pais do Egito, vocês chegaram até o mar. Os egípcios perseguiram os pais de vocês, com carros de guerra e cavaleiros, até o mar Vermelho. 7 Os pais de vocês clamaram e o Senhor pôs escuridão entre vocês e os egípcios, e trouxe o mar sobre eles, e o mar os cobriu. Vocês viram com os seus próprios olhos o que eu fiz no Egito. Depois vocês viveram no deserto por muito tempo.

8 — Daí eu os trouxe à terra dos amorreus, que moravam do outro lado do Jordão. Eles lutaram contra vocês, mas eu os entreguei nas mãos de vocês. Vocês tomaram posse da terra deles, e eu os destruí diante de vocês. 9 Então o rei de Moabe, Balaque, filho de Zipor, se levantou e lutou contra Israel. Mandou chamar Balaão, filho de Beor, para que os amaldiçoasse. 10 Porém eu não quis ouvir Balaão, e ele teve de abençoar vocês. E assim eu os livrei das mãos de Balaque.

11 — Vocês atravessaram o Jordão e chegaram a Jericó. Os moradores de Jericó lutaram contra vocês e o mesmo fizeram também os amorreus, os ferezeus, os cananeus, os heteus, os girgaseus, os heveus e os jebuseus. Porém eu os entreguei nas mãos de vocês. 12 Enviei vespões adiante de vocês, que os expulsaram de diante de vocês, bem como os dois reis dos amorreus. E não foram as espadas nem os arcos de vocês que fizeram isso. 13 Eu lhes dei uma terra em que vocês não trabalharam e cidades que vocês não haviam construído. Vocês estão vivendo nessas cidades, e comem das vinhas e dos olivais que não plantaram."

RENOVAÇÃO DA ALIANÇA

14 — Agora, pois, temam o Senhor e o sirvam com integridade e com fidelidade. Joguem fora os deuses que os pais de vocês serviram do outro lado do Eufrates e no Egito e sirvam o Senhor. 15 Mas, se vocês não quiserem servir o Senhor, escolham hoje a quem vão servir: se os deuses a quem os pais de vocês serviram do outro lado do Eufrates ou os deuses dos amorreus em cuja terra vocês estão morando. Eu e a minha casa serviremos o Senhor.

16 Então o povo respondeu:

— Longe de nós abandonar o Senhor para servir outros deuses! 17 Porque o Senhor é o nosso Deus. Ele é quem nos tirou, a nós e

aos nossos pais, da terra do Egito, da casa
da servidão. Ele é quem fez estes grandes
sinais aos nossos olhos e nos guardou por
todo o caminho em que andamos e entre
todos os povos pelo meio dos quais passa-
mos. 18 O Senhor expulsou de diante de nós
todas estas gentes, até o amorreu, morador
da terra. Portanto, nós também serviremos
o Senhor, pois ele é o nosso Deus.
19 Então Josué disse ao povo:
— Vocês não poderão servir o Senhor,
porque é Deus santo, Deus zeloso, que não
perdoará a transgressão e os pecados de
vocês. 20 Se abandonarem o Senhor e servi-
rem deuses estranhos, ele se voltará contra
vocês, e lhes fará mal, e os destruirá, depois
de lhes ter feito bem.
21 Então o povo disse a Josué:
— Não! O que queremos é servir o Senhor.
22 Josué disse ao povo:
— Vocês são testemunhas contra vocês
mesmos de que escolheram o Senhor
para o servir.
E eles disseram:
— Sim, somos testemunhas.
23 E Josué continuou:
— Agora, pois, joguem fora os deuses
estranhos que há no meio de vocês e incli-
nem o coração ao Senhor, Deus de Israel.
24 O povo disse a Josué:
— Ao Senhor, nosso Deus, serviremos e
obedeceremos à sua voz.
25 Assim, naquele dia, Josué fez aliança
com o povo e lhes deu estatutos e juízos
em Siquém. 26 Josué escreveu estas palavras
no Livro da Lei de Deus. Pegou uma grande
pedra e a erigiu ali debaixo do carvalho que
estava junto ao santuário do Senhor. 27 Então
Josué disse a todo o povo:
— Eis que esta pedra nos será testemu-
nha, pois ouviu todas as palavras que o
Senhor nos tem dito. Portanto, será testemu-
nha contra vocês, para que não mintam ao
Deus de vocês.
28 Então Josué despediu o povo, cada um
para a sua herança.

A MORTE DE JOSUÉ E DE ELEAZAR

Jz 2.6-9

29 Depois destas coisas, Josué, filho de
Num, servo do Senhor, morreu com a idade
de cento e dez anos. 30 Foi sepultado na sua
própria herança, em Timnate-Sera, que fica
na região montanhosa de Efraim, para o
norte do monte Gaás.
31 Israel serviu o Senhor todos os dias de
Josué e todos os dias dos anciãos que ainda
sobreviveram por muito tempo depois de
Josué e que sabiam de todas as obras que
o Senhor tinha feito por Israel.
32 Os ossos de José, que os filhos de Israel
trouxeram do Egito, foram sepultados em
Siquém, naquela parte do campo que Jacó
havia comprado dos filhos de Hamor, pai de
Siquém, por cem peças de prata, e que veio
a ser a herança dos filhos de José.
33 Morreu também Eleazar, filho de Arão,
e o sepultaram em Gibeá, cidade que per-
tencia a Fineias, seu filho, e que lhe tinha
sido dada na região montanhosa de Efraim.

Juízes

Livro 7 com 21 CAPÍTULOS

SIGNIFICADO DO TÍTULO

"Juízes" vem do hebraico *shofetim*, designação de personagens que dirigiram o povo de Israel e se esforçaram para protegê-lo de nações agressoras. Eles não apenas julgavam, mas tinham papel de governo, libertação e liderança bélica. Atuaram entre a morte de Josué e o início da monarquia (séculos 13 a 11 a.C.).

AUTORIA

Não se sabe. A tradição aponta Samuel como o autor, mas é possível que pessoas como os profetas Natã e Gade tenham ajudado na compilação do texto (1Cr 29.29).

INFORMAÇÕES GERAIS

Não se conhece o período exato em que Juízes foi escrito, mas a expressão frequente "Naqueles dias, não havia rei em Israel" (Jz 17.6; 18.1; 19.1; 21.25) dá a entender uma data após a instauração da monarquia.

CRISTO E JUÍZES

Juízes revela a necessidade de um salvador definitivo em razão da contínua falha humana e dos ciclos de pecado, destacando a insuficiência dos juízes temporários. Isso aponta para Cristo como o Juiz perfeito e eterno.

ESTRUTURA DO LIVRO

- ★ Prólogo: apostasia e conquista incompleta Jz 1—3.6
- ★ Otoniel derrota Arã Jz 3.7-11
- ★ Eúde derrota Moabe Jz 3.12-30
- ★ Sangar Jz 3.31
- ★ Débora derrota Canaã Jz 4—5
- ★ Gideão derrota Midiã Jz 6—8
- ★ A opressão de Abimeleque Jz 9
- ★ Tolá Jz 10.1-2
- ★ Jair Jz 10.3-5
- ★ Jefté derrota Amom Jz 10.6—12.7
- ★ Ibsã Jz 12.8-10
- ★ Elom Jz 12.11-12
- ★ Abdom Jz 12.13-15
- ★ Sansão refreia a Filístia Jz 13—16
- ★ Epílogo: desordens religiosas e morais Jz 17—21

TEMAS DE JUÍZES

O ponto focal da teologia do livro é o senhorio de Deus sobre seu povo. A aliança no Sinai (Ex 19—24) é renovada por Moisés (Dt 29) e Josué (Js 24), mas os israelitas repetidamente rejeitam a soberania de Javé, seguindo falsos deuses. Inicia uma série de ciclos que seguem a seguinte estrutura:

O povo de Deus peca → O Senhor o entrega a povos inimigos → O povo de Deus passa anos em servidão → O povo de Deus clama a ele → O Senhor levanta e capacita um libertador → O povo de Deus derrota o inimigo → Instaura-se a paz

NOVAS CONQUISTAS PELAS TRIBOS

1 [1] Depois da morte de Josué, os filhos de Israel consultaram o SENHOR, dizendo:

— Quem de nós será a primeira tribo a lutar contra os cananeus?

[2] O SENHOR respondeu:

— A tribo de Judá será a primeira; eis que entreguei a terra nas mãos desta tribo.

[3] Então os filhos de Judá disseram aos seus irmãos da tribo de Simeão:

— Venham conosco à herança que nos caiu por sorteio, e lutemos contra os cananeus. Depois também nós iremos com vocês à herança que lhes caiu por sorteio.

E os filhos de Simeão foram com eles.
[4] Os filhos de Judá atacaram, e o SENHOR lhes entregou nas mãos os cananeus e os ferezeus; e, em Bezeque, mataram dez mil homens.
[5] Em Bezeque, encontraram Adoni-Bezeque e lutaram contra ele; e derrotaram os cananeus e os ferezeus.
[6] Adoni-Bezeque fugiu, mas eles o perseguiram e, prendendo-o, lhe cortaram os polegares das mãos e dos pés.
[7] Então Adoni-Bezeque disse:

— Setenta reis, a quem haviam sido cortados os polegares das mãos e dos pés, apanhavam migalhas debaixo da minha mesa. Assim como eu fiz, assim Deus me retribuiu.

E o levaram a Jerusalém, onde morreu.

A CONQUISTA DE JERUSALÉM E HEBROM

[8] Os filhos de Judá atacaram Jerusalém e, tomando-a, mataram os seus moradores e puseram fogo na cidade.
[9] Depois, os filhos de Judá foram lutar contra os cananeus que habitavam nas montanhas, no Neguebe e na Sefelá.
[10] Também atacaram os cananeus que moravam em Hebrom, cujo nome antes era Quiriate-Arba, e derrotaram Sesai, Aimã e Talmai.

OTNIEL CONQUISTA DEBIR

Js 15.14-19

[11] Dali os filhos de Judá marcharam contra os moradores de Debir, que antes era chamada de Quiriate-Sefer.
[12] Então Calebe disse:

— Darei a minha filha Acsa por mulher ao homem que atacar e conquistar Quiriate-Sefer.

[13] Quem conquistou a cidade foi Otniel, filho de Quenaz, o irmão de Calebe, mais novo do que ele. E Calebe lhe deu a sua filha Acsa por mulher.
[14] Esta, quando foi morar com Otniel, insistiu com ele para que pedisse um campo ao pai dela. Quando ela desceu do jumento, Calebe lhe perguntou:

— O que é que você quer?

[15] Ela respondeu:

— Quero que me dê um presente. Já que o senhor me deu uma terra seca, me dê também algumas fontes de água.

Então Calebe lhe deu as fontes superiores e as fontes inferiores.

OUTRAS CONQUISTAS

[16] Os filhos do queneu, sogro de Moisés, saíram da cidade das palmeiras com os filhos de Judá e foram ao deserto de Judá, que está ao sul de Arade; foram e habitaram com este povo.
[17] Os filhos de Judá foram com os seus irmãos da tribo de Simeão e atacaram os cananeus que moravam em Zefate e destruíram totalmente a cidade; por isso, foi chamada de Horma.

[18] Também conquistaram Gaza, Asquelom e Ecrom com os seus respectivos territórios.
[19] O SENHOR esteve com os filhos de Judá, e estes ocuparam a região das montanhas. Porém não expulsaram os moradores do vale, porque estes tinham carros de ferro.
[20] E, como Moisés havia prometido, deram Hebrom a Calebe, e este expulsou dali os três filhos de Anaque.

[21] Porém os filhos de Benjamim não expulsaram os jebuseus que moravam em Jerusalém. Assim, os jebuseus vivem com os filhos de Benjamim em Jerusalém até o dia de hoje.

[22] A casa de José atacou Betel, e o SENHOR estava com eles.
[23] A casa de José enviou homens a espiar Betel, que antes se chamava Luz.
[24] Os espias viram um homem que saía da cidade e lhe disseram:

— Mostre-nos a entrada da cidade, e teremos misericórdia de você.

[25] O homem mostrou a entrada da cidade, e eles mataram os moradores ao fio da espada; mas deixaram ir aquele homem e toda a sua família.
[26] Então ele foi para a terra dos heteus, edificou uma cidade, e lhe deu o nome de Luz. E este é o seu nome até o dia de hoje.

TERRAS NÃO CONQUISTADAS PELOS ISRAELITAS

[27] A tribo de Manassés não expulsou os moradores de Bete-Seã, nem os de Taanaque,

nem os de Dor, nem os de Ibleão, nem os
de Megido, todas com as suas respectivas
aldeias; os cananeus continuaram a viver
naquela terra. 28 Quando, porém, Israel se
tornou mais forte, sujeitou os cananeus a
trabalhos forçados, mas não os expulsou
de todo.
29 A tribo de Efraim não expulsou os
cananeus, moradores de Gezer. Assim, con-
tinuaram a viver com eles em Gezer.
30 A tribo de Zebulom não expulsou os
moradores de Quitrom, nem os de Naalol.
Os cananeus continuaram com eles, sujei-
tos a trabalhos forçados.
31 A tribo de Aser não expulsou os morado-
res de Aco, nem os de Sidom, os de Alabe, os
de Aczibe, os de Helba, os de Afeca e os de
Reobe. 32 Os aseritas continuaram no meio
dos cananeus que moravam na terra, por-
que não os expulsaram.
33 A tribo de Naftali não expulsou os mora-
dores de Bete-Semes, nem os de Bete-Anate,
mas continuou no meio dos cananeus que
moravam na terra. No entanto, os moradores
de Bete-Semes e Bete-Anate ficaram sujei-
tos a trabalhos forçados.
34 Os amorreus levaram os filhos de Dã
a se retirar para as montanhas e não os
deixavam descer ao vale. 35 Os amorreus
conseguiram permanecer nas montanhas
de Heres, em Aijalom e em Saalabim; no
entanto, a mão da casa de José prevaleceu, e
os amorreus foram sujeitos a trabalhos for-
çados. 36 O território dos amorreus ia desde
a subida de Acrabim e desde Sela para cima.

DEUS REPREENDE OS ISRAELITAS

2 1 O Anjo do SENHOR foi de Gilgal a Boquim
e disse:
— Eu tirei vocês do Egito e os trouxe à
terra que, sob juramento, havia prometido
aos seus pais. Eu disse: "Nunca invalida-
rei a minha aliança com vocês. 2 Quanto a
vocês, não façam nenhuma aliança com os
moradores desta terra; pelo contrário, der-
rubem os seus altares." No entanto, vocês
não obedeceram à minha voz. O que é isso
que vocês fizeram? 3 Por isso, também eu
disse: "Não expulsarei esses povos da pre-
sença de vocês; pelo contrário, eles serão
seus adversários, e os deuses deles serão
uma armadilha para vocês."
4 Quando o Anjo do SENHOR acabou de falar
estas palavras a todos os filhos de Israel, o
povo levantou a sua voz e chorou. 5 Por isso
aquele lugar foi chamado de Boquim. E ali
ofereceram sacrifícios ao SENHOR.

A MORTE DE JOSUÉ

Js 24.29-31

6 Depois que Josué despediu o povo, os
filhos de Israel se foram, cada um à sua
herança, para possuírem a terra. 7 O povo
serviu o SENHOR todos os dias de Josué e
todos os dias dos anciãos que ainda sobre-
viveram por muito tempo depois de Josué
e que viram todas as grandes obras que o
SENHOR tinha feito por Israel.
8 Josué, filho de Num, servo do SENHOR,
morreu com a idade de cento e dez anos.
9 Foi sepultado em sua própria herança, em
Timnate-Heres, na região montanhosa de
Efraim, ao norte do monte Gaás.
10 Toda aquela geração também morreu
e foi reunida aos seus pais. E, depois dela,
se levantou uma nova geração, que não
conhecia o SENHOR, nem as obras que ele
havia feito por Israel. 11 Então os filhos de
Israel fizeram o que era mau aos olhos do
SENHOR, servindo os baalins. 12 Deixaram
o SENHOR, Deus de seus pais, que os havia
tirado da terra do Egito, e seguiram outros
deuses, os deuses dos povos que havia ao
redor deles, e os adoraram, e provocaram o
SENHOR à ira. 13 Porque deixaram o SENHOR e
serviram Baal e Astarote. 14 A ira do SENHOR se
acendeu contra Israel e ele os entregou nas
mãos de ladrões que os despojavam do que
possuíam. Ele os entregou nas mãos dos seus
inimigos ao redor; e não puderam mais resis-
tir a eles. 15 Por onde quer que fossem, a mão
do SENHOR estava contra eles para seu mal,
como o SENHOR lhes tinha dito e como lhes
havia jurado. E estavam em grande aperto.
16 Então o SENHOR suscitou juízes, que os
livraram das mãos dos que os atacavam e
roubavam. 17 Mas eles não obedeceram aos
seus juízes; pelo contrário, se prostituíram
com outros deuses e os adoraram. Depressa
se desviaram do caminho por onde andaram
seus pais na obediência aos mandamentos
do SENHOR; e não fizeram como eles.
18 Quando o SENHOR lhes suscitava juí-
zes, o SENHOR estava com o juiz e os livrava

O Pai se preocupa mais com a nossa obediência do que com a nossa conta bancária. Está mais preocupado com o nosso coração do que com o serviço que prestamos no Reino.

das mãos dos seus inimigos, todos os dias
daquele juiz; porque o SENHOR se compade-
cia deles ante os seus gemidos, por causa
dos que os afligiam e oprimiam. 19 Mas,
quando o juiz morria, eles voltavam a viver
como antes e se tornavam piores do que os
seus pais, seguindo outros deuses, servin-
do-os e adorando-os. Não abandonavam
nenhuma das suas práticas, nem a sua obsti-
nação. 20 Por isso a ira do SENHOR se acendeu
contra Israel, e ele disse:

— Porque este povo transgrediu a minha
aliança que eu havia ordenado a seus pais e
não deu ouvidos à minha voz, 21 também eu
não expulsarei mais de diante deles nenhuma
das nações que Josué deixou quando morreu.
22 Por meio delas vou pôr Israel à prova, para
ver se o povo guardará ou não o caminho do
SENHOR, como seus pais o guardaram.

23 Assim, o SENHOR deixou que aquelas
nações ficassem e não as expulsou logo,
nem as entregou nas mãos de Josué.

POVOS PAGÃOS NO MEIO DE ISRAEL

3 1 São estas as nações que o SENHOR dei-
xou ficar para, por meio delas, pôr Israel
à prova, isto é, para provar todos os israeli-
tas que não sabiam de todas as guerras de
Canaã. 2 Ele fez isso tão somente para que
as gerações dos filhos de Israel conheces-
sem a guerra, para lhes ensinar a guerra,
pelo menos às gerações que, anteriormente,
não sabiam disso. 3 Os que ficaram foram:
cinco governantes dos filisteus, todos os
cananeus, sidônios e heveus que habi-
tavam as montanhas do Líbano, desde o
monte de Baal-Hermom até a entrada de
Hamate. 4 Estes ficaram para, por meio deles,
o SENHOR pôr Israel à prova, para saber se
dariam ouvidos aos mandamentos que
havia ordenado a seus pais por meio de
Moisés. 5 Assim, os filhos de Israel mora-
vam no meio dos cananeus, dos heteus, dos
amorreus, dos ferezeus, dos heveus e dos
jebuseus. 6 Tomaram de suas filhas para si
por mulheres e deram as suas próprias aos
filhos deles; e rendiam culto a seus deuses.

OTNIEL

7 Os filhos de Israel fizeram o que era mau
aos olhos do SENHOR e se esqueceram do
SENHOR, seu Deus; e renderam culto aos baa-
lins e ao poste da deusa Aserá. 8 Então a ira
do SENHOR se acendeu contra Israel, e ele os
entregou nas mãos de Cusã-Risataim, rei da
Mesopotâmia; e os filhos de Israel serviram
Cusã-Risataim durante oito anos.

9 Os filhos de Israel clamaram ao SENHOR,
e o SENHOR lhes suscitou um libertador, que
os libertou: Otniel, filho de Quenaz, que era
irmão de Calebe e mais novo do que ele. 10 O
Espírito do SENHOR veio sobre ele, e ele se tor-
nou juiz de Israel. Foi para a guerra, e o SENHOR
lhe entregou nas mãos Cusã-Risataim, rei da
Mesopotâmia, contra o qual ele prevaleceu.

11 Então a terra ficou em paz durante qua-
renta anos. Otniel, filho de Quenaz, morreu.

EÚDE

12 Os filhos de Israel tornaram a fazer o
que era mau aos olhos do SENHOR. Por isso,
o SENHOR deu poder a Eglom, rei dos moabi-
tas, contra Israel, porque fizeram o que era
mau aos olhos do SENHOR. 13 Eglom se juntou
com os filhos de Amom e os amalequitas, foi
e derrotou Israel. E eles se apoderaram da
cidade das palmeiras. 14 E os filhos de Israel
serviram Eglom, rei dos moabitas, durante
dezoito anos.

15 Então os filhos de Israel clamaram ao
SENHOR, e o SENHOR lhes suscitou um liber-
tador: Eúde, homem canhoto, filho de Gera,
benjamita. Por meio dele, os filhos de Israel
enviaram tributo a Eglom, rei dos moabitas.
16 Eúde fez para si um punhal de dois gumes,
do comprimento de quase meio metro; e cin-
giu-o debaixo da sua roupa, do lado direito.
17 Então ele levou o tributo a Eglom, rei dos
moabitas. Eglom era um homem muito gordo.
18 Depois de entregar o tributo, Eúde saiu com
os carregadores do tributo. 19 Ele, porém, vol-
tou do ponto em que estavam as imagens de
escultura ao pé de Gilgal e disse ao rei:

— Tenho uma palavra secreta para o
senhor, ó rei.

O rei disse:

— Cale-se.

Então todos os que estavam com o rei saí-
ram de sua presença. 20 Eúde entrou numa
sala de verão, que o rei tinha só para si, e
onde ele estava sentado. Eúde disse:

— Tenho uma palavra de Deus para o
senhor.

E Eglom se levantou da cadeira. 21 Então Eúde estendeu a mão esquerda, puxou o seu punhal do lado direito e o cravou na barriga do rei, 22 de tal maneira que entrou também o cabo com a lâmina; e, porque não tirou o punhal da barriga, a gordura se fechou sobre ele. Eúde saiu por uma portinhola, 23 passou para a antessala, depois de fechar e trancar as portas atrás de si. 24 Quando ele tinha saído, vieram os servos do rei e viram que as portas da sala de verão estavam trancadas. E disseram:

— Sem dúvida ele está fazendo as necessidades na sala de verão.

25 Esperaram até cansar; e, como o rei não abria a porta da sala, pegaram a chave e a abriram; e eis que o seu senhor estava morto, caído no chão. 26 Eúde escapou enquanto eles se demoravam e, tendo passado pelas imagens de escultura, foi para Seirá. 27 Tendo chegado, tocou a trombeta nas montanhas de Efraim; e os filhos de Israel desceram com ele das montanhas, indo ele à frente. 28 E lhes disse:

— Sigam-me, porque o Senhor entregou nas mãos de vocês os seus inimigos, os moabitas.

Eles seguiram Eúde e tomaram os vaus do Jordão contra os moabitas, e a nenhum deles deixaram passar. 29 Naquele tempo, mataram uns dez mil homens moabitas, todos robustos e valentes; e não escapou nem sequer um. 30 Assim, naquele dia, Moabe foi subjugado por Israel.

E a terra ficou em paz durante oitenta anos.

SANGAR

31 Depois de Eúde veio Sangar, filho de Anate, que matou seiscentos filisteus com uma aguilhada de bois; e também ele libertou Israel.

DÉBORA E BARAQUE

4 1 Os filhos de Israel tornaram a fazer o que era mau aos olhos do Senhor, depois da morte de Eúde. 2 E o Senhor os entregou nas mãos de Jabim, rei de Canaã, que governava Hazor. O comandante do seu exército era Sísera, que morava em Harosete-Hagoim.

3 Os filhos de Israel clamaram ao Senhor, porque Jabim tinha novecentos carros de ferro e, durante vinte anos, oprimia duramente os filhos de Israel.

4 Débora, profetisa, esposa de Lapidote, julgava Israel naquele tempo. 5 Ela atendia debaixo da palmeira de Débora, entre Ramá e Betel, na região montanhosa de Efraim; e os filhos de Israel vinham até ali para apresentar as suas questões. 6 Débora mandou chamar Baraque, filho de Abinoão, de Quedes de Naftali, e lhe disse:

— O Senhor, Deus de Israel, deu a seguinte ordem: "Vá e reúna os seus homens no monte Tabor, escolhendo dez mil homens dos filhos de Naftali e dos filhos de Zebulom. 7 Eu farei com que Sísera, comandante do exército de Jabim, se dirija até você junto ao ribeiro de Quisom, com os seus carros de guerra e as suas tropas; e eu o entregarei nas suas mãos."

8 Então Baraque disse a Débora:

— Se você for comigo, irei; mas, se você não for comigo, não irei.

9 Ela respondeu:

— Certamente irei com você, mas a honra da investida que você está empreendendo não será sua, porque o Senhor entregará Sísera nas mãos de uma mulher.

E Débora foi com Baraque até Quedes. 10 Então Baraque convocou as tribos de Zebulom e Naftali em Quedes. Dez mil homens o seguiram, e Débora também foi com ele.

11 Ora, Héber, o queneu, tinha se afastado dos queneus, dos filhos de Hobabe, sogro de Moisés, e havia armado as suas tendas até o carvalho de Zaananim, que fica perto de Quedes.

12 Anunciaram a Sísera que Baraque, filho de Abinoão, tinha subido ao monte Tabor. 13 Sísera convocou todos os seus carros de guerra, novecentos carros de ferro, e todo o povo que estava com ele, de Harosete-Hagoim para o ribeiro de Quisom.

14 Então Débora disse a Baraque:

— Prepare-se, porque este é o dia em que o Senhor entregou Sísera em suas mãos. Não é verdade que o Senhor está indo à sua frente?

Então Baraque desceu do monte Tabor, e dez mil homens o seguiram. 15 E o Senhor derrotou Sísera, todos os seus carros de guerra e todo o seu exército a fio de espada, diante de Baraque; e Sísera saltou do seu carro e fugiu a pé. 16 Mas Baraque perseguiu os carros e os exércitos até Harosete-Hagoim. Todo o

exército de Sísera caiu a fio de espada, sem
escapar nem sequer um.
17 Porém Sísera fugiu a pé para a tenda de
Jael, mulher de Héber, o queneu, pois havia
paz entre Jabim, rei de Hazor, e a casa de
Héber, o queneu. 18 Jael saiu ao encontro
de Sísera e lhe disse:

— Entre, meu senhor, entre na minha tenda. Não tenha medo.

Ele entrou na tenda de Jael, e ela pôs sobre
ele uma coberta. 19 Então Sísera disse:

— Por favor, me dê um pouco de água, porque estou com sede.

Ela abriu um odre de leite, e deu-lhe de
beber. Depois o cobriu novamente. 20 E ele
lhe disse mais:

— Fique na porta da tenda. Se alguém vier e perguntar se há alguém aqui, responda que não.

21 Então Jael, mulher de Héber, pegou uma
estaca da tenda e, lançando mão de um mar-
telo, foi de mansinho até perto dele e lhe
cravou a estaca na têmpora, de modo que ela
penetrou na terra. Ele estava exausto e dor-
mia profundamente; e foi assim que morreu.
22 E eis que, quando Baraque estava per-
seguindo Sísera, Jael saiu ao encontro dele
e lhe disse:

— Venha, e eu lhe mostrarei o homem que você está procurando.

Ele a seguiu; e eis que Sísera estava caído, morto, com a estaca fincada na têmpora.

23 Assim, naquele dia, Deus humilhou
Jabim, rei de Canaã, diante dos filhos de
Israel. 24 E cada vez mais a mão dos filhos de
Israel prevalecia contra Jabim, rei de Canaã,
até que o exterminaram.

O CÂNTICO DE DÉBORA

5 1 Naquele dia Débora e Baraque, filho de
Abinoão, cantaram assim:

2 "Porque os chefes se puseram
à frente de Israel,
e o povo se ofereceu
voluntariamente,
bendigam o SENHOR!
3 Escutem, ó reis!
Ouçam, ó príncipes!
Eu, eu mesma cantarei ao SENHOR;
salmodiarei ao SENHOR,
Deus de Israel."

4 "Quando tu, ó SENHOR,
saíste de Seir,
marchando desde o campo
de Edom,
a terra estremeceu;
os céus gotejaram,
sim, até as nuvens gotejaram água.
5 Os montes tremeram
diante do SENHOR,
e até o Sinai, diante do SENHOR,
Deus de Israel."

6 "Nos dias de Sangar,
filho de Anate,
nos dias de Jael, cessaram as caravanas;
e os viajantes tomavam
desvios tortuosos.
7 Ficaram desertas
as aldeias em Israel,
ficaram desertas até que eu,
Débora, me levantei;
levantei-me por mãe em Israel.
8 Escolheram-se deuses novos;
então a guerra estava às portas;
não se via escudo nem lança
entre quarenta mil em Israel.
9 Meu coração está
com os comandantes de Israel,
que, voluntariamente,
se ofereceram entre o povo.
Bendigam o SENHOR.
10 Vocês que cavalgam
jumentas brancas,
que se assentam em juízo
e que andam pelo caminho,
falem disto.
11 À música dos distribuidores de água,
lá entre os canais dos rebanhos,
falem dos atos de justiça do SENHOR,
das justiças a favor
de suas aldeias em Israel.
Então o povo do SENHOR pôde
descer aos portões da cidade."

12 "Desperte, Débora, desperte!
Desperte, acorde, entoe um cântico!
Levante-se, Baraque,
filho de Abinoão,
e leve presos os que o prenderam."

13 "Então desceu
o restante dos nobres,

o povo do SENHOR em meu auxílio
contra os poderosos.
14 De Efraim, cujas raízes estão
na antiga região de Amaleque,
desceram guerreiros;
depois de você, ó Débora,
seguiu Benjamim com seus povos;
de Maquir desceram comandantes,
e, de Zebulom, os que levam
a vara de comando.
15 Também os príncipes de Issacar
foram com Débora;
Issacar seguiu Baraque,
em cujas pegadas
foi enviado para o vale.
Entre as facções de Rúben
houve grande discussão.
16 Por que vocês ficaram
entre os currais
para ouvir a flauta?
Entre as facções de Rúben
houve grande discussão.
17 Gileade ficou
do outro lado do Jordão,
e Dã, por que se deteve
junto a seus navios?
Aser ficou junto à costa do mar
e repousou nas suas baías.
18 Zebulom é povo
que arriscou a sua vida,
bem como Naftali, nas alturas do campo."

19 "Vieram reis e lutaram.
Os reis de Canaã lutaram
em Taanaque,
junto às águas de Megido,
mas não levaram
nenhum despojo de prata.
20 Lá do céu as estrelas lutaram;
desde os lugares dos seus cursos
lutaram contra Sísera.
21 O ribeiro de Quisom os arrastou,
Quisom, o antigo ribeiro.
Avante, ó minha alma, firme!
22 Então os cascos dos cavalos
socavam pelo galopar,
o galopar dos seus guerreiros."

23 "Amaldiçoem Meroz,
diz o Anjo do SENHOR,
amaldiçoem duramente
os seus moradores,
porque não vieram
em socorro do SENHOR,
em socorro do SENHOR e seus heróis."

24 "Que a mais bendita
entre as mulheres seja Jael,
mulher de Héber, o queneu;
que seja a mais bendita
entre as mulheres
que vivem em tendas.
25 Sísera pediu água,
e ela lhe deu leite;
em taça de príncipes
lhe ofereceu nata.
26 Ela estendeu uma das mãos
e apanhou a estaca,
e, com a mão direita,
pegou o martelo dos trabalhadores.
Golpeou Sísera,
rachou-lhe a cabeça,
furou e atravessou-lhe
as têmporas.
27 Aos pés dela ele se encurvou,
caiu e ficou estirado;
a seus pés se encurvou e caiu;
onde se encurvou, ali caiu morto."

28 "A mãe de Sísera olhava pela janela
e exclamava pela grade:
'Por que tarda em vir o seu carro?
Por que se demoram
os passos dos seus cavalos?'
29 As mais sábias das suas damas
respondem,
e até ela a si mesma respondia:
30 'Não é verdade que acharam
e estão repartindo os despojos?
Uma ou duas moças
para cada homem;
tecidos de várias cores para Sísera,
tecidos de várias cores de bordados;
um ou dois tecidos bordados,
para o pescoço da esposa.'"

31 "Assim, ó SENHOR, pereçam
todos os teus inimigos!
Porém os que te amam
brilhem como o sol
quando se levanta no seu esplendor."

E a terra ficou em paz durante quarenta anos.

GIDEÃO

6 1 Os filhos de Israel fizeram o que era mau aos olhos do SENHOR e por isso o SENHOR os entregou nas mãos dos midianitas durante sete anos. 2 Os midianitas prevaleceram contra Israel. E, por causa dos midianitas, os filhos de Israel fizeram para si as covas que estão nos montes, as cavernas e as fortificações. 3 Porque, cada vez que os israelitas semeavam, os midianitas, os amalequitas e os povos do Oriente os atacavam. 4 Acampavam em Israel, destruindo os produtos da terra até a vizinhança de Gaza, e não deixavam em Israel sustento algum, nem ovelhas, nem bois, nem jumentos. 5 Pois vinham com o seu gado e as suas tendas, como uma nuvem de gafanhotos. Eram tantos, que não se podiam contar, nem a eles nem aos seus camelos; e entravam na terra para a destruir. 6 Assim, Israel ficou muito debilitado com a presença dos midianitas. Então os filhos de Israel clamaram ao SENHOR.

7 Quando os filhos de Israel clamaram ao SENHOR por causa dos midianitas, 8 o SENHOR lhes enviou um profeta, que lhes disse:

— Assim diz o SENHOR, Deus de Israel: "Eu tirei vocês do Egito, da casa da servidão. 9 Eu os livrei das mãos dos egípcios e das mãos de todos os opressores. Eu os expulsei e dei a vocês a terra deles. 10 E disse: 'Eu sou o SENHOR, o Deus de vocês; não adorem os deuses dos amorreus, em cuja terra vocês estão morando.' Mas vocês não deram ouvidos à minha voz."

11 Então o Anjo do SENHOR veio e sentou-se debaixo do carvalho que está em Ofra, que pertencia a Joás, da família de Abiezer. Gideão, filho de Joás, estava malhando o trigo no lagar, para o pôr a salvo dos midianitas. 12 Então o Anjo do SENHOR lhe apareceu e lhe disse:

— O SENHOR está com você, homem valente.

13 Gideão respondeu:

— Ah! Meu senhor! Se o SENHOR Deus está conosco, por que nos aconteceu tudo isto? E onde estão todas as suas maravilhas que os nossos pais nos contaram? Eles disseram: "O SENHOR nos tirou do Egito!" Porém, agora, o SENHOR nos abandonou e nos entregou nas mãos dos midianitas.

14 Então o SENHOR se virou para Gideão e disse:

— Vá nessa força que você tem e livre Israel das mãos dos midianitas. Não é verdade que eu estou enviando você?

15 Gideão respondeu:

— Ah! Meu Senhor! Como livrarei Israel? Eis que a minha família é a mais pobre em Manassés, e eu sou o menor na casa de meu pai.

16 Mas o SENHOR disse:

— Já que eu estou ao seu lado, você derrotará os midianitas como se fossem um só homem.

17 Gideão respondeu:

— Se de fato encontrei favor aos teus olhos, dá-me um sinal de que és tu, SENHOR, que estás falando comigo. 18 Peço que não te afastes daqui até que eu volte, traga a minha oferta e a coloque diante de ti.

Ele respondeu:

— Eu esperarei até que você volte.

19 Gideão entrou em casa, preparou um cabrito e fez pães sem fermento com vinte litros de farinha. Pôs a carne num cesto, e o caldo, numa panela. Depois, trouxe tudo até debaixo do carvalho e o entregou ao Anjo. 20 Porém o Anjo de Deus lhe disse:

— Pegue a carne e os pães sem fermento e coloque-os sobre esta rocha. Depois, derrame o caldo em cima.

Foi o que Gideão fez. 21 Então o Anjo do SENHOR estendeu a ponta do cajado que trazia na mão e tocou a carne e os pães sem fermento. Saiu fogo da rocha e queimou a carne e os pães. E o Anjo do SENHOR desapareceu da presença dele. 22 Quando Gideão viu que era o Anjo do SENHOR, disse:

— Ai de mim, Senhor DEUS! Pois vi o Anjo do SENHOR face a face.

23 Mas o SENHOR lhe disse:

— Que a paz esteja com você! Não tenha medo! Você não morrerá!

24 Então Gideão edificou ali um altar ao SENHOR e lhe deu o nome de "O SENHOR É Paz". Até o dia de hoje esse altar está em Ofra, que pertence à família de Abiezer.

25 Naquela mesma noite, o SENHOR disse a Gideão:

— Leve o touro que pertence a seu pai, a saber, o segundo touro de sete anos, e derrube o altar de Baal que é do seu pai, e corte o

poste da deusa Aserá que está junto ao altar.
26 No alto desse lugar fortificado faça para o
SENHOR, seu Deus, um altar em camadas de
pedra. Depois, pegue o segundo touro e ofe-
reça-o em holocausto com a lenha do poste
da deusa Aserá que você irá cortar.

27 Então Gideão levou dez homens dos
seus servos e fez como o SENHOR lhe havia
falado. Mas, porque teve medo da casa de
seu pai e dos homens daquela cidade, não
o fez de dia, mas de noite.

28 De madrugada, quando os homens
daquela cidade se levantaram, eis que o
altar de Baal estava derrubado, e o poste
da deusa Aserá que estava junto dele, cor-
tado; e o referido segundo touro tinha sido
oferecido no altar que havia sido edificado.
29 E diziam uns aos outros:

— Quem fez isto?

E, perguntando e inquirindo, disseram:

— Quem fez isso foi Gideão, o filho de Joás.

30 Então os homens daquela cidade dis-
seram a Joás:

— Traga o seu filho para fora, para que
seja morto, pois derrubou o altar de Baal
e cortou o poste da deusa Aserá que estava
junto dele.

31 Porém Joás disse a todos os que se puse-
ram contra ele:

— Vocês querem defender a causa de
Baal? Vocês querem livrá-lo? Quem defen-
der a causa dele será morto ainda esta
manhã. Se ele é deus, que defenda a si
mesmo; afinal, derrubaram o seu altar.

32 Naquele dia Gideão passou a ser cha-
mado de Jerubaal, porque foi dito: "Que Baal
defenda a sua causa contra ele, pois foi ele
quem derrubou o seu altar."

33 Todos os midianitas, amalequitas e
povos do Oriente se ajuntaram, passaram
o Jordão e acamparam no vale de Jezreel.
34 Então o Espírito do SENHOR revestiu
Gideão, que fez soar o alarme, convocando
os homens da família de Abiezer a segui-
-lo. 35 Enviou mensageiros por toda a tribo
de Manassés, que também foi convocada a
segui-lo. Enviou ainda mensageiros a Aser,
a Zebulom e a Naftali, que foram se encon-
trar com ele.

36 Então Gideão se dirigiu a Deus, dizendo:

— Se realmente queres livrar Israel por
minha mão, como disseste, 37 eis que eu
porei uma porção de lã na eira. Se o orvalho
estiver somente nela, e a terra ao redor esti-
ver seca, então saberei que irás livrar Israel
por meio de mim, como disseste.

38 E assim aconteceu. No outro dia, Gideão
se levantou de madrugada e, apertando a lã,
do orvalho que havia nela espremeu uma
taça cheia de água.

39 Gideão se dirigiu a Deus mais uma vez,
dizendo:

— Não se acenda contra mim a tua ira, se
eu falar somente mais esta vez. Peço-te que
me deixes fazer mais uma prova com a lã:
que desta vez só a lã esteja seca, e que haja
orvalho na terra ao redor dela.

40 E Deus assim o fez naquela noite, pois
só a lã estava seca, e sobre a terra ao redor
dela havia orvalho.

GIDEÃO VENCE OS MIDIANITAS

7 1 Então Jerubaal, isto é, Gideão, se levan-
tou de madrugada, e todo o povo que
com ele estava, e acamparam junto à fonte
de Harode, de maneira que o arraial dos
midianitas ficava ao norte deles, no vale,
perto do monte de Moré.
2 O SENHOR disse a Gideão:

— É demais o povo que está com você,
para eu entregar os midianitas nas suas
mãos. Israel poderia se gloriar contra mim,
dizendo: "A minha própria mão me livrou."
3 Portanto, anuncie ao povo o seguinte:
"Quem estiver assustado e com medo, saia
da região montanhosa de Gileade e volte
para casa."

Então vinte e dois mil homens voltaram,
e dez mil ficaram.

4 Então o SENHOR disse a Gideão:

— Ainda há povo demais. Faça-os des-
cer até as águas, e ali eu os provarei para
você. Aquele de quem eu disser: "Este irá
com você", esse de fato irá com você; porém
todo aquele de quem eu disser: "Este não
irá com você", esse não irá.

5 Gideão fez com que os homens descces-
sem até as águas. Então o SENHOR lhe disse:

— Todos os que lamberem a água com a
língua, como faz o cachorro, esses você deve
pôr à parte, separando-os daqueles que se
ajoelharem para beber.

6 O número dos que lamberam, levando a
mão à boca, foi de trezentos homens. Todos

os outros se ajoelharam para beber a água. 7 Então o SENHOR disse a Gideão:

— Com estes trezentos homens que lamberam a água eu livrarei vocês, e entregarei os midianitas nas suas mãos. Diga a todos os outros que voltem para casa.

8 Os trezentos homens pegaram as provisões e as trombetas dos outros. Gideão mandou todos os homens de Israel cada um à sua tenda, porém reteve consigo os trezentos homens. O arraial dos midianitas estava abaixo dele, no vale.

9 Naquela mesma noite, o SENHOR lhe disse:

— Levante-se e ataque o arraial, porque o entreguei nas suas mãos. 10 Se você ainda estiver com medo de atacar, desça ao arraial com o seu ajudante Pura 11 e ouça o que eles dizem. Então você ganhará coragem e atacará o arraial.

Gideão desceu até a vanguarda do arraial com o seu ajudante Pura. 12 Os midianitas, os amalequitas e todos os povos do Oriente cobriam o vale como uma nuvem de gafanhotos. Os camelos deles eram uma multidão inumerável como a areia que está na praia do mar. 13 Quando Gideão se aproximou, eis que certo homem estava contando um sonho ao seu amigo. Ele dizia:

— Tive um sonho. Eis que um pão de cevada vinha rolando dentro do arraial dos midianitas. Bateu contra a tenda, de maneira que esta caiu, se virou de cima para baixo e ficou estendida no chão.

14 O amigo respondeu:

— Isso não é outra coisa a não ser a espada de Gideão, filho de Joás, homem israelita. Deus entregou nas mãos dele os midianitas e todo este arraial.

15 Quando Gideão ouviu o relato desse sonho e o seu significado, adorou a Deus. Voltou para o arraial de Israel e disse:

— Levantem-se, porque o SENHOR entregou o arraial dos midianitas nas mãos de vocês.

16 Então repartiu os trezentos homens em três companhias e entregou a cada homem uma trombeta e um cântaro vazio, com uma tocha dentro dele. 17 E disse-lhes:

— Olhem para mim e façam como eu fizer. Quando eu chegar às imediações do arraial, assim como eu fizer, façam vocês também. 18 Quando eu tocar a trombeta, e todos os que comigo estiverem, então vocês também tocarão a sua trombeta ao redor de todo o arraial e dirão: "Pelo SENHOR e por Gideão!"

19 Gideão e os cem homens que estavam com ele chegaram às imediações do arraial por volta da meia-noite, pouco tempo após a troca das guardas. Tocaram as trombetas e quebraram os cântaros que tinham nas mãos. 20 Assim, as três companhias tocaram as trombetas e despedaçaram os cântaros. Seguravam a tocha na mão esquerda e a trombeta na mão direita. E gritavam: "Uma espada pelo SENHOR e por Gideão!" 21 E cada um permaneceu no seu lugar ao redor do arraial. Todo o exército dos midianitas começou a correr, a gritar e a fugir. 22 Ao soar das trezentas trombetas, o SENHOR tornou a espada de um contra o outro, e isto em todo o arraial, que fugiu na direção de Zererá, até Bete-Sita, até a divisa de Abel-Meolá, perto de Tabate.

23 Então os homens de Israel, de Naftali, de Aser e de todo o Manassés foram convocados e perseguiram os midianitas. 24 Gideão enviou mensageiros a todas as montanhas de Efraim, dizendo:

— Desçam para atacar os midianitas e impedir que eles passem pelas águas do Jordão até Bete-Bara.

Assim, todos os homens de Efraim foram convocados. E eles cortaram a passagem dos midianitas pelas águas do Jordão, até Bete-Bara. 25 E prenderam dois príncipes dos midianitas, Orebe e Zeebe. Mataram Orebe no rochedo de Orebe e mataram Zeebe no lagar de Zeebe. Perseguiram os midianitas e trouxeram a cabeça de Orebe e a cabeça de Zeebe a Gideão, do outro lado do Jordão.

A DERROTA FINAL DOS MIDIANITAS

8 1 Então os homens de Efraim disseram a Gideão:

— Que é isto que você fez conosco, não nos chamando quando foi lutar contra os midianitas?

E discutiram fortemente com ele. 2 Porém ele lhes disse:

— Que mais fiz eu, agora, do que vocês? Não é fato que os poucos cachos de uvas deixados por Efraim são melhores do que toda a colheita de Abiezer? 3 Deus entregou nas mãos de vocês os príncipes dos midianitas,

Orebe e Zeebe. O que pude eu fazer em com-
paração com o que vocês fizeram?

Depois de ele dizer isto, abrandou-se a ira
deles contra Gideão.

4 Quando Gideão chegou ao Jordão, pas-
sou com os trezentos homens que com ele
estavam, cansados mas ainda perseguindo
os inimigos. 5 E disse aos homens de Sucote:

— Por favor, deem alguns pães para estes
que me seguem, pois estão cansados, e eu
vou ao encalço de Zeba e Salmuna, reis
dos midianitas.

6 Porém os chefes de Sucote disseram:

— Será que você já tem Zeba e Salmuna
em seu poder, para que demos pão ao exér-
cito que está com você?

7 Então Gideão disse:

— Por isso, quando o Senhor entregar Zeba
e Salmuna nas minhas mãos, rasgarei a
carne de vocês com espinheiros e outras
plantas do deserto.

8 Dali Gideão foi a Penuel e fez o mesmo
pedido aos homens daquele lugar. Mas
esses de Penuel lhe responderam como
os homens de Sucote lhe haviam respon-
dido. 9 Por isso também falou aos homens
de Penuel, dizendo:

— Quando eu voltar em paz, derrubarei
esta torre.

10 Ora, Zeba e Salmuna estavam em Car-
cor com os seus exércitos, uns quinze mil
homens, todos os que restaram do exército
de povos do Oriente, pois cento e vinte mil
homens que puxavam da espada tinham sido
mortos. 11 Gideão foi pelo caminho dos nôma-
des, a leste de Noba e Jogbeá, e atacou aquele
exército de surpresa. 12 Zeba e Salmuna fugi-
ram, mas Gideão os perseguiu. Ele prendeu
os dois reis dos midianitas, Zeba e Salmuna,
e deixou todo aquele exército em pânico.

13 Quando Gideão, filho de Joás, voltou da
batalha, pela subida de Heres, 14 prendeu
um moço de Sucote e lhe fez perguntas. E o
moço deu por escrito o nome dos chefes e
anciãos de Sucote, setenta e sete homens.
15 Então Gideão foi falar com os homens de
Sucote e lhes disse:

— Vejam! Aqui estão Zeba e Salmuna, a
respeito dos quais vocês zombaram de mim,
dizendo: "Será que você já tem Zeba e Sal-
muna em seu poder, para que demos pão
aos seus homens cansados?"

16 E prendeu os anciãos da cidade. Pegou
espinheiros e outras plantas do deserto
e, com eles, deu severa lição aos homens
de Sucote. 17 Derrubou a torre de Penuel e
matou os homens da cidade. 18 Depois per-
guntou a Zeba e a Salmuna:

— Como eram os homens que vocês mata-
ram em Tabor?

E eles responderam:

— Como você, assim eram eles; cada um
se parecia com um filho de rei.

19 Gideão disse:

— Eram meus irmãos, filhos de minha
mãe. Tão certo como vive o Senhor, se vocês
os tivessem deixado com vida, eu não mata-
ria vocês.

20 E disse a Jéter, seu primogênito:

— Levante-se e mate-os.

Porém o moço não arrancou da sua es-
pada, porque teve medo, pois ainda era
jovem. 21 Então Zeba e Salmuna disseram:

— Venha você mesmo e nos mate. Pois o
homem é conhecido por sua valentia.

Gideão foi, matou Zeba e Salmuna e
pegou os ornamentos em forma de meia-lua
que estavam no pescoço dos camelos deles.

22 Então os homens de Israel disseram
a Gideão:

— Domine sobre nós, tanto você como o
seu filho e o filho de seu filho, porque você
nos livrou do poder dos midianitas.

23 Porém Gideão lhes disse:

— Não dominarei sobre vocês, nem tam-
pouco meu filho dominará sobre vocês.
O Senhor Deus dominará sobre vocês.

24 E Gideão continuou:

— Mas quero fazer um pedido: que cada
um de vocês me dê as argolas do seu despojo.
É que os midianitas tinham argolas de
ouro, pois eram ismaelitas. 25 Então eles
responderam:

— De bom grado as daremos.

E estenderam uma capa, e cada um deles
colocou ali uma argola do seu despojo. 26 O
peso das argolas de ouro que pediu foi de
uns vinte quilos de ouro — sem contar os
ornamentos em forma de meia-lua, os pen-
dentes e as roupas de púrpura que os reis dos
midianitas usavam, e sem contar os orna-
mentos que os camelos traziam ao pescoço.
27 Disso Gideão fez uma estola sacerdo-
tal e a pôs na sua cidade, em Ofra. E todo o

> *Foi em um lugar escondido, malhando trigo no lagar, que Gideão foi encontrado pelo Senhor. Quando ele estava escondido das pessoas, foi achado por Deus.*

Israel se prostituiu ali, adorando essa estola. E isso veio a ser um tropeço para Gideão e toda a sua casa.

28 Assim, os midianitas foram subjugados pelos filhos de Israel e nunca mais levantaram a cabeça. E a terra ficou em paz durante quarenta anos nos dias de Gideão.

A MORTE DE GIDEÃO

29 Jerubaal, filho de Joás, retirou-se e ficou morando em sua casa. 30 Gideão teve setenta filhos, todos provindos dele, porque tinha muitas mulheres. 31 A sua concubina, que morava em Siquém, lhe deu também à luz um filho, e ele lhe deu o nome de Abimeleque. 32 Gideão, filho de Joás, morreu em boa velhice e foi sepultado no túmulo de Joás, seu pai, em Ofra, cidade da família de Abiezer.

33 Depois que Gideão morreu, os filhos de Israel voltaram a se prostituir com os baalins e puseram Baal-Berite por deus. 34 Os filhos de Israel não se lembraram do Senhor, seu Deus, que os havia livrado do poder de todos os seus inimigos ao redor. 35 Também não usaram de bondade com a casa de Jerubaal, a saber, Gideão, segundo todo o bem que ele tinha feito a Israel.

ABIMELEQUE SE DECLARA REI

9 1 Abimeleque, filho de Jerubaal, foi a Siquém, aos parentes de sua mãe, e falou com eles e com toda a geração da casa de seu avô materno, dizendo:

2 — Peço-lhes que perguntem a todos os cidadãos de Siquém: "O que é melhor para vocês: que setenta homens, todos os filhos de Jerubaal, dominem sobre vocês ou que vocês sejam dominados por apenas um?" Lembrem-se também de que eu sou osso e carne de vocês.

3 Então os parentes de sua mãe falaram a todos os cidadãos de Siquém todas aquelas palavras, e o coração deles se inclinou a seguir Abimeleque, porque disseram: "É nosso irmão." 4 E deram-lhe setenta peças de prata, da casa de Baal-Berite, com as quais Abimeleque contratou uns homens levianos e atrevidos, que o seguiram. 5 Foi à casa de seu pai, em Ofra, e matou os seus irmãos, os filhos de Jerubaal, setenta homens, sobre uma pedra. Porém Jotão, o filho mais moço de Jerubaal, escapou, porque havia se escondido. 6 Então se reuniram todos os cidadãos de Siquém e toda Bete-Milo, foram e proclamaram Abimeleque rei, junto ao carvalho memorial que está perto de Siquém.

A ALEGORIA DE JOTÃO

7 Quando soube disto, Jotão foi e se pôs no alto do monte Gerizim. E, em alta voz, gritou, dizendo:

— Cidadãos de Siquém, escutem o que vou dizer, e Deus escutará vocês! 8 Certa vez as árvores foram ungir para si um rei. Disseram à oliveira: "Reine sobre nós." 9 Porém a oliveira lhes respondeu: "Deixaria eu o meu óleo, apreciado por Deus e pelos homens, para dominar sobre as árvores?" 10 Então as árvores disseram à figueira: "Venha você e reine sobre nós." 11 Porém a figueira lhes respondeu: "Deixaria eu a minha doçura, o meu bom fruto, para dominar sobre as árvores?" 12 Então as árvores disseram à videira: "Venha você e reine sobre nós." 13 Porém a videira lhes respondeu: "Deixaria eu o meu vinho, que agrada a Deus e aos homens, para dominar sobre as árvores?" 14 Então todas as árvores disseram ao espinheiro: "Venha você e reine sobre nós." 15 E o espinheiro respondeu às árvores: "Se é verdade que querem me ungir rei sobre vocês, venham e se refugiem debaixo de minha sombra. Mas, se não, que do espinheiro saia fogo que consuma os cedros do Líbano."

16 Jotão continuou:

— E agora, se vocês agiram de boa fé e com sinceridade, proclamando Abimeleque como rei; se vocês fizeram o que é correto em relação a Jerubaal e à sua casa, e se o trataram segundo ele merecia pelo que fez 17 — porque o meu pai lutou por vocês, arriscou a vida e os livrou das mãos dos midianitas; 18 mas hoje vocês se levantaram contra a casa de meu pai e mataram os filhos dele, setenta homens, sobre uma pedra; e a Abimeleque, filho da escrava dele, vocês puseram como rei sobre os cidadãos de Siquém, porque é irmão de vocês —, 19 se vocês agiram de boa fé e com sinceridade para com Jerubaal e a sua casa, então alegrem-se com Abimeleque, e que ele também se alegre com vocês.

20 Mas, se este não for o caso, que saia fogo
de Abimeleque e consuma os cidadãos de
Siquém e Bete-Milo! E que saia fogo dos
cidadãos de Siquém e de Bete-Milo, que
consuma Abimeleque.
21 Depois disso Jotão fugiu e foi para Beer,
onde ficou morando, porque estava com
medo de seu irmão Abimeleque.

A CONSPIRAÇÃO DE GAAL

22 Abimeleque havia dominado sobre Israel
durante três anos, 23 quando Deus suscitou
um espírito de aversão entre Abimeleque e
os cidadãos de Siquém, que foram desleais
com Abimeleque. 24 Isto aconteceu para que
fosse vingada a violência praticada contra os
setenta filhos de Jerubaal, e para que fossem
castigados tanto Abimeleque, que era irmão
deles e os havia matado, como os cidadãos
de Siquém, que contribuíram para que ele
matasse os seus próprios irmãos. 25 Os cida-
dãos de Siquém puseram sobre os altos dos
montes homens de emboscada contra Abi-
meleque, e eles assaltavam todos os que
passavam pelo caminho perto deles. E Abi-
meleque foi informado disso.
26 Gaal, filho de Ebede, veio com os seus
irmãos, e se estabeleceram em Siquém. E
os cidadãos de Siquém confiaram nele,
27 foram ao campo, cortaram os cachos das
vinhas, pisaram as uvas, fizeram festas,
foram à casa de seu deus, comeram, bebe-
ram e amaldiçoaram Abimeleque.
28 E Gaal, filho de Ebede, disse:
— Quem é Abimeleque, e quem somos
nós de Siquém, para que o sirvamos? Não
é ele filho de Jerubaal? E não é Zebul o seu
oficial? Seria melhor servir os homens de
Hamor, pai de Siquém. Mas nós, por que ser-
viremos a ele? 29 Quem dera estivesse este
povo na minha mão! Eu expulsaria Abime-
leque. Eu diria a Abimeleque: "Multiplique
o seu exército e venha lutar."
30 Quando Zebul, governador da cidade,
ouviu as palavras de Gaal, filho de Ebede,
ficou furioso. 31 E enviou, secretamente,
mensageiros a Abimeleque, dizendo:
— Eis que Gaal, filho de Ebede, e seus
irmãos vieram a Siquém e estão alvoro-
çando a cidade contra você. 32 Levante-se
de noite, você e o povo que estiver com você,
e ponham-se de emboscada no campo.
33 Levante-se pela manhã, ao sair o sol, e
ataque a cidade. Quando Gaal com a sua
gente sair para atacar, faça com ele o que
estiver ao seu alcance.

ABIMELEQUE VENCE GAAL E OS SIQUEMITAS

34 Assim, Abimeleque se levantou, de
noite, e todo o povo que estava com ele, e se
puseram de emboscada contra Siquém, em
quatro grupos. 35 Gaal, filho de Ebede, saiu e
pôs-se à entrada do portão da cidade. Com
isto Abimeleque e todo o povo que estava
com ele se levantaram das emboscadas.
36 Gaal viu aquele povo e disse a Zebul:
— Veja! Vem gente descendo do alto
dos montes.
Mas Zebul respondeu:
— Você está vendo as sombras dos mon-
tes. Elas se parecem com homens.
37 Porém Gaal tornou ainda a falar e disse:
— Veja! Vem gente descendo bem na
nossa frente, e uma tropa vem vindo do
caminho do carvalho dos Adivinhos.
38 Então Zebul disse a Gaal:
— Onde ficaram, agora, as suas ameaças?
Não foi você quem dizia: "Quem é Abime-
leque, para que o sirvamos?" Não é este o
povo que você desprezou? Pois saia agora
e vá lutar contra ele.
39 Gaal saiu à frente dos cidadãos de
Siquém e lutou contra Abimeleque. 40 Abi-
meleque perseguiu Gaal, que fugiu dele. E
muitos feridos caíram até a entrada do portão
da cidade. 41 Abimeleque ficou em Arumá. E
Zebul expulsou Gaal e seus irmãos, para que
não ficassem morando em Siquém.
42 No dia seguinte, o povo de Siquém saiu
ao campo, e Abimeleque foi avisado disto.
43 Então ele reuniu os seus homens, e os
dividiu em três grupos, e os pôs de embos-
cada no campo. Quando Abimeleque viu
que o povo saía da cidade, levantou-se con-
tra eles e os atacou. 44 Abimeleque e o grupo
que estava com ele correram e tomaram
posição junto à entrada da cidade, enquanto
os dois outros grupos atacaram todos os que
estavam no campo e os destroçaram. 45 Abi-
meleque lutou contra a cidade durante todo
aquele dia. Tomou a cidade e matou o povo
que nela havia. Arrasou a cidade e espalhou
sal sobre ela.

46 Todos os cidadãos da Torre de Siquém souberam disso e entraram na fortaleza, no templo de El-Berite. 47 Mas Abimeleque soube que todos os cidadãos da Torre de Siquém se haviam reunido. 48 Então ele subiu o monte Salmom, ele e todo o seu povo. Abimeleque pegou um machado e cortou o galho de uma árvore. Ele o levantou, pôs no ombro e disse ao povo que estava com ele:

— O que vocês me viram fazer, façam também vocês, depressa.

49 Assim, cada um deles cortou um galho e seguiu Abimeleque. Puseram os galhos ao redor da fortaleza, e os incendiaram. Assim, morreram todos os que estavam na Torre de Siquém, mais ou menos mil pessoas, homens e mulheres.

A MORTE DE ABIMELEQUE

50 Então Abimeleque foi a Tebes, sitiou a cidade e a tomou. 51 Havia, porém, no meio da cidade, uma torre forte, e todos os homens e mulheres, todos os moradores da cidade, fugiram para lá. Fecharam as portas da torre e subiram ao terraço. 52 Abimeleque veio até a torre, lutou contra ela e se aproximou da porta para a incendiar. 53 Mas uma mulher jogou uma pedra superior de moinho sobre a cabeça de Abimeleque e lhe quebrou o crânio. 54 Então Abimeleque chamou depressa o moço, seu escudeiro, e lhe disse:

— Tire a sua espada e me mate, para que não se diga que uma mulher me matou.

O moço o atravessou com a espada, e ele morreu. 55 Quando os homens de Israel viram que Abimeleque já estava morto, foram embora, cada um para a sua casa. 56 Assim, Deus fez cair sobre Abimeleque o mal que ele havia feito a seu pai, ao matar os seus setenta irmãos. 57 De igual modo, Deus fez cair sobre a cabeça dos homens de Siquém todo o mal que haviam praticado. Assim, veio sobre eles a maldição de Jotão, filho de Jerubaal.

TOLA E JAIR

10 1 Depois de Abimeleque, Tola, filho de Puá, filho de Dodô, homem de Issacar, se levantou para livrar Israel. Ele morava em Samir, na região montanhosa de Efraim. 2 Julgou Israel durante vinte e três anos. Depois morreu e foi sepultado em Samir.

3 Depois dele se levantou Jair, gileadita, que julgou Israel durante vinte e dois anos. 4 Ele tinha trinta filhos, que cavalgavam trinta jumentos. E eles tinham trinta cidades, a que chamavam Havote-Jair, até o dia de hoje, as quais estão na terra de Gileade. 5 Jair morreu e foi sepultado em Camom.

SERVIDÃO SOB OS FILISTEUS E OS AMONITAS

6 Os filhos de Israel tornaram a fazer o que era mau aos olhos do SENHOR e adoraram os baalins, Astarote, os deuses da Síria e os de Sidom, de Moabe, dos filhos de Amom e dos filisteus. Eles abandonaram o SENHOR e deixaram de adorá-lo. 7 Então a ira do SENHOR se acendeu contra Israel, e ele os entregou nas mãos dos filisteus e nas mãos dos filhos de Amom, 8 os quais, nesse mesmo ano, esmagaram e oprimiram os filhos de Israel. Durante dezoito anos, oprimiram todos os filhos de Israel que estavam do outro lado do Jordão, na terra dos amorreus, que está em Gileade. 9 Os filhos de Amom passaram o Jordão para lutar também contra Judá, contra Benjamim e contra a casa de Efraim, de maneira que Israel se viu muito angustiado.

10 Então os filhos de Israel clamaram ao SENHOR, dizendo:

— Pecamos contra ti, porque deixamos o nosso Deus e adoramos os baalins.

11 E o SENHOR respondeu aos filhos de Israel:

— Quando os egípcios, os amorreus, os filhos de Amom, os filisteus, 12 os sidônios, os amalequitas e os maonitas oprimiam vocês, e vocês clamavam a mim, não é verdade que eu os livrei das mãos deles? 13 Mas vocês me abandonaram e serviram outros deuses. Por isso não os livrarei mais. 14 Vão e clamem aos deuses que vocês escolheram. Que eles os livrem no tempo do aperto.

15 Mas os filhos de Israel disseram ao SENHOR:

— Nós pecamos. Faze-nos tudo o que te parecer bem, mas, por favor, livra-nos ainda esta vez.

16 E tiraram os deuses estranhos do meio de si e adoraram o SENHOR. E ele já não pôde reter a sua compaixão diante da desgraça de Israel.

17 Os filhos de Amom foram convocados e
acamparam em Gileade. Os filhos de Israel,
por sua vez, se reuniram e acamparam em
Mispa. 18 Então o povo, aliás, os chefes de
Gileade, disseram uns aos outros:
— Quem será o homem que começará a lutar
contra os filhos de Amom? Quem fizer isso
será o chefe de todos os moradores de Gileade.

JEFTÉ

11 1 Jefté, o gileadita, era homem valente,
porém filho de uma prostituta. O pai
dele se chamava Gileade. 2 Gileade também
teve filhos da sua esposa. Esses filhos cres-
ceram e expulsaram Jefté, dizendo:
— Você não herdará nada na casa de nosso
pai, porque é filho de outra mulher.
3 Então Jefté fugiu da presença de seus
irmãos e foi morar na terra de Tobe. Ali
alguns homens sem valor se juntaram a
ele e o seguiam.
4 Passado algum tempo, os filhos de
Amom entraram em guerra contra Israel.
5 Quando os filhos de Amom atacaram, os
anciãos de Gileade foram buscar Jefté na
terra de Tobe. 6 E disseram a Jefté:
— Venha ser o nosso chefe, para podermos
lutar contra os filhos de Amom.
7 Porém Jefté disse aos anciãos de Gileade:
— Vocês não são aqueles que me odia-
ram e me expulsaram da casa de meu pai?
Por que vêm a mim agora, quando estão
em aperto?
8 Os anciãos de Gileade responderam
a Jefté:
— É por isso que agora estamos voltando
a você. Venha conosco e lute contra os filhos
de Amom. Seja o nosso chefe sobre todos
os moradores de Gileade.
9 Então Jefté perguntou aos anciãos
de Gileade:
— Se vocês me fizerem voltar para comba-
ter os filhos de Amom, e o SENHOR os entregar
nas minhas mãos, então eu serei o chefe
de vocês?
10 Os anciãos de Gileade responderam:
— O SENHOR é nossa testemunha de que
faremos como você diz.
11 Então Jefté foi com os anciãos de
Gileade, e o povo o pôs por cabeça e chefe
sobre si. E Jefté proferiu todas as suas pala-
vras diante do SENHOR, em Mispa.

12 Jefté enviou mensageiros ao rei dos
filhos de Amom, dizendo:
— O que você tem contra mim, para vir e
atacar a minha terra?
13 O rei dos filhos de Amom respondeu
aos mensageiros de Jefté:
— É porque, quando Israel saiu do Egito,
tomou a minha terra desde o Arnom até o
Jaboque e até o Jordão. Devolva-me agora
essa terra, pacificamente.
14 Porém Jefté tornou a enviar mensagei-
ros ao rei dos filhos de Amom, 15 dizendo:
— Assim diz Jefté: "Israel não tomou nem
a terra dos moabitas nem a terra dos filhos
de Amom. 16 Porque, quando Israel saiu do
Egito, andou pelo deserto até o mar Verme-
lho e chegou a Cades. 17 Então Israel enviou
mensageiros ao rei dos edomitas, dizendo:
'Peço que você me deixe passar pela sua
terra.' Porém o rei dos edomitas não lhe deu
ouvidos. Israel mandou pedir a mesma coisa
ao rei dos moabitas, mas ele também não
quis atender. E, assim, Israel ficou em Cades.
18 Depois, andou pelo deserto, e rodeou a
terra dos edomitas e a terra dos moabitas,
e chegou a leste da terra destes, e acampou
do outro lado do Arnom. Não entrou no ter-
ritório dos moabitas, porque o Arnom é a
fronteira deles. 19 Então Israel enviou men-
sageiros a Seom, rei dos amorreus, rei de
Hesbom. Israel lhe disse: 'Por favor, dei-
xe-nos passar pela sua terra até o nosso
destino.' 20 Porém Seom, não confiando em
Israel, recusou deixá-lo passar pelo seu
território; pelo contrário, reuniu todo o seu
povo, acampou em Jaza, e lutou contra Israel.
21 O SENHOR, Deus de Israel, entregou Seom e
todo o seu povo nas mãos de Israel, que os
derrotou. E Israel tomou posse das terras dos
amorreus, que moravam naquele lugar. 22 Os
israelitas tomaram posse de todo o território
dos amorreus, desde o Arnom até o Jaboque
e desde o deserto até o Jordão. 23 Assim, o
SENHOR, Deus de Israel, expulsou os amor-
reus de diante do seu povo de Israel. E você
pretende ser dono desta terra? 24 Não é fato
que você considera como sua propriedade
aquilo que Quemos, seu deus, lhe dá? Assim
nós possuiremos o território de todos os que
o SENHOR, nosso Deus, expulsou de diante
de nós. 25 Você pensa que é melhor do que
Balaque, filho de Zipor, rei dos moabitas?

Será que alguma vez ele entrou em conflito com Israel ou lutou contra ele? 26 Enquanto Israel morou durante trezentos anos em Hesbom e nas suas vilas, e em Aroer e nas suas vilas, e em todas as cidades que ficam às margens do Arnom, por que vocês, amonitas, não as recuperaram durante esse tempo? 27 Portanto, não sou eu quem pecou contra você! Porém você faz mal em lutar contra mim. O Senhor, que é juiz, julgue hoje entre os filhos de Israel e os filhos de Amom."

28 Porém o rei dos filhos de Amom não deu ouvidos à mensagem que Jefté lhe havia mandado.

O VOTO DE JEFTÉ

29 Então o Espírito do Senhor veio sobre Jefté. Ele atravessou Gileade e Manassés e, passando por Mispa de Gileade, foi até os filhos de Amom. 30 Jefté fez um voto ao Senhor, dizendo:

— Se, de fato, entregares os filhos de Amom nas minhas mãos, 31 quem primeiro sair da porta da minha casa para se encontrar comigo, quando eu voltar vitorioso sobre os filhos de Amom, esse será do Senhor, e eu o oferecerei em holocausto.

32 Assim, Jefté foi de encontro aos filhos de Amom, para lutar contra eles, e o Senhor os entregou nas mãos de Jefté. 33 Ele os derrotou desde Aroer até as proximidades de Minite — vinte cidades ao todo — e até Abel-Queramim. Foi uma grande derrota para os filhos de Amom, que, assim, foram subjugados pelos filhos de Israel.

34 Quando Jefté voltou para a sua casa, em Mispa, a filha saiu ao seu encontro, tocando o tamborim e dançando. E ela era filha única; ele não tinha outro filho nem filha. 35 Quando Jefté a viu, rasgou as suas roupas e disse:

— Ah! Minha filha! Você me prostra por completo! Você passou a ser a causa da minha ruína, porque fiz um voto ao Senhor e não posso voltar atrás.

36 E ela lhe disse:

— Meu pai, você fez um voto ao Senhor. Faça comigo segundo o voto que fez, agora que o Senhor o vingou dos seus inimigos, os filhos de Amom.

37 E ela disse mais ao seu pai:

— Que me seja concedido isto: deixa-me por dois meses, para que eu vá, e desça pelos montes, e chore a minha virgindade, eu e as minhas companheiras.

38 E o pai consentiu, dizendo:

— Vá.

Deixou-a ir por dois meses. Então ela se foi com as suas companheiras e chorou a sua virgindade pelos montes. 39 Ao fim dos dois meses, ela voltou para seu pai, que lhe fez segundo o voto que tinha feito. Assim, ela nunca teve relações com homem algum. Daqui veio o costume em Israel 40 de as filhas de Israel saírem por quatro dias, todos os anos, a chorar pela filha de Jefté, o gileadita.

JEFTÉ E OS EFRAIMITAS

12 1 Então os homens de Efraim foram convocados, passaram para Zafom e disseram a Jefté:

— Por que você foi lutar contra os filhos de Amom e não nos chamou para ir com você? Por causa disso vamos queimar a sua casa com você dentro dela.

2 Mas Jefté respondeu:

— Eu e o meu povo tivemos uma grande discussão com os filhos de Amom. Chamei vocês, mas vocês não me livraram das mãos deles. 3 Quando vi que vocês não iam me livrar, arrisquei a minha vida e fui lutar contra os filhos de Amom, e o Senhor os entregou nas minhas mãos. Então por que vocês estão vindo hoje para lutar contra mim?

4 E Jefté reuniu todos os homens de Gileade e lutou contra Efraim. Os homens de Gileade derrotaram os efraimitas, porque estes tinham dito: "Vocês, gileaditas, que moram no meio de Efraim e Manassés, são desertores de Efraim." 5 Porém os gileaditas tomaram os vaus do Jordão que conduzem a Efraim. E, quando algum fugitivo de Efraim dizia: "Quero passar", os homens de Gileade lhe perguntavam: "Você é efraimita?" Se respondesse que não, 6 os homens de Gileade lhe diziam: "Então diga 'Xibolete'." Se ele dizia "Sibolete", não podendo pronunciar corretamente a palavra, eles o agarravam e matavam nos vaus do Jordão. Assim naquele tempo foram mortos quarenta e dois mil efraimitas.

7 Jefté, o gileadita, julgou Israel durante seis anos. Ele morreu e foi sepultado numa das cidades de Gileade.

IBSÃ, ELOM E ABDOM

8 Depois de Jefté, quem julgou Israel foi
Ibsã, que era de Belém. 9 Ele tinha trinta
filhos e trinta filhas. Ibsã deu as suas filhas
em casamento a homens de fora; e, de fora,
trouxe trinta mulheres para os seus filhos.
Ibsã julgou Israel durante sete anos. 10 Então
morreu e foi sepultado em Belém.
11 Depois de Ibsã, veio Elom, o zebulo-
nita, que julgou Israel durante dez anos.
12 Quando Elom, o zebulonita, morreu, foi
sepultado em Aijalom, na terra de Zebulom.
13 Depois de Elom, quem julgou Israel
foi Abdom, filho de Hilel, o piratonita.
14 Ele tinha quarenta filhos e trinta netos,
que cavalgavam setenta jumentos. Abdom
julgou Israel durante oito anos. 15 Então
Abdom, filho de Hilel, o piratonita, morreu e
foi sepultado em Piratom, na terra de Efraim,
na região montanhosa dos amalequitas.

O NASCIMENTO DE SANSÃO

13 1 Os filhos de Israel tornaram a fazer
o que era mau aos olhos do SENHOR, e
por isso ele os entregou nas mãos dos filis-
teus durante quarenta anos.
2 Havia um homem de Zorá, da linhagem
de Dã, chamado Manoá, cuja mulher era
estéril e não tinha filhos. 3 O Anjo do SENHOR
apareceu a essa mulher e lhe disse:
— Eis que você é estéril e nunca teve
filhos, mas você ficará grávida e dará à luz
um filho. 4 Por isso, tenha cuidado e não
beba vinho nem bebida forte, e não coma
nenhuma comida impura. 5 Porque eis que
você ficará grávida e dará à luz um filho
sobre cuja cabeça não passará navalha. O
menino será nazireu consagrado a Deus
desde o ventre de sua mãe, e ele começará
a livrar Israel do poder dos filisteus.
6 Então a mulher foi a seu marido e lhe
disse:
— Um homem de Deus veio falar comigo.
A sua aparência era semelhante à de um
anjo de Deus, tremenda. Não perguntei de
onde ele vinha, e ele não me disse como
se chamava. 7 Porém ele me disse: "Eis que
você ficará grávida e dará à luz um filho. Por
isso, não beba vinho, nem bebida forte, nem
coma coisa impura, porque o menino será
nazireu consagrado a Deus desde o ventre
materno até o dia de sua morte."
8 Então Manoá orou ao SENHOR, dizendo:
— Ah! Meu Senhor, peço que o homem
de Deus que enviaste venha outra vez e nos
ensine o que devemos fazer com o menino
que há de nascer.
9 Deus ouviu a voz de Manoá, e o Anjo de
Deus veio outra vez à mulher, quando ela
estava sentada no campo. Porém Manoá,
o marido, não estava com ela. 10 A mulher
se apressou, correu e deu a notícia a seu
marido. Ela lhe disse:
— Eis que me apareceu aquele homem
que falou comigo no outro dia.
11 Então Manoá se levantou e seguiu a
sua mulher. Quando encontrou o homem,
perguntou:
— Você é o homem que falou com esta
mulher?
Ele respondeu:
— Sim, sou eu.
12 Então Manoá disse:
— Quando se cumprirem as palavras que
você falou, qual será o modo de viver do
menino e o seu serviço?
13 O Anjo do SENHOR disse a Manoá:
— A sua mulher deve se guardar de tudo
o que eu disse a ela. 14 Não deve comer nada
que procede da videira. Não deve beber
vinho nem bebida forte, nem comer nada
que seja impuro. Ela deve observar tudo o
que lhe ordenei.
15 Então Manoá disse ao Anjo do SENHOR:
— Permita-nos convidá-lo a ficar conosco.
Queremos preparar um cabrito para você.
16 Porém o Anjo do SENHOR disse a Manoá:
— Ainda que você me convide, não come-
rei a sua comida. Mas, se você preparar um
holocausto, ofereça-o ao SENHOR.
Acontece que Manoá não sabia que aquele
era o Anjo do SENHOR. 17 Então Manoá per-
guntou ao Anjo do SENHOR:
— Qual é o seu nome, para que possamos
honrar você, quando se cumprir aquilo que
nos falou?
18 O Anjo do SENHOR respondeu:
— Por que você me pergunta pelo meu
nome, que é maravilhoso?
19 Então Manoá pegou um cabrito e uma
oferta de cereais e os ofereceu sobre uma
rocha ao SENHOR Deus. E o Anjo do SENHOR fez
algo maravilhoso, enquanto Manoá e a sua
mulher estavam observando. 20 Aconteceu

que, enquanto a chama que saiu do altar subia para o céu, o Anjo do SENHOR subiu nela. Ao verem isso, Manoá e a sua mulher se prostraram com o rosto em terra.

21 Nunca mais o Anjo do SENHOR apareceu a Manoá, nem à sua mulher. Então Manoá ficou sabendo que aquele era o Anjo do SENHOR.

22 Manoá disse à sua mulher:

— Certamente vamos morrer, porque vimos Deus.

23 Mas a mulher respondeu:

— Se o SENHOR Deus quisesse nos matar, não teria aceito de nossas mãos o holocausto e a oferta de cereais, nem nos teria mostrado tudo isso, nem nos teria revelado essas coisas.

24 Depois, a mulher deu à luz um filho e lhe deu o nome de Sansão. O menino cresceu, e o SENHOR o abençoou. 25 E o Espírito do SENHOR começou a agir nele em Maané-Dã, entre Zorá e Estaol.

O CASAMENTO DE SANSÃO

14 1 Sansão foi a Timna, onde viu uma das filhas dos filisteus. 2 Voltou para casa e disse ao seu pai e à sua mãe:

— Vi uma mulher em Timna, das filhas dos filisteus, e agora gostaria que a buscassem para ser a minha esposa.

3 Porém o seu pai e a sua mãe lhe disseram:

— Será que não há mulher entre as filhas de seus parentes ou entre todo o nosso povo, para que você tivesse de ir procurar uma esposa no meio dos filisteus, aqueles incircuncisos?

Mas Sansão disse ao seu pai:

— Busquem essa mulher para mim, porque é só dela que me agrado.

4 Mas o seu pai e a sua mãe não sabiam que isto vinha do SENHOR, pois este procurava ocasião contra os filisteus. Porque naquele tempo os filisteus dominavam sobre Israel.

5 Sansão foi com o seu pai e a sua mãe a Timna. Quando chegaram às vinhas de Timna, eis que um leão novo, rugindo, saiu ao encontro dele. 6 Então o Espírito do SENHOR de tal maneira se apossou de Sansão, que ele rasgou o leão como quem rasga um cabrito, sem nada ter nas mãos. Sansão, no entanto, não contou nem a seu pai nem a sua mãe o que havia feito.

7 Então ele foi e falou com aquela mulher, e dela se agradou. 8 Depois de alguns dias, voltou para casar com ela. E, afastando-se do caminho para ver o corpo do leão morto, eis que havia nele um enxame de abelhas com mel. 9 Pegou o favo nas mãos e se foi andando e comendo dele. Quando chegou onde estavam o seu pai e a sua mãe, deu-lhes um pouco do mel, e eles comeram. Mas Sansão não lhes contou que havia tirado o mel do corpo do leão.

O ENIGMA DE SANSÃO

10 O pai de Sansão foi à casa daquela mulher, e Sansão deu ali um banquete, como os moços costumavam fazer. 11 Quando os filisteus viram Sansão, convidaram trinta companheiros para estarem com ele. 12 Então Sansão lhes disse:

— Vou propor um enigma para que vocês o decifrem. Se, nos sete dias das bodas, vocês puderem decifrá-lo e me explicar o seu significado, darei a vocês trinta túnicas e trinta mudas de roupa. 13 Se não puderem me explicar o significado, vocês me darão as trinta túnicas e as trinta mudas de roupa.

E eles disseram:

— Apresente-nos o enigma. Queremos ouvi-lo.

14 Sansão disse:

"Do que come saiu comida,
e do forte saiu doçura."

E, em três dias, não puderam decifrar o enigma. 15 No quarto dia, disseram à mulher de Sansão:

— Convença o seu marido a nos explicar o enigma. Do contrário, vamos pôr fogo em você e na casa de seu pai. Vocês nos convidaram para poderem se apossar do que é nosso, não foi?

16 Então a mulher de Sansão chorou diante dele e disse:

— Você só me odeia! Você não me ama! Pois você deu aos homens do meu povo um enigma a decifrar e ainda não me contou o significado.

Mas Sansão respondeu:

— Olha! Nem para o meu pai nem para a minha mãe eu contei o significado do enigma. E acha que eu iria contar para você?

17 Ela chorou diante dele os sete dias em
que celebravam as bodas. No sétimo dia,
Sansão disse a resposta, porque ela não
parava de importunar. Então ela declarou
o enigma aos homens do seu povo. 18 Assim,
no sétimo dia, antes do pôr do sol, os
homens daquela cidade disseram a Sansão:

Que coisa é mais doce
  do que o mel
e mais forte do que o leão?

E Sansão respondeu:

"Se vocês não tivessem lavrado
  com a minha novilha,
nunca teriam descoberto
  o meu enigma."

19 Então o Espírito do SENHOR de tal maneira
se apossou de Sansão, que ele desceu até
Asquelom, matou trinta homens daquela
cidade, pegou as roupas deles e as deu aos
que decifraram o enigma. Porém Sansão
ficou irado e voltou para a casa do seu pai.
20 Quanto à mulher de Sansão, foi dada
em casamento ao homem que tinha sido
o seu amigo de honra.

SANSÃO PÕE FOGO NOS CAMPOS DOS FILISTEUS

15 1 Passado algum tempo, nos dias da
colheita do trigo, Sansão, levando
um cabrito, foi visitar a sua mulher. E dizia:
— Vou entrar no quarto da minha mulher.
Porém o pai dela não o deixou entrar 2 e
lhe disse:
— Eu realmente pensei que você tinha
muito ódio por ela e, por isso, a dei ao seu
companheiro. Mas você não concorda que
a irmã mais nova é mais bonita do que ela?
Fique com ela em lugar da outra.
3 Mas Sansão disse:
— Desta vez sou inocente para com os
filisteus, quando lhes fizer algum mal.
4 Então saiu, apanhou trezentas raposas
e pegou um bom número de tochas. Amar-
rou as raposas duas a duas pela cauda e
prendeu uma tocha em cada par. 5 Pôs fogo
nas tochas e largou as raposas nas planta-
ções dos filisteus. Assim, incendiou tanto
os feixes como o cereal que ainda estava por
ser colhido, além das vinhas e dos olivais.
6 Os filisteus perguntaram:
— Quem fez isso?
Responderam:
— Sansão, o genro do timnita, porque o
sogro lhe tirou a mulher e a deu ao amigo dele.
Então os filisteus foram e queimaram a
mulher e o pai dela. 7 E Sansão disse a eles:
— Se é assim que vocês fazem, não desis-
tirei enquanto não me vingar.
8 E ele os atacou com fúria, matando mui-
tos deles. Depois desceu e habitou numa
caverna da rocha de Etã.

OS HOMENS DE JUDÁ AMARRAM SANSÃO

9 Então os filisteus subiram e acampa-
ram em Judá, espalhando-se por Leí. 10 Os
homens de Judá perguntaram aos filisteus:
— Por que vocês estão nos atacando?
Responderam:
— Viemos prender Sansão, para fazer com
ele o mesmo que ele fez conosco.
11 Então três mil homens de Judá foram até a
caverna da rocha de Etã e disseram a Sansão:
— Você não sabia que os filisteus domi-
nam sobre nós? Por que, então, você nos
fez isto?
Ele lhes respondeu:
— Assim como fizeram comigo eu fiz
com eles.
12 Os homens de Judá disseram a Sansão:
— Viemos para amarrar você, para o entre-
gar nas mãos dos filisteus.
Sansão disse:
— Jurem para mim que vocês não me
matarão.
13 Eles lhe disseram:
— Não! Nós somente vamos amarrar você
e entregá-lo nas mãos dos filisteus. Mas de
maneira nenhuma vamos matar você.
Então o amarraram com duas cordas
novas e o fizeram sair da caverna.

SANSÃO MATA MIL HOMENS COM UMA QUEIXADA DE JUMENTO

14 Quando Sansão chegou a Leí, os filis-
teus foram gritando ao encontro dele. Mas
o Espírito do SENHOR de tal maneira se apos-
sou de Sansão, que as cordas que ele tinha
nos braços se tornaram como fios de linho
queimados, e as amarras que ele tinha nas

mãos se soltaram. 15 Achou uma queixada
de jumento, ainda fresca, pegou-a na mão e
com ela matou mil homens. 16 E disse:

"Com uma queixada de jumento
um montão, outro montão.
Com uma queixada de jumento
matei mil homens."

17 Quando acabou de falar, jogou fora
a queixada. E aquele lugar foi chamado
de Ramate-Leí.
18 Sentindo muita sede, Sansão clamou
ao SENHOR e disse:
— Por meio de teu servo deste esta grande
salvação. Será que agora vou morrer de sede
e cair nas mãos desses incircuncisos?
19 Então o SENHOR fendeu a cavidade que
estava em Leí, e dela saiu água. Sansão bebeu,
recobrou alento e reviveu. Por isso aquele
lugar se chama En-Hacoré até o dia de hoje.
20 Sansão julgou Israel, nos dias dos filis-
teus, durante vinte anos.

SANSÃO EM GAZA

16 1 Sansão foi a Gaza, viu ali uma pros-
tituta e teve relações com ela. 2 Foi
dito aos gazitas:
— Sansão chegou aqui.
Eles cercaram o local e ficaram a noite
toda esperando por ele, às escondidas,
no portão da cidade. Ficaram em silêncio
durante toda a noite, pois diziam:
— Vamos esperar até o raiar do dia. Então
nós o matamos.
3 Porém Sansão ficou deitado somente
até a meia-noite. Então se levantou, pegou
ambas as folhas do portão da cidade e as
arrancou juntamente com os seus batentes e
a tranca. Pôs tudo sobre os ombros e levou ao
alto do monte que está em frente de Hebrom.

SANSÃO E DALILA

4 Depois disto, Sansão se apaixonou por
uma mulher do vale de Soreque, a qual se
chamava Dalila. 5 Então os governantes dos
filisteus foram falar com ela e lhe disseram:
— Convença-o a revelar em que consiste a
sua grande força e como poderíamos domi-
ná-lo e amarrá-lo, para que assim possamos
subjugá-lo. Cada um de nós dará a você mil
e cem moedas de prata.
6 Então Dalila disse a Sansão:
— Peço que você me conte em que con-
siste a sua grande força e com que você
poderia ser amarrado e subjugado.
7 Sansão respondeu:
— Se me amarrarem com sete cordas de
arco ainda úmidas, ficarei fraco e serei como
qualquer outro homem.
8 Os governantes dos filisteus trouxeram a
Dalila sete cordas de arco, ainda úmidas; e
com as cordas ela o amarrou. 9 Dalila havia
deixado alguns homens escondidos no seu
quarto. Então ela disse:
— Sansão, os filisteus vêm vindo aí!
Mas ele arrebentou as cordas de arco como
se arrebenta o fio da estopa chamuscada
que é colocada perto do fogo. Assim, não se
soube em que consistia a força que ele tinha.
10 Então Dalila disse a Sansão:
— Eis que você tem zombado de mim e me
falou mentiras. Agora, por favor, conte-me
como você pode ser amarrado.
11 Ele lhe disse:
— Se me amarrarem bem com cordas
novas, que nunca foram usadas, ficarei
fraco e serei como qualquer outro homem.
12 Dalila pegou cordas novas e o amarrou.
Depois disse:
— Sansão, os filisteus vêm vindo aí!
Dalila havia deixado alguns homens escon-
didos no seu quarto. Mas Sansão arrebentou
as cordas de seus braços como se fossem um
fio de linha. 13 Dalila disse a Sansão:
— Até agora você tem zombado de mim e
só me falou mentiras. Diga-me como você
poderia ser amarrado.
Ele respondeu:
— Se você tecer num tear as sete tranças
da minha cabeça e se as prender com um
pino de tear, ficarei fraco e serei como qual-
quer outro homem.
Enquanto ele dormia, ela pegou e teceu
as sete tranças dele num tear. 14 Prendeu-as
com um pino de tear e depois gritou:
— Sansão, os filisteus vêm vindo aí!
Mas ele despertou do sono, arrancou o
pino e tirou o cabelo do tear.
15 Então ela lhe disse:
— Como você pode dizer que me ama, se
não me revela o seu segredo? Por três vezes
você zombou de mim e ainda não me con-
tou em que consiste a sua grande força.

16 Ela o importunava e pressionava todos
os dias com a mesma pergunta, de modo
que a alma dele se angustiou até a morte.
17 Então ele contou o seu segredo, dizendo:
— Nunca foi passada uma navalha na
minha cabeça, porque sou nazireu consa-
grado a Deus desde o ventre de minha mãe.
Se o meu cabelo for cortado, a minha força
irá embora, ficarei fraco e serei como qual-
quer outro homem.
18 Quando Dalila viu que ele lhe havia
contado o seu segredo, mandou chamar
os governantes dos filisteus, dizendo:
— Venham mais esta vez, porque agora
ele me contou o seu segredo.
Então os governantes dos filisteus vieram
até ela e trouxeram com eles o dinheiro.
19 Dalila fez com que Sansão dormisse no
colo dela e, tendo chamado um homem,
mandou rapar-lhe as sete tranças da cabeça,
e assim começou a subjugá-lo. Sansão havia
perdido a sua força. 20 Então ela gritou:
— Sansão, os filisteus vêm vindo aí!
Ele despertou do sono e disse consigo
mesmo:
— Vou sair como nas outras vezes e me
livrarei.
Mas ele não sabia ainda que o SENHOR
já se havia retirado dele. 21 Então os filis-
teus o agarraram, furaram os olhos dele e
o levaram para Gaza. Amarraram-no com
correntes de bronze e o puseram a virar um
moinho na prisão. 22 Mas o cabelo da sua
cabeça, logo após ser rapado, começou a
crescer de novo.

A MORTE DE SANSÃO

23 Os governantes dos filisteus se reuni-
ram para oferecer um grande sacrifício ao
seu deus Dagom e para se alegrar. Diziam:
— O nosso deus entregou o nosso inimigo
Sansão nas nossas mãos.
24 O povo, quando viu Sansão, louvava o
seu deus, dizendo:
— O nosso deus entregou nas nossas
mãos o nosso inimigo, aquele que destruía a
nossa terra e multiplicava os nossos mortos.
25 Com alegria no coração, disseram:
— Mandem vir Sansão, para que ele nos
divirta.
Trouxeram Sansão do cárcere, e ele os
divertia. Quando o fizeram ficar em pé entre
as colunas, 26 Sansão disse ao moço que o
guiava pela mão:
— Deixe-me apalpar as colunas que sus-
tentam o templo, para que eu possa me
encostar nelas.
27 Ora, o templo estava cheio de homens
e mulheres, e também ali estavam todos
os governantes dos filisteus. E sobre o teto
havia uns três mil homens e mulheres, que
olhavam enquanto Sansão os divertia.
28 Sansão clamou ao SENHOR e disse:
— Senhor DEUS, peço-te que te lembres
de mim. Dá-me força só mais esta vez, ó
Deus, para que eu me vingue dos filisteus,
que furaram os meus olhos.
29 Em seguida, Sansão abraçou-se às duas
colunas do meio, que sustentavam o templo,
e fez força sobre elas, com a mão direita em
uma e com a esquerda na outra. 30 E disse:
— Que eu morra com os filisteus.
E empurrou com toda a sua força, e o tem-
plo caiu sobre os governantes e sobre todo
o povo que ali estava. Assim, foram mais
os que Sansão matou quando morreu do
que os que ele havia matado durante toda
a sua vida.
31 Então os seus irmãos e toda a casa de
seu pai foram buscar o corpo. Eles o levaram
e sepultaram entre Zorá e Estaol, no túmulo
de Manoá, seu pai.
Sansão julgou Israel durante vinte anos.

MICA E OS ÍDOLOS

17 1 Havia um homem da região monta-
nhosa de Efraim cujo nome era Mica.
2 Ele disse à sua mãe:
— As mil e cem moedas de prata que lhe
foram roubadas, e a respeito das quais a
senhora me falou e proferiu maldições,
eis que esse dinheiro está comigo; eu
o peguei.
Então a mãe lhe disse:
— Que o SENHOR o abençoe, meu filho!
3 Assim, ele devolveu as mil e cem moedas
de prata à sua mãe, que disse:
— De minha parte dedico esta prata ao
SENHOR Deus a favor de meu filho. Será usada
para fazer uma imagem de escultura e uma
de fundição. Por isso, agora eu devolvo esta
prata a você.
4 Porém o filho devolveu a prata à sua mãe,
que pegou duzentas moedas de prata e as

O alicerce firmado pelo Senhor traz nova vida. Não despreze os pequenos começos!

deu a um ourives, o qual fez delas uma imagem de escultura e uma de fundição. E a imagem ficou na casa de Mica. 5 E, assim, este homem, Mica, veio a ter um santuário. Fez uma estola sacerdotal, alguns ídolos do lar, e consagrou um de seus filhos para ser o sacerdote. 6 Naqueles dias, não havia rei em Israel; cada um fazia o que achava mais certo.

O LEVITA NA CASA DE MICA

7 Havia um jovem de Belém de Judá, da tribo de Judá, que era levita e estrangeiro naquele lugar. 8 Esse homem partiu da cidade de Belém de Judá em busca de outro lugar para morar. E assim, seguindo o seu caminho, chegou à região montanhosa de Efraim, até a casa de Mica. 9 E Mica lhe perguntou:

— De onde você vem?

Ele respondeu:

— Sou levita de Belém de Judá e estou procurando um lugar para morar.

10 Então Mica disse:

— Fique comigo, como meu conselheiro e sacerdote. Eu lhe darei dez moedas de prata por ano, a roupa e o sustento.

O levita entrou 11 e consentiu em ficar com aquele homem. E o jovem era para ele como um de seus filhos. 12 Mica consagrou o jovem levita, que passou a ser o seu sacerdote. E o jovem ficou na casa de Mica. 13 Então Mica disse:

— Agora sei que o SENHOR me fará bem, porque tenho um levita como sacerdote.

MICA E A TRIBO DE DÃ

18 1 Naqueles dias, não havia rei em Israel, e a tribo dos danitas estava procurando um território para morar, porque, até aquele dia, não tinha recebido herança entre as tribos de Israel. 2 Então os filhos de Dã enviaram cinco homens dentre todas as famílias da sua tribo, homens valentes, de Zorá e de Estaol, para espiar e explorar a terra. E lhes disseram:

— Vão e explorem a terra.

Chegaram à região montanhosa de Efraim, até a casa de Mica, e ali pernoitaram. 3 Quando se aproximaram da casa de Mica, reconheceram a voz do jovem levita. Chegaram perto dele e lhe perguntaram:

— Quem trouxe você para cá? O que você está fazendo aqui? E o que prende você a este lugar?

4 Ele respondeu:

— Assim e assim Mica fez comigo: ele me contratou, e eu me tornei o sacerdote dele.

5 E eles lhe disseram:

— Então, por favor, consulte a Deus, para que saibamos se o caminho que seguimos irá prosperar.

6 O sacerdote respondeu:

— Vão em paz. O caminho de vocês está sob as vistas do SENHOR.

7 Os cinco homens partiram e chegaram a Laís. Viram que o povo daquele lugar vivia em segurança, segundo o costume dos sidônios, em paz e sem desconfiar de nada. Nenhuma autoridade havia que, por qualquer coisa, os oprimisse. Moravam longe dos sidônios e não tinham contato com outros povos. 8 Então os cinco homens voltaram a seus irmãos em Zorá e Estaol. E esses irmãos lhes perguntaram:

— E então, o que nos dizem?

9 Eles responderam:

— Preparem-se e vamos atacá-los. Porque examinamos a terra, e eis que é muito boa. Vão ficar aí parados? Vão depressa e ocupem aquela terra. 10 Quando chegarem lá, vão encontrar um povo que não desconfia de nada. A terra é ampla, e Deus a está entregando nas mãos de vocês. É um lugar em que não falta nada do que existe na terra.

11 Então partiram dali, do meio da tribo dos danitas, de Zorá e de Estaol, seiscentos homens armados com as suas armas de guerra. 12 Subiram e acamparam em Quiriate-Jearim, em Judá. Por isso aquele lugar é chamado de Maané-Dã, até o dia de hoje. Fica a oeste de Quiriate-Jearim. 13 Dali foram para a região montanhosa de Efraim e chegaram à casa de Mica.

14 Os cinco homens que foram espiar a terra de Laís disseram aos seus irmãos:

— Vocês sabiam que numa daquelas casas há uma estola sacerdotal, alguns ídolos do lar, uma imagem de escultura e uma de fundição? Decidam, pois, o que vão fazer.

15 Então foram para lá, e chegaram à casa do jovem levita, que era a casa de Mica, e o saudaram. 16 Os seiscentos homens da tribo de Dã, armados com as suas armas de guerra,

ficaram à entrada do portão. [17] Porém os cinco homens que tinham ido espiar a terra entraram na casa e apanharam a imagem de escultura, a estola sacerdotal, os ídolos do lar e a imagem de fundição, enquanto o sacerdote estava em pé à entrada do portão com os seiscentos homens que estavam armados com as armas de guerra. [18] Quando eles entraram na casa de Mica e apanharam a imagem de escultura, a estola sacerdotal, os ídolos do lar e a imagem de fundição, o sacerdote perguntou:

— O que é que vocês estão fazendo?

[19] Eles responderam:

— Fique calado. Não diga nada a ninguém. Venha conosco e seja o nosso conselheiro e sacerdote. Ou você acha que é melhor ser sacerdote na casa de um só homem do que ser sacerdote de uma tribo e de uma família em Israel?

[20] O sacerdote ficou contente, pegou a estola sacerdotal, os ídolos do lar e a imagem de escultura e entrou no meio do povo. [21] Eles deram meia-volta e partiram, não sem antes colocar diante de si as crianças, o gado e os seus bens. [22] Quando eles já estavam longe da casa de Mica, os vizinhos deste se reuniram e foram atrás dos filhos de Dã. [23] Eles gritaram para os filhos de Dã, que, voltando-se, perguntaram a Mica:

— O que é que você quer? Por que você convocou todo esse povo?

[24] Mica respondeu:

— Vocês pegaram os deuses que eu fiz e também o meu sacerdote e foram embora. O que sobrou para mim? E vocês ainda me perguntam: "O que é que você quer?"

[25] Porém os filhos de Dã lhe disseram:

— Seria melhor você ficar calado, porque, se não, alguns dos nossos homens poderiam ficar irritados e acabariam atacando você. Nesse caso, perderiam a vida você e os da sua casa.

[26] Assim, os filhos de Dã seguiram o seu caminho. E Mica, vendo que eram mais fortes do que ele, deu meia-volta e foi para casa.

[27] Os homens de Dã levaram as coisas que Mica havia feito e também o sacerdote dele, e foram a Laís, a um povo que vivia em paz e sem desconfiar de nada. Mataram os moradores a fio de espada e queimaram a cidade. [28] Não houve ninguém que os livrasse, porque moravam longe de Sidom e não tinham contato com outros povos. A cidade ficava no vale junto a Bete-Reobe. Os filhos de Dã reedificaram a cidade e passaram a morar nela. [29] E lhe chamaram Dã, segundo o nome de Dã, seu pai, que era filho de Israel. Porém no passado o nome dessa cidade era Laís. [30] Os filhos de Dã levantaram para si aquela imagem de escultura, e Jônatas, filho de Gérson e neto de Moisés, ele e seus filhos foram sacerdotes da tribo dos danitas até o dia do cativeiro do povo. [31] Assim, pois, a imagem de escultura feita por Mica ficou entre eles durante todo o tempo em que a Casa de Deus esteve em Siló.

O LEVITA E A SUA CONCUBINA

19 [1] Naqueles dias, em que não havia rei em Israel, houve um homem levita, que, peregrinando nos lados da região montanhosa de Efraim, tomou para si uma concubina de Belém de Judá. [2] Porém ela se irritou com ele e, deixando-o, voltou para a casa de seu pai, em Belém de Judá, onde ficou durante uns quatro meses. [3] Seu marido, levando consigo o seu servo e dois jumentos, foi atrás dela para tentar convencê-la a voltar. Ela o fez entrar na casa de seu pai. Este, quando viu o levita, saiu alegre a recebê-lo. [4] O sogro, o pai da moça, convenceu o levita a ficar com ele durante três dias; comeram, beberam, e o casal se alojou ali. [5] No quarto dia, madrugaram e se levantaram para partir. Mas o pai da moça disse a seu genro:

— Coma alguma coisa, para você ter mais força para a viagem. Depois disso vocês podem ir embora.

[6] Os dois se sentaram, comeram e beberam juntos. Então o pai da moça disse ao homem:

— Por favor, fique aqui mais uma noite e alegre o seu coração.

[7] Quando o homem se levantou para partir, o seu sogro insistiu para que ficasse, e ele mais uma vez pernoitou ali. [8] No quinto dia, ele se levantou de madrugada para partir, mas o pai da moça lhe disse:

— Coma alguma coisa. Fiquem até o entardecer.

E ambos comeram juntos. [9] Então o homem se levantou para partir, ele, a sua

concubina e o seu servo. Mas o sogro dele,
o pai da moça, lhe disse:
— Olhe! Está ficando tarde e a noite vem
chegando. Passe mais uma noite aqui. Este
dia já está acabando. Passe aqui a noite, e
alegre o seu coração. Amanhã de madru-
gada vocês podem se levantar e viajar de
volta para casa.
10 Porém o homem não quis passar ali mais
uma noite. Ele se levantou, partiu e che-
gou até a altura de Jebus, isto é, Jerusalém.
Com ele iam os dois jumentos encilha-
dos e também a sua concubina. 11 Quando
chegaram perto de Jebus, o dia já estava
chegando ao fim. Então o servo disse a
seu senhor:
— Venha, vamos sair da estrada e entrar
nessa cidade dos jebuseus e passemos
ali a noite.
12 Porém o seu senhor lhe disse:
— Não vamos entrar em nenhuma cidade
estranha, que não seja dos filhos de Israel.
Vamos um pouco mais adiante até Gibeá.
13 E continuou:
— Venha, vamos a um desses lugares e
pernoitemos em Gibeá ou em Ramá.
14 Assim passaram adiante e continuaram
a viagem. E o sol se pôs quando chegaram
a Gibeá, que pertence a Benjamim. 15 Saí-
ram da estrada para entrar em Gibeá, a fim
de, nela, passarem a noite. O levita entrou
e se sentou na praça da cidade, porque não
houve quem os recolhesse em casa para
ali pernoitarem.
16 Eis que, ao anoitecer, um homem velho
estava voltando do seu trabalho no campo.
Ele era da região montanhosa de Efraim,
mas morava em Gibeá. Os outros habitan-
tes do lugar eram benjamitas. 17 Quando o
velho ergueu os olhos e viu o viajante na
praça da cidade, perguntou:
— Para onde você está indo? E de onde
você vem?
18 O levita respondeu:
— Estamos viajando de Belém de Judá
para os lados da região montanhosa de
Efraim, de onde sou. Fui a Belém de Judá
e, agora, estou de viagem para a Casa do
SENHOR. Ninguém me recebeu em sua casa,
19 embora tenhamos palha e pasto para os
nossos jumentos, e também pão e vinho
para mim, e para esta sua serva, e para o
moço que vem com estes seus servos. Não
nos falta nada.
20 Então o velho disse:
— Que a paz esteja com você! Tudo o que
lhe vier a faltar fique a meu encargo. Só não
passem a noite na praça.
21 Ele os levou para a sua casa e deu pasto
aos jumentos. Depois de lavarem os pés,
comeram e beberam.
22 Enquanto eles se alegravam, eis que os
homens daquela cidade, homens malignos,
cercaram a casa e começaram a bater na
porta. E disseram ao velho, o dono da casa:
— Traga para fora o homem que entrou em
sua casa, para que abusemos dele.
23 O dono da casa saiu para falar com eles
e disse:
— Não, meus irmãos, não façam esta
maldade. Já que o homem está em minha
casa, não façam uma loucura dessas.
24 Vejam, aqui estão a minha filha virgem
e a concubina dele. Vou pôr as duas para
fora e vocês poderão abusar delas e fazer
o que bem quiserem. Mas não façam uma
loucura dessas com este homem!
25 Porém aqueles homens não o quiseram
ouvir. Então o levita pegou a sua concubina
e a entregou a eles do lado de fora. E eles
a forçaram e abusaram dela toda a noite
até pela manhã; e, quando estava amanhe-
cendo, eles a deixaram. 26 Ao amanhecer,
a mulher veio e caiu à porta da casa do
homem, onde o seu senhor estava hospe-
dado. E ela ficou ali até o clarear do dia.
27 De manhã, quando o seu senhor se
levantou e abriu as portas da casa, para
continuar a viagem, eis que a mulher, sua
concubina, jazia à porta da casa, com as
mãos sobre a soleira. 28 Ele lhe disse:
— Levante-se, e vamos embora!
Porém não houve resposta. Então o
homem a pôs sobre o jumento e foi para
a sua casa. 29 Chegando a casa, pegou uma
faca e cortou o corpo da concubina em doze
pedaços. E enviou os pedaços para todas as
regiões da terra de Israel. 30 Todos os que
viram isso diziam:
— Nunca se fez uma coisa dessas, nem se
viu nada semelhante desde o dia em que
os filhos de Israel saíram da terra do Egito
até o dia de hoje. Pensem nisso, discutam
entre si e digam o que se deve fazer.

OS ISRAELITAS VINGAM A AFRONTA FEITA AO LEVITA

20 1 Todos os filhos de Israel, desde Dã até Berseba, bem como da terra de Gileade, saíram, e a congregação se reuniu diante do SENHOR em Mispa, como se fosse um só homem. 2 Os chefes de todo o povo e todas as tribos de Israel se apresentaram na congregação do povo de Deus. Havia quatrocentos mil soldados de infantaria, que puxavam da espada. 3 E os filhos de Benjamim ouviram que os filhos de Israel haviam se reunido em Mispa. Os filhos de Israel disseram:

— Contem-nos como aconteceu essa maldade.

4 Então o levita, marido da mulher assassinada, disse:

— Cheguei com a minha concubina a Gibeá, cidade de Benjamim, para passar a noite. 5 Os cidadãos de Gibeá se levantaram contra mim e, à noite, cercaram a casa em que eu estava. Queriam me matar e abusaram da minha concubina, que morreu. 6 Então peguei o corpo da minha concubina, cortei em pedaços, e os mandei por toda a terra da herança de Israel, pois aqueles homens cometeram uma maldade e loucura em Israel. 7 Eis que todos vocês são filhos de Israel; portanto, discutam o assunto e tomem uma decisão.

8 Então todo o povo se levantou como um só homem, dizendo:

— Nenhum de nós irá para a sua tenda, e nenhum de nós voltará para casa. 9 Mas isto é o que faremos a Gibeá: um sorteio para ver quem atacará a cidade. 10 De todas as tribos de Israel vamos separar dez homens de cem, e cem de mil, e mil de dez mil, para providenciarem mantimento para o povo, a fim de que este, indo a Gibeá de Benjamim, faça a ela conforme toda a loucura que fez em Israel.

11 Assim, todos os homens de Israel se ajuntaram como se fossem um só homem contra essa cidade.

12 As tribos de Israel enviaram homens por toda a tribo de Benjamim, dizendo:

— Que maldade é essa que foi feita no meio de vocês? 13 E agora entreguem-nos aqueles homens, homens malignos, que estão em Gibeá, para que os matemos e tiremos esse mal do meio de Israel.

Mas os filhos de Benjamim não quiseram ouvir a voz de seus irmãos, os filhos de Israel. 14 Ao contrário, vindos de suas cidades, se ajuntaram em Gibeá, para saírem à guerra contra os filhos de Israel. 15 E naquele dia os filhos de Benjamim convocaram das suas cidades vinte e seis mil homens que puxavam da espada, além dos moradores de Gibeá, dos quais reuniram setecentos homens escolhidos. 16 Entre todo este povo havia setecentos homens escolhidos, canhotos, que atiravam com a funda e eram capazes de acertar uma pedra num fio de cabelo, sem nunca errar. 17 Dos homens de Israel, além dos de Benjamim, foram convocados quatrocentos mil homens que puxavam da espada. Todos esses eram homens de guerra.

18 Os israelitas se levantaram e foram a Betel. Ali, consultaram a Deus, dizendo:

— Quem de nós será o primeiro a lutar contra Benjamim?

E o SENHOR respondeu:

— Judá irá primeiro.

19 Na manhã seguinte os filhos de Israel se levantaram e acamparam perto de Gibeá. 20 E os homens de Israel saíram à batalha contra a tribo de Benjamim e tomaram posição de ataque contra ela junto a Gibeá. 21 Então os filhos de Benjamim saíram de Gibeá e, naquele dia, mataram vinte e dois mil homens de Israel. 22 Porém o povo dos homens de Israel se animou e eles novamente tomaram posição de ataque no mesmo lugar onde, no primeiro dia, o tinham feito. 23 Antes disso, porém, os filhos de Israel foram e choraram diante do SENHOR até a tarde. E consultaram o SENHOR, dizendo:

— Devemos atacar outra vez os nossos irmãos da tribo de Benjamim?

E o SENHOR respondeu:

— Sim, vocês devem atacar.

24 Assim, no dia seguinte, os filhos de Israel marcharam contra os filhos de Benjamim. 25 Também os de Benjamim, no dia seguinte, saíram de Gibeá de encontro a eles. E mataram mais dezoito mil homens, todos dos que puxavam da espada. 26 Então todos os filhos de Israel, todo o povo, foram a Betel, choraram, estiveram ali diante do SENHOR e jejuaram aquele dia até a tarde. E ofereceram holocaustos e ofertas pacíficas diante

do SENHOR. 27 E os filhos de Israel consultaram o SENHOR. Porque naqueles dias a arca da aliança de Deus estava ali em Betel. 28 E Fineias, filho de Eleazar, filho de Arão, ministrava diante dela naqueles dias. Os filhos de Israel perguntaram:

— Devemos sair mais uma vez para lutar contra os nossos irmãos da tribo de Benjamim ou devemos desistir?

O SENHOR respondeu:

— Vão novamente, porque amanhã eu os entregarei nas mãos de vocês.

29 Então Israel pôs emboscadas ao redor de Gibeá. 30 No terceiro dia, os filhos de Israel avançaram contra os filhos de Benjamim e tomaram posição de ataque contra Gibeá, como das outras vezes. 31 Então os filhos de Benjamim saíram de encontro ao povo, e, deixando-se atrair para longe da cidade, começaram a matar alguns do povo de Israel, como haviam feito das outras vezes. Pelas estradas, das quais uma vai para Betel e a outra vai para Gibeá, e no campo, mataram uns trinta homens de Israel. 32 Então os filhos de Benjamim disseram:

— Eles estão sendo derrotados, como das outras vezes.

Porém os filhos de Israel disseram:

— Vamos fugir e atraí-los da cidade para as estradas.

33 Todos os homens de Israel se levantaram do seu lugar e tomaram posição de ataque em Baal-Tamar, e a emboscada de Israel saiu do seu lugar, das vizinhanças de Geba. 34 Dez mil homens escolhidos de todo o Israel vieram contra Gibeá, e a batalha se intensificou. Porém os filhos de Benjamim não imaginavam que o desastre era iminente. 35 Então o SENHOR derrotou Benjamim diante de Israel. E, naquele dia, os filhos de Israel mataram vinte e cinco mil e cem homens de Benjamim, todos dos que puxavam da espada. 36 Então os filhos de Benjamim viram que estavam derrotados.

Os homens de Israel foram cedendo terreno aos benjamitas, porque confiavam na emboscada que haviam posto contra Gibeá. 37 A emboscada avançou depressa, investiu contra Gibeá e passou os moradores a fio de espada. 38 Os homens de Israel tinham combinado um sinal com a emboscada, que era fazer subir da cidade uma grande nuvem de fumaça. 39 Então os homens de Israel deviam voltar à batalha. Os filhos de Benjamim tinham começado a atacar os homens de Israel e já tinham matado uns trinta deles. E diziam:

— Com certeza eles já estão derrotados, como na batalha anterior.

40 Então a nuvem de fumaça começou a levantar-se da cidade, como se fosse uma coluna. Os filhos de Benjamim olharam para trás, e eis que a fumaça da cidade subia para o céu. 41 Os homens de Israel deram meia-volta, e os filhos de Benjamim ficaram apavorados, porque viram que o desastre era iminente. 42 Eles viraram as costas para os homens de Israel, em busca do caminho do deserto, mas não puderam escapar da batalha; e os que vinham das cidades os destruíram no meio deles. 43 Cercaram os filhos de Benjamim e os perseguiram; e, onde repousavam, ali os alcançavam, até diante de Gibeá, para o nascente do sol. 44 Dos filhos de Benjamim foram mortos dezoito mil homens, todos estes homens valentes. 45 Então se viraram e fugiram na direção do deserto, para a rocha de Rimom. E, ao longo do caminho, os filhos de Israel ainda apanharam mais uns cinco mil homens. Seguiram-nos de perto até Gidom, e mataram mais dois mil homens. 46 Naquele dia, morreram vinte e cinco mil homens dos filhos de Benjamim, todos eles homens valentes que puxavam da espada.

47 Porém seiscentos homens viraram e fugiram para o deserto, para a rocha de Rimom, onde ficaram quatro meses. 48 Os homens de Israel voltaram para os filhos de Benjamim e passaram a fio de espada tudo o que restou da cidade, tanto homens como animais, tudo o que encontraram. E também puseram fogo em todas as cidades que encontraram.

ESPOSAS PARA OS BENJAMITAS

21 1 Ora, os homens de Israel tinham feito um juramento em Mispa, dizendo:

— Nenhum de nós dará sua filha em casamento aos benjamitas.

2 O povo foi a Betel, e ali ficaram até a tarde diante de Deus, levantaram a voz e choraram amargamente. 3 Disseram:

— Ah! Senhor, Deus de Israel, por que aconteceu isto em Israel? Por que hoje falta uma tribo?

4 No dia seguinte, o povo, pela manhã, se levantou e edificou ali um altar. E apresentaram holocaustos e ofertas pacíficas. 5 E os filhos de Israel perguntaram:

— Quem de todas as tribos de Israel não compareceu à assembleia do Senhor?

Porque tinham feito um juramento solene: quem não comparecesse à presença do Senhor em Mispa seria morto. 6 Os filhos de Israel tiveram compaixão de seus irmãos da tribo de Benjamim e disseram:

— Hoje foi eliminada uma das tribos de Israel. 7 Como obteremos mulheres para os restantes deles, pois juramos, pelo Senhor, que não lhes daríamos em casamento nenhuma de nossas filhas?

8 E perguntaram:

— Há alguma das tribos de Israel que não tenha comparecido à presença do Senhor em Mispa?

E eis que ninguém de Jabes-Gileade tinha ido ao acampamento, à assembleia. 9 Quando contaram o povo, eis que nenhum dos moradores de Jabes-Gileade estava ali. 10 Por isso, a congregação mandou para lá doze mil homens dos mais valentes e lhes ordenou, dizendo:

— Vão e matem os moradores de Jabes-Gileade a fio de espada, tanto homens como mulheres e crianças. 11 É isto que vocês devem fazer: Matem todos os homens, bem como todas as mulheres que não forem virgens.

12 E acharam entre os moradores de Jabes-Gileade quatrocentas moças virgens, que nunca haviam tido relações com homem algum; e as trouxeram ao acampamento, em Siló, que fica na terra de Canaã. 13 Então toda a congregação enviou mensageiros aos filhos de Benjamim que estavam na rocha de Rimom, e lhes fizeram uma proposta de paz. 14 Foi nesse tempo que os benjamitas voltaram e receberam aquelas mulheres de Jabes-Gileade que tinham sido conservadas com vida. Porém não havia uma para cada um deles. 15 Então o povo teve compaixão de Benjamim, porque o Senhor tinha aberto uma brecha nas tribos de Israel.

16 Os anciãos da congregação disseram:

— Como obteremos mulheres para os que sobraram, visto que as mulheres dos benjamitas foram exterminadas?

17 Disseram mais:

— Deve haver uma herança para os benjamitas que sobraram, pois nenhuma tribo de Israel deve ser destruída. 18 Porém nós não podemos dar a eles as nossas filhas em casamento, porque os filhos de Israel juraram, dizendo: "Maldito o que der mulher aos benjamitas."

19 Então disseram:

— Eis que, de ano em ano, há uma solenidade do Senhor em Siló.

Siló fica ao norte de Betel, do lado do nascente do sol, pelo caminho que vai de Betel a Siquém, e ao sul de Lebona.

20 Então deram uma ordem aos filhos de Benjamim, dizendo:

— Vão e se escondam nas vinhas. 21 Fiquem vigiando. Quando as moças de Siló saírem a dançar em rodas, saiam das vinhas, e cada um agarre uma mulher para si. E então voltem para a terra de Benjamim. 22 Quando os pais ou os irmãos delas vierem se queixar a nós, diremos: "Tenham pena deles por amor de nós, pois, na guerra contra Jabes-Gileade, não conseguimos mulheres para todos eles. E vocês não as deram a eles, pois neste caso seriam culpados de quebrar o juramento."

23 Assim fizeram os filhos de Benjamim. E dentre as moças que saíram para dançar eles tomaram para si mulheres, conforme o número deles. Depois voltaram para a sua herança, reedificaram as cidades e habitaram nelas. 24 Então os filhos de Israel também partiram dali, cada um para a sua tribo, para a sua família e para a sua herança. 25 Naqueles dias, não havia rei em Israel; cada um fazia o que achava mais certo.

Livros históricos

Rute

Livro 8 com

04

CAPÍTULOS

SIGNIFICADO DO TÍTULO

"Rute" significa "amiga", "companheira". O livro recebe o nome da protagonista, jovem estrangeira de Moabe que viria a se tornar bisavó do rei Davi e ancestral de Jesus (Mt 1.1).

AUTORIA

Não se sabe. A tradição dos judeus atribui a autoria a Samuel, o que não é provável, visto que Rute 4.17,22 menciona Davi. Como Samuel morreu antes de Davi se tornar rei, a data de escrita deve ser posterior.

INFORMAÇÕES GERAIS

A história do livro possivelmente se passa no período dos juízes, mas estima-se que Rute tenha sido escrito durante o reinado de Salomão (século 10 a.C.). Rute e Ester são os únicos livros da Bíblia que recebem o nome de uma mulher. Redenção é o conceito principal do livro.

ESTRUTURA DO LIVRO

- ★ Noemi perde tudo Rt 1.1-5
- ★ Noemi volta de Moabe para Belém Rt 1.6-22
- ★ O encontro de Rute e Boaz Rt 2
- ★ Rute vai a Boaz na eira Rt 3
- ★ Boaz acerta seu casamento com Rute Rt 4.1-12
- ★ Noemi é restituída Rt 4.13-17
- ★ Genealogia de Davi Rt 4.18-22

TEMAS DE RUTE

A teologia de Rute mostra que Deus age sempre, mesmo que sua ação não seja explícita, e que ele recompensa com bênçãos a misericórdia e a lealdade. O livro é, assim, um relato da providência divina em ação, que traz louvor ao seu nome (Rt 4.14).

CRISTO E RUTE

Boaz foi redentor, prefigurando Cristo como o redentor da humanidade. Rute, uma estrangeira, simboliza a inclusão dos gentios na salvação divina. Além disso, a linhagem de Rute e Boaz leva a Davi e, eventualmente, a Jesus, destacando a continuidade da promessa messiânica.

ELIMELEQUE E A SUA FAMÍLIA EM MOABE

1 1 Nos dias em que os juízes julgavam, houve fome na terra de Israel. E um homem de Belém de Judá foi morar por algum tempo na terra de Moabe, com a sua mulher e os seus dois filhos. 2 Este homem se chamava Elimeleque, e sua mulher se chamava Noemi. Os filhos se chamavam Malom e Quiliom. Eram efrateus, de Belém de Judá. Foram à terra de Moabe e ficaram ali. 3 Algum tempo depois, Elimeleque, o marido de Noemi, morreu, e ela ficou sozinha com os dois filhos. 4 Estes casaram com mulheres moabitas. O nome de uma delas era Orfa, e o nome da outra era Rute. E ficaram ali quase dez anos. 5 Depois morreram também Malom e Quiliom, os dois filhos de Noemi. E assim ela ficou sozinha, sem os dois filhos e sem o marido.

NOEMI E RUTE VÃO PARA BELÉM

6 Então Noemi voltou da terra de Moabe com as suas noras, porque ainda em Moabe ouviu que o SENHOR havia se lembrado do seu povo, dando-lhe alimento. 7 Assim, ela saiu do lugar onde havia morado, e as duas noras estavam com ela. Enquanto caminhavam, voltando para a terra de Judá, 8 Noemi disse às suas noras:

— Vão agora e voltem cada uma para a casa de sua mãe. E que o SENHOR seja bondoso com vocês, assim como vocês foram bondosas com os que morreram e comigo. 9 O SENHOR faça com que vocês sejam felizes, cada uma na casa de seu novo marido.

E deu um beijo em cada uma delas. Elas, porém, começaram a chorar alto 10 e lhe disseram:

— Não! Nós iremos com a senhora para junto do seu povo.

11 Mas Noemi disse:

— Voltem, minhas filhas! Por que vocês iriam comigo? Vocês acham que eu ainda tenho filhos em meu ventre, para que casem com vocês? 12 Voltem, minhas filhas! Vão embora, porque sou velha demais para ter marido. E ainda que eu dissesse: "Tenho esperança", ou ainda que casasse esta noite e tivesse filhos, 13 será que vocês iriam esperar até que eles viessem a crescer? Ficariam tanto tempo sem casar? Não, minhas filhas! A minha amargura é maior do que a de vocês, porque o SENHOR descarregou a sua mão contra mim.

14 Então, de novo, choraram em alta voz. Orfa, com um beijo, se despediu de sua sogra, porém Rute se apegou a ela.

15 Então Noemi disse:

— Veja! A sua cunhada voltou para o seu povo e para os seus deuses. Vá você também com ela.

16 Porém Rute respondeu:

— Não insista para que eu a deixe nem me obrigue a não segui-la! Porque aonde quer que você for, irei eu; e onde quer que pousar, ali pousarei eu. O seu povo é o meu povo, e o seu Deus é o meu Deus. 17 Onde quer que você morrer, morrerei eu e aí serei sepultada. Que o SENHOR me castigue, se outra coisa que não seja a morte me separar de você.

18 Quando Noemi viu que Rute estava mesmo decidida a acompanhá-la, deixou de insistir com ela.

19 Então ambas se foram, até que chegaram a Belém. E aconteceu que, ao chegarem ali, toda a cidade se comoveu por causa delas. E as mulheres perguntavam:

— Essa não é a Noemi?

20 Porém ela lhes dizia:

— Não me chamem de Noemi, mas de Mara, porque o Todo-Poderoso me deu muita amargura. 21 Quando saí daqui, eu era plena, mas o SENHOR me fez voltar vazia. Por que, então, querem me chamar de Noemi, se o SENHOR deu testemunho contra mim e o Todo-Poderoso me afligiu?

22 Foi assim que Noemi voltou da terra de Moabe, com Rute, sua nora, a moabita. E chegaram a Belém no começo da colheita da cevada.

RUTE VAI APANHAR ESPIGAS

2 1 Noemi tinha um parente de seu marido, dono de muitos bens, da família de Elimeleque, o qual se chamava Boaz. 2 Rute, a moabita, disse a Noemi:

— Deixe-me ir ao campo para apanhar espigas atrás daquele que me permitir fazer isso.

Noemi respondeu:

— Vá, minha filha!

3 Ela se foi, chegou ao campo e apanhava espigas atrás dos ceifeiros. Por casualidade

entrou na parte do campo que pertencia a
Boaz, que era da família de Elimeleque.
4 Eis que Boaz veio de Belém e disse
aos ceifeiros:
— Que o Senhor esteja com vocês!
E eles responderam:
— Que o Senhor o abençoe!
5 Depois, Boaz perguntou ao servo encar-
regado dos ceifeiros:
— De quem é essa moça?
6 O servo respondeu:
— Essa é a moça moabita que veio com
Noemi da terra de Moabe. 7 Ela me pediu
que a deixasse recolher espigas e ajuntá-
-las entre os feixes após os ceifeiros. Assim,
ela veio e ficou aqui desde a manhã até
agora. Só parou um pouco para descansar
no abrigo.
8 Então Boaz disse a Rute:
— Escute, minha filha, você não precisa
ir colher em outro campo, nem se afastar
daqui. Fique aqui com as minhas servas.
9 Fique atenta ao campo onde forem colher e
vá atrás delas. Eu dei ordem aos servos para
que não toquem em você. Quando você ficar
com sede, vá até as vasilhas e beba da água
que os servos tiraram.
10 Então Rute se inclinou e, encostando o
rosto no chão, disse a Boaz:
— Por que o senhor está me favorecen-
do e se importa comigo, se eu sou uma es-
trangeira?
11 Boaz respondeu:
— Já me contaram tudo o que você fez
pela sua sogra, depois que você perdeu o
marido. Sei que você deixou pai, mãe e a
terra onde nasceu e veio para um povo que
antes disso você não conhecia. 12 O Senhor
lhe pague pelo bem que você fez. Que você
receba uma grande recompensa do Senhor,
Deus de Israel, sob cujas asas você veio bus-
car refúgio.
13 Então Rute disse:
— Meu caro senhor, você está me favore-
cendo muito, pois me consolou e falou ao
coração desta sua serva, e eu nem mesmo
sou como uma das suas servas.
14 Na hora de comer, Boaz disse a Rute:
— Venha para cá e coma do pão. Molhe o
seu bocado no vinho.
Ela se sentou ao lado dos ceifeiros, e Boaz
lhe deu grãos tostados de cereais. Ela comeu
até ficar satisfeita, e ainda sobrou. 15 Quando
ela se levantou para ir apanhar espigas,
Boaz deu esta ordem aos seus servos:
— Deixem que ela apanhe espigas até no
meio dos feixes e não sejam rudes com ela.
16 Tirem também algumas espigas dos fei-
xes e deixem cair, para que ela as apanhe,
e não a repreendam.
17 E assim Rute esteve apanhando espigas
naquele campo até de tarde. Depois debu-
lhou o que havia apanhado, e foi quase vinte
litros de cevada. 18 Ela pegou o cereal e vol-
tou para a cidade. E a sogra viu o quanto
de cereal ela havia conseguido apanhar.
Rute também deu para a sogra a comida que
lhe havia sobrado, depois que ela comeu até
ficar satisfeita. 19 Então Noemi perguntou:
— Onde você foi colher hoje? Onde tra-
balhou? Bendito seja aquele que acolheu
você com tanta generosidade!
E Rute contou à sua sogra onde havia tra-
balhado. E acrescentou:
— O nome do homem com quem traba-
lhei hoje é Boaz.
20 Então Noemi disse à sua nora:
— Que ele seja abençoado pelo Senhor
Deus, que não deixou de ser bondoso, nem
para com os vivos nem para com os mortos.
E Noemi acrescentou:
— Esse homem é nosso parente chegado
e um dos nossos resgatadores.
21 Então Rute, a moabita, disse:
— Ele também me disse que eu posso
continuar com os servos dele, até que eles
terminem de fazer a colheita.
22 Noemi respondeu:
— É melhor mesmo que você vá com as
servas dele, minha filha. Noutro campo,
poderiam maltratar você.
23 Assim Rute ficou na companhia das ser-
vas de Boaz, para apanhar espigas, até que
a colheita da cevada e do trigo se acabou.
E continuou morando com a sua sogra.

RUTE E BOAZ NA EIRA

3 1 Noemi, a sogra de Rute, disse:
— Minha filha, não é verdade que eu
devo procurar um lar para você, para que
você seja feliz? 2 E esse Boaz, na compa-
nhia de cujas servas você esteve, não é um
dos nossos parentes? Eis que esta noite ele
estará limpando cevada na eira. 3 Lave-se,

Você começa recolhendo espigas como Rute, mas termina resgatada.

ponha perfume, vista a sua melhor roupa e vá até a eira. Mas não deixe que ele perceba que você está ali, até que ele tenha acabado de comer e beber. 4 Quando ele for dormir, repare bem o lugar onde ele vai se deitar. Então vá, descubra os pés dele e deite-se ali. Ele lhe dirá o que você deve fazer.

5 Rute respondeu:

— Vou fazer tudo isso que a senhora está me dizendo.

6 Então Rute foi para a eira e fez conforme tudo o que a sua sogra lhe havia ordenado. 7 Quando Boaz terminou de comer e beber e estava já de coração um tanto alegre, foi deitar-se ao pé de um monte de cereais. Então Rute chegou de mansinho, descobriu os pés dele, e se deitou. 8 Aconteceu que, no meio da noite, o homem se assustou e sentou-se; e eis que uma mulher estava deitada a seus pés.

9 Boaz perguntou:

— Quem é você?

Ela respondeu:

— Sou Rute, a sua serva. Estenda a sua capa sobre esta sua serva, porque o senhor é um resgatador.

10 Boaz respondeu:

— Que você seja bendita do SENHOR, minha filha! Você se mostrou mais bondosa agora do que no passado, pois não foi procurar um homem mais jovem, fosse rico ou fosse pobre. 11 E agora, minha filha, não tenha medo. Tudo o que você falou eu vou fazer, porque todo o povo da cidade sabe que você é uma mulher virtuosa. 12 Sim, é verdade que eu sou resgatador, mas há ainda outro resgatador que é parente mais chegado do que eu. 13 Fique aqui esta noite. Pela manhã, se ele quiser resgatar você, muito bem; ele que o faça. Mas, se ele não quiser, eu o farei, tão certo como vive o SENHOR. Deite-se aqui até de manhã.

14 Rute ficou deitada aos pés dele até de manhã, mas levantou-se enquanto ainda estava escuro. Porque Boaz disse:

— Que ninguém saiba que uma mulher veio até a eira.

15 Disse mais:

— Traga o manto que você está usando e segure-o.

Ela o segurou, ele o encheu com seis medidas de cevada e o pôs sobre os ombros dela. Então ela voltou para a cidade.

16 Quando chegou à casa de sua sogra, esta lhe perguntou:

— Como se passaram as coisas, minha filha?

E Rute lhe contou tudo o que aquele homem tinha feito por ela. 17 E disse ainda:

— Ele me deu estas seis medidas de cevada e me disse: "Não volte para a sua sogra sem nada."

18 Então Noemi disse:

— Espere, minha filha, até que você saiba em que darão as coisas, porque aquele homem não descansará enquanto não resolver este caso, ainda hoje.

BOAZ CASA COM RUTE

4 1 Boaz foi até o portão da cidade e sentou-se ali. Eis que o resgatador de que Boaz havia falado ia passando. Então ele o chamou:

— Ó fulano, chegue até aqui e sente-se.

Ele foi e se sentou. 2 Então Boaz chamou dez homens dos anciãos da cidade e disse:

— Sentem-se aqui.

E eles se sentaram. 3 Boaz disse ao resgatador:

— Noemi, que voltou da terra dos moabitas, pôs à venda aquele pedaço de terra que foi de nosso parente Elimeleque. 4 Então resolvi informá-lo disso e dizer a você: compre essas terras na presença dos que estão sentados aqui e na presença dos anciãos do povo. Se você quer resgatá-las, faça isto; se não, diga, para que eu o saiba. Porque não há outro que possa resgatá-las a não ser você; e, depois de você, eu.

Então ele respondeu:

— Eu vou resgatar essas terras.

5 Boaz, porém, lhe disse:

— No dia em que você receber essas terras da mão de Noemi, também terá de receber Rute, a moabita, já viúva, para perpetuar o nome do esposo falecido na herança dele.

6 Então o resgatador disse:

— Nesse caso, não poderei fazer o resgate, para não prejudicar a minha própria herança. Faça você uso desse meu direito, porque eu não poderei fazê-lo.

7 Este era, antigamente, o costume em Israel, quanto a resgates e permutas: quem queria confirmar um negócio tirava a sandália do pé e a entregava ao outro. Era assim que se confirmava um negócio em Israel.

8 Por isso, quando o resgatador disse a
Boaz: "Faça você o resgate", tirou a sandá-
lia do pé. 9 Então Boaz disse aos anciãos e
a todo o povo:
— Hoje vocês são testemunhas de que
comprei de Noemi tudo o que pertencia a
Elimeleque, a Quiliom e a Malom. 10 E tam-
bém tomo por mulher Rute, a moabita,
que foi esposa de Malom, para perpetuar
o nome deste sobre a sua herança, para
que este nome não seja exterminado den-
tre seus irmãos e do portão da sua cidade.
Hoje vocês são testemunhas disso.
11 Todo o povo que estava no portão e os
anciãos disseram:
— Somos testemunhas.
E disseram a Boaz:
— Que o Senhor faça a esta mulher, que
está entrando na sua família, como fez a
Raquel e Lia, que edificaram a casa de Israel.
E que você, Boaz, seja um homem poderoso
em Efrata, e que o seu nome se torne famoso
em Belém. 12 Que, com os filhos que o Senhor
lhe der dessa jovem, a sua casa seja como
a de Perez, o filho que Tamar deu a Judá.

RUTE DÁ À LUZ OBEDE

13 Assim Boaz recebeu Rute, e ela passou a
ser a sua mulher. Ele teve relações com ela,
e o Senhor concedeu que ela ficasse grávida
e tivesse um filho. 14 Então as mulheres dis-
seram a Noemi:
— Bendito seja o Senhor, que não dei-
xou hoje de lhe dar um neto que será o seu
resgatador. Que o nome dele venha a ser
famoso em Israel! 15 Nele você terá renova-
ção da vida e consolo na velhice, pois a sua
nora, que ama você, o deu à luz, e para você
ela é melhor do que sete filhos.
16 Noemi pegou o menino no colo e pas-
sou a cuidar dele. 17 As vizinhas lhe deram
nome, dizendo:
— Nasceu um filho para Noemi!
E o chamaram de Obede. Este veio a ser o
pai de Jessé, pai de Davi.
18 E estas são as gerações de Perez: Perez
gerou Esrom, 19 Esrom gerou Rão, Rão gerou
Aminadabe, 20 Aminadabe gerou Naassom,
Naassom gerou Salmom, 21 Salmom gerou
Boaz, Boaz gerou Obede, 22 Obede gerou
Jessé, e Jessé gerou Davi.

Livros Históricos

1Samuel

Livro 9 com

31 CAPÍTULOS

SIGNIFICADO DO TÍTULO

1Samuel recebe o título em razão do profeta responsável em manter a aliança de Deus com Israel na transição do governo teocrático tribal dos juízes para a monarquia, tendo ungido Saul e Davi reis. O nome "Samuel" vem do hebraico *Shemu'el*, que significa "seu nome é Deus" ou "Deus ouve".

AUTORIA

Não se sabe. Segundo a tradição judaica, o próprio Samuel seria o autor, pelo menos de grande parte do texto, pois 1Samuel 25.1; 28.3 relatam a morte do profeta. Com base em 1Crônicas 29.29, muitos creem que Samuel, Natã e Gade sejam os autores, mas há ainda a teoria de que seja o filho de Natã, Zabude (1Rs 4.5).

INFORMAÇÕES GERAIS

Originariamente, 1 e 2Samuel compunham um só livro. Provavelmente, os tradutores da Septuaginta (tradução pré-cristã do hebraico para o grego) optaram pela divisão em razão da extensão do texto. O objetivo central de 1Samuel é registrar como a monarquia foi implementada em Israel, cumprimento de profecias bíblicas (Gn 17.6,16; 35.11; 49.10).

ESTRUTURA DO LIVRO

- ★ Nascimento, infância e chamado de Samuel 1Sm 1—3
- ★ Captura e restituição da arca; a liderança de Samuel 1Sm 4—7
- ★ Estabelecimento da monarquia em Israel: Saul 1Sm 8—12
- ★ Saul fracassa como rei 1Sm 13—15
- ★ Unção de Davi, serviço na corte e perseguição de Saul 1Sm 16—24
- ★ Morte de Samuel; Abigail 1Sm 25
- ★ Vitórias de Davi; declínio e morte de Saul 1Sm 26—31

A MONARQUIA

Diz-se que a instauração de reis em Israel subverteu a vontade de Deus (1Sm 8.6-9). Contudo, a monarquia cumpre as profecias de Gênesis 17.6,16; 35.11; 49.10. Portanto, o reinado cumpriu o propósito do Senhor. O problema é que a monarquia deveria ser teocrática, isto é, com reis que seguissem Deus (Dt 17.14-20).

TEMAS DE 1SAMUEL

1Samuel trata de quatro temas principais: o governo humano em uma monarquia (Dt 17.14-20; Ex 19.5-6), o Reino de Deus (Mt 2.2; 4.23; 9.35; 21.5; 27.37,42; 1Pe 1.4; 2.9), a soberania do Senhor (1Sm 2.6-7; Sl 33.11; Mt 25.34; Ef 1.4) e a aliança de Deus como meio de cumprimento de seus propósitos (2Sm 7.16).

ELCANA E SUAS MULHERES

1 1 Houve um homem de Ramataim-Zofim, da região montanhosa de Efraim, cujo nome era Elcana, filho de Jeroão, filho de Eliú, filho de Toú, filho de Zufe, efraimita. 2 Elcana tinha duas mulheres: uma se chamava Ana, e a outra se chamava Penina. Penina tinha filhos; Ana, porém, não tinha.

3 Todos os anos esse homem ia da sua cidade para adorar e sacrificar ao Senhor dos Exércitos, em Siló, onde Hofni e Fineias, os dois filhos de Eli, eram sacerdotes do Senhor. 4 No dia em que Elcana oferecia o seu sacrifício, ele dava porções deste a Penina, sua mulher, e a todos os seus filhos e filhas. 5 A Ana, porém, dava uma porção dobrada, porque ele a amava, mesmo que o Senhor a tivesse deixado estéril. 6 Penina, sua rival, a provocava excessivamente para a irritar, porque o Senhor a tinha deixado sem filhos. 7 Isso acontecia ano após ano. Todas as vezes que Ana ia à Casa do Senhor, a outra a irritava. Por isso Ana se punha a chorar e não comia nada. 8 Então Elcana, seu marido, lhe disse:

— Ana, por que você está chorando? E por que não quer comer? E por que está tão triste? Será que eu não sou melhor para você do que dez filhos?

A ORAÇÃO E O VOTO DE ANA

9 Certa vez após terem comido e bebido em Siló, Ana se levantou, quando o sacerdote Eli estava sentado na sua cadeira, junto a um pilar do templo do Senhor. 10 E Ana, com amargura de alma, orou ao Senhor e chorou muito. 11 Ela fez um voto, dizendo:

— Senhor dos Exércitos, se de fato olhares para a aflição da tua serva, e te lembrares de mim, e não te esqueceres da tua serva, e lhe deres um filho homem, eu o dedicarei ao Senhor por todos os dias da sua vida, e sobre a cabeça dele não passará navalha.

12 Ana continuava a orar diante do Senhor, e o sacerdote Eli começou a observar o movimento dos lábios dela, 13 porque Ana só falava em seu coração. Os seus lábios se moviam, porém não se ouvia voz nenhuma. Por isso Eli pensou que ela estava embriagada 14 e lhe disse:

— Até quando você vai ficar embriagada? Trate de ficar longe do vinho!

15 Porém Ana respondeu:

— Não, meu senhor! Eu sou uma mulher angustiada de espírito. Não bebi vinho nem bebida forte. Apenas estava derramando a minha alma diante do Senhor. 16 Não pense que esta sua serva é ímpia. Eu estava orando assim até agora porque é grande a minha ansiedade e a minha aflição.

17 Então Eli disse:

— Vá em paz, e que o Deus de Israel lhe conceda o que você pediu.

18 Ana respondeu:

— Que eu possa encontrar favor aos seus olhos.

Então ela seguiu o seu caminho, comeu alguma coisa, e o seu semblante já não era triste.

NASCIMENTO E DEDICAÇÃO DE SAMUEL

19 Eles se levantaram de madrugada e adoraram diante do Senhor. Depois, voltaram para casa, em Ramá. Elcana teve relações com Ana, sua mulher, e o Senhor se lembrou dela. 20 Ana ficou grávida e, passado o devido tempo, teve um filho, a quem deu o nome de Samuel, pois dizia:

— Do Senhor o pedi.

21 Elcana, seu marido, foi com toda a sua casa para oferecer ao Senhor o sacrifício anual e para cumprir o seu voto. 22 Ana, porém, não foi. Ela disse a seu marido:

— Quando o menino for desmamado, eu o levarei para ser apresentado ao Senhor e para lá ficar para sempre.

23 Elcana, seu marido, respondeu:

— Faça o que achar melhor. Fique aqui até desmamá-lo. E que o Senhor confirme a promessa que você fez.

Assim, Ana ficou em casa e amamentou o filho, até que o desmamou. 24 Depois de o ter desmamado, ela o levou consigo, com um novilho de três anos, uma medida de farinha e um odre de vinho, e o apresentou à Casa do Senhor, em Siló. O menino ainda era muito pequeno. 25 Depois de terem sacrificado o novilho, levaram o menino a Eli. 26 E Ana disse:

— Ah! Meu senhor, tão certo como você vive, eu sou aquela mulher que esteve aqui ao seu lado, orando ao Senhor. 27 Era por este menino que eu orava, e o Senhor Deus me concedeu o pedido que eu fiz. 28 Por isso

também o entrego ao SENHOR. Por todos os dias que viver, será dedicado ao SENHOR.
E ali eles adoraram o SENHOR.

O CÂNTICO DE ANA

2 [1] Então Ana orou assim:

"O meu coração exulta no SENHOR.
A minha força está exaltada
no SENHOR.
A minha boca se ri dos meus inimigos,
porque me alegro na tua salvação.
2 Ninguém é santo como o SENHOR,
porque não há outro além de ti,
e não há rocha como o nosso Deus.
3 Não multipliquem
palavras de orgulho;
que não saiam palavras arrogantes
da boca de vocês.
Porque o SENHOR
é o Deus da sabedoria
e ele pesa na sua balança
todos os feitos das pessoas.
4 O arco dos fortes é quebrado,
porém os fracos são revestidos de força.
5 Os que antes estavam fartos
hoje trabalham pela comida,
mas os que andavam famintos
não têm mais fome.
Até a mulher estéril tem sete filhos,
e a que tinha muitos filhos
perde o vigor."

6 "O SENHOR é quem tira a vida
e quem a dá;
ele faz descer à sepultura
e faz subir.
7 O SENHOR empobrece
e enriquece;
humilha e também exalta.
8 Levanta o pobre do pó
e tira o necessitado
do monte de lixo,
para o fazer assentar
ao lado de príncipes,
para o fazer herdar o trono de glória.
Porque do SENHOR
são as colunas da terra,
e ele firmou o mundo sobre elas."

9 "Ele guarda os pés
dos seus santos,
mas os perversos emudecem
nas trevas da morte,
porque o homem não prevalece
pela força.
10 O SENHOR destrói os seus inimigos;
dos céus troveja contra eles.
O SENHOR julga
as extremidades da terra,
dá força ao seu rei
e exalta o poder do seu ungido."

11 Então Elcana voltou para a sua casa,
em Ramá. Mas o menino ficou servindo o
SENHOR, diante do sacerdote Eli.

OS FILHOS DE ELI

12 Os filhos de Eli eram homens malignos
e não se importavam com o SENHOR. 13 O cos-
tume desses sacerdotes com o povo era este:
quando alguém oferecia um sacrifício, o
servo do sacerdote vinha com um garfo
de três dentes na mão e, enquanto a carne
estava cozinhando, 14 enfiava o garfo na
caldeira, na panela, no caldeirão ou na mar-
mita, e tudo o que o garfo tirava o sacerdote
pegava para si. Assim se fazia a todo o Israel
que ia ali, a Siló. 15 Também antes de se quei-
mar a gordura, o servo do sacerdote vinha
e dizia ao homem que estava oferecendo o
sacrifício: "Dê um pedaço desta carne para
o sacerdote assar. Ele não aceitará de você
carne cozida, mas apenas crua." 16 Se o ofer-
tante lhe respondia: "Deixe que primeiro
queime a gordura, depois você pode pegar
o quanto quiser", o servo do sacerdote dizia:
"Não. Você tem de entregar essa carne agora.
Se não, eu a pegarei à força."
17 Era, pois, muito grave o pecado desses
moços diante do SENHOR, porque eles des-
prezavam a oferta do SENHOR.

SAMUEL EM SILÓ

18 Samuel ministrava diante do SENHOR,
sendo ainda menino, vestido de uma estola
sacerdotal de linho. 19 Sua mãe lhe fazia
uma túnica pequena e, de ano em ano, a
levava para ele quando ia com o seu marido
oferecer o sacrifício anual. 20 Eli abençoava
Elcana e a sua mulher e dizia:
— Que o SENHOR dê a você filhos desta
mulher, em lugar do filho que devolveu
ao SENHOR.

E voltavam para a sua casa. 21 Assim, o Senhor abençoou Ana e ela engravidava. Teve mais três filhos e duas filhas. E o menino Samuel crescia diante do Senhor.

ELI REPREENDE OS SEUS FILHOS

22 Eli já era muito velho e ouvia tudo o que os seus filhos faziam a todo o Israel e de como se deitavam com as mulheres que serviam à porta da tenda do encontro. 23 E disse-lhes:

— Por que vocês fazem essas coisas? Pois de todo este povo ouço constantemente falar das coisas más que vocês fazem. 24 Não, meus filhos, porque não é boa fama esta que ouço. Vocês estão levando o povo do Senhor a transgredir. 25 Se um homem pecar contra o seu próximo, Deus será o árbitro. Mas, se ele pecar contra o Senhor, quem intercederá por ele?

Mas eles não ouviram a voz de seu pai, porque o Senhor os queria matar.

26 E o jovem Samuel crescia em estatura e no favor do Senhor e dos homens.

PROFECIA CONTRA A CASA DE ELI

27 Um homem de Deus veio a Eli e disse:

— Assim diz o Senhor: "Por acaso não me manifestei à casa de seu pai, quando os israelitas ainda estavam no Egito, na casa de Faraó? 28 Eu o escolhi dentre todas as tribos de Israel para ser o meu sacerdote, para subir ao meu altar, para queimar o incenso e para usar a estola sacerdotal diante de mim. E dei à casa de seu pai todas as ofertas queimadas dos filhos de Israel. 29 Por que tratam com desprezo os meus sacrifícios e as minhas ofertas de cereais, que ordenei que se fizessem na minha morada? E, você, por que honra os seus filhos mais do que a mim, para que você e eles engordem com as melhores partes de todas as ofertas do meu povo de Israel?"

30 — Portanto, o Senhor, o Deus de Israel, diz: "Na verdade, eu prometi que a sua casa e a casa de seu pai andariam diante de mim para sempre. Mas agora o Senhor diz: Longe de mim tal coisa, porque honrarei aqueles que me honram, porém desprezarei os que me desprezam. 31 Eis que vêm dias em que acabarei com o seu poder e com o poder da casa de seu pai, para que ninguém em sua casa chegue a ficar velho. 32 E você verá a aflição da morada de Deus, juntamente com o bem que farei a Israel. Mas ninguém da sua casa chegará à velhice. 33 O homem, porém, da sua linhagem a quem eu não afastar do meu altar será poupado apenas para lhe consumir os olhos e lhe entristecer a alma. E todos os descendentes da sua casa morrerão na flor da idade. 34 E o que vier a acontecer com os seus dois filhos, Hofni e Fineias, será um sinal para você: ambos morrerão no mesmo dia. 35 Então suscitarei para mim um sacerdote fiel, que fará segundo o que tenho no coração e na mente. Eu lhe edificarei uma casa estável, e ele andará diante do meu ungido para sempre. 36 E todo aquele que restar da sua casa virá a inclinar-se diante dele, para obter uma moeda de prata e um bocado de pão. E dirá: 'Peço que você me dê um dos cargos sacerdotais, para que eu tenha um pedaço de pão para comer.'"

DEUS FALA COM SAMUEL NUMA VISÃO

3 1 O menino Samuel servia o Senhor, diante de Eli. Naqueles dias, a palavra do Senhor era muito rara; as visões não eram frequentes. 2 Certo dia, o sacerdote Eli, cujos olhos já começavam a escurecer-se, a ponto de não poder ver, estava deitado no lugar de costume. 3 Também Samuel estava deitado no templo do Senhor, onde estava a arca da aliança. Antes que a lâmpada de Deus se apagasse, 4 o Senhor chamou o menino:

— Samuel, Samuel!

Este respondeu:

— Eis-me aqui!

5 Então correu para onde estava Eli e disse:

— Eis-me aqui, pois você me chamou.

Mas Eli respondeu:

— Eu não chamei você. Vá deitar.

Ele foi e se deitou. 6 O Senhor tornou a chamar:

— Samuel!

Este se levantou, foi até Eli e disse:

— Eis-me aqui, pois você me chamou.

Mas Eli respondeu:

— Meu filho, eu não chamei você. Vá deitar.

7 Porém Samuel ainda não conhecia o Senhor, e a palavra do Senhor ainda não havia sido manifestada a ele.

8 E o Senhor chamou Samuel pela terceira vez. Ele se levantou, foi até Eli e disse:

— Eis-me aqui, pois você me chamou.

Então Eli entendeu que era o SENHOR
quem chamava o menino. 9 Por isso, Eli
disse a Samuel:
— Vá deitar. Se alguém chamar, diga: "Fala,
SENHOR, porque o teu servo ouve."
E Samuel foi para o seu lugar e se deitou.
10 Então o SENHOR veio e ali esteve, e cha-
mou como das outras vezes:
— Samuel, Samuel!
Este respondeu:
— Fala, porque o teu servo ouve.
11 E o SENHOR disse a Samuel:
— Eis que vou fazer uma coisa tal em
Israel, que todos os que a ouvirem ficarão
com os dois ouvidos tinindo. 12 Naquele dia
farei contra Eli tudo o que eu disse a respeito
da casa dele, do começo ao fim. 13 Porque
eu já disse a ele que julgarei a sua casa
para sempre, pela iniquidade que ele bem
conhecia, porque os seus filhos trouxeram
maldição sobre si, e ele não os repreendeu.
14 Portanto, jurei à casa de Eli que a sua ini-
quidade nunca será expiada, nem com
sacrifício, nem com oferta de cereais.

SAMUEL CONTA A VISÃO A ELI

15 Samuel ficou deitado até de manhã e,
então, abriu os portões da Casa do SENHOR.
Mas estava com medo de relatar a visão a
Eli. 16 Então Eli chamou Samuel e disse:
— Samuel, meu filho!
Ele respondeu:
— Eis-me aqui!
17 Então Eli disse:
— O que foi que o SENHOR lhe falou? Peço
que você não esconda nada de mim. Que
Deus faça com você o que bem quiser se
você me esconder alguma coisa de tudo o
que ele falou.
18 Então Samuel lhe contou tudo, sem
esconder nada. E Eli disse:
— Ele é o SENHOR. Que ele faça o que achar
melhor.
19 Samuel crescia, e o SENHOR estava com
ele e não deixou que nenhuma de suas pala-
vras caísse por terra. 20 Todo o Israel, desde
Dã até Berseba, reconheceu que Samuel
estava confirmado como profeta do SENHOR.
21 O SENHOR continuou a aparecer em Siló,
porque em Siló o SENHOR se manifestava a
Samuel por meio da palavra do SENHOR.

OS FILISTEUS VENCEM OS ISRAELITAS

4 1 A palavra de Samuel veio a todo o
Israel. Israel saiu à batalha contra os
filisteus e acampou em Ebenézer; e os filis-
teus acamparam em Afeca. 2 Os filisteus se
dispuseram em ordem de batalha, para
enfrentar Israel, e, quando a guerra come-
çou, Israel foi derrotado pelos filisteus, que
mataram, no campo aberto, cerca de qua-
tro mil homens. 3 Quando o povo voltou ao
arraial, os anciãos de Israel disseram:
— Por que o SENHOR nos derrotou hoje
diante dos filisteus? Vamos trazer de Siló a
arca da aliança do SENHOR, para que esteja
no meio de nós e nos livre das mãos dos
nossos inimigos.
4 Então o povo mandou trazer de Siló a
arca do SENHOR dos Exércitos, entronizado
entre os querubins. E os dois filhos de Eli,
Hofni e Fineias, estavam ali com a arca da
aliança de Deus.

A ARCA É TOMADA. HOFNI E FINEIAS SÃO MORTOS

5 Quando a arca da aliança do SENHOR che-
gou ao arraial, os israelitas gritaram tão alto,
que o chão tremeu. 6 Os filisteus ouviram a
voz do júbilo e disseram:
— Que voz de grande júbilo é esta no
arraial dos hebreus?
Então souberam que a arca do SENHOR
havia chegado ao arraial. 7 E os filisteus
ficaram com medo e disseram:
— Os deuses vieram ao arraial.
E diziam mais:
— Ai de nós! Porque nunca antes acon-
teceu uma coisa dessas. 8 Ai de nós! Quem
nos livrará das mãos desses deuses pode-
rosos? São os deuses que atacaram os
egípcios com todo tipo de pragas no deserto.
9 Sejam fortes, filisteus! Comportem-se
como homens, para que não venham a ser
escravos dos hebreus, como eles já foram
escravos de vocês! Comportem-se como
homens e lutem!
10 Então os filisteus lutaram. E Israel foi
derrotado, e cada um fugiu para a sua tenda.
Foi uma grande derrota, pois foram mortos
de Israel trinta mil homens. 11 A arca de Deus
foi tomada, e os dois filhos de Eli, Hofni e
Fineias, foram mortos.

A MORTE DE ELI

12 Então um homem de Benjamim, saído das fileiras, correu e, no mesmo dia, chegou a Siló. Ele havia rasgado as suas roupas e espalhado terra sobre a cabeça. 13 Quando chegou, Eli estava sentado numa cadeira, perto da estrada, olhando como quem espera, porque o seu coração estava tremendo pela arca de Deus. Depois que o homem entrou na cidade e deu a notícia, toda a cidade começou a gritar. 14 Eli, ouvindo os gritos, perguntou:

— Que alvoroço é esse?

Então o homem correu e deu as notícias a Eli. 15 Ora, Eli estava com noventa e oito anos. Os seus olhos já não se moviam, e ele não podia ver. 16 O homem disse a Eli:

— Eu venho da frente de batalha. Eu fugi de lá hoje mesmo.

Eli perguntou-lhe:

— O que aconteceu, meu filho?

17 Então o mensageiro respondeu:

— Israel fugiu dos filisteus. Houve grande matança entre o povo. Além disso, os seus dois filhos, Hofni e Fineias, foram mortos, e a arca de Deus foi tomada.

18 Quando ele fez menção da arca de Deus, Eli caiu da cadeira para trás, junto ao portão da cidade, quebrou o pescoço e morreu. Ele era um homem velho e pesado, e havia julgado Israel durante quarenta anos.

19 A nora de Eli, a mulher de Fineias, estava grávida e próxima do parto. Quando ela ouviu estas notícias, de que a arca de Deus havia sido tomada e de que seu sogro e seu marido tinham morrido, encurvou-se e deu à luz; porque as dores lhe sobrevieram. 20 Quando ela estava morrendo, as mulheres que a ajudavam disseram:

— Não tema, porque você teve um filho.

Ela, porém, não respondeu, nem fez caso disso. 21 Mas deu ao menino o nome de Icabô, dizendo:

— Foi-se a glória de Israel.

Ela disse isto, porque a arca de Deus havia sido tomada e por causa de seu sogro e de seu marido. 22 E falou mais:

— Foi-se a glória de Israel, pois a arca de Deus foi tomada.

A ARCA NO TEMPLO DE DAGOM

5 1 Os filisteus tomaram a arca de Deus e a levaram de Ebenézer a Asdode. 2 Os filisteus tomaram a arca de Deus e a colocaram no templo de Dagom, ao lado da imagem de Dagom. 3 Quando os moradores de Asdode se levantaram de madrugada, no dia seguinte, eis que Dagom estava caído com o rosto em terra, diante da arca do Senhor. Eles pegaram a imagem de Dagom e a puseram de volta no seu lugar. 4 Levantando-se de madrugada no dia seguinte, pela manhã, eis que Dagom estava caído de bruços diante da arca do Senhor. A cabeça de Dagom e as duas mãos estavam cortadas e se encontravam na soleira da porta; apenas o tronco dele estava inteiro. 5 Por isso, os sacerdotes de Dagom e todos os que entram no seu templo em Asdode não pisam na soleira da porta, até o dia de hoje.

6 Porém a mão do Senhor castigou duramente os moradores de Asdode, e os assolou, e os feriu com tumores, tanto em Asdode como nos seus arredores. 7 Quando os homens de Asdode viram o que estava acontecendo, disseram:

— A arca do Deus de Israel não deve ficar entre nós, pois a sua mão é dura sobre nós e sobre Dagom, nosso deus.

8 Então enviaram mensageiros e reuniram todos os governantes dos filisteus, e perguntaram:

— Que faremos com a arca do Deus de Israel?

Eles responderam:

— Que a arca do Deus de Israel seja levada até Gate e, depois, de cidade em cidade.

E a levaram até Gate. 9 Depois que a levaram, a mão do Senhor foi contra aquela cidade, causando grande terror; pois feriu os homens daquela cidade, desde o pequeno até o grande; e lhes nasceram tumores. 10 Então enviaram a arca de Deus a Ecrom. Mas, quando a arca chegou lá, os ecronitas exclamaram:

— Trouxeram a arca do Deus de Israel até aqui para matar a nós e a nosso povo.

11 Então enviaram mensageiros e reuniram todos os governantes dos filisteus, e disseram:

— Devolvam a arca do Deus de Israel. Que ela volte ao seu lugar, para que não mate nem a nós nem ao nosso povo.

Porque havia terror de morte em toda a cidade, e a mão de Deus castigou duramente ali. 12 Os homens que não morriam eram

atingidos com os tumores, e o clamor da
cidade subiu até o céu.

OS FILISTEUS ENVIAM A ARCA PARA FORA DA SUA TERRA

6 1 A arca do SENHOR esteve sete meses na
terra dos filisteus. 2 Estes chamaram os
sacerdotes e os adivinhos e perguntaram:
— Que faremos com a arca do SENHOR?
Digam-nos como a devolveremos para o
seu lugar.
3 Eles responderam:
— Se devolverem a arca do Deus de Israel,
não a mandem vazia, mas enviem também a
ele uma oferta pela culpa. Então vocês serão
curados e saberão por que a mão dele con-
tinua pesando sobre vocês.
4 Então os filisteus perguntaram:
— Que oferta pela culpa devemos mandar?
Os sacerdotes e adivinhos responderam:
— Mandem cinco tumores de ouro e cinco
ratos de ouro, segundo o número dos gover-
nantes dos filisteus, porque a praga é uma
e a mesma sobre todos vocês e sobre todos
os seus governantes. 5 Façam imitações dos
tumores e dos ratos que andam destruindo a
terra, e deem glória ao Deus de Israel. Assim
ele talvez alivie a sua mão de cima de vocês
e do deus e da terra de vocês. 6 Por que vocês
endureceriam o coração, como os egípcios
e Faraó fizeram? Não é verdade que, depois
que Deus os maltratou, eles deixaram os
israelitas sair, e eles foram embora?
7 — Agora, pois, façam um carro novo,
arranjem duas vacas com crias, sobre as
quais nunca foi colocado jugo, e amar-
rem as duas ao carro; quanto aos bezerros,
levem-nos para casa. 8 Então peguem a
arca do SENHOR e a ponham sobre o carro.
E num cofre, ao lado dela, ponham as figu-
ras de ouro que vocês vão lhe enviar como
oferta pela culpa; depois, deixem o carro
ir. 9 Fiquem observando: se ele subir pelo
caminho de Bete-Semes, que leva a seu ter-
ritório, então foi o Deus de Israel que nos
fez este grande mal. Mas, se não, saberemos
que não foi a sua mão que nos atingiu, e que
isso nos aconteceu por acaso.

A ARCA CHEGA A BETE-SEMES

10 Os homens fizeram isso: pegaram duas
vacas com crias e as amarraram ao carro; e
encerraram os seus bezerros em casa. 11 Puse-
ram a arca do SENHOR sobre o carro, junto com
o cofre que continha os ratos de ouro e as
imitações dos tumores. 12 As vacas se enca-
minharam diretamente para Bete-Semes e,
andando e berrando, seguiam sempre por
esse mesmo caminho, sem se desviarem
nem para a direita nem para a esquerda. Os
governantes dos filisteus foram atrás delas,
até a fronteira com Bete-Semes.
13 O povo de Bete-Semes andava fazendo a
colheita do trigo no vale. Quando levantaram
os olhos, viram a arca e ficaram muito con-
tentes. 14 O carro veio até o campo de Josué,
o bete-semita, e parou ali, onde havia uma
grande pedra. Eles cortaram a madeira do
carro em pedaços e ofereceram as vacas ao
SENHOR, em holocausto. 15 Os levitas desceram
a arca do SENHOR e também o cofre que estava
junto a ela, em que estavam os objetos de
ouro, e os puseram sobre a grande pedra. No
mesmo dia, os homens de Bete-Semes ofe-
receram holocaustos e sacrifícios ao SENHOR.
16 Os cinco governantes dos filisteus viram
aquilo e voltaram para Ecrom no mesmo dia.
17 Estes são os tumores de ouro que os
filisteus enviaram ao SENHOR como oferta
pela culpa: um por Asdode; outro por Gaza;
outro por Asquelom; outro por Gate; e outro
por Ecrom. 18 Enviaram também os ratos de
ouro, segundo o número de todas as cidades
dos filisteus, pertencentes aos cinco gover-
nantes, desde as cidades fortificadas até as
aldeias campestres. A grande pedra, sobre a
qual puseram a arca do SENHOR, está até o dia
de hoje no campo de Josué, o bete-semita.

A ARCA CHEGA A QUIRIATE-JEARIM

19 O SENHOR feriu os homens de Bete-Se-
mes, porque olharam para dentro da arca
do SENHOR, matando setenta deles. Então o
povo chorou, porque o SENHOR tinha feito tão
grande matança entre eles. 20 Os homens de
Bete-Semes disseram:
— Quem poderia estar diante do SENHOR,
este Deus santo? E para onde subirá, para
que fique longe de nós?
21 Então enviaram mensageiros aos mora-
dores de Quiriate-Jearim, dizendo:
— Os filisteus devolveram a arca do SENHOR.
Venham até aqui e levem a arca com vocês.

7 1 Então os homens de Quiriate-Jearim
vieram e levaram a arca do SENHOR à casa
de Abinadabe, que ficava na colina. E con-
sagraram Eleazar, filho de Abinadabe, para
que guardasse a arca do SENHOR.

SAMUEL EXORTA AO ARREPENDIMENTO

2 Desde aquele dia, a arca ficou em Qui-
riate-Jearim, e tantos dias se passaram,
que chegaram a vinte anos. E toda a casa
de Israel dirigia lamentações ao SENHOR.
3 Samuel falou a toda a casa de Israel, di-
zendo:
— Se é de todo o coração que vocês estão
voltando ao SENHOR, então tirem do meio
de vocês os deuses estranhos e os astaro-
tes, preparem o coração ao SENHOR e sirvam
somente a ele. Ele livrará vocês das mãos
dos filisteus.
4 Então os filhos de Israel tiraram de seu
meio os baalins e os astarotes e serviram
só ao SENHOR.

OS FILISTEUS SÃO VENCIDOS

5 Samuel disse mais:
— Congreguem todo o Israel em Mispa, e
eu vou orar por vocês ao SENHOR.
6 Congregaram-se em Mispa, tiraram água
e a derramaram diante do SENHOR, jejuaram
aquele dia e ali disseram:
— Pecamos contra o SENHOR.
E Samuel julgou os filhos de Israel em
Mispa.
7 Quando os filisteus ouviram que os filhos
de Israel estavam congregados em Mispa, os
governantes dos filisteus saíram para ata-
cá-los. Quando os filhos de Israel ouviram
isso, tiveram medo dos filisteus. 8 Então os
filhos de Israel disseram a Samuel:
— Não cesse de clamar ao SENHOR, nosso
Deus, por nós, para que ele nos livre das
mãos dos filisteus.
9 Então Samuel pegou um cordeiro que
ainda mamava e o sacrificou em holocausto
ao SENHOR. Samuel clamou ao SENHOR por
Israel, e o SENHOR lhe respondeu. 10 Enquanto
Samuel oferecia o holocausto, os filisteus
chegaram para lutar contra Israel. Mas
naquele dia o SENHOR trovejou com grande
estrondo sobre os filisteus. Eles entraram
em pânico e foram derrotados pelos filhos
de Israel. 11 Os homens de Israel saíram de
Mispa, perseguiram os filisteus e os derro-
taram até abaixo de Bete-Car.
12 Então Samuel pegou uma pedra e a pôs
entre Mispa e Sem. E lhe deu o nome de
Ebenézer, dizendo:
— Até aqui nos ajudou o SENHOR.
13 Assim os filisteus foram abatidos e
nunca mais vieram ao território de Israel,
porque a mão do SENHOR esteve contra eles
todos os dias de Samuel. 14 As cidades que
os filisteus haviam tomado de Israel foram
devolvidas, desde Ecrom até Gate. E até os
territórios ao redor delas Israel tirou das
mãos dos filisteus. E houve paz entre Israel
e os amorreus.
15 E Samuel julgou Israel durante todos
os dias de sua vida. 16 De ano em ano, fazia
uma volta, passando por Betel, Gilgal e
Mispa; e julgava Israel em todos esses luga-
res. 17 Porém voltava a Ramá, porque a sua
casa estava ali, onde julgava Israel e onde
edificou um altar ao SENHOR.

OS ISRAELITAS PEDEM UM REI

8 1 Quando Samuel ficou velho, constituiu
os seus filhos por juízes sobre Israel. 2 O
primogênito se chamava Joel, e o segundo
se chamava Abias. Eles foram juízes em
Berseba. 3 Porém os filhos de Samuel não
andaram pelos caminhos dele; ao contrário,
inclinaram-se à avareza, aceitavam suborno
e perverteram o direito.
4 Então todos os anciãos de Israel se con-
gregaram e foram falar com Samuel, em
Ramá. 5 Eles disseram:
— Veja! Você está ficando velho e os seus
filhos não andam pelos seus caminhos. Por
isso, queremos agora que você nos constitua
um rei, para que nos governe, como acon-
tece em todas as nações.
6 Mas Samuel não gostou desta palavra,
quando disseram: "Dê-nos um rei, para que
nos governe." Então Samuel orou ao SENHOR.
7 E o SENHOR disse a Samuel:
— Atenda à voz do povo em tudo o que
lhe pedem. Porque não foi a você que rejei-
taram, mas a mim, para que eu não reine
sobre eles. 8 Segundo todas as obras que
fizeram desde o dia em que os tirei do
Egito até hoje, pois me deixaram e servi-
ram outros deuses, assim também estão

fazendo com você. [9] Agora, pois, atenda à
voz deles, porém advirta-os solenemente
e explique-lhes qual será o direito do rei
que vier a reinar sobre eles.

[10] Samuel relatou todas as palavras do
SENHOR ao povo, que lhe pedia um rei, [11] di-
zendo:

— Este será o direito do rei que vier a rei-
nar sobre vocês: ele tomará os filhos de
vocês e os empregará no serviço dos seus
carros de guerra e como seus cavaleiros,
para que corram na frente deles. [12] Ele porá
alguns por capitães de mil e capitães de cin-
quenta; outros para lavrar os campos dele e
fazer as suas colheitas; e outros para fabri-
car armas de guerra e equipamentos para os
seus carros. [13] Tomará as filhas de vocês para
serem perfumistas, cozinheiras e padeiras.
[14] Tomará de vocês o melhor das lavouras,
das vinhas e dos olivais e o dará aos seus
servidores. [15] Ficará com uma décima parte
dos cereais e das uvas que vocês colherem,
para dar aos seus oficiais e aos seus servido-
res. [16] Também tomará os servos e as servas
de vocês, os melhores jovens e os jumentos
de vocês, e os empregará no seu trabalho.
[17] Ficará com uma décima parte dos reba-
nhos de vocês, e vocês serão seus servos.
[18] Então, naquele dia, vocês clamarão por
causa do rei que escolheram, mas o SENHOR
não os ouvirá naquele dia.

[19] Porém o povo não atendeu à voz de
Samuel e disse:

— Não! Queremos um rei sobre nós.
[20] Seremos como todas as outras nações. O
nosso rei poderá nos governar, sair adiante
de nós e fazer as nossas guerras.

[21] Samuel ouviu todas as palavras do povo
e as repetiu diante do SENHOR. [22] Então o
SENHOR disse a Samuel:

— Atenda à voz do povo e escolha um rei
para eles.

Então Samuel disse aos filhos de Israel:

— Cada um de vocês volte para a sua ci-
dade.

SAUL SE ENCONTRA COM SAMUEL

9 [1] Havia um homem de Benjamim, cujo
nome era Quis, filho de Abiel, filho de
Zeror, filho de Becorate, filho de Afias, ben-
jamita, dono de muitos bens. [2] Ele tinha um
filho chamado Saul, moço e tão belo, que
entre os filhos de Israel não havia outro
mais belo do que ele. Dos ombros para
cima, ele sobressaía a todo o povo.

[3] E aconteceu que as jumentas de Quis, pai
de Saul, se extraviaram. Então Quis disse a
Saul, seu filho:

— Leve agora com você um dos servos e
vá procurar as jumentas.

[4] Eles atravessaram a região montanhosa
de Efraim e a terra de Salisa, mas não as
encontraram. Depois, passaram à terra de
Saalim, mas as jumentas não estavam ali.
Então atravessaram o território de Benja-
mim, mas também não as encontraram.

[5] Quando chegaram à terra de Zufe, Saul
disse ao servo que estava com ele:

— Vamos voltar, porque, se não, o meu pai
vai deixar de se preocupar com as jumentas
para começar a se afligir por causa de nós.

[6] Porém o servo respondeu:

— Nesta cidade mora um homem de Deus
que é muito estimado. Tudo o que ele diz
acontece. Vamos agora até lá. Talvez ele
possa nos mostrar o caminho que deve-
mos seguir.

[7] Então Saul disse ao servo:

— Mas, se formos para lá, o que levare-
mos para aquele homem? Porque o pão
que tínhamos em nossas sacolas acabou,
e não temos nenhum presente para levar
ao homem de Deus. Ou será que temos?

[8] O servo respondeu a Saul:

— Tenho ainda em mãos três gramas de
prata, que darei ao homem de Deus, para
que nos mostre o caminho.

[9] (Antigamente, em Israel, quando alguém
ia consultar a Deus, dizia: "Vamos falar com
o vidente." Porque antigamente o profeta de
hoje se chamava vidente.)

[10] Então Saul disse ao servo:

— Você tem razão. Vamos lá!

E foram à cidade onde morava o homem
de Deus. [11] Quando subiam pela encosta
da cidade, encontraram umas moças que
saíam a tirar água e lhes perguntaram:

— O vidente está aqui?

[12] Elas responderam:

— Está. Eis que ali vai ele, à sua frente. Vão
depressa! Hoje ele veio à cidade, porque o
povo vai oferecer um sacrifício no lugar alto.
[13] Ao entrarem na cidade, vocês o encontrarão,
antes que ele suba ao lugar alto para comer.

O mesmo Deus que nos livrou das batalhas internas é poderoso para nos garantir vitórias externas.

Porque o povo não comerá enquanto ele não chegar, porque ele tem de abençoar o sacrifício, e só depois os convidados irão comer. Vão agora, porque hoje vocês o acharão.

14 Então eles foram até a cidade. Quando estavam entrando, eis que Samuel saiu ao encontro deles, para subir ao lugar alto.

15 Ora, um dia antes de Saul chegar, o SENHOR tinha revelado isso a Samuel, dizendo:

16 — Amanhã a estas horas, enviarei a você um homem da terra de Benjamim, o qual você ungirá por príncipe sobre o meu povo de Israel. E ele livrará o meu povo das mãos dos filisteus. Porque olhei para o meu povo, pois o seu clamor chegou a mim.

17 Quando Samuel viu Saul, o SENHOR lhe disse:

— Eis o homem de quem lhe falei. Este dominará sobre o meu povo.

18 Saul se aproximou de Samuel no meio do portão e disse:

— Peço que, por favor, me mostre onde é a casa do vidente.

19 Samuel respondeu a Saul:

— Eu sou o vidente. Suba adiante de mim ao lugar alto. Hoje vocês comerão comigo. Pela manhã eu o deixarei ir e lhe contarei tudo o que está no seu coração. 20 Quanto às jumentas que se perderam há três dias, não se preocupe com elas, porque já foram encontradas. E para quem está reservado tudo o que é precioso em Israel? Será que não é para você e para toda a casa de seu pai?

21 Então Saul respondeu:

— Por acaso não sou eu um benjamita, da menor das tribos de Israel? E não é a minha família a menor de todas as famílias da tribo de Benjamim? Por que, então, você me fala com tais palavras?

22 Samuel levou Saul e o servo dele à sala de jantar e lhes deu o lugar de honra entre os convidados, que eram cerca de trinta pessoas. 23 Então Samuel disse ao cozinheiro:

— Traga aquela porção que eu lhe entreguei, aquela que eu lhe pedi para deixar reservada.

24 O cozinheiro pegou a coxa com o que havia nela e a pôs diante de Saul. Então Samuel disse:

— Aqui está o que foi reservado. Pegue e coma, pois foi guardado para você para esta ocasião, quando eu disse: "Convidei o povo."

Assim, Saul comeu com Samuel naquele dia. 25 Depois que desceram do lugar alto para a cidade, Samuel falou com Saul no terraço. 26 Levantaram-se de madrugada, quase ao raiar do dia, e Samuel chamou Saul para o terraço, dizendo:

— Levante-se, e eu irei com você para lhe indicar o caminho.

Saul levantou-se, e saíram ambos, ele e Samuel. 27 Quando estavam chegando à extremidade da cidade, Samuel disse a Saul:

— Diga ao servo que passe à frente de nós. E você, quando ele tiver ido embora, espere um pouco, para que eu possa transmitir a você a palavra de Deus.

SAMUEL UNGE SAUL COMO REI DE ISRAEL

10 1 Samuel pegou um vaso de azeite e o derramou sobre a cabeça de Saul. Então ele o beijou e disse:

— O SENHOR está ungindo você como príncipe sobre a sua herança, o povo de Israel. 2 Hoje, quando você se afastar de mim, encontrará dois homens junto ao túmulo de Raquel, no território de Benjamim, em Zelza. Eles lhe dirão: "Já foram achadas as jumentas que você foi procurar. E eis que agora o seu pai já não pensa no caso delas e está aflito por causa de vocês, dizendo: 'Que posso fazer por meu filho?'" 3 Ao seguir adiante, você chegará ao carvalho de Tabor. Ali virão ao seu encontro três homens, que vão subindo a Deus em Betel. Um estará levando três cabritos; outro, três pães; e o outro, um odre de vinho. 4 Eles irão saudar você e lhe darão dois pães, que você deve aceitar. 5 Então você seguirá para Gibeá-Eloim, onde está a guarnição dos filisteus. Ao entrar na cidade, você encontrará um grupo de profetas que descem do lugar alto. Eles estarão tocando liras, tambores, flautas e harpas. E estarão profetizando. 6 O Espírito do SENHOR se apossará de você, e você profetizará com eles e será mudado em outro homem. 7 Quando estes sinais se cumprirem, faça o que a ocasião exigir, porque Deus está com você. 8 Vá na minha frente para Gilgal. Eis que eu descerei para junto de você, a fim de oferecer holocaustos e apresentar ofertas pacíficas. Espere sete dias, até que eu venha para junto de você e diga o que você deve fazer.

SAUL ENTRE OS PROFETAS

9 Aconteceu que, no momento em que Saul se virou para se despedir de Samuel, Deus lhe mudou o coração. E todos esses sinais aconteceram naquele mesmo dia. 10 Quando eles chegaram a Gibeá, eis que um grupo de profetas saiu ao encontro deles. O Espírito de Deus se apossou de Saul, e ele profetizou no meio deles. 11 Todos os que já o conheciam, vendo que ele profetizava com os profetas, perguntavam uns aos outros:

— Que é isso que aconteceu com o filho de Quis? Está também Saul entre os profetas?

12 Então um homem do lugar perguntou:

— E quem é o pai dos outros?

Por isso surgiu este provérbio: "Está também Saul entre os profetas?" 13 E, depois de profetizar, Saul seguiu para o alto do monte.

14 O tio de Saul perguntou a ele e ao seu servo:

— Aonde vocês foram?

Saul respondeu:

— Fomos procurar as jumentas e, quando vimos que não apareciam, fomos falar com Samuel.

15 Então o tio de Saul disse:

— Conte-me, por favor, o que Samuel disse a vocês.

16 Saul respondeu:

— Ele nos disse que as jumentas tinham sido encontradas.

Porém Saul não contou ao tio o que Samuel tinha dito a respeito do reino.

SAUL SE TORNA REI

17 Samuel convocou o povo para comparecer diante do SENHOR, em Mispa, 18 e disse aos filhos de Israel:

— Assim diz o SENHOR, o Deus de Israel: "Eu tirei Israel do Egito e os livrei das mãos dos egípcios e das mãos de todos os reinos que os oprimiam. 19 Mas hoje vocês rejeitaram o seu Deus, que os livrou de todos os seus males e trabalhos. Vocês lhe disseram: 'Não! Queremos um rei sobre nós.' Agora, pois, reúnam-se diante do SENHOR, por tribos e grupos de milhares."

20 Samuel fez com que todas as tribos se aproximassem, e a tribo sorteada foi a de Benjamim. 21 Então Samuel chamou a tribo de Benjamim pelas suas famílias, e foi indicada a família de Matri. E da família de Matri foi indicado Saul, filho de Quis. Mas, quando o procuraram, não puderam encontrá-lo. 22 Então perguntaram ao SENHOR se aquele homem já havia chegado ali. E o SENHOR respondeu:

— Ele está aí escondido entre a bagagem.

23 Então correram e o tiraram de lá. Ele ficou em pé no meio do povo, e era o mais alto de todos; dos ombros para cima, ele sobressaía a todo o povo. 24 Então Samuel disse a todo o povo:

— Vocês estão vendo quem o SENHOR escolheu? Pois em todo o povo não há ninguém semelhante a ele.

Então todo o povo começou a gritar:

— Viva o rei!

25 Samuel explicou ao povo o direito do reino, escreveu-o num livro e o pôs diante do SENHOR. Então Samuel despediu todo o povo, cada um para sua casa. 26 Também Saul foi para a sua casa, em Gibeá. Com ele foi uma tropa de homens cujo coração Deus havia tocado. 27 Mas alguns homens malignos disseram:

— Como poderá este homem nos salvar?

E o desprezaram e não lhe trouxeram presentes. Mas Saul se fez de surdo.

SAUL VENCE OS AMONITAS

11 1 Então Naás, que era amonita, foi e sitiou Jabes-Gileade. E todos os homens de Jabes disseram a Naás:

— Faça uma aliança conosco, e nós o serviremos.

2 Porém Naás, o amonita, respondeu:

— Farei aliança com vocês sob a condição de que seja vazado o olho direito de cada um de vocês. Assim, trarei vergonha sobre todo o Israel.

3 Então os anciãos de Jabes lhe disseram:

— Dê-nos sete dias para enviar mensageiros por todo o território de Israel. Se não houver ninguém que nos livre, então nos entregaremos a você.

4 Quando os mensageiros chegaram a Gibeá, onde morava Saul, relataram este caso ao povo. Então todo o povo chorou em alta voz.

5 Eis que Saul voltava do campo, atrás dos bois, e perguntou:

— Que tem o povo? Por que estão chorando?

Então lhe contaram o que os homens de Jabes haviam relatado. 6 Quando Saul ouviu estas palavras, o Espírito de Deus se apossou dele, e ele ficou furioso. 7 Pegou uma junta de bois, cortou-os em pedaços e os enviou a todo o território de Israel por meio de mensageiros que dissessem:

— Assim se fará com os bois de todo aquele que não seguir Saul e Samuel.

Então o temor do SENHOR caiu sobre o povo, e saíram como se fossem um só homem. 8 Saul contou-os em Bezeque. Dos filhos de Israel, havia trezentos mil; dos homens de Judá, trinta mil.

9 Então disseram aos mensageiros que tinham vindo de Jabes:

— Digam aos homens de Jabes-Gileade que amanhã, quando o calor do sol se fizer sentir, vocês serão socorridos.

Os mensageiros foram, anunciaram isto aos homens de Jabes, e estes se alegraram. 10 Então disseram aos amonitas:

— Amanhã nós nos entregaremos, e vocês poderão fazer conosco o que bem quiserem.

11 Aconteceu que, no dia seguinte, Saul dividiu o povo em três companhias, que, pela vigília da manhã, vieram para o meio do arraial e atacaram os amonitas, até que se fez sentir o calor do dia. Os sobreviventes se espalharam, e não ficaram dois deles juntos.

12 Então o povo disse a Samuel:

— Quem são aqueles que diziam que Saul não deveria reinar sobre nós? Tragam-nos para aqui, para que os matemos.

13 Porém Saul disse:

— Hoje ninguém será morto, porque no dia de hoje o SENHOR salvou Israel.

14 E Samuel disse ao povo:

— Venham, vamos a Gilgal e renovemos ali o reino.

15 E todo o povo partiu para Gilgal, onde proclamaram Saul seu rei, diante do SENHOR, a cuja presença trouxeram ofertas pacíficas. E Saul muito se alegrou ali com todos os homens de Israel.

MENSAGEM DE SAMUEL AO POVO

12 1 Então Samuel disse a todo o Israel:

— Eis que atendi ao que vocês me pediram e constituí um rei sobre vocês. 2 E agora eis que vocês têm o rei que irá adiante de vocês. Eu já sou velho e tenho os cabelos brancos, e os meus filhos estão com vocês. Eu tenho andado à frente de vocês desde a minha mocidade até o dia de hoje. 3 Eis-me aqui. Testemunhem contra mim diante do SENHOR e diante do seu ungido: de quem tomei o boi? De quem tomei o jumento? A quem enganei? A quem oprimi? E das mãos de quem aceitei suborno para encobrir com ele os meus olhos? Falem, e eu o restituirei.

4 Então responderam:

— Você não nos defraudou, nem nos oprimiu, nem tomou coisa alguma das mãos de ninguém.

5 E ele lhes disse:

— O SENHOR é testemunha contra vocês e também o seu ungido é hoje testemunha de que vocês não encontraram nada nas minhas mãos.

E o povo confirmou:

— Deus é testemunha.

6 Então Samuel disse ao povo:

— O SENHOR é testemunha, ele que escolheu Moisés e Arão e tirou os pais de vocês da terra do Egito. 7 Agora fiquem aqui, porque vou discutir com vocês diante do SENHOR, com relação a todos os seus atos de justiça que ele realizou em favor de vocês e dos seus pais. 8 Depois que Jacó havia entrado no Egito, os pais de vocês clamaram ao SENHOR, e o SENHOR enviou Moisés e Arão, que os tiraram do Egito e os fizeram habitar neste lugar. 9 Porém os pais de vocês se esqueceram do SENHOR, seu Deus. Então ele os entregou nas mãos de Sísera, comandante do exército de Hazor, e nas mãos dos filisteus, e nas mãos do rei de Moabe, que lutaram contra eles. 10 Eles clamaram ao SENHOR e disseram: "Pecamos, pois deixamos o SENHOR e servimos os baalins e astarotes. Mas agora livra-nos das mãos de nossos inimigos, e te serviremos." 11 O SENHOR enviou Jerubaal, Baraque, Jefté e Samuel, e os livrou das mãos dos inimigos que os cercavam, e vocês viveram em segurança.

12 — Quando vocês viram que Naás, rei dos filhos de Amom, vinha contra vocês, vocês me disseram: "Não! Queremos um rei sobre nós", quando, na verdade, o SENHOR, seu Deus, era o rei de vocês. 13 E agora, aqui está o rei que elegeram e que pediram. E eis que o SENHOR deu um rei a vocês. 14 Se vocês temerem o SENHOR, se o servirem, se derem ouvidos à sua voz e não forem rebeldes ao seu mandado, se seguirem o

SENHOR, seu Deus, tanto vocês como o rei que governa sobre vocês, então tudo lhes irá bem. 15 Se, porém, vocês não derem ouvidos à voz do SENHOR, mas forem rebeldes ao seu mandado, a mão do SENHOR será contra vocês, como o foi contra os pais de vocês. 16 Fiquem, agora, aqui e vejam esta grande coisa que o SENHOR fará diante de vocês. 17 Não estamos no tempo da colheita do trigo? Pois eu vou clamar ao SENHOR, e ele mandará trovões e chuva. E vocês saberão e verão que é grande a maldade que praticaram aos olhos do SENHOR, pedindo um rei.

18 Então Samuel invocou o SENHOR, e o SENHOR mandou trovões e chuva naquele dia. E todo o povo temeu grandemente o SENHOR e Samuel.

19 Todo o povo disse a Samuel:

— Ore por estes seus servos ao SENHOR, seu Deus, para que não venhamos a morrer, porque a todos os nossos pecados acrescentamos o mal de pedir para nós um rei.

20 Então Samuel disse ao povo:

— Não tenham medo. Vocês, de fato, cometeram todo este mal. No entanto, não se desviem de seguir o SENHOR, mas sirvam o SENHOR de todo o coração. 21 Não se desviem, pois vocês estariam seguindo coisas vãs, que nada aproveitam e que não os podem livrar, porque são vaidade. 22 Pois o SENHOR, por causa do seu grande nome, não abandonará o seu povo, porque o SENHOR decidiu fazer de vocês o seu povo. 23 Quanto a mim, longe de mim que eu peque contra o SENHOR, deixando de orar por vocês. Pelo contrário, eu lhes ensinarei o caminho bom e direito. 24 Tão somente temam o SENHOR e sirvam a ele fielmente de todo o coração. Vejam que coisas grandiosas ele fez por vocês! 25 Se, porém, continuarem a fazer o mal, perecerão, tanto vocês como o seu rei.

GUERRA ENTRE OS ISRAELITAS E OS FILISTEUS

13 1 Saul havia reinado em Israel durante um ano. No segundo ano do seu reinado sobre o povo, 2 escolheu três mil homens de Israel: dois mil estavam com Saul em Micmás e na região montanhosa de Betel, e mil estavam com Jônatas em Gibeá de Benjamim. Saul despediu o resto do povo, cada um para a sua casa. 3 Jônatas derrotou a guarnição dos filisteus que estava em Gibeá, e os filisteus ficaram sabendo disso. Então Saul mandou tocar a trombeta por toda a terra, dizendo:

— Que os hebreus escutem isto.

4 E todo o Israel ouviu dizer: "Saul derrotou a guarnição dos filisteus, e agora os filisteus estão com ódio de Israel." Então o povo foi convocado para se juntar a Saul, em Gilgal.

5 Os filisteus se reuniram para lutar contra Israel com trinta mil carros de guerra, seis mil cavaleiros e povo em multidão como a areia que está na praia do mar. Eles foram e acamparam em Micmás, a leste de Bete-Áven. 6 Quando os homens de Israel viram que estavam em apuros (porque o povo estava angustiado), se esconderam em cavernas e em buracos, entre rochas, em túmulos e cisternas. 7 Também alguns dos hebreus passaram o Jordão e foram para a terra de Gade e Gileade. E o povo que permaneceu com Saul, estando este ainda em Gilgal, se encheu de temor.

SAUL OFERECE SACRIFÍCIOS E É REPROVADO POR SAMUEL

8 Saul esperou sete dias, segundo o prazo determinado por Samuel. Mas como Samuel não vinha a Gilgal, o povo foi se espalhando dali. 9 Então Saul disse:

— Tragam-me aqui o holocausto e as ofertas pacíficas.

E ofereceu o holocausto. 10 Mal tinha ele acabado de oferecer o holocausto, eis que chegou Samuel. Saul saiu ao encontro dele, para o saudar. 11 Samuel perguntou:

— O que foi que você fez?

Saul respondeu:

— Vendo que o povo ia se espalhando daqui, e que você não vinha no prazo combinado, e que os filisteus já tinham se ajuntado em Micmás, 12 eu disse comigo: "Agora os filisteus virão contra mim em Gilgal, e ainda não busquei a face do SENHOR." Assim, forçado pelas circunstâncias, ofereci holocaustos.

13 Então Samuel disse a Saul:

— Você cometeu uma loucura, não guardando o mandamento que o SENHOR, seu Deus, lhe ordenou. Pois o SENHOR teria confirmado para sempre o seu reinado sobre Israel. 14 Mas agora o seu reinado não subsistirá. O SENHOR buscou para si um homem segundo o seu coração e já lhe ordenou que seja príncipe sobre o seu povo, porque você não guardou o que o SENHOR lhe ordenou.

15 Então Samuel se levantou e foi de Gilgal a Gibeá de Benjamim. Saul contou o povo que estava com ele: eram cerca de seiscentos homens.

16 Saul, o seu filho Jônatas e o povo que estava com eles ficaram em Geba de Benjamim, enquanto os filisteus estavam acampados em Micmás. 17 Os saqueadores saíram do campo dos filisteus em três tropas. Uma delas tomou o caminho de Ofra à terra de Sual; 18 a outra tomou o caminho de Bete-Horom; e a terceira, o caminho de onde se avista o vale de Zeboim, na direção do deserto.

19 Ora, em toda a terra de Israel não havia um único ferreiro, porque os filisteus tinham dito: "Para que os hebreus não façam espadas, nem lanças." 20 Por isso todo o Israel tinha de ir aos filisteus para amolar as lâminas dos arados, as enxadas, os machados e as foices. 21 Os filisteus cobravam dos israelitas oito gramas de prata para amolar os fios das lâminas e das enxadas e quatro gramas de prata para amolar machados e aguilhadas. 22 Por isso, no dia da batalha, não se achou nem espada, nem lança na mão de nenhum do povo que estava com Saul e com Jônatas; só Saul e seu filho Jônatas tinham essas armas.

23 A guarnição dos filisteus saiu ao desfiladeiro de Micmás.

A VITÓRIA DE JÔNATAS

14 1 Um dia, Jônatas, filho de Saul, disse ao seu jovem escudeiro:

— Venha, vamos até a guarnição dos filisteus, que está do outro lado.

Porém ele não contou isso a seu pai.

2 Saul se encontrava na extremidade de Gibeá, debaixo da romãzeira em Migrom. E o povo que estava com ele eram cerca de seiscentos homens. 3 Aías, filho de Aitube, irmão de Icabô, filho de Fineias, filho de Eli, sacerdote do SENHOR em Siló, trazia a estola sacerdotal. O povo não sabia que Jônatas tinha ido.

4 Entre os desfiladeiros pelos quais Jônatas procurava passar à guarnição dos filisteus, havia um penhasco íngreme de um lado, e outro penhasco íngreme do outro lado. Um se chamava Bozez; o outro, Sené. 5 Um deles se erguia ao norte, diante de Micmás; o outro, ao sul, diante de Geba.

6 Jônatas disse ao seu escudeiro:

— Venha, vamos até a guarnição desses incircuncisos. Talvez o SENHOR nos ajude, porque nada pode impedir o SENHOR de livrar, seja com muitos ou com poucos.

7 Então o escudeiro disse:

— Faça tudo o que estiver em seu coração. Eu estou com você e farei o que você decidir.

8 Jônatas respondeu:

— Então vamos atravessar na direção daqueles homens e deixar que eles nos vejam. 9 Se nos disserem assim: "Fiquem parados até que cheguemos perto de vocês", então ficaremos onde estamos e não subiremos a eles. 10 Porém se disserem: "Subam até aqui", então subiremos, pois o SENHOR os entregou em nossas mãos. Isto nos servirá de sinal.

11 Quando os dois se deixaram ver pela guarnição dos filisteus, estes disseram:

— Eis que os hebreus estão saindo dos buracos onde estavam escondidos.

12 Os homens da guarnição disseram a Jônatas e ao seu escudeiro:

— Subam até aqui e nós daremos uma lição em vocês.

Então Jônatas disse ao escudeiro:

— Venha atrás de mim, porque o SENHOR os entregou nas mãos de Israel.

13 Então Jônatas subiu engatinhando, e o seu escudeiro foi atrás. Os filisteus caíram diante de Jônatas, e o seu escudeiro os matava atrás dele. 14 Neste primeiro ataque, Jônatas e o seu escudeiro mataram perto de vinte homens, numa pequena área de terra. 15 Houve grande espanto no arraial, no campo e entre todo o povo. Também a guarnição e os saqueadores tremeram, e até a terra tremeu. Foi um terror causado por Deus.

16 Em Gibeá de Benjamim, as sentinelas de Saul olharam e eis que a multidão dos filisteus se dispersava, correndo uns para cá, outros para lá. 17 Então Saul disse ao povo que estava com ele:

— Contem os soldados e vejam quem é que saiu do acampamento.

Contaram, e eis que nem Jônatas nem o seu escudeiro estavam ali. 18 Saul disse a Aías:

— Traga aqui a arca de Deus.

Isso porque, naquele dia, ela estava com os filhos de Israel. 19 Enquanto Saul falava ao sacerdote, o alvoroço que havia no arraial dos filisteus aumentava cada vez mais. Então Saul disse ao sacerdote:

— Desista de trazer a arca.

20 Saul e todo o povo que estava com ele se reuniram e foram à batalha. E eis que a espada de um era contra o outro, e houve grande tumulto. 21 Também os hebreus que anteriormente haviam estado com os filisteus e que tinham ido com eles ao arraial, também estes se juntaram com os israelitas que estavam com Saul e Jônatas. 22 Quando todos os homens de Israel que estavam escondidos na região montanhosa de Efraim ouviram que os filisteus estavam fugindo, também eles entraram na batalha e os perseguiram. 23 Assim o Senhor livrou Israel naquele dia. E a batalha passou além de Bete-Áven.

O VOTO DE SAUL

24 Naquele dia os homens de Israel estavam angustiados, porque Saul havia levado o povo a fazer um juramento, dizendo:

— Maldito o homem que comer algo antes de anoitecer, antes de eu me vingar dos meus inimigos.

Por isso todo o povo se absteve de comer naquele dia. 25 Todo o povo chegou a um bosque onde havia mel no chão. 26 Quando o povo entrou no bosque, eis que o mel estava escorrendo. Mas ninguém provou do mel, porque o povo estava com medo do juramento. 27 Jônatas, porém, não sabia que o pai havia levado o povo a fazer aquele juramento. Por isso, estendeu a ponta da vara que tinha na mão, e a molhou no favo de mel. Quando comeu, os seus olhos voltaram a brilhar. 28 Então alguém do meio do povo disse:

— O seu pai levou o povo a jurar solenemente, dizendo: "Maldito o homem que comer algo no dia de hoje." Por isso o povo está exausto.

29 Então Jônatas disse:

— Meu pai trouxe desastre sobre a terra. Vejam como os meus olhos brilham por ter eu provado um pouco deste mel. 30 Teria sido muito melhor se hoje o povo tivesse comido livremente do que encontrou entre os despojos de seus inimigos. A derrota dos filisteus teria sido bem maior!

31 Naquele dia derrotaram os filisteus, desde Micmás até Aijalom. O povo estava muito exausto. 32 Então, lançando-se sobre o despojo, pegaram ovelhas, bois e bezerros, e os mataram no chão, e comeram a carne com sangue. 33 Foram contar isto a Saul, dizendo:

— Eis que o povo está pecando contra o Senhor, porque comem a carne com sangue.

Saul gritou:

— Traidores! Rolem para aqui uma grande pedra.

34 E Saul disse mais:

— Espalhem-se entre o povo e digam a eles que cada um me traga o seu boi, a sua ovelha, e que os matem aqui, e então comam. E que não pequem contra o Senhor, comendo carne com sangue.

Então todo o povo trouxe, de noite, cada um o seu boi e o matou ali. 35 E Saul edificou um altar ao Senhor. Foi o primeiro altar que lhe edificou.

JÔNATAS É SALVO PELO POVO

36 Então Saul disse:

— Vamos descer esta noite no encalço dos filisteus. Vamos saqueá-los até o raiar do dia, e não deixemos que fique nem sequer um deles.

Eles responderam:

— Faça como achar melhor.

37 Mas o sacerdote disse:

— Vamos primeiro nos aproximar de Deus.

Então Saul consultou a Deus, dizendo:

— Devo descer no encalço dos filisteus? Tu os entregarás nas mãos de Israel?

Porém naquele dia Deus não lhe respondeu. 38 Então Saul disse:

— Venham cá, todos os chefes do povo, e informem-se e descubram qual é o pecado que foi cometido hoje. 39 Porque tão certo como vive o Senhor, que salva Israel, ainda que o meu filho Jônatas seja o culpado, certamente morrerá.

Porém ninguém de todo o povo lhe respondeu. 40 Então Saul disse a todo o Israel:

— Fiquem vocês de um lado, e eu e o meu filho Jônatas ficaremos do outro.

E o povo disse a Saul:

— Faça como achar melhor.

[41] Então Saul falou ao SENHOR, Deus de Israel:
— Mostra a verdade.
Então Jônatas e Saul foram indicados
por sorteio, e o povo saiu livre. [42] Então
Saul disse:
— Lancem a sorte entre mim e Jônatas,
meu filho.
E Jônatas foi indicado.
[43] Então Saul disse a Jônatas:
— Diga-me o que foi que você fez.
E Jônatas respondeu:
— Eu apenas provei um pouco de mel com
a ponta da vara que tinha na mão. Eis-me
aqui; estou pronto para morrer.
[44] Então Saul disse:
— Que Deus me castigue se você não for
morto, Jônatas.
[45] Porém o povo disse a Saul:
— Como é que Jônatas pode ser morto, ele
que efetuou tamanha salvação em Israel?
Nada disso! Tão certo como vive o SENHOR,
nem um de seus cabelos cairá no chão! Pois
foi com a ajuda de Deus que ele fez isso, hoje.
Assim o povo salvou Jônatas, para que não
morresse. [46] E Saul deixou de perseguir os
filisteus, e estes voltaram para a sua terra.
[47] Quando assumiu o reinado de Israel,
Saul lutou contra todos os seus inimigos ao
redor: contra Moabe, os filhos de Amom e
Edom; contra os reis de Zobá e os filisteus;
e, para onde quer que se voltava, era vito-
rioso. [48] Lutou com coragem, derrotando os
amalequitas e libertando Israel das mãos
dos que o saqueavam.
[49] Os filhos de Saul eram Jônatas, Isvi e
Malquisua. Os nomes de suas duas filhas
eram Merabe, a mais velha, e Mical, a mais
nova. [50] A mulher de Saul se chamava Ainoã,
filha de Aimaás. O nome do general do seu
exército era Abner, filho de Ner, tio de Saul.
[51] Quis era pai de Saul; e Ner, pai de Abner,
era filho de Abiel.
[52] Durante todo o reinado de Saul, houve
forte guerra contra os filisteus. Por isso, sem-
pre que via um homem forte e valente, Saul
o agregava a si.

A DESOBEDIÊNCIA DE SAUL E A SUA REJEIÇÃO

15 [1] Samuel disse a Saul:
— Foi a mim que o SENHOR enviou para
ungir você como rei sobre Israel, o povo dele.
Agora ouça as palavras do SENHOR. [2] Assim diz
o SENHOR dos Exércitos: "Castigarei Amale-
que pelo que fez a Israel, colocando-se no
caminho de Israel, quando este saía do
Egito. [3] Portanto, vá e ataque os amalequi-
tas, destruindo totalmente aquilo que eles
tiverem. Não poupe ninguém. Mate homens
e mulheres, meninos e crianças de peito, bois
e ovelhas, camelos e jumentos."
[4] Saul convocou o povo e fez a contagem
em Telaim: duzentos mil homens de infan-
taria e dez mil homens de Judá. [5] Saul foi à
cidade de Amaleque e pôs emboscadas no
vale. [6] Então disse aos queneus:
— Vão embora, afastem-se e saiam do meio
dos amalequitas, para que eu não destrua
vocês juntamente com eles, porque vocês
usaram de misericórdia para com todos os
filhos de Israel, quando eles saíram do Egito.
Assim, os queneus se retiraram do meio
dos amalequitas. [7] Então Saul derrotou os
amalequitas, desde Havilá até chegar a Sur,
que está diante do Egito. [8] Tomou vivo Aga-
gue, rei dos amalequitas, porém destruiu
todo o povo a fio de espada. [9] Mas Saul e
o povo pouparam Agague, o melhor das
ovelhas e dos bois, os animais gordos, os cor-
deiros e tudo o mais que era bom. A isso não
quiseram destruir totalmente; porém toda
coisa sem valor e desprezível destruíram.
[10] Então a palavra do SENHOR veio a Samuel,
dizendo:
[11] — Lamento haver constituído Saul
como rei, porque deixou de me seguir e
não executou as minhas palavras.
Então Samuel ficou triste e clamou ao
SENHOR durante toda a noite. [12] Samuel
madrugou para encontrar Saul pela manhã.
Mas anunciaram a Samuel:
— Saul já chegou ao Carmelo, e eis que
levantou para si um monumento; depois,
dando volta, passou e desceu a Gilgal.
[13] Samuel encontrou Saul, e este lhe disse:
— Que você seja bendito do SENHOR!
Executei as palavras do SENHOR.
[14] Mas Samuel perguntou:
— Então que balido de ovelhas é este
nos meus ouvidos e o mugido de bois que
estou escutando?
[15] Saul respondeu:
— Trouxeram isso dos amalequitas. Por-
que o povo guardou o melhor das ovelhas e

dos bois, para os sacrificar ao Senhor, o seu
Deus. O resto nós destruímos totalmente.
16 Então Samuel disse a Saul:
— Espere! Vou declarar a você o que o
Senhor me disse esta noite.
Saul respondeu:
— Fale.
17 Samuel continuou:
— Não é verdade que, mesmo sendo
pequeno aos seus próprios olhos, você foi
colocado por cabeça das tribos de Israel?
O Senhor o ungiu como rei sobre Israel. 18 O
Senhor o enviou a este caminho e disse: "Vá e
destrua totalmente esses pecadores, os ama-
lequitas, e lute contra eles, até exterminá-los."
19 Por que, então, você não deu ouvidos à voz
do Senhor, mas se lançou sobre o despojo e
fez o que era mau aos olhos do Senhor?
20 Então Saul disse a Samuel:
— Pelo contrário, dei ouvidos à voz do
Senhor e segui o caminho pelo qual o Senhor
me enviou. Eu trouxe Agague, o rei de Ama-
leque, e destruí totalmente os amalequitas.
21 Mas o povo pegou do despojo ovelhas e
bois, o melhor do que estava destinado à
destruição para oferecer ao Senhor, o seu
Deus, em Gilgal.
22 Porém Samuel disse:
— Será que o Senhor tem mais prazer em
holocaustos e sacrifícios do que no obe-
decer à sua palavra? Eis que o obedecer
é melhor do que o sacrificar, e o ouvir é
melhor do que a gordura de carneiros. 23 Por-
que a rebelião é como o pecado da feitiçaria,
e a obstinação é como a idolatria e o culto a
ídolos do lar. Por você ter rejeitado a palavra
do Senhor, também ele o rejeitou como rei.
24 Então Saul disse a Samuel:
— Pequei, pois transgredi o mandamento
do Senhor e as palavras que você falou; porque
temi o povo e dei ouvidos à voz deles. 25 Mas
agora peço que você perdoe o meu pecado
e volte comigo, para que eu adore o Senhor.
26 Porém Samuel disse a Saul:
— Não voltarei com você. Por você ter
rejeitado a palavra do Senhor, ele também
o rejeitou como rei sobre Israel.
27 Quando Samuel se virou para ir embora,
Saul o segurou pela borda do manto, e este
se rasgou. 28 Então Samuel lhe disse:
— Hoje o Senhor rasgou das suas mãos o
reino de Israel e o deu a alguém que é melhor
do que você. 29 Também a Glória de Israel
não mente, nem muda de ideia, porque não
é homem, para que mude de ideia.
30 Então Saul disse:
— Pequei! Mas honre-me, agora, diante
dos anciãos do meu povo e diante de Israel.
Volte comigo, para que eu adore o Senhor,
seu Deus.
31 Então Samuel seguiu Saul, e este ado-
rou o Senhor.

SAMUEL MATA AGAGUE

32 Samuel disse:
— Tragam aqui Agague, rei dos amale-
quitas.
Agague veio a ele, confiante, e disse:
— Certamente já passou a amargura
da morte.
33 Mas Samuel disse:
— Assim como a sua espada deixou mui-
tas mulheres sem filhos, também a sua mãe
ficará sem o seu filho.
E Samuel despedaçou Agague diante do
Senhor, em Gilgal.
34 Então Samuel foi para Ramá, e Saul vol-
tou para a sua casa, em Gibeá de Saul. 35 Até
o final de sua vida, Samuel nunca mais viu
Saul; porém tinha pena de Saul. O Senhor
lamentou haver constituído Saul como rei
sobre Israel.

DAVI É UNGIDO REI

16 1 O Senhor disse a Samuel:
— Até quando você terá pena de
Saul, se eu o rejeitei como rei de Israel?
Encha um chifre de azeite e ponha-se a
caminho; vou enviar você a Jessé, o bele-
mita, porque escolhi um dos filhos dele
para ser rei.
2 Samuel respondeu:
— Como posso fazer isso? Saul ficará
sabendo e me matará.
Então o Senhor disse:
— Leve um novilho e diga: "Vim para ofe-
recer um sacrifício ao Senhor." 3 Convide
Jessé para o sacrifício. Eu lhe mostrarei o
que você deve fazer, e você ungirá para mim
aquele que eu indicar.
4 Samuel fez o que o Senhor tinha dito e
foi a Belém. Os anciãos da cidade saíram ao
encontro dele, tremendo, e perguntaram:
— É de paz a sua vinda?

Deus está em busca de "Davis", homens e mulheres que se recusem a vestir algo que não lhes pertence.

5 Samuel respondeu:
— Sim, é de paz. Vim oferecer sacrifício
ao Senhor. Consagrem-se e venham comigo
ao sacrifício.
Então ele consagrou Jessé e os filhos dele
e os convidou para o sacrifício. 6 Aconteceu
que, quando eles chegaram, Samuel viu
Eliabe e disse consigo:
— Certamente está diante do Senhor o
seu ungido.
7 Porém o Senhor disse a Samuel:
— Não olhe para a sua aparência nem para
a sua altura, porque eu o rejeitei. Porque
o Senhor não vê como o ser humano vê. O
ser humano vê o exterior, porém o Senhor
vê o coração.
8 Então Jessé chamou Abinadabe e o fez
passar diante de Samuel, que disse:
— Nem a este o Senhor escolheu.
9 Então Jessé fez passar Samá. Porém
Samuel disse:
— Tampouco a este o Senhor escolheu.
10 Assim Jessé fez passar os seus sete
filhos diante de Samuel. Porém Samuel
disse a Jessé:
— O Senhor não escolheu nenhum destes.
11 E perguntou a Jessé:
— Esses são todos os seus filhos?
Jessé respondeu:
— Ainda falta um, o mais moço; ele está
apascentando as ovelhas.
Então Samuel disse a Jessé:
— Mande chamá-lo, pois não nos senta-
remos à mesa sem que ele venha.
12 Então mandou chamá-lo e o fez entrar.
Davi era ruivo, de belos olhos e boa aparên-
cia. E o Senhor disse a Samuel:
— Levante-se e unja-o, pois este é ele.
13 Samuel pegou o chifre do azeite e ungiu
Davi no meio de seus irmãos. E, daquele dia
em diante, o Espírito do Senhor se apossou
de Davi. Então Samuel se levantou e foi
para Ramá.

DAVI E SAUL

14 Depois que o Espírito do Senhor se reti-
rou de Saul, um espírito mau, vindo da parte
do Senhor, o atormentava. 15 Então os servos
de Saul lhe disseram:
— Eis que, agora, um espírito mau, enviado
por Deus, está atormentando o senhor, ó rei.
16 Por isso, mande que estes seus servos,
que estão em sua presença, busquem um
homem que saiba tocar harpa. Assim,
quando o espírito mau, enviado por Deus,
vier sobre o senhor, o homem dedilhará a
harpa e o senhor se sentirá melhor.
17 E Saul disse aos seus servos:
— Então procurem um homem que saiba
tocar bem harpa e tragam-no para cá.
18 Um dos moços disse:
— Conheço um filho de Jessé, o belemita,
que sabe tocar harpa. Ele é forte e valente,
homem de guerra, fala com sensatez e tem
boa aparência; e o Senhor Deus está com ele.
19 Saul enviou mensageiros a Jessé, dizendo:
— Mande-me o seu filho Davi, aquele que
está com as ovelhas.
20 Então Jessé pegou um jumento e o
carregou de pão, um odre de vinho e um
cabrito, e enviou-os a Saul por meio de
Davi, seu filho. 21 Assim Davi foi a Saul e
esteve diante dele. Saul gostou muito dele
e fez dele o seu escudeiro. 22 Saul mandou
dizer a Jessé:
— Deixe que Davi fique aqui, pois alcan-
çou favor diante de mim.
23 E sempre que o espírito mau, enviado
por Deus, vinha sobre Saul, Davi pegava a
harpa e a dedilhava. Então Saul sentia alí-
vio e se achava melhor, e o espírito mau se
retirava dele.

DAVI E GOLIAS

17 1 Os filisteus reuniram as suas tropas
para a guerra em Socó, que fica em
Judá. Eles acamparam entre Socó e Azeca,
em Efes-Damim. 2 Saul e os homens de
Israel se reuniram e acamparam no vale de
Elá, e ali ordenaram a batalha contra os filis-
teus. 3 Os filisteus estavam num monte e os
israelitas estavam no outro monte, ficando
o vale no meio deles.
4 Então do arraial dos filisteus saiu um
guerreiro chamado Golias. Ele era da
cidade de Gate e tinha quase três metros
de altura. 5 Trazia na cabeça um capacete
de bronze e vestia uma couraça de escamas
de bronze, que pesava uns sessenta quilos.
6 Trazia caneleiras de bronze nas pernas e
um dardo de bronze sobre os ombros. 7 A
haste da sua lança era como o eixo do tece-
lão, e a ponta da sua lança era de ferro e
pesava mais de sete quilos. E diante dele

ia o escudeiro. 8 Golias parou e gritou para
as tropas de Israel:
— Para que vocês saíram para formar
a linha de batalha? Não sou eu filisteu,
e vocês, servos de Saul? Escolham entre
vocês um homem que venha lutar comigo.
9 Se ele puder lutar comigo e me matar,
seremos servos de vocês. Mas, se eu o ven-
cer e o matar, vocês serão nossos servos e
nos servirão.
10 E o filisteu continuou:
— Hoje eu desafio as tropas de Israel.
Deem-me um homem, para que lute comigo.
11 Quando Saul e todo o Israel ouviram
estas palavras do filisteu, ficaram assusta-
dos e com muito medo.
12 Davi era filho daquele efrateu de Belém
de Judá cujo nome era Jessé e que tinha oito
filhos. Nos dias de Saul, Jessé já era bastante
idoso entre os homens. 13 Os três filhos mais
velhos de Jessé tinham ido com Saul para
a guerra. Esses três, que tinham ido para a
guerra, se chamavam Eliabe, que era o pri-
mogênito; Abinadabe, que era o segundo; e
Samá, que era o terceiro. 14 Davi era o mais
moço; só os três mais velhos seguiram Saul.
15 Davi, porém, ia a Saul e voltava, para apas-
centar as ovelhas de seu pai, em Belém.
16 O filisteu vinha de manhã e de tarde,
apresentando-se durante quarenta dias.
17 Jessé disse a Davi, seu filho:
— Peço que você leve para os seus irmãos
uma medida deste trigo tostado e estes dez
pães. Corra e leve isso para os seus irmãos,
no acampamento. 18 Porém estes dez quei-
jos, leve-os para o comandante de mil. Veja
como os seus irmãos estão passando e traga
uma prova de que estão bem. 19 Saul, eles e
todos os homens de Israel estão no vale de
Elá, lutando contra os filisteus.
20 No dia seguinte, Davi se levantou de
madrugada, deixou as ovelhas com um
guarda, carregou o que havia sido preparado
e partiu, como Jessé lhe havia ordenado.
Chegou ao acampamento quando as tropas
estavam saindo para colocar-se em ordem
de combate e, aos gritos, chamavam para a
batalha. 21 Os israelitas e filisteus se puse-
ram em ordem, fileira contra fileira.
22 Davi deixou o que havia trazido aos cui-
dados do guarda da bagagem e correu para
a batalha. Quando chegou lá, perguntou a
seus irmãos se estavam bem. 23 Enquanto
Davi ainda falava com eles, eis que vinha
subindo do exército dos filisteus o guerreiro,
cujo nome era Golias, o filisteu de Gate. E
falou as mesmas coisas que havia falado
anteriormente. E Davi escutou.
24 Todos os israelitas, vendo aquele
homem, fugiam dele, com muito medo.
25 E diziam uns aos outros:
— Vocês viram aquele homem? Ele veio
para afrontar Israel. O rei dará muitas
riquezas para quem matar aquele homem.
Também lhe dará a filha em casamento,
e à casa de seu pai isentará de impostos
em Israel.
26 Então Davi perguntou aos homens que
estavam perto dele:
— O que será dado ao homem que matar
esse filisteu e livrar Israel de tal afronta?
Quem é esse filisteu incircunciso para afron-
tar os exércitos do Deus vivo?
27 E o povo lhe repetiu as mesmas pala-
vras, dizendo:
— É isso que será dado ao homem que
o matar.
28 Eliabe, o irmão mais velho, ouviu Davi
falando com aqueles homens. Ele ficou
irado com Davi e disse:
— Por que você veio para cá? E com quem
você deixou aquelas poucas ovelhas no
deserto? Sei que você é presunçoso e mau.
Você veio aqui só para ver a batalha.
29 Davi respondeu:
— O que foi que eu fiz agora? Apenas fiz
uma pergunta.
30 Então Davi se desviou dele na direção
de outro e fez a mesma pergunta. E o povo
lhe deu a mesma resposta de antes.
31 Alguns homens que tinham ouvido
as palavras de Davi foram anunciá-las a
Saul, que mandou chamar Davi. 32 Davi
disse a Saul:
— Que ninguém desanime por causa
dele. Este seu servo irá e lutará contra
esse filisteu.
33 Porém Saul disse a Davi:
— Você não poderá ir contra esse filisteu
para lutar contra ele. Você ainda é jovem, e
ele é guerreiro desde a sua mocidade.
34 Davi respondeu:
— Este seu servo apascentava as ovelhas
do pai. Quando vinha um leão ou um urso

e levava um cordeiro do rebanho, 35 eu saía
atrás dele, batia nele e livrava o cordeiro da
sua boca. Se ele se levantava contra mim,
eu o agarrava pela barba e o golpeava até
matá-lo. 36 Este seu servo matou tanto o leão
como o urso. Este filisteu incircunciso será
como um deles, porque afrontou os exérci-
tos do Deus vivo.

37 E Davi continuou:

— O Senhor me livrou das garras do leão e
das garras do urso; ele me livrará das mãos
desse filisteu.

Então Saul disse a Davi:

— Vá, e que o Senhor esteja com você.

38 Saul vestiu Davi com a sua própria arma-
dura, pôs um capacete de bronze na cabeça
dele, e o vestiu com uma couraça. 39 Davi
cingiu a espada sobre a armadura e tentou
andar, pois jamais a havia usado. Então Davi
disse a Saul:

— Não posso andar com isto, porque
nunca o usei.

E Davi tirou aquilo de sobre si. 40 Pegou o
seu cajado na mão, escolheu cinco pedras
lisas do ribeiro, e as pôs no alforje de pas-
tor, que trazia consigo. E, com a sua funda
na mão, foi na direção do filisteu.

41 O filisteu também vinha caminhando e
se aproximava de Davi, tendo à frente dele
o seu escudeiro. 42 O filisteu olhou e, vendo
Davi, o desprezou, porque era apenas um
moço ruivo e de boa aparência. 43 O filisteu
disse a Davi:

— Será que eu sou um cachorro, para
que você venha contra mim com peda-
ços de pau?

E, pelos seus deuses, o filisteu amaldiçoou
Davi. 44 E disse mais a Davi:

— Venha aqui, que eu darei a sua carne
às aves dos céus e aos animais do campo.

45 Davi, porém, disse ao filisteu:

— Você vem contra mim com espada, com
lança e com escudo. Eu, porém, vou contra
você em nome do Senhor dos Exércitos, o
Deus dos exércitos de Israel, a quem você
afrontou. 46 Hoje mesmo o Senhor entregará
você nas minhas mãos. Eu o matarei, cortarei
a sua cabeça e hoje mesmo darei os cadáve-
res do arraial dos filisteus às aves dos céus
e às feras da terra. E toda a terra saberá que
há Deus em Israel. 47 Toda esta multidão
saberá que o Senhor salva, não com espada,
nem com lança. Porque do Senhor é a guerra,
e ele entregará todos vocês nas nossas mãos.

48 E aconteceu que, quando o filisteu se
levantou e começou a se aproximar de Davi,
este se apressou e, deixando as suas fileiras,
correu de encontro ao filisteu. 49 Davi meteu
a mão no alforje, tirou dali uma pedra e, com
a sua funda, a atirou contra o filisteu, atingin-
do-o na testa. A pedra se encravou na testa,
e ele caiu com o rosto no chão. 50 Assim Davi
derrotou o filisteu, com uma funda e com uma
pedra. Ele o derrubou e o matou. Não havia
nenhuma espada na mão de Davi. 51 Por isso,
Davi correu e, lançando-se sobre o filisteu,
pegou a espada dele, tirou-a da bainha e o
matou, cortando com ela a cabeça dele.

Quando os filisteus viram que o seu herói
estava morto, fugiram. 52 Então os homens de
Israel e Judá se levantaram, deram um grito
e perseguiram os filisteus até Gate e até os
portões de Ecrom. E os filisteus caíram feri-
dos pelo caminho, de Saaraim até Gate e até
Ecrom. 53 Então os filhos de Israel voltaram
da perseguição aos filisteus e saquearam os
acampamentos deles. 54 Davi pegou a cabeça
do filisteu e a levou para Jerusalém. Porém as
armas dele Davi colocou em sua própria tenda.

55 Quando Saul viu Davi saindo para
encontrar-se com o filisteu, perguntou a
Abner, o comandante do exército:

— Abner, aquele jovem é filho de quem?

Abner respondeu:

— Juro pela sua vida, ó rei, que não sei.

56 E o rei disse:

— Então pergunte de quem esse jovem
é filho.

57 Quando Davi voltou, depois de matar o
filisteu, Abner o tomou e o levou à presença
de Saul. Davi ainda trazia na mão a cabeça
do filisteu. 58 Então Saul lhe perguntou:

— Meu jovem, de quem você é filho?

Davi respondeu:

— Sou filho de seu servo Jessé, o belemita.

A AMIZADE DE JÔNATAS E DAVI

18 1 Depois de Davi ter falado com Saul,
a alma de Jônatas se ligou com a de
Davi numa profunda amizade. E Jônatas o
amou como à sua própria alma. 2 Naquele
dia, Saul reteve Davi e não permitiu que ele
voltasse para a casa de seu pai. 3 Jônatas e
Davi fizeram uma aliança, porque Jônatas

o amava como à sua própria alma. 4 Jônatas
tirou a capa que vestia e a deu a Davi. Deu
também a sua armadura, inclusive a espada,
o arco e o cinto. 5 Davi saía aonde quer que
Saul o enviava e tinha êxito, de modo que
Saul o pôs sobre tropas do seu exército. E
Davi era estimado por todo o povo e até
pelos próprios servos de Saul.

A INVEJA DE SAUL

6 E aconteceu que, quando eles estavam
voltando para casa, depois de Davi ter
matado o filisteu, as mulheres de todas as
cidades de Israel saíram ao encontro do rei
Saul, cantando e dançando, com tamborins,
com alegria e com instrumentos musicais.
7 As mulheres se alegravam e, cantando
alternadamente, diziam:

"Saul matou os seus milhares,
porém Davi, os seus dez milhares."

8 Saul se indignou muito, pois estas pala-
vras lhe desagradaram em extremo. Ele disse:
— Para Davi elas deram dez milhares, mas
para mim apenas milhares. Na verdade, o
que lhe falta, a não ser o reino?
9 Daquele dia em diante, Saul não via Davi
com bons olhos.
10 No dia seguinte, um espírito mau, vindo
da parte de Deus, se apossou de Saul, que
teve uma crise de raiva em sua casa. Davi,
como nos outros dias, dedilhava a harpa.
Saul, porém, tinha na mão uma lança, 11 que
ele atirou, pensando assim:
— Encravarei Davi na parede.
Porém Davi se desviou dele por duas vezes.
12 Saul tinha medo de Davi, porque o SENHOR
estava com este e tinha abandonado Saul.
13 Por isso Saul o afastou de si e o pôs por
chefe de mil. Davi fazia saídas e entradas
militares diante do povo. 14 Davi tinha êxito
em todos os seus empreendimentos, pois o
SENHOR estava com ele. 15 Vendo que Davi tinha
êxito, Saul ficou com medo dele. 16 Porém
todo o Israel e Judá amavam Davi, porque
fazia saídas e entradas militares diante deles.

DAVI CASA COM A FILHA DE SAUL

17 Saul disse a Davi:
— Aqui está Merabe, a minha filha mais
velha. Eu a darei a você em casamento, com
a condição de que você seja um filho valente
e trave as batalhas do SENHOR.
Porque Saul pensava assim: "Não seja con-
tra ele a minha mão, e sim a dos filisteus."
18 Mas Davi respondeu a Saul:
— Quem sou eu, e quem são os meus
parentes, a família de meu pai em Israel,
para que eu seja genro do rei?
19 Mas aconteceu que, na época em que
Merabe, filha de Saul, devia ser dada em
casamento a Davi, foi dada por mulher a
Adriel, meolatita.
20 Mas Mical, a outra filha de Saul, amava
Davi. Contaram isso a Saul, e isso agradou
a ele. 21 Saul pensava assim: "Eu a darei em
casamento a Davi, para que ela lhe sirva
de armadilha e para que a mão dos filis-
teus venha a ser contra ele." Por isso Saul
disse a Davi:
— Com esta segunda você será hoje o
meu genro.
22 Saul ordenou que os seus servos falas-
sem confidencialmente com Davi, dizendo:
— O rei tem afeição por você, e todos os
servos dele amam você. Sendo assim, con-
corde em ser genro do rei.
23 Os servos de Saul falaram estas palavras
a Davi, o qual respondeu:
— Vocês acham que é pouca coisa ser
genro do rei, sendo eu um homem pobre
e sem importância?
24 Os servos de Saul lhe contaram isto,
dizendo:
— Estas foram as palavras que Davi falou.
25 Então Saul ordenou que dissessem
a Davi:
— O rei não deseja dote algum, mas cem
prepúcios de filisteus, como vingança con-
tra os seus inimigos.
Porque Saul tentava fazer com que Davi
fosse morto pelos filisteus. 26 Quando os
servos de Saul relataram estas palavras a
Davi, este gostou da ideia de vir a ser genro
do rei. Antes de vencido o prazo, 27 Davi
se levantou e partiu com os seus homens,
e mataram duzentos filisteus. Trouxe os
seus prepúcios e os entregou todos ao
rei, para que assim se tornasse seu genro.
Então Saul lhe deu a sua filha Mical em
casamento. 28 Saul viu e reconheceu que
o SENHOR estava com Davi; e Mical, filha
de Saul, o amava. 29 Então Saul ficou com

mais medo ainda de Davi e continuamente foi seu inimigo.

30 Cada vez que os chefes dos filisteus saíam à batalha, Davi obtinha mais êxito do que todos os servos de Saul. E assim o nome de Davi se tornou muito estimado.

JÔNATAS INTERCEDE POR DAVI

19 1 Saul falou a seu filho Jônatas e a todos os servos sobre matar Davi. Mas Jônatas, filho de Saul, era muito afeiçoado a Davi. 2 Por isso, Jônatas revelou esse plano a Davi, dizendo:

— Meu pai, Saul, quer matar você. Tenha cuidado amanhã cedo. Fique num lugar oculto e esconda-se. 3 Eu sairei e estarei ao lado de meu pai no campo onde você estiver. Falarei com meu pai a respeito de você. Se eu descobrir alguma coisa, contarei a você.

4 Então Jônatas falou bem de Davi a Saul, seu pai, e lhe disse:

— Que o rei não peque contra o seu servo Davi, porque ele não pecou contra você. Pelo contrário, o que ele tem feito é muito bom para você. 5 Arriscando a sua vida, ele matou o filisteu e o Senhor efetuou grande livramento a todo o Israel. Você mesmo viu isso e ficou contente. Por que, então, você pecaria contra sangue inocente, matando Davi sem motivo?

6 Saul atendeu à voz de Jônatas e jurou:

— Tão certo como vive o Senhor, ele não morrerá.

7 Jônatas chamou Davi, contou-lhe todas estas palavras e o levou a Saul. E Davi esteve diante de Saul como antes.

SAUL PROCURA, DE NOVO, MATAR DAVI

8 E tornou a haver guerra. Davi lutou contra os filisteus e os feriu com grande derrota, e eles fugiram dele.

9 E o espírito mau, enviado da parte do Senhor, veio sobre Saul. Ele estava sentado em sua casa, com a sua lança na mão, enquanto Davi dedilhava a harpa. 10 Saul tentou encravar Davi na parede, porém ele se desviou e a lança foi se encravar na parede. Então Davi fugiu e escapou.

11 Porém, naquela mesma noite, Saul mandou mensageiros à casa de Davi, que o vigiassem, para ele o matar pela manhã. Porém Mical, a mulher de Davi, o avisou:

— Se não fugir esta noite, amanhã você estará morto.

MICAL ENGANA SEU PAI E SALVA DAVI

12 Então Mical desceu Davi por uma janela, e ele se foi, fugiu e escapou. 13 Mical pegou um ídolo do lar e o deitou na cama. Pôs um tecido de pelos de cabra sobre a cabeça do ídolo, e o cobriu com um manto. 14 Quando Saul enviou mensageiros para prender Davi, Mical disse:

— Ele está doente.

15 Então Saul mandou mensageiros que fossem ver Davi, dizendo:

— Tragam Davi mesmo que esteja na cama, para que eu o mate.

16 Quando os mensageiros entraram, eis que na cama estava apenas o ídolo do lar com o tecido de pelos de cabra ao redor da cabeça. 17 Então Saul disse a Mical:

— Por que você me enganou assim e deixou o meu inimigo escapar?

Mical respondeu:

— Porque ele me disse: "Deixe-me ir; se não, eu mato você."

SAUL E SEUS MENSAGEIROS PROFETIZAM

18 Assim, Davi fugiu e escapou, e foi até onde Samuel estava, em Ramá, e lhe contou tudo o que Saul lhe havia feito. Então se retiraram, ele e Samuel, e ficaram na casa dos profetas. 19 Saul ficou sabendo que Davi estava na casa dos profetas, em Ramá. 20 Então Saul enviou mensageiros para trazerem Davi. Quando viram um grupo de profetas profetizando, liderados por Samuel, o Espírito de Deus veio sobre os mensageiros de Saul, e também eles profetizaram. 21 Quando soube disso, Saul enviou outros mensageiros, e também estes profetizaram. Então Saul enviou um terceiro grupo de mensageiros, os quais também profetizaram. 22 Então o próprio Saul foi a Ramá. Quando chegou ao poço grande na cidade de Seco, perguntou:

— Onde estão Samuel e Davi?

Responderam:

— Eis que estão na casa dos profetas, em Ramá.

23 Então Saul foi para a casa dos profetas,
em Ramá. E o mesmo Espírito de Deus veio
sobre ele, que, caminhando, profetizava até
chegar à casa dos profetas, em Ramá. 24 Tam-
bém ele despiu a sua túnica e profetizou
diante de Samuel. E, sem a túnica, ficou dei-
tado no chão todo aquele dia e toda aquela
noite. Por isso se diz: "Está também Saul
entre os profetas?"

JÔNATAS AJUDA DAVI

20 1 Então Davi fugiu da casa dos pro-
fetas, em Ramá, foi até o lugar onde
Jônatas estava e lhe perguntou:
— O que foi que eu fiz? Qual é a minha
culpa? E qual é o meu pecado diante de seu
pai, que procura tirar-me a vida?
2 Jônatas respondeu:
— Nada disso! Você não será morto. Meu
pai não faz coisa nenhuma, nem grande
nem pequena, sem primeiro me dizer. Por
que, então, meu pai esconderia isso de
mim? Não há nada disso.
3 Então Davi respondeu enfaticamente:
— Seu pai sabe muito bem que encontrei
favor diante de você. Assim, ele resolveu que
você não deve ficar sabendo disso, para não
se entristecer. Mas tão certo como vive o
SENHOR, e como você vive, Jônatas, há ape-
nas um passo entre mim e a morte.
4 Jônatas disse a Davi:
— Farei tudo o que você quiser que eu faça.
5 Davi disse a Jônatas:
— Amanhã é a Festa da Lua Nova, em que
sem falta deveria assentar-me com o rei para
comer. Mas deixe que eu vá embora, para me
esconder no campo, até a tarde do terceiro
dia. 6 Se o seu pai notar a minha ausência,
diga o seguinte: "Davi me pediu muito que o
deixasse ir a toda pressa a Belém, sua cidade,
porque lá será oferecido o sacrifício anual
para toda a família." 7 Se ele disser: "Está bem",
então este seu servo terá paz. Porém, se ficar
com muita raiva, saiba que ele já decidiu me
fazer mal. 8 Use, pois, de misericórdia para
com este seu servo, porque você me fez entrar
em aliança no SENHOR com você. Mas, se sou
culpado, mate-me você mesmo. Por que você
me levaria ao seu pai?
9 Então Jônatas disse:
— Nada disso! Se eu de algum modo sou-
besse que o meu pai está determinado a
trazer esse mal sobre você, acha que eu não
avisaria você?
10 Então Davi perguntou:
— Quem irá me avisar, se, por acaso, o seu
pai lhe responder asperamente?
11 Jônatas respondeu:
— Venha, vamos ao campo.
E eles foram.
12 Jônatas disse a Davi:
— O SENHOR, Deus de Israel, seja testemu-
nha. Amanhã ou depois de amanhã, a estas
horas sondarei meu pai. Se houver algo favo-
rável a Davi, eu lhe mandarei dizer. 13 Mas,
se meu pai quiser fazer mal a você, que o
SENHOR faça com Jônatas o que bem quiser,
se eu não o avisar disso e não o deixar ir
embora, para que você siga em paz. E que
o SENHOR esteja com você, como tem estado
com o meu pai. 14 E, se eu, então, ainda viver,
use para comigo da bondade do SENHOR, para
que eu não morra. 15 Nem tampouco jamais
afaste da minha casa a sua bondade; nem
ainda quando o SENHOR eliminar da face da
terra todos os inimigos de Davi.
16 Assim, Jônatas fez aliança com a casa
de Davi, dizendo:
— Que o SENHOR vingue os inimigos de
Davi.
17 Jônatas fez com que Davi jurasse de
novo, pelo amor que lhe tinha, porque Jôna-
tas o amava com todo o amor da sua alma.
18 Jônatas disse a Davi:
— Amanhã é a Festa da Lua Nova. Eles
vão perguntar por você, porque o seu lugar
estará vazio. 19 No terceiro dia, vá depressa
ao lugar onde você se escondeu no dia do
combinado e fique junto à pedra de Ezel.
20 Atirarei três flechas para aquele lado,
como quem atira ao alvo. 21 Eis que mandarei
o moço e lhe direi: "Vá, procure as flechas."
Se eu disser ao moço: "Olhe, as flechas estão
para cá de você; traga-as", então venha, Davi,
porque, tão certo como vive o SENHOR, você
terá paz, e nada há que temer. 22 Porém, se
eu disser ao moço: "Olhe, as flechas estão
mais para lá de você", vá embora, porque o
SENHOR manda que você vá. 23 Quanto àquilo
de que eu e você falamos, eis que o SENHOR é
nossa testemunha para sempre.
24 Então Davi se escondeu no campo. E,
sendo a Festa da Lua Nova, o rei se pôs à mesa
para comer. 25 O rei sentou-se na sua cadeira,

segundo o costume, no lugar junto à parede.
Jônatas ficou na frente dele, e Abner sentou-
-se ao lado de Saul. Mas o lugar de Davi estava
desocupado. 26 Porém, naquele dia, Saul não
disse nada, pois pensava: "Deve ter acontecido
alguma coisa com ele. Ele está cerimonial-
mente impuro. Certamente está impuro."

27 No dia seguinte, o segundo dia da Festa
da Lua Nova, o lugar de Davi continuava
desocupado. Então Saul perguntou a Jôna-
tas, seu filho:

— Por que o filho de Jessé não veio comer,
nem ontem nem hoje?

28 Jônatas respondeu:

— Davi me pediu, encarecidamente, que
o deixasse ir a Belém. 29 Ele me disse: "Peço
que você me deixe ir, porque a nossa família
tem um sacrifício na cidade, e um de meus
irmãos insiste comigo para que eu vá. Por-
tanto, se encontrei favor aos seus olhos, peço
que me deixe partir, para que eu veja os meus
irmãos." Por isso, não veio à mesa do rei.

SAUL FICA IRADO COM JÔNATAS

30 Então Saul ficou irado com Jônatas e
lhe disse:

— Seu filho de mulher vadia e rebelde!
Você acha que eu não sei que você elegeu
o filho de Jessé, para vergonha sua e para
vergonha de sua mãe? 31 Pois, enquanto o
filho de Jessé viver sobre a terra, nem você
estará seguro, nem seguro estará o seu
reino. Por isso, mande buscá-lo, agora, por-
que deve morrer.

32 Então Jônatas perguntou a Saul, seu pai:

— Por que ele deve morrer? O que foi
que ele fez?

33 Então Saul atirou a sua lança contra Jôna-
tas para matá-lo. Com isso Jônatas entendeu
que, de fato, seu pai já havia decidido matar
Davi. 34 Por isso, Jônatas, com muita raiva, se
levantou da mesa e, neste segundo dia da
Festa da Lua Nova, não comeu pão, pois ficou
muito sentido por causa de Davi, a quem seu
pai havia insultado.

JÔNATAS SE DESPEDE DE DAVI

35 Na manhã seguinte, Jônatas saiu ao
campo, no tempo combinado com Davi, e
levou consigo um rapazinho. 36 Então disse
ao seu rapaz:

— Corra e busque as flechas que eu atirar.
O rapaz correu, e ele atirou uma flecha, que
fez passar além do rapaz. 37 Quando o rapaz
chegou ao lugar da flecha que Jônatas havia
atirado, Jônatas gritou atrás dele:

— A flecha não está mais para lá de você?

38 Jônatas gritou mais uma vez:

— Vamos! Depressa! Não fique aí parado!
O rapaz de Jônatas apanhou as flechas e
voltou ao seu senhor. 39 O rapaz não enten-
deu coisa alguma, pois só Jônatas e Davi
sabiam deste combinado. 40 Então Jônatas
deu as suas armas ao rapaz que o acompa-
nhava e lhe disse:

— Vá, leve-as para a cidade.

41 Quando o rapaz foi embora, Davi se levan-
tou do lado do monte de pedras e se prostrou
com o rosto em terra três vezes. E beijaram
um ao outro e choraram juntos; Davi, porém,
muito mais. 42 Então Jônatas disse a Davi:

— Vá em paz, porque ambos juramos em
nome do SENHOR, dizendo: "O SENHOR seja para
sempre testemunha entre mim e você e entre
a minha descendência e a sua descendência."

43 Então Davi se levantou e foi embora. E
Jônatas voltou para a cidade.

DAVI VAI PARA JUNTO DE AIMELEQUE

21 1 Então Davi foi até Nobe, ao sacerdote
Aimeleque. Aimeleque, tremendo,
saiu ao encontro de Davi e perguntou:

— Por que você está sozinho e ninguém
veio com você?

2 Davi respondeu ao sacerdote Aimeleque:

— O rei me deu uma ordem e me disse
que ninguém deveria saber por que ele me
enviou e qual é a tarefa de que me incum-
biu. Quanto aos meus soldados, combinei
que me encontrassem em tal e tal lugar.
3 Agora, o que você tem à mão? Dê-me cinco
pães ou o que puder encontrar.

4 O sacerdote respondeu a Davi, dizendo:

— Não tenho pão comum à mão. Há,
porém, pão sagrado, se ao menos os seus
soldados se abstiveram das mulheres.

5 Davi respondeu ao sacerdote:

— Sim, como sempre, quando saio à cam-
panha, foram-nos vedadas as mulheres, e o
corpo dos soldados está puro. Se isso acon-
tece em viagem comum, quanto mais serão
puros hoje!

6 Então o sacerdote deu a Davi o pão sa-
grado, porque não havia ali outro, a não ser

os pães da proposição, que tinham sido tirados de diante do SENHOR, quando foram trocados, no devido dia, por pão quente.

7 Acontece que estava ali, naquele dia, um dos servos de Saul, detido diante do SENHOR, cujo nome era Doegue, edomita, o chefe dos pastores de Saul.

8 Davi disse a Aimeleque:

— Você tem aqui à mão uma lança ou uma espada? Eu não trouxe comigo nem a minha espada nem as minhas armas, porque a ordem do rei era urgente.

9 O sacerdote respondeu:

— A espada de Golias, o filisteu, a quem você matou no vale de Elá, está aqui, enrolada num pano atrás da estola sacerdotal. Se quiser levá-la, leve-a, porque não há outra aqui, a não ser essa.

Davi disse:

— Não há outra semelhante; dê-me essa espada.

DAVI FOGE DE SAUL PARA GATE

10 Naquele dia, Davi se levantou e fugiu de Saul. Ele foi procurar Aquis, rei de Gate. 11 Porém os servos de Aquis lhe disseram:

— Este não é Davi, o rei da terra? Não é a respeito dele que se cantava nas danças, dizendo:

"Saul matou os seus milhares,
porém Davi, os seus dez milhares"?

12 Davi guardou essas palavras no coração e teve muito medo de Aquis, rei de Gate. 13 Por isso mudou o seu comportamento diante deles, fingindo-se de louco nas mãos deles. Fazia riscos nos batentes dos portões e deixava escorrer saliva pela barba. 14 Então Aquis disse aos seus servos:

— Vocês estão vendo que este homem está louco. Por que o trouxeram para cá? 15 Será que estou com falta de doidos, para que vocês me trouxessem este para fazer doidices diante de mim? Devo deixar que este entre em minha casa?

DAVI SE ESCONDE EM ADULÃO E EM MOABE

22 1 Davi saiu daquele lugar e se refugiou na caverna de Adulão. Quando os seus irmãos e toda a casa de seu pai souberam disso, foram ficar com ele. 2 Ajuntaram-se a ele todos os homens que estavam em dificuldades, os que tinham dívidas, e todos os amargurados de espírito, e Davi se tornou o chefe deles. E havia com ele uns quatrocentos homens.

3 Daquele lugar Davi foi a Mispa, em Moabe, e disse ao rei de Moabe:

— Deixe que o meu pai e a minha mãe fiquem com vocês, até que eu saiba o que Deus vai fazer de mim.

4 Davi levou-os ao rei de Moabe, e eles moraram com ele durante todo o tempo em que Davi esteve naquele lugar seguro. 5 Porém o profeta Gade disse a Davi:

— Não fique neste lugar seguro; vá e entre na terra de Judá.

Então Davi saiu e foi para o bosque de Herete.

SAUL MATA TODOS OS SACERDOTES DE NOBE

6 Saul ficou sabendo que Davi e os homens que o acompanhavam foram descobertos. Saul se encontrava em Gibeá, debaixo de um arvoredo, numa colina, com a sua lança na mão, e todos os seus servos estavam com ele. 7 Saul disse aos servos que o rodeavam:

— Escutem, filhos de Benjamim! Será que o filho de Jessé dará também a todos vocês terras e vinhas e fará de todos vocês chefes de milhares e chefes de centenas, 8 para que todos vocês tenham conspirado contra mim? Não houve ninguém que me avisasse que o meu filho fez aliança com o filho de Jessé. Não há nenhum de vocês que tenha pena de mim e me conte que o meu filho instigou contra mim o meu servo, para me armar ciladas, como se vê neste dia.

9 Então Doegue, o edomita, que também estava com os servos de Saul, disse:

— Eu vi o filho de Jessé chegar a Nobe, para falar com Aimeleque, filho de Aitube. 10 A pedido dele, Aimeleque consultou o SENHOR. Também lhe deu mantimento e a espada de Golias, o filisteu.

11 Então o rei mandou chamar o sacerdote Aimeleque, filho de Aitube, e toda a casa de seu pai, a saber, os sacerdotes que estavam em Nobe. E todos eles vieram ao rei. 12 Saul disse:

— Escute, filho de Aitube!

Este respondeu:

— Eis-me aqui, meu senhor!

13 Então Saul lhe disse:

— Por que você conspirou contra mim, você e o filho de Jessé? Pois você lhe deu pão e espada e consultou Deus a favor dele, para que se levantasse contra mim e me armasse ciladas, como hoje se vê.

14 Aimeleque respondeu ao rei:

— E quem, entre todos os seus servos, é tão fiel quanto Davi, o genro do rei, chefe da sua guarda pessoal e honrado na sua casa? 15 Por acaso foi essa a primeira vez que consultei Deus em favor dele? Não! Que o rei jamais acuse este seu servo, nem ninguém da casa de meu pai, pois este seu servo de nada soube de tudo isso, nem muito nem pouco.

16 O rei respondeu:

— Aimeleque, você certamente morrerá, você e toda a casa de seu pai.

17 Então o rei disse aos guardas que o rodeavam:

— Voltem-se e matem os sacerdotes do Senhor, porque também estão de mãos dadas com Davi e porque souberam que fugiu e não me disseram nada.

Porém os servos do rei não quiseram estender as mãos contra os sacerdotes do Senhor. 18 Então o rei disse a Doegue:

— Volte-se você e mate os sacerdotes.

Então Doegue, o edomita, se voltou e investiu contra os sacerdotes. Naquele dia ele matou oitenta e cinco homens que vestiam estola sacerdotal de linho. 19 Também a Nobe, a cidade desses sacerdotes, passou a fio de espada. Matou homens e mulheres, meninos e crianças de peito, bois, jumentos e ovelhas.

ABIATAR REFUGIA-SE COM DAVI

20 Porém dos filhos de Aimeleque, filho de Aitube, um só, cujo nome era Abiatar, se salvou e fugiu para Davi. 21 Abiatar anunciou a Davi que Saul tinha matado os sacerdotes do Senhor. 22 Então Davi disse a Abiatar:

— Naquele dia, quando vi que Doegue, o edomita, estava ali, eu sabia que ele não deixaria de contar tudo a Saul. Eu fui a causa da morte de todas as pessoas da casa de seu pai. 23 Fique comigo, não tenha medo, porque quem procura a minha morte procura também a sua; mas comigo você estará a salvo.

DAVI LIVRA A CIDADE DE QUEILA

23 1 Então disseram a Davi:

— Eis que os filisteus estão atacando a cidade de Queila e saqueando as eiras.

2 Davi consultou o Senhor, perguntando:

— Devo ir e atacar esses filisteus?

O Senhor respondeu a Davi:

— Vá, ataque os filisteus, e livre a cidade de Queila.

3 Porém os homens de Davi lhe disseram:

— Temos medo aqui em Judá, quanto mais indo a Queila lutar contra as tropas dos filisteus.

4 Então Davi tornou a consultar o Senhor, e o Senhor lhe respondeu:

— Levante-se e vá até Queila, porque estou entregando os filisteus em suas mãos.

5 Então Davi e os seus homens foram a Queila, lutaram contra os filisteus e tomaram todo o gado deles. E causaram grande matança entre eles. Assim, Davi salvou os moradores de Queila.

6 Aconteceu que, quando Abiatar, filho de Aimeleque, fugiu para junto de Davi, em Queila, levou a estola sacerdotal.

7 Foi anunciado a Saul que Davi tinha ido a Queila. Então Saul disse:

— Deus o entregou nas minhas mãos. Está cercado, pois entrou numa cidade de portões e ferrolhos.

8 Então Saul mandou chamar todo o povo para a batalha, para que descessem a Queila e cercassem Davi e os seus homens. 9 Quando Davi soube que Saul maquinava o mal contra ele, disse ao sacerdote Abiatar:

— Traga aqui a estola sacerdotal.

10 Então Davi orou:

— Ó Senhor, Deus de Israel, teu servo ouviu que Saul, de fato, procura vir a Queila, para destruir a cidade por minha causa. 11 Será que os moradores de Queila me entregarão nas mãos dele? Será que Saul virá mesmo, como o teu servo ouviu? Ah! Senhor, Deus de Israel, revela isto ao teu servo.

E o Senhor lhe disse:

— Ele virá.

12 Então Davi perguntou:

— E será que os moradores de Queila me entregarão, juntamente com os meus servos, nas mãos de Saul?

O Senhor respondeu:

— Entregarão.

[13] Então Davi e os seus homens, que eram
uns seiscentos, saíram de Queila e se foram
sem rumo certo. Quando foi anunciado a
Saul que Davi tinha fugido de Queila, dei-
xou de persegui-lo.

[14] Davi permaneceu no deserto, nos luga-
res seguros, e ficou na região montanhosa
no deserto de Zife. Saul buscava-o todos
os dias, porém Deus não o entregou nas
suas mãos.

DAVI E JÔNATAS RENOVAM SUA ALIANÇA

[15] Quando Davi percebeu que Saul tinha
saído para tirar-lhe a vida, ficou no deserto
de Zife, em Horesa. [16] Então Jônatas, filho
de Saul, se levantou e foi falar com Davi,
em Horesa, e lhe fortaleceu a confiança em
Deus. [17] Jônatas disse:

— Não tenha medo, porque a mão de
Saul, meu pai, não encontrará você. Você
será rei de Israel, e eu serei o segundo
depois de você, o que também Saul, meu
pai, bem sabe.

[18] E ambos fizeram aliança diante do
Senhor. Davi ficou em Horesa, e Jônatas
voltou para casa.

A TRAIÇÃO DOS ZIFEUS

[19] Então os zifeus foram falar com Saul,
em Gibeá, dizendo:

— Não é verdade que Davi está escon-
dido entre nós, nos lugares seguros de
Horesa, no monte Haquila, ao sul de Jesi-
mom? [20] Agora, ó rei, conforme o desejo do
seu coração, venha, que a nós nos compete
entregar Davi nas mãos do rei.

[21] Saul respondeu:

— Que vocês sejam benditos do Senhor,
porque tiveram pena de mim. [22] Vão, agora,
e informem-se ainda melhor. Descubram
o lugar que ele frequenta e quem o viu ali,
porque me foi dito que ele é muito astuto.
[23] Por isso, prestem bem atenção e infor-
mem-se a respeito de todos os esconderijos
em que ele se oculta. Voltem para cá com
informações seguras, e então eu irei com
vocês. Se ele estiver na região, irei procurá-
-lo entre todos os milhares de Judá.

[24] Então eles se levantaram e se foram a
Zife, adiante de Saul. Ora, Davi e os seus
homens estavam no deserto de Maom,
na planície, ao sul de Jesimom. [25] Saul e os
seus homens foram ao encalço dele, e isto
foi dito a Davi. Por isso ele foi para a rocha
que está no deserto de Maom. Quando Saul
soube disso, perseguiu Davi no deserto de
Maom. [26] Saul ia de um lado do monte, e
Davi e os seus homens, do outro. Davi
se apressou em fugir para escapar de
Saul, porém este e os seus homens cer-
caram Davi e os seus homens para os
prender. [27] Então veio um mensageiro a
Saul, dizendo:

— Venha depressa, porque os filisteus
invadiram a terra.

[28] Por isso Saul desistiu de perseguir Davi
e foi lutar contra os filisteus. Por esta razão,
aquele lugar se chamou Sela-Hamalecote.
[29] Davi partiu daquele lugar e ficou nos luga-
res seguros de En-Gedi.

DAVI POUPA A VIDA DE SAUL

24 [1] Quando Saul voltou de perseguir
os filisteus, foi-lhe dito:

— Eis que Davi está no deserto de En-Gedi.

[2] Então Saul tomou três mil homens, esco-
lhidos dentre todo o Israel, e foi ao encalço
de Davi e dos seus homens, nas encostas
das rochas das cabras selvagens. [3] Che-
gou a uns currais de ovelhas no caminho,
onde havia uma caverna. Saul entrou nela,
para fazer as suas necessidades. Ora, Davi
e os seus homens estavam sentados no
mais interior da caverna. [4] Então eles dis-
seram a Davi:

— Hoje é o dia do qual o Senhor lhe falou:
"Eis que eu entrego o seu inimigo nas suas
mãos, e você fará com ele o que bem quiser."

Então Davi se levantou e, sem ser notado,
cortou a ponta do manto de Saul. [5] Mas
depois Davi ficou com dor no coração por
ter cortado a ponta do manto de Saul [6] e
disse aos seus homens:

— O Senhor Deus me livre de fazer tal coisa
ao meu senhor, isto é, que eu estenda a mão
contra ele, pois é o ungido do Senhor.

[7] Com estas palavras, Davi conteve os seus
homens e não permitiu que se levantassem
contra Saul. Então Saul se levantou, saiu da
caverna e seguiu o seu caminho.

[8] Depois, também Davi se levantou e,
saindo da caverna, gritou a Saul, dizendo:

— Ó rei, meu senhor!

Davi soube reconhecer as armas que tinha em mãos, e, assim como ele, precisamos discernir as armas que temos para derrubar os gigantes que estão diante de nós.

Quando Saul olhou para trás, Davi se inclinou e lhe fez reverência, com o rosto em terra. 9 E Davi disse a Saul:

— Por que o senhor dá atenção às palavras dos que dizem que Davi quer fazer-lhe mal? 10 Eis que hoje o meu senhor pode ver com os seus próprios olhos que o SENHOR Deus o pôs nas minhas mãos nesta caverna, e alguns disseram que eu deveria matá-lo. Mas eu o poupei, porque disse: "Não estenderei a mão contra o meu senhor, pois é o ungido de Deus." 11 Veja, meu pai, veja aqui na minha mão a ponta do seu manto. Por eu haver cortado a ponta do seu manto sem matá-lo, reconheça e veja que não há em mim nem mal nem rebeldia. Nunca pequei contra o rei, ainda que ele esteja à caça da minha vida para tirá-la de mim. 12 Que o SENHOR Deus julgue entre nós dois e me vingue do rei; porém não estenderei a minha mão contra o rei. 13 Como o provérbio dos antigos diz: "Dos perversos procede a perversidade." Mas eu não estenderei a minha mão contra o senhor, meu rei. 14 Atrás de quem saiu o rei de Israel? A quem persegue? A um cão morto? A uma pulga? 15 Que o SENHOR Deus seja o meu juiz e julgue entre nós dois. Que ele examine e defenda a minha causa, me faça justiça e me livre das mãos do rei.

16 Quando Davi acabou de falar todas estas palavras, Saul disse:

— É esta a sua voz, meu filho Davi?

E Saul chorou em alta voz. 17 Então disse a Davi:

— Você é mais justo do que eu, pois me recompensou com o bem, enquanto eu o recompensei com o mal. 18 Hoje você mostrou que me fez o bem, pois o SENHOR me havia posto em suas mãos, e você não me matou. 19 Porque quem é que encontra o inimigo e o deixa ir sem lhe fazer mal? Que o SENHOR lhe pague com o bem por aquilo que você fez por mim no dia de hoje. 20 Agora tenho certeza de que você será rei e de que o reino de Israel se manterá firme na sua mão. 21 Portanto, jure pelo SENHOR que você não eliminará a minha descendência, nem apagará o meu nome da casa de meu pai.

22 E Davi jurou a Saul. Este foi para casa, mas Davi e os seus homens foram ao lugar seguro.

A MORTE DE SAMUEL

25 1 Samuel morreu, e todos os filhos de Israel se juntaram e o prantearam. E o sepultaram na sua casa, em Ramá. Davi se levantou e foi ao deserto de Parã.

DAVI E NABAL

2 Havia um homem, em Maom, que tinha as suas propriedades no Carmelo. Era um homem muito rico: tinha três mil ovelhas e mil cabras. E ele estava tosquiando as suas ovelhas no Carmelo. 3 O nome desse homem era Nabal, e a mulher dele se chamava Abigail. Ela era inteligente e bonita, porém Nabal era grosseiro e mau em tudo o que fazia. Era descendente de Calebe. 4 Quando Davi, no deserto, ouviu dizer que Nabal tosquiava as suas ovelhas, 5 enviou dez rapazes e lhes disse:

— Vão ao Carmelo falar com Nabal e perguntem-lhe, em meu nome, como está. 6 Digam àquele afortunado: "Paz para você, paz para a sua casa e paz para tudo o que é seu! 7 Soube que você está fazendo a tosquia das suas ovelhas. Os seus pastores estiveram conosco e nós não os maltratamos e nada lhes faltou durante todo o tempo em que estiveram no Carmelo. 8 Pergunte aos seus moços, e eles lhe dirão. Portanto, que os meus rapazes encontrem favor em sua presença, porque chegamos em boa hora. Por favor, dê a estes seus servos e a Davi, seu filho, qualquer coisa que você tiver à mão."

9 Os rapazes de Davi foram e falaram a Nabal todas essas palavras em nome de Davi. Depois, ficaram esperando. 10 E Nabal deu a seguinte resposta aos servos de Davi:

— Quem é Davi? E quem é o filho de Jessé? Muitos são, hoje em dia, os servos que fogem do seu senhor. 11 Vocês acham que eu vou pegar o meu pão, a minha água e a carne dos animais que abati para os meus tosquiadores e dar a homens que eu não sei de onde vêm?

12 Então os rapazes de Davi se puseram a caminho e voltaram. Ao chegarem, disseram a Davi tudo o que Nabal havia falado. 13 Então Davi disse aos seus homens:

— Que cada um cinja a sua espada!

E cada um cingiu a sua espada, e também Davi cingiu a sua. Cerca de quatrocentos

homens seguiram Davi, enquanto duzentos
ficaram com a bagagem. 14 Nesse meio-
-tempo, um dos moços de Nabal foi falar
com Abigail, a mulher de Nabal, dizendo:
— Davi enviou do deserto mensageiros
para saudar o nosso senhor, mas ele os pôs
a correr. 15 No entanto, aqueles homens nos
têm sido muito bons, e nunca fomos maltra-
tados por eles e de nenhuma coisa sentimos
falta em todos os dias de nosso trato com
eles, quando estávamos no campo. 16 Eles
eram como um muro ao nosso redor, tanto
de dia como de noite, todos os dias que esti-
vemos com eles apascentando as ovelhas.
17 E agora pense bem e veja o que pode fazer,
porque o mal já está determinado contra o
nosso senhor e contra toda a sua casa; ele
é homem maligno, e não há quem consiga
falar com ele.

ABIGAIL APAZIGUA DAVI

18 Então Abigail pegou, a toda pressa,
duzentos pães, dois odres de vinho, cinco
ovelhas preparadas, cinco medidas de trigo
tostado, cem cachos de passas e duzentas
pastas de figos, e pôs tudo sobre jumentos.
19 Então disse aos seus servos:
— Vão na minha frente, que eu vou logo
atrás.
Porém ela não contou nada a seu marido
Nabal. 20 Enquanto ela, cavalgando um
jumento, descia, encoberta pelo monte, Davi
e seus homens também desciam, e ela se
encontrou com eles. 21 Ora, Davi tinha dito:
— Com certeza, de nada adiantou ter pro-
tegido tudo o que esse homem possui no
deserto, e de nada sentiu falta de tudo o
que lhe pertence; ele me pagou o bem com
o mal. 22 Que Deus me castigue, se, até o
amanhecer, eu não matar todos os do sexo
masculino que estão com ele.
23 Quando Abigail viu Davi, desceu
depressa do jumento e prostrou-se sobre
o rosto diante de Davi, inclinando-se até o
chão. 24 Lançou-se aos pés de Davi e disse:
— Meu senhor, que a culpa recaia sobre
mim. Permita que esta sua serva fale e
escute as palavras da sua serva. 25 Que o meu
senhor não se importe com aquele homem
maligno, a saber, com Nabal, porque ele é
o que significa o seu nome. Nabal é o seu
nome, e a tolice o acompanha. Eu, porém,
esta sua serva, não vi os rapazes que o meu
senhor mandou. 26 Agora, meu senhor, tão
certo como vive o Senhor Deus e tão certo
como vive a sua alma, foi o Senhor Deus
quem o impediu de derramar sangue e de
fazer justiça com as próprias mãos. Que os
seus inimigos e os que procuram fazer mal
ao meu senhor sejam como Nabal. 27 Este
é o presente que esta sua serva trouxe ao
meu senhor; que ele seja dado aos rapazes
que seguem o meu senhor. 28 Perdoe a trans-
gressão desta sua serva. Pois o Senhor Deus
certamente firmará a casa de meu senhor,
porque ele está travando as batalhas do
Senhor Deus. E que não se ache mal em meu
senhor durante toda a sua vida. 29 E, se algum
homem se levantar para o perseguir e tirar-
-lhe a vida, a vida de meu senhor será atada
no feixe dos que vivem com o Senhor, seu
Deus. Porém a vida de seus inimigos, este a
lançará fora como se a atirasse da cavidade
de uma funda. 30 E, quando o Senhor Deus
tiver feito a meu senhor todo o bem que
falou a seu respeito e o tiver colocado como
príncipe sobre Israel, 31 então meu senhor
não terá motivo de pesar ou de remorso por
ter derramado sangue inocente e por ter se
vingado com as próprias mãos. E, quando o
Senhor Deus tiver feito o bem a meu senhor,
então lembre-se desta sua serva.
32 Então Davi disse a Abigail:
— Bendito o Senhor, Deus de Israel,
que hoje mandou você ao meu encontro.
33 Bendita seja a sua prudência, e bendita
seja você mesma, que hoje me impediu de
derramar sangue e de me vingar com as
minhas próprias mãos. 34 Porque, tão certo
como vive o Senhor, Deus de Israel, que
me impediu de fazer mal a você, se você
não tivesse se apressado e não tivesse
vindo ao meu encontro, não teria ficado a
Nabal, até o amanhecer, nem um sequer do
sexo masculino.
35 Então Davi recebeu da mão de Abigail o
que esta lhe havia trazido e lhe disse:
— Volte em paz para a sua casa. Como
você pode ver, dei ouvidos ao que você me
falou e atendi o seu pedido.

A MORTE DE NABAL

36 Abigail voltou para junto de Nabal.
Eis que ele fazia em casa um banquete,

como banquete de rei. O seu coração estava alegre, e ele, bastante embriagado. Por isso ela não lhe contou absolutamente nada, até o amanhecer. 37 Pela manhã, quando Nabal já estava livre do vinho, sua mulher lhe contou tudo. Então o coração dele amorteceu dentro do peito, e ele ficou como uma pedra. 38 Passados uns dez dias, o SENHOR feriu Nabal, e ele morreu.

DAVI CASA COM ABIGAIL

39 Quando Davi soube que Nabal havia morrido, disse:

— Bendito seja o SENHOR, que pleiteou a causa da afronta que recebi de Nabal e livrou este seu servo de fazer o mal. O SENHOR fez com que a maldade de Nabal caísse sobre a própria cabeça dele.

Então Davi mandou um recado a Abigail, dizendo que desejava tomá-la por mulher. 40 Os servos de Davi foram até Abigail, no Carmelo, e lhe disseram:

— Davi nos mandou buscá-la para que a senhora seja sua mulher.

41 Então ela se levantou, se inclinou com o rosto em terra e disse:

— Eis que esta sua serva servirá de criada para lavar os pés dos criados de meu senhor.

42 Abigail se dispôs imediatamente e montou o seu jumento. E ela, acompanhada pelas cinco moças que a serviam, seguiu os mensageiros de Davi, que a recebeu por mulher.

43 Davi também havia tomado por mulher Ainoã de Jezreel, e ambas foram suas mulheres. 44 Saul tinha dado sua filha Mical, mulher de Davi, a Palti, filho de Laís, que era de Galim.

OUTRA VEZ DAVI POUPA A VIDA DE SAUL

26 1 Os zifeus foram falar com Saul, em Gibeá, e disseram:

— Não é verdade que Davi está escondido no monte Haquila, em frente de Jesimom?

2 Então Saul se levantou e foi ao deserto de Zife, em busca de Davi, levando consigo três mil homens escolhidos de Israel. 3 Saul acampou no monte Haquila, em frente de Jesimom, junto ao caminho, porém Davi ficou no deserto. Quando ouviu dizer que Saul vinha à sua procura no deserto, 4 enviou espias e soube que Saul, de fato, tinha chegado. 5 Davi se levantou e foi ao lugar onde Saul estava acampado. Viu o lugar onde dormiam Saul e Abner, filho de Ner, comandante do seu exército. Saul dormia dentro do acampamento, e o povo estava acampado ao redor dele.

6 Davi perguntou a Aimeleque, o heteu, e a Abisai, filho de Zeruia, irmão de Joabe:

— Quem irá comigo ao arraial de Saul?

Abisai respondeu:

— Eu irei com você.

7 Assim, Davi e Abisai foram, de noite, ao acampamento. E eis que Saul estava deitado, dormindo. A lança dele estava fincada na terra, perto da sua cabeça. Abner e o povo estavam deitados ao redor dele. 8 Então Abisai disse a Davi:

— Hoje Deus entregou o seu inimigo nas suas mãos. Deixe que eu vá, agora, encravá-lo com a lança, ao chão, com um só golpe; não será preciso um segundo golpe.

9 Davi, porém, respondeu a Abisai:

— Não o mate, pois quem pode estender a mão contra o ungido do SENHOR e ficar inocente?

10 Davi continuou:

— Tão certo como vive o SENHOR Deus, ele mesmo o matará; ou chegará o dia de sua morte, ou, indo para a guerra, será morto em combate. 11 O SENHOR me livre de estender a mão contra o seu ungido! Agora, porém, pegue a lança que está perto da cabeça dele e o jarro de água, e vamos embora.

12 Então Davi pegou a lança e o jarro de água que estavam perto da cabeça de Saul, e eles foram embora. Ninguém viu, nem ficou sabendo, nem acordou. Todos dormiam, porque havia caído sobre eles um profundo sono, vindo da parte do SENHOR.

13 Quando Davi tinha passado para o outro lado, pôs-se no alto do monte ao longe, de maneira que havia uma grande distância entre eles. 14 Então gritou para o povo e para Abner, filho de Ner, dizendo:

— Você não vai responder, Abner?

Então Abner respondeu:

— Quem é você, que está aí gritando para o rei?

15 Davi respondeu:

— Você não é homem? E quem é igual a você em Israel? Então por que não protegeu o seu senhor, o rei? Porque alguém do povo

foi até aí para matar o rei, seu senhor. 16 Não
é bom isso que você fez! Tão certo como vive
o SENHOR Deus, vocês merecem morrer, vocês
que não protegeram seu senhor, o ungido
do SENHOR Deus. Agora vejam onde está a
lança do rei e o jarro de água que estava
perto da cabeça dele.

SAUL, OUTRA VEZ, SE RECONCILIA COM DAVI

17 Então Saul reconheceu a voz de Davi
e disse:

— É esta a sua voz, meu filho Davi?

E Davi respondeu:

— Sim, é a minha voz, ó rei, meu senhor.

18 Disse mais:

— Por que o meu senhor está perseguindo
o seu servo? O que foi que eu fiz? E que mal-
dade se acha nas minhas mãos? 19 E agora,
ó rei, meu senhor, por favor escute as pala-
vras deste seu servo. Se é o SENHOR Deus que
o está incitando contra mim, que ele aceite
uma oferta. Mas, se são os filhos dos homens,
que sejam malditos diante do SENHOR! Porque
eles me expulsaram hoje, para que eu não
tenha parte na herança do SENHOR, como que
dizendo: "Vá e sirva outros deuses." 20 Agora,
que o meu sangue não seja derramado longe
desta terra do SENHOR. Porque o rei de Israel
saiu em busca de uma pulga, como quem
persegue uma perdiz nos montes.

21 Então Saul disse:

— Pequei! Volte, meu filho Davi, pois não
mais lhe farei mal, porque hoje a minha
vida foi preciosa aos seus olhos. Eu tenho
agido como um louco e cometi um erro
muito grande.

22 Davi respondeu:

— Aqui está a lança, ó rei. Que um dos seus
rapazes venha aqui pegá-la. 23 E que o SENHOR
Deus recompense cada um pela sua justiça e
lealdade. Porque hoje o SENHOR Deus o havia
entregado nas minhas mãos, porém eu não
quis estendê-las contra o ungido do SENHOR.
24 Assim como hoje a sua vida foi de grande
valor aos meus olhos, assim também seja a
minha vida aos olhos do SENHOR Deus, e que
ele me livre de toda a angústia.

25 Então Saul disse a Davi:

— Bendito seja você, meu filho Davi! Por-
que você fará grandes coisas e certamente
será bem-sucedido.

Então Davi seguiu o seu caminho, e Saul
voltou para casa.

DAVI, OUTRA VEZ, COM AQUIS, REI DE GATE

27 1 Davi disse consigo mesmo:
— Pode ser que algum dia eu venha
a perecer nas mãos de Saul. Portanto, não
há nada melhor para mim do que fugir
para a terra dos filisteus. Isto para que Saul
perca de todo as esperanças e deixe de me
procurar em toda a terra de Israel; assim,
me livrarei das mãos dele.

2 Davi se levantou e, com os seiscentos
homens que estavam com ele, foi até Aquis,
filho de Maoque, rei de Gate. 3 Davi ficou
morando com Aquis, na cidade de Gate,
ele e os seus homens, cada um com a sua
família. Davi foi com as suas duas mulhe-
res: Ainoã, a jezreelita, e Abigail, a viúva de
Nabal, o carmelita. 4 Quando Saul foi avi-
sado de que Davi tinha fugido para Gate,
desistiu de o perseguir.

5 Davi disse a Aquis:

— Se encontrei favor em sua presença,
dê-me um lugar numa das cidades do
interior, para que eu more ali. Por que este
seu servo ficaria morando com você na
cidade real?

6 Então, naquele dia, Aquis deu a Davi
a cidade de Ziclague. Por isso, Ziclague
pertence aos reis de Judá até o dia de hoje.
7 E todo o tempo que Davi permaneceu na
terra dos filisteus foi um ano e quatro meses.

8 Davi ia com os seus homens, e eles
atacavam os gesuritas, os gersitas e os
amalequitas, porque estes eram os mora-
dores da terra desde Telã, na direção de
Sur, até a terra do Egito. 9 Quando Davi ata-
cava aquela terra, não deixava com vida
nem homem nem mulher, e tomava as ove-
lhas, os bois, os jumentos, os camelos e as
roupas. Então voltava e vinha para junto
de Aquis. 10 Quando Aquis perguntava:
"Quem foi que você atacou hoje?", Davi res-
pondia: "Ataquei o Sul de Judá, o Sul dos
jerameelitas, e o Sul dos queneus." 11 Davi
não deixava com vida nem homem nem
mulher, para os trazer a Gate, pois dizia:
"Para que não nos denunciem, dizendo:
'É assim que Davi fazia.'" Este era o seu
modo de agir durante todo o tempo em

que morou na terra dos filisteus. 12 Aquis
confiava em Davi, dizendo:
— Ele levou o seu povo de Israel a odiá-
-lo de verdade, e por isso será meu servo
para sempre.

SAUL CONSULTA A MÉDIUM DE EN-DOR

28 1 E aconteceu que, naqueles dias, os
filisteus reuniram os seus exércitos
para a guerra, para lutar contra Israel. Então
Aquis disse a Davi:
— Fique sabendo que você irá comigo para
a batalha, você e os seus homens.
2 Então Davi disse a Aquis:
— Assim você saberá o quanto este seu
servo pode fazer.
Aquis respondeu:
— Por isso, você será meu guarda pessoal
para sempre.
3 Samuel já havia morrido, e todo o Israel o
tinha chorado e o tinha sepultado em Ramá,
que era a sua cidade. Saul havia desterrado
os médiuns e os adivinhos.
4 Os filisteus se reuniram e foram acampar
em Suném. Saul reuniu todo o Israel, e eles
acamparam em Gilboa. 5 Quando Saul viu o
acampamento dos filisteus, foi tomado de
medo, e muito se estremeceu o seu coração.
6 Saul consultou o Senhor, porém o Senhor
não lhe respondeu, nem por sonhos, nem
por Urim, nem por profetas. 7 Então Saul
disse aos seus servos:
— Procurem uma mulher que seja médium,
para que eu me encontre com ela e a consulte.
Os servos responderam:
— Há uma mulher em En-Dor que é médium.
8 Saul se disfarçou, vestiu outras roupas
e se foi, acompanhado de dois homens.
Chegaram de noite à casa da mulher, e
Saul lhe disse:
— Peço que você adivinhe para mim pela
necromancia e me faça subir aquele que
eu lhe disser.
9 Mas a mulher respondeu:
— Você sabe muito bem o que Saul fez:
eliminou da terra os médiuns e adivinhos.
Então por que você está me preparando
uma armadilha, que pode me levar à morte?
10 Então Saul lhe jurou pelo Senhor, dizendo:
— Tão certo como vive o Senhor, nenhum
castigo lhe sobrevirá por isso.
11 Então a mulher perguntou:
— Quem você quer que eu faça subir?
Ele respondeu:
— Samuel.
12 Quando a mulher viu Samuel, gritou em
alta voz e disse a Saul:
— Por que você me enganou? Pois você
mesmo é Saul.
13 Mas o rei disse à mulher:
— Não tenha medo! O que você está
vendo?
A mulher respondeu a Saul:
— Vejo um deus subindo da terra.
14 Ele perguntou:
— Como é a sua figura?
Ela respondeu:
— Vem subindo um ancião e está enrolado
numa capa.
Então Saul entendeu que se tratava de
Samuel. Ele se inclinou com o rosto em
terra e se prostrou.
15 Samuel perguntou a Saul:
— Por que você foi me perturbar, fazen-
do-me subir?
Então Saul disse:
— É que estou muito angustiado, porque
os filisteus guerreiam contra mim, e Deus
se afastou de mim e já não me responde,
nem pelo ministério dos profetas, nem por
sonhos. Por isso o chamei para que você me
revele o que devo fazer.
16 Então Samuel disse:
— Por que você pergunta a mim, visto
que o Senhor se afastou de você e se tornou
seu inimigo? 17 Porque o Senhor fez com
você o que havia anunciado por meio de
mim: rasgou das suas mãos o reino e o deu
a alguém outro, que é Davi. 18 Você não deu
ouvidos à voz do Senhor e não executou
o que ele, no furor da sua ira, ordenou
contra Amaleque, por isso o Senhor fez
isso com você, hoje. 19 O Senhor entregará
também Israel, com você, nas mãos dos
filisteus, e, amanhã, você e os seus filhos
estarão comigo. O Senhor também entre-
gará o acampamento de Israel nas mãos
dos filisteus.

20 De repente, Saul caiu estendido no
chão e ficou com muito medo por causa
das palavras de Samuel. Faltavam-lhe as
forças, porque não tinha comido nada todo
aquele dia e toda aquela noite. 21 A mulher

se aproximou de Saul e, vendo que ele estava muito perturbado, disse a ele:

— Veja, esta sua serva deu ouvidos à sua voz. Eu arrisquei a minha vida e fiz o que o senhor me pediu. 22 Então agora é a sua vez de ouvir as palavras desta sua serva: deixe que eu traga um pouco de comida. Coma, para que o senhor tenha forças e possa seguir o seu caminho.

23 Porém ele recusou, dizendo:

— Não vou comer.

Mas os seus servos e a mulher insistiram, e então ele concordou. Levantou-se do chão e sentou-se na cama. 24 A mulher tinha em casa um bezerro gordo, que ela se apressou em matar. Pegou também farinha, amassou-a e fez alguns pães sem fermento. 25 E trouxe a comida a Saul e aos seus servos, e eles comeram. Depois, se levantaram e foram embora naquela mesma noite.

OS FILISTEUS DESCONFIAM DE DAVI

29 1 Os filisteus reuniram todos os seus exércitos em Afeca, enquanto os israelitas acamparam junto à fonte que está em Jezreel. 2 Os governantes dos filisteus se foram para lá com centenas e com milhares. Davi e os seus homens iam com Aquis, na retaguarda. 3 Então os chefes dos filisteus perguntaram:

— O que estes hebreus estão fazendo aqui?

Aquis respondeu:

— Não é este Davi, o servo de Saul, rei de Israel, que está comigo há muitos dias ou anos? E desde que desertou e passou para o meu lado até o dia de hoje não encontrei nada de errado nele.

4 Porém os comandantes dos filisteus se indignaram contra Aquis e lhe disseram:

— Mande este homem embora, para que volte ao lugar que você lhe designou. Ele não deve entrar conosco na batalha, para que não se torne nosso adversário no combate. Pois de que outro modo se reconciliaria com o seu senhor? Não seria, por acaso, com as cabeças destes homens? 5 Não é este aquele Davi, de quem cantavam nas danças, dizendo:

"Saul matou os seus milhares,
porém Davi, os seus dez milhares"?

6 Então Aquis chamou Davi e lhe disse:

— Tão certo como vive o SENHOR, você é um homem correto, e me parece bem que você tome parte comigo nesta campanha. Porque não encontrei nenhum mal em você, desde o dia em que você veio para junto de mim até o dia de hoje. Mas os governantes não se agradaram de você. 7 Portanto, agora volte e vá em paz, para que você não desagrade aos governantes dos filisteus.

8 Então Davi disse a Aquis:

— Mas o que foi que eu fiz? Ou o que você encontrou de errado neste seu servo, desde o dia em que entrei para o seu serviço até hoje, para que eu não possa lutar contra os inimigos do rei, meu senhor?

9 Aquis respondeu:

— Eu sei que aos meus olhos você é bom como um anjo de Deus. Mas os comandantes dos filisteus disseram: "Ele não deve ir conosco à batalha." 10 Portanto, levante-se amanhã de madrugada com os seus servos, que vieram com você. E ao se levantarem, logo que amanhecer, vão embora daqui.

11 Então Davi se levantou de madrugada, ele e os seus homens, para voltar à terra dos filisteus. E os filisteus foram para Jezreel.

ZICLAGUE É SAQUEADA PELOS AMALEQUITAS

30 1 Aconteceu que, ao terceiro dia, quando Davi e os seus homens chegaram a Ziclague, os amalequitas já tinham invadido o Sul e a cidade de Ziclague. Tomaram Ziclague e a incendiaram. 2 Levaram cativas as mulheres que lá estavam, mas não mataram ninguém, nem pequenos nem grandes; tão somente os levaram consigo e foram embora. 3 Davi e os seus homens chegaram à cidade, e viram que tinha sido queimada, e que as suas mulheres, os seus filhos e as suas filhas haviam sido levados cativos. 4 Então Davi e o povo que estava com ele ergueram a voz e choraram, até não terem mais forças para chorar. 5 Também as duas mulheres de Davi tinham sido levadas: Ainoã, a jezreelita, e Abigail, a viúva de Nabal, o carmelita. 6 Davi ficou muito angustiado, pois o povo falava de apedrejá-lo, porque todos estavam amargurados, cada um por causa de seus filhos e suas filhas. Mas Davi se reanimou no SENHOR, seu Deus.

Devolva o mal com o bem, e você verá como todos os "Sauls" ficarão perdidos e sem direção.

DAVI LIVRA OS CATIVOS

[7] Davi disse a Abiatar, o sacerdote, filho
de Aimeleque:
— Traga aqui a estola sacerdotal.
E Abiatar a trouxe a Davi. [8] Então Davi con-
sultou o SENHOR, dizendo:
— Devo perseguir esse bando? Consegui-
rei alcançá-lo?
O SENHOR respondeu:
— Persiga o bando, porque você certa-
mente o alcançará e libertará os cativos.
[9] Então Davi partiu, ele e os seiscentos
homens que com ele estavam, e chegaram
ao ribeiro de Besor, onde os retardatários
ficaram. [10] Davi e quatrocentos homens conti-
nuaram a perseguição, mas duzentos ficaram
atrás, por não poderem passar o ribeiro de
Besor, de tão cansados que estavam.
[11] Encontraram no campo um homem
egípcio e o trouxeram a Davi. Deram-lhe pão,
e ele comeu, e deram-lhe água para beber.
[12] Deram-lhe também um pedaço de pasta
de figos secos e dois cachos de passas, e ele
comeu. Assim, recobrou as forças, pois havia
três dias e três noites que não comia pão, nem
bebia água. [13] Então Davi lhe perguntou:
— De quem você é e de onde você vem?
O moço egípcio respondeu:
— Sou servo de um amalequita, e meu
senhor me deixou aqui, porque adoeci há
três dias. [14] Nós invadimos o lado sul dos
queretitas, o território de Judá e o lado sul de
Calebe e pusemos fogo em Ziclague.
[15] Então Davi lhe perguntou:
— Você poderia me levar até esse bando?
Ele respondeu:
— Jure por Deus que não vai me matar,
nem me entregar nas mãos de meu senhor,
e eu o levarei até esse bando.
[16] E ele levou Davi até lá. Eis que os amale-
quitas estavam espalhados por toda a região,
comendo, bebendo e fazendo festa por todo
aquele grande despojo que tomaram da terra
dos filisteus e da terra de Judá. [17] Davi os ata-
cou e lutou contra eles, desde o crepúsculo
até a tarde do dia seguinte, e nenhum deles
escapou, a não ser quatrocentos moços que
montaram em camelos e fugiram. [18] Assim,
Davi salvou tudo o que os amalequitas
tinham levado. Também salvou as suas duas
mulheres. [19] Não lhes faltou coisa alguma,
nem pequena nem grande, nem os filhos,
nem as filhas, nem o despojo, nada do que
lhes haviam tomado: Davi trouxe tudo de
volta. [20] Davi também tomou todas as ove-
lhas e o gado. Então levaram esses animais
diante de Davi e disseram:
— Este é o despojo de Davi.

A LEI A RESPEITO DA DIVISÃO DA PRESA

[21] Quando Davi se aproximou dos duzentos
homens que, de tão cansados que estavam,
não o puderam seguir e ficaram no ribeiro
de Besor, estes saíram ao encontro de Davi
e do povo que vinha com ele. Davi se aproxi-
mou deles e os saudou cordialmente. [22] Então
todos os perversos e malignos, dentre os
homens que tinham ido com Davi, disseram:
— Uma vez que não foram conosco, não
lhes daremos nada do despojo que salva-
mos. Que cada um leve a sua mulher e os
seus filhos e se vá embora.
[23] Porém Davi disse:
— Meus irmãos, não façam isto com o que
o SENHOR nos deu. Ele nos guardou e entregou
em nossas mãos o bando que vinha contra
nós. [24] E quem lhes daria ouvidos nisso? Por-
que a mesma parte que cabe aos que foram
à batalha será também a parte dos que fica-
ram com a bagagem; receberão partes iguais.
[25] E assim, desde aquele dia em diante,
isso foi estabelecido por estatuto e direito
em Israel, até o dia de hoje.
[26] Quando Davi chegou a Ziclague, enviou
parte do despojo aos anciãos de Judá, seus
amigos, dizendo:
— Este é um presente para vocês, tirado
do despojo dos inimigos do SENHOR.
[27] Ele enviou esse presente aos anciãos
de Betel, de Ramote do Neguebe, de Jatir,
[28] de Aroer, de Sifmote, de Estemoa, [29] de
Racal, das cidades dos jerameelitas e dos
queneus, [30] de Horma, de Borasã, de Atace,
[31] de Hebrom e de todos os lugares em que
Davi tinha passado, ele e os seus homens.

A DERROTA DE ISRAEL E A MORTE DE SAUL

1Cr 10.1-7

31 [1] Os filisteus lutaram contra Israel.
E os homens de Israel, fugindo da
presença dos filisteus, caíram mortos no
monte Gilboa. [2] Os filisteus seguiram de

perto Saul e seus filhos e mataram Jôna-
tas, Abinadabe e Malquisua, filhos de Saul.
3 A batalha se intensificou contra Saul. Os
flecheiros o avistaram e ele foi ferido grave-
mente. 4 Então Saul disse ao seu escudeiro:
— Arranque a sua espada e atravesse-
-me com ela, para que não venham esses
incircuncisos, me atravessem com a espada
e zombem de mim.

Mas o seu escudeiro não quis fazer isso,
porque estava com muito medo. Então Saul
pegou a sua própria espada e se lançou
sobre ela. 5 Quando o escudeiro viu que Saul
estava morto, também se lançou sobre a sua
espada e morreu com ele. 6 E assim morre-
ram juntamente naquele dia Saul, os seus
três filhos, o seu escudeiro e todos os seus
soldados. 7 Quando os homens de Israel que
estavam no outro lado do vale e no outro
lado do Jordão viram que o exército de Israel
fugiu e que Saul e seus filhos estavam mor-
tos, abandonaram as cidades e fugiram. E
vieram os filisteus e habitaram nelas.

O SEPULTAMENTO DE SAUL

1Cr 10.8-12

8 E aconteceu que no dia seguinte, quando
os filisteus foram tirar os despojos dos
mortos, encontraram Saul e os seus três
filhos caídos no monte Gilboa. 9 Cortaram
a cabeça de Saul e o despojaram das suas
armas. Enviaram mensageiros pela terra
dos filisteus, ao redor, para levar as boas-
-novas ao templo dos seus ídolos e ao povo.
10 Puseram as armas de Saul no templo de
Astarote, e o seu corpo afixaram na mura-
lha de Bete-Seã.

11 Quando os moradores de Jabes-Gi-
leade ouviram o que os filisteus haviam
feito com Saul, 12 todos os homens valentes
se levantaram, caminharam toda a noite,
tiraram o corpo de Saul e os corpos de seus
filhos da muralha de Bete-Seã e os leva-
ram a Jabes, onde os queimaram. 13 Depois
pegaram os ossos deles e os sepultaram
debaixo de um arvoredo, em Jabes. E jejua-
ram sete dias.

Livro 10 com

2Samuel

24
CAPÍTULOS

SIGNIFICADO DO TÍTULO

O nome "Samuel" vem do hebraico *Shemu'el*, que significa "seu nome é Deus" ou "Deus ouve". Assim como 1Samuel, esse segundo livro recebe o título em memória do profeta responsável em manter a aliança de Deus com Israel na transição dos juízes para a monarquia.

AUTORIA

Não se sabe. Segundo a tradição judaica, o próprio Samuel seria o autor, pelo menos de grande parte do texto, pois 1Samuel 25.1; 28.3 relatam a morte do profeta. Com base em 1Crônicas 29.29, muitos creem que Samuel, Natã e Gade sejam os autores, mas há ainda a teoria de que o autor seja o filho de Natã, Zabude (1Rs 4.5).

OBJETIVO DO LIVRO

2Samuel tem como foco apresentar Davi como o rei teocrático ideal, apesar de seus muitos pecados. O livro apresenta a promessa divina de que a dinastia davídica seria eterna (2Sm 7; Sl 89.34-37), o que se cumpre em Cristo (Is 9.6-7; 11.1-16; Jr 23.5-6; 30.8-9; 33.14-16; Ez 34.23-24; 37.24-25). Também relata as graves falhas de Davi (2Sm 11-12; 24.1-17).

ESTRUTURA DO LIVRO

- ★ Davi governa Judá 2Sm 1—4
- ★ Davi governa todo Israel 2Sm 5
- ★ A arca em Jerusalém 2Sm 6
- ★ Promessa de uma dinastia eterna 2Sm 7
- ★ Vitórias militares de Davi 2Sm 8
- ★ A restituição a Mefibosete 2Sm 9
- ★ Guerra contra os amonitas 2Sm 10
- ★ Adultério com Bate-Seba e homicídio de Urias 2Sm 11—12.25
- ★ Problemas no reinado 2Sm 12.26—20
- ★ Últimos anos 2Sm 21—24

TEMAS DE 2SAMUEL

Assim como 1Samuel, o livro de 2Samuel trata de quatro temas teológicos principais: o governo humano em uma monarquia (Dt 17.14-20; Ex 19.5-6), o Reino de Deus (Mt 2.2; 4.23; 9.35; 21.5; 27.37,42; 1Pe 1.4; 2.9), a soberania do Senhor (1Sm 2.6-7; Sl 33.11; Mt 25.34; Ef 1.4) e a aliança de Deus como meio de cumprimento de seus propósitos (2Sm 7.16).

CRISTO E 2SAMUEL

Três passagens de 2Samuel são essenciais para a compreensão messiânica do Antigo Testamento:

- ★ 2Samuel 7.12-16 - A promessa de Deus a Davi de que um descendente dele ocuparia o trono eternamente.
- ★ 2Samuel 22 - Embora não seja diretamente sobre o Messias, esse capítulo é um cântico de Davi celebrando a salvação de Deus. Muitos paralelos entre esse cântico e as profecias messiânicas são traçados, destacando a figura do Messias como o grande Salvador.
- ★ 2Samuel 23.1-7 - Último cântico de Davi registrado na Bíblia, onde ele fala sobre o Messias como aquele que seria justo e governaria com temor a Deus.

DAVI RECEBE A NOTÍCIA DA MORTE DE SAUL

1 1 Depois da morte de Saul, quando Davi
tinha voltado de derrotar os amalequitas
e já estava dois dias em Ziclague, 2 aconte-
ceu que, no terceiro dia, veio do arraial de
Saul um homem com as roupas rasgadas
e terra sobre a cabeça. Ao chegar diante de
Davi, ele se inclinou, prostrando-se em terra.
3 Davi lhe perguntou:
— De onde você vem?
Ele respondeu:
— Fugi do arraial de Israel.
4 Então Davi disse:
— Como foi isso? Conte-me o que aconteceu.
O moço respondeu:
— O povo fugiu da batalha, e muitos fo-
ram mortos. Saul e seu filho Jônatas tam-
bém morreram.
5 Davi perguntou ao moço que lhe trazia
as notícias:
— Como você sabe que Saul e Jônatas, seu
filho, estão mortos?
6 Então o moço portador das notícias disse:
— Cheguei, por acaso, ao monte Gilboa, e
eis que Saul estava apoiado sobre a sua lança.
E os carros de guerra e a cavalaria se aproxi-
mavam dele. 7 Olhando ele para trás, me viu
e me chamou. Eu disse: "Eis-me aqui." 8 Ele
me perguntou: "Quem é você?" Eu respondi:
"Eu sou amalequita." 9 Então ele me disse:
"Venha aqui e me mate, pois me sinto vencido
de cãibra, embora ainda esteja bem lúcido."
10 Então me aproximei dele e o matei, por-
que eu sabia que ele não viveria depois de ter
caído. Peguei a coroa que ele tinha na cabeça
e o bracelete e os trouxe aqui ao meu senhor.

DAVI MANDA MATAR O AMALEQUITA

11 Então Davi rasgou as suas próprias rou-
pas, e todos os homens que estavam com ele
fizeram o mesmo. 12 Prantearam, choraram
e jejuaram até a tarde por Saul, por Jônatas,
seu filho, pelo povo do SENHOR e pela casa
de Israel, porque tinham caído à espada.
13 Então Davi perguntou ao moço portador
das notícias:
— De onde você é?
Ele respondeu:
— Sou filho de um homem estrangeiro,
amalequita.
14 Davi lhe disse:
— Como você não temeu estender a mão
para matar o ungido do SENHOR?
15 Então Davi chamou um dos moços e
lhe disse:
— Vá até lá e mate-o.
Ele foi e o matou, 16 enquanto Davi dizia:
— O seu sangue caia sobre a sua cabeça,
porque a sua própria boca testificou contra
você, dizendo: "Matei o ungido do SENHOR."

A LAMENTAÇÃO DE DAVI POR SAUL E JÔNATAS

17 Davi pranteou Saul e seu filho Jônatas
com esta lamentação. 18 E ele ordenou que
se ensinasse aos filhos de Judá o Hino ao
Arco, que está escrito no Livro dos Justos.

19 "A sua glória, ó Israel,
foi morta sobre os seus montes!
Como caíram os valentes!
20 Não anunciem isso em Gate,
nem o publiquem
nas ruas de Asquelom,
para que não se alegrem
as filhas dos filisteus,
nem saltem de contentamento
as filhas dos incircuncisos.
21 Montes de Gilboa,
que sobre vocês não caia
nem orvalho, nem chuva,
nem haja aí campos
que produzam ofertas,
pois neles foi profanado
o escudo dos valentes,
o escudo de Saul,
que nunca mais será ungido com óleo.
22 Sem sangue dos feridos,
sem gordura dos valentes,
nunca se recolheu o arco de Jônatas,
nem voltou vazia a espada de Saul.
23 Saul e Jônatas,
queridos e amáveis,
nem na vida nem na morte
se separaram!
Eram mais ligeiros do que as águias,
mais fortes do que os leões."

24 "Filhas de Israel, chorem por Saul!
Ele as vestia de rico escarlate,
e enfeitava com ouro
as roupas de vocês.

[25] Como caíram os valentes
no meio da batalha!
Jônatas sobre os montes foi morto!
[26] Estou angustiado por sua causa,
meu irmão Jônatas;
você era amabilíssimo
para comigo!
Excepcional era o seu amor,
ultrapassando
o amor de mulheres.
[27] Como caíram os valentes,
e pereceram as armas de guerra!"

DAVI É UNGIDO REI DE JUDÁ

2 [1] Depois disto, Davi consultou o SENHOR,
dizendo:
— Devo ir a alguma das cidades de Judá?
E o SENHOR respondeu:
— Vá, sim.
Davi perguntou:
— Para onde devo ir?
O SENHOR respondeu:
— Para Hebrom.
[2] Davi foi para lá, levando consigo as suas
duas mulheres, Ainoã, a jezreelita, e Abigail,
a viúva de Nabal, o carmelita. [3] Davi levou
também os homens que estavam com ele,
cada um com a sua família, e eles ficaram
morando nas aldeias de Hebrom. [4] Então
vieram os homens de Judá e ali ungiram
Davi rei sobre a casa de Judá.

E informaram a Davi que os homens
de Jabes-Gileade tinham sepultado Saul.
[5] Então Davi enviou mensageiros aos
homens de Jabes-Gileade para dizer-lhes:
— Benditos do SENHOR sejam vocês, por
este ato de bondade para com o seu senhor,
para com Saul, pois vocês o sepultaram! [6] E
agora que o SENHOR use de misericórdia e
fidelidade para com vocês. E eu também os
tratarei bem por causa do que vocês fizeram.
[7] E agora sejam fortes e valentes, porque
Saul, o senhor de vocês, está morto, e os da
casa de Judá me ungiram para ser o seu rei.

ABNER FAZ ISBOSETE REI DE ISRAEL

[8] Abner, filho de Ner, capitão do exér-
cito de Saul, levou Isbosete, filho de Saul,
para Maanaim, [9] e o constituiu rei sobre
Gileade, sobre os assuritas, sobre Jezreel,
Efraim, Benjamim e sobre todo o Israel.
[10] Isbosete, filho de Saul, tinha quarenta
anos de idade quando começou a reinar
sobre Israel, e reinou dois anos. Somente
a casa de Judá seguia Davi. [11] O tempo que
Davi reinou em Hebrom sobre a casa de
Judá foram sete anos e seis meses.

VITÓRIA DE DAVI SOBRE ISBOSETE

[12] Abner, filho de Ner, e os homens de Isbo-
sete, filho de Saul, saíram de Maanaim e
foram para Gibeão. [13] Joabe, filho de Zeruia,
e os servos de Davi também saíram, e os
dois grupos se encontraram perto da cis-
terna de Gibeão. Um grupo parou do lado
de cá da cisterna, e o outro, do lado de lá.
[14] Então Abner disse a Joabe:
— Que os moços se levantem e lutem
diante de nós.
Joabe respondeu:
— Está bem!
[15] Então se levantaram e avançaram em
igual número: doze de Benjamim, da parte de
Isbosete, filho de Saul, e doze dos homens de
Davi. [16] Cada um pegou o seu adversário pela
cabeça, meteu-lhe a espada no lado, e caí-
ram mortos juntos. Por isso aquele lugar foi
chamado de Campo das Espadas. Fica perto
de Gibeão. [17] Houve um combate intenso
naquele dia, e Abner e os homens de Israel
foram derrotados pelos homens de Davi.
[18] Estavam ali os três filhos de Zeruia:
Joabe, Abisai e Asael. Asael, que era ligeiro
como uma gazela selvagem, [19] perseguiu
Abner e, na sua perseguição, não se desviou
nem para a direita nem para a esquerda.
[20] Então Abner olhou para trás e perguntou:
— É você, Asael?
Ele respondeu:
— Sou eu mesmo.
[21] Então Abner disse:
— Desvie-se para a direita ou para a
esquerda, agarre um dos soldados e pegue
a armadura dele.
Porém Asael não desistiu de perseguir
Abner. [22] Então Abner disse mais uma vez:
— Pare de me perseguir! Do contrário, vou
ter de matá-lo. E, depois, como poderia eu
olhar no rosto de seu irmão Joabe?
[23] Como Asael não quis deixar de per-
segui-lo, Abner o feriu na barriga com a
extremidade inferior da lança, que lhe saiu
pelas costas. Asael caiu e morreu ali mesmo.

Todos os que chegavam ao lugar em que
Asael tinha caído morto paravam.
24 Porém Joabe e Abisai perseguiram
Abner. O sol se pôs quando eles chega-
ram à colina de Amá, que está em frente
de Giá, no caminho do deserto de Gibeão.
25 Os filhos de Benjamim se reuniram em
volta de Abner, formando uma só tropa, e
se puseram no alto de uma colina. 26 Então
Abner gritou para Joabe:

— Será que a espada vai consumir para
sempre? Você não sabe que serão amargas
as suas consequências? Até quando você
vai esperar para ordenar ao povo que deixe
de perseguir os seus irmãos?

27 Joabe respondeu:

— Tão certo como vive Deus, se você não
tivesse falado, só amanhã cedo o povo ces-
saria de perseguir cada um o seu irmão.

28 Então Joabe tocou a trombeta, e todo
o povo parou, e eles não perseguiram
mais Israel e a luta acabou. 29 Abner e seus
homens marcharam toda aquela noite pela
planície. Passaram o Jordão e, caminhando
toda a manhã, chegaram a Maanaim.
30 Joabe deixou de perseguir Abner. E, tendo
reunido todo o povo, verificou que faltavam
dezenove dos homens de Davi, além de
Asael. 31 Porém os servos de Davi tinham
matado, dentre os de Benjamim e dentre
os soldados de Abner, trezentos e sessenta
homens. 32 Levaram Asael e o sepultaram no
túmulo de seu pai, em Belém. Joabe e seus
homens caminharam toda aquela noite, e,
ao amanhecer, chegaram a Hebrom.

3 1 Durou muito tempo a guerra entre a
casa de Saul e a casa de Davi. Davi se
fortalecia cada vez mais, enquanto a casa
de Saul se enfraquecia.

FILHOS DE DAVI QUE NASCERAM EM HEBROM

1Cr 3.1-4

2 Em Hebrom, nasceram filhos a Davi. O
primogênito foi Amnom, de Ainoã, a jezree-
lita. 3 O segundo foi Quileabe, de Abigail,
viúva de Nabal, o carmelita. O terceiro foi
Absalão, filho de Maaca, filha de Talmai, rei
de Gesur. 4 O quarto foi Adonias, filho de
Hagite. O quinto foi Sefatias, filho de Abital.
5 O sexto foi Itreão, de Eglá, mulher de Davi.
Estes filhos de Davi nasceram em Hebrom.

ABNER FAZ ALIANÇA COM DAVI

6 Enquanto durou a guerra entre a casa de
Saul e a casa de Davi, Abner se tornava cada
vez mais poderoso na casa de Saul.
7 Saul teve uma concubina chamada Rispa,
filha de Aiá. Isbosete perguntou a Abner:

— Por que você teve relações com a
concubina de meu pai?

8 Abner ficou indignado com as palavras
de Isbosete e disse:

— Sou eu um cão a serviço de Judá?
Ainda hoje sou fiel à casa de Saul, seu pai,
e aos irmãos e amigos dele e não entre-
guei você nas mãos de Davi. No entanto,
hoje você quer me culpar por causa dessa
mulher! 9 Que Deus me castigue se eu não
fizer por Davi o que o Senhor lhe prome-
teu, 10 transferindo o reino da casa de Saul
e estabelecendo o trono de Davi sobre Israel
e sobre Judá, desde Dã até Berseba.

11 E Isbosete não pôde dizer nada a Abner,
porque tinha medo dele. 12 Então Abner
enviou mensageiros a Davi, dizendo:

— De quem é a terra? Faça uma aliança
comigo, e eu o ajudarei a fazer com que todo
o Israel se junte a você.

13 Davi respondeu:

— Muito bem. Farei uma aliança com você,
porém uma coisa exijo: quando vier falar
comigo, você não verá a minha face, se pri-
meiro não me trouxer Mical, filha de Saul.
14 Davi também enviou mensageiros a
Isbosete, filho de Saul, dizendo:

— Dê-me de volta a minha mulher Mical.
Para poder casar com ela dei como paga-
mento cem prepúcios de filisteus.

15 Então Isbosete mandou tirá-la do seu
marido Paltiel, filho de Laís. 16 Seu marido a
acompanhou, caminhando e chorando atrás
dela, até Baurim. Então Abner disse a ele:

— Agora vá e volte para casa.

E ele voltou.

17 Abner falou com os anciãos de Israel, di-
zendo:

— No passado, vocês queriam que Davi
reinasse sobre vocês. 18 Façam isto agora,
porque o Senhor falou a Davi, dizendo: "Por
meio de Davi, meu servo, livrarei o meu
povo das mãos dos filisteus e das mãos de
todos os seus inimigos."
19 Abner falou também com a tribo de
Benjamim. E então ele foi dizer a Davi, em

Hebrom, tudo o que agradava a Israel e a
toda a casa de Benjamim.
20 Abner foi falar com Davi, em Hebrom,
e vinte homens estavam com ele. Davi ofe-
receu um banquete a Abner e aos homens
que tinham vindo com ele. 21 Então Abner
disse a Davi:
— Eu me levantarei e irei para ajuntar todo
o Israel ao rei, meu senhor, para fazerem
aliança com o rei. E meu senhor reinará
sobre tudo o que quiser.
Então Davi deixou que Abner partisse, e
ele se foi em paz.

JOABE MATA ABNER

22 Eis que os servos de Davi e Joabe vieram
de uma investida e traziam consigo grande
despojo. Mas Abner já não estava com Davi,
em Hebrom, porque este o havia deixado ir
embora, e ele tinha ido em paz. 23 Quando
Joabe chegou com toda a tropa que estava
com ele, disseram-lhe:
— Abner, filho de Ner, veio falar com o rei,
que deixou que ele fosse embora em paz.
24 Então Joabe foi falar com o rei e lhe disse:
— O que foi que o senhor fez? Eis que
Abner esteve aqui e o senhor o deixou ir
embora. Agora ele se foi! 25 O senhor bem
conhece Abner, filho de Ner. Veio para enga-
ná-lo, para observar os seus movimentos e
sondar todos os seus planos.
26 Ao sair da presença de Davi, Joabe
enviou mensageiros atrás de Abner, e eles o
trouxeram de volta desde a cisterna de Sirá,
sem que Davi o soubesse. 27 Quando Abner
voltou a Hebrom, Joabe o levou para um
lado, no interior do portão da cidade,
para lhe falar em segredo, e ali o feriu na
barriga. E assim Abner morreu, por ter der-
ramado o sangue de Asael, irmão de Joabe.
28 Depois, quando Davi ficou sabendo, disse:
— Eu e o meu reino somos inocentes
diante do Senhor, para sempre, do sangue de
Abner, filho de Ner. 29 Que este sangue caia
sobre a cabeça de Joabe e sobre toda a casa
de seu pai! Que nunca falte na casa de Joabe
quem tenha fluxo, quem seja leproso, quem
se apoie em muleta, quem caia à espada,
quem necessite de pão.
30 Assim, Joabe e seu irmão Abisai mata-
ram Abner, porque este tinha matado Asael,
o irmão deles, na batalha de Gibeão.

DAVI LAMENTA A MORTE DE ABNER

31 Então Davi disse a Joabe e a todo o povo
que estava com ele:
— Rasguem as suas roupas, vistam-se de
panos de saco e façam lamentação por Abner.
E o próprio rei Davi ia seguindo o caixão.
32 Sepultaram Abner em Hebrom. O rei
levantou a voz e chorou junto à sepultura
de Abner. E todo o povo também chorou. 33 E
o rei fez a seguinte lamentação por Abner:

"Por que Abner teve de morrer
como se fosse um tolo?
34 As suas mãos não estavam atadas,
nem estavam acorrentados
os seus pés.
Você caiu como quem cai
diante dos filhos da maldade!"

E todo o povo chorou muito mais por ele.
35 Então todo o povo veio fazer com que
Davi comesse pão, sendo ainda dia. Mas
Davi fez este juramento:
— Que Deus me castigue severamente se
eu provar pão ou qualquer outra coisa antes
que o sol se ponha.
36 Todo o povo notou isso e aprovou essa
atitude, assim como aprovava tudo o que o
rei fazia. 37 Naquele dia, todo o povo e todo o
Israel ficaram sabendo que o rei não tinha
nada a ver com a morte de Abner, filho de
Ner. 38 Então o rei disse aos seus servos:
— Saibam que hoje caiu em Israel um
príncipe e um grande homem. 39 Hoje sou
fraco, embora ungido rei. Esses homens, os
filhos de Zeruia, são mais fortes do que eu.
Que o Senhor retribua ao que fez esse mal
como ele merece.

ISBOSETE É MORTO

4 1 Quando Isbosete, o filho de Saul, soube
que Abner tinha sido morto em Hebrom,
as suas mãos desfaleceram; e todo o Israel
ficou consternado. 2 Esse filho de Saul
tinha a seu serviço dois homens, capitães
de tropas. Um se chamava Baaná e o outro,
Recabe. Eram filhos de Rimom, o beerotita,
dos filhos de Benjamim, porque também
a cidade de Beerote era considerada como
pertencente a Benjamim. 3 Os beerotitas
tinham fugido para Gitaim e ali vivem como
estrangeiros até o dia de hoje.

4 Jônatas, filho de Saul, tinha um filho aleijado dos pés. Ele tinha cinco anos de idade quando de Jezreel chegaram as notícias da morte de Saul e de Jônatas. Então sua ama o pegou e fugiu. Aconteceu que, apressando-se ela a fugir, ele caiu e ficou manco. Seu nome era Mefibosete.

5 Recabe e Baaná, filhos de Rimom, beerotita, chegaram à casa de Isbosete, no maior calor do dia, estando este a dormir, ao meio-dia. 6 Ali, entraram para o interior da casa, como que vindo buscar trigo, e o feriram na barriga. Depois, Recabe e Baaná, seu irmão, fugiram. 7 Eles tinham entrado na casa enquanto Isbosete estava deitado em sua cama, no quarto de dormir, feriram-no e o mataram. Depois cortaram a cabeça dele e a levaram, andando toda a noite pelo caminho da planície. 8 Levaram a cabeça de Isbosete ao rei Davi, em Hebrom, e lhe disseram:

— Aqui está a cabeça de Isbosete, filho de seu inimigo Saul, que queria matá-lo. Assim, hoje o Senhor Deus vingou o rei, meu senhor, de Saul e da sua descendência.

9 Porém Davi respondeu a Recabe e a Baaná, seu irmão, filhos de Rimom, o beerotita, dizendo:

— Tão certo como vive o Senhor, que remiu a minha alma de toda a angústia, 10 quando alguém me trouxe a notícia de que Saul estava morto, pensando que me trazia uma boa notícia, como recompensa eu o agarrei e matei em Ziclague. 11 Muito mais agora que homens perversos mataram um homem justo em sua casa, deitado no seu leito, será que eu não requereria o sangue dele das mãos de vocês e não os exterminaria da face da terra?

12 Então Davi deu ordem aos seus moços e eles mataram Recabe e Baaná. Depois, cortaram as mãos e os pés deles, e os penduraram junto à cisterna em Hebrom. Porém pegaram a cabeça de Isbosete e a sepultaram no túmulo de Abner, em Hebrom.

DAVI É UNGIDO REI DE TODO O ISRAEL

1Cr 11.1-3

5 1 Então todas as tribos de Israel vieram a Davi, em Hebrom, e disseram:

— Veja, somos do mesmo povo que o senhor, ó rei. 2 No passado, quando Saul ainda era rei sobre nós, era o senhor quem fazia entradas e saídas militares com Israel. Também o Senhor Deus lhe disse: "Você apascentará o meu povo de Israel e será príncipe sobre Israel."

3 Assim todos os anciãos de Israel foram falar com o rei, em Hebrom. E o rei Davi fez com eles uma aliança em Hebrom, diante do Senhor. E eles ungiram Davi rei sobre Israel.

4 Davi tinha trinta anos de idade quando começou a reinar; e reinou durante quarenta anos. 5 Em Hebrom, reinou sobre Judá sete anos e seis meses; em Jerusalém, reinou trinta e três anos sobre todo o Israel e Judá.

DAVI CONQUISTA SIÃO

1Cr 11.4-9

6 O rei Davi partiu com os seus homens para Jerusalém, para atacar os jebuseus que moravam naquela terra. Os jebuseus disseram a Davi:

— Você não entrará aqui. Até os cegos e os coxos poderão impedi-lo de entrar.

Com isto queriam dizer: "Davi não entrará neste lugar." 7 Porém Davi tomou a fortaleza de Sião, isto é, a Cidade de Davi. 8 Davi, naquele dia, mandou dizer:

— Todo o que está disposto a atacar os jebuseus suba pelo canal subterrâneo e ataque os cegos e os coxos, a quem a alma de Davi odeia.

Por isso se diz: "Nem cego nem coxo entrará na casa." 9 Assim, Davi morou na fortaleza e a chamou de Cidade de Davi. Ele foi edificando ao redor, desde Milo e para dentro. 10 Davi ia crescendo em poder cada vez mais, porque o Senhor, o Deus dos Exércitos, estava com ele.

O REINADO DE DAVI É RECONHECIDO POR HIRÃO

1Cr 14.1-2

11 Hirão, rei de Tiro, enviou a Davi mensageiros, madeira de cedro, carpinteiros e pedreiros; estes construíram um palácio para Davi. 12 Então Davi reconheceu que o Senhor o havia confirmado como rei sobre Israel e que tinha exaltado o seu reino por amor do seu povo de Israel.

FILHOS DE DAVI QUE NASCERAM EM JERUSALÉM

1Cr 3.5-9; 14.3-7

13 Davi tomou mais concubinas e mulheres de Jerusalém, depois que tinha vindo de Hebrom, e nasceram-lhe mais filhos e filhas.

14 São estes os nomes dos filhos de Davi que
nasceram em Jerusalém: Samua, Sobabe,
Natã, Salomão, 15 Ibar, Elisua, Nefegue, Jafia,
16 Elisama, Eliada e Elifelete.

DAVI DERROTA OS FILISTEUS

1Cr 14.8-16

17 Quando os filisteus ouviram que Davi
tinha sido ungido rei sobre Israel, subiram
todos para prendê-lo. Quando soube disso,
Davi desceu para a fortaleza. 18 Mas os filisteus
vieram e se espalharam pelo vale dos Refains.
19 Então Davi consultou o SENHOR, dizendo:

— Devo atacar os filisteus? Tu os entregarás nas minhas mãos?

O SENHOR respondeu:

— Vá, porque certamente entregarei os filisteus nas suas mãos.

20 Então Davi foi até Baal-Perazim e os der-
rotou ali. E disse:

— O SENHOR rompeu as fileiras inimigas diante de mim, como as águas rompem barreiras.

Por isso, chamou aquele lugar de Baal-Pera-
zim. 21 Os filisteus deixaram lá os seus ídolos,
e Davi e os seus homens os levaram embora.
22 Os filisteus tornaram a subir e se
espalharam pelo vale dos Refains. 23 Davi
consultou o SENHOR, e este lhe respondeu:

— Não os ataque de frente, mas rodeie
por detrás deles e ataque-os por diante das
amoreiras. 24 E, quando você ouvir um baru-
lho de marcha pelas copas das amoreiras,
entre logo em ação: é o SENHOR que saiu à sua
frente, para atacar o exército dos filisteus.

25 Davi fez como o SENHOR lhe havia ordenado, e atacou os filisteus desde Geba até Gezer.

A ARCA É LEVADA PARA JERUSALÉM

1Cr 13.5—16.3

6 1 Mais uma vez Davi reuniu todos os esco-
lhidos de Israel, em número de trinta mil.
2 Davi se levantou e, com todo o povo que
tinha consigo, partiu para Baalá de Judá, para
de lá trazer a arca de Deus, diante da qual se
invoca o Nome, o nome do SENHOR dos Exér-
citos, que se assenta acima dos querubins.
3 Puseram a arca de Deus numa carroça nova
e a levaram da casa de Abinadabe, que ficava
numa colina. Uzá e Aiô, filhos de Abina-
dabe, conduziam aquela carroça. 4 Levaram
a carroça com a arca de Deus da casa de Abi-
nadabe, que ficava na colina; e Aiô ia adiante
da arca. 5 Davi e toda a casa de Israel se ale-
gravam diante do SENHOR, com todo tipo de
instrumentos de madeira de faia, com har-
pas, liras, tamborins, pandeiros e címbalos.
6 Quando chegaram à eira de Nacom, Uzá
estendeu a mão para segurar a arca de Deus,
porque os bois tropeçaram. 7 Então a ira do
SENHOR se acendeu contra Uzá, e Deus o feriu
ali por esta irreverência. E Uzá morreu ali,
ao lado da arca de Deus. 8 Davi ficou irado,
porque o SENHOR havia irrompido contra Uzá,
e chamou aquele lugar de Perez-Uzá, até o
dia de hoje. 9 Naquele dia, Davi teve medo
do SENHOR e disse:

— Como poderei levar comigo a arca do SENHOR?

10 Davi não quis levar a arca do SENHOR para
junto de si, na Cidade de Davi, mas fez com
que fosse levada para a casa de Obede-Edom,
o geteu. 11 Assim, a arca do SENHOR ficou na casa
de Obede-Edom, o geteu, durante três meses,
e o SENHOR o abençoou e a toda a sua casa.
12 Avisaram o rei Davi, dizendo:

— O SENHOR abençoou a casa de Obede-Edom e tudo o que ele tem, por causa da arca de Deus.

Então Davi foi e, com alegria, trouxe a arca
de Deus da casa de Obede-Edom à Cidade
de Davi. 13 Quando os que levavam a arca do
SENHOR tinham dado seis passos, Davi sacri-
ficava um boi e um animal gordo. 14 Davi
dançava com todas as suas forças diante
do SENHOR; ele estava cingido de uma estola
sacerdotal de linho. 15 Assim, Davi, com todo
o Israel, levou a arca do SENHOR, com júbilo
e ao som de trombetas.
16 Quando a arca do SENHOR estava entran-
do na Cidade de Davi, Mical, filha de Saul,
olhou pela janela. E, ao ver o rei Davi, que ia
saltando e dançando diante do SENHOR, ela o
desprezou em seu coração.
17 Levaram a arca do SENHOR e a puseram
no seu lugar, no meio da tenda que Davi
tinha preparado para ela. Então Davi trouxe
holocaustos e ofertas pacíficas diante do
SENHOR. 18 Depois de trazer os holocaustos e
as ofertas pacíficas, Davi abençoou o povo
em nome do SENHOR dos Exércitos. 19 E repar-
tiu a todo o povo e a toda a multidão de
Israel, tanto homens como mulheres, a cada

A rejeição alcançou o coração de Davi, mas não teve o poder de paralisar seus pés.

um, um bolo de pão, um bom pedaço de
carne e passas. Então todo o povo se reti-
rou, cada um para a sua casa.

MICAL É REPREENDIDA POR DAVI

20 Quando Davi regressou para abençoar
a sua casa, Mical, filha de Saul, saiu ao seu
encontro e lhe disse:
— Que bela figura fez o rei de Israel no dia
de hoje, descobrindo-se diante das servas
de seus servos, como se descobre um sem-
-vergonha qualquer!
21 Mas Davi disse a Mical:
— Eu fiz isso diante do SENHOR, que me esco-
lheu em lugar de seu pai e de toda a casa
dele, ordenando que eu fosse príncipe sobre
o povo do SENHOR, sobre Israel. Foi diante do
SENHOR que me alegrei. 22 E me farei ainda
mais desprezível e me humilharei aos meus
próprios olhos. Quanto às servas, de quem
você falou, serei honrado por elas.
23 Mical, filha de Saul, não teve filhos, até
o dia da sua morte.

A ALIANÇA DO SENHOR COM DAVI

1Cr 17.1-15

7 1 E aconteceu que, quando o rei Davi já
morava em seu palácio, pois o SENHOR lhe
tinha dado descanso de todos os seus ini-
migos ao redor, 2 o rei disse ao profeta Natã:
— Veja! Estou morando num palácio feito
de cedro, mas a arca de Deus se encontra
numa tenda.
3 Então Natã disse ao rei:
— Vá e faça tudo o que estiver em seu cora-
ção, porque o SENHOR está com você.
4 Porém, naquela mesma noite, a palavra
do SENHOR veio a Natã, dizendo:
5 — Vá e diga ao meu servo Davi: Assim
diz o SENHOR: "Você quer edificar um tem-
plo para minha habitação? 6 Desde o dia em
que tirei os filhos de Israel do Egito até o dia
de hoje, não habitei em nenhum templo,
mas tenho andado em tenda, em taber-
náculo. 7 Em todos os lugares em que andei
com todos os filhos de Israel, por acaso falei
alguma palavra com qualquer das suas tri-
bos, a quem mandei apascentar o meu povo
de Israel, dizendo: 'Por que vocês não cons-
truíram um templo de cedro para mim?'"
8 — Agora diga ao meu servo Davi: Assim
diz o SENHOR dos Exércitos: "Eu tirei você das
pastagens e do trabalho de andar atrás das ove-
lhas, para que você fosse príncipe sobre o meu
povo, sobre Israel. 9 Estive com você por onde
quer que você andou e eliminei todos os seus
inimigos diante de você. Engrandecerei o seu
nome, como só os grandes têm na terra. 10 Pre-
pararei um lugar para o meu povo, para Israel,
e o plantarei para que habite no seu lugar e
não seja mais perturbado. E jamais os filhos
da perversidade o afligirão, como no passado,
11 desde o dia em que mandei que houvesse
juízes sobre o meu povo de Israel. Eu lhe darei
descanso de todos os seus inimigos. O SENHOR
também lhe faz saber que ele, o SENHOR, fará
uma casa para você. 12 Quando os seus dias se
completarem e você descansar com os seus
pais, então farei surgir depois de você o seu
descendente, que procederá de você, e estabe-
lecerei o seu reino. 13 Este edificará um templo
ao meu nome, e eu estabelecerei para sempre
o trono do seu reino. 14 Eu lhe serei por pai,
e ele me será por filho. Se vier a transgredir,
eu o castigarei com varas de homens e com
açoites de filhos de homens. 15 Mas a minha
misericórdia não se afastará dele, como a reti-
rei de Saul, a quem tirei de diante de você.
16 Quanto a você, a sua casa e o seu reino
serão firmados para sempre diante de mim;
o seu trono será estabelecido para sempre."
17 Segundo todas estas palavras e con-
forme toda esta visão, assim Natã falou
com Davi.

ORAÇÃO DE AGRADECIMENTO DE DAVI

1Cr 17.16-27

18 Então o rei Davi se pôs diante do SENHOR
e disse:
— Quem sou eu, Senhor DEUS, e qual é a
minha casa, para que me tenhas trazido até
aqui? 19 E como se isto ainda fosse pouco aos
teus olhos, Senhor DEUS, também falaste a
respeito da casa de teu servo para tempos
distantes; e isto é instrução para toda a huma-
nidade, ó Senhor DEUS. 20 Que mais ainda te
poderá dizer Davi? Pois tu conheces bem
o teu servo, ó Senhor DEUS. 21 Por causa da
tua palavra e segundo o teu coração, fizeste
toda esta grandeza, dando-a a conhecer a teu
servo. 22 Portanto, grandioso és tu, ó Senhor
DEUS, porque não há ninguém semelhante a
ti, e não há outro Deus além de ti, segundo

tudo o que nós mesmos temos ouvido.
23 Quem há como o teu povo, como Israel,
gente única na terra, a quem Deus foi resgatar
para ser o seu povo? Fizeste para ti mesmo
um nome e fizeste por teu povo estas grandes
e tremendas coisas, para a tua terra, diante do
teu povo, que resgataste do Egito, desterrando
as nações e os seus deuses. 24 Estabeleceste
o teu povo de Israel por teu povo para sempre
e tu, ó SENHOR, te fizeste o seu Deus.

25 — E agora, SENHOR Deus, quanto a esta
palavra que disseste a respeito de teu servo
e a respeito da sua casa, confirma-a para
sempre; e faze como falaste. 26 Seja para
sempre engrandecido o teu nome, e que se
diga: "O SENHOR dos Exércitos é Deus sobre
Israel!" E a casa de Davi, teu servo, será esta-
belecida diante de ti. 27 Pois tu, ó SENHOR dos
Exércitos, Deus de Israel, fizeste ao teu servo
esta revelação, dizendo: "Edificarei uma casa
para você." Por isso, o teu servo se animou
para fazer-te esta oração.

28 — Agora, pois, ó Senhor DEUS, tu mesmo
és Deus, e as tuas palavras são verdade, e
tens prometido ao teu servo este bem.
29 Queiras, agora, abençoar a casa do teu
servo, a fim de permanecer para sempre
diante de ti, pois tu, ó Senhor DEUS, o dis-
seste; e, com a tua bênção, a casa do teu
servo será abençoada para sempre.

DIVERSAS VITÓRIAS DE DAVI

1Cr 18.1-13

8 1 Depois disso, Davi atacou os filisteus,
derrotou-os e tomou das mãos deles o
controle daquela região. 2 Também derrotou
os moabitas. Fez com que se deitassem no
chão e os mediu com uma corda: os que fica-
ram dentro de duas medidas foram mortos,
e os que ficaram dentro da terceira medida
foram deixados com vida. Assim, os moabi-
tas se tornaram servos de Davi e lhe pagavam
tributo. 3 Davi também derrotou Hadadezer,
filho de Reobe, rei de Zobá, quando aquele
foi restabelecer o seu domínio sobre o rio
Eufrates. 4 Davi tomou-lhe mil e setecentos
cavaleiros e vinte mil soldados de infantaria.
Mutilou todos os cavalos dos carros de guerra,
com exceção dos que puxavam cem deles.

5 Os sírios de Damasco foram socorrer
Hadadezer, rei de Zobá, mas Davi matou
vinte e dois mil deles. 6 Davi pôs guarnições
na Síria de Damasco, e os sírios se torna-
ram servos de Davi e lhe pagavam tributo.
E o SENHOR dava vitórias a Davi por onde
quer que ele ia. 7 Davi tomou os escudos
de ouro que eram usados pelos oficiais de
Hadadezer e os trouxe a Jerusalém. 8 De Betá
e Berotai, cidades de Hadadezer, o rei Davi
tomou grande quantidade de bronze.

9 Quando Toí, rei de Hamate, soube que
Davi tinha derrotado todo o exército de
Hadadezer, 10 mandou seu filho Jorão ao rei
Davi, para o saudar e cumprimentá-lo por
ter lutado contra Hadadezer e por havê-lo
vencido. Acontece que Hadadezer de contí-
nuo fazia guerra a Toí. Jorão trouxe consigo
objetos de prata, de ouro e de bronze, 11 que
o rei Davi consagrou ao SENHOR, juntamente
com a prata e o ouro que já havia consagrado
de todas as nações que havia subjugado:
12 da Síria, de Moabe, dos filhos de Amom,
dos filisteus, de Amaleque e dos despojos
de Hadadezer, filho de Reobe, rei de Zobá.
13 Davi ficou ainda mais famoso quando, ao
voltar do ataque aos sírios, matou dezoito mil
homens no vale do Sal. 14 Pôs guarnições em
todo o Edom, e todos os edomitas se torna-
ram servos de Davi. E o SENHOR dava vitórias
a Davi por onde quer que ele ia.

OFICIAIS DE DAVI

2Sm 21.17 2Sm 20.23-26; 1Cr 18.14-17

15 Davi reinou sobre todo o Israel; julgava
e fazia justiça a todo o seu povo. 16 Joabe,
filho de Zeruia, era comandante do exército;
Josafá, filho de Ailude, era cronista. 17 Zado-
que, filho de Aitube, e Aimeleque, filho de
Abiatar, eram sacerdotes, e Seraías, escrivão.
18 Benaia, filho de Joiada, era o comandante
da guarda real. Os filhos de Davi, porém,
eram seus ministros.

DAVI E O FILHO DE JÔNATAS

9 1 Um dia Davi perguntou:
— Será que resta ainda alguém da famí-
lia de Saul, para que eu use de bondade para
com ele, por causa de Jônatas?

2 Havia um servo na casa de Saul cujo
nome era Ziba. Chamaram-no, pedindo
que viesse falar com Davi. O rei perguntou:
— Você é Ziba?
Ele respondeu:
— Sou eu mesmo, seu servo.

3 Então Davi perguntou:
— Existe mais alguém da família de
Saul para que eu use da bondade de Deus
para com ele?
Ziba respondeu:
— Ainda existe um filho de Jônatas, alei-
jado de ambos os pés.
Então o rei perguntou:
4 — E onde está ele?
Ziba respondeu:
— Ele está na casa de Maquir, filho de
Amiel, em Lo-Debar.
5 Então o rei Davi mandou trazê-lo de
Lo-Debar, da casa de Maquir, filho de Amiel.
6 Quando Mefibosete, filho de Jônatas,
filho de Saul, chegou diante de Davi, incli-
nou-se, prostrando-se com o rosto em terra.
Davi disse:
— Mefibosete!
Ele respondeu:
— Aqui estou. Às suas ordens!
7 Então Davi lhe disse:
— Não tenha medo, porque serei bondoso
com você por causa de Jônatas, seu pai. Vou
restituir a você todas as terras de Saul, seu
pai, e você sentará sempre à minha mesa
para comer.
8 Então Mefibosete se inclinou e disse:
— Quem é este seu servo, para que o
meu senhor tenha olhado para um cão
morto como eu?
9 Então Davi chamou Ziba, servo de Saul,
e lhe disse:
— Tudo o que pertencia a Saul e a toda
a casa dele eu dei ao neto de seu senhor.
10 Você, os seus filhos e os seus servos cultiva-
rão a terra para ele e recolherão os frutos, para
que a casa de seu senhor tenha o que comer.
Porém Mefibosete, neto de seu senhor, sen-
tará sempre à minha mesa para comer.
Ziba tinha quinze filhos e vinte servos.
11 Ziba disse ao rei:
— Farei tudo o que o rei, meu senhor,
ordena a este seu servo.
E assim Mefibosete passou a fazer as refei-
ções à mesa de Davi, como um dos filhos
do rei. 12 Mefibosete tinha um filho pequeno
chamado Mica. Todos os que moravam na
casa de Ziba eram servos de Mefibosete.
13 Mefibosete morava em Jerusalém, por-
que fazia as refeições sempre à mesa do
rei. Ele era coxo de ambos os pés.

DAVI DERROTA OS AMONITAS E OS SÍRIOS

1Cr 19.1-19

10 1 Depois disto, morreu o rei dos filhos
de Amom, e em seu lugar reinou
Hanum, o filho dele. 2 Então Davi disse:
— Serei bondoso com Hanum, filho
de Naás, assim como o pai dele foi bon-
doso comigo.
E Davi enviou alguns servos para consolar
Hanum por causa da morte de seu pai. E os
servos de Davi chegaram à terra dos filhos
de Amom. 3 Mas os príncipes dos filhos de
Amom disseram a seu senhor, Hanum:
— O senhor pensa que foi para honrar o
seu pai que Davi mandou esses consola-
dores? Não teria sido mais para que esses
servos enviados por ele conheçam e espio-
nem a cidade, para poderem destruí-la?
4 Então Hanum pegou os servos de Davi,
rapou metade da barba de cada um deles,
cortou metade das roupas até a altura das
nádegas, e os mandou embora. 5 Quando
Davi soube disso, enviou mensageiros ao
encontro deles, porque estavam muito
envergonhados. O rei mandou dizer-lhes:
— Fiquem em Jericó, até que a barba de
vocês cresça de novo; depois, venham para cá.
6 Quando viram que haviam despertado o
ódio de Davi, os filhos de Amom mandaram
mensageiros e contrataram vinte mil soldados
dos sírios de Bete-Reobe e dos sírios de Zobá,
mil soldados do rei de Maaca e doze mil de
Tobe. 7 Davi soube disso e enviou contra eles
Joabe com todo o exército dos valentes. 8 Os
filhos de Amom saíram e se prepararam para
a batalha à entrada do portão da cidade, e os
sírios de Zobá e Reobe e os homens de Tobe
e Maaca estavam à parte no campo.
9 Quando Joabe viu que a batalha estava
preparada contra ele tanto pela frente como
pela retaguarda, escolheu os melhores sol-
dados de Israel e os formou em linha contra
os sírios. 10 O resto do exército ele entregou
a Abisai, seu irmão, o qual o formou em
linha contra os filhos de Amom. 11 Joabe
disse a Abisai:
— Se os sírios forem mais fortes do que
eu, você virá em meu socorro; e, se os filhos
de Amom forem mais fortes do que você,
eu irei em seu socorro. 12 Seja forte! Vamos
lutar com coragem pelo nosso povo e pelas

cidades de nosso Deus. E que o Senhor Deus
faça o que achar melhor.
13 Então Joabe avançou com o povo que
estava com ele, e travaram batalha contra os
sírios, que fugiram diante dele. 14 Quando os
filhos de Amom viram que os sírios fugiam,
também eles fugiram de Abisai e entraram
na cidade. Então Joabe parou de lutar contra
os filhos de Amom e voltou para Jerusalém.
15 Quando os sírios viram que tinham sido
derrotados por Israel, tornaram a reunir as
suas tropas. 16 Hadadezer mandou chamar
os sírios que estavam do outro lado do rio
Eufrates, e eles foram até Helã. Sobaque,
comandante do exército de Hadadezer, mar-
chava adiante deles.
17 Quando ficou sabendo disso, Davi reu-
niu todo o Israel, passou o Jordão e foi a Helã.
Os sírios se puseram em ordem de batalha
contra Davi e lutaram contra ele. 18 Porém
os sírios fugiram de Israel, e Davi matou os
condutores de setecentos carros de guerra e
quarenta mil cavaleiros sírios. Também feriu
Sobaque, o comandante do exército, que
morreu ali. 19 Quando todos os reis, servos
de Hadadezer, viram que tinham sido ven-
cidos por Israel, fizeram paz com Israel e o
serviram. E os sírios ficaram com medo de
voltar a socorrer os filhos de Amom.

DAVI E BATE-SEBA

11 1 Decorrido um ano, no tempo em
que os reis costumam sair para a
guerra, Davi enviou Joabe, seus oficiais e
todo o Israel. Eles destruíram os filhos de
Amom e sitiaram a cidade de Rabá. Mas
Davi ficou em Jerusalém.
2 Uma tarde, Davi se levantou do seu leito
e andava passeando no terraço do palácio
real. Dali viu uma mulher que estava
tomando banho; ela era muito bonita. 3 Davi
mandou perguntar quem era. Disseram-lhe:
— É Bate-Seba, filha de Eliã e mulher de
Urias, o heteu.
4 Então Davi mandou mensageiros que a
trouxessem; ela veio, e ele se deitou com ela.
Ora, Bate-Seba tinha acabado de se purifi-
car da impureza da menstruação. Depois,
ela voltou para casa.
5 A mulher concebeu e mandou dizer
a Davi:
— Estou grávida.

DAVI E URIAS

6 Então Davi enviou mensageiros a Joabe,
dizendo:
— Mande-me Urias, o heteu.
E Joabe mandou Urias a Davi. 7 Quando
Urias chegou, Davi perguntou como estava
Joabe, como se achava o povo e como ia a
guerra. 8 Depois, Davi disse a Urias:
— Vá para casa e descanse.
Urias saiu do palácio real, e logo saiu atrás
dele um presente do rei. 9 Porém Urias dor-
miu junto ao portão do palácio, com todos
os servos do seu senhor, e não foi para casa.
10 Relataram isso a Davi, dizendo:
— Urias não foi para casa.
Então Davi disse a Urias:
— Você não vem de uma viagem? Por que
não foi para casa?
11 Urias respondeu:
— A arca, Israel e Judá ficam em tendas.
Joabe, meu senhor, e os servos de meu
senhor estão acampados ao ar livre. Como
poderia eu ir para casa, comer e beber e me
deitar com a minha mulher? Juro pela vida
do rei que não faria tal coisa.
12 Então Davi disse a Urias:
— Fique aqui ainda hoje. Amanhã eu o
mandarei de volta.
E Urias ficou em Jerusalém aquele dia e
o seguinte. 13 Davi o convidou para comer e
beber com ele, e o embebedou. À tarde, Urias
saiu e foi deitar-se no seu leito, na companhia
dos servos de seu senhor. Ele não foi para casa.

A MORTE DE URIAS

14 Pela manhã, Davi escreveu uma carta a
Joabe e a mandou por Urias. 15 Na carta es-
creveu o seguinte: "Ponham Urias na linha
de frente, onde o combate for mais intenso.
Depois deixem-no sozinho, para que seja
ferido e morra."
16 Tendo sitiado a cidade, Joabe pôs Urias
no lugar onde sabia que estavam homens
valentes. 17 Os homens da cidade saíram e
lutaram contra Joabe. Alguns dos oficiais
de Davi foram mortos; e morreu também
Urias, o heteu.
18 Então Joabe enviou notícias a Davi,
informando tudo o que havia acontecido na
batalha. 19 Deu ordem ao mensageiro, dizendo:
— Quando você terminar de contar
ao rei os acontecimentos desta batalha,

20 é possível que ele fique indignado e pergunte: "Por que vocês chegaram assim perto da cidade para lutar? Não sabiam que eles iriam atirar da muralha? 21 Quem matou Abimeleque, filho de Jerubesete? Não foi uma mulher que, do alto da muralha, lançou sobre ele uma pedra de moinho e o matou, em Tebes? Por que vocês chegaram tão perto da muralha?"

Então você dirá:

— Também morreu o seu servo Urias, o heteu.

22 O mensageiro partiu e, chegando, contou a Davi tudo o que Joabe lhe havia mandado dizer. 23 O mensageiro disse a Davi:

— Na verdade, aqueles homens eram mais fortes do que nós e saíram para lutar contra nós em campo aberto. Mas nós fomos contra eles, até a entrada do portão. 24 Então os flecheiros, do alto da muralha, atiraram contra os servos do rei, e alguns deles foram mortos. Também morreu o seu servo Urias, o heteu.

25 Davi respondeu ao mensageiro:

— Diga a Joabe que não encare isso como um mal, porque a espada devora tanto este como aquele. Que ele intensifique o seu ataque à cidade até conquistá-la. Quanto a você, encoraje Joabe.

DAVI CASA COM BATE-SEBA

26 Quando a mulher de Urias soube que o seu marido era morto, ela chorou por ele. 27 Passado o luto, Davi mandou buscá-la e a trouxe para o palácio. Ela se tornou sua mulher e lhe deu um filho. Porém isto que Davi tinha feito pareceu mau aos olhos do SENHOR.

NATÃ REPREENDE DAVI

12 1 O SENHOR enviou Natã a Davi. Natã foi falar com Davi e lhe disse:

— Havia numa cidade dois homens, um rico e outro pobre. 2 O rico tinha ovelhas e gado em grande número, 3 mas o pobre não tinha coisa nenhuma, a não ser uma cordeirinha que havia comprado. Ele a criou, e ela cresceu em sua casa, junto com os seus filhos. Comia da sua comida e bebia do seu copo. Dormia nos seus braços, e ele a tinha como filha. 4 Certo dia chegou um viajante à casa do homem rico, e este não quis pegar uma das suas ovelhas ou um dos seus bois para dar de comer ao visitante que havia chegado; em vez disso, pegou a cordeirinha do homem pobre e a preparou para o homem que havia chegado.

5 Então o furor de Davi se acendeu contra aquele homem, e ele disse a Natã:

— Tão certo como vive o SENHOR, o homem que fez isso deve ser morto. 6 E pela cordeirinha restituirá quatro vezes, porque fez uma coisa dessas e porque não se compadeceu.

7 Então Natã disse a Davi:

— Esse homem é você. Assim diz o SENHOR, o Deus de Israel: "Eu o ungi rei sobre Israel e eu o livrei das mãos de Saul. 8 Eu lhe dei a casa de seu senhor e as mulheres de seu senhor em seus braços. Também lhe dei a casa de Israel e de Judá. E, se isto fosse pouco, eu teria acrescentado tais e tais coisas. 9 Por que, então, você desprezou a palavra do SENHOR, fazendo o que era mau aos olhos dele? Com a espada você matou Urias, o heteu. Você tomou por esposa a mulher dele, depois de o matar com a espada dos filhos de Amom. 10 Agora, pois, a espada jamais se afastará da sua casa, porque você me desprezou e tomou a mulher de Urias, o heteu, para ser sua mulher." 11 Assim diz o SENHOR: "Eis que farei com que de sua própria casa venha o mal sobre você. Tomarei as suas mulheres à sua própria vista e as darei a outro homem, que se deitará com elas em plena luz do dia. 12 Porque você o fez em segredo, mas eu farei isso diante de todo o Israel e em plena luz do dia."

13 Então Davi disse a Natã:

— Pequei contra o SENHOR.

E Natã respondeu:

— Também o SENHOR perdoou o seu pecado; você não morrerá. 14 Mas, porque com isto você deu motivo a que os inimigos do SENHOR blasfemassem, também o filho que lhe nasceu morrerá.

15 Então Natã foi para a sua casa.

A MORTE DO FILHO DE BATE-SEBA

E o SENHOR feriu a criança que a mulher de Urias teve com Davi; e a criança adoeceu gravemente. 16 Davi suplicou a Deus pela criança. Davi jejuava e, entrando em casa, passava a noite deitado no chão. 17 Então os anciãos do seu palácio se aproximaram dele, para o levantar do chão; porém ele não quis e não comeu com eles. 18 No sétimo dia, a criança morreu. E os servos de Davi ficaram com medo de informá-lo de que a criança estava morta, porque diziam:

— Quando a criança ainda estava viva, falávamos com ele, mas ele não dava ouvidos à nossa voz. Como, então, vamos dizer a ele que a criança morreu? Poderá fazer alguma loucura!

19 Mas Davi notou que os seus servos cochichavam uns com os outros e entendeu que a criança havia morrido. Então perguntou:

— A criança morreu?

Eles responderam:

— Morreu.

20 Então Davi se levantou do chão, lavou-se, ungiu-se, trocou de roupa, entrou na Casa do SENHOR e adorou. Depois, voltou para o palácio e pediu comida; puseram-na diante dele, e ele comeu. 21 Os seus servos lhe disseram:

— Que é isto que o senhor fez? Pela criança viva o senhor jejuou e chorou, mas, depois que ela morreu, se levantou e se pôs a comer!

22 Davi respondeu:

— Enquanto a criança ainda estava viva, jejuei e chorei, porque dizia: "Talvez o SENHOR se compadeça de mim, e a criança continuará viva." 23 Mas agora que ela morreu, por que jejuar? Poderei eu trazê-la de volta? Eu irei até ela, mas ela não voltará para mim.

O NASCIMENTO DE SALOMÃO

24 Então Davi consolou Bate-Seba, sua mulher. Teve relações com ela, e ela teve um filho, a quem Davi deu o nome de Salomão; e o SENHOR o amou. 25 Davi o entregou nas mãos do profeta Natã, e este lhe chamou Jedidias, por causa do SENHOR.

DAVI CONQUISTA RABÁ

1Cr 20.1-3

26 Enquanto isso, Joabe atacou Rabá, dos filhos de Amom, e tomou a cidade real. 27 Então Joabe mandou mensageiros a Davi, dizendo:

— Lutei contra Rabá e tomei a cidade das águas. 28 Reúna agora o resto do exército e cerque a cidade para tomá-la; do contrário, se eu a tomar, ela poderá ser chamada pelo meu nome.

29 Então Davi reuniu todo o povo, marchou para Rabá, lutou contra ela, e a tomou. 30 Tirou a coroa da cabeça do seu rei. O peso da coroa era de trinta e quatro quilos de ouro, e havia nela pedras preciosas. Essa coroa foi posta na cabeça de Davi. E da cidade ele levou muitos despojos. 31 Também trouxe o povo que havia nela, e os fez trabalhar com serras, picaretas, machados de ferro e em fornos de tijolos. Davi fez o mesmo com todas as cidades dos filhos de Amom. Depois voltou com todo o exército para Jerusalém.

AMNOM E TAMAR

13 1 Passado algum tempo, aconteceu o seguinte. Absalão, filho de Davi, tinha uma irmã muito bonita, cujo nome era Tamar. Amnom, filho de Davi, apaixonou-se por ela. 2 Amnom ficou angustiado por causa de Tamar, sua irmã, a ponto de adoecer, pois, sendo ela virgem, parecia impossível para ele fazer alguma coisa com ela. 3 Mas Amnom tinha um amigo que se chamava Jonadabe, filho de Simeia, irmão de Davi. Jonadabe era um homem muito esperto. 4 E ele disse a Amnom:

— Por que você está emagrecendo tanto dia após dia, ó filho do rei? Por que não me conta o que está acontecendo?

Então Amnom disse:

— Estou apaixonado por Tamar, irmã de Absalão, meu irmão por parte de pai.

5 Jonadabe respondeu:

— Deite-se na sua cama e finja que está doente. Quando o seu pai vier visitá-lo, diga-lhe: "Por favor, permita que a minha irmã Tamar venha e me dê de comer. Que ela prepare a comida diante de mim, para que eu coma de sua mão."

6 E assim Amnom deitou-se e fingiu que estava doente. Quando o rei foi visitá-lo, Amnom lhe disse:

— Por favor, permita que a minha irmã Tamar venha e prepare dois bolos diante de mim, para que eu coma de sua mão.

7 Então Davi mandou dizer a Tamar em seu palácio:

— Por favor, vá à casa de seu irmão Amnom e prepare alguma comida para ele.

8 Tamar foi à casa de Amnom, seu irmão, e ele estava deitado. Ela pegou a massa e a amassou, fez bolos diante dele e os assou. 9 Pegou a assadeira e tirou os bolos diante dele, mas ele não quis comer. Amnom disse:

— Mandem que todos saiam da minha presença.

E todos saíram. 10 E Amnom disse a Tamar:

— Traga a comida ao meu quarto, e comerei da sua mão.

Tamar pegou os bolos que havia feito e os levou a Amnom, seu irmão, no quarto. 11 Quando ela oferecia os bolos para que ele comesse, Amnom agarrou-a e lhe disse:

— Venha, deite-se comigo, minha irmã.

12 Porém ela respondeu:

— Não, meu irmão, não me force, porque não se faz uma coisa dessas em Israel. Não faça essa loucura! 13 Porque, aonde iria eu com a minha vergonha? E você seria como um dos loucos de Israel. Agora, por favor, fale com o rei; ele não impedirá que eu case com você.

14 Mas Amnom não quis dar ouvidos ao que Tamar dizia; pelo contrário, sendo mais forte do que ela, forçou-a e teve relações com ela.

15 Depois Amnom sentiu por ela grande aversão, e maior era a aversão que sentiu por ela do que o amor com que a tinha amado. Então disse:

— Levante-se e saia daqui!

16 Mas Tamar respondeu:

— Não, meu irmão! Porque mandar-me embora seria um mal maior do que o outro que você me fez.

Porém ele não a quis ouvir. 17 Chamou o moço que o servia e lhe disse:

— Ponha esta mulher para fora e tranque a porta.

18 Tamar vestia uma túnica talar de mangas compridas, porque assim se vestiam as filhas do rei que ainda eram virgens. O servo a pôs para fora e trancou a porta. 19 Então Tamar colocou cinza sobre a cabeça, rasgou a túnica talar de mangas compridas que vestia, pôs as mãos sobre a cabeça e saiu, andando e clamando. 20 Absalão, seu irmão, lhe disse:

— Foi o seu irmão Amnom que esteve com você? Agora, minha irmã, fique calada; ele é seu irmão. Que o seu coração não fique angustiado por causa disso.

E assim Tamar, desolada, ficou na casa de Absalão, seu irmão. 21 Quando o rei Davi soube de tudo isso, ficou furioso. 22 Porém Absalão não falou com Amnom nem mal nem bem, porque odiava Amnom, por ter este violentado Tamar, sua irmã.

23 Passados dois anos, Absalão tosquiava as suas ovelhas em Baal-Hazor, perto de Efraim, e convidou todos os filhos do rei para irem até lá. 24 Absalão foi falar com o rei e disse:

— Eis que este seu servo está fazendo a tosquia das ovelhas. Peço que o rei e os seus servidores acompanhem este seu servo.

25 O rei, porém, disse a Absalão:

— Não, meu filho, não vamos todos juntos, para não sermos pesados a você.

Absalão insistiu, mas o rei não quis ir; contudo, o abençoou. 26 Então Absalão disse:

— Se o rei não quer ir, pelo menos deixe que meu irmão Amnom nos acompanhe.

Porém o rei lhe disse:

— Por que ele iria com você?

27 Absalão insistiu, e o rei deixou que Amnom e todos os filhos do rei fossem com ele. 28 Absalão deu ordem aos seus moços, dizendo:

— Fiquem atentos! Quando o coração de Amnom estiver alegre de vinho, e eu der uma ordem para matá-lo, então matem-no. Não tenham medo, pois sou eu quem está ordenando. Sejam fortes e valentes.

29 E os moços de Absalão fizeram com Amnom como Absalão lhes havia ordenado. Então todos os filhos do rei se levantaram, cada um montou a sua mula, e fugiram.

30 Estavam eles ainda a caminho, quando chegou a Davi esta notícia: "Absalão matou todos os filhos do rei, e nenhum deles escapou." 31 Então o rei se levantou, rasgou as suas roupas e se lançou por terra. E todos os seus servos que estavam presentes rasgaram também as suas roupas. 32 Mas Jonadabe, filho de Simeia, irmão de Davi, tomou a palavra e disse:

— Não pense o meu senhor que mataram todos os jovens, filhos do rei, porque somente Amnom morreu. Absalão tinha resolvido fazer isso, desde o dia em que a sua irmã Tamar foi violentada por Amnom. 33 Portanto, que o rei, meu senhor, não ponha na cabeça essa ideia de que todos os filhos do rei morreram, porque só Amnom morreu.

34 Enquanto isso, Absalão fugiu. O moço que estava de guarda, levantando os olhos, viu que vinha muito povo pelo caminho por detrás dele, pelo lado do monte. 35 Então Jonadabe disse ao rei:

— Eis aí vêm os filhos do rei! Como este seu servo falou, assim aconteceu.

36 Mal tinha ele acabado de falar, chegaram
os filhos do rei e, levantando a voz, chora-
ram. Também o rei e todos os seus servos
choraram amargamente.
37 Absalão, porém, fugiu e foi ficar com Tal-
mai, filho de Amiúde, rei de Gesur. E Davi
pranteava por seu filho todos os dias. 38 Assim,
Absalão fugiu, indo para Gesur, onde ficou
três anos. 39 Então o rei Davi cessou de perse-
guir Absalão, porque já tinha se consolado a
respeito de Amnom, que era morto.

ABSALÃO VOLTA PARA JERUSALÉM

14 1 Joabe, filho de Zeruia, vendo que o
coração do rei começava a inclinar-
-se para Absalão, 2 mandou trazer de Tecoa
uma mulher sábia e lhe disse:
— Finja que está muito triste, vista as suas
roupas de luto, não se unja com óleo e faça
de conta que é uma mulher que há muito
tempo está de luto por algum morto. 3 Apre-
sente-se ao rei e diga-lhe tais e tais palavras.
E Joabe lhe pôs as palavras na boca. 4 A
mulher tecoíta apresentou-se ao rei, e,
inclinando-se, prostrou-se com o rosto
em terra e disse:
— Ajude-me, ó rei!
5 Então o rei perguntou:
— Em que posso ajudá-la?
Ela respondeu:
— Ai de mim! Sou viúva; o meu marido
morreu. 6 Esta sua serva tinha dois filhos,
que brigaram entre si no campo. Como não
houve quem os apartasse, um deles matou o
outro. 7 Eis que toda a parentela se levantou
contra esta sua serva, e estão dizendo: "Entre-
gue-nos aquele que matou o seu irmão, para
que o matemos, em vingança da vida que ele
tirou e para que destruamos também o her-
deiro." Assim, querem apagar a última brasa
que me restou, não deixando a meu marido
nome, nem sobrevivente na terra.
8 O rei disse à mulher:
— Vá para a sua casa, e eu darei ordens
a seu respeito.
9 Mas a mulher tecoíta disse ao rei:
— Ó rei, meu senhor, que a culpa caia
sobre mim e sobre a casa de meu pai. O rei
e o seu trono sejam inocentes.
10 Então o rei disse:
— Se alguém falar contra você, traga-o
aqui, e ele nunca mais a incomodará.
11 A mulher acrescentou:
— Que o rei se lembre do Senhor, seu Deus,
para que os vingadores do sangue não se
multipliquem e exterminem o meu filho.
Davi respondeu:
— Tão certo como vive o Senhor, não há
de cair no chão nem um só dos cabelos de
seu filho.
12 Então a mulher disse:
— Permita que esta sua serva fale uma
palavra ao rei, meu senhor.
Ele disse:
— Fale.
13 E a mulher prosseguiu:
— Por que o senhor, meu rei, imaginou tal
coisa contra o povo de Deus? Pois, ao pronun-
ciar tal juízo, o rei condena a si mesmo, visto
que não quer fazer voltar o seu desterrado.
14 Porque todos temos de morrer; somos como
água derramada na terra que já não se pode
juntar. Porque Deus não tira a vida, mas encon-
tra meios para que o banido não permaneça
afastado de sua presença. 15 Se vim, agora,
falar esta palavra ao rei, meu senhor, é por-
que o povo me atemorizou. Porque esta sua
serva dizia: "Vou falar com o rei, porque tal-
vez ele fará segundo a palavra desta sua serva.
16 Porque o rei atenderá, para livrar a sua serva
da mão do homem que quer destruir tanto a
mim como a meu filho da herança de Deus."
17 Dizia mais esta sua serva: "Seja, agora, a
palavra do rei, meu senhor, para a minha
tranquilidade, porque, como um anjo de Deus,
assim é o rei, meu senhor, para discernir entre
o bem e o mal." Que o Senhor, seu Deus, esteja
com o rei, meu senhor.
18 Então o rei disse à mulher:
— Não me encubra nada do que vou
lhe perguntar.
A mulher respondeu:
— Pois fale o rei, meu senhor.
19 O rei perguntou:
— Não é verdade que a mão de Joabe está
com você em tudo isto?
Ela respondeu:
— Juro pela sua vida, ó rei, meu senhor,
que ninguém poderá se desviar, nem para
a direita nem para a esquerda, de tudo o
que o rei, meu senhor, tem dito. Sim, foi
o seu servo Joabe quem me deu ordem e
foi ele quem ditou a esta sua serva todas
estas palavras. 20 Foi para mudar o aspecto

Devemos valorizar o que Deus diz a nosso respeito, não o que as pessoas pensam ou dizem sobre nós.

deste caso que o seu servo Joabe fez isto. Porém o meu senhor é tão sábio como um anjo de Deus, para entender tudo o que se passa na terra.

21 Então o rei disse a Joabe:

— Atendi ao seu pedido. Vá e traga o jovem Absalão.

22 Joabe se inclinou, prostrou-se em terra, abençoou o rei e disse:

— Hoje reconheço que obtive favor aos seus olhos, ó rei, meu senhor, porque o rei fez segundo a palavra do seu servo.

23 Então Joabe se levantou, foi a Gesur e trouxe Absalão a Jerusalém. 24 Mas o rei disse:

— Que ele volte para a sua casa e não veja a minha face.

Assim Absalão voltou para a sua casa e não viu a face do rei.

A BELEZA DE ABSALÃO

25 Em todo o Israel não havia homem tão celebrado por sua beleza como Absalão. Desde a planta do pé até o alto da cabeça, não havia nele defeito algum. 26 Quando cortava o cabelo — e isto se fazia no fim de cada ano, porque o cabelo lhe ficava pesado demais —, seu peso era de mais de dois quilos, segundo o peso real. 27 Também nasceram a Absalão três filhos e uma filha. A filha se chamava Tamar e era uma mulher muito bonita.

ABSALÃO É ADMITIDO À PRESENÇA DE DAVI

28 Absalão ficou dois anos em Jerusalém sem ver a face do rei. 29 Então mandou chamar Joabe, para o enviar ao rei, mas Joabe não quis vir. Mandou chamá-lo segunda vez, mas Joabe ainda não quis vir. 30 Então Absalão disse aos seus servos:

— Vejam, Joabe tem um pedaço de campo pegado ao meu, e tem cevada nele. Vão lá e ponham fogo.

E os servos de Absalão meteram fogo nesse pedaço de campo. 31 Então Joabe se levantou, foi à casa de Absalão e lhe disse:

— Por que os seus servos meteram fogo no pedaço de campo que é meu?

32 Absalão respondeu:

— Mandei chamá-lo, dizendo: "Venha cá", para que o envie ao rei, para dizer-lhe o seguinte: "Para que vim de Gesur? Melhor seria ter ficado lá." Agora quero ver o rei. Se há em mim alguma culpa, que ele me mate.

33 Então Joabe foi ao rei e lhe entregou a mensagem de Absalão. O rei chamou Absalão, e este se apresentou diante dele e inclinou-se sobre o rosto em terra. E o rei o beijou.

A REVOLTA DE ABSALÃO E A FUGA DE DAVI

15 1 Depois disso, Absalão arranjou uma carruagem, cavalos e cinquenta homens que corressem na sua frente. 2 Ele se levantava cedo e ficava à beira do caminho que levava ao portão da cidade. Quando passava um homem que tinha alguma demanda que devia ser submetida ao rei para julgamento, Absalão o chamava a si e lhe dizia: "De que cidade você é?" Quando ele respondia: "Este seu servo é de tal tribo de Israel", 3 Absalão lhe dizia: "Olhe, a sua causa é boa e justa, mas você não tem quem o ouça da parte do rei." 4 Absalão dizia mais: "Ah! Quem me dera ser juiz na terra, para que viesse a mim todo homem que tivesse demanda ou questão, para que eu lhe fizesse justiça!"

5 Também, quando alguém se aproximava para inclinar-se diante dele, ele estendia as mãos, abraçava-o e o beijava. 6 Absalão agia desta maneira com todo o Israel que vinha ao rei para pedir justiça e, assim, conquistava o coração dos homens de Israel.

7 Ao fim de quatro anos, Absalão disse ao rei:

— Deixe-me ir a Hebrom cumprir o voto que fiz ao SENHOR. 8 Porque, quando estava morando em Gesur, na Síria, este seu servo fez um voto, dizendo: "Se o SENHOR me trouxer de volta a Jerusalém, prestarei culto ao SENHOR."

9 Então o rei disse:

— Vá em paz.

E Absalão levantou-se e foi para Hebrom. 10 Absalão enviou emissários secretos por todas as tribos de Israel, dizendo:

— Quando ouvirem o som das trombetas, digam: "Absalão é rei em Hebrom!"

11 De Jerusalém foram com Absalão duzentos homens convidados, porém iam na sua simplicidade, porque nada sabiam daquele plano. 12 Enquanto oferecia os seus

sacrifícios, Absalão também mandou cha-
mar Aitofel, o gilonita, do conselho de Davi,
da sua cidade de Gilo. Assim a conspiração
tornou-se poderosa, e o povo que tomava
o partido de Absalão crescia em número.
13 Então um mensageiro veio a Davi, dizendo:
— Todo o povo de Israel está seguin-
do Absalão.
14 Diante disto, Davi disse a todos os servos
que estavam com ele em Jerusalém:
— Levantem-se, e vamos fugir, porque não
poderemos nos salvar de Absalão. Saiam o
mais depressa possível, para que ele não
nos alcance, lance sobre nós a ruína e passe
a cidade a fio de espada.
15 Então os servos do rei lhe disseram:
— Eis aqui os seus servos, dispostos a fazer
tudo o que o rei, nosso senhor, determinar.
16 O rei saiu, e todos os de sua casa o segui-
ram. Deixou, porém, dez concubinas para
cuidarem do palácio. 17 Quando o rei e todo
o povo estavam saindo da cidade, pararam
na última casa. 18 Todos os seus servos pas-
saram por ele. Também toda a guarda real e
todos os geteus, seiscentos homens que o
seguiram de Gate, passaram diante do rei.

A LEALDADE DE ITAI

19 Então o rei disse a Itai, o geteu:
— Por que também você está indo
conosco? Volte e fique com quem vier a
ser o rei, porque você é estrangeiro e des-
terrado de sua pátria. 20 Você chegou ontem,
e por que hoje eu já o levaria conosco a
vaguear, quando eu mesmo não sei para
onde vou? Volte e leve consigo os seus
companheiros. E que a misericórdia e a
fidelidade o acompanhem.
21 Porém Itai respondeu ao rei:
— Tão certo como vive o Senhor Deus, e
como vive o rei, meu senhor, no lugar em
que estiver o rei, meu senhor, seja para
morte seja para vida, lá estará também
este seu servo.
22 Então Davi disse a Itai:
— Vá e passe adiante.
E assim passaram adiante Itai, o geteu,
todos os seus homens e todas as crianças
que estavam com ele. 23 Toda a terra chorava
em alta voz. E todo o povo e também o rei
passaram o ribeiro de Cedrom, seguindo o
caminho do deserto.

ZADOQUE, ABIATAR E HUSAI VOLTAM PARA JERUSALÉM

24 Eis que Zadoque também estava ali, e
com ele todos os levitas que levavam a arca
da aliança de Deus. Puseram ali a arca de
Deus, até que todo o povo acabou de sair
da cidade. 25 Então o rei disse a Zadoque:
— Leve a arca de Deus de volta para a
cidade. Se eu encontrar favor aos olhos do
Senhor, ele me fará voltar para lá e me dei-
xará ver tanto a arca como a sua habitação.
26 Se ele, porém, disser: "Não tenho prazer
em você", eis-me aqui; faça de mim o que
achar melhor.
27 O rei disse mais a Zadoque, o sacerdote:
— Ó vidente, volte em paz para a cidade
com o seu filho Aimaás e com Abiatar e
o filho dele, Jônatas. 28 Vejam: vou ficar
esperando nos vaus do deserto até que me
venham notícias de vocês.
29 Então Zadoque e Abiatar levaram a
arca de Deus de volta para Jerusalém e
lá ficaram.
30 Davi seguiu pela encosta do monte
das Oliveiras, subindo e chorando; tinha a
cabeça coberta e caminhava descalço. Todo
o povo que ia com ele, de cabeça coberta,
subiu chorando. 31 Então contaram a Davi
que Aitofel estava entre os que conspiravam
com Absalão. Por isso Davi orou, dizendo:
— Ó Senhor, peço-te que transformes em
loucura o conselho de Aitofel.
32 Quando Davi chegou ao alto do monte,
onde se costuma adorar a Deus, eis que
Husai, o arquita, veio encontrar-se com
ele, de manto rasgado e com terra sobre a
cabeça. 33 Davi lhe disse:
— Se você for comigo, será um peso para
mim. 34 Mas, se voltar para a cidade e disser
a Absalão: "Eu serei, ó rei, seu servo; como
no passado fui servo de seu pai, assim agora
serei seu servo", você poderá me ajudar a
frustrar o conselho de Aitofel. 35 Os sacerdo-
tes Zadoque e Abiatar estarão lá com você.
Conte a esses sacerdotes tudo o que você
ouvir no palácio real. 36 Lá estão também
os filhos deles, Aimaás, filho de Zadoque,
e Jônatas, filho de Abiatar. Por meio deles
vocês podem me mandar notícias de todas
as coisas que ouvirem.
37 Então Husai, amigo de Davi, foi para
a cidade, e Absalão entrou em Jerusalém.

DAVI E ZIBA

16 1 Davi tinha acabado de passar o alto do monte das Oliveiras quando Ziba, servo de Mefibosete, veio ao encontro dele com dois jumentos encilhados, trazendo duzentos pães, cem cachos de passas, cem frutas de verão e um odre de vinho. 2 O rei perguntou a Ziba:

— O que você pretende com isto?

Ziba respondeu:

— Os jumentos são para a casa do rei, para serem montados; o pão e as frutas de verão, para os moços comerem; o vinho, para os cansados no deserto beberem.

3 Então o rei perguntou:

— Onde está o neto de seu senhor?

Ziba respondeu:

— Eis que ficou em Jerusalém, pois disse: "Hoje a casa de Israel me restituirá o reino de meu avô."

4 Então o rei disse a Ziba:

— Tudo o que pertence a Mefibosete é seu.

Ziba respondeu:

— Eu me inclino e que eu encontre favor diante do rei, meu senhor.

DAVI AMALDIÇOADO POR SIMEI

5 Quando o rei Davi chegou a Baurim, eis que dali saiu um homem da família da casa de Saul, cujo nome era Simei, filho de Gera; saiu e ia amaldiçoando. 6 Atirava pedras contra Davi e contra todos os seus servos, embora todo o povo e todos os valentes estivessem à direita e à esquerda do rei. 7 Enquanto amaldiçoava, Simei dizia:

— Fora daqui! Fora daqui, assassino! Homem maligno! 8 O SENHOR Deus o está castigando por todo o sangue derramado na casa de Saul, cujo reino você usurpou. O SENHOR já entregou o reino nas mãos de seu filho Absalão. Agora você caiu em desgraça, porque é um assassino!

9 Então Abisai, filho de Zeruia, disse ao rei:

— Por que este cão morto amaldiçoaria meu senhor, o rei? Deixe que eu vá até lá e corte a cabeça dele.

10 Mas o rei disse:

— Que tenho eu a ver com vocês, filhos de Zeruia? Deixem que amaldiçoe! Pois, se o SENHOR lhe disse: "Amaldiçoe Davi", quem poderia perguntar: "Por que você está fazendo isso?"

11 E Davi disse a Abisai e a todos os seus servos:

— Se o meu próprio filho quer me matar, que dizer desse benjamita? Deixem-no em paz. Que amaldiçoe, pois o SENHOR lhe ordenou. 12 Talvez o SENHOR olhe para a minha aflição e o SENHOR reverta em bênção a maldição que ele está proferindo no dia de hoje.

13 E assim Davi e os seus homens prosseguiam o seu caminho. Também Simei ia pela encosta do monte, ao lado dele, caminhando e amaldiçoando, e atirava pedras e terra contra ele. 14 O rei e todo o povo que ia com ele chegaram exaustos ao Jordão e ali descansaram.

ABSALÃO EM JERUSALÉM

15 Absalão e todo o povo, homens de Israel, entraram em Jerusalém, e Aitofel estava com ele. 16 Quando Husai, o arquita, amigo de Davi, se apresentou a Absalão, disse a ele:

— Viva o rei! Viva o rei!

17 Porém Absalão disse a Husai:

— É esta a sua fidelidade para com o seu amigo Davi? Por que você não foi com o seu amigo?

18 Husai respondeu a Absalão:

— Não! Aquele a quem o SENHOR elegeu e que foi escolhido por todo este povo e todos os homens de Israel, dele serei e com ele ficarei. 19 Além disso, a quem serviria eu? Será que não seria ao filho do rei? Como servi ao seu pai, assim servirei a você.

20 Então Absalão perguntou a Aitofel:

— O que vocês aconselham que devemos fazer?

21 Aitofel respondeu a Absalão:

— Tenha relações com as concubinas de seu pai, que ele deixou para cuidar do palácio. Todo o Israel ficará sabendo que você se fez odioso para com o seu pai, e todos os que estão com você ficarão animados.

22 Então armaram uma tenda para Absalão no terraço, e ali, à vista de todo o Israel, ele teve relações com as concubinas de seu pai. 23 O conselho que Aitofel dava, naqueles dias, era como resposta de Deus a uma consulta; tanto Davi como Absalão seguiam os conselhos de Aitofel.

OS CONSELHOS DE AITOFEL E DE HUSAI

17 1 Depois Aitofel disse a Absalão:
— Deixe-me escolher doze mil ho-
mens, e me disporei e perseguirei Davi esta
noite. 2 Vou surpreendê-lo enquanto está can-
sado e desanimado. Farei com que entre em
pânico e todo o povo que está com ele fugirá.
Então matarei apenas o rei. 3 Trarei todo o
povo de volta para você, pois a volta de todos
depende daquele a quem você procura matar.
Assim, todo o povo estará em paz.

4 Este parecer agradou a Absalão e a todos
os anciãos de Israel. 5 Mas Absalão disse:

— Chamem agora Husai, o arquita, e ouça-
mos também o que ele tem a dizer.

6 Quando Husai chegou, Absalão lhe
falou, dizendo:

— O parecer de Aitofel é este. Vamos fazer
o que ele falou? Se não, diga você o que
devemos fazer.

7 Então Husai disse a Absalão:

— Desta vez o conselho de Aitofel não
é bom.

8 Husai continuou:

— Você conhece o seu pai e os seus
homens e sabe que são valentes e estão
enfurecidos como a ursa no campo, roubada
dos seus filhotes. Além disso, o seu pai é
homem de guerra e não passará a noite com
o povo. 9 Eis que agora deve estar escondido
em alguma caverna ou em outro lugar qual-
quer. E, se acontecer que você tenha algumas
baixas no primeiro ataque, cada um que
ouvir isso dirá que houve matança no povo
que segue Absalão. 10 Então até o homem
valente, cujo coração é como o coração de
leão, com certeza irá desanimar, porque todo
o Israel sabe que o seu pai é um herói e que
os que estão com ele são homens valentes.
11 Eu aconselho que, a toda pressa, se reúna
em torno de você todo o Israel, desde Dã até
Berseba, em multidão como a areia do mar, e
que você mesmo os guie na batalha. 12 Então
o atacaremos onde quer que se encontre e
facilmente cairemos sobre ele, como o orva-
lho cai sobre a terra. E não ficará ele nem
nenhum dos homens que estão com ele —
nem um só! 13 Se ele se retirar para alguma
cidade, todo o Israel levará cordas àquela
cidade e nós a arrastaremos até o ribeiro,
até que lá não fique nem uma só pedrinha.

14 Então Absalão e todos os homens de
Israel disseram:

— O conselho de Husai, o arquita, é me-
lhor do que o conselho de Aitofel.

Acontece que o Senhor havia decidido
frustrar o bom conselho de Aitofel, para que
o mal viesse sobre Absalão.

DAVI É AVISADO E FOGE

15 Então Husai disse aos sacerdotes Zado-
que e Abiatar:

— Assim e assim Aitofel aconselhou a
Absalão e aos anciãos de Israel, mas assim
e assim aconselhei eu. 16 Agora, pois, man-
dem depressa a seguinte mensagem a
Davi: "Não passe esta noite nos vaus do
deserto, mas atravesse logo o rio, para que
não seja destruído o rei e todo o povo que
com ele está."

17 Jônatas e Aimaás estavam em En-Rogel.
Uma criada ia até lá e lhes passava infor-
mações, que eles depois transmitiam ao
rei Davi. Eles não podiam ser vistos entrar
na cidade. 18 Mas um moço os viu e contou
a Absalão. Então os dois partiram às pres-
sas e entraram na casa de um homem, em
Baurim, que tinha um poço no seu pátio, ao
qual desceram. 19 A mulher desse homem
pegou uma coberta, e a estendeu sobre a
boca do poço, e espalhou grãos de cereais
sobre ela. E assim ninguém suspeitou de
nada. 20 Quando os servos de Absalão che-
garam àquela casa, perguntaram à mulher:

— Onde estão Aimaás e Jônatas?

A mulher respondeu:

— Já passaram o ribeiro.

Eles saíram a procurá-los, mas não con-
seguiram achar. Então voltaram para
Jerusalém. 21 Depois que eles foram embora,
os dois logo saíram do poço e foram avisar
o rei Davi. Disseram:

— Levantem-se e passem depressa as
águas, porque assim e assim aconselhou
Aitofel contra vocês.

22 Então Davi e todo o povo que estava
com ele se levantaram e passaram o Jor-
dão. Quando amanheceu, não havia um só
que não tivesse passado o Jordão.

23 Quando Aitofel viu que o seu conse-
lho não tinha sido seguido, preparou o
jumento e foi para casa, na cidade em que
morava. Pôs em ordem os seus negócios e se

enforcou; morreu e foi sepultado na sepultura do seu pai.

24 Davi chegou a Maanaim. Absalão, tendo passado o Jordão com todos os homens de Israel, 25 colocou Amasa no comando do exército, em lugar de Joabe. Amasa era filho de certo homem chamado Itra, o ismaelita, que era casado com Abigail, filha de Naás e irmã de Zeruia, a mãe de Joabe. 26 E assim o povo de Israel e Absalão acamparam na terra de Gileade.

27 Quando Davi chegou a Maanaim, Sobi, filho de Naás, de Rabá, dos filhos de Amom, e Maquir, filho de Amiel, de Lo-Debar, e Barzilai, o gileadita, de Rogelim, 28 trouxeram camas, bacias e vasilhas de barro, além de trigo, cevada, farinha, grãos torrados, favas e lentilhas; 29 também mel, coalhada, ovelhas e queijos de leite de vaca. Levaram isso a Davi e ao povo que estava com ele, para que comessem, porque disseram: "Este povo no deserto está faminto, cansado e sedento."

A MORTE DE ABSALÃO

18 1 Davi contou os soldados que tinha consigo e pôs sobre eles capitães de mil e capitães de cem. 2 Então Davi enviou o povo: uma terça parte sob o comando de Joabe, outra sob o comando de Abisai, filho de Zeruia e irmão de Joabe, e a outra sob o comando de Itai, o geteu. E o rei disse ao povo:

— Eu também irei com vocês.

3 Mas eles disseram:

— O senhor não deveria ir, porque, se formos obrigados a fugir, não se importarão conosco, nem ainda que metade de nós morra; mas o senhor vale por dez mil de nós. Será melhor que da cidade o senhor nos preste socorro.

4 Davi respondeu:

— O que vocês acharem melhor, isso farei.

O rei se pôs ao lado do portão da cidade, e todo o povo saiu a centenas e a milhares. 5 E o rei deu ordem a Joabe, a Abisai e a Itai, dizendo:

— Por amor a mim, tratem com brandura o jovem Absalão.

Todo o povo ouviu quando o rei dava a ordem a todos os capitães a respeito de Absalão.

6 Assim, o povo saiu ao campo, a encontrar-se com Israel, e a batalha teve lugar na floresta de Efraim. 7 Ali, o povo de Israel foi batido diante dos servos de Davi; e, naquele mesmo dia, houve ali grande derrota, com a perda de vinte mil homens. 8 A batalha se estendeu por toda aquela região, e, naquele dia, a floresta consumiu mais gente do que a espada.

9 Absalão, montado em sua mula, encontrou-se com os homens de Davi. Quando a mula passou debaixo dos ramos de um grande carvalho, a cabeça de Absalão ficou presa nos ramos. Ele ficou pendurado entre o céu e a terra, enquanto a mula, que ele montava, passou adiante. 10 Um homem viu isso e foi dizer a Joabe:

— Eu vi Absalão pendurado num carvalho.

11 Então Joabe disse ao homem que lhe trouxe a notícia:

— O quê?! Você o viu? E por que não o abateu ali mesmo, derrubando-o por terra? Eu teria dado a você dez moedas de prata e um cinto.

12 Mas o homem disse a Joabe:

— Ainda que me pusessem nas mãos mil moedas de prata, não estenderia a mão contra o filho do rei, pois ouvimos muito bem que o rei deu uma ordem ao senhor, a Abisai e a Itai, dizendo: "Poupem o jovem Absalão". 13 Se eu tivesse agido traiçoeiramente contra a vida dele, nada disso poderia ser escondido do rei, e nem mesmo o senhor me defenderia.

14 Então Joabe disse:

— Não vou perder mais tempo com você.

Joabe pegou três dardos e com eles traspassou o coração de Absalão, enquanto ele ainda estava vivo, pendurado no carvalho. 15 Dez jovens, que levavam as armas de Joabe, cercaram Absalão e acabaram de matá-lo. 16 Então Joabe tocou a trombeta, e o povo voltou de perseguir Israel, porque Joabe deteve o povo. 17 Levaram Absalão e o jogaram numa grande cova na floresta. E levantaram sobre ele um enorme monte de pedras. E todo o Israel fugiu, cada um para a sua casa.

18 Ora, quando ainda vivia, Absalão tinha levantado para si uma coluna, que está no vale do Rei, porque dizia: "Não tenho nenhum filho para conservar a memória do meu nome." E deu o seu próprio nome à coluna, que até hoje se chama o Monumento de Absalão.

DAVI CHORA A MORTE DE ABSALÃO

19 Então Aimaás, filho de Zadoque,
disse a Joabe:
— Deixe que eu vá correndo dar ao rei a
notícia de que o SENHOR Deus já o livrou das
mãos de seus inimigos.
20 Mas Joabe lhe disse:
— Hoje você não será o portador de boas
notícias. Você poderá fazer isso outro
dia, mas hoje não, porque está morto o
filho do rei.
21 Então Joabe disse a um etíope:
— Vá e diga ao rei o que você viu.
Ele inclinou-se diante de Joabe e saiu cor-
rendo. 22 Porém Aimaás, filho de Zadoque,
tornou a falar com Joabe:
— Aconteça o que acontecer, deixe-me
também correr atrás do etíope.
Joabe perguntou:
— Por que você quer correr, meu filho, se
não terá recompensa pela notícia?
23 Aimaás respondeu:
— Aconteça o que acontecer, vou correr.
Então Joabe lhe disse:
— Corra.
Aimaás correu pelo caminho da planície
e passou o etíope.
24 Davi estava sentado entre os dois
portões da entrada da cidade. A senti-
nela subiu ao terraço do portão sobre
a muralha e, levantando os olhos, viu
que um homem vinha correndo sozi-
nho. 25 A sentinela gritou e avisou o rei.
O rei disse:
— Se vem sozinho, traz boas notícias.
E vinha andando e chegando. 26 Então a
sentinela viu outro homem que corria e gri-
tou para o porteiro:
— Eis que vem outro homem cor-
rendo sozinho.
Então o rei disse:
— Também este traz boas notícias.
27 A sentinela continuou:
— Vejo o jeito de correr do primeiro.
Parece ser o jeito de correr de Aimaás, filho
de Zadoque.
Então o rei disse:
— Este homem é de bem e trará boas
notícias.
28 Aimaás gritou e disse ao rei:
— Paz!
Inclinou-se diante do rei com o rosto em
terra e disse:
— Bendito seja o SENHOR, seu Deus, que
nos entregou os homens que levantaram a
mão contra o rei, meu senhor.
29 Então o rei perguntou:
— Vai bem o jovem Absalão?
Aimaás respondeu:
— Vi um grande alvoroço, quando Joabe
enviou este seu servo, ó rei, porém não
sei o que era.
30 O rei disse:
— Fique ali ao lado e espere.
Ele ficou ao lado e esperou. 31 Então o
etíope chegou e disse:
— Boas notícias para o rei, meu senhor!
Hoje o SENHOR Deus livrou o rei das mãos
de todos os que se levantaram contra ele.
32 Então o rei perguntou ao etíope:
— Vai bem o jovem Absalão?
O etíope respondeu:
— Que aquilo que aconteceu com aquele
jovem aconteça com os inimigos do rei,
meu senhor, e todos os que se levan-
tam contra ele.
33 Então o rei, profundamente comovido,
subiu à sala que estava por cima do portão
e chorou. E, andando, dizia:
— Meu filho Absalão, meu filho, meu
filho Absalão! Quem me dera que eu tivesse
morrido em seu lugar, Absalão, meu filho,
meu filho!

JOABE REPREENDE DAVI

19 1 Disseram a Joabe:
— Eis que o rei anda chorando e se
lamentando por Absalão.
2 Assim, a vitória se tornou, naquele
mesmo dia, em luto para todo o povo, por-
que, naquele dia, o povo tinha ouvido dizer:
"O rei está de luto por causa de seu filho."
3 Naquele mesmo dia, o povo entrou às
escondidas na cidade, como o faz quando
foge envergonhado da batalha. 4 O rei tinha
coberto o rosto e exclamava em alta voz:
— Meu filho Absalão! Absalão, meu filho!
Meu filho!
5 Então Joabe entrou na casa do rei e
lhe disse:
— Hoje o rei envergonhou a face de todos
os seus servos, que hoje mesmo livraram
a sua vida, a vida de seus filhos e de suas

filhas e a vida de suas mulheres e de suas concubinas. 6 Você ama os que o odeiam e odeia os que o amam. Hoje dá a entender que os seus comandantes e soldados não têm qualquer valor. Porque agora entendo que, se Absalão estivesse vivo e todos nós hoje estivéssemos mortos, então você estaria contente. 7 Agora, levante-se, saia e diga uma palavra de encorajamento aos seus soldados. Juro pelo SENHOR que, se não sair, nem um só homem ficará com você esta noite. E este mal seria maior do que todos que têm vindo sobre você desde a sua mocidade até agora.

8 Então o rei se levantou e sentou junto ao portão da cidade. E anunciaram isso a todo o povo, dizendo:

— Eis que o rei está sentado junto ao portão da cidade.

E todo o povo veio apresentar-se diante do rei. Ora, Israel havia fugido, cada um para a sua tenda. 9 Todo o povo, em todas as tribos de Israel, andava discutindo entre si, dizendo:

— O rei nos tirou das mãos de nossos inimigos, livrou-nos das mãos dos filisteus e, agora, fugiu da terra por causa de Absalão. 10 Absalão, a quem ungimos sobre nós, morreu na batalha. Agora por que vocês estão calados e não fazem com que o rei volte?

DAVI VOLTA PARA JERUSALÉM

11 Então o rei Davi mandou dizer aos sacerdotes Zadoque e Abiatar:

— Perguntem aos anciãos de Judá: "Por que vocês seriam os últimos a trazer o rei de volta ao seu palácio, visto que aquilo que todo o Israel dizia já chegou aos ouvidos do rei? 12 Vocês são meus irmãos. São do mesmo povo que eu. Por que, então, seriam os últimos a trazer o rei de volta?" 13 Digam a Amasa: "Você não é da mesma família que eu? Que Deus me castigue se você não vier a ser para sempre comandante do meu exército, em lugar de Joabe."

14 Com isto o rei moveu o coração de todos os homens de Judá, como se fossem um só homem. E mandaram dizer ao rei:

— Volte com todos os seus servos.

15 Então o rei voltou e chegou ao Jordão. E os homens de Judá foram a Gilgal, para encontrar-se com o rei, a fim de fazê-lo passar o Jordão.

SIMEI SE ENCONTRA COM DAVI

16 Simei, filho de Gera, benjamita, que era de Baurim, apressou-se e desceu com os homens de Judá a encontrar-se com o rei Davi. 17 Com ele estavam mil homens de Benjamim, bem como Ziba, servo da casa de Saul, acompanhado de seus quinze filhos e seus vinte servos. Entraram no Jordão à vista do rei 18 e o atravessaram, para fazerem passar a casa real e para fazerem o que lhe era agradável. Então Simei, filho de Gera, prostrou-se diante do rei, quando este ia passar o Jordão, 19 e lhe disse:

— Que o meu senhor, o rei, não me tenha por culpado nem se lembre do mal que este seu servo cometeu no dia em que o rei, meu senhor, saiu de Jerusalém. Que o rei não guarde isso em seu coração. 20 Porque este seu servo sabe que pecou. Por isso, de toda a casa de José, sou hoje o primeiro que veio encontrar-se com o rei, meu senhor.

21 Então Abisai, filho de Zeruia, disse:

— Será que Simei não deveria morrer pelo que fez? Ele amaldiçoou o ungido do SENHOR!

22 Porém Davi disse:

— Que tenho eu a ver com vocês, filhos de Zeruia? Querem agora se tornar meus adversários? Morreria alguém hoje em Israel? Será que eu não sei que hoje novamente sou rei sobre Israel?

23 Então o rei disse a Simei:

— Você não será morto.

E o rei jurou que seria assim.

MEFIBOSETE SE ENCONTRA COM DAVI

24 Também Mefibosete, neto de Saul, desceu a encontrar-se com o rei. Ele não tinha tratado dos pés, nem aparado a barba, nem lavado as roupas, desde o dia em que o rei tinha saído até o dia em que voltou em paz. 25 Quando ele chegou de Jerusalém para encontrar-se com o rei, este lhe perguntou:

— Por que você não foi comigo, Mefibosete?

26 Ele respondeu:

— Ó rei, meu senhor, o meu criado me enganou. Porque este seu servo dizia: "Vou mandar preparar um jumento e montarei nele para ir com o rei." Porque este seu servo é coxo. 27 Além do mais, o meu criado falsamente acusou este seu servo diante do rei, meu senhor. Porém o rei, meu senhor, é como um anjo de Deus; que faça o que achar

melhor. 28 Porque toda a casa de meu pai era
digna de morte diante do rei, meu senhor,
mas o rei pôs este seu servo entre os que
sentam à sua mesa para comer. Que direito
ainda tenho? Que mais posso pedir ao rei?
29 Então o rei disse:
— Por que você ainda fala dos seus ne-
gócios? Eu decido que você e Ziba repartam
as terras.
30 Mas Mefibosete disse ao rei:
— Que ele fique com tudo, uma vez que o
rei, meu senhor, já voltou em paz à sua casa.

BARZILAI SE ENCONTRA COM DAVI

31 Também Barzilai, o gileadita, desceu de
Rogelim e passou com o rei o Jordão, para
o acompanhar até o outro lado. 32 Barzilai
era bem velho, da idade de oitenta anos. Ele
havia sustentado o rei quando este estava
em Maanaim, porque era um homem muito
rico. 33 O rei disse a Barzilai:
— Venha comigo, e eu o sustentarei em
Jerusalém.
34 Mas Barzilai respondeu ao rei:
— Quantos serão ainda os dias dos anos da
minha vida? Não vale a pena subir com o rei
a Jerusalém. 35 Hoje tenho oitenta anos. Pode-
ria eu discernir entre o que é bom e o que é
mau? Poderia este seu servo perceber o sabor
do que come e do que bebe? Poderia eu ainda
ouvir a voz dos cantores e cantoras? E por que
este seu servo se tornaria ainda um peso ao
rei, meu senhor? 36 Este seu servo irá com
o rei só um pouco além do Jordão. Por que
o rei iria me retribuir com tal recompensa?
37 Deixe que este seu servo volte, e morrerei
na minha cidade e serei sepultado junto de
meu pai e de minha mãe. Mas aqui está o seu
servo Quimã. Deixe que ele passe com o rei,
meu senhor. Faça por ele o que achar melhor.
38 O rei respondeu:
— Quimã passará comigo, e eu farei por
ele o que você achar melhor. E tudo o que
você me pedir, isso farei por você.
39 Todo o povo passou o Jordão, e o rei
também passou. E o rei beijou Barzilai e o
abençoou. E Barzilai voltou para casa.

DISCUSSÃO ENTRE ISRAEL E JUDÁ

40 Dali o rei foi para Gilgal, e Quimã foi
com ele. Todo o povo de Judá e metade do
povo de Israel acompanharam o rei. 41 Eis
que todos os homens de Israel vieram falar
com o rei e lhe disseram:
— Por que os nossos irmãos, os homens
de Judá, roubaram o rei e o trouxeram para
este lado do Jordão com a casa dele e todos
os servos de Davi?
42 Então todos os homens de Judá respon-
deram aos homens de Israel:
— Porque o rei é nosso parente. E por
que estão irados por causa disso? Será que
comemos à custa do rei ou ele nos deu
algum presente?
43 E os homens de Israel responderam aos
homens de Judá e disseram:
— Nós temos dez vezes mais direito sobre
o rei do que vocês, e Davi é mais nosso do
que de vocês. Por que, então, fizeram pouco
caso de nós? Não fomos nós os primeiros a
falar em trazer o nosso rei de volta?
Porém a palavra dos homens de Judá foi
mais dura do que a palavra dos homens
de Israel.

A REVOLTA DE SEBA

20 1 Aconteceu que estava ali um ho-
mem perverso, cujo nome era Seba,
filho de Bicri, homem de Benjamim. Ele
tocou a trombeta e disse:
— Não temos parte em Davi, nem herança
no filho de Jessé. Cada um para as suas ten-
das, ó Israel.
2 Então todos os homens de Israel se
separaram de Davi e seguiram Seba, filho
de Bicri. Mas os homens de Judá se apega-
ram ao seu rei, conduzindo-o desde o Jordão
até Jerusalém.
3 E Davi foi para o seu palácio em Jerusa-
lém. O rei tomou as dez concubinas, que tinha
deixado para cuidar do palácio, e as pôs em
custódia, e as sustentou, porém não teve rela-
ções com elas. Elas ficaram enclausuradas até
o dia em que morreram, vivendo como viúvas.
4 O rei disse a Amasa:
— Convoque, para dentro de três dias, os
homens de Judá e apresente-se aqui.
5 Amasa saiu para convocar os homens de
Judá, mas demorou-se além do tempo que lhe
havia sido dado. 6 Então Davi disse a Abisai:
— Agora Seba, o filho de Bicri, nos fará mais
mal do que Absalão. Por isso, pegue os servos
do seu senhor e vá atrás dele, para que não
ache para si cidades fortificadas e nos escape.

7 Então saíram com ele os soldados de
Joabe, a guarda real e todos os valentes. Saíram de Jerusalém para perseguir Seba, filho
de Bicri. 8 Quando chegaram à pedra grande
que está em Gibeão, Amasa veio ao encontro deles. Joabe usava trajes militares e sobre eles um cinto, no qual, presa aos seus lombos, estava uma espada dentro da bainha. Quando Joabe se adiantou, sua espada caiu.
9 Então Joabe disse a Amasa:

— Você vai bem, meu irmão?

E, com a mão direita, pegou na barba de
Amasa, para o beijar. 10 Amasa não reparou na espada que estava na mão de Joabe. Assim, este o feriu com ela na barriga e lhe derramou por terra os intestinos. Amasa morreu, sem que fosse preciso dar um segundo golpe. Então Joabe e o seu irmão Abisai perseguiram Seba, filho de Bicri.
11 Mas um dos moços de Joabe parou junto
do corpo de Amasa e disse:

— Quem está do lado de Joabe e é por Davi, siga Joabe!

12 Amasa estava envolto no seu sangue
no meio do caminho. Quando o moço viu que todo o povo parava, arrastou Amasa do caminho para o campo e lançou um manto sobre ele. Porque ele via que todo aquele
que chegava perto dele parava. 13 Depois que
o corpo foi afastado do caminho, todos os homens seguiram Joabe, para perseguirem Seba, filho de Bicri.

14 Seba passou por todas as tribos de Israel
até Abel-Bete-Maaca, e apenas os beritas se
ajuntaram todos e o seguiram. 15 Joabe e os
seus homens vieram e o cercaram em Abel-Bete-Maaca. E levantaram contra a cidade um montão da altura da muralha. E todo o povo que estava com Joabe batia na muralha para a derrubar. 16 Então uma mulher
sábia gritou de dentro da cidade:

— Escutem! Escutem! Digam a Joabe que venha cá, para que eu fale com ele.

17 Quando ele chegou perto, a mulher
perguntou:

— Você é Joabe?

Ele respondeu:

— Eu sou.

Ela lhe disse:

— Ouça as palavras desta sua serva.

Joabe respondeu:

— Estou ouvindo.

18 Então ela disse:

— Antigamente se costumava dizer: "Peçam conselho na cidade de Abel";
e assim as questões eram resolvidas. 19 Eu
sou uma das pacíficas e das fiéis em Israel, e você procura destruir uma cidade que é mãe em Israel. Por que você quer devorar a herança do SENHOR?

20 Então Joabe respondeu:

— Longe, longe de mim que eu devore e
destrua! 21 A coisa não é assim. Porém um
homem da região montanhosa de Efraim, chamado Seba, filho de Bicri, levantou a mão contra o rei, contra Davi. Entreguem-me só este, e eu vou me retirar da cidade.

Então a mulher disse a Joabe:

— Eis que a cabeça dele será jogada por cima da muralha para você.

22 Então a mulher, na sua sabedoria, foi
falar com todo o povo. E cortaram a cabeça de Seba, filho de Bicri, e a jogaram para Joabe. Então Joabe tocou a trombeta, e eles se retiraram da cidade, cada um para a sua casa. E Joabe voltou a Jerusalém, para junto do rei.

OFICIAIS DE DAVI

2Sm 8.15-18; 1Cr 18.14-17

23 Joabe era comandante de todo o exército
de Israel. Benaia, filho de Joiada, era comandante da guarda real. 24 Adorão era chefe
dos que estavam sujeitos a trabalhos forçados. Josafá, filho de Ailude, era o cronista.
25 Seva era o escrivão. Zadoque e Abiatar
eram os sacerdotes. 26 E também Ira, o jairita, era ministro de Davi.

OS GIBEONITAS SÃO VINGADOS

21 1 Nos dias do rei Davi houve uma fome de três anos consecutivos. Davi consultou o SENHOR, e o SENHOR lhe disse:

— É por causa de Saul e de sua família sanguinária, porque ele matou os gibeonitas.

2 Então o rei chamou os gibeonitas e falou
com eles. Os gibeonitas não eram dos filhos de Israel, mas do resto dos amorreus. Os filhos de Israel lhes tinham jurado poupá-los, porém Saul procurou destruí-los no seu
zelo pelos filhos de Israel e de Judá. 3 Davi
perguntou aos gibeonitas:

— O que vocês querem que eu faça por vocês? E que resgate lhes darei, para que abençoem a herança do SENHOR?

4 Os gibeonitas responderam:
— A nossa questão com Saul e com a sua
casa não tem nada a ver com prata nem com
ouro. Também não pretendemos matar pes-
soa alguma em Israel.
Então Davi disse:
— O que vocês disserem, isso farei por
vocês.
5 Eles responderam ao rei:
— Quanto ao homem que nos destruiu e
procurou que fôssemos exterminados, sem
que pudéssemos subsistir dentro das fron-
teiras de Israel, 6 que nos sejam dados sete
homens dos seus descendentes, para que
os enforquemos diante do Senhor, em Gibeá
de Saul, o eleito do Senhor.
E o rei disse:
— Eu vou dar.
7 Mas o rei poupou Mefibosete, filho de
Jônatas, filho de Saul, por causa do juramento
ao Senhor feito entre Davi e Jônatas, filho de
Saul. 8 Porém o rei pegou os dois filhos que
Rispa, filha de Aiá, tinha tido de Saul, a saber,
Armoni e Mefibosete. Pegou também os cinco
filhos que Merabe, filha de Saul, tinha tido de
Adriel, filho de Barzilai, meolatita. 9 Davi os
entregou nas mãos dos gibeonitas, que os
enforcaram no monte, diante do Senhor, e os
sete morreram ao mesmo tempo. Foram mor-
tos nos dias da colheita, nos primeiros dias,
no princípio da colheita da cevada.
10 Então Rispa, filha de Aiá, pegou um pano
de saco e o estendeu para si sobre uma rocha,
desde o princípio da colheita até que caiu
água do céu sobre os corpos. E não deixou
que as aves do céu se aproximassem deles
de dia, nem os animais do campo, de noite.
11 Contaram a Davi o que Rispa, filha de
Aiá e concubina de Saul, havia feito. 12 Então
Davi foi e tomou os ossos de Saul e os ossos
de Jônatas, seu filho, dos moradores de
Jabes-Gileade, os quais os furtaram da praça
de Bete-Seã, onde os filisteus os tinham
pendurado, no dia em que mataram Saul em
Gilboa. 13 Dali, transportou os ossos de Saul
e os ossos de Jônatas, seu filho; e ajuntaram
também os ossos dos enforcados. 14 Sepulta-
ram os ossos de Saul e de Jônatas, seu filho,
na terra de Benjamim, em Zela, no túmulo
de Quis, seu pai. Fizeram tudo o que o rei
havia ordenado. Depois disto, Deus se tor-
nou favorável para com a terra.

GIGANTES MORTOS PELOS HOMENS DE DAVI

1Cr 20.4-8

15 De novo, os filisteus fizeram guerra contra
Israel. Davi foi com os seus soldados, e luta-
ram contra os filisteus. E Davi ficou muito
cansado. 16 Isbi-Benobe descendia dos gigan-
tes. O peso do bronze de sua lança era de
quase quatro quilos, e estava cingido de uma
armadura nova. Este disse que mataria Davi.
17 Porém Abisai, filho de Zeruia, socorreu
Davi, atacou o filisteu e o matou. Então os
homens de Davi lhe juraram, dizendo:
— Nunca mais o senhor sairá conosco à
batalha, para que a lâmpada de Israel não
se apague.
18 Depois disto houve ainda, em Gobe,
outra batalha contra os filisteus. Foi então
que Sibecai, o husatita, matou Safe, que era
descendente dos gigantes.
19 Houve ainda, em Gobe, outra batalha
contra os filisteus, e Elanã, filho de Jaa-
ré-Oregim, o belemita, matou Golias, o
geteu, cuja lança tinha a haste como eixo
de tecelão.
20 Houve ainda outra batalha em Gate. Ali
havia um homem de grande estatura, que
tinha seis dedos em cada mão e em cada pé,
vinte e quatro ao todo; também este des-
cendia dos gigantes. 21 Quando ele insultou
Israel, Jônatas, filho de Simeia, irmão de
Davi, o matou.
22 Esses quatro eram descendentes dos
gigantes em Gate, e foram mortos por Davi
e seus soldados.

CÂNTICO DE DAVI EM AÇÃO DE GRAÇAS

Sl 18.1-50

22 1 Davi falou ao Senhor as palavras
deste cântico, no dia em que o
Senhor o livrou das mãos de todos os seus
inimigos e das mãos de Saul. 2 Ele disse:

"O Senhor é a minha rocha,
a minha fortaleza, o meu libertador;
3 o meu Deus, o meu rochedo
em que me refugio;
o meu escudo, a força
da minha salvação,
o meu alto refúgio.
Ó Deus, tu me salvas da violência.

Devemos construir um caráter aprovado pelo Pai e deixar que ele cuide da nossa reputação.

[4] Invoco o Senhor,
digno de ser louvado,
e serei salvo dos meus inimigos."

[5] "Porque ondas de morte
me cercaram,
torrentes de perdição
me impuseram terror.
[6] Cadeias infernais me envolveram,
e tramas de morte
me surpreenderam."

[7] "Na minha angústia,
invoquei o Senhor;
gritei por socorro ao meu Deus.
Do seu templo ele ouviu
a minha voz,
e o meu clamor
chegou aos seus ouvidos.
[8] Então a terra se abalou e tremeu;
vacilaram também
os fundamentos dos céus
e se abalaram,
porque ele estava irado.
[9] Das suas narinas subiu fumaça,
e fogo devorador
saiu da sua boca;
dele saíram brasas ardentes.
[10] Ele baixou os céus e desceu,
e teve sob os pés densa escuridão.
[11] Cavalgava um querubim e voou;
foi levado sobre as asas do vento.
[12] Por abrigo
pôs ao redor de si trevas,
ajuntamento de águas,
nuvens dos céus.
[13] Do resplendor que diante dele havia,
brasas de fogo se acenderam.
[14] O Senhor trovejou desde os céus;
o Altíssimo levantou a sua voz.
[15] Atirou as suas flechas
e espalhou os meus inimigos;
multiplicou os seus raios
e os dispersou.
[16] Então se viu o leito do mar,
e se descobriram os fundamentos
do mundo,
pela repreensão do Senhor, pelo sopro
irado das suas narinas."

[17] "Do alto o Senhor me estendeu
a mão e me segurou;
ele me tirou das águas profundas.
[18] Livrou-me de forte inimigo
e dos que me odiavam,
pois eram mais poderosos
do que eu.
[19] Eles me atacaram
no dia da minha calamidade,
mas o Senhor me serviu de amparo.
[20] Trouxe-me para um lugar espaçoso;
livrou-me, porque ele se agradou de mim."

[21] "O Senhor me retribuiu
segundo a minha justiça;
recompensou-me conforme
a pureza das minhas mãos.
[22] Pois tenho guardado
os caminhos do Senhor
e não me afastei perversamente
do meu Deus.
[23] Porque todos os seus juízos
estão diante de mim,
e não rejeitei os seus preceitos.
[24] Também fui íntegro para com ele
e me guardei da iniquidade.
[25] Por isso, o Senhor me retribuiu
segundo a minha justiça,
conforme a minha pureza,
na sua presença."

[26] "Para com quem é fiel,
fiel te mostras;
com o íntegro, também íntegro.
[27] Com o puro, puro te mostras;
com o perverso, inflexível.
[28] Tu salvas o povo humilde,
mas, com um lance de vista,
abates os orgulhosos.
[29] Tu, Senhor,
és a minha lâmpada;
o Senhor derrama luz
nas minhas trevas.
[30] Pois contigo posso
atacar exércitos,
com o meu Deus salto muralhas.
[31] O caminho de Deus é perfeito;
a palavra do Senhor é confiável;
ele é escudo para todos os que
nele se refugiam."

[32] "Pois quem é Deus além do Senhor?
E quem é rochedo,
a não ser o nosso Deus?

[33] Deus é a minha fortaleza
e a minha força
e ele aperfeiçoa o meu caminho.
[34] Ele deu aos meus pés
a ligeireza das corças
e me firmou nas minhas alturas.
[35] Ele treinou as minhas mãos
para o combate,
tanto que os meus braços
vergaram um arco de bronze.
[36] Também me deste
o escudo da tua salvação,
e a tua clemência me engrandeceu.
[37] Alargaste o caminho
sob meus passos,
e os meus pés não vacilaram.
[38] Persegui os meus inimigos
e os derrotei,
e só voltei depois de ter acabado com eles.
[39] Acabei com eles, esmagando-os
a tal ponto, que não puderam
se levantar;
caíram sob os meus pés.
[40] Pois me cingiste
de força para o combate
e me submeteste os que
se levantaram contra mim.
[41] Também puseste em fuga
os meus inimigos,
e os que me odiavam,
eu os exterminei.
[42] Olharam, mas não houve
quem os salvasse;
olharam para o SENHOR,
mas ele não respondeu.
[43] Então os moí
como o pó da terra;
esmaguei-os e, como a lama
das ruas, os amassei."

[44] "Dos conflitos do meu povo
me livraste
e me fizeste cabeça das nações;
um povo que eu não conhecia
me serviu.
[45] Os estrangeiros se mostram
submissos a mim;
bastou-lhes ouvir a minha voz,
logo me obedeceram.
[46] Os estrangeiros fraquejaram
e, tremendo, saíram
das suas fortalezas."

[47] "O SENHOR vive!
Bendita seja a minha rocha!
Exaltado seja o meu Deus,
a rocha da minha salvação!
[48] O Deus que por mim tomou vingança
e me submeteu povos;
[49] o Deus que me tirou
do meio dos meus inimigos;
sim, tu que me exaltaste
acima dos meus adversários
e me livraste
dos homens violentos."

[50] "Por isso, eu te glorificarei
entre os gentios, ó SENHOR,
e cantarei louvores ao teu nome.
[51] É ele quem dá grandes vitórias
ao seu rei
e usa de misericórdia
para com o seu ungido,
com Davi e sua posteridade,
para sempre."

AS ÚLTIMAS PALAVRAS DE DAVI

23 [1] São estas as últimas palavras de Davi:

"Palavra de Davi, filho de Jessé;
palavra do homem que foi exaltado,
do ungido do Deus de Jacó,
do amado salmista de Israel."

[2] "O Espírito do SENHOR fala
por meio de mim;
e a sua palavra está na minha língua.
[3] O Deus de Israel falou,
a Rocha de Israel me disse:
'Aquele que governa o povo com justiça,
que domina no temor de Deus,
[4] é como a luz da manhã,
quando sai o sol,
como manhã sem nuvens,
cujo esplendor, depois da chuva,
faz brotar da terra a erva.'"

[5] "Não é assim que a minha casa
está para com Deus?
Pois estabeleceu comigo
uma aliança eterna,
em tudo bem-definida e segura.
Não me fará ele prosperar
toda a minha salvação
e toda a minha esperança?"

6 “Porém os homens malignos serão
todos lançados fora como os espinhos,
pois não podem ser tocados
com as mãos;
7 mas quem quer tocá-los
se arma de ferro
e da haste de uma lança;
e serão totalmente queimados
no fogo ali onde estão.”

OS VALENTES DE DAVI

1Cr 11.10-47

8 São estes os nomes dos valentes de Davi: Josebe-Bassebete, filho de Taquemoni, o principal de três; este brandiu a sua lança contra oitocentos homens e os matou de uma só vez.

9 Depois dele, Eleazar, filho de Dodô, filho de Aoí, entre os três valentes que estavam com Davi, quando desafiaram os filisteus ali reunidos para a batalha. Quando os filhos de Israel já se haviam retirado, 10 ele se levantou e atacou os filisteus, até lhe cansar a mão e ficar grudada na espada. Naquele dia, o Senhor efetuou grande livramento, e o povo voltou para onde Eleazar estava somente para pegar os despojos.

11 Depois dele vinha Sama, filho de Agé, o hararita, quando os filisteus se juntaram em Leí, onde havia uma plantação de lentilhas; e o povo fugia dos filisteus. 12 Sama pôs-se no meio daquele terreno, e o defendeu, e matou os filisteus; e o Senhor efetuou grande livramento.

13 No tempo da colheita, três dos trinta chefes desceram à caverna de Adulão, onde Davi estava; e uma tropa de filisteus tinha acampado no vale dos Refains. 14 Nessa época Davi estava na fortaleza, e a guarnição dos filisteus estava em Belém. 15 Davi suspirou e disse:

— Quem me dera beber água do poço que está junto ao portão de Belém!

16 Então aqueles três valentes romperam pelo acampamento dos filisteus, tiraram água do poço junto ao portão de Belém e a levaram a Davi. Ele não a quis beber, mas a derramou como libação ao Senhor. 17 E disse:

— Longe de mim, ó Senhor, fazer tal coisa! Beberia eu o sangue dos homens que lá foram colocando em risco a sua vida?

E assim não a quis beber.

São estas as coisas que fizeram os três valentes.

18 Também Abisai, irmão de Joabe, filho de Zeruia, era chefe de trinta. Este, empunhando a sua lança, atacou trezentos homens e os matou. E tinha nome entre os três. 19 Ele era mais nobre do que os trinta e se tornou o chefe deles; contudo, não chegou aos primeiros três.

20 Também Benaia, filho de Joiada, era homem valente de Cabzeel e realizou grandes feitos. Ele matou dois heróis de Moabe. Desceu numa cova e nela matou um leão no tempo da neve. 21 Matou também um egípcio, homem de grande estatura. O egípcio trazia na mão uma lança, mas Benaia o atacou com um cajado, arrancou a lança da mão dele e o matou com ela. 22 Estas coisas fez Benaia, filho de Joiada, pelo que teve nome entre os primeiros três valentes. 23 Era mais nobre do que os trinta, porém não chegou aos primeiros três. Davi o pôs sobre a sua guarda.

24 Entre os trinta figuravam: Asael, irmão de Joabe; Elanã, filho de Dodô, de Belém; 25 Sama, harodita; Elica, harodita; 26 Heles, paltita; Ira, filho de Iques, tecoíta; 27 Abiezer, anatotita; Mebunai, husatita; 28 Zalmom, aoíta; Maarai, netofatita; 29 Helebe, filho de Baaná, netofatita; Itai, filho de Ribai, de Gibeá, dos filhos de Benjamim; 30 Benaia, piratonita; Hidai, do ribeiro de Gaás; 31 Abi-Albom, arbatita; Azmavete, barumita; 32 Eliaba, saalbonita; os filhos de Jasém; Jônatas; 33 Sama, hararita; Aião, filho de Sarar, ararita; 34 Elifelete, filho de Aasbai, filho de um maacatita; Eliã, filho de Aitofel, gilonita; 35 Hezrai, carmelita; Paarai, arbita; 36 Igal, filho de Natã, de Zobá; Bani, gadita; 37 Zeleque, amonita; Naarai, beerotita, o que carregava as armas de Joabe, filho de Zeruia; 38 Ira, itrita; Garebe, itrita; 39 Urias, heteu. Ao todo eram trinta e sete.

O LEVANTAMENTO DO CENSO

1Cr 21.1-6

24 1 Mais uma vez a ira do Senhor se acendeu contra os israelitas, e ele incitou Davi contra eles, dizendo:

— Vá e levante o censo de Israel e de Judá.

2 O rei disse a Joabe, comandante do seu exército:

— Percorra todas as tribos de Israel, desde Dã até Berseba, e levante o censo do povo, para que eu saiba o seu número.

3 Então Joabe disse ao rei:
— Que o Senhor, seu Deus, multiplique
este povo cem vezes mais, e que o rei, meu
senhor, o veja! Mas por que o rei, meu
senhor, quer fazer uma coisa dessas?
4 Porém a palavra do rei prevaleceu contra
Joabe e contra os chefes do exército. Então
eles saíram da presença do rei, para levantar
o censo do povo de Israel. 5 Passaram o Jordão
e acamparam em Aroer, à direita da cidade que
está no meio do vale de Gade, e foram a Jazer.
6 Dali foram a Gileade e chegaram até Cades, na
terra dos heteus. Seguiram a Dã-Jaã e viraram-
-se para Sidom. 7 Chegaram à fortaleza de Tiro e
a todas as cidades dos heveus e dos cananeus,
de onde saíram para o Sul de Judá, a Berseba.
8 Assim, percorreram toda a terra e, depois de
nove meses e vinte dias, chegaram a Jerusa-
lém. 9 Joabe apresentou ao rei o resultado do
recenseamento do povo: havia em Israel oito-
centos mil homens de guerra, que puxavam
da espada; e em Judá eram quinhentos mil.

DAVI ESCOLHE O CASTIGO

1Cr 21.7-17

10 Depois de haver recenseado o povo,
Davi ficou com dor no coração. Ele disse
ao Senhor:
— Cometi um grande pecado ao fazer o
que fiz. Mas agora, ó Senhor, peço-te que
perdoes a iniquidade do teu servo, porque
fiz uma grande loucura.
11 Quando Davi se levantou pela manhã,
a palavra do Senhor veio ao profeta Gade,
vidente de Davi, dizendo:
12 — Vá e diga a Davi: Assim diz o Senhor:
"Eu lhe ofereço três opções; escolha uma
delas, para que eu a execute contra você."
13 Gade foi falar com Davi e lhe comuni-
cou isso, dizendo:
— Você quer sete anos de fome na sua
terra, três meses fugindo dos seus inimigos,
que vão persegui-lo, ou três dias de peste na
sua terra? Decida, agora, e diga que resposta
devo dar ao que me enviou.
14 Então Davi disse a Gade:
— Estou muito angustiado. Porém é pre-
ferível que caiamos nas mãos do Senhor,
porque muitas são as suas misericórdias;
não quero cair nas mãos dos homens.
15 Então o Senhor enviou a peste a Israel,
desde a manhã até o tempo que havia
determinado. E, desde Dã até Berseba,
morreram setenta mil homens do povo.
16 Quando o Anjo do Senhor estendeu a mão
sobre Jerusalém, para a destruir, o Senhor
mudou de ideia quanto a este mal e disse
ao Anjo que fazia a destruição entre o povo:
— Basta! Retire a sua mão.
O Anjo estava junto à eira de Araúna, o
jebuseu. 17 Ao ver o Anjo que feria o povo,
Davi falou ao Senhor e disse:
— Eu é que pequei. Eu é que fiz essa per-
versidade. Mas estas ovelhas o que fizeram?
Que a tua mão seja contra mim e contra a
casa de meu pai.

DAVI EDIFICA UM ALTAR NA EIRA DE ARAÚNA

1Cr 21.18-27

18 Naquele mesmo dia, Gade foi falar com
Davi e lhe disse:
— Vá e edifique um altar ao Senhor na eira
de Araúna, o jebuseu.
19 Davi foi segundo a palavra de Gade, como
o Senhor lhe havia ordenado. 20 Araúna viu,
do alto, que o rei e os seus homens vinham
ao seu encontro. Saiu e se inclinou diante
do rei, com o rosto em terra. 21 E perguntou:
— Por que o rei, meu senhor, vem até este
seu servo?
Davi respondeu:
— Para comprar de você esta eira, a fim de
edificar nela um altar ao Senhor, para que
cesse a praga no meio do povo.
22 Então Araúna disse a Davi:
— Que o rei, meu senhor, tome e ofereça
o que bem quiser. Aqui estão os bois para
o holocausto, o debulhador de cereais e a
canga dos bois para a lenha. 23 Tudo isto, ó
rei, Araúna oferece ao rei.
E acrescentou:
— Que o Senhor, seu Deus, aceite a sua
oferta.
24 Porém o rei disse a Araúna:
— Não! Eu vou comprar de você pelo que
vale. Porque não oferecerei ao Senhor, meu
Deus, holocaustos que não me custem nada.
Assim, Davi comprou a eira e os bois por
cinquenta moedas de prata. 25 Davi edificou
ali um altar ao Senhor e apresentou holo-
caustos e ofertas pacíficas. Assim, o Senhor
se tornou favorável para com a terra, e a
praga cessou no meio de Israel.

1 Reis

Livro 11 com

22 CAPÍTULOS

SIGNIFICADO DO TÍTULO

O título "1 Reis" vem da divisão dos livros de Reis na Bíblia hebraica e na Septuaginta grega. Refere-se ao reinado dos diversos monarcas em Israel, desde a morte do rei Davi até o reinado de Acabe e a sucessão de seus filhos.

AUTORIA

Embora não seja explicitamente mencionado, a tradição atribui a autoria ao profeta Jeremias. Contudo, muitos estudiosos modernos sugerem que o livro pode ter sido compilado e editado por escribas e profetas durante o período do exílio ou após o retorno dos cativos.

OBJETIVO DO LIVRO

1 Reis continua a narrativa histórica de Israel após a morte do rei Davi. Descreve os reinados de Salomão, Roboão e Jeroboão, além de outros reis, até o governo de Acabe. O texto destaca a contínua luta de Israel para manter sua identidade como nação escolhida por Deus, enquanto enfrenta ameaças internas e externas.

ESTRUTURA DO LIVRO

- ★ O reinado de Salomão 1Rs 1—11
- ★ O reinado de Roboão e a divisão do reino 1Rs 12—14
- ★ O reinado de Abias e Asa em Judá 1Rs 15.24
- ★ O reinado de Nadabe, Baasa, Elá, Zinri e Onri em Israel 1Rs 15.25—16
- ★ O reinado de Acabe e o ministério de Elias 1Rs 17
- ★ Elias e os profetas de Baal 1Rs 18
- ★ Elias foge para o Horebe e o chamado de Eliseu 1Rs 19
- ★ A guerra contra a Síria 1Rs 20
- ★ Acabe e Jezabel contra Nabote 1Rs 21
- ★ A batalha de Ramote-Gileade e a morte de Acabe 1Rs 22

TEMAS DE 1REIS

A teologia de 1Reis enfatiza a importância da obediência a Deus e os resultados da desobediência. A queda de Salomão em virtude da idolatria e da desobediência mostra a necessidade de fidelidade ao Senhor e à sua aliança. O livro também destaca a soberania de Deus sobre os reinos da Terra e a fidelidade em manter suas promessas.

1REIS E CRISTO

Em 1Reis, Salomão prefigura Jesus como um rei sábio e construtor do templo; as falhas dos monarcas humanos ressaltam a necessidade do rei perfeito; a injustiça de Acabe destaca a necessidade da justiça que Jesus traz; e a fidelidade de Deus à aliança com Davi é cumprida em Jesus, o eterno Filho de Davi.

A VELHICE DE DAVI

1 1 Quando o rei Davi já estava bem velho, envolviam-no com roupas, mas ele não se aquecia. 2 Então os seus servos lhe disseram:

— Que se procure para o rei, nosso senhor, uma jovem donzela, que esteja diante do rei e tenha cuidado dele, e durma nos seus braços, para que o rei, nosso senhor, se aqueça.

3 Então procuraram em todo o território de Israel uma jovem formosa. Acharam Abisague, sunamita, e a levaram ao rei. 4 A jovem era muito bonita. Cuidava do rei e o servia, mas o rei não teve relações com ela.

ADONIAS TENTA SER REI

5 Então Adonias, filho de Hagite, se exaltou e disse:

— Eu serei o rei.

Providenciou carros de guerra, cavaleiros e cinquenta homens que corressem na sua frente. 6 Seu pai jamais o tinha contrariado, dizendo: "Por que você fez isso ou aquilo?" Adonias tinha boa aparência e era mais jovem do que Absalão. 7 Ele tinha feito um acordo com Joabe, filho de Zeruia, e com Abiatar, o sacerdote, que o seguiam e apoiavam. 8 Porém Zadoque, o sacerdote, Benaia, filho de Joiada, Natã, o profeta, Simei, Reí e os valentes de Davi não apoiavam Adonias.

9 Certo dia Adonias sacrificou ovelhas, bois e bezerros gordos junto à pedra de Zoelete, que está perto de En-Rogel. Convidou todos os seus irmãos, os filhos do rei, e todos os homens de Judá que estavam a serviço do rei, 10 porém não convidou Natã, o profeta, nem Benaia, nem os valentes, nem Salomão, seu irmão.

SALOMÃO É PROCLAMADO REI

11 Então Natã disse a Bate-Seba, mãe de Salomão:

— Você não ouviu que Adonias, filho de Hagite, se proclamou rei e que nosso senhor, Davi, não sabe de nada? 12 Agora permita que eu lhe dê um conselho, para que você salve a sua vida e a vida do seu filho Salomão. 13 Vá, apresente-se ao rei Davi e diga: "Ó rei, meu senhor, não é verdade que você jurou a esta sua serva, dizendo: 'O seu filho Salomão reinará depois de mim e ele se assentará no meu trono?' Por que, então, Adonias se tornou rei?" 14 — Eis que, enquanto você ainda estiver falando com o rei, eu também entrarei depois de você e confirmarei as suas palavras.

15 Assim, Bate-Seba entrou no quarto do rei para falar com ele. O rei já era bem velho, e Abisague, a sunamita, o servia. 16 Bate-Seba inclinou a cabeça e prostrou-se diante do rei, que perguntou:

— O que você quer?

17 Ela respondeu:

— Meu senhor, você jurou a esta sua serva pelo Senhor, seu Deus, dizendo: "O seu filho Salomão reinará depois de mim e ele se assentará no meu trono." 18 Mas agora Adonias se proclamou rei, e você, ó rei, meu senhor, não sabe disso. 19 Ele sacrificou bois, bezerros gordos e ovelhas em abundância. Convidou todos os filhos do rei, Abiatar, o sacerdote, e Joabe, comandante do exército, mas não convidou o seu servo Salomão. 20 Porém, ó rei, meu senhor, todo o Israel tem os olhos em você, para que o rei diga quem se assentará no trono do rei, meu senhor, depois dele. 21 Do contrário, sucederá que, quando o rei, meu senhor, morrer, eu e o meu filho Salomão seremos tidos por culpados.

22 Enquanto Bate-Seba ainda falava com o rei, eis que o profeta Natã entrou. 23 E anunciaram isso ao rei, dizendo:

— O profeta Natã está aí.

Ele se apresentou ao rei e prostrou-se com o rosto em terra diante dele. 24 Natã perguntou:

— Rei Davi, por acaso o senhor declarou, dizendo: "Adonias reinará depois de mim e é ele quem se assentará no meu trono"? 25 Porque hoje ele foi sacrificar bois, bezerros gordos e ovelhas em abundância. Convidou todos os filhos do rei, os chefes do exército e Abiatar, o sacerdote. E eis que estão comendo e bebendo com ele e gritando: "Viva o rei Adonias!" 26 Porém não convidou a mim, que sou servo do rei, nem Zadoque, o sacerdote, nem Benaia, filho de Joiada, nem Salomão, que é servo do meu senhor. 27 Será que isso teria sido feito por ordem do rei, meu senhor? E o senhor não contou nem a este seu servo quem se assentaria no seu trono, depois do senhor!

28 O rei Davi respondeu:

— Chamem Bate-Seba.

Ela se apresentou ao rei e se pôs diante dele. 29 Então o rei jurou, dizendo:

— Tão certo como vive o Senhor, que remiu a minha alma de toda a angústia,

30 farei no dia de hoje como jurei a você
pelo SENHOR, Deus de Israel, dizendo: "O
seu filho Salomão reinará depois de mim
e se assentará no meu trono, em meu lugar."
31 Então Bate-Seba se inclinou, prostrou-se
com o rosto em terra diante do rei e disse:
— Que o rei Davi, meu senhor, viva para
sempre!
32 O rei Davi disse:
— Chamem Zadoque, o sacerdote, Natã, o
profeta, e Benaia, filho de Joiada.
E eles se apresentaram ao rei. 33 Então o
rei disse:
— Levem com vocês os meus servos,
façam o meu filho Salomão montar na
minha mula e levem-no a Giom. 34 Ali
Zadoque, o sacerdote, com Natã, o profeta,
o ungirão rei sobre Israel. Então toquem a
trombeta e digam: "Viva o rei Salomão!"
35 Depois venham subindo com ele, e ele
virá e se assentará no meu trono, pois é ele
quem reinará em meu lugar. Porque ordenei
que ele seja chefe sobre Israel e sobre Judá.
36 Então Benaia, filho de Joiada, respon-
deu ao rei:
— Amém! Que o SENHOR, Deus do rei, meu
senhor, confirme isso! 37 Como o SENHOR Deus
tem estado com o rei, meu senhor, assim esteja
com Salomão e faça com que o trono dele seja
maior do que o trono do rei Davi, meu senhor.
38 Então Zadoque, o sacerdote, Natã, o pro-
feta, Benaia, filho de Joiada, e a guarda real
fizeram Salomão montar na mula que era
do rei Davi e o levaram a Giom. 39 Zadoque,
o sacerdote, levou o chifre do azeite que
estava no tabernáculo e ungiu Salomão.
Tocaram a trombeta, e todo o povo gritou:
— Viva o rei Salomão!
40 Todo o povo vinha subindo atrás de
Salomão, tocando flautas e gritando de ale-
gria. O barulho era tanto, que parecia que a
terra estava se fendendo.
41 Adonias e todos os convidados que
estavam com ele ouviram isso, quando
acabavam de comer. Também Joabe ouviu
o som da trombeta e perguntou:
— Que significa esse alvoroço na cidade?
42 Enquanto ele falava, eis que chegou
Jônatas, filho de Abiatar, o sacerdote.
Adonias disse a Jônatas:
— Entre aqui, porque você é um homem
valente e deve estar trazendo boas notícias.
43 Mas Jônatas respondeu a Adonias:
— Pelo contrário. Nosso senhor, o rei Davi,
proclamou Salomão como rei. 44 E Davi
enviou com ele Zadoque, o sacerdote, Natã,
o profeta, Benaia, filho de Joiada, e os da
guarda real; e eles fizeram Salomão montar
na mula que era do rei. 45 Zadoque, o sacer-
dote, e Natã, o profeta, o ungiram rei em
Giom. Eles voltaram de lá, cheios de alegria,
e a cidade se alvoroçou. É esse o barulho
que você ouviu. 46 Também Salomão já está
sentado no trono do reino. 47 Além disso, os
oficiais do rei foram cumprimentar Davi e
disseram: "Que o seu Deus faça com que o
nome de Salomão seja mais célebre do que
o seu nome, e faça com que o trono dele seja
maior do que o seu trono." E o rei se incli-
nou sobre o leito. 48 O rei também disse o
seguinte: "Bendito seja o SENHOR, Deus de
Israel, que deu hoje quem se assente no
meu trono, e permitiu que eu o visse com
os meus próprios olhos."
49 Então todos os convidados que esta-
vam com Adonias começaram a tremer, se
levantaram e foram embora, cada um pelo
seu caminho.
50 Porém Adonias, temendo Salomão,
levantou-se, foi e pegou nas pontas do
altar. 51 Então alguém foi dizer a Salomão:
— Eis que Adonias tem medo do rei
Salomão, porque pega nas pontas do altar,
dizendo: "Que o rei Salomão me jure hoje
que não matará este seu servo à espada."
52 Salomão respondeu:
— Se for homem de bem, nem um de seus
cabelos cairá no chão. Mas se fizer alguma
maldade, morrerá.
53 Então o rei Salomão enviou mensagei-
ros, e o fizeram descer do altar. Adonias veio
e se prostrou diante do rei Salomão, que
lhe disse:
— Vá para a sua casa.

AS ÚLTIMAS ORDENS DE DAVI A SALOMÃO

2 1 Quando se aproximava o dia da morte
de Davi, ele deu ordens a Salomão, seu
filho, dizendo:
2 — Eu vou pelo caminho de todos os mor-
tais. Portanto, tenha coragem e seja homem!
3 Guarde os preceitos do SENHOR, seu Deus,
andando nos seus caminhos, guardando os

seus estatutos, os seus mandamentos, os seus juízos e os seus testemunhos, como está escrito na Lei de Moisés. Assim, você será bem-sucedido em tudo o que fizer e por onde quer que você for, 4 e o SENHOR confirmará a promessa que me fez, dizendo: "Se os seus filhos guardarem o seu caminho, andando diante de mim fielmente, de todo o seu coração e de toda a sua alma, nunca lhe faltará sucessor ao trono de Israel."

5 — Você também sabe o que me fez Joabe, filho de Zeruia, e o que fez com os dois comandantes do exército de Israel, com Abner, filho de Ner, e com Amasa, filho de Jéter. Ele os matou e, em tempo de paz, vingou o sangue derramado em tempo de guerra, manchando com ele o cinto que trazia nos lombos e as sandálias nos pés. 6 Portanto, faça segundo a sabedoria que você tem e não permita que ele morra em paz com idade avançada. 7 Mas seja bondoso com os filhos de Barzilai, o gileadita, e que eles estejam entre os que sentam à sua mesa para comer, porque estiveram ao meu lado quando eu fugia por causa do seu irmão Absalão.

8 — Eis que você também terá de lidar com Simei, filho de Gera, filho de Benjamim, de Baurim, que me lançou uma terrível maldição no dia em que eu ia a Maanaim. Porém ele veio ao meu encontro junto ao Jordão, e eu, pelo SENHOR, lhe jurei, dizendo que não o mataria à espada. 9 Mas, agora, não o tenha por inocente, pois você é um homem sábio e bem saberá o que deve fazer com ele para que ele seja sepultado com os cabelos brancos manchados de sangue.

10 Davi morreu e foi sepultado na Cidade de Davi. 11 Davi reinou sobre Israel durante quarenta anos: sete anos em Hebrom e trinta e três em Jerusalém. 12 Salomão assentou-se no trono de Davi, seu pai, e o seu reino se fortificou muito.

A MORTE DE ADONIAS

13 Então Adonias, filho de Hagite, foi até Bate-Seba, mãe de Salomão. Ela perguntou:

— É de paz a sua vinda?

E ele respondeu:

— Sim, é de paz.

14 E acrescentou:

— Tenho uma coisa para lhe dizer.

Ela disse:

— Fale.

15 Então Adonias disse:

— A senhora bem sabe que o reino era meu e que todo o Israel esperava que eu reinasse. Mas o reino se transferiu e veio a ser de meu irmão, porque do SENHOR ele o recebeu. 16 Agora um só pedido lhe faço e peço que não me seja recusado.

Ela lhe disse:

— Fale.

17 Então Adonias disse:

— Peço que a senhora fale com o rei Salomão, que não recusará um pedido seu, para que ele me dê por mulher Abisague, a sunamita.

18 Ao que Bate-Seba respondeu:

— Está bem, eu falarei por você ao rei.

19 Então Bate-Seba foi até o rei Salomão, para falar-lhe em favor de Adonias. O rei se levantou para recebê-la e se inclinou diante dela. Depois se assentou no seu trono e mandou pôr uma cadeira para a sua mãe, e ela se assentou à sua direita. 20 Então Bate-Seba disse:

— Só um pequeno pedido lhe faço e peço que não me seja recusado.

E o rei disse:

— Pode pedir, minha mãe, porque não recusarei um pedido seu.

21 Bate-Seba disse:

— Peço que Abisague, a sunamita, seja dada por mulher a Adonias, seu irmão.

22 Então o rei Salomão disse à sua mãe:

— Por que a senhora pede Abisague, a sunamita, para Adonias? Peça também para ele o reino, porque é meu irmão mais velho. Sim, para ele, e também para o sacerdote Abiatar e para Joabe, filho de Zeruia.

23 E o rei Salomão jurou pelo SENHOR, dizendo:

— Que Deus me castigue, se Adonias não falou esta palavra contra a sua própria vida. 24 E agora, tão certo como vive o SENHOR, que me estabeleceu e me fez assentar no trono de Davi, meu pai, e me edificou casa, como tinha dito, Adonias morrerá no dia de hoje.

25 E o rei Salomão enviou Benaia, filho de Joiada, para atacar Adonias. Ele o atacou e foi assim que Adonias morreu.

26 E ao sacerdote Abiatar o rei disse:

— Vá para Anatote, para os seus campos, porque você é homem digno de morte. Hoje, porém, não o matarei, porque você levou a

arca do Senhor Deus diante de Davi, meu
pai, e porque se afligiu com todas as afli-
ções de meu pai.
27 Salomão expulsou Abiatar, para que não
mais fosse sacerdote do Senhor, cumprindo,
assim, a palavra que o Senhor tinha dito a
respeito da casa de Eli, em Siló.

A MORTE DE JOABE

28 Quando esta notícia chegou a Joabe —
porque Joabe tinha se desviado para seguir
Adonias, embora não tivesse se desviado
para seguir Absalão —, ele fugiu para o
tabernáculo do Senhor e pegou nas pon-
tas do altar. 29 E alguém foi dizer ao rei
Salomão que Joabe havia fugido para o
tabernáculo do Senhor e estava junto ao
altar. Então Salomão enviou Benaia, filho
de Joiada, dizendo:
— Vá atacá-lo.
30 Benaia foi ao tabernáculo do Senhor e
disse a Joabe:
— Assim diz o rei: "Saia daí."
Ele respondeu:
— Não saio! Vou morrer aqui.
Então Benaia voltou com a resposta ao
rei, dizendo:
— Assim falou Joabe e foi isso que ele
me respondeu.
31 E Salomão ordenou:
— Faça o que ele disse. Mate-o e sepulte-o,
para que você tire de mim e da casa de meu
pai a culpa do sangue que Joabe derramou
sem razão. 32 Assim, o Senhor fará recair a
culpa de sangue de Joabe sobre a cabeça
dele, porque atacou dois homens mais
justos e melhores do que ele e os matou à
espada, sem que Davi, meu pai, o soubesse.
Ele matou Abner, filho de Ner, comandante
do exército de Israel, e Amasa, filho de Jéter,
comandante do exército de Judá. 33 Assim,
o sangue destes recairá sobre a cabeça de
Joabe e sobre a cabeça da sua descendência
para sempre; mas a Davi, à sua descendên-
cia, à sua casa e ao seu trono, o Senhor dará
paz para todo o sempre.
34 Então Benaia, filho de Joiada, atacou
Joabe e o matou; e ele foi sepultado em sua
casa, no deserto. 35 O rei pôs Benaia, filho de
Joiada, como comandante do exército em
lugar de Joabe, e, como sacerdote, colocou
Zadoque em lugar de Abiatar.

A MORTE DE SIMEI

36 Depois o rei mandou chamar Simei e
lhe disse:
— Construa uma casa para você em Je-
rusalém e fique morando aí. Não saia daí,
nem para um lugar nem para outro. 37 Fique
sabendo que, no dia em que você sair e passar
o ribeiro de Cedrom, certamente será morto;
então o seu sangue cairá sobre a sua cabeça.
38 Simei disse ao rei:
— Está bem. Este seu servo fará o que o
rei, meu senhor, ordenou.
E Simei ficou morando em Jerusalém por
muito tempo. 39 Mas, ao final de três anos,
dois escravos de Simei fugiram para Aquis,
filho de Maaca, rei de Gate. E foram contar
isso a Simei, dizendo:
— Eis que os seus escravos estão na cidade
de Gate.
40 Então Simei se levantou, preparou o seu
jumento e foi até Gate, para junto de Aquis,
em busca dos seus escravos. Simei foi e trouxe
de Gate os seus escravos. 41 Salomão foi avi-
sado de que Simei tinha ido de Jerusalém
a Gate e que já havia voltado. 42 Então o rei
mandou chamar Simei e lhe disse:
— Eu não fiz você jurar pelo Senhor e não
o avisei, dizendo: "No dia em que você sair
para um lado ou para outro, saiba que você
certamente será morto"? E você me disse:
"Está bem; concordo." 43 Por que, então, você
não guardou o juramento do Senhor, nem a
ordem que lhe dei?
44 E o rei disse mais a Simei:
— Você sabe muito bem e o seu cora-
ção reconhece todo o mal que fez a Davi,
meu pai; por isso o Senhor fez recair sobre
a sua cabeça o mal que você fez. 45 Mas o rei
Salomão será abençoado, e o trono de Davi
será mantido diante do Senhor, para sempre.
46 O rei deu ordem a Benaia, filho de Joiada,
e ele saiu, atacou Simei e o matou. E assim se
firmou o reino sob o domínio de Salomão.

SALOMÃO CASA COM A FILHA DE FARAÓ

3 1 Salomão aliou-se com Faraó, rei do
Egito, pois tomou por mulher a filha
de Faraó. Ele a trouxe à Cidade de Davi, até
que acabasse a construção do seu palácio,
da Casa do Senhor e da muralha em volta
de Jerusalém. 2 Entretanto, o povo oferecia

sacrifícios nos lugares altos, porque até
aqueles dias ainda não se tinha edificado
templo ao nome do Senhor.

SALOMÃO PEDE A DEUS SABEDORIA

2Cr 1.2-13

3 Salomão amava o Senhor, andando nos
preceitos de Davi, seu pai; porém oferecia
sacrifícios e queimava incenso nos luga-
res altos.
4 O rei foi a Gibeão para lá oferecer sacri-
fícios, porque era o lugar alto mais impor-
tante. Naquele altar, Salomão ofereceu mil
holocaustos. 5 Em Gibeão, o Senhor apare-
ceu a Salomão de noite, em sonhos. E Deus
lhe disse:
— Peça o que você quer que eu lhe dê.
6 Salomão respondeu:
— Foste muito bondoso com o teu servo
Davi, meu pai, porque ele andou contigo em
fidelidade, em justiça e em retidão de cora-
ção, diante da tua face. Mantiveste para com
ele esta grande bondade e lhe deste um filho
que se assentasse no seu trono, como hoje se
vê. 7 E agora, ó Senhor, meu Deus, tu fizeste rei-
nar teu servo em lugar de Davi, meu pai. Mas
eu não passo de uma criança, não sei como
devo agir. 8 Teu servo está no meio do teu
povo que escolheste, povo grande, tão nume-
roso que não se pode contar. 9 Dá, pois, ao teu
servo coração compreensivo para governar
o teu povo, para que, com prudência, saiba
discernir entre o bem e o mal. Pois quem
seria capaz de governar este teu grande povo?
10 Estas palavras agradaram ao Senhor, por
haver Salomão pedido tal coisa. 11 E Deus
lhe disse:
— Já que você pediu isso e não me pediu
longevidade, nem riquezas, nem a morte
de seus inimigos, mas pediu entendimento,
para discernir o que é justo, 12 eis que farei
como você pediu. Eu lhe dou um coração
sábio e inteligente, de maneira que antes
de você nunca houve ninguém igual a você,
nem haverá depois de você. 13 Também lhe
dou o que você não me pediu, tanto riquezas
como glória, de modo que, entre os reis, não
haverá ninguém semelhante a você durante
os dias da sua vida. 14 Se você andar nos
meus caminhos e guardar os meus estatu-
tos e os meus mandamentos, como fez Davi,
seu pai, eu prolongarei os seus dias.
15 Salomão acordou, e eis que era um
sonho. Voltou para Jerusalém, pôs-se diante
da arca da aliança do Senhor, ofereceu holo-
caustos, apresentou ofertas pacíficas e deu
um banquete a todos os seus oficiais.

SALOMÃO JULGA A CAUSA DE DUAS MULHERES

16 Então duas prostitutas foram falar com o
rei Salomão. Apresentaram-se diante dele
17 e uma das mulheres disse:
— Ah! Meu senhor, eu e esta mulher mora-
mos na mesma casa, onde dei à luz um filho.
18 No terceiro dia, depois do meu parto, tam-
bém esta mulher teve um filho. Estávamos
juntas. Não havia nenhuma outra pessoa
conosco na casa; somente nós duas estávamos
ali. 19 De noite, o filho desta mulher morreu,
porque ela se deitou sobre ele. 20 Ela levantou-
-se no meio da noite e, enquanto esta sua serva
dormia, tirou o meu filho, que estava do meu
lado, e o pôs na cama dela; depois colocou o
filho dela, morto, nos meus braços. 21 Quando
eu me levantei de madrugada para dar de
mamar ao meu filho, eis que ele estava morto.
Porém, quando reparei nele pela manhã, eis
que não era o filho que eu tinha dado à luz.
22 Então a outra mulher disse:
— Não! O que está vivo é o meu filho; o
seu é o que está morto.
Porém a primeira mulher respondeu:
— Não! O que está morto é o seu filho; o
meu é o que está vivo.
E assim elas falaram diante do rei.
23 Então o rei Salomão disse:
— Esta diz: "O que está vivo é o meu filho, e
o seu filho é o que está morto"; e a outra res-
ponde: "Não, o que está morto é o seu filho,
e o meu filho é o que está vivo."
24 E o rei continuou:
— Tragam-me uma espada.
E trouxeram uma espada diante do rei.
25 Então o rei disse:
— Cortem o menino que está vivo em duas
partes e deem metade a uma e metade a outra.
26 Então se aguçou o amor materno da
mulher cujo filho estava vivo e ela disse ao rei:
— Ah! Meu senhor, deem a ela o menino
vivo! Não o matem de jeito nenhum!
Porém a outra dizia:
— Ele não será nem meu nem seu. Podem
cortá-lo ao meio!

Deus sempre fará primeiro em nós, para que, então, atue por meio de nós.

27 Então o rei disse:
— Entreguem o menino vivo à pri-
meira mulher. Não o matem. Ela é a mãe
do menino.
28 Todo o Israel ouviu a sentença que o rei
havia proferido. E todos tiveram profundo
respeito ao rei, porque viram que havia nele
a sabedoria de Deus, para fazer justiça.

OS OFICIAIS DE SALOMÃO

4 1 O rei Salomão reinou sobre todo o
Israel. 2 E estes eram os seus altos ofi-
ciais: Azarias, filho de Zadoque, era o
sacerdote; 3 Eliorefe e Aías, filhos de Sisa,
eram secretários; Josafá, filho de Ailude,
era o cronista; 4 Benaia, filho de Joiada, era
comandante do exército; Zadoque e Abiatar
eram sacerdotes; 5 Azarias, filho de Natã, era
governador-chefe; Zabude, filho de Natã, era
ministro e amigo do rei; 6 Aisar era o respon-
sável pelo palácio; Adonirão, filho de Abda,
era superintendente dos que realizavam tra-
balhos forçados.
7 Salomão tinha doze governadores sobre
todo o Israel, que forneciam mantimento
ao rei e ao seu palácio; cada um tinha de
fornecer durante um mês do ano. 8 São
estes os seus nomes: Ben-Hur, nas mon-
tanhas de Efraim; 9 Ben-Dequer, em Macaz,
Saalabim, Bete-Semes, Elom e Bete-Hanã;
10 Ben-Hesede, em Arubote, Socó e toda
a terra de Héfer; 11 Ben-Abinadabe, que
era casado com Tafate, filha de Salomão,
em toda a cordilheira de Dor; 12 Baaná,
filho de Ailude, em Taanaque, Megido, e
toda a Bete-Seã, que fica perto de Zaretã,
abaixo de Jezreel, desde Bete-Seã até Abel-
Meolá, até além de Jocmeão; 13 Ben-Geber,
em Ramote-Gileade, nas aldeias de Jair,
filho de Manassés, que estão em Gileade
e também na região de Argobe, em Basã,
sessenta grandes cidades com muralhas
e ferrolhos de bronze; 14 Ainadabe, filho
de Ido, em Maanaim; 15 Aimaás, que era
casado com Basemate, outra filha de
Salomão, em Naftali; 16 Baaná, filho de
Husai, em Aser e Bealote; 17 Josafá, filho de
Parua, em Issacar; 18 Simei, filho de Elá, em
Benjamim; 19 Geber, filho de Uri, na terra
de Gileade, a terra de Seom, rei dos amor-
reus, e de Ogue, rei de Basã; e havia só um
governador nesta região.

A PROSPERIDADE DO REINO DE SALOMÃO

20 O povo de Judá e Israel era tão numeroso
como a areia que está na praia do mar; eles
comiam, bebiam e se alegravam. 21 Salomão
dominava sobre todos os reinos desde o
Eufrates até a terra dos filisteus e até a fron-
teira do Egito. Esses reinos pagavam tributo
e serviram Salomão durante todos os dias da
sua vida. 22 As provisões diárias de Salomão
eram três mil quilos da melhor farinha e seis
mil quilos de farinha; 23 dez bois gordos, vinte
bois de pasto e cem carneiros, além dos vea-
dos, as gazelas, os corços e aves bem-tratadas.
24 Porque Salomão dominava sobre toda a
região e sobre todos os reis do lado de cá do
Eufrates, desde Tifsa até Gaza, e tinha paz em
toda a região ao redor. 25 Judá e Israel habita-
vam seguros, cada um debaixo da sua videira
e debaixo da sua figueira, desde Dã até
Berseba, durante todos os dias de Salomão.
26 Salomão tinha também quatro mil cava-
los em estrebarias, para os seus carros de
guerra, e doze mil cavaleiros. 27 Os gover-
nadores forneciam provisões, cada um no
seu mês, ao rei Salomão e a todos os que
chegavam à sua mesa; coisa nenhuma dei-
xavam faltar. 28 Também levavam a cevada
e a palha para os cavalos e os ginetes, para
o lugar onde estivesse o rei, segundo lhes
havia sido prescrito.

A SABEDORIA DE SALOMÃO

29 Deus deu a Salomão sabedoria, entendi-
mento fora do comum e uma inteligência tão
vasta como a areia que está na praia do mar.
30 A sabedoria de Salomão era maior do que a
de todos os homens do Oriente e do que toda
a sabedoria dos egípcios. 31 Era mais sábio do
que todos os homens: mais sábio do que Etã,
ezraíta, e do que Hemã, Calcol e Darda, filhos
de Maol. E a sua fama se espalhou por todas
as nações ao redor. 32 Compôs três mil pro-
vérbios, e os seus cânticos foram mil e cinco.
33 Falou sobre todas as plantas, desde o cedro
que está no Líbano até o hissopo que brota
dos muros; também falou sobre os animais e
as aves, os animais que rastejam e os peixes.
34 De todos os povos vinha gente para ouvir
a sabedoria de Salomão, e também mensa-
geiros de todos os reis da terra que tinham
ouvido falar da sua sabedoria.

SALOMÃO FAZ ALIANÇA COM HIRÃO

2Cr 2.1-16

5 1 Também Hirão, rei de Tiro, enviou os
seus servos a Salomão, porque ouviu
que Salomão havia sido ungido rei em lugar
de seu pai. Acontece que Hirão sempre tinha
sido amigo de Davi. 2 Então Salomão enviou
mensageiros a Hirão, dizendo:
3 — Você sabe que Davi, meu pai, não pôde
edificar um templo ao nome do SENHOR, seu
Deus, por causa das guerras em que se viu
envolvido, até que o SENHOR pôs os seus ini-
migos debaixo dos pés dele. 4 Porém a mim
o SENHOR, meu Deus, tem dado descanso de
todos os lados; não há nem inimigo, nem
adversidade alguma. 5 Por isso tenho a
intenção de edificar um templo ao nome
do SENHOR, meu Deus, como o SENHOR falou
a Davi, meu pai, dizendo: "O seu filho, que
porei em seu lugar no seu trono, esse edifi-
cará uma casa ao meu nome." 6 Agora ordene
que cortem cedros do Líbano para mim. Os
meus servos estarão com os seus servos, e
eu lhe pagarei o salário destes segundo o
que você determinar. Porque você bem sabe
que entre o meu povo não há quem saiba
cortar a madeira como os sidônios.
7 Quando Hirão ouviu as palavras de
Salomão, ficou muito contente e disse:
— Bendito seja hoje o SENHOR, que deu a
Davi um filho sábio para reinar sobre este
grande povo.
8 Hirão enviou mensageiros a Salomão, di-
zendo:
— Ouvi a mensagem que você me enviou.
Farei tudo o que você deseja no que se refere
às madeiras de cedro e de cipreste. 9 Os
meus servos as levarão desde o Líbano até
o mar, e eu farei com que sejam conduzidas
em jangadas pelo mar até o lugar que você
disser. Ali elas serão desamarradas e você
as receberá. E você também fará a minha
vontade, dando provisões à minha casa.
10 Assim, Hirão deu a Salomão madeira de
cedro e madeira de cipreste, segundo este
queria. 11 Salomão deu a Hirão duas mil tone-
ladas de trigo, para sustento da sua casa, e
quatrocentos mil litros de azeite de oliva
puro; e o fazia de ano em ano. 12 O SENHOR
deu sabedoria a Salomão, como lhe havia
prometido. Havia paz entre Hirão e Salomão,
e eles fizeram uma aliança entre si.

PREPARATIVOS PARA EDIFICAR O TEMPLO

2Cr 2.17-18

13 O rei Salomão formou uma leva de traba-
lhadores forçados dentre todo o Israel, num
total de trinta mil homens. 14 Ele os enviava
ao Líbano alternadamente, dez mil por mês;
um mês estavam no Líbano, e dois meses,
cada um em sua casa. E Adonirão dirigia a
leva. 15 Salomão tinha também setenta mil
que levavam as cargas e oitenta mil que
talhavam pedra nas montanhas, 16 além dos
chefes-oficiais de Salomão, em número de
três mil e trezentos, que dirigiam a obra e
davam ordens ao povo que a executava. 17 O
rei mandou que trouxessem pedras grandes,
pedras preciosas e pedras lavradas para os
alicerces do templo. 18 Os edificadores de
Salomão, e os de Hirão, e os giblitas corta-
ram as pedras e prepararam a madeira e as
pedras para edificar o templo.

SALOMÃO EDIFICA O TEMPLO

2Cr 3.1-9

6 1 No ano quatrocentos e oitenta, depois
que os filhos de Israel saíram do Egito,
Salomão, no quarto ano do seu reinado
sobre Israel, no mês de zive, que é o segundo
mês, começou a edificar a Casa do SENHOR.
2 O templo que o rei Salomão edificou ao
SENHOR tinha vinte e sete metros de com-
primento, nove de largura e treze e meio de
altura. 3 O pórtico à entrada do templo media
nove metros no sentido da largura do Lugar
Santo, contra quatro e meio de fundo. 4 Para
o templo, fez janelas de ripas fixas super-
postas. 5 Contra a parede do templo, tanto
do santuário como do Santo dos Santos,
edificou andares ao redor e fez câmaras
laterais ao redor. 6 O andar de baixo tinha
dois metros e vinte e cinco de largura, o do
meio, dois metros e setenta, e o terceiro, três
metros e dez. Pela parte de fora do templo
ele fez reentrâncias para que as vigas não
fossem introduzidas nas paredes.
7 O templo foi construído com pedras já
preparadas nas pedreiras, de maneira que,
durante a construção, não se ouviu nenhum
barulho de martelo, machado ou qualquer
outro instrumento de ferro. 8 A porta da
câmara do andar térreo ficava no lado sul
do templo, e por uma escada se subia ao

segundo andar e, deste, ao terceiro. 9 Assim
Salomão construiu o templo e o rematou,
cobrindo-o com um tabuado de cedro. 10 Os
andares que edificou em volta do templo
tinham dois metros e vinte e cinco de altura
cada um, e estavam ligados ao templo por
meio de vigas de cedro.
11 Então a palavra do SENHOR veio a Salomão,
dizendo:
12 — Quanto a este templo que você está
edificando, se você andar nos meus esta-
tutos, e executar os meus juízos, e guardar
todos os meus mandamentos, andando
neles, cumprirei para com você a minha
palavra, a qual falei a Davi, seu pai. 13 E habi-
tarei no meio dos filhos de Israel e não
abandonarei o meu povo.

O SANTO DOS SANTOS

14 Assim Salomão construiu o templo e o
rematou. 15 Também revestiu as paredes
do templo por dentro com tábuas de cedro.
Desde o soalho até o teto, cobriu as paredes
com madeira por dentro; e cobriu o piso do
templo com tábuas de cipreste. 16 Revestiu
também os nove metros dos fundos do tem-
plo com tábuas de cedro, desde o chão até
o teto; e esse interior ele constituiu em san-
tuário, a saber, o Santo dos Santos. 17 O Santo
Lugar do templo media dezoito metros de
comprimento. 18 O cedro do templo por dentro
era enfeitado com entalhes de frutos e flores
abertas. Tudo era cedro; não se via nenhuma
pedra. 19 No mais interior do templo, preparou
o Santo dos Santos para nele colocar a arca da
aliança do SENHOR. 20 O Santo dos Santos tinha
nove metros de comprimento, nove de lar-
gura e nove de altura; cobriu-o de ouro puro.
Cobriu também de ouro o altar de cedro. 21 Por
dentro, Salomão revestiu o templo de ouro
puro; e fez passar correntes de ouro por den-
tro do Santo dos Santos, que também havia
revestido de ouro. 22 Assim revestiu de ouro
todo o interior do templo, e também todo o
altar que estava diante do Santo dos Santos.

OS DOIS QUERUBINS

2Cr 3.10-13

23 No Santo dos Santos, Salomão fez dois
querubins de madeira de oliveira, cada um
com quatro metros e meio de altura. 24 Cada
asa de um querubim media dois metros e
vinte e cinco. Portanto, de uma a outra extre-
midade de suas asas havia quatro metros e
meio. 25 Assim, o outro querubim também
era de quatro metros e meio; ambos os que-
rubins tinham a mesma medida e a mesma
forma. 26 A altura de um querubim era de qua-
tro metros e meio; e essa era também a altura
do outro. 27 Ele pôs os querubins no mais inte-
rior do templo. Os querubins estavam de asas
estendidas, de maneira que a asa de um tocava
numa parede, e a asa do outro tocava na outra
parede; e as suas asas no meio da sala tocavam
uma na outra. 28 E cobriu de ouro os querubins.

ORNAMENTAÇÃO DAS PAREDES E DAS PORTAS

29 Em todas as paredes ao redor do templo,
tanto na parte mais interior como na parte
exterior, Salomão mandou esculpir entalhes
de querubins, palmeiras e flores abertas.
30 Também revestiu de ouro o soalho, tanto
na parte mais interior do templo como na
parte exterior. 31 Para a entrada do Santo dos
Santos, fez uma porta dupla de madeira de
oliveira; a verga com as ombreiras formavam
uma porta pentagonal. 32 Assim, fabricou de
madeira de oliveira duas portas e mandou
esculpir nelas entalhes de querubins, de pal-
meiras e de flores abertas; a estas, como as
palmeiras e os querubins, revestiu de ouro.
33 Para a entrada do Santo Lugar, fez batentes
de madeira de oliveira; entrada quadrilate-
ral, 34 cujas duas portas eram de madeira de
cipreste; e as duas tábuas de cada porta eram
dobradiças. 35 E mandou esculpir nelas enta-
lhes de querubins, de palmeiras e de flores
abertas e revestiu esses entalhes de ouro.
36 Também edificou o átrio interior de três
ordens de pedras cortadas e de uma ordem
de vigas de cedro.
37 No quarto ano, no mês de zive, foi lan-
çado o fundamento da Casa do SENHOR. 38 E,
no décimo primeiro ano, no mês de bul, que
é o oitavo mês, o templo foi concluído com
todas as suas dependências, tal como devia
ser. Salomão levou sete anos para edificá-lo.

O PALÁCIO DE SALOMÃO

7 1 Salomão construiu o seu palácio e
levou treze anos para concluí-lo.
2 Ele construiu a Casa do Bosque do Líbano,
de quarenta e quatro metros de comprimento,

vinte e dois de largura e treze e meio de altura, sobre quatro fileiras de colunas de cedro e vigas de cedro sobre as colunas. 3 A cobertura era de cedro, abrangendo as câmaras laterais em número de quarenta e cinco, apoiadas em colunas, distribuídas em três fileiras de quinze. 4 Havia janelas em três fileiras, umas em frente às outras, agrupadas de três em três. 5 Todas as portas e janelas eram quadradas, ficando umas em frente das outras em três fileiras.

6 Depois, fez o Salão das Colunas, de vinte e dois metros de comprimento e treze e meio de largura. Havia um pórtico de colunas diante dele, e uma área coberta na frente do pórtico.

7 Também fez a Sala do Trono, a saber, a Sala do Julgamento, onde Salomão julgava. Ela era revestida de cedro desde o chão até o teto.

8 A casa, em que haveria de morar, ele fez em outro pátio, atrás da Sala do Trono, e era uma obra semelhante à anterior. Salomão também fez uma casa semelhante à Sala do Trono para a filha de Faraó, que havia tomado por mulher.

9 Todas estas construções eram de pedras valiosas, cortadas sob medida, serradas para o lado de dentro e para o lado de fora; e isto desde os alicerces até as beiras do teto, e por fora até o átrio maior. 10 Os alicerces eram de pedras valiosas, pedras grandes; pedras de quatro metros e meio e pedras de três metros e meio; 11 por cima delas, pedras valiosas, cortadas sob medida, e cedros. 12 Ao redor do grande átrio, havia três fileiras de pedras cortadas e uma fileira de vigas de cedro; assim era também o átrio interior da Casa do SENHOR e o pórtico daquela casa.

13 O rei Salomão enviou mensageiros que trouxessem de Tiro um homem chamado Hirão. 14 Ele era filho de uma viúva, da tribo de Naftali, e o pai dele, já falecido, era um homem de Tiro que trabalhava em bronze. Hirão era cheio de sabedoria, de entendimento e de ciência para fazer todo tipo de trabalho em bronze. Ele se apresentou ao rei Salomão e fez toda a sua obra.

AS DUAS COLUNAS DO TEMPLO

2Cr 3.15-17

15 Hirão fundiu duas colunas de bronze. A altura de cada uma era de oito metros, e um fio de cinco metros e quarenta era a medida de sua circunferência. 16 Também fez dois capitéis de bronze para pôr sobre o alto das colunas. A altura de cada um deles era de dois metros e vinte. 17 Havia obra de rede e ornamentos torcidos em forma de corrente, para os capitéis que estavam sobre o alto das colunas; sete para um capitel e sete para o outro. 18 Fez também romãs em duas fileiras por cima de uma das obras de rede, para cobrir o capitel no alto da coluna; o mesmo fez com o outro capitel.

19 Os capitéis que estavam no alto das colunas tinham o formato de lírios, como na Sala do Trono, e tinham um metro e oitenta de altura. 20 Perto do bojo, próximo à obra de rede, os capitéis que estavam no alto das duas colunas tinham duzentas romãs, dispostas em fileiras ao redor, sobre um e outro capitel.

21 Depois, levantou as colunas no pórtico do templo. Tendo levantado a coluna da direita, deu-lhe o nome de Jaquim; e, tendo levantado a coluna da esquerda, deu-lhe o nome de Boaz. 22 No alto das colunas estava a obra na forma de lírios. E, assim, foi terminado o trabalho das colunas.

O MAR DE FUNDIÇÃO

2Cr 4.1-5

23 Hirão fez também o mar de fundição, redondo, de quatro metros e meio de uma borda até a outra, e de dois metros e vinte de altura; e um fio de treze metros e meio era a medida de sua circunferência. 24 Por baixo da sua borda, ao redor, havia ornamentos em forma de cabaças, dez a cada meio metro; estavam em duas fileiras, fundidas quando se fundiu o mar de fundição. 25 O mar de fundição se apoiava sobre doze touros de bronze. Três olhavam para o norte; três, para o oeste; três, para o sul; e três, para o leste. O mar de fundição se apoiava sobre eles, cujas partes posteriores convergiam para dentro. 26 A grossura das paredes desse mar era de quatro dedos, e a sua borda, como borda de copo, era como uma flor de lírio. Nele cabiam cerca de quarenta mil litros.

OUTROS UTENSÍLIOS PARA O TEMPLO

2Cr 4.6-22

27 Hirão fez também dez suportes de bronze. Cada um media um metro e oitenta de

comprimento, um metro e oitenta de largura
e um metro e trinta de altura. 28 Os suportes
eram do seguinte modo: tinham painéis, que
estavam entre molduras, 29 nos quais havia
leões, bois e querubins. Nas molduras de cima
e de baixo dos leões e dos bois, pendiam gri-
naldas decorativas. 30 Cada suporte tinha
quatro rodas de bronze e eixos de bronze; os
seus quatro pés tinham apoios debaixo da pia,
apoios fundidos, e ao lado de cada um havia
grinaldas decorativas. 31 A boca dos suportes
estava dentro de uma guarnição que media
quarenta e cinco centímetros de altura; a boca
era redonda como a obra de um pedestal e
tinha sessenta e sete centímetros de diâme-
tro. Também nela havia entalhes, e os seus
painéis eram quadrados, não redondos. 32 As
quatro rodas estavam debaixo dos painéis, e
os eixos das rodas formavam uma peça com
o suporte; cada roda tinha sessenta e sete cen-
tímetros de altura. 33 As rodas eram como as
de um carro: os seus eixos, aros, raios e cubos
eram todos fundidos. 34 Havia quatro apoios
aos quatro cantos de cada suporte, que com
este formavam uma peça. 35 No alto de cada
suporte havia um cilindro de vinte e dois cen-
tímetros de altura; também, no alto de cada
suporte, os apoios e painéis formavam uma só
peça com ele. 36 Na superfície dos seus apoios
e dos seus painéis, gravou querubins, leões
e palmeiras, segundo o espaço de cada um,
com grinaldas ao redor. 37 Deste modo, fez os
dez suportes; todos tinham a mesma fundi-
ção, o mesmo tamanho e o mesmo entalhe.

38 Hirão também fez dez pias de bronze.
Em cada uma cabiam cerca de oitocentos
litros, e cada uma tinha um metro e oitenta
de diâmetro. Sobre cada um dos dez supor-
tes estava uma pia. 39 Pôs cinco suportes à
direita do templo e cinco, à esquerda; porém
o mar ele pôs ao lado direito do templo, para
o lado sudeste. 40 Depois Hirão fez os caldei-
rões, as pás e as bacias.

E assim ele terminou de fazer toda a obra
para o rei Salomão, para a Casa do Senhor:
41 as duas colunas; os dois capitéis redondos
que estavam no alto das duas colunas; as
duas redes, para cobrirem os dois capitéis
redondos que estavam no alto das colunas;
42 as quatrocentas romãs para as duas redes,
isto é, duas fileiras de romãs para cada rede,
para cobrirem os dois capitéis redondos
que estavam no alto das colunas; 43 os dez
suportes e as dez pias sobre eles; 44 o mar
de fundição com os doze touros por baixo;
45 os caldeirões, as pás e as bacias.

Todos estes utensílios que Hirão fez para o
rei Salomão, para a Casa do Senhor, eram de
bronze polido. 46 O rei os fez fundir em terra
barrenta, na planície do Jordão, entre Sucote
e Zaretã. 47 Salomão deixou de pesar todos os
utensílios devido ao seu excessivo número,
não se verificando, portanto, o peso do bronze.
48 Salomão também mandou fazer todos
os utensílios do Santo Lugar do Senhor: o
altar de ouro e a mesa de ouro, sobre a qual
estavam os pães da proposição; 49 os candela-
bros de ouro finíssimo, cinco à direita e cinco
à esquerda, diante do Santo dos Santos; as
flores, as lâmpadas e as tesouras de cortar
pavios, também de ouro; 50 também as taças,
os apagadores, as bacias, os recipientes para
incenso e os braseiros, de ouro finíssimo; as
dobradiças para as portas da casa interior,
que é o Santo dos Santos, e as das portas do
Santo Lugar do templo, também de ouro.

AS DÁDIVAS DE DAVI SÃO COLOCADAS NO TEMPLO

2Cr 5.1

51 Quando o rei Salomão terminou toda a
obra que fez para a Casa do Senhor, trouxe
as coisas que Davi, seu pai, havia dedicado:
a prata, o ouro e os utensílios. Salomão pôs
tudo isso entre os tesouros da Casa do Senhor.

SALOMÃO LEVA A ARCA PARA O TEMPLO

2Cr 5.2-14

8 1 Então Salomão congregou os anciãos
de Israel, todos os chefes das tribos, os
príncipes das famílias dos israelitas, diante
de si em Jerusalém, para levarem a arca da
aliança do Senhor da Cidade de Davi, que é
Sião, para o templo. 2 Todos os homens de
Israel se congregaram junto ao rei Salomão
na ocasião da festa, no mês de etanim, que é
o sétimo. 3 Quando todos os anciãos de Israel
chegaram, os sacerdotes pegaram a arca do
Senhor 4 e a levaram para cima, com a tenda
do encontro e com os utensílios sagrados que
nela havia; os sacerdotes e levitas é que leva-
ram tudo isso para o templo. 5 O rei Salomão
e toda a congregação de Israel, que se havia

reunido diante dele, estavam todos diante da arca, sacrificando ovelhas e bois, que, de tão numerosos, não se podiam contar. 6 Os sacerdotes puseram a arca da aliança do SENHOR no seu lugar, no santuário mais interior do templo, que é o Santo dos Santos, debaixo das asas dos querubins. 7 Pois os querubins estendiam as asas sobre o lugar da arca e, do alto, cobriam a arca e os seus cabos. 8 Os cabos sobressaíam tanto, que suas pontas eram vistas do Santo Lugar, diante do Santo dos Santos; porém de fora não podiam ser vistos. E ali estão até o dia de hoje. 9 Nada havia na arca a não ser as duas tábuas de pedra que Moisés havia colocado ali em Horebe, quando o SENHOR fez aliança com os filhos de Israel, ao saírem da terra do Egito.

10 Quando os sacerdotes saíram do santuário, uma nuvem encheu a Casa do SENHOR, 11 de maneira que os sacerdotes não puderam permanecer ali para ministrar, por causa da nuvem, porque a glória do SENHOR encheu a Casa do SENHOR.

12 Então Salomão disse:

— O SENHOR declarou que habitaria em trevas espessas. 13 Na verdade, edifiquei uma casa para tua morada, lugar para a tua eterna habitação.

SALOMÃO FALA AO POVO

2Cr 6.3-11

14 Depois o rei voltou o rosto e abençoou toda a congregação de Israel, que se mantinha toda em pé. 15 Salomão disse:

— Bendito seja o SENHOR, o Deus de Israel, que falou pessoalmente com Davi, meu pai, e pelo seu poder cumpriu o que prometeu, dizendo: 16 "Desde o dia em que tirei o meu povo de Israel do Egito, não escolhi cidade alguma de todas as tribos de Israel para edificar um templo a fim de ali estabelecer o meu nome. Porém escolhi Davi para governar o meu povo de Israel."

17 — Também Davi, meu pai, havia proposto em seu coração edificar um templo ao nome do SENHOR, o Deus de Israel. 18 Porém o SENHOR disse a Davi, meu pai: "Você fez bem quando resolveu em seu coração edificar um templo ao meu nome. 19 Todavia, não será você quem edificará esse templo; o seu filho, que descenderá de você, ele o edificará ao meu nome." 20 Assim, o SENHOR cumpriu a palavra que tinha dito, pois me levantei em lugar de Davi, meu pai, e me assentei no trono de Israel, como o SENHOR havia prometido, e edifiquei o templo ao nome do SENHOR, o Deus de Israel. 21 E nele preparei um lugar para a arca, em que estão as tábuas da aliança que o SENHOR fez com os nossos pais, quando os tirou da terra do Egito.

SALOMÃO ORA A DEUS

2Cr 6.12-42

22 Salomão se pôs diante do altar do SENHOR, na presença de toda a congregação de Israel, estendeu as mãos para os céus 23 e disse:

— Ó SENHOR, Deus de Israel, não há Deus como tu, em cima nos céus nem embaixo na terra! Tu guardas a aliança e a misericórdia aos teus servos que de todo o coração andam diante de ti. 24 Cumpriste para com o teu servo Davi, meu pai, o que lhe prometeste; pessoalmente o disseste e pelo teu poder o cumpriste, como hoje se vê. 25 Agora, pois, ó SENHOR, Deus de Israel, cumpre a outra promessa que fizeste a teu servo Davi, meu pai, quando declaraste, dizendo: "Nunca lhe faltará sucessor diante de mim, que se assente no trono de Israel, contanto que os seus filhos guardem o seu caminho, para andarem diante de mim como você andou." 26 Agora também, ó Deus de Israel, que se cumpra a palavra que disseste a teu servo Davi, meu pai.

27 — Mas será que, de fato, Deus poderia habitar na terra? Eis que os céus e até o céu dos céus não te podem conter, muito menos este templo que eu edifiquei. 28 Atenta, pois, para a oração de teu servo e para a sua súplica, ó SENHOR, meu Deus, ouvindo o clamor e a oração que faz hoje o teu servo diante de ti. 29 Que os teus olhos estejam abertos noite e dia sobre este templo, sobre este lugar do qual disseste: "O meu nome estará ali", para ouvires a oração que o teu servo fizer neste lugar. 30 Ouve, pois, a súplica do teu servo e do teu povo de Israel, quando orarem neste lugar. Ouve no céu, lugar da tua habitação; ouve e perdoa.

31 — Se alguém pecar contra o seu próximo, e lhe for exigido que jure, e ele vier jurar diante do teu altar, neste templo, 32 ouve tu nos céus, age e julga os teus servos, condenando o ímpio, fazendo com que pague por seus atos, e justificando o justo, para lhe retribuíres segundo a sua justiça.

33 — Quando o teu povo de Israel, por ter
pecado contra ti, for derrotado por um ini-
migo, e se converter a ti, confessar o teu
nome, orar e suplicar a ti, neste templo,
34 ouve tu nos céus, perdoa o pecado do teu
povo de Israel e faze-o voltar à terra que
deste aos seus pais.

35 — Quando o céu se fechar, e não hou-
ver chuva, por ter o povo pecado contra ti, e
ele orar neste lugar, confessar o teu nome e
se converter dos seus pecados, depois de o
haveres castigado, 36 ouve tu nos céus, per-
doa o pecado de teus servos e do teu povo de
Israel, ensinando-lhes o bom caminho em
que devem andar, e envia chuva sobre esta
tua terra, que deste em herança ao teu povo.

37 — Quando houver fome na terra ou peste,
quando houver crestamento ou ferrugem,
gafanhotos e larvas, quando inimigos cer-
carem as cidades do país ou houver alguma
praga ou doença, 38 toda oração e súplica
que qualquer homem ou todo o teu povo de
Israel fizer, conhecendo cada um a ferida do
seu coração e estendendo as mãos na direção
deste templo, 39 ouve tu nos céus, lugar da tua
habitação, perdoa, age e dá a cada um segundo
todos os seus caminhos, visto que lhe conhe-
ces o coração, porque tu, só tu, és conhecedor
do coração de todos os filhos dos homens;
40 para que te temam todos os dias que vive-
rem na terra que deste aos nossos pais.

41 — Também ao estrangeiro, que não for
do teu povo de Israel, porém vier de uma
terra distante, por amor do teu nome 42 —
porque ouvirão do teu grande nome, e da
tua mão poderosa, e do teu braço estendido
—, e orar, voltado para este templo, 43 ouve
tu nos céus, lugar da tua habitação, e faze
tudo o que o estrangeiro te pedir, a fim de
que todos os povos da terra conheçam o teu
nome, para te temerem como o teu povo
de Israel e para saberem que este templo,
que eu edifiquei, é chamado pelo teu nome.

44 — Quando o teu povo sair à guerra con-
tra o seu inimigo, pelo caminho por onde os
enviares, e orarem ao Senhor, voltados para
esta cidade, que tu escolheste, e para este
templo que edifiquei ao teu nome, 45 ouve
tu nos céus a sua oração e a sua súplica e
faze-lhes justiça.

46 — Quando pecarem contra ti — pois
não há ninguém que não peque —, e tu te
indignares contra eles e os entregares às
mãos do inimigo, a fim de que os leve cati-
vos à terra inimiga, longe ou perto daqui; 47 e
se, na terra aonde forem levados cativos, caí-
rem em si e se converterem, e, na terra do seu
cativeiro, te suplicarem, dizendo: "Pecamos,
procedemos mal e cometemos iniquidade";
48 e se eles se converterem a ti de todo o seu
coração e de toda a sua alma, na terra de seus
inimigos que os levarem cativos, e orarem a ti,
voltados para a sua terra, que deste aos seus
pais, para esta cidade que escolheste e para o
templo que edifiquei ao teu nome, 49 ouve tu
nos céus, lugar da tua habitação, a sua prece
e a sua súplica e faze-lhes justiça; 50 perdoa
ao teu povo, que houver pecado contra ti,
todas as suas transgressões que houverem
cometido contra ti; e move tu à compaixão
os que os levaram cativos, para que se com-
padeçam deles. 51 Porque é o teu povo e a
tua herança, que tiraste da terra do Egito, do
meio da fornalha de ferro; 52 para que os teus
olhos estejam abertos à súplica do teu servo
e à súplica do teu povo de Israel, a fim de os
ouvires em tudo o que clamarem a ti. 53 Pois
tu, ó Senhor Deus, os separaste dentre todos
os povos da terra para serem a tua herança,
como falaste por meio do teu servo Moisés,
quando tiraste do Egito os nossos pais.

SALOMÃO ABENÇOA O POVO

54 Quando Salomão acabou de fazer ao Senhor
toda esta oração e súplica, ele se levantou de
diante do altar do Senhor, onde tinha se ajoe-
lhado com as mãos estendidas para os céus.
55 Ele se pôs em pé e abençoou toda a congre-
gação de Israel em alta voz, dizendo:

56 — Bendito seja o Senhor, que deu
repouso ao seu povo de Israel, segundo
tudo o que havia prometido! Nem uma só
palavra falhou de todas as boas promes-
sas que fez por meio de Moisés, seu servo.
57 Que o Senhor, nosso Deus, esteja conosco,
assim como esteve com os nossos pais.
Que ele não nos deixe nem nos abandone!
58 Que ele faça com que o nosso coração
se incline para ele, a fim de andarmos em
todos os seus caminhos e guardarmos os
seus mandamentos, e os seus estatutos, e
os seus juízos, que ordenou aos nossos pais.
59 Que estas minhas palavras, com que supli-
quei diante do Senhor, estejam presentes,

diante do Senhor, nosso Deus, de dia e de noite, para que ele faça justiça ao seu servo e ao seu povo de Israel, segundo cada dia o exigir, 60 para que todos os povos da terra saibam que o Senhor é Deus e que não há outro. 61 Que o coração de vocês seja fiel para com o Senhor, nosso Deus, para andarem nos seus estatutos e guardarem os seus mandamentos, como vocês estão fazendo hoje.

A CONCLUSÃO DA SOLENIDADE

2Cr 7.4-10

62 Então o rei e todo o Israel com ele ofereceram sacrifícios ao Senhor. 63 Salomão ofereceu em sacrifício pacífico ao Senhor vinte e dois mil bois e cento e vinte mil ovelhas. Assim, o rei e todos os filhos de Israel consagraram a Casa do Senhor. 64 No mesmo dia, o rei consagrou o meio do átrio que estava diante da Casa do Senhor, pois ali ofereceu os holocaustos e as ofertas com a gordura dos sacrifícios pacíficos. Ele fez isso porque o altar de bronze que estava diante do Senhor era muito pequeno para nele caberem os holocaustos, as ofertas de cereais e a gordura dos sacrifícios pacíficos.

65 Nesse tempo, Salomão celebrou a festa, e todo o Israel com ele, uma grande congregação, desde a entrada de Hamate até o rio do Egito, diante do Senhor, nosso Deus. Celebraram durante sete dias além dos primeiros sete, a saber, catorze dias.

66 No oitavo dia desta festa, Salomão despediu o povo, e eles abençoaram o rei. Então voltaram para as suas tendas, alegres e de coração contente por causa de todo o bem que o Senhor tinha feito a Davi, seu servo, e a Israel, seu povo.

A ALIANÇA DE DEUS COM SALOMÃO

2Cr 7.11-22

9 1 E aconteceu que, quando Salomão acabou de edificar a Casa do Senhor, o palácio real e tudo o que tinha desejado e decidido fazer, 2 o Senhor tornou a aparecer-lhe, como tinha aparecido em Gibeão. 3 E o Senhor lhe disse:

— Ouvi a sua oração e a súplica que você fez diante de mim. Santifiquei o templo que você edificou, a fim de pôr ali o meu nome para sempre; os meus olhos e o meu coração estarão ali todos os dias. 4 Se você andar diante de mim como fez o seu pai Davi, com integridade de coração e com sinceridade, fazendo segundo tudo o que lhe ordenei e guardando os meus estatutos e os meus juízos, 5 também confirmarei o trono de seu reino sobre Israel para sempre, como prometi a Davi, seu pai, dizendo: "Nunca lhe faltará sucessor ao trono de Israel." 6 Porém, se vocês ou os seus filhos se afastarem de mim e não guardarem os meus mandamentos e os meus estatutos, que eu lhes prescrevi, e se servirem outros deuses e os adorarem, 7 então eliminarei Israel da terra que lhe dei, e lançarei para longe da minha presença este templo, que santifiquei ao meu nome. E Israel virá a ser motivo de provérbio e de escárnio entre todos os povos. 8 E todo aquele que passar por este templo, agora tão exaltado, ficará espantado e zombará. E perguntarão: "Por que o Senhor fez isto com esta terra e este templo?" 9 E a resposta será: "Porque deixaram o Senhor, seu Deus, que tirou da terra do Egito os seus pais, e se apegaram a outros deuses, os adoraram e os serviram. Por isso o Senhor trouxe sobre eles todo este mal."

AS DEMAIS ATIVIDADES DE SALOMÃO

2Cr 8.1-18

10 Ao fim de vinte anos, Salomão havia terminado as duas casas, a Casa do Senhor e o palácio real. 11 Como Hirão, rei de Tiro, havia trazido a Salomão madeira de cedro e de cipreste e ouro, tanto quanto ele precisava, este lhe deu vinte cidades na terra da Galileia. 12 Hirão de Tiro foi ver as cidades que Salomão lhe tinha dado, mas elas não lhe agradaram. 13 Por isso disse a Salomão:

— Que cidades são essas que você me deu, meu irmão?

E lhes deram o nome de Terra de Cabul, que é usado até o dia de hoje. 14 Hirão tinha enviado ao rei quatro toneladas de ouro.

15 A razão por que Salomão impôs o trabalho forçado é esta: construir a Casa do Senhor, o seu próprio palácio, a fortaleza de Milo e a muralha de Jerusalém, bem como Hazor, Megido e Gezer. 16 Porque Faraó, rei do Egito, havia atacado e conquistado Gezer, queimando a cidade e matando os

cananeus que moravam nela, entregando-a
como dote à sua filha, mulher de Salomão.
17 Assim, Salomão reconstruiu Gezer, Bete-
-Horom-de-Baixo, 18 Baalate, Tadmor, no
deserto daquela terra, 19 todas as cidades-
-armazéns que Salomão tinha, as cidades
para os carros de guerra, as cidades para os
cavaleiros e o que desejou enfim construir
em Jerusalém, no Líbano e em toda a terra
do seu domínio. 20 Quanto a todo o povo
que restou dos amorreus, heteus, ferezeus,
heveus e jebuseus e que não eram dos filhos
de Israel, 21 e aos seus filhos, que restaram
depois deles na terra, os quais os filhos de
Israel não puderam destruir totalmente,
esses Salomão reduziu à condição de traba-
lhadores forçados, até hoje. 22 Mas Salomão
não obrigou nenhum israelita a trabalhar
como escravo. Os israelitas eram homens
de guerra, seus oficiais, seus comandan-
tes, seus capitães, chefes dos seus carros
de guerra e dos seus cavaleiros.

23 Os principais oficiais que estavam encar-
regados da obra de Salomão eram quinhentos
e cinquenta, que tinham a seu encargo o povo
que trabalhava na obra. 24 Quando a filha de
Faraó se mudou da Cidade de Davi para o
palácio que Salomão havia construído para
ela, então ele construiu Milo.

25 Três vezes por ano Salomão oferecia
holocaustos e sacrifícios pacíficos sobre o
altar que havia edificado ao SENHOR e quei-
mava incenso sobre o altar diante do SENHOR.
Assim ele terminou a construção do templo.

26 O rei Salomão também construiu uma
frota de navios em Eziom-Geber, que fica
perto de Elate, na praia do mar Vermelho, na
terra de Edom. 27 Hirão enviou, com aquela
frota, os seus servos, marinheiros conhe-
cedores do mar, para acompanharem os
servos de Salomão. 28 Chegaram a Ofir e de
lá trouxeram para o rei Salomão mais de
catorze toneladas de ouro.

A RAINHA DE SABÁ VISITA SALOMÃO

2Cr 9.1-12

10 1 Quando a rainha de Sabá ouviu falar
da fama de Salomão, com respeito ao
nome do SENHOR, veio prová-lo com pergun-
tas difíceis. 2 Chegou a Jerusalém com uma
enorme comitiva, com camelos carregados
de especiarias, grande quantidade de ouro
e pedras preciosas. Ela se apresentou diante
de Salomão e lhe expôs tudo o que trazia
em sua mente. 3 Salomão respondeu todas as
perguntas que ela fez, e não houve nada pro-
fundo demais que o rei não pudesse explicar.
4 Quando a rainha de Sabá viu toda a sabe-
doria de Salomão, o palácio que ele havia
construído, 5 a comida que era servida na
mesa dele, o lugar dos seus oficiais, o serviço
dos seus criados e os trajes deles, seus copei-
ros, e o holocausto que oferecia na Casa do
SENHOR, ficou como fora de si 6 e disse ao rei:
— É verdade o que ouvi na minha terra a
respeito de você e a respeito da sua sabe-
doria. 7 Eu, porém, não acreditava naquelas
palavras, até que vim e vi com os meus pró-
prios olhos. Eis que não me contaram nem a
metade: você supera em sabedoria e prospe-
ridade a fama que ouvi. 8 Felizes os homens
à sua volta, felizes estes seus servos que
estão sempre diante de você e que ouvem
a sua sabedoria! 9 Bendito seja o SENHOR,
seu Deus, que se agradou de você e o colo-
cou no trono de Israel. O SENHOR ama Israel
para sempre e, por isso, ele o constituiu
rei, para que você execute o juízo e a justiça.

10 Ela entregou ao rei quatro toneladas de
ouro, grande quantidade de especiarias e
pedras preciosas. Nunca mais veio espe-
ciaria em tanta abundância, como a que
a rainha de Sabá ofereceu ao rei Salomão.

11 Também os navios de Hirão, que trans-
portavam ouro de Ofir, traziam de lá grande
quantidade de madeira de sândalo e pedras
preciosas. 12 Desta madeira de sândalo o
rei mandou fazer corrimões para a Casa
do SENHOR e para o palácio real, bem como
harpas e liras para os cantores. Tal madeira
nunca se havia trazido para ali, nem se viu
mais semelhante madeira até o dia de hoje.

13 O rei Salomão deu à rainha de Sabá
tudo o que ela quis e pediu, além de tudo
o que lhe deu por sua generosidade real.
Então ela voltou e foi para a sua terra, ela e
os seus servos.

AS RIQUEZAS DE SALOMÃO

2Cr 1.14-17; 9.13-28

14 O peso do ouro que se trazia a Salomão a
cada ano era de cerca de vinte e três tonela-
das, 15 além do que entrava dos vendedores

Tanto nas perseguições quanto nos aplausos, o nosso coração precisa permanecer ouvindo o que Deus diz.

e dos negociantes, de todos os reis da Arábia e dos governadores da terra. 16 O rei Salomão fez duzentos grandes escudos de ouro batido, empregando sete quilos e duzentos gramas de ouro em cada escudo. 17 Fez também trezentos escudos menores de ouro batido, empregando um quilo e oitocentos gramas de ouro em cada escudo. E o rei os pôs na Casa do Bosque do Líbano. 18 O rei fez também um grande trono de marfim e o cobriu de ouro puríssimo. 19 O trono tinha seis degraus, e o encosto do trono, ao alto, era redondo. De ambos os lados do assento havia um braço, e a figura de um leão junto a cada um dos braços. 20 Doze leões estavam ali sobre os seis degraus, um em cada extremo destes. Nunca se havia feito obra semelhante em nenhum outro reino. 21 Todas as taças que o rei Salomão usava para beber eram de ouro, e também de ouro puro eram todos os objetos da Casa do Bosque do Líbano. Não havia nada de prata, porque nos dias de Salomão não se dava nenhum valor a ela. 22 Porque o rei tinha no mar uma frota de Társis, junto com os navios de Hirão. De três em três anos, a frota voltava de Társis, trazendo ouro, prata, marfim, bugios e pavões.

23 Assim, o rei Salomão excedeu a todos os reis do mundo, tanto em riqueza como em sabedoria. 24 Todo o mundo queria ver Salomão para ouvir a sabedoria que Deus tinha posto no coração dele. 25 Cada um trazia o seu presente: objetos de prata e de ouro, roupas, armaduras, especiarias, cavalos e mulas. E foi assim ano após ano. 26 Salomão ajuntou carros de guerra e cavaleiros. Tinha mil e quatrocentos carros de guerra e doze mil cavaleiros, que espalhou pelas cidades onde mantinha os carros, deixando uma parte junto ao rei, em Jerusalém. 27 O rei fez com que, em Jerusalém, a prata fosse tão comum como as pedras e os cedros fossem tão numerosos como os sicômoros que estão na Sefelá. 28 Os cavalos de Salomão vinham do Egito e da Cilícia, e comerciantes do rei os importavam da Cilícia por certo preço. 29 Importava-se do Egito um carro de guerra por seiscentas moedas de prata e um cavalo por cento e cinquenta. Nas mesmas condições, as caravanas os traziam e os exportavam para todos os reis dos heteus e para os reis da Síria.

A IDOLATRIA DE SALOMÃO

11 1 Além da filha de Faraó, Salomão amou muitas mulheres estrangeiras: moabitas, amonitas, edomitas, sidônias e heteias, 2 mulheres das nações de que o SENHOR tinha dito aos filhos de Israel: "Não casem com elas, nem casem elas com vocês, pois perverteriam o coração de vocês, para seguirem os seus deuses." A estas Salomão se apegou pelo amor. 3 Tinha setecentas mulheres que eram princesas e trezentas concubinas; e suas mulheres lhe perverteram o coração. 4 Sendo já velho, suas mulheres lhe perverteram o coração para seguir outros deuses, e o coração dele não era fiel ao SENHOR, seu Deus, como havia sido fiel o coração de Davi, seu pai. 5 Salomão seguiu Astarote, deusa dos sidônios, e Milcom, abominação dos amonitas. 6 Assim, Salomão fez o que era mau aos olhos do SENHOR e não perseverou em seguir o SENHOR, como Davi, seu pai, havia feito. 7 Nesse tempo, sobre o monte que fica diante de Jerusalém, Salomão construiu um santuário a Quemos, abominação de Moabe, e a Moloque, abominação dos filhos de Amom. 8 Assim fez para todas as suas mulheres estrangeiras, as quais queimavam incenso e ofereciam sacrifícios aos seus deuses.

A IRA DE DEUS CONTRA SALOMÃO

9 O SENHOR se indignou contra Salomão, por ter desviado o seu coração do SENHOR, Deus de Israel, que lhe havia aparecido duas vezes 10 e ordenado que não seguisse outros deuses. Ele, porém, não guardou o que o SENHOR lhe havia ordenado. 11 Por isso o SENHOR disse a Salomão:

— Já que você procedeu assim e não guardou a minha aliança, nem os meus estatutos que lhe ordenei, vou tirar o reino de você e dá-lo a um dos seus servos. 12 No entanto, por amor a Davi, seu pai, não farei isso enquanto você estiver vivo, mas durante o reinado do seu filho. 13 Todavia, não tirarei o reino todo; darei uma tribo a seu filho, por amor a Davi, meu servo, e por amor a Jerusalém, que escolhi.

OS ADVERSÁRIOS DE SALOMÃO

14 O SENHOR levantou um adversário contra Salomão, a saber, Hadade, o edomita, que era da linhagem real de Edom. 15 Porque,

quando Davi esteve em Edom, Joabe, o
comandante do exército, que tinha ido
sepultar os mortos, matou todos os homens
em Edom. 16 Porque Joabe ficou ali seis
meses com todo o Israel, até que elimi-
nou todos os homens em Edom. 17 Porém
Hadade fugiu para o Egito na companhia
de alguns homens edomitas, dos servos
de seu pai. Na ocasião, Hadade era ainda
muito jovem. 18 Partiram de Midiã e foram
até Parã, de onde levaram consigo alguns
homens e chegaram ao Egito, a Faraó, rei
do Egito, que deu a Hadade uma casa, e
lhe prometeu sustento, e lhe deu terras.
19 Hadade encontrou favor aos olhos de
Faraó, tanto que este lhe deu por mulher
a irmã de sua própria mulher, 20 a irmã de
Tafnes, a rainha. A irmã de Tafnes deu-lhe
à luz seu filho Genubate, que foi criado por
Tafnes na casa de Faraó, onde Genubate
ficou entre os filhos de Faraó.

21 Quando Hadade soube no Egito que Davi
tinha morrido e que Joabe, comandante do
exército, estava morto, disse a Faraó:

— Deixe-me voltar para a minha terra.

22 Então Faraó lhe perguntou:

— Mas o que lhe falta comigo, para que
você queira voltar para a sua terra?

Hadade respondeu:

— Não me falta nada; mas deixe-me ir.

23 Deus levantou mais um adversário con-
tra Salomão, a saber, Rezom, filho de Eliada,
que havia fugido de seu senhor Hadadezer,
rei de Zobá. 24 Ele ajuntou homens e se fez
chefe de um bando. Depois do morticínio
feito por Davi, eles se foram para Damasco,
onde habitaram e fizeram de Rezom o seu
rei. 25 Este foi adversário de Israel durante
toda a vida de Salomão, e lhe fez mal, como
Hadade havia feito. Rezom detestava Israel
e reinava sobre a Síria.

AÍAS PREDIZ QUE JEROBOÃO SERÁ REI DE ISRAEL

26 Jeroboão, filho de Nebate, efraimita de
Zereda, servo de Salomão, e cuja mãe era
uma viúva chamada Zerua, revoltou-se
contra o rei. 27 Esta foi a causa por que
levantou a sua mão contra o rei: Salomão
estava edificando Milo e reparando as bre-
chas da cidade de seu pai Davi. 28 Jeroboão
era um homem valente e capaz. Quando
Salomão viu que ele era um jovem que
fazia bem o seu trabalho, ele o encarre-
gou de todos os trabalhadores forçados
da casa de José. 29 Aconteceu que, nesse
tempo, quando Jeroboão estava saindo de
Jerusalém, o profeta Aías, de Siló, o encon-
trou no caminho. O profeta estava usando
uma capa nova, e os dois estavam sozinhos
no campo. 30 Aías pegou a capa nova que
estava usando, rasgou-a em doze pedaços
31 e disse a Jeroboão:

— Pegue dez pedaços, porque assim diz
o SENHOR, Deus de Israel: "Eis que rasga-
rei o reino das mãos de Salomão, e a você
darei dez tribos. 32 Porém ele terá uma tribo,
por amor a Davi, meu servo, e por amor a
Jerusalém, a cidade que escolhi de todas
as tribos de Israel. 33 Porque Salomão me
abandonou e se inclinou diante de Astarote,
deusa dos sidônios, diante de Quemos, deus
de Moabe, e diante de Milcom, deus dos
filhos de Amom. Ele não andou nos meus
caminhos para fazer o que é reto aos meus
olhos, a saber, para guardar os meus esta-
tutos e os meus juízos, como fez Davi, seu
pai. 34 Porém não vou tirar de Salomão o
reino todo; pelo contrário, farei com que ele
governe durante todos os dias da sua vida,
por amor a Davi, meu servo, que escolhi e
que guardou os meus mandamentos e os
meus estatutos. 35 Mas da mão do filho de
Salomão tomarei o reino, a saber, as dez tri-
bos, e as darei a você. 36 E ao filho dele darei
uma tribo, para que Davi, meu servo, tenha
sempre uma lâmpada diante de mim em
Jerusalém, a cidade que escolhi para pôr ali
o meu nome. 37 Quanto a você, eu o tomarei
e você reinará sobre tudo o que desejar a sua
alma; e você será rei sobre Israel. 38 Se você
ouvir tudo o que eu lhe ordenar, e andar
nos meus caminhos, e fizer o que é reto aos
meus olhos, guardando os meus estatutos
e os meus mandamentos, como fez Davi,
meu servo, eu estarei com você, e lhe edifi-
carei uma casa estável, como edifiquei para
Davi, e darei Israel a você. 39 Por causa disso,
afligirei a descendência de Davi, mas não
para sempre."

40 Salomão tentou matar Jeroboão, mas
este se levantou e fugiu para o Egito, para
junto de Sisaque, rei do Egito; e ali perma-
neceu até a morte de Salomão.

A MORTE DE SALOMÃO

2Cr 9.29-31

41 Quanto aos demais atos de Salomão, a tudo o que fez e à sua sabedoria, não está tudo escrito no Livro da História de Salomão? 42 O tempo que Salomão reinou sobre todo o Israel, em Jerusalém, foi de quarenta anos. 43 Salomão morreu e foi sepultado na Cidade de Davi, seu pai, e Roboão, seu filho, reinou em seu lugar.

A REVOLTA DE DEZ TRIBOS DE ISRAEL

2Cr 10.1-15

12 1 Roboão foi a Siquém, porque todo o Israel se havia reunido ali, para o fazer rei. 2 Jeroboão, filho de Nebate, que ainda estava no Egito, para onde havia fugido da presença do rei Salomão, ouviu isso e voltou do Egito. 3 Mandaram chamá-lo, e ele veio com toda a congregação de Israel a Roboão, para lhe dizer:

4 — O seu pai nos impôs um pesado jugo; alivie a dura servidão de seu pai e o pesado jugo que ele nos impôs, e nós o serviremos.

5 Roboão respondeu:

— Vão embora e voltem daqui a três dias.

E o povo se foi.

6 O rei Roboão foi pedir conselho aos anciãos que haviam estado na presença de Salomão, seu pai, quando este ainda vivia, dizendo:

— Como vocês me aconselham a responder a este povo?

7 Eles disseram:

— Se hoje o senhor se tornar servo deste povo e o servir, e, em resposta, falar boas palavras, eles se farão seus servos para sempre.

8 Mas Roboão desprezou o conselho que os anciãos lhe tinham dado e foi pedir conselho aos jovens que haviam crescido com ele e o serviam. 9 Ele perguntou:

— O que vocês me aconselham? O que devo responder a este povo que me pediu para aliviar o jugo que o meu pai lhes impôs?

10 E os jovens que haviam crescido com ele responderam:

— Diga o seguinte a este povo que se queixa do pesado jugo que o seu pai lhe impôs e que pede para que ele seja aliviado. Diga-lhe o seguinte: "O meu dedo mínimo é mais grosso do que a cintura do meu pai. 11 Assim que, se o meu pai lhes impôs um jugo pesado, eu o tornarei ainda mais pesado. Meu pai castigou vocês com açoites; eu vou castigá-los com escorpiões."

12 No terceiro dia, Jeroboão e todo o povo foram falar com Roboão, como o rei lhes havia ordenado, dizendo que voltassem em três dias. 13 O rei deu uma resposta dura ao povo, porque havia desprezado o conselho dos anciãos. 14 Preferiu seguir o conselho dos jovens, dizendo:

— Meu pai lhes impôs um pesado jugo, mas eu o tornarei ainda mais pesado. Meu pai castigou vocês com açoites; eu vou castigá-los com escorpiões.

15 Assim o rei não deu ouvidos ao povo, porque esta reviravolta vinha do SENHOR, para confirmar a palavra que o SENHOR tinha dito a Jeroboão, filho de Nebate, por meio de Aías, o silonita.

DEZ TRIBOS SEGUEM JEROBOÃO

2Cr 10.16-19

16 Quando todo o Israel viu que o rei não lhe dava ouvidos, reagiu, dizendo:

— Que parte temos nós em Davi? Não temos herança no filho de Jessé! Às suas tendas, ó Israel! Cuide, agora, de sua casa, ó Davi!

Então Israel se foi às suas tendas. 17 Quanto aos filhos de Israel, porém, que moravam nas cidades de Judá, sobre eles reinou Roboão.

18 Então o rei Roboão enviou Adonirão, superintendente dos que realizavam trabalhos forçados, porém todo o Israel o apedrejou, e ele morreu. Mas o rei Roboão conseguiu subir no seu carro e fugiu para Jerusalém. 19 Assim, Israel se mantém rebelado contra a casa de Davi até o dia de hoje.

20 Quando todo o Israel soube que Jeroboão tinha voltado, mandaram chamá-lo para a congregação e o fizeram rei sobre todo o Israel. Ninguém seguiu a casa de Davi, a não ser a tribo de Judá.

DEUS PROÍBE FAZER GUERRA CONTRA AS DEZ TRIBOS

2Cr 11.1-4

21 Quando Roboão chegou a Jerusalém, reuniu toda a casa de Judá e a tribo de Benjamim, cento e oitenta mil homens escolhidos, treinados para a guerra, para lutar

contra a casa de Israel, a fim de restituir o
reino a Roboão, filho de Salomão. 22 Porém
a palavra de Deus veio a Semaías, homem
de Deus, dizendo:
23 — Diga a Roboão, filho de Salomão, rei de
Judá, e a toda a casa de Judá, e a Benjamim, e
ao resto do povo: 24 Assim diz o Senhor: "Não
subam, nem lutem contra os seus irmãos, os
filhos de Israel. Que cada um volte para a sua
casa, porque eu é que fiz isto."

E eles obedeceram à palavra do Senhor
e voltaram, como o Senhor lhes havia
ordenado.

A IDOLATRIA DE JEROBOÃO

25 Jeroboão edificou Siquém, na região mon-
tanhosa de Efraim, e passou a residir ali; dali
edificou Penuel. 26 Então ele pensou: "Agora
o reino voltará para a casa de Davi. 27 Se este
povo subir para fazer sacrifícios na Casa do
Senhor, em Jerusalém, o coração deles se
voltará para o senhor deles, para Roboão,
rei de Judá. Eles me matarão e voltarão para
ele, para o rei de Judá."
28 Por isso, depois de se aconselhar, o rei
fez dois bezerros de ouro e disse ao povo:

— Basta de subir a Jerusalém! Eis aqui os
seus deuses, ó Israel, que tiraram vocês da
terra do Egito!
29 Pôs um em Betel e o outro em Dã. 30 E
isso se tornou em pecado, pois o povo ia
até Dã, cada um para adorar o bezerro.
31 Jeroboão fez também santuários nos
lugares altos e, dentre o povo, constituiu
sacerdotes que não eram dos filhos de Levi.
32 Instituiu uma festa no oitavo mês, no dia
décimo quinto do mês, igual à festa que se
realizava em Judá, e ofereceu sacrifícios no
altar. Fez o mesmo em Betel e ofereceu sacri-
fícios aos bezerros que havia feito. Também
em Betel estabeleceu sacerdotes que ser-
viam nos lugares altos que havia construído.
33 No décimo quinto dia do oitavo mês, esco-
lhido a seu bel-prazer, ele subiu ao altar que
havia construído em Betel e ordenou uma
festa para os filhos de Israel; subiu para
queimar incenso.

UM PROFETA PREDIZ CONTRA O ALTAR

13
1 Eis que, por ordem do Senhor, um
homem de Deus foi de Judá a Betel;
e Jeroboão estava junto ao altar, para quei-
mar incenso. 2 Por ordem do Senhor, o
profeta clamou contra o altar e disse:

— Altar, altar! Assim diz o Senhor: "Eis que
um filho nascerá à casa de Davi, cujo nome
será Josias. Em cima de você ele sacrificará os
sacerdotes dos lugares altos que queimam
incenso em cima de você. Ossos humanos
serão queimados em cima de você."
3 Naquele mesmo dia o profeta deu um
sinal, dizendo:

— Este é o sinal de que foi o Senhor quem
falou: Eis que o altar se fenderá, e as cinzas
que estão sobre ele se espalharão.
4 Quando o rei ouviu as palavras que o
homem de Deus proferiu contra o altar de
Betel, Jeroboão estendeu a mão de sobre o
altar, dizendo:

— Prendam esse homem!

Mas a mão que ele tinha estendido contra
o homem de Deus secou, e ele não a podia
recolher. 5 O altar se fendeu, e as cinzas se
espalharam pelo chão, conforme o sinal que
o homem de Deus tinha dado por ordem
do Senhor. 6 Então o rei disse ao homem
de Deus:

— Implore o favor do Senhor, seu Deus,
e ore por mim, para que eu possa reco-
lher a mão.

O homem de Deus implorou o favor do
Senhor, e a mão do rei se recolheu e ficou
como antes. 7 Então o rei disse ao homem
de Deus:

— Venha comigo até a minha casa e coma
alguma coisa; e eu o recompensarei.
8 Porém o homem de Deus disse ao rei:

— Ainda que me desse a metade da sua
casa, eu não o acompanharia e não come-
ria nem beberia nada neste lugar. 9 Porque
assim me ordenou o Senhor Deus pela sua
palavra, dizendo: "Não coma nem beba nada
naquele lugar; e não volte pelo caminho por
onde você foi."
10 E ele se foi por outro caminho, e não vol-
tou pelo caminho por onde tinha ido a Betel.

A DESOBEDIÊNCIA E O CASTIGO DO PROFETA

11 Em Betel morava um velho profeta. Os
seus filhos vieram e lhe contaram tudo o
que o homem de Deus havia feito naquele
dia em Betel. Também lhe contaram as

palavras que ele tinha dito ao rei. 12 Então
o pai perguntou aos seus filhos:
— Por que caminho ele se foi?
E eles lhe mostraram o caminho que havia
sido tomado pelo homem de Deus que tinha
vindo de Judá.
13 Então ele disse aos seus filhos:
— Ponham a sela no meu jumento.
Eles puseram a sela no jumento, e o pro-
feta montou. 14 Então ele foi atrás do homem
de Deus e, achando-o sentado debaixo de
um carvalho, perguntou-lhe:
— Você é o homem de Deus que veio
de Judá?
Ele respondeu:
— Sou eu mesmo.
15 Então o velho profeta lhe disse:
— Venha comigo até a minha casa e coma
alguma coisa.
16 Mas o profeta de Judá respondeu:
— Não posso voltar com você, nem entrar
em sua casa. Não posso comer nem beber
nada com você neste lugar. 17 Porque me
foi dito pela palavra do Senhor: "Ali, você
não deve comer nem beber nada; também
não deve voltar pelo caminho por onde foi."
18 O velho profeta respondeu:
— Também eu sou profeta como você,
e um anjo me falou por ordem do Senhor,
dizendo: "Faça-o voltar com você à sua casa,
para que coma e beba alguma coisa."
Mas isso era mentira. 19 Então ele voltou
com o velho profeta e comeu e bebeu na
casa dele.
20 Estando eles à mesa, a palavra do Senhor
veio ao profeta que o tinha feito voltar, 21 e
ele gritou para o homem de Deus que tinha
vindo de Judá, dizendo:
— Assim diz o Senhor: "Você foi rebelde
à palavra do Senhor e não guardou o man-
damento que o Senhor, seu Deus, lhe havia
ordenado. 22 Você voltou, comeu e bebeu
no lugar onde ele havia ordenado que você
não deveria comer nem beber. Por isso, o
seu cadáver não será sepultado no sepul-
cro dos seus pais."
23 Depois que ele tinha comido e bebido, o
velho profeta pôs a sela no jumento para o
homem de Deus a quem ele tinha feito vol-
tar. 24 Ele foi embora e, no caminho, um leão
o encontrou e o matou. O cadáver dele ficou
estendido no caminho, e o jumento e o leão
ficaram parados junto ao cadáver. 25 Eis que
alguns homens passaram e viram o corpo
jogado no caminho, bem como o leão parado
junto ao corpo. Então foram e o disseram na
cidade onde o velho profeta morava.
26 Quando o profeta que o tinha feito vol-
tar do caminho ouviu isso, disse:
— É o homem de Deus que foi rebelde à
palavra do Senhor. Por isso, o Senhor o entre-
gou ao leão, que o despedaçou e matou,
segundo a palavra que o Senhor lhe tinha dito.
27 Então disse aos seus filhos:
— Ponham a sela no meu jumento.
E eles fizeram o que o pai pediu. 28 Ele foi e
encontrou o cadáver estendido no caminho,
e o jumento e o leão parados junto ao cadá-
ver. O leão não tinha devorado o corpo, nem
despedaçado o jumento. 29 Então o profeta
levantou o cadáver do homem de Deus, pôs
sobre o jumento e o levou de volta. Assim,
o velho profeta entrou na cidade, para o cho-
rar e sepultar. 30 Depositou o cadáver no seu
próprio sepulcro. E o prantearam, dizendo:
— Ah, meu irmão!
31 Depois de o haver sepultado, disse aos
seus filhos:
— Quando eu morrer, sepultem-me no
túmulo em que o homem de Deus está
sepultado; ponham os meus ossos junto aos
ossos dele. 32 Porque certamente se cum-
prirá o que por ordem do Senhor ele clamou
contra o altar que está em Betel e contra
todos os templos que existem nos lugares
altos das cidades de Samaria.

JEROBOÃO PERSISTE NO PECADO

33 Depois destas coisas, Jeroboão ainda
persistiu em seu mau caminho; e conti-
nuou a constituir pessoas tiradas do meio
do povo como sacerdotes para os lugares
altos; a quem o desejasse, ele consagrava
para sacerdote dos lugares altos. 34 Isso se
tornou em pecado à casa de Jeroboão, para
destruí-la e extingui-la da face da terra.

A PROFECIA DE AÍAS CONTRA JEROBOÃO

14 1 Naquele tempo, Abias, filho de
Jeroboão, adoeceu. 2 Então Jeroboão
disse à sua mulher:
— Levante-se, ponha um disfarce para
que não saibam que você é a mulher de

Jeroboão e vá até Siló. Eis que lá está o pro-
feta Aías, que disse a meu respeito que eu
seria rei sobre este povo. 3 Leve com você
dez pães, alguns bolos e um pote de mel e
vá falar com ele. Ele lhe dirá o que vai acon-
tecer com este menino.
4 A mulher de Jeroboão fez o que lhe foi
pedido: levantou-se, foi até Siló e entrou na
casa de Aías. Este já não podia ver, porque
os seus olhos já não se moviam, por causa
da velhice. 5 Porém o SENHOR disse a Aías:
— Eis que a mulher de Jeroboão está
vindo para lhe perguntar a respeito do
filho dela, que está doente. Assim e assim
você deve falar com ela. Ao chegar, ela vai
estar disfarçada.
6 Quando ela estava entrando pela porta,
Aías ouviu o ruído de seus pés e disse:
— Entre, mulher de Jeroboão. Por que você
veio disfarçada? Estou encarregado de lhe
dar más notícias. 7 Vá e diga a Jeroboão:
Assim diz o SENHOR, Deus de Israel: "Eu tirei
você do meio do povo e fiz com que você se
tornasse chefe sobre o meu povo de Israel.
8 Tirei o reino da casa de Davi e o entreguei
a você. Mas você não foi como o meu servo
Davi, que guardou os meus mandamentos
e me seguiu de todo o coração, fazendo
somente o que é reto aos meus olhos.
9 Pelo contrário, você fez o mal, pior do que
todos os reis que vieram antes de você.
Fez outros deuses e imagens de fundição,
para provocar-me à ira, e me virou as costas.
10 Portanto, eis que trarei o mal sobre a casa
de Jeroboão, e eliminarei de Jeroboão todo
e qualquer indivíduo do sexo masculino,
tanto o escravo como o livre, e lançarei fora
os descendentes da casa de Jeroboão como
se lança fora o esterco, até que, de todo, ela
se acabe. 11 Se alguém da casa de Jeroboão
morrer na cidade, os cães o comerão; e se
alguém morrer no campo, as aves do céu o
comerão, porque o SENHOR o disse."
12 — Quanto a você, mulher de Jeroboão,
levante-se e volte para casa. Quando você
puser os pés na cidade, o menino morrerá.
13 Todo o Israel o pranteará e o sepultará. Ele
será o único da casa de Jeroboão que será
sepultado, porque nele se achou alguma
coisa boa para com o SENHOR, Deus de Israel,
na casa de Jeroboão. 14 O SENHOR, porém,
levantará para si um rei sobre Israel, que
eliminará, no seu dia, a casa de Jeroboão.
Quando será? Já está acontecendo. 15 O
SENHOR ferirá Israel para que se agite como
a cana se agita nas águas. Vai arrancar Israel
desta boa terra que ele deu aos seus pais e
o espalhará para além do Eufrates, porque
fizeram postes da deusa Aserá, provocando
o SENHOR à ira. 16 Entregará Israel por causa
dos pecados que Jeroboão cometeu e pelos
que fez Israel cometer.
17 Então a mulher de Jeroboão se levantou,
foi e chegou a Tirza. Quando ela che-
gou à soleira da porta, o menino morreu.
18 Sepultaram-no, e todo o Israel o pranteou,
segundo a palavra do SENHOR, anunciada por
meio do profeta Aías, seu servo.
19 Quanto aos demais atos de Jeroboão,
como guerreou e como reinou, está tudo
escrito no Livro da História dos Reis de
Israel. 20 Foi de vinte e dois anos o tempo
que Jeroboão reinou. Ele morreu, e Nadabe,
seu filho, reinou em seu lugar.

O REINADO DE ROBOÃO, DE JUDÁ

2Cr 12.1-16

21 Roboão, filho de Salomão, reinou em
Judá. Ele tinha quarenta e um anos de idade
quando começou a reinar e reinou dezes-
sete anos em Jerusalém, na cidade que o
SENHOR havia escolhido de todas as tribos
de Israel, para estabelecer ali o seu nome.
A mãe de Roboão se chamava Naamá, e
era amonita.
22 Judá fez o que era mau aos olhos do
SENHOR, e, com os pecados que cometeu,
despertou o seu ciúme, mais do que os
seus pais haviam feito. 23 Porque também
os de Judá edificaram altos, estátuas, colu-
nas e postes da deusa Aserá sobre todas as
colinas e debaixo de todas as árvores fron-
dosas. 24 Havia também na terra prostitutos
cultuais. Fizeram segundo todas as coisas
abomináveis das nações que o SENHOR havia
expulsado de diante dos filhos de Israel.
25 No quinto ano do reinado de Roboão,
Sisaque, rei do Egito, atacou Jerusalém.
26 Levou embora os tesouros da Casa
do SENHOR e os tesouros do palácio real.
Levou tudo, inclusive todos os escudos de
ouro que Salomão tinha feito. 27 Em lugar
destes, o rei Roboão fez escudos de bronze
e os entregou nas mãos dos capitães da

Andamos em círculos quando não nos submetemos ao processo, assim como caminhamos feridos quando não nos submetemos à cura.

guarda, que guardavam o portão do palácio
real. 28 Toda vez que o rei entrava na Casa
do SENHOR, os da guarda usavam os escudos
e depois os devolviam à câmara da guarda.
29 Quanto aos demais atos de Roboão e a
tudo o que ele fez, não está tudo escrito no
Livro da História dos Reis de Judá? 30 Roboão
e Jeroboão estiveram sempre em guerra.
31 Roboão morreu e foi sepultado nos túmu-
los de seus pais, na Cidade de Davi. A mãe
dele se chamava Naamá, e era amonita. E
Abias, filho de Roboão, reinou em seu lugar.

O REINADO DE ABIAS, DE JUDÁ

2Cr 13.1-22

15 1 No décimo oitavo ano do reinado
de Jeroboão, filho de Nebate, Abias
começou a reinar sobre Judá. 2 Ele reinou
três anos em Jerusalém. A mãe dele se cha-
mava Maaca e era filha de Absalão. 3 Abias
andou em todos os pecados que seu pai
havia cometido antes dele, e o seu coração
não foi fiel ao SENHOR, seu Deus, como havia
sido fiel o coração de Davi, seu pai. 4 Mas,
por amor a Davi, o SENHOR, seu Deus, lhe deu
uma lâmpada em Jerusalém, levantando
seu filho depois dele e dando estabilidade
a Jerusalém. 5 Porque Davi fez o que era reto
aos olhos do SENHOR e não se desviou em
nada daquilo que o SENHOR lhe havia orde-
nado, em todos os dias da sua vida, a não
ser no caso de Urias, o heteu. 6 Roboão e
Jeroboão estiveram sempre em guerra.
7 Quanto aos demais atos de Abias e a tudo
o que fez, não está tudo escrito no Livro da
História dos Reis de Judá? Também houve
guerra entre Abias e Jeroboão. 8 Abias mor-
reu, e eles o sepultaram na Cidade de Davi.
E Asa, seu filho, reinou em seu lugar.

O REINADO DE ASA, DE JUDÁ

2Cr 14.1-8; 15.16—16.14

9 No vigésimo ano do reinado de Jeroboão,
rei de Israel, Asa começou a reinar sobre
Judá. 10 Ele reinou quarenta e um anos em
Jerusalém. A mãe dele se chamava Maaca,
e era filha de Absalão. 11 Asa fez o que era
reto aos olhos do SENHOR, como Davi, seu
pai. 12 Porque tirou da terra os prostitutos
cultuais e removeu todos os ídolos que seus
pais fizeram. 13 Ele depôs também Maaca,
sua mãe, da dignidade de rainha-mãe,
porque ela havia feito uma abominável ima-
gem para servir de poste da deusa Aserá.
O rei Asa destruiu essa imagem e a quei-
mou no vale do Cedrom. 14 Os lugares altos,
porém, não foram destruídos. No entanto,
o coração de Asa foi fiel ao SENHOR durante
toda a sua vida. 15 Ele trouxe à Casa do
SENHOR as coisas consagradas por seu pai e
as coisas que ele mesmo havia consagrado:
prata, ouro e utensílios.
16 Asa e Baasa, rei de Israel, estiveram sem-
pre em guerra. 17 Porque Baasa, rei de Israel,
invadiu Judá e começou a edificar a cidade
de Ramá, para impedir a entrada e a saída
do território de Asa, rei de Judá. 18 Então
Asa pegou toda a prata e ouro restantes nos
tesouros da Casa do SENHOR e os tesouros do
palácio real e os entregou aos seus servos.
E o rei Asa os enviou a Ben-Hadade, filho
de Tabrimom, filho de Heziom, rei da Síria,
que morava em Damasco, dizendo:
19 — Que haja uma aliança entre mim e
você, como houve entre o meu pai e o seu
pai. Eis que estou lhe enviando um pre-
sente, prata e ouro. Vá e anule a sua aliança
com Baasa, rei de Israel, para que ele se
retire do meu território.
20 Ben-Hadade deu ouvidos ao rei Asa e
enviou os capitães dos seus exércitos con-
tra as cidades de Israel. Eles conquistaram
Ijom, Dã, Abel-Bete-Maaca e toda a região
de Quinerete, com toda a terra de Naftali.
21 Quando Baasa soube disso, deixou de edi-
ficar Ramá e ficou em Tirza.
22 Então o rei Asa fez apregoar por toda
a região de Judá que todos, sem exceção,
deviam ajudar a trazer de Ramá as pedras e
a madeira que Baasa havia usado para edi-
ficá-la. Com elas o rei Asa edificou Geba de
Benjamim e Mispa.
23 Quanto aos demais atos de Asa, a todo o
seu poder, a tudo o que fez e às cidades que
edificou, não está tudo escrito no Livro da
História dos Reis de Judá? Porém, no tempo
da sua velhice, foi atacado por uma doença
nos pés. 24 Asa morreu e foi sepultado na
Cidade de Davi, seu pai. E Josafá, seu filho,
reinou em seu lugar.

O REINADO DE NADABE, DE ISRAEL

25 Nadabe, filho de Jeroboão, começou a rei-
nar sobre Israel no segundo ano do reinado

de Asa, rei de Judá, e reinou sobre Israel
dois anos. 26 Fez o que era mau aos olhos do
Senhor e andou nos caminhos de seu pai e
no pecado que seu pai levou Israel a cometer.
27 Baasa, filho de Aías, da casa de Issacar,
conspirou contra ele e o matou em Gibetom,
que era dos filisteus, quando Nadabe e todo
o Israel cercavam Gibetom. 28 No terceiro ano
do reinado de Asa, rei de Judá, Baasa matou
Nadabe e passou a reinar em seu lugar. 29 Logo
que começou a reinar, matou toda a descen-
dência de Jeroboão. Não deixou ninguém com
vida; exterminou todos, segundo a palavra do
Senhor, anunciada por meio do seu servo Aías,
de Siló, 30 por causa dos pecados que Jeroboão
havia cometido e pelos que havia levado Israel
a cometer, por causa da provocação com que
havia irritado o Senhor, Deus de Israel.
31 Quanto aos demais atos de Nadabe e a
tudo o que fez, não está tudo escrito no Livro
da História dos Reis de Israel? 32 Asa e Baasa,
rei de Israel, estiveram sempre em guerra.

O REINADO DE BAASA, DE ISRAEL

33 No terceiro ano do reinado de Asa, rei de
Judá, Baasa, filho de Aías, começou a rei-
nar sobre todo o Israel, em Tirza, e reinou
vinte e quatro anos. 34 Fez o que era mau
aos olhos do Senhor e andou no caminho
de Jeroboão e no seu pecado, o qual havia
feito Israel cometer.

A PROFECIA DE JEÚ CONTRA BAASA

16 1 Então a palavra do Senhor veio a Jeú,
filho de Hanani, contra Baasa, dizendo:
2 — Eu o levantei do pó e fiz com que
você se tornasse chefe sobre o meu povo
de Israel, mas você tem andado no cami-
nho de Jeroboão e tem feito o meu povo de
Israel pecar, irritando-me com os seus peca-
dos. 3 Por isso, Baasa, vou exterminar você e
os seus descendentes e vou fazer com a sua
casa o que fiz com a casa de Jeroboão, filho
de Nebate. 4 Se alguém da casa de Baasa mor-
rer na cidade, os cães o comerão; e se alguém
morrer no campo, as aves do céu o comerão.
5 Quanto aos demais atos de Baasa, ao que
fez e ao seu poder, não está tudo escrito no
Livro da História dos Reis de Israel? 6 Baasa
morreu e foi sepultado em Tirza. E Elá, seu
filho, reinou em seu lugar.
7 Assim, por meio do profeta Jeú, filho
de Hanani, a palavra do Senhor veio con-
tra Baasa e contra a sua descendência, por
todo o mal que ele havia feito aos olhos
do Senhor, irritando-o com as suas obras
e fazendo-se igual à casa de Jeroboão, e
também porque matou a casa de Jeroboão.

O REINADO DE ELÁ, DE ISRAEL. A CONSPIRAÇÃO DE ZINRI

8 No vigésimo sexto ano do reinado de
Asa, rei de Judá, Elá, filho de Baasa, come-
çou a reinar sobre Israel em Tirza; e reinou
dois anos. 9 Zinri, seu servo, comandante
da metade dos carros de guerra, conspirou
contra ele. Elá estava em Tirza, bebendo e
embriagando-se na casa de Arsa, seu encar-
regado em Tirza. 10 Zinri entrou na casa,
atacou Elá e o matou, no vigésimo sétimo
ano do reinado de Asa, rei de Judá. E Zinri
reinou em lugar de Elá.
11 Logo que começou a reinar e se assentou
no trono, Zinri matou todos os descenden-
tes de Baasa; não lhe deixou nenhum do
sexo masculino, nem dos parentes, nem
dos seus amigos. 12 Assim, Zinri exterminou
todos os descendentes de Baasa, segundo
a palavra do Senhor, anunciada por meio
do profeta Jeú, contra Baasa, 13 por todos os
pecados que Baasa e o seu filho Elá come-
teram, e pelos pecados que fizeram Israel
cometer, irritando o Senhor, Deus de Israel,
com os seus ídolos.
14 Quanto aos demais atos de Elá e a tudo
o que ele fez, não está tudo escrito no Livro
da História dos Reis de Israel?

O REINADO DE ZINRI, DE ISRAEL

15 No vigésimo sétimo ano do reinado
de Asa, rei de Judá, Zinri reinou sete dias
em Tirza. O povo estava acampado contra
Gibetom, cidade que pertencia aos filisteus.
16 O povo que estava acampado ouviu dizer:
"Zinri conspirou contra o rei e o matou." Por
isso, naquele mesmo dia, no arraial, todo
o Israel constituiu rei sobre Israel a Onri,
comandante do exército. 17 Onri saiu de
Gibetom, estando todo o Israel com ele, e
sitiou Tirza. 18 Quando Zinri viu que a cidade
havia sido tomada, foi para a fortaleza do
palácio real, pôs fogo no palácio ao redor de
si e ali morreu. 19 Isso aconteceu por causa

dos pecados que havia cometido, fazendo o que era mau aos olhos do Senhor, andando no caminho de Jeroboão e no pecado que havia cometido, e fazendo Israel pecar.

20 Quanto aos demais atos de Zinri e à conspiração que fez, não está tudo escrito no Livro da História dos Reis de Israel?

O REINADO DE ONRI, DE ISRAEL

21 Então o povo de Israel se dividiu em dois partidos: metade do povo seguia Tibni, filho de Ginate, para o fazer rei, e a outra metade seguia Onri. 22 Mas o povo que seguia Onri prevaleceu contra o que seguia Tibni, filho de Ginate. Tibni morreu, e Onri passou a reinar. 23 No trigésimo primeiro ano do reinado de Asa, rei de Judá, Onri começou a reinar sobre Israel e reinou doze anos. Em Tirza, reinou seis anos. 24 De Semer ele comprou o monte de Samaria por sessenta e oito quilos de prata e o fortificou. E à cidade que edificou sobre o monte chamou de Samaria, nome oriundo de Semer, dono do monte.

25 Onri fez o que era mau aos olhos do Senhor; fez pior do que todos os reis que vieram antes dele. 26 Andou em todos os caminhos de Jeroboão, filho de Nebate, bem como nos pecados que este levou Israel a cometer, irritando o Senhor, Deus de Israel, com os seus ídolos.

27 Quanto aos demais atos de Onri, ao que fez e ao poder que manifestou, não está tudo escrito no Livro da História dos Reis de Israel? 28 Onri morreu e foi sepultado em Samaria. E Acabe, seu filho, reinou em seu lugar.

O REINADO DE ACABE, DE ISRAEL. SEU CASAMENTO COM JEZABEL

29 Acabe, filho de Onri, começou a reinar sobre Israel no trigésimo oitavo ano do reinado de Asa, rei de Judá. E Acabe, filho de Onri, reinou sobre Israel, em Samaria, vinte e dois anos. 30 Acabe, filho de Onri, fez o que era mau aos olhos do Senhor, mais do que todos os reis que vieram antes dele. 31 Como se fosse pouca coisa andar nos pecados de Jeroboão, filho de Nebate, Acabe foi mais longe e tomou por mulher Jezabel, filha de Etbaal, rei dos sidônios; e foi, serviu Baal e o adorou. 32 Levantou um altar a Baal, no templo de Baal que tinha edificado em Samaria. 33 Acabe fez também um poste da deusa Aserá, de maneira que cometeu mais abominações para irritar o Senhor, Deus de Israel, do que todos os reis de Israel que vieram antes dele.

34 Em seus dias, Hiel, o betelita, edificou Jericó. Quando ele lançou os alicerces da cidade, morreu Abirão, seu filho primogênito; e, quando colocou os portões, morreu Segube, seu filho mais novo, segundo a palavra do Senhor, anunciada por meio de Josué, filho de Num.

ELIAS PREDIZ GRANDE SECA E É SUSTENTADO POR CORVOS

17 1 Então Elias, o tesbita, dos moradores de Gileade, disse a Acabe:

— Tão certo como vive o Senhor, Deus de Israel, a quem eu sirvo, não haverá orvalho nem chuva nos próximos anos, a não ser quando eu disser.

2 Então a palavra do Senhor veio a Elias, dizendo:

3 — Saia daqui, vá para o leste e esconda-se junto ao ribeiro de Querite, nas imediações do Jordão. 4 Você beberá a água do ribeiro; e eu ordenei aos corvos que sustentem você naquele lugar.

5 Elias foi e fez segundo a palavra do Senhor. Retirou-se e ficou morando junto ao ribeiro de Querite, nas imediações do Jordão. 6 Os corvos lhe traziam pão e carne pela manhã, bem como pão e carne ao anoitecer; e ele bebia a água do ribeiro. 7 Mas, passados alguns dias, o ribeiro secou, porque não chovia sobre a terra.

ELIAS E A VIÚVA DE SAREPTA

8 Então a palavra do Senhor veio a Elias, dizendo:

9 — Levante-se e vá a Sarepta, que pertence a Sidom, e fique por lá. Ali ordenei a uma viúva que dê comida para você.

10 Então ele se levantou e foi a Sarepta. Chegando ao portão da cidade, encontrou uma viúva que estava apanhando lenha. Ele a chamou e lhe disse:

— Por favor, traga-me um pouco de água numa vasilha para que eu possa beber.

11 Quando ela já estava indo buscar a água, Elias a chamou e lhe disse:

— Traga-me também um bocado de pão, por favor.

12 Porém ela respondeu:
— Tão certo como vive o SENHOR, seu Deus,
não tenho nenhum pão assado. Tenho ape-
nas um punhado de farinha numa panela e
um pouco de azeite num jarro. E, como você
pode ver, apanhei dois pedaços de lenha e
vou preparar esse resto de comida para mim
e para o meu filho. Vamos comer e depois
morreremos de fome.
13 Elias disse a ela:
— Não tenha medo. Vá e faça o que você
disse. Mas primeiro faça um pãozinho
com o que você tem e traga-o para mim.
Depois, prepare o resto para você e para o
seu filho. 14 Porque assim diz o SENHOR, Deus
de Israel: "A farinha da panela não acabará, e
o azeite do jarro não faltará, até o dia em que
o SENHOR fizer chover sobre a terra."
15 A viúva foi e fez segundo a palavra de Elias.
Assim, comeram ele, ela e a sua casa durante
muitos dias. 16 A farinha da panela não acabou,
e o azeite do jarro não faltou, segundo a pala-
vra do SENHOR, anunciada por meio de Elias.
17 Depois disto, o filho da mulher, dona
da casa, adoeceu. E a doença dele se agra-
vou tanto, que ele morreu. 18 Então a mulher
disse a Elias:
— O que foi que eu fiz a você, homem de
Deus? Você veio aqui para trazer à memória
a minha iniquidade e matar o meu filho?
19 Elias respondeu:
— Dê-me o seu filho.
Ele o tomou dos braços dela e o levou para
cima, ao quarto, onde ele mesmo se hos-
pedava, e o deitou em sua cama. 20 Então
clamou ao SENHOR e disse:
— Ó SENHOR, meu Deus, por que afligiste
também esta viúva, com quem me hospedo,
matando o filho dela?
21 E, estendendo-se três vezes sobre o
menino, clamou ao SENHOR e disse:
— Ó SENHOR, meu Deus, peço-te que resti-
tuas a vida a este menino!
22 O SENHOR atendeu à voz de Elias, a vida
foi restituída ao menino, e ele reviveu.
23 Elias tomou o menino e o levou do quarto
até a casa; entregou-o à mãe dele e disse:
— Veja! O seu filho está vivo.
24 Então a mulher disse a Elias:
— Agora eu sei que você é um homem
de Deus e que a palavra do SENHOR na sua
boca é verdade.

ELIAS SE APRESENTA DIANTE DE ACABE

18 1 Muito tempo depois, no terceiro ano
da seca, a palavra do SENHOR veio a
Elias, dizendo:
— Vá apresentar-se a Acabe, porque farei
cair chuva sobre a terra.
2 Então Elias foi se apresentar a Acabe.
E a fome era extrema em Samaria. 3 Acabe
chamou Obadias, o responsável pelo palácio.
Este Obadias era um homem que temia muito
o SENHOR. 4 Assim, quando Jezabel extermi-
nava os profetas do SENHOR, Obadias tomou
cem profetas e, em grupos de cinquenta, os
escondeu em cavernas, e os sustentou com
pão e água. 5 E Acabe disse a Obadias:
— Vá pela terra a todas as fontes de água
e a todos os vales; pode ser que achemos
capim, para que salvemos a vida dos cava-
los e das mulas e não percamos todos
os animais.
6 Repartiram entre si a terra que iam per-
correr; Acabe foi sozinho por um caminho,
e Obadias foi sozinho por outro.
7 Quando Obadias já estava a caminho, eis
que Elias se encontrou com ele. Obadias,
reconhecendo-o, prostrou-se com o rosto
em terra e disse:
— É você mesmo? É o meu senhor Elias?
8 Ele respondeu:
— Sim, sou eu. Vá e diga a seu senhor: "Eis
que Elias está aqui."
9 Mas Obadias disse:
— Em que pequei, para que você queira
entregar este seu servo nas mãos de Acabe,
e ele me mate? 10 Tão certo como vive o
SENHOR, seu Deus, não houve nação nem
reino aonde meu senhor, o rei, não man-
dasse homens à sua procura. E, quando
diziam: "Ele não está aqui", fazia aquele
reino ou aquela nação jurar que não o
haviam encontrado. 11 E agora você quer
que eu vá dizer ao meu senhor, o rei, que
Elias está aqui? 12 Pode ser que, tão logo eu
me afaste de você, o Espírito do SENHOR Deus
o leve não sei para onde, e, se eu der a notí-
cia a Acabe e ele não o encontrar, ele matará
a mim, este seu servo, que temo o SENHOR
desde a minha mocidade. 13 Por acaso não
contaram a meu senhor o que fiz, quando
Jezabel matava os profetas do SENHOR, como
escondi cem dos profetas do SENHOR em

cavernas, de cinquenta em cinquenta, e os sustentei com pão e água? [14] E agora você quer que eu vá e diga ao meu senhor que Elias está aqui? Ele vai me matar!

[15] Elias respondeu:

— Tão certo como vive o SENHOR dos Exércitos, a quem eu sirvo, hoje mesmo me apresentarei a ele.

[16] Então Obadias foi se encontrar com Acabe e lhe deu a notícia. E Acabe foi se encontrar com Elias.

[17] Quando Acabe viu Elias, disse:

— Então é você, o perturbador de Israel?

[18] Elias respondeu:

— Eu não tenho perturbado Israel. Quem tem perturbado Israel é você e a casa de seu pai, porque vocês abandonaram os mandamentos do SENHOR e seguiram os baalins.
[19] Agora ordene que todo o Israel venha se encontrar comigo no monte Carmelo. Convoque também os quatrocentos e cinquenta profetas de Baal e os quatrocentos profetas da deusa Aserá que são sustentados por Jezabel.

ELIAS E OS PROFETAS DE BAAL NO MONTE CARMELO

[20] Então Acabe enviou mensageiros a todos os filhos de Israel e ajuntou os profetas no monte Carmelo. [21] Depois, Elias se aproximou de todo o povo e disse:

— Até quando vocês ficarão pulando de um lado para outro? Se o SENHOR é Deus, sigam-no; se é Baal, sigam-no.

Porém o povo não disse uma só palavra.
[22] Então Elias disse ao povo:

— Eu sou o único que restou dos profetas do SENHOR, e os profetas de Baal são quatrocentos e cinquenta homens. [23] Tragam, agora, dois novilhos. Eles que escolham para si um dos novilhos e, cortando-o em pedaços, o ponham sobre a lenha, porém não ponham fogo. Eu prepararei o outro novilho e o porei sobre a lenha, mas não porei fogo. [24] Então eles invocarão o nome de seu deus, e eu invocarei o nome do SENHOR. E há de ser que o deus que responder com fogo esse é que é Deus.

E todo o povo respondeu:

— É uma boa proposta!

[25] Elias disse aos profetas de Baal:

— Escolham um dos novilhos e preparem-no primeiro, porque vocês são muitos. Depois, invoquem o nome do deus de vocês, mas não ponham fogo na lenha.

[26] Pegaram o novilho que lhes foi trazido, prepararam-no e invocaram o nome de Baal, desde a manhã até o meio-dia, dizendo:

— Ó Baal, responde-nos!

Porém não se ouviu nenhuma voz e não houve quem respondesse. E ficaram pulando ao redor do altar que tinham feito.

[27] Ao meio-dia, Elias começou a zombar deles, dizendo:

— Gritem mais alto, porque ele é deus! Pode ser que esteja meditando, atendendo a necessidades ou viajando. Talvez esteja dormindo e necessite que o acordem.

[28] E eles clamavam em altas vozes e se cortavam com facas e com lanças, segundo o seu costume, até ficarem cobertos de sangue.
[29] Passado o meio-dia, eles profetizaram, até a hora do sacrifício da tarde; porém não houve voz, nem resposta, nem atenção alguma.

[30] Então Elias disse a todo o povo:

— Aproximem-se de mim.

E todo o povo se aproximou dele. Elias restaurou o altar do SENHOR, que estava em ruínas. [31] Pegou doze pedras, segundo o número das tribos dos filhos de Jacó, a quem tinha vindo a palavra do SENHOR, dizendo: "O seu nome será Israel." [32] Com aquelas pedras edificou o altar em nome do SENHOR. Ao redor dele fez uma vala capaz de conter duas medidas de sementes [33] e então armou a lenha, cortou o novilho em pedaços e os pôs sobre a lenha. [34] Então disse:

— Encham quatro cântaros com água e derramem sobre o holocausto e sobre a lenha.

Disse ainda:

— Façam isso outra vez.

E eles o fizeram. Disse mais:

— Façam isso pela terceira vez.

E eles o fizeram pela terceira vez. [35] A água escorria do altar e enchia também a vala aberta.

[36] Quando chegou a hora do sacrifício da tarde, o profeta Elias se aproximou do altar e disse:

— Ó SENHOR, Deus de Abraão, de Isaque e de Israel, que hoje se fique sabendo que tu és Deus em Israel, e que eu sou o teu servo e que, segundo a tua palavra, fiz todas estas coisas. [37] Responde-me, SENHOR,

responde-me, para que este povo saiba que
tu, Senhor, és Deus e que fizeste o coração
deles voltar para ti.
38 Então caiu fogo do Senhor e consumiu
o holocausto, a lenha, as pedras e a terra, e
ainda lambeu a água que estava na vala.
39 Quando o povo viu isso, todos se prostra-
ram com o rosto em terra e disseram:
— O Senhor é Deus! Só o Senhor é Deus!
40 Então Elias disse:
— Prendam os profetas de Baal! Que nem
um deles escape!
Eles os prenderam, e Elias os fez descer até
o ribeiro de Quisom e ali os matou.

ELIAS ORA PARA QUE CHOVA

41 Então Elias disse a Acabe:
— Suba, vá comer e beber, porque já se
ouve o barulho de abundante chuva.
42 Acabe subiu para comer e beber, mas
Elias subiu até o alto do Carmelo. Ali,
encurvado para a terra, pôs o rosto entre
os joelhos 43 e disse ao seu servo:
— Vá e olhe para o lado do mar.
Ele foi, olhou e disse:
— Não vi nada.
Então Elias disse:
— Volte.
E assim por sete vezes. 44 Na sétima vez
o servo disse:
— Eis que se levanta do mar uma nuvem
pequena como a palma da mão de um
homem.
Então Elias disse:
— Suba e diga a Acabe: "Apronte o seu carro
e desça, para que a chuva não o detenha."
45 Em pouco tempo o céu escureceu, com
nuvens e vento, e caiu grande chuva. Acabe
subiu ao carro e foi para Jezreel. 46 A mão
do Senhor veio sobre Elias, que cingiu os
lombos e correu na frente de Acabe, até a
entrada de Jezreel.

ELIAS NO MONTE HOREBE

19 1 Acabe contou a Jezabel tudo o que
Elias havia feito e como havia matado
todos os profetas à espada. 2 Então Jezabel
mandou um mensageiro a Elias para dizer-lhe:
— Que os deuses me castiguem se ama-
nhã a estas horas eu não tiver feito com a
sua vida o mesmo que você fez com a vida
de cada um deles!
3 Elias ficou com medo, levantou-se e, para
salvar a vida, se foi e chegou a Berseba, que
pertence a Judá. E ali ele deixou o seu servo.
4 Ele mesmo, porém, foi para o deserto, cami-
nhando um dia inteiro. Por fim, sentou-se
debaixo de um zimbro. Sentiu vontade de
morrer e orou:
— Basta, Senhor! Tira a minha vida, porque
eu não sou melhor do que os meus pais.
5 Deitou-se e dormiu debaixo de um zim-
bro. E eis que um anjo tocou nele e lhe disse:
— Levante-se e coma.
6 Elias olhou e viu, perto da sua cabeça,
um pão assado sobre pedras em brasa e
um jarro de água. Comeu, bebeu e tornou
a dormir. 7 O anjo do Senhor voltou, tocou
nele e lhe disse:
— Levante-se e coma, porque a viagem
será longa.
8 Então Elias se levantou, comeu e bebeu.
E, com a força daquela comida, caminhou
quarenta dias e quarenta noites até Horebe,
o monte de Deus.
9 Ali entrou numa caverna, onde passou
a noite. E eis que a palavra do Senhor veio
a ele e lhe disse:
— O que você está fazendo aqui, Elias?
10 Ele respondeu:
— Tenho sido muito zeloso pelo Senhor,
Deus dos Exércitos, porque os filhos de
Israel deixaram a tua aliança, derrubaram
os teus altares e mataram os teus profetas à
espada. Só fiquei eu, e eles estão querendo
tirar-me a vida.
11 Então foi-lhe dito:
— Saia daí e fique diante do Senhor no
monte.
Eis que o Senhor estava passando. E um
grande e forte vento fendia os montes e
quebrava as rochas diante do Senhor. Mas o
Senhor não estava no vento. Depois do vento,
houve um terremoto. Mas o Senhor não estava
no terremoto. 12 Depois do terremoto, veio
um fogo. Mas o Senhor não estava no fogo.
E, depois do fogo, veio o som de um suave
sussurro. 13 Quando Elias ouviu isso, cobriu o
rosto com o manto e, saindo, pôs-se à entrada
da caverna. Eis que veio uma voz e lhe disse:
— O que você está fazendo aqui, Elias?
14 Ele respondeu:
— Tenho sido muito zeloso pelo Senhor,
Deus dos Exércitos, porque os filhos de

Israel deixaram a tua aliança, derrubaram os teus altares e mataram os teus profetas à espada. Só fiquei eu, e eles estão querendo tirar-me a vida.

15 Então o Senhor disse a Elias:

— Vá, volte ao seu caminho para o deserto de Damasco. Chegando lá, unja Hazael como rei da Síria. 16 Unja também Jeú, filho de Ninsi, como rei de Israel e Eliseu, filho de Safate, de Abel-Meolá, como profeta em seu lugar. 17 Quem escapar à espada de Hazael, Jeú o matará; quem escapar à espada de Jeú, Eliseu o matará. 18 Também conservei em Israel sete mil, todos os joelhos que não se dobraram a Baal, e toda boca que não o beijou.

O CHAMADO DE ELISEU

19 Elias saiu dali e encontrou Eliseu, filho de Safate, que estava lavrando com doze juntas de bois adiante dele; ele estava com a décima segunda junta. Elias passou por ele e lançou o seu manto sobre ele. 20 Então Eliseu deixou os bois, correu atrás de Elias e disse:

— Deixe-me beijar o meu pai e a minha mãe e, então, eu o seguirei.

Elias respondeu:

— Vá e volte, pois você já sabe o que fiz com você.

21 Eliseu voltou para trás, pegou a junta de bois e os sacrificou. E, com os equipamentos dos bois, cozinhou a carne e a deu ao povo, e eles comeram. Então se levantou, seguiu Elias, e o servia.

ACABE DERROTA OS SÍRIOS

20 1 Ben-Hadade, rei da Síria, reuniu todo o seu exército. Estavam com ele trinta e dois reis com seus cavalos e carros de guerra. Ele subiu, cercou Samaria e lutou contra ela. 2 Enviou mensageiros à cidade, a Acabe, rei de Israel, 3 que lhe disseram:

— Assim diz Ben-Hadade: "A sua prata e o seu ouro são meus; as suas mulheres e os seus melhores filhos também são meus."

4 O rei de Israel respondeu:

— Seja conforme a sua palavra, ó rei, meu senhor; eu sou seu, e tudo o que tenho é seu.

5 Os mensageiros voltaram a Acabe e disseram:

— Assim diz Ben-Hadade: "Quando enviei mensageiros que dissessem: 'A sua prata, o seu ouro, as suas mulheres e os seus filhos são meus', era para que você os entregasse para mim. 6 Se amanhã a estas horas eu tiver de enviar os meus servos até você, eles vasculharão o seu palácio e as casas dos seus oficiais e meterão as mãos em tudo o que você tem de precioso e o levarão."

7 Então o rei de Israel chamou todos os anciãos da sua terra e lhes disse:

— Como vocês podem notar e ver, este homem procura o mal. Mandou exigir as minhas mulheres, os meus filhos, a minha prata e o meu ouro, e não os neguei a ele.

8 Todos os anciãos e todo o povo lhe disseram:

— Não lhe dê ouvidos e não consinta.

9 Então Acabe disse aos mensageiros de Ben-Hadade:

— Digam ao rei, meu senhor: "Farei tudo o que você pediu a este seu servo na primeira vez, porém não posso fazer o que você está pedindo agora."

E os mensageiros se foram e deram esta resposta. 10 Ben-Hadade tornou a enviar mensageiros, dizendo:

— Que os deuses me castiguem, se o pó de Samaria bastar para encher as mãos de todo o povo que me segue.

11 Porém o rei de Israel respondeu:

— Digam ao rei Ben-Hadade: "Quem se veste para a batalha não deve se gabar como aquele que está se despindo depois da vitória."

12 Ben-Hadade ouviu esta resposta quando ele e os outros reis estavam bebendo nas tendas. Então ele disse aos seus servos:

— Preparem-se para atacar.

E eles se prepararam para atacar a cidade.

13 Eis que um profeta foi até Acabe, rei de Israel, e lhe disse:

— Assim diz o Senhor: "Você viu toda esta grande multidão? Eis que hoje a entregarei nas suas mãos, e você saberá que eu sou o Senhor."

14 Acabe perguntou:

— Por meio de quem se dará isto?

Ele respondeu:

— Assim diz o Senhor: "Pelos servos dos chefes das províncias."

Acabe perguntou:

— Quem começará a batalha?

E o profeta respondeu:
— Você!
15 Então Acabe contou os servos dos chefes
das províncias, e eram duzentos e trinta e
dois. Depois, contou todo o povo, todos os
filhos de Israel, e eram sete mil.
16 Saíram ao meio-dia. Ben-Hadade,
porém, estava bebendo e embriagando-se
nas tendas, ele e os reis, os trinta e dois reis
que o ajudavam. 17 Saíram primeiro os ser-
vos dos chefes das províncias. Ben-Hadade
mandou observadores que lhe deram avi-
sos, dizendo:
— Uns homens estão saindo de Samaria.
18 Ele disse:
— Se vieram tratar de paz, prendam-
-nos vivos; se vieram lutar, prendam-nos
vivos também.
19 Os servos dos chefes das províncias e
o exército que os seguia saíram da cidade,
20 e cada um matou o homem contra quem
lutava. Os sírios fugiram, e Israel os per-
seguiu. Porém Ben-Hadade, rei da Síria,
escapou a cavalo, com alguns cavaleiros. 21 O
rei de Israel saiu e destroçou os cavalos e os
carros de guerra dos sírios, impondo-lhes
grande derrota.
22 Então o profeta foi até o rei de Israel e
lhe disse:
— Vá, seja forte, considere e veja o que vai
fazer, porque daqui a um ano o rei da Síria
voltará a atacar.
23 Os servos do rei da Síria lhe disseram:
— Os deuses deles são deuses dos montes,
e por isso eles foram mais fortes do que nós.
Mas vamos lutar contra eles na planície, e,
por certo, seremos mais fortes do que eles.
24 Portanto, faça o seguinte: tire os reis, cada
um do seu lugar, e substitua-os por capitães,
25 e forme outro exército igual em número
ao que o senhor perdeu, com outros tantos
cavalos e outros tantos carros de guerra. E
vamos lutar contra eles na planície e, por
certo, seremos mais fortes do que eles.
O rei deu ouvidos ao que disseram e assim
o fez. 26 Decorrido um ano, Ben-Hadade
convocou os sírios e subiu a Afeca para
lutar contra Israel. 27 Também os filhos de
Israel foram reunidos para a batalha. Eles
foram providos de mantimentos e mar-
charam contra os sírios. Os filhos de Israel
acamparam de frente para eles, como dois
pequenos rebanhos de cabras, mas os sírios
enchiam a terra.
28 Um homem de Deus se aproximou e foi
falar com o rei de Israel, dizendo:
— Assim diz o SENHOR: "Porque os sírios
disseram que o SENHOR é deus dos montes
e não dos vales, entregarei toda esta grande
multidão nas suas mãos, e assim vocês
saberão que eu sou o SENHOR."
29 Sete dias estiveram acampados uns em
frente dos outros. No sétimo dia, travou-se
a batalha, e os filhos de Israel, num só dia,
mataram dos sírios cem mil soldados da
infantaria. 30 Os restantes fugiram para
Afeca e entraram na cidade, mas a mura-
lha da cidade caiu sobre os vinte e sete mil
homens que restaram. Ben-Hadade fugiu,
veio à cidade e se escondia de câmara
em câmara.
31 Então os seus servos lhe disseram:
— Eis que temos ouvido que os reis da
casa de Israel são reis clementes. Por isso,
ponhamos panos de saco sobre os lombos e
cordas ao redor da cabeça e vamos até o rei
de Israel; pode ser que ele lhe poupe a vida.
32 Então se cingiram com pano de saco
pelos lombos, puseram cordas ao redor
da cabeça e foram falar com o rei de Israel.
Disseram:
— O seu servo Ben-Hadade manda dizer:
"Poupe-me a vida."
Acabe respondeu:
— Então ele ainda está vivo? Ele é meu
irmão.
33 Aqueles homens tomaram isto como
um bom sinal, logo se aproveitaram dessa
palavra e disseram:
— Sim, o seu irmão Ben-Hadade!
O rei disse:
— Vão e tragam-no aqui.
Então Ben-Hadade saiu para se encontrar
com Acabe, e este o fez subir na sua carrua-
gem. 34 Ben-Hadade lhe disse:
— Vou restituir as cidades que o meu pai
tomou do seu pai. Você poderá vender os
seus produtos em Damasco, como o meu
pai fez em Samaria.
E Acabe respondeu:
— Com esta aliança, deixarei que você
fique livre.
Então Acabe fez uma aliança com ele e o
deixou ir embora.

UM PROFETA CONDENA ACABE

35 Então, por ordem do SENHOR, um dos discí-
pulos dos profetas disse ao seu companheiro:
— Por favor, me esmurre.
Mas o homem se recusou a fazê-lo, 36 e
por isso o discípulo dos profetas lhe disse:
— Visto que você não obedeceu à voz do
SENHOR, eis que, tão logo você se afastar de
mim, um leão o matará.
Quando ele se afastou, um leão o encon-
trou e o matou.
37 Então o profeta encontrou outro homem
e lhe disse:
— Por favor, me esmurre.
Ele o esmurrou e o feriu. 38 Então o profeta
partiu e ficou esperando o rei no caminho,
disfarçado com uma venda sobre os olhos.
39 Quando o rei ia passando, o profeta gritou:
— Este seu servo estava saindo do meio
da batalha, quando um companheiro se vol-
tou e me trouxe um homem, dizendo: "Vigie
este homem. Se ele escapar, será a sua vida
pela vida dele ou você pagará trinta e quatro
quilos de prata." 40 Enquanto este seu servo
estava ocupado daqui e dali, o homem se foi.
O rei de Israel respondeu:
— Esta é a sua sentença. Você mesmo
a pronunciou.
41 Então ele se apressou e tirou a venda dos
olhos, e o rei de Israel reconheceu que era
um dos profetas. 42 E o profeta disse ao rei:
— Assim diz o SENHOR: "Porque você soltou
o homem que eu havia condenado, será a
sua vida pela vida dele e o seu povo pelo
povo dele."
43 Então o rei de Israel se dirigiu à sua casa,
aborrecido e indignado, e chegou a Samaria.

ACABE E A VINHA DE NABOTE

21 1 Depois disto, aconteceu o seguinte:
Nabote, o jezreelita, possuía uma
vinha ao lado do palácio que Acabe, rei
de Samaria, tinha em Jezreel. 2 Acabe
disse a Nabote:
— Dê-me a sua vinha, para que me sirva
de horta, pois está perto, ao lado do meu
palácio. Em troca eu lhe darei outra, melhor.
Ou, se for do seu agrado, darei em dinheiro
o que ela vale.
3 Porém Nabote disse a Acabe:
— Que o SENHOR Deus me livre de lhe dar
a herança de meus pais.
4 Então Acabe voltou para casa aborrecido
e indignado com o que Nabote, o jezree-
lita, lhe havia falado, quando disse: "Não
lhe darei a herança de meus pais." E se dei-
tou na cama, voltou o rosto para a parede e
não quis comer.
5 Porém Jezabel, a esposa, foi falar com
ele e perguntou:
— Que é isso que você tem? Por que está
assim aborrecido e não quer comer nada?
6 Acabe respondeu:
— É porque falei com Nabote, o jezree-
lita, e lhe disse: "Dê-me a sua vinha por
dinheiro; ou, se preferir, lhe darei outra
em troca." Porém ele disse: "Não lhe darei
a minha vinha."
7 Então Jezabel, sua esposa, lhe disse:
— Você está governando Israel ou
não? Levante-se, venha comer e alegre
o seu coração; eu lhe darei a vinha de
Nabote, o jezreelita.

JEZABEL ORDENA A MORTE DE NABOTE

8 Então Jezabel escreveu cartas em nome
de Acabe, selou-as com o sinete dele e as
enviou aos anciãos e aos nobres que mora-
vam com Nabote na cidade dele. 9 E nas
cartas ela escreveu o seguinte: "Anunciem
um dia de jejum e tragam Nabote para a
frente do povo. 10 Ponham sentados na
frente dele dois homens malignos, que
testemunhem contra ele, dizendo: 'Você
blasfemou contra Deus e contra o rei.'
Depois, levem-no para fora e o apedrejem,
para que morra."
11 Os homens daquela cidade, os anciãos
e os nobres que moravam com Nabote fize-
ram o que Jezabel lhes ordenou, segundo
estava escrito nas cartas que lhes havia
mandado. 12 Anunciaram um dia de jejum
e deram a Nabote um lugar de destaque na
frente do povo. 13 Então vieram dois homens
malignos, sentaram-se na frente dele e tes-
temunharam contra ele, contra Nabote,
diante do povo, dizendo:
— Nabote blasfemou contra Deus e con-
tra o rei.
E o levaram para fora da cidade e o ape-
drejaram, e ele morreu. 14 Então mandaram
dizer a Jezabel:
— Nabote foi apedrejado e morreu.

15 Quando Jezabel ouviu que Nabote
tinha sido apedrejado e estava morto,
disse a Acabe:
— Levante-se e tome posse da vinha que
Nabote, o jezreelita, não quis dar a você
por dinheiro. Porque Nabote não está mais
vivo; morreu.
16 Quando Acabe ouviu que Nabote estava
morto, levantou-se para ir até a vinha de
Nabote, o jezreelita, para tomar posse dela.

ELIAS AMEAÇA ACABE E JEZABEL

17 Então a palavra do SENHOR veio a Elias, o
tesbita, dizendo:
18 — Levante-se, vá encontrar-se com
Acabe, rei de Israel, que mora em Samaria.
Eis que ele está na vinha de Nabote, aonde
foi para tomar posse dela. 19 Fale com ele,
dizendo: Assim diz o SENHOR: "Você matou
e, ainda por cima, tomou a herança?" Fale
também o seguinte: Assim diz o SENHOR: "No
mesmo lugar onde os cães lamberam o san-
gue de Nabote, cães lamberão o seu sangue
— sim, o seu sangue."
20 Acabe perguntou a Elias:
— Então, meu inimigo, você já me achou?
Elias respondeu:
— Achei, sim, porque você já se vendeu
para fazer o que é mau aos olhos do SENHOR.
21 Eis que trarei o mal sobre você, arrancarei
a sua posteridade e exterminarei de Acabe
todos do sexo masculino, quer escravo quer
livre, em Israel. 22 Farei com a sua casa o
mesmo que fiz com a casa de Jeroboão, filho
de Nebate, e com a casa de Baasa, filho de
Aías, por causa da provocação com que você
me irritou e levou Israel a pecar.
23 — Também de Jezabel o SENHOR falou:
"Os cães devorarão Jezabel dentro das
muralhas de Jezreel. 24 Se alguém da casa
de Acabe morrer na cidade, os cães o come-
rão; e se alguém morrer no campo, as aves
do céu o comerão."
25 Nunca houve ninguém igual a Acabe,
que se vendeu para fazer o que era mau aos
olhos do SENHOR, porque Jezabel, sua esposa,
o instigava. 26 Ele fez grandes abominações,
seguindo os ídolos, conforme tudo o que
fizeram os amorreus, que o SENHOR expul-
sou de diante dos filhos de Israel.
27 Quando Acabe ouviu estas palavras, ras-
gou as suas roupas, cobriu-se de pano de
saco e jejuou; dormia vestido de pano de
saco e andava cabisbaixo. 28 Então a palavra
do SENHOR veio a Elias, o tesbita, dizendo:
29 — Você viu como Acabe se humilhou
diante de mim? Portanto, visto que ele se
humilha diante de mim, não trarei este mal
nos seus dias, mas nos dias de seu filho o
trarei sobre a sua casa.

AS PROFECIAS DOS FALSOS PROFETAS

2Cr 18.1-11

22 1 Três anos se passaram sem haver
guerra entre Síria e Israel. 2 Porém,
no terceiro ano, Josafá, rei de Judá, foi visi-
tar o rei de Israel. 3 Este perguntou aos seus
servos:
— Vocês não sabem que Ramote-Gileade
é nossa, e nós ficamos quietos e não a tira-
mos das mãos do rei da Síria?
4 Então perguntou a Josafá:
— Você vai comigo à batalha contra
Ramote-Gileade?
Josafá respondeu ao rei de Israel:
— Sou como você é, o meu povo é como
o seu povo, e os meus cavalos são como os
seus cavalos.
5 Josafá disse mais ao rei de Israel:
— Consulte primeiro a palavra do SENHOR.
6 Então o rei de Israel reuniu os profetas,
cerca de quatrocentos homens, e lhes per-
guntou:
— Devo ir e lutar contra Ramote-Gileade
ou devo me conter?
Eles responderam:
— Vá, porque o Senhor a entregará nas
mãos do rei.
7 Mas Josafá perguntou:
— Não há aqui ainda algum profeta do
SENHOR, para o consultarmos?
8 O rei de Israel respondeu a Josafá:
— Há um ainda, por meio de quem pode-
mos consultar o SENHOR. Mas eu o odeio,
porque nunca profetiza de mim o que é
bom, mas somente o que é mau. É Micaías,
filho de Inlá.
Josafá disse:
— O rei não deveria falar assim.
9 Então o rei de Israel chamou um oficial
e disse:
— Traga-me depressa Micaías, filho
de Inlá.

Não existem limites para o que Deus pode fazer em você e através de você.

10 O rei de Israel e Josafá, rei de Judá, estavam assentados, cada um no seu trono, vestidos de trajes reais, numa eira à entrada do portão da cidade de Samaria; e todos os profetas profetizavam diante deles. 11 Zedequias, filho de Quenaana, fez para si uns chifres de ferro e disse:

— Assim diz o SENHOR: "Com estes você dará chifradas nos sírios até que estejam destruídos."

12 Todos os profetas profetizaram assim, dizendo:

— Suba a Ramote-Gileade! Você triunfará! O SENHOR a entregará nas mãos do rei.

A PROFECIA DE MICAÍAS

2Cr 18.12-27

13 O mensageiro que tinha ido chamar Micaías falou-lhe, dizendo:

— Eis que as palavras dos profetas a uma voz predizem coisas boas para o rei. Portanto, que a sua palavra seja como a palavra de um deles; fale o que é bom.

14 Micaías respondeu:

— Tão certo como vive o SENHOR, o que o SENHOR me disser, isso falarei.

15 Quando ele chegou à presença do rei, este lhe perguntou:

— Micaías, devemos ir a Ramote-Gileade para a batalha ou devemos nos conter?

Ele respondeu:

— Vá! Você triunfará! O SENHOR a entregará nas mãos do rei.

16 O rei lhe disse:

— Quantas vezes devo fazer você jurar que não me fale a não ser a verdade em nome do SENHOR?

17 Então Micaías disse:

— Vi todo o Israel disperso pelos montes, como ovelhas que não têm pastor. E o SENHOR Deus disse: "Estes não têm dono; que cada um volte em paz para a sua casa."

18 Então o rei de Israel disse a Josafá:

— Eu não disse a você que a meu respeito ele não profetiza o que é bom, mas somente o que é mau?

19 Micaías prosseguiu:

— Portanto, ouça a palavra do SENHOR: Vi o SENHOR assentado no seu trono, e todo o exército do céu estava junto dele, à sua direita e à sua esquerda. 20 Então o SENHOR perguntou: "Quem enganará Acabe, para que vá e seja morto em Ramote-Gileade?" E um dizia uma coisa, e outro dizia outra coisa. 21 Então um espírito saiu, se apresentou diante do SENHOR e disse: "Eu o enganarei." O SENHOR perguntou: "Como?" 22 Ele respondeu: "Sairei e serei um espírito mentiroso na boca de todos os profetas do rei." Então o SENHOR disse: "Você conseguirá enganá-lo. Vá e faça assim." 23 E agora eis que o SENHOR pôs esse espírito mentiroso na boca de todos estes seus profetas e o SENHOR declarou que um mal vai lhe acontecer.

24 Então Zedequias, filho de Quenaana, chegou, deu uma bofetada em Micaías e perguntou:

— Por onde é que passou o Espírito do SENHOR ao sair de mim para falar com você?

25 Micaías respondeu:

— Eis que você o verá no dia em que estiver correndo de quarto em quarto, tentando se esconder!

26 Então o rei de Israel disse:

— Prenda Micaías e leve-o de volta a Amom, governador da cidade, e a Joás, filho do rei. 27 E diga: "Assim diz o rei: Metam este homem na cadeia e o ponham a pão e água, até que eu volte em paz."

28 Micaías disse:

— Se o rei de fato voltar em paz, é porque o SENHOR não falou por meio de mim.

E acrescentou:

— Que todos os povos ouçam isto!

A MORTE DE ACABE

2Cr 18.28-34

29 O rei de Israel e Josafá, rei de Judá, foram atacar Ramote-Gileade. 30 O rei de Israel disse a Josafá:

— Eu vou me disfarçar e entrar no combate, mas você use os seus trajes reais.

E assim o rei de Israel se disfarçou e entrou no combate.

31 Ora, o rei da Síria havia ordenado aos trinta e dois capitães dos seus carros de guerra que não lutassem nem contra pequeno nem contra grande, mas somente contra o rei de Israel. 32 Quando os capitães dos carros viram Josafá, disseram:

— Aquele certamente é o rei de Israel.

E se dirigiram até ele para o atacar. Porém Josafá gritou. 33 Quando os capitães dos carros de guerra viram que não era o rei de

Israel, deixaram de persegui-lo. 34 Então um
homem entesou o arco e, atirando ao acaso,
atingiu o rei de Israel por entre as juntas da
sua armadura. Então o rei Acabe disse ao
condutor do seu carro:

— Dê a volta e leve-me para fora do combate, porque estou gravemente ferido.

35 A batalha se intensificou naquele dia.
Quanto ao rei, seguraram-no em pé no seu
carro de guerra de frente para os sírios, mas
à tarde ele morreu. O sangue corria da ferida
para o fundo do carro. 36 Ao pôr do sol, fez-se
ouvir um grito pelo acampamento, que dizia:

— Cada um para a sua cidade, e cada um para a sua terra!

37 Morto o rei, levaram-no a Samaria, onde
o sepultaram. 38 Quando lavaram o carro de
guerra junto à cisterna de Samaria, os cães
lamberam o sangue do rei, segundo a palavra que o SENHOR tinha dito; as prostitutas banharam-se naquelas águas.

39 Quanto aos demais atos de Acabe, a
tudo o que fez, ao palácio de marfim que
construiu e a todas as cidades que edificou,
não está tudo escrito no Livro da História
dos Reis de Israel? 40 Assim, Acabe morreu,
e Acazias, seu filho, reinou em seu lugar.

O REINADO E A MORTE DE JOSAFÁ

2Cr 20.31-37

41 Josafá, filho de Asa, começou a reinar
sobre Judá no quarto ano do reinado de
Acabe, rei de Israel. 42 Josafá tinha trinta
e cinco anos de idade quando começou
a reinar e reinou vinte e cinco anos em
Jerusalém. A mãe dele se chamava Azuba
e era filha de Sili. 43 Josafá andou em
todos os caminhos de Asa, seu pai; não se
desviou deles e fez o que era reto aos olhos
do SENHOR. 44 Os lugares altos, porém, não
foram destruídos; neles, o povo ainda oferecia sacrifícios e queimava incenso. 45 Josafá
viveu em paz com o rei de Israel.

46 Quanto aos demais atos de Josafá, ao
poder que mostrou e como guerreou, não
está tudo escrito no Livro da História dos
Reis de Judá?

47 Também exterminou da terra os restantes dos prostitutos cultuais que ficaram nos dias de Asa, seu pai.

48 Nessa época não havia rei em Edom,
porém somente um governador. 49 Josafá fez
grandes navios, para irem a Ofir em busca
de ouro; porém não foram, porque os navios
se quebraram em Eziom-Geber. 50 Então
Acazias, filho de Acabe, disse a Josafá:

— Deixe que os meus servos naveguem com os seus.

Porém Josafá não quis.

51 Josafá morreu e foi sepultado na Cidade
de Davi, seu pai; e Jeorão, seu filho, reinou
em seu lugar.

O REINADO DE ACAZIAS, DE ISRAEL

52 Acazias, filho de Acabe, começou a reinar sobre Israel em Samaria, no décimo
sétimo ano do reinado de Josafá, rei de Judá;
e reinou dois anos sobre Israel. 53 Fez o que
era mau aos olhos do SENHOR, pois andou
nos caminhos de seu pai, bem como nos
caminhos de sua mãe e nos caminhos de
Jeroboão, filho de Nebate, que levou Israel a
pecar. 54 Ele serviu a Baal, e o adorou, como
o seu pai havia feito antes dele, provocando
o SENHOR, Deus de Israel, à ira.

Livros Históricos

Livro 12 com

2Reis

25 CAPÍTULOS

SIGNIFICADO DO TÍTULO

O título “2Reis” vem da continuidade da história dos reis de Israel e de Judá, cobrindo o período desde a morte de Acabe até o exílio do Reino do Sul. Registra os sucessos e fracassos dos governantes, a influência dos profetas e os eventos que levaram à queda de ambos os reinos.

AUTORIA

Assim como em 1Reis, o autor de 2Reis não é identificado explicitamente. A tradição atribui a autoria a Jeremias, embora seja mais provável que o livro tenha sido compilado e editado por escribas e profetas.

INFORMAÇÕES GERAIS

2Reis continua a narrativa de Israel e de Judá e descreve os reinados de diversos monarcas, citando Elias e Eliseu como profetas ativos durante o período. O livro culmina com a queda de Judá diante do Império Babilônico e o exílio do povo de Deus.

ESTRUTURA DO LIVRO

- ★ Reinado de Acazias e ascensão de Eliseu 2Rs 1—2
- ★ Reinado de Jorão e milagres de Eliseu 2Rs 3—8.15
- ★ Reinados de Jeorão, Acazias, Jeú, Jeoacaz, Jeoás e Amazias 2Rs 8.16—14.22
- ★ Reinados de Jeroboão II, Azarias, Zacarias, Salum, Menaém, Pecaías, Peca e Jotão 2Rs 14.23 — 15
- ★ Reinados de Acaz e Oseias e a queda de Samaria 2Rs 16—17
- ★ Reinado de Ezequias 2Rs 18—20
- ★ Reinados de Manassés e Amom 2Rs 21
- ★ Reinado de Josias 2Rs 22—23.30
- ★ Fim de Judá e o exílio babilônico 2Rs 23.31—25

TEMAS DE 2REIS

A teologia de 2Reis enfatiza a justiça e o julgamento de Deus sobre as nações. Os eventos narrados destacam a importância da fidelidade ao Senhor e as consequências da idolatria e da desobediência. Apesar das falhas dos reis e do povo, Deus continua a agir em misericórdia e julgamento de acordo com a sua vontade.

2REIS E CRISTO

2Reis aponta para Cristo por meio dos milagres de Eliseu; da necessidade de um rei perfeito; do juízo e da esperança de redenção; da graça de Deus alcançando todas as nações; e da promessa de um reino eterno — todos culminando em Jesus como o cumprimento das promessas divinas.

Amar a Deus quando as coisas vão bem é fácil; o verdadeiro amor, no entanto, revela-se nas dificuldades.

ACAZIAS E O PROFETA ELIAS

1 1 Depois da morte de Acabe, o rei dos
moabitas se revoltou contra Israel.
2 E o rei Acazias caiu pelas grades de um
quarto do andar superior, em Samaria, e ficou
ferido. Então enviou mensageiros e lhes disse:
— Vão consultar Baal-Zebube, deus de
Ecrom, para saber se vou sarar desta doença.
3 Mas o Anjo do Senhor disse a Elias, o
tesbita:
— Levante-se, vá encontrar-se com os
mensageiros do rei de Samaria e pergun-
te-lhes: "Será que não há Deus em Israel,
para que vocês estejam indo consultar
Baal-Zebube, deus de Ecrom?" 4 Por isso,
assim diz o Senhor: "Da cama em que está
deitado você não sairá mais. Você certa-
mente morrerá!"
Então Elias foi embora.
5 Os mensageiros voltaram para o rei, e este
lhes perguntou:
— O que houve? Por que voltaram?
6 Eles responderam:
— Um homem veio ao nosso encontro e
nos disse que deveríamos voltar para o rei
que nos havia mandado e dizer o seguinte:
Assim diz o Senhor: "Será que não há Deus
em Israel, para que você esteja mandando
consultar Baal-Zebube, deus de Ecrom?
Portanto, da cama em que está deitado você
não sairá mais. Você certamente morrerá!"
7 Então o rei perguntou:
— Qual era a aparência do homem que veio
ao encontro de vocês e falou tais palavras?
8 Eles responderam:
— Era um homem vestido de pelos, com
um cinto de couro na cintura.
Então o rei disse:
— É Elias, o tesbita.
9 Então o rei enviou um capitão de cin-
quenta, com seus cinquenta soldados, em
busca de Elias. O capitão subiu o monte, em
cujo topo Elias estava sentado, e lhe disse:
— Homem de Deus, o rei está ordenando
que você desça daí.
10 Mas Elias respondeu ao capitão de
cinquenta:
— Se eu sou homem de Deus, que desça
fogo do céu e consuma você e os seus cin-
quenta soldados.
Então desceu fogo do céu e consumiu o
capitão e os seus cinquenta soldados.
11 O rei enviou outro capitão de cinquenta,
com os seus cinquenta soldados. Ele subiu
o monte e disse a Elias:
— Homem de Deus, o rei está ordenando
que você desça daí imediatamente.
12 Elias respondeu:
— Se eu sou homem de Deus, que desça
fogo do céu e consuma você e os seus cin-
quenta soldados.
Então fogo de Deus desceu do céu e consu-
miu o capitão e os seus cinquenta soldados.
13 O rei enviou um terceiro capitão de cin-
quenta, com os seus cinquenta soldados.
Este terceiro capitão de cinquenta subiu o
monte, pôs-se de joelhos diante de Elias e
lhe suplicou:
— Homem de Deus, peço, por favor, que a
minha vida e a vida destes seus servos, os
cinquenta soldados, seja preciosa aos seus
olhos. 14 Porque desceu fogo do céu e con-
sumiu aqueles dois primeiros capitães de
cinquenta, com os seus cinquenta solda-
dos. Agora, porém, que a minha vida seja
preciosa aos seus olhos.
15 Então o Anjo do Senhor disse a Elias:
— Desça com este; não tenha medo.
Ele se levantou, desceu com ele e se apre-
sentou ao rei. 16 Elias disse ao rei:
— Assim diz o Senhor: "Por que você
enviou mensageiros para consultar Baal-
Zebube, deus de Ecrom? É porque não
há Deus em Israel, cuja palavra se possa
consultar? Portanto, da cama em que está
deitado você não sairá mais. Você certa-
mente morrerá!"
17 E assim Acazias morreu, segundo a
palavra do Senhor, anunciada por Elias. E
Jorão, irmão de Acazias, começou a reinar
em seu lugar, no segundo ano do reinado
de Jeorão, filho de Josafá, rei de Judá. Isto
porque Acazias não tinha filhos.
18 Quanto aos demais atos de Acazias e ao
que fez, não está tudo escrito no Livro da
História dos Reis de Israel?

ELISEU É SUCESSOR DE ELIAS

2 1 Quando o Senhor estava para tomar
Elias ao céu num redemoinho, Elias saiu
de Gilgal em companhia de Eliseu. 2 E Elias
disse a Eliseu:
— Fique aqui, porque o Senhor me enviou
a Betel.

Mas Eliseu disse:

— Tão certo como vive o SENHOR, e como você vive, não o deixarei ir sozinho.

E, assim, foram até Betel. 3 Os discípulos dos profetas que estavam em Betel saíram ao encontro de Eliseu e lhe perguntaram:

— Você sabia que hoje o SENHOR levará o seu mestre, elevando-o por sobre a sua cabeça?

Ele respondeu:

— Sim, também eu já sei. Mas não digam nada.

4 Então Elias disse a Eliseu:

— Fique aqui, porque o SENHOR me enviou a Jericó.

Mas Eliseu disse:

— Tão certo como vive o SENHOR, e como você vive, não o deixarei ir sozinho.

E, assim, foram a Jericó. 5 Então os discípulos dos profetas que estavam em Jericó se aproximaram de Eliseu e lhe perguntaram:

— Você sabia que hoje o SENHOR levará o seu mestre, elevando-o por sobre a sua cabeça?

Ele respondeu:

— Sim, também eu já sei. Mas não digam nada.

6 Mais uma vez Elias disse a Eliseu:

— Fique aqui, porque o SENHOR me enviou ao Jordão.

Mas Eliseu disse:

— Tão certo como vive o SENHOR, e como você vive, não o deixarei ir sozinho.

E, assim, os dois foram juntos. 7 Cinquenta homens dos discípulos dos profetas foram e ficaram a certa distância, quando ambos pararam junto ao Jordão. 8 Então Elias pegou o seu manto, enrolou-o e bateu com ele nas águas, as quais se dividiram para os dois lados; e ambos passaram em seco.

ELIAS É ELEVADO AO CÉU

9 Quando eles tinham passado o Jordão, Elias disse a Eliseu:

— Diga o que você quer que eu faça por você, antes que eu seja levado embora.

Eliseu disse:

— Quero receber por herança porção dobrada do seu espírito.

10 Elias respondeu:

— Você fez um pedido difícil. Mas, se você me vir quando eu for levado embora, será como você pede; porém, se você não me vir, não será assim.

11 Enquanto iam caminhando e falando, eis que um carro de fogo, com cavalos de fogo, os separou um do outro, e Elias subiu ao céu num redemoinho. 12 Ao ver isso, Eliseu gritou:

— Meu pai, meu pai! Carros de Israel e seus cavaleiros!

E nunca mais ele viu Elias. E, pegando a sua própria roupa, rasgou-a em duas partes. 13 Então levantou o manto de Elias, que havia caído, e voltou para a margem do Jordão. 14 Pegou o manto de Elias, que havia caído, bateu com ele nas águas e disse:

— Onde está o SENHOR, Deus de Elias?

Quando ele bateu nas águas, elas se dividiram para os dois lados, e Eliseu passou.

OS DISCÍPULOS DOS PROFETAS PROCURAM ELIAS

15 Os discípulos dos profetas que estavam defronte, em Jericó, viram isso e disseram:

— O espírito de Elias repousa sobre Eliseu.

Foram ao encontro de Eliseu e se prostraram diante dele em terra. 16 E disseram a Eliseu:

— Eis que entre os seus servos há cinquenta homens valentes. Deixe-os ir em procura do seu mestre. Pode ser que o Espírito do SENHOR o tenha levado e lançado em algum dos montes ou em algum dos vales.

Porém ele respondeu:

— Não! Não mandem ninguém.

17 Mas eles insistiram com ele, até que, constrangido, lhes disse:

— Podem enviar os homens.

E enviaram cinquenta homens, que o procuraram durante três dias, porém não o acharam. 18 Então voltaram para junto de Eliseu, que tinha ficado em Jericó. E ele lhes disse:

— Eu não disse que vocês não deveriam ir?

ELISEU TORNA SAUDÁVEIS AS ÁGUAS DE JERICÓ

19 Os homens da cidade disseram a Eliseu:

— Eis que esta cidade é bem-situada, como o senhor pode ver, porém a água não é boa, e a terra é estéril.

20 Ele disse:

— Tragam-me um prato novo e ponham nele sal.

E eles trouxeram. 21 Então Eliseu foi até a fonte e jogou o sal na água. E disse:

— Assim diz o Senhor: "Tornei saudável esta água; ela não será mais causa de morte nem de esterilidade."

22 E aquela água ficou saudável, até o dia de hoje, segundo a palavra que Eliseu tinha dito.

RAPAZINHOS ZOMBAM DE ELISEU

23 Então Eliseu partiu dali para ir a Betel. Estando ele a caminho, uns rapazinhos saíram da cidade, e zombavam dele, dizendo:

— Suba, seu careca! Suba, seu careca!

24 Eliseu se virou para trás, viu os rapazinhos e os amaldiçoou em nome do Senhor. Então duas ursas saíram do bosque e despedaçaram quarenta e dois deles. 25 Dali Eliseu foi para o monte Carmelo, de onde voltou para Samaria.

O REINADO DE JORÃO SOBRE ISRAEL

3 1 Jorão, filho de Acabe, começou a reinar sobre Israel, em Samaria, no décimo oitavo ano do reinado de Josafá, rei de Judá; e reinou doze anos. 2 Fez o que era mau aos olhos do Senhor, porém não como o seu pai, nem como a sua mãe, porque tirou a coluna de Baal, que o seu pai havia feito. 3 No entanto, aderiu aos pecados de Jeroboão, filho de Nebate, que havia levado Israel a pecar, e não se afastou deles.

ELISEU PREDIZ A VITÓRIA SOBRE MOABE

4 Mesa, rei dos moabitas, era criador de gado e pagava o seu tributo ao rei de Israel com cem mil cordeiros e a lã de cem mil carneiros. 5 Mas depois da morte de Acabe, o rei dos moabitas se revoltou contra o rei de Israel. 6 Por isso, naquele instante Jorão saiu de Samaria e reuniu todo o exército de Israel. 7 Mandou dizer a Josafá, rei de Judá:

— O rei de Moabe se revoltou contra mim. Você irá comigo à guerra contra Moabe?

Josafá respondeu:

— Irei. Sou como você é, o meu povo é como o seu povo, e os meus cavalos são como os seus cavalos.

8 E Josafá perguntou:

— Por que caminho iremos?

Jorão respondeu:

— Pelo caminho do deserto de Edom.

9 Partiram o rei de Israel, o rei de Judá e o rei de Edom. Após sete dias de marcha, não havia água para o exército e para os animais que os seguiam. 10 Então o rei de Israel disse:

— Ah! O Senhor chamou estes três reis para os entregar nas mãos de Moabe.

11 Josafá perguntou:

— Não há, aqui, algum profeta do Senhor, para que consultemos o Senhor por meio dele?

Um dos servos do rei de Israel respondeu:

— Aqui está Eliseu, filho de Safate, que era servo de Elias.

12 Josafá disse:

— Está com ele a palavra do Senhor.

Então o rei de Israel, Josafá e o rei de Edom foram falar com Eliseu. 13 Mas Eliseu disse ao rei de Israel:

— Que tenho eu a ver com você? Vá falar com os profetas de seu pai e os profetas de sua mãe.

Porém o rei de Israel lhe disse:

— Não, porque o Senhor Deus é quem chamou estes três reis para os entregar nas mãos de Moabe.

14 Eliseu disse:

— Tão certo como vive o Senhor dos Exércitos, em cuja presença estou, se eu não respeitasse a presença de Josafá, rei de Judá, não daria atenção nem olharia para você. 15 Agora me tragam um músico.

Enquanto o músico tocava, o poder de Deus veio sobre Eliseu. 16 Este disse:

— Assim diz o Senhor: "Façam, neste vale, covas e mais covas. 17 Porque assim diz o Senhor: Vocês não sentirão vento, nem verão chuva, mas este vale se encherá de água; e vocês beberão, bem como o seu gado e os seus animais." 18 Mas isto ainda é pouco aos olhos do Senhor. Ele também entregará Moabe nas suas mãos. 19 Vocês conquistarão todas as cidades fortificadas e todas as cidades principais. Cortarão todas as árvores frutíferas, taparão todas as fontes de água e danificarão com pedras todos os campos de cultivo.

20 E aconteceu que, no dia seguinte, na hora do sacrifício da manhã, eis que água vinha descendo dos lados de Edom; e a terra se encheu de água.

A DERROTA DE MOABE

21 Quando todos os moabitas ouviram que os reis tinham vindo para lutar contra eles,

convocaram todos os que estavam aptos
para a guerra, desde o mais novo até o mais
velho, e tomaram posição nas fronteiras.
22 Os moabitas se levantaram de madrugada
e, quando o sol raiou sobre as águas, viram
que as águas diante deles estavam verme-
lhas como sangue. 23 E disseram:
— Isto é sangue! Certamente os reis se des-
truíram e se mataram um ao outro! Agora,
moabitas, é hora de pegar os despojos!
24 Mas, quando eles chegaram ao arraial de
Israel, os israelitas se levantaram e atacaram
os moabitas, os quais fugiram deles. Os isra-
elitas entraram na terra e também aí mataram
os moabitas. 25 Arrasaram as cidades, e cada
um lançou uma pedra em todos os campos
de cultivo, e os entulharam. Taparam todas as
fontes de águas e cortaram todas as árvores
frutíferas. Só Quir-Haresete ficou com suas
muralhas; mas os que atiravam com fundas
a cercaram e atacaram.
26 Quando o rei de Moabe percebeu que
estava perdendo a batalha, tomou consigo
setecentos homens armados com espada
para abrir caminho e chegar até o rei de
Edom, porém não puderam. 27 Então pegou
o seu filho primogênito, que havia de reinar
em seu lugar, e o ofereceu em holocausto
sobre a muralha. Houve grande ira contra
Israel e, por isso, eles se retiraram dali e vol-
taram para a sua própria terra.

ELISEU AUMENTA O AZEITE DA VIÚVA

4 1 Certa mulher, viúva de um dos discípu-
los dos profetas, clamou a Eliseu, dizendo:
— O meu marido, seu servo, está morto,
e o senhor sabe que esse seu servo temia o
Senhor Deus. Mas veio o credor para levar
os meus dois filhos como escravos.
2 Eliseu perguntou à mulher:
— O que posso fazer por você? Diga-me o
que é que você tem em casa.
Ela respondeu:
— Esta sua serva não tem nada em casa,
a não ser um jarro de azeite.
3 Então Eliseu disse:
— Vá, peça emprestadas vasilhas a
todos os seus vizinhos; vasilhas vazias,
muitas vasilhas. 4 Depois entre em casa,
feche a porta atrás de você e dos seus
filhos, e derrame o azeite em todas aquelas
vasilhas. Ponha à parte as que forem fi-
cando cheias.
5 A mulher foi embora dali e fechou a
porta atrás de si e dos seus filhos. Estes lhe
passavam as vasilhas, e ela as enchia.
6 Quando todas estavam cheias, ela disse
a um dos filhos:
— Traga-me mais uma vasilha.
Mas ele respondeu:
— Não há mais vasilha nenhuma.
E o azeite parou. 7 Então ela foi e contou
ao homem de Deus. Ele disse:
— Vá, venda o azeite e pague a sua dívida;
e você e os seus filhos vivam do que sobrar.

ELISEU E A SUNAMITA

8 Certo dia, Eliseu passou por Suném, onde
morava uma mulher rica, que insistiu para
que ele ficasse para uma refeição. Assim,
todas as vezes que passava por lá, entrava para
fazer uma refeição. 9 Ela disse ao seu marido:
— Vejo que este que passa sempre por
aqui é um santo homem de Deus. 10 Vamos
fazer um quarto pequeno no terraço da casa
e colocar nele uma cama, uma mesa, uma
cadeira e uma lamparina; assim, quando ele
vier à nossa casa, poderá ficar ali.
11 Um dia, vindo o profeta para ali, retirou-
-se para o quarto e se deitou. 12 Então disse
ao seu servo Geazi:
— Vá chamar esta sunamita.
Ele a chamou, e ela se pôs diante do
profeta. 13 Este tinha dito a Geazi que dis-
sesse a ela:
— A senhora nos tem tratado com muito
cuidado. O que podemos fazer pela senhora?
Podemos falar em seu favor junto ao rei ou
ao comandante do exército?
Ela havia respondido:
— Eu estou bem, vivendo no meio do
meu povo.
14 Então o profeta perguntou a Geazi:
— O que se pode fazer por ela?
Geazi respondeu:
— Ora, ela não tem filhos, e o marido
dela é velho.
15 Eliseu disse:
— Vá chamá-la.
Ele a chamou, e ela se pôs à porta. 16 Então
o profeta disse à mulher:
— Por este tempo, daqui a um ano, você
terá um filho nos braços.

Ela disse:

— Não, meu senhor, homem de Deus, não minta para esta sua serva.

[17] A mulher engravidou e, no ano seguinte, no tempo determinado, deu à luz um filho, como Eliseu tinha dito.

[18] O menino cresceu e, certo dia, foi encontrar-se com o seu pai, que estava no campo com os ceifeiros. [19] De repente ele disse a seu pai:

— Ai! A minha cabeça! A minha cabeça!

Então o pai disse a um dos servos:

— Leve-o para a mãe.

[20] Ele o tomou e o levou para a mãe. O menino ficou sentado no colo dela até o meio-dia, e então morreu. [21] Ela subiu e o deitou sobre a cama do homem de Deus; fechou a porta e saiu.

[22] Chamou o marido e lhe disse:

— Mande-me um dos servos e uma das jumentas. Preciso ir depressa falar com o homem de Deus e voltar.

[23] O marido perguntou:

— Por que você quer falar com ele hoje? Não é dia de Festa da Lua Nova nem sábado.

Ela respondeu:

— Não faz mal.

[24] Então ela mandou preparar a jumenta e disse ao servo:

— Pegue as rédeas e vamos! Não diminua a marcha, a não ser quando eu disser.

[25] E assim ela partiu e foi falar com o homem de Deus, no monte Carmelo. Ao vê-la de longe, o homem de Deus disse a Geazi, seu servo:

— Veja! É a sunamita. [26] Corra ao seu encontro e pergunte a ela: "Vai tudo bem com você, com o seu marido, com o menino?"

Ela respondeu:

— Vai tudo bem.

[27] Quando ela chegou ao homem de Deus, no monte, agarrou-se aos pés dele. Geazi se aproximou para arrancá-la, mas o homem de Deus lhe disse:

— Deixe-a, porque a sua alma está em amargura, e o SENHOR escondeu isso de mim; não me revelou nada a respeito.

[28] Então a mulher disse:

— Por acaso eu pedi a meu senhor algum filho? Eu não lhe disse que não me enganasse?

[29] Então o profeta disse a Geazi:

— Cinja os lombos, pegue o meu bordão e vá. Se encontrar alguém, não o cumprimente; e, se alguém cumprimentar você, não responda. Ponha o meu bordão sobre o rosto do menino.

[30] Porém a mãe do menino disse:

— Tão certo como vive o SENHOR, e como você vive, não o deixarei.

Então Eliseu se levantou e foi com ela.
[31] Geazi foi adiante deles e pôs o bordão sobre o rosto do menino. Porém não houve nele voz nem sinal de vida. Então voltou para encontrar-se com Eliseu e lhe disse:

— O menino não acordou.

[32] Quando o profeta chegou à casa, eis que o menino estava morto sobre a cama. [33] Então ele entrou, fechou a porta e orou ao SENHOR.
[34] Subiu à cama, deitou-se sobre o menino e, pondo a sua boca sobre a boca dele, os seus olhos sobre os olhos dele e as suas mãos sobre as mãos dele, se estendeu sobre ele; e o corpo do menino aqueceu. [35] Eliseu se levantou e andou no quarto de um lado para outro. Tornou a subir à cama, e se estendeu sobre o menino; este espirrou sete vezes e abriu os olhos. [36] Então Eliseu chamou Geazi e disse:

— Chame a sunamita.

Ele a chamou. Quando ela chegou, Eliseu disse:

— Pegue o seu filho.

[37] Ela entrou, lançou-se aos pés de Eliseu e prostrou-se em terra; pegou o seu filho e saiu.

A MORTE QUE HAVIA NA PANELA É TIRADA

[38] Eliseu voltou para Gilgal. Havia fome naquela terra. Quando os discípulos dos profetas estavam sentados diante dele, Eliseu disse ao seu servo:

— Ponha a panela grande no fogo e faça um cozido para os discípulos dos profetas.

[39] Então um deles saiu para o campo a fim de apanhar ervas. Ele achou uma trepadeira silvestre e, colhendo os frutos, encheu a sua capa com eles. Voltou para casa, cortou os frutos em pedaços e os pôs na panela, mesmo sem saber o que eram. [40] Depois, deram de comer aos homens. Enquanto comiam do cozido, gritaram:

— Morte na panela, ó homem de Deus!

E não puderam comer. 41 Mas Eliseu disse:
— Tragam farinha.
Ele a colocou na panela e disse:
— Sirva às pessoas para que comam.
E já não havia mal nenhum na panela.

VINTE PÃES SATISFAZEM CEM HOMENS

42 Um homem veio de Baal-Salisa e trouxe
ao homem de Deus pães das primícias,
vinte pães de cevada, e espigas verdes numa
sacola. Eliseu disse:
— Dê às pessoas para que comam.
43 Porém o seu servo lhe disse:
— Como vou pôr isto diante de cem homens?
Eliseu tornou a dizer:
— Dê às pessoas para que comam. Porque
assim diz o Senhor: "Comerão, e ainda
vai sobrar."
44 Então o servo pôs a comida diante deles;
comeram, e ainda sobrou, conforme a palavra do Senhor.

NAAMÃ É CURADO DE LEPRA

5 1 Naamã, comandante do exército do
rei da Síria, era grande homem diante
do seu senhor e de muito conceito, porque
por meio dele o Senhor tinha dado a vitória à Síria. Ele era herói de guerra, porém
sofria de lepra.
2 Tropas saíram da Síria, e da terra de Israel
levaram cativa uma menina, que ficou ao
serviço da mulher de Naamã. 3 Um dia a
menina disse à sua senhora:
— Quem dera o meu senhor estivesse na
presença do profeta que está em Samaria;
ele o curaria da sua lepra.
4 Então Naamã foi contar isso ao seu
senhor, dizendo:
— Assim e assim falou a jovem que é da
terra de Israel.
5 O rei da Síria respondeu:
— Vá! Eu enviarei uma carta ao rei de
Israel.
Então Naamã partiu e levou consigo trezentos e quarenta quilos de prata, setenta e
dois quilos de ouro e dez mudas de roupa.
6 Levou também ao rei de Israel a carta, que
dizia: "Tão logo esta carta chegar a você,
saiba que eu lhe enviei Naamã, meu servo,
para que você o cure da sua lepra."
7 Quando o rei de Israel acabou de ler a
carta, rasgou as suas roupas em sinal de
medo e disse:
— Por acaso sou Deus, com poder de tirar
a vida ou dá-la, para que este envie a mim
um homem para eu curá-lo de sua lepra?
Como vocês podem notar e ver, ele está
procurando um pretexto contra mim.
8 Mas, quando Eliseu, homem de Deus,
ouviu que o rei de Israel havia rasgado as
suas roupas, mandou dizer ao rei:
— Por que o senhor rasgou as suas roupas? Deixe-o vir a mim, e ele saberá que há
profeta em Israel.
9 Então Naamã foi com os seus cavalos e
os seus carros e parou à porta da casa de
Eliseu. 10 Eliseu lhe mandou um mensa-
geiro, dizendo:
— Vá e lave-se sete vezes no Jordão, e
a sua carne será restaurada, e você ficará limpo.
11 Mas Naamã ficou indignado e se foi,
dizendo:
— Eu pensava que ele certamente sairia
para falar comigo, ficaria em pé, invocaria o
nome do Senhor, seu Deus, passaria a mão
sobre o lugar da lepra e restauraria o leproso.
12 Por acaso não são Abana e Farfar, rios de
Damasco, melhores do que todas as águas
de Israel? Será que eu não poderia me lavar
neles e ficar limpo?
Deu meia-volta e foi embora muito
irritado. 13 Então os seus oficiais se aproxi-
maram e lhe disseram:
— Meu pai, se o profeta tivesse dito
alguma coisa difícil, por acaso o senhor
não faria? Muito mais agora que ele apenas disse: "Lave-se e você ficará limpo."
14 Então Naamã desceu e mergulhou no
Jordão sete vezes, conforme a palavra do
homem de Deus; e a sua pele se tornou
como a pele de uma criança, e ficou limpo.
15 Depois ele voltou ao homem de Deus,
ele e toda a sua comitiva. Veio, pôs-se diante
dele e disse:
— Eis que, agora, reconheço que em toda
a terra não há Deus, a não ser em Israel. E
agora, por favor, aceite um presente deste
seu servo.
16 Porém ele respondeu:
— Tão certo como vive o Senhor, em cuja
presença estou, não aceitarei nada.

Naamã insistiu com ele para que aceitasse, mas ele recusou. 17 Então Naamã disse:

— Se você não quer, então peço que seja permitido a este seu servo levar duas mulas carregadas de terra; porque este seu servo nunca mais oferecerá holocausto nem sacrifício a outros deuses, a não ser ao SENHOR. 18 Mas que o SENHOR Deus perdoe o seu servo uma coisa: quando meu senhor, o rei, entrar no templo de Rimom para ali adorar, e ele se encostar no meu braço, e eu também tiver de me encurvar no templo de Rimom, quando assim me prostrar no templo de Rimom, que o SENHOR Deus perdoe este seu servo por isso.

19 Eliseu lhe disse:

— Vá em paz.

GEAZI É ATACADO DE LEPRA

Quando Naamã tinha se afastado certa distância, 20 Geazi, o servo de Eliseu, homem de Deus, disse consigo:

— Eis que meu senhor foi generoso demais com este sírio Naamã, recusando o que ele trazia. Mas, tão certo como vive o SENHOR, vou correr atrás dele e receberei dele alguma coisa.

21 Então Geazi correu atrás de Naamã. Quando Naamã viu que alguém vinha correndo atrás dele, saltou da carruagem para ir ao encontro dele. Então perguntou:

— Está tudo bem?

22 Ele respondeu:

— Sim, tudo bem. Meu senhor me mandou dizer: "Eis que agora mesmo vieram da região montanhosa de Efraim dois jovens que fazem parte do grupo dos discípulos dos profetas. Por favor, dê-lhes trinta e quatro quilos de prata e duas mudas de roupa."

23 Naamã disse:

— Tenha a bondade de levar sessenta e oito quilos.

Insistiu com ele e amarrou sessenta e oito quilos de prata em dois sacos e duas mudas de roupa. Pôs isso sobre os ombros de dois dos seus servos, para que o levassem à frente de Geazi. 24 Quando ele chegou à colina, pegou os sacos que os servos traziam e os depositou na casa. Então despediu aqueles homens, que se foram. 25 Ele, porém, entrou e se pôs diante de seu senhor. Eliseu perguntou:

— De onde você vem, Geazi?

Ele respondeu:

— Este seu servo não foi a lugar nenhum.

26 Porém Eliseu disse:

— Você acha que eu não estava com você em espírito quando aquele homem voltou da sua carruagem, para encontrar-se com você? Será que esta era a ocasião para você aceitar prata e aceitar roupas, olivais e vinhas, ovelhas e bois, servos e servas? 27 Portanto, a lepra de Naamã se pegará a você e à sua descendência para sempre.

E Geazi saiu da presença de Eliseu já leproso, branco como a neve.

ELISEU FAZ FLUTUAR UM MACHADO

6 1 Os discípulos dos profetas disseram a Eliseu:

— Eis que o lugar em que moramos com o senhor é pequeno demais para nós. 2 Vamos até o Jordão, tomemos de lá cada um de nós uma viga e construamos um lugar para morar.

Ele respondeu:

— Vão.

3 Mas um deles disse:

— Tenha a bondade de ir com estes seus servos.

Eliseu disse:

— Eu irei.

4 E foi com eles. Quando chegaram ao Jordão, cortaram madeira. 5 Aconteceu que, enquanto um deles derrubava um tronco, o machado caiu na água. Ele gritou:

— Ai! Meu senhor! O machado era emprestado.

6 O homem de Deus perguntou:

— Onde caiu?

Ele mostrou-lhe o lugar. Então Eliseu cortou um galho, jogou-o na água naquele lugar, e fez o ferro flutuar. 7 Então disse:

— Pegue-o.

O homem estendeu a mão e o pegou.

A AÇÃO DE ELISEU NA GUERRA CONTRA OS SÍRIOS

8 O rei da Síria estava em guerra contra Israel. E, em conselho com os seus oficiais, disse:

— Em tal e tal lugar estará o meu acampamento.

9 Mas o homem de Deus mandou dizer ao rei de Israel:

— Evite passar por tal lugar, porque os sírios estão descendo para ali.

10 O rei de Israel enviou tropas ao lugar de
que o homem de Deus lhe havia falado e de
que o tinha avisado, e, assim, se salvou mais
do que uma ou duas vezes.
11 O rei da Síria ficou angustiado com
este incidente. Então chamou os seus ser-
vos e perguntou:
— Vocês não vão me dizer quem dos nos-
sos está do lado do rei de Israel?
12 Um dos servos respondeu:
— Ninguém, ó rei, meu senhor. Mas o pro-
feta Eliseu, que está em Israel, conta ao rei
de Israel as palavras que o senhor fala no
seu quarto de dormir.
13 Então o rei disse:
— Vão e descubram onde ele está, para
que eu mande prendê-lo.
E contaram ao rei:
— Eis que ele está em Dotã.
14 Então o rei enviou para lá cavalos, carros
de guerra e um grande exército. Eles chega-
ram de noite e cercaram a cidade.
15 O servo do homem de Deus levantou-se
bem cedo e, ao sair, eis que tropas, cavalos
e carros de guerra haviam cercado a cidade.
Então o moço disse a Eliseu:
— Ai, meu senhor! Que faremos?
16 Ele respondeu:
— Não tenha medo, porque são mais os
que estão conosco do que os que estão
com eles.
17 E Eliseu orou e disse:
— Senhor, peço-te que abras os olhos dele
para que veja.
O Senhor abriu os olhos do moço, e ele viu
que o monte estava cheio de cavalos e car-
ros de fogo, ao redor de Eliseu. 18 E, quando
os sírios desceram contra ele, Eliseu orou
ao Senhor e disse:
— Peço-te que firas esta gente de cegueira.
E ele os feriu de cegueira, conforme a pala-
vra de Eliseu. 19 Então Eliseu lhes disse:
— Não é este o caminho, nem esta a
cidade; sigam-me, e eu os guiarei ao homem
que vocês estão procurando.
E os guiou à cidade de Samaria.
20 Quando eles chegaram a Samaria,
Eliseu disse:
— Ó Senhor, abre os olhos destes homens
para que vejam.
E o Senhor abriu os olhos deles, e viram;
e eis que estavam dentro de Samaria.
21 Quando o rei de Israel os viu, pergun-
tou a Eliseu:
— Meu pai, devo matá-los? Devo matá-los?
22 Ele respondeu:
— Não os mate! Você mataria aqueles que
fizesse prisioneiros com a sua espada e o
seu arco? Ordene que lhes deem pão e água,
para que comam, bebam e voltem para o
seu senhor.
23 Então o rei ofereceu-lhes um grande
banquete, e comeram e beberam. Ele os des-
pediu e eles voltaram para o seu senhor. E
da parte da Síria não houve mais investidas
na terra de Israel.

A FOME EM SAMARIA

24 Depois disto, Ben-Hadade, rei da Síria,
ajuntou todo o seu exército, foi e sitiou a
cidade de Samaria. 25 Houve grande fome
em Samaria. Eis que a sitiaram, a ponto de se
vender a cabeça de um jumento por oitenta
moedas de prata e um pouco de esterco de
pomba por cinco moedas de prata.
26 Quando o rei de Israel vinha pas-
sando, andando sobre a muralha, uma
mulher gritou:
— Ajude-me, ó rei, meu senhor!
27 Ele respondeu:
— Se o Senhor Deus não ajudar você,
com que poderei eu ajudá-la? Com a eira
ou com o lagar?
28 E o rei acrescentou:
— Qual é o seu problema?
Ela respondeu:
— Esta mulher me disse: "Dê o seu filho,
para que hoje o comamos, e amanhã come-
remos o meu." 29 Assim, cozinhamos o
meu filho e o comemos. Mas no outro dia,
quando eu disse a ela: "Dê o seu filho, para
que o comamos", ela o escondeu.
30 Ao ouvir as palavras da mulher, o rei
rasgou as suas roupas. Como ele estava
andando sobre a muralha, o povo olhou e
viu que, por baixo, sobre a pele, o rei estava
usando pano de saco.
31 Então o rei disse:
— Que Deus me castigue se até o final do
dia Eliseu, filho de Safate, ainda estiver com
a cabeça sobre os ombros.
32 Eliseu estava sentado em sua casa,
juntamente com os anciãos. O rei enviou
um homem à sua frente. Mas, antes que

o mensageiro chegasse, Eliseu disse aos
anciãos:
— Vocês estão vendo como aquele filho
de um assassino mandou alguém para cor-
tar a minha cabeça? Quando o mensageiro
vier, fechem a porta e empurrem-no com ela.
Não é fato que logo depois dele se ouvirá o
barulho dos passos de seu senhor?
33 Enquanto Eliseu ainda falava com eles,
chegou o rei, que disse:
— Eis que este mal vem do SENHOR Deus.
Que mais poderia eu esperar do SENHOR?

7 1 Então Eliseu disse:
— Ouçam a palavra do SENHOR. Assim diz
o SENHOR: "Amanhã, a estas horas mais ou
menos, junto ao portão de Samaria, uma
medida da melhor farinha será vendida por
uma moeda de prata, e duas medidas de ce-
vada serão vendidas por uma moeda de prata."
2 Porém o capitão em cujo braço o rei se
apoiava respondeu ao homem de Deus:
— Mesmo que o SENHOR Deus fizesse jane-
las no céu, será que isso poderia acontecer?
O profeta respondeu:
— Eis que você verá isso com os seus pró-
prios olhos, mas não comerá disso.

O EXÉRCITO DOS SÍRIOS FOGE

3 Quatro homens leprosos estavam à entrada
do portão da cidade. Eles disseram uns
aos outros:
— Para que vamos ficar aqui sentados até
morrer? 4 Se decidirmos entrar na cidade, há
fome na cidade, e morreremos lá; se ficarmos
sentados aqui, também morreremos. Vamos
então para o arraial do sírios e nos entregue-
mos a eles. Se nos deixarem viver, viveremos;
se nos matarem, apenas morreremos.
5 Ao anoitecer, eles se levantaram para ir
até o arraial dos sírios. Quando chegaram às
imediações do arraial, eis que lá não havia
ninguém. 6 Porque o Senhor tinha feito com
que no arraial dos sírios se ouvisse um ruído
de carros de guerra e de cavalos e o ruído de
um grande exército, de maneira que disse-
ram uns aos outros:
— Eis que o rei de Israel contratou os reis
dos heteus e os reis dos egípcios, para
virem contra nós.
7 Por isso, ao anoitecer, eles se levantaram
e fugiram, abandonando as suas tendas, os
seus cavalos e os seus jumentos, e deixando
o arraial como estava. Fugiram para salvar
a sua vida.
8 Assim, quando aqueles leprosos che-
garam às imediações do arraial, entraram
numa tenda, comeram e beberam; depois
levaram dali prata, ouro e roupas; então se
foram e esconderam tudo. Voltaram, entra-
ram em outra tenda, e dali também levaram
o que havia e esconderam.
9 Então disseram uns aos outros:
— Não é certo o que estamos fazendo.
Este dia é um dia de boas-novas, e nós nos
calamos. Se esperarmos até a luz da manhã,
seremos tidos por culpados. Vamos agora
mesmo anunciar isto no palácio real.
10 Assim, eles foram e gritaram para os por-
teiros da cidade, anunciando o seguinte:
— Fomos ao arraial dos sírios, e lá não
vimos nem ouvimos ninguém. Encontramos
apenas os cavalos e os jumentos amarrados,
e as tendas como estavam.
11 Então os porteiros gritaram e fizeram anun-
ciar a notícia no interior do palácio real. 12 O
rei se levantou de noite e disse a seus servos:
— Deixem que eu explique a vocês o que os
sírios nos fizeram. Eles sabem que nós esta-
mos famintos. Por isso, saíram do arraial e
se esconderam no campo, pensando assim:
"Quando eles saírem da cidade, nós os apa-
nharemos vivos e entraremos na cidade."
13 Então um dos servos do rei tomou a
palavra e disse:
— Vamos enviar alguns homens com
cinco dos cavalos que ainda restam na
cidade e ver o que acontece. Se morrerem,
apenas terão a mesma sorte da multidão
dos israelitas que já morreram.
14 Assim, pegaram dois carros de guerra
com cavalos, e o rei enviou os homens atrás
do exército dos sírios, dizendo:
— Vão ver o que está acontecendo.
15 Eles foram atrás dos sírios até o Jordão, e
eis que todo o caminho estava cheio de rou-
pas e de armas que os sírios, na sua pressa,
tinham jogado fora. Os mensageiros volta-
ram e anunciaram isto ao rei.
16 Então o povo saiu e saqueou o arraial dos
sírios. E assim uma medida da melhor fari-
nha era vendida por uma moeda de prata, e
duas medidas de cevada, por uma moeda de
prata, segundo a palavra do SENHOR.

[17] O capitão em cujo braço o rei tinha se
apoiado foi encarregado pelo rei de guardar
o portão da cidade, mas o povo o atrope-
lou junto ao portão e ele morreu, como o
homem de Deus tinha dito quando o rei
foi falar com ele. [18] Assim se cumpriu o
que o homem de Deus tinha falado ao rei:
"Amanhã, a estas horas mais ou menos,
junto ao portão de Samaria, duas medi-
das de cevada serão vendidas por uma
moeda de prata, e uma medida da melhor
farinha será vendida por uma moeda de
prata." [19] Aquele capitão havia respondido
ao homem de Deus: "Mesmo que o SENHOR
Deus fizesse janelas no céu, será que isso
poderia acontecer, segundo essa palavra?"
Ao que o profeta havia respondido: "Eis que
você verá isso com os seus próprios olhos,
mas não comerá disso." [20] E assim aconteceu
com ele, porque o povo o atropelou junto
ao portão, e ele morreu.

OS BENS DA SUNAMITA SÃO RESTITUÍDOS

8 [1] Eliseu falou àquela mulher cujo filho
ele havia restaurado à vida, dizendo:
— Levante-se e saia daqui com os mem-
bros de sua casa e fique peregrinando onde
você puder peregrinar, porque o SENHOR
determinou que haverá uma fome neste
país, a qual irá durar sete anos.

[2] A mulher se levantou e fez segundo a
palavra do homem de Deus: saiu com os de
sua casa e peregrinou durante sete anos na
terra dos filisteus.

[3] Ao final dos sete anos, a mulher voltou
da terra dos filisteus e foi falar com o rei,
para reclamar a sua casa e as suas terras.
[4] O rei estava falando com Geazi, o servo
do homem de Deus, dizendo:
— Conte-me todas as grandes obras que
Eliseu tem feito.

[5] Ele estava contando ao rei como Eliseu
havia restaurado à vida um morto, quando
a mulher cujo filho ele havia restaurado à
vida chegou para reclamar a sua casa e as
suas terras. Então Geazi disse:
— Ó rei, meu senhor, esta é a mulher, e
este é o filho dela, a quem Eliseu restau-
rou à vida.

[6] O rei interrogou a mulher, e ela lhe con-
tou tudo. Então o rei colocou um oficial à
disposição da mulher e lhe deu a seguin-
te ordem:
— Faça com que lhe seja restituído tudo
o que era dela, inclusive todas as rendas do
campo desde o dia em que deixou a terra
até agora.

ELISEU E HAZAEL DE DAMASCO

[7] Eliseu foi a Damasco. Ben-Hadade, o
rei da Síria, estava doente, e lhe anuncia-
ram, dizendo:
— O homem de Deus chegou aqui.
[8] Então o rei disse a Hazael:
— Pegue um presente e vá encontrar-se com
o homem de Deus. Por meio dele, pergunte
ao SENHOR Deus se vou sarar desta doença.

[9] Assim, Hazael foi encontrar-se com
Eliseu, levando consigo um presente, a
saber, quarenta camelos carregados de
tudo o que era bom de Damasco. Ele che-
gou, apresentou-se diante dele e disse:
— O seu filho Ben-Hadade, rei da Síria,
me enviou para perguntar se ele vai sarar
da sua doença.

[10] Eliseu lhe respondeu:
— Vá e diga ao rei que ele certamente vai
sarar. Porém o SENHOR me mostrou que ele
certamente morrerá.

[11] Eliseu olhou para Hazael e tanto lhe
fitou os olhos, que este ficou envergo-
nhado. E o homem de Deus chorou. [12] Então
Hazael perguntou:
— Por que meu senhor está chorando?
Ele respondeu:
— Porque sei o mal que você vai fazer
aos filhos de Israel. Você vai pôr fogo nas
suas fortalezas, vai matar à espada os seus
jovens, esmagar os seus pequeninos e ras-
gar o ventre das mulheres grávidas.

[13] Hazael perguntou:
— Mas o que é este seu servo, este cão,
para fazer tão grandes coisas?
Eliseu disse:
— O SENHOR me mostrou que você será o
rei da Síria.

[14] Então Hazael deixou Eliseu e vol-
tou para junto de seu senhor, o rei, que
lhe perguntou:
— O que foi que Eliseu disse a você?
Hazael respondeu:
— Ele me disse que o senhor certamente
vai sarar.

Tudo o que Deus realiza traz a marca dele: atos divinos em nós constituem uma semente.

15 No dia seguinte, Hazael pegou um cober-
tor, molhou-o em água e o estendeu sobre o
rosto do rei até que morreu; e Hazael reinou
em seu lugar.

O REINADO DE JEORÃO, DE JUDÁ

2Cr 21.1-20

16 No quinto ano do reinado de Jorão, filho
de Acabe, rei de Israel, quando Josafá ainda
reinava em Judá, Jeorão, filho de Josafá, rei
de Judá, começou a reinar. 17 Ele tinha trinta
e dois anos de idade quando começou a
reinar e reinou oito anos em Jerusalém.
18 Andou nos caminhos dos reis de Israel,
como também fizeram os da casa de Acabe,
porque era casado com uma filha dele. E
Jeorão fez o que era mau aos olhos do
SENHOR. 19 Porém o SENHOR não quis destruir
Judá por amor a Davi, seu servo, segundo
a promessa que lhe havia feito de dar uma
lâmpada a ele e aos seus filhos para sempre.

20 Nos dias de Jeorão, os edomitas se revol-
taram contra o poder de Judá e constituíram
o seu próprio rei. 21 Por isso, Jeorão foi a Zair
com todos os seus carros de guerra. Ele se
levantou de noite e atacou os edomitas que
o cercavam e os capitães dos carros de guerra;
mas o povo de Jeorão fugiu para as suas ten-
das. 22 Assim, Edom se rebelou para se livrar
do poder de Judá até o dia de hoje. Na mesma
época a cidade de Libna também se rebelou.

23 Quanto aos demais atos de Jeorão e a
tudo o que ele fez, não está tudo escrito no
Livro da História dos Reis de Judá? 24 Jeorão
morreu e foi sepultado nos túmulos de seus
pais, na Cidade de Davi. E Acazias, filho de
Jeorão, reinou em seu lugar.

O REINADO DE ACAZIAS, DE JUDÁ

2Cr 22.1-6

25 No décimo segundo ano do reinado de
Jorão, filho de Acabe, rei de Israel, Acazias,
filho de Jeorão, rei de Judá, começou a reinar.
26 Acazias tinha vinte e dois anos de idade
quando começou a reinar e reinou um ano
em Jerusalém. A mãe dele, que era filha de
Onri, rei de Israel, se chamava Atalia.

27 Acazias andou no caminho da casa de
Acabe e fez o que era mau aos olhos do
SENHOR, como os da casa de Acabe, porque
era casado com uma filha dele. 28 Acazias foi
com Jorão, filho de Acabe, a Ramote-Gileade,
para guerrear contra Hazael, rei da Síria; e os
sírios feriram Jorão. 29 Então o rei Jorão voltou
para Jezreel, para curar-se das feridas que os
sírios lhe fizeram em Ramá, quando lutou
contra Hazael, rei da Síria. E Acazias, filho
de Jeorão, rei de Judá, foi a Jezreel para visi-
tar Jorão, filho de Acabe, que estava doente.

JEÚ É UNGIDO REI DE ISRAEL

9 1 Então o profeta Eliseu chamou um dos
discípulos dos profetas e lhe disse:

— Prepare-se, leve com você este vaso de
azeite e vá até Ramote-Gileade. 2 Quando
chegar lá, procure Jeú, filho de Josafá, filho
de Ninsi. Entre no lugar onde ele estiver,
peça que ele se levante do meio de seus
companheiros e leve-o para uma câmara
interior. 3 Pegue o vaso de azeite, derrame
o azeite sobre a cabeça dele e diga: Assim
diz o SENHOR: "Eu o ungi para ser rei sobre
Israel." Depois, abra a porta e fuja depressa.

4 O rapaz, o jovem profeta, foi até Ramote-
Gileade. 5 Quando chegou lá, eis que os
capitães do exército estavam reunidos.
Ele disse:

— Capitão, tenho uma mensagem para
o senhor.

Ao que Jeú perguntou:

— Para qual de nós?

O rapaz respondeu:

— Para o senhor, capitão!

6 Então Jeú se levantou e entrou na casa.
O jovem derramou o azeite sobre a cabeça
de Jeú e lhe disse:

— Assim diz o SENHOR, Deus de Israel: "Eu o
ungi para ser rei sobre o povo do SENHOR, sobre
Israel. 7 Você porá fim à casa de Acabe, seu
senhor, para que eu vingue da mão de Jezabel
o sangue de meus servos, os profetas, e o san-
gue de todos os servos do SENHOR. 8 Toda a casa
de Acabe perecerá. Eliminarei de Acabe todos
do sexo masculino, quer escravo, quer livre,
em Israel. 9 Porque farei com a casa de Acabe
o mesmo que fiz com a casa de Jeroboão, filho
de Nebate, e com a casa de Baasa, filho de
Aías. 10 Os cães devorarão Jezabel no campo
de Jezreel; não haverá quem a sepulte."

Dito isto, abriu a porta e fugiu.

11 Jeú saiu e voltou para junto dos outros
servos de seu senhor, que lhe perguntaram:

— Está tudo bem? Por que esse louco veio
falar com você?

Ele respondeu:
— Vocês conhecem esse homem e sabem as coisas que ele anda dizendo.
12 Mas eles disseram:
— É mentira! Por favor, conte-nos o que ele disse.
Então Jeú disse:
— Assim e assim me falou, a saber: Assim diz o SENHOR: "Eu o ungi para ser rei sobre Israel."
13 Então eles se apressaram e, tomando cada um o seu manto, os puseram debaixo dele, sobre os degraus, e tocaram a trombeta, e disseram:
— Jeú é rei!

JEÚ MATA JORÃO E ACAZIAS

14 Assim, Jeú, filho de Josafá, filho de Ninsi, conspirou contra Jorão.
Ora, Jorão tinha estado em Ramote-Gileade, ele e todo o Israel, para defendê-la
de Hazael, rei da Síria. 15 Porém o rei Jorão
voltou a Jezreel para se curar dos ferimentos que os sírios lhe haviam causado, quando lutou contra Hazael, rei da Síria. Jeú disse aos demais capitães do exército:
— Se é da vontade de vocês, que ninguém saia escondido da cidade, para ir anunciar isto em Jezreel.
16 Então Jeú subiu num carro de guerra e foi para Jezreel, porque Jorão estava de cama ali. Também Acazias, rei de Judá, tinha ido visitar Jorão.
17 A sentinela que estava na torre de Jezreel viu a tropa de Jeú, que se aproximava, e disse:
— Vejo uma tropa.
Jorão disse:
— Chame um cavaleiro e diga que vá ao encontro deles, para perguntar: "Vocês vêm em paz?"
18 O cavaleiro foi ao encontro de Jeú e disse:
— Assim diz o rei: "Vocês vêm em paz?"
Jeú respondeu:
— O que você tem a ver com a paz? Passe para trás de mim.
A sentinela deu aviso, dizendo:
— O mensageiro chegou até eles, mas não está voltando.
19 Então o rei Jorão mandou outro cavaleiro. Quando ele chegou até eles, disse:
— Assim diz o rei: "Vocês vêm em paz?"
Jeú respondeu:
— O que você tem a ver com a paz? Passe para trás de mim.
20 A sentinela deu aviso, dizendo:
— Também este chegou até eles, mas não está voltando. E o guiar do carro parece como o de Jeú, filho de Ninsi, porque ele está guiando como um louco.
21 Jorão disse:
— Preparem o meu carro de guerra!
E eles o prepararam. Jorão, rei de Israel, saiu, e Acazias, rei de Judá, foi com ele, cada um em seu carro de guerra. Foram ao encontro de Jeú, e o acharam no campo de Nabote, o
jezreelita. 22 Ao ver Jeú, o rei Jorão perguntou:
— Jeú, você vem em paz?
Ele respondeu:
— Que paz, se ainda continuam as prostituições de sua mãe Jezabel e as suas muitas feitiçarias?
23 Então Jorão deu meia-volta e fugiu, gritando para Acazias:
— É uma traição, Acazias!
24 Mas Jeú entesou o seu arco com toda a força e atingiu Jorão entre os ombros; a flecha atravessou o coração, e ele caiu morto no seu carro de guerra.
25 Então Jeú disse a Bidcar, seu capitão:
— Levante-o e jogue-o no campo que era de Nabote, o jezreelita. Lembre-se de que, quando eu e você, juntos, vínhamos andando a cavalo atrás de Acabe, o pai de Jorão, o SENHOR Deus pronunciou contra ele
esta sentença: 26 "Tão certo como vi ontem à
tarde o sangue de Nabote e o sangue de seus filhos", diz o SENHOR, "assim neste campo eu darei a retribuição que você merece", diz o SENHOR. Agora, pois, pegue-o e jogue-o neste campo, segundo a palavra do SENHOR.
27 À vista disto, Acazias, rei de Judá, fugiu pelo caminho de Bete-Hagã. Mas Jeú o perseguiu e disse:
— Matem também a este!
E eles o atingiram dentro do carro de guerra, na subida de Gur, perto de Ibleão. Acazias fugiu para Megido, onde morreu.
28 Os servos dele o levaram, num carro, para
Jerusalém e o sepultaram no seu túmulo
junto a seus pais, na Cidade de Davi.
29 Acazias havia começado a reinar sobre
Judá no décimo primeiro ano do reinado de Jorão, filho de Acabe.

A MORTE DE JEZABEL

30 Jeú chegou a Jezreel, e Jezabel ficou
sabendo disso. Então ela se pintou em volta
dos olhos, enfeitou a cabeça e olhou pela
janela. 31 Quando Jeú entrou pelo portão do
palácio, ela gritou:
— Correu tudo bem com Zinri, o assassino
do seu senhor?
32 Jeú ergueu o rosto, olhou para a janela
e perguntou:
— Quem está do meu lado? Quem?
E dois ou três oficiais olharam para ele.
33 Então ele disse:
— Joguem-na pela janela!
E eles a jogaram. O sangue dela salpicou a
parede e os cavalos, e Jeú a atropelou.
34 Jeú entrou no palácio, comeu e bebeu.
Depois disse:
— Tomem conta daquela maldita e sepul-
tem o corpo, porque ela é filha de rei.
35 Mas os que foram sepultá-la não acha-
ram dela nada mais do que a caveira, os pés
e as palmas das mãos. 36 Então voltaram e
contaram isso a Jeú. Ele disse:
— Esta é a palavra do Senhor, que ele
falou por meio de Elias, o tesbita, seu
servo, dizendo: "No campo de Jezreel,
os cães comerão a carne de Jezabel.
37 O cadáver de Jezabel será como esterco
sobre a terra no campo de Jezreel, de
maneira que ninguém poderá dizer: 'Esta
é Jezabel.'"

JEÚ EXTERMINA A CASA DE ACABE

10 1 Acabe tinha setenta filhos em
Samaria. Jeú escreveu cartas e as
enviou a Samaria, aos chefes da cidade,
aos anciãos e aos tutores dos filhos de
Acabe, dizendo:
2 — Logo que esta carta chegar até vocês
— pois estão com vocês os filhos de seu
senhor, o rei, bem como os carros de guerra,
os cavalos, a cidade fortificada e as armas
—, 3 escolham o melhor e mais capaz dos
filhos de seu senhor, ponham-no sobre
o trono de seu pai e lutem pela casa de
seu senhor.
4 Porém eles temeram muitíssimo e dis-
seram:
— Dois reis não puderam resistir a ele;
como poderemos nós fazê-lo?
5 Então o responsável pelo palácio, o res-
ponsável pela cidade, os anciãos e os tutores
mandaram dizer a Jeú:
— Somos os seus servos e faremos tudo o
que o senhor nos ordenar. A ninguém cons-
tituiremos rei; faça o que achar melhor.
6 Então Jeú lhes escreveu outra carta,
dizendo: "Se vocês estão do meu lado e que-
rem obedecer-me, então peguem as cabeças
dos filhos do rei, seu senhor, e amanhã a
estas horas venham a mim a Jezreel."
Ora, os filhos do rei, que eram setenta,
estavam com os homens importantes da
cidade, que os criavam. 7 Quando recebe-
ram a carta, tomaram os filhos do rei e os
mataram, setenta homens, e puseram as
cabeças deles em cestos, que enviaram a
Jeú, em Jezreel. 8 Um mensageiro foi até Jeú
e lhe disse:
— Trouxeram as cabeças dos filhos do rei.
Jeú disse:
— Ponham as cabeças em dois montões à
entrada do portão, até pela manhã.
9 Pela manhã, Jeú saiu, parou e disse a
todo o povo:
— Vocês não têm culpa. Eis que eu cons-
pirei contra o meu senhor e o matei. Mas
quem matou todos estes? 10 Portanto, sai-
bam agora que, da palavra do Senhor,
pronunciada contra a casa de Acabe, nada
cairá em terra, porque o Senhor fez o que
falou por meio do seu servo Elias.
11 Então Jeú matou todos os que resta-
vam da casa de Acabe em Jezreel, bem
como todos os seus homens importantes,
os seus conhecidos e os seus sacerdotes, até
não sobrar nem sequer um deles.
12 Depois ele se levantou e partiu rumo
a Samaria. No caminho, quando estava
em Bete-Equede dos Pastores, 13 Jeú
encontrou parentes de Acazias, rei de
Judá, e perguntou:
— Quem são vocês?
Eles responderam:
— Somos parentes de Acazias. Estamos
indo saudar os filhos do rei e os filhos
da rainha-mãe.
14 Então Jeú disse:
— Prendam-nos vivos.
Eles os prenderam e os mataram junto ao
poço de Bete-Equede. Eram quarenta e dois
homens, e nenhum deles escapou com vida.

JEÚ ENCONTRA JONADABE

15 Jeú saiu dali e encontrou Jonadabe, filho
de Recabe, que vinha ao encontro dele. Jeú
saudou-o e lhe perguntou:

— Você tem o coração sincero para comigo, assim como o meu coração é sincero para com você?

Jonadabe respondeu:

— Tenho.

Então Jeú disse:

— Se é assim, me dê a sua mão.

E Jonadabe deu-lhe a mão. Jeú o fez subir
na sua carruagem 16 e lhe disse:

— Venha comigo e você verá o meu zelo para com o SENHOR.

E, assim, Jeú o levou na sua carruagem.
17 Quando Jeú chegou a Samaria, matou
todos os que restavam da casa de Acabe,
até destruí-los, segundo a palavra que o
SENHOR tinha anunciado a Elias.

JEÚ MATA OS ADORADORES DE BAAL

18 Jeú reuniu todo o povo e disse:

— Acabe serviu pouco a Baal; Jeú, porém,
o servirá muito. 19 Por isso, tragam, agora, à
minha presença todos os profetas de Baal,
todos os seus adoradores e todos os seus
sacerdotes. Que não falte nenhum, pois
tenho um grande sacrifício a oferecer a Baal.
Todo aquele que faltar será morto.

Porém Jeú fazia isto com astúcia, para
destruir os adoradores de Baal. 20 Depois
Jeú disse:

— Proclamem uma reunião solene em honra a Baal.

E a proclamação foi feita. 21 Jeú enviou mensageiros por todo o Israel. Vieram todos os
adoradores de Baal, e não ficou um só que não
viesse. Entraram no templo de Baal, que se
encheu de uma extremidade à outra. 22 Então
Jeú disse ao encarregado das vestimentas:

— Traga vestimentas para todos os adoradores de Baal.

E ele trouxe vestimentas para eles. 23 Depois disso, Jeú entrou com Jonadabe, filho
de Recabe, no templo de Baal e disse aos
adoradores de Baal:

— Olhem bem e assegurem-se de que não se encontra aqui entre vocês nenhum dos servos do SENHOR, mas somente os adoradores de Baal.

24 E, quando eles entraram para oferecer sacrifícios e holocaustos, Jeú colocou
do lado de fora oitenta homens e disse-
-lhes:

— Se escapar algum dos homens que eu entregar nas mãos de vocês, aquele que o deixou escapar pagará por isso com a sua própria vida.

25 Logo que acabou de oferecer o holocausto, Jeú ordenou aos guardas e aos capitães:

— Entrem e matem todos! Não deixem que nenhum escape!

E eles os mataram a fio de espada. Os guardas e os capitães os lançaram fora. Depois
entraram no mais interior do templo de
Baal, 26 tiraram as colunas que estavam no
templo de Baal e as queimaram. 27 Também
destruíram a coluna de Baal e derrubaram
o templo de Baal, transformando-o numa
latrina, que existe até o dia de hoje.

28 Assim, Jeú acabou com o culto a Baal em
Israel. 29 Mas Jeú não se afastou dos pecados de Jeroboão, filho de Nebate, que este
levou Israel a cometer, a saber, dos bezerros de ouro que estavam em Betel e em Dã.
30 Por isso o SENHOR disse a Jeú:

— Visto que você fez bem em realizar o que é reto aos meus olhos e fez com a casa de Acabe segundo tudo o que era do meu propósito, os seus filhos até a quarta geração se assentarão no trono de Israel.

31 Mas Jeú não teve cuidado de andar de
todo o seu coração na Lei do SENHOR, Deus
de Israel, nem se afastou dos pecados que
Jeroboão levou Israel a cometer.

A MORTE DE JEÚ

32 Naqueles dias, o SENHOR começou a
diminuir os limites de Israel. O rei Hazael
conquistou todo o território 33 desde o
Jordão para o nascente do sol, toda a terra de
Gileade, os gaditas, os rubenitas e os manassitas, desde Aroer, que está junto ao vale de
Arnom, a saber, Gileade e Basã.

34 Quanto aos demais atos de Jeú e a tudo
o que fez, e a todo o seu poder, não está
tudo escrito no Livro da História dos Reis
de Israel? 35 Jeú morreu e foi sepultado em
Samaria. E Jeoacaz, seu filho, reinou em seu
lugar. 36 Jeú reinou sobre Israel em Samaria
vinte e oito anos.

ATALIA USURPA O TRONO DE JUDÁ

2Cr 22.10-12

11 1 Quando Atalia, mãe de Acazias, viu que seu filho era morto, levantou-se e destruiu toda a descendência real. 2 Mas Jeoseba, filha do rei Jorão e irmã de Acazias, raptou Joás, filho de Acazias, do meio dos filhos do rei que seriam mortos e o pôs, juntamente com a sua babá, numa câmara interior; e, assim, o esconderam de Atalia, e ele não foi morto. 3 Joás esteve com ela, escondido na Casa do SENHOR, durante seis anos; e Atalia reinava no país.

JOÁS É UNGIDO REI DE JUDÁ

2Cr 23.1-11

4 No sétimo ano, Joiada mandou chamar os capitães dos cários e da guarda e reuniu-se com eles na Casa do SENHOR. Fez uma aliança com eles, pedindo que jurassem na Casa do SENHOR. Então lhes mostrou o filho do rei 5 e lhes deu ordem, dizendo:

— Isto é o que vocês devem fazer: uma terça parte de vocês, que entram de serviço no sábado, fará a guarda do palácio real; 6 outra terça parte estará ao portão Sur; e a outra terça parte, ao portão detrás da guarda; assim, vocês farão a guarda e a defesa deste palácio. 7 Os dois grupos que saem de serviço no sábado, estes todos farão a guarda da Casa do SENHOR, junto ao rei. 8 Vocês devem rodear o rei, cada um de armas na mão. E, se alguém quiser entrar nas fileiras, que seja morto. Vocês devem acompanhar o rei aonde quer que ele for.

9 Os capitães de cem fizeram tudo o que o sacerdote Joiada lhes havia ordenado. Cada um reuniu os seus soldados, tanto os que entravam de serviço no sábado como os que saíam de serviço no sábado, e os levou ao sacerdote Joiada. 10 O sacerdote entregou aos capitães de cem as lanças e os escudos que haviam sido do rei Davi e que estavam na Casa do SENHOR. 11 Os guardas se puseram, cada um de armas na mão, desde o lado direito da casa real até o seu lado esquerdo, e até o altar, e até o templo, para rodear o rei. 12 Então Joiada trouxe para fora Joás, o filho do rei, pôs a coroa na cabeça dele e lhe entregou o Livro do Testemunho. Eles o constituíram rei, o ungiram, bateram palmas e gritaram:

— Viva o rei!

A MORTE DE ATALIA

2Cr 23.12-15

13 Quando Atalia ouviu o barulho dos guardas e do povo, veio para onde o povo estava, na Casa do SENHOR. 14 Olhou, e eis que o rei estava junto à coluna, segundo o costume. Os capitães e os tocadores de trombetas estavam ao lado do rei, e todo o povo da terra se alegrava e tocava trombetas. Então Atalia rasgou as suas roupas e gritou:

— Traição! Traição!

15 Porém o sacerdote Joiada deu ordem aos capitães que comandavam as tropas, dizendo:

— Façam-na sair por entre as fileiras e, se alguém a seguir, matem-no à espada.

Porque o sacerdote tinha dito: "Não a matem na Casa do SENHOR."

16 Então eles a prenderam; e ela, pelo caminho da entrada dos cavalos, foi para o palácio real, onde a mataram.

A ALIANÇA DE JOIADA

2Cr 23.16-21

17 Joiada fez uma aliança entre o SENHOR, o rei e o povo, para serem eles o povo do SENHOR. Fez também uma aliança entre o rei e o povo. 18 Então todo o povo da terra entrou no templo de Baal e o derrubaram, despedaçando os altares e as imagens de Baal. Matã, o sacerdote de Baal, foi morto diante dos altares.

O sacerdote Joiada pôs guardas sobre a Casa do SENHOR. 19 Reuniu os capitães dos cários, os da guarda e todo o povo da terra, e todos estes conduziram o rei desde a Casa do SENHOR até o palácio real, passando pelo portão da guarda. E Joás sentou-se no trono dos reis. 20 Todo o povo da terra se alegrou, e a cidade ficou tranquila, depois que mataram Atalia à espada, junto ao palácio real. 21 Joás tinha sete anos de idade quando o fizeram rei.

O REINADO DE JOÁS, DE JUDÁ

2Cr 24.1-14

12 1 No sétimo ano do reinado de Jeú, Joás começou a reinar. Ele reinou quarenta anos em Jerusalém. A mãe dele se chamava Zíbia e era de Berseba. 2 Joás fez o que era reto aos olhos do SENHOR, todos os dias em que o sacerdote Joiada o dirigia. 3 Apenas os lugares altos não foram tirados, e o povo ainda sacrificava e queimava incenso nesses altos.

4 Joás disse aos sacerdotes:

— Todo o dinheiro das coisas santas que for trazido à Casa do SENHOR, a saber, a taxa pessoal, o resgate de pessoas segundo a sua avaliação e todo o dinheiro que cada um trouxer voluntariamente para a Casa do SENHOR, 5 deverá ser recebido pelos sacerdotes, cada um dos seus conhecidos; e que os sacerdotes reparem os estragos do templo, sempre que houver um reparo a fazer.

6 Mas, no vigésimo terceiro ano do reinado de Joás, os sacerdotes ainda não tinham reparado os estragos do templo. 7 Então o rei Joás chamou o sacerdote Joiada e os outros sacerdotes e lhes disse:

— Por que vocês não estão reparando os estragos do templo? Agora, pois, não recebam mais dinheiro de seus conhecidos, mas entreguem-no para a reparação dos estragos do templo.

8 Os sacerdotes concordaram em não mais receber dinheiro do povo e concordaram também que não ficariam encarregados de reparar os estragos do templo.

9 Então o sacerdote Joiada pegou uma caixa, fez um buraco na tampa, e a pôs junto ao altar, à direita de quem entrava na Casa do SENHOR. Os sacerdotes que guardavam a entrada da porta depositavam ali todo o dinheiro que era trazido à Casa do SENHOR. 10 Quando viam que já havia muito dinheiro na caixa, o escrivão do rei e o sumo sacerdote vinham, contavam e ensacavam o dinheiro que se achava na Casa do SENHOR. 11 O dinheiro, depois de pesado, era entregue aos que dirigiam a obra e tinham a seu encargo a Casa do SENHOR. Estes pagavam aos carpinteiros e aos construtores que reparavam a Casa do SENHOR, 12 e também aos pedreiros e aos cortadores de pedras. Também compravam madeira e pedras lavradas para repararem os estragos da Casa do SENHOR, e custeavam todo o necessário para a conservação da Casa do SENHOR. 13 Mas, do dinheiro que era trazido à Casa do SENHOR, não se faziam nem taças de prata, nem apagadores, nem bacias, nem trombetas, nem qualquer outro vaso de ouro ou de prata para a Casa do SENHOR. 14 Porque davam o dinheiro aos que dirigiam a obra e reparavam com ele a Casa do SENHOR. 15 Também não pediam contas aos homens em cujas mãos entregavam aquele dinheiro, para o dar aos que faziam a obra, porque eram honestos. 16 Mas o dinheiro de oferta pela culpa e o dinheiro de oferta pelos pecados não era trazido à Casa do SENHOR; ficava para os sacerdotes.

17 Nessa época Hazael, rei da Síria, atacou e conquistou a cidade de Gate. Depois Hazael resolveu marchar contra Jerusalém. 18 Porém Joás, rei de Judá, pegou todas as coisas santas que Josafá, Jeorão e Acazias, seus pais, reis de Judá, haviam dedicado, bem como todo o ouro que havia nos tesouros da Casa do SENHOR e no palácio real e os mandou a Hazael, rei da Síria; e este se retirou de Jerusalém.

19 Quanto aos demais atos de Joás e a tudo o que fez, não está tudo escrito no Livro da História dos Reis de Judá?

A CONSPIRAÇÃO CONTRA O REI JOÁS

2Cr 24.25-27

20 Os servos de Joás se levantaram, fizeram uma conspiração e mataram Joás na casa de Milo, que fica na descida para Sila. 21 Jozacar, filho de Simeate, e Jozabade, filho de Somer, servos de Joás, o atacaram, e ele morreu. Joás foi sepultado no túmulo de seus pais na Cidade de Davi, e Amazias, seu filho, reinou em seu lugar.

O REINADO DE JEOACAZ, DE ISRAEL

13 1 No vigésimo terceiro ano do reinado de Joás, filho de Acazias, rei de Judá, Jeoacaz, filho de Jeú, começou a reinar sobre Israel, em Samaria, e reinou dezessete anos. 2 Jeoacaz fez o que era mau aos olhos do SENHOR e andou nos pecados de Jeroboão, filho de Nebate, que este levou Israel a cometer; não se afastou deles. 3 Por isso a ira do SENHOR se acendeu contra Israel, e ele os entregou nas mãos de Hazael, rei da Síria, e nas mãos de Ben-Hadade, filho de Hazael, todos aqueles dias. 4 Porém Jeoacaz fez súplicas diante do SENHOR, e o SENHOR o ouviu, pois viu a opressão com que o rei da Síria atormentava Israel. 5 O SENHOR deu um salvador a Israel, de modo que os filhos de Israel se livraram do poder dos sírios e puderam morar, de novo, em suas casas, como antes. 6 Contudo, não se afastaram dos pecados da casa de Jeroboão, que este levou Israel a cometer, mas andaram neles; e também o poste da deusa Aserá permaneceu em Samaria. 7 Do exército

O Senhor está atento às nossas raízes, aquilo que ninguém é capaz de ver.

de Jeoacaz só restaram cinquenta cavaleiros,
dez carros de guerra e dez mil soldados de
infantaria, porque o rei da Síria havia des-
truído os demais, reduzindo-os a pó.
8 Quanto aos demais atos de Jeoacaz, a
tudo o que fez e ao seu poder, não está tudo
escrito no Livro da História dos Reis de Israel?
9 Jeoacaz morreu e foi sepultado em Samaria.
E Jeoás, seu filho, reinou em seu lugar.

O REINADO DE JEOÁS, DE ISRAEL

10 No trigésimo sétimo ano do reinado de
Joás, rei de Judá, Jeoás, filho de Jeoacaz,
começou a reinar sobre Israel, em Samaria;
e reinou dezesseis anos. 11 Fez o que era
mau aos olhos do SENHOR. Não se afastou
de nenhum dos pecados de Jeroboão, filho
de Nebate, que este levou Israel a cometer;
porém andou neles.
12 Quanto aos demais atos de Jeoás, a
tudo o que fez e ao seu poder, com que
lutou contra Amazias, rei de Judá, não está
tudo escrito no Livro da História dos Reis
de Israel? 13 Jeoás morreu, e no seu trono se
assentou Jeroboão. Jeoás foi sepultado em
Samaria, junto aos reis de Israel.

A PROFECIA FINAL E A MORTE DE ELISEU

14 Quando Eliseu estava sofrendo da enfer-
midade da qual viria a morrer, Jeoás, rei de
Israel, foi visitá-lo. Chorou diante dele e disse:
— Meu pai, meu pai! Carros de Israel e
seus cavaleiros!
15 Então Eliseu disse ao rei:
— Pegue um arco e algumas flechas.
Jeoás pegou o arco e as flechas. 16 Eliseu
disse ao rei de Israel:
— Empunhe o arco.
O rei fez assim. Então Eliseu pôs as mãos
sobre as mãos do rei 17 e disse:
— Abra a janela que dá para o leste.
O rei a abriu. Eliseu continuou:
— Atire!
E o rei atirou. Então Eliseu disse:
— Flecha da vitória do SENHOR! Flecha da
vitória contra os sírios! Você vencerá os
sírios em Afeca, até acabar com eles.
18 Eliseu disse mais:
— Pegue as flechas.
Ele as pegou. Então disse ao rei de Israel:
— Atire contra o chão.
O rei fez isso três vezes e parou. 19 Então
o homem de Deus ficou indignado com
ele e disse:
— Você deveria ter atirado cinco ou seis
vezes e assim venceria os sírios até aca-
bar com eles; mas agora vai vencê-los só
três vezes.
20 Eliseu morreu, e o sepultaram. Ora, ban-
dos dos moabitas costumavam invadir a
terra, no começo do ano. 21 Aconteceu que,
enquanto alguns sepultavam um homem, eis
que viram um desses bandos. Então jogaram
o homem na sepultura de Eliseu e fugiram.
Quando o cadáver tocou nos ossos de Eliseu,
o homem reviveu e se levantou sobre os pés.

GUERRA ENTRE ISRAEL E SÍRIA

22 Hazael, rei da Síria, oprimiu Israel durante
todo o reinado de Jeoacaz. 23 Porém o SENHOR
teve misericórdia de Israel, se compadeceu
deles e voltou-se para eles, por amor da
aliança com Abraão, Isaque e Jacó; e não
quis destruí-los e, até agora, ainda não os
expulsou da sua presença.
24 Hazael, rei da Síria, morreu, e Ben-Hadade,
seu filho, reinou em seu lugar. 25 Jeoás, filho de
Jeoacaz, retomou das mãos de Ben-Hadade as
cidades que, na guerra, este havia tomado de
Jeoacaz, seu pai. Três vezes Jeoás o derrotou
e recuperou as cidades de Israel.

O REINADO DE AMAZIAS, DE JUDÁ

2Cr 25.1-24

14 1 No segundo ano do reinado de Jeoás,
filho de Jeoacaz, rei de Israel, Amazias,
filho de Joás, rei de Judá, começou a reinar.
2 Tinha vinte e cinco anos de idade quando
começou a reinar e reinou vinte e nove anos
em Jerusalém. A mãe dele se chamava Jeoadã
e era de Jerusalém. 3 Amazias fez o que era
reto aos olhos do SENHOR, ainda que não como
Davi, seu pai; mas fez segundo tudo o que
o seu pai Joás havia feito. 4 Apenas os luga-
res altos não foram tirados, e o povo ainda
sacrificava e queimava incenso nesses altos.
5 Logo que o reino foi confirmado nas suas
mãos, matou os servos que tinham assassi-
nado o rei, seu pai. 6 No entanto, não matou
os filhos dos assassinos, mas fez segundo
está escrito no Livro da Lei de Moisés, no qual
o SENHOR deu ordem, dizendo: "Os pais não
serão mortos por causa dos filhos, nem os

filhos serão mortos por causa dos pais; cada qual será morto pelo seu próprio pecado."

7 Amazias matou dez mil edomitas no vale do Sal e conquistou a cidade de Sela na guerra, dando-lhe o nome de Jocteel, que ela conserva até o dia de hoje.

8 Então Amazias enviou mensageiros a Jeoás, filho de Jeoacaz, filho de Jeú, rei de Israel, dizendo:

— Venha me enfrentar no campo de batalha.

9 Porém Jeoás, rei de Israel, respondeu a Amazias, rei de Judá:

— O espinheiro que está no Líbano mandou dizer ao cedro que lá está: "Dê a sua filha por mulher ao meu filho." Mas um animal selvagem, que estava no Líbano, passou e pisoteou o espinheiro. 10 Na verdade, você derrotou os edomitas, e o seu coração se encheu de orgulho. Glorie-se disso e fique em casa. Por que provocar um mal que trará somente desgraça para você e para Judá?

11 Mas Amazias não quis atendê-lo. Então Jeoás, rei de Israel, avançou contra Amazias, rei de Judá, e eles se enfrentaram em Bete-Semes, que está em Judá. 12 Judá foi derrotado por Israel, e os soldados tiveram de fugir para as suas casas. 13 Jeoás, rei de Israel, prendeu Amazias, rei de Judá, filho de Joás, filho de Acazias, em Bete-Semes. Então foi a Jerusalém e derrubou uma parte da muralha da cidade, desde o Portão de Efraim até o Portão da Esquina, numa extensão de mais ou menos duzentos metros. 14 Pegou todo o ouro, a prata e todos os utensílios que havia na Casa do Senhor e nos tesouros do palácio real, bem como alguns reféns; e voltou para Samaria.

15 Quanto aos demais atos de Jeoás, ao que fez e ao seu poder, com que lutou contra Amazias, rei de Judá, não está tudo escrito no Livro da História dos Reis de Israel? 16 Jeoás morreu e foi sepultado em Samaria, junto aos reis de Israel. E Jeroboão, seu filho, reinou em seu lugar.

A MORTE DE AMAZIAS

2Cr 25.25-28

17 Amazias, filho de Joás, rei de Judá, viveu quinze anos depois da morte de Jeoás, filho de Jeoacaz, rei de Israel. 18 Quanto aos demais atos de Amazias, não está tudo escrito no Livro da História dos Reis de Judá?

19 Conspiraram contra ele em Jerusalém, e ele fugiu para Laquis; porém enviaram homens atrás dele até Laquis e o mataram. 20 Trouxeram-no sobre cavalos e o sepultaram em Jerusalém, junto a seus pais, na Cidade de Davi.

21 Todo o povo de Judá tomou Uzias, que tinha dezesseis anos de idade, e o constituiu rei em lugar de Amazias, seu pai. 22 Depois da morte de seu pai, Uzias reconstruiu Elate e a restituiu a Judá.

O REINADO DE JEROBOÃO II, DE ISRAEL

23 No décimo quinto ano do reinado de Amazias, filho de Joás, rei de Judá, Jeroboão, filho de Jeoás, rei de Israel, começou a reinar em Samaria; e reinou quarenta e um anos. 24 Jeroboão fez o que era mau aos olhos do Senhor. Jamais se afastou de nenhum dos pecados de Jeroboão, filho de Nebate, que este levou Israel a cometer. 25 Restabeleceu os limites de Israel, desde a entrada de Hamate até o mar da Arabá, segundo a palavra do Senhor, Deus de Israel, anunciada por meio de seu servo Jonas, filho de Amitai, o profeta, que era de Gate-Hefer. 26 Porque o Senhor viu que a aflição de Israel era muito amarga, porque não havia nem escravo, nem livre, nem quem socorresse Israel. 27 O Senhor ainda não havia falado em apagar o nome de Israel da face da terra; porém os livrou por meio de Jeroboão, filho de Jeoás.

28 Quanto aos demais atos de Jeroboão, tudo o que fez, o seu poder, como lutou e como reconquistou Damasco e Hamate, pertencentes a Judá, para Israel, não está tudo escrito no Livro da História dos Reis de Israel? 29 Jeroboão morreu e foi sepultado nos túmulos dos reis de Israel; e Zacarias, seu filho, reinou em seu lugar.

O REINADO DE AZARIAS, DE JUDÁ

2Cr 26.1-15

15 1 No vigésimo sétimo ano do reinado de Jeroboão, rei de Israel, Azarias, filho de Amazias, rei de Judá, começou a reinar. 2 Tinha dezesseis anos de idade quando começou a reinar e reinou cinquenta e dois anos em Jerusalém. A mãe dele se chamava Jecolias e era de Jerusalém. 3 Ele fez o que era reto aos olhos do Senhor, segundo tudo o que Amazias, seu pai, havia feito. 4 Apenas os lugares altos não foram tirados, e o povo ainda sacrificava e queimava incenso nesses altos.

AZARIAS É ATACADO DE LEPRA

2Cr 26.16-23

5 O Senhor feriu o rei, e ele ficou leproso até o dia da sua morte e morava numa casa separada. Jotão, filho do rei, era responsável pelo palácio e governava o povo da terra.

6 Quanto aos demais atos de Azarias e a tudo o que fez, não está tudo escrito no Livro da História dos Reis de Judá? 7 Azarias morreu e foi sepultado no túmulo de seus pais, na Cidade de Davi; e Jotão, seu filho, reinou em seu lugar.

O REINADO DE ZACARIAS, DE ISRAEL

8 No trigésimo oitavo ano do reinado de Azarias, rei de Judá, Zacarias, filho de Jeroboão, reinou sobre Israel, em Samaria, durante seis meses. 9 Fez o que era mau aos olhos do Senhor, como tinham feito seus pais. Não se afastou dos pecados de Jeroboão, filho de Nebate, que este levou Israel a cometer. 10 Salum, filho de Jabes, conspirou contra ele, atacou-o diante do povo, matou-o e reinou em seu lugar.

11 Quanto aos demais atos de Zacarias, está tudo escrito no Livro da História dos Reis de Israel. 12 Esta foi a palavra que o Senhor falou a Jeú: "Os seus filhos, até a quarta geração, se assentarão no trono de Israel." E assim aconteceu.

O REINADO DE SALUM, DE ISRAEL

13 Salum, filho de Jabes, começou a reinar no trigésimo nono ano do reinado de Uzias, rei de Judá; e reinou durante um mês em Samaria. 14 Menaém, filho de Gadi, foi de Tirza a Samaria, atacou Salum, filho de Jabes, matou-o e reinou em seu lugar.

15 Quanto aos demais atos de Salum e a conspiração que fez, está tudo escrito no Livro da História dos Reis de Israel. 16 Saindo de Tirza, Menaém destruiu a cidade de Tifsa e todos os seus moradores, bem como toda aquela região. Porque não abriram o portão da cidade, ele a devastou. Até rasgou o ventre de todas as mulheres grávidas.

O REINADO DE MENAÉM, DE ISRAEL

17 Desde o trigésimo nono ano do reinado de Azarias, rei de Judá, Menaém, filho de Gadi, começou a reinar sobre Israel e reinou dez anos em Samaria. 18 Fez o que era mau aos olhos do Senhor. Durante todos os seus dias não se afastou dos pecados de Jeroboão, filho de Nebate, que este levou Israel a cometer. 19 Então Pul, rei da Assíria, veio contra a terra, e Menaém lhe entregou trinta e quatro toneladas de prata, para que este o ajudasse a consolidar o seu reino. 20 Para pagar ao rei da Assíria, Menaém exigiu dinheiro de todos os poderosos e ricos em Israel, seiscentos gramas de prata por cabeça. E assim o rei da Assíria deu a volta e não se demorou ali na terra.

21 Quanto aos demais atos de Menaém e a tudo o que fez, não está tudo escrito no Livro da História dos Reis de Israel? 22 Menaém morreu, e Pecaías, seu filho, reinou em seu lugar.

O REINADO DE PECAÍAS, DE ISRAEL

23 No quinquagésimo ano do reinado de Azarias, rei de Judá, Pecaías, filho de Menaém, começou a reinar; e reinou sobre Israel, em Samaria, dois anos. 24 Fez o que era mau aos olhos do Senhor; não se afastou dos pecados de Jeroboão, filho de Nebate, que este levou Israel a cometer. 25 Peca, seu capitão, filho de Remalias, conspirou contra ele e o feriu em Samaria, na fortaleza do palácio real, juntamente com Argobe e com Arié; com Peca estavam cinquenta homens dos gileaditas; Peca o matou e reinou em seu lugar.

26 Quanto aos demais atos de Pecaías e a tudo o que fez, está tudo escrito no Livro da História dos Reis de Israel.

O REINADO DE PECA, DE ISRAEL

27 No quinquagésimo segundo ano do reinado de Azarias, rei de Judá, Peca, filho de Remalias, começou a reinar; e reinou sobre Israel, em Samaria, vinte anos. 28 Fez o que era mau aos olhos do Senhor. Não se afastou dos pecados de Jeroboão, filho de Nebate, que este levou Israel a cometer.

29 Nos dias de Peca, rei de Israel, Tiglate-Pileser, rei da Assíria, veio e conquistou

Ijom, Abel-Bete-Maaca, Janoa, Quedes,
Hazor, as regiões de Gileade e da Galileia,
toda a terra de Naftali, e levou os seus habi-
tantes para a Assíria.
30 Oseias, filho de Elá, conspirou contra
Peca, filho de Remalias, atacou-o e o matou,
e reinou em seu lugar, no vigésimo ano do
reinado de Jotão, filho de Uzias.
31 Quanto aos demais atos de Peca e a
tudo o que fez, está tudo escrito no Livro
da História dos Reis de Israel.

O REINADO DE JOTÃO, DE JUDÁ

2Cr 27.1-9

32 No segundo ano do reinado de Peca, filho
de Remalias, rei de Israel, Jotão, filho de
Uzias, rei de Judá, começou a reinar. 33 Ele
tinha vinte e cinco anos de idade quando
começou a reinar e reinou dezesseis anos
em Jerusalém. A mãe dele se chamava
Jerusa e era filha de Zadoque. 34 Fez o que
era reto aos olhos do SENHOR, segundo tudo
o que Uzias, seu pai, havia feito. 35 Apenas
os lugares altos não foram tirados, e o povo
ainda sacrificava e queimava incenso nes-
ses altos. Jotão construiu o Portão de Cima
da Casa do SENHOR.
36 Quanto aos demais atos de Jotão e a
tudo o que fez, não está tudo escrito no Livro
da História dos Reis de Judá? 37 Naqueles
dias, o SENHOR começou a enviar Rezim, rei
da Síria, e Peca, filho de Remalias, contra
Judá. 38 Jotão morreu e foi sepultado no
túmulo de seus pais, na Cidade de Davi, seu
pai. E Acaz, seu filho, reinou em seu lugar.

O REINADO DE ACAZ, DE JUDÁ

2Cr 28.1-4

16 1 No décimo sétimo ano do reinado
de Peca, filho de Remalias, Acaz,
filho de Jotão, rei de Judá, começou a rei-
nar. 2 Acaz tinha vinte anos de idade quando
começou a reinar e reinou dezesseis anos
em Jerusalém. Não fez o que era reto aos
olhos do SENHOR, seu Deus, ao contrário de
Davi, seu pai. 3 Andou no caminho dos reis
de Israel e até queimou o seu filho como
sacrifício, segundo as abominações dos gen-
tios, que o SENHOR havia expulsado de diante
dos filhos de Israel. 4 Também sacrificou e
queimou incenso nos lugares altos, nas
colinas e debaixo de toda árvore frondosa.

ACAZ PEDE SOCORRO AOS ASSÍRIOS

5 Então Rezim, rei da Síria, e Peca, filho de
Remalias, rei de Israel, subiram a Jerusalém
para lutar contra ela. Cercaram Acaz, mas
não conseguiram derrotá-lo. 6 Naquele
tempo, Rezim, rei da Síria, restituiu Elate à
Síria e expulsou dela os homens de Judá. Os
sírios foram para Elate e ficaram morando
ali até o dia de hoje. 7 Acaz enviou mensagei-
ros a Tiglate-Pileser, rei da Assíria, dizendo:
— Eu sou seu servo e seu filho. Venha me
livrar do poder do rei da Síria e do poder do
rei de Israel, que se levantam contra mim.
8 Acaz pegou a prata e o ouro que havia na
Casa do SENHOR e nos tesouros do palácio
real e mandou de presente ao rei da Assíria.
9 O rei da Assíria lhe deu ouvidos, subiu con-
tra Damasco, tomou-a, levou o povo para
Quir e matou Rezim.

A IDOLATRIA DE ACAZ

2Cr 28.22-25

10 Então o rei Acaz foi a Damasco para se
encontrar com Tiglate-Pileser, rei da Assíria.
Ao ver ali um altar, enviou ao sacerdote Urias
o modelo do altar e a planta segundo a qual
tinha sido feito. 11 Urias, o sacerdote, edificou
um altar segundo tudo o que o rei Acaz havia
ordenado de Damasco; o sacerdote Urias fez
isso antes que o rei Acaz viesse de Damasco.
12 Quando o rei voltou de Damasco, viu o
altar, aproximou-se dele e nele sacrificou.
13 Queimou o seu holocausto e a sua oferta
de cereais, derramou a sua libação e aspergiu
o sangue das suas ofertas pacíficas naquele
altar. 14 O altar de bronze, que estava diante do
SENHOR, ele o tirou da frente do templo, do lugar
entre o altar dele e a Casa do SENHOR, e o pôs ao
lado do seu altar, do lado norte. 15 O rei Acaz
também ordenou ao sacerdote Urias, dizendo:
— Use este altar grande para o holocausto
da manhã, para a oferta de cereais da tarde,
para o holocausto do rei e a sua oferta de
cereais, e para o holocausto de todo o povo
da terra, a sua oferta de cereais e as suas
libações. Todo o sangue dos holocaustos
e todo o sangue dos sacrifícios você deve
aspergir nele. Mas o altar de bronze ficará
para a minha deliberação posterior.
16 E o sacerdote Urias fez tudo como o rei
Acaz lhe havia ordenado.

17 O rei Acaz cortou os painéis dos suportes
e tirou as pias que estavam em cima deles.
Pegou também o mar de fundição e o tirou
de sobre os touros de bronze, que estavam
debaixo dele, e o pôs sobre um pavimento de
pedra. 18 Também, por causa do rei da Assíria,
retirou da Casa do SENHOR a estrutura coberta
para uso no sábado, que tinha sido construída
no templo, e a entrada real pelo lado de fora.

A MORTE DE ACAZ

2Cr 28.26-27

19 Quanto aos demais atos de Acaz e ao que
fez, não está tudo escrito no Livro da História
dos Reis de Judá? 20 Acaz morreu e foi sepul-
tado junto a seus pais, na Cidade de Davi;
e Ezequias, seu filho, reinou em seu lugar.

O REINADO DE OSEIAS, DE ISRAEL

17 1 No décimo segundo ano do reinado
de Acaz, rei de Judá, Oseias, filho de
Elá, começou a reinar; e reinou sobre Israel,
em Samaria, nove anos. 2 Fez o que era mau
aos olhos do SENHOR, porém não como os reis
de Israel que vieram antes dele.

A QUEDA DE SAMARIA E O CATIVEIRO DE ISRAEL

3 Salmaneser, rei da Assíria, fez guerra contra
Oseias, e este ficou sendo servo dele e lhe
pagava tributo. 4 Porém o rei da Assíria des-
cobriu que Oseias estava conspirando contra
ele. Oseias tinha mandado mensageiros a Sô,
rei do Egito, e não mais pagava tributo ao rei
da Assíria, como anteriormente fazia de ano
em ano. Por isso, o rei da Assíria prendeu
Oseias e o lançou num cárcere.

5 Depois, o rei da Assíria passou por toda
a terra, foi até a cidade de Samaria e a sitiou
por três anos. 6 No nono ano do reinado de
Oseias, o rei da Assíria conquistou Samaria
e levou os israelitas para a Assíria. Ele os fez
habitar em Hala, junto a Habor, rio de Gozã,
e nas cidades dos medos.

A CAUSA DO CATIVEIRO

7 Isso aconteceu porque os filhos de Israel
pecaram contra o SENHOR, seu Deus, que os
tirou da terra do Egito e os livrou do poder de
Faraó, rei do Egito; e temeram outros deuses.
8 Andaram nos estatutos das nações que o
SENHOR expulsou de diante dos filhos de Israel
e nos costumes estabelecidos pelos reis de
Israel. 9 Os filhos de Israel fizeram contra o
SENHOR, seu Deus, o que não era reto; edifi-
caram para si lugares altos em todas as suas
cidades, desde a torre dos vigias até a cidade
fortificada. 10 Levantaram para si colunas e
postes da deusa Aserá, em todas as colinas
mais elevadas e debaixo de todas as árvores
frondosas. 11 Queimaram ali incenso em todos
os lugares altos, como as nações que o SENHOR
havia expulsado de diante deles. Cometeram
ações perversas para provocarem o SENHOR à
ira 12 e serviram os ídolos, dos quais o SENHOR
lhes tinha dito: "Não façam estas coisas."

13 O SENHOR advertiu Israel e Judá por meio
de todos os profetas e de todos os videntes,
dizendo: "Voltem-se dos seus maus caminhos
e guardem os meus mandamentos e os meus
estatutos, segundo toda a Lei que ordenei aos
pais de vocês e que lhes enviei por meio dos
meus servos, os profetas." 14 Porém eles não
quiseram ouvir; se tornaram obstinados e
foram teimosos como os seus pais, que não
creram no SENHOR, seu Deus. 15 Rejeitaram os
estatutos e a aliança que Deus tinha feito
com os pais deles, e desprezaram as suas
advertências. Seguiram os ídolos sem valor,
e assim eles mesmos se tornaram sem valor.
Seguiram as nações que estavam ao redor
deles, das quais o SENHOR lhes havia orde-
nado que não as imitassem. 16 Desprezaram
todos os mandamentos do SENHOR, seu Deus,
e fizeram para si imagens de fundição, dois
bezerros; fizeram um poste da deusa Aserá, e
adoraram todo o exército do céu, e serviram
Baal. 17 Também queimaram os seus filhos
e as suas filhas como sacrifício, deram-se à
prática de adivinhações e acreditaram em
agouros; e venderam-se para fazer o que era
mau aos olhos do SENHOR, para o provocarem
à ira. 18 Por isso o SENHOR muito se indignou
contra Israel e o afastou da sua presença; e
nada mais ficou, a não ser a tribo de Judá.

19 Também Judá não guardou os manda-
mentos do SENHOR, seu Deus; pelo contrário,
andaram nos costumes que Israel intro-
duziu. 20 Por isso o SENHOR rejeitou toda a
descendência de Israel, e os afligiu, e os
entregou nas mãos dos espoliadores, até
que os expulsou da sua presença.

21 Pois, quando ele separou Israel da casa
de Davi, e eles fizeram de Jeroboão, filho de

Nebate, o seu rei, Jeroboão levou Israel a abandonar o SENHOR e o levou a cometer grande pecado. 22 Assim, os filhos de Israel andaram em todos os pecados que Jeroboão tinha cometido; nunca se afastaram deles, 23 até que o SENHOR afastou Israel da sua presença, como havia falado pelo ministério de todos os seus servos, os profetas. E assim Israel foi levado cativo da sua terra para a Assíria, onde permanece até o dia de hoje.

O REI DA ASSÍRIA RENOVA A POPULAÇÃO DE SAMARIA

24 O rei da Assíria trouxe gente da Babilônia, de Cuta, de Ava, de Hamate e de Sefarvaim e os fez morar nas cidades de Samaria, em lugar dos filhos de Israel. Tomaram posse de Samaria e habitaram nas suas cidades. 25 A princípio, quando passaram a morar ali, não temeram o SENHOR. Então o SENHOR mandou para o meio deles leões, que mataram alguns do povo. 26 Por isso disseram ao rei da Assíria:

— Os povos que o senhor, ó rei, transportou e fez habitar nas cidades de Samaria não sabem a maneira de servir o deus daquela terra e por isso ele mandou leões para o meio deles. Os leões estão matando aquelas pessoas, porque elas não sabem como servir o deus daquela terra.

27 Então o rei da Assíria mandou dizer:

— Levem para lá um dos sacerdotes que vocês trouxeram de lá. Que ele vá, fique morando lá, e lhes ensine a maneira de servir o deus daquela terra.

28 Assim um dos sacerdotes que havia sido levado de Samaria foi e ficou morando em Betel. E lhes ensinava como deviam temer o SENHOR.

O CULTO MISTO DOS SAMARITANOS

29 Porém cada nação fez ainda os seus próprios deuses nas cidades em que morava, e os puseram nos santuários dos lugares altos que os samaritanos tinham feito. 30 Os da Babilônia fizeram Sucote-Benote; os de Cuta fizeram Nergal; os de Hamate fizeram Asima; 31 os aveus fizeram Nibaz e Tartaque; e os sefarvitas queimavam seus filhos a Adrameleque e a Anameleque, deuses de Sefarvaim. 32 Mas adoravam também o SENHOR. Constituíram como sacerdotes dos lugares altos homens tirados do meio do povo, os quais oficiavam a favor deles nos santuários dos altos. 33 E assim eles adoravam o SENHOR e, ao mesmo tempo, serviam os seus próprios deuses, segundo o costume das nações do meio das quais tinham sido trazidos.

34 Até o dia de hoje fazem segundo os antigos costumes. Não temem o SENHOR, não fazem segundo os seus estatutos e juízos, nem segundo a lei e o mandamento que o SENHOR ordenou aos filhos de Jacó, a quem deu o nome de Israel.

35 Ora, o SENHOR tinha feito uma aliança com eles e lhes havia ordenado o seguinte: "Não temam outros deuses; não se prostrem diante deles, não os sirvam, nem lhes ofereçam sacrifícios. 36 Mas temam o SENHOR, que os tirou da terra do Egito com grande poder e com braço estendido; prostrem-se diante dele e a ele ofereçam sacrifícios. 37 Tenham o cuidado de observar todos os dias os estatutos e os juízos, a lei e o mandamento que ele lhes deu por escrito. Não adorem outros deuses. 38 Não se esqueçam da aliança que fiz com vocês e não adorem outros deuses. 39 Mas adorem o SENHOR, seu Deus, e ele os livrará das mãos de todos os seus inimigos."

40 Eles, porém, não deram ouvidos a isso e continuaram a fazer segundo o seu antigo costume. 41 Assim, estas nações adoravam o SENHOR e serviam as suas próprias imagens de escultura. Como fizeram os seus pais, assim fazem também os seus filhos e os filhos de seus filhos, até o dia de hoje.

O REINADO DE EZEQUIAS, DE JUDÁ

2Cr 29.1-2

18 1 No terceiro ano do reinado de Oseias, filho de Elá, rei de Israel, Ezequias, filho de Acaz, rei de Judá, começou a reinar. 2 Tinha vinte e cinco anos de idade quando começou a reinar e reinou vinte e nove anos em Jerusalém. A mãe dele se chamava Abi e era filha de Zacarias. 3 Ezequias fez o que era reto aos olhos do SENHOR, segundo tudo o que Davi, seu pai, havia feito. 4 Removeu os lugares altos, quebrou as colunas e derrubou o poste da deusa Aserá. Também fez em pedaços a serpente de bronze que Moisés havia feito. Os filhos de Israel chamavam essa serpente de Neustã e até aquele dia lhe queimavam incenso.

5 Ezequias confiou no SENHOR, Deus de Israel, de maneira que não houve ninguém como ele entre todos os reis de Judá, nem antes nem depois dele. 6 Porque se apegou ao SENHOR, não deixou de segui-lo e guardou os mandamentos que o SENHOR ordenou a Moisés. 7 Assim, o SENHOR estava com ele, e ele teve êxito em todos os seus empreendimentos. Rebelou-se contra o rei da Assíria e não o serviu. 8 Derrotou os filisteus até Gaza e o seu território, desde a torre dos vigias até a cidade fortificada.

9 No quarto ano do reinado de Ezequias, que era o sétimo ano do reinado de Oseias, filho de Elá, rei de Israel, Salmaneser, rei da Assíria, atacou a cidade de Samaria e a cercou. 10 Ao fim de três anos, a cidade foi conquistada. Sim, no ano sexto do reinado de Ezequias, que era o nono ano do reinado de Oseias, rei de Israel, Samaria foi conquistada. 11 O rei da Assíria levou os israelitas para a Assíria e os fez habitar em Hala, junto a Habor, rio de Gozã, e nas cidades dos medos. 12 Isso aconteceu porque não obedeceram à voz do SENHOR, seu Deus, mas quebraram a sua aliança, a saber, tudo o que Moisés, servo do SENHOR, havia ordenado; não o ouviram, nem o fizeram.

SENAQUERIBE INVADE JUDÁ

2Cr 32.1-8; Is 36.1-3

13 No décimo quarto ano do reinado de Ezequias, Senaqueribe, rei da Assíria, atacou todas as cidades fortificadas de Judá e as conquistou. 14 Então Ezequias, rei de Judá, enviou mensageiros ao rei da Assíria, que estava em Laquis, dizendo:

— Eu errei. Pare de me atacar, e cumprirei tudo o que você me impuser.

Então o rei da Assíria impôs a Ezequias, rei de Judá, um tributo de dez toneladas de prata e uma tonelada de ouro. 15 Ezequias deu toda a prata que havia na Casa do SENHOR e nos tesouros do palácio real. 16 Foi quando Ezequias arrancou o ouro que havia nas portas do templo do SENHOR e nas ombreiras, o ouro com que ele, o rei de Judá, as havia revestido, e o deu ao rei da Assíria. 17 Mas o rei da Assíria, que estava em Laquis, enviou Tartã, Rabe-Saris e Rabsaqué, com um grande exército, ao rei Ezequias, em Jerusalém. Eles vieram a Jerusalém e, quando chegaram, pararam na extremidade do aqueduto do tanque superior, junto ao caminho do campo do Lavandeiro. 18 Mandaram chamar o rei, e quem saiu ao encontro deles foram Eliaquim, filho de Hilquias, o responsável pelo palácio, Sebna, o escrivão, e Joá, filho de Asafe, o cronista.

RABSAQUÉ AFRONTA EZEQUIAS E O SENHOR

2Cr 32.9-20; Is 36.4-22

19 Rabsaqué disse:

— Digam a Ezequias: Assim diz o grande rei, o rei da Assíria: "Que confiança é essa que você tem? 20 Bem posso dizer que o seu conselho e o seu poder para a guerra são meras palavras. Em quem você está confiando agora, para que se rebele contra mim? 21 Você confia nesse bordão de caniço esmagado que é o Egito. Se alguém se apoiar no caniço, ele vai espetar e furar a mão. Assim é Faraó, rei do Egito, para todos os que nele confiam. 22 Mas, se vocês me dizem: 'Confiamos no SENHOR, nosso Deus', eu pergunto: não é esse aquele cujos lugares altos e altares Ezequias removeu, dizendo a Judá e a Jerusalém que deveriam adorar somente diante do altar em Jerusalém? 23 Agora, pois, comprometa-se com meu senhor, o rei da Assíria, e eu lhe darei dois mil cavalos, se você puder achar cavaleiros para montá-los. 24 Como você poderia repelir um oficial do meu senhor, o rei, mesmo que seja um dos menores, e confiar no Egito para obter carros de guerra e cavaleiros? 25 Será que você pensa que é sem o consentimento do SENHOR Deus que eu vim contra este lugar, para o destruir? Foi o próprio SENHOR quem ordenou que eu atacasse esta terra e a destruísse."

26 Então Eliaquim, filho de Hilquias, Sebna e Joá disseram a Rabsaqué:

— Por favor, fale com estes seus servos em aramaico, porque nós o entendemos. Não fale em hebraico, aos ouvidos do povo que está sobre a muralha.

27 Mas Rabsaqué lhes respondeu:

— Você pensa que o meu senhor me enviou para dizer estas palavras apenas a você e ao seu rei? Ele me enviou para falar também aos homens que estão sentados sobre a muralha e que, junto com vocês, terão de comer o seu próprio excremento e beber a sua própria urina!

28 Então Rabsaqué se pôs em pé e gritou
em hebraico:
— Escutem as palavras do grande rei, o
rei da Assíria. 29 Assim diz o rei: "Não dei-
xem que Ezequias os engane, pois ele não
poderá livrá-los da minha mão. 30 Não dei-
xem que Ezequias os leve a confiar no SENHOR,
dizendo: 'O SENHOR certamente nos livrará, e
esta cidade não será entregue nas mãos do rei
da Assíria.' 31 Não deem ouvidos a Ezequias.
Porque assim diz o rei da Assíria: 'Façam as
pazes comigo e se entreguem. Então cada um
comerá da sua própria videira e da sua pró-
pria figueira, e beberá a água da sua própria
cisterna, 32 até que eu venha e os leve para
uma terra como a de vocês, terra de cereal e
de vinho, terra de pão e de vinhas, terra de
oliveiras e de mel, para que vocês vivam e
não morram.' Não deem ouvidos a Ezequias,
porque ele está enganando vocês, ao dizer: 'O
SENHOR nos livrará.' 33 Será que os deuses das
nações puderam livrar, cada um a sua terra,
das mãos do rei da Assíria? 34 Onde estão
os deuses de Hamate e de Arpade? Onde
estão os deuses de Sefarvaim, Hena e Iva?
Será que eles livraram Samaria das minhas
mãos? 35 De todos os deuses destes países,
quais foram os que livraram a sua terra das
minhas mãos? Então como o SENHOR poderá
livrar Jerusalém das minhas mãos?"
36 O povo ficou calado e não lhe respondeu
palavra, porque assim lhe havia orde-
nado o rei: "Não lhe respondam." 37 Então
Eliaquim, filho de Hilquias, o responsável
pelo palácio, e Sebna, o escrivão, e Joá, filho
de Asafe, o cronista, voltaram para junto do
rei Ezequias, com as suas roupas rasgadas,
e lhe contaram o que Rabsaqué tinha dito.

EZEQUIAS CONSULTA ISAÍAS

Is 37.1-7

19 1 Quando o rei Ezequias ouviu isto,
rasgou as suas roupas, cobriu-se de
pano de saco e entrou na Casa do SENHOR.
2 Então ele mandou que Eliaquim, o respon-
sável pelo palácio, Sebna, o escrivão, e os
anciãos dos sacerdotes, todos vestidos de
pano de saco, fossem falar com o profeta
Isaías, filho de Amoz. 3 Eles lhe disseram:
— Assim diz Ezequias: "Este dia é dia de
angústia, de castigo e de vergonha. Como
se costuma dizer, chegou a hora de a criança
nascer, mas a mãe não tem forças para dar à
luz. 4 É bem possível que o SENHOR, seu Deus,
tenha ouvido todas as palavras de Rabsaqué, a
quem o rei da Assíria, seu senhor, enviou para
afrontar o Deus vivo, e repreenda as palavras
que ouviu. Portanto, ore pelo resto que ficou."
5 Os servos do rei Ezequias foram falar com
Isaías, 6 que lhes disse:
— Digam ao rei o seguinte: Assim diz o
SENHOR: "Não tenha medo por causa das pala-
vras que você ouviu, com as quais os servos
do rei da Assíria blasfemaram contra mim.
7 Eis que porei nele um espírito, e ele, ao ouvir
certo rumor, voltará para a sua terra; e lá eu
farei com que ele seja morto à espada."

A CARTA DO REI DA ASSÍRIA

Is 37.8-13

8 Rabsaqué voltou e encontrou o rei da
Assíria lutando contra Libna, pois tinha
ouvido que o rei já se havia retirado de
Laquis. 9 Quando o rei ouviu dizer que
Tiraca, rei da Etiópia, havia saído para
guerrear contra ele, mandou de novo men-
sageiros a Ezequias, com esta missão:
10 — Digam a Ezequias, rei de Judá: "Não
deixe que o seu Deus, em quem você con-
fia, o engane, ao dizer: 'Jerusalém não será
entregue nas mãos do rei da Assíria.' 11 Você
já ouviu o que os reis da Assíria fizeram com
todas as terras, como as destruíram total-
mente. E você pensa que poderá escapar?
12 Será que os deuses das nações livraram os
povos que os meus pais destruíram, Gozã,
Harã e Rezefe e os filhos de Éden, que esta-
vam em Telassar? 13 Onde está o rei de
Hamate, o rei de Arpade e o rei da cidade
de Sefarvaim, de Hena e de Iva?"

A ORAÇÃO DE EZEQUIAS

Is 37.14-20

14 Ezequias recebeu a carta das mãos dos
mensageiros e a leu. Então Ezequias subiu
à Casa do SENHOR e estendeu a carta diante
do SENHOR. 15 E Ezequias orou diante do
SENHOR, dizendo:
— Ó SENHOR, Deus de Israel, que estás
entronizado acima dos querubins, somente
tu és o Deus de todos os reinos da terra; tu
fizeste os céus e a terra. 16 Inclina, ó SENHOR,
os ouvidos e ouve; abre, SENHOR, os olhos
e vê; ouve as palavras de Senaqueribe,

as quais ele enviou para afrontar o Deus
vivo. 17 É verdade, SENHOR, que os reis da
Assíria assolaram todas as nações e suas
terras 18 e lançaram no fogo os deuses deles,
porque não eram deuses, mas objetos de
madeira e pedra, feitos por mãos humanas;
por isso, os destruíram. 19 Agora, ó SENHOR,
nosso Deus, livra-nos das mãos dele, para
que todos os reinos da terra saibam que só
tu, ó SENHOR, és Deus.

O PROFETA CONFORTA EZEQUIAS

Is 37.21-35

20 Então Isaías, filho de Amoz, mandou dizer
a Ezequias:

— Assim diz o SENHOR, o Deus de Israel:
"Eu ouvi a oração que você me fez a respeito
de Senaqueribe, rei da Assíria." 21 E esta é a
palavra que o SENHOR falou a respeito dele:

"A virgem, a filha de Sião,
desdenha e zomba de você;
a filha de Jerusalém
meneia a cabeça atrás de você.
22 A quem você afrontou
e de quem blasfemou?
E contra quem você levantou a voz
e ergueu os olhos com arrogância?
Contra o Santo de Israel.
23 Por meio dos seus mensageiros,
você afrontou o SENHOR e disse:
'Com a multidão
dos meus carros de guerra
eu subi ao alto dos montes,
ao mais interior do Líbano.
Cortei os seus altos cedros
e os seus melhores ciprestes;
cheguei aos seus abrigos
mais distantes,
ao seu denso bosque.
24 Eu mesmo cavei e bebi
as águas de estrangeiros;
com as plantas de meus pés
sequei todos os rios do Egito.'"

25 "Por acaso, você não ouviu
que há muito tempo
eu, o SENHOR,
determinei estas coisas,
e que já desde os dias remotos
as tinha planejado?
Agora eu as faço acontecer.
Eu quis que você reduzisse
a montões de ruínas
as cidades fortificadas.
26 Por isso, os seus moradores,
debilitados,
andaram cheios de temor
e envergonhados;
tornaram-se como
a erva do campo,
a erva verde,
o capim dos telhados
e o cereal queimado
antes de amadurecer."

27 "Mas eu sei onde você está;
conheço o seu sair e o seu entrar,
e o seu furor contra mim.
28 Por causa do seu furor contra mim
e porque a sua arrogância subiu
até os meus ouvidos, eis que porei
o meu anzol no seu nariz
e o meu freio na sua boca
e farei você voltar pelo caminho
por onde veio."

29 — E isto será o sinal para você, rei
Ezequias: neste ano, se comerá o que nascer
espontaneamente e, no segundo ano, o que
daí proceder. Mas no terceiro ano semeiem
e colham, plantem vinhas e comam os seus
frutos. 30 Aqueles da casa de Judá que escapa-
ram e ficaram como remanescente tornarão
a lançar raízes e a dar frutos. 31 Porque de
Jerusalém sairá o remanescente, e do monte
Sião, o que escapou. O zelo do SENHOR fará isto.
32 — Portanto, assim diz o SENHOR a respeito
do rei da Assíria:

"Ele não entrará nesta cidade,
nem lançará nela flecha alguma.
Não virá diante dela com escudo,
nem construirá rampas de ataque
contra ela.
33 Pelo caminho por onde vier,
por esse voltará;
mas nesta cidade não entrará",
diz o SENHOR.
34 "Porque eu defenderei
esta cidade, para a livrar,
por amor de mim
e por amor de meu servo Davi."

A DESTRUIÇÃO DO EXÉRCITO DOS ASSÍRIOS

2Cr 32.21; Is 37.36-38

35 Naquela mesma noite, o Anjo do SENHOR
saiu e matou cento e oitenta e cinco mil
homens no arraial dos assírios. De manhã,
quando os restantes se levantaram, lá
estavam todos aqueles cadáveres. 36 Então
Senaqueribe, rei da Assíria, levantou acam-
pamento, foi embora, voltou para Nínive e
por lá ficou. 37 Certo dia, quando ele estava
adorando no templo de seu deus Nisroque,
os seus filhos Adrameleque e Sarezer o
mataram à espada; depois fugiram para
a terra de Ararate. E Esar-Hadom, filho de
Senaqueribe, reinou em seu lugar.

O REI EZEQUIAS É CURADO

2Cr 32.24; Is 38.1-8

20 1 Por esse tempo, Ezequias adoe-
ceu de uma enfermidade mortal.
O profeta Isaías, filho de Amoz, foi visitá-lo e lhe disse:

— Assim diz o SENHOR: "Ponha em ordem a sua casa, porque você morrerá; você não vai escapar."

2 Então Ezequias virou o rosto para a
parede e orou ao SENHOR, dizendo:

3 — Ó SENHOR, lembra-te de que andei
diante de ti com fidelidade, com coração
íntegro, e fiz o que era reto aos teus olhos.

E Ezequias chorou amargamente.

4 Antes que Isaías tivesse saído do
pátio central, a palavra do SENHOR veio a
ele, dizendo:

5 — Volte e diga a Ezequias, príncipe do meu
povo: Assim diz o SENHOR, o Deus de Davi,
seu pai: "Ouvi a sua oração e vi as suas lágri-
mas. Eis que eu vou curá-lo e, ao terceiro dia,
você subirá à Casa do SENHOR. 6 Acrescentarei
quinze anos à sua vida e livrarei das mãos do
rei da Assíria tanto você quanto esta cidade.
Defenderei esta cidade por amor de mim e
por amor a Davi, meu servo."

7 Isaías disse mais:

— Peguem uma pasta de figos.

Eles a pegaram e a puseram sobre a úlcera.
E Ezequias recuperou a saúde. 8 Ezequias
perguntou a Isaías:

— Qual será o sinal de que o SENHOR me curará e de que, ao terceiro dia, subirei à Casa do SENHOR?

9 Isaías respondeu:

— Este é o sinal que você receberá do SENHOR para indicar que ele cumprirá o que prometeu: você quer que a sombra se adiante dez graus ou que retroceda dez graus?

10 Ezequias respondeu:

— É fácil a sombra adiantar dez graus. Mas que não seja assim; pelo contrário, que ela retroceda dez graus.

11 Então o profeta Isaías clamou ao SENHOR
e ele fez retroceder dez graus a sombra lan-
çada pelo sol declinante no relógio de Acaz.

OS MENSAGEIROS DA BABILÔNIA

Is 39.1-8

12 Nesse tempo, Merodaque-Baladã, filho
de Baladã, rei da Babilônia, enviou cartas e
um presente a Ezequias, porque soube que
ele havia estado doente. 13 Ezequias recebeu
bem os mensageiros e lhes mostrou toda a
casa do seu tesouro, a prata, o ouro, as espe-
ciarias, os óleos finos, o seu arsenal e tudo
o que havia nos seus tesouros. Não houve
nada em seu palácio nem em todo o seu
domínio que Ezequias não lhes mostrasse.
14 Então o profeta Isaías foi falar com o rei
Ezequias e lhe disse:

— Que foi que aqueles homens disseram e de onde vieram?

Ezequias respondeu:

— Vieram de uma terra distante, da Babilônia.

15 Isaías perguntou:

— O que eles viram no seu palácio?

Ezequias respondeu:

— Viram tudo o que há em meu palácio. Não houve nada nos meus tesouros que eu não lhes mostrasse.

16 Então Isaías disse a Ezequias:

— Ouça a palavra do SENHOR: 17 "Eis que
virão dias em que tudo o que houver no
seu palácio, isto é, tudo o que os seus pais
ajuntaram até o dia de hoje, será levado
para a Babilônia; não ficará coisa alguma,
diz o SENHOR. 18 Alguns dos seus próprios
filhos, gerados por você, serão levados,
para que sejam eunucos no palácio do rei
da Babilônia."

19 Então Ezequias disse a Isaías:

— Boa é a palavra do SENHOR que você falou.

Pois ele pensava assim: "Enquanto eu viver haverá paz e segurança."

A Palavra de Deus, que é o fundamento do nosso edifício, precisa ter liberdade e acesso irrestrito para vasculhar cada fragmento do nosso ser.

A MORTE DE EZEQUIAS

2Cr 32.32-33

20 Quanto aos demais atos de Ezequias,
a todo o seu poder, como fez o tanque
e o aqueduto e trouxe água para dentro
da cidade, não está tudo escrito no Livro
da História dos Reis de Judá? 21 Ezequias
morreu, e Manassés, seu filho, reinou em
seu lugar.

O REINADO DE MANASSÉS, DE JUDÁ

2Cr 33.1-20

21 1 Manassés tinha doze anos de ida-
de quando começou a reinar e rei-
nou cinquenta e cinco anos em Jerusalém.
A mãe dele se chamava Hefzibá. 2 Fez o que
era mau aos olhos do SENHOR, segundo as
coisas abomináveis das nações que o
SENHOR havia expulsado de diante dos
filhos de Israel. 3 Pois reconstruiu os lugares
altos que Ezequias, seu pai, havia destruído,
levantou altares a Baal, fez um poste da
deusa Aserá como o que Acabe, rei de Israel,
havia feito, prostrou-se diante de todo o
exército dos céus e o serviu. 4 Edificou alta-
res na Casa do SENHOR, a respeito da qual
o SENHOR tinha dito: "Em Jerusalém porei
o meu nome." 5 Também edificou altares
a todo o exército dos céus nos dois átrios
da Casa do SENHOR. 6 E queimou o seu filho
em sacrifício, adivinhava pelas nuvens, era
agoureiro e tratava com médiuns e feiticei-
ros. Fazia continuamente o que era mau
aos olhos do SENHOR, para o provocar à ira.
7 Também pegou a imagem de escultura
da deusa Aserá que ele tinha feito e a colo-
cou no templo a respeito do qual o SENHOR
tinha dito a Davi e a seu filho Salomão:
"Neste templo e em Jerusalém, que esco-
lhi de todas as tribos de Israel, porei o meu
nome para sempre. 8 E não farei com que
os pés de Israel andem errantes, longe da
terra que dei aos seus pais, desde que eles
tenham o cuidado de fazer segundo tudo o
que lhes tenho mandado e conforme toda a
Lei que Moisés, meu servo, lhes ordenou."
9 Eles, porém, não ouviram. Manassés
de tal modo os levou a andar errantes,
que fizeram pior do que as nações que o
SENHOR tinha destruído de diante dos filhos
de Israel.
10 Então o SENHOR falou por meio de seus
servos, os profetas, dizendo:
11 — Visto que Manassés, rei de Judá,
cometeu estas abominações, fazendo pior
do que tudo o que os amorreus fizeram
antes dele, e também levou Judá a pecar
com os ídolos dele, 12 assim diz o SENHOR,
Deus de Israel: Eis que trarei uma desgraça
tão grande sobre Jerusalém e Judá, que todo
aquele que ouvir a respeito dela ficará com
os dois ouvidos tinindo. 13 Estenderei sobre
Jerusalém o cordel de Samaria e o prumo
da casa de Acabe. Eliminarei Jerusalém,
como quem elimina a sujeira de um prato,
limpando e virando-o de boca para baixo.
14 Abandonarei o remanescente da minha
herança e o entregarei nas mãos de seus
inimigos; servirá de presa e despojo para
todos os seus inimigos. 15 Porque fizeram o
que era mau aos meus olhos e me provoca-
ram à ira, desde o dia em que os pais deles
saíram do Egito até o dia de hoje. 16 Além
disso, Manassés derramou muitíssimo san-
gue inocente, até encher Jerusalém de um
extremo ao outro, sem falar do seu pecado,
com que levou Judá a pecar, praticando o
que era mau aos olhos do SENHOR.
17 Quanto aos demais atos de Manassés,
a tudo o que fez e ao seu pecado, que
cometeu, não está tudo escrito no Livro da
História dos Reis de Judá? 18 Manassés mor-
reu e foi sepultado no jardim da sua própria
casa, no jardim de Uzá. E Amom, seu filho,
reinou em seu lugar.

O REINADO DE AMOM, DE JUDÁ

2Cr 33.21-25

19 Amom tinha vinte e dois anos de idade
quando começou a reinar e reinou dois
anos em Jerusalém. A mãe dele se chamava
Mesulemete e era filha de Haruz, de Jotbá.
20 Amom fez o que era mau aos olhos do
SENHOR, como Manassés, seu pai, havia feito.
21 Andou em todo o caminho em que o pai
dele tinha andado, serviu os ídolos a que
seu pai havia servido e os adorou. 22 Assim,
ele abandonou o SENHOR, Deus de seus pais,
e não andou no caminho do SENHOR.
23 Os servos do rei Amom conspiraram
contra ele e o mataram em sua própria casa.
24 Porém o povo daquela terra matou todos
os que conspiraram contra o rei Amom e

proclamou Josias, filho de Amom, rei em
seu lugar.
25 Quanto aos demais atos de Amom e
a tudo o que fez, não está tudo escrito no
Livro da História dos Reis de Judá? 26 Amom
foi sepultado em seu túmulo, no jardim de
Uzá. E Josias, seu filho, reinou em seu lugar.

O REINADO DE JOSIAS, DE JUDÁ

2Cr 34.1-2

22 1 Josias tinha oito anos de idade
quando começou a reinar e reinou
trinta e um anos em Jerusalém. A mãe dele
se chamava Jedida e era filha de Adaías, de
Boscate. 2 Josias fez o que era reto aos olhos
do SENHOR, andou em todo o caminho de
Davi, seu pai, e não se desviou nem para a
direita nem para a esquerda.

O REI REPARA O TEMPLO

2Cr 34.8-13

3 No décimo oitavo ano do seu reinado, o
rei Josias mandou o escrivão Safã, filho
de Azalias, filho de Mesulão, à Casa do
SENHOR, 4 dizendo:
— Vá pedir ao sumo sacerdote Hilquias
que conte o dinheiro que foi trazido à Casa
do SENHOR, o qual os guardas da porta ajun-
taram do povo. 5 Que esse dinheiro seja
entregue aos que dirigem a obra e têm a
seu encargo a Casa do SENHOR, para que
paguem àqueles que fazem a obra na Casa
do SENHOR, para repararem os estragos do
templo: 6 aos carpinteiros, aos construtores
e aos pedreiros. E que comprem madeira e
pedras lavradas, para repararem os estra-
gos do templo. 7 Mas não é necessário que
prestem contas do dinheiro que lhes foi
entregue, porque são honestos.

HILQUIAS ACHA O LIVRO DA LEI

2Cr 34.14-18

8 Então o sumo sacerdote Hilquias disse ao
escrivão Safã:
— Achei o Livro da Lei na Casa do SENHOR.
Hilquias entregou o livro a Safã, e este o
leu. 9 Então o escrivão Safã foi falar com o
rei e lhe deu relatório, dizendo:
— Os seus servos contaram o dinheiro que
estava na casa do SENHOR e o entregaram nas
mãos dos que dirigem a obra e têm a seu
encargo a Casa do SENHOR.
10 Depois o escrivão Safã anunciou ao rei:
— O sacerdote Hilquias me entregou
um livro.
E Safã o leu diante do rei.

JOSIAS MANDA CONSULTAR A PROFETISA HULDA

2Cr 34.19-28

11 Quando ouviu as palavras do Livro da Lei,
o rei rasgou as suas roupas. 12 Então deu
ordens a Hilquias, o sacerdote, a Aicão, filho
de Safã, a Acbor, filho de Micaías, a Safã, o
escrivão, e a Asaías, servo do rei, dizendo:
13 — Vão consultar o SENHOR por mim, pelo
povo e por todo o Judá, a respeito das pala-
vras deste livro que foi encontrado. Porque
é grande o furor do SENHOR, que se acendeu
contra nós, porque os nossos pais não
deram ouvidos às palavras deste livro, para
fazerem segundo tudo o que está escrito a
nosso respeito.
14 Então o sacerdote Hilquias, Aicão, Acbor,
Safã e Asaías foram falar com a profetisa
Hulda, esposa de Salum, encarregado das
vestimentas da Casa do SENHOR, filho de Ticva,
filho de Harás. Hulda morava na parte nova
da cidade, em Jerusalém. Eles lhe contaram
o que havia acontecido, 15 e ela lhes disse:
— Assim diz o SENHOR, o Deus de Israel:
"Digam ao homem que os enviou a mim:
16 'Assim diz o SENHOR: Eis que trarei desgraça
sobre este lugar e sobre os seus moradores,
a saber, todas as palavras do livro que o rei
de Judá leu. 17 Por terem me abandonado
e queimado incenso a outros deuses, para
me provocarem à ira com todas as obras das
suas mãos, o meu furor se acendeu contra
este lugar e não se apagará.' 18 Mas ao rei de
Judá, que os enviou para consultar o SENHOR,
digam o seguinte: 'Assim diz o SENHOR, o Deus
de Israel, a respeito das palavras que você
ouviu: 19 Visto que o seu coração se enterne-
ceu e você se humilhou diante do SENHOR,
quando ouviu as ameaças que fiz contra
este lugar e contra os seus moradores —
que seriam objeto de horror e de maldição
—, rasgou as suas roupas e chorou diante
de mim, também eu ouvi a sua oração, diz
o SENHOR. 20 Por isso, deixarei que você morra
e seja sepultado em paz, e os seus olhos não
verão todo o mal que trarei sobre este lugar.'"
Então eles levaram esta resposta ao rei.

JOSIAS RENOVA A ALIANÇA

2Cr 34.29-33

23 1 Então o rei deu ordem, e todos
os anciãos de Judá e de Jerusalém
se ajuntaram a ele. 2 O rei subiu à Casa do
SENHOR, e com ele foram todos os homens de
Judá, todos os moradores de Jerusalém, os
sacerdotes, os profetas e todo o povo, desde
o menor até o maior. E o rei leu diante deles
todas as palavras do Livro da Aliança que
havia sido encontrado na Casa do SENHOR. 3 O
rei se pôs em pé junto à coluna e fez aliança
diante do SENHOR, para o seguir, guardar os
seus mandamentos, os seus testemunhos
e os seus estatutos, de todo o coração e de
toda a alma, cumprindo as palavras desta
aliança, que estavam escritas naquele livro.
E todo o povo concordou com esta aliança.

A REFORMA RELIGIOSA FEITA POR JOSIAS

2Cr 34.3-7

4 Então o rei ordenou ao sumo sacerdote
Hilquias, aos sacerdotes da segunda ordem e
aos guardas da porta que tirassem do templo
do SENHOR todos os utensílios que tinham sido
feitos para Baal, para o poste da deusa Aserá e
para todo o exército dos céus. Ele os queimou
fora de Jerusalém, nos campos do Cedrom,
e levou as cinzas para Betel. 5 Josias desti-
tuiu os sacerdotes que os reis de Judá haviam
escolhido para queimar incenso sobre os
lugares altos nas cidades de Judá e ao redor
de Jerusalém, bem como os que queimavam
incenso a Baal, ao sol, à lua, aos planetas e
a todo o exército dos céus. 6 Também tirou
da Casa do SENHOR o poste da deusa Aserá,
que levou para fora de Jerusalém até o vale
do Cedrom, onde o queimou e o reduziu a
pó, que lançou sobre as sepulturas do povo
simples. 7 Também destruiu as dependências
dos prostitutos cultuais que estavam na Casa
do SENHOR, onde as mulheres teciam tendas
para o poste da deusa Aserá. 8 Josias trouxe
todos os sacerdotes das cidades de Judá e
profanou os lugares altos em que os sacer-
dotes queimavam incenso, desde Geba até
Berseba. Derrubou os altares das portas, que
estavam à entrada do portão de Josué, gover-
nador da cidade, e que ficavam à esquerda
de quem entrava por ela. 9 Os sacerdotes dos
lugares altos não ofereciam sacrifícios sobre
o altar do SENHOR, em Jerusalém, mas comiam
pães sem fermento no meio de seus irmãos.
10 Josias também profanou Tofete, que ficava
no vale dos filhos de Hinom, para que nin-
guém queimasse o seu filho ou a sua filha
como sacrifício a Moloque. 11 Também tirou
os cavalos que os reis de Judá tinham dedi-
cado ao sol, à entrada da Casa do SENHOR,
perto da câmara de Natã-Meleque, o cama-
reiro, a qual ficava no átrio; e queimou os
carros dedicados ao sol. 12 O rei também der-
rubou os altares que estavam sobre a sala de
Acaz, sobre o terraço, altares que foram feitos
pelos reis de Judá, bem como os altares que
Manassés tinha construído nos dois átrios da
Casa do SENHOR. Ele os fez em pedaços, tirou
dali e lançou o pó deles no ribeiro de Cedrom.
13 O rei profanou também os lugares altos que
estavam a leste de Jerusalém, ao sul do monte
da Destruição, os quais Salomão, rei de Israel,
havia construído para Astarote, abominação
dos sidônios, para Quemos, abominação dos
moabitas, e para Milcom, abominação dos
filhos de Amom. 14 Semelhantemente, fez
em pedaços as colunas, cortou os postes da
deusa Aserá e encheu de ossos humanos o
lugar onde haviam estado.
15 Josias também derrubou o altar que estava
em Betel e o lugar alto que Jeroboão, filho de
Nebate, havia construído para levar Israel a
pecar. Destruiu o lugar alto, reduziu a pó o
seu altar e queimou o poste da deusa Aserá.
16 Quando Josias olhou ao seu redor, viu
as sepulturas que estavam ali no monte;
mandou tirar delas os ossos e os queimou
sobre o altar. E assim ele profanou o altar,
segundo a palavra do SENHOR proclamada
pelo homem de Deus que havia predito
estas coisas. 17 Então o rei perguntou:

— Que monumento é este que estou vendo?

Os homens da cidade responderam:

— É a sepultura do homem de Deus que
veio de Judá e proclamou estas coisas que o
senhor acaba de fazer contra o altar de Betel.

18 Josias disse:

— Deixem-no estar; ninguém mexa nos
ossos dele.

Assim, deixaram estar os seus ossos
com os ossos do profeta que tinha vindo
de Samaria.

19 Josias também tirou todos os santuá-
rios dos lugares altos que havia nas cidades

de Samaria e que os reis de Israel tinham
feito para provocarem o SENHOR à ira; e fez
com esses santuários o mesmo que havia
feito em Betel. 20 E também matou todos os
sacerdotes dos lugares altos que havia ali,
sobre os altares, e queimou ossos humanos
sobre eles. Depois voltou para Jerusalém.

A CELEBRAÇÃO DA PÁSCOA

2Cr 35.1-19

21 O rei deu ordem a todo o povo, dizendo:
— Celebrem a Páscoa ao SENHOR, o Deus
de vocês, como está escrito neste Livro
da Aliança.
22 Porque nunca se celebrou uma Páscoa
como esta desde os dias dos juízes que jul-
garam Israel, nem durante os dias dos reis
de Israel, nem nos dias dos reis de Judá.
23 Porém no décimo oitavo ano do rei-
nado de Josias esta Páscoa foi celebrada
ao SENHOR, em Jerusalém.

A PIEDADE DE JOSIAS

24 Josias também eliminou os médiuns, os
feiticeiros, os ídolos do lar, os ídolos e todas
as abominações que se viam na terra de
Judá e em Jerusalém, para cumprir as pala-
vras da lei, que estavam escritas no livro que
o sacerdote Hilquias havia achado na Casa
do SENHOR. 25 Antes dele, não houve rei que
lhe fosse semelhante, que se convertesse ao
SENHOR de todo o seu coração, de toda a sua
alma e com todas as suas forças, segundo
toda a Lei de Moisés; e, depois dele, nunca
se levantou outro igual.
26 No entanto, o SENHOR não desistiu do
furor da sua grande ira, ira que se acendeu
contra Judá por causa de todas as provo-
cações com que Manassés o tinha irritado.
27 O SENHOR disse:
— Removerei da minha presença tam-
bém Judá, como removi Israel, e rejeitarei
Jerusalém, a cidade que escolhi, e o templo
do qual eu disse: "O meu nome estará ali."

A MORTE DE JOSIAS

2Cr 35.20-27

28 Quanto aos demais atos de Josias e a tudo
o que fez, não está tudo escrito no Livro da
História dos Reis de Judá? 29 Nos dias de
Josias, Faraó Neco, rei do Egito, marchou em
direção ao rio Eufrates, para ajudar o rei da
Assíria. O rei Josias saiu para lutar contra ele,
mas Faraó Neco o matou, em Megido, no pri-
meiro encontro. 30 De Megido, os seus servos
o levaram morto e, num carro, o transporta-
ram para Jerusalém, onde o sepultaram no
seu túmulo. O povo da terra tomou Joacaz,
filho de Josias, e o ungiu, e o fez rei em lugar
de seu pai.

O REINADO DE JOACAZ, DE JUDÁ

2Cr 36.1-4

31 Joacaz tinha vinte e três anos de idade
quando começou a reinar e reinou três
meses em Jerusalém. A mãe dele se cha-
mava Hamutal e era filha de Jeremias, de
Libna. 32 Joacaz fez o que era mau aos olhos
do SENHOR, segundo tudo o que os seus pais
haviam feito. 33 Porém Faraó Neco mandou
prendê-lo em Ribla, na terra de Hamate, para
que não reinasse em Jerusalém; e impôs à
terra um tributo de três mil e quatrocentos
quilos de prata e trinta e quatro quilos de
ouro. 34 Faraó Neco colocou Eliaquim, filho
de Josias, como rei em lugar de Josias, seu
pai, e mudou o nome dele para Jeoaquim.
Mas levou Joacaz consigo para o Egito, onde
ele morreu.
35 Jeoaquim entregou aquela prata e
aquele ouro a Faraó. Mas, para dar esse
dinheiro segundo a ordem de Faraó,
Jeoaquim estabeleceu um imposto sobre
a terra. Do povo da terra exigiu prata e ouro,
de cada um segundo as suas posses, para o
dar a Faraó Neco.

O REINADO DE JEOAQUIM, DE JUDÁ

2Cr 36.5-8

36 Jeoaquim tinha vinte e cinco anos de
idade quando começou a reinar e reinou
onze anos em Jerusalém. A mãe dele se
chamava Zebida e era filha de Pedaías, de
Ruma. 37 Jeoaquim fez o que era mau aos
olhos do SENHOR, segundo tudo o que os seus
pais haviam feito.

24 1 Foi durante o reinado de Jeoaquim
que Nabucodonosor, rei da Babi-
lônia, veio contra Judá. Durante três anos,
Jeoaquim foi servo de Nabucodonosor, mas
depois se revoltou contra ele. 2 O SENHOR
enviou contra Jeoaquim bandos de cal-
deus, sírios, moabitas e amonitas. Ele os

Deus não busca mulheres perfeitas, mas mulheres autênticas.

enviou contra Judá para destruir o povo,
conforme a palavra que o SENHOR tinha
falado por meio dos seus servos, os profetas.
3 Na verdade, isto aconteceu com Judá por
ordem do SENHOR, que removeu o povo da
sua presença, por causa de todos os pecados
cometidos por Manassés 4 e também por
causa do sangue inocente que ele derramou,
com o qual encheu a cidade de Jerusalém;
por isso, o SENHOR não quis perdoar.
5 Quanto aos demais atos de Jeoaquim e a
tudo o que fez, não está tudo escrito no Livro
da História dos Reis de Judá? 6 Jeoaquim
morreu, e Joaquim, seu filho, reinou em
seu lugar.
7 O rei do Egito nunca mais saiu da sua
terra, porque o rei da Babilônia tomou tudo
o que era dele, desde o ribeiro do Egito até
o rio Eufrates.

O REINADO DE JOAQUIM, DE JUDÁ

2Cr 36.9

8 Joaquim tinha dezoito anos de idade
quando começou a reinar e reinou três
meses em Jerusalém. A mãe dele se
chamava Neústa e era filha de Elnatã,
de Jerusalém. 9 Joaquim fez o que era mau
aos olhos do SENHOR, como o seu pai havia
feito antes dele.

NABUCODONOSOR LEVA CATIVA A NOBREZA DE JERUSALÉM

10 Naquele tempo, os servos de
Nabucodonosor, rei da Babilônia, subi-
ram a Jerusalém, e a cidade foi cercada.
11 Nabucodonosor, rei da Babilônia, veio à
cidade, quando os seus servos a sitiavam.
12 Então Joaquim, rei de Judá, acompanhado
de sua mãe, seus servos, seus prínci-
pes e seus oficiais, se entregou ao rei da
Babilônia; e o rei da Babilônia, no oitavo
ano do seu reinado, o levou cativo. 13 Levou
dali todos os tesouros da Casa do SENHOR
e os tesouros do palácio real. E, conforme
o SENHOR tinha dito, cortou em pedaços
todos os utensílios de ouro que Salomão,
rei de Israel, tinha feito para o templo do
SENHOR. 14 Nabucodonosor levou cativa toda
Jerusalém, bem como todos os príncipes,
todos os homens valentes, todos os artífices
e ferreiros, ao todo dez mil; ninguém ficou,
a não ser o povo pobre da terra. 15 Levou
cativos de Jerusalém para a Babilônia o rei
Joaquim, a mãe do rei, as mulheres deste,
seus oficiais e os homens principais da
terra. 16 O rei da Babilônia levou cativos para
a Babilônia todos os homens valentes, em
número de sete mil, e ainda mil artífices e
ferreiros, todos eles treinados para a guerra.
17 O rei da Babilônia constituiu rei, em lugar
de Joaquim, o tio paterno deste, Matanias, e
mudou o nome dele para Zedequias.

O REINADO DE ZEDEQUIAS, DE JUDÁ

2Cr 36.10-12; Jr 52.1-3

18 Zedequias tinha vinte e um anos de
idade quando começou a reinar e reinou
onze anos em Jerusalém. A mãe dele se
chamava Hamutal e era filha de Jeremias,
de Libna. 19 Zedequias fez o que era mau
aos olhos do SENHOR, segundo tudo o que
Joaquim havia feito.

A QUEDA DE JERUSALÉM

Jr 39.1-7; 52.3-11

20 Foi por causa da ira do SENHOR contra
Jerusalém e contra Judá que isto acon-
teceu, a ponto de os rejeitar de sua pre-
sença. Zedequias rebelou-se contra o rei
da Babilônia.

25 1 Aconteceu que, no nono ano do
reinado de Zedequias, aos dez
dias do décimo mês, Nabucodonosor, rei
da Babilônia, veio contra Jerusalém, ele e
todo o seu exército. Sitiaram a cidade e cons-
truíram rampas de ataque ao redor dela. 2 A
cidade ficou sitiada até o décimo primeiro
ano do reinado de Zedequias. 3 Aos nove
dias do quarto mês, quando a cidade se via
apertada pela fome, e não havia pão para
o povo da terra, 4 a cidade foi arrombada.
Embora os caldeus estivessem em volta da
cidade, todos os homens de guerra fugiram
de noite pelo caminho do portão que fica
entre as duas muralhas perto do jardim do
rei. Fugiram na direção do vale do Jordão,
5 mas o exército dos caldeus perseguiu o
rei Zedequias e o alcançou nas campinas
de Jericó; e todo o exército deste se dis-
persou e o abandonou. 6 Então Zedequias
foi preso e levado ao rei da Babilônia, em
Ribla, o qual lhe pronunciou a sentença.

7 Mataram os filhos de Zedequias na frente
dele e então lhe furaram os olhos; amarra-
ram-no com correntes de bronze e o levaram
para a Babilônia.

O CATIVEIRO DE JUDÁ

2Cr 36.17-21; Jr 39.8-10; 52.12-30

8 No sétimo dia do quinto mês, do décimo
nono ano do reinado de Nabucodonosor,
rei da Babilônia, Nebuzaradã, chefe da
guarda e servidor do rei da Babilônia, veio
a Jerusalém. 9 Ele queimou a Casa do SENHOR
e o palácio real, bem como todas as casas
de Jerusalém. Também entregou às chamas
todas as construções importantes. 10 Todo
o exército dos caldeus que estava com o
chefe da guarda derrubou as muralhas ao
redor de Jerusalém. 11 Nebuzaradã, o chefe
da guarda, levou cativos o resto do povo que
havia ficado na cidade, os desertores que se
entregaram ao rei da Babilônia e o restante
da população. 12 Porém o chefe da guarda
deixou alguns dos mais pobres da terra
para serem vinhateiros e lavradores. 13 Os
caldeus cortaram em pedaços as colunas
de bronze que estavam na Casa do SENHOR,
bem como os suportes e o mar de bronze
que estavam na Casa do SENHOR; e levaram
o bronze para a Babilônia. 14 Levaram tam-
bém as panelas, as pás, os apagadores, os
recipientes de incenso e todos os utensí-
lios de bronze, com que se ministrava. 15 O
chefe da guarda levou também os braseiros,
as bacias e tudo o que fosse de ouro ou de
prata. 16 Quanto às duas colunas, ao mar de
bronze e aos suportes que Salomão havia
feito para a Casa do SENHOR, o peso do bronze
de todos esses utensílios era incalculável.
17 A altura de uma coluna era de oito metros,
e sobre ela havia um capitel de bronze de
um metro e trinta de altura. A obra de rede
e as romãs sobre o capitel ao redor, tudo era
de bronze; semelhante a esta era a outra
coluna com a rede.

18 O chefe da guarda também levou cativos
Seraías, sumo sacerdote, Sofonias, segundo
sacerdote, e os três guardas da porta. 19 Da
cidade ele levou um oficial, que era coman-
dante das tropas de guerra, e cinco dos
conselheiros do rei que ainda estavam na
cidade, bem como o escrivão-chefe do exér-
cito, que alistava o povo da terra, e sessenta
homens do povo do lugar, que estavam na
cidade. 20 Nebuzaradã, o chefe da guarda,
levou-os ao rei da Babilônia, em Ribla. 21 O
rei da Babilônia os matou ali mesmo, em
Ribla, na terra de Hamate. Assim Judá foi
levado cativo para fora da sua terra. 22 E
sobre o povo que havia ficado na terra de
Judá, que Nabucodonosor, rei da Babilônia,
havia deixado ali, ele nomeou como gover-
nador Gedalias, filho de Aicão, filho de Safã.

ISMAEL MATA GEDALIAS

23 Quando os capitães dos exércitos, eles
e os seus soldados, ouviram que o rei da
Babilônia havia nomeado Gedalias como
governador, foram falar com ele em Mispa.
Esses capitães eram Ismael, filho de
Netanias, Joanã, filho de Careá, Seraías, filho
de Tanumete, o netofatita, e Jazanias, filho
do maacatita. Com eles estavam os seus sol-
dados. 24 Gedalias jurou a esses capitães e
aos seus soldados, dizendo:

— Vocês não precisam ter medo dos ofi-
ciais dos caldeus. Fiquem na terra, sirvam o
rei da Babilônia, e tudo irá bem com vocês.

25 Porém, no sétimo mês, Ismael, filho de
Netanias, filho de Elisama, que era de famí-
lia real, foi até Mispa com dez homens. Eles
atacaram Gedalias e o mataram. Também
mataram os judeus e os caldeus que esta-
vam com ele em Mispa. 26 Então todo o
povo, desde o menor até o maior, junto
com os capitães das tropas, se levantaram
e foram para o Egito, porque tinham medo
dos caldeus.

JOAQUIM É LIBERTADO DA PRISÃO

Jr 52.31-34

27 No trigésimo sétimo ano do cativeiro de
Joaquim, rei de Judá, no dia vinte e sete do
décimo segundo mês, Evil-Merodaque, rei
da Babilônia, no ano em que começou a
reinar, libertou do cárcere Joaquim, rei de
Judá. 28 Falou com ele de modo bondoso e
lhe deu um lugar de mais honra do que a
dos reis que estavam com ele na Babilônia.
29 Permitiu que ele deixasse de usar as rou-
pas de prisioneiro, e Joaquim passou a
comer na presença dele todos os dias da
sua vida. 30 E da parte do rei lhe foi dada
subsistência vitalícia, uma pensão diária,
durante todos os dias da sua vida.

1Crônicas

Livro 13 com

29

CAPÍTULOS

SIGNIFICADO DO TÍTULO

Na Bíblia hebraica, 1Crônicas e 2Crônicas são conhecidos coletivamente como *Divrei HaYamim*, traduzido por "as palavras dos dias" ou "os eventos dos dias". O título "Crônicas" é derivado do grego *paralipomenon*, que significa "coisas omitidas" ou "restantes dos atos", por seu caráter complementar aos relatos de Samuel e Reis.

AUTORIA

Não se sabe. A tradição considera o escriba Esdras como autor, o qual teria compilado os registros históricos após o exílio babilônico (Ed 7.6,10).

OBJETIVO DO LIVRO

1Crônicas visa recontar a história de Israel, com ênfase na linhagem de Davi e nas promessas de Deus ao seu povo. Destaca a fidelidade divina e a importância de adorar e obedecer ao Senhor.

ESTRUTURA DO LIVRO

- ★ Genealogias de Israel 1Cr 1—9
- ★ Morte de Saul e reinado de Davi 1Cr 10—12
- ★ Conquistas de Davi 1Cr 13—14
- ★ Preparativos para o templo 1Cr 15—17
- ★ Vitórias de Davi 1Cr 18 — 20
- ★ O censo 1Cr 21
- ★ Preparativos para o templo 1Cr 22
- ★ Organização dos levitas 1Cr 23—26
- ★ Preparativos para o templo 1Cr 28—29.25
- ★ Morte de Davi 1Cr 29.26-30

1CRÔNICAS E CRISTO

1Crônicas destaca a linhagem messiânica de Davi, que culmina em Jesus Cristo, o descendente prometido que cumpriria as promessas de Deus. A aliança davídica (1Cr 17.11-14) é um prenúncio da realeza eterna de Cristo (Lc 1.32-33).

TEMAS DE 1CRÔNICAS

1Crônicas enfatiza a soberania de Deus, a importância da adoração correta e a continuidade da linhagem davídica. O livro reafirma a promessa do Senhor de estabelecer a casa de Davi para sempre (1Cr 17.11-14), apontando para a fidelidade e a santidade de Deus.

DESCENDENTES DE ADÃO

Gn 5.1-32

1 1 Adão, Sete, Enos, 2 Cainã, Maalalel,
Jarede, 3 Enoque, Metusalém, Lameque,
4 Noé, Sem, Cam e Jafé.

DESCENDENTES DOS FILHOS DE NOÉ

Gn 10.1-32

5 Os filhos de Jafé foram: Gômer, Magogue,
Madai, Javã, Tubal, Meseque e Tiras. 6 Os
filhos de Gômer foram: Asquenaz, Rifate e
Togarma. 7 Os filhos de Javã foram: Elisá,
Társis, Quitim e Rodanim.

8 Os filhos de Cam foram: Cuxe, Mizraim,
Pute e Canaã. 9 Os filhos de Cuxe foram:
Sebá, Havilá, Sabtá, Raamá e Sabtecá. Os
filhos de Raamá foram: Sabá e Dedã. 10 Cuxe
gerou Ninrode, que começou a ser poderoso
na terra. 11 Mizraim gerou Ludim, Anamim,
Leabim, Naftuim, 12 Patrusim, Casluim (de
quem descendem os filisteus) e Caftorim.
13 Canaã gerou Sidom, seu primogênito, e
Hete, 14 e também os jebuseus, os amor-
reus, os girgaseus, 15 os heveus, os arqueus,
os sineus, 16 os arvadeus, os zemareus e
os hamateus.

17 Os filhos de Sem foram: Elão, Assur,
Arfaxade, Lude, Arã, Uz, Hul, Geter e
Meseque. 18 Arfaxade gerou Selá, e Selá
gerou Héber. 19 A Héber nasceram dois
filhos: o nome de um foi Pelegue, porque
em seus dias se repartiu a terra; e o nome de
seu irmão foi Joctã. 20 Joctã gerou Almodá,
Salefe, Hazar-Mavé, Jerá, 21 Hadorão, Uzal,
Dicla, 22 Ebal, Abimael, Sabá, 23 Ofir, Havilá
e Jobabe. Todos estes foram filhos de Joctã.

DESCENDENTES DE SEM

Gn 11.10-32

24 Sem, Arfaxade, Selá, 25 Héber, Pelegue,
Reú, 26 Serugue, Naor, Tera 27 e Abrão,
que é Abraão.

DESCENDENTES DE ISMAEL

Gn 25.12-18

28 Os filhos de Abraão foram: Isaque e
Ismael. 29 São estas as suas gerações: o pri-
mogênito de Ismael foi Nebaiote; depois
Quedar, Adbeel, Mibsão, 30 Misma, Dumá,
Massá, Hadade, Temá, 31 Jetur, Nafis e
Quedemá. Estes foram os filhos de Ismael.

DESCENDENTES DE ABRAÃO E QUETURA

Gn 25.1-4

32 Quanto aos filhos de Quetura, concubina
de Abraão, esta deu à luz Zinrã, Jocsã,
Medã, Midiã, Isbaque e Sua. Os filhos
de Jocsã foram: Sabá e Dedã. 33 Os filhos de
Midiã foram: Efá, Éfer, Enoque, Abida e
Elda. Todos estes foram filhos de Quetura.
34 Abraão, pois, gerou Isaque. Os filhos de
Isaque foram: Esaú e Israel.

DESCENDENTES DE ESAÚ

Gn 36.1-19

35 Os filhos de Esaú foram: Elifaz, Reuel, Jeús,
Jalão e Coré. 36 Os filhos de Elifaz foram:
Temã, Omar, Zefi, Gaetã, Quenaz, Timna
e Amaleque. 37 Os filhos de Reuel foram:
Naate, Zerá, Samá e Mizá.

DESCENDENTES DE SEIR

Gn 36.20-30

38 Os filhos de Seir foram: Lotã, Sobal,
Zibeão, Aná, Diso, Eser e Disã. 39 Os filhos
de Lotã foram: Hori e Homã; e a irmã de
Lotã foi Timna. 40 Os filhos de Sobal foram
Aliã, Manaate, Ebal, Sefô e Onã. Os filhos
de Zibeão foram: Aías e Aná. 41 O filho de
Aná foi Disom. Os filhos de Disom foram:
Hanrão, Esbã, Itrã e Querã. 42 Os filhos
de Eser foram: Bilã, Zaavã e Jaacã. Os
filhos de Disã foram: Uz e Arã.

REIS E CHEFES DE EDOM

Gn 36.31-43

43 Estes são os reis que reinaram na terra
de Edom, antes que houvesse rei sobre os
filhos de Israel:

Belá, filho de Beor. E o nome da sua
cidade era Dinabá. 44 Belá morreu e, em
seu lugar, reinou Jobabe, filho de Zera,
de Bozra.

45 Jobabe morreu e, em seu lugar, reinou
Husão, da terra dos temanitas.

46 Husão morreu e, em seu lugar, reinou
Hadade, filho de Bedade. Este derrotou
Midiã no campo de Moabe. O nome da sua
cidade era Avite.

47 Hadade morreu e, em seu lugar, reinou
Samlá, de Masreca.

48 Samlá morreu e, em seu lugar, reinou
Saul, de Reobote, junto ao Eufrates.

49 Saul morreu e, em seu lugar, reinou
Baal-Hanã, filho de Acbor.
50 Baal-Hanã morreu e, em seu lugar,
reinou Hadade. O nome de sua cidade
era Paú, e o de sua mulher era Meetabel,
filha de Matrede, filha de Me-Zaabe.
51 Hadade morreu.
Estes são os nomes dos chefes de Edom:
Timna, Alva, Jetete, 52 Oolibama, Elá, Pinom,
53 Quenaz, Temã, Mibzar, 54 Magdiel e Irão.
Estes são os chefes de Edom.

DESCENDENTES DE ISRAEL

Gn 35.22-26

2 1 Estes foram filhos de Israel: Rúben,
Simeão, Levi, Judá, Issacar, Zebulom,
2 Dã, José, Benjamim, Naftali, Gade e Aser.

DESCENDENTES DE JUDÁ

3 Os filhos de Judá foram: Er, Onã e Selá;
estes três lhe nasceram de Bate-Sua, a
cananeia. Er, o primogênito de Judá, foi mau
aos olhos do SENHOR, e por isso o SENHOR o
matou. 4 Porém Tamar, nora de Judá, lhe deu
à luz Perez e Zera. Todos os filhos de Judá
foram cinco.
5 Os filhos de Perez foram: Hezrom e
Hamul. 6 Os filhos de Zera foram: Zinri,
Etã, Hemã, Calcol e Dara, cinco ao todo. 7 Os
filhos de Carmi foram: Acar, o perturbador
de Israel, que pecou na coisa condenada.
8 O filho de Etã foi Azarias.
9 Os filhos de Hezrom, que lhe nasce-
ram, foram: Jerameel, Rão e Quelubai.
10 Rão gerou Aminadabe; Aminadabe
gerou Naassom, príncipe dos filhos de
Judá; 11 Naassom gerou Salma, e Salma
gerou Boaz; 12 Boaz gerou Obede, e Obede
gerou Jessé; 13 Jessé gerou Eliabe, seu pri-
mogênito, Abinadabe, o segundo, Simeia,
o terceiro, 14 Natanael, o quarto, Radai, o
quinto, 15 Ozém, o sexto, e Davi, o sétimo.
16 As irmãs destes foram Zeruia e Abigail.
Os filhos de Zeruia foram três: Abisai, Joabe
e Asael. 17 Abigail deu à luz Amasa; e o pai
de Amasa foi Jéter, o ismaelita.
18 Calebe, filho de Hezrom, gerou filhos
de Azuba, sua mulher, e de Jeriote; os filhos
desta foram: Jeser, Sobabe e Ardom. 19 Azuba
morreu, e Calebe tomou para si Efrata, da
qual lhe nasceu Hur. 20 Hur gerou Uri, e Uri
gerou Bezalel.
21 Então Hezrom teve relações com a filha
de Maquir, pai de Gileade; ele tinha sessenta
anos de idade quando a tomou, e ela deu
à luz Segube. 22 Segube gerou Jair, que teve
vinte e três cidades na terra de Gileade.
23 Gesur e Arã tomaram as aldeias de Jair,
juntamente com Quenate e as suas aldeias,
a saber, sessenta lugares; todos estes foram
filhos de Maquir, pai de Gileade. 24 Depois da
morte de Hezrom, em Calebe-Efrata, Abia,
mulher de Hezrom, lhe deu à luz Azur, pai
de Tecoa.
25 Os filhos de Jerameel, primogênito de
Hezrom, foram: Rão, o primogênito, Buna,
Orém, Ozém e Aías. 26 Jerameel teve outra
mulher, cujo nome era Atara; esta foi a mãe
de Onã. 27 Os filhos de Rão, primogênito de
Jerameel, foram: Maaz, Jamim e Equer. 28 Os
filhos de Onã foram: Samai e Jada; e os filhos
de Samai foram: Nadabe e Abisur. 29 A mulher
de Abisur chamava-se Abiail e lhe deu à luz
Abã e Molide. 30 Os filhos de Nadabe foram:
Selede e Apaim; e Selede morreu sem filhos.
31 O filho de Apaim foi Isi; o filho de Isi foi
Sesã. E o filho de Sesã foi Alai.
32 Os filhos de Jada, irmão de Samai, foram:
Jéter e Jônatas; e Jéter morreu sem filhos.
33 Os filhos de Jônatas foram: Pelete e Zaza;
estes foram os filhos de Jerameel.
34 Sesã não teve filhos, mas filhas; e Sesã
tinha um servo egípcio, cujo nome era Jara.
35 Sesã deu sua filha por mulher a Jara, a
quem ela deu à luz Atai. 36 Atai gerou Natã,
e Natã gerou Zabade. 37 Zabade gerou Eflal,
e Eflal gerou Obede. 38 Obede gerou Jeú, e
Jeú gerou Azarias. 39 Azarias gerou Heles, e
Heles gerou Eleasa. 40 Eleasa gerou Sismai,
e Sismai gerou Salum. 41 Salum gerou
Jecamias, e Jecamias gerou Elisama.
42 O primogênito de Calebe, irmão de
Jerameel, foi Maressa, que foi o pai de Zife; o
filho de Maressa foi Abi-Hebrom. 43 Os filhos
de Hebrom foram: Coré, Tapua, Requém e
Sema. 44 Sema gerou Raão, pai de Jorqueão;
e Requém gerou Samai. 45 O filho de Samai
foi Maom; e Maom foi o pai de Bete-Zur.
46 Efá, a concubina de Calebe, deu à luz
Harã, Mosa e Gazez; e Harã gerou Gazez.
47 Os filhos de Jadai foram: Regém, Jotão,
Gesã, Pelete, Efá e Saafe. 48 De Maaca, sua
concubina, Calebe gerou Seber e Tiraná.
49 Maaca deu à luz também Saafe, pai de

Madmana, e Seva, pai de Macbena e de
Gibeá; e Acsa foi filha de Calebe.
50 Estes foram os filhos de Calebe. Os
filhos de Hur, primogênito de Efrata, foram:
Sobal, pai de Quiriate-Jearim, 51 Salma, pai
dos belemitas, e Harefe, pai de Bete-Gader.
52 Os filhos de Sobal, pai de Quiriate-Jearim,
foram: Haroé e Hazi-Hamenuote. 53 As famí-
lias de Quiriate-Jearim foram: os itritas, os
puítas, os sumateus e os misraeus; destes
procederam os zoratitas e os estaoleus.
54 Os filhos de Salma foram: Belém e
os netofatitas, Atrote-Bete-Joabe e Hazi-
Hamanaate, zoreu.
55 As famílias dos escribas que habitavam
em Jabez foram os tiratitas, os simeatitas
e os sucatitas; estes são os queneus, que
vieram de Hamate, pai da casa de Recabe.

FILHOS DE DAVI

2Sm 3.2-5; 1Cr 14.3-7

3 1 Estes foram os filhos de Davi, que lhe
nasceram em Hebrom: o primogênito,
Amnom, de Ainoã, a jezreelita; o segundo,
Daniel, de Abigail, a carmelita; 2 o terceiro,
Absalão, filho de Maaca, filha de Talmai, rei
de Gesur; o quarto, Adonias, filho de Hagite;
3 o quinto, Sefatias, de Abital; o sexto, Itreão,
de Eglá, sua mulher. 4 Seis filhos lhe nasce-
ram em Hebrom, porque ali reinou sete anos
e seis meses; e trinta e três anos ele reinou
em Jerusalém.
5 Estes lhe nasceram em Jerusalém:
Simeia, Sobabe, Natã e Salomão; estes
quatro lhe nasceram de Bate-Seba, filha de
Amiel. 6 Nasceram-lhe mais Ibar, Elisama,
Elifelete, 7 Nogá, Nefegue, Jafia, 8 Elisama,
Eliada e Elifelete, nove ao todo. 9 Todos estes
foram filhos de Davi, além dos filhos das
concubinas; e Tamar, irmã deles.

DESCENDENTES DE SALOMÃO

10 O filho de Salomão foi Roboão, de quem
foi filho Abias, de quem foi filho Asa, de
quem foi filho Josafá; 11 de quem foi filho
Jeorão, de quem foi filho Acazias, de quem
foi filho Joás; 12 de quem foi filho Amazias,
de quem foi filho Azarias, de quem foi filho
Jotão; 13 de quem foi filho Acaz, de quem foi
filho Ezequias, de quem foi filho Manassés;
14 de quem foi filho Amom, de quem foi
filho Josias.
15 Os filhos de Josias foram: o primogê-
nito, Joanã; o segundo, Jeoaquim; o terceiro,
Zedequias; o quarto, Salum. 16 Os filhos de
Jeoaquim foram: Jeconias e Zedequias.
17 Os filhos de Jeconias, o cativo, foram:
Sealtiel, 18 Malquirão, Pedaías, Senazar,
Jecamias, Hosama e Nedabias. 19 Os filhos
de Pedaías foram: Zorobabel e Simei;
os filhos de Zorobabel foram: Mesulão
e Hananias; e Selomite, irmã deles; 20 e
Hasuba, Oel, Berequias, Hasadias e Jusabe-
Hesede; cinco ao todo.
21 Os filhos de Hananias foram: Pelatias
e Jesaías; os filhos de Refaías, os filhos de
Arnã, os filhos de Obadias, os filhos de
Secanias. 22 O filho de Secanias foi Semaías;
os filhos de Semaías foram: Hatus, Igal,
Barias, Nearias e Safate, seis ao todo. 23 Os
filhos de Nearias foram: Elioenai, Ezequias e
Azricão, três ao todo. 24 Os filhos de Elioenai
foram: Hodavias, Eliasibe, Pelaías, Acube,
Joanã, Delaías e Anani, sete ao todo.

DESCENDENTES DE JUDÁ

4 1 Os filhos de Judá foram: Perez, Hezrom,
Carmi, Hur e Sobal. 2 Reaías, filho de
Sobal, gerou Jaate; Jaate gerou Aumai e
Laade; estas são as famílias dos zoratitas.
3 Estes foram os filhos do pai de Etã:
Jezreel, Isma e Idbas; e o nome da irmã
deles era Hazelelponi; 4 e mais Penuel, pai
de Gedor, e Ezer, pai de Husa. Estes foram
os filhos de Hur, o primogênito de Efrata e
pai de Belém.
5 Asur, pai de Tecoa, teve duas mulhe-
res: Hela e Naara. 6 Naara deu à luz Auzão,
Héfer, Temeni e Haastari; estes foram os
filhos de Naara. 7 Os filhos de Hela foram:
Zerete, Isar e Etnã.
8 Coz gerou Anube e Zobeba e foi pai das
famílias de Aarel, filho de Harum.
9 Jabez foi mais ilustre do que seus
irmãos; a sua mãe deu-lhe o nome de Jabez,
dizendo: "Porque com dores o dei à luz."
10 Jabez invocou o Deus de Israel, dizendo:

"Oh! Quem dera me abençoasses
e expandisses o meu território!
Que a tua mão esteja comigo!
Preserva-me do mal,
para que não me sobrevenha
aflição!"

E Deus lhe concedeu o que ele tinha pedido.
[11] Quelube, irmão de Suá, gerou Meir; este
é o pai de Estom. [12] Estom gerou Bete-Rafa,
Paseia e Teína, pai de Ir-Naás; estes foram
os homens de Reca.
[13] Os filhos de Quenaz foram: Otniel
e Seraías; o filho de Otniel foi Hatate.
[14] Meonotai gerou Ofra, e Seraías gerou
Joabe, fundador do vale dos Artífices, porque os dali eram artífices.
[15] Os filhos de Calebe, filho de Jefoné,
foram: Iru, Elá e Naã; e o filho de Elá foi
Quenaz.
[16] Os filhos de Jealelel foram: Zife, Zifa,
Tiria e Asareel.
[17] Os filhos de Ezra foram: Jéter, Merede,
Éfer e Jalom. Os filhos de Bitia, filha de
Faraó, que Merede tomou por mulher, foram:
Miriã, Samai e Isbá, pai de Estemoa. [18] E sua
mulher, judia, deu à luz Jerede, pai de Gedor,
Héber, pai de Socó, e Jecutiel, pai de Zanoa.
[19] Os filhos da mulher de Hodias, irmã de
Naã, foram: Abiqueila, o garmita, e Estemoa,
o maacatita.
[20] Os filhos de Simão foram: Amnom, Rina,
Ben-Hanã e Tilom; e os filhos de Isi foram:
Zoete e Ben-Zoete.
[21] Os filhos de Selá, filho de Judá, foram:
Er, pai de Leca, e Lada, pai de Maressa. Selá
foi também pai das famílias da casa dos que
trabalhavam com linho, em Bete-Asbeia,
[22] bem como de Joquim, dos homens de
Cozeba, de Joás, de Sarafe, os quais dominavam sobre Moabe, e de Jasubi-Leém. Estes
registros são antigos. [23] Estes eram oleiros
e habitantes de Netaim e de Gedera; moravam ali com o rei para o servirem.

DESCENDENTES DE SIMEÃO

[24] Os filhos de Simeão foram: Nemuel,
Jamim, Jaribe, Zerá e Saul, [25] de quem foi
filho Salum, de quem foi filho Mibsão, de
quem foi filho Misma. [26] O filho de Misma foi
Hamuel, de quem foi filho Zacur, de quem
foi filho Simei. [27] Simei teve dezesseis filhos
e seis filhas; mas seus irmãos não tiveram
muitos filhos, nem se multiplicaram todas
as suas famílias como os filhos de Judá.
[28] Habitavam em Berseba, em Molada, em
Hazar-Sual, [29] em Bila, em Ezém, em Tolade,
[30] em Betuel, em Horma, em Ziclague,
[31] em Bete-Marcabote, em Hazar-Susim, em
Bete-Biri e em Saaraim. Estas foram as suas
cidades, até o reinado de Davi. [32] As suas
aldeias foram: Etã, Aim, Rimom, Toquém
e Asã; cinco cidades, [33] com todas as suas
aldeias que estavam ao redor destas cidades, até Baal. Estas foram as suas habitações
e tinham seu registro genealógico.
[34] Estes, registrados por seus nomes,
foram chefes nas suas famílias: Mesobabe,
Janleque, Josa, filho de Amazias, [35] Joel, Jeú,
filho de Josibias, filho de Seraías, filho de
Asiel, [36] Elioenai, Jaacobá, Jesoaías, Asaías,
Adiel, Jesimiel, Benaia, [37] Ziza, filho de
Sifi, filho de Alom, filho de Jedaías, filho
de Sinri, filho de Semaías; [38] e as famílias
de seus pais se multiplicaram abundantemente. [39] Chegaram até a entrada de Gedor,
a leste do vale, à procura de pasto para os
seus rebanhos. [40] Acharam pasto farto e
bom e a terra espaçosa, tranquila e pacífica, onde os descendentes de Cam haviam
morado antes.
[41] Estes, que estão registrados por seus
nomes, foram nos dias de Ezequias, rei de
Judá, e derrubaram as tendas, e atacaram
os meunitas que se encontravam ali, e os
destruíram totalmente até o dia de hoje,
e ficaram morando no lugar deles, porque ali havia pasto para os seus rebanhos.
[42] Também deles, dos filhos de Simeão,
quinhentos homens foram ao monte Seir,
tendo por capitães Pelatias, Nearias, Refaías
e Uziel, filhos de Isi. [43] Mataram o restante
dos que escaparam dos amalequitas e estão
morando ali até o dia de hoje.

DESCENDENTES DE RÚBEN

5 [1] Quanto aos filhos de Rúben, o primogênito de Israel... Pois Rúben era o
primogênito, mas, por ter profanado o leito
de seu pai, o seu direito de primogenitura
foi dado aos filhos de José, filho de Israel,
de modo que, na genealogia, Rúben não foi
contado como primogênito. [2] Judá, na verdade, foi poderoso entre seus irmãos, e dele
veio o príncipe, mas o direito da primogenitura foi de José. [3] Os filhos de Rúben, o
primogênito de Israel, foram estes: Enoque,
Palu, Hezrom e Carmi.
[4] O filho de Joel foi Semaías, de quem
foi filho Gogue, de quem foi filho Simei,
[5] de quem foi filho Mica, de quem foi filho

Reaías, de quem foi filho Baal, 6 de quem foi filho Beera, o qual Tiglate-Pileser, rei da Assíria, levou cativo; ele foi chefe dos rubenitas.

7 Quanto a seus irmãos, pelas suas famílias, quando foram inscritos nas genealogias segundo as suas descendências, tinham por chefes Jeiel, Zacarias, 8 Bela, filho de Azaz, filho de Sema, filho de Joel, que habitaram em Aroer, até Nebo e Baal-Meom. 9 Também habitaram do lado leste, até a entrada do deserto, o qual se estende até o rio Eufrates, porque o seu gado se tinha multiplicado na terra de Gileade.

10 Nos dias de Saul, fizeram guerra aos hagarenos, que caíram pelo poder de sua mão, e habitaram nas tendas deles, em toda a terra fronteira de Gileade, do lado leste.

DESCENDENTES DE GADE

11 Os filhos de Gade habitaram em frente deles, na terra de Basã, até Salca. 12 Joel foi o cabeça, e Safã, o segundo; também Janai e Safate estavam em Basã. 13 Seus irmãos, segundo as suas casas paternas, foram: Micael, Mesulão, Seba, Jorai, Jacã, Zia e Héber, sete ao todo; 14 estes foram os filhos de Abiail, filho de Huri, filho de Jaroa, filho de Gileade, filho de Micael, filho de Jesisai, filho de Jado, filho de Buz. 15 Aí, filho de Abdiel, filho de Guni, foi o chefe da sua família. 16 Habitaram em Gileade, em Basã e suas aldeias, bem como até os limites de todos os arredores de Sarom. 17 Todos estes foram inscritos na genealogia, nos dias de Jotão, rei de Judá, e nos dias de Jeroboão, rei de Israel.

A HISTÓRIA DAS TRIBOS DO LESTE

18 Dos filhos de Rúben, dos gaditas e da meia tribo de Manassés, homens valentes, que traziam escudo e espada, entesavam o arco e eram treinados para a guerra, houve quarenta e quatro mil setecentos e sessenta, capazes de sair à batalha. 19 Fizeram guerra aos hagarenos, a Jetur, a Nafis e a Nodabe. 20 Foram ajudados contra eles, e os hagarenos e todos os que estavam com eles foram entregues nas suas mãos; porque, na batalha, clamaram a Deus, que lhes deu ouvidos, porque confiaram nele. 21 Levaram o gado dos hagarenos: cinquenta mil camelos, duzentas e cinquenta mil ovelhas, dois mil jumentos; e cem mil pessoas. 22 Porque muitos caíram feridos à espada, pois a batalha era de Deus. E eles habitaram no lugar deles até o exílio.

23 Os filhos da meia tribo de Manassés habitaram naquela terra de Basã até Baal-Hermom, e Senir, e o monte Hermom; e eram numerosos. 24 Estes foram chefes de suas famílias, a saber: Éfer, Isi, Eliel, Azriel, Jeremias, Hodavias e Jadiel, guerreiros valentes, homens famosos, chefes de suas famílias.

25 Porém foram infiéis ao Deus de seus pais e se prostituíram, seguindo os deuses dos povos da terra que Deus tinha destruído diante deles. 26 Por isso o Deus de Israel despertou o espírito de Pul, rei da Assíria, ou seja, o espírito de Tiglate-Pileser, rei da Assíria, que levou cativos os rubenitas, os gaditas e a meia tribo de Manassés, e os fez morar em Hala, Habor e Hara e nas proximidades do rio Gozã, onde permanecem até o dia de hoje.

DESCENDENTES DE LEVI

6 1 Os filhos de Levi foram: Gérson, Coate e Merari.

2 Os filhos de Coate foram: Anrão, Isar, Hebrom e Uziel.

3 Os filhos de Anrão foram: Arão, Moisés e Miriã.

Os filhos de Arão foram: Nadabe, Abiú, Eleazar e Itamar.

4 Eleazar gerou Fineias, e Fineias gerou Abisua; 5 Abisua gerou Buqui, e Buqui gerou Uzi; 6 Uzi gerou Zeraías, e Zeraías gerou Meraiote; 7 Meraiote gerou Amarias, e Amarias gerou Aitube; 8 Aitube gerou Zadoque, e Zadoque gerou Aimaás; 9 Aimaás gerou Azarias, e Azarias gerou Joanã; 10 Joanã gerou Azarias; este é o que serviu como sacerdote no templo que Salomão tinha edificado em Jerusalém. 11 Azarias gerou Amarias, e Amarias gerou Aitube; 12 Aitube gerou Zadoque, e Zadoque gerou Salum; 13 Salum gerou Hilquias, e Hilquias gerou Azarias; 14 Azarias gerou Seraías, e Seraías gerou Jeozadaque. 15 Jeozadaque foi levado cativo, quando o SENHOR levou Judá e Jerusalém para o exílio por meio de Nabucodonosor.

16 Os filhos de Levi foram: Gérson, Coate
e Merari. 17 São estes os nomes dos filhos
de Gérson: Libni e Simei. 18 Os filhos de
Coate foram: Anrão, Isar, Hebrom e Uziel.
19 Os filhos de Merari foram: Mali e Musi.
São estas as famílias dos levitas, segundo
as casas de seus pais.

20 O filho de Gérson foi Libni, de quem foi
filho Jaate, de quem foi filho Zima, 21 de quem
foi filho Joá, de quem foi filho Ido, de quem
foi filho Zerá, de quem foi filho Jeaterai.

22 O filho de Coate foi Aminadabe, de
quem foi filho Coré, de quem foi filho Assir,
23 de quem foi filho Elcana, de quem foi filho
Ebiasafe, de quem foi filho Assir, 24 de quem
foi filho Taate, de quem foi filho Uriel, de
quem foi filho Uzias, de quem foi filho Saul.

25 Os filhos de Elcana foram: Amasai e
Aimote. 26 O filho de Elcana foi Zofai, de
quem foi filho Naate, 27 de quem foi filho
Eliabe, de quem foi filho Jeroão, de quem
foi filho Elcana.

28 Os filhos de Samuel foram: Joel, o pri-
mogênito, e depois Abias.

29 O filho de Merari foi Mali, de quem
foi filho Libni, de quem foi filho Simei,
de quem foi filho Uzá, 30 de quem foi filho
Simeia, de quem foi filho Hagias, de quem
foi filho Asaías.

CANTORES LEVITAS

31 São estes os homens que Davi cons-
tituiu para dirigir o canto na Casa do
SENHOR, depois que a arca foi colocada lá.
32 Ministravam diante do tabernáculo da
tenda do encontro com cânticos, até que
Salomão edificou a Casa do SENHOR em
Jerusalém; e exerciam o seu ministério
segundo a ordem prescrita. 33 São estes os
que serviam com seus filhos.

Dos filhos dos coatitas: Hemã, o cantor, filho
de Joel, filho de Samuel, 34 filho de Elcana,
filho de Jeroão, filho de Eliel, filho de Toá,
35 filho de Zufe, filho de Elcana, filho de
Maate, filho de Amasai, 36 filho de Elcana,
filho de Joel, filho de Azarias, filho de
Sofonias, 37 filho de Taate, filho de Assir, fi-
lho de Ebiasafe, filho de Corá, 38 filho de Isar,
filho de Coate, filho de Levi, filho de Israel.

39 Seu irmão Asafe estava à sua direita.
Asafe era filho de Berequias, filho de Simeia,
40 filho de Micael, filho de Baaseias, filho
de Malquias, 41 filho de Etni, filho de Zera,
filho de Adaías, 42 filho de Etã, filho de
Zima, filho de Simei, 43 filho de Jaate, filho
de Gérson, filho de Levi.

44 Seus irmãos, os filhos de Merari, esta-
vam à esquerda, a saber: Etã, filho de Quisi,
filho de Abdi, filho de Maluque, 45 filho
de Hasabias, filho de Amazias, filho de
Hilquias, 46 filho de Anzi, filho de Bani, filho
de Semer, 47 filho de Mali, filho de Musi,
filho de Merari, filho de Levi. 48 Seus irmãos,
os levitas, foram encarregados de todo o ser-
viço do tabernáculo da Casa de Deus.

DESCENDENTES DE ARÃO

49 Arão e os seus filhos faziam ofertas
sobre o altar do holocausto e sobre o altar
do incenso, todo o serviço relacionado
com o Santo dos Santos e a expiação por
Israel, segundo tudo o que Moisés, servo
de Deus, havia ordenado. 50 O filho de Arão
foi Eleazar, de quem foi filho Fineias, de
quem foi filho Abisua, 51 de quem foi filho
Buqui, de quem foi filho Uzi, de quem foi
filho Zeraías, 52 de quem foi filho Meraiote,
de quem foi filho Amarias, de quem foi
filho Aitube, 53 de quem foi filho Zadoque,
de quem foi filho Aimaás.

CIDADES DOS LEVITAS

Js 21.1-42

54 São estes os lugares que eles habitavam,
segundo os seus acampamentos, dentro das
suas fronteiras, a saber: os filhos de Arão,
das famílias dos coatitas, foram os pri-
meiros a serem sorteados 55 e receberam
Hebrom, na terra de Judá, e os seus arre-
dores. 56 Porém o campo da cidade com
suas aldeias foram dados a Calebe, filho
de Jefoné. 57 Aos filhos de Arão deram as
cidades de refúgio: Hebrom e Libna com
os seus arredores, Jatir e Estemoa com os
seus arredores, 58 Hilém com os seus arre-
dores, Debir com os seus arredores, 59 Asã
com os seus arredores e Bete-Semes com
os seus arredores; 60 da tribo de Benjamim,
Geba com os seus arredores, Alemete com
os seus arredores e Anatote com os seus
arredores; ao todo, treze cidades, segundo as
suas famílias. 61 Aos que restaram da famí-
lia de Coate foram dadas por sorteio dez
cidades da meia tribo, metade de Manassés.

Não anule a sua essência esperando a aprovação das pessoas; muito menos se mova com base em carências ou expectativas alheias.

62 Aos filhos de Gérson, segundo as suas
famílias, da tribo de Issacar, da tribo de Aser,
da tribo de Naftali e da tribo de Manassés,
em Basã, foram dadas por sorteio treze
cidades. 63 Aos filhos de Merari, segundo
as suas famílias, da tribo de Rúben, da
tribo de Gade e da tribo de Zebulom, foram
dadas por sorteio doze cidades. 64 Assim, os
filhos de Israel deram aos levitas estas cida-
des com os seus arredores. 65 Deram-lhes
por sorteio, da tribo dos filhos de Judá, da
tribo dos filhos de Simeão e da tribo dos
filhos de Benjamim, estas cidades, que são
mencionadas nominalmente.

66 A algumas das famílias dos filhos de
Coate foram dadas cidades dos seus ter-
ritórios da parte da tribo de Efraim. 67 Pois
lhes deram as cidades de refúgio, Siquém
com os seus arredores, na região monta-
nhosa de Efraim, bem como Gezer com os
seus arredores, 68 Jocmeão com os seus arre-
dores, Bete-Horom com os seus arredores,
69 Aijalom com os seus arredores e Gate-
Rimom com os seus arredores; 70 e, da meia
tribo de Manassés, Aner com os seus arre-
dores e Bileã com os seus arredores foram
dadas às demais famílias dos filhos de Coate.

71 Aos filhos de Gérson foram dadas, da
família da meia tribo de Manassés, em Basã,
Golã com os seus arredores e Astarote com
os seus arredores; 72 e da tribo de Issacar:
Quedes com os seus arredores, Daberate
com os seus arredores, 73 Ramote com os
seus arredores e Aném com os seus arre-
dores; 74 e da tribo de Aser: Masal com os
seus arredores, Abdom com os seus arre-
dores, 75 Hucoque com os seus arredores e
Reobe com os seus arredores; 76 e da tribo
de Naftali na Galileia: Quedes com os seus
arredores, Hamom com os seus arredores e
Quiriataim com os seus arredores.

77 Os demais filhos de Merari receberam,
da tribo de Zebulom, Rimono com os seus
arredores e Tabor com os seus arredores;
78 e do outro lado do Jordão, na altura de
Jericó, a leste do Jordão, receberam, da
tribo de Rúben, Bezer com os seus arredo-
res no deserto, Jaza com os seus arredores,
79 Quedemote com os seus arredores e
Mefaate com os seus arredores; 80 e da tribo
de Gade em Gileade: Ramote com os seus
arredores, Maanaim com os seus arredores,
81 Hesbom com os seus arredores e Jazer
com os seus arredores.

DESCENDENTES DE ISSACAR

7 1 Os filhos de Issacar foram: Tola, Puá,
Jasube e Sinrom, quatro ao todo.

2 Os filhos de Tola foram: Uzi, Refaías, Jeriel,
Jamai, Ibsão e Samuel, chefes das suas famí-
lias, descendentes de Tola; homens valentes
nas suas gerações, cujo número, nos dias de
Davi, foi de vinte e dois mil e seiscentos.

3 O filho de Uzi foi Izraías; e os filhos de
Izraías foram: Micael, Obadias, Joel e Issias,
cinco ao todo; todos eles chefes. 4 Tinham,
nas suas gerações, segundo as suas famí-
lias, em tropas de guerra, trinta e seis mil
homens; pois tinham muitas mulheres e
filhos. 5 Seus irmãos, em todas as famílias de
Issacar, homens valentes, foram oitenta e sete
mil, todos registrados pelas suas genealogias.

DESCENDENTES DE BENJAMIM

6 Os filhos de Benjamim foram: Belá, Bequer
e Jediael, três ao todo.

7 Os filhos de Belá foram: Esbom, Uzi,
Uziel, Jerimote e Iri; cinco ao todo; chefes
das suas famílias, homens valentes, foram
vinte e dois mil e trinta e quatro, registrados
pelas suas genealogias.

8 Os filhos de Bequer foram: Zemira, Joás,
Eliézer, Elioenai, Onri, Jerimote, Abias,
Anatote e Alemete; todos filhos de Bequer.
9 O número deles, registrados pelas suas
genealogias, segundo as suas gerações,
chefes das suas famílias, homens valen-
tes, vinte mil e duzentos.

10 O filho de Jediael foi Bilã; os filhos de
Bilã foram: Jeús, Benjamim, Eúde, Quenaana,
Zetã, Társis e Aisaar. 11 Todos estes, filhos
de Jediael, foram chefes das suas famílias,
homens valentes, dezessete mil e duzentos,
capazes de sair à guerra. 12 Supim e Hupim
eram filhos de Ir; e Husim era filho de Aer.

DESCENDENTES DE NAFTALI

13 Os filhos de Naftali foram: Jaziel, Guni,
Jezer e Salum, filhos de Bila.

DESCENDENTES DE MANASSÉS

14 Os filhos de Manassés foram: Asriel, de
sua concubina síria, que também deu à luz
Maquir, pai de Gileade. 15 Maquir tomou a

irmã de Hupim e Supim por mulher. O nome
dela era Maaca; o nome do irmão de Maquir
era Zelofeade, o qual teve só filhas. 16 Maaca,
mulher de Maquir, teve um filho, a quem
chamou Perez; irmão deste foi Seres. Os
filhos de Perez foram Ulão e Requém.
17 O filho de Ulão foi Bedã. Tais foram os
filhos de Gileade, filho de Maquir, filho de
Manassés. 18 Sua irmã Hamolequete deu à
luz Isode, Abiezer e Macla. 19 Os filhos de
Semida foram: Aiã, Siquém, Liqui e Anião.

DESCENDENTES DE EFRAIM

20 O filho de Efraim foi Sutela, de quem foi
filho Berede, de quem foi filho Taate, de
quem foi filho Eleada, de quem foi filho
Taate, 21 de quem foi filho Zabade, de quem
foi filho Sutela; e ainda Ézer e Eleade, mor-
tos pelos homens de Gate, naturais da
terra, pois eles foram roubar o gado destes.
22 Efraim, seu pai, chorou por eles muitos
dias, e os irmãos dele foram consolá-lo.
23 Depois, teve relações com sua mulher,
ela ficou grávida e teve um filho, a quem
ele chamou Berias, por causa da desgraça
que sua família havia sofrido. 24 Sua filha
foi Seerá, que edificou Bete-Horom-de-
Baixo e Bete-Horom-de-Cima, bem como
Uzém-Seerá.

25 O filho de Berias foi Refa, de quem foi
filho Resefe, de quem foi filho Tela, de quem
foi filho Taã, 26 de quem foi filho Ladã, de
quem foi filho Amiúde, de quem foi filho
Elisama, 27 de quem foi filho Num, de quem
foi filho Josué.

28 A propriedade e habitação deles foram:
Betel e as suas aldeias; ao leste, Naarã; e,
a oeste, Gezer e as suas aldeias, Siquém e
as suas aldeias, até Aia e as suas aldeias;
29 do lado dos filhos de Manassés, Bete-
Seã e as suas aldeias, Taanaque e as suas
aldeias, Megido e as suas aldeias, Dor e as
suas aldeias; nestas, habitaram os filhos de
José, filho de Israel.

DESCENDENTES DE ASER

30 Os filhos de Aser foram: Imna, Isvá, Isvi e
Berias e Sera, irmã deles.

31 Os filhos de Berias foram: Héber e
Malquiel; este foi o pai de Birzavite.

32 Héber gerou Jaflete, Somer, Hotão e Suá,
irmã deles.

33 Os filhos de Jaflete foram: Pasaque,
Bimal e Asvate; estes foram os filhos
de Jaflete.

34 Os filhos de Semer foram: Aí, Roga,
Jeubá e Arã.

35 Os filhos de seu irmão Helém foram:
Zofa, Imna, Seles e Amal.

36 Os filhos de Zofa foram: Sua, Harnefer,
Sual, Beri, Inra, 37 Bezer, Hode, Sama, Silsa,
Itrã e Beera.

38 Os filhos de Jéter foram: Jefoné, Pispa
e Ara.

39 Os filhos de Ula foram: Ara, Haniel
e Rizia.

40 Todos estes foram filhos de Aser, chefes
das famílias, escolhidos, homens valentes,
chefes de príncipes, registrados nas suas
genealogias para o serviço na guerra; seu
número foi de vinte e seis mil homens.

DESCENDENTES DE BENJAMIM

8 1 Benjamim gerou Belá, seu primogênito,
Asbel, o segundo, Aará, o terceiro, 2 Noá,
o quarto, e Rafa, o quinto.

3 Belá teve estes filhos: Adar, Gera, Abiúde,
4 Abisua, Naamã, Aoá, 5 Gera, Sefufá e Hurão.

6 Estes foram os filhos de Eúde, que foram
chefes das famílias dos moradores de
Geba e levados para o exílio em Manaate:
7 Naamã, Aías e Gera; este os levou cativos
e gerou Uzá e Aiude.

8 Saaraim, depois de ter repudiado as suas
mulheres Husim e Baara, gerou filhos nos
campos de Moabe. 9 De Hodes, sua mulher,
gerou Jobabe, Zíbia, Messa, Malcã, 10 Jeús,
Saquias e Mirma; estes foram os filhos
dele, chefes das famílias. 11 Husim gerou
Abitube e Elpaal.

12 Os filhos de Elpaal foram: Héber, Misã
e Semede; este edificou Ono e Lode e as
suas aldeias.

13 Berias e Sema foram chefes das famílias
dos moradores de Aijalom, que afugenta-
ram os moradores de Gate. 14 Aiô, Sasaque,
Jeremote, 15 Zebadias, Arade, Éder, 16 Micael,
Ispa e Joá foram filhos de Berias.

17 Zebadias, Mesulão, Hizqui, Héber,
18 Ismerai, Izlias e Jobabe foram filhos
de Elpaal.

19 Jaquim, Zicri, Zabdi, 20 Elienai, Ziletai,
Eliel, 21 Adaías, Beraías e Sinrate foram filhos
de Simei.

22 Ispã, Héber, Eliel, 23 Abdom, Zicri, Hanã, 24 Hananias, Elão, Antotias, 25 Ifdeias e Penuel foram filhos de Sasaque.

26 Sanserai, Searias, Atalias, 27 Jaaresias, Elias e Zicri foram filhos de Jeroão.

28 Estes foram chefes das famílias, segundo as suas gerações, e habitaram em Jerusalém.

29 Em Gibeão habitou o pai de Gibeão, cuja mulher se chamava Maaca, 30 e também o seu filho primogênito Abdom e ainda Zur, Quis, Baal, Nadabe, 31 Gedor, Aiô e Zequer. 32 Miclote gerou Simeia. Estes habitaram em Jerusalém, perto dos seus irmãos.

33 Ner gerou Quis, e Quis gerou Saul. Saul gerou Jônatas, Malquisua, Abinadabe e Esbaal. 34 Filho de Jônatas foi Meribe-Baal, e Meribe-Baal gerou Mica. 35 Os filhos de Mica foram: Pitom, Meleque, Tareia e Acaz. 36 Acaz gerou Jeoada; Jeoada gerou Alemete, Azmavete e Zinri; e Zinri gerou Mosa. 37 Mosa gerou Bineá, de quem foi filho Rafa, de quem foi filho Eleasa, de quem foi filho Azel.

38 Azel teve seis filhos, cujos nomes foram: Azricão, Bocru, Ismael, Searias, Obadias e Hanã; todos estes foram filhos de Azel.

39 Os filhos de Eseque, seu irmão, foram: Ulão, seu primogênito, Jeús, o segundo, e Elifelete, o terceiro.

40 Os filhos de Ulão foram homens valentes, flecheiros; e tiveram muitos filhos e netos: cento e cinquenta. Todos estes foram dos filhos de Benjamim.

HABITANTES DE JERUSALÉM DEPOIS DO CATIVEIRO

9 1 Todo o Israel foi registrado por genealogias e inscrito no Livro dos Reis de Israel. E Judá foi levado para o exílio à Babilônia, por causa da sua transgressão.

2 Os primeiros habitantes, que de novo vieram morar nas suas propriedades e nas suas cidades, foram os israelitas, os sacerdotes, os levitas e os servidores do templo. 3 Porém alguns dos filhos de Judá, dos filhos de Benjamim e dos filhos de Efraim e Manassés habitaram em Jerusalém: 4 Utai, filho de Amiúde, filho de Onri, filho de Inri, filho de Bani, dos filhos de Perez, filho de Judá; 5 dos silonitas: Asaías, o primogênito, e os seus filhos; 6 dos filhos de Zerá: Jeuel e os seus irmãos, seiscentos e noventa ao todo; 7 dos filhos de Benjamim: Salu, filho de Mesulão, filho de Hodavias, filho de Hassenuá; 8 Ibneias, filho de Jeroão, e Elá, filho de Uzi, filho de Micri, e Mesulão, filho de Sefatias, filho de Reuel, filho de Ibnijas; 9 e os seus irmãos, segundo as suas gerações, novecentos e cinquenta e seis ao todo. Todos estes homens foram chefes de famílias nas casas de suas famílias.

10 Dos sacerdotes: Jedaías, Jeoiaribe, Jaquim, 11 Azarias, filho de Hilquias, filho de Mesulão, filho de Zadoque, filho de Meraiote, filho de Aitube, chefe da Casa de Deus; 12 Adaías, filho de Jeroão, filho de Pasur, filho de Malquias, e Masai, filho de Adiel, filho de Jazera, filho de Mesulão, filho de Mesilemite, filho de Imer, 13 bem como os seus irmãos, chefes das suas famílias; mil setecentos e sessenta ao todo, homens capazes para a obra do ministério da Casa de Deus.

14 Dos levitas: Semaías, filho de Hassube, filho de Azricão, filho de Hasabias, dos filhos de Merari; 15 Baquebacar, Heres, Galal e Matanias, filho de Mica, filho de Zicri, filho de Asafe; 16 Obadias, filho de Semaías, filho de Galal, filho de Jedutum; Berequias, filho de Asa, filho de Elcana, morador das aldeias dos netofatitas.

17 Os porteiros: Salum, Acube, Talmom e Aimã e os irmãos deles; Salum era o chefe. 18 Estavam até agora de guarda à porta do rei, do lado do leste; tais foram os porteiros dos arraiais dos filhos de Levi. 19 Salum, filho de Coré, filho de Ebiasafe, filho de Corá, e seus irmãos da casa de seu pai, os coraítas, estavam encarregados da obra do ministério e eram guardas das portas do tabernáculo; e os seus pais tinham sido encarregados do arraial do SENHOR e eram guardas da entrada. 20 Fineias, filho de Eleazar, os regia nesse tempo, e o SENHOR estava com ele. 21 Zacarias, filho de Meselemias, era o porteiro da entrada da tenda do encontro.

22 Todos estes, escolhidos para guardas das portas, foram duzentos e doze. Estes foram registrados pelas suas genealogias nas suas respectivas aldeias; e Davi e Samuel, o vidente, os constituíram cada um no seu cargo. 23 Eles e os seus filhos guardavam os portões da Casa do SENHOR, isto é, na

casa da tenda. 24 Os porteiros estavam aos
quatro lados: a leste, a oeste, ao norte e ao
sul. 25 Seus irmãos, que habitavam nas suas
aldeias, tinham de vir, de tempos em tem-
pos, para servir com eles durante sete dias.
26 Porque havia sempre, naquele ofício, qua-
tro porteiros principais, que eram levitas, e
tinham a seu encargo as câmaras e os tesou-
ros da Casa de Deus. 27 Estavam alojados
ao redor da Casa de Deus, porque estavam
encarregados da vigilância, e tinham o dever
de abrir os portões todas as manhãs.

28 Alguns deles estavam encarregados
dos utensílios usados no culto, porque
estes eram contados quando eram trazi-
dos e quando eram tirados. 29 Outros havia
que estavam encarregados dos móveis e de
todos os objetos do santuário, bem como
da melhor farinha, do vinho, do azeite, do
incenso e das especiarias. 30 Alguns dos
filhos dos sacerdotes confeccionavam as
especiarias. 31 Matitias, dentre os levitas,
o primogênito de Salum, o coraíta, era o
encarregado de fazer os pães para as ofer-
tas. 32 Outros dos seus irmãos, dos filhos dos
coatitas, tinham o encargo de preparar os
pães da proposição para todos os sábados.
33 Quanto aos cantores, chefes das famí-
lias entre os levitas, ficavam alojados nas
câmaras do templo e estavam isentos de
outros serviços; porque, dia e noite, estavam
ocupados no seu serviço. 34 Estes foram che-
fes das famílias entre os levitas, chefes em
suas gerações, e moravam em Jerusalém.

ANTEPASSADOS E DESCENDENTES DE SAUL

1Cr 8.29-38

35 Em Gibeão habitou Jeiel, pai de Gibeão,
cuja mulher se chamava Maaca; 36 e tam-
bém o seu filho primogênito Abdom e ainda
Zur, Quis, Baal, Ner, Nadabe, 37 Gedor, Aiô,
Zacarias e Miclote. 38 Miclote gerou Simeia.
Estes moraram em Jerusalém, perto dos
seus irmãos. 39 Ner gerou Quis, e Quis
gerou Saul. Saul gerou Jônatas, Malquisua,
Abinadabe e Esbaal. 40 Filho de Jônatas foi
Meribe-Baal, e Meribe-Baal gerou Mica.
41 Os filhos de Mica foram: Pitom, Meleque
e Tareia. 42 Acaz gerou Jaerá, e Jaerá gerou
Alemete, Azmavete e Zinri; e Zinri gerou
Mosa. 43 Mosa gerou Bineá, de quem foi
filho Refaías, de quem foi filho Eleasa, de
quem foi filho Azel. 44 Azel teve seis filhos,
cujos nomes foram Azricão, Bocru, Ismael,
Searias, Obadias e Hanã; todos estes foram
filhos de Azel.

A DERROTA DE ISRAEL E A MORTE DE SAUL

1Sm 31.1-7

10 1 Os filisteus lutaram contra Israel.
E os homens de Israel, fugindo
da presença dos filisteus, caíram mortos
no monte Gilboa. 2 Os filisteus persegui-
ram Saul e seus filhos e mataram Jônatas,
Abinadabe e Malquisua, filhos de Saul.
3 A batalha se intensificou contra Saul. Os
flecheiros o avistaram e ele foi ferido grave-
mente. 4 Então Saul disse ao seu escudeiro:

— Arranque a sua espada e atravesse-
-me com ela, para que não venham esses
incircuncisos e zombem de mim.

Mas o seu escudeiro não quis fazer isso,
porque estava com muito medo. Então
Saul pegou a sua própria espada e se lan-
çou sobre ela. 5 Quando o escudeiro viu que
Saul estava morto, também se lançou sobre
a espada e morreu com ele. 6 E assim morre-
ram Saul e os seus três filhos; e toda a sua
casa morreu juntamente com ele.

7 Quando os homens de Israel que esta-
vam no vale viram que o exército de Israel
fugiu e que Saul e seus filhos estavam mor-
tos, abandonaram as cidades e fugiram.
E vieram os filisteus e habitaram nelas.

O SEPULTAMENTO DE SAUL

1Sm 31.8-13

8 E aconteceu que no dia seguinte, quando
os filisteus foram tirar os despojos dos mor-
tos, encontraram Saul e os seus filhos caídos
no monte Gilboa. 9 Despojaram os mortos,
pegaram a cabeça de Saul e as suas armas
e enviaram mensageiros pela terra dos filis-
teus, ao redor, para levar as boas-novas a
seus ídolos e ao povo. 10 Puseram as armas
de Saul no templo de seu deus, e a sua cabeça
afixaram no templo de Dagom. 11 Quando
todos os moradores de Jabes-Gileade ouvi-
ram tudo o que os filisteus haviam feito com
Saul, 12 todos os homens valentes se levan-
taram, pegaram o corpo de Saul e os corpos
dos filhos e os trouxeram a Jabes. Depois

sepultaram os ossos deles debaixo de um arvoredo, em Jabes. E jejuaram sete dias.

13 Assim, Saul morreu por causa da transgressão cometida contra o SENHOR, por causa da palavra do SENHOR, que ele não tinha guardado; e também porque consultou uma médium 14 e não o SENHOR, que, por isso, o matou e transferiu o reino a Davi, filho de Jessé.

DAVI É UNGIDO REI DE TODO O ISRAEL

2Sm 5.1-5

11 1 Então todo o Israel se reuniu com Davi, em Hebrom, dizendo:

— Veja, somos do mesmo povo que o senhor, ó rei. 2 No passado, quando Saul ainda era o rei, era o senhor quem fazia saídas e entradas militares com Israel. Também o SENHOR, seu Deus, lhe disse: "Você apascentará o meu povo de Israel e será príncipe sobre o meu povo de Israel."

3 Assim todos os anciãos de Israel foram falar com o rei, em Hebrom. E Davi fez com eles uma aliança em Hebrom, diante do SENHOR. E eles ungiram Davi rei sobre Israel, segundo a palavra do SENHOR por meio de Samuel.

DAVI CONQUISTA SIÃO

2Sm 5.6-10

4 Davi partiu com todo o Israel para Jerusalém, que é Jebus, porque ali estavam os jebuseus que moravam naquela terra. 5 Os moradores de Jebus disseram a Davi:

— Você não entrará aqui.

Porém Davi tomou a fortaleza de Sião, isto é, a Cidade de Davi. 6 Porque Davi disse:

— O primeiro a atacar os jebuseus será o chefe e comandante.

Então Joabe, filho de Zeruia, atacou em primeiro lugar e foi feito chefe. 7 Assim, Davi morou na fortaleza; por isso ela foi chamada de Cidade de Davi. 8 Ele foi edificando a cidade ao redor, desde Milo, completando o circuito; e Joabe renovou o resto da cidade. 9 Davi ia crescendo em poder cada vez mais, porque o SENHOR dos Exércitos estava com ele.

OS VALENTES DE DAVI

2Sm 23.8-39

10 São estes os chefes dos valentes de Davi, que o apoiaram valorosamente no seu reino, com todo o Israel, para o fazerem rei, segundo a palavra do SENHOR, no que diz respeito a esse povo.

11 Eis a lista dos valentes de Davi: Jasobeão, hacmonita, o principal dos trinta; este brandiu a sua lança contra trezentos homens e os matou de uma só vez. 12 Depois dele, Eleazar, filho de Dodô, o aoíta, que era um dos três valentes. 13 Este estava com Davi em Pas-Damim, quando os filisteus se reuniram ali para a batalha. Havia ali uma plantação de cevada; e o povo fugiu dos filisteus. 14 Puseram-se no meio daquele terreno, defenderam-no e mataram os filisteus; e o SENHOR efetuou grande livramento.

15 Três dos trinta chefes desceram à rocha, para falar com Davi na caverna de Adulão; e o exército dos filisteus tinha acampado no vale dos Refains. 16 Nessa época Davi estava na fortaleza, e a guarnição dos filisteus estava em Belém. 17 Davi suspirou e disse:

— Quem me dera beber água do poço que está junto ao portão de Belém!

18 Então aqueles três romperam pelo acampamento dos filisteus, tiraram água do poço junto ao portão de Belém e a levaram a Davi. Ele não a quis beber, mas a derramou como libação ao SENHOR. 19 E disse:

— Longe de mim, ó meu Deus, fazer tal coisa! Beberia eu o sangue dos homens que lá foram colocando em risco a sua vida? Pois, arriscando a sua vida, a trouxeram.

E assim não a quis beber. São estas as coisas que fizeram os três valentes.

20 Também Abisai, irmão de Joabe, era chefe de trinta. Este, empunhando a sua lança, atacou trezentos homens e os matou. E tinha nome entre os três. 21 Ele era mais nobre do que os trinta e se tornou o chefe deles; contudo, não chegou aos primeiros três.

22 Também Benaia, filho de Joiada, era homem valente de Cabzeel e realizou grandes feitos. Ele matou dois heróis de Moabe. Desceu numa cova e nela matou um leão no tempo da neve. 23 Matou também um egípcio, homem de dois metros e vinte de altura; o egípcio trazia na mão uma lança como o eixo do tecelão, mas Benaia o atacou com um cajado, arrancou a lança da mão dele e o matou com ela. 24 Estas coisas fez Benaia, filho de Joiada, pelo que teve nome entre os primeiros três valentes.

25 Era mais nobre do que os trinta, porém
não chegou aos primeiros três. Davi o pôs
sobre a sua guarda.
26 Os heróis dos exércitos foram: Asael,
irmão de Joabe, Elanã, filho de Dodô, de
Belém; 27 Samote, harorita; Heles, pelonita;
28 Ira, filho de Iques, tecoíta; Abiezer, anato-
tita; 29 Sibecai, husatita; Ilai, aoíta; 30 Maarai,
netofatita; Helede, filho de Baaná, netofa-
tita; 31 Itai, filho de Ribai, de Gibeá, dos
filhos de Benjamim; Benaia, piratonita;
32 Hurai, do ribeiro de Gaás; Abiel, arbatita;
33 Azmavete, baarumita; Eliaba, saalbonita;
34 Benê-Hasém, gizonita; Jônatas, filho de
Sage, hararita; 35 Aião, filho de Sacar, hara-
rita; Elifal, filho de Ur; 36 Héfer, mequeratita;
Aías, pelonita; 37 Hezro, carmelita; Naarai,
filho de Ezbai; 38 Joel, irmão de Natã; Mibar,
filho de Hagri; 39 Zeleque, amonita; Naarai,
beerotita, o que carregava as armas de
Joabe, filho de Zeruia; 40 Ira, o itrita; Garebe,
itrita; 41 Urias, heteu; Zabade, filho de Alai;
42 Adina, filho de Siza, rubenita, chefe dos
rubenitas, e com ele trinta; 43 Hanã, filho
de Maaca; Josafá, mitenita; 44 Uzias, astera-
tita, Sama e Jeiel, filhos de Hotão, aroerita;
45 Jediael, filho de Sinri, e Joá, seu irmão,
tizita; 46 Eliel, maavita, Jeribai e Josavias,
filhos de Elnaão; Itma, moabita; 47 Eliel,
Obede e Jaasiel, de Zobá.

O EXÉRCITO DE DAVI

12 1 São estes os que vieram a Davi em
Ziclague, quando ele estava fugindo
de Saul, filho de Quis. E eles eram dos valen-
tes que o ajudavam na guerra. 2 Tinham por
arma o arco e usavam tanto a mão direita
como a esquerda para arremessar pedras
com fundas e para atirar flechas com o arco.
Os parentes de Saul, da tribo de Benjamim,
eram os seguintes: 3 Aiezer, o chefe, e Joás,
filhos de Semaá, o gibeatita; Jeziel e Pelete,
filhos de Azmavete; Beraca e Jeú, o anato-
tita; 4 Ismaías, o gibeonita, valente entre os
trinta e chefe deles; Jeremias, Jaaziel, Joanã
e Jozabade, o gederatita; 5 Eluzai, Jerimote,
Bealias, Semarias e Sefatias, o harufita;
6 Elcana, Issias, Azarel, Joezer e Jasobeão, os
coraítas; 7 Joela, Zebadias, filhos de Jeroão,
de Gedor.
8 Dos gaditas passaram-se para o lado
de Davi, quando ele estava na fortaleza
no deserto, homens valentes, homens de
guerra preparados para a batalha, armados
de escudo e lança. O rosto deles era como
de leões, e eles eram ligeiros como gaze-
las sobre os montes. Eram: 9 Ézer, o chefe,
Obadias, o segundo, Eliabe, o terceiro,
10 Mismana, o quarto, Jeremias, o quinto,
11 Atai, o sexto, Eliel, o sétimo, 12 Joanã,
o oitavo, Elzabade, o nono, 13 Jeremias, o
décimo, Macbanai, o décimo primeiro.
14 Estes, dos filhos de Gade, foram capitães
do exército. O menor valia por cem homens,
e o maior valia por mil. 15 São estes os que
passaram o Jordão no primeiro mês, quando
ele transbordava por todas as suas riban-
ceiras, e puseram em fuga todos os que
habitavam nos vales, tanto no leste como
no oeste.
16 Também alguns dos filhos de Benjamim
e de Judá vieram a Davi, na fortaleza. 17 Davi
foi ao encontro deles e lhes falou, dizendo:
— Se vocês estão vindo pacificamente
e para me ajudar, eu os recebo de todo o
coração. Mas, se é para me entregarem aos
meus adversários, não havendo maldade
em mim, que o Deus de nossos pais o veja
e o repreenda.
18 Então o Espírito veio sobre Amasai,
chefe do grupo dos trinta, e ele disse:
— Somos seus, ó Davi, e estamos com
você, filho de Jessé! Que a paz, sim, que a
paz esteja com você! E que a paz esteja com
os que o ajudam! Porque o seu Deus é quem
ajuda você.
Davi os recebeu e os colocou como capi-
tães de tropas.
19 Também de Manassés alguns passaram
para o lado de Davi, quando ele veio com
os filisteus para lutar contra Saul. Na ver-
dade, Davi não ajudou os filisteus, porque
os governantes destes, depois de se aconse-
lharem, o mandaram embora, pois diziam:
— À custa de nossas cabeças ele passará
para o lado de Saul, seu senhor.
20 Portanto, quando Davi estava voltando
para Ziclague, passaram para o lado dele,
de Manassés, os seguintes: Adna, Jozabade,
Jediael, Micael, Jozabade, Eliú e Ziletai,
chefes de milhares em Manassés. 21 Estes
ajudaram Davi contra a tropa inimiga, por-
que todos eles eram homens valentes e
capitães no exército. 22 Porque, naquele

Seja aprovada na escola do quebrantamento, e Deus poderá usar você!

tempo, dia após dia, mais homens vinham a Davi para o ajudar, até que se formou um grande exército, como exército de Deus.

O EXÉRCITO QUE PROCLAMOU DAVI COMO REI EM HEBROM

23 Este é o número dos homens armados para a batalha, que vieram a Davi, em Hebrom, para lhe transferirem o reino de Saul, segundo a palavra do SENHOR: 24 dos filhos de Judá, que traziam escudo e lança, seis mil e oitocentos, armados para a guerra; 25 dos filhos de Simeão, homens valentes para a batalha, sete mil e cem; 26 dos filhos de Levi, quatro mil e seiscentos; 27 Joiada era o chefe da casa de Arão, e com ele vieram três mil e setecentos; 28 Zadoque, sendo ainda jovem, homem valente, trouxe vinte e dois chefes de sua casa paterna; 29 dos filhos de Benjamim, irmãos de Saul, vieram três mil; porque até então havia ainda muitos deles que eram fiéis à casa de Saul; 30 dos filhos de Efraim, vinte mil e oitocentos homens valentes e de renome na casa de seus pais; 31 da meia tribo de Manassés, dezoito mil, que foram apontados nominalmente para vir e proclamar Davi como rei; 32 dos filhos de Issacar, que sabiam discernir o tempo, para saberem o que Israel devia fazer, duzentos chefes e todos os seus irmãos sob suas ordens; 33 de Zebulom, dos capazes para sair à guerra, providos com todas as armas de guerra, cinquenta mil, treinados para ordenar uma batalha de todo o coração; 34 de Naftali, mil capitães e, com eles, trinta e sete mil com escudo e lança; 35 dos danitas, preparados para a batalha, vinte e oito mil e seiscentos; 36 de Aser, dos capazes para sair à guerra e prontos para a batalha, quarenta mil; 37 do outro lado do Jordão, dos rubenitas e gaditas e da meia tribo de Manassés, providos de todo tipo de instrumentos de guerra, cento e vinte mil.

38 Todos estes homens de guerra, postos em ordem de batalha, vieram a Hebrom, resolvidos a proclamar Davi como rei sobre todo o Israel; também todo o resto de Israel era unânime no propósito de proclamar Davi como rei. 39 Estiveram ali com Davi três dias, comendo e bebendo; porque seus irmãos lhes tinham feito provisões. 40 E os vizinhos de mais perto, e também os mais distantes, como de Issacar, Zebulom e Naftali, trouxeram comida sobre jumentos, sobre camelos, sobre mulas e sobre bois, a saber, provisões de farinha, pasta de figo, cachos de passas, vinho, azeite, bois e ovelhas em abundância; porque havia muita alegria em Israel.

DAVI SE DISPÕE A TRAZER A ARCA PARA JERUSALÉM

13 1 Davi consultou os capitães de mil e os capitães de cem, e todos os chefes, 2 e então disse a toda a congregação de Israel:

— Se vocês acharem por bem, e se isso for da vontade do SENHOR, nosso Deus, enviemos depressa mensageiros a todos os nossos outros irmãos em todas as terras de Israel, e aos sacerdotes, e aos levitas com eles nas cidades e nos seus arredores, para que se reúnam conosco. 3 E então vamos trazer para o meio de nós a arca do nosso Deus, porque nos dias de Saul não nos valemos dela.

4 Toda a congregação concordou em fazer assim, porque isso pareceu justo aos olhos de todo o povo.

DAVI PROCURA TRAZER A ARCA

2Sm 6.1-11

5 Davi reuniu todo o Israel, desde Sior, no Egito, até a entrada de Hamate, para trazer a arca de Deus de Quiriate-Jearim. 6 Então Davi, com todo o Israel, foi a Baalá, isto é, a Quiriate-Jearim, que fica em Judá, para de lá trazer a arca de Deus, diante da qual é invocado o nome do SENHOR, que se assenta acima dos querubins. 7 Puseram a arca de Deus numa carroça nova e a levaram da casa de Abinadabe. Uzá e Aiô conduziam aquela carroça. 8 Davi e todo o Israel se alegravam diante de Deus com todas as suas forças, com cânticos, com harpas, liras, tamborins, címbalos e trombetas.

9 Quando chegaram à eira de Quidom, Uzá estendeu a mão para segurar a arca, porque os bois tropeçaram. 10 Então a ira do SENHOR se acendeu contra Uzá e o feriu, por ter estendido a mão para segurar a arca; e ele morreu ali diante de Deus. 11 Davi ficou irado, porque o SENHOR havia irrompido contra Uzá, e chamou aquele lugar de

Perez-Uzá, até o dia de hoje. 12 Naquele dia, Davi teve medo de Deus e disse:

— Como poderei trazer a arca de Deus para junto de mim?

13 Por isso Davi não trouxe a arca para junto de si, para a Cidade de Davi, mas fez com que fosse levada para a casa de Obede-Edom, o geteu. 14 Assim, a arca de Deus ficou com a família de Obede-Edom durante três meses, e o Senhor abençoou a casa de Obede-Edom e tudo o que ele tinha.

O REINADO DE DAVI É RECONHECIDO POR HIRÃO

2Sm 5.11-12

14 1 Hirão, rei de Tiro, enviou a Davi mensageiros, madeira de cedro, pedreiros e carpinteiros, para lhe construírem um palácio. 2 Então Davi reconheceu que o Senhor o havia confirmado como rei sobre Israel e que tinha exaltado muito o seu reino por amor do seu povo de Israel.

FILHOS DE DAVI QUE NASCERAM EM JERUSALÉM

2Sm 5.13-16; 1Cr 3.5-8

3 Davi tomou ainda mais mulheres em Jerusalém e gerou ainda mais filhos e filhas. 4 São estes os nomes dos filhos de Davi que nasceram em Jerusalém: Samua, Sobabe, Natã, Salomão, 5 Ibar, Elisua, Elpelete, 6 Nogá, Nefegue, Jafia, 7 Elisama, Beeliada e Elifelete.

DAVI DERROTA OS FILISTEUS

2Sm 5.17-25

8 Quando os filisteus ouviram que Davi tinha sido ungido rei sobre todo o Israel, subiram todos para prendê-lo. Quando soube disso, Davi saiu contra eles. 9 Mas os filisteus vieram e investiram contra ele no vale dos Refains. 10 Então Davi consultou Deus, dizendo:

— Devo atacar os filisteus? Tu os entregarás nas minhas mãos?

O Senhor respondeu:

— Vá, porque os entregarei nas suas mãos.

11 Então Davi foi até Baal-Perazim e os derrotou ali. E disse:

— Deus, por meio de mim, rompeu as fileiras inimigas, como as águas rompem barreiras.

Por isso, chamaram aquele lugar de Baal-Perazim. 12 Os filisteus deixaram lá os seus deuses, e Davi ordenou que fossem queimados.

13 Os filisteus tornaram a subir e fizeram uma nova investida no vale. 14 De novo, Davi consultou Deus, e este lhe respondeu:

— Não vá atrás deles, mas rodeie por detrás deles e ataque-os por diante das amoreiras. 15 Quando você ouvir um barulho de marcha pelas copas das amoreiras, saia para a batalha: é Deus que saiu à sua frente, para atacar o exército dos filisteus.

16 Davi fez como Deus lhe havia ordenado, e atacou o exército dos filisteus desde Gibeão até Gezer. 17 Assim a fama de Davi se espalhou por todas aquelas terras, e o Senhor fez com que todas as nações tivessem medo dele.

OS LEVITAS DESIGNADOS PARA LEVAREM A ARCA

15 1 Davi fez também casas para si mesmo, na Cidade de Davi, e preparou um lugar para a arca de Deus e lhe armou uma tenda. 2 Então ele disse:

— Ninguém pode levar a arca de Deus, a não ser os levitas, porque o Senhor os escolheu para levarem a arca do Senhor e o servirem para sempre.

3 Davi reuniu todo o Israel em Jerusalém, para trazer a arca do Senhor para o lugar que ele havia preparado para ela. 4 Davi reuniu os filhos de Arão e os levitas. 5 Dos filhos de Coate veio Uriel, o chefe, e seus irmãos, cento e vinte; 6 dos filhos de Merari veio Asaías, o chefe, e seus irmãos, duzentos e vinte; 7 dos filhos de Gérson veio Joel, o chefe, e seus irmãos, cento e trinta; 8 dos filhos de Elisafã veio Semaías, o chefe, e seus irmãos, duzentos; 9 dos filhos de Hebrom veio Eliel, o chefe, e seus irmãos, oitenta; 10 dos filhos de Uziel veio Aminadabe, o chefe, e seus irmãos, cento e doze.

11 Davi chamou os sacerdotes Zadoque e Abiatar e os levitas Uriel, Asaías, Joel, Semaías, Eliel e Aminadabe 12 e lhes disse:

— Vocês são os chefes das famílias dos levitas. Santifiquem a si mesmos e aos seus irmãos, para que possam trazer a arca do Senhor, Deus de Israel, ao lugar que preparei para ela. 13 Pois, visto que vocês não a carregaram na primeira vez, o Senhor, nosso Deus, irrompeu contra nós, porque não o buscamos, segundo nos tinha sido ordenado.

14 Então os sacerdotes e os levitas se santificaram, para trazer a arca do Senhor, Deus de Israel. 15 Os filhos dos levitas trouxeram a arca de Deus sobre os ombros pelos cabos, como Moisés havia ordenado, segundo a palavra do Senhor.

MÚSICOS SÃO DESIGNADOS PARA O CULTO

16 Davi ordenou aos chefes dos levitas que constituíssem os seus irmãos, os cantores, para que, acompanhados por instrumentos musicais, liras, harpas e címbalos, se fizessem ouvir, levantando a voz com alegria. 17 Assim, os levitas designaram Hemã, filho de Joel; e dos irmãos dele, Asafe, filho de Berequias; e dos filhos de Merari, irmãos deles, Etã, filho de Cusaías. 18 E com eles os seus irmãos da segunda ordem: Zacarias, Bene, Jaaziel, Semiramote, Jeiel, Uni, Eliabe, Benaia, Maaseias, Matitias, Elifeleu e Micneias e os porteiros Obede-Edom e Jeiel. 19 Assim, os cantores Hemã, Asafe e Etã se faziam ouvir com címbalos de bronze; 20 Zacarias, Aziel, Semiramote, Jeiel, Uni, Eliabe, Maaseias e Benaia, com liras, em voz de soprano; 21 Matitias, Elifeleu, Micneias, Obede-Edom, Jeiel e Azazias, com harpas, em voz de baixo, para conduzir o canto. 22 Quenanias, chefe dos levitas músicos, tinha o encargo de dirigir o canto, porque era perito nisso. 23 Berequias e Elcana eram porteiros da arca. 24 Sebanias, Josafá, Natanael, Amasai, Zacarias, Benaia e Eliézer, os sacerdotes, tocavam as trombetas diante da arca de Deus; Obede-Edom e Jeías eram porteiros da arca.

A ARCA É LEVADA PARA JERUSALÉM

2Sm 6.12-19

25 Davi, os anciãos de Israel e os capitães de milhares foram, com alegria, buscar a arca da aliança do Senhor na casa de Obede-Edom. 26 E visto que Deus ajudou os levitas que levavam a arca da aliança do Senhor, ofereceram em sacrifício sete novilhos e sete carneiros. 27 Davi estava vestido com um manto de linho fino, bem como todos os levitas que levavam a arca, os cantores e Quenanias, chefe dos que levavam a arca e dos cantores; Davi vestia também uma estola sacerdotal de linho. 28 Assim, todo o Israel levou a arca da aliança do Senhor, com júbilo e ao som de clarins, trombetas e címbalos, fazendo ressoar harpas e liras.

MICAL DESPREZA A DAVI

2Sm 6.16,20-22

29 Quando a arca da aliança do Senhor estava entrando na Cidade de Davi, Mical, filha de Saul, olhou pela janela. E, ao ver o rei Davi dançando e se alegrando, ela o desprezou em seu coração.

A OFERTA DE SACRIFÍCIOS

16 1 Levaram a arca de Deus e a puseram no meio da tenda que Davi tinha preparado para ela. Então trouxeram holocaustos e ofertas pacíficas diante de Deus. 2 Depois de trazer os holocaustos e as ofertas pacíficas, Davi abençoou o povo em nome do Senhor. 3 E repartiu a todos em Israel, tanto homens como mulheres, a cada um, um bolo de pão, um bom pedaço de carne e passas. 4 Designou dentre os levitas os que haviam de ministrar diante da arca do Senhor, e celebrar, louvar e exaltar o Senhor, Deus de Israel, a saber, 5 Asafe, o chefe, Zacarias, o segundo, e depois Jeiel, Semiramote, Jeiel, Matitias, Eliabe, Benaia, Obede-Edom e Jeiel, com liras e harpas; e Asafe fazia ressoar os címbalos. 6 Os sacerdotes Benaia e Jaaziel estavam continuamente com trombetas, diante da arca da aliança de Deus.

7 Foi naquele dia que Davi encarregou, pela primeira vez, Asafe e seus irmãos de celebrarem com hinos o Senhor.

HINO DE AÇÃO DE GRAÇAS

Sl 105.1-15; 96.1-13; 106.1,47-48

8 Deem graças ao Senhor,
invoquem o seu nome;
tornem conhecidos entre os povos
os seus feitos.
9 Cantem a Deus,
cantem louvores a ele;
falem de todas as suas maravilhas.
10 Gloriem-se no seu santo nome;
alegre-se o coração
dos que buscam o Senhor.
11 Busquem o Senhor
e o seu poder;

busquem continuamente
a sua presença.
12 Lembrem-se das maravilhas
que ele fez,
dos seus prodígios
e dos juízos de seus lábios,
13 vocês, descendentes de Israel,
seu servo,
vocês, filhos de Jacó,
seus escolhidos.

14 Ele é o SENHOR, nosso Deus;
os seus juízos permeiam
toda a terra.
15 Lembra-se perpetuamente
da sua aliança,
da palavra que empenhou
para mil gerações;
16 da aliança que fez com Abraão
e do juramento que fez a Isaque;
17 o qual confirmou a Jacó
por decreto
e a Israel, por aliança perpétua,
18 dizendo: "Eu lhe darei
a terra de Canaã
como porção da sua herança."

19 Então eles eram
em pequeno número,
pouquíssimos e estrangeiros
na terra de Canaã;
20 andavam de nação em nação,
de um reino para outro reino.
21 Deus não permitiu
que ninguém os oprimisse,
e, por amor deles, repreendeu reis,
22 dizendo: "Não toquem
nos meus ungidos,
nem maltratem os meus profetas."

23 Cantem ao SENHOR,
todas as terras;
proclamem a sua salvação,
dia após dia.
24 Anunciem entre as nações
a sua glória,
entre todos os povos,
as suas maravilhas.
25 Porque o SENHOR é grande
e digno de ser louvado,
mais temível
do que todos os deuses.
26 Porque todos os deuses
dos povos
não passam de ídolos;
o SENHOR, porém, fez os céus.
27 Glória e majestade
estão diante dele,
força e alegria, no seu santuário.

28 Deem ao SENHOR,
ó famílias dos povos,
deem ao SENHOR glória e força.
29 Deem ao SENHOR a glória
devida ao seu nome;
tragam ofertas
e entrem nos seus átrios.
Adorem o SENHOR
na beleza da sua santidade.
30 Tremam diante dele,
todas as terras,
pois ele firmou o mundo
para que não se abale.

31 Alegrem-se os céus,
e a terra exulte;
diga-se entre as nações:
"O SENHOR reina."
32 Ruja o mar e a sua plenitude;
alegre-se o campo
e tudo o que nele há.
33 Cantem de alegria
as árvores do bosque,
na presença do SENHOR,
porque vem julgar a terra.

34 Deem graças ao SENHOR,
porque ele é bom,
porque a sua misericórdia
dura para sempre.
35 E digam: "Salva-nos, ó Deus
da nossa salvação,
congrega-nos e livra-nos
das nações,
para que demos graças
ao teu santo nome
e nos gloriemos no teu louvor."

36 Bendito seja o SENHOR,
Deus de Israel,
de eternidade a eternidade.

E todo o povo disse: "Amém!" E louvou
o SENHOR.

ADORAÇÃO EM JERUSALÉM E GIBEÃO

37 Então Davi deixou Asafe e seus irmãos ali diante da arca da aliança do Senhor, para ministrarem continuamente diante dela, segundo o que estava ordenado para cada dia. 38 Também deixou Obede-Edom com os seus irmãos, em número de sessenta e oito, bem como Obede-Edom, filho de Jedutum, e Hosa, para serem porteiros. 39 E deixou Zadoque, o sacerdote, e os sacerdotes, seus irmãos, diante do tabernáculo do Senhor, num lugar alto de Gibeão, 40 para oferecerem continuamente ao Senhor os holocaustos sobre o altar dos holocaustos, de manhã e de tarde, segundo tudo o que está escrito na Lei que o Senhor havia ordenado a Israel. 41 E com eles deixou Hemã, Jedutum e os demais escolhidos, que foram nominalmente designados para louvarem o Senhor, porque a sua misericórdia dura para sempre. 42 Portanto, com eles estavam Hemã e Jedutum, que faziam ressoar trombetas, címbalos e instrumentos musicais usados para louvar a Deus. Os filhos de Jedutum eram porteiros.

43 Então todo o povo se retirou, cada um para sua casa; Davi também foi, para abençoar a sua casa.

A ALIANÇA DO SENHOR COM DAVI

2Sm 7.1-17

17 1 E aconteceu que, quando Davi já morava em seu palácio, ele disse ao profeta Natã:

— Eis que eu estou morando num palácio feito de cedro, mas a arca da aliança do Senhor se encontra numa tenda.

2 Então Natã disse a Davi:

— Faça tudo o que estiver em seu coração, porque Deus está com você.

3 Porém, naquela mesma noite, a palavra de Deus veio a Natã, dizendo:

4 — Vá e diga a Davi, meu servo: Assim diz o Senhor: "Não será você quem edificará um templo para minha habitação. 5 Desde o dia em que tirei Israel do Egito até o dia de hoje, não habitei em nenhum templo, mas tenho andado de tenda em tenda, de tabernáculo em tabernáculo. 6 Em todos os lugares em que andei com todo o Israel, por acaso falei alguma palavra com algum dos seus juízes, a quem mandei apascentar o meu povo, dizendo: 'Por que vocês não construíram um templo de cedro para mim?'" 7 Agora diga ao meu servo Davi: Assim diz o Senhor dos Exércitos: "Eu tirei você das pastagens e do trabalho de andar atrás das ovelhas, para que você fosse príncipe sobre o meu povo de Israel. 8 Estive com você por onde quer que você andou e eliminei todos os seus inimigos diante de você. Engrandecerei o seu nome, como só os grandes têm na terra. 9 Prepararei um lugar para o meu povo de Israel e o plantarei para que habite no seu lugar e não seja mais perturbado. E jamais os filhos da perversidade o afligirão, como no passado, 10 desde os dias em que mandei que houvesse juízes sobre o meu povo de Israel. Subjugarei todos os seus inimigos. Também lhe faço saber que o Senhor fará uma casa para você. 11 Quando se cumprirem os seus dias e você for para junto de seus pais, então farei surgir depois de você o seu descendente, um dos seus filhos, e estabelecerei o reino dele. 12 Este edificará um templo para mim, e eu estabelecerei para sempre o trono dele. 13 Eu lhe serei por pai, e ele me será por filho. Não tirarei dele a minha misericórdia, como a retirei daquele que foi rei antes de você. 14 Mas eu o confirmarei na minha casa e no meu reino para sempre, e o trono dele será estabelecido para sempre."

15 Segundo todas estas palavras e conforme toda esta visão, assim Natã falou com Davi.

ORAÇÃO DE AGRADECIMENTO DE DAVI

2Sm 7.18-29

16 Então o rei Davi se pôs diante do Senhor e disse:

— Quem sou eu, Senhor Deus, e qual é a minha casa, para que me tenhas trazido até aqui? 17 E como se isto fosse pouco aos teus olhos, ó Deus, também falaste a respeito da casa de teu servo para tempos distantes e me trataste como se eu fosse um homem ilustre, ó Senhor Deus. 18 Que mais ainda te poderá dizer Davi a respeito das honras feitas a teu servo? Pois tu conheces bem o teu servo. 19 Ó Senhor, por amor de teu servo e segundo o teu coração, fizeste toda esta

grandeza, para tornar conhecidas todas
estas grandes coisas!
20 — SENHOR, não há ninguém semelhante
a ti, e não há outro Deus além de ti, segundo
tudo o que nós mesmos temos ouvido.
21 Quem há como o teu povo de Israel,
gente única na terra, a quem Deus foi res-
gatar para ser o seu povo, fazendo para ti
mesmo um nome com estas grandes e tre-
mendas coisas, desterrando as nações de
diante do teu povo, que resgataste do Egito?
22 Estabeleceste o teu povo de Israel por teu
povo para sempre e tu, ó SENHOR, te fizeste
o seu Deus.

23 — E agora, SENHOR, quanto a esta pala-
vra que disseste a respeito de teu servo e a
respeito da sua casa, seja estabelecida para
sempre; e faze como falaste. 24 Seja estabe-
lecido e para sempre engrandecido o teu
nome, e que se diga: "O SENHOR dos Exércitos,
o Deus de Israel, é Deus para Israel." E a
casa de Davi, teu servo, será estabelecida
diante de ti. 25 Pois tu, Deus meu, fizeste ao
teu servo a revelação de que lhe edificarias
uma casa. Por isso, o teu servo se animou
para fazer-te esta oração. 26 Agora, pois, ó
SENHOR, tu mesmo és Deus e tens prome-
tido ao teu servo este bem. 27 Queiras, agora,
abençoar a casa do teu servo, a fim de per-
manecer para sempre diante de ti, pois tu, ó
SENHOR, a abençoaste, e ela será abençoada
para sempre.

DIVERSAS VITÓRIAS DE DAVI

2Sm 8.1-14

18 1 Depois disso, Davi atacou os filis-
teus, derrotou-os e tomou Gate e
as suas aldeias das mãos dos filisteus.
2 Também derrotou os moabitas, que se tor-
naram servos de Davi e lhe pagavam tributo.

3 Davi também derrotou Hadadezer, rei de
Zobá, nas imediações de Hamate, quando
aquele foi restabelecer o seu domínio sobre
o rio Eufrates. 4 Davi tomou-lhe mil carros de
guerra, sete mil cavaleiros e vinte mil solda-
dos de infantaria. Mutilou todos os cavalos
dos carros de guerra, com exceção dos que
puxavam cem deles.

5 Os sírios de Damasco foram socorrer
Hadadezer, rei de Zobá, mas Davi matou
vinte e dois mil deles. 6 Davi pôs guarni-
ções na Síria de Damasco, e os sírios se
tornaram servos de Davi e lhe pagavam
tributo. E o SENHOR dava vitórias a Davi
por onde quer que ele ia. 7 Davi tomou os
escudos de ouro que eram usados pelos ofi-
ciais de Hadadezer e os trouxe a Jerusalém.
8 Também de Tibate e de Cum, cidades de
Hadadezer, Davi tomou grande quantidade
de bronze, de que Salomão fez o mar de
bronze, as colunas e os utensílios de bronze.

9 Quando Toú, rei de Hamate, soube que
Davi tinha derrotado todo o exército de
Hadadezer, rei de Zobá, 10 mandou seu filho
Hadorão ao rei Davi, para o saudar e cumpri-
mentá-lo por ter lutado contra Hadadezer
e por havê-lo vencido. Acontece que
Hadadezer de contínuo fazia guerra a Toú.
Hadorão trouxe consigo objetos de ouro, de
prata e de bronze, 11 que o rei Davi consa-
grou ao SENHOR, juntamente com a prata e o
ouro que havia trazido de todas as demais
nações: de Edom, de Moabe, dos filhos de
Amom, dos filisteus e de Amaleque.

12 Também Abisai, filho de Zeruia, matou
dezoito mil edomitas no vale do Sal. 13 Pôs
guarnições em Edom, e todos os edomitas
se tornaram servos de Davi. E o SENHOR dava
vitórias a Davi por onde quer que ele ia.

OFICIAIS DE DAVI

2Sm 8.15-18; 20.23-26

14 Davi reinou sobre todo o Israel; julgava
e fazia justiça a todo o seu povo. 15 Joabe,
filho de Zeruia, era comandante do exér-
cito; Josafá, filho de Ailude, era cronista.
16 Zadoque, filho de Aitube, e Abimeleque,
filho de Abiatar, eram sacerdotes; e Sausa
era o escrivão. 17 Benaia, filho de Joiada,
era o comandante da guarda real. Os filhos
de Davi, porém, eram os primeiros ao
lado do rei.

DAVI DERROTA OS AMONITAS E OS SÍRIOS

2Sm 10.1-19

19 1 Depois disto, morreu Naás, rei dos
filhos de Amom, e seu filho reinou
em seu lugar. 2 Então Davi disse:

— Serei bondoso com Hanum, filho de
Naás, porque o pai dele foi bondoso comigo.

E Davi enviou mensageiros para conso-
lar Hanum por causa da morte de seu pai.
E os servos de Davi chegaram à terra dos

filhos de Amom, a Hanum, para o consolarem. 3 Mas os príncipes dos filhos de Amom disseram a Hanum:

— O senhor pensa que foi para honrar o seu pai que Davi mandou esses consoladores? Não teria sido mais para que esses servos enviados por ele conheçam, destruam e espionem a terra?

4 Então Hanum pegou os servos de Davi, rapou a barba deles, cortou metade das roupas até a altura das nádegas, e os mandou embora. 5 Alguns foram e contaram a Davi o que tinha acontecido com aqueles homens. Então o rei enviou mensageiros ao encontro deles, porque estavam muito envergonhados. O rei mandou dizer-lhes:

— Fiquem em Jericó, até que a barba de vocês cresça de novo; depois, venham para cá.

6 Quando viram que haviam despertado o ódio de Davi, Hanum e os filhos de Amom pegaram trinta e quatro toneladas de prata, para contratar carros de guerra e cavaleiros da Mesopotâmia, dos sírios de Maaca e de Zobá. 7 Contrataram trinta e dois mil carros de guerra, bem como o rei de Maaca e a sua gente. Eles vieram e acamparam perto de Medeba. Também os filhos de Amom se ajuntaram das suas cidades e vieram para a guerra. 8 Davi soube disso e enviou contra eles Joabe com todo o exército dos valentes. 9 Os filhos de Amom saíram e se prepararam para a batalha à entrada do portão da cidade; porém os reis que vieram estavam à parte no campo.

10 Quando Joabe viu que a batalha estava preparada contra ele tanto pela frente como pela retaguarda, escolheu os melhores soldados de Israel e os formou em linha contra os sírios. 11 O resto do exército ele entregou a Abisai, seu irmão, e puseram-se em linha contra os filhos de Amom. 12 Joabe disse a Abisai:

— Se os sírios forem mais fortes do que eu, você virá em meu socorro; e, se os filhos de Amom forem mais fortes do que você, eu irei em seu socorro. 13 Seja forte! Vamos lutar com coragem pelo nosso povo e pelas cidades de nosso Deus. E que o SENHOR Deus faça o que achar melhor.

14 Então Joabe avançou com o povo que estava com ele, e travaram batalha contra os sírios, que fugiram diante dele. 15 Quando os filhos de Amom viram que os sírios fugiam, também eles fugiram de Abisai, irmão de Joabe, e entraram na cidade. Então Joabe parou de lutar contra os filhos de Amom e voltou para Jerusalém.

16 Quando os sírios viram que tinham sido derrotados por Israel, enviaram mensageiros e chamaram os sírios que estavam do outro lado do rio Eufrates. Sofaque, comandante do exército de Hadadezer, marchava adiante deles. 17 Quando ficou sabendo disso, Davi reuniu todo o Israel, passou o Jordão, foi ao encontro deles e se pôs em ordem de batalha. Depois que Davi tinha feito isto, os sírios lutaram contra ele. 18 Porém os sírios fugiram de Israel, e Davi matou os condutores de sete mil carros de guerra e quarenta mil soldados de infantaria dos sírios; e matou Sofaque, o comandante do exército. 19 Quando os servos de Hadadezer viram que tinham sido vencidos por Israel, fizeram paz com Davi e o serviram. E os sírios nunca mais quiseram socorrer os filhos de Amom.

DAVI CONQUISTA RABÁ

2Sm 12.26-31

20 1 Decorrido um ano, no tempo em que os reis costumam sair para a guerra, Joabe levou o exército, destruiu a terra dos filhos de Amom, foi e sitiou Rabá. Mas Davi ficou em Jerusalém. Joabe atacou Rabá e a destruiu. 2 Davi tirou a coroa da cabeça do seu rei e verificou que tinha o peso de trinta e quatro quilos de ouro e que havia nela pedras preciosas. Essa coroa foi posta na cabeça de Davi. E da cidade ele levou muitos despojos. 3 Também trouxe o povo que havia nela, e os fez trabalhar com serras, picaretas de ferro e machados. Davi fez o mesmo com todas as cidades dos filhos de Amom. Depois voltou com todo o exército para Jerusalém.

GIGANTES MORTOS PELOS HOMENS DE DAVI

2Sm 21.15-22

4 Depois disto houve guerra em Gezer contra os filisteus. Foi então que Sibecai, o husatita, matou Sipai, que era descendente dos gigantes; e os filisteus foram subjugados.

5 Houve ainda outra batalha contra os filisteus, e Elanã, filho de Jair, matou Lami, irmão de Golias, o geteu, cuja lança tinha a haste como eixo de tecelão.

6 Houve ainda outra batalha em Gate. Ali havia um homem de grande estatura, que tinha vinte e quatro dedos, seis em cada mão e seis em cada pé; também este descendia dos gigantes. 7 Quando ele insultou Israel, Jônatas, filho de Simeia, irmão de Davi, o matou.

8 Esses eram descendentes dos gigantes em Gate, e foram mortos por Davi e seus soldados.

O LEVANTAMENTO DO CENSO

2Sm 24.1-9

21 1 Então Satanás se levantou contra Israel e incitou Davi a levantar o censo de Israel. 2 Davi disse a Joabe e aos chefes do povo:

— Vão e levantem o censo de Israel, desde Berseba até Dã, e tragam-me a apuração para que eu saiba o seu número.

3 Então Joabe disse:

— Que o SENHOR, seu Deus, multiplique este povo cem vezes mais! No entanto, meu rei e senhor, não são todos eles servos de meu senhor? Por que meu senhor requer isso? Por que trazer, assim, culpa sobre Israel?

4 Porém a palavra do rei prevaleceu contra Joabe. Então Joabe saiu e percorreu todo o Israel; depois, voltou para Jerusalém. 5 Joabe apresentou a Davi o resultado do recenseamento do povo: havia em Israel um milhão e cem mil homens que puxavam da espada; e em Judá eram quatrocentos e setenta mil homens que puxavam da espada. 6 Porém os de Levi e Benjamim não foram contados entre eles, porque a ordem do rei foi abominável a Joabe.

DAVI ESCOLHE O CASTIGO

2Sm 24.10-17

7 Tudo isto desagradou a Deus, e por isso ele castigou Israel. 8 Então Davi se dirigiu a Deus, dizendo:

— Cometi um grande pecado ao fazer tal coisa. Mas agora peço-te que perdoes a iniquidade do teu servo, porque fiz uma grande loucura.

9 Então o SENHOR falou a Gade, o vidente de Davi, dizendo:

10 — Vá e diga a Davi: Assim diz o SENHOR: "Eu lhe ofereço três opções; escolha uma delas, para que eu a execute contra você."

11 Gade foi falar com Davi e lhe disse:

— Assim diz o SENHOR: "Escolha o que você quer: 12 ou três anos de fome, ou que por três meses você seja consumido diante dos seus adversários, sendo alcançado pela espada dos seus inimigos, ou que por três dias a espada do SENHOR, isto é, a peste na terra e o Anjo do SENHOR causem destruição em todos os territórios de Israel." Diga, agora, que resposta devo dar ao que me enviou.

13 Então Davi disse a Gade:

— Estou muito angustiado. Porém é preferível que eu caia nas mãos do SENHOR, porque muitas são as suas misericórdias; não quero cair nas mãos dos homens.

14 Então o SENHOR enviou a peste a Israel; e morreram setenta mil homens do povo de Israel. 15 Deus enviou um anjo a Jerusalém, para a destruir. Quando estava por destruí-la, o SENHOR olhou, mudou de ideia quanto a este mal e disse ao anjo destruidor:

— Basta! Retire a sua mão.

O Anjo do SENHOR estava junto à eira de Ornã, o jebuseu. 16 Davi ergueu os olhos e viu o Anjo do SENHOR, que estava entre a terra e o céu, com a espada desembainhada na mão estendida contra Jerusalém. Então Davi e os anciãos, vestidos de pano de saco, se prostraram com o rosto em terra. 17 Davi falou para Deus:

— Por acaso não fui eu quem mandou contar o povo? Eu é que pequei e fiz esse mal. Mas estas ovelhas o que fizeram? Ah! SENHOR, meu Deus, que a tua mão seja contra mim e contra a casa de meu pai, mas não contra o teu povo, para castigá-lo.

DAVI EDIFICA UM ALTAR NA EIRA DE ORNÃ

2Sm 24.18-25

18 Então o Anjo do SENHOR disse a Gade que mandasse Davi edificar um altar ao SENHOR na eira de Ornã, o jebuseu. 19 Davi foi segundo a palavra que Gade havia falado em nome do SENHOR. 20 Ao voltar-se, Ornã viu o Anjo; e os seus quatro filhos que estavam com ele se esconderam. Ora, Ornã estava

debulhando trigo. 21 Quando Davi estava indo ao encontro de Ornã, este olhou e viu Davi. E, saindo da eira, se inclinou diante de Davi, com o rosto em terra. 22 Davi disse a Ornã:

— Dê-me este lugar da eira, a fim de edificar nele um altar ao SENHOR, para que cesse a praga de sobre o povo. Venda-me este lugar pelo seu devido valor.

23 Então Ornã disse a Davi:

— Que o rei, meu senhor, a tome para si e faça dela o que bem quiser. Eis que dou os bois para o holocausto, o debulhador de cereais para a lenha e o trigo para a oferta de cereais; dou tudo.

24 Porém o rei Davi disse a Ornã:

— Não! Eu vou comprar pelo seu inteiro valor. Porque não tomarei o que é seu para dar ao SENHOR, nem oferecerei holocausto que não me custe nada.

25 Davi pagou a Ornã por aquele lugar sete quilos e duzentos gramas de ouro. 26 Edificou ali um altar ao SENHOR, ofereceu nele holocaustos e sacrifícios pacíficos e invocou o SENHOR, que lhe respondeu com fogo do céu sobre o altar do holocausto. 27 O SENHOR deu ordem ao Anjo, e ele meteu a sua espada na bainha.

O LUGAR DO TEMPLO

28 Naquele tempo, ao ver que o SENHOR lhe havia respondido na eira de Ornã, o jebuseu, Davi ofereceu sacrifícios ali. 29 Porque naquele tempo o tabernáculo do SENHOR, que Moisés havia feito no deserto, e o altar do holocausto estavam no lugar alto de Gibeão. 30 Davi não podia ir até lá para consultar a Deus, porque estava com medo da espada do Anjo do SENHOR.

DAVI FAZ PREPARATIVOS PARA EDIFICAR O TEMPLO

22 1 Davi disse:

— Aqui se levantará a Casa do SENHOR Deus e o altar do holocausto para Israel.

2 Davi deu ordem para que fossem reunidos os estrangeiros que estavam na terra de Israel, e encarregou pedreiros que preparassem pedras lavradas para a construção da Casa de Deus. 3 Davi ajuntou ferro em abundância, para os pregos das folhas dos portões e para as junções, bem como bronze em abundância, que nem foi pesado, 4 além de madeira de cedro sem conta, porque os homens de Tiro e de Sidom a traziam a Davi em grande quantidade. 5 Pois Davi dizia:

— Meu filho Salomão ainda é moço e inexperiente, e o templo que será edificado para o SENHOR deve ser sobremodo magnífico, para nome e glória em todas as terras. Portanto, vou providenciar o necessário para a construção.

Assim, antes de morrer, Davi providenciou materiais em abundância.

ORDENS DE DAVI A SALOMÃO

6 Então Davi chamou Salomão, seu filho, e lhe ordenou que edificasse um templo ao SENHOR, Deus de Israel. 7 Davi disse a Salomão:

— Meu filho, tive a intenção de edificar um templo ao nome do SENHOR, meu Deus. 8 Porém a palavra do SENHOR veio a mim, dizendo: "Você derramou muito sangue e fez grandes guerras. Você não edificará um templo ao meu nome, porque derramou muito sangue na terra, na minha presença. 9 Eis que lhe nascerá um filho, que será homem pacífico, porque lhe darei descanso de todos os seus inimigos ao redor. Portanto, o nome dele será Salomão, e nos seus dias darei paz e tranquilidade a Israel. 10 Este edificará um templo ao meu nome. Ele me será por filho, e eu lhe serei por pai; e eu estabelecerei para sempre o trono do seu reino sobre Israel."

11 — Agora, meu filho, que o SENHOR esteja com você, a fim de que você prospere e possa edificar a Casa do SENHOR, seu Deus, como ele disse a seu respeito. 12 Que o SENHOR lhe conceda prudência e entendimento, para que, quando for rei sobre Israel, você guarde a Lei do SENHOR, seu Deus. 13 Então você prosperará, se tiver o cuidado de cumprir os estatutos e os juízos que o SENHOR ordenou a Moisés a respeito de Israel. Seja forte e corajoso, não tenha medo, nem fique assustado. 14 Eis que, com muito esforço, preparei para a Casa do SENHOR três mil e quatrocentas toneladas de ouro e mais de trinta e quatro mil toneladas de prata, e bronze e ferro em tal abundância, que nem foram pesados. Também preparei madeira e pedras, cuja quantidade você pode aumentar. 15 Além disso, você tem

um grande número de trabalhadores: cor-
tadores de pedras, pedreiros, carpinteiros e
peritos em todo tipo de trabalho 16 em ouro,
prata, bronze e ferro, que não se pode contar.
Portanto, mãos à obra, e que o SENHOR esteja
com você!
17 Davi ordenou a todos os chefes de Israel
que ajudassem Salomão, seu filho, dizendo:
18 — Não está com vocês o SENHOR, seu
Deus? E não é fato que lhes deu paz por
todos os lados? Pois ele entregou nas
minhas mãos os moradores desta terra, a
qual está sujeita diante do SENHOR e diante
do seu povo. 19 Agora disponham o coração
e a alma para buscar o SENHOR, seu Deus.
Preparem-se e comecem a construir o san-
tuário do SENHOR Deus, para que a arca da
aliança do SENHOR e os utensílios sagrados
de Deus sejam trazidos a este templo, que
será edificado ao nome do SENHOR.

23 1 Quando já era bem velho, Davi
constituiu o seu filho Salomão rei
sobre Israel.

TURNOS E FUNÇÕES DOS LEVITAS

2 Davi reuniu todos os chefes de Israel, bem
como os sacerdotes e levitas. 3 Foram conta-
dos os levitas de trinta anos para cima, e seu
número, contados um por um, foi de trinta
e oito mil homens. 4 Destes, havia vinte e
quatro mil para supervisionarem a obra
da Casa do SENHOR, seis mil oficiais e juí-
zes, 5 quatro mil porteiros e quatro mil para
louvarem o SENHOR com os instrumentos que
Davi fez para esse fim. 6 Davi os repartiu por
turnos, segundo os filhos de Levi: Gérson,
Coate e Merari.
7 Os filhos de Gérson foram: Ladã e Simei.
8 Os filhos de Ladã foram: Jeiel, o chefe, Zetã
e Joel, três ao todo. 9 Os filhos de Simei
foram: Selomite, Haziel e Harã, três ao todo.
Estes foram os chefes das famílias de Ladã.
10 Os filhos de Simei foram: Jaate, Ziza, Jeús
e Berias. Estes foram os filhos de Simei, qua-
tro ao todo. 11 Jaate era o chefe e Ziza era o
segundo. Jeús e Berias não tiveram muitos
filhos e por isso estes dois foram contados
como uma só família.
12 Os filhos de Coate foram: Anrão, Isar,
Hebrom e Uziel, quatro ao todo. 13 Os
filhos de Anrão foram: Arão e Moisés.
Arão foi separado para servir no Santo dos
Santos, ele e os seus filhos, para sempre,
e para queimar incenso diante do SENHOR,
para o servir e para dar a bênção em seu
nome, para sempre. 14 Quanto a Moisés,
homem de Deus, seus filhos foram con-
tados entre a tribo de Levi. 15 Os filhos de
Moisés foram: Gérson e Eliézer. 16 O filho
de Gérson foi Sebuel, o chefe. 17 O filho de
Eliézer foi Reabias, o chefe; e ele não teve
outros filhos; mas os filhos de Reabias se
multiplicaram grandemente.
18 Os filhos de Isar foram: Selomite, o
chefe. 19 Os filhos de Hebrom foram: Jerias, o
chefe, Amarias, o segundo, Jaaziel, o terceiro,
e Jecameão, o quarto. 20 Os filhos de Uziel
foram: Mica, o chefe, e Issias, o segundo.
21 Os filhos de Merari foram: Mali e Musi.
Os filhos de Mali foram: Eleazar e Quis.
22 Eleazar morreu e não teve filhos, porém
filhas; e os filhos de Quis, seus parentes,
casaram com elas. 23 Os filhos de Musi
foram: Mali, Éder e Jerimote, três ao todo.
24 Estes foram os filhos de Levi, segundo
as suas famílias e chefes delas, segundo
foram contados nominalmente, um por
um, de vinte anos para cima, encarregados
do ministério da Casa do SENHOR. 25 Porque
Davi disse:
— O SENHOR, Deus de Israel, deu paz ao seu
povo e habitará em Jerusalém para sempre.
26 Assim, os levitas já não precisarão levar o
tabernáculo e nenhum dos utensílios para
o seu ministério.
27 Porque, segundo as últimas palavras de
Davi, foram contados os filhos de Levi de
vinte anos para cima. 28 O serviço deles era
ajudar os filhos de Arão no ministério da
Casa do SENHOR, nos átrios e nas câmaras,
na purificação de todas as coisas sagradas
e na obra do ministério da Casa de Deus,
29 a saber, cuidar dos pães da proposição, da
melhor farinha para a oferta de cereais, dos
bolos sem fermento, das ofertas assadas e
das misturadas com azeite, bem como dos
pesos e das medidas. 30 Deviam estar pre-
sentes todas as manhãs e todas as tardes
para darem graças ao SENHOR e o louvarem,
31 e sempre que fossem oferecidos os holo-
caustos do SENHOR, nos sábados, nas Festas
da Lua Nova e nas festas fixas, diante do
SENHOR, segundo o número determinado.

O nosso amor por Deus é provado nas dificuldades, nas tribulações, nas aflições, nos momentos em que não apenas a sinceridade desse sentimento é testada, como também o nosso coração.

32 Os filhos de Levi deviam cuidar da tenda do encontro e do santuário e deviam ajudar os filhos de Arão, seus irmãos, no ministério da Casa do SENHOR.

OS TURNOS DOS SACERDOTES

24 1 Quanto aos filhos de Arão, foram eles divididos por seus turnos. Os filhos de Arão foram: Nadabe, Abiú, Eleazar e Itamar. 2 Nadabe e Abiú morreram antes de seu pai e não tiveram filhos; por isso, Eleazar e Itamar oficiavam como sacerdotes. 3 Com a ajuda de Zadoque, que era dos filhos de Eleazar, e de Aimeleque, que era dos filhos de Itamar, Davi os dividiu segundo os seus deveres no seu ministério.

4 E verificou-se que, entre os chefes de famílias, havia mais filhos de Eleazar do que filhos de Itamar: dezesseis chefes de famílias dos filhos de Eleazar, e oito chefes de famílias dos filhos de Itamar. 5 Foram distribuídos por sorteio, tanto uns como os outros, porque havia oficiais do santuário e oficiais de Deus tanto entre os filhos de Eleazar como entre os filhos de Itamar. 6 Semaías, escrivão, filho de Natanael, levita, registrou-os na presença do rei, dos príncipes, do sacerdote Zadoque, de Aimeleque, filho de Abiatar, e dos chefes das famílias dos sacerdotes e dos levitas, sendo as famílias escolhidas por sorteio, alternadamente, para Eleazar e para Itamar.

7 A primeira sorte saiu para Jeoiaribe; a segunda, para Jedaías; 8 a terceira, para Harim; a quarta, para Seorim; 9 a quinta, para Malquias; a sexta, para Miamim; 10 a sétima, para Hacoz; a oitava, para Abias; 11 a nona, para Jesua; a décima, para Secanias; 12 a décima primeira, para Eliasibe; a décima segunda, para Jaquim; 13 a décima terceira, para Hupá; a décima quarta, para Jesebeabe; 14 a décima quinta, para Bilga; a décima sexta, para Imer; 15 a décima sétima, para Hezir; a décima oitava, para Hapises; 16 a décima nona, para Petaías; a vigésima, para Jeezquel; 17 a vigésima primeira, para Jaquim; a vigésima segunda, para Gamul; 18 a vigésima terceira, para Delaías; a vigésima quarta, para Maazias. 19 O ofício destes no seu ministério era entrar na Casa do SENHOR, segundo a maneira estabelecida por Arão, seu pai, como o SENHOR, Deus de Israel, lhe havia ordenado.

20 Eis os chefes do restante dos filhos de Levi: dos filhos de Anrão, Subael; dos filhos de Subael, Jedias; 21 dos filhos de Reabias, Issias, o chefe; 22 dos isaritas, Selomite; dos filhos de Selomite, Jaate; 23 dos filhos de Hebrom, Jerias, o primeiro, Amarias, o segundo, Jaaziel, o terceiro, Jecameão, o quarto; 24 dos filhos de Uziel, Mica; dos filhos de Mica, Samir; 25 o irmão de Mica, Issias; dos filhos de Issias, Zacarias; 26 dos filhos de Merari, Mali e Musi; dos filhos de Jaazias, Beno; 27 dos filhos de Merari, da parte de Jaazias: Beno, Soão, Zacur e Ibri; 28 de Mali, Eleazar, que não teve filhos; 29 dos filhos de Quis, Jerameel; 30 dos filhos de Musi, Mali, Éder e Jerimote.

Estes foram os filhos dos levitas, segundo as suas famílias. 31 Também estes, tanto os chefes das famílias como os seus irmãos menores, como fizeram os seus outros irmãos, filhos de Arão, lançaram sortes na presença do rei Davi, de Zadoque, de Aimeleque e dos chefes das famílias dos sacerdotes e dos levitas.

FUNÇÃO DOS CANTORES

25 1 Davi, juntamente com os chefes do serviço, separou para o ministério os filhos de Asafe, de Hemã e de Jedutum, para profetizarem com harpas, liras e címbalos. A lista dos encarregados neste ministério foi: 2 dos filhos de Asafe: Zacur, José, Netanias e Asarela, filhos de Asafe, sob a direção deste, que exercia o seu ministério debaixo das ordens do rei.

3 Quanto à família de Jedutum, os filhos: Gedalias, Zeri, Jesaías, Simei, Hasabias e Matitias, seis ao todo, sob a direção de Jedutum, seu pai, que profetizava com harpas, louvando e dando graças ao SENHOR.

4 Quanto à família de Hemã, os filhos: Buquias, Matanias, Uziel, Sebuel, Jerimote, Hananias, Hanani, Eliata, Gidalti, Romanti-Ézer, Josbecasa, Maloti, Hotir e Maaziote. 5 Todos estes foram filhos de Hemã, o vidente do rei e cujo poder Deus exaltou segundo as suas promessas, dando-lhe catorze filhos e três filhas. 6 Todos estes estavam sob a direção respectivamente de seus pais, para dirigir o canto na Casa do SENHOR, com címbalos, liras e harpas, para o ministério da Casa de Deus, estando Asafe,

Jedutum e Hemã debaixo das ordens do rei.
7 O número deles, juntamente com os seus
irmãos instruídos no canto do SENHOR, todos
eles mestres, era de duzentos e oitenta e
oito. 8 Lançaram sortes para designar os
deveres, tanto dos jovens como dos velhos,
tanto do mestre como do discípulo.

9 A primeira sorte tocou à família de Asafe e
saiu para José; a segunda, para Gedalias, que,
com os seus irmãos e os seus filhos, eram
doze ao todo. 10 A terceira, para Zacur, seus
filhos e seus irmãos, doze ao todo. 11 A quarta,
para Izri, seus filhos e seus irmãos, doze ao
todo. 12 A quinta, para Netanias, seus filhos
e seus irmãos, doze ao todo. 13 A sexta, para
Buquias, seus filhos e seus irmãos, doze ao
todo. 14 A sétima, para Jesarela, seus filhos e
seus irmãos, doze ao todo. 15 A oitava, para
Jesaías, seus filhos e seus irmãos, doze ao
todo. 16 A nona, para Matanias, seus filhos e
seus irmãos, doze ao todo. 17 A décima, para
Simei, seus filhos e seus irmãos, doze ao
todo. 18 A décima primeira, para Azarel, seus
filhos e seus irmãos, doze ao todo. 19 A décima
segunda, para Hasabias, seus filhos e seus
irmãos, doze ao todo. 20 A décima terceira,
para Subael, seus filhos e seus irmãos, doze
ao todo. 21 A décima quarta, para Matitias,
seus filhos e seus irmãos, doze ao todo. 22 A
décima quinta, para Jerimote, seus filhos e
seus irmãos, doze ao todo. 23 A décima sexta,
para Hananias, seus filhos e seus irmãos,
doze ao todo. 24 A décima sétima, para
Josbecasa, seus filhos e seus irmãos, doze
ao todo. 25 A décima oitava, para Hanani, seus
filhos e seus irmãos, doze ao todo. 26 A décima
nona, para Maloti, seus filhos e seus irmãos,
doze ao todo. 27 A vigésima, para Eliata, seus
filhos e seus irmãos, doze ao todo. 28 A vigé-
sima primeira, para Hotir, seus filhos e seus
irmãos, doze ao todo. 29 A vigésima segunda,
para Gidalti, seus filhos e seus irmãos, doze
ao todo. 30 A vigésima terceira, para Maaziote,
seus filhos e seus irmãos, doze ao todo. 31 A
vigésima quarta, para Romanti-Ézer, seus
filhos e seus irmãos, doze ao todo.

OS PORTEIROS

26 1 Quanto aos turnos dos porteiros:
dos coraítas, Meselemias, filho de
Coré, dos filhos de Asafe. 2 Os filhos de
Meselemias foram: Zacarias, o primogênito,
Jediael, o segundo, Zebadias, o terceiro,
Jatniel, o quarto, 3 Elão, o quinto, Joanã, o
sexto, Elioenai, o sétimo.

4 Os filhos de Obede-Edom foram:
Semaías, o primogênito, Jeozabade, o
segundo, Joá, o terceiro, Sacar, o quarto,
Natanael, o quinto, 5 Amiel, o sexto, Issacar,
o sétimo, Peuletai, o oitavo. Porque Deus
tinha abençoado Obede-Edom.

6 Também a seu filho Semaías nasceram
filhos, que dominaram sobre a casa de seu
pai; porque foram homens valentes. 7 Os
filhos de Semaías foram: Otni, Rafael, Obede
e Elzabade, cujos irmãos Eliú e Semaquias
eram homens valentes. 8 Todos estes foram
dos filhos de Obede-Edom; eles, seus filhos
e seus irmãos, homens capazes e robustos
para o serviço; ao todo, sessenta e dois.

9 Os filhos e os irmãos de Meselemias,
homens valentes, foram dezoito.

10 De Hosa, dos filhos de Merari, foram
filhos: Sinri, a quem o pai constituiu chefe,
ainda que não era o primogênito, 11 Hilquias,
o segundo, Tebalias, o terceiro, Zacarias, o
quarto; todos os filhos e irmãos de Hosa
foram treze.

12 A estes turnos dos porteiros, isto é, a
seus chefes, foi entregue a guarda, para ser-
virem, como seus irmãos, na Casa do SENHOR.
13 Para cada portão fizeram um sorteio para
designar os deveres tanto dos pequenos
como dos grandes, segundo as suas famí-
lias. 14 A guarda do lado do leste caiu por
sorteio a Selemias; depois, lançaram sorte
sobre seu filho Zacarias, conselheiro pru-
dente, e lhe saiu a guarda do lado do norte;
15 a Obede-Edom, a guarda do lado do sul; e
a seus filhos, a guarda da casa de depósitos;
16 a Supim e Hosa, a guarda do oeste, junto
ao portão de Salequete, na estrada que sobe.
Uma guarda ficava ao lado de outra guarda.
17 A leste, estavam de guarda seis levitas; ao
norte, quatro por dia; ao sul, quatro por dia,
e, para a casa de depósitos, dois num lugar e
dois noutro. 18 No átrio a oeste, quatro junto
ao caminho, dois junto ao átrio. 19 São estes
os turnos dos porteiros dos filhos dos coraí-
tas e dos filhos de Merari.

GUARDAS DOS TESOUROS

20 Outros levitas, seus irmãos, tinham o
encargo dos tesouros da Casa de Deus e dos

tesouros das coisas consagradas: 21 os filhos de Ladã, descendentes dos gersonitas pertencentes a Ladã e chefes das famílias deste, da família de Gérson: Jeieli; 22 os filhos de Jeieli: Zetã e Joel, seu irmão; estes estavam encarregados dos tesouros da Casa do Senhor.

23 Dos anramitas, dos isaritas, dos hebronitas, dos uzielitas, 24 Sebuel, filho de Gérson, filho de Moisés, era oficial encarregado dos tesouros. 25 Seus irmãos: de Eliézer, foi filho Reabias, de quem foi filho Jesaías, de quem foi filho Jorão, de quem foi filho Zicri, de quem foi filho Selomite. 26 Este Selomite e os seus irmãos tinham a seu encargo todos os tesouros das coisas consagradas que o rei Davi e os chefes das famílias, capitães de milhares e de centenas e capitães do exército tinham dedicado. 27 Dos despojos das guerras as dedicaram para a conservação da Casa do Senhor. 28 Tinham também a seu encargo tudo o que havia sido dedicado por Samuel, o vidente, por Saul, filho de Quis, por Abner, filho de Ner, e por Joabe, filho de Zeruia. Tudo o que qualquer pessoa havia dedicado estava sob os cuidados de Selomite e seus irmãos.

OS OFICIAIS E OS JUÍZES

29 Dos isaritas, Quenanias e seus filhos foram postos sobre Israel, para oficiais e juízes dos negócios externos.

30 Dos hebronitas, foram Hasabias e seus irmãos, homens valentes, mil e setecentos, que superintendiam Israel, além do Jordão para o oeste, em todo serviço do Senhor e interesses do rei; 31 dos hebronitas, Jerias era o chefe. Quanto aos hebronitas, suas genealogias e famílias, se fizeram investigações no quadragésimo ano do reinado de Davi e se acharam entre eles homens valentes em Jazer de Gileade. 32 Seus irmãos, homens valentes, dois mil e setecentos, chefes das famílias; e o rei Davi os constituiu sobre os rubenitas, os gaditas e a meia tribo dos manassitas, para todos os negócios de Deus e para todos os negócios do rei.

OS TURNOS DE SERVIÇO PARA CADA MÊS

27 1 São estes os filhos de Israel segundo o seu número, os chefes das famílias e os capitães de milhares e de centenas com os seus oficiais, que serviam o rei em todos os negócios dos turnos que entravam e saíam de mês em mês durante o ano. Cada turno era de vinte e quatro mil.

2 Sobre o primeiro turno do primeiro mês estava Jasobeão, filho de Zabdiel; em seu turno havia vinte e quatro mil. 3 Ele era dos filhos de Perez, chefe de todos os capitães dos exércitos para o primeiro mês.

4 Sobre o turno do segundo mês estava Dodai, o aoíta, a cujo lado estava Miclote; também em seu turno havia vinte e quatro mil.

5 O terceiro capitão do exército e o designado para o terceiro mês era Benaia, chefe, filho do sacerdote Joiada; também em seu turno havia vinte e quatro mil. 6 Esse Benaia era homem poderoso entre os trinta e era o chefe deles; o seu turno estava ao encargo do seu filho Amizabade.

7 O quarto, para o quarto mês, era Asael, irmão de Joabe, e depois dele Zebadias, seu filho; também em seu turno havia vinte e quatro mil.

8 O quinto capitão, para o quinto mês, era Samute, o izraíta; também em seu turno havia vinte e quatro mil.

9 O sexto, para o sexto mês, era Ira, filho de Iques, o tecoíta; também em seu turno havia vinte e quatro mil. 10 O sétimo, para o sétimo mês, era Heles, o pelonita, dos filhos de Efraim; também em seu turno havia vinte e quatro mil.

11 O oitavo, para o oitavo mês, era Sibecai, o husatita, dos zeraítas; também em seu turno havia vinte e quatro mil.

12 O nono, para o nono mês, era Abiezer, o anatotita, dos benjamitas; também em seu turno havia vinte e quatro mil.

13 O décimo, para o décimo mês, era Maarai, o netofatita, dos zeraítas; também em seu turno havia vinte e quatro mil.

14 O décimo primeiro, para o décimo primeiro mês, era Benaia, o piratonita, dos filhos de Efraim; também em seu turno havia vinte e quatro mil.

15 O décimo segundo, para o décimo segundo mês, era Heldai, o netofatita, de Otniel; também em seu turno havia vinte e quatro mil.

OS CHEFES DAS TRIBOS

16 Estes foram os chefes das tribos de Israel: sobre os rubenitas era chefe Eliézer, filho de

Zicri; sobre os simeonitas, Sefatias, filho de Maaca; 17 sobre os levitas, Hasabias, filho de Quemuel; sobre os aronitas, Zadoque; 18 sobre Judá, Eliú, dos irmãos de Davi; sobre Issacar, Onri, filho de Micael; 19 sobre Zebulom, Ismaías, filho de Obadias; sobre Naftali, Jerimote, filho de Azriel; 20 sobre os filhos de Efraim, Oseias, filho de Azazias; sobre a meia tribo de Manassés, Joel, filho de Pedaías; 21 sobre a outra meia tribo de Manassés em Gileade, Ido, filho de Zacarias; sobre Benjamim, Jaasiel, filho de Abner; 22 sobre Dã, Azarel, filho de Jeroão. Estes eram os chefes das tribos de Israel.

23 Davi não contou os que tinham menos de vinte anos, porque o Senhor tinha dito que multiplicaria Israel como as estrelas do céu. 24 Joabe, filho de Zeruia, tinha começado a contar o povo, porém não acabou, visto que, por causa desse censo, veio grande ira sobre Israel. Por isso o número não foi registrado na história do rei Davi.

ADMINISTRADORES DOS BENS DE DAVI

25 Azmavete, filho de Adiel, cuidava dos tesouros do rei; Jônatas, filho de Uzias, cuidava do que o rei possuía nos campos, nas cidades, nas aldeias e nos castelos. 26 Ezri, filho de Quelube, cuidava dos lavradores do campo, que cultivavam a terra. 27 Simei, o ramatita, cuidava das vinhas; porém Zabdi, o sifmita, cuidava do que entrava das vinhas para as adegas. 28 Baal-Hanã, o gederita, cuidava dos olivais e sicômoros que havia na Sefelá; porém Joás cuidava dos depósitos do azeite. 29 Sitrai, o saronita, cuidava do gado que pastava em Sarom; porém Safate, filho de Adlai, cuidava do gado dos vales. 30 Obil, o ismaelita, cuidava dos camelos; Jedias, o meronotita, cuidava das jumentas. 31 Jaziz, o hagareno, cuidava das ovelhas; todos estes eram administradores dos bens do rei Davi.

CONSELHEIROS DO REI

32 Jônatas, tio de Davi, era do conselho, homem sábio e escriba. Jeiel, filho de Hacmoni, cuidava dos filhos do rei. 33 Aitofel era do conselho do rei. Husai, o arquita, era amigo do rei. 34 A Aitofel sucederam Joiada, filho de Benaia, e Abiatar. Joabe era comandante do exército do rei.

DAVI APRESENTA SALOMÃO COMO SEU SUCESSOR

28 1 Davi convocou para Jerusalém todos os chefes de Israel, os chefes das tribos, os capitães dos turnos que serviam o rei, os capitães de mil e os de cem, os administradores de todos os bens e rebanhos do rei e de seus filhos, bem como os oficiais, os poderosos e todos os guerreiros valentes. 2 O rei Davi se pôs em pé e disse:

— Meus irmãos e meu povo, escutem! Eu tive a intenção de edificar um templo onde pudesse repousar a arca da aliança do Senhor e para que fosse o estrado dos pés do nosso Deus. Eu havia feito preparativos para essa construção. 3 Porém Deus me disse: "Você não edificará um templo ao meu nome, porque é homem de guerra e derramou muito sangue." 4 O Senhor, Deus de Israel, me escolheu de toda a casa de meu pai, para que eu fosse rei sobre Israel para sempre. Porque ele escolheu Judá por príncipe e, da casa de Judá, escolheu a casa de meu pai. E entre os filhos de meu pai se agradou de mim, para me fazer rei sobre todo o Israel. 5 E, de todos os meus filhos — porque muitos filhos me deu o Senhor —, ele escolheu Salomão para se assentar no trono do reino do Senhor, sobre Israel. 6 E me disse: "O seu filho Salomão é quem edificará o meu templo e os meus átrios, porque o escolhi para filho e eu lhe serei por pai. 7 Estabelecerei o seu reino para sempre, se ele continuar a cumprir os meus mandamentos e os meus juízos, como tem feito até o dia de hoje." 8 Portanto, agora, diante de todo o Israel, a congregação do Senhor, e diante do nosso Deus, que me ouve, eu peço que vocês guardem e conheçam todos os mandamentos do Senhor, seu Deus, para que vocês possuam esta boa terra e possam deixá-la como herança aos seus filhos, para sempre.

9 — Quanto a você, meu filho Salomão, conheça o Deus de seu pai e sirva-o de coração íntegro e espírito voluntário, porque o Senhor esquadrinha todos os corações e penetra todos os designios do pensamento. Se você o buscar, ele se deixará achar por você; mas, se você o abandonar, ele o rejeitará para sempre. 10 Agora tenha cuidado, porque o Senhor o escolheu para edificar

> *Os frutos de cada um devem ter Deus como destinatário, não as pessoas; eles são a prova de que a nossa vida de fato cumpre um propósito.*

uma casa que sirva de santuário. Seja forte e mãos à obra!

DAVI DÁ A SALOMÃO A PLANTA DO TEMPLO

11 Davi entregou a Salomão, seu filho, a planta do pórtico com as suas casas, as suas tesourarias, os seus cenáculos e as suas câmaras interiores, bem como do lugar do propiciatório. 12 Também entregou a planta de tudo o que tinha em mente com referência aos átrios da Casa do Senhor, e a todas as câmaras ao redor, para os tesouros da Casa de Deus e para os tesouros das coisas consagradas. 13 Deu-lhe instruções para organizar os turnos dos sacerdotes e dos levitas, e para toda obra do ministério da Casa do Senhor, e para todos os utensílios para o serviço da Casa do Senhor. 14 Especificou o peso do ouro para todos os utensílios de ouro de cada serviço; o peso da prata para todos os utensílios de prata de cada serviço; 15 o peso para os candelabros de ouro e as suas lâmpadas de ouro, para cada candelabro e suas lâmpadas, segundo o uso de cada um; 16 também o peso do ouro para cada uma das mesas da proposição, e o peso da prata para as mesas de prata; 17 ouro puro para os garfos, para as bacias e para os copos; para as taças de ouro o devido peso a cada uma, bem como para as taças de prata, a cada uma o seu peso; 18 o peso do ouro refinado para o altar do incenso, bem como, segundo a planta, o ouro para o carro dos querubins, que haviam de estender as asas e cobrir a arca da aliança do Senhor. 19 Davi disse:

— Tudo isto me foi dado por escrito por mandado do Senhor, a saber, todas as obras desta planta.

20 Então Davi disse a Salomão, seu filho:

— Seja forte e corajoso e mãos à obra! Não tenha medo, nem fique assustado, porque o Senhor Deus, meu Deus, estará com você. Ele não o deixará, nem o abandonará, até que você termine todas as obras para o serviço da Casa do Senhor. 21 Eis aí os turnos dos sacerdotes e dos levitas para todo serviço da Casa de Deus. E, para toda obra, você poderá contar com voluntários competentes para fazer todo tipo de serviço. Também os chefes e todo o povo estarão inteiramente às suas ordens.

OFERTAS DE DAVI E DOS CHEFES

29 1 O rei Davi disse a toda a congregação:

— Salomão, meu filho, o único a quem Deus escolheu, ainda é moço e inexperiente, e esta obra é grande, porque o palácio não é para homens, mas para o Senhor Deus. 2 Portanto, com todas as minhas forças já preparei para o templo de meu Deus ouro para as obras de ouro, prata para as de prata, bronze para as de bronze, ferro para as de ferro e madeira para as de madeira; pedras de ônix, pedras de engaste, pedras de várias cores, de mosaicos e todo tipo de pedras preciosas, e mármore, e tudo em abundância. 3 E ainda, porque amo o templo de meu Deus, o ouro e a prata particulares que tenho dou para o templo de meu Deus, além de tudo o que preparei para o santuário: 4 cem toneladas de ouro, do ouro de Ofir, e duzentas e quarenta toneladas de prata purificada, para cobrir as paredes das casas; 5 ouro para os objetos de ouro e prata para os de prata, e para toda obra de mão dos artífices. Quem, pois, está disposto hoje a ofertar com generosidade para o Senhor?

6 Então os chefes das famílias, os chefes das tribos de Israel, os capitães de mil e os de cem e até os administradores da obra do rei fizeram ofertas voluntárias 7 e deram para o serviço da Casa de Deus cento e setenta toneladas de ouro, dez mil barras de ouro, trezentas e quarenta toneladas de prata, seiscentas e doze toneladas de bronze e três mil e quatrocentas toneladas de ferro. 8 Os que possuíam pedras preciosas as trouxeram para o tesouro da Casa do Senhor, a cargo de Jeiel, o gersonita. 9 O povo se alegrou com tudo o que se fez voluntariamente, porque de coração íntegro fizeram ofertas voluntárias ao Senhor. Também o rei Davi se alegrou com grande júbilo.

DAVI LOUVA A DEUS

10 Davi louvou o Senhor diante de toda a congregação e disse:

— Bendito és tu, Senhor, Deus de Israel, nosso pai, de eternidade a eternidade. 11 Teu, Senhor, é o poder, a grandeza, a honra, a vitória e a majestade, porque teu é tudo o que há nos céus e na terra. Teu, Senhor, é o reino, e tu te exaltaste como chefe sobre

todos. 12 Riquezas e glória vêm de ti. Tu
dominas sobre tudo, e na tua mão há força
e poder. Contigo está o engrandecer e dar
força a todos. 13 Agora, ó nosso Deus, graças
te damos e louvamos o teu glorioso nome.
14 Porque quem sou eu, e quem é o meu povo
para que pudéssemos dar voluntariamente
estas coisas? Porque tudo vem de ti, e nós só
damos o que vem das tuas mãos. 15 Porque
somos estrangeiros diante de ti e peregri-
nos como todos os nossos pais. Os nossos
dias sobre a terra são como a sombra, e
não temos permanência. 16 SENHOR, nosso
Deus, toda esta abundância que prepara-
mos para edificar um templo ao teu santo
nome vem da tua mão e é toda tua. 17 Bem
sei, meu Deus, que tu provas os corações e
que te agradas da sinceridade. Eu também,
na sinceridade de meu coração, dei volunta-
riamente todas estas coisas, e acabo de ver
com alegria que o teu povo aqui reunido te
faz ofertas voluntariamente. 18 SENHOR, Deus
de nossos pais Abraão, Isaque e Israel, con-
serva para sempre no coração do teu povo
estas disposições e pensamentos; firma
o coração deles em ti. 19 E ao meu filho
Salomão dá coração íntegro para guardar
os teus mandamentos, os teus testemu-
nhos e os teus estatutos, fazendo tudo para
edificar este palácio para o qual fiz todos
estes preparativos.

20 Então Davi disse a toda a congregação:
— Agora, louvem o SENHOR, seu Deus.

Então toda a congregação louvou o SENHOR,
Deus de seus pais. Todos inclinaram a
cabeça, adoraram o SENHOR e se prostraram
diante do rei.

21 No dia seguinte, trouxeram sacrifícios
ao SENHOR e lhe ofereceram holocaustos
de mil bezerros, mil carneiros, mil cordei-
ros, com as suas libações; sacrifícios em
abundância por todo o Israel. 22 Comeram
e beberam, naquele dia, diante do SENHOR,
com grande alegria.

SALOMÃO É PROCLAMADO REI

Pela segunda vez, fizeram rei a Salomão,
filho de Davi, e o ungiram ao SENHOR por prín-
cipe e a Zadoque, por sacerdote. 23 Salomão
assentou-se no trono do SENHOR como rei em
lugar de Davi, seu pai. Ele prosperou, e todo
o Israel lhe obedecia. 24 Todos os oficiais, os
soldados, e até todos os filhos do rei Davi
prestaram homenagens ao rei Salomão. 25 O
SENHOR engrandeceu muito Salomão diante
de todo o Israel e lhe deu majestade real, qual
antes dele não teve nenhum rei em Israel.

A MORTE DE DAVI

26 Assim, Davi, filho de Jessé, reinou sobre
todo o Israel. 27 Ele reinou sobre Israel
durante quarenta anos: sete anos em Hebrom
e trinta e três em Jerusalém. 28 Morreu em
boa velhice, cheio de dias, riquezas e glória;
e Salomão, seu filho, reinou em seu lugar.
29 Os atos do rei Davi, tanto os primeiros como
os últimos, estão escritos nas crônicas de
Samuel, o vidente, nas crônicas de Natã, o
profeta, e nas crônicas de Gade, o vidente.
30 Ali também está registrado o que se pas-
sou no seu reinado e se fala a respeito do seu
poder e de todos os acontecimentos que se
deram com ele, com Israel e com todos os
reinos daquelas terras.

Livros Históricos

2Crônicas

Livro 14 com

36

CAPÍTULOS

SIGNIFICADO DO TÍTULO

Junto com 1Crônicas, na Bíblia hebraica, 2Crônicas é conhecido como *Divrei HaYamim*, traduzido por “as palavras dos dias” ou “os eventos dos dias”. O título “Crônicas” é derivado do grego *paralipomenon*, que significa “coisas omitidas” ou “restantes dos atos”, por seu caráter complementar aos relatos de Samuel e Reis.

AUTORIA

Não se sabe. A tradição considera o escriba Esdras como autor, o qual teria compilado os registros históricos após o cativeiro babilônico (Ed 7.6,10), com o intuito de fortalecer a identidade religiosa e nacional do povo de Israel após o exílio.

OBJETIVO DO LIVRO

2Crônicas continua a história iniciada em 1Crônicas, focando os reinados dos reis de Judá, desde Salomão até o cativeiro babilônico. O livro pretende exortar o povo à fidelidade a Deus, destacando as consequências da obediência e da desobediência.

ESTRUTURA DO LIVRO

- ★ Reinado de Salomão 2Cr 1—9
- ★ Reinado de Roboão 2Cr 10 — 12
- ★ Reinados de Abias, Asa, Josafá, Jeorão, Acazias e Atalia 2Cr 13—24
- ★ Reinados de Joás, Amazias, Uzias, Jotão, Acaz e Ezequias 2Cr 25—32
- ★ Reinados de Manassés, Amom, Josias, Joacaz, Jeoaquim, Joaquim e Zedequias 2Cr 33—36

TEMAS DE 2CRÔNICAS

2Crônicas sublinha a centralidade do templo e do culto a Deus, além de destacar a importância da obediência à Lei. O livro demonstra como a fidelidade dos reis influenciava a bênção ou o julgamento divino sobre a nação.

2CRÔNICAS E CRISTO

A dedicação do templo por Salomão (2Cr 6—7) prefigura a obra de Jesus como o verdadeiro templo de Deus (Jo 2.19-21). Além disso, a promessa de um reinado eterno por meio da linhagem de Davi aponta para o reino eterno de Cristo (Mt 1.1; Lc 1.32-33).

SALOMÃO OFERECE SACRIFÍCIOS EM GIBEÃO

1Rs 3.3-4

1 1 Salomão, filho de Davi, fortaleceu-se no seu reino, e o Senhor, seu Deus, estava com ele e muito o engrandeceu. 2 Salomão falou a todo o Israel, aos capitães de mil e aos de cem, aos juízes e a todos os chefes em todo o Israel, cabeças de famílias. 3 E foi com toda a congregação ao lugar alto que estava em Gibeão, porque ali estava a tenda do encontro de Deus, que Moisés, servo do Senhor, tinha feito no deserto. 4 Quanto à arca de Deus, Davi a tinha trazido de Quiriate-Jearim para o lugar que lhe havia preparado, porque tinha armado uma tenda para a arca em Jerusalém. 5 Mas o altar de bronze que havia sido feito por Bezalel, filho de Uri, filho de Hur, estava ali diante do tabernáculo do Senhor; e Salomão e a congregação consultaram o Senhor. 6 Salomão ofereceu ali sacrifícios diante do Senhor, sobre o altar de bronze que estava na tenda do encontro; e ofereceu sobre ele mil holocaustos.

SALOMÃO PEDE A DEUS SABEDORIA

1Rs 3.5-15

7 Naquela mesma noite, Deus apareceu a Salomão e lhe disse:

— Peça o que você quer que eu lhe dê.

8 Salomão respondeu:

— Foste muito bondoso com Davi, meu pai, e me fizeste reinar em seu lugar. 9 E agora, ó Senhor Deus, cumpra-se a tua promessa feita a Davi, meu pai; porque tu me constituíste rei sobre um povo numeroso como o pó da terra. 10 Dá-me, agora, sabedoria e conhecimento, para que eu saiba conduzir-me à frente deste povo; pois quem seria capaz de governar este grande povo?

11 Deus disse a Salomão:

— Visto que foi este o desejo do seu coração, e você não pediu riquezas, bens ou honras, nem a morte dos seus inimigos, nem tampouco pediu longevidade, mas sabedoria e conhecimento para poder governar o meu povo, sobre o qual o constituí rei, 12 sabedoria e conhecimento lhe serão dados. E lhe darei também riquezas, bens e honras, como nenhum rei antes de você teve, nem nenhum rei depois de você terá.

13 Salomão voltou para Jerusalém, da sua ida ao lugar alto que ficava em Gibeão, de diante da tenda do encontro; e reinou sobre Israel.

AS RIQUEZAS DE SALOMÃO

1Rs 10.26-29

14 Salomão ajuntou carros de guerra e cavaleiros. Tinha mil e quatrocentos carros de guerra e doze mil cavaleiros, que colocou nas cidades onde mantinha os carros, deixando uma parte junto ao rei, em Jerusalém. 15 O rei fez com que, em Jerusalém, a prata e o ouro fossem tão comuns como as pedras, e os cedros fossem tão numerosos como os sicômoros que estão na Sefelá. 16 Os cavalos de Salomão vinham do Egito e da Cilícia, e comerciantes do rei os importavam da Cilícia por certo preço. 17 Importava-se do Egito um carro de guerra por seiscentas moedas de prata e um cavalo, por cento e cinquenta; nas mesmas condições, as caravanas os traziam e os exportavam para todos os reis dos heteus e para os reis da Síria.

SALOMÃO FAZ ALIANÇA COM HIRÃO

1Rs 5.1-12

2 1 Salomão resolveu edificar o templo ao nome do Senhor, bem como um palácio para o seu reino. 2 Salomão designou setenta mil homens para levarem as cargas, oitenta mil para talharem pedras nas montanhas e três mil e seiscentos para dirigirem a obra. 3 Salomão mandou dizer a Hirão, rei de Tiro:

— Como você fez com Davi, meu pai, e lhe mandou cedros, para edificar o palácio em que morasse, assim também faça comigo. 4 Eis que estou para edificar um templo ao nome do Senhor, meu Deus, para consagrá-lo a ele, queimar diante dele incenso aromático e lhe apresentar o pão contínuo da proposição e os holocaustos da manhã e da tarde, nos sábados, nas Festas da Lua Nova e nas festividades do Senhor, nosso Deus. Esta é uma obrigação perpétua para Israel. 5 O templo que edificarei será grande, porque o nosso Deus é maior do que todos

os deuses. 6 No entanto, quem seria capaz
de lhe edificar um templo, visto que os
céus e até o céu dos céus não o podem
conter? E quem sou eu para lhe edificar
um templo, a não ser para queimar incenso
diante dele? 7 Portanto, mande-me, agora,
um homem que saiba trabalhar em ouro,
em prata, em bronze, em ferro, em obras
de púrpura, de carmesim e de pano azul;
que saiba fazer obras de entalhe junta-
mente com os peritos que estão comigo
em Judá e em Jerusalém, os quais Davi,
meu pai, contratou. 8 Mande-me também
madeira de cedros, ciprestes e sândalo do
Líbano; porque bem sei que os seus servos
sabem cortar madeira no Líbano. Eis que
os meus servos estarão com os seus ser-
vos, 9 para me prepararem muita madeira,
porque o templo que edificarei será grande
e maravilhoso. 10 Aos seus servos, cortado-
res da madeira, darei duas mil toneladas de
trigo batido, duas mil toneladas de cevada,
quatrocentos mil litros de vinho e quatro-
centos mil litros de azeite.

11 Hirão, rei de Tiro, respondeu por uma
carta que enviou a Salomão, dizendo:

— O Senhor Deus ama o seu povo e, por
isso, ele o constituiu rei sobre esse povo.

12 Hirão também disse:

— Bendito seja o Senhor, Deus de Israel,
que fez os céus e a terra, que deu ao rei
Davi um filho sábio, dotado de prudência
e entendimento, que edifique um templo
ao Senhor e um palácio para o seu próprio
reino. 13 E agora vou enviar um homem
sábio de grande entendimento, a saber,
Hirão-Abi, 14 filho de uma mulher das
filhas de Dã e cujo pai era da cidade de Tiro.
Ele sabe trabalhar em ouro, em prata, em
bronze, em ferro, em pedras e em madeira,
em obras de púrpura, de pano azul e de
linho fino e em obras de carmesim. É hábil
para toda obra de entalhe e para elaborar
qualquer plano que lhe for apresentado,
juntamente com os seus peritos e os peri-
tos de Davi, meu senhor, seu pai. 15 Agora,
que o meu senhor mande para os seus ser-
vos o trigo, a cevada, o azeite e o vinho
de que falou. 16 E nós cortaremos tanta
madeira no Líbano quanta você precisar
e a faremos chegar em jangadas, pelo mar,
a Jope, e dali você a levará para Jerusalém.

PREPARATIVOS PARA EDIFICAR O TEMPLO

1Rs 5.13-18

17 Salomão levantou o censo de todos os
homens estrangeiros que havia na terra de
Israel, segundo o censo que Davi, o seu pai,
havia feito; e acharam-se cento e cinquenta
e três mil e seiscentos. 18 Destes, Salomão
designou setenta mil para levarem as car-
gas, oitenta mil para talharem pedras nas
montanhas e três mil e seiscentos para diri-
girem o trabalho do povo.

SALOMÃO EDIFICA O TEMPLO

1Rs 6.1-10

3 1 Salomão começou a edificar a Casa do
Senhor em Jerusalém, no monte Moriá,
onde o Senhor havia aparecido a Davi, seu
pai, lugar que Davi tinha designado na
eira de Ornã, o jebuseu. 2 Começou a edi-
ficar no segundo dia do segundo mês, no
quarto ano do seu reinado. 3 Foram estas as
medidas dos alicerces que Salomão lançou
para edificar a Casa de Deus: vinte e sete
metros de comprimento por nove de lar-
gura, segundo o padrão antigo. 4 O pórtico
diante da casa tinha nove metros no sen-
tido da largura do Lugar Santo, e a altura
era de cinquenta e quatro metros. Salomão
revestiu o interior do pórtico de ouro puro.
5 Também fez forrar de madeira de cipreste
a sala grande, revestiu-a de ouro puro e gra-
vou nela palmeiras e correntes. 6 Também
enfeitou a sala com pedras preciosas; e o
ouro era de Parvaim. 7 Revestiu de ouro a
sala, as vigas, os umbrais, as paredes e as
portas; e esculpiu querubins nas paredes.
8 Fez o Santo dos Santos, cujo comprimento
era de nove metros, segundo a largura da
sala grande, e a largura também era de nove
metros. Revestiu o seu interior com vinte
toneladas de ouro puro. 9 O peso dos pregos
era de seiscentos gramas de ouro. Também
revestiu de ouro os cenáculos.

OS DOIS QUERUBINS

1Rs 6.23-28

10 No Santo dos Santos, Salomão fez dois
querubins de madeira e os revestiu de
ouro. 11 As asas estendidas dos querubins
mediam, juntas, quatro metros e meio; a
asa de um deles, de dois metros e vinte e

cinco, tocava na parede do templo; e a outra asa, igualmente de dois metros e vinte e cinco, tocava na asa do outro querubim. 12 Também a asa do outro querubim era de dois metros e vinte e cinco e tocava na outra parede; e a outra asa, igualmente de dois metros e vinte e cinco, estava unida à asa do outro querubim. As asas destes querubins se estendiam por nove metros. 13 Eles estavam em pé, com o rosto voltado para o Santo Lugar. 14 Salomão também fez o véu de pano azul, púrpura, carmesim e linho fino; e mandou bordar nele figuras de querubins.

AS DUAS COLUNAS

1Rs 7.15-22

15 Salomão fez também diante da sala duas colunas de quinze metros e meio de altura, com um capitel de dois metros e vinte sobre cada uma delas. 16 Também fez correntes, como as do Santo dos Santos, e as pôs no alto das colunas; fez também cem romãs, as quais pôs nas correntes. 17 Levantou as colunas diante do templo, uma à direita e outra à esquerda. À coluna da direita deu o nome de Jaquim, e à coluna da esquerda deu o nome de Boaz.

O MAR DE FUNDIÇÃO

1Rs 7.23-26

4 1 Salomão também fez um altar de bronze de nove metros de comprimento, nove metros de largura e quatro metros e meio de altura. 2 Fez também o mar de fundição, redondo, de quatro metros e meio de uma borda até a outra borda, e de dois metros e vinte de altura; e a medida da circunferência correspondia a um fio de treze metros e meio. 3 Por baixo da sua borda, ao redor, havia figuras de touros, dez a cada meio metro; estavam em duas fileiras e foram fundidas quando se fundiu o mar de fundição. 4 O mar de fundição se apoiava sobre doze touros de bronze. Três olhavam para o norte, três, para o oeste, três, para o sul, e três, para o leste. O mar de fundição se apoiava sobre eles, cujas partes posteriores convergiam para dentro. 5 A grossura das paredes desse mar era de quatro dedos, e a sua borda, como borda de copo, era como uma flor de lírio. Nele cabiam cerca de sessenta mil litros.

OUTROS UTENSÍLIOS PARA O TEMPLO

1Rs 7.27-50

6 Também fez dez pias e pôs cinco à direita e cinco à esquerda. Nelas era lavado tudo o que se usava nos holocaustos; o mar de fundição, porém, era para que os sacerdotes se lavassem nele.

7 Fez também dez candelabros de ouro, segundo havia sido ordenado, e os pôs no templo, cinco à direita e cinco à esquerda. 8 Também fez dez mesas e as pôs no templo, cinco à direita e cinco à esquerda; também fez cem bacias de ouro.

9 Fez mais o pátio dos sacerdotes e o pátio grande, bem como as portas deles, as quais revestiu de bronze. 10 E pôs o mar de fundição ao lado direito, para o lado sudeste.

11 Depois Hirão fez as panelas, as pás e as bacias. E assim ele terminou de fazer a obra para o rei Salomão, para a Casa de Deus: 12 as duas colunas, os dois capitéis redondos que estavam no alto das duas colunas; as duas redes, para cobrirem os dois capitéis redondos que estavam no alto das colunas; 13 as quatrocentas romãs para as duas redes, isto é, duas fileiras de romãs para cada rede, para cobrirem os dois capitéis redondos que estavam no alto das colunas. 14 Fez também os suportes e as pias sobre eles, 15 o mar de fundição com os doze touros por baixo. 16 Também as panelas, as pás, os garfos e todos os utensílios que Hirão-Abi fez para o rei Salomão, para a Casa do Senhor, eram de bronze purificado. 17 O rei os fez fundir em terra barrenta, na planície do Jordão, entre Sucote e Zereda.

18 Salomão fez todos estes objetos em grande abundância, não se verificando o peso do seu bronze. 19 Salomão também mandou fazer todos os utensílios do Santo Lugar de Deus: o altar de ouro e as mesas, sobre as quais estavam os pães da proposição; 20 e os candelabros com as suas lâmpadas de ouro puro, para as acenderem diante do Santo dos Santos, conforme havia sido ordenado. 21 As flores, as lâmpadas e as pinças eram do mais fino ouro. 22 Também os apagadores, as bacias, as

taças e os incensários eram de ouro finís-
simo. Quanto à entrada da casa, as portas
de dentro do Santo dos Santos e as portas
do Santo Lugar do templo eram de ouro.

AS DÁDIVAS DE DAVI SÃO COLOCADAS NO TEMPLO

1Rs 7.51

5 1 Quando Salomão terminou toda a obra
que fez para a Casa do Senhor, trouxe
as coisas que Davi, seu pai, havia dedi-
cado: a prata, o ouro e todos os utensílios.
Salomão pôs tudo isso entre os tesouros da
Casa de Deus.

SALOMÃO LEVA A ARCA PARA O TEMPLO

1Rs 8.3-11

2 Então Salomão congregou os anciãos de
Israel e todos os chefes das tribos, os chefes
das famílias dos israelitas, em Jerusalém,
para levarem a arca da aliança do Senhor, da
Cidade de Davi, que é Sião, para o templo.
3 Todos os homens de Israel se congregaram
junto ao rei na ocasião da festa, que foi no
sétimo mês. 4 Quando todos os anciãos de
Israel chegaram, os levitas pegaram a arca
do Senhor 5 e a levaram para cima, com a
tenda do encontro e com os utensílios sagra-
dos que nela havia; os levitas sacerdotes é
que levaram tudo isso para o templo.
6 O rei Salomão e toda a congregação de
Israel, que se havia reunido diante dele,
estavam todos diante da arca, sacrificando
ovelhas e bois, que, de tão numerosos, não
se podiam contar. 7 Os sacerdotes puseram
a arca da aliança do Senhor no seu lugar,
no santuário mais interior do templo, que
é o Santo dos Santos, debaixo das asas dos
querubins. 8 Pois os querubins estendiam as
asas sobre o lugar da arca e, do alto, cobriam
a arca e os seus cabos. 9 Os cabos sobres-
saíam tanto, que suas pontas eram vistas
do Santo Lugar, diante do Santo dos Santos;
porém de fora não podiam ser vistos. 10 E ali
estão até o dia de hoje. Nada havia na arca
a não ser as duas tábuas que Moisés havia
colocado ali em Horebe, quando o Senhor
fez aliança com os filhos de Israel, ao saí-
rem do Egito.
11 Quando os sacerdotes saíram do san-
tuário — porque todos os sacerdotes, que
estavam presentes, se santificaram, sem
respeitarem os seus turnos —; 12 e quando
todos os levitas que eram cantores, isto é,
Asafe, Hemã, Jedutum e os filhos e irmãos
deles, vestidos de linho fino, estavam em pé
no lado leste do altar, com címbalos, harpas
e liras, e com eles até cento e vinte sacerdo-
tes, que tocavam as trombetas; 13 e quando
em uníssono, ao mesmo tempo, tocaram as
trombetas e cantaram para se fazerem ouvir,
para louvar e dar graças ao Senhor; e quando
levantaram eles a voz com trombetas, cím-
balos e outros instrumentos musicais para
louvarem o Senhor, porque ele é bom, por-
que a sua misericórdia dura para sempre,
então o templo, a saber, a Casa do Senhor, se
encheu de uma nuvem, 14 de maneira que
os sacerdotes não puderam permanecer ali
para ministrar, por causa da nuvem, porque
a glória do Senhor encheu a Casa de Deus.

6 1 Então Salomão disse:
— O Senhor declarou que habitaria em
trevas espessas. 2 Eu edifiquei uma casa
para tua morada, lugar para a tua eterna
habitação.

SALOMÃO FALA AO POVO

1Rs 8.14-21

3 Depois o rei voltou o rosto, e abençoou
toda a congregação de Israel, que se man-
tinha toda em pé. 4 Salomão disse:
— Bendito seja o Senhor, o Deus de Israel,
que falou pessoalmente com Davi, meu pai,
e pelo seu poder cumpriu o que prometeu,
dizendo: 5 "Desde o dia em que tirei o meu
povo da terra do Egito, não escolhi cidade
alguma de todas as tribos de Israel, para edi-
ficar um templo a fim de ali estabelecer o
meu nome, nem escolhi homem algum para
chefe do meu povo de Israel. 6 Mas escolhi
Jerusalém para que ali seja estabelecido o
meu nome e escolhi Davi para governar o
meu povo de Israel."
7 — Também Davi, meu pai, havia pro-
posto em seu coração edificar um templo
ao nome do Senhor, o Deus de Israel. 8 Porém
o Senhor disse a Davi, meu pai: "Você fez
bem quando resolveu em seu coração edi-
ficar um templo ao meu nome. 9 Todavia,
não será você quem edificará esse templo;
o seu filho, que descenderá de você, ele o

edificará ao meu nome." 10 Assim, o Senhor cumpriu a palavra que tinha dito, pois me levantei em lugar de Davi, meu pai, e me assentei no trono de Israel, como o Senhor havia prometido, e edifiquei o templo ao nome do Senhor, o Deus de Israel. 11 Nele pus a arca em que estão as tábuas da aliança que o Senhor fez com os filhos de Israel.

SALOMÃO ORA A DEUS

1Rs 8.22-53

12 Salomão se pôs diante do altar do Senhor, na presença de toda a congregação de Israel, e estendeu as mãos. 13 Porque Salomão tinha feito uma plataforma de bronze, de dois metros e vinte de comprimento, dois metros e vinte de largura e um metro e trinta de altura, que tinha colocado no meio do pátio. Ele se pôs em pé sobre ela. Depois, ajoelhou-se na presença de toda a congregação de Israel, estendeu as mãos para o céu 14 e disse:

— Ó Senhor, Deus de Israel, não há Deus como tu, nos céus e na terra! Tu guardas a aliança e a misericórdia aos teus servos que de todo o coração andam diante de ti. 15 Cumpriste para com o teu servo Davi, meu pai, o que lhe prometeste; pessoalmente o disseste e pelo teu poder o cumpriste, como hoje se vê. 16 Agora, pois, ó Senhor, Deus de Israel, cumpre a outra promessa que fizeste a teu servo Davi, meu pai, quando declaraste, dizendo: "Nunca lhe faltará sucessor diante de mim, que se assente no trono de Israel, contanto que os seus filhos guardem o seu caminho, para andarem na lei como você andou." 17 Agora também, ó Senhor, Deus de Israel, que se cumpra a palavra que disseste a teu servo Davi.

18 — Mas será que, de fato, Deus poderia habitar com os homens na terra? Eis que os céus e até o céu dos céus não te podem conter, muito menos este templo que eu edifiquei. 19 Atenta, pois, para a oração de teu servo e para a sua súplica, ó Senhor, meu Deus, ouvindo o clamor e a oração que o teu servo faz diante de ti. 20 Que os teus olhos estejam abertos dia e noite sobre este templo, sobre este lugar, do qual disseste que o teu nome estaria ali, para ouvires a oração que o teu servo fizer neste lugar. 21 Ouve, pois, as súplicas do teu servo e do teu povo de Israel, quando orarem neste lugar. Ouve do lugar da tua habitação, dos céus; ouve e perdoa.

22 — Se alguém pecar contra o seu próximo, e lhe for exigido que jure, e ele vier jurar diante do teu altar, neste templo, 23 ouve tu desde os céus, age e julga os teus servos, dando a paga ao ímpio, fazendo com que pague por seus atos, e justificando o justo, para lhe retribuíres segundo a sua justiça.

24 — Quando o teu povo de Israel for derrotado por um inimigo por ter pecado contra ti, e se converter, confessar o teu nome, orar e suplicar diante de ti neste templo, 25 ouve tu desde os céus, perdoa o pecado do teu povo de Israel e faze-o voltar à terra que deste a eles e aos seus pais.

26 — Quando o céu se fechar e não houver chuva, por ter o povo pecado contra ti, e ele orar neste lugar, confessar o teu nome e se converter dos seus pecados, depois de o haveres castigado, 27 ouve tu nos céus, perdoa o pecado de teus servos e do teu povo de Israel, ensinando-lhes o bom caminho em que devem andar, e envia chuva sobre esta tua terra, que deste em herança ao teu povo.

28 — Quando houver fome na terra ou peste, quando houver crestamento ou ferrugem, gafanhotos e larvas, quando inimigos cercarem as cidades do país ou houver alguma praga ou doença, 29 toda oração e súplica que qualquer homem ou todo o teu povo de Israel fizer, conhecendo cada um a sua própria ferida e a sua dor, e estendendo as mãos na direção deste templo, 30 ouve tu desde os céus, lugar da tua habitação, perdoa e dá a cada um segundo todos os seus caminhos, visto que lhe conheces o coração, porque tu, só tu, és conhecedor do coração dos filhos dos homens; 31 para que te temam e andem nos teus caminhos todos os dias que viverem na terra que deste aos nossos pais.

32 — Também ao estrangeiro, que não for do teu povo de Israel, porém vier de uma terra distante, por amor do teu grande nome e por causa da tua mão poderosa e do teu braço estendido, e orar, voltado para este templo, 33 ouve tu desde os céus, do lugar da tua habitação, e faze tudo o que o

estrangeiro te pedir, a fim de que todos os
povos da terra conheçam o teu nome, para
te temerem como o teu povo de Israel e para
saberem que este templo, que eu edifiquei,
é chamado pelo teu nome.
34 — Quando o teu povo sair à guerra con-
tra o seu inimigo, pelo caminho por onde os
enviares, e orarem a ti, voltados para esta
cidade, que tu escolheste, e para o templo
que edifiquei ao teu nome, 35 ouve tu desde
os céus a sua oração e a sua súplica e faze-
-lhes justiça.
36 Quando pecarem contra ti — pois não
há homem que não peque —, e tu te indig-
nares contra eles e os entregares às mãos
do inimigo, a fim de que os leve cativos a
uma terra, longe ou perto daqui; 37 e se, na
terra aonde forem levados cativos, caírem
em si e se converterem, e, na terra do seu
cativeiro, te suplicarem, dizendo: "Pecamos,
procedemos mal e cometemos iniquidade";
38 e se eles se converterem a ti de todo o seu
coração e de toda a sua alma, na terra do seu
cativeiro, para onde foram levados cativos, e
orarem, voltados para a sua terra, que deste
aos seus pais, para esta cidade que esco-
lheste e para o templo que edifiquei ao teu
nome, 39 ouve tu desde os céus, do lugar da
tua habitação, a sua prece e a sua súplica
e faze-lhes justiça; perdoa o teu povo que
houver pecado contra ti.
40 — Agora, ó meu Deus, que os teus olhos
estejam abertos e os teus ouvidos atentos
à oração que se fizer neste lugar. 41 E agora,
Senhor Deus, levanta-te e entra para o teu
repouso, tu e a arca do teu poder. Que os teus
sacerdotes, ó Senhor Deus, se revistam de
salvação, e os teus santos se alegrem com
o bem. 42 Ó Senhor Deus, não rejeites o teu
ungido. Lembra-te das misericórdias que
usaste para com Davi, teu servo.

A GLÓRIA DE DEUS ENCHE O TEMPLO

7 1 Quando Salomão acabou de orar,
desceu fogo do céu e consumiu o holo-
causto e os sacrifícios; e a glória do Senhor
encheu o templo. 2 Os sacerdotes não
podiam entrar na Casa do Senhor, porque
a glória do Senhor tinha enchido a Casa do
Senhor. 3 Todos os filhos de Israel, vendo
descer o fogo e a glória do Senhor sobre o
templo, se inclinaram com o rosto em terra
sobre o pavimento, adoraram, e louvaram
o Senhor, porque ele é bom, porque a sua
misericórdia dura para sempre.

A CONCLUSÃO DA SOLENIDADE

1Rs 8.62-66

4 Então o rei e todo o povo ofereceram
sacrifícios ao Senhor. 5 O rei Salomão ofe-
receu em sacrifício vinte e dois mil bois
e cento e vinte mil ovelhas. Assim, o rei e
todo o povo consagraram a Casa de Deus.
6 Os sacerdotes estavam nos seus devidos
lugares, bem como os levitas com os instru-
mentos musicais do Senhor, que o rei Davi
tinha feito para com eles louvar o Senhor —
porque a sua misericórdia dura para sempre
— quando Davi o louvava pelo ministério
deles. Os sacerdotes que tocavam as trom-
betas estavam diante deles, e todo o Israel
se mantinha em pé. 7 Salomão consagrou
também o meio do átrio que estava diante
da Casa do Senhor, pois ali ofereceu os holo-
caustos e a gordura dos sacrifícios pacíficos.
Ele fez isso porque no altar de bronze que
Salomão tinha construído não cabiam os
holocaustos, as ofertas de cereais e a gor-
dura dos sacrifícios pacíficos.
8 Nesse tempo, Salomão celebrou a festa
durante sete dias, e todo o Israel com ele,
uma grande congregação, desde a entrada
de Hamate até o rio do Egito. 9 No oitavo
dia, tiveram uma reunião solene. Porque
por sete dias haviam celebrado a consagra-
ção do altar, e a festa durou mais sete dias.
10 No vigésimo terceiro dia do sétimo mês,
o rei despediu o povo para as suas tendas;
e todos voltaram alegres e de coração con-
tente por causa do bem que o Senhor tinha
feito a Davi, a Salomão e a Israel, seu povo.

A ALIANÇA DE DEUS COM SALOMÃO

1Rs 9.1-9

11 Assim, Salomão acabou de construir
a Casa do Senhor e o palácio real. Tudo o
que Salomão tinha planejado fazer na Casa
do Senhor e no seu palácio ele efetuou com
sucesso. 12 De noite, o Senhor apareceu a
Salomão e lhe disse:
— Ouvi a sua oração e escolhi para mim
este lugar para casa do sacrifício. 13 Se eu

O importante é que a Palavra de Deus a encontre, ilumine seu caminho e lhe dê sustentação.

fechar o céu de modo que não haja chuva,
ou se ordenar aos gafanhotos que consu-
mam a terra, ou se enviar a peste entre o
meu povo, 14 se o meu povo, que se chama
pelo meu nome, se humilhar, orar, me bus-
car e se converter dos seus maus caminhos,
eu ouvirei dos céus, perdoarei os seus peca-
dos e sararei a sua terra. 15 Os meus olhos
estarão abertos e os meus ouvidos estarão
atentos à oração que se fizer neste lugar.
16 Porque escolhi e santifiquei este templo,
para que nele esteja o meu nome para sem-
pre; os meus olhos e o meu coração estarão
ali todos os dias. 17 Se você andar diante
de mim como fez o seu pai Davi, fazendo
segundo tudo o que lhe ordenei e guar-
dando os meus estatutos e os meus juízos,
18 também confirmarei o trono de seu reino,
segundo a aliança que fiz com Davi, seu pai,
dizendo: "Nunca lhe faltará sucessor que
governe em Israel."

19 — Porém, se vocês se afastarem de
mim e abandonarem os meus estatutos e
os meus mandamentos, que eu lhes pres-
crevi, e se servirem outros deuses e os
adorarem, 20 então os arrancarei da minha
terra que lhes dei, e lançarei para longe da
minha presença este templo, que santifi-
quei ao meu nome. E tornarei o templo em
motivo de provérbio e de escárnio entre
todos os povos. 21 E todo aquele que passar
por este templo, agora tão exaltado, ficará
espantado e perguntará: "Por que o SENHOR
fez isto com esta terra e este templo?" 22 E a
resposta será: "Porque deixaram o SENHOR,
o Deus de seus pais, que os tirou da terra
do Egito, e se apegaram a outros deuses, os
adoraram e os serviram. Por isso ele trouxe
sobre eles todo este mal."

AS DEMAIS ATIVIDADES DE SALOMÃO

1Rs 9.10-28

8 1 Ao fim de vinte anos, Salomão havia
terminado a Casa do SENHOR e o seu pró-
prio palácio. 2 Ele também reconstruiu as
cidades que Hirão lhe tinha dado e fez
habitar nelas os filhos de Israel.

3 Depois Salomão foi a Hamate-Zobá
e a conquistou. 4 Também reconstruiu
Tadmor, no deserto, e todas as cidades-ar-
mazéns em Hamate. 5 Reconstruiu também
Bete-Horom-de-Cima e Bete-Horom-de-
Baixo, cidades fortificadas com muralhas,
portões e ferrolhos, 6 e também Baalate, e
todas as cidades-armazéns que Salomão
tinha, todas as cidades para os carros de
guerra, as cidades para os cavaleiros e
tudo o que desejou enfim construir em
Jerusalém, no Líbano e em toda a terra do
seu domínio.

7 Quanto a todo o povo que restou dos
heteus, amorreus, ferezeus, heveus e jebu-
seus e que não eram de Israel, 8 e aos seus
filhos, que restaram depois deles na terra,
os quais os filhos de Israel não puderam
destruir totalmente, esses Salomão reduziu
à condição de trabalhadores forçados, até
hoje. 9 Mas Salomão não obrigou nenhum
israelita a trabalhar para ele como escravo.
Os israelitas eram homens de guerra, seus
comandantes, chefes dos seus carros de
guerra e dos seus cavaleiros. 10 Estes eram
os principais oficiais que o rei Salomão
tinha, em número de duzentos e cinquenta,
que presidiam sobre o povo.

11 Salomão trouxe a filha de Faraó da
Cidade de Davi para o palácio que ele havia
construído para ela, pois disse:

— Minha esposa não morará no palácio
de Davi, rei de Israel, porque os lugares em
que entrou a arca do SENHOR são santos.

12 Então Salomão ofereceu holocaustos
ao SENHOR, sobre o altar que havia edifi-
cado ao SENHOR diante do pórtico, 13 e isto
segundo o dever de cada dia, conforme
o preceito de Moisés, nos sábados, nas
Festas da Lua Nova, e nas festas fixas,
três vezes por ano: na Festa dos Pães sem
Fermento, na Festa das Semanas e na Festa
dos Tabernáculos.

14 Também, conforme a ordem de Davi,
seu pai, dispôs os turnos dos sacerdo-
tes nos seus ministérios. Também dispôs
os turnos dos levitas para os seus cargos,
para louvarem a Deus e servirem diante dos
sacerdotes, segundo o dever de cada dia, e
os porteiros pelos seus turnos a cada porta.
Porque esta era a ordem de Davi, o homem
de Deus. 15 Não se desviaram do que o rei
havia ordenado aos sacerdotes e levitas,
em coisa nenhuma, nem no que se refere
aos tesouros. 16 Assim foi executada toda a
obra de Salomão, desde o dia em que foram

lançados os alicerces da Casa do SENHOR até
o término da construção. E assim foi con-
cluída a Casa do SENHOR.
17 Depois Salomão foi a Eziom-Geber e a
Elate, à praia do mar, na terra de Edom. 18 Por
meio de seus servos, Hirão enviou navios
e marinheiros conhecedores do mar. Eles
foram com os servos de Salomão a Ofir e
de lá trouxeram mais de quinze toneladas
de ouro, que entregaram ao rei Salomão.

A RAINHA DE SABÁ VISITA SALOMÃO

1Rs 10.1-13

9 1 Quando a rainha de Sabá ouviu falar
da fama de Salomão, veio a Jerusalém
prová-lo com perguntas difíceis. Chegou
com uma enorme comitiva, com came-
los carregados de especiarias, de ouro
em abundância e pedras preciosas. Ela
se apresentou diante de Salomão e lhe
expôs tudo o que trazia em sua mente.
2 Salomão respondeu todas as perguntas
que ela fez, e não houve nada profundo
demais que Salomão não pudesse explicar.
3 Quando a rainha de Sabá viu a sabedoria
de Salomão, o palácio que ele havia cons-
truído, 4 a comida que era servida na mesa
dele, o lugar dos seus oficiais, o serviço dos
seus criados e os trajes deles, seus copeiros
e os trajes deles, e o holocausto que ofere-
cia na Casa do SENHOR, ficou como fora de
si 5 e disse ao rei:
— É verdade o que ouvi na minha terra a
respeito de você e a respeito da sua sabe-
doria. 6 Eu, porém, não acreditava no que se
falava, até que vim e vi com os meus pró-
prios olhos. Eis que não me contaram nem a
metade da grandeza da sua sabedoria; você
supera a fama que ouvi. 7 Felizes os homens
à sua volta e felizes estes seus servos que
estão sempre diante de você e que ouvem
a sua sabedoria! 8 Bendito seja o SENHOR, seu
Deus, que se agradou de você e o colocou no
seu trono como rei para o SENHOR, seu Deus.
É porque o seu Deus ama Israel e quer esta-
belecê-lo para sempre que ele o constituiu
rei sobre este povo, para que você execute
o juízo e a justiça.
9 Ela entregou ao rei quatro toneladas
de ouro, grande abundância de especia-
rias e pedras preciosas. Nunca mais houve
especiarias como as que a rainha de Sabá
ofereceu ao rei Salomão.
10 Também os servos de Hirão e os ser-
vos de Salomão, que tinham trazido ouro
de Ofir, trouxeram madeira de sândalo e
pedras preciosas. 11 Desta madeira de sân-
dalo o rei mandou fazer corrimões para a
Casa do SENHOR e para o palácio real, bem
como harpas e liras para os cantores. Nunca
antes se tinha visto madeira como esta na
terra de Judá.
12 O rei Salomão deu à rainha de Sabá tudo
o que ela quis e pediu, além do equivalente
ao que ela lhe havia trazido. Então ela voltou
e foi para a sua terra, ela e os seus servos.

AS RIQUEZAS DE SALOMÃO

1Rs 10.14-29

13 O peso do ouro que se trazia a Salomão a
cada ano era de cerca de vinte e três tonela-
das, 14 além do que entrava dos vendedores
e dos negociantes. Também todos os reis da
Arábia e os governadores dessa mesma terra
traziam a Salomão ouro e prata.
15 O rei Salomão fez duzentos grandes
escudos de ouro batido, empregando sete
quilos e duzentos gramas de ouro batido
em cada escudo. 16 Fez também trezentos
escudos menores de ouro batido, empre-
gando três quilos e seiscentos gramas de
ouro em cada escudo. E o rei os pôs na Casa
do Bosque do Líbano.
17 O rei fez também um grande trono de
marfim e o cobriu de ouro puro. 18 O trono
tinha seis degraus e um estrado de ouro
ligado a ele. De ambos os lados do assento
havia um braço, e a figura de um leão junto
a cada um dos braços. 19 Doze leões esta-
vam ali sobre os seis degraus, um em cada
extremo destes. Nunca se havia feito obra
semelhante em nenhum outro reino.
20 Todas as taças que o rei Salomão usava
para beber eram de ouro, e também de
ouro puro eram todos os objetos da Casa
do Bosque do Líbano. Nos dias de Salomão
não se dava nenhum valor à prata. 21 Porque
o rei tinha navios que iam a Társis, com os
servos de Hirão. De três em três anos, os
navios voltavam de Társis, trazendo ouro,
prata, marfim, bugios e pavões.
22 Assim, o rei Salomão excedeu a todos
os reis do mundo, tanto em riqueza como

em sabedoria. 23 Todos os reis do mundo
queriam ver Salomão para ouvir a sabedo-
ria que Deus tinha posto no coração dele.
24 Cada um trazia o seu presente: objetos
de prata e de ouro, roupas, armaduras,
especiarias, cavalos e mulas. E foi assim
ano após ano.

25 Salomão tinha quatro mil cavalos em
estrebarias, para os seus carros de guerra,
e doze mil cavaleiros, que colocou nas cida-
des onde mantinha os carros, deixando
uma parte junto ao rei, em Jerusalém.
26 Salomão dominava sobre todos os reis
desde o Eufrates até a terra dos filisteus e até
a fronteira do Egito. 27 O rei fez com que, em
Jerusalém, a prata fosse tão comum como
as pedras e os cedros fossem tão numero-
sos como os sicômoros que estão na Sefelá.
28 Importavam-se cavalos para Salomão, do
Egito e de todas as terras.

A MORTE DE SALOMÃO

1Rs 11.41-43

29 Quanto aos demais atos de Salomão,
tanto os primeiros como os últimos, não
está tudo escrito no Livro da História de
Natã, o profeta, e na Profecia de Aías, o
silonita, e nas Visões de Ido, o vidente,
a respeito de Jeroboão, filho de Nebate?
30 Salomão reinou sobre todo o Israel,
em Jerusalém, durante quarenta anos.
31 Salomão morreu e foi sepultado na
Cidade de Davi, seu pai, e Roboão, seu
filho, reinou em seu lugar.

A REVOLTA DE DEZ TRIBOS DE ISRAEL

1Rs 12.1-20

10 1 Roboão foi a Siquém, porque todo
o Israel se havia reunido ali, para o
fazer rei. 2 Jeroboão, filho de Nebate, que
ainda estava no Egito, para onde havia
fugido da presença do rei Salomão, ouviu
isso e voltou do Egito. 3 Mandaram chamá-
-lo, e ele veio com todo o Israel a Roboão,
para lhe dizer:

4 — O seu pai nos impôs um pesado jugo;
alivie a dura servidão de seu pai e o pesado
jugo que ele nos impôs, e nós o serviremos.

5 Roboão respondeu:

— Voltem daqui a três dias.

E o povo se foi.

6 O rei Roboão foi pedir conselho aos
anciãos que haviam estado na presença
de Salomão, seu pai, quando este ainda
vivia, dizendo:

— Como vocês me aconselham a respon-
der a este povo?

7 Eles disseram:

— Se o senhor for bom com este povo, e
lhes agradar, e lhes falar boas palavras, eles
se farão seus servos para sempre.

8 Mas Roboão desprezou o conselho que
os anciãos lhe tinham dado e foi pedir con-
selho aos jovens que haviam crescido com
ele e o serviam. 9 Ele perguntou:

— O que vocês me aconselham? O que devo
responder a este povo que me pediu para ali-
viar o jugo que o meu pai lhes impôs?

10 E os jovens que haviam crescido com
ele responderam:

— Diga o seguinte ao povo que se queixa
do pesado jugo que o seu pai lhe impôs e
que pede para que ele seja aliviado. Diga-
lhe o seguinte: "O meu dedo mínimo é mais
grosso do que a cintura do meu pai. 11 Assim
que, se o meu pai lhes impôs um jugo
pesado, eu o tornarei ainda mais pesado.
Meu pai castigou vocês com açoites; eu vou
castigá-los com escorpiões."

12 No terceiro dia, Jeroboão e todo o povo
foram falar com Roboão, como o rei lhes
havia ordenado, dizendo que voltassem
em três dias. 13 O rei lhes deu uma resposta
dura, porque o rei Roboão havia desprezado
o conselho dos anciãos. 14 Preferiu seguir o
conselho dos jovens, dizendo:

— Meu pai lhes impôs um pesado jugo,
mas eu o tornarei ainda mais pesado. Meu
pai castigou vocês com açoites; eu vou cas-
tigá-los com escorpiões.

15 Assim o rei não deu ouvidos ao povo,
porque esta reviravolta vinha de Deus,
para que o Senhor confirmasse a palavra
que tinha dito a Jeroboão, filho de Nebate,
por meio de Aías, o silonita.

16 Quando todo o Israel viu que o rei não
lhe dava ouvidos, reagiu, dizendo:

— Que parte temos nós em Davi? Não
temos herança no filho de Jessé! Às suas
tendas, ó Israel! Cuide, agora, de sua
casa, ó Davi!

Então todo o Israel se foi às suas tendas.
17 Quanto aos filhos de Israel, porém, que

moravam nas cidades de Judá, sobre eles
reinou Roboão.
18 Então o rei Roboão enviou Adonirão,
superintendente dos que realizavam tra-
balhos forçados, porém os filhos de Israel
o apedrejaram, e ele morreu. Mas o rei
Roboão conseguiu subir no seu carro e
fugiu para Jerusalém. 19 Assim, Israel se
mantém rebelado contra a casa de Davi
até o dia de hoje.

DEUS PROÍBE FAZER GUERRA CONTRA AS DEZ TRIBOS

1Rs 12.21-24

11 1 Quando Roboão chegou a Jerusalém,
reuniu a casa de Judá e de Benjamim,
cento e oitenta mil homens escolhidos, trei-
nados para a guerra, para lutar contra Israel,
a fim de restituir o reino a Roboão. 2 Porém
a palavra do Senhor veio a Semaías, homem
de Deus, dizendo:
3 — Diga a Roboão, filho de Salomão, rei de
Judá, e a todo o Israel em Judá e Benjamim:
4 Assim diz o Senhor: "Não subam, nem lutem
contra os seus irmãos. Que cada um volte
para a sua casa, porque eu é que fiz isto."
E eles obedeceram à palavra do Senhor e
desistiram de atacar Jeroboão.

AS CIDADES FORTIFICADAS DE ROBOÃO

5 Roboão morou em Jerusalém e, para
defesa, fortificou várias cidades em Judá, a
saber, 6 Belém, Etã, Tecoa, 7 Bete-Zur, Socó,
Adulão, 8 Gate, Maressa, Zife, 9 Adoraim,
Laquis, Azeca, 10 Zorá, Aijalom e Hebrom.
Todas estas cidades fortificadas estão em
Judá e Benjamim. 11 Assim, Roboão as tor-
nou em fortalezas, pôs nelas comandantes
e nelas armazenou mantimentos, azeite e
vinho. 12 E pôs em cada cidade um arsenal
de escudos e lanças, tornando-as muito for-
tes. Judá e Benjamim ficaram sob o domínio
de Roboão.

SACERDOTES E LEVITAS VÊM A JERUSALÉM

13 Os sacerdotes e os levitas de todos os
lugares de Israel apoiaram Roboão. 14 Os
levitas abandonaram os arredores das
suas cidades e as suas propriedades e vie-
ram para Judá e para Jerusalém, porque
Jeroboão e seus filhos os expulsaram,
para que não ministrassem ao Senhor.
15 Jeroboão constituiu os seus próprios
sacerdotes, para os lugares altos, para os
ídolos em forma de bodes e de bezerros
que tinha mandado fazer. 16 Além destes,
também de todas as tribos de Israel os que
de coração resolveram buscar o Senhor,
Deus de Israel, foram a Jerusalém, para
oferecer sacrifícios ao Senhor, Deus de
seus pais. 17 Assim, fortaleceram o reino
de Judá e firmaram o poder de Roboão,
filho de Salomão, durante três anos. Porque
durante três anos andaram no caminho de
Davi e de Salomão.

A FAMÍLIA DE ROBOÃO

18 Roboão tomou por esposa Maalate, filha
de Jerimote, filho de Davi, e filha de Abiail,
filha de Eliabe, filho de Jessé. 19 Maalate
lhe deu três filhos: Jeús, Semarias e Zaão.
20 Depois dela, Roboão casou com Maaca,
filha de Absalão, que lhe deu quatro filhos:
Abias, Atai, Ziza e Selomite. 21 Roboão
amava Maaca, filha de Absalão, mais do que
todas as suas outras mulheres e concubinas.
Porque ele havia tomado dezoito mulhe-
res e sessenta concubinas; e gerou vinte e
oito filhos e sessenta filhas. 22 Roboão desig-
nou Abias, filho de Maaca, para ser chefe,
príncipe entre os seus irmãos, porque que-
ria fazê-lo rei. 23 Procedeu com sabedoria
e distribuiu todos os seus filhos por todas
as terras de Judá e Benjamim, por todas
as cidades fortificadas. Deu-lhes manti-
mentos em abundância e lhes arranjou
muitas mulheres.

A INVASÃO DE SISAQUE

1Rs 14.25-28

12 1 Tendo Roboão confirmado o reino e
havendo-se fortalecido, abandonou
a Lei do Senhor, e todo o Israel fez o mesmo.
2 Sisaque, rei do Egito, atacou Jerusalém no
quinto ano do reinado de Roboão. Isso acon-
teceu porque tinham transgredido contra
o Senhor. 3 O rei do Egito atacou a cidade
com mil e duzentos carros de guerra e
sessenta mil cavaleiros; era inumerável a
gente que vinha com ele do Egito, a saber,
um exército de líbios, suquitas e etíopes.
4 Sisaque tomou as cidades fortificadas

que pertenciam a Judá e veio a Jerusalém.
5 Então o profeta Semaías foi falar com
Roboão e com os príncipes de Judá, que,
por causa de Sisaque, se haviam ajuntado
em Jerusalém, e lhes disse:

— Assim diz o SENHOR: "Vocês me abandonaram, e por isso eu os abandonei, entregando-os nas mãos de Sisaque."

6 Então os príncipes de Israel e o rei se
humilharam e disseram:

— O SENHOR é justo.

7 Quando o SENHOR viu que eles se humi-
lharam, a palavra do SENHOR veio a Semaías,
dizendo:

— Eles se humilharam. Não os destruirei,
mas em breve lhes darei socorro, para que o
meu furor não se derrame sobre Jerusalém
por meio de Sisaque. 8 Porém serão servos
dele, para que conheçam a diferença entre o
que é servir a mim e servir os reinos da terra.
9 Então Sisaque, rei do Egito, atacou
Jerusalém e levou embora os tesouros da
Casa do SENHOR e os tesouros do palácio
real. Levou tudo, inclusive os escudos de
ouro que Salomão tinha feito. 10 Em lugar
destes, o rei Roboão fez escudos de bronze
e os entregou nas mãos dos capitães da
guarda, que guardavam o portão do palácio
real. 11 Toda vez que o rei entrava na Casa
do SENHOR, os da guarda vinham, usavam os
escudos, e depois os devolviam à câmara
da guarda.
12 Pelo fato de Roboão ter se humilhado,
a ira do SENHOR se afastou dele, e não houve
destruição total. Porque em Judá ainda
havia boas coisas.

O REINADO DE ROBOÃO, DE JUDÁ

1Rs 14.21-31

13 O rei Roboão fortificou-se em Jerusalém e
continuou reinando. Roboão tinha quarenta
e um anos de idade quando começou a rei-
nar e reinou dezessete anos em Jerusalém,
cidade que o SENHOR escolheu dentre todas
as tribos de Israel para ali estabelecer o
seu nome. A mãe dele se chamava Naamá
e era amonita. 14 Roboão fez o que era mau,
porque não dispôs o coração para bus-
car o SENHOR.
15 Quanto aos demais atos de Roboão,
tanto os primeiros como os últimos, não
está tudo escrito no Livro da História de
Semaías, o profeta, e no Livro da História
de Ido, o vidente, no registro das genealo-
gias? Roboão e Jeroboão estiveram sempre
em guerra. 16 Roboão morreu e foi sepultado
na Cidade de Davi. E Abias, seu filho, reinou
em seu lugar.

O REINADO DE ABIAS, DE JUDÁ

1Rs 15.1-8

13 1 No décimo oitavo ano do reinado
de Jeroboão, Abias começou a rei-
nar sobre Judá. Ele reinou três anos em
Jerusalém. 2 A mãe dele se chamava Micaía e
era filha de Uriel, de Gibeá. Também houve
guerra entre Abias e Jeroboão. 3 Abias come-
çou a guerra com um exército de valentes
guerreiros, de quatrocentos mil homens
escolhidos, e Jeroboão pôs em ordem de
batalha contra ele um exército de oitocen-
tos mil homens escolhidos, todos valentes
guerreiros. 4 Abias pôs-se em pé no alto do
monte Zemaraim, que está na região mon-
tanhosa de Efraim, e gritou:

— Jeroboão e todo o Israel, escutem o que
vou dizer! 5 Será que vocês não sabem que o
SENHOR, o Deus de Israel, deu para sempre a
Davi a soberania de Israel, a ele e aos seus
filhos, por uma aliança perpétua? 6 Contudo,
Jeroboão, filho de Nebate, servo de Salomão,
filho de Davi, se levantou e se rebelou con-
tra o seu senhor. 7 Juntaram-se a ele uns
homens vadios e malignos, que desafiaram
Roboão, filho de Salomão. Como Roboão era
ainda jovem e indeciso, não lhes pôde resis-
tir. 8 Agora vocês pensam que podem resistir
ao reino do SENHOR, que está nas mãos dos
filhos de Davi. Vocês são uma grande multi-
dão e estão trazendo com vocês os bezerros
de ouro que Jeroboão fez para serem os seus
deuses. 9 Não é verdade que vocês expul-
saram os sacerdotes do SENHOR, os filhos
de Arão e os levitas, e escolheram para si
outros sacerdotes, como fazem os povos
das outras terras? Qualquer um que vem
para consagrar-se com um novilho e sete
carneiros logo se torna sacerdote daqueles
que não são deuses.
10 — Quanto a nós, o SENHOR é o nosso Deus,
e nunca o abandonamos. Temos sacerdo-
tes, que ministram ao SENHOR, a saber, os
filhos de Arão e os levitas na sua obra.
11 Cada dia, de manhã e à tarde, oferecem

holocaustos e queimam incenso aromático,
colocando em ordem os pães da proposi-
ção sobre a mesa puríssima e o candelabro
de ouro e as suas lâmpadas para se acen-
derem cada tarde, porque nós guardamos
o preceito do SENHOR, nosso Deus, ao passo
que vocês o abandonaram. 12 Eis que Deus
está conosco, à nossa frente, e também os
seus sacerdotes, tocando com as trombetas,
para darem o grito de guerra contra vocês, ó
filhos de Israel. Não lutem contra o SENHOR, o
Deus de seus pais, porque vocês não serão
bem-sucedidos.

13 Mas Jeroboão ordenou aos que estavam
de emboscada que fizessem uma volta e ata-
cassem o exército de Abias pela retaguarda,
de maneira que o seu exército estava em
frente dos homens de Judá, e a embos-
cada vinha por detrás deles. 14 Quando
os homens de Judá olharam, viram que a
batalha estava por diante e por detrás. Então
clamaram ao SENHOR, e os sacerdotes toca-
ram as trombetas. 15 Os homens de Judá
gritaram. Quando gritavam, Deus derrotou
Jeroboão e todo o Israel diante de Abias e
de Judá. 16 Os filhos de Israel fugiram de
diante de Judá, e Deus os entregou nas suas
mãos. 17 Abias e o seu povo fizeram grande
matança entre eles, de maneira que mor-
reram quinhentos mil homens escolhidos
de Israel. 18 Assim, os filhos de Israel foram
humilhados naquele tempo, e os filhos de
Judá prevaleceram, porque confiaram no
SENHOR, Deus de seus pais.

19 Abias perseguiu Jeroboão e lhe tomou
as cidades de Betel, Jesana e Efrom, com
as suas respectivas vilas. 20 Jeroboão não
restaurou mais o seu poder no tempo de
Abias. O SENHOR feriu Jeroboão, e ele mor-
reu. 21 Abias, porém, se fortificou. Tomou
para si catorze mulheres, e gerou vinte e
dois filhos e dezesseis filhas.

22 Quanto aos demais atos de Abias, tanto
o que fez como o que disse, está tudo escrito
no Livro da História do Profeta Ido.

O REINADO DE ASA, DE JUDÁ

1Rs 15.9-24

14 1 Abias morreu, e eles o sepultaram
na Cidade de Davi. E Asa, seu filho,
reinou em seu lugar. Nos dias dele, a terra
esteve em paz durante dez anos. 2 Asa fez
o que era bom e reto aos olhos do SENHOR,
seu Deus. 3 Porque aboliu os altares dos deu-
ses estranhos e o culto nos lugares altos,
quebrou as colunas e cortou os postes da
deusa Aserá. 4 Ordenou a Judá que buscasse
o SENHOR, Deus de seus pais, e que obser-
vasse a lei e o mandamento. 5 Também
aboliu de todas as cidades de Judá o culto
nos lugares altos e os altares do incenso.
E houve paz no seu reinado.

6 Asa construiu cidades fortificadas em
Judá, pois havia paz na terra, e não houve
guerra contra ele naqueles anos, porque
o SENHOR lhe tinha dado repouso. 7 Ele
disse a Judá:

— Vamos construir estas cidades, cercá-las
de muralhas e torres, portões e ferrolhos,
enquanto a terra ainda está em paz diante
de nós, pois temos buscado o SENHOR, nosso
Deus. Nós o temos buscado, e ele nos deu
repouso por todos os lados.

8 Então eles construíram e prosperaram.
O rei Asa tinha um exército de trezentos
mil homens de Judá, que traziam gran-
des escudos e lança, e duzentos e oitenta
mil homens de Benjamim, que traziam
escudo e atiravam com arco; todos eram
homens valentes.

ASA VENCE ZERÁ, O ETÍOPE

9 Zerá, o etíope, saiu contra eles com um
exército de um milhão de homens e trezen-
tos carros de guerra, e chegou até Maressa.
10 Então Asa saiu contra ele, e eles se pre-
pararam para a batalha no vale de Zefatá,
perto de Maressa. 11 Asa clamou ao SENHOR,
seu Deus, e disse:

— SENHOR, além de ti não há quem possa
socorrer numa batalha entre o poderoso e
o fraco. Ajuda-nos, SENHOR, nosso Deus, por-
que em ti confiamos e no teu nome viemos
contra esta multidão. SENHOR, tu és o nosso
Deus; que não prevaleça contra ti o homem.

12 O SENHOR derrotou os etíopes diante de
Asa e diante de Judá; e eles fugiram. 13 Asa
e o povo que estava com ele os persegui-
ram até Gerar, e os etíopes foram mortos,
sem restar nem um sequer, porque foram
destroçados diante do SENHOR e diante do
seu exército; e eles levaram dali muitos
despojos. 14 Atacaram todas as cidades ao
redor de Gerar, porque o terror do SENHOR as

havia invadido; e saquearam todas as cida-
des, porque nelas havia muitos despojos.
15 Também atacaram as tendas dos donos
do gado, levaram ovelhas em abundância e
camelos e voltaram para Jerusalém.

AS REFORMAS RELIGIOSAS DE ASA

15 1 O Espírito de Deus veio sobre
Azarias, filho de Odede, 2 que saiu
ao encontro de Asa e lhe disse:
— Asa e todo o Judá e Benjamim, escutem!
O Senhor está com vocês, enquanto vocês
estão com ele. Se o buscarem, ele se dei-
xará achar; mas, se o deixarem, ele também
os deixará. 3 Israel esteve por muito tempo
sem o verdadeiro Deus, sem sacerdote que
o ensinasse e sem Lei. 4 Mas quando, na sua
angústia, eles voltaram ao Senhor, Deus de
Israel, e o buscaram, foi por eles achado.
5 Naqueles tempos, não havia paz nem para
os que saíam nem para os que entravam,
mas muitas perturbações sobre todos os
moradores daquelas terras. 6 Porque nação
contra nação e cidade contra cidade se des-
pedaçavam, porque Deus os afligiu com
todo tipo de angústia. 7 Mas sejam fortes e
não deixem que as suas mãos desfaleçam,
porque a obra de vocês será recompensada.
8 Ao ouvir estas palavras e a profecia do pro-
feta, filho de Odede, Asa se animou e tirou
as abominações de toda a terra de Judá e
de Benjamim, bem como das cidades que
havia conquistado na região montanhosa
de Efraim. Ele renovou o altar do Senhor,
que estava diante do pórtico do Senhor.
9 Congregou todo o Judá e Benjamim e tam-
bém os de Efraim, Manassés e Simeão que
estavam morando entre eles, porque mui-
tos de Israel passaram para o lado de Asa,
vendo que o Senhor, seu Deus, estava com
ele. 10 Eles se reuniram em Jerusalém no
terceiro mês do décimo quinto ano do rei-
nado de Asa. 11 Naquele dia, ofereceram em
sacrifício ao Senhor, do despojo que trou-
xeram, setecentos bois e sete mil ovelhas.
12 Entraram em aliança de buscar o Senhor,
Deus de seus pais, de todo o coração e de
toda a alma, 13 e de condenar à morte todos
aqueles que não buscassem o Senhor, Deus
de Israel, tanto os pequenos como os gran-
des, tanto homens como mulheres. 14 Juraram
ao Senhor, em alta voz, com júbilo e ao som
de clarins e trombetas. 15 Todo o Judá se ale-
grou por causa deste juramento, porque eles
juraram de todo o coração e, de toda a boa
vontade, buscaram o Senhor, e por eles foi
achado. O Senhor lhes deu paz por toda parte.
16 O rei Asa depôs também Maaca, sua
mãe, da dignidade de rainha-mãe, porque
ela havia feito uma abominável imagem para
servir de poste da deusa Aserá. O rei Asa des-
truiu essa imagem, que ele reduziu a pó e
queimou no vale do Cedrom. 17 Os lugares
altos, porém, não foram tirados de Israel. No
entanto, o coração de Asa foi fiel ao Senhor
durante toda a sua vida. 18 Ele trouxe à Casa
de Deus as coisas consagradas por seu pai e
as coisas que ele mesmo havia consagrado:
prata, ouro e utensílios. 19 Não houve guerra
até o trigésimo quinto ano do reinado de Asa.

ASA FAZ ALIANÇA COM O REI DA SÍRIA

1Rs 15.16-22

16 1 No trigésimo sexto ano do reinado
de Asa, Baasa, rei de Israel, invadiu
Judá e começou a edificar a cidade de Ramá,
para impedir a entrada e a saída do território
de Asa, rei de Judá. 2 Então Asa tirou prata e
ouro dos tesouros da Casa do Senhor e dos
tesouros do palácio real e enviou servos a
Ben-Hadade, rei da Síria, que morava em
Damasco, dizendo:
3 — Que haja uma aliança entre mim e você,
como houve entre o meu pai e o seu pai. Eis
que estou lhe enviando prata e ouro. Vá e
anule a sua aliança com Baasa, rei de Israel,
para que ele se retire do meu território.
4 Ben-Hadade deu ouvidos ao rei Asa e
enviou os capitães dos seus exércitos contra
as cidades de Israel. Eles conquistaram Ijom,
Dã, Abel-Maim e todas as cidades-armazéns
de Naftali. 5 Quando Baasa soube disso, dei-
xou de edificar Ramá e não continuou a sua
obra. 6 Então o rei Asa reuniu todo o povo
de Judá, e trouxeram de Ramá as pedras e a
madeira que Baasa havia usado para edifi-
cá-la. Com elas Asa edificou Geba e Mispa.

ASA REPREENDIDO POR HANANI

7 Naquele tempo, o vidente Hanani foi falar
com Asa, rei de Judá, e lhe disse:
— Você confiou no rei da Síria e não con-
fiou no Senhor, seu Deus, e por isso o exército

do rei da Síria escapou das suas mãos.
8 Não é verdade que os etíopes e os líbios
formavam um grande exército, com muitos
carros de guerra e cavaleiros? Mas, porque
você confiou no Senhor, ele os entregou nas
suas mãos. 9 Porque, quanto ao Senhor, os
seus olhos passam por toda a terra, para
dar força àqueles cujo coração é totalmente
dele. Nisto você cometeu uma loucura. Por
isso, de agora em diante haverá guerras
contra você.

10 Porém Asa se indignou contra o profeta
e o lançou na prisão, porque estava enfure-
cido contra ele por causa disso. Na mesma
ocasião, Asa oprimiu alguns do povo.

A MORTE DE ASA

1Rs 15.23-24

11 Eis que os demais atos de Asa, tanto
os primeiros como os últimos, está tudo
escrito no Livro da História dos Reis de
Judá e de Israel. 12 No trigésimo nono ano
do seu reinado, Asa contraiu uma doença
nos pés, e essa doença era muito grave.
Porém, na sua enfermidade ele não recor-
reu ao Senhor, mas confiou nos médicos.
13 Asa morreu no quadragésimo primeiro
ano do seu reinado. 14 Foi sepultado no
túmulo que ele tinha mandado abrir para
si na Cidade de Davi. Puseram-no sobre um
leito cheio de perfumes e de várias espe-
ciarias, preparados segundo a arte dos
perfumistas. Depois fizeram uma grande
fogueira em honra dele.

O REINADO DE JOSAFÁ, DE JUDÁ

17 1 Em lugar de Asa, reinou o seu
filho Josafá, que se fortificou contra
Israel. 2 Ele pôs tropas em todas as cidades
fortificadas de Judá e estabeleceu guar-
nições na terra de Judá e nas cidades de
Efraim, que Asa, seu pai, havia conquis-
tado. 3 O Senhor esteve com Josafá, porque
ele andou nos primeiros caminhos de Davi,
seu pai, e não buscou os baalins. 4 Pelo con-
trário, buscou o Deus de seu pai e andou
nos seus mandamentos, e não segundo
as obras de Israel. 5 O Senhor confirmou
o reino nas suas mãos, e todo o Judá deu
presentes a Josafá, de modo que ele teve
riquezas e glória em abundância. 6 O cora-
ção dele se tornou ousado em seguir os
caminhos do Senhor, e ainda tirou os luga-
res altos e os postes da deusa Aserá que
havia em Judá.

7 No terceiro ano do seu reinado, Josafá
enviou os seus oficiais Ben-Hail, Obadias,
Zacarias, Natanael e Micaías, para ensina-
rem nas cidades de Judá. 8 Com eles enviou
os levitas Semaías, Netanias, Zebadias,
Asael, Semiramote, Jônatas, Adonias, Tobias
e Tobe-Adonias. E, com estes levitas, enviou
os sacerdotes Elisama e Jeorão. 9 Eles ensi-
naram em Judá, tendo consigo o Livro da
Lei do Senhor; percorriam todas as cidades
de Judá e ensinavam o povo.

10 O terror do Senhor veio sobre todos os
reinos das terras que estavam ao redor de
Judá, de maneira que não fizeram guerra
contra Josafá. 11 Alguns dos filisteus trou-
xeram presentes a Josafá e prata como
tributo. Também os árabes lhe trouxeram
sete mil e setecentos carneiros e sete mil e
setecentos bodes. 12 Josafá se tornou cada
vez mais poderoso, e construiu fortalezas e
cidades-armazéns em Judá. 13 Empreendeu
muitas obras nas cidades de Judá e tinha,
em Jerusalém, gente de guerra e homens
valentes. 14 Este é o número deles segundo
as suas famílias: em Judá, eram capitães
de mil: o chefe Adna e, com ele, trezen-
tos mil homens valentes; 15 depois dele, o
capitão Joanã e, com ele, duzentos e oitenta
mil homens; 16 e, depois, Amasias, filho de
Zicri, que voluntariamente se ofereceu ao
serviço do Senhor, e, às suas ordens, duzen-
tos mil homens valentes. 17 De Benjamim,
Eliada, homem valente, e, com ele, duzentos
mil homens, armados de arco e de escudo;
18 depois dele, Jozabade, com cento e oitenta
mil homens armados para a guerra. 19 Estes
estavam a serviço do rei, além dos que o
rei tinha posto nas cidades fortificadas por
todo o Judá.

AS PROFECIAS DOS FALSOS PROFETAS

1Rs 22.1-12

18 1 Josafá tinha riquezas e glória em
abundância, e tornou-se parente
de Acabe. 2 Passados alguns anos, Josafá
foi visitar Acabe, em Samaria. Acabe
matou ovelhas e bois em abundância, para
Josafá e para o povo que o acompanhava;

e o persuadiu a ir com ele atacar Ramote-Gileade. 3 Acabe, rei de Israel, perguntou a Josafá, rei de Judá:

— Você vai comigo a Ramote-Gileade?

Josafá respondeu:

— Sou como você é, e o meu povo é como o seu povo. Iremos com você à guerra.

4 Josafá disse mais ao rei de Israel:

— Consulte primeiro a palavra do Senhor.

5 Então o rei de Israel reuniu os profetas, quatrocentos homens, e lhes perguntou:

— Devemos ir e lutar contra Ramote-Gileade ou devo me conter?

Eles responderam:

— Vá, porque Deus a entregará nas mãos do rei.

6 Mas Josafá perguntou:

— Não há aqui ainda algum profeta do Senhor, para o consultarmos?

7 O rei de Israel respondeu a Josafá:

— Há um ainda, por meio de quem podemos consultar o Senhor. Mas eu o odeio, porque nunca profetiza de mim o que é bom, mas somente o que é mau. 8 O nome dele é Micaías, filho de Inlá.

Josafá disse:

— O rei não deveria falar assim.

Então o rei de Israel chamou um oficial e disse:

— Traga-me depressa Micaías, filho de Inlá.

9 O rei de Israel e Josafá, rei de Judá, estavam assentados, cada um no seu trono, vestidos de trajes reais, numa eira à entrada do portão da cidade de Samaria; e todos os profetas profetizavam diante deles. 10 Zedequias, filho de Quenaana, fez para si uns chifres de ferro e disse:

— Assim diz o Senhor: "Com estes você dará chifradas nos sírios até que estejam destruídos."

11 Todos os profetas profetizaram assim, dizendo:

— Suba a Ramote-Gileade! Você triunfará! O Senhor a entregará nas mãos do rei.

A PROFECIA DE MICAÍAS

1Rs 22.13-28

12 O mensageiro que tinha ido chamar Micaías falou-lhe, dizendo:

— Eis que as palavras dos profetas a uma voz predizem coisas boas para o rei. Portanto, que a sua palavra seja como a de um deles; fale o que é bom.

13 Micaías respondeu:

— Tão certo como vive o Senhor, o que o meu Deus me disser, isso falarei.

14 Quando ele chegou à presença do rei, este lhe perguntou:

— Micaías, devemos ir a Ramote-Gileade para a batalha ou devo me conter?

Ele respondeu:

— Vá! Você triunfará! Eles serão entregues nas mãos de vocês.

15 O rei lhe disse:

— Quantas vezes devo fazer você jurar que não me fale a não ser a verdade em nome do Senhor?

16 Então Micaías disse:

— Vi todo o Israel disperso pelos montes, como ovelhas que não têm pastor. E o Senhor Deus disse: "Estes não têm dono; que cada um volte em paz para a sua casa."

17 Então o rei de Israel disse a Josafá:

— Eu não disse a você que a meu respeito ele não profetiza o que é bom, mas somente o que é mau?

18 Micaías prosseguiu:

— Portanto, ouçam a palavra do Senhor: Vi o Senhor assentado no seu trono, e todo o exército do céu estava à sua direita e à sua esquerda. 19 Então o Senhor perguntou: "Quem enganará Acabe, o rei de Israel, para que vá e seja morto em Ramote-Gileade?" E um dizia uma coisa, e outro dizia outra coisa. 20 Então um espírito saiu, se apresentou diante do Senhor e disse: "Eu o enganarei." O Senhor perguntou: "Como?" 21 Ele respondeu: "Sairei e serei um espírito mentiroso na boca de todos os profetas do rei." Então o Senhor disse: "Você conseguirá enganá-lo. Vá e faça assim." 22 E agora eis que o Senhor pôs esse espírito mentiroso na boca destes seus profetas e o Senhor declarou que um mal vai lhe acontecer.

23 Então Zedequias, filho de Quenaana, chegou, deu uma bofetada em Micaías e perguntou:

— Por qual caminho passou o Espírito do Senhor ao sair de mim para falar com você?

24 Micaías respondeu:

— Eis que você o verá no dia em que estiver correndo de quarto em quarto, tentando se esconder.

25 Então o rei de Israel disse:
— Prendam Micaías e levem-no de volta a
Amom, governador da cidade, e a Joás, filho
do rei. 26 E digam: "Assim diz o rei: Metam
este homem na cadeia e o ponham a pão e
água, até que eu volte em paz."
27 Micaías disse:
— Se o rei de fato voltar em paz, é porque
o SENHOR não falou por meio de mim.
E acrescentou:
— Que todos os povos ouçam isto!

A MORTE DE ACABE

1Rs 22.29-40

28 O rei de Israel e Josafá, rei de Judá, foram
atacar Ramote-Gileade. 29 O rei de Israel
disse a Josafá:
— Eu vou me disfarçar e entrar no com-
bate, mas você use os seus trajes reais.
E assim o rei de Israel se disfarçou, e eles
entraram no combate.
30 Ora, o rei da Síria havia ordenado aos
capitães dos seus carros de guerra que não
lutassem nem contra pequeno nem contra
grande, mas somente contra o rei de Israel.
31 Quando os capitães dos carros viram
Josafá, disseram:
— Aquele é o rei de Israel.
E se dirigiram até ele para o atacar. Porém
Josafá gritou, e o SENHOR o socorreu; Deus
os desviou dele. 32 Quando os capitães dos
carros de guerra viram que não era o rei de
Israel, deixaram de persegui-lo. 33 Então um
homem entesou o arco e, atirando ao acaso,
atingiu o rei de Israel por entre as juntas da
sua armadura. Então o rei Acabe disse ao
condutor do seu carro:
— Dê a volta e leve-me para fora do com-
bate, porque estou gravemente ferido.
34 A batalha se intensificou naquele dia.
Quanto ao rei de Israel, segurou-se em pé
no carro de frente para os sírios, até a tarde.
Mas, ao pôr do sol, morreu.

O PROFETA JEÚ REPREENDE JOSAFÁ

19 1 Josafá, rei de Judá, voltou em paz
para a sua casa, em Jerusalém. 2 O
vidente Jeú, filho de Hanani, saiu ao encon-
tro do rei Josafá e lhe disse:
— Será que você devia ajudar o perverso
e amar aqueles que odeiam o SENHOR Deus?
Por isso, a ira do SENHOR caiu sobre você. 3 No
entanto, boas coisas foram encontradas em
você, porque tirou os postes da deusa Aserá
da terra e pôs no coração o propósito de bus-
car a Deus.

NOMEAÇÃO DE JUÍZES

4 Josafá morou em Jerusalém. Ele tornou
a passar pelo povo desde Berseba até a
região montanhosa de Efraim e fez com que
o povo voltasse ao SENHOR, o Deus de seus
pais. 5 Nomeou juízes no país, em todas as
cidades fortificadas de Judá, de cidade em
cidade. 6 Disse aos juízes:
— Vejam bem o que vão fazer, porque
vocês não estão julgando em nome de
homens, e sim em nome do SENHOR. E, ao
julgarem, ele estará com vocês. 7 E agora,
que o temor do SENHOR esteja com vocês.
Tenham cuidado com o que vão fazer,
porque o SENHOR, nosso Deus, não admite
injustiça nem parcialidade, e também não
aceita suborno.
8 Além disso, em Jerusalém Josafá nomeou
alguns dos levitas, dos sacerdotes e dos che-
fes das famílias de Israel para julgarem em
nome do SENHOR e decidirem as questões
de litígio. Por isso, moravam em Jerusalém.
9 Deu-lhes a seguinte ordem:
— Façam tudo isto no temor do SENHOR,
com fidelidade e coração íntegro. 10 Sempre
que os seus irmãos que moram nas cida-
des trouxerem uma questão relacionada
com homicídio ou referente a lei e man-
damento, estatutos e juízos, vocês devem
admoestá-los, para que não se façam
culpados diante do SENHOR e para que não
venha grande ira sobre vocês e sobre os
seus irmãos. Façam assim e vocês não
serão culpados. 11 Eis que Amarias, o
sumo sacerdote, presidirá nas coisas que
dizem respeito ao SENHOR, e Zebadias, filho
de Ismael, chefe da casa de Judá, nas que
dizem respeito ao rei. Também os levi-
tas serão oficiais à disposição de vocês.
Sejam fortes no cumprimento disso, e que
o SENHOR esteja com os bons.

A ORAÇÃO DE JOSAFÁ

20 1 Depois disto, os filhos de Moabe e
os filhos de Amom, com alguns dos
meunitas, vieram para fazer guerra contra

Esperar e perseverar são tarefas difíceis, mas é justamente essa temporada estéril que desafia a nossa capacidade de crer e nos revela, se permitirmos, ainda mais do caráter de nosso Deus.

Josafá. 2 Então vieram alguns que avisaram Josafá, dizendo:

— Uma grande multidão está vindo contra Judá, do outro lado do mar Morto, da Síria. Eis que eles já estão em Hazazom-Tamar, que é En-Gedi.

3 Então Josafá teve medo e decidiu buscar o SENHOR; e proclamou um jejum em todo o Judá. 4 Judá se congregou para pedir socorro ao SENHOR. Também de todas as cidades de Judá veio gente para buscar o SENHOR.

5 Josafá pôs-se em pé, na congregação de Judá e de Jerusalém, na Casa do SENHOR, diante do pátio novo, 6 e disse:

— Ó SENHOR, Deus de nossos pais, não és tu Deus nos céus? Não és tu que dominas sobre todos os reinos dos povos? Na tua mão está a força e o poder, e não há quem te possa resistir. 7 Ó nosso Deus, acaso não expulsaste os moradores desta terra de diante do teu povo de Israel e não a deste para sempre à posteridade de Abraão, teu amigo? 8 Eles têm morado nela e nela edificaram um santuário ao teu nome, dizendo: 9 "Se algum mal nos sobrevier, espada, juízo, peste ou fome, nós nos apresentaremos diante deste templo e diante de ti, pois o teu nome está neste templo; e clamaremos a ti na nossa angústia, tu nos ouvirás e livrarás." 10 E agora eis que os filhos de Amom e de Moabe e os do monte Seir, cujas terras não permitiste a Israel invadir, quando vinham da terra do Egito, mas deles se desviaram e não os destruíram, 11 eis que eles estão nos recompensando assim: estão vindo para nos expulsar da tua propriedade, que nos deste em herança. 12 Ó nosso Deus, acaso não executarás o teu juízo contra eles? Porque em nós não há força para resistirmos a essa grande multidão que vem contra nós. Não sabemos o que fazer, mas os nossos olhos estão postos em ti.

DEUS RESPONDE A ORAÇÃO

13 Todos os homens de Judá estavam em pé diante do SENHOR, com as suas crianças, as suas mulheres e os seus filhos. 14 Então, no meio da congregação, o Espírito do SENHOR veio sobre Jaaziel, filho de Zacarias, filho de Benaia, filho de Jeiel, filho de Matanias, levita, dos filhos de Asafe. 15 Jaaziel disse:

— Escutem com atenção, todo o Judá, moradores de Jerusalém e rei Josafá! Assim diz o SENHOR: "Não tenham medo nem se assustem por causa desta grande multidão, pois esta batalha não é de vocês, mas de Deus. 16 Amanhã vocês irão ao encontro deles. Eis que eles virão pela ladeira de Ziz, e vocês os encontrarão no fim do vale, em frente do deserto de Jeruel. 17 Neste encontro, vocês não precisarão lutar. Tomem posição, fiquem parados e vejam a salvação que o SENHOR lhes dará, ó Judá e Jerusalém. Não tenham medo nem se assustem. Amanhã, saiam ao encontro deles, porque o SENHOR está com vocês."

18 Então Josafá se prostrou com o rosto em terra, e todo o Judá e os moradores de Jerusalém também se prostraram diante do SENHOR e o adoraram. 19 Os levitas dos filhos dos coatitas e dos coraítas se levantaram para louvar o SENHOR, Deus de Israel, em voz bem alta.

DEUS SALVA O SEU POVO

20 Na manhã seguinte, levantaram cedo e foram para o deserto de Tecoa. Ao saírem, Josafá se pôs em pé e disse:

— Escutem, povo de Judá e moradores de Jerusalém! Creiam no SENHOR, seu Deus, e vocês estarão seguros; creiam nos profetas do SENHOR e vocês serão bem-sucedidos.

21 Depois de se aconselhar com o povo, Josafá designou os que deveriam cantar ao SENHOR. Vestidos de ornamentos sagrados e marchando à frente do exército, deveriam louvar a Deus, dizendo:

"Deem graças ao SENHOR,
porque a sua misericórdia
dura para sempre."

22 No momento em que eles começaram a cantar e a dar louvores, o SENHOR pôs emboscadas contra os filhos de Amom e de Moabe e os do monte Seir que vieram contra Judá, e foram derrotados. 23 Porque os filhos de Amom e de Moabe se levantaram contra os moradores do monte Seir, para os destruir e exterminar. E, quando eles tinham acabado

com os moradores de Seir, atacaram e des-
truíram-se uns aos outros.
24 Quando os homens de Judá chegaram a
um lugar alto de onde se pode olhar para o
deserto, procuraram ver a multidão, e eis que
somente avistaram cadáveres estendidos no
chão; não havia nenhum sobrevivente.
25 Josafá e o seu povo foram saquear
os despojos e acharam entre os cadáve-
res riquezas em abundância e objetos
preciosos. Pegaram para si mais do que
podiam levar e gastaram três dias para
saquear o despojo, de tanto que havia.
26 No quarto dia eles se reuniram no vale
de Beraca, onde louvaram o SENHOR. Por isso,
aquele lugar é chamado de vale de Beraca
até o dia de hoje.
27 Então todos os homens de Judá e de
Jerusalém voltaram, com Josafá à frente
deles. Voltaram para Jerusalém com ale-
gria, porque o SENHOR lhes tinha dado uma
grande alegria com a vitória sobre os seus
inimigos. 28 Entraram em Jerusalém ao som
de liras, harpas e trombetas, e foram para
a Casa do SENHOR. 29 O terror da parte de
Deus veio sobre todos os reinos daquelas
terras, quando ouviram que o SENHOR havia
lutado contra os inimigos de Israel. 30 Assim,
o reino de Josafá teve paz, porque Deus lhe
deu repouso por todos os lados.

O FIM DO REINADO DE JOSAFÁ

1Rs 22.41-51

31 Josafá reinou sobre Judá. Ele tinha trinta
e cinco anos de idade quando começou
a reinar e reinou vinte e cinco anos em
Jerusalém. A mãe dele se chamava Azuba e
era filha de Sili. 32 Ele andou no caminho de
Asa, seu pai; não se desviou dele e fez o que
era reto aos olhos do SENHOR. 33 Os lugares
altos, porém, não foram destruídos; porque
o povo ainda não tinha disposto o coração
para com o Deus de seus pais.
34 Quanto aos demais atos de Josafá, tanto
os primeiros como os últimos, está tudo
escrito nas Crônicas de Jeú, filho de Hanani,
que as inseriu na História dos Reis de Israel.
35 Depois disto, Josafá, rei de Judá, se aliou
com Acazias, rei de Israel, cuja conduta
era ímpia. 36 Aliou-se com ele, para cons-
truir navios que fossem a Társis; os navios
foram construídos em Eziom-Geber. 37 Então
Eliézer, filho de Dodavá, de Maressa, profe-
tizou contra Josafá, dizendo:
— Porque você se aliou com Acazias, o
SENHOR destruirá o que você construiu.
E os navios se quebraram e não puderam
ir a Társis.

21 1 Josafá morreu e foi sepultado no
túmulo de seus pais, na Cidade de
Davi; e Jeorão, seu filho, reinou em seu lugar.

O REINADO DE JEORÃO, DE JUDÁ

2Rs 8.16-24

2 Jeorão tinha irmãos, filhos de Josafá.
Eles se chamavam Azarias, Jeiel, Zacarias,
Azarias, Micael e Sefatias, e eram todos
filhos de Josafá, rei de Judá. 3 O pai deles
lhes deu muitos presentes de prata, de ouro
e de coisas preciosas, além de cidades forti-
ficadas em Judá; porém deu o reino a Jeorão,
por ser o primogênito.
4 Tendo Jeorão assumido o reino de seu pai
e havendo-se fortalecido, matou à espada
todos os seus irmãos e também alguns dos
chefes de Israel. 5 Jeorão tinha trinta e dois
anos de idade quando começou a reinar e
reinou oito anos em Jerusalém. 6 Andou nos
caminhos dos reis de Israel, como também
fizeram os da casa de Acabe, porque era
casado com uma filha dele. E Jeorão fez o
que era mau aos olhos do SENHOR. 7 Porém o
SENHOR não quis destruir a casa de Davi por
causa da aliança que havia feito com ele e
segundo a promessa que lhe havia feito de
dar uma lâmpada a ele e aos seus filhos
para sempre.
8 Nos dias de Jeorão, os edomitas se revol-
taram contra o poder de Judá e constituíram
o seu próprio rei. 9 Por isso Jeorão foi até lá
com todos os seus chefes e com todos os
seus carros de guerra. Ele se levantou de
noite e atacou os edomitas que o cercavam
e os capitães dos carros de guerra. 10 Assim,
Edom se rebelou para se livrar do poder de
Judá até o dia de hoje. Na mesma época a
cidade de Libna também se rebelou con-
tra Jeorão, porque este havia abandonado
o SENHOR, Deus de seus pais.
11 Jeorão também construiu lugares altos
nos montes de Judá, seduziu os moradores
de Jerusalém à idolatria, e fez com que Judá

se afastasse do SENHOR. 12 Então lhe chegou às mãos uma carta do profeta Elias, em que estava escrito:

"Assim diz o SENHOR, Deus de Davi, seu pai: 'Você não andou nos caminhos de seu pai Josafá, nem nos caminhos de Asa, rei de Judá, 13 mas andou nos caminhos dos reis de Israel e seduziu o povo de Judá e os moradores de Jerusalém à idolatria, segundo a idolatria da casa de Acabe. Além disso, você matou os seus próprios irmãos, da casa de seu pai, que eram melhores do que você. 14 Por isso o SENHOR castigará com um grande flagelo este povo do qual você é rei, bem como os seus filhos, as mulheres que você tem e todas as suas posses. 15 Você terá uma doença grave nos seus intestinos, doença esta que aumentará dia após dia, até que os seus intestinos saiam do corpo.'"

16 O SENHOR despertou contra Jeorão o ânimo dos filisteus e dos árabes que moravam perto dos etíopes. 17 Estes subiram contra o reino de Judá e o invadiram. Levaram embora todos os bens que encontraram no palácio real, inclusive os filhos e as mulheres dele, assim que não lhe deixaram filho algum, a não ser Jeoacaz, o mais moço deles.

18 Depois de tudo isto, o SENHOR feriu Jeorão com uma doença incurável nos intestinos. 19 A doença ia aumentando dia após dia e, ao final de dois anos, os intestinos saíram por causa da doença, e ele morreu com dores horríveis. O seu povo não fez nenhuma fogueira em honra dele, como havia feito para os seus pais.

20 Jeorão tinha trinta e dois anos de idade quando começou a reinar e reinou oito anos em Jerusalém. E se foi sem deixar saudades. Foi sepultado na Cidade de Davi, mas não nos túmulos dos reis.

O REINADO DE ACAZIAS, DE JUDÁ

2Rs 8.25-29

22 1 Em lugar de Jeorão, os moradores de Jerusalém fizeram rei a Acazias, o filho mais moço de Jeorão. Isso porque a tropa que tinha vindo com os árabes e invadido o arraial tinha matado todos os filhos mais velhos do rei. Assim Acazias, filho de Jeorão, rei de Judá, se tornou rei. 2 Acazias tinha vinte e dois anos de idade quando começou a reinar e reinou um ano em Jerusalém. 3 A mãe dele, que era filha de Onri, se chamava Atalia. Acazias também andou nos caminhos da casa de Acabe, porque a mãe dele o aconselhava a cometer iniquidades. 4 Fez o que era mau aos olhos do SENHOR, como os da casa de Acabe, porque eles foram os seus conselheiros depois da morte de seu pai, para a sua perdição. 5 Também andou nos conselhos deles e foi com Jorão, filho de Acabe, rei de Israel, a Ramote-Gileade, para guerrear contra Hazael, rei da Síria; e os sírios feriram Jorão. 6 Então ele voltou para Jezreel, para curar-se das feridas que lhe fizeram em Ramá, quando lutou contra Hazael, rei da Síria. E Acazias, filho de Jeorão, rei de Judá, foi a Jezreel visitar Jorão, filho de Acabe, que estava doente.

7 Foi da vontade de Deus que Acazias, para a sua ruína, fosse visitar Jorão. Porque, quando chegou, saiu com Jorão para encontrar-se com Jeú, filho de Ninsi, a quem o SENHOR tinha ungido para exterminar a casa de Acabe. 8 Quando Jeú estava executando juízo contra a casa de Acabe, encontrou os príncipes de Judá e os filhos dos irmãos de Acazias, que estavam ao serviço do rei, e os matou. 9 Depois, mandou procurar Acazias e o encontrou em Samaria, onde se havia escondido. Eles o levaram a Jeú e o mataram. Então o sepultaram, porque disseram:

— Ele é neto de Josafá, que buscou o SENHOR de todo o coração.

E não havia mais ninguém na casa de Acazias que pudesse ser rei.

ATALIA USURPA O TRONO DE JUDÁ

2Rs 11.1-3

10 Quando Atalia, mãe de Acazias, viu que seu filho era morto, levantou-se e destruiu toda a descendência real da casa de Judá. 11 Mas Jeosabeate, filha do rei, raptou Joás, filho de Acazias, do meio dos filhos do rei que seriam mortos e o escondeu, juntamente com a sua babá, numa câmara interior. Assim Jeosabeate, a filha do rei Jeorão, mulher do sacerdote Joiada e irmã de Acazias, o escondeu de Atalia, e ele não foi morto. 12 Joás esteve com eles, escondido na Casa de Deus, durante seis anos; e Atalia reinava no país.

JOÁS É UNGIDO REI DE JUDÁ

2Rs 11.4-12

23 1 No sétimo ano, o sacerdote Joiada
se animou e entrou em aliança
com os capitães de cem: Azarias, filho
de Jeroão, Ismael, filho de Joanã, Azarias,
filho de Obede, Maaseias, filho de Adaías,
e Elisafate, filho de Zicri. 2 Estes percorre-
ram Judá, congregaram os levitas de todas
as cidades de Judá e os chefes das famílias
de Israel e vieram para Jerusalém. 3 Toda
essa congregação fez aliança com o rei
na Casa de Deus. Então Joiada lhes disse:
— Eis que o filho do rei deve reinar,
como o SENHOR Deus falou a respeito dos
filhos de Davi. 4 Isto é o que vocês devem
fazer: uma terça parte de vocês, sacer-
dotes e levitas, que entram de serviço
no sábado, servirá de guarda dos por-
tões do templo; 5 outra terça parte estará
no palácio real; e a outra terça parte, no
Portão do Fundamento; e todo o povo
estará nos pátios da Casa do SENHOR.
6 Que ninguém entre na Casa do SENHOR,
a não ser os sacerdotes e os levitas que
ministram. Estes poderão entrar, porque
são santos, mas todo o povo guardará o
preceito do SENHOR. 7 Os levitas devem
rodear o rei, cada um de armas na mão.
E, se alguém quiser entrar no templo, que
seja morto. Vocês devem acompanhar o
rei aonde quer que ele for.

8 Os levitas e todo o Judá fizeram tudo
o que o sacerdote Joiada lhes havia orde-
nado. Cada um reuniu os seus soldados,
tanto os que entravam de serviço no
sábado como os que saíam de serviço no
sábado, porque o sacerdote Joiada não
havia dispensado nenhuma das turmas.
9 O sacerdote Joiada entregou aos capitães
de cem as lanças, os escudos e os escudos
menores que haviam sido do rei Davi e
que estavam na Casa de Deus. 10 Dispôs
todo o povo, cada um de armas na mão,
desde o lado direito do templo até o seu
lado esquerdo, e até o altar, e até o tem-
plo, para rodear o rei. 11 Então trouxeram
para fora o filho do rei, puseram a coroa
na cabeça dele, entregaram-lhe o Livro do
Testemunho e o constituíram rei. Joiada e
seus filhos o ungiram e gritaram:
— Viva o rei!

A MORTE DE ATALIA

2Rs 11.13-16

12 Quando a rainha Atalia ouviu o baru-
lho do povo que corria e louvava o rei,
veio para onde o povo estava, na Casa do
SENHOR. 13 Olhou, e eis que o rei estava junto
à coluna, à entrada. Os capitães e os toca-
dores de trombetas estavam ao lado do rei,
e todo o povo da terra se alegrava e tocava
trombetas. Também os cantores com os
instrumentos musicais dirigiam o canto
de louvores. Então Atalia rasgou as suas
roupas e gritou:
— Traição! Traição!
14 Porém o sacerdote Joiada trouxe para
fora os capitães que comandavam as tro-
pas e disse-lhes:
— Façam-na sair por entre as fileiras e, se
alguém a seguir, matem-no à espada.
Porque o sacerdote tinha dito: "Não a
matem na Casa do SENHOR." 15 Então eles
a prenderam; e ela, pelo caminho da
entrada dos cavalos, foi para o palácio real,
onde a mataram.

A ALIANÇA DE JOIADA

2Rs 11.17-21

16 Joiada fez uma aliança entre si mesmo,
todo o povo e o rei, para serem eles o povo
do SENHOR. 17 Então todo o povo entrou no
templo de Baal e o derrubaram, despe-
daçando os altares e as imagens de Baal.
Matã, o sacerdote de Baal, foi morto diante
dos altares. 18 Joiada entregou a superin-
tendência da Casa do SENHOR nas mãos dos
sacerdotes levitas, que Davi tinha organi-
zado em grupos para cuidarem da Casa
do SENHOR, para oferecerem os holocaus-
tos do SENHOR, como está escrito na Lei de
Moisés, com alegria e com canto, segundo
a instituição de Davi. 19 Colocou porteiros
junto aos portões da Casa do SENHOR, para
que nela não entrasse ninguém que de
alguma forma fosse impuro. 20 Reuniu os
capitães de cem, os nobres, os governado-
res do povo e todo o povo da terra, e todos
estes conduziram o rei da Casa do SENHOR
até o palácio real, passando pelo portão
superior. E assentaram Joás no trono do
reino. 21 Todo o povo da terra se alegrou, e
a cidade ficou tranquila, depois que mata-
ram Atalia à espada.

O REINADO DE JOÁS, DE JUDÁ

2Rs 12.1-19

24 1 Joás tinha sete anos de idade quando começou a reinar e reinou quarenta anos em Jerusalém. 2 A mãe dele se chamava Zíbia e era de Berseba. Joás fez o que era reto aos olhos do SENHOR todos os dias do sacerdote Joiada. 3 Joiada lhe deu duas mulheres, e ele gerou filhos e filhas.

4 Depois disto, Joás decidiu restaurar a Casa do SENHOR. 5 Reuniu os sacerdotes e os levitas e lhes disse:

— Vão pelas cidades de Judá e levantem de todo o Israel dinheiro para que todos os anos sejam feitos reparos no templo de seu Deus; e façam isso depressa.

Porém os levitas não se apressaram. 6 Então o rei mandou chamar o sumo sacerdote Joiada e lhe perguntou:

— Por que você não exigiu que os levitas trouxessem de Judá e de Jerusalém o imposto que Moisés, servo do SENHOR, pôs sobre a congregação de Israel, para a tenda do testemunho?

7 Porque a perversa Atalia e os seus filhos tinham arruinado a Casa de Deus; e usaram todas as coisas sagradas da Casa do SENHOR no culto aos baalins.

8 O rei deu ordem e fizeram um cofre e o puseram do lado de fora, junto ao portão da Casa do SENHOR. 9 Publicou-se, em Judá e em Jerusalém, que trouxessem ao SENHOR o imposto que Moisés, servo de Deus, havia colocado sobre Israel, no deserto. 10 Então todos os chefes e todo o povo se alegraram, trouxeram o imposto e o lançaram no cofre, até ficar cheio. 11 Quando o cofre era levado pelos levitas a uma comissão real, vendo-se que havia muito dinheiro, o escrivão do rei e o comissário do sumo sacerdote esvaziavam o cofre e o levavam de novo ao seu lugar. Assim faziam dia após dia e ajuntaram dinheiro em abundância.

12 O rei e Joiada entregavam esse dinheiro aos que dirigiam a obra e tinham a seu encargo a Casa do SENHOR, que contrataram pedreiros e carpinteiros, para restaurarem a Casa do SENHOR, e também os que trabalhavam em ferro e em bronze, para repararem a Casa do SENHOR. 13 Os que estavam encarregados da obra trabalhavam, e a reparação tinha bom êxito com eles; restauraram a Casa de Deus no seu próprio estado e a consolidaram. 14 Quando acabaram a obra, trouxeram ao rei e a Joiada o resto do dinheiro, de que se fizeram utensílios para a Casa do SENHOR, objetos para o culto e para os holocaustos, taças e outros objetos de ouro e de prata. E continuamente ofereceram holocaustos na Casa do SENHOR, todos os dias de Joiada.

15 Joiada morreu após uma longa velhice; tinha cento e trinta anos de idade quando morreu. 16 Sepultaram-no na Cidade de Davi com os reis, porque ele tinha feito o bem em Israel e servido a Deus e ao seu templo.

ZACARIAS É MORTO PELO REI

17 Depois da morte de Joiada, os chefes de Judá foram e se prostraram diante do rei, e o rei os ouviu. 18 Então abandonaram a Casa do SENHOR, Deus de seus pais, e serviram os postes da deusa Aserá e aos ídolos. E, por esta sua culpa, veio grande ira sobre Judá e Jerusalém. 19 Mas o SENHOR lhes enviou profetas para os reconduzir a si; estes profetas testemunharam contra eles, mas eles não quiseram ouvir.

20 Então o Espírito de Deus se apoderou de Zacarias, filho do sacerdote Joiada. Ele ficou em pé diante do povo e lhes disse:

— Assim diz Deus: "Por que vocês estão transgredindo os mandamentos do SENHOR? Vocês não vão prosperar! Por terem abandonado o SENHOR, também ele os abandonará."

21 Conspiraram contra ele e o apedrejaram, por ordem do rei, no pátio da Casa do SENHOR. 22 Assim, o rei Joás não se lembrou de como Joiada, pai de Zacarias, tinha sido bondoso com ele, e acabou matando o filho dele. Ao morrer, Zacarias disse:

— O SENHOR verá isto e o retribuirá.

O JUÍZO DE DEUS SOBRE JOÁS

23 Antes de se findar o ano, o exército dos sírios atacou Joás. Invadiram Judá e Jerusalém, mataram todos os chefes do povo, e levaram os despojos ao rei de Damasco. 24 Embora o exército dos sírios não fosse grande, o SENHOR permitiu que eles vencessem um exército que era

muito maior, porque eles tinham abando-
nado o Senhor, Deus de seus pais. Assim
os sírios executaram o juízo de Deus
contra Joás.

A CONSPIRAÇÃO CONTRA O REI JOÁS

2Rs 12.20-21

25 Quando os sírios foram embora, deixando
Joás gravemente ferido, os servos de Joás
conspiraram contra ele, por causa do sangue
do filho do sacerdote Joiada, e o mataram
em sua cama. 26 Ele foi sepultado na Cidade
de Davi, mas não nos túmulos dos reis. Os
que conspiraram contra Joás foram Zabade,
filho de Simeate, a amonita, e Jeozabade,
filho de Sinrite, a moabita. 27 Quanto aos
filhos de Joás, às numerosas sentenças pro-
feridas contra ele e à restauração da Casa de
Deus, está tudo escrito no Livro da História
dos Reis. E Amazias, filho de Joás, reinou
em seu lugar.

O REINADO DE AMAZIAS, DE JUDÁ

2Rs 14.1-7

25 1 Amazias tinha vinte e cinco anos
de idade quando começou a reinar
e reinou vinte e nove anos em Jerusalém.
A mãe dele se chamava Jeoadã e era de
Jerusalém. 2 Amazias fez o que era reto aos
olhos do Senhor, mas não com coração ínte-
gro. 3 Logo que o reino foi confirmado nas
suas mãos, matou os servos que tinham
assassinado o rei, seu pai. 4 No entanto,
não matou os filhos deles, mas fez segundo
está escrito na Lei, no Livro de Moisés, no
qual o Senhor deu ordem, dizendo: "Os pais
não serão mortos por causa dos filhos,
nem os filhos serão mortos por causa dos
pais; cada qual será morto pelo seu pró-
prio pecado."

5 Amazias congregou os homens de Judá
e os pôs, segundo as suas famílias, sob
chefes de mil e chefes de cem, por todo o
Judá e Benjamim. Contou os que tinham
vinte anos de idade para cima e descobriu
que havia trezentos mil homens escolhi-
dos capazes de sair à guerra e manejar
lança e escudo. 6 Também contratou cem
mil homens valentes de Israel por três mil
e quatrocentos quilos de prata.

7 Porém certo homem de Deus foi falar
com Amazias e disse:

— Ó rei, não deixe que o exército de Israel
o acompanhe, porque o Senhor não está
com Israel, isto é, com nenhum dos filhos
de Efraim. 8 Porém vá sozinho, entre em
ação e seja corajoso. Do contrário, Deus
faria com que você caísse diante do ini-
migo, porque Deus tem poder para dar a
vitória ou a derrota.

9 Amazias perguntou ao homem de Deus:

— E o que será dos três mil e quatrocen-
tos quilos de prata que paguei às tropas
de Israel?

Ao que o homem de Deus respondeu:

— O Senhor pode lhe dar muito mais do
que isso!

10 Então Amazias dispensou as tropas
que tinham vindo de Efraim, dizendo que
voltassem para casa. Eles ficaram muito
irritados com o povo de Judá e voltaram
para casa enfurecidos.

11 Amazias tomou coragem e, conduzindo
o seu povo, foi até o vale do Sal, onde matou
dez mil dos filhos de Seir. 12 Também os
filhos de Judá prenderam vivos dez mil e
os levaram até o alto de um penhasco, de
onde os precipitaram, de modo que todos
foram esmigalhados. 13 Porém os homens
das tropas que Amazias tinha mandado
embora, para que não fossem com ele à
guerra, atacaram as cidades de Judá, desde
Samaria até Bete-Horom. Mataram três mil
e levaram muitos despojos.

14 Quando Amazias voltou da matança
dos edomitas, trouxe consigo os deuses
dos filhos de Seir, tomou-os por seus deu-
ses, adorou-os e lhes queimou incenso.
15 Então o Senhor ficou irado com Amazias e
enviou-lhe um profeta que lhe disse:

— Por que você está buscando deuses
que não puderam livrar do seu ataque o
povo deles?

16 Enquanto o profeta ainda falava, o rei
lhe disse:

— Por acaso pusemos você por conselheiro
do rei? Pare com isso! Por que teríamos de
matar você?

Então o profeta parou, mas disse:

— Sei que Deus resolveu destruí-lo, por-
que você fez isso e não deu ouvidos ao
meu conselho.

Se você não nutrir o seu espírito com a dádiva que vem do Alto, os atos carnais passarão a ocupar uma lacuna que não lhes pertence.

AMAZIAS É DERROTADO POR JEOÁS

2Rs 14.8-14

17 Então Amazias, rei de Judá, tomou conselho e enviou mensageiros a Jeoás, filho de Jeoacaz, filho de Jeú, rei de Israel, dizendo:

— Venha me enfrentar no campo de batalha.

18 Porém Jeoás, rei de Israel, respondeu a Amazias, rei de Judá:

— O espinheiro que está no Líbano mandou dizer ao cedro que lá está: "Dê a sua filha por mulher ao meu filho." Mas um animal selvagem, que estava no Líbano, passou e pisoteou o espinheiro. 19 Você diz: "Eis que derrotei os edomitas", e o seu coração se encheu de orgulho, para você se gloriar. Agora fique em casa. Por que provocar um mal que trará somente desgraça para você e para Judá?

20 Mas Amazias não quis atendê-lo, porque isto vinha de Deus, para entregá-los nas mãos dos inimigos, porque buscaram os deuses dos edomitas. 21 Então Jeoás, rei de Israel, avançou contra Amazias, rei de Judá, e eles se enfrentaram em Bete-Semes, que está em Judá. 22 Judá foi derrotado por Israel, e os soldados tiveram de fugir para as suas casas. 23 Jeoás, rei de Israel, prendeu Amazias, rei de Judá, filho de Joás, filho de Jeoacaz, em Bete-Semes. Levou-o a Jerusalém, onde derrubou uma parte da muralha da cidade, desde o Portão de Efraim até o Portão da Esquina, numa extensão de mais ou menos duzentos metros. 24 Pegou todo o ouro e a prata, e todos os utensílios que havia na Casa de Deus, com Obede-Edom, e os tesouros do palácio real, bem como alguns reféns; e voltou para Samaria.

A MORTE DE AMAZIAS

2Rs 14.17-20

25 Amazias, filho de Joás, rei de Judá, viveu quinze anos depois da morte de Jeoás, filho de Jeoacaz, rei de Israel. 26 Quanto aos demais atos de Amazias, tanto os primeiros como os últimos, não está tudo escrito no Livro da História dos Reis de Judá e de Israel? 27 Depois que Amazias deixou de seguir o SENHOR, conspiraram contra ele em Jerusalém, e ele fugiu para Laquis; porém enviaram homens atrás dele até Laquis e o mataram. 28 Trouxeram-no sobre cavalos e o sepultaram junto a seus pais, na Cidade de Davi.

O REINADO DE UZIAS, DE JUDÁ

2Rs 14.21-22; 15.1-4

26 1 Todo o povo de Judá tomou Uzias, que tinha dezesseis anos de idade, e o constituiu rei em lugar de Amazias, seu pai. 2 Depois da morte de seu pai, Uzias reconstruiu Elate e a restituiu a Judá.

3 Uzias tinha dezesseis anos de idade quando começou a reinar e reinou cinquenta e dois anos em Jerusalém. A mãe dele se chamava Jecolias e era de Jerusalém. 4 Ele fez o que era reto aos olhos do SENHOR, segundo tudo o que Amazias, seu pai, havia feito. 5 Propôs-se buscar a Deus nos dias de Zacarias, que era sábio nas visões de Deus. Enquanto Uzias buscou o SENHOR, Deus o fez prosperar.

6 Ele foi e guerreou contra os filisteus. Destruiu as muralhas de Gate, de Jabné e de Asdode. Construiu cidades no território de Asdode e entre os filisteus. 7 Deus o ajudou contra os filisteus, contra os árabes que moravam em Gur-Baal e contra os meunitas. 8 Os amonitas pagavam tributo a Uzias, que chegou a ser tão poderoso que a sua fama se espalhou até a entrada do Egito.

9 Uzias construiu torres em Jerusalém, junto ao Portão da Esquina, junto ao Portão do Vale e junto ao Portão do Ângulo e as fortificou. 10 Também construiu torres no deserto e cavou muitas cisternas, porque tinha muito gado, tanto na Sefelá como nas campinas. Tinha lavradores e vinhateiros, nos montes e nos campos férteis, porque era amigo da agricultura.

11 Uzias tinha um exército de homens preparados para a guerra, que saíam para a batalha em tropas, segundo a lista feita pelo escrivão Jeiel e pelo oficial Maaseias, sob a direção de Hananias, um dos oficiais do rei. 12 O número total dos chefes das famílias, homens valentes, era de dois mil e seiscentos. 13 Debaixo das suas ordens, havia um exército guerreiro de trezentos e sete mil e quinhentos homens, que faziam a guerra com grande poder, para ajudar o rei

contra os seus inimigos. 14 Uzias preparou
para todo o exército escudos, lanças, capa-
cetes, couraças e arcos e até fundas para
atirar pedras. 15 Em Jerusalém ele fabricou
máquinas, inventadas por homens peri-
tos, que foram colocadas nas torres e nos
cantos das muralhas, para atirarem fle-
chas e grandes pedras. A fama de Uzias se
espalhou até muito longe, porque ele foi
maravilhosamente ajudado, até se tornar
muito poderoso.

UZIAS É ATACADO DE LEPRA

2Rs 15.5-7

16 Mas, depois que Uzias se tornou pode-
roso, o coração dele se exaltou para a sua
própria ruína. Ele cometeu uma transgres-
são contra o SENHOR, seu Deus, pois entrou
no templo do SENHOR para queimar incenso
no altar do incenso. 17 Porém o sacerdote
Azarias entrou atrás dele, acompanhado
de oitenta sacerdotes do SENHOR, homens
da maior firmeza. 18 Eles enfrentaram o rei
Uzias e lhe disseram:
— Não compete a você, Uzias, queimar
incenso diante do SENHOR, mas aos sacer-
dotes, filhos de Arão, que são consagrados
para esse serviço. Saia do santuário, por-
que você cometeu uma transgressão e isso
não lhe trará honra da parte do SENHOR Deus.
19 Então Uzias se indignou. Ele tinha o
incensário na mão para queimar incenso.
No momento em que ele se indignou con-
tra os sacerdotes, a lepra lhe saiu na testa,
ali mesmo, na presença dos sacerdotes, na
Casa do SENHOR, junto ao altar do incenso.
20 Quando o sumo sacerdote Azarias e todos
os sacerdotes se voltaram para ele, eis que
ele estava leproso na testa. Então apressa-
damente o tiraram dali, e até ele mesmo
se apressou em sair, visto que o SENHOR o
havia ferido.
21 Assim, o rei Uzias ficou leproso até o
dia da sua morte. E, por ser leproso, morou
numa casa separada, porque foi excluído
da Casa do SENHOR. E Jotão, seu filho, tinha
a seu encargo o palácio real, governando o
povo da terra.
22 Quanto aos demais atos de Uzias, tanto
os primeiros como os últimos, o profeta
Isaías, filho de Amoz, os escreveu. 23 Uzias
morreu e foi sepultado no túmulo de seus
pais, num cemitério que pertencia aos reis.
Porque disseram: "Ele era leproso." E Jotão,
seu filho, reinou em seu lugar.

O REINADO DE JOTÃO, DE JUDÁ

2Rs 15.32-38

27 1 Jotão tinha vinte e cinco anos de
idade quando começou a reinar
e reinou dezesseis anos em Jerusalém.
A mãe dele se chamava Jerusa e era filha
de Zadoque. 2 Fez o que era reto aos olhos
do SENHOR, segundo tudo o que Uzias, seu
pai, havia feito, exceto que não entrou no
templo do SENHOR. E o povo continuava na
prática do mal.
3 Ele edificou o Portão de Cima da Casa
do SENHOR e também edificou muitas obras
sobre a Muralha de Ofel. 4 Também cons-
truiu cidades na região montanhosa de
Judá e castelos e torres nos bosques. 5 Ele
também guerreou contra o rei dos filhos
de Amom e o derrotou, de modo que os
filhos de Amom, naquele ano, lhe deram
três mil e quatrocentos quilos de prata,
mil toneladas de trigo e mil toneladas de
cevada. E eles lhe trouxeram isto também
no segundo e no terceiro ano. 6 Assim, Jotão
se tornou cada vez mais poderoso, porque
dirigia os seus caminhos segundo a von-
tade do SENHOR, seu Deus.
7 Quanto aos demais atos de Jotão, todas
as suas guerras e empreendimentos, eis
que está tudo escrito no Livro da História
dos Reis de Israel e de Judá. 8 Tinha vinte
e cinco anos de idade quando come-
çou a reinar e reinou dezesseis anos em
Jerusalém. 9 Jotão morreu e foi sepultado
na Cidade de Davi. E Acaz, seu filho, rei-
nou em seu lugar.

O REINADO DE ACAZ, DE JUDÁ

2Rs 16.1-4

28 1 Acaz tinha vinte anos de idade
quando começou a reinar e reinou
dezesseis anos em Jerusalém. Não fez o que
era reto aos olhos do SENHOR, ao contrário de
Davi, seu pai. 2 Andou nos caminhos dos
reis de Israel e até fez imagens fundidas aos
baalins. 3 Também queimou incenso no vale
de Ben-Hinom e queimou os seus próprios
filhos, segundo as abominações dos gentios,
que o SENHOR havia expulsado de diante dos

filhos de Israel. 4 Também sacrificou e quei-
mou incenso nos lugares altos, nas colinas
e debaixo de toda árvore frondosa.

5 Por isso o Senhor, seu Deus, o entre-
gou nas mãos do rei dos sírios, os quais
o derrotaram e fizeram uma grande mul-
tidão de prisioneiros, que foram levados
para Damasco. Acaz também foi entregue
nas mãos do rei de Israel, que lhe impôs
grande derrota. 6 Num só dia, Peca, filho de
Remalias, matou em Judá cento e vinte mil,
todos homens poderosos, por terem aban-
donado o Senhor, Deus de seus pais. 7 Zicri,
homem valente de Efraim, matou Maaseias,
filho do rei, Azricão, alto oficial do palácio, e
Elcana, o segundo depois do rei. 8 Os filhos
de Israel levaram presos de Judá, seu povo
irmão, duzentos mil: mulheres, filhos e
filhas. Saquearam também muitos despo-
jos, que levaram para Samaria.

O PROFETA ODEDE

9 Havia em Samaria um profeta do Senhor,
cujo nome era Odede. Ele saiu ao encon-
tro do exército que voltava para Samaria e
lhe disse:

— Eis que o Senhor, o Deus dos seus pais,
ficou irado com Judá e os entregou nas
mãos de vocês, e vocês os mataram com
tamanha raiva, que chegou até os céus.
10 Agora vocês estão querendo fazer dos
filhos de Judá e de Jerusalém os seus escra-
vos e as suas escravas. Será que vocês não
são culpados diante do Senhor, seu Deus?
11 Agora escutem o que vou dizer e man-
dem de volta os prisioneiros que vocês
fizeram entre os seus irmãos, porque o
furor da ira do Senhor está sobre vocês.

12 Então alguns dos chefes dos filhos de
Efraim, a saber, Azarias, filho de Joanã,
Berequias, filho de Mesilemote, Jeizquias,
filho de Salum, e Amasa, filho de Hadlai,
se levantaram contra os que voltavam da
guerra 13 e lhes disseram:

— Não tragam esses prisioneiros para
cá, porque vocês estão querendo aumen-
tar ainda mais os nossos pecados e a nossa
culpa diante do Senhor. A nossa culpa já
é grande, e o furor da ira do Senhor está
sobre Israel.

14 Então os homens armados deixaram os
prisioneiros e o despojo diante dos chefes
e de toda a congregação. 15 Os homens que
foram citados nominalmente se levantaram,
cuidaram dos prisioneiros e, com as roupas
que estavam no meio dos despojos, vesti-
ram todos os que estavam nus. Deram-lhes
roupas, sandálias, comida, bebida, e os ungi-
ram. Fizeram montar em jumentos todos os
que estavam fracos, e os levaram até Jericó, a
cidade das palmeiras, a seus irmãos. Então
voltaram para Samaria.

ACAZ PEDE SOCORRO AOS ASSÍRIOS

2Rs 16.5-9

16 Naquele tempo, o rei Acaz mandou pedir
aos reis da Assíria que o ajudassem, 17 por-
que, de novo, os edomitas tinham vindo
e derrotado Judá, levando alguns prisio-
neiros. 18 Também os filisteus atacaram as
cidades da Sefelá e do sul de Judá. Tomaram
Bete-Semes, Aijalom, Gederote, Socó e suas
aldeias, Timna e suas aldeias e Ginzo e suas
aldeias; e ficaram morando ali. 19 Porque o
Senhor humilhou Judá por causa do rei Acaz,
porque este havia permitido que Judá caísse
em imoralidade e foi completamente infiel
ao Senhor.

20 O rei Tiglate-Pileser, da Assíria, atendeu
o pedido de Acaz. Porém, em vez de ajudá-lo,
deixou-o num aperto ainda maior. 21 Porque
Acaz pegou objetos da Casa do Senhor, do
palácio real e das casas dos príncipes e os
deu ao rei da Assíria; porém isso não lhe
serviu de nada.

A IDOLATRIA DE ACAZ

2Rs 16.10-16

22 No tempo da sua angústia, foi ainda
mais infiel ao Senhor; ele mesmo, o rei
Acaz. 23 Ofereceu sacrifícios aos deuses de
Damasco, que o derrotaram, pois pensava:
"Visto que os deuses dos reis da Síria os aju-
dam, eu lhes oferecerei sacrifícios para que
ajudem a mim também." Porém eles foram a
sua ruína e a de todo o Israel. 24 Acaz ajuntou
os utensílios da Casa de Deus, os quebrou
em pedaços e fechou os portões da Casa
do Senhor; e fez para si altares em todos os
cantos de Jerusalém. 25 Em cada cidade de
Judá construiu lugares altos para queimar
incenso a outros deuses e assim provocou
à ira o Senhor, Deus de seus pais.

A MORTE DE ACAZ

2Rs 16.19-20

26 Quanto aos demais atos de Acaz e a todos os seus caminhos, tanto os primeiros como os últimos, está tudo escrito no Livro da História dos Reis de Judá e de Israel. 27 Acaz morreu e foi sepultado na cidade de Jerusalém, mas não nos túmulos dos reis de Israel. E Ezequias, seu filho, reinou em seu lugar.

O REINADO DE EZEQUIAS, DE JUDÁ

2Rs 18.1-3

29 1 Ezequias tinha vinte e cinco anos de idade quando começou a reinar e reinou vinte e nove anos em Jerusalém. A mãe dele se chamava Abia e era filha de Zacarias. 2 Ezequias fez o que era reto aos olhos do SENHOR, segundo tudo o que Davi, seu pai, havia feito.

3 No primeiro ano do seu reinado, no primeiro mês, abriu os portões da Casa do SENHOR e os reparou. 4 Trouxe os sacerdotes e os levitas, reuniu-os na praça leste 5 e lhes disse:

— Escutem, levitas! Santifiquem agora a si mesmos e santifiquem a Casa do SENHOR, Deus de seus pais. Tirem do santuário tudo o que é impuro. 6 Porque nossos pais foram infiéis e fizeram o que era mau aos olhos do SENHOR, nosso Deus, e o abandonaram. Desviaram o seu rosto do tabernáculo do SENHOR e lhe viraram as costas. 7 Também fecharam os portões do pórtico, apagaram as lâmpadas, não queimaram incenso, nem ofereceram holocaustos no santuário ao Deus de Israel. 8 Por isso a ira do SENHOR veio sobre Judá e Jerusalém, e ele os transformou em objeto de espanto, de horror e de vaias, como vocês estão vendo com os seus próprios olhos. 9 Porque eis que os nossos pais caíram à espada, e, por isso, os nossos filhos, as nossas filhas e as nossas mulheres foram para o cativeiro.

10 — Agora estou resolvido a fazer uma aliança com o SENHOR, Deus de Israel, para que o furor da sua ira se afaste de nós. 11 Meus filhos, não sejam negligentes, pois o SENHOR os escolheu para estarem diante dele para o servirem, para serem os seus ministros e queimarem incenso.

OS LEVITAS PURIFICAM O TEMPLO

12 Então se levantaram os seguintes levitas: Maate, filho de Amasai, e Joel, filho de Azarias, dos filhos dos coatitas; Quis, filho de Abdi, e Azarias, filho de Jealelel, dos filhos de Merari; Joá, filho de Zima, e Éden, filho de Joá, dos filhos de Gérson; 13 Sinri e Jeuel, dos filhos de Elisafã; Zacarias e Matanias, dos filhos de Asafe; 14 Jeuel e Simei, dos filhos de Hemã; Semaías e Uziel, dos filhos de Jedutum.

15 Congregaram os seus irmãos, santificaram-se e vieram, cumprindo a ordem do rei, segundo as palavras do SENHOR, para purificar a Casa do SENHOR. 16 Os sacerdotes entraram na Casa do SENHOR, para a purificar, e tiraram para fora, ao pátio da Casa do SENHOR, todas as coisas impuras que encontraram no templo do SENHOR. E os levitas pegaram essas coisas e as levaram para fora, ao vale do Cedrom. 17 Começaram a santificar no primeiro dia do primeiro mês e no oitavo dia do mês chegaram ao pórtico do SENHOR. Em oito dias santificaram a Casa do SENHOR e no décimo sexto dia do mês terminaram.

18 Então foram falar com o rei Ezequias no palácio e disseram:

— Já purificamos toda a Casa do SENHOR, bem como o altar do holocausto com todos os seus utensílios e a mesa da proposição com todos os seus objetos. 19 Também todos os objetos que o rei Acaz, em sua infidelidade, jogou fora durante o seu reinado, nós já preparamos e santificamos; e eis que estão diante do altar do SENHOR.

EZEQUIAS RESTABELECE O CULTO

20 Então o rei Ezequias se levantou de madrugada, reuniu os chefes da cidade e subiu à Casa do SENHOR. 21 Mandou trazer sete novilhos, sete carneiros, sete cordeiros e sete bodes, como oferta pelo pecado a favor do reino, do santuário e de Judá; e ordenou aos filhos de Arão, os sacerdotes, que os oferecessem sobre o altar do SENHOR. 22 Mortos os novilhos, os sacerdotes pegaram o sangue e o aspergiram sobre o altar; mataram os carneiros e aspergiram o sangue sobre o altar; também mataram os cordeiros e aspergiram o sangue sobre o altar. 23 Para oferta pelo pecado, trouxeram

os bodes diante do rei e da congregação, e estes puseram as mãos sobre eles. 24 Os sacerdotes os mataram e, com o sangue, fizeram uma oferta pelo pecado, ao pé do altar, para expiação de todo o Israel, porque o rei havia ordenado que se fizesse aquele holocausto e oferta pelo pecado, por todo o Israel.

25 Também pôs os levitas na Casa do SENHOR com címbalos, liras e harpas, segundo o mandado de Davi e de Gade, o vidente do rei, e do profeta Natã. Porque este mandado veio do SENHOR, por meio de seus profetas. 26 Os levitas estavam em pé com os instrumentos musicais de Davi, e os sacerdotes tinham as trombetas. 27 Ezequias ordenou que oferecessem o holocausto sobre o altar. No momento em que começou o holocausto, começou também o cântico ao SENHOR com as trombetas, ao som dos instrumentos musicais de Davi, rei de Israel. 28 Toda a congregação se prostrou, quando se entoava o cântico, e as trombetas soavam; tudo isto até findar-se o holocausto. 29 Depois que eles terminaram de oferecer o sacrifício, o rei e todos os que estavam com ele se prostraram e adoraram. 30 Então o rei Ezequias e os chefes ordenaram aos levitas que louvassem o SENHOR com as palavras de Davi e de Asafe, o vidente. Eles o fizeram com alegria, e se inclinaram, e adoraram.

31 Ezequias tomou a palavra e disse:

— Agora vocês se consagraram ao SENHOR. Venham e tragam sacrifícios e ofertas de ação de graças à Casa do SENHOR.

A congregação trouxe sacrifícios e ofertas de ação de graças, e todos os que estavam de coração disposto trouxeram holocaustos. 32 O número dos holocaustos que a congregação trouxe foi de setenta bois, cem carneiros e duzentos cordeiros; tudo isto em holocausto para o SENHOR. 33 Também foram consagrados seiscentos bois e três mil ovelhas. 34 Os sacerdotes, porém, eram muito poucos e não conseguiam tirar a pele de todos os holocaustos. Por isso os seus irmãos, os levitas, os ajudaram, até findar-se a obra e até que os outros sacerdotes se santificaram. Porque os levitas foram mais retos de coração, para se santificarem, do que os sacerdotes. 35 Além dos holocaustos em abundância, houve também a gordura das ofertas pacíficas e as libações para os holocaustos.

Assim se restabeleceu o ministério da Casa do SENHOR. 36 Ezequias e todo o povo se alegraram com o que Deus tinha feito pelo povo, porque esta obra foi feita em pouco tempo.

A CELEBRAÇÃO DA PÁSCOA

30 1 Depois disto, Ezequias enviou mensageiros por todo o Israel e Judá. Escreveu também cartas para as tribos de Efraim e de Manassés para que viessem à Casa do SENHOR, em Jerusalém, para celebrarem a Páscoa ao SENHOR, Deus de Israel. 2 Porque o rei, os seus príncipes e toda a congregação em Jerusalém tinham concordado em celebrar a Páscoa no segundo mês. 3 Não puderam celebrá-la no devido tempo, porque não se tinham santificado sacerdotes em número suficiente, e o povo ainda não se havia reunido em Jerusalém. 4 E isto foi aprovado pelo rei e por toda a congregação. 5 Resolveram que se fizesse uma proclamação por todo o Israel, desde Berseba até Dã, para que viessem celebrar a Páscoa ao SENHOR, Deus de Israel, em Jerusalém; porque não a celebravam mais com grande número de participantes, conforme estava prescrito.

6 Mensageiros levaram as cartas do rei e dos seus príncipes por todo o Israel e Judá, segundo a ordem do rei, dizendo:

"Filhos de Israel, voltem para o SENHOR, o Deus de Abraão, de Isaque e de Israel, para que ele se volte para o restante que escapou do poder dos reis da Assíria. 7 Não sejam como os seus pais e como os seus irmãos, que foram infiéis ao SENHOR, Deus de seus pais. Foi por isso que ele os entregou à desolação, como vocês estão vendo. 8 Não sejam teimosos como os seus pais. Entreguem-se ao SENHOR e venham ao seu santuário, que ele santificou para sempre. Sirvam ao SENHOR, o Deus de vocês, para que o furor da sua ira se afaste de vocês. 9 Porque, se vocês se voltarem ao SENHOR, os irmãos e os filhos de vocês acharão misericórdia diante dos

que os levaram cativos, e eles voltarão
a esta terra. Porque o Senhor, o Deus de
vocês, é bondoso e compassivo e não
desviará de vocês o seu rosto, se vocês
se voltarem para ele."

10 Os mensageiros foram passando de
cidade em cidade, pela terra de Efraim e
Manassés até Zebulom; mas as pessoas
riram e zombaram deles. 11 Porém alguns de
Aser, de Manassés e de Zebulom se humi-
lharam e foram a Jerusalém. 12 Também
em Judá se fez sentir a mão de Deus, dan-
do-lhes um só coração, para cumprirem a
ordem do rei e dos príncipes, segundo a
palavra do Senhor.

13 Uma grande multidão se reuniu em
Jerusalém para celebrar a Festa dos Pães
sem Fermento, no segundo mês. Era uma
congregação enorme. 14 Levantaram-se e
tiraram os altares que havia em Jerusalém.
Também tiraram todos os altares do
incenso e os jogaram no vale do Cedrom.
15 Então mataram os cordeiros da Páscoa
no décimo quarto dia do segundo mês. Os
sacerdotes e os levitas se envergonharam,
se santificaram e trouxeram holocaustos à
Casa do Senhor. 16 Tomaram os seus devi-
dos lugares, segundo a Lei de Moisés, o
homem de Deus. Os sacerdotes aspergiam
o sangue que recebiam das mãos dos levi-
tas. 17 Porque havia muitos na congregação
que não se tinham santificado, e por isso
os levitas estavam encarregados de matar
os cordeiros da Páscoa por todos aqueles
que não estavam puros, para santificá-los
ao Senhor. 18 Porque uma multidão do povo,
muitos de Efraim, de Manassés, de Issacar
e de Zebulom não se tinham purificado
e, mesmo assim, comeram a Páscoa, não
levando em conta o que está escrito na Lei.
Porém Ezequias orou por eles, dizendo:

— Que o Senhor, que é bom, perdoe todo
aquele 19 que dispôs o coração para bus-
car o Senhor Deus, o Deus de seus pais,
ainda que não segundo a purificação exi-
gida pelo santuário.

20 O Senhor ouviu a oração de Ezequias
e sarou o povo. 21 Os filhos de Israel que
estavam em Jerusalém celebraram a Festa
dos Pães sem Fermento durante sete dias,
com muita alegria. Diariamente os levitas e
os sacerdotes louvaram o Senhor, com ins-
trumentos que tocaram bem alto em honra
ao Senhor. 22 Ezequias falou ao coração de
todos os levitas que revelavam bom enten-
dimento no serviço do Senhor. Durante sete
dias, eles comeram as ofertas da festa, trou-
xeram ofertas pacíficas e deram graças ao
Senhor, Deus de seus pais.

23 Toda a congregação concordou em
celebrar outros sete dias, e de fato o fize-
ram com muita alegria. 24 Porque Ezequias,
rei de Judá, deu à congregação mil novi-
lhos e sete mil ovelhas, e os príncipes
deram à congregação mil novilhos e dez
mil ovelhas. E os sacerdotes se santifica-
ram em grande número. 25 Alegraram-se
toda a congregação de Judá, os sacerdotes,
os levitas e toda a congregação dos que
vieram de Israel, bem como os estrangei-
ros que vieram da terra de Israel e os que
moravam em Judá. 26 Houve grande ale-
gria em Jerusalém, porque desde os dias
de Salomão, filho de Davi, rei de Israel,
não havia acontecido coisa semelhante
em Jerusalém. 27 Então os sacerdotes e
os levitas se levantaram para abençoar o
povo. A voz deles foi ouvida, e a oração que
eles fizeram chegou até a santa habitação
de Deus, até os céus.

A REFORMA FEITA POR EZEQUIAS

31 1 Acabando tudo isto, todos os
israelitas que estavam ali saíram
às cidades de Judá, quebraram as estátuas,
cortaram os postes da deusa Aserá e der-
rubaram os lugares altos e os altares em
todo o território de Judá, de Benjamim, de
Efraim e de Manassés, até que tudo esti-
vesse destruído. Depois, todos os filhos de
Israel voltaram para as suas cidades, cada
um para a sua propriedade.

2 Ezequias estabeleceu os turnos dos
sacerdotes e dos levitas, turno após turno,
segundo o seu serviço: para os holocaus-
tos e as ofertas pacíficas, para ministrarem
e cantarem junto às portas dos arraiais do
Senhor. 3 A contribuição que o rei fazia dos
seus bens era destinada para os holocaus-
tos, para os holocaustos da manhã e os da
tarde e para os holocaustos dos sábados, das
Festas da Lua Nova e das festas fixas, como
está escrito na Lei do Senhor.

4 Além disso, ordenou ao povo que morava em Jerusalém que contribuísse com sua parte devida aos sacerdotes e aos levitas, para que estes pudessem dedicar-se à Lei do SENHOR. 5 Logo que se divulgou esta ordem, os filhos de Israel trouxeram em abundância as primícias do cereal, do vinho, do azeite, do mel e de todo produto do campo; trouxeram também em abundância os dízimos de tudo. 6 Os filhos de Israel e de Judá que moravam nas cidades de Judá também trouxeram dízimos das vacas e das ovelhas e dízimos das coisas que foram consagradas ao SENHOR, seu Deus; e fizeram montões e montões. 7 No terceiro mês, começaram a fazer os primeiros montões; e, no sétimo mês, acabaram. 8 Quando Ezequias e os príncipes chegaram e viram aqueles montões, bendisseram o SENHOR e o seu povo de Israel.

9 Ezequias fez perguntas aos sacerdotes e aos levitas a respeito daqueles montões. 10 Então o sumo sacerdote Azarias, da casa de Zadoque, respondeu:

— Desde que o povo começou a trazer estas ofertas à Casa do SENHOR, temos comido e nos temos fartado delas, e ainda tem sobrado muita coisa, porque o SENHOR abençoou o seu povo, e esta grande quantidade é o que sobra.

11 Então Ezequias ordenou que preparassem depósitos na Casa do SENHOR. 12 Uma vez preparados, recolheram neles fielmente as ofertas, os dízimos e as coisas consagradas. Quem estava encarregado disto era Conanias, o levita, e Simei, seu irmão, era o seu auxiliar. 13 Jeiel, Azarias, Naate, Asael, Jerimote, Jozabade, Eliel, Ismaquias, Maate e Benaia eram supervisores sob a direção de Conanias e Simei, seu irmão, nomeados pelo rei Ezequias e por Azarias, chefe da Casa de Deus. 14 O levita Coré, filho de Imna e guarda do Portão Leste, estava encarregado das ofertas voluntárias trazidas para Deus, para distribuir as ofertas do SENHOR e as coisas santíssimas. 15 Debaixo das suas ordens estavam Éden, Miniamim, Jesua, Semaías, Amarias e Secanias, nas cidades dos sacerdotes, para com fidelidade distribuírem as porções aos seus irmãos, segundo os seus turnos, tanto aos pequenos como aos grandes. 16 Faziam a distribuição aos que estavam registrados nas genealogias dos homens, de três anos para cima, e que entravam na Casa do SENHOR, para a obra de cada dia pelo seu ministério nos seus cargos, segundo os seus turnos. 17 O registro dos sacerdotes foi feito segundo as suas famílias, e o dos levitas de vinte anos para cima foi feito segundo os seus cargos nos seus turnos. 18 Deles, foram registrados as crianças, as mulheres, os filhos e as filhas, uma grande multidão, porque com fidelidade se santificavam nas coisas sagradas. 19 Dentre os sacerdotes, filhos de Arão, que moravam nos campos ao redor das suas cidades, havia, em cada cidade, homens que foram designados nominalmente para distribuir as porções a todo homem entre os sacerdotes e a todos os levitas que foram registrados.

20 Foi isso o que Ezequias fez em todo o Judá; fez o que era bom, reto e verdadeiro aos olhos do SENHOR, seu Deus. 21 Em toda a obra que Ezequias realizou no serviço da Casa de Deus, na lei e nos mandamentos, para buscar o seu Deus, ele o fez de todo o coração e foi bem-sucedido.

SENAQUERIBE INVADE JUDÁ

2Rs 18.13-18; Is 36.1-3

32 1 Depois destas coisas e desta fidelidade, Senaqueribe, rei da Assíria, invadiu Judá e sitiou as cidades fortificadas, com a intenção de conquistá-las. 2 Quando Ezequias viu que Senaqueribe tinha vindo e estava resolvido a atacar Jerusalém, 3 decidiu, em consulta com os seus oficiais e os seus homens valentes, tapar as fontes das águas que havia fora da cidade; e eles o ajudaram. 4 Assim, muito povo se ajuntou, e taparam todas as fontes, bem como o ribeiro que corria pelo meio da terra, pois diziam: "Por que viriam os reis da Assíria e achariam tanta água por aqui?"

5 Ezequias se animou, restaurou a muralha da cidade e construiu torres sobre ela. Levantou também outra muralha por fora, fortificou Milo na Cidade de Davi e fez armas e escudos em abundância. 6 Pôs oficiais de guerra à frente do povo, reuniu-os na praça junto ao portão da cidade e lhes falou ao coração, dizendo:

7 — Sejam fortes e corajosos, não tenham medo, nem se assustem por causa do rei

da Assíria, nem por causa de toda a mul-
tidão que está com ele, porque conosco
está alguém que é maior do que o que está
com ele. 8 Com ele está o braço de carne,
mas conosco está o SENHOR, nosso Deus,
para nos ajudar e para guerrear as nos-
sas guerras.

O povo se animou com as palavras de
Ezequias, rei de Judá.

O REI DA ASSÍRIA AFRONTA EZEQUIAS E O SENHOR

2Rs 18.19-37; Is 36.4-22

9 Depois disto, quando Senaqueribe,
rei da Assíria, com todo o seu exército
sitiava Laquis, ele enviou os seus servos
a Ezequias, rei de Judá, e a todo o povo de
Judá que estava em Jerusalém, dizendo:
10 — Assim diz Senaqueribe, rei da
Assíria: "Em que vocês confiam, vocês que
estão aí em Jerusalém, que está sitiada?
11 Por acaso, não é Ezequias quem está inci-
tando vocês, para que morram de fome e de
sede, dizendo: 'O SENHOR, nosso Deus, nos
livrará das mãos do rei da Assíria?' 12 Não
é Ezequias o mesmo que removeu os luga-
res altos e os altares do SENHOR, dizendo a
Judá e a Jerusalém: 'Diante de um só altar
vocês devem se prostrar e apenas sobre
ele devem queimar incenso?' 13 Vocês não
sabem o que eu e os meus pais fizemos
com todos os povos das outras terras?
Será que os deuses das nações daquelas
terras puderam de alguma forma livrar o
seu país das minhas mãos? 14 De todos os
deuses daquelas nações que os meus pais
destruíram, qual deles foi capaz de livrar o
seu povo das minhas mãos? Então como o
Deus de vocês será capaz de livrá-los das
minhas mãos? 15 Portanto, não deixem
agora que Ezequias os engane, nem que os
incite assim. Não acreditem nele! Porque
nenhum deus de nação alguma nem de
reino algum foi capaz de livrar o seu povo
das minhas mãos, nem das mãos de meus
pais. Muito menos o Deus de vocês será
capaz de livrá-los das minhas mãos!"
16 Os servos de Senaqueribe falaram
ainda mais contra o SENHOR Deus e contra
Ezequias, seu servo. 17 Senaqueribe escre-
veu também cartas para blasfemar do
SENHOR, Deus de Israel, e para falar contra
ele, dizendo: "Assim como os deuses das
nações de outras terras não livraram o
seu povo das minhas mãos, assim tam-
bém o Deus de Ezequias não livrará o seu
povo das minhas mãos." 18 Os servos gri-
taram bem alto, em hebraico, ao povo de
Jerusalém, que estava sobre a muralha,
para os atemorizar e os perturbar, para
tomarem a cidade. 19 Falaram do Deus de
Jerusalém como falavam dos deuses dos
povos da terra, que são obras das mãos
dos homens.

A DESTRUIÇÃO DO EXÉRCITO DOS ASSÍRIOS

2Rs 19.35-37; Is 37.36-38

20 Então o rei Ezequias e o profeta Isaías,
filho de Amoz, oraram por causa disso e
clamaram ao céu. 21 E o SENHOR enviou um
anjo que destruiu todos os homens valen-
tes, os chefes e os príncipes no arraial do
rei da Assíria; e este, com o rosto coberto de
vergonha, voltou para a sua terra. Quando
ele entrou no templo de seu deus, os seus
próprios filhos ali o mataram à espada.
22 Assim o SENHOR livrou Ezequias e os
moradores de Jerusalém das mãos de
Senaqueribe, rei da Assíria, e das mãos
de todos os inimigos; e lhes deu paz por
todos os lados. 23 Muitos traziam presentes
a Jerusalém ao SENHOR e coisas preciosíssi-
mas a Ezequias, rei de Judá, de modo que,
depois disto, foi exaltado à vista de todas
as nações.

A DOENÇA DE EZEQUIAS

2Rs 20.1-11; Is 38.1-8

24 Por esse tempo, Ezequias adoeceu de
uma enfermidade mortal. Então orou ao
SENHOR, que lhe falou e lhe deu um sinal.
25 Mas Ezequias não correspondeu aos
benefícios que lhe foram feitos, pois o seu
coração se exaltou. Por isso veio grande
ira sobre ele e sobre Judá e Jerusalém.
26 Porém Ezequias se humilhou por se ter
exaltado o seu coração, ele e os morado-
res de Jerusalém; e a ira do SENHOR não veio
sobre eles nos dias de Ezequias.
27 Ezequias teve riquezas e glória em
grande abundância. Construiu depósi-
tos para guardar a prata, o ouro, as pedras
preciosas, as especiarias, os escudos e

todos os objetos de valor. 28 Também
construiu armazéns para a colheita do
cereal, do vinho e do azeite, estrebarias
para toda espécie de animais e currais
para os rebanhos. 29 Edificou cidades e
teve ovelhas e vacas em abundância, por-
que Deus lhe tinha dado muitos bens.
30 Também o mesmo Ezequias tapou o
manancial superior das águas de Giom
e as canalizou para o oeste da Cidade de
Davi. Ezequias prosperou em toda a sua
obra. 31 Mas, quando os embaixadores dos
príncipes da Babilônia lhe foram enviados
para se informarem a respeito do prodí-
gio que tinha acontecido na terra, Deus o
desamparou, para prová-lo e para saber
tudo o que havia no coração dele.

A MORTE DE EZEQUIAS

2Rs 20.20-21

32 Quanto aos demais atos de Ezequias e às
suas obras de misericórdia, está tudo escrito
na Visão do Profeta Isaías, filho de Amoz,
e no Livro da História dos Reis de Judá e
de Israel. 33 Ezequias morreu e foi sepul-
tado na subida para os túmulos dos filhos
de Davi. Todo o povo de Judá e os mora-
dores de Jerusalém lhe prestaram honras
na sua morte. E Manassés, seu filho, reinou
em seu lugar.

O REINADO DE MANASSÉS, DE JUDÁ

2Rs 21.1-9

33 1 Manassés tinha doze anos de
idade quando começou a rei-
nar e reinou cinquenta e cinco anos em
Jerusalém. 2 Fez o que era mau aos olhos
do Senhor, segundo as coisas abomináveis
das nações que o Senhor havia expulsado
de diante dos filhos de Israel. 3 Pois recons-
truiu os lugares altos que Ezequias, seu pai,
havia derrubado, levantou altares aos baa-
lins, fez postes da deusa Aserá, prostrou-se
diante de todo o exército dos céus e o ser-
viu. 4 Edificou altares na Casa do Senhor, a
respeito da qual o Senhor tinha dito: "Em
Jerusalém porei o meu nome para sempre."
5 Também edificou altares a todo o exército
dos céus nos dois átrios da Casa do Senhor.
6 Ele queimou os seus filhos em sacrifício
no vale de Ben-Hinom, adivinhava pelas
nuvens, era agoureiro, praticava feitiça-
rias e tratava com médiuns e feiticeiros.
Fazia continuamente o que era mau aos
olhos do Senhor, para o provocar à ira.
7 Também pôs a imagem de escultura do
ídolo que tinha feito na Casa de Deus, a
respeito da qual Deus tinha dito a Davi e
a seu filho Salomão: "Neste templo e em
Jerusalém, que escolhi de todas as tribos
de Israel, porei o meu nome para sempre.
8 E não removerei mais o pé de Israel da
terra que destinei aos seus pais, desde que
eles tenham o cuidado de fazer tudo o que
lhes tenho mandado, conforme toda a lei,
os estatutos e os juízos dados por meio de
Moisés." 9 Manassés de tal modo levou o
povo de Judá e os moradores de Jerusalém
a andarem errantes, que fizeram pior do
que as nações que o Senhor tinha destruído
de diante dos filhos de Israel.

O CATIVEIRO DE MANASSÉS E A SUA ORAÇÃO

10 O Senhor falou a Manassés e ao seu povo,
porém não lhe deram ouvidos. 11 Por isso o
Senhor trouxe sobre eles os comandantes
do exército do rei da Assíria, que prende-
ram Manassés com ganchos, amarraram-no
com correntes e o levaram para a Babilônia.
12 Ele, angustiado, suplicou ao Senhor, seu
Deus, e muito se humilhou diante do Deus
de seus pais. 13 Orou ao Senhor, e o Senhor
se tornou favorável para com ele, atendeu-
-lhe a súplica e o fez voltar para Jerusalém,
ao seu reino. Então Manassés reconheceu
que o Senhor é Deus.

14 Depois disto, Manassés construiu a
muralha de fora da Cidade de Davi, a oeste
de Giom, no vale, e à entrada do Portão dos
Peixes, abrangendo Ofel; ele fez uma mura-
lha bem alta. Também pôs chefes militares
em todas as cidades fortificadas de Judá.
15 Tirou da Casa do Senhor os deuses estra-
nhos e o ídolo, bem como todos os altares
que havia construído no monte da Casa
do Senhor e em Jerusalém, e os lançou fora
da cidade. 16 Restaurou o altar do Senhor,
sacrificou sobre ele ofertas pacíficas e de
ação de graças e ordenou a Judá que ser-
visse o Senhor, Deus de Israel. 17 Porém o
povo ainda sacrificava nos lugares altos,
mas somente ao Senhor, seu Deus.

A MORTE DE MANASSÉS
2Rs 21.17-18

18 Quanto aos demais atos de Manassés, à sua oração ao seu Deus e às palavras dos videntes que lhe falaram em nome do Senhor, Deus de Israel, está tudo escrito na História dos Reis de Israel. 19 A sua oração e como Deus se tornou favorável para com ele, todo o seu pecado, a sua transgressão e os locais onde edificou lugares altos e colocou postes da deusa Aserá e imagens de escultura, antes que se humilhasse, eis que está tudo escrito na História dos Videntes. 20 Manassés morreu e foi sepultado na sua própria casa. E Amom, seu filho, reinou em seu lugar.

O REINADO DE AMOM, DE JUDÁ
2Rs 21.19-26

21 Amom tinha vinte e dois anos de idade quando começou a reinar e reinou dois anos em Jerusalém. 22 Fez o que era mau aos olhos do Senhor, como Manassés, seu pai, havia feito. Ofereceu sacrifícios a todas as imagens de escultura que Manassés, seu pai, tinha feito e as serviu. 23 Mas não se humilhou diante do Senhor, como Manassés, seu pai, tinha se humilhado; pelo contrário, Amom se tornou mais e mais culpável. 24 Os seus servos conspiraram contra ele e o mataram em sua própria casa. 25 Porém o povo daquela terra matou todos os que conspiraram contra o rei Amom e proclamou Josias, filho de Amom, rei em seu lugar.

O REINADO DE JOSIAS, DE JUDÁ
2Rs 22.1-2

34 1 Josias tinha oito anos de idade quando começou a reinar e reinou trinta e um anos em Jerusalém. 2 Josias fez o que era reto aos olhos do Senhor, andou nos caminhos de Davi, seu pai, e não se desviou nem para a direita nem para a esquerda.

A REFORMA RELIGIOSA FEITA POR JOSIAS
2Rs 23.4-20

3 No oitavo ano de seu reinado, sendo ainda moço, Josias começou a buscar o Deus de Davi, seu pai. E, no décimo segundo ano, começou a purificar Judá e Jerusalém dos lugares altos, dos postes da deusa Aserá e das imagens de escultura e de fundição. 4 Na presença dele, derrubaram os altares dos baalins. Ele despedaçou os altares do incenso que estavam acima deles. Quebrou os postes da deusa Aserá e as imagens de escultura e de fundição, reduziu-os a pó e o espalhou sobre as sepulturas dos que tinham oferecido sacrifícios a esses ídolos. 5 Queimou os ossos dos sacerdotes pagãos sobre os altares deles e purificou Judá e Jerusalém. 6 Fez o mesmo nas cidades de Manassés, de Efraim e de Simeão, até Naftali, por todos os lados no meio das suas ruínas. 7 Depois de derrubar os altares, os postes da deusa Aserá e as imagens de escultura, até reduzi-los a pó, e depois de despedaçar todos os altares de incenso em toda a terra de Israel, Josias voltou para Jerusalém.

O REI REPARA O TEMPLO
2Rs 22.3-7

8 No décimo oitavo ano do seu reinado, havendo já purificado a terra e o templo, Josias ordenou que Safã, filho de Azalias, Maaseias, governador da cidade, e Joá, filho de Joacaz, cronista, reparassem a Casa do Senhor, seu Deus. 9 Foram até o sumo sacerdote Hilquias e entregaram o dinheiro que tinha sido trazido à Casa de Deus e que os levitas, guardas da porta, tinham ajuntado, dinheiro provindo das mãos de Manassés, de Efraim e de todo o resto de Israel, bem como de todo o Judá e Benjamim e dos moradores de Jerusalém. 10 Eles o entregaram aos que dirigiam a obra e tinham a seu encargo a Casa do Senhor, para que pagassem àqueles que faziam a obra, trabalhadores na Casa do Senhor, para repararem e restaurarem o templo. 11 Deram o dinheiro aos carpinteiros e aos construtores, para comprarem pedras lavradas e madeiras para as junções e para servirem de vigas para as casas que os reis de Judá deixaram cair em ruína. 12 Esses homens trabalharam fielmente na obra. Os superintendentes deles eram Jaate e Obadias, levitas, dos filhos de Merari, bem como Zacarias e Mesulão, dos filhos dos coatitas, para supervisionar a obra. 13 Todos os levitas peritos em

Um caráter aprovado com frutos bons é consequência de uma vida plantada e enraizada em Jesus.

instrumentos musicais eram superintendentes dos carregadores e dirigiam todos os que faziam a obra, em qualquer tipo de trabalho. Outros levitas eram escrivães, oficiais e porteiros.

HILQUIAS ACHA O LIVRO DA LEI

2Rs 22.8-10

14 Enquanto se tirava o dinheiro que havia sido trazido à Casa do SENHOR, Hilquias, o sacerdote, achou o Livro da Lei do SENHOR, dada por meio de Moisés. 15 Então Hilquias disse ao escrivão Safã:

— Achei o Livro da Lei na Casa do SENHOR.

16 Hilquias entregou o livro a Safã. Então Safã levou o livro ao rei e lhe deu relatório, dizendo:

— Tudo o que o senhor, ó rei, encomendou aos seus servos, eles estão fazendo. 17 Contaram o dinheiro que estava na Casa do SENHOR e o entregaram nas mãos dos que dirigem a obra e dos que a executam.

18 E o escrivão Safã acrescentou:

— O sacerdote Hilquias me entregou um livro.

E Safã leu o livro em voz alta diante do rei.

JOSIAS MANDA CONSULTAR A PROFETISA HULDA

2Rs 22.11-20

19 Quando o rei Josias ouviu as palavras da Lei, rasgou as suas roupas. 20 Então deu ordens a Hilquias, a Aicão, filho de Safã, a Abdom, filho de Mica, a Safã, o escrivão, e a Asaías, servo do rei, dizendo:

21 — Vão consultar o SENHOR por mim e pelos que restaram em Israel e Judá, a respeito das palavras deste livro que foi encontrado. Porque é grande o furor do SENHOR, que se derramou sobre nós, porque os nossos pais não guardaram a palavra do SENHOR, para fazerem segundo tudo o que está escrito neste livro.

22 Então Hilquias e os enviados pelo rei foram falar com a profetisa Hulda, esposa de Salum, encarregado das vestimentas da Casa do Senhor, filho de Tocate, filho de Harás. Hulda morava na parte nova da cidade, em Jerusalém. Eles lhe contaram o que havia acontecido, 23 e ela lhes disse:

— Assim diz o SENHOR, o Deus de Israel: "Digam ao homem que os enviou a mim: 24 'Assim diz o SENHOR: Eis que trarei desgraça sobre este lugar e sobre os seus moradores, a saber, todas as maldições escritas no livro que leram diante do rei de Judá. 25 Por terem me abandonado e queimado incenso a outros deuses, para me provocarem à ira com todas as obras das suas mãos, o meu furor se derramou sobre este lugar e não se apagará.' 26 Mas ao rei de Judá, que os enviou para consultar o SENHOR, digam o seguinte: 'Assim diz o SENHOR, o Deus de Israel, a respeito das palavras que você ouviu: 27 Visto que o seu coração se enterneceu e você se humilhou diante de Deus, quando ouviu as ameaças que ele fez contra este lugar e contra os seus moradores, e se humilhou diante de mim, rasgou as suas roupas e chorou diante de mim, também eu ouvi a sua oração, diz o SENHOR. 28 Deixarei que você morra e seja sepultado em paz, e os seus olhos não verão todo o mal que trarei sobre este lugar e sobre os seus moradores.'"

Então eles levaram esta resposta ao rei.

JOSIAS RENOVA A ALIANÇA

2Rs 23.1-3

29 Então o rei deu ordem, e todos os anciãos de Judá e de Jerusalém se ajuntaram. 30 O rei subiu à Casa do SENHOR, e com ele foram todos os homens de Judá, os moradores de Jerusalém, os sacerdotes, os levitas e todo o povo, desde o maior até o menor. E o rei leu diante deles todas as palavras do Livro da Aliança que havia sido encontrado na Casa do SENHOR. 31 O rei se pôs em pé no seu lugar e fez aliança diante do SENHOR, para o seguir, guardar os seus mandamentos, os seus testemunhos e os seus estatutos, de todo o seu coração e de toda a sua alma, cumprindo as palavras da aliança, que estavam escritas naquele livro. 32 Todos os que se encontravam em Jerusalém e em Benjamim concordaram com esta aliança; e os moradores de Jerusalém fizeram segundo a aliança de Deus, o Deus dos seus pais. 33 Josias tirou todas as abominações de todas as terras que eram dos filhos de Israel e obrigou todos os que estavam em Israel a servir o SENHOR, seu Deus. Enquanto Josias viveu, não deixaram de seguir o SENHOR, Deus de seus pais.

A CELEBRAÇÃO DA PÁSCOA

2Rs 23.21-23

35 1 Josias celebrou a Páscoa ao SENHOR, em Jerusalém, e eles mataram os cordeiros da Páscoa no décimo quarto dia do primeiro mês. 2 Josias estabeleceu os sacerdotes nos seus cargos e os animou a servirem na Casa do SENHOR. 3 Disse aos levitas que ensinavam a todo o Israel e estavam consagrados ao SENHOR:

— Ponham a arca sagrada no templo que Salomão, filho de Davi, rei de Israel, construiu. Vocês não precisam mais carregá-la nos ombros. Agora sirvam ao SENHOR, o Deus de vocês, e ao seu povo de Israel. 4 Preparem-se segundo as suas famílias, segundo os turnos de vocês, segundo a prescrição de Davi, rei de Israel, e a de Salomão, seu filho. 5 Ministrem no santuário segundo os grupos das famílias de seus irmãos, os filhos do povo; e que haja, para cada grupo, uma parte das famílias dos levitas. 6 Matem os cordeiros da Páscoa, santifiquem-se e façam preparativos para que os seus irmãos comemorem a Páscoa segundo a palavra do SENHOR, dada por meio de Moisés.

7 Josias deu ao povo, para todos os que ali estavam, trinta mil cordeiros e cabritos do rebanho, todos para os sacrifícios da Páscoa, além de três mil bois. Tudo isto foi tirado dos bens do rei. 8 Também os seus príncipes fizeram ofertas voluntárias ao povo, aos sacerdotes e aos levitas. Hilquias, Zacarias e Jeiel, chefes da Casa de Deus, deram aos sacerdotes, para os sacrifícios da Páscoa, dois mil e seiscentos cordeiros e cabritos e trezentos bois. 9 Conanias, os seus irmãos Semaías e Natanael, e também Hasabias, Jeiel e Jozabade, chefes dos levitas, apresentaram aos levitas, para os sacrifícios da Páscoa, cinco mil cordeiros e cabritos e quinhentos bois. 10 Assim se preparou o serviço, e os sacerdotes se puseram nos seus lugares com os levitas, pelos seus turnos, segundo a ordem do rei.

11 Então mataram os cordeiros da Páscoa, e os sacerdotes aspergiam o sangue recebido das mãos dos levitas que tiravam a pele dos animais. 12 Puseram de parte o que era para os holocaustos e o deram ao povo, segundo os grupos das famílias, para que estes o oferecessem ao SENHOR, como está escrito no Livro de Moisés; e assim fizeram com os bois. 13 Assaram o cordeiro da Páscoa no fogo, segundo o rito. Cozinharam as ofertas sagradas em panelas, em caldeirões e em frigideiras, e as repartiram entre todo o povo. 14 Depois os levitas prepararam o que era deles e dos sacerdotes, porque os sacerdotes, filhos de Arão, se ocuparam, até a noite, com o sacrifício dos holocaustos e da gordura. Foi por isso que os levitas prepararam o que era deles e dos sacerdotes, filhos de Arão. 15 Os cantores, filhos de Asafe, estavam nos seus lugares, segundo o mandado de Davi, de Asafe, de Hemã e de Jedutum, vidente do rei. Também os porteiros estavam junto aos portões; não necessitaram abandonar o seu serviço, porque os seus irmãos, os levitas, preparavam o necessário para eles.

16 Assim se estabeleceu todo o serviço do SENHOR, naquele dia, para celebrar a Páscoa e oferecer holocaustos sobre o altar do SENHOR, segundo o mandado do rei Josias. 17 Os filhos de Israel que estavam presentes celebraram a Páscoa naquele tempo e a Festa dos Pães sem Fermento, durante sete dias. 18 Nunca se celebrou uma Páscoa como esta em Israel desde os dias do profeta Samuel. E nenhum dos reis de Israel celebrou uma Páscoa como esta que Josias celebrou com os sacerdotes e levitas, e com todo o Judá e Israel, que estavam ali, e com os moradores de Jerusalém. 19 Foi no décimo oitavo ano do reinado de Josias que foi celebrada esta Páscoa.

A MORTE DE JOSIAS

2Rs 23.28-30

20 Depois de tudo isto, quando Josias já tinha restaurado o templo, o rei Neco, do Egito, subiu para guerrear em Carquemis, junto ao rio Eufrates. E Josias saiu para lutar contra ele. 21 Então Neco mandou mensageiros a ele, dizendo:

— O que você tem contra mim, rei de Judá? Não venho contra você desta vez, mas contra o reino com o qual estou em guerra. E Deus disse que me apressasse. Pare de se opor a Deus, que está comigo, para que ele não o destrua.

22 Mas Josias não voltou atrás. Pelo contrário, se disfarçou para lutar contra ele. Não deu ouvidos às palavras que Neco lhe havia falado da parte de Deus e foi lutar no vale de Megido. 23 Os flecheiros atiraram contra o rei Josias. Então o rei disse aos seus servos:

— Tirem-me daqui, porque estou gravemente ferido.

24 Seus servos o tiraram do carro de guerra, levaram-no para o segundo carro que ele tinha e o transportaram para Jerusalém. Ele morreu e foi sepultado nos túmulos de seus pais. Todo o Judá e Jerusalém prantearam Josias.

25 Jeremias compôs uma lamentação sobre Josias, e até o dia de hoje todos os cantores e cantoras, nas suas lamentações, se têm referido a Josias. Isto se tornou um costume em Israel, e essas lamentações estão escritas no Livro das Lamentações.

26 Quanto aos demais atos de Josias e às suas obras de misericórdia, segundo está escrito na Lei do SENHOR, 27 e aos seus atos, tanto os primeiros como os últimos, está tudo escrito no Livro da História dos Reis de Israel e de Judá.

O REINADO DE JOACAZ, DE JUDÁ

2Rs 23.31-34

36 1 O povo da terra tomou Joacaz, filho de Josias, e o fez rei em lugar de seu pai, em Jerusalém. 2 Joacaz tinha vinte e três anos de idade quando começou a reinar e reinou três meses em Jerusalém. 3 Porém o rei do Egito o depôs em Jerusalém e impôs à terra um tributo de três mil e quatrocentos quilos de prata e trinta e quatro quilos de ouro. 4 O rei do Egito colocou Eliaquim, irmão de Joacaz, como rei sobre Judá e Jerusalém e mudou o nome dele para Jeoaquim. Mas Neco levou Joacaz, irmão de Eliaquim, para o Egito.

O REINADO DE JEOAQUIM, DE JUDÁ

2Rs 23.36—24.6

5 Jeoaquim tinha vinte e cinco anos de idade quando começou a reinar e reinou onze anos em Jerusalém. Fez o que era mau aos olhos do SENHOR, seu Deus. 6 Nabucodonosor, rei da Babilônia, veio contra ele, amarrou-o com correntes de bronze, para levá-lo para a Babilônia. 7 Nabucodonosor levou também alguns dos utensílios da Casa do SENHOR para a Babilônia, onde os colocou no seu templo.

8 Quanto aos demais atos de Jeoaquim, às abominações que cometeu e ao mais que se achou nele, está tudo escrito no Livro da História dos Reis de Israel e de Judá. E Joaquim, seu filho, reinou em seu lugar.

O REINADO DE JOAQUIM, DE JUDÁ

2Rs 24.8-9

9 Joaquim tinha dezoito anos de idade quando começou a reinar e reinou três meses e dez dias em Jerusalém. Joaquim fez o que era mau aos olhos do SENHOR. 10 Na primavera do ano, o rei Nabucodonosor mandou levá-lo para a Babilônia, com os mais preciosos utensílios da Casa do SENHOR. E constituiu Zedequias, irmão de Joaquim, rei sobre Judá e Jerusalém.

O REINADO DE ZEDEQUIAS, DE JUDÁ

2Rs 24.18-19

11 Zedequias tinha vinte e um anos de idade quando começou a reinar e reinou onze anos em Jerusalém. 12 Zedequias fez o que era mau aos olhos do SENHOR, seu Deus, e não se humilhou diante do profeta Jeremias, que falava da parte do SENHOR. 13 Também se rebelou contra o rei Nabucodonosor, que o tinha obrigado a jurar fidelidade em nome de Deus. Foi teimoso e tanto endureceu o seu coração, que não voltou ao SENHOR, Deus de Israel. 14 Também todos os chefes dos sacerdotes e o povo aumentavam mais e mais as suas transgressões, segundo todas as abominações dos gentios. E contaminaram o templo que o SENHOR tinha santificado em Jerusalém.

15 O SENHOR, Deus de seus pais, sempre de novo falou-lhes por meio dos seus mensageiros, porque teve compaixão do seu povo e da sua própria morada. 16 Mas eles zombaram dos mensageiros de Deus, desprezaram as palavras dele e debocharam dos seus profetas, até que a ira do SENHOR veio sobre o seu povo, e não houve mais remédio.

O CATIVEIRO DE JUDÁ

2Rs 25.8-12; Jr 39.8-10; 52.12-16

17 Por isso, o Senhor trouxe contra eles o
rei dos caldeus, que matou os seus jovens
à espada, na casa do santuário deles. Não
teve piedade nem dos jovens nem das
moças, nem dos adultos nem dos velhos;
entregou todos nas mãos do rei dos cal-
deus. 18 Todos os utensílios da Casa de
Deus, grandes e pequenos, os tesouros
da Casa do Senhor e os tesouros do rei e
dos seus príncipes, tudo ele levou para
a Babilônia. 19 Os caldeus queimaram a
Casa de Deus e derrubaram a muralha
de Jerusalém. Queimaram todos os seus
palácios, destruindo também todos os seus
objetos de valor. 20 Os que escaparam da
espada, a esses ele levou para a Babilônia,
onde se tornaram escravos dele e de seus
filhos, até o tempo do reino da Pérsia. 21 Isto
aconteceu para que se cumprisse a pala-
vra do Senhor, por boca de Jeremias, até
que a terra desfrutasse dos seus sábados.
Durante todos os dias da sua desolação
a terra repousou, até que os setenta anos
se cumpriram.

O DECRETO DE CIRO

Ed 1.1-4

22 No primeiro ano do reinado de Ciro, rei
da Pérsia, para que se cumprisse a pala-
vra do Senhor, por boca de Jeremias, o
Senhor despertou o espírito de Ciro, rei da
Pérsia, que ordenou que se proclamasse
em todo o seu reino e que se pusesse por
escrito o seguinte:

23 "Assim diz Ciro, rei da Pérsia:
O Senhor, Deus dos céus, me deu todos os
reinos da terra e me encarregou de lhe
edificar um templo em Jerusalém, que
fica em Judá. Aquele dentre vocês que
for do seu povo, que suba a Jerusalém,
e o Senhor, seu Deus, esteja com ele."

Livros Históricos

Livro 15 com

Esdras

10 CAPÍTULOS

SIGNIFICADO DO TÍTULO

O nome "Esdras" significa "ajuda" ou "auxílio", o que ou reflete o papel do personagem principal na restauração espiritual e física de Israel ou pode apontar para Deus como ajudador e auxiliador.

AUTORIA

Embora o autor do livro de Esdras não seja especificamente identificado, muitos estudiosos atribuem a autoria ao escriba Esdras. Sua ênfase na Lei e na restauração do culto judaico sugere uma conexão próxima com aquela figura histórica.

OBJETIVO DO LIVRO

Esdras narra o retorno dos exilados judeus da Babilônia à terra de Judá, sob o decreto de Ciro, rei da Pérsia. O livro detalha a reconstrução do templo em Jerusalém, bem como os esforços de Esdras para restaurar a Lei de Moisés e a adoração verdadeira entre o povo.

ESTRUTURA DO LIVRO

- ★ O retorno dos exilados da Babilônia sob Zorobabel Ed 1—2
- ★ A reconstrução do templo em Jerusalém Ed 3—6
- ★ O retorno de Esdras a Jerusalém e a reforma religiosa Ed 7—10

TEMAS DE ESDRAS

O livro de Esdras enfatiza a importância da fidelidade a Deus e à sua Palavra, mesmo em meio a dificuldades e oposição. A restauração espiritual de Israel, simbolizada pela reconstrução do templo e a renovação da aliança, destaca a misericórdia e o cuidado de Deus com seu povo, mesmo após o exílio.

ESDRAS E CRISTO

O livro aponta para Jesus ao mostrar a fidelidade de Deus em cumprir suas promessas após o exílio. Esdras restaura o culto a Deus e a obediência à Lei, simbolizando a reconciliação espiritual que é plenamente realizada em Cristo. O livro enfatiza a importância da Palavra de Deus, preparando o caminho para Jesus, a Palavra viva e encarnada, que restaura a comunhão entre o Senhor e a humanidade.

O DECRETO DE CIRO

2Cr 36.22-23

1 [1] No primeiro ano do reinado de Ciro, rei da Pérsia, para que se cumprisse a palavra do SENHOR, por boca de Jeremias, o SENHOR despertou o espírito de Ciro, rei da Pérsia, que ordenou que se proclamasse em todo o seu reino e que se pusesse por escrito o seguinte:

[2] "Assim diz Ciro, rei da Pérsia:

O SENHOR, Deus dos céus, me deu todos os reinos da terra e me encarregou de lhe edificar um templo em Jerusalém, que fica em Judá. [3] Aquele dentre vocês que for do seu povo, que o seu Deus esteja com ele e que suba para Jerusalém, que fica em Judá, e edifique a Casa do SENHOR, Deus de Israel; ele é o Deus que está em Jerusalém. [4] Todo aquele que restar, seja qual for o lugar em que habita, que os homens desse lugar o ajudem com prata, ouro, bens e gado, além das dádivas voluntárias para a Casa de Deus, em Jerusalém."

[5] Então se levantaram os chefes de famílias de Judá e de Benjamim, os sacerdotes e os levitas e todos aqueles cujo espírito Deus despertou, para subirem a edificar a Casa do SENHOR, em Jerusalém. [6] Todos os que moravam nos arredores os ajudaram com objetos de prata e de ouro, bens, gado e coisas preciosas, além de todas as ofertas voluntárias.

[7] Também o rei Ciro entregou os utensílios da Casa do SENHOR, os quais Nabucodonosor tinha trazido de Jerusalém e colocado na casa de seus deuses. [8] Ciro, rei da Pérsia, tirou esses utensílios sob a direção do tesoureiro Mitredate, que os entregou contados a Sesbazar, príncipe de Judá. [9] Eis o número deles: trinta bacias de ouro, mil bacias de prata, vinte e nove facas, [10] trinta taças de ouro, quatrocentas e dez taças de prata de menor qualidade e mil outros objetos. [11] Todos os utensílios de ouro e de prata foram cinco mil e quatrocentos. Sesbazar levou todos esses consigo, quando os exilados voltaram da Babilônia para Jerusalém.

A LISTA DOS QUE VOLTARAM DA BABILÔNIA

Ne 7.5-73

2 [1] Estes são os filhos da província que voltaram do cativeiro, do meio dos exilados que Nabucodonosor, rei da Babilônia, tinha levado para lá. Eles voltaram para Jerusalém e para Judá, cada um para a sua cidade, [2] e vieram com Zorobabel, Jesua, Neemias, Seraías, Reelaías, Mordecai, Bilsã, Mispar, Bigvai, Reum e Baaná.

Eis o número dos homens do povo de Israel: [3] os filhos de Parós, dois mil cento e setenta e dois. [4] Os filhos de Sefatias, trezentos e setenta e dois. [5] Os filhos de Ará, setecentos e setenta e cinco. [6] Os filhos de Paate-Moabe, dos filhos de Jesua-Joabe, dois mil oitocentos e doze. [7] Os filhos de Elão, mil duzentos e cinquenta e quatro. [8] Os filhos de Zatu, novecentos e quarenta e cinco. [9] Os filhos de Zacai, setecentos e sessenta. [10] Os filhos de Bani, seiscentos e quarenta e dois. [11] Os filhos de Bebai, seiscentos e vinte e três. [12] Os filhos de Azgade, mil duzentos e vinte e dois. [13] Os filhos de Adonicão, seiscentos e sessenta e seis. [14] Os filhos de Bigvai, dois mil e cinquenta e seis. [15] Os filhos de Adim, quatrocentos e cinquenta e quatro. [16] Os filhos de Ater, da família de Ezequias, noventa e oito. [17] Os filhos de Bezai, trezentos e vinte e três. [18] Os filhos de Jora, cento e doze. [19] Os filhos de Hasum, duzentos e vinte e três. [20] Os filhos de Gibar, noventa e cinco.

[21] Os filhos de Belém, cento e vinte e três. [22] Os homens de Netofa, cinquenta e seis. [23] Os homens de Anatote, cento e vinte e oito. [24] Os filhos de Azmavete, quarenta e dois. [25] Os filhos de Quiriate-Arim, Cefira e Beerote, setecentos e quarenta e três. [26] Os filhos de Ramá e de Geba, seiscentos e vinte e um. [27] Os homens de Micmás, cento e vinte e dois. [28] Os homens de Betel e Ai, duzentos e vinte e três. [29] Os filhos de Nebo, cinquenta e dois. [30] Os filhos de Magbis, cento e cinquenta e seis. [31] Os filhos do outro Elão, mil duzentos e cinquenta e quatro. [32] Os filhos de Harim, trezentos e vinte. [33] Os filhos de Lode, Hadide e Ono, setecentos e vinte e cinco. [34] Os filhos de Jericó, trezentos e quarenta e cinco. [35] Os filhos de Senaá, três mil seiscentos e trinta.

[36] Os sacerdotes: os filhos de Jedaías, da casa de Jesua, novecentos e setenta e três. [37] Os filhos de Imer, mil e cinquenta e dois. [38] Os filhos de Pasur, mil duzentos e quarenta e sete. [39] Os filhos de Harim, mil e dezessete.

[40] Os levitas: os filhos de Jesua e Cadmiel, dos filhos de Hodavias, setenta e quatro.

[41] Os cantores: os filhos de Asafe, cento
e vinte e oito.
[42] Os filhos dos porteiros: os filhos de
Salum, os filhos de Ater, os filhos de Talmom,
os filhos de Acube, os filhos de Hatita, os
filhos de Sobai; cento e trinta e nove ao todo.
[43] Os servidores do templo: os filhos de
Zia, os filhos de Hasufa, os filhos de Tabaote,
[44] os filhos de Queros, os filhos de Sia,
os filhos de Padom, [45] os filhos de Lebana, os
filhos de Hagaba, os filhos de Acube, os fi-
lhos de Hagabe, [46] os filhos de Sanlai, os
filhos de Hanã, [47] os filhos de Gidel, os filhos
de Gaar, os filhos de Reaías, [48] os filhos
de Rezim, os filhos de Necoda, os filhos de
Gazão, [49] os filhos de Uzá, os filhos de Paseia,
os filhos de Besai, [50] os filhos de Asná, os
filhos dos meunitas, os filhos dos nefu-
seus, [51] os filhos de Baquebuque, os filhos
de Hacufa, os filhos de Harur, [52] os filhos de
Baslute, os filhos de Meída, os filhos
de Harsa, [53] os filhos de Barcos, os filhos de
Sísera, os filhos de Temá, [54] os filhos
de Nesias e os filhos de Hatifa.
[55] Os filhos dos servos de Salomão: os fi-
lhos de Sotai, os filhos de Soferete, os filhos
de Peruda, [56] os filhos de Jaala, os filhos de
Darcom, os filhos de Gidel, [57] os filhos
de Sefatias, os filhos de Hatil, os filhos de
Poquerete-Hazebaim e os filhos de Ami.
[58] Todos os servidores do templo e os filhos
dos servos de Salomão eram trezentos e
noventa e dois.
[59] Os seguintes voltaram de Tel-Melá,
Tel-Harsa, Querube, Adã e Imer, porém
não puderam provar que as suas famílias
e a sua linhagem eram de Israel: [60] os filhos
de Delaías, os filhos de Tobias, os filhos de
Necoda, seiscentos e cinquenta e dois. [61] Dos
filhos dos sacerdotes: os filhos de Habaías,
os filhos de Coz, os filhos de Barzilai, que
tinha casado com uma das filhas de Barzilai,
o gileadita, e que foi chamado pelo nome
dele. [62] Estes procuraram o seu registro nos
livros genealógicos, porém não acharam;
por isso, foram considerados impuros para
o sacerdócio. [63] O governador lhes disse que
não comessem das coisas sagradas, até que
se levantasse um sacerdote capaz de deci-
dir a questão por meio de Urim e Tumim.
[64] Toda esta congregação junta era de qua-
renta e dois mil trezentos e sessenta, [65] além
dos seus servos e as suas servas, que eram
sete mil trezentos e trinta e sete. Havia tam-
bém duzentos cantores e cantoras. [66] Os seus
cavalos eram setecentos e trinta e seis; as
suas mulas, duzentas e quarenta e cinco.
[67] Os seus camelos eram quatrocentos e
trinta e cinco e os jumentos, seis mil sete-
centos e vinte.
[68] Alguns dos chefes de famílias, ao chega-
rem à Casa do SENHOR, em Jerusalém, deram
ofertas voluntárias para a Casa de Deus,
para a restaurarem no seu antigo lugar.
[69] Segundo os seus recursos, deram para o
tesouro da obra meia tonelada de ouro, três
toneladas de prata e cem vestes sacerdotais.
[70] Os sacerdotes, os levitas, algumas pes-
soas do povo, os cantores, os porteiros e os
servidores do templo foram morar nas suas
cidades, assim como todo o Israel.

O ALTAR É EDIFICADO

3 [1] Quando chegou o sétimo mês e os
filhos de Israel já estavam morando
nas suas cidades, o povo se reuniu, como
um só homem, em Jerusalém. [2] Então levan-
tou-se Jesua, filho de Jozadaque, e seus
irmãos, sacerdotes, e Zorobabel, filho de
Sealtiel, e seus irmãos e edificaram o altar
do Deus de Israel, para oferecerem holo-
caustos sobre ele, como está escrito na Lei
de Moisés, homem de Deus. [3] Firmaram o
altar sobre as suas bases; e, apesar de esta-
rem sob o terror dos povos de outras terras,
ofereceram sobre ele holocaustos ao SENHOR,
de manhã e de tarde. [4] Celebraram a Festa
dos Tabernáculos, como está escrito, e ofe-
receram holocaustos diários, segundo o
número ordenado para cada dia. [5] Depois
disto, ofereceram o holocausto contínuo
e os sacrifícios das Festas da Lua Nova e
de todas as festas fixas do SENHOR, bem
como os sacrifícios dos que traziam ofer-
tas voluntárias ao SENHOR. [6] Desde o primeiro
dia do sétimo mês, começaram a oferecer
holocaustos ao SENHOR, embora ainda não
tivessem sido postos os fundamentos do
templo do SENHOR.

OS ALICERCES DO TEMPLO SÃO LANÇADOS

[7] Então deram dinheiro aos pedreiros e aos
carpinteiros, bem como comida, bebida e

> *O propósito de Deus não diz respeito à felicidade efêmera e circunstancial, e sim à plenitude e à alegria no Espírito.*

azeite aos homens de Tiro e de Sidom, para
trazerem do Líbano madeira de cedro até o
mar, até Jope, segundo a permissão que lhes
tinha dado Ciro, rei da Pérsia.
8 No segundo ano depois que eles vol-
taram à Casa de Deus, em Jerusalém, no
segundo mês, Zorobabel, filho de Sealtiel,
e Jesua, filho de Jozadaque, e os seus outros
irmãos, sacerdotes e levitas, e todos os que
voltaram do cativeiro a Jerusalém puseram
mãos à obra e constituíram levitas com
mais de vinte anos para supervisionar a
reconstrução da Casa do SENHOR. 9 Então se
apresentaram Jesua com os seus filhos e
os seus irmãos, Cadmiel e os seus filhos,
os filhos de Judá, para juntamente super-
visionarem os que faziam a obra na Casa
de Deus, bem como os filhos de Henadade,
seus filhos e seus irmãos, os levitas.
10 Quando os construtores lançaram os
alicerces do templo do SENHOR, apresen-
taram-se os sacerdotes, paramentados e
com trombetas, e os levitas, filhos de Asafe,
com címbalos, para louvarem o SENHOR,
segundo as instruções deixadas por Davi,
rei de Israel. 11 Cantavam responsivamente,
louvando e dando graças ao SENHOR, com
estas palavras:

"Ele é bom,
porque a sua misericórdia
dura para sempre sobre Israel."

E todo o povo jubilou com altas vozes,
louvando o SENHOR por terem sido lança-
dos os alicerces da Casa do SENHOR. 12 Porém
muitos dos sacerdotes, levitas e chefes
de famílias, já idosos, que tinham visto
o primeiro templo, choraram em alta voz
quando, diante de seus olhos, foram lança-
dos os alicerces deste templo; muitos, no
entanto, levantaram as vozes com gritos de
alegria. 13 E assim não se podiam distinguir
as vozes de alegria das vozes do choro do
povo; pois o povo gritava tão alto, que as
vozes se ouviam de longe.

OS INIMIGOS FAZEM PARAR AS OBRAS

4 1 Quando os adversários de Judá e
Benjamim ouviram que os que haviam
voltado do cativeiro estavam reconstruindo
o templo ao SENHOR, Deus de Israel, 2 apro-
ximaram-se de Zorobabel e dos chefes de
famílias e lhes disseram:
— Deixem-nos ajudar na construção, por-
que buscamos o mesmo Deus que vocês
buscam. Já temos oferecido sacrifícios a ele
desde os dias de Esar-Hadom, rei da Assíria,
que nos fez vir para este lugar.
3 Porém Zorobabel, Jesua e os outros che-
fes de famílias de Israel responderam:
— Vocês não têm nada a ver conosco na
construção do templo ao nosso Deus. Nós
mesmos, sozinhos, vamos construí-lo ao
SENHOR, Deus de Israel, como Ciro, rei da
Pérsia, nos ordenou.
4 Então o povo da terra começou a desa-
nimar o povo de Judá, perturbando-o no
trabalho de construção. 5 Contrataram con-
selheiros para frustrar o plano deles. Fizeram
isso durante todo o reinado de Ciro, rei da
Pérsia, até o reinado de Dario, rei da Pérsia.
6 No começo do reinado de Assuero,
escreveram uma acusação contra os habi-
tantes de Judá e de Jerusalém. 7 E, nos
dias de Artaxerxes, rei da Pérsia, Bislão,
Mitredate, Tabeel e os outros companhei-
ros escreveram uma carta a Artaxerxes. A
carta foi escrita em aramaico e traduzida.
8 Reum, o comandante, e Sinsai, o escrivão,
escreveram uma carta ao rei Artaxerxes con-
tra Jerusalém.
9 Os que escreveram foram Reum, o
comandante, Sinsai, o escrivão, e os outros
companheiros: dinaítas, afarsaquitas, tar-
pelitas, afarsitas, arquevitas, babilônios,
susanquitas, deavitas, elamitas 10 e outros
povos, que o grande e afamado Osnapar
deportou e fez habitar na cidade de Samaria
e em outros lugares deste lado do Eufrates.
11 Eis o teor da carta endereçada ao rei
Artaxerxes:

"Ao rei Artaxerxes, de seus servos, os
homens deste lado do Eufrates e em
tal tempo.
12 Seja do conhecimento do rei que
os judeus que saíram daí vieram a
Jerusalém. Eles estão reconstruindo
aquela cidade rebelde e má. Estão res-
taurando as muralhas e reparando os
seus fundamentos. 13 Saiba ainda o rei
que, se aquela cidade for reconstruída

e as muralhas forem restauradas, eles
não pagarão os direitos, os impostos e
os pedágios e assim causarão prejuízos
ao rei. 14 Agora, como somos assalaria-
dos do rei e não queremos ver a desonra
dele, por isso mandamos este aviso ao
rei, 15 para que faça uma investigação no
Livro das Crônicas de seus pais, e nele
o rei descobrirá e saberá que aquela
cidade foi rebelde e danosa aos reis e às
províncias e que nela tem havido rebe-
liões, desde os tempos antigos; por isso
a cidade foi destruída. 16 Portanto, infor-
mamos ao rei que, se essa cidade for
reconstruída e as suas muralhas forem
restauradas, o rei não terá mais a posse
das terras deste lado do Eufrates."

17 O rei mandou a seguinte resposta:

"A Reum, o comandante, a Sinsai, o escri-
vão, e aos seus companheiros que
moram em Samaria, bem como aos
demais que estão além do Eufrates: Paz!
18 A carta que vocês nos mandaram foi lida
com clareza na minha presença. 19 Por
ordem minha, fizeram uma investiga-
ção e descobriram que, desde tempos
antigos, aquela cidade tem se levantado
contra os reis, e nela ocorreram rebeliões
e tumultos. 20 Também houve reis pode-
rosos sobre Jerusalém, que dominaram
toda a região além do Eufrates, aos quais
foram pagos direitos, impostos e pedá-
gios. 21 Agora, deem uma ordem para
que aqueles homens parem o trabalho
e aquela cidade não seja reconstruída,
a não ser com autorização minha.
22 Tenham cuidado e não sejam negligen-
tes nestas coisas. Por que aumentaria o
dano, em prejuízo dos reis?"

23 Depois que a cópia da carta do rei
Artaxerxes foi lida diante de Reum, de
Sinsai, o escrivão, e dos seus companhei-
ros, eles foram depressa a Jerusalém, aos
judeus, e, de mão armada, os forçaram a
parar a obra.

24 Assim, a obra da Casa de Deus, em
Jerusalém, foi interrompida; e isso até
o segundo ano do reinado de Dario, rei
da Pérsia.

AS EXORTAÇÕES DE AGEU E ZACARIAS

5 1 O profeta Ageu e o profeta Zacarias, filho
de Ido, profetizaram aos judeus que esta-
vam em Judá e em Jerusalém, em nome do
Deus de Israel, que estava sobre eles. 2 Então
Zorobabel, filho de Sealtiel, e Jesua, filho de
Jozadaque, começaram a reconstruir a Casa
de Deus, em Jerusalém. Os referidos profetas
de Deus estavam com eles e os ajudavam.
3 Nesse tempo, Tatenai, governador da
região deste lado do Eufrates, e Setar-
Bozenai e os seus companheiros vieram
até eles e assim lhes perguntaram:
— Quem deu ordem para vocês reconstruí-
rem este templo e restaurarem esta muralha?
4 Perguntaram mais:
— E quais são os nomes dos homens que
estão construindo este edifício?
5 Porém os olhos de Deus estavam sobre
os anciãos dos judeus, de maneira que não
foram obrigados a parar, até que o assunto
chegasse a Dario, e viesse resposta por carta
sobre isso.

OS ADVERSÁRIOS CONSULTAM DARIO

6 Eis a cópia da carta que Tatenai, o gover-
nador da região deste lado do Eufrates, com
Setar-Bozenai e os seus companheiros, os
afarsaquitas, que estavam deste lado do rio,
enviaram ao rei Dario, 7 na qual lhe deram
um relatório nos seguintes termos:

"Ao rei Dario, toda a paz!
8 Saiba o rei que nós fomos à província de
Judá, ao templo do grande Deus, que está
sendo construído com grandes pedras.
A madeira está sendo colocada nas
paredes, e a obra está sendo feita com
diligência e avançando nas mãos deles.
9 Perguntamos aos anciãos e assim lhes
dissemos: 'Quem deu ordem para vocês
reconstruírem este templo e restaurarem
esta muralha?' 10 Além disto, pergunta-
mos também pelos nomes deles, para
informar ao senhor, para que pudésse-
mos enviar por escrito ao rei os nomes
dos homens que são os chefes deles.
11 Esta foi a resposta que nos deram: 'Nós
somos servos do Deus dos céus e da terra
e estamos reconstruindo o templo que há

muitos anos tinha sido construído, o qual
um grande rei de Israel construiu e ter-
minou. 12 Mas, depois que os nossos pais
provocaram o Deus dos céus à ira, ele os
entregou nas mãos de Nabucodonosor,
rei da Babilônia, o caldeu, o qual destruiu
este templo e transportou o povo para a
Babilônia. 13 Porém Ciro, rei da Babilônia,
no primeiro ano do seu reinado, deu
ordem para que esta Casa de Deus fosse
reconstruída. 14 Também os utensílios
de ouro e de prata, da Casa de Deus, que
Nabucodonosor tinha levado do tem-
plo de Jerusalém e colocado no templo
da Babilônia, o rei Ciro os tirou de lá, e
foram dados a um homem cujo nome
era Sesbazar, a quem tinha nomeado
governador 15 e a quem disse: "Pegue
estes utensílios, vá e leve-os ao templo
de Jerusalém, e que a Casa de Deus seja
reconstruída no seu antigo lugar." 16 Então
veio o dito Sesbazar e lançou os funda-
mentos da Casa de Deus, em Jerusalém;
e, daí para cá, o templo tem estado em
construção, mas ainda não está acabado.'
17 Agora, se parecer bem ao rei, que se bus-
que nos arquivos reais, na Babilônia, se
é verdade que há uma ordem do rei Ciro
para reconstruir esta Casa de Deus, em
Jerusalém. E que o rei nos faça saber a
sua vontade quanto a isto."

O DECRETO DE DARIO

6 1 Então o rei Dario deu ordem, e foi
feita uma busca nos arquivos reais da
Babilônia, onde se guardavam os documen-
tos. 2 Em Ecbatana, a fortaleza que está na
província da Média, se achou um rolo, e nele
estava escrito um memorial que dizia assim:

3 "O rei Ciro, no primeiro ano do seu rei-
nado, baixou o seguinte decreto:
Com respeito à Casa de Deus, em
Jerusalém, ela deve ser reconstruída
para ser um lugar em que se ofereçam
sacrifícios. Os seus fundamentos serão
firmes, a sua altura será de vinte e sete
metros e a sua largura será de vinte e
sete metros, com três carreiras de gran-
des pedras e uma carreira de madeira
nova. 4 As despesas serão pagas pelo
palácio real. 5 Além disto, os utensílios
de ouro e de prata da Casa de Deus,
que Nabucodonosor havia tirado do
templo de Jerusalém, levando-os para
a Babilônia, serão devolvidos para o
templo de Jerusalém, cada utensílio
para o seu lugar; serão recolocados na
Casa de Deus."

A RESPOSTA DE DARIO

6 "E agora você, Tatenai, governador da
região do outro lado do Eufrates, e
também Setar-Bozenai e os seus com-
panheiros, os afarsaquitas, que estão do
outro lado do rio, fiquem longe daquele
lugar. 7 Não interrompam a obra desta
Casa de Deus, para que o governador
dos judeus e os seus anciãos reedifi-
quem a Casa de Deus no seu antigo
lugar. 8 Também estou decretando o que
vocês devem fazer com estes anciãos
dos judeus, para que reedifiquem esta
Casa de Deus, a saber, que da tesoura-
ria real, isto é, dos tributos recebidos
da região do outro lado do rio Eufrates,
se pague, diligentemente, a despesa a
estes homens, para que a obra não seja
interrompida. 9 Também lhes seja dado,
dia após dia, sem falta, aquilo de que
necessitam: novilhos, carneiros e cor-
deiros, para os holocaustos ao Deus dos
céus; e também trigo, sal, vinho e azeite,
segundo a determinação dos sacerdotes
que estão em Jerusalém. 10 Isto para que
ofereçam sacrifícios de aroma agradável
ao Deus dos céus e orem pela vida do
rei e dos seus filhos.
11 Também estou decretando que, se
alguém alterar este decreto, uma viga
seja arrancada da sua casa, e que ele seja
levantado e pendurado nela; e que a sua
casa seja transformada num montão de
entulho. 12 Que o Deus que fez habitar
ali o seu nome derrube todos os reis e
povos que estenderem a mão para alte-
rar o decreto e para destruir esta Casa de
Deus, que está em Jerusalém.
Eu, Dario, baixei o decreto; que se execute
com toda a diligência."

O TEMPLO É CONCLUÍDO

13 Então Tatenai, o governador da região
deste lado do Eufrates, Setar-Bozenai e os

seus companheiros assim o fizeram com toda a diligência, segundo o que o rei Dario havia decretado. 14 Os anciãos dos judeus iam construindo e prosperando em virtude do que profetizaram os profetas Ageu e Zacarias, filho de Ido. Reconstruíram o templo e o terminaram segundo a ordem do Deus de Israel e segundo o decreto de Ciro, de Dario e de Artaxerxes, reis da Pérsia. 15 Terminaram a construção deste templo no terceiro dia do mês de adar, no sexto ano do reinado do rei Dario.

A DEDICAÇÃO DO TEMPLO

16 Os filhos de Israel, os sacerdotes, os levitas e o restante dos exilados celebraram com alegria a dedicação desta Casa de Deus. 17 Para a dedicação desta Casa de Deus ofereceram cem novilhos, duzentos carneiros, quatrocentos cordeiros e doze cabritos, para oferta pelo pecado de todo o Israel, segundo o número das tribos de Israel. 18 Estabeleceram os sacerdotes nos seus turnos e os levitas nas suas divisões, para o serviço de Deus em Jerusalém, segundo está escrito no Livro de Moisés.

A CELEBRAÇÃO DA PÁSCOA

19 Os que voltaram do cativeiro celebraram a Páscoa no dia catorze do primeiro mês. 20 Os sacerdotes e os levitas tinham se purificado, e todos, sem exceção, estavam puros. Mataram o cordeiro da Páscoa para todos os que voltaram do cativeiro, para os sacerdotes, seus irmãos, e para si mesmos. 21 Assim, os filhos de Israel que tinham voltado do exílio comeram a Páscoa, juntamente com todos os que, unindo-se a eles, se haviam separado das coisas impuras dos gentios da terra, para buscarem o Senhor, Deus de Israel. 22 Celebraram a Festa dos Pães sem Fermento durante sete dias, com alegria, porque o Senhor os tinha alegrado, mudando o coração do rei da Assíria a favor deles, para lhes fortalecer as mãos na obra da Casa de Deus, o Deus de Israel.

ARTAXERXES ENVIA ESDRAS A JERUSALÉM

7 1 Passadas estas coisas, no reinado de Artaxerxes, rei da Pérsia, Esdras veio da Babilônia. Esdras era filho de Seraías, filho de Azarias, filho de Hilquias, 2 filho de Salum, filho de Zadoque, filho de Aitube, 3 filho de Amarias, filho de Azarias, filho de Meraiote, 4 filho de Zeraías, filho de Uzi, filho de Buqui, 5 filho de Abisua, filho de Fineias, filho de Eleazar, filho de Arão, o sumo sacerdote. 6 Ele era escriba versado na Lei de Moisés, dada pelo Senhor, Deus de Israel. E, como a mão do Senhor, seu Deus, estava sobre ele, o rei lhe deu tudo o que ele havia pedido. 7 Também vieram para Jerusalém alguns dos filhos de Israel, dos sacerdotes, dos levitas, dos cantores, dos porteiros e dos servidores do templo. Isto foi no sétimo ano do reinado de Artaxerxes. 8 Esdras chegou a Jerusalém no quinto mês, no sétimo ano deste rei. 9 Ele partiu da Babilônia no primeiro dia do primeiro mês, e, no primeiro dia do quinto mês, chegou a Jerusalém, porque a mão bondosa do seu Deus estava sobre ele. 10 Porque Esdras pôs no coração o propósito de buscar a Lei do Senhor, cumpri-la e ensinar em Israel os seus estatutos e os seus juízos.

11 Esta é a cópia da carta que o rei Artaxerxes entregou ao sacerdote Esdras, o escriba versado nas palavras, nos mandamentos e nos estatutos que o Senhor deu a Israel:

12 "Artaxerxes, rei dos reis, ao sacerdote Esdras, escriba da Lei do Deus do céu: Paz perfeita!

13 Estou decretando que, no meu reino, todo aquele do povo de Israel e dos seus sacerdotes e levitas que quiser ir com você para Jerusalém, que vá. 14 Você está sendo autorizado pelo rei e os seus sete conselheiros para fazer uma averiguação em Judá e em Jerusalém, segundo a Lei do seu Deus, a qual está em suas mãos. 15 Leve a prata e o ouro que o rei e os seus conselheiros espontaneamente ofereceram ao Deus de Israel, cuja habitação está em Jerusalém. 16 Leve também a prata e o ouro que você achar em toda a província da Babilônia, com as ofertas voluntárias do povo e dos sacerdotes, oferecidas espontaneamente para o templo de seu Deus, em Jerusalém. 17 Empregue esse dinheiro com diligência e compre novilhos, carneiros, cordeiros, com as suas ofertas

de cereais e as suas libações, para oferecer sobre o altar do templo do seu Deus,
em Jerusalém. 18 Com o resto da prata e
do ouro, você e os seus irmãos podem
fazer o que acharem melhor, segundo a
vontade do seu Deus. 19 E os utensílios
que lhe foram dados para o serviço da
casa do seu Deus, restitua-os diante do
Deus de Jerusalém. 20 E tudo mais que
for necessário para o templo de seu
Deus e que você tiver de providenciar
será pago pela casa dos tesouros do rei.
21 Eu mesmo, o rei Artaxerxes, estou decretando a todos os tesoureiros que estão
do outro lado do Eufrates o que segue:
entreguem diligentemente tudo o que
o sacerdote Esdras, escriba da Lei do
Deus do céu, solicitar, 22 até três mil e
quatrocentos quilos de prata, dez mil
quilos de trigo, dois mil litros de vinho,
dois mil litros de azeite e sal à vontade.
23 Tudo o que for ordenado pelo Deus
do céu, que se faça com exatidão para
o templo do Deus do céu. Pois por que
haveria grande ira sobre o reino do rei
e dos seus filhos? 24 Também informamos, a respeito de todos os sacerdotes
e levitas, cantores, porteiros, de todos
os que servem nesta Casa de Deus, que
não será lícito impor-lhes nem direitos,
nem impostos, nem pedágios.

25 E você, Esdras, conforme a sabedoria que
o seu Deus lhe deu, nomeie magistrados
e juízes que julguem todo o povo que está
na região do outro lado do Eufrates, isto
é, todos os que conhecem as leis do seu
Deus; e que elas sejam ensinadas aos
que não as conhecem. 26 Todo aquele
que não observar a lei do seu Deus e a
lei do rei com diligência, seja condenado
ou à morte, ou ao desterro, ou ao confisco
de bens, ou à prisão."

ESDRAS LOUVA A DEUS

27 — Bendito seja o Senhor, Deus de nossos pais, que deste modo moveu o coração
do rei para adornar a Casa do Senhor, em
Jerusalém; 28 e que estendeu para mim a
sua misericórdia diante do rei, dos seus
conselheiros e de todos os seus príncipes
poderosos. Assim, eu me animei, porque
a mão do Senhor, meu Deus, estava sobre
mim, e reuni alguns chefes de Israel para
voltarem comigo.

A LISTA DOS QUE VOLTARAM COM ESDRAS

8 1 Estes são os chefes de famílias e esta é
a genealogia dos que voltaram comigo
da Babilônia, no reinado do rei Artaxerxes:
2 dos filhos de Fineias, Gérson; dos filhos de
Itamar, Daniel; dos filhos de Davi, Hatus;
3 dos filhos de Secanias, dos filhos de Parós,
Zacarias, e com ele foram registrados cento
e cinquenta homens. 4 Dos filhos de Paate-Moabe, Elioenai, filho de Zeraías, e, com ele,
duzentos homens. 5 Dos filhos de Secanias,
o filho de Jaaziel, e, com ele, trezentos
homens. 6 Dos filhos de Adim, Ebede, filho
de Jônatas, e, com ele, cinquenta homens.
7 Dos filhos de Elão, Jesaías, filho de Atalias,
e, com ele, setenta homens. 8 Dos filhos de
Sefatias, Zebadias, filho de Micael, e, com
ele, oitenta homens. 9 Dos filhos de Joabe,
Obadias, filho de Jeiel, e, com ele, duzentos e dezoito homens. 10 Dos filhos de Bani,
Selomite, filho de Josifias, e, com ele, cento
e sessenta homens. 11 Dos filhos de Bebai,
Zacarias, o filho de Bebai, e, com ele, vinte
e oito homens. 12 Dos filhos de Azgade,
Joanã, o filho de Hacatã, e, com ele, cento
e dez homens. 13 Dos filhos de Adonicão,
últimos a chegar, seus nomes eram estes:
Elifelete, Jeiel e Semaías, e, com eles, sessenta homens. 14 Dos filhos de Bigvai, Utai e
Zabude, e, com eles, setenta homens.

ESDRAS MANDA BUSCAR LEVITAS

15 Eu os reuni perto do rio que corre para
Aava, onde ficamos acampados três dias.
Atentando para o povo e para os sacerdotes e não tendo achado nenhum dos filhos
de Levi, 16 mandei chamar Eliézer, Ariel,
Semaías, Elnatã, Jaribe, Elnatã, Natã, Zacarias
e Mesulão, os chefes, bem como Joiaribe e
Elnatã, que eram sábios. 17 Eu os enviei a
Ido, chefe em Casifia, e lhes dei as palavras
que deveriam dizer a Ido e aos servidores
do templo, seus irmãos, em Casifia, para que
nos enviassem ministros para o templo do
nosso Deus. 18 E, como a mão bondosa de
Deus estava sobre nós, eles nos enviaram
um homem sábio, dos filhos de Mali, filho
de Levi, filho de Israel, a saber, Serebias,

com os seus filhos e irmãos, em número de dezoito. 19 Também mandaram Hasabias e, com ele, Jesaías, dos filhos de Merari, com os seus irmãos e os filhos deles, em número de vinte. 20 E dos servidores do templo, que Davi e os príncipes haviam escolhido para ajudar os levitas, duzentos e vinte, todos eles mencionados nominalmente.

O JEJUM

21 Então ali, junto ao rio Aava, proclamei um jejum, para nos humilharmos diante do nosso Deus, para lhe pedirmos uma boa viagem para nós, para os nossos filhos e para tudo o que era nosso. 22 Porque tive vergonha de pedir ao rei exército e cavaleiros para nos defenderem do inimigo no caminho, porque já lhe havíamos dito: "A mão do nosso Deus está sobre todos os que o buscam, para o bem deles; mas a sua força e a sua ira são contra todos os que o abandonam." 23 Assim nós jejuamos e pedimos isto ao nosso Deus, e ele nos atendeu.

A ENTREGA DAS CONTRIBUIÇÕES AOS SACERDOTES

24 Então separei doze dos principais sacerdotes, isto é, Serebias, Hasabias e dez dos seus irmãos. 25 Pesei-lhes a prata, o ouro e os utensílios que o rei, os seus conselheiros, os seus príncipes e todo o Israel que ali estava tinham contribuído para o templo do nosso Deus. 26 Entreguei-lhes nas mãos vinte e dois mil quilos de prata, três mil e quatrocentos quilos em objetos de prata e três mil e quatrocentos quilos de ouro. 27 Além disso, entreguei vinte taças de ouro de oito quilos e meio e dois objetos de bronze lustroso e fino, tão precioso como ouro.

28 Então eu lhes disse:

— Vocês são santos ao SENHOR, e santos são estes objetos, bem como esta prata e este ouro, oferta voluntária ao SENHOR, Deus dos seus pais. 29 Vigiem e guardem essas coisas até que as pesem na presença dos principais sacerdotes, dos levitas e dos chefes de famílias de Israel, em Jerusalém, nas câmaras da Casa do SENHOR.

30 Então os sacerdotes e os levitas receberam a prata, o ouro e os objetos, para os trazerem a Jerusalém, ao templo do nosso Deus.

A CHEGADA A JERUSALÉM

31 Partimos do rio Aava no dia doze do primeiro mês, a fim de irmos para Jerusalém. E a mão do nosso Deus estava sobre nós e nos livrou das mãos dos inimigos e dos que nos armavam ciladas pelo caminho. 32 Chegamos a Jerusalém e descansamos três dias. 33 No quarto dia, pesamos, no templo do nosso Deus, a prata, o ouro e os objetos e os entregamos a Meremote, filho do sacerdote Urias. Com ele estavam Eleazar, filho de Fineias, e os levitas Jozabade, filho de Jesua, e Noadias, filho de Binui. 34 Tudo foi contado e pesado, e o peso total foi imediatamente registrado. 35 Os exilados que voltaram do cativeiro ofereceram holocaustos ao Deus de Israel: doze novilhos por todo o Israel, noventa e seis carneiros, setenta e sete cordeiros e, como oferta pelo pecado, doze bodes; tudo em holocausto ao SENHOR. 36 Então deram as ordens do rei aos seus sátrapas e aos governadores da região deste lado do Eufrates, e estes ajudaram o povo na reconstrução da Casa de Deus.

A ORAÇÃO E A CONFISSÃO DE ESDRAS

9 1 Acabadas estas coisas, alguns dos chefes vieram falar comigo, dizendo:

— O povo de Israel, os sacerdotes e os levitas não se separaram dos povos de outras terras e das suas abominações, isto é, dos cananeus, dos heteus, dos ferezeus, dos jebuseus, dos amonitas, dos moabitas, dos egípcios e dos amorreus. 2 Tanto eles como os seus filhos casaram com mulheres desses povos, e assim a linhagem santa se misturou com os povos dessas terras. Os chefes e os magistrados foram os primeiros a cometer esse pecado.

3 Quando ouvi isso, rasguei as minhas roupas e o meu manto, e arranquei os cabelos da cabeça e da barba, e me sentei perplexo. 4 Então se reuniram em volta de mim todos os que tremiam diante das palavras do Deus de Israel, por causa da transgressão dos que tinham voltado do cativeiro. Porém eu permaneci sentado, perplexo, até a hora do sacrifício da tarde.

5 Na hora do sacrifício da tarde, levantei-me da minha humilhação, com as roupas

e o manto já rasgados, me pus de joelhos, estendi as mãos para o SENHOR, meu Deus, 6 e disse:

— Meu Deus! Estou confuso e envergonhado, para levantar a ti a face, meu Deus, porque as nossas iniquidades se multiplicaram sobre a nossa cabeça, e a nossa culpa chega até os céus. 7 Desde os dias dos nossos pais até hoje, estamos em grande culpa e, por causa das nossas iniquidades, nós, os nossos reis e os nossos sacerdotes fomos entregues aos reis de outras terras, à espada, ao cativeiro, ao roubo e à vergonha, como hoje se vê. 8 Agora, por um breve momento, se manifestou a graça do SENHOR, nosso Deus, deixando que alguns escapassem, dando-nos estabilidade no seu santo lugar. Assim, iluminaste os nossos olhos, ó nosso Deus, e nos deste um pouco de vida em meio à nossa servidão. 9 Porque éramos escravos, mas o nosso Deus não nos abandonou em nossa servidão. Pelo contrário, estendeu sobre nós a sua misericórdia, e achamos favor diante dos reis da Pérsia, para revivermos, para levantarmos o templo do nosso Deus, para restaurarmos as suas ruínas e para nos dar um muro de segurança em Judá e em Jerusalém.

10 — Agora, ó nosso Deus, que diremos depois disto? Pois deixamos os teus mandamentos, 11 que ordenaste por meio dos teus servos, os profetas, dizendo: "A terra em que vocês estão entrando, para dela tomar posse, é terra impura por causa da impureza dos seus povos, por causa das coisas abomináveis com que, na sua corrupção, eles encheram a terra de uma extremidade à outra. 12 Por isso, não deem as suas filhas em casamento aos filhos deles, nem escolham para os seus filhos mulheres do meio das filhas deles. Jamais procurem a paz e o bem desses povos, para que vocês sejam fortes e comam o melhor da terra, e a deixem como herança aos filhos de vocês, para sempre." 13 Depois de tudo o que nos aconteceu por causa das nossas más obras e da nossa grande culpa, e vendo ainda que tu, ó nosso Deus, nos tens castigado menos do que merecem as nossas iniquidades, e ainda nos deste este restante que escapou, 14 será que poderíamos voltar a transgredir os teus mandamentos e nos unir em casamento com os povos que praticam essas abominações? Não te indignarias contra nós, ao ponto de nos destruíres completamente, sem que houvesse nenhum remanescente nem alguém que escapasse? 15 Ó SENHOR, Deus de Israel, tu és justo, pois somos o restante que escapou, como hoje se vê. Eis que estamos diante de ti com a nossa culpa, porque não há ninguém que possa estar na tua presença por causa disto.

OS ISRAELITAS DESPEDEM AS ESPOSAS ESTRANGEIRAS

10 1 Enquanto Esdras orava e fazia confissão, chorando prostrado diante da Casa de Deus, uma enorme congregação de israelitas — homens, mulheres e crianças — se reuniu em volta dele. E o povo chorava amargamente. 2 Então Secanias, filho de Jeiel, um dos filhos de Elão, tomou a palavra e disse a Esdras:

— Nós temos transgredido contra o nosso Deus, casando com mulheres estrangeiras, que pertencem aos povos desta terra. Mas, quanto a isto, ainda há esperança para Israel. 3 Façamos agora uma aliança com o nosso Deus, de que despediremos todas essas mulheres e os seus filhos, segundo o conselho do meu senhor e dos que tremem diante do mandamento do nosso Deus. Que se faça segundo a Lei. 4 Levante-se, pois isto é incumbência sua, e nós o apoiaremos. Seja forte e mãos à obra!

5 Então Esdras se levantou e fez com que os principais sacerdotes, os levitas e todo o Israel jurassem que fariam segundo esta palavra. E eles juraram.

6 Esdras se retirou de onde estava, diante da Casa de Deus, e foi para a câmara de Joanã, filho de Eliasibe. Ao entrar ali, não comeu pão nem bebeu água, porque pranteava por causa da infidelidade dos que tinham voltado do exílio. 7 Depois anunciaram em Judá e Jerusalém que todos os que tinham voltado do exílio deviam se reunir em Jerusalém 8 e que, se alguém, em três dias, não viesse, segundo o conselho dos chefes e dos anciãos, todos os seus bens seriam totalmente destruídos, e ele mesmo seria excluído da congregação dos que voltaram do exílio.

9 Então todos os homens de Judá e Benjamim, em três dias, se reuniram em

Jerusalém. No dia vinte do nono mês, todo o
povo se assentou na praça da Casa de Deus,
tremendo por causa daquele assunto e por
causa da chuva intensa. 10 Então o sacerdote
Esdras se levantou e lhes disse:

— Vocês foram infiéis, casando com
mulheres estrangeiras, aumentando a
culpa de Israel. 11 Portanto, façam confis-
são ao SENHOR, Deus dos seus pais, e façam o
que lhe agrada. Separem-se dos povos desta
terra e das mulheres estrangeiras.

12 E toda a congregação respondeu em
voz alta:

— Que assim seja! Faremos segundo as
suas palavras. 13 Porém o povo é muito e,
sendo a época das chuvas, não podemos
ficar aqui do lado de fora. E isto não é coisa
que se faça em um ou dois dias, pois somos
muitos os que transgredimos neste assunto.
14 Que os nossos chefes decidam por toda a
congregação, e que todos os que em nossas
cidades casaram com mulheres estrangeiras
venham a eles num dia marcado, acompa-
nhados dos anciãos e dos juízes de cada
cidade, até que se afaste de nós o furor da
ira do nosso Deus, por causa desta situação.

15 Apenas Jônatas, filho de Asael, e Jazeías,
filho de Ticvá, se opuseram a isso, apoiados
por Mesulão e pelo levita Sabetai.

16 Os que voltaram do exílio fizeram assim.
Então o sacerdote Esdras escolheu nominal-
mente os chefes de famílias, segundo a casa
de seus pais; e se sentaram no primeiro dia
do décimo mês para examinar essa ques-
tão. 17 E, no primeiro dia do primeiro mês,
concluíram o exame de todos os casos de
homens que haviam casado com mulhe-
res estrangeiras.

18 Dentre os filhos dos sacerdotes, foram
encontrados os seguintes que tinham
casado com mulheres estrangeiras: dos
filhos de Jesua, filho de Jozadaque, e de seus
irmãos: Maaseias, Eliézer, Jaribe e Gedalias.
19 Com um aperto de mão, prometeram man-
dar embora as suas mulheres e, por serem
culpados, ofereceram um carneiro do reba-
nho pela sua culpa. 20 Dos filhos de Imer:
Hanani e Zebadias. 21 Dos filhos de Harim:
Maaseias, Elias, Semaías, Jeiel e Uzias. 22 Dos
filhos de Pasur: Elioenai, Maaseias, Ismael,
Natanael, Jozabade e Elasa.

23 Dos levitas: Jozabade e Simei, Quelaías,
também chamado de Quelita, Petaías, Judá
e Eliézer. 24 Dos cantores: Eliasibe; dos por-
teiros: Salum, Telém e Uri.

25 E de Israel, dos filhos de Parós: Ramias,
Jezias, Malquias, Miamim, Eleazar, Malquias
e Benaia. 26 Dos filhos de Elão: Matanias,
Zacarias, Jeiel, Abdi, Jerimote e Elias.
27 Dos filhos de Zatu: Elioenai, Eliasibe,
Matanias, Jerimote, Zabade e Aziza. 28 Dos
filhos de Bebai: Joanã, Hananias, Zabai
e Atlai. 29 Dos filhos de Bani: Mesulão,
Maluque, Adaías, Jasube, Seal e Jerimote.
30 Dos filhos de Paate-Moabe: Adna,
Quelal, Benaia, Maaseias, Matanias,
Bezalel, Binui e Manassés. 31 Dos filhos de
Harim: Eliézer, Issias, Malquias, Semaías,
Simeão, 32 Benjamim, Maluque e Semarias.
33 Dos filhos de Hasum: Matenai, Matatá,
Zabade, Elifelete, Jeremai, Manassés e
Simei. 34 Dos filhos de Bani: Maadai, Anrão,
Uel, 35 Benaia, Bedias, Queluí, 36 Vanias,
Meremote, Eliasibe, 37 Matanias, Matenai,
Jaasai, 38 Bani, Binui, Simei, 39 Selemias,
Natã, Adaías, 40 Macnadbai, Sasai, Sarai,
41 Azarel, Selemias, Semarias, 42 Salum,
Amarias e José. 43 Dos filhos de Nebo:
Jeiel, Matitias, Zabade, Zebina, Jadai, Joel
e Benaia. 44 Todos estes tinham casado
com mulheres estrangeiras, e alguns deles
tinham filhos destas mulheres.

Há algo especialmente belo que Deus tem o poder de realizar: reestruturar fundamentos e paredes, ainda que haja abalos e desconfortos durante o processo.

Neemias

Livro 16 com

13

CAPÍTULOS

SIGNIFICADO DO TÍTULO

O livro de Neemias é uma peça vital na história da restauração de Jerusalém após o exílio babilônico. Neemias, cujo nome significa "*YHWH* [Javé] consola", desempenha um papel central na reconstrução dos muros de Jerusalém e na revitalização espiritual do povo judeu.

AUTORIA

O próprio Neemias é geralmente aceito como o autor do livro que leva seu nome. Ele era um judeu que servia como copeiro do rei Artaxerxes, da Pérsia. Sua posição privilegiada e sua fé fervorosa o capacitaram a liderar a restauração de Jerusalém.

OBJETIVO DO LIVRO

O texto narra o retorno de Neemias a Jerusalém, onde ele lidera o esforço para reconstruir os muros da cidade que haviam sido destruídos. O livro detalha não apenas os aspectos físicos da reconstrução, mas também as batalhas espirituais e os desafios enfrentados por Neemias e seu povo.

ESTRUTURA DO LIVRO

- ★ Chamado e preparação de Neemias Ne 1—2
- ★ Reconstrução dos muros Ne 3—7
- ★ Reformas sociais e espirituais Ne 8—13

TEMAS DE NEEMIAS

Neemias é um testemunho vívido da fidelidade de Deus em cumprir suas promessas e da importância da oração e da ação humana na realização dos propósitos divinos. A liderança corajosa e compassiva de Neemias inspira os crentes a confiar em Deus e a trabalhar arduamente em prol da justiça e da restauração nos próprios contextos.

O PODER DA PALAVRA

Uma das passagens mais emocionantes em Neemias é o relato da leitura pública da Lei, no capítulo 8. Quando Esdras lê o Livro da Lei para o povo, há uma resposta profunda e sincera de arrependimento e compromisso com Deus. Esse evento marca um momento significativo na renovação espiritual de Israel e destaca o poder transformador da Palavra de Deus.

NEEMIAS E CRISTO

O livro aponta para Jesus ao prefigurar Cristo como o grande restaurador e redentor. Neemias reconstrói as muralhas de Jerusalém e reforma a comunidade, simbolizando a obra de Cristo que restaura e renova o povo de Deus. Assim como Neemias intercedeu pelo povo e enfrentou oposição, Jesus intercede por nós e vence o pecado e a morte. Neemias protege Jerusalém, refletindo Cristo como nossa proteção e a pedra angular da Igreja.

NEEMIAS ORA POR JERUSALÉM

1 1 Palavras de Neemias, filho de Hacalias. No mês de quisleu, no vigésimo ano, quando eu estava na cidadela de Susã, 2 veio Hanani, um dos meus irmãos, com alguns homens de Judá. Então lhes perguntei a respeito dos judeus que escaparam e que sobreviveram ao exílio e a respeito de Jerusalém. 3 E eles me responderam:

— Os restantes, os que sobreviveram ao exílio e se encontram lá na província, estão em grande miséria e humilhação. As muralhas de Jerusalém continuam em ruínas, e os seus portões foram destruídos pelo fogo.

4 Quando ouvi estas palavras, eu me sentei, chorei e lamentei por alguns dias. Fiquei jejuando e orando diante do Deus dos céus. 5 Eu disse:

— Ah! SENHOR, Deus dos céus, Deus grande e temível, que guardas a aliança e a misericórdia para com aqueles que te amam e guardam os teus mandamentos! 6 Estejam atentos os teus ouvidos, e os teus olhos, abertos, para que atendas a oração do teu servo, que hoje faço diante de ti, dia e noite, pelos filhos de Israel, teus servos. Faço confissão dos pecados dos filhos de Israel, os quais temos cometido contra ti. Eu e a casa de meu pai pecamos. 7 Temos procedido de forma totalmente corrupta contra ti e não guardamos os mandamentos, nem os estatutos, nem os juízos que ordenaste a Moisés, teu servo. 8 Lembra-te da palavra que ordenaste a Moisés, teu servo, dizendo: "Se vocês forem infiéis, eu os espalharei entre os povos; 9 mas, se vocês se converterem a mim e guardarem os meus mandamentos, e os cumprirem, então, ainda que os seus desterrados estejam nos lugares mais distantes da terra, de lá os ajuntarei e os trarei para o lugar que escolhi para fazer habitar o meu nome." 10 Estes ainda são teus servos e o teu povo que resgataste com o teu grande poder e com a tua mão poderosa. 11 Ah! Senhor, estejam atentos os teus ouvidos à oração do teu servo e à oração dos teus servos que se agradam de temer o teu nome. Faze com que o teu servo seja bem-sucedido hoje e encontre misericórdia diante desse homem.

Nesse tempo eu era copeiro do rei.

NEEMIAS É MANDADO A JERUSALÉM

2 1 No mês de nisã, no vigésimo ano do reinado de Artaxerxes, uma vez posto o vinho diante dele, eu o peguei e ofereci ao rei. Ora, nunca antes eu tinha estado triste diante dele. 2 Então o rei me disse:

— Por que o seu rosto está triste, se você não está doente? Isso tem de ser tristeza do coração!

Então fiquei com muito medo 3 e lhe respondi:

— Que o rei viva para sempre! Como não estaria triste o meu rosto, se a cidade onde estão sepultados os meus pais está em ruínas e os seus portões foram queimados?

4 O rei me disse:

— O que você me pede agora?

Então orei ao Deus dos céus 5 e disse ao rei:

— Se for do agrado do rei, e se este seu servo encontrou favor em sua presença, peço que o rei me envie a Judá, à cidade onde estão os túmulos dos meus pais, para que eu a reconstrua.

6 Então o rei, que tinha a rainha sentada ao seu lado, me perguntou:

— Quanto vai durar a sua ausência? Quando você voltará?

Marquei certo prazo, e o rei se deu por satisfeito e me deixou ir. 7 Eu ainda disse ao rei:

— Se for do agrado do rei, que ele me dê cartas para os governadores da região do outro lado do Eufrates, para que me permitam passar e entrar em Judá. 8 E também uma carta para Asafe, guarda das florestas do rei, para que me dê madeira para as vigas dos portões da cidadela do templo, para as muralhas da cidade e para a casa em que deverei me alojar.

E o rei me deu o que eu pedi, porque a mão bondosa do meu Deus estava sobre mim.

9 Então fui aos governadores da região do outro lado do Eufrates e lhes entreguei as cartas do rei. Ora, o rei tinha enviado comigo oficiais do exército e cavaleiros. 10 Mas Sambalate, o horonita, e Tobias, o servo amonita, ficaram sabendo disto e não lhes agradou nem um pouco que alguém estivesse interessado no bem dos filhos de Israel.

NEEMIAS ANIMA O POVO A REEDIFICAR AS MURALHAS

11 Então cheguei a Jerusalém. Depois de
esperar três dias, 12 me levantei à noite,
junto com uns poucos homens que estavam comigo. Não declarei a ninguém o
que o meu Deus havia posto no meu coração para eu fazer em Jerusalém. Não havia
comigo animal algum, a não ser o que eu
montava. 13 De noite, saí pelo Portão do Vale,
em direção à Fonte do Dragão e ao Portão
do Monturo, e inspecionei as muralhas de
Jerusalém, que estavam em ruínas e cujos
portões tinham sido destruídos pelo fogo.
14 Passei ao Portão da Fonte e ao Tanque do
Rei, mas não havia lugar por onde o animal
que eu montava pudesse passar. 15 Subi à
noite pelo vale, sempre inspecionando
as muralhas. Voltei, entrei pelo Portão
do Vale e fui para casa. 16 Os magistrados
não sabiam aonde eu tinha ido nem o que
tinha feito, pois até ali eu não havia declarado coisa alguma, nem aos judeus, nem
aos sacerdotes, nem aos nobres, nem aos
magistrados, nem aos demais que iriam
fazer a obra.

17 Então eu lhes disse:

— Vocês estão vendo a miséria em que nós
estamos: Jerusalém em ruínas e os seus portões destruídos pelo fogo. Venham, vamos
reconstruir as muralhas de Jerusalém, para
nos livrarmos desta vergonha.

18 E lhes declarei como a mão bondosa do
meu Deus havia estado sobre mim e também as palavras que o rei me havia falado.
Então disseram:

— Vamos nos preparar e começar a reconstrução!

Então se prepararam para fazer esta boa
obra.

19 Porém, quando Sambalate, o horonita,
Tobias, o servo amonita, e um árabe chamado Gesém souberam disso, zombaram
de nós e nos desprezaram, dizendo:

— O que é isso que vocês estão fazendo?
Querem se rebelar contra o rei?

20 Então lhes respondi:

— O Deus dos céus é quem fará com que
sejamos bem-sucedidos. Nós, seus servos,
vamos nos preparar e começar a reconstrução. Mas vocês não têm parte, nem direito,
nem memorial em Jerusalém.

OS QUE TRABALHARAM NA REEDIFICAÇÃO DAS MURALHAS

3 1 Então o sumo sacerdote Eliasibe se
levantou com os seus irmãos, os sacerdotes, e reconstruíram o Portão das Ovelhas.
Eles o consagraram, colocaram os portões
no seu lugar e continuaram a reconstrução
até a Torre dos Cem e a Torre de Hananel.
2 Ao lado dele trabalharam os homens de
Jericó, e, ao lado deles, Zacur, filho de Inri.

3 Os filhos de Hassenaá reconstruíram o
Portão dos Peixes. Colocaram as vigas e os
portões nos seus lugares, com os seus ferrolhos e as trancas. 4 Ao lado deles, quem
fez os reparos foi Meremote, filho de Urias,
filho de Coz, e ao lado deste, Mesulão, filho
de Berequias, filho de Mesezabel. Ao lado
deste, Zadoque, filho de Baaná, fez os reparos. 5 Ao lado destes, trabalharam os tecoítas.
Mas os seus nobres não se sujeitaram ao
serviço do seu senhor.

6 Joiada, filho de Paseia, e Mesulão, filho
de Besodias, repararam o Portão Velho.
Colocaram as vigas e os portões nos seus
lugares, com os seus ferrolhos e as trancas. 7 Ao lado deles, trabalharam Melatias,
gibeonita, e Jadom, meronotita, homens de
Gibeão e de Mispa, que pertenciam ao domínio do governador de além do Eufrates. 8 Ao
seu lado, quem fez os reparos foi Uziel, filho
de Haraías, um dos ourives, e, ao lado dele,
Hananias, um dos perfumistas. Eles restauraram Jerusalém até a Muralha Larga. 9 Ao lado
destes, trabalhou Refaías, filho de Hur, governador de metade do distrito de Jerusalém.
10 Ao seu lado, Jedaías, filho de Harumafe, fez
os reparos em frente da sua casa; e, ao seu
lado, Hatus, filho de Hasabneias, fez os reparos. 11 Malquias, filho de Harim, e Hassube,
filho de Paate-Moabe, repararam o trecho
seguinte e a Torre dos Fornos. 12 Ao lado
dele, quem fez os reparos foi Salum, filho
de Haloés, governador da outra metade do
distrito de Jerusalém, ele e as suas filhas.

13 Hanum e os moradores de Zanoa repararam o Portão do Vale. Eles o reconstruíram,
colocaram os portões no seu lugar, com os
seus ferrolhos e as trancas, e ainda consertaram quinhentos metros da muralha, até
o Portão do Monturo.

14 O Portão do Monturo foi reparado por
Malquias, filho de Recabe, governador do

distrito de Bete-Haquerém. Ele o reconstruiu, colocou os portões no seu lugar, com os seus ferrolhos e as trancas.

15 O Portão da Fonte foi reparado por Salum, filho de Col-Hozé, governador do distrito de Mispa. Ele o reconstruiu, fez uma cobertura, colocou os portões no seu lugar, com os seus ferrolhos e as trancas. Também reconstruiu a muralha do tanque de Selá, junto ao jardim do rei, até os degraus que descem da Cidade de Davi. 16 Ao lado dele, quem fez os reparos foi Neemias, filho de Azbuque, governador de metade do distrito de Bete-Zur, até em frente dos túmulos de Davi, até o tanque e até a casa dos heróis.

17 Depois dele, os levitas, Reum, filho de Bani, e, ao seu lado, Hasabias, governador da metade do distrito de Queila, fizeram os reparos. 18 Depois dele, os reparos foram feitos pelos seus irmãos: Bavai, filho de Henadade, governador da metade do distrito de Queila. 19 Ao seu lado, Ezer, filho de Jesua, governador de Mispa, reparou outro trecho em frente da subida para a casa das armas, na esquina da muralha. 20 Depois dele, Baruque, filho de Zabai, reparou com muito cuidado outro trecho, desde a esquina da muralha até a porta da casa de Eliasibe, o sumo sacerdote. 21 Depois dele, Meremote, filho de Urias, filho de Coz, reparou outro trecho, desde a porta da casa de Eliasibe até a extremidade da casa de Eliasibe.

22 Depois dele, quem fez os reparos foram os sacerdotes que moravam na campina. 23 Depois, Benjamim e Hassube fizeram os reparos, em frente da sua casa. Depois deles, Azarias, filho de Maaseias, filho de Ananias, reparou junto à sua casa. 24 Depois dele, Binui, filho de Henadade, reparou outro trecho, desde a casa de Azarias até a esquina. 25 Palal, filho de Uzai, reparou em frente da esquina e da torre que sai do palácio real superior, que está junto ao pátio da prisão. Depois dele, Pedaías, filho de Parós, 26 e os servos do templo que moravam em Ofel fizeram os reparos até em frente do Portão das Águas, na direção do leste, e até a torre alta. 27 Depois, os tecoítas repararam outro trecho, em frente da torre grande e alta, e até a Muralha de Ofel.

28 Para cima do Portão dos Cavalos, os sacerdotes fizeram os reparos, cada um em frente da sua casa. 29 Depois deles, Zadoque, filho de Imer, reparou em frente da sua casa e, depois dele, Semaías, filho de Secanias, guarda do Portão Leste, reparou o trecho seguinte. 30 Depois dele, Hananias, filho de Selemias, e Hanum, o sexto filho de Zalafe, repararam outro trecho. Depois deles, Mesulão, filho de Berequias, fez os reparos em frente de sua residência. 31 Depois dele, Malquias, filho de um ourives, fez os reparos até a casa dos servos do templo e dos mercadores, em frente do Portão da Guarda, até o terraço da esquina. 32 Entre o terraço da esquina e o Portão das Ovelhas, os reparos foram feitos pelos ourives e pelos mercadores.

A DEFESA CONTRA OS ADVERSÁRIOS

4 1 Quando Sambalate ouviu que nós estávamos reconstruindo a muralha, ficou irado e indignado, e começou a zombar dos judeus. 2 Na presença de seus irmãos e do exército de Samaria ele disse:

— O que é que esses judeus fracos estão fazendo? Vocês vão permitir que eles continuem? Será que vão oferecer sacrifícios? Pensam que podem acabar a obra num só dia? Será que as pedras que foram queimadas poderão renascer daqueles montões de pó?

3 Tobias, o amonita, estava com Sambalate e disse:

— Mesmo que reconstruam, se vier uma raposa, derrubará aquela muralha de pedras!

> 4 "Ouve, ó nosso Deus, pois estamos sendo desprezados. Faze com que o seu desprezo recaia sobre a cabeça deles, e faze com que sejam despojo numa terra de cativeiro. 5 Não encubras a sua iniquidade, e que o pecado deles não seja apagado diante de ti, pois te provocaram à ira na presença dos construtores."

6 Assim, reconstruímos a muralha. E toda a muralha foi acabada até a metade da sua altura, porque o povo tinha ânimo para trabalhar.

7 Mas, quando Sambalate, Tobias, os árabes, os amonitas e os asdoditas ouviram que a reparação das muralhas de Jerusalém ia adiante e que já se começavam a fechar-lhe as brechas, ficaram muito irados. 8 Todos se ajuntaram de comum acordo para virem

atacar Jerusalém e criar confusão ali. 9 Porém
nós oramos ao nosso Deus e, como proteção,
pusemos guarda contra eles, de dia e de noite.
10 Então os que estavam em Judá disseram:
— Os carregadores já não têm mais forças,
e os escombros são muitos. Nós mesmos não
seremos capazes de reconstruir a muralha.
11 Os nossos inimigos diziam entre si: "Eles
não ficarão sabendo nem verão nada, até
que entremos no meio deles e os matemos.
E assim vamos fazer com que a obra pare."
12 Os judeus que habitavam na vizinhança
deles nos disseram dez vezes: "De todos os
lugares onde moram, eles nos atacarão."
13 Então pus o povo, por famílias, nos luga-
res baixos e abertos, por detrás da muralha,
com as suas espadas, as suas lanças e os
seus arcos. 14 Depois de fazer uma inspeção,
levantei-me e disse aos nobres, aos magis-
trados e ao resto do povo:
— Não tenham medo deles. Lembrem-se
do Senhor, grande e temível, e lutem pelos
seus irmãos, seus filhos, suas filhas, pelas
mulheres e pela casa de vocês.
15 Quando os nossos inimigos ouviram que
nós já sabíamos disso e que Deus tinha frus-
trado o plano deles, voltamos todos nós para
a muralha, cada um à sua obra. 16 Daquele
dia em diante, metade dos meus homens
trabalhava na obra, e a outra metade empu-
nhava lanças, escudos, arcos e couraças; e
os chefes estavam por trás de toda a casa de
Judá 17 que reconstruía a muralha. Os car-
regadores, que por si mesmos tomavam as
cargas, cada um com uma das mãos fazia
a obra e com a outra segurava a arma. 18 Os
construtores, cada um trazia a sua espada na
cintura, enquanto construíam. O que tocava a
trombeta estava ao meu lado. 19 Eu disse aos
nobres, aos magistrados e ao resto do povo:
— Grande e extensa é a obra, e nós esta-
mos espalhados na muralha, longe uns dos
outros. 20 No lugar em que ouvirem o som da
trombeta, ali reúnam-se em volta de nós. O
nosso Deus lutará por nós.
21 Assim trabalhávamos na obra; e metade
empunhava as lanças desde o raiar do dia
até o anoitecer. 22 Também nesse mesmo
tempo eu disse ao povo:
— Cada um de vocês fique em Jerusalém
com o seu servo, para que de noite nos sir-
vam de guarda e de dia trabalhem.
23 Nem eu, nem os meus irmãos, nem os
meus servos, nem os homens da guarda que
me seguiam tirávamos as nossas roupas,
nem mesmo para dormir; cada um se dei-
tava com as armas à sua direita.

MEDIDAS CONTRA A EXPLORAÇÃO

5 1 Então se levantou grande clamor do
povo e de suas mulheres contra os judeus,
seus irmãos. 2 Porque havia os que diziam:
— Somos muitos, nós, os nossos filhos e
as nossas filhas. Precisamos conseguir trigo,
para que possamos comer e continuar vivos.
3 Também houve os que diziam:
— Nós tivemos de hipotecar as nossas ter-
ras, as nossas vinhas e as nossas casas, para
conseguirmos trigo em meio a esta fome.
4 Houve ainda os que diziam:
— Pegamos dinheiro emprestado até
para pagar ao rei o tributo sobre as nossas
terras e as nossas vinhas. 5 Nós somos da
mesma carne que os nossos compatrio-
tas, e os nossos filhos são tão bons como
os deles. No entanto, eis que sujeitamos os
nossos filhos e as nossas filhas para serem
escravos. Algumas de nossas filhas já estão
reduzidas à escravidão. Não podemos fazer
nada para evitar isso, pois os nossos campos
e as nossas vinhas já são de outros.
6 Fiquei muito irritado ao ouvir estas
palavras e o clamor deles. 7 Depois de ter
pensado bem a respeito disso, repreendi os
nobres e magistrados e lhes disse:
— Vocês são exploradores, cada um para
com o seu irmão!
E convoquei uma grande assembleia con-
tra eles. 8 Disse-lhes:
— Nós, de acordo com as nossas posses,
resgatamos os judeus, nossos compatrio-
tas, que foram vendidos aos gentios. E
agora vocês estão querendo vender os seus
compatriotas, para que tenhamos de com-
prá-los outra vez?
Então eles se calaram e não acharam o
que responder.
9 Disse mais:
— Não é bom o que vocês estão fazendo.
Não é fato que vocês deviam andar no
temor do nosso Deus, para evitar a vergo-
nha diante de nossos inimigos, os gentios?
10 Também eu, os meus companheiros
e os meus servos lhes demos dinheiro

> Escolher se fundamentar na Rocha é o que fará total diferença na sua vida e em tudo o que você edificar.

emprestado e trigo. Mas, por favor, vamos
parar com esta exploração. 11 Peço que
hoje mesmo vocês lhes restituam as suas
terras, as suas vinhas, os seus olivais e as
suas casas, bem como a porcentagem do
dinheiro, do trigo, do vinho e do azeite, que
vocês exigiram deles.

12 Eles responderam:

— Vamos restituir e nada pediremos deles. Faremos o que você está dizendo.

Então chamei os sacerdotes e, na presença
destes, fiz com que jurassem que fariam o
que prometeram. 13 Também sacudi o meu
manto e disse:

— Que Deus faça o mesmo, sacudindo para fora de sua casa e de seu trabalho todo aquele que não cumprir esta promessa! Que assim seja sacudido e despojado.

E toda a congregação respondeu:

— Amém!

E louvaram o SENHOR. E o povo fez segundo a sua promessa.

O BOM EXEMPLO DE NEEMIAS

14 Também desde o dia em que fui nomeado
governador na terra de Judá, desde o vigé-
simo ano até o trigésimo segundo ano do
reinado de Artaxerxes, doze anos, nem eu
nem os meus companheiros comemos o
pão que me cabia como governador. 15 Mas
os primeiros governadores, que estiveram
antes de mim, oprimiram o povo e tomaram
dele pão e vinho, além de quarenta moe-
das de prata. Até os seus servos dominavam
sobre o povo. Eu, porém, não fiz assim, por
causa do temor de Deus. 16 Pelo contrário,
também trabalhei na reconstrução da mura-
lha, sem comprar nenhuma terra. E todos os
meus servos se ajuntaram ali para a obra.
17 Também hospedei cento e cinquenta
homens dos judeus e dos magistrados, além
daqueles das nações vizinhas que vinham
até nós. 18 O que se preparava para cada
dia era um boi e seis ovelhas escolhidas.
Também à minha custa eram preparadas
aves e, de dez em dez dias, muito vinho de
todos os tipos. Nem por isso exigi o pão
devido ao governador, porque a servidão
deste povo era grande.

19 "Lembra-te de mim para meu bem, ó meu
Deus, e de tudo o que fiz por este povo."

PLANOS CONTRA NEEMIAS

6 1 Quando Sambalate, Tobias, Gesém,
o árabe, e o resto dos nossos inimigos
ouviram que eu tinha reconstruído a mura-
lha e que nela já não havia brecha nenhuma,
ainda que até este tempo eu ainda não
tivesse colocado os portões no seu lugar,
2 Sambalate e Gesém mandaram dizer a
mim: "Venha, vamos nos encontrar numa
das aldeias do vale de Ono." Na verdade, o
que eles queriam era me fazer mal. 3 Por isso
enviei-lhes mensageiros para dizer:

— Estou fazendo uma grande obra e não posso descer até aí. Por que devo parar a obra para ir me encontrar com vocês?

4 Quatro vezes eles fizeram o mesmo
pedido, mas eu lhes dei sempre a mesma
resposta.

5 Então Sambalate me enviou pela quinta
vez o seu servo, que trazia na mão uma carta
aberta. 6 Nela estava escrito o seguinte:

"Entre os gentios se ouviu, e Gesém tam-
bém está dizendo, que você e os judeus
estão querendo se rebelar e que, por
isso, você está reconstruindo a mura-
lha. Também, segundo se diz, você
quer ser o rei deles, 7 e pôs alguns pro-
fetas para falarem a respeito de você
em Jerusalém, dizendo: 'Ele é o rei de
Judá.' Ora, isso certamente vai chegar
aos ouvidos do rei. Portanto, venha
agora e vamos, em conjunto, conversar
a respeito disso."

8 Mandei dizer-lhe:

— Nada disso que você está dizendo aconteceu. Você está inventando tudo.

9 O que todos eles queriam era nos ame-
drontar. Eles diziam: "As mãos deles largarão
a obra, e ela não será concluída."

"Agora, pois, ó Deus, fortalece as mi-
nhas mãos."

10 Quando fui à casa de Semaías, filho de
Delaías, filho de Meetabel, que estava impe-
dido de sair de casa, ele me disse:

— Vamos nos encontrar na Casa de Deus, dentro do templo. Vamos fechar as portas do templo, porque virão matar você. De noite eles virão matar você.

[11] Porém eu disse:

— Você acha que um homem como eu fugiria? Alguém como eu entraria no templo para salvar a vida? De maneira nenhuma entrarei.

[12] Então percebi que não era Deus quem o tinha enviado, mas que ele falou tal profecia contra mim porque Tobias e Sambalate o havíam subornado. [13] Para isto o subornaram, para me amedrontar e para que, fazendo isso, eu viesse a pecar, para que pudessem atacar a minha reputação e me afrontar.

[14] "Lembra-te, meu Deus, de Tobias e de Sambalate, segundo as coisas que fizeram, e também da profetisa Noadia e dos outros profetas que quiseram me amedrontar."

A RECONSTRUÇÃO DA MURALHA É TERMINADA

[15] A reconstrução da muralha foi terminada aos vinte e cinco dias do mês de elul, em cinquenta e dois dias. [16] Quando todos os nossos inimigos ouviram isso, todos os gentios à nossa volta temeram e decaíram muito no seu próprio conceito, porque reconheceram que foi por intervenção do nosso Deus que fizemos esta obra.

[17] Também naqueles dias alguns nobres de Judá escreveram muitas cartas a Tobias, e cartas de Tobias vinham para eles. [18] Pois muitos em Judá eram aliados dele, porque era genro de Secanias, filho de Ará. E o seu filho Joanã havia casado com a filha de Mesulão, filho de Berequias. [19] Também falavam das suas boas ações na minha presença, e levavam a ele as minhas palavras. Tobias escrevia cartas para me amedrontar.

NEEMIAS ESTABELECE GUARDAS EM JERUSALÉM

7 [1] Depois de reconstruída a muralha e colocados os portões no seu lugar, estabelecidos os porteiros, os cantores e os levitas, [2] eu nomeei Hanani, meu irmão, e Hananias, comandante da fortaleza, para que cuidassem da segurança de Jerusalém. Hananias era homem fiel e temente a Deus, mais do que muitos outros. [3] E eu lhes disse:

— Os portões de Jerusalém não devem ser abertos antes que o sol faça sentir o seu calor. E os portões devem ser fechados e trancados enquanto os guardas ainda estão ali. Escolham guardas entre os moradores de Jerusalém, alguns para que fiquem nos postos de guarda e outros para que fiquem em frente das suas próprias casas.

[4] A cidade era espaçosa e grande, mas havia pouca gente nela, e as casas ainda não haviam sido reconstruídas.

A RELAÇÃO DOS QUE VOLTARAM A JERUSALÉM

Ed 2.1-70

[5] Então o meu Deus me pôs no coração que ajuntasse os nobres, os magistrados e o povo, para registrar as genealogias. Achei o livro da genealogia dos que foram os primeiros a voltar do cativeiro, e nele estava escrito:

[6] Estes são os filhos da província que voltaram do cativeiro, do meio dos exilados que Nabucodonosor, rei da Babilônia, tinha levado para lá. Eles voltaram para Jerusalém
e para Judá, cada um para a sua cidade, [7] e
vieram com Zorobabel, Jesua, Neemias, Azarias, Raamias, Naamani, Mordecai, Bilsã, Misperete, Bigvai, Neum e Baaná.

Eis o número dos homens do povo de Israel:
[8] os filhos de Parós, dois mil cento e setenta e
dois. [9] Os filhos de Sefatias, trezentos e setenta
e dois. [10] Os filhos de Ará, seiscentos e cin-
quenta e dois. [11] Os filhos de Paate-Moabe, dos
filhos de Jesua e de Joabe, dois mil oitocentos
e dezoito. [12] Os filhos de Elão, mil duzentos e
cinquenta e quatro. [13] Os filhos de Zatu, oito-
centos e quarenta e cinco. [14] Os filhos de Zacai,
setecentos e sessenta. [15] Os filhos de Binui,
seiscentos e quarenta e oito. [16] Os filhos de
Bebai, seiscentos e vinte e oito. [17] Os filhos
de Azgade, dois mil trezentos e vinte e dois.
[18] Os filhos de Adonicão, seiscentos e sessenta
e sete. [19] Os filhos de Bigvai, dois mil e ses-
senta e sete. [20] Os filhos de Adim, seiscentos e
cinquenta e cinco. [21] Os filhos de Ater, da famí-
lia de Ezequias, noventa e oito. [22] Os filhos de
Hasum, trezentos e vinte e oito. [23] Os filhos de
Besai, trezentos e vinte e quatro. [24] Os filhos
de Harife, cento e doze. [25] Os filhos de Gibeão,
noventa e cinco. [26] Os homens de Belém e de
Netofa, cento e oitenta e oito. [27] Os homens de
Anatote, cento e vinte e oito. [28] Os homens de
Bete-Azmavete, quarenta e dois. [29] Os homens
de Quiriate-Jearim, Cefira e Beerote, setecen-
tos e quarenta e três. [30] Os homens de Ramá e
Geba, seiscentos e vinte e um. [31] Os homens de

Micmás, cento e vinte e dois. 32 Os homens de Betel e Ai, cento e vinte e três. 33 Os homens do outro Nebo, cinquenta e dois. 34 Os filhos do outro Elão, mil duzentos e cinquenta e quatro. 35 Os filhos de Harim, trezentos e vinte. 36 Os filhos de Jericó, trezentos e quarenta e cinco. 37 Os filhos de Lode, Hadide e Ono, setecentos e vinte e um. 38 Os filhos de Senaá, três mil novecentos e trinta.

39 Os sacerdotes: os filhos de Jedaías, da casa de Jesua, novecentos e setenta e três. 40 Os filhos de Imer, mil e cinquenta e dois. 41 Os filhos de Pasur, mil duzentos e quarenta e sete. 42 Os filhos de Harim, mil e dezessete.

43 Os levitas: os filhos de Jesua, de Cadmiel, dos filhos de Hodeva, setenta e quatro.

44 Os cantores: os filhos de Asafe, cento e quarenta e oito.

45 Os porteiros: os filhos de Salum, os filhos de Ater, os filhos de Talmom, os filhos de Acube, os filhos de Hatita, os filhos de Sobai, cento e trinta e oito.

46 Os servidores do templo: os filhos de Zia, os filhos de Hasufa, os filhos de Tabaote, 47 os filhos de Queros, os filhos de Sia, os filhos de Padom, 48 os filhos de Lebana, os filhos de Hagaba, os filhos de Salmai, 49 os filhos de Hanã, os filhos de Gidel, os filhos de Gaar, 50 os filhos de Reaías, os filhos de Rezim, os filhos de Necoda, 51 os filhos de Gazão, os filhos de Uzá, os filhos de Paseia, 52 os filhos de Besai, os filhos de Meunim, os filhos de Nefusesim, 53 os filhos de Baquebuque, os filhos de Hacufa, os filhos de Harur, 54 os filhos de Bazlite, os filhos de Meída, os filhos de Harsa, 55 os filhos de Barcos, os filhos de Sísera, os filhos de Tama, 56 os filhos de Nesias e os filhos de Hatifa.

57 Os filhos dos servos de Salomão: os filhos de Sotai, os filhos de Soferete, os filhos de Perida, 58 os filhos de Jaala, os filhos de Darcom, os filhos de Gidel, 59 os filhos de Sefatias, os filhos de Hatil, os filhos de Poquerete-Hazebaim e os filhos de Amom. 60 Todos os servidores do templo e os filhos dos servos de Salomão eram trezentos e noventa e dois.

61 Os seguintes voltaram de Tel-Melá, Tel-Harsa, Querube, Adom e Imer, porém não puderam provar que as suas famílias e a sua linhagem eram de Israel: 62 os filhos de Delaías, os filhos de Tobias, os filhos de Necoda, seiscentos e quarenta e dois. 63 Dos sacerdotes: os filhos de Habaías, os filhos de Coz, os filhos de Barzilai, que tinha casado com uma das filhas de Barzilai, o gileadita, e que foi chamado pelo nome dele. 64 Estes procuraram o seu registro nos livros genealógicos, porém não acharam; por isso, foram considerados impuros para o sacerdócio. 65 O governador lhes disse que não comessem das coisas sagradas, até que se levantasse um sacerdote capaz de decidir a questão por meio de Urim e Tumim.

66 Toda esta congregação junta era de quarenta e dois mil trezentos e sessenta, 67 além dos seus servos e das suas servas, que eram sete mil trezentos e trinta e sete. Havia também duzentos e quarenta e cinco cantores e cantoras. 68 Os seus cavalos eram setecentos e trinta e seis; as suas mulas, duzentas e quarenta e cinco. 69 Os camelos eram quatrocentos e trinta e cinco e os jumentos, seis mil setecentos e vinte.

CONTRIBUIÇÕES PARA O TEMPLO

70 Alguns dos chefes das famílias contribuíram para a obra. O governador deu para o tesouro oito quilos e quatrocentos gramas de ouro, cinquenta bacias e quinhentas e trinta vestes sacerdotais. 71 E alguns mais dos chefes das famílias deram para o tesouro da obra cento e sessenta e oito quilos de ouro e mil e trezentos quilos de prata. 72 O que o restante do povo deu foram cento e sessenta e oito quilos de ouro, mil e duzentos quilos de prata e sessenta e sete vestes sacerdotais.

73 Os sacerdotes, os levitas, os porteiros, os cantores, alguns do povo, os servidores do templo e todo o Israel moravam nas suas cidades.

ESDRAS LÊ O LIVRO DA LEI DIANTE DO POVO

8 1 Quando chegou o sétimo mês e os filhos de Israel já estavam morando nas suas cidades, todo o povo se reuniu, como um só homem, na praça, diante do Portão das Águas. E pediram a Esdras, o escriba, que trouxesse o Livro da Lei de Moisés, que o SENHOR havia ordenado a Israel. 2 Esdras, o sacerdote, trouxe a Lei diante da congregação, composta por homens, mulheres e todos os que eram capazes de entender o

que ouviam. Era o primeiro dia do sétimo
mês. 3 Esdras leu o livro em voz alta, diante
da praça que fica em frente ao Portão das
Águas, desde o amanhecer até o meio-dia,
na presença dos homens, das mulheres e
dos que podiam entender. E todo o povo
tinha os ouvidos atentos ao Livro da Lei.

4 Esdras, o escriba, estava num púlpito
de madeira, que fizeram para aquele fim.
Estavam em pé, ao lado dele, à sua direita,
Matitias, Sema, Anaías, Urias, Hilquias e
Maaseias; e à sua esquerda estavam Pedaías,
Misael, Malquias, Hasum, Hasbadana,
Zacarias e Mesulão. 5 Esdras abriu o livro à
vista de todo o povo, porque se encontrava
num lugar mais elevado do que todo o povo.
Quando abriu o livro, todo o povo se pôs em
pé. 6 Esdras louvou o SENHOR, o grande Deus, e
todo o povo, levantando as mãos, respondeu:

— Amém! Amém!

Inclinaram-se e adoraram o SENHOR, com
o rosto em terra.

7 E Jesua, Bani, Serebias, Jamim, Acube,
Sabetai, Hodias, Maaseias, Quelita, Azarias,
Jozabade, Hanã, Pelaías e os levitas ensi-
navam a Lei ao povo; e o povo permanecia
no seu lugar. 8 Eles iam lendo o Livro da Lei
de Deus, claramente, dando explicações, de
maneira que o povo entendesse o que se lia.

9 Neemias, que era o governador, e Esdras,
sacerdote e escriba, e os levitas que ensina-
vam o povo disseram a todos:

— Este dia é consagrado ao SENHOR, nosso
Deus, e por isso vocês não devem prantear
nem chorar.

Porque todo o povo chorava, ouvindo as
palavras da Lei. 10 Então lhes disse:

— Agora vão, comam e bebam o que tive-
rem de melhor. E mandem porções aos que
não têm nada preparado para si. Porque este
dia é consagrado ao nosso Senhor. Portanto,
não fiquem tristes, porque a alegria do
SENHOR é a força de vocês.

11 Os levitas tranquilizaram todo o povo,
dizendo:

— Acalmem-se, porque este dia é santo.
Não fiquem tristes.

12 Então todo o povo se foi para comer,
beber, mandar porções aos que nada
tinham e fazer uma grande festa, porque
tinham entendido as palavras que lhes
foram explicadas.

A FESTA DOS TABERNÁCULOS

13 No dia seguinte, os chefes das famílias de
todo o povo, os sacerdotes e os levitas se reuni-
ram com Esdras, o sacerdote, para estudarem
as palavras da Lei. 14 Acharam escrito na Lei
que o SENHOR havia ordenado por meio de
Moisés que os filhos de Israel deveriam morar
em cabanas, durante a festa do sétimo mês.
15 Assim, publicaram e anunciaram em todas
as suas cidades e em Jerusalém, dizendo:

— Saiam para os montes e tragam ramos
de oliveiras, ramos de zambujeiros, ramos
de murtas, ramos de palmeiras e ramos de
árvores frondosas, para fazer cabanas, como
está escrito.

16 O povo saiu, e trouxeram os ramos e fize-
ram para si cabanas, cada um no seu terraço,
e nos seus pátios, nos átrios da Casa de Deus,
na praça do Portão das Águas e na praça do
Portão de Efraim. 17 Toda a congregação dos
que tinham voltado do cativeiro fez cabanas e
morou nelas. Porque os filhos de Israel nunca
haviam feito isto, desde os dias de Josué, filho
de Num, até aquele dia. E todos estavam muito
alegres. 18 O Livro da Lei de Deus foi lido dia-
riamente, desde o primeiro até o último dia da
festa. E celebraram a festa durante sete dias;
no oitavo dia, houve uma reunião solene, con-
forme estava ordenado na Lei.

ARREPENDIMENTO E CONFISSÃO DE PECADOS

9 1 No dia vinte e quatro deste sétimo mês,
os filhos de Israel se reuniram para um
jejum. Vestiam pano de saco e traziam
terra sobre a cabeça. 2 Os da linhagem de
Israel separaram-se de todos os estrangei-
ros, puseram-se em pé e fizeram confissão
dos seus pecados e das iniquidades de seus
pais. 3 Levantando-se no seu lugar, leram no
Livro da Lei do SENHOR, seu Deus, durante
uma quarta parte do dia; e durante outra
quarta parte do dia fizeram confissão e ado-
raram o SENHOR, seu Deus.

4 Jesua, Bani, Cadmiel, Sebanias, Buni,
Serebias, Bani e Quenani se puseram em
pé no estrado dos levitas e clamaram em
alta voz ao SENHOR, seu Deus. 5 Os levitas
Jesua, Cadmiel, Bani, Hasabneias, Serebias,
Hodias, Sebanias e Petaías disseram:

— Levantem-se e bendigam o SENHOR, seu
Deus, de eternidade a eternidade.

Então se disse:
— Bendito seja o teu nome glorioso, que
ultrapassa todo bendizer e louvor. 6 Só tu és
o Senhor! Fizeste o céu, o céu dos céus e todo
o seu exército, a terra e tudo o que nela há, os
mares e tudo o que há neles. Tu conservas a
todos com vida, e o exército dos céus te adora.
7 Tu és o Senhor, o Deus que escolheste Abrão,
e o tiraste de Ur dos caldeus, e lhe puseste
por nome Abraão. 8 Achaste o seu coração
fiel diante de ti e com ele fizeste aliança, para
dares à descendência dele a terra dos cana-
neus, dos heteus, dos amorreus, dos ferezeus,
dos jebuseus e dos girgaseus; e cumpriste as
tuas promessas, porque és justo.

9 — Viste a aflição dos nossos pais no Egito e
ouviste o clamor deles junto ao mar Vermelho.
10 Fizeste sinais e maravilhas contra Faraó e
seus servos e contra todo o povo da sua terra,
porque soubeste que os trataram com arrogân-
cia; e assim adquiriste a fama que tens até o
dia de hoje. 11 Dividiste o mar diante deles, de
maneira que o atravessaram em terra seca; lan-
çaste os seus perseguidores nas profundezas,
como uma pedra nas águas impetuosas. 12 Tu
os guiaste, durante o dia, com uma coluna de
nuvem e, durante a noite, com uma coluna
de fogo, para iluminar o caminho por onde
deviam seguir. 13 Desceste sobre o monte Sinai,
do céu falaste com eles e lhes deste juízos
retos, leis verdadeiras, estatutos e manda-
mentos bons. 14 Tu lhes deste a conhecer o
teu santo sábado, e lhes deste mandamen-
tos, estatutos e lei, por meio de teu servo
Moisés. 15 Quando estavam com fome lhes
deste pão dos céus, e quando estavam com
sede fizeste brotar água da rocha; e lhes dis-
seste que entrassem para tomar posse da terra
que, com juramento, prometeste dar a eles.

16 — Porém eles, os nossos pais, se tor-
naram arrogantes e teimosos, e não
deram ouvidos aos teus mandamentos.
17 Recusaram ouvir-te e não se lembraram
das tuas maravilhas, que fizeste no meio
deles. Foram teimosos e na sua rebelião
escolheram um chefe, com o propósito
de voltarem para a sua servidão no Egito.
Porém tu, ó Deus perdoador, bondoso e
compassivo, tardio em irar-te e grande em
bondade, tu não os abandonaste, 18 nem
mesmo quando fizeram para si um bezerro
de metal fundido e disseram: "Este é o seu
deus, que o tirou do Egito"; e cometeram
grandes blasfêmias.

19 — Mas tu, pela multidão das tuas mise-
ricórdias, não os abandonaste no deserto.
A coluna de nuvem nunca se afastou deles
durante o dia, para os guiar pelo caminho,
nem a coluna de fogo durante a noite, para
iluminar o caminho por onde deviam seguir.
20 E lhes concedeste o teu bom Espírito, para
os ensinar. Não lhes negaste o teu maná, para
poderem comer, e lhes deste água quando
tiveram sede. 21 Durante quarenta anos tu os
sustentaste no deserto, e nada lhes faltou; as
roupas que eles usavam não envelheceram,
e os seus pés não ficaram inchados.

22 — Também lhes deste reinos e povos,
cujas terras repartiste entre eles. Assim, con-
quistaram a terra de Seom, rei de Hesbom, e
a terra de Ogue, rei de Basã. 23 Multiplicaste
os seus filhos como as estrelas do céu e os
trouxeste à terra que tinhas prometido aos
seus pais, dizendo que nela deveriam entrar.
24 Os filhos deles entraram e tomaram posse
da terra. Subjugaste diante deles os morado-
res da terra, os cananeus, e os entregaste nas
mãos deles, com os reis e os povos da terra,
para fazerem com eles o que bem quisessem.
25 Conquistaram cidades fortificadas e terra
fértil; tomaram posse de casas cheias de todo
tipo de coisas boas, cisternas cavadas, vinhas
e olivais e árvores frutíferas em abundância.
Comeram, se fartaram, engordaram e vive-
ram em delícias, pela tua grande bondade.

26 — Ainda assim foram desobedientes e se
revoltaram contra ti; viraram as costas à tua
Lei e mataram os teus profetas, que testemu-
nhavam contra eles, para os fazerem voltar
a ti; e cometeram grandes blasfêmias. 27 Por
isso tu os entregaste nas mãos dos seus ini-
migos, que os oprimiram. Mas no tempo da
sua angústia, clamaram a ti e dos céus tu os
ouviste; e, segundo a tua grande misericór-
dia, lhes deste libertadores que os salvaram
das mãos dos que os oprimiam. 28 Porém,
quando se viam em descanso, tornavam a
fazer o mal diante de ti, e tu os abandona-
vas nas mãos dos seus inimigos, para que
dominassem sobre eles. Mas, quando se
converteram e clamaram a ti, tu os ouviste
dos céus e, segundo a tua misericórdia, os
livraste muitas vezes. 29 Testemunhaste con-
tra eles, para que voltassem à tua lei. Porém

eles se mostraram arrogantes e não deram
ouvidos aos teus mandamentos. Pecaram
contra os teus juízos, pelos quais aquele que
os cumprir viverá. Em sua rebeldia voltaram
as costas, foram teimosos e não quiseram
ouvir. 30 No entanto, tu os aturaste durante
muitos anos e testemunhaste contra eles
pelo teu Espírito, por meio dos teus profe-
tas. Porém eles não quiseram ouvir e por isso
os entregaste nas mãos dos povos de outras
terras. 31 Mas, pela tua grande misericórdia,
não acabaste com eles nem os abandonaste,
porque tu és Deus clemente e misericordioso.
32 — Agora, pois, ó Deus nosso, ó Deus
grande, poderoso e temível, que guardas a
aliança e a misericórdia, não menosprezes
toda a aflição que nos sobreveio, a nós, aos
nossos reis, aos nossos príncipes, aos nossos
sacerdotes, aos nossos profetas, aos nossos
pais e a todo o teu povo, desde os dias dos reis
da Assíria até o dia de hoje. 33 Tu foste justo
em tudo o que nos aconteceu, pois agiste
com fidelidade, enquanto nós procedemos
mal. 34 Os nossos reis, os nossos príncipes,
os nossos sacerdotes e os nossos pais não
guardaram a tua lei, nem deram ouvidos aos
mandamentos e aos testemunhos que lhes
deste. 35 Pois eles, no seu reino, na abundân-
cia de bens que lhes deste, na terra espaçosa
e fértil que puseste diante deles não te servi-
ram, nem se converteram de suas obras más.
36 Eis que hoje somos escravos. E até na terra
que deste aos nossos pais, para comerem o
seu fruto e o seu bem, eis que somos escravos
nela. 37 Seus abundantes produtos são para
os reis que puseste sobre nós por causa dos
nossos pecados. Estes reis dominam sobre
nós e sobre o nosso gado, como bem enten-
dem. Nós estamos em grande angústia!

O POVO PROMETE GUARDAR A LEI

38 — Por causa de tudo isso, nós fazemos
uma aliança fiel, por escrito. E os nossos
príncipes, os nossos levitas e os nossos
sacerdotes puseram o seu selo sobre ela.

10 1 Os que colocaram o seu selo foram:
Neemias, o governador, filho de
Hacalias, e Zedequias, 2 Seraías, Azarias,
Jeremias, 3 Pasur, Amarias, Malquias, 4 Hatus,
Sebanias, Maluque, 5 Harim, Meremote,
Obadias, 6 Daniel, Ginetom, Baruque,
7 Mesulão, Abias, Miamim, 8 Maazias, Bilgai,
Semaías. Estes eram os sacerdotes.
9 E os levitas: Jesua, filho de Azanias, Binui,
dos filhos de Henadade, Cadmiel 10 e os irmãos
deles: Sebanias, Hodias, Quelita, Pelaías,
Hanã, 11 Mica, Reobe, Hasabias, 12 Zacur,
Serebias, Sebanias, 13 Hodias, Bani e Beninu.
14 Os chefes do povo: Parós, Paate-Moabe,
Elão, Zatu, Bani, 15 Buni, Azgade, Bebai,
16 Adonias, Bigvai, Adim, 17 Ater, Ezequias,
Azur, 18 Hodias, Hasum, Besai, 19 Harife,
Anatote, Nebai, 20 Magpias, Mesulão, Hezir,
21 Mesezabel, Zadoque, Jadua, 22 Pelatias,
Hanã, Anaías, 23 Oseias, Hananias, Hassube,
24 Haloés, Pilha, Sobeque, 25 Reum, Hasabna,
Maaseias, 26 Aías, Hanã, Anã, 27 Maluque,
Harim e Baaná.
28 O resto do povo, os sacerdotes, os levi-
tas, os porteiros, os cantores, os servidores
do templo e todos os que tinham se separado
dos povos de outras terras para seguirem a Lei
de Deus, com as suas mulheres, os seus filhos
e as suas filhas, todos os que tinham saber e
entendimento, 29 firmemente aderiram aos
seus compatriotas, os nobres, e prometeram,
com juramento e sob pena de maldição, que
andariam na Lei de Deus, que foi dada por
meio de Moisés, servo de Deus; que guarda-
riam e cumpririam todos os mandamentos do
SENHOR, nosso Deus, e os seus juízos e os seus
estatutos; 30 que não dariam as suas filhas em
casamento aos povos da terra, nem escolhe-
riam as filhas deles para casar com os seus
filhos; 31 que, se os povos da terra trouxessem
qualquer mercadoria ou qualquer cereal para
vender no dia de sábado, nada comprariam
deles no sábado nem em dias santificados; e
que, no sétimo ano, abririam mão da colheita
e de toda e qualquer cobrança.
32 Também assumimos a obrigação de
contribuir anualmente com quatro gramas
de prata para o serviço do templo do nosso
Deus, 33 para os pães da proposição, para
a oferta contínua de cereais, para o holo-
causto contínuo dos sábados e das Festas
da Lua Nova, para as festas fixas, para as coi-
sas sagradas, para as ofertas pelo pecado,
para fazer expiação por Israel e para toda a
obra do templo do nosso Deus.
34 Nós, os sacerdotes, os levitas e o povo lan-
çamos sortes a respeito da oferta da lenha que
se havia de trazer ao templo do nosso Deus,

segundo as nossas famílias, em tempos determinados, de ano em ano, para queimar sobre o altar do SENHOR, nosso Deus, como está escrito na Lei. 35 Também nos comprometemos a trazer anualmente à Casa do SENHOR as primícias da nossa terra e todas as primícias de todas as árvores frutíferas, 36 bem como os primogênitos dos nossos filhos e os do nosso gado, como está escrito na Lei.

Assumimos a obrigação de trazer ao templo do nosso Deus, aos sacerdotes que ministram nele, os primogênitos das nossas manadas e das nossas ovelhas, 37 e de trazer aos sacerdotes, aos depósitos do templo do nosso Deus, as primícias da nossa massa, as nossas ofertas, o fruto de toda árvore, o vinho e o azeite.

Também nos comprometemos a trazer os dízimos da nossa terra aos levitas, pois a eles cumpre receber os dízimos em todas as cidades onde há lavoura. 38 O sacerdote, filho de Arão, estaria com os levitas quando estes recebessem os dízimos, e os levitas trariam os dízimos dos dízimos ao templo do nosso Deus, aos depósitos da casa do tesouro. 39 Porque os filhos de Israel e os filhos de Levi devem trazer as ofertas do cereal, do vinho e do azeite para aqueles depósitos, porque ali estão os utensílios do santuário, bem como os sacerdotes que ministram, e também os porteiros e os cantores.

Não abandonaremos o templo do nosso Deus.

RELAÇÃO DOS QUE FICARAM MORANDO EM JERUSALÉM

11 1 Os chefes do povo ficaram morando em Jerusalém, mas o resto do povo fez um sorteio para escolher um de cada dez para morar na santa cidade de Jerusalém; os outros nove permaneceriam em outras cidades. 2 O povo abençoou todos os homens que voluntariamente se ofereciam para morar em Jerusalém.

3 São estes os chefes da província que moraram em Jerusalém; porém nas cidades de Judá cada um morou na sua propriedade, nas suas cidades, a saber, Israel, os sacerdotes, os levitas, os servidores do templo e os filhos dos servos de Salomão. 4 Assim, em Jerusalém ficaram morando alguns dos filhos de Judá e dos filhos de Benjamim. Dos filhos de Judá: Ataías, filho de Uzias, filho de Zacarias, filho de Amarias, filho de Sefatias, filho de Maalalel, dos filhos de Perez; 5 e Maaseias, filho de Baruque, filho de Col-Hozé, filho de Hazaías, filho de Adaías, filho de Joiaribe, filho de Zacarias, filho do silonita. 6 Todos os filhos de Perez que moraram em Jerusalém foram quatrocentos e sessenta e oito homens valentes.

7 São estes os filhos de Benjamim: Salu, filho de Mesulão, filho de Joede, filho de Pedaías, filho de Colaías, filho de Maaseias, filho de Itiel, filho de Jesaías. 8 Depois dele, Gabai e Salai; ao todo, novecentos e vinte e oito. 9 Joel, filho de Zicri, superintendente deles; e Judá, filho de Senua, o segundo sobre a cidade. 10 Dos sacerdotes: Jedaías, filho de Joiaribe, Jaquim, 11 Seraías, filho de Hilquias, filho de Mesulão, filho de Zadoque, filho de Meraiote, 12 filho de Aitube, chefe da Casa de Deus, e os irmãos deles, que faziam o serviço do templo, oitocentos e vinte e dois; e Adaías, filho de Jeroão, filho de Pelalias, filho de Anzi, filho de Zacarias, filho de Pasur, filho de Malquias, 13 e os seus irmãos, chefes de famílias, duzentos e quarenta e dois; e Amasai, filho de Azarel, filho de Azai, filho de Mesilemote, filho de Imer, 14 e os irmãos deles, homens valentes, cento e vinte e oito; e, superintendente deles, Zabdiel, filho de Gedolim.

15 Dos levitas: Semaías, filho de Hassube, filho de Azricão, filho de Hasabias, filho de Buni; 16 Sabetai e Jozabade, dos cabeças dos levitas, que presidiam o serviço no lado de fora da Casa de Deus; 17 Matanias, filho de Mica, filho de Zabdi, filho de Asafe, o chefe, que dirigia os louvores nas orações, e Baquebuquias, o segundo de seus irmãos; depois, Abda, filho de Samua, filho de Galal, filho de Jedutum. 18 Todos os levitas na santa cidade eram duzentos e oitenta e quatro.

19 Dos porteiros: Acube, Talmom e os irmãos deles, os guardas das portas, cento e setenta e dois.

OS QUE FICARAM MORANDO NAS CIDADES DE JUDÁ

20 O restante de Israel, dos sacerdotes e dos levitas se estabeleceu em todas as cidades de Judá, cada um na sua herança. 21 Os servidores do templo ficaram morando em Ofel e eram dirigidos por Zia e Gispa. 22 O

superintendente dos levitas em Jerusalém
era Uzi, filho de Bani, filho de Hasabias,
filho de Matanias, filho de Mica, dos filhos
de Asafe, que eram cantores a serviço da
Casa de Deus. 23 Porque havia um mandado
do rei a respeito deles e certo acordo com
os cantores, concernente às obrigações de
cada dia. 24 Petaías, filho de Mesezabel, dos
filhos de Zera, filho de Judá, estava à dispo-
sição do rei, em todos os negócios do povo.

OS RESIDENTES NAS ALDEIAS

25 Quanto às aldeias, com os seus campos,
alguns dos filhos de Judá foram morar em
Quiriate-Arba e suas aldeias, em Dibom e
suas aldeias, em Jecabzeel e suas aldeias,
26 e em Jesua, em Moladá, em Bete-Palete,
27 em Hazar-Sual, em Berseba e suas aldeias;
28 em Ziclague, em Mecona e suas aldeias;
29 em En-Rimom, em Zorá, em Jarmute; 30 em
Zanoa, em Adulão e nas suas aldeias; em
Laquis e em seus campos, em Azeca e suas
aldeias. Acamparam desde Berseba até o
vale de Hinom.

31 Os filhos de Benjamim também se
estabeleceram em Geba e daí em diante,
em Micmás, Aia, Betel e suas aldeias; 32 em
Anatote, em Nobe, em Ananias, 33 em Hazor,
em Ramá, em Gitaim, 34 em Hadide, em
Zeboim, em Nebalate, 35 em Lode e em Ono,
no vale dos Artífices. 36 Dos levitas, havia
grupos tanto em Judá como em Benjamim.

OS SACERDOTES QUE VIERAM PARA JERUSALÉM

12 1 Estes são os sacerdotes e levitas que
voltaram do cativeiro com Zorobabel,
filho de Sealtiel, e com Jesua: Seraías,
Jeremias, Esdras, 2 Amarias, Maluque, Hatus,
3 Secanias, Reum, Meremote, 4 Ido, Ginetoi,
Abias, 5 Miamim, Maadias, Bilga, 6 Semaías,
Joiaribe, Jedaías, 7 Salu, Amoque, Hilquias e
Jedaías. Estes foram os chefes dos sacerdotes
e de seus irmãos, nos dias de Jesua.

8 Também os levitas Jesua, Binui,
Cadmiel, Serebias, Judá e Matanias; este
e os seus irmãos dirigiam os louvores.
9 Baquebuquias e Uni, seus irmãos, esta-
vam diante deles, cada qual no seu serviço.
10 Jesua gerou Joiaquim, Joiaquim gerou
Eliasibe, Eliasibe gerou Joiada, 11 Joiada
gerou Jônatas, e Jônatas gerou Jadua.
12 Nos dias de Joiaquim, foram sacerdotes,
chefes de famílias: de Seraías, Meraías; de
Jeremias, Hananias; 13 de Esdras, Mesulão;
de Amarias, Joanã; 14 de Maluqui, Jônatas; de
Sebanias, José; 15 de Harim, Adna; de Meraiote,
Helcai; 16 de Ido, Zacarias; de Ginetom,
Mesulão; 17 de Abias, Zicri; de Miniamim e de
Moadias, Piltai; 18 de Bilga, Samua; de Semaías,
Jônatas; 19 de Joiaribe, Matenai; de Jedaías, Uzi;
20 de Salai, Calai; de Amoque, Héber; 21 de
Hilquias, Hasabias; de Jedaías, Netanel.

22 Dos levitas, nos dias de Eliasibe, foram
inscritos como chefes de famílias Joiada,
Joanã e Jadua, bem como os sacerdotes, até
o reinado de Dario, o persa. 23 Os filhos de
Levi foram inscritos como chefes de famílias
no Livro das Crônicas, até os dias de Joanã,
filho de Eliasibe. 24 Os chefes dos levitas
foram Hasabias, Serebias e Jesua, filho de
Cadmiel. Os irmãos deles ficavam diante
deles para louvarem e darem graças, segundo
o mandado de Davi, homem de Deus, um
coro respondendo ao outro. 25 Matanias,
Baquebuquias, Obadias, Mesulão, Talmom
e Acube eram porteiros e guardavam os depó-
sitos dos portões. 26 Estes viveram nos dias de
Joiaquim, filho de Jesua, filho de Jozadaque,
e nos dias de Neemias, o governador, e de
Esdras, o sacerdote e escriba.

A DEDICAÇÃO DAS MURALHAS

27 Na dedicação das muralhas de Jerusalém,
procuraram os levitas em todos os lugares
onde estavam morando, para fazê-los vir a
Jerusalém a fim de que fizessem a dedicação
com alegria, louvores, canto, címbalos, liras
e harpas. 28 Reuniram-se os cantores, tanto
da campina dos arredores de Jerusalém
como das aldeias dos netofatitas, 29 bem
como de Bete-Gilgal e dos campos de Geba
e de Azmavete, porque os cantores tinham
edificado para si aldeias nos arredores de
Jerusalém. 30 Os sacerdotes e os levitas puri-
ficaram a si mesmos, e depois purificaram
o povo, os portões e a muralha.

31 Então ordenei que as autoridades
de Judá subissem sobre a muralha e for-
mei dois grandes coros em procissão. Um
deles foi para a direita sobre a muralha,
em direção ao Portão do Monturo. 32 Atrás
deles ia Hosaías e a metade das autorida-
des de Judá, 33 e Azarias, Esdras, Mesulão,

34 Judá, Benjamim, Semaías e Jeremias; 35 também alguns dos sacerdotes, com trombetas: Zacarias, filho de Jônatas, filho de Semaías, filho de Matanias, filho de Micaías, filho de Zacur, filho de Asafe, 36 e seus irmãos, Semaías, Azarel, Milalai, Gilalai, Maai, Netanel, Judá e Hanani, com os instrumentos musicais de Davi, homem de Deus. Esdras, o escriba, ia na frente deles. 37 À entrada do Portão da Fonte, subiram diretamente as escadas da Cidade de Davi, onde a muralha se eleva por sobre a casa de Davi, até o Portão das Águas, do lado leste.

38 O segundo coro foi na direção oposta, e eu o seguia com metade do povo, sobre a muralha, passando pela Torre dos Fornos até a Muralha Larga. 39 E desde o Portão de Efraim, passaram por cima do Portão Velho e do Portão dos Peixes, pela Torre de Hananel, pela Torre dos Cem, até o Portão do Gado; e pararam junto ao Portão da Guarda. 40 Então os dois coros pararam na Casa de Deus, e o mesmo fizemos eu e a metade dos magistrados que estavam comigo. 41 Os sacerdotes Eliaquim, Maaseias, Miniamim, Micaías, Elioenai, Zacarias e Hananias iam com as suas trombetas, 42 e também Maaseias, Semaías, Eleazar, Uzi, Joanã, Malquias, Elão e Ezer. E os cantores se faziam ouvir sob a direção de Jezraías. 43 No mesmo dia, ofereceram grandes sacrifícios e se alegraram, pois Deus os havia enchido de alegria. Também as mulheres e as crianças se alegraram, de modo que a alegria de Jerusalém podia ser ouvida de longe.

A MANUTENÇÃO DOS SACERDOTES E LEVITAS

44 Ainda no mesmo dia, foram nomeados homens para as câmaras dos tesouros, das ofertas, das primícias e dos dízimos, para recolherem nelas, dos campos ao redor das cidades, as porções designadas pela Lei para os sacerdotes e para os levitas. Porque o povo de Judá estava alegre por causa dos sacerdotes e dos levitas que ministravam ali 45 e executavam o serviço do seu Deus e o serviço da purificação. Também os cantores e porteiros faziam o seu serviço, segundo o mandado de Davi e de seu filho Salomão. 46 Pois já no passado, nos dias de Davi e de Asafe, havia chefes dos cantores, cânticos de louvor e ações de graças a Deus. 47 Todo o Israel, nos dias de Zorobabel e nos dias de Neemias, dava aos cantores e aos porteiros as porções para cada dia. Também consagrava as coisas destinadas aos levitas, e os levitas consagravam as porções destinadas aos filhos de Arão.

OS ESTRANGEIROS SÃO AFASTADOS DE ISRAEL

13 1 Naquele dia, o Livro de Moisés foi lido para o povo, e nele achou-se escrito que os amonitas e os moabitas não deveriam jamais entrar na congregação de Deus, 2 porque não tinham ido ao encontro dos filhos de Israel com pão e água. Em vez disso, contrataram Balaão para os amaldiçoar. Mas o nosso Deus transformou a maldição em bênção. 3 Quando os israelitas ouviram esta lei, afastaram de Israel todos os estrangeiros.

TOBIAS É EXPULSO DO TEMPLO

4 Antes disto, o sacerdote Eliasibe, encarregado dos depósitos do templo do nosso Deus, parente de Tobias, 5 havia cedido para este uma grande sala. Anteriormente, era ali que se depositavam as ofertas de cereais, o incenso, os utensílios e os dízimos dos cereais, do vinho e do azeite, que eram destinados aos levitas, cantores e porteiros, bem como as contribuições para os sacerdotes. 6 Mas, quando isso aconteceu, eu não estava em Jerusalém, porque no trigésimo segundo ano de Artaxerxes, rei da Babilônia, eu tinha voltado para junto do rei. Mas, depois de certo tempo, pedi licença ao rei e voltei para Jerusalém. 7 Então soube do mal que Eliasibe havia feito para beneficiar Tobias, cedendo-lhe uma sala nos pátios da Casa de Deus. 8 Isso me deixou tão irritado, que atirei todos os móveis de Tobias para fora da sala. 9 Então ordenei que purificassem as salas, e coloquei ali outra vez os utensílios da Casa de Deus, com as ofertas de cereais e o incenso.

A MANUTENÇÃO DOS LEVITAS É RESTAURADA

10 Também soube que as porções dos levitas não estavam sendo dadas a eles, de maneira que os levitas e os cantores, que faziam o serviço, tinham fugido cada um para o seu campo. 11 Então repreendi os magistrados e perguntei:

— Por que a Casa de Deus ficou abandonada?

Reuni os levitas e os cantores e os restituí
aos seus postos. 12 Então todo o Judá trouxe
os dízimos dos cereais, do vinho e do azeite
aos depósitos. 13 Por tesoureiros dos depó-
sitos pus Selemias, o sacerdote, Zadoque, o
escrivão, e um levita chamado Pedaías. Como
assistente deles pus Hanã, filho de Zacur,
filho de Matanias. Estes homens foram acha-
dos fiéis e ficaram encarregados de distribuir
as porções entre os seus irmãos.

14 "Lembra-te de mim, ó meu Deus, e não apagues o bem que eu fiz ao templo de meu Deus e ao seu serviço."

A OBSERVÂNCIA DO SÁBADO É RESTABELECIDA

15 Naqueles dias, vi que em Judá havia
homens que no sábado pisavam uvas nos
lagares e traziam trigo que carregavam sobre
jumentos. Também no dia de sábado tra-
ziam para Jerusalém vinho, uvas e figos e
todo tipo de cargas. Protestei contra eles por
venderem alimentos neste dia.
16 Também moravam em Jerusalém
homens de Tiro que traziam peixes e todo
tipo de mercadorias, que no sábado ven-
diam aos filhos de Judá e em Jerusalém.
17 Repreendi os nobres de Judá e lhes disse:
— Que coisa errada é esta que vocês estão
fazendo? Estão profanando o dia de sábado!
18 Por acaso os pais de vocês não fizeram o
mesmo, levando o nosso Deus a trazer todo
este mal sobre nós e sobre esta cidade? E
vocês ainda estão trazendo ira maior sobre
Israel, profanando o sábado.
19 Quando os portões de Jerusalém come-
çavam a projetar a sua sombra antes do
sábado, ordenei que fossem fechados. E
determinei que não fossem abertos, a não
ser depois do sábado. Coloquei alguns dos
meus servos junto aos portões, para que
nenhuma carga entrasse no dia de sábado.
20 Então os negociantes e os vendedores de
todo tipo de mercadorias pernoitaram fora
de Jerusalém, uma ou duas vezes. 21 Eu os
repreendi e lhes disse:
— Por que estão passando a noite diante
da muralha? Se fizerem isso outra vez, eu
usarei a força.
Daí em diante não voltaram mais no
sábado. 22 Também mandei aos levitas que
se purificassem e viessem guardar os por-
tões, para santificar o dia de sábado.

"Também nisto, lembra-te de mim, ó meu Deus. Tem piedade de mim por tua grande misericórdia."

CONDENAÇÃO DO CASAMENTO MISTO

23 Vi também, naqueles dias, que judeus
haviam casado com mulheres asdodi-
tas, amonitas e moabitas. 24 E seus filhos
falavam metade das palavras na língua
de Asdode ou na língua de seu respec-
tivo povo, mas não sabiam falar a língua
dos judeus. 25 Eu os repreendi e os amaldi-
çoei; espanquei alguns deles e arranquei
os seus cabelos. E os fiz jurar em nome de
Deus, dizendo:
— Não deem mais as suas filhas em
casamento aos filhos deles, nem esco-
lham mais as filhas deles para os seus
filhos ou para vocês mesmos. 26 Não foi
por causa disto que Salomão, rei de Israel,
pecou? Entre muitas nações não havia
rei semelhante a ele. Era amado por seu
Deus, e Deus o colocou como rei sobre
todo o Israel. Mas as mulheres estrangei-
ras o fizeram cair no pecado. 27 Será que
devemos dar ouvidos a vocês, para fazer-
mos todo este grande mal, sendo infiéis
ao nosso Deus, casando com mulhe-
res estrangeiras?
28 Um dos filhos de Joiada, filho do sumo
sacerdote Eliasibe, era genro de Sambalate,
o horonita. Por isso, eu o expulsei da
minha presença.

29 "Lembra-te deles, ó meu Deus, pois contaminaram o sacerdócio e a aliança sacerdotal e levítica."

AS REFORMAS DE NEEMIAS

30 Assim, eu os purifiquei de tudo o que era
estrangeiro e organizei o serviço dos sacer-
dotes e dos levitas, cada um na sua função.
31 Organizei também o fornecimento de
lenha em tempos determinados, bem como
das primícias.

"Lembra-te de mim, ó meu Deus, para o meu bem."

Devemos trazer à memória a restauração dos muros de Jerusalém e do povo de Israel, e pedir ao Espírito de Deus que restaure a nossa essência.

Ester

Livro 17 com

10

CAPÍTULOS

AUTORIA

O autor do livro de Ester não é especificamente identificado no texto. Alguns estudiosos sugerem que pode ter sido Mordecai (ou Mardoqueu), primo da protagonista, dado o seu envolvimento central na história. No entanto, a autoria permanece incerta.

SIGNIFICADO DO NOME

O nome "Ester" significa "estrela", em persa, refletindo a beleza e o papel proeminente da protagonista no relato.

OBJETIVO DO LIVRO

O livro de Ester conta a história de uma jovem judia que se torna rainha do Império Persa. Atrama se desenrola em meio a intriga política, conspiração e perigo para o povo judeu. Ester, com coragem e sabedoria, desempenha um papel crucial na proteção de seu povo da destruição.

ESTRUTURA DO LIVRO

★ A escolha de Ester como rainha Et 1—2

★ A conspiração de Hamã Et 3—5

★ A vitória dos judeus e o Purim Et 6—10

TEMAS DE ESTER

Embora Deus não seja mencionado explicitamente no livro, sua providência é evidente em toda a narrativa. Os eventos aparentemente coincidentes e as reviravoltas dramáticas revelam o cuidado e a intervenção divina para proteger e preservar seu povo, mesmo em meio a circunstâncias adversas.

ESTER E CRISTO

O livro de Ester aponta para Jesus por meio do tema da providência divina e da preservação do povo de Deus, que prefigura a obra redentora de Cristo. Ester, como mediadora que arrisca sua vida para salvar o povo judeu do extermínio, é vista como uma prefiguração de Cristo, que se entregou para salvar a humanidade da condenação. A história destaca a soberania de Deus em orquestrar eventos para a realização de seus propósitos salvadores, o que culmina na vinda do Messias prometido.

OCASIÃO HISTÓRICA

A história ocorre durante o reinado de Assuero (Xerxes I) no Império Persa, no século 5 a.C., após o exílio babilônico. A narrativa se passa na cidade de Susã.

“Rainha Ester da Pérsia”

O BANQUETE DE ASSUERO

1 1 Isto aconteceu nos dias de Assuero, o
Assuero que reinou sobre cento e vinte
e sete províncias, desde a Índia até a Etiópia.
2 Naqueles dias, quando Assuero reinava na
cidadela de Susã, 3 no terceiro ano do seu
reinado, deu um banquete a todos os seus
oficiais e servidores. O exército da Pérsia e
da Média, bem como os nobres e os gover-
nadores das províncias estavam presentes.
4 Então Assuero mostrou as riquezas da
glória do seu reino e o esplendor da sua
excelente grandeza durante muitos dias,
durante cento e oitenta dias.

5 Passados esses dias, o rei deu um ban-
quete a todo o povo que estava na cidadela
de Susã, tanto para os maiores como para
os menores, durante sete dias, no pátio do
jardim do palácio real. 6 Havia cortinas de
algodão, brancas e azuis, amarradas com
cordões de linho e de púrpura a argolas de
prata e a colunas de alabastro. A armação
dos leitos era de ouro e de prata, sobre um
piso de pórfiro, de mármore, de alabastro
e de pedras preciosas. 7 A bebida era ser-
vida em taças de ouro, de vários tipos, e
havia muito vinho real, graças à generosi-
dade do rei. 8 Bebiam sem restrições, como
estava prescrito, pois o rei havia ordenado
a todos os oficiais da sua casa que fizessem
segundo a vontade de cada um. 9 Também a
rainha Vasti deu um banquete às mulheres
no palácio do rei Assuero.

A RAINHA VASTI DESAFIA O REI ASSUERO

10 No sétimo dia, quando o seu coração
já estava alegre por causa do vinho, o rei
Assuero ordenou a Meumã, Bizta, Harbona,
Bigtá, Abagta, Zetar e Carcas, os sete eunu-
cos que serviam na presença dele, 11 que
trouxessem à sua presença a rainha Vasti,
com a coroa real. Ele queria mostrar aos
povos e aos príncipes a beleza dela, pois
ela era muito bonita. 12 Porém a rainha
Vasti se recusou a atender a ordem do rei,
transmitida por meio dos eunucos. Diante
disso, o rei muito se enfureceu e se infla-
mou de raiva.

13 Então o rei consultou os sábios que
entendiam dos tempos, porque era seu cos-
tume fazer isso na presença de todos os que
conheciam a lei e o direito. 14 E os mais che-
gados a ele eram: Carsena, Setar, Admata,
Társis, Meres, Marsena e Memucã, os sete
príncipes dos persas e dos medos, que
tinham acesso direto ao rei e se assentavam
como principais no reino. 15 Ele perguntou:

— Segundo a lei, o que se deve fazer à
rainha Vasti, por não haver cumprido a
ordem do rei Assuero, transmitida por meio
dos eunucos?

16 Então Memucã disse na presença do rei
e dos príncipes:

— A rainha Vasti não somente ofendeu
o rei, mas também todos os príncipes e
todos os povos de todas as províncias do rei
Assuero. 17 Porque a notícia do que a rainha
fez chegará a todas as mulheres, de modo
que desprezarão o seu marido, dizendo:
"O rei Assuero mandou que a rainha Vasti
fosse trazida à sua presença, mas ela não
foi." 18 Hoje mesmo, as princesas da Pérsia
e da Média, ao ouvirem o que a rainha fez,
dirão o mesmo a todos os príncipes do rei. E
assim haverá muito desprezo e indignação.
19 Se for do agrado do rei, que ele baixe um
decreto real, e que se inscreva nas leis dos
persas e dos medos e não se revogue, que
Vasti fica proibida de comparecer à presença
do rei Assuero. E que o rei dê o reino dela a
outra que seja melhor do que ela. 20 Quando
este decreto do rei for proclamado em todo
o seu reino, que é tão vasto, todas as mulhe-
res darão honra a seu marido, tanto ao mais
importante como ao menos importante.

21 O conselho agradou tanto ao rei como
aos príncipes; e o rei fez o que Memucã havia
sugerido. 22 Enviou cartas a todas as provín-
cias do reino, a cada província segundo o seu
modo de escrever e a cada povo segundo a
sua língua: que cada homem fosse senhor
em sua casa, e que se falasse a língua do
seu povo.

ESTER É FEITA RAINHA

2 1 Depois disto, quando a raiva do rei
Assuero já havia passado, ele se lem-
brou de Vasti e do que ela havia feito, e do
que havia sido decretado contra ela. 2 Então
os servos do rei, que o serviam, lhe disseram:

— Que se procurem moças virgens de
boa aparência para o rei. 3 Que o rei nomeie
comissários em todas as províncias do seu

reino, que reúnam todas as moças virgens
e de boa aparência no harém da cidadela
de Susã, sob os cuidados de Hegai, eunuco
do rei, guarda das mulheres. E que se dê a
elas os produtos de beleza que desejarem.
4 A moça que cair no agrado do rei, essa reine
em lugar de Vasti.

O rei concordou com isto, e assim se fez.

5 Ora, na cidadela de Susã havia um
judeu da tribo de Benjamim chamado
Mordecai, filho de Jair, filho de Simei,
filho de Quis. 6 Ele tinha sido levado de
Jerusalém com os exilados que foram
deportados com Jeconias, rei de Judá, a
quem Nabucodonosor, rei da Babilônia,
havia levado para o exílio. 7 Mordecai havia
criado Hadassa, que é Ester, filha de seu tio,
que era órfã de pai e mãe. A jovem era bonita
e formosa. Depois que o pai e a mãe dela
morreram, Mordecai a adotou como filha.

8 Quando a ordem e o decreto do rei foram
divulgados, muitas moças foram levadas
para a cidadela de Susã, sob os cuidados
de Hegai. Levaram também Ester ao palácio
real e a entregaram aos cuidados de Hegai,
guarda das mulheres. 9 A moça lhe pareceu
formosa e alcançou favor diante dele. Por
isso Hegai se apressou em dar-lhe os pro-
dutos de beleza e a alimentação especial.
Também lhe deu sete moças escolhidas
do palácio real e a transferiu com essas
moças para os melhores aposentos do
harém. 10 Ester não havia declarado o seu
povo nem a sua parentela, pois Mordecai
lhe havia ordenado que não dissesse nada
a respeito disso. 11 Mordecai passeava todos
os dias diante do pátio do harém, para saber
como Ester estava passando e o que ia acon-
tecer com ela.

12 Depois de doze meses de tratamento
seguindo as prescrições para as mulheres,
que eram embelezadas seis meses com óleo
de mirra e seis meses com óleos aromáti-
cos, essências e perfumes em uso entre as
mulheres, chegava a vez de cada moça ser
levada ao rei Assuero. 13 Então a moça ia ao
encontro do rei e podia levar consigo tudo
o que quisesse do harém para o palácio. 14 À
tarde, ela entrava no palácio e, pela manhã,
voltava para o segundo harém, sob os cui-
dados de Saasgaz, eunuco do rei, guarda
das concubinas. A moça não voltava mais
ao rei, a menos que o rei a desejasse, e ela
fosse chamada pelo nome.

15 Quando chegou a vez de Ester, filha de
Abiail, tio de Mordecai, que a tinha ado-
tado como filha, ela não pediu nada além
do que Hegai, eunuco do rei, guarda das
mulheres, lhe havia aconselhado. E Ester
alcançou favor de todos os que a contempla-
vam. 16 Assim, Ester foi levada ao rei Assuero,
ao palácio real, no décimo mês, que é o mês
de tebete, no sétimo ano do seu reinado.
17 O rei amou Ester mais do que todas as
mulheres, e ela alcançou diante dele favor
e aprovação mais do que todas as virgens.
E o rei pôs a coroa real na cabeça dela e a
fez rainha em lugar de Vasti.

18 Então o rei deu um grande banquete
a todos os seus oficiais e servidores; era o
banquete de Ester. Concedeu alívio às pro-
víncias e distribuiu presentes segundo a sua
generosidade real.

19 Quando as virgens foram reunidas pela
segunda vez, Mordecai estava sentado junto
à porta do rei. 20 Ester ainda não havia decla-
rado a sua linhagem e o seu povo, como
Mordecai lhe havia ordenado. E Ester con-
tinuava a cumprir as ordens de Mordecai,
como tinha feito quando este a criava.

MORDECAI DESCOBRE UMA CONSPIRAÇÃO

21 Naqueles dias, quando Mordecai estava
sentado junto à porta do rei, dois eunucos
do rei, que se chamavam Bigtã e Teres e
eram do corpo da guarda, ficaram indigna-
dos e planejaram matar o rei Assuero. 22 Isto
chegou ao conhecimento de Mordecai, que
o revelou à rainha Ester, e Ester o disse ao
rei, em nome de Mordecai. 23 Investigou-se
o caso, e era fato; e os dois conspiradores
foram pendurados numa forca. Isso foi
escrito no Livro das Crônicas, diante do rei.

MORDECAI É ODIADO POR HAMÃ

3 1 Depois disto, o rei Assuero engrandeceu
Hamã, filho de Hamedata, agagita, e o
exaltou, e lhe deu um cargo mais elevado do
que o de todos os oficiais que estavam com
ele. 2 Todos os servos do rei, que estavam à
porta do rei, se inclinavam e se prostravam
diante de Hamã, porque esta era a ordem do
rei a respeito dele. Mordecai, porém, não se

inclinava nem se prostrava. [3] Então os servos do rei, que estavam à porta do rei, perguntaram a Mordecai:

— Por que você está transgredindo as ordens do rei?

[4] Dia após dia eles falavam com Mordecai, mas ele não lhes dava ouvidos. Então contaram isso a Hamã, para ver se as palavras de Mordecai se manteriam em pé, porque ele lhes tinha declarado que era judeu.
[5] Quando Hamã viu que Mordecai não se inclinava nem se prostrava diante dele, encheu-se de furor. [6] Porém julgou que era pouco, nos seus propósitos, atentar apenas contra Mordecai, porque lhe haviam declarado de que povo era Mordecai. Por isso, Hamã procurou destruir todos os judeus, povo de Mordecai, que havia em todo o reino de Assuero.

HAMÃ PRETENDE MATAR TODOS OS JUDEUS

[7] No primeiro mês, que é o mês de nisã, no décimo segundo ano do reinado de Assuero, foi lançado o Pur, isto é, fizeram um sorteio na presença de Hamã, para determinar o dia e o mês; e foi sorteado o décimo segundo mês, que é o mês de adar. [8] Então Hamã disse ao rei Assuero:

— Existe um povo espalhado e disperso entre os povos em todas as províncias do seu reino, cujas leis são diferentes das leis de todos os povos. Eles não cumprem as leis do rei e por isso não convém tolerá-los. [9] Se for do agrado do rei, decrete-se que sejam mortos, e eu porei nas mãos dos que executarem a obra trezentas e quarenta toneladas de prata, para que entrem nos tesouros do rei.

[10] Então o rei tirou da mão o seu anel-sinete e o deu a Hamã, filho de Hamedata, agagita, inimigo dos judeus, [11] e lhe disse:

— Fique com essa prata e faça com esse povo o que bem quiser.

O REI DECRETA A MORTE DOS JUDEUS

[12] No dia treze do primeiro mês, chamaram os secretários do rei e, segundo tudo o que Hamã havia ordenado, se escreveu aos sátrapas do rei, aos governadores de todas as províncias e aos chefes de cada povo. A ordem devia ser endereçada a cada província no seu próprio modo de escrever e a cada povo na sua própria língua. Foi escrita em nome do rei Assuero e selada com o anel-sinete do rei. [13] As cartas foram enviadas por meio de mensageiros a todas as províncias do rei, com instruções para que num só dia, o dia treze do décimo segundo mês, que é o mês de adar, todos os judeus, tanto os jovens como os velhos, as mulheres e as crianças, fossem destruídos, mortos e aniquilados, e que os seus bens fossem saqueados. [14] Uma cópia da carta, que determinava a proclamação da lei em todas as províncias, foi enviada a todos os povos, para que se preparassem para aquele dia.

[15] Os mensageiros, impelidos pela ordem do rei, partiram imediatamente. E a lei foi proclamada na cidadela de Susã. O rei Assuero e Hamã se assentaram para beber, mas a cidade de Susã estava perplexa.

ESTER PROMETE INTERCEDER PELO SEU POVO

4 [1] Quando Mordecai soube tudo o que havia passado, rasgou as suas roupas, se cobriu de pano de saco e de cinza, e saiu pela cidade, clamando em alta voz e soltando gritos de amargura. [2] Chegou até a porta do rei, porque ninguém vestido de pano de saco podia entrar pela porta do rei. [3] Em todas as províncias aonde chegava a palavra do rei e a sua lei, havia entre os judeus grande luto, com jejum, choro e lamentação; e muitos se deitavam em pano de saco e em cinza.

[4] Então as servas de Ester e os eunucos vieram e contaram a ela o que se passava. A rainha ficou muito aflita. Mandou roupas para que Mordecai pudesse tirar a vestimenta de pano de saco e se vestisse, mas ele não aceitou. [5] Então Ester chamou Hataque, um dos eunucos do rei, que este tinha escolhido para a servir, e lhe ordenou que fosse a Mordecai para saber o que se passava e por que ele estava fazendo aquilo. [6] Hataque foi até a praça da cidade para encontrar-se com Mordecai junto à porta do rei. [7] Mordecai contou tudo o que havia acontecido com ele. Disse também a quantia certa de prata que Hamã tinha prometido pagar aos tesouros do rei pelo aniquilamento dos judeus.

8 Também lhe deu uma cópia do decreto escrito que havia sido publicado em Susã, ordenando a destruição dos judeus. Mordecai pediu a Hataque que mostrasse a cópia a Ester e a pusesse a par de tudo, a fim de que ela fosse falar com o rei e lhe pedisse misericórdia e, na sua presença, lhe suplicasse pelo povo dela.

9 Hataque voltou e transmitiu a Ester as palavras de Mordecai. 10 Então Ester falou com Hataque e mandou que ele entregasse a seguinte mensagem a Mordecai: 11 "Todos os servos do rei e o povo das províncias do rei sabem que, para qualquer homem ou mulher que, sem ser chamado, entrar no pátio interior para falar com o rei, não há outra sentença que não a de morte, a não ser que o rei estenda para essa pessoa o cetro de ouro, para que viva. E eu, nestes trinta dias, não fui chamada para comparecer diante do rei."

12 Estas palavras de Ester foram transmitidas a Mordecai. 13 Então Mordecai pediu que respondessem a Ester: "Não pense que, por estar no palácio real, você será a única, entre todos os judeus, que conseguirá escapar. 14 Porque, se você ficar calada agora, de outro lugar virá socorro e livramento para os judeus, mas você e a casa de seu pai perecerão. Mas quem sabe se não foi para uma conjuntura como esta que você foi elevada à condição de rainha?"

15 Então Ester pediu que levassem a Mordecai a seguinte resposta: 16 "Vá e reúna todos os judeus que estiverem em Susã, e jejuem por mim. Não comam nem bebam nada durante três dias, nem de noite nem de dia. Eu e as minhas servas também jejuaremos. Depois, irei falar com o rei, ainda que seja contra a lei; se eu tiver de morrer, morrerei."

17 Então Mordecai foi e fez tudo o que Ester lhe havia ordenado.

ESTER CONVIDA O REI E HAMÃ PARA UM BANQUETE

5 1 No terceiro dia, Ester se aprontou com os seus trajes reais e se pôs no pátio interior do palácio real, em frente à residência do rei. O rei estava sentado no seu trono real, voltado para a porta da residência. 2 Quando o rei viu a rainha Ester parada no pátio, ela alcançou favor diante dele, e o rei estendeu-lhe o cetro de ouro que tinha na mão. Ester se aproximou e tocou na ponta do cetro. 3 Então o rei perguntou:

— O que é que você tem, rainha Ester? Qual é o seu pedido? Até a metade do reino lhe será dado.

4 Ester respondeu:

— Se for do seu agrado, venha hoje com Hamã ao banquete que preparei para o rei.

5 Então o rei disse:

— Peçam a Hamã que venha depressa, para que possamos atender ao pedido de Ester.

Assim, o rei e Hamã foram ao banquete que Ester havia preparado. 6 Enquanto bebiam vinho, o rei disse a Ester:

— Qual é o seu pedido? Peça, e lhe será dado. O que você quer? Será dado, mesmo que seja metade do reino.

7 Ester respondeu:

— Meu pedido e o meu desejo são o seguinte: 8 se achei favor diante do rei, e se for do agrado do rei conceder o meu pedido e cumprir o meu desejo, então que o rei venha com Hamã ao banquete que vou preparar para eles amanhã. Então farei o pedido que o rei me concede.

9 Naquele dia, Hamã saiu alegre e animado. Mas ficou furioso ao encontrar Mordecai junto à porta do rei e ver que ele não se levantava nem tremia diante dele. 10 Porém Hamã se conteve e foi para casa. Depois mandou vir os seus amigos e Zeres, sua mulher. 11 Hamã falou sobre a glória das suas riquezas, a multidão de seus filhos, tudo em que o rei o tinha engrandecido e como o tinha exaltado sobre os oficiais e servos do rei. 12 E Hamã acrescentou:

— A própria rainha Ester a ninguém mais convidou para vir com o rei ao banquete que tinha preparado, a não ser a mim. E também para amanhã estou convidado por ela, juntamente com o rei. 13 Porém tudo isto não me satisfaz, enquanto eu vir o judeu Mordecai sentado junto à porta do rei.

14 Então Zeres, a mulher de Hamã, e todos os amigos dele disseram:

— Mande fazer uma forca de vinte e dois metros de altura e, pela manhã, diga ao rei que nela enforquem Mordecai. Então vá alegre com o rei ao banquete.

Ester teve sabedoria de buscar na intimidade com Deus a estratégia para livrar o povo hebreu de um grande massacre.

A sugestão foi bem-aceita por Hamã, que
mandou levantar a forca.

HAMÃ É FORÇADO A HONRAR MORDECAI

6 1 Naquela noite, o rei não pôde dor-
mir. Então mandou buscar o Livro dos
Feitos Memoráveis, que foi lido diante do rei.
2 Achou-se escrito que Mordecai é quem havia
denunciado Bigtã e Teres, os dois eunucos do
rei, guardas da porta, que tinham planejado
matar o rei Assuero. 3 Então o rei perguntou:
— Que honras e distinções foram conferi-
das a Mordecai por ter feito isso?
Os servos do rei que o serviam respon-
deram:
— Ele não recebeu nenhuma recompensa!
4 O rei perguntou:
— Quem está no pátio?
Ora, Hamã tinha entrado no pátio exte-
rior do palácio real, para pedir ao rei que
Mordecai fosse pendurado na forca que ele,
Hamã, lhe havia preparado. 5 Os servos do
rei lhe disseram:
— Hamã está no pátio.
Então o rei mandou que ele entrasse.
6 Hamã entrou. E o rei lhe perguntou:
— O que você acha que deveria ser feito ao
homem a quem o rei deseja honrar?
Então Hamã pensou assim: "A quem
mais o rei poderia querer honrar a não ser
a mim?" 7 Por isso ele respondeu ao rei:
— Quanto ao homem a quem o rei gosta-
ria de honrar, 8 que sejam trazidos os trajes
reais, que o rei costuma usar, e o cavalo em
que o rei costuma andar montado e sobre
cuja cabeça tenha sido colocada uma coroa
real. 9 Que os trajes e o cavalo sejam entre-
gues a um dos mais nobres oficiais do rei,
para que se encarregue de vestir aquele a
quem o rei deseja honrar. Depois, que o leve
a cavalo pela praça da cidade, proclamando
em voz alta: "É isto que se faz ao homem a
quem o rei deseja honrar."
10 Então o rei disse a Hamã:
— Vá depressa, pegue os trajes e o cavalo, e
faça com o judeu Mordecai tudo o que você
falou. Ele está sentado junto à porta do rei.
E não omita coisa nenhuma de tudo o que
você falou.
11 Hamã pegou os trajes e o cavalo, ves-
tiu Mordecai, e o levou a cavalo pela praça
da cidade, proclamando em voz alta: "É
isto que se faz ao homem a quem o rei
deseja honrar."
12 Depois disto, Mordecai voltou para a
porta do rei, enquanto Hamã foi correndo
para casa, angustiado e de cabeça coberta.
13 Hamã contou a Zeres, sua mulher, e a
todos os seus amigos tudo o que tinha acon-
tecido com ele. Então os seus amigos, que
eram sábios, e Zeres, sua mulher, disseram:
— Se Mordecai, diante do qual você já
começou a cair, é da descendência dos
judeus, você não conseguirá fazer nada
contra ele. Você certamente será derrotado.
14 Enquanto estes ainda falavam com
ele, os eunucos do rei chegaram e, sem
demora, levaram Hamã ao banquete que
Ester havia preparado.

ESTER DENUNCIA HAMÃ

7 1 O rei foi com Hamã ao banquete da
rainha Ester. 2 No segundo dia, durante
o banquete do vinho, o rei perguntou a Ester:
— Qual é o seu pedido, rainha Ester?
Você será atendida. O que você quer? Até
a metade do reino lhe será dado.
3 Então a rainha Ester disse:
— Se eu tiver obtido o seu favor, ó rei, e se
for do agrado do rei, que a minha vida seja a
resposta ao meu pedido e que, como desejo,
eu possa ter o meu povo. 4 Porque fomos
vendidos, eu e o meu povo, para sermos
destruídos, mortos e aniquilados de vez. Se
ainda nos tivessem vendido como escravos
e escravas, eu me calaria, pois não valeria a
pena incomodar o rei por uma coisa dessas.
5 Então o rei Assuero perguntou à rainha
Ester:
— Quem é esse cujo coração o insti-
gou a fazer uma coisa dessas? Onde está
esse homem?
6 Ester respondeu:
— O adversário e inimigo é este mal-
vado Hamã.
Então Hamã ficou apavorado diante do rei
e da rainha. 7 O rei, no seu furor, se levan-
tou do banquete do vinho e passou para o
jardim do palácio. Hamã, porém, ficou para
rogar por sua vida à rainha Ester, pois viu
que o mal contra ele já estava determinado
pelo rei. 8 Quando o rei voltou do jardim do
palácio para a casa do banquete do vinho,

Hamã tinha caído sobre o divã em que se
achava Ester. Então o rei disse:

— Será que ele queria desonrar a rainha
diante de mim, aqui no meu palácio?

Quando o rei acabou de dizer estas pala-
vras, cobriram o rosto de Hamã. 9 Então
Harbona, um dos eunucos que serviam o
rei, disse:

— Eis que existe junto à casa de Hamã a
força de vinte e dois metros de altura que ele
preparou para Mordecai, aquele que havia
falado em defesa do rei.

Então o rei disse:

— Que ele seja enforcado nela!

10 E assim enforcaram Hamã na força que
ele tinha preparado para Mordecai. Então o
furor do rei se aplacou.

OS JUDEUS SÃO AUTORIZADOS A RESISTIR

8 1 Naquele mesmo dia, o rei Assuero deu à
rainha Ester a casa de Hamã, inimigo dos
judeus. E Mordecai foi trazido à presença
do rei, porque Ester revelou que ele era seu
parente. 2 O rei pegou o seu anel-sinete, que
havia tomado de Hamã, e o deu a Mordecai.
E Ester pôs Mordecai por administrador da
casa de Hamã.

3 Ester voltou a falar com o rei. Ela se
lançou aos pés dele e, com lágrimas, lhe
implorou que revogasse a maldade de Hamã,
o agagita, e a trama que ele havia arquitetado
contra os judeus. 4 O rei estendeu o cetro de
ouro para Ester. Então ela se levantou, pôs-
-se em pé diante do rei 5 e disse:

— Se for do agrado do rei, se eu achei
favor diante dele, se isto parecer justo aos
olhos do rei e se nisto lhe agrado, que se
escreva uma ordem revogando os decretos
concebidos por Hamã, filho de Hamedata,
o agagita, os quais ele escreveu para aniqui-
lar os judeus que se encontram em todas
as províncias do rei. 6 Pois como pode-
rei ver a desgraça que sobrevirá ao meu
povo? E como poderei ver a destruição da
minha parentela?

7 Então o rei Assuero disse à rainha Ester
e ao judeu Mordecai:

— Eis que dei a Ester a casa de Hamã, que
foi pendurado numa forca, porque tinha pla-
nejado matar os judeus. 8 E agora, em nome
do rei, escrevam aos judeus o que bem lhes
parecer e selem o documento com o anel-
-sinete do rei. Porque os decretos feitos em
nome do rei e que foram selados com o seu
anel-sinete não podem ser revogados.

9 Então foram chamados imediatamente
os secretários do rei, aos vinte e três dias
do mês de sivã, que é o terceiro mês. E,
segundo tudo o que Mordecai ordenou, foi
redigido um decreto para os judeus, para
os sátrapas, para os governadores e para os
oficiais das províncias que se estendem da
Índia até a Etiópia, cento e vinte e sete pro-
víncias, a cada uma no seu próprio modo
de escrever, e a cada povo na sua própria
língua; e também aos judeus segundo o
seu próprio modo de escrever e na sua pró-
pria língua. 10 Escreveu-se em nome do rei
Assuero, e se selou com o anel-sinete do
rei. As cartas foram enviadas por meio de
mensageiros montados em ginetes cria-
dos nas estrebarias do rei. 11 Nas cartas,
o rei permitia aos judeus de cada cidade
que se reunissem e se organizassem para
defender a sua vida, para destruir, matar
e aniquilar de vez toda e qualquer força
armada do povo da província que viesse
contra eles, crianças e mulheres, e que se
saqueassem os seus bens, 12 num mesmo
dia, em todas as províncias do rei Assuero,
no dia treze do décimo segundo mês, que
é o mês de adar. 13 Uma cópia da carta, que
determinava a proclamação da lei em todas
as províncias, foi enviada a todos os povos,
para que os judeus se preparassem para
aquele dia, para se vingarem dos seus ini-
migos. 14 Os mensageiros, montados em
ginetes que se usavam no serviço do rei,
partiram imediatamente, impelidos pela
ordem do rei. E a lei foi publicada na cida-
dela de Susã.

15 Então Mordecai saiu da presença do rei
com trajes reais em azul-celeste e branco,
com uma grande coroa de ouro e um manto
de linho fino e púrpura. E a cidade de Susã
exultou e se alegrou. 16 Para os judeus houve
felicidade, alegria, júbilo e honra. 17 Também
em cada província e em cada cidade aonde
chegava a palavra do rei e a sua ordem, havia
entre os judeus alegria e júbilo, banquetes
e festas. E muitos que eram dos povos da
terra se tornaram judeus, porque o temor
dos judeus tinha caído sobre eles.

OS JUDEUS MATAM AOS SEUS INIMIGOS

9 1 No dia treze do décimo segundo mês,
que é o mês de adar, quando a pala-
vra do rei e a sua ordem deveriam ser
executadas, no dia em que os inimigos
dos judeus esperavam apoderar-se deles,
aconteceu o contrário, pois os judeus é
que se apoderaram dos que os odiavam.
2 Nas suas cidades, em todas as provín-
cias do rei Assuero, os judeus se reuniram
para atacar aqueles que queriam destruí-
-los. E ninguém podia resistir-lhes, porque
o terror que inspiravam caiu sobre todos
aqueles povos. 3 Todos os oficiais das pro-
víncias, os sátrapas, os governadores e os
oficiais do rei auxiliavam os judeus, porque
o temor de Mordecai tinha caído sobre eles.
4 Porque Mordecai era grande na casa do
rei, e a fama dele se espalhava por todas
as províncias; o seu poder ia aumentando
cada vez mais. 5 Assim, os judeus mataram
todos os seus inimigos a golpes de espada,
matando, destruindo e fazendo com os seus
inimigos o que bem quiseram. 6 Na cidadela
de Susã, os judeus mataram e destruíram
quinhentos homens. 7 Mataram também
Parsandata, Dalfom, Aspata, 8 Porata, Adalia,
Aridata, 9 Farmasta, Arisai, Aridai e Vaizata,
10 que eram os dez filhos de Hamã, filho de
Hamedata, o inimigo dos judeus; porém no
despojo não tocaram.

11 No mesmo dia, o rei foi informado do
número dos mortos na cidadela de Susã.
12 O rei disse à rainha Ester:

— Na cidadela de Susã, os judeus mata-
ram e destruíram quinhentos homens e
os dez filhos de Hamã. E nas demais pro-
víncias do rei, o que será que fizeram? E
agora, qual é o seu pedido? Peça, e lhe será
dado. Você tem ainda algum outro desejo?
Será concedido.

13 Então Ester disse:

— Se for do agrado do rei, permita aos
judeus de Susã que também amanhã façam
segundo o decreto de hoje e pendurem em
forca os cadáveres dos dez filhos de Hamã.

14 Então o rei ordenou que assim se fizesse.
Um decreto foi publicado em Susã, e os
cadáveres dos dez filhos de Hamã foram
pendurados na forca. 15 Os judeus de Susã
se reuniram também no dia catorze do mês
de adar, e mataram trezentos homens em
Susã; porém no despojo não tocaram.

A FESTA DE PURIM

16 Também os demais judeus que viviam nas
províncias do rei se reuniram e se organi-
zaram para defender a vida e se livrar dos
seus inimigos. Mataram setenta e cinco
mil dos que os odiavam; porém no des-
pojo não tocaram. 17 Isto aconteceu no dia
treze do mês de adar. No dia catorze, des-
cansaram e fizeram dele um dia de festa e
de alegria. 18 Mas os judeus de Susã se reu-
niram nos dias treze e catorze do mesmo
mês. Descansaram no dia quinze e fizeram
dele um dia de festa e de alegria. 19 Por isso
os judeus das vilas, que moram nas aldeias
do campo, fazem do dia catorze do mês de
adar um dia de alegria, de banquetes e de
festa, e um dia em que mandam presentes
uns aos outros.

20 Mordecai escreveu estas coisas e enviou
cartas a todos os judeus que moravam em
todas as províncias do rei Assuero, aos de
perto e aos de longe, 21 ordenando-lhes
que comemorassem o dia catorze do mês
de adar e o dia quinze do mesmo mês, todos
os anos, 22 como os dias em que os judeus se
livraram dos seus inimigos, o mês em que
a tristeza virou alegria e o luto se transfor-
mou em festa. E que esses fossem dias de
festa e de alegria, de troca de presentes e
dádivas aos pobres.

23 Assim, os judeus aceitaram como cos-
tume o que, naquele tempo, haviam feito
pela primeira vez, segundo Mordecai lhes
havia ordenado por escrito. 24 Porque Hamã,
filho de Hamedata, o agagita, inimigo de
todos os judeus, tinha planejado destruir os
judeus; e tinha lançado o "Pur", isto é, sor-
tes, para os assolar e destruir. 25 Mas Ester
foi falar com o rei, e ele ordenou por cartas
que o plano perverso de Hamã, que ele tinha
elaborado contra os judeus, recaísse sobre
a própria cabeça dele, e que ele e os seus
filhos fossem enforcados. 26 Por isso, esses
dias são chamados de "Purim", do nome
"Pur". Daí, por causa de todas as palavras
daquela carta, e do que testemunharam, e
do que lhes havia acontecido, 27 os judeus
decidiram que eles mesmos, os seus des-
cendentes e todos os que viessem se juntar

a eles não deixariam de comemorar estes
dois dias segundo o que se havia escrito
a respeito deles, no tempo marcado, todos
os anos. 28 E que estes dias seriam lembra-
dos e comemorados geração após geração,
por todas as famílias, em todas as provín-
cias e em todas as cidades, e que estes dias
de Purim jamais iriam desaparecer entre
os judeus, e que a memória deles jamais
se extinguiria entre os seus descendentes.
29 Então a rainha Ester, filha de Abiail, e
o judeu Mordecai escreveram, com toda a
autoridade, uma segunda carta, para confir-
mar a carta de Purim. 30 Mandaram cartas a
todos os judeus, às cento e vinte e sete pro-
víncias do reino de Assuero, com palavras
amigáveis e sinceras, 31 para confirmar estes
dias de Purim nos seus tempos determina-
dos, como o judeu Mordecai e a rainha Ester
lhes haviam ordenado, e como eles mesmos
já o tinham estabelecido sobre si e sobre a
sua descendência, a respeito do jejum e do
seu lamento. 32 E o decreto de Ester estabe-
leceu estas particularidades de Purim; e se
escreveu no livro.

O RENOME DE MORDECAI

10 1 Depois disto, o rei Assuero impôs
tributo sobre a terra e sobre as
terras do mar. 2 Quanto aos demais atos
do seu poder e do seu valor e ao relató-
rio completo da grandeza de Mordecai, a
quem o rei exaltou, não está tudo escrito
no Livro da História dos Reis da Média e
da Pérsia? 3 Pois o judeu Mordecai foi o
segundo depois do rei Assuero, e grande
para com os judeus, e estimado pela mul-
tidão de seus irmãos, tendo procurado o
bem-estar do seu povo e trabalhado pela
prosperidade da sua nação.

Introdução aos
Livros Poéticos

Os Livros Poéticos, que compreendem Jó, Salmos, Provérbios, Eclesiastes e Cântico dos Cânticos, formam um corpo literário distinto e profundamente significativo dentro das Escrituras. Esses livros, conhecidos por sua riqueza literária e profundidade espiritual, abordam uma ampla gama de experiências humanas, desde o sofrimento e a dor até a alegria e a exultação. Eles exploram a natureza de Deus, a condição humana e a busca por sabedoria e sentido na vida.

São textos escritos por diversos autores ao longo de séculos e oferecem uma visão multifacetada da fé e da espiritualidade. Os Livros Poéticos não se restringem a uma simples expressão de sentimentos; eles apresentam uma teologia profunda e prática, revelando a soberania de Deus, a sabedoria divina e a beleza da criação. Esse bloco literário é essencial para a compreensão da Bíblia como um todo, pois nele encontramos reflexões e respostas para questões fundamentais sobre a vida, a justiça e a relação entre o Senhor e a humanidade.

TEMAS E MENSAGENS DOS LIVROS POÉTICOS

Os Livros Poéticos abordam uma série de temas universais que são relevantes para a vida de qualquer pessoa, independentemente da época ou cultura. Entre os temas centrais, destacam-se:

1. *Sofrimento e justiça divina*: o livro de Jó explora o mistério do sofrimento humano e a soberania de Deus. Jó, um homem justo que enfrenta terríveis provações, questiona a justiça divina e busca respostas para seu sofrimento. O diálogo entre Jó e seus amigos, bem como a intervenção do Senhor, revela que a sabedoria divina transcende o entendimento humano e que a confiança no Todo-Poderoso deve ser mantida mesmo nas adversidades. Esse livro é um lembrete poderoso de que, mesmo quando não conseguimos compreender nossas provações, Deus permanece soberano e justo.
2. *Adoração e louvor*: o livro de Salmos é uma coleção de cânticos e orações que expressam uma ampla gama de emoções humanas, desde o desespero até a exultação. Eles são utilizados tanto para adoração pessoal quanto comunitária, e muitos deles foram escritos por Davi, Asafe e outros líderes espirituais. Salmos enfatiza a importância de adorar a Deus em todas as circunstâncias e de buscar refúgio e força no Senhor. Cada salmo é uma expressão sincera da alma humana diante do Criador, refletindo a luta, a esperança e a fé.
3. *Sabedoria e conduta*: Provérbios é um compêndio de sabedoria prática e conselhos para a vida diária. Atribuídos principalmente a Salomão, esses provérbios cobrem temas, como o temor do Senhor, a honestidade, o trabalho diligente, a justiça e as relações interpessoais. Eles ensinam que a verdadeira sabedoria começa com o temor a Deus e que seguir seus princípios

resulta em uma vida abençoada e justa. Esse livro é um guia prático para viver uma vida de integridade e retidão.

4. *Futilidade e propósito da vida*: Eclesiastes, escrito por um autor identificado como "o Pregador" (tradicionalmente Salomão), oferece uma reflexão profunda sobre o significado da vida. Esse livro aborda a futilidade das realizações humanas e a busca por propósito. Ele conclui que a verdadeira satisfação e o real sentido só podem ser encontrados em uma vida em reverência a Deus. Eclesiastes desafia os leitores a olhar além das ambições mundanas e a encontrar um propósito duradouro na relação com Deus.
5. *Amor e relacionamentos*: Cântico dos Cânticos é uma celebração poética do amor e da união entre um homem e uma mulher. O livro é entendido por muitos como uma alegoria da relação entre Deus e seu povo, mas em primeiro plano celebra o amor conjugal como uma dádiva divina. Sua linguagem rica e sensível destaca a beleza e a santidade do amor matrimonial. É uma obra que exalta a pureza, a paixão e a profundidade do amor verdadeiro.

A IMPORTÂNCIA DOS LIVROS POÉTICOS

Os Livros Poéticos são essenciais para a vida espiritual e emocional do cristão. Eles fornecem consolo e orientação em momentos de dificuldade, ajudam a expressar alegria e gratidão e oferecem uma perspectiva divina sobre os desafios da vida. Esses livros mostram que Deus está presente em todas as experiências humanas e que a adoração, a sabedoria e a busca por entendimento são componentes vitais de uma vida de fé.

JÓ: A SOBERANIA DE DEUS NO SOFRIMENTO

O livro de Jó é uma meditação profunda sobre o sofrimento e a justiça divina. Jó, um homem justo e íntegro, enfrenta perdas imensas e questiona a razão de seu sofrimento. Seus amigos oferecem explicações simplistas, mas Jó busca uma resposta mais profunda. Deus lhe responde não com explicações, mas revelando sua soberania e majestade. A história de Jó ensina que, mesmo sem compreender completamente o sofrimento, os fiéis podem confiar na sabedoria e na justiça de Deus. Esse livro também nos desafia a manter nossa fé e integridade, mesmo quando enfrentamos as mais difíceis provações.

SALMOS: LOUVOR E ADORAÇÃO EM TODAS AS CIRCUNSTÂNCIAS

Os salmos são a expressão máxima de adoração e louvor na Bíblia. Eles capturam a ampla gama de experiências humanas. Os salmistas derramam a alma diante de Deus, reconhecendo sua majestade, buscando sua ajuda e celebrando sua fidelidade. Salmos nos ensina que é apropriado levar todas as nossas emoções e circunstâncias perante o Senhor, sabendo que ele é nosso refúgio e força. Além disso, Salmos nos mostra que a adoração não é apenas um ato de devoção, mas uma forma de vida que permeia todas as áreas da existência.

PROVÉRBIOS: A SABEDORIA NA VIDA COTIDIANA

O livro oferece conselhos práticos para viver uma vida que agrada a Deus. Ele enfatiza que a verdadeira sabedoria começa com o temor do Senhor. Salomão e outros sábios compartilham ensinamentos sobre honestidade, trabalho diligente, justiça e relacionamentos saudáveis. Provérbios nos lembra de que aplicar a sabedoria divina nas decisões diárias resulta em uma vida justa e abençoada. O livro é um manual de vida, que oferece orientação prática sobre como viver de maneira ética e moralmente correta.

ECLESIASTES: O SIGNIFICADO DA VIDA

Trata-se de uma reflexão filosófica sobre a busca do sentido da vida. O autor examina as realizações humanas e conclui que, sem Deus, tudo é vaidade e correr atrás do vento. O livro nos desafia a reconhecer a futilidade das ambições puramente humanas e a buscar um propósito duradouro em uma vida vivida em reverência ao Todo-Poderoso. Esse livro também nos convida a refletir sobre a nossa mortalidade e a importância de viver de maneira que cause impactos eternos.

CÂNTICO DOS CÂNTICOS: A BELEZA DO AMOR

O livro é uma celebração poética do amor entre um homem e uma mulher. Ele destaca a beleza, a paixão e a santidade do amor conjugal. Por meio de uma linguagem rica e vívida, o texto nos lembra de que o amor é um presente de Deus e deve ser celebrado e valorizado. O livro também é interpretado como uma alegoria do amor entre Deus e seu povo, mostrando a profundidade e a intimidade dessa relação. Cântico dos Cânticos é um hino ao amor, que exalta a pureza, a paixão e a intensidade do amor verdadeiro.

CONCLUSÃO

Os Livros Poéticos da Bíblia oferecem uma riqueza de sabedoria, consolo e inspiração. Eles abordam as grandes questões da vida, fornecem orientação prática e expressam a profundidade da experiência humana. Por meio de sua poesia e prosa, esses livros revelam a beleza da criação, a soberania de Deus e a busca de entendimento e propósito. Estudar e meditar nos Livros Poéticos é essencial para uma fé vibrante e uma vida espiritual rica, proporcionando insights que continuam a ressoar profundamente no coração dos cristãos de todas as gerações. Além disso, esses livros nos convidam a uma vida de adoração sincera, de busca pela sabedoria divina e de reconhecimento da soberania de Deus em todas as circunstâncias da vida. Eles nos lembram de que, apesar das dificuldades e incertezas, podemos encontrar consolo, esperança e orientação na Palavra de Deus, confiando que o Todo-Poderoso está presente e ativo em nossa vida. Com os Livros Poéticos, somos convidados a explorar a profundidade da experiência humana pela lente da fé, encontrando beleza, significado e propósito nas palavras eternas das Escrituras.

Livros Poéticos

Livro 18 com

Jó

42 CAPÍTULOS

SIGNIFICADO DO NOME

O nome "Jó" pode significar "perseguido" ou "odiado", refletindo a experiência do personagem principal, que enfrenta grandes sofrimentos e provações.

AUTORIA

Não se sabe. É tradicionalmente atribuída a Moisés ou a um autor anônimo que viveu na mesma época.

OBJETIVO DO LIVRO

O livro de Jó narra a história de um homem justo e íntegro que enfrenta uma série de tragédias devastadoras, incluindo a perda da família, saúde e riquezas. As discussões entre Jó e seus amigos exploram questões profundas sobre o sofrimento humano, a justiça de Deus e a natureza do mal.

ESTRUTURA DO LIVRO

- ★ A provação de Jó Jó 1—2
- ★ O lamento de Jó Jó 3
- ★ Primeiro ciclo de diálogos entre Jó e seus amigos Jó 4—14
- ★ Segundo ciclo de diálogos entre Jó e seus amigos Jó 15—21
- ★ Terceiro ciclo de diálogos entre Jó e seus amigos Jó 22—31
- ★ Discursos de Eliú Jó 32—37
- ★ Primeiro discurso do Senhor Jó 38—40.2
- ★ Resposta de Jó ao primeiro discurso do Senhor Jó 40.3-5
- ★ Segundo discurso do Senhor Jó 40.6—41
- ★ Resposta final de Jó e sua restauração Jó 42

TEMAS DE JÓ

O livro de Jó desafia as concepções tradicionais sobre o sofrimento e a justiça divina, explorando questões profundas sobre a natureza de Deus e o propósito do sofrimento humano. Embora não forneça respostas fáceis, Jó destaca a importância da confiança e da fé em Deus, mesmo em meio às circunstâncias mais difíceis.

JÓ E CRISTO

Jó sofre sendo inocente, o que prefigura o sofrimento de Cristo como o Servo Sofredor. Jó intercede por seus amigos, refletindo o papel de Cristo como intercessor pelos pecadores. A justificação pela fé, tema central em Jó, aponta para a justificação pela fé em Cristo no Novo Testamento. Finalmente, o sofrimento de Jó seguido por restauração e bênçãos abundantes reflete a vitória e a glória vindoura de Cristo e dos salvos.

JÓ, SUA FAMÍLIA E SUA RIQUEZA

1 1 Havia um homem na terra de Uz cujo
nome era Jó. Este homem era íntegro e
reto, temia a Deus e se desviava do mal. 2 Nas-
ceram-lhe sete filhos e três filhas. 3 Tinha sete
mil ovelhas, três mil camelos, quinhentas
juntas de bois e quinhentas jumentas. Tam-
bém tinha muitíssima gente a seu serviço,
de maneira que este homem era o maior de
todos os do Oriente.

4 Os filhos dele iam às casas uns dos outros
e faziam banquetes, cada um por sua vez, e
mandavam convidar as suas três irmãs a
comerem e beberem com eles. 5 Quando se
encerrava um ciclo de banquetes, Jó chamava
os seus filhos e os santificava; levantava-se de
madrugada e oferecia holocaustos segundo o
número de todos eles. Pois Jó pensava assim:
"Talvez os meus filhos tenham pecado e blas-
femado contra Deus em seu coração." Jó fazia
isso continuamente.

SATANÁS PÕE EM DÚVIDA A SINCERIDADE DE JÓ

6 Num dia em que os filhos de Deus vieram
apresentar-se diante do SENHOR, veio tam-
bém Satanás entre eles. 7 Então o SENHOR
perguntou a Satanás:

— De onde você vem?

Satanás respondeu ao SENHOR:

— De rodear a terra e passear por ela.

8 E o SENHOR disse a Satanás:

— Você reparou no meu servo Jó? Não há
ninguém como ele na terra. Ele é um homem
íntegro e reto, que teme a Deus e se desvia
do mal.

9 Então Satanás respondeu ao SENHOR:

— Será que é sem motivo que Jó teme
a Deus? 10 Não é verdade que tu mesmo
puseste uma cerca ao redor dele, da sua
casa e de tudo o que ele tem? Abençoaste a
obra de suas mãos, e os seus bens se multi-
plicaram na terra. 11 Mas estende a tua mão
e toca em tudo o que ele tem, para ver se ele
não blasfema contra ti na tua face.

12 Então o SENHOR disse a Satanás:

— Você pode fazer o que quiser com tudo o
que ele tem; só não estenda a mão contra ele.

Então Satanás saiu da presença do SENHOR.

JÓ PERDE OS FILHOS E AS RIQUEZAS

13 Um dia, quando os filhos e as filhas de
Jó comiam e bebiam vinho na casa do irmão
mais velho, 14 veio um mensageiro a Jó e
lhe disse:

— Os bois estavam lavrando e as jumentas
estavam pastando junto a eles. 15 De repente,
os sabeus atacaram e levaram tudo. Mataram
os servos a fio de espada. Só eu consegui
escapar, para trazer a notícia.

16 Enquanto este ainda falava, veio outro
mensageiro e disse:

— Fogo de Deus caiu do céu e queimou as
ovelhas e os servos, destruindo todos eles.
Só eu consegui escapar, para trazer a notícia.

17 Enquanto este ainda falava, veio outro
mensageiro e disse:

— Os caldeus se dividiram em três bandos,
atacaram os camelos e os levaram embora.
Mataram os servos a fio de espada. Só eu
consegui escapar, para trazer a notícia.

18 Também este ainda falava quando veio
outro e disse:

— Os seus filhos e as suas filhas estavam
comendo e bebendo vinho na casa do irmão
mais velho. 19 De repente, eis que se levantou
um vento muito forte do lado do deserto e
bateu contra os quatro cantos da casa. Ela
caiu sobre os jovens, e eles morreram. Só
eu consegui escapar, para trazer a notícia.

20 Então Jó se levantou, rasgou o seu manto,
rapou a cabeça, prostrou-se em terra e ado-
rou. 21 E disse:

— Nu saí do ventre de minha mãe e nu
voltarei. O SENHOR o deu e o SENHOR o tomou;
bendito seja o nome do SENHOR!

22 Em tudo isto Jó não pecou, nem atribuiu
a Deus falta alguma.

A SEGUNDA PROVA DE JÓ

2 1 Num dia em que os filhos de Deus vie-
ram apresentar-se diante do SENHOR, veio
também Satanás entre eles apresentar-se
diante do SENHOR. 2 Então o SENHOR pergun-
tou a Satanás:

— De onde você vem?

Satanás respondeu ao SENHOR:

— De rodear a terra e passear por ela.

[3] E o SENHOR disse a Satanás:
— Você reparou no meu servo Jó? Não há ninguém como ele na terra. Ele é um homem íntegro e reto, que teme a Deus e se desvia do mal. Ele ainda conserva a sua integridade, embora você me incitasse contra ele, para destruí-lo sem motivo.
[4] Então Satanás respondeu ao SENHOR:
— Pele por pele! Um homem é capaz de dar
tudo o que tem pela sua vida. [5] Mas estende a
tua mão e toca nos ossos e na carne dele, para ver se ele não blasfema contra ti na tua face.
[6] Então o SENHOR disse a Satanás:
— Você pode fazer com ele o que quiser; mas poupe-lhe a vida.
[7] Então Satanás saiu da presença do SENHOR e feriu Jó com tumores malignos, desde a planta do pé até o alto da cabeça.
[8] Jó, sentado em cinza, pegou um caco de
barro para com ele raspar as feridas. [9] Então
a mulher dele disse:
— Você ainda conserva a sua integridade? Amaldiçoe a Deus e morra!
[10] Mas Jó respondeu:
— Você fala como uma doida. Temos recebido de Deus o bem; por que não receberíamos também o mal?
Em tudo isto Jó não pecou com os seus lábios.

A VISITA DOS AMIGOS

[11] Quando três amigos de Jó ouviram que todo este mal havia caído sobre ele, vieram, cada um do seu lugar: Elifaz, o temanita, Bildade, o suíta, e Zofar, o naamatita. Tinham combinado ir juntos condoer-se
dele e consolá-lo. [12] De longe eles levanta-
ram os olhos e não o reconheceram. Então ergueram a voz e choraram. E cada um, rasgando o seu manto, lançava pó ao ar sobre
a cabeça. [13] Sentaram-se com ele no chão
durante sete dias e sete noites. E ninguém lhe disse uma só palavra, pois viam que a dor era muito grande.

PRIMEIRO DIÁLOGO
Caps. 3—14

A QUEIXA DE JÓ
Cap. 3

JÓ AMALDIÇOA O SEU NASCIMENTO

3 [1] Depois disto, Jó passou a falar e amaldi-
çoou o dia do seu nascimento. [2] Jó disse:

[3] "Pereça o dia em que nasci
e a noite em que se disse:
'Foi concebido um homem!'
[4] Que aquele dia
se transforme em trevas,
e Deus,
lá de cima,
não se importe com ele,
nem resplandeça sobre ele a luz.
[5] Que as trevas
e a sombra da morte
se apoderem desse dia;
que uma nuvem habite sobre ele;
que tudo o que pode
escurecer o dia o espante.
[6] Aquela noite,
que dela se apoderem
densas trevas;
que ela não se alegre
entre os dias do ano,
nem entre na conta dos meses.
[7] Sim, que seja estéril aquela noite,
e dela sejam banidos
os gritos de alegria.
[8] Amaldiçoem-na
aqueles que sabem
amaldiçoar o dia
e sabem instigar o Leviatã.
[9] Escureçam-se as estrelas
do seu alvorecer;
que a noite espere a luz,
e a luz não venha;
que não veja
o despontar da alvorada,
[10] pois não fechou as portas
do ventre da minha mãe,
nem escondeu dos meus olhos
o sofrimento."

POR QUE NÃO MORRI AO NASCER?

[11] "Por que não morri ao nascer?
Por que não expirei
ao sair do ventre de minha mãe?

[12] Por que houve um colo
que me acolhesse,
e seios, para que eu mamasse?
[13] Porque agora
eu repousaria tranquilo;
dormiria, e então haveria
para mim descanso,
[14] com os reis e conselheiros
da terra
que construíram para si
mausoléus;
[15] ou com os príncipes
que tinham ouro
e encheram as suas casas de prata;
[16] ou, como aborto oculto,
eu não existiria,
como crianças
que nunca viram a luz.
[17] Ali os maus cessam de perturbar,
e ali repousam os cansados.
[18] Ali os presos juntamente
repousam
e não ouvem a voz do capataz.
[19] Ali está tanto o pequeno
como o grande,
e o servo fica livre de seu senhor."

POR QUE O MISERÁVEL CONTINUA VIVENDO?

[20] "Por que se concede
luz ao miserável
e vida aos de coração amargurado,
[21] que esperam a morte,
e ela não vem,
que cavam em procura dela
mais do que tesouros ocultos,
[22] que se alegrariam
por um túmulo
e exultariam se achassem
a sepultura?
[23] Por que se concede
luz ao homem cujo caminho é oculto,
e a quem Deus cercou
de todos os lados?"

[24] "Porque em vez do meu pão
me vêm gemidos,
e os meus lamentos
se derramam como água.
[25] Aquilo que temo me sobrevém,
e o que receio me acontece.
[26] Não tenho descanso,
não tenho sossego,
não tenho repouso;
só tenho inquietação."

PRIMEIRA FALA DE ELIFAZ
Caps. 4—5

CHEGOU A SUA VEZ DE SOFRER

4 [1] Então Elifaz, o temanita, tomou a palavra e disse:

[2] "Se alguém tentar falar,
você terá paciência para ouvir?
Mas quem poderá conter
as palavras?
[3] Veja bem!
Você ensinou a muitos
e fortaleceu mãos cansadas.
[4] As suas palavras sustentaram
os que tropeçavam,
e você fortaleceu
joelhos vacilantes.
[5] Mas agora,
quando chega a sua vez,
você perde a paciência;
ao ser atingido,
você fica apavorado.
[6] Você não tem confiança
no seu temor a Deus?
Não tem esperança na integridade
dos seus caminhos?
[7] Pense bem:
será que algum
inocente já chegou a perecer?
E onde os retos foram destruídos?
[8] Segundo eu tenho visto,
os que lavram a iniquidade
e semeiam o mal,
isso mesmo eles colhem.
[9] Com o hálito de Deus perecem;
e com o sopro da sua ira
são consumidos.
[10] Cessa o bramido do leão
e a voz do leão feroz,
e os dentes dos leõezinhos
são quebrados.

[11] O leão morre,
porque não há presa,
e os filhos da leoa
andam dispersos."

PODE UM MORTAL SER JUSTO DIANTE DE DEUS?

[12] "Uma palavra me foi trazida
em segredo,
e os meus ouvidos perceberam
um sussurro dela.
[13] Entre pensamentos
de visões noturnas,
quando o sono profundo
cai sobre as pessoas,
[14] sobrevieram-me
o espanto e o tremor,
e todos os meus ossos
estremeceram.
[15] Então um espírito passou
por diante de mim;
e se arrepiaram os cabelos
do meu corpo.
[16] Ele parou, mas não reconheci
a sua aparência.
Um vulto estava
diante dos meus olhos;
houve silêncio,
e ouvi uma voz:
[17] 'Pode um mortal ser justo
diante de Deus?
Pode alguém ser puro
diante do seu Criador?
[18] Eis que Deus não confia
nos seus servos
e aos seus anjos
atribui imperfeições;
[19] quanto mais àqueles
que habitam em casas de barro,
cujo fundamento está no pó,
e que são esmagados
como a traça!
[20] Nascem de manhã
e à tarde são destruídos;
perecem para sempre,
sem que ninguém se importe com isso.
[21] Se o fio da vida lhes é cortado,
morrem e não alcançam
a sabedoria.'"

O SER HUMANO NASCE PARA O SOFRIMENTO

5 [1] "Grite agora, para ver
se há quem responda!
E para qual dos santos anjos
você se voltará?
[2] Porque a ira mata o insensato,
e a inveja destrói o tolo.
[3] Eu mesmo vi o insensato
lançar raízes,
mas logo declarei maldita
a sua habitação.
[4] Os filhos dele estão longe
do socorro;
são oprimidos nos tribunais,
e não há quem os livre.
[5] A sua colheita,
o faminto a devora,
arrebatando até o que se encontra
no meio de espinhos;
e o sedento suga os seus bens.
[6] Porque a aflição não vem do pó,
e o sofrimento não brota do chão.
[7] Mas o ser humano nasce
para o sofrimento,
como as faíscas das brasas
voam para cima."

HÁ ESPERANÇA PARA OS POBRES

[8] "Quanto a mim, eu buscaria a Deus
e a ele entregaria a minha causa.
[9] Deus faz coisas grandes e insondáveis,
maravilhas que não se podem enumerar.
[10] Faz chover sobre a terra
e envia águas
sobre os campos.
[11] Põe os abatidos num lugar alto
e conduz os enlutados
a um lugar seguro.
[12] Deus frustra os planos dos astutos,
para que não possam realizar
seus projetos.
[13] Ele apanha os sábios
na própria astúcia deles,
e o conselho dos que tramam
não chega a vingar.
[14] De dia eles encontram as trevas,
e ao meio-dia andam tateando
como se fosse noite.

Todo sofrimento é aproveitado pelo Senhor com a finalidade de produzir em nós um caráter aprovado.

[15] Porém Deus salva da espada
que lhes sai da boca,
salva os necessitados
das mãos dos poderosos.
[16] Assim,
há esperança para os pobres,
e a iniquidade tapa
a sua própria boca."

AS MÃOS DE DEUS CURAM

[17] "Bem-aventurado é aquele
a quem Deus disciplina!
Portanto,
não despreze a disciplina
do Todo-Poderoso.
[18] Porque ele faz a ferida
e ele mesmo a faz sarar;
ele fere,
e as suas mãos curam.
[19] De seis angústias ele o livrará,
e na sétima o mal não tocará em você.
[20] Na fome ele livrará você da morte;
na guerra, do poder da espada.
[21] Você estará abrigado do
açoite da língua
e, quando vier a destruição,
não ficará com medo.
[22] Da destruição e da fome
você dará risada
e dos animais da terra
não terá medo.
[23] Porque com as pedras do campo
você fará aliança,
e os animais selvagens viverão
em paz com você.
[24] Saberá que a sua tenda está em paz;
percorrerá as suas posses
e não achará falta de nada.
[25] Saberá que a sua descendência
se multiplicará,
e que a sua posteridade será
como a erva da terra.
[26] Em robusta velhice
você descerá à sepultura,
como se recolhe o feixe de trigo
no tempo certo.
[27] Veja bem!
Isto é o que investigamos, e assim é.
Ouça e medite nisso para o seu bem."

RESPOSTA DE JÓ
Caps. 6—7

POR QUE PROLONGAR A VIDA, SE O FIM É CERTO?

6 [1] Então Jó respondeu:

[2] "Ah! Se a minha queixa, de fato,
pudesse ser pesada,
e contra ela, numa balança,
se pusesse a minha miséria,
[3] esta, na verdade, pesaria mais
que a areia dos mares.
Por isso é que as minhas palavras
foram precipitadas.
[4] Porque as flechas do Todo-Poderoso
estão cravadas em mim,
e o meu espírito sorve o veneno delas;
os terrores de Deus se armam
contra mim.
[5] Será que o jumento selvagem
zurra quando está junto à relva?
Ou será que o boi berra junto ao
seu pasto?
[6] Pode-se comer sem sal o que
é insípido?
Ou haverá sabor na clara do ovo?
[7] Aquilo que a minha alma
recusava tocar,
isso é agora a minha comida
repugnante."

[8] "Quem dera que se cumprisse
o meu pedido,
e que Deus me concedesse
o que desejo!
[9] Que fosse do agrado de Deus
esmagar-me,
que soltasse a sua mão
e acabasse comigo!
[10] Isto ainda seria
a minha consolação,
e eu saltaria de contente
na minha dor, que é implacável;
porque não tenho negado
as palavras do Santo.
[11] Por que esperar, se já não tenho forças?
Por que prolongar a vida,
se o meu fim é certo?

[12] Por acaso a minha força
é a força da pedra?
Ou é de bronze a minha carne?
[13] Não encontro socorro
em mim mesmo;
foram afastados de mim
os meus recursos."

MEUS AMIGOS ME ENGANARAM

[14] "Ao aflito deve o amigo
mostrar compaixão,
mesmo ao que abandonou
o temor do Todo-Poderoso.
[15] Meus irmãos me enganaram;
são como um ribeiro,
como a torrente
que transborda no vale,
[16] turvada com o gelo e com a neve
que nela se esconde,
[17] torrente que seca
quando o tempo aquece,
e que no calor desaparece
do seu lugar.
[18] As caravanas se desviam
dos seus caminhos,
sobem para lugares desolados e perecem.
[19] As caravanas de Temá procuram
essa torrente,
os viajantes de Sabá por ela suspiram.
[20] Ficam envergonhados por
terem confiado;
quando chegam ali,
ficam decepcionados.
[21] Assim também vocês
não me ajudaram em nada;
veem os meus males e ficam com medo.
[22] Por acaso pedi
que me dessem recompensa?
Ou que da riqueza de vocês
me trouxessem algum presente?
[23] Será que pedi que me livrassem
do poder do opressor?
Ou que me resgatassem
das mãos dos tiranos?"

VEJAM QUE NÃO ESTOU MENTINDO

[24] "Ensinem-me, e eu me calarei;
mostrem-me em que tenho errado.
[25] Como são persuasivas
as palavras retas!
Mas o que é que a repreensão
de vocês repreende?
[26] Por acaso vocês pensam
em reprovar as minhas palavras,
ditas por um desesperado
ao vento?
[27] Até sobre um órfão
vocês lançariam sortes
e seriam capazes
de vender um amigo!
[28] Agora, pois, tenham a bondade
de olhar para mim
e vejam que não estou mentindo
na cara de vocês.
[29] Por favor, mudem de parecer,
e que não haja injustiça;
mudem de parecer,
e a justiça da minha causa triunfará.
[30] Há iniquidade em meus lábios?
Será que a minha
boca não consegue
discernir coisas perniciosas?"

A VIDA É UMA LUTA SEM FIM

7 [1] "Não é verdade que a vida
do ser humano neste mundo
é uma luta sem fim?
Não são os seus dias como
os de um trabalhador diarista?
[2] Como o escravo
que suspira pela sombra
e como o trabalhador
que espera pelo seu salário,
[3] assim me deram por herança
meses de desengano
e me proporcionaram
noites de aflição.
[4] Ao deitar-me,
pergunto:
quando me levantarei?
Mas a noite é longa,
e estou farto de me virar na cama,
até o amanhecer.
[5] O meu corpo está vestido de vermes
e de crostas terrosas;
a minha pele racha
e de novo forma pus.

[6] Os meus dias são mais velozes
do que a lançadeira do tecelão
e se findam sem esperança.
[7] Lembra-te, ó Deus, de que
a minha vida é um sopro;
os meus olhos não tornarão
a ver a felicidade.
[8] Os olhos de quem agora me vê
não me verão mais;
os teus olhos me procurarão,
mas já terei desaparecido."

DEIXA-ME EM PAZ

[9] "Assim como a nuvem se desfaz
e passa,
aquele que desce à sepultura
jamais voltará a subir.
[10] Nunca mais voltará
para a sua casa,
e o lugar onde mora
nunca mais o conhecerá.
[11] Por isso, não reprimirei
a minha boca.
Na angústia do meu espírito,
falarei;
na amargura da minha alma,
eu me queixarei.
[12] Será que eu sou o mar
ou algum monstro marinho,
para que me ponhas sob guarda?
[13] Quando digo:
'O meu leito me consolará,
a minha cama
aliviará a minha queixa',
[14] então me assustas com sonhos
e me atemorizas com visões.
[15] Por isso, prefiro
ser estrangulado;
antes a morte do que esta tortura.
[16] Estou farto da minha vida;
não quero viver para sempre.
Deixa-me em paz,
porque os meus dias
são um sopro."

QUE É O HOMEM?

[17] "Que é o homem,
para que tu lhe dês tanta importância,
para que dês a ele atenção,
[18] para que a cada manhã o visites,
e que a cada momento
o ponhas à prova?
[19] Até quando não desviarás
de mim o teu olhar?
Até quando não me darás tempo
de engolir a minha saliva?
[20] Se pequei, que mal fiz a ti,
ó Espreitador da humanidade?
Por que fizeste de mim o teu alvo,
tornando-me um peso
para mim mesmo?
[21] Por que não perdoas
a minha transgressão
e não tiras a minha iniquidade?
Pois agora me deitarei no pó;
e, se me procuras,
já terei desaparecido."

PRIMEIRA FALA DE BILDADE
Cap. 8

BUSQUE A DEUS

8 [1] Então Bildade, o suíta, tomou a palavra e disse:

[2] "Até quando você falará
estas coisas?
E até quando as palavras
da sua boca serão
como um vento impetuoso?
[3] Será que Deus perverteria o direito?
Será que o Todo-Poderoso
perverteria a justiça?
[4] Se os seus filhos
pecaram contra ele,
também ele os entregou ao poder
da transgressão que cometeram.
[5] Mas, se você buscar a Deus
e pedir misericórdia
ao Todo-Poderoso,
[6] se você for puro e reto,
ele, sem demora,
despertará para ajudá-lo
e restaurará a justiça da sua morada.
[7] O seu primeiro estado
parecerá pequeno
comparado com a grandeza
do seu último estado."

A ESPERANÇA DOS ÍMPIOS PERECERÁ

8 "Por favor, pergunte agora
aos que são
de gerações passadas
e atente para a experiência
dos pais deles.
9 Porque nós somos de ontem
e nada sabemos;
pois os nossos dias sobre a terra
são como a sombra.
10 Será que os pais
não o ensinarão,
falando com você?
Será que do próprio entendimento
não proferirão estas palavras?
11 'Pode o papiro crescer
fora do pântano?
Ou cresce o junco sem água?
12 Quando estão verdes,
e ainda não foram colhidos,
secam antes de qualquer
outra erva.
13 São assim as veredas de todos
os que se esquecem de Deus;
e a esperança dos ímpios perecerá.
14 A sua firmeza será frustrada,
e a sua confiança é teia de aranha.
15 Ele se encosta em sua casa,
mas ela não resiste;
agarra-se a ela,
mas ela não fica em pé.'"

16 "Ele é viçoso diante do sol,
e os seus renovos
se espalham pelo jardim;
17 as suas raízes se entrelaçam
num montão de pedras
e penetram até as muralhas.
18 Mas, se o arrancam do seu lugar,
este o negará, dizendo:
'Eu nunca vi você.'
19 Eis no que deu a sua vida!
E do pó brotarão outros."

20 "Eis que Deus não rejeita o íntegro,
nem toma os malfeitores pela mão.
21 Ele encherá a sua boca de riso
e os seus lábios de alegria.
22 Os que o odeiam
se cobrirão de vergonha,
e a tenda dos ímpios
não subsistirá."

RESPOSTA DE JÓ
Caps. 9—10

QUEM OUSA DESAFIAR A DEUS?

9 1 Então Jó respondeu:

2 "Na verdade, sei que assim é;
porque, como pode o mortal
ser justo diante de Deus?
3 Se quiser discutir com ele,
nem a uma de mil coisas
lhe poderá responder.
4 Ele é sábio de coração
e grande em poder;
quem ousou desafiá-lo
e sobreviveu?
5 Ele é quem remove os montes,
sem que saibam
que na sua ira ele os transtorna.
6 Deus remove a terra do seu lugar,
e faz as suas colunas estremecerem.
7 Ele dá uma ordem ao sol,
e este não sai,
e sela as estrelas.
8 Sozinho ele estende os céus
e anda sobre as costas do mar.
9 Ele fez a Ursa Maior, o Órion,
o Sete-estrelo e as constelações do Sul.
10 Deus faz coisas grandes
e insondáveis,
e maravilhas
que não se podem enumerar.
11 Eis que ele passa por mim,
e não o vejo;
segue diante de mim,
e não o percebo.
12 Eis que arrebata a presa!
Quem o pode impedir?
Quem lhe dirá:
'O que estás fazendo?'
13 Deus não revogará
a sua própria ira;
debaixo dele se curvam os ajudantes
do monstro Raabe."

SOU JUSTO E ÍNTEGRO

14 "Como então poderei
eu responder a ele?
Como escolher as minhas palavras,
para argumentar com ele?
15 Ainda que eu fosse justo,
não lhe responderia;
pelo contrário, pediria misericórdia
ao meu Juiz.
16 Ainda que eu o chamasse
e ele me respondesse,
nem por isso eu creria
que ele deu ouvidos à minha voz.
17 Porque me esmaga
com uma tempestade
e sem motivo multiplica
as minhas feridas.
18 Não me permite respirar,
porque me enche de amargura.
19 Se é uma questão de força,
ele é o forte;
se é uma questão de justiça, ele dirá:
'Quem pode me intimar?'
20 Ainda que eu seja justo,
a minha boca me condenará;
embora eu seja íntegro,
ela me declarará culpado.
21 Eu sou íntegro,
mas não me importo comigo,
não faço caso da minha vida.
22 Para mim, é tudo a mesma coisa;
por isso, digo:
ele destrói tanto os íntegros
como os perversos.
23 Se um flagelo mata de repente,
ele rirá do desespero
dos inocentes.
24 A terra está entregue
nas mãos dos ímpios,
e Deus ainda cobre o rosto
dos juízes.
Se ele não é o causador disso,
quem seria?"

DEUS NÃO ME CONSIDERARÁ INOCENTE

25 "Os meus dias são mais velozes
do que um corredor;
fogem sem ter visto a felicidade.
26 Passam como barcos de junco,
como a águia que se lança
sobre a presa.
27 Se eu disser:
'Vou esquecer
a minha queixa,
deixarei o meu ar triste
e ficarei contente';
28 ainda assim
todas as minhas dores
me apavoram,
porque bem sei que
não me considerarás inocente.
29 Eu serei condenado;
por que, pois,
trabalho em vão?
30 Ainda que me lave
com água de neve
e purifique as minhas mãos
com sabão,
31 mesmo assim me submergirás
no lodo,
e as minhas próprias roupas
terão nojo de mim.
32 Porque ele não é ser humano,
como eu,
a quem eu responda,
se formos juntos ao tribunal.
33 Não há entre nós árbitro
que ponha a mão sobre nós dois.
34 Que ele tire a sua vara
de cima de mim,
e que o seu terror
não me amedronte!
35 Então falarei sem o temer;
do contrário,
eu não estaria em mim."

DAREI LIVRE CURSO À MINHA QUEIXA

10 1 "Estou cansado de viver.
Darei livre curso à minha queixa,
falarei na amargura da minha alma.
2 Pedirei a Deus:
'Não me condenes!'
Faze-me saber o que tens contra mim.
3 Será que tens prazer em me oprimir,
em rejeitar a obra das tuas mãos
e em favorecer o conselho dos ímpios?

[4] Por acaso, tens olhos de gente?
Ou vês tu como vê uma pessoa?
[5] São os teus dias
como os dias de um mortal?
Ou são os teus anos
como os anos de um ser humano,
[6] para te informares da minha iniquidade
e indagares o meu pecado?
[7] Bem sabes que eu não sou culpado;
todavia, não há ninguém que possa
me livrar da tua mão."

VAIS REDUZIR-ME A PÓ?

[8] "As tuas mãos me plasmaram
e me fizeram,
porém, agora,
queres destruir-me.
[9] Lembra-te de que me formaste
como em barro.
E, agora, queres reduzir-me a pó?
[10] Por acaso, não me derramaste
como leite
e não me coalhaste como queijo?
[11] De pele e carne me vestiste
e de ossos e tendões me teceste.
[12] Tu me deste vida e bondade,
e o teu cuidado guardou
o meu espírito.
[13] Mas ocultaste estas coisas
no teu coração;
e agora sei
que este era o teu plano.
[14] Se eu pecar,
tu me observas;
e da minha iniquidade
não me perdoarás.
[15] Se for iníquo, ai de mim!
E, se for justo,
não ouso levantar a cabeça,
pois estou envergonhado
e olho para a minha miséria.
[16] Porque, se levanto a cabeça,
tu me caças como um leão feroz
e de novo revelas
o teu poder maravilhoso contra mim.
[17] Renovas contra mim
as tuas testemunhas
e multiplicas contra mim a tua ira;
males e lutas se sucedem contra mim."

Ó DEUS, DEIXA-ME EM PAZ!

[18] "Por que me tiraste
do ventre de minha mãe?
Eu deveria ter morrido
antes que um olho me visse!
[19] Teria sido como alguém
que nunca existiu
e já do ventre teria sido levado
à sepultura.
[20] Não são poucos os meus dias?
Cessa, pois, e deixa-me em paz,
para que por um pouco
eu tome alento,
[21] antes que eu vá para o lugar
do qual não voltarei,
para a terra das trevas
e da sombra da morte,
[22] terra de escuridão,
de trevas profundas,
terra da sombra da morte
e do caos,
onde a própria luz
é como a escuridão."

PRIMEIRA FALA DE ZOFAR
Cap. 11

POR ACASO, TEM RAZÃO O FALADOR?

11 [1] Então Zofar, o naamatita, tomou a
palavra e disse:

[2] "Será que todas essas palavras
ficarão sem resposta?
Por acaso, tem razão o falador?
[3] Você pensa, Jó, que o seu palavreado
fará calar os homens?
E, quando você zomba, pensa que
não haverá ninguém que
o envergonhe?
[4] Pois você diz:
'A minha doutrina é pura,
e sou limpo aos olhos de Deus.'
[5] Mas quem dera que Deus falasse
e abrisse os seus lábios contra você,
[6] e lhe revelasse os segredos
da sabedoria,
pois a verdadeira sabedoria
é multiforme!

Os vendavais das tribulações podem até nos açoitar vez ou outra, mas, ao nos agarrarmos a Cristo, poderemos passar pelas tempestades e pressões.

Saiba, portanto, que Deus permite
que seja esquecida parte da sua
iniquidade."

VOCÊ PODE DESVENDAR OS MISTÉRIOS DE DEUS?

7 "Será que você pode desvendar
os mistérios de Deus
ou descobrir a perfeição
do Todo-Poderoso?
8 A sabedoria de Deus
é mais elevada do que os céus;
o que você poderá fazer?
Ela é mais profunda
do que o abismo;
o que você poderá saber?
9 A sua medida é mais longa
do que a terra
e mais larga do que o mar.
10 Se ele passa, prende alguém
e chama a juízo,
quem o poderá impedir?
11 Deus conhece os homens falsos
e, sem esforço, vê a iniquidade.
12 Mas os tolos se tornarão sábios
quando a cria de uma jumenta
selvagem nascer homem."

LANCE PARA LONGE A INIQUIDADE

13 "Se você dispuser o coração
e estender as mãos para Deus;
14 se lançar para longe
a iniquidade de suas mãos
e não permitir que a injustiça
habite na sua tenda,
15 então você levantará o seu rosto
sem mácula,
estará seguro e não temerá.
16 Pois você esquecerá os seus
sofrimentos
e só lembrará deles
como de águas passadas.
17 A sua vida será mais clara que o meio-dia;
ainda que haja trevas,
serão como a manhã.
18 Você se sentirá seguro,
porque haverá esperança;
olhará ao redor e dormirá tranquilo.
19 Você se deitará,
e ninguém irá atemorizá-lo;
e muitos procurarão obter o seu favor.
20 Mas os olhos dos ímpios
desfalecerão,
sem que encontrem refúgio;
a única esperança deles será morrer."

RESPOSTA DE JÓ
Caps. 12—14

EU TAMBÉM TENHO ENTENDIMENTO

12 1 Então Jó respondeu:

2 "Na verdade, vocês são o povo,
e com vocês morrerá a sabedoria.
3 Mas eu também tenho entendimento;
em nada sou inferior a vocês.
Quem não sabe coisas como essas?
4 Eu sou motivo de riso
para os meus amigos —
eu, que invocava a Deus,
e ele me respondia;
o justo e o reto são motivo de riso.
5 No pensamento de quem está seguro
há desprezo pela desgraça,
um empurrão para aquele
cujos pés já vacilam.
6 Os opressores têm paz
em suas tendas,
e os que provocam a Deus
estão seguros;
o deus deles é a sua própria força."

OS ANIMAIS O ENSINARÃO

7 "Mas pergunte agora aos animais,
e cada um deles o ensinará;
pergunte às aves do céu,
e elas lhe contarão.
8 Ou fale com a terra,
e ela o instruirá;
até os peixes do mar lhe contarão.
9 De todos estes, quem não sabe
que a mão do SENHOR fez isto?
10 Na sua mão está a vida
de todos os seres vivos
e o espírito de todo
o gênero humano.

[11] Por acaso, o ouvido
não avalia as palavras,
assim como o paladar
prova as comidas?"

COM DEUS ESTÃO A SABEDORIA E A FORÇA

[12] "Está a sabedoria com os idosos?
Será que a longevidade
traz o entendimento?
[13] Com Deus estão a sabedoria e a força;
ele tem conselho e entendimento.
[14] O que ele derruba
não pode ser reconstruído;
se ele lança alguém na prisão,
ninguém a pode abrir.
[15] Se ele retém as águas,
elas secam;
se ele as solta, elas devastam a terra."

[16] "Com ele estão a força
e a sabedoria;
a ele pertencem o enganado
e o enganador.
[17] Ele leva os conselheiros embora,
descalços,
e faz os juízes de tolos.
[18] Solta os laços
que prendem os reis
e amarra uma corda aos seus lombos.
[19] Ele leva os sacerdotes embora,
descalços,
e transtorna os poderosos.
[20] Deixa os conselheiros
sem palavras
e tira o entendimento dos anciãos.
[21] Lança desprezo
sobre os príncipes
e afrouxa o cinto dos fortes.
[22] Das trevas revela
coisas profundas
e traz à luz a densa escuridão.
[23] Deus engrandece as nações
e depois as destrói;
dispersa-as e de novo as congrega.
[24] Tira o entendimento
dos chefes do povo da terra
e os faz vaguear pelos desertos
sem caminhos.
[25] Nas trevas andam tateando,
sem terem luz;
ele os faz cambalear
como bêbados."

FALAREI AO TODO-PODEROSO

13 [1] "Eis que os meus olhos
viram tudo isso,
e os meus ouvidos
o ouviram e entenderam.
[2] O que vocês sabem
eu também sei;
em nada sou inferior a vocês.
[3] Mas falarei ao Todo-Poderoso
e quero defender-me
diante de Deus.
[4] Vocês, porém,
cobrem a verdade
com mentiras;
todos vocês são médicos
que não valem nada.
[5] Quem dera vocês ficassem
completamente calados!
Vocês poderiam passar
por sábios!"

VOCÊS ZOMBARIAM DE DEUS?

[6] "Ouçam agora a minha defesa
e prestem atenção aos argumentos
dos meus lábios.
[7] Será que vão dizer perversidades
em favor de Deus?
Vão dizer mentiras a favor dele?
[8] Serão parciais por ele?
Argumentarão a favor de Deus?
[9] Por acaso, seria bom
se ele os examinasse?
Ou vocês zombariam dele,
como zombam das pessoas?
[10] Ele certamente os repreenderá,
se em oculto forem parciais.
[11] A grandeza dele
não os amedrontaria?
E o terror dele
não cairia sobre vocês?
[12] As máximas de vocês
são provérbios de cinza;
as defesas de vocês
são muralhas de barro."

DEFENDEREI MINHA CAUSA DIANTE DE DEUS

[13] "Calem-se diante de mim,
e eu falarei;
que venha sobre mim o que vier.
[14] Tomarei a minha carne
nos meus dentes
e porei a minha vida
nas minhas mãos.
[15] Eis que ele me matará,
já não tenho esperança;
mesmo assim defenderei
a minha conduta diante dele.
[16] Também isto será
a minha salvação:
o fato de um ímpio
não comparecer diante dele.
[17] Ouçam com atenção
as minhas palavras
e escutem a minha exposição.
[18] Tenho já bem-encaminhada
minha causa
e estou certo de que
serei justificado."

Ó DEUS, POR QUE ME CONSIDERAS TEU INIMIGO?

[19] "Quem há que possa
entrar em litígio comigo?
Se houver,
eu fico calado e morro.
[20] Concede-me somente
duas coisas, ó Deus,
e assim não me esconderei de ti:
[21] tira a tua mão de cima de mim,
e não me amedronte o teu terror."

[22] "Interpela-me, e eu responderei;
ou deixa-me falar, e tu responderás.
[23] Quantas culpas
e pecados tenho eu?
Mostra-me a minha transgressão
e o meu pecado."

[24] "Por que escondes o teu rosto
e me consideras teu inimigo?
[25] Queres aterrorizar uma folha
levada pelo vento?
E perseguirás a palha seca?"
[26] "Pois decretas contra mim
coisas amargas
e me atribuis as culpas
da minha mocidade.
[27] Também prendes os meus pés
com correntes,
observas todos os meus caminhos
e traças limites à planta dos meus pés,
[28] apesar de eu ser
como uma coisa podre
que se consome
e como a roupa
que é comida pela traça."

A BREVIDADE DA VIDA

14 [1] "O ser humano, nascido de mulher,
vive breve tempo,
cheio de inquietação.
[2] Nasce como a flor e murcha;
foge como a sombra
e não permanece.
[3] Sobre ele abres os teus olhos?
E me fazes entrar em juízo contigo?
[4] Quem poderá tirar coisa pura
daquilo que é impuro?
Ninguém!
[5] Visto que os dias do ser humano
estão contados,
o número dos seus meses
está nas tuas mãos;
traçaste limites além dos quais
não passará.
[6] Desvia dele o teu olhar,
para que tenha repouso,
até que, como o trabalhador,
tenha prazer no seu dia."

[7] "Porque há esperança para a árvore,
pois, mesmo cortada,
voltará a brotar,
e não cessarão os seus rebentos.
[8] Se as suas raízes envelhecerem na terra,
e o seu tronco morrer no chão,
[9] ao cheiro das águas brotará
e dará ramos como a planta nova.
[10] Mas, se alguém morre,
fica prostrado;
o ser humano expira
e para onde vai?"

[11] "Como as águas do lago evaporam,
e o rio se esgota e seca,
[12] assim o ser humano se deita
e não se levanta;
enquanto existirem os céus,
não acordará,
nem será despertado do seu sono."

EU ESPERAREI A MINHA MUDANÇA

[13] "Quem dera me escondesses
na sepultura
e me ocultasses
até que a tua ira passasse!
Quem dera me fixasses um prazo
e depois te lembrasses de mim!
[14] Quando alguém morre,
será que volta a viver?
Todos os dias da minha luta
esperaria,
até que viesse a minha mudança.
[15] Tu me chamarias,
e eu te responderia;
terias saudades
da obra das tuas mãos;
[16] e até contarias os meus passos
e não levarias em conta
os meus pecados.
[17] A minha transgressão
estaria selada num saco,
e terias encoberto
as minhas iniquidades."

TU DESTRÓIS A ESPERANÇA HUMANA

[18] "Mas como o monte
que desmorona
e se desfaz,
e a rocha que se move
do seu lugar,
[19] como as águas gastam as pedras,
e as cheias levam o pó da terra,
assim destróis
a esperança humana.
[20] Tu prevaleces para sempre
contra o ser humano,
e ele passa;
mudas o semblante dele
e o despedes.
[21] Os seus filhos recebem honras,
e ele não sabe;
são humilhados,
e ele não percebe.
[22] Ele sente as dores
apenas de seu próprio corpo,
e a sua alma lamenta
apenas por si mesma."

SEGUNDO DIÁLOGO
Caps. 15—21

SEGUNDA FALA DE ELIFAZ
Cap. 15

A SUA PRÓPRIA BOCA O CONDENA

15 [1] Então Elifaz, o temanita, tomou a palavra e disse:

[2] "Será que um sábio daria
respostas vazias?
Será que encheria a si mesmo
de vento leste?
[3] Argumentaria com palavras
que de nada servem
e com razões
das quais nada se aproveita?
[4] Mas você destrói o temor de Deus
e diminui a devoção a ele devida.
[5] Pois o que você fala
se inspira em sua iniquidade,
e você adota a língua dos astutos.
[6] A sua própria boca o condena,
e não eu;
os seus lábios dão testemunho
contra você."

[7] "Será que você é
o primeiro homem que nasceu?
Por acaso, você foi formado
antes dos montes?
[8] Será que você ouviu
o conselho secreto de Deus
e detém toda a sabedoria?
[9] O que você sabe,
que nós não sabemos?
O que você entende,
que nós não entendemos?

10 "Também há entre nós
homens idosos
e de cabelos brancos,
muito mais velhos do que o seu pai."

11 "Você faz pouco caso
das consolações de Deus
e das suaves palavras
que dirigimos a você?
12 Por que você se deixa levar
pelo seu coração?
Por que os seus olhos flamejam,
13 para que você dirija
contra Deus o seu furor?
E por que deixa que tais palavras
saiam de sua boca?"

14 "Que é o homem,
para que seja puro?
E o que nasce de mulher,
para ser justo?
15 Eis que Deus não confia
nem nos seus santos!
Nem os céus são puros
aos seus olhos,
16 quanto menos o homem,
que é abominável e corrupto,
que bebe a iniquidade
como a água!"

O ÍMPIO É ATORMENTADO TODOS OS DIAS

17 "Escute o que eu vou explicar;
vou contar-lhe o que eu vi,
18 o que os sábios anunciaram,
sem ocultar nada,
tendo-o recebido dos pais deles,
19 aos quais somente foi dada esta terra,
sem que nenhum estrangeiro
passasse entre eles."

20 "O ímpio é atormentado
todos os dias,
no curto número de anos
que se reservam para o opressor.
21 O som dos horrores
está nos seus ouvidos;
na prosperidade lhe sobrevém
o destruidor.
22 Não crê que possa escapar
das trevas,
e sim que a espada o espera.
23 Anda vagando, em busca de pão,
dizendo:
'Onde está?'
Bem sabe que o dia das trevas
está perto.
24 A angústia e a tribulação
o assombram;
prevalecem contra ele,
como o rei preparado para a batalha.
25 Porque ele levantou a mão contra
Deus
e desafiou o Todo-Poderoso;
26 arremete contra ele obstinadamente,
protegido por um grosso escudo.
27 Porque cobriu o rosto com a
sua gordura,
que se acumulou também na cintura;
28 morou em cidades assoladas,
em casas em que ninguém devia morar,
que estavam prestes a virar ruínas.
29 Por isso, não ficará rico,
nem subsistirá a sua riqueza;
nem se estenderão os seus bens
pela terra.
30 Não escapará das trevas;
a chama do fogo secará os seus rebentos,
e ao sopro da boca de Deus
será arrebatado.
31 Que ele não confie na vaidade,
enganando a si mesmo,
porque a vaidade
será a sua recompensa.
32 Esta lhe chegará antes da hora,
e o seu ramo não reverdecerá.
33 Será como a videira
que perde as uvas ainda verdes,
como a oliveira
que deixa cair a sua flor.
34 Porque a companhia dos ímpios
será estéril,
e o fogo consumirá as tendas
do suborno.
35 Concebem o mal e dão à luz
a iniquidade;
o coração deles
só prepara enganos."

RESPOSTA DE JÓ
Caps. 16—17

UM MONTÃO DE PALAVRAS

16 [1] Então Jó respondeu:

[2] "Tenho ouvido muitas coisas
como estas.
Todos vocês são consoladores
que só aumentam
o meu sofrimento.
[3] Será que não terão fim
essas palavras vazias?
Ou o que é que instiga você
a responder assim?
[4] Eu também poderia falar
como vocês falam.
Se vocês estivessem em meu lugar,
eu poderia dirigir-lhes
um montão de palavras
e balançar a cabeça na presença
de vocês.
[5] Poderia fortalecê-los
com as minhas palavras,
e a consolação dos meus lábios
abrandaria a dor de vocês.
[6] Se eu falar, a minha dor não cessa;
se me calar, qual é o meu alívio?"

DEUS ME ESMAGOU

[7] "Na verdade, esgotaste as
minhas forças;
tu, ó Deus, destruíste toda a
minha família.
[8] Testemunha disto
é que me deixaste enrugado;
a minha magreza já se levanta contra
mim
e me acusa cara a cara."

[9] "Na sua ira me despedaçou
e me perseguiu;
rangeu os dentes contra mim
e, como meu adversário,
aguça os olhos.
[10] Homens abrem a sua boca
contra mim,
com desprezo me esbofeteiam;
todos se ajuntam contra mim.
[11] Deus me entrega aos ímpios
e me faz cair nas mãos
dos perversos.
[12] Eu vivia em paz,
porém ele me esmagou;
pegou-me pelo pescoço
e me despedaçou;
ele fez de mim o seu alvo.
[13] As suas flechas me atingem
de todos os lados;
atravessa-me os rins,
e não me poupa,
derrama o meu fel sobre a terra.
[14] Ele me fere com golpes e mais golpes;
arremete contra mim
como um guerreiro."

[15] "Costurei uma roupa
feita de pano de saco
sobre a minha pele
e enterrei o meu orgulho no pó.
[16] O meu rosto está vermelho
de tanto chorar,
e sobre as minhas pálpebras
está a sombra da morte,
[17] embora não haja violência
nas minhas mãos,
e seja pura a minha oração."

A MINHA TESTEMUNHA ESTÁ NO CÉU

[18] "Ó terra, não cubra o meu sangue,
e não haja lugar em que se oculte
o meu clamor!
[19] Já agora a minha testemunha
está no céu,
e nas alturas se encontra
quem advoga a minha causa.
[20] Os meus amigos zombam de mim,
mas os meus olhos se desfazem
em lágrimas diante de Deus,
[21] para que ele mantenha
o direito do homem
contra o próprio Deus
e o do filho do homem
contra o seu próximo.
[22] Porque dentro de poucos anos
eu seguirei o caminho
de onde não voltarei."

17 [1]"O meu espírito
vai se consumindo,
os meus dias vão se apagando,
e só tenho diante de mim a sepultura.
[2]Estou cercado de zombadores,
e os meus olhos são obrigados
a contemplar as suas provocações."

SOU AQUELE EM CUJO ROSTO SE COSPE

[3]"Dá-me, ó Deus, um penhor,
e sê o meu fiador diante de ti;
quem mais haverá que possa
se comprometer comigo?
[4]Fechaste o coração deles
para o entendimento,
e por isso não os exaltarás.
[5]Se alguém entrega
os seus amigos como presa,
os olhos de seus filhos
desfalecerão.
[6]Mas ele me pôs
por provérbio dos povos;
tornei-me como aquele
em cujo rosto se cospe.
[7]Os meus olhos se escureceram
de mágoa,
e todos os meus membros
são como a sombra.
[8]Os retos ficam admirados com isto,
e os inocentes se levantam
contra os ímpios.
[9]O justo segue o seu caminho,
e o puro de mãos se torna
cada vez mais forte.
[10]Mas voltem, todos vocês,
e venham cá;
porque não acharei nenhum sábio
entre vocês."

ONDE ESTÁ A MINHA ESPERANÇA?

[11]"Os meus dias passaram,
e fracassaram os meus planos,
os desejos do meu coração.
[12]Transformam a noite em dia,
e dizem: 'A luz está perto das trevas.'
[13]Mas, se eu aguardo a sepultura
por minha casa;
se faço a minha cama nas trevas;
[14]se digo à cova:
'Você é o meu pai',
e aos vermes:
'Vocês são
a minha mãe e a minha irmã',
[15]onde está, então,
a minha esperança?
Sim, a minha esperança,
quem a poderá ver?
[16]Ela descerá até as portas
do mundo dos mortos,
quando juntos descansarmos no pó."

SEGUNDA FALA DE BILDADE

Cap. 18

A TERRA SERÁ ABANDONADA POR SUA CAUSA?

18 [1]Então Bildade, o suíta, tomou a palavra e disse:

[2]"Até quando você andará
à caça de palavras?
Considere bem,
e então falaremos.
[3]Por que somos considerados
como animais
e passamos por tolos aos seus olhos?
[4]Você, que se despedaça em sua ira,
pensa que a terra será abandonada
por sua causa?
Você pensa que as rochas
devem ser tiradas
do seu lugar?"

O FIM DO ÍMPIO

[5]"Na verdade, a luz do ímpio
se apagará,
e a chama do seu fogo
não resplandecerá.
[6]A luz se escurecerá na sua tenda,
e a sua lâmpada sobre ele
se apagará.
[7]Os seus passos vigorosos
se estreitarão,
e a sua própria trama o derrubará.
[8]Porque por seus próprios pés
é lançado na rede
e andará sobre as suas malhas.

9 A armadilha o apanhará pelo calcanhar,
e o laço o prenderá.
10 A corda está escondida na terra
para apanhá-lo,
a armadilha se encontra no seu caminho.
11 Terrores o amedrontam
de todos os lados
e o perseguem a cada passo.
12 A calamidade virá faminta sobre ele,
e a miséria estará alerta ao seu lado.
13 Ela devorará os membros do seu corpo;
serão devorados
pelo primogênito da morte.
14 O ímpio será arrancado
da segurança de sua tenda,
e será levado ao rei dos terrores.
15 Nenhum dos seus irá morar
na sua tenda;
enxofre será espalhado
sobre a sua habitação.
16 Por baixo secarão as suas raízes,
e por cima murcharão
os seus ramos.
17 A sua memória desaparecerá da terra,
e pelas praças não terá nome.
18 Da luz o lançarão nas trevas
e o afugentarão do mundo.
19 Não terá filho nem posteridade
entre o seu povo,
nem sobrevivente algum ficará
nas suas moradas.
20 Do seu dia se espantarão
os do Ocidente,
e os do Oriente serão tomados
de horror.
21 Tais são, na verdade,
as moradas do ímpio,
e este é o paradeiro
daquele que não conhece Deus."

RESPOSTA DE JÓ

Cap. 19

VOCÊS ME INSULTARAM

19 1 Então Jó respondeu:
2 "Até quando vocês vão
me atormentar
e me esmagar com as suas palavras?
3 Já dez vezes vocês me insultaram
e não se envergonham de me injuriar.
4 Se eu tivesse realmente
cometido algum erro,
isso interessaria somente a mim.
5 Se vocês querem se engrandecer
contra mim
e usam a minha vergonha
como argumento contra mim,
6 então saibam que Deus
foi injusto comigo
e me cercou com a sua rede."

DEUS ME ARRUINOU

7 "Eis que clamo:
'Violência!',
mas não sou ouvido; grito:
'Socorro!',
porém não há justiça.
8 Deus fechou o meu caminho,
e não consigo passar;
e nas minhas veredas pôs trevas.
9 Despojou-me da minha honra
e tirou a coroa da minha cabeça.
10 Arruinou-me de todos os lados,
e eu me vou;
tirou-me a esperança,
como se arranca uma árvore.
11 Acendeu contra mim a sua ira
e me trata como um dos
seus adversários.
12 Juntas vieram as suas tropas;
prepararam contra mim o seu caminho
e acamparam
ao redor da minha tenda."

TODOS ME ABANDONARAM

13 "Deus levou os meus irmãos
para longe de mim,
e os que me conhecem,
como estranhos, se afastaram de mim.
14 Os meus parentes me abandonaram,
e os meus conhecidos
se esqueceram de mim.
15 Os que se abrigam
na minha casa
e as minhas servas me consideram
como um estranho;
vim a ser um estrangeiro aos olhos deles.

Você nunca sairá perdendo se obedecer e se submeter à vontade divina.

[16] Chamo o meu servo,
e ele não me responde;
tenho de suplicar-lhe, eu mesmo.
[17] O meu hálito é intolerável
à minha mulher,
e pelo mau cheiro sou repugnante
aos meus irmãos.
[18] Até as crianças me desprezam,
e, quando tento me levantar,
zombam de mim.
[19] Todos os meus amigos íntimos
me detestam,
e até os que eu amava
se voltaram contra mim.
[20] Os meus ossos se apegam
à minha pele e à minha carne;
escapei só com a pele
dos meus dentes.
[21] Tenham pena de mim,
meus amigos,
tenham pena de mim,
porque a mão de Deus me atingiu.
[22] Por que vocês me perseguem
como Deus me persegue
e não cessam de devorar
a minha carne?"

EU SEI QUE O MEU REDENTOR VIVE

[23] "Quem dera fossem agora
escritas as minhas palavras!
Quem dera fossem gravadas
em livro!
[24] Que, com pena de ferro
e com chumbo,
para sempre fossem esculpidas
na rocha!
[25] Porque eu sei
que o meu Redentor vive
e por fim se levantará sobre a terra.
[26] Depois, revestido
este meu corpo
da minha pele,
em minha carne verei a Deus.
[27] Eu o verei por mim mesmo,
os meus olhos o verão,
e não outros;
de saudade o meu coração
desfalece dentro de mim."
[28] "Se vocês disserem:
'Como o perseguiremos?'
E: 'A causa deste mal
se acha nele mesmo',
[29] então tenham medo da espada,
porque tais acusações
merecem o seu furor,
para que vocês saibam que há um juízo."

SEGUNDA FALA DE ZOFAR

Cap. 20

20 [1] Então Zofar, o naamatita, tomou a palavra e disse:

[2] "Visto que os meus pensamentos
me impõem resposta,
eu me apresso.
[3] Eu ouvi a repreensão,
que me envergonha,
mas o meu espírito
me obriga a responder
segundo o meu entendimento."

O JÚBILO DOS ÍMPIOS É BREVE

[4] "Será que você não sabe
que desde todos os tempos,
desde que o ser humano
foi posto sobre a terra,
[5] o júbilo dos ímpios é breve,
e a alegria dos maus é momentânea?
[6] Ainda que a sua presunção
chegue aos céus,
e a sua cabeça atinja as nuvens,
[7] como o seu próprio esterco,
ele apodrecerá para sempre,
e os que o conheceram
perguntarão: 'Onde está ele?'
[8] Voará como um sonho
e não será encontrado;
será afugentado como uma visão
da noite.
[9] Os olhos que o viram
não o verão mais,
e o lugar onde ele estava
não o verá outra vez.
[10] Os seus filhos procurarão
aplacar os pobres,
e com as suas mãos
ele lhes devolverá os seus bens.

[11] Ainda que os seus ossos
estejam cheios do vigor
da sua juventude,
esse vigor se deitará com ele no pó."

O MAL É VENENO

[12] "Ainda que o mal seja doce
na sua boca,
e ele o esconda debaixo da língua,
[13] e o saboreie, e não o queira largar,
mas o retenha em sua boca,
[14] o fato é que a sua comida
se transformará no seu estômago;
será veneno de cobra no seu interior.
[15] Engoliu riquezas,
mas terá de vomitá-las;
Deus o obrigará a lançá-las
de seu ventre.
[16] Sugou veneno de cobra;
a mordedura da víbora o matará.
[17] Não se deliciará
com a vista dos ribeiros
e dos rios transbordantes de mel
e de leite.
[18] Devolverá o fruto do seu trabalho
e não o engolirá;
do lucro dos seus negócios
não tirará prazer nenhum.
[19] Porque oprimiu
e desamparou os pobres,
roubou casas que não construiu.
[20] Por não haver limites
à sua cobiça,
não chegará a salvar
as coisas por ele desejadas.
[21] Nada escapou
à sua cobiça insaciável;
por isso a sua prosperidade
não durará.
[22] Na plenitude da sua riqueza,
ficará angustiado;
toda a força da miséria
virá sobre ele."

A IRA DE DEUS SOBRE O ÍMPIO

[23] "Para encher-lhe a barriga,
Deus mandará sobre ele o furor da sua ira,
que, por alimento,
mandará chover sobre ele.
[24] Se fugir das armas de ferro,
uma flecha de bronze o atravessará.
[25] Ele arranca a flecha
das suas costas,
e esta vem brilhando com o seu fel;
e o pavor tomará conta dele.
[26] Todas as calamidades serão
reservadas
contra os seus tesouros;
um fogo não aceso
por mãos humanas o consumirá
e devorará o que ficar
na sua tenda."

[27] "Os céus manifestarão
a sua iniquidade;
e a terra se levantará contra ele.
[28] As riquezas de sua casa
serão levadas embora;
como água serão derramadas
no dia da ira de Deus.
[29] Esta é, da parte de Deus,
a sorte do ímpio;
esta é a herança
decretada por Deus."

RESPOSTA DE JÓ

Cap. 21

SERÁ QUE É DO HOMEM QUE EU ME QUEIXO?

21 [1] Então Jó respondeu:

[2] "Ouçam com atenção
as minhas palavras;
seja esta a consolação
que vocês me trazem.
[3] Tenham paciência, e eu falarei;
e, havendo eu falado,
poderão zombar de mim.
[4] Será que é do homem
que eu me queixo?
Não tenho motivo para ficar impaciente?
[5] Olhem para mim e fiquem pasmos,
e ponham a mão sobre a boca.
[6] Porque só de pensar nisso
fico apavorado,
e sinto um calafrio
passar pelo meu corpo."

OS MAUS CANTAM E SE ALEGRAM

7 "Como é que os ímpios
continuam vivos,
envelhecem e ainda se tornam
mais poderosos?
8 Os seus filhos se estabelecem
na sua presença;
e os seus descendentes,
diante dos seus olhos.
9 As suas casas têm paz
e estão livres do medo;
e a vara de Deus não os fustiga.
10 Os seus touros geram
e não falham;
as suas novilhas têm a cria
e não abortam.
11 Deixam as suas crianças correr
como um rebanho;
os seus filhos saltam de alegria.
12 Cantam com tamborim e harpa
e alegram-se ao som da flauta.
13 Passam os seus dias
em prosperidade
e em paz descem à sepultura."

14 "E são estes os que se dirigem
a Deus, dizendo:
'Deixa-nos em paz.
Não queremos conhecer
os teus caminhos.
15 Quem é o Todo-Poderoso,
para que o sirvamos?
E o que ganhamos,
se lhe fizermos orações?'
16 Vejam que não provém deles
a sua prosperidade.
Longe de mim o conselho dos ímpios!"

QUE DEUS CASTIGUE OS ÍMPIOS

17 "Quantas vezes se apaga
a lâmpada dos ímpios?
Quantas vezes lhes sobrevém
a destruição?
Quantas vezes Deus, na sua ira,
os faz sofrer?
18 Quantas vezes são como a palha
diante do vento
e como a poeira que é levada
pela tempestade?"

19 "Vocês dizem que Deus
reserva o castigo do perverso
para os filhos dele.
Mas é ao perverso que Deus
deveria punir,
para que o sinta.
20 Seus próprios olhos devem
ver a sua ruína;
que ele beba do furor
do Todo-Poderoso!
21 Porque depois de morto,
e acabada a contagem
dos seus meses,
que interessa a ele a sua casa?
22 Será que alguém pode
ensinar algo a Deus,
a ele que julga
os que estão nos céus?"

23 "Um morre em pleno vigor,
despreocupado e tranquilo,
24 com os seus baldes
cheios de leite
e os ossos repletos de tutano.
25 Outro, ao contrário,
morre com o coração
cheio de amargura,
não havendo provado o bem.
26 Juntamente jazem no pó,
onde os vermes os cobrem."

VOCÊS QUEREM ME CONSOLAR COM PALAVRAS VAZIAS?

27 "Eis que eu conheço
os pensamentos de vocês
e os planos injustos que fazem
para me prejudicar.
28 Porque vocês perguntam:
'Onde está agora a casa do príncipe?'
E: 'Onde ficou a tenda
em que moravam os ímpios?'"

29 "Será que vocês nunca interrogaram
os que viajam?
E não levaram em conta
as suas declarações,
30 que o mau é poupado
no dia da calamidade,
e é socorrido no dia do furor?

31 Quem lhe jogará na cara
o que ele fez?
Quem o fará pagar pelo que fez?
32 Finalmente, é levado à sepultura,
e sobre o seu túmulo
se faz vigilância.
33 A terra do vale que o cobre
é leve;
todos os homens o seguem,
assim como são inumeráveis
os que foram adiante dele.
34 Como, então, vocês querem
me consolar
com palavras vazias?
Nas respostas de vocês
só há falsidade."

TERCEIRO DIÁLOGO
Caps. 22—27

TERCEIRA FALA DE ELIFAZ
Cap. 22

VOCÊ COMETEU MUITOS PECADOS

22 1 Então Elifaz, o temanita, tomou a
palavra e disse:

2 "Pode o homem ser
de algum proveito para Deus?
Não! O sábio só é útil a si mesmo.
3 Será que o Todo-Poderoso
tem interesse em que você seja justo?
Será que ele tem algum lucro,
se você for perfeito
em todos os seus caminhos?
4 Ou será que é por causa
do seu temor a Deus que ele o
repreende
ou entra em juízo contra você?
5 Não é fato que é grande
a sua maldade,
e incalculável a sua iniquidade?
6 Porque sem motivo você exigiu
penhores do seu irmão
e despojou das roupas
os que estavam seminus.
7 Você não deu água ao cansado
e ao faminto você se recusou a dar pão.
8 A terra pertencia ao homem poderoso,
e só os privilegiados moravam nela.
9 Você despediu as viúvas
de mãos vazias,
e os braços dos órfãos
foram quebrados.
10 Por isso, você está cercado
de laços,
e repentino pavor
toma conta de você.
11 Está submerso por trevas,
que impedem você de enxergar,
e pelas águas transbordantes
que o cobrem."

VOCÊ QUER SEGUIR OS INÍQUOS?

12 "Não está Deus nas alturas do céu?
Olhe para as estrelas mais altas!
Que altura!
13 E você diz: 'O que é que Deus sabe?
Será que ele pode julgar
através de densa escuridão?
14 Grossas nuvens o encobrem,
de modo que não pode ver;
ele só passeia pela abóbada do céu.'"

15 "Você quer seguir a rota antiga,
que os iníquos percorreram?
16 Estes foram levados antes do tempo;
uma torrente arrastou os seus alicerces.
17 Diziam a Deus:
'Deixa-nos em paz.'
E perguntavam: 'O que pode fazer-nos
o Todo-Poderoso?'
18 Contudo, foi Deus
quem encheu de bens as casas deles.
Longe de mim o conselho dos ímpios!
19 Os justos veem a destruição deles
e se alegram;
o inocente zomba deles,
20 dizendo: 'Na verdade,
os nossos adversários
foram destruídos,
e o fogo consumiu o resto deles.'"

RECONCILIE-SE COM DEUS

21 "Portanto, reconcilie-se
com Deus, viva em paz com ele
e assim lhe sobrevirá o bem.

[22]Aceite a instrução
que vem da boca de Deus
e guarde as palavras dele
em seu coração.
[23]Se você se converter
ao Todo-Poderoso,
será restabelecido;
se afastar da sua tenda a injustiça
[24]e lançar ao pó o seu ouro —
o ouro de Ofir
entre pedras dos ribeiros —,
[25]então o Todo-Poderoso
será o seu ouro
e a sua prata escolhida.
[26]Então você encontrará prazer
no Todo-Poderoso
e levantará o seu rosto para Deus.
[27]Você fará oração,
e Deus o ouvirá;
e você pagará os seus votos.
[28]Se você projetar alguma coisa,
ela lhe será bem-sucedida,
e a luz brilhará em seus caminhos.
[29]Se forem humilhados,
você dirá: 'Para cima!'
E Deus salvará o humilde.
[30]Livrará até o que não é inocente;
sim, será libertado,
porque você tem as mãos limpas."

RESPOSTA DE JÓ
Caps. 23—24

QUEM DERA EU SOUBESSE ONDE ENCONTRAR DEUS!

23 [1]Então Jó respondeu:

[2]"Ainda hoje a minha queixa
é de um revoltado,
apesar de a minha mão
reprimir o meu gemido.
[3]Quem dera eu soubesse
onde encontrá-lo!
Então me chegaria ao seu tribunal.
[4]Exporia diante dele a minha causa,
encheria a minha boca de argumentos.
[5]Saberia com que palavras
ele me responderia
e entenderia o que ele fosse me dizer.
[6]Será que ele discutiria comigo,
segundo a grandeza
do seu poder?
Não! Ele me atenderia.
[7]Ali, o homem reto apresentaria
a sua causa diante dele,
e eu me livraria para sempre do meu juiz."

DEUS SABE O MEU CAMINHO

[8]"Se me adianto, Deus não está ali;
se volto para trás, não o percebo.
[9]Se ele age à minha esquerda, não o vejo;
se ele se esconde à minha direita,
não o enxergo.
[10]Mas ele sabe o meu caminho;
se ele me provasse,
eu sairia como o ouro.
[11]Os meus pés seguiram
as suas pisadas;
guardei o seu caminho
e não me desviei dele.
[12]Do mandamento dos seus lábios
nunca me afastei;
escondi no meu íntimo
as palavras da sua boca."

DEUS CUMPRIRÁ O QUE ESTÁ ORDENADO A MEU RESPEITO

[13]"Mas, se Deus resolveu
alguma coisa,
quem o pode convencer
a mudar de ideia?
O que ele quer, isso fará.
[14]Pois ele cumprirá
o que está ordenado
a meu respeito
e muitas coisas como estas
ainda tem planejado.
[15]Por isso, fico apavorado
na sua presença;
e, quando penso nisso,
tenho medo dele.
[16]Deus é quem fez
o meu coração esmorecer;
o Todo-Poderoso me encheu de pavor.
[17]Porque não estou desfalecido
por causa das trevas,
nem porque a escuridão
cobre o meu rosto."

OS MAUS ROUBAM

24 [1]"Por que o Todo-Poderoso
não designa
tempos de julgamento?
E por que os que o conhecem
não veem tais dias?
[2] Há os que removem os marcos
de divisa,
roubam os rebanhos
e os apascentam.
[3] Levam o jumento
que pertence ao órfão,
e, como penhor,
ficam com o boi da viúva.
[4] Desviam do caminho
os necessitados,
e os pobres da terra
todos têm de se esconder."

OS POBRES SÃO EXPLORADOS PELOS MAUS

[5]"Como jumentos selvagens no deserto,
os pobres saem para o seu trabalho,
à procura de alimento;
em campo aberto encontram comida
para eles e para os seus filhos.
[6] Cortam o seu pasto no campo,
e apanham as uvas que ficaram
nas vinhas dos ímpios.
[7] Passam a noite nus por falta de roupa
e não têm cobertas contra o frio.
[8] São encharcados
pelas chuvas das montanhas
e, por falta de abrigo, abraçam-se
às rochas.
[9] Orfãozinhos são arrancados do peito,
e dos pobres se toma penhor.
[10] Os pobres andam nus, sem roupa,
e, famintos,
carregam os feixes.
[11] Entre os muros desses perversos
espremem o azeite;
pisam as uvas no lagar,
enquanto padecem sede.
[12] Desde as cidades gemem
os que estão para morrer,
e a alma dos feridos
pede socorro,
mas Deus não considera isso anormal."

PERVERSOS, ASSASSINOS, ADÚLTEROS, LADRÕES

[13]"Os perversos são inimigos da luz,
não conhecem os seus caminhos,
nem permanecem nas suas veredas.
[14] O assassino se levanta de madrugada,
mata o pobre e o necessitado,
e de noite se torna ladrão.
[15] O olho do adúltero aguarda o
crepúsculo, dizendo:
'Ninguém me verá';
e cobre o rosto.
[16] Nas trevas,
ladrões invadem as casas,
mas de dia ficam escondidos;
não querem nada com a luz.
[17] Pois a manhã é para todos eles
como sombra de morte,
mas os terrores da noite
lhes são familiares."

DEUS ATENTA AO PERVERSO

[18]"Os perversos são levados
rapidamente
na superfície das águas;
a porção deles na terra é maldita,
e por isso já não andam
pelo caminho das vinhas.
[19] A seca e o calor
desfazem as águas da neve;
a sepultura faz o mesmo
com os que pecaram.
[20] A mãe se esquecerá deles,
os vermes os comerão com gosto;
nunca mais haverá
lembrança deles.
A injustiça será quebrada
como uma árvore.
[21] Maltratam as estéreis,
que não têm filhos,
e não fazem o bem às viúvas.
[22] Mas Deus, por sua força,
prolonga os dias dos valentes;
eles se veem em pé
quando desesperavam da vida.
[23] Ele lhes dá descanso,
e nisso se apoiam;
mas os olhos de Deus estão atentos
aos caminhos deles.

Como filhas de Deus, os nossos valores e métricas não são deste mundo.

24 São exaltados por breve tempo;
depois, passam, colhidos
como todos os demais;
são cortados
como as espigas do trigo.
25 Se não é assim,
quem me desmentirá
e anulará as minhas palavras?"

TERCEIRA FALA DE BILDADE
Cap. 25

PODE O HOMEM SER JUSTO DIANTE DE DEUS?

25 1 Então Bildade, o suíta, tomou a palavra e disse:

2 "A Deus pertence o domínio
e o poder;
ele faz reinar a paz
nas alturas celestes.
3 Será que é possível contar
os seus exércitos?
E sobre quem
não se levanta a sua luz?
4 Como pode o mortal ser justo
diante de Deus?
E como pode ser puro
aquele que nasce de mulher?
5 Eis que até a lua não tem brilho,
e as estrelas não são puras
aos olhos dele.
6 Quanto menos o homem,
que é larva,
e o filho do homem,
que é verme!"

JÓ CRITICA BILDADE
26.1-4

26 1 Então Jó respondeu:

2 "Como você sabe ajudar
o que não tem força!
Como você sabe socorrer o braço
que não tem vigor!
3 Como você sabe aconselhar
o que não tem sabedoria
e revelar plenitude
de verdadeiro conhecimento!
4 Com a ajuda de quem
você profere tais palavras?
E de quem é o espírito que fala em você?"

CONTINUAÇÃO DA TERCEIRA FALA DE BILDADE
26.5-14

A GRANDEZA DO PODER DE DEUS

5 "Os mortos tremem
debaixo das águas com os seus moradores.
6 O mundo dos mortos
está desnudo diante de Deus,
e não há coberta para o abismo.
7 Ele estende o norte sobre o vazio
e faz a terra pairar sobre o nada.
8 Prende as águas em densas nuvens,
e as nuvens não se rasgam
debaixo delas.
9 Encobre a face do seu trono
e sobre ele estende a sua nuvem.
10 Traçou um círculo
sobre a superfície das águas,
no limite entre a luz e as trevas.
11 As colunas do céu tremem
e se espantam diante da sua ameaça.
12 Com a sua força dominou o mar
e com o seu entendimento
despedaçou o monstro Raabe.
13 Pelo seu sopro o céu se aclarou,
a sua mão feriu a serpente veloz.
14 Eis que isto são apenas
as bordas dos seus caminhos!
Dele temos ouvido
apenas um leve sussurro!
Mas o trovão do seu poder,
quem o entenderá?"

RESPOSTA DE JÓ
Cap. 27

NUNCA ABRIREI MÃO DA MINHA INTEGRIDADE

27 1 Jó continuou em sua fala, dizendo:

2 "Tão certo como vive Deus,
que me tirou o direito,
o Todo-Poderoso,
que amargurou a minha alma,

3 enquanto eu puder respirar
e o sopro de Deus estiver
nas minhas narinas,
4 nunca os meus lábios
falarão injustiça,
nem a minha língua
pronunciará engano.
5 Longe de mim
que eu dê razão a vocês!
Até morrer, nunca abrirei mão
da minha integridade.
6 À minha justiça me apegarei
e não a largarei;
a minha consciência
não me acusará
em toda a minha vida."

QUE O MEU INIMIGO SEJA CASTIGADO

7 "Que o meu inimigo seja como
o perverso,
e o que se levantar contra mim,
como o injusto.
8 Porque qual será a esperança do ímpio,
quando lhe for tirada a vida,
quando Deus lhe arrancar a alma?
9 Será que Deus ouvirá o seu clamor,
quando lhe sobrevier a angústia?
10 Será que o ímpio encontrará prazer
no Todo-Poderoso
e invocará a Deus a todo o momento?"

11 "Vou ensinar a vocês
a respeito do poder de Deus
e não lhes ocultarei o que está na mente
do Todo-Poderoso.
12 Eis que todos vocês já viram isso.
Por que, então, ficam repetindo palavras
que não fazem sentido?"

A PORÇÃO QUE DEUS DARÁ AO PERVERSO

13 "Esta é a porção que Deus dará
ao perverso,
a herança que os opressores receberão
do Todo-Poderoso:
14 Se os filhos deles se multiplicarem,
será para que sejam mortos à espada;
e os seus descendentes passarão fome.
15 Os que sobreviverem, a peste
os sepultará,
e as suas viúvas não chorarão por eles."

16 "Se o perverso amontoar prata como pó
e acumular roupas como barro,
17 poderá até acumular tudo isso,
mas o justo é que vestirá as roupas,
e o inocente ficará com a prata.
18 A casa que ele edifica é como a
da traça,
como a cabana que o vigia constrói.
19 Rico, ele se deita com a sua riqueza,
mas, quando abre os olhos, ela já se foi.
20 Pavores se apoderam dele
como inundação,
de noite a tempestade o arrebata.
21 O vento leste o leva, e ele se vai;
varre-o com ímpeto do seu lugar.
22 Deus lança isto sobre ele e não
o poupa,
a ele que procura fugir às pressas da
sua mão.
23 Diante de sua queda,
as pessoas batem palmas;
ao vê-lo ir embora o vaiam com assobios."

ELOGIO DA SABEDORIA
Cap. 28

OS SEUS OLHOS VEEM O QUE HÁ DE PRECIOSO

28 1 "Na verdade, a prata
tem as suas minas,
e o ouro, que se refina, tem o seu lugar.
2 O ferro é tirado da terra,
e da pedra se funde o cobre.
3 Os homens põem termo à escuridão
e até os últimos confins procuram
as pedras ocultas nas trevas
e na densa escuridão.
4 Abrem entrada para minas
longe da habitação
dos homens;
são esquecidos
pelos que passam por cima;
e, assim, longe de todos,
dependurados em cordas,
balançam de um lado para outro.

5 Da terra procede o alimento,
mas embaixo ela é revolvida
como que pelo fogo.
6 Nas suas pedras
se encontra safira,
e há pó que contém ouro.
7 Essa vereda,
a ave de rapina a ignora,
e os olhos do falcão nunca a viram.
8 Feras majestosas nunca pisaram
essa vereda,
e nenhum leão passou por ali.
9 O homem estende a sua mão
contra o rochedo
e revolve os montes
desde as suas raízes.
10 Abre canais nas pedras,
e os seus olhos veem tudo
o que há de mais precioso.
11 Tapa os veios de água,
e nem uma gota sai deles;
e traz à luz o que estava escondido."

O VALOR DA SABEDORIA

12 "Mas onde se achará a sabedoria?
E em que lugar estará
o entendimento?
13 O ser humano não conhece
o valor da sabedoria,
e ela não se encontra
na terra dos viventes.
14 O abismo diz:
'Ela não está em mim.'
E o mar diz: 'Não está comigo.'
15 Não se compra a sabedoria
com ouro fino;
ela também não pode
ser paga com prata.
16 O seu valor não pode ser avaliado
pelo ouro de Ofir,
nem pelo precioso ônix,
nem pela safira.
17 O ouro não se iguala a ela, nem
o cristal;
não se pode trocá-la
por joias de ouro fino.
18 Ela faz esquecer o coral e o cristal;
o preço da sabedoria
é maior que o das pérolas.
19 O topázio da Etiópia
não se compara com ela;
não se compra a sabedoria
nem com ouro puro."

O TEMOR DO SENHOR É A SABEDORIA

20 "Mas de onde vem a sabedoria?
E em que lugar estará o entendimento?
21 Está encoberta aos olhos
de todos os seres vivos,
e oculta às aves do céu.
22 O abismo e a morte dizem:
'Ouvimos com os nossos ouvidos
a sua fama.'"

23 "Deus lhe entende o caminho,
e ele é quem sabe o seu lugar.
24 Porque o seu olhar
alcança as extremidades da terra;
ele vê tudo o que há
debaixo dos céus.
25 Quando Deus regulou
o peso do vento
e fixou a medida das águas;
26 quando determinou leis para a chuva
e caminho para o relâmpago
dos trovões,
27 então ele viu a sabedoria e
a manifestou;
estabeleceu-a e também a examinou.
28 E disse ao ser humano:
'Eis que o temor do SENHOR é a sabedoria,
e afastar-se do mal é o entendimento.'"

DEFESA FINAL DE JÓ

Caps. 29—31

DEUS CUIDAVA DE MIM

29 1 Jó continuou em sua fala, dizendo:

2 "Ah! Quem me dera ser
como fui nos meses passados,
como nos dias em que Deus
cuidava de mim!
3 Quando Deus fazia resplandecer
a sua lâmpada sobre a minha cabeça,
quando eu, guiado por sua luz,
caminhava na escuridão.

[4] Quem me dera ser como fui
nos dias do meu vigor,
quando a amizade de Deus
estava sobre a minha tenda,
[5] quando o Todo-Poderoso
ainda estava comigo,
e os meus filhos estavam ao meu redor,
[6] quando eu lavava
os meus pés em leite,
e da rocha me corriam rios de azeite.
[7] Quando eu me dirigia
até o portão da cidade
e mandava preparar
o meu assento na praça,
[8] os moços me viam
e se retiravam,
e os idosos se levantavam
e ficavam em pé.
[9] Os príncipes reprimiam
as suas palavras
e punham a mão sobre a boca.
[10] A voz dos nobres emudecia,
e a língua deles se apegava
ao céu da boca."

EU ERA PAI DOS NECESSITADOS

[11] "O ouvido que me ouvia
dizia que eu era feliz;
o olho que me via
dava testemunho de mim,
[12] porque eu livrava os pobres
que pediam ajuda
e também o órfão que não tinha
quem o socorresse.
[13] A bênção do que estava
prestes a perecer vinha sobre mim,
e eu fazia o coração da viúva
cantar de alegria.
[14] Eu me cobria de retidão,
e ela me servia de roupa;
a minha justiça era como
um manto e um turbante.
[15] Eu era os olhos do cego
e os pés do aleijado.
[16] Era pai dos necessitados
e até as causas dos desconhecidos
eu examinava.
[17] Eu quebrava os queixos dos iníquos
e arrancava as vítimas dos dentes deles."

TODOS ESPERAVAM O MEU CONSELHO

[18] "Eu dizia: 'Vou morrer no meu ninho,
e multiplicarei os meus dias
como a areia.
[19] As minhas raízes se estenderão
até as águas,
e o orvalho ficará durante a noite
sobre os meus ramos.
[20] A minha honra se renovará em mim,
e o meu arco se reforçará
na minha mão.'"

[21] "Os que me ouviam
esperavam o meu conselho
e guardavam silêncio para ouvi-lo.
[22] Depois que eu falava,
não diziam nada;
as minhas palavras caíam
sobre eles como orvalho.
[23] Esperavam-me
como se espera a chuva,
abriam a boca como para absorver
a chuva fora de época.
[24] Quando eu sorria para eles,
nem acreditavam;
e a luz do meu rosto
eles não desprezavam.
[25] Eu escolhia o caminho para eles,
assentava-me como chefe
e vivia como rei entre as suas tropas;
eu era como quem consola
os que pranteiam."

TODOS ZOMBAM DE MIM

30 [1] "Mas agora zombam de mim
os que têm menos idade
do que eu,
cujos pais eu não teria aceito
nem para colocar ao lado
dos cães do meu rebanho.
[2] De que também me serviria
a força de suas mãos,
se eles são homens
cujo vigor já desapareceu?
[3] Enfraqueceram de tanto
passar fome e necessidade;
roem a terra seca,
desde muito em ruínas e desolada.

[4] Apanham malvas e folhas de arbustos
e se alimentam de raízes de zimbro.
[5] São expulsos do meio das pessoas;
grita-se contra eles, como se grita
atrás de um ladrão.
[6] Têm de morar nos
desfiladeiros sombrios,
nas cavernas da terra e das rochas.
[7] Uivam entre os arbustos
e se ajuntam debaixo dos espinheiros.
[8] São filhos de doidos,
gente sem nome,
e são escorraçados da terra."

[9] "Mas agora sou
a canção de deboche dessa gente;
sirvo de provérbio no meio deles.
[10] Eles me detestam,
fogem para longe de mim
e não têm receio de me cuspir
no rosto.
[11] Deus afrouxou a corda
do meu arco e me oprimiu;
por isso, sacudiram de si
o freio diante de mim.
[12] À minha direita se levanta
um bando e me empurra,
e contra mim prepara
o seu caminho de destruição.
[13] Arruínam o meu caminho;
promovem a minha destruição
sem a ajuda de ninguém.
[14] Vêm contra mim
como por uma grande brecha
e se revolvem avante
no meio das ruínas.
[15] Sobrevieram-me pavores;
a minha honra é como que varrida
pelo vento;
como nuvem passou
a minha felicidade."

TU FOSTE CRUEL COMIGO

[16] "Agora a minha alma
se derrama dentro de mim;
os dias da aflição
se apoderam de mim.
[17] A noite perfura os meus ossos,
e o mal que me corrói não descansa.
[18] Pela grande violência
do meu mal está desfigurada
a minha roupa;
este mal me envolve
como a gola da minha túnica.
[19] Deus me lançou na lama,
e me tornei semelhante ao pó e à cinza."

[20] "Clamo a ti, ó Deus, e não
me respondes;
estou em pé,
mas apenas olhas para mim.
[21] Tu foste cruel comigo;
e, com a força da tua mão, me atacas.
[22] Tu me levantas sobre o vento
e me fazes cavalgá-lo;
no estrondo da tempestade
me jogas de um lado para outro.
[23] Pois eu sei
que me levarás à morte
e à casa destinada
a todos os vivos."

[24] "Não é fato que de um montão de
ruínas
um homem estenderá a sua mão?
E, na sua desventura, não levantará
um grito por socorro?
[25] Por acaso, não chorei
por aquele que atravessava
dias difíceis?
Não se angustiou a minha alma
pelo necessitado?
[26] Quando eu esperava o bem,
eis que me veio o mal;
esperava a luz, e veio a escuridão."

EU CLAMO POR SOCORRO

[27] "O meu íntimo se agita
sem cessar;
e dias de aflição me sobrevêm.
[28] Tenho a pele queimada, mas não
pelo sol;
levanto-me na congregação
e clamo por socorro.
[29] Sou irmão dos chacais
e companheiro de avestruzes.
[30] A minha pele escurece e cai;
os meus ossos queimam de febre.

31 Por isso, a minha harpa é usada
para fazer lamentações,
e a minha flauta, para acompanhar
os que choram."

QUE DEUS ME PESE NUMA BALANÇA JUSTA

31 1 "Fiz uma aliança com os meus olhos:
de não olhar para uma virgem.
2 Do contrário, qual seria
a minha porção do Deus lá de cima,
e que herança receberia
do Todo-Poderoso desde as alturas?
3 Por acaso, não é a perdição para o ímpio,
e a desgraça para os que praticam
a maldade?
4 Será que Deus não vê os meus
caminhos
e não conta todos os meus passos?
5 Se andei com falsidade
ou se o meu pé se apressou para o
engano
6 — que Deus me pese
numa balança justa
e conhecerá a minha integridade!"

NUNCA COBICEI, NEM ADULTEREI

7 "Se os meus passos se desviaram
do caminho,
se o meu coração
segue os meus olhos,
e se alguma mancha
se apegou às minhas mãos,
8 então que outros comam
o que eu semeei,
e que seja arrancado
o que se produz no meu campo.
9 Se o meu coração se deixou
seduzir por uma mulher,
se fiquei rondando
a porta do meu próximo,
10 então que a minha mulher
moa os cereais
para outro homem,
e que outros se deitem com ela.
11 Pois eu teria cometido
um crime hediondo,
um delito a ser punido pelos juízes.
12 Isso seria fogo que consome
até a destruição
e arrancaria toda a minha colheita
pela raiz."

SEMPRE FUI JUSTO E CARIDOSO

13 "Se não reconheci o direito do meu
servo
ou da minha serva
quando eles reclamavam contra mim,
14 então que faria eu
quando Deus se levantasse
no tribunal?
E, se ele me interrogasse,
que lhe responderia eu?
15 Aquele que me formou
no ventre de minha mãe
não os fez também a eles?
Ou não é o mesmo Deus
que nos formou
no ventre materno?"

16 "Se retive o que os pobres
desejavam
ou deixei que os olhos das viúvas
esperassem em vão;
17 ou, se sozinho comi o meu bocado,
sem reparti-lo com os órfãos
18 — porque
desde a minha mocidade
eu os criei como se fosse
pai deles,
durante toda a minha vida
fui o guia das viúvas —;
19 se vi alguém perecer
por falta de roupa
ou notava que o necessitado
não tinha com que se cobrir;
20 se ele não me agradeceu
do fundo do coração,
quando se aquecia
com a lã dos meus cordeiros;
21 se eu levantei a mão
contra o órfão,
sabendo que eu tinha o apoio dos juízes,
22 então que a omoplata caia do
meu ombro,
e que o meu braço
seja arrancado da articulação.

[23] Porque o castigo de Deus
seria para mim um assombro,
e eu não poderia enfrentar
a sua majestade."

NUNCA NEGUEI A DEUS

[24] "Se no ouro pus a minha esperança
ou se eu disse ao ouro fino:
'Você é a minha garantia';
[25] se me alegrei por ser grande
a minha riqueza
e por ter a minha mão
alcançado muito;
[26] se olhei para o sol,
quando resplandecia,
ou para a lua, que caminhava
em seu esplendor,
[27] e o meu coração se deixou
seduzir em segredo,
e eu lhes atirei beijos com a mão,
[28] também isto seria um delito
a ser punido pelos juízes,
pois eu teria negado a Deus,
que está lá em cima."

NUNCA ME ALEGREI COM O MAL

[29] "Se me alegrei
com a desgraça
do que me odeia
e se exultei
quando o mal o atingiu
[30] — eu que não deixei a minha
boca pecar,
rogando praga
para que morresse —;
[31] se as pessoas que moram
na minha tenda não disseram:
'Quem nos dera encontrar
alguém que não se saciou
da carne provida por ele'
[32] — pois o estrangeiro
não pernoitava na rua;
as minhas portas estavam
sempre abertas
para os viajantes! —;
[33] se, como Adão, encobri
as minhas transgressões,
ocultando a minha iniquidade
em meu íntimo,
[34] porque eu tinha medo da
grande multidão,
e o desprezo das famílias
me apavorava,
fazendo com que eu me calasse
e não saísse da porta..."

EIS AQUI A MINHA DEFESA

[35] "Quem dera que eu tivesse
quem me ouvisse!
Eis aqui a minha defesa assinada!
Que o Todo-Poderoso
me responda!
Que o meu adversário escreva
a sua acusação!
[36] Por certo que a levaria
sobre o meu ombro,
e a poria sobre mim
como se fosse uma coroa.
[37] Eu lhe mostraria
o número dos meus passos;
como príncipe
eu me aproximaria dele."

[38] "Se a minha terra clamar
contra mim,
e se os seus sulcos
juntamente chorarem;
[39] se comi os seus frutos
sem pagar
ou se causei a morte
aos seus donos,
[40] que ela produza espinhos
em vez de trigo,
e joio em lugar de cevada."

Fim das palavras de Jó.

AS FALAS DE ELIÚ
Caps. 32—37

32 [1] Aqueles três homens pararam de
responder a Jó, porque ele se con-
siderava justo. [2] Então se acendeu a ira de
Eliú, filho de Baraquel, o buzita, da família
de Rão. Ele ficou indignado contra Jó, porque
este pretendia ser mais justo do que Deus.
[3] Eliú também ficou irado com os três ami-
gos de Jó, porque, mesmo não tendo o que
responder, eles o condenavam. [4] Eliú, porém,

havia esperado para falar a Jó, pois os outros
eram mais velhos do que ele. 5 Quando Eliú
viu que aqueles três homens já não tinham
o que responder, ficou irado.

PRIMEIRA FALA DE ELIÚ
Caps. 32—33

O SOPRO DE DEUS DÁ ENTENDIMENTO

6 Então Eliú, filho de Baraquel, o buzita,
tomou a palavra e disse:

"Eu sou de menos idade,
e vocês são idosos.
Por isso, tive receio
e fiquei com medo
de dar a minha opinião.
7 Pensei assim: 'Que falem
os que têm mais idade,
e que a multidão dos anos
ensine a sabedoria.'
8 Na verdade, há um espírito no homem,
e o sopro do Todo-Poderoso
lhe dá entendimento.
9 Os de mais idade não são os sábios,
nem são os velhos
os que entendem o que é reto.
10 Por isso digo:
Escutem o que vou dizer,
e também eu
darei a minha opinião."

DEUS PODE VENCÊ-LO, E NÃO O HOMEM

11 "Eis que esperei que vocês falassem
e dei ouvidos às suas considerações,
enquanto, quem sabe,
buscavam o que dizer.
12 Dei atenção ao que diziam,
mas nenhum de vocês
conseguiu refutar Jó,
nem responder
aos seus argumentos.
13 Portanto, não me venham
com a seguinte desculpa:
'Descobrimos a sabedoria!
Deus pode vencê-lo,
e não o homem.'
14 Ora, ele não me dirigiu
palavra alguma,
e eu não lhe responderei
com as palavras
que vocês usaram."

DAREI A MINHA OPINIÃO

15 "Jó, os três estão pasmados,
já não respondem,
faltam-lhes as palavras.
16 Será que devo esperar,
pois não falam,
estão parados
e nada mais respondem?
17 Também eu de minha parte
vou responder
e darei a minha opinião.
18 Porque tenho muito que falar,
e o meu espírito me constrange.
19 Eis que dentro de mim
sou como o vinho,
sem respiradouro,
como odres novos,
prestes a arrebentar.
20 Permitam, pois, que eu fale
para poder desabafar;
abrirei os lábios e responderei.
21 Não tratarei nenhum de vocês
com parcialidade
e não vou lisonjear ninguém.
22 Porque não sei lisonjear;
se assim fizesse, em breve
me levaria o meu Criador."

OS MEUS LÁBIOS PROFEREM O PURO SABER

33 1 "E agora, Jó, escute
os meus argumentos
e dê ouvidos
a todas as minhas palavras.
2 Passo agora a falar;
em minha boca fala a língua.
3 Os meus argumentos provam
a sinceridade do meu coração,
e os meus lábios
proferem o puro saber.
4 O Espírito de Deus me fez,
e o sopro do Todo-Poderoso
me dá vida."

[5] "Responda-me, se for capaz;
prepare os seus argumentos
e apresente-se diante de mim.
[6] Eis que diante de Deus
sou igual a você;
também eu fui formado do barro.
[7] Por isso, não tenha medo de mim;
a minha mão não será pesada sobre
você."

VOCÊ DISSE QUE NÃO TEM INIQUIDADE

[8] "Na verdade,
você falou diante de mim;
eu ouvi o som das suas palavras,
dizendo:
[9] 'Estou limpo,
sem transgressão;
sou puro e não tenho iniquidade.
[10] Eis que Deus procura
pretextos contra mim
e me considera seu inimigo.
[11] Prendeu os meus pés
com correntes
e observa
todas as minhas veredas.'"

DEUS É MAIOR DO QUE O HOMEM

[12] "Devo lhe dizer que nisto
você não tem razão;
porque Deus é maior
do que o homem.
[13] Por que você discute com ele,
afirmando que ele não presta contas
de nenhum dos seus atos?
[14] Pelo contrário, Deus fala
de um modo, sim, de dois modos,
mas o homem não atenta para isso.
[15] Em sonho ou em visão de noite,
quando o sono profundo cai
sobre as pessoas,
quando adormecem na cama,
[16] então lhes abre os ouvidos
e lhes sela a sua instrução,
[17] para afastar o ser humano
dos seus planos
e livrá-lo do orgulho;
[18] para guardar a sua alma da cova
e a sua vida de passar pela espada."

DEUS LHE RESTITUI A SUA JUSTIÇA

[19] "Também no seu leito
é castigado com dores,
com incessante conflito em seus ossos;
[20] de modo que abomina o pão,
e detesta até
a comida mais saborosa.
[21] A sua carne, que se via,
agora desaparece,
e os seus ossos, que não se viam,
agora aparecem.
[22] A sua alma está perto da morte,
e a sua vida se aproxima
dos que trazem a morte."

[23] "Se com ele houver
um anjo intercessor,
um dos milhares,
para declarar ao homem
o que é certo,
[24] então Deus
terá misericórdia dele
e dirá ao anjo:
'Livre-o, para que
não desça à cova;
já achei um resgate para ele.'
[25] Então a sua carne recupera
o vigor da infância,
e ele volta aos dias da juventude.
[26] Ele ora a Deus,
que se agrada dele;
com alegria vê a face de Deus,
e Deus lhe restitui a sua justiça.
[27] Depois, cantará
diante de todos e dirá:
'Pequei, perverti o direito
e não fui punido como merecia.
[28] Deus livrou a minha alma
de ir para a cova,
e a minha vida verá a luz.'"

[29] "Eis que Deus faz tudo isto
duas e três vezes no seu trato
com o ser humano,
[30] para reconduzir da cova
a sua alma
e iluminá-lo
com a luz dos viventes."

31 "Agora, Jó, preste atenção
e escute o que vou dizer;
fique calado, porque vou falar.
32 Se você tem alguma coisa
a dizer, diga;
fale, porque gostaria
de lhe dar razão.
33 Se não, escute o que vou dizer;
fique calado,
e eu lhe ensinarei
a sabedoria."

SEGUNDA FALA DE ELIÚ

Cap. 34

34 1 Eliú disse mais:
2 "Vocês que são sábios,
ouçam as minhas palavras;
vocês que são instruídos,
escutem o que vou dizer.
3 Porque o ouvido
avalia as palavras,
assim como o paladar
prova a comida.
4 Escolhamos para nós
o que é direito;
conheçamos entre nós
o que é bom."

DEUS NÃO PERVERTE O DIREITO

5 "Porque Jó disse: 'Sou justo,
e Deus tirou o meu direito.
6 Apesar do meu direito,
sou considerado mentiroso;
a minha ferida é incurável,
embora não tenha cometido
nenhum pecado.'"

7 "Será que existe outro homem
semelhante a Jó
que bebe a zombaria
como se fosse água?
8 Ele segue o caminho
dos que praticam a iniquidade
e anda com homens perversos.
9 Pois disse:
'De nada adianta
ao homem
ter o seu prazer em Deus.'"

10 "Por isso, vocês que têm
entendimento, me escutem:
longe de Deus o praticar ele
a maldade,
e longe do Todo-Poderoso
o cometer injustiça.
11 Pois Deus retribui ao homem
segundo as suas obras
e paga a cada um
conforme o seu caminho.
12 Na verdade, Deus não pratica o mal;
o Todo-Poderoso
não perverte o direito.
13 Quem lhe entregou
o governo da terra?
Quem lhe confiou o universo?
14 Se Deus pensasse
apenas em si mesmo
e fizesse voltar para si
o seu espírito e o seu sopro,
15 toda a humanidade morreria
ao mesmo tempo,
e o homem voltaria para o pó."

DEUS É JUSTO E PODEROSO

16 "Portanto, se você
tem entendimento, escute isto;
dê ouvidos ao som das minhas palavras.
17 Se Deus odiasse o direito,
será que poderia governar?
E será que você quer condenar
aquele que é justo e poderoso?
18 Será que alguém diria a um rei:
'Você não vale nada!'?
Ou diria aos príncipes:
'Seus perversos!'?
19 Quanto menos dirá isso
àquele que não privilegia os príncipes,
e que não favorece
o rico em prejuízo do pobre;
porque todos são obra de suas mãos.
20 De repente, morrem;
no meio da noite, as pessoas
são abaladas e passam,
e os poderosos são levados
por uma força invisível.
21 Os olhos de Deus estão
sobre os caminhos do homem
e veem todos os seus passos.

Quem não sabe lidar com a infertilidade não alcançará a maturidade nem terá raízes suficientes para sustentar o peso dos galhos cheios de frutos.

[22] Não há trevas nem sombra
profunda o bastante,
onde os que praticam a iniquidade
possam se esconder.
[23] Pois Deus não precisa observar
o homem por muito tempo
antes de o fazer comparecer
em juízo diante dele.
[24] Deus arrasa os poderosos,
sem os inquirir,
e põe outros em seu lugar.
[25] Porque ele conhece
as obras deles;
de noite, os transtorna
e eles são esmagados.
[26] Ele os castiga
como se fossem ímpios,
à vista de todos,
[27] porque se afastaram de Deus,
e não quiseram compreender
nenhum de seus caminhos,
[28] e assim fizeram com que
o grito dos pobres subisse até Deus,
e este ouviu o lamento dos aflitos."

[29] "Se ele se calar, quem o condenará?
Se encobrir o rosto, quem poderá vê-lo?
Mas ele está acima dos povos
e das pessoas,
[30] para que o ímpio não reine,
e não haja quem iluda o povo."

VOCÊ PROMETEU PARAR DE PRATICAR INJUSTIÇA?

[31] "Se alguém se dirige a Deus, dizendo:
'Sofri, não vou pecar mais;
[32] ensina-me o que não consigo ver;
se cometi injustiça,
jamais voltarei a praticá-la',
[33] será que Deus deve recompensá-lo
segundo
o que você quer ou não quer?
Será que ele deve dizer:
'Escolha você, e não eu;
diga o que você sabe; fale'?"

[34] "Os homens que têm
entendimento me responderão,
o sábio que me ouve dirá:
[35] 'Jó falou sem conhecimento,
e nas palavras dele não há sabedoria.'
[36] Quem dera Jó fosse provado até o fim,
porque ele respondeu
como homem iníquo.
[37] Pois ao seu pecado
acrescenta rebelião;
entre nós, em tom de zombaria,
bate palmas
e multiplica as suas palavras contra Deus."

TERCEIRA FALA DE ELIÚ

Cap. 35

35 [1] Eliú disse ainda:

[2] "Você acha que é justo dizer:
'A minha justiça é maior
do que a de Deus'?
[3] Porque você diz:
'De que me serviria ela?
Que proveito tenho,
se eu não pecar?'
[4] Eu darei a resposta a você
e aos seus amigos também.
[5] Olhe para o céu e veja;
contemple as altas nuvens
acima de você."

A SUA IMPIEDADE SÓ PODE FAZER MAL AO HOMEM

[6] "Se você peca, que mal causa a Deus?
Se as suas transgressões
se multiplicam, que prejuízo
isso poderia trazer a ele?
[7] Se você é justo, o que está dando a ele
ou o que ele recebe da sua mão?
[8] A sua impiedade só pode
fazer mal ao homem;
e a sua justiça só pode dar proveito
ao filho do homem."

[9] "Por causa das muitas opressões,
as pessoas clamam;
clamam por socorro
contra o braço dos poderosos.
[10] Mas ninguém diz:
'Onde está Deus, que me fez,
que inspira canções de louvor
durante a noite,

[11] que nos ensina mais do que
aos animais da terra
e nos faz mais sábios
do que as aves dos céus?'
[12] Clamam, porém ele não responde,
por causa da arrogância dos maus.
[13] Só gritos vazios Deus não ouvirá;
o Todo-Poderoso
não lhes dará atenção."

VOCÊ ABRE A BOCA COM PALAVRAS VAZIAS

[14] "Jó, ainda que você diga que não o vê,
a sua causa está diante dele;
por isso, espere em Deus.
[15] Mas agora, porque Deus
na sua ira não está punindo,
nem fazendo muito caso
das transgressões,
[16] você abre a sua boca com
palavras vazias,
amontoando frases sem sabedoria."

QUARTA FALA DE ELIÚ
Caps. 36—37

36 [1] Eliú seguiu falando e disse:

[2] "Mais um pouco de paciência,
e eu lhe mostrarei
que tenho mais argumentos
a favor de Deus.
[3] Trarei o meu conhecimento
de longe
e atribuirei a justiça
ao meu Criador.
[4] Porque, na verdade,
as minhas palavras
não são falsas;
quem está diante de você
é senhor do assunto."

DEUS É GRANDE E NÃO DESPREZA NINGUÉM

[5] "Eis que Deus é grande
e não despreza ninguém;
ele é grande na força
da sua compreensão.
[6] Não poupa a vida do ímpio,
mas faz justiça aos aflitos.
[7] Deus não tira os seus olhos dos justos;
pelo contrário, os assenta no trono
com os reis, para sempre,
e eles são exaltados.
[8] Se estão presos com correntes
e amarrados com cordas de aflição,
[9] ele lhes faz ver as suas obras,
as suas transgressões,
e que se mostraram arrogantes.
[10] Abre-lhes também os ouvidos
para a instrução
e ordena que se convertam
da iniquidade.
[11] Se o ouvirem e o servirem,
acabarão os seus dias
em felicidade
e os seus anos em delícias.
[12] Porém, se não o ouvirem,
serão passados pela espada
e morrerão na sua cegueira."

[13] "Os ímpios de coração
alimentam a ira;
e, quando são aprisionados
por Deus, não clamam
pedindo socorro.
[14] Perdem a vida na sua mocidade
e morrem entre os prostitutos cultuais.
[15] Deus livra o aflito
por meio da sua aflição
e pelo sofrimento
lhe abre os ouvidos."

NÃO SE INCLINE PARA A INIQUIDADE

[16] "Assim também a você
Deus procura tirar da angústia
e levar para um lugar espaçoso,
em que não há aperto,
e para o conforto de uma mesa
cheia de comida saborosa.
[17] Mas você se enche do juízo
do perverso,
e, por isso, o juízo e a justiça
o alcançarão.
[18] Tenha cuidado para que
a ira não o leve a zombar,
nem permita que a grande quantia
do resgate o desvie.

[19] Será que ele levaria em conta
as suas lamúrias e todos
os seus grandes esforços,
para que você se veja livre
da sua angústia?
[20] Não suspire pela noite,
em que povos serão tirados do seu lugar.
[21] Cuidado! Não se incline
para a iniquidade,
você parece preferir a iniquidade
à sua miséria."

DEUS SE MOSTRA GRANDE EM SEU PODER!

[22] "Eis que Deus se mostra grande
em seu poder!
Quem é mestre como ele?
[23] Quem lhe prescreveu
o seu caminho
ou quem pode lhe dizer:
'Cometeste uma injustiça'?
[24] Lembre-se de exaltar
as obras de Deus,
que as pessoas celebram.
[25] Toda a humanidade olha para elas;
as pessoas as contemplam de longe.
[26] Eis que Deus é grande,
e não o podemos compreender;
o número dos seus anos
não se pode calcular."

O PODER E A MAJESTADE DE DEUS

[27] "Ele atrai para si as gotas de água
que de seu vapor destilam em chuva,
[28] a qual as nuvens derramam
e gotejam sobre a terra
em grande abundância.
[29] Pode alguém entender
como ele estende as nuvens
e como os trovões
ecoam em sua tenda?
[30] Eis que ele espalha sobre elas
o seu relâmpago
e encobre as profundezas do mar.
[31] Pois por estas coisas
ele julga os povos
e lhes dá alimento
em abundância.
[32] Enche as mãos de relâmpagos
e os arremessa
contra o adversário.
[33] O fragor da tempestade
dá notícias a respeito dele,
dele que é zeloso na sua ira
contra a injustiça."

37 [1] "Diante disto, o meu coração treme
e salta do seu lugar.
[2] Ouçam atentamente
o trovão de Deus,
o estrondo que sai da sua boca.
[3] Ele o solta por baixo
de todos os céus,
e o seu relâmpago chega
até os confins da terra.
[4] Depois deste, ruge a sua voz,
troveja com o estrondo
da sua majestade,
e ele já não retém o relâmpago
quando se ouve a sua voz.
[5] Com a sua voz Deus
troveja maravilhosamente;
ele faz grandes coisas,
que nós não compreendemos.
[6] Porque ele diz à neve:
'Caia sobre a terra';
e à chuva e ao aguaceiro: 'Sejam fortes'.
[7] Assim, ele torna inativas
as mãos de todos,
para que reconheçam as obras dele.
[8] Os animais entram
nos seus esconderijos
e ficam nas suas cavernas.
[9] De suas recâmaras
sai a tempestade,
e os ventos fortes trazem o frio.
[10] Pelo sopro de Deus se dá a geada,
e uma grande extensão de água congela.
[11] Carrega de umidade as densas nuvens,
e do meio delas
irradia o seu relâmpago.
[12] Então as nuvens,
segundo o rumo que ele dá,
se espalham para uma e outra direção,
para fazerem tudo
o que lhes ordena
sobre a superfície da terra.

13 E tudo isso ele faz vir
para disciplina, se convém à terra,
ou para exercer a sua misericórdia."

DEUS É PERFEITO EM CONHECIMENTO

14 "Dê ouvidos a isto, Jó;
pare e pense
nas maravilhas de Deus.
15 Será que você sabe
como Deus comanda as nuvens
e como faz resplandecer
o relâmpago da sua nuvem?
16 Será que você sabe algo
sobre o equilíbrio das nuvens
e sobre as maravilhas
daquele que é perfeito
em conhecimento?
17 Você, cujas roupas ficam aquecidas
quando há forte calor
por causa do vento sul,
18 será que você pode ajudar
Deus a estender o firmamento,
que é sólido como espelho
de metal fundido?
19 Ensine-nos o que devemos
dizer a ele,
porque nós, envoltos em trevas,
não podemos expor
a nossa causa diante dele.
20 Será que alguém deveria
contar a Deus que eu quero
falar com ele?
Se alguém fizesse isso,
seria devorado."

21 "Eis que ninguém
pode olhar para o sol,
que brilha no céu,
uma vez passado o vento
que o deixa limpo.
22 Do norte vem o áureo esplendor,
pois Deus está cercado
de tremenda majestade.
23 Quanto ao Todo-Poderoso,
não o podemos compreender.
Ele é grande em poder,
porém não perverte o juízo
e a plenitude da justiça.
24 Por isso, as pessoas o temem;
ele não olha
para os que se julgam sábios."

DIÁLOGO FINAL
38.1—42.6

PRIMEIRA RESPOSTA DE DEUS A JÓ
38.1—40.2

38 1 Então, do meio de um redemoinho,
o SENHOR respondeu a Jó e disse:

2 "Quem é este
que obscurece os meus planos
com palavras sem conhecimento?
3 Cinja os lombos como homem,
pois eu lhe farei perguntas,
e você me responderá."

EU LANCEI OS FUNDAMENTOS DA TERRA

4 "Onde você estava,
quando eu lancei
os fundamentos da terra?
Responda, se você tem entendimento.
5 Quem determinou
as medidas da terra,
se é que você o sabe?
Ou quem estendeu sobre ela
uma linha de medir?
6 Sobre o que estão firmadas as suas
bases
ou quem lhe assentou a pedra angular,
7 quando as estrelas da alva,
juntas, alegremente cantavam,
e todos os filhos de Deus
gritavam de alegria?"

8 "Ou quem encerrou o mar com portões,
quando irrompeu do ventre,
9 quando eu lhe pus
as nuvens por vestimenta
e a escuridão por fraldas,
10 quando eu lhe tracei limites,
e lhe pus ferrolhos e portas,
11 e disse: 'Até aqui você pode chegar,
mas deste ponto não passará.
Aqui se quebrará o orgulho
das suas ondas'?"

DE ONDE VÊM A LUZ E A ESCURIDÃO?

12 "Alguma vez na vida
você deu ordens à madrugada
ou mostrou ao amanhecer
o seu lugar,
13 para que agarrasse a terra
pelas extremidades
e dela sacudisse os perversos?
14 A terra se modela
como o barro debaixo do selo,
e tudo se apresenta como um vestido.
15 Dos ímpios é retirada a sua luz,
e o braço levantado para ferir se quebra."

16 "Você foi até as nascentes do mar
ou percorreu o mais profundo
do abismo?
17 Será que a você foram reveladas
as portas da morte?
Você viu essas portas
da região tenebrosa?
18 Você tem noção clara
da largura da terra?
Responda, se você sabe tudo isso."

19 "Onde está o caminho
para a morada da luz?
E, quanto às trevas, onde é o seu lugar,
20 para que você as conduza
ao seu território
e conheça o caminho para a sua casa?
21 Você sabe isso,
porque nesse tempo
já era nascido
e porque é grande
o número dos seus dias!"

QUEM FAZ A NEVE?

22 "Você alguma vez
entrou nos depósitos da neve
ou viu os reservatórios do granizo,
23 que eu guardo
até o tempo da angústia,
até o dia da batalha e da guerra?
24 Qual é o caminho para o lugar
onde se difunde a luz
e onde o vento leste
se espalha sobre a terra?"

QUEM FAZ A CHUVA, O ORVALHO, O GELO E A GEADA?

25 "Quem abriu canais
para o aguaceiro
ou caminho para os relâmpagos
e trovões,
26 para fazer chover sobre a terra
onde não há ninguém,
e nos lugares desertos
onde ninguém mora;
27 para dessedentar a terra deserta
e assolada
e para fazer crescer
os renovos da erva?
28 Por acaso a chuva tem pai?
Ou quem gera as gotas de orvalho?
29 De que ventre procede o gelo?
E quem dá à luz a geada do céu?
30 As águas ficam duras
como a pedra,
e a superfície das profundezas
se torna compacta."

VOCÊ CONHECE AS LEIS QUE GOVERNAM O CÉU?

31 "Será que você pode atar
as correntes do Sete-estrelo
ou soltar as cordas do Órion?
32 Você pode fazer aparecer
as constelações a seu tempo
ou guiar a Ursa Maior
com os seus filhos?
33 Você conhece as leis
que governam os céus,
e pode estabelecer
a sua influência sobre a terra?"

QUEM PODE DERRAMAR A CHUVA?

34 "Você é capaz de levantar
a sua voz até as nuvens,
para que a abundância das águas
cubra você?
35 Você pode dar ordens
aos relâmpagos,
para que saiam e lhe digam:
'Às suas ordens!'?
36 Quem pôs sabedoria no coração
ou deu entendimento à mente?

37 Quem pode numerar
com sabedoria as nuvens?
Ou os cântaros dos céus,
quem os pode despejar,
38 para que o pó se transforme
em massa sólida,
e os torrões se apeguem
uns aos outros?"

QUEM ALIMENTA OS ANIMAIS E AS AVES?

39 "Será que é você que caça
a presa para a leoa
ou mata a fome dos leõezinhos,
40 quando se agacham nos covis
e ficam à espreita nas suas covas?
41 Quem prepara o alimento
para o corvo,
quando os seus filhotes
clamam a Deus
e andam vagueando,
por não terem o que comer?"

QUEM FEZ CADA ANIMAL COM O SEU JEITO DE SER?

39 1 "Você sabe o tempo em que
as cabras-monteses têm os filhos
ou cuidou das corças
quando dão suas crias?
2 Pode contar os meses que cumprem?
Ou sabe o tempo do seu parto?
3 Elas se encurvam
para terem seus filhos,
e lançam de si as suas dores.
4 Seus filhos se tornam robustos,
crescem no campo aberto,
saem e nunca mais voltam
para elas.
5 Quem pôs em liberdade
o jumento selvagem?
Quem soltou as suas cordas?
6 Eu lhe dei o deserto por casa
e a terra salgada por morada.
7 Ele se ri do tumulto da cidade,
não ouve os gritos do guia.
8 Os montes são o lugar
do seu pasto,
e anda à procura
de tudo o que está verde.
9 Será que o boi selvagem
aceitará trabalhar para você?
Será que ele passará a noite
junto da sua manjedoura?
10 Por acaso você consegue
prendê-lo ao arado com cordas?
Ou irá ele atrás de você
para desfazer os torrões
nos campos do vale?
11 Você vai confiar nele,
por causa da grande força
que ele tem,
ou deixará o seu trabalho
por conta dele?
12 Você acredita que ele trará
para casa o que você semeou
e o recolherá na sua eira?"

13 "A avestruz bate alegre as asas,
como se tivesse asas
e plumagem de cegonha.
14 Ela põe os seus ovos no chão
e deixa que sejam chocados na areia,
15 e se esquece de que algum pé
os pode esmagar
ou de que os animais do campo
podem pisá-los.
16 Trata com dureza os seus filhos,
como se não fossem seus.
Embora seja em vão o seu trabalho,
ela está tranquila,
17 porque Deus lhe negou
sabedoria
e não lhe deu entendimento.
18 Mas, quando de um salto
se levanta para correr,
ri do cavalo e do cavaleiro."

19 "Por acaso foi você quem deu
força ao cavalo
ou revestiu o seu pescoço
de crinas?
20 É você quem o faz pular
como gafanhoto?
Terrível é o fogoso respirar
das suas ventas.
21 Escarva no vale,
satisfeito com a sua força,
e sai ao encontro dos inimigos.

Sempre poderemos escolher: olhar para as situações que vivemos sob a perspectiva celestial ou nos abraçarmos ao sofrimento.

[22] Zomba do medo
e não se espanta;
não recua por causa da espada.
[23] Sobre ele balança a aljava,
cintila a lança e o dardo.
[24] Com ímpeto e fúria
vai engolindo as distâncias
e não se contém ao som do clarim.
[25] A cada toque do clarim ele diz:
'Avante!'
Cheira de longe a batalha,
o grito dos comandantes
e o alarido de guerra."

[26] "Será que é pela inteligência
que você tem que o falcão voa,
estendendo as suas asas para o Sul?
[27] Ou é por uma ordem sua
que a águia sobe
e faz o seu ninho lá no alto?
[28] Ela mora no penhasco
onde faz a sua morada,
no alto do penhasco,
em lugar seguro.
[29] Dali, descobre a presa;
seus olhos a avistam de longe.
[30] Seus filhotes chupam sangue;
onde há mortos, ali ela está."

40 [1] O Senhor disse mais a Jó:

[2] "Será que alguém
que usa de censuras
poderá discutir
com o Todo-Poderoso?
Que responda a isso
aquele que critica Deus!"

PRIMEIRA RESPOSTA DE JÓ A DEUS
40.3-5

[3] Então Jó respondeu ao Senhor e disse:

[4] "Sou indigno.
Que te responderia eu?
Ponho a mão sobre a minha boca.
[5] Uma vez falei,
e não direi mais nada;
aliás, duas vezes,
porém não prosseguirei."

SEGUNDA E ÚLTIMA RESPOSTA DE DEUS A JÓ
40.6—41.34

VOCÊ TEM UM BRAÇO TÃO FORTE COMO O BRAÇO DE DEUS?

[6] Então o Senhor, do meio de um redemoi-
nho, respondeu a Jó e disse:

[7] "Cinja os lombos como homem,
pois eu lhe farei perguntas,
e você me responderá.
[8] Será que você está querendo
anular a minha justiça?
Ou me condenará, para se justificar?
[9] Você tem um braço tão forte
como o braço de Deus?
Você pode trovejar
com a voz como ele troveja?
[10] Adorne-se, então,
de excelência e grandeza,
e vista-se de majestade e glória.
[11] Derrame as torrentes da sua ira;
olhe para os orgulhosos
e humilhe-os.
[12] Sim, olhe para eles e humilhe-os;
esmague os ímpios
no lugar onde estiverem.
[13] Cubra-os todos no pó;
prenda todos eles no sepulcro.
[14] Então também eu confessarei
a seu respeito
que a sua mão direita
lhe dá vitória."

QUEM É CAPAZ DE APANHAR O MONSTRO BEEMOTE?

[15] "Contemple agora
o Beemote, que eu criei
junto com você,
e que come capim como o boi.
[16] A força dele está
nos seus lombos,
e o seu poder,
nos músculos do seu ventre.
[17] Ele endurece a sua cauda
como cedro;
os tendões das suas coxas
estão entretecidos.

18 Os seus ossos
são como tubos de bronze;
as suas pernas
são como barras de ferro.
19 Ele é obra-prima dos feitos de Deus;
aquele que o fez o proveu de espada.
20 Na verdade,
os montes lhe produzem pasto,
onde todos os animais selvagens
se divertem.
21 Deita-se debaixo das árvores de lótus,
no esconderijo da lama,
no meio dos juncos.
22 As árvores de lótus
o cobrem com sua sombra;
os salgueiros do ribeiro o rodeiam.
23 Se um rio transborda, ele não
se apressa;
fica tranquilo mesmo que o Jordão
se levante até a sua boca.
24 Será que alguém pode apanhá-lo
quando ele está olhando?
Ou lhe meter um laço pelo nariz?"

QUEM É CAPAZ DE ENFRENTAR O MONSTRO LEVIATÃ?

41 1 "Você é capaz de pescar
o monstro Leviatã com um anzol
e prender a sua língua
com uma corda?
2 Você consegue passar
uma vara de junco pelo nariz dele?
Ou furar o queixo dele com um gancho?
3 Por acaso ele lhe fará muitas súplicas?
Ou lhe falará palavras brandas?
4 Será que ele fará
um acordo com você,
para que seja seu escravo
para sempre?
5 Será que você vai brincar
com ele,
como se fosse
um passarinho?
Irá prendê-lo com uma corda,
para dá-lo às suas meninas?
6 Será que os seus sócios
o colocarão à venda?
Ou irão reparti-lo
entre os negociantes?
7 Você consegue encher
de arpões a pele dele?
Ou cravar fisgas de pesca
na sua cabeça?
8 Ponha a mão sobre ele;
você se lembrará da luta
e nunca mais repetirá o gesto."

9 "Eis que a gente se engana
na esperança que tem;
não é fato que alguém cairá
por terra só em vê-lo?
10 Ninguém é tão ousado,
que se atreva a despertá-lo."

"Quem então será capaz
de se erguer diante de mim?
11 Quem primeiro deu algo
a mim, para que eu tenha
de retribuir-lhe?
Pois o que está debaixo
de todos os céus é meu."

12 "Não me calarei a respeito
das pernas do Leviatã,
nem da sua grande força,
nem da graça
da sua compostura.
13 Quem poderá tirar
a capa do seu dorso?
Ou lhe penetrará
a dupla couraça?
14 Quem abriria as portas
de sua boca?
Pois em roda dos seus dentes
está o terror.
15 As fileiras de suas escamas
são o seu orgulho,
cada uma bem-encostada
como por um selo
que as ajusta.
16 A tal ponto
uma se junta à outra,
que entre elas
não passa nem o ar.
17 Elas se ligam
umas às outras,
aderem entre si
e não podem ser separadas.

[18] Cada um dos seus espirros
faz resplandecer a luz,
e os seus olhos são como
os raios do amanhecer.
[19] Da sua boca
saem tochas;
faíscas de fogo saltam dela.
[20] Das suas narinas
procede fumaça,
como de uma panela fervente
sobre juncos em chama.
[21] O sopro dele acende o carvão;
da sua boca saem chamas.
[22] No seu pescoço
reside a força;
e diante dele salta o desespero.
[23] Suas partes carnudas
são bem-pegadas entre si;
todas fundidas nele e imóveis.
[24] O coração dele é duro
como uma pedra,
firme como a pedra inferior
de um moinho.
[25] Quando ele se levanta,
os valentes tremem;
quando ele irrompe,
ficam como que fora de si.
[26] Se o golpe de espada o alcança,
isso não tem efeito algum,
e o mesmo vale para a lança,
o dardo ou a flecha.
[27] Para ele,
o ferro é como palha,
e o cobre, como pau podre.
[28] As flechas não o fazem fugir;
para ele, as pedras das fundas
se transformam em palha.
[29] Os porretes são para ele
como talos de capim;
quando agitam a lança,
ele dá risada.
[30] Debaixo do ventre
ele tem escamas pontiagudas;
arrasta-se sobre a lama,
como um instrumento de debulhar.
[31] Leva as profundezas a ferver
como panela;
torna o mar
como caldeira de unguento.
[32] Deixa atrás de si
um sulco luminoso,
como se o abismo
tivesse uma cabeleira branca.
[33] Na terra, não há ninguém
como ele,
pois foi feito para nunca ter medo.
[34] O Leviatã olha com desprezo
tudo o que é alto;
é rei sobre
todos os orgulhosos."

ÚLTIMA RESPOSTA DE JÓ AO SENHOR

42.1-6

42 [1] Então Jó respondeu ao SENHOR e disse:
[2] "Bem sei que tudo podes,
e nenhum dos teus planos
pode ser frustrado.
[3] Tu perguntaste:
'Quem é este que,
sem conhecimento,
encobre os meus planos?'
Na verdade,
falei do que eu não entendia,
coisas que são maravilhosas
demais para mim,
coisas que eu não conhecia.
[4] Disseste:
'Escute, porque eu vou falar;
farei perguntas,
e você me responderá.'
[5] Eu te conhecia só de ouvir,
mas agora os meus olhos te veem.
[6] Por isso,
me abomino
e me arrependo no pó e na cinza."

CENA FINAL

42.7-17

OS TRÊS AMIGOS DE JÓ

[7] Depois que o SENHOR falou estas pala-
vras a Jó, o SENHOR disse também a Elifaz, o
temanita:
— A minha ira se acendeu contra você e
contra os seus dois amigos, porque vocês não
falaram a meu respeito o que é reto, como

o meu servo Jó falou. [8] Agora peguem sete
novilhos e sete carneiros, e vão até o meu
servo Jó, e ofereçam holocaustos em favor
de vocês. O meu servo Jó orará por vocês, e
eu aceitarei a intercessão dele, para que eu
não os trate segundo a falta de juízo de vocês.
Porque vocês não falaram a meu respeito o
que é reto, como o meu servo Jó falou.
[9] Então Elifaz, o temanita, Bildade, o suíta,
e Zofar, o naamatita, foram e fizeram o que o
Senhor lhes havia ordenado; e o Senhor aceitou a oração de Jó.

A NOVA FAMÍLIA DE JÓ

[10] O Senhor restaurou a sorte de Jó, quando
este orou pelos seus amigos, e o Senhor lhe
deu o dobro de tudo o que tinha tido antes.
[11] Então vieram a ele todos os seus irmãos,
todas as suas irmãs e todos os que o haviam conhecido antes, e comeram com ele em sua
casa. E se condoeram dele, e o consolaram
por todo o mal que o Senhor tinha enviado
sobre ele. E cada um lhe deu dinheiro e um
anel de ouro.
[12] O Senhor abençoou o último estado de Jó
mais do que o primeiro. Ele veio a ter catorze
mil ovelhas, seis mil camelos, mil juntas de
bois e mil jumentas. [13] Também teve outros
sete filhos e três filhas. [14] À primeira filha
deu o nome de Jemima; à segunda chamou
de Quézia; e à terceira, Quéren-Hapuque.
[15] Em toda aquela terra não havia mulheres tão bonitas como as filhas de Jó; e seu
pai lhes deu herança entre seus irmãos.
[16] Depois disto, Jó viveu mais cento e quarenta anos; e viu os seus filhos e os filhos de
seus filhos, até a quarta geração. [17] E assim
Jó morreu, após uma longa velhice.

Livros Poéticos

Livro 19 com 150 SALMOS

Salmos

SIGNIFICADO DO TÍTULO

Salmos é uma coleção de cânticos e poemas que expressam uma ampla gama de manifestações humanas, incluindo louvor, adoração, gratidão, arrependimento, tristeza, alegria e confiança em Deus. O nome "Salmos" no hebraico é *Tehillim*, que significa "louvores", ou "cânticos de louvor", e deriva do grego *psalmos*, que se refere a "música acompanhada por instrumento de corda".

AUTORIA

O livro de Salmos foi escrito por muitos autores, com base em títulos que aparecem no início de cada salmo, alguns deles nas versões hebraica e grega. Questões críticas e históricas podem levantar dúvidas sobre a autenticidade de algumas atribuições específicas. Os autores e os salmos de sua autoria seriam: Davi (73 salmos), Moisés (Sl 90), Salomão (Sl 72; 127), Asafe (Sl 50; 73—83), Hemã (Sl 88) e Etã (Sl 89).

ESTRUTURA DO LIVRO

- ★ Salmos de louvor e adoração Sl 1—41
- ★ Salmos de lamento e súplica Sl 42—72
- ★ Salmos de confiança e esperança Sl 73—89
- ★ Salmos de gratidão e louvor Sl 90—106
- ★ Salmos de confissão e arrependimento Sl 107—150

TEMAS DE SALMOS

Salmos revela uma teologia profunda e abrangente, que destaca a soberania, a bondade, a misericórdia e a fidelidade de Deus. Também explora a natureza humana, revelando a fragilidade e a necessidade do ser humano, bem como a resposta adequada à grandeza de Deus: adoração, confiança e obediência.

SALMOS E CRISTO

Salmos revela Jesus com profecias detalhadas sobre sua vida e ministério (cf. Sl 22; 110) e até imagens e atributos messiânicos que encontram seu cumprimento nele como Rei, Pastor, Justo e Salvador.

LIVRO I (SALMOS 1—41)

Quando nos permitirmos estar enraizadas no amor do Senhor, seremos como a árvore descrita no primeiro capítulo do livro de Salmos, que frutifica no tempo certo e sua folhagem permanece viva.

OS JUSTOS E OS ÍMPIOS

1 [1] Bem-aventurado é aquele
que não anda no conselho dos ímpios,
não se detém no caminho
dos pecadores,
nem se assenta na roda
dos escarnecedores.
[2] Pelo contrário, o seu prazer está na lei
do SENHOR,
e na sua lei medita
de dia e de noite.
[3] Ele é como árvore plantada
junto a uma corrente de águas,
que, no devido tempo,
dá o seu fruto,
e cuja folhagem não murcha;
e tudo o que ele faz
será bem-sucedido.

[4] Os ímpios não são assim;
são, porém, como a palha
que o vento dispersa.
[5] Por isso, os ímpios
não prevalecerão no juízo,
nem os pecadores,
na congregação dos justos.
[6] Pois o SENHOR conhece
o caminho dos justos,
mas o caminho dos ímpios perecerá.

O REINADO DO UNGIDO DE DEUS

2 [1] Por que se enfurecem as nações
e os povos imaginam coisas vãs?
[2] Os reis da terra se levantam,
e as autoridades conspiram
contra o SENHOR e contra
o seu Ungido, dizendo:
[3] "Vamos romper os seus laços
e sacudir de nós as suas algemas."

[4] Aquele que habita nos céus
dá risada;
o Senhor zomba deles.
[5] Na sua ira, a seu tempo,
lhes falará
e no seu furor os deixará
apavorados, dizendo:
[6] "Eu constituí o meu Rei
sobre o meu santo monte Sião."

[7] O rei diz: "Proclamarei o decreto
do SENHOR.
Ele me disse: 'Você é meu Filho,
hoje eu gerei você.
[8] Peça, e eu lhe darei as nações por
herança
e as extremidades da terra por
sua possessão.
[9] Com uma vara de ferro você as
quebrará
e as despedaçará como um vaso de
oleiro.'"

[10] Agora, pois, ó reis, sejam prudentes;
deixem-se advertir, juízes da terra.
[11] Sirvam o SENHOR com temor
e alegrem-se nele com tremor.
[12] Beijem o Filho para que não se irrite,
e não pereçam no caminho;
porque em breve se acenderá a sua ira.

Bem-aventurados todos os que nele
se refugiam.

CONFIANÇA NA SALVAÇÃO DE DEUS

Salmo de Davi quando fugia de Absalão, seu filho

3 [1] SENHOR, como tem crescido o número
dos meus adversários!
São numerosos os que se levantam
contra mim.
[2] São muitos os que dizem de mim:
"Não há em Deus salvação para ele."

[3] Porém tu, SENHOR,
és o meu escudo protetor,
és a minha glória
e o que exalta a minha cabeça.
[4] Com a minha voz clamo ao SENHOR,
e ele do seu santo monte
me responde.

[5] Eu me deito e pego no sono;
acordo, porque o SENHOR
me sustenta.

[6] Não tenho medo dos milhares
que tomam posição contra mim
de todos os lados.

[7] Levanta-te, SENHOR!
Salva-me, Deus meu,
pois desferes um golpe no queixo
de todos os meus inimigos
e quebras os dentes dos ímpios.

[8] Do SENHOR é a salvação.
A tua bênção esteja sobre o teu povo!

CONFIANÇA EM DEUS NA ANGÚSTIA

Ao mestre de canto, com instrumentos de cordas. Salmo de Davi

4 [1] Responde-me quando clamo, ó Deus
da minha justiça;
na angústia, tu me deste alívio;
tem misericórdia de mim e ouve a
minha oração.

[2] Filhos dos homens, até quando vocês
vão querer transformar
a minha glória em vergonha?
Até quando amarão a vaidade e
buscarão a mentira?
[3] Saibam, porém, que o SENHOR distingue
para si o piedoso;
o SENHOR me ouve quando eu clamo por ele.

[4] Tremam de medo e não pequem;
consultem no travesseiro o coração
e sosseguem.
[5] Ofereçam sacrifícios de justiça
e confiem no SENHOR.

[6] Há muitos que dizem: "Quem nos dará
a conhecer o bem?"
SENHOR, levanta sobre nós a luz do
teu rosto.
[7] Mais alegria me puseste no coração do
que a alegria deles,
quando eles têm fartura de cereal e de vinho.

[8] Em paz me deito e logo pego no sono,
porque só tu, SENHOR, me fazes
repousar seguro.

ORAÇÃO PEDINDO A PROTEÇÃO DE DEUS

Ao mestre de canto, para flautas. Salmo de Davi

5 [1] Dá ouvidos, SENHOR, às minhas palavras
e acode ao meu gemido.
[2] Escuta, Rei meu e Deus meu,
a minha voz que clama,
pois a ti é que imploro.
[3] De manhã, SENHOR, ouves a minha voz;
de manhã te apresento a minha oração e
fico esperando.

[4] Pois tu não és Deus que se agrade
com a iniquidade,
e contigo não subsiste o mal.
[5] Os arrogantes não permanecerão
na tua presença;
odeias todos os que praticam
a iniquidade.
[6] Tu destróis os que proferem mentira;
o SENHOR abomina o sanguinário
e o fraudulento.
[7] Eu, porém, pela riqueza da
tua misericórdia,
entrarei na tua casa
e me prostrarei diante do teu
santo templo,
no teu temor.

[8] SENHOR, guia-me na tua justiça,
por causa dos meus adversários;
endireita diante de mim o teu caminho.
[9] Porque na boca dos meus
adversários não há sinceridade;
o íntimo deles
está cheio de crimes;
a garganta deles
é sepulcro aberto,
e com a língua lisonjeiam.
[10] Declara-os culpados, ó Deus;
que eles caiam
por seus próprios planos.
Rejeita-os por causa de
suas muitas transgressões,
pois se rebelaram contra ti.

[11] Mas alegrem-se todos
os que confiam em ti;

cantem de júbilo para sempre,
porque tu os defendes;
e em ti se gloriem
os que amam
o teu nome.
12 Pois tu, SENHOR,
abençoas o justo
e, como escudo,
o cercas da tua bondade.

ORAÇÃO EM TEMPO DE ANGÚSTIA

Ao mestre de canto, com instrumentos de oito cordas. Salmo de Davi

6 1 SENHOR, não me repreendas na tua ira,
nem me castigues no teu furor.
2 Tem compaixão de mim, SENHOR,
porque eu me sinto debilitado;
sara-me, SENHOR,
porque os meus ossos estão abalados.
3 Também a minha alma está
profundamente perturbada;
mas tu, SENHOR, até quando?

4 Volta-te, SENHOR, e socorre-me;
salva-me por tua graça.
5 Pois, na morte,
não há recordação de ti;
no sepulcro,
quem te dará louvor?

6 Estou cansado de tanto gemer;
todas as noites faço nadar o meu leito,
de minhas lágrimas o alago.
7 De tristeza os meus olhos
se consomem,
envelhecem por causa de todos os
meus adversários.

8 Afastem-se de mim, todos vocês
que praticam a iniquidade,
porque o SENHOR ouviu
a voz do meu lamento;
9 o SENHOR ouviu a minha súplica;
o SENHOR acolhe a minha oração.
10 Sejam envergonhados e fiquem
extremamente perturbados
todos os meus inimigos;
retirem-se, num instante,
cobertos de vergonha.

ORAÇÃO PEDINDO JUSTIÇA

Cântico de Davi. Entoado ao SENHOR, com respeito às palavras de Cuxe, benjamita

7 1 SENHOR, meu Deus, em ti me refugio;
salva-me de todos
os que me perseguem e livra-me,
2 para que ninguém, como leão,
me arrebate,
despedaçando-me, não havendo
quem me livre.

3 SENHOR, meu Deus, se eu fiz isso de que
me culpam,
se cometi alguma injustiça,
4 se paguei com o mal
a quem estava em paz comigo,
eu, que poupei aquele
que sem razão me oprimia,
5 então que o inimigo me persiga
e me alcance,
pisoteie no chão a minha vida
e reduza a pó a minha glória.

6 Levanta-te, SENHOR,
na tua indignação,
mostra a tua grandeza contra
a fúria dos meus adversários
e desperta-te em meu favor,
segundo o juízo que designaste.
7 Reúnam-se os povos ao redor de ti,
e das alturas domina sobre eles.
8 O SENHOR julga os povos;
julga-me, SENHOR, segundo a minha
justiça
e segundo a integridade que há em mim.
9 Que cesse a maldade dos ímpios.
Fortalece o justo,
pois sondas a mente e o coração,
ó Deus justo.

10 Deus é o meu escudo;
ele salva os retos de coração.
11 Deus é justo juiz,
Deus que sente indignação todos
os dias.
12 Se alguém não se converter, Deus
afiará a sua espada;
já armou e deixou pronto o seu arco;

[13] para ele já preparou armas mortais,
fez as suas setas inflamadas.

[14] Eis que o ímpio está com dores
de iniquidade;
concebeu a maldade
e dá à luz a mentira.
[15] Abre e aprofunda uma cova,
e cai nesse mesmo poço que faz.
[16] A sua maldade recai sobre a cabeça,
e sobre o próprio crânio desce a
sua violência.

[17] Eu, porém, louvarei o SENHOR, segundo
a sua justiça,
e cantarei louvores ao nome do
SENHOR Altíssimo.

A GLÓRIA DIVINA E A DIGNIDADE DO FILHO DO HOMEM

Ao mestre de canto, segundo a melodia "Os lagares". Salmo de Davi

8 [1] Ó SENHOR, Senhor nosso,
como é magnífico o teu nome em toda
a terra!
Pois puseste nos céus a tua majestade.
[2] Da boca de pequeninos e crianças de
peito
suscitaste força, por causa
dos teus adversários,
para fazeres emudecer o inimigo e
o vingador.

[3] Quando contemplo os teus céus,
obra dos teus dedos,
e a lua e as estrelas
que estabeleceste,
[4] que é o homem, para que dele
te lembres?
E o filho do homem,
para que o visites?
[5] Fizeste-o, no entanto, por um pouco,
menor do que Deus
e de glória e de honra o coroaste.
[6] Deste-lhe domínio sobre as obras da
tua mão
e sob seus pés tudo lhe puseste:
[7] ovelhas e bois, todos,
e também os animais do campo;
[8] as aves do céu, os peixes do mar
e tudo o que percorre as veredas
dos mares.

[9] Ó SENHOR, Senhor nosso,
como é magnífico o teu nome em toda
a terra!

LOUVOR A DEUS PELA SUA JUSTIÇA

Ao mestre de canto, segundo a melodia "A morte para o filho". Salmo de Davi

9 [1] Eu te louvarei, SENHOR, de todo o meu
coração;
contarei todas as tuas maravilhas.
[2] Em ti me alegrarei e exultarei;
ao teu nome,
ó Altíssimo,
eu cantarei louvores.

[3] Pois, ao retrocederem os
meus inimigos,
tropeçam e somem
da tua presença.
[4] Porque defendes o meu direito
e a minha causa;
no trono te assentas
e julgas retamente.

[5] Tu repreendes as nações,
destróis o ímpio
e para todo o sempre
lhes apagas o nome.
[6] Quanto aos inimigos,
estão consumidos,
suas ruínas são perpétuas;
arrasaste as suas cidades;
até a memória deles pereceu.

[7] Mas o SENHOR permanece
no seu trono eternamente,
trono que erigiu para julgar.
[8] Ele mesmo julga o mundo
com justiça;
julgará os povos com retidão.
[9] O SENHOR é também
alto refúgio para o oprimido,
refúgio nas horas de angústia.

10 Em ti, pois, confiam
os que conhecem o teu nome,
porque tu, SENHOR,
não desamparas os que te buscam.

11 Cantem louvores ao SENHOR,
que habita em Sião;
proclamem entre os povos
o que ele tem feito.
12 Pois aquele que requer o sangue
lembra-se deles
e não se esquece
do clamor dos aflitos.

13 Compadece-te de mim, SENHOR;
vê a que sofrimentos
me reduziram os que me odeiam,
tu que me levantas
das portas da morte;
14 para que, às portas
da filha de Sião,
eu proclame
todos os teus louvores
e me alegre na tua salvação.

15 As nações se afundaram
na cova que fizeram,
no laço que esconderam
ficou preso o seu pé.
16 O SENHOR se dá a conhecer
pelo juízo que executa;
os ímpios ficam enredados
nas obras de suas próprias mãos.

17 No inferno serão lançados
os perversos,
todas as nações
que se esquecem de Deus.
18 Pois o necessitado não será
esquecido para sempre,
e a esperança dos aflitos
não será frustrada
perpetuamente.

19 Levanta-te, SENHOR;
não deixes que
os mortais prevaleçam.
Sejam as nações julgadas
na tua presença.
20 Infunde-lhes o medo, SENHOR;
saibam as nações que não passam
de simples mortais.

ORAÇÃO PEDINDO JUSTIÇA

10 1 Por que, SENHOR,
te conservas longe?
Por que te escondes
nas horas de angústia?
2 Com arrogância, os ímpios
perseguem os pobres;
que eles sejam apanhados nas ciladas
que armaram!

3 Pois o perverso se gloria da sua
própria cobiça,
o avarento maldiz o SENHOR
e blasfema contra ele.
4 Em sua soberba, o perverso
não investiga;
tudo o que ele pensa
é que Deus não existe.
5 São prósperos os caminhos dele
em todo tempo;
muito acima e longe dele
estão os teus juízos;
quanto aos seus adversários,
ele a todos trata com desprezo.
6 Pois lá no seu íntimo diz: "Jamais
serei abalado;
de geração em geração,
nenhum mal me sobrevirá."
7 A sua boca está cheia de maldição,
enganos e opressão;
debaixo da língua ele tem
insulto e maldade.
8 Põe-se de tocaia nas aldeias,
trucida os inocentes nos lugares ocultos;
seus olhos espreitam
o desamparado.
9 Ele se põe de emboscada, como o leão
na sua caverna;
está de emboscada
para enlaçar o pobre:
apanha-o e o arrasta
com a sua rede.
10 Abaixa-se, rasteja;
nas suas garras
caem os necessitados.

11 Diz ele, no seu íntimo:
"Deus se esqueceu,
virou o rosto
e nunca verá isto."

12 Levanta-te, SENHOR!
Ó Deus, ergue a tua mão!
Não te esqueças dos pobres.
13 Por que o ímpio despreza Deus,
dizendo no seu íntimo que Deus
não lhe pedirá contas?
14 Tu, porém, tens visto isso, porque
atentas
ao sofrimento e à dor,
para que os possas tomar em tuas mãos.
A ti se entrega o desamparado;
tu tens sido o defensor do órfão.
15 Quebra o braço do perverso e
do malvado;
pede contas da sua maldade, até que a
descubras de todo.

16 O SENHOR é rei eterno:
da sua terra somem as nações.
17 Tens ouvido, SENHOR, o desejo
dos humildes;
tu lhes firmarás o coração e ouvirás o
seu clamor,
18 para fazeres justiça ao órfão e
ao oprimido,
a fim de que o ser humano, que é
da terra,
não volte a espalhar o terror.

DEUS É FORTE REFÚGIO

Ao mestre de canto. Salmo de Davi

11 1 No SENHOR me refugio.
Como então vocês dizem
à minha alma:
"Fuja como um pássaro
para o seu monte"?
2 Porque eis aí os ímpios,
armando os seus arcos;
colocam a flecha na corda,
para, às escondidas, dispararem
contra os retos de coração.
3 Ora, se forem destruídos
os fundamentos,
que poderá fazer o justo?

4 O SENHOR está no seu santo templo;
nos céus o SENHOR tem
o seu trono;
os seus olhos estão atentos,
as suas pálpebras sondam
os filhos dos homens.
5 O SENHOR põe à prova
o justo e o ímpio;
mas ele abomina
o que ama a violência.
6 Fará chover sobre os perversos
brasas de fogo e enxofre,
e vento abrasador será a parte
do cálice deles.
7 Por ser justo,
o SENHOR ama a justiça;
os retos lhe contemplarão a face.

AUXÍLIO CONTRA A FALSIDADE

Ao mestre de canto, para instrumentos de oito cordas. Salmo de Davi

12 1 Salva-nos, SENHOR!
Porque já não há
quem seja piedoso;
desaparecem os fiéis
entre os filhos dos homens.
2 Falam com falsidade uns aos outros,
falam com lábios bajuladores e
coração fingido.

3 Que o SENHOR corte todos os lábios
bajuladores
e a língua que fala soberbamente.
4 Pois dizem: "Com a nossa
língua prevaleceremos;
os lábios são nossos; quem é senhor
sobre nós?"

5 "Por causa da opressão dos pobres
e do gemido dos necessitados,
eu me levantarei agora", diz o SENHOR,
"e porei a salvo aquele que anseia por isso."
6 As palavras do SENHOR são palavras puras,
prata refinada em forno de barro,
depurada sete vezes.

7 Sim, SENHOR, tu nos guardarás;
tu nos livrarás desta geração
para sempre.

[8] Os perversos andam por toda parte,
quando aquilo que não presta é exaltado
entre os filhos
dos homens.

ORAÇÃO DE FÉ

Ao mestre de canto. Salmo de Davi

13 [1] Até quando, SENHOR, te esquecerás de mim?
Será para sempre?
Até quando esconderás de mim
o teu rosto?
[2] Até quando estarei relutando
em minha alma,
com tristeza no coração cada dia?
Até quando o meu inimigo
se exaltará sobre mim?

[3] Olha para mim e responde-me,
SENHOR, meu Deus!
Ilumina os meus olhos, para que
eu não durma o sono da morte;
[4] para que o meu inimigo não diga:
"Prevaleci contra ele";
e não se alegrem os meus adversários,
se eu for abalado.

[5] Quanto a mim,
confio na tua graça;
que o meu coração se alegre
na tua salvação.
[6] Cantarei ao SENHOR,
porque ele me tem feito muito bem.

A CORRUPÇÃO DO PECADOR E SUA REDENÇÃO

Sl 53

Ao mestre de canto. Salmo de Davi

14 [1] Diz o insensato no seu coração:
"Não há Deus."
São corruptos
e praticam abominação;
já não há quem faça o bem.

[2] Do céu o SENHOR olha
para os filhos dos homens,
para ver se há
quem tenha entendimento,
se há quem busque a Deus.

[3] Todos se desviaram
e juntamente se corromperam;
não há quem faça o bem,
não há nem um sequer.

[4] Será que não entendem nada
todos esses
que praticam a iniquidade,
que devoram o meu povo
como se comessem pão,
e que não invocam o SENHOR?
[5] Lá, ficarão tomados
de grande pavor,
porque Deus está
com a linhagem do justo.
[6] Vocês querem frustrar
o conselho dos humildes,
mas o SENHOR é o refúgio deles.

[7] Quem dera que de Sião viesse já
a salvação de Israel!
Quando o SENHOR restaurar
a sorte do seu povo,
Jacó exultará
e Israel se encherá de alegria.

O QUE DEUS ESPERA DO SEU POVO

Salmo de Davi

15 [1] SENHOR, quem habitará
no teu tabernáculo?
Quem poderá morar
no teu santo monte?

[2] Aquele que vive com integridade,
que pratica a justiça,
e, de coração, fala a verdade;
[3] aquele que não difama
com sua língua,
não faz mal ao próximo,
nem lança injúria
contra o seu vizinho;
[4] aquele que, a seus olhos,
tem por desprezível
ao que merece reprovação,
mas honra os que temem
o SENHOR;
aquele que jura
e cumpre o que prometeu,
mesmo com prejuízo próprio;

[5] aquele que não empresta
o seu dinheiro com usura,
nem aceita suborno
contra o inocente.

Quem age assim
não será jamais abalado.

O SANTO DE DEUS

Hino de Davi

16 [1] Guarda-me, ó Deus,
porque em ti me refugio.
[2] Digo ao SENHOR:
"Tu és o meu Senhor;
outro bem não possuo,
senão a ti somente."
[3] Quanto aos santos
que há na terra,
eles são os notáveis
nos quais tenho todo o meu prazer.

[4] Muitas serão as dores
dos que trocam o SENHOR
por outros deuses;
não oferecerei as suas libações
de sangue,
e os meus lábios não pronunciarão
os nomes deles.

[5] O SENHOR é a porção
da minha herança
e o meu cálice;
tu sustentas a minha sorte.
[6] As minhas divisas caíram
em lugares agradáveis;
é linda a minha herança.
[7] Bendigo o SENHOR,
que me aconselha;
pois até durante a noite
o meu coração me ensina.
[8] Tenho o SENHOR sempre
diante de mim;
estando ele à minha direita,
não serei abalado.

[9] Por isso o meu coração se alegra
e o meu espírito exulta;
até o meu corpo
repousará seguro.
[10] Pois não deixarás a minha alma
na morte,
nem permitirás que o teu Santo
veja corrupção.
[11] Tu me farás ver os caminhos da vida;
na tua presença há plenitude de alegria,
à tua direita, há delícias perpetuamente.

SÚPLICA POR PROTEÇÃO DIVINA

Oração de Davi

17 [1] Ouve, SENHOR, a causa justa,
atende o meu clamor!
Dá ouvidos à minha oração, pois ela não
procede
de lábios enganosos.
[2] Venha da tua presença
o julgamento a meu respeito;
os teus olhos veem com equidade.

[3] Sondas o meu coração, de noite
me visitas,
provas-me no fogo e não encontras em
mim
nenhuma iniquidade;
a minha boca não transgride.
[4] Quanto às obras humanas,
pela palavra dos teus lábios
eu tenho me guardado
dos caminhos do violento.
[5] Os meus passos se acostumaram
às tuas veredas,
os meus pés não resvalaram.

[6] Eu te invoco, ó Deus, pois tu
me respondes;
inclina os ouvidos para mim e ouve as
minhas palavras.
[7] Mostra as maravilhas da tua bondade,
ó Salvador daqueles que à tua direita se
refugiam
dos seus adversários.
[8] Guarda-me como a menina dos olhos;
esconde-me à sombra das tuas asas.
[9] Protege-me dos perversos que
me oprimem,
dos inimigos que me assediam de morte.

[10] Insensíveis, eles cerram o coração
e falam com lábios insolentes;

[11] andam agora cercando
os nossos passos
e fixam em nós os olhos
para nos derrubar.
[12] Parecem-se com o leão,
ávido por sua presa,
ou o leãozinho,
que espreita de emboscada.

[13] Levanta-te, SENHOR!
Enfrenta-os e arrasa-os!
Com a tua espada livra
a minha alma do ímpio.
[14] Com a tua mão, SENHOR,
livra-me dos homens
deste mundo,
cuja porção é desta vida
e cujo ventre tu enches
com os teus tesouros;
os quais se fartam de filhos
e o que lhes sobra deixam
aos seus pequeninos.

[15] Eu, porém, na justiça
contemplarei a tua face;
quando acordar, me satisfarei
com a tua semelhança.

CÂNTICO DE VITÓRIA

2Sm 22.1-51

Ao mestre de canto. Salmo de Davi, servo do SENHOR, o qual dirigiu ao SENHOR as palavras deste cântico, no dia em que o SENHOR o livrou de todos os seus inimigos e das mãos de Saul. Ele disse:

18 [1] Eu te amo, ó SENHOR,
força minha.
[2] O SENHOR é a minha rocha,
a minha fortaleza,
o meu libertador;
o meu Deus, o meu rochedo
em que me refugio;
o meu escudo,
a força da minha salvação,
o meu alto refúgio.
[3] Invoco o SENHOR,
digno de ser louvado,
e serei salvo dos meus inimigos.

[4] Laços de morte me cercaram;
torrentes de perdição
me impuseram terror.
[5] Cadeias infernais me envolveram,
e tramas de morte
me surpreenderam.

[6] Na minha angústia, invoquei o SENHOR;
gritei por socorro ao meu Deus.
Do seu templo ele ouviu a minha voz,
e o meu clamor
chegou aos seus ouvidos.

[7] Então a terra se abalou e tremeu;
vacilaram também os fundamentos
dos montes
e se abalaram, porque Deus estava irado.
[8] Das suas narinas subiu fumaça,
e fogo devorador
saiu da sua boca;
dele saíram brasas ardentes.
[9] Ele baixou os céus e desceu,
e teve sob os pés densa escuridão.
[10] Cavalgava um querubim e voou;
foi levado sobre as asas do vento.
[11] Das trevas fez um manto em que
se ocultou;
escuridão de águas
e espessas nuvens dos céus
eram o seu abrigo.
[12] Do resplendor que diante dele havia,
as densas nuvens se desfizeram
em granizo e brasas de fogo.
[13] O SENHOR trovejou nos céus;
o Altíssimo levantou a sua voz,
e houve granizo e brasas de fogo.
[14] Atirou as suas flechas
e espalhou os meus inimigos;
multiplicou os seus raios
e os dispersou.
[15] Então se viu o leito das águas,
e se descobriram os fundamentos
do mundo,
pela tua repreensão, SENHOR,
pelo sopro impetuoso das tuas narinas.

[16] Do alto o SENHOR me estendeu
a mão e me segurou;
ele me tirou das águas profundas.

17 Livrou-me de forte inimigo
e dos que me odiavam,
pois eram mais poderosos do que eu.
18 Eles me atacaram no dia
da minha calamidade,
mas o SENHOR me serviu
de amparo.
19 Trouxe-me para um lugar espaçoso;
livrou-me, porque ele se agradou
de mim.

20 O SENHOR me retribuiu
segundo a minha justiça;
recompensou-me conforme a pureza
das minhas mãos.
21 Pois tenho guardado os caminhos do
SENHOR
e não me afastei perversamente
do meu Deus.
22 Porque todos os seus juízos
estão diante de mim,
e não rejeitei os seus preceitos.
23 Também fui íntegro para com ele
e me guardei da iniquidade.
24 Por isso, o SENHOR me retribuiu
segundo a minha justiça,
conforme a pureza
das minhas mãos,
na sua presença.

25 Para com quem é fiel,
fiel te mostras;
com o íntegro, também íntegro.
26 Com o puro, puro te mostras;
com o perverso, inflexível.
27 Porque tu salvas o povo humilde,
mas os olhos soberbos,
tu os abates.
28 Porque fazes resplandecer
a minha lâmpada;
o SENHOR, meu Deus,
derrama luz nas minhas trevas.
29 Pois contigo posso
atacar exércitos;
com o meu Deus salto muralhas.
30 O caminho de Deus é perfeito;
a palavra do SENHOR é confiável;
ele é escudo para todos os que
nele se refugiam.

31 Pois quem é Deus
além do SENHOR?
E quem é rochedo,
a não ser o nosso Deus?
32 O Deus que me revestiu de força
e aperfeiçoou o meu caminho,
33 ele deu aos meus pés
a ligeireza das corças
e me firmou nas minhas alturas.
34 Ele treinou as minhas mãos
para o combate,
tanto que os meus braços
vergaram um arco de bronze.
35 Também me deste
o escudo da tua salvação;
a tua mão direita me susteve,
e a tua clemência me engrandeceu.
36 Alargaste o caminho
sob meus passos,
e os meus pés não vacilaram.
37 Persegui os meus inimigos
e os alcancei,
e só voltei depois de ter acabado
com eles.
38 Esmaguei-os a tal ponto,
que não puderam se levantar;
caíram sob os meus pés.
39 Pois me cingiste de força
para o combate
e me submeteste os que
se levantaram contra mim.
40 Também puseste em fuga
os meus inimigos,
e os que me odiavam,
eu os exterminei.
41 Gritaram por socorro,
mas não houve
quem os salvasse;
clamaram ao SENHOR,
mas ele não respondeu.
42 Então os reduzi a pó,
o pó que o vento leva;
lancei-os fora
como a lama das ruas.

43 Dos conflitos do povo me livraste
e me fizeste cabeça das nações;
um povo que eu não conhecia
me serviu.

Somente a constância e a permanência nas raízes são capazes de produzir frutos dignos de transformação.

44 Bastou-lhe ouvir a minha voz,
logo me obedeceu;
os estrangeiros se mostram
submissos a mim.
45 Os estrangeiros fraquejaram
e, tremendo, saíram das suas fortalezas.

46 O Senhor vive!
Bendita seja a minha rocha!
Exaltado seja o Deus
da minha salvação,
47 o Deus que por mim
tomou vingança
e me submeteu povos;
48 o Deus que me livrou
dos meus inimigos;
sim, tu que me exaltaste
acima dos meus adversários
e me livraste dos homens violentos.

49 Por isso, eu te glorificarei
entre os gentios, ó Senhor,
e cantarei louvores ao teu nome.
50 É ele quem dá grandes vitórias ao seu rei
e usa de misericórdia
para com o seu ungido,
com Davi e sua posteridade, para sempre.

A EXCELÊNCIA DA CRIAÇÃO E DA PALAVRA DE DEUS

Ao mestre de canto. Salmo de Davi

19 1 Os céus proclamam a glória de Deus,
e o firmamento anuncia
as obras das suas mãos.
2 Um dia discursa a outro dia,
e uma noite revela conhecimento a
outra noite.
3 Não há linguagem, nem há palavras,
e deles não se ouve nenhum som.
4 No entanto, por toda a terra se faz ouvir
a sua voz,
e as suas palavras chegam até os confins
do mundo.

Aí, pôs uma tenda para o sol,
5 que é como um noivo que sai dos
seus aposentos,
e se alegra como um herói a percorrer o
seu caminho.
6 Principia numa extremidade dos céus,
e até a outra vai o seu percurso;
e nada pode se esconder do seu calor.

7 A lei do Senhor é perfeita
e restaura a alma;
o testemunho do Senhor é fiel
e dá sabedoria aos simples.
8 Os preceitos do Senhor são retos
e alegram o coração;
o mandamento do Senhor é puro
e ilumina os olhos.
9 O temor do Senhor é límpido
e permanece para sempre;
os juízos do Senhor são verdadeiros
e todos igualmente, justos.
10 São mais desejáveis do que ouro,
mais do que muito ouro depurado;
e são mais doces do que o mel
e o destilar dos favos.

11 Além disso, por eles
se admoesta o teu servo;
em os guardar
há grande recompensa.
12 Quem há que possa discernir
as suas próprias faltas?
Absolve-me das que me são ocultas.
13 Também da soberba
guarda o teu servo;
que ela não me domine.
Então serei irrepreensível
e ficarei livre
de grande transgressão.

14 As palavras dos meus lábios
e o meditar do meu coração
sejam agradáveis na tua presença,
Senhor, rocha minha e redentor meu!

ORAÇÃO PELA VITÓRIA

Ao mestre de canto. Salmo de Davi

20 1 Que o Senhor lhe responda
no dia da tribulação;
que o nome do Deus de Jacó
o proteja!
2 Que do seu santuário
lhe envie socorro
e que desde Sião o sustenha.

³ Que ele se lembre de todas
as suas ofertas de cereais
e aceite os holocaustos
que você ofereceu.
⁴ Que Deus lhe conceda
o que o seu coração almeja
e realize tudo o que você planejou.
⁵ Celebraremos com júbilo
a sua vitória
e em nome do nosso Deus
hastearemos pendões.
Que o SENHOR satisfaça
todos os seus desejos.

⁶ Agora sei que o SENHOR salva o
seu ungido;
ele lhe responderá
do seu santo céu
com a vitoriosa força
da sua mão direita.
⁷ Uns confiam em carros de guerra,
e outros, em seus cavalos;
nós, porém, invocaremos o nome
do SENHOR, nosso Deus.
⁸ Eles se prostram e caem;
nós, porém, nos levantamos
e nos mantemos em pé.

⁹ Ó SENHOR, dá vitória ao rei;
responde-nos
quando clamarmos.

GRATIDÃO PELA VITÓRIA

Ao mestre de canto. Salmo de Davi

21 ¹ Na tua força, SENHOR,
o rei se alegra!
E como exulta com a tua salvação!
² Tu lhe satisfizeste
o desejo do coração
e não lhe negaste
as súplicas dos seus lábios.
³ Pois o supres
das bênçãos de bondade;
e lhe pões na cabeça
uma coroa de ouro puro.
⁴ Ele te pediu vida,
e tu lhe deste;
sim, longevidade
para todo o sempre.
⁵ Grande é a glória dele
por causa da tua salvação;
de esplendor e majestade o cobriste.
⁶ Pois o puseste
por bênção para sempre
e o encheste de alegria
com a tua presença.
⁷ O rei confia no SENHOR
e pela misericórdia do Altíssimo
jamais vacilará.
⁸ A mão dele alcançará
todos os seus inimigos,
a sua mão direita apanhará
os que o odeiam.
⁹ Tu os farás
como uma fornalha ardente,
quando te manifestares;
o SENHOR, na sua indignação,
os consumirá,
o fogo os devorará.
¹⁰ Destruirás da terra
a sua posteridade
e a sua descendência,
de entre os filhos dos homens.
¹¹ Se contra ti planejarem o mal
e armarem ciladas,
não obterão êxito;
¹² porque tu os porás em fuga
e mirarás o rosto deles
com o teu arco.

¹³ Exalta-te, SENHOR, na tua força!
Nós cantaremos
e louvaremos o teu poder.

UM GRITO DE ANGÚSTIA E UM SALMO DE LOUVOR

Ao mestre de canto, segundo a melodia "Corça da manhã". Salmo de Davi

22 ¹ Deus meu, Deus meu,
por que me desamparaste?
Por que se acham longe
de minha salvação
as palavras de meu gemido?
² Deus meu, clamo de dia,
e não me respondes;
também de noite,
porém não tenho sossego.

[3] Contudo, tu és santo,
entronizado entre os louvores
de Israel.
[4] Nossos pais confiaram em ti;
confiaram, e tu os livraste.
[5] A ti clamaram e escaparam;
confiaram em ti
e não foram envergonhados.

[6] Mas eu sou verme
e não um ser humano;
afrontado pelos homens
e desprezado pelo povo.
[7] Todos os que me veem
zombam de mim;
fazem caretas e balançam
a cabeça, dizendo:
[8] "Confiou no SENHOR!
Ele que o livre!
Salve-o, pois nele tem prazer."

[9] Contudo, tu és quem
me fez nascer;
e me preservaste,
estando eu ainda
ao seio de minha mãe.
[10] A ti me entreguei
desde o meu nascimento;
desde o ventre de minha mãe,
tu és o meu Deus.

[11] Não te distancies de mim,
porque a tribulação está próxima,
e não há quem me ajude.
[12] Muitos touros me cercam,
fortes touros de Basã me rodeiam.
[13] Contra mim abrem a boca,
como faz o leão
que despedaça e ruge.
[14] Derramei-me como água,
e todos os meus ossos
se desconjuntaram;
meu coração fez-se como cera,
derreteu-se dentro de mim.
[15] Secou-se o meu vigor,
como um caco de barro,
e a língua se me apega
ao céu da boca;
assim, me deitas no pó da morte.
[16] Cães me cercam;
um bando de malfeitores me rodeia;
traspassaram-me as mãos e os pés.
[17] Posso contar
todos os meus ossos;
os meus inimigos
estão olhando para mim
e me encarando.
[18] Repartem entre si
as minhas roupas
e sobre a minha túnica lançam sortes.

[19] Tu, porém, SENHOR,
não te afastes de mim;
força minha, apressa-te
em me socorrer.
[20] Livra a minha alma da espada,
e, das presas do cão, a minha vida.
[21] Salva-me da boca do leão
e dos chifres dos búfalos;
sim, tu me respondes.

[22] A meus irmãos declararei
o teu nome;
no meio da congregação
eu te louvarei.
[23] Louvem o SENHOR,
vocês que o temem;
glorifiquem-no, todos vocês,
descendência de Jacó;
temam-no, todos vocês,
posteridade de Israel.
[24] Porque não desprezou
nem detestou
a dor do aflito,
nem ocultou dele o seu rosto,
mas o ouviu, quando lhe gritou
por socorro.

[25] De ti vem o meu louvor
na grande congregação;
cumprirei os meus votos
na presença dos que o temem.
[26] Os sofredores hão de comer
e fartar-se;
louvarão o SENHOR
aqueles que o buscam.
Que o coração de vocês
viva para sempre!

[27] Os confins da terra se lembrarão
do SENHOR
e a ele se converterão;
diante dele se prostrarão
todas as famílias das nações.
[28] Pois do SENHOR é o reino,
é ele quem governa as nações.
[29] Todos os ricos da terra
hão de comer e adorar,
e todos os que descem ao pó
se prostrarão diante dele,
até aquele que não pode
preservar a própria vida.
[30] A posteridade o servirá,
e se falará do Senhor
à geração vindoura.
[31] Virão e anunciarão a justiça dele;
ao povo que há de nascer,
contarão que foi ele
quem o fez.

DEUS, O NOSSO PASTOR

Salmo de Davi

23 [1] O SENHOR é o meu pastor;
nada me faltará.
[2] Ele me faz repousar
em pastos verdejantes.
Leva-me para junto das águas
de descanso;
[3] refrigera-me a alma.
Guia-me pelas veredas da justiça
por amor do seu nome.

[4] Ainda que eu ande
pelo vale da sombra da morte,
não temerei mal nenhum,
porque tu estás comigo;
o teu bordão e o teu cajado
me consolam.

[5] Preparas-me uma mesa
na presença dos meus adversários,
unges a minha cabeça com óleo;
o meu cálice transborda.
[6] Bondade e misericórdia
certamente me seguirão
todos os dias da minha vida;
e habitarei na Casa do SENHOR
para todo o sempre.

A VINDA DO REI DA GLÓRIA

Salmo de Davi

24 [1] Ao SENHOR pertence a terra e a sua
plenitude,
o mundo e os que nele habitam.
[2] Porque ele fundou-a sobre os mares
e sobre as correntes a estabeleceu.

[3] Quem subirá ao monte do SENHOR?
Quem há de permanecer
no seu santo lugar?
[4] O que é limpo de mãos
e puro de coração,
que não entrega a sua alma
à falsidade,
nem faz juramentos
com a intenção de enganar.
[5] Este receberá do SENHOR
a bênção
e a justiça do Deus
da sua salvação.
[6] Esta é a geração
dos que o buscam,
dos que buscam
a face do Deus de Jacó.

[7] Levantem as suas cabeças,
ó portas!
Levantem-se, ó portais eternos,
para que entre o Rei da glória.
[8] Quem é o Rei da glória?
O SENHOR, forte e poderoso,
o SENHOR,
poderoso nas batalhas.

[9] Levantem as suas cabeças,
ó portas!
Levantem-se,
ó portais eternos,
para que entre o Rei da glória.
[10] Quem é esse Rei da glória?
O SENHOR dos Exércitos,
ele é o Rei da glória.

ORAÇÃO POR AUXÍLIO DIVINO

De Davi

25 [1] A ti, SENHOR, elevo a minha alma.
[2] Deus meu, em ti confio.

Não seja eu envergonhado,
nem exultem sobre mim os
meus inimigos.
3 Na verdade, dos que em ti esperam,
ninguém será envergonhado;
envergonhados serão
os que, sem motivo,
procedem traiçoeiramente.

4 Faze-me conhecer os teus caminhos,
SENHOR;
ensina-me as tuas veredas.
5 Guia-me na tua verdade e ensina-me,
pois tu és o Deus da minha salvação,
em quem eu espero todo o dia.
6 Lembra-te, SENHOR,
das tuas misericórdias
e das tuas bondades,
que são desde a eternidade.
7 Não te lembres dos meus
pecados da mocidade,
nem das minhas transgressões.
Lembra-te de mim, segundo a
tua misericórdia,
por causa da tua bondade, ó SENHOR.

8 Bom e reto é o SENHOR,
por isso aponta o caminho
aos pecadores.
9 Guia os humildes na justiça
e ensina aos mansos
o seu caminho.
10 Todas as veredas do SENHOR
são misericórdia e verdade
para os que guardam a sua aliança
e os seus testemunhos.

11 Por causa do teu nome,
SENHOR,
perdoa a minha iniquidade,
que é grande.

12 Àquele que teme o SENHOR,
ele o instruirá no caminho
que deve escolher.
13 Na prosperidade
repousará a sua alma,
e a sua descendência
herdará a terra.
14 O SENHOR confia o seu segredo
aos que o temem,
aos quais ele dará a conhecer
a sua aliança.

15 Os meus olhos se elevam
continuamente ao SENHOR,
pois ele tirará os meus pés do laço.
16 Volta-te para mim
e tem compaixão,
porque estou sozinho e aflito.
17 Alivia-me as tribulações do coração;
tira-me das minhas angústias.
18 Considera as minhas aflições
e o meu sofrimento
e perdoa todos os meus pecados.

19 Considera os meus inimigos,
pois são muitos
e têm por mim um ódio mortal.
20 Guarda a minha alma e livra-me;
não seja eu envergonhado,
pois em ti me refugio.
21 Que a sinceridade
e a retidão me preservem,
porque em ti espero.

22 Ó Deus, redime Israel
de todas as suas tribulações.

ORAÇÃO DE UM JUSTO

Salmo de Davi

26 1 Faze-me justiça, SENHOR,
pois tenho andado
na minha integridade
e confio no SENHOR, sem vacilar.
2 Examina-me, SENHOR, e prova-me;
sonda o meu coração
e os meus pensamentos.
3 Pois a tua misericórdia,
tenho-a diante dos olhos
e tenho andado na tua verdade.

4 Não me tenho assentado
com gente falsa
e com os hipócritas não me associo.
5 Detesto a assembleia
dos malfeitores
e com os ímpios não me assento.

6 Lavo as mãos na inocência
e, assim, andarei, SENHOR,
ao redor do teu altar,
7 para entoar, com voz alta, os louvores
e proclamar todas as tuas maravilhas.
8 Eu amo, SENHOR, a habitação de tua casa
e o lugar onde a tua glória reside.

9 Não colhas a minha alma
com a dos pecadores,
nem a minha vida
com a dos sanguinários,
10 em cujas mãos há crimes
e cuja mão direita
está cheia de subornos.
11 Quanto a mim, porém,
ando na minha integridade;
livra-me e tem compaixão de mim.

12 O meu pé está firme em terreno plano;
nas congregações,
bendirei o SENHOR.

COM DEUS NÃO TEMEREMOS

Salmo de Davi

27 1 O SENHOR é a minha luz
e a minha salvação;
de quem terei medo?
O SENHOR é a fortaleza
da minha vida;
a quem temerei?

2 Quando malfeitores me sobrevêm
para me destruir,
meus opressores e inimigos,
eles é que tropeçam e caem.
3 Ainda que um exército
se acampe contra mim,
não se atemorizará
o meu coração;
e, se estourar contra mim a guerra,
ainda assim terei confiança.

4 Uma coisa peço ao SENHOR
e a buscarei:
que eu possa morar na Casa do SENHOR
todos os dias da minha vida,
para contemplar a beleza do SENHOR
e meditar no seu templo.

5 Pois, no dia da adversidade,
ele me ocultará no seu abrigo;
no interior do seu tabernáculo,
me acolherá;
ele me porá no alto de uma rocha.
6 Agora, será exaltada
a minha cabeça
acima dos inimigos que me cercam.
No seu tabernáculo, oferecerei
sacrifícios de júbilo;
cantarei e salmodiarei ao SENHOR.

7 Ouve, SENHOR, a minha voz;
eu clamo;
tem compaixão de mim
e responde-me.
8 Ao meu coração me ocorre:
"Busquem a minha presença."
Buscarei, pois, SENHOR,
a tua presença.
9 Não me escondas, SENHOR,
a tua face;
não rejeites com ira o teu servo.
Tu és o meu auxílio;
não me deixes,
nem me abandones,
ó Deus da minha salvação.
10 Porque, se o meu pai
e a minha mãe
me abandonarem,
o SENHOR me acolherá.

11 Ensina-me, SENHOR,
o teu caminho
e guia-me por vereda plana,
por causa dos meus inimigos.
12 Não me entregues à vontade
dos meus adversários;
pois contra mim se levantam
falsas testemunhas
e os que só respiram crueldade.

13 Eu creio que verei
a bondade do SENHOR
na terra dos viventes.
14 Espere no SENHOR.
Anime-se, e fortifique-se
o seu coração;
espere, pois, no SENHOR.

A mesa de Davi fazia seu cálice transbordar mesmo diante de seus inimigos. Escolha a mesa certa, porque nem todas as mesas são para você.

SÚPLICA E AÇÕES DE GRAÇAS

Salmo de Davi

28 [1] A ti clamo, ó SENHOR;
rocha minha, não sejas surdo
para comigo;
porque, se te calares quanto a mim,
serei semelhante aos que descem à cova.
[2] Ouve a voz das minhas súplicas,
quando a ti clamar por socorro,
quando erguer as mãos
para o teu santuário.

[3] Não me arrastes com os ímpios,
com os que praticam a iniquidade.
Eles falam de paz ao seu próximo,
porém no coração
têm perversidade.
[4] Paga-lhes segundo as suas obras,
segundo a maldade dos seus atos.
Dá-lhes conforme a obra de suas mãos,
retribui-lhes o que merecem.
[5] E, visto que não compreendem
os feitos do SENHOR,
nem o que as suas mãos fazem,
ele os derrubará
e não os reedificará.

[6] Bendito seja o SENHOR,
porque ouviu a voz
das minhas súplicas!
[7] O SENHOR é a minha força
e o meu escudo;
nele o meu coração confia,
nele fui socorrido;
por isso, o meu coração exulta,
e com o meu cântico o louvarei.

[8] O SENHOR é a força do seu povo,
o refúgio salvador do seu ungido.
[9] Salva o teu povo
e abençoa a tua herança;
apascenta-os
e exalta-os para sempre.

A PODEROSA VOZ DE DEUS

Salmo de Davi

29 [1] Deem ao SENHOR,
ó filhos de Deus,
deem ao SENHOR glória e força.
[2] Deem ao SENHOR
a glória devida ao seu nome,
adorem o SENHOR
na beleza da sua santidade.

[3] Ouve-se a voz do SENHOR
sobre as águas;
o Deus da glória troveja;
o SENHOR está
sobre as muitas águas.
[4] A voz do SENHOR é poderosa;
a voz do SENHOR
é cheia de majestade.
[5] A voz do SENHOR
quebra os cedros;
sim, o SENHOR despedaça
os cedros do Líbano.
[6] Ele faz o Líbano saltar
como um bezerro,
e o monte Hermom pular
como um boi selvagem.
[7] A voz do SENHOR
produz chamas de fogo.
[8] A voz do SENHOR
faz tremer o deserto;
o SENHOR faz tremer
o deserto de Cades.
[9] A voz do SENHOR
faz dar cria às corças
e desnuda os bosques;
e no seu templo
todos dizem: "Glória!"

[10] O SENHOR governa os dilúvios;
como rei, o SENHOR governa
para sempre.
[11] O SENHOR dá força ao seu povo,
o SENHOR abençoa o seu povo
com paz.

AÇÃO DE GRAÇAS PELA LIBERTAÇÃO DA MORTE

Salmo de Davi. Cântico da dedicação da casa

30 [1] Eu te exaltarei, SENHOR,
porque tu me livraste
e não permitiste
que os meus inimigos
se alegrassem contra mim.

[2] SENHOR, meu Deus,
clamei a ti por socorro,
e tu me curaste.
[3] SENHOR, da sepultura
fizeste subir a minha alma;
preservaste-me a vida
para que não descesse ao abismo.
[4] Cantem louvores ao SENHOR,
vocês que são os seus santos,
e deem graças ao seu santo nome.
[5] Porque a sua ira dura só um momento,
mas o seu favor dura a vida inteira.
O choro pode durar uma noite,
mas a alegria vem pela manhã.

[6] Eu disse na minha prosperidade:
"Jamais serei abalado."
[7] Tu, SENHOR, por teu favor
fizeste permanecer forte
a minha montanha;
apenas voltaste o rosto,
fiquei logo com medo.

[8] Por ti, SENHOR, clamei;
ao Senhor implorei.
[9] Que proveito obterás
no meu sangue,
quando baixo à cova?
Será que o pó
é capaz de te louvar?
Poderá ele declarar a tua verdade?
[10] Ouve, SENHOR, e tem compaixão de mim;
sê tu, SENHOR, o meu auxílio.

[11] Tornaste o meu pranto
em dança alegre;
tiraste o meu pano de saco
e me cingiste de alegria,
[12] para que o meu espírito
te cante louvores
e não se cale.
SENHOR, Deus meu,
graças te darei para sempre.

LAMENTO E LOUVOR

Ao mestre de canto. Salmo de Davi

31 [1] Em ti, SENHOR, me refugio;
não seja eu jamais envergonhado;
livra-me por tua justiça.
[2] Inclina-me os ouvidos,
livra-me depressa;
sê o meu castelo forte,
cidadela fortíssima que me salve.

[3] Porque tu és a minha rocha
e a minha fortaleza;
por causa do teu nome,
tu me conduzirás e me guiarás.
[4] Tira-me do laço que,
às escondidas, me armaram,
pois tu és a minha fortaleza.
[5] Nas tuas mãos entrego
o meu espírito;
tu me remiste, SENHOR,
Deus da verdade.

[6] Tu detestas os que adoram ídolos vãos;
eu, porém, confio no SENHOR.
[7] Eu me alegrarei
e regozijarei na tua bondade,
pois tens visto a minha aflição,
conheceste as angústias
de minha alma
[8] e não me entregaste
nas mãos do inimigo;
firmaste os meus pés
em lugar espaçoso.

[9] Compadece-te de mim, SENHOR,
porque estou angustiado;
de tristeza se consomem
os meus olhos,
a minha alma e o meu corpo.
[10] Gasta-se a minha vida na tristeza,
e os meus anos, em gemidos;
debilita-se a minha força,
por causa da minha iniquidade,
e os meus ossos se consomem.

[11] Tornei-me objeto de deboche
para todos os meus adversários,
de espanto para os meus vizinhos
e de horror para os meus conhecidos;
os que me veem na rua
fogem de mim.
[12] Estou esquecido
no coração deles, como morto;
sou como vaso quebrado.

13 Pois tenho ouvido
a murmuração de muitos,
terror por todos os lados;
conspirando contra mim,
tramam tirar-me a vida.

14 Quanto a mim, confio em ti, SENHOR.
Eu disse: "Tu és o meu Deus."
15 Nas tuas mãos
estão os meus dias;
livra-me das mãos
dos meus inimigos
e dos meus perseguidores.
16 Faze resplandecer o teu rosto
sobre o teu servo;
salva-me por tua misericórdia.
17 Não seja eu envergonhado, SENHOR,
pois te invoquei;
envergonhados sejam os perversos,
emudecidos na morte.
18 Emudeçam os lábios mentirosos,
que falam insolentemente contra
o justo,
com arrogância e desdém.

19 Como é grande a tua bondade,
que reservaste aos que te temem,
da qual usas, diante dos filhos
dos homens,
para com os que em ti se refugiam!
20 No recôndito da tua presença,
tu os esconderás das intrigas humanas,
num esconderijo os ocultarás
do conflito de línguas.

21 Bendito seja o SENHOR,
que engrandeceu a sua misericórdia
para comigo, numa cidade sitiada!
22 Eu disse na minha pressa:
"Estou excluído da tua presença."
Mas tu ouviste a voz das
minhas súplicas,
quando clamei por teu socorro.

23 Amem o SENHOR, todos vocês
que são os seus santos.
O SENHOR preserva os fiéis,
mas retribui com abundância
aos soberbos.
24 Sejam fortes, e que se revigore o
coração
de todos vocês que esperam no SENHOR.

A BEM-AVENTURANÇA DE QUEM RECEBE O PERDÃO

De Davi. Salmo didático

32 1 Bem-aventurado aquele
cuja transgressão é perdoada,
cujo pecado é coberto.
2 Bem-aventurado é aquele
a quem o SENHOR não atribui
iniquidade
e em cujo espírito não há engano.

3 Enquanto calei os meus pecados,
envelheceram os meus ossos
pelos meus constantes gemidos
todo o dia.
4 Porque a tua mão pesava
dia e noite sobre mim,
e o meu vigor secou como no calor
do verão.
5 Confessei-te o meu pecado
e a minha iniquidade
não mais ocultei.
Eu disse: "Confessarei ao SENHOR
as minhas transgressões";
e tu perdoaste a iniquidade
do meu pecado.

6 Sendo assim, todo o que é piedoso
te fará súplicas
em tempo de poder te encontrar.
Com efeito, quando transbordarem
muitas águas,
não o atingirão.
7 Tu és o meu esconderijo;
tu me preservas da tribulação
e me cercas de alegres cantos
de livramento.

8 Eu o instruirei e lhe ensinarei o
caminho
que você deve seguir;
e, sob as minhas vistas,
lhe darei conselho.
9 Não sejam como o cavalo ou a mula,
que não têm entendimento,

que são dominados
com freios e cabrestos;
do contrário não obedecem
a você.

[10] Muitos são os sofrimentos
do ímpio,
mas o que confia no SENHOR,
a misericórdia o cercará.

[11] Alegrem-se no SENHOR
e regozijem-se, ó justos;
exultem, todos vocês
que são retos de coração.

LOUVOR AO CRIADOR E SENHOR

33 [1] Exultem no SENHOR, ó justos!
Aos que são retos
fica bem louvá-lo.
[2] Louvem o SENHOR com harpa,
louvem-no com cânticos
na lira de dez cordas.
[3] Cantem-lhe um cântico novo,
toquem com arte e com júbilo.

[4] Porque a palavra do SENHOR é reta,
e todo o seu proceder é fiel.
[5] Ele ama a justiça e o direito;
a terra está cheia
da bondade do SENHOR.

[6] Os céus por sua palavra
se fizeram,
e, pelo sopro de sua boca,
o exército deles.
[7] Ele ajunta em montão
as águas do mar;
e em reservatório
encerra os abismos.
[8] Que toda a terra tema o SENHOR,
que tremam
todos os habitantes do mundo.
[9] Pois ele falou, e tudo se fez;
ele ordenou,
e tudo passou a existir.

[10] O SENHOR frustra
os planos das nações
e anula os intentos dos povos.
[11] O plano do SENHOR
dura para sempre;
os intentos do seu coração,
por todas as gerações.
[12] Feliz a nação
cujo Deus é o SENHOR,
e o povo que ele escolheu
para a sua herança.

[13] O SENHOR olha dos céus
e vê todos os filhos dos homens;
[14] do lugar de sua morada, observa
todos os moradores da terra,
[15] ele, que forma o coração de todos eles,
que contempla
todas as suas obras.

[16] Não há rei que se salve
com o poder dos seus exércitos;
nem por sua muita força
se livra o valente.
[17] O cavalo não garante a vitória;
apesar de sua grande força,
a ninguém pode livrar.
[18] Eis que os olhos do SENHOR
estão sobre os que o temem,
sobre os que esperam
na sua misericórdia,
[19] para livrar a alma deles da morte,
e, no tempo da fome,
conservar-lhes a vida.

[20] Nossa alma espera no SENHOR,
nosso auxílio e escudo.
[21] Nele, o nosso coração se alegra,
pois confiamos no seu santo nome.

[22] Seja sobre nós, SENHOR,
a tua misericórdia,
como de ti esperamos.

O SENHOR É BOM!

Salmo de Davi, quando se fingiu de louco na presença de Aimeleque e, por este expulso, ele se foi

34 [1] Bendirei o SENHOR
em todo o tempo,
o seu louvor estará sempre
nos meus lábios.

[2] A minha alma se gloriará
no Senhor;
os humildes ouvirão isso
e se alegrarão.
[3] Louvem comigo
a grandeza do Senhor,
e todos juntos
lhe exaltemos o nome.

[4] Busquei o Senhor,
e ele me acolheu;
livrou-me de todos
os meus temores.
[5] Os que olham para ele
ficarão radiantes;
o rosto deles jamais se cobrirá
de vexame.
[6] Clamou este aflito,
e o Senhor o ouviu
e o livrou de todas
as suas angústias.
[7] O anjo do Senhor acampa-se
ao redor dos que o temem
e os livra.

[8] Provem e vejam que o Senhor é bom;
bem-aventurado é
quem nele se refugia.
[9] Temam o Senhor,
vocês que são os seus santos,
pois nada falta aos que o temem.
[10] Os leõezinhos
passam necessidade
e sentem fome,
porém aos que buscam o Senhor
bem nenhum lhes faltará.

[11] Venham, meus filhos, e escutem;
eu lhes ensinarei
o temor do Senhor.
[12] Quem de vocês ama a vida
e quer longevidade para ver o bem?
[13] Refreie a língua do mal
e os lábios de falarem
palavras enganosas.
[14] Afaste-se do mal
e pratique o bem;
procure a paz
e empenhe-se por alcançá-la.

[15] Os olhos do Senhor repousam
sobre os justos,
e os seus ouvidos estão abertos
ao seu clamor.
[16] O rosto do Senhor está contra
os que praticam o mal,
para extirpar da terra
a memória deles.
[17] Clamam os justos, e o Senhor os escuta
e os livra de todas as suas angústias.
[18] Perto está o Senhor dos que têm
o coração quebrantado;
ele salva os de espírito oprimido.

[19] Muitas são as aflições do justo,
mas o Senhor de todas o livra.
[20] Preserva-lhe todos os ossos,
nem um deles sequer será quebrado.
[21] A desgraça matará o ímpio,
e os que odeiam o justo
serão condenados.
[22] O Senhor resgata a alma dos
seus servos,
e dos que nele confiam nenhum
será condenado.

ORAÇÃO PEDINDO A AJUDA DE DEUS

Salmo de Davi

35 [1] Ó Senhor, defende a minha causa
contra os que me acusam;
luta contra aqueles
que me atacam.
[2] Embraça o escudo e a couraça
e ergue-te em meu auxílio.
[3] Empunha a lança
e reprime o passo
dos meus perseguidores.
Dize à minha alma:
"Eu sou a sua salvação."

[4] Sejam confundidos
e cobertos de vexame
os que buscam tirar-me a vida;
retrocedam e sejam envergonhados
os que tramam contra mim.
[5] Sejam como a palha
que o vento leva,
impelindo-os o anjo do Senhor.

[6] Que o caminho deles fique escuro
e se torne escorregadio,
e que o anjo do SENHOR os persiga.
[7] Pois sem razão me armaram ciladas,
sem motivo abriram
uma cova para mim.
[8] Venha sobre o inimigo a destruição,
quando ele menos esperar;
e prendam-no os laços
que tramou ocultamente;
caia neles para a sua própria ruína.
[9] Então a minha alma
se alegrará no SENHOR
e se regozijará na sua salvação.
[10] Todos os meus ossos dirão:
"SENHOR, quem é semelhante a ti?
Pois livras o aflito daquele que é
mais forte do que ele;
livras o pobre e o necessitado
daqueles que os exploram."

[11] Falsas testemunhas se levantam
e me interrogam sobre coisas
que eu não sei.
[12] Pagam-me o mal pelo bem,
o que é desolação
para a minha alma.
[13] Quanto a mim,
porém, estando eles enfermos,
as minhas roupas eram pano de saco;
eu afligia a minha alma com jejum
e em oração me reclinava
sobre o peito.
[14] Portava-me como se eles fossem
meus amigos
ou meus irmãos;
andava curvado, de luto,
como quem chora por sua mãe.

[15] Quando, porém, tropecei,
eles se alegraram
e se reuniram;
reuniram-se contra mim;
homens sem valor,
que eu não conhecia,
dilaceraram-me sem tréguas;
[16] como hipócritas zombadores
numa festa,
rangiam os dentes contra mim.
[17] Até quando, Senhor,
ficarás olhando?
Livra-me da violência deles;
salva dos leões a minha preciosa vida.
[18] Renderei graças na grande congregação,
te louvarei no meio da
multidão poderosa.

[19] Não se alegrem de mim os que,
sem razão, são meus inimigos;
não pisquem os olhos os que
sem motivo me odeiam.
[20] Não é de paz que eles falam;
pelo contrário, tramam enganos
contra os pacíficos da terra.
[21] Escancaram contra mim a boca
e dizem: "Pegamos! Pegamos!
Vimos tudo
com os nossos próprios olhos!"

[22] Tu, SENHOR, tens visto isso;
não te cales;
Senhor, não te ausentes de mim.
[23] Acorda e desperta
para me fazeres justiça!
Defende a minha causa,
Deus meu e Senhor meu.
[24] Julga-me, SENHOR, Deus meu,
segundo a tua justiça;
não permitas que se alegrem
à minha custa.
[25] Não digam eles lá no seu íntimo:
"Agora, sim! Cumpriu-se
o nosso desejo!"
Não digam: "Acabamos com ele!"

[26] Envergonhem-se e, juntos,
sejam cobertos de vexame
os que se alegram com o meu mal!
Cubram-se de vergonha e humilhação
os que se engrandecem contra mim!
[27] Cantem de júbilo e se alegrem
os que têm prazer na minha retidão!
Que eles digam sempre:
"Glorificado seja o SENHOR,
que se compraz na prosperidade
do seu servo!"
[28] E a minha língua celebrará a tua justiça
e o teu louvor todo o dia.

A MALDADE HUMANA E A BONDADE DE DEUS

Ao mestre de canto. De Davi, servo do SENHOR

36 [1] Há no coração do ímpio
a voz da transgressão;
não há temor de Deus
diante de seus olhos.
[2] Porque a transgressão
o lisonjeia a seus olhos
e lhe diz que a sua iniquidade
não há de ser descoberta,
nem detestada.
[3] As palavras de sua boca
são maldade e engano;
deixou de lado o discernimento
e a prática do bem.
[4] No seu leito, planeja maldades,
detém-se em caminho
que não é bom,
e não rejeita aquilo que é mau.

[5] A tua misericórdia, SENHOR,
chega até os céus,
a tua fidelidade vai até as nuvens.
[6] A tua justiça é como
as grandes montanhas;
os teus juízos são como
um abismo profundo.
Tu, SENHOR,
preservas as pessoas
e os animais.
[7] Como é preciosa, ó Deus,
a tua misericórdia!
Por isso, os filhos dos homens
se acolhem à sombra
das tuas asas.
[8] Fartam-se da abundância
da tua casa,
e na torrente das tuas delícias
lhes dás de beber.
[9] Pois em ti
está a fonte da vida;
na tua luz, vemos a luz.

[10] Estende a tua misericórdia
aos que te conhecem,
e a tua justiça,
aos retos de coração.
[11] Não deixes que
os pés dos soberbos
me esmaguem,
nem que a mão dos ímpios
me obrigue a fugir.
[12] Tombaram os que praticam
a iniquidade;
foram derrubados
e não conseguem mais se levantar.

O FIM DOS MAUS E DOS BONS

Salmo de Davi

37 [1] Não se irrite
por causa dos malfeitores,
nem tenha inveja
dos que praticam a iniquidade.
[2] Pois em breve eles secarão
como a relva
e murcharão
como a erva verde.

[3] Confie no SENHOR e faça o bem;
habite na terra
e alimente-se da verdade.
[4] Agrade-se do SENHOR,
e ele satisfará os desejos
do seu coração.

[5] Entregue o seu caminho ao SENHOR,
confie nele, e o mais ele fará.
[6] Fará com que a sua justiça
sobressaia como a luz
e que o seu direito brilhe
como o sol ao meio-dia.

[7] Descanse no SENHOR
e espere nele;
não se irrite por causa daquele
que prospera em seu caminho,
por causa do que realiza
os seus maus desígnios.

[8] Deixe a ira, abandone o furor;
não se irrite;
certamente isso acabará mal.
[9] Porque os malfeitores
serão exterminados,
mas os que esperam
no SENHOR possuirão a terra.

10 Mais um pouco de tempo,
e já não existirão os ímpios;
você procurará no lugar
onde eles estavam
e não os encontrará.
11 Mas os mansos herdarão a terra
e terão alegria
na abundância de paz.

12 Os ímpios fazem planos
contra os justos
e contra eles rangem os dentes.
13 O Senhor dá risada dos ímpios,
pois vê que o dia deles
está chegando.
14 Os ímpios puxam da espada
e preparam o arco
para abater os pobres
e necessitados,
para matar os que trilham
o reto caminho.
15 Mas a espada deles
lhes atravessará
o próprio coração,
e os seus arcos
serão despedaçados.

16 Mais vale o pouco do justo
que a abundância
de muitos ímpios.
17 Pois os braços dos ímpios
serão quebrados,
mas os justos,
o Senhor os sustém.

18 O Senhor conhece
os dias dos íntegros;
a herança deles permanecerá
para sempre.
19 Não serão envergonhados
nos tempos difíceis
e nos dias da fome se fartarão.

20 Os ímpios,
no entanto, perecerão,
e os inimigos do Senhor serão
como as mais belas pastagens:
desaparecerão, como desaparece
a fumaça.

21 O ímpio pede emprestado
e não paga;
o justo, porém,
se compadece e dá.
22 Aqueles a quem o Senhor abençoa
possuirão a terra;
e serão exterminados aqueles
a quem ele amaldiçoa.

23 O Senhor firma os passos
do homem bom
e se agrada do seu caminho;
24 se cair, não ficará prostrado,
porque o Senhor
o segura pela mão.
25 Fui moço e agora sou velho,
porém jamais vi
o justo desamparado,
nem a sua descendência
a mendigar o pão.
26 É sempre compassivo
e empresta,
e a sua descendência
será uma bênção.

27 Afaste-se do mal
e pratique o bem,
e a sua morada será perpétua.
28 Pois o Senhor ama a justiça
e não desampara os seus santos.
Serão preservados para sempre,
mas a descendência dos ímpios
será exterminada.
29 Os justos herdarão a terra
e nela habitarão para sempre.

30 Da boca do justo
procede sabedoria,
e a sua língua fala o que é justo.
31 No coração, ele tem
a lei do seu Deus;
os seus passos não vacilarão.

32 O perverso espreita o justo
e procura tirar-lhe a vida.
33 Mas o Senhor não o deixará
nas mãos do perverso,
nem o condenará
quando for julgado.

[34] Espere no SENHOR
e ande nos seus caminhos;
ele o exaltará para que você
herde a terra;
você verá quando os ímpios
forem exterminados.

[35] Vi um ímpio prepotente
expandir-se como um cedro do Líbano.
[36] Passei, e eis que havia
desaparecido;
procurei-o, e já não foi encontrado.

[37] Observe aquele que é
íntegro e reto;
porque o futuro dele será de paz.
[38] Quanto aos transgressores,
serão todos destruídos;
a descendência dos ímpios
será exterminada.

[39] Mas a salvação dos justos
vem do SENHOR;
ele é a fortaleza deles
em tempos de angústia.
[40] O SENHOR os ajuda e os livra;
livra-os dos ímpios e os salva,
porque nele buscam refúgio.

ORAÇÃO DE UM PECADOR AFLITO

Salmo de Davi. Em memória

38 [1] Não me repreendas, SENHOR,
na tua ira,
nem me castigues no teu furor.
[2] Cravam-se em mim as tuas setas,
e a tua mão recai sobre mim.
[3] Não há parte sã na minha carne,
por causa da tua indignação;
não há saúde nos meus ossos,
por causa do meu pecado.
[4] Pois já se elevam acima de minha
cabeça
as minhas iniquidades;
como fardos pesados,
excedem as minhas forças.

[5] Tenho feridas que cheiram mal
e estão cheias de pus,
por causa da minha insensatez.
[6] Sinto-me encurvado e muito abatido,
ando de luto o dia todo.
[7] Os meus lombos ardem,
e não há parte sã na minha carne.
[8] Estou aflito e mui quebrantado;
dou gemidos por causa
do desassossego do meu coração.

[9] Na tua presença, Senhor, estão os meus
desejos todos,
e a minha ansiedade não te é oculta.
[10] O meu coração bate acelerado,
faltam-me as forças,
e a luz dos meus olhos,
até essa me deixou!
[11] Os meus amigos e companheiros
afastam-se da minha desgraça,
e os meus parentes ficam de longe.
[12] Armam ciladas contra mim
os que tramam tirar-me a vida;
os que me procuram fazer o mal
dizem coisas perniciosas
e imaginam engano todo o dia.
[13] Mas eu, como surdo, não ouço
e, qual mudo, não abro a boca.
[14] Sou como quem não ouve
e em cujos lábios não há réplica.

[15] Pois em ti, SENHOR, espero;
tu me responderás,
Senhor, Deus meu.
[16] Porque eu dizia: "Não deixes
que eles se alegrem de mim
e contra mim se engrandeçam
quando me resvala o pé."
[17] Pois estou prestes a tropeçar;
a minha dor está sempre
diante de mim.
[18] Confesso a minha iniquidade;
suporto tristeza
por causa do meu pecado.
[19] Mas os meus inimigos
são vigorosos e fortes,
e são muitos os que
sem motivo me odeiam.
[20] Aqueles que pagam
o mal pelo bem
são meus adversários,
porque eu sigo o que é bom.

21 Não me desampares, Senhor;
Deus meu,
não te ausentes de mim.
22 Apressa-te em socorrer-me,
Senhor, salvação minha.

A VAIDADE DA VIDA

Ao mestre de canto,
Jedutum. Salmo de Davi

39 1 Eu disse comigo mesmo:
"Guardarei os meus caminhos,
para não pecar com a língua;
porei mordaça à minha boca,
enquanto os ímpios estiverem
na minha presença."
2 Emudeci em silêncio,
calei a respeito do bem,
e a minha dor se agravou.
3 O coração me ardia no peito;
enquanto eu meditava,
um fogo se acendeu
dentro de mim.
Então eu disse em voz alta:

4 "Senhor, dá-me a conhecer o meu fim
e qual é a soma dos meus dias,
para que eu reconheça
a minha fragilidade.
5 Deste aos meus dias o comprimento
de alguns palmos;
à tua presença, o prazo da minha vida
é nada.
Na verdade, todo ser humano, por mais
firme que esteja,
é pura vaidade.
6 De fato, o ser humano passa como
uma sombra.
Em vão se inquieta;
amontoa tesouros e não sabe quem
ficará com eles."

7 "E eu, Senhor, que espero?
Tu és a minha esperança.
8 Livra-me de todas as
minhas iniquidades;
não permitas que os insensatos
zombem de mim.
9 Emudeço, não abro os lábios
porque tu fizeste isso.
10 Tira de sobre mim o teu flagelo;
pelo golpe de tua mão, estou perecendo.
11 Quando castigas alguém
com repreensões,
por causa do pecado,
destróis nele, como traça, o que tem
de precioso.
De fato, o ser humano é pura vaidade."

12 "Ouve, Senhor, a minha oração,
escuta-me quando grito por socorro.
Não fiques insensível
às minhas lágrimas,
porque sou forasteiro diante de ti,
peregrino como todos
os meus pais o foram.
13 Desvia de mim o olhar,
para que eu tome alento,
antes que eu passe
e deixe de existir."

CÂNTICO DE LOUVOR E PEDIDO DE AJUDA

Ao mestre de canto. Salmo de Davi

40 1 Esperei com paciência pelo Senhor;
ele se inclinou para mim
e me ouviu quando clamei
por socorro.
2 Tirou-me de um poço de perdição,
de um atoleiro de lama;
colocou os meus pés sobre uma rocha
e firmou os meus passos.
3 E me pôs nos lábios um cântico novo,
um hino de louvor ao nosso Deus.
Muitos verão essas coisas, temerão
e confiarão no Senhor.

4 Bem-aventurado é aquele
que põe no Senhor a sua confiança
e não se volta para os arrogantes,
nem para os que seguem a mentira.
5 São muitas, Senhor, Deus meu,
as maravilhas que tens operado
e também os teus desígnios
para conosco;
não há ninguém que possa se igualar a ti.
Eu quisera anunciá-los e deles falar,
mas são mais do que
se pode contar.

Deus é o único que pode satisfazer a nossa alma.

[6] Sacrifícios e ofertas não quiseste;
abriste os meus ouvidos;
holocaustos e ofertas pelo pecado
não requeres.
[7] Então eu disse: "Eis aqui estou,
no rolo do livro está escrito
a meu respeito;
[8] agrada-me fazer a tua vontade,
ó Deus meu;
a tua lei está dentro do meu coração."
[9] Proclamei as boas-novas
de justiça
na grande congregação;
jamais cerrei os lábios,
tu o sabes, SENHOR.
[10] Não ocultei no coração
a tua justiça;
proclamei a tua fidelidade
e a tua salvação;
não escondi
da grande congregação
a tua graça e a tua verdade.

[11] Não retenhas de mim, SENHOR,
as tuas misericórdias;
que a tua graça e a tua verdade
sempre me guardem.
[12] São incontáveis os males
que me cercam;
as minhas iniquidades
me alcançaram,
tantas, que me impedem a visão;
são mais numerosas
que os cabelos de minha cabeça,
e o coração desfalece.

[13] Agrada-te, SENHOR, em me livrar;
apressa-te, ó SENHOR,
em me socorrer.
[14] Que sejam envergonhados
e cobertos de vexame
todos os que buscam tirar-me a vida;
retrocedam
e cubram-se de vergonha
os que se alegram com o meu mal.
[15] Sofram perturbação
por causa da sua vergonha
aqueles que me dizem:
"Bem feito! Bem feito!"
[16] Exultem e em ti se alegrem
todos os que te buscam;
os que amam a tua salvação
digam sempre:
"O SENHOR seja engrandecido!"
[17] Eu sou pobre e necessitado,
porém o Senhor cuida de mim.
Tu és o meu amparo e o meu libertador;
não te demores, ó Deus meu!

ORAÇÃO DE UM DOENTE

Ao mestre de canto. Salmo de Davi

41 [1] Bem-aventurado é aquele
que ajuda os necessitados;
o SENHOR o livra no dia do mal.
[2] O SENHOR o protege, preserva-lhe a vida
e o faz feliz na terra;
não o entrega à vontade
dos seus inimigos.
[3] O SENHOR o assiste
no leito da enfermidade.
Quando doente,
tu lhe restauras a saúde.

[4] Eu disse:

"Compadece-te de mim, SENHOR;
sara a minha alma,
porque pequei contra ti."
[5] Os meus inimigos
falam mal de mim:
"Quando é que ele vai morrer
e ser esquecido?"
[6] Se algum deles vem me visitar,
diz coisas vãs,
amontoando maldades no coração;
ao sair, é disso que fala.
[7] Todos os que me odeiam
se reúnem e ficam cochichando;
pensam o pior a respeito de mim,
dizendo:
[8] "Foi uma peste que deu nele";
e: "Caiu de cama,
e não vai se levantar mais."
[9] Até o meu amigo íntimo,
em quem eu confiava,
que comia do meu pão,
levantou contra mim
o seu calcanhar.

10 Tu, porém, Senhor,
compadece-te de mim
e levanta-me, para que eu lhes pague
segundo merecem.
11 Com isto saberei que te agradas de mim:
em não triunfar contra mim
o meu inimigo.
12 Quanto a mim, tu me susténs
na minha integridade
e me pões na tua presença
para sempre.

13 Bendito seja o Senhor,
Deus de Israel,
de eternidade a eternidade!
Amém e amém!

LIVRO II (SALMOS 42—72)

A ALMA SUSPIRA POR DEUS

Ao mestre de canto. Salmo didático dos filhos de Corá

42 1 Assim como a corça suspira
pelas correntes das águas,
assim, por ti, ó Deus, suspira
a minha alma.
2 A minha alma tem sede de Deus,
do Deus vivo.
Quando irei e me apresentarei
diante da face de Deus?
3 As minhas lágrimas têm sido
o meu alimento dia e noite,
enquanto me dizem continuamente:
"E o seu Deus, onde está?"

4 Lembro-me destas coisas
e dentro de mim se derrama a minha
alma —,
de como eu passava
com a multidão de povo
e os guiava em procissão à Casa de Deus,
entre gritos de alegria e louvor,
multidão em festa.

5 Por que você está abatida, ó minha alma?
Por que se perturba dentro de mim?
Espere em Deus, pois ainda o louvarei,
a ele, meu auxílio
e Deus meu.

6 Sinto abatida dentro de mim
a minha alma;
lembro-me, portanto, de ti,
nas terras do Jordão, no Hermom,
e no monte Mizar.
7 Um abismo chama outro abismo,
ao ruído das tuas cachoeiras;
todas as tuas ondas e vagas
passaram sobre mim.
8 Contudo, o Senhor, durante o dia,
me concede a sua misericórdia,
e de noite está comigo
o seu cântico,
uma oração
ao Deus da minha vida.

9 Pergunto a Deus, minha rocha:
"Por que te esqueceste de mim?
Por que hei de andar eu lamentando
sob a opressão
dos meus inimigos?"
10 Os meus ossos se esmigalham,
quando os meus adversários
me insultam,
perguntando sem parar:
"E o seu Deus, onde está?"

11 Por que você está abatida,
ó minha alma?
Por que se perturba dentro de mim?
Espere em Deus, pois ainda o louvarei,
a ele, meu auxílio e Deus meu.

DESEJOS PELO SANTUÁRIO

43 1 Faze-me justiça, ó Deus,
e defende a minha causa
contra a nação infiel;
livra-me dessa gente fraudulenta
e injusta.
2 Pois tu és o Deus
da minha fortaleza.
Por que me rejeitas?
Por que hei de andar eu lamentando
sob a opressão dos meus inimigos?

3 Envia a tua luz e a tua verdade,
para que me guiem
e me levem ao teu santo monte
e aos teus tabernáculos.

[4] Então irei ao altar de Deus,
de Deus, que é a minha
grande alegria;
ao som da harpa eu te louvarei,
ó Deus, Deus meu.

[5] Por que você está abatida,
ó minha alma?
Por que se perturba
dentro de mim?
Espere em Deus,
pois ainda o louvarei,
a ele, meu auxílio
e Deus meu.

APELO POR AUXÍLIO DIVINO

Ao mestre de canto. Dos filhos de Corá. Salmo didático

44 [1] Ó Deus, nós ouvimos
com os próprios ouvidos;
nossos pais nos contaram
o que fizeste outrora, em seus dias.
[2] Com a tua mão expulsaste as nações
e estabeleceste os nossos pais;
afligiste os povos
e ampliaste o território de nossos pais.
[3] Pois não foi por sua espada
que eles conquistaram a terra,
nem foi o seu braço que lhes deu vitória,
e sim a tua mão poderosa, e o teu braço,
e a luz do teu rosto,
porque te agradaste deles.

[4] Tu és o meu rei, ó Deus;
ordena a vitória de Jacó.
[5] Com o teu auxílio,
vencemos os nossos inimigos;
em teu nome, pisamos sobre
os que se levantam contra nós.
[6] Não confio no meu arco,
e não é a minha espada que me salva.
[7] Pois tu nos salvaste
dos nossos inimigos
e cobriste de vergonha
os que nos odeiam.
[8] Em Deus, nos temos gloriado
continuamente
e para sempre louvaremos
o teu nome.

[9] Agora, porém, tu nos rejeitaste
e nos expuseste à vergonha,
e já não acompanhas
os nossos exércitos.
[10] Tu nos fazes bater em retirada
diante dos nossos inimigos,
e os que nos odeiam
nos tomam por seu despojo.
[11] Entregaste-nos como ovelhas
para o matadouro
e nos espalhaste entre as nações.
[12] Vendes por nada o teu povo
e não tens lucro com a sua venda.
[13] Tu nos fazes objeto de deboche
para os nossos vizinhos,
de escárnio e de zombaria
aos que nos rodeiam.
[14] Tu fazes de nós provérbio
entre as nações;
os povos nos veem e balançam a cabeça.
[15] A minha humilhação
está sempre diante de mim;
o meu rosto se cobre de vergonha,
[16] ante os gritos do que afronta
e blasfema,
à vista do inimigo e do vingador.

[17] Tudo isso nos sobreveio;
entretanto, não nos esquecemos de ti,
nem fomos infiéis à tua aliança.
[18] O nosso coração não voltou atrás,
nem os nossos passos
se desviaram dos teus caminhos,
[19] para nos esmagares
onde vivem os chacais
e nos envolveres com as sombras
da morte.
[20] Se tivéssemos esquecido
o nome do nosso Deus
ou se tivéssemos estendido
as mãos a um deus estranho,
[21] será que Deus não teria
descoberto isso,
ele, que conhece
os segredos dos corações?
[22] Mas, por amor de ti, somos entregues
à morte continuamente,
somos considerados como ovelhas
para o matadouro.

23 Desperta! Por que dormes,
Senhor?
Desperta! Não nos rejeites
para sempre!
24 Por que escondes o rosto
e te esqueces da nossa miséria
e da nossa opressão?
25 Pois a nossa alma está abatida até
o pó,
e o nosso corpo está
como que pegado no chão.
26 Levanta-te para socorrer-nos;
resgata-nos por amor
da tua bondade.

O UNGIDO DE DEUS E A SUA NOIVA

Ao mestre de canto, segundo a melodia "Os lírios". Dos filhos de Corá. Salmo didático. Cântico de amor

45 1 O meu coração transborda
de belas palavras.
Ao rei consagro o que compus;
a minha língua é como a pena
de um hábil escritor.

2 O senhor, ó rei, é o mais formoso
dos filhos dos homens;
a graça se extravasou nos seus lábios;
por isso, Deus o abençoou
para sempre.
3 Cinja a espada no seu flanco, herói;
cinja a sua glória e a sua majestade!
4 E nessa majestade
cavalgue vitoriosamente,
pela causa da verdade e da justiça;
e a sua mão direita lhe ensinará proezas.
5 As suas flechas são afiadas
e penetram o coração dos inimigos do rei;
os povos caem submissos aos seus pés.

6 O teu trono, ó Deus, é para todo
o sempre;
cetro de justiça é o cetro do teu reino.
7 O senhor, ó rei, ama a justiça
e odeia a iniquidade;
por isso, Deus, o seu Deus, o ungiu
com o óleo de alegria,
como a nenhum
dos seus companheiros.
8 Todas as suas roupas cheiram
a mirra, aloés e cássia;
de palácios de marfim ressoam
instrumentos de cordas
que o alegram.
9 Filhas de reis se encontram
entre as suas damas de honra;
à sua direita está a rainha
enfeitada com ouro finíssimo de Ofir.

10 Ouça, filha, olhe e preste atenção:
esqueça o seu povo
e a casa de seu pai.
11 Então o rei ficará encantado
com a sua formosura;
por ser ele o seu senhor,
incline-se diante dele.
12 A filha de Tiro virá trazendo presentes;
os mais ricos do povo lhe
pedirão favores.

13 A filha do rei é toda formosura
no interior do palácio;
os seus vestidos são enfeitados de ouro.
14 Em roupas bordadas
conduzem-na diante do rei;
as virgens, suas companheiras
que a seguem,
serão trazidas à sua presença, ó rei.
15 Serão conduzidas
com alegria e regozijo;
entrarão no palácio do rei.
16 Em lugar de seus pais,
estarão os seus filhos,
colocados como príncipes
por toda a terra.
17 Farei com que o seu nome
seja celebrado
de geração em geração,
e, assim, os povos o louvarão
para todo o sempre.

DEUS É O NOSSO REFÚGIO E FORTALEZA

Ao mestre de canto. Dos filhos de Corá. Em voz de soprano. Cântico

46 1 Deus é o nosso refúgio
e fortaleza, socorro bem presente
nas tribulações.

[2] Portanto, não temeremos,
ainda que a terra se transtorne
e os montes se abalem
no seio dos mares;
[3] ainda que as águas
tumultuem e espumejem
e na sua fúria
os montes estremeçam.

[4] Há um rio, cujas correntes
alegram a cidade de Deus,
o santuário das moradas
do Altíssimo.
[5] Deus está no meio dela;
jamais será abalada.
Deus a ajudará
desde o romper da manhã.
[6] Bramam nações,
reinos se abalam.
Deus faz ouvir a sua voz,
e a terra se dissolve.

[7] O Senhor dos Exércitos
está conosco;
o Deus de Jacó é o nosso refúgio.

[8] Venham contemplar
as obras do Senhor,
que tem feito desolações na terra.
[9] Ele faz cessar as guerras até os confins
do mundo,
quebra o arco e despedaça a lança;
queima os carros no fogo.
[10] Aquietem-se e saibam que eu
sou Deus;
sou exaltado entre as nações, sou
exaltado na terra.

[11] O Senhor dos Exércitos está conosco;
o Deus de Jacó é o nosso refúgio.

DEUS, O REI DE TODA A TERRA

Ao mestre de canto. Salmo dos filhos de Corá

47 [1] Batam palmas, todos os povos;
aclamem a Deus com vozes
de júbilo.
[2] Pois o Senhor Altíssimo é tremendo,
é o grande rei de toda a terra.
[3] Ele nos submeteu os povos
e pôs as nações
debaixo dos nossos pés.
[4] Escolheu para nós
a nossa herança,
a glória de Jacó, a quem ele ama.

[5] Deus subiu em meio a aclamações,
o Senhor, ao som de trombeta.
[6] Cantem louvores a Deus,
cantem louvores;
cantem louvores ao nosso Rei,
cantem louvores.
[7] Deus é o Rei de toda a terra;
cantem louvores
com harmonioso cântico.

[8] Deus reina sobre as nações;
Deus se assenta
no seu santo trono.
[9] Os príncipes dos povos se reúnem
com o povo do Deus de Abraão,
porque a Deus pertencem
os escudos da terra;
ele se exaltou gloriosamente.

A CIDADE DE DEUS

Cântico. Salmo dos filhos de Corá

48 [1] Grande é o Senhor e mui digno de
ser louvado,
na cidade do nosso Deus, seu
santo monte.
[2] Alto e belo, alegria de toda a terra,
é o monte Sião,
para os lados do Norte,
a cidade do grande Rei.
[3] Nos palácios dela,
Deus se faz conhecer como alto refúgio.

[4] Por isso, eis que os reis se uniram
e juntos a atacaram.
[5] Quando viram, se espantaram;
ficaram com medo e
fugiram apressados.
[6] O terror ali os venceu,
e sentiram dores como de mulher que
está dando à luz.
[7] Com vento leste destruíste
as naus de Társis.

[8] Como temos ouvido dizer, agora vimos
que aconteceu
na cidade do SENHOR dos Exércitos,
na cidade do nosso Deus.
Deus a estabelece para sempre.
[9] Pensamos, ó Deus, na tua misericórdia
no meio do teu templo.
[10] Como o teu nome, ó Deus,
assim o teu louvor se estende até os
confins da terra;
a tua mão direita está cheia de justiça.
[11] Alegre-se o monte Sião,
exultem as filhas de Judá,
por causa dos teus juízos.

[12] Andem em volta de Sião,
rodeiem-na toda,
contem as suas torres;
[13] notem bem as suas muralhas,
observem os seus palácios,
para que possam contar às gerações
vindouras
[14] que este é Deus,
o nosso Deus para todo o sempre;
ele será nosso guia até a morte.

A VAIDADE DAS RIQUEZAS

Ao mestre de canto. Salmo dos filhos de Corá

49 [1] Povos todos, escutem isto;
deem ouvidos, todos os
moradores da terra,
[2] tanto os humildes
como os poderosos,
todos juntamente,
os ricos e os pobres.
[3] Os meus lábios falarão sabedoria,
e o meu coração terá
pensamentos profundos.
[4] Inclinarei os meus ouvidos
a uma parábola,
decifrarei o meu enigma
ao som da harpa.

[5] Por que temerei nos dias maus,
quando me cercar a iniquidade dos que
me perseguem,
[6] dos que confiam nos seus bens
e se gloriam na sua muita riqueza?
[7] Ao irmão, verdadeiramente, ninguém o
pode remir,
nem pagar por ele a Deus
o seu resgate —
[8] pois a redenção da alma deles
é caríssima,
e cessará a tentativa
para sempre —,
[9] para que continue a viver
perpetuamente
e não venha a morrer.

[10] Porque vê-se
que os sábios morrem,
e que perecem também
os tolos e estúpidos,
os quais deixam as suas riquezas
para os outros.
[11] Em seu íntimo pensam
que as suas casas
serão perpétuas
e, as suas moradas,
para todas as gerações;
chegam a dar o seu próprio nome
às suas terras.

[12] Todavia, o ser humano
não permanece
em sua ostentação;
pelo contrário, é como os animais,
que perecem.

[13] Tal proceder é tolice deles;
mas os seus seguidores aplaudem
o que eles dizem.
[14] Como ovelhas são postos na sepultura;
a morte é o seu pastor;
eles descem diretamente para a cova,
onde a sua formosura se consome;
o mundo dos mortos é o lugar
em que habitam.
[15] Mas Deus remirá a minha alma
do poder da morte,
pois ele me tomará para si.

[16] Não tenha medo,
quando alguém enriquecer,
quando aumentar
a glória de sua casa;

A presença do Espírito Santo em nós prepara a terra do nosso coração.

17 pois, quando morrer,
  nada levará consigo,
a sua glória não o acompanhará.
18 Ainda que durante a vida
  ele tenha se lisonjeado,
e ainda que o louvem
  quando faz o bem a si mesmo,
19 irá juntar-se à geração
  de seus pais,
os quais já não verão a luz.

20 O ser humano, revestido de honrarias,
  mas sem entendimento,
é como os animais, que perecem.

A VERDADEIRA ADORAÇÃO

Salmo de Asafe

50 1 Fala o Poderoso, o SENHOR Deus,
e chama a terra desde o Oriente até
o Ocidente.
2 Desde Sião, excelência de formosura,
resplandece Deus.

3 O nosso Deus vem
  e não guarda silêncio.
À frente dele
  vem um fogo devorador,
e ao seu redor
  ruge grande tormenta.
4 Ele intima os céus lá em cima
  e a terra,
para julgar o seu povo.
5 Ele diz: "Congreguem
  os meus santos,
os que comigo fizeram aliança
  por meio de sacrifícios."
6 Os céus anunciam a sua justiça,
porque é o próprio Deus que julga.

7 "Escute, meu povo, e eu falarei;
ó Israel, e eu testemunharei
  contra você.
Eu sou Deus, o seu Deus.
8 Não o repreendo
  pelos seus sacrifícios,
nem pelos holocaustos que você
  continuamente me oferece.
9 Não aceitarei novilhos da sua casa,
nem bodes dos seus apriscos.
10 Pois são meus todos os animais do
  bosque
e o gado aos milhares
  sobre as montanhas.
11 Conheço todas as aves dos montes,
e são meus todos os animais
  que vivem no campo."

12 "Se eu tivesse fome,
  não teria necessidade
  de dizê-lo a você,
pois meu é o mundo
  e a sua plenitude.
13 Acaso como eu carne de touros?
Ou bebo sangue de cabritos?
14 Ofereça a Deus
  sacrifício de ações de graças
e cumpra os seus votos
  para com o Altíssimo.
15 Invoque-me no dia da angústia;
eu o livrarei,
  e você me glorificará."

16 Mas ao ímpio Deus diz:
"De que lhe serve
  repetir os meus preceitos
e ter nos lábios a minha aliança,
17 se você odeia a disciplina
e rejeita as minhas palavras?
18 Se vê um ladrão,
  você se torna amigo dele,
e aos adúlteros você se associa.
19 Abre a boca para o mal,
e a sua língua trama enganos.
20 Senta-se para falar
  contra o seu irmão
e difama o filho de sua mãe.
21 Você tem feito essas coisas,
  e eu me calei;
você pensava
  que eu era igual a você;
mas agora eu o repreenderei
  e porei tudo à sua vista."

22 "Considerem,
  pois, nisto,
  vocês que se esquecem de Deus,
para que eu não os despedace,
  sem haver quem os livre.

[23] Aquele que me oferece sacrifício
de ações de graças,
esse me glorificará;
e ao que prepara o seu caminho,
farei com que veja
a salvação de Deus."

CONFISSÃO E ARREPENDIMENTO

Ao mestre de canto. Salmo de Davi, quando o profeta Natã foi falar com ele, depois de ele ter estado com Bate-Seba

51 [1] Compadece-te de mim, ó Deus,
segundo a tua benignidade;
e, segundo a multidão
das tuas misericórdias,
apaga as minhas transgressões.
[2] Lava-me completamente da minha
iniquidade
e purifica-me do meu pecado.

[3] Pois eu conheço as
minhas transgressões,
e o meu pecado está sempre diante
de mim.
[4] Pequei contra ti, contra ti somente,
e fiz o que é mau aos teus olhos,
de maneira que serás tido
por justo no teu falar
e puro no teu julgar.
[5] Eu nasci na iniquidade,
e em pecado me concebeu a minha mãe.

[6] Eis que te agradas da verdade no
íntimo
e no oculto me fazes
conhecer sabedoria.
[7] Purifica-me com hissopo, e
ficarei limpo;
lava-me, e ficarei mais alvo do que
a neve.
[8] Faze-me ouvir júbilo e alegria,
para que exultem os ossos
que esmagaste.
[9] Esconde o teu rosto dos meus pecados
e apaga todas as minhas iniquidades.
[10] Cria em mim, ó Deus, um coração puro
e renova dentro de mim
um espírito inabalável.
[11] Não me lances fora
da tua presença,
nem me retires
o teu Santo Espírito.
[12] Restitui-me a alegria
da tua salvação
e sustenta-me
com um espírito voluntário.
[13] Então ensinarei aos transgressores
os teus caminhos,
e os pecadores se converterão a ti.

[14] Livra-me dos crimes
de sangue, ó Deus,
Deus da minha salvação,
e a minha língua
exaltará a tua justiça.
[15] Abre, Senhor, os meus lábios,
e a minha boca manifestará
o teu louvor.

[16] Pois não te agradas de sacrifícios;
do contrário, eu os ofereceria;
e não tens prazer em holocaustos.
[17] Sacrifício agradável a Deus
é o espírito quebrantado;
coração quebrantado e contrito,
não o desprezarás, ó Deus.

[18] Faze bem a Sião,
segundo a tua boa vontade;
edifica as muralhas de Jerusalém.
[19] Então te agradarás
dos sacrifícios de justiça,
dos holocaustos
e das ofertas queimadas;
e sobre o teu altar
serão oferecidos novilhos.

A JUSTIÇA E A BONDADE DE DEUS

Ao mestre de canto. Salmo didático de Davi, quando Doegue, edomita, foi contar a Saul que Davi tinha ido à casa de Abimeleque

52 [1] Por que você se gloria
na maldade,
ó homem poderoso?
Pois a bondade de Deus
dura para sempre.

[2] Com a língua você trama
planos de destruição;
ela é como navalha afiada,
que só produz enganos.
[3] Você ama o mal mais do que o bem;
prefere mentir a falar a verdade.
[4] Você ama todas as
palavras devoradoras,
ó língua fraudulenta!
[5] Também Deus o destruirá para sempre;
ele o pegará e arrancará da tenda
em que você habita
e o extirpará da terra dos viventes.
[6] Os justos verão tudo isso,
temerão e vão rir dele, dizendo:
[7] "Eis o homem que não fazia de Deus a
sua fortaleza,
mas confiava na abundância dos seus
próprios bens
e se fortalecia na sua perversidade."

[8] Quanto a mim, porém, sou como a
oliveira verde
na Casa de Deus;
confio na misericórdia de Deus
para todo o sempre.
[9] Sempre te louvarei,
porque assim o fizeste;
na presença dos teus fiéis,
esperarei no teu nome, porque é bom.

A CORRUPÇÃO DO PECADOR E SUA REDENÇÃO

Sl 14

Ao mestre de canto. Salmo didático de Davi, para cítara

53 [1] Diz o insensato no seu coração:
"Não há Deus."
Corrompem-se e praticam iniquidade;
já não há quem faça o bem.

[2] Do céu Deus olha para os filhos
dos homens,
para ver se há quem entenda,
se há quem busque a Deus.
[3] Todos se desviaram
e juntamente se corromperam;
não há quem faça o bem,
não há nem um sequer.

[4] Será que não entendem nada
esses que praticam a iniquidade,
que devoram o meu povo
como se comessem pão
e que não invocam a Deus?
[5] Ficam tomados de grande pavor,
onde não há o que temer;
porque Deus dispersa os ossos
daqueles que cercam você;
você faz com que
fiquem envergonhados,
porque Deus os rejeita.

[6] Quem dera que de Sião
viesse já a salvação de Israel!
Quando Deus restaurar
a sorte do seu povo,
Jacó exultará e Israel se encherá
de alegria.

ORAÇÃO PEDINDO A AJUDA DE DEUS

Ao mestre de canto. Salmo didático. Para instrumentos de cordas. De Davi, quando os zifeus foram dizer a Saul: "Não está Davi escondido entre nós?"

54 [1] Ó Deus, salva-me, pelo teu nome,
e faze-me justiça pelo teu poder.
[2] Escuta, ó Deus,
a minha oração,
dá ouvidos às palavras da minha boca.
[3] Pois contra mim se levantam
os insolentes,
e os violentos
procuram tirar-me a vida;
eles não têm Deus diante de si.

[4] Eis que Deus é o meu ajudador,
o Senhor é quem
me sustenta a vida.
[5] Ele retribuirá o mal
aos meus inimigos.
Por tua fidelidade,
acaba com eles.

[6] Eu te oferecerei sacrifícios
voluntariamente;
louvarei o teu nome, ó SENHOR,
porque é bom.

7 Pois ele me livrou
de todas as minhas aflições;
e os meus olhos viram
a ruína dos meus inimigos.

CONFIANÇA EM MEIO À PERSEGUIÇÃO

Ao mestre de canto. Para instrumentos de cordas. Salmo didático de Davi

55 1 Dá ouvidos, ó Deus,
à minha oração;
não te escondas da minha súplica.
2 Atende-me e responde-me;
sinto-me perplexo em minha queixa
e ando perturbado,
3 por causa do clamor do inimigo
e da opressão do ímpio;
pois sobre mim lançam calamidade
e furiosamente me hostilizam.

4 O meu coração estremece no peito,
terrores de morte caem sobre mim.
5 Temor e tremor me sobrevêm,
e o horror se apodera de mim.
6 Então eu disse:
"Quem me dera ter asas como
a pomba!
Voaria e acharia descanso.
7 Eis que fugiria para longe
e ficaria no deserto.
8 Depressa eu me abrigaria
do vendaval e da tempestade."

9 Destrói, Senhor, e confunde os
seus conselhos,
porque vejo violência e conflitos
na cidade.
10 Dia e noite andam em volta dela,
nas suas muralhas,
e, dentro delas,
reinam a corrupção e a maldade.
11 Há destruição no meio da cidade;
das suas praças não se afastam a
opressão e o engano.

12 Porque não é um inimigo que
me afronta;
se o fosse,
eu o suportaria;
nem é o que me odeia quem
se exalta contra mim,
pois dele eu me esconderia;
13 mas é você, homem meu igual,
meu companheiro e meu íntimo amigo.
14 Juntos nos entretínhamos
e íamos com a multidão à Casa de Deus.

15 Que a morte os assalte, e vivos desçam
à sepultura!
Porque há maldade nas suas moradas e
no seu íntimo.
16 Eu, porém, invocarei a Deus,
e o SENHOR me salvará.
17 À tarde, pela manhã e ao meio-dia,
farei as minhas queixas e lamentarei;
e ele ouvirá a minha voz.
18 Em paz ele livra a minha alma
dos que me perseguem;
pois são muitos contra mim.
19 Deus ouvirá e lhes responderá,
ele, que preside desde a eternidade,
porque não há neles
mudança nenhuma,
e não temem a Deus.

20 Tal homem estendeu as mãos
contra os que tinham paz com ele;
violou a sua aliança.
21 A sua fala era mais macia que
a manteiga,
porém no coração havia guerra;
as suas palavras eram mais suaves
que o azeite,
mas eram, de fato,
espadas afiadas.

22 Lance os seus cuidados
sobre o SENHOR e ele o susterá;
jamais permitirá que o justo
seja abalado.
23 Tu, porém, ó Deus, os lançarás na
cova profunda.
Homens sanguinários
e fraudulentos
não chegarão à metade
dos seus dias;
eu, todavia,
confiarei em ti.

ORAÇÃO DE CONFIANÇA EM DEUS

Ao mestre de canto, segundo a melodia "A pomba nos terebintos distantes". Hino de Davi, quando os filisteus o prenderam em Gate

56 [1] Tem misericórdia de mim, ó Deus,
porque os homens
querem me destruir;
todo o dia eles me oprimem
e lutam contra mim.
[2] Os meus inimigos sempre
querem me destruir;
são muitos os que atrevidamente
me combatem.

[3] Quando eu ficar com medo,
hei de confiar em ti.
[4] Em Deus, cuja palavra eu exalto,
neste Deus ponho
a minha confiança
e nada temerei.
Que me pode fazer um mortal?

[5] Todo o dia
torcem as minhas palavras;
os seus pensamentos são todos
contra mim para o mal.
[6] Ajuntam-se, escondem-se,
espionam os meus passos,
como aguardando a hora
de me tirarem a vida.
[7] Dá-lhes a retribuição
segundo a sua iniquidade.
Derruba os povos, ó Deus,
na tua ira!

[8] Contaste os meus passos
quando sofri perseguições.
Recolhe as minhas lágrimas
no teu odre;
não estão elas inscritas
no teu livro?
[9] No dia em que eu te invocar,
os meus inimigos
baterão em retirada.
Uma coisa eu sei:
que Deus é por mim.
[10] Em Deus, cuja palavra eu louvo,
no Senhor, cuja palavra eu louvo,
[11] neste Deus ponho a minha confiança
e nada temerei.
Que me pode fazer
um simples ser humano?

[12] Os votos que fiz,
eu os manterei, ó Deus;
trarei as ofertas de ações de graças.
[13] Pois da morte livraste
a minha alma,
sim, livraste da queda os meus pés,
para que eu ande na presença de Deus,
na luz da vida.

LOUVOR PELA BONDADE DE DEUS

Ao mestre de canto, segundo a melodia "Não destruas". Hino de Davi, quando fugia de Saul, na caverna

57 [1] Tem misericórdia de mim, ó Deus,
tem misericórdia,
pois em ti a minha alma se refugia;
à sombra das tuas asas me abrigo,
até que passem as calamidades.
[2] Clamarei ao Deus Altíssimo,
ao Deus que por mim tudo executa.
[3] Dos céus ele me envia o seu auxílio e
me livra;
cobre de vergonha os que procuram
me destruir.
Envia a sua misericórdia e a
sua fidelidade.
[4] A minha alma está rodeada de leões,
ávidos por devorar os filhos
dos homens;
lanças e flechas são os seus dentes,
espada afiada é a língua deles.

[5] Sê exaltado, ó Deus, acima dos céus;
e em toda a terra brilhe a tua glória.

[6] Armaram uma rede aos meus passos,
a minha alma está abatida.
Abriram uma cova diante de mim,
mas eles mesmos caíram nela.

[7] Firme está o meu coração,
ó Deus,
o meu coração está firme;
cantarei e entoarei louvores.

8 Acorde, ó minha alma!
Acordem, lira e harpa!
Quero acordar o alvorecer.
9 Eu te darei graças entre os povos;
cantarei louvores a ti
entre as nações.
10 Pois a tua misericórdia
se eleva até os céus,
e a tua fidelidade, até as nuvens.

11 Sê exaltado, ó Deus,
acima dos céus;
e em toda a terra
brilhe a tua glória.

O CASTIGO DOS ÍMPIOS

Ao mestre de canto, segundo a melodia "Não destruas". Hino de Davi

58 1 Será que vocês, juízes,
tomam decisões justas?
Julgam com retidão
os filhos dos homens?
2 Longe disso!
Pelo contrário, no íntimo
vocês planejam iniquidades
e distribuem na terra
a violência de suas mãos.

3 Os ímpios se desviam
desde a sua concepção;
nascem e já se desencaminham,
proferindo mentiras.
4 Têm veneno semelhante
ao veneno da serpente;
são como a víbora surda,
que tapa os ouvidos,
5 para não ouvir
a voz dos encantadores,
do mais fascinante
em encantamentos.

6 Ó Deus, quebra-lhes
os dentes na boca;
arranca, SENHOR,
as presas dos leõezinhos.
7 Que eles desapareçam
como as águas que se escoam;
ao dispararem flechas,
que elas se despedacem.
8 Sejam como a lesma,
que se dilui ao passar;
como o aborto de mulher,
que nunca vejam a luz do sol.
9 Como espinheiros,
antes que as panelas
de vocês sintam deles o calor,
tanto os verdes
como os que estão em brasa,
serão arrebatados
como por um redemoinho.

10 Os justos se alegrarão
ao verem a vingança;
banharão os pés
no sangue dos ímpios.
11 Então se dirá: "Na verdade,
há recompensa para os justos;
de fato há um Deus
que julga na terra."

SÚPLICA POR LIBERTAÇÃO

Ao mestre de canto, segundo a melodia "Não destruas". Hino de Davi, quando Saul mandou que lhe vigiassem a casa, para o matar

59 1 Livra-me, Deus meu,
dos meus inimigos;
põe-me fora do alcance dos
meus adversários.
2 Livra-me dos que praticam a
iniquidade
e salva-me dos homens sanguinários.
3 Pois eis que armam ciladas à
minha alma;
contra mim se reúnem os fortes,
sem que eu tenha cometido qualquer
transgressão
ou pecado, ó SENHOR.
4 Sem culpa minha, eles se apressam
para me atacar;
desperta, vem ao meu encontro e vê.
5 Tu, SENHOR, Deus dos Exércitos, és o
Deus de Israel;
desperta, pois,
e castiga todas as nações;
não te compadeças de nenhum dos que
traiçoeiramente
praticam a iniquidade.

6 Ao anoitecer, uivam como cães,
à volta da cidade.
7 Proferem ameaças;
em seus lábios há espadas.
Pois dizem: "Quem vai ouvir?"

8 Mas tu, Senhor, vais rir deles;
zombarás de todas as nações.
9 Em ti, força minha, esperarei;
pois Deus é meu alto refúgio.

10 Meu Deus virá ao meu encontro com a
sua misericórdia,
Deus me fará ver a derrota dos
meus inimigos.
11 Não os mates, para que o meu povo
não se esqueça;
dispersa-os pelo teu poder e abate-os,
ó Senhor, escudo nosso.

12 Pelo pecado de sua boca, pelas
palavras dos seus lábios,
na sua própria soberba sejam enredados
e pelas maldições e mentiras
que proferem.
13 Consome-os com indignação,
consome-os,
para que deixem de existir
e se saiba que Deus reina em Jacó,
até os confins da terra.

14 Ao anoitecer,
uivam como cães,
à volta da cidade.
15 Vagueiam à procura de comida
e, se não se fartam,
então rosnam.

16 Eu, porém,
cantarei a tua força;
pela manhã louvarei com alegria a
tua misericórdia,
pois tu me tens sido alto refúgio
e proteção no dia
da minha angústia.
17 A ti, força minha,
cantarei louvores,
porque Deus é meu alto refúgio,
é o Deus da minha misericórdia.

ORAÇÃO EM TEMPOS DE GUERRA

Ao mestre de canto, segundo a melodia "O lírio do testemunho". Hino de Davi para ensinar. Quando lutou contra os sírios da Mesopotâmia e de Zobá, e quando Joabe, regressando, derrotou doze mil edomitas, no vale do Sal

60 1 Ó Deus, tu nos rejeitaste
e nos dispersaste.
Tens estado indignado, mas agora
restabelece-nos!
2 Abalaste a terra e a fendeste;
repara-lhe as brechas, pois ela
ameaça ruir.
3 Fizeste o teu povo experimentar
reveses
e nos deste a beber um vinho
que atordoa.
4 Deste um estandarte
aos que te temem,
para fugirem de diante do arco.
5 Para que os teus amados
sejam livres,
salva-nos com a tua mão direita
e responde-nos.

6 Deus falou na sua santidade:
"Exultarei;
dividirei Siquém
e medirei o vale de Sucote.
7 Gileade é meu
e meu é também Manassés;
Efraim é o meu capacete;
Judá é o meu cetro.
8 Moabe, porém,
é a minha bacia de lavar;
sobre Edom
atirarei a minha sandália;
sobre a Filístia jubilarei."

9 Quem me conduzirá
à cidade fortificada?
Quem me guiará até Edom?
10 Não nos rejeitaste, ó Deus?
Tu não sais, ó Deus,
com os nossos exércitos!
11 Presta-nos auxílio na angústia,
pois vão é o socorro humano.

12 Em Deus faremos proezas,
porque ele mesmo pisará
os nossos adversários.

CONFIANÇA NA PROTEÇÃO DE DEUS

Ao mestre de canto. Com instrumentos de cordas. De Davi

61 1 Ouve, ó Deus, a minha súplica;
atende à minha oração.
2 Desde os confins da terra clamo por ti,
no abatimento do meu coração.

Leva-me para a rocha
que é alta demais para mim;
3 pois tu tens sido o meu refúgio
e uma torre forte contra o inimigo.
4 Que eu possa habitar no teu
tabernáculo para sempre
e abrigar-me no esconderijo
das tuas asas.
5 Pois ouviste, ó Deus,
os meus votos
e me deste a herança
dos que temem o teu nome.

6 Dias sobre dias acrescentas ao rei;
os seus anos duram gerações
após gerações.
7 Que ele permaneça para sempre
diante de Deus;
concede-lhe que a bondade
e a fidelidade o preservem.

8 Assim, cantarei louvores
ao teu nome para sempre,
para cumprir, dia após dia,
os meus votos.

ESPERANÇA SOMENTE EM DEUS

Ao mestre de canto, segundo a melodia de Jedutum. De Davi

62 1 Somente em Deus a minha alma
espera silenciosa;
dele vem a minha salvação.
2 Só ele é a minha rocha, a minha
salvação
e o meu alto refúgio; não serei
muito abalado.

3 Até quando vocês atacarão
um homem,
todos vocês, para o derrubarem,
como se fosse uma parede pendida
ou um muro prestes a cair?
4 Só pensam em derrubá-lo
da sua dignidade.
Eles se alegram na mentira;
de boca bendizem,
porém no interior maldizem.

5 Somente em Deus, ó minha alma,
espere silenciosa,
porque dele vem
a minha esperança.
6 Só ele é a minha rocha,
a minha salvação
e o meu alto refúgio;
não serei jamais abalado.
7 De Deus dependem
a minha salvação
e a minha glória;
ele é a minha forte rocha
e o meu refúgio.

8 Confie nele em todo tempo,
ó povo;
derrame diante dele
o seu coração.
Deus é o nosso refúgio.
9 Pura vaidade
são os homens plebeus;
os de fina estirpe
não passam de falsidade;
pesados em balança,
eles juntos são mais leves
do que a vaidade.
10 Não confiem na opressão,
nem ponham falsas esperanças
na rapina.
Se as riquezas de vocês aumentam,
não ponham nelas o coração.

11 Uma vez Deus falou,
duas vezes ouvi isto:
Que o poder pertence a Deus,
12 e a ti, Senhor, pertence a graça,
pois a cada um retribuis
segundo as suas obras.

SEDE DE DEUS

Salmo de Davi, quando estava no deserto de Judá

63 [1] Ó Deus, tu és o meu Deus;
eu te busco ansiosamente.
A minha alma tem sede de ti;
meu corpo te almeja,
como terra árida, exausta e sem água.
[2] Assim, quero ver-te no santuário,
para contemplar a tua força
e a tua glória.
[3] Porque a tua graça
é melhor do que a vida;
os meus lábios te louvam.
[4] Assim, eu te bendirei
enquanto viver;
em teu nome, levanto as mãos.
[5] Como de saborosa comida,
assim se farta a minha alma;
e, com júbilo nos lábios,
a minha boca te louva,
[6] no meu leito,
quando de ti me recordo
e em ti medito,
durante as vigílias da noite.
[7] Porque tu tens sido o meu auxílio;
à sombra das tuas asas,
eu canto de alegria.
[8] A minha alma apega-se a ti;
a tua mão direita me ampara.

[9] Porém os que procuram
destruir a minha vida
descerão às profundezas da terra.
[10] Serão entregues
ao poder da espada
e virão a ser pasto dos chacais.
[11] Mas o rei se alegrará em Deus;
quem por ele jura se gloriará,
pois se tapará a boca
dos que proferem mentira.

PEDIDO DE PROTEÇÃO CONTRA INIMIGOS

Ao mestre de canto. Salmo de Davi

64 [1] Ouve, ó Deus, a minha voz
na minha queixa;
preserva a minha vida
do terror do inimigo.
[2] Esconde-me da conspiração
dos malfeitores
e do tumulto dos que praticam
a iniquidade.

[3] Eles afiam a língua como espada
e apontam, quais flechas,
palavras amargas,
[4] para, às escondidas,
atingirem o íntegro;
contra ele disparam
repentinamente
e não temem.
[5] Teimam no mau propósito;
falam em secretamente
armar ciladas,
e dizem:
"Quem nos verá?"
[6] Planejam iniquidades e dizem:
"O plano que fizemos
é perfeito!"
Os pensamentos e o coração
de cada um deles
são um abismo.

[7] Mas Deus atira contra eles
uma flecha;
de repente, ficarão feridos.
[8] Assim, serão levados a tropeçar;
a própria língua
se voltará contra eles;
todos os que os veem
balançam a cabeça.

[9] Todas as pessoas temerão,
e anunciarão as obras de Deus,
e entenderão o que ele faz.
[10] O justo se alegra no Senhor e
nele confia;
e se gloriam
todos os retos de coração.

GRATIDÃO PELAS COLHEITAS

Ao mestre de canto. De Davi. Cântico

65 [1] A ti, ó Deus, o louvor é devido
em Sião,
e a ti se pagarão os votos.
[2] Ó tu que escutas a oração,
a ti virão todas as pessoas,

[3] por causa de suas iniquidades.
Se prevalecem as nossas transgressões,
tu as perdoas.
[4] Bem-aventurado aquele a quem
escolhes
e aproximas de ti, para que habite
nos teus átrios.
Ficaremos satisfeitos com a bondade de
tua casa —
o teu santo templo.

[5] Com tremendos feitos nos respondes
em tua justiça,
ó Deus, Salvador nosso,
esperança de todos os confins da terra
e dos mares longínquos.
[6] Com a tua força
consolidas os montes,
cingido de poder.
[7] Tu acalmas o rugido dos mares,
o ruído das suas ondas
e o tumulto dos povos.
[8] Os que habitam
nos confins da terra
temem os teus sinais;
os que vêm do Oriente
e do Ocidente,
tu os fazes exultar de júbilo.

[9] Tu visitas a terra e a regas;
tu a enriqueces grandemente.
Os ribeiros de Deus são abundantes
de água;
provês o cereal,
porque para isso preparas a terra,
[10] regando-lhe os sulcos e
desmanchando os torrões.
Tu a amoleces com chuviscos
e lhe abençoas a produção.

[11] Coroas o ano da tua bondade;
as tuas pegadas destilam fartura,
[12] destilam sobre as pastagens
do deserto,
e de júbilo se revestem as colinas.
[13] Os campos se cobrem
de rebanhos,
e os vales se enchem de espigas;
exultam de alegria e cantam.

CÂNTICO DE LOUVOR E GRATIDÃO

Ao mestre de canto. Cântico. Salmo

66 [1] Aclamem a Deus, todas as terras!
[2] Cantem louvores
à glória do seu nome,
deem glória ao seu louvor.
[3] Digam isto a Deus:
"Que tremendos
são os teus feitos!
Pela grandeza do teu poder,
a ti se mostram submissos
os teus inimigos.
[4] Toda a terra se prostra
diante de ti,
e canta louvores a ti;
canta louvores ao teu nome."

[5] Venham e vejam
as obras de Deus:
tremendos feitos para com
os filhos dos homens!
[6] Transformou o mar em terra seca;
eles atravessaram o rio a pé;
ali, nos alegramos nele.
[7] Ele, em seu poder,
governa eternamente;
os seus olhos vigiam as nações.
Não se exaltem os rebeldes!

[8] Bendigam, ó povos,
o nosso Deus;
façam ouvir a voz do seu louvor.
[9] É ele quem preserva com vida
a nossa alma
e não permite que resvalem
os nossos pés.

[10] Pois tu, ó Deus, nos provaste;
tu nos refinaste
como se faz com a prata.
[11] Tu nos deixaste cair
na armadilha;
puseste uma pesada carga
nas nossas costas;
[12] fizeste com que os nossos inimigos
cavalgassem sobre a nossa cabeça;
passamos pelo fogo e pela água;
porém, afinal, nos trouxeste
para um lugar espaçoso.

Alguns milagres só terão espaço para acontecer se permitirmos que Deus organize o nosso interior.

[13] Entrarei na tua casa
com holocaustos;
a ti pagarei os meus votos,
[14] que os meus lábios fizeram,
e que, no dia da angústia,
a minha boca prometeu.
[15] Oferecerei a ti holocaustos
de animais gordos,
com aroma de carneiros;
oferecerei novilhos e cabritos.

[16] Venham e escutem, todos vocês
que temem a Deus,
e eu contarei o que ele tem feito
por minha alma.
[17] A ele clamei com a boca;
com a língua o exaltei.
[18] Se, no coração, eu tivesse
contemplado iniquidade,
o Senhor não teria me ouvido.
[19] Entretanto, Deus me ouviu
e atendeu a voz da minha oração.
[20] Bendito seja Deus,
que não rejeitou a minha oração,
nem afastou de mim a sua graça.

CONVITE PARA LOUVAR A DEUS

Ao mestre de canto. Para instrumentos de cordas. Salmo. Cântico

67 [1] Seja Deus gracioso para conosco,
e nos abençoe,
e faça resplandecer sobre nós
o seu rosto;
[2] para que se conheça na terra
o teu caminho
e, em todas as nações, a tua salvação.

[3] Louvem-te os povos, ó Deus!
Louvem-te os povos todos!

[4] Alegrem-se e exultem as nações,
pois julgas os povos com justiça
e guias na terra as nações.

[5] Louvem-te os povos, ó Deus!
Louvem-te os povos todos!

[6] A terra deu o seu fruto,
e Deus, o nosso Deus, nos abençoa.
[7] Que Deus nos abençoe,
e todos os confins da terra o temerão.

A VITÓRIA DE DEUS SOBRE OS INIMIGOS

Ao mestre de canto. Salmo de Davi. Cântico

68 [1] Deus se levanta; os seus inimigos
se dispersam;
os que o odeiam fogem da sua presença.
[2] Como se dissipa a fumaça,
assim tu os dispersas;
como a cera se derrete
perto do fogo,
assim os ímpios somem
da presença de Deus.
[3] Os justos, porém, se alegram;
exultam na presença de Deus
e transbordam de alegria.

[4] Cantem a Deus, cantem louvores
ao seu nome;
exaltem aquele que cavalga
sobre as nuvens.
SENHOR é o seu nome;
exultem diante dele.

[5] Pai dos órfãos e juiz das viúvas
é Deus em sua santa morada.
[6] Deus faz com que o solitário
more em família;
liberta os cativos
e lhes dá prosperidade;
só os rebeldes habitam
em terra estéril.

[7] Ao saíres, ó Deus,
à frente do teu povo,
ao avançares pelo deserto,
[8] a terra tremeu;
também os céus gotejaram
na presença de Deus;
o próprio Sinai tremeu
na presença de Deus,
do Deus de Israel.
[9] Chuva abundante derramaste,
ó Deus, sobre a tua herança;
quando ela já estava exausta,
tu a restabeleceste.

10 Aí habitou o teu povo;
em tua bondade, ó Deus,
fizeste provisão
para os necessitados.

11 O Senhor deu a palavra,
e grande é o exército
das mensageiras das boas-novas:
12 "Reis de exércitos fogem! Eles fogem!"
E a dona de casa
reparte os despojos.
13 Por que estão repousando
entre as cercas dos apriscos?
As asas da pomba
são cobertas de prata,
cujas penas maiores
têm o brilho do ouro puro.
14 Quando o Todo-Poderoso ali
dispersa os reis,
cai neve sobre o monte Salmom.

15 Monte altíssimo
é o monte de Basã;
serra de elevações
é o monte de Basã.
16 Por que olham com inveja,
ó montes elevados,
para o monte que Deus escolheu
para sua habitação?
O SENHOR habitará nele
para sempre.

17 Os carros de Deus são vinte mil,
sim, milhares de milhares.
No meio deles, está o Senhor;
o Sinai tornou-se em santuário.
18 Subiste às alturas,
levaste cativo o cativeiro;
recebeste homens por dádivas,
até mesmo rebeldes,
para que o SENHOR Deus
habite no meio deles.

19 Bendito seja o Senhor que,
dia a dia, leva o nosso fardo!
Deus é a nossa salvação.
20 O nosso Deus é o Deus libertador;
com DEUS, o Senhor,
está o escaparmos da morte.
21 Sim, Deus parte a cabeça
dos seus inimigos
e racha o crânio do que anda
nos seus próprios delitos.
22 O Senhor disse: "Eu os trarei de Basã,
eu os farei voltar
das profundezas do mar,
23 para que você banhe
o seu pé em sangue,
e a língua dos seus cães tenha
a sua porção dos inimigos."

24 Viu-se, ó Deus, o teu cortejo,
o cortejo do meu Deus,
do meu Rei, no santuário.
25 Os cantores iam na frente,
atrás vinham os tocadores
de instrumentos de cordas,
em meio às moças com tamborins.
26 Bendigam a Deus
nas congregações,
bendigam o SENHOR, vocês que são
da linhagem de Israel.
27 Ali está o mais novo,
Benjamim, que os precede,
os príncipes de Judá,
em grande número,
os príncipes de Zebulom
e os príncipes de Naftali.

28 Reúne, ó Deus, a tua força,
força divina que usaste
a nosso favor,
29 oriunda do teu templo
em Jerusalém.
Os reis te oferecerão presentes.
30 Reprime a fera dos canaviais,
a multidão dos fortes como touros
e dos povos com novilhos,
pisando sobre os que cobiçam
barras de prata.
Dispersa os povos que têm prazer
na guerra.
31 Príncipes vêm do Egito;
a Etiópia corre a estender
mãos cheias para Deus.

32 Reinos da terra, cantem a Deus,
cantem louvores ao Senhor,

[33] àquele que vai montado sobre os céus,
os céus da antiguidade;
eis que ele faz ouvir a sua voz,
voz poderosa.
[34] Deem glória a Deus!
A sua majestade está sobre Israel,
e a sua fortaleza, nos céus.
[35] Ó Deus, tu és tremendo no
teu santuário!
O Deus de Israel,
ele dá força e poder ao seu povo.

Bendito seja Deus!

UM GRITO DE ANGÚSTIA

Ao mestre de canto, segundo a melodia "Os lírios". De Davi

69 [1] Salva-me, ó Deus,
porque as águas me sobem até
a alma.
[2] Estou atolado num profundo lamaçal,
que não dá pé.
Entrei em águas profundas,
e estou sendo arrastado pela correnteza.
[3] Estou cansado de clamar,
e a minha garganta secou;
os meus olhos esmorecem
de tanto esperar por meu Deus.

[4] Os que, sem razão, me odeiam
são mais numerosos do que os cabelos
da minha cabeça;
são poderosos os que querem
me destruir,
os que com falsos motivos
são meus inimigos;
por isso, tenho de restituir
o que não roubei.

[5] Tu, ó Deus, bem conheces a
minha insensatez,
e as minhas culpas não te são ocultas.
[6] Não sejam envergonhados
por minha causa
os que esperam em ti,
ó Senhor, Deus dos Exércitos;
nem por minha causa
sofram vexame os que te buscam,
ó Deus de Israel.
[7] Pois tenho suportado afrontas
por amor de ti,
e o meu rosto se cobre de vergonha.
[8] Tornei-me um estranho
para os meus irmãos
e um desconhecido para os filhos
da minha mãe.
[9] Pois o zelo da tua casa
me consumiu,
e as ofensas dos que te insultam
caem sobre mim.
[10] Chorei, jejuei,
mas até isto se tornou motivo
de deboche para mim.
[11] Pus um pano de saco por roupa
e me tornei motivo de provérbio
para eles.
[12] Os que se assentam junto ao portão da
cidade falam de mim,
e sou motivo para cantigas
de bêbados.

[13] Quanto a mim, porém, Senhor,
faço a ti, em tempo favorável,
a minha oração.
Responde-me, ó Deus,
pela riqueza da tua graça.
Pela tua fidelidade em socorrer,
[14] livra-me do lamaçal,
para que eu não me afunde;
que eu seja salvo
dos que me odeiam
e das profundezas das águas.
[15] Não deixes que
a corrente das águas me arraste,
nem que as profundezas do abismo
me engulam,
nem que se feche sobre mim
a boca do poço.

[16] Responde-me, Senhor,
pois compassiva é a tua graça;
volta-te para mim
segundo a riqueza
das tuas misericórdias.
[17] Não escondas o rosto ao teu servo,
pois estou angustiado;
responde-me depressa.

[18] Aproxima-te de minha alma
e redime-a;
resgata-me por causa
dos meus inimigos.

[19] Tu conheces a minha afronta,
a minha vergonha e o meu vexame;
todos os meus adversários
estão à tua vista.
[20] As afrontas partiram
o meu coração, e desfaleci.
Esperei por piedade,
mas foi em vão.
Esperei por consoladores,
mas não apareceu ninguém.
[21] Por alimento me deram fel
e na minha sede
me deram a beber vinagre.

[22] Que a mesa deles se torne
em laço diante deles,
e a prosperidade, em armadilha.
[23] Que os olhos deles se escureçam,
para que não vejam;
e faze com que as suas costas
não parem de tremer.
[24] Derrama sobre eles
a tua indignação,
e que o furor da tua ira os alcance.
[25] Fique deserta a sua morada,
e não haja quem habite
nas suas tendas.
[26] Pois perseguem a quem tu feriste
e ficam falando
sobre as dores daqueles
a quem golpeaste.
[27] Soma-lhes iniquidade
à iniquidade,
e que não tenham acesso
à tua justiça.
[28] Sejam riscados
do Livro dos Vivos
e não sejam incluídos
na lista dos justos.

[29] Quanto a mim, porém,
estou sofrendo e aflito;
que a tua salvação, ó Deus,
me ponha num alto refúgio.
[30] Louvarei com cânticos o nome
de Deus;
quero exaltá-lo com ações de graças.
[31] Isso será muito mais agradável
ao Senhor
do que um boi ou um novilho
com chifres e cascos.
[32] Que os aflitos vejam isso
e se alegrem;
quanto a vocês
que buscam a Deus,
que o seu coração se reanime.
[33] Porque o Senhor ouve os necessitados
e não despreza os seus prisioneiros.

[34] Louvem-no os céus e a terra,
os mares e tudo
o que neles se move.
[35] Porque Deus salvará Sião
e edificará as cidades de Judá;
habitarão ali
e tomarão posse de Sião.
[36] Também a descendência
dos seus servos a herdará,
e nela habitarão os que amam
o nome de Deus.

ORAÇÃO PEDINDO AJUDA

Sl 40.13-17

Ao mestre de canto. De Davi. Em memória

70 [1] Agrada-te, ó Deus,
em me livrar;
apressa-te, ó Senhor, em me socorrer.
[2] Que sejam envergonhados
e cobertos de vexame
os que buscam tirar-me a vida;
retrocedam e cubram-se
de vergonha
os que se alegram com o meu mal.
[3] Retrocedam por causa da sua vergonha
os que dizem:
"Bem feito! Bem feito!"

[4] Exultem e em ti se alegrem
todos os que te buscam;
e os que amam a tua salvação
digam sempre:
"Deus seja engrandecido!"

[5] Eu sou pobre e necessitado;
ó Deus, apressa-te em me socorrer,
pois tu és o meu amparo
e o meu libertador.
Senhor, não te demores!

SÚPLICAS DE UM ANCIÃO

71 [1] Em ti, Senhor, me refugio;
não seja eu jamais envergonhado.
[2] Livra-me por tua justiça
e resgata-me;
inclina-me os ouvidos e salva-me.
[3] Sê tu para mim
uma rocha habitável
em que eu sempre possa me refugiar.
Ordenaste que eu me salve,
pois tu és a minha rocha
e a minha fortaleza.

[4] Livra-me, Deus meu, das mãos
do ímpio,
das garras do homem injusto e cruel.
[5] Pois tu és a minha esperança,
Senhor Deus,
a minha confiança desde a
minha mocidade.
[6] Em ti eu tenho me apoiado
desde o meu nascimento;
tu me tiraste do ventre materno.
A ti se dirige constantemente o
meu louvor.

[7] Para muitos sou motivo de espanto,
mas tu és o meu forte refúgio.
[8] Os meus lábios estão repletos
do teu louvor
e da tua glória continuamente.
[9] Não me rejeites na minha velhice;
quando me faltarem as forças,
não me desampares.
[10] Pois os meus inimigos falam
contra mim;
e os que querem matar-me conspiram,
[11] dizendo: "Deus o abandonou.
Persigam-no e prendam-no,
pois não há quem o possa livrar."

[12] Ó Deus, não te ausentes de mim;
Deus meu, apressa-te em me socorrer.
[13] Que sejam envergonhados e
consumidos
os que são adversários de minha alma;
cubram-se de vergonha e de vexame
os que procuram o meu mal.

[14] Quanto a mim, esperarei sempre
e te louvarei cada vez mais.
[15] A minha boca proclamará a tua justiça;
o dia inteiro contarei
os feitos da tua salvação,
ainda que eu não saiba o seu número.
[16] Irei na força do Senhor Deus;
anunciarei a tua justiça,
a tua somente.

[17] Tu me tens ensinado, ó Deus,
desde a minha mocidade;
e até agora tenho anunciado
as tuas maravilhas.
[18] Não me desampares, ó Deus,
agora que estou velho
e de cabelos brancos,
até que eu tenha declarado
à presente geração a tua força
e às gerações vindouras o teu poder.

[19] A tua justiça, ó Deus,
se eleva até os céus.
Grandes coisas tens feito, ó Deus;
quem é semelhante a ti?
[20] Tu, que me tens feito ver
muitas angústias e males,
me restaurarás ainda a vida
e de novo me tirarás
dos abismos da terra.
[21] Aumenta a minha grandeza
e consola-me novamente.

[22] Eu também te louvo com a lira
por tua verdade,
ó Deus meu;
cantarei louvores a ti
ao som da harpa,
ó Santo de Israel.
[23] Os meus lábios exultarão
quando eu cantar louvores a ti;
também exultará a minha alma,
que remiste.

[24]Igualmente a minha língua
celebrará a tua justiça todo o dia;
pois estão envergonhados
e confundidos
os que procuram o meu mal.

O REI JUSTO E O SEU REINADO ETERNO

Salmo de Salomão

72 [1]Concede ao rei, ó Deus,
os teus juízos
e a tua justiça, ao filho do rei.
[2]Que ele julgue o teu povo com justiça
e os teus aflitos, com retidão.
[3]Os montes trarão paz ao povo;
também as colinas a trarão, com justiça.
[4]Que o rei julgue
os aflitos do povo,
salve os filhos dos necessitados
e esmague o opressor.
[5]Ele permanecerá
enquanto existir o sol
e enquanto durar a lua,
através das gerações.
[6]Seja ele como chuva que desce
sobre a campina ceifada,
como aguaceiros que regam a terra.
[7]Que em seus dias floresçam os justos,
e haja abundância de paz
até que cesse de haver lua.

[8]Domine ele de mar a mar
e desde o rio
até os confins da terra.
[9]Curvem-se diante dele
os habitantes do deserto,
e os seus inimigos lambam o pó.
[10]Que os reis de Társis e das ilhas
lhe paguem tributo;
os reis de Sabá e de Sebá
lhe ofereçam presentes.
[11]E todos os reis se prostrem
diante dele;
todas as nações o sirvam.

[12]Porque ele livra os necessitados
que pedem socorro,
e também os aflitos e aqueles
que não têm quem os ajude.
[13]Ele se compadece dos fracos
e dos necessitados
e salva a alma dos que precisam
de auxílio.
[14]Ele os redime da opressão
e da violência,
e precioso lhe é o sangue deles.

[15]Viva o rei! E que lhe deem
ouro de Sabá!
Que continuamente se faça por
ele oração,
e o bendigam todos os dias.
[16]Haja na terra
abundância de cereais,
que ondulem até o alto dos montes.
Sejam os seus frutos
como os do Líbano,
e das cidades floresçam
os habitantes
como a erva da terra.
[17]Que o nome do rei permaneça
para sempre,
e que prospere enquanto o sol brilhar!
Que todos sejam abençoados
por meio dele,
e que todas as nações lhe chamem
bem-aventurado.

[18]Bendito seja o Senhor Deus,
o Deus de Israel,
o único que faz maravilhas!
[19]Bendito para sempre
o seu glorioso nome,
e da sua glória se encha
toda a terra.
Amém e amém!

[20]Aqui terminam as orações
de Davi, filho de Jessé.

LIVRO III (SALMOS 73—89)

O PROBLEMA DA PROSPERIDADE DOS MAUS

Salmo de Asafe

73 [1]De fato, Deus é bom
para com Israel,
para com os de coração limpo.

> *Não se desgaste nem perca tempo fazendo algo que é paralelo ao seu propósito e que o Senhor não tinha em mente quando planejou você.*

2 Quanto a mim, porém,
quase me resvalaram os pés;
pouco faltou para que
se desviassem os meus passos.
3 Pois eu invejava os arrogantes,
ao ver a prosperidade dos maus.

4 Para eles não há preocupações,
o seu corpo é forte e sadio.
5 Não partilham
das canseiras dos mortais,
nem são afligidos como os outros.
6 Por isso, a soberba os cinge
como um colar,
e a violência os envolve
como um manto.
7 Os olhos saltam-lhes
de tanta gordura;
do coração deles brotam fantasias.
8 Zombam e falam com maldade;
falam da opressão com arrogância.
9 Abrem a boca para falar contra os céus,
e a língua deles percorre a terra.
10 Por isso, o seu povo
se volta para eles
e os tem por fonte
da qual bebe com avidez.
11 Eles dizem: "Como Deus
ficará sabendo?
Por acaso o Altíssimo
tem algum conhecimento?"
12 Eis que estes são os ímpios;
e, sempre tranquilos,
aumentam as suas riquezas.

13 Com certeza foi inútil
conservar puro o meu coração
e lavar as minhas mãos
na inocência.
14 Pois o dia inteiro sou afligido
e cada manhã sou castigado.
15 Se eu tivesse pensado
em falar tais palavras,
já aí teria traído a geração
de teus filhos, ó Deus.
16 Em só refletir
para compreender isso,
achei que a tarefa era
pesada demais para mim;
17 até que entrei
no santuário de Deus
e descobri qual seria o fim deles.
18 Tu certamente os pões
em lugares escorregadios
e os fazes cair na destruição.
19 Como são destruídos num instante!
São totalmente aniquilados de terror!
20 Como acontece com o sonho,
quando alguém acorda,
assim, ó Senhor, ao despertares,
desprezarás a imagem deles.

21 Quando o meu coração
estava cheio de amargura
e o meu íntimo se comoveu,
22 eu estava embrutecido e
sem entendimento;
era como um animal diante de ti.
23 No entanto, estou sempre contigo,
tu me seguras
pela minha mão direita.
24 Tu me guias com o teu conselho
e depois me recebes na glória.
25 Quem tenho eu no céu
além de ti?
E quem poderia eu querer
na terra além de ti?
26 Ainda que a minha carne
e o meu coração desfaleçam,
Deus é a fortaleza do meu coração
e a minha herança para sempre.

27 Os que se afastam de ti
certamente perecerão;
tu destróis todos os que são infiéis
para contigo.
28 Quanto a mim,
bom é estar perto de Deus;
faço do Senhor Deus o meu refúgio,
para proclamar todas as suas obras.

ORAÇÃO PELA LIBERTAÇÃO DO POVO

Salmo didático de Asafe

74 1 Ó Deus, por que nos rejeitas
para sempre?
Por que se acende a tua ira
contra as ovelhas do teu pasto?

[2] Lembra-te da tua congregação,
que adquiriste desde a antiguidade,
que remiste para ser
a tribo da tua herança.
Lembra-te do monte Sião,
no qual tens habitado.
[3] Dirige os teus passos
para as ruínas perpétuas,
para tudo de mau que o inimigo
fez no santuário.

[4] Os teus adversários bramam
no lugar das assembleias
e erguem as suas próprias insígnias
como sinais.
[5] Parecem-se com os que
empunham os seus machados
no espesso da floresta;
[6] e agora, com os seus machados
e martelos,
destroem todos os entalhes
de madeira.
[7] Incendeiam o teu santuário;
profanam a morada do teu nome,
arrasando-a até o chão.
[8] Disseram no seu coração:
"Acabemos com eles de uma vez."
Queimaram todos os lugares santos
de Deus na terra.

[9] Já não vemos os nossos sinais;
já não há profeta;
nem há, entre nós, quem saiba
até quando isso vai durar.
[10] Até quando, ó Deus, o adversário
nos afrontará?
Será que o inimigo blasfemará
o teu nome para sempre?
[11] Por que retiras a tua mão,
sim, a tua mão direita,
e a conservas no teu seio?

[12] Mas Deus é meu Rei desde
a antiguidade;
ele é quem opera feitos salvadores
no meio da terra.
[13] Tu, com o teu poder, dividiste o mar;
esmagaste sobre as águas
a cabeça dos monstros marinhos.
[14] Despedaçaste as cabeças
do Leviatã
e o deste por alimento
às criaturas do deserto.
[15] Tu abriste fontes e ribeiros;
secaste rios caudalosos.
[16] Teu é o dia;
tua também é a noite;
a luz e o sol, tu os formaste.
[17] Fixaste os confins da terra;
verão e inverno, tu os fizeste.

[18] Lembra-te disto: o inimigo tem
insultado o SENHOR,
e um povo insensato tem blasfemado o
teu nome.
[19] Não entregues à rapina a vida de
tua pomba,
nem te esqueças para sempre da vida
dos teus aflitos.
[20] Lembra-te da tua aliança,
pois os lugares tenebrosos da terra
estão cheios de moradas de violência.
[21] Não fique envergonhado o oprimido;
que o aflito e o necessitado
louvem o teu nome.

[22] Levanta-te, ó Deus,
e defende a tua causa;
lembra-te de como o ímpio
te afronta todos os dias.
[23] Não te esqueças da gritaria
dos teus inimigos,
do sempre crescente tumulto
dos teus adversários.

DEUS É JUIZ

Ao mestre de canto, segundo a melodia "Não destruas". Salmo de Asafe. Cântico

75 [1] Graças te rendemos, ó Deus,
graças te rendemos!
Invocamos o teu nome,
e declaramos as tuas maravilhas.

[2] Pois disseste:
"Quando chegar
o tempo determinado,
julgarei com retidão.

[3] Ainda que tremam a terra
e todos os seus moradores,
eu firmarei as suas colunas.
[4] Digo aos soberbos
que não sejam arrogantes;
e aos ímpios, que não fiquem
de nariz empinado.
[5] Não levantem orgulhosamente
o seu nariz,
nem falem com insolência."

[6] Porque não é do Oriente,
não é do Ocidente,
nem do deserto que vem o auxílio.
[7] Deus é o juiz;
a um ele humilha,
a outro ele exalta.
[8] Porque na mão do Senhor
há um cálice
cujo vinho espumeja,
cheio de mistura;
dele dá a beber;
sorvem-no, até a última gota,
todos os ímpios da terra.

[9] Quanto a mim,
exultarei para sempre;
cantarei louvores ao Deus de Jacó.
[10] Ele diz: "Abaterei
as forças dos ímpios;
mas a força dos justos
será exaltada."

A MAJESTADE E O PODER DE DEUS

Ao mestre de canto, com instrumentos de cordas. Salmo de Asafe. Cântico

76 [1] Deus é conhecido em Judá;
grande é o seu nome em Israel.
[2] Em Salém está o seu tabernáculo,
e, em Sião, a sua morada.
[3] Ali, despedaçou ele as flechas,
o escudo, a espada e a batalha.

[4] Tu és ilustre e mais glorioso
do que os montes eternos.
[5] Os corajosos foram despojados;
jazem a dormir o seu sono,
e nenhum dos valentes
pode valer-se das próprias mãos.
[6] Ante a tua repreensão, ó Deus de Jacó,
carros de guerra e cavalos
foram lançados num sono profundo.

[7] Tu, sim, tu és terrível;
se estás irado,
quem pode permanecer na
tua presença?
[8] Desde os céus fizeste ouvir o teu juízo;
a terra tremeu e se aquietou,
[9] quando Deus se levantou para julgar
e salvar todos os humildes da terra.

[10] Pois até a ira humana
há de louvar-te;
e da ira restante te cingirás.
[11] Façam votos ao Senhor, seu Deus,
e tratem de cumpri-los;
todos os que o rodeiam
tragam presentes
àquele que deve ser temido.
[12] Ele acaba com
o orgulho dos príncipes;
ele é tremendo
para os reis da terra.

CONSOLO EM TEMPO DE ANGÚSTIA

Ao mestre de canto, Jedutum. Salmo de Asafe

77 [1] Elevo a Deus a minha voz e clamo,
elevo a Deus a minha voz, para
que me atenda.
[2] No dia da minha angústia, procuro
o Senhor;
erguem-se as minhas mãos durante a
noite
e não se cansam;
a minha alma não encontra consolo.
[3] Lembro-me de Deus
e começo a gemer;
medito, e o meu espírito desfalece.

[4] Não me deixas pregar os olhos;
tão perturbado estou, que nem
posso falar.
[5] Penso nos dias de outrora,
trago à lembrança os anos de
tempos passados.

6 De noite indago o meu íntimo,
e o meu espírito pergunta:
7 "Será que o Senhor nos rejeitará
para sempre?
Acaso, não voltará a ser propício?
8 Cessou perpetuamente a sua graça?
Caducou a sua promessa para todas
as gerações?
9 Será que Deus se esqueceu de
ser bondoso?
Ou será que encerrou as suas
misericórdias na sua ira?"
10 Então eu disse:
"Esta é a minha aflição:
o poder do Altíssimo
não é mais o mesmo."

11 Recordarei os feitos do Senhor;
certamente me lembrarei
das tuas maravilhas
da antiguidade.
12 Meditarei em todas as tuas obras
e pensarei em todos
os teus feitos poderosos.

13 O teu caminho, ó Deus,
é de santidade.
Que deus é tão grande
como o nosso Deus?
14 Tu és o Deus
que operas maravilhas
e, entre os povos,
tens feito notório o teu poder.
15 Com o teu braço remiste o teu povo,
os filhos de Jacó e de José.

16 As águas te viram, ó Deus,
as águas te viram e temeram;
até os abismos se abalaram.
17 Grossas nuvens
se desfizeram em água;
houve trovões nos espaços;
também as tuas setas cruzaram
de uma parte para outra.
18 O estrondo do teu trovão
ecoou na redondeza;
os relâmpagos
iluminaram o mundo;
a terra se abalou e tremeu.
19 O teu caminho foi pelo mar;
as tuas veredas passaram
pelas grandes águas,
mas ninguém encontrou
as tuas pegadas.
20 O teu povo, tu o conduziste,
como rebanho,
pelas mãos de Moisés e de Arão.

DEUS E O SEU POVO

Salmo didático de Asafe

78 1 Meu povo, escute a minha lei;
dê ouvidos às palavras da
minha boca.
2 Abrirei os meus lábios para proferir
parábolas
e publicarei enigmas dos
tempos antigos.
3 O que ouvimos
e aprendemos,
o que os nossos pais nos contaram,
4 não o encobriremos
a seus filhos;
contaremos à geração vindoura
os louvores do Senhor,
e o seu poder,
e as maravilhas que fez.

5 Ele estabeleceu
um testemunho em Jacó,
e instituiu uma lei em Israel,
e ordenou aos nossos pais
que os transmitissem a seus filhos,
6 a fim de que a nova geração
os conhecesse,
e os filhos que ainda hão de nascer
se levantassem e, por sua vez,
os contassem
aos seus descendentes;
7 para que pusessem
a sua confiança em Deus
e não se esquecessem
dos feitos de Deus,
mas lhe observassem
os mandamentos;
8 e que não fossem, como seus pais,
geração obstinada e rebelde,
geração de coração inconstante,
e cujo espírito não foi fiel a Deus.

9 Os filhos de Efraim,
embora armados com arcos,
bateram em retirada no dia do combate.
10 Não guardaram
a aliança de Deus,
não quiseram andar na sua lei;
11 esqueceram-se das suas obras
e das maravilhas
que lhes havia mostrado.
12 Deus fez prodígios
na presença de seus pais
na terra do Egito, no campo de Zoã.
13 Dividiu o mar
e os fez passar por ele;
fez parar as águas
como um montão.
14 Durante o dia,
os guiou com uma nuvem
e de noite,
com um clarão de fogo.
15 No deserto, fendeu rochas
e lhes deu de beber
abundantemente
como de abismos.
16 Da pedra fez brotar torrentes,
fez manar água como rios.

17 Mas, ainda assim, continuaram
a pecar contra ele
e se rebelaram, no deserto,
contra o Altíssimo.
18 Tentaram a Deus no seu coração,
pedindo alimento
que lhes fosse do gosto.
19 Falaram contra Deus, dizendo:
"Será que Deus pode preparar-nos
uma mesa no deserto?
20 É verdade que ele feriu a rocha,
e dela manaram águas,
transbordaram as torrentes.
Mas será que ele pode
dar-nos pão também?
Ou fornecer carne
para o seu povo?"
21 Ouvindo isto,
o SENHOR ficou indignado;
acendeu-se fogo contra Jacó,
e também se levantou
o seu furor contra Israel,
22 porque não creram em Deus,
nem confiaram na sua salvação.

23 Mesmo assim,
deu ordens às nuvens
e abriu as portas dos céus;
24 fez chover maná sobre eles,
para alimentá-los,
e lhes deu cereal do céu.
25 Todos comeram o pão dos anjos;
ele enviou-lhes comida à vontade.
26 Fez soprar no céu
o vento do Oriente
e pelo seu poder conduziu
o vento do Sul.
27 Também fez chover sobre eles
carne como poeira
e aves numerosas
como a areia do mar.
28 Fez com que caíssem
no meio do arraial deles,
ao redor de suas tendas.
29 Então comeram
e se fartaram a valer;
pois lhes fez o que desejavam.
30 Porém não reprimiram o apetite.
Ainda tinham o alimento na boca,
31 quando se elevou contra eles
a ira de Deus,
e entre os seus mais robustos
semeou a morte,
e prostrou os jovens de Israel.

32 Apesar de tudo isso,
continuaram a pecar
e não creram nas maravilhas de Deus.
33 Por isso, ele fez
com que os seus dias
se dissipassem num sopro
e os seus anos,
em súbito terror.
34 Quando os fazia morrer,
eles o buscavam;
arrependidos, procuravam Deus.
35 Lembravam-se de que Deus era a sua
rocha
e o Deus Altíssimo, o seu Redentor.
36 Lisonjeavam-no, porém de boca,
e com a língua lhe mentiam.

[37] Porque o coração deles não era firme
para com ele,
nem foram fiéis à sua aliança.
[38] Ele, porém, que é misericordioso,
perdoa a iniquidade e não destrói;
muitas vezes desvia a sua ira
e não desperta
toda a sua indignação.
[39] Lembra-se de que eles são
simples mortais,
vento que passa e não volta mais.

[40] Quantas vezes se rebelaram
contra ele no deserto
e nos lugares áridos
lhe causaram tristeza!
[41] Tornaram a pôr Deus à prova,
ofenderam o Santo de Israel.
[42] Não se lembraram do poder dele,
nem do dia em que os resgatou
do adversário;
[43] de como no Egito
ele operou os seus sinais
e os seus prodígios,
no campo de Zoã;
[44] e transformou em sangue
os rios deles,
para que das suas correntes
não bebessem.
[45] Enviou contra eles enxames de
moscas
que os devorassem
e rãs que os destruíssem.
[46] Entregou às lagartas as suas colheitas
e aos gafanhotos,
o fruto do seu trabalho.
[47] Com chuvas de pedra
lhes destruiu as vinhas
e os seus sicômoros, com geada.
[48] Entregou ao granizo o gado deles
e aos raios, os seus rebanhos.
[49] Lançou contra eles
o furor da sua ira:
cólera, indignação e calamidade,
legião de anjos
portadores de males.
[50] Deu livre curso à sua ira;
não poupou da morte a alma deles,
mas entregou a vida deles à peste.
[51] Matou todos os primogênitos no Egito,
as primícias do vigor nas tendas de Cam.

[52] Fez sair o seu povo como ovelhas
e o guiou pelo deserto,
como um rebanho.
[53] Dirigiu-o com segurança,
e não tiveram medo,
ao passo que o mar
submergiu os seus inimigos.
[54] Levou-os até a sua terra santa,
até o monte que
a sua mão direita adquiriu.
[55] Da presença deles
expulsou as nações,
cuja região repartiu com eles
por herança;
e nas suas tendas fez habitar
as tribos de Israel.

[56] Ainda assim, tentaram
o Deus Altíssimo,
e a ele resistiram,
e não lhe guardaram
os testemunhos.
[57] Tornaram atrás e foram infiéis
como os seus pais;
desviaram-se
como um arco enganoso.
[58] Pois o provocaram à ira
com os seus lugares altos
e com as suas imagens de escultura
despertaram o seu ciúme.
[59] Deus ouviu isso e se indignou;
rejeitou completamente
o povo de Israel.
[60] Por isso, abandonou o tabernáculo
de Siló,
a tenda de sua morada
aqui na terra,
[61] e passou a arca da aliança
ao cativeiro,
e a sua glória, à mão do adversário.
[62] Entregou o seu povo à espada
e se encolerizou
contra a sua própria herança.
[63] O fogo devorou os jovens deles,
e as suas donzelas
não tiveram canto nupcial.

[64] Os seus sacerdotes caíram à espada,
e as suas viúvas
não fizeram lamentações.

[65] Então o Senhor despertou
como de um sono,
como um valente que grita
excitado pelo vinho;
[66] fez recuar a golpes os seus adversários
e os entregou a perpétuo desprezo.
[67] Além disso, rejeitou
a tenda de José
e não elegeu a tribo de Efraim.
[68] Pelo contrário,
escolheu a tribo de Judá,
o monte Sião, que ele amava.
[69] E construiu o seu santuário
durável como os céus
e firme como a terra
que estabeleceu para sempre.

[70] Também escolheu o seu servo Davi,
e o tirou do aprisco das ovelhas,
[71] do cuidado das ovelhas
e suas crias,
para ser o pastor de Jacó, seu povo,
e de Israel, sua herança.
[72] E ele os apascentou
segundo a integridade
do seu coração
e os dirigiu com sábias mãos.

APELO À MISERICÓRDIA DIVINA

Salmo de Asafe

79 [1] Ó Deus, as nações invadiram
a tua herança,
profanaram o teu santo templo,
reduziram Jerusalém
a um montão de ruínas.
[2] Deram os cadáveres
dos teus servos
por alimento às aves dos céus
e a carne dos teus santos,
às feras da terra.
[3] Derramaram como água
o sangue deles
ao redor de Jerusalém,
e não houve quem
lhes desse sepultura.

[4] Tornamo-nos objeto de deboche
para os nossos vizinhos,
de escárnio e de zombaria
dos que nos rodeiam.
[5] Até quando, Senhor?
Será para sempre a tua ira?
Queimará como o fogo o teu zelo?
[6] Derrama o teu furor
sobre as nações
que não te conhecem
e sobre os reinos
que não invocam o teu nome.
[7] Porque eles devoraram Jacó
e destruíram as suas moradas.
[8] Não nos faças pagar
pelas iniquidades
de nossos pais;
que as tuas misericórdias
venham depressa
ao nosso encontro,
pois estamos muito abatidos.

[9] Ajuda-nos, ó Deus
e Salvador nosso,
pela glória do teu nome;
livra-nos e perdoa os nossos pecados,
por amor do teu nome.
[10] Por que diriam as nações:
"Onde está o Deus deles?"
Seja manifesta entre as nações
e diante dos nossos olhos
a vingança do sangue
dos teus servos,
que foi derramado.
[11] Chegue à tua presença
o gemido dos prisioneiros;
com o teu grande poder,
preserva os que estão
condenados à morte.

[12] Retribui, Senhor,
aos nossos vizinhos
sete vezes mais
as afrontas com que te afrontaram.
[13] Quanto a nós, teu povo
e ovelhas do teu pasto,
para sempre te daremos graças;
de geração em geração
proclamaremos os teus louvores.

ORAÇÃO PELA RESTAURAÇÃO DE ISRAEL

Ao mestre de canto, segundo a melodia "Os lírios". Testemunho de Asafe. Salmo

80 1 Dá ouvidos, ó pastor de Israel,
tu que conduzes José
como um rebanho;
tu que estás entronizado
acima dos querubins,
mostra o teu esplendor.
2 Diante de Efraim,
Benjamim e Manassés,
desperta o teu poder
e vem salvar-nos.

3 Restaura-nos, ó Deus;
faze resplandecer o teu rosto,
e seremos salvos.

4 Ó Senhor, Deus dos Exércitos,
até quando estarás indignado
contra a oração do teu povo?
5 Para comer, tu lhe deste
pão de lágrimas
e, para beber,
pranto em abundância.
6 Fizeste de nós
um motivo de conflito
entre os nossos vizinhos,
e os nossos inimigos
zombam de nós a valer.

7 Restaura-nos, ó Deus dos Exércitos;
faze resplandecer o teu rosto,
e seremos salvos.

8 Trouxeste uma videira do Egito;
expulsaste as nações e a plantaste.
9 Preparaste-lhe o terreno,
ela deitou profundas raízes
e encheu a terra.
10 Com a sombra dela os montes
se cobriram,
e os seus ramos se estenderam
por cima dos cedros de Deus.
11 Ela estendeu a sua ramagem
até o mar
e os seus rebentos, até o rio.
12 Por que derrubaste as cercas
que havia em volta dela,
deixando que todos os que passam
pelo caminho arranquem as suas uvas?
13 O javali da selva a devasta,
e os animais do campo se alimentam dela.

14 Ó Deus dos Exércitos, volta-te, nós
te rogamos!
Olha do céu, vê e visita esta vinha!
15 Protege o que a tua mão
direita plantou,
o ramo que para ti fortaleceste.

16 Foi cortada, foi queimada.
Pereçam os nossos inimigos
pela repreensão do teu rosto.
17 Seja a tua mão sobre aquele
que escolheste,
sobre o filho do homem
que fortaleceste para ti.
18 E assim não nos afastaremos de ti.
Vivifica-nos, e invocaremos o teu nome.

19 Restaura-nos, ó Senhor,
Deus dos Exércitos;
faze resplandecer o teu rosto,
e seremos salvos.

EXORTAÇÃO A LOUVOR E OBEDIÊNCIA

Ao mestre de canto, segundo a melodia "Os lagares". Salmo de Asafe

81 1 Cantem de júbilo a Deus,
força nossa;
celebrem o Deus de Jacó.
2 Cantem louvores
e façam soar os tamborins,
a suave harpa e também a lira.
3 Toquem a trombeta
na Festa da Lua Nova,
na lua cheia, dia da nossa festa.
4 É preceito para Israel,
é prescrição do Deus de Jacó.
5 Ele o ordenou, como lei, a José,
ao marchar contra a terra do Egito.

Ouvi uma linguagem
que eu não conhecia, dizendo:

6 "Livrei os seus ombros do peso,
e as mãos de vocês
ficaram livres dos cestos.
7 Na angústia, vocês clamaram
e eu os livrei;
do esconderijo do trovão
eu lhes respondi;
e eu os pus à prova
junto às águas de Meribá.
8 Escute, meu povo,
as minhas admoestações.
Ó Israel, se ao menos
você me escutasse!
9 Não haja no meio de vocês
nenhum deus estranho,
nem se prostrem diante de
um deus estrangeiro.
10 Eu sou o SENHOR, o Deus de vocês,
que os tirei da terra do Egito.
Abram bem a boca, e eu a encherei.

11 Mas o meu povo
não escutou a minha voz;
Israel não quis saber de mim.
12 Assim, deixei que andassem
na teimosia do seu coração,
e seguissem
as suas próprias inclinações.
13 Ah! Se o meu povo
me escutasse,
se Israel andasse
nos meus caminhos!
14 Eu derrotaria logo
os seus inimigos
e voltaria a minha mão
contra os seus adversários.
15 Os que odeiam o SENHOR
se submeteriam a ele,
e isto duraria para sempre.
16 Mas a vocês eu sustentaria
com o trigo mais fino
e os saciaria com o mel
que escorre da rocha."

DEUS, O JUIZ DE TODOS

Salmo de Asafe

82 1 Deus toma o seu lugar
na congregação divina;
no meio dos deuses, ele julga:
2 "Até quando julgarão injustamente
e tomarão partido pela causa
dos ímpios?
3 Defendam o direito dos fracos e
dos órfãos,
façam justiça aos aflitos
e desamparados.
4 Socorram os fracos e os necessitados,
tirando-os das mãos dos ímpios."

5 "Eles nada sabem, nem entendem;
vagueiam em trevas;
todos os fundamentos da terra
vacilam.
6 Eu disse: 'Vocês são deuses;
todos vocês são filhos do Altíssimo.
7 Mas vocês morrerão
como simples mortais,
e, como qualquer dos príncipes,
vocês sucumbirão.'"

8 Levanta-te, ó Deus,
julga a terra,
pois a ti pertencem
todas as nações.

JULGAMENTO DE DEUS CONTRA AS NAÇÕES INIMIGAS

Cântico. Salmo de Asafe

83 1 Ó Deus, não te cales!
Não te emudeças,
nem fiques inativo, ó Deus!
2 Os teus inimigos se alvoroçam,
e os que te odeiam
levantam a cabeça.
3 Tramam astutamente
contra o teu povo
e conspiram
contra os teus protegidos.
4 Eles dizem:
"Venham, vamos riscá-los
da lista dos povos!
E que ninguém mais se lembre
do nome de Israel!"

5 Pois tramam de comum acordo
e firmam aliança contra ti.
6 São as tendas de Edom e os ismaelitas,
Moabe e os hagarenos,

7 Gebal, Amom e Amaleque,
a Filístia com os habitantes de Tiro.
8 Também a Assíria se alia com eles,
e se constituem braço forte
aos filhos de Ló.

9 Faze com eles como fizeste com Midiã,
como fizeste com Sísera e com Jabim
no ribeiro de Quisom;
10 eles foram destruídos em En-Dor
e se tornaram adubo para a terra.
11 Sejam os seus nobres
como Orebe e como Zeebe,
e os seus príncipes,
como Zeba e como Salmuna,
12 que disseram:
"Vamos nos apoderar
das habitações de Deus."

13 Deus meu, faze-os como folhas
impelidas por um redemoinho,
como a palha que o vento leva.
14 Como o fogo devora um bosque
e as chamas incendeiam os montes,
15 assim persegue-os
com a tua tempestade
e amedronta-os com o teu vendaval.
16 Cobre o rosto deles de vergonha,
para que busquem
o teu nome, SENHOR.
17 Sejam envergonhados
e confundidos para sempre;
que pereçam
em completa desgraça.
18 Então reconhecerão que só tu,
cujo nome é SENHOR,
és o Altíssimo sobre toda a terra.

SAUDADES DO TEMPLO

Ao mestre de canto, segundo a melodia "Os lagares". Salmo dos filhos de Corá

84 1 Quão amáveis são
os teus tabernáculos,
SENHOR dos Exércitos!
2 A minha alma suspira e desfalece
pelos átrios do SENHOR;
o meu coração e a minha carne
exultam pelo Deus vivo!
3 O pardal encontrou casa,
e a andorinha, ninho para si,
onde acolha os seus filhotes,
perto dos teus altares, SENHOR
dos Exércitos,
Rei meu e Deus meu!
4 Bem-aventurados
os que habitam em tua casa;
louvam-te perpetuamente.

5 Bem-aventurado é aquele
cuja força está em ti,
em cujo coração se encontram
os caminhos aplanados!
6 Quando passa pelo vale árido,
faz dele um manancial;
de bênçãos o cobre a primeira chuva.
7 Vão indo de força em força;
cada um deles aparece
diante de Deus em Sião.

8 SENHOR, Deus dos Exércitos,
escuta a minha oração;
ouve-me, ó Deus de Jacó!
9 Olha, ó Deus, escudo nosso,
e contempla o rosto do teu ungido.

10 Pois um dia nos teus átrios
vale mais que mil;
prefiro estar à porta
da casa do meu Deus
a permanecer nas tendas
da perversidade.
11 Porque o SENHOR Deus é sol e escudo;
o SENHOR dá graça e glória;
não recusa nenhum bem
aos que andam retamente.

12 Ó SENHOR dos Exércitos,
feliz é aquele que em ti confia.

ORAÇÃO PELA RESTAURAÇÃO DE ISRAEL

Ao mestre de canto. Salmo dos filhos de Corá

85 1 Favoreceste a tua terra, SENHOR;
restauraste a prosperidade de Jacó.
2 Perdoaste a iniquidade de teu povo,
encobriste todos os seus pecados.

Não fique choramingando pelos cantos; antes, deixe-se aperfeiçoar pelas pressões da vida.

[3] A tua indignação, reprimiste-a toda;
do furor da tua ira te desviaste.

[4] Restabelece-nos,
ó Deus da nossa salvação,
e retira de sobre nós a tua ira.
[5] Estarás para sempre irado
contra nós?
Prolongarás a tua ira
por todas as gerações?
[6] Será que não tornarás a vivificar-nos,
para que em ti se alegre
o teu povo?
[7] Mostra-nos, SENHOR, a tua misericórdia
e concede-nos a tua salvação.

[8] Escutarei o que Deus, o SENHOR, disser,
pois falará de paz ao seu povo
e aos seus santos;
e que jamais caiam em insensatez.
[9] Próxima está a salvação dos que
o temem,
para que a glória habite em nossa terra.
[10] A graça e a verdade
se encontraram,
a justiça e a paz se beijaram.
[11] Da terra brota a verdade,
dos céus a justiça baixa o seu olhar.
[12] Também o SENHOR
dará o que é bom,
e a nossa terra produzirá o seu fruto.
[13] A justiça irá adiante do SENHOR,
cujas pegadas ela transforma
em caminhos.

SÚPLICA E CONFIANÇA

Oração de Davi

86 [1] Inclina, SENHOR, os teus ouvidos
e responde-me,
pois estou aflito e necessitado.
[2] Preserva a minha alma,
pois eu sou piedoso.
Ó Deus meu, salva o teu servo
que em ti confia.
[3] Compadece-te de mim, ó Senhor,
pois a ti clamo todo o dia.
[4] Alegra a alma do teu servo,
porque a ti, Senhor,
elevo a minha alma.
[5] Pois tu, Senhor,
és bom e perdoador;
rico em misericórdia
para com todos
os que te invocam.
[6] Escuta, SENHOR, a minha oração
e atende à voz
das minhas súplicas.
[7] No dia da minha angústia
clamo a ti,
porque me respondes.

[8] Não há entre os deuses
quem seja semelhante a ti, Senhor;
e nada existe que se compare
às tuas obras.
[9] Todas as nações que fizeste
virão, se prostrarão
diante de ti, Senhor,
e glorificarão o teu nome.
[10] Pois tu és grande
e operas maravilhas;
só tu és Deus!

[11] Ensina-me, SENHOR,
o teu caminho,
e andarei na tua verdade;
põe em meu coração o desejo
de temer o teu nome.
[12] Eu te darei graças,
Senhor, Deus meu,
de todo o coração,
e glorificarei para sempre
o teu nome.
[13] Pois grande é a tua misericórdia
para comigo,
e me livraste a alma
do mais profundo
poder da morte.

[14] Ó Deus, os soberbos
se levantaram contra mim,
e um bando de violentos
procura tirar-me a vida;
eles não te consideram.
[15] Mas tu, Senhor, és Deus compassivo
e bondoso,
tardio em irar-se e grande
em misericórdia e fidelidade.

16 Volta-te para mim e tem compaixão
de mim;
concede a tua força ao teu servo
e salva o filho da tua serva.
17 Mostra-me um sinal do teu favor,
para que o vejam e se envergonhem
os que me odeiam;
pois tu, SENHOR, me ajudas e me consolas.

JERUSALÉM, A CIDADE DE DEUS

Salmo dos filhos de Corá. Cântico

87 1 Fundada por ele sobre os montes
santos,
2 o SENHOR ama as portas de Sião
mais do que todas as habitações de Jacó.
3 Coisas gloriosas são ditas
a respeito de você,
ó cidade de Deus!

4 "Dentre os que me conhecem,
farei menção de Raabe e da Babilônia.
Eis aí a Filístia e Tiro com a Etiópia;
'nasceram em Sião', é o que se diz."

5 E a respeito de Sião se dirá:
"Este e aquele nasceram nela";
e o próprio Altíssimo a estabelecerá.
6 O SENHOR, ao registrar os povos, dirá:
"Este nasceu lá."
7 Todos os cantores, saltando de alegria,
dirão:
"Todas as minhas fontes estão em ti."

ORAÇÃO DE UM SOFREDOR

Cântico. Salmo dos filhos de Corá. Ao mestre de canto. Para ser cantado com cítara. Salmo didático de Hemã, ezraíta

88 1 Ó SENHOR, Deus da minha salvação,
dia e noite clamo diante de ti.

2 Chegue à tua presença a minha oração;
inclina os teus ouvidos ao meu clamor.
3 Pois a minha alma está cheia
de angústias,
e a minha vida já se aproxima da morte.
4 Sou contado com os que descem
ao abismo.
Sou como um homem sem força,
5 atirado entre os mortos;
como os feridos de morte que jazem
na sepultura,
dos quais já não te lembras;
pois foram abandonados pelas
tuas mãos.
6 Puseste-me
na mais profunda cova,
nos lugares tenebrosos,
nos abismos.
7 Sobre mim pesa a tua ira;
tu me abates
com todas as tuas ondas.
8 Afastaste de mim
os meus conhecidos
e me fizeste objeto de abominação
para com eles;
estou preso e não vejo como sair.
9 Os meus olhos desfalecem
de aflição;
dia após dia,
venho clamando a ti, SENHOR,
e a ti levanto as minhas mãos.

10 Será que farás maravilhas
para os mortos?
Ou será que os finados
se levantarão para te louvar?
11 A tua bondade será anunciada
na sepultura?
A tua fidelidade, nos abismos?
12 Acaso nas trevas se manifestam
as tuas maravilhas?
E a tua justiça,
na terra do esquecimento?

13 Mas eu, SENHOR,
clamo a ti por socorro,
e de madrugada dirijo a ti
a minha oração.
14 Por que rejeitas, SENHOR,
a minha alma
e ocultas de mim o teu rosto?
15 Ando aflito e prestes a morrer
desde moço;
sob o peso dos teus terrores,
estou desorientado.
16 Sobre mim passou a tua ira;
os teus terrores acabaram comigo.

17 O dia todo eles me rodeiam
como água;
a um tempo me circundam.
18 Para longe de mim afastaste
os amigos e companheiros;
os meus conhecidos agora são as trevas.

A PROMESSA DE DEUS A DAVI

Salmo didático de Etã, ezraíta

89 1 Cantarei para sempre
as tuas misericórdias, ó SENHOR;
os meus lábios proclamarão
a todas as gerações a tua fidelidade.
2 Pois eu disse: "A misericórdia
está edificada para sempre;
a tua fidelidade,
tu a confirmarás nos céus."
3 Tu disseste: "Fiz uma aliança
com o meu escolhido
e jurei a Davi, meu servo:
4 'Para sempre estabelecerei
a sua posteridade
e firmarei o seu trono
de geração em geração.'"

5 Os céus celebram
as tuas maravilhas, ó SENHOR,
e, na assembleia dos santos,
louvam a tua fidelidade.
6 Pois quem nos céus
é comparável ao SENHOR?
Entre os seres celestiais,
quem é semelhante ao SENHOR?
7 Deus infunde grande terror
na assembleia dos santos;
é temível sobre todos os que o rodeiam.

8 Ó SENHOR, Deus dos Exércitos,
quem é poderoso
como tu és, SENHOR,
com a tua fidelidade
ao redor de ti?!
9 Dominas a fúria do mar;
quando as suas ondas se levantam,
tu as acalmas.
10 Esmagaste o monstro Raabe
e o mataste;
com o teu braço forte
dispersaste os teus inimigos.

11 Teus são os céus, e tua é a terra;
o mundo e a sua plenitude,
tu os estabeleceste.
12 O Norte e o Sul, tu os criaste;
o Tabor e o Hermom
exultam em teu nome.
13 O teu braço é poderoso;
forte é a tua mão,
e elevada é a tua mão direita.
14 Justiça e direito
são o fundamento
do teu trono;
graça e verdade te precedem.

15 Bem-aventurado o povo
que conhece os gritos de alegria,
que anda, ó SENHOR,
na luz da tua presença.
16 Em teu nome se alegra o dia todo
e na tua justiça se exalta,
17 porque tu és a glória de sua força;
no teu favor é exaltado
o nosso poder.
18 Pois ao SENHOR pertence
o nosso escudo,
e ao Santo de Israel, o nosso rei.
19 Outrora falaste em visão
aos teus santos e disseste:
"A um herói concedi o poder de socorrer;
do meio do povo,
exaltei um escolhido.
20 Encontrei Davi, meu servo;
com o meu santo óleo o ungi.
21 A minha mão estará sempre com ele,
o meu braço o fortalecerá.
22 O inimigo jamais o surpreenderá,
nem será ele humilhado
pelo filho da perversidade.
23 Esmagarei diante dele
os seus adversários
e destruirei aqueles que o odeiam.
24 A minha fidelidade
e a minha bondade o acompanharão,
e em meu nome crescerá o seu poder.
25 Porei a sua mão sobre o mar
e a sua direita, sobre os rios.
26 Ele me invocará, dizendo:
'Tu és o meu pai,
meu Deus e a rocha da minha salvação.'

27 Por isso, farei dele o meu primogênito,
o mais elevado entre os reis da terra.
28 Conservarei para sempre
a minha bondade para com ele
e lhe confirmarei a minha aliança.
29 Farei durar para sempre
a sua descendência;
e o seu trono ficará firme
enquanto o céu existir."

30 "Se os filhos dele
desprezarem a minha lei
e não andarem nos meus juízos,
31 se violarem os meus preceitos
e não guardarem
os meus mandamentos,
32 então punirei com vara
as suas transgressões
e com açoites, a sua iniquidade.
33 Mas jamais retirarei dele
a minha bondade,
nem desmentirei
a minha fidelidade.
34 Não violarei a minha aliança,
nem modificarei o que
os meus lábios prometeram."

35 "Uma vez jurei por minha santidade
que nunca mentiria a Davi.
36 A sua posteridade durará para sempre,
e o seu trono, como o sol diante de mim.
37 Ele será estabelecido
para sempre como a lua
e fiel como a testemunha nos céus."

38 Tu, porém, o repudiaste
e o rejeitaste;
e te indignaste com o teu ungido.
39 Quebraste a aliança com o teu servo;
profanaste a sua coroa,
jogando-a no chão.
40 Arrasaste
todas as suas muralhas;
reduziste a ruínas
as suas fortificações.
41 Todos os que passam
pelo caminho o saqueiam;
ele se tornou objeto de deboche
para os vizinhos.
42 Exaltaste a mão direita
dos seus adversários
e deste alegria
a todos os seus inimigos.
43 Deixaste sem fio a sua espada
e não o sustentaste na batalha.
44 Fizeste cessar o seu esplendor
e deitaste por terra o seu trono.
45 Abreviaste
os dias da sua mocidade
e o cobriste de vergonha.

46 Até quando, SENHOR?
Ficarás escondido para sempre?
Até quando a tua ira queimará
como fogo?
47 Lembra-te de como é breve
a minha existência!
Terias criado em vão
todos os filhos dos homens?
48 Quem é que pode viver e não ver
a morte?
Ou quem pode livrar a sua alma
do poder da sepultura?

49 Senhor, onde estão
as tuas misericórdias de outrora,
juradas a Davi por tua fidelidade?
50 Lembra-te, Senhor,
dos insultos
contra os teus servos
e de como trago no peito
a injúria de muitos povos,
51 com que os teus inimigos,
SENHOR, têm insultado,
sim, insultado os passos do teu ungido.

52 Bendito seja o SENHOR
para sempre! Amém e amém!

LIVRO IV (SALMOS 90—106)

A ETERNIDADE DE DEUS E A TRANSITORIEDADE DO SER HUMANO

Oração de Moisés, homem de Deus

90 1 Senhor, tu tens sido
o nosso refúgio,
de geração em geração.

[2] Antes que os montes nascessem
e tu formasses a terra e o mundo,
de eternidade a eternidade,
tu és Deus.

[3] Tu reduzes o ser humano ao pó
e dizes: "Voltem ao pó,
filhos dos homens."
[4] Pois mil anos, aos teus olhos,
são como o dia de ontem que se foi
e como a vigília da noite.
[5] Tu os arrastas na torrente;
são como um sono.
São como a relva que floresce
de madrugada;
[6] de madrugada, viceja e floresce;
à tarde, murcha e seca.

[7] Pois somos consumidos
pela tua ira
e pelo teu furor, conturbados.
[8] Puseste as nossas iniquidades
diante de ti
e, sob a luz do teu rosto,
os nossos pecados ocultos.

[9] Pois todos os nossos dias
se passam na tua ira;
acabam-se os nossos anos
como um breve pensamento.
[10] Os dias da nossa vida
sobem a setenta anos
ou, em havendo vigor, a oitenta;
neste caso, o melhor deles
é canseira e enfado,
porque tudo passa rapidamente,
e nós voamos.
[11] Quem conhece
o poder da tua ira?
E a tua cólera, segundo o temor
que te é devido?
[12] Ensina-nos a contar
os nossos dias,
para que alcancemos
coração sábio.

[13] Volta-te, Senhor!
Até quando estarás indignado?
Tem compaixão dos teus servos.
[14] Sacia-nos de manhã
com a tua bondade,
para que cantemos de júbilo
e nos alegremos
todos os nossos dias.
[15] Alegra-nos por tantos dias
quantos nos tens afligido,
por tantos anos
quantos suportamos
a adversidade.
[16] Aos teus servos apareçam
as tuas obras,
e a seus filhos, a tua glória.
[17] Seja sobre nós a graça do Senhor,
nosso Deus;
confirma sobre nós
as obras das nossas mãos,
sim, confirma
a obra das nossas mãos.

SOB A SOMBRA DO ALTÍSSIMO

91 [1] Aquele que habita
no esconderijo do Altíssimo
e descansa à sombra do Onipotente
[2] diz ao Senhor:
"Tu és o meu refúgio
e a minha fortaleza,
o meu Deus, em quem confio."

[3] Pois ele livrará você
do laço do passarinheiro
e da peste perniciosa.
[4] Ele o cobrirá com as suas penas,
e, sob as suas asas,
você estará seguro;
a sua verdade é proteção e escudo.
[5] Você não terá medo
do terror noturno,
nem da flecha que voa de dia,
[6] nem da peste que se propaga
nas trevas,
nem da mortandade
que assola ao meio-dia.
[7] Caiam mil ao seu lado,
e dez mil, à sua direita;
você não será atingido.
[8] Somente com os seus olhos
você contemplará
e verá o castigo dos ímpios.

9 Você disse:
"O Senhor é o meu refúgio."
Você fez do Altíssimo a sua morada.
10 Nenhum mal lhe sucederá,
praga nenhuma chegará
à sua tenda.
11 Porque aos seus anjos
ele dará ordens a seu respeito,
para que guardem você
em todos os seus caminhos.
12 Eles o sustentarão nas suas mãos,
para que você não tropece
em alguma pedra.
13 Você pisará o leão e a cobra;
com os pés esmagará o leãozinho
e a serpente.

14 Deus diz: "Porque a mim
se apegou com amor, eu o livrarei;
eu o protegerei,
porque conhece o meu nome.
15 Ele me invocará, e eu lhe responderei;
na sua angústia eu estarei com ele;
eu o livrarei e o glorificarei.
16 Vou saciá-lo com longevidade
e lhe mostrarei a minha salvação."

HINO DE GRATIDÃO A DEUS

Salmo. Cântico para o dia de sábado

92 1 Bom é render graças ao Senhor
e cantar louvores ao teu nome,
ó Altíssimo,
2 anunciar de manhã
a tua misericórdia
e, durante as noites,
a tua fidelidade,
3 com instrumentos de dez cordas,
ao som da lira
e com a solenidade da harpa.
4 Pois me alegraste, Senhor,
com os teus feitos;
exultarei nas obras das tuas mãos.

5 Como são grandes, Senhor,
as tuas obras!
Os teus pensamentos,
que profundos!
6 O tolo não compreende,
e o insensato não percebe isto:
7 ainda que os ímpios
brotem como a erva,
e floresçam todos
os que praticam a iniquidade,
serão destruídos para sempre.
8 Mas tu, Senhor,
és o Altíssimo eternamente.
9 Eis que os teus inimigos, Senhor,
eis que os teus inimigos perecerão;
serão dispersos todos
os que praticam a iniquidade.

10 Porém tu exaltas o meu poder
como o do boi selvagem;
derramas sobre mim o óleo fresco.
11 Os meus olhos veem a derrota
dos inimigos que me espreitam,
e os meus ouvidos escutam
os gritos dos malfeitores
que contra mim se levantam.

12 O justo florescerá como a palmeira,
crescerá como o cedro no Líbano.
13 Plantados na Casa do Senhor,
florescerão nos átrios
do nosso Deus.
14 Na velhice ainda darão frutos,
serão cheios de seiva e de verdor,
15 para anunciar que o Senhor é reto.
Ele é a minha rocha,
e nele não há injustiça.

O PODER E A MAJESTADE DE DEUS

93 1 Reina o Senhor.
Ele se revestiu de majestade;
o Senhor se revestiu de poder
e se cingiu.
Firmou o mundo, que não vacila.
2 O teu trono está firme desde
a antiguidade;
tu és desde a eternidade.

3 Levantam os rios, ó Senhor,
levantam os rios o seu bramido;
levantam os rios o seu fragor.
4 Mas o Senhor nas alturas
é mais poderoso
do que o bramido das grandes águas,
do que as poderosas ondas do mar.

Criar raízes em solos equivocados pode nos afastar do propósito divino.

5 Os teus testemunhos são fidelíssimos;
à tua casa convém a santidade, SENHOR,
para todo o sempre.

APELO PARA A JUSTIÇA DE DEUS

94 1 Ó SENHOR, Deus das vinganças,
ó Deus das vinganças,
resplandece.
2 Levanta-te, ó juiz da terra,
e dá aos soberbos o castigo
que eles merecem.
3 Até quando, SENHOR, os ímpios,
até quando os ímpios exultarão?
4 Fazem alarde
e falam com arrogância;
todos os que praticam a iniquidade
se vangloriam.
5 Esmagam o teu povo, SENHOR,
e oprimem a tua herança.
6 Matam as viúvas e os estrangeiros
e assassinam os órfãos.
7 E dizem:
"O SENHOR não está vendo;
o Deus de Jacó não faz caso disso."

8 Prestem atenção,
ó estúpidos dentre o povo;
e vocês, tolos, quando se
tornarão sábios?
9 Aquele que fez o ouvido
será que não ouve?
Aquele que formou os olhos
será que não enxerga?
10 Aquele que repreende as nações
será que não vai punir?
Aquele que dá aos seres humanos
o conhecimento
será que não tem sabedoria?
11 O SENHOR conhece
os pensamentos do ser humano,
e sabe que são pensamentos vãos.

12 Bem-aventurado, SENHOR,
é aquele a quem tu repreendes,
a quem ensinas a tua lei,
13 para lhe dares descanso
dos dias maus,
até que se abra a cova para o ímpio.
14 Pois o SENHOR não abandonará
o seu povo;
ele não irá desamparar
a sua herança.
15 Nos tribunais voltará a imperar
a justiça,
e todos os de coração reto a seguirão.

16 Quem se levantará a meu favor
contra os perversos?
Quem estará comigo
contra os que praticam
a iniquidade?
17 Se não fosse o auxílio do SENHOR,
a minha alma já estaria
na região do silêncio.
18 Quando eu digo:
"Os meus pés vão resvalar",
a tua bondade, SENHOR, me sustém.
19 Multiplicando-se em mim
as inquietações,
as tuas consolações
me alegram a alma.

20 Será que pode associar-se
contigo o trono da perversidade,
que forja o mal,
tendo uma lei por pretexto?
21 Ajuntam-se contra a vida dos justos
e condenam à morte os inocentes.
22 Mas o SENHOR
é o meu alto refúgio;
o meu Deus é o rochedo
em que me abrigo.
23 Sobre eles faz recair
a sua iniquidade
e pela maldade deles próprios
os destruirá;
o SENHOR, nosso Deus,
os destruirá.

CONVITE A LOUVAR A DEUS

95 1 Venham, cantemos
ao SENHOR com júbilo,
celebremos o Rochedo da
nossa salvação.
2 Saiamos ao seu encontro
com ações de graças,
vitoriemo-lo com salmos.

3 Porque o SENHOR é o Deus supremo
e o grande Rei acima de todos os deuses.
4 Nas suas mãos estão as profundezas
da terra,
e as alturas dos montes lhe pertencem.
5 Dele é o mar, pois ele o fez;
obra de suas mãos, os continentes.

6 Venham, adoremos e prostremo-nos;
ajoelhemos diante do SENHOR,
que nos criou.
7 Ele é o nosso Deus,
e nós somos povo do seu pasto
e ovelhas de sua mão.

Hoje, se ouvirem a sua voz,
8 não endureçam o coração,
como em Meribá,
como naquele dia em Massá,
no deserto,
9 quando os pais de vocês
me tentaram, pondo-me à prova,
apesar de terem visto as minhas obras.
10 Durante quarenta anos,
estive irritado
com essa geração
e disse: "Este é um povo
que gosta de se desviar;
eles não conhecem
os meus caminhos."
11 Por isso, jurei na minha ira:
"Eles não entrarão
no meu descanso."

LOUVOR À GLÓRIA E À MAJESTADE DE DEUS

1Cr 16.23-33

96 1 Cantem ao SENHOR
um cântico novo,
cantem ao SENHOR,
todas as terras.
2 Cantem ao SENHOR,
bendigam o seu nome;
proclamem a sua salvação,
dia após dia.
3 Anunciem entre as nações
a sua glória,
entre todos os povos,
as suas maravilhas.
4 Porque o SENHOR é grande
e digno de ser louvado,
mais temível
do que todos os deuses.
5 Porque todos os deuses dos povos
não passam de ídolos;
o SENHOR, porém, fez os céus.
6 Glória e majestade
estão diante dele,
força e formosura,
no seu santuário.

7 Deem ao SENHOR,
ó famílias dos povos,
deem ao SENHOR glória e força.
8 Deem ao SENHOR
a glória devida ao seu nome;
tragam ofertas
e entrem nos seus átrios.
9 Adorem o SENHOR
na beleza da sua santidade;
tremam diante dele,
todas as terras.

10 Digam entre as nações:
"Reina o SENHOR."
Ele firmou o mundo
para que não se abale
e julga os povos com justiça.

11 Alegrem-se os céus,
e a terra exulte;
ruja o mar e a sua plenitude.
12 Alegre-se o campo
e tudo o que nele há;
cantem de alegria
todas as árvores do bosque,
13 na presença do SENHOR,
porque vem,
vem julgar a terra;
julgará o mundo com justiça
e os povos, de acordo
com a sua fidelidade.

A MAJESTADE E O DOMÍNIO DE DEUS

97 1 Reina o SENHOR.
Alegre-se a terra,
exultem as muitas ilhas.

[2] Nuvens e escuridão o rodeiam,
justiça e juízo
são a base do seu trono.
[3] Adiante dele vai um fogo
que consome os inimigos ao seu redor.
[4] Os seus relâmpagos
iluminam o mundo;
a terra os vê e estremece.
[5] Os montes se derretem como cera
na presença do SENHOR,
na presença do Senhor
de toda a terra.
[6] Os céus anunciam a sua justiça,
e todos os povos veem a sua glória.

[7] Sejam envergonhados todos
os que adoram imagens de escultura,
os que se gloriam de ídolos.
Todos os deuses prostrem-se
diante dele.
[8] Sião ouve e se alegra,
as filhas de Judá exultam,
por causa da tua justiça, ó SENHOR.
[9] Pois tu, SENHOR, és o Altíssimo
sobre toda a terra;
tu estás muito acima de todos os deuses.

[10] Vocês que amam o SENHOR,
odeiem o mal;
ele protege a vida dos seus santos,
e os livra das mãos dos ímpios.
[11] A luz se difunde para o justo,
e a alegria,
para os retos de coração.
[12] Alegrem-se no SENHOR, ó justos,
e deem graças ao seu santo nome.

A JUSTIÇA DE DEUS

Salmo

98 [1] Cantem ao SENHOR
um cântico novo,
porque ele tem feito maravilhas;
a sua mão direita
e o seu braço santo
lhe alcançaram a vitória.
[2] O SENHOR fez notória
a sua salvação;
manifestou a sua justiça
diante dos olhos das nações.
[3] Lembrou-se da sua misericórdia
e da sua fidelidade
para com a casa de Israel;
todos os confins da terra viram
a salvação do nosso Deus.

[4] Celebrem com júbilo ao SENHOR,
todos os moradores da terra;
gritem de alegria,
exultem e cantem louvores.
[5] Cantem com harpa
louvores ao SENHOR,
com harpa e voz de canto;
[6] com trombetas
e ao som de buzinas,
exultem diante do SENHOR,
que é rei.

[7] Ruja o mar e a sua plenitude,
o mundo e os que nele habitam.
[8] Os rios batam palmas,
e juntos cantem de júbilo os montes,
[9] na presença do SENHOR,
porque ele vem julgar a terra;
julgará o mundo com justiça
e os povos, com retidão.

A SANTIDADE DE DEUS

99 [1] Reina o SENHOR;
tremam os povos.
Ele está entronizado
acima dos querubins;
abale-se a terra.
[2] O SENHOR é grande em Sião
e está exaltado
acima de todos os povos.
[3] Celebrem eles o teu nome
grande e tremendo,
porque é santo.

[4] És rei poderoso
que ama a justiça;
tu estabeleces o direito,
executas o juízo e a justiça em Jacó.
[5] Exaltem o SENHOR,
nosso Deus,
e prostrem-se diante do estrado
de seus pés.
O SENHOR é santo.

[6] Moisés e Arão,
entre os seus sacerdotes,
e, Samuel, entre os que
lhe invocam o nome,
clamavam ao SENHOR,
e ele os ouvia.
[7] Falava-lhes na coluna de nuvem;
eles guardavam
os seus mandamentos
e a lei que lhes tinha dado.

[8] Tu lhes respondeste,
ó SENHOR, nosso Deus;
foste para eles Deus perdoador,
ainda que os tenhas castigado
por seus atos.

[9] Exaltem o SENHOR, nosso Deus,
e prostrem-se
diante do seu santo monte,
porque santo é o SENHOR,
nosso Deus.

HINO DE LOUVOR

Salmo de ações de graças

100 [1] Celebrem com júbilo ao SENHOR,
todas as terras.
[2] Sirvam ao SENHOR com alegria,
apresentem-se diante dele com cântico.

[3] Saibam que o SENHOR é Deus;
foi ele quem nos fez, e dele somos;
somos o seu povo
e rebanho do seu pastoreio.
[4] Entrem por suas portas
com ações de graças
e nos seus átrios, com hinos de louvor;
rendam-lhe graças
e bendigam o seu nome.
[5] Porque o SENHOR é bom,
a sua misericórdia dura para sempre,
e, de geração em geração,
a sua fidelidade.

PROMESSAS DE UM REI

Salmo de Davi

101 [1] Cantarei a respeito da bondade
e da justiça;
a ti, SENHOR, cantarei.
[2] Quero, com sabedoria, refletir
no caminho da perfeição.
Quando virás ao meu encontro?

Em minha casa,
andarei com sinceridade de coração.
[3] Não porei coisa injusta
diante dos meus olhos.
Detesto a conduta
dos que se desviam.
Nada disto se pegará em mim.
[4] Longe de mim o coração perverso;
não quero conhecer o mal.
[5] Ao que às escondidas
calunia o próximo,
a esse destruirei;
o que tem olhar arrogante
e coração orgulhoso,
não o suportarei.
[6] Os meus olhos procurarão
os fiéis da terra,
para que morem comigo;
o que anda em reto caminho,
esse me servirá.

[7] Não ficará em minha casa
o que usa de fraude;
o que fala mentiras
não permanecerá
diante dos meus olhos.
[8] Manhã após manhã,
destruirei
todos os ímpios da terra,
para limpar a cidade do SENHOR
dos que praticam a iniquidade.

ORAÇÃO DE UM AFLITO

Oração do aflito que, desfalecido, derrama a sua queixa diante do Senhor

102 [1] Ouve, SENHOR, a minha súplica,
e cheguem a ti os
meus clamores.
[2] Não escondas de mim
o teu rosto
no dia da minha angústia;
inclina-me os ouvidos;
no dia em que eu clamar,
responde-me depressa.

[3] Porque os meus dias
desaparecem como fumaça,
e os meus ossos queimam
como se estivessem no fogo.
[4] Cortado como a erva,
secou-se o meu coração;
até me esqueço de comer o meu pão.
[5] Os meus ossos já se apegam à pele,
por causa do meu dolorido gemer.
[6] Sou como o pelicano no deserto,
como a coruja das ruínas.
[7] Não durmo
e sou como o passarinho solitário
nos telhados.
[8] Os meus inimigos me insultam a
toda hora;
furiosos contra mim, praguejam
com o meu próprio nome.

[9] Por pão tenho comido cinza
e as lágrimas se misturam
com a minha bebida,
[10] por causa da tua indignação
e da tua ira,
porque me elevaste
e depois me abateste.
[11] Como a sombra que declina,
assim são os meus dias,
e eu vou secando como a relva.

[12] Tu, porém, SENHOR,
permaneces para sempre,
e a memória do teu nome,
de geração em geração.
[13] Tu te levantarás
e terás piedade de Sião;
é tempo de te compadeceres dela,
e já chegou a sua hora.
[14] Porque os teus servos
amam até as pedras de Sião
e se compadecem do seu pó.

[15] Todas as nações
temerão o nome do SENHOR,
e todos os reis da terra
temerão a sua glória,
[16] quando o SENHOR
reconstruir Sião
e se manifestar na sua glória,
[17] quando atender
à oração do desamparado
e não desprezar as suas preces.

[18] Isto ficará registrado
para as gerações futuras,
e um povo, que há de ser criado,
louvará o SENHOR, dizendo:
[19] "O SENHOR, do alto
do seu santuário,
desde os céus, olhou para a terra,
[20] a fim de ouvir o gemido dos cativos
e libertar os condenados à morte."
[21] Em Sião será anunciado
o nome do SENHOR
e o seu louvor, em Jerusalém,
[22] quando se reunirem
os povos e os reinos,
para servirem o SENHOR.

[23] Ele me abateu a força no caminho
e abreviou os meus dias.
[24] Eu disse: "Deus meu, não me leves
na metade de minha vida;
tu, cujos anos se estendem
por todas as gerações."
[25] Em tempos remotos, lançaste
os fundamentos da terra;
e os céus são obra das tuas mãos.
[26] Eles perecerão, mas tu permaneces;
todos eles envelhecerão
como veste,
como roupa os mudarás,
e serão mudados.
[27] Tu, porém, és sempre o mesmo,
e os teus anos jamais terão fim.
[28] Os filhos dos teus servos
habitarão seguros,
e diante de ti se estabelecerá
a sua descendência.

A MISERICÓRDIA DE DEUS

Salmo de Davi

103 [1] Bendiga, minha alma, o SENHOR,
e tudo o que há em mim
bendiga o seu santo nome.
[2] Bendiga, minha alma, o SENHOR,
e não se esqueça de nem um só
de seus benefícios.

3 Ele é quem perdoa
todas as suas iniquidades;
quem cura
todas as suas enfermidades;
4 quem da cova redime a sua vida
e coroa você de graça e misericórdia.
5 É ele quem enche de bens
a sua vida,
de modo que a sua mocidade
se renova como a da águia.

6 O SENHOR faz justiça
e julga todos os oprimidos.
7 Manifestou os seus caminhos
a Moisés
e os seus feitos aos filhos de Israel.
8 O SENHOR é compassivo e bondoso;
tardio em irar-se
e rico em bondade.
9 Não repreende perpetuamente,
nem conserva para sempre
a sua ira.
10 Não nos trata
segundo os nossos pecados,
nem nos retribui conforme
as nossas iniquidades.
11 Pois quanto o céu se eleva
acima da terra,
assim é grande a sua misericórdia
para com os que o temem.
12 Quanto o Oriente
está longe do Ocidente,
assim ele afasta de nós
as nossas transgressões.
13 Como um pai se compadece
de seus filhos,
assim o SENHOR se compadece
dos que o temem.
14 Pois ele conhece a nossa estrutura
e sabe que somos pó.

15 Quanto ao ser humano,
os seus dias são como a relva.
Como a flor do campo,
assim ele floresce;
16 mas, soprando nela o vento,
desaparece
e não conhecerá, daí em diante,
o seu lugar.
17 Mas a misericórdia do SENHOR
é de eternidade a eternidade
sobre os que o temem,
e a sua justiça,
sobre os filhos dos filhos,
18 para com os que guardam
a sua aliança
e para com os que se lembram
dos seus preceitos
e os cumprem.

19 Nos céus, o SENHOR
estabeleceu o seu trono,
e o seu reino domina sobre tudo.
20 Bendigam o SENHOR
os seus anjos,
valorosos em poder,
que executam as suas ordens
e lhe obedecem à palavra.
21 Bendigam o SENHOR
todos os seus exércitos,
ministros seus,
que fazem a sua vontade.
22 Bendigam o SENHOR
todas as suas obras,
em todos os lugares
do seu domínio.
Bendiga, minha alma, o SENHOR.

LOUVOR AO DEUS CRIADOR

104 1 Bendiga, minha alma, o SENHOR!
SENHOR, Deus meu,
como tu és grandioso!
Estás revestido de glória
e majestade,
2 coberto de luz como de um manto.
Tu estendes o céu
como uma cortina,
3 pões nas águas
o vigamento da tua morada,
tomas as nuvens por carruagem
e voas nas asas do vento.
4 Fazes a teus anjos ventos
e a teus ministros,
labaredas de fogo.

5 Lançaste os fundamentos da terra,
para que ela não se abale
em tempo nenhum.

[6] Tomaste o abismo
por vestuário e a cobriste;
as águas ficaram
acima das montanhas.
[7] Com a tua repreensão,
as águas fugiram,
com a voz do teu trovão,
bateram em retirada.
[8] Elevaram-se os montes,
desceram os vales,
até o lugar
que lhes havias preparado.
[9] Puseste às águas divisa
que não ultrapassarão,
para que não voltem
a cobrir a terra.

[10] Tu fazes rebentar fontes no vale,
cujas águas correm
entre os montes;
[11] dão de beber
a todos os animais do campo;
os jumentos selvagens
matam a sua sede.
[12] Junto delas as aves do céu
têm o seu pouso
e, por entre a ramagem,
elas se põem a cantar.

[13] Do alto de tua morada,
regas os montes;
a terra farta-se do fruto de tuas obras.
[14] Fazes crescer a relva
para os animais
e as plantas que o ser humano cultiva,
para que da terra tire o seu alimento:
[15] o vinho, que alegra o coração,
o azeite, que lhe dá brilho ao rosto,
e o pão, que lhe sustém as forças.

[16] São saciadas as árvores do Senhor
e os cedros do Líbano que ele plantou,
[17] em que as aves fazem os seus ninhos;
quanto à cegonha ,
a sua casa é nos ciprestes.
[18] Os altos montes
são das cabras-monteses,
e as rochas,
o refúgio dos arganazes.

[19] Fez a lua para marcar o tempo;
o sol conhece a hora de se pôr.
[20] Envias as trevas e vem a noite,
na qual vagueiam
os animais da selva.
[21] Os leõezinhos rugem pela presa
e buscam de Deus o sustento;
[22] em vindo o sol, eles se recolhem
e se acomodam nos seus covis.
[23] Então as pessoas saem
para o seu trabalho
e para o seu serviço até a tarde.

[24] Que variedade, Senhor,
nas tuas obras!
Fizeste todas elas com sabedoria;
a terra está cheia das tuas riquezas.
[25] Eis o mar vasto, imenso,
no qual se movem seres sem conta,
animais pequenos e grandes.
[26] Por ele transitam os navios
e o Leviatã que formaste
para nele brincar.

[27] Todos esperam de ti
que lhes dês de comer a seu tempo.
[28] Se lhes dás, eles o recolhem;
se abres a mão,
eles se fartam de bens.
[29] Se escondes o rosto,
eles se perturbam;
se lhes cortas a respiração, morrem
e voltam ao pó.
[30] Envias o teu Espírito,
eles são criados,
e assim renovas a face da terra.

[31] Que a glória do Senhor
dure para sempre!
Exulte o Senhor por suas obras!
[32] Com só olhar para a terra, ele a
faz tremer;
toca as montanhas, e elas fumegam.

[33] Cantarei ao Senhor enquanto eu viver;
cantarei louvores ao meu Deus
durante a minha vida.
[34] Seja-lhe agradável a minha meditação;
eu me alegrarei no Senhor.

[35] Desapareçam da terra os pecadores,
e que os perversos deixem de existir.

Bendiga, minha alma, o SENHOR!
Aleluia!

DEUS E O SEU POVO

1Cr 16.8-22

105 [1] Deem graças ao SENHOR,
invoquem o seu nome;
tornem conhecidos entre os povos
os seus feitos.
[2] Cantem a Deus, cantem louvores a ele;
falem de todas as suas maravilhas.
[3] Gloriem-se no seu santo nome;
alegre-se o coração
dos que buscam o SENHOR.
[4] Busquem o SENHOR e o seu poder;
busquem continuamente
a sua presença.
[5] Lembrem-se das maravilhas
que ele fez,
dos seus prodígios e dos juízos
de seus lábios,
[6] vocês, descendentes de Abraão,
seu servo,
vocês, filhos de Jacó,
seus escolhidos.

[7] Ele é o SENHOR, nosso Deus;
os seus juízos permeiam
toda a terra.
[8] Lembra-se perpetuamente
da sua aliança,
da palavra que empenhou
para mil gerações;
[9] da aliança que fez com Abraão
e do juramento que fez a Isaque;
[10] o qual confirmou a Jacó
por decreto
e a Israel por aliança perpétua,
[11] dizendo: "Eu lhe darei
a terra de Canaã
como porção da sua herança."

[12] Quando eles eram em
pequeno número,
pouquíssimos e estrangeiros
na terra de Canaã;
[13] quando andavam
de nação em nação,
de um reino para outro reino,
[14] Deus não permitiu que ninguém
os oprimisse,
e, por amor deles, repreendeu reis,
[15] dizendo: "Não toquem
nos meus ungidos,
nem maltratem os meus profetas."

[16] Deus fez vir fome sobre a terra
e cortou os meios de se obter pão.
[17] Adiante deles enviou um homem,
José, que foi vendido
como escravo.
[18] Apertaram os seus pés
com correntes
e puseram uma coleira de ferro
no seu pescoço,
[19] até cumprir-se a profecia
a respeito dele,
e tê-lo provado a palavra do SENHOR.
[20] O rei mandou soltá-lo;
o dominador dos povos o pôs
em liberdade.
[21] Constituiu-o senhor de sua casa
e administrador de tudo
o que possuía,
[22] para, como bem quisesse,
sujeitar os seus príncipes
e ensinar a sabedoria
aos seus anciãos.

[23] Então Israel entrou no Egito,
e Jacó peregrinou na terra de Cam.
[24] Deus fez sobremodo fecundo
o seu povo
e o tornou mais forte
do que os seus opressores.
[25] Mudou o coração dos egípcios
para que odiassem o seu povo
e usassem de astúcia
para com os seus servos.

[26] Deus lhes enviou Moisés, seu servo,
e Arão, a quem havia escolhido,
[27] por meio dos quais fez, entre eles,
os seus sinais e maravilhas
na terra de Cam.

28 Enviou trevas, e tudo escureceu;
e Moisés e Arão não foram
rebeldes à sua palavra.
29 Transformou-lhes
as águas em sangue
e assim lhes fez morrer os peixes.
30 A terra deles produziu rãs
em abundância,
até nos aposentos dos reis.
31 Deus falou, e vieram
nuvens de moscas e piolhos
em toda a terra do Egito.
32 Por chuva deu-lhes granizo
e fogo chamejante, naquela terra.
33 Devastou-lhes os vinhedos
e os figueirais
e quebrou as árvores da terra deles.
34 Ele falou, e vieram gafanhotos
e lagartas sem conta,
35 que devoraram
toda a vegetação do país
e comeram o fruto dos seus campos.
36 Também feriu de morte
todos os primogênitos
da terra deles,
as primícias do seu vigor.

37 Então Deus fez sair o seu povo,
com prata e ouro,
e entre as suas tribos
não havia um só inválido.
38 O Egito se alegrou quando eles saíram,
porque lhe tinham infundido terror.
39 Deus estendeu uma nuvem
que lhes servisse de toldo
e um fogo para os iluminar
de noite.
40 Pediram, e Deus fez vir codornizes
e os saciou com pão do céu.
41 Fendeu a rocha,
e dela brotaram águas,
que correram como um rio pelo deserto.
42 Porque estava lembrado
da sua santa palavra
e de Abraão, seu servo.

43 Ele conduziu o seu povo
com alegria
e, com júbilo, os seus escolhidos.
44 Deu-lhes as terras das nações,
e eles se apossaram do fruto
do trabalho dos povos,
45 para que lhe guardassem os preceitos
e lhe observassem as leis.

Aleluia!

A GRAÇA DE DEUS E A INGRATIDÃO DE ISRAEL

106 1 Aleluia!
Deem graças ao SENHOR,
porque ele é bom,
porque a sua misericórdia
dura para sempre.
2 Quem saberá contar
os poderosos feitos do SENHOR
ou anunciar todo o seu louvor?
3 Bem-aventurados
os que guardam a retidão
e os que praticam a justiça
em todo tempo.

4 Lembra-te de mim, SENHOR,
segundo a tua bondade
para com o teu povo;
visita-me com a tua salvação,
5 para que eu veja a prosperidade
dos teus escolhidos,
e me alegre com a alegria do teu povo,
e me glorie com a tua herança.

6 Pecamos, como os nossos pais;
cometemos iniquidade,
procedemos mal.
7 Nossos pais, no Egito,
não entenderam
as tuas maravilhas;
não se lembraram da multidão
das tuas misericórdias
e foram rebeldes junto ao mar,
o mar Vermelho.
8 Mas Deus os salvou por amor
do seu nome,
para lhes revelar o seu poder.
9 Repreendeu o mar Vermelho,
e ele secou;
ele os fez passar pelos abismos,
como por um deserto.

[10] Salvou-os das mãos
de quem os odiava
e os resgatou do poder do inimigo.
[11] As águas cobriram os seus opressores;
nem um deles escapou.
[12] Então creram nas suas palavras
e lhe cantaram louvor.

[13] Logo, porém, se esqueceram
das obras de Deus
e não esperaram
pelos seus desígnios.
[14] Entregaram-se à cobiça, no deserto;
e, nos lugares áridos,
puseram Deus à prova.
[15] Concedeu-lhes o que pediram,
mas enviou-lhes também
uma doença terrível.

[16] Tiveram inveja de Moisés,
no acampamento,
e de Arão, o santo do Senhor.
[17] A terra se abriu, engoliu Datã,
e cobriu o grupo de Abirão.
[18] Um fogo se acendeu
contra o grupo deles;
as chamas devoraram os ímpios.

[19] Em Horebe, fizeram um bezerro
e adoraram o ídolo de metal fundido.
[20] E, assim, trocaram a glória de Deus
pela imagem de um novilho
que come capim.
[21] Esqueceram-se de Deus,
seu Salvador,
que, no Egito, havia feito
coisas grandiosas,
[22] maravilhas na terra de Cam,
tremendos feitos no mar Vermelho.
[23] Deus os teria exterminado,
como tinha dito,
se Moisés, seu escolhido,
não houvesse intercedido,
impedindo que o seu furor os destruísse.

[24] Também desprezaram
a terra aprazível
e não deram crédito
à palavra de Deus;
[25] pelo contrário, murmuraram
em suas tendas
e não ouviram a voz do Senhor.
[26] Então lhes jurou, de mão erguida,
que os havia de arrasar no deserto;
[27] e também espalharia
entre as nações
a sua descendência
e os dispersaria por outras terras.

[28] Também se juntaram a Baal-Peor
e comeram os sacrifícios
dos ídolos mortos.
[29] Assim, com tais ações,
provocaram a ira do Senhor;
e a peste se espalhou entre eles.
[30] Então se levantou Fineias
e executou o juízo;
e a peste cessou.
[31] Isso lhe foi atribuído
como justiça,
de geração em geração,
para sempre.

[32] Depois, provocaram Deus
nas águas de Meribá,
e, por causa deles, aconteceu
uma desgraça com Moisés,
[33] pois foram rebeldes ao Espírito
de Deus,
e Moisés falou sem refletir.

[34] Não exterminaram os povos,
como o Senhor lhes havia ordenado.
[35] Em vez disso, se mesclaram
com as nações
e aprenderam os seus costumes.
[36] Adoraram os seus ídolos,
os quais se tornaram
armadilha para eles.
[37] Sacrificaram seus filhos
e suas filhas aos demônios.
[38] Derramaram sangue inocente,
o sangue de seus filhos e filhas,
que sacrificaram aos ídolos de Canaã;
e a terra foi contaminada com sangue.
[39] Assim se contaminaram
com as suas obras
e se prostituíram nos seus feitos.

Não queira ser cópia de nada e de ninguém, deseje seguir o modelo do Céu.

[40] Por isso, acendeu-se a ira
do SENHOR contra o seu povo,
e ele abominou a sua própria herança
[41] e os entregou ao poder das nações;
sobre eles dominaram
os que os odiavam.
[42] Também os oprimiram
os seus inimigos,
sob cujo poder foram subjugados.
[43] Muitas vezes os libertou,
mas eles o provocaram
com os seus planos
e, na sua iniquidade, foram abatidos.
[44] Mas Deus olhou para eles
quando estavam angustiados
e lhes ouviu o clamor;
[45] lembrou-se, a favor deles,
de sua aliança
e se compadeceu, segundo a multidão
de suas misericórdias.
[46] Fez também com que deles
tivessem compaixão
todos os que os levaram cativos.
[47] Salva-nos, SENHOR, nosso Deus,
e congrega-nos dentre as nações,
para que demos graças
ao teu santo nome
e nos gloriemos no teu louvor.

[48] Bendito seja o SENHOR,
Deus de Israel,
de eternidade a eternidade;
e todo o povo diga: "Amém!"
Aleluia!

LIVRO V (SALMOS 107—150)

DEUS SALVA DE TODAS AS TRIBULAÇÕES

107 [1] Deem graças ao SENHOR,
porque ele é bom,
e a sua misericórdia
dura para sempre.
[2] Digam-no os remidos do SENHOR,
os que ele resgatou
da mão do inimigo
[3] e congregou dentre as terras,
do Oriente e do Ocidente,
do Norte e do Sul.
[4] Andaram errantes pelo deserto,
por lugares áridos,
sem achar cidade
em que pudessem morar.
[5] Famintos e sedentos,
desfalecia neles a alma.
[6] Então, na sua angústia, clamaram
ao SENHOR,
e ele os livrou das suas tribulações.
[7] Conduziu-os pelo caminho direito,
para que fossem à cidade
em que pudessem morar.
[8] Que eles deem graças ao SENHOR
por sua bondade
e por suas maravilhas
para com os filhos dos homens!
[9] Pois saciou a alma sedenta
e encheu de bens a alma faminta.

[10] Alguns se assentaram nas trevas
e nas sombras da morte,
presos em aflição
e em correntes de ferro,
[11] por terem se rebelado
contra a palavra de Deus
e desprezado o conselho do Altíssimo,
[12] de modo que lhes abateu
o coração com trabalhos —
esses caíram, e não houve
quem os socorresse.
[13] Então, na sua angústia,
clamaram ao SENHOR,
e ele os livrou das suas tribulações.
[14] Tirou-os das trevas
e das sombras da morte
e quebrou as correntes
que os prendiam.
[15] Que eles deem graças ao SENHOR
por sua bondade
e por suas maravilhas
para com os filhos dos homens!
[16] Pois derrubou
as portas de bronze
e despedaçou as trancas de ferro.

[17] Os insensatos, por causa do seu
caminho de transgressão
e por causa das suas iniquidades,
serão afligidos.

[18] Abominaram todo tipo de comida,
e chegaram às portas da morte.
[19] Então, na sua angústia,
clamaram ao SENHOR,
e ele os livrou das suas tribulações.
[20] Enviou-lhes a sua palavra,
e os sarou,
e os livrou do que lhes era mortal.
[21] Que eles deem graças ao SENHOR
por sua bondade
e por suas maravilhas
para com os filhos dos homens!
[22] Que ofereçam sacrifícios
de ações de graças
e proclamem com júbilo
as suas obras!

[23] Os que, tomando navios,
descem aos mares,
os que fazem comércio
na imensidade das águas,
[24] esses veem as obras do SENHOR
e as suas maravilhas
nas profundezas do abismo.
[25] Pois Deus falou e fez levantar
o vento tempestuoso,
que elevou as ondas do mar.
[26] Subiram até os céus,
desceram até os abismos;
no meio destas angústias,
desfalecia-lhes a alma.
[27] Andaram, e cambalearam
como bêbados,
e de nada adiantou
a sua habilidade.
[28] Então, na sua angústia,
clamaram ao SENHOR,
e ele os livrou das suas tribulações.
[29] Fez cessar a tormenta,
e as ondas se acalmaram.
[30] Então se alegraram com a calmaria;
e, assim, os levou ao porto desejado.
[31] Que eles deem graças ao SENHOR
por sua bondade
e por suas maravilhas
para com os filhos dos homens!
[32] Que o exaltem
na assembleia do povo
e o glorifiquem no conselho dos anciãos.
[33] Deus transformou rios
em desertos
e mananciais, em terra seca;
[34] fez da terra frutífera
um deserto salgado,
por causa da maldade
dos seus habitantes.
[35] Transformou o deserto
em lençóis de água
e a terra seca, em mananciais.
[36] Estabeleceu aí os famintos,
os quais construíram uma cidade
em que pudessem morar.
[37] Semearam campos,
e plantaram vinhas,
e tiveram fartas colheitas.
[38] Ele os abençoou,
e eles se multiplicaram muito;
e o gado deles não diminuiu.

[39] Mas outra vez foram reduzidos
e humilhados pela opressão,
pela adversidade
e pelo sofrimento.
[40] Deus mostra desprezo
pelos príncipes
e os faz andar errantes,
onde não há caminho.
[41] Mas levanta da opressão
o necessitado,
e faz aumentar a sua família
como um rebanho.
[42] Os retos veem isso e se alegram,
mas todos os ímpios
têm de fechar a boca.

[43] Quem é sábio atente para essas coisas
e considere as misericórdias do SENHOR.

DEUS CONCEDE VITÓRIA AO SEU POVO

Sl 57.7-11

Cântico. Salmo de Davi

108 [1] Firme está o meu
coração, ó Deus!
Cantarei e entoarei louvores
de toda a minha alma.
[2] Acordem, lira e harpa!
Quero acordar o alvorecer.

[3] Eu te darei graças entre os povos,
ó Senhor!
Cantarei louvores a ti entre as nações.
[4] Porque a tua misericórdia
se eleva acima dos céus,
e a tua fidelidade, até as nuvens.

[5] Sê exaltado, ó Deus,
acima dos céus;
e em toda a terra brilhe a tua glória.
[6] Para que os teus amados
sejam livres,
salva-nos com a tua mão direita
e responde-nos.

[7] Deus falou na sua santidade:
"Exultarei; dividirei Siquém
e medirei o vale de Sucote.
[8] Gileade é meu
e meu é também Manassés;
Efraim é o meu capacete;
Judá é o meu cetro.
[9] Moabe, porém,
é a minha bacia de lavar;
sobre Edom
atirarei a minha sandália;
sobre a Filístia jubilarei."

[10] Quem me conduzirá
à cidade fortificada?
Quem me guiará até Edom?
[11] Não nos rejeitaste, ó Deus?
Tu não sais, ó Deus,
com os nossos exércitos!
[12] Presta-nos auxílio na angústia,
pois vão é o socorro humano.
[13] Em Deus faremos proezas,
porque ele mesmo pisará
os nossos adversários.

ORAÇÃO DE UM HOMEM PERSEGUIDO

Ao mestre de canto. Salmo de Davi

109 [1] Ó Deus do meu louvor,
não te cales!
[2] Pois contra mim se abriram
lábios maldosos e fraudulentos;
com língua mentirosa
falam contra mim.
[3] Cercam-me com palavras odiosas
e me atacam sem motivo.
[4] Em paga do meu amor,
me hostilizam;
eu, porém, oro.
[5] Pagaram-me o bem com o mal;
o amor, com ódio.

[6] Suscita contra ele um ímpio,
e que à sua direita
esteja um acusador.
[7] Quando o julgarem,
que ele seja condenado;
e que a oração dele
seja tida como pecado.
[8] Sejam poucos os seus dias,
e outro tome o seu encargo.
[9] Fiquem órfãos os seus filhos,
e viúva, a sua esposa.
[10] Andem errantes os seus filhos
e mendiguem;
e sejam expulsos
das ruínas de suas casas.
[11] Que um credor se aposse de tudo
o que ele tem;
que estranhos saqueiem
o fruto do seu trabalho.
[12] Ninguém tenha
misericórdia dele,
nem haja quem se compadeça
dos seus filhos órfãos.
[13] Desapareça a sua posteridade,
e que o seu nome se extinga
na geração seguinte.
[14] Que a iniquidade
de seus pais fique viva
na memória do Senhor,
e não se apague o pecado de sua mãe.
[15] Permaneçam
ante os olhos do Senhor,
para que faça desaparecer
da terra a sua memória.

[16] Porque ele não se lembrou
de usar de misericórdia,
mas perseguiu o pobre
e o necessitado,
bem como o quebrantado de coração,
para os entregar à morte.

17 Amou a maldição: que ela o apanhe!
Não quis a bênção: que ela se afaste dele.
18 Vestiu-se de maldição
como de uma túnica:
que ela penetre, como água,
no seu interior,
e nos seus ossos, como azeite.
19 Seja para ele como a roupa que o cobre
e como o cinto com que sempre se cinge.
20 Que esta seja, da parte do SENHOR,
a recompensa dos que me acusam
e dos que falam mal de mim.

21 Mas tu, ó DEUS, meu Senhor,
age por mim, por amor do teu nome;
livra-me, porque é boa a tua misericórdia.
22 Porque sou pobre e necessitado
e, dentro de mim, sinto ferido o coração.
23 Vou passando, como a sombra
que declina;
sou atirado para longe,
como um gafanhoto.
24 De tanto jejuar,
os meus joelhos vacilam,
e o meu corpo definha de magreza.
25 Tornei-me para eles
objeto de zombaria;
quando me veem,
balançam a cabeça.

26 Socorre-me, SENHOR, meu Deus!
Salva-me segundo a tua misericórdia.
27 Para que saibam que isso vem
das tuas mãos;
que tu, SENHOR, o fizeste.
28 Amaldiçoem eles, mas tu, abençoa.
Sejam envergonhados
os que se levantam contra mim;
alegre-se, porém, o teu servo.
29 Cubram-se de vexame
os meus adversários,
e a sua própria vergonha
os envolva como um manto.

30 Muitas graças darei ao SENHOR
com os meus lábios;
eu o louvarei no meio da multidão;
31 porque ele se põe à direita do pobre,
para o livrar daqueles que o condenam.

O REINO E O SACERDÓCIO DO MESSIAS

Salmo de Davi

110 1 Disse o SENHOR
ao meu senhor:
"Sente-se à minha direita,
até que eu ponha os seus inimigos
por estrado dos seus pés."
2 O SENHOR lhe enviará de Sião
o cetro do poder, dizendo:
"Domine entre os seus inimigos."
3 O seu povo se apresentará
voluntariamente,
no dia em que você manifestar
o seu poder;
com santos ornamentos,
como o orvalho do alvorecer,
virão os seus jovens.

4 O SENHOR jurou e não voltará atrás:
"Você é sacerdote para sempre,
segundo a ordem de Melquisedeque."
5 O Senhor, à sua direita,
no dia em que se irar, esmagará os reis.
6 Ele julgará entre as nações,
enchendo-as de cadáveres;
esmagará cabeças por toda a terra.
7 No caminho, beberá água na torrente
e passará de cabeça erguida.

AS OBRAS MAGNÍFICAS DE DEUS

111 1 Aleluia!
De todo o coração
louvarei o SENHOR,
na companhia dos justos e na assembleia.

2 Grandes são as obras do SENHOR,
consideradas por todos
os que se alegram por causa delas.
3 Em suas obras há glória e majestade,
e a sua justiça permanece para sempre.
4 Ele fez memoráveis
as suas maravilhas;
bondoso e compassivo é o SENHOR.
5 Ele dá sustento aos que o temem;
sempre se lembra da sua aliança.
6 Manifestou ao seu povo
o poder das suas obras,
dando-lhe a herança das nações.

[7] As obras de suas mãos
são verdade e justiça;
fiéis são todos os seus preceitos.
[8] Estáveis são eles
para todo o sempre,
instituídos em fidelidade e retidão.
[9] Enviou ao seu povo a redenção;
estabeleceu para sempre
a sua aliança;
santo e tremendo é o seu nome.

[10] O temor do SENHOR
é o princípio da sabedoria;
revelam prudência todos
os que o praticam.
O seu louvor permanece para sempre.

A FELICIDADE DE QUEM TEME A DEUS

112 [1] Aleluia!
Bem-aventurado é aquele
que teme o SENHOR
e tem grande prazer
nos seus mandamentos.
[2] A sua descendência será poderosa na terra;
a geração dos justos
será abençoada.
[3] Na sua casa há prosperidade e riqueza,
e a sua justiça permanece para sempre.
[4] Aos justos, nasce luz nas trevas;
ele é bondoso, compassivo e justo.

[5] Feliz aquele que se compadece
e empresta;
ele defenderá a sua causa em juízo;
[6] não será jamais abalado;
será tido em memória eterna.
[7] Não se atemoriza de más notícias;
o seu coração é firme,
confiante no SENHOR.
[8] O seu coração, bem firmado, não teme,
até que veja a derrota dos seus inimigos.
[9] Distribui, dá aos pobres;
a sua justiça permanece para sempre,
e o seu poder se exaltará em glória.

[10] O ímpio vê isso e fica com raiva;
range os dentes e se consome.
O desejo dos ímpios perecerá.

LOUVOR A DEUS PELA SUA BONDADE

113 [1] Aleluia!
Louvem, ó servos do SENHOR,
louvem o nome do SENHOR.
[2] Bendito seja o nome do SENHOR,
agora e para sempre.
[3] Do nascimento do sol
até o momento em que se põe,
louvado seja o nome do SENHOR.
[4] Excelso é o SENHOR, acima de todas as nações,
e a sua glória está acima dos céus.

[5] Quem é semelhante ao SENHOR,
nosso Deus,
cujo trono está nas alturas,
[6] que se inclina para ver
o que se passa no céu e sobre a terra?
[7] Ele levanta o pobre do pó
e tira o necessitado do monte de lixo,
[8] para o fazer sentar
ao lado dos príncipes,
sim, com os príncipes do seu povo.
[9] O SENHOR faz com que
a mulher estéril viva em família
e seja alegre mãe de filhos.

Aleluia!

AS MARAVILHAS DO ÊXODO

114 [1] Quando Israel saiu do Egito,
e a casa de Jacó, do meio de
um povo de língua estranha,
[2] Judá se tornou
o santuário do Senhor,
e Israel, o seu domínio.

[3] O mar viu isso e fugiu;
o Jordão recuou.
[4] Os montes saltaram como carneiros,
e as colinas, como cordeiros do rebanho.

[5] O que lhe aconteceu, ó mar,
para que você fugisse assim?
E você, Jordão, por que recuou?
[6] Montes, por que estão saltando
como carneiros?
E vocês, colinas,
como cordeiros do rebanho?

[7] Trema, ó terra, na presença do Senhor,
na presença do Deus de Jacó!
[8] Ele transformou a rocha
em lençol de água
e o rochedo, em manancial.

LOUVOR AO VERDADEIRO DEUS

115 [1] Não a nós, SENHOR, não a nós,
mas ao teu nome dá glória,
por amor da tua misericórdia
e da tua fidelidade.

[2] Por que diriam as nações:
"Onde está o Deus deles?"
[3] O nosso Deus está no céu
e faz tudo como lhe agrada.
[4] Os ídolos das nações
são prata e ouro,
obra de mãos humanas.
[5] Têm boca e não falam;
têm olhos e não veem;
[6] têm ouvidos e não ouvem;
têm nariz e não cheiram;
[7] têm mãos e não apalpam;
têm pés e não andam;
som nenhum lhes sai da garganta.
[8] Tornem-se semelhantes a eles
os que os fazem
e todos os que neles confiam.

[9] Ó Israel, confie no SENHOR!
Ele é o seu amparo e o seu escudo.
[10] Casa de Arão, confie no SENHOR!
Ele é o seu amparo e o seu escudo.
[11] Vocês que temem o SENHOR,
confiem no SENHOR!
Ele é o seu amparo e o seu escudo.

[12] O SENHOR lembrou-se de nós;
ele nos abençoará;
abençoará a casa de Israel,
abençoará a casa de Arão.
[13] Ele abençoa os que temem o SENHOR,
tanto pequenos como grandes.

[14] O SENHOR os abençoe mais e mais,
a vocês e aos seus filhos.
[15] Que vocês sejam abençoados pelo SENHOR,
que fez os céus e a terra.
[16] Os céus são os céus do SENHOR,
mas a terra ele deu
aos filhos dos homens.
[17] Os mortos não louvam o SENHOR,
nem os que descem à região do silêncio
podem fazer isso.
[18] Nós, porém, bendiremos o SENHOR,
desde agora e para sempre.

Aleluia!

SALMO DE GRATIDÃO

116 [1] Amo o SENHOR, porque ele ouve
a minha voz e as
minhas súplicas.
[2] Porque inclinou para mim
os seus ouvidos,
eu o invocarei por toda a minha vida.
[3] Laços de morte me cercaram,
e angústias do inferno
se apoderaram de mim;
fiquei aflito e triste.
[4] Então invoquei o nome do SENHOR:
"Ó SENHOR, livra a minha alma."

[5] Compassivo e justo é o SENHOR;
o nosso Deus é misericordioso.
[6] O SENHOR vela pelos simples;
quando eu estava prostrado, ele
me salvou.
[7] Ó minha alma, volte ao seu sossego,
pois o SENHOR tem sido bom para você.

[8] Pois livraste da morte a minha alma,
das lágrimas, os meus olhos,
da queda, os meus pés.
[9] Andarei na presença do SENHOR,
na terra dos viventes.
[10] Eu cria, mesmo quando eu disse:
"Estou muito aflito."
[11] Eu disse na minha perturbação:
"Todas as pessoas são mentirosas."

[12] Que darei ao SENHOR
por todos os seus benefícios para comigo?
[13] Erguerei o cálice da salvação
e invocarei o nome do SENHOR.
[14] Cumprirei os meus votos ao SENHOR,
na presença de todo o seu povo.

É o desejo do Pai mudar a nossa perspectiva sobre o que está acontecendo ao nosso redor.

[15] Preciosa é aos olhos do SENHOR
a morte dos seus santos.
[16] SENHOR, eu sou de fato teu servo;
eu sou teu servo, filho da tua serva;
quebraste as correntes
que me prendiam.
[17] A ti oferecerei sacrifícios
de ações de graças
e invocarei o nome do SENHOR.
[18] Cumprirei os meus votos ao SENHOR,
na presença de todo o seu povo,
[19] nos átrios da Casa do SENHOR,
em seu meio, ó Jerusalém.

Aleluia!

SALMO DE LOUVOR

117

[1] Louvem o SENHOR,
todos os gentios;
que todos os povos o louvem!
[2] Porque grande é a sua misericórdia
para conosco,
e a fidelidade do SENHOR dura para sempre.

Aleluia!

A ALEGRIA DOS JUSTOS PELA SALVAÇÃO

118

[1] Deem graças ao SENHOR,
porque ele é bom,
porque a sua misericórdia
dura para sempre.
[2] Diga, pois, Israel:
"Sim, a sua misericórdia
dura para sempre."
[3] Diga, pois, a casa de Arão:
"Sim, a sua misericórdia
dura para sempre."
[4] Digam, pois, os que temem o SENHOR:
"Sim, a sua misericórdia
dura para sempre."

[5] Na angústia, invoquei o SENHOR;
e o SENHOR me ouviu e me pôs a salvo.
[6] O SENHOR está comigo; não temerei.
O que é que alguém pode me fazer?
[7] O SENHOR está comigo, para me ajudar;
por isso, verei a derrota
dos meus inimigos.
[8] Melhor é buscar refúgio
no SENHOR
do que confiar nos seres humanos.
[9] Melhor é buscar refúgio
no SENHOR
do que confiar em príncipes.

[10] Todas as nações me cercaram,
mas em nome do SENHOR as destruí.
[11] Elas me cercaram, sim,
me cercaram de todos os lados;
mas em nome do SENHOR as destruí.
[12] Como abelhas me cercaram,
porém como fogo em espinhos
foram queimados;
em nome do SENHOR as destruí.
[13] Empurraram-me violentamente
para me fazer cair,
porém o SENHOR me ajudou.
[14] O SENHOR é a minha força
e o meu cântico,
porque ele me salvou.

[15] Nas tendas dos justos
há voz de júbilo e de salvação:
"A mão do SENHOR faz proezas.
[16] A mão do SENHOR se eleva,
a mão do SENHOR faz proezas."

[17] Não morrerei; pelo contrário, viverei
e contarei as obras do SENHOR.
[18] O SENHOR me castigou severamente,
mas não me entregou à morte.

[19] Abram as portas
da justiça para mim;
entrarei por elas
e darei graças ao SENHOR.
[20] Esta é a porta do SENHOR;
por ela entrarão os justos.

[21] Graças te dou porque me escutaste
e foste a minha salvação.

[22] A pedra que os
construtores rejeitaram,
essa veio a ser a pedra angular.
[23] Isto procede do SENHOR
e é maravilhoso aos nossos olhos.

[24] Este é o dia que o SENHOR fez;
exultemos e alegremo-nos nele.
[25] Oh! Salva-nos, SENHOR, nós te pedimos;
oh! SENHOR, concede-nos
prosperidade!

[26] Bendito o que vem
em nome do SENHOR.
Da Casa do SENHOR, nós os abençoamos.
[27] O SENHOR é Deus, ele é a nossa luz;
adornem a festa com ramos
até as pontas do altar.

[28] Tu és o meu Deus,
e eu te louvarei;
tu és o meu Deus,
eu te exaltarei.

[29] Deem graças ao SENHOR,
porque ele é bom,
porque a sua misericórdia
dura para sempre.

A EXCELÊNCIA DA LEI DIVINA

Álefe

119 [1] Bem-aventurados
os irrepreensíveis
no seu caminho,
que andam na lei do SENHOR.
[2] Bem-aventurados os que guardam
os seus testemunhos
e o buscam de todo o coração;
[3] não praticam iniquidade
e andam nos seus caminhos.
[4] Tu ordenaste os teus preceitos,
para que os cumpramos à risca.
[5] Quem dera fossem firmes
os meus passos,
para que eu observe os teus decretos.
[6] Então não terei
de que me envergonhar,
quando considerar todos
os teus mandamentos.
[7] Eu te darei graças
com integridade de coração,
quando tiver aprendido
os teus retos juízos.
[8] Cumprirei os teus decretos;
não me desampares jamais.

Bete

[9] De que maneira poderá o jovem
guardar puro o seu caminho?
Observando-o segundo a tua palavra.
[10] De todo o coração te busquei;
não deixes que eu me desvie
dos teus mandamentos.
[11] Guardo a tua palavra no meu coração
para não pecar contra ti.
[12] Bendito és tu, SENHOR;
ensina-me os teus decretos.
[13] Com os lábios tenho narrado
todos os juízos da tua boca.
[14] Mais me alegro com o caminho
dos teus testemunhos
do que com todas as riquezas.
[15] Meditarei nos teus preceitos
e às tuas veredas terei respeito.
[16] Terei prazer nos teus decretos;
não me esquecerei da tua palavra.

Guímel

[17] Sê generoso com o teu servo,
para que eu viva
e observe a tua palavra.
[18] Desvenda os meus olhos,
para que eu contemple
as maravilhas da tua lei.
[19] Sou peregrino na terra;
não escondas de mim
os teus mandamentos.
[20] Consumida está a minha alma
por desejar, incessantemente,
os teus juízos.
[21] Tu repreendes os soberbos,
os malditos,
que se desviam
dos teus mandamentos.
[22] Tira de sobre mim
os insultos e o desprezo,
pois tenho guardado
os teus testemunhos.
[23] Assentaram-se príncipes
e falaram contra mim,
mas o teu servo
meditou nos teus decretos.
[24] Também os teus testemunhos
são o meu prazer,
são os meus conselheiros.

Dálete

[25] A minha alma
está apegada ao pó;
vivifica-me segundo a tua palavra.
[26] Eu te expus os meus caminhos,
e tu me respondeste;
ensina-me os teus decretos.
[27] Faze-me compreender o caminho
dos teus preceitos,
e meditarei nas tuas maravilhas.
[28] A minha alma se consome de tristeza;
fortalece-me segundo a tua palavra.
[29] Afasta de mim o caminho da falsidade
e favorece-me com a tua lei.
[30] Escolhi o caminho da fidelidade
e decidi seguir os teus juízos.
[31] Aos teus testemunhos me apego;
não permitas, Senhor,
que eu seja envergonhado.
[32] Percorrerei o caminho
dos teus mandamentos,
quando me deres
mais entendimento.

Hê

[33] Ensina-me, Senhor,
o caminho dos teus decretos,
e os seguirei até o fim.
[34] Dá-me entendimento,
e guardarei a tua lei;
de todo o coração a cumprirei.
[35] Guia-me pela vereda
dos teus mandamentos,
pois nela encontro felicidade.
[36] Inclina o meu coração
aos teus testemunhos
e não à cobiça.
[37] Desvia os meus olhos,
para que não vejam a vaidade,
e vivifica-me no teu caminho.
[38] Confirma ao teu servo
a tua promessa
feita aos que te temem.
[39] Afasta de mim a afronta,
que me causa medo,
porque os teus juízos são bons.
[40] Eis que tenho suspirado
pelos teus preceitos;
vivifica-me por tua justiça.

Vau

[41] Venham também sobre mim
as tuas misericórdias, Senhor,
e a tua salvação,
segundo a tua promessa.
[42] Então saberei responder
aos que me insultam,
pois confio na tua palavra.
[43] Não tires jamais de minha boca
a palavra da verdade,
pois tenho esperado nos teus juízos.
[44] Assim, observarei
continuamente a tua lei,
para todo o sempre.
[45] Andarei em liberdade,
pois tenho buscado os teus preceitos.
[46] Também falarei
dos teus testemunhos
na presença dos reis
e não me envergonharei.
[47] Terei prazer
nos teus mandamentos,
os quais eu amo.
[48] Para os teus mandamentos,
que amo, levantarei as mãos
e meditarei nos teus decretos.

Zaine

[49] Lembra-te da promessa
que fizeste ao teu servo,
na qual me tens feito esperar.
[50] O que me consola
na minha angústia é isto:
que a tua palavra me vivifica.
[51] Os soberbos zombam
continuamente de mim,
mas eu não me afasto da tua lei.
[52] Lembro-me dos teus juízos
de outrora
e me consolo, ó Senhor.
[53] De mim se apoderou
a indignação,
por causa dos pecadores
que abandonaram a tua lei.
[54] Os teus decretos são motivo
dos meus cânticos,
na casa da minha peregrinação.
[55] Lembro-me, Senhor,
do teu nome, durante a noite,

e observo a tua lei.
56 Isto é assim comigo,
porque guardo os teus preceitos.

Hete

57 O SENHOR é a minha porção;
eu disse que guardaria
as tuas palavras.
58 De todo o coração, imploro a tua graça;
compadece-te de mim,
segundo a tua palavra.
59 Penso nos meus caminhos
e volto os meus passos
para os teus testemunhos.
60 Apresso-me, não me demoro
a praticar os teus mandamentos.
61 Laços de perversos me cercam,
mas não me esqueço da tua lei.
62 No meio da noite eu me levanto
para te dar graças,
por causa dos teus retos juízos.
63 Companheiro sou
de todos os que te temem
e dos que guardam os teus preceitos.
64 A terra, SENHOR, está cheia
da tua bondade;
ensina-me os teus decretos.

Tete

65 Tens sido bom para o teu servo,
SENHOR, segundo a tua palavra.
66 Ensina-me bom juízo
e conhecimento,
pois creio nos teus mandamentos.
67 Antes de ser afligido,
eu andava errado,
mas agora guardo a tua palavra.
68 Tu és bom e fazes o bem;
ensina-me os teus decretos.
69 Os soberbos têm forjado
mentiras contra mim,
mas eu guardo de todo o coração
os teus preceitos.
70 O coração deles se tornou insensível,
como se fosse de sebo;
mas eu me alegro na tua lei.
71 Foi bom que eu tivesse
passado pela aflição,
para que aprendesse os teus decretos.
72 Para mim vale mais a lei
que procede da tua boca
do que milhares de peças de ouro
ou de prata.

Iode

73 As tuas mãos me fizeram
e me formaram;
dá-me entendimento
para que eu aprenda
os teus mandamentos.
74 Aqueles que te temem
se alegram quando me veem,
porque na tua palavra tenho esperado.
75 Bem sei, ó SENHOR,
que os teus juízos são justos
e que com fidelidade me afligiste.
76 Que a tua bondade
me sirva de consolo,
segundo a palavra
que deste ao teu servo.
77 Venham sobre mim
as tuas misericórdias,
para que eu viva;
pois na tua lei está o meu prazer.
78 Envergonhados sejam
os soberbos por me haverem
oprimido injustamente;
eu, porém, meditarei nos teus preceitos.
79 Voltem-se para mim
os que te temem
e os que conhecem os teus testemunhos.
80 Seja o meu coração
irrepreensível nos teus decretos,
para que eu não seja envergonhado.

Cafe

81 A minha alma desfalece,
aguardando a tua salvação;
porém espero na tua palavra.
82 Os meus olhos esmorecem
de tanto esperar
por tua promessa,
e pergunto:
"Quando me consolarás?"
83 Já me assemelho
a um odre na fumaça,
mas não me esqueço
dos teus decretos.

[84] Quantos vêm a ser
os dias do teu servo?
Quando me farás justiça
contra os que me perseguem?
[85] Para mim abriram covas os soberbos,
que não andam conforme a tua lei.
[86] Todos os teus mandamentos
são verdadeiros.
Ajuda-me, pois sou perseguido
injustamente.
[87] Quase acabaram comigo, na terra;
mas eu não deixo os teus preceitos.
[88] Vivifica-me, segundo a
tua misericórdia,
e guardarei os testemunhos
que procedem de tua boca.

Lâmede

[89] Para sempre, ó SENHOR,
a tua palavra está firmada no céu.
[90] A tua fidelidade se estende
de geração em geração;
fundaste a terra, e ela permanece.
[91] Conforme os teus juízos,
assim tudo se mantém até hoje;
porque todas as coisas
estão ao teu dispor.
[92] Se a tua lei não tivesse sido
o meu prazer,
há muito eu teria perecido
na minha angústia.
[93] Nunca me esquecerei
dos teus preceitos,
pois é por meio deles que me tens dado vida.
[94] Sou teu; salva-me,
pois eu busco os teus preceitos.
[95] Os ímpios me espreitam para me destruir,
mas eu considero os teus testemunhos.
[96] Tenho visto que toda perfeição
tem o seu limite;
mas o teu mandamento é ilimitado.

Mem

[97] Quanto amo a tua lei!
É a minha meditação todo o dia!
[98] O teu mandamento
me torna mais sábio
do que os meus inimigos,
porque eu o tenho sempre comigo.
[99] Compreendo mais do que
todos os meus mestres,
porque medito nos teus testemunhos.
[100] Sou mais entendido
do que os idosos,
porque guardo os teus preceitos.
[101] De todo mau caminho
desvio os meus pés,
para observar a tua palavra.
[102] Não me afasto dos teus juízos,
pois tu me ensinas.
[103] Quão doces são as tuas palavras
ao meu paladar!
Mais que o mel à minha boca.
[104] Por meio dos teus preceitos,
consigo entendimento;
por isso, detesto
todo caminho de falsidade.

Num

[105] Lâmpada para os meus pés
é a tua palavra;
ela é luz para os meus caminhos.
[106] Jurei e confirmei o juramento
de guardar os teus retos juízos.
[107] Estou aflitíssimo;
vivifica-me, SENHOR,
segundo a tua palavra.
[108] Aceita, SENHOR, a espontânea
oferenda dos meus lábios
e ensina-me os teus juízos.
[109] A minha vida está sempre em perigo;
no entanto, não me esqueço
da tua lei.
[110] Os ímpios armam ciladas contra mim,
mas eu não me desvio
dos teus preceitos.
[111] Os teus testemunhos,
recebi-os por legado perpétuo,
porque são a alegria do meu coração.
[112] Inclino o coração a guardar
os teus decretos,
para sempre, até o fim.

Sâmeque

[113] Detesto a falsidade,
porém amo a tua lei.
[114] Tu és o meu refúgio e o meu escudo;
na tua palavra eu espero.

115 Afastem-se de mim, malfeitores;
quero guardar os mandamentos
do meu Deus.
116 Ampara-me, segundo a tua promessa,
para que eu viva;
não permitas que eu seja envergonhado
na minha esperança.
117 Sustenta-me, e serei salvo
e sempre atentarei
para os teus decretos.
118 Desprezas os que se desviam
dos teus decretos,
porque a astúcia deles é vã.
119 Rejeitas, como escória,
todos os ímpios da terra;
por isso, amo os teus testemunhos.
120 Meu corpo treme de medo de ti,
e temo os teus juízos.

Aim

121 Tenho praticado juízo e justiça;
não me entregues
aos meus opressores.
122 Sê fiador do teu servo para o bem;
não permitas que os soberbos
me oprimam.
123 Os meus olhos desfalecem
à espera da tua salvação
e da promessa da tua justiça.
124 Trata o teu servo
segundo a tua misericórdia
e ensina-me os teus decretos.
125 Sou teu servo; dá-me entendimento,
para que eu conheça
os teus testemunhos.
126 Já é tempo de entrar
em ação, ó SENHOR,
pois a tua lei está sendo violada.
127 Amo os teus mandamentos
mais do que o ouro,
mais do que o ouro refinado.
128 Por isso, considero, em tudo,
retos todos os teus preceitos
e detesto todo caminho de falsidade.

Pê

129 Maravilhosos são
os teus testemunhos;
por isso, a minha alma os observa.
130 A revelação das tuas palavras traz luz
e dá entendimento aos simples.
131 Abro a boca e suspiro,
porque desejo
os teus mandamentos.
132 Volta-te para mim e tem compaixão,
como costumas fazer
aos que amam o teu nome.
133 Firma os meus passos
na tua palavra,
e não permitas que
nenhuma iniquidade me domine.
134 Livra-me da opressão
dos homens,
e guardarei os teus preceitos.
135 Faze resplandecer o teu rosto
sobre o teu servo
e ensina-me os teus decretos.
136 Meus olhos vertem
rios de lágrimas,
porque os outros não guardam a tua lei.

Tsadê

137 Justo és tu, SENHOR,
e retos são os teus juízos.
138 Os teus testemunhos,
tu os ordenaste com retidão
e com absoluta fidelidade.
139 O meu zelo me consome,
porque os meus adversários
se esquecem da tua palavra.
140 Puríssima é a tua palavra;
por isso, o teu servo a estima.
141 Sou pequeno e desprezado,
mas não me esqueço dos teus preceitos.
142 A tua justiça é justiça eterna,
e a tua lei é a própria verdade.
143 Sobre mim vieram
tribulação e angústia,
mas os teus mandamentos
são o meu prazer.
144 Eterna é a justiça
dos teus testemunhos;
dá-me entendimento, e viverei.

Cofe

145 De todo o coração eu te invoco;
ouve-me, SENHOR;
observo os teus decretos.

[146] Clamo a ti; salva-me,
e guardarei os teus testemunhos.
[147] Levanto-me antes do amanhecer
e clamo;
na tua palavra, espero confiante.
[148] Fico acordado nas vigílias da noite,
para meditar na tua palavra.
[149] Ouve, Senhor, a minha voz,
segundo a tua bondade;
vivifica-me, segundo os teus juízos.
[150] Aproximam-se de mim os que
seguem a maldade;
eles se afastam da tua lei.
[151] Tu estás perto, Senhor,
e todos os teus mandamentos
são verdade.
[152] Quanto aos teus testemunhos,
há muito sei que os estabeleceste
para sempre.

Rexe

[153] Olha para a minha aflição e livra-me,
pois não me esqueço da tua lei.
[154] Defende a minha causa e liberta-me;
vivifica-me, segundo a tua promessa.
[155] A salvação está longe dos ímpios,
pois não procuram os teus decretos.
[156] Muitas, Senhor,
são as tuas misericórdias;
vivifica-me, segundo os teus juízos.
[157] São muitos os meus perseguidores
e os meus adversários,
mas eu não me desvio
dos teus testemunhos.
[158] Vi os infiéis e senti desgosto,
porque não guardam a tua palavra.
[159] Vê como amo os teus preceitos;
vivifica-me, Senhor,
segundo a tua bondade.
[160] As tuas palavras são em tudo
verdade desde o princípio,
e cada um dos teus justos juízos
dura para sempre.

Chim

[161] Poderosos me perseguem
sem motivo,
mas o que o meu coração teme
é a tua palavra.
[162] Alegro-me nas tuas promessas,
como quem acha grandes despojos.
[163] Odeio e detesto a mentira,
mas amo a tua lei.
[164] Sete vezes por dia, eu te louvo
pela justiça dos teus juízos.
[165] Grande paz têm
os que amam a tua lei;
para eles não há nada
que os faça tropeçar.
[166] Espero, Senhor, na tua salvação
e cumpro os teus mandamentos.
[167] A minha alma tem observado
os teus testemunhos;
eu os amo profundamente.
[168] Tenho observado os teus preceitos
e os teus testemunhos,
pois na tua presença estão
todos os meus caminhos.

Tau

[169] Chegue a ti, Senhor, a minha súplica;
dá-me entendimento,
segundo a tua palavra.
[170] Chegue a minha petição à
tua presença;
livra-me segundo a tua palavra.
[171] Que os meus lábios te louvem,
pois me ensinas os teus decretos.
[172] Que a minha língua celebre a tua lei,
pois todos os teus mandamentos
são justos.
[173] Que a tua mão venha me socorrer,
pois escolhi os teus preceitos.
[174] Anseio pela tua salvação, Senhor;
a tua lei é o meu prazer.
[175] Que eu possa viver para te louvar;
e que os teus juízos me ajudem.
[176] Ando errante como ovelha perdida;
procura o teu servo, pois não me esqueço
dos teus mandamentos.

CONTRA AS MÁS LÍNGUAS

Cântico de peregrinação

120 [1] Na minha angústia,
clamo ao Senhor,
e ele me ouve.
[2] Senhor, livra-me dos lábios mentirosos,
da língua enganadora.

³ O que lhe será dado ou o que lhe
será acrescentado,
ó língua enganadora?
⁴ Flechas afiadas de guerreiro
e brasas vivas de zimbro.

⁵ Ai de mim, que peregrino em Meseque
e habito nas tendas de Quedar.
⁶ Já há tempo demais que habito
com aqueles que odeiam a paz.
⁷ Sou pela paz; quando, porém, eu falo,
eles teimam pela guerra.

DEUS, O NOSSO PROTETOR

Cântico de peregrinação

121 ¹ Elevo os meus olhos
para os montes:
de onde me virá o socorro?
² O meu socorro vem do SENHOR,
que fez o céu e a terra.

³ Ele não permitirá
que os seus pés vacilem;
não dormitará aquele que guarda você.
⁴ É certo que não dormita, nem dorme
o guarda de Israel.

⁵ O SENHOR é quem guarda você;
o SENHOR é a sombra à sua direita.
⁶ De dia não lhe fará mal o sol,
nem de noite, a lua.
⁷ O SENHOR guardará você
de todo mal;
guardará a sua alma.
⁸ O SENHOR guardará a sua saída
e a sua entrada,
desde agora e para sempre.

ORAÇÃO PELA PAZ DE JERUSALÉM

Cântico de peregrinação. De Davi

122 ¹ Alegrei-me quando
me disseram:
"Vamos à Casa do SENHOR."
² Pararam os nossos pés
junto às suas portas, ó Jerusalém!

³ Jerusalém,
você que está construída
como uma cidade bem sólida,
⁴ para onde sobem as tribos,
as tribos do SENHOR,
como convém a Israel,
para renderem graças ao nome
do SENHOR.
⁵ Lá estão os tronos de justiça,
os tronos da casa de Davi.

⁶ Orem pela paz de Jerusalém!
"Que sejam prósperos
aqueles que a amam.
⁷ Reine paz em seu meio
e prosperidade nos seus palácios."
⁸ Por amor dos meus irmãos
e amigos,
eu peço: "Haja paz em você!"
⁹ Por amor da Casa do SENHOR,
nosso Deus,
buscarei o seu bem.

ORAÇÃO POR COMPAIXÃO

Cântico de peregrinação

123 ¹ A ti, que habitas nos céus,
elevo os olhos!
² Como os olhos dos servos
estão atentos
às mãos dos seus senhores,
e os olhos da serva,
à mão de sua senhora,
assim os nossos olhos
estão atentos
ao SENHOR,
nosso Deus,
até que tenha compaixão de nós.

³ Tem compaixão de nós, SENHOR,
tem compaixão,
pois estamos saturados
de tanto desprezo.
⁴ A nossa alma está saturada
da zombaria dos arrogantes
e do desprezo dos soberbos.

DEUS, NOSSO PROTETOR E LIBERTADOR

Cântico de peregrinação. De Davi

124 ¹ Não fosse o SENHOR,
que esteve ao nosso lado —
Israel que o diga —;

[2] não fosse o SENHOR,
que esteve ao nosso lado,
quando os nossos inimigos
se levantaram contra nós,
[3] eles nos teriam engolido vivos,
quando a sua ira se acendeu contra nós.
[4] As águas nos teriam submergido,
e a torrente teria passado
por cima de nós;
[5] águas impetuosas teriam passado
por cima de nós.

[6] Bendito seja o SENHOR,
que não nos deu por presa
aos dentes deles.
[7] A nossa alma foi salva,
como um pássaro
do laço dos passarinheiros;
rompeu-se o laço,
e nós nos vimos livres.
[8] O nosso socorro está
no nome do SENHOR,
que fez o céu e a terra.

FÉ INABALÁVEL

Cântico de peregrinação

125 [1] Os que confiam no SENHOR
são como o monte Sião,
que não se abala,
mas continua firme para sempre.
[2] Como em volta de Jerusalém
estão os montes,
assim o SENHOR está
ao redor do seu povo,
desde agora e para sempre.

[3] O cetro dos ímpios não permanecerá
na terra dos justos,
para que os justos não comecem
a praticar a iniquidade.

[4] Faze o bem, SENHOR,
aos bons e aos retos de coração.
[5] Quanto aos que se desviam
para caminhos tortuosos,
o SENHOR os levará
juntamente com os malfeitores.

Paz sobre Israel!

CONSOLO PARA OS QUE CHORAM

Cântico de peregrinação

126 [1] Quando o SENHOR restaurou
a sorte de Sião,
ficamos como quem sonha.
[2] Então a nossa boca
se encheu de riso,
e a nossa língua, de júbilo.
Então entre as nações se dizia:
"Grandes coisas
o SENHOR tem feito por eles."
[3] De fato, grandes coisas
o SENHOR fez por nós;
por isso, estamos alegres.

[4] Restaura, SENHOR, a nossa sorte,
como as torrentes no Neguebe.
[5] Os que com lágrimas semeiam
com júbilo ceifarão.
[6] Quem sai andando e chorando,
enquanto semeia,
voltará com júbilo, trazendo os
seus feixes.

TODO BEM PROCEDE DE DEUS

Cântico de peregrinação. De Salomão

127 [1] Se o SENHOR não edificar a casa,
em vão trabalham os que
a edificam.
Se o SENHOR não guardar a cidade,
em vão vigia a sentinela.
[2] Será inútil levantar de madrugada,
dormir tarde,
comer o pão que conseguiram
com tanto esforço;
aos seus amados ele o dá
enquanto dormem.

[3] Herança do SENHOR
são os filhos;
o fruto do ventre, seu galardão.
[4] Como flechas na mão do guerreiro,
assim são os filhos
da sua mocidade.
[5] Feliz o homem que enche deles
a sua aljava;
não será envergonhado,
quando enfrentar
os seus inimigos no tribunal.

TEMOR DE DEUS E FELICIDADE NO LAR

Cântico de peregrinação

128 [1] Bem-aventurado
aquele que teme o SENHOR
e anda nos seus caminhos!
[2] Você comerá do fruto do seu trabalho,
será feliz,
e tudo irá bem com você.
[3] Sua esposa, no interior de sua casa,
será como a videira frutífera;
seus filhos serão
como rebentos da oliveira
ao redor da sua mesa.
[4] Eis como será abençoado
o homem que teme o SENHOR!

[5] Que o SENHOR o abençoe
desde Sião,
para que você veja
a prosperidade de Jerusalém
durante os dias de sua vida,
[6] e veja os filhos dos seus filhos.

Paz sobre Israel!

PERSEGUIDO, MAS NÃO DERROTADO

Cântico de peregrinação

129 [1] Muitas vezes me angustiaram
desde a minha mocidade —
Israel que o diga —;
[2] muitas vezes me angustiaram
desde a minha mocidade,
mas não prevaleceram contra mim.
[3] Os lavradores passaram o arado
nas minhas costas
e abriram longos sulcos.
[4] Mas o SENHOR é justo;
cortou as cordas dos ímpios.

[5] Sejam envergonhados
e repelidos
todos os que odeiam Sião!
[6] Sejam como a erva dos telhados,
que seca antes de florescer,
[7] que não enche a mão do ceifeiro,
nem os braços daquele
que ata os feixes!
[8] E também os que passam
não digam:
"A bênção do SENHOR seja com vocês!
Nós os abençoamos em nome do
SENHOR!"

DAS PROFUNDEZAS CLAMO A TI

Cântico de peregrinação

130 [1] Das profundezas
clamo a ti, SENHOR.
[2] Escuta, Senhor, a minha voz;
estejam alertas os teus ouvidos
às minhas súplicas.
[3] Se tu, SENHOR, observares iniquidades,
quem, Senhor, poderá escapar?
[4] Mas contigo está o perdão,
para que sejas temido.

[5] Aguardo o SENHOR,
a minha alma o aguarda;
eu espero na sua palavra.
[6] A minha alma anseia pelo Senhor
mais do que os guardas anseiam
pelo romper da manhã.

Mais do que os guardas
pelo romper da manhã,
[7] espere Israel no SENHOR,
pois no SENHOR há misericórdia;
nele, temos ampla redenção.
[8] É ele quem redime Israel
de todas as suas iniquidades.

HUMILDADE E CONFIANÇA EM DEUS

Cântico de peregrinação. De Davi

131 [1] SENHOR, não é orgulhoso
o meu coração,
nem arrogante o meu olhar.
Não ando à procura de coisas grandes,
nem de coisas maravilhosas
demais para mim.
[2] Pelo contrário, fiz calar
e sossegar a minha alma.
Como a criança desmamada
se aquieta nos braços de sua mãe,
assim é a minha alma dentro de mim.
[3] Espere, ó Israel, no SENHOR,
desde agora e para sempre.

Você tem a função de transmitir a boa semente ao coração das pessoas que Deus pôs sob os seus cuidados.

UMA PROMESSA ANTIGA

Cântico de peregrinação

132 [1] Lembra-te, SENHOR, de Davi
e de todas as suas provações.
[2] Lembra-te de como ele jurou
ao SENHOR
e fez votos ao Poderoso de Jacó, dizendo:
[3] "Não entrarei na tenda
em que moro,
nem me deitarei no leito em
que repouso;
[4] não darei sono aos meus olhos,
nem repouso às minhas pálpebras,
[5] enquanto eu não encontrar
um lugar para o SENHOR,
uma morada
para o Poderoso de Jacó."
[6] Ouvimos dizer que a arca estava em
Efrata
e a encontramos no campo de Jaar.
[7] Entremos na sua morada,
adoremos diante do estrado de seus pés.

[8] Levanta-te, SENHOR, e entra no lugar do
teu repouso,
tu e a arca do teu poder.
[9] Vistam-se de justiça os teus sacerdotes,
e exultem os teus fiéis.

[10] Por amor de Davi, teu servo,
não rejeites o teu ungido.
[11] O SENHOR jurou a Davi com firme
juramento
e dele não se desviará:
"Farei com que no seu trono
se assente um dos seus descendentes.
[12] Se os filhos de você guardarem
a minha aliança
e o testemunho que eu lhes ensinar,
também os filhos deles
se assentarão
para sempre no seu trono."

[13] Pois o SENHOR escolheu Sião,
preferiu-a por sua morada,
dizendo:
[14] "Este é para sempre o lugar do
meu repouso;
aqui habitarei, pois este é o meu desejo.
[15] Abençoarei com abundância
o seu mantimento
e de pão fartarei os seus pobres.
[16] Vestirei de salvação os
seus sacerdotes,
e de júbilo exultarão os seus fiéis.
[17] Ali, farei brotar o poder de Davi;
preparei uma lâmpada para o
meu ungido.
[18] Cobrirei de vexame os seus inimigos,
mas sobre ele brilhará a sua coroa."

A EXCELÊNCIA DA UNIÃO FRATERNAL

Cântico de peregrinação. De Davi

133 [1] Oh! Como é bom e agradável
viverem unidos os irmãos!
[2] É como o óleo precioso sobre a cabeça,
o qual desce pela barba,
a barba de Arão,
e desce para a gola de suas vestes.
[3] É como o orvalho do Hermom,
que desce sobre os montes de Sião.
Ali o SENHOR ordena a sua bênção
e a vida para sempre.

CONVITE AO LOUVOR A DEUS

Cântico de peregrinação

134 [1] Bendigam o SENHOR, todos vocês,
servos do SENHOR,
que se encontram
na Casa do SENHOR
nas horas da noite.
[2] Levantem as mãos para o santuário
e bendigam o SENHOR.
[3] Que, de Sião, o SENHOR,
que fez o céu e a terra, abençoe você!

LOUVORES A DEUS

135 [1] Aleluia!
Louvem o nome do SENHOR!
Louvem-no vocês,
servos do SENHOR,
[2] que estão na Casa do SENHOR,
nos átrios da casa do nosso Deus.
[3] Louvem o SENHOR,
porque o SENHOR é bom;
cantem louvores ao seu nome,
porque é agradável.

⁴ Pois o SENHOR escolheu Jacó para ser dele,
e Israel, para ser o seu tesouro especial.

⁵ De fato, eu sei
que o SENHOR é grande
e que o nosso Deus está acima
de todos os deuses.
⁶ Tudo o que agrada ao SENHOR,
ele o faz,
nos céus e na terra,
no mar e em todos os abismos.
⁷ Faz subir as nuvens dos confins
da terra,
faz os relâmpagos para a chuva,
faz sair o vento
dos seus reservatórios.

⁸ Foi ele quem matou
os primogênitos no Egito,
tanto das pessoas
como dos animais.
⁹ Foi ele quem fez sinais
e maravilhas
em seu meio, ó Egito,
contra Faraó
e todos os seus servos.
¹⁰ Ele destruiu muitas nações
e matou reis poderosos:
¹¹ Seom, rei dos amorreus,
Ogue, rei de Basã,
e todos os reinos de Canaã.
¹² E a terra deles deu em herança,
em herança a Israel, seu povo.

¹³ O teu nome, SENHOR,
permanece para sempre;
a tua memória, SENHOR, passará
de geração em geração.
¹⁴ Pois o SENHOR julga o seu povo
e se compadece dos seus servos.

¹⁵ Os ídolos das nações
são prata e ouro,
obra de mãos humanas.
¹⁶ Têm boca e não falam;
têm olhos e não veem;
¹⁷ têm ouvidos e não ouvem;
pois não há alento de vida
em sua boca.

¹⁸ Tornam-se semelhantes a eles
os que os fazem,
e todos os que neles confiam.

¹⁹ Casa de Israel,
bendigam o SENHOR!
Casa de Arão, bendigam o SENHOR!
²⁰ Casa de Levi, bendigam o SENHOR!
Vocês que temem o SENHOR,
bendigam o SENHOR!
²¹ Desde Sião bendito seja o SENHOR,
que habita em Jerusalém!
Aleluia!

A MISERICÓRDIA DE DEUS

136 ¹ Deem graças ao SENHOR,
porque ele é bom,
porque a sua misericórdia
dura para sempre.
² Deem graças ao Deus dos deuses,
porque a sua misericórdia
dura para sempre.
³ Deem graças ao Senhor dos senhores,
porque a sua misericórdia
dura para sempre.

⁴ Ao único que opera
grandes maravilhas,
porque a sua misericórdia
dura para sempre.
⁵ Àquele que com entendimento
fez os céus,
porque a sua misericórdia
dura para sempre.
⁶ Àquele que estendeu
a terra sobre as águas,
porque a sua misericórdia
dura para sempre.
⁷ Àquele que fez
os grandes luzeiros,
porque a sua misericórdia
dura para sempre.
⁸ Fez o sol para presidir o dia,
porque a sua misericórdia
dura para sempre.
⁹ Fez a lua e as estrelas
para presidirem a noite,
porque a sua misericórdia
dura para sempre.

[10] Àquele que matou os primogênitos
do Egito,
porque a sua misericórdia
dura para sempre.
[11] E tirou Israel do meio deles,
porque a sua misericórdia dura
para sempre.
[12] Ele os tirou com mão poderosa
e braço estendido,
porque a sua misericórdia
dura para sempre.
[13] Àquele que dividiu
o mar Vermelho em duas partes,
porque a sua misericórdia
dura para sempre.
[14] E fez Israel passar pelo meio dele,
porque a sua misericórdia dura para sempre.
[15] Mas lançou Faraó e o seu exército
no mar Vermelho,
porque a sua misericórdia
dura para sempre.

[16] Àquele que conduziu
o seu povo pelo deserto,
porque a sua misericórdia
dura para sempre.
[17] Àquele que matou reis poderosos,
porque a sua misericórdia
dura para sempre.
[18] E tirou a vida de reis famosos,
porque a sua misericórdia
dura para sempre.
[19] Matou Seom, rei dos amorreus,
porque a sua misericórdia
dura para sempre.
[20] E matou Ogue, rei de Basã,
porque a sua misericórdia
dura para sempre.
[21] E deu a terra deles em herança,
porque a sua misericórdia
dura para sempre.
[22] Em herança a Israel, seu servo,
porque a sua misericórdia
dura para sempre.

[23] Àquele que se lembrou de nós
em nosso abatimento,
porque a sua misericórdia
dura para sempre.
[24] E nos libertou dos nossos inimigos,
porque a sua misericórdia
dura para sempre.
[25] Ele dá alimento a todos os seres vivos,
porque a sua misericórdia
dura para sempre.

[26] Deem louvores ao Deus dos céus,
porque a sua misericórdia
dura para sempre.

SAUDADES DE SIÃO

137 [1] Às margens dos rios
da Babilônia,
nós nos assentávamos e chorávamos,
lembrando-nos de Sião.
[2] Nos salgueiros que lá havia,
pendurávamos as nossas harpas,
[3] pois aqueles que nos levaram cativos
nos pediam canções,
e os nossos opressores queriam
que fôssemos alegres, dizendo:
"Cantem para nós um dos cânticos de Sião."

[4] Mas como poderíamos entoar
um cântico ao SENHOR
em terra estranha?
[5] Se eu me esquecer de você, ó Jerusalém,
que a minha mão direita
se resseque.
[6] Que a minha língua fique colada
ao céu da boca,
se eu não me lembrar de você,
se eu não preferir Jerusalém
à minha maior alegria.

[7] Contra os filhos de Edom,
lembra-te, SENHOR,
do dia em que Jerusalém foi tomada,
pois diziam: "Arrasem!
Arrasem Jerusalém
até os seus alicerces!"

[8] Filha da Babilônia,
você que será destruída,
feliz aquele que lhe retribuir
o mal que você nos fez.
[9] Feliz aquele que pegar os seus filhos
e esmagá-los contra a pedra.

GRATIDÃO A DEUS POR SUA FIDELIDADE

Salmo de Davi

138 1 Eu te darei graças, SENHOR,
de todo o meu coração;
na presença dos poderosos
te cantarei louvores.
2 Voltado para o teu santo templo,
eu me prostrarei
e louvarei o teu nome,
por causa da tua misericórdia
e da tua verdade,
pois engrandeceste acima de tudo
o teu nome e a tua palavra.
3 No dia em que eu clamei, tu me respondeste
e alentaste a força de minha alma.

4 Todos os reis da terra
te louvarão, SENHOR,
quando ouvirem as palavras da tua boca,
5 e cantarão
os caminhos do SENHOR,
pois grande é a glória do SENHOR.
6 O SENHOR é excelso, contudo,
atenta para os humildes;
os soberbos, ele os conhece de longe.

7 Se ando em meio à angústia,
tu me refazes a vida;
estendes a mão contra a ira
dos meus inimigos;
a tua mão direita me salva.
8 O que diz respeito a mim
o SENHOR levará a bom termo;
a tua misericórdia, ó SENHOR,
dura para sempre;
não desampares as obras das tuas mãos.

DEUS ONISCIENTE E ONIPOTENTE

Ao mestre de canto. Salmo de Davi

139 1 SENHOR, tu me sondas
e me conheces.
2 Sabes quando me sento
e quando me levanto;
de longe conheces os
meus pensamentos.
3 Observas o meu andar e o meu deitar
e conheces
todos os meus caminhos.
4 A palavra ainda nem chegou
à minha língua,
e tu, SENHOR, já a conheces toda.
5 Tu me cercas por todos os lados
e pões a tua mão sobre mim.
6 Tal conhecimento é maravilhoso
demais para mim:
é tão elevado, que não o posso atingir.

7 Para onde me ausentarei
do teu Espírito?
Para onde fugirei da tua face?
8 Se subo aos céus, lá estás;
se faço a minha cama
no mais profundo abismo,
lá estás também;
9 se tomo as asas da alvorada
e me detenho nos confins dos mares,
10 ainda ali a tua mão me guiará,
e a tua mão direita me susterá.
11 Se eu digo: "As trevas,
com certeza, me encobrirão,
e a luz ao redor de mim
se fará noite",
12 até as próprias trevas
não te serão escuras,
e a noite é tão clara como o dia.
Para ti, as trevas e a luz
são a mesma coisa.

13 Pois tu formaste o meu interior,
tu me teceste
no ventre de minha mãe.
14 Graças te dou, visto que de modo
assombrosamente maravilhoso
me formaste;
as tuas obras são admiráveis,
e a minha alma o sabe muito bem.
15 Os meus ossos não te
foram encobertos,
quando no oculto
fui formado e entretecido
como nas profundezas da terra.
16 Os teus olhos viram
a minha substância ainda informe,
e no teu livro foram escritos
todos os meus dias,
cada um deles escrito e determinado,
quando nem um deles ainda existia.

[17] Que preciosos para mim, ó Deus,
são os teus pensamentos!
E como é grande a soma deles!
[18] Se os contasse, seriam mais
do que os grãos de areia;
quando acordo, ainda estou contigo.

[19] Como eu gostaria, ó Deus,
que acabasses com os perversos;
afastem-se, pois, de mim,
homens violentos.
[20] Eles se rebelam contra ti
e como teus inimigos falam coisas ruins.
[21] Acaso não odeio
os que te odeiam, SENHOR?
E não desprezo
os que se levantam contra ti?
[22] Eu os detesto com ódio completo;
para mim são inimigos de fato.

[23] Sonda-me, ó Deus,
e conhece o meu coração,
prova-me e conhece
os meus pensamentos;
[24] vê se há em mim
algum caminho mau
e guia-me pelo caminho eterno.

ORAÇÃO POR PROTEÇÃO

Ao mestre de canto. Salmo de Davi

140 [1] SENHOR, livra-me dos maus;
protege-me dos
homens violentos,
[2] que planejam o mal
em seu coração
e vivem provocando conflitos.
[3] Aguçam a língua como a serpente;
sob os lábios
têm veneno de víbora.
[4] Guarda-me, SENHOR,
das mãos dos ímpios,
protege-me dos homens violentos,
que se empenham
por me desviar os passos.
[5] Os soberbos ocultaram
armadilhas e cordas contra mim,
estenderam uma rede
à beira do caminho;
armaram ciladas contra mim.

[6] Digo ao SENHOR: "Tu és o meu Deus."
Escuta, SENHOR, a voz das
minhas súplicas.
[7] Ó DEUS, meu Senhor, força da
minha salvação,
tu me protegeste a cabeça
no dia da batalha.
[8] Não concedas, SENHOR,
aos ímpios os seus desejos;
não permitas que sejam bem-sucedidos
os seus maus propósitos.
[9] Se exaltam a cabeça os que me cercam,
que a maldade dos seus lábios
caia sobre eles.
[10] Caiam sobre eles brasas vivas,
sejam atirados ao fogo,
lançados em abismos para que
não mais se levantem.
[11] O caluniador
não se estabelecerá na terra;
ao homem violento,
o mal o perseguirá com golpe sobre golpe.

[12] Sei que o SENHOR defenderá
a causa do oprimido
e o direito do necessitado.
[13] Assim, os justos renderão graças
ao teu nome;
os retos habitarão na tua presença.

ORAÇÃO VESPERTINA

Salmo de Davi

141 [1] SENHOR, eu clamo a ti;
apressa-te em me socorrer!
Inclina os ouvidos à minha voz,
quando te invoco.
[2] Suba à tua presença
a minha oração como incenso,
e seja o erguer de minhas mãos
como oferenda vespertina.

[3] Põe guarda à minha boca, SENHOR;
vigia a porta dos meus lábios.
[4] Não permitas que o meu coração
se incline para o mal,
para a prática da perversidade
na companhia de malfeitores;
e que eu não coma
das suas iguarias.

5 Fira-me o justo,
e isso será um favor;
repreenda-me, e será como óleo
sobre a minha cabeça,
a qual não há de rejeitá-lo.
Continuarei a orar
enquanto os perversos
praticam maldade.
6 Quando os seus juízes
forem lançados
do alto de uma rocha,
eles ouvirão as minhas palavras,
que são agradáveis.
7 Como quando se lavra
e sulca a terra,
assim os nossos ossos
são espalhados à boca da sepultura.

8 Pois em ti, ó Deus, meu Senhor,
estão os meus olhos:
em ti confio; não desampares
a minha alma.
9 Guarda-me dos laços que me armaram
e das armadilhas
dos que praticam iniquidade.
10 Que os ímpios caiam
nas suas próprias redes,
enquanto eu escapo ileso.

ORAÇÃO PEDINDO AJUDA

Salmo didático de Davi. Oração que fez quando estava na caverna

142 1 Ao Senhor ergo
a minha voz e clamo;
com a minha voz suplico ao Senhor.
2 Derramo diante dele
a minha queixa,
à sua presença exponho a
minha angústia.
3 Quando dentro de mim esmorece
o espírito,
tu sabes o caminho por onde
devo andar.
No caminho em que ando,
ocultaram uma armadilha para mim.
4 Olha à minha direita e vê,
pois não há quem me reconheça,
nenhum lugar de refúgio,
ninguém que por mim se interesse.

5 A ti clamo, Senhor,
e digo: "Tu és o meu refúgio,
a minha porção na terra dos viventes."
6 Atende ao meu clamor,
pois me sinto muito fraco.
Livra-me dos meus perseguidores,
porque são mais fortes do que eu.
7 Tira a minha alma do cárcere
para que eu dê graças ao teu nome;
os justos me rodearão,
quando me fizeres esse bem.

SÚPLICA POR LIBERTAÇÃO

Salmo de Davi

143 1 Ouve, Senhor, a minha oração,
dá ouvidos às minhas súplicas.
Responde-me,
segundo a tua fidelidade,
segundo a tua justiça.
2 Não entres em juízo
com o teu servo,
porque à tua vista
não há justo nenhum vivente.

3 Pois o inimigo tem perseguido
a minha alma;
tem lançado por terra a minha vida;
tem-me feito habitar na escuridão,
como aqueles que morreram
há muito tempo.
4 Por isso, dentro de mim
esmorece o meu espírito,
e o coração está aflito.

5 Lembro-me dos dias de outrora,
penso em todos os teus feitos
e medito nas obras das tuas mãos.
6 A ti levanto as mãos;
a minha alma anseia por ti
como terra sedenta.
7 Senhor, responde-me depressa!
O meu espírito desfalece;
não me escondas a tua face,
para que eu não me torne
como os que baixam à cova.
8 Faze-me ouvir, pela manhã, da tua graça,
pois em ti confio;
mostra-me o caminho por onde devo andar,
porque a ti elevo a minha alma.

É o desejo do Pai mudar a nossa perspectiva sobre o que está acontecendo ao nosso redor.

9 Livra-me, SENHOR, dos meus inimigos;
pois em ti é que me refugio.
10 Ensina-me a fazer a tua vontade,
pois tu és o meu Deus;
que o teu bom Espírito me guie
por terreno plano.
11 Vivifica-me, SENHOR, por amor do
teu nome;
por amor da tua justiça,
tira a minha alma da angústia.
12 E, por tua misericórdia, acaba com os
meus inimigos
e destrói todos os meus adversários,
pois eu sou teu servo.

GRATIDÃO PELA PROTEÇÃO DE DEUS

Salmo de Davi

144 1 Bendito seja o SENHOR,
rocha minha,
que treina as minhas mãos
para a batalha
e os dedos, para a guerra.
2 Ele é a minha misericórdia
e a minha fortaleza,
meu alto refúgio e meu libertador,
meu escudo,
aquele em quem confio
e quem me submete o meu povo.

3 SENHOR, que é o homem
para que dele
tomes conhecimento?
E o filho do homem,
para que o estimes?
4 O ser humano é como um sopro;
os seus dias são
como a sombra que passa.

5 Abaixa, SENHOR, os teus céus e desce;
toca os montes, para que fumeguem.
6 Manda relâmpagos
e dispersa os meus inimigos;
arremessa as tuas flechas
para fazê-los fugir.
7 Estende a mão lá do alto;
livra-me e salva-me
das muitas águas
e do poder de estranhos,
8 cuja boca profere mentiras,
e cuja mão direita
é a mão direita da falsidade.

9 A ti, ó Deus, entoarei um cântico novo;
na lira de dez cordas,
te cantarei louvores.
10 É ele quem dá aos reis a vitória;
quem livra o seu servo Davi
da espada maligna.
11 Livra-me e salva-me
do poder de estranhos,
cuja boca profere mentiras,
e cuja mão direita
é a mão direita da falsidade.

12 Que os nossos filhos
sejam, na sua mocidade,
como plantas viçosas,
e que as nossas filhas
sejam como colunas,
esculpidas para um palácio.
13 Que os nossos celeiros transbordem,
cheios de todo tipo de provisões.
Que os nossos rebanhos
produzam a milhares
e a dezenas de milhares,
em nossos campos.
14 Que o nosso gado seja fértil,
e as vacas não percam as suas crias.
Não haja gritos de lamento
em nossas praças.

15 Bem-aventurado o povo
a quem assim sucede!
Sim, feliz é o povo
cujo Deus é o SENHOR!

HINO DE LOUVOR

Louvores de Davi

145 1 Eu te exaltarei, ó Deus meu e Rei;
bendirei o teu nome
para todo o sempre.
2 Todos os dias te bendirei
e louvarei o teu nome
para todo o sempre.
3 Grande é o SENHOR
e mui digno de ser louvado;
a sua grandeza é insondável.

4 Uma geração louvará
à outra geração as tuas obras
e anunciará os teus poderosos feitos.
5 Meditarei no glorioso esplendor
da tua majestade
e nas tuas maravilhas.
6 Falarão do poder
dos teus feitos tremendos,
e eu anunciarei a tua grandeza.
7 Divulgarão a memória
da tua imensa bondade
e com júbilo celebrarão a tua justiça.

8 Bondoso e compassivo é o SENHOR,
tardio em irar-se
e grande em misericórdia.
9 O SENHOR é bom para todos,
e as suas misericórdias permeiam
todas as suas obras.

10 Todas as tuas obras
te renderão graças, SENHOR;
e os teus santos te bendirão.
11 Falarão da glória do teu reino
e confessarão o teu poder,
12 para que os filhos dos homens
conheçam os teus feitos poderosos
e a glória da majestade do teu reino.
13 O teu reino é um reino eterno,
e o teu domínio subsiste
por todas as gerações.

O SENHOR é fiel em todas as suas palavras
e santo em todas as suas obras.
14 O SENHOR sustém todos os que vacilam
e levanta todos os que estão prostrados.
15 Em ti esperam os olhos de todos,
e tu, a seu tempo, lhes dás o alimento.
16 Abres a mão
e satisfazes os desejos de todos os viventes.
17 Justo é o SENHOR em todos
os seus caminhos,
bondoso em todas as suas obras.
18 Perto está o SENHOR
de todos os que o invocam,
de todos os que o invocam
em verdade.
19 Ele satisfaz o desejo dos que o temem;
ouve o seu clamor e os salva.
20 O SENHOR protege todos os que o amam;
porém todos os ímpios
serão exterminados.

21 A minha boca proclamará
o louvor do SENHOR.
Que todos os seres vivos
louvem o seu santo nome,
para todo o sempre.

CONFIANÇA EM DEUS

146

1 Aleluia!

Louve, ó minha alma, o SENHOR.
2 Louvarei o SENHOR
durante a minha vida;
cantarei louvores ao meu Deus
enquanto eu viver.

3 Não confiem em príncipes,
nem nos filhos dos homens,
em quem não há salvação.
4 Sai-lhes o espírito, e eles voltam ao pó;
nesse mesmo dia,
acabam todos os seus planos.

5 Bem-aventurado aquele que tem
o Deus de Jacó por seu auxílio,
cuja esperança está no SENHOR,
seu Deus,
6 que fez os céus e a terra,
o mar e tudo o que neles há
e mantém para sempre
a sua fidelidade.
7 Que faz justiça aos oprimidos
e dá pão aos que têm fome.
O SENHOR liberta os encarcerados.
8 O SENHOR abre os olhos aos cegos,
o SENHOR levanta os abatidos,
o SENHOR ama os justos.
9 O SENHOR guarda o estrangeiro,
ampara o órfão e a viúva,
porém transtorna
o caminho dos ímpios.
10 O SENHOR reina para sempre;
o seu Deus, ó Sião, reina
de geração em geração.

Aleluia!

LOUVOR AO DEUS PODEROSO

147

[1] Aleluia!
Bom e amável é cantar louvores
ao nosso Deus;
fica-lhe bem o cântico de louvor.
[2] O Senhor edifica Jerusalém
e congrega os dispersos de Israel.
[3] Ele sara os que têm
o coração quebrantado
e trata das feridas deles.

[4] Conta o número das estrelas,
chamando-as todas pelo seu nome.
[5] Grande é o Senhor nosso
e mui poderoso;
o seu entendimento
não se pode medir.
[6] O Senhor ampara os humildes,
mas faz com que os ímpios
caiam por terra.

[7] Cantem ao Senhor
com ações de graças;
ao som da harpa,
cantem louvores ao nosso Deus,
[8] que cobre de nuvens o céu,
prepara a chuva para a terra,
faz brotar nos montes a erva
[9] e dá o alimento aos animais
e aos filhos dos corvos,
quando clamam.

[10] Não faz caso da força do cavalo,
nem se compraz
nos músculos do guerreiro.
[11] O Senhor se agrada dos que o temem
e dos que esperam
na sua misericórdia.

[12] Louve o Senhor, ó Jerusalém!
Louve o seu Deus, ó Sião!
[13] Pois ele reforçou
as trancas dos seus portões
e abençoou os que habitam
em seu meio.
[14] Estabeleceu a paz
em seu território
e farta você com o melhor do trigo.
[15] Ele envia as suas ordens à terra,
e sua palavra corre velozmente.
[16] Faz cair a neve como lã
e espalha a geada como cinza.
[17] Faz cair o seu gelo
como se fossem migalhas;
quem pode resistir ao seu frio?
[18] Manda a sua palavra e o gelo
se derrete;
faz soprar o vento, e as águas correm.

[19] Anuncia a sua palavra a Jacó,
as suas leis e os seus preceitos, a Israel.
[20] Não fez assim com nenhuma
outra nação;
todas ignoram os seus preceitos.

Aleluia!

UM CORO DE ALELUIAS

148

[1] Aleluia!
Louvem o Senhor do alto dos céus,
louvem o Senhor nas alturas.
[2] Louvem o Senhor, todos os seus anjos;
louvem-no, todos os seus
exércitos celestiais.
[3] Louvem o Senhor, sol e lua;
louvem-no, todas as estrelas luzentes.
[4] Louvem o Senhor, céus dos céus
e as águas que estão acima do firmamento.

[5] Louvem o nome do Senhor,
pois ele deu uma ordem, e
foram criados.
[6] Ele os estabeleceu para todo o sempre;
fixou-lhes uma ordem que não será mudada.

[7] Desde a terra, louvem o Senhor!
Louvem-no, monstros marinhos
e todos os abismos;
[8] fogo e granizo, neve e vapor
e ventos fortes que lhe executam a palavra;
[9] montes e todas as colinas,
árvores frutíferas e todos os cedros;
[10] feras e todo o gado,
animais que rastejam e aves;
[11] reis da terra e todos os povos,
príncipes e todos os juízes da terra;

12 rapazes e moças,
velhos e crianças.
13 Louvem o nome do Senhor,
porque só o seu nome é excelso;
a sua majestade está acima da terra e do céu.
14 Ele exalta o poder do seu povo,
o louvor de todos os seus santos,
dos filhos de Israel, povo que lhe
é chegado.

Aleluia!

HINO DE LOUVOR

149 1 Aleluia!

Cantem ao Senhor um cântico novo;
cantem o seu louvor na assembleia
dos santos.
2 Alegre-se Israel no seu Criador;
exultem no seu Rei os filhos de Sião.
3 Louvem o nome do Senhor com danças;
cantem-lhe salmos ao som de tamborins
e harpas.

4 Porque o Senhor se agrada do seu povo
e exalta os humildes com a salvação.
5 Que os santos exultem de glória,
e no seu leito cantem de júbilo.
6 Nos seus lábios estejam
os altos louvores de Deus,
e, nas suas mãos,
uma espada de dois gumes,
7 para exercer vingança entre as nações
e castigo sobre os povos;
8 para prender os seus reis com correntes
e os seus nobres, com cadeias de ferro;
9 para executar contra eles
a sentença escrita,
o que será honra para todos os
seus santos.

Aleluia!

DOXOLOGIA FINAL

150 1 Aleluia!

Louvem a Deus no seu santuário;
louvem a Deus no firmamento,
obra do seu poder.
2 Louvem-no pelos seus
poderosos feitos;
louvem-no segundo a sua
imensa grandeza.
3 Louvem-no ao som da trombeta;
louvem-no com harpas e liras.
4 Louvem-no com tamborins
e danças;
louvem-no com instrumentos
de cordas e com flautas.
5 Louvem-no com címbalos sonoros;
louvem-no com címbalos retumbantes.
6 Todo ser que respira louve o Senhor.

Aleluia!

Livros Poéticos

Provérbios

Livro 20 com

31

CAPÍTULOS

SIGNIFICADO DO TÍTULO

O livro de Provérbios é uma coleção de sabedoria prática e conselhos morais destinados a orientar os leitores na tomada de decisões sábias e na condução de uma vida justa e virtuosa. O título "Provérbios" deriva da palavra hebraica *mashal*, que significa "parábola" ou "ditado".

AUTORIA

O rei Salomão é tradicionalmente creditado como o principal autor do livro de Provérbios, embora também contenha contribuições de outros sábios, incluindo Agur e o rei Lemuel.

OBJETIVOS DO LIVRO

Provérbios oferece conselhos práticos sobre uma ampla gama de temas, incluindo sabedoria, justiça, trabalho, amizade, família, finanças, fala e moralidade. Os ensinamentos são frequentemente apresentados em forma de parábolas, metáforas e comparações, tornando-os acessíveis e memoráveis.

ESTRUTURA DO LIVRO

- ★ Provérbios de Salomão Pv 1—9
- ★ Provérbios de Salomão compilados por outros Pv 10—24
- ★ Provérbios de Salomão compilados por Ezequias Pv 25—29
- ★ Provérbios de Agur e do rei Lemuel Pv 30—31

TEMAS DE PROVÉRBIOS

O livro de Provérbios ensina de forma central que o temor do Senhor é o princípio da sabedoria e que a busca pela sabedoria é essencial para uma vida de integridade, bênçãos e sucesso. Ele destaca a importância de disciplina, humildade, justiça e respeito aos outros como marcas de uma vida sábia e piedosa.

PROVÉRBIOS E CRISTO

A sabedoria personificada em Provérbios (Pv 8.1-36) prefigura Jesus como a própria Sabedoria de Deus manifestada (1Co 1.30). Além disso, contrasta o caminho da sabedoria e da vida com o caminho dos tolos e ímpios, que leva à destruição (Pv 12.28; 14.12), antecipando Cristo como o caminho, a verdade e a vida (Jo 14.6), que oferece vida abundante e eterna aos que o seguem.

USO DOS PROVÉRBIOS

1 [1]Provérbios de Salomão,
filho de Davi, rei de Israel,
[2]para aprender a sabedoria
e o ensino;
para entender as palavras
de inteligência;
[3]para obter o ensino
do bom proceder,
a justiça, o juízo e a equidade;
[4]para dar prudência aos simples
e conhecimento e discernimento
aos jovens.
[5]Que o sábio ouça
e cresça em prudência;
e que o instruído adquira
habilidade
[6]para entender provérbios
e parábolas,
as palavras e os enigmas
dos sábios.

[7]O temor do SENHOR
é o princípio do saber,
mas os insensatos desprezam
a sabedoria e o ensino.

CONTRA AS SEDUÇÕES DOS PECADORES

[8]Meu filho,
ouça o ensino de seu pai
e não despreze a instrução de sua mãe.
[9]Porque serão um diadema
de graça para a sua cabeça
e colares para o seu pescoço.

[10]Meu filho, se os pecadores
quiserem seduzir você,
não consinta.
[11]Talvez eles digam:
"Venha conosco!
Vamos preparar uma emboscada
para matar alguém;
vamos espreitar os inocentes,
ainda que sem motivo.
[12]Vamos engoli-los vivos,
como o mundo dos mortos,
e inteiros, como
os que descem ao abismo.
[13]Acharemos todo tipo
de bens preciosos;
encheremos a nossa casa de despojos.
[14]Junte-se a nós!
Teremos todos uma só bolsa."

[15]Meu filho, não se ponha
a caminho com eles;
fique com os seus pés
longe das suas veredas!
[16]Porque os pés deles correm para o mal
e se apressam a derramar sangue.
[17]Pois em vão se estende a rede
se a ave estiver olhando;
[18]mas estes armam emboscadas
contra o seu próprio sangue
e ficam à espreita
contra a própria vida.
[19]Este é o fim de todo ganancioso;
e este espírito de ganância
tira a vida de quem o possui.

O CONVITE DA SABEDORIA

[20]A Sabedoria grita nas ruas;
nas praças, levanta a sua voz.
[21]Do alto das muralhas clama,
à entrada dos portões
e nas cidades
profere as suas palavras:
[22]"Até quando vocês, ingênuos,
amarão a ingenuidade?
E vocês, zombadores, até quando
terão prazer na zombaria?
E vocês, tolos, até quando
odiarão o conhecimento?
[23]Deem ouvidos
à minha repreensão;
eis que derramarei
o meu espírito sobre vocês
e lhes darei a conhecer
as minhas palavras.
[24]Mas porque clamei,
e vocês se recusaram a ouvir;
porque estendi a minha mão,
e não houve quem atendesse;
[25]— pelo contrário, rejeitaram
todo o meu conselho
e não quiseram
a minha repreensão —

26 também eu darei risada
da desgraça de vocês;
ficarei zombando
quando chegar o terror,
27 quando o terror chegar
como a tormenta,
quando a calamidade chegar
como o redemoinho,
quando lhes sobrevierem
o aperto e a angústia.
28 Então eles me invocarão,
mas eu não responderei;
sairão à minha procura,
porém não me encontrarão.
29 Porque odiaram o conhecimento
e não preferiram
o temor do SENHOR;
30 não quiseram o meu conselho
e desprezaram toda a minha repreensão.
31 Portanto, comerão do fruto
da sua conduta
e dos seus próprios conselhos
se fartarão.
32 Os ingênuos são mortos
porque se desviam da sabedoria;
os tolos são destruídos
por estarem satisfeitos
consigo mesmos.
33 Mas o que me der ouvidos
habitará seguro,
tranquilo e sem temor do mal."

A EXCELÊNCIA DA SABEDORIA

2 1 Meu filho, se você aceitar
as minhas palavras
e guardar no seu coração
os meus mandamentos;
2 se você der ouvidos à sabedoria
e inclinar o seu coração
ao entendimento;
3 sim, se você pedir inteligência
e gritar por entendimento;
4 se buscar a sabedoria
como a prata
e a procurar como se procuram
tesouros escondidos,
5 então você entenderá
o temor do SENHOR
e achará o conhecimento de Deus.
6 Porque o SENHOR dá a sabedoria,
e da sua boca vem o conhecimento
e a inteligência.
7 Ele reserva a verdadeira
sabedoria para os retos;
é escudo para os que andam
com integridade,
8 guardando as veredas da justiça
e conservando o caminho
dos seus santos.

9 Então você entenderá
a justiça, o juízo
e a equidade — todas
as boas veredas.
10 Porque a sabedoria
entrará no seu coração,
e o conhecimento
será agradável à sua alma.
11 O discernimento o guardará
e o entendimento o protegerá.
12 A sabedoria o livrará
do caminho do mal
e do homem que diz
coisas perversas;
13 dos que abandonam
as veredas da retidão,
para andarem pelos caminhos
das trevas;
14 dos que têm prazer
em fazer o mal
e se alegram com as perversidades
dos maus,
15 cujas veredas são tortuosas
e que se desviam
em seus caminhos.

16 A sabedoria também o livrará
da mulher adúltera,
da estranha que lisonjeia
com palavras,
17 que abandona o amigo
da sua mocidade
e se esquece da aliança
do seu Deus;
18 porque a casa dela
se inclina para a morte,
e as suas veredas conduzem
para o mundo dos mortos.

[19] Todos os que se dirigem
a essa mulher não voltarão
e não encontrarão as veredas da vida.

[20] Tendo a sabedoria, você andará
pelo caminho
dos homens de bem
e guardará as veredas dos justos.
[21] Porque os retos
habitarão a terra,
e os íntegros permanecerão nela.
[22] Mas os perversos
serão eliminados da terra,
e os infiéis serão dela arrancados.

CONSELHOS DA SABEDORIA AOS MOÇOS

3 [1] Meu filho, não se esqueça
dos meus ensinos,
e que o seu coração guarde
os meus mandamentos,
[2] porque eles aumentarão os seus dias
e lhe acrescentarão
anos de vida e paz.
[3] Não deixe que a bondade
e a fidelidade abandonem você.
Amarre-as ao pescoço;
escreva-as na tábua do seu coração
[4] e você encontrará favor
e boa compreensão
diante de Deus
e das outras pessoas.

[5] Confie no SENHOR
de todo o seu coração
e não se apoie
no seu próprio entendimento.
[6] Reconheça o SENHOR em todos
os seus caminhos,
e ele endireitará as suas veredas.
[7] Não seja sábio
aos seus próprios olhos;
tema o SENHOR e afaste-se do mal.
[8] Isto será como um remédio
para o seu corpo
e refrigério para os seus ossos.
[9] Honre o SENHOR com os seus bens
e com as primícias
de toda a sua renda;
[10] e os seus celeiros ficarão
completamente cheios,
e os seus lagares transbordarão
de vinho.

[11] Meu filho, não rejeite
a disciplina do SENHOR,
nem se aborreça
com a sua repreensão.
[12] Porque o SENHOR repreende
a quem ama,
assim como um pai repreende
o filho a quem quer bem.

[13] Feliz é quem acha a sabedoria;
feliz é aquele que alcança
o entendimento.
[14] Porque o lucro
que a sabedoria dá é melhor
do que o lucro da prata,
e a sua renda é melhor
do que o ouro mais fino.
[15] A sabedoria é mais preciosa
do que as joias,
e tudo o que você possa desejar
não se compara com ela.
[16] Em sua mão direita
ela oferece vida longa,
e na sua mão esquerda
ela tem riquezas e honra.
[17] Os seus caminhos
são caminhos agradáveis,
e todas as suas veredas são paz.
[18] Ela é árvore de vida
para os que a alcançam,
e felizes são todos os que a retêm.

[19] O SENHOR com sabedoria lançou
os fundamentos da terra;
com inteligência
estabeleceu os céus.
[20] Pelo seu conhecimento
os abismos se romperam,
e as nuvens destilam o orvalho.

[21] Meu filho, que estas coisas
não se afastem dos seus olhos;
guarde a verdadeira sabedoria
e o discernimento;

[22] porque serão vida para a sua alma
e enfeite para o seu pescoço.
[23] Então você andará seguro no
seu caminho,
e o seu pé não tropeçará.
[24] Quando se deitar,
você não terá medo;
sim, você se deitará
e o seu sono será tranquilo.
[25] Não temerá o pavor repentino,
nem a desgraça dos ímpios, quando vier.
[26] Porque o SENHOR
será a sua segurança
e ele não deixará
que os seus pés sejam presos.

[27] Não deixe de fazer o bem
aos que dele precisam,
estando em sua mão
o poder de fazê-lo.
[28] Não diga ao seu próximo:
"Vá e volte mais tarde;
amanhã eu terei algo para dar",
se você tem isso em suas mãos agora.
[29] Não planeje nenhum mal
contra o seu próximo,
pois ele mora ao seu lado
e confia em você.
[30] Não entre em litígio
com alguém,
se ele não tiver feito
nenhum mal a você.
[31] Não tenha inveja
do homem violento,
nem siga nenhum
de seus caminhos;
[32] porque o SENHOR detesta o perverso,
mas aos retos
trata com intimidade.
[33] A maldição do SENHOR está
sobre a casa dos ímpios,
porém a morada dos justos
ele abençoa.
[34] Certamente ele zomba
dos zombadores,
mas dá graça aos humildes.
[35] Os sábios herdarão honra,
mas aos tolos está reservada
a vergonha.

CONSELHO PATERNAL

4 [1] Filhos, escutem
a instrução do pai;
estejam atentos para que
obtenham o entendimento.
[2] Porque eu lhes dou boa instrução;
não abandonem o meu ensino.
[3] Quando eu era menino
em companhia de meu pai,
uma criança inexperiente, mas única
aos olhos de minha mãe,
[4] ele me ensinava e me dizia:
"Que o seu coração retenha
as minhas palavras;
guarde os meus mandamentos
e você viverá.
[5] Adquira a sabedoria,
adquira o entendimento;
não se esqueça nem se afaste
das minhas palavras.
[6] Não abandone a sabedoria,
e ela guardará você;
ame-a, e ela o protegerá.
[7] O princípio da sabedoria é:
adquira a sabedoria;
sim, com tudo o que você possui,
adquira o entendimento.
[8] Valorize a sabedoria,
e ela o exaltará;
se você a abraçar,
ela o honrará.
[9] Ela porá um diadema de graça
em sua cabeça
e lhe entregará
uma coroa de glória."

[10] Meu filho, escute e aceite
as minhas palavras,
e os anos de sua vida
se multiplicarão.
[11] Eu ensinei a você
o caminho da sabedoria
e o fiz andar
pelas veredas da retidão.
[12] Se você andar por elas,
os seus passos
não se embaraçarão;
se você correr,
não tropeçará.

A primeira companheira da sabedoria é o equilíbrio.

13 Retenha a instrução e não a deixe;
guarde-a, porque ela é a sua vida.
14 Não entre na vereda dos ímpios,
nem siga pelo caminho dos maus.
15 Evite esse caminho;
não passe por ele;
desvie-se dele e passe longe.
16 Os maus não dormem,
se não fizerem o mal;
o sono foge deles, se não fizerem
alguém tropeçar.
17 Porque comem o pão da maldade
e bebem o vinho das violências.
18 Mas a vereda dos justos
é como a luz do alvorecer,
que vai brilhando mais e mais
até ser dia claro.
19 O caminho dos ímpios
é como a escuridão;
nem eles sabem em que tropeçam.

20 Meu filho, escute
as minhas palavras;
preste atenção
aos meus ensinamentos.
21 Não deixe que eles se afastem
dos seus olhos;
guarde-os no mais íntimo
do seu coração.
22 Porque são vida
para quem os encontra
e saúde para todo o seu corpo.
23 De tudo o que se deve guardar,
guarde bem o seu coração,
porque dele procedem
as fontes da vida.
24 Afaste de você
a falsidade da boca
e mantenha longe de você
a perversidade dos lábios.
25 Que os seus olhos olhem direito,
e que as suas vistas se fixem
no que está diante de você.
26 Faça plana a vereda de seus pés,
para que todos os seus caminhos
sejam retos.
27 Não se incline nem para a direita
nem para a esquerda;
afaste os seus pés do mal.

ADVERTÊNCIA CONTRA A IMORALIDADE

5 1 Meu filho, dê atenção
à minha sabedoria;
incline os ouvidos à minha inteligência,
2 para que você conserve
o discernimento,
e para que os seus lábios guardem
o conhecimento.
3 Porque os lábios
da mulher imoral destilam mel,
e as suas palavras são mais suaves
do que o azeite;
4 mas o seu fim é amargo como fel,
e cortante como uma espada
de dois gumes.
5 Os seus pés descem para a morte;
os seus passos conduzem
ao inferno.
6 Ela não faz plana a vereda da vida;
anda errante nos seus caminhos
e não o sabe.

7 E agora, meu filho, escute o que eu digo
e não se desvie
das palavras da minha boca.
8 Afaste o seu caminho
dessa mulher;
não se aproxime
da porta da casa dela,
9 para que você não dê a outros
a sua honra,
nem a sua vida a homens cruéis;
10 para que os estranhos
não se fartem dos seus bens,
e o fruto do seu trabalho
não acabe em casa alheia.
11 No fim de sua vida
você ficará gemendo,
quando a sua carne e o seu corpo
se consumirem.
12 Então você dirá: "Como foi
que eu pude odiar o ensino?
E por que o meu coração
desprezou a disciplina?
13 Não escutei a voz
dos que me ensinavam,
nem dei ouvidos
aos meus mestres!

[14]Quase caí em ruína completa
no meio da congregação reunida."

[15]Beba a água
da sua própria cisterna
e das correntes do seu poço.
[16]Por que você derramaria
as suas fontes lá fora,
e os seus ribeiros de água
pelas praças?
[17]Que sejam para você somente
e não para os estranhos
que estão com você.
[18]Seja bendito o seu manancial,
e alegre-se com a mulher
da sua mocidade,
[19]corça amorosa
e gazela graciosa.
Que os seios dela saciem você
em todo o tempo;
embriague-se sempre
com as suas carícias.
[20]Meu filho,
por que você andaria
cego atrás de uma estranha
e abraçaria os seios de outra?
[21]Porque os caminhos do homem
estão diante dos olhos do Senhor,
e ele considera
todas as suas veredas.
[22]Quanto ao ímpio,
as suas iniquidades
o prenderão,
e com as cordas do seu pecado
será detido.
[23]Ele morrerá
pela falta de disciplina,
e, pelo excesso de sua loucura,
sai cambaleando por aí.

ADVERTÊNCIA CONTRA O SERVIR DE FIADOR

6 [1]Meu filho, se você ficou
por fiador do seu próximo
e se comprometeu
com um estranho,
[2]está enredado com as palavras
da sua boca,
e ficou preso pelo que você falou.
[3]Agora, meu filho, faça o seguinte
para se livrar,
pois você caiu
nas mãos dessa pessoa:
vá, humilhe-se
e importune o seu próximo.
[4]Não se deite para dormir,
não dê descanso aos seus olhos.
[5]Livre-se, como a gazela,
das mãos do caçador
e, como a ave,
das mãos do passarinheiro.

ADVERTÊNCIA CONTRA A PREGUIÇA

[6]Vá ter com a formiga,
ó preguiçoso!
Observe os caminhos dela e seja sábio.
[7]Não tendo ela chefe,
nem oficial, nem comandante,
[8]no verão prepara a sua comida,
no tempo da colheita
ajunta o seu mantimento.
[9]Ó preguiçoso, até quando
vai ficar deitado?
Quando se levantará do seu sono?
[10]Um pouco de sono, um breve cochilo,
braços cruzados para descansar,
[11]e a sua pobreza virá como um ladrão,
a miséria atacará
como um homem armado.

ADVERTÊNCIA CONTRA A MALDADE

[12]Perverso e vil
é o que anda com a iniquidade
na boca,
[13]pisca os olhos, arrasta os pés
e faz sinais com os dedos.
[14]No seu coração há perversidade;
está sempre planejando o mal
e semeando discórdias.
[15]Por isso a sua destruição
virá repentinamente;
de um momento para outro
ficará irremediavelmente
arruinado.
[16]Seis coisas o Senhor Deus odeia,
e uma sétima a sua alma detesta:

[17] olhos cheios de orgulho,
língua mentirosa,
mãos que derramam
sangue inocente,
[18] coração que faz planos perversos,
pés que se apressam
a fazer o mal,
[19] testemunha falsa
que profere mentiras
e o que semeia discórdia
entre irmãos.

ADVERTÊNCIA CONTRA O ADULTÉRIO

[20] Meu filho, guarde
o mandamento de seu pai
e não abandone
a instrução de sua mãe.
[21] Tenha-os sempre
amarrados ao seu coração,
pendure-os no seu pescoço.
[22] Quando você andar,
essa instrução o guiará;
quando você se deitar,
ela o guardará;
quando acordar,
falará com você.
[23] Porque o mandamento
é lâmpada, e a instrução é luz;
e as repreensões da disciplina
são o caminho da vida.
[24] Eles o protegerão
da mulher perversa
e das lisonjas da mulher estranha.
[25] Não cobice no coração
a sua formosura,
nem se deixe seduzir
pelo seu olhar.
[26] O máximo que se paga
por uma prostituta
é um pedaço de pão,
mas a adúltera anda à caça
de uma vida preciosa.
[27] Poderá alguém carregar
fogo no colo,
sem que as suas roupas
se incendeiem?
[28] Ou andará alguém sobre brasas,
sem que os seus pés se queimem?
[29] Assim será com
o que se aproximar
da mulher do seu próximo;
não ficará sem castigo todo aquele
que tocar nela.
[30] Não se despreza o ladrão
quando, faminto,
rouba para matar a fome.
[31] Pois este, ao ser apanhado,
pagará sete vezes tanto;
entregará todos os bens
de sua casa.
[32] Quem comete adultério
não tem juízo;
só mesmo quem quer arruinar-se
é que pratica tal coisa.
[33] Achará açoites e desonra,
e a sua vergonha nunca passará.
[34] Porque o ciúme desperta
o furor do marido;
ele não terá compaixão
no dia da vingança.
[35] Não se contentará
com o resgate,
nem aceitará presentes,
ainda que sejam muitos.

7 [1] Meu filho, guarde
as minhas palavras
e conserve os meus mandamentos
em seu coração.
[2] Observe os meus mandamentos
e você viverá;
guarde a minha lei
como a menina dos seus olhos.
[3] Amarre-os aos dedos,
escreva-os na tábua
do seu coração.
[4] Diga à Sabedoria:
"Você é minha irmã";
e ao Entendimento:
"Você é meu parente."
[5] Eles o guardarão
da mulher imoral,
da estranha que lisonjeia
com palavras.

A MULHER IMORAL

[6] Porque da janela da minha casa,
olhando pela grade,

7 vi entre os ingênuos,
e descobri entre os jovens
um que não tinha juízo.
8 Ele ia e vinha pela rua
junto à esquina
da mulher estranha
e seguia o caminho da casa dela,
9 no crepúsculo, ao anoitecer,
na escuridão da noite, nas trevas.

10 Eis que a mulher lhe saiu ao encontro,
com roupas de prostituta
e astúcia no coração.
11 É espalhafatosa e inquieta;
os seus pés não param em casa.
12 Ora está nas ruas, ora, nas praças,
espreitando por todos os cantos.
13 Ela agarrou o jovem e o beijou;
e com o maior descaramento
lhe disse:
14 "Eu tinha de oferecer
sacrifícios pacíficos;
hoje paguei os meus votos.
15 Por isso,
saí ao seu encontro;
vim procurá-lo,
e agora o encontrei!
16 Já cobri de colchas
a minha cama,
de linho fino do Egito,
de várias cores.
17 Já perfumei o meu leito
com mirra, aloés e cinamomo.
18 Venha, vamos nos embriagar
com as delícias do amor,
até o amanhecer;
gozemos amores.
19 Porque o meu marido
não está em casa;
saiu de viagem para longe.
20 Levou consigo uma bolsa
cheia de dinheiro;
não voltará para casa
antes da lua cheia."

21 Ela o seduziu
com as suas muitas palavras,
com as lisonjas dos seus lábios
o arrastou.
22 E, num instante, ele a seguiu,
como um boi
que vai para o matadouro;
como um animal
que corre para a armadilha,
23 até que uma flecha
lhe atravesse o coração.
Ele era como a ave que corre
para dentro do alçapão,
sem saber que isto
lhe custará a vida.

24 Agora, meu filho,
escute o que eu digo
e dê atenção
às palavras da minha boca.
25 Não deixe que o seu coração
se desvie para os caminhos
dessa mulher,
e não ande perdido
nas suas veredas.
26 Porque a muitos
ela feriu e derrubou;
e são muitos os que
por ela foram mortos.
27 A casa dela é caminho para o abismo
e desce para as câmaras da morte.

A EXCELÊNCIA DA SABEDORIA

8 1 Por acaso, não clama a Sabedoria?
E o Entendimento
não faz ouvir a sua voz?
2 A Sabedoria se coloca no topo
dos lugares elevados, junto
ao caminho,
nas encruzilhadas das veredas.
3 Junto aos portões,
à entrada da cidade,
à entrada dos portões
ela está gritando:

4 "É para vocês, homens,
que eu clamo;
e a minha voz se dirige
aos filhos dos homens.
5 Vocês, ingênuos,
entendam a prudência;
e vocês, tolos,
entendam a sabedoria.

6 Escutem, pois falarei
coisas excelentes;
os meus lábios dirão
o que é reto.
7 Porque a minha boca
proclamará a verdade;
os meus lábios
detestam a maldade.
8 Todas as palavras da minha boca
são justas;
não há nelas nenhuma coisa torta,
nem perversa.
9 Todas são retas
para os que têm compreensão
e justas, para os que acham
o conhecimento.
10 Aceitem o meu ensino,
em vez da prata,
e o conhecimento,
em lugar do ouro escolhido.
11 Porque a sabedoria
é melhor do que as joias,
e tudo o que se possa desejar
não se compara com ela."

12 "Eu, a Sabedoria,
moro com a prudência
e disponho de conhecimento
e de conselhos.
13 O temor do SENHOR consiste
em odiar o mal.
Eu odeio a soberba, a arrogância,
o mau caminho e a boca
que fala coisas perversas.
14 Meu é o conselho
e a verdadeira sabedoria;
eu sou o Entendimento,
minha é a fortaleza.
15 Por meio de mim
os reis governam,
e os príncipes decretam justiça.
16 Por meio de mim
governam os príncipes,
os nobres e todos os juízes
da terra."

17 "Eu amo os que me amam;
os que me procuram
me encontram.
18 Riquezas e honra estão comigo,
bens duráveis e justiça.
19 O meu fruto é melhor
do que o ouro,
do que o ouro refinado;
e o meu rendimento é maior
do que a prata escolhida.
20 Ando pelo caminho da justiça
e sigo as veredas do juízo,
21 para dotar de bens os que me amam
e encher os seus tesouros."

A ETERNIDADE DA SABEDORIA

22 "O SENHOR me possuía
no início da sua obra,
antes das suas obras mais antigas.
23 Fui estabelecida desde a eternidade,
desde o princípio,
antes do começo da terra.
24 Nasci antes de haver abismos,
quando ainda não havia fontes
carregadas de águas.
25 Antes que os montes
fossem firmados,
antes de haver colinas, eu nasci.
26 Deus ainda não tinha feito
a terra, nem os seus campos,
nem sequer o princípio
do pó do mundo.
27 Eu estava lá
quando ele preparava os céus,
quando traçava o horizonte
sobre a face do abismo.
28 Estava lá quando ele firmava
as nuvens de cima,
quando estabelecia
as fontes do abismo,
29 quando fixava ao mar
os seus limites,
para que as águas
não transgredissem
a sua ordem.
Quando ele compunha
os fundamentos da terra,
30 eu estava com ele
e era o seu arquiteto.
Dia após dia eu era a sua alegria,
divertindo-me em todo o tempo
na sua presença,

[31] divertindo-me
no seu mundo habitável
e achando alegria
junto aos filhos dos homens."

[32] "Agora, meus filhos,
escutem o que eu digo,
porque felizes são os que guardam
os meus caminhos.
[33] Ouçam o ensino, sejam sábios
e não o rejeitem.
[34] Feliz é aquele que me ouve,
vigiando dia após dia
diante das minhas portas,
esperando na entrada da minha casa.
[35] Pois quem me encontra
encontra a vida
e alcança favor do SENHOR.
[36] Mas quem peca contra mim
violenta a própria alma.
Todos os que me odeiam
amam a morte."

O BANQUETE DA SABEDORIA

9 [1] A Sabedoria construiu a sua casa,
esculpiu para si sete colunas.
[2] Matou os seus animais
para a festa
e preparou o seu vinho;
também já arrumou a sua mesa.
[3] Enviou as suas criadas para que,
dos lugares mais altos
da cidade, façam este convite:
[4] "Quem é ingênuo,
venha para cá."
Aos que não têm juízo ela diz:
[5] "Venham, comam do meu pão
e bebam do vinho que preparei.
[6] Afastem-se dos ingênuos e vivam;
andem pelo caminho
do entendimento."

[7] Quem repreende o zombador
traz afronta sobre si;
e quem censura o ímpio
será insultado.
[8] Não repreenda o zombador,
para que ele não odeie você;
repreenda o sábio, e ele o amará.
[9] Dê instrução ao sábio,
e ele se tornará
mais sábio ainda;
ensine o justo,
e ele crescerá na prudência.

[10] O temor do SENHOR é
o princípio da sabedoria;
conhecer o Santo
é ter entendimento.
[11] Porque por mim se multiplicarão
os seus dias,
e aumentarão os anos de sua vida.
[12] Se você é sábio, é sábio para si mesmo;
se é zombador, só você
sofrerá as consequências.

O CONVITE DA LOUCURA

[13] A loucura é mulher espalhafatosa;
é tola e não sabe coisa alguma.
[14] Senta-se junto à porta de sua casa,
toma uma cadeira
no lugar mais alto da cidade,
[15] para dizer aos que passam
e seguem direito o seu caminho:
[16] "Quem for ingênuo,
venha para cá."
E aos que não têm juízo ela diz:
[17] "A água roubada é doce,
e o pão comido às escondidas
é saboroso."
[18] Eles, porém,
não sabem que ali
estão os mortos,
que os seus convidados estão
nas profundezas do inferno.

O JUSTO EM CONTRASTE COM O ÍMPIO

10 [1] Provérbios de Salomão.

O filho sábio
é a alegria do seu pai,
mas o filho tolo
é a tristeza da sua mãe.
[2] Os tesouros conseguidos
de forma iníqua
não servem para nada,
mas a justiça livra da morte.

[3] O SENHOR não deixa
o justo passar fome,
mas rechaça a avidez dos ímpios.
[4] Quem trabalha
com a mão ociosa
fica pobre,
mas o que trabalha
com diligência enriquece.
[5] Quem ajunta no verão
é filho sábio,
mas o que dorme
no tempo da colheita
é filho que envergonha.
[6] Sobre a cabeça do justo
há bênçãos,
mas na boca dos ímpios
mora a violência.
[7] A memória do justo
é abençoada,
mas o nome dos ímpios
irá apodrecer.
[8] Quem tem coração sábio aceita
os mandamentos,
mas o que fala tolices
acaba em ruína.
[9] Quem anda com integridade
anda seguro,
mas o que perverte
os seus caminhos
será descoberto.
[10] Quem pisca os olhos
traz desgosto,
e o que fala tolices
acaba em ruína.
[11] A boca do justo
é manancial de vida,
mas na boca dos ímpios
mora a violência.
[12] O ódio provoca conflitos,
mas o amor cobre
todas as transgressões.
[13] Nos lábios do sábio
se acha sabedoria,
mas a vara é para as costas
de quem não tem juízo.
[14] Os sábios acumulam
conhecimento,
mas a fala dos insensatos
é ruína iminente.
[15] Os bens do rico
são a sua fortaleza;
o que leva os pobres à ruína
é a sua pobreza.
[16] A obra do justo conduz à vida,
e o rendimento do ímpio
leva ao pecado.
[17] O caminho para a vida
é de quem guarda o ensino,
mas o que abandona a repreensão
anda errante.
[18] O que encobre o ódio
tem lábios mentirosos,
e o que difama é tolo.
[19] Quem fala demais acaba caindo
em transgressão,
mas quem controla a língua é sábio.
[20] A fala dos justos
é prata escolhida,
mas o coração dos ímpios
vale muito pouco.
[21] As palavras dos justos
alimentam muitos,
mas os insensatos
morrem por falta de juízo.
[22] A bênção do SENHOR enriquece,
e ele não acrescenta
nenhum desgosto a ela.
[23] Praticar a maldade
é como um divertimento
para o insensato;
o homem inteligente
se diverte com a sabedoria.
[24] Aquilo que o ímpio teme,
isso lhe sobrevém;
o que os justos desejam
Deus lhes concede.
[25] O ímpio desaparece assim
como passa a tempestade,
mas o justo
tem um alicerce eterno.
[26] Como vinagre para os dentes
e fumaça para os olhos,
assim é o preguiçoso
para aqueles que o enviam.
[27] O temor do SENHOR prolonga
os dias da vida,
mas o tempo dos ímpios
será abreviado.

28 A esperança dos justos é alegria,
mas a expectativa dos ímpios
perecerá.
29 O caminho do SENHOR
é fortaleza para os íntegros,
mas ruína para os que praticam
a iniquidade.
30 O justo nunca será abalado,
mas os ímpios
não habitarão na terra.
31 A boca do justo
produz sabedoria,
mas a língua da perversidade
será arrancada.
32 Os lábios do justo
sabem o que agrada,
mas da boca dos ímpios
só saem perversidades.

11 1 O SENHOR detesta
balanças desonestas,
mas o peso justo é o seu prazer.
2 Quando vem a soberba,
a desgraça não tarda,
mas com os humildes
está a sabedoria.
3 A integridade dos retos os guia,
mas a falsidade dos infiéis
os destruirá.
4 As riquezas não servem para nada
no dia da ira,
mas a justiça livra da morte.
5 A justiça do íntegro
endireita o seu caminho,
mas o ímpio cai
pela sua impiedade.
6 A justiça dos retos os livrará,
mas os infiéis serão apanhados
na sua própria ambição.
7 Quando morre o ímpio,
morre a sua esperança,
e o que ele esperava do seu poder
se dissipa.
8 O justo é libertado da angústia,
mas o ímpio a recebe
em lugar dele.
9 O ímpio destrói o próximo
com o que diz,
mas os justos são libertados
pelo conhecimento.
10 A cidade se alegra
com o bem-estar dos justos,
mas dá gritos de alegria
quando perecem os ímpios.
11 Pela bênção dos retos
a cidade é exaltada,
mas pela boca dos ímpios
é destruída.
12 Quem fala mal do seu próximo
não tem juízo;
o homem prudente se cala.
13 O mexeriqueiro
revela os segredos,
mas o fiel de espírito os encobre.
14 Não havendo direção sábia,
o povo fracassa;
com muitos conselheiros,
há segurança.
15 Quem fica por fiador de um estranho
acaba tendo um problema,
mas o que foge de ser fiador
estará seguro.
16 A mulher bondosa alcança honra;
os poderosos
adquirem riqueza.
17 O homem bondoso
faz bem a si mesmo,
mas o cruel fere a si mesmo.
18 O ímpio recebe
um salário ilusório,
mas o que semeia justiça
terá recompensa verdadeira.
19 Tão certo como a justiça
conduz para a vida,
quem segue o mal
caminha para a morte.
20 O SENHOR detesta
os perversos de coração,
mas os que andam
com integridade
são o seu prazer.
21 É evidente que os maus
serão castigados,
mas a geração dos justos
será poupada.
22 Como joia de ouro
em focinho de porco,
assim é a mulher bonita
que não tem juízo.

[23] O desejo dos justos tende
somente para o bem,
mas a expectativa dos ímpios
resulta em ira.
[24] Uns dão com generosidade
e têm cada vez mais;
outros retêm mais do que é justo
e acabam na pobreza.
[25] A pessoa generosa prosperará,
e quem dá de beber
terá a sua sede saciada.
[26] O povo amaldiçoa
quem retém o trigo,
mas bênção virá sobre a cabeça
daquele que o vende.
[27] Quem procura o bem
alcança favor;
quem corre atrás do mal
acaba encontrando o que procura.
[28] Quem confia
nas suas riquezas cairá,
mas os justos reverdecerão
como as folhagens.
[29] Aquele que perturba a sua casa
herdará o vento,
e o insensato será servo
do sábio de coração.
[30] O fruto do justo é árvore de vida,
e o que ganha almas é sábio.
[31] Se o justo é punido na terra,
quanto mais o ímpio e o pecador!

12 [1] Quem ama a disciplina
ama o conhecimento,
mas o que odeia a repreensão
é tolo.
[2] Quem faz o bem
alcança o favor do SENHOR,
mas aquele que tem más intenções,
este o SENHOR condena.
[3] Ninguém se estabelece
pela maldade,
mas a raiz dos justos
não será removida.
[4] A mulher virtuosa
é a coroa do seu marido,
mas a que envergonha o marido
é como podridão nos seus ossos.
[5] Os pensamentos dos justos são retos;
os conselhos dos ímpios são falsos.
[6] As palavras dos ímpios
são emboscadas
para derramar sangue,
mas a boca dos retos
salva da morte.
[7] Os ímpios são derrubados
e desaparecem,
mas a casa dos justos
permanecerá.
[8] Cada um será louvado
segundo o seu entendimento,
mas quem tem coração perverso
será desprezado.
[9] Melhor é ser modesto
e fazer o seu trabalho
do que engrandecer a si mesmo
e não ter o que comer.
[10] O justo cuida dos seus animais,
mas o coração dos ímpios é cruel.
[11] O que lavra a sua terra
terá pão em abundância,
mas quem corre
atrás de coisas sem valor não
tem juízo.
[12] O ímpio quer viver
do que caçam os maus,
mas a raiz dos justos
produz o seu fruto.
[13] Os maus se enredam
na transgressão
daquilo que falam,
mas os justos escaparão
da angústia.
[14] Cada um
se farta de bem
pelo fruto daquilo que diz,
e o que as suas mãos fizerem,
isso receberá de volta.
[15] O caminho do insensato
parece reto aos seus olhos,
mas o sábio ouve os conselhos.
[16] O insensato mostra logo
a sua ira,
mas o prudente
ignora os insultos.
[17] Quem diz a verdade
favorece a justiça,
mas a testemunha falsa
está a serviço da fraude.

18 Palavras precipitadas
são como pontas de espada,
mas as palavras dos sábios são remédio.
19 Os lábios que falam a verdade
permanecem para sempre,
mas a língua mentirosa desaparece
num instante.
20 Há fraude no coração
dos que planejam o mal,
mas os que aconselham a paz
têm alegria.
21 Nenhuma desgraça sobrevirá ao justo,
mas os ímpios,
o mal os apanhará em cheio.
22 O SENHOR detesta lábios mentirosos,
mas aqueles que praticam
a verdade são o seu prazer.
23 Aquele que é prudente
oculta o conhecimento,
mas o coração dos insensatos
proclama a tolice.
24 O homem esforçado dominará,
mas o preguiçoso ficará sujeito
a trabalhos forçados.
25 A ansiedade no coração
pode abater alguém,
mas uma boa palavra traz alegria.
26 O justo serve de guia
para o seu companheiro,
mas o caminho dos ímpios os leva
a andar errantes.
27 O preguiçoso não assará
a sua caça,
mas o bem precioso do homem
é ser esforçado.
28 Na vereda da justiça está a vida,
e neste caminho não há morte.

13 1 O filho sábio ouve
a instrução do pai,
mas o zombador não dá ouvidos
à repreensão.
2 Do fruto da boca
cada um comerá o bem,
mas os infiéis
só desejam a violência.
3 Quem vigia as suas palavras
conserva a sua vida,
mas o que fala demais
arruína a si mesmo.
4 O preguiçoso deseja e nada tem,
mas o desejo dos que se esforçam
será atendido.
5 O justo odeia a mentira,
mas o ímpio traz vergonha
e desonra.
6 A justiça guarda
o que anda com integridade,
mas a maldade
subverte o pecador.
7 Uns se dizem ricos
sem terem nada;
outros se dizem pobres,
tendo muita riqueza.
8 O resgate pela vida de alguém
são as riquezas que ele tem,
mas o pobre não corre o risco
de ser ameaçado.
9 A luz dos justos brilha intensamente,
mas a lâmpada dos ímpios se apagará.
10 Da soberba só resulta a discórdia,
mas a sabedoria está
com os que se aconselham.
11 A riqueza obtida com facilidade,
essa diminui,
mas quem a ajunta pelo trabalho,
esse a vê aumentar.
12 Esperança adiada
faz adoecer o coração;
desejo cumprido é árvore de vida.
13 Quem despreza a palavra
terá de pagar por isso,
mas o que teme o mandamento
será recompensado.
14 O ensino do sábio é fonte de vida
para evitar os laços da morte.
15 O bom senso conquista favor,
mas o caminho dos infiéis
é intransitável.
16 Quem é prudente age
com conhecimento,
mas o tolo espalha a sua tolice.
17 O mensageiro perverso
se precipita no mal,
mas o embaixador fiel produz cura.
18 Pobreza e vergonha sobrevêm
ao que rejeita a instrução,
mas o que aceita a repreensão
será honrado.

A sabedoria vem, diversas vezes, por meio da dor, do confronto, do sacrifício, dos erros, sofrimentos e tempestades que enfrentamos ao longo da vida.

19 O desejo que se cumpre
agrada a alma,
mas os tolos detestam
afastar-se do mal.
20 Quem anda com os sábios
será sábio,
mas o companheiro dos tolos
acabará mal.
21 A desgraça persegue
os pecadores,
mas os justos serão
recompensados com o bem.
22 O homem bom deixa herança
aos filhos de seus filhos,
mas a riqueza do pecador
é depositada para o justo.
23 As terras dos pobres
dão mantimento
em abundância,
mas isso se perde
por falta de justiça.
24 O que retém a vara
odeia o seu filho;
quem o ama, este o disciplina
desde cedo.
25 O justo tem o bastante
para satisfazer o seu apetite,
mas o estômago dos ímpios
passa fome.

14 1 A mulher sábia edifica a sua casa,
mas a insensata a derruba
com as próprias mãos.
2 Quem anda na retidão
teme o SENHOR,
mas o que anda
em caminhos tortuosos,
esse o despreza.
3 Na boca do tolo está a vara
para a sua própria soberba,
mas os lábios dos sábios
os protegerão.
4 Quando não há bois,
o celeiro fica vazio,
mas pela força do boi
há abundância de colheitas.
5 A testemunha verdadeira
não mente,
mas a testemunha falsa
despeja mentiras.
6 O zombador procura a sabedoria
e não a encontra,
mas o sábio adquire
o conhecimento com facilidade.
7 Fuja da presença do insensato,
porque nele você não encontrará
palavras de conhecimento.
8 A sabedoria do prudente
é entender
o seu próprio caminho,
mas a insensatez dos tolos
é enganadora.
9 Os insensatos
zombam do pecado,
mas entre os retos há boa vontade.
10 O coração conhece
a sua própria amargura,
e da alegria que ele sente
os estranhos não poderão participar.
11 A casa dos ímpios será destruída,
mas a tenda dos retos florescerá.
12 Há caminho que ao ser humano
parece direito,
mas o fim dele é caminho de morte.
13 Até no riso o coração
pode ter dor,
e o fim da alegria
pode ser a tristeza.
14 O infiel de coração
sofre as consequências
dos seus próprios caminhos,
mas quem é de bem
é recompensado
pelo seu próprio proceder.
15 O ingênuo dá crédito
a tudo o que se diz,
mas o prudente reflete
antes de dar um passo.
16 O sábio é cauteloso
e se desvia do mal,
mas o tolo é afoito
e se dá por seguro.
17 Quem logo se irrita
comete loucuras,
e aquele que tem más intenções
será odiado.
18 Os ingênuos herdam a tolice,
mas os prudentes
se coroam de conhecimento.

[19] Os maus se inclinarão
diante dos bons,
e os ímpios farão súplicas
junto às portas do justo.
[20] O pobre é odiado
até pelo seu vizinho,
mas o rico tem muitos amigos.
[21] Quem despreza o seu vizinho
peca,
mas o que se compadece
dos pobres é feliz.
[22] Por acaso não se afastam
do caminho
os que planejam o mal?
Mas haverá amor e fidelidade
para os que planejam o bem.
[23] Em todo trabalho há proveito;
meras palavras, porém, levam à pobreza.
[24] Para os sábios a riqueza é coroa,
mas a tolice dos insensatos
não passa de tolice.
[25] A testemunha verdadeira salva vidas,
mas quem profere mentiras
é enganador.
[26] Quem teme o Senhor tem forte amparo,
e isso é refúgio para os seus filhos.
[27] O temor do Senhor é fonte de vida
para evitar os laços da morte.
[28] Na multidão do povo
está a glória do rei,
mas na falta de povo
está a ruína do príncipe.
[29] Quem tarda em irar-se
é grande em entendimento,
mas o que facilmente
perde a calma
faz um elogio à loucura.
[30] O ânimo sereno
é a vida do corpo,
mas a inveja
é a podridão dos ossos.
[31] Quem oprime o pobre
insulta aquele que o criou,
mas o que se compadece
do necessitado honra a Deus.
[32] O ímpio é derrubado
pela sua maldade,
mas o justo, até na morte
tem esperança.
[33] No coração do prudente
repousa a sabedoria,
mas o que há no interior dos tolos
logo se manifesta.
[34] A justiça é a glória da nação,
mas o pecado é a vergonha
dos povos.
[35] O servo prudente
recebe o favor do rei,
mas o que causa vergonha
é objeto do seu furor.

15

[1] A resposta branda desvia o furor,
mas a palavra dura suscita a ira.
[2] A língua dos sábios
adorna o conhecimento,
mas a boca dos insensatos
derrama tolices.
[3] Os olhos do Senhor estão em todo lugar,
contemplando os maus e os bons.
[4] A língua serena é árvore de vida,
mas a língua perversa esmaga o espírito.
[5] O insensato despreza
a instrução de seu pai,
mas o que aceita a repreensão
consegue a prudência.
[6] Na casa do justo há grande tesouro,
mas no lucro dos ímpios há infelicidade.
[7] As palavras dos sábios
difundem o conhecimento,
mas o coração dos insensatos
não procede assim.
[8] O Senhor detesta o sacrifício
dos ímpios,
mas a oração dos retos é o seu prazer.
[9] O Senhor detesta
o caminho do ímpio,
mas ama o que segue a justiça.
[10] Disciplina rigorosa há
para o que abandona o caminho,
e quem odeia a repreensão
morrerá.
[11] O mundo dos mortos e o abismo
estão expostos
diante do Senhor;
quanto mais o coração
dos filhos dos homens!
[12] O zombador não gosta
de quem o repreende,
nem se aproxima dos sábios.

13 O coração alegre
embeleza o rosto,
mas com a tristeza do coração
o espírito se abate.
14 O coração sábio
busca o conhecimento,
mas a boca dos insensatos
se alimenta de estupidez.
15 Para quem está aflito,
todos os dias são maus,
mas a vida de quem
tem o coração alegre
é uma festa contínua.
16 Melhor é o pouco, havendo
o temor do SENHOR,
do que um grande tesouro
onde há inquietação.
17 Melhor é um prato de legumes
onde há amor
do que um boi inteiro
acompanhado de ódio.
18 Quem se irrita facilmente
provoca discórdia,
mas quem é tardio em ficar irado
acalma os conflitos.
19 O caminho do preguiçoso
é como que cercado de espinhos,
mas a vereda dos justos é plana.
20 O filho sábio alegra o seu pai,
mas o insensato
despreza a sua mãe.
21 Quem não tem juízo se alegra
com a sua tolice,
mas quem é sábio
anda retamente.
22 Sem conselhos
os projetos fracassam,
mas com muitos conselheiros
há sucesso.
23 Que alegria é ter
a resposta adequada!
Como é boa a palavra dita
na hora certa!
24 Para o sábio, o caminho da vida
leva para cima,
para desviar do inferno, embaixo.
25 O SENHOR derruba
a casa dos orgulhosos,
mas preserva a herança da viúva.
26 O SENHOR detesta
os planos dos maus,
mas as palavras bondosas
lhe são aprazíveis.
27 Quem é ávido por lucro desonesto
arruína a sua casa,
mas o que odeia o suborno,
esse viverá.
28 O coração do justo medita
o que há de responder,
mas a boca dos ímpios
derrama maldades.
29 O SENHOR está longe dos ímpios,
mas ouve a oração dos justos.
30 O brilho nos olhos
alegra o coração;
uma boa notícia
fortalece até os ossos.
31 Quem dá ouvidos
à repreensão construtiva
terá a sua morada
no meio dos sábios.
32 Quem rejeita a disciplina
despreza a si mesmo,
mas o que aceita a repreensão
adquire entendimento.
33 O temor do SENHOR
é instrução na sabedoria,
e a humildade precede a honra.

16 1 O coração do ser humano
pode fazer planos,
mas a resposta certa
vem dos lábios do SENHOR.
2 Todos os caminhos
de uma pessoa são puros
aos seus próprios olhos,
mas o SENHOR sonda o espírito.
3 Entregue as suas obras
ao SENHOR,
e o que você tem planejado
se realizará.
4 O SENHOR fez todas as coisas
para determinados fins;
até o ímpio, para o dia
da calamidade.
5 O SENHOR detesta todo aquele
que é orgulhoso;
é evidente que este
não ficará impune.

[6] Pela misericórdia e pela verdade
se expia a culpa;
e pelo temor do SENHOR
se evita o mal.
[7] Se os caminhos de alguém
são agradáveis ao SENHOR,
ele faz com que até
os seus inimigos
vivam em paz com ele.
[8] Melhor é o pouco, havendo justiça,
do que grandes rendimentos
com injustiça.
[9] O coração do ser humano
traça o seu caminho,
mas o SENHOR lhe dirige os passos.
[10] Nos lábios do rei se acham
decisões autorizadas;
que ele seja justo
ao pronunciar uma sentença.
[11] Peso e balança justos
pertencem ao SENHOR;
obra sua são todos os pesos
da bolsa.
[12] Os reis detestam a prática da maldade,
porque o trono se estabelece
pela justiça.
[13] Os lábios justos
são o contentamento do rei,
e ele ama o que fala coisas retas.
[14] O furor do rei é como
um mensageiro da morte,
mas o homem sábio
consegue acalmá-lo.
[15] O semblante alegre do rei
significa vida,
e a sua bondade
é como chuva fora de época.
[16] Quanto melhor é adquirir
a sabedoria do que o ouro!
E mais excelente é adquirir
o entendimento
do que a prata!
[17] O caminho dos retos
é desviar-se do mal;
quem guarda o seu caminho
preserva a sua vida.
[18] Antes da ruína vem a soberba,
e o espírito orgulhoso
precede a queda.
[19] Melhor é ser humilde de espírito
com os humildes
do que repartir o despojo
com os orgulhosos.
[20] Quem atenta para o ensino
acha o bem,
e o que confia no SENHOR,
esse é feliz.
[21] O sábio de coração
é chamado prudente,
e a doçura no falar
aumenta o saber.
[22] O bom senso, para aqueles
que o possuem, é fonte de vida;
mas a tolice
é a punição dos insensatos.
[23] O coração do sábio
é mestre de sua boca
e aumenta a persuasão
dos seus lábios.
[24] Palavras agradáveis são como favo
de mel:
doces para a alma e remédio para
o corpo.
[25] Há caminho que parece
direito ao ser humano,
mas o fim dele é caminho de morte.
[26] A fome do trabalhador
o faz trabalhar,
porque a sua boca o incita a isso.
[27] O desprezível cava o mal,
e nos seus lábios
há como que fogo ardente.
[28] O perverso semeia discórdias,
e o difamador separa os maiores amigos.
[29] O violento alicia
o seu companheiro
e guia-o por um caminho
que não é bom.
[30] Quem pisca os olhos imagina o mal;
quem morde os lábios o executa.
[31] Os cabelos brancos
são uma coroa de honra
que é encontrada no caminho da justiça.
[32] É melhor ter paciência
do que ser herói de guerra;
o que domina o seu espírito
é melhor do que
o que conquista uma cidade.

[33] Para fazer um sorteio
são lançados os dados,
mas toda decisão
procede do SENHOR.

17

[1] Melhor é um bocado seco
e tranquilidade
do que a casa cheia de carnes
e brigas.
[2] O escravo sábio dominará sobre
o filho que causa vergonha
e, entre os irmãos,
terá parte na herança.
[3] O crisol prova a prata
e o forno prova o ouro;
mas o SENHOR prova os corações.
[4] O malfeitor dá atenção
aos lábios iníquos;
o mentiroso inclina os ouvidos
para a língua maligna.
[5] Quem zomba do pobre insulta
aquele que o criou;
o que se alegra com a calamidade
não ficará impune.
[6] Coroa dos velhos são os filhos
dos filhos;
e a glória dos filhos são os pais.
[7] Palavras bonitas
não ficam bem ao insensato;
muito menos a mentira
na boca do príncipe!
[8] O suborno é pedra mágica
aos olhos de quem o oferece;
onde quer que for oferecido
dará resultado.
[9] Quem encobre a transgressão
fortalece a amizade,
mas o que insiste no assunto
separa os maiores amigos.
[10] Uma repreensão cala mais fundo
em quem tem juízo
do que cem chicotadas
no insensato.
[11] O rebelde só procura
fazer o mal;
por isso, um mensageiro cruel
será enviado contra ele.
[12] Melhor é encontrar uma ursa
da qual roubaram os filhotes
do que o insensato na sua tolice.
[13] Quanto àquele que paga
o bem com o mal,
o mal não se afastará da sua casa.
[14] Começar uma discussão é como
abrir uma represa;
por isso, desista
antes que surja o conflito.
[15] O SENHOR detesta
quem justifica o ímpio
e quem condena o justo;
ele detesta
tanto um quanto o outro.
[16] De que serviria o dinheiro
na mão do tolo
para comprar a sabedoria,
se ele não tem entendimento?
[17] O amigo ama em todo tempo,
e na angústia nasce o irmão.
[18] Quem não tem juízo
se compromete,
ficando por fiador do seu próximo.
[19] Quem ama a discórdia ama o pecado;
o que faz alta a sua porta
facilita a própria queda.
[20] O perverso de coração
jamais encontra o bem;
e o que diz coisas más
acaba em desgraça.
[21] Quem gera um tolo faz isso
para a sua própria tristeza;
o pai do insensato não terá alegria.
[22] O coração alegre
é bom remédio,
mas o espírito abatido
faz secar os ossos.
[23] O ímpio aceita suborno
secretamente,
para perverter
as veredas da justiça.
[24] A sabedoria
é o alvo do inteligente,
mas o tolo volta os olhos
para os confins da terra.
[25] O filho insensato
é tristeza para o pai
e amargura para quem o deu à luz.
[26] Não é bom punir o justo;
é contra todo direito
ferir o príncipe.

27 Quem controla as suas palavras
possui conhecimento,
e o sereno de espírito
é inteligente.
28 Até o insensato, quando se cala,
é tido por sábio;
se fica de boca fechada,
passa por inteligente.

18 1 O solitário busca
o seu próprio interesse
e se opõe à verdadeira sabedoria.
2 O tolo não tem prazer
no entendimento,
mas apenas em externar
o que pensa.
3 Com a maldade
vem também o desprezo;
com a desonra vem a vergonha.
4 As palavras de uma pessoa
são águas profundas,
e a fonte da sabedoria é um ribeiro
que transborda.
5 Não é bom ser parcial com os ímpios,
para torcer o direito contra os justos.
6 Os lábios do tolo entram na discussão,
e a sua boca clama por açoites.
7 A boca do tolo
é a sua própria destruição,
e os seus lábios são uma armadilha
para a sua alma.
8 As palavras do difamador
são comida fina,
que desce para o mais interior
do ventre.
9 Quem é negligente
no seu trabalho
já é irmão do desperdiçador.
10 Torre forte é o nome do Senhor;
o justo corre para ela
e está seguro.
11 Os bens do rico
são a sua cidade fortificada
e, segundo imagina,
uma alta muralha.
12 Antes da ruína,
o coração humano se gaba,
mas a humildade precede a honra.
13 Responder antes de ouvir
é tolice e vergonha.
14 O espírito firme sustenta
a pessoa na sua doença,
mas o espírito abatido,
quem o pode suportar?
15 O coração do sábio adquire
o conhecimento,
e o ouvido dos sábios
procura o saber.
16 Um presente que se dá
abre portas
e leva alguém
à presença dos grandes.
17 O primeiro que pleiteia
a sua causa parece justo,
até que vem o outro e o examina.
18 Um sorteio põe fim às rixas
e decide questões
entre os poderosos.
19 Um irmão ofendido resiste
mais que uma fortaleza,
e as rixas são como as trancas
das portas de um castelo.
20 Do fruto da boca
o coração se farta;
do que produzem os lábios
ele se satisfaz.
21 A morte e a vida
estão no poder da língua;
quem bem a utiliza
come do seu fruto.
22 Quem acha uma esposa
acha o bem;
recebeu uma bênção do Senhor.
23 O pobre fala com súplicas,
mas o rico responde com dureza.
24 Quem tem muitos amigos
pode cair em desgraça;
mas há amigo mais chegado
que um irmão.

19 1 Melhor é o pobre que anda
na sua integridade
do que o perverso de lábios,
que é um tolo.
2 Não é bom agir sem pensar;
quem se precipita acaba pecando.
3 A tolice de uma pessoa
perverte o seu caminho,
mas é contra o Senhor que
o seu coração se irrita.

É bom lembrar que precisamos de maturidade para entender, sabedoria para escolher e obediência para nos render à poda de Deus.

4 Na riqueza, os amigos se multiplicam;
mas o pobre, até o seu único amigo
o abandona.
5 A falsa testemunha não ficará impune,
e o que profere mentiras
não escapará.
6 Ao generoso, muitos o adulam,
e todos são amigos
de quem dá presentes.
7 Se os irmãos do pobre
o detestam,
quanto mais se afastarão dele
os seus amigos!
Corre atrás deles com súplicas,
mas não os alcança.
8 Quem adquire sabedoria
ama a sua alma;
o que conserva o entendimento
acha o bem.
9 A falsa testemunha
não ficará impune,
e o que profere mentiras perecerá.
10 Ao tolo não fica bem viver no luxo;
quanto menos ao escravo
dominar os príncipes!
11 O bom senso leva a pessoa
a controlar a sua ira;
a sua glória é perdoar as ofensas.
12 A indignação do rei
é como o rugido do leão,
mas a sua bondade
é como o orvalho sobre a relva.
13 Um filho tolo
é a desgraça do pai,
e uma esposa briguenta
é como uma goteira
que não para.
14 A casa e os bens vêm
como herança dos pais,
mas a esposa sensata
vem do SENHOR.
15 A preguiça faz cair
em profundo sono,
e o ocioso passará fome.
16 Quem guarda o mandamento
guarda a sua alma,
mas o que despreza
os seus caminhos,
esse morrerá.
17 Quem se compadece do pobre
empresta ao SENHOR,
e este lhe retribuirá o benefício.
18 Corrija o seu filho,
enquanto há esperança,
mas não se exceda
a ponto de matá-lo.
19 Aquele que se deixa levar pela ira
terá de sofrer o castigo;
porque, se você o livrar,
terá de livrá-lo de novo.
20 Ouça os conselhos
e receba a instrução,
para que você seja sábio
a partir de agora.
21 Há muitos planos
no coração do ser humano,
mas o propósito do SENHOR
permanecerá.
22 O que torna alguém agradável
é a sua misericórdia;
o pobre é preferível ao mentiroso.
23 O temor do SENHOR
conduz à vida;
aquele que o tem ficará satisfeito,
e mal nenhum o visitará.
24 O preguiçoso põe a mão no prato
e não quer ter o trabalho
de a levar à boca.
25 Castigue o zombador,
e o ingênuo aprenderá a prudência;
repreenda o sábio,
e ele crescerá no conhecimento.
26 Quem maltrata o seu pai
ou manda embora a sua mãe
é filho que causa vergonha
e traz desonra.
27 Meu filho, se deixar de ouvir
a instrução,
você se desviará das palavras
do conhecimento.
28 A testemunha depravada
zomba da justiça,
e a boca dos ímpios
devora a iniquidade.
29 Preparados estão os juízos
para os zombadores
e os açoites para as costas
dos tolos.

20 [1] O vinho é zombador
e a bebida forte causa alvoroço;
todo aquele que é vencido por eles
não é sábio.
[2] A fúria do rei
é como o rugido do leão;
quem o provoca
peca contra a própria vida.
[3] É uma honra para alguém
ficar longe de conflitos,
mas os insensatos
envolvem-se neles.
[4] O preguiçoso não ara as terras
porque é inverno;
por isso, no tempo da colheita,
procura e não encontra nada.
[5] Os propósitos do coração humano
são como águas profundas,
mas quem é inteligente
sabe como trazê-los à tona.
[6] Muitos proclamam
a sua própria bondade,
mas alguém que é digno
de confiança, quem o achará?
[7] O justo anda na sua integridade;
felizes são os seus filhos
depois dele.
[8] Quando o rei se assenta
no trono para julgar,
com os seus olhos
dispersa todo mal.
[9] Quem pode dizer:
"Purifiquei o meu coração;
estou limpo do meu pecado"?
[10] O Senhor detesta o uso
de dois pesos e duas medidas;
ele detesta tanto uma coisa
quanto a outra.
[11] Até a criança se dá a conhecer
pelas suas ações,
se o que faz é puro e reto.
[12] O ouvido que ouve
e o olho que vê,
o Senhor os fez,
tanto um como o outro.
[13] Não ame o sono,
para que você não empobreça;
abra os olhos
e você terá pão de sobra.
[14] "Não presta! Não vale tanto!" —
diz o comprador;
mas, quando vai embora,
então se gaba do negócio que fez.
[15] Há ouro e abundância
de pérolas,
mas palavras que transmitem
conhecimento são joia preciosa.
[16] Que se tome a roupa
daquele que fica
por fiador de um estranho;
que ela sirva de penhor,
quando ele se compromete
por estrangeiros.
[17] O pão que se ganha com fraude
pode ser gostoso,
mas depois a boca
se encherá de areia.
[18] Os planos são estabelecidos
mediante os conselhos;
faça a guerra com prudência.
[19] O mexeriqueiro revela os segredos;
portanto, não se meta
com quem fala demais.
[20] Se alguém amaldiçoa o seu pai
ou a sua mãe,
a sua lâmpada se apagará
na mais densa escuridão.
[21] A posse antecipada
de uma herança
no fim não será abençoada.
[22] Não diga:
"Vou me vingar do mal";
espere no Senhor,
e ele o livrará.
[23] O Senhor detesta
o uso de dois pesos,
e uma balança desonesta
não é boa.
[24] Os passos de cada pessoa
são dirigidos pelo Senhor;
como poderá alguém entender
o seu próprio caminho?
[25] É uma armadilha dizer
precipitadamente:
"Isto é santo!",
e só refletir depois de fazer o voto.
[26] O rei sábio peneira os maus
e faz passar sobre eles a roda.

[27] O espírito do ser humano
é a lâmpada do SENHOR,
a qual examina
o mais profundo do seu ser.
[28] Bondade e fidelidade
preservam o rei;
é com bondade que ele sustém
o seu trono.
[29] A glória dos jovens é a sua força,
e a beleza dos velhos
são os seus cabelos brancos.
[30] Os vergões das feridas
purificam do mal,
e os açoites limpam
o mais íntimo do corpo.

21 [1] Como correntes de águas,
assim é o coração do rei
na mão do SENHOR;
este o dirige para onde quiser.
[2] Todo caminho de uma pessoa
é reto aos seus próprios olhos,
mas o SENHOR sonda os corações.
[3] Fazer justiça e julgar com retidão
é mais aceitável ao SENHOR
do que oferecer sacrifícios.
[4] Olhar arrogante e coração orgulhoso
— a lâmpada dos ímpios — são pecado.
[5] Os planos de quem é esforçado
conduzem à fartura,
mas a pressa excessiva
leva à pobreza.
[6] Fazer fortuna
por meio da mentira
é vaidade e armadilha mortal.
[7] A violência dos ímpios
os leva à ruína,
porque eles se recusam
a praticar a justiça.
[8] O caminho do culpado
é tortuoso,
mas, quanto ao inocente,
a sua conduta é reta.
[9] Melhor é morar
no canto do terraço
do que com uma mulher briguenta
na mesma casa.
[10] A alma do ímpio deseja o mal;
nem o seu vizinho
recebe dele compaixão.
[11] Quando o zombador é castigado,
os ingênuos se tornam sábios;
e, quando o sábio é instruído,
cresce no conhecimento.
[12] Deus, o justo, observa
a casa dos ímpios
e os faz cair em desgraça.
[13] Quem tapa os ouvidos
ao clamor do pobre
também clamará
e não será ouvido.
[14] O presente que se dá em segredo
acalma a ira,
e a dádiva em sigilo
vence a mais forte indignação.
[15] Praticar a justiça
é uma alegria para o justo,
mas espanto
para os que praticam o mal.
[16] Quem se desvia do caminho
do entendimento
repousará na congregação
dos mortos.
[17] Quem ama os prazeres
acabará na pobreza;
quem ama o vinho e a boa vida
nunca ficará rico.
[18] O ímpio serve de resgate para o justo,
e, em lugar dos retos, é entregue o infiel.
[19] Melhor é morar numa terra deserta
do que com a mulher briguenta
e geniosa.
[20] Na casa do sábio há tesouros preciosos
e o suficiente para viver,
mas o tolo desperdiça
tudo o que tem.
[21] Quem segue a justiça e a bondade
achará a vida, a justiça e a honra.
[22] O sábio escala a cidade
dos valentes
e derruba a fortaleza
em que eles confiam.
[23] Quem guarda a boca e a língua
guarda a sua alma
de muitas dificuldades.
[24] Quanto ao orgulhoso
e arrogante,
zombador é o seu nome;
ele age com orgulho e arrogância.

[25] O preguiçoso morre desejando,
porque as suas mãos
se recusam a trabalhar.
[26] O cobiçoso cobiça todo o dia,
porém o justo dá com generosidade.
[27] O sacrifício dos ímpios
já é abominação;
ainda mais quando é oferecido
com más intenções!
[28] A testemunha falsa perecerá,
mas quem sabe ouvir
falará sem ser contestado.
[29] O ímpio aparenta determinação,
mas o justo considera
o seu caminho.
[30] Não há sabedoria,
nem entendimento,
nem mesmo conselho
contra o SENHOR.
[31] O cavalo é preparado
para o dia da batalha,
mas a vitória vem do SENHOR.

22 [1] Mais vale o bom nome
do que as muitas riquezas;
ser estimado é melhor
do que a prata e o ouro.
[2] O rico e o pobre têm algo em comum:
o SENHOR fez tanto um como o outro.
[3] O prudente vê o mal e se esconde;
mas os ingênuos seguem em frente
e sofrem as consequências.
[4] A recompensa da humildade
e do temor do SENHOR
são riquezas, honra e vida.
[5] No caminho do perverso
há espinhos e armadilhas;
quem quer guardar a sua vida
afasta-se deles.
[6] Ensine a criança no caminho
em que deve andar,
e ainda quando for velho
não se desviará dele.
[7] O rico domina sobre o pobre,
e o que pede emprestado
é servo de quem empresta.
[8] O que semeia a injustiça
colhe a desgraça,
e a vara da sua indignação
será destruída.
[9] O generoso será abençoado,
porque reparte o seu pão
com os pobres.
[10] Mande embora o zombador,
e com ele se irá a discórdia;
cessarão as discussões e a vergonha.
[11] Quem ama a pureza do coração
e é habilidoso no falar
terá a amizade do rei.
[12] Os olhos do SENHOR
preservam o conhecimento,
mas ele subverte
as palavras dos infiéis.
[13] O preguiçoso diz:
"Um leão está lá fora!
Serei morto no meio da rua!"
[14] Cova profunda
é a boca da mulher estranha;
aquele contra quem
o SENHOR se irar cairá nela.
[15] A tolice está ligada ao coração
da criança,
mas a vara da disciplina a afastará dela.
[16] Quem oprime o pobre
para enriquecer a si
ou o que dá presentes ao rico
certamente empobrecerá.

TRINTA PROVÉRBIOS DOS SÁBIOS

[17] Preste atenção e ouça
as palavras dos sábios;
aplique o coração
aos meus ensinamentos.
[18] Porque será agradável
se você os guardar em seu coração
e se tiver todos eles presentes
nos seus lábios.
[19] Quero que a sua confiança
esteja no SENHOR;
por isso, hoje dou esta instrução
a você — a você mesmo.
[20] Por acaso, não lhe escrevi
trinta provérbios
de conselhos e conhecimentos?
[21] Fiz isso para que você
tenha certeza das palavras da verdade,
a fim de que possa responder
claramente aos que
lhe fizerem perguntas.

— 1 —

[22] Não roube o pobre, porque é pobre,
nem oprima o necessitado no tribunal,
[23] porque o SENHOR defenderá
a causa deles
e tirará a vida
daqueles que os exploram.

— 2 —

[24] Não faça amizade com quem
facilmente fica irado,
nem ande na companhia
de quem é agressivo,
[25] para que você não aprenda
os seus caminhos
e, assim, fique preso
numa armadilha.

— 3 —

[26] Não esteja entre os que
se comprometem
e ficam por fiadores de dívidas,
[27] pois, se você não tiver
com que pagar,
vão acabar lhe tirando
até mesmo
a cama em que costuma
se deitar!

— 4 —

[28] Não remova os marcos antigos
que os seus pais colocaram.

— 5 —

[29] Você está vendo alguém
que é habilidoso
naquilo que faz?
Ele será posto diante de reis;
não estará a serviço da plebe.

— 6 —

23 [1] Quando você se assentar
para comer
com um governador,
leve bem em conta
quem está diante de você.
[2] Encoste uma faca
na sua própria garganta,
se você é glutão.
[3] Não cobice os pratos deliciosos
que ele serve,
porque essa comida
é enganadora.

— 7 —

[4] Não se fatigue para ficar rico;
não aplique nisso
a sua inteligência.
[5] Você quer pôr os seus olhos
naquilo que não é nada?
Porque certamente
a riqueza criará asas,
como a águia que voa pelos céus.

— 8 —

[6] Não coma o pão do invejoso,
nem cobice
os seus pratos deliciosos.
[7] Porque, como imagina
em sua alma, assim ele é.
Ele diz: "Coma e beba!",
mas não está sendo sincero.
[8] Você vomitará o bocado que comeu
e terá desperdiçado
as palavras amáveis que falou.

— 9 —

[9] Não fale com um tolo,
porque ele desprezará
a sabedoria das suas palavras.

— 10 —

[10] Não remova os marcos antigos,
nem entre nos campos dos órfãos,
[11] porque o Redentor deles é forte
e defenderá a causa deles contra você.

— 11 —

[12] Aplique o seu coração ao ensino
e os seus ouvidos às palavras
do conhecimento.

— 12 —

[13] Não deixe a criança sem disciplina,
porque, se você a castigar
com a vara, ela não morrerá.
[14] Você a castigará com a vara
e livrará a alma dela do inferno.

— 13 —

15 Meu filho, se o seu coração
for sábio,
também o meu coração
se alegrará;
16 o meu íntimo exultará,
quando os seus lábios
falarem coisas retas.

— 14 —

17 Não tenha inveja dos pecadores;
pelo contrário, persevere
no temor do SENHOR todo tempo.
18 Porque certamente
haverá um futuro,
e a sua esperança
não será frustrada.

— 15 —

19 Escute, meu filho, e seja sábio;
guie o seu coração no caminho reto.
20 Não se junte com os beberrões
nem com os comilões,
21 porque os beberrões
e os comilões acabam na pobreza,
e a sonolência os levará a vestir trapos.

— 16 —

22 Escute o seu pai, que o gerou,
e não despreze a sua mãe,
quando ela envelhecer.
23 Compre a verdade
e não a venda;
compre a sabedoria, a instrução
e o entendimento.
24 O pai de um justo
fica muito feliz,
e quem gerar um filho sábio
terá nele a sua alegria.
25 Dê essa alegria ao seu pai
e à sua mãe,
e que se encha de felicidade
aquela que o deu à luz.

— 17 —

26 Meu filho, preste bem atenção
no que eu digo,
e que os seus olhos se agradem
dos meus caminhos.
27 Pois uma prostituta
é como uma cova profunda,
e a mulher estranha
é como um poço estreito.
28 Como assaltante,
ela fica à espreita
e multiplica entre os homens
os infiéis.

— 18 —

29 Para quem são os ais?
Para quem são os pesares?
Para quem são as rixas?
Para quem são as queixas?
Para quem são os ferimentos
sem motivo?
E para quem
são os olhos vermelhos?
30 Para os que se demoram em
beber vinho,
para os que andam buscando
bebida misturada.
31 Não olhe para o vinho,
quando se mostra vermelho,
quando resplandece no copo
e desce suavemente.
32 Pois no fim
morderá como a cobra
e picará como a víbora.
33 Os seus olhos verão coisas esquisitas,
e o seu coração o levará
a dizer coisas perversas.
34 Você será como o que se deita
no meio do mar
e como o que se deita
no alto do mastro do navio.
35 Você dirá: "Fui espancado,
mas não doeu;
bateram em mim,
mas eu não senti nada!
Quando vou despertar?
Então voltarei a beber."

— 19 —

24

1 Não tenha inveja dos maus
nem queira estar com eles,
2 porque o coração deles
planeja a violência,
e os seus lábios falam para ferir.

— 20 —

3 Com a sabedoria
se constrói a casa,
e com a inteligência ela se firma;
4 pelo conhecimento
os seus cômodos se encherão
de todo tipo de bens,
preciosos e agradáveis.

— 21 —

5 Quem é sábio é forte,
e aquele que tem conhecimento
consolida a sua força.
6 Porque com prudência
você deve fazer a guerra;
na multidão de conselheiros
está a vitória.

— 22 —

7 A sabedoria é elevada demais
para o insensato;
no tribunal, ele não abre a boca.

— 23 —

8 Quem só pensa em fazer o mal
será chamado "mestre de intrigas".
9 Os planos do tolo são pecado,
e o zombador é abominável
às pessoas.

— 24 —

10 Se você se mostra fraco
no dia da angústia,
é porque a sua força é pequena.

— 25 —

11 Liberte os que estão sendo
levados para a morte
e salve os que cambaleiam
ao ser levados para a matança.
12 Você poderá dizer:
"Não sabíamos de nada!"
Mas será que aquele
que pesa os corações
não o perceberá?
Aquele que atenta para a sua alma
não ficará sabendo?
E não pagará ele a cada um
segundo as suas obras?

— 26 —

13 Meu filho, coma mel,
porque é saudável,
e o favo, porque é doce
ao seu paladar.
14 Saiba que assim é a sabedoria
para a sua alma.
Se você a encontrar,
haverá um futuro,
e a sua esperança
não será frustrada.

— 27 —

15 Não espie a habitação do justo,
ó perverso,
nem destrua o lugar
do seu repouso,
16 porque sete vezes cairá o justo
e se levantará;
mas os perversos são derrubados
pela calamidade.

— 28 —

17 Quando o seu inimigo cair, não
se alegre,
nem se regozije o seu coração
quando ele tropeçar,
18 para que o Senhor não veja isso
e se desagrade,
e desvie do inimigo a sua ira.

— 29 —

19 Não se irrite
por causa dos malfeitores,
nem tenha inveja dos ímpios,
20 porque os maus
não terão futuro,
e a lâmpada dos ímpios
se apagará.

— 30 —

21 Meu filho,
tema o Senhor e o rei;
não se meta com os revoltosos,
22 porque de repente
serão destruídos,
e a ruína que virá do Senhor
e do rei,
quem a conhecerá?

MAIS ALGUNS PROVÉRBIOS DOS SÁBIOS

23 Estes também são provérbios dos sábios.

Parcialidade no julgamento
não é bom.
24 Quem disser ao ímpio:
"Você é justo"
será amaldiçoado pelos povos
e detestado pelas nações.
25 Mas haverá bem-estar
para os que repreenderem o ímpio,
e sobre eles virão grandes bênçãos.
26 Como beijo nos lábios,
assim é a resposta com
palavras sinceras.

27 Cuide dos seus negócios lá fora,
apronte a lavoura no campo
e, depois, edifique a sua casa.
28 Não testemunhe sem motivo
contra o seu próximo,
nem o engane com os seus lábios.
29 Não diga: "Vou fazer com ele
o mesmo que ele fez comigo;
pagarei a cada um segundo as suas
obras."

30 Passei pelo campo do preguiçoso
e junto à vinha do homem sem juízo.
31 Eis que tudo estava
cheio de espinhos e coberto de urtigas;
e o muro de pedra estava em ruínas.
32 Ao contemplar aquilo, eu
fiquei pensando;
olhei, e tirei a seguinte lição:
33 Um pouco de sono,
um breve cochilo,
braços cruzados para descansar,
34 e a sua pobreza
virá como um ladrão,
a miséria atacará
como um homem armado.

SÍMILES E LIÇÕES MORAIS

25 1 Também estes são provérbios de
Salomão, que foram transcritos
pelos homens a serviço de Ezequias, rei
de Judá.

2 A glória de Deus
é encobrir as coisas,
mas a glória dos reis é investigá-las.
3 Como a altura dos céus
e a profundeza da terra,
assim também o coração dos reis
é insondável.
4 Tire a escória da prata,
e sairá um vaso para o ourives;
5 tire o ímpio da presença do rei,
e o seu trono se firmará na justiça.
6 Não se glorie na presença do rei,
nem se ponha no meio dos grandes,
7 porque melhor é que lhe digam:
"Suba para cá!",
do que ser humilhado
diante do príncipe.

A respeito do que
os seus olhos viram,
8 não se apresse a levar ao tribunal,
pois, ao fim, o que é que você fará,
se o seu próximo o puser em apuros?
9 Defenda a sua causa
diretamente com o seu próximo
e não revele o segredo do outro.
10 Do contrário, quem o ouvir
poderá envergonhá-lo,
e você nunca se livrará
dessa má fama.

11 Como maçãs de ouro
em bandejas de prata,
assim é a palavra dita a seu tempo.
12 Como pendentes
e joias de ouro puro,
assim é a repreensão
dada por um sábio
a um ouvinte atento.
13 Como o frescor de neve
no tempo da colheita,
assim é o mensageiro fiel
para com os que o enviam,
porque refrigera
a alma dos seus senhores.
14 Como nuvens e ventos
que não trazem chuva,
assim é aquele que se gaba
de presentes que não deu.

Maus pensamentos são como um passarinho indesejado: até pode passar pela cabeça, mas não podemos permitir que faça ninho.

[15] Com paciência
se convence um príncipe,
e a língua branda
quebra ossos.

[16] Você encontrou mel?
Coma apenas o suficiente,
para que você não fique enjoado
e venha a vomitá-lo.
[17] Não seja frequente
na casa do seu próximo,
para que ele não se canse de você
e passe a detestá-lo.

[18] Martelo, espada e flecha aguda
é o que levanta falso testemunho
contra o seu próximo.
[19] Como dente quebrado
e pé sem firmeza,
assim é a confiança
numa pessoa desleal
em tempo de angústia.
[20] Como quem se despe num dia de frio
e como vinagre sobre feridas,
assim é o que entoa canções
para quem está aflito.
[21] Se o seu inimigo tiver fome,
dê-lhe de comer;
se tiver sede, dê-lhe de beber,
[22] porque assim você amontoará
brasas vivas sobre a cabeça dele,
e o Senhor recompensará você.
[23] O vento norte traz chuva,
e a língua que espalha calúnias
traz o rosto irado.
[24] Melhor é morar
no canto do terraço
do que com uma mulher briguenta
na mesma casa.
[25] Como água fria
para quem tem sede,
assim é a boa notícia
que vem de um país distante.
[26] Como fonte que foi turvada
e manancial contaminado,
assim é o justo que cede ao ímpio.
[27] Comer muito mel não é bom;
assim, procurar a própria honra
não é honra.
[28] Como cidade derrubada,
que não tem muralhas,
assim é aquele que não tem
domínio próprio.

O TOLO

26 [1] Como a neve no verão
e como a chuva
no tempo da colheita,
assim a honra
não fica bem a um tolo.
[2] Como o pássaro que foge
e como a andorinha no seu voo,
assim a maldição sem motivo
não se cumpre.
[3] O açoite é para o cavalo,
o freio, para o jumento,
e a vara, para as costas dos tolos.
[4] Não responda ao insensato
segundo a sua tolice,
para que você não se torne
semelhante a ele.
[5] Responda ao insensato
segundo a sua tolice,
para que ele não seja sábio
aos seus próprios olhos.
[6] Como cortar os pés e sofrer dano,
assim é mandar mensagens
por meio de um tolo.
[7] As pernas do coxo pendem bambas;
assim é o provérbio na boca dos tolos.
[8] Como amarrar a pedra na funda,
assim é dar honra a um tolo.
[9] Como o espinho que entra
na mão de um bêbado,
assim é o provérbio
na boca dos tolos.
[10] Como um flecheiro
que fere a todos,
assim é o que contrata os tolos
e os primeiros que passam.
[11] Como o cão que volta
ao seu próprio vômito,
assim é o insensato
que repete a sua tolice.
[12] Você viu alguém que é sábio
aos seus próprios olhos?
Há mais esperança para um tolo
do que para ele.

O PREGUIÇOSO

13 O preguiçoso diz:
"Um leão está no caminho!
Um leão está no meio da rua!"
14 A porta gira nas dobradiças;
o preguiçoso se vira na cama.
15 O preguiçoso põe a mão no prato
e não quer ter o trabalho
de a levar à boca.
16 O preguiçoso é mais sábio
aos seus próprios olhos
do que sete homens
que sabem responder bem.

OUTROS PROVÉRBIOS

17 Quem se mete
na discussão dos outros
é como aquele
que pega pelas orelhas
um cão que vai passando.
18 Como o louco que lança
fogo, flechas e morte,
19 assim é aquele que engana o seu
próximo
e diz: "Fiz isso por brincadeira."
20 Sem lenha, o fogo se apaga;
e, não havendo difamador,
cessa a discórdia.
21 O que o carvão é para as brasas
e a lenha é para o fogo,
o briguento é para acender
uma discussão.
22 As palavras do difamador
são comida fina,
que desce para o mais interior
do ventre.
23 Como vaso de barro
coberto de prata,
assim são os lábios amorosos
e o coração mau.
24 Quem odeia
dissimula com os lábios,
mas no seu íntimo
esconde a falsidade;
25 quando ele vier
com palavras suaves,
não acredite nele,
porque tem sete abominações
em seu coração.
26 Ainda que o seu ódio se encubra
com falsidade,
a sua maldade será exposta
aos olhos de todos.
27 Quem abre uma cova
acaba caindo nela;
e a pedra rolará sobre quem
a pôs em movimento.
28 A língua falsa odeia
aqueles a quem engana,
e a boca lisonjeira é causa de ruína.

27 1 Não se gabe do dia de amanhã,
porque você não sabe
o que ele trará à luz.
2 Deixe que outros o louvem,
e não a sua própria boca;
um estranho, e não você mesmo.
3 Pesada é a pedra,
e a areia também;
mas a ira do insensato
é mais pesada do que as duas.
4 Cruel é o furor
e impetuosa é a ira,
mas quem pode resistir à inveja?
5 Melhor é a repreensão franca
do que o amor encoberto.
6 Leais são as feridas
feitas pelo que ama,
porém os beijos de quem odeia
são enganosos.
7 Quem está farto
pisa o favo de mel,
mas para o faminto
até o amargo é doce.
8 Como a ave que vagueia
longe do seu ninho,
assim é quem anda vagueando
longe do seu lar.
9 Como o óleo e o perfume
alegram o coração,
assim o amigo encontra doçura
no conselho cordial.
10 Não abandone o seu amigo,
nem o amigo do seu pai.
Não vá para a casa
do seu irmão
no dia da adversidade;
mais vale o vizinho perto
do que o irmão longe.

[11] Meu filho, seja sábio
e alegre o meu coração,
para que eu saiba responder
àqueles que me afrontam.
[12] O prudente vê o mal
e se esconde;
mas os ingênuos seguem em frente
e sofrem as consequências.
[13] Que se tome a roupa daquele que fica
por fiador de um estranho;
que ela sirva de penhor,
quando ele se obriga
por mulher estranha.
[14] Se alguém bendiz o seu vizinho
em alta voz, logo de manhã,
a sua bênção soará como maldição.
[15] A goteira contínua
num dia chuvoso
e a esposa briguenta
são semelhantes;
[16] contê-la seria conter o vento,
seria pegar o óleo com a mão.
[17] O ferro se afia com ferro,
e uma pessoa, pela presença
do seu próximo.
[18] Quem cuida da figueira
comerá do seu fruto;
e o que trata bem o seu senhor
será honrado.
[19] Como a água reflete o rosto,
assim o coração reflete
o que a pessoa é.
[20] O mundo dos mortos e o abismo
nunca se fartam,
e os olhos do ser humano
nunca se satisfazem.
[21] Como o crisol prova a prata
e o forno prova o ouro,
assim o homem é provado
pelos elogios que recebe.
[22] Mesmo que você moesse o insensato
como se soca o cereal num pilão,
a tolice não se afastaria dele.
[23] Procure conhecer
o estado das suas ovelhas
e cuide dos seus rebanhos,
[24] porque as riquezas
não duram para sempre,
nem a coroa, de geração em geração.
[25] Quando o feno for removido,
aparecerem os renovos
e se recolher o capim dos montes,
[26] então os cordeiros lhe darão
a lã para a roupa,
os bodes serão vendidos
para pagar o campo
[27] e as cabras produzirão leite
em abundância
para alimentar você,
alimentar a sua casa
e sustentar as suas servas.

28

[1] Os ímpios fogem, mesmo quando
ninguém os persegue,
mas o justo é corajoso
como o leão.
[2] Por causa da transgressão da terra,
mudam-se frequentemente
os príncipes,
mas por um,
sábio e prudente,
a ordem é mantida.
[3] O pobre que oprime os pobres
é como chuva torrencial
que destrói as colheitas.
[4] Os que abandonam a lei
elogiam os ímpios,
mas os que guardam a lei
se indignam contra eles.
[5] Os maus não entendem o que é justo,
mas os que buscam o Senhor
entendem tudo.
[6] Melhor é o pobre
que anda na sua integridade
do que o perverso,
nos seus caminhos,
ainda que seja rico.
[7] Quem guarda a lei
é filho inteligente,
mas o companheiro dos comilões
envergonha o seu pai.
[8] Quem aumenta os seus bens
com juros e ganância
ajunta-os para o que se compadece
dos pobres.
[9] Quem desvia os ouvidos
de ouvir a lei,
até a sua oração
será abominável.

10 Quem desvia os retos
para o mau caminho,
ele mesmo cairá na cova que fez;
mas os íntegros herdarão o bem.
11 O homem rico é sábio
aos seus próprios olhos;
mas o pobre que é sábio
o conhece muito bem.
12 Quando os justos triunfam,
há grande alegria;
mas, quando os maus se levantam,
as pessoas se escondem.
13 Quem encobre as suas transgressões
jamais prosperará;
mas o que as confessa e abandona
alcançará misericórdia.
14 Feliz é aquele que sempre
teme o Senhor;
mas o que endurece o seu coração
cairá na desgraça.
15 Como leão que ruge e urso que ataca,
assim é o ímpio que domina
sobre um povo pobre.
16 O príncipe sem juízo
aumenta a opressão,
mas o que odeia a avareza
viverá muitos anos.
17 O assassino carregado de culpa
fugirá até a cova;
que ninguém o detenha!
18 Quem anda em integridade será salvo,
mas o perverso em seus caminhos
cairá logo.
19 O que lavra a sua terra
terá pão em abundância,
mas quem corre atrás de coisas sem valor
se fartará de pobreza.
20 O homem fiel será cumulado
de bênçãos,
mas quem tem pressa de enriquecer
não ficará sem castigo.
21 Parcialidade não é bom,
porque uma pessoa
é capaz de transgredir
até por um bocado de pão.
22 O ganancioso corre
atrás das riquezas,
mas não sabe que a pobreza
há de vir sobre ele.
23 Quem repreende alguém
achará depois mais favor
do que aquele que só lisonjeia.
24 Quem rouba o seu pai
ou a sua mãe
e diz: "Não é pecado",
esse é companheiro do destruidor.
25 O cobiçoso provoca discórdias,
mas o que confia no Senhor
prosperará.
26 Quem confia
no seu próprio coração é tolo,
mas o que anda em sabedoria
será salvo.
27 Quem dá aos pobres
não passará necessidade,
mas o que fecha os olhos para eles
será coberto de maldições.

28 Quando os maus se levantam,
as pessoas se escondem,
mas, quando eles perecem,
os justos se multiplicam.

29 1 Quem teima em rejeitar
a repreensão
será destruído de repente
sem que haja remédio.
2 Quando os justos se multiplicam,
o povo se alegra;
quando o ímpio domina,
então o povo lamenta.
3 Quem ama a sabedoria
alegra o seu pai,
mas o companheiro de prostitutas
desperdiça os bens.
4 O rei justo
traz estabilidade ao país,
mas o amigo de impostos
o leva à ruína.
5 Quem lisonjeia o seu próximo
está armando uma rede
para os seus pés.
6 Na transgressão do homem mau,
há uma armadilha,
mas o justo canta e se alegra.
7 O justo se interessa
pelo direito dos pobres,
mas o ímpio não se importa
com isso.

[8] Os zombadores
alvoroçam a cidade,
mas os sábios acalmam os ânimos.
[9] Se o sábio discute
com um insensato,
quer este se enfureça, quer se ria,
não haverá descanso.
[10] Os homens sanguinários
odeiam o íntegro,
mas os retos procuram o seu bem.
[11] O tolo derrama toda a sua ira,
mas o sábio se domina e a reprime.
[12] Se um governador dá atenção
a palavras mentirosas,
todos os seus servos
virão a ser perversos.
[13] O pobre e o seu opressor
têm algo em comum:
é o Senhor quem dá luz
aos olhos de ambos.
[14] O rei que julga os pobres
segundo a verdade
firmará o seu trono para sempre.
[15] A vara e a disciplina
dão sabedoria,
mas a criança entregue a si mesma
envergonha a sua mãe.
[16] Quando os ímpios
se multiplicam,
multiplicam-se as transgressões,
mas os justos verão a ruína deles.
[17] Corrija o seu filho,
e você terá descanso;
ele será um prazer para a sua alma.
[18] Não havendo profecia,
o povo se corrompe;
mas o que guarda a lei,
esse é feliz.
[19] O servo não se emendará
com palavras,
porque, mesmo que entenda,
não obedecerá.
[20] Você viu alguém que é
precipitado no falar?
Há mais esperança para um tolo
do que para ele.
[21] Se alguém mimar o escravo
desde a infância,
por fim ele vai querer ser filho.
[22] A pessoa colérica
provoca discórdias,
e quem facilmente fica irado
multiplica as transgressões.
[23] O orgulho do ser humano o abaterá,
mas o humilde de espírito
obterá honra.
[24] Quem tem parte com um ladrão
odeia a própria alma;
mesmo ouvindo a maldição,
permanece calado.
[25] Quem tem medo dos outros
cai numa armadilha,
mas o que confia no Senhor
está seguro.
[26] Muitos buscam o favor
daquele que governa,
mas a justiça do Senhor vem para todos.
[27] Para os justos,
a pessoa iníqua é abominação,
e o reto em seu caminho
é abominação ao ímpio.

AS PALAVRAS DE AGUR

30 [1] Palavras de Agur, filho de Jaque,
de Massá.

O homem disse: "Estou cansado, ó Deus;
estou cansado, ó Deus, e exausto
[2] porque sou demasiadamente
estúpido para ser homem.
Não tenho a inteligência
de um ser humano,
[3] não aprendi a sabedoria,
nem tenho o conhecimento do Santo.
[4] Quem subiu ao céu e desceu?
Quem pegou o vento com as suas mãos?
Quem amarrou as águas na sua roupa?
Quem estabeleceu
todas as extremidades da terra?
Qual é o seu nome,
e qual é o nome de seu filho,
se é que você o sabe?

[5] Toda palavra de Deus é pura.
Ele é escudo para os que nele confiam.
[6] Não acrescente nada às suas palavras,
para que ele não o repreenda,
e você seja achado mentiroso."

UMA ORAÇÃO

7 Duas coisas te peço, ó Deus;
não recuse o meu pedido,
antes que eu morra:
8 afasta de mim a falsidade
e a mentira;
não me dês nem a pobreza
nem a riqueza;
dá-me o pão
que me for necessário,
9 para não acontecer que,
estando eu farto, te negue
e diga: "Quem é o SENHOR?"
Ou que, empobrecido, venha a furtar
e profane o nome de Deus.

OUTROS PROVÉRBIOS

10 Não calunie o servo
diante de seu senhor,
para que você não seja
amaldiçoado por aquele servo
e seja visto como culpado.

11 Há pessoas que amaldiçoam
o próprio pai
e que não bendizem a própria mãe.
12 Há pessoas que são puras
aos próprios olhos
e que jamais foram lavadas
da sua sujeira.
13 Há pessoas cujos olhos
são arrogantes
e que olham para os outros
com desdém!
14 Há pessoas cujos dentes
são espadas,
e cujas mandíbulas são facas,
para consumirem os aflitos da terra
e os necessitados deste mundo.
15 A sanguessuga tem duas filhas,
que se chamam Dá e Dá.

Há três coisas que nunca se fartam;
na verdade, há quatro
que nunca dizem: "Basta!"
16 Elas são o mundo dos mortos,
o ventre estéril,
a terra, que não se farta de água,
e o fogo, que nunca diz: "Basta!"

17 Os olhos de quem zomba do pai
ou de quem nega obediência
à sua mãe,
corvos do vale os arrancarão
e pelos filhotes da águia
serão comidos.

18 Há três coisas que são
maravilhosas demais para mim;
na verdade, há quatro
que eu não entendo:
19 o caminho da águia no céu,
o caminho da cobra na rocha,
o caminho do navio
no meio do mar
e o caminho do homem
com uma moça.
20 Tal é o caminho
da mulher adúltera:
come, limpa a boca
e depois diz:
"Não fiz nada de errado!"

21 Três coisas fazem a terra tremer;
na verdade, são quatro
que ela não pode suportar:
22 o escravo que se torna rei;
o insensato que anda farto de pão;
23 a mulher desprezada que se casa;
e a escrava que se torna
herdeira da sua senhora.

24 Há quatro coisas bem pequenas
na terra,
mas que são mais sábias do que
os sábios:
25 as formigas, povo sem força,
mas que no verão
prepara a sua comida;
26 os arganazes,
povo que não é poderoso,
mas que faz a sua casa nas rochas;
27 os gafanhotos, que não têm rei,
mas que marcham
todos em bandos;
28 a lagartixa, que se pode apanhar
com as mãos,
mas que se encontra
até nos palácios dos reis.

Mulher, não permita que seu coração se perturbe.

29 Há três que têm passo elegante;
na verdade, quatro
que são imponentes no andar:
30 o leão, o mais forte dos animais,
que não foge diante de nada;
31 o galo, que anda ereto; o bode;
e o rei, a quem não se pode resistir.

32 Se você foi tolo
a ponto de se exaltar
ou se planejou o mal,
ponha a mão sobre a sua boca.
33 Porque o bater do leite
produz manteiga,
o torcer do nariz produz sangue
e o instigar a ira produz brigas.

CONSELHOS PARA O REI LEMUEL

31 1 Palavras do rei Lemuel, de Massá,
que a mãe dele lhe ensinou.

2 O que lhe direi, meu filho,
filho do meu ventre?
Que lhe direi,
ó filho dos meus votos?
3 Não dê às mulheres a sua força,
nem os seus caminhos
às que destroem os reis.
4 Não é próprio dos reis,
ó Lemuel,
não é próprio dos reis
beber vinho,
nem dos príncipes
desejar bebida forte.
5 Quando eles bebem,
se esquecem da lei
e pervertem o direito
de todos os aflitos.
6 Deem bebida forte
aos que estão morrendo
e vinho, aos amargurados
de espírito;
7 para que bebam
e se esqueçam da sua pobreza,
e não se lembrem mais
da sua miséria.
8 Abra a boca a favor do mudo,
pelo direito de todos
os desamparados.
9 Abra a boca, julgue retamente
e faça justiça aos pobres
e aos necessitados.

O LOUVOR DA MULHER VIRTUOSA

10 Mulher virtuosa,
quem a achará?
O seu valor muito excede
o de finas joias.
11 O coração do seu marido
confia nela,
e não haverá falta de ganho.
12 Ela lhe faz bem e não mal,
todos os dias da sua vida.
13 Busca lã e linho
e de bom grado trabalha
com as mãos.
14 É como o navio mercante:
de longe traz o seu pão.
15 É ainda noite,
e ela já se levanta,
e dá mantimento à sua casa
e tarefa às suas servas.
16 Ela examina uma propriedade
e adquire-a;
planta uma vinha
com a renda do seu trabalho.
17 Cinge os lombos com força
e fortalece os seus braços.
18 Ela percebe
que o seu ganho é bom;
a sua lâmpada
não se apaga de noite.
19 Estende as mãos ao fuso,
mãos que pegam na roca.
20 Abre a mão aos aflitos;
e ainda a estende
aos necessitados.
21 Quanto à sua casa,
não teme a neve,
pois todos andam
vestidos de lã escarlate.
22 Faz para si cobertas,
veste-se de linho fino
e de púrpura.
23 Seu marido é estimado
entre os juízes,
quando se assenta
com os anciãos da terra.

[24] Ela faz roupas
de linho fino e as vende;
ela fornece cintas
aos comerciantes.
[25] A força e a dignidade
são os seus vestidos,
e, quanto ao dia de amanhã,
não tem preocupações.
[26] Fala com sabedoria,
e a instrução da bondade
está na sua língua.
[27] Cuida do bom andamento
da sua casa
e não come o pão da preguiça.
[28] Seus filhos se levantam
e a chamam de bem-aventurada;
seu marido a louva, dizendo:
[29] "Muitas mulheres são virtuosas
no que fazem,
mas você supera todas elas."
[30] Enganosa é a graça,
e vã é a formosura,
mas a mulher que teme o SENHOR,
essa será louvada.
[31] Deem a ela
o fruto das suas mãos,
e que de público
as suas obras a louvem.

Livros Poéticos

Eclesiastes

Livro 21 com **12** CAPÍTULOS

"A INSIGNIFICÂNCIA DA VIDA SEM DEUS"

OBJETIVO DO LIVRO

Refletir sobre a futilidade e a transitoriedade da vida humana quando vivida sem o temor a Deus. Eclesiastes examina a busca pelo significado e a satisfação em um mundo imperfeito e muitas vezes injusto.

AUTORIA

A tradição atribui a autoria a Salomão, o filho de Davi, conhecido por sua sabedoria (Ec 1.1,12). No entanto, alguns estudiosos sugerem que o livro pode ter sido escrito por um autor posterior, influenciado pela sabedoria salomônica.

SIGNIFICADO DO TÍTULO

O termo "Eclesiastes" vem do grego e significa "pregador" ou "membro da assembleia". Na Bíblia hebraica, o livro se chama *Qohelet*, isto é, "pregador" ou "professor".

ECLESIASTES E CRISTO

Eclesiastes destaca a insuficiência da vida sem Deus e a busca por sentido, que é plenamente satisfeita em Jesus (Jo 10.10; 8.12). O livro menciona o julgamento final, cumprido por Cristo como juiz (At 17.31). Além disso, Jesus resolve a inquietação existencial descrita em Eclesiastes (Mt 11.28-30).

ESTRUTURA DO LIVRO

- ★ A futilidade de tudo Ec 1.1-11
- ★ Busca pela sabedoria Ec 1.12-18
- ★ Prazer e trabalho Ec 2
- ★ Tempos e estações Ec 3
- ★ Justiça e maldade Ec 4
- ★ Cumprimento dos votos Ec 5.1-7
- ★ Riqueza e pobreza Ec 5.8-20
- ★ O valor da sabedoria Ec 6—7
- ★ Obediência ao rei Ec 8
- ★ Incerteza da vida Ec 9.1-12
- ★ Sabedoria e loucura Ec 9.13—10
- ★ Generosidade e juventude Ec 11
- ★ Temor a Deus e conclusão Ec 12

TUDO É VAIDADE

1 1 Palavras do Pregador, filho de Davi, rei
de Jerusalém.

2 Vaidade de vaidades,
diz o Pregador.
Vaidade de vaidades!
Tudo é vaidade.
3 Que proveito alguém tem
de todo o seu trabalho,
com que se afadiga debaixo do sol?
4 Geração vai e geração vem,
mas a terra permanece
para sempre.
5 O sol se levanta, e o sol se põe,
e volta ao seu lugar,
onde nasce de novo.
6 O vento vai para o sul
e faz o seu giro para o norte;
dá voltas e mais voltas
e retorna aos seus circuitos.
7 Todos os rios correm para o mar,
e o mar não se enche;
ao lugar para onde correm os rios,
para lá eles voltam a correr.
8 Todas as coisas são canseiras tais,
que ninguém as pode exprimir;
os olhos não se fartam de ver,
nem os ouvidos
se enchem de ouvir.
9 O que foi é o que há de ser;
e o que se fez, isso se tornará a fazer;
não há nada de novo debaixo do sol.
10 Será que existe alguma coisa
de que se possa dizer:
"Veja! Isto é novo!"?
Não! Já existiu em tempos passados,
muito antes de nós.
11 Já não há lembrança
das coisas que se foram;
e das coisas que ainda virão
também não haverá memória
entre os que hão de vir depois delas.

A EXPERIÊNCIA DO PREGADOR

12 Eu, o Pregador, venho sendo rei de Israel,
em Jerusalém. 13 Dediquei-me a investigar
e a me informar com sabedoria a respeito
de tudo o que se faz debaixo do céu. Que
enfadonho trabalho Deus impôs aos filhos
dos homens, para com ele os afligir!
14 Vi todas as obras que se fazem debaixo
do sol, e eis que tudo é vaidade e correr atrás
do vento.

15 Aquilo que é torto
não pode ser endireitado;
e o que falta
não pode ser contado.

16 Eu disse a mim mesmo: "Eu me tornei
importante e superei em sabedoria todos os
que governaram em Jerusalém antes de mim.
O meu coração tem tido larga experiência
da sabedoria e do conhecimento." 17 Assim,
procurei conhecer a sabedoria e saber o que
é a tolice e a falta de juízo; mas descobri que
também isto é correr atrás do vento.

18 Porque na muita sabedoria
há muito enfado;
e quem aumenta
o seu conhecimento
aumenta também a sua dor.

A VAIDADE DAS RIQUEZAS

2 1 Eu disse a mim mesmo: "Vamos! Prove
a alegria; procure ser feliz." Mas também
isso era vaidade. 2 Concluí que o riso é tolice
e que a alegria não serve para nada. 3 Resolvi
no meu coração entregar-me ao vinho, sem
deixar de me guiar pela sabedoria e de me
apoderar da loucura, até descobrir o que de
bom os filhos dos homens poderiam fazer
debaixo do céu, durante os poucos dias da
sua vida.

4 Empreendi grandes obras. Construí casas
e plantei vinhas para mim. 5 Fiz jardins e
pomares para mim e neles plantei árvores
frutíferas de toda espécie. 6 Fiz para mim tan-
ques de águas, para com eles regar o bosque
em que reverdeciam as árvores. 7 Comprei
escravos e escravas e tive escravos que nas-
ceram em minha casa. Também tive bois
e ovelhas, mais do que tiveram todos os
que viveram em Jerusalém antes de mim.
8 Amontoei também para mim prata e ouro e
tesouros de reis e de províncias. Provi-me de

cantores e cantoras e das delícias dos filhos
dos homens: mulheres e mais mulheres.
9 Eu me tornei importante e superei todos
os que viveram antes de mim em Jerusalém;
e a minha sabedoria nunca me abandonou.
10 Tudo aquilo que os meus olhos desejaram
eu não lhes neguei, nem privei o meu coração
de alegria alguma, pois eu me alegrava com
todas as minhas fadigas, e isso era a recom-
pensa por todas elas. 11 Considerei todas as
obras que as minhas mãos fizeram, e também
o trabalho que eu, com fadigas, havia feito; e
eis que tudo era vaidade e correr atrás do vento,
e nenhum proveito havia debaixo do sol.

A VAIDADE DA SABEDORIA

12 Então passei a refletir sobre a sabedoria,
a tolice e a falta de juízo. O que poderá fazer
o sucessor do rei? O mesmo que outros já
fizeram. 13 Então vi que a sabedoria é mais
proveitosa do que a falta de juízo, assim
como a luz traz mais proveito do que as
trevas. 14 O sábio tem os seus olhos bem
abertos, enquanto o tolo anda em trevas;
contudo, entendi que a mesma coisa acon-
tece com ambos.

15 Aí eu disse a mim mesmo: "O que acon-
tece com o tolo acontece comigo também; de
que adianta, então, ser sábio?" Então eu disse
a mim mesmo que também isso era vaidade.
16 Pois nem o sábio nem o tolo serão lembra-
dos para sempre; pois, passados alguns dias,
tudo cai no esquecimento. Ah! O sábio morre
do mesmo modo que o tolo! 17 Por isso perdi o
gosto pela vida, pois me foi pesado demais o
trabalho que se faz debaixo do sol. Sim, tudo
é vaidade e correr atrás do vento.

A VAIDADE DO TRABALHO

18 Também perdi o gosto por todo o meu
trabalho, com que me afadiguei debaixo do
sol, pois o resultado de tudo isso ficará para
quem vier depois de mim. 19 E quem pode
dizer se ele será um sábio ou um tolo? No
entanto, ele terá domínio sobre todo o ganho
das minhas fadigas e sabedoria debaixo do
sol. Também isto é vaidade.

20 Então tratei de fazer com que o meu cora-
ção perdesse a esperança de todo trabalho
com que me afadiguei debaixo do sol. 21 Por-
que uma pessoa pode fazer o seu trabalho
com sabedoria, conhecimento e habilidade,
mas deixará o seu ganho como herança a
quem por ele não se esforçou. Também isto
é vaidade e grande mal. 22 Pois que proveito
alguém tem de todo o seu trabalho e da
fadiga do seu coração, em que anda traba-
lhando debaixo do sol? 23 Porque todos os
seus dias são cheios de dor, e o seu trabalho
é desgosto; nem de noite o seu coração des-
cansa. Também isto é vaidade.

24 Não há nada melhor para o ser humano
do que comer, beber e fazer com que a sua
alma desfrute o que conseguiu do seu tra-
balho. No entanto, vi também que isto vem
da mão de Deus, 25 pois, separado deste,
quem pode comer ou quem pode alegrar-se?
26 Porque Deus dá sabedoria, conhecimento
e prazer à pessoa que lhe agrada; mas ao
pecador dá trabalho, para que ele ajunte e
amontoe, a fim de dar àquele que agrada a
Deus. Também isto é vaidade e correr atrás
do vento.

TEMPO PARA TUDO

3 1 Tudo tem o seu tempo determinado,
e há tempo para todo propósito
debaixo do céu:

2 há tempo de nascer e tempo de morrer;
tempo de plantar e tempo de arrancar
o que se plantou;
3 tempo de matar e tempo de curar;
tempo de derrubar e tempo de construir;
4 tempo de chorar e tempo de rir;
tempo de prantear
e tempo de saltar de alegria;
5 tempo de espalhar pedras
e tempo de ajuntar pedras;
tempo de abraçar
e tempo de deixar de abraçar;
6 tempo de procurar
e tempo de perder;
tempo de guardar e tempo de jogar fora;
7 tempo de rasgar e tempo de costurar;
tempo de ficar calado e tempo de falar;
8 tempo de amar e tempo de odiar;
tempo de guerra
e tempo de paz.

O SER HUMANO NÃO CONHECE O SEU TEMPO DETERMINADO

9 Que proveito tem o trabalhador naquilo com que se afadiga? 10 Vi o trabalho que Deus impôs aos filhos dos homens, para com ele os afligir. 11 Deus fez tudo formoso no seu devido tempo. Também pôs a eternidade no coração do ser humano, sem que este possa descobrir as obras que Deus fez desde o princípio até o fim. 12 Sei que não há nada melhor para o ser humano do que alegrar-se e aproveitar a vida ao máximo. 13 Sei também que poder comer, beber e desfrutar o que se conseguiu com todo o trabalho é dom de Deus. 14 Sei que tudo o que Deus faz durará eternamente, sem que nada possa ser acrescentado nem tirado, e que Deus faz isto para que as pessoas o temam. 15 O que é já foi, e o que será também já foi; Deus fará vir outra vez o que já passou.

O FIM DE SERES HUMANOS E ANIMAIS

16 Vi ainda debaixo do sol que no lugar do juízo reinava a maldade e no lugar da justiça havia mais maldade. 17 Então eu disse a mim mesmo: "Deus julgará o justo e o ímpio; porque há um tempo para todo propósito e para toda obra." 18 Eu disse mais: "Isto é por causa dos filhos dos homens, para que Deus os prove, e eles vejam que são em si mesmos como os animais." 19 Porque o mesmo que acontece com os filhos dos homens acontece com os animais: como morre um, assim morre o outro. Todos têm o mesmo fôlego de vida, e o ser humano não tem nenhuma vantagem sobre os animais. Porque tudo é vaidade. 20 Todos vão para o mesmo lugar; todos procedem do pó e ao pó voltarão. 21 Quem sabe se o fôlego de vida dos filhos dos homens se dirige para cima e o dos animais para baixo, para a terra? 22 Assim, percebi que não há nada melhor para o ser humano do que desfrutar do seu trabalho, porque essa é a sua recompensa. Pois quem o fará voltar para ver o que será depois dele?

AS TRIBULAÇÕES DA VIDA

4 1 Vi ainda todas as opressões praticadas debaixo do sol: vi as lágrimas dos que foram oprimidos, sem que ninguém os consolasse; vi a violência na mão dos opressores, sem que ninguém consolasse os oprimidos. 2 Por isso considero mais felizes os que já morreram, mais do que os que ainda vivem. 3 Porém mais feliz do que uns e outros é aquele que ainda não nasceu e não viu as más obras que se fazem debaixo do sol.

4 Então vi que toda fadiga e toda habilidade no trabalho provêm da inveja do ser humano contra o seu próximo. Também isto é vaidade e correr atrás do vento.

5 O tolo cruza os braços e destrói a si mesmo.

6 Melhor é um punhado de descanso do que ambas as mãos cheias de trabalho e correr atrás do vento.

7 Então considerei outra vaidade debaixo do sol: 8 um homem sem ninguém, que não tem filhos nem irmãos, mas que não cessa de trabalhar e cujos olhos não se fartam de riquezas. E ele não pergunta: "Para quem estou trabalhando, se não aproveito as coisas boas da vida?" Também isto é vaidade e enfadonho trabalho.

9 Melhor é serem dois do que um, porque maior é o pagamento pelo seu trabalho. 10 Porque se caírem, um levanta o companheiro. Mas ai do que estiver só, pois, caindo, não haverá quem o levante. 11 Também, se dois dormirem juntos, eles se aquecerão; mas, se for um sozinho, como se aquecerá? 12 Se alguém quiser dominar um deles, os dois poderão resistir; o cordão de três dobras não se rompe com facilidade.

13 Melhor é o jovem pobre e sábio do que o rei velho e tolo, que já não se deixa admoestar. 14 Porque ele saiu da prisão para reinar, embora tenha nascido pobre em seu reino. 15 Vi todos os viventes que andam debaixo do sol com o jovem sucessor, que ficará em lugar do rei. 16 Era sem conta todo o povo que ele dominava, mas os que virão depois não estarão contentes com ele. Na verdade, também isto é vaidade e correr atrás do vento.

CUIDADO COM OS VOTOS PRECIPITADOS

5 1 Guarde o pé, quando você entrar na Casa de Deus. Chegar-se para ouvir é

Reter o perdão fecha as portas das bênçãos e dá lugar a uma coleção de amarguras e ressentimentos.

melhor do que oferecer um sacrifício de tolos, que fazem o mal sem se dar conta. 2 Que a sua boca não se precipite, nem se apresse o seu coração em pronunciar uma palavra diante de Deus. Porque Deus está nos céus, e você, aqui na terra. Portanto, sejam poucas as suas palavras. 3 Porque das muitas preocupações vêm os sonhos, e do muito falar, palavras tolas.

4 Quando você fizer algum voto a Deus, não demore a cumpri-lo, pois ele não se agrada de tolos. Cumpra o voto que você faz. 5 Melhor é não fazer voto do que fazer e não cumprir. 6 Não consinta que a sua boca o leve a pecar, nem diga ao mensageiro de Deus que foi descuido. Por que fazer com que Deus fique irado por causa do que você diz e deixar que ele destrua o que você fez? 7 Porque, como na multidão dos sonhos há vaidade, assim também nas muitas palavras. Portanto, tema a Deus.

A VAIDADE DAS RIQUEZAS

8 Se você notar em alguma província opressão de pobres e roubo em lugar do direito e da justiça, não fique admirado com isso; porque o que está num posto elevado tem acima de si outro mais elevado que o explora, e sobre estes há ainda outros mais elevados que também exploram. 9 O proveito da terra é para todos; até o rei se serve do campo.

10 Quem ama o dinheiro jamais se fartará de dinheiro; e quem ama a abundância nunca ficará satisfeito com o que ganha. Também isto é vaidade. 11 Onde os bens se multiplicam, também se multiplicam os que deles comem. E que proveito têm os donos, a não ser o de ver esses bens com os seus olhos? 12 Doce é o sono do trabalhador, quer coma pouco, quer muito; mas a fartura do rico não o deixa dormir.

13 Há um grave mal que vi debaixo do sol: as riquezas que os seus donos guardam para o seu próprio prejuízo. 14 E, se essas riquezas se perdem num mau negócio, o filho que esse homem gerou ficará de mãos vazias. 15 Como saiu do ventre de sua mãe, a saber, nu, assim voltará, indo-se como veio; e do seu trabalho nada poderá levar consigo. 16 Também isto é um grave mal: precisamente como veio, assim ele vai. E que proveito terá de haver trabalhado para o vento? 17 Em todos os seus dias, comeu o seu pão nas trevas, com muito enfado, com enfermidades e indignação.

18 Eis o que eu vi: boa e bela coisa é comer e beber e desfrutar o que conseguiu de todo o seu trabalho, com que se afadigou debaixo do sol, durante os poucos dias da vida que Deus lhe deu; porque esta é a sua porção. 19 Quanto àquele a quem Deus conferiu riquezas e bens e lhe deu poder para deles comer, receber a sua porção e desfrutar do seu trabalho, isto é dom de Deus. 20 Porque não ficará pensando muito nos dias da sua vida, pois Deus lhe enche o coração de alegria.

6 1 Há um mal que vi debaixo do sol e que pesa sobre a humanidade: 2 aquele a quem Deus conferiu riquezas, bens e honra, e nada lhe falta de tudo o que a sua alma deseja, mas Deus não lhe concede que desfrute disso; ficará para um estranho. Também isto é vaidade e grande mal.

3 Se alguém gerar cem filhos e viver muitos anos, até uma idade avançada, e se a sua alma não se fartar do bem, e além disso não tiver sepultura, digo que um aborto é mais feliz do que ele. 4 Pois o aborto vem ao mundo para nada e desaparece na calada da noite, e as trevas encobrem o seu nome. 5 Não viu o sol, nada conhece, porém tem mais descanso do que o outro, 6 ainda que aquele vivesse duas vezes mil anos, mas não desfrutasse do bem. Por acaso, não vão todos para o mesmo lugar?

7 Todo trabalho do ser humano é para a sua boca; contudo, o seu apetite nunca se satisfaz. 8 Pois que vantagem tem o sábio sobre o tolo? Ou o pobre que sabe como sobreviver? 9 Melhor é o que os olhos veem do que aquilo que a alma deseja. Também isto é vaidade e correr atrás do vento.

10 Tudo o que agora existe já recebeu um nome há muito tempo. E sabe-se o que é o ser humano, e que não pode enfrentar quem é mais forte do que ele. 11 Quando aumentam as palavras, aumenta a vaidade. Qual o proveito que se tem disso? 12 Pois quem sabe o que é bom para uma pessoa durante

os poucos dias da sua vida de vaidade, os
quais ela gasta como sombra? Quem poderá
lhe dizer o que vai acontecer debaixo do sol
depois que ela morrer?

A SABEDORIA E A TOLICE

7 1 A boa fama é melhor
do que um bom perfume,
e o dia da morte é melhor
do que o dia do nascimento.
2 Melhor é ir à casa onde há luto
do que ir à casa onde há banquete,
pois naquela se vê o fim
de todas as pessoas;
e que os vivos o tomem
em consideração.
3 Melhor é a mágoa do que o riso,
porque com a tristeza do rosto
se melhora o coração.
4 O coração dos sábios está na casa do luto,
mas o dos insensatos, na casa da alegria.
5 Melhor é ouvir a repreensão do sábio
do que ouvir a canção dos tolos.
6 Pois, como o crepitar dos espinhos
debaixo de uma panela,
assim é a risada dos tolos.
Também isto é vaidade.
7 Certamente a opressão
faz do sábio um tolo,
e o suborno corrompe o coração.
8 Melhor é o fim das coisas
do que o seu princípio;
a paciência é melhor
do que a arrogância.
9 Não se apresse em ficar irado,
porque a ira se abriga no íntimo dos tolos.
10 Nunca pergunte: "Por que
os dias passados foram
melhores que os de agora?"
Pois não é sábio fazer essa pergunta.
11 Boa é a sabedoria, havendo herança;
ela é proveitosa para os que veem o sol.
12 A sabedoria protege,
do mesmo modo que o dinheiro;
mas a vantagem da sabedoria
é que ela dá vida a quem a possui.
13 Observe as obras de Deus,
pois quem poderá endireitar
o que ele fez torto?
14 No dia da prosperidade, seja feliz;
mas, no dia da adversidade,
considere que Deus fez
tanto este como aquele,
para que o ser humano
não descubra nada
do que há de vir depois dele.

15 Tudo isto vi nos dias da minha vaidade:
há justos que perecem na sua justiça, e há
ímpios que prolongam os seus dias na sua
maldade. 16 Não seja demasiadamente justo,
nem exageradamente sábio; por que você
destruiria a si mesmo? 17 Não seja demasiada-
mente perverso, nem seja tolo; por que você
morreria antes da sua hora? 18 Bom é que você
retenha isto e também não abra mão daquilo;
pois quem teme a Deus sai ileso de tudo isto.
19 A sabedoria fortalece o sábio, mais
do que dez poderosos que se encontram
numa cidade.
20 Não há nenhum justo sobre a terra que
faça o bem e que não peque.
21 Não dê atenção a todas as palavras que
se dizem, para que você não venha a ouvir
o seu servo amaldiçoando você. 22 E você
sabe que muitas vezes você mesmo já amal-
diçoou os outros.
23 Tudo isto examinei por meio da sabedo-
ria. Eu disse: "Serei sábio." Mas a sabedoria
estava longe de mim. 24 O que está longe e
é muito profundo, quem o poderá encon-
trar? 25 Procurei conhecer, investigar, buscar a
sabedoria e a razão, e compreender que
a maldade é estupidez e a tolice é loucura.
26 Achei coisa mais amarga do que a morte:
a mulher cujo coração é rede e armadilha e
cujas mãos são correntes. Quem agrada a
Deus fugirá dela, mas o pecador virá a ser
seu prisioneiro.
27 Eis o que descobri, diz o Pregador, confe-
rindo uma coisa com outra, para a respeito
delas formar o meu juízo, 28 juízo que ainda
procuro e não encontrei: entre mil homens
achei um como esperava, mas entre tan-
tas mulheres não achei nem sequer uma.
29 O que descobri é tão somente isto: que
Deus fez o ser humano reto, mas ele se
meteu em muitos problemas.

8 1 Quem é como o sábio? E quem sabe a
interpretação das coisas? A sabedoria
faz reluzir o rosto de uma pessoa e muda a
dureza do seu semblante.

A OBEDIÊNCIA AO REI

2 Eu digo a você: observe o mandamento
do rei, e isso por causa do juramento que
você fez diante de Deus. 3 Não tenha pressa
em sair da presença dele, nem insista em
fazer o que é mau, porque ele faz o que bem
entende. 4 Porque a palavra do rei tem auto-
ridade suprema. Quem pode lhe perguntar:
"O que você está fazendo?" 5 Quem guarda
o mandamento não experimenta nenhum
mal; e o coração do sábio conhece o tempo e
o modo certo de agir. 6 Porque há um tempo
e um modo para todo propósito; porque é
grande o mal que pesa sobre o ser humano.
7 Ninguém sabe o que vai acontecer. Pois
quem poderá lhe dizer o que vai acontecer?
8 Não há ninguém que tenha domínio sobre
o espírito para o reter; nem tampouco quem
tenha poder sobre o dia da morte. Não há
como escapar desse combate, e a maldade
não poderá livrar os que a praticam. 9 Tudo
isso vi quando comecei a pensar no que se
faz debaixo do sol. Há um tempo em que
uma pessoa tem domínio sobre outra pes-
soa, para seu próprio mal.

AS DESIGUALDADES DA VIDA

10 Assim também vi os ímpios serem
sepultados com honra, ao passo que os que
frequentavam o lugar santo foram esqueci-
dos na cidade onde fizeram o bem. Também
isto é vaidade. 11 Como não se executa logo
a sentença contra uma obra má, o coração
humano está inteiramente disposto a prati-
car o mal. 12 Ainda que o pecador faça o mal
cem vezes, e a vida dele se prolongue, eu
sei com certeza que tudo correrá bem para
os que temem a Deus. 13 Mas nada correrá
bem para o ímpio, e ele não prolongará os
seus dias; será como a sombra, visto que não
teme a Deus.

14 Ainda há outra vaidade sobre a terra: jus-
tos que são tratados segundo as obras dos
ímpios, e ímpios que são tratados segundo
as obras dos justos. Digo que também isto
é vaidade.

15 Por isso exalto a alegria, porque para o
ser humano não há nada melhor debaixo
do sol do que comer, beber e alegrar-se; pois
isso o acompanhará no seu trabalho nos dias
da vida que Deus lhe dá debaixo do sol.

16 Quando me dediquei a conhecer a sabe-
doria e a ver o trabalho que há sobre a terra
— pois nem de dia nem de noite se conse-
gue conciliar o sono —, 17 contemplei toda
a obra de Deus e vi que o ser humano não
pode compreender a obra que se faz debaixo
do sol; por mais que se esforce para a desco-
brir, não a entenderá; e, ainda que o sábio
diga que conseguirá conhecê-la, nem por
isso a poderá achar.

TUDO ACONTECE IGUALMENTE COM TODOS

9 1 Tenho refletido sobre todas estas coi-
sas para chegar à seguinte conclusão: os
justos e os sábios, com os seus feitos, estão
nas mãos de Deus; e, se é amor ou se é ódio
que está à sua espera, isso ninguém sabe.
Ninguém sabe o que vai acontecer. 2 Tudo
acontece igualmente com todos: o mesmo
acontece com o justo e com o ímpio, com
o bom e com o mau, com o puro e com o
impuro, com o que oferece sacrifícios e com o
que não os oferece, com o bom e com o peca-
dor, tanto com o que faz juramentos como
com aquele que tem medo de fazê-los. 3 Este
é o mal que há em tudo o que se faz debaixo
do sol: a mesma coisa acontece com todos.
Também o coração das pessoas está cheio
de maldade; está cheio de loucura enquanto
elas vivem; depois, rumo aos mortos. 4 Para
aquele que está entre os vivos há esperança,
porque mais vale um cão vivo do que um leão
morto. 5 Porque os vivos sabem que vão mor-
rer, mas os mortos não sabem nada e não têm
nenhuma recompensa a receber, porque a
memória deles jaz no esquecimento. 6 Amor,
ódio e inveja para eles já não existem mais;
eles estão afastados para sempre de tudo o
que se faz debaixo do sol.

7 Portanto, vá e coma com alegria o seu pão
e beba com prazer o seu vinho, pois Deus já

se agradou do que você faz. [8]Que as suas vestes sejam sempre brancas, e que nunca falte óleo sobre a sua cabeça. [9]Aproveite a vida com a mulher que você ama, todos os dias dessa vida fugaz que Deus lhe deu debaixo do sol, porque esta é a parte que lhe cabe nesta vida pelo trabalho com que você se afadigou debaixo do sol. [10]Tudo o que vier às suas mãos para fazer, faça-o conforme as suas forças, porque na sepultura, que é para onde você vai, não há obra, nem projetos, nem conhecimento, nem sabedoria alguma.

TRABALHOS SEM RECOMPENSA

[11]Vi ainda debaixo do sol que os mais rápidos nem sempre ganham a corrida, que os mais fortes nem sempre vencem a batalha, que os sábios nem sempre têm pão, que os prudentes nem sempre têm riqueza, que os inteligentes nem sempre são honrados, mas que tudo depende do tempo e do acaso. [12]Pois ninguém sabe a sua hora. Assim como os peixes que são apanhados na rede traiçoeira e como os pássaros que são pegos na armadilha, assim também os filhos dos homens se enredam no tempo da calamidade, quando esta cai de repente sobre eles.

EXEMPLO QUE ILUSTRA ESTA VERDADE

[13]Também vi este exemplo de sabedoria debaixo do sol, que me pareceu excelente. [14]Havia uma pequena cidade onde moravam poucos homens. Um rei poderoso atacou a cidade, sitiou-a e levantou contra ela grandes rampas de ataque. [15]Nessa cidade se encontrava um homem pobre e sábio, que poderia ter livrado a cidade com a sua sabedoria; no entanto, ninguém se lembrou daquele pobre. [16]Então eu concluí que a sabedoria é melhor do que a força, mesmo que a sabedoria do pobre seja desprezada, e as suas palavras não sejam ouvidas.

[17]As palavras dos sábios, ouvidas em silêncio, valem mais do que os gritos de quem governa entre tolos.

[18]Melhor é a sabedoria do que as armas de guerra, mas um só pecador destrói muitas coisas boas.

A EXCELÊNCIA DA SABEDORIA

10 [1]Assim como a mosca morta
faz o óleo do perfumador
exalar mau cheiro,
assim também uma pequena tolice
pode ter mais peso
do que a sabedoria e a honra.
[2]O coração do sábio
se inclina para o bem,
mas o coração do tolo
se inclina para o mal.
[3]Quando o tolo vai pelo caminho,
falta-lhe o entendimento;
e, assim, mostra a todos
que é mesmo um tolo.
[4]Se aquele que governa
ficar indignado contra você,
não deixe o seu lugar,
porque o ânimo sereno
acalma grandes ofensas.

[5]Ainda há um mal que vi debaixo do sol,
um erro cometido pelos que governam: [6]os
tolos colocados em muitos postos elevados,
enquanto os ricos ocupam os postos inferiores. [7]Vi servos andando a cavalo e príncipes
andando a pé como se fossem servos.

[8]Quem abre uma cova
acaba caindo nela,
e quem arromba um muro
será mordido por uma cobra.
[9]Quem arranca pedras
será ferido por elas,
e o que racha lenha
se expõe ao perigo.
[10]Se o machado está embotado
e ninguém o afia,
é preciso redobrar a força;
mas com sabedoria se obtém êxito.
[11]Se a cobra morder
antes de estar encantada,
de nada adianta o trabalho do encantador.

[12]As palavras do sábio lhe trazem favor,
mas o tolo é destruído pelo que diz;
[13]as primeiras palavras
de sua boca são tolice,
e as últimas, loucura perversa.

14 O tolo multiplica as palavras,
mas o ser humano não sabe
o que vai acontecer.
Quem poderá lhe dizer
o que será depois dele?
15 O trabalho do tolo o fatiga,
pois nem sabe ir à cidade.

16 Ai de você,
ó terra cujo rei é criança
e cujos príncipes
se banqueteiam
já de manhã.
17 Feliz é você, ó terra
cujo rei é filho de nobres
e cujos príncipes se sentam
à mesa a seu tempo
para refazer as forças
e não para se embriagar.
18 Por causa da preguiça
o teto desaba,
e por causa dos braços cruzados
a casa tem goteiras.
19 As festas são feitas para rir,
o vinho alegra a vida,
e o dinheiro dá conta de tudo.
20 Nem em pensamento
fale mal do rei,
e não fale mal do rico
nem mesmo quando você
estiver sozinho em seu quarto,
porque as aves do céu
poderiam levar a sua voz,
e o que tem asas poderia contar
o que você falou.

A CONDUTA PRUDENTE DO SÁBIO

11 1 Lance o seu pão sobre as águas,
porque depois de muitos dias
você o achará.
2 Reparta com sete
e até mesmo com oito,
porque você não sabe
que mal sobrevirá à terra.
3 Se as nuvens estão cheias,
derramam chuva sobre a terra;
se uma árvore cair para o sul
ou para o norte,
no lugar em que cair, aí ficará.
4 Quem somente observa o vento
nunca semeará,
e o que olha para as nuvens
nunca fará a colheita.

5 Assim como você não conhece o caminho do vento, nem sabe como se formam os ossos no ventre da mulher grávida, assim também não entende as obras de Deus, que faz todas as coisas. 6 Semeie a sua semente de manhã e à tarde não fique de braços cruzados, porque você não sabe qual irá prosperar: se esta, se aquela ou se ambas serão igualmente boas. 7 Doce é a luz, e agradável aos olhos é ver o sol. 8 Mesmo que alguém viva muitos anos, deve alegrar-se em todos eles; contudo, deve lembrar-se de que há dias de trevas, que serão muitos, e que tudo o que virá é vaidade.

A MOCIDADE

9 Alegre-se, jovem, na sua mocidade, e que o seu coração lhe dê muita alegria nos dias da sua juventude. Ande nos caminhos que satisfazem ao seu coração e agradam aos seus olhos; saiba, porém, que de todas estas coisas Deus lhe pedirá contas. 10 Afaste do seu coração a mágoa e remova de seu corpo a dor, porque a juventude e a primavera da vida são vaidade.

A VELHICE

12 1 Lembre-se do seu Criador nos dias da sua mocidade, antes que venham os dias maus, e cheguem os anos em que você dirá: "Não tenho neles prazer." 2 Lembre-se do Criador antes que se escureçam o sol, a lua e as estrelas, e as nuvens voltem depois da chuva. 3 Lembre-se dele antes do dia em que tremerem os guardas da casa, os seus braços, e se curvarem os homens que no passado eram fortes, as suas pernas, e cessarem os moedores da sua boca, por já serem poucos, e se escurecerem os que olham pelas janelas, os seus olhos. 4 Faça isso antes que as portas da rua se fechem e o ruído das pedras do moinho se torne difícil de ouvir; quando você se levantar à voz das aves, e todas as harmonias, filhas da música, começarem a desaparecer; 5 quando você tiver medo do que é alto e se espantar no caminho; quando

florescer como a amendoeira, e o gafanhoto lhe for um peso; e quando você perder o apetite. Porque o ser humano vai à morada eterna, e os pranteadores andarão rodeando
pela praça. 6 Lembre-se do seu Criador, antes que se rompa o fio de prata, e se despedace o copo de ouro, e se quebre o cântaro junto
à fonte, e se desfaça a roda junto ao poço, 7 e
o pó volte à terra, de onde veio, e o espírito volte a Deus, que o deu.

8 Vaidade de vaidade, diz o Pregador, tudo é vaidade.

CONCLUSÃO

9 O Pregador, além de sábio, ainda ensinou ao povo o conhecimento; e, atentando e examinando, compôs muitos provérbios.
10 O Pregador procurou achar palavras agradáveis e escrever com retidão palavras de
verdade. 11 As palavras dos sábios são como aguilhões, e as coleções de sentenças são como pregos bem-fixados; elas provêm de um único Pastor.

12 Além do mais, meu filho, leve em conta o seguinte: não há limite para fazer livros, e o muito estudar é enfado da carne.

13 De tudo o que se ouviu, a conclusão é esta: tema a Deus e guarde os seus mandamentos, porque isto é o dever de cada
pessoa. 14 Porque Deus há de trazer a juízo todas as obras, até as que estão escondidas, quer sejam boas, quer sejam más.

Livros Poéticos

Cântico dos Cânticos

Livro 22 com

8

CAPÍTULOS

AUTORIA

É incerta. A tradição atribui a autoria a Salomão, famoso por seus numerosos cânticos (1Rs 4.32).

SIGNIFICADO DO TÍTULO

A versão "Cântico dos Cânticos" significa "o mais excelente dos cânticos", superlativo que denota a importância e a beleza singular desse poema.

OBJETIVO DO LIVRO

Celebrar o amor romântico e o casamento como dons de Deus. Muitos o enxergam como uma alegoria do amor entre Deus e seu povo.

"Também chamado de Cantares"

ESTRUTURA DO LIVRO

- ★ O anseio dos amantes Ct 1
- ★ A beleza do amado e da amada Ct 2—3.5
- ★ O cortejo e a união Ct 3.6—5.1
- ★ A busca da amada Ct 5.2—6.3
- ★ A beleza da amada Ct 6.4—7.9
- ★ O desejo e a fidelidade Ct 7.10—8.4
- ★ A força do amor Ct 8.5-14

TEMAS DE CÂNTICO DOS CÂNTICOS

O livro celebra como bons, desejáveis e divinos o amor e a intimidade entre homem e mulher no casamento. Seus temas incluem amor e desejo (Ct 1.2; 2.16), beleza e atração (Ct 4.1-7), busca e encontro (Ct 3.1-4; 5.2-8) e compromisso e fidelidade (Ct 6.3; 8.6-7).

CÂNTICO DOS CÂNTICOS E CRISTO

Alegoricamente, Cântico dos Cânticos antecipa o relacionamento íntimo entre Cristo e a Igreja, descrito no Novo Testamento como um casamento (Ef 5.25-27; Ap 19.7-9). O amor apaixonado e comprometido do livro reflete o amor sacrificial de Jesus (Jo 15.13).

1 [1] Cântico dos cânticos de Salomão.

PRIMEIRO CÂNTICO

Esposa

[2] Beije-me com os beijos de sua boca!
Porque o seu amor
é melhor do que o vinho.
[3] Suave é o aroma dos seus perfumes;
como perfume derramado é o seu nome.
Por isso, as donzelas o amam.
[4] Leve-me com você! Vamos depressa!
O rei me introduziu nos seus aposentos.

Coro

Exultaremos e nos alegraremos
por sua causa;
do seu amor nos lembraremos,
mais do que do vinho.
Não é sem razão que o amam.

Esposa

[5] Eu sou morena e bonita,
ó filhas de Jerusalém,
como as tendas de Quedar,
como as cortinas de Salomão.
[6] Não olhem para a minha pele morena,
porque o sol me queimou.
Os filhos de minha mãe
se indignaram contra mim
e me puseram por guarda das vinhas;
mas a minha vinha, que me pertence,
não a guardei.

[7] Diga-me, ó amado de minha alma:
Onde você apascenta o seu rebanho?
Onde você o faz repousar ao meio-dia?
Diga, para que eu não ande vagando
junto ao rebanho dos
seus companheiros.

Esposo

[8] Se você, a mais bela
das mulheres, não o sabe,
siga as pisadas dos rebanhos
e apascente os seus cabritos
junto às tendas dos pastores.
[9] Comparo você, minha querida,
com as éguas das carruagens de Faraó.
[10] O seu rosto fica lindo com os enfeites,
o seu pescoço, com os colares.
[11] Faremos para você enfeites de ouro,
com incrustações de prata.

Esposa

[12] Enquanto o rei está assentado
à sua mesa,
o meu nardo exala o seu perfume.
[13] O meu amado é para mim
como um sachê de mirra,
posto entre os meus seios.
[14] O meu amado é para mim
como um ramalhete de flores de hena
nas vinhas de En-Gedi.

Esposo

[15] Como você é bela, minha querida!
Como você é bela!
Os seus olhos são como pombas.

Esposa

[16] Como você é belo, meu amado!
Como é encantador!
O nosso leito é de viçosa relva.
[17] As vigas da nossa casa são os cedros,
e o nosso teto são os ciprestes.

2 [1] Eu sou a rosa de Sarom,
o lírio dos vales.

Esposo

[2] Como um lírio entre os espinhos,
assim é a minha querida entre
as donzelas.

Esposa

[3] Como a macieira
entre as árvores do bosque,
assim é o meu amado entre os jovens.
Desejo muito a sua sombra
e debaixo dela me assento,
e o seu fruto é doce
ao meu paladar.
[4] Ele me levou à sala do banquete,
e o seu estandarte sobre mim é o amor.
[5] Sustentem-me com passas,
confortem-me com maçãs,
pois estou morrendo de amor.
[6] A sua mão esquerda
está debaixo da minha cabeça,
e a direita me abraça.

[7] Filhas de Jerusalém,
jurem pelas gazelas
e pelas corças selvagens
que vocês não acordarão
nem despertarão o amor,
até que este o queira.

SEGUNDO CÂNTICO

Esposa

8 Ouço a voz do meu amado.
Eis que ele vem,
saltando sobre os montes,
pulando sobre as colinas.
9 O meu amado é semelhante ao gamo
ou ao filho da gazela.
Eis que ele está detrás de nossa parede,
olhando pelas janelas,
espreitando pelas grades.
10 O meu amado fala e me diz:

Esposo

Levante-se, minha querida,
minha linda, e venha comigo.
11 Porque eis que passou o inverno,
a chuva cessou e se foi,
12 aparecem as flores na terra,
chegou o tempo de cantarem as aves,
e já se ouve a voz
da rolinha em nossa terra.
13 A figueira começou a dar seus figos,
e as vinhas em flor exalam o seu aroma.
Levante-se, minha querida,
minha linda, e venha comigo.
14 Minha pombinha,
escondida nas fendas dos penhascos,
no esconderijo das rochas escarpadas,
mostre-me o seu rosto,
deixe-me ouvir a sua voz;
porque a sua voz é doce,
e o seu rosto é lindo.

Esposa

15 Peguem as raposas,
as raposinhas, que devastam
os vinhedos,
porque as nossas vinhas estão em flor.
16 O meu amado é meu, e eu sou dele;
ele apascenta o seu rebanho
entre os lírios.
17 Antes que rompa o dia
e fujam as sombras,
volte, meu amado.
Venha correndo como o gamo
ou o filho das gazelas
sobre os montes de Beter.

3 1 De noite, na minha cama,
busquei o amado de minha alma;
busquei-o, mas não o achei.
2 Eu me levantarei agora e rodearei a cidade,
pelas ruas e pelas praças;
buscarei o amado da minha alma.
Busquei-o, mas não o achei.
3 Os guardas, que rondavam
a cidade, me encontraram.
Então lhes perguntei:
"Vocês viram o amado da minha alma?"
4 Mal os deixei, encontrei logo
o amado da minha alma.
Agarrei-me a ele e não o deixei
ir embora,
até que o fiz entrar na casa de minha mãe
e no quarto daquela que me concebeu.

5 Filhas de Jerusalém,
jurem pelas gazelas e pelas corças selvagens
que vocês não acordarão
nem despertarão o amor,
até que este o queira.

TERCEIRO CÂNTICO

Coro

6 O que é aquilo que vem
subindo do deserto,
como colunas de fumaça,
perfumado de mirra, de incenso
e de todos os tipos
de pós aromáticos do mercador?
7 É a liteira de Salomão.
Vem escoltada por sessenta valentes,
dos melhores valentes de Israel.
8 Todos sabem manejar a espada
e são treinados para a guerra;
cada um leva a espada na cintura,
por causa dos temores noturnos.

9 O rei Salomão mandou fazer
um palanquim de madeira do Líbano.
10 As colunas eram de prata,
o encosto de ouro, o assento de púrpura,
e o interior foi enfeitado
com carinho pelas mulheres de Jerusalém.

11 Saiam, ó filhas de Sião,
e venham ver o rei Salomão com a coroa
com que sua mãe o coroou
no dia do seu casamento,
no dia da alegria do seu coração.

Tenha em mente que o maior presente que Deus pode nos dar é sua presença.

Esposo

4 1 Como você é bela, minha querida!
Como você é linda!
Os seus olhos são como pombas
e brilham através do véu.
Os seus cabelos são como
um rebanho de cabras
que descem ondeantes
do monte de Gileade.
2 Os seus dentes são como um rebanho
de ovelhas recém-tosquiadas,
que sobem do lavadouro;
cada uma tem o seu par,
e nenhuma está faltando.
3 Os seus lábios são como
um fio de escarlate,
e a sua boca é linda.
As suas faces, como romã partida,
brilham através do véu.
4 O seu pescoço é como
a torre de Davi,
edificada para arsenal;
mil escudos pendem dela,
todos escudos
de soldados valentes.
5 Os seus seios são como
duas crias gêmeas
de uma gazela,
que pastam entre os lírios.

6 Antes que rompa o dia,
e fujam as sombras,
irei ao monte da mirra
e à colina do incenso.
7 Você é toda linda,
minha querida,
e em você não há defeito.
8 Venha comigo do Líbano,
minha noiva,
venha comigo do Líbano.
Desça do alto do monte Amana,
do alto do Senir e do Hermom,
dos covis dos leões,
dos montes dos leopardos.
9 Você roubou meu coração,
meu amor, minha noiva;
roubou meu coração
com um só dos seus olhares,
com uma só pérola do seu colar.
10 Como são agradáveis as suas carícias,
meu amor, minha noiva!
O seu amor é melhor do que o vinho,
e o aroma do seu perfume
é mais suave do que
todas as especiarias!
11 Os seus lábios destilam mel,
minha noiva.
Mel e leite se acham
debaixo da sua língua,
e o cheiro dos seus vestidos
é como o cheiro do Líbano.

12 Meu amor, minha noiva,
você é um jardim fechado,
um manancial recluso, uma
fonte selada.
13 Os seus renovos são um pomar de romãs
com frutos excelentes: henas
com nardos,
14 nardo e açafrão, cálamo e cinamomo,
com todo tipo de árvores de incenso,
mirra e aloés, com todas
as principais especiarias.
15 Você é fonte dos jardins,
poço de águas vivas que correm do Líbano!

Esposa

16 Desperte, vento norte,
e venha, vento sul!
Soprem no meu jardim,
para que se derramem os seus aromas.
Que o meu amado venha ao seu jardim
e coma os seus frutos excelentes!

Esposo

5 1 Já entrei no meu jardim,
meu amor, minha noiva.
Colhi a minha mirra com as especiarias,
comi o meu favo com o mel,
bebi o meu vinho com o leite.

Coro

Comam e bebam, meus amigos;
até ficarem embriagados de amor.

QUARTO CÂNTICO

Esposa

2 Eu dormia, mas o meu coração
estava acordado.
Eis a voz do meu amado, que
está batendo:

Esposo

Deixe-me entrar,
meu amor, minha querida,
minha pombinha sem defeito,
porque a minha cabeça está cheia de orvalho,
e os meus cabelos, das gotas da noite.

Esposa

3 Já tirei a minha túnica!
Como posso vesti-la outra vez?
Já lavei os pés!
Como voltar a sujá-los?
4 O meu amado meteu a mão pela fresta,
e o meu coração estremeceu.
5 Eu me levantei para abrir a porta
ao meu amado.
As minhas mãos destilavam mirra,
e os meus dedos deixavam
escorrer mirra preciosa
sobre a tranca da porta.
6 Abri a porta ao meu amado,
mas ele já tinha se afastado e
ido embora.
Eu tinha estremecido,
quando ele me falou.
Busquei-o, mas não o achei;
chamei-o, mas ele não respondeu.
7 Os guardas, que rondavam
a cidade, me encontraram;
eles me espancaram e me feriram;
os guardas das muralhas
tomaram o meu manto.

8 Filhas de Jerusalém, jurem:
se encontrarem o meu amado,
digam que estou morrendo de amor.

Coro

9 O que é que o seu amado tem
que os outros não tenham,
ó mais bela das mulheres?
O que é que o seu amado tem
que os outros não tenham,
para que você nos faça jurar?

Esposa

10 O meu amado é alvo e rosado,
o mais destacado entre dez mil.
11 A sua cabeça é como o ouro
mais depurado,
os seus cabelos ondulados
são pretos como o corvo.
12 Os seus olhos são como pombas
junto ao ribeiro,
brancas como leite,
banhando-se junto
às correntes das águas.
13 As suas faces são como
canteiros de bálsamo,
como colinas de ervas aromáticas.
Os seus lábios são como lírios
que gotejam mirra preciosa.
14 As suas mãos são cilindros de ouro
enfeitados de turquesas.
O seu ventre é como alvo marfim,
coberto de safiras.
15 As suas pernas são
colunas de mármore,
assentadas sobre bases de ouro puro.
O aspecto do meu amado
é como o do Líbano;
ele é elegante como os cedros.
16 O seu falar é muito suave;
sim, ele é totalmente desejável.
Assim é o meu amado,
assim é o meu esposo,
ó filhas de Jerusalém.

Coro

6 1 Para onde foi o seu amado,
ó mais bela das mulheres?
Que rumo tomou o seu amado,
para que a ajudemos
a encontrá-lo?

Esposa

2 O meu amado desceu
ao seu jardim,
aos canteiros de bálsamo,
para pastorear nos jardins
e para colher os lírios.
3 Eu sou do meu amado,
e o meu amado é meu;
ele apascenta o seu rebanho
entre os lírios.

QUINTO CÂNTICO

Esposo

4 Minha querida,
você é bonita como Tirza,
encantadora como Jerusalém,
impressionante como
um exército com bandeiras.

5 Desvie de mim os seus olhos,
porque eles me perturbam.
Os seus cabelos são como
um rebanho de cabras
que descem ondeantes de Gileade.
6 Os seus dentes são como
um rebanho de ovelhas
que sobem do lavadouro;
cada uma tem o seu par,
e nenhuma está faltando.
7 As suas faces, como romã partida,
brilham através do véu.
8 Sessenta são as rainhas,
oitenta, as concubinas,
e as virgens, sem número;
9 mas uma só é a minha pombinha
sem defeito,
a mais querida da sua mãe,
a predileta daquela que a deu à luz.
As outras mulheres a veem
e dizem que ela é feliz;
as rainhas e as concubinas a louvam.

Coro

10 Quem é esta que aparece
como a alva do dia,
bonita como a lua, pura como o sol,
impressionante como um exército
com bandeiras?

Esposa

11 Desci ao jardim das nogueiras,
para ver os renovos do vale,
para ver se brotavam as videiras,
se as romãzeiras estavam em flor.
12 Não sei como,
imaginei-me no carro do meu nobre povo!

Coro

13 Volte, volte, sulamita!
Volte, volte, para que nós a contemplemos.

Esposa

Por que vocês querem
contemplar a sulamita
na dança de Maanaim?

Esposo

7 1 Como são bonitos os seus pés
nas sandálias,
ó filha do príncipe!
As curvas dos seus quadris
são como colares trabalhados
por mãos de artista.
2 O seu umbigo
é uma taça redonda
onde nunca falta bebida;
o seu ventre é um monte de trigo,
cercado de lírios.
3 Os seus seios são como duas crias gêmeas
de uma gazela.
4 O seu pescoço é como
uma torre de marfim.
Os seus olhos são como
as piscinas de Hesbom,
junto ao portão de Bate-Rabim.
O seu nariz é como a torre do Líbano,
voltada para Damasco.
5 A sua cabeça é como
o monte Carmelo;
os seus cabelos são como a púrpura;
um rei está preso nas suas tranças.
6 Como você é linda!
Como você é atraente, meu amor,
com as suas delícias!
7 Esse seu porte
é semelhante à palmeira,
e os seus seios
se parecem com os cachos.
8 Eu disse: "Vou subir na palmeira
e colher os seus frutos."
Sejam os seus seios
como os cachos de uvas,
e o aroma da sua respiração,
como o das maçãs.
9 Os seus beijos são
como o bom vinho...

Esposa

... vinho que se escoa suavemente
para o meu amado,
deslizando entre os seus lábios
e dentes.
10 Eu sou do meu amado,
e ele tem saudades de mim.
11 Venha, meu amado,
vamos para o campo,
passemos a noite nas aldeias.
12 Vamos levantar cedo
e olhar as parreiras,
para ver se já começaram a brotar,
se as flores estão se abrindo,
se as romãzeiras já estão em flor.
Ali eu lhe darei o meu amor.

13 As mandrágoras exalam
o seu perfume,
e às nossas portas há todo tipo
de frutos excelentes,
frescos e secos,
que reservei para você,
meu amado.

8 1 Quem dera que você
fosse meu irmão,
amamentado aos seios
de minha mãe!
Se eu o encontrasse na rua,
poderia beijá-lo,
e não me desprezariam!
2 Eu o levaria para a casa
da minha mãe,
e você me ensinaria;
eu lhe daria de beber vinho aromático
e o suco das minhas romãs.
3 A sua mão esquerda estaria
debaixo da minha cabeça,
e a sua direita me abraçaria.

4 Filhas de Jerusalém,
jurem pelas gazelas e pelas corças selvagens
que vocês não acordarão
nem despertarão o amor,
até que este o queira.

SEXTO CÂNTICO

Coro

5 Quem é esta que vem
subindo do deserto,
apoiada em seu amado?

Esposa

Debaixo da macieira eu o despertei;
ali a sua mãe teve dores de parto,
ali esteve com dores
aquela que o deu à luz.
6 Ponha-me como selo
sobre o seu coração,
como selo sobre o seu braço,
porque o amor é tão forte
como a morte,
e o ciúme é tão duro
como a sepultura.
As suas chamas
são chamas de fogo,
são labaredas enormes.
7 As muitas águas não poderiam
apagar o amor,
nem os rios, afogá-lo.
Ainda que alguém oferecesse
todos os bens da sua casa
para comprar o amor,
receberia em troca
apenas desprezo.

Os irmãos

8 Temos uma irmãzinha
que ainda não tem seios.
Que faremos por esta nossa irmã,
no dia em que for pedida
em casamento?
9 Se ela fosse uma muralha,
edificaríamos sobre ela
uma torre de prata;
se ela fosse uma porta,
nós a reforçaríamos
com tábuas de cedro.

Esposa

10 Eu sou uma muralha,
e os meus seios, como as suas torres.
Por isso, sou para ele
como aquela que encontra a paz.

Coro

11 Salomão teve uma vinha
em Baal-Hamom.
Ele a entregou a uns lavradores,
e cada um lhe trazia pelo seu fruto
mil moedas de prata.

Esposa

12 A minha vinha,
que me pertence,
dessa cuido eu!
Você, Salomão,
terá as suas mil moedas,
e os que guardam o fruto dela,
as suas duzentas.

Esposo

13 Você, que habita nos jardins,
os meus companheiros
querem ouvir a sua voz!
Eu também quero ouvi-la.

Esposa

14 Venha depressa, meu amado,
correndo como um gamo
ou um filho da gazela
sobre os montes perfumados.

Introdução aos

Livros dos Profetas Maiores

O bloco dos Profetas Maiores, composto pelos livros de Isaías, Jeremias, Lamentações, Ezequiel e Daniel, é uma seção fundamental da Bíblia, uma vez que oferece profundas revelações sobre a natureza de Deus, a condição humana e o plano redentor divino. Esses livros, escritos por profetas significativos que serviram como porta-vozes de Deus, abrangem períodos cruciais da história de Israel e Judá, desde a ameaça de invasão pelos impérios estrangeiros até o exílio babilônico e as esperanças de restauração. Por meio de uma combinação de poesia, narrativa e visão apocalíptica, os Profetas Maiores comunicam a soberania de Deus, sua justiça e misericórdia, e apontam para a vinda do Messias.

Esses textos não se limitam a registros históricos; eles são altamente teológicos e espirituais e revelam o caráter de Deus e seu relacionamento com seu povo. A mensagem central desses livros gira em torno da santidade do Todo-Poderoso, da necessidade de arrependimento e da promessa de redenção. Os profetas foram chamados para proclamar a palavra do Senhor, denunciar a idolatria e a injustiça, e oferecer esperança em meio à desolação.

A esperança messiânica é um tema recorrente nos Profetas Maiores. Isaías, por exemplo, contém várias profecias sobre o Messias, que são cumpridas em Jesus Cristo. Ele é descrito como o "Servo Sofredor" que levará os pecados do mundo (Is 53) e como o "Príncipe da Paz" que governará com justiça (Is 9.6-7). Essas profecias não apenas apontam para o futuro, mas também fornecem um quadro teológico que molda a compreensão cristã de quem é Jesus e o que ele veio realizar.

ENSINAMENTOS PRINCIPAIS DOS PROFETAS MAIORES

1. *A santidade de Deus*: os livros que compõem o bloco dos Profetas Maiores enfatizam a santidade e a justiça do Senhor. Ele é retratado como um juiz justo que não tolera o pecado, mas também como um Pai misericordioso que oferece perdão e restauração a todo aquele que vai até ele em real arrependimento.
2. *O arrependimento e a restauração*: a chamada ao arrependimento é uma constante nesses livros. Os profetas exortam o povo a abandonar seus caminhos perversos e voltar-se para Deus, prometendo que ele será fiel em restaurar aqueles que verdadeiramente se arrependem.
3. *O julgamento divino*: o julgamento do Justo Juiz é uma resposta à persistente rebelião e injustiça do ser humano. As nações de Israel e Judá enfrentam as consequências de seus pecados, mas os profetas também anunciam o julgamento das nações ímpias, mostrando com isso que o Todo-Poderoso é o soberano sobre toda a Terra, e não somente sobre aqueles que o temem.

4. *A esperança messiânica*: profecias sobre a vinda do Salvador futuro permeiam os livros que compõem o bloco dos Profetas Maiores. O Messias é retratado como aquele que trará redenção não apenas a Israel, mas a todas as nações, cumprindo o plano redentor de Deus.
5. *A soberania de Deus*: os Profetas Maiores reafirmam repetidamente que o Senhor está no controle de todas as coisas, incluindo as nações e os eventos históricos. Sua vontade é definitiva, e ele trabalha no decorrer da história para cumprir seus propósitos.

ISAÍAS

Um dos livros mais citados no Novo Testamento, Isaías é uma rica tapeçaria de julgamento e salvação. O livro se divide em duas partes principais: os capítulos 1—39, que focam a condenação e o julgamento de Judá, Israel e nações estrangeiras; e os capítulos 40—66, que oferecem mensagens de conforto e esperança, destacando a futura restauração e o advento do Messias. Isaías é conhecido por suas visões majestosas do Todo-Poderoso e pela promessa de um novo reino sob um governante que seria plenamente justo. Suas profecias messiânicas são fundamentais para a teologia cristã, uma vez que o cristianismo identifica Jesus como o cumprimento dessas antigas promessas. O Servo Sofredor (Is 52.13—53.12) é talvez a profecia mais conhecida e detalha o sofrimento e a morte de Cristo como o sacrifício expiatório por nossos pecados.

JEREMIAS

Frequentemente chamado de "profeta chorão" por causa de sua profunda empatia e seu sofrimento pelo povo de Judá, Jeremias profetizou durante um dos períodos mais tumultuados da história do povo de Israel. Suas mensagens de advertência sobre a iminente destruição de Jerusalém e o exílio babilônico, pelas mãos do monarca Nabucodonosor, foram amplamente ignoradas, levando-o a uma vida de perseguição e sofrimento. Jeremias destaca a fidelidade de Deus em meio à infidelidade do povo. Ele proclama a nova aliança que o Senhor estabelecerá com aqueles que são seus, escrita não em tábuas de pedra, mas nos corações (Jr 31.31-34). Essa nova aliança encontra seu cumprimento em Jesus Cristo, que institui um novo relacionamento entre o Criador e a humanidade.

LAMENTAÇÕES

Lamentações, cuja autoria é por muitos atribuída a Jeremias, é um livro poético que expressa a dor e o desespero após a terrível destruição de Jerusalém pelos babilônios. Por meio de uma série de cinco lamentos, o livro capta o sofrimento profundo e a devastação causados pelo pecado dos habitantes e pelo julgamento de Deus. Apesar do tom sombrio, Lamentações também oferece um raio de esperança. A fidelidade e a misericórdia do Eterno são destacadas como motivos para esperar a restauração futura: "As misericórdias do Senhor são a causa de não sermos consumidos, porque as suas misericórdias não têm fim" (Lm 3.22). Esse lembrete de que o Todo-Poderoso é compassivo mesmo em tempos de julgamento é um tema consolador para os cristãos.

EZEQUIEL

Profeta exilado na Babilônia, Ezequiel é conhecido por suas visões nítidas e simbólicas. Seu ministério profético começa com a visão da glória de Deus (Ez 1) e abrange a condenação de Israel, a queda de Jerusalém e a promessa de um futuro de renovação e restauração. Ezequiel enfatiza a responsabilidade pessoal e a necessidade de um novo coração e um novo espírito (Ez 36.26). Suas visões do vale de ossos secos (Ez 37) e do novo templo (Ez 40—47) apontam para a futura ressurreição e renovação espiritual que são realizadas por meio de Cristo.

DANIEL

Um dos livros mais apocalípticos da Bíblia, Daniel narra a vida desse profeta e seus amigos na corte babilônica, bem como suas visões proféticas sobre o futuro dos impérios mundiais. O texto destaca a soberania de Javé sobre os reinos humanos e a eventual vitória do reino de Deus. As narrativas de Daniel na cova dos leões (Dn 6) e da fornalha ardente (Dn 3) demonstram a fidelidade do Altíssimo com aqueles que permanecem firmes em sua fé. As visões apocalípticas de Daniel prefiguram a vitória final de Cristo sobre as forças do mal e a instauração de um reino eterno.

OS PROFETAS MAIORES E CRISTO

Os livros que compõem o bloco dos Profetas Maiores são essenciais para entender a expectativa messiânica e a realização dessa expectativa em Jesus. Suas profecias são frequentemente citadas no Novo Testamento para validar a identidade e a missão de Jesus como o Messias prometido. Em Mateus 1.23, por exemplo, a profecia de Isaías sobre o nascimento virginal do Emanuel (Is 7.14) é cumprida em Jesus. Da mesma forma, as promessas de uma nova aliança em Jeremias são realizadas na obra redentora de Cristo, que inaugura um novo relacionamento com o Criador do Universo.

CONCLUSÃO

Isaías, Jeremias, Lamentações, Ezequiel e Daniel não são apenas crônicas de tempos passados; eles são vozes atemporais que falam ao coração de cada geração. Suas mensagens de arrependimento, julgamento e esperança ressoam ainda hoje, convidando-nos a reconhecer a santidade de Deus, a buscar seu perdão e a confiar em suas promessas. Estudar os Profetas Maiores nos proporciona uma visão mais profunda do caráter de Deus e de seu plano redentor. Eles nos desafiam a viver em obediência e fé, lembrando-nos de que, independentemente das circunstâncias, Javé é soberano e sua misericórdia é eterna. Por meio desses livros, somos levados a apreciar mais profundamente a obra de Cristo e a ansiar pelo cumprimento final de todas as promessas divinas.

Profetas Maiores

Isaías

Livro 23 com

66

CAPÍTULOS

AUTORIA

Profeta Isaías, filho de Amoz, que exerceu seu ministério durante os reinados de Uzias, Jotão, Acaz e Ezequias, reis de Judá (Is 1.1). Seu ministério profético durou aproximadamente sessenta anos, de 740 a 680 a.C.

SIGNIFICADO DO TÍTULO

Isaías significa, em hebraico, "o Senhor salva".

ESTRUTURA DO LIVRO

- ★ Introdução e visão de Isaías Is 1
- ★ Chamado de Isaías e primeiras profecias Is 2—6
- ★ Acaz e a profecia do Emanuel Is 7—12
- ★ Oráculos contra as nações Is 13—23
- ★ Juízo de Deus sobre a Terra Is 24—27
- ★ Profecias sobre Judá e Israel Is 28—35
- ★ Ezequias Is 36—39
- ★ Consolo para o povo de Deus Is 40—48
- ★ O Servo Sofredor e a redenção pelo Messias Is 49—55
- ★ Salvação e o futuro glorioso de Sião Is 56—66

TEMAS DE ISAÍAS

Isaías enfatiza a santidade e soberania de Deus, demonstrando que ele é tanto juiz quanto salvador, a necessidade de arrependimento e a certeza da redenção divina para os que confiam no Senhor.

ISAÍAS E CRISTO

Isaías aponta diretamente para Cristo como o Servo Sofredor que levaria sobre si os pecados da humanidade (Is 53). Ele também profetiza sobre o nascimento virginal do Messias (Is 7.14) e sua divindade (Is 9.6-7). Isaías é fundamental para entender a obra redentora de Jesus e a esperança messiânica cumprida nele.

OBJETIVO DO LIVRO

Anunciar a salvação do Senhor e a vinda do Messias. Isaías profetiza tanto a destruição quanto a restauração de Israel, apresentando visões de julgamento e esperança. Ele também aborda temas como a santidade de Deus, o pecado de Judá e das nações e a futura glória de Jerusalém.

CURIOSIDADES

- ★ Isaías é frequentemente citado no Novo Testamento, com aproximadamente 66 referências diretas.
- ★ O capítulo 53 é considerado um dos textos messiânicos mais claros do Antigo Testamento.
- ★ Isaías usa o título "Santo de Israel" cerca de 25 vezes para se referir a Deus.

1 [1] Visão que Isaías, filho de Amoz, teve a
respeito de Judá e Jerusalém, nos dias de
Uzias, Jotão, Acaz e Ezequias, reis de Judá.

A NAÇÃO PECADORA

[2] Escutem, ó céus, e ouça, ó terra,
porque o SENHOR é quem fala:
"Criei filhos e os fiz crescer,
mas eles se revoltaram contra mim.
[3] O boi conhece o seu dono,
e o jumento, o lugar
onde lhe dão comida,
mas Israel não tem conhecimento,
o meu povo não entende."

[4] Ai desta nação pecadora,
deste povo carregado de iniquidade!
São descendência de malfeitores,
filhos que praticam o mal.
Rejeitaram o SENHOR,
desprezaram o Santo de Israel,
voltaram para trás.

[5] Por que vocês insistem
em ser castigados?
Por que continuam em rebeldia?
Toda a cabeça está doente,
e todo o coração está enfermo.
[6] Desde a planta do pé
até o alto da cabeça
não há nada são,
a não ser feridas, contusões
e chagas abertas,
umas e outras que não foram limpas,
nem atadas, nem tratadas com azeite.

[7] A terra de vocês está devastada,
as cidades foram consumidas
pelo fogo.
Quanto às lavouras, os estrangeiros
as devoraram
na presença de vocês,
e a terra se acha devastada
como numa destruição
feita por estrangeiros.
[8] A filha de Sião foi deixada
como cabana na vinha,
como choupana no pepinal,
como cidade sitiada.
[9] Se o SENHOR dos Exércitos
não nos tivesse deixado
alguns sobreviventes,
já nos teríamos tornado
como Sodoma
e semelhantes a Gomorra.

O CULTO HIPÓCRITA É CONDENADO

[10] Príncipes de Sodoma,
escutem a palavra do SENHOR!
Povo de Gomorra,
dê ouvidos à lei do nosso Deus!
[11] O SENHOR diz:
"De que me serve
a multidão dos sacrifícios
que vocês oferecem?
Estou farto dos holocaustos
de carneiros
e da gordura de animais cevados.
Não me agrado
do sangue de novilhos,
nem de cordeiros, nem de bodes."

[12] "Quando comparecem diante de mim,
quem requereu de vocês
esse pisotear dos meus átrios?
[13] Não me tragam mais ofertas vãs!
O incenso é para mim abominação,
e também as Festas da Lua Nova,
os sábados
e a convocação das assembleias.
Não posso suportar iniquidade
associada à reunião solene.
[14] As Festas da Lua Nova e as solenidades,
a minha alma as odeia;
já são um peso para mim;
estou cansado de suportá-las."

[15] "Quando vocês estendem as mãos,
eu fecho os meus olhos;
sim, quando multiplicam as suas orações,
não as ouço,
porque as mãos de vocês
estão cheias de sangue.
[16] Lavem-se e purifiquem-se!
Tirem da minha presença
a maldade dos seus atos;
parem de fazer o mal!

17 Aprendam a fazer o bem;
busquem a justiça,
repreendam o opressor;
garantam o direito dos órfãos,
defendam a causa das viúvas."

O CONVITE DA GRAÇA

18 O Senhor diz:
"Venham, pois, e vamos discutir a questão.
Ainda que os pecados de vocês
sejam como o escarlate,
eles se tornarão brancos como a neve;
ainda que sejam vermelhos
como o carmesim,
eles se tornarão como a lã.
19 Se estiverem dispostos e me ouvirem,
vocês comerão o melhor desta terra.
20 Mas, se recusarem e forem rebeldes,
vocês serão devorados pela espada;
porque a boca do Senhor o disse."

O JULGAMENTO E A REDENÇÃO DE JERUSALÉM

21 Como se fez prostituta a cidade fiel,
ela que estava cheia de justiça!
Nela habitava a retidão,
mas agora só restaram assassinos.

22 Jerusalém, a sua prata se tornou escória,
o seu licor se misturou com água.
23 Os seus príncipes são rebeldes
e companheiros de ladrões.
Cada um deles ama o suborno
e corre atrás de recompensas.
Eles não defendem o direito do órfão,
e a causa das viúvas
não chega diante deles.

24 Por isso, o Senhor,
o Senhor dos Exércitos,
o Poderoso de Israel, diz:
"Ah! Acertarei as contas
com os meus adversários
e me vingarei dos meus inimigos.
25 Voltarei a minha mão
contra você, Jerusalém,
purificando-a da sua escória
como se faz com potassa
e tirando de você todo metal impuro.

26 Eu lhe darei juízes
como você tinha antigamente,
e conselheiros, como no princípio.
Depois disso você será chamada
'Cidade da Justiça', 'Cidade Fiel'."

27 Sião será redimida pelo direito,
e os que se arrependem,
pela justiça.
28 Mas os transgressores
e os pecadores
serão juntamente destruídos,
e os que deixarem o Senhor
perecerão.
29 Vocês terão vergonha
dos carvalhos que cobiçaram
e ficarão desiludidos
por causa dos jardins sagrados
que escolheram.
30 Porque vocês serão
como o carvalho
cujas folhas murcham;
serão como um jardim
que não tem água.
31 O forte se tornará como estopa,
e a sua obra, como faísca;
ambos serão queimados juntos,
e não haverá
quem apague o fogo.

O MONTE DO SENHOR

Mq 4.1-5

2 1 Palavra que, em visão, veio a Isaías, filho
de Amoz, a respeito de Judá e Jerusalém.

2 Nos últimos dias,
o monte do templo do Senhor
será estabelecido no alto dos montes
e se elevará sobre as colinas,
e para ele afluirão todas as nações.
3 Muitos povos virão e dirão:
"Venham, subamos
ao monte do Senhor
e ao templo do Deus de Jacó,
para que nos ensine
os seus caminhos,
e andemos nas suas veredas."
Porque de Sião sairá a lei,
e a palavra do Senhor, de Jerusalém.

Não tente pegar atalhos, porque, quando você se render ao processo divino, o Senhor romperá os cativeiros da sua alma.

[4] Ele julgará entre as nações
e corrigirá muitos povos.
Estes transformarão as suas espadas
em lâminas de arados
e as suas lanças, em foices.
Nação não levantará a espada
contra nação,
nem aprenderão mais a guerra.

[5] Venham, ó casa de Jacó,
e andemos na luz do SENHOR.

O DIA DO SENHOR

[6] Pois, tu, SENHOR, abandonaste o teu povo,
a casa de Jacó.
Porque eles se encheram
da corrupção do Oriente,
são adivinhos como os filisteus
e se associam com os filhos
dos estrangeiros.
[7] A terra de Israel está cheia
de prata e de ouro,
e não têm fim os seus tesouros.
Também está cheia de cavalos,
e são incontáveis
os seus carros de guerra.
[8] A terra de Israel também
está cheia de ídolos.
Eles adoram a obra das suas mãos,
aquilo que os seus próprios
dedos fizeram.
[9] Com isso, o povo se abate
e as pessoas se humilham.
Não os perdoes, ó SENHOR!

[10] Entre no meio das rochas
e esconda-se no pó,
ante o terror do SENHOR
e a glória da sua majestade.
[11] Os olhos arrogantes serão abatidos,
e a soberba humana será humilhada;
só o SENHOR será exaltado
naquele dia.
[12] Porque o Dia do SENHOR
dos Exércitos
será contra todos os orgulhosos
e arrogantes
e contra todos os que se exaltam,
para que sejam humilhados;
[13] contra todos os cedros do Líbano,
altos e imponentes;
e contra todos os carvalhos de Basã;
[14] contra todos os montes altos
e contra todas as colinas elevadas;
[15] contra toda torre alta
e contra toda muralha firme;
[16] contra todos os navios de Társis
e contra tudo o que é belo à vista.
[17] A arrogância das pessoas
será abatida,
e a soberba humana será humilhada;
só o SENHOR será exaltado
naquele dia.
[18] Os ídolos serão totalmente destruídos.
[19] Então as pessoas se meterão
nas cavernas das rochas
e nos buracos da terra,
ante o terror do SENHOR e
a glória da sua majestade,
quando ele se levantar
para encher a terra de espanto.

[20] Naquele dia, as pessoas
lançarão aos ratos e aos morcegos
os seus ídolos de prata
e os seus ídolos de ouro,
que fizeram para adorar,
[21] e entrarão nas fendas das rochas
e nas cavernas dos penhascos,
para fugir do terror do SENHOR
e da glória da sua majestade,
quando ele se levantar
para encher a terra de espanto.

[22] Afastem-se, pois, do ser humano,
que só tem vida enquanto respira.
Pois em que ele deve ser estimado?

JULGAMENTO DE JUDÁ E DE JERUSALÉM

3 [1] Porque eis que o Senhor,
o SENHOR dos Exércitos,
vai tirar de Jerusalém e de Judá
o sustento e o apoio, todo sustento de pão
e todo sustento de água.
[2] Ele vai tirar também o valente,
o guerreiro e o juiz;
o profeta, o adivinho e o ancião;

[3] o capitão de cinquenta, o nobre,
o conselheiro, o hábil artífice
e o perito em encantamentos.
[4] O SENHOR lhes dará meninos por chefes,
e crianças governarão sobre eles.
[5] Entre o povo, uns oprimirão os outros,
cada um o seu próximo.
Os jovens se levantarão contra os velhos,
as pessoas desprezíveis contra os nobres.

[6] Quando alguém for falar com o seu irmão
na casa de seu pai, dizendo:
"Você ainda tem um manto;
venha ser o nosso chefe
e assuma o controle dessas ruínas",
[7] naquele dia o outro levantará a sua voz,
dizendo: "Não sou médico
e não há comida nem roupa
em minha casa;
não me ponham por chefe do povo."

[8] Jerusalém tropeçou,
e a terra de Judá está caída;
porque as suas palavras e as suas obras
são contra o SENHOR,
para desafiarem a sua gloriosa presença.
[9] O aspecto do rosto testifica contra eles;
e, como Sodoma, exibem o seu pecado
e não o encobrem.
Ai deles! Porque estão provocando
a sua própria desgraça.
[10] Digam ao justo
que tudo irá bem com ele;
porque comerá do fruto
das suas ações.
[11] Ai do ímpio! Tudo irá mal com ele;
porque o pagamento dele será
o que as próprias mãos fizeram.
[12] Os opressores do meu povo
são crianças,
e mulheres estão à frente
do seu governo.
Meu povo, os seus guias
enganam você
e destroem o caminho
por onde você deve seguir.
[13] O SENHOR se levanta para
apresentar a sua causa;
ele se apresenta para julgar os povos.
[14] O SENHOR entra em juízo
contra os anciãos do seu povo
e contra os seus líderes.
Ele diz: "Foram vocês
que arruinaram esta vinha.
O que roubaram dos pobres
está na casa de vocês.
[15] Com que direito vocês esmagam
o meu povo
e moem a face dos pobres?"
O Senhor, o SENHOR dos Exércitos,
é quem está falando.

JULGAMENTO DAS FILHAS DE SIÃO

[16] O SENHOR disse:
"Visto que são orgulhosas
as filhas de Sião
e andam de pescoço erguido,
com olhar despudorado,
dando passos curtos
e fazendo tinir
os enfeites dos tornozelos,
[17] o Senhor fará com que apareça sarna
na cabeça das filhas de Sião;
o SENHOR fará com que se veja
a nudez delas."

[18] Naquele dia, o Senhor tirará os enfeites
que elas têm nos tornozelos, as toucas e
os ornamentos em forma de meia-lua; [19] os
pendentes, os braceletes e os véus esvoaçan-
tes; [20] os turbantes, as correntinhas para os
tornozelos, os cintos, as caixinhas de per-
fume e os amuletos; [21] os anéis e as joias
pendentes do nariz; [22] os vestidos de festa,
os mantos, os xales e as bolsas; [23] os espe-
lhos, as roupas finíssimas, os enfeites para
a cabeça e os véus.

[24] Em vez de perfume haverá
cheiro podre;
em vez de cinto, uma corda;
em vez de belos penteados,
cabeça rapada;
em vez de vestidos luxuosos,
roupa feita de pano de saco;
e marca de fogo
em lugar de formosura.

25 Os homens de Jerusalém
cairão à espada,
e os valentes serão mortos na guerra.
26 Os portões da cidade chorarão
e estarão de luto;
Sião, desolada, se assentará no chão.

4 1 Naquele dia, sete mulheres hão de agarrar um só homem, dizendo: "Nós providenciaremos a nossa comida e as nossas roupas; apenas queremos ser chamadas pelo seu nome; livre-nos da nossa vergonha."

O REINADO DO RENOVO DO SENHOR

2 Naquele dia, o Renovo do SENHOR será de
beleza e de glória; e o fruto da terra será o
orgulho e a glória para os de Israel que forem
salvos. 3 Os restantes de Sião e os que ficarem
em Jerusalém serão chamados santos, isto é,
todos os que estão inscritos em Jerusalém,
para a vida. 4 Naquele tempo, o Senhor lavará
a impureza das filhas de Sião e limpará Jerusalém da culpa do sangue que há no meio
dela, com o Espírito de justiça e com o Espírito purificador. 5 Sobre todos os lugares do
monte Sião e sobre todas as suas assembleias, o SENHOR criará uma nuvem durante
o dia e fumaça e um clarão de fogo aceso
durante a noite. Porque sobre toda a glória
se estenderá uma proteção. 6 E haverá um
tabernáculo para sombra contra o calor do
dia e para refúgio e esconderijo contra a tempestade e a chuva.

A PARÁBOLA DA VINHA

5 1 Agora cantarei ao meu amado
o seu cântico a respeito
da sua vinha.
O meu amado teve uma vinha
numa colina fértil.
2 Ele cavou a terra, tirou as pedras
e plantou as melhores mudas
de videira.
No meio da vinha
ele construiu uma torre
e fez também um lagar.
Ele esperava que desse uvas boas,
mas deu uvas bravas.

3 "E agora, ó moradores de Jerusalém
e homens de Judá,
peço que julguem entre mim
e a minha vinha.
4 Que mais se podia fazer à minha vinha,
que eu não lhe tenha feito?
E como, esperando eu
que desse uvas boas,
veio a produzir uvas bravas?"

5 "E agora lhes darei a conhecer
o que pretendo fazer
com a minha vinha:
vou tirar a cerca que está ao redor,
para que a vinha sirva de pasto;
derrubarei o seu muro,
para que ela seja pisoteada.
6 Farei dela um lugar abandonado;
não será podada, nem cavada,
mas crescerão nela espinheiros
e ervas daninhas.
Também darei ordem às nuvens
para que não derramem chuva sobre ela."

7 Porque a vinha
do SENHOR dos Exércitos
é a casa de Israel,
e os homens de Judá são
a planta preferida do SENHOR.
Este esperava retidão,
mas eis aí opressão;
esperava justiça, mas eis aí clamor
por causa da injustiça.

AI DOS MAUS!

8 Ai dos que ajuntam casas e mais casas,
reúnem para si campos e mais campos,
até que não haja mais lugar,
e ficam como únicos moradores
no meio da terra!
9 Eu ouvi o SENHOR dos Exércitos dizer isto:
"Na verdade, muitas casas
ficarão desertas,
até as grandes e belas ficarão sem moradores.
10 Uma grande vinha produzirá
somente alguns litros de vinho,
e um saco cheio de semente
não dará mais do que
alguns quilos de trigo."

11 Ai dos que se levantam pela manhã
para logo se embriagarem,
e continuam até alta noite,
até que o vinho os esquente!
12 Liras e harpas, tamborins e flautas
— e vinho — não faltam
nos seus banquetes;
porém não consideram
os feitos do SENHOR,
nem olham para as obras das suas mãos.
13 Portanto, o meu povo será levado cativo
por falta de entendimento;
os seus nobres passarão fome,
e o povo simples morrerá de sede.
14 Por isso, a sepultura aumentou
o seu apetite
e abriu ao máximo a sua boca.
Para lá desce o esplendor de Jerusalém
e a sua multidão,
o seu ruído e os que nela se alegram.
15 Então o povo será abatido
e as pessoas se humilharão;
e os olhos dos orgulhosos
serão humilhados.
16 Mas o SENHOR dos Exércitos
será exaltado em juízo;
Deus, o Santo, será santificado em justiça.
17 Então os cordeiros pastarão ali
como se estivessem no seu pasto;
e os nômades se nutrirão dos campos
que os ricos deixaram abandonados.

18 Ai dos que puxam para si a iniquidade
com cordões de injustiça,
que puxam o pecado como se faz
com as cordas de uma carroça!
19 E dizem: "Que Deus se apresse
e termine logo a sua obra,
para que a vejamos!
Que se aproxime
e se manifeste o conselho do Santo de Israel,
para que o conheçamos!"

20 Ai dos que ao mal chamam bem
e ao bem chamam mal;
que fazem das trevas luz
e da luz fazem trevas;
que mudam o amargo em doce
e o doce mudam em amargo!

21 Ai dos que são sábios
aos seus próprios olhos
e inteligentes em seu próprio conceito!

22 Ai dos que são heróis para beber vinho
e valentes para misturar bebida forte;
23 que por suborno justificam o ímpio,
mas ao justo negam justiça!

DEUS CASTIGARÁ O SEU POVO

24 Portanto, assim como as labaredas
consomem a palha,
e a erva seca se desfaz pela chama,
assim a raiz deles será como podridão,
e a flor deles subirá como pó;
porque rejeitaram a lei
do SENHOR dos Exércitos
e desprezaram a palavra
do Santo de Israel.
25 Por isso, a ira do SENHOR
se acendeu contra o seu povo,
povo contra o qual estendeu a mão
e ao qual castigou.
Os montes tremeram
e os seus cadáveres são como lixo
no meio das ruas.
Nem com tudo isto
se desviou a ira de Deus,
e a mão dele continua estendida.

26 Ele levantará um estandarte
para as nações distantes
e lhes assobiará para que venham
das extremidades da terra;
e eis que elas vêm rapidamente,
com toda pressa.
27 Não há entre elas quem esteja cansado,
nem quem tropece;
ninguém dormita, nem dorme.
Eles não desatam
o cinto dos seus lombos,
e as correias das suas sandálias
não se rompem.
28 As suas flechas são afiadas,
e todos os seus arcos, entesados.
Os cascos dos seus cavalos
são duros como pedra,
e as rodas dos seus carros de guerra
são como um redemoinho.

[29] O rugido deles é como o do leão;
rugem como filhos de leão,
e, rosnando, arrebatam a presa
e a levam, e não há quem a livre.
[30] Naquele dia, o bramido contra eles
será como o bramido do mar;
se alguém olhar para a terra,
eis que só haverá trevas e angústia;
a luz se escurecerá em densas nuvens.

A VISÃO DE ISAÍAS E O SEU CHAMADO

6 [1] No ano da morte do rei Uzias, eu vi
o Senhor assentado sobre um alto e
sublime trono, e as abas de suas vestes
enchiam o templo. [2] Serafins estavam por
cima dele. Cada um tinha seis asas: com
duas cobria o rosto, com duas cobria os pés
e com duas voava. [3] E clamavam uns para os
outros, dizendo:

"Santo, santo, santo
é o SENHOR dos Exércitos;
toda a terra está cheia da sua glória."

[4] Os umbrais das portas se moveram com
a voz do que clamava, e o templo se encheu
de fumaça. [5] Então eu disse:
— Ai de mim! Estou perdido! Porque sou homem de lábios impuros, e habito no meio de um povo de lábios impuros; e os meus olhos viram o Rei, o SENHOR dos Exércitos!
[6] Então um dos serafins voou para mim,
trazendo na mão uma brasa viva, que havia
tirado do altar com uma pinça. [7] Com a brasa
tocou a minha boca e disse:
— Eis que esta brasa tocou os seus lábios. A sua iniquidade foi tirada, e o seu pecado, perdoado.
[8] Depois disto, ouvi a voz do Senhor, que
dizia:
— A quem enviarei, e quem há de ir por nós?
Eu respondi:
— Eis-me aqui, envia-me a mim.
[9] Então ele disse:
— Vá e diga a este povo:

"Ouçam; ouçam, mas sem entender.
Vejam; vejam, mas sem perceber."
[10] Torne insensível o coração deste povo,
endureça-lhes os ouvidos
e feche os olhos deles,
para que não venham a
ver com os olhos,
ouvir com os ouvidos
e entender com o coração,
e se convertam, e sejam curados."

[11] Então eu perguntei:
"Até quando, Senhor?"
Ele respondeu:
"Até que as cidades estejam em ruínas
e fiquem sem habitantes,
as casas fiquem sem moradores
e a terra esteja
em ruínas e devastada,
[12] e o SENHOR afaste dela
o povo,
e no meio da terra sejam muitos
os lugares abandonados.
[13] Mas, se ainda ficar
a décima parte dela,
tornará a ser destruída.
Como o terebinto e como o carvalho,
dos quais, depois de derrubados,
ainda fica o toco,
assim a santa semente será o seu toco."

PROFECIA CONTRA ISRAEL E SÍRIA

7 [1] Nos dias em que Acaz, filho de Jotão,
filho de Uzias, era rei de Judá, Rezim,
rei da Síria, e Peca, filho de Remalias, rei de
Israel, subiram a Jerusalém para lutar contra ela, mas não conseguiram conquistá-la.
[2] Quando informaram à casa de Davi que a
Síria estava aliada com Efraim, o coração de
Acaz e o coração do seu povo ficaram agitados, como se agitam as árvores do bosque
com o vento.
[3] Então o SENHOR disse a Isaías:
— Vá, agora, com o seu filho Sear-Jasube encontrar-se com Acaz, que está na outra extremidade do aqueduto do tanque superior, junto ao caminho do campo do
Lavandeiro. [4] Diga-lhe o seguinte: "Tenha
cuidado e fique calmo. Não tenha medo nem fique desanimado por causa desses dois tocos de lenha fumegante, por causa do furor

da ira de Rezim e da Síria, e do filho de Rema-
lias. 5 Porque a Síria, Efraim e o filho de
Remalias resolveram acabar com você,
dizendo: 6 'Vamos atacar e amedrontar o
reino de Judá. Vamos conquistá-lo para nós e
fazer reinar no meio dele o filho de Tabeal.'"

7 Assim diz o Senhor Deus:
"Isso não tem nenhuma chance
de acontecer.
8 Porque a capital da Síria é Damasco,
e o cabeça de Damasco é Rezim.
E dentro de sessenta e cinco anos
Efraim será destruído
e deixará de ser povo.
9 A capital de Efraim é Samaria,
e o cabeça de Samaria
é o filho de Remalias.
Se vocês não crerem, certamente não
permanecerão."

A PROMESSA A RESPEITO DO EMANUEL

10 E o Senhor continuou a falar com Acaz,
dizendo:
11 — Peça ao Senhor, seu Deus, um sinal,
quer seja embaixo, nas profundezas, ou em
cima, nas alturas.
12 Acaz, porém, disse:
— Não pedirei, nem tentarei o Senhor.
13 Então Isaías disse:
— Agora escute, ó casa de Davi! Será
que não basta vocês abusarem da paciên-
cia dos homens? Querem abusar também
da paciência do meu Deus? 14 Portanto, o
Senhor mesmo lhes dará um sinal: eis que
a virgem conceberá e dará à luz um filho e
lhe chamará Emanuel. 15 Ele comerá man-
teiga e mel quando souber desprezar o mal
e escolher o bem. 16 Na verdade, antes que
este menino saiba desprezar o mal e esco-
lher o bem, a terra daqueles dois reis que
você tanto teme será abandonada.

MALES SOBRE JERUSALÉM

17 — Mas o Senhor fará vir sobre você, sobre
o seu povo e sobre a casa de seu pai dias
tais como nunca houve, desde o dia em que
Efraim se separou de Judá; ele fará vir o rei
da Assíria. 18 Naquele dia, o Senhor assobiará
às moscas que estão no extremo dos rios do
Egito e às abelhas que se encontram na terra
da Assíria. 19 Elas virão e pousarão todas nos
vales profundos, nas fendas das rochas, em
todos os espinhos e em todas as pastagens.
20 — Naquele dia, o Senhor o rapará com
uma navalha alugada do outro lado do rio,
a saber, por meio do rei da Assíria. Rapará
a sua cabeça e os cabelos dos seus pés e
tirará também a sua barba. 21 Naquele dia,
um homem manterá apenas uma vaca nova
e duas ovelhas, 22 e será tal a abundância de
leite que elas lhe darão, que comerá man-
teiga. Todo o restante que ficar no meio da
terra comerá manteiga e mel.
23 — Também, naquele dia, todo lugar em
que houver mil videiras, no valor de mil
moedas de prata, será tomado por espinhei-
ros e ervas daninhas. 24 Com flechas e arco se
entrará aí, porque os espinheiros e as ervas
daninhas cobrirão toda a terra. 25 Quanto a
todos os montes, onde se costuma cavar com
enxadas, para ali você não irá com medo dos
espinhos e das ervas daninhas; eles servirão
para pasto dos bois e para serem pisados
pelas ovelhas.

A INVASÃO DOS ASSÍRIOS

8 1 O Senhor me disse:
— Pegue uma tabuleta grande e escreva
nela de maneira inteligível: Maer-Salal-
-Hás-Baz. 2 Como testemunhas fidedignas,
chamei o sacerdote Urias e Zacarias, filho
de Jeberequias.
3 Então tive relações com a profetisa, ela
ficou grávida e deu à luz um filho. E o Senhor
me disse:
— Ponha nele o nome de Maer-Salal-Hás-
-Baz. 4 Porque, antes que o menino saiba
dizer "papai" ou "mamãe", as riquezas de
Damasco e os despojos de Samaria serão
levados ao rei da Assíria.
5 O Senhor falou comigo de novo, dizendo:
6 — Visto que este povo desprezou as águas
de Siloé, que correm brandamente, e está se
derretendo de medo diante de Rezim e do
filho de Remalias, 7 eis que o Senhor fará
vir sobre eles as águas do Eufrates, fortes e

Suas raízes precisam ser podadas se o objetivo é crescer e se desenvolver em um novo ambiente.

impetuosas, isto é, o rei da Assíria com toda
a sua glória. Essas águas encherão o leito dos
rios e transbordarão por todas as suas riban-
ceiras. 8 Penetrarão em Judá, inundando-o,
e, passando por ele, chegarão até o pescoço.
As suas asas estendidas cobrirão a largura
de toda a sua terra, ó Emanuel.

O SENHOR É A NOSSA ESPERANÇA

9 Fiquem furiosos, ó povos,
e serão despedaçados!
Deem ouvidos, todos os
países distantes!
Preparem-se para a batalha
e vocês serão despedaçados!
Sim, preparem-se para a batalha
e vocês serão despedaçados!
10 Elaborem projetos, mas eles
serão frustrados;
deem ordens, mas elas não
serão cumpridas,
porque Deus está conosco.

11 Porque assim o Senhor me disse, tendo
forte a mão sobre mim, e me advertiu que
eu não andasse pelo caminho deste povo.
Ele disse:
12 — Não chamem conspiração a tudo o que
este povo chama conspiração. Não temam
aquilo que o povo teme, nem fiquem apavo-
rados. 13 Ao Senhor dos Exércitos, a ele vocês
devem santificar. É a ele que devem temer; é
dele que devem ter pavor. 14 Ele será um san-
tuário para vocês, mas será pedra de tropeço
e rocha de ofensa às duas casas de Israel; será
laço e armadilha aos moradores de Jerusalém.
15 Muitos deles tropeçarão, cairão e serão des-
pedaçados; serão enlaçados e presos.
16 — Guarde bem o testemunho e sele a
lei entre os meus discípulos. 17 Esperarei no
Senhor, que esconde o seu rosto da casa de
Jacó; a ele aguardarei.
18 — Eis-me aqui, com os filhos que o
Senhor me deu, como sinais e maravilhas
em Israel da parte do Senhor dos Exércitos,
que habita no monte Sião.
19 — Quando disserem a vocês: "Consultem
os médiuns e os adivinhos, que sussurram e
murmuram", será que um povo não deveria
consultar o seu Deus? A favor dos vivos se
consultarão os mortos? 20 À lei e ao teste-
munho! Se eles não falarem segundo esta
palavra, jamais verão a luz do alvorecer.
21 Passarão pela terra duramente oprimidos e
famintos. E, quando tiverem fome, enfurecen-
do-se, amaldiçoarão o seu rei e o seu Deus,
olhando para cima. 22 Olharão para a terra, e
eis aí angústia, escuridão e sombras de ansie-
dade; e serão lançados em densas trevas.

O PRÍNCIPE DA PAZ

9 1 Mas para a terra que estava aflita não
continuará a escuridão. Deus, nos pri-
meiros tempos, tornou desprezível a terra
de Zebulom e a terra de Naftali, mas, nos
últimos tempos, tornará glorioso o caminho
do mar, além do Jordão, Galileia dos gentios.

2 O povo que andava em trevas
viu grande luz,
e aos que viviam
na região da sombra da morte
resplandeceu-lhes a luz.
3 Tu, Senhor, tens multiplicado este povo
e aumentaste a sua alegria;
eles se alegram diante de ti,
como se alegram no tempo da colheita
e como exultam quando repartem
os despojos.
4 Porque tu quebraste o jugo
que pesava sobre eles,
a vara que lhes feria os ombros
e o cetro do seu opressor,
como no dia da vitória
sobre os midianitas.

5 Porque toda bota com que o guerreiro
anda no tumulto da batalha
e toda roupa revolvida em sangue
serão queimadas,
servirão de pasto ao fogo.
6 Porque um menino nos nasceu,
um filho se nos deu.
O governo está sobre os seus ombros,
e o seu nome será:
"Maravilhoso Conselheiro",
"Deus Forte", "Pai da Eternidade",
"Príncipe da Paz".

7 Ele estenderá o seu governo,
e haverá paz sem fim
sobre o trono de Davi
e sobre o seu reino,
para o estabelecer e para o firmar
com juízo e com justiça,
desde agora e para sempre.
O zelo do Senhor dos Exércitos fará isto.

PROFECIA CONTRA O REINO DE ISRAEL

8 O Senhor enviou
uma palavra contra Jacó,
e ela caiu em Israel.
9 Todo o povo o saberá,
Efraim e os moradores de Samaria,
que com soberba
e orgulho de coração dizem:
10 "Os tijolos ruíram por terra,
mas nós vamos reconstruir
com pedras lavradas;
os sicômoros foram cortados,
mas nós os trocaremos por cedros."
11 Por isso, o Senhor
suscitou contra ele
os adversários de Rezim
e instigou os inimigos.
12 Do Oriente vieram os sírios,
do Ocidente vieram os filisteus
e devoraram Israel
com a boca escancarada.
Nem com tudo isto
se desviou a ira de Deus,
e a mão dele continua estendida.
13 Mas este povo não se voltou
para aquele que o feria,
nem buscou o Senhor dos Exércitos.
14 Por isso, num só dia,
o Senhor corta de Israel
a cabeça e a cauda,
a palma e o junco.
15 O ancião e o homem de respeito
são a cabeça,
e o profeta que ensina a mentira
é a cauda.
16 Porque os guias deste povo
são enganadores,
e os que por eles são guiados
são destruídos.
17 Por isso, o Senhor não se alegra
com os seus jovens
e não se compadece dos seus órfãos
e das suas viúvas,
porque todos eles são ímpios e maus,
e todos falam tolices.
Nem com tudo isto
se desviou a ira de Deus,
e a mão dele continua estendida.

18 Porque a maldade
queima como um fogo,
ela devora os espinheiros
e as ervas daninhas;
incendeia as árvores do bosque,
e estas sobem em espessas nuvens
de fumaça.
19 Por causa da ira do Senhor
dos Exércitos,
a terra está em chamas,
e o povo é como lenha para o fogo;
ninguém poupa o seu irmão.
20 Abocanham à direita e ainda
têm fome,
devoram à esquerda
e não se fartam;
cada um come a carne
do seu próprio braço.
21 Manassés ataca Efraim,
e Efraim ataca Manassés,
e ambos, juntos,
atacam Judá.
Nem com tudo isto
se desviou a ira de Deus,
e a mão dele continua estendida.

10 1 Ai dos que decretam leis injustas,
dos que escrevem
decretos opressivos,
2 para negarem justiça aos pobres,
para privarem do seu direito
os aflitos do meu povo,
a fim de despojarem as viúvas
e roubarem os órfãos!
3 Mas o que vocês vão fazer
no dia do castigo,
na calamidade que vem de longe?
A quem vão pedir socorro
e onde deixarão a sua glória?

[4] Nada mais lhes resta a fazer,
a não ser curvar-se entre os prisioneiros
e cair entre os mortos.
Nem com tudo isto se desviou a ira de Deus,
e a mão dele continua estendida.

PROFECIA CONTRA A ASSÍRIA

[5] "Ai da Assíria, cetro da minha ira!
A vara em sua mão
é o instrumento do meu furor.
[6] Eu a envio contra uma nação ímpia,
e contra o povo da minha indignação
lhe dou ordens,
para que dele roube a presa
e lhe tome o despojo,
e o ponha para ser pisado aos pés,
como a lama das ruas.
[7] Ela, porém, assim não pensa,
o seu coração não entende assim;
pelo contrário, em seu coração só pensa
em destruir
e exterminar não poucas nações.
[8] Porque diz: 'Não são
meus comandantes todos eles reis?
[9] Não é Calno como Carquemis?
Não é Hamate como Arpade?
E Samaria, como Damasco?
[10] O meu poder atingiu os reinos dos ídolos,
ainda que as suas imagens de escultura
eram melhores do que as de Jerusalém
e do que as de Samaria.
[11] Será que não posso fazer
com Jerusalém e os seus ídolos
o mesmo que fiz com Samaria
e os seus ídolos?'"

[12] Por isso, quando o Senhor tiver acabado
toda a sua obra no monte Sião e em Jerusa-
lém, então castigará a arrogância do coração
do rei da Assíria e o excessivo orgulho dos
seus olhos. [13] Porque o rei disse:

"Eu fiz isso com o poder da minha mão
e com a minha sabedoria,
porque sou inteligente.
Removi os limites dos povos,
roubei os seus tesouros,
e como valente abati
os que se assentavam em tronos.
[14] Meti a mão nas riquezas dos povos
como se mete a mão num ninho;
e, como se ajuntam
os ovos abandonados,
assim eu ajuntei toda a terra,
e não houve quem batesse as asas,
ou abrisse o bico, ou desse um pio."
[15] Será que o machado pode se gloriar
contra aquele que corta com ele?
Ou será que a serra pode se engrandecer
contra o que a maneja?
Seria como se o cetro movesse quem o segura
ou o bastão levantasse quem não é madeira!
[16] Por isso, o Senhor, o SENHOR dos Exércitos,
fará definhar os soldados deles,
todos robustos,
e debaixo da sua glória
acenderá uma chama,
como a chama de fogo.
[17] Porque a Luz de Israel
virá a ser como fogo,
e o seu Santo, como labareda,
que, num só dia,
queimará e consumirá
as ervas daninhas
e os espinheiros da Assíria.
[18] Também destruirá totalmente
a glória da sua floresta
e do seu campo fértil;
e será como quando um doente
vai definhando.
[19] As árvores que restarem
na sua floresta serão tão poucas,
que até uma criança poderá contá-las.

UM RESTO VOLTARÁ

[20] Naquele dia, os restantes de Israel e os
da casa de Jacó que tiverem escapado nunca
mais se apoiarão naquele que os feriu, mas
se apoiarão no SENHOR, o Santo de Israel.
[21] Um resto voltará; sim, um resto de Jacó
voltará para o Deus Forte. [22] Porque ainda
que o seu povo, ó Israel, seja como a areia
do mar, apenas um resto voltará. Uma des-
truição está determinada, transbordante de
justiça. [23] Porque essa destruição, já deter-
minada, o Senhor, o SENHOR dos Exércitos, a
executará no meio de toda esta terra.

24 Por isso, assim diz o Senhor, o SENHOR
dos Exércitos:

— Povo meu, que mora em Sião, não tenha
medo da Assíria, quando ela castigar você
com uma vara e levantar contra você o seu
bastão à maneira dos egípcios. 25 Pois daqui
a bem pouco se cumprirá a minha indigna-
ção e a minha ira, para a consumir. 26 Porque
o SENHOR dos Exércitos suscitará contra ela
um flagelo, como a matança de Midiã junto
ao rochedo de Orebe. O seu bordão estará
sobre o mar, e ele o levantará como fez
no Egito. 27 Naquele dia, o peso deles será
tirado dos ombros de vocês, e o jugo deles
será removido do pescoço de vocês, jugo
que será despedaçado por causa da gordura.

28 A Assíria vem a Aiate,
passa por Migrom
e em Micmás larga a sua bagagem.
29 Passa o desfiladeiro, aloja-se em Geba,
já Ramá treme, Gibeá de Saul foge.
30 Grite bem alto, ó filha de Galim!
Escute, ó Laís! Pobre Anatote!
31 Madmena se dispersa;
os moradores de Gebim
fogem para salvar-se.
32 Nesse mesmo dia,
a Assíria parará em Nobe;
agitará o punho fechado
para o monte da filha de Sião,
a colina de Jerusalém.

33 Mas eis que o Senhor,
o SENHOR dos Exércitos,
cortará os ramos com violência;
as árvores de grande porte
serão derrubadas,
e as mais altas serão abatidas.
34 Cortará com o machado
as árvores da floresta,
e o Líbano cairá pela mão de
um poderoso.

O REINADO DE PAZ

11 1 Do tronco de Jessé
sairá um rebento,
e das suas raízes
brotará um renovo.
2 Repousará sobre ele
o Espírito do SENHOR,
o Espírito de sabedoria
e de entendimento,
o Espírito de conselho
e de fortaleza,
o Espírito de conhecimento
e de temor do SENHOR.
3 Ele terá o seu prazer
no temor do SENHOR.
Não julgará segundo a aparência,
nem decidirá pelo que ouviu dizer,
4 mas julgará com justiça os pobres
e decidirá com equidade
a favor dos mansos da terra.
Castigará a terra com a vara de sua boca
e com o sopro dos seus lábios
matará o perverso.
5 O cinto dele será a justiça,
e a verdade será a faixa na cintura.

6 O lobo habitará com o cordeiro,
o leopardo se deitará
junto do cabrito,
o bezerro, o leão novo
e o novilho gordo andarão juntos,
e um pequenino os guiará.
7 A vaca e a ursa pastarão juntas,
e as suas crias juntas se deitarão;
e o leão comerá palha como o boi.
8 A criança de peito brincará
sobre a toca da cobra,
e o já desmamado meterá a mão
no ninho da serpente.
9 Não se fará mal nem dano algum
em todo o meu santo monte,
porque a terra se encherá
do conhecimento do SENHOR,
como as águas cobrem o mar.

A NOVA GLÓRIA DE ISRAEL

10 Naquele dia, a raiz de Jessé estará posta
por estandarte dos povos. As nações recorre-
rão a ela, e a glória será a sua morada.
11 Naquele dia, o Senhor tornará a estender
a mão para resgatar o resto do seu povo, que
for deixado, da Assíria, do Egito, de Patros,
da Etiópia, de Elão, de Sinar, de Hamate e
das terras do mar.

[12] Levantará um estandarte
para as nações,
ajuntará os desterrados de Israel
e recolherá os dispersos de Judá
desde os quatro cantos da terra.
[13] A inveja de Efraim acabará,
e os adversários de Judá
serão eliminados.
Efraim não terá inveja de Judá,
e Judá não oprimirá Efraim.
[14] Ao contrário, voarão sobre os ombros
dos filisteus, ao Ocidente;
juntos despojarão os filhos do Oriente;
estenderão as mãos sobre Edom e Moabe,
e os filhos de Amom
lhes serão sujeitos.
[15] O Senhor destruirá totalmente
o golfo do mar do Egito,
e com a força do seu vento
moverá a mão contra o Eufrates,
dividindo-o em sete canais,
para que qualquer um possa
atravessá-lo de sandálias.
[16] Haverá um caminho plano
para o resto do seu povo
que for deixado na Assíria,
como houve para Israel
no dia em que saiu da terra do Egito.

CÂNTICO DE LOUVOR PELA RESTAURAÇÃO DE ISRAEL

12 [1] Naquele dia, você dirá:
"Graças te dou, ó Senhor,
porque, ainda que te iraste contra mim,
a tua ira se retirou,
e tu me consolas.
[2] Eis que Deus é a minha salvação;
confiarei e não temerei,
porque o Senhor Deus
é a minha força e o meu cântico;
ele se tornou a minha salvação.
[3] Com alegria, vocês tirarão água
das fontes da salvação."

[4] Naquele dia, vocês dirão:
"Deem graças ao Senhor,
invoquem o seu nome;
tornem conhecidos entre os povos
os seus feitos,
anunciem que é excelso o seu nome.
[5] Cantem louvores ao Senhor,
porque ele fez coisas grandiosas;
saiba-se isto em toda a terra.
[6] Exultem e gritem de alegria,
ó moradores de Sião,
porque grande é o Santo de Israel
no meio de vocês."

PROFECIA CONTRA A BABILÔNIA

13 [1] Sentença contra a Babilônia que
Isaías, filho de Amoz, recebeu numa
visão.

[2] Sobre um monte escalvado,
levantem um estandarte.
Ergam a voz para eles,
acenem com a mão,
para que entrem pelos portões dos príncipes.
[3] Eu dei ordens aos meus consagrados,
sim, chamei os meus valentes,
os que exultam com a minha majestade,
para que executem a minha ira.

[4] Já se ouve sobre os montes
um rumor como o de
uma grande multidão,
o clamor de reinos
e de nações já congregados.
O Senhor dos Exércitos reúne
as tropas de guerra.
[5] Eles vêm de um país remoto,
desde a extremidade dos céus:
é o Senhor e os instrumentos
da sua indignação,
para destruir toda a terra.
[6] Lamentem, pois o Dia do Senhor
está perto;
ele vem como destruição
da parte do Todo-Poderoso.
[7] Por isso, todas as mãos desfalecerão,
e o coração de todos se derreterá.
[8] Ficarão apavorados;
angústia e dores tomarão conta deles,
e se contorcerão qual mulher
que está dando à luz.
Olharão espantados
uns para os outros,
com os rostos da cor do fogo.

9 Eis que vem o Dia do Senhor,
dia cruel, com ira e ardente furor,
para fazer da terra uma desolação
e exterminar dela os pecadores.
10 Porque as estrelas
e constelações dos céus
não darão a sua luz;
o sol, logo ao nascer, se escurecerá,
e a lua não fará resplandecer
a sua luz.

11 "Castigarei o mundo
por causa da sua maldade,
e os perversos,
por causa da sua iniquidade.
Farei cessar
a arrogância dos atrevidos
e abaterei o orgulho dos violentos.
12 Farei com que as pessoas
sejam mais escassas
do que o ouro puro,
mais raras do que o ouro de Ofir.
13 Portanto, farei estremecer os céus,
e a terra será sacudida do seu lugar,
por causa da ira
do Senhor dos Exércitos
e por causa do dia
do seu ardente furor."

14 "Cada um será como a gazela
que foge
e como o rebanho
que ninguém recolhe;
cada um voltará para o seu povo
e cada um fugirá para a sua terra.
15 Quem for achado
será traspassado,
e aquele que for apanhado
será morto à espada.
16 As crianças serão esmagadas
diante dos olhos deles;
as casas serão saqueadas,
e as mulheres deles,
violentadas."

17 "Eis que contra os babilônios
eu despertarei os medos,
que não farão caso de prata,
nem se alegrarão com ouro.
18 As suas flechas matarão os jovens;
eles não se compadecerão
dos recém-nascidos,
e os seus olhos
não pouparão as crianças.
19 Babilônia, a joia dos reinos,
glória e orgulho dos caldeus,
será como Sodoma e Gomorra,
quando Deus as destruiu.
20 Nunca mais será habitada,
ninguém morará nela
de geração em geração.
Os árabes não armarão ali
as suas tendas,
e os pastores não levarão
para lá os seus rebanhos.
21 Porém, nela, os animais
do deserto repousarão,
e as suas casas
se encherão de corujas.
Ali habitarão os avestruzes,
e os bodes selvagens pularão ali.
22 As hienas uivarão nos seus castelos;
os chacais,
nos seus palácios de prazer.
A hora da Babilônia está chegando,
e os seus dias
não serão prolongados."

A VOLTA DE ISRAEL PARA A SUA TERRA

14 1 Porque o Senhor se compadecerá de
Jacó e voltará a escolher Israel, esta-
belecendo-os na sua própria terra. A eles
se juntarão os estrangeiros, e estes farão
parte da casa de Jacó. 2 Os povos os pegarão
e os levarão aos lugares deles, e a casa de
Israel terá esses povos por servos e servas,
na terra do Senhor. Os israelitas terão como
prisioneiros aqueles que os tinham apri-
sionado e dominarão os seus opressores.

HINO TRIUNFAL SOBRE A QUEDA DA BABILÔNIA

3 Povo de Israel, no dia em que Deus vier
a dar-lhe descanso do sofrimento, das
angústias e da dura servidão que lhe foi
imposta, 4 você proferirá esta sátira contra
o rei da Babilônia:

"Como cessou o opressor!
Como acabou a tirania!
5 O SENHOR quebrou
o bastão dos ímpios
e o cetro dos dominadores,
6 que feriam os povos com furor,
com golpes incessantes,
e com ira dominavam as nações,
com perseguição irreprimível.
7 Agora toda a terra descansa
e está sossegada.
Todos dão gritos de alegria.
8 Até os ciprestes se alegram por causa
de você,
e os cedros do Líbano exclamam:
'Desde que você caiu,
ninguém mais vem para nos cortar.'"

9 "Lá embaixo, o mundo dos mortos
se agita por causa de você,
para sair ao seu encontro
quando você chegar.
Por sua causa, ele desperta as sombras
e todos os príncipes da terra,
e faz levantar dos seus tronos
todos os reis das nações.
10 Todos estes começam a falar
e se dirigem a você, dizendo:
'Então também você
enfraqueceu como nós?
E você se tornou como um de nós?
11 A sua soberba foi jogada no abismo,
junto com o som das suas harpas.
A sua cama é de larvas
e os vermes são a sua coberta.'"

12 "Veja como você caiu do céu,
ó estrela da manhã, filho da alva!
Veja como você
foi lançado por terra,
você que debilitava as nações!
13 Você pensava assim:
'Subirei ao céu,
exaltarei o meu trono acima das estrelas
e me assentarei no monte
da congregação,
nas extremidades do Norte.
14 Subirei acima das mais altas nuvens
e serei semelhante ao Altíssimo.'"

15 "Mas você descerá
ao mundo dos mortos,
no mais profundo do abismo.
16 Os que virem você
olharão atentamente
e perguntarão:
'É este o homem
que fazia a terra tremer
e que abalava os reinos?
17 Que transformava o mundo num
deserto
e arrasava as suas cidades?
Que não deixava os seus prisioneiros
voltarem para casa?'"

18 "Todos os reis das nações,
sim, todos jazem com honra,
cada um em seu túmulo.
19 Mas você é lançado fora da
sua sepultura,
como um renovo abominável,
coberto de mortos
traspassados à espada
e que descem à cova de pedras,
como um cadáver pisoteado.
20 Você não se reunirá com eles
na sepultura,
porque você destruiu
a sua própria terra
e matou o seu próprio povo.
A descendência dos malfeitores
jamais será nomeada."

21 "Preparem a matança
dos filhos dele
por causa da maldade
de seus pais,
para que esses não se levantem,
tomem posse da terra,
e encham o mundo de cidades."

22 — Eu me levantarei contra eles, diz o
SENHOR dos Exércitos. Acabarei com o nome
e os sobreviventes da Babilônia, com os
seus descendentes e a sua posteridade, diz
o SENHOR. 23 Farei dela a habitação de ouri-
ços e um lugar de pântanos. Vou varrê-la
com a vassoura da destruição, diz o SENHOR
dos Exércitos.

PROFECIA CONTRA OS ASSÍRIOS

24 O Senhor dos Exércitos jurou, dizendo:

"Como pensei, assim será,
e, como determinei, assim acontecerá.
25 Esmagarei a Assíria na minha terra
e nas minhas montanhas a pisarei,
para que o seu jugo se afaste de Israel,
e a sua carga
se desvie dos ombros dele.
26 Este é o plano que foi elaborado
para toda a terra;
e esta é a mão que está estendida
sobre todas as nações."

27 Pois, se o Senhor dos Exércitos
o determinou,
quem poderá invalidá-lo?
Se a mão dele está estendida,
quem a fará voltar atrás?

PROFECIA CONTRA OS FILISTEUS

28 No ano em que o rei Acaz morreu, foi
pronunciada esta sentença:

29 "Não se alegrem, todos vocês da Filístia,
por estar quebrada a vara que os feria.
Porque da raiz da cobra sairá uma víbora,
e o seu fruto
será uma serpente voadora.
30 Os primogênitos dos pobres
serão apascentados,
e os necessitados
se deitarão em segurança.
Porém farei morrer de fome
a sua raiz, ó Filístia,
e os seus sobreviventes
serão mortos.
31 Uive, ó portão! Grite, ó cidade!
Todos vocês da Filístia,
tremam de medo!
Porque do Norte vem fumaça,
e ninguém há que se afaste das suas fileiras."

32 Que resposta se dará, então,
aos mensageiros daquele povo?
"O Senhor fundou Sião,
e nela os aflitos do seu povo
encontram refúgio."

PROFECIA CONTRA MOABE

15 1 Sentença contra Moabe.

Certamente numa noite
Ar de Moabe foi arrasada,
e ela está destruída;
certamente numa noite
Quir de Moabe foi arrasada,
e ela está destruída.
2 Sobe-se ao templo e a Dibom,
aos lugares altos, para chorar.
Por Nebo e por Medeba, Moabe lamenta;
todas as cabeças são rapadas,
e toda barba é cortada.
3 Nas ruas andam vestidos
de panos de saco;
nos terraços e nas praças
todos pranteiam,
desatando-se em lágrimas.
4 Tanto Hesbom como Eleale
andam gritando;
até Jaza se ouve a sua voz.
Por isso, os soldados de Moabe clamam;
a sua alma treme dentro deles.

5 O meu coração clama
por causa de Moabe.
Os seus fugitivos vão até a região de
Zoar e Eglate-Selisia;
vão chorando pela subida de Luíte
e no caminho de Horonaim
levantam gritos de desespero.
6 Porque as águas de
Ninrim desapareceram;
seca-se o pasto, acaba-se o capim,
e não há mais nada que esteja verde.
7 Por isso, eles mesmos levam
a riqueza que adquiriram e guardaram
para além do ribeiro dos Salgueiros.
8 Porque o pranto se espalha
pelo território de Moabe;
o seu clamor chega até Eglaim;
o clamor chega até Beer-Elim.
9 As águas de Dimom estão cheias
de sangue,
mas trarei ainda mais sobre Dimom:
um leão para atacar aqueles
que escaparem de Moabe
e os que permanecerem na terra.

O DESESPERO DOS MOABITAS

16 [1] Enviem cordeiros
ao dominador da terra,
desde Sela, pelo deserto,
até o monte da filha de Sião.
[2] Como pássaro espantado,
lançado fora do ninho,
assim são as filhas de Moabe
nos vaus do rio Arnom.
Elas dizem a Judá:
[3] "Dê-nos um conselho,
tome uma decisão.
Faça com que, em pleno meio-dia,
a sua sombra seja como noite para nós.
Esconda os desterrados
e não revele onde estão os fugitivos.
[4] Que os desterrados de Moabe
possam morar em seu território;
sirva-lhes de esconderijo
contra o destruidor."

Quando o homem violento tiver fim,
a destruição for desfeita
e o opressor deixar a terra,
[5] então um trono será estabelecido
em bondade,
e sobre ele se assentará com fidelidade,
no tabernáculo de Davi, alguém que julgue,
busque o juízo e não tarde em
fazer justiça.

[6] Ouvimos falar da soberba de Moabe,
que de fato é extremamente soberbo.
Ouvimos falar da sua arrogância,
do seu orgulho e do seu furor;
mas todo esse seu orgulho é vão.
[7] Por isso, Moabe pranteará por Moabe;
todos prantearão.
Profundamente abatidos,
hão de suspirar pelos bolos de passas
de Quir-Haresete.
[8] Porque os campos de Hesbom
estão murchos;
os senhores das nações destruíram
os melhores ramos da vinha de Sibma,
que se estendiam até Jazer
e se perdiam no deserto,
ramos que se estendiam
e passavam além do mar.
[9] Por isso, prantearei,
com o pranto de Jazer,
pela vinha de Sibma.
Eu as regarei
com as minhas lágrimas,
ó Hesbom e Eleale,
pois sobre os seus frutos de verão
e sobre a sua colheita já caiu
o "eia" dos inimigos.
[10] Fugiu a alegria
e o regozijo dos pomares;
nas vinhas já não se canta,
nem há júbilo algum.
Já não se pisam as uvas nos lagares;
eu fiz cessar o "eia" dos pisadores.
[11] Por isso, o meu íntimo
vibra por Moabe
como se fosse harpa,
e o meu coração estremece
por Quir-Heres.

[12] Quando Moabe se apresentar e se can-
sar nos lugares altos, quando entrar no seu
santuário para orar, nada alcançará.
[13] Esta é a palavra que o SENHOR há muito
pronunciou contra Moabe. [14] Agora, porém,
o SENHOR diz:
— Daqui a exatamente três anos, será
humilhada a glória de Moabe, com toda a
sua grande multidão; e o resto que ficar será
pouco, pequeno e fraco.

PROFECIA CONTRA DAMASCO E EFRAIM

17 [1] Sentença contra Damasco.

"Eis que Damasco
deixará de ser cidade
e será um montão de ruínas.
[2] As cidades de Aroer
serão abandonadas;
hão de ser para os rebanhos,
que aí se deitarão
sem haver quem os espante.
[3] A fortaleza de Efraim desaparecerá,
bem como o reino de Damasco;
e o restante da Síria será como
a glória dos filhos de Israel",
diz o SENHOR dos Exércitos.

4 "Naquele dia, a glória de Jacó
será diminuída,
e a gordura da sua carne
desaparecerá.
5 Será como quando
o ceifeiro ajunta o trigo
e com o braço colhe as espigas;
será como quem colhe espigas
no vale dos Refains.
6 Mas ainda ficarão algumas espigas,
como no sacudir da oliveira;
duas ou três azeitonas na ponta
do ramo mais alto,
e quatro ou cinco
nos ramos mais produtivos",
diz o Senhor, o Deus de Israel.

7 Naquele dia, as pessoas olharão para o
seu Criador, e os seus olhos estarão voltados
para o Santo de Israel. 8 Eles não olharão para
os altares, obra de suas mãos, nem voltarão
os olhos para o que os seus dedos fizeram,
nem para os postes da deusa Aserá, nem
para os altares do incenso.
9 Naquele dia, as cidades que eles fortifica-
ram ficarão como os lugares abandonados
no bosque ou no alto das montanhas, os
quais no passado foram abandonados
diante da chegada dos filhos de Israel, e
haverá desolação.

10 Porque você se esqueceu
do Deus da sua salvação
e não se lembrou da Rocha
da sua fortaleza.
Ainda que você faça belas plantações
e plante mudas de fora,
11 e, no dia em que você as plantar,
as fizer crescer,
e na manhã seguinte as fizer florescer,
ainda assim a colheita voará
no dia da tribulação
e das dores incuráveis.

12 Ai do bramido dos grandes povos
que bramam como bramam os mares,
e do rugido das nações
que rugem como rugem
as águas impetuosas!
13 As nações rugem como as muitas águas,
mas Deus as repreenderá,
e fugirão para longe;
serão afugentadas
como a palha dos montes
diante do vento
e como pó levado pelo tufão.
14 Ao anoitecer, eis que há pavor,
e, antes que amanheça o dia,
já não existem.
Este é o destino daqueles que nos despojam
e a sorte daqueles que nos saqueiam.

PROFECIA CONTRA A ETIÓPIA

18 1 Ai da terra onde há o roçar
de muitas asas de insetos,
que está além dos rios da Etiópia,
2 que envia embaixadores por mar
em navios de papiro sobre as águas.

Vão, mensageiros velozes,
a uma nação de homens altos
e de pele lustrosa,
a um povo que é temido
pelos de perto e de longe,
a uma nação poderosa e esmagadora,
cuja terra é dividida por rios.
3 Todos vocês, habitantes do mundo,
os moradores da terra,
olhem bem quando a bandeira
for levantada nos montes.
Quando a trombeta soar, escutem!
4 Porque o Senhor me disse:
"Olhando da minha morada,
estarei calmo como o ardor do sol
resplandecente,
como a nuvem do orvalho
no tempo quente da colheita."
5 Porque antes da vindima, caída já a flor,
e quando as uvas amadurecem,
então podará os brotos com a foice
e cortará os ramos que se estendem.
6 Todos serão deixados
para as aves dos montes
e para os animais selvagens;
sobre eles as aves de rapina
passarão o verão,
e todos os animais selvagens
passarão o inverno sobre eles.

Seja em qual fase nos encontramos, temos de estar sempre cientes de que, enquanto vivermos e andarmos com Deus, seremos podadas.

7 Naquele tempo,
será levado um presente
ao SENHOR dos Exércitos
por um povo de homens altos
e de pele lustrosa,
povo que é temido
pelos de perto e de longe,
por uma nação poderosa
e esmagadora,
cuja terra é dividida por rios.
Esse presente será levado
ao lugar do nome
do SENHOR dos Exércitos,
ao monte Sião.

PROFECIA CONTRA O EGITO

19 1 Sentença contra o Egito.

Eis que o SENHOR, cavalgando
uma nuvem ligeira,
vai indo para o Egito.
Os ídolos do Egito
estremecerão diante dele,
e o coração dos egípcios
se derreterá dentro deles.
2 "Porque farei com que egípcios
se levantem contra egípcios,
e cada um lutará contra o seu irmão
e cada um contra o seu próximo;
cidade contra cidade,
reino contra reino.
3 O espírito dos egípcios
irá esmorecer dentro deles,
e eu farei com que
os planos deles fracassem.
Eles consultarão os seus ídolos,
encantadores,
médiuns e feiticeiros.
4 Entregarei os egípcios
nas mãos de um senhor cruel,
e um rei feroz os dominará",
diz o Senhor, o SENHOR dos Exércitos.

5 As águas do mar baixarão,
e o rio Nilo se tornará seco e árido.
6 Os canais exalarão mau cheiro,
e os braços do Nilo
diminuirão até secar;
as canas e os juncos murcharão.
7 A relva que está junto ao Nilo,
junto às suas margens,
e tudo o que foi semeado
junto dele secarão,
serão levados pelo vento
e desaparecerão.
8 Os pescadores gemerão,
e lamentarão todos os que lançam
anzóis no rio;
e os que estendem redes
sobre as águas desfalecerão.
9 Os que trabalham em linho fino
e os que tecem pano de algodão
ficarão decepcionados.
10 Os seus homens importantes
serão esmagados,
e todos os que trabalham por salário
andarão de alma entristecida.

11 Na verdade, os príncipes de Zoã
não têm juízo;
os sábios conselheiros de Faraó
dão conselhos estúpidos.
Como vocês podem dizer ao Faraó:
"Sou filho de sábios,
filho de antigos reis?"
12 Onde estão agora os seus sábios?
Que eles agora lhe anunciem
ou informem
o que o SENHOR dos Exércitos
determinou contra o Egito.
13 Os príncipes de Zoã perderam o juízo,
e os príncipes de Mênfis
estão enganados;
os que são a pedra de esquina
das suas tribos
estão levando o Egito
a andar errante.
14 O SENHOR derramou
no coração deles
um espírito de confusão;
eles fizeram o Egito andar errante
em toda a sua obra,
como o bêbado quando escorrega
no seu próprio vômito.
15 Para o Egito, não há obra alguma
que possa ser feita
pela cabeça ou cauda,
pela palma ou junco.

O EGITO E A ASSÍRIA VOLTARÃO PARA O SENHOR

16 Naquele dia, os egípcios serão como mulheres: ficarão tremendo de medo quando se levantar a mão do SENHOR dos Exércitos, que ele agitará contra eles. 17 A terra de Judá será um espanto para o Egito; todo aquele que dela se lembrar ficará apavorado por causa da decisão que o SENHOR dos Exércitos tomou contra eles.

18 Naquele dia, haverá cinco cidades na terra do Egito que falarão a língua de Canaã e farão juramento ao SENHOR dos Exércitos; uma delas se chamará Cidade do Sol.

19 Naquele dia, o SENHOR terá um altar no meio da terra do Egito, e na fronteira do país será levantada uma coluna em honra do SENHOR. 20 Servirá de sinal e de testemunho ao SENHOR dos Exércitos na terra do Egito. Quando eles clamarem ao SENHOR por causa dos opressores, ele lhes enviará um salvador e defensor que os há de livrar. 21 O SENHOR se dará a conhecer ao Egito, e os egípcios conhecerão o SENHOR naquele dia. Eles o adorarão com sacrifícios e ofertas de cereais, e farão votos ao SENHOR, e os cumprirão. 22 O SENHOR ferirá os egípcios; ele os ferirá, mas depois os curará. Eles se converterão ao SENHOR, e ele lhes atenderá as orações e os curará.

23 Naquele dia, haverá uma estrada do Egito até a Assíria. Os assírios irão ao Egito, e os egípcios irão à Assíria; e os egípcios adorarão com os assírios.

24 Naquele dia, Israel será o terceiro com os egípcios e os assírios, uma bênção no meio da terra. 25 O SENHOR dos Exércitos os abençoará, dizendo: "Bendito seja o Egito, meu povo! Bendita seja a Assíria, obra de minhas mãos. E bendito seja Israel, minha herança."

PROFECIA DO CATIVEIRO DOS EGÍPCIOS E DOS ETÍOPES

20 1 No ano em que Tartã, enviado por Sargão, rei da Assíria, veio a Asdode, atacou a cidade e a conquistou, 2 nesse mesmo tempo o SENHOR falou por meio de Isaías, filho de Amoz, dizendo:

— Solte de seus lombos a roupa de pano grosseiro e tire as sandálias dos pés.

Isaías fez isso, passando a andar despido e descalço.

3 Então o SENHOR disse:

— Assim como o meu servo Isaías andou três anos despido e descalço, como sinal e prenúncio contra o Egito e contra a Etiópia, 4 assim o rei da Assíria levará os presos do Egito e os exilados da Etiópia, tanto moços como velhos, despidos e descalços e com as nádegas descobertas, para vergonha do Egito. 5 Então os israelitas ficarão apavorados e envergonhados por causa dos etíopes, sua esperança, e dos egípcios, sua glória. 6 Os moradores desta região dirão naquele dia: "Vejam o que aconteceu com aqueles em quem esperávamos e a quem recorremos para nos livrar do rei da Assíria! E, agora, como nós vamos escapar?"

PROFECIA CONTRA A BABILÔNIA

21 1 Sentença contra o deserto junto ao mar.

Como as tempestades vêm do Sul,
ele virá do deserto, de uma terra horrível.
2 Uma visão terrível me foi anunciada:
o traidor procede traiçoeiramente,
e o destruidor anda destruindo.
Ao ataque, ó Elão!
Feche o cerco, ó Média!
Já fiz cessar todo gemido.
3 Por isso, os meus lombos estão
  cheios de angústia;
tive dores como as dores da mulher
  que está dando à luz;
contorço-me de dores e não posso ouvir,
desfaleço e não posso ver.
4 O meu coração bate forte,
o horror me apavora;
o crepúsculo que eu aguardava
  só me trouxe tremor.
5 Põe-se a mesa, estendem-se tapetes,
come-se e bebe-se.
Levantem-se, príncipes, e untem os escudos.

6 Porque assim me disse o Senhor:
"Vá e ponha uma sentinela,
que fique olhando
  e anuncie o que enxergar.

[7] Se ela enxergar uma tropa de cavaleiros
de dois a dois,
uma tropa de jumentos
e uma tropa de camelos,
ela que escute atentamente,
com muita atenção."
[8] Então o que estava olhando gritou:
"Senhor, durante o dia
estou continuamente
sobre a torre de vigia
e fico de guarda durante noites inteiras.
[9] Eis que agora vem
uma tropa de homens,
cavaleiros de dois a dois."
Então ele ergueu a voz e disse:
"Caiu! Babilônia caiu!
Todas as imagens de escultura
dos seus deuses
jazem despedaçadas no chão!"

[10] Ah, meu povo, debulhado e batido
como o trigo na eira!
O que ouvi do SENHOR dos Exércitos,
o Deus de Israel,
isso lhes anunciei.

PROFECIA CONTRA DUMÁ

[11] Sentença contra Dumá.

Alguém me chama desde Seir:
"Guarda, falta muito para acabar a noite?
Guarda, falta muito?"
[12] O guarda responde:
"O dia vai chegar, e também a noite.
Se quiserem perguntar de novo,
voltem e perguntem."

PROFECIA CONTRA A ARÁBIA

[13] Sentença contra a Arábia.

Nos bosques da Arábia,
vocês passarão a noite,
ó caravanas de dedanitas.
[14] Levem água para os sedentos.
Ó moradores da terra de Tema,
levem pão aos fugitivos.
[15] Porque eles fogem da espada,
da espada desembainhada,
do arco entesado e do furor da guerra.

[16] Porque assim me disse o Senhor:
— Dentro de exatamente um ano, toda a
glória de Quedar desaparecerá. [17] E o que
restar do número dos flecheiros, homens
valentes dos filhos de Quedar, será dimi-
nuto, porque assim o disse o SENHOR, o Deus
de Israel.

PROFECIA CONTRA JERUSALÉM

22 [1] Sentença contra o vale da Visão.

O que aconteceu, para que todo o seu povo
esteja subindo aos terraços?
[2] Você estava cheia de aclamações,
era uma cidade barulhenta,
cidade cheia de alegria!
Os seus mortos não foram mortos
à espada,
nem morreram na guerra.
[3] Todos os seus chefes
fugiram na mesma hora
e foram presos sem que
fosse atirada uma só flecha.
Todos os moradores
que foram encontrados foram presos,
apesar de já estarem longe na fuga.
[4] Portanto, digo:
"Não olhem para mim;
deixem-me chorar amargamente.
Não insistam em querer consolar-me
por causa da ruína da filha do meu povo."

[5] Porque este é um dia de tumulto,
pisoteamento e alvoroço
da parte do Senhor,
o SENHOR dos Exércitos, no vale da Visão:
um derrubar de muralhas
e um clamor que vai até os montes.
[6] Porque Elão pegou a sua aljava
e vem com carros de guerra e cavaleiros;
e Quir prepara os escudos.
[7] Os seus formosos vales
se encheram de carros de guerra,
e os cavaleiros se posicionaram
junto ao portão.

[8] Foi-se a proteção de Judá.
Naquele dia, vocês olharam para as armas
da Casa do Bosque. [9] Notaram as brechas da

Cidade de Davi, que eram muitas, e ajun-
taram água no tanque inferior. 10 Também
contaram as casas de Jerusalém e derruba-
ram algumas delas, para reforçar a muralha.
11 Também construíram um reservatório
entre as duas muralhas para as águas do
tanque velho.

Mas vocês não olharam para aquele
que fez essas coisas,
nem levaram em conta aquele
que há muito as formou.
12 Naquele dia, o Senhor,
o Senhor dos Exércitos,
os convidava para chorar, prantear,
rapar a cabeça e vestir roupa
feita de pano de saco.
13 Porém, o que se viu
era só festa e alegria.
Vocês mataram bois, degolaram ovelhas,
comeram carne,
beberam vinho e disseram:
"Comamos e bebamos,
porque amanhã morreremos."

14 Mas o Senhor dos Exércitos me revelou
o seguinte:

"Certamente essa maldade
não será perdoada,
até que vocês morram, diz o Senhor,
o Senhor dos Exércitos."

SEBNA É REMOVIDO DO OFÍCIO. ELIAQUIM É EXALTADO

15 Assim diz o Senhor, o Senhor dos Exércitos:
— Vá falar com esse administrador, com
Sebna, o responsável pelo palácio, e pergun-
te-lhe: 16 "O que você está fazendo aqui? Ou
que parente você tem aqui, para que abra
aqui uma sepultura para você, lavrando num
lugar elevado a sua sepultura, escavando na
rocha a sua própria morada? 17 Eis que como
homem forte o Senhor vai jogar você para
bem longe. Ele o pegará com firmeza 18 e o
fará rolar como uma bola, lançando-o numa
terra espaçosa. Ali você morrerá, e ali aca-
barão os carros da sua glória. Pois você é a
vergonha da casa do seu senhor. 19 Eu vou
removê-lo do seu ofício, e você será der-
rubado da sua posição."
20 — Naquele dia, chamarei o meu servo
Eliaquim, filho de Hilquias. 21 Eu o vestirei
com a túnica que você usava, irei cingi-lo
com a faixa que era sua e lhe entregarei
nas mãos o poder que você tinha. Ele será
como um pai para os moradores de Jeru-
salém e para a casa de Judá. 22 Porei sobre
o ombro dele a chave da casa de Davi. Ele
abrirá, e ninguém fechará; fechará, e nin-
guém abrirá. 23 Vou fincá-lo como estaca em
lugar firme, e ele será como um trono de
honra para a casa de seu pai. 24 Nele, pen-
durarão toda a glória da casa de seu pai, a
prole e os descendentes, todos os utensí-
lios menores, desde as taças até os jarros.
25 Naquele dia, diz o Senhor dos Exércitos,
a estaca que tinha sido fincada em lugar
firme será tirada, será arrancada e cairá, e a
carga que nela estava se desprenderá, por-
que o Senhor o disse.

PROFECIA CONTRA TIRO

23 1 Sentença contra Tiro.

Lamentem, navios de Társis,
porque Tiro foi destruída,
a ponto de não haver nela
casa nenhuma, nem ancoradouro.
Da terra de Chipre lhes foi revelado isto.
2 Calem-se, moradores do litoral,
vocês que foram enriquecidos
pelos mercadores de Sidom,
navegando pelo mar.
3 Através das vastas águas,
você recebeu o cereal
dos canais do Egito
e a colheita do Nilo,
e você, ó Tiro, se tornou a feira
das nações.
4 Fique envergonhada, ó Sidom,
porque o mar, a fortaleza do mar,
fala, dizendo:
"Não tive dores de parto, não dei à luz,
não criei rapazes, nem eduquei moças."
5 Quando a notícia a respeito de Tiro
chegar ao Egito,
eles ficarão angustiados.

[6] Fujam para Társis!
Lamentem, moradores do litoral.
[7] É esta a cidade de vocês
que andava exultante,
cuja origem é de tempos antigos,
cujos pés a levaram até longe
para se estabelecer?
[8] Quem decretou isso contra Tiro,
a cidade distribuidora de coroas,
cujos mercadores são príncipes
e cujos negociantes
são os mais nobres da terra?
[9] O Senhor dos Exércitos decretou isso,
para abater o orgulho de toda beleza
e humilhar os mais nobres da terra.

[10] Percorra livremente como o rio Nilo
a sua terra, ó filha de Társis;
já não há quem a restrinja.
[11] O Senhor estendeu a mão sobre o mar
e abalou os reinos;
deu ordens contra Canaã,
para que as suas fortalezas
fossem destruídas.
[12] Ele disse: "Nunca mais
você irá se alegrar,
ó oprimida virgem filha de Sidom!
Levante-se, vá até Chipre,
mas nem ali você terá descanso."

[13] Eis a terra dos caldeus, povo que não
existe mais e que a Assíria havia destinado
para os animais do deserto. Eles levantaram
suas torres, arrasaram os palácios de Tiro e
a deixaram em ruínas.

[14] Lamentem, navios de Társis,
porque aquela que era
a fortaleza de vocês foi destruída!

[15] Naquele dia, Tiro ficará no esquecimento
por setenta anos, o tempo de vida de um rei.
Mas no fim dos setenta anos acontecerá com
Tiro o que diz a canção da prostituta:

[16] "Pegue a harpa, rodeie a cidade,
ó prostituta esquecida;
toque bem, cante muitas canções,
para que se lembrem de você."

[17] Passados os setenta anos, o Senhor se lem-
brará de Tiro, e ela voltará ao seu ofício e se
prostituirá com todos os reinos da terra. [18] O
ganho e o salário de sua impureza serão dedi-
cados ao Senhor. Não serão armazenados, nem
guardados, mas o seu ganho será para os que
habitam diante do Senhor, para que tenham
comida em abundância e roupas finas.

O SENHOR VAI CASTIGAR O MUNDO

24 [1] Eis que o Senhor vai devastar
e desolar a terra,
vai transtornar a sua superfície
e dispersar os seus moradores.
[2] O mesmo vai acontecer com todos:
com o povo e com o sacerdote;
com o servo e com o seu senhor;
com a serva e com a sua dona;
com o comprador e com o vendedor;
com o que empresta
e com o que toma emprestado;
com o credor e com o devedor.
[3] A terra será completamente devastada
e totalmente saqueada,
porque o Senhor é quem proferiu esta palavra.

[4] A terra pranteia e murcha;
o mundo enfraquece e murcha;
enfraquecem os mais nobres
do povo da terra.
[5] A terra está contaminada
por causa dos seus moradores,
porque transgridem as leis,
violam os estatutos
e quebram a aliança eterna.
[6] Por isso, a maldição consome a terra,
e os que habitam nela
se tornam culpados.
Por isso, os moradores da terra
serão queimados,
e poucas pessoas restarão.
[7] O vinho pranteia,
a videira murcha,
e gemem todos os que estavam
de coração alegre.
[8] Cessou o som alegre dos tamborins,
acabou o ruído dos que exultam,
cessou o som alegre da harpa.

[9] Já não se bebe vinho entre canções;
a bebida forte é amarga
para os que a bebem.
[10] A cidade caótica está demolida;
todas as casas estão fechadas,
e ninguém consegue entrar.
[11] Gritam por vinho nas ruas;
todo o riso desapareceu;
a alegria foi banida da terra.
[12] Na cidade, só restou a desolação,
e o portão está em pedaços.
[13] O que acontecerá na terra,
no meio dos povos,
é como o sacudir da oliveira
no tempo da colheita
e o rebuscar das parreiras
depois de acabada a vindima.

A ALEGRIA DOS JUSTOS E A RUÍNA DOS TRANSGRESSORES

[14] Eles levantam a voz
e cantam com alegria;
por causa da glória do SENHOR,
exultam desde o mar.
[15] Por isso, no Oriente
deem glória ao SENHOR
e, nas terras do mar,
glorifiquem o nome do SENHOR,
o Deus de Israel.
[16] Dos confins da terra
ouvimos cantar:
"Glória ao Justo!"
Mas eu digo: "Estou definhando!
Estou definhando! Ai de mim!
Os traidores estão traindo;
sim, os traidores
só tramam traições."
[17] Terror, buracos e armadilhas
esperam por vocês, moradores da terra.
[18] Aquele que fugir da voz do terror
cairá no buraco,
e, se sair do buraco,
será apanhado na armadilha.
Porque as represas do alto se abrem,
e tremem os fundamentos da terra.
[19] A terra será totalmente quebrada,
a terra ficará
completamente despedaçada,
a terra será violentamente sacudida.
[20] A terra vai cambalear como um
bêbado
e balançar como uma cabana;
a sua transgressão pesa sobre ela,
ela cairá e nunca mais se levantará.
[21] Naquele dia,
o SENHOR castigará,
nas alturas, os exércitos celestiais,
e, na terra, castigará os reis da terra.
[22] Serão ajuntados
como presos em masmorra
e encerrados num cárcere;
e, depois de muitos dias,
serão castigados.
[23] A lua ficará corada de vergonha
e o sol se envergonhará
quando o SENHOR dos Exércitos
reinar no monte Sião
e em Jerusalém;
e diante dos seus anciãos
haverá glória.

CÂNTICO DE LOUVOR PELA MISERICÓRDIA DIVINA

25 [1] Ó SENHOR, tu és o meu Deus;
eu te exaltarei
e louvarei o teu nome,
porque tens feito maravilhas
e tens executado
os teus conselhos antigos,
fiéis e verdadeiros.
[2] Porque da cidade fizeste
um montão de pedras
e da cidade fortificada,
uma ruína;
a fortaleza dos estrangeiros
já não é cidade
e jamais será reconstruída.
[3] Por isso, um povo forte
te glorificará,
e a cidade das nações opressoras
te temerá.
[4] Porque foste a fortaleza do pobre
e a fortaleza do necessitado
na sua angústia;
refúgio contra a tempestade
e sombra contra o calor.
Porque a fúria dos tiranos é como
a tempestade contra o muro,

Mulher, o Senhor é fiel para concluir o cultivo que iniciou em você.

5 como o calor em lugar seco.
Tu farás cessar o tumulto dos estrangeiros.
Como o calor se abranda
com a sombra de uma nuvem,
assim o hino triunfal dos tiranos
será silenciado.

UM BANQUETE PARA TODOS OS POVOS

6 O Senhor dos Exércitos dará neste monte
um banquete para todos os povos.
Será um banquete de carnes suculentas
e vinhos envelhecidos:
carnes suculentas com tutanos
e vinhos envelhecidos
bem-clarificados.
7 Neste monte ele acabará
com o pano que cobre
todos os povos
e com o véu que está posto
sobre todas as nações.
8 Tragará a morte para sempre,
e, assim,
o Senhor Deus enxugará as lágrimas
de todos os rostos,
e tirará de toda a terra
o vexame do seu povo,
porque o Senhor falou.
9 Naquele dia, se dirá:
"Eis que este é o nosso Deus,
em quem esperávamos,
e ele nos salvará;
este é o Senhor,
a quem aguardávamos;
na sua salvação exultaremos
e nos alegraremos."

DEUS CASTIGARÁ MOABE

10 Porque a mão do Senhor
repousará neste monte;
mas Moabe será pisoteado
no seu lugar,
como se pisa a palha na esterqueira.
11 No meio disto
Moabe estenderá os braços,
como o nadador os estende
para nadar;
mas o Senhor lhe abaterá o orgulho,
apesar da perícia dos seus braços.
12 Ele derrubará as altas fortalezas
das muralhas de Moabe;
irá abatê-las e derrubá-las
até o chão, até o pó.

CÂNTICO DE CONFIANÇA NA PROTEÇÃO DIVINA

26 1 Naquele dia, se entoará este cântico
na terra de Judá:

"Temos uma cidade forte,
na qual Deus põe a salvação
como muralha e defesa.
2 Abram os portões,
para que entre a nação justa,
que guarda a fidelidade.
3 Tu, Senhor, conservarás em perfeita paz
aquele cujo propósito é firme,
porque ele confia em ti.
4 Confiem sempre no Senhor,
porque o Senhor Deus
é uma rocha eterna.
5 Ele derruba os que habitam
no alto, na cidade elevada;
derruba e humilha
até o chão, até o pó.
6 O pé a pisará; os pés dos aflitos,
e os passos dos pobres."

7 A vereda do justo é plana;
tu, que és justo,
aplanas a vereda do justo.
8 Também através dos teus juízos,
Senhor, te esperamos;
no teu nome e na tua memória
está o desejo da nossa alma.
9 Com minha alma suspiro
de noite por ti
e, com o meu espírito dentro de mim,
eu te busco ansiosamente.
Porque, quando os teus juízos
reinam na terra,
os moradores do mundo
aprendem a justiça.
10 Ainda que se mostre favor ao ímpio,
nem por isso ele aprende a justiça;
até na terra da retidão
ele comete a iniquidade
e não vê a majestade do Senhor.

11 Senhor, a tua mão está levantada,
mas eles não a veem!
Porém eles verão o teu zelo pelo povo
e ficarão envergonhados.
Que o teu furor, por causa
dos teus adversários, os consuma.

12 Senhor, concede-nos a paz,
porque todas as nossas obras
tu as fazes por nós.
13 Ó Senhor, nosso Deus,
outros senhores têm tido domínio
sobre nós,
mas nós louvamos unicamente o
teu nome.
14 Eles estão mortos, não voltarão a viver;
são apenas sombras,
não ressuscitarão.
Porque tu os castigaste e destruíste,
e apagaste completamente
a lembrança deles.
15 Tu, Senhor, aumentaste o povo,
aumentaste o povo
e tens sido glorificado;
alargaste todas as fronteiras do país.

16 Senhor, na angústia te buscaram;
vindo sobre eles a tua correção,
derramaram as suas orações.
17 Como a mulher grávida
que vai dar à luz
se contorce e grita de dor,
assim estávamos nós na tua presença,
ó Senhor!
18 Concebemos e nos contorcemos
em dores de parto,
mas o que demos à luz foi vento;
não trouxemos à terra
livramento algum,
e não nasceram
moradores do mundo.
19 Os teus mortos
e também o meu cadáver
viverão e ressuscitarão.
Despertem e cantem de alegria,
vocês que habitam no pó,
porque o teu orvalho, ó Deus,
será como o orvalho de vida,
e a terra dará à luz os seus mortos.

CASTIGO E SALVAÇÃO

20 Meu povo, entrem nos seus quartos
e tranquem as portas;
escondam-se por um momento,
até que passe a ira.
21 Pois eis que o Senhor
sai do seu lugar,
para castigar a iniquidade
dos moradores da terra.
A terra deixará aparecer
o sangue que embebeu
e não encobrirá mais
aqueles que foram mortos.

DEUS AMA O SEU POVO E O SALVA

27 1 Naquele dia,
com a sua espada terrível,
grande e forte,
o Senhor castigará
o Leviatã, serpente veloz,
o Leviatã, serpente sinuosa;
ele matará o monstro
que está no mar.

2 Naquele dia, o Senhor dirá:
"Cantem a respeito da vinha deliciosa!
3 Eu, o Senhor, a vigio
e a rego constantemente.
De dia e de noite eu cuido dela,
para que ninguém lhe faça dano.
4 Não estou irado com ela.
Quem me dera ter espinheiros
e ervas daninhas diante de mim!
Em guerra, eu iria contra eles
e os queimaria ao mesmo tempo.
5 Ou que se ponham sob a minha proteção
e façam as pazes comigo;
sim, que façam as pazes comigo."

6 Virão dias em que Jacó lançará raízes
e Israel florescerá e brotará;
e encherão o mundo de frutos.

7 Será mesmo que o Senhor
castigou Israel
como fez com aqueles
que castigaram o seu povo?
Ou o matou, assim como fez
com aqueles que mataram o seu povo?

[8] Com "xô!", "xô!" e exílio o trataste;
com forte sopro o expulsaste
no dia do vento leste.
[9] Portanto, com isto será expiada
a culpa de Jacó.
E este será todo o fruto do perdão
do seu pecado:
quando ele fizer com que
todas as pedras dos altares pagãos
sejam esmigalhadas,
como se fossem pedras de cal,
os postes da deusa Aserá
e os altares do incenso não ficarão em pé.

[10] Porque a cidade fortificada
está solitária;
é habitação desamparada e abandonada
como um deserto.
Ali pastam os bezerros;
ali eles se deitam e comem
os ramos das árvores.
[11] Quando os ramos secam, são quebrados.
Então vêm as mulheres
e os apanham para fazer fogo.
Porque este é um povo
que não tem entendimento;
por isso, aquele que o fez
não terá compaixão dele,
e aquele que o formou
não será gracioso para com ele.

[12] Naquele dia, em que o SENHOR debulhará
o seu cereal desde o Eufrates até o ribeiro
do Egito, vocês, filhos de Israel, serão colhi-
dos um a um.
[13] Naquele dia, se tocará uma grande trom-
beta, e os que andavam perdidos pela terra
da Assíria e os que foram desterrados para
a terra do Egito virão e adorarão o SENHOR no
monte santo em Jerusalém.

A IMPENITÊNCIA DE EFRAIM SERÁ CASTIGADA

28 [1] Ai de Samaria, a orgulhosa coroa
dos bêbados de Efraim,
a flor murcha da gloriosa formosura
que se encontra nos altos
do fertilíssimo vale
dos que são vencidos pelo vinho!
[2] Eis que o Senhor vai enviar
um homem valente e poderoso;
este, com poder jogará
tudo no chão,
como chuva de pedras,
como tormenta destruidora
e como tempestade
de águas impetuosas que transbordam.
[3] A orgulhosa coroa
dos bêbados de Efraim
será pisada com os pés.
[4] A flor murcha da gloriosa formosura
que se encontra nos altos
do fertilíssimo vale
será como o figo prematuro,
que amadurece antes do verão:
quando alguém põe os olhos nele,
mal o apanha, já o devora.

[5] Naquele dia, o SENHOR dos Exércitos
será a coroa de glória
e o formoso diadema
para o restante de seu povo.
[6] Ele será o espírito de justiça
para aqueles que se assentam
para julgar
e a força para os que rechaçam
o ataque inimigo
junto ao portão da cidade.

CONTRA OS HABITANTES DE JERUSALÉM

[7] Mas há outros que cambaleiam
por causa do vinho
e não podem ficar em pé
por causa da bebida forte:
os sacerdotes e os profetas.
Cambaleiam por causa
da bebida forte,
são vencidos pelo vinho,
não podem ficar em pé
por causa da bebida forte;
estão confusos quando recebem
uma visão,
tropeçam quando proferem
sentenças.
[8] Porque todas as mesas estão
cheias de vômito,
e não há lugar sem sujeira.

9 Eles dizem:
"A quem ele quer ensinar
o conhecimento?
E a quem ele quer explicar a mensagem?
A crianças desmamadas
e aos que acabaram de ser afastados
do seio materno?
10 Porque nos fala como a crianças,
repetindo palavras e frases.
Uma palavra, depois mais outra,
um pouco aqui, um pouco ali."

11 Pois bem, por meio de lábios
zombeteiros
e de uma língua estranha
o Senhor falará a este povo,
12 ao qual ele disse:
"Este é o descanso;
deem descanso ao cansado.
E este é o refrigério."
Mas eles não quiseram ouvir.
13 Assim, a palavra do Senhor lhes será
como a fala de crianças:
palavras e frases repetidas,
uma palavra, depois mais outra,
um pouco aqui, um pouco ali.
Isso para que andem, caiam para trás,
sejam despedaçados,
enlaçados e presos.

14 Portanto, escutem
a palavra do Senhor,
homens zombadores,
vocês que governam este povo
que está em Jerusalém.
15 Porque vocês dizem:
"Fizemos aliança com a morte
e acordo com a sepultura.
Quando passar a catástrofe arrasadora,
não nos atingirá,
porque o nosso refúgio é a mentira
e o nosso esconderijo é a falsidade."
16 Portanto, assim diz o Senhor Deus:
"Eis que ponho em Sião uma pedra,
pedra já provada, pedra preciosa,
angular, solidamente assentada;
aquele que crer não foge.
17 Farei do juízo a régua
e da justiça, o prumo."
O granizo varrerá o refúgio da mentira,
e as águas arrastarão o esconderijo.
18 A aliança que vocês fizeram
com a morte será anulada,
e o acordo com a sepultura
não será mantido;
e, quando o flagelo arrasador passar,
vocês serão esmagados por ele.
19 Todas as vezes que passar,
ele os arrastará;
porque passará manhã após manhã,
e todos os dias, e todas as noites.
E será simplesmente um horror
o entender a mensagem.
20 Porque a cama será tão curta,
que ninguém poderá se estender nela;
e o cobertor será tão estreito,
que ninguém poderá se cobrir com ele.
21 Porque o Senhor se levantará
como no monte Perazim,
e ficará irado
como no vale de Gibeão,
para realizar a sua obra,
a sua obra alheia,
e para executar a sua tarefa,
a sua tarefa estranha.
22 E agora parem de zombar,
para que as correntes que os prendem
não se tornem mais fortes.
Porque já ouvi o Senhor,
o Senhor dos Exércitos,
falar de uma destruição,
e essa já está determinada sobre toda a terra.

DEUS É GRANDE EM SABEDORIA

23 Prestem atenção e ouçam a minha voz;
estejam atentos
e ouçam o meu discurso.
24 Será que o agricultor
está sempre lavrando, a fim de semear?
Será que ele está sempre
abrindo sulcos na terra
e desfazendo os torrões?
25 Não! Pelo contrário,
depois de ter nivelado a superfície,
ele espalha o endro, semeia o cominho,
planta o trigo nos sulcos,
a cevada no devido lugar,
e o centeio nas bordas.

26 Pois o seu Deus o instrui
devidamente e o ensina.

27 Porque não se debulha o endro
com instrumento de trilhar,
nem se passa roda de carro
sobre o cominho,
mas o endro é debulhado
com uma vara
e o cominho,
com um pedaço de pau.
28 O cereal é debulhado,
mas o lavrador não o trilha
sem parar;
as rodas do carro
passam por cima dele,
mas os seus cavalos
não esmagam os grãos.
29 Também isso procede
do SENHOR dos Exércitos;
ele é maravilhoso em conselho
e grande em sabedoria.

JERUSALÉM E SEUS INIMIGOS

29 1 Ai de Ariel! Ariel,
cidade onde Davi acampou!
Acrescentem ano a ano,
deixem que as festas
completem o seu ciclo;
2 no entanto, porei Ariel em aperto,
e haverá pranto e lamentação;
e ela será para mim como Ariel.
3 Acamparei ao redor de você,
vou cercá-la de trincheiras
e levantarei rampas de ataque
contra você.
4 Então, lançada por terra,
do chão você falará,
e do pó sairá afogada a sua fala.
A sua voz subirá da terra
como se fosse a de um fantasma;
a sua fala será
como um cochicho vindo do pó.
5 Mas a multidão dos seus inimigos
será como o pó fino,
e a multidão dos tiranos,
como a palha que voa.
E isso acontecerá de repente,
num instante.
6 Do SENHOR dos Exércitos
vem o castigo
com trovões,
com terremotos,
grande estrondo, tufão de vento,
tempestade e labaredas
de um fogo devorador.
7 Como sonho e visão noturna
será a multidão de todas as nações
que lutam contra Ariel,
bem como todos os
que lutam contra ela
e contra a sua fortaleza
e a põem em aperto.
8 Será também como o faminto
que sonha que está comendo,
mas que, ao acordar, sente-se vazio;
ou como a pessoa sedenta
que sonha estar bebendo água,
mas que, ao acordar, sente-se fraca
e ainda com sede.
Assim será toda a multidão
das nações que lutam
contra o monte Sião.

A CEGUEIRA ESPIRITUAL E A HIPOCRISIA DO POVO

9 Fiquem espantados
e continuem assim!
Fiquem cegos e continuem sem ver!
Eles estão bêbados,
mas não de vinho;
andam cambaleando, mas não
por causa de bebida forte.
10 Porque o SENHOR derramou
sobre vocês o espírito
de profundo sono;
ele fechou os olhos de vocês,
que são os profetas,
e cobriu a cabeça de vocês,
que são os videntes.

11 Para vocês, toda visão já se tornou como
as palavras de um livro selado. Se derem o
livro a alguém que sabe ler, dizendo: "Leia
isto, por favor", ele responderá: "Não posso,
porque está selado." 12 E, se derem o livro a
quem não sabe ler, dizendo: "Leia isto, por
favor", ele responderá: "Não sei ler."

13 O Senhor disse:
"Visto que este povo
se aproxima de mim
e com a sua boca
e com os seus lábios me honra,
mas o seu coração
está longe de mim,
e o seu temor para comigo
consiste só em mandamentos
ensinados por homens,
14 continuarei a fazer
obra maravilhosa
no meio deste povo.
Sim, farei obra maravilhosa
e um prodígio,
de maneira que a sabedoria
dos seus sábios será destruída,
e o entendimento dos seus
entendidos desaparecerá."

15 Ai dos que escondem
profundamente
o seu propósito do Senhor!
Ai dos que fazem
as suas próprias obras às escuras,
e dizem: "Quem nos vê?
Quem sabe o que
estamos fazendo?"
16 Como vocês invertem as coisas!
Será que o oleiro é igual ao barro?
Pode a obra dizer ao seu artífice:
"Ele não me fez"?
Pode a coisa feita
dizer do seu oleiro:
"Ele não sabe nada"?

A REDENÇÃO DE ISRAEL

17 Não é fato que,
dentro de muito pouco tempo,
o Líbano se tornará pomar,
e o pomar será tido por bosque?
18 Naquele dia, os surdos ouvirão
as palavras do livro,
e os cegos, livres da escuridão
e das trevas, as verão.
19 Os mansos voltarão
a se alegrar no Senhor,
e os pobres do meio do povo
exultarão no Santo de Israel.
20 Pois o tirano será reduzido a nada,
o zombador já não existirá,
e serão eliminados todos
os que buscam o mal,
21 os quais com uma palavra
condenam o inocente,
põem armadilhas ao que repreende
no tribunal,
e sem motivo negam ao justo o
seu direito.

22 Portanto, a respeito da casa de Jacó, o
Senhor, que remiu Abraão, diz o seguinte:

"Jacó não será mais envergonhado,
nem mais ficará pálido o seu rosto.
23 Pois, quando ele e os seus filhos
virem a obra das minhas mãos
no meio deles,
santificarão o meu nome;
sim, santificarão o Santo de Jacó
e temerão o Deus de Israel.
24 E os desencaminhados de espírito
virão a ter entendimento,
e os murmuradores
hão de aceitar instrução."

CONTRA A ALIANÇA COM O EGITO

30 1 "Ai dos filhos rebeldes",
diz o Senhor,
"que executam planos
que não procedem de mim
e fazem aliança sem consultar
o meu Espírito,
para acrescentarem
pecado sobre pecado!
2 Eles descem ao Egito
sem me consultar,
buscando refúgio em Faraó
e abrigo à sombra do Egito!
3 Mas o refúgio de Faraó
se transformará
em vergonha para vocês,
e o abrigo na sombra do Egito
resultará em humilhação.
4 Porque os príncipes de Judá
já estão em Zoã,
e os seus embaixadores
já chegaram a Hanes.

[5] Mas todos ficarão envergonhados
por causa de um povo
que não os ajudará em nada,
que não servirá nem de ajuda
nem de proveito,
porém de vergonha e de vexame."

[6] Sentença contra a Besta do Sul.
"Atravessando a terra da aflição
e da angústia,
de onde vêm a leoa, o leão,
a víbora e a serpente voadora,
os embaixadores levam as suas riquezas
em lombo de jumento,
e transportam os seus tesouros
sobre as corcovas de camelos.
Levam as suas riquezas
e os seus tesouros
a um povo que não lhes será
de proveito algum.
[7] Pois, quanto ao Egito,
o seu auxílio é vão e inútil.
Por isso, eu o chamo de 'Besta que nada faz.'"

UM POVO REBELDE

[8] "Agora vá e escreva isso
numa tabuinha diante deles,
escreva-o num livro,
para que fique registrado
para os dias vindouros,
para sempre, perpetuamente.
[9] Porque este é um povo rebelde;
são filhos mentirosos,
filhos que não querem ouvir a lei do SENHOR.
[10] Eles dizem aos videntes:
'Não tenham mais visões!'
E aos profetas: 'Não profetizem
para nós o que é reto;
digam-nos coisas agradáveis,
profetizem ilusões.
[11] Desviem-se do caminho,
afastem-se da vereda;
não nos falem mais
a respeito do Santo de Israel.'"

[12] Por isso o Santo de Israel diz:
"Vocês rejeitam esta palavra,
confiam na opressão e na perversidade
e se apoiam sobre isso.
[13] Portanto, esta maldade será para vocês
como brecha num muro alto,
que, formando uma barriga,
está prestes a cair,
e cuja queda vem de repente,
num momento.
[14] O SENHOR quebrará esse muro
como se quebra o vaso do oleiro,
despedaçando-o por completo;
não se achará entre os seus cacos
um que sirva para tirar brasas da lareira
ou apanhar água da cisterna."

[15] Porque assim diz o Senhor DEUS,
o Santo de Israel:
"Na conversão e no descanso
está a salvação de vocês;
na tranquilidade e na confiança
reside a força de vocês.
Mas vocês não quiseram.
[16] Pelo contrário, disseram:
'Nada disso! Nós vamos fugir a cavalo!'
Portanto, vocês fugirão.
E vocês disseram: 'Vamos cavalgar
sobre cavalos ligeiros!'
Portanto, ligeiros serão aqueles
que perseguem vocês.
[17] Mil homens fugirão
pela ameaça de apenas um;
pela ameaça de cinco,
todos vocês fugirão,
até que sejam deixados
como um mastro
no alto do monte
e como um estandarte
no topo da colina."

PROMESSAS CONSOLADORAS PARA SIÃO

[18] Por isso, o SENHOR espera,
para ter misericórdia de vocês,
e se levanta, para se compadecer
de vocês,
porque o SENHOR é Deus de justiça.
Bem-aventurados todos os que
nele esperam.

[19] Porque o povo habitará em Sião, em
Jerusalém. Vocês não vão chorar mais. Ele

certamente se compadecerá, ao ouvir o clamor de vocês; e, ouvindo-o, lhes responderá.
20 Embora o Senhor lhes dê pão de angústia e água de aflição, os mestres de vocês não se esconderão mais; vocês os verão com os seus próprios olhos.
21 Quando vocês se desviarem para a direita ou para a esquerda, ouvirão atrás de vocês uma palavra, dizendo: "Este é o caminho; andem nele."
22 Vocês tratarão como impuras as imagens esculpidas cobertas de prata e as imagens de fundição revestidas de ouro; vocês as jogarão fora como coisa impura e dirão a cada uma delas: "Fora daqui!"

23 O Senhor lhes dará chuva para as sementes que vocês semearem na terra, e também lhes dará o alimento que a terra produzir, o qual será farto e nutritivo. Naquele dia, o gado de vocês pastará em lugares espaçosos.
24 Os bois e os jumentos que lavram a terra comerão forragem com sal, espalhada com pá e forcado.
25 No dia do grande massacre, quando caírem as torres, haverá ribeiros e correntes de água em todos os montes altos e em todas as colinas elevadas.
26 A luz da lua será como a do sol, e a do sol será sete vezes maior, como a luz de sete dias, no dia em que o SENHOR tratar as fraturas do seu povo e curar a ferida do golpe que ele deu.

O JULGAMENTO DA ASSÍRIA

27 Eis que o nome do SENHOR vem de longe,
ardendo na sua ira,
no meio de espessas nuvens.
Os seus lábios
estão cheios de indignação,
e a sua língua é como fogo devorador.
28 A sua respiração
é como a torrente
que transborda e chega até o pescoço.
Ele vem peneirar as nações
com peneira de destruição;
porá na boca dos povos um freio
para fazer com que andem errantes.
29 Vocês cantarão como nas noites
em que se celebra uma festa santa;
terão alegria de coração
como a daquele que sai ao som da flauta
para ir ao monte do SENHOR,
à Rocha de Israel.
30 O SENHOR fará ouvir
a sua voz majestosa
e fará ver o golpe do seu braço,
que desce com indignação de ira,
no meio de chamas devoradoras,
de chuvas torrenciais,
de tempestades e de granizo.
31 Porque a Assíria ficará apavorada
com a voz do SENHOR,
quando ele a ferir com
o seu bastão.
32 Cada pancada castigadora
que o SENHOR lhe der com o bastão
será ao som de tamborins e harpas;
ele combaterá desferindo
golpes contra eles.
33 Porque há muito está preparada
a fogueira;
sim, preparada para o rei.
Ela é profunda e larga,
com fogo e lenha em abundância;
o sopro do SENHOR,
como torrente de enxofre, a acenderá.

OS EGÍPCIOS SÃO HOMENS E NÃO DEUSES

31 1 Ai dos que descem ao Egito
em busca de socorro
e se estribam em cavalos!
Eles confiam em carros de guerra,
porque são muitos,
e em cavaleiros, porque são fortes,
mas não olham para o Santo de Israel,
nem buscam o SENHOR.
2 Porém o SENHOR também é sábio
e faz vir a desgraça;
ele não volta atrás
naquilo que falou.
Ele se levantará
contra a casa dos malfeitores
e contra os que ajudam
os que praticam o mal.
3 Pois os egípcios são homens
e não deuses;
os seus cavalos são carne, e não espírito.
Quando o SENHOR estender a mão,
tropeçará aquele que ajuda
e cairá quem é ajudado;
e juntos todos perecerão.

[4] Porque assim me disse o SENHOR:
"Como o leão e o filhote do leão
rugem sobre a sua presa
e, ainda que se convoque
contra eles grande número de pastores,
não se espantam com o barulho
nem se apavoram
com os gritos desses pastores,
assim o SENHOR dos Exércitos
descerá para lutar
sobre o monte Sião e sobre a sua colina.
[5] Como uma ave paira sobre o seu ninho,
assim o SENHOR dos Exércitos
defenderá Jerusalém;
ele a defenderá e salvará,
poupará e livrará."

[6] Ó filhos de Israel, voltem-se para aquele
contra quem vocês se rebelaram tão pro-
fundamente. [7] Pois, naquele dia, cada um
de vocês jogará fora os ídolos de prata e os
ídolos de ouro que as suas mãos pecamino-
sas fabricaram.

[8] "A Assíria cairá pela espada,
não de homem;
a espada, não de um ser humano,
a destruirá.
A Assíria fugirá diante da espada,
e os seus jovens serão sujeitos
a trabalhos forçados.
[9] De medo não enxergará
a sua rocha de refúgio;
os seus príncipes, apavorados,
desertarão a bandeira",
diz o SENHOR, cujo fogo está em Sião
e cuja fornalha está em Jerusalém.

UM REINADO DE JUSTIÇA

32 [1] Eis aí um rei que irá reinar
com justiça,
e príncipes que irão governar
com retidão.
[2] Cada um deles servirá
de esconderijo contra o vento,
de refúgio contra a tempestade,
de torrentes de água em lugares secos
e de sombra de uma grande rocha
em terra sedenta.
[3] Os olhos dos que veem não se fecharão,
e os ouvidos dos que ouvem
estarão atentos.
[4] O coração dos apressados
saberá compreender,
e a língua dos gagos
falará com rapidez e clareza.
[5] O tolo nunca mais
será chamado de nobre,
e do fraudulento nunca mais
se dirá que é generoso.
[6] Porque o tolo fala tolices,
e o seu coração só pensa
em fazer o mal,
para praticar a iniquidade
e para proferir mentiras contra o SENHOR,
para deixar o faminto sem comida
e o sedento sem ter o que beber.
[7] Quanto ao fraudulento,
os seus projetos são maus.
Ele planeja intrigas para,
com palavras mentirosas,
arruinar os necessitados,
mesmo quando a causa dos pobres
é justa.
[8] Mas o nobre projeta coisas nobres
e pela sua nobreza
se mantém em pé.

ADVERTÊNCIAS CONTRA AS MULHERES DE JERUSALÉM

[9] Vocês, mulheres que vivem tranquilas,
levantem-se e ouçam a minha voz;
e vocês, filhas que estão confiantes,
escutem o que vou dizer.
[10] Daqui a pouco mais de um ano,
vocês, que estão confiantes,
vão tremer de medo,
porque a vindima se acabará,
e não haverá colheita.
[11] Vocês, mulheres que vivem tranquilas,
comecem a sentir pavor;
e vocês, que estão confiantes,
tremam de medo.
Tirem as suas roupas, fiquem nuas,
e vistam-se de pano de saco.
[12] Batam no peito e chorem
por causa dos campos aprazíveis
e por causa das vinhas frutíferas.

[13] Sobre a terra do meu povo
virão espinheiros e ervas daninhas.
Chorem também por causa
de todas as casas
onde há júbilo, na cidade cheia de alegria.
[14] O palácio será abandonado,
a cidade populosa ficará deserta.
Ofel e a torre da guarda
servirão de cavernas para sempre,
para alegria dos jumentos selvagens
e pastagem dos rebanhos.

[15] Isso será assim até que se derrame
sobre nós o Espírito lá do alto.
Então o deserto se tornará em pomar,
e o pomar será tido por bosque;
[16] a retidão habitará no deserto,
e a justiça morará no pomar.
[17] O efeito da justiça será paz,
e o fruto da justiça será repouso
e segurança, para sempre.
[18] O meu povo habitará
em moradas de paz,
em moradas bem seguras
e em lugares quietos e tranquilos,
[19] mesmo que haja granizo,
caia o bosque
e a cidade seja inteiramente arrasada.
[20] Bem-aventurados são vocês,
que semeiam junto a todas as águas
e deixam os bois e jumentos
pastar em liberdade.

A AFLIÇÃO E O LIVRAMENTO DE JERUSALÉM

33 [1] Ai de você, destruidor
que nunca foi destruído!
Ai de você, traidor
que nunca foi traído!
Quando você acabar de destruir,
será destruído;
quando acabar de trair, será traído.

[2] Senhor, tem misericórdia de nós!
Em ti temos esperado.
Sê tu o nosso braço
manhã após manhã
e a nossa salvação
no tempo da angústia.
[3] Ao ruído do tumulto,
os povos fogem;
quando tu te ergues,
as nações se dispersam.
[4] Então o despojo
que vocês ajuntaram será recolhido
como se devorado por uma nuvem
de gafanhotos;
como os gafanhotos saltam,
assim os homens saltarão sobre ele.

[5] O Senhor é sublime,
pois habita nas alturas;
encheu Sião de retidão e de justiça.
[6] Ó Sião, no seu tempo
haverá estabilidade,
abundância de salvação,
sabedoria e conhecimento.
O temor do Senhor
será o seu tesouro.

[7] Eis que os heróis pranteiam nas ruas,
e os mensageiros de paz
estão chorando amargamente.
[8] As estradas estão desoladas,
ninguém passa por elas.
Rompem-se as alianças,
as cidades são desprezadas,
não há respeito pelas pessoas.
[9] A terra geme e desfalece;
o Líbano se envergonha e murcha;
Sarom se torna como um deserto,
Basã e Carmelo são despidos
de suas folhas.

[10] "Agora me levantarei", diz o Senhor;
"agora me erguerei; agora serei exaltado.
[11] Vocês conceberam palha
e darão à luz restolho;
o sopro que sai da boca de vocês
é um fogo que os há de devorar.
[12] Os povos serão queimados
como se queima a cal;
como espinhos cortados,
serão jogados no fogo.
[13] Vocês que estão longe,
escutem o que eu fiz;
e vocês que estão perto,
reconheçam o meu poder."

O Senhor chama e convoca mulheres que levem transformação às suas próprias casas e às pessoas ao redor.

[14] Em Sião, os pecadores
estão atemorizados;
o tremor se apodera dos ímpios.
Eles perguntam:
"Quem de nós habitará
com o fogo devorador?
Quem de nós habitará
com chamas eternas?"
[15] Aquele que anda em justiça
e fala o que é reto;
que despreza o ganho de opressão;
que, com um gesto de mãos,
recusa aceitar suborno;
que tapa os ouvidos, para não ouvir falar
de homicídios,
e fecha os olhos, para não ver o mal.
[16] Este habitará nas alturas;
as fortalezas das rochas
serão o seu alto refúgio,
o seu pão lhe será dado,
e água nunca lhe faltará.

[17] Os olhos de vocês verão
o rei na sua formosura,
verão a terra que se estende até longe.
[18] O seu coração se lembrará
dos terrores, dizendo:
"Onde está o escrivão?
Onde está aquele que recolheu o tributo?
E onde está aquele que contou as torres?"
[19] Você já não verá
aquele povo atrevido,
povo de fala obscura,
de uma língua estranha,
que não se pode entender.

[20] Olhe para Sião,
a cidade das nossas festas.
Os seus olhos verão Jerusalém,
habitação tranquila,
tenda que não será removida,
cujas estacas nunca serão arrancadas,
nem rebentada nenhuma de
suas cordas.
[21] Mas o SENHOR ali nos será grandioso,
fará as vezes de largos rios e canais.
Nenhum barco a remo
passará por eles,
navio grande por eles não navegará.
[22] Porque o SENHOR é o nosso juiz,
o SENHOR é o nosso legislador,
o SENHOR é o nosso Rei;
ele nos salvará.
[23] Agora as suas cordas
estão frouxas;
não permitem firmar o mastro,
nem estender a vela.
Então se repartirá
a presa de muitos despojos;
até os coxos participarão dela.
[24] Nenhum morador de Jerusalém
dirá: "Estou doente";
o povo que habita nela
terá o seu pecado perdoado.

A INDIGNAÇÃO DE DEUS CONTRA AS NAÇÕES

34 [1] Aproximem-se, ó nações,
para ouvir,
e vocês, povos, escutem!
Que a terra e a sua plenitude ouçam;
que o mundo e tudo
o que ele produz escutem.
[2] Porque a indignação do SENHOR
está contra todas as nações,
e o seu furor está contra
todo o exército delas;
ele as destinou para a destruição
e as entregou à matança.
[3] Os mortos deles
serão lançados fora,
e dos seus cadáveres
subirá o mau cheiro;
os montes se inundarão do
sangue deles.
[4] Todo o exército dos céus se dissolverá,
e os céus se enrolarão
como um pergaminho;
todo o exército dos céus cairá,
como cai a folha da videira
e a folha da figueira.

[5] Porque a minha espada
se embriagou nos céus;
eis que, para exercer juízo,
ela desce sobre Edom
e sobre o povo que destinei
para a destruição.

6 A espada do SENHOR
está cheia de sangue,
engrossada da gordura
e do sangue de cordeiros e de bodes,
da gordura dos rins de carneiros.
Porque o SENHOR fará
um sacrifício em Bozra
e grande matança na terra de Edom.
7 Os bois selvagens cairão com eles,
e os novilhos, com os touros.
A terra deles ficará embriagada
de sangue,
e o pó ficará encharcado de gordura.
8 Porque esse será
o dia da vingança do SENHOR,
o ano de retribuições
pela causa de Sião.

9 Os ribeiros de Edom
se transformarão em piche,
e o seu pó, em enxofre;
a sua terra se tornará
em piche ardente.
10 O fogo não se apagará
nem de noite nem de dia,
e a sua fumaça subirá
para sempre.
De geração em geração
ficará abandonada,
e para todo o sempre
ninguém passará por ela.
11 O pelicano e o ouriço
tomarão posse do lugar;
a coruja e o corvo
habitarão nessa terra.
O SENHOR estenderá sobre Edom
o cordel de destruição
e o prumo de ruína.
12 Já não haverá nobres
para proclamarem um rei;
os seus príncipes já não existem.
13 Nos seus palácios,
crescerão espinhos,
e as urtigas e os cardos
tomarão conta
das suas fortalezas.
Edom será uma habitação
de chacais
e morada de avestruzes.
14 Os animais do deserto
se encontrarão com as hienas,
e os bodes selvagens
clamarão uns aos outros;
animais noturnos ali pousarão
e acharão para si lugar de repouso.
15 Ali a coruja fará o seu ninho,
porá os seus ovos e os chocará;
e na sua sombra abrigará
os seus filhotes.
Também ali os abutres
se ajuntarão,
cada um com o seu par.

16 Procurem no livro do SENHOR e leiam:
Nenhuma dessas criaturas faltará,
e nenhuma estará sem o seu par.
Porque a boca do SENHOR o ordenou,
e o seu Espírito mesmo as ajuntará.
17 Porque ele lançou as sortes a
favor delas,
e a sua mão lhes repartiu a terra
com o cordel;
para sempre a possuirão,
através das gerações habitarão nela.

A FELICIDADE NA SIÃO FUTURA

35 1 O deserto e a terra seca
se alegrarão;
o ermo exultará
e florescerá
como o narciso.
2 Ele se cobrirá de flores,
dará gritos de alegria e exultará.
Receberá a glória do Líbano,
o esplendor do Carmelo
e de Sarom.
Eles verão a glória do SENHOR,
o esplendor do nosso Deus.

3 Fortaleçam as mãos frouxas
e firmem os joelhos vacilantes.
4 Digam aos desalentados
de coração:
"Sejam fortes, não tenham medo.
Eis aí está o Deus de vocês.
A vingança vem,
a retribuição de Deus;
ele vem para salvar vocês."

5 Então se abrirão os olhos
dos cegos,
e se desimpedirão os ouvidos
dos surdos;
6 os coxos saltarão como as corças,
e a língua dos mudos cantará.
Pois águas arrebentarão
no deserto,
e ribeiros, no ermo.
7 A areia escaldante
se transformará em lagos,
e a terra seca,
em mananciais de água.
Onde os chacais costumavam viver,
crescerá a erva com canas e juncos.

8 E ali haverá uma estrada,
um caminho que será chamado
de Caminho Santo.
Os impuros não passarão por ele,
pois será somente
para o povo de Deus.
Quem passar por esse caminho,
mesmo que seja um tolo,
não se perderá.
9 Ali não haverá leão;
nenhum animal feroz
passará por ele
nem será encontrado nele;
mas os remidos andarão
por esse caminho.
10 Os resgatados do Senhor voltarão
e virão a Sião com cânticos de júbilo.
Alegria eterna
coroará a sua cabeça.
Ficarão tomados
de júbilo e alegria,
e deles fugirão
a tristeza e o gemido.

SENAQUERIBE INVADE JUDÁ

2Rs 18.13-37; 2Cr 32.1-19

36 1 No décimo quarto ano do reinado
de Ezequias, Senaqueribe, rei da
Assíria, atacou todas as cidades fortificadas
de Judá e as conquistou. 2 O rei da Assíria,
que estava em Laquis, enviou Rabsaqué,
com um grande exército, a Jerusalém, ao
rei Ezequias. Ele parou na extremidade do
aqueduto do tanque superior, junto ao caminho do campo do Lavandeiro. 3 Quem saiu
ao encontro dele foram Eliaquim, filho de Hilquias, o responsável pelo palácio, Sebna, o escrivão, e Joá, filho de Asafe, o cronista.

RABSAQUÉ AFRONTA EZEQUIAS E O SENHOR

2Rs 18.19-37; 2Cr 32.9-20

4 Rabsaqué disse:
— Digam a Ezequias: "Assim diz o grande rei, o rei da Assíria: Que confiança é essa
que você tem? 5 Bem posso dizer que o seu conselho e o seu poder para a guerra são meras palavras. Em quem você está confiando, para que se rebele contra mim?
6 Você confia nesse bordão de caniço esmagado que é o Egito. Se alguém se apoiar no caniço, ele vai espetar e furar a mão. Assim é Faraó, rei do Egito, para todos os que nele
confiam. 7 Mas, se você me diz: 'Confiamos no Senhor, nosso Deus', eu pergunto: não é esse aquele cujos lugares altos e altares Ezequias removeu, dizendo a Judá e a Jerusalém que deveriam adorar somente diante do altar em Jerusalém?"
8 — Agora, pois, comprometa-se com meu senhor, o rei da Assíria, e eu lhe darei dois mil cavalos, se você puder achar cavaleiros
para montá-los. 9 Como você poderia repelir um oficial do meu senhor, o rei, mesmo que seja um dos menores, e confiar no Egito
para obter carros de guerra e cavaleiros? 10 E
será que você pensa que é sem o consentimento do Senhor Deus que eu vim contra esta terra, para a destruir? Foi o próprio Senhor quem ordenou que eu atacasse esta terra e a destruísse.
11 Então Eliaquim, Sebna e Joá disseram a Rabsaqué:
— Por favor, fale com estes seus servos em aramaico, porque nós o entendemos. Não fale em hebraico, aos ouvidos do povo que está sobre a muralha.
12 Mas Rabsaqué lhes respondeu:
— Você pensa que o meu senhor me enviou para dizer estas palavras apenas a você e ao seu rei? Ele me enviou para falar também aos homens que estão sentados

sobre a muralha e que, junto com vocês, terão
de comer o seu próprio excremento e beber
a sua própria urina!
13 Então Rabsaqué se pôs em pé e gritou
em hebraico:
— Escutem as palavras do grande rei, o rei
da Assíria. 14 Assim diz o rei: "Não deixem
que Ezequias os engane, pois ele não poderá
livrá-los. 15 Não deixem que Ezequias os leve
a confiar no Senhor, dizendo: 'O Senhor cer-
tamente nos livrará, e esta cidade não será
entregue nas mãos do rei da Assíria.' 16 Não
deem ouvidos a Ezequias. Porque assim diz
o rei da Assíria: Façam as pazes comigo e se
entreguem. Então cada um comerá da sua
própria videira e da sua própria figueira, e
beberá a água da sua própria cisterna, 17 até
que eu venha e os leve para uma terra como
a de vocês, terra de cereal e de vinho, terra de
pão e de vinhas. 18 Não deixem que Ezequias
os engane, dizendo: 'O Senhor nos livrará.'
Será que os deuses das nações puderam
livrar, cada um a sua terra, das mãos do rei da
Assíria? 19 Onde estão os deuses de Hamate
e de Arpade? Onde estão os deuses de Sefar-
vaim? Será que eles livraram Samaria das
minhas mãos? 20 De todos os deuses destes
países, quais foram os que livraram a sua
terra das minhas mãos? Então como o Senhor
poderá livrar Jerusalém das minhas mãos?"
21 Eles, porém, ficaram calados e não lhe
responderam palavra, porque assim lhes
havia ordenado o rei: "Não lhe respondam."
22 Então Eliaquim, filho de Hilquias, o res-
ponsável pelo palácio, e Sebna, o escrivão, e
Joá, filho de Asafe, o cronista, voltaram para
junto do rei Ezequias, com as suas roupas
rasgadas, e lhe contaram o que Rabsaqué
tinha dito.

EZEQUIAS CONSULTA O PROFETA ISAÍAS

2Rs 19.1-7

37 1 Quando o rei Ezequias ouviu isto,
rasgou as suas roupas, cobriu-se de
pano de saco e entrou na Casa do Senhor.
2 Então ele mandou que Eliaquim, o respon-
sável pelo palácio, Sebna, o escrivão, e os
anciãos dos sacerdotes, todos vestidos de
pano de saco, fossem falar com o profeta
Isaías, filho de Amoz. 3 Eles lhe disseram:
— Assim diz Ezequias: "Este dia é dia de
angústia, de castigo e de vergonha. Como se
costuma dizer, chegou a hora de a criança
nascer, mas a mãe não tem forças para dar à
luz. 4 É bem possível que o Senhor, seu Deus,
tenha ouvido as palavras de Rabsaqué, a
quem o rei da Assíria, seu senhor, enviou
para afrontar o Deus vivo, e repreenda as
palavras que ouviu. Portanto, ore pelo resto
que ficou."
5 Os servos do rei Ezequias foram falar com
Isaías, 6 que lhes disse:
— Digam ao rei o seguinte: Assim diz o
Senhor: "Não tenha medo por causa das pala-
vras que você ouviu, com as quais os servos
do rei da Assíria blasfemaram contra mim.
7 Eis que porei nele um espírito, e ele, ao ouvir
certo rumor, voltará para a sua terra; e lá eu
farei com que ele seja morto à espada."

A CARTA DO REI DA ASSÍRIA

2Rs 19.8-13

8 Rabsaqué voltou e encontrou o rei da
Assíria lutando contra Libna, pois tinha
ouvido que o rei já se havia retirado de
Laquis. 9 Quando o rei ouviu dizer que Tiraca,
rei da Etiópia, havia saído para guerrear con-
tra ele, mandou mensageiros a Ezequias,
com esta missão:
10 — Digam a Ezequias, rei de Judá: "Não
deixe que o seu Deus, em quem você con-
fia, o engane, ao dizer: 'Jerusalém não será
entregue nas mãos do rei da Assíria.' 11 Você
já ouviu o que os reis da Assíria fizeram com
todas as terras, como as destruíram total-
mente. E você pensa que poderá escapar?
12 Será que os deuses das nações livraram os
povos que os meus pais destruíram, Gozã,
Harã e Rezefe e os filhos de Éden, que esta-
vam em Telassar? 13 Onde está o rei de
Hamate, o rei de Arpade, e o rei da cidade
de Sefarvaim, de Hena e de Iva?"

A ORAÇÃO DE EZEQUIAS

2Rs 19.14-19

14 Ezequias recebeu a carta das mãos dos
mensageiros e a leu. Então Ezequias subiu à

Casa do SENHOR e estendeu a carta diante do
SENHOR. 15 E Ezequias orou ao SENHOR, dizendo:
16 — Ó SENHOR dos Exércitos, Deus de Israel,
que estás entronizado acima dos querubins,
somente tu és o Deus de todos os reinos da
terra; tu fizeste os céus e a terra. 17 Inclina, ó
SENHOR, os ouvidos e ouve; abre, SENHOR, os
olhos e vê; ouve todas as palavras de Senaquerибe, as quais ele enviou para afrontar o
Deus vivo. 18 É verdade, SENHOR, que os reis da
Assíria assolaram todos os países e suas terras
19 e lançaram no fogo os deuses deles, porque
não eram deuses, mas objetos de madeira e
pedra, feitos por mãos humanas; por isso, os
destruíram. 20 Agora, ó SENHOR, nosso Deus,
livra-nos das mãos dele, para que todos os
reinos da terra saibam que só tu és o SENHOR.

O PROFETA CONFORTA EZEQUIAS

2Rs 19.20-34

21 Então Isaías, filho de Amoz, mandou
dizer a Ezequias:

— Assim diz o SENHOR, o Deus de Israel:
Visto que você fez uma oração a respeito de
Senaquerибe, rei da Assíria, 22 esta é a palavra
que o SENHOR falou a respeito dele:

"A virgem, a filha de Sião,
desdenha e zomba de você;
a filha de Jerusalém
meneia a cabeça atrás de você.
23 A quem você afrontou
e de quem blasfemou?
E contra quem você levantou a voz
e ergueu os olhos com arrogância?
Contra o Santo de Israel.
24 Por meio dos seus servos,
você afrontou o Senhor e disse:
'Com a multidão dos meus carros
de guerra
eu subi ao alto dos montes,
ao mais interior do Líbano.
Cortei os seus altos cedros
e os seus melhores ciprestes;
cheguei ao lugar mais elevado,
ao seu denso bosque.
25 Eu mesmo cavei e bebi as águas
e com as plantas de meus pés
sequei todos os rios do Egito.'"

26 "Por acaso, você não ouviu
que há muito tempo eu, o SENHOR,
determinei estas coisas,
e que já desde os dias remotos
as tinha planejado?
Agora eu as faço acontecer.
Eu quis que você reduzisse
a montões de ruínas
as cidades fortificadas.
27 Por isso, os seus moradores, debilitados,
andaram cheios de temor
e envergonhados;
tornaram-se como a erva do campo,
a erva verde e o capim
dos telhados queimado
antes de amadurecer."

28 "Mas eu sei onde você está;
conheço o seu sair e o seu entrar,
e o seu furor contra mim.
29 Por causa do seu furor contra mim
e porque a sua arrogância subiu
até os meus ouvidos,
eis que porei o meu anzol no seu nariz
e o meu freio na sua boca
e farei você voltar pelo caminho
por onde veio."

30 — E isto será o sinal para você, rei Ezequias:
neste ano, se comerá o que nascer espontaneamente e, no segundo ano, o que daí proceder.
Mas no terceiro ano semeiem e colham, plantem vinhas e comam os seus frutos. 31 Aqueles
da casa de Judá que escaparam e ficaram como
remanescente tornarão a lançar raízes e a dar
frutos. 32 Porque de Jerusalém sairá o remanescente, e do monte Sião, o que escapou. O zelo
do SENHOR dos Exércitos fará isto.

33 — Portanto, assim diz o SENHOR a respeito
do rei da Assíria:

"Ele não entrará nesta cidade,
nem lançará nela flecha alguma.
Não virá diante dela com escudo,
nem construirá rampas de ataque
contra ela.
34 Pelo caminho por onde vier,
por esse voltará;
mas nesta cidade não entrará", diz o SENHOR.

[35] "Porque eu defenderei
esta cidade, para a livrar,
por amor de mim e por amor
do meu servo Davi."

A DESTRUIÇÃO DO EXÉRCITO ASSÍRIO

2Rs 19.35-37; 2Cr 32.21-22

[36] Então o Anjo do SENHOR saiu e matou
cento e oitenta e cinco mil homens no
arraial dos assírios. De manhã, quando os
restantes se levantaram, lá estavam todos
aqueles cadáveres. [37] Então Senaqueribe,
rei da Assíria, levantou acampamento, foi
embora, voltou para Nínive e por lá ficou.
[38] Certo dia, quando ele estava adorando
no templo de seu deus Nisroque, os seus
filhos Adrameleque e Sarezer o mataram à
espada; depois fugiram para a terra de Ararate. E Esar-Hadom, filho de Senaqueribe,
reinou em seu lugar.

A DOENÇA DE EZEQUIAS E A SUA CURA MARAVILHOSA

2Rs 20.1-11; 2Cr 32.24-31

38 [1] Por esse tempo, Ezequias adoeceu de uma enfermidade mortal. O
profeta Isaías, filho de Amoz, foi visitá-lo
e lhe disse:

— Assim diz o SENHOR: "Ponha em ordem
a sua casa, porque você morrerá; você não
vai escapar."

[2] Então Ezequias virou o rosto para a
parede e orou ao SENHOR. [3] Ezequias disse:

— Ó SENHOR, lembra-te de que andei diante
de ti com fidelidade, com coração íntegro, e
fiz o que era reto aos teus olhos.

E Ezequias chorou amargamente. [4] Então
a palavra do SENHOR veio a Isaías, dizendo:

[5] — Vá e diga a Ezequias: Assim diz o
SENHOR, o Deus de Davi, seu pai: "Ouvi a sua
oração e vi as suas lágrimas. Acrescentarei
quinze anos à sua vida. [6] Livrarei das mãos
do rei da Assíria tanto você quanto esta
cidade. Eu defenderei esta cidade. [7] Este é o
sinal que você receberá do SENHOR para indicar que ele cumprirá o que prometeu: [8] eis
que farei retroceder dez graus a sombra lançada pelo sol declinante no relógio de Acaz."

Assim, o sol retrocedeu os dez graus que
já havia declinado.

CÂNTICO DE EZEQUIAS

[9] Este é o cântico que Ezequias, rei de Israel,
escreveu depois de ter estado doente e se
ter restabelecido:

[10] Eu disse: "Em pleno vigor de meus dias,
hei de passar pelas portas do além;
fui privado do resto dos meus anos."
[11] Eu disse: "Já não verei o SENHOR,
o SENHOR na terra dos viventes;
jamais verei homem algum
entre os moradores do mundo.
[12] A minha habitação foi arrancada
e removida para longe de mim,
como a tenda de um pastor.
Como tecelão, enrolei a minha vida;
ele me cortará do tear;
do dia para a noite darás cabo de mim.
[13] Esperei com paciência
até a madrugada,
mas ele, como leão, quebrou
todos os meus ossos;
do dia para a noite darás cabo de mim."

[14] "Eu sussurrava
como a andorinha ou o grou
e gemia como a pomba;
os meus olhos se cansaram
de olhar para cima.
Ó Senhor, ando oprimido!
Sê tu o meu fiador!
[15] Que direi? Como falou, assim ele me fez;
andarei vagarosamente
pelo resto dos meus anos,
por causa da amargura da minha alma."

[16] "Senhor, por causa destas coisas
vivem os homens,
e inteiramente delas
depende o meu espírito.
Portanto, restaura a minha saúde
e faze-me viver.
[17] Eis que foi para a minha paz
que eu tive grande amargura;
tu, porém, amaste a minha alma
e a livraste da cova da corrupção,

O mesmo Deus que corrige é o Todo-Poderoso que cura. Aquele que permite a dor é também o Médico que traz o alívio.

porque lançaste para trás de ti
todos os meus pecados.
18 A sepultura não pode te louvar,
nem a morte glorificar-te;
os que descem à cova
não esperam em tua fidelidade.
19 Os vivos, somente os vivos,
esses te louvam,
como hoje estou fazendo.
Os pais darão a conhecer aos filhos
a tua fidelidade.
20 O Senhor veio salvar-me.
Por isso, tangendo os instrumentos
de cordas,
nós o louvaremos todos os dias
de nossa vida,
na Casa do Senhor."

21 Ora, Isaías tinha dito:
— Peguem uma pasta de figos, ponham
como emplastro sobre a úlcera, e ele irá
recuperar a saúde.
22 E Ezequias tinha perguntado:
— Qual será o sinal de que subirei à Casa
do Senhor?

OS MENSAGEIROS DA BABILÔNIA

2Rs 20.12-19

39 1 Nesse tempo, Merodaque-Baladã,
filho de Baladã, rei da Babilônia,
enviou cartas e um presente a Ezequias, por-
que soube que ele havia estado doente, mas
que agora já estava recuperado. 2 Ezequias
se agradou disso e mostrou aos mensagei-
ros a casa do seu tesouro, a prata, o ouro,
as especiarias, os óleos finos, todo o seu
arsenal e tudo o que havia nos seus tesou-
ros. Não houve nada em seu palácio nem
em todo o seu domínio que Ezequias não
lhes mostrasse.
3 Então o profeta Isaías foi falar com o rei
Ezequias e lhe disse:
— Que foi que aqueles homens disseram
e de onde vieram?
Ezequias respondeu:
— Vieram de uma terra distante, da Babi-
lônia, para me visitar.
4 Isaías perguntou:
— O que eles viram no seu palácio?
Ezequias respondeu:
— Viram tudo o que há em meu palácio.
Não houve nada nos meus tesouros que eu
não lhes mostrasse.
5 Então Isaías disse a Ezequias:
— Ouça a palavra do Senhor dos Exércitos:
6 "Eis que virão dias em que tudo o que houver
no seu palácio, isto é, tudo o que os seus pais
ajuntaram até o dia de hoje, será levado para
a Babilônia; não ficará coisa alguma, diz o
Senhor. 7 Alguns dos seus próprios filhos, gera-
dos por você, serão levados, para que sejam
eunucos no palácio do rei da Babilônia."
8 Então Ezequias disse a Isaías:
— Boa é a palavra do Senhor que você falou.
Pois ele pensava assim: "Enquanto eu viver
haverá paz e segurança."

MENSAGEM DE CONSOLO

40 1 "Consolem, consolem o meu povo",
diz o Deus de vocês.
2 "Falem ao coração de Jerusalém
e anunciem que o tempo
da sua escravidão já acabou,
que a sua iniquidade está perdoada
e que ela já recebeu em dobro
das mãos do Senhor
por todos os seus pecados."

3 Uma voz clama:
"No deserto preparem o caminho
do Senhor!
No ermo façam uma estrada reta
para o nosso Deus!
4 Todos os vales serão levantados,
e todos os montes e colinas
serão rebaixados;
o que é tortuoso será retificado,
e os lugares ásperos serão aplanados.
5 A glória do Senhor se manifestará,
e toda a humanidade a verá,
pois a boca do Senhor o disse."

6 Uma voz diz: "Proclame!"
E alguém pergunta:
"Que hei de proclamar?"
Toda a humanidade é erva,
e toda a sua glória
é como a flor do campo.

7 A erva seca e as flores caem,
soprando nelas o hálito do SENHOR.
Na verdade, o povo é erva.
8 A erva seca e as flores caem,
mas a palavra do nosso Deus
permanece para sempre.

9 Ó Sião, você que anuncia boas-novas,
suba a um alto monte!
Ó Jerusalém, você que anuncia
boas-novas,
levante a sua voz fortemente!
Levante-a, não tenha medo.
Diga às cidades de Judá:
"Eis aí está o seu Deus!"
10 Eis que o Senhor DEUS
virá com poder,
e o seu braço dominará;
eis que o seu galardão
está com ele,
e diante dele
vem a sua recompensa.
11 Como pastor, ele apascentará
o seu rebanho;
entre os seus braços recolherá
os cordeirinhos
e os carregará no colo;
as que amamentam
ele guiará mansamente.

A MAJESTADE DO SENHOR

12 Quem na concha de sua mão
mediu as águas
e tomou a medida dos céus
a palmos?
Quem recolheu o pó da terra
na terça parte de uma vasilha
e pesou os montes e as colinas
numa balança?
13 Quem guiou o Espírito do SENHOR?
Ou, como seu conselheiro,
o ensinou?
14 Com quem ele se aconselhou,
para que lhe desse compreensão?
Quem lhe ensinou
a vereda da justiça
ou quem lhe ensinou sabedoria?
E quem lhe mostrou
o caminho de entendimento?

15 Eis que as nações
são consideradas por ele
como um pingo que cai de um balde
e como um grão de pó na balança;
eis que ele carrega as ilhas
como se fossem pó fino.
16 O Líbano não seria suficiente
para o fogo,
e os animais de lá não bastariam
para um holocausto.
17 Diante dele, todas as nações
são como coisa que não é nada;
ele as considera menos
do que nada, como um vácuo.

18 Com quem vocês querem
comparar Deus?
Com que imagem vocês o podem
confrontar?
19 Quanto à imagem,
esta é moldada pelo artífice;
depois, o ourives a reveste de ouro
e forja correntes de prata para ela.
20 O pobre, que não pode fazer tal oferta,
escolhe madeira que não apodrece
e procura um artífice perito
para fazer uma imagem esculpida
que não oscile.

21 Será que vocês não sabem?
Será que não ouviram?
Será que isso não lhes foi anunciado
desde o princípio?
Vocês não entenderam isso
desde a fundação do mundo?
Vocês não atentaram
para os fundamentos da terra?
22 Ele é o que está assentado
sobre a cúpula da terra,
cujos moradores
são como gafanhotos.
É ele quem estende os céus
como cortina
e os desenrola como tenda
para neles habitar.
23 É ele quem reduz a nada
os príncipes
e torna em nulidade
os juízes da terra.

[24] Mal foram plantados
e semeados,
mal se arraigou na terra o seu tronco,
já secam, quando um sopro
passa por eles,
e uma tempestade os leva como palha.

[25] "Com quem vocês vão me comparar?
A quem eu seria igual?" — diz o Santo.
[26] Levantem os olhos para o alto e vejam.
Quem criou estas coisas?
Aquele que faz sair o seu exército
de estrelas,
todas bem-contadas,
as quais ele chama pelo nome;
por ser ele grande em força
e forte em poder,
nem uma só vem a faltar.
[27] Por que, então, você diz, ó Jacó,
e você fala, ó Israel:
"O meu caminho está encoberto ao SENHOR,
e o meu direito passa
despercebido ao meu Deus"?
[28] Será que você não sabe,
nem ouviu que o eterno Deus,
o SENHOR,
o Criador dos confins da terra,
nem se cansa, nem se fatiga?
A sabedoria dele é insondável.
[29] Ele fortalece o cansado
e multiplica as forças
ao que não tem nenhum vigor.
[30] Os jovens se cansam
e se fatigam,
e os moços, de exaustos, caem,
[31] mas os que esperam no SENHOR
renovam as suas forças,
sobem com asas como águias,
correm e não se cansam,
caminham e não se fatigam.

DEUS PROMETE SALVAR O POVO DE ISRAEL

41 [1] "Calem-se diante de mim, ó ilhas!
E que os povos renovem
as suas forças!
Que se aproximem e, então, falem;
vamos nos reunir
para o julgamento."

[2] "Quem fez surgir no Oriente
aquele a cujos passos
segue a vitória?
Quem lhe entrega as nações
e faz com que os reis
se submetam a ele?
Com a sua espada
ele os transforma em pó,
e com o seu arco,
em palha que o vento dispersa.
[3] Ele os persegue
e avança em segurança,
por um caminho em que ele
nunca havia passado.
[4] Quem fez e executou tudo isso?
Aquele que desde o princípio
tem chamado as gerações
à existência,
eu, o SENHOR, o primeiro,
e aquele que estará
com os últimos; eu mesmo."

[5] Os países do mar viram isto e temeram;
os confins da terra tremeram;
eles se aproximaram e vieram.

[6] Um ajuda o outro
e diz a seu próximo: "Seja forte."
[7] O artífice anima o ourives,
e o que trabalha com o martelo
encoraja o que bate na bigorna,
dizendo que a soldagem foi bem-feita.
Então fixam tudo com pregos
para que não oscile.

[8] "Mas você, Israel, meu servo;
você, Jacó, a quem escolhi;
você, descendente de Abraão, meu amigo;
[9] você, a quem eu trouxe
dos confins da terra
e chamei dos seus cantos mais remotos,
e a quem eu disse: 'Você é o meu servo,
eu o escolhi e não o rejeitei';
[10] não tema, porque eu estou com você;
não fique com medo,
porque eu sou o seu Deus.
Eu lhe dou forças; sim, eu o ajudo;
sim, eu o seguro com a mão direita
da minha justiça."

[11] "Eis que serão envergonhados
e humilhados
todos os que se enfurecem
contra você;
os que lutam contra você
serão reduzidos a nada e perecerão.
[12] Você procurará
os que lutam contra você,
porém não os achará;
serão reduzidos a nada
e a coisa de nenhum valor
os que fazem guerra contra você.
[13] Porque eu, o Senhor, seu Deus,
o tomo pela mão direita e lhe digo:
'Não tenha medo,
pois eu o ajudarei.'"

[14] "Não tenha medo,
ó vermezinho de Jacó,
povozinho de Israel,
pois eu o ajudarei",
diz o Senhor;
"o seu Redentor é o Santo de Israel.
[15] Eis que farei de você
um debulhador de cereais
cortante e novo,
armado de lâminas duplas.
Você trilhará e esmagará os montes,
e reduzirá as colinas a palha.
[16] Você os jogará para cima com a pá,
e o vento os levará,
e o redemoinho os espalhará.
Então você se alegrará no Senhor
e se gloriará no Santo de Israel."

[17] "Os pobres e necessitados buscam água,
mas não a encontram;
a língua deles está ressequida de sede.
Mas eu, o Senhor, os ouvirei,
eu, o Deus de Israel, não os abandonarei.
[18] Abrirei rios no alto dos montes
e fontes no meio dos vales;
transformarei o deserto
em lençóis de águas
e a terra seca, em mananciais.
[19] Plantarei no deserto o cedro,
a acácia, a murta e a oliveira;
porei juntos no ermo o cipreste,
o olmeiro e o buxo,
[20] para que todos vejam e saibam,
considerem e juntamente entendam
que a mão do Senhor fez isso,
e que o Santo de Israel o criou."

O SENHOR DESAFIA OS DEUSES

[21] "Exponham a sua causa", diz o Senhor;
"apresentem as suas razões",
diz o Rei de Jacó.
[22] "Aproximem-se e anunciem-nos
as coisas que hão de acontecer;
contem-nos as profecias anteriores,
para que as examinemos
e saibamos se elas se cumpriram;
ou falem-nos a respeito
das coisas futuras.
[23] Anunciem-nos as coisas
que ainda hão de vir,
para que saibamos que vocês são deuses.
Façam alguma coisa,
seja boa ou seja má,
para que fiquemos com medo,
e juntamente o veremos.
[24] Eis que vocês são menos do que nada,
e menos do que nada
é o que vocês fazem;
abominável é quem os escolhe."

[25] "Do Norte suscitei um homem,
e ele vem;
desde o Oriente, onde nasce o sol,
ele invocará o meu nome;
pisará os governantes como se fossem lama,
como o oleiro pisa o barro.
[26] Quem anunciou isso
desde o princípio,
a fim de que o possamos saber?
Quem falou disso antecipadamente,
para que digamos:
'É isso mesmo'?
Mas não houve quem anunciasse,
quem proclamasse,
nem ainda quem tivesse ouvido
qualquer palavra
da parte de vocês.
[27] Eu sou o que primeiro disse
a Sião: 'Eis! Ei-los aí!'
E a Jerusalém dou um mensageiro
de boas-novas.

28 Quando eu olho,
não há ninguém;
entre eles não há
nenhum conselheiro
a quem eu pergunte,
e me responda.
29 Eis que todos são nada;
as suas obras são coisa nenhuma;
as suas imagens de fundição
são vento e vácuo."

O SERVO DO SENHOR

42 1 "Eis aqui o meu servo,
a quem sustenho;
o meu escolhido, em quem
a minha alma se agrada.
Pus sobre ele o meu Espírito,
e ele promulgará o direito
para os gentios.
2 Não clamará, não gritará,
nem fará ouvir na praça a sua voz.
3 Não esmagará a cana quebrada,
nem apagará o pavio que fumega;
com fidelidade, promulgará o direito.
4 Não desanimará, nem será esmagado
até que estabeleça na terra a justiça;
e as terras do mar
aguardarão a sua doutrina."

5 Assim diz Deus, o Senhor,
que criou os céus e os estendeu;
que formou a terra
e tudo o que ela produz;
que dá fôlego de vida
ao povo que nela está
e o espírito aos que andam nela:
6 "Eu, o Senhor, chamei você em justiça;
eu o tomarei pela mão, o guardarei,
e farei de você mediador da aliança
com o povo
e luz para os gentios;
7 para abrir os olhos dos cegos,
para tirar da prisão os cativos,
e do cárcere, os que jazem em trevas.
8 Eu sou o Senhor: este é o meu nome.
Não darei a mais ninguém
a minha glória,
nem a minha honra,
às imagens de escultura."

9 "Eis que as primeiras predições
já se cumpriram,
e agora eu lhes anuncio coisas novas;
e, antes que se cumpram,
eu as revelo a vocês."

CÂNTICO DE LOUVOR PELA SALVAÇÃO DO POVO

10 Cantem ao Senhor um cântico novo!
Que ele seja louvado
desde os confins da terra
pelos que navegam no mar,
por todas as criaturas que vivem nele,
e pelas terras do mar e os
seus moradores.
11 Ergam a voz o deserto, as suas cidades
e as aldeias habitadas por Quedar;
exultem os que habitam em Sela
e clamem do alto dos montes;
12 deem honra ao Senhor
e anunciem a sua glória nas terras do mar.
13 O Senhor sairá como valente,
despertará o seu zelo como homem de guerra.
Clamará, lançará forte grito de guerra
e mostrará sua força contra os seus inimigos.

14 "Por muito tempo me calei,
estive em silêncio e me contive;
mas agora darei gritos
como mulher que está dando à luz,
e ao mesmo tempo ofegarei,
e estarei esbaforido.
15 Devastarei os montes e as colinas,
e farei secar toda a sua vegetação;
tornarei os rios em terra firme
e secarei os lagos.
16 Guiarei os cegos por um caminho
que não conhecem,
farei com que andem
por veredas desconhecidas;
tornarei as trevas em luz diante deles
e aplanarei os caminhos ásperos.
Estas coisas lhes farei
e nunca os abandonarei.
17 Retrocederão e ficarão
cobertos de vergonha
os que confiam em imagens de escultura
e que dizem às imagens de fundição:
'Vocês são os nossos deuses.'"

LAMENTO SOBRE A CEGUEIRA DE ISRAEL

18 "Escutem, surdos,
e vocês, cegos, olhem, para que possam ver.
19 Quem é tão cego como o meu servo,
ou tão surdo como o meu mensageiro,
a quem envio?
Quem é tão cego como o meu amigo,
e tão cego como o servo do SENHOR?
20 Você vê muitas coisas, mas não as observa;
ainda que tenha os ouvidos abertos,
não ouve nada."

21 Foi do agrado do SENHOR,
por amor da sua própria justiça,
engrandecer a lei e torná-la gloriosa.
22 Mas este é um povo
roubado e saqueado.
Todos estão trancados em cavernas
e escondidos em cárceres;
foram feitos prisioneiros,
e não há ninguém que os livre;
foram levados como despojo,
e ninguém diz: "Devolva!"

23 Quem de vocês dará ouvidos a isto?
Quem dará atenção e ouvirá
o que há de ser depois?
24 Quem entregou Jacó por despojo
e Israel aos roubadores?
Por acaso não foi o SENHOR,
aquele contra quem pecaram
e nos caminhos do qual
não queriam andar,
não dando ouvidos à sua lei?
25 Por isso derramou sobre eles
o furor da sua ira
e a violência da guerra;
ateou fogo em tudo
o que estava em volta deles,
mas eles não entenderam;
ele os queimou, mas eles não fizeram caso.

SÓ DEUS RESGATA ISRAEL

43 1 Mas agora, assim diz o SENHOR,
que o criou, ó Jacó,
e que o formou, ó Israel:
"Não tenha medo, porque eu o remi;
eu o chamei pelo seu nome; você é meu.
2 Quando você passar pelas águas,
eu estarei com você;
quando passar pelos rios,
eles não o submergirão;
quando passar pelo fogo,
você não se queimará;
as chamas não o atingirão.
3 Porque eu sou o SENHOR, seu Deus,
o Santo de Israel, o seu Salvador;
dei o Egito em resgate por você,
e a Etiópia e Sebá para que você fosse meu.
4 Visto que você é precioso aos meus olhos
e digno de honra,
e porque eu o amo,
darei homens por você
e povos em troca de sua vida.
5 Não tenha medo,
porque eu estarei com você."

"Trarei a sua descendência
desde o Oriente
e a ajuntarei desde o Ocidente.
6 Direi ao Norte: 'Entregue!'
E ao Sul: 'Não os impeça de sair!'
Tragam os meus filhos de longe
e as minhas filhas dos confins da terra,
7 todos os que são chamados
pelo meu nome,
e os que criei para minha glória,
sim, aqueles que formei e fiz."

8 "Traga o povo que é cego,
ainda que tenha olhos,
e que é surdo, ainda que tenha ouvidos.
9 Todas as nações se congreguem,
e os povos se reúnam.
Quem dentre eles pode anunciar isto
e mostrar-nos as predições antigas?
Que apresentem as suas testemunhas,
para que se justifiquem,
e para que se ouça e se diga: 'É verdade!'"

10 "Vocês são as minhas testemunhas",
diz o SENHOR.
"Vocês são o meu servo a quem escolhi,
para que vocês saibam, creiam em mim
e entendam que eu sou, e que antes de mim
deus nenhum se formou,
e depois de mim nenhum haverá.

[11] Eu, eu sou o Senhor,
e fora de mim não há salvador.
[12] Eu anunciei salvação,
eu a realizei e a fiz ouvir;
deus estranho não houve entre vocês,
pois vocês são as minhas testemunhas",
diz o Senhor.
"Eu sou Deus.
[13] Ainda antes que houvesse dia, eu sou;
e não há quem possa livrar alguém
das minhas mãos;
agindo eu, quem o impedirá?"

LIBERTAÇÃO DO JUGO DA BABILÔNIA

[14] Assim diz o Senhor,
o seu Redentor, o Santo de Israel:
"Por causa de vocês,
enviarei inimigos contra a Babilônia
e a todos os babilônios farei embarcar
como fugitivos nos navios
de que se orgulhavam.
[15] Eu sou o Senhor, o Santo Deus de vocês,
o Criador de Israel e o seu Rei."

[16] Assim diz o Senhor,
que preparou um caminho no mar
e uma vereda nas águas impetuosas;
[17] que fez sair os carros de guerra
e os cavalos,
o exército e a força,
e eles jazem ali e jamais se levantarão;
estão extintos, apagados
como um pavio.

[18] "Não fiquem lembrando
das coisas passadas,
nem pensem nas coisas antigas.
[19] Eis que faço uma coisa nova.
Agora mesmo ela está saindo à luz.
Será que vocês não o percebem?
Eis que porei um caminho no deserto
e rios nos lugares áridos.
[20] Os animais do campo me glorificarão,
os chacais e os filhotes de avestruzes,
porque porei águas no deserto
e rios nos lugares áridos,
para dar de beber ao meu povo,
ao meu escolhido,
[21] a este povo que formei para mim,
para celebrar o meu louvor."

A MISERICÓRDIA DO SENHOR

[22] "Contudo, você não me invocou, ó Jacó;
e você se cansou de mim, ó Israel.
[23] Você não me trouxe as ovelhas
para os holocaustos,
nem me honrou com os seus sacrifícios.
Não lhe dei trabalho com ofertas de cereais,
nem o cansei, pedindo incenso.
[24] Você não me comprou cana aromática,
nem me satisfez com a gordura
dos seus sacrifícios.
Mas você me deu trabalho
com os seus pecados
e me cansou com as suas iniquidades."

[25] "Eu, eu mesmo, sou o que
apago as suas transgressões
por amor de mim;
dos pecados que você cometeu
não me lembro.
[26] Relembre-me o que aconteceu!
Vamos juntos ao tribunal!
Apresente as suas razões,
para que você possa se justificar.
[27] O seu primeiro pai pecou,
e os seus guias se revoltaram contra mim.
[28] Por isso, profanarei os líderes
do santuário,
e entregarei Jacó à destruição
e Israel, à zombaria."

O SENHOR É O ÚNICO DEUS

44 [1] "Mas agora escute, Jacó, meu servo,
e Israel, a quem escolhi."
[2] Assim diz o Senhor, que o criou
e formou desde o ventre materno,
e que o ajuda:
"Não tenha medo, meu servo Jacó,
meu amado, a quem escolhi.
[3] Porque derramarei água
sobre o chão sedento
e torrentes sobre a terra seca.
Derramarei o meu Espírito
sobre a sua posteridade
e a minha bênção
sobre os seus descendentes,

[4] e eles brotarão como a relva,
como salgueiros
junto às correntes de água."

[5] "Um dirá: 'Eu sou do SENHOR';
outro se chamará pelo nome de Jacó;
o outro ainda escreverá na própria mão:
'Eu sou do SENHOR',
e por sobrenome tomará
o nome de Israel."

[6] Assim diz o SENHOR,
o Rei e Redentor de Israel,
o SENHOR dos Exércitos:
"Eu sou o primeiro e eu sou o último,
e além de mim não há Deus.
[7] Quem, assim como eu, fez predições
desde que estabeleci o mais
antigo povo?
Que o declare e o exponha diante de mim!
Que esse anuncie as coisas futuras,
as coisas que hão de vir!
[8] Não fiquem apavorados,
nem tenham medo.
Por acaso não revelei
e anunciei isso a vocês
muito tempo atrás?
Vocês são as minhas testemunhas.
Será que há outro Deus
além de mim?
Não, não há outra Rocha
que eu conheça."

CONTRA A IDOLATRIA

[9] Todos os artífices de imagens de escultura
são nada, e as coisas que eles tanto estimam
não têm valor nenhum. Eles mesmos são
testemunhas de que elas nada veem, nem
entendem, para que sejam envergonha-
dos. [10] Quem formaria um deus ou fundiria
uma imagem de escultura, que não tem valor
nenhum? [11] Eis que todos os seus seguido-
res ficarão envergonhados, pois os artífices
não passam de homens. Que todos eles se
reúnam e se apresentem! Sentirão pavor e,
todos juntos, serão envergonhados.
[12] O ferreiro pega uma ferramenta e tra-
balha nas brasas; vai moldando um ídolo
com o martelo e forja-o com a força do seu
braço. Ele tem fome e perde as forças; não
bebe água e desfalece.
[13] O carpinteiro estende o cordel sobre a
madeira e, com o lápis, esboça uma imagem;
alisa-a com plaina, marca com o compasso
e faz uma escultura à semelhança e bele-
za de um ser humano, para ser colocada
num templo.
[14] Um homem corta para si cedros, toma
um cipreste ou um carvalho, fazendo esco-
lha entre as árvores do bosque; planta um
pinheiro, e a chuva o faz crescer.
[15] Tais árvores servem ao homem para
queimar; com parte de sua madeira ele se
aquece e também assa o pão; com a outra
parte ele faz um deus e se prostra diante
dele; esculpe uma imagem e se ajoelha
diante dela. [16] Metade queima no fogo e com
ela assa a carne para comer; faz um assado e
dele se farta; também se aquece e diz: "Ah! Já
estou aquecido! E como é bom olhar para o
fogo." [17] Do resto ele faz um deus, uma ima-
gem de escultura; ajoelha-se diante dela,
prostra-se e lhe dirige a sua oração, dizendo:
"Livra-me, porque tu és o meu deus."
[18] Nada sabem, nem entendem, porque os
olhos deles estão grudados, para que não
vejam, e o coração deles já não pode enten-
der. [19] Nenhum deles cai em si, já não há
conhecimento nem compreensão para dizer:
"Metade da madeira queimei e sobre as bra-
sas assei pão e carne para comer. E será que
daquilo que restou eu faria uma abomina-
ção? Deveria eu me ajoelhar diante de um
pedaço de madeira?"
[20] Tal homem se apascenta de cinza; o seu
coração enganado o iludiu, de maneira que
não pode livrar a sua alma, nem dizer: "Não é
uma mentira isso que tenho em minha mão?"

A PROMESSA DE LIVRAMENTO

[21] "Lembre-se destas coisas, ó Jacó,
ó Israel, porque você é meu servo!
Eu o formei, você é meu servo, ó Israel;
não me esquecerei de você.
[22] Desfaço as suas transgressões como
a névoa
e os seus pecados, como a nuvem;
volte para mim, porque eu o remi."

23 "Alegrem-se, ó céus,
porque o Senhor fez isto;
exultem, ó profundezas da terra;
cantem de alegria, vocês, montes,
vocês, bosques
e todas as suas árvores,
porque o Senhor remiu Jacó
e se glorificou em Israel."

24 Assim diz o Senhor, o seu Redentor,
o mesmo que o formou
desde o ventre materno:
"Eu sou o Senhor,
que faço todas as coisas.
Sozinho estendi os céus
e sozinho espraiei a terra.
25 Eu frustro os sinais
dos que profetizam mentiras
e faço com que os adivinhos
fiquem parecendo tolos.
Obrigo os sábios a recuar,
transformando o seu saber em tolice.
26 Eu confirmo a palavra do meu servo
e cumpro o conselho
dos meus mensageiros.
Digo a respeito de Jerusalém:
'Ela será habitada';
e a respeito das cidades de Judá:
'Elas serão edificadas';
e quanto às suas ruínas:
'Eu as levantarei'.
27 Digo à profundeza do mar:
'Seque, e eu secarei os seus rios.'
28 Eu digo a respeito de Ciro:
'Ele é meu pastor e cumprirá
tudo o que me agrada.'
Digo também de Jerusalém:
'Será edificada';
e do templo: 'Seus alicerces
serão lançados.'"

CIRO, O LIBERTADOR DE ISRAEL

45 1 Assim diz o Senhor ao seu ungido,
a Ciro, a quem tomo
pela mão direita,
para submeter as nações diante dele,
para desarmar os reis,
e para abrir diante dele os portões,
que não se fecharão:
2 "Eu irei adiante de você,
endireitarei os caminhos tortuosos,
quebrarei os portões de bronze
e despedaçarei as trancas de ferro.
3 Darei a você os tesouros escondidos
e as riquezas encobertas,
para que você saiba
que eu sou o Senhor,
o Deus de Israel,
que o chama pelo seu nome.
4 Por amor do meu servo Jacó
e de Israel, meu escolhido,
eu o chamei pelo seu nome
e lhe dei um título de honra,
mesmo que você não me conheça."

5 "Eu sou o Senhor, e não há outro;
além de mim não há Deus;
eu o cingirei, mesmo que você
não me conheça.
6 Para que se saiba,
desde o nascente do sol até o poente,
que além de mim não há outro;
eu sou o Senhor, e não há outro.
7 Eu formo a luz e crio as trevas;
promovo a paz e crio os conflitos;
eu, o Senhor, faço todas estas coisas."

8 "Que os céus gotejem lá do alto,
e as nuvens chovam justiça;
que a terra se abra e produza a salvação,
e juntamente com ela
brote a justiça;
eu, o Senhor, as criei."

O SENHOR É O CRIADOR

9 Ai daquele que discute
com o seu Criador,
sendo um simples caco
entre outros cacos de barro!
Será que o barro
pergunta ao oleiro:
"O que você está fazendo?"
Ou diz: "Este seu vaso
não tem alça!"
10 Ai daquele que diz ao seu pai:
"Por que você gerou?"
E à sua mãe:
"Por que você deu à luz?"

11 Assim diz o Senhor,
o Santo de Israel,
que formou o seu povo:
"Por acaso vocês querem saber
as coisas futuras?
Querem dar ordens
a respeito de meus filhos
e a respeito das obras
das minhas mãos?
12 Eu fiz a terra e criei nela o ser humano;
as minhas mãos
estenderam os céus,
e a todos os seus exércitos
dei as minhas ordens.
13 Eu, na minha justiça,
suscitei Ciro
e endireitarei todos os seus caminhos.
Ele reconstruirá a minha cidade
e libertará os meus exilados,
não por preço nem por presentes",
diz o Senhor dos Exércitos.

14 Assim diz o Senhor:
"A riqueza do Egito,
as mercadorias da Etiópia
e os sabeus, homens
de grande estatura,
lhe serão entregues e serão seus.
Eles o seguirão,
presos com correntes,
se prostrarão diante de você
e lhe farão as suas súplicas,
dizendo:
'Certamente Deus está com você,
e não há outro que seja Deus.'"

15 Verdadeiramente tu és
um Deus que se esconde,
ó Deus de Israel, ó Salvador.
16 Ficarão envergonhados
e serão humilhados
todos os que fabricam ídolos;
juntos ficarão cobertos
de vergonha.
17 Israel, porém, será salvo pelo Senhor
com salvação eterna;
vocês não serão envergonhados
nem humilhados,
por toda a eternidade.

18 Porque assim diz o Senhor,
que criou os céus
— e ele é o único Deus;
que formou a terra e a fez —
ele a estabeleceu;
ele não a criou para ser um caos,
mas para ser habitada:
"Eu sou o Senhor, e não há outro.
19 Não falei em segredo,
nem em algum lugar escuro
da terra;
eu não disse à descendência
de Jacó:
'Busquem-me em vão';
eu, o Senhor, falo a verdade
e proclamo o que é direito."

O SENHOR E OS ÍDOLOS

20 "Reúnam-se e venham;
aproximem-se todos juntos,
vocês que escaparam das nações.
Não sabem nada os que carregam
as suas imagens de madeira
e fazem súplicas a um deus
que não pode salvar.
21 Declarem e apresentem
as suas razões.
Que tomem conselho
uns com os outros.
Quem fez ouvir isto
desde a antiguidade?
Quem desde aquele tempo
o anunciou?
Será que não fui eu, o Senhor?
Pois não há outro Deus,
além de mim,
Deus justo e Salvador
não há além de mim."

22 "Voltem-se para mim e sejam salvos,
vocês, todos os confins da terra;
porque eu sou Deus,
e não há outro.
23 Por mim mesmo tenho jurado;
da minha boca saiu o que é justo,
e a minha palavra
não tornará atrás.
Diante de mim se dobrará todo joelho,
e jurará toda língua.

O belo está em tudo o que o Senhor realiza, pois faz parte de sua essência.

24 De mim se dirá:
'Tão somente no Senhor há justiça e força.'
Até ele virão
e serão envergonhados
todos os que se irritarem contra ele.
25 Mas no Senhor será justificada
toda a descendência de Israel
e nele se gloriará."

A QUEDA DOS ÍDOLOS DA BABILÔNIA

46 1 "Bel se encurva, Nebo se abaixa;
os ídolos são postos
sobre os animais,
sobre as bestas.
As cargas que vocês costumavam levar
são canseira para os animais
já cansados.
2 Esses deuses juntamente
se abaixam e se encurvam;
não podem salvar a carga,
mas eles mesmos vão para o cativeiro."

3 "Escutem, ó casa de Jacó
e todo o remanescente
da casa de Israel,
vocês que eu carrego
desde o ventre materno
e que levo nos braços
desde o nascimento.
4 Até a velhice de vocês
eu serei o mesmo
e ainda quando tiverem
cabelos brancos
eu os carregarei.
Eu os fiz e eu os levarei;
eu os carregarei e os salvarei."

5 "Com quem vocês
vão me comparar?
A quem eu seria igual?
E que coisa semelhante
confrontarão comigo?
6 Os que gastam o ouro da bolsa
e pesam a prata nas balanças
contratam um ourives
para que faça um deus;
e depois se prostram
e se inclinam diante dele.
7 Eles o põem sobre os ombros,
levam-no e o põem no seu lugar,
e aí ele fica;
do seu lugar não se move.
Recorrem a ele,
mas nenhuma resposta ele dá
e não livra ninguém da sua tribulação."

8 "Lembrem-se disso e animem-se;
pensem a respeito disso, ó rebeldes.
9 Lembrem-se das coisas passadas,
das coisas da antiguidade:
que eu sou Deus, e não há outro;
eu sou Deus, e não há
outro semelhante a mim.
10 Desde o princípio anuncio
o que há de acontecer
e desde a antiguidade revelo
as coisas que ainda não sucederam.
Eu digo: o meu conselho
permanecerá em pé,
e farei toda a minha vontade.
11 Chamo uma ave de rapina
desde o Oriente;
de uma terra longínqua
vem o homem do meu conselho.
Eu o disse e também o cumprirei;
fiz este plano, também o executarei."

12 "Escutem, vocês de coração obstinado,
que estão longe da justiça.
13 Faço chegar a minha justiça,
e ela não está longe;
a minha salvação não tardará.
Estabelecerei em Sião o livramento
e em Israel, a minha glória."

A QUEDA DA BABILÔNIA

47 1 "Desça e sente-se no pó,
ó virgem filha da Babilônia;
sente-se no chão,
pois já não há trono, ó filha
dos caldeus.
Porque nunca mais você será chamada
sensível e delicada.
2 Pegue as pedras do moinho e
faça farinha;
tire o véu, levante a saia,
descubra as pernas e atravesse os rios.

³ A sua nudez será descoberta,
e se verá a sua vergonha;
tomarei vingança
e não pouparei ninguém."

⁴ Quanto ao nosso Redentor,
SENHOR dos Exércitos é o seu nome,
o Santo de Israel.

⁵ "Fique sentada em silêncio
e vá para um lugar escuro,
ó filha dos caldeus,
porque nunca mais você será chamada
senhora dos reinos.
⁶ Eu estava irado contra o meu povo,
profanei a minha herança
e a entreguei nas suas mãos,
mas você não usou de misericórdia com ela
e até sobre os velhos
você fez muito pesado o seu jugo.
⁷ Você disse: 'Eu serei senhora
para sempre!'
Até agora você não levou
estas coisas a sério,
nem se lembrou do seu fim.
⁸ Agora, pois, escute isto,
você que ama os prazeres,
que habita segura e que diz a si mesma:
'Eu sou a única,
e não há outra além de mim.
Não ficarei viúva, nem conhecerei
a perda de filhos.'"

⁹ "Mas ambas estas coisas
virão sobre você
num momento, no mesmo dia:
perda de filhos e viuvez;
virão em cheio sobre você,
apesar da multidão
das suas feitiçarias e da abundância
dos seus encantamentos.
¹⁰ Porque você confiou
na sua maldade e dizia:
'Não há quem me veja.'
A sua sabedoria e o seu conhecimento,
isso fez com que você se desviasse
e dissesse a si mesma:
'Eu sou a única,
e não há outra além de mim.'
¹¹ Por isso, virá sobre você
uma desgraça
que você não saberá afastar
com os seus encantamentos.
Cairá sobre você uma calamidade
da qual não poderá se livrar por expiação.
Porque sobre você virá, de repente,
uma desolação
como você não imaginava.
¹² Continue, pois,
com os seus encantamentos
e com a multidão das suas feitiçarias
em que você tem se fatigado
desde a sua mocidade!
Talvez você possa tirar algum proveito disso;
talvez, com isso,
consiga inspirar terror.
¹³ Você está cansada
de tanto ouvir conselhos!
Que se levantem, agora,
os que dissecam os céus e fitam os astros,
os que em cada lua nova predizem
o que há de vir sobre você.
Que eles a ajudem!
¹⁴ Eis que serão como palha,
o fogo os queimará;
não poderão livrar-se
do poder das chamas;
nenhuma brasa restará
para se aquecerem,
nem fogo, para que
diante dele se assentem.
¹⁵ Isso é o que lhe farão
aqueles com quem você se fatigou,
aqueles com quem negociou
desde a sua mocidade:
eles se dispersarão, cambaleantes,
cada qual pelo seu caminho;
não haverá ninguém para salvá-la."

A INFIDELIDADE DE ISRAEL É REPREENDIDA

48 ¹ Escutem isto, casa de Jacó,
vocês que se chamam
pelo nome de Israel
e saíram da linhagem de Judá,
vocês que juram pelo nome do SENHOR
e confessam o Deus de Israel,
mas não em verdade nem em justiça.

[2] Da santa cidade tomam o nome
e se firmam sobre o Deus de Israel,
cujo nome é SENHOR dos Exércitos.
[3] "Desde a antiguidade
anunciei as primeiras coisas;
a minha boca as pronunciou,
e eu as fiz ouvir;
de repente agi, e elas se cumpriram.
[4] Porque eu sabia que você
era obstinado,
que o seu pescoço é um tendão de ferro
e que a sua testa era de bronze.
[5] Por isso, desde aquele tempo
eu lhe anunciei essas coisas
e as dei a conhecer
antes que acontecessem,
para que você não dissesse:
'O meu ídolo fez estas coisas';
ou: 'A minha imagem de escultura
e a minha imagem de fundição
as ordenaram.'"

[6] "Você já ouviu; agora olhe bem
para tudo isto;
será que você não vai admitir
que falei a verdade?
Desde agora lhe anuncio
coisas novas e ocultas,
que você não conhecia.
[7] Foram criadas agora
e não há muito tempo,
e antes deste dia você não tinha
ouvido falar nelas,
para que você não diga:
'Sim, eu já sabia.'
[8] Você não ouviu, não conheceu,
nem tampouco antecipadamente
se abriram os seus ouvidos,
porque eu sabia que
você não é nada confiável
e é chamado de transgressor
desde o ventre materno."

[9] "Por amor do meu nome,
retardarei a minha ira
e, por causa da minha honra,
me conterei em relação a você,
para que eu não venha
a exterminá-lo.
[10] Eis que refinei você,
mas não como a prata;
eu o provei na fornalha da aflição.
[11] Por amor de mim,
por amor de mim é que faço isto;
pois como seria profanado o meu nome?
Não darei a mais ninguém a minha glória."

O SENHOR CHAMA ISRAEL

[12] "Escute, ó Jacó,
e também você, Israel, a quem chamei:
Eu sou o mesmo, sou o primeiro
e também o último.
[13] Também a minha mão
fundou a terra,
e a minha mão direita estendeu os céus;
quando eu os chamar,
eles se apresentarão juntos."

[14] "Reúnam-se, todos vocês, e escutem!
Quem, dentre eles,
anunciou estas coisas?
Aquele a quem o SENHOR amou
executará a sua vontade
contra a Babilônia,
e o seu braço será
contra os caldeus.
[15] Eu, eu tenho falado;
também já o chamei.
Eu o trouxe e farei próspero
o seu caminho.
[16] Aproximem-se de mim e escutem isto:
desde o princípio,
não falei em segredo;
desde o tempo em que isso
vem acontecendo,
tenho estado lá."

"Agora, o SENHOR DEUS
enviou a mim
e o seu Espírito."

[17] Assim diz o SENHOR,
o seu Redentor,
o Santo de Israel:
"Eu sou o SENHOR, o seu Deus,
que lhe ensina o que é útil
e o guia pelo caminho em que você
deve andar.

18 Ah! Se você tivesse dado ouvidos
aos meus mandamentos!
Então a sua paz seria como um rio,
e a sua justiça,
como as ondas do mar.
19 Também a sua posteridade
seria como a areia,
e os seus descendentes,
como os grãos da areia;
o seu nome nunca seria eliminado
nem destruído de diante de mim."

20 Saiam da Babilônia,
fujam do meio dos caldeus!
Anunciem isto com voz de júbilo;
proclamem e levem esta boa notícia
até os confins da terra.
Digam: "O Senhor remiu
o seu servo Jacó."
21 Não padeceram sede,
quando ele os levava pelos desertos;
fez brotar para eles água da rocha;
fendeu a pedra, e a água jorrou.

22 "Mas para os ímpios
não há paz", diz o Senhor.

O SERVO DO SENHOR É A LUZ DOS GENTIOS

49 1 Escutem, terras do mar,
e vocês, povos de longe,
prestem atenção!
O Senhor me chamou
desde o meu nascimento,
desde o ventre de minha mãe
fez menção do meu nome.
2 Ele fez a minha boca
como uma espada aguda,
na sombra da sua mão
me escondeu.
Ele fez de mim uma flecha polida,
e me guardou na sua aljava.
3 E me disse: "Você é o meu servo,
você é Israel, por meio de quem
hei de ser glorificado."
4 Mas eu disse:
"Tenho trabalhado em vão;
gastei as minhas forças
por nada e à toa."
Todavia, o meu direito
está diante do Senhor,
a minha recompensa
está diante do meu Deus.

5 Mas agora diz o Senhor,
que me formou desde o ventre
para ser o seu servo,
para trazer Jacó de volta
e reunir Israel a ele,
porque sou glorificado
diante do Senhor,
e o meu Deus é a minha força.
6 Sim, ele diz:
"Para você, é muito pouco
ser o meu servo
para restaurar as tribos de Jacó
e trazer de volta
o remanescente de Israel.
Farei também com que você seja
uma luz para os gentios,
para que você seja a minha salvação
até os confins da terra."
7 O Senhor, o Redentor
e Santo de Israel,
diz ao que é desprezado,
ao que é detestado pelas nações,
ao servo dos dominadores:
"Os reis o verão e se levantarão;
os príncipes se inclinarão diante de você
por amor do Senhor, que é fiel,
e do Santo de Israel,
que o escolheu."

A RESTAURAÇÃO DE ISRAEL

8 Assim diz o Senhor:
"No tempo aceitável
eu escutei você
e no dia da salvação eu o socorri.
Eu o guardarei
e o farei mediador da aliança
com o povo,
para restaurar a terra
e repartir as propriedades
devastadas,
9 para dizer aos presos:
'Saiam da prisão!',
e aos que estão em trevas:
'Venham para fora!'"

"Eles pastarão
ao longo dos caminhos
e em todos os montes desertos
terão o seu pasto.
10 Não terão fome nem sede,
o calor forte e o sol
não os afligirão,
porque o que se compadece deles
os guiará
e os conduzirá aos mananciais
das águas.
11 Transformarei
todos os meus montes
em caminhos,
e as minhas estradas
serão levantadas.
12 Eis que estes virão de longe,
e eis que aqueles virão
do Norte e do Ocidente;
outros virão da terra de Sinim."

13 Alegrem-se, ó céus, exulte, ó terra,
e vocês, montes,
cantem de alegria,
porque o SENHOR consolou o seu povo
e se compadece dos seus aflitos.

14 Mas Sião diz:
"O SENHOR me abandonou,
o Senhor se esqueceu de mim."
15 O SENHOR responde:
"Será que uma mulher
pode se esquecer
do filho que ainda mama,
de maneira que não se compadeça
do filho do seu ventre?
Mas ainda que esta viesse
a se esquecer dele,
eu, porém, não me esquecerei
de você.
16 Eis que eu gravei você
nas palmas das minhas mãos;
as suas muralhas
estão continuamente
diante de mim.
17 Os seus filhos virão depressa,
enquanto os que a destruíram
e devastaram
se afastam de você.
18 Levante os olhos ao redor e veja:
todos se reúnem e vêm até você.
Tão certo como eu vivo", diz o SENHOR,
"de todos eles você se vestirá
como de um enfeite
e deles se cingirá como noiva."

19 "Pois, quanto aos seus lugares
desertos e devastados
e à sua terra destruída,
agora você, ó Sião,
certamente será pequena demais
para os moradores;
e os que a devoravam
estarão bem longe.
20 Os filhos que nasceram
nos seus dias de luto dirão a você:
'Este lugar é pequeno demais para nós;
dê-nos mais espaço para morar.'
21 Então você pensará assim:
'Quem me gerou estes filhos?
Pois eu era uma mulher
sem filhos e estéril,
em exílio e abandonada.
Quem criou esses filhos para mim?
Fui deixada sozinha;
e estes onde estavam?'"

22 Assim diz o Senhor DEUS:
"Eis que acenarei para as nações
e diante dos povos
levantarei a minha bandeira;
eles trarão nos braços
os seus filhos, ó Sião,
e as suas filhas serão levadas
sobre os ombros.
23 Reis serão os guardiões deles,
e rainhas serão as suas babás.
Eles se inclinarão diante de você
com o rosto em terra
e lamberão o pó dos seus pés.
Então você saberá que eu sou o SENHOR
e que os que esperam em mim
não serão envergonhados."

24 Será que alguém pode
tirar o despojo de um valente?
Será que os presos podem fugir
do tirano?

[25] Mas assim diz o SENHOR:
"Certamente os presos
serão tirados do valente,
e o despojo do tirano será resgatado,
porque eu lutarei
contra os que lutam contra você
e salvarei os seus filhos.
[26] Farei com que os seus opressores
comam a sua própria carne
e se embriaguem com o seu
próprio sangue,
como se fosse vinho novo.
Então toda a humanidade saberá
que eu sou o SENHOR, o seu Salvador
e o seu Redentor, o Poderoso de Jacó."

50 [1] Assim diz o SENHOR:
"Onde está a carta de divórcio
que eu entreguei à mãe de vocês
e com a qual eu a repudiei?
Ou quem é o meu credor,
a quem eu os vendi?
Eis que vocês foram vendidos
por causa das suas iniquidades,
e a mãe de vocês foi repudiada
por causa das transgressões
de vocês.
[2] Por que razão, quando eu vim,
ninguém apareceu?
Quando chamei, ninguém respondeu?
Será que a minha mão se encolheu tanto,
que já não pode remir?
Ou será que já não há
força em mim para livrar?
Eis que pela minha repreensão
eu seco o mar
e transformo os rios em deserto,
até que os seus peixes cheirem mal;
pois, não havendo água, morrem de sede.
[3] Posso vestir os céus de escuridão
e cobri-los com pano de saco."

O SOFRIMENTO E A FIDELIDADE DO SERVO DO SENHOR

[4] O Senhor DEUS me deu
uma língua erudita,
para que eu saiba dizer
boa palavra ao cansado.
Ele me desperta todas as manhãs;
desperta o meu ouvido para que eu ouça
como aqueles que aprendem.
[5] O Senhor DEUS
me abriu os ouvidos,
e eu não fui rebelde nem me retraí.
[6] Ofereci as costas aos que me batiam
e o rosto aos que me arrancavam a barba;
não escondi o rosto dos que
me afrontavam
e cuspiam em mim.

[7] Porque o Senhor DEUS me ajuda.
Por isso, não serei humilhado;
por isso, fiz o meu rosto
como uma pedra
e sei que não serei envergonhado.
[8] Perto está o que me justifica.
Quem ousará entrar em litígio comigo?
Compareçamos juntos diante do juiz!
Quem é o meu adversário?
Que se aproxime de mim!
[9] Eis que o Senhor DEUS me ajuda.
Quem poderá me condenar?
Eis que todos eles
envelhecerão como a roupa;
a traça os comerá.

[10] Quem de vocês teme o SENHOR
e ouve a voz do seu Servo?
Aquele que anda em trevas,
sem nenhuma luz,
confie no nome do SENHOR
e se firme sobre o seu Deus.
[11] Todos vocês que acendem fogo
e se armam com flechas incendiárias,
andem entre as labaredas
do fogo de vocês
e entre as flechas que vocês acenderam!
De mim lhes sobrevirá isto:
vocês se deitarão em tormentos.

PALAVRA DE CONFORTO PARA SIÃO

51 [1] "Escutem, vocês que procuram
a justiça,
vocês que buscam o SENHOR:
olhem para a rocha
da qual vocês foram cortados
e para a pedreira de onde foram tirados.

Submeta-se ao Agricultor e permita que suas raízes sejam podadas por ele.

[2] Olhem para Abraão, seu pai,
e para Sara, que os deu à luz.
Porque Abraão era um só,
quando eu o chamei,
o abençoei e o multipliquei.
[3] Porque o Senhor terá piedade de Sião;
terá piedade de todos
os seus lugares desolados.
Fará o seu deserto como o Éden,
e os seus lugares áridos,
como o jardim do Senhor.
Ali haverá júbilo e alegria,
ações de graças e som de música."

[4] "Preste atenção, meu povo,
e escute, minha nação!
Porque de mim sairá a lei,
e estabelecerei o meu direito
como luz dos povos.
[5] Perto está a minha justiça,
a minha salvação já aparece,
e os meus braços dominarão os povos.
As terras do mar me aguardam
e no meu braço esperam.
[6] Levantem os olhos para os céus
e olhem para a terra, aqui embaixo!
Porque os céus desaparecerão
como a fumaça,
e a terra envelhecerá como a roupa;
os seus moradores morrerão
como mosquitos,
mas a minha salvação
durará para sempre,
e a minha justiça não será anulada."

[7] "Escutem, vocês que conhecem a justiça,
vocês, povo em cujo coração
está a minha lei:
não temam os insultos dos homens,
nem fiquem assustados
por causa das suas zombarias.
[8] Porque as traças os roerão
como fazem com a roupa,
e os bichos os comerão
como fazem com a lã.
Mas a minha justiça
durará para sempre,
e a minha salvação,
de geração em geração.

[9] Desperta! Desperta, braço do Senhor,
e arma-te de força!
Desperta como nos dias passados,
como nas gerações antigas!
Não és tu aquele que cortou
Raabe em pedaços
e feriu o monstro marinho?
[10] Não és tu aquele que secou o mar,
as águas do grande abismo?
Não abriste um caminho no fundo do mar,
para que passassem os remidos?
[11] Os resgatados do Senhor voltarão
e entrarão em Sião
com cânticos de júbilo.
Alegria eterna coroará a sua cabeça.
Ficarão tomados de júbilo e alegria,
e deles fugirão a tristeza e o gemido."

[12] "Eu, eu sou aquele que os consola;
quem, então, é você,
para que tenha medo
do homem, que é mortal,
ou do filho do homem,
que não passa de erva?
[13] Por que você se esquece
do Senhor, que o criou,
que estendeu os céus
e fundou a terra,
e todo o dia, sem cessar,
teme a fúria do opressor,
que se prepara para destruir?
Onde está a fúria do opressor?
[14] O exilado cativo depressa
será libertado,
lá não morrerá,
lá não descerá à sepultura;
o seu pão não lhe faltará."

[15] "Pois eu sou o Senhor, seu Deus,
que agito o mar,
de modo que bramem
as suas ondas.
O meu nome é
Senhor dos Exércitos.
[16] Confio a você as minhas palavras
e o protejo com a sombra da minha mão,
para que eu estenda os céus,
firme a terra e diga a Sião:
'Você é o meu povo.'"

17 Acorde! Acorde e levante-se,
ó Jerusalém,
você que bebeu da mão do SENHOR
o cálice da sua ira,
você que esgotou o cálice
de atordoamento.
18 De todos os filhos que ela teve
nenhum a guiou;
de todos os filhos que criou
nenhum a tomou pela mão.

19 Estas duas coisas lhe sobrevieram,
mas quem teve
compaixão de você?
Houve destruição e ruína, fome e espada,
mas quem veio consolar você?
20 Os seus filhos desmaiaram,
jazem nas esquinas de todas as ruas,
como o antílope na rede.
Estão cheios da ira do SENHOR
e da repreensão do seu Deus.

21 Por isso, agora escute isto,
você que está aflita e embriagada,
mas não de vinho.
22 Assim diz o seu Senhor,
o SENHOR, seu Deus,
que defenderá a causa
do seu povo:
"Eis que eu tiro da sua mão
o cálice de atordoamento,
o cálice da minha ira.
Você nunca mais beberá dele.
23 Eu o porei nas mãos
dos que a atormentaram,
dos que lhe disseram:
'Abaixe-se, para que passemos
por cima de você!'
E você pôs as suas costas
como chão
e como rua para os que passavam."

DEUS SALVARÁ JERUSALÉM

52 1 Acorde! Acorde, ó Sião,
e revista-se de força!
Vista as suas roupas finas,
ó Jerusalém, cidade santa,
porque os incircuncisos e os impuros
nunca mais entrarão em você.
2 Levante e sacuda a poeira,
ó Jerusalém cativa;
livre-se das correntes
de seu pescoço,
ó cativa filha de Sião.

3 Porque assim diz o SENHOR:
— Por nada vocês foram vendidos, e sem
dinheiro serão resgatados.
4 Porque assim diz o Senhor DEUS:
— O meu povo no princípio desceu ao
Egito, para nele habitar, e a Assíria sem razão
o oprimiu. 5 Agora, que farei eu aqui, diz o
SENHOR, pois o meu povo foi levado por nada?
Os seus opressores dão uivos, diz o SENHOR, e
o meu nome é blasfemado todo o dia, sem
cessar. 6 Por isso, o meu povo saberá o meu
nome; por isso, naquele dia, saberá que sou
eu quem diz: "Eis-me aqui."

7 Quão formosos são
sobre os montes
os pés do que anuncia boas-novas,
que faz ouvir a paz,
que anuncia coisas boas,
que faz ouvir a salvação,
que diz a Sião:
"O seu Deus reina!"
8 Eis o grito dos seus atalaias!
Eles erguem a voz
e juntos gritam de alegria,
porque com os seus próprios olhos
veem o retorno do SENHOR a Sião.

9 Gritem de alegria
e juntas exultem,
ó ruínas de Jerusalém,
porque o SENHOR consolou o seu povo;
ele remiu Jerusalém.
10 O SENHOR desnudou
o seu santo braço
à vista de todas as nações,
e todos os confins da terra
verão a salvação do nosso Deus.

11 Fora! Fora! Saiam de lá!
Não toquem em coisa impura!
Saiam do meio dela, purifiquem-se,
vocês que levam os utensílios do SENHOR.

12 Porque vocês não sairão às pressas,
nem partirão como quem foge.
Porque o SENHOR irá adiante de vocês,
e o Deus de Israel será a sua retaguarda.

O SOFRIMENTO E A VITÓRIA DO SERVO DO SENHOR

13 "Eis que o meu Servo
procederá com prudência;
será exaltado e elevado,
e será mui sublime.
14 Como muitos pasmaram à vista dele —
pois o seu aspecto
estava tão desfigurado,
mais do que o de outro qualquer,
e a sua aparência,
mais do que a dos outros
filhos dos homens —,
15 assim causará
admiração às nações,
e os reis fecharão a sua boca por causa dele.
Porque verão aquilo
que não lhes foi anunciado,
e entenderão aquilo
que não tinham ouvido."

53 1 Quem creu em nossa pregação?
E a quem foi revelado
o braço do SENHOR?
2 Porque foi subindo
como um renovo diante dele
e como raiz de uma terra seca.
Não tinha boa aparência nem formosura;
olhamos para ele,
mas não havia nenhuma beleza
que nos agradasse.
3 Era desprezado e o mais rejeitado
entre os homens,
homem de dores e que sabe
o que é padecer.
E, como um de quem os homens
escondem o rosto,
era desprezado, e dele não fizemos caso.

4 Certamente ele tomou sobre si
as nossas enfermidades
e as nossas dores levou sobre si;
e nós o considerávamos como aflito,
ferido de Deus e oprimido.
5 Mas ele foi traspassado
por causa das nossas transgressões
e esmagado por causa
das nossas iniquidades;
o castigo que nos traz a paz
estava sobre ele,
e pelas suas feridas fomos sarados.
6 Todos nós andávamos
desgarrados como ovelhas;
cada um se desviava
pelo seu próprio caminho,
mas o SENHOR fez cair sobre ele
a iniquidade de todos nós.

7 Ele foi oprimido e humilhado,
mas não abriu a boca.
Como cordeiro foi levado ao matadouro
e, como ovelha muda
diante dos seus tosquiadores,
ele não abriu a boca.
8 Pela opressão e pelo juízo, ele foi levado,
e de sua linhagem,
quem se preocupou com ela?
Porque ele foi cortado da terra dos viventes;
foi ferido por causa
da transgressão do meu povo.
9 Designaram-lhe a sepultura
com os ímpios,
mas com o rico esteve
na sua morte,
embora não tivesse feito injustiça,
e nenhum engano fosse
encontrado em sua boca.

10 Todavia, ao SENHOR agradou esmagá-lo,
fazendo-o sofrer.
Quando ele der a sua alma
como oferta pelo pecado,
verá a sua posteridade
e prolongará os seus dias;
e a vontade do SENHOR
prosperará nas suas mãos.
11 Ele verá o fruto do trabalho de sua alma
e ficará satisfeito.
O meu Servo, o Justo,
com o seu conhecimento
justificará a muitos,
porque as iniquidades deles
levará sobre si.

12 Por isso, eu lhe darei a sua parte
com os grandes,
e com os poderosos ele repartirá
o despojo,
pois derramou a sua alma na morte
e foi contado com os transgressores.
Contudo, levou sobre si
o pecado de muitos
e pelos transgressores intercedeu.

O FUTURO GLORIOSO DE SIÃO

54 1 "Cante, ó estéril,
você que não deu à luz;
exulte e grite de alegria,
você que nunca sentiu dores de parto!
Porque os filhos da mulher solitária
são mais numerosos
do que os filhos da casada",
diz o Senhor.
2 "Alargue o espaço de sua tenda
e aumente o toldo de sua habitação;
não o impeça; alongue as cordas
e firme bem as estacas.
3 Porque você se expandirá para a direita
e para a esquerda;
a sua posteridade possuirá as nações
e fará com que se povoem
as cidades arrasadas."

4 "Não tenha medo,
porque você não será envergonhada;
não tenha vergonha,
porque você não sofrerá humilhação.
Você se esquecerá
da vergonha da sua mocidade
e não mais se lembrará
da desgraça da sua viuvez.
5 Porque o seu Criador é o seu marido;
Senhor dos Exércitos é o seu nome.
O Santo de Israel é o seu Redentor;
ele é chamado
'O Deus de toda a terra.'"

6 "Porque o Senhor chamou você
como se chama a mulher abandonada
e de espírito abatido,
como se chama a mulher da mocidade,
que havia sido repudiada",
diz o seu Deus.
7 "Por um breve momento
abandonei você,
mas com grande misericórdia
tornarei a acolhê-la.
8 Num ímpeto de indignação,
escondi de você a minha face
por um momento,
mas com misericórdia eterna
me compadeço de você",
diz o Senhor, o seu Redentor.

9 "Porque isto é para mim
como as águas de Noé:
como jurei que as águas de Noé
não mais inundariam a terra,
assim jurei que não mais
ficaria irado com você,
nem a repreenderia.
10 Mesmo que os montes se retirem
e as colinas sejam removidas,
a minha misericórdia
não se afastará de você,
e a minha aliança de paz
não será removida",
diz o Senhor,
que se compadece de você.

11 "Ó cidade aflita,
sacudida pela tormenta
e desconsolada!
Eis que eu assentarei as suas pedras
com argamassa colorida
e lançarei os seus alicerces
sobre safiras.
12 As suas torres serão de rubis,
os seus portões serão de esmeraldas
e toda a sua muralha
será de pedras preciosas.
13 Todos os seus filhos
serão ensinados pelo Senhor,
e será grande a paz de seus filhos.
14 Você será estabelecida em justiça.
Ficará longe da opressão,
porque não temerá;
ficará longe do terror,
porque ele não chegará perto de você.
15 Se alguém a atacar,
isso não procederá de mim;
mas quem a atacar cairá diante de você."

16 "Eis que eu criei o ferreiro,
que assopra as brasas no fogo
e que produz a arma
para o seu devido fim;
eu criei também o destruidor,
para trazer a ruína.
17 Nenhuma arma forjada
contra você prosperará;
e você condenará toda língua
que quiser acusá-la em juízo.
Esta é a herança dos servos do SENHOR
e a sua justiça que procede de mim",
diz o SENHOR.

O CONVITE GRACIOSO DE DEUS

55 1 "Ah! Todos vocês que têm sede,
venham às águas;
e vocês que não têm dinheiro,
venham, comprem e comam!
Sim, venham e comprem,
sem dinheiro e sem preço, vinho e leite.
2 Por que vocês gastam o dinheiro
naquilo que não é pão,
e o seu suor,
naquilo que não satisfaz?
Ouçam com atenção o que eu digo,
comam o que é bom
e vocês irão saborear
comidas deliciosas.
3 Deem ouvidos e venham a mim;
escutem, e vocês viverão.
Porque farei uma aliança eterna
com vocês,
que consiste nas fiéis misericórdias
prometidas a Davi.
4 Eis que eu fiz dele
uma testemunha aos povos,
um príncipe e governador dos povos.
5 Eis que você chamará uma nação
que você não conhece,
e uma nação que nunca o conheceu
virá correndo para junto de você,
por causa do SENHOR, seu Deus,
e do Santo de Israel,
porque este o glorificou."

6 Busquem o SENHOR
enquanto ele pode ser encontrado;
invoquem-no enquanto ele está perto.
7 Que o ímpio abandone
o seu mau caminho,
e o homem mau, os seus pensamentos;
converta-se ao SENHOR,
que se compadecerá dele,
e volte-se para o nosso Deus,
porque é rico em perdoar.

8 "Porque os meus pensamentos
não são os pensamentos de vocês,
e os caminhos de vocês
não são os meus caminhos",
diz o SENHOR.
9 "Porque, assim como os céus
são mais altos do que a terra,
assim os meus caminhos
são mais altos do que os
seus caminhos,
e os meus pensamentos
são mais altos do que
os pensamentos de vocês.
10 Porque, assim como a chuva
e a neve descem dos céus
e para lá não voltam,
sem que primeiro reguem a terra,
e a fecundem, e a façam brotar,
para dar semente ao semeador
e pão ao que come,
11 assim será a palavra
que sair da minha boca:
não voltará para mim vazia,
mas fará o que me apraz
e prosperará naquilo
para que a designei."

12 "Vocês sairão com alegria
e em paz serão guiados;
os montes e as colinas
romperão em cânticos
diante de vocês,
e todas as árvores do campo
baterão palmas.
13 Em lugar do espinheiro,
crescerá o cipreste,
e em lugar da sarça
crescerá a murta.
E isso será glória para o SENHOR
e sinal eterno,
que nunca se apagará."

SALVAÇÃO PARA OS GENTIOS

56 [1] Assim diz o Senhor:
"Mantenham o direito
e pratiquem a justiça,
porque a minha salvação
está prestes a vir,
e a minha justiça
está prestes a se manifestar.
[2] Bem-aventurado quem faz isto,
e aquele que nisto se firma,
que se guarda de profanar o sábado
e guarda a sua mão
de cometer algum mal."

[3] O estrangeiro que tiver se unido
ao Senhor não deve dizer:
"O Senhor certamente
me excluirá do seu povo."
E um eunuco não deve dizer:
"Eis que eu sou uma árvore seca."
[4] Porque assim diz o Senhor:
"Aos eunucos que guardam
os meus sábados,
escolhem aquilo que me agrada
e abraçam a minha aliança,
[5] darei no meu templo
e dentro das minhas muralhas
um memorial e um nome melhor
do que filhos e filhas;
darei a cada um deles um nome eterno,
que nunca se apagará.
[6] Aos estrangeiros
que se aproximam do Senhor,
para o servir e para amar
o nome do Senhor,
sendo deste modo servos dele,
sim, todos os que guardam o sábado,
não o profanando,
e abraçam a minha aliança,
[7] também os levarei
ao meu santo monte
e lhes darei alegria
na minha Casa de Oração.
Os seus holocaustos
e os seus sacrifícios
serão aceitos no meu altar,
porque a minha casa será chamada
'Casa de Oração'
para todos os povos."

[8] Assim diz o Senhor Deus,
que congrega os dispersos de Israel:
"Ainda congregarei outros
aos que já se acham reunidos."

AI DOS ATALAIAS DE ISRAEL!

[9] "Vocês, todos os animais
do campo,
todos os animais dos bosques,
venham comer.
[10] Os atalaias de Israel são cegos,
nada sabem.
Todos são cães mudos,
não podem latir.
São sonhadores preguiçosos,
gostam de dormir.
[11] Tais cães são gulosos, nunca se fartam.
São pastores que nada compreendem;
todos seguem o seu próprio caminho,
cada um para a sua ganância,
todos sem exceção.
[12] Eles dizem: 'Venham!
Vou trazer o vinho!
Vamos nos encharcar de bebida forte!
O dia de amanhã será como este
e ainda maior e mais famoso.'"

A IDOLATRIA DE ISRAEL É CONDENADA

57 [1] "Os justos perecem,
e não há quem se importe com isso;
os piedosos desaparecem
sem que alguém considere nesse fato.
Pois o justo é levado
antes que venha o mal
[2] e entra na paz;
os que andam em retidão
descansam no seu leito."

[3] "Mas vocês, filhos de feiticeira,
vocês, descendência de adúlteros
e de prostitutas,
venham cá!
[4] De quem vocês estão zombando?
Contra quem estão escancarando a boca
e mostrando a língua?
Por acaso vocês não são
filhos da transgressão,
descendência da falsidade,

5 vocês que se inflamam em seus desejos
junto aos carvalhos,
debaixo de toda árvore frondosa,
e sacrificam os seus filhos nos vales
e nas fendas dos penhascos?
6 Entre as pedras lisas dos ribeiros
vocês escolhem os seus ídolos;
elas são a sua parte.
Sobre elas vocês também
oferecem as suas libações
e apresentam ofertas de cereais.
Será que eu poderia estar contente
com estas coisas?
7 Sobre um monte alto e elevado
vocês põem o seu leito;
para lá vocês sobem
para oferecer sacrifícios.
8 Atrás das portas e das ombreiras
vocês põem os seus símbolos pagãos.
Afastando-se de mim, vocês sobem ao leito
e o alargam para os seus amantes,
apresentando-lhes as suas exigências.
Vocês gostam de se deitar com eles
e lhes contemplar a nudez."

9 "Você vai ao rei com óleo
e multiplica os seus perfumes;
envia os seus embaixadores para longe,
até a profundidade da sepultura.
10 Nessa longa viagem você se cansa,
mas não diz: 'É inútil!'
Você encontra novas forças;
por isso, não desfalece."

11 "Mas de quem você
teve receio ou temor,
para que mentisse
e não se lembrasse de mim,
nem me levasse a sério?
Será que é porque me calo,
e isso desde muito tempo,
e você não me teme?
12 Eu publicarei essa sua justiça
e as suas obras,
mas isso não a beneficiará em nada.
13 Quando você clamar por ajuda,
que a sua coleção de ídolos a livre!
O vento levará todos eles;
um sopro os arrebatará.
Mas o que confia em mim herdará a terra
e possuirá o meu santo monte."

MENSAGEM DE PAZ PARA OS ARREPENDIDOS

14 Então se dirá:
"Aterrem, aterrem a estrada,
preparem o caminho,
tirem os tropeços do caminho
do meu povo."
15 Porque assim diz o Alto, o Sublime,
que habita a eternidade
e cujo nome é Santo:
"Habito no alto e santo lugar,
mas habito também com o contrito
e abatido de espírito,
para vivificar o espírito dos abatidos
e vivificar o coração dos contritos.
16 Pois não farei litígio para sempre,
nem me indignarei continuamente;
porque, do contrário, o espírito
definharia diante de mim,
bem como o fôlego da vida,
que eu criei.
17 Por causa da maldade
da cobiça do meu povo
eu me indignei e o feri;
escondi o meu rosto e me indignei,
mas, em sua rebeldia,
o povo seguiu o seu próprio caminho."

18 "Tenho visto os caminhos
do meu povo,
mas vou curá-lo;
também o guiarei
e tornarei a dar consolação,
a ele e aos seus pranteadores.
19 Como fruto dos seus lábios
criei a paz,
paz para os que estão longe
e para os que estão perto", diz o SENHOR,
"e eu o sararei.
20 Mas os ímpios são
como o mar agitado,
que não se pode aquietar,
cujas águas lançam de si
lama e lodo.
21 Para os ímpios", diz o meu Deus,
"não há paz."

O JEJUM QUE AGRADA A DEUS

58 [1] "Grite a plenos pulmões,
não se detenha!
Erga a voz como a trombeta
e anuncie ao meu povo
a sua transgressão
e à casa de Jacó, os seus pecados.
[2] Mesmo neste estado,
ainda me procuram dia a dia,
têm prazer em saber os meus caminhos.
Como povo que pratica a justiça
e não deixa o direito do seu Deus,
perguntam-me
por sentenças justas,
têm prazer em se aproximar de Deus,
[3] dizendo: 'Por que jejuamos,
se tu nem notas?
Por que nos humilhamos,
se tu não levas isso em conta?'
Acontece que, no dia em que jejuam,
vocês cuidam
dos seus próprios interesses
e oprimem os seus trabalhadores.
[4] Eis que vocês jejuam
apenas para discutir,
brigar e bater uns nos outros;
jejuando assim como hoje,
o clamor de vocês
não será ouvido lá no alto.
[5] Seria este o jejum que escolhi:
que num só dia a pessoa se humilhe,
incline a sua cabeça como o junco
e estenda debaixo de si
pano de saco e cinza?
É isso o que vocês chamam de jejum
e dia aceitável ao SENHOR?
[6] Será que não é este o jejum que escolhi:
que vocês quebrem
as correntes da injustiça,
desfaçam as ataduras da servidão,
deixem livres os oprimidos
e acabem com todo tipo de servidão?
[7] Será que não é também
que vocês repartam
o seu pão com os famintos,
recolham em casa
os pobres desabrigados,
vistam os que encontrarem nus
e não voltem as costas ao seu semelhante?"
[8] "Então a luz de vocês romperá
como a luz do alvorecer,
e a sua cura brotará sem demora;
a justiça irá adiante de vocês,
e a glória do SENHOR
será a sua retaguarda.
[9] Então vocês pedirão ajuda,
e o SENHOR responderá;
gritarão por socorro,
e ele dirá: 'Eis-me aqui.'"

"Se tirarem do meio de vocês
todo tipo de servidão,
o dedo que ameaça
e a linguagem ofensiva;
[10] se abrirem o seu coração aos famintos
e socorrerem os aflitos,
então a luz de vocês nascerá nas trevas,
e a escuridão em que vocês se encontram
será como a luz do meio-dia.
[11] O SENHOR os guiará continuamente,
lhes dará de comer
até em lugares áridos
e fortalecerá os seus ossos.
Vocês serão como um jardim regado
e como um manancial
cujas águas nunca secam.
[12] Vocês reconstruirão as antigas ruínas,
levantarão os fundamentos
de muitas gerações
e serão chamados de
'Reparadores de brechas'
e 'Restauradores de veredas',
para que o país se torne habitável."

[13] "Se vigiarem os seus pés,
para não profanarem o sábado;
se deixarem de cuidar
dos seus próprios interesses
no meu santo dia;
se chamarem ao sábado
de 'meu prazer'
e 'santo dia do SENHOR, digno de honra';
se guardarem o sábado,
não seguindo os seus
próprios caminhos,
não pretendendo fazer
a sua própria vontade,
nem falando palavras vãs,

14 então vocês terão no SENHOR
a sua fonte de alegria.
Eu os farei cavalgar sobre os altos da terra
e os sustentarei com a herança
de Jacó, seu pai.
Porque a boca do SENHOR o disse."

CONFISSÃO DA MALDADE NACIONAL

59 1 Eis que a mão do SENHOR
não está encolhida,
para que não possa salvar;
e o seu ouvido não está surdo,
para não poder ouvir.
2 Mas as iniquidades de vocês
fazem separação entre vocês e o seu Deus;
e os pecados que vocês cometem
o levam a esconder o seu rosto de vocês,
para não ouvir os seus pedidos.
3 Porque as mãos de vocês
estão manchadas de sangue,
e os seus dedos, de iniquidade;
os lábios de vocês falam mentiras,
e a sua língua profere maldade.
4 Não há ninguém que clame pela justiça,
ninguém que compareça em juízo
pela verdade;
confiam no que é nulo
e andam falando mentiras;
concebem o mal
e dão à luz a iniquidade.
5 Chocam ovos de cobra
e tecem teias de aranha;
quem comer os ovos morrerá,
e, se um dos ovos é quebrado,
sai uma víbora.
6 As suas teias não servem para fazer roupa,
ninguém pode se cobrir com o que
eles fazem.
As obras deles são obras de iniquidade,
e atos de violência
estão nas suas mãos.
7 Os pés deles correm para o mal,
são velozes para derramar
sangue inocente.
Os pensamentos deles são
pensamentos de iniquidade;
nos seus caminhos
há ruína e destruição.
8 Não conhecem o caminho da paz,
nem há justiça nos seus passos.
Fizeram para si veredas tortuosas;
quem anda por elas não conhece a paz.

9 Por isso, o juízo está longe de nós,
e a justiça não nos alcança.
Esperamos pela luz,
e eis que há só trevas;
esperamos pela claridade,
mas andamos na escuridão.
10 Apalpamos as paredes
como cegos,
sim, como os que não têm olhos,
andamos apalpando;
tropeçamos ao meio-dia
como nas trevas
e entre os robustos
somos como os mortos.
11 Todos nós bramamos como ursos
e gememos como pombas;
esperamos o juízo, mas ele não aparece;
esperamos a salvação,
mas ela está longe de nós.
12 Porque as nossas transgressões
se multiplicam diante de ti,
e os nossos pecados testificam contra nós.
As nossas transgressões
estão conosco,
e conhecemos
as nossas iniquidades.
13 Temos sido infiéis
e mentimos contra o SENHOR;
nós nos afastamos do nosso Deus;
pregamos a opressão e a rebeldia;
proferimos palavras de falsidade
que concebemos
em nosso coração.
14 Por isso, o direito se retirou,
e a justiça se pôs de longe,
porque a verdade anda tropeçando
pelas praças,
e a retidão não pode entrar.
15 Sim, a verdade sumiu,
e quem se desvia do mal
é tratado como presa.
O SENHOR viu isso
e desaprovou o fato
de não haver justiça.

16 Viu que não havia ninguém
e maravilhou-se de que
não houvesse um intercessor;
por isso, o seu próprio braço
lhe trouxe a salvação,
e a sua própria justiça foi o seu apoio.
17 Vestiu-se de justiça,
como de uma couraça,
e pôs o capacete da salvação na cabeça;
pôs sobre si a veste da vingança
e se cobriu de zelo, como de um manto.
18 Segundo as obras deles,
assim retribuirá:
aos seus adversários, furor;
aos seus inimigos, o que merecem;
às terras do mar,
a devida recompensa.
19 Assim, temerão o nome do Senhor
desde o poente,
e a sua glória,
desde o nascente do sol;
pois virá como torrente impetuosa,
impelida pelo Espírito do Senhor.

20 "O Redentor virá a Sião
e aos de Jacó que se converterem",
diz o Senhor.

21 — Quanto a mim, esta é a minha aliança
com eles, diz o Senhor: o meu Espírito, que
está sobre você, e as minhas palavras, que
pus na sua boca, não se desviarão dela,
nem da boca de seus filhos, nem da boca
dos filhos de seus filhos, desde agora e para
todo o sempre, diz o Senhor.

A GLÓRIA DA NOVA JERUSALÉM

60 1 Levante-se, resplandeça,
porque já vem a sua luz,
e a glória do Senhor
está raiando sobre você.
2 Porque eis que as trevas cobrem a terra,
e a escuridão envolve os povos;
mas sobre você aparece
resplandecente o Senhor,
e a sua glória já está brilhando
sobre você.
3 As nações se encaminham
para a sua luz, ó Jerusalém,
e os reis são atraídos
para o resplendor do seu amanhecer.

4 Levante os olhos ao redor e veja:
todos se reúnem e vêm até você.
Os seus filhos chegam de longe,
e as suas filhas são trazidas nos braços.
5 Ao ver isso, você ficará
radiante de alegria;
o seu coração baterá forte
e se dilatará de júbilo,
porque você receberá
a abundância do mar,
e as riquezas das nações
serão trazidas a você.
6 O seu território ficará coberto
por uma multidão de camelos,
os dromedários de Midiã e de Efa.
Todos virão de Sabá;
trarão ouro e incenso
e publicarão os louvores do Senhor.
7 Todas as ovelhas de Quedar
se reunirão junto de você;
os carneiros de Nebaiote a servirão;
serão aceitos ao serem oferecidos
sobre o meu altar,
e eu tornarei mais glorioso
o templo da minha glória.
8 Quem são estes que vêm voando
como nuvens
e como pombas voltando ao pombal?
9 Certamente as terras do mar
me aguardarão.
À frente virão os navios de Társis
para trazerem de longe
os seus filhos, ó Jerusalém,
e, com eles, a prata e o ouro,
para a santificação
do nome do Senhor, seu Deus,
e do Santo de Israel,
porque ele revestiu você de glória.

10 "Estrangeiros edificarão as
suas muralhas,
e os seus reis a servirão.
Porque no meu furor eu a castiguei,
mas na minha graça
tive compaixão de você.

O amor materno é tão poderoso, que Deus utiliza esse sentimento de apego e proteção para expressar seu amor por nós.

11 Os seus portões estarão
sempre abertos;
não serão fechados
nem de dia nem de noite,
para que lhe sejam trazidas
as riquezas das nações,
e, conduzidos com elas, os seus reis.
12 Porque a nação e o reino
que não a servirem perecerão;
sim, essas nações serão
totalmente arrasadas."

13 "A glória do Líbano virá a você:
o cipreste, o olmeiro e o buxo,
conjuntamente,
para adornarem o lugar do meu santuário;
e farei glorioso o lugar
em que descansam os meus pés.
14 Também virão e se inclinarão
os filhos dos que a oprimiram;
todos os que a desprezaram
se prostrarão até as plantas dos seus pés
e a chamarão 'Cidade do Senhor',
a 'Sião do Santo de Israel'."

15 "Você era uma cidade
abandonada e odiada,
um lugar onde não passava ninguém,
mas eu farei de você uma glória eterna,
uma alegria de geração em geração.
16 Você mamará o leite das nações
e se alimentará ao peito dos reis;
e saberá que eu sou o Senhor,
o seu Salvador,
o seu Redentor, o Poderoso de Jacó."

17 "Em vez de bronze, eu lhe trarei ouro;
em vez de ferro, eu lhe trarei prata;
em vez de madeira, bronze,
e, em vez de pedras, ferro.
Farei com que a paz seja o seu inspetor
e com que a justiça seja o seu opressor.
18 Nunca mais se ouvirá falar
de violência na sua terra,
nem de ruína ou destruição
em seu território,
mas às suas muralhas
você chamará 'Salvação',
e aos seus portões, 'Louvor'."

19 "Nunca mais o sol será a sua luz
durante o dia,
e o resplendor da lua
nunca mais a iluminará;
pois o Senhor será a sua luz perpétua,
e o seu Deus será a sua glória.
20 O seu sol nunca se porá,
e a sua lua nunca minguará,
porque o Senhor será a sua luz perpétua,
e os dias do seu luto chegarão ao fim.
21 Todos os do seu povo serão justos
e para sempre herdarão a terra;
serão renovos que eu plantei,
obra das minhas mãos,
para que eu seja glorificado.
22 O pequeno virá a ser mil,
e o menor, uma nação forte;
eu, o Senhor, farei com que,
no tempo certo, isso logo se cumpra."

AS BOAS-NOVAS DA SALVAÇÃO

61 1 O Espírito do Senhor Deus
está sobre mim,
porque o Senhor me ungiu
para pregar boas-novas aos pobres,
enviou-me a curar
os quebrantados de coração,
a proclamar libertação aos cativos
e a pôr em liberdade os algemados,
2 a apregoar o ano aceitável do Senhor
e o dia da vingança do nosso Deus,
a consolar todos os que choram
3 e a pôr sobre os que choram em Sião
uma coroa em vez de cinzas,
óleo de alegria em vez de pranto,
manto de louvor
em vez de espírito angustiado.
Eles serão chamados carvalhos de justiça,
plantados pelo Senhor para a sua glória.
4 Reconstruirão as antigas ruínas,
restaurarão os lugares
anteriormente destruídos
e renovarão as cidades arruinadas,
destruídas de geração em geração.

5 Estranhos se apresentarão
e apascentarão os rebanhos de vocês;
estrangeiros serão os seus
lavradores e vinhateiros.

6 Mas vocês serão chamados
sacerdotes do SENHOR,
e serão conhecidos como
ministros do nosso Deus.
Comerão as riquezas das nações
e se orgulharão do que era a glória delas.
7 Em lugar de vergonha,
vocês terão dupla honra;
em lugar da afronta,
exultarão na herança recebida;
por isso, em sua terra possuirão o dobro
e terão perpétua alegria.

8 "Porque eu, o SENHOR, amo a justiça
e odeio a iniquidade do roubo;
em fidelidade lhes darei
a sua recompensa
e com eles farei aliança eterna.
9 A posteridade deles
será conhecida entre as nações,
os seus descendentes,
no meio dos povos;
todos os que os virem reconhecerão
que eles são família bendita do SENHOR."

10 Tenho grande alegria no SENHOR!
A minha alma se alegra no meu Deus,
porque me cobriu de vestes de salvação
e me envolveu
com o manto de justiça,
como noivo que se adorna
de turbante,
como noiva que se enfeita
com as suas joias.
11 Porque, como a terra produz
os seus renovos,
e como o jardim faz brotar
o que nele se semeia,
assim o Senhor DEUS fará brotar a justiça
e o louvor diante de todas as nações.

JERUSALÉM, A NOIVA DO SENHOR

62 1 Por amor de Sião, não me calarei
e, por amor de Jerusalém,
não me aquietarei,
até que a sua justiça saia
como um resplendor,
e a sua salvação,
como uma tocha acesa.
2 As nações verão a sua justiça,
ó Jerusalém,
e todos os reis contemplarão a sua glória;
e você será chamada por um nome novo,
que a boca do SENHOR designará.
3 Você será uma coroa de glória
na mão do SENHOR,
um diadema real
na mão do seu Deus.
4 Nunca mais a chamarão
de "Abandonada",
e a sua terra não será mais
chamada de "Arrasada".
Você será chamada
de "Minha Delícia",
e a sua terra, de "Casada",
porque o SENHOR se delicia em você,
e a sua terra se casará.
5 Porque, como o jovem
se casa com a moça,
assim os seus filhos se casarão com você;
como o noivo se alegra com a noiva,
assim o seu Deus se alegrará com você.

6 Sobre as suas muralhas,
ó Jerusalém, pus guardas,
que jamais se calarão,
nem de dia nem de noite.
Vocês, que farão
com que o SENHOR se lembre,
não descansem,
7 nem deem a ele descanso
até que restabeleça Jerusalém
e a ponha por objeto de louvor na terra.

8 O SENHOR jurou pela sua mão direita
e pelo seu braço poderoso:
"Nunca mais darei o seu cereal
como alimento para os seus inimigos,
nem os estrangeiros
beberão o seu vinho,
que você produziu
com tanto trabalho.
9 Mas aqueles que ajuntam o cereal
serão os que o comerão,
louvando o SENHOR;
e os que recolhem as uvas
beberão o vinho nos átrios
do meu santuário."

10 Passem, passem pelas portas!
Preparem o caminho para o povo!
Aterrem, aterrem a estrada,
tirem as pedras,
levantem um estandarte para os povos.
11 Eis que o SENHOR fez ouvir
até os confins da terra estas palavras:
"Digam à filha de Sião:
Eis que vem o seu Salvador;
com ele vem a sua recompensa,
e diante dele vem o seu galardão."
12 Eles serão chamados de
"Povo Santo", "Remidos do SENHOR",
e você, Jerusalém,
será chamada de "Procurada",
"Cidade Não Abandonada".

DEUS VINGA O SEU POVO

63 1 "Quem é este que vem de Edom,
de Bozra,
vestido de roupas vermelhas,
roupas vistosas,
que vem marchando
na plenitude da sua força"?

"Sou eu, que falo com justiça,
que sou poderoso para salvar."

2 "Por que as suas roupas estão vermelhas?
Por que se parecem com as roupas
de quem pisa uvas no lagar?"

3 "O lagar, eu o pisei sozinho.
Dos povos, ninguém esteve comigo.
Pisei as uvas na minha ira;
no meu furor, as esmaguei,
e o seu sangue respingou
nas minhas roupas,
e todas elas ficaram manchadas.
4 Porque o dia da vingança
estava no meu coração,
e o ano da redenção havia chegado.
5 Olhei, e não havia
quem me ajudasse;
fiquei admirado por não haver
quem me apoiasse.
Por isso o meu próprio braço
me trouxe a salvação,
e o meu furor foi o meu apoio.
6 Na minha ira, pisei os povos,
no meu furor, embriaguei-os,
derramando o seu sangue no chão."

A BONDADE DE DEUS PARA COM ISRAEL

7 Celebrarei as misericórdias do SENHOR
e os seus atos gloriosos,
segundo tudo o que o SENHOR
nos concedeu
e segundo a grande bondade
para com a casa de Israel,
bondade que usou para com eles,
segundo a sua compaixão
e segundo a multidão
das suas misericórdias.
8 Porque ele dizia:
"Certamente eles são o meu povo,
filhos que nunca me trairão."
E ele se tornou o Salvador deles.
9 Em toda a angústia deles,
também ele se angustiava;
e o Anjo da sua presença os salvou.
Por seu amor e por sua compaixão,
ele mesmo os remiu,
os tomou e os conduziu
todos os dias da antiguidade.
10 Mas eles foram rebeldes
e contristaram o seu Espírito Santo.
Por isso, ele se tornou inimigo deles
e ele mesmo lutou contra eles.
11 Então o povo se lembrou
dos dias antigos,
lembrou de Moisés, e disse:
"Onde está aquele que tirou
o seu povo do mar,
junto com o pastor do seu rebanho?
Onde está o que pôs nele
o seu Espírito Santo,
12 aquele que fez com que
o seu braço glorioso
estivesse à mão direita de Moisés?
Onde está aquele que dividiu
as águas diante deles,
adquirindo para si
um nome eterno?
13 Aquele que os guiou pelos abismos,
como a um cavalo pelo deserto,
de modo que nunca tropeçaram?

14 Como o gado que desce
aos vales para repousar,
o Espírito do Senhor
lhes deu descanso."
Assim, guiaste o teu povo,
para adquirires um nome glorioso.

ORAÇÃO PEDINDO A AJUDA DE DEUS

15 Olha para nós lá do céu,
da tua santa e gloriosa habitação.
Onde estão o teu zelo
e as tuas obras poderosas?
Estás retendo a ternura do teu coração?
Já se esgotaram
as tuas misericórdias para comigo?
16 Mas tu és o nosso Pai.
Abraão não nos conhece
e Israel não nos reconhece,
mas tu, ó Senhor, és o nosso Pai;
nosso Redentor é o teu nome
desde a antiguidade.
17 Ó Senhor, por que fazes
com que nos desviemos
dos teus caminhos?
Por que endureces o nosso coração,
para que não te temamos?
Volta, por amor dos teus servos
e das tribos da tua herança.
18 Só por breve tempo
o teu santo povo tomou posse do país;
nossos adversários
pisaram o teu santuário.
19 Tornamo-nos como aqueles
sobre quem tu nunca dominaste
e como os que nunca se chamaram
pelo teu nome.

64 1 Ah! Se fendesses os céus
e descesses!
Se os montes tremessem
na tua presença,
2 como quando o fogo acende
os gravetos,
como quando faz ferver a água,
para fazeres notório o teu nome
aos teus adversários,
e para que as nações
tremam diante de ti!
3 Quando fizeste coisas terríveis,
que nós nem esperávamos,
desceste, e os montes
tremeram diante de ti.
4 Porque desde a antiguidade não
se ouviu,
nem com os ouvidos se percebeu,
nem com os olhos se viu Deus além
de ti,
que trabalha para aquele que
nele espera.
5 Tu sais ao encontro daquele
que com alegria pratica a justiça,
daqueles que se lembram de ti
nos teus caminhos.

Eis que te iraste, porque pecamos.
Por muito tempo temos pecado;
como, então, seremos salvos?
6 Todos nós somos como o impuro,
e todas as nossas justiças são
como trapo manchado de sangue.
Todos nós murchamos como a folha;
e as nossas iniquidades
nos arrastam como um vento.
7 Não há ninguém
que invoque o teu nome,
que se disponha a apegar-se a ti.
Porque escondes de nós o teu rosto
e nos consomes por causa
das nossas iniquidades.

8 Mas agora, Senhor, tu és o nosso Pai.
Nós somos o barro, e tu és o nosso oleiro;
e todos nós somos
obra das tuas mãos.
9 Não te enfureças tanto, ó Senhor,
nem te lembres para sempre
da nossa iniquidade.
Olha para nós, por favor,
pois todos nós somos o teu povo.
10 As tuas santas cidades estão desertas.
Sião virou um deserto;
Jerusalém está arrasada.
11 O nosso templo santo e glorioso,
em que nossos pais te louvavam,
foi queimado;
todas as nossas coisas preciosas
se tornaram em ruínas.

[12] Diante de tais calamidades,
como podes te conter, ó Senhor?
Ficarias calado e nos afligirias ainda mais?

OS REBELDES SERÃO REJEITADOS

65 [1] "Fui buscado pelos que
não perguntavam por mim;
fui achado por aqueles que
não me buscavam.
A um povo que não se chamava
pelo meu nome,
eu disse: 'Eis-me aqui! Eis-me aqui!'
[2] Todo o dia estendi as mãos
a um povo rebelde,
que anda por um caminho
que não é bom,
seguindo os seus próprios pensamentos.
[3] É um povo que de contínuo
me irrita abertamente,
sacrificando em jardins
e queimando incenso
sobre altares de tijolos.
[4] Eles se assentam entre as sepulturas
e passam as noites
em lugares misteriosos.
Comem carne de porco
e nos seus pratos têm ensopado
de carne abominável.
[5] É um povo que diz:
'Fique onde você está!
Não se aproxime de mim,
porque sou mais santo do que você.'
Estes são como fumaça
no meu nariz,
como fogo que queima o dia todo.
[6] Eis que está escrito
diante de mim:
'Não me calarei,
mas retribuirei;
farei retribuição total
[7] pelas iniquidades de vocês
e também pelas iniquidades
dos seus pais'",
diz o Senhor.
"Eles queimaram incenso
nos montes
e me afrontaram nas colinas;
por isso, eu os farei pagar integralmente
pelas suas obras antigas."

DEUS POUPARÁ OS SEUS SERVOS

[8] Assim diz o Senhor:
"Como quando se acha suco
num cacho de uvas
e se diz: 'Não o destruam,
pois há bênção nele',
assim farei por amor de meus servos
e não destruirei todos eles.
[9] Farei sair de Jacó descendência
e de Judá, um herdeiro
que possua os meus montes.
Os meus eleitos herdarão a terra,
e os meus servos habitarão nela.
[10] Sarom servirá de pasto para
as ovelhas,
e o vale de Acor, de lugar
de repouso para o gado,
para o meu povo que me buscar."

[11] "Mas quanto a vocês
que se afastam do Senhor,
que se esquecem do meu santo monte,
que preparam uma mesa
para a deusa Fortuna
e misturam vinho
para o deus Destino,
[12] eu os destinarei à espada,
e todos vocês se encurvarão à matança.
Porque eu chamei,
e vocês não responderam;
falei, e não atenderam,
mas fizeram o que é mau
aos meus olhos
e escolheram aquilo
em que eu não tenho prazer."

[13] Portanto,
assim diz o Senhor Deus:
"Eis que os meus servos comerão,
mas vocês passarão fome;
os meus servos beberão,
mas vocês terão sede;
os meus servos se alegrarão,
mas vocês passarão vergonha;
[14] os meus servos cantarão
por terem o coração alegre,
mas vocês gritarão
pela tristeza do coração
e uivarão pela angústia de espírito."

15 "O nome de vocês será deixado
como fórmula de maldição
para os meus eleitos.
O Senhor Deus fará com que vocês morram,
e aos servos dele chamará
por outro nome.
16 Assim, quem quiser
ser abençoado na terra,
será abençoado pelo Deus da verdade;
e quem jurar na terra,
jurará pelo Deus da verdade.
Porque as angústias passadas
serão esquecidas
e ficarão escondidas dos meus olhos."

NOVOS CÉUS E NOVA TERRA

17 "Pois eis que eu crio
novos céus e nova terra;
e não haverá lembrança
das coisas passadas,
jamais haverá memória delas.
18 Exultem e alegrem-se
para sempre no que eu crio;
porque eis que crio para Jerusalém alegria
e para o seu povo, exultação.
19 Eu me alegrarei por causa de Jerusalém
e exultarei no meu povo,
e nunca mais se ouvirá nela
nem voz de choro nem de clamor.
20 Não haverá mais nela criança
que viva somente alguns dias,
nem velho que não complete
os seus dias.
Porque morrer aos cem anos
será morrer ainda jovem,
e quem pecar só aos cem anos
será amaldiçoado."

21 "Eles construirão casas
e nelas habitarão;
plantarão vinhas e comerão o seu fruto.
22 Não construirão para que
outros habitem,
nem plantarão
para que outros comam.
Porque a longevidade do meu povo
será como a da árvore,
e os meus eleitos desfrutarão ao máximo
as obras das suas próprias mãos.
23 Não farão o seu trabalho em vão,
nem irão gerar filhos
para a calamidade,
porque são a descendência
dos benditos do Senhor,
e os seus filhos estarão com eles.
24 Antes mesmo que clamem,
eu responderei;
estando eles ainda falando,
eu os ouvirei.
25 O lobo e o cordeiro
pastarão juntos,
e o leão comerá palha como o boi;
pó será a comida da serpente.
Não se fará mal
nem dano algum
em todo o meu santo monte",
diz o Senhor.

A RELIGIÃO FALSA É CONDENADA

66 1 Assim diz o Senhor:
"O céu é o meu trono,
e a terra é o estrado dos meus pés.
Que casa, então, vocês poderiam
construir para mim?
Ou que lugar para o meu repouso?
2 Porque a minha mão
fez todas estas coisas,
e todas vieram a existir",
diz o Senhor.
"Mas eis para quem olharei:
para o aflito e abatido de espírito
e que treme diante
da minha palavra."

3 "Quem mata um boi é como
o que comete homicídio;
quem sacrifica um cordeiro,
como o que quebra
o pescoço de um cão;
quem traz uma oferta de cereais,
como o que oferece
sangue de porco;
quem queima incenso,
como o que bendiz um ídolo.
Como estes escolheram
os seus próprios caminhos,
e a sua alma tem prazer
nas suas abominações,

O que mais a tem motivado no chamado que Deus lhe confiou: a sua própria glória e visibilidade, ou a glória daquele que a chamou?

4 assim eu lhes escolherei o castigo
e farei vir sobre eles o que eles temem.
Porque clamei, e ninguém respondeu;
falei, e não escutaram,
mas fizeram o que era mau aos meus olhos
e escolheram aquilo
em que eu não tenho prazer."

5 Escutem a palavra do SENHOR,
vocês que tremem diante da sua palavra:
"Os irmãos de vocês
os odeiam e os rejeitam
por causa do amor de vocês
pelo meu nome.
Eles dizem: 'Que o SENHOR
mostre a sua glória,
para que vejamos a alegria de vocês.'
Mas eles é que serão envergonhados.
6 Voz de grande tumulto virá da cidade,
voz do templo, voz do SENHOR,
que dá a devida retribuição
aos seus inimigos."

7 "Antes de entrar em trabalho
de parto, deu à luz;
antes que lhe viessem as dores,
teve um menino.
8 Quem já ouviu uma coisa dessas?
Quem já viu algo assim?
Será que um país pode nascer num só dia?
Será que uma nação pode nascer
de uma só vez?
Pois Sião, antes que lhe viessem
as dores,
deu à luz os seus filhos.
9 Será que eu faria vir as dores de parto,
sem fazer com que
o filho nasça?" —
diz o SENHOR.
"Será que eu, que faço nascer,
fecharia o ventre da mãe?" —
diz o seu Deus, ó Sião.

A FELICIDADE ETERNA DE SIÃO

10 "Alegrem-se com Jerusalém
e exultem por causa dela,
todos vocês que a amam!
Alegrem-se com ela,
todos vocês que por ela prantearam!
11 Porque vocês mamarão
nos peitos das suas consolações
e ficarão satisfeitos;
sugarão e se deliciarão
com a abundância da sua glória."
12 Porque assim diz o SENHOR:
"Eis que estenderei
sobre Jerusalém
a paz como um rio,
e a glória das nações,
como uma torrente
que transborda;
então vocês serão amamentados,
carregados nos braços
e acalentados no colo.
13 Tal como a mãe consola o filho,
assim eu os consolarei;
em Jerusalém
vocês serão consolados.
14 Vocês verão isso,
e o coração de vocês
ficará cheio de alegria;
e os seus ossos serão revigorados
como a erva tenra.
O poder do SENHOR
será notório aos seus servos,
e ele se indignará
contra os seus inimigos."

15 Porque eis que o SENHOR
virá em fogo,
e os seus carros de guerra,
como uma tempestade,
para tornar a sua ira em furor
e a sua repreensão,
em chamas de fogo.
16 Porque com fogo
e com a sua espada
o SENHOR entrará em juízo
com toda a humanidade;
e serão muitos os mortos
da parte do SENHOR.

17 O SENHOR diz:
— Os que se santificam e se purificam para
entrarem nos jardins após a deusa que está
no meio, que comem carne de porco, coisas
abomináveis e ratos serão todos destruídos
ao mesmo tempo.

[18] — Porque eu conheço as obras e os pen-
samentos deles e venho para ajuntar todas
as nações e línguas; elas virão e contempla-
rão a minha glória. [19] Porei entre elas um
sinal e alguns dos que foram salvos enviarei
às nações, a Társis, Pul e Lude, que atiram
com o arco, a Tubal e Javã, até as terras do
mar mais remotas, que jamais ouviram
falar de mim, nem viram a minha glória;
eles anunciarão entre as nações a minha
glória. [20] De todas essas nações, eles trarão
todos os irmãos de vocês como uma oferta
ao SENHOR. Virão sobre cavalos, em carros,
em liteiras e sobre mulas e camelos, ao meu
santo monte, a Jerusalém, diz o SENHOR, como
quando os filhos de Israel trazem as suas
ofertas de cereais, em vasos puros à Casa do
SENHOR. [21] Também deles escolherei alguns
para sacerdotes e para levitas, diz o SENHOR.

[22] "Porque, assim como
os novos céus e a nova terra,
que hei de fazer,
estarão diante de mim",
diz o SENHOR,
"assim também estão diante de mim
a posteridade e o nome de vocês.
[23] De uma Festa da Lua Nova
à outra
e de um sábado a outro,
toda a humanidade virá
adorar diante de mim",
diz o SENHOR.

[24] "Eles sairão e verão os cadáveres daque-
les que se rebelaram contra mim; porque o
seu verme nunca morrerá, nem o seu fogo
se apagará; e eles serão um horror para toda
a humanidade."

Profetas Maiores

Jeremias

Livro 24 com

52

CAPÍTULOS

AUTORIA

O profeta Jeremias é reconhecido como o autor do livro que leva seu nome, embora seu escriba, Baruque, tenha desempenhado um papel significativo na escrita e compilação das profecias (Jr 36.4). Jeremias era filho do sacerdote Hilquias, da cidade de Anatote, na terra de Benjamim (Jr 1.1).

Chamado por Deus para ser profeta ainda jovem (Jr 1.4-10), serviu durante os reinados de Josias, Jeoaquim e Zedequias, presenciando a destruição de Jerusalém em 586 a.C.

OBJETIVO DO LIVRO

Advertir Judá sobre o iminente julgamento de Deus por causa da sua contínua desobediência e idolatria e, ao mesmo tempo, oferecer esperança de restauração após o exílio. Jeremias destaca a necessidade de um novo coração e uma nova aliança entre Deus e seu povo.

SIGNIFICADO DO TÍTULO

Jeremias significa "o Senhor exalta".

ESTRUTURA DO LIVRO

- ★ Chamado e missão Jr 1
- ★ Profecias de julgamento contra Judá Jr 2—25
- ★ Conflitos e sofrimentos de Jeremias Jr 26—29
- ★ Promessas de restauração e nova aliança Jr 30—33
- ★ Profecias sobre a queda de Jerusalém Jr 34—39
- ★ Eventos após a queda Jr 40—45
- ★ Oráculos contra as nações Jr 46—51
- ★ Queda de Jerusalém e epílogo Jr 52

TEMAS DE JEREMIAS

Jeremias destaca a justiça e a misericórdia de Deus: o Senhor exige fidelidade e justiça de seu povo, mas também promete redenção e renovação.

JEREMIAS E CRISTO

- ★ A nova aliança prometida em Jeremias 31.31-34 é cumprida em Jesus, que institui a nova aliança por meio de seu sacrifício na cruz (Lc 22.20). Jeremias aponta para a necessidade de um novo coração, algo que Cristo oferece por meio do Espírito Santo (Ez 36.26-27; Jo 3.5-6).
- ★ O sofrimento e o lamento de Jeremias também prefiguram o sofrimento de Cristo, que chorou por Jerusalém e enfrentou rejeição por amor ao seu povo (Mt 23.37; Jo 1.11).
- ★ Jeremias é conhecido como o "profeta chorão" por causa de suas frequentes lamentações pelo destino do povo.

O CHAMADO DE JEREMIAS

1 1 Palavras de Jeremias, filho de Hilquias, um dos sacerdotes que estavam em Anatote, na terra de Benjamim. 2 A palavra do SENHOR veio a ele no décimo terceiro ano do reinado de Josias, filho de Amom e rei de Judá. 3 Veio também nos dias de Jeoaquim, filho de Josias, rei de Judá, até o fim do décimo primeiro ano do reinado de Zedequias, filho de Josias, rei de Judá. No quinto mês desse ano, os moradores de Jerusalém foram levados ao exílio.

4 A palavra do SENHOR veio a mim, dizendo:

5 "Antes de formá-lo no ventre materno,
eu já o conhecia;
e, antes de você nascer, eu o consagrei
e constituí profeta às nações."

6 Então eu disse:
— Ah! Senhor DEUS! Eis que não sei falar, porque não passo de uma criança.
7 Mas o SENHOR me disse:

"Não diga: 'Não passo de uma criança.'
Porque a todos a quem eu o enviar,
você irá;
e tudo o que eu lhe ordenar, você falará.
8 Não tenha medo de ninguém,
porque eu estou com você
para livrá-lo", diz o SENHOR.

9 Depois, o SENHOR estendeu a mão e tocou na minha boca. E o SENHOR me disse:

"Eis que ponho as minhas palavras
na sua boca.
10 Veja! Hoje eu o constituo
sobre as nações e sobre os reinos,
para arrancar e derrubar,
para destruir e arruinar,
e também para edificar e plantar."

A VISÃO DO RAMO DE AMENDOEIRA

11 A palavra do SENHOR veio a mim, dizendo:
— O que você está vendo, Jeremias?
Respondi:
— Vejo um ramo de amendoeira.
12 O SENHOR me disse:
— Você viu bem, porque eu estou vigiando para que a minha palavra se cumpra.

A VISÃO DA PANELA

13 Outra vez a palavra do SENHOR veio a mim, dizendo:
— O que você está vendo?
Eu respondi:
— Vejo uma panela fervendo, cuja boca se inclina do Norte para cá.
14 Então o SENHOR disse:
— Do Norte se derramará o mal sobre todos os habitantes da terra. 15 Pois eis que convoco todas as tribos dos reinos do Norte, diz o SENHOR; elas virão, e cada reino porá o seu trono à entrada dos portões de Jerusalém e contra todas as suas muralhas ao redor e contra todas as cidades de Judá. 16 Pronunciarei as minhas sentenças contra os moradores dessas cidades, por causa de toda a maldade deles; pois me abandonaram, queimaram incenso a deuses estranhos e adoraram as obras das suas próprias mãos. 17 Você, Jeremias, prepare-se e vá dizer-lhes tudo o que eu ordenar a você. Não se assuste por causa deles, para que eu não tenha de fazer com que você fique assustado na presença deles. 18 Quanto a mim, eis que hoje ponho você por cidade fortificada, por coluna de ferro e por muralha de bronze, contra todo o país, contra os reis de Judá, contra as suas autoridades, contra os seus sacerdotes e contra o seu povo. 19 Eles lutarão contra você, mas não conseguirão derrotá-lo; porque eu estou com você para livrá-lo, diz o SENHOR.

O AMOR DE DEUS E A REBELDIA DO POVO

2 1 A palavra do SENHOR veio a mim, dizendo:
2 — Vá e proclame diante do povo de Jerusalém:

Assim diz o SENHOR:
"Lembro-me de você, meu povo,
da sua afeição quando era jovem,
do seu amor quando noiva
e de como você me seguia no deserto,
numa terra que não é semeada.

[3] Israel era consagrado ao SENHOR
e era as primícias da sua colheita;
todos os que o devoraram
se faziam culpados;
o mal vinha sobre eles", diz o SENHOR.

[4] Escutem a palavra do SENHOR, ó casa de
Jacó e todas as famílias da casa de Israel.

[5] Assim diz o SENHOR:
"Que injustiça os pais de vocês
acharam em mim,
para que se afastassem de mim,
seguindo os ídolos sem valor
e se tornando eles mesmos sem valor?
[6] Eles não perguntaram:
'Onde está o SENHOR,
que nos tirou da terra do Egito
e nos guiou pelo deserto,
por uma terra árida
e cheia de covas,
por uma terra de sequidão
e sombras de morte,
por uma terra
em que ninguém passava
e na qual não morava ninguém?'
[7] Eu os trouxe para uma terra fértil,
para que vocês comessem o seu fruto
e as coisas boas que ela tem.
Mas, depois de entrar,
vocês contaminaram
a minha terra
e fizeram da minha herança
uma abominação.
[8] Os sacerdotes não perguntaram:
'Onde está o SENHOR?'
E os que tratavam da lei
não me conheceram,
os pastores se revoltaram
contra mim,
os profetas profetizaram por Baal
e andaram atrás de coisas
que não têm proveito algum."

INFIDELIDADE SEM IGUAL

[9] "Portanto, ainda entrarei
em litígio com vocês", diz o SENHOR,
"e até com os filhos dos filhos
de vocês entrarei em litígio.
[10] Vão até as terras
do mar de Chipre e vejam;
mandem mensageiros a Quedar
e observem com atenção.
Vejam se já aconteceu coisa semelhante.
[11] Houve alguma nação
que trocasse os seus deuses,
mesmo que não fossem
deuses de verdade?
Mas o meu povo trocou a sua Glória
por aquilo que não tem proveito algum.
[12] Fiquem espantados com isto,
ó céus!
Fiquem horrorizados
e cheios de espanto",
diz o SENHOR.
[13] "Porque o meu povo
cometeu dois males:
abandonaram a mim,
a fonte de água viva,
e cavaram cisternas,
cisternas rachadas,
que não retêm as águas."

[14] "Por acaso Israel é escravo
ou servo nascido em casa?
Por que, então, veio a ser presa
de outros?
[15] Os leões novos rugiram contra ele
e levantaram a sua voz.
Fizeram da terra de Israel
uma desolação;
as suas cidades estão queimadas,
e não há quem nelas habite.
[16] Até os moradores de Mênfis e
de Tafnes
raparam o alto da cabeça de Israel.
[17] Por acaso isso não aconteceu
com você
porque você abandonou
o SENHOR, seu Deus,
quando ele o guiava pelo caminho?
[18] E, agora, que lucro você terá
indo ao Egito
para beber as águas do Nilo?
Ou indo à Assíria para beber
as águas do Eufrates?
[19] A sua própria maldade
o castigará,

e as suas infidelidades
o repreenderão.
Saiba, pois, e veja como é mau
e quão amargo é deixar
o SENHOR, seu Deus,
e não ter temor de mim", diz o Senhor,
o SENHOR dos Exércitos.

ISRAEL ADOROU BAAL

20 "Porque há muito tempo
quebrei o seu jugo
e rompi as ataduras
que o prendiam,
mas você disse:
'Não quero te servir.'
Pois, em todos os montes altos
e debaixo de todas as árvores frondosas,
você se deitava e se prostituía.
21 Eu mesmo a plantei
como videira excelente,
da semente mais pura.
Como, então, você se tornou
uma planta degenerada,
como de videira brava?
22 Mesmo que você se lave
com salitre
e use muito sabão,
a mancha da sua iniquidade
continua diante de mim",
diz o Senhor DEUS.

23 "Como é que você pode dizer:
'Não estou manchada,
nem fui atrás dos baalins'?
Veja os seus rastros no vale
e reconheça o que você fez!
Você é como uma jovem camela
de pés ligeiros,
que anda ziguezagueando
pelo caminho.
24 Você é como
uma jumenta selvagem,
acostumada ao deserto e que,
no ardor do cio, fareja o vento.
Quem a impediria de satisfazer
o seu desejo?
Os que a procuram
não têm de fatigar-se;
no mês dela a acharão.
25 Evite andar por aí
com pés descalços
e não deixe a sua garganta com sede.
Mas você diz: 'Não! É inútil!
Porque amo os estranhos
e é atrás deles que eu vou.'"

26 "Como um ladrão se envergonha
quando o apanham,
assim ficarão envergonhados
os da casa de Israel:
eles, os seus reis, os seus príncipes,
os seus sacerdotes
e os seus profetas.
27 Eles dizem a um pedaço
de madeira: 'Você é o meu pai',
e à pedra: 'Você me deu à luz'.
Pois me viraram as costas e não o rosto;
mas, na hora da angústia, dizem:
'Levanta-te e salva-nos!'
28 Onde estão os deuses
que vocês fizeram
para vocês mesmos?
Eles que se levantem,
se é que podem salvá-los
na hora da calamidade!
Porque os seus deuses, ó Judá,
são tantos quantas as suas cidades."

29 "Por que vocês querem
discutir comigo?
Todos vocês transgrediram contra mim",
diz o SENHOR.
30 "Em vão castiguei
os filhos de vocês;
eles não aceitaram a minha disciplina.
Como leão destruidor,
a espada que está na mão de vocês
devorou os seus profetas.
31 Vocês, desta geração, considerem
a palavra do SENHOR.
Será que eu tenho sido
um deserto para Israel?
Ou uma terra
da mais espessa escuridão?
Por que, então, o meu povo diz:
'Somos livres para fazer
o que quisermos!
Jamais voltaremos para ti'?

[32] Por acaso, uma virgem
se esquece dos seus enfeites?
Ou uma noiva
se esquece do seu véu?
Mas o meu povo se esqueceu de mim
por dias sem fim."

[33] "Como você sabe dispor bem
os seus caminhos,
para buscar o amor!
Pois você poderia ensinar
até as mulheres perdidas.
[34] Nas bordas das suas roupas
se achou também
o sangue de pobres e inocentes,
que não foram surpreendidos
no ato de roubar.
Apesar de todas estas coisas,
[35] você ainda diz: 'Estou inocente.
Certamente a sua ira
se desviou de mim.'
Eis que entrarei em juízo contra você,
porque você diz: 'Não pequei.'
[36] Por que você é tão leviana
e fica sempre mudando de rumo?
Também pelo Egito
você será envergonhada,
assim como foi envergonhada pela Assíria.
[37] Também do Egito você sairá
com as mãos sobre a cabeça.
Porque o Senhor rejeitou
aqueles em quem você confia,
e você não será bem-sucedida
com a ajuda deles."

A INFIDELIDADE DO POVO

3 [1] "Se um homem repudiar
a sua mulher,
e ela o deixar e se tornar esposa
de outro homem,
será que o primeiro marido
poderá voltar para ela?
Não seria aquela terra
totalmente contaminada
por causa disso?
Ora, você se prostituiu
com muitos amantes
e ainda assim
quer voltar para mim!" — diz o Senhor.
[2] "Levante os olhos
aos lugares altos e veja:
onde você não se prostituiu?
Na beira dos caminhos
você se assentava à espera deles
como o árabe
se assenta no deserto.
E assim você contaminou a terra
com a sua prostituição
e com a sua maldade.
[3] É por isso que não tem chovido,
e a chuva fora de época não veio.
Mas você tem a fronte de prostituta
e não quer se envergonhar.
[4] Não é fato que agora mesmo
você me invoca,
dizendo: 'Meu pai, tu és meu amigo
desde a minha mocidade.
[5] Conservarás para sempre a tua ira?
Ou a reterás até o fim?'
Sim, isso é o que você diz,
mas comete maldade
até não poder mais."

A NECESSIDADE DO ARREPENDIMENTO

[6] Nos dias do rei Josias, o Senhor me disse:
— Você viu o que fez a rebelde Israel? Foi
a todos os montes altos e ficou debaixo de
todas as árvores frondosas para entregar-se
à prostituição. [7] E, depois de ela ter feito tudo
isso, eu pensei que ela voltaria para mim,
mas não voltou. E a sua traiçoeira irmã Judá
viu isso. [8] Quando, por causa de tudo isso,
por ter ela cometido adultério, eu despedi a
rebelde Israel e lhe dei carta de divórcio, vi
que a irmã dela, a traiçoeira Judá, não ficou
com medo, mas também ela foi e se entregou
à prostituição. [9] E aconteceu que, pela faci-
lidade com que se entregou à prostituição,
ela contaminou a terra; porque adulterou,
adorando pedras e árvores. [10] Apesar de tudo
isso, a irmã dela, a traiçoeira Judá, não voltou
para mim de todo o coração, mas fingida-
mente, diz o Senhor.
[11] O Senhor me disse:
— A rebelde Israel se mostrou mais justa do
que a traiçoeira Judá. [12] Vá, pois, e proclame
estas palavras para o lado do Norte, dizendo:

"Volte, ó rebelde Israel", diz o SENHOR,
"e não farei cair a minha ira
sobre você,
porque eu sou compassivo", diz o SENHOR,
"e não manterei para sempre
a minha ira.
13 Tão somente reconheça
a sua iniquidade,
reconheça que você transgrediu
contra o SENHOR, seu Deus,
e que você se prostituiu
com os estranhos
debaixo de todas as árvores frondosas
e não deu ouvidos à minha voz",
diz o SENHOR.
14 "Voltem para mim,
ó filhos rebeldes",
diz o SENHOR.
"Porque eu é que sou
o esposo de vocês.
Eu os tomarei, um de cada cidade
e dois de cada família,
e os levarei a Sião."

15 — Darei a vocês pastores segundo o meu
coração, que os apascentem com conheci-
mento e com inteligência. 16 E, quando vocês
se multiplicarem e se tornarem fecundos
na terra, então, diz o SENHOR, nunca mais se
exclamará: "A arca da aliança do SENHOR!" Ela
não lhes virá à mente, não se lembrarão dela
nem dela sentirão falta; e não se fará outra.
17 Naquele tempo, chamarão Jerusalém de
"Trono do SENHOR". Nela se reunirão todas as
nações em nome do SENHOR e já não andarão
segundo a dureza do seu coração maligno.
18 Naqueles dias, a casa de Judá andará com
a casa de Israel, e elas virão juntas da terra
do Norte para a terra que dei em herança
aos pais de vocês.

CONVITE AO ARREPENDIMENTO

19 "Eu disse a mim mesmo:
Como eu gostaria de colocá-la
entre os filhos
e dar-lhe a terra desejável,
a mais bela herança das nações!
Pensei que você me chamaria de 'pai'
e não se desviaria de mim.
20 Mas, assim como a mulher que,
com traição, se afasta do seu marido,
assim você foi infiel para comigo,
ó casa de Israel", diz o SENHOR.

21 "Nos lugares altos,
se ouve uma voz:
o pranto e as súplicas
dos filhos de Israel.
Porque eles perverteram
o seu caminho
e se esqueceram do SENHOR,
seu Deus.
22 Voltem, filhos rebeldes!
Eu curarei as suas rebeliões."

O povo responde:
"Eis-nos aqui! Vimos ter contigo,
porque tu és o SENHOR, nosso Deus.
23 Na verdade, não passa de ilusão
o que vem das colinas,
o barulho que vem das montanhas.
Na verdade, a salvação de Israel
está no SENHOR, nosso Deus."

24 — Mas, desde a nossa juventude, a coisa
vergonhosa devorou o trabalho de nossos
pais: as suas ovelhas e o seu gado, os seus
filhos e as suas filhas. 25 Devíamos nos pros-
trar em nossa vergonha, e deixar que a nossa
desonra nos cubra, porque temos pecado
contra o SENHOR, nosso Deus, nós e nossos
pais, desde a nossa mocidade até o dia de
hoje; e não demos ouvidos à voz do SENHOR,
nosso Deus.

A VOLTA PARA DEUS

4 1 "Se você voltar, ó Israel,
volte para mim",
diz o SENHOR;
"se remover as suas abominações
de diante de mim,
você não mais andará sem rumo;
2 se jurar em verdade, em juízo
e em justiça,
dizendo: 'Tão certo como vive
o SENHOR',
então nele serão benditas
as nações e nele se gloriarão."

[3] Porque assim diz o SENHOR aos homens de Judá e Jerusalém:

"Lavrem os campos não cultivados
e não semeiem
no meio dos espinhos.
[4] Deixem-se circuncidar para o SENHOR;
circuncidem o seu coração,
ó homens de Judá
e moradores de Jerusalém,
para que o meu furor não saia como fogo,
por causa da maldade do
que vocês fazem,
e queime, sem que haja
quem o possa apagar."

O MAL VEM DO NORTE

[5] Anunciem em Judá,
proclamem em Jerusalém e digam:
"Toquem a trombeta na terra!"
Gritem bem alto, dizendo:
"Reúnam-se, e entremos
nas cidades fortificadas!"
[6] Levantem um estandarte,
fujam e não se detenham no caminho;
porque eu faço vir do Norte um mal,
uma grande destruição.
[7] Um leão já subiu
do seu esconderijo,
um destruidor das nações já partiu;
já deixou o seu lugar para fazer
desta terra uma desolação,
a fim de que as suas cidades, ó Judá,
sejam destruídas
e fiquem desabitadas.
[8] Por isso, vistam roupa
feita de pano de saco,
lamentem e uivem,
porque o furor da ira do SENHOR
não se desviou de nós.

[9] — Naquele dia, diz o SENHOR, o rei e as auto-
ridades perderão a coragem, os sacerdotes
ficarão pasmados, e os profetas, espantados.
[10] Então eu disse:
— Ah! Senhor DEUS! Na verdade, enga-
naste completamente este povo e Jerusalém,
dizendo: "Vocês terão paz!", quando uma
espada lhes penetra até a alma.

[11] Naquele tempo, se dirá a este povo e à
cidade de Jerusalém:
— Um vento abrasador, vindo dos lugares
altos do deserto, sopra na direção da filha do
meu povo, não para peneirar nem para lim-
par. [12] Um vento mais forte do que este virá
ainda de minha parte, e, então, também eu
pronunciarei a sentença contra eles.

[13] Eis que o destruidor avança
como as nuvens;
os seus carros de guerra
são como a tempestade;
os seus cavalos são mais ligeiros
do que as águias.
Ai de nós!
Estamos perdidos!
[14] Lave a maldade
do seu coração, ó Jerusalém,
para que você seja salva!
Até quando você abrigará
esses seus maus pensamentos?
[15] Uma voz se faz ouvir desde Dã
e anuncia a calamidade
desde a região montanhosa de Efraim!
[16] Anunciem isto às nações
e proclamem contra Jerusalém:
"De uma terra longínqua
vêm sitiadores
e levantam a voz contra as cidades de Judá.
[17] Como os guardas de um campo,
eles cercam Jerusalém,
porque ela se rebelou contra mim",
diz o SENHOR.
[18] "A sua conduta e as suas obras
fizeram vir estas coisas
sobre você, ó Jerusalém;
a sua calamidade, que é amarga,
atinge até o seu coração."

A TRISTEZA DE JEREMIAS POR CAUSA DO SEU POVO

[19] Ah! Meu coração! Meu coração!
Eu me contorço em dores.
Oh! As paredes do meu coração!
Meu coração se agita!
Não posso ficar calado,
porque ouvi o som da trombeta
e os gritos de guerra.

Não há como desfrutar de uma vida plena e próspera sem um coração perdoador.

[20] Golpe sobre golpe se anuncia,
pois a terra toda já está destruída;
de repente, foram destruídas
as minhas tendas;
num momento, foram rasgadas as
suas lonas.
[21] Até quando terei de ver
o estandarte do inimigo,
terei de ouvir o som da trombeta?

[22] "O meu povo é insensato;
eles não me conhecem.
São filhos tolos;
eles não têm entendimento.
São sábios para o mal
e não sabem fazer o bem."

A DESTRUIÇÃO FUTURA

[23] Olhei para a terra,
e eis que ela estava sem forma e vazia;
olhei para os céus, e eles não tinham luz.
[24] Olhei para os montes,
e eis que tremiam;
e todas as colinas estremeciam.
[25] Olhei, e eis que não havia ninguém,
e todas as aves dos céus haviam fugido.
[26] Olhei ainda, e eis que
a terra fértil era um deserto,
e todas as suas cidades
estavam derrubadas em ruínas
diante do SENHOR,
diante do furor da sua ira.

[27] Pois assim diz o SENHOR:
"Toda a terra será devastada,
porém não vou destruí-la completamente."

[28] "Por isso, a terra pranteará,
e os céus, lá em cima, escurecerão;
porque falei, resolvi,
não mudo de ideia nem volto atrás."

[29] "Ao clamor dos cavaleiros
e dos flecheiros,
todas as cidades fogem;
entram pelas selvas
e sobem pelos penhascos;
todas as cidades ficam abandonadas,
e já ninguém habita nelas.

[30] E você, cidade destruída,
por que está fazendo isso?
Por que se veste de escarlate,
se enfeita com joias de ouro
e se pinta em volta dos olhos,
se é em vão que você se embeleza?
Os seus amantes a desprezam
e querem matá-la.
[31] Porque ouço um grito
como de parturiente,
uma angústia como da mulher
que está dando à luz
o seu primeiro filho.
É o grito da filha de Sião, ofegante,
que estende as mãos, dizendo:
'Ai de mim agora!
Porque a minha alma desfalece
diante dos assassinos.'"

OS PECADOS DE JERUSALÉM E DE JUDÁ

5 [1] Deem uma volta
pelas ruas de Jerusalém,
olhem, investiguem,
procurem nas suas praças
para ver se acham alguém,
se há uma pessoa
que pratique a justiça
ou busque a verdade.
Se acharem,
eu perdoarei a cidade.
[2] Embora digam: "Tão certo
como vive o SENHOR",
certamente juram falso.
[3] SENHOR, por acaso os teus olhos
não atentam para a fidelidade?
Tu feriste esse povo,
mas eles não sentiram nada;
tu os consumiste,
mas eles não quiseram
aceitar a disciplina;
endureceram o rosto
mais do que uma rocha;
não quiseram voltar.

[4] Mas eu pensei:
"São apenas pobres insensatos,
pois não conhecem o caminho do SENHOR,
o direito do seu Deus.

[5] Irei aos poderosos e falarei com eles,
porque eles sabem
o caminho do SENHOR,
o direito do seu Deus."
Mas todos eles quebraram o jugo
e romperam as algemas.
[6] Por isso, um leão do bosque os matará,
um lobo dos desertos
os despedaçará,
um leopardo estará à espreita
das suas cidades.
Quem sair das cidades
será devorado;
porque as transgressões deles
são muitas,
e as suas rebeldias se multiplicaram.

[7] "Jerusalém, como posso perdoá-la?
Os seus filhos me abandonaram
e juram pelos que não são deuses.
Depois de eu ter-lhes
saciado a fome,
adulteraram e se reuniram
em casas de prostitutas.
[8] Como garanhões bem fartos
e cheios de desejo,
cada um fica rinchando
para a mulher do seu próximo.
[9] Deixaria eu de castigar
estas coisas?" —
diz o SENHOR.
"Não deveria eu me vingar
de uma nação como esta?"

[10] "Que os inimigos passem
pelas carreiras da vinha
e a destruam,
porém não por completo;
tirem os ramos,
porque não são do SENHOR.
[11] Porque a casa de Israel
e a casa de Judá
foram totalmente infiéis a mim",
diz o SENHOR.

[12] Negaram o SENHOR e disseram:
"Não é ele. Nenhum mal nos sobrevirá;
não veremos a guerra
nem passaremos fome."

[13] Os profetas não passam de vento,
porque a palavra não está com eles;
as suas ameaças se cumprirão
contra eles mesmos."

[14] Portanto, o SENHOR,
o Deus dos Exércitos, me disse:
"Visto que eles proferiram tais palavras,
eis que transformarei em fogo
as minhas palavras na sua boca
e farei deste povo a lenha;
e o fogo os consumirá.
[15] Eis que trago contra você
uma nação de longe,
ó casa de Israel", diz o SENHOR;
"nação robusta, nação antiga,
nação cuja língua você não conhece;
e cuja fala você não entende.
[16] A aljava deles
é como uma sepultura aberta;
todos os seus homens são valentes.
[17] Devorarão as colheitas
e o pão de vocês,
devorarão os seus filhos
e as suas filhas;
comerão as suas ovelhas e o seu gado;
comerão os frutos das suas videiras
e figueiras;
e com a espada derrubarão
as cidades fortificadas
em que vocês confiam."

[18] — Porém, mesmo naqueles dias, diz o
SENHOR, não os destruirei completamente.
[19] Quando perguntarem: "Por que o SENHOR,
nosso Deus, nos fez todas essas coisas?",
você lhes responderá: "Vocês me abandona-
ram e serviram a deuses estranhos na terra
de vocês. Por isso, terão de servir a estrangei-
ros numa terra que não é de vocês."

DEUS AVISA O SEU POVO

[20] Anunciem isto na casa de Jacó
e façam uma proclamação em Judá,
dizendo:
[21] "Escute agora isto, povo tolo
e sem entendimento,
vocês que têm olhos e não veem,
têm ouvidos e não ouvem.

[22] Por que não me temem?" —
diz o SENHOR.
"Por que não tremem
diante de mim?
Pois fui eu que pus a areia
como limite do mar,
limite perpétuo,
que ele não irá ultrapassar.
Ainda que se levantem
as suas ondas,
elas não prevalecerão;
ainda que bramem,
não passarão daquele limite.
[23] Mas este povo tem um coração
teimoso e rebelde;
desviaram-se e se foram.
[24] Em seu coração não dizem:
'Temamos agora o SENHOR, nosso Deus,
que nos dá a seu tempo as chuvas,
as primeiras e as últimas,
e que nos reserva as semanas
determinadas da colheita.'
[25] As maldades que vocês fizeram
desviaram essas coisas boas,
e os seus pecados afastaram
de vocês o bem.
[26] Porque no meio do meu povo
se encontram ímpios,
que andam espiando,
como espreitam os passarinheiros.
Como eles, preparam armadilhas
e prendem os homens.
[27] Como uma gaiola
cheia de pássaros,
assim as casas deles estão
cheias de fraude;
por isso, se tornaram poderosos
e enriqueceram.
[28] Engordaram, ficaram estufados
e não há limite
para as suas maldades.
Não julgam a causa dos órfãos,
para que ela prospere,
nem defendem o direito
dos necessitados.
[29] Deixaria eu de castigar estas coisas?" —
diz o SENHOR.
"Não deveria eu me vingar
de uma nação como esta?"
[30] Coisa espantosa e horrenda
se anda fazendo na terra:
[31] os profetas profetizam falsamente,
e os sacerdotes dominam
de mãos dadas com eles.
E é o que o meu povo deseja.
Porém o que é que vocês farão
quando o fim chegar?

JERUSALÉM SERÁ SITIADA

6 [1] Filhos de Benjamim,
fujam do meio de Jerusalém!
Toquem a trombeta em Tecoa
e levantem o facho de luz
em Bete-Haquerém,
porque do lado do Norte
surge um grande mal,
uma grande destruição.
[2] Deixarei em ruínas a formosa
e delicada filha de Sião.
[3] Contra ela virão pastores
com os seus rebanhos;
levantarão as suas tendas ao redor,
e cada um apascentará
no seu devido lugar.

[4] "Preparem a guerra contra ela!
Levantem-se, e vamos atacar
ao meio-dia.
Ai de nós! Porque o dia já declina,
e as sombras da tarde
já vão se estendendo!
[5] Levantem-se,
e vamos atacar de noite
e destruir as suas fortalezas."

[6] Porque assim diz
o SENHOR dos Exércitos:
"Cortem árvores e construam
rampas de ataque
contra Jerusalém.
Esta é a cidade que há de ser punida;
só há opressão no meio dela.
[7] Como o poço conserva frescas
as suas águas,
assim ela conserva a sua maldade.
Violência e destruição se ouvem nela;
enfermidade e feridas há
diante de mim continuamente.

[8] Aceite a disciplina, ó Jerusalém,
para que eu não me afaste de você,
para que eu não a torne em desolação
e terra não habitada."

O CASTIGO POR CAUSA DO PECADO

[9] Assim diz o SENHOR dos Exércitos:
"Diligentemente se rebuscará
o remanescente de Israel
como se faz com uma vinha.
A exemplo do vindimador,
ponha a mão por entre os ramos."
[10] A quem falarei e testemunharei,
para que ouçam?
Eis que os seus ouvidos estão incircuncisos
e não podem ouvir.
Eis que a palavra do SENHOR
é para eles objeto de deboche;
não gostam dela.
[11] Por isso, estou repleto da ira do SENHOR;
estou cansado de guardá-la
dentro de mim.
"Derrame-a sobre as crianças pelas ruas
e sobre os jovens nas suas reuniões.
Porque até o marido
e a mulher serão presos,
e também os velhos
e os que têm idade avançada.
[12] As suas casas serão entregues a outros,
os campos e também as mulheres,
porque estenderei a mão
contra os habitantes desta terra",
diz o SENHOR.
[13] "Porque desde o menor deles até o maior,
cada um se dá à ganância,
e tanto o profeta como o sacerdote
usam de falsidade.
[14] Curam superficialmente
a ferida do meu povo,
dizendo: 'Paz, paz'; quando não há paz.
[15] Será que ficaram envergonhados,
porque cometeram abominação?
Não, eles não ficaram com vergonha.
Eles nem sabem o que é envergonhar-se.
Portanto, cairão com os que caem;
quando eu os castigar, tropeçarão",
diz o SENHOR.

[16] Assim diz o SENHOR:
"Ponham-se à beira dos caminhos
e olhem;
perguntem pelas veredas antigas,
qual é o bom caminho;
andem por ele e vocês acharão
descanso para a sua alma.
Mas eles dizem: 'Não andaremos nele.'
[17] Também pus atalaias
sobre vocês, dizendo:
'Fiquem atentos ao som da trombeta.'
Mas eles dizem: 'Não escutaremos.'
[18] Portanto, escutem, ó nações,
e saiba, ó congregação,
o que vai acontecer com eles!
[19] Ouça, ó terra!
Eis que eu trarei mal sobre este povo,
o próprio fruto dos seus pensamentos,
porque não estão atentos
às minhas palavras
e rejeitam a minha lei.
[20] Para que, pois, me vem
o incenso de Sabá
e a melhor cana aromática
de terras distantes?
Os holocaustos que vocês oferecem
não são aceitáveis,
e os seus sacrifícios não me agradam."
[21] Portanto, assim diz o SENHOR:
"Eis que porei tropeços
diante deste povo;
neles cairão pais e filhos juntamente;
o vizinho e o seu companheiro
perecerão."

O INIMIGO DO NORTE

[22] Assim diz o SENHOR:
"Eis que um povo vem
da terra do Norte,
e uma grande nação se levanta
dos confins da terra.
[23] Armam-se de arco e de lança;
são cruéis e não conhecem a compaixão.
O barulho que fazem
é como o bramido do mar.
Vêm montados em cavalos,
como guerreiros em ordem de batalha
contra você, ó filha de Sião.

[24] Ao ouvirmos a fama deles,
as nossas mãos desfaleceram;
angústia tomou conta de nós,
dores como as da mulher
que está dando à luz.
[25] Não saiam ao campo,
nem andem pelo caminho,
porque o inimigo tem espada,
e há terror por todos os lados.
[26] Ó filha do meu povo,
vista roupa feita de pano de saco
e role no pó;
pranteie como por um filho único,
pranto de amarguras;
porque de repente
virá o destruidor sobre nós."

O TRABALHO INÚTIL DE JEREMIAS

[27] "Jeremias, fiz de você
um purificador de metais
entre o meu povo,
uma fortaleza, para que você examine
e venha a conhecer o caminho deles.
[28] Todos são mais do que rebeldes
e andam espalhando calúnias;
são bronze e ferro,
são todos corruptores.
[29] O fole sopra com força,
e o chumbo já se derreteu com o calor.
Em vão continua a depuração,
porque os maus não são separados.
[30] Serão chamados
de 'prata rejeitada',
porque o SENHOR os rejeitou."

O TEMPLO NÃO PROTEGE A NAÇÃO INÍQUA

7 [1] Palavra que foi dita a Jeremias da parte
do SENHOR:
[2] — Fique junto à porta da Casa do SENHOR
e proclame ali esta palavra: "Escutem a
palavra do SENHOR, todos de Judá, vocês
que entram por estas portas, para adorar o
SENHOR. [3] Assim diz o SENHOR dos Exércitos, o
Deus de Israel: Corrijam a sua conduta e as
suas ações, e eu os farei habitar neste lugar.
[4] Não confiem em palavras falsas, dizendo:
'Templo do SENHOR! Templo do SENHOR! Este
é o templo do SENHOR!'"
[5] — Mas, se de fato emendarem os seus
caminhos e as suas ações, se de fato pratica-
rem a justiça, cada um com o seu próximo;
[6] se não oprimirem o estrangeiro, o órfão e
a viúva, nem derramarem sangue inocente
neste lugar, nem seguirem outros deuses para
o próprio mal de vocês, [7] eu os farei habitar
neste lugar, na terra que dei aos pais de vocês,
desde os tempos antigos e para sempre.
[8] — Eis que vocês confiam em palavras fal-
sas, que não servem para nada. [9] O que é
isso? Vocês roubam, matam, cometem adul-
tério e juram falsamente, queimam incenso
a Baal e seguem outros deuses que vocês
não conheciam no passado, [10] e depois vêm
e se põem diante de mim neste templo que
se chama pelo meu nome, e dizem: "Estamos
salvos!" Sim, só para continuarem a praticar
essas abominações! [11] Será que este templo
que se chama pelo meu nome é um covil de
salteadores aos olhos de vocês? Eis que eu,
eu mesmo, vi isso, diz o SENHOR.
[12] — Mas vão agora ao meu lugar que estava
em Siló, onde, no princípio, fiz habitar o meu
nome, e vejam o que lhe fiz, por causa da mal-
dade do meu povo de Israel. [13] Agora, visto
que vocês fazem todas estas obras, diz o
SENHOR, e eu falei muitas e muitas vezes, mas
vocês não me ouviram, chamei, mas vocês
não me responderam, [14] farei também com
este templo que se chama pelo meu nome,
no qual vocês confiam, e com este lugar, que
dei a vocês e aos seus pais, o mesmo que fiz
com Siló. [15] Vou expulsar vocês da minha pre-
sença, como expulsei todos os seus irmãos,
toda a posteridade de Efraim.

A INTERCESSÃO DO PROFETA NÃO SALVARÁ O POVO REBELDE

[16] — Quanto a você, Jeremias, não interceda
por este povo, nem levante por ele clamor ou
oração, nem insista comigo, porque eu não
ouvirei a sua voz. [17] Será que você não enxerga
o que andam fazendo nas cidades de Judá e
nas ruas de Jerusalém? [18] Os filhos apanham a
lenha, os pais acendem o fogo e as mulheres
amassam a farinha, para se fazerem bolos à
Rainha dos Céus. Também oferecem libações
a outros deuses, para me provocarem à ira.

19 Mas será que é a mim que eles provocam à ira? — diz o SENHOR. Não seria muito mais a si mesmos, para a sua própria vergonha?

20 — Portanto, assim diz o Senhor DEUS: Eis que a minha ira e o meu furor se derramarão sobre este lugar, sobre as pessoas e sobre os animais, sobre as árvores do campo e sobre os frutos da terra. A minha ira queimará como um fogo e não se apagará.

A MERA MULTIPLICAÇÃO DOS SACRIFÍCIOS É INÚTIL

21 — Assim diz o SENHOR dos Exércitos, o Deus de Israel: Juntem os seus holocaustos aos outros sacrifícios e comam a carne vocês mesmos. 22 No dia em que tirei os pais de vocês da terra do Egito, não falei nem lhes ordenei nada a respeito de holocaustos ou sacrifícios. 23 Mas o que lhes ordenei foi isto: "Deem ouvidos à minha voz, e eu serei o seu Deus, e vocês serão o meu povo. Andem em todo o caminho que eu lhes ordeno, para que tudo lhes vá bem." 24 Mas eles não quiseram ouvir, nem atenderam, porém andaram nos seus próprios conselhos e na dureza do seu coração maligno; andaram para trás e não para a frente. 25 Desde o dia em que os pais de vocês saíram da terra do Egito até hoje, muitas e muitas vezes, todos os dias, eu lhes enviei todos os meus servos, os profetas. 26 Mas vocês não quiseram me ouvir, nem atenderam; foram teimosos e fizeram pior do que os seus pais.

27 — Portanto, Jeremias, você dirá a eles todas estas palavras, mas eles não lhe darão ouvidos; você os chamará, mas eles não responderão. 28 Então você lhes dirá: "Esta é a nação que não dá ouvidos à voz do SENHOR, seu Deus, e não aceita a disciplina. A verdade desapareceu; foi eliminada da sua boca."

JUDÁ É REJEITADO POR DEUS

29 "Corte os seus cabelos
consagrados, ó Jerusalém,
e jogue-os fora.
Comece a prantear
sobre o alto dos montes,
porque o SENHOR rejeitou e abandonou
a geração que é objeto do seu furor."

30 — Porque os filhos de Judá fizeram o que era mau aos meus olhos, diz o SENHOR. Puseram os seus ídolos abomináveis no templo que se chama pelo meu nome, para o contaminarem. 31 Edificaram os altos de Tofete, no vale de Ben-Hinom, para queimarem em sacrifício os seus filhos e as suas filhas, algo que nunca ordenei, nem me passou pela mente. 32 Portanto, eis que virão dias, diz o SENHOR, em que já não se chamará Tofete, nem vale de Ben-Hinom, mas o vale da Matança. Os mortos serão sepultados em Tofete por não haver outro lugar. 33 Os cadáveres deste povo servirão de alimento às aves dos céus e aos animais selvagens; e não haverá ninguém que os espante. 34 Farei cessar nas cidades de Judá e nas ruas de Jerusalém o som das festas e da alegria, a voz do noivo e a voz da noiva; porque a terra ficará em ruínas.

8 1 — Naquele tempo, diz o SENHOR, serão tirados das sepulturas os ossos dos reis e das autoridades de Judá, os ossos dos sacerdotes e dos profetas e os ossos dos moradores de Jerusalém. 2 Os ossos serão espalhados ao sol, à lua e a todo o exército do céu, a quem tinham amado, a quem serviram e seguiram, a quem procuraram e diante de quem se prostraram. Não serão recolhidos, nem sepultados; serão como esterco sobre a terra. 3 Todos os que restarem desta nação malvada, em todos os lugares para onde os dispersei, preferirão morrer a ficar vivos, diz o SENHOR dos Exércitos.

O CASTIGO É INEVITÁVEL

4 Diga-lhes mais:
Assim diz o SENHOR:
"Quando as pessoas caem,
será que não se levantam?
Quando alguém se desvia
do caminho, não torna a voltar?
5 Por que, então, este povo
de Jerusalém se afasta,
em contínua rebeldia?
Persiste no engano e não quer voltar.
6 Eu escutei e ouvi,
mas eles não falam o que é reto.
Ninguém se arrepende da sua maldade.

Examine se suas raízes têm estado insensíveis à Palavra de Deus e precisam de restauração.

Ninguém pergunta:
'O que foi que eu fiz de errado?'
Cada um se afasta
e segue o seu caminho
como um cavalo que arremete
com ímpeto na batalha.
7 Até a cegonha no céu
conhece as suas estações,
e a rolinha, a andorinha e o grou
observam o tempo da sua migração.
Mas o meu povo
não conhece o juízo do Senhor."
8 "Como vocês podem dizer:
'Somos sábios,
e a lei do Senhor está conosco'?
Na verdade,
a falsa pena dos escribas
a transformou em mentira.
9 Os sábios serão envergonhados,
aterrorizados e presos.
Eis que rejeitaram
a palavra do Senhor.
Que sabedoria é essa que eles têm?
10 Portanto, darei as mulheres deles
a outros homens,
e os seus campos,
a novos possuidores.
Porque, desde o menor deles
até o maior,
cada um está entregue à ganância,
e tanto o profeta como o sacerdote
usam de falsidade.
11 Curam superficialmente
a ferida da filha do meu povo,
dizendo: 'Paz, paz';
quando não há paz.
12 Será que eles ficaram
envergonhados
por cometerem abominação?
Não, eles não ficaram
com vergonha.
Eles nem sabem
o que é envergonhar-se.
Portanto, cairão com os que caem;
quando eu os castigar, tropeçarão",
diz o Senhor.
13 "Eu os consumirei de todo",
diz o Senhor.
"Não haverá uvas na videira,
nem figos na figueira,
e as folhas já estão murchas.
E já designei os que passarão
sobre eles."

14 Por que nós estamos
sentados aqui?
Reúnam-se! Entremos
nas cidades fortificadas
e pereçamos ali.
Pois o Senhor, nosso Deus,
já decretou a nossa morte
e nos deu de beber
água envenenada,
porque pecamos contra o Senhor.
15 Espera-se a paz,
e não há nada de bom;
espera-se o tempo da cura,
e eis o terror.

16 "Desde Dã se ouve o resfolegar
dos cavalos do inimigo;
toda a terra treme
ao som dos relinchos
dos seus garanhões.
Os inimigos vêm e devoram
a terra e a sua abundância,
a cidade e os que habitam nela.
17 Porque eis que envio
cobras venenosas
para o meio de vocês,
serpentes contra as quais
não há encantamento,
e que picarão vocês",
diz o Senhor.

A DOR DO PROFETA POR CAUSA DA RUÍNA DO POVO

18 Ah! Se eu pudesse consolar-me
na minha tristeza!
O meu coração desfalece
dentro de mim.
19 Eis a voz do clamor
da filha do meu povo
de terra mui remota:
"Será que o Senhor
não está em Sião?
Não está nela o seu Rei?"

"Por que vocês me provocaram à ira
com as suas imagens de escultura,
com os ídolos dos estrangeiros?"

20 "Passou a colheita, acabou o verão,
e nós não estamos salvos."

21 Tenho o coração partido
por causa da ferida da filha do meu povo.
Estou de luto;
o espanto se apoderou de mim.
22 Será que não há bálsamo em Gileade?
Ou não há lá médico?
Por que, então, não se realizou
a cura da filha do meu povo?

9 1 Quem dera a minha cabeça
se tornasse em águas,
e os meus olhos,
em fonte de lágrimas!
Então choraria de dia e de noite
os mortos da filha do meu povo.
2 Quem me dera eu tivesse no deserto
um abrigo para viajantes!
Então deixaria o meu povo
e me afastaria dele,
porque todos eles são adúlteros,
são um bando de traidores.
3 Curvam a língua,
como se fosse o seu arco,
para disparar mentiras.

"Fortalecem-se na terra,
mas não para a verdade,
porque avançam
de maldade em maldade
e não me conhecem", diz o Senhor.
4 "Que cada um de vocês
se proteja do seu amigo
e não confie em nenhum irmão.
Porque todo irmão é enganador,
e todo amigo não faz mais
do que espalhar calúnias.
5 Cada um zomba do seu próximo,
e não falam a verdade.
Ensinam a sua língua
a proferir mentiras;
cansam-se de tanto
praticar a iniquidade.
6 Vivem no meio da falsidade;
pela falsidade se recusam
a me conhecer",
diz o Senhor.

AMEAÇAS DE RUÍNA E EXÍLIO

7 Portanto, assim diz
o Senhor dos Exércitos:
"Eis que eu os depurarei e os provarei.
Pois que outra coisa poderia eu
fazer com a filha do meu povo?
8 A língua deles é flecha mortífera;
falam mentiras.
Com a boca, cada um fala de paz
com o seu companheiro,
mas no seu interior lhe arma ciladas.
9 Deixaria eu de castigá-los
por estas coisas?" — diz o Senhor.
"Não deveria eu me vingar
de uma nação como esta?"

10 "Pelos montes,
levantarei choro e pranto
e, pelas pastagens do deserto,
lamentação.
Porque já estão queimadas,
e ninguém passa por elas.
Já não se ouve ali
o mugido de gado;
tanto as aves dos céus
como os animais fugiram e se foram.
11 Farei de Jerusalém
um montão de ruínas,
morada de chacais;
e das cidades de Judá
farei uma desolação,
para que fiquem desabitadas."

12 — Quem é o homem sábio, que entenda
isto? E a quem falou a boca do Senhor, para
que possa explicá-lo? Por que a terra foi des-
truída e se queimou como deserto pelo qual
não passa ninguém?
13 O Senhor respondeu:
— Porque deixaram a minha lei, que pus
diante deles, e não deram ouvidos ao que
eu disse, nem andaram na minha lei. 14 Pelo
contrário, andaram na dureza do seu cora-
ção e seguiram os baalins, como os pais

deles lhes ensinaram. 15 Portanto, assim
diz o Senhor dos Exércitos, Deus de Israel:
Eis que alimentarei este povo com absinto e
lhe darei de beber água envenenada. 16 Eu os
espalharei entre nações que nem eles nem
os seus pais conheceram; e enviarei a espada
após eles, até que eu os tenha destruído.

17 Assim diz o Senhor dos Exércitos:
"Considerem e chamem carpideiras,
para que venham;
mandem procurar mulheres hábeis,
para que venham.
18 Que elas se apressem
e levantem sobre nós
o seu lamento,
para que os nossos olhos
se desfaçam em lágrimas,
e as nossas pálpebras destilem água."

19 Porque uma voz de pranto
se ouve de Sião:
"Como estamos arruinados!
Estamos muito envergonhados!
Porque deixamos a nossa terra,
e eles derrubaram as nossas casas."

20 Portanto, mulheres,
escutem a palavra do Senhor
e que os seus ouvidos
recebam a palavra da sua boca.
Ensinem às suas filhas
um canto fúnebre;
que cada uma ensine
à sua companheira
uma lamentação.
21 Porque a morte subiu
pelas nossas janelas
e entrou em nossos palácios;
exterminou as crianças nas ruas
e os jovens nas praças.

22 Fale: "Assim diz o Senhor:
Os cadáveres das pessoas
ficarão espalhados
como adubo sobre o campo,
como espigas que o ceifeiro deixa
para trás,
sem que haja quem as recolha."

GLORIAR-SE NO SENHOR

23 — Assim diz o Senhor: Não se glorie o
sábio na sua sabedoria, nem o forte, na sua
força, nem o rico, nas suas riquezas. 24 Mas
aquele que se gloria, glorie-se nisto: em me
conhecer e saber que eu sou o Senhor e faço
misericórdia, juízo e justiça na terra; porque
destas coisas me agrado, diz o Senhor.
25 — Eis que vêm dias, diz o Senhor, em que
castigarei todos os que são circuncidados
apenas na carne: 26 o povo do Egito, de Judá,
de Edom, os filhos de Amom, de Moabe, e
todos os que cortam o cabelo nas têmpo-
ras e vivem no deserto. Porque todas essas
nações e toda a casa de Israel são incircun-
cisos de coração.

A IDOLATRIA E A VERDADEIRA ADORAÇÃO

10 1 Ouçam a palavra que o Senhor diri-
ge a vocês, ó casa de Israel. 2 Assim
diz o Senhor:

"Não aprendam o caminho dos gentios,
nem fiquem com medo
dos sinais nos céus,
porque com eles os gentios
se atemorizam.
3 Porque os costumes dos povos
são vaidade.
Cortam uma árvore do bosque,
e um artífice a trabalha
com o machado.
4 Com prata e ouro a enfeitam,
com pregos e martelos a fixam,
para que não caia.
5 Os ídolos são como
um espantalho em pepinal;
eles não falam.
Necessitam de quem os leve,
porque não podem andar.
Não tenham receio deles,
pois não podem fazer mal;
também não podem fazer o bem."

6 Não há ninguém semelhante a ti,
ó Senhor!
Tu és grande, e grande
é o poder do teu nome.

[7]Quem não temeria a ti,
ó Rei das nações?
Porque isto te é devido.
Porque entre todos os sábios das nações
e em todo o seu reino
não há ninguém semelhante a ti.
[8]Mas todos eles se tornaram
estúpidos e tolos;
seu ensino é vão e morto
como um pedaço de madeira.
[9]Traz-se prata batida de Társis
e ouro de Ufaz;
os ídolos são obra de artífice
e de mãos de ourives.
Da cor azul e púrpura são as vestes deles;
todos eles são obra
de pessoas habilidosas.
[10]Mas o Senhor é o verdadeiro Deus;
ele é o Deus vivo e o Rei eterno.
A terra treme diante do seu furor,
e as nações não podem suportar
a sua indignação.
[11]Digam-lhes o seguinte:
"Os deuses que não fizeram os céus e a terra
desaparecerão da terra
e de debaixo destes céus."

[12]O Senhor fez a terra
pelo seu poder.
Com a sua sabedoria,
estabeleceu o mundo;
e, com a sua inteligência,
estendeu os céus.
[13]Quando ele faz soar a sua voz,
logo há tumulto de águas no céu,
e nuvens sobem
das extremidades da terra.
Ele cria os relâmpagos para a chuva
e dos seus depósitos
faz sair o vento.
[14]Todas as pessoas são tolas
e não têm conhecimento.
Todo ourives é envergonhado pela imagem
que ele mesmo esculpiu,
pois as suas imagens são falsas,
e nelas não há fôlego de vida.
[15]São vaidade, obras ridículas.
Quando chegar o tempo
do seu castigo, virão a perecer.
[16]Aquele que é a Porção de Jacó
não é semelhante a essas imagens,
porque ele é o Criador de todas as coisas
e Israel é a tribo da sua herança.
Senhor dos Exércitos é o seu nome.

LAMENTO SOBRE A DESTRUIÇÃO DE JUDÁ

[17]Ajunte do chão
os seus pertences, ó filha de Sião,
você que mora em lugar sitiado.
[18]Porque assim diz o Senhor:
"Eis que desta vez lançarei fora
os moradores da terra
e os angustiarei,
para que venham a senti-lo."

[19]Ai de mim, por causa da minha ruína!
A minha ferida é muito grave!
E eu dizia: "Certamente
este é o meu sofrimento,
e eu posso suportá-lo."
[20]A minha tenda foi destruída,
todas as cordas se romperam.
Os meus filhos se foram
e já não existem;
não restou ninguém
para levantar a minha tenda
e erguer as suas lonas.

[21]Porque os pastores se tornaram tolos
e não buscaram o Senhor;
por isso, não prosperaram,
e todos os seus rebanhos se
acham dispersos.
[22]Eis aí um rumor!
Eis que vem grande tumulto
da terra do Norte,
para fazer das cidades de Judá
uma desolação,
morada de chacais.

JEREMIAS ORA EM FAVOR DO SEU POVO

[23]Eu sei, ó Senhor,
que não cabe ao ser humano
determinar o seu caminho,
nem cabe ao que anda dirigir os
seus passos.

24 Castiga-me, ó Senhor,
mas em justa medida;
não na tua ira, para que
não me reduzas a nada.
25 Derrama o teu furor
sobre as nações
que não te conhecem
e sobre os povos
que não invocam o teu nome.
Porque foram eles
que devoraram Jacó;
eles o devoraram, consumiram,
e destruíram as suas moradas.

A ALIANÇA É QUEBRADA

11 1 Palavra que foi dita a Jeremias da
parte do Senhor:
2 — Ouça as palavras desta aliança e fale
aos homens de Judá e aos moradores de
Jerusalém. 3 Diga-lhes: "Assim diz o Senhor,
o Deus de Israel: Maldito aquele que não der
ouvidos às palavras desta aliança, 4 que orde-
nei aos pais de vocês, no dia em que os tirei
da terra do Egito, da fornalha de ferro. Eu lhes
disse: 'Deem ouvidos à minha voz e façam
tudo o que eu lhes ordeno, e vocês serão
o meu povo, e eu serei o seu Deus. 5 Assim
confirmarei o juramento que fiz aos pais de
vocês de lhes dar uma terra que manasse
leite e mel, como se vê neste dia.'"
Então eu respondi:
— Amém, Senhor!
6 E o Senhor me disse:
— Proclame todas estas palavras nas cida-
des de Judá e nas ruas de Jerusalém. Diga-lhes
que deem ouvidos às palavras desta aliança
e que as cumpram. 7 Porque adverti solene-
mente os pais de vocês, no dia em que os tirei
do Egito, até o dia de hoje, testemunhando
sempre de novo que dessem ouvidos à minha
voz. 8 Mas eles não quiseram ouvir, nem aten-
deram. Pelo contrário, andaram, cada um,
segundo a dureza do seu coração maligno.
Por isso, fiz cair sobre eles todas as ameaças
desta aliança, a qual lhes ordenei que cum-
prissem, mas que eles não cumpriram.
9 O Senhor ainda me disse o seguinte:
— Os homens de Judá e os moradores
de Jerusalém armaram uma conspiração.
10 Retornaram às maldades de seus primei-
ros pais, que recusaram ouvir as minhas
palavras. Também eles seguiram outros deu-
ses para os servir. A casa de Israel e a casa
de Judá quebraram a minha aliança, que eu
fiz com os seus pais. 11 Portanto, assim diz o
Senhor: "Eis que trarei uma calamidade sobre
eles, da qual não poderão escapar. Clama-
rão a mim, porém não os ouvirei. 12 Então as
cidades de Judá e os moradores de Jerusa-
lém irão aos deuses a quem eles queimaram
incenso e a eles clamarão; porém estes de
modo nenhum os livrarão na hora da cala-
midade. 13 Porque os seus deuses, ó Judá,
são tantos quantas as suas cidades, e os
altares que vocês levantaram para a coisa
vergonhosa, isto é, para queimar incenso a
Baal, são tantos quanto o número das ruas
de Jerusalém."
14 — Quanto a você, Jeremias, não interceda
por este povo, nem levante por ele clamor ou
oração, porque não os ouvirei quando eles
clamarem a mim na hora da calamidade.
15 — Que direito tem minha amada na
minha casa, ela que cometeu tantas mal-
dades? Será que votos e carnes sacrificadas
poderão afastar de você a calamidade? Então
você saltaria de prazer. 16 O Senhor a cha-
mou de oliveira verde, formosa por seus
deliciosos frutos. Mas agora, ao som de
grande tumulto, acendeu fogo ao redor dela
e quebrou os seus ramos. 17 Porque o Senhor
dos Exércitos, que a plantou, anunciou con-
tra você uma calamidade, por causa do
mal que a casa de Israel e a casa de Judá
praticaram. Porque me provocaram à ira,
queimando incenso a Baal.

PRIMEIRO LAMENTO DE JEREMIAS

18 O Senhor me contou
e eu fiquei sabendo;
tu me mostraste o que
eles estavam planejando.
19 Eu era como um cordeiro manso,
que é levado ao matadouro.
Eu não sabia que tramavam
contra mim, dizendo:
"Vamos destruir a árvore
com seu fruto.

Vamos cortá-lo da terra dos viventes,
para que ninguém mais lembre
do nome dele."
20 Mas, ó SENHOR dos Exércitos, justo Juiz,
que provas o mais íntimo do coração,
permite que eu veja
a tua vingança contra eles,
pois te confiei a minha causa.

A RESPOSTA DE DEUS

21 Portanto, assim diz o SENHOR a respeito
dos homens de Anatote que querem me ver
morto e dizem: "Não profetize em nome do
SENHOR, para que não o matemos." 22 Sim,
assim diz o SENHOR dos Exércitos:
— Eis que eu os punirei. Os jovens morre-
rão à espada, os seus filhos e as suas filhas
morrerão de fome. 23 E não sobrará nenhum
deles, porque farei vir a calamidade sobre os
homens de Anatote, no ano da sua punição.

SEGUNDO LAMENTO DE JEREMIAS

12 1 Justo serias, SENHOR,
se eu apresentasse a minha causa
diante de ti.
No entanto, preciso falar contigo
a respeito da justiça.
Por que o caminho dos ímpios prospera?
Por que todos os traidores
vivem em paz?
2 Tu os plantas, e eles lançam raízes;
crescem e dão fruto.
Estás perto dos lábios deles,
mas longe do coração.
3 Mas tu, ó SENHOR, me conheces;
tu me vês e provas
o que o meu coração sente
em relação a ti.
Arranca-os como ovelhas
destinadas ao matadouro
e separa-os para o dia da matança.
4 Até quando a terra estará de luto,
e se secará a erva de todo o campo?
Os animais e as aves
estão morrendo
por causa da maldade
dos moradores da terra,
que dizem: "Deus não vê
aquilo que nos espera."

A RESPOSTA DE DEUS

5 "Jeremias, se você se cansa
correndo com homens
que vão a pé,
como poderá competir
com os que vão a cavalo?
Se em terra de paz
você não se sente seguro,
que fará na floresta do Jordão?
6 Porque até mesmo os seus irmãos
e a casa de seu pai
estão sendo desleais
para com você;
eles o perseguem com fortes gritos.
Não confie neles,
ainda que lhe digam coisas boas."

DEUS CASTIGA OS DEVASTADORES DO PAÍS

7 "Abandonei o meu templo,
rejeitei a minha herança;
entreguei aquela
que eu mais amava
nas mãos de seus inimigos.
8 A minha herança tornou-se
para mim
como um leão na floresta;
levantou a voz contra mim,
e por isso eu a odeio.
9 A minha herança é para mim
uma ave de rapina
de várias cores
contra a qual se ajuntam
outras aves de rapina.
Vão, pois, e reúnam
todos os animais do campo;
que eles venham para devorá-la.
10 Muitos pastores destruíram
a minha vinha
e pisaram o meu campo;
fizeram da porção
que era o meu prazer
um deserto.
11 Eles a tornaram em desolação,
e, no seu abandono,
ela clama a mim;
toda a terra está devastada,
mas não há ninguém
que se importe com isso.

12 Sobre todos os lugares altos do deserto
vieram destruidores;
porque a espada do Senhor devora
de um a outro extremo da terra;
não há paz para ninguém.
13 Semearam trigo
e colheram espinhos;
cansaram-se, mas sem proveito algum.
Ficarão envergonhados
das suas colheitas,
por causa do furor da ira do Senhor."

14 Assim diz o Senhor a respeito de todos os meus maus vizinhos, que se apoderam da minha herança, que deixei ao meu povo de Israel:

— Eis que os arrancarei da sua terra, e arrancarei a casa de Judá do meio deles. 15 Depois de os haver arrancado, eu me voltarei e terei compaixão deles e os farei voltar, cada um à sua herança, cada um à sua terra. 16 Se diligentemente aprenderem os caminhos do meu povo; se jurarem pelo meu nome, dizendo: "Tão certo como vive o Senhor", assim como no passado ensinaram o meu povo a jurar por Baal, então serão edificados no meio do meu povo. 17 Mas, se não quiserem ouvir, arrancarei essa nação; arrancarei e destruirei, diz o Senhor.

O CINTO DE LINHO

13 1 Assim me disse o Senhor:

— Vá, compre um cinto de linho e coloque-o em volta da cintura. Não o molhe antes disso.

2 Comprei o cinto, segundo a palavra do Senhor, e o pus em volta da cintura. 3 Então, pela segunda vez a palavra do Senhor veio a mim, dizendo:

4 — Pegue o cinto que você comprou e que está em volta de sua cintura, vá até o rio Eufrates e esconda-o ali na fenda de uma rocha.

5 Fui e escondi o cinto junto ao rio Eufrates, como o Senhor me havia ordenado. 6 Passados muitos dias, o Senhor me disse:

— Levante-se, vá até o rio Eufrates e pegue o cinto que eu lhe ordenei que escondesse ali.

7 Fui até o rio Eufrates, cavei e tirei o cinto do lugar onde o havia escondido. E eis que o cinto tinha apodrecido e não prestava para nada.

8 Então a palavra do Senhor veio a mim, dizendo:

9 — Assim diz o Senhor: Deste modo farei também apodrecer o orgulho de Judá e o grande orgulho de Jerusalém. 10 Este povo mau, que se recusa a ouvir as minhas palavras, que anda segundo a dureza do seu coração e segue outros deuses para os servir e adorar, será tal como este cinto, que não presta para nada. 11 Porque, assim como o cinto se apega à cintura de um homem, assim eu fiz apegar-se a mim toda a casa de Israel e toda a casa de Judá, diz o Senhor, para que me fossem por povo, nome, louvor e glória; mas eles não quiseram ouvir.

A JARRA DE VINHO

12 Diga-lhes também esta palavra:

— Assim diz o Senhor, Deus de Israel: Toda jarra deve ficar cheia de vinho. Então eles dirão a você: "Não sabemos nós muito bem que toda jarra deve ficar cheia de vinho?" 13 Mas você responderá: "Assim diz o Senhor: Eis que eu vou encher de embriaguez todos os moradores desta terra: os reis que se assentam no trono de Davi, os sacerdotes, os profetas e todos os moradores de Jerusalém. 14 Eu os farei em pedaços, atirando uns contra os outros, tanto os pais como os filhos, diz o Senhor. Não pouparei, não terei pena, nem terei compaixão deles; nada me impedirá de destruí-los."

APELO E AMEAÇAS

15 Ouçam e prestem atenção:
não sejam orgulhosos!
Porque o Senhor falou.
16 Deem glória ao Senhor,
seu Deus,
antes que ele faça vir as trevas,
antes que os pés de vocês tropecem
nos montes tenebrosos
e antes que, esperando vocês a luz,
ele a mude em sombra de morte
e a reduza à escuridão.

[17] Mas, se vocês não quiserem ouvir,
eu chorarei em segredo
por causa do orgulho de vocês.
Chorarei amargamente
e os meus olhos se desfarão
em lágrimas,
porque o rebanho do SENHOR
foi levado cativo.

[18] Diga ao rei e à rainha-mãe:
"Humilhem-se e sentem no chão,
porque as gloriosas coroas
caíram da cabeça de vocês."
[19] As cidades do Sul
estão fechadas,
e não há ninguém que as abra.
Todo o Judá foi levado para o exílio,
todos cativos.

[20] "Levantem os olhos
e vejam os que vêm do Norte.
Onde está o rebanho
que lhe foi confiado,
o seu lindo rebanho?
[21] O que você dirá,
quando ele puser por cabeça
sobre você
aqueles a quem você ensinou
a ser amigos?
Será que você não sentirá dores,
como as da mulher
que está dando à luz?
[22] Talvez você se pergunte:
'Por que me sobrevieram
estas coisas?'
Então saiba que foi por causa
da multidão de suas maldades
que as abas de sua saia
foram levantadas
e os seus calcanhares
sofrem violência."

[23] "Será que o etíope
pode mudar a sua pele
ou o leopardo, as suas manchas?
Se fosse possível,
também vocês
poderiam fazer o bem,
estando acostumados a fazer o mal.
[24] Por isso eu os espalharei
como a palha que é levada
pelo vento do deserto.
[25] Esta será a parte que lhe cabe,
a porção que reservei para você",
diz o SENHOR,
"porque você se esqueceu de mim
e confiou em mentiras.
[26] Assim, eu mesmo levantarei
as abas de sua saia
até a altura do seu rosto,
e aparecerão as suas vergonhas.
[27] Tenho visto as suas abominações
sobre as colinas e no campo,
a saber, os seus adultérios,
os seus relinchos
e a vergonha da sua prostituição.
Ai de você, Jerusalém!
Você não vai se purificar?
Quanto tempo isso vai durar?"

GRANDE SECA EM JUDÁ

14 [1] Palavra do SENHOR que veio a Jere-
mias a respeito da seca:

[2] "Judá anda chorando,
as suas portas estão abandonadas
e, de luto, se curvam até o chão;
e o clamor de Jerusalém vai subindo.
[3] Os poderosos mandam
os servos buscar água.
Estes vão às cisternas
e não encontram água;
voltam com os seus cântaros vazios
e, decepcionados e confusos,
cobrem a cabeça.
[4] Por não ter havido chuva sobre a terra,
esta se acha ressequida;
e, por isso, os lavradores,
decepcionados,
cobrem a cabeça.
[5] Até as corças no campo têm as suas crias
e as abandonam, porque não há capim.
[6] Os jumentos selvagens
se põem no alto dos morros
e, ofegantes, sorvem o vento
como chacais;
os seus olhos desfalecem,
por falta de pasto."

[7] "Ainda que as nossas maldades
testifiquem contra nós,
ó SENHOR, age
por amor do teu nome!
Porque as nossas rebeldias
se multiplicaram;
pecamos contra ti.
[8] Ó Esperança de Israel
e Redentor do teu povo
no tempo da angústia,
por que serias
como estrangeiro na terra
e como viajante
que fica só uma noite?
[9] Por que serias como homem
que foi pego de surpresa,
como valente que não pode salvar?
Mas tu, ó SENHOR,
estás em nosso meio,
e nós somos chamados
pelo teu nome.
Não nos abandones!"

[10] Assim diz o SENHOR
a respeito deste povo:
"Eles gostam de andar errantes
e não sabem controlar os pés.
Por isso, o SENHOR
não se agrada deles;
agora ele se lembrará
das maldades que fizeram
e os castigará
por causa dos seus pecados."

[11] O SENHOR me disse ainda:
— Não interceda por este povo para o bem
dele. [12] Quando jejuarem, não ouvirei o seu
clamor e, quando trouxerem holocaustos e
ofertas de cereais, não me agradarei deles.
Pelo contrário, eu os consumirei pela guerra,
pela fome e pela peste.
[13] Então eu disse:
— Ah! Senhor DEUS, eis que os profetas lhes
dizem: "Vocês não verão a guerra, nem passarão fome. Porque eu lhes darei verdadeira
paz neste lugar."
[14] E o SENHOR respondeu:
— Esses profetas profetizam mentiras em
meu nome. Nunca os enviei, nem lhes dei
ordem, nem lhes falei. Eles estão profetizando para vocês visões falsas, adivinhações
inúteis e engano que procede do seu íntimo.
[15] Portanto, assim diz o SENHOR a respeito dos
profetas que, profetizando em meu nome,
sem que eu os tenha mandado, dizem que
não haverá guerra nem fome nesta terra:
Esses profetas serão consumidos pela guerra
e pela fome. [16] O povo a quem eles profetizam será lançado nas ruas de Jerusalém,
por causa da fome e da guerra. Não haverá
quem os sepulte — a eles, a suas mulheres,
a seus filhos e a suas filhas. Porque derramarei sobre eles a sua maldade. [17] Portanto,
diga-lhes esta palavra:

"Que os meus olhos
derramem lágrimas
de noite e de dia, sem cessar.
Porque a virgem,
filha do meu povo,
sofreu um grande golpe;
está gravemente ferida.
[18] Se saio ao campo, vejo
os que foram mortos à espada;
se entro na cidade, estão ali
os debilitados pela fome.
Até os profetas e os sacerdotes
vagueiam pela terra
e não sabem para onde vão."

O POVO CONFESSA O SEU PECADO

[19] Será que de todo rejeitaste Judá?
Será que a tua alma tem nojo de Sião?
Por que nos feriste,
e não há cura para nós?
Aguardamos a paz,
e não há nada de bom;
esperamos o tempo da cura,
e eis o terror.
[20] Conhecemos, ó SENHOR,
a nossa maldade
e a iniquidade de nossos pais;
porque temos pecado contra ti.
[21] Não nos rejeites,
por amor do teu nome;
não desprezes o trono da tua glória.
Lembra-te e não anules
a tua aliança conosco.

22 Será que existe
entre os ídolos dos gentios
algum que faça chover?
Ou podem os céus por si mesmos
dar chuvas?
Não és tu somente, ó SENHOR,
nosso Deus, o que fazes isto?
Portanto, em ti esperamos,
pois tu fazes todas estas coisas.

15 1 Então o SENHOR me disse:
— Mesmo que Moisés e Samuel se
pusessem diante de mim, meu coração
não se inclinaria para este povo. Mande-os
embora! Que saiam da minha presença!
2 Se lhe perguntarem: "Para onde iremos?",
responda:

Assim diz o SENHOR:
"Quem é para a morte
vai para a morte;
quem é para a espada
vai para a espada;
quem é para a fome
vai para a fome;
e quem é para o cativeiro
vai para o cativeiro."

3 — Porque os punirei com quatro tipos de
castigo, diz o SENHOR: com espada para matar,
com cães para os arrastar e com as aves dos
céus e os animais selvagens para os devorar
e destruir. 4 Farei deles um objeto de espanto
para todos os reinos da terra, por causa de
tudo o que Manassés, filho de Ezequias, rei
de Judá, fez em Jerusalém.

5 "Pois quem se compadecerá
de você,
ó Jerusalém?
Ou quem ficará triste por você?
Ou quem se desviará do caminho
para perguntar pelo seu bem-estar?
6 Você me rejeitou",
diz o SENHOR;
"você voltou para trás.
Por isso, levantei a mão
contra você e a destruí;
cansei de ter compaixão.
7 Eu os espalhei com a pá
nos portões das cidades.
Deixei-os sem filhos,
destruí o meu povo,
mas eles não deixaram
os seus maus caminhos.
8 As suas viúvas se multiplicaram
mais do que a areia do mar.
Eu trouxe ao meio-dia
um destruidor sobre a mãe de jovens;
fiz cair de repente sobre ela
angústia e pavor.
9 Aquela que tinha sete filhos desmaiou
e respira com dificuldade.
Para ela, o sol se pôs
quando ainda era dia;
ela ficou envergonhada e confusa.
Os sobreviventes,
eu os entregarei à espada,
diante dos seus inimigos", diz o SENHOR.

TERCEIRO LAMENTO DE JEREMIAS

10 Ai de mim, minha mãe! Porque você
me pôs no mundo para ser homem de rixa
e homem de discórdias para toda a terra!
Nunca lhes emprestei, nem pedi dinheiro
emprestado, mas todos me amaldiçoam.
11 O SENHOR disse:
— Na verdade, eu o fortalecerei para o bem
e farei com que o inimigo lhe dirija súplicas
no tempo da calamidade e no tempo da afli-
ção. 12 Pode alguém quebrar o ferro, o ferro do
Norte, ou o bronze? 13 Por todos os seus peca-
dos, em todos os seus territórios, entregarei
de graça os seus bens e os seus tesouros, para
que sejam saqueados. 14 Farei com que sejam
escravos dos seus inimigos, numa terra que
não conhecem, porque um fogo se acendeu
em minha ira e queimará sobre vocês.

15 Ó SENHOR, tu o sabes.
Lembra-te de mim,
ampara-me e vinga-me
dos meus perseguidores.
Não permitas que,
por causa da tua longanimidade,
eu seja arrebatado.
Fica sabendo que por causa de ti
tenho sofrido afrontas.

Não tente assentar-se no banco da frente enquanto o Pai está curando as suas raízes e você está amadurecendo.

16 Achadas as tuas palavras, logo
as comi.
As tuas palavras
encheram o meu coração
de júbilo e de alegria,
pois sou chamado pelo teu nome,
ó Senhor, Deus dos Exércitos.
17 Nunca me assentei
na roda dos que se divertem,
nem me alegrei.
Oprimido por tua mão,
eu me assentei solitário,
pois me encheste de indignação.
18 Por que a minha dor não passa,
e a minha ferida me dói
e não admite cura?
Serias tu para mim como ribeiro ilusório,
como águas que enganam?

19 Portanto, assim diz o Senhor:
"Se você se arrepender, eu o farei voltar
e você estará diante de mim.
Se separar o que é precioso
daquilo que não presta,
você será a minha boca.
Eles se voltarão para você,
mas você não passará para o lado deles.
20 Farei de você um forte muro de bronze
diante deste povo.
Eles lutarão contra você,
mas não conseguirão derrotá-lo,
porque eu estou com você
para salvá-lo e livrá-lo deles",
diz o Senhor.
21 "Eu o libertarei
das mãos dos iníquos
e o livrarei
das garras dos violentos."

A VIDA SOLITÁRIA DO PROFETA, FIGURA DO POVO

16 1 A palavra do Senhor veio a mim,
dizendo:
2 — Não case, nem tenha filhos ou filhas
neste lugar. 3 Porque assim diz o Senhor a
respeito dos filhos e das filhas que nasce-
rem neste lugar, a respeito das mães que
os tiverem e dos pais que os gerarem nesta
terra: 4 Morrerão de doenças terríveis e não
serão pranteados, nem sepultados; ser-
virão de esterco para a terra. A espada e a
fome os consumirão, e os seus cadáveres
servirão de alimento às aves do céu e aos
animais selvagens.
5 — Porque assim diz o Senhor: Não entre
em casa onde há luto, nem vá pranteá-los ou
consolar os enlutados. Porque deste povo
retirei a minha paz, diz o Senhor, e também
a minha bondade e a minha compaixão.
6 Nesta terra, morrerão tanto grandes como
pequenos e não serão sepultados nem pran-
tearão por eles. Não se farão por eles cortes
na pele nem por eles se raparão as cabeças.
7 Não se dará pão a quem estiver de luto,
para consolá-lo por causa de morte, nem lhe
darão de beber do copo da consolação, pelo
pai ou pela mãe.
8 — Também não entre numa casa em que
há um banquete, para sentar com eles a
comer e a beber. 9 Porque assim diz o Senhor
dos Exércitos, o Deus de Israel: Eis que farei
cessar neste lugar, diante dos olhos de vocês
e enquanto vocês ainda estiverem vivos, o
som das festas e da alegria, a voz do noivo
e a voz da noiva.
10 — Quando você anunciar a este povo
todas estas palavras, eles perguntarão: "Por
que o Senhor nos ameaça com todo este
grande mal? Qual é a nossa iniquidade, qual
é o nosso pecado, que cometemos contra
o Senhor, nosso Deus?" 11 Então você res-
ponderá: "Porque os pais de vocês me
abandonaram, diz o Senhor, e foram atrás
de outros deuses, os serviram e os adora-
ram; eles me abandonaram e não guardaram
a minha lei. 12 Vocês fizeram pior do que os
seus pais, porque eis que cada um de vocês
anda segundo a dureza do seu coração
maligno, para não me dar ouvidos. 13 Por-
tanto, eu os lançarei fora desta terra, para
uma terra que nem vocês nem os seus pais
conheceram. Ali vocês servirão a outros
deuses, dia e noite, porque não terei mise-
ricórdia de vocês."
14 — Portanto, eis que vêm dias, diz o
Senhor, em que nunca mais se dirá: "Tão
certo como vive o Senhor, que tirou os filhos
de Israel do Egito." 15 Pelo contrário, se dirá:

"Tão certo como vive o Senhor, que tirou os
filhos de Israel da terra do Norte e de todas
as terras para onde os tinha dispersado." Pois
eu os farei voltar para a sua terra, que dei
aos seus pais.
16 — Eis que mandarei muitos pescadores,
diz o Senhor, os quais os pescarão. Depois,
enviarei muitos caçadores, os quais os tra-
rão de todos os montes, de todas as colinas e
até das fendas das rochas. 17 Porque os meus
olhos estão sobre todos os caminhos deles.
Eles não conseguem se esconder de mim, e
a iniquidade deles não se encobre aos meus
olhos. 18 Primeiramente, pagarei em dobro a
sua iniquidade e o seu pecado, porque pro-
fanaram a minha terra com os cadáveres dos
seus ídolos detestáveis e encheram a minha
herança com as suas abominações.

AS NAÇÕES VOLTAM PARA DEUS

19 Ó Senhor, minha força e
minha fortaleza,
meu refúgio no dia da angústia,
a ti virão as nações
desde os confins da terra
e dirão:
"Nossos pais herdaram
só mentiras e coisas vãs,
em que não há proveito.
20 Será que o ser humano pode fazer
os seus próprios deuses?
Esses não são deuses de verdade!"

21 — Portanto, eis que lhes farei conhecer,
sim, desta vez lhes farei conhecer a minha
força e o meu poder. E saberão que o meu
nome é Senhor.

O PECADO ENGANA E DESTRÓI

17 1 — O pecado de Judá está escrito com
um ponteiro de ferro e com ponta de
diamante, gravado na tábua do seu coração e
nas pontas dos seus altares. 2 Os seus filhos
se lembram dos seus altares e dos postes
da deusa Aserá junto às árvores frondosas,
sobre as colinas elevadas 3 e nos montes do
campo. Darei os seus bens e todos os seus
tesouros como despojo, e farei o mesmo com
os seus lugares altos por causa do pecado,
em todos os seus territórios! 4 Você terá de
abandonar a herança que lhe dei. Farei
com que você sirva os seus inimigos numa
terra que você não conhece. Porque o fogo
que você acendeu na minha ira queimará
para sempre.

PENSAMENTOS DE SABEDORIA

5 Assim diz o Senhor:
"Maldito aquele
que confia no ser humano,
que faz da carne mortal o seu braço
e cujo coração se desvia do Senhor!
6 Porque ele será como um arbusto
solitário no deserto
e não verá quando vier o bem;
pelo contrário, morará
nos lugares secos do deserto,
na terra salgada e inabitável."

7 "Bendito aquele que confia no Senhor
e cuja esperança é o Senhor.
8 Porque ele é como a árvore
plantada junto às águas,
que estende as suas raízes
para o ribeiro
e não receia quando vem o calor,
porque as suas folhas
permanecem verdes;
e, no ano da seca, não se perturba,
nem deixa de dar fruto."

9 "Enganoso é o coração,
mais do que todas as coisas,
e desesperadamente corrupto.
Quem poderá entendê-lo?
10 Eu, o Senhor, sondo o coração.
Eu provo os pensamentos,
para dar a cada um
segundo os seus caminhos,
segundo o fruto das suas ações."

11 Como a perdiz que choca ovos
que não pôs,
assim é aquele que ajunta riquezas
desonestamente;
no meio da vida ficará sem elas
e no seu fim passará por tolo.

12 Um trono de glória enaltecido
desde o princípio
é o lugar do nosso santuário.

13 Ó Senhor, Esperança de Israel!
Todos aqueles que te abandonam
serão envergonhados;
o nome dos que se afastam de ti
será escrito no chão,
porque abandonam o Senhor,
a fonte das águas vivas.

QUARTO LAMENTO DE JEREMIAS

14 Cura-me, Senhor, e serei curado;
salva-me, e serei salvo,
porque tu és o meu louvor.
15 Eis que eles me dizem:
"Onde está a palavra do Senhor?
Que se cumpra!"
16 Mas eu não me recusei
a ser pastor, seguindo-te.
Também não desejei
o dia da aflição, tu o sabes.
O que saiu dos meus lábios
está no teu conhecimento.
17 Não sejas para mim motivo de terror;
tu és o meu refúgio
no dia da calamidade.
18 Que sejam envergonhados
os que me perseguem,
e não seja eu envergonhado;
assombrem-se eles,
e não me assombre eu.
Traze sobre eles
o dia da calamidade
e destrói-os
com dobrada destruição.

O SÁBADO

19 Assim me disse o Senhor:
— Vá e fique junto ao Portão do Povo,
pelo qual entram e saem os reis de Judá;
depois, vá também a todos os outros portões de Jerusalém,
20 e diga a todos: "Escutem
a palavra do Senhor, vocês, reis de Judá, e
todo o Judá, e todos os moradores de Jerusalém que entram por estes portões.
21 Assim
diz o Senhor: Para o próprio bem de vocês,
tenham o cuidado de não levar cargas no dia
de sábado, nem de introduzi-las em Jerusalém pelos portões.
22 Não saiam de casa
carregando objetos no dia do sábado, nem
façam trabalho algum. Pelo contrário, santifiquem o dia de sábado, como ordenei aos
seus pais.
23 Mas eles não me deram ouvidos, nem atenderam; pelo contrário, foram
teimosos, e não quiseram ouvir nem aceitar a disciplina.

24 — Se de fato me ouvirem, diz o Senhor,
não introduzindo cargas pelos portões desta
cidade no dia de sábado; se santificarem o
dia de sábado, não fazendo nele trabalho
algum,
25 então pelos portões desta cidade
entrarão reis e príncipes, que se assentarão
no trono de Davi, andando em carros e montados em cavalos, eles e os seus príncipes, o
povo de Judá e os moradores de Jerusalém;
e esta cidade será para sempre habitada.
26 Virão das cidades de Judá e dos arredores de Jerusalém, da terra de Benjamim, da
Sefelá, das montanhas e do Sul, trazendo
holocaustos, sacrifícios, ofertas de cereais
e incenso, oferecendo igualmente sacrifícios de ações de graças na Casa do Senhor.
27 Mas, se não me ouvirem, e, por isso, não
santificarem o dia de sábado, e carregarem
alguma carga, quando entrarem pelos portões de Jerusalém no dia de sábado, então
porei fogo nesses portões. O fogo queimará
os palácios de Jerusalém e não se apagará."

O VASO DO OLEIRO

18 1 Palavra que foi dita a Jeremias da
parte do Senhor:

2 — Levante-se e desça até a casa do oleiro,
e lá você ouvirá as minhas palavras.

3 Desci à casa do oleiro, e eis que ele estava
trabalhando sobre a roda.
4 Como o vaso que
o oleiro fazia de barro se estragou nas suas
mãos, ele tornou a fazer dele outro vaso,
segundo bem lhe pareceu.

5 Então a palavra do Senhor veio a mim,
dizendo:

6 — Casa de Israel, será que não posso
fazer com vocês como fez esse oleiro? — diz
o Senhor. Eis que, como o barro na mão do
oleiro, assim são vocês na minha mão, ó casa
de Israel.
7 No momento em que eu falar a

respeito de uma nação ou de um reino para
o arrancar, derrubar e destruir, [8] se essa nação
se converter da maldade contra a qual eu falei,
também eu mudarei de ideia a respeito do
mal que pensava fazer-lhe. [9] E, no momento
em que eu falar a respeito de uma nação ou
de um reino, para o edificar e plantar, [10] se ele
fizer o que é mau aos meus olhos e não obedecer à minha voz, então eu mudarei de ideia
quanto ao bem que havia prometido fazer.
[11] Portanto, fale agora ao povo de Judá e aos
moradores de Jerusalém, dizendo: Assim diz
o SENHOR: "Eis que estou forjando uma calamidade e formando um plano contra vocês.
Por isso, convertam-se, cada um de vocês, do
seu mau caminho e corrijam a sua conduta
e as suas ações." [12] Mas eles dizem: "Não! É
inútil! Porque seguiremos os nossos planos,
e cada um fará segundo a dureza do seu coração maligno."

[13] Portanto, assim diz o SENHOR:
"Perguntem agora entre os gentios
se alguém já ouviu
uma coisa dessas.
A virgem de Israel fez uma coisa
sobremaneira horrenda!
[14] Será que a neve deixará o Líbano,
a rocha que se ergue na planície?
Ou faltarão as águas que vêm de longe,
frias e correntes?
[15] Mas o meu povo
se esqueceu de mim.
Queimou incenso aos ídolos,
que os fizeram tropeçar
nos seus caminhos
e nas veredas antigas,
para que andassem por desvios,
por caminhos não aterrados,
[16] para fazerem da sua terra
um objeto de horror
e de incessantes vaias.
Todo aquele que passar por ela
ficará espantado
e balançará a cabeça.
[17] Como vento leste, eu os espalharei
diante dos inimigos.
Eu lhes mostrarei as costas e não o rosto,
no dia da sua calamidade."

[18] Então disseram:
— Venham! Vamos fazer planos contra
Jeremias. Porque não há de faltar a lei ao
sacerdote, nem o conselho ao sábio, nem
a palavra ao profeta. Venham! Vamos fazer
acusações contra ele e não dar atenção a
nenhuma das suas palavras.

QUINTO LAMENTO DE JEREMIAS

[19] — Olha para mim, SENHOR,
e ouve a voz dos que me acusam.
[20] Por acaso, é com o mal que se paga
o bem?
Pois abriram uma cova para mim.
Lembra-te de que eu compareci
à tua presença,
para interceder pelo bem-estar deles,
para desviar deles a tua ira.
[21] Portanto, entrega os filhos deles
à fome e ao poder da espada.
Que as mulheres sejam roubadas
dos filhos e fiquem viúvas.
Que os maridos sejam mortos pela peste,
e que os jovens sejam mortos
à espada na batalha.
[22] Ouça-se o clamor
que vem de suas casas,
quando trouxeres bandos
contra eles de repente.
Porque abriram uma cova
para prender-me
e puseram armadilhas
para os meus pés.
[23] Mas tu, ó SENHOR,
conheces todos os planos
que fizeram contra mim
para me matar.
Não perdoes a maldade deles,
nem apagues o seu pecado
de diante da tua face.
Sejam eles derrubados diante de ti;
age contra eles no tempo da tua ira.

O POTE QUEBRADO

19 [1] Assim diz o SENHOR:
— Vá comprar um pote de barro
de um oleiro e leve com você alguns dos
anciãos do povo e dos anciãos dos sacerdotes. [2] Vá até o vale de Ben-Hinom, que está

junto à entrada do Portão dos Cacos, e proclame ali as palavras que eu lhe disser.

3 — Diga o seguinte: "Escutem a palavra do SENHOR, ó reis de Judá e moradores de Jerusalém. Assim diz o SENHOR dos Exércitos, o Deus de Israel: Eis que trarei uma calamidade sobre este lugar, e quem ouvir falar dela ficará com os ouvidos tinindo. 4 Porque eles me abandonaram e profanaram este lugar, queimando nele incenso a outros deuses, que nem eles, nem os seus pais, nem os reis de Judá conheceram. E encheram este lugar de sangue de inocentes. 5 Edificaram os altos de Baal, para queimarem os seus filhos no fogo em holocaustos a Baal, o que nunca lhes ordenei, nem falei, nem me passou pela mente. 6 Por isso, eis que vêm dias, diz o SENHOR, em que este lugar já não se chamará Tofete, nem vale de Ben-Hinom, mas o vale da Matança. 7 Porque desfarei os planos de Judá e de Jerusalém neste lugar e os farei cair à espada diante de seus inimigos e pela mão dos que procuram tirar-lhes a vida; e darei os seus cadáveres como alimento às aves dos céus e aos animais selvagens. 8 Porei esta cidade por objeto de horror e de vaias. Todo aquele que passar por ela ficará espantado e zombará por causa do desastre que lhe aconteceu. 9 Farei com que comam a carne de seus filhos e a carne de suas filhas, e cada um comerá a carne do seu próximo, na angústia e no aperto em que ficarão com o cerco dos seus inimigos e dos que procuram tirar-lhes a vida."

10 — Depois quebre o pote à vista dos homens que foram com você 11 e diga-lhes: Assim diz o SENHOR dos Exércitos: "Deste modo quebrarei este povo e esta cidade, como se quebra o vaso do oleiro, que não pode mais ser restaurado. Os mortos serão sepultados em Tofete, porque não haverá outro lugar para os sepultar. 12 Assim farei a este lugar, diz o SENHOR, e aos seus moradores; e farei com que esta cidade seja como Tofete. 13 As casas de Jerusalém e as casas dos reis de Judá, sobre cujos terraços queimaram incenso a todo o exército dos céus e ofereceram libações a outros deuses, serão impuras como o lugar de Tofete."

14 Jeremias voltou de Tofete, lugar para onde o SENHOR o tinha enviado para profetizar, pôs-se em pé no átrio da Casa do SENHOR e disse a todo o povo:

15 — Assim diz o SENHOR dos Exércitos, o Deus de Israel: "Eis que trarei sobre esta cidade e sobre todos os povoados vizinhos todas as calamidades que pronunciei contra ela, porque foram teimosos e não deram ouvidos às minhas palavras."

JEREMIAS E O SACERDOTE PASUR

20 1 Pasur, filho do sacerdote Imer, que era superintendente da Casa do SENHOR, ouviu Jeremias profetizando estas coisas 2 e por isso mandou que o profeta fosse açoitado e preso no tronco que ficava junto ao portão superior de Benjamim, na Casa do SENHOR. No dia seguinte, Pasur mandou que Jeremias fosse tirado do tronco.

3 Então Jeremias lhe disse:

— O SENHOR mudou o seu nome de Pasur para Magor-Missabibe. 4 Pois assim diz o SENHOR: "Eis que farei de você um terror para você mesmo e para todos os seus amigos. Eles serão mortos à espada pelos seus inimigos, e você verá isso. Entregarei todo o povo de Judá nas mãos do rei da Babilônia, que os levará presos à Babilônia e os matará à espada. 5 Também entregarei toda a riqueza desta cidade, todo o fruto do seu trabalho e todas as suas coisas preciosas; sim, entregarei todos os tesouros dos reis de Judá nas mãos de seus inimigos, os quais hão de saquear, pegar e levar tudo para a Babilônia. 6 E você, Pasur, e todos os moradores da sua casa serão levados para o cativeiro. Você irá à Babilônia, onde morrerá e será sepultado, você e todos os seus amigos, aos quais você profetizou falsamente."

SEXTO LAMENTO DE JEREMIAS

7 Tu me persuadiste, SENHOR,
e eu fui persuadido.
Foste mais forte do que eu
e prevaleceste.
Sou motivo de riso o dia inteiro;
todos zombam de mim.
8 Porque, sempre que falo,
tenho de gritar e clamar:

"Violência e destruição!"
Por causa da palavra do SENHOR,
sou objeto de deboche
e de zombaria o tempo todo.
9 Quando pensei: "Não me lembrarei dele
e não falarei mais em seu nome",
então isso se tornou
em meu coração como um fogo,
encerrado nos meus ossos.
Estou cansado de sofrer e não posso mais.
10 Porque ouvi a murmuração de muitos:
"Há terror por todos os lados!
Denunciem, e nós o denunciaremos!"
Todos os meus amigos íntimos
esperam que eu tropece
e dizem: "Talvez ele se deixe persuadir;
então nós o venceremos
e dele nos vingaremos."

11 Mas o SENHOR está comigo
como um poderoso guerreiro.
Por isso, os meus perseguidores
tropeçarão e não vencerão.
Ficarão muito envergonhados
por causa do seu fracasso;
sofrerão afronta perpétua,
que jamais será esquecida.
12 Ó SENHOR dos Exércitos,
que provas o justo
e vês o mais íntimo do coração,
permite que eu veja
a tua vingança contra eles,
pois te confiei a minha causa.
13 Cantem ao SENHOR! Louvem o SENHOR!
Pois ele livrou a vida do necessitado
das mãos dos malfeitores.

14 Maldito o dia em que eu nasci!
Não seja bendito o dia
em que a minha mãe me deu à luz!
15 Maldito o homem
que deu a notícia a meu pai, dizendo:
"Nasceu o seu filho! É um menino!",
causando-lhe grande alegria.
16 Que esse homem seja como as cidades
que o SENHOR, sem ter compaixão,
destruiu!
Que ele ouça gritos de dor pela manhã
e alarido de guerra ao meio-dia,
17 porque não me matou
no ventre materno.
Então a minha mãe teria sido
a minha sepultura,
e ela teria ficado
para sempre grávida.
18 Por que saí do ventre materno
tão somente para ver
trabalho e tristeza
e para que se consumam
de vergonha os meus dias?

JERUSALÉM SERÁ DESTRUÍDA

21 1 Palavra que foi dita a Jeremias da
parte do SENHOR, quando o rei Zede-
quias lhe enviou Pasur, filho de Malquias,
e o sacerdote Sofonias, filho de Maaseias:
2 — Pergunte por nós ao SENHOR, por que
Nabucodonosor, rei da Babilônia, está
fazendo guerra contra nós. Talvez o SENHOR
nos trate segundo todas as suas maravilhas
e faça com que o rei se retire de nós.
3 Então Jeremias mandou que dissessem
ao rei Zedequias:
4 — Assim diz o SENHOR, o Deus de Israel:
"Eis que farei retroceder as armas de guerra
que estão nas mãos de vocês e com as quais
vocês estão lutando fora das muralhas con-
tra o rei da Babilônia e contra os caldeus, que
estão cercando a cidade. Essas armas, eu as
ajuntarei no meio desta cidade. 5 Eu mesmo
lutarei contra vocês com braço estendido e
mão poderosa, com ira, com indignação e
grande furor. 6 Matarei os habitantes desta
cidade, tanto as pessoas como os animais;
morrerão de uma grande peste. 7 Depois
disso, diz o SENHOR, entregarei Zedequias,
rei de Judá, os seus servos e o povo — todos
os moradores desta cidade que sobrevive-
rem à peste, à espada e à fome — nas mãos
de Nabucodonosor, rei da Babilônia, nas
mãos de seus inimigos e nas mãos dos que
procuram tirar-lhes a vida. Ele os matará a
fio de espada; não os poupará, não se com-
padecerá, nem terá misericórdia."
8 — A este povo você dirá o seguinte: Assim
diz o SENHOR: "Eis que ponho diante de vocês
o caminho da vida e o caminho da morte.
9 Quem ficar nesta cidade morrerá à espada,

Deus está à espera de que você entregue o controle de sua história ao Espírito Santo em vez de às suas emoções, para ser preparada e saber a hora correta de agir.

de fome ou de peste; mas quem sair e se ren-
der aos caldeus, que estão cercando a cidade,
não morrerá; conseguirá ao menos salvar a
sua vida. 10 Pois voltei o meu rosto contra esta
cidade para trazer desgraça e não para fazer-
-lhe bem, diz o SENHOR; ela será entregue nas
mãos do rei da Babilônia, e este a queimará."
11 — À casa do rei de Judá você dirá o se-
guinte: Escutem a palavra do SENHOR! 12 Ó
casa de Davi, assim diz o SENHOR:

"Julguem com retidão todos os dias
e livrem o oprimido
das mãos do opressor,
para que o meu furor
não saia como fogo,
por causa da maldade
do que vocês fazem,
e queime, sem que haja
quem o possa apagar.
13 Eis que eu sou contra você,
ó Moradora do vale,
ó Rocha da campina", diz o SENHOR.
"Sou contra vocês que dizem:
'Quem descerá contra nós?'
Ou: 'Quem entrará
nas nossas moradas?'
14 Eu os castigarei segundo
o fruto das ações de vocês",
diz o SENHOR;
"acenderei fogo em seu bosque,
o qual queimará
todos os seus arredores."

PROFECIA CONTRA A CASA REAL DE JUDÁ

22 1 — Assim diz o SENHOR: Desça ao
palácio do rei de Judá e anuncie ali
esta palavra: 2 Ouça a palavra do SENHOR, ó
rei de Judá, você que se assenta no trono
de Davi. Que ouçam também os seus ser-
vos e o seu povo que entra por estas portas.
3 Assim diz o SENHOR: Pratiquem o direito e
a justiça e livrem o oprimido das mãos do
opressor. Não oprimam nem maltratem o
estrangeiro, nem o órfão, nem a viúva. Não
derramem sangue inocente neste lugar.
4 Porque, se vocês de fato cumprirem esta
palavra, então pelas portas deste palácio
entrarão os reis que se assentarão no trono
de Davi, em carros e montados em cavalos,
eles, os seus servos e o seu povo. 5 Mas, se
não ouvirem estas palavras, juro por mim
mesmo, diz o SENHOR, que este palácio se tor-
nará em ruínas. 6 Porque assim diz o SENHOR
a respeito do palácio do rei de Judá:

"Para mim você é como Gileade
e o pico dos montes do Líbano,
mas certamente farei de você
um deserto e cidades desabitadas.
7 Designarei contra você destruidores,
cada um com as suas armas;
eles cortarão os seus melhores cedros
e os lançarão no fogo."

8 — Muitas nações passarão por esta cida-
de, e dirão uns aos outros: "Por que o SENHOR
fez uma coisa dessas com esta grande ci-
dade?" 9 Então se responderá: "Porque
abandonaram a aliança do SENHOR, seu Deus,
e adoraram outros deuses e os serviram."

PROFECIA A RESPEITO DE SALUM, REI DE JUDÁ

10 Não chorem pelo rei morto,
nem lamentem a sua perda.
Chorem amargamente
por aquele que foi para o exílio,
porque nunca mais voltará
nem verá a terra onde nasceu.

11 Porque assim diz o SENHOR a respeito de
Salum, filho de Josias, rei de Judá, que reinou
em lugar de Josias, seu pai, e que foi levado
deste lugar:
— Nunca mais voltará para cá. 12 Porque
morrerá no lugar para onde o levaram cativo
e nunca mais verá esta terra.

PROFECIA CONTRA JEOAQUIM, REI DE JUDÁ

13 "Ai daquele que edifica a sua casa
com injustiça
e os seus aposentos,
contrariando o direito!
Que faz o seu próximo trabalhar de graça,
sem lhe pagar o salário.

[14] Ai daquele que diz:
'Edificarei para mim
uma casa bem grande,
com aposentos espaçosos.'
Então ele põe janelas na casa,
forra as paredes com cedro,
e a pinta de vermelho.
[15] Você acha que reinará
só porque compete com outros
no uso de cedro?
Por acaso o seu pai
não comeu e bebeu,
e não praticou o juízo e a justiça?
Por isso, tudo lhe corria bem.
[16] Julgou a causa do aflito
e do necessitado,
e tudo lhe corria bem.
Por acaso, não é isso que se chama
conhecer-me?" — diz o Senhor.
[17] "Mas os seus olhos
e o seu coração
estão voltados somente
para a ganância,
para derramar sangue inocente
e para levar a efeito
a violência e a extorsão."

[18] Portanto, assim diz o Senhor a respeito de Jeoaquim, filho de Josias, rei de Judá:

"Não o lamentarão, dizendo:
'Ai, meu irmão!'
Ou: 'Ai, minha irmã!'
Nem o lamentarão, dizendo:
'Ai, senhor!'
Ou: 'Ai, majestade!'
[19] Como se sepulta um jumento,
assim o sepultarão:
será arrastado e lançado
para bem longe,
para fora dos portões
de Jerusalém."

[20] "Suba ao Líbano,
ó Jerusalém, e grite;
erga a sua voz em Basã
e grite desde Abarim,
porque todos os seus amantes
estão esmagados.
[21] Falei com você na sua prosperidade,
mas você disse: 'Não ouvirei.'
Tem sido este o seu caminho,
desde a sua mocidade,
pois você nunca deu ouvidos à minha voz.
[22] O vento apascentará
todos os seus pastores,
e os seus amantes irão para o cativeiro;
então você certamente ficará
envergonhada e confusa,
por causa de toda a sua maldade.
[23] Você, que habita no Líbano
e faz o seu ninho nos cedros,
como vai gemer quando vierem
as dores e as angústias
como as da mulher que está dando à luz!"

PROFECIA CONTRA JECONIAS, REI DE JUDÁ

[24] — Tão certo como eu vivo, diz o Senhor,
ainda que Jeconias, filho de Jeoaquim, rei
de Judá, fosse o anel de selar na minha mão
direita, eu dali o arrancaria. [25] Vou entregá-
-lo, ó rei, nas mãos dos que procuram tirar a
sua vida e nas mãos daqueles a quem você
teme, a saber, nas mãos de Nabucodonosor,
rei da Babilônia, e nas mãos dos caldeus.
[26] Lançarei você e a sua mãe, que o pôs no
mundo, para outra terra, em que vocês não
nasceram; e ali morrerão. [27] Mas à terra da
qual eles terão saudades, a essa não voltarão.

[28] Será que este Jeconias
é como um vaso quebrado
e desprezado,
do qual ninguém se agrada?
Por que é que ele e os seus filhos
foram lançados fora,
jogados numa terra que não conhecem?

[29] Ó terra, terra, terra!
Ouça a palavra do Senhor!
[30] Assim diz o Senhor:
"Registrem que esse homem não teve filhos.
É homem que não prosperará
nos seus dias,
e nenhum dos seus filhos prosperará,
para se assentar no trono de Davi
e ainda reinar em Judá."

PROFECIA CONTRA OS MAUS PASTORES

23 [1]— Ai dos pastores que destroem e
dispersam as ovelhas do meu pasto!
— diz o SENHOR. [2]Portanto, assim diz o SENHOR,
o Deus de Israel, a respeito dos pastores que
apascentam o meu povo: "Vocês dispersaram as minhas ovelhas e as afugentaram,
e não cuidaram delas. Mas eu tratarei de
castigar vocês por causa das maldades que
praticaram, diz o SENHOR. [3]Eu mesmo recolherei o remanescente das minhas ovelhas,
de todas as terras para onde as tiver dispersado, e as farei voltar aos seus apriscos;
serão fecundas e se multiplicarão. [4]Porei
sobre elas pastores que as apascentem, e
elas jamais terão medo, nem ficarão assustadas; nem uma delas faltará, diz o SENHOR."

PROFECIA SOBRE O RENOVO DE DAVI

Jr 33.14-16

[5]— Eis que vêm dias, diz o SENHOR, em que
levantarei a Davi um Renovo justo; e, como
rei que é, reinará, agirá com sabedoria e
executará o juízo e a justiça na terra. [6]Nos
seus dias, Judá será salvo, e Israel habitará
seguro. E este será o nome pelo qual será
chamado: "SENHOR, Justiça Nossa".
[7]— Portanto, eis que vêm dias, diz o SENHOR,
em que nunca mais dirão: "Tão certo como
vive o SENHOR, que tirou os filhos de Israel da
terra do Egito", [8]mas: "Tão certo como vive
o SENHOR, que tirou e trouxe a descendência
da casa de Israel da terra do Norte e de todas
as terras para onde os tinha dispersado". E
habitarão na sua própria terra.

CONTRA OS FALSOS PROFETAS

[9]A respeito dos profetas:

"O meu coração está partido
dentro de mim.
Todos os meus ossos estremecem.
Sou como um homem embriagado
e como um homem
vencido pelo vinho,
por causa do SENHOR
e por causa das suas santas palavras.

[10]Porque a terra está cheia de adúlteros
e chora por causa
da maldição divina;
os pastos do deserto estão secos.
Porque o modo de vida deles é mau,
e seu uso da força não é reto."

[11]"Pois tanto o profeta
como o sacerdote
estão contaminados;
até na minha casa
achei a sua maldade",
diz o SENHOR.
[12]"Portanto, o caminho deles será
como lugares escorregadios
na escuridão,
para a qual serão empurrados
e na qual cairão.
Porque trarei sobre eles
a calamidade,
o ano da sua punição",
diz o SENHOR.
[13]"Nos profetas de Samaria
vi algo que causa desgosto:
profetizaram por Baal
e fizeram o meu povo de Israel
andar errante.
[14]Mas nos profetas de Jerusalém
vejo coisa horrenda:
cometem adultério,
andam com falsidade
e fortalecem as mãos
dos malfeitores,
para que não se convertam
da sua maldade.
Para mim,
todos eles se tornaram
como Sodoma,
e os moradores de Jerusalém,
como Gomorra.
[15]Portanto, assim diz
o SENHOR dos Exércitos
a respeito dos profetas:
Eis que os alimentarei com absinto
e lhes darei de beber
água envenenada;
porque dos profetas de Jerusalém
se derramou a impiedade
sobre toda a terra."

16 Assim diz o SENHOR dos Exércitos:
— Não deem ouvidos às palavras dos pro-
fetas que profetizam entre vocês e que os
enchem de falsas esperanças; falam as visões
do seu coração, não o que vem da boca do
SENHOR. 17 Dizem continuamente aos que me
desprezam: "O SENHOR disse: Vocês terão paz"; e
a todos os que andam segundo a dureza do seu
coração dizem: "Nenhum mal lhes sobrevirá."

18 Porque quem esteve
no conselho do SENHOR,
e viu, e ouviu a sua palavra?
Quem esteve atento à sua palavra
e a ouviu?
19 Eis a tempestade do SENHOR!
O furor saiu, e um vendaval passou
sobre a cabeça dos ímpios.
20 A ira do SENHOR não se desviará
até que ele execute e cumpra
os desígnios do seu coração.
Nos últimos dias, vocês entenderão isso
claramente.

21 "Não mandei esses profetas,
mas eles foram correndo;
não lhes falei, mas eles profetizaram.
22 Mas, se tivessem estado
no meu conselho,
teriam anunciado
as minhas palavras ao meu povo
e o teriam feito voltar
do seu mau caminho
e da maldade das suas ações."

23 — Sou eu Deus apenas de perto, diz
o SENHOR, e não também Deus de longe?
24 Pode alguém se ocultar em esconderi-
jos, de modo que eu não o veja? — diz o
SENHOR. Não encho eu os céus e a terra? —
diz o SENHOR. 25 Tenho ouvido o que dizem
aqueles profetas, proclamando mentiras
em meu nome, dizendo: "Sonhei, sonhei."
26 Até quando acontecerá isso no coração
dos profetas que proclamam mentiras, que
proclamam só o engano do próprio coração?
27 Até quando tentarão fazer com que o meu
povo se esqueça do meu nome por meio dos
sonhos que contam uns aos outros, assim
como os pais deles se esqueceram do meu
nome, por causa de Baal? 28 O profeta que
tem um sonho conte-o como um simples
sonho. Mas aquele em quem está a minha
palavra fale a minha palavra com verdade.
O que é que a palha tem a ver com o trigo? —
diz o SENHOR. 29 Não é a minha palavra como
fogo, diz o SENHOR, e como um martelo que
despedaça a rocha? 30 Portanto, eis que eu
sou contra esses profetas, diz o SENHOR, que
roubam as minhas palavras uns dos outros.
31 Eis que eu sou contra esses profetas, diz o
SENHOR, que pregam a sua própria palavra e
afirmam: "Ele disse." 32 Eis que eu sou con-
tra os que profetizam sonhos mentirosos,
diz o SENHOR, e os contam, e com as suas
mentiras e leviandades fazem o meu povo
andar errante. Eu não os enviei, nem lhes dei
ordem alguma; e eles não trazem nenhum
proveito a este povo, diz o SENHOR.

33 — Quando, pois, este povo ou um profeta
ou um sacerdote perguntar a você, Jeremias:
"Qual é a sentença pesada do SENHOR?", res-
ponda: "Vocês são o peso, e eu os lançarei
fora", diz o SENHOR. 34 E, se um profeta, um
sacerdote, ou alguém do povo disser: "Sen-
tença pesada do SENHOR", castigarei esse
homem e a sua casa. 35 Em vez disso, cada
um deveria perguntar ao seu companheiro
e ao seu irmão: "O que o SENHOR respon-
deu? O que foi que o SENHOR falou?" 36 Mas
nunca mais vocês devem fazer menção das
palavras "sentença pesada do SENHOR", pois
o que se tornará um peso para alguém é a
própria palavra que ele falou. Porque vocês
torcem as palavras do Deus vivo, do SENHOR
dos Exércitos, o nosso Deus. 37 O que você
deve perguntar a um profeta é: "O que foi
que o SENHOR lhe respondeu? O que foi que
o SENHOR falou?" 38 Mas, porque vocês dizem:
"Sentença pesada do SENHOR", assim diz o
SENHOR: Porque vocês continuam a usar as
palavras "sentença pesada do SENHOR",
quando eu lhes havia proibido de fazer isso,
39 eu os levantarei e os lançarei fora da minha
presença, tanto vocês como a cidade que dei
a vocês e aos seus pais. 40 Porei sobre vocês
perpétuo desprezo e eterna vergonha, que
jamais serão esquecidos.

A VISÃO DOS DOIS CESTOS DE FIGOS

24 1 O Senhor me mostrou dois cestos de figos postos diante do templo do Senhor. Isso aconteceu depois que Nabucodonosor, rei da Babilônia, levou para o cativeiro Jeconias, filho de Jeoaquim, rei de Judá, as autoridades de Judá, os artífices e os ferreiros; ele os levou de Jerusalém à Babilônia. 2 Um cesto tinha figos muito bons, como os figos do começo da colheita, mas o outro tinha figos ruins, que eram tão ruins que não se podiam comer. 3 Então o Senhor me perguntou:

— O que você está vendo, Jeremias?

Eu respondi:

— Figos! Os figos bons são muito bons e os ruins são muito ruins, tão ruins que não se podem comer.

4 Então a palavra do Senhor veio a mim, dizendo:

5 — Assim diz o Senhor, o Deus de Israel: Os exilados de Judá, que eu enviei deste lugar para a terra dos caldeus, são como esses figos bons: eu os considero bons. 6 Olharei para eles favoravelmente e os trarei de volta para esta terra. Eu os edificarei e não os destruirei; plantarei e não arrancarei. 7 Eu lhes darei um coração para que me conheçam, para que saibam que eu sou o Senhor. Eles serão o meu povo, e eu serei o seu Deus, porque se voltarão para mim de todo o seu coração.

8 — Como se rejeitam os figos ruins, que são tão ruins que não se podem comer, assim tratarei Zedequias, rei de Judá, diz o Senhor, e os seus oficiais, e o restante de Jerusalém, tanto os que ficaram nesta terra como os que moram na terra do Egito. 9 Farei deles um motivo de espanto, uma calamidade para todos os reinos da terra. Em todos os lugares para onde os dispersarei, serão objeto de deboche, de provérbio, de escárnio e de maldição. 10 Enviarei contra eles a espada, a fome e a peste, até que desapareçam da terra que lhes dei, a eles e aos seus pais.

SETENTA ANOS DE CATIVEIRO

25 1 Palavra que veio a Jeremias a respeito de todo o povo de Judá, no quarto ano do reinado de Jeoaquim, filho de Josias, rei de Judá, que era o primeiro ano do reinado de Nabucodonosor, rei da Babilônia. 2 O profeta Jeremias anunciou a todo o povo de Judá e a todos os moradores de Jerusalém, dizendo:

3 — Durante vinte e três anos, desde o décimo terceiro ano do reinado de Josias, filho de Amom, rei de Judá, até hoje, a palavra do Senhor tem vindo a mim, e sempre de novo eu a tenho anunciado a vocês, mas vocês não escutaram. 4 Também sempre de novo o Senhor enviou os seus servos, os profetas, mas vocês não escutaram nem inclinaram os ouvidos para ouvir, 5 quando eles diziam: "Convertam-se agora, cada um de vocês, do seu mau caminho e da maldade das suas ações, e vocês habitarão na terra que o Senhor deu a vocês e aos seus pais, desde os tempos antigos e para sempre. 6 Não sigam outros deuses para os servir e adorar, nem me provoquem à ira com as obras de suas mãos. E então não lhes farei mal algum. 7 Mas vocês não me deram ouvidos, diz o Senhor. Pelo contrário, me provocaram à ira com as obras de suas mãos, para o próprio mal de vocês."

8 — Portanto, assim diz o Senhor dos Exércitos: Visto que vocês não escutaram as minhas palavras, 9 eis que mandarei buscar todas as tribos do Norte, diz o Senhor, e também Nabucodonosor, rei da Babilônia, meu servo, e os trarei contra esta terra, contra os seus moradores e contra todas estas nações ao redor, e os destruirei totalmente. Farei deles um objeto de horror e de vaias, ruínas perpétuas. 10 Farei cessar entre eles o som das festas e da alegria, a voz do noivo e a voz da noiva, o ruído das pedras do moinho e a luz das lamparinas. 11 Toda esta terra virá a ser uma ruína, objeto de horror, e estas nações servirão o rei da Babilônia durante setenta anos. 12 Acontecerá, porém, que, quando se cumprirem os setenta anos, castigarei o rei da Babilônia e aquela nação, a terra dos caldeus, por causa de sua iniquidade, diz o Senhor; farei deles ruínas perpétuas. 13 Farei com que se cumpram sobre aquela terra todas as minhas

ameaças que proferi contra ela, tudo o que
está escrito neste livro e que Jeremias pro-
fetizou contra todas as nações. 14 Porque
também eles serão escravos de muitas
nações e de grandes reis, e assim lhes retri-
buirei segundo os seus feitos e segundo as
obras das suas mãos.

O CASTIGO DAS NAÇÕES

15 Porque assim me disse o Senhor, o Deus
de Israel:
— Pegue o cálice do vinho do meu furor
que está em minha mão e faça com que
bebam dele todas as nações às quais eu o
enviar. 16 Elas beberão, ficarão tremendo e
enlouquecerão, por causa da espada que eu
enviarei para o meio delas.

17 Peguei o cálice da mão do Senhor e dei
de beber a todas as nações às quais o Senhor
tinha me enviado: 18 Jerusalém, as cidades
de Judá, os seus reis e as suas autoridades,
para fazer deles uma ruína, objeto de hor-
ror, de vaias e de maldição, como hoje se vê;
19 Faraó, rei do Egito, os seus servos, as suas
autoridades e todo o seu povo; 20 todo misto
de gente, todos os reis da terra de Uz, todos
os reis da terra dos filisteus: Asquelom, Gaza,
Ecrom e o que resta de Asdode; 21 Edom,
Moabe e os filhos de Amom; 22 todos os reis
de Tiro, todos os reis de Sidom e os reis das
terras dalém do mar; 23 Dedã, Tema, Buz e
todos os que cortam os cabelos nas têmpo-
ras; 24 todos os reis da Arábia e todos os reis
do misto de gente que habita no deserto;
25 todos os reis de Zinri, todos os reis de Elão
e todos os reis da Média; 26 todos os reis do
Norte, os de perto e os de longe, um após
outro, e todos os reinos do mundo sobre a
face da terra; e, depois de todos eles, o rei
da Babilônia.

27 — Então você lhes dirá: Assim diz o
Senhor dos Exércitos, o Deus de Israel:
"Bebam, fiquem bêbados e vomitem; caiam
e não mais se levantem, por causa da espada
que estou enviando para o meio de vocês."
28 Se recusarem pegar o cálice que está em
sua mão, Jeremias, e não quiserem beber,
então diga-lhes: Assim diz o Senhor dos
Exércitos: "Vocês terão de bebê-lo! 29 Pois
eis que eu começo a castigar na cidade que
se chama pelo meu nome; portanto, como
vocês podem pensar que ficarão impunes?
Não, não ficarão impunes, porque eu chamo
a espada sobre todos os moradores da terra",
diz o Senhor dos Exércitos.

30 — Você, Jeremias, profetize contra eles
todas estas palavras e diga-lhes:

"O Senhor lá do alto rugirá
e da sua santa morada
  fará ouvir a sua voz.
Rugirá fortemente contra o seu povo,
com brados contra todos
  os moradores da terra,
como o 'eia!' dos que pisam as uvas.
31 O estrondo chegará
  até os confins da terra,
porque o Senhor tem
  uma controvérsia com as nações;
entrará em juízo contra toda
  a humanidade,
e entregará os ímpios à espada",
  diz o Senhor.

32 Assim diz o Senhor dos Exércitos:
"Eis que a calamidade
  passa de nação para nação,
e grande tempestade
  se levanta dos confins da terra."

33 — Os que o Senhor entregar à morte
naquele dia se estenderão de uma a outra
extremidade da terra. Não serão prantea-
dos, nem recolhidos, nem sepultados; serão
como esterco sobre a face da terra.

34 "Lamentem, pastores, e gritem!
Rolem no pó, vocês,donos do rebanho!
Porque chegou o tempo
  de serem mortos e dispersos;
vocês cairão como jarros preciosos.
35 Não haverá refúgio para os pastores,
nem salvamento para os donos
  do rebanho.
36 Vozes! É o grito dos pastores
e o uivo dos donos do rebanho!
Porque o Senhor está destruindo
  o pasto deles.

37 Porque as pastagens tranquilas
serão devastadas,
por causa do furor da ira do SENHOR.
38 Saiu da sua morada como um leão;
porque a terra deles
foi posta em ruínas,
por causa da espada do opressor
e por causa do furor da sua ira."

JEREMIAS É AMEAÇADO DE MORTE

26 1 No princípio do reinado de Jeoaquim, filho de Josias, rei de Judá, veio esta palavra do SENHOR:

2 — Assim diz o SENHOR: Fique no átrio da Casa do SENHOR e diga ao povo de todas as cidades de Judá que vem adorar na Casa do SENHOR todas as palavras que ordenei que você lhes dissesse. Não omita nem uma palavra sequer. 3 Talvez eles ouçam e se convertam, cada um do seu mau caminho; então eu mudarei de ideia a respeito do mal que estou planejando fazer-lhes por causa da maldade das suas ações. 4 Diga-lhes o seguinte: Assim diz o SENHOR: "Se vocês não me derem ouvidos para andarem na minha lei, que pus diante de vocês, 5 e para ouvirem as palavras dos meus servos, os profetas, que sempre de novo lhes tenho enviado e aos quais até agora vocês não quiseram ouvir, 6 então farei com que este templo seja como Siló e farei desta cidade maldição para todas as nações da terra."

7 Os sacerdotes, os profetas e todo o povo ouviram Jeremias, quando proferia essas palavras na Casa do SENHOR. 8 Quando Jeremias acabou de falar ao povo tudo o que o SENHOR lhe havia ordenado, os sacerdotes, os profetas e todo o povo o prenderam, dizendo:

— Você será morto. 9 Como você ousa profetizar em nome do SENHOR, dizendo que este templo será como Siló, e que esta cidade será destruída e ficará sem moradores?

E todo o povo se ajuntou contra Jeremias, na Casa do SENHOR.

10 Quando as autoridades de Judá ouviram isso, subiram do palácio do rei à Casa do SENHOR e se assentaram à entrada da Porta Nova da Casa do SENHOR. 11 Então os sacerdotes e os profetas falaram às autoridades e a todo o povo, dizendo:

— Este homem é réu de morte, porque profetizou contra esta cidade, como vocês ouviram com os seus próprios ouvidos.

12 Então Jeremias falou a todas as autoridades e a todo o povo, dizendo:

— O SENHOR me enviou a profetizar contra este templo e contra esta cidade todas as palavras que vocês ouviram. 13 E agora corrijam a sua conduta e as suas ações, e ouçam a voz do SENHOR, seu Deus; então o SENHOR mudará de ideia a respeito do mal que falou contra vocês. 14 Quanto a mim, eis que estou nas mãos de vocês; façam comigo segundo lhes parecer bom e reto. 15 Saibam, porém, com certeza que, se me matarem, trarão sangue inocente sobre vocês, sobre esta cidade e sobre os seus moradores; porque, na verdade, o SENHOR me enviou a vocês, para anunciar-lhes estas palavras.

16 Então as autoridades e todo o povo disseram aos sacerdotes e aos profetas:

— Este homem não é réu de morte, porque nos falou em nome do SENHOR, nosso Deus.

17 Também alguns dos anciãos da terra se levantaram e falaram a toda a congregação do povo, dizendo:

18 — Miqueias, de Moresete, profetizou nos dias de Ezequias, rei de Judá, e falou a todo o povo de Judá, dizendo:

Assim diz o SENHOR dos Exércitos:
"Sião será lavrada como um campo,
Jerusalém se tornará em montões
de ruínas,
e o monte do templo,
numa colina coberta de mato."

19 — Por acaso, Ezequias, rei de Judá, e todo o Judá mataram Miqueias? Não é fato que Ezequias temeu o SENHOR e implorou o favor do SENHOR? E o SENHOR não mudou de ideia a respeito do mal que tinha falado contra eles? E nós vamos trazer tão grande mal sobre nós mesmos?

20 — Também houve outro homem, Urias, filho de Semaías, de Quiriate-Jearim, que profetizava em nome do SENHOR e profetizou

contra esta cidade e contra esta terra, assim
como Jeremias está fazendo. 21 Quando o rei
Jeoaquim, e todos os seus valentes, e todas
as autoridades ouviram as palavras de
Urias, o rei quis matá-lo. Mas Urias, ouvindo
isto, ficou com medo e fugiu para o Egito.
22 Porém o rei Jeoaquim enviou Elnatã, filho
de Acbor, ao Egito e com ele outros homens.
23 Eles trouxeram Urias do Egito e o entrega-
ram ao rei Jeoaquim, que mandou matá-lo
à espada e lançar o cadáver nas sepulturas
do povo simples.

24 Porém a influência de Aicão, filho de Safã,
protegeu Jeremias, para que ele não fosse
entregue nas mãos do povo, para ser morto.

AS CANGAS SIMBÓLICAS

27 1 No princípio do reinado de Zede-
quias, filho de Josias, rei de Judá,
veio da parte do SENHOR esta palavra a Jere-
mias: 2 Assim me disse o SENHOR:

— Faça cangas com tiras de couro e can-
zis e coloque-as no seu pescoço. 3 Por meio
dos mensageiros que vieram a Jerusalém
para se encontrar com Zedequias, rei de
Judá, envie essas cangas ao rei de Edom, ao
rei de Moabe, ao rei dos filhos de Amom,
ao rei de Tiro e ao rei de Sidom. 4 Ordene-
-lhes que digam aos seus senhores: Assim
diz o SENHOR dos Exércitos, o Deus de Israel:
5 — "Eu fiz a terra, os seres humanos e
os animais que estão sobre a face da terra,
com o meu grande poder e com o meu braço
estendido, e a dou a quem eu quiser. 6 Agora
eu entreguei todas estas terras nas mãos de
Nabucodonosor, rei da Babilônia, meu servo.
Até os animais selvagens eu entreguei a ele,
para que o sirvam. 7 Todas as nações servi-
rão a ele, a seu filho e ao filho de seu filho,
até que também chegue a vez da sua própria
terra, quando muitas nações e grandes reis
o fizerem seu escravo."

8 — "Se alguma nação ou reino não ser-
vir Nabucodonosor, rei da Babilônia, e não
puser o pescoço debaixo do jugo do rei da
Babilônia, então castigarei essa nação com
espada, com fome e com peste, diz o SENHOR,
até que eu a destrua completamente por
meio de Nabucodonosor. 9 Quanto a vocês,
não deem ouvidos aos seus profetas, aos
seus adivinhos, aos seus sonhadores, aos
seus agoureiros e aos seus encantadores,
que dizem que vocês não devem servir o
rei da Babilônia. 10 Porque eles profetizam
mentiras para que vocês sejam mandados
para longe da sua terra, e para que vocês
sejam expulsos por mim e destruídos. 11 Mas
a nação que colocar o pescoço sob o jugo
do rei da Babilônia e o servir, eu a deixarei
na sua terra, para cultivá-la e morar nela",
diz o SENHOR.

12 Também a Zedequias, rei de Judá, eu
falei nos mesmos termos, dizendo:

— Coloquem o pescoço sob o jugo do rei
da Babilônia, sirvam a ele e ao seu povo,
e vocês viverão. 13 Por que é que você e o
seu povo morreriam à espada, de fome e de
peste, como o SENHOR disse que acontecerá
com a nação que não servir o rei da Babilô-
nia? 14 Não deem ouvidos às palavras dos
profetas que dizem que vocês não devem
servir o rei da Babilônia. É mentira o que
eles profetizam. 15 Porque não os enviei, diz
o SENHOR, e profetizam falsamente em meu
nome, para que vocês sejam expulsos por
mim e destruídos, vocês e eles que profeti-
zam essas coisas.

16 Também falei aos sacerdotes e a todo
este povo, dizendo:

— Assim diz o SENHOR: "Não deem ouvidos
às palavras dos seus profetas que dizem que
em breve os utensílios da Casa do SENHOR
serão trazidos de volta da Babilônia. É men-
tira o que eles profetizam. 17 Não deem
ouvidos ao que eles dizem; sirvam o rei da
Babilônia e vocês viverão. Por que fazer com
que esta cidade se torne um montão de ruí-
nas? 18 Porém, se eles são profetas, e se a
palavra do SENHOR está com eles, que orem
ao SENHOR dos Exércitos, para que os uten-
sílios que ficaram na Casa do SENHOR, e no
palácio do rei de Judá, e em Jerusalém não
sejam levados para a Babilônia."

19 — Porque assim diz o SENHOR dos Exér-
citos a respeito das colunas, do mar de
fundição, dos suportes e dos outros uten-
sílios que ficaram na cidade, 20 os quais
Nabucodonosor, rei da Babilônia, não levou,

quando deportou, de Jerusalém para a Babi-
lônia, Jeconias, filho de Jeoaquim, rei de
Judá, assim como todos os nobres de Judá
e de Jerusalém; 21 sim, isto diz o Senhor dos
Exércitos, o Deus de Israel, a respeito dos
utensílios que ficaram na Casa do Senhor, e
no palácio do rei de Judá, e em Jerusalém:
22 "Serão levados para a Babilônia, onde fica-
rão até o dia em que eu atentar para eles, diz
o Senhor; então farei com que sejam trazidos
e devolvidos a este lugar."

JEREMIAS E O FALSO PROFETA HANANIAS

28 1 No mesmo ano, no princípio do
reinado de Zedequias, rei de Judá,
isto é, no quinto mês do quarto ano, Hana-
nias, filho de Azur e profeta da cidade de
Gibeão, falou comigo na Casa do Senhor, na
presença dos sacerdotes e de todo o povo.
Ele me disse:
2 — Assim diz o Senhor dos Exércitos, o
Deus de Israel: "Quebrei o jugo do rei da
Babilônia. 3 Dentro de dois anos, eu trarei
de volta a este lugar todos os utensílios da
Casa do Senhor, que Nabucodonosor, rei da
Babilônia, tirou daqui e levou para a Babilô-
nia. 4 Eu também trarei de volta a este lugar
Jeconias, filho de Jeoaquim, rei de Judá, e
todos os exilados de Judá que foram para
a Babilônia, diz o Senhor; porque quebrei o
jugo do rei da Babilônia."
5 Então o profeta Jeremias respondeu ao
profeta Hananias, na presença dos sacerdo-
tes e de todo o povo que estava na Casa do
Senhor. 6 Jeremias disse:
— Amém! Que assim faça o Senhor! Que
o Senhor confirme as palavras que você
profetizou, e traga de volta a este lugar os
utensílios da Casa do Senhor e todos os exila-
dos que estão na Babilônia. 7 Mas ouça bem
esta palavra, que eu falo a você e a todo o
povo: 8 Os profetas que houve antes de mim
e antes de você, desde a antiguidade, pro-
fetizaram guerra, calamidade e peste contra
muitas terras e grandes reinos. 9 O profeta
que profetizar paz será conhecido como pro-
feta enviado pelo Senhor apenas quando a
sua palavra se cumprir.
10 Então o profeta Hananias tirou a canga que
estava no pescoço do profeta Jeremias e a que-
brou. 11 Depois falou na presença de todo o povo:
— Assim diz o Senhor: "Deste modo, dentro
de dois anos, quebrarei o jugo que Nabu-
codonosor, rei da Babilônia, pôs sobre o
pescoço de todas as nações."
Diante disso, Jeremias, o profeta, foi em-
bora, seguindo o seu caminho.
12 Mas depois que Hananias, o profeta,
quebrou a canga que estava no pescoço do
profeta Jeremias, veio a palavra do Senhor a
Jeremias, dizendo:
13 — Vá e fale com Hananias, dizendo:
Assim diz o Senhor: "Você quebrou uma
canga de madeira, mas ela será substituída
por uma canga de ferro. 14 Porque assim diz o
Senhor dos Exércitos, o Deus de Israel: Porei
um jugo de ferro sobre o pescoço de todas
estas nações, para servirem Nabucodonosor,
rei da Babilônia; e elas o servirão. Até os ani-
mais selvagens eu entreguei a ele."
15 Então o profeta Jeremias disse ao pro-
feta Hananias:
— Escute bem, Hananias: O Senhor não o
enviou, mas você fez com que este povo con-
fiasse em mentiras. 16 Por isso, assim diz o
Senhor: "Eis que eu o expulsarei da face da
terra. Você morrerá ainda este ano, porque
pregou rebeldia contra o Senhor."
17 E o profeta Hananias morreu naquele
mesmo ano, no sétimo mês.

A CARTA DE JEREMIAS AOS CATIVOS DA BABILÔNIA

29 1 São estas as palavras da carta que
o profeta Jeremias enviou de Jeru-
salém ao resto dos anciãos do cativeiro, aos
sacerdotes, aos profetas e a todo o povo que
Nabucodonosor havia deportado de Jerusa-
lém para a Babilônia. 2 Isso aconteceu depois
que saíram de Jerusalém o rei Jeconias, a
rainha-mãe, os oficiais, as autoridades de
Judá e Jerusalém e os carpinteiros e ferrei-
ros. 3 A carta foi levada por Elasa, filho de
Safã, e por Gemarias, filho de Hilquias, os
quais Zedequias, rei de Judá, tinha enviado
à Babilônia, a Nabucodonosor, rei da Babi-
lônia. Ela dizia o seguinte:

4 Assim diz o Senhor dos Exércitos, o Deus
de Israel, a todos os exilados que eu
deportei de Jerusalém para a Babilônia:
5 "Construam casas e morem nelas; plan-
tem pomares e comam o seu fruto.
6 Casem e tenham filhos e filhas; esco-
lham esposas para os filhos de vocês e
deem as suas filhas em casamento, para
que tenham filhos e filhas. Aumentem
em número e não diminuam aí na Babi-
lônia! 7 Procurem a paz da cidade para
onde eu os deportei e orem por ela ao
Senhor; porque na sua paz vocês terão
paz. 8 Porque assim diz o Senhor dos Exér-
citos, o Deus de Israel: Não se deixem
enganar pelos profetas e adivinhos que
vivem no meio de vocês. Não deem ouvi-
dos aos sonhadores, que sempre sonham
segundo o desejo de vocês. 9 Porque eles
profetizam falsamente em meu nome;
eu não os enviei", diz o Senhor.
10 Assim diz o Senhor: "Logo que se cum-
prirem para a Babilônia setenta anos,
atentarei para vocês e cumprirei a pro-
messa que fiz a vocês, trazendo-os de
volta a este lugar. 11 Eu é que sei que pen-
samentos tenho a respeito de vocês", diz
o Senhor. "São pensamentos de paz e não
de mal, para dar-lhes um futuro e uma
esperança. 12 Então vocês me invocarão,
se aproximarão de mim em oração, e eu
os ouvirei. 13 Vocês me buscarão e me
acharão quando me buscarem de todo
o coração. 14 Serei achado por vocês", diz
o Senhor, "e farei com que mude a sorte
de vocês. Eu os congregarei de todas as
nações e de todos os lugares para onde
os dispersei", diz o Senhor, "e trarei vocês
de volta ao lugar de onde os mandei para
o exílio."
15 Vocês dizem: "O Senhor nos suscitou pro-
fetas na Babilônia." 16 Mas assim diz o
Senhor a respeito do rei que se assenta
no trono de Davi e de todo o povo que
vive nesta cidade, os irmãos de vocês
que não foram com vocês para o exí-
lio. 17 Assim diz o Senhor dos Exércitos:
"Eis que enviarei contra eles a espada,
a fome e a peste e farei com que sejam
como figos ruins, que são tão ruins que
não se podem comer. 18 Eu os persegui-
rei com a espada, a fome e a peste. Farei
deles um motivo de espanto para todos
os reinos da terra e os porei por objeto de
maldição, de horror, de vaias e de debo-
che entre todas as nações para onde
os tiver dispersado. 19 Porque eles não
deram ouvidos às minhas palavras", diz o
Senhor, "que sempre de novo lhes enviei
por meio dos meus servos, os profetas. E
vocês também não quiseram ouvir", diz o
Senhor. 20 "Portanto, escutem a palavra do
Senhor, todos vocês exilados, que enviei
de Jerusalém para a Babilônia."
21 Assim diz o Senhor dos Exércitos, o Deus
de Israel, a respeito de Acabe, filho de
Colaías, e de Zedequias, filho de Maa-
seias, que estão no meio de vocês e
profetizam mentiras em meu nome: "Eis
que os entregarei nas mãos de Nabuco-
donosor, rei da Babilônia, e ele os matará
diante dos olhos de vocês. 22 Daí surgirá
nova espécie de maldição entre os exi-
lados de Judá que estão na Babilônia:
'Que o Senhor faça com você o que fez
com Zedequias e Acabe, os quais o rei da
Babilônia assou no fogo!' 23 Isso porque
fizeram loucura em Israel, cometeram
adultério com as mulheres de seus com-
panheiros e anunciaram falsamente em
meu nome palavras que não lhes mandei
dizer. Eu o sei e sou testemunha disso",
diz o Senhor.

O FALSO PROFETA SEMAÍAS

24 — A Semaías, de Neelão, diga que
25 assim diz o Senhor dos Exércitos, o Deus
de Israel:

— Em seu próprio nome você enviou car-
tas a todo o povo que está em Jerusalém, a
Sofonias, filho de Maaseias, o sacerdote, e
a todos os sacerdotes, dizendo: 26 "O Senhor
o constituiu sacerdote em lugar do sacer-
dote Joiada, para que, na Casa do Senhor,
você se encarregue de todo louco que quer
passar por profeta, para lançá-lo na prisão
e prendê-lo no tronco. 27 Então, por que
você não repreendeu Jeremias, de Anatote,

Existe beleza no processo pelo qual você está passando.

que profetiza no meio de vocês? 28 Pois nos enviou mensageiros à Babilônia para nos dizer: 'O exílio vai ser longo! Construam casas e morem nelas; plantem pomares e comam o seu fruto.'"

29 O sacerdote Sofonias leu esta carta em voz alta para o profeta Jeremias. 30 Então veio a palavra do SENHOR a Jeremias, dizendo:

31 — Mande dizer a todos os exilados: "Assim diz o SENHOR a respeito de Semaías, de Neelão: Visto que Semaías profetizou a vocês sem que eu o tenha enviado e fez com que vocês confiassem em mentiras, 32 assim diz o SENHOR: Eis que castigarei Semaías, de Neelão, e a sua descendência. Ele não terá ninguém que habite entre este povo e não verá o bem que hei de fazer ao meu povo, diz o SENHOR, porque pregou rebeldia contra o SENHOR."

DEUS PROMETE RESTAURAR O SEU POVO

30 1 Palavra que foi dita a Jeremias da parte do SENHOR:

2 — Assim diz o SENHOR, Deus de Israel: Escreva num livro todas as palavras que eu lhe falei. 3 Porque eis que vêm dias, diz o SENHOR, em que mudarei a sorte do meu povo de Israel e de Judá, diz o SENHOR. Farei com que voltem para a terra que dei aos seus pais, e eles a possuirão.

4 São estas as palavras que o SENHOR falou a respeito de Israel e de Judá:

5 Assim diz o SENHOR:
"Ouvimos um grito de terror,
um grito de medo e não de paz.
6 Perguntem e vejam se um homem
pode dar à luz uma criança?
Por que, então,
vejo todos esses homens
com as mãos na cintura,
como se fossem uma mulher
que está dando à luz?
E por que se tornaram pálidos
todos os rostos?
7 Ah! Que grande é aquele dia,
e não há outro semelhante!
É tempo de angústia para Jacó,
mas ele será salvo dela."

8 — Naquele dia, diz o SENHOR dos Exércitos, eu quebrarei o jugo que está sobre o pescoço de vocês e despedaçarei as correias. E nunca mais estrangeiros irão escravizar este povo, 9 que servirá ao SENHOR, seu Deus, e também a Davi, que lhes darei como rei.

10 "Portanto, não tenha medo,
meu servo Jacó", diz o SENHOR,
"nem se atemorize, ó Israel.
Pois eis que eu o livrarei
dessa terra distante
e salvarei a sua descendência
da terra do exílio.
Jacó voltará e ficará tranquilo
e sossegado;
e não haverá quem o atemorize.
11 Porque eu estou com você
para salvá-lo", diz o SENHOR.
"Por isso, destruirei
completamente
todas as nações
por onde o espalhei.
A você eu não destruirei
completamente,
mas castigarei em justa medida;
de modo nenhum
deixarei você impune."

12 Porque assim diz o SENHOR:
"A sua ferida é incurável,
o seu ferimento é grave.
13 Não há quem defenda a sua causa;
não há remédio nem cura
para a sua ferida.
14 Todos os seus amantes
se esqueceram de você;
já não perguntam por você.
Porque eu a feri
como se você fosse um inimigo;
o castigo foi cruel, por causa da grandeza
da sua maldade
e da multidão dos seus pecados.
15 Por que você grita
por causa da sua ferida?
Essa sua dor é incurável.
Por causa da grandeza de sua maldade
e da multidão dos seus pecados
é que eu fiz estas coisas.

[16] Por isso, todos os que a devoram
serão devorados,
e todos os seus inimigos
serão levados,
cada um deles para o cativeiro.
Aqueles que a despojam
serão despojados,
e entregarei ao saque
todos os que a saqueiam.
[17] Porque restaurarei a sua saúde
e curarei as suas feridas", diz o Senhor.
"Porque chamaram você
de repudiada, dizendo:
'É Sião, ninguém mais pergunta por ela.'"

[18] Assim diz o Senhor:
"Eis que restaurarei a sorte
das tendas de Jacó
e me compadecerei
das suas moradas.
A cidade será reedificada
sobre o seu montão de ruínas,
e o palácio será habitado outra vez.
[19] De lá sairão ações de graças
e os gritos dos que se alegram.
Eu os multiplicarei,
e não serão diminuídos;
eu os glorificarei,
e não serão desprezados.
[20] Os seus filhos serão
como antigamente,
e a sua congregação será firmada
diante de mim;
e castigarei todos os seus opressores.
[21] O seu príncipe procederá deles,
do meio deles sairá aquele
que há de reinar.
Farei com que ele se aproxime,
e ele chegará perto de mim;
pois quem por si mesmo ousaria
aproximar-se de mim?" —
diz o Senhor.
[22] "Vocês serão o meu povo,
e eu serei o seu Deus."

[23] Eis a tempestade do Senhor!
O furor saiu,
uma tempestade passou
sobre a cabeça dos ímpios.
[24] O furor da ira do Senhor não se
desviará
até que ele execute e cumpra
os desígnios do seu coração.
Nos últimos dias,
vocês entenderão isso.

LAMENTO TRANSFORMADO EM JÚBILO

31 [1] — Naquele tempo, diz o Senhor,
serei o Deus de todas as tribos de
Israel, e elas serão o meu povo.

[2] Assim diz o Senhor:
"O povo que se livrou da espada
obteve favor no deserto.
Eu irei e darei descanso a Israel."

[3] De longe o Senhor lhe apareceu,
dizendo:
"Com amor eterno eu a amei;
por isso, com bondade a atraí.
[4] Eu a edificarei de novo,
e você será edificada,
ó virgem de Israel!
Mais uma vez você se enfeitará
com os seus tamborins
e sairá com o coro
dos que dançam.
[5] Mais uma vez
você plantará vinhas
nos montes de Samaria;
aqueles que as plantarem
comerão os frutos.
[6] Porque virá o dia
em que os atalaias gritarão
na região montanhosa
de Efraim:
'Levantem-se, e subamos a Sião,
ao Senhor, nosso Deus!'"

[7] Porque assim diz o Senhor:
"Cantem de alegria por causa de Jacó,
exultem por causa
da cabeça das nações.
Proclamem, cantem louvores
e digam:
'Salva, Senhor, o teu povo,
o remanescente de Israel.'

[8] Eis que eu os trarei
da terra do Norte
e os congregarei
das extremidades da terra.
Entre eles estarão também
os cegos e aleijados,
as mulheres grávidas
e as que estão para dar à luz;
em grande congregação,
voltarão para aqui.
[9] Virão com choro,
e com súplicas os levarei;
eu os guiarei aos ribeiros de águas,
por um caminho reto
em que não tropeçarão;
porque sou pai para Israel,
e Efraim é o meu primogênito."

[10] "Escutem a palavra do Senhor,
ó nações,
e anunciem isto
nas terras distantes do mar.
Digam: 'Aquele que espalhou Israel
o congregará e o guardará,
como um pastor faz
com o seu rebanho.'
[11] Porque o Senhor redimiu Jacó
e o livrou das mãos do que era
mais forte do que ele.
[12] Hão de vir e exultar
no monte Sião,
radiantes de alegria por causa dos bens
que o Senhor lhes deu:
o cereal, o vinho, o azeite,
os cordeiros e os bezerros.
Serão como um jardim regado,
e nunca mais desfalecerão."

[13] "Então a virgem se alegrará na dança,
juntamente com os jovens e os velhos.
Transformarei o seu pranto
em júbilo e os consolarei;
eu lhes darei alegria
em vez de tristeza.
[14] Saciarei a fome dos sacerdotes
com saborosa comida,
e o meu povo se fartará
com a minha bondade",
diz o Senhor.

[15] Assim diz o Senhor:
"Ouviu-se um clamor em Ramá,
pranto e grande lamento;
era Raquel chorando
por seus filhos
e inconsolável por causa deles,
porque já não existem."
[16] Assim diz o Senhor:
"Reprima a sua voz de choro
e enxugue as lágrimas
de seus olhos,
porque o seu trabalho será
recompensado",
diz o Senhor;
"pois os seus filhos voltarão
da terra do inimigo.
[17] Há esperança para o seu futuro",
diz o Senhor,
"porque os seus filhos voltarão
para a sua própria terra."

[18] "Ouvi muito bem que Efraim
se queixava, dizendo:
'Tu me castigaste,
e fui castigado
como novilho ainda não domado.
Converte-me,
e serei convertido,
porque tu és o Senhor,
o meu Deus.
[19] Na verdade,
depois que eu me afastei,
eu me arrependi;
depois que fui instruído,
bati no peito;
fiquei envergonhado, confuso,
porque suportei a afronta
da minha mocidade.'"

[20] "Não é Efraim
o meu filho querido,
o filho das minhas delícias?
Pois sempre que falo contra ele,
lembro dele com ternura.
Por isso, o meu coração se comove
por ele,
e dele certamente
me compadecerei",
diz o Senhor.

[21] "Coloque sinais e marcos
na estrada;
preste atenção na vereda,
no caminho por onde você passou.
Volte, ó virgem de Israel!
Volte para as suas cidades.
[22] Até quando você andará errante,
ó filha rebelde?
Porque o SENHOR criou
coisa nova na terra:
uma mulher
cortejando um homem!"

A PROSPERIDADE DO POVO DE DEUS

[23] Assim diz o SENHOR dos Exércitos, o Deus
de Israel:
— Quando eu os trouxer de volta do cati-
veiro, na terra de Judá e nas suas cidades se
dirá outra vez:

"O SENHOR a abençoe,
ó morada da justiça!
O SENHOR o abençoe, ó monte santo!"

[24] — Nela, habitarão Judá e todas as suas
cidades, bem como os lavradores e os
que pastoreiam os rebanhos. [25] Porque
satisfarei à alma cansada, e saciarei toda
alma desfalecida.
[26] Nisto, acordei e olhei ao redor; e o meu
sono tinha sido doce.
[27] — Eis que vêm dias, diz o SENHOR, em
que semearei a casa de Israel e a casa de
Judá com a semente de pessoas e de ani-
mais. [28] Como os vigiei para arrancar, para
derrubar, para subverter, para destruir e
para afligir, assim os vigiarei para edificar e
para plantar, diz o SENHOR. [29] Naqueles dias,
já não dirão:

"Os pais comeram uvas verdes,
e os dentes dos filhos
é que se embotaram."

[30] Pelo contrário, cada um morrerá por
causa da sua própria iniquidade. Quem
comer uvas verdes é que ficará com os den-
tes embotados.

A NOVA ALIANÇA COM ISRAEL

[31] — Eis aí vêm dias, diz o SENHOR, em que
firmarei nova aliança com a casa de Israel e
com a casa de Judá. [32] Não segundo a aliança
que fiz com os seus pais, no dia em que os
tomei pela mão, para os tirar da terra do Egito;
pois eles quebraram a minha aliança, ape-
sar de eu ter sido seu esposo, diz o SENHOR.
[33] Porque esta é a aliança que farei com a casa
de Israel, depois daqueles dias, diz o SENHOR:
Na mente lhes imprimirei as minhas leis,
também no seu coração as inscreverei; eu
serei o Deus deles, e eles serão o meu povo.
[34] Não ensinará jamais cada um ao seu pró-
ximo, nem cada um ao seu irmão, dizendo:
"Conheça o SENHOR!" Porque todos me conhe-
cerão, desde o menor até o maior deles, diz
o SENHOR. Pois perdoarei as suas iniquidades
e dos seus pecados jamais me lembrarei.

[35] Assim diz o SENHOR,
que dá o sol para a luz do dia
e as leis fixas à lua e às estrelas
para a luz da noite,
que agita o mar
e faz bramir as suas ondas;
SENHOR dos Exércitos
é o seu nome.
[36] "Se estas leis fixas falharem
diante de mim", diz o SENHOR,
"também a descendência
de Israel deixará de ser
uma nação diante de mim para sempre."

[37] Assim diz o SENHOR:
"Se puderem ser medidos
os céus lá em cima
e sondados os fundamentos
da terra cá embaixo,
também eu rejeitarei
toda a descendência de Israel,
por tudo o que fizeram",
diz o SENHOR.

[38] — Eis que vêm dias, diz o SENHOR, em que
esta cidade será reedificada para o SENHOR,
desde a Torre de Hananel até o Portão da
Esquina. [39] O cordel de medir se estenderá
em linha reta até a colina de Garebe, e depois

se virará na direção de Goa. 40 Todo o vale
dos cadáveres e da cinza e todos os campos
até o ribeiro de Cedrom, até a esquina do
Portão dos Cavalos para o leste, serão con-
sagrados ao SENHOR. Esta Jerusalém jamais
será arrancada ou destruída.

JEREMIAS COMPRA UM CAMPO EM ANATOTE

32 1 Palavra que foi dita a Jeremias da
parte do SENHOR, no décimo ano do
reinado de Zedequias, rei de Judá, ou décimo
oitavo ano do reinado de Nabucodonosor.
2 Ora, nesse tempo o exército do rei da Babi-
lônia cercava Jerusalém, e o profeta Jeremias
estava preso no pátio da guarda que estava
no palácio do rei de Judá. 3 Pois Zedequias,
rei de Judá, o havia encerrado, dizendo:

— Como você ousa profetizar que o SENHOR
Deus disse que entregará esta cidade nas
mãos do rei da Babilônia, e que este a con-
quistará? 4 Como ousa dizer que Zedequias,
rei de Judá, não escapará das mãos dos cal-
deus, mas infalivelmente será entregue
nas mãos do rei da Babilônia, vindo a falar
com ele pessoalmente e vendo-o face a face?
5 Como ousa profetizar que ele levará Zede-
quias para a Babilônia, onde ficará até que
o SENHOR atente para ele, como ele mesmo
disse, e que, se lutarmos contra os caldeus,
não seremos bem-sucedidos?

6 Jeremias disse:

— A palavra do SENHOR veio a mim, di-
zendo: 7 "Eis que Hanamel, filho de seu tio
Salum, virá falar com você, dizendo: 'Com-
pre o meu campo que está em Anatote, pois,
pela lei a respeito do resgate, compete a
você comprá-lo.'"

8 — Então, exatamente como o SENHOR
tinha dito, Hanamel, filho de meu tio, veio
falar comigo no pátio da guarda e me disse:
"Compre o meu campo que está em Anatote,
na terra de Benjamim, porque você tem o
direito de posse e de resgate. Compre!" Então
entendi que isto era a palavra do SENHOR.

9 — Assim comprei de Hanamel, filho de
meu tio, o campo que está em Anatote e
pesei o dinheiro para ele: duzentos gramas
de prata. 10 Assinei a escritura, fechei-a com
selo, chamei testemunhas e pesei o dinheiro
numa balança. 11 Peguei a escritura da com-
pra, tanto a selada, que continha o contrato e
as condições, como a cópia aberta, 12 e entre-
guei essa escritura da compra a Baruque,
filho de Nerias, filho de Maaseias, na pre-
sença de Hanamel, filho de meu tio, na
presença das testemunhas que assinaram a
escritura da compra, e na presença de todos
os judeus que estavam sentados no pátio da
guarda. 13 Na presença deles dei uma ordem
a Baruque, dizendo:

14 — Assim diz o SENHOR dos Exércitos, o
Deus de Israel: Pegue estas escrituras da com-
pra, tanto a selada como a aberta, e coloque-as
num vaso de barro, para que se conservem
por muitos dias. 15 Porque assim diz o SENHOR
dos Exércitos, o Deus de Israel: Ainda se com-
prarão casas, campos e vinhas nesta terra.

JEREMIAS PEDE ESCLARECIMENTOS A DEUS

16 — Depois que dei a escritura da compra
a Baruque, filho de Nerias, orei ao SENHOR,
dizendo:

17 — Ah! Senhor DEUS, eis que tu fizeste os
céus e a terra com o teu grande poder e com
o teu braço estendido; nada é demasiada-
mente difícil para ti. 18 Tu fazes misericórdia
até mil gerações, mas também retribuis a ini-
quidade dos pais nos filhos. Tu és o grande,
o poderoso Deus, cujo nome é SENHOR dos
Exércitos, 19 grande em conselho e magnífico
em obras. Os teus olhos estão abertos sobre
todos os caminhos dos filhos dos homens,
para dar a cada um segundo o seu proceder,
segundo o fruto das suas obras. 20 Fizeste
sinais e maravilhas na terra do Egito até o
dia de hoje, tanto em Israel como em toda
a humanidade, e assim adquiriste a fama
que tens até o dia de hoje. 21 Tiraste o teu
povo de Israel da terra do Egito, com sinais
e maravilhas, com mão poderosa e braço
estendido e com grande espanto, 22 e lhe
deste esta terra, que com juramento prome-
teste aos seus pais, terra que mana leite e
mel. 23 Entraram nela e dela tomaram posse,
mas não obedeceram à tua voz, nem anda-
ram na tua lei; de tudo o que lhes mandaste

que fizessem, nada fizeram. Por isso, trou-
xeste sobre eles todo este mal.
24 — Eis que rampas de ataque já foram
construídas ao redor da cidade, para ser
tomada, e a cidade, vencida pela espada,
pela fome e pela peste, cairá nas mãos dos
caldeus, que lutam contra ela. Como vês,
aquilo que disseste aconteceu. 25 No entanto,
Senhor Deus, tu me disseste: "Compre o
campo por dinheiro e chame testemunhas",
embora a cidade já esteja sendo entregue
nas mãos dos caldeus.

A RESPOSTA DE DEUS

26 Então a palavra do Senhor veio a Jere-
mias, dizendo:
27 — Eis que eu sou o Senhor, o Deus de toda
a humanidade. Será que existe algo demasia-
damente difícil para mim? 28 Portanto, assim
diz o Senhor: Eis que entregarei esta cidade
nas mãos dos caldeus, nas mãos de Nabuco-
donosor, rei da Babilônia, e ele a tomará. 29 Os
caldeus, que lutam contra esta cidade, entra-
rão nela, porão fogo nesta cidade e queimarão
as casas sobre cujos terraços queimaram
incenso a Baal e ofereceram libações a outros
deuses, para me provocarem à ira. 30 Porque
os filhos de Israel e os filhos de Judá só fize-
ram o que é mau aos meus olhos, desde a
sua mocidade. Tudo o que os filhos de Israel
fizeram foi provocar-me à ira com as obras
das suas mãos, diz o Senhor. 31 Porque esta
cidade, desde o dia em que a construíram
até o dia de hoje, tem servido para provocar
a minha ira e o meu furor. Por isso, vou remo-
vê-la da minha presença, 32 por causa de toda
a maldade que os filhos de Israel e os filhos
de Judá fizeram, para me provocarem à ira,
eles, os seus reis, as suas autoridades, os seus
sacerdotes e os seus profetas, bem como o
povo de Judá e os moradores de Jerusalém.
33 Eles me viraram as costas e não o rosto.
E, embora eu os ensinasse sempre de novo,
eles não quiseram ouvir, para receberem a
advertência. 34 Pelo contrário, puseram as
suas abominações no templo que se chama
pelo meu nome, para o profanarem. 35 Edifi-
caram os altos de Baal, que estão no vale de
Ben-Hinom, para queimarem os seus filhos
e as suas filhas em sacrifício a Moloque, algo
que nunca lhes ordenei, nem me passou pela
mente que fizessem tal abominação, para
levarem Judá a pecar.

PROMESSA DE ESPERANÇA

36 — Agora, pois, assim diz o Senhor, o Deus
de Israel, a respeito desta cidade, da qual
vocês dizem que já foi entregue nas mãos
do rei da Babilônia, pela espada, pela fome
e pela peste. 37 Eis que eu os congregarei de
todas as terras, para onde os dispersei na
minha ira, no meu furor e na minha grande
indignação. Eu os farei voltar a este lugar e
farei com que nele habitem em segurança.
38 — Eles serão o meu povo, e eu serei o seu
Deus. 39 Eu lhes darei um só coração e um
só caminho, para que me temam todos os
dias, para o seu próprio bem e o bem de seus
filhos. 40 Farei com eles uma aliança eterna,
segundo a qual não deixarei de lhes fazer o
bem; porei o meu temor no coração deles,
para que nunca se afastem de mim. 41 Terei
alegria em lhes fazer o bem, e os plantarei
firmemente nesta terra, de todo o meu cora-
ção e de toda a minha alma.
42 — Porque assim diz o Senhor: Assim
como fiz vir sobre este povo todo este grande
mal, assim lhes trarei todo o bem que lhes
estou prometendo. 43 Ainda se comprarão
campos nesta terra, da qual vocês dizem:
"Está deserta, sem pessoas e sem animais;
foi entregue nas mãos dos caldeus." 44 Com-
prarão campos por dinheiro, assinarão as
escrituras e as fecharão com selos, e chama-
rão testemunhas, na terra de Benjamim, nos
arredores de Jerusalém, nas cidades de Judá,
nas cidades da região montanhosa, nas cida-
des da Sefelá e nas cidades do Sul. Porque eu
os trarei de volta do cativeiro, diz o Senhor.

PROMESSAS DE PAZ E PROSPERIDADE

33 1 Quando Jeremias ainda estava
encarcerado no pátio da guarda, a
palavra do Senhor veio a ele pela segunda
vez, dizendo:
2 — Assim diz o Senhor que faz estas coisas,
o Senhor que as forma para as estabelecer

Jesus sabe a medida da exposição, ele é o seu amigo e ajudador, então confie em seus comandos.

— Senhor é o seu nome: 3 Chame por mim
e eu responderei; eu lhe anunciarei coisas
grandes e ocultas, que você não conhece.
4 Porque assim diz o Senhor, o Deus de Israel,
a respeito das casas desta cidade e das casas
dos reis de Judá, que foram derrubadas para
defender a cidade contra as rampas de ata-
que e a espada: 5 Quando se der a batalha
contra os caldeus, eu as encherei de cadáve-
res daqueles que serão feridos por minha ira
e meu furor. Porque desta cidade escondi o
meu rosto, por causa de toda a sua maldade.

6 — Eis que lhe trarei saúde e cura e os
sararei; e lhes revelarei abundância de paz
e segurança. 7 Restaurarei a sorte de Judá e de
Israel e os edificarei como no princípio. 8 Eu
os purificarei de toda a sua iniquidade com
que pecaram contra mim e perdoarei todas
as suas iniquidades com que pecaram e se
revoltaram contra mim. 9 Jerusalém será para
mim um motivo de fama, louvor e glória,
entre todas as nações da terra que ouvirem
todo o bem que eu lhe faço. Temerão e tre-
merão por causa de todo o bem e por causa
de toda a paz que eu lhe dou.

10 — Assim diz o Senhor: "Neste lugar, que
vocês dizem que está deserto, sem pessoas e
sem animais, nas cidades de Judá e nas ruas
de Jerusalém, que estão arrasadas, sem pes-
soas, sem moradores e sem animais, ainda
se ouvirá 11 o som das festas e da alegria, a
voz do noivo e a voz da noiva, e a voz dos
que cantam:

'Deem graças ao Senhor dos Exércitos,
porque ele é bom,
porque a sua misericórdia
dura para sempre.'"

— "Também se ouvirá a voz dos que tra-
zem ofertas de ações de graças à Casa do
Senhor; porque restaurarei a sorte da terra
como no princípio", diz o Senhor.

12 — Assim diz o Senhor dos Exércitos:
"Ainda neste lugar, que está deserto, sem
pessoas e sem animais, e em todas as suas
cidades, haverá moradas onde pastores farão
repousar os seus rebanhos. 13 Nas cidades da
região montanhosa, nas cidades da Sefelá,
nas cidades do Sul, na terra de Benjamim,
nos arredores de Jerusalém e nas cidades
de Judá, ainda passarão os rebanhos pelas
mãos de quem os conte", diz o Senhor.

REPETIÇÃO DA PROMESSA DO RENOVO DE DAVI

Jr 23.5-6

14 — Eis que vêm dias, diz o Senhor, em que
cumprirei a promessa que fiz à casa de Israel
e à casa de Judá. 15 Naqueles dias e naquele
tempo, farei brotar a Davi um Renovo de
justiça, e ele executará o juízo e a justiça
na terra. 16 Naqueles dias, Judá será salvo e
Jerusalém habitará em segurança; ela será
chamada "Senhor, Justiça Nossa".

17 — Porque assim diz o Senhor: Nunca fal-
tará a Davi homem que se assente no trono
da casa de Israel, 18 nem aos sacerdotes levi-
tas faltará homem diante de mim, para que
ofereça holocausto, queime oferta de cereais
e faça sacrifício todos os dias.

19 A palavra do Senhor veio a Jeremias,
dizendo:

20 — Assim diz o Senhor: Se vocês pude-
rem invalidar a minha aliança com o dia e
a minha aliança com a noite, de tal modo
que não haja nem dia nem noite a seu
tempo, 21 então também poderá ser invali-
dada a minha aliança com Davi, meu servo,
para que ele não tenha filho que reine no
seu trono. Também poderá ser invalidada
a minha aliança com os sacerdotes levitas,
meus ministros. 22 Como não se pode con-
tar o exército dos céus nem medir a areia
do mar, assim tornarei incontável a descen-
dência de Davi, meu servo, e os levitas que
ministram diante de mim.

23 A palavra do Senhor veio a Jeremias,
dizendo:

24 — Você notou o que esse povo está
dizendo? Estão dizendo: "As duas famílias
que o Senhor escolheu, essas ele rejeitou."
Assim desprezam o meu povo, ao ponto de
não considerá-lo mais uma nação.

25 — Assim diz o Senhor: Se a minha aliança
com o dia e com a noite não permanecer, e
se eu não mantiver as leis fixas dos céus
e da terra, 26 então também rejeitarei a

descendência de Jacó e de Davi, meu servo,
de modo que não tome da sua descendên-
cia quem domine sobre a descendência de
Abraão, Isaque e Jacó. Porque restaurarei a
sua sorte e deles me compadecerei.

MENSAGEM PARA ZEDEQUIAS

34 1 Palavra que foi dita a Jeremias da
parte do SENHOR, quando Nabu-
codonosor, rei da Babilônia, e todo o seu
exército, e todos os reinos da terra que esta-
vam debaixo do seu poder, e todos os povos
lutavam contra Jerusalém e contra todas as
cidades ao redor:
2 — Assim diz o SENHOR, Deus de Israel: Vá e
diga a Zedequias, rei de Judá, que assim diz
o SENHOR: "Eis que entregarei esta cidade nas
mãos do rei da Babilônia, o qual a queimará.
3 Você não escapará das mãos dele; pelo con-
trário, será preso e entregue nas suas mãos.
Você verá o rei da Babilônia face a face, e ele
falará com você pessoalmente. E você será
levado para a Babilônia."
4 — No entanto, ouça a palavra do SENHOR, ó
Zedequias, rei de Judá: Assim diz o SENHOR a
respeito de você: "Você não morrerá à espada,
5 mas morrerá em paz. Queimarão perfumes
em sua honra, como queimaram em honra
aos seus pais, os reis que o precederam. E
eles o prantearão, dizendo: 'Ai, senhor!' Pois
sou eu quem está dizendo isto", diz o SENHOR.
6 O profeta Jeremias falou todas estas
palavras a Zedequias, rei de Judá, em Jerusa-
lém, 7 quando o exército do rei da Babilônia
lutava contra Jerusalém e contra as cidades
de Judá que ainda restavam, a saber, Laquis
e Azeca; porque de todas as cidades fortifica-
das de Judá só estas haviam ficado.

OS ESCRAVOS DEVEM SER LIBERTADOS

8 Palavra que foi dita a Jeremias da parte do
SENHOR, depois que o rei Zedequias fez aliança
com todo o povo de Jerusalém, para lhes apre-
goar liberdade: 9 que cada um libertasse os
seus escravos hebreus e que cada um liber-
tasse as suas escravas hebreias, de maneira
que ninguém tivesse como escravo um judeu,
seu compatriota. 10 Todas as autoridades e
todo o povo que haviam entrado na aliança
obedeceram, libertando cada um os seus
escravos e cada um as suas escravas, de
maneira que já não os retiveram como escra-
vos; obedeceram e os despediram. 11 Mas
depois mudaram de ideia, e fizeram voltar
os escravos e as escravas que haviam liber-
tado, e os sujeitaram outra vez à escravidão.
12 A palavra do SENHOR veio a Jeremias, da
parte do SENHOR, dizendo:
13 — Assim diz o SENHOR, Deus de Israel:
Eu fiz uma aliança com os pais de vocês,
no dia em que os tirei da terra do Egito, da
casa da servidão, dizendo: 14 "Ao fim de sete
anos, cada um deve libertar o seu compa-
triota hebreu que tiver sido vendido a vocês
como escravo; depois que ele o tiver servido
durante seis anos, você lhe dará a liberdade."
Mas os pais de vocês não me deram ouvidos,
nem atenderam. 15 Há pouco vocês tinham
voltado a fazer o que é reto aos meus olhos,
apregoando liberdade cada um ao seu pró-
ximo. Vocês tinham feito uma aliança diante
de mim, no templo que se chama pelo meu
nome. 16 Mas agora vocês mudaram de ideia
e profanaram o meu nome, pois fizeram vol-
tar os escravos e as escravas que haviam
libertado conforme a vontade deles e os
sujeitaram outra vez à escravidão.
17 — Portanto, assim diz o SENHOR: Vocês
não me deram ouvidos e não apregoaram
liberdade, cada um a seu compatriota e
cada um ao seu próximo. Por isso, eis que eu
apregoo liberdade para vocês, diz o SENHOR,
liberdade para a espada, para a peste e para
a fome. Farei de vocês um objeto de espanto
para todos os reinos da terra. 18 Farei com os
homens que transgrediram a minha aliança
e não cumpriram as palavras da aliança que
fizeram diante de mim o mesmo que eles
fizeram com o bezerro que cortaram ao
meio, para passarem entre as duas partes.
19 As autoridades de Judá e de Jerusalém,
os oficiais, os sacerdotes e todo o povo da
terra, esses que passaram entre as duas
partes do bezerro, 20 eu os entregarei nas
mãos de seus inimigos e nas mãos dos que
procuram tirar-lhes a vida, e os cadáveres
deles servirão de alimento às aves dos céus

e aos animais selvagens. 21 Quanto a Zedequias, rei de Judá, e aos seus oficiais, eu os entregarei nas mãos de seus inimigos e nas mãos dos que procuram tirar-lhes a vida, nas mãos do exército do rei da Babilônia, que já se retirou de vocês. 22 Eis que eu darei ordem, diz o SENHOR, e os farei voltar a esta cidade. Eles lutarão contra ela, tomarão a cidade e a queimarão. Farei com que as cidades de Judá fiquem em ruínas e sem moradores.

O EXEMPLO DOS RECABITAS

35 1 Palavra que foi dita a Jeremias da parte do SENHOR, nos dias de Jeoaquim, filho de Josias, rei de Judá:

2 — Vá à casa dos recabitas, fale com eles, leve-os à Casa do SENHOR, a uma das câmaras, e ofereça-lhes vinho para beber.

3 Então fui falar com Jazanias, filho de Jeremias, filho de Habazinias, com os irmãos dele, com todos os filhos dele e com toda a casa dos recabitas, 4 e os levei à Casa do SENHOR, à câmara dos filhos de Hanã, filho de Jigdalias, homem de Deus. Esta câmara ficava junto à câmara dos oficiais e sobre a câmara de Maaseias, filho de Salum, guarda da porta. 5 Então pus jarras cheias de vinho e copos diante dos filhos da casa dos recabitas e lhes disse:

— Bebam!

6 Mas eles disseram:

— Não beberemos vinho, porque Jonadabe, filho de Recabe, nosso pai, nos ordenou: "Nunca bebam vinho, nem vocês nem os seus filhos. 7 Não construam casas, não façam plantações, não cultivem nem possuam vinhas. Morem a vida inteira em tendas, para que vocês vivam muitos dias sobre a terra em que são estrangeiros." 8 E nós temos obedecido à voz de Jonadabe, filho de Recabe, nosso pai, em tudo o que ele nos ordenou. Nunca bebemos vinho, nem nós, nem nossas mulheres, nem nossos filhos, nem nossas filhas. 9 Não construímos casas para morar. Não temos vinhas, nem campos, nem plantações. 10 Temos morado em tendas, e, assim, temos obedecido e feito tudo o que o nosso pai Jonadabe nos ordenou. 11 Mas, quando Nabucodonosor, rei da Babilônia, começou a marchar contra esta terra, dissemos: "Venham, vamos nos refugiar em Jerusalém, por causa do exército dos caldeus e dos sírios." E assim ficamos em Jerusalém.

12 Então a palavra do SENHOR veio a Jeremias, dizendo:

13 — Assim diz o SENHOR dos Exércitos, o Deus de Israel: Vá e diga ao povo de Judá e aos moradores de Jerusalém: "Será que vocês nunca vão aceitar a minha advertência para obedecer às minhas palavras? — diz o SENHOR. 14 As palavras de Jonadabe, filho de Recabe, que ordenou a seus filhos que não bebessem vinho, foram guardadas; eles não bebem vinho até o dia de hoje, porque obedecem às ordens de seu pai. A mim, porém, que tenho falado a vocês sempre de novo, vocês não obedecem. 15 Sempre de novo eu enviei todos os meus servos, os profetas, dizendo: 'Convertam-se agora, cada um de vocês, do seu mau caminho, corrijam as suas ações, não sigam outros deuses para servi-los, e assim vocês ficarão na terra que eu dei a vocês e aos seus pais.' Mas vocês não me deram ouvidos, nem atenderam. 16 Os filhos de Jonadabe, filho de Recabe, guardaram o mandamento de seu pai, que ele lhes deu, mas este povo não me obedeceu. 17 Por isso, assim diz o SENHOR, o Deus dos Exércitos, o Deus de Israel: Eis que trarei sobre Judá e sobre todos os moradores de Jerusalém todo o mal que falei contra eles. Porque lhes falei e eles não me obedeceram, chamei e eles não responderam."

18 E à casa dos recabitas Jeremias disse:

— Assim diz o SENHOR dos Exércitos, o Deus de Israel: "Vocês obedeceram ao mandamento de Jonadabe, o pai de vocês, guardaram todos os seus preceitos e fizeram tudo o que ele lhes ordenou. 19 Por isso, assim diz o SENHOR dos Exércitos, o Deus de Israel: Nunca faltará a Jonadabe, filho de Recabe, um descendente homem para me servir."

O ROLO DE JEREMIAS É LIDO NO TEMPLO

36 1 No quarto ano do reinado de Jeoaquim, filho de Josias, rei de Judá, esta palavra do SENHOR veio a Jeremias:

2 — Pegue um rolo, um livro, e escreva nele todas as palavras que falei a você contra

Israel, contra Judá e contra todas as nações,
desde o dia em que comecei a falar com
você, nos dias de Josias, até hoje. 3 Talvez
os da casa de Judá ouçam todo o mal que
eu estou planejando fazer-lhes e venham a
converter-se cada um do seu mau caminho,
e eu lhes perdoe a iniquidade e o pecado.

4 Então Jeremias chamou Baruque, filho de
Nerias, e Baruque escreveu no rolo, segundo
o que Jeremias ditava, todas as palavras que
o Senhor lhe havia revelado.

5 Então Jeremias deu a seguinte ordem
a Baruque:

— Eu estou preso; não posso entrar na Casa
do Senhor. 6 Vá você até lá e, do rolo que você
escreveu, segundo o que eu ditei, leia em voz
alta todas as palavras do Senhor, diante do
povo, na Casa do Senhor, no dia de jejum.
Leia também diante de todos os de Judá
que vêm das suas cidades. 7 Pode ser que
as humildes súplicas deles sejam bem-aco-
lhidas pelo Senhor, e cada um se converta do
seu mau caminho; porque grande é a ira e
o furor que o Senhor tem manifestado con-
tra este povo.

8 Baruque, filho de Nerias, fez tudo o que
o profeta Jeremias lhe havia ordenado e, na
Casa do Senhor, leu as palavras do Senhor
que estavam naquele livro.

9 No nono mês do quinto ano do reinado de
Jeoaquim, filho de Josias, rei de Judá, apre-
goaram jejum diante do Senhor a todo o povo
em Jerusalém e a todo o povo que vinha das
cidades de Judá a Jerusalém. 10 Então, diante
de todo o povo, na Casa do Senhor, na câmara
de Gemarias, filho de Safã, o escriba, no átrio
superior, à entrada da Porta Nova da Casa do
Senhor, Baruque leu as palavras de Jeremias
que estavam naquele livro.

O ROLO É LIDO DIANTE DAS AUTORIDADES

11 Quando Micaías, filho de Gemarias,
filho de Safã, ouviu todas as palavras do
Senhor, que estavam naquele livro, 12 des-
ceu à casa do rei, à câmara do escrivão. Eis
que todas as autoridades estavam ali assen-
tadas: o escrivão Elisama, Delaías, filho de
Semaías, Elnatã, filho de Acbor, Gemarias,
filho de Safã, Zedequias, filho de Hananias,
e todas as outras autoridades. 13 Micaías
anunciou-lhes todas as palavras que tinha
ouvido, quando Baruque leu o livro diante
do povo. 14 Então todas as autoridades
mandaram Jeudi, filho de Netanias, filho
de Selemias, filho de Cusi, dizer a Baruque:

— Pegue aquele rolo que você leu diante
do povo e venha para cá.

Baruque, filho de Nerias, pegou o rolo e foi
até eles. 15 Então disseram a ele:

— Por favor, sente-se e leia esse rolo para
nós.

E Baruque o leu diante deles. 16 Quando as
autoridades ouviram todas aquelas palavras,
entreolharam-se atemorizadas e disseram
a Baruque:

— Sem dúvida nenhuma, anunciaremos
ao rei todas estas palavras.

17 E perguntaram a Baruque:

— Diga-nos, por favor, como é que você
escreveu todas essas palavras? Foi o pro-
feta que ditou?

18 Baruque respondeu:

— Ele pessoalmente ditou todas estas
palavras, e eu as escrevi com tinta neste rolo.

19 Então as autoridades disseram a Baruque:

— Vá esconder-se, e leve Jeremias com
você. Que ninguém saiba onde vocês estão!

O REI LANÇA O ROLO NO FOGO

20 Depois de terem depositado o rolo na
câmara do escrivão Elisama, as autoridades
foram ao átrio do palácio real e anuncia-
ram diante do rei todas aquelas palavras.
21 Então o rei mandou que Jeudi fosse bus-
car o rolo. Jeudi pegou o rolo na câmara do
escrivão Elisama e o leu diante do rei e de
todas as autoridades que estavam com ele.
22 O rei estava sentado em seus aposentos
de inverno, pelo nono mês do ano, e diante
dele estava um braseiro aceso. 23 Sempre que
Jeudi terminava a leitura de três ou quatro
colunas do rolo, o rei as cortava com um cani-
vete de escrivão e lançava no fogo que havia
no braseiro, até que todo o rolo se consumiu
no fogo que estava no braseiro. 24 Ninguém
ficou com medo e ninguém rasgou as suas
roupas, nem o rei nem nenhum dos servos

que ouviram todas aquelas palavras. 25 Por mais que Elnatã, Delaías e Gemarias tivessem insistido com o rei que não queimasse o rolo, ele não lhes deu ouvidos. 26 Pelo contrário, o rei ordenou a Jerameel, filho de Hameleque, a Seraías, filho de Azriel, e a Selemias, filho de Abdeel, que prendessem Baruque, o escrivão, e Jeremias, o profeta. Mas o SENHOR os havia escondido.

BARUQUE ESCREVE OUTRO ROLO

27 Depois que o rei havia queimado o rolo com as palavras ditadas por Jeremias e escritas por Baruque, a palavra do SENHOR veio a Jeremias, dizendo:

28 — Pegue outro rolo e escreva nele todas as palavras que estavam no original, que Jeoaquim, rei de Judá, queimou. 29 E a Jeoaquim, rei de Judá, diga que assim diz o SENHOR: "Você queimou aquele rolo e perguntou por que Jeremias escreveu nele que certamente viria o rei da Babilônia, destruiria esta terra e acabaria com as pessoas e os animais. 30 Portanto, assim diz o SENHOR, a respeito de Jeoaquim, rei de Judá: Ele não terá quem se assente no trono de Davi, e o seu cadáver será largado ao calor do dia e à geada da noite. 31 Eu o castigarei, bem como a sua descendência e os seus servos, por causa da iniquidade deles. Sobre ele, sobre os moradores de Jerusalém e sobre o povo de Judá farei cair todo o mal que tenho falado contra eles, sem que me ouvissem."

32 Então Jeremias pegou outro rolo e o deu a Baruque, filho de Nerias, o escrivão, o qual escreveu nele, conforme Jeremias ia ditando, todas as palavras do livro que Jeoaquim, rei de Judá, havia queimado. E ainda se acrescentaram a elas muitas palavras semelhantes.

JEREMIAS NA PRISÃO

37 1 Zedequias, filho de Josias, a quem Nabucodonosor, rei da Babilônia, havia constituído rei na terra de Judá, reinou em lugar de Conias, filho de Jeoaquim. 2 Mas nem ele, nem os seus servos, nem o povo da terra deram ouvidos às palavras do SENHOR, que ele falou por meio do profeta Jeremias.

3 Contudo, o rei Zedequias mandou que Jucal, filho de Selemias, e o sacerdote Sofonias, filho de Maaseias, fossem falar com o profeta Jeremias, para dizer:

— Por favor, ore ao SENHOR, nosso Deus, por nós.

4 Jeremias andava livremente entre o povo, porque ainda não tinha sido preso. 5 O exército de Faraó tinha vindo do Egito. Quando os caldeus, que sitiavam Jerusalém, ouviram isso, retiraram-se dela.

6 Então a palavra do SENHOR veio ao profeta Jeremias, dizendo:

7 — Assim diz o SENHOR, Deus de Israel: Digam ao rei de Judá, que pediu que vocês viessem a mim, para me consultar: "Eis que o exército de Faraó, que saiu do Egito para socorrer vocês, voltará para a sua terra, no Egito. 8 Então os caldeus voltarão a esta cidade. Eles lutarão contra ela, tomarão a cidade e a queimarão. 9 Assim diz o SENHOR: Não se enganem, dizendo: 'Sem dúvida, os caldeus irão embora.' Porque eles não irão embora. 10 Porque, ainda que vocês derrotassem todo o exército dos caldeus, que está lutando contra vocês, e ficassem deles apenas homens feridos, eles se levantariam, cada um na sua tenda, e queimariam esta cidade."

11 Quando o exército dos caldeus se havia retirado de Jerusalém, por causa do exército de Faraó, 12 Jeremias saiu de Jerusalém, a fim de ir à terra de Benjamim, para receber a sua parte de uma herança que tinha no meio do povo. 13 Ao chegar ao Portão de Benjamim, achava-se ali um capitão da guarda, cujo nome era Jerias, filho de Selemias, filho de Hananias. O capitão prendeu o profeta Jeremias, dizendo:

— Você está fugindo para o lado dos caldeus.

14 Jeremias respondeu:

— É mentira! Não estou fugindo para o lado dos caldeus.

Mas Jerias não lhe deu ouvidos; prendeu Jeremias e o levou às autoridades. 15 As autoridades, iradas contra Jeremias, açoitaram-no e o prenderam na casa de Jônatas, o escrivão. Essa casa tinha sido transformada em prisão.

16 Assim, Jeremias foi levado às celas do calabouço, onde ficou por muitos dias. 17 O rei

Zedequias mandou trazê-lo para sua casa
e, em secreto, lhe perguntou:
— Há alguma palavra do SENHOR?
Jeremias respondeu:
— Há.
E continuou:
— O senhor, ó rei, será entregue nas mãos
do rei da Babilônia.
18 Então Jeremias perguntou ao rei Ze-
dequias:
— Em que pequei contra o senhor, ó rei, ou
contra os seus servos, ou contra este povo,
para que me pusessem na prisão? 19 Onde
estão agora os profetas que lhes profeti-
zavam, dizendo: "O rei da Babilônia não
virá contra vocês, nem contra esta terra"?
20 E agora, ó rei, meu senhor, escute, e que
a minha humilde súplica seja bem-acolhida!
Não me mande de volta à casa de Jônatas, o
escrivão, para que eu não venha a morrer ali.
21 Então o rei Zedequias ordenou que
pusessem Jeremias no pátio da guarda. E,
cada dia, davam-lhe um pão da Rua dos
Padeiros, até acabar-se todo o pão da cidade.
Assim Jeremias ficou no pátio da guarda.

JEREMIAS NA CISTERNA

38 1 Sefatias, filho de Matã, Gedalias,
filho de Pasur, Jucal, filho de Sele-
mias, e Pasur, filho de Malquias, ouviram
as palavras que Jeremias anunciava a todo
o povo, dizendo:
2 — Assim diz o SENHOR: "Quem ficar nesta
cidade morrerá à espada, de fome e de peste;
mas aquele que sair e se render aos caldeus
viverá; porque a vida lhe será por despojo,
e viverá." 3 Assim diz o SENHOR: "Esta cidade
infalivelmente será entregue nas mãos do
exército do rei da Babilônia, e este a tomará."
4 Então as autoridades disseram ao rei:
— Este homem tem de ser morto, por-
que, dizendo essas palavras, desfalece as
mãos dos homens de guerra que restam
nesta cidade e as mãos de todo o povo. Este
homem não procura o bem-estar do povo,
e sim o mal.
5 O rei Zedequias respondeu:
— Eis que ele está nas mãos de vocês, pois
o rei nada pode fazer contra vocês.
6 Então eles pegaram Jeremias e o lan-
çaram na cisterna de Malquias, filho do
rei, que ficava no pátio da guarda. Desce-
ram Jeremias com cordas. Na cisterna não
havia água, apenas lama; e Jeremias se ato-
lou na lama.
7 Ebede-Meleque, o etíope, eunuco que es-
tava na casa do rei, ouviu que tinham colo-
cado Jeremias na cisterna. Quando o rei
estava sentado junto ao Portão de Benja-
mim, 8 Ebede-Meleque saiu da casa do rei
e lhe falou:
9 — Ó rei, meu senhor, aqueles homens agi-
ram mal em tudo o que fizeram ao profeta
Jeremias, que eles lançaram na cisterna. No
lugar onde ele está, morrerá de fome, pois
já não há mais pão na cidade.
10 Então o rei deu ordem a Ebede-Meleque,
o etíope, dizendo:
— Leve com você trinta homens e tire da
cisterna o profeta Jeremias, antes que morra.
11 Ebede-Meleque levou os homens con-
sigo e foi à casa do rei, a um lugar debaixo da
tesouraria, e pegou algumas roupas usadas
e trapos, e os desceu a Jeremias na cisterna,
por meio de cordas. 12 Ebede-Meleque, o
etíope, disse a Jeremias:
— Ponha agora essas roupas usadas e
esses trapos nas axilas, por debaixo das
cordas.
Jeremias o fez. 13 Puxaram Jeremias com
as cordas e o tiraram da cisterna; e Jeremias
ficou no pátio da guarda.

ZEDEQUIAS CONSULTA O PROFETA

14 Então o rei Zedequias mandou trazer o
profeta Jeremias à sua presença, à terceira
entrada na Casa do SENHOR, e lhe disse:
— Eu quero perguntar algo a você; não
esconda nada de mim.
15 Jeremias disse a Zedequias:
— Se eu disser algo, por acaso o senhor, ó
rei, não me matará? E mesmo que eu lhe dê
conselhos, o senhor não me escutará.
16 Então Zedequias jurou secretamente a
Jeremias, dizendo:
— Tão certo como vive o SENHOR, que nos deu
a vida, não o matarei, nem o entregarei nas
mãos desses homens que querem matá-lo.

17 Então Jeremias disse a Zedequias:

— Assim diz o SENHOR, o Deus dos Exércitos, Deus de Israel: "Se você se render voluntariamente aos oficiais do rei da Babilônia, então a sua vida será poupada, esta cidade não será queimada, e você e a sua casa ficarão vivos. 18 Mas, se você não se render aos oficiais do rei da Babilônia, então esta cidade será entregue nas mãos dos caldeus, eles a queimarão, e você não escapará das mãos deles."

19 O rei Zedequias disse a Jeremias:

— Tenho receio dos judeus que passaram para o lado dos caldeus. Pode acontecer que os caldeus me entreguem nas mãos desses judeus, e eles zombem de mim.

20 Mas Jeremias respondeu:

— Eles não o entregarão. Ouça a voz do SENHOR no que estou lhe dizendo. Então tudo lhe correrá bem, e a sua vida será poupada. 21 Mas, se o senhor, ó rei, não quiser se render, isto é o que o SENHOR Deus me mostrou: 22 Todas as mulheres que ficaram na casa do rei de Judá serão levadas aos oficiais do rei da Babilônia e dirão:

"Os seus bons amigos, ó rei,
o enganaram e dominaram.
Mas, agora que os pés do rei
se atolaram na lama,
eles o abandonaram."

23 — Assim, todas as suas mulheres e os seus filhos serão levados aos caldeus. O senhor, ó rei, não escapará das mãos deles, mas será prisioneiro na mão do rei da Babilônia, e esta cidade será queimada.

24 Então Zedequias disse a Jeremias:

— Que ninguém saiba desta conversa, e você não morrerá. 25 Se as autoridades souberem que falei com você, vierem procurá-lo e lhe disserem: "Conte-nos o que foi que você disse ao rei e o que ele disse a você; não esconda nada de nós, e nós não mataremos você", 26 diga: "Apresentei a minha humilde súplica diante do rei para que não me mandasse de volta à casa de Jônatas, para que eu não venha a morrer ali."

27 Quando todas as autoridades se dirigiram a Jeremias e o interrogaram, ele lhes falou como o rei havia ordenado. Então o deixaram em paz, porque ninguém mais ficou sabendo o que foi conversado. 28 Jeremias ficou no pátio da guarda, até o dia em que Jerusalém foi tomada.

NABUCODONOSOR TOMA JERUSALÉM

2Rs 24.20—25.12; 2Cr 36.17-21; Jr 52.1-16

39 1 Jerusalém foi tomada. Era o décimo mês do nono ano do reinado de Zedequias, rei de Judá, quando Nabucodonosor, rei da Babilônia, veio com todo o seu exército contra Jerusalém e a sitiou. 2 Era o décimo primeiro ano do reinado de Zedequias, no quarto mês, aos nove do mês, quando foi aberta uma brecha na muralha da cidade. 3 Então todos os oficiais do rei da Babilônia entraram e se assentaram no Portão do Meio: Nergal-Sarezer, Sangar-Nebo, Sarsequim, Rabe-Saris, Nergal-Sarezer, Rabe-Mague e todos os outros oficiais do rei da Babilônia.

4 Quando Zedequias e todos os homens de guerra viram o que havia acontecido, fugiram e, de noite, saíram da cidade, pelo caminho do jardim do rei, pelo portão que ficava entre as duas muralhas. Fugiram na direção do vale do Jordão. 5 Mas o exército dos caldeus os perseguiu e alcançou Zedequias nas campinas de Jericó. Eles o prenderam e o levaram a Ribla, na terra de Hamate, a Nabucodonosor, rei da Babilônia, que lhe pronunciou a sentença. 6 Em Ribla, o rei da Babilônia mandou matar os filhos de Zedequias à vista deste; também mandou matar todas as autoridades de Judá. 7 Mandou furar os olhos de Zedequias e amarrou-o com correntes de bronze, para o levar à Babilônia.

8 Os caldeus queimaram o palácio do rei e as casas do povo e derrubaram as muralhas de Jerusalém. 9 Nebuzaradã, o chefe da guarda, levou cativos para a Babilônia o resto do povo que havia ficado na cidade, os desertores que se entregaram a ele e o restante da população. 10 Porém Nebuzaradã, o chefe da guarda, deixou na terra de Judá alguns dos mais pobres da terra, que nada tinham; e lhes deu vinhas e campos naquele dia.

NABUCODONOSOR CUIDA DE JEREMIAS

11 Mas a respeito de Jeremias, Nabucodo-
nosor, rei da Babilônia, tinha dado a seguinte
ordem a Nebuzaradã, o chefe da guarda:
12 — Trate de encontrá-lo, cuide bem dele
e não lhe faça nenhum mal. Faça com Jere-
mias o que ele lhe disser.
13 Assim, Nebuzaradã, o chefe da guarda,
Nebusazbã, Rabe-Saris, Nergal-Sarezer,
Rabe-Mague, e todos os oficiais do rei da
Babilônia 14 mandaram tirar Jeremias do
pátio da guarda e o entregaram a Geda-
lias, filho de Aicão, filho de Safã, para que o
levasse para casa. Assim Jeremias habitou
no meio do povo.
15 Ora, quando Jeremias ainda estava detido
no pátio da guarda, a palavra do Senhor tinha
vindo a ele, dizendo:
16 — Vá e diga a Ebede-Meleque, o etíope,
que assim diz o Senhor dos Exércitos, o Deus
de Israel: "Eis que eu cumprirei as minhas
palavras contra esta cidade para o mal e
não para o bem; elas se cumprirão diante
de você naquele dia. 17 Mas a você eu livra-
rei naquele dia, diz o Senhor, e você não será
entregue nas mãos dos homens de quem
tem medo. 18 Pois eu certamente o salvarei.
Você não cairá à espada. A sua vida lhe será
por despojo, porque você confiou em mim",
diz o Senhor.

JEREMIAS E GEDALIAS

40 1 Palavra que foi dita a Jeremias da
parte do Senhor, depois que Nebuza-
radã, o chefe da guarda, o pôs em liberdade
em Ramá, estando ele amarrado com cor-
rentes no meio de todos os do cativeiro de
Jerusalém e de Judá, que estavam sendo
levados cativos para a Babilônia. 2 O chefe da
guarda chamou Jeremias de lado e lhe disse:
— O Senhor, seu Deus, pronunciou esta
calamidade contra este lugar. 3 Agora o
Senhor trouxe e fez o que tinha anunciado.
Tudo isto aconteceu, porque vocês pecaram
contra o Senhor e não obedeceram à sua voz.
4 Agora, eis que hoje estou soltando as cor-
rentes que estavam em suas mãos. Se for
do seu agrado ir comigo para a Babilônia,
venha, e eu cuidarei bem de você. Mas,
se não for do seu agrado ir comigo para a
Babilônia, fique aqui. Veja, toda a terra está
diante de você. Vá para o lugar que for do
seu agrado e melhor para você.
5 Mas, visto que Jeremias demorava a se
decidir, o capitão lhe disse:
— Volte para junto de Gedalias, filho de
Aicão, filho de Safã, a quem o rei da Babi-
lônia nomeou governador das cidades de
Judá, e more com ele no meio do povo. Ou,
se quiser ir para qualquer outro lugar, vá.
O chefe da guarda deu-lhe mantimentos e
um presente e o deixou ir. 6 Assim, Jeremias
foi para junto de Gedalias, filho de Aicão, em
Mispa. E morou com ele no meio do povo
que havia ficado na terra.
7 Quando os capitães dos exércitos que
estavam no campo, eles e seus solda-
dos, ouviram que o rei da Babilônia havia
nomeado Gedalias, filho de Aicão, como
governador da terra, e que lhe havia con-
fiado os homens, as mulheres, os meninos
e os mais pobres da terra que não foram
levados ao exílio, para a Babilônia, 8 foram
falar com ele em Mispa. Esses capitães eram
Ismael, filho de Netanias, Joanã e Jônatas,
filhos de Careá, Seraías, filho de Tanumete,
os filhos de Efai, o netofatita, e Jezanias,
filho do maacatita. Com eles estavam os
seus soldados. 9 Gedalias, filho de Aicão,
filho de Safã, jurou a esses capitães e aos
seus soldados, dizendo:
— Vocês não precisam ter medo dos ofi-
ciais dos caldeus. Fiquem na terra, sirvam o
rei da Babilônia, e tudo irá bem com vocês.
10 Quanto a mim, eis que ficarei em Mispa,
para estar às ordens dos caldeus que vierem
a nós. Quanto a vocês, colham as uvas para o
vinho, as frutas de verão e o azeite. Ponham
tudo nas suas vasilhas e morem nas cidades
que vocês tomaram.
11 Da mesma forma, todos os judeus que
estavam em Moabe, entre os filhos de Amom
e em Edom e os que havia em todas aquelas
terras ouviram que o rei da Babilônia havia
deixado um remanescente em Judá e que
havia nomeado Gedalias, filho de Aicão,
filho de Safã, como governador sobre eles.

12 Então todos esses judeus voltaram de todos os lugares para onde tinham sido dispersos e vieram à terra de Judá, para junto de Gedalias, em Mispa. E colheram vinho e frutas de verão em grande abundância.

ISMAEL CONSPIRA CONTRA GEDALIAS

13 Joanã, filho de Careá, e todos os comandantes dos exércitos que estavam no campo foram até Gedalias, em Mispa, 14 e lhe disseram:

— Você sabia que Baalis, rei dos filhos de Amom, enviou Ismael, filho de Netanias, para matar você?

Mas Gedalias, filho de Aicão, não lhes deu crédito. 15 Então Joanã, filho de Careá, disse a Gedalias em segredo, em Mispa:

— Irei agora e matarei Ismael, filho de Netanias, sem que ninguém o saiba. Por que deixar que ele venha para assassiná-lo, fazendo com que todo o Judá que se reuniu à sua volta seja espalhado, e venha a perecer o remanescente de Judá?

16 Mas Gedalias, filho de Aicão, disse a Joanã, filho de Careá:

— Não faça isso! Porque isso que você está dizendo a respeito de Ismael é falso.

41 1 No sétimo mês, Ismael, filho de Netanias, filho de Elisama, de família real e um dos capitães do rei, foi até Mispa com dez homens para se encontrar com Gedalias, filho de Aicão. Enquanto comiam juntos, em Mispa, 2 Ismael, filho de Netanias, e os dez homens que estavam com ele se levantaram e mataram a fio de espada Gedalias, filho de Aicão, filho de Safã. Assim mataram aquele que o rei da Babilônia havia nomeado governador da terra. 3 Ismael também matou todos os judeus que estavam com Gedalias, em Mispa, e os caldeus, homens de guerra, que se achavam ali.

4 No dia seguinte, antes que alguém soubesse da morte de Gedalias, 5 vieram alguns homens de Siquém, de Siló e de Samaria. Eram oitenta homens, com a barba raspada, as roupas rasgadas e com cortes na pele, trazendo consigo ofertas de cereais e incenso, para levarem à Casa do Senhor. 6 Ismael, filho de Netanias, saiu de Mispa para encontrar-se com eles, chorando enquanto caminhava. Ao encontrá-los, disse-lhes:

— Venham encontrar-se com Gedalias, filho de Aicão.

7 Mas, quando eles chegaram até o meio da cidade, Ismael, filho de Netanias, e os que estavam com ele mataram aqueles homens e jogaram os corpos num poço. 8 Mas houve dez homens entre eles que disseram a Ismael:

— Não nos mate, porque temos trigo, cevada, azeite e mel escondidos no campo.

Por isso, ele desistiu e não os matou como havia feito com os outros. 9 O poço em que Ismael jogou todos os cadáveres dos homens que havia matado, juntamente com o corpo de Gedalias, é o mesmo que o rei Asa havia cavado, na sua defesa contra Baasa, rei de Israel. Foi esse mesmo poço que Ismael, filho de Netanias, encheu de cadáveres. 10 Ismael levou cativo todo o resto do povo que estava em Mispa, isto é, as filhas do rei e todo o povo que havia ficado em Mispa, que Nebuzaradã, o chefe da guarda, havia confiado a Gedalias, filho de Aicão, o governador. Ismael, filho de Netanias, levou-os como prisioneiros e partiu em direção ao território dos filhos de Amom.

JOANÃ LIVRA OS CATIVOS

11 Quando Joanã, filho de Careá, e todos os comandantes dos exércitos que estavam com ele ouviram falar de todo o mal que Ismael, filho de Netanias, havia feito, 12 levaram consigo todos os seus homens e foram lutar contra Ismael, filho de Netanias. Acharam-no junto às grandes águas que há em Gibeão. 13 Ora, todo o povo que estava com Ismael se alegrou quando viu Joanã, filho de Careá, e todos os comandantes dos exércitos que vinham com ele. 14 Todo o povo que Ismael havia levado cativo de Mispa virou as costas, voltou e foi para o lado de Joanã, filho de Careá. 15 Mas Ismael, filho de Netanias, escapou de Joanã com oito homens e se foi para o território dos filhos de Amom.

16 Então Joanã, filho de Careá, e todos os comandantes dos exércitos que estavam com ele reuniram todo o restante do povo que Ismael, filho de Netanias, havia levado cativo de Mispa, depois de ter matado Gedalias, filho de Aicão, isto é, reuniram os homens valentes de guerra, as mulheres, os meninos e os eunucos que havia recuperado em Gibeão. 17 Seguiram adiante e pararam em Gerute-Quimã, que fica perto de Belém, para dali irem para o Egito, 18 por causa dos caldeus. Estavam com medo dos caldeus porque Ismael, filho de Netanias, tinha matado Gedalias, filho de Aicão, a quem o rei da Babilônia havia nomeado governador da terra.

JEREMIAS EXORTA O POVO A NÃO IR AO EGITO

42 1 Então todos os capitães dos exércitos e Joanã, filho de Careá, e Jezanias, filho de Hosaías, e todo o povo, desde o menor até o maior, se aproximaram 2 e disseram ao profeta Jeremias:

— Apresentamos a você a nossa humilde súplica, para que você ore ao SENHOR, seu Deus, por nós e por este remanescente. Porque, de muitos que éramos, só restamos uns poucos, como você pode ver com os seus próprios olhos. 3 Ore, pedindo que o SENHOR, seu Deus, nos mostre o caminho que devemos seguir e o que devemos fazer.

4 O profeta Jeremias respondeu:

— Eu ouvi o pedido de vocês. Vou orar ao SENHOR, o Deus de vocês, de acordo com o que vocês pediram. Tudo o que o SENHOR lhes disser em resposta, eu o declararei a vocês, sem ocultar nada.

5 Então eles disseram a Jeremias:

— Que o SENHOR seja uma testemunha verdadeira e fiel contra nós, se não fizermos conforme toda a palavra que o SENHOR, seu Deus, nos disser por meio de você! 6 Seja ela boa ou má, obedeceremos à voz do SENHOR, nosso Deus, a quem pedimos que você ore por nós, para que tudo corra bem conosco, ao obedecermos à voz do SENHOR, nosso Deus.

7 Depois de dez dias, a palavra do SENHOR veio a Jeremias. 8 Então ele chamou Joanã, filho de Careá, todos os capitães dos exércitos que estavam com ele e todo o povo, desde o menor até o maior, 9 e lhes disse:

— Assim diz o SENHOR, Deus de Israel, a quem vocês me enviaram para apresentar a súplica de vocês: 10 "Se vocês permanecerem nesta terra, então eu os edificarei e não os derrubarei; eu os plantarei e não os arrancarei, porque estou triste pelo mal que lhes fiz. 11 Não tenham medo do rei da Babilônia, de quem agora vocês estão com medo. Não tenham medo dele, diz o SENHOR, porque eu estou com vocês, para os salvar e livrar das mãos dele. 12 Terei misericórdia de vocês, para que ele tenha misericórdia de vocês e os faça voltar a esta terra."

13 — Mas, se vocês disserem: "Não ficaremos nesta terra"; se desobedecerem à voz do SENHOR, seu Deus, 14 e disserem: "Não! Preferimos ir à terra do Egito, onde não veremos guerra, nem ouviremos som de trombeta, nem passaremos fome, e ali vamos morar", 15 nesse caso, ouça a palavra do SENHOR, ó remanescente de Judá. Assim diz o SENHOR dos Exércitos, o Deus de Israel: "Se tiverem o firme propósito de entrar no Egito para morar, 16 então a guerra da qual vocês têm medo os alcançará, e a fome que vocês receiam irá no encalço de vocês até o Egito, onde vocês morrerão. 17 Assim será com todos os que tiverem o propósito de entrar no Egito para morar: morrerão à espada, de fome e de peste. Não haverá um só que sobreviva ou escape do mal que trarei sobre eles."

18 — Porque assim diz o SENHOR dos Exércitos, o Deus de Israel: "Assim como se derramou a minha ira e o meu furor sobre os moradores de Jerusalém, o meu furor se derramará sobre vocês, quando entrarem no Egito. Vocês serão objeto de maldição, de horror, de zombaria e de deboche, e nunca mais verão este lugar."

19 — O SENHOR disse a vocês, que são o remanescente de Judá: "Não vão para o Egito." Estejam certos de que hoje eu faço esta advertência: 20 Vocês estão se enganando, à custa da própria vida. Porque me enviaram ao SENHOR, seu Deus, dizendo: "Ore por nós ao SENHOR, nosso Deus. Depois, conte-nos

Ser verdadeira e transparente é um lugar seguro. Seja de verdade!

tudo o que o SENHOR, nosso Deus, disser, e nós o faremos." 21 Mas, agora que eu lhes contei tudo isso, vocês não deram ouvidos à voz do SENHOR, seu Deus, não fazendo nada do que ele me mandou dizer. 22 Agora, pois, estejam certos de que morrerão à espada, de fome e de peste no mesmo lugar aonde desejaram ir para morar.

JEREMIAS É LEVADO AO EGITO

43 1 Quando Jeremias acabou de falar a todo o povo todas as palavras do SENHOR, o Deus deles, palavras todas com as quais o SENHOR, o Deus deles, o havia enviado ao povo, 2 Azarias, filho de Hosaías, Joanã, filho de Careá, e todos os homens orgulhosos disseram a Jeremias:

— É mentira isso que você está dizendo! O SENHOR, nosso Deus, não o enviou a dizer: "Não entrem no Egito para morar." 3 Baruque, filho de Nerias, é que está incitando você contra nós, para nos entregar nas mãos dos caldeus, a fim de nos matarem ou nos exilarem na Babilônia.

4 Assim nem Joanã, filho de Careá, nem os capitães dos exércitos, nem o povo todo obedeceu à voz do SENHOR, para ficarem na terra de Judá. 5 Pelo contrário, Joanã, filho de Careá, e todos os capitães dos exércitos reuniram todo o remanescente de Judá que, de todas as nações para as quais haviam sido dispersos, tinham voltado para morar na terra de Judá, 6 isto é, reuniram os homens, as mulheres e as crianças, as filhas do rei e todos os que Nebuzaradã, o chefe da guarda, tinha deixado com Gedalias, filho de Aicão, filho de Safã, bem como o profeta Jeremias e Baruque, filho de Nerias, 7 e entraram na terra do Egito, desobedecendo à voz do SENHOR, e chegaram até Tafnes.

JEREMIAS PROFETIZA A CONQUISTA DO EGITO POR NABUCODONOSOR

8 Então a palavra do SENHOR veio a Jeremias, em Tafnes, dizendo:

9 — Pegue algumas pedras grandes e enterre-as na argamassa do pavimento que está à entrada do palácio de Faraó, em Tafnes, à vista de homens judeus, 10 e diga-lhes: Assim diz o SENHOR dos Exércitos, o Deus de Israel: "Eis que eu mandarei vir Nabucodonosor, rei da Babilônia, meu servo, e porei o seu trono sobre estas pedras que enterrei; ele estenderá a sua tenda real sobre elas. 11 Virá e destruirá a terra do Egito; quem é para a morte vai para a morte; quem é para o cativeiro vai para o cativeiro; e quem é para a espada vai para a espada. 12 Porá fogo nos templos dos deuses do Egito e os queimará, levando cativos os ídolos. Limpará a terra do Egito, assim como um pastor tira os piolhos da sua própria roupa; e sairá dali em paz. 13 Quebrará as colunas de Bete-Semes na terra do Egito e queimará os templos dos deuses do Egito."

A INFIDELIDADE DOS JUDEUS É REPREENDIDA

44 1 Palavra que veio a Jeremias a respeito de todos os judeus moradores da terra do Egito, em Migdol, em Tafnes, em Mênfis e na terra de Patros:

2 — Assim diz o SENHOR dos Exércitos, Deus de Israel: "Vocês viram todo o mal que fiz cair sobre Jerusalém e sobre todas as cidades de Judá. Eis que hoje elas estão em ruínas, e ninguém mora nelas, 3 por causa da maldade que fizeram, para me provocarem à ira, indo queimar incenso e servir outros deuses que nem eles, nem vocês, nem os pais de vocês haviam conhecido. 4 Sempre de novo eu lhes enviei os meus servos, os profetas, para lhes dizer: 'Não façam esta coisa abominável que eu detesto.' 5 Mas eles não quiseram ouvir, nem atenderam para se converterem da sua maldade, para não queimarem incenso a outros deuses. 6 Por isso, derramou-se a minha indignação e a minha ira, que se acenderam nas cidades de Judá e nas ruas de Jerusalém, fazendo com que ficassem arrasadas e em ruínas, como hoje se vê."

7 — E agora, assim diz o SENHOR, Deus dos Exércitos, o Deus de Israel: "Por que estão fazendo este mal tão grande contra vocês mesmos, eliminando do meio de Judá

homens e mulheres, crianças e aqueles que ainda mamam, de modo que não lhes fique nenhum remanescente? 8 Por que vocês me irritam com as obras de suas mãos, queimando incenso a outros deuses na terra do Egito, aonde vieram para morar? Por que vocês querem ser eliminados e se tornar objeto de maldição e de deboche entre todas as nações da terra? 9 Será que vocês já esqueceram as maldades dos seus pais, as maldades dos reis de Judá, as maldades das suas mulheres, as maldades que vocês mesmos fizeram e as maldades que as mulheres de vocês fizeram, maldades cometidas na terra de Judá e nas ruas de Jerusalém? 10 Não se humilharam até o dia de hoje, não temeram, não andaram na minha lei nem nos meus estatutos, que pus diante de vocês e dos seus pais."

11 — Portanto, assim diz o Senhor dos Exércitos, o Deus de Israel: "Eis que voltarei o meu rosto contra vocês para trazer desgraça e para eliminar todo o povo de Judá. 12 Farei com que o remanescente de Judá, que se obstinou em entrar na terra do Egito para morar, seja totalmente destruído. Cairá à espada e à fome; desde o menor até o maior perecerão; morrerão à espada e à fome. Serão objeto de maldição, de horror, de zombaria e de deboche. 13 Porque castigarei os que moram na terra do Egito como castiguei Jerusalém: com a espada, a fome e a peste, 14 de maneira que, dos restantes de Judá que vieram à terra do Egito para morar, não haverá quem escape e sobreviva para voltar à terra de Judá, à qual desejam voltar para morar; mas não voltarão a não ser alguns fugitivos."

15 Então todos os homens que sabiam que as suas mulheres queimavam incenso a outros deuses e todas as mulheres que estavam ali em pé, uma grande multidão, e todo o povo que morava na terra do Egito, em Patros, disseram a Jeremias:

16 — Não obedeceremos à palavra que você nos anunciou em nome do Senhor. 17 Pelo contrário, certamente faremos tudo o que dissemos que faríamos. Queimaremos incenso à Rainha dos Céus e lhe ofereceremos libações, como nós, nossos pais, nossos reis e nossas autoridades costumávamos fazer nas cidades de Judá e nas ruas de Jerusalém. Naquele tempo, tínhamos fartura de pão, prosperávamos e nenhum mal nos acontecia. 18 Mas, desde que paramos de queimar incenso à Rainha dos Céus e de lhe oferecer libações, tivemos falta de tudo e fomos consumidos pela espada e pela fome.

19 E as mulheres acrescentaram:

— Quando nós queimávamos incenso à Rainha dos Céus e lhe oferecíamos libações, será que era sem o consentimento de nossos maridos que fizemos bolos para representá-la e lhe oferecemos libações?

20 Então Jeremias se dirigiu a todo o povo, aos homens e às mulheres, a todo o povo que lhe tinha dado esta resposta, dizendo:

21 — Quanto ao incenso que vocês queimaram nas cidades de Judá e nas ruas de Jerusalém, vocês e os seus pais, os seus reis, as suas autoridades e o povo da terra, será que o Senhor não se lembrou disso nem lhe veio isso à mente? 22 O Senhor já não podia por mais tempo suportar a maldade daquilo que vocês fizeram, as abominações que cometeram. Por isso, a terra de vocês se tornou uma ruína, objeto de horror e de maldição, um lugar desabitado, como hoje se vê. 23 Porque vocês queimaram incenso a outros deuses e pecaram contra o Senhor. Não obedeceram à voz do Senhor e não andaram na sua lei, nos seus estatutos e nos seus testemunhos. Foi por isso que lhes sobreveio este mal, como hoje se vê.

24 Jeremias disse mais a todo o povo e a todas as mulheres:

— Escutem a palavra do Senhor, todos vocês do povo de Judá que estão na terra do Egito: 25 Assim diz o Senhor dos Exércitos, o Deus de Israel: "Vocês e as suas mulheres não somente declararam com a boca, mas também cumpriram com as suas mãos os votos que fizeram, a saber: 'Certamente cumpriremos os nossos votos, que fizemos, de queimar incenso à Rainha dos Céus e de lhe oferecer libações.' Pois bem, confirmem os votos que fizeram! Sim, cumpram

o que prometeram! 26 Mas escutem a pala-
vra do SENHOR, todos vocês do povo de Judá
que vivem na terra do Egito: Eis que eu
juro pelo meu grande nome, diz o SENHOR,
que o meu nome nunca mais será pronun-
ciado por ninguém de Judá em toda a terra
do Egito, dizendo: 'Tão certo como vive o
Senhor DEUS.' 27 Eis que vigiarei sobre eles
para mal e não para bem. Todos os de Judá
que estão na terra do Egito serão consumi-
dos pela espada e pela fome, até que não
fique ninguém. 28 Os que escaparem da
espada voltarão da terra do Egito à terra de
Judá, poucos em número; e todo o remanes-
cente de Judá que veio à terra do Egito para
morar ficará sabendo qual foi a palavra que
se cumpriu, a minha ou a deles. 29 Este é o
sinal que dou para vocês de que eu os cas-
tigarei neste lugar, diz o SENHOR, para que
saibam que as minhas palavras certamente
se cumprirão contra vocês para mal. 30 Eis
o sinal, diz o SENHOR: Eu entregarei o Faraó
Hofra, rei do Egito, nas mãos de seus ini-
migos, nas mãos dos que querem matá-lo,
assim como entreguei Zedequias, rei de
Judá, nas mãos de Nabucodonosor, rei da
Babilônia, que era seu inimigo e procurava
tirar-lhe a vida."

A MENSAGEM DE JEREMIAS A BARUQUE

45 1 Palavra que o profeta Jeremias falou
a Baruque, filho de Nerias, quando
este escrevia num livro as palavras ditadas
por Jeremias, no quarto ano do reinado de
Jeoaquim, filho de Josias, rei de Judá:
2 — Assim diz o SENHOR, Deus de Israel, a
respeito de você, Baruque: 3 Você disse: "Ai
de mim! Porque o SENHOR acrescentou tris-
teza ao meu sofrimento. Estou cansado de
gemer e não encontro descanso." 4 Diga-lhe
o seguinte: Assim diz o SENHOR: "Aquilo que
construí eu vou demolir e aquilo que plan-
tei eu vou arrancar, e isto em toda a terra. 5 E
você está buscando coisas grandes para si
mesmo? Não faça isto! Porque eis que trarei
mal sobre toda a humanidade", diz o SENHOR,
"mas a você darei a sua vida como despojo,
em qualquer lugar para onde você for."

PROFECIA A RESPEITO DO EGITO

46 1 Palavra do SENHOR que veio ao pro-
feta Jeremias a respeito das nações.
2 A respeito do Egito, contra o exército de
Faraó Neco, rei do Egito, exército que estava
junto ao rio Eufrates em Carquemis e que foi
derrotado por Nabucodonosor, rei da Babilô-
nia, no quarto ano do reinado de Jeoaquim,
filho de Josias, rei de Judá:

3 "Preparem os escudos
e as couraças
e entrem na batalha!
4 Ponham arreios nos cavalos
e montem, cavaleiros!
Tomem posição
e ponham os capacetes!
Afiem as lanças
e vistam as armaduras!"

5 "Mas o que vejo?" — diz o SENHOR.
"Eles ficaram com medo
e viraram as costas.
Os seus valentes estão derrotados
e vão fugindo, sem olhar para trás;
há terror por todos os lados.
6 Aqueles que são ligeiros não
podem fugir,
e os valentes não conseguem escapar.
No Norte, junto ao rio Eufrates,
tropeçaram e caíram."

7 "Quem é este que vem subindo
como o Nilo,
como rios cujas águas se agitam?
8 O Egito vem subindo como o Nilo,
como rios cujas águas se agitam.
Ele disse: 'Subirei, cobrirei a terra,
destruirei as cidades
e os seus moradores.'
9 Avancem, cavalos!
Corram furiosamente,
carros de guerra!
Que saiam os valentes:
os etíopes e os de Pute,
que manejam o escudo,
e os lídios, que manejam
e entesam o arco."

[10] "Porque este dia é
o Dia do Senhor,
o Senhor dos Exércitos,
dia de vingança
contra os seus adversários.
A espada os devorará,
ficará saciada e embriagada
com o sangue deles.
Porque o Senhor,
o Senhor dos Exércitos,
tem um sacrifício
na terra do Norte,
junto ao rio Eufrates.
[11] Suba a Gileade
e consiga bálsamo,
ó virgem filha do Egito!
É em vão que você
multiplica remédios,
pois não há cura para você.
[12] As nações ouviram falar
da vergonha que você passou,
e os seus gritos encheram a terra.
Porque um soldado
tropeçou no outro,
e ambos caíram no chão."

A VINDA DE NABUCODONOSOR

[13] Palavra que o Senhor falou ao profeta
Jeremias a respeito da vinda de Nabucodo-
nosor, rei da Babilônia, para atacar a terra
do Egito:

[14] "Anunciem no Egito
e proclamem isto em Migdol,
Mênfis e Tafnes.
Digam: 'Tomem posição
e estejam preparados!
Porque a espada já devorou
o que está ao redor de vocês.
[15] Por que o seu Touro está caído
no chão?
Não pôde se manter em pé,
porque o Senhor o abateu.'
[16] O Senhor multiplicou
os que tropeçavam;
caíram uns sobre os outros e disseram:
'Levantem-se, e voltemos ao nosso povo
e à terra onde nascemos,
por causa da espada que oprime.'
[17] Ali, darão a Faraó, rei do Egito,
o apelido de 'Espalhafatoso
Que Perdeu A Oportunidade'."

[18] "Tão certo como eu vivo",
diz o Rei,
cujo nome é Senhor dos Exércitos,
"e tão certo como o Tabor
está entre os montes
e o Carmelo está junto ao mar,
assim ele virá."

[19] "Prepare a sua bagagem para o exílio,
ó moradora, filha do Egito.
Porque Mênfis se tornará
em desolação,
ficará em ruínas e desabitada.
[20] O Egito é uma bela novilha,
mas uma mutuca do Norte
já vem atacá-la; sim, já vem.
[21] Até os soldados mercenários
no meio deles,
que são como bezerros gordos,
viraram as costas e fugiram juntos;
não resistiram,
porque veio sobre eles o dia da sua ruína
e o tempo do seu castigo.
[22] O Egito faz um ruído
como o da serpente que foge,
porque os seus inimigos
vêm contra ele, com machados,
como se fossem cortadores de lenha.
[23] Cortarão a sua floresta", diz o Senhor,
"ainda que impenetrável,
porque se multiplicaram
mais do que os gafanhotos;
são inumeráveis.
[24] A filha do Egito está envergonhada;
foi entregue nas mãos
do povo do Norte."

[25] O Senhor dos Exércitos, o Deus de Israel,
diz:
— Eis que eu castigarei Amom, deus de
Tebas, e também Faraó, o Egito, os seus
deuses e os seus reis, o próprio Faraó e os
que confiam nele. [26] Eu os entregarei nas
mãos dos que querem matá-los, nas mãos
de Nabucodonosor, rei da Babilônia, e nas

mãos dos seus servos. Porém mais tarde voltará a ser habitada, como nos dias antigos, diz o Senhor.

DEUS SALVARÁ O SEU POVO

[27] "Não tenha medo, meu servo Jacó,
nem fique assustado, ó Israel.
Pois eis que eu o livrarei
dessa terra distante
e salvarei a sua descendência
da terra do exílio;
Jacó voltará e ficará tranquilo
e sossegado;
e não haverá quem o atemorize.
[28] Não tenha medo,
meu servo Jacó", diz o SENHOR,
"porque eu estou com você.
Por isso, destruirei completamente
todas as nações
por onde o dispersei.
A você eu não destruirei
completamente,
mas castigarei em justa medida;
de modo nenhum deixarei
você impune."

PROFECIA A RESPEITO DOS FILISTEUS

47 [1] Palavra do SENHOR que veio ao profeta Jeremias a respeito dos filisteus, antes que Faraó atacasse Gaza.

[2] Assim diz o SENHOR:
"Eis que do Norte
se levantam as águas,
e se tornarão
em torrente transbordante.
Inundarão a terra
e a sua plenitude,
a cidade e os seus habitantes.
As pessoas gritarão por socorro,
e todos os moradores da terra
se lamentarão,
[3] ao ruído dos cascos
dos seus cavalos,
ao barulho de seus carros de guerra,
ao estrondo das suas rodas.
Os pais não voltarão
para socorrer os filhos,
porque as mãos deles
enfraqueceram,
[4] por causa do dia que vem
para destruir todos os filisteus,
para exterminar todo o resto
que poderia socorrer Tiro
e Sidom.
Porque o SENHOR destruirá
os filisteus,
o resto que veio da ilha de Caftor.
[5] O povo de Gaza
rapou a cabeça;
Asquelom foi reduzida a silêncio,
com o resto do seu vale.
Até quando vocês vão fazer
cortes na pele em sinal de luto?"

[6] "'Ah! Espada do SENHOR,
quando é que você vai parar?
Volte para a sua bainha,
descanse e fique quieta.'
[7] Mas como pode ela ficar quieta,
se o SENHOR lhe deu ordens?
Ele a dirige contra Asquelom
e contra a costa do mar."

PROFECIA A RESPEITO DE MOABE

48 [1] A respeito de Moabe, assim diz o SENHOR dos Exércitos, o Deus de Israel:

"Ai da cidade de Nebo,
porque foi destruída!
Quiriataim está envergonhada,
já foi tomada;
a fortaleza está envergonhada
e destruída.
[2] A glória de Moabe já se foi.
Em Hesbom tramaram contra ela,
dizendo:
'Venham, vamos eliminá-la
para que não seja mais povo!'
Também você, ó Madmém,
será reduzida a silêncio;
a espada a perseguirá.
[3] Ouve-se um grito desde Horonaim:
'Ruína e grande destruição!'
[4] Moabe está destruída;
seus filhinhos fizeram ouvir gritos.

5 Pela subida de Luíte,
eles seguem com choro contínuo;
na descida de Horonaim,
se ouvem gritos angustiosos de ruína.
6 'Fujam! Corram para salvar a vida,
ainda que vocês venham a ser
como o arbusto solitário no deserto.'"

7 "Pois, por ter confiado
nas suas obras
e nos seus tesouros,
também você, Moabe,
será tomada.
O deus Quemos
irá para o cativeiro,
junto com os seus sacerdotes
e os seus príncipes.
8 O destruidor virá
sobre cada uma das cidades,
e nenhuma escapará;
perecerá o vale,
e a planície será destruída,
porque o Senhor o disse.
9 Deem asas a Moabe,
para que saia voando;
as suas cidades
se tornarão em ruínas,
e ninguém morará nelas."

10 Maldito aquele que fizer
a obra do Senhor relaxadamente!
Maldito aquele que retém
a sua espada do sangue!

A DESTRUIÇÃO DAS CIDADES DE MOABE

11 "Moabe esteve despreocupado
desde a sua mocidade,
como vinho descansando
sobre a borra.
Não foi mudado
de vasilha em vasilha,
nem foi para o cativeiro.
Por isso, conservou o seu sabor,
e o seu aroma não se alterou."

12 — Portanto, eis que vêm dias, diz o Senhor,
em que lhe enviarei derramadores, que o der-
ramarão; despejarão as suas vasilhas e as
farão em pedaços. 13 Moabe terá vergonha
de Quemos, como a casa de Israel se enver-
gonhou de Betel, sua confiança.

14 "Como vocês podem dizer:
'Somos valentes e homens fortes
para a guerra'?
15 Moabe foi destruído
e as suas cidades
foram invadidas,
e os seus melhores jovens
foram levados ao matadouro,
diz o Rei, cujo nome
é Senhor dos Exércitos.
16 A destruição de Moabe
está prestes a vir,
e muito se apressa o seu mal."

17 "Tenham pena de Moabe,
todos vocês que estão ao seu redor
e todos os que conhecem
a sua fama.
Digam:
'Como se quebrou
a vara forte, o cajado formoso!'
18 Desça da sua glória e sente-se
em terra sedenta,
ó moradora de Dibom.
Porque o destruidor de Moabe
sobe contra você
e destruirá as suas fortalezas.
19 Fique na beira do caminho
e espie,
ó moradora de Aroer.
Pergunte ao que foge
e àquela que escapou:
'O que foi que aconteceu?'
20 Moabe está envergonhado,
porque foi destruído.
Chorem e gritem!
Anunciem junto ao Arnom
que Moabe foi destruído."

21 — O juízo veio também sobre a terra
da planície, sobre Holom, Jaza e Mefaate;
22 sobre Dibom, Nebo e Bete-Diblataim;
23 sobre Quiriataim, Bete-Gamul e Bete-
-Meom; 24 sobre Queriote e Bozra, e até sobre
todas as cidades da terra de Moabe, tanto

O ato de perdoar é o único resultado possível de quem se encontrou com Cristo e compreendeu o quanto foi perdoado por Deus.

as de longe como as de perto. 25 O poder de
Moabe foi eliminado, e o seu braço foi que-
brado, diz o SENHOR.
26 — Façam com que Moabe fique bêbado,
porque se exaltou contra o SENHOR. Moabe se
revolverá no seu próprio vômito e também ele
será motivo de riso. 27 Pois não foi Israel tam-
bém motivo de riso para você? Mas por acaso
foi Israel achado entre ladrões, para que você
balance a cabeça, quando fala dele?

28 "Deixem as cidades
e vão morar nos rochedos,
ó moradores de Moabe.
Sejam como as pombas
que se aninham
nos flancos da boca do abismo.
29 Ouvimos falar da soberba
de Moabe,
que de fato é extremamente soberbo.
Ouvimos falar da sua presunção,
do seu orgulho,
da sua vaidade e da arrogância
do seu coração.
30 Conheço a sua insolência", diz o SENHOR,
"mas isso não vale nada;
as suas arrogâncias nada farão.
31 Por isso, vou chorar por Moabe,
sim, gritarei por todo o Moabe;
pelos homens de Quir-Heres
lamentarei.
32 Mais do que por Jazer,
chorarei por você,
ó vinha de Sibma.
Os seus ramos passaram o mar,
chegaram até o mar de Jazer;
mas o destruidor caiu
sobre os seus frutos de verão
e sobre as suas uvas.
33 Fugiu a alegria e o regozijo
dos campos férteis de Moabe,
pois acabei com o vinho
nos lagares.
Já não pisam as uvas
com gritos de alegria;
os gritos não são gritos de alegria."

34 — Ouve-se o grito de Hesbom até Eleale
e Jaza, e de Zoar se dão gritos até Horonaim
e Eglate-Selisia; porque até as águas de Nin-
rim secaram. 35 Farei desaparecer de Moabe,
diz o SENHOR, quem sacrifique nos altos e
queime incenso aos seus deuses.
36 — Por isso, o meu coração geme como
flauta por causa de Moabe, e como flauta
geme por causa do povo de Quir-Heres,
porque tudo o que haviam ajuntado se per-
deu. 37 Porque toda cabeça será rapada e toda
barba, cortada; sobre todas as mãos haverá
incisões, e, em volta da cintura, pano de saco.
38 Sobre todos os terraços de Moabe e em
todas as suas praças há pranto, porque fiz
Moabe em pedaços, como vasilha de barro
que ninguém quer, diz o SENHOR. 39 Como foi
destruído! Como choram! Como, de vergo-
nha, Moabe virou as costas! Assim, Moabe
se tornou motivo de riso e de espanto para
todos os que estão ao seu redor.

40 Porque assim diz o SENHOR:
"Eis que uma nação voará
como a águia
e estenderá as suas asas
contra Moabe.
41 As cidades serão tomadas
e as fortalezas, ocupadas.
Naquele dia, o coração
dos valentes de Moabe
será como o coração da mulher
que está em dores de parto.
42 Moabe será destruído,
para que não seja povo,
porque se exaltou contra o SENHOR.
43 Terror, cova e armadilha
esperam por vocês,
moradores de Moabe",
diz o SENHOR.
44 "Aquele que fugir do terror
cairá na cova,
e, se sair da cova,
será apanhado
na armadilha;
porque trarei sobre ele,
sobre Moabe,
o ano do seu castigo."

45 "Os que fogem param sem forças
à sombra de Hesbom;

porém sai fogo de Hesbom
e labareda do meio de Seom
e devora as têmporas de Moabe
e o alto da cabeça desse povo
que ama tanto a guerra.
46 Ai de você, Moabe!
O povo de Quemos foi destruído;
os seus filhos
foram feitos cativos,
e as suas filhas foram levadas
ao cativeiro.
47 Contudo, mudarei a sorte
de Moabe,
nos últimos dias", diz o SENHOR.

Até aqui o juízo contra Moabe.

PROFECIA A RESPEITO DOS AMONITAS

49 1 A respeito dos filhos de Amom,
assim diz o SENHOR:

"Por acaso Israel não tem filhos?
Não tem herdeiro?
Então por que Milcom herdou
o território de Gade,
e o seu povo mora
nas cidades dessa tribo?
2 Portanto, eis que vêm dias",
diz o SENHOR,
"em que farei ouvir
o alarido de guerra
em Rabá dos filhos de Amom.
Ela se tornará
um montão de ruínas,
e as suas aldeias serão queimadas;
e Israel retomará a herança
que lhe havia sido tirada", diz o SENHOR.

3 "Chore, povo de Hesbom,
porque a cidade de Ai foi destruída.
Gritem, filhos de Rabá,
vistam roupa feita
de pano de saco,
lamentem e deem voltas
por entre as muralhas.
Porque Milcom irá para o cativeiro,
junto com os seus sacerdotes
e os seus príncipes.
4 Por que você se orgulha nos vales,
nos seus vales férteis,
ó filha rebelde,
que confia nos seus tesouros,
dizendo: 'Quem me atacará?'
5 Eis que de todos os lados
trarei terror sobre você",
diz o Senhor,
o SENHOR dos Exércitos.
"Vocês serão dispersos,
cada um numa direção,
e não haverá quem consiga
reunir os fugitivos."

6 — Mas depois disto mudarei a sorte dos
filhos de Amom, diz o Senhor.

PROFECIA A RESPEITO DOS EDOMITAS

7 A respeito de Edom, assim diz o SENHOR
dos Exércitos:

"Por acaso não existe mais
sabedoria em Temã?
Será que pereceu
o conselho dos sábios?
Desvaneceu a sabedoria deles?
8 Fujam, voltem,
escondam-se em cavernas,
ó moradores de Dedã,
porque eu trarei sobre ele
a ruína de Esaú,
o tempo do seu castigo.
9 Se os que colhem uvas fossem até você,
não deixariam pelo menos
alguns cachos?
Se ladrões viessem de noite,
não danificariam
só o que lhes bastasse?
10 Mas eu despi Esaú,
descobri os seus esconderijos,
e não poderá se esconder.
Está destruída a sua descendência,
bem como os seus irmãos e vizinhos,
e ele já não existe.
11 Deixe os seus órfãos,
que eu os guardarei em vida;
e as suas viúvas
podem confiar em mim."

12 — Porque assim diz o Senhor: "Se até
os que não estavam condenados a beber o
cálice terão de bebê-lo, por que você ficaria
impune? Você não ficará impune, mas certa-
mente beberá esse cálice. 13 Porque por mim
mesmo jurei", diz o Senhor, "que Bozra será
objeto de horror, de deboche, de desolação
e de maldição; e todas as suas cidades se
tornarão em ruínas perpétuas."

OS PECADOS E O CASTIGO DE EDOM

14 Eu ouvi uma notícia
vinda do Senhor,
e um mensageiro foi enviado
às nações para lhes dizer:
"Reúnam-se e venham atacar Edom!
Preparem-se para a guerra."

15 "Eis que fiz de você
uma nação pequena
entre as outras,
desprezada entre os povos.
16 O terror que você inspira
e o orgulho do seu coração o enganaram.
Você, que vive nas fendas
das rochas
e ocupa as alturas dos montes,
ainda que eleve o seu ninho como
a águia,
de lá eu o derrubarei",
diz o Senhor.

17 — Assim, Edom será objeto de horror;
todo aquele que passar por ele ficará espan-
tado e zombará por causa do desastre que
lhe aconteceu. 18 Como na destruição de
Sodoma e Gomorra e das suas cidades
vizinhas, diz o Senhor, assim não habitará
ninguém ali, nem morará nele homem
algum. 19 Eis que, assim como o leão sobe
da floresta do Jordão contra o rebanho em
pasto verde, assim, num momento, farei com
que Edom fuja dali. E estabelecerei sobre ele
a quem eu escolher. Pois quem é semelhante
a mim? Quem me pedirá contas? E quem é
o pastor que me poderá resistir?
20 — Portanto, ouçam a decisão que o
Senhor tomou contra Edom, e os planos que
ele fez contra os moradores de Temã. Cer-
tamente até os menores do rebanho serão
arrastados. Certamente as suas moradas
serão destruídas por causa deles. 21 A terra
tremerá com o estrondo da sua queda; e os
seus gritos serão ouvidos até o mar Ver-
melho. 22 Eis que um inimigo, como águia,
subirá, voará e estenderá as suas asas contra
Bozra. Naquele dia, o coração dos valentes
de Edom será como o coração da mulher
que está em dores de parto.

PROFECIA A RESPEITO DE DAMASCO

23 A respeito de Damasco.

"As cidades de Hamate
e Arpade estão envergonhadas;
e, tendo ouvido más notícias,
cambaleiam;
são como o mar agitado,
que não se pode sossegar.
24 Damasco está enfraquecida;
virou as costas para fugir.
Tremor tomou conta dela;
angústia e dores lhe sobrevieram,
como de mulher
que está dando à luz.
25 Como está abandonada
a famosa cidade,
a cidade da alegria!
26 Portanto, os seus jovens
cairão nas suas praças;
todos os homens de guerra
serão reduzidos a silêncio naquele dia",
diz o Senhor dos Exércitos.
27 "Porei fogo nas muralhas
de Damasco,
o qual queimará os palácios
de Ben-Hadade."

PROFECIA A RESPEITO DE QUEDAR E DE HAZOR

28 A respeito de Quedar e dos reinos de
Hazor, que foram derrotados por Nabuco-
donosor, rei da Babilônia, assim diz o Senhor:

"Levantem-se e ataquem Quedar;
destruam esse povo do Oriente.

29 Eles pegarão as suas tendas,
os seus rebanhos;
levarão embora as lonas
das suas tendas,
todos os seus bens
e os seus camelos;
e lhes gritarão:
'Há terror por todos os lados!'
30 Fujam, afastem-se
para bem longe,
escondam-se em cavernas,
ó moradores de Hazor", diz o SENHOR.
"Porque Nabucodonosor,
rei da Babilônia,
tomou uma decisão
e formou um plano contra vocês.
31 Levantem-se, babilônios,
e ataquem uma nação que vive em paz
e sem desconfiar de nada",
diz o SENHOR;
"que não tem portões, nem ferrolhos;
eles vivem isolados.
32 Os seus camelos
serão para presa,
e os seus muitos rebanhos de gado
serão levados como despojo.
Espalharei a todos os ventos
aqueles que cortam
os cabelos nas têmporas
e de todos os lados
lhes trarei a ruína",
diz o SENHOR.
33 "Hazor se tornará
em morada de chacais,
um lugar desolado para sempre.
Ninguém vai morar ali,
homem nenhum habitará nela."

PROFECIA A RESPEITO DE ELÃO

34 Palavra do SENHOR que veio ao profeta
Jeremias a respeito de Elão, no princípio do
reinado de Zedequias, rei de Judá. 35 Assim
diz o SENHOR dos Exércitos:
— Eis que eu quebrarei o arco de Elão, a
fonte do seu poder. 36 Trarei sobre Elão os
quatro ventos dos quatro cantos da terra e
os dispersarei na direção de todos esses ventos; e não haverá país aonde não cheguem
os fugitivos de Elão. 37 Farei com que o povo
de Elão trema diante dos seus inimigos e
diante dos que querem matá-los. Farei vir
sobre os elamitas o mal, o furor da minha
ira, diz o SENHOR; e enviarei a espada após
eles, até que eu os tenha destruído. 38 Porei
o meu trono em Elão e destruirei dali o rei e
os oficiais, diz o SENHOR. 39 Mas, nos últimos
dias, mudarei a sorte de Elão, diz o SENHOR.

PROFECIA A RESPEITO DA BABILÔNIA

50 1 Palavra que o SENHOR falou contra
a Babilônia e contra a terra dos caldeus, por meio do profeta Jeremias.

2 "Anunciem entre as nações,
proclamem e levantem
um estandarte;
proclamem, não encubram nada.
Digam: 'Babilônia foi tomada,
Bel foi humilhado,
Marduque foi destruído.
As suas imagens estão cobertas
de vergonha,
e seus ídolos tremem de terror.'"

3 — Porque do Norte veio contra ela uma
nação que tornará deserta a sua terra, e
não haverá quem nela habite; tanto as pessoas como os animais fugiram e se foram.
4 Naqueles dias, naquele tempo, diz o SENHOR,
os filhos de Israel voltarão, eles e os filhos de
Judá juntamente; andando e chorando, virão
e buscarão o SENHOR, seu Deus. 5 Perguntarão
pelo caminho que leva a Sião, com o rosto
voltado para lá, e dirão: "Venham, vamos nos
unir ao SENHOR em aliança eterna que jamais
será esquecida." 6 O meu povo tem sido um
rebanho de ovelhas perdidas. Os seus pastores as fizeram andar errantes e deixaram que
elas se desviassem para os montes. Andaram de monte em monte e se esqueceram
do seu aprisco. 7 Todos os que as acharam
as devoraram. Os seus adversários diziam:
"Não é culpa nossa!" Porque eles pecaram
contra o SENHOR, a morada da justiça, e contra
a esperança de seus pais, o SENHOR.
8 — Fujam da Babilônia! Saiam da terra
dos caldeus! Sejam como os bodes que

vão adiante do rebanho! [9] Porque eis que eu suscitarei e farei vir contra a Babilônia um conjunto de grandes nações da terra do Norte, e se porão em ordem de batalha contra ela; assim ela será tomada. As flechas deles serão como guerreiros bem treinados que nunca voltam de mãos vazias.
[10] — A Caldeia servirá de presa; todos os que a saquearem se fartarão, diz o SENHOR.

[11] "Ainda que se alegrem
e exultem,
ó saqueadores da minha herança,
ainda que saltem
como um bezerro no pasto
e fiquem rinchando
como um cavalo fogoso,
[12] a mãe de vocês ficará
profundamente envergonhada;
aquela que os deu à luz
será humilhada.
Eis que ela será
a última das nações,
um deserto,
uma terra seca
e uma solidão.
[13] Por causa da indignação
do SENHOR,
não será habitada,
mas ficará totalmente deserta.
Quem passar pela Babilônia
ficará espantado
e zombará por causa do desastre
que lhe aconteceu.
[14] Ponham-se em ordem de batalha
ao redor da Babilônia,
todos vocês que manejam o arco!
Atirem contra ela!
Não poupem flechas,
porque ela pecou contra o SENHOR.
[15] Gritem contra ela, rodeando-a!
Ela já se rendeu.
As suas torres caíram
e as suas muralhas
vieram abaixo.
Esta é a vingança do SENHOR;
vinguem-se dela;
façam com ela o que ela fez
com os outros.
[16] Eliminem da Babilônia o que semeia
e o que maneja a foice
no tempo da colheita.
Por causa da espada do opressor,
cada um voltará para o seu povo
e cada um fugirá para a sua terra."

A VOLTA DE ISRAEL

[17] — Israel é cordeiro desgarrado, que os leões afugentaram. Primeiro, o rei da Assíria o devorou, e, por fim, Nabucodonosor lhe quebrou os ossos. [18] Portanto, assim diz o SENHOR dos Exércitos, o Deus de Israel: Eis que castigarei o rei da Babilônia e a sua terra, como castiguei o rei da Assíria. [19] Farei Israel voltar para a sua morada, e pastará no Carmelo e em Basã; matará a sua fome na região montanhosa de Efraim e em Gileade. [20] Naqueles dias e naquele tempo, diz o SENHOR, se sairá em busca da iniquidade de Israel, mas ela já não existirá; procurarão os pecados de Judá, mas eles não serão encontrados, porque perdoarei aqueles que eu deixar como remanescente.

A CONDENAÇÃO DA BABILÔNIA

[21] "Ataque a terra de Merataim
e os moradores de Pecode.
Mate e destrua tudo após eles", diz
o SENHOR,
"e faça tudo o que lhe ordenei.
[22] Há na terra estrondo de batalha
e de grande destruição.
[23] Como está quebrado,
feito em pedaços
o martelo de toda a terra!
Como a Babilônia se tornou
objeto de horror entre as nações!
[24] Preparei uma armadilha,
ó Babilônia,
e você, sem se dar conta, caiu nela.
Você foi surpreendida e apanhada,
porque desafiou o SENHOR.
[25] O SENHOR abriu o seu arsenal
e tirou dele as armas da sua indignação,
porque o Senhor,
o SENHOR dos Exércitos,
tem uma obra a realizar
na terra dos caldeus.

[26] Venham contra ela
de todos os confins da terra!
Abram os seus celeiros,
façam dela montões de ruínas,
destruam-na por completo!
Não deixem sobrar nada!
[27] Matem à espada
todos os seus touros!
Que sejam levados
para o matadouro!
Ai deles! Pois é chegado o seu dia,
o tempo do seu castigo."

[28] — Ouve-se a voz dos que fugiram e
escaparam da terra da Babilônia, para anun-
ciarem em Sião a vingança do SENHOR, nosso
Deus, a vingança pelo que fizeram contra o
seu templo.
[29] — Convoquem uma multidão de fle-
cheiros para que ataquem a Babilônia.
Acampem-se ao redor dela e não deixem
ninguém escapar. Retribuam-lhe segundo a
sua obra; façam com ela o que ela fez com
os outros. Porque ela procedeu com arrogân-
cia contra o SENHOR, contra o Santo de Israel.
[30] Portanto, os seus jovens cairão nas suas pra-
ças, e todos os seus homens de guerra serão
reduzidos a silêncio naquele dia, diz o SENHOR.

[31] "Eis que eu sou contra você,
cidade orgulhosa",
diz o Senhor, o SENHOR dos Exércitos,
"porque chegou o seu dia,
o tempo em que hei de castigá-la.
[32] Então o orgulhoso tropeçará e cairá,
e não haverá ninguém que o levante.
Porei fogo nas suas cidades,
o qual queimará
todos os seus arredores."

[33] — Assim diz o SENHOR dos Exércitos: "Os
filhos de Israel e os filhos de Judá sofrem
opressão juntamente. Todos aqueles que
os levaram cativos os retêm e não querem
deixá-los ir embora. [34] Mas o Redentor deles
é forte; SENHOR dos Exércitos é o seu nome.
Certamente defenderá a causa deles, para
aquietar a terra e inquietar os moradores
da Babilônia."

[35] Diz o SENHOR:
"A espada virá sobre os caldeus,
sobre os moradores da Babilônia
e sobre os seus príncipes
e os seus sábios.
[36] A espada virá sobre os adivinhos,
e eles se tornarão tolos;
virá sobre os valentes dela,
e ficarão apavorados.
[37] A espada virá
sobre os seus cavalos
e sobre os seus carros de guerra.
Virá sobre os mercenários
que estão no meio dela,
e eles ficarão com medo
como se fossem mulheres.
A espada virá
sobre os tesouros dela,
e serão saqueados.
[38] A espada virá
sobre as suas águas,
e estas secarão;
porque é uma terra
de imagens de escultura,
e os seus moradores enlouquecem
por estas coisas horríveis."

[39] — Por isso, as feras do deserto com os
chacais habitarão na Babilônia; também os
avestruzes habitarão nela. Nunca mais será
povoada, nem habitada de geração em gera-
ção. [40] Como quando Deus destruiu Sodoma
e Gomorra e as suas cidades vizinhas, diz o
SENHOR, assim não habitará ninguém ali, nem
morará nela homem algum.

[41] "Eis que um povo vem do Norte;
uma grande nação
e muitos reis
se levantarão dos confins da terra.
[42] Armam-se de arco e de lança;
são cruéis e não conhecem
a compaixão.
O barulho que fazem
é como o bramido do mar.
Vêm montados em cavalos,
como guerreiros
em ordem de batalha
contra você, ó filha da Babilônia.

[43] O rei da Babilônia ouviu a fama deles,
e as suas mãos desfaleceram;
a angústia se apoderou dele,
e dores, como de mulher
que está dando à luz."

[44] — Eis que, como o leão sobe da floresta
do Jordão contra o rebanho em pasto verde,
assim, num momento, farei com que ela fuja
dali. E estabelecerei sobre ela a quem eu esco-
lher. Pois quem é semelhante a mim? Quem
me pedirá contas? E quem é o pastor que me
poderá resistir? [45] Portanto, ouçam a decisão
que o SENHOR tomou contra a Babilônia, e os
planos que ele fez contra a terra dos caldeus.
Certamente até os menores do rebanho serão
arrastados. Certamente as suas moradas serão
destruídas por causa deles. [46] A terra tremerá
com o estrondo da tomada da Babilônia; e o
seu grito será ouvido entre as nações.

O PODER E A QUEDA DA BABILÔNIA

51 [1] Assim diz o SENHOR:
"Eis que levantarei
um vento destruidor
contra a Babilônia e os seus habitantes.
[2] Enviarei estrangeiros
contra a Babilônia,
que a lançarão ao vento
como quem separa o trigo da palha
e deixarão a terra deserta.
No dia da calamidade,
virão contra ela de todos os lados.
[3] Que os flecheiros não tenham
tempo de entesar o arco
nem de vestir as suas armaduras.
Não poupem os seus jovens!
Destruam por completo
todo o seu exército!
[4] Que eles caiam mortos
na terra dos caldeus,
atravessados pela espada
nas ruas das suas cidades!
[5] Porque Israel e Judá
não enviuvaram do seu Deus,
do SENHOR dos Exércitos;
mas a terra dos caldeus
está cheia de culpa
diante do Santo de Israel."

[6] "Fujam da Babilônia!
Que cada um salve a sua vida!
Não sejam destruídos por causa
da maldade dela!
Porque é tempo
da vingança do SENHOR:
ele lhe dará o castigo
que ela merece.
[7] A Babilônia era um copo de ouro
na mão do SENHOR.
Esse copo embriagava toda a terra,
e do seu vinho
beberam as nações;
por isso, enlouqueceram.
[8] Repentinamente,
a Babilônia caiu
e ficou arruinada.
Chorem por ela!
Tragam bálsamo
para a sua ferida;
talvez ela possa ser curada.
[9] Queríamos curar Babilônia,
mas ela não sarou.
Deixem-na, e que cada um vá
para a sua terra,
porque o seu juízo chega até o céu
e se eleva até as mais altas nuvens.
[10] O SENHOR trouxe
a nossa justiça à luz.
Venham, e anunciemos em Sião
a obra do SENHOR, nosso Deus."

[11] "Afiem as flechas!
Preparem os escudos!"

O SENHOR despertou o espírito dos reis
dos medos, porque o seu propósito é des-
truir a Babilônia. Pois esta é a vingança do
SENHOR, a vingança pelo que fizeram contra
o seu templo.

[12] "Levantem um estandarte
contra as muralhas da Babilônia!
Reforcem a guarda!
Coloquem sentinelas!
Preparem emboscadas!
Porque o SENHOR planejou
e fez o que tinha dito
a respeito dos moradores da Babilônia.

[13] Você que mora sobre muitas águas
e está rica de tesouros,
o seu fim chegou;
o fio da sua vida foi cortado.
[14] O Senhor dos Exércitos jurou
por si mesmo, dizendo:
'Certamente eu a encherei de homens,
como se fossem gafanhotos,
e eles darão o grito de vitória sobre você.'"

HINO DE LOUVOR A DEUS

[15] Deus fez a terra pelo seu poder.
Com a sua sabedoria,
estabeleceu o mundo;
e, com a sua inteligência,
estendeu os céus.
[16] Quando ele faz soar a sua voz,
logo há tumulto de águas no céu,
e nuvens sobem
das extremidades da terra.
Ele cria os relâmpagos para a chuva
e dos seus depósitos faz sair o vento.

[17] Todas as pessoas são tolas
e não têm conhecimento.
Todo ourives é envergonhado
pela imagem que ele mesmo
esculpiu,
pois as suas imagens são falsas,
e nelas não há fôlego de vida.
[18] São vaidade, obras ridículas.
Quando chegar o tempo
do seu castigo, virão a perecer.

[19] Aquele que é a Porção de Jacó
não é semelhante a essas imagens,
porque ele é o Criador
de todas as coisas,
e Israel é a tribo da sua herança.
Senhor dos Exércitos
é o seu nome.

BABILÔNIA, PODER DESTRUIDOR NAS MÃOS DE DEUS

[20] "Babilônia,
você era o meu martelo
e minhas armas de guerra.
Por meio de você,
despedacei nações e destruí reinos.
[21] Por meio de você,
despedacei o cavalo
e o seu cavaleiro;
despedacei o carro de guerra
e o seu cocheiro.
[22] Por meio de você,
despedacei homens e mulheres,
despedacei velhos e jovens,
despedacei rapazes e moças.
[23] Por meio de você,
despedacei o pastor
e o seu rebanho,
despedacei o lavrador
e a sua junta de bois,
despedacei governadores
e autoridades."

O CASTIGO DA BABILÔNIA

[24] — Diante dos olhos de vocês, pagarei à
Babilônia e a todos os moradores da Cal-
deia toda a maldade que fizeram em Sião,
diz o Senhor.

[25] "Eis que sou contra você,
ó montanha destruidora,
que destrói toda a terra",
diz o Senhor.
"Estenderei a mão contra você,
farei com que role
do alto das rochas
e se transforme
em monte queimado.
[26] De você não será tirada
nenhuma pedra
para ser pedra angular
ou para fazer um alicerce,
porque você será
uma desolação perpétua", diz o Senhor.

[27] "Levantem um estandarte na terra,
toquem a trombeta
entre as nações,
preparem as nações
para lutarem contra ela.
Convoquem contra ela os reinos
de Ararate, Mini e Asquenaz.
Nomeiem contra ela um comandante.
Façam vir cavalos
como gafanhotos eriçados.

[28] Preparem as nações
para lutarem contra ela,
os reis dos medos,
os seus governadores,
todas as suas autoridades
e toda a terra do seu domínio.
[29] A terra treme
e se contorce em dores,
porque os planos do SENHOR
contra a Babilônia estão firmes,
para fazer da terra da Babilônia
uma desolação,
sem que haja quem nela habite.
[30] Os valentes da Babilônia
pararam de lutar
e permanecem nas fortalezas.
Desfaleceu-lhes a força,
tornaram-se como mulheres.
As suas casas estão em chamas,
os ferrolhos dos portões
foram quebrados.
[31] Um arauto sai ao encontro
de outro arauto,
um mensageiro sai ao encontro
de outro mensageiro,
para anunciar ao rei da Babilônia
que a sua cidade foi invadida
de todos os lados,
[32] que as passagens do rio
estão ocupadas,
as fortalezas estão em chamas,
e os homens de guerra,
amedrontados.
[33] Porque assim diz
o SENHOR dos Exércitos,
o Deus de Israel:
'A filha da Babilônia é como a eira
quando é aplanada e pisada;
ainda um pouco, e chegará para ela
o tempo da colheita.'"

[34] "Nabucodonosor,
rei da Babilônia, nos devorou,
esmagou-nos e fez de nós
um objeto inútil.
Como monstro marinho, nos engoliu,
encheu a sua barriga
com as nossas comidas finas
e nos jogou fora.
[35] Que a moradora de Sião diga:
'A violência que se fez a mim
e à minha carne
caia sobre a Babilônia!'
Que Jerusalém diga:
'O meu sangue caia
sobre os moradores
da Caldeia!'"

[36] Portanto, assim diz o SENHOR:
"Eis que defenderei a sua causa
e vingarei o mal que lhe fizeram.
Secarei as águas da Babilônia
e farei com que se esgotem
as suas fontes.
[37] Babilônia se tornará
um montão de ruínas,
morada de chacais,
objeto de espanto e de vaias,
e não haverá quem nela habite.
[38] Os babilônios rugem como leões
e rosnam como leõezinhos.
[39] Estando eles esganados,
prepararei um banquete para eles.
Eu os deixarei embriagados,
para que se alegrem
e durmam sono eterno
e não acordem",
diz o SENHOR.
[40] "Farei com que sejam levados
como cordeiros ao matadouro,
como carneiros e bodes."

A QUEDA DA BABILÔNIA

[41] "Como foi tomada a Babilônia,
e apanhada de surpresa
a glória de toda a terra!
Como é possível?
Babilônia se tornou
objeto de horror
entre as nações.
[42] O mar invadiu a Babilônia
e a cobriu com a multidão
das suas ondas.
[43] Suas cidades se tornaram
em desolação,
terra seca e deserta,
terra em que ninguém habita
e por onde não passa ninguém.

44 Castigarei Bel na Babilônia
e farei com que lance de sua boca
o que engoliu.
As nações nunca mais afluirão a ele.
Também a muralha da Babilônia cairá."

45 "Saia do meio dela, meu povo!
Que cada um salve a sua vida
do furor da ira do Senhor.
46 Não desfaleça o coração de vocês,
nem tenham medo do rumor
que se há de ouvir na terra.
Pois virá num ano um rumor,
noutro ano, outro rumor.
Haverá violência na terra,
dominador contra dominador."

47 "Portanto, eis que vêm dias
em que castigarei
as imagens de escultura da Babilônia.
Toda a sua terra será envergonhada,
e todos os seus feridos
cairão no meio dela.
48 Os céus, a terra e tudo o que neles há
jubilarão sobre a Babilônia,
porque do Norte
lhe virão os destruidores",
diz o Senhor.

49 "Como a Babilônia fez cair
os feridos de Israel,
assim, na Babilônia, cairão
os feridos de toda a terra."

MENSAGEM AOS JUDEUS NA BABILÔNIA

50 "Vocês que escaparam
da espada,
andem, não parem!
De longe,
lembrem-se do Senhor
e pensem em Jerusalém.
51 Vocês dirão:
'Estamos envergonhados,
porque ouvimos falar da afronta.
O nosso rosto
se cobre de vergonha,
porque vieram estrangeiros
e entraram nos santuários
da Casa do Senhor.'"

52 "Portanto,
eis que vêm dias",
diz o Senhor,
"em que castigarei
as imagens de escultura
da Babilônia;
e em toda a terra
os feridos gemerão.
53 Mesmo que a Babilônia
subisse aos céus
e mesmo que fortificasse no alto
a sua fortaleza,
ainda assim eu mandaria
destruidores contra ela",
diz o Senhor.

A DESTRUIÇÃO DA BABILÔNIA

54 "Da Babilônia se ouvem gritos,
e da terra dos caldeus,
o ruído de grande destruição.
55 Porque o Senhor está destruindo
a Babilônia
e fazendo cessar o barulho
que ela faz.
As suas ondas bramarão
como muitas águas
e se ouvirá o tumulto
da sua voz.
56 Porque um destruidor
vem contra ela,
contra a Babilônia;
os seus valentes estão presos,
já estão quebrados os seus arcos.
Porque o Senhor é Deus
que retribui,
e ele certamente lhe retribuirá.
57 Deixarei embriagados
os seus príncipes,
os seus sábios,
os seus governadores,
as suas autoridades
e os seus valentes.
Dormirão sono eterno
e não acordarão",
diz o Rei, cujo nome é
Senhor dos Exércitos.

58 Assim diz o Senhor
dos Exércitos:

Jesus é o jardineiro que nunca desiste das suas árvores.

"A grossa muralha da Babilônia
será totalmente derrubada,
e os seus altos portões
serão incendiados.
Assim, os povos
trabalharam em vão,
e o esforço das nações acabou
sendo consumido
pelo fogo."

A MENSAGEM DE JEREMIAS É ENVIADA À BABILÔNIA

59 Esta é a ordem que o profeta Jeremias deu a Seraías, filho de Nerias, filho de Maaseias, quando este estava de saída para a Babilônia com Zedequias, rei de Judá, no quarto ano do seu reinado. Seraías era o chefe dos camareiros. 60 Jeremias escreveu num livro todo o mal que havia de vir sobre a Babilônia, a saber, todas as palavras já escritas contra a Babilônia. 61 Jeremias disse a Seraías:

— Quando você chegar à Babilônia, trate de ler em voz alta todas estas palavras. 62 Depois, diga: "Ó SENHOR! Tu falaste a respeito deste lugar que o exterminarias, a fim de que nada fique nele, nem pessoa nem animal, e que se tornaria em desolação perpétua." 63 Quando você acabar de ler o livro, amarre-o numa pedra e jogue-o no meio do Eufrates. 64 Então diga: "Assim será afundada a Babilônia e não se levantará, por causa do mal que eu hei de trazer sobre ela; e os seus moradores sucumbirão."

Até aqui as palavras de Jeremias.

A QUEDA DE JERUSALÉM

2Rs 24.18—25.7; 2Cr 36.11-21; Jr 39.1-7

52 1 Zedequias tinha vinte e um anos de idade quando começou a reinar e reinou onze anos em Jerusalém. A mãe dele se chamava Hamutal e era filha de Jeremias, de Libna. 2 Zedequias fez o que era mau aos olhos do SENHOR, segundo tudo o que Jeoaquim havia feito. 3 Foi por causa da ira do SENHOR contra Jerusalém e contra Judá que isto aconteceu, a ponto de os rejeitar da sua presença.

Zedequias rebelou-se contra o rei da Babilônia. 4 Aconteceu que, no nono ano do reinado de Zedequias, aos dez dias do décimo mês, Nabucodonosor, rei da Babilônia, veio contra Jerusalém, ele e todo o seu exército. Sitiaram a cidade e construíram rampas de ataque ao redor dela. 5 A cidade ficou sitiada até o décimo primeiro ano do reinado de Zedequias. 6 Aos nove dias do quarto mês, quando a cidade se via apertada pela fome, e não havia pão para o povo da terra, 7 a cidade foi arrombada. Embora os caldeus estivessem em volta da cidade, todos os homens de guerra fugiram e saíram de noite pelo caminho do portão que fica entre as duas muralhas perto do jardim do rei. Fugiram na direção do vale do Jordão. 8 Mas o exército dos caldeus perseguiu o rei Zedequias e o alcançou nas campinas de Jericó; e todo o exército deste se dispersou e o abandonou. 9 Então Zedequias foi preso e levado ao rei da Babilônia, em Ribla, na terra de Hamate, o qual lhe pronunciou a sentença. 10 O rei da Babilônia mandou matar os filhos de Zedequias à vista deste; também mandou matar todas as autoridades de Judá, em Ribla. 11 Mandou furar os olhos de Zedequias, amarrou-o com correntes de bronze, levou-o à Babilônia e o conservou no cárcere até o dia da sua morte.

A DESTRUIÇÃO DO TEMPLO

2Rs 25.8-17; 2Cr 36.17-21

12 No décimo dia do quinto mês, no décimo nono ano do reinado de Nabucodonosor, rei da Babilônia, Nebuzaradã, chefe da guarda e servidor do rei da Babilônia, veio a Jerusalém. 13 Ele queimou a Casa do SENHOR e o palácio real, bem como todas as casas de Jerusalém. Também entregou às chamas todas as construções importantes. 14 Todo o exército dos caldeus que estava com o chefe da guarda derrubou todas as muralhas ao redor de Jerusalém. 15 Nebuzaradã, o chefe da guarda, levou cativos os mais pobres do povo, o resto do povo que havia ficado na cidade, os desertores que se entregaram ao rei da Babilônia e o restante da população. 16 Porém Nebuzaradã, o chefe da guarda, deixou alguns dos mais pobres da terra para serem vinhateiros e lavradores.

17 Os caldeus cortaram em pedaços as colunas de bronze que estavam na Casa do SENHOR, bem como os suportes e o mar de bronze que estavam na Casa do SENHOR; e levaram todo o bronze para a Babilônia. 18 Levaram também as panelas, as pás, os apagadores, as bacias, os recipientes de incenso e todos os utensílios de bronze, com que se ministrava. 19 O chefe da guarda levou também os copos, os braseiros, as bacias, as panelas, os candelabros, os recipientes de incenso e as taças, tudo o que fosse de ouro ou de prata. 20 Quanto às duas colunas, ao mar de bronze e aos doze touros de bronze que o sustentavam, e que Salomão havia feito para a Casa do SENHOR, o peso do bronze de todos esses utensílios era incalculável. 21 Quanto às colunas, a altura de uma era de oito metros, e um cordão de cinco metros e trinta e cinco a cercava. Eram ocas, e a grossura do metal era de dez centímetros. 22 Sobre ela havia um capitel de bronze; a altura de cada capitel era de dois metros e vinte. A obra de rede e as romãs sobre o capitel ao redor eram de bronze. 23 Semelhante a esta era a outra coluna com as romãs. Havia noventa e seis romãs aos lados; todas as romãs sobre a obra de rede ao redor eram cem.

O POVO DE JUDÁ É LEVADO PARA A BABILÔNIA

2Rs 25.18-21

24 O chefe da guarda também levou cativos Seraías, sumo sacerdote, Sofonias, segundo sacerdote, e os três guardas da porta. 25 Da cidade ele levou um oficial, que era comandante das tropas de guerra, e sete conselheiros do rei que ainda estavam na cidade, bem como o escrivão-chefe do exército, que alistava o povo da terra, e sessenta homens do povo do lugar, que estavam na cidade. 26 Nebuzaradã, o chefe da guarda, levou-os ao rei da Babilônia, em Ribla. 27 O rei da Babilônia os matou ali mesmo, em Ribla, na terra de Hamate.

Assim Judá foi levado cativo para fora de sua terra. 28 Este é o povo que Nabucodonosor levou para o exílio: no sétimo ano, três mil e vinte e três judeus; 29 no décimo oitavo ano de Nabucodonosor, ele levou cativas de Jerusalém oitocentas e trinta e duas pessoas; 30 no vigésimo terceiro ano de Nabucodonosor, Nebuzaradã, o chefe da guarda, levou cativas, dentre os judeus, setecentas e quarenta e cinco pessoas. Ao todo, foram levadas quatro mil e seiscentas pessoas.

O REI JOAQUIM É LIBERTADO

2Rs 25.27-30

31 No trigésimo sétimo ano do cativeiro de Joaquim, rei de Judá, no dia vinte e cinco do décimo segundo mês, Evil-Merodaque, rei da Babilônia, no ano em que começou a reinar, libertou Joaquim, rei de Judá, e o fez sair do cárcere. 32 Falou com ele de modo bondoso e lhe deu um lugar de mais honra do que a dos reis que estavam com ele na Babilônia. 33 Permitiu que ele deixasse de usar as roupas de prisioneiro, e Joaquim passou a comer na presença dele todos os dias da sua vida. 34 E da parte do rei da Babilônia lhe foi dada subsistência vitalícia, uma pensão diária, até o dia da sua morte, durante todos os dias da sua vida.

Profetas Maiores

Livro 25 com

Lamentações

5 CAPÍTULOS

AUTORIA

A tradição atribui a Jeremias, com base na sua ligação estreita com a queda de Jerusalém (2Cr 35.25; Jr 1.1-3).

SIGNIFICADO DO TÍTULO

Em hebraico, o livro é chamado *Ekhah*, que significa "como", uma expressão de surpresa e lamento pela devastação. No grego, é conhecido como *Threnoi*, com o sentido de "lamentos" ou "prantos".

O título do livro reflete seu conteúdo e propósito. Trata-se de uma coleção de poemas de luto que descrevem a dor e o sofrimento do povo de Judá após a destruição de Jerusalém e do templo, em 586 a.C., pelos babilônios.

ESTRUTURA DO LIVRO

- ★ Lamento pela cidade desolada Lm 1
- ★ Ira de Deus sobre Jerusalém Lm 2
- ★ Esperança em meio ao sofrimento Lm 3
- ★ Reflexões sobre a queda Lm 4
- ★ Oração por restauração Lm 5

OBJETIVO DO LIVRO

Lamentar a desolação de Judá, refletir sobre os pecados que levaram a essa calamidade e clamar pela misericórdia de Deus.

LAMENTAÇÕES E CRISTO

Lamentações aponta para Cristo como o supremo consolo e redenção para o sofrimento humano. Assim como Jerusalém foi destruída por conta do pecado, Cristo veio para redimir os pecadores e restaurar a comunhão com Deus.

TEMAS DE LAMENTAÇÕES

O livro aborda a justiça e a misericórdia de Deus (Lm 3.31-33). Ele é um chamado ao arrependimento genuíno e à esperança na renovação divina.

JERUSALÉM DESTRUÍDA

1 *Álefe* — 1 Como jaz solitária
a cidade outrora populosa!
Tornou-se como viúva
a que foi grande entre as nações!
Princesa entre as províncias,
ficou sujeita a trabalhos forçados!

Bete — 2 Chora amargamente de noite,
e as lágrimas lhe correm pelo rosto.
Entre todos os seus amantes
não tem quem a console.
Todos os seus amigos a traíram;
tornaram-se seus inimigos.

Guímel — 3 Judá foi levado ao exílio,
afligido e sob grande servidão;
agora habita entre as nações,
sem encontrar descanso.
Todos os seus perseguidores
o apanharam nas suas angústias.

Dálete — 4 Os caminhos de Sião
estão de luto,
porque não há quem venha
à reunião solene.
Todas as suas portas estão desertas,
os seus sacerdotes vivem gemendo,
as suas virgens estão tristes,
e ela mesma se acha em amargura.

Hê — 5 Os seus adversários a dominam,
os seus inimigos prosperam.
Porque o SENHOR a afligiu,
por causa da multidão
das suas transgressões;
os seus filhinhos tiveram de ir para
o exílio,
na frente dos adversários.

Vau — 6 Da filha de Sião já se passou
todo o esplendor.
Os seus príncipes ficaram sendo
como corços que não acham pasto
e caminham exaustos
na frente do perseguidor.

Zaine — 7 Agora que está aflita
e andando sem rumo,
Jerusalém se lembra
de todas as coisas preciosas
que teve nos tempos antigos.
Ela se recorda de como o seu povo
caiu nas mãos do adversário,
sem que ninguém viesse socorrê-la,
e de como os adversários a viram
e deram risada da sua queda.

Hete — 8 Jerusalém pecou gravemente;
por isso, se tornou repugnante.
Todos os que a honravam
agora a desprezam,
porque viram a sua nudez;
ela também geme
e se retira envergonhada.

Tete — 9 A sua impureza está nas
suas saias.
Ela não pensava
no que poderia acontecer;
por isso, caiu de modo espantoso
e não tem quem a console.
"Vê, SENHOR, a minha aflição,
porque o inimigo se exalta."

Iode — 10 O adversário pôs a mão
em todas as coisas preciosas dela.
Ela viu as nações entrarem
no seu santuário,
apesar de teres proibido
que entrassem na tua congregação.

Cafe — 11 Todo o seu povo anda
gemendo
e à procura de pão;
trocaram as suas coisas preciosas
por mantimento,
para poderem restaurar as forças.
"Vê, SENHOR, e contempla,
pois me tornei desprezível."

Lâmede — 12 "Todos vocês que passam
pelo caminho,
será que isto não os comove?
Olhem e vejam
se há dor igual à minha,
essa dor que me sobreveio,
com que o SENHOR me afligiu
no dia do furor da sua ira."

Mem — 13 "Lá do alto ele enviou fogo
aos meus ossos,
o qual se apoderou deles;
estendeu uma rede aos meus pés,
e me fez voltar para trás;
deixou-me desolada
e sofrendo todo o dia."

Num — 14 "Ele, com a sua mão,
fez das minhas transgressões
um jugo;
elas foram entretecidas
e penduradas no meu pescoço.
O Senhor abateu a minha força;
ele me entregou
nas mãos daqueles
contra os quais não posso resistir."

Sâmeque — 15 "O Senhor dispersou
todos os valentes
que estavam comigo;
convocou um exército contra mim,
para esmagar os meus jovens;
o Senhor pisou, como num lagar,
a virgem filha de Judá."

Aim — 16 "Por estas coisas, eu choro;
os meus olhos, os meus olhos
se desfazem em lágrimas.
Porque o consolador,
que devia restaurar as minhas forças,
se afastou de mim.
Os meus filhos estão desolados,
porque o inimigo prevaleceu."

Pê — 17 Sião estende as mãos,
e não há quem a console.
O SENHOR ordenou a respeito de Jacó
que os seus vizinhos se tornem
seus inimigos;
para eles, Jerusalém
se tornou coisa impura.

Tsadê — 18 "Justo é o SENHOR,
pois me rebelei contra a sua palavra.
Escutem, todos os povos,
e vejam a minha dor;
as minhas virgens e os meus jovens
foram levados para o cativeiro."

Cofe — 19 "Chamei os meus amantes,
mas eles me enganaram;
os meus sacerdotes
e os meus anciãos
morreram na cidade,
quando estavam
à procura de mantimento
para restaurarem as suas forças."

Rexe — 20 "Olha, SENHOR,
porque estou angustiada!
A minha alma se agita,
o meu coração está transtornado
dentro de mim,
porque gravemente
me rebelei contra ti.
Lá fora, a espada mata os filhos;
aqui dentro, a morte se propaga."

Chim — 21 "Ouvem-se os meus gemidos,
mas não tenho quem me console.
Todos os meus inimigos
que souberam
da minha desgraça
se alegram,
porque tu a fizeste
cair sobre mim;
mas, quando trouxeres
o dia que anunciaste,
eles serão semelhantes a mim."

Tau — 22 "Venha toda a sua iniquidade
à tua presença,
e faze com eles
como fizeste comigo
por causa de todas
as minhas transgressões;
porque os meus gemidos
são muitos,
e o meu coração desfalece."

AS TRISTEZAS DE SIÃO PROVÊM DE DEUS

2 *Álefe* — 1 Como o Senhor, na sua ira,
cobriu de nuvens a filha de Sião!
Precipitou do céu à terra
a glória de Israel
e, no dia da sua ira, não se lembrou
do estrado de seus pés.

Bete — 2 O Senhor devorou
todas as moradas de Jacó
e não teve piedade;
no seu furor,
derrubou
as fortalezas da filha de Judá;
lançou por terra e profanou
o reino e os seus príncipes.

Guímel — 3 No furor da sua ira,
cortou toda a força de Israel;
retirou a sua mão direita
em face do inimigo.
Consumiu Jacó
como labareda de fogo
que devora tudo ao seu redor.

Dálete — 4 Entesou o seu arco,
como se fosse um inimigo;
firmou a sua mão direita,
como se fosse um adversário.
Destruiu tudo
o que era formoso à vista;
derramou o seu furor, como fogo,
sobre a tenda da filha de Sião.

Hê — 5 O Senhor se tornou
como inimigo,
devorando Israel;
devorou todos os seus palácios,
destruiu as suas fortalezas
e multiplicou na filha de Judá
o pranto e a lamentação.

Vau — 6 Demoliu com violência
o seu tabernáculo,
como se fosse uma horta;
destruiu o lugar
da sua congregação.
O Senhor, em Sião,
entregou ao esquecimento
as festas e o sábado
e, na indignação da sua ira,
rejeitou com desprezo
o rei e o sacerdote.

Zaine — 7 O Senhor rejeitou
o seu altar
e detestou o seu santuário.
Entregou nas mãos dos inimigos
os muros dos seus castelos;
eles deram gritos
na Casa do Senhor,
como se fosse dia de festa.

Hete — 8 O Senhor resolveu
destruir a muralha da filha de Sião;
estendeu o cordel e não retirou
a sua mão destruidora.
Fez gemer a muralha e as paredes;
juntas enfraqueceram.

Tete — 9 Os seus portões
caíram por terra;
ele quebrou e despedaçou
as suas trancas.
O seu rei e os seus príncipes
estão entre as nações
onde já não vigora a lei;
os seus profetas não recebem
mais visões do Senhor.

Iode — 10 Os anciãos da filha de Sião
estão sentados no chão, em silêncio;
lançam pó sobre a cabeça,
vestindo roupa feita de pano de saco;
as virgens de Jerusalém
abaixam a cabeça até o chão.

Cafe — 11 Com lágrimas
se consumiram
os meus olhos,
a minha alma se agita;
o meu coração se derramou de angústia
por causa da calamidade
da filha do meu povo,
porque crianças e bebês desmaiam
pelas ruas da cidade.

Lâmede — 12 Perguntam
às suas mães:
"O que temos para
comer e beber?",
ao mesmo tempo
em que desfalecem
como o ferido pelas ruas da cidade
ou quando dão o último suspiro
nos braços de sua mãe.

A chave para pôr fim à estagnação gerada pela falta de perdão é aprender a perdoar.

Mem — 13 O que posso lhe dizer?
A quem você se assemelha,
ó filha de Jerusalém?
A quem posso compará-la,
para lhe trazer consolo,
ó virgem filha de Sião?
Porque a sua calamidade
é tão grande como o mar;
quem poderá curá-la?

Num — 14 As visões que
os seus profetas
lhe anunciaram
eram falsas e enganosas.
Eles não expuseram
a maldade do que você fazia,
para restaurarem a sua sorte,
mas anunciaram visões falsas,
que a levaram ao cativeiro.

Sâmeque — 15 Todos os que passam
pelo caminho
zombam, batendo palmas,
vaiam e balançam a cabeça
diante da filha de Jerusalém.
Perguntam:
"É esta a cidade
que chamavam de
Perfeição da Formosura,
a alegria de toda a terra?"

Pê — 16 Todos os seus inimigos
abrem a boca contra você,
vaiam, rangem os dentes e dizem:
"Nós acabamos com ela!
Certamente este é
o dia que esperávamos!
Conseguimos! Esse dia chegou!"

Aim — 17 O Senhor fez
o que tinha em vista;
cumpriu a ameaça que pronunciou
desde os dias da antiguidade.
Derrubou sem dó nem piedade;
deixou que os inimigos
se alegrassem
por causa de você
e exaltou o poder
dos seus adversários.

Tsadê — 18 O coração do povo
clama ao Senhor.
Ó muralha da filha de Sião,
que as suas lágrimas corram
como um ribeiro,
de dia e de noite!
Não descanse!
Que a menina de seus olhos
não pare de chorar!

Cofe — 19 Levante-se
e clame de noite,
no princípio das vigílias.
Derrame, como água,
o coração diante do Senhor;
levante a ele as mãos,
pela vida de seus filhinhos,
que desfalecem de fome
nas esquinas de todas as ruas.

Rexe — 20 Vê, ó Senhor,
e considera
a quem trataste assim!
Será que as mulheres
deviam comer
o fruto de si mesmas,
as crianças que elas tanto amam?
Ou será que os sacerdotes
e profetas
deviam ser mortos
no santuário do Senhor?

Chim — 21 Os jovens e os velhos
jazem por terra pelas ruas;
as minhas virgens
e os meus jovens
foram mortos à espada.
Tu os mataste no dia da tua ira;
fizeste matança
sem dó nem piedade.

Tau — 22 Convocaste de toda parte
terrores contra mim,
como se fosse um dia de festa;
não houve quem escapasse
ou ficasse com vida
no dia da ira do Senhor.
Os filhos que tive e criei,
o meu inimigo os consumiu.

CASTIGO, ARREPENDIMENTO E ESPERANÇA

3 *Álefe* — 1 Eu sou o homem
que viu a aflição
causada pela vara
do furor de Deus.
2 Ele me levou e me fez andar
nas trevas e não na luz.
3 Certamente ele voltou
a sua mão contra mim,
sem parar, todo o dia.

Bete — 4 Fez envelhecer
a minha carne e a minha pele,
e despedaçou os meus ossos.
5 Construiu rampas de ataque contra mim
e me cercou de amargura e dor.
6 Ele me faz habitar na escuridão,
como aqueles que morreram
há muito tempo.

Guímel — 7 Cercou-me de um muro,
e já não posso sair;
prendeu-me
com pesadas correntes.
8 Mesmo quando clamo e grito,
ele fecha os ouvidos
à minha oração.
9 Fechou os meus caminhos
com blocos de pedra,
fez tortuosas as minhas veredas.
Dálete — 10 Foi para mim como
um urso à espreita,
como um leão pronto para atacar.
11 Desviou os meus caminhos
e me fez em pedaços;
depois me abandonou.
12 Entesou o seu arco
e me pôs como alvo de suas flechas.

Hê — 13 As flechas da sua aljava
atingiram o meu coração.
14 Fui feito motivo de riso
para todo o meu povo,
e a sua canção de deboche
o dia inteiro.
15 Fartou-me de amarguras,
e me saciou de absinto.

Vau — 16 Quebrou os meus dentes
nas pedras,
e cobriu-me de cinza.
17 Já não sei o que é ter paz
e esqueci o que é desfrutar do bem.
18 Então eu disse:
"Não tenho mais forças.
A minha esperança
no SENHOR acabou."

Zaine — 19 Lembra-te
da minha aflição
e do meu andar errante,
do absinto e da amargura.
20 Minha alma continuamente
se lembra disso
e se abate dentro de mim.
21 Quero trazer à memória
o que pode me dar esperança.

Hete — 22 As misericórdias
do SENHOR são a causa
de não sermos
consumidos,
porque as suas misericórdias
não têm fim;
23 renovam-se cada manhã.
Grande é a tua fidelidade.
24 "A minha porção
é o SENHOR",
diz a minha alma;
"portanto, esperarei nele."

Tete — 25 O SENHOR é bom
para os que esperam nele,
para aqueles que o buscam.
26 Bom é aguardar
a salvação do SENHOR,
e isso, em silêncio.
27 Bom é para o homem
suportar o jugo na sua mocidade.

Iode — 28 Que ele se assente solitário
e fique em silêncio,
porque esse jugo Deus pôs sobre ele.
29 Ponha a sua boca no pó;
talvez ainda haja esperança.
30 Dê a face ao que o fere
e suporte todas as afrontas.

Cafe — 31 O Senhor não rejeitará
para sempre.
32 Ainda que entristeça alguém,
terá compaixão
segundo a grandeza
das suas misericórdias.
33 Porque não aflige
nem entristece de bom grado
os filhos dos homens.

Lâmede — 34 Pisar debaixo dos pés
todos os prisioneiros da terra,
35 perverter o direito do homem
diante do Altíssimo,
36 subverter a justiça num processo
— será que o Senhor
não veria tais coisas?

Mem — 37 Quem é aquele que diz,
e assim acontece,
sem que o Senhor
o tenha ordenado?
38 Por acaso, não é
da boca do Altíssimo
que procedem
tanto o mal como o bem?
39 Por que se queixa o homem?
Queixe-se cada um
dos seus próprios pecados.

Num — 40 Examinemos bem
os nossos caminhos
e voltemos para o SENHOR.
41 Levantemos o coração,
juntamente com as mãos,
para Deus nos céus, dizendo:
42 "Nós pecamos
e fomos rebeldes,
e tu não nos perdoaste."

Sâmeque — 43 "Cobriste-nos de ira
e nos perseguiste;
nos mataste sem dó
nem piedade.
44 De nuvens te encobriste
para que a nossa oração
não passe.
45 Como lixo e refugo nos puseste
no meio dos povos."

Pê — 46 "Todos os nossos inimigos
abriram a boca contra nós.
47 Sobre nós vieram o temor e a cova,
a desolação e a ruína."
48 Dos meus olhos
correm rios de lágrimas,
por causa da destruição
da filha do meu povo.

Aim — 49 Os meus olhos choram,
não cessam, e não há descanso,
50 até que o SENHOR atenda
e veja lá do céu.
51 O que vejo entristece
a minha alma:
o sofrimento de todas
as filhas da minha cidade.

Tsadê — 52 Aqueles que sem motivo
são meus inimigos
caçaram-me como se eu fosse uma ave.
53 Lançaram-me vivo numa cova
e atiraram pedras sobre mim.
54 Águas correram
sobre a minha cabeça;
então eu disse: "Estou perdido!"

Cofe — 55 Da mais profunda cova, SENHOR,
invoquei o teu nome.
56 Ouviste a minha voz, quando pedi:
"Não feches os teus ouvidos
aos meus lamentos, ao meu clamor."
57 No dia em que te invoquei,
chegaste perto de mim
e disseste: "Não tenha medo."

Rexe — 58 Defendeste a minha causa, Senhor;
remiste a minha vida.
59 Viste, SENHOR, a injustiça
que me fizeram;
julga a minha causa.
60 Viste toda a sua vingança,
todos os seus planos contra mim.

Chim — 61 Ouviste as suas afrontas,
SENHOR,
todos os seus planos contra mim,
62 as acusações que me fazem
e o que murmuram contra mim, o dia todo.

63 Observa-os quando se assentam
e quando se levantam;
eu sou motivo de zombaria para eles.

Tau — 64 Tu, Senhor, lhes retribuirás
segundo a obra das mãos deles.
65 Tu lhes darás dureza de coração,
que é a tua maldição sobre eles.
66 Na tua ira, os perseguirás,
e eles serão eliminados
de debaixo dos céus
do Senhor.

OS SOFRIMENTOS DO CERCO

4 *Álefe* — 1 Como se escureceu o ouro!
Como o ouro refinado
perdeu o seu brilho!
Como estão espalhadas
as pedras do santuário
pelas esquinas de todas as ruas!

Bete — 2 Os nobres filhos de Sião,
comparáveis a ouro puro,
agora são tratados
como simples objetos de barro,
obra das mãos de oleiro!

Guímel — 3 Até os chacais dão o peito,
dão de mamar aos seus filhotes;
mas a filha do meu povo
tornou-se cruel
como as avestruzes no deserto.

Dálete — 4 A língua do bebê que mama
fica pegada, pela sede, ao céu da boca;
as crianças pedem pão,
mas não há quem as alimente.

Hê — 5 Os que se alimentavam
de comidas finas
desfalecem nas ruas;
os que se criaram entre escarlate
agora vivem entre montes de lixo.

Vau — 6 Porque a maldade
da filha do meu povo
é maior do que o pecado de Sodoma,
que foi destruída num momento,
sem intervenção humana.

Zaine — 7 Os seus príncipes
eram mais alvos do que a neve,
mais brancos do que o leite;
eram mais ruivos de corpo
do que os corais
e tinham a formosura
da safira.

Hete — 8 Mas agora o aspecto deles
é mais escuro do que a fuligem;
não são reconhecidos nas ruas.
A sua pele grudou nos ossos,
secou-se como a madeira.

Tete — 9 Mais felizes foram
as vítimas da espada
do que as vítimas da fome;
porque estas se definham
atingidas mortalmente
pela falta do produto dos campos.

Iode — 10 As mãos das mulheres
que antes eram compassivas
cozinharam
os seus próprios filhos;
estes lhes serviram de alimento
quando a filha do meu povo
foi destruída.

Cafe — 11 O Senhor deu cumprimento
à sua indignação,
derramou o furor da sua ira;
acendeu fogo em Sião,
que consumiu os seus alicerces.

Lâmede — 12 Nem os reis da terra,
nem todos os moradores
do mundo acreditavam
que o adversário
ou inimigo pudesse entrar
pelos portões de Jerusalém.

Mem — 13 Tudo isso aconteceu
por causa dos pecados
dos seus profetas
e por causa das maldades
dos seus sacerdotes,
que derramaram no meio dela
o sangue dos justos.

Num — 14 Vagueiam como cegos
pelas ruas,
andam contaminados de sangue,
de maneira que ninguém
pode tocar na roupa deles.

Sâmeque — 15 E o povo grita:
"Afastem-se, impuros!
Afastem-se, afastem-se,
não toquem em nada!"
Quando fugiram
e andaram errantes,
dizia-se entre as nações:
"Aqui eles não podem morar."

Pê — 16 A ira do SENHOR os espalhou;
ele já não dá atenção a eles.
Não respeitaram os sacerdotes,
nem se compadeceram dos anciãos.

Aim — 17 Os nossos olhos
ainda desfalecem,
esperando socorro
que nunca chega;
de nossas torres,
temos olhado para um povo
que não nos pode livrar.

Tsadê — 18 Espreitavam
os nossos passos,
de maneira que
não podíamos andar
pelas nossas ruas.
Nosso fim se aproximava,
os nossos dias estavam contados,
era chegado o nosso fim.

Cofe — 19 Os nossos perseguidores
foram mais ligeiros
do que as águias nos céus;
sobre os montes nos perseguiram,
no deserto nos armaram ciladas.

Rexe — 20 O ungido do SENHOR,
que era o nosso alento,
foi preso nas armadilhas deles.
Dele dizíamos:
"Debaixo da sua sombra,
viveremos entre as nações."

Chim — 21 Exulte e alegre-se agora,
ó filha de Edom,
você que habita na terra de Uz.
Logo chegará a sua hora
de beber do cálice;
você ficará embriagada e despida.

Tau — 22 O castigo por causa
da sua maldade
está consumado,
ó filha de Sião;
o SENHOR nunca mais a levará
para o exílio.
Mas ele castigará a sua maldade,
ó filha de Edom;
porá a descoberto os pecados
que você cometeu.

ORAÇÃO PEDINDO MISERICÓRDIA

5 1 Lembra-te, SENHOR,
do que nos aconteceu;
considera e olha
para a nossa desgraça.
2 A nossa herança foi entregue
a estranhos,
e as nossas casas, a estrangeiros.

3 Somos órfãos,
já não temos pai;
as nossas mães são como viúvas.

4 Temos de comprar
a nossa própria água;
temos de pagar pela nossa
própria lenha.

5 Os nossos perseguidores
estão sobre o nosso pescoço;
estamos exaustos
e não temos descanso.

6 Submetemo-nos aos
egípcios e aos assírios,
para nos fartarem de pão.

7 Nossos pais pecaram
e já não existem;
nós é que recebemos o castigo
pelas suas iniquidades.

8 Escravos dominam sobre nós;
não há ninguém que nos livre das
suas mãos.

9 Arriscamos a vida
para conseguir o nosso pão,
por causa da ameaça que vem do deserto.

10 Nossa pele queima como um forno,
por causa do ardor da fome.

11 As mulheres foram violentadas em Sião;
as virgens, nas cidades de Judá.

12 Enforcaram os príncipes,
não tiveram nenhum respeito
pelos velhos.

13 Os jovens são obrigados
a virar os moinhos;
os meninos tropeçam
debaixo das cargas de lenha.

14 Os anciãos já não se reúnem
junto ao portão da cidade;
os jovens já não cantam mais.

15 Cessou a alegria de nosso coração;
a nossa dança se transformou
em lamentações.

16 Caiu a coroa da nossa cabeça.
Ai de nós, porque pecamos!

17 Por causa disso,
o nosso coração está doente;
por causa dessas coisas,
os nossos olhos se escureceram.

18 Pelo monte Sião, que
está abandonado,
vagueiam os chacais.

19 Tu, SENHOR,
reinas eternamente,
o teu trono subsiste
de geração em geração.

20 Por que te esquecerias
de nós para sempre?
Por que nos desampararias por
tanto tempo?

21 Converte-nos a ti, SENHOR,
e seremos convertidos;
renova os nossos dias
como antigamente.

22 Por que nos rejeitarias de vez?
Por que ficarias tão enfurecido
contra nós?

Profetas Maiores

Ezequiel

Livro 26 com **48** CAPÍTULOS

AUTORIA

O profeta Ezequiel (Ez 1.1-3), filho de Buzi. Ele foi deportado para a Babilônia em 597 a.C. e exerceu seu ministério profético durante o exílio, com visões e mensagens de julgamento e restauração.

SIGNIFICADO DO TÍTULO

O nome "Ezequiel" tem origem hebraica e significa "Deus fortalece" ou "Deus é a minha força".

OBJETIVO DO LIVRO

Proclamar a soberania de Deus sobre todas as nações e demonstrar sua justiça em punir o pecado, ao mesmo tempo que oferece esperança de restauração e renovação.

ESTRUTURA DO LIVRO

★ Chamado e visões de Ezequiel Ez 1—3

★ Oráculos de julgamento contra Judá Ez 4—24

★ Oráculos contra as nações Ez 25—32

★ Promessas de restauração Ez 33—48

TEMAS DE EZEQUIEL

Ezequiel enfatiza a santidade e soberania de Deus. O livro mostra que Deus é justo em seu julgamento, mas também abundante em misericórdia e fidelidade ao prometer restauração. É um chamado à fidelidade e à confiança no poder restaurador do Senhor.

EZEQUIEL E CRISTO

Ezequiel aponta para Cristo como o bom pastor que busca e salva suas ovelhas (Ez 34.11-16; Jo 10.11). As visões de renovação e um novo coração (Ez 36.26-27) são cumpridas em Cristo, que traz a nova aliança e a regeneração espiritual. O templo futuro simboliza a presença de Deus com seu povo, realizada plenamente em Jesus (Jo 2.19-21).

A PRIMEIRA VISÃO DE EZEQUIEL
Caps. 1—7

A VISÃO DOS QUATRO SERES VIVENTES

1 1 No trigésimo ano, no quinto dia do quarto mês, estando eu no meio dos exilados, junto ao rio Quebar, os céus se abriram e eu tive visões de Deus.

2 No quinto dia do referido mês, no quinto ano de cativeiro do rei Joaquim, 3 a palavra do SENHOR veio expressamente a Ezequiel, filho de Buzi, o sacerdote, na terra dos caldeus, junto ao rio Quebar. Ali a mão do SENHOR esteve sobre ele.

4 Olhei, e eis que do Norte vinha um vento tempestuoso e uma grande nuvem envolta em fogo e rodeada de resplendor. E no meio disso havia uma coisa como metal brilhante, que saía do meio do fogo.

5 Do meio disso saía algo semelhante a quatro seres viventes, cuja aparência era esta: tinham a semelhança de ser humano. 6 Cada um tinha quatro rostos e quatro asas. 7 As suas pernas eram retas, e a planta dos pés era como a de um bezerro e brilhavam como bronze polido. 8 Debaixo das asas, nos quatro lados, tinham mãos humanas. Assim, todos os quatro seres viventes tinham rostos e asas. 9 As asas se uniam uma à outra. Eles não se viravam quando se moviam; cada um andava para a sua frente.

10 Quanto à forma de seus rostos, cada um tinha um rosto de ser humano. Do lado direito, os quatro tinham rosto de leão; do lado esquerdo, rosto de boi; e os quatro também tinham rosto de águia. 11 Assim eram os seus rostos. Suas asas se abriam para cima. Cada ser vivente tinha duas asas, unidas cada uma à do outro; com as outras duas asas eles cobriam o corpo. 12 Cada um andava para a sua frente. Para onde o espírito queria ir, eles iam; não se viravam quando se moviam. 13 O aspecto dos seres viventes era como carvão em brasa, à semelhança de tochas. O fogo corria resplandecente por entre os seres viventes, e dele saíam relâmpagos. 14 Os seres viventes ziguezagueavam à semelhança de relâmpagos.

A VISÃO DAS QUATRO RODAS

15 Quando eu estava olhando para os seres viventes, eis que havia uma roda no chão, ao lado de cada um deles. 16 O aspecto das rodas e a sua estrutura eram brilhantes como o berilo. As quatro tinham a mesma aparência, cujo aspecto e estrutura eram como se uma roda estivesse dentro da outra. 17 Quando elas andavam, podiam ir em quatro direções e não se viravam quando se moviam. 18 Os aros dessas rodas eram altos e metiam medo; e, nas quatro rodas, os aros estavam cheios de olhos ao redor.

19 Quando os seres viventes se moviam, as rodas se moviam ao lado deles; quando eles se elevavam do chão, também as rodas se elevavam. 20 Para onde o espírito queria ir, eles iam, pois o espírito os impelia; e as rodas se elevavam do chão juntamente com eles, porque nelas estava o espírito dos seres viventes. 21 Quando os seres viventes se moviam, as rodas se moviam; quando eles paravam, as rodas paravam; e, quando eles se elevavam do chão, as rodas também se elevavam com eles; porque o espírito dos seres viventes estava nas rodas.

22 Sobre a cabeça dos seres viventes havia algo semelhante ao firmamento, como cristal brilhante que metia medo, estendido por sobre a cabeça deles. 23 Por debaixo do firmamento, cada ser vivente estendia duas asas na direção do ser que lhe estava próximo; e com as outras duas asas cobriam o corpo. 24 Quando eles andaram, ouvi o ruído das suas asas, que era como o som de muitas águas, como a voz do Onipotente, um som de tumulto como o tropel de um exército. Quando eles paravam, abaixavam as asas. 25 Veio uma voz de cima do firmamento que estava sobre a cabeça deles. Quando eles paravam, abaixavam as asas.

A VISÃO DA GLÓRIA DIVINA

26 Por cima do firmamento que estava sobre a cabeça dos seres viventes, havia algo semelhante a um trono, como uma safira; e, sobre essa espécie de trono, estava sentada uma figura semelhante a um ser humano. 27 Vi que essa figura era como metal brilhante, como um fogo ao redor dela, desde a sua cintura e daí para cima; e desde a sua cintura e daí

para baixo, vi que essa figura era como fogo e
havia um resplendor ao redor dela. 28 Como o
aspecto do arco que aparece nas nuvens em
dia de chuva, assim era o resplendor ao redor.
Esta era a aparência da glória do SENHOR. Ao
ver isto, caí com o rosto em terra e ouvi a voz
de quem falava.

O CHAMADO DE EZEQUIEL

2 1 Esta voz me disse:
— Filho do homem, fique em pé, e falarei com você.
2 Enquanto falava comigo, o Espírito entrou
em mim e me fez ficar em pé, e ouvi aquele
que falava comigo. 3 Ele me disse:
— Filho do homem, eu vou enviá-lo aos
filhos de Israel, às nações rebeldes que se
rebelaram contra mim. Eles e os pais deles se
revoltaram contra mim, até precisamente o
dia de hoje. 4 Os filhos têm a mente fechada
e o coração endurecido. Eu vou enviá-lo até
eles, e você lhes dirá: "Assim diz o Senhor
DEUS." 5 Eles, quer ouçam quer deixem de
ouvir, porque são casa rebelde, saberão que
um profeta esteve no meio deles.
6 — Você, filho do homem, não tenha medo
deles nem do que eles disserem. Mesmo que
você esteja entre sarças e espinhos e more
com escorpiões, não tenha medo do que eles
disserem nem se assuste com o rosto deles,
porque são casa rebelde. 7 Você lhes dirá as
minhas palavras, quer ouçam quer deixem
de ouvir, pois são rebeldes.
8 — Você, filho do homem, ouça o que eu
lhe digo: não seja rebelde como essa gente.
Abra a boca e coma o que eu vou lhe dar.
9 Então olhei, e eis que certa mão se estendia para mim, e nela se achava o rolo de um
livro. 10 Ela o desenrolou diante de mim, e
estava escrito por dentro e por fora. No rolo,
estavam escritas lamentações, gemidos e ais.

3 1 Ainda me disse:
— Filho do homem, coma o que está aí
diante de você. Coma esse rolo; depois, vá
falar à casa de Israel.
2 Então abri a boca, e ele me deu o rolo para
comer. 3 E me disse:
— Filho do homem, coma e encha o seu
estômago com este rolo que eu lhe dou.
Eu o comi, e na minha boca era doce como
o mel.

A MISSÃO DO PROFETA

4 Disse-me ainda:
— Filho do homem, vá à casa de Israel e
diga-lhe as minhas palavras. 5 Porque você
não está sendo enviado a um povo de fala
obscura nem de língua difícil, mas à casa de
Israel. 6 Você não está sendo enviado a muitos povos de fala obscura e de língua difícil,
cujas palavras você não poderia entender. Se
eu o enviasse a esses povos, eles certamente
dariam ouvidos a você. 7 Mas a casa de Israel
não vai querer dar ouvidos a você, porque não
quer dar ouvidos a mim; pois toda a casa de
Israel tem o coração fechado e a mente endurecida. 8 Eis que endureci o seu rosto contra o
rosto deles e endureci a sua fronte contra a
fronte deles. 9 Tornei a sua fronte mais dura
do que a rocha — como o diamante. Portanto,
não tenha medo deles, nem se assuste com o
rosto deles, porque são casa rebelde.
10 Ainda me disse mais:
— Filho do homem, guarde em seu coração
todas as minhas palavras que eu lhe falar e
ouça-as com muita atenção. 11 Vá falar com
os exilados, os filhos do seu povo, e, quer
ouçam quer deixem de ouvir, fale com eles
e diga-lhes: "Assim diz o Senhor DEUS."
12 Então o Espírito me levantou, e ouvi atrás
de mim a voz de um grande estrondo, que,
levantando-se do seu lugar, dizia:
— Bendita seja a glória do SENHOR.
13 Ouvi o ruído das asas dos seres viventes, que
tocavam umas nas outras, e o barulho das rodas
juntamente com eles e o som de um grande
estrondo. 14 Então o Espírito me levantou e me
levou. Eu fui, amargurado no furor do meu espírito, e a mão do SENHOR se fez forte sobre mim.
15 Então fui a Tel-Abibe, aos exilados que habitavam junto ao rio Quebar, e, durante sete dias,
assentei-me ali, perplexo, no meio deles.

O ATALAIA DE ISRAEL

16 Depois dos sete dias, a palavra do SENHOR
veio a mim, dizendo:
17 — Filho do homem, eu o coloquei como
atalaia sobre a casa de Israel. Você ouvirá a

Não abandone o percurso nem fuja do processo. Existe vida e liberdade para você.

palavra da minha boca e lhes dará aviso da minha parte. 18 Quando eu disser ao ímpio: "Você certamente morrerá", e você não o avisar e nada disser para o advertir do seu mau caminho, para lhe salvar a vida, esse ímpio morrerá na sua maldade, mas você será responsável pela morte dele. 19 Mas, se você avisar o ímpio, e ele não se converter da sua maldade e do seu mau caminho, ele morrerá na sua maldade, mas você terá salvo a sua vida.

20 — Também quando o justo se desviar da sua justiça e fizer maldade, e eu puser diante dele um tropeço, ele morrerá. Visto que você não o avisou, ele morrerá no seu pecado, e os atos de justiça que ele havia praticado não serão lembrados, e você será responsável pela morte dele. 21 No entanto, se você avisar o justo, para que não peque, e ele não pecar, certamente viverá, porque foi avisado; e você terá salvo a sua vida.

22 A mão do SENHOR veio sobre mim, e ele me disse:

— Levante-se e vá para o vale, onde falarei com você.

23 Levantei-me e fui para o vale, e eis que a glória do SENHOR estava ali, como a glória que eu tinha visto junto ao rio Quebar; e caí com o rosto em terra. 24 Então o Espírito entrou em mim, e me pôs em pé, e falou comigo, e me disse:

— Vá para a sua casa e tranque-se dentro dela. 25 Quanto a você, filho do homem, eis que porão cordas sobre você e irão amarrá-lo com elas; e você não poderá sair para o meio do povo. 26 Farei com que a sua língua se apegue ao céu da boca, e você ficará mudo e incapaz de os repreender; porque são casa rebelde. 27 Mas, quando eu falar com você, eu lhe devolverei a fala e você lhes dirá: "Assim diz o Senhor DEUS." Quem ouvir, que ouça; e quem deixar de ouvir, que fique sem ouvir; porque são casa rebelde.

O CERCO SIMBÓLICO DE JERUSALÉM

4 1 — Filho do homem, pegue um tijolo, ponha-o diante de você e faça nele um desenho da cidade de Jerusalém. 2 Nesse desenho, a cidade deverá estar sitiada, com rampas e torres de ataque, acampamentos e aríetes em volta dela. 3 Pegue também uma assadeira de ferro e coloque-a como muro de ferro entre você e a cidade. Volte o seu rosto para a cidade. Ela será sitiada, e você a sitiará. Isso servirá de sinal para a casa de Israel.

4 — Deite-se também sobre o seu lado esquerdo e ponha sobre ele a maldade da casa de Israel. Conforme o número dos dias que se deitar sobre o seu lado esquerdo, você levará sobre si a maldade da casa de Israel. 5 Porque determinei que cada ano da sua maldade corresponda a um dia, num total de trezentos e noventa dias; e você levará sobre si a maldade da casa de Israel. 6 Quando você tiver cumprido esses dias, deite-se sobre o seu lado direito, e você levará sobre si a maldade da casa de Judá durante quarenta dias: um dia para cada ano. 7 Volte o seu rosto para o cerco de Jerusalém e, com o braço descoberto, profetize contra ela. 8 Eis que vou amarrá-lo com cordas, e assim você não poderá se virar de um lado para o outro até que você tenha cumprido os dias do seu cerco.

9 — Pegue trigo, cevada, favas, lentilha, aveia e centeio, coloque-os numa vasilha e com eles faça pão para você. Durante os dias em que você se deitar sobre o seu lado, trezentos e noventa dias, você comerá desse pão. 10 A sua comida será por peso, duzentos e quarenta gramas, que você comerá de tempos em tempos. 11 Também a água que você beber será medida: meio litro por dia, para beber de tempos em tempos. 12 O que você comer será como bolo de cevada, assado sobre esterco humano, à vista do povo.

13 E o SENHOR disse ainda:

— Assim os filhos de Israel comerão a sua comida impura, entre as nações para onde os expulsarei.

14 Então eu disse:

— Ah! Senhor DEUS! Eis que eu nunca me contaminei, pois, desde a minha mocidade até agora, nunca comi carne de animal que morreu por si ou que foi dilacerado por feras. Em minha boca jamais entrou qualquer carne abominável.

15 Então ele me disse:

— Pois bem, vou deixar que você use esterco de vaca em lugar de esterco humano; asse o seu pão em cima dele.

16 Disse mais:

— Filho do homem, eis que eu cortarei o suprimento de pão em Jerusalém. Comerão o pão por peso e com ansiedade; beberão a água por medida e com espanto. 17 Visto que lhes faltará o pão e a água, ficarão espantados uns com os outros e se consumirão nas suas maldades.

5 1 — Filho do homem, pegue uma espada afiada e use-a como navalha de barbeiro, passando-a pela sua cabeça e pela sua barba. Depois, pegue uma balança e reparta os cabelos que você cortou. 2 Queime uma terça parte no meio da cidade, quando se cumprirem os dias do cerco. Pegue outra terça parte e corte-a com a espada, enquanto você rodeia a cidade. Espalhe a outra terça parte ao vento, e irei atrás deles com a espada. 3 Mas pegue uns poucos cabelos e prenda-os nas bordas das suas roupas. 4 Pegue ainda alguns cabelos, jogue-os no fogo, e deixe que se queimem. Dali sairá um fogo contra toda a casa de Israel.

AS CAUSAS DO CERCO DE JERUSALÉM

5 — Assim diz o Senhor Deus: Esta é Jerusalém; eu a coloquei no meio das nações, com os outros países ao seu redor. 6 Ela, porém, se rebelou contra os meus juízos e os meus estatutos, sendo mais perversa do que as nações e os países ao seu redor. Porque os moradores de Jerusalém rejeitaram os meus juízos e não andaram nos meus estatutos. 7 Portanto, assim diz o Senhor Deus: Vocês são mais rebeldes do que as nações que estão ao seu redor. Não andaram nos meus estatutos, não executaram os meus juízos, nem procederam segundo o direito das nações ao redor de vocês. 8 Por isso, assim diz o Senhor Deus: Eis que eu, eu mesmo, estou contra você, Jerusalém, e vou executar os meus juízos dentro de você, à vista das nações. 9 Farei com você o que nunca fiz e o que jamais farei de novo, por causa de todas as suas abominações. 10 Por isso, os pais vão devorar os próprios filhos dentro de você, ó Jerusalém, e os filhos vão devorar os pais. Executarei em você os meus juízos e tudo o que restar de você espalharei aos quatro ventos. 11 Portanto, porque você profanou o meu santuário com todas as suas coisas detestáveis e com todas as suas abominações, tão certo como eu vivo, diz o Senhor Deus, eu me retirarei. Os meus olhos não terão piedade, e eu não a pouparei. 12 Uma terça parte dos seus moradores morrerá de peste e será consumida pela fome dentro de suas muralhas; outra terça parte cairá à espada nos seus arredores; e a outra terça parte espalharei aos quatro ventos e irei atrás dela com a espada na mão.

13 — Assim se cumprirá a minha ira, satisfarei neles o meu furor e me acalmarei. Saberão que eu, o Senhor, falei motivado pelo meu zelo, quando cumprir neles o meu furor. 14 Jerusalém, farei de você uma desolação e objeto de deboche entre as nações que estão ao seu redor, à vista de todos os que passarem.

15 — Assim, você será objeto de deboche e de zombaria, um exemplo de castigo e um motivo de espanto às nações que estão ao seu redor, quando eu executar em você juízos com ira e indignação, em furiosos castigos. Eu, o Senhor, falei. 16 Quando eu atirar contra eles as flechas mortais da fome, flechas destruidoras, que eu enviarei para destruir vocês, então aumentarei a fome entre vocês e lhes cortarei o suprimento de pão. 17 Enviarei sobre vocês a fome, e animais selvagens que os deixarão sem filhos; a peste e o derramamento de sangue passarão por você, e trarei a espada contra você. Eu, o Senhor, falei.

PROFECIA CONTRA A IDOLATRIA DE ISRAEL

6 1 A palavra do Senhor veio a mim, dizendo:

2 — Filho do homem, volte o seu rosto para os montes de Israel e profetize contra eles, dizendo: 3 Montes de Israel, ouçam a palavra

do Senhor Deus. Assim diz o Senhor Deus
aos montes e às colinas, aos desfiladeiros
e aos vales: Eis que eu, eu mesmo, trarei
a espada sobre vocês e destruirei os seus
lugares altos. 4 Os altares de sacrifício serão
destruídos, e os altares onde vocês queimam
incenso serão quebrados. Farei com que os
mortos caiam diante dos seus ídolos. 5 Porei
os cadáveres dos filhos de Israel diante dos
seus ídolos e espalharei os ossos de vocês
ao redor dos seus altares. 6 Onde quer que
vocês morarem, as cidades serão destruídas
e os lugares altos ficarão em ruínas, para que
os altares sejam destruídos e arruinados, os
seus ídolos sejam quebrados e extintos, os
seus altares do incenso sejam eliminados,
e as obras que vocês realizaram sejam des-
feitas. 7 Os mortos cairão no meio de vocês,
e vocês saberão que eu sou o Senhor.

8 — Mas deixarei um resto, porque alguns
de vocês escaparão da espada entre as
nações, quando forem espalhados por
outras terras. 9 Aqueles que escaparem se
lembrarão de mim entre as nações para
onde foram levados em cativeiro. Lembra-
rão como eu sofri por causa do seu coração
infiel, que se afastou de mim, e por causa
dos seus olhos, que se prostituíram com os
seus ídolos. Eles terão nojo de si mesmos,
por causa das maldades que fizeram em
todas as suas abominações. 10 Saberão que
eu sou o Senhor e que não foi sem motivo
que eu disse que lhes faria este mal.

11 — Assim diz o Senhor Deus: Contorça
as mãos, bata os pés e diga: "Ah", por todas
as terríveis abominações da casa de Israel!
Pois cairão à espada, de fome e de peste. 12 O
que estiver longe morrerá de peste; o que
estiver perto cairá à espada; e o que sobre-
viver e for poupado morrerá de fome. Assim,
neles cumprirei o meu furor. 13 Então vocês
saberão que eu sou o Senhor, quando os
seus mortos estiverem estendidos no meio
dos seus ídolos, ao redor dos seus altares,
em todas as colinas elevadas e no alto de
todos os montes, debaixo de todas as árvores
frondosas e debaixo de todos os carvalhos
espessos, lugares onde ofereciam suave per-
fume a todos os seus ídolos. 14 Estenderei a
mão sobre eles e, onde quer que estiverem
morando, tornarei a terra em desolação, uma
desolação desde o deserto até Ribla. E sabe-
rão que eu sou o Senhor.

O FIM CHEGOU!

7 1 A palavra do Senhor veio a mim, dizendo:
2 — Filho do homem, assim diz o Senhor
Deus a respeito da terra de Israel:

"Chegou o fim!
O fim chegou
sobre os quatro cantos da terra.
3 Agora o fim chegou
sobre você, povo de Israel.
Enviarei a minha ira sobre vocês.
Eu os julgarei
segundo os seus caminhos
e farei cair sobre vocês
todas as suas abominações.
4 Os meus olhos não terão piedade,
e eu não os pouparei.
Pelo contrário, eu darei
o que vocês merecem
por seus atos,
e farei com que paguem
por todas as suas abominações.
E vocês saberão
que eu sou o Senhor."

5 — Assim diz o Senhor Deus:

"Calamidade após calamidade,
eis que vêm.
6 Chegou o fim!
O fim chegou,
já despertou contra você!
7 A sua sentença chegou,
ó morador desta terra.
Chegou a hora. O dia está próximo,
dia de tumulto, e não de alegria,
sobre os montes.
8 Agora, em breve,
derramarei o meu furor sobre você,
cumprirei a minha ira contra você.
Eu os castigarei
segundo os seus caminhos
e os farei pagar por todas
as suas abominações.

9 Os meus olhos não terão piedade,
e eu não os pouparei.
Segundo os seus caminhos,
assim os castigarei,
e os farei pagar
por suas abominações.
E vocês saberão que eu,
o SENHOR, sou o que castiga."

10 "Eis o dia! Eis que chegou!
Brotou a sentença,
já floresceu a vara,
reverdeceu a arrogância.
11 A violência se ergueu
para servir de vara de maldade.
Nada restará deles,
nem da sua multidão,
nem da sua riqueza,
nem da sua glória.
12 Chegou a hora,
o dia está próximo.
Quem compra não se alegre,
e quem vende não se entristeça,
porque a ira cairá sobre todos eles.
13 Porque o vendedor
não tornará a possuir
aquilo que vendeu,
por mais que viva.
Porque a profecia contra todos eles
não será revogada,
e, por causa da própria maldade,
ninguém preservará a vida."

14 "Tocaram a trombeta
e prepararam tudo,
mas ninguém vai à batalha,
porque a minha ira
cairá sobre todos eles.
15 Fora está a espada;
dentro, a peste e a fome.
Quem está no campo
morre à espada,
e quem está na cidade,
a fome e a peste o consomem.
16 Se alguns deles, fugindo, escaparem,
estarão pelos montes,
como pombas dos vales,
todos gemendo, cada um
por causa da sua maldade.
17 Todas as mãos desfalecerão,
e todos os joelhos se desfarão
em água.
18 Vestirão roupa
feita de pano de saco,
e o terror tomará conta deles.
Todos os rostos
ficarão cobertos de vergonha,
e todas as cabeças serão rapadas.
19 Jogarão a sua prata nas ruas,
e o seu ouro será tratado
como se fosse sujeira.
Nem a sua prata nem o seu ouro
poderão livrá-los
no dia da ira do SENHOR;
eles não saciarão a sua fome,
nem lhes encherão o estômago,
porque a prata e o ouro
foram o tropeço
que os levou a cair em iniquidade.
20 Dessas preciosas joias fizeram
seu objeto de orgulho
e fabricaram
as suas abomináveis imagens
e seus ídolos detestáveis.
Por isso, fiz com que essas coisas
se tornassem como sujeira
para eles."

21 "Entregarei tudo isso
nas mãos de estrangeiros,
por presa,
e aos ímpios da terra, por despojo;
eles o profanarão.
22 Desviarei deles o rosto,
e profanarão o meu tesouro;
ladrões entrarão nele
e o profanarão."

23 "Prepare uma corrente,
porque a terra está cheia
de crimes de sangue,
e a cidade, cheia de violência.
24 Trarei aqui as piores nações,
que tomarão posse das casas deles.
Farei cessar a arrogância
dos valentes,
e os seus lugares santos
serão profanados.

[25] A destruição está a caminho!
Eles buscarão paz,
mas não haverá paz.
[26] Virá miséria sobre miséria,
e um rumor após o outro.
Buscarão visões de profetas;
do sacerdote perecerá a lei,
e dos anciãos, o conselho.
[27] O rei estará de luto,
o príncipe se vestirá de horror,
e as mãos do povo da terra
tremerão de medo.
Vou tratá-los
segundo a sua conduta,
e os julgarei
pelos seus próprios critérios.
E eles saberão
que eu sou o Senhor."

A SEGUNDA VISÃO DE EZEQUIEL
Caps. 8—10

A IDOLATRIA EM JERUSALÉM

8 [1] No sexto ano, no sexto mês, aos cinco
dias do mês, quando eu estava sentado
em minha casa e os anciãos de Judá esta-
vam sentados diante de mim, aconteceu
que ali a mão do Senhor Deus caiu sobre
mim. [2] Olhei, e eis uma figura como de um
homem. Do que parecia ser a sua cintura e
daí para baixo era fogo e, da cintura para
cima, como o resplendor de metal brilhante.
[3] Ele estendeu algo em forma de mão e me
pegou pelos cachos dos meus cabelos. O
Espírito me levantou entre a terra e o céu
e me levou a Jerusalém em visões de Deus,
até a entrada do portão do pátio de dentro,
que dá para o norte, onde estava colocada
a imagem dos ciúmes, que provoca o ciúme
de Deus. [4] Eis que ali estava a glória do Deus
de Israel, como na visão que eu tive no vale.
[5] Ele me disse:

— Filho do homem, olhe para o norte.

Olhei para lá, e eis que do lado norte, junto
ao portão do altar, na entrada, estava essa
imagem dos ciúmes. [6] Então ele me disse:

— Filho do homem, você vê o que eles
estão fazendo? Veja as grandes abomina-
ções que a casa de Israel faz neste lugar,
para que eu me afaste do meu santuário.
Pois você ainda verá abominações maiores
do que essas.

[7] Ele me levou à entrada do átrio. Olhei, e
eis que havia um buraco na parede. [8] Então
me disse:

— Filho do homem, escave aquela parede.

Escavei a parede, e eis que havia uma
porta. [9] Ele me disse:

— Entre e veja as terríveis abominações
que eles fazem aqui.

[10] Entrei e olhei. Eis que na parede em
todo o redor estavam gravadas figuras de
animais que rastejam e de animais impuros
e de todos os ídolos da casa de Israel. [11] Em
pé diante deles estavam setenta homens dos
anciãos da casa de Israel, com Jazanias, filho
de Safã, no meio deles. Cada um tinha na
mão o seu incensário; e subia uma nuvem
de incenso. [12] Então me disse:

— Filho do homem, você está vendo o que
os anciãos da casa de Israel fazem nas tre-
vas, cada um na sua sala de imagens? Pois
dizem: "O Senhor não nos vê, o Senhor aban-
donou a terra."

[13] Também me disse:

— Você verá abominações ainda maiores,
que eles estão fazendo.

[14] Levou-me à entrada do portão norte da
Casa do Senhor, e eis que estavam ali mulhe-
res assentadas chorando pelo deus Tamuz.
[15] Ele me disse:

— Você está vendo isso, filho do homem?
Você verá abominações ainda maiores do
que estas.

[16] Levou-me para o átrio de dentro da Casa
do Senhor. E eis que ali, junto à entrada do
templo do Senhor, entre o pórtico e o altar,
estavam cerca de vinte e cinco homens, de
costas para o templo do Senhor e com o rosto
voltado para o leste; adoravam o sol, virados
para o leste. [17] Então me disse:

— Você está vendo, filho do homem? Será
que é pouca coisa para a casa de Judá o fato de
fazerem as abominações que fazem aqui, para
que ainda encham de violência a terra e tor-
nem a irritar-me? Eis que eles chegam o ramo
ao seu nariz. [18] Por isso, também eu os tratarei
com furor. Os meus olhos não terão piedade, e

eu não os pouparei. Ainda que gritem aos meus ouvidos em alta voz, nem assim os ouvirei.

O CASTIGO DE JERUSALÉM

9 1 Então ouvi que ele gritava em alta voz, dizendo:

— Venham cá, vocês que estão encarregados da cidade, cada um com a sua arma destruidora na mão.

2 Eis que vinham seis homens pelo caminho do portão superior, que dá para o norte, cada um com a sua arma esmagadora na mão. Entre eles estava um homem vestido de linho, com um estojo de escriba à cintura. Eles entraram e se puseram junto ao altar de bronze.

3 A glória do Deus de Israel se levantou do querubim sobre o qual estava, indo até a entrada do templo. E o SENHOR clamou ao homem vestido de linho, que tinha o estojo de escriba à cintura, 4 e lhe disse:

— Passe pelo meio da cidade, pelo meio de Jerusalém, e marque com um sinal a testa daqueles que suspiram e gemem por causa de todas as abominações que se cometem no meio dela.

5 Depois ouvi o SENHOR dizer aos outros homens:

— Passem pela cidade após ele e matem! Que os olhos de vocês não tenham piedade e não poupem ninguém. 6 Matem os velhos, os jovens, as moças, as crianças e as mulheres, até exterminá-los. Mas não se aproximem de ninguém que tiver o sinal na testa. Comecem pelo meu santuário.

Então começaram pelos anciãos que estavam diante do templo. 7 E ele lhes disse:

— Contaminem o templo! Encham de mortos os seus átrios! Vão!

Eles saíram e começaram a matar na cidade. 8 Enquanto a matança continuava, fiquei ali sozinho. Caí com o rosto em terra, clamei e disse:

— Ah! Senhor DEUS! Será que vais destruir todo o restante de Israel, derramando o teu furor sobre Jerusalém?

9 Então me respondeu:

— A iniquidade da casa de Israel e de Judá é excessivamente grande, a terra se encheu de sangue, e a cidade, de injustiça. E eles ainda dizem: "O SENHOR abandonou a terra, o SENHOR não nos vê." 10 Quanto a mim, os meus olhos não terão piedade, e não pouparei ninguém. Eu lhes darei o que merecem por seus atos.

11 Então o homem que estava vestido de linho e que tinha o estojo de escriba à cintura relatou, dizendo:

— Fiz como me ordenaste.

A VISÃO DAS BRASAS DE FOGO

10 1 Olhei, e eis que, no firmamento que estava por cima da cabeça dos querubins, havia algo como uma pedra de safira e que parecia ser um trono. 2 E falou ao homem vestido de linho:

— Vá por entre as rodas até debaixo dos querubins e encha as mãos com brasas acesas que estão entre os querubins. Depois, espalhe as brasas sobre a cidade.

Ele entrou, enquanto eu observava. 3 Os querubins estavam no lado sul do templo, quando o homem entrou; e uma nuvem encheu o átrio interior. 4 Então a glória do SENHOR se levantou de sobre o querubim e foi para a entrada do templo. O templo se encheu da nuvem, e o átrio ficou cheio do brilho da glória do SENHOR. 5 O ruído das asas dos querubins se ouviu até o átrio exterior, como a voz do Deus Todo-Poderoso, quando fala.

6 Quando o SENHOR ordenou ao homem vestido de linho que fosse tirar fogo do meio das rodas, do meio dos querubins, ele entrou e se pôs junto às rodas. 7 Então um dos querubins estendeu a mão para o fogo que estava entre eles, pegou algumas brasas e as pôs nas mãos do homem que estava vestido de linho, o qual as pegou e saiu. 8 Os querubins tinham debaixo das suas asas o que parecia ser mão humana.

A VISÃO DAS QUATRO RODAS

9 Olhei, e eis quatro rodas junto aos querubins, uma roda junto a cada querubim; o aspecto das rodas era brilhante como pedra de berilo. 10 Quanto ao seu aspecto, as quatro rodas tinham a mesma aparência;

Mulher, embora o passado seja uma roupa que já não lhe serve mais, com certeza é uma lição e cura que você levará para o futuro.

eram como se uma roda estivesse dentro da
outra. 11 Quando elas andavam, podiam ir em
quatro direções e não se viravam quando
se moviam. Para onde a primeira roda ia,
as outras seguiam; e elas não se viravam
quando se moviam. 12 Todo o corpo dos
querubins, suas costas, as mãos, as asas e
também as rodas estavam cheias de olhos
ao redor. 13 Quanto às rodas, pude ouvir que
foram chamadas de "giratórias". 14 Cada um
dos seres viventes tinha quatro rostos: o primeiro era rosto de querubim, o segundo,
rosto humano, o terceiro, rosto de leão, e o
quarto, rosto de águia.

15 Os querubins se elevaram. Estes eram os
mesmos seres viventes que vi junto ao rio
Quebar. 16 Quando os querubins se moviam,
as rodas se moviam ao lado deles; quando os
querubins levantavam as suas asas, para se
elevarem da terra, as rodas não se separavam
deles. 17 Quando eles paravam, as rodas paravam; e, quando eles se elevavam, as rodas
também se elevavam; porque o espírito dos
seres viventes estava nelas.

A GLÓRIA DE DEUS ABANDONA O TEMPLO

18 Então a glória do SENHOR saiu da entrada do
templo e parou sobre os querubins. 19 Os querubins levantaram as suas asas e se elevaram
da terra à minha vista, quando saíram acompanhados pelas rodas. Pararam à entrada do
portão leste da Casa do SENHOR, e a glória do
Deus de Israel estava no alto, sobre eles.

20 Estes eram os mesmos seres viventes
que vi debaixo do Deus de Israel, junto ao
rio Quebar, e fiquei sabendo que eram querubins. 21 Cada um tinha quatro rostos e quatro
asas e, debaixo das asas, o que parecia mãos
humanas. 22 A aparência dos seus rostos era
como a dos rostos que eu tinha visto junto ao
rio Quebar; tinham o mesmo aspecto, eram
os mesmos seres. Cada um andava para a
sua frente.

O JUÍZO DE DEUS CONTRA OS CHEFES DO POVO

11 1 Então o Espírito me levantou e
me levou ao portão leste da Casa
do SENHOR, a qual dá para o leste. À entrada
do portão, estavam vinte e cinco homens.
No meio deles, vi Jazanias, filho de Azur, e
Pelatias, filho de Benaías, chefes do povo.
2 E disse-me:

— Filho do homem, são estes os homens
que planejam o mal e dão conselhos perversos nesta cidade. 3 Eles dizem: "Não está
próximo o tempo de construir casas. Esta
cidade é a panela, e nós somos a carne."
4 Portanto, profetize contra eles, profetize,
ó filho do homem.

5 Então o Espírito do SENHOR caiu sobre mim
e me disse:

— Fale: Assim diz o SENHOR: "É isso o
que vocês estão dizendo, ó casa de Israel.
Porque eu sei o que passa pela mente de
vocês. 6 Vocês multiplicaram os seus mortos
nesta cidade e encheram as ruas de cadáveres. 7 Portanto, assim diz o Senhor DEUS:
Os mortos que vocês largaram no meio da
cidade são a carne, e a cidade é a panela;
quanto a vocês, eu os expulsarei da cidade.
8 Vocês ficaram com medo da espada, mas é
a espada que trarei sobre vocês, diz o Senhor
DEUS. 9 Levarei vocês para fora da cidade e
os entregarei nas mãos de estrangeiros, e
executarei juízos entre vocês. 10 Vocês cairão à espada. Nos confins de Israel, eu
os julgarei, e vocês saberão que eu sou o
SENHOR. 11 Esta cidade não será uma panela
para vocês, e vocês não serão a carne dentro dela. Nos confins de Israel, eu os julgarei,
12 e vocês saberão que eu sou o SENHOR. Pois
vocês não andaram nos meus estatutos, nem
executaram os meus juízos; pelo contrário,
agiram segundo os juízos das nações que
estão ao redor de vocês."

13 Enquanto eu profetizava, Pelatias, filho
de Benaías, morreu. Então caí com o rosto
em terra, clamei em alta voz e disse:

— Ah! Senhor DEUS! Darás fim ao remanescente de Israel?

PROMESSA DA RESTAURAÇÃO DE ISRAEL

14 A palavra do SENHOR veio a mim, dizendo:
15 — Filho do homem, os seus irmãos,
os seus próprios irmãos, os seus parentes

e toda a casa de Israel, todos eles são aqueles a quem os moradores de Jerusalém disseram: "Afastem-se do SENHOR! A nós é que esta terra foi dada como herança."

16 — Portanto, diga: Assim diz o Senhor DEUS: "Embora eu os tenha expulsado para o meio das nações e embora eu os tenha espalhado por outras terras, eu lhes servirei de santuário, por um pouco de tempo, nas terras para onde foram."

17 — Por isso, diga: Assim diz o Senhor DEUS: "Eu os ajuntarei do meio dos povos, e os recolherei das terras por onde foram espalhados, e lhes darei a terra de Israel. 18 Voltarão para ali e tirarão dela todos os seus ídolos detestáveis e todas as suas abominações. 19 Eu lhes darei um só coração, e porei um espírito novo dentro deles; tirarei deles o coração de pedra e lhes darei coração de carne, 20 para que andem nos meus estatutos e guardem os meus juízos, e os executem. Eles serão o meu povo, e eu serei o seu Deus. 21 Mas, quanto àqueles cujo coração segue os seus ídolos detestáveis e as suas abominações, eu lhes darei o que merecem por seus atos", diz o Senhor DEUS.

A GLÓRIA DE DEUS SE AFASTA DE JERUSALÉM

22 Então os querubins elevaram as suas asas, e as rodas os acompanhavam; e a glória do Deus de Israel estava no alto, sobre eles. 23 A glória do SENHOR subiu do meio da cidade e se pôs sobre o monte que está a leste da cidade. 24 Depois, o Espírito me levantou e me levou à Caldeia, para junto dos exilados, numa visão pelo Espírito de Deus. E a visão que eu havia tido se afastou de mim. 25 Então contei aos exilados todas as coisas que o SENHOR me havia mostrado.

O PROFETA DESCREVE O CATIVEIRO

12 1 A palavra do SENHOR veio a mim, dizendo:

2 — Filho do homem, você mora no meio da casa rebelde, que tem olhos para ver e não vê, tem ouvidos para ouvir e não ouve, porque é casa rebelde.

3 — Filho do homem, prepare a bagagem de exílio e durante o dia, à vista deles, vá para o exílio. Do lugar onde você está, vá para outro lugar, à vista deles. Talvez eles entendam, embora sejam casa rebelde. 4 À vista deles, durante o dia, traga para fora a sua bagagem de exílio. Depois, à tarde, saia, à vista deles, como se estivesse indo para o exílio. 5 Abra um buraco na parede, à vista deles, e saia por ali. 6 À vista deles, ponha a bagagem nos ombros e saia com ela quando já for escuro. Cubra o rosto para que você não possa ver o chão, porque eu fiz de você um sinal para a casa de Israel.

7 Como me foi ordenado, assim eu fiz: de dia, levei para fora a minha bagagem de exílio. Depois, à tarde, com as minhas mãos abri um buraco na parede. Saí quando já era escuro, levando nos ombros a bagagem, à vista deles.

8 Pela manhã, a palavra do SENHOR veio a mim, dizendo:

9 — Filho do homem, a casa de Israel, aquela casa rebelde, não lhe perguntou o que você estava fazendo? 10 Pois diga-lhes: Assim diz o Senhor DEUS: "Esta sentença refere-se ao que governa em Jerusalém e a toda a casa de Israel, que está no meio dela." 11 Diga: "Eu sou um sinal para vocês. Como eu fiz, assim será feito com eles; irão para o exílio, para o cativeiro. 12 O príncipe que está no meio deles levará nos ombros a bagagem e, no escuro, sairá. Abrirá um buraco na parede para sair por ele. Cobrirá o rosto para que os seus olhos não vejam o chão. 13 Também estenderei a minha rede sobre ele, e será apanhado nas minhas malhas. Eu o levarei para a Babilônia, à terra dos caldeus, mas ele não a verá, ainda que venha a morrer ali. 14 Espalharei aos quatro ventos todos os que, para o ajudarem, estão ao redor dele, e todas as suas tropas; irei atrás deles com a espada na mão. 15 Saberão que eu sou o SENHOR, quando eu os dispersar entre as nações e os espalhar por outras terras. 16 Deixarei que alguns poucos escapem da espada, da fome e da peste, para que publiquem todas as suas coisas abomináveis entre as nações para onde forem; e saberão que eu sou o SENHOR."

17 Então a palavra do Senhor veio a mim,
dizendo:
18 — Filho do homem, você comerá o seu
pão com tremor e beberá a sua água com
estremecimento e ansiedade. 19 E você dirá
ao povo da terra: Assim diz o Senhor Deus
a respeito dos moradores de Jerusalém, na
terra de Israel: "Eles comerão o seu pão com
ansiedade e beberão a sua água com espanto,
porque a terra deles será despojada de tudo o
que contém, por causa da violência de todos
os que nela habitam. 20 As cidades habitadas
cairão em ruínas, e a terra se tornará em deso-
lação; e vocês saberão que eu sou o Senhor."

PROVÉRBIOS FALSOS A RESPEITO DA PROFECIA VERDADEIRA

21 A palavra do Senhor veio a mim, dizendo:
22 — Filho do homem, que provérbio é esse
que vocês têm na terra de Israel: "Os dias
passam, e as profecias fracassam"? 23 Por-
tanto, diga-lhes: Assim diz o Senhor Deus:
"Darei um basta nesse provérbio, e ele não
será mais usado em Israel." Mas diga-lhes:
"Os dias vêm vindo, e as profecias vão se
cumprindo." 24 Porque não haverá mais
nenhuma profecia falsa nem adivinhação
lisonjeira no meio da casa de Israel. 25 Por-
que eu, o Senhor, falarei, e a palavra que eu
falar se cumprirá e não será adiada. Porque
falarei a palavra e a cumprirei, diz o Senhor
Deus, enquanto vocês, que são casa rebelde,
ainda estiverem vivos.
26 A palavra do Senhor veio a mim, dizendo:
27 — Filho do homem, eis que os da casa
de Israel dizem: "As visões que esse homem
tem se referem a dias futuros, e as suas
profecias tratam de tempos distantes."
28 Portanto, diga-lhes: Assim diz o Senhor
Deus: "Nenhuma das minhas palavras será
adiada, e a palavra que eu falar se cumprirá",
diz o Senhor Deus.

PROFECIA CONTRA OS FALSOS PROFETAS

13 1 A palavra do Senhor veio a mim,
dizendo:
2 — Filho do homem, profetize contra os
profetas de Israel. A esses que profetizam o
que lhes vem do coração, diga que ouçam a
palavra do Senhor.
3 — Assim diz o Senhor Deus: "Ai dos pro-
fetas insensatos, que seguem o seu próprio
espírito sem nada terem visto! 4 Os seus pro-
fetas, ó Israel, são como chacais entre as
ruínas. 5 Vocês não foram consertar as bre-
chas, nem fizeram muralhas para a casa de
Israel, para que ela permaneça firme na bata-
lha do Dia do Senhor. 6 As visões que eles
tiveram são falsas e as adivinhações são
mentirosas. Dizem: 'O Senhor disse', quando
o Senhor não os enviou. E ainda esperam que
a palavra se cumpra! 7 Não é fato que vocês
tiveram visões falsas e anunciaram adivi-
nhações mentirosas, quando disseram: 'O
Senhor diz', sendo que eu não disse nada?"
8 — Portanto, assim diz o Senhor Deus:
"Como vocês anunciam falsidades e têm
visões mentirosas, por isso eu estou con-
tra vocês", diz o Senhor Deus. 9 "Minha mão
será contra os profetas que têm visões falsas
e que adivinham mentiras. Não estarão no
conselho do meu povo, não serão inscritos
nos registros da casa de Israel, nem entrarão
na terra de Israel. E vocês saberão que eu sou
o Senhor Deus. 10 Porque andam enganando,
sim, enganando o meu povo, dizendo: 'Paz',
quando não há paz. E, quando se constrói
uma parede sem argamassa, os profetas a
cobrem com cal. 11 Diga aos que estão apli-
cando a cal que a parede ruirá. Haverá chuva
torrencial. Vocês, pedras de granizo, cairão, e
um vento tempestuoso irromperá. 12 Quando
a parede cair, certamente vão perguntar:
'Onde está a cal com que vocês a caiaram?'"
13 — Portanto, assim diz o Senhor Deus:
"No meu furor, mandarei um vento tempes-
tuoso; na minha ira, haverá chuva torrencial;
e, na minha indignação, pedras de granizo,
para a destruir. 14 Derrubarei a parede que
vocês cobriram com cal. Vou arrasá-la, para
que apareçam os seus alicerces. Quando a
parede cair, vocês serão destruídos no meio
dela e saberão que eu sou o Senhor. 15 Assim,
cumprirei o meu furor contra a parede e
contra os que a cobriram com cal. E direi
a vocês: 'Já não existe parede, como tam-
bém não existem aqueles que a cobriram

de cal, 16 os profetas de Israel que profetizam a respeito de Jerusalém e para ela têm visões de paz, quando não há paz'", diz o Senhor Deus.

CONTRA AS FALSAS PROFETISAS

17 — Filho do homem, vire o seu rosto contra as filhas do seu povo que profetizam o que lhes vem do próprio coração. Profetize contra elas 18 e diga: Assim diz o Senhor Deus: "Ai das que costuram fitinhas mágicas para serem usadas em todas as articulações das mãos e fazem véus para cabeças de todo tamanho, para enredarem as pessoas! Vocês querem enredar a vida do meu povo para preservar a própria vida? 19 Vocês me profanaram no meio do meu povo por punhados de cevada e por pedaços de pão, para matarem pessoas que não deveriam morrer e para deixarem com vida aqueles que não deveriam viver, mentindo, assim, ao meu povo, que escuta mentiras."

20 — Portanto, assim diz o Senhor Deus: "Eis que eu sou contra as fitinhas mágicas que vocês usam para enredar as pessoas como se fossem pássaros. Eu as arrancarei dos seus braços, e deixarei livres aqueles que vocês enredaram como se fossem pássaros. 21 Também rasgarei os véus e livrarei o meu povo das mãos de vocês. Ele nunca mais estará ao alcance de vocês para ser caçado. E vocês, mulheres, saberão que eu sou o Senhor."

22 — "Visto que com mentiras vocês desanimaram o coração do justo, não o havendo eu entristecido, e fortaleceram as mãos do ímpio para que não se desviasse do seu mau caminho e vivesse, 23 por isso vocês não terão mais visões falsas, e nunca mais farão adivinhações. Livrarei o meu povo das mãos de vocês, e vocês, mulheres, saberão que eu sou o Senhor."

O CASTIGO DOS IDÓLATRAS

14 1 Então alguns dos anciãos de Israel vieram e se assentaram diante de mim. 2 A palavra do Senhor veio a mim, dizendo:

3 — Filho do homem, estes homens levantaram ídolos dentro de seu coração e puseram diante de si o tropeço que os leva a cair em iniquidade. Será que eu deveria permitir que eles me consultem? 4 Portanto, fale com eles e diga-lhes: Assim diz o Senhor Deus: "Qualquer homem da casa de Israel que levantar ídolos dentro de seu coração e puser diante de si tropeço que o leva a cair em iniquidade e que depois vier consultar um profeta, eu, o Senhor, lhe responderei segundo a multidão dos seus ídolos. 5 Farei isso para que eu possa conquistar novamente a casa de Israel no seu próprio coração, porque todos se afastaram de mim para seguirem os seus ídolos."

6 — Portanto, diga à casa de Israel: Assim diz o Senhor Deus: "Convertam-se e afastem-se dos seus ídolos; desviem o rosto de todas as suas abominações. 7 Porque qualquer homem da casa de Israel ou dos estrangeiros que moram em Israel que se afastar de mim, que levantar ídolos dentro de seu coração e que depois vier consultar um profeta, para me consultar por meio dele, a esse, eu, o Senhor, responderei por mim mesmo. 8 Voltarei o rosto contra o tal homem, farei dele um sinal e provérbio e o eliminarei do meio do meu povo. E vocês saberão que eu sou o Senhor."

9 — "Se o profeta for enganado e falar alguma coisa, fui eu, o Senhor, que enganei esse profeta; estenderei a mão contra ele e o eliminarei do meio do meu povo de Israel. 10 Ambos levarão sobre si a sua iniquidade. A iniquidade daquele que consulta será como a do profeta, 11 para que a casa de Israel não se desvie mais de mim, nem mais se contamine com todas as suas transgressões. Eles serão o meu povo, e eu serei o seu Deus", diz o Senhor Deus.

A JUSTIÇA DOS CASTIGOS DE DEUS

12 A palavra do Senhor veio a mim, dizendo:

13 — Filho do homem, quando uma terra pecar contra mim, cometendo graves transgressões, estenderei a mão contra ela, e cortarei o suprimento de pão, enviarei contra ela fome e eliminarei dela pessoas e animais. 14 Mesmo que estivessem no meio dela estes três homens, Noé, Daniel e Jó, eles, pela sua justiça, salvariam apenas a sua própria vida, diz o Senhor Deus.

15 — Se eu fizer passar pela terra animais selvagens, e eles a devastarem, assim que fique assolada, e ninguém possa passar por ela por causa das feras, 16 tão certo como eu vivo, diz o Senhor Deus, mesmo que esses três homens estivessem no meio dela, não salvariam nem os seus filhos nem as suas filhas; só eles seriam salvos, e a terra seria assolada.

17 — Ou se eu fizer vir a espada sobre essa terra e disser: "Espada, passe pela terra"; e eu eliminar dela pessoas e animais, 18 tão certo como eu vivo, diz o Senhor Deus, mesmo que esses três homens estivessem no meio dela, não salvariam nem os seus filhos nem as suas filhas; só eles seriam salvos.

19 — Ou se eu enviar a peste sobre essa terra e derramar o meu furor sobre ela com sangue, para eliminar dela pessoas e animais, 20 tão certo como eu vivo, diz o Senhor Deus, mesmo que Noé, Daniel e Jó estivessem no meio dela, não salvariam nem o seu filho nem a sua filha; pela sua justiça salvariam apenas a sua própria vida.

21 — Porque assim diz o Senhor Deus: Quanto pior não será, se eu enviar os meus quatro piores castigos, isto é, a espada, a fome, os animais selvagens e a peste, contra Jerusalém, para eliminar dela pessoas e animais? 22 Mas eis que alguns sobreviventes serão deixados nela, filhos e filhas que serão levados para fora. Eis que eles virão a vocês, e vocês verão a sua conduta e as suas ações. E ficarão consolados do mal que eu fiz vir sobre Jerusalém, sim, de tudo o que fiz vir sobre ela. 23 Eles os consolarão quando vocês virem a sua conduta e as suas ações. E vocês saberão que não foi sem motivo que fiz tudo o que fiz nela, diz o Senhor Deus.

JERUSALÉM É UMA VIDEIRA INÚTIL

15 1 A palavra do Senhor veio a mim, dizendo:

2 — Filho do homem, de todos os ramos das árvores da floresta, o que acontece com a lenha da videira? 3 Será que essa madeira pode ser empregada para fazer alguma obra? Será que é possível tirar dela uma estaca para pendurar objetos? 4 Eis que é jogada no fogo, para ser queimada. Se o fogo queima as duas extremidades, e o meio fica também carbonizado, será que serve para alguma obra? 5 Ora, se já não servia para nada quando estava inteira, muito menos servirá para fazer alguma coisa depois que o fogo a queimou ou estiver carbonizada.

6 — Portanto, assim diz o Senhor Deus: Como a lenha da videira entre as árvores da floresta, que entreguei ao fogo para ser queimada, assim entregarei os moradores de Jerusalém. 7 Voltarei o rosto contra eles. Mesmo que saiam do fogo, o fogo os consumirá. E vocês saberão que eu sou o Senhor, quando tiver voltado o rosto contra eles. 8 Tornarei a terra em desolação, porque cometeram graves transgressões, diz o Senhor Deus.

A INFIDELIDADE DE JERUSALÉM

16 1 A palavra do Senhor veio a mim, dizendo:

2 — Filho do homem, mostre a Jerusalém as suas abominações 3 e diga-lhe: Assim diz o Senhor Deus a Jerusalém:

— "Quanto à sua origem e ao seu nascimento, você procede da terra dos cananeus. O seu pai era amorreu, e a sua mãe era heteia. 4 Quanto ao seu nascimento, no dia em que você nasceu, não lhe cortaram o cordão umbilical, nem a lavaram com água para que ficasse limpa, nem a esfregaram com sal, nem a enrolaram em panos. 5 Ninguém olhou para você com piedade, para lhe fazer qualquer dessas coisas, compadecendo-se de você. Pelo contrário, no dia em que nasceu, você foi jogada em campo aberto, porque tiveram nojo de você."

6 — "Quando passei por perto e vi que você se revolvia no seu sangue, eu lhe disse: 'Ainda que você esteja coberta de sangue, fique viva! Sim, ainda que você esteja coberta de sangue, fique viva!' 7 Eu a fiz crescer como uma planta do campo. Você cresceu, se desenvolveu e ficou muito bonita. Os seus seios tomaram forma, os cabelos cresceram, mas você estava completamente nua."

8 — "Quando passei de novo por perto e olhei para você, eis que você tinha chegado

à idade do amor. Estendi sobre você as abas
do meu manto e cobri a sua nudez. Fiz um
juramento e entrei em aliança com você, diz
o Senhor Deus; e você passou a ser minha."
9 — "Então eu a lavei com água, limpei o
sangue que a cobria e a ungi com óleo. 10 Tam-
bém a vesti com roupas bordadas e lhe dei
sandálias feitas com couro da melhor quali-
dade; eu a cingi de linho fino e a cobri de seda.
11 Também a enfeitei com joias: braceletes
nas mãos e um colar no pescoço. 12 Coloquei
um pendente em seu nariz, brincos nas ore-
lhas e uma linda coroa na cabeça. 13 Assim,
você foi enfeitada com ouro e prata; as suas
roupas eram de linho fino, de seda e de bor-
dados. Você se alimentou da melhor farinha,
de mel e azeite; você era muito bonita e che-
gou a ser rainha. 14 A sua fama correu entre
as nações, por causa da sua beleza, pois você
era perfeita, por causa do meu esplendor que
eu tinha posto sobre você", diz o Senhor Deus.
15 — "Mas você confiou em sua beleza, e a
sua fama fez com que você se prostituísse; e
você se ofereceu a todos os que passavam,
para ser deles. 16 Você pegou algumas de suas
roupas e fez para si lugares altos enfeitados de
diversas cores, nos quais você se prostituiu.
Nunca antes havia acontecido algo assim, e
jamais voltará a acontecer. 17 Você pegou as
suas belas joias, feitas com o ouro e a prata
que eu lhe tinha dado, e fez para si imagens
de homens, com as quais você se prostituiu.
18 Você pegou os seus vestidos bordados e
com eles cobriu as imagens; o meu óleo e
o meu perfume você pôs diante delas. 19 A
comida que eu lhe dei — a melhor farinha, o
óleo e o mel, com que eu a sustentava — você
também pôs diante delas em aroma agradá-
vel; e assim se fez", diz o Senhor Deus.
20 — "Além disso, você pegou os filhos e
as filhas que teve comigo e os sacrificou às
imagens, para serem consumidos. Como se
não bastasse essa sua prostituição, 21 você
matou os meus filhos e os entregou a essas
imagens como oferta pelo fogo. 22 Em todas
as suas abominações e nas suas prostitui-
ções, você não se lembrou dos dias da sua
mocidade, quando você estava completa-
mente nua, revolvendo-se no seu sangue."

JERUSALÉM, A ADÚLTERA

23 — "Depois de toda a sua maldade — 'Ai!
Ai de você!', diz o Senhor Deus —, 24 você
construiu altares e um lugar elevado em
cada praça. 25 Na entrada de todos os cami-
nhos, você construiu um lugar elevado,
profanou a sua beleza, se ofereceu a todos
os que passavam e multiplicou as suas pros-
tituições. 26 Você também se prostituiu com
os filhos do Egito, seus vizinhos de membros
avantajados, e multiplicou a sua prostitui-
ção, para me provocar à ira."
27 — "Por isso, estendi a mão contra você,
diminuí o seu território e a entreguei à vontade
daquelas que a odeiam, as filhas dos filisteus,
que se envergonhavam da conduta depravada
de vocês. 28 E, por ser insaciável, você também
se prostituiu com os filhos da Assíria. E, prosti-
tuindo-se com eles, nem assim ficou satisfeita;
29 pelo contrário, você estendeu as suas prosti-
tuições até a Caldeia, essa terra de negociantes,
mas nem com isso ficou satisfeita."
30 — "Como é fraco o seu coração", diz o
Senhor Deus, "pois você faz todas estas coi-
sas que são próprias de uma prostituta
descarada. 31 Construindo os seus altares na
entrada de todos os caminhos e o seu lugar
elevado em cada praça, você não foi como a
prostituta, porque desprezou o pagamento.
32 Você foi como a mulher adúltera, que, em
lugar de seu marido, recebe os estranhos.
33 Todas as prostitutas recebem pagamento,
mas você dá presentes a todos os seus aman-
tes. Você faz isso para que venham de todas
as partes adulterar com você. 34 Com você,
na sua vida de prostituta, acontece o con-
trário do que se dá com outras mulheres.
Ninguém pede que você se prostitua. Você
faz o pagamento, e ninguém paga nada a
você. Nisso você é diferente!"

A CONDENAÇÃO DE JERUSALÉM

35 — "Portanto, prostituta, ouça a palavra
do Senhor. 36 Assim diz o Senhor Deus: Por
você ter derramado o seu dinheiro e deixado
à mostra a sua nudez nas suas prostituições
com os seus amantes; por causa também de
todos os seus ídolos abomináveis e do san-
gue de seus filhos que você ofereceu a esses

ídolos, 37 eis que reunirei todos os amantes que você quis agradar, tanto os que você amava como todos os que você odiava. Eu os trarei contra você de todos os lados e descobrirei as suas vergonhas diante deles, para que eles vejam toda a sua nudez. 38 Eu a julgarei como são julgadas as adúlteras e as assassinas; farei com que você seja vítima de furor e de ciúme. 39 Vou entregá-la nas mãos deles, e eles derrubarão os seus altares e lugares elevados. Vão despir você, levar as suas belas joias, e a deixarão completamente nua. 40 Trarão contra você uma multidão, irão apedrejá-la e a cortarão em pedaços com as suas espadas. 41 Queimarão as suas casas e executarão juízos contra você, à vista de muitas mulheres. Acabarei com a sua prostituição, e você não fará mais nenhum pagamento. 42 Desse modo, desafogarei em você o meu furor e deixarei de ter ciúmes de você. Estarei calmo e não ficarei mais irado. 43 Visto que você não se lembrou dos dias da sua mocidade e me provocou à ira com todas essas coisas, eis que também eu farei recair sobre a sua cabeça o castigo que os seus atos merecem", diz o Senhor Deus. "Não é fato que a todas as suas outras abominações você acrescentou esta depravação?"

TAL MÃE, TAL FILHA

44 — "Eis que todos os que usam provérbios usarão contra você o seguinte: 'Tal mãe, tal filha.' 45 Você é filha da sua mãe, que teve nojo de seu marido e de seus filhos. E você é irmã das suas irmãs, que tiveram nojo de seus maridos e de seus filhos. A mãe de vocês era heteia, e o pai era amorreu."

46 — "A sua irmã mais velha é Samaria, que mora ao norte de você com as suas filhas; e a sua irmã mais nova, que mora ao sul de você, é Sodoma com as suas filhas. 47 Você andou nos mesmos caminhos em que elas andaram e fez as mesmas abominações que elas fizeram. E, como se isto não fosse o bastante, você ainda se corrompeu mais do que elas, em todos os seus caminhos. 48 Tão certo como eu vivo, diz o Senhor Deus, a sua irmã Sodoma e as filhas dela não fizeram o que você e as suas filhas fizeram. 49 Eis que esta foi a iniquidade de sua irmã Sodoma: ela e as suas filhas foram orgulhosas, tiveram fartura de pão e próspera tranquilidade, mas nunca ampararam os pobres e os necessitados. 50 Foram arrogantes e fizeram abominações diante de mim. Ao ver isso, eu as removi daquele lugar. 51 Também Samaria não cometeu metade dos pecados que você cometeu. Você multiplicou as suas abominações mais do que elas e assim, com todas essas suas abominações, fez com que as suas irmãs parecessem mais justas do que são. 52 Agora, pois, suporte a sua humilhação, você que advogou a causa de suas irmãs. Diante dos pecados que você cometeu, que são mais abomináveis do que os pecados que elas cometeram, elas são mais justas do que você. Portanto, envergonhe-se e suporte a sua humilhação, pois você fez as suas irmãs parecerem mais justas do que você."

SODOMA E SAMARIA VOLTARÃO A SER O QUE ERAM

53 — "Restaurarei a sorte delas — a de Sodoma e de suas filhas e a de Samaria e de suas filhas — e restaurarei também a sua sorte entre elas, 54 para que você suporte a sua humilhação e seja envergonhada por tudo o que você fez, servindo-lhes de consolo. 55 Quando as suas irmãs, Sodoma com as suas filhas e Samaria com as suas filhas, voltarem ao seu primeiro estado, também você e as suas filhas voltarão ao seu primeiro estado. 56 Não é fato que, nos dias do seu orgulho, você usou o nome de sua irmã Sodoma como provérbio, 57 antes que se descobrissem as maldades que você fazia? Agora você se tornou, como ela, objeto de zombaria das filhas da Síria e de todos os que estão ao redor dela, as filhas dos filisteus que a desprezam. 58 Você terá de sofrer as consequências da perversidade e das abominações que você praticou, diz o Senhor."

UMA ALIANÇA ETERNA

59 — Porque assim diz o Senhor Deus: "Eu farei com você o mesmo que você fez, pois você desprezou o juramento e quebrou a aliança. 60 Mas eu me lembrarei da aliança

que fiz com você nos dias da sua mocidade
e com você estabelecerei uma aliança eterna.
61 Então você se lembrará dos seus caminhos
e ficará envergonhada quando receber as
suas irmãs, tanto as mais velhas como as
mais novas. Eu as darei a você por filhas,
mas não pela sua aliança. 62 Estabelecerei a
minha aliança com você, e você saberá que
eu sou o SENHOR, 63 para que você se lembre e
fique envergonhada, e nunca mais abra a sua
boca por causa da sua humilhação, quando
eu lhe houver perdoado tudo o que você fez",
diz o Senhor DEUS.

A PARÁBOLA DAS DUAS ÁGUIAS E DA VIDEIRA

17 1 A palavra do SENHOR veio a mim,
dizendo:
2 — Filho do homem, proponha um enigma
e apresente uma parábola à casa de Israel.
3 Diga: Assim diz o Senhor DEUS:

"Uma grande águia, de grandes asas,
de comprida plumagem,
cheia de penas de várias cores,
veio ao Líbano e levou
a ponta de um cedro.
4 Arrancou a ponta mais alta
dos seus ramos
e a levou para uma terra de negociantes;
na cidade de mercadores, a deixou.
5 Depois, pegou uma semente da terra
e a plantou num campo fértil;
pegou-a e a plantou junto às
muitas águas,
como se fosse um salgueiro.
6 Ela cresceu e se tornou uma videira
de pouca altura, mas esparramada,
com os ramos virados para a águia
e as raízes debaixo dela.
Assim, ela se tornou uma videira,
e produzia ramos, e lançava renovos."
7 "Houve outra grande águia,
de grandes asas e de muitas penas.
E eis que a videira lançou as suas raízes
na direção dessa águia
e estendeu para ela os seus ramos,
desde o lugar onde estava plantada,
para que a regasse.
8 Ela estava plantada em boa terra,
junto a muitas águas,
para produzir ramos,
dar frutos e ser excelente videira."
9 — Diga: Assim diz o Senhor DEUS:
"Será que ela vai prosperar?
Será que a primeira águia
não lhe arrancará as raízes
e não cortará o seu fruto,
para que se sequem todas as folhas
de seus renovos?
Não será necessária muita força
nem muita gente
para arrancá-la pelas raízes.
10 Mas, mesmo que esteja plantada,
será que vai prosperar?
Será que não vai secar completamente
quando o vento leste tocar nela?
No lugar onde está plantada, secará."

11 Então a palavra do SENHOR veio a mim,
dizendo:
12 — Pergunte agora à casa rebelde: Será que
vocês não sabem o que significa isso? Diga: Eis
que o rei da Babilônia veio a Jerusalém, pegou
o seu rei e os seus príncipes e os levou con-
sigo para a Babilônia. 13 Escolheu um membro
da família real, fez aliança com ele e tomou
dele juramento. Levou os poderosos da terra,
14 para que o reino ficasse humilhado e não
se levantasse, mas, guardando a sua aliança,
pudesse subsistir. 15 Mas ele se rebelou contra
o rei da Babilônia, enviando os seus mensa-
geiros ao Egito, para conseguir cavalos e um
grande exército. Será que prosperará ou con-
seguirá escapar aquele que faz tais coisas?
Poderá quebrar a aliança e escapar?
16 — Tão certo como eu vivo, diz o Senhor
DEUS, no lugar em que mora o rei que o pôs
no trono, cujo juramento desprezou e cuja
aliança quebrou, sim, junto dele, no meio
da Babilônia será morto. 17 Faraó, nem com
grande exército, nem com numerosa com-
panhia, o ajudará na guerra, quando rampas
e torres de ataque forem levantadas para
destruir muitas vidas. 18 Ele desprezou o
juramento, quebrando a aliança feita com

aperto de mão, e praticou todas estas coisas; por isso, não escapará.

19 — Portanto, assim diz o Senhor Deus: Tão certo como eu vivo, o meu juramento que ele desprezou e a minha aliança que ele quebrou, isto farei recair sobre a sua cabeça. 20 Estenderei sobre ele a minha rede, e ficará preso nas minhas malhas. Eu o levarei para a Babilônia e ali entrarei em juízo com ele por causa da rebeldia que praticou contra mim. 21 Todos os seus fugitivos, com todas as suas tropas, cairão à espada, e os que restarem serão espalhados aos quatro ventos. Então vocês saberão que eu, o Senhor, falei.

UMA PROMESSA DE RESTAURAÇÃO

22 — Assim diz o Senhor Deus: Também eu pegarei a ponta mais alta de um cedro e a plantarei; do principal dos seus ramos cortarei o renovo mais tenro e eu mesmo o plantarei sobre um monte alto e sublime. 23 No monte alto de Israel, o plantarei; ele produzirá ramos, dará frutos e se tornará um cedro excelente. Debaixo dele, viverão pássaros de todo tipo; à sombra dos seus ramos se aninharão aves de toda espécie. 24 Todas as árvores do campo saberão que eu, o Senhor, derrubo a árvore alta e elevo a baixa, seco a árvore verde e faço reverdecer a seca. Eu, o Senhor, falei e eu o cumprirei.

A RESPONSABILIDADE É PESSOAL

18 1 A palavra do Senhor veio a mim, dizendo:

2 — O que vocês querem dizer, vocês que ficam repetindo este provérbio a respeito da terra de Israel: "Os pais comeram uvas verdes, e os dentes dos filhos é que se embotaram"? 3 Tão certo como eu vivo, diz o Senhor Deus, vocês nunca mais repetirão esse provérbio em Israel. 4 Eis que todas as pessoas são minhas. Assim como a pessoa do pai, também a pessoa do filho é minha. A pessoa que pecar, essa morrerá.

5 — Se um homem é justo e age com justiça e retidão — 6 não come carne sacrificada nos altos nem levanta os olhos para os ídolos da casa de Israel; não contamina a mulher do seu próximo nem tem relações com a mulher menstruada; 7 não oprime ninguém, mas devolve ao devedor a coisa penhorada e não rouba; reparte o seu pão com o faminto e cobre com roupas aquele que está nu; 8 não empresta para ter lucro e não cobra juros; desvia a sua mão da injustiça e é imparcial ao julgar uma questão entre duas pessoas; 9 anda nos meus estatutos e guarda os meus juízos, procedendo retamente —, esse tal é justo e certamente viverá, diz o Senhor Deus.

10 — Se ele gerar um filho ladrão, assassino, que fizer a seu irmão qualquer uma dessas coisas 11 que o pai nunca cometeu, mas comer carne sacrificada nos altos, contaminar a mulher de seu próximo, 12 oprimir o pobre e necessitado, praticar roubos, não devolver o penhor, levantar os olhos para os ídolos, cometer abominação, 13 emprestar para ter lucro e cobrar juros, será que esse viverá? Não viverá. Ele fez todas estas abominações e será morto; é responsável pela própria morte.

14 — E, se esse filho gerar um filho que veja todos os pecados que o pai cometeu, e, vendo-os, não fizer coisas semelhantes, 15 não comer carne sacrificada nos altos, não levantar os olhos para os ídolos da casa de Israel, não contaminar a mulher de seu próximo, 16 não oprimir ninguém, não retiver o penhor, não roubar, repartir o seu pão com o faminto, cobrir com roupas aquele que está nu, 17 desviar a sua mão da injustiça, não emprestar para ter lucro nem cobrar juros, executar os meus juízos e andar nos meus estatutos, esse tal não morrerá por causa da iniquidade de seu pai; certamente viverá. 18 Quanto ao pai dele, porque praticou extorsão, roubou os bens do próximo e fez o que não era bom no meio de seu povo, eis que ele morrerá por causa de sua iniquidade.

19 — Mas vocês perguntam: "Por que o filho não paga pela iniquidade do pai?" Porque o filho fez o que era justo e reto. Ele guardou todos os meus estatutos e os praticou. Por isso, certamente viverá. 20 A pessoa que pecar, essa morrerá. O filho não pagará pela iniquidade do pai, nem o pai pagará pela iniquidade do filho. A justiça do justo

ficará sobre ele, e a maldade do ímpio cairá
sobre este.
²¹ — Mas, se o ímpio se converter de todos
os pecados que cometeu, e guardar todos
os meus estatutos, e fizer o que é justo e
reto, certamente viverá; não será morto.
²² De todas as transgressões que cometeu,
nenhuma será lembrada contra ele; pela jus-
tiça que praticou, viverá.
²³ — Vocês pensam que eu tenho prazer
na morte do ímpio? — diz o Senhor Deus.
Não desejo eu muito mais que ele se con-
verta dos seus caminhos e viva? ²⁴ Mas, se
o justo se desviar da sua justiça e fizer mal-
dade, fazendo as mesmas abominações que
o ímpio faz, será que ele viverá? De todos os
atos de justiça que praticou, nenhum será
lembrado; na sua transgressão com que
transgrediu e no seu pecado que cometeu,
neles morrerá.
²⁵ — No entanto, vocês dizem: "O cami-
nho do Senhor não é reto." Então escute, ó
casa de Israel: Será que é o meu caminho
que não é reto? Não seriam muito mais os
caminhos de vocês que são tortuosos? ²⁶ Se
o justo se desviar da sua justiça e fizer mal-
dade, morrerá por causa dela; na iniquidade
que cometeu, morrerá. ²⁷ Mas, se o ímpio se
converter da maldade que cometeu e pra-
ticar o que é justo e reto, ele preservará a
sua vida. ²⁸ Pois se ele percebe o que fez e
se converte de todas as transgressões que
cometeu, certamente viverá; não será morto.
²⁹ No entanto, a casa de Israel diz: "O cami-
nho do Senhor não é reto." Será que são os
meus caminhos que não são retos, ó casa de
Israel? Não seriam muito mais os caminhos
de vocês que são tortuosos?
³⁰ — Portanto, eu os julgarei, cada um
segundo os seus caminhos, ó casa de Israel,
diz o Senhor Deus. Convertam-se e afastem-se
de todas as suas transgressões, para que a ini-
quidade não lhes sirva de tropeço. ³¹ Livrem-se
de todas as transgressões que vocês comete-
ram e façam para vocês um coração novo e
um espírito novo. Por que vocês haveriam de
morrer, ó casa de Israel? ³² Eu não tenho pra-
zer na morte de ninguém, diz o Senhor Deus.
Portanto, convertam-se e vivam.

A PARÁBOLA DO LEÃO ENJAULADO

19 ¹ — Quanto a você, faça uma lamen-
tação sobre os príncipes de Israel.
² Diga:

"Que bela leoa entre os leões
era a sua mãe!
Deitada entre os leõezinhos,
criou os seus filhotes.
³ Criou um dos seus filhotinhos, que,
ao se tornar um leãozinho,
aprendeu a despedaçar a presa;
chegou a devorar gente.
⁴ Quando as nações
ouviram falar dele,
o apanharam na cova que fizeram,
e ele foi levado com ganchos
para a terra do Egito.
⁵ Vendo frustrada
e perdida a sua esperança,
a leoa pegou outro dos seus filhotes
e o fez leãozinho.
⁶ Este, andando entre os leões,
veio a ser um leãozinho
e aprendeu a despedaçar a presa;
chegou a devorar gente.
⁷ Destruiu palácios
e arrasou cidades.
A terra e os seus moradores
ficaram assustados,
ao ouvirem o seu rugido.
⁸ Então se ajuntaram contra ele
os povos das províncias vizinhas.
Estenderam sobre ele a rede,
e ele foi apanhado
na cova que fizeram.
⁹ Com ganchos, meteram-no
dentro de uma jaula
e o levaram ao rei da Babilônia.
Deixaram-no preso,
para que nunca mais se ouvisse
o seu rugido nos montes de Israel."

A PARÁBOLA DA VIDEIRA ARRUINADA

¹⁰ "Sua mãe era como uma videira
dentro da vinha,
plantada junto às águas;
ela frutificou e se encheu de ramos,
por causa das muitas águas.

Enquanto caminha rumo ao destino de Deus para a sua vida, terá de se afastar de algumas pessoas que não estão caminhando para a mesma direção que você.

11 Os galhos fortes se tornaram
para ela cetros de dominadores.
A sua estatura
se elevou até as nuvens,
e na sua altura era visível
com a multidão dos seus ramos.
12 Mas ela foi arrancada com furor
e jogada no chão.
O vento leste secou os seus frutos.
Seus fortes galhos
foram quebrados e secaram;
o fogo os consumiu.
13 Agora, a videira está plantada no deserto,
numa terra seca e sedenta.
14 Do ramo principal saiu fogo
que consumiu o seu fruto,
de maneira que já não há nela galho forte
que sirva de cetro para dominar."

Esta é uma lamentação e ficará servindo de lamentação.

AS ABOMINAÇÕES DA CASA DE ISRAEL DEPOIS DO ÊXODO

20 1 No sétimo ano, no quinto mês, aos
dez dias do mês, alguns dos anciãos
de Israel vieram consultar o SENHOR e se
assentaram diante de mim. 2 Então a pala-
vra do SENHOR veio a mim, dizendo:
3 — Filho do homem, fale com os anciãos
de Israel e diga-lhes: Assim diz o Senhor
DEUS: "Por acaso vocês vieram para me con-
sultar? Tão certo como eu vivo, diz o Senhor
DEUS, vocês não me consultarão."
4 — Você está pronto para julgá-los, filho
do homem? Você está pronto para julgá-
-los? Mostre-lhes as abominações que os
pais deles praticaram 5 e diga-lhes: Assim
diz o Senhor DEUS: "No dia em que escolhi
Israel, levantando a mão, jurei à descen-
dência da casa de Jacó e me dei a conhecer
a eles na terra do Egito; levantei a mão e
jurei, dizendo: 'Eu sou o SENHOR, seu Deus.'
6 Naquele dia, jurei tirá-los da terra do
Egito e levá-los para uma terra que lhes
tinha previsto, uma terra que mana leite
e mel, coroa de todas as terras. 7 Então eu
lhes disse: 'Cada um de vocês deve jogar
fora as abominações de que se agradam
os seus olhos. Não se contaminem com os
ídolos do Egito; eu sou o SENHOR, seu Deus.'
8 Mas eles se rebelaram contra mim e não
quiseram me ouvir. Ninguém jogava fora
as abominações de que se agradavam os
seus olhos, nem abandonava os ídolos do
Egito. Então eu disse que derramaria sobre
eles o meu furor, para cumprir a minha ira
contra eles, no meio da terra do Egito. 9 Mas
agi por amor do meu nome, para que não
fosse profanado diante das nações no meio
das quais eles estavam, diante das quais eu
me dei a conhecer a eles, para os tirar da
terra do Egito."
10 — "Eu os tirei da terra do Egito e os levei
para o deserto. 11 Dei-lhes os meus estatu-
tos e lhes fiz conhecer os meus juízos, pelos
quais o ser humano viverá, se os cumprir.
12 Também lhes dei os meus sábados, para
servirem de sinal entre mim e eles, para
que soubessem que eu sou o SENHOR que os
santifica. 13 Mas a casa de Israel se rebelou
contra mim no deserto, não andando nos
meus estatutos e rejeitando os meus juízos,
pelos quais viverá aquele que os cumprir; e
profanaram grandemente os meus sábados.
Então eu disse que derramaria sobre eles
o meu furor no deserto, para os consumir.
14 Mas agi por amor do meu nome, para que
não fosse profanado aos olhos das nações
diante das quais os tirei do Egito."
15 — "Além disso, no deserto, jurei que não
os levaria à terra que lhes tinha dado, uma
terra que mana leite e mel, coroa de todas as
terras. 16 Porque rejeitaram os meus juízos,
não andaram nos meus estatutos e profana-
ram os meus sábados, pois o seu coração se
voltava para os seus ídolos. 17 Mas os meus
olhos tiveram piedade deles e eu não os des-
truí, nem os consumi totalmente no deserto."
18 — "Então eu disse aos seus filhos no
deserto: 'Não andem nos estatutos de seus
pais, nem guardem os seus juízos, nem se
contaminem com os seus ídolos. 19 Eu sou o
SENHOR, seu Deus. Andem nos meus estatu-
tos, guardem os meus juízos e coloquem-nos
em prática. 20 Santifiquem os meus sábados,
pois servirão de sinal entre mim e vocês,
para que saibam que eu sou o SENHOR, seu

Deus.' 21 Mas também os filhos se rebelaram contra mim e não andaram nos meus estatutos, nem guardaram os meus juízos, pelos quais o ser humano viverá, se os cumprir; pelo contrário, eles profanaram os meus sábados. Então eu disse que derramaria sobre eles o meu furor, para cumprir contra eles a minha ira no deserto. 22 Mas contive a minha mão e agi por amor do meu nome, para que não fosse profanado aos olhos das nações diante das quais os tirei do Egito."

23 — "Mais uma vez, no deserto, jurei dispersá-los entre as nações e espalhá-los por outras terras, 24 porque não executaram os meus juízos, rejeitaram os meus estatutos, profanaram os meus sábados, e os seus olhos se voltavam para os ídolos de seus pais. 25 Por isso também lhes dei estatutos que não eram bons e juízos pelos quais não haviam de viver. 26 Permiti que eles se contaminassem com as suas dádivas, como quando queimavam os seus filhos primogênitos. Fiz isso para que ficassem horrorizados e para que soubessem que eu sou o SENHOR."

27 — Portanto, fale à casa de Israel, ó filho do homem, e diga-lhes: Assim diz o Senhor DEUS: "Ainda nisto os pais de vocês blasfemaram contra mim, na infidelidade que cometeram contra mim: 28 quando eu os introduzi na terra que havia jurado dar-lhes, onde quer que viam um monte alto e uma árvore frondosa, aí ofereciam os seus sacrifícios, apresentavam suas ofertas provocantes, punham os seus aromas agradáveis e ofereciam as suas libações. 29 Eu lhes perguntei: 'Que lugar alto é esse, aonde vocês vão?' Por isso, o seu nome tem sido Lugar Alto até o dia de hoje."

30 — Portanto, diga à casa de Israel: Assim diz o Senhor DEUS: "Será que vocês não estão se contaminando a exemplo dos pais de vocês, e se prostituindo com as suas abominações? 31 Quando oferecem as suas dádivas e queimam os seus filhos como sacrifício, vocês se contaminam com todos os seus ídolos, até o dia de hoje. Será que eu devo deixar que vocês me consultem, ó casa de Israel? Tão certo como eu vivo, diz o Senhor DEUS, vocês não me consultarão. 32 O que vocês têm em mente jamais acontecerá, ou seja, isso de dizer: 'Seremos como as nações, como os povos de outras terras, adorando as árvores e as pedras.'"

CASTIGO E PERDÃO

33 — "Tão certo como eu vivo, diz o Senhor DEUS, hei de reinar sobre vocês com mão poderosa, com braço estendido e derramado furor. 34 Vou tirá-los do meio dos povos e congregá-los das terras por onde vocês foram espalhados, com mão forte, com braço estendido e derramado furor. 35 Vou levá-los ao deserto dos povos e ali entrarei em juízo com vocês, face a face. 36 Como entrei em juízo com os pais de vocês no deserto da terra do Egito, assim entrarei em juízo com vocês", diz o Senhor DEUS. 37 "Eu os farei passar debaixo do meu cajado e os farei entrar no vínculo da aliança. 38 Tirarei do meio de vocês os rebeldes e os que transgrediram contra mim. Eu os farei sair da terra onde estão morando, mas eles não entrarão na terra de Israel. E vocês saberão que eu sou o SENHOR."

39 — "Quanto a vocês, ó casa de Israel, assim diz o Senhor DEUS: Que cada um vá e adore os seus ídolos, agora e mais tarde, já que vocês não querem me ouvir! Mas não profanem mais o meu santo nome com as suas dádivas e com os ídolos de vocês. 40 Porque no meu santo monte, no monte alto de Israel, diz o Senhor DEUS, ali toda a casa de Israel me adorará, toda a casa de Israel, naquela terra. Ali me agradarei deles. Ali requererei as ofertas de vocês, as primícias das dádivas e todas as coisas sagradas. 41 Eu me agradarei de vocês como de aroma agradável, quando eu os tirar do meio dos povos e os congregar das terras por onde vocês foram espalhados; e serei santificado diante das nações por meio de vocês. 42 Vocês saberão que eu sou o SENHOR, quando eu os fizer entrar na terra de Israel, na terra que jurei dar aos pais de vocês. 43 Ali, vocês se lembrarão dos seus caminhos e de todas as ações com que se contaminaram e terão nojo de vocês mesmos, por todas as maldades que fizeram. 44 Saberão que eu sou o SENHOR, quando eu

agir com vocês por amor do meu nome, não segundo os seus maus caminhos, nem segundo as suas ações corruptas, ó casa de Israel", diz o Senhor Deus.

A PROFECIA CONTRA O SUL

45 A palavra do Senhor veio a mim, dizendo:
46 — Filho do homem, vire o seu rosto para o Sul e fale contra ele. Profetize contra a floresta do campo do Sul
47 e diga à floresta do Sul: "Ouça a palavra do Senhor! Assim diz o Senhor Deus: Eis que acenderei em você um fogo que consumirá todas as árvores, tanto as verdes como as secas. A chama desse fogo não se apagará e todos os rostos, desde o Sul até o Norte, se queimarão.
48 E todos verão que eu, o Senhor, o acendi; não se apagará."
49 Então eu disse:
— Ah! Senhor Deus! Eles ficam dizendo que eu só sei contar parábolas!

A ESPADA DE DEUS

21 1 A palavra do Senhor veio a mim, dizendo:
2 — Filho do homem, vire o seu rosto contra Jerusalém, fale contra os santuários e profetize contra a terra de Israel.
3 Diga à terra de Israel: Assim diz o Senhor: "Eis que estou contra você. Vou tirar a minha espada da bainha, e eliminarei do seu meio tanto o justo como o ímpio.
4 Visto que eliminarei do seu meio o justo e o ímpio, a minha espada sairá da bainha contra todos, desde o Sul até o Norte.
5 Todos saberão que eu, o Senhor, tirei a minha espada da bainha e que não a porei de volta."
6 — Você, filho do homem, comece a gemer. Na presença deles, fique gemendo de coração quebrantado e com amargura.
7 Quando perguntarem: "Por que você está gemendo?", responda: "Por causa das notícias que estão chegando." Todo coração se derreterá, todas as mãos desfalecerão, todo espírito ficará angustiado e todos os joelhos se desfarão em água. Eis que virá, e se cumprirá, diz o Senhor Deus.
8 A palavra do Senhor veio a mim, dizendo:
9 — Filho do homem, profetize e diga: Assim diz o Senhor:
"A espada, a espada está afiada e polida;
10 afiada para a matança,
polida para reluzir
como relâmpago.
Israel diz: 'Vamos nos alegrar!
O cetro do meu filho despreza
qualquer outra madeira.'
11 Mas Deus responde:
'A espada foi entregue para ser polida,
para ser manejada;
está afiada e polida,
para ser posta na mão do matador.
12 Grite e lamente, filho do homem,
porque a espada será contra o meu povo,
contra todos os príncipes de Israel.
Estes, juntamente com o meu povo,
estão entregues à espada;
portanto, bata no peito
em sinal de tristeza.
13 Pois haverá uma prova.
E o que acontecerá,
se o próprio cetro que desprezou a todos
não vier a subsistir?'"
— diz o Senhor Deus.

14 — Filho do homem, profetize e bata com as mãos uma na outra. Que a espada golpeie duas vezes, sim, até três vezes. É a espada da matança, da grande matança, que os rodeia,
15 para que o coração se derreta e se multipliquem os que tropeçam. Junto a todas as portas faço reluzir a espada. Ah! Ela foi feita para ser raio e está afiada para matar.
16 Ó espada, vire-se com toda a força para a direita, vire-se para a esquerda, para onde quer que a sua lâmina se dirigir.
17 Também eu baterei as minhas mãos uma na outra e desafogarei o meu furor; eu, o Senhor, falei.

A ESPADA DO REI DA BABILÔNIA

18 A palavra do Senhor veio a mim, dizendo:
19 — Filho do homem, trace dois caminhos por onde a espada do rei da Babilônia poderá vir. Ambos devem sair da mesma terra. Faça um marco indicador e coloque-o na bifurcação do caminho para a cidade.
20 Indique o caminho para que a espada chegue a Rabá dos filhos de Amom, e a Jerusalém, a fortificada, em Judá.
21 Porque

o rei da Babilônia irá parar na bifurcação, na
entrada dos dois caminhos, para fazer adi-
vinhações: sacudirá as flechas, consultará
os ídolos do lar, examinará o fígado de um
animal. 22 Na mão direita estará a adivinha-
ção sobre Jerusalém, para dispor os aríetes,
para abrir a boca com ordens de matar, para
lançar gritos de guerra, para colocar os arí-
tes contra os portões, para levantar rampas e
torres de ataque. 23 Aos moradores da cidade
isso parecerá uma adivinhação falsa, pois
eles têm em seu favor juramentos solenes.
Mas Deus se lembrará da iniquidade deles,
para que sejam presos.
24 — Portanto, assim diz o Senhor Deus:
"Visto que vocês me fazem lembrar da sua
iniquidade, na medida em que as suas
transgressões são descobertas e em todas
as suas ações aparecem os seus pecados —
sim, visto que vocês foram lembrados, serão
presos por causa disso."
25 — Quanto a você, profano e ímpio prín-
cipe de Israel, cujo dia chegou no tempo do
seu castigo final, 26 assim diz o Senhor Deus:
"Tire o turbante e remova a coroa. O que é já
não será o mesmo; o humilde será exaltado
e o soberbo será abatido. 27 Ruína! Ruína! A
ruínas a reduzirei, e ela já não será, até que
venha aquele a quem caberá o julgamento;
a ele eu a entregarei."
28 — E você, filho do homem, profetize e
diga: Assim diz o Senhor Deus a respeito dos
filhos de Amom e a respeito dos seus insultos:

"A espada, a espada
está desembainhada,
polida para a matança, para consumir,
para reluzir como relâmpago.
29 Apesar das visões falsas
e das adivinhações mentirosas,
a espada será posta no pescoço
dos profanos, dos perversos,
cujo dia virá no tempo
do castigo final.
30 Ponha a espada de volta
na sua bainha.
No lugar em que você foi formado,
na terra do seu nascimento,
eu o julgarei.
31 Derramarei sobre você
a minha indignação,
assoprarei contra você
o fogo do meu furor
e o entregarei nas mãos
de homens brutais,
mestres de destruição.
32 Você servirá de pasto ao fogo,
o seu sangue será derramado
no meio da terra,
e você não será mais lembrado;
porque eu,
o Senhor, falei."

AS ABOMINAÇÕES DE JERUSALÉM

22 1 A palavra do Senhor veio a mim,
dizendo:
2 — Filho do homem, será que você está
pronto para julgar? Está pronto para jul-
gar a cidade sanguinária? Mostre-lhe todas
as suas abominações 3 e diga: Assim diz
o Senhor Deus: "Ai da cidade que derrama
sangue no meio de si, para que venha o seu
tempo, e que faz ídolos contra si mesma,
para se contaminar! 4 Você se tornou culpada
pelo sangue que derramou e está contami-
nada pelos ídolos que fabricou. Você fez
chegar o dia do seu julgamento e o término
de seus anos. Por isso, fiz de você objeto de
deboche das nações e de zombaria de todas
as terras. 5 Tanto as que estão perto como as
que estão longe zombarão de você, cidade de
má fama, cheia de inquietação. 6 Eis que os
príncipes de Israel, cada um segundo o seu
poder, nada mais intentam, a não ser derra-
mar sangue. 7 Em seu meio, desprezam o pai
e a mãe, praticam extorsões contra o estran-
geiro e são injustos com o órfão e a viúva.
8 Você desprezou as minhas coisas santas e
profanou os meus sábados. 9 Em seu meio
há homens que dizem calúnias para derra-
mar sangue. Em seu meio, comem carne
sacrificada nos montes e cometem perver-
sidade. 10 Em seu meio, homens têm relações
com a mulher do próprio pai e abusam da
mulher no período da sua menstruação.
11 Um comete abominação com a mulher
do seu próximo, outro contamina vergonho-
samente a sua nora, e outro abusa da sua

irmã, filha de seu pai. 12 Em seu meio, aceitam suborno para derramar sangue. Você emprestou com usura e cobrou juros. Você explorou o seu próximo com extorsão. Mas de mim você se esqueceu", diz o Senhor DEUS.

13 — "Eis que bato as minhas mãos uma na outra com furor contra a exploração que você praticou e por causa do sangue que foi derramado em seu meio. 14 Estará firme o seu coração? Estarão fortes as suas mãos, nos dias em que eu vier tratar com você? Eu, o SENHOR, falei e eu o cumprirei. 15 Eu a dispersarei entre as nações, eu a espalharei por outras terras e acabarei com a sua impureza. 16 Você será profanada em si mesma, à vista das nações, e saberá que eu sou o SENHOR."

O FORNO DE FUNDIÇÃO

17 A palavra do SENHOR veio a mim, dizendo:

18 — Filho do homem, a casa de Israel se transformou em escória para mim. Todos eles são cobre, estanho, ferro e chumbo no meio do forno; eles são a escória da prata. 19 Portanto, assim diz o Senhor DEUS: Visto que todos vocês se transformaram em escória, eis que eu os ajuntarei no meio de Jerusalém. 20 Como se ajuntam a prata, o cobre, o ferro, o chumbo e o estanho no meio do forno, para assoprar o fogo sobre eles, a fim de se fundirem, assim na minha ira e no meu furor eu os ajuntarei, ali os deixarei e fundirei. 21 Eu os reunirei e assoprarei sobre vocês o fogo do meu furor; e vocês serão fundidos no meio de Jerusalém. 22 Como se funde a prata no meio do forno, assim vocês serão fundidos no meio dela. E saberão que eu, o SENHOR, derramei o meu furor sobre vocês.

OS PECADOS DAS AUTORIDADES DE ISRAEL

23 A palavra do SENHOR veio a mim, dizendo:

24 — Filho do homem, diga a essa terra: "Você é terra que não está purificada e que não tem chuva no dia da indignação. 25 Há, no meio dela, uma conspiração dos seus profetas. Como um leão que ruge, que arrebata a presa, assim eles devoram pessoas, se apossam de tesouros e coisas preciosas, multiplicam as viúvas no meio dela. 26 Os seus sacerdotes transgridem a minha lei e profanam as minhas coisas santas. Não fazem distinção entre o santo e o profano e não ensinam a diferença entre o puro e o impuro. Não respeitam os meus sábados, e assim sou profanado no meio deles. 27 Os seus líderes no meio dela são como lobos que arrebatam a presa para derramarem o sangue, para destruírem vidas e ganharem lucro desonesto. 28 Os seus profetas cobrem isso com cal, tendo visões falsas e predizendo mentiras. Dizem: 'Assim diz o Senhor DEUS', sem que o SENHOR tenha falado. 29 O povo da terra pratica extorsão e anda roubando. Fazem violência aos pobres e necessitados, e injustamente oprimem os estrangeiros."

30 — "Procurei entre eles um homem que reconstruísse a muralha e se colocasse na brecha diante de mim, a favor desta terra, para que eu não a destruísse, mas não encontrei ninguém. 31 Por isso, derramarei sobre eles a minha indignação, e com o fogo do meu furor os consumirei. Farei cair sobre a cabeça deles o castigo que os seus atos merecem", diz o Senhor DEUS.

OOLÁ E OOLIBÁ, AS DUAS PROSTITUTAS

23 1 A palavra do SENHOR veio a mim, dizendo:

2 — Filho do homem, houve duas mulheres, filhas da mesma mãe. 3 Elas se prostituíram no Egito; tornaram-se prostitutas quando eram jovens. Ali foram apertados os seus peitos e apalpados os seios da sua virgindade. 4 Os nomes delas eram Oolá, a mais velha, e Oolibá, sua irmã. Elas eram minhas e tiveram filhos e filhas. Quanto aos nomes, Oolá é Samaria e Oolibá é Jerusalém.

5 — Oolá se prostituiu quando era minha. Inflamou-se pelos seus amantes, pelos assírios, seus vizinhos, 6 que se vestiam de azul, governadores e comandantes, todos jovens atraentes, cavaleiros montados em cavalos. 7 Ela se prostituiu com eles, que eram todos a fina flor dos filhos da Assíria, e com todos aqueles pelos quais se inflamava; com todos os seus ídolos ela se contaminou. 8 Não abandonou a prostituição que

havia começado no Egito. Porque, quando era jovem, os homens se deitaram com ela, apalparam os seios da sua virgindade e a trataram como prostituta. 9 Por isso, eu a entreguei nas mãos dos seus amantes, nas mãos dos filhos da Assíria, pelos quais havia se inflamado. 10 Estes descobriram as vergonhas dela, levaram os seus filhos e as suas filhas, e a mataram à espada. Ela se tornou falada entre as mulheres por causa dos juízos que executaram sobre ela.

11 — Apesar de ter visto isso, sua irmã Oolibá se corrompeu mais do que ela em sua paixão, e a sua prostituição foi pior do que a de sua irmã. 12 Inflamou-se pelos filhos da Assíria, governadores e comandantes, seus vizinhos, vestidos com primor, cavaleiros montados em cavalos, todos jovens atraentes. 13 Vi que também ela havia se contaminado; o caminho de ambas era o mesmo. 14 Aumentou a sua prostituição, porque viu figuras de homens gravadas na parede, imagens dos caldeus, pintados de vermelho, 15 de lombos cingidos e turbantes pendentes da cabeça, todos com aparência de oficiais, semelhantes aos filhos da Babilônia, nascidos na Caldeia. 16 Vendo-os, Oolibá se inflamou por eles e lhes mandou mensageiros à Caldeia. 17 Então os filhos da Babilônia vieram se deitar com ela no leito dos amores e a contaminaram com as suas prostituições. Após contaminar-se com eles, enojada, ela os abandonou. 18 Assim, depois que ela mostrou a sua prostituição e a sua nudez, eu a abandonei, com nojo, assim como havia abandonado a irmã dela. 19 Mas Oolibá multiplicou as suas prostituições, lembrando-se dos dias da sua juventude, quando era prostituta na terra do Egito. 20 Inflamou-se pelos seus amantes, cujos membros eram como o de jumento e cuja ejaculação era como a dos cavalos. 21 Assim, você trouxe à memória a perversidade dos seus tempos de jovem, quando os do Egito apalpavam os seus seios e apertavam os peitos da sua juventude.

22 — Por isso, Oolibá, assim diz o Senhor Deus: "Eis que despertarei contra você os seus amantes, os quais, com nojo, você abandonou, e os trarei contra você de todos os lados: 23 os filhos da Babilônia e todos os caldeus de Pecode, de Soa, de Coa e todos os filhos da Assíria com eles, jovens atraentes, governadores e comandantes, oficiais e homens de renome, todos montados em cavalos. 24 Virão contra você com armas, carros de guerra e carretas, e com um grande exército. Eles se colocarão contra você com escudos grandes, escudos pequenos e capacetes. Deixarei que a julguem, e eles a julgarão segundo as suas leis. 25 Porei contra você o meu zelo, e eles a tratarão com furor. Cortarão o seu nariz e as suas orelhas, e o que restar cairá à espada; levarão os seus filhos e as suas filhas, e quem ainda lhe restar será consumido pelo fogo. 26 Eles arrancarão as suas roupas e levarão as suas belas joias. 27 Assim, acabarei com a sua perversidade e com a prostituição que você trouxe da terra do Egito. Você não levantará os olhos para eles e não se lembrará mais do Egito."

28 — Porque assim diz o Senhor Deus: "Eis que eu a entregarei nas mãos daqueles que você odeia, nas mãos daqueles que, com nojo, você abandonou. 29 Eles a tratarão com ódio, levarão todo o fruto do seu trabalho e a deixarão completamente nua. Ficará exposta a vergonha da sua prostituição, a sua perversidade e as suas devassidões. 30 Isso lhe acontecerá, porque você se prostituiu com os gentios e se contaminou com os seus ídolos. 31 Você andou no caminho de sua irmã; por isso, o copo que era dela eu entregarei a você."

32 — Assim diz o Senhor Deus:

"Você beberá o copo de sua irmã,
que é fundo e largo.
Você será motivo de riso
 e de zombaria,
pois nele cabe muito.
33 Você ficará completamente bêbada
e sentirá muita dor;
o copo de sua irmã Samaria
é copo de espanto
 e de desolação.
34 Você o beberá até a última gota,
ficará roendo os cacos,
e rasgará os próprios seios.
Porque eu falei", diz o Senhor Deus.

Sozinhas, não conseguimos, mas juntos, como Noiva de Cristo, venceremos e chegaremos até o fim.

35 — Portanto, assim diz o Senhor Deus:
"Visto que você se esqueceu de mim e me
virou as costas, também terá de sofrer as
consequências da sua perversidade e das
suas prostituições."
36 Disse-me ainda o Senhor:
— Filho do homem, você está pronto
para julgar Oolá e Oolibá? Mostre-lhes as
suas abominações. 37 Porque elas come-
teram adultério, e nas suas mãos há culpa
de sangue. Adulteraram com os seus ído-
los, e até os filhos que tiveram comigo elas
ofereceram aos ídolos para serem consu-
midos pelo fogo. 38 E fizeram mais isto: no
mesmo dia contaminaram o meu santuá-
rio e profanaram os meus sábados. 39 Pois,
havendo sacrificado seus filhos aos ídolos,
vieram, no mesmo dia, ao meu santuário
para o profanarem; foi o que fizeram em
meu templo. 40 E mais ainda: mandaram
vir uns homens de longe, aos quais tinha
sido enviado um mensageiro, e eis que eles
vieram. Por amor deles, você se banhou, pin-
tou os olhos e se enfeitou com joias. 41 Você
se assentou num suntuoso leito, diante do
qual se achava uma mesa preparada, sobre
a qual você pôs o meu incenso e o meu óleo.
42 Ouvia-se com ela a voz de uma multidão
alegre. Com homens de classe baixa foram
trazidos do deserto uns bêbados, que puse-
ram braceletes nas mãos delas e, na cabeça,
belas coroas. 43 Então eu disse a respeito da
mulher envelhecida em adultérios: "Agora
ela vai continuar com as suas prostitui-
ções!" 44 E tiveram relações com ela, como
quem tem relações com uma prostituta.
Foi assim que tiveram relações com Oolá e
Oolibá, essas mulheres depravadas. 45 Mas
homens justos as julgarão como se julgam as
adúlteras e as assassinas; porque são adúl-
teras, e, nas suas mãos, há culpa de sangue.
46 — Pois assim diz o Senhor Deus: Trarei
contra elas uma grande multidão e as entre-
garei ao tumulto e ao saque. 47 A multidão as
apedrejará e as golpeará com as suas espa-
das; matarão os seus filhos e as suas filhas
e queimarão as suas casas. 48 Assim, acaba-
rei com a perversidade da terra, para que
isso sirva de aviso a todas as mulheres e
elas não sigam o exemplo da perversidade
delas. 49 Vocês serão castigadas por causa da
sua perversidade e sofrerão as consequên-
cias de seus pecados de idolatria. E saberão
que eu sou o Senhor Deus.

A PARÁBOLA DA PANELA

24 1 A palavra do Senhor veio a mim, no
nono ano, no décimo mês, aos dez
dias do mês, dizendo:
2 — Filho do homem, anote o dia de hoje,
sim, o dia de hoje, porque o rei da Babilô-
nia começa o cerco de Jerusalém neste dia.
3 Conte uma parábola à casa rebelde e diga:
Assim diz o Senhor Deus:

"Ponha a panela no fogo,
encha-a com água,
4 acrescente pedaços de carne,
todos os bons pedaços
— tanto da parte traseira
como da parte dianteira;
coloque também os melhores ossos.
5 Pegue isso dos melhores
animais do rebanho.
Empilhe lenha debaixo da panela,
deixe ferver bem
e cozinhe os ossos dentro dela."

6 — Portanto, assim diz o Senhor Deus: Ai da
cidade sanguinária, da panela cheia de ferru-
gem, ferrugem que não foi tirada dela! Tire de
dentro a carne, pedaço por pedaço, sem esco-
lha. 7 Porque a culpa de sangue está no meio
dela. O sangue foi derramado sobre a rocha
escalvada e não sobre a terra, para o cobrir
com o pó. 8 Para fazer subir a indignação, para
tomar vingança, eu pus o seu sangue numa
rocha escalvada, para que não fosse coberto.
9 — Portanto, assim diz o Senhor Deus: Ai
da cidade sanguinária! Eu mesmo aumenta-
rei a pilha de lenha. 10 Amontoe muita lenha,
acenda o fogo, cozinhe a carne, engrosse o
caldo, deixe que os ossos fiquem torrados.
11 Ponha a panela vazia sobre as brasas, para
que ela aqueça, o seu cobre se torne can-
dente, a impureza que está dentro dela se
derreta e a sua ferrugem se consuma. 12 Tra-
balho inútil! A sua muita ferrugem não sai,

nem pelo fogo. 13 Jerusalém, por causa de sua impureza e perversidade, e porque eu quis purificá-la, mas você não ficou pura, você não ficará pura de novo até que eu tenha satisfeito o meu furor contra você. 14 Eu, o SENHOR, falei; será assim; eu o farei. Não voltarei atrás e não pouparei, nem mudarei de ideia. Você será julgada segundo os seus caminhos e segundo os seus atos, diz o Senhor DEUS.

A VIUVEZ DE EZEQUIEL

15 A palavra do SENHOR veio a mim, dizendo:

16 — Filho do homem, eis que, com um só golpe, tirarei aquela que é a delícia dos seus olhos. Você não deve lamentar, nem chorar, nem derramar lágrimas. 17 Sofra em silêncio; não faça lamentação pelos mortos. Prenda o seu turbante; ponha as sandálias nos pés; não cubra o bigode, e não coma o pão que lhe mandarem.

18 Falei ao povo pela manhã, e à tarde a minha mulher morreu. Na manhã seguinte, fiz como me havia sido ordenado. 19 Então o povo me perguntou:

— Você não vai nos explicar o que significa para nós isso que você está fazendo?

20 Eu respondi:

— A palavra do SENHOR veio a mim, dizendo: 21 Diga à casa de Israel: Assim diz o Senhor DEUS: "Eis que profanarei o meu santuário, do qual vocês tanto se orgulham, que é a delícia dos seus olhos e o desejo do seu coração. Os filhos e as filhas que vocês deixaram para trás cairão à espada. 22 Vocês farão o que eu fiz: não cobrirão o bigode, nem comerão o pão que lhes mandarem. 23 Manterão o turbante na cabeça e as sandálias nos pés. Não irão lamentar nem chorar, mas serão consumidos nas suas maldades e gemerão uns pelos outros. 24 Assim, Ezequiel será um sinal para vocês: tudo o que ele fez vocês também farão. Quando isso acontecer, vocês saberão que eu sou o Senhor DEUS."

25 — Filho do homem, no dia em que eu lhes tirar o objeto do seu orgulho, a sua alegria e a sua glória, a delícia dos seus olhos e o desejo de seu coração — bem como os seus filhos e as suas filhas —, 26 nesse dia um sobrevivente virá falar com você, para lhe dar a notícia. 27 Nesse dia, você poderá abrir a sua boca para falar com aquele sobrevivente; você falará e não mais ficará mudo. Assim, você será um sinal para eles, e eles saberão que eu sou o SENHOR.

PROFECIA CONTRA AMOM

25 1 A palavra do SENHOR veio a mim, dizendo:

2 — Filho do homem, vire o seu rosto contra os filhos de Amom e profetize contra eles. 3 Diga aos filhos de Amom: "Ouçam a palavra do Senhor DEUS! Assim diz o Senhor DEUS: Visto que vocês disseram: 'Bem feito!', quando o meu santuário foi profanado, quando a terra de Israel foi arrasada e quando a casa de Judá foi levada para o exílio, 4 eis que eu os entregarei ao poder dos filhos do Oriente, que estabelecerão os seus acampamentos no meio de vocês e ficarão morando aí. Eles comerão as frutas e beberão o leite de vocês. 5 Farei de Rabá uma estrebaria de camelos e dos filhos de Amom, um curral de ovelhas; e vocês saberão que eu sou o SENHOR."

6 — Porque assim diz o Senhor DEUS: "Visto que vocês bateram palmas, pularam de alegria e, com o mais profundo desprezo, se alegraram por causa da terra de Israel, 7 eis que estenderei a minha mão contra vocês e os darei por despojo às nações. Eu os eliminarei do meio das nações e os farei perecer do meio dos povos. Acabarei com vocês, e vocês saberão que eu sou o SENHOR."

PROFECIA CONTRA MOABE

8 — Assim diz o Senhor DEUS: "Visto que Moabe e Seir dizem: 'A casa de Judá é como qualquer outra nação', 9 eis que abrirei o flanco de Moabe, começando pelas cidades, sim, pelas cidades da fronteira, a glória daquela terra, Bete-Jesimote, Baal-Meom e Quiriataim. 10 Eu as darei aos povos do Oriente como propriedade, juntamente com os filhos de Amom, para que destes não haja memória entre as nações. 11 Também executarei juízos contra Moabe, e os moabitas saberão que eu sou o SENHOR."

PROFECIA CONTRA EDOM

12 — Assim diz o Senhor Deus: "Visto que
Edom se mostrou vingativo para com a casa
de Judá e se fez culpado ao extremo, quando
se vingou dela, 13 assim diz o Senhor Deus:
Também estenderei a mão contra Edom e
eliminarei dele pessoas e animais. Farei de
Edom um deserto, e desde Temã até Dedã
cairão à espada. 14 Exercerei a minha vin-
gança contra Edom, por meio do meu povo
de Israel, que fará em Edom segundo a
minha ira e segundo o meu furor. E os edo-
mitas conhecerão a minha vingança", diz o
Senhor Deus.

PROFECIA CONTRA A FILÍSTIA

15 — Assim diz o Senhor Deus: "Visto que os
filisteus se mostraram vingativos e com pro-
fundo desprezo executaram vingança, para
destruírem com inimizade sem fim, 16 assim
diz o Senhor Deus: Eis que eu estenderei a
minha mão contra os filisteus, eliminarei
os queretitas e destruirei o resto da costa
do mar. 17 Tomarei deles grandes vingan-
ças, com furiosas repreensões. E saberão
que eu sou o Senhor, quando eu tiver exer-
cido a minha vingança contra eles."

PROFECIA CONTRA TIRO

26 1 No décimo primeiro ano, no pri-
meiro dia do mês, a palavra do
Senhor veio a mim, dizendo:
2 — Filho do homem, Tiro disse a respeito
de Jerusalém: "Bem feito! Foi arrombada a
porta dos povos; ela se abriu para mim. Eu
me tornarei rico, agora que ela foi arrasada."
3 Por isso, assim diz o Senhor Deus: "Eis que
eu estou contra você, ó Tiro, e farei subir mui-
tas nações contra você, assim como o mar
faz subir as suas ondas. 4 Elas destruirão as
muralhas de Tiro e derrubarão as suas tor-
res; e eu varrerei o seu pó e farei dela uma
rocha escalvada. 5 No meio do mar, ela virá a
ser apenas um lugar onde pescadores secam
as suas redes, porque eu o anunciei", diz o
Senhor Deus. "E ela se tornará despojo para
as nações. 6 Suas filhas que estão no conti-
nente serão mortas à espada; e saberão que
eu sou o Senhor."

7 — Porque assim diz o Senhor Deus: "Eis
que trarei contra Tiro o rei Nabucodonosor,
que virá da Babilônia, do Norte, e que é o
rei dos reis. Ele virá com cavalos e carros de
guerra, com cavaleiros e com um enorme
exército. 8 As suas filhas que estão no con-
tinente, ele as matará à espada. Construirá
torres de ataque e levantará uma rampa con-
tra você; virá com uma barreira de escudos.
9 Disporá os seus aríetes contra as suas mura-
lhas e, com barras de ferro, derrubará as suas
torres. 10 Os cavalos dele serão tantos que
você ficará coberta de pó. As suas muralhas
tremerão com o estrondo dos cavaleiros, das
carretas e dos carros de guerra, quando ele
entrar pelos seus portões como quem entra
numa cidade em que se fez uma brecha na
muralha. 11 Com os cascos dos seus cavalos,
socará todas as suas ruas. Matará o seu povo
à espada, e as suas fortes colunas cairão por
terra. 12 Roubarão as suas riquezas e saquea-
rão as suas mercadorias. Derrubarão as suas
muralhas e arrasarão as suas casas luxuosas.
As suas pedras, a sua madeira e o seu pó eles
lançarão no meio das águas. 13 Farei cessar o
ruído das suas canções, e não se ouvirá mais
o som das suas harpas. 14 Farei de você uma
rocha escalvada. Você virá a ser apenas um
lugar onde pescadores secam as suas redes.
Você jamais será reconstruída, porque eu, o
Senhor, falei", diz o Senhor Deus.
15 — Assim diz o Senhor Deus a Tiro: "Não
é fato que as terras do mar tremerão com o
estrondo da sua queda, quando gemerem os
feridos, quando se fizer espantosa matança
em suas ruas? 16 Todos os príncipes do mar
descerão dos seus tronos, tirarão de si os seus
mantos e despirão as suas roupas bordadas.
Eles se vestirão de tremores, ficarão senta-
dos no chão, tremendo sem parar; e ficarão
espantados por causa de você. 17 Farão uma
lamentação sobre você, dizendo:

'Como você está destruída,
ó bem-povoada e afamada cidade,
que dominava os mares,
você e os seus moradores,
que atemorizavam
todos os que moram ali!

18 Agora as ilhas tremem,
no dia da sua queda;
as ilhas, que estão no mar,
ficam assustadas com a sua ruína.'"

19 — Porque assim diz o Senhor Deus:
"Quando eu fizer de você uma cidade
arrasada, como as cidades que não são habi-
tadas, quando eu fizer o abismo vir sobre
você e as muitas águas a cobrirem, 20 então
farei você descer com os que descem à cova,
ao povo antigo. Eu a farei habitar nas partes
mais baixas da terra, em lugares desertos
antigos, com os que descem à cova, para que
você não seja mais habitada; e criarei coisas
gloriosas na terra dos viventes. 21 Farei de
você um grande espanto, e você deixará de
existir; quando a procurarem, você jamais
será encontrada", diz o Senhor Deus.

LAMENTAÇÃO SOBRE TIRO

27 1 A palavra do Senhor veio a mim,
dizendo:
2 — Filho do homem, faça uma lamen-
tação sobre Tiro. 3 Diga a Tiro, que habita
nas entradas do mar e negocia com os
povos em muitas terras do mar: Assim diz
o Senhor Deus:

"Ó Tiro, você diz que é
a Perfeição da Formosura.
4 As suas fronteiras estão
no coração dos mares;
os que a construíram
aperfeiçoaram a sua beleza.
5 Fabricaram todos os seus conveses
de ciprestes de Senir;
trouxeram cedros do Líbano
para fazer o seu mastro.
6 Fizeram os seus remos
de carvalhos de Basã;
os seus bancos, fizeram-nos
de marfim engastado
em pinho de Chipre.
7 A sua vela era de linho fino
bordado do Egito,
para servir de estandarte;
azul e púrpura das ilhas de Elisá
eram o seu toldo.
8 Os moradores de Sidom e de Arvade
foram os seus remadores;
os seus sábios, ó Tiro,
que se achavam dentro de você,
esses foram os seus pilotos.
9 Os anciãos de Gebal
e os seus sábios
estavam dentro de você
para reparar as brechas;
todos os navios do mar
e os marinheiros
se achavam dentro de você,
para comprar
as suas mercadorias."

10 — Os persas, os lídios e os de Pute ser-
viam no seu exército como homens de
guerra; penduravam em você os seus escudos
e capacetes; foram eles que a cobriram de
glória. 11 Os filhos de Arvade e o seu exército
estavam sobre as muralhas que a rodeavam,
e os gamaditas ficavam de vigia nas torres;
penduravam os seus escudos nas suas mura-
lhas e aperfeiçoavam a sua beleza.
12 — Társis negociava com você, por causa
da abundância de todo tipo de riquezas; em
troca das suas mercadorias lhe traziam
prata, ferro, estanho e chumbo. 13 Javã,
Tubal e Meseque negociavam com você;
em troca das suas mercadorias, davam
escravos e objetos de bronze. 14 Os da casa
de Togarma, em troca das suas mercado-
rias, davam cavalos, ginetes e mulas. 15 Os
filhos de Dedã negociavam com você; mui-
tas terras do mar eram o mercado das suas
manufaturas; em troca, traziam dentes de
marfim e madeira de ébano. 16 A Síria nego-
ciava com você por causa da multidão das
suas manufaturas; por suas mercadorias,
eles davam esmeralda, púrpura, obras bor-
dadas, linho fino, coral e pedras preciosas.
17 Judá e a terra de Israel negociavam com
você; pelas suas mercadorias, davam o
trigo de Minite, confeitos, mel, azeite e
bálsamo. 18 Damasco negociava com você,
por causa da multidão das suas manufatu-
ras, por causa da abundância de todo tipo
de riquezas, dando em troca vinho de Hel-
bom e lã de Saar. 19 Também Dã e Javã, de

Uzal, pelas suas mercadorias, davam em
troca ferro trabalhado, cássia e cálamo, que
assim entravam no seu comércio. 20 Dedã
negociava com você, trazendo mantas para
cavalos. 21 A Arábia e todos os príncipes de
Quedar eram seus clientes; negociavam com
você, trazendo cordeiros, carneiros e bodes;
nisto, negociavam com você. 22 Os merca-
dores de Sabá e Raamá negociavam com
você; pelas suas mercadorias, davam em
troca os mais finos aromas, pedras preciosas
e ouro. 23 Harã, Cane e Éden, mercadores de
Sabá, Assíria e Quilmade eram seus clien-
tes. 24 Negociavam com você, trazendo todo
tipo de mercadorias, tecidos de púrpura e
bordados, tapetes de várias cores e cordas
trançadas e fortes. 25 Os navios de Társis
transportavam as suas mercadorias.

"Você se enriqueceu e ficou famosa
no coração dos mares.
26 Os seus remadores conduziram
você sobre grandes águas;
o vento leste a destroçou
no coração dos mares.
27 As suas riquezas,
as suas mercadorias, os seus bens,
os seus marinheiros, os seus pilotos,
os encarregados de reparar as brechas,
os seus comerciantes
e todos os soldados
que estão dentro de você,
juntamente com toda a multidão
do povo que está dentro de você,
se afundarão no coração dos mares
no dia da sua ruína, ó Tiro.
28 Ao estrondo da gritaria
dos seus pilotos,
as praias tremerão.
29 Todos os remadores, os marinheiros,
e todos os pilotos do mar
descerão de seus navios
e pararão em terra.
30 Farão ouvir a sua voz
por causa de você
e gritarão amargamente;
lançarão pó sobre a cabeça
e rolarão na cinza.
31 Raparão a cabeça por sua causa,
vestirão roupa feita de pano de saco
e chorarão por você
com amargura de alma
e com amarga lamentação.
32 Em seu pranto, farão
uma lamentação sobre você, dizendo:
'Quem era como Tiro,
que agora está reduzida ao silêncio
no meio do mar?
33 Quando as suas mercadorias
eram exportadas pelos mares,
você satisfez muitos povos;
com as suas muitas riquezas
e suas mercadorias
você enriqueceu os reis da terra.
34 Agora você foi destroçada nos mares,
nas profundezas das águas;
se afundaram as suas mercadorias
e toda a multidão
que estava dentro de você.'"

35 "Todos os moradores das ilhas
se espantam por causa de você;
os seus reis estão apavorados
e trazem o medo estampado no rosto.
36 Os mercadores entre os povos
zombam de você;
você se tornou objeto de espanto
e deixará de existir para sempre."

PROFECIA CONTRA O REI DE TIRO

28 1 A palavra do SENHOR veio a mim,
dizendo:
2 — Filho do homem, diga ao governante
de Tiro:

Assim diz o Senhor DEUS:
"Visto que o seu coração se eleva
e você diz: 'Eu sou um deus;
sobre a cadeira de um deus me assento
no coração dos mares',
sendo você um simples homem,
e não um deus,
ainda que pense que o seu coração
é como se fosse o coração de Deus —
3 sim, você pensa que é
mais sábio do que Daniel,
que não há segredo algum
que se possa esconder de você,

4 que pela sua sabedoria
e pelo seu entendimento
você alcançou o seu poder
e encheu os seus tesouros
de ouro e prata,
5 que pela sua grande habilidade
para fazer negócios
você aumentou as suas riquezas
e, por causa delas, se eleva o seu coração."

6 Por isso, assim diz o Senhor Deus:
"Visto que você pensa
que o seu coração
é como se fosse o coração de Deus,
7 eis que trarei contra você
os mais terríveis estrangeiros
dentre as nações,
os quais irão com a espada na mão
contra a beleza da sua sabedoria
e mancharão o seu resplendor.
8 Eles farão com que você desça à cova,
e você sofrerá morte violenta
no coração dos mares.
9 Será que você ainda vai dizer
que é Deus,
quando estiver diante
daquele que o matará?
Pois ficará claro que você é
um simples homem,
e não Deus,
quando estiver nas mãos
daqueles que o matarão.
10 Você terá uma morte horrível,
nas mãos de estrangeiros,
porque eu falei", diz o Senhor Deus.

OUTRA LAMENTAÇÃO SOBRE O REI DE TIRO

11 A palavra do Senhor veio a mim, dizendo:
12 — Filho do homem, faça uma lamentação sobre o rei de Tiro e diga-lhe:

Assim diz o Senhor Deus:
"Você era o modelo da perfeição,
cheio de sabedoria
e perfeito em formosura.
13 Você estava no Éden,
jardim de Deus,
e se cobria de todas as pedras preciosas:
sárdio, topázio, diamante,
berilo, ônix,
jaspe, safira, carbúnculo e esmeralda.
Os seus engastes e ornamentos
eram feitos de ouro
e foram preparados
no dia em que você foi criado.
14 Você era um querubim
da guarda, que foi ungido.
Eu o estabeleci.
Você permanecia no monte santo de Deus
e andava no meio das pedras brilhantes.
15 Você era perfeito nos seus caminhos,
desde o dia em que foi criado
até que se achou iniquidade em você.
16 Na multiplicação do seu comércio,
você se encheu de violência e pecou.
Por isso, ó querubim da guarda,
eu o profanei
e lancei fora do monte de Deus;
eu o expulsei do meio
das pedras brilhantes.
17 Você ficou orgulhoso
por causa da sua formosura;
corrompeu a sua sabedoria
por causa do seu resplendor.
Por isso, eu o lancei por terra;
eu o coloquei diante dos reis,
para que o contemplem.
18 Pela multidão das suas iniquidades,
pela injustiça do seu comércio,
você profanou os seus santuários.
Por isso, fiz sair do meio de você
um fogo, que o consumiu;
eu o reduzi a cinzas sobre a terra,
aos olhos de todos os que o contemplam.
19 Todos os que o conhecem
entre os povos
se espantam por causa de você;
você se tornou objeto de espanto
e deixará de existir para sempre."

PROFECIA CONTRA SIDOM

20 A palavra do Senhor veio a mim, dizendo:
21 — Filho do homem, vire o seu rosto contra Sidom, profetize contra ela 22 e diga:

Assim diz o Senhor Deus:
"Eis que eu estou contra você, ó Sidom,

e serei glorificado no meio de você.
Saberão que eu sou o Senhor,
quando nela executar juízos
e nela me santificar.
23 Pois enviarei contra ela
a peste e o sangue nas suas ruas;
os feridos cairão no meio dela,
pela espada contra ela, por todos os lados.
E saberão que eu sou o Senhor."

BÊNÇÃOS PARA O POVO DE ISRAEL

24 — Para a casa de Israel já não haverá
espinho que a pique, nem ferrão que cause
dor, entre todos os vizinhos que a tratam
com desprezo; e saberão que eu sou o
Senhor Deus.
25 — Assim diz o Senhor Deus: Quando eu
congregar a casa de Israel do meio dos povos
por onde estão espalhados e eu me santi-
ficar entre eles, diante das nações, então
habitarão na terra que dei ao meu servo Jacó.
26 Habitarão nela seguros, edificarão casas e
plantarão vinhas. Habitarão seguros, quando
eu executar juízos contra todos os que os tra-
tam com desprezo ao redor deles; e saberão
que eu sou o Senhor, o Deus de Israel.

PROFECIA CONTRA O EGITO

29 1 No décimo ano, no décimo mês,
aos doze dias do mês, a palavra do
Senhor veio a mim, dizendo:
2 — Filho do homem, vire o seu rosto con-
tra Faraó, rei do Egito, e profetize contra ele
e contra todo o Egito. 3 Fale e diga:

Assim diz o Senhor Deus:
"Eis que estou contra você, Faraó,
rei do Egito, crocodilo enorme,
deitado no meio dos seus rios,
e que diz: 'O meu rio é meu;
eu o fiz para mim mesmo.'
4 Mas eu porei anzóis em seus queixos
e farei com que os peixes dos seus rios
se apeguem às suas escamas.
Vou tirá-lo do meio dos seus rios,
juntamente com todos
os peixes dos seus rios
grudados nas suas escamas.
5 Vou lançá-lo no deserto,
você e todos os peixes
dos seus rios.
Você cairá em campo aberto,
não será recolhido nem sepultado.
Eu o darei como alimento
aos animais selvagens e às aves do céu.
6 E todos os moradores do Egito
saberão que eu sou o Senhor."

— Porque os egípcios se tornaram um
bordão de caniço para a casa de Israel.
7 Quando os israelitas o pegaram com a
mão, você rachou e lhes rasgou o ombro;
quando eles se apoiaram, você quebrou,
fazendo tremer os lombos deles. 8 Por isso,
assim diz o Senhor Deus: "Eis que trarei sobre
você a espada e eliminarei de você pessoas
e animais. 9 A terra do Egito se tornará em
desolação e deserto; e saberão que eu sou
o Senhor. Porque você disse: 'O rio é meu; eu
o fiz', 10 eis que estou contra você e contra os
seus rios. Farei da terra do Egito um deserto,
uma completa desolação, desde Migdol até
Sevene, até as fronteiras da Etiópia. 11 Não
passará por ela pé humano, nem pata de
animal passará por ela, nem será habitada
durante quarenta anos, 12 porque tornarei
a terra do Egito em desolação, no meio de
terras desoladas; as suas cidades no meio
das cidades desertas se tornarão em deso-
lação durante quarenta anos; dispersarei os
egípcios entre as nações e os espalharei por
outras terras."
13 — Mas assim diz o Senhor Deus: "Ao fim
de quarenta anos, ajuntarei os egípcios do
meio dos povos por onde foram espalha-
dos. 14 Restaurarei a sorte dos egípcios e os
farei voltar à terra de Patros, à terra de sua
origem; e serão ali um reino humilde. 15 O
Egito se tornará o mais humilde dos reinos
e nunca mais se exaltará sobre as nações. Eu
os diminuirei, para que não dominem sobre
as nações. 16 A casa de Israel nunca mais porá
a sua confiança no Egito, confiança essa que
me traria à memória a iniquidade de Israel
quando se voltava ao Egito em busca de
socorro. Então eles saberão que eu sou o
Senhor Deus."

NABUCODONOSOR CONQUISTA O EGITO

17 No vigésimo sétimo ano, no primeiro
mês, no primeiro dia do mês, a palavra do
Senhor veio a mim, dizendo:
18 — Filho do homem, o rei Nabucodonosor, da Babilônia, conduziu o seu exército
num difícil ataque à cidade de Tiro. Todas
as cabeças se tornaram calvas e todos os
ombros ficaram esfolados, mas nem ele nem
o seu exército receberam qualquer recompensa pelo esforço que fizeram. 19 Portanto,
assim diz o Senhor Deus: "Eis que eu darei
a Nabucodonosor, rei da Babilônia, a terra
do Egito. Ele levará a sua multidão, tomará o
seu despojo e roubará a sua presa, e isto será
o pagamento para o seu exército. 20 Como
pagamento pelo seu esforço eu lhe dei a
terra do Egito, visto que eles trabalharam
para mim", diz o Senhor Deus.
21 — Naquele dia, farei brotar o poder na
casa de Israel. E a você, Ezequiel, permitirei
que fale livremente no meio deles. E saberão
que eu sou o Senhor.

O EGITO SERÁ CONQUISTADO PELA BABILÔNIA

30 1 A palavra do Senhor veio a mim,
dizendo:
2 — Filho do homem, profetize e diga:
Assim diz o Senhor Deus:

"Gritem: Ah! Aquele dia!
3 Porque está perto o dia,
sim, está perto o Dia do Senhor.
Será um dia de nuvens,
o tempo dos gentios.
4 A espada virá contra o Egito,
e haverá grande angústia na Etiópia,
quando caírem os feridos no Egito;
o seu povo será levado
para o cativeiro,
e serão destruídos os seus fundamentos.
5 A Etiópia, Pute, Lude e toda a Arábia,
os de Cube e os homens da terra da aliança
cairão à espada juntamente com o Egito."

6 Assim diz o Senhor:
"Também cairão os que sustêm o Egito,
e será humilhado
o orgulho do seu poder.
Desde Migdol até Sevene,
cairão à espada",
diz o Senhor Deus.
7 "Serão desolados
no meio de terras desertas,
e as suas cidades estarão no meio
das cidades devastadas.
8 Saberão que eu sou o Senhor,
quando eu tiver posto fogo no Egito
e forem destruídos todos
os que lhe prestavam auxílio."

9 — Naquele dia, enviarei mensageiros em
navios, para amedrontarem o povo da Etiópia,
que vive despreocupado, e haverá angústia
entre eles no dia da ruína do Egito; pois eis
que já vem.

10 Assim diz o Senhor Deus:
"Farei cessar a pompa do Egito,
por meio de Nabucodonosor,
rei da Babilônia.
11 Ele e o seu povo com ele,
os mais terríveis das nações,
serão levados
para destruírem a terra;
atacarão o Egito
com suas espadas na mão
e encherão a terra de mortos.
12 Secarei os rios e venderei a terra,
entregando-a nas mãos dos maus.
Por meio de estrangeiros,
farei desolada a terra e a sua plenitude.
Eu, o Senhor, falei."

13 Assim diz o Senhor Deus:
"Também destruirei os ídolos
e eliminarei as imagens de Mênfis.
Não haverá mais príncipe
na terra do Egito,
onde implantarei o terror.
14 Farei de Patros uma desolação,
porei fogo em Zoã
e executarei juízo em Tebas.
15 Derramarei o meu furor
sobre Sim, fortaleza do Egito,
e exterminarei a multidão de Tebas.

[16] Atearei fogo no Egito.
A cidade de Sim terá grande angústia,
Tebas será destruída,
e Mênfis terá adversários em pleno dia.
[17] Os jovens de Áven e de Pi-Besete
cairão à espada,
e estas cidades irão para o cativeiro.
[18] Em Tafnes, o dia se escurecerá,
quando eu quebrar ali os jugos do Egito
e nela cessar
o orgulho do seu poder;
uma nuvem a cobrirá,
e as suas filhas irão para o cativeiro.
[19] Assim, executarei juízo no Egito,
e saberão que eu sou o SENHOR."

O REI DE BRAÇOS QUEBRADOS

[20] No décimo primeiro ano, no primeiro
mês, aos sete dias do mês, a palavra do
SENHOR veio a mim, dizendo:
[21] — Filho do homem, eu quebrei o braço de
Faraó, rei do Egito, e eis que não foi atado para
que seja tratado com remédios, nem posto
numa tala para tornar-se forte o bastante
para empunhar a espada. [22] Portanto, assim
diz o Senhor DEUS: "Eis que eu estou contra
Faraó, rei do Egito. Quebrarei os seus braços,
tanto o forte como o que já está quebrado,
e farei com que a espada caia da sua mão.
[23] Dispersarei os egípcios entre as nações e
os espalharei por outras terras. [24] Fortalecerei
os braços do rei da Babilônia e porei a minha
espada na mão dele. Porém quebrarei os bra-
ços de Faraó, que, diante dele, gemerá como
geme quem foi mortalmente ferido. [25] Levan-
tarei os braços do rei da Babilônia, mas os
braços de Faraó cairão. Saberão que eu sou
o SENHOR, quando eu puser a minha espada na
mão do rei da Babilônia e ele a estender con-
tra a terra do Egito. [26] Dispersarei os egípcios
entre as nações e os espalharei por outras ter-
ras. Assim eles saberão que eu sou o SENHOR."

O DESTINO DO EGITO

31 [1] No décimo primeiro ano, no terceiro
mês, no primeiro dia do mês, a pala-
vra do SENHOR veio a mim, dizendo:
[2] — Filho do homem, diga a Faraó, rei do
Egito, e à multidão do seu povo:

"A quem você é semelhante
em sua grandeza?
[3] Eis que a Assíria era um cedro no Líbano,
de lindos ramos, de sombrosa folhagem
e de grande estatura, cujo topo
chegava até as nuvens.
[4] As águas o fizeram crescer;
as fontes do abismo o fortaleceram,
fazendo correr as suas torrentes
no lugar em que ele estava plantado
e enviando os seus ribeiros
para todas as árvores do campo.
[5] Cresceu mais do que
todas as árvores do campo;
os seus galhos se multiplicaram
e os seus ramos se alongaram,
por causa das muitas águas
durante o seu crescimento.
[6] Todas as aves do céu
se aninhavam nos seus galhos,
todos os animais do campo
davam cria debaixo
dos seus ramos,
e todos os grandes povos
se assentavam à sua sombra.
[7] Ele era formoso na sua grandeza
e na extensão dos seus ramos,
porque as suas raízes
estavam junto às muitas águas.
[8] Os cedros no jardim de Deus
não lhe eram rivais;
os ciprestes não igualavam
os seus ramos,
e os plátanos não tinham renovos
como os seus;
nenhuma árvore no jardim de Deus
se assemelhava a esse cedro na
sua formosura.
[9] Eu o fiz formoso,
com a multidão dos seus ramos.
Todas as árvores do Éden,
que estavam no jardim de Deus,
tinham inveja dele."

[10] — Portanto, assim diz o Senhor DEUS:
Visto que ela elevou a sua estatura, o seu
topo chegou até as nuvens e o seu coração
ficou orgulhoso da sua altura, [11] eu entrega-
rei essa árvore nas mãos da mais poderosa

das nações, que certamente lhe dará o tra-
tamento que a sua impiedade merece. Eu a
rejeitei. 12 Os mais terríveis estrangeiros den-
tre as nações a cortaram e a abandonaram.
Os seus galhos caíram sobre os montes e por
todos os vales; os seus ramos jazem quebra-
dos em todos os ribeiros da terra; todos os
povos da terra se retiraram da sua sombra e
a deixaram. 13 Todas as aves do céu habitarão
nas suas ruínas, e todos os animais selva-
gens se acolherão sob os seus ramos. 14 Isso
aconteceu para que todas as árvores junto às
águas não elevem a sua estatura nem levan-
tem o seu topo até as nuvens, e para que as
bem-regadas não venham a confiar em si,
por causa da sua altura. Porque todas foram
entregues à morte, às profundezas da terra,
no meio dos filhos dos homens, com os que
descem à cova.

15 — Assim diz o Senhor Deus: No dia em
que a árvore desceu ao mundo dos mor-
tos, fiz com que houvesse luto. Por causa
dela, cobri o abismo, retive as suas cadeias,
e as suas muitas águas se detiveram; cobri
o Líbano de preto, por causa dela, e todas
as árvores do campo ficaram murchas por
causa dela. 16 Fiz tremer as nações ao som
da sua queda, quando a fiz descer ao mundo
dos mortos com os que descem ao abismo.
Todas as árvores do Éden, as mais bonitas e
as melhores do Líbano, todas as que foram
regadas pelas águas se consolavam nas pro-
fundezas da terra. 17 Também estas, com ela,
descerão ao mundo dos mortos, para juntar-
-se com os que foram mortos à espada; sim,
os que foram o braço dela e que estavam
assentados à sua sombra entre as nações.

18 — A quem, pois, você é semelhante em
glória e em grandeza entre as árvores do
Éden? No entanto, você descerá às profun-
dezas da terra com as árvores do Éden. No
meio dos incircuncisos, você jazerá com os
que foram mortos à espada. Este é Faraó e
toda a sua pompa, diz o Senhor Deus.

LAMENTAÇÃO SOBRE FARAÓ, REI DO EGITO

32 1 No décimo segundo ano, no dé-
cimo segundo mês, no primeiro
dia do mês, a palavra do Senhor veio a
mim, dizendo:

2 — Filho do homem, faça uma lamentação
sobre Faraó, rei do Egito, e diga-lhe:

"Você foi comparado
a um leão entre as nações,
mas não passa de um crocodilo nas águas,
agitando as águas,
turvando-as com os pés,
sujando os rios."

3 Assim diz o Senhor Deus:
"Estenderei sobre você a minha rede
no meio de muitos povos,
que o puxarão para fora na minha rede.
4 Eu o deixarei no chão,
eu o lançarei em campo aberto.
Trarei sobre você todas as aves do céu,
e os animais de toda a terra
se fartarão da sua carne.
5 Porei as suas carnes
sobre os montes
e encherei os vales com o seu cadáver.
6 Com o seu sangue
que se derrama,
regarei a terra até os montes,
e dele se encherão os ribeiros.
7 Quando eu o extinguir,
cobrirei os céus
e farei escurecer as estrelas;
encobrirei o sol com uma nuvem,
e a lua não fará resplandecer
a sua luz.
8 Por sua causa, vestirei de preto
todos os brilhantes luzeiros do céu
e trarei trevas sobre o seu país",
diz o Senhor Deus.

9 — "Afligirei o coração de muitos povos,
quando se levar às nações, às terras que você
não conheceu, a notícia da sua destruição.
10 Farei com que muitos povos fiquem espan-
tados a seu respeito, e os seus reis tremam
de medo, quando eu brandir a minha espada
diante deles. No dia em que você cair, eles
ficarão tremendo sem parar, com medo de
perder a vida."

11 — Pois assim diz o Senhor Deus: "A
espada do rei da Babilônia virá contra você.

Cristo é a Palavra encarnada, o verdadeiro Pão que desceu do Céu e consegue trazer direção e nutrição à alma dos seres humanos.

12 Farei com que a multidão do seu povo caia
à espada de valentes guerreiros, que são
todos os mais terríveis das nações."

"Eles acabarão com o orgulho do Egito,
e todo o seu povo será destruído.
13 Destruirei todos os seus animais
junto às muitas águas,
que nunca mais serão turvadas
por pés humanos
ou por cascos de animais.
14 Então farei assentar
as suas águas
e farei correr os seus rios como o azeite",
diz o Senhor Deus.
15 "Quando eu tornar o Egito
em desolação
e a terra for destituída
de tudo o que a enchia,
e quando eu destruir
todos os que nela habitam,
então saberão
que eu sou o Senhor."

16 — Esta é a lamentação que se fará, que
farão as filhas das nações; sobre o Egito e todo
o seu povo se lamentará, diz o Senhor Deus.

O EGITO DESCE AO MUNDO DOS MORTOS

17 No décimo segundo ano, aos quinze dias
do primeiro mês, a palavra do Senhor veio a
mim, dizendo:
18 — Filho do homem, pranteie sobre a
multidão do Egito e faça-a descer, ela e as
filhas das nações poderosas, às profundezas
da terra, juntamente com os que descem à
cova. 19 Diga o seguinte:

"Você pensa que supera os outros
em beleza?
Pois agora desça e deite-se
com os incircuncisos."

20 — No meio daqueles que foram mor-
tos à espada, eles cairão. Ele foi entregue à
espada; arrastem o Egito e toda a sua mul-
tidão. 21 Do mundo dos mortos, os mais
poderosos dos valentes, juntamente com
os que o socorrem, lhe dirão: "Eles desce-
ram, lá jazem eles, os incircuncisos, mortos
à espada."
22 — Ali está a Assíria com todo o seu
exército. Ao redor dela, todos os seus tú-
mulos. Todos eles foram mortos; caíram à
espada. 23 Os seus túmulos foram postos
nas extremidades da cova, e todo o exér-
cito da Assíria se encontra ao redor do seu
túmulo. Foram mortos, caíram à espada
todos esses que tinham causado espanto
na terra dos viventes.
24 — Ali está Elão com todo o seu exército,
ao redor do seu túmulo. Todos foram mor-
tos; caíram à espada. Desceram incircuncisos
às profundezas da terra esses que causaram
terror na terra dos viventes. Levaram a sua
vergonha com os que desceram à cova. 25 No
meio dos mortos, lhe puseram um leito entre
todo o seu exército. Ao redor dele estão os
seus túmulos. Todos esses incircuncisos
foram mortos à espada, porque causaram
terror na terra dos viventes e levaram a sua
vergonha com os que desceram à cova. Foram
postos no meio dos que foram mortos.
26 — Ali estão Meseque e Tubal com todo
o seu exército. Ao redor deles estão os seus
túmulos. Todos eles são incircuncisos e
foram mortos à espada, porque causaram
terror na terra dos viventes. 27 E estão com
os valentes dos tempos antigos que, dentre
os incircuncisos, foram mortos e desceram
ao mundo dos mortos com as suas próprias
armas de guerra e com a espada debaixo
da cabeça. A iniquidade deles está sobre os
seus ossos, porque eram o terror dos heróis
na terra dos viventes.
28 — Também você, Egito, será quebrado
no meio dos incircuncisos e jazerá com os
que foram mortos à espada.
29 — Ali está Edom, os seus reis e todos os
seus príncipes, que, apesar do seu poder,
jazem com os que foram mortos à espada;
estes jazem com os incircuncisos e com os
que desceram à cova.
30 — Ali estão os príncipes do Norte, todos
eles, e todos os sidônios, que desceram com
os que foram mortos, envergonhados com
o terror causado pelo seu poder. Eles jazem

incircuncisos com os que foram mortos à
espada e levam a sua vergonha com os que
desceram à cova.
31 — Faraó os verá e se consolará sobre toda
a sua multidão. Sim, o próprio Faraó e todo
o seu exército foram mortos à espada, diz
o Senhor Deus. 32 Porque também eu pus o
meu espanto na terra dos viventes. Por isso,
ele jazerá no meio dos incircuncisos, com os
que foram mortos à espada, Faraó e todo o
seu povo, diz o Senhor Deus.

O DEVER DO VERDADEIRO ATALAIA

33 1 A palavra do Senhor veio a mim,
dizendo:
2 — Filho do homem, fale com os filhos de
seu povo e diga-lhes: Quando eu fizer vir um
exército inimigo sobre uma terra, se o povo
dessa terra escolher um homem do meio
deles e o constituir por seu atalaia, 3 e se,
ao ver que o inimigo se aproxima, esse ata-
laia tocar a trombeta e avisar o povo, 4 então
aquele que ouvir o som da trombeta e não se
der por avisado, se o inimigo vier e o abater,
esse será responsável pela sua própria morte.
5 Ele ouviu o som da trombeta e não se deu
por avisado; será responsável por sua pró-
pria morte. Se ele tivesse dado atenção ao
aviso, salvaria a sua vida. 6 Mas, se o atalaia
vir que vem o inimigo e não tocar a trombeta,
e o povo não for avisado, se o inimigo vier
e abater um deles, este foi abatido na sua
maldade, mas quem será responsável pela
morte dele é o atalaia.
7 — Quanto a você, filho do homem, eu o
constituí por atalaia sobre a casa de Israel.
Portanto, você ouvirá a palavra da minha
boca e lhes dará aviso da minha parte. 8 Se
eu disser ao ímpio que ele certamente mor-
rerá, e você não falar, para advertir o ímpio
do seu mau caminho, esse ímpio morrerá
na sua maldade, mas você será responsável
pela morte dele. 9 Mas, se você falar ao ímpio,
para o avisar do seu mau caminho, para que
dele se converta, e ele não se converter do
seu caminho, esse ímpio morrerá na sua
maldade, mas você terá salvo a sua vida.
10 — Filho do homem, diga à casa de
Israel: Vocês dizem: "Visto que as nossas
transgressões e os nossos pecados estão
sobre nós, e nós desfalecemos por causa
deles, como poderemos viver?" 11 Diga-lhes:
Tão certo como eu vivo, diz o Senhor Deus,
não tenho prazer na morte do ímpio, mas em
que o ímpio se converta do seu caminho e
viva. Convertam-se! Convertam-se dos seus
maus caminhos! Por que vocês haveriam de
morrer, ó casa de Israel?
12 — Filho do homem, diga aos filhos do
seu povo: A justiça do justo não o livrará no
dia da sua transgressão. Quanto à maldade
do ímpio, não cairá por ela, no dia em que se
converter da sua maldade; nem o justo pela
sua justiça poderá viver no dia em que pecar.
13 Quando eu disser ao justo que certamente
viverá, e ele, confiando na sua justiça, fizer
maldade, não me lembrarei de nenhum dos
seus atos de justiça, e ele morrerá por causa
da injustiça que cometeu. 14 E, quando eu
disser ao ímpio que certamente morrerá, e
ele se converter do seu pecado, fizer o que
é justo e reto, 15 restituir o penhor, devolver
o que roubou, andar nos estatutos da vida
e não fizer maldade, certamente viverá; não
morrerá. 16 De todos os pecados que come-
teu, nenhum deles será lembrado contra ele.
Fez o que é justo e reto; certamente viverá.
17 — No entanto, os filhos do seu povo
dizem: "O caminho do Senhor não é reto."
Mas é o caminho deles que não é reto. 18 Se o
justo se desviar da sua justiça e fizer maldade,
morrerá nela. 19 E, se o ímpio se converter da
sua maldade e fizer o que é justo e reto, por
causa desses atos viverá. 20 No entanto, vocês
dizem: "O caminho do Senhor não é reto."
Mas eu os julgarei, cada um segundo os seus
caminhos, ó casa de Israel.

A QUEDA DE JERUSALÉM E AS SUAS CAUSAS

21 No décimo segundo ano do nosso exílio,
aos cinco dias do décimo mês, veio a mim
um sobrevivente de Jerusalém, dizendo:
"A cidade caiu." 22 Ora, na tarde do dia
anterior, antes da chegada desse sobrevi-
vente, a mão do Senhor havia estado sobre
mim e eu recuperei a fala. Assim, pela
manhã, antes de chegar aquele homem,

eu havia recuperado a fala, e não fiquei mais em silêncio.

23 Então a palavra do SENHOR veio a mim, dizendo:

24 — Filho do homem, os moradores desses lugares desertos da terra de Israel estão dizendo: "Abraão era um só, mas possuiu esta terra. Ora, como nós somos muitos, certamente esta terra nos foi dada como propriedade."

25 — Por isso, diga-lhes: Assim diz o Senhor DEUS: "Vocês comem carne com sangue, levantam os olhos para os seus ídolos, cometem assassinatos, e ainda pensam que hão de possuir a terra? 26 Vocês confiam em suas espadas, cometem abominações, cada um de vocês contamina a mulher do seu próximo, e ainda pensam que hão de possuir a terra?" 27 Diga-lhes que assim diz o Senhor DEUS: "Tão certo como eu vivo, os que estiverem em lugares desertos cairão à espada, e o que estiver em campo aberto, eu o entregarei aos animais selvagens, para que o devorem, e os que estiverem em fortalezas e em cavernas morrerão de peste. 28 Tornarei a terra em desolação e espanto, e o orgulho do seu poder chegará ao fim. Os montes de Israel ficarão tão desolados, que ninguém passará por eles. 29 Então saberão que eu sou o SENHOR, quando eu tornar a terra em desolação e espanto, por todas as abominações que cometeram."

30 — Quanto a você, filho do homem, os filhos do seu povo falam de você junto às paredes e nas portas das casas, dizendo um ao outro, cada um ao seu irmão: "Venham, vamos ouvir a palavra que procede do SENHOR." 31 Eles vêm até você, como o povo costuma vir, assentam-se diante de você como meu povo e ouvem as suas palavras, mas não as põem em prática. Com a boca, professam muito amor, mas o coração deles só ambiciona lucro. 32 Para eles você não passa de alguém que canta canções de amor, tem uma bela voz e é um bom músico, porque ouvem as suas palavras, mas não as põem em prática. 33 Mas, quando isso vier — e certamente virá —, então saberão que um profeta esteve no meio deles.

PROFECIA CONTRA OS PASTORES INFIÉIS DE ISRAEL

34 1 A palavra do SENHOR veio a mim, dizendo:

2 — Filho do homem, profetize contra os pastores de Israel; profetize e diga-lhes: Assim diz o Senhor DEUS: "Ai dos pastores de Israel que apascentam a si mesmos! Será que os pastores não deveriam apascentar as ovelhas? 3 Vocês comem a gordura, vestem-se da lã e matam as melhores ovelhas para comer, mas não apascentam o rebanho. 4 Vocês não fortaleceram as fracas, não curaram as doentes, não enfaixaram as quebradas, não trouxeram de volta as desgarradas e não buscaram as perdidas, mas dominam sobre elas com força e tirania. 5 Assim, elas se espalharam, por não haver pastor, e se tornaram pasto para todos os animais selvagens. 6 As minhas ovelhas andam desgarradas por todos os montes e por todas as colinas. As minhas ovelhas andam espalhadas por toda a terra, sem haver quem as procure ou quem as busque."

7 — Por isso, pastores, ouçam a palavra do SENHOR: 8 "Tão certo como eu vivo, diz o Senhor DEUS, visto que as minhas ovelhas foram entregues à rapina e se tornaram pasto para todos os animais selvagens, por não haver pastor, e que os meus pastores não procuram as minhas ovelhas, pois apascentam a si mesmos e não apascentam as minhas ovelhas, 9 por isso, pastores, ouçam a palavra do SENHOR: 10 Assim diz o Senhor DEUS: Eis que estou contra os pastores e lhes pedirei contas das minhas ovelhas. Farei com que deixem de apascentar ovelhas, e não apascentarão mais a si mesmos. Livrarei as minhas ovelhas da sua boca, para que já não lhes sirvam de comida."

O CUIDADO DE DEUS PELO SEU REBANHO

11 — Porque assim diz o Senhor DEUS: "Eis que eu mesmo procurarei as minhas ovelhas e as buscarei. 12 Como o pastor busca o seu rebanho, no dia em que encontra ovelhas dispersas, assim buscarei as minhas ovelhas. Eu as livrarei de todos os lugares por

onde foram espalhadas no dia de nuvens
e densas trevas. 13 Vou tirá-las do meio dos
povos, e as congregarei dos diversos países, e
as trarei de volta à sua terra. Vou apascentá-
-las nos montes de Israel, junto às correntes
de água e em todos os lugares habitados da
terra. 14 Deixarei que pastem em bons pastos,
e nos altos montes de Israel será a sua pasta-
gem. Ali elas se deitarão em boa pastagem e
terão pastos bons nos montes de Israel. 15 Eu
mesmo apascentarei as minhas ovelhas e as
farei repousar, diz o Senhor Deus. 16 Buscarei
as perdidas, trarei de volta as desgarradas,
enfaixarei as quebradas e curarei as doen-
tes; mas destruirei as gordas e fortes. Eu as
apascentarei com justiça."

17 — Quanto a vocês, minhas ovelhas, assim
diz o Senhor Deus: "Eis que julgarei entre ove-
lhas e ovelhas, entre carneiros e bodes. 18 Será
que não lhes basta a boa pastagem? Ainda
precisam pisar aos pés o resto do seu pasto? E
não lhes basta o fato de terem bebido a água
limpa? Ainda precisam turvar o resto com
os pés? 19 As minhas ovelhas têm de comer
o que vocês pisaram com os pés e beber o
que vocês turvaram com os pés."

20 — Por isso, assim lhes diz o Senhor Deus:
"Eis que eu mesmo julgarei entre ovelhas
gordas e ovelhas magras. 21 Visto que, com
o lado e com o ombro, vocês dão empurrões
e, com os chifres, rechaçam todas as ovelhas
fracas até que as tenham espalhado por toda
parte, 22 eu livrarei as minhas ovelhas, para
que não mais sirvam de rapina, e julgarei
entre ovelhas e ovelhas. 23 Porei sobre elas
um só pastor, e ele as apascentará: o meu
servo Davi. Ele as apascentará e será o seu
pastor. 24 Eu, o Senhor, serei o seu Deus, e o
meu servo Davi será príncipe no meio delas.
Eu, o Senhor, falei."

25 — "Farei uma aliança de paz com as
minhas ovelhas. Livrarei a terra de animais
selvagens, para que as minhas ovelhas
vivam em segurança no deserto e durmam
nos bosques. 26 Delas e dos lugares ao redor
do meu monte, eu farei uma bênção. Farei
descer a chuva a seu tempo; serão chuvas
de bênção. 27 As árvores do campo darão o
seu fruto, e a terra dará as suas colheitas.
As ovelhas estarão seguras na sua terra e
saberão que eu sou o Senhor, quando eu
quebrar o jugo que pesava sobre elas e as
livrar das mãos dos que as escravizavam.
28 Já não servirão de rapina aos gentios,
nem serão devoradas por animais selva-
gens. Viverão em segurança, e não haverá
quem as espante. 29 Eu lhes darei plantação
memorável, e nunca mais serão vítimas de
fome na terra, nem terão de suportar a zom-
baria das outras nações. 30 Saberão que eu,
o Senhor, seu Deus, estou com elas e que
elas são o meu povo, a casa de Israel", diz
o Senhor Deus.

31 — "Vocês são as minhas ovelhas, ovelhas
do meu pasto. Vocês são o meu povo, e eu
sou o seu Deus", diz o Senhor Deus.

PROFECIA CONTRA O MONTE SEIR

35 1 A palavra do Senhor veio a mim,
dizendo:

2 — Filho do homem, vire o seu rosto contra
o monte Seir e profetize contra ele. 3 Diga-
-lhe: Assim diz o Senhor Deus: "Eis que estou
contra você, monte Seir. Estenderei a minha
mão contra você e o tornarei em desolação e
espanto. 4 Deixarei desertas as suas cidades,
e você será desolado. Então saberá que eu
sou o Senhor. 5 Pois você guardou uma ini-
mizade sem fim e deixou os filhos de Israel
entregues ao poder da espada, no tempo da
calamidade e do castigo final. 6 Por isso, tão
certo como eu vivo, diz o Senhor Deus, farei
você sangrar, e o derramamento de sangue
o perseguirá. Visto que você não odiou o der-
ramamento de sangue, este o perseguirá.
7 Farei do monte Seir extrema desolação
e eliminarei dele os que por ali passam e
os que por ali voltam. 8 Encherei os seus
montes de cadáveres; os mortos à espada
ficarão caídos nas suas colinas, nos seus
vales e em todas as suas correntes de água.
9 Farei de você uma desolação perpétua, e as
suas cidades não voltarão a ser habitadas.
Assim vocês saberão que eu sou o Senhor."

10 — "Porque você disse: 'Esses dois povos
são meus e eu vou tomar posse dessas duas
terras', sendo que o Senhor estava ali. 11 Por
isso, tão certo como eu vivo, diz o Senhor

Deus, procederei segundo a sua ira e segundo a sua inveja, com que, no seu ódio, você os tratou. E eu me farei conhecido entre eles, quando castigar você. [12] Você saberá que eu, o Senhor, ouvi todas as blasfêmias que você falou contra os montes de Israel, dizendo: 'Já estão arrasados e nos foram entregues por pasto.' [13] Vocês se exaltaram contra mim com aquilo que falaram e não pouparam palavras contra mim. Eu ouvi isso muito bem."

[14] — Assim diz o Senhor Deus: "Enquanto toda a terra se alegra, farei de você uma desolação. [15] Assim como você se alegrou quando a herança da casa de Israel foi arrasada, assim também farei com você. Você será arrasado, ó monte Seir e todo o Edom, sim, todo ele. Então saberão que eu sou o Senhor."

PROFECIA PARA OS MONTES DE ISRAEL

36 [1] — Filho do homem, profetize para os montes de Israel e diga: Montes de Israel, ouçam a palavra do Senhor. [2] Assim diz o Senhor Deus: "Os inimigos disseram a respeito de vocês: 'Bem feito!', e também: 'Os eternos lugares altos são nossa herança.'" [3] Por isso, profetize e diga: Assim diz o Senhor Deus: "Visto que eles os assolaram e procuraram abocanhar de todos os lados, para que vocês se tornassem propriedade do resto das nações e fossem alvo de falatório e difamação entre o povo, [4] por isso, ó montes de Israel, ouçam a palavra do Senhor Deus: Assim diz o Senhor Deus aos montes e às colinas, aos desfiladeiros e aos vales, aos lugares desertos e desolados e às cidades abandonadas, que se tornaram rapina e motivo de zombaria para o resto das nações vizinhas."

[5] — Portanto, assim diz o Senhor Deus: "Certamente, no fogo do meu zelo, falei contra o resto das nações e contra todo o Edom. Eles se apropriaram da minha terra, com alegria de todo o coração e com profundo desprezo, para despovoá-la e saqueá-la."

[6] — Portanto, profetize a respeito da terra de Israel e diga aos montes e às colinas, aos desfiladeiros e aos vales: Assim diz o Senhor Deus: "Eis que falo no meu zelo e no meu furor, porque vocês tiveram de suportar a zombaria das nações. [7] Portanto, assim diz o Senhor Deus: Juro que as nações que estão ao redor de vocês também serão motivo de zombaria. [8] Quanto a vocês, montes de Israel, vocês produzirão os seus ramos e darão os seus frutos para o meu povo de Israel, o qual está prestes a vir. [9] Porque eis que estou do lado de vocês. Eu me voltarei para vocês, e vocês serão lavrados e semeados. [10] Multiplicarei pessoas sobre vocês, toda a casa de Israel, sim, toda ela. As cidades serão habitadas e as ruínas serão reconstruídas. [11] Multiplicarei pessoas e animais sobre vocês. Eles se multiplicarão e serão fecundos. Farei com que vocês voltem a morar onde moravam no passado e os tratarei melhor do que no começo. Então vocês saberão que eu sou o Senhor. [12] Farei com que pessoas, o meu povo de Israel, andem sobre vocês, ó montes. Eles tomarão posse de vocês, vocês serão a herança deles, e nunca mais deixarão que eles fiquem sem os seus filhos."

[13] — Assim diz o Senhor Deus: "Visto que lhe dizem: 'Você é uma terra que devora as pessoas, uma terra que deixa o povo sem filhos', [14] certamente você não devorará mais as pessoas nem privará o seu povo dos seus filhos, diz o Senhor Deus. [15] Não permitirei mais que você ouça a zombaria das nações ou tenha de suportar a vergonha dos povos. Nunca mais você deixará o seu povo sem os seus filhos", diz o Senhor Deus.

A RESTAURAÇÃO DE ISRAEL

[16] A palavra do Senhor veio a mim, dizendo:

[17] — Filho do homem, quando os da casa de Israel moravam na sua terra, eles a contaminaram com os seus caminhos e as suas ações. Aos meus olhos, o caminho deles era como a impureza da menstruação. [18] Por isso, derramei o meu furor sobre eles, por causa do sangue que derramaram sobre a terra e por causa dos seus ídolos com que a contaminaram. [19] Eu os dispersei entre as nações, e foram espalhados por outras terras; segundo os seus caminhos e segundo as suas ações, eu os castiguei. [20] Quando chegaram às nações para onde foram, profanaram o meu santo nome, pois deles se dizia: "Esse

é o povo do SENHOR, mas eles tiveram de sair da terra dele." 21 Mas eu tratei de proteger o meu santo nome, que a casa de Israel profanou entre as nações para onde foi.

22 — Portanto, diga à casa de Israel: Assim diz o Senhor DEUS: "Não é por causa de vocês que eu faço isto, ó casa de Israel, mas pelo meu santo nome, que vocês profanaram entre as nações para onde foram. 23 Revelarei a santidade do meu grande nome, que foi profanado entre as nações, o qual vocês profanaram no meio delas. As nações saberão que eu sou o SENHOR, diz o Senhor DEUS, quando eu manifestar a minha santidade diante delas por meio de vocês. 24 Eu os tirarei do meio das nações, eu os congregarei de todos os países e os trarei de volta para a sua própria terra. 25 Então aspergirei água pura sobre vocês, e vocês ficarão purificados. Eu os purificarei de todas as suas impurezas e de todos os seus ídolos. 26 Eu lhes darei um coração novo e porei dentro de vocês um espírito novo. Tirarei de vocês o coração de pedra e lhes darei um coração de carne. 27 Porei dentro de vocês o meu Espírito e farei com que andem nos meus estatutos, guardem e observem os meus juízos. 28 Vocês habitarão na terra que eu dei aos seus pais. Vocês serão o meu povo, e eu serei o seu Deus. 29 Eu os livrarei de todas as suas impurezas. Farei vir o trigo, e o multiplicarei, e não trarei fome sobre vocês. 30 Multiplicarei os frutos das árvores e as colheitas do campo, para que vocês nunca mais passem vergonha entre as nações por causa da fome. 31 Então vocês se lembrarão dos seus maus caminhos e das suas ações que não foram boas, e terão nojo de vocês mesmos por causa das suas iniquidades e das suas abominações. 32 Não é por causa de vocês, fique bem-entendido, que eu faço isto", diz o Senhor DEUS. "Fiquem envergonhados e confusos por causa dos seus caminhos, ó casa de Israel."

33 — Assim diz o Senhor DEUS: "No dia em que eu os purificar de todas as suas iniquidades, então farei com que as cidades sejam habitadas e as ruínas sejam reconstruídas. 34 A terra que estava abandonada será cultivada e deixará de ser um lugar abandonado aos olhos de todos os que passam. 35 Então se dirá: 'Esta terra abandonada ficou como o jardim do Éden. As cidades que estavam desertas, abandonadas e em ruínas estão fortificadas e habitadas.' 36 Então as nações que tiverem restado ao redor de vocês saberão que eu, o SENHOR, reconstruí as cidades destruídas e replantei o que estava abandonado. Eu, o SENHOR, falei e eu o cumprirei."

37 — Assim diz o Senhor DEUS: "Deixarei que a casa de Israel peça que eu lhe faça ainda isto: que eu aumente o número de pessoas como se fosse um rebanho. 38 Como os rebanhos consagrados para os sacrifícios, os rebanhos de Jerusalém nas suas festas fixas, assim as cidades desertas se encherão de rebanhos de pessoas. E eles saberão que eu sou o SENHOR."

A VISÃO DE UM VALE DE OSSOS SECOS

37 1 Veio sobre mim a mão do SENHOR, e ele me levou pelo Espírito do SENHOR e me deixou no meio de um vale que estava cheio de ossos. 2 Ele me fez andar ao redor deles, e eu pude ver que eram muito numerosos na superfície do vale e estavam sequíssimos. 3 Então me perguntou:

— Filho do homem, será que estes ossos podem reviver?

Respondi:

— Senhor DEUS, tu o sabes.

4 Então ele me disse:

— Profetize para estes ossos e diga-lhes: "Ossos secos, ouçam a palavra do SENHOR."

5 — Assim diz o Senhor DEUS a estes ossos: "Eis que farei entrar em vocês o espírito, e vocês viverão. 6 Porei tendões sobre vocês, farei crescer carne sobre vocês e os cobrirei de pele. Porei em vocês o espírito, e vocês viverão. Então vocês saberão que eu sou o SENHOR."

7 Então profetizei como me havia sido ordenado. Enquanto eu profetizava, houve um ruído, um barulho de ossos que batiam contra ossos e se ajuntavam, cada osso ao seu osso. 8 Olhei, e eis que apareceram tendões sobre os ossos, cresceram as carnes, e eles se cobriram de pele. Mas não havia neles o espírito.

Somente Jesus pode saciar a nossa alma.

9 Então ele me disse:

— Profetize ao espírito. Profetize, filho do homem, e diga ao espírito: Assim diz o Senhor Deus: "Venha dos quatro ventos, ó espírito, e sopre sobre estes mortos, para que vivam."

10 Profetizei como ele me havia ordenado. O espírito entrou neles, eles viveram e se puseram em pé. Formavam um exército, um enorme exército.

11 Então ele me disse:

— Filho do homem, esses ossos são toda a casa de Israel. Eis que dizem: "Os nossos ossos estão secos, perdemos a nossa esperança, fomos exterminados." 12 Portanto, profetize e diga-lhes: Assim diz o Senhor Deus: "Eis que abrirei as sepulturas de vocês e os farei sair delas, ó povo meu, e os levarei de volta à terra de Israel. 13 Vocês saberão que eu sou o Senhor, quando eu abrir as sepulturas de vocês e os fizer sair delas, ó povo meu. 14 Porei em vocês o meu Espírito, e vocês viverão. Eu os estabelecerei na sua própria terra, e vocês saberão que eu sou o Senhor. Eu falei e eu o cumprirei, diz o Senhor."

REUNIFICAÇÃO DE JUDÁ E ISRAEL

15 A palavra do Senhor veio a mim, dizendo:

16 — Filho do homem, pegue um pedaço de madeira e escreva nele o seguinte: "De Judá e dos filhos de Israel, seus companheiros." Depois, pegue outro pedaço de madeira e escreva nele: "De José, pedaço de madeira de Efraim, e de toda a casa de Israel, seus companheiros." 17 Junte os pedaços de madeira um ao outro, faça deles um só pedaço, para que se tornem apenas um na sua mão. 18 Quando os filhos do seu povo perguntarem: "Você não vai nos explicar o que significa isso?", 19 responda: Assim diz o Senhor Deus: "Eis que eu pegarei o pedaço de madeira de José, que está na mão de Efraim, e das tribos de Israel, suas companheiras, e o ajuntarei ao pedaço de Judá, e farei deles um só pedaço, e se tornarão apenas um na minha mão."

20 — Os pedaços de madeira em que você escreveu devem ficar na sua mão, para que o povo os veja. 21 Então diga-lhes: Assim diz o Senhor Deus: "Eis que eu tirarei os filhos de Israel do meio das nações para onde eles foram, e os congregarei de todos os lugares ao redor, e os levarei para a sua própria terra. 22 Farei deles uma só nação na terra, nos montes de Israel, e um só rei será rei de todos eles. Nunca mais serão duas nações; nunca mais se dividirão em dois reinos. 23 Nunca mais se contaminarão com os seus ídolos, nem com as suas abominações, nem com qualquer das suas transgressões. Eu os livrarei de todas as suas apostasias em que pecaram e os purificarei. Assim, eles serão o meu povo, e eu serei o seu Deus."

24 — "O meu servo Davi reinará sobre eles, e todos eles terão um só pastor. Andarão nos meus juízos, guardarão os meus estatutos e os observarão. 25 Habitarão na terra que dei ao meu servo Jacó, na qual os pais de vocês habitaram. Habitarão nela, eles e os seus filhos e os filhos dos seus filhos, para sempre. E Davi, meu servo, será o príncipe deles para sempre. 26 Farei com eles uma aliança de paz; será uma aliança eterna. Eu os estabelecerei, os multiplicarei, e porei o meu santuário no meio deles para sempre. 27 O meu tabernáculo estará com eles; eu serei o seu Deus, e eles serão o meu povo. 28 As nações saberão que eu sou o Senhor que santifico Israel, quando o meu santuário estiver no meio deles para sempre."

PROFECIA CONTRA GOGUE

38 1 A palavra do Senhor veio a mim, dizendo:

2 — Filho do homem, vire o seu rosto contra Gogue, da terra de Magogue, príncipe de Rôs, de Meseque e Tubal, e profetize contra ele, 3 dizendo: Assim diz o Senhor Deus: "Eis que estou contra você, Gogue, príncipe de Rôs, de Meseque e Tubal. 4 Eu o farei mudar de direção, porei anzóis em seu queixo e o levarei para longe, juntamente com todo o seu exército: cavalos e cavaleiros, todos vestidos de armamento completo, grande multidão, com escudos, todos empunhando a espada; 5 persas e etíopes e Pute com eles, todos com escudo e capacete; 6 Gômer e todas as suas

tropas; a casa de Togarma, do lado do Norte, e
todas as suas tropas, muitos povos com você."
7 — "Prepare-se, sim, esteja preparado,
você e toda a multidão de povo que se reu-
niu a você, e sirva-lhes de guarda. 8 Depois de
muitos dias, você será convocado; no fim dos
anos, você invadirá a terra que se recuperou
da espada, cujo povo foi reunido dentre mui-
tos povos sobre os montes de Israel, que por
muito tempo estavam desolados. Este povo
foi tirado do meio dos povos, e todos eles
habitarão em segurança. 9 Então você subirá,
virá como uma tempestade, será como uma
nuvem que cobre a terra, você, e todas as
suas tropas, e muitos povos com você."
10 — Assim diz o Senhor Deus: "Naquele
dia, certos pensamentos virão à sua mente
e você conceberá um plano perverso. 11 Você
dirá: 'Vou invadir a terra das aldeias sem
muralhas. Atacarei um povo pacífico que
vive em segurança, todos em cidades sem
muralhas, sem ferrolhos nem portões, 12 para
levar o despojo, arrebatar a presa e levantar
a mão contra as terras desertas que agora
se acham habitadas e contra o povo que se
congregou dentre as nações, o qual tem gado
e bens e habita no meio da terra.' 13 Sabá e
Dedã e os mercadores de Társis, e todos os
seus governadores lhe dirão: 'Você veio para
levar o despojo? Você reuniu o seu bando
para arrebatar a presa, para levar a prata e
o ouro, para pegar o gado e os bens, para
saquear grandes despojos?'"

GOGUE INVADIRÁ ISRAEL

14 — Portanto, profetize, filho do homem,
e diga a Gogue: Assim diz o Senhor Deus:
"Será que, naquele dia, quando o meu povo
de Israel estiver vivendo em segurança, você
não ficará sabendo? 15 Você virá do seu lugar,
dos lados do Norte, você e muitos povos com
você, todos montados em cavalos, uma
grande multidão e um poderoso exército.
16 Você subirá contra o meu povo de Israel,
como nuvem, para cobrir a terra. Nos últimos
dias, trarei você contra a minha terra, para
que as nações me conheçam, quando eu
tiver revelado a minha santidade em você,
ó Gogue, diante das nações."
17 — Assim diz o Senhor Deus: "Por acaso
você não é aquele de quem falei nos tempos
antigos, por meio dos meus servos, os profe-
tas de Israel, que naqueles dias profetizaram,
durante anos, que eu faria com que você
viesse e atacasse o meu povo? 18 Naquele dia,
quando Gogue vier contra a terra de Israel",
diz o Senhor Deus, "eu ficarei furioso. 19 Pois,
no meu zelo, no fogo do meu furor, eu disse
que, naquele dia, haverá um grande terre-
moto na terra de Israel. 20 Os peixes do mar, as
aves do céu, os animais selvagens, todos os
animais que rastejam sobre a terra e todas as
pessoas que estão sobre a face da terra treme-
rão diante de mim. Os montes virão abaixo,
os rochedos se desfarão, e todas as muralhas
desabarão por terra. 21 Convocarei a espada
contra Gogue em todos os meus montes", diz
o Senhor Deus; "a espada de cada um se vol-
tará contra o seu próximo. 22 Eu o castigarei
com peste e derramamento de sangue. Farei
cair chuva torrencial, grandes pedras de gra-
nizo, fogo e enxofre sobre ele, sobre as suas
tropas e sobre os muitos povos que estiverem
com ele. 23 Assim, revelarei a minha grandeza
e a minha santidade e me darei a conhecer
aos olhos de muitas nações. E saberão que
eu sou o Senhor."

A QUEDA DE GOGUE

39 1 — Filho do homem, profetize con-
tra Gogue e diga: Assim diz o Senhor
Deus: "Eis que estou contra você, Gogue, prín-
cipe de Rôs, de Meseque e Tubal. 2 Eu o farei
mudar de direção e o conduzirei. Farei com
que você venha dos lados do Norte e o trarei
aos montes de Israel. 3 Então tirarei o arco
da sua mão esquerda e farei cair as flechas
que estão em sua mão direita. 4 Nos montes
de Israel, você cairá — você, todas as suas
tropas e os povos que estão com você. Eu
o entregarei a todo tipo de ave de rapina
e aos animais selvagens, para que o devo-
rem. 5 Você cairá em campo aberto, porque
eu falei", diz o Senhor Deus. 6 "Porei fogo em
Magogue e nos que vivem em segurança
nas terras do mar. Então eles saberão que
eu sou o Senhor. 7 Farei conhecido o meu
santo nome no meio do meu povo de Israel e

nunca mais deixarei que o meu santo nome seja profanado. Então as nações saberão que eu sou o SENHOR, o Santo em Israel."

8 — Eis que vem e se cumprirá, diz o Senhor DEUS; este é o dia de que tenho falado. 9 Os moradores das cidades de Israel sairão e farão fogo com as armas, queimando as couraças e os escudos, os arcos e as flechas, os porretes e as lanças; farão fogo com tudo isso durante sete anos. 10 Não terão de trazer lenha do campo, nem a cortarão dos bosques, mas com as armas acenderão fogo. Saquearão aqueles que os saquearam e despojarão aqueles que os despojaram, diz o Senhor DEUS.

O SEPULTAMENTO DE GOGUE

11 — Naquele dia, darei a Gogue um lugar de sepultura em Israel, o vale dos Viajantes, a leste do mar, que fará parar os que passarem por esse lugar. Gogue e todo o seu exército serão sepultados ali, e aquele lugar será chamado de Hamom-Gogue. 12 A casa de Israel levará sete meses para sepultá-los, a fim de purificar a terra. 13 Sim, todo o povo da terra os sepultará. E o dia em que eu for glorificado será para eles um dia memorável, diz o Senhor DEUS. 14 Serão separados homens que, sem cessar, percorrerão a terra para sepultar os que tenham ficado nela, para a purificar; depois de sete meses, iniciarão a busca. 15 Ao percorrerem a terra, se um deles encontrar um osso humano, porá ao lado um sinal, até que os coveiros o sepultem no vale do Exército de Gogue. 16 Também haverá uma cidade com o nome de Hamoná. Assim, purificarão a terra.

17 — Filho do homem, assim diz o Senhor DEUS: Diga às aves de toda espécie e a todos os animais selvagens: "Reúnam-se e venham! Venham de toda parte para o sacrifício que eu estou oferecendo por vocês, um grande sacrifício nos montes de Israel. Vocês comerão carne e beberão sangue. 18 Comerão a carne dos poderosos e beberão o sangue dos príncipes da terra — os carneiros e cordeiros, os bodes e novilhos, todos engordados em Basã. 19 Vocês comerão gordura até se fartarem e beberão sangue até ficarem embriagados, no sacrifício que oferecerei por vocês. 20 À minha mesa, vocês se fartarão de cavalos e de cavaleiros, de valentes e de todos os homens de guerra", diz o Senhor DEUS.

21 — Manifestarei a minha glória entre as nações, e todas as nações verão o meu juízo, que eu tiver executado, e a minha mão, que eu tiver posto sobre elas. 22 Desse dia em diante, a casa de Israel saberá que eu sou o SENHOR, seu Deus. 23 As nações saberão que a casa de Israel foi levada para o exílio por causa da sua iniquidade, porque foram infiéis a mim. Assim, escondi deles o meu rosto e os entreguei nas mãos dos seus adversários, e todos eles caíram à espada. 24 Eu os tratei de acordo com a sua impureza e as suas transgressões, e escondi deles o meu rosto.

25 — Portanto, assim diz o Senhor DEUS: Agora, restaurarei a sorte de Jacó e me compadecerei de toda a casa de Israel; terei zelo pelo meu santo nome. 26 Quando eles habitarem seguros na sua terra, sem haver quem os atemorize, esquecerão a sua vergonha e toda a infidelidade com que se rebelaram contra mim. 27 Quando eu tornar a trazê-los do meio dos povos, e os houver ajuntado das terras de seus inimigos, revelarei neles a minha santidade diante de muitas nações. 28 Saberão que eu sou o SENHOR, seu Deus, quando virem que eu os enviei para o cativeiro entre as nações, e os tornei a ajuntar para voltarem à sua terra, e que não deixarei que nenhum deles fique no exílio. 29 Nunca mais esconderei deles o meu rosto, pois derramarei o meu Espírito sobre a casa de Israel, diz o Senhor DEUS.

A VISÃO DO TEMPLO
Caps. 40—48

EZEQUIEL É LEVADO A JERUSALÉM

40 1 No vigésimo quinto ano do nosso exílio, no princípio do ano, no décimo dia do mês, catorze anos após a queda da cidade de Jerusalém, nesse mesmo dia, veio sobre mim a mão do SENHOR, e ele me levou para lá. 2 Em visões, Deus me levou à terra de Israel e me pôs sobre um monte muito alto, sobre o qual havia uma estrutura de cidade, para o lado sul. 3 Ele me levou para lá, e eu

vi um homem cuja aparência era como a
do bronze. Estava em pé junto ao portão e
tinha na mão um cordel de linho e uma cana
de medir.
4 O homem me disse:
— Filho do homem, veja com os próprios
olhos, ouça com os próprios ouvidos e preste
atenção em tudo o que eu lhe mostrar, por-
que para isso você foi trazido aqui. Anuncie
à casa de Israel tudo o que você está vendo.

O PORTÃO DO LESTE

5 Vi uma muralha externa que rodeava
todo o templo e, na mão do homem, uma
cana de medir, que tinha três metros de
comprimento. Ele mediu a largura da
muralha e deu três metros; mediu a altura
e deu três metros. 6 Então veio ao portão
que dava para o leste e subiu pelos seus
degraus. Mediu o limiar do portão e deu
três metros de largura. 7 Cada câmara late-
ral tinha três metros de comprimento e três
metros de largura. O espaço entre uma e
outra câmara era de dois metros e meio.
O limiar do portão, junto ao vestíbulo da
porta interior, tinha três metros. 8 Também
mediu o vestíbulo da porta interior e deu
três metros. 9 Então mediu o vestíbulo do
portão, que tinha quatro metros, e os seus
pilares, que tinham um metro. O vestíbulo
do portão está voltado para o templo. 10 O
portão do lado leste possuía três câmaras
de cada lado, cuja medida era a mesma
para cada uma. Também os pilares de
cada lado tinham a mesma medida. 11 Em
seguida, ele mediu a largura da entrada
do portão, que era de cinco metros; a pro-
fundidade da entrada era de seis metros e
meio. 12 Diante de cada uma das câmaras
havia uma mureta, que tinha meio metro de
espessura. Cada câmara tinha três metros
de cada lado. 13 Então ele mediu o portão
desde a extremidade do teto de uma câmara
até a da outra, e deu doze metros e meio. As
portas das câmaras ficavam uma diante da
outra. 14 Mediu a distância até os pilares, e
deu trinta metros, e o átrio se estendia até
os pilares ao redor da porta. 15 Desde a dian-
teira do portão da entrada até a dianteira do
vestíbulo da porta interior, a distância era
de vinte e cinco metros. 16 Havia também
janelas com ripas fixas superpostas para
as câmaras e para os pilares, e do mesmo
modo, para os vestíbulos. As janelas ficavam
ao redor pela parte de dentro, e nos pilares
havia palmeiras esculpidas.

O ÁTRIO EXTERIOR

17 Ele me levou ao átrio exterior, e eis que
havia nele câmaras e um pavimento em volta
de todo o átrio. Diante deste pavimento havia
trinta câmaras. 18 O pavimento ao lado das
portas tinha o mesmo comprimento das por-
tas; esse era o pavimento inferior. 19 Então
mediu a largura desde a dianteira do por-
tão inferior até a dianteira do átrio interior,
e deu cinquenta metros do lado leste e do
lado norte.

O PORTÃO DO NORTE

20 Quanto ao portão que dava para o norte,
no átrio exterior, ele mediu o seu compri-
mento e a sua largura. 21 As suas câmaras,
três de um lado e três do outro, os seus pila-
res e os seus vestíbulos tinham as mesmas
medidas do primeiro portão: vinte e cinco
metros de comprimento e doze metros e
meio de largura. 22 As suas janelas, os seus
vestíbulos e as suas palmeiras esculpidas
tinham as mesmas medidas do portão
que dava para o leste. Subia-se para esse
portão por sete degraus, e o seu vestíbulo
estava diante dele. 23 Esse portão do átrio
interior estava diante do portão do norte,
como no caso do portão do leste. Ele mediu
de um portão a outro portão, e deu cin-
quenta metros.

O PORTÃO DO SUL

24 Então ele me levou para o lado sul, e
eis que havia ali um portão que dava para
o sul. Ele mediu os seus pilares e os seus
vestíbulos, que tinham as mesmas dimen-
sões dos outros. 25 Havia também janelas ao
redor dos seus vestíbulos, como as outras
janelas; o comprimento era de vinte e cinco
metros, e a largura, de doze metros e meio.
26 Havia uma escada de sete degraus, e o seu

vestíbulo estava diante dela; e tinha palmeiras esculpidas nos pilares, tanto de um lado como do outro. 27 O átrio interior também tinha um portão que dava para o sul. Ele mediu de um portão ao outro, na direção do sul, e deu cinquenta metros.

O ÁTRIO INTERIOR: O PORTÃO DO SUL

28 Então ele me levou ao átrio interior pelo portão do sul; ele mediu o portão do sul, que tinha as mesmas dimensões dos outros. 29 As suas câmaras, os seus pilares e os seus vestíbulos tinham as mesmas medidas dos outros. Tinham também janelas ao redor dos seus vestíbulos; o comprimento era de vinte e cinco metros, e a largura, de doze metros e meio. 30 Havia vestíbulos ao redor; o comprimento era de vinte e cinco metros, e a largura, de doze metros e meio. 31 O seu vestíbulo dava para o átrio exterior, havia palmeiras esculpidas nos seus pilares, e a sua escada tinha oito degraus.

O ÁTRIO INTERIOR: O PORTÃO DO LESTE

32 Depois, ele me levou ao átrio interior, para o leste, e mediu o portão, que tinha as mesmas dimensões dos outros portões. 33 Também as suas câmaras, os seus pilares e os seus vestíbulos tinham as mesmas medidas dos outros. Havia também janelas ao redor dos seus vestíbulos; o comprimento era de vinte e cinco metros, e a largura, de doze metros e meio. 34 O seu vestíbulo dava para o átrio exterior, havia palmeiras esculpidas nos seus pilares, de um e de outro lado, e a sua escada tinha oito degraus.

O ÁTRIO INTERIOR: O PORTÃO DO NORTE

35 Então me levou ao portão do norte e o mediu; tinha as mesmas dimensões dos outros portões. 36 Também as suas câmaras, os seus pilares, os seus vestíbulos e as suas janelas ao redor; o comprimento era de vinte e cinco metros, e a largura, de doze metros e meio. 37 O seu vestíbulo dava para o átrio exterior, havia palmeiras esculpidas nos seus pilares, de um e de outro lado, e a sua escada tinha oito degraus.

OS EDIFÍCIOS PERTO DO PORTÃO DO NORTE

38 Havia uma câmara com a sua entrada junto aos pilares dos vestíbulos onde lavavam os holocaustos. 39 No vestíbulo do portão havia duas mesas de um lado e duas do outro, para nelas se degolar os holocaustos e as ofertas pelo pecado e pela culpa. 40 Do lado de fora, na subida para a entrada do portão do norte havia duas mesas; e, no outro lado do vestíbulo do portão, havia duas mesas. 41 Quatro mesas de um lado, e quatro do outro lado do portão; oito mesas, sobre as quais eram mortos os animais do sacrifício. 42 As quatro mesas para os holocaustos eram de pedras lavradas. Tinham setenta e cinco centímetros de comprimento e de largura, e meio metro de altura. Sobre elas se punham os instrumentos com que matavam os animais para os holocaustos e os sacrifícios. 43 Ganchos, de sete centímetros e meio de comprimento, estavam fixados à parede, em toda a sua extensão. Mas a carne para os sacrifícios estava sobre as mesas.

44 Fora do portão interior, no átrio de dentro, estavam duas câmaras. Uma ficava ao lado do portão do norte, e dava para o sul; outra ficava ao lado do portão do sul, e dava para o norte. 45 Ele me disse:

— Esta câmara que dá para o sul é para os sacerdotes que têm a guarda do templo, 46 e a câmara que dá para o norte é para os sacerdotes que têm a guarda do altar. São eles os filhos de Zadoque, os quais, dentre os filhos de Levi, se aproximam do Senhor para o servir.

O ÁTRIO INTERIOR E O TEMPLO

47 Ele mediu o átrio, que tinha cinquenta metros de comprimento e cinquenta de largura — um quadrado. O altar estava diante do templo.

48 Então me levou ao vestíbulo do templo. Mediu cada pilar do vestíbulo: dois metros e meio de um lado e dois metros e meio do outro. A largura do portão era de um metro e meio de um lado e um metro e meio do

outro. 49 O comprimento do vestíbulo era
de dez metros, e a largura, de seis metros.
Era por degraus que se subia até lá. Havia
colunas junto aos pilares, uma de um lado
e outra do outro.

41 1 Então ele me levou ao templo e
mediu os pilares, três metros de
largura de um lado e três metros de largura
do outro, que era a largura do tabernáculo.
2 A largura da entrada era de cinco metros,
e as paredes laterais tinham dois metros e
meio, uma de cada lado. Também mediu a
profundidade da nave, e deu vinte metros;
mediu a largura, e deu dez metros. 3 Entrou
na parte interior, mediu o pilar da entrada, e
deu um metro; mediu a largura da entrada,
e deu três metros. 4 Também mediu o seu
comprimento, e deu dez metros; mediu a
largura, e deu dez metros, na parte frontal
da nave. Então ele me disse:

— Este é o Santo dos Santos.

AS CÂMARAS LATERAIS

5 Depois ele mediu a parede do templo:
três metros de espessura. A largura de cada
câmara lateral era de dois metros. Essas
câmaras ficavam em toda a volta do tem-
plo. 6 As câmaras laterais estavam em três
andares, câmara sobre câmara, trinta em cada
andar. E havia reentrâncias na parede do tem-
plo ao redor, para as câmaras laterais, para
que as vigas se apoiassem nelas e não fos-
sem introduzidas na parede do templo. 7 As
câmaras laterais aumentavam em largura de
andar para andar, correspondendo às reen-
trâncias do templo de andar em andar ao
redor; por isso o templo era mais largo em
cima. Assim, se subia do andar inferior para
o superior, passando pelo andar do meio.

8 E vi um pavimento elevado ao redor do
templo; eram os alicerces das câmaras late-
rais de três metros de altura. 9 A grossura
da parede externa das câmaras laterais era
de dois metros e meio. A área aberta entre
as câmaras laterais do templo 10 e as outras
câmaras tinha dez metros de largura por
todo o redor do templo. 11 As entradas das
câmaras laterais estavam voltadas para a
área aberta: uma entrada para o norte e outra
para o sul; a largura da área que sobrava era
de dois metros e meio ao redor.

O EDIFÍCIO DO LADO OESTE

12 O edifício que estava numa área sepa-
rada, do lado oeste, tinha a largura de trinta
e cinco metros. A parede do edifício tinha
dois metros e meio de espessura ao redor,
e o seu comprimento era de quarenta e
cinco metros.

AS MEDIDAS TOTAIS DO TEMPLO

13 Então ele mediu o templo: cinquenta
metros de comprimento. A área sepa-
rada, o edifício e as suas paredes também
tinham cinquenta metros de comprimento.
14 A largura da frente do templo e da área
separada, do lado oeste, era de cinquenta
metros. 15 Também mediu o comprimento
do edifício, que estava na área separada e
por detrás do templo, e as suas galerias em
cada lado, e deu cinquenta metros.

O templo propriamente dito, o Santís-
simo, o vestíbulo do átrio, 16 os umbrais, as
janelas estreitas e as galerias ao redor dos
três, diante do umbral, estavam cobertos de
madeira ao redor, e isto desde o chão até as
janelas, que estavam cobertas. 17 No espaço
em cima da porta, e até o templo de dentro
e de fora, e em toda a parede ao redor, por
dentro e por fora, havia obras de escultura,
18 a saber, querubins e palmeiras. Entre um
querubim e outro querubim havia uma pal-
meira. Cada querubim tinha dois rostos:
19 um rosto humano olhava para a palmeira
de um lado, e um rosto de leão olhava para a
palmeira do outro lado. Era assim por todo o
templo ao redor. 20 Desde o chão até acima
da entrada havia querubins e palmeiras, até
mesmo pela parede do templo.

21 Os batentes do templo eram quadra-
dos, e a entrada do Santo dos Santos tinha
a mesma aparência.

O ALTAR DE MADEIRA

22 O altar de madeira tinha um metro e
meio de altura, e o seu comprimento era
de um metro. Os seus cantos, a sua base e

os seus lados eram de madeira. O homem me disse:

— Esta é a mesa que está diante do SENHOR.

AS PORTAS

23 Tanto o templo quanto o Santo dos Santos tinham duas portas. 24 Havia duas folhas para as portas, duas folhas dobráveis; duas para cada porta. 25 Nelas, isto é, nas portas do templo, havia querubins e palmeiras, como havia nas paredes. Havia também uma cobertura feita de madeira na frente do vestíbulo por fora. 26 E havia janelas estreitas e palmeiras em ambos os lados do vestíbulo, bem como nas câmaras laterais do templo e na cobertura de madeira.

OS DOIS EDIFÍCIOS PERTO DO TEMPLO

42 1 Depois disto, o homem me fez sair para o átrio exterior, para o lado norte, e me levou às câmaras que estavam para o lado norte, opostas ao edifício na área separada. 2 Esse edifício do lado norte tinha cinquenta metros de comprimento, e a largura era de vinte e cinco metros. 3 De um lado, dava para a área de dez metros que pertencia ao átrio interior e, de outro lado, dava para o pavimento que pertencia ao átrio exterior. Havia uma galeria frente a outra galeria em três andares. 4 Diante das câmaras havia uma passagem de cinco metros de largura, do lado de dentro, e cinquenta metros de comprimento; e as suas entradas eram para o lado norte. 5 As câmaras superiores eram mais estreitas, porque as galerias tiravam mais espaço destas do que das de baixo e das do meio do edifício. 6 Porque elas eram de três andares e não tinham colunas como as colunas dos átrios; por isso, as câmaras superiores eram mais estreitas do que as de baixo e as do meio. 7 Havia também um muro do lado de fora, diante das câmaras, no caminho do átrio exterior, diante das câmaras; esse muro tinha vinte e cinco metros de comprimento. 8 Pois o comprimento das câmaras, que estavam no átrio exterior, era de vinte e cinco metros; e eis que diante do templo a extensão era de cinquenta metros. 9 Na parte de baixo, do lado leste, ficava a entrada dessas câmaras, para quem entra nelas pelo átrio exterior.

10 Na largura do muro do átrio, do lado sul, diante do edifício na área separada, havia também câmaras 11 e uma passagem na frente delas. Tinham a feição das câmaras do lado norte, o mesmo comprimento, a mesma largura, as mesmas saídas, o mesmo arranjo. Como as entradas das câmaras do lado norte, 12 assim eram as entradas das câmaras do lado sul. Havia uma entrada no início da passagem, a saber, a passagem bem diante do muro correspondente, para quem entra pelo lado leste.

13 Então o homem me disse:

— As câmaras do norte e as câmaras do sul, que estão diante da área separada, são câmaras santas, em que os sacerdotes, que se aproximam do SENHOR, comerão as coisas santíssimas. Nelas também depositarão as coisas santíssimas, isto é, as ofertas de cereais e as ofertas pelo pecado e pela culpa; porque o lugar é santo. 14 Quando os sacerdotes entrarem, não deverão sair do santuário para o átrio exterior, mas porão ali as vestes com que ministraram, porque elas são santas; usarão outras roupas e assim se aproximarão do lugar destinado ao povo.

AS MEDIDAS DA ÁREA DO TEMPLO

15 Quando acabou de medir o templo interior, ele me fez sair pelo portão que dá para o leste e mediu a área ao redor. 16 Mediu o lado leste com a cana de medir, e deu duzentos e cinquenta metros. 17 Mediu o lado norte, e deu duzentos e cinquenta metros. 18 Mediu também o lado sul: duzentos e cinquenta metros. 19 Voltou-se para o lado oeste e mediu; deu duzentos e cinquenta metros. 20 Assim, ele mediu a área pelos quatro lados. Havia um muro ao redor, de duzentos e cinquenta metros de comprimento e duzentos e cinquenta metros de largura, para fazer separação entre o santo e o profano.

A GLÓRIA DE DEUS ENCHE O TEMPLO

43 1 Então o homem me levou ao portão, ao portão que dá para o leste. 2 E eis que,

do lado leste, vinha a glória do Deus de Israel.
A sua voz era como o som de muitas águas, e a
terra resplandeceu por causa da sua glória. 3 O
aspecto da visão era como o da visão que eu tive
quando vim destruir a cidade e como as visões
que tive junto ao rio Quebar. Então caí com o
rosto em terra. 4 A glória do SENHOR entrou no
templo pelo portão que dá para o leste.
5 O Espírito me levantou e me levou ao átrio
interior, e eis que a glória do SENHOR enchia o
templo. 6 Enquanto o homem estava em pé ao
meu lado, ouvi uma voz que me foi dirigida
do interior do templo. 7 O SENHOR me disse:
— Filho do homem, este é o lugar do meu
trono e o lugar das plantas dos meus pés,
onde habitarei no meio dos filhos de Israel
para sempre. Nunca mais a casa de Israel
contaminará o meu santo nome, nem eles
nem os seus reis, com as suas prostituições e
com o cadáver dos seus reis, nos seus lugares
altos. 8 Quando puseram o seu limiar junto
ao meu limiar e os seus batentes junto aos
meus batentes, havendo apenas uma parede
entre mim e eles, contaminaram o meu
santo nome com as abominações que come-
teram; por isso, eu os consumi na minha ira.
9 Agora, que eles lancem para longe de mim
a sua prostituição e o cadáver dos seus reis, e
habitarei no meio deles para sempre.
10 — Filho do homem, mostre à casa de
Israel este templo, para que eles se enver-
gonhem das suas iniquidades; deixe que
tirem as medidas desse modelo perfeito.
11 Se eles se envergonharem de tudo o que
fizeram, faça com que conheçam a planta
deste templo e o seu arranjo, as suas saí-
das, as suas entradas, todas as suas formas,
todos os seus estatutos, todas as suas dispo-
sições e todas as suas leis. Escreva isto na
presença deles para que observem todas as
suas instituições e todos os seus estatutos
e os cumpram. 12 Esta é a lei do templo: no
alto do monte, todo o terreno ao redor será
santíssimo. Eis que esta é a lei do templo.

O ALTAR DOS HOLOCAUSTOS

13 São estas as medidas do altar, usando-
-se o mesmo sistema de medidas utilizado
para medir o templo. A calha tem meio metro
de fundura e meio metro de largura; e a sua
borda, em todo o seu contorno, é de um
palmo. E esta é a altura do altar: 14 da calha, no
chão, até a parte inferior, um metro, com meio
metro de largura. Da parte menor até a parte
maior, dois metros, com meio metro de lar-
gura. 15 A lareira tem dois metros de altura; da
lareira para cima se projetam quatro chifres.
16 A lareira tem seis metros de comprimento
e seis metros de largura, um quadrado com
quatro lados iguais. 17 A parte do meio tem
sete metros de comprimento e sete metros
de largura, com quatro lados iguais; a borda
ao redor dela é de vinte e cinco centímetros.
A calha ao redor do altar tem meio metro. Os
degraus do altar estão voltados para o leste.

A CONSAGRAÇÃO DO ALTAR

18 Então ele me disse:
— Filho do homem, assim diz o Senhor
DEUS: São estas as determinações do altar,
no dia em que o fizerem, para oferecerem
sobre ele holocaustos e para sobre ele asper-
girem sangue. 19 Aos sacerdotes levitas, que
são da descendência de Zadoque, que se
aproximam de mim, diz o Senhor DEUS,
para me servirem, você dará um novilho
para oferta pelo pecado. 20 Você pegará um
pouco do sangue e o porá sobre os qua-
tro chifres do altar, e nos quatro cantos da
parte do meio, e na borda ao redor. Assim,
você fará a purificação do altar e a expiação
por ele. 21 Então você pegará o novilho da
oferta pelo pecado, o qual será queimado
no lugar do templo para isso designado, fora
do santuário. 22 No segundo dia, você ofe-
recerá um bode sem defeito como oferta
pelo pecado; e purificarão o altar, como
o purificaram com o novilho. 23 Quando
você tiver acabado de o purificar, ofereça
um novilho sem defeito e, do rebanho, um
carneiro sem defeito. 24 Ofereça-os diante
do SENHOR; os sacerdotes espalharão sal
sobre eles e os oferecerão em holocausto
ao SENHOR. 25 Durante sete dias, você ofere-
cerá cada dia um bode como oferta pelo
pecado; também prepararão um novilho
e, do rebanho, um carneiro sem defeito.
26 Durante sete dias, farão expiação pelo

altar e o purificarão; e, assim, o consagrarão. 27 Tendo eles cumprido estes dias, no oitavo dia, e dali em diante, os sacerdotes oferecerão sobre o altar os holocaustos e as ofertas pacíficas que vocês trouxerem; e eu me agradarei de vocês, diz o Senhor Deus.

O PORTÃO LESTE

44 1 Então o homem me fez voltar para o portão exterior do santuário, que dá para o leste e que estava fechado. 2 E o Senhor me disse:

— Este portão permanecerá fechado; não deverá ser aberto. Ninguém entrará por ele, porque o Senhor, o Deus de Israel, entrou por ele. Por isso, permanecerá fechado. 3 Quanto ao príncipe, ele se assentará ali por ser príncipe, para comer o pão diante do Senhor. Entrará pelo vestíbulo da porta e sairá pelo mesmo caminho.

REFORMAS NO MINISTÉRIO DO SANTUÁRIO

4 Depois, o homem me levou para a frente do templo, passando pelo portão do norte. Olhei, e eis que a glória do Senhor enchia a Casa do Senhor; então caí com o rosto em terra. 5 E o Senhor me disse:

— Filho do homem, preste atenção, veja com os próprios olhos e ouça com os próprios ouvidos tudo o que eu lhe disser a respeito de todas as determinações da Casa do Senhor e de todas as suas leis. Preste atenção na entrada do templo e em todas as saídas do santuário.

6 — Diga aos rebeldes, à casa de Israel: Assim diz o Senhor Deus: "Basta de todas essas suas abominações, ó casa de Israel! 7 Porque vocês levaram estrangeiros, incircuncisos de coração e incircuncisos de carne, para estarem em meu santuário e profaná-lo, a saber, o meu templo, quando oferecem o meu pão, a gordura e o sangue. Vocês quebraram a minha aliança, fazendo todas essas abominações. 8 Vocês não cumpriram as prescrições a respeito das minhas coisas sagradas, mas constituíram estrangeiros para executarem o serviço no meu santuário em lugar de vocês."

9 — Assim diz o Senhor Deus: Nenhum estrangeiro que se encontra no meio dos filhos de Israel, incircunciso de coração ou incircunciso de carne, entrará no meu santuário. 10 Os levitas, porém, que se afastaram de mim quando Israel se desviou, que se desviaram de mim, para ir atrás dos seus ídolos, levarão sobre si a sua iniquidade. 11 Contudo, eles poderão servir no meu santuário como guardas dos portões e ministros do templo. Eles matarão os animais do holocausto e do sacrifício para o povo e estarão diante do povo para o servir. 12 Mas, porque serviram o povo na presença dos seus ídolos e puseram diante da casa de Israel um tropeço que os levou a cair em iniquidade, por isso, jurei a respeito deles, diz o Senhor Deus, que eles levarão sobre si a sua iniquidade. 13 Não se aproximarão de mim, para me servirem no sacerdócio, nem se aproximarão de nenhuma de todas as minhas coisas sagradas, que são santíssimas, mas levarão sobre si a sua vergonha e as suas abominações que cometeram. 14 Contudo, eu os encarregarei da guarda do templo, de todo o serviço e de tudo o que tiver de ser feito nele.

OS DEVERES DOS SACERDOTES

15 — Mas os sacerdotes levitas, os filhos de Zadoque, que cumpriram as prescrições do meu santuário, quando os filhos de Israel se desviaram de mim, eles se aproximarão de mim, para me servirem, e estarão diante de mim, para me oferecerem a gordura e o sangue, diz o Senhor Deus. 16 Eles entrarão no meu santuário, e se aproximarão da minha mesa, para me servirem, e cumprirão as minhas prescrições. 17 Quando entrarem pelos portões do átrio interior, usarão vestes de linho. Não deverão usar nada feito de lã, quando servirem nos portões do átrio interior ou dentro do templo. 18 Deverão usar turbantes de linho na cabeça e calções de linho sobre as coxas. Não deverão usar nada que os leve a suar. 19 Quando saírem para o átrio exterior, para junto do povo, deverão tirar as vestes com que ministraram, deixando-as nas santas câmaras. Deverão usar outras roupas, para que, com as suas vestes, não santifiquem o povo. 20 Não raparão a cabeça, nem deixarão o

cabelo ficar comprido; pelo contrário, devem
cortá-lo como convém. 21 Nenhum sacerdote
beberá vinho quando entrar no átrio interior.
22 O sacerdote não se casará nem com viúva
nem com mulher divorciada, mas somente
com uma virgem da linhagem da casa de
Israel ou com a viúva de um sacerdote. 23 Os
sacerdotes ensinarão o meu povo a distinguir
entre o santo e o profano e lhe darão entendimento quanto à diferença entre o impuro e
o puro. 24 Quando houver litígio, eles atuarão
como juízes, decidindo a questão segundo o
meu direito. Guardarão as minhas leis e os
meus estatutos em todas as festas fixas e santificarão os meus sábados.

25 — Não se aproximarão de nenhuma
pessoa morta, porque se contaminariam.
Apenas se o morto for o pai, a mãe, um
filho, uma filha, um irmão, ou uma irmã
que não tiver marido, poderão se contaminar. 26 Depois que ele se purificar de novo,
deverá esperar sete dias. 27 No dia em que
ele entrar no lugar santo, no átrio interior,
para ministrar no lugar santo, apresentará
a sua oferta pelo pecado, diz o Senhor Deus.

28 — Os sacerdotes terão uma herança; eu
sou a sua herança. Vocês não lhes darão
nenhuma propriedade em Israel; eu sou a
sua propriedade. 29 As ofertas de cereais, as
ofertas pelo pecado e as ofertas pela culpa
eles comerão; e toda coisa consagrada em
Israel será deles. 30 O melhor de todos os primeiros frutos de toda espécie e toda oferta
de toda espécie serão dos sacerdotes. Também a primeira parte do cereal moído vocês
darão aos sacerdotes, para que façam repousar a bênção sobre a casa de vocês. 31 Os
sacerdotes não comerão nenhum pássaro ou
animal que tenha morrido por si mesmo ou
que tenha sido dilacerado por outro animal.

A PORÇÃO DA TERRA SEPARADA PARA DEUS

45 1 — Quando vocês repartirem a terra
como herança, façam uma oferta
ao Senhor, uma porção santa da terra. O
comprimento dessa porção será de doze
quilômetros e meio, e a largura será de
cinco quilômetros; ela será santa em toda
a sua extensão. 2 Dessa porção, o santuário
será uma área quadrada de duzentos e cinquenta metros por duzentos e cinquenta,
tendo ao redor uma área aberta de vinte
e cinco metros de largura. 3 Dessa porção
santa, separe uma área de doze quilômetros
e meio de comprimento por cinco quilômetros de largura; ali estará o santuário, o lugar
santíssimo. 4 Este será o lugar santo da terra,
destinado aos sacerdotes, ministros do santuário, que dele se aproximam para servir o
Senhor, e lhes servirá de lugar para as suas
casas; será também um lugar santo para o
santuário. 5 Os levitas, ministros do templo,
terão uma propriedade de doze quilômetros
e meio de comprimento por cinco de largura, onde poderão morar em suas cidades.
6 Separem uma área de dois quilômetros e
meio de largura por doze quilômetros e meio
de comprimento ao lado da porção santa,
para ser propriedade da cidade; ela pertencerá a toda a casa de Israel.

A PORÇÃO DO PRÍNCIPE DE ISRAEL

7 — O príncipe terá a sua parte dos dois lados
da porção santa e da propriedade da cidade,
diante da porção santa e diante da propriedade da cidade. Do lado oeste se estenderá na
direção do oeste, e do lado leste se estenderá
na direção do leste. O comprimento corresponderá a uma das porções das tribos, desde a
fronteira oeste até a fronteira leste. 8 Esta terra
será a propriedade do príncipe em Israel. Os
meus príncipes nunca mais oprimirão o meu
povo; pelo contrário, distribuirão a terra à casa
de Israel, segundo as suas tribos.

PESOS E MEDIDAS

9 — Assim diz o Senhor Deus: Basta, ó
príncipes de Israel! Afastem a violência e
a opressão e pratiquem o juízo e a justiça.
Deixem de fazer explorações entre o meu
povo, diz o Senhor Deus.

10 — Tenham balanças justas, efa justo e
bato justo. 11 O efa, para medir cereais, e o
bato, para medir líquidos, serão da mesma
capacidade, de maneira que o bato contenha
a décima parte do ômer, e o efa contenha a
décima parte do ômer. O ômer será a medida

Parecerá que você está perdendo enquanto costura silenciosamente as renúncias de sua vida e história; mas alguns "nãos" de hoje serão os "sins" de amanhã.

padrão. 12 O siclo será de vinte geras. Uma
mina será igual a vinte siclos, mais vinte e
cinco siclos, mais quinze siclos.

13 — Esta será a oferta que vocês farão: a
sexta parte de um efa de cada ômer de trigo,
e a sexta parte de um efa de cada ômer de
cevada. 14 A porção determinada de azeite
será a décima parte de um bato de cada coro
de azeite. Um coro, como o ômer, tem dez
batos. 15 De cada rebanho de duzentas cabe-
ças, um cordeiro deverá ser tirado dos pastos
ricos de Israel, para oferta de cereais, para
holocausto e para sacrifício pacífico, para
que façam expiação pelo povo, diz o Senhor
Deus. 16 Todo o povo da terra fará contribui-
ção, para esta oferta, ao príncipe em Israel.
17 Estarão a cargo do príncipe os holocaustos,
as ofertas de cereais e as libações, nas Fes-
tas da Lua Nova e nos sábados, em todas as
festas fixas da casa de Israel. Ele mesmo pro-
verá a oferta pelo pecado, a oferta de cereais,
o holocausto e os sacrifícios pacíficos, para
fazer expiação pela casa de Israel.

OFERTAS NO ANO-NOVO

18 — Assim diz o Senhor Deus: No primeiro mês,
no primeiro dia do mês, você pegará um novi-
lho sem defeito e fará a purificação do santuário.
19 O sacerdote pegará um pouco do sangue e o
porá nos batentes do templo, nos quatro cantos
da borda do altar e nos batentes do portão do átrio
interior. 20 Faça o mesmo no sétimo dia do mês, por
causa dos que pecam sem intenção ou por igno-
rância. Assim, vocês farão expiação pelo templo.

NA PÁSCOA

21 — No primeiro mês, no dia catorze do
mês, vocês terão a Páscoa, festa de sete dias,
em que comerão pães sem fermento. 22 O
príncipe, no mesmo dia, por si e por todo
o povo da terra, proverá um novilho para
oferta pelo pecado. 23 Nos sete dias da festa,
ele preparará um holocausto ao Senhor: sete
novilhos e sete carneiros sem defeito, cada
dia durante os sete dias; e um bode cada
dia como oferta pelo pecado. 24 Também
preparará uma oferta de cereais: dezessete
litros e meio para cada novilho e para cada
carneiro, e três litros e meio de azeite. 25 No
dia quinze do sétimo mês e durante os sete
dias da festa, fará o mesmo: a mesma oferta
pelo pecado, o mesmo holocausto, a mesma
oferta e a mesma porção de azeite.

NOS SÁBADOS E FESTAS DA LUA NOVA

46 1 — Assim diz o Senhor Deus: O portão
do átrio interior, que dá para o leste,
estará fechado durante os seis dias de traba-
lho, mas será aberto no sábado e também na
Festa da Lua Nova. 2 O príncipe entrará de fora
pelo vestíbulo do portão e permanecerá junto
ao batente do portão. Os sacerdotes prepa-
rarão o holocausto dele e os seus sacrifícios
pacíficos; ele se prostrará no limiar do portão
e sairá. Mas o portão não será fechado até a
tarde. 3 O povo da terra adorará na entrada do
mesmo portão, nos sábados e nas Festas da
Lua Nova, diante do Senhor. 4 O holocausto
que o príncipe oferecer ao Senhor será, no
dia de sábado, seis cordeiros sem defeito e
um carneiro sem defeito. 5 A oferta de cereais
será de dezessete litros e meio para cada car-
neiro; para cada cordeiro, a oferta de cereais
será o que ele puder dar; e, para cada medida
de cereais, três litros e meio de azeite. 6 Mas,
na Festa da Lua Nova, será um novilho sem
defeito e seis cordeiros e um carneiro; eles
serão sem defeito. 7 Preparará por oferta de
cereais dezessete litros e meio para cada
novilho e dezessete litros e meio para cada
carneiro, mas, pelos cordeiros, segundo as
suas posses; e, para cada medida de cereais,
três litros e meio de azeite. 8 Quando o prín-
cipe entrar, entrará pelo vestíbulo do portão
e sairá pelo mesmo caminho.

INSTRUÇÕES REFERENTES ÀS OFERTAS

9 — Mas, quando o povo da terra compare-
cer diante do Senhor, nas festas fixas, aquele
que entrar pelo portão do norte, para ado-
rar, sairá pelo portão do sul; e aquele que
entrar pelo portão do sul sairá pelo portão
do norte. Não sairá pelo mesmo portão pelo
qual entrou, mas sairá pelo portão oposto.
10 O príncipe estará no meio deles, quando
eles entrarem; quando eles saírem, ele sairá.

11 Nas solenidades e nas festas fixas, a oferta de cereais será de dezessete litros e meio para cada novilho e dezessete litros e meio para cada carneiro; mas, pelos cordeiros, será o que puder dar; e, para cada medida de cereais, três litros e meio de azeite.

12 — Quando o príncipe quiser oferecer um holocausto ou sacrifícios pacíficos, como oferta voluntária ao SENHOR, então lhe abrirão o portão que dá para o leste, e ele oferecerá o seu holocausto e os seus sacrifícios pacíficos, como costuma fazer no dia de sábado. Ele sairá, e o portão será fechado depois que ele sair.

13 — Prepare um cordeiro de um ano, sem defeito, em holocausto ao SENHOR, cada dia. Esta oferta deverá ser feita todas as manhãs. 14 Juntamente com ele, prepare todas as manhãs uma oferta de cereais para o SENHOR: três litros de farinha e, para misturar com ela, um litro de azeite. Isto é estatuto perpétuo e contínuo. 15 Assim prepararão o cordeiro, a oferta de cereais e o azeite todas as manhãs, em holocausto contínuo.

16 — Assim diz o Senhor DEUS: Se o príncipe der um presente de sua herança a um dos seus filhos, ele pertencerá aos filhos; será propriedade deles por herança. 17 Mas, se ele der um presente da sua herança a um dos seus servos, isso será dele até o ano da liberdade, quando voltará a ser do príncipe. Porque aos seus filhos, e somente a eles, pertencerá a herança. 18 O príncipe não tomará nada da herança do povo, expulsando-os das suas propriedades. Da sua própria propriedade deixará herança aos seus filhos, para que o meu povo não seja espalhado, cada um para longe da sua propriedade.

AS COZINHAS DO TEMPLO

19 Depois disto, o homem me levou, pela entrada que estava ao lado do portão, para as câmaras santas dos sacerdotes, as quais davam para o norte; e eis que havia um lugar nos fundos, para o lado oeste. 20 Ele me disse:

— Este é o lugar onde os sacerdotes cozinharão a oferta pela culpa e a oferta pelo pecado e onde assarão as ofertas de cereais, para que não tragam nada para o átrio exterior e assim santifiquem o povo.

21 Então ele me levou para fora, para o átrio exterior, e me fez passar pelos quatro cantos do átrio; e eis que em cada canto do átrio havia outro átrio. 22 Nos quatro cantos do átrio havia átrios pequenos, menores, de vinte metros de comprimento por quinze de largura. Os quatro tinham as mesmas dimensões. 23 Havia um muro ao redor dos átrios, ao redor dos quatro, e havia lugares para cozinhar ao pé dos muros ao redor. 24 Então ele me disse:

— São estas as cozinhas, onde os ministros do templo cozinharão os sacrifícios do povo.

AS ÁGUAS QUE SAEM DO TEMPLO

47 1 Depois disto, o homem me fez voltar à entrada do templo, e eis que água saía de debaixo do limiar do templo e corria na direção do leste. Porque a fachada do templo dava para o leste. A água vinha de debaixo do lado direito do templo, do lado sul do altar. 2 Ele me fez sair pelo portão do norte, para dar uma volta por fora, até o portão exterior, que dá para o leste; e eis que a água borbulhava do lado direito.

3 O homem saiu para o leste, tendo na mão um cordel de medir. Mediu quinhentos metros e me fez passar pela água, que me dava pelos tornozelos. 4 Mediu mais quinhentos metros e me fez passar pela água, que me dava pelos joelhos. Mediu mais quinhentos metros e me fez passar pela água, que agora me dava pela cintura. 5 Mediu ainda outros quinhentos metros, e era já um rio que eu não podia atravessar, porque as águas tinham crescido. Eram águas em que se podia nadar, um rio pelo qual não se podia passar andando. 6 Então ele me perguntou:

— Você viu isso, filho do homem?

Então o homem me levou de volta à margem do rio. 7 Quando cheguei lá, eis que à margem do rio havia grande abundância de árvores, dos dois lados do rio. 8 Então me disse:

— Estas águas correm para a região leste, descem ao vale do Jordão e entram no mar, cujas águas ficarão saudáveis. 9 Todos os seres vivos que povoam os lugares por onde este rio passar terão vida. E haverá muitíssimo peixe, porque essas águas chegaram lá. As águas do mar Morto se tornarão saudáveis, e tudo viverá por onde quer que esse rio passar. 10 Junto a ele se acharão pescadores. Desde En-Gedi até En-Eglaim haverá lugar para estender e secar as redes. Os peixes serão de muitas espécies, como os peixes do mar Grande. 11 Mas os seus charcos e os seus pântanos não se tornarão saudáveis; serão deixados para o sal. 12 Nas duas margens do rio nascerá todo tipo de árvore frutífera. As folhas dessas árvores não murcharão, e elas nunca deixarão de dar o seu fruto. Produzirão frutos novos todos os meses, porque são regadas pelas águas que saem do santuário. Os seus frutos servirão de alimento, e as suas folhas, de remédio.

AS FRONTEIRAS DA TERRA DE ISRAEL

13 — Assim diz o Senhor Deus: Estas serão as fronteiras pelas quais vocês repartirão a terra como herança para as doze tribos de Israel. José terá duas partes. 14 Repartam a terra em partes iguais, pois jurei dá-la aos pais de vocês. Assim, esta mesma terra lhes será dada como herança.

15 — Este será o limite da terra: do lado norte, desde o mar Grande, pelo caminho de Hetlom, até a entrada de Zedade, 16 Hamate, Berota, Sibraim, que ficam na fronteira entre Damasco e Hamate, até Hazer-Haticom, que está na fronteira de Haurã. 17 Assim, a fronteira será desde o mar até Hazar-Enom, na fronteira de Damasco, ao norte, que é também a fronteira de Hamate. Esta será a fronteira do lado norte.

18 — No lado leste, a fronteira será entre Haurã e Damasco; entre Gileade e a terra de Israel, será o Jordão; vocês medirão desde o limite do norte até o mar Morto. Esta será a fronteira do lado leste.

19 — No lado sul, a fronteira irá desde Tamar até as águas de Meribá-Cades, e então seguindo o ribeiro do Egito até o mar Grande. Esta será a fronteira do lado sul.

20 — No lado oeste, a fronteira será o mar Grande, subindo até diante da entrada de Hamate. Esta será a fronteira do lado oeste.

21 — Repartam esta terra entre vocês, segundo as tribos de Israel. 22 Vocês devem reparti-la como herança para vocês e para os estrangeiros que moram no meio de vocês, que gerarem filhos no meio de vocês. Eles deverão ser considerados como naturais entre os filhos de Israel; junto com vocês, eles receberão uma herança no meio das tribos de Israel. 23 Na tribo em que o estrangeiro estiver morando, ali vocês lhe darão a sua herança, diz o Senhor Deus.

OS LIMITES DE SETE TRIBOS

48 1 — São estes os nomes das tribos: desde a parte extrema do norte, via Hetlom, até a entrada de Hamate, até Hazar-Enom, o limite norte de Damasco até junto de Hamate e desde o lado leste até o oeste, Dã terá uma porção. 2 Limitando-se com Dã, desde o lado leste até o lado oeste, Aser terá uma porção. 3 Limitando-se com Aser, desde o lado leste até o lado oeste, Naftali terá uma porção. 4 Limitando-se com Naftali, desde o lado leste até o lado oeste, Manassés terá uma porção. 5 Limitando-se com Manassés, desde o lado leste até o lado oeste, Efraim terá uma porção. 6 Limitando-se com Efraim, desde o lado leste até o lado oeste, Rúben terá uma porção. 7 Limitando-se com Rúben, desde o lado leste até o lado oeste, Judá terá uma porção. 8 Limitando-se com Judá, desde o lado leste até o lado oeste, ficará a região sagrada que vocês devem separar. Terá doze quilômetros e meio de largura e o mesmo comprimento que o das outras porções, desde o lado leste até o lado oeste; o santuário estará no meio dela. 9 A região que vocês devem separar ao Senhor terá doze quilômetros e meio de comprimento e cinco quilômetros de largura. 10 Esta região sagrada será dos sacerdotes. Terá, ao norte, doze quilômetros e meio, a oeste, cinco quilômetros de largura, a leste, cinco quilômetros de largura e ao sul, doze quilômetros e meio de comprimento; o santuário do Senhor estará no meio dela. 11 Será para os sacerdotes santificados, para os filhos de Zadoque, que cumpriram o seu dever e não se desviaram como fizeram os levitas, quando os filhos

de Israel se desviaram. 12 Será uma região especial dentro da região sagrada, um lugar santíssimo, fazendo limites com a porção dos levitas.

OS LIMITES DOS SACERDOTES E DOS LEVITAS

13 — Os levitas terão uma área de doze quilômetros e meio de comprimento por cinco quilômetros de largura, paralela à porção dos sacerdotes. Seu comprimento total será de doze quilômetros e meio, e a largura será de cinco quilômetros. 14 Não poderão vender nem trocar nenhuma parte dessa área. A melhor parte da terra não pode ser transferida a outros, porque é santa para o Senhor.

OS LIMITES DA CIDADE

15 — A área que restar, de dois quilômetros e meio de largura por doze quilômetros e meio de comprimento será para o uso civil da cidade, para habitação e para arredores; a cidade ficará no meio. 16 Estas serão as suas dimensões: o lado norte, de dois mil duzentos e cinquenta metros, o lado sul, de dois mil duzentos e cinquenta metros, o lado leste, de dois mil duzentos e cinquenta metros, e o lado oeste, de dois mil duzentos e cinquenta metros. 17 Os arredores da cidade serão, ao norte, de cento e vinte e cinco metros, ao sul, de cento e vinte e cinco metros, a leste, de cento e vinte e cinco metros e, a oeste, de cento e vinte e cinco metros. 18 Quanto à área restante, paralela à região sagrada, será de cinco quilômetros para o leste e de cinco quilômetros para o oeste; e o seu produto será para o sustento daqueles que trabalham na cidade. 19 Essa parte será cultivada pelos trabalhadores da cidade, provindos de todas as tribos de Israel. 20 A região sagrada terá doze quilômetros e meio de cada lado, formando um quadrado, e incluirá a propriedade da cidade.

A ÁREA DO PRÍNCIPE

21 — O que restar de ambos os lados da região sagrada e da propriedade da cidade será do príncipe. Aquilo que se estende dos doze quilômetros e meio em direção do leste e também dos doze quilômetros e meio em direção do oeste, paralelamente com as porções, será do príncipe; a região sagrada e o santuário do templo estarão no meio. 22 A área que pertence aos levitas e à cidade estará no meio daquilo que pertence ao príncipe. A área entre o território de Judá e o território de Benjamim será do príncipe.

OS LIMITES DAS OUTRAS CINCO TRIBOS

23 — Quanto ao resto das tribos, desde o lado leste até o lado oeste, Benjamim terá uma porção. 24 Limitando-se com Benjamim, desde o lado leste até o lado oeste, Simeão terá uma porção. 25 Limitando-se com Simeão, desde o lado leste até o lado oeste, Issacar terá uma porção. 26 Limitando-se com Issacar, desde o lado leste até o lado oeste, Zebulom terá uma porção. 27 Limitando-se com Zebulom, desde o lado leste até o lado oeste, Gade terá uma porção. 28 Limitando-se com o território de Gade, ao sul, o limite será desde Tamar até as águas de Meribá-Cades, ao longo do ribeiro do Egito até o mar Grande.

29 — Esta é a terra que vocês repartirão como herança para as tribos de Israel, e estas são as suas porções, diz o Senhor Deus.

OS PORTÕES DA CIDADE

30 — São estas as saídas da cidade: do lado norte, que mede dois mil duzentos e cinquenta metros, 31 três portões: o portão de Rúben, o de Judá e o de Levi, sendo que os portões da cidade terão os nomes das tribos de Israel; 32 do lado leste, dois mil duzentos e cinquenta metros e três portões, a saber: o portão de José, o de Benjamim e o de Dã; 33 do lado sul, dois mil duzentos e cinquenta metros e três portões: o portão de Simeão, o de Issacar e o de Zebulom; 34 do lado oeste, dois mil duzentos e cinquenta metros e os seus três portões: o portão de Gade, o de Aser e o de Naftali. 35 O contorno será de nove quilômetros. E o nome da cidade desde aquele dia será: "O Senhor Está Ali".

Daniel

Livro 27 com **12** CAPÍTULOS

AUTORIA

O profeta Daniel, um dos jovens nobres levados para a Babilônia durante o exílio (Dn 1.1,6,17). Ele serviu em altas posições na corte dos reis Nabucodonosor, Belsazar, Dario e Ciro.

SIGNIFICADO DO TÍTULO

Daniel vem do hebraico e significa "Deus é o meu juiz".

OBJETIVO DO LIVRO

O livro de Daniel visa encorajar os judeus exilados com histórias de fidelidade a Deus em meio à opressão, além de revelar visões proféticas sobre o futuro dos reinos do mundo e a vinda do Reino de Deus.

DANIEL E CRISTO

Daniel aponta para Cristo ao prefigurar a vinda do Filho do Homem, um título que Jesus usa para si mesmo, e ao ilustrar a soberania de Deus sobre a história e a promessa de um reino eterno, cumprido em Cristo.

TEMAS DE DANIEL

Daniel enfatiza a soberania absoluta de Deus sobre a história e os reinos humanos. O livro destaca que, independentemente das circunstâncias e dos poderes terrenos, o Senhor está no controle e seu plano redentor prevalecerá.

O texto encoraja os crentes a permanecerem fiéis e confiantes em Deus, mesmo em tempos de perseguição e tribulação, porque ele é o juiz justo e final que estabelece e depõe reis conforme a sua vontade.

Além disso, Daniel aponta para a esperança escatológica e a vinda do reino eterno de Deus, antecipando a obra redentora de Cristo e o estabelecimento do seu reinado definitivo.

ESTUTURA DO LIVRO

- ★ A formação de Daniel e seus amigos Dn 1
- ★ O sonho da estátua de Nabucodonosor Dn 2
- ★ A fornalha ardente Dn 3
- ★ O sonho da árvore Dn 4
- ★ A escrita na parede Dn 5
- ★ Daniel na cova dos leões Dn 6
- ★ A visão dos quatro animais Dn 7
- ★ A visão do carneiro e do bode Dn 8
- ★ A profecia das setenta semanas Dn 9
- ★ A visão do homem vestido de linho Dn 10
- ★ O conflito futuro Dn 11
- ★ A ressurreição e o fim dos tempos Dn 12

A EDUCAÇÃO DE DANIEL E DE SEUS COMPANHEIROS

1 1 No ano terceiro do reinado de Jeoaquim,
rei de Judá, Nabucodonosor, rei da Babi-
lônia, veio a Jerusalém e a sitiou. 2 O Senhor
entregou nas mãos dele Jeoaquim, rei de
Judá, e alguns dos utensílios da Casa de Deus.
Nabucodonosor levou esses utensílios para a
terra de Sinar, para o templo do seu deus, e os
pôs na casa do tesouro do seu deus.

3 Depois, o rei ordenou a Aspenaz, chefe
dos seus eunucos, que trouxesse alguns dos
filhos de Israel, tanto da linhagem real como
dos nobres, 4 jovens sem nenhum defeito, de
boa aparência, sábios, instruídos, versados
no conhecimento e que fossem competentes
para servirem no palácio real. E que Aspenaz
lhes ensinasse a cultura e a língua dos cal-
deus. 5 O rei determinou que eles recebessem
uma alimentação diária tirada das finas igua-
rias da mesa real e do vinho que ele bebia.
Os jovens deveriam ser educados ao longo
de três anos e, ao final desse período, pas-
sariam a servir o rei. 6 Entre eles, se achavam
Daniel, Hananias, Misael e Azarias, que eram
da tribo de Judá. 7 O chefe dos eunucos lhes
deu outros nomes, a saber: a Daniel, o de Bel-
tessazar; a Hananias, o de Sadraque; a Misael,
o de Mesaque; e a Azarias, o de Abede-Nego.

8 Daniel resolveu não se contaminar com
as finas iguarias do rei, nem com o vinho que
ele bebia; por isso, pediu ao chefe dos eunu-
cos que lhe permitisse não se contaminar.
9 E Deus concedeu a Daniel misericórdia e
compreensão da parte do chefe dos eunucos.
10 Porém o chefe dos eunucos disse a Daniel:

— Tenho medo do meu senhor, o rei, que
determinou o que vocês devem comer e
beber. E se ele perceber que o rosto de vocês
está mais abatido do que o rosto dos outros
jovens da mesma idade? Se isto viesse a
acontecer, vocês poriam a minha cabeça
em perigo diante do rei.

11 Então Daniel foi falar com o cozinheiro-
-chefe, a quem o chefe dos eunucos havia
encarregado de cuidar de Daniel, Hananias,
Misael e Azarias. 12 Daniel disse a ele:

— Por favor, faça uma experiência com
estes seus servos durante dez dias. Dê-nos
legumes para comer e água para beber.
13 Depois, compare a nossa aparência com a
dos jovens que comem das finas iguarias do
rei. Dependendo do que enxergar, o senhor
decidirá o que fazer com estes seus servos.

14 O cozinheiro-chefe concordou e fez a
experiência durante dez dias. 15 No fim dos
dez dias, a aparência dos quatro jovens era
melhor, e eles estavam mais robustos do que
todos os jovens que comiam das finas igua-
rias do rei. 16 Com isto, o cozinheiro-chefe
tirou deles as finas iguarias e o vinho que
deviam beber e lhes dava legumes.

17 Ora, a estes quatro jovens Deus deu o
conhecimento e a inteligência em toda
cultura e sabedoria. Mas a Daniel deu inte-
ligência para interpretar todo tipo de visões
e sonhos.

18 Ao final do tempo determinado pelo rei
para que os jovens fossem levados à sua
presença, o chefe dos eunucos os levou à
presença de Nabucodonosor. 19 Então o rei
falou com eles. E, entre todos, não foram
achados outros como Daniel, Hananias,
Misael e Azarias. Por isso, passaram a ser-
vir o rei. 20 Em toda matéria de sabedoria e de
inteligência sobre que o rei lhes fez pergun-
tas, os achou dez vezes mais sábios do que
todos os magos e encantadores que havia
em todo o seu reino.

21 Daniel continuou ali até o primeiro ano
do reinado de Ciro.

DANIEL INTERPRETA O SONHO DE NABUCODONOSOR

2 1 No segundo ano do seu reinado,
Nabucodonosor teve uns sonhos que o
deixaram perturbado e sem poder dormir.
2 Então o rei mandou chamar os magos, os
encantadores, os feiticeiros e os caldeus,
para que lhe dissessem o que ele havia
sonhado. Eles vieram e se apresentaram
diante do rei. 3 Ele lhes disse:

— Tive um sonho e fiquei perturbado, que-
rendo saber que sonho foi esse.

4 Os caldeus disseram ao rei em aramaico:

— Que o rei viva eternamente! Conte
o sonho a estes seus servos, e daremos
a interpretação.

5 Mas o rei respondeu aos caldeus:

— Uma coisa é certa: se não me contarem o sonho e a sua interpretação, vocês serão despedaçados, e as casas de vocês serão reduzidas a ruínas. 6 Mas, se me contarem o sonho e a sua interpretação, vocês receberão de mim dádivas, prêmios e grandes honras. Portanto, contem-me o sonho e a sua interpretação.

7 Os caldeus responderam pela segunda vez:

— Que o rei conte o sonho a estes seus servos, e nós lhe daremos a interpretação.

8 O rei respondeu:

— Bem percebo que vocês estão querendo ganhar tempo, porque sabem que o que eu disse está resolvido, 9 isto é, se não me contarem o sonho, todos vocês receberão a mesma sentença. Vocês combinaram dizer palavras mentirosas e perversas na minha presença, esperando que a situação mude. Portanto, contem-me o sonho, e saberei que vocês podem me dar a interpretação.

10 Os caldeus responderam na presença do rei:

— Não há nenhum mortal sobre a face da terra que possa fazer o que o rei exige. Nunca houve um rei, por maior e mais poderoso que fosse, que tenha exigido semelhante coisa de um mago, encantador ou caldeu. 11 Isso que o rei exige é difícil, e não há ninguém que o possa revelar diante do rei, a não ser os deuses, e estes não moram entre os mortais.

12 Ao ouvir isto, o rei ficou tão irado e furioso, que mandou matar todos os sábios da Babilônia. 13 Saiu o decreto, segundo o qual os sábios deviam ser mortos. Foram buscar também Daniel e os seus companheiros, para que fossem mortos.

14 Então Daniel, com cautela e prudência, foi falar com Arioque, chefe da guarda do rei, que tinha saído para matar os sábios da Babilônia. 15 Daniel perguntou a Arioque, encarregado do rei:

— Por que esse decreto do rei é tão urgente?

Então Arioque explicou o caso a Daniel. 16 Daniel foi falar com o rei, para pedir que lhe desse tempo, e ele revelaria ao rei a interpretação.

17 Então Daniel foi para casa e explicou a situação a Hananias, Misael e Azarias, seus companheiros, 18 para que pedissem misericórdia ao Deus do céu sobre este mistério, a fim de que Daniel e os seus companheiros não fossem mortos com o resto dos sábios da Babilônia. 19 Então o mistério foi revelado a Daniel numa visão de noite. Daniel bendisse o Deus do céu, 20 dizendo:

"Bendito seja o nome de Deus,
de eternidade a eternidade,
porque dele é a sabedoria e o poder!
21 É ele quem muda o tempo
e as estações,
remove reis e estabelece reis;
ele dá sabedoria aos sábios
e entendimento aos inteligentes.
22 Ele revela o profundo
e o escondido;
conhece o que está em trevas,
e com ele mora a luz.
23 Ó Deus de meus pais,
eu te agradeço e te louvo,
porque me deste sabedoria
e poder,
e agora me revelaste
o que te pedimos,
porque nos fizeste saber este caso do rei."

24 Por isso, Daniel foi falar com Arioque, a quem o rei tinha encarregado de exterminar os sábios da Babilônia. Daniel entrou e lhe disse:

— Não mate os sábios da Babilônia! Leve-me à presença do rei, e revelarei ao rei a interpretação.

25 Então Arioque depressa levou Daniel à presença do rei e lhe disse:

— Achei um dos filhos dos exilados de Judá, que revelará ao rei a interpretação.

26 O rei perguntou a Daniel, cujo nome era Beltessazar:

— Você é capaz de me contar o que vi no sonho e qual é a sua interpretação?

27 Daniel respondeu na presença do rei:

— O mistério que o rei exige, nem sábios, nem magos nem encantadores o podem revelar. 28 Mas há um Deus no céu, que revela os mistérios, pois fez saber ao rei Nabucodonosor o que vai acontecer nos últimos dias. O sonho e as visões que o senhor teve, quando estava em sua cama, são estes:

29 — Quando o senhor, ó rei, estava na sua cama, surgiram em sua mente pensamentos a respeito do que vai acontecer no futuro. Deus, que revela os mistérios, revelou ao senhor o que vai acontecer. 30 Quanto a mim, este mistério me foi revelado, não porque exista em mim mais sabedoria do que em todos os outros homens, mas para que a interpretação fosse revelada ao rei, e para que ele entenda o que passou pela sua mente.

31 — O senhor, ó rei, estava olhando e viu uma grande estátua. Esta, que era imensa e de extraordinário esplendor, estava em pé, bem na sua frente; e a aparência dela era terrível. 32 A cabeça era de ouro puro, o peito e os braços eram de prata, o ventre e os quadris eram de bronze; 33 as pernas eram de ferro, e os pés eram em parte de ferro e em parte de barro. 34 Enquanto o senhor estava olhando, uma pedra foi cortada sem auxílio de mãos humanas, atingiu a estátua nos pés de ferro e de barro e os despedaçou. 35 O ferro, o barro, o bronze, a prata e o ouro foram despedaçados no mesmo instante, e se fizeram como a palha das eiras no verão. O vento os levou, e deles não se viu mais nenhum vestígio. Mas a pedra que atingiu a estátua se tornou uma grande montanha, que encheu toda a terra.

36 — Este é o sonho; e também a sua interpretação diremos ao rei. 37 O senhor, ó rei, que é rei de reis, a quem o Deus do céu conferiu o reino, o poder, a força e a glória; 38 em cujas mãos foram entregues os filhos dos homens, onde quer que eles habitem, e os animais do campo e as aves do céu, para que dominasse sobre todos eles, o senhor, ó rei, é a cabeça de ouro.

39 — Depois do senhor, se levantará outro reino, inferior ao seu; e um terceiro reino, de bronze, que terá domínio sobre toda a terra. 40 O quarto reino será forte como o ferro; pois o ferro quebra e despedaça tudo; como o ferro quebra todas as coisas, assim esse reino fará em pedaços e destruirá todos os outros.

41 — Quanto aos pés e aos dedos dos pés que o senhor viu, que eram em parte de barro de oleiro e em parte de ferro, isto significa que esse será um reino dividido. Contudo, haverá nele alguma coisa da firmeza do ferro, porque o senhor viu o ferro misturado com barro. 42 Como os dedos dos pés eram em parte de ferro e em parte de barro, assim, por um lado, o reino será forte e, por outro, será frágil. 43 Quanto ao ferro misturado com o barro que o senhor viu, isto significa que procurarão se misturar por meio de casamentos, mas não se ligarão um ao outro, assim como o ferro não se mistura com o barro. 44 Mas, nos dias desses reis, o Deus do céu levantará um reino que jamais será destruído e que não passará a outro povo. Esse reino despedaçará e consumirá todos esses outros reinos, mas ele mesmo subsistirá para sempre, 45 assim como o rei viu que do monte foi cortada uma pedra, sem auxílio de mãos humanas, e ela despedaçou o ferro, o bronze, o barro, a prata e o ouro. O Grande Deus revelou ao rei o que vai acontecer no futuro. Certo é o sonho, e fiel é a sua interpretação.

46 Então o rei Nabucodonosor se inclinou e se prostrou com rosto em terra diante de Daniel. Ordenou que oferecessem a Daniel uma oferta de cereais e incenso. 47 O rei disse a Daniel:

— Certamente o Deus que vocês adoram é o Deus dos deuses e o Senhor dos reis. Ele é quem revela os mistérios, pois você foi capaz de revelar este mistério.

48 Então o rei engrandeceu Daniel e lhe deu muitos e grandes presentes. Ele o pôs como governador de toda a província da Babilônia. Também o fez chefe supremo de todos os sábios da Babilônia. 49 A pedido de Daniel, o rei pôs Sadraque, Mesaque e Abede-Nego como administradores da província da Babilônia; mas Daniel permaneceu na corte do rei.

A ESTÁTUA DE OURO E A FORNALHA DE FOGO ARDENTE

3 1 O rei Nabucodonosor fez uma imagem de ouro que tinha vinte e sete metros de altura e dois metros e setenta

de largura, que ele levantou na planície de
Dura, na província da Babilônia. 2 Então o
rei Nabucodonosor mandou reunir os sátra-
pas, os prefeitos, os governadores, os juízes,
os tesoureiros, os magistrados, os conse-
lheiros e todos os oficiais das províncias,
para que viessem à dedicação da imagem
que o rei Nabucodonosor tinha levantado.
3 Então se reuniram os sátrapas, os prefeitos,
os governadores, os juízes, os tesoureiros,
os magistrados, os conselheiros e todos os
oficiais das províncias, para a dedicação
da imagem que o rei Nabucodonosor tinha
levantado. E ficaram em pé diante da ima-
gem que Nabucodonosor tinha levantado.
4 Nisto, o arauto proclamou em alta voz:
— Ordena-se a vocês, pessoas de todos os
povos, nações e línguas, 5 que, no momento
em que ouvirem o som da trombeta, da
flauta, da harpa, da cítara, da lira, da gaita
de foles e de todo tipo de música, vocês se
prostrem e adorem a imagem de ouro que o
rei Nabucodonosor levantou. 6 Quem não se
prostrar e não a adorar será, no mesmo ins-
tante, lançado na fornalha de fogo ardente.
7 Assim, quando ouviram o som da trom-
beta, da flauta, da harpa, da cítara, da lira e
de todo tipo de música, pessoas de todos
os povos, nações e línguas se prostraram e
adoraram a imagem de ouro que o rei Nabu-
codonosor tinha levantado.
8 No mesmo instante, alguns homens cal-
deus se aproximaram e acusaram os judeus.
9 Disseram ao rei Nabucodonosor:
— Que o rei viva eternamente! 10 O senhor,
ó rei, baixou um decreto, ordenando que
todo homem que ouvisse o som da trom-
beta, da flauta, da harpa, da cítara, da lira, da
gaita de foles e de todo tipo de música deve-
ria se prostrar e adorar a imagem de ouro,
11 e que todo aquele que não se prostrasse e
não adorasse seria lançado na fornalha de
fogo ardente. 12 Há uns homens judeus, que
o senhor, ó rei, pôs como administradores da
província da Babilônia: Sadraque, Mesaque
e Abede-Nego. Esses homens fizeram pouco
caso do senhor, ó rei; não prestam culto aos
deuses do rei, nem adoram a imagem de
ouro que o senhor levantou.
13 Então Nabucodonosor, irado e furioso,
mandou chamar Sadraque, Mesaque e Abe-
de-Nego, e eles foram levados à presença do
rei. 14 Nabucodonosor lhes disse:
— Sadraque, Mesaque e Abede-Nego, é ver-
dade que vocês não prestam culto aos meus
deuses, nem adoram a imagem de ouro que
levantei? 15 Agora, pois, se vocês estão pron-
tos, quando ouvirem o som da trombeta, da
flauta, da cítara, da harpa, da lira, da gaita
de foles, prostrem-se e adorem a imagem
que eu fiz. Mas, se não a adorarem, serão,
no mesmo instante, lançados na fornalha
de fogo ardente. E quem é o deus que os
poderá livrar das minhas mãos?
16 Sadraque, Mesaque e Abede-Nego res-
ponderam ao rei:
— Ó Nabucodonosor, quanto a isto não
precisamos nem responder. 17 Se o nosso
Deus, a quem servimos, quiser livrar-nos, ele
nos livrará da fornalha de fogo ardente e das
suas mãos, ó rei. 18 E mesmo que ele não nos
livre, fique sabendo, ó rei, que não prestare-
mos culto aos seus deuses, nem adoraremos
a imagem de ouro que o senhor levantou.
19 Então Nabucodonosor se encheu de
fúria e o aspecto do seu rosto se alterou em
relação a Sadraque, Mesaque e Abede-Nego.
Ordenou que se esquentasse a fornalha sete
vezes mais do que de costume. 20 Ordenou
aos soldados mais fortes do seu exército que
amarrassem Sadraque, Mesaque e Abede-
-Nego e os jogassem na fornalha de fogo
ardente. 21 Então estes homens foram amar-
rados com os seus mantos, túnicas, chapéus
e as suas outras roupas e foram jogados na
fornalha de fogo ardente. 22 Mas porque o
rei exigia urgência e a fornalha estava supe-
raquecida, as chamas do fogo mataram os
homens que jogaram Sadraque, Mesaque
e Abede-Nego dentro da fornalha. 23 E os
três homens, Sadraque, Mesaque e Abede-
-Nego, caíram amarrados dentro da fornalha
de fogo ardente.
24 Em seguida, o rei Nabucodonosor, muito
espantado, se levantou depressa e pergun-
tou aos seus conselheiros:
— Não eram três os homens que amarra-
mos e jogamos no fogo?

Eles responderam:
— É verdade, ó rei.
25 Mas o rei disse:
— Eu, porém, estou vendo quatro homens
soltos, andando no meio do fogo! Não sofre-
ram nenhum dano! E o aspecto do quarto é
semelhante a um filho dos deuses.
26 Então Nabucodonosor se aproximou da
porta da fornalha de fogo ardente e gritou:
— Sadraque, Mesaque e Abede-Nego, ser-
vos do Deus Altíssimo, venham para fora!
Venham cá!

Então Sadraque, Mesaque e Abede-Nego
saíram do meio do fogo. 27 Os sátrapas, os
prefeitos, os governadores e conselheiros do
rei chegaram perto deles e viram que o fogo
não teve poder algum sobre o corpo desses
homens. Os cabelos da cabeça não foram cha-
muscados, os mantos não sofreram mudança,
e eles não estavam com cheiro de fumaça.
28 Nabucodonosor disse:
— Bendito seja o Deus de Sadraque, Mesa-
que e Abede-Nego, que enviou o seu anjo e
livrou os seus servos, que confiaram nele,
pois não quiseram cumprir a palavra do rei,
preferindo entregar o seu corpo a servir e
adorar um deus que não era o Deus deles.
29 Portanto, faço um decreto, ordenando que
todo povo, nação e língua que disser blasfê-
mia contra o Deus de Sadraque, Mesaque e
Abede-Nego seja despedaçado, e que as suas
casas sejam reduzidas a ruínas. Porque não
há outro deus que possa livrar como este.
30 Então o rei fez prosperar Sadraque, Mesa-
que e Abede-Nego na província da Babilônia.

O DECRETO DO REI

4 1 O rei Nabucodonosor às pessoas de
todos os povos, nações e línguas, que
habitam em toda a terra:

"Que a paz lhes seja multiplicada! 2 Pare-
ceu-me bem tornar conhecidos os sinais
e as maravilhas que Deus, o Altíssimo,
tem feito para comigo."

3 "Como são grandes os seus sinais,
e como são poderosas
as suas maravilhas!
O seu reino é um reino eterno,
e o seu domínio se estende
de geração em geração."

O SEGUNDO SONHO DE NABUCODONOSOR E A SUA LOUCURA

4 — Eu, Nabucodonosor, estava tranquilo
em minha casa e feliz no meu palácio. 5 Tive
um sonho que me espantou. Quando eu
estava na minha cama, os pensamentos e
as visões que passaram diante dos meus
olhos me perturbaram. 6 Por isso, expedi
um decreto, ordenando que fossem tra-
zidos à minha presença todos os sábios
da Babilônia, para que me revelassem a
interpretação do sonho. 7 Então vieram os
magos, os encantadores, os caldeus e os
feiticeiros. Eu lhes contei o sonho, mas eles
não puderam me revelar a sua interpreta-
ção. 8 Por fim, apresentou-se Daniel, que é
chamado de Beltessazar, em honra ao nome
do meu deus. Ele tem o espírito dos santos
deuses, e eu lhe contei o sonho, dizendo:
9 "Beltessazar, chefe dos magos, eu sei que
você tem o espírito dos santos deuses e
que não há mistério que você não possa
explicar. Vou lhe contar o sonho que eu
tive, para que você me diga o que ele signi-
fica. 10 Estas foram as visões que passaram
diante dos meus olhos quando eu estava
deitado na minha cama: eu estava olhando
e vi uma árvore no meio da terra, cuja altura
era enorme. 11 A árvore cresceu e se tornou
forte, de maneira que a sua altura chegou
até o céu; ela podia ser vista desde os con-
fins da terra. 12 A sua folhagem era bela, o
seu fruto era abundante, e nela havia sus-
tento para todos. Debaixo dela os animais
selvagens achavam sombra, e as aves do
céu faziam morada nos seus ramos; e todos
os seres vivos se alimentavam dela. 13 No
meu sonho, quando eu estava na minha
cama, vi um vigilante, um santo, que descia
do céu, 14 gritando em alta voz: 'Derrubem a
árvore, cortem os seus ramos, arranquem as
folhas e espalhem os seus frutos. Espantem
os animais que estão debaixo dela e as aves
que fazem morada nos seus ramos. 15 Mas o

toco, com as raízes, deixem na terra, amar-
rado com correntes de ferro e de bronze,
em meio à erva do campo. Que esse toco
seja molhado pelo orvalho do céu, e que a
parte que lhe cabe seja a erva da terra, junto
com os animais. 16 Que o coração dele seja
mudado, para que não seja mais coração
humano, e lhe seja dado coração de ani-
mal; e passem sobre ele sete tempos. 17 Esta
sentença é por decreto dos vigilantes, e esta
ordem é por mandado dos santos, para que
os que vivem saibam que o Altíssimo tem
domínio sobre o reino dos homens. Ele dá
esse reino a quem quer, e põe sobre ele até
o mais humilde dos homens.'"

18 — Este foi o sonho que eu, rei Nabu-
codonosor, tive. Você, Beltessazar, diga a
interpretação, porque todos os sábios do
meu reino não puderam me revelar a inter-
pretação. Mas eu sei que você pode, porque
você tem o espírito dos santos deuses.

DANIEL EXPLICA O SONHO

19 Então Daniel, cujo nome era Beltessa-
zar, ficou perplexo por algum tempo, e os
seus pensamentos o perturbavam. Então o
rei lhe disse:

— Beltessazar, não deixe que o sonho ou
a sua interpretação o perturbem.

Beltessazar respondeu:

— Meu senhor, quem dera o sonho fosse
a respeito daqueles que o odeiam, e a sua
interpretação se aplicasse aos seus inimigos!
20 A árvore que o senhor viu, que cresceu e
se tornou forte, cuja altura chegou até o céu,
que foi vista por toda a terra, 21 cuja folhagem
era bela, cujo fruto era abundante, na qual
havia sustento para todos, debaixo da qual
os animais selvagens achavam sombra, e em
cujos ramos as aves do céu faziam morada,
22 aquela árvore é o senhor, ó rei, que cres-
ceu e veio a ser forte. A sua grandeza, ó rei,
cresceu e chega até o céu, e o seu domínio se
estende até a extremidade da terra. 23 Quanto
ao vigilante ou santo que o rei viu, que des-
cia do céu e que dizia: "Cortem e destruam
a árvore, mas deixem o toco com as raízes
na terra, amarrado com correntes de ferro e
de bronze, em meio à erva do campo; que
esse toco seja molhado pelo orvalho do céu,
e que a parte que lhe cabe seja com os ani-
mais selvagens, até que passem sobre ele
sete tempos", 24 esta é a interpretação, ó rei, e
este é o decreto do Altíssimo, que virá contra
meu senhor, o rei: 25 o senhor será expulso
do meio das pessoas, e a sua morada será
com os animais selvagens; o senhor comerá
capim como os bois, e será molhado pelo
orvalho do céu; e passarão sete tempos, até
que o senhor, ó rei, reconheça que o Altís-
simo tem domínio sobre os reinos do mundo
e os dá a quem ele quer. 26 Quanto ao que foi
dito, que se deixasse o toco da árvore com
as suas raízes, isto significa que o seu reino
voltará a ser seu, depois que o senhor tiver
reconhecido que o Céu domina. 27 Portanto,
ó rei, aceite o meu conselho: abandone os
seus pecados, praticando a justiça, e acabe
com as suas iniquidades, usando de mise-
ricórdia para com os pobres; assim talvez a
sua tranquilidade se prolongue.

O SONHO SE CUMPRE

28 Tudo isso, de fato, aconteceu com o rei
Nabucodonosor. 29 Passados doze meses,
quando estava passeando no terraço do
palácio real da cidade da Babilônia, 30 o
rei disse:

— Não é esta a grande Babilônia que eu
construí para a casa real, com o meu grandioso
poder e para glória da minha majestade?

31 Enquanto o rei ainda falava, veio uma
voz do céu, que disse:

— A você, rei Nabucodonosor, se anuncia
o seguinte: Este reino lhe foi tirado. 32 Você
será expulso do meio das pessoas, e a sua
morada será com os animais selvagens; você
comerá capim como os bois, e passarão sete
tempos, até que você reconheça que o Altís-
simo tem domínio sobre os reinos do mundo
e os dá a quem ele quer.

33 No mesmo instante, se cumpriu a pala-
vra sobre Nabucodonosor. Ele foi expulso do
meio das pessoas e começou a comer capim
como os bois. O seu corpo foi molhado pelo
orvalho do céu, até que lhe cresceram os
cabelos como as penas da águia, e as suas
unhas, como as garras das aves.

Conforme investe tempo na leitura da Palavra e permite que ela entre em seu coração, você, suas falas e atitudes serão transformadas.

34 — Mas ao fim daqueles dias, eu, Nabuco-
donosor, levantei os olhos ao céu, e recuperei
o entendimento. Então eu bendisse o Altís-
simo, e louvei e glorifiquei aquele que vive
para sempre:

"O seu domínio é eterno,
e o seu reino se estende
de geração em geração.
35 Todos os moradores da terra
são considerados como nada,
e o Altíssimo faz o que quer
com o exército do céu
e com os moradores da terra.
Não há quem possa deter
a sua mão,
nem questionar o que ele faz."

36 — Nesse tempo, recuperei o entendi-
mento e, para a dignidade do meu reino,
recuperei também a minha majestade e o
meu resplendor. Os meus conselheiros e os
homens importantes vieram me procurar,
fui restabelecido no meu reino, e a minha
grandeza se tornou ainda maior. 37 Agora
eu, Nabucodonosor, louvo, engrandeço e
glorifico o Rei do céu, porque todas as suas
obras são verdadeiras, e os seus caminhos
são justos. Ele tem poder para humilhar
os orgulhosos.

O BANQUETE DO REI BELSAZAR

5 1 O rei Belsazar deu um grande ban-
quete a mil homens importantes do
seu reino e bebeu vinho na presença deles.
2 Enquanto Belsazar bebia e apreciava o
vinho, mandou trazer os utensílios de ouro
e de prata que Nabucodonosor, o seu pai,
havia tirado do templo de Jerusalém, para
que ele, os homens importantes do reino e
as mulheres e concubinas do rei os usas-
sem para beber vinho. 3 Então trouxeram os
utensílios de ouro, que haviam sido tirados
do templo da Casa de Deus em Jerusalém, e
beberam neles o rei, os homens importan-
tes do reino e as mulheres e concubinas do
rei. 4 Beberam o vinho e deram louvores aos
deuses de ouro, de prata, de bronze, de ferro,
de madeira e de pedra.

5 No mesmo instante, apareceram uns
dedos de mão humana, que começaram a
escrever na parede caiada do palácio real, no
lugar iluminado pelo candelabro; e o rei via
os dedos que estavam escrevendo. 6 Então
o semblante do rei empalideceu, e os seus
pensamentos o deixaram perturbado; as
suas pernas bambearam, e os seus joelhos
batiam um no outro. 7 O rei ordenou, em voz
alta, que fossem chamados os encantadores,
os caldeus e os feiticeiros. O rei disse aos
sábios da Babilônia:

— Aquele que ler o que está escrito na
parede e me declarar a sua interpretação
será vestido de púrpura, receberá uma cor-
rente de ouro para pôr no pescoço e será
o terceiro homem mais importante do
meu reino.

8 Então entraram todos os sábios do rei,
mas não puderam ler o que estava escrito
na parede, nem revelar ao rei a sua interpre-
tação. 9 Com isto, o rei Belsazar ficou muito
perturbado e o seu semblante se tornou cada
vez mais pálido. Os homens importantes do
reino estavam perplexos.

10 A rainha-mãe, que tinha ouvido os gritos
do rei e dos homens importantes do reino,
entrou na sala do banquete e disse:

— Que o rei viva eternamente! Não deixe
que os seus pensamentos o perturbem, nem
fique assim tão pálido. 11 Há aqui no seu reino
um homem que tem o espírito dos santos deu-
ses. Nos dias de seu pai, se achou nele luz,
inteligência e sabedoria como a sabedoria
dos deuses. O seu pai, o rei Nabucodonosor,
sim, o seu pai, ó rei, o constituiu chefe dos
magos, dos encantadores, dos caldeus e dos
feiticeiros, 12 porque nesse Daniel, a quem o rei
tinha dado o nome de Beltessazar, se acharam
espírito excelente, conhecimento e inteligên-
cia, interpretação de sonhos, declaração de
enigmas e solução de casos difíceis. Portanto,
chame Daniel, e ele dará a interpretação.

13 Então Daniel foi levado à presença do rei.
O rei falou com Daniel e lhe perguntou:

— Você é aquele Daniel, dos exilados de
Judá, que o rei, meu pai, trouxe de Judá?
14 Tenho ouvido dizer a seu respeito que o
espírito dos deuses está em você, e que em

você se acham luz, inteligência e excelente
sabedoria. 15 Acabam de ser trazidos à minha
presença os sábios e os encantadores, para
lerem o que está escrito na parede e me darem
a sua interpretação. Mas eles não puderam dar
a interpretação dessas palavras. 16 Eu, porém,
tenho ouvido dizer que você é capaz de dar
interpretações e solucionar casos difíceis. Portanto, se você puder ler o que está escrito e me
revelar a sua interpretação, você será vestido
de púrpura, receberá uma corrente de ouro
para pôr no pescoço e será o terceiro homem
mais importante do meu reino.

17 Então Daniel respondeu e disse na presença do rei:

— O senhor pode ficar com os seus presentes e dar as suas recompensas a outra
pessoa. No entanto, vou ler para o rei o que
está escrito na parede e lhe darei a interpretação.
18 Ó rei, o Deus Altíssimo deu o
reino a Nabucodonosor, seu pai, bem como
grandeza, glória e majestade. 19 Por causa da
grandeza que lhe deu, pessoas de todos os
povos, nações e línguas tremiam e temiam
diante dele. Matava a quem queria e a quem
queria deixava com vida; exaltava uns e
humilhava outros. 20 Mas, quando o coração dele se elevou, e o seu espírito se tornou
orgulhoso e arrogante, foi derrubado do seu
trono real e perdeu toda a sua glória. 21 Foi
expulso do meio dos filhos dos homens, o
seu coração foi feito semelhante ao dos animais, e passou a morar com os jumentos
selvagens. Comia capim como os bois e o
seu corpo foi molhado pelo orvalho do céu,
até que reconheceu que Deus, o Altíssimo,
tem domínio sobre os reinos do mundo e
os dá a quem ele quer.

22 — E o senhor, rei Belsazar, que é filho de
Nabucodonosor, não humilhou o seu coração, mesmo sabendo de tudo isso.
23 Pelo
contrário, se levantou contra o Senhor do
céu, mandando trazer os utensílios do templo dele, para que o senhor, ó rei, as suas
mulheres e concubinas, juntamente com os
homens importantes do reino, bebessem
vinho neles. Além disso, o senhor deu louvores aos deuses de prata, de ouro, de bronze,
de ferro, de madeira e de pedra, que não
veem, não ouvem e não sabem nada. Mas
o senhor não deu glória a Deus, em cuja mão
estão a sua vida e todos os seus caminhos.
24 É por isso que ele enviou aquela mão que
escreveu na parede. 25 E o que está escrito é
isto: MENE, MENE, TEQUEL e PARSIM.

26 — Esta é a interpretação daquilo: MENE:
Deus contou os dias do seu reinado, ó rei, e
pôs um fim nele. 27 TEQUEL: Você foi pesado
na balança e achado em falta. 28 PERES: O seu
reino foi dividido e entregue aos medos e
aos persas.

29 Então Belsazar mandou que vestissem
Daniel de púrpura, que lhe pusessem uma
corrente de ouro no pescoço, e que proclamassem que passaria a ser o terceiro no
governo do seu reino.

30 Naquela mesma noite, Belsazar, rei dos
caldeus, foi morto. 31 E Dario, o medo, se apoderou do reino, quando tinha mais ou menos
sessenta e dois anos de idade.

DANIEL NA COVA DOS LEÕES

6 1 Dario decidiu constituir cento e vinte
sátrapas, para que administrassem todo
o seu reino. 2 Sobre eles colocou três presidentes, dos quais Daniel era um, aos quais
esses sátrapas deveriam prestar contas,
para que o rei não tivesse nenhum prejuízo.
3 Então o mesmo Daniel se destacou
entre os demais presidentes e sátrapas,
porque nele havia um espírito excelente.
O rei até pensava em colocá-lo sobre todo
o reino. 4 Então os presidentes e os sátrapas começaram a procurar um pretexto
relacionado com a administração do reino,
para poderem acusar Daniel. Mas não conseguiram encontrar esse pretexto, nem culpa
alguma, porque ele era fiel, e não se achava
nele nenhum erro nem culpa. 5 Então esses
homens disseram:

— Nunca acharemos um pretexto para
acusar esse Daniel, a menos que procuremos algo relacionado com a lei do Deus que
ele adora.

6 Então esses presidentes e sátrapas foram
juntos falar com o rei e disseram:

— Que o rei Dario viva eternamente!
7 Todos os presidentes do reino, os prefeitos

e sátrapas, conselheiros e governadores con-
cordaram em que o rei baixe um decreto e
sancione um interdito, ordenando que todo
aquele que, nos próximos trinta dias, fizer
um pedido a qualquer deus ou a qualquer
homem e não ao senhor, ó rei, seja jogado
na cova dos leões. 8 Portanto, ó rei, sancione
o interdito e assine o documento, para que
não seja mudado, segundo a lei dos medos
e dos persas, que não pode ser revogada.

9 E assim o rei Dario assinou o documento
e o interdito.

10 Quando Daniel soube que o documento
tinha sido assinado, voltou para casa. Em seu
quarto, no andar de cima, as janelas abriam
para o lado de Jerusalém. Três vezes por dia,
ele se punha de joelhos, orava, e dava graças
diante do seu Deus, como era o seu costume.

11 Então aqueles homens foram juntos até
a casa de Daniel e o encontraram orando
e fazendo súplicas diante do seu Deus.
12 Depois, se apresentaram ao rei, para falar a
respeito do interdito real. Perguntaram ao rei:

— Não é verdade que o senhor assinou um
interdito ordenando, no espaço de trinta dias,
que todo homem que fizesse um pedido a
qualquer deus ou a qualquer homem e não ao
senhor, ó rei, fosse jogado na cova dos leões?

O rei respondeu:

— Sim, o interdito está em vigor, segundo
a lei dos medos e dos persas, que não pode
ser revogada.

13 Então eles disseram ao rei:

— Esse Daniel, que é dos exilados de Judá,
faz pouco caso do senhor, ó rei, e do interdito
que o senhor assinou. Três vezes por dia, ele
faz a sua oração.

14 Ao ouvir isso, o rei ficou muito triste e
decidiu livrar Daniel. Até o pôr do sol, se
empenhou por salvá-lo. 15 Então aqueles
homens foram juntos até o rei e lhe disseram:

— Lembre-se, ó rei, que é uma lei dos
medos e dos persas que nenhum interdito ou
decreto que o rei sancionou pode ser mudado.

16 Então o rei ordenou que trouxessem
Daniel e o jogassem na cova dos leões. O
rei disse a Daniel:

— O seu Deus, a quem você serve conti-
nuamente, que ele o livre.

17 Foi trazida uma pedra e ela foi colocada
sobre a boca da cova. O rei selou a pedra com
o seu próprio anel e com o anel dos homens
importantes do reino, para que nada se
mudasse a respeito de Daniel. 18 Então o rei
se dirigiu para o seu palácio, passou a noite
em jejum e não deixou trazer à sua presença
instrumentos de música; e o sono fugiu dele.

19 Pela manhã, ao romper o dia, o rei se
levantou e foi depressa à cova dos leões. 20 Ao
se aproximar da cova, chamou Daniel com
voz triste. O rei disse a Daniel:

— Daniel, servo do Deus vivo! Será que o
seu Deus, a quem você serve continuamente,
conseguiu livrá-lo dos leões?

21 Daniel respondeu:

— Que o rei viva eternamente! 22 O meu
Deus enviou o seu anjo e fechou a boca dos
leões, para que não me fizessem mal algum.
Porque fui considerado inocente diante dele.
E também não cometi nenhum delito contra
o senhor, ó rei.

23 Então o rei, com muita alegria, mandou
que tirassem Daniel da cova. Assim, Daniel
foi tirado da cova, e não se achou nele feri-
mento algum, porque havia confiado em seu
Deus. 24 O rei deu uma ordem, e foram tra-
zidos aqueles homens que tinham acusado
Daniel. Foram jogados na cova dos leões,
eles, os seus filhos e as suas mulheres. Ainda
não tinham chegado ao fundo da cova, e já
os leões se apoderaram deles, e lhes esmi-
galharam todos os ossos.

25 Então o rei Dario escreveu às pessoas de
todos os povos, nações e línguas que habi-
tam em toda a terra:

"Que a paz lhes seja multiplicada! 26 Faço
um decreto pelo qual, em todo o domí-
nio do meu reino, todos tremam e temam
diante do Deus de Daniel."

"Porque ele é o Deus vivo
e que permanece para sempre.
O seu reino não será destruído,
e o seu domínio não terá fim.
27 Ele livra, salva,
e faz sinais
e maravilhas no céu e na terra.

Foi ele quem livrou Daniel
do poder dos leões."

28 Daniel prosperou no reinado de Dario e
no reinado de Ciro, o persa.

O SONHO SOBRE OS QUATRO ANIMAIS

7 1 No primeiro ano do reinado de Bel-
sazar, rei da Babilônia, Daniel teve um
sonho, e visões passaram diante de seus
olhos, quando ele estava deitado em sua
cama. Logo depois ele escreveu o sonho,
fazendo um resumo de todas as coisas.
2 Daniel disse:

— Eu estava olhando, durante a minha
visão da noite, e eis que os quatro ventos
do céu agitavam o grande mar. 3 Quatro ani-
mais, grandes, diferentes uns dos outros,
subiam do mar.

4 — O primeiro era como um leão e tinha
asas de águia. Enquanto eu olhava, as suas
asas foram arrancadas, ele foi levantado da
terra e posto em pé, para que andasse como
homem; e foi dada a ele uma mente humana.

5 — A seguir, apareceu o segundo animal,
semelhante a um urso, o qual se levantou
sobre um dos seus lados. Na boca, entre os
dentes, trazia três costelas. E lhe diziam:
"Levante-se e devore muita carne."

6 — Depois disto, continuei olhando, e eis
que apareceu outro animal, semelhante a
um leopardo. Tinha nas costas quatro asas
de ave. Este animal tinha também quatro
cabeças, e foi-lhe dado domínio.

7 — Depois disto, eu continuava olhando
nas visões da noite, e apareceu o quarto
animal, terrível, espantoso e muito forte.
Tinha grandes dentes de ferro. Ele devo-
rava, fazia em pedaços e pisava com os pés
o que sobrava. Era diferente de todos os
animais que apareceram antes dele e tinha
dez chifres.

8 — Enquanto eu observava os chifres, eis
que entre eles subiu outro chifre, pequeno,
diante do qual três dos primeiros chifres
foram arrancados. E eis que neste chifre
havia olhos, como olhos de ser humano, e
uma boca que falava com arrogância.

A VISÃO DE DEUS

9 "Continuei olhando,
até que foram postos uns tronos,
e o Ancião de Dias se assentou.
Sua roupa era branca
como a neve,
e os cabelos da cabeça
eram como a lã pura.
O seu trono eram chamas de fogo,
e as rodas do trono
eram fogo ardente.
10 Um rio de fogo manava
e saía de diante dele.
Milhares de milhares o serviam,
e milhões de milhões
estavam diante dele.
Foi instalada a sessão do tribunal
e foram abertos os livros."

11 — Continuei olhando, por causa do som
das palavras arrogantes que o chifre profe-
ria. Fiquei olhando e vi que o animal foi
morto, e o seu corpo foi destruído e entre-
gue para ser queimado. 12 Quanto aos outros
animais, foi-lhes tirado o domínio, mas foi-
-lhes dada prolongação de vida por um prazo
e um tempo.

13 "Eu estava olhando
nas minhas visões da noite.
E eis que vinha
com as nuvens do céu
alguém como um filho do homem.
Ele se dirigiu ao Ancião de Dias,
e o fizeram chegar até ele.
14 Foi-lhe dado o domínio,
a glória e o reino,
para que as pessoas de todos
os povos, nações e línguas
o servissem.
O seu domínio é domínio eterno,
que não passará,
e o seu reino
jamais será destruído."

15 — Eu, Daniel, fiquei alarmado, e as visões
que passaram diante dos meus olhos me
perturbaram. 16 Então me dirigi a um dos
que estavam ali perto e lhe pedi a verdade a

respeito de tudo isso. Ele falou comigo e me fez
saber a interpretação das coisas: 17 "Estes gran-
des animais, que são quatro, são quatro reis
que se levantarão da terra. 18 Mas os santos do
Altíssimo receberão o reino e o possuirão para
todo o sempre, de eternidade a eternidade."

19 — Então tive desejo de conhecer a ver-
dade a respeito do quarto animal, que era
diferente de todos os outros, muito terrível,
cujos dentes eram de ferro, cujas garras eram
de bronze, que devorava, fazia em pedaços
e pisava com os pés o que sobrava. 20 Tam-
bém quis saber a respeito dos dez chifres
que ele tinha na cabeça e do outro chifre
que subiu, diante do qual caíram três chi-
fres, ou seja, aquele chifre que tinha olhos
e uma boca que falava com arrogância e que
parecia mais forte do que os outros chifres.
21 Enquanto eu olhava, eis que esse chifre
fazia guerra contra os santos e estava ven-
cendo. 22 Até que veio o Ancião de Dias e
fez justiça aos santos do Altíssimo. E veio o
tempo em que os santos possuíram o reino.

23 — Então ele disse:

"O quarto animal será
um quarto reino na terra,
que será diferente
de todos os outros reinos.
Ele devorará toda a terra,
e a pisará com os pés,
e a fará em pedaços.
24 Os dez chifres correspondem
a dez reis
que se levantarão daquele reino.
Depois deles, se levantará outro rei,
que será diferente dos primeiros,
e derrotará três reis.
25 Ele falará contra o Altíssimo,
oprimirá os santos do Altíssimo
e tentará mudar os tempos e a lei;
e os santos serão entregues
nas mãos dele
por um tempo, tempos
e metade de um tempo.
26 Mas, depois, será instalada
a sessão do tribunal
para lhe tirar o domínio,
para o destruir e o consumir até o fim.
27 O reino, o domínio
e a majestade dos reinos
debaixo de todo o céu
serão dados ao povo
dos santos do Altíssimo.
O seu reino será um reino eterno
e todos os domínios o servirão e lhe
obedecerão."

28 — Aqui termina a explicação. Quanto
a mim, Daniel, os meus pensamentos
muito me perturbaram, e o meu rosto se
empalideceu. Mas guardei estas coisas em
meu coração.

A VISÃO SOBRE UM CARNEIRO E UM BODE

8 1 No terceiro ano do reinado do rei Bel-
sazar, eu, Daniel, tive uma visão. Isto
aconteceu depois daquela visão que eu tive
anteriormente. 2 Quando tive a visão, pare-
cia que eu estava na cidadela de Susã, que
fica na província de Elão. Nessa visão, eu
estava junto ao rio Ulai. 3 Levantei os olhos
e eis que, diante do rio, estava um carneiro,
que tinha dois chifres. Os dois chifres eram
compridos, mas um era mais comprido do
que o outro; e o mais comprido apareceu
por último. 4 Vi que o carneiro dava chi-
fradas para o oeste, para o norte e para o
sul, e nenhum animal podia resistir a ele,
nem havia quem pudesse livrar-se do seu
poder. Ele fazia o que bem queria e, assim,
se engrandeceu cada vez mais.

5 Enquanto eu procurava entender isso, eis
que um bode vinha do oeste percorrendo
toda a terra, mas sem tocar no chão. Esse
bode tinha um chifre bem visível entre os
olhos. 6 Foi na direção do carneiro que tinha
os dois chifres, que eu tinha visto diante
do rio, e correu contra ele com todo o seu
furioso poder. 7 Eu vi quando o bode chegou
perto do carneiro e, enfurecido contra ele, o
atacou e lhe quebrou os dois chifres. O car-
neiro não tinha força para resistir ao bode. O
bode jogou o carneiro no chão e o pisou com
os pés, e não houve quem pudesse livrar
o carneiro do poder do bode. 8 O bode se
engrandeceu cada vez mais. Porém, quando

estava no auge do seu poder, o seu grande chifre foi quebrado, e em seu lugar saíram quatro chifres bem visíveis, que cresceram na direção dos quatro ventos do céu.

9 De um deles saiu um chifre pequeno, que se engrandeceu na direção do sul, do leste e da terra gloriosa. 10 Ele se engrandeceu tanto, que alcançou o exército dos céus. Lançou por terra alguns desse exército e das estrelas e os pisou com os pés. 11 Ele se engrandeceu tanto, que chegou a desafiar o príncipe desse exército. Tirou dele o sacrifício diário e destruiu o lugar do seu santuário. 12 O exército lhe foi entregue, com o sacrifício diário, por causa das transgressões. Lançou por terra a verdade, e tudo o que ele fez prosperou.

13 Depois, ouvi um santo que falava; e outro santo lhe perguntou:

— Até quando vai durar a visão do sacrifício diário suprimido e da transgressão desoladora? Até quando o santuário e o exército ficarão entregues, para que sejam pisados aos pés?

14 Ele me disse:

— Até duas mil e trezentas tardes e manhãs. Depois, o santuário será purificado.

15 Depois que tive a visão, eu, Daniel, procurei entendê-la. Foi quando se apresentou diante de mim um ser que tinha a aparência de homem. 16 E ouvi uma voz de homem que vinha das margens do rio Ulai e que gritou assim:

— Gabriel, explique a visão a esse homem.

17 Ele veio para perto de onde eu estava. Quando chegou, fiquei com muito medo e caí com o rosto em terra. Mas ele me disse:

— Filho do homem, você precisa entender que esta visão se refere ao tempo do fim.

18 Ele ainda falava comigo quando caí sem sentidos, com o rosto em terra. Ele, porém, me tocou, me pôs em pé 19 e disse:

— Eis que vou lhe contar o que há de acontecer no último tempo da ira, porque esta visão se refere ao tempo determinado do fim. 20 Aquele carneiro com dois chifres, que você viu, são os reis da Média e da Pérsia. 21 O bode peludo é o rei da Grécia, e o chifre grande entre os olhos é o primeiro rei. 22 O fato de o chifre ter sido quebrado, levantando-se quatro chifres em lugar dele, significa que quatro reinos se levantarão deste povo, mas não com força igual à que ele tinha. 23 Quando se aproximar o fim desses reinos e as transgressões tiverem chegado ao máximo, surgirá um rei cruel e mestre em intrigas. 24 Grande será o seu poder, mas não por sua própria força. Causará destruições terríveis, e prosperará naquilo que fizer. Destruirá os poderosos e o povo santo. 25 Por sua astúcia, fará prosperar o engano. No seu coração ele se engrandecerá, e destruirá muitos que vivem despreocupadamente. Ele se levantará contra o Príncipe dos príncipes, mas será destruído sem intervenção humana.

26 — A visão das tardes e das manhãs, que lhe foi dada, é verdadeira. Mas guarde a visão em segredo, porque se refere a dias ainda bem distantes.

27 Eu, Daniel, enfraqueci e fiquei doente durante vários dias. Depois, me levantei e tratei dos negócios do rei. Fiquei espantado com a visão, e não havia quem a entendesse.

A ORAÇÃO DE DANIEL PELO POVO

9 1 No primeiro ano do reinado de Dario, filho de Assuero, da linhagem dos medos, que foi constituído rei sobre os caldeus, 2 no primeiro ano do seu reinado, eu, Daniel, entendi, pelos livros, que, de acordo com o que o Senhor havia falado ao profeta Jeremias, a desolação de Jerusalém iria durar setenta anos. 3 Voltei o rosto ao Senhor Deus, para o buscar com oração e súplicas, com jejum, vestido de pano de saco e sentado na cinza. 4 Orei ao Senhor, meu Deus, e fiz a seguinte confissão:

— Ah! Senhor! Deus grande e temível, que guardas a aliança e a misericórdia para com os que te amam e guardam os teus mandamentos, 5 nós temos pecado e cometido iniquidades. Procedemos mal e fomos rebeldes, afastando-nos dos teus mandamentos e dos teus juízos. 6 Não demos ouvidos aos teus servos, os profetas, que em teu nome falaram aos nossos reis, aos nossos príncipes, aos nossos pais e a todo o povo da terra. 7 A ti, ó Senhor, pertence a justiça, mas a nós cabe o corar de vergonha, como hoje se vê, a saber, aos homens de Judá, aos moradores de Jerusalém, a todo o Israel, tanto os de perto como os de longe, em todas as

Você precisa conhecer sua real identidade em Deus.

terras para onde os expulsaste, por causa das transgressões que cometeram contra ti. 8 Ó Senhor, a nós pertence o corar de vergonha, aos nossos reis, aos nossos príncipes e aos nossos pais, porque temos pecado contra ti. 9 Ao Senhor, nosso Deus, pertence a misericórdia e o perdão, pois nos rebelamos contra ele 10 e não obedecemos à voz do Senhor, nosso Deus, para andarmos nas suas leis, que nos deu por meio dos seus servos, os profetas. 11 Sim, todo o Israel transgrediu a tua lei e se desviou, deixando de ouvir a tua voz. Por isso, as maldições que estão escritas na Lei de Moisés, servo de Deus, e que foram confirmadas com juramento, se derramaram sobre nós, porque pecamos contra ti. 12 Ele confirmou a sua palavra, que falou contra nós e contra os nossos juízes que nos julgavam, e fez vir sobre nós um grande mal. Nunca antes, debaixo do céu, havia acontecido algo como o que aconteceu com Jerusalém! 13 Como está escrito na Lei de Moisés, todo este mal nos sobreveio. Mas mesmo assim não temos implorado o favor do Senhor, nosso Deus, para nos convertermos das nossas iniquidades e nos aplicarmos à tua verdade. 14 O Senhor tinha preparado esse mal e o fez cair sobre nós, pois o Senhor, nosso Deus, é justo em tudo o que faz, e nós não obedecemos à sua voz.

15 — Ó Senhor, nosso Deus, que tiraste o teu povo da terra do Egito com mão poderosa e adquiriste a fama que tens até o dia de hoje, nós temos pecado e cometido iniquidade. 16 Ó Senhor, segundo todas as tuas justiças, afasta a tua ira e o teu furor da tua cidade de Jerusalém, do teu santo monte, porque, por causa dos nossos pecados e por causa das iniquidades de nossos pais, Jerusalém e o teu povo se tornaram objeto de deboche para todos os que estão ao redor de nós. 17 E agora, ó nosso Deus, ouve a oração e as súplicas do teu servo. Por amor do Senhor, faze resplandecer o teu rosto sobre o teu santuário, que está abandonado. 18 Inclina, ó Deus meu, os ouvidos e ouve! Abre os olhos e olha para a nossa desolação e para a cidade que é chamada pelo teu nome! Lançamos as nossas súplicas diante de ti não porque confiamos em nossas justiças, mas porque confiamos em tuas muitas misericórdias. 19 Ó Senhor, ouve! Ó Senhor, perdoa! Ó Senhor, atende-nos e age! Não te demores, por amor de ti mesmo, ó meu Deus, porque a tua cidade e o teu povo são chamados pelo teu nome.

A PROFECIA DAS SETENTA SEMANAS

20 Enquanto eu ainda falava, orava, confessava o meu pecado e o pecado do meu povo de Israel e lançava a minha súplica diante do Senhor, meu Deus, pelo monte santo do meu Deus, 21 sim, enquanto eu assim orava, Gabriel, o homem que eu tinha visto na minha visão anterior, veio rapidamente, voando, e tocou em mim; era hora do sacrifício da tarde. 22 Ele queria instruir-me, falou comigo e disse:

— Daniel, agora eu vim para dar a você inteligência e discernimento. 23 Quando você começou a fazer as suas súplicas, foi dada uma ordem, e eu vim para explicar tudo a você, porque Deus o ama muito. Portanto, preste atenção à mensagem e entenda a visão.

24 — Setenta semanas estão determinadas para o seu povo e para a sua santa cidade, para acabar com a transgressão, para dar fim aos pecados, para expiar a iniquidade, para trazer a justiça eterna, para selar a visão e a profecia e para ungir o Santo dos Santos. 25 Saiba e entenda isto: desde que foi dada a ordem para restaurar e para edificar Jerusalém até a vinda do Ungido, o Príncipe, haverá sete semanas e sessenta e duas semanas. As ruas e as muralhas serão reconstruídas, mas será um tempo de muita angústia. 26 Depois das sessenta e duas semanas, o Ungido será morto e não terá nada. O povo de um príncipe que há de vir destruirá a cidade e o santuário. O seu fim virá como uma inundação. Até o fim haverá guerra, e desolações foram determinadas. 27 Ele fará firme aliança com muitos, por uma semana. Na metade da semana, fará cessar o sacrifício e a oferta de cereais. Sobre a asa das abominações virá aquele que causa desolação, até que a destruição, que está determinada, seja derramada sobre ele.

A VISÃO DE DANIEL NO RIO TIGRE

10 1 No terceiro ano de Ciro, rei da Pérsia, uma palavra foi revelada a Daniel, cujo nome é Beltessazar. A palavra era verdadeira e envolvia grande conflito. Ele entendeu a palavra e teve entendimento da visão. 2 Naqueles dias, eu, Daniel, fiquei de luto por três semanas. 3 Não comi nada que fosse saboroso, não provei carne nem vinho, e não me ungi com óleo algum, até que passaram as três semanas.

4 No dia vinte e quatro do primeiro mês, estando eu na margem do grande rio Tigre, 5 levantei os olhos e vi um homem vestido de linho, com um cinto de ouro puro de Ufaz na cintura. 6 O seu corpo era como o berilo, o seu rosto parecia um relâmpago, os seus olhos eram como tochas de fogo, os seus braços e os seus pés brilhavam como bronze polido, e a voz das suas palavras era como o barulho de uma multidão. 7 Só eu, Daniel, tive aquela visão. Os homens que estavam comigo nada viram, mas ficaram com muito medo, fugiram e se esconderam. 8 Assim, fiquei sozinho e contemplei esta grande visão, e não restou força em mim. O meu rosto mudou de cor e se desfigurou, e perdi as forças. 9 Contudo, ouvi a voz das suas palavras; e, ouvindo essa voz, caí sem sentidos, com o rosto em terra.

10 Eis que a mão de alguém tocou em mim, e me ajudou a ficar de joelhos, apoiado nas palmas das mãos. 11 Ele me disse:

— Daniel, homem muito amado, esteja atento às palavras que vou lhe dizer. Fique em pé, porque fui enviado para falar com você.

Enquanto ele falava comigo, eu me pus em pé, tremendo. 12 Então ele me disse:

— Não tenha medo, Daniel, porque as suas palavras foram ouvidas, desde o primeiro dia em que você dispôs o coração a compreender e a se humilhar na presença do seu Deus. Foi por causa dessas suas palavras que eu vim. 13 Mas o príncipe do reino da Pérsia me resistiu durante vinte e um dias. Porém Miguel, um dos príncipes mais importantes, veio me ajudar, e eu fiquei ali com os reis da Pérsia. 14 Agora, vim para fazer com que você entenda o que vai acontecer com o seu povo nos últimos dias. Porque a visão se refere a dias ainda distantes.

15 Enquanto ele me dizia essas palavras, dirigi o olhar para o chão e fiquei mudo. 16 Então um ser semelhante aos filhos dos homens me tocou os lábios, e passei a falar. Eu disse àquele que estava diante de mim:

— Meu senhor, essa visão me causou muita dor, e eu fiquei sem força alguma. 17 Como pode este seu servo falar com o meu senhor? Porque, quanto a mim, não me resta mais nenhuma força, e quase não posso respirar.

18 Então aquele ser semelhante a um homem tocou em mim outra vez e me fortaleceu. 19 E disse:

— Não tenha medo, homem muito amado! Que a paz esteja com você! Anime-se! Sim, anime-se!

Enquanto ele falava comigo, fiquei fortalecido e disse:

— Fale agora, meu senhor, pois as suas palavras me fortaleceram.

20 E ele disse:

— Você sabe por que eu vim? Agora voltarei a lutar contra o príncipe da Pérsia. Quando eu sair, eis que virá o príncipe da Grécia. 21 Mas eu direi a você o que está expresso no Livro da Verdade. E na minha luta contra eles não há ninguém que esteja ao meu lado, a não ser Miguel, o príncipe de vocês.

11 1 Mas eu, no primeiro ano de Dario, o medo, me levantei para o fortalecer e animar.

OS REIS DO NORTE E DO SUL

2 — Agora, eu vou lhe dizer a verdade: eis que ainda três reis se levantarão na Pérsia, e o quarto será muito mais rico do que todos eles. Fortalecido por suas riquezas, instigará todos contra o reino da Grécia. 3 Depois, se levantará um rei poderoso, que reinará com grande domínio e fará o que quiser. 4 Mas, no auge do seu poder, o seu reino será quebrado e repartido para os quatro ventos do céu, mas não para a sua posteridade, nem com o mesmo poder com que ele reinou, porque o seu reino será arrancado e passará a outros fora de seus descendentes.

5 — O rei do Sul será forte, mas um dos seus príncipes será mais forte do que ele, e reinará, e será grande o seu domínio. 6 Mas, depois de alguns anos, eles se aliarão um com o outro. A filha do rei do Sul casará com o rei do Norte, para estabelecer a concórdia. Ela, porém, não conservará o seu poder, e ele não permanecerá, nem manterá o seu poder. Porque ela será entregue, juntamente com os que a trouxeram, o seu pai e aquele que a tomou por sua naqueles tempos. 7 Mas em lugar dele se levantará um renovo da linhagem dela, que avançará contra o exército do rei do Norte, entrará na sua fortaleza, lutará contra eles e prevalecerá. 8 Também levará como despojo para o Egito os deuses deles, as suas imagens fundidas e os seus objetos preciosos de prata e de ouro. Por alguns anos, ele deixará o rei do Norte em paz. 9 Depois, este avançará contra o reino do rei do Sul, mas voltará para a sua terra.

10 — Os seus filhos farão guerra e reunirão um grande exército. Um deles virá apressadamente, arrasará tudo e passará adiante; e, voltando, levará a guerra até a fortaleza do rei do Sul. 11 Então o rei do Sul ficará furioso e sairá para atacar o rei do Norte. Este reunirá um grande exército, que será entregue nas mãos do rei do Sul. 12 O grande exército será levado, e o coração do rei do Sul se exaltará; ele derrubará muitos milhares, porém não prevalecerá. 13 Porque o rei do Norte voltará, e reunirá um exército ainda maior do que o primeiro, e, depois de alguns anos, virá com um grande exército e abundantes provisões.

14 — Naqueles tempos, muitos se levantarão contra o rei do Sul. Também os violentos do seu povo, ó Daniel, se levantarão para cumprirem a visão, mas serão derrotados. 15 O rei do Norte virá, levantará rampas de ataque e tomará cidades fortificadas. As forças do Sul não poderão resistir. Nem mesmo os melhores soldados terão forças para resistir. 16 O invasor fará o que bem quiser, e não haverá quem lhe possa resistir. Ocupará a terra gloriosa, e tudo estará em suas mãos. 17 Resolverá vir com a força de todo o seu reino e entrará em acordo com o rei do Sul. Ele lhe dará uma filha em casamento, para destruir o reino do Sul, mas isto não vingará, nem será para a sua vantagem. 18 Depois, se voltará para as terras do mar e tomará muitas delas. Mas um príncipe porá fim à arrogância dele e fará com que pague por isso. 19 Então voltará para as fortalezas da sua própria terra, mas tropeçará e cairá, para nunca mais ser achado.

20 — Depois, se levantará em lugar dele um que fará passar um arrecadador de impostos pela glória do reino; mas, em poucos dias, será destruído, e isso sem ira nem batalha. 21 Depois, se levantará em seu lugar um homem desprezível, ao qual não tinham dado a dignidade real; mas ele virá de surpresa e tomará o reino, com intrigas. 22 Exércitos serão arrasados diante dele; serão esmagados, inclusive o príncipe da aliança. 23 Apesar da aliança com ele, usará de engano; subirá e se tornará forte com pouca gente. 24 Virá também de surpresa aos lugares mais férteis da província e fará o que nunca fizeram os seus pais, nem os pais de seus pais: repartirá entre eles a presa, os despojos e os bens; e fará os seus planos contra as fortalezas, mas só por certo tempo.

25 — Despertará a sua força e a sua coragem contra o rei do Sul, à frente de grande exército. O rei do Sul sairá à batalha com um grande e poderoso exército, mas não prevalecerá, porque farão planos contra ele. 26 Os que comerem as finas iguarias dele o destruirão, o exército dele será arrasado, e muitos serão mortos. 27 Também estes dois reis se empenharão em fazer o mal e, sentados à mesma mesa, falarão mentiras. Porém isso não prosperará, porque o fim virá no tempo determinado. 28 Então o rei do Norte voltará para a sua terra com grande riqueza, e o seu coração será contra a santa aliança; fará o que quiser e depois voltará para a sua terra.

29 — No tempo determinado, voltará a atacar o Sul, mas desta vez não será como foi na primeira vez, 30 porque virão contra ele navios de Quitim. Contrariado, ele voltará e se indignará contra a santa aliança, e fará o que quiser. E, tendo voltado, dará atenção aos que abandonaram a santa aliança. 31 Forças enviadas por ele profanarão o santuário e a

fortaleza, acabarão com o sacrifício diário,
estabelecendo a abominação desoladora.
32 Com lisonjas, perverterá aqueles que vio-
laram a aliança, mas o povo que conhece o
seu Deus se tornará forte e ativo. 33 Os sábios
entre o povo ensinarão a muitos; todavia, cai-
rão pela espada e pelo fogo, pelo cativeiro e
pelo roubo, por algum tempo. 34 Ao caírem,
receberão uma pequena ajuda; mas muitos
se ajuntarão a eles com lisonjas. 35 Alguns dos
sábios cairão para serem provados, purifica-
dos e limpos, até o tempo do fim, porque se
dará ainda no tempo determinado.

36 — Este rei fará o que quiser, se levan-
tará, e se engrandecerá sobre tudo o que se
chama deus. Falará coisas incríveis contra
o Deus dos deuses e será bem-sucedido, até
que se cumpra a indignação; porque aquilo
que está determinado será feito. 37 Não terá
respeito aos deuses dos seus pais, nem ao
deus que as mulheres preferem, nem a qual-
quer deus, porque se engrandecerá acima de
tudo. 38 Mas, em lugar dos deuses, honrará o
deus das fortalezas; a um deus que os seus
pais não conheceram, honrará com ouro,
com prata, com pedras preciosas e objetos
de valor. 39 Com o auxílio de um deus estra-
nho, atacará as mais poderosas fortalezas,
e aos que o reconhecerem, multiplicará a
honra, e os fará reinar sobre muitos, e lhes
repartirá a terra por um preço.

40 — No tempo do fim, o rei do Sul lutará
contra ele, e o rei do Norte arremeterá con-
tra ele com carros de guerra, cavaleiros e com
muitos navios, e entrará nas suas terras, e as
inundará, e passará. 41 Entrará também na
terra gloriosa, e muitos sucumbirão, mas
Edom, Moabe e as primícias dos filhos de
Amom escaparão do seu poder. 42 Estenderá
a sua mão contra as terras, e nem mesmo a
terra do Egito escapará. 43 Tomará posse dos
tesouros de ouro e de prata e de todas as coi-
sas preciosas do Egito; os líbios e os etíopes
o seguirão. 44 Mas será perturbado por rumo-
res vindos do Oriente e do Norte e sairá com
grande furor, para destruir e exterminar mui-
tos. 45 Armará as suas tendas palacianas entre
o mar e o glorioso monte santo. Mas chegará
ao seu fim, e não haverá quem o socorra.

O TEMPO DO FIM

12 1 — Nesse tempo, se levantará Miguel,
o grande príncipe, o defensor dos
filhos do povo de Deus, e haverá tempo de
angústia, como nunca houve, desde que
existem nações até aquele tempo. Mas,
naquele tempo, o povo de Deus será salvo,
todo aquele que for achado inscrito no
livro. 2 Muitos dos que dormem no pó da
terra ressuscitarão, uns para a vida eterna,
outros para vergonha e horror eterno. 3 Os
que forem sábios resplandecerão como o
fulgor do firmamento, e os que conduzirem
muitos à justiça brilharão como as estrelas,
sempre e eternamente. 4 Quanto a você,
Daniel, encerre as palavras e sele o livro,
até o tempo do fim. Muitos correrão de um
lado para outro, e o saber se multiplicará.

5 Então eu, Daniel, olhei, e eis que outros
dois estavam em pé às margens do rio, um de
cada lado. 6 Um deles perguntou ao homem
vestido de linho, que estava sobre as águas
do rio:

— Quando se cumprirão estas maravilhas?

7 Então ouvi o homem vestido de linho, que
estava sobre as águas do rio. Ele levantou a
mão direita e a esquerda ao céu e jurou por
aquele que vive eternamente, dizendo:

— Passarão um tempo, tempos e metade
de um tempo. E, quando tiverem acabado de
destruir o poder do povo santo, estas coisas
todas se cumprirão.

8 Eu ouvi, mas não entendi. Então perguntei:

— Meu senhor, qual será o fim destas coisas?

9 Ele respondeu:

— Siga o seu caminho, Daniel, porque
estas palavras estão encerradas e seladas
até o tempo do fim. 10 Muitos serão purifi-
cados, limpos e provados, mas os ímpios
continuarão na sua impiedade, e nenhum
deles entenderá; mas os sábios entenderão.
11 Depois do tempo em que o sacrifício diá-
rio for tirado e a abominação desoladora for
estabelecida, haverá ainda mil duzentos e
noventa dias. 12 Bem-aventurado o que espera
e chega até mil trezentos e trinta e cinco dias.

13 — Quanto a você, siga o seu caminho até
o fim. Você descansará e, ao fim dos dias, se
levantará para receber a sua herança.

Introdução aos Livros dos Profetas Menores

Os Profetas Menores compreendem 12 livros curtos e poderosos que capturam a voz de Deus ao longo de vários séculos. Esses textos oferecem uma visão única da história espiritual de Israel, revelando aspectos tanto da justiça quanto da misericórdia de Deus. Embora variem em estilo e mensagem, eles compartilham o propósito comum de chamar o povo à fidelidade, denunciando o pecado e apontando para a restauração por meio do arrependimento. Os Profetas Menores não apenas documentam eventos históricos, mas transmitem verdades eternas sobre a natureza de Deus e seu desejo de reconciliação com seu povo.

ENSINAMENTOS PRINCIPAIS DOS PROFETAS MENORES

1. *Justiça e misericórdia divinas*: os Profetas Menores revelam um Deus de justiça inabalável, que não ignora o pecado, mas também é abundantemente misericordioso. Esses profetas frequentemente confrontam a nação de Israel por suas transgressões, mas também oferecem promessas de perdão e restauração para aqueles que se voltam para Deus de todo o coração.
2. *O chamado à fidelidade*: a fidelidade ao Senhor é um tema central nos Profetas Menores. Eles enfatizam a importância de um relacionamento íntegro com o Senhor em contraste com as consequências da idolatria e da injustiça. O chamado à fidelidade é um convite contínuo para o povo de Deus em todas as épocas.
3. *Promessas e juízo*: as profecias dos Profetas Menores incluem tanto advertências severas de juízo quanto promessas de restauração e bênção futura. Elas ilustram a constante preocupação do Eterno em guiar seu povo de volta ao caminho da verdade e da justiça, mesmo diante das consequências da desobediência.
4. *Esperança messiânica*: embora os livros dos Profetas Menores sejam curtos, contêm promessas poderosas sobre o Messias vindouro e seu reino. Profecias como as de Miqueias sobre Belém (Mq 5.2) e as de Oseias sobre o retorno do povo ao Senhor (Os 14.4) apontam para a vinda de Jesus e seu papel redentor na história da humanidade.
5. *Relevância contínua*: embora escritos há milênios, os ensinamentos dos Profetas Menores continuam a ser hoje relevantes para os cristãos. Suas mensagens de esperança, arrependimento e restauração ecoam pelos séculos, convidando todos os que ouvem a retornar ao Senhor e experimentar sua graça transformadora.

OSEIAS

O profeta atuou durante um período tumultuado em Israel, retratando a infidelidade espiritual do povo por meio de seu próprio casamento com Gômer, uma mulher devassa. Essa imagem vívida ilustra não apenas a traição de Israel contra o Senhor ao buscar outros deuses, mas também a profundidade do amor inabalável de Deus por seu povo. Apesar da infidelidade de Israel, Oseias proclama a promessa de restauração e renovação por meio do amor e da graça de Deus.

JOEL

O profeta utiliza uma praga de gafanhotos devastadora como um chamado urgente ao arrependimento. Ele identifica o desastre natural como um prenúncio do "dia do Senhor", um dia de juízo divino sobre as nações. Ao convocar o povo à lamentação e ao jejum, Joel não apenas alerta sobre as consequências do pecado, mas também promete restauração e bênçãos futuras para aqueles que se voltarem sinceramente para Deus. Sua mensagem ressoa como um lembrete poderoso da misericórdia e da justiça de Javé, que está pronto a perdoar e restaurar aqueles que buscam seu caminho.

AMÓS

Pastor de ovelhas de Tecoa, Amós é chamado para profetizar contra as injustiças sociais e morais prevalentes em Israel. Ele denuncia a opressão dos pobres, a corrupção nos tribunais e a exploração dos fracos, mostrando que a verdadeira adoração não pode existir sem justiça e compaixão. Amós enfatiza que o julgamento de Deus sobre Israel não é apenas uma punição, mas uma oportunidade para restauração por meio do arrependimento genuíno e do retorno à retidão.

OBADIAS

Obadias profetiza contra Edom, povo vizinho que se orgulha de sua posição elevada e se aproveita das desgraças de Judá. Ele anuncia juízo sobre Edom por sua arrogância e crueldade, mas também oferece promessas de restauração e bênçãos futuras para o povo de Deus. A mensagem de Obadias demonstra a justiça soberana do Eterno, que não tolera a injustiça e que protege e restaura seu povo em meio às adversidades.

JONAS

O profeta é enviado por Deus para pregar arrependimento à cidade ímpia de Nínive, mas inicialmente foge de sua missão por medo e relutância. Sua experiência com a tempestade, o grande peixe e a reconciliação com o Senhor no ventre do peixe destacam a universalidade da graça divina e a mensagem de que nenhum pecador está além do alcance da misericórdia divina. Jonas não é apenas uma narrativa de aventura, mas uma poderosa lição sobre o amor e a compaixão de Javé por todos os povos.

MIQUEIAS

O profeta atua durante um período de corrupção e injustiça em Judá e Israel. Ele combina advertências severas contra os líderes corruptos e injustos com promessas de restauração e renovação para o remanescente fiel do povo de Deus. Miqueias também profetiza sobre o nascimento do Messias em Belém, destacando a promessa de um governante justo que traria paz e justiça à Terra. Seu livro ressoa como um apelo à justiça e um lembrete da fidelidade de Deus em cumprir suas promessas messiânicas.

NAUM

Naum profetiza a queda iminente de Nínive, a capital do Império Assírio, dada a sua maldade e opressão sobre as nações. Ele revela o juízo e a justiça soberanos de Deus, que não deixam o pecado impune, mas que protegem e restauram seu povo fiel. Naum é uma declaração poderosa da soberania de Deus sobre todas as nações e um lembrete de que seu juízo é equitativo e justo.

HABACUQUE

O profeta questiona Deus sobre a injustiça e o sofrimento que vê em Judá. O Senhor responde mostrando sua soberania e revelando que ele usará a Babilônia como instrumento de juízo sobre a nação, mas que também julgará os conquistadores pela própria injustiça. Habacuque aprende a confiar na justiça divina e na promessa de que o justo viverá pela fé, independentemente das circunstâncias.

SOFONIAS

O profeta anuncia juízo sobre Judá e as nações vizinhas, denunciando a idolatria, a arrogância e a opressão. Ele também oferece esperança de restauração para um remanescente fiel que se volta para Deus em arrependimento e fé. O livro é um chamado à humildade diante do Senhor e um lembrete de que sua justiça não tarda para os que perseveram na fé.

AGEU

O profeta encoraja o povo de Judá a reconstruir o templo de Jerusalém após o exílio babilônico, destacando a importância da prioridade espiritual em meio às dificuldades. Ele incentiva o povo a buscar em primeiro lugar o Reino de Deus e sua justiça, confiando na promessa de que Javé abençoará aqueles que lhe são fiéis. Ageu é um chamado à dedicação e à fidelidade ao Eterno, mesmo em tempos de adversidade.

ZACARIAS

Zacarias profetiza sobre a restauração de Jerusalém após o exílio, oferecendo visões simbólicas e profecias messiânicas que apontam para Cristo. Ele encoraja o povo a se arrepender de seus pecados e a esperar com fé nas promessas de Deus para um futuro de paz e prosperidade sob o governo do Messias. Zacarias é uma mensagem de esperança e restauração para o povo de Deus, lembrando-os de que Deus cumpre suas promessas por sua providência soberana.

MALAQUIAS

O profeta repreende o povo por sua indiferença espiritual e infidelidade a Deus. Ele antecipa a vinda de um mensageiro que preparará o caminho para o Senhor, lembrando o povo de sua responsabilidade de se arrepender e voltar ao Altíssimo em preparação para o dia do juízo. Malaquias é um chamado à sinceridade e ao comprometimento espiritual, destacando a importância de viver em fidelidade e obediência aos mandamentos.

CONCLUSÃO

Os Profetas Menores não apenas registram a voz de Deus ao longo de diferentes épocas e circunstâncias, mas também oferecem uma mensagem atemporal de justiça, misericórdia, arrependimento e esperança. Cada livro é um lembrete poderoso do compromisso do Senhor com seu povo, seu desejo de reconciliação e sua fidelidade inabalável às suas promessas. Ao estudarmos os Profetas Menores, somos desafiados a viver em obediência e fé, confiando na graça abundante de Deus e aguardando com esperança a consumação de todas as coisas em Jesus, o Messias prometido desde os tempos antigos.

Profetas Menores

Oseias

Livro 28 com **14** CAPÍTULOS

SIGNIFICADO DO TÍTULO

O nome "Oseias" vem do hebraico *Hoshea*, que significa "salvação" ou "ele salva".

AUTORIA

O profeta Oseias, conforme indicado no primeiro versículo do livro (Os 1.1). Ele foi um profeta no Reino do Norte (Israel) durante o século 8 a.C., atuando provavelmente entre 755 e 715 a.C.

É conhecido como o "profeta do amor", por sua mensagem sobre a fidelidade de Deus e o amor redentor em meio à infidelidade de Israel.

OBJETIVO DO LIVRO

Oseias mostra a infidelidade de Israel a Deus por meio de uma alegoria com a própria vida do profeta, que foi instruído a se casar com uma mulher adúltera. Isso simboliza a traição de Israel por meio da idolatria, mas também a incansável misericórdia e o desejo de redenção de Deus.

ESTRUTURA DO LIVRO

- ★ Infidelidade de Israel Os 1—3
- ★ Condenação dos pecados de Israel Os 4—10
- ★ Promessa de restauração Os 11—14

TEMAS DE OSEIAS

Oseias ressalta a fidelidade e o amor imutável de Deus, mesmo diante da infidelidade humana, destacando a importância do arrependimento genuíno e da volta para o Senhor como caminho para a restauração.

O livro nos ensina sobre a gravidade do pecado e da idolatria, mas também sobre a incrível misericórdia de Deus, que busca incessantemente restaurar seu povo.

OSEIAS E CRISTO

O livro aponta para Cristo ao mostrar que, assim como Oseias comprou Gômer de volta, Jesus redime a Igreja, sua noiva, com o próprio sangue. O amor incondicional e redentor de Oseias por sua esposa infiel prefigura o amor sacrificial de Cristo pela humanidade pecadora (Ef 5.25-27).

1 1 Palavra do SENHOR que foi dirigida a
Oseias, filho de Beeri, nos dias de Uzias,
Jotão, Acaz e Ezequias, reis de Judá, e nos
dias de Jeroboão, filho de Joás, rei de Israel.

A MULHER E OS FILHOS DE OSEIAS

2 Quando, pela primeira vez, o SENHOR fa-
lou por meio de Oseias, o SENHOR lhe disse:
— Vá e case com uma prostituta, e tenha
com ela filhos de uma prostituta. Porque a
terra se prostituiu, desviando-se do SENHOR.
3 Então Oseias foi e casou com Gômer, fi-
lha de Diblaim, que ficou grávida e lhe deu
um filho. 4 E o SENHOR disse a Oseias:
— Ponha nele o nome de Jezreel, porque
daqui a pouco castigarei a casa de Jeú por
causa do sangue derramado em Jezreel. Vou
acabar com o reino da casa de Israel. 5 Na-
quele dia, quebrarei o arco de Israel no va-
le de Jezreel.
6 Gômer ficou grávida outra vez e deu à
luz uma filha. Então o SENHOR disse a Oseias:
— Ponha nela o nome de Lo-Ruamá, por-
que não voltarei a ter compaixão da casa
de Israel, para lhe perdoar. 7 Porém da ca-
sa de Judá eu terei compaixão e os salvarei
pelo SENHOR, seu Deus. Porque não os sal-
varei pelo arco, nem pela espada, nem
pela guerra, nem pelos cavalos, nem pe-
los cavaleiros.
8 Depois de ter desmamado Lo-Ruamá,
Gômer ficou grávida mais uma vez e deu à
luz um filho. 9 E o SENHOR disse:
— Ponha nele o nome de Lo-Ami, porque
vocês não são o meu povo, nem eu serei o
seu Deus.

A FUTURA GRANDEZA DE ISRAEL

10 Todavia, o número dos filhos de Israel
será como a areia do mar, que não se pode
medir, nem contar. E acontecerá que, no lu-
gar em que lhes foi dito: "Vocês não são o
meu povo", ali mesmo se dirá a eles: "Vo-
cês são filhos do Deus vivo." 11 Os filhos de
Judá e os filhos de Israel serão reunidos, e
constituirão sobre si uma só cabeça. Eles
se levantarão da terra, porque grande será
o dia de Jezreel.

2 1 Chamem seus irmãos de Ami, e suas
irmãs de Ruamá.

A INFIDELIDADE DE ISRAEL

2 "Acusem a mãe de vocês, acusem-na,
porque ela não é minha mulher,
e eu não sou seu marido.
Que ela afaste as suas prostituições
de sua presença
e os seus adultérios
de entre os seus seios.
3 Do contrário, eu a deixarei
sem roupa
e nua como no dia em que nasceu.
Eu a tornarei semelhante
a um deserto, a uma terra seca,
e deixarei que morra de sede.
4 E não terei compaixão
de seus filhos,
porque são filhos de uma prostituta.
5 Pois a mãe deles se prostituiu;
aquela que os concebeu
agiu de forma vergonhosa.
Porque disse:
'Irei atrás dos meus amantes,
que me dão o meu pão
e a minha água,
a minha lã e o meu linho,
o meu azeite e as minhas bebidas.'"

6 "Portanto, eis que cercarei
o seu caminho com espinhos
e levantarei um muro contra ela,
para que ela não ache
as suas veredas.
7 Ela correrá atrás dos seus amantes,
mas não os alcançará;
irá procurá-los,
mas não os encontrará.
Então dirá: 'Vou voltar
para o meu primeiro marido,
porque a minha vida era melhor
naquele tempo do que agora.'
8 Ela não reconheceu
que fui eu que lhe dei o trigo,
o vinho e o azeite;
fui eu que lhe multipliquei
a prata e o ouro,
que eles usaram para Baal.

[9] Portanto, farei com que,
no devido tempo,
ela devolva o meu trigo
e o meu vinho.
Tirarei dela a minha lã
e o meu linho,
que deviam cobrir a sua nudez.
[10] Agora descobrirei
as suas vergonhas
aos olhos dos seus amantes,
e ninguém a livrará da minha mão.
[11] Farei cessar toda a sua alegria,
as suas festas, as Festas de Lua Nova,
os seus sábados
e todas as suas solenidades.
[12] Devastarei as suas videiras
e as suas figueiras, das quais ela diz:
'Este é o pagamento que recebi
dos meus amantes.'
Farei com que virem mato,
e os animais selvagens as devorarão.
[13] Eu a castigarei pelos dias dos baalins,
nos quais lhes queimou incenso,
e se enfeitou com os seus pendentes
e com as suas joias,
e andou atrás de seus amantes,
mas de mim se esqueceu",
diz o Senhor.

A MISERICÓRDIA DE DEUS

[14] "Portanto, eis que eu a atrairei,
e a levarei para o deserto,
e lhe falarei ao coração.
[15] E ali eu lhe devolverei
as suas vinhas
e farei do vale de Acor
uma porta de esperança.
Ali ela me responderá
como nos dias da sua mocidade
e como no dia em que saiu
da terra do Egito.
[16] Naquele dia", diz o Senhor,
"ela me chamará de 'Meu Marido',
e não me chamará mais
de 'Meu Baal'.
[17] Removerei da sua boca
os nomes dos baalins,
e ela não mais se lembrará
desses nomes.
[18] Naquele dia, farei a favor dela
uma aliança
com os animais selvagens,
com as aves do céu
e com os animais que rastejam
sobre a terra.
Tirarei da terra o arco,
a espada e a guerra
e farei com que o meu povo
repouse em segurança.
[19] Farei de você a minha esposa
para sempre.
Farei de você a minha esposa
em justiça,
em juízo, em bondade
e em misericórdia.
[20] Farei de você a minha esposa
em fidelidade,
e você conhecerá o Senhor."

[21] "Naquele dia, eu responderei",
diz o Senhor,
"responderei aos céus,
e estes responderão à terra;
[22] a terra responderá ao trigo,
ao vinho e ao azeite;
e estes responderão a Jezreel.
[23] Semearei Israel
para mim mesmo na terra
e terei compaixão de Lo-Ruamá.
E para Lo-Ami direi:
'Você é o meu povo!'
Ele responderá: 'Tu és o meu Deus!'"

O AMOR DE DEUS PELO POVO INFIEL

3 [1] O Senhor me disse:
— Vá outra vez e ame uma mulher, que
é amada por outro e é adúltera, assim co-
mo o Senhor ama os filhos de Israel, embora
eles olhem para outros deuses e amem bo-
los de passas.
[2] Assim, comprei-a por quinze peças de
prata e cento e cinquenta quilos de cevada.
[3] E eu disse a ela:
— Você vai ficar comigo por muito tempo.
Você não deve se prostituir, nem se entre-
gar a outro homem. E eu farei o mesmo em
relação a você.

[4] Porque os filhos de Israel ficarão por
muito tempo sem rei, sem príncipe, sem
sacrifício, sem coluna, sem estola sacer-
dotal ou ídolos do lar. [5] Depois, os filhos
de Israel voltarão e buscarão o SENHOR, seu
Deus, e Davi, seu rei; e, nos últimos dias,
tremendo, se aproximarão do SENHOR e da
sua bondade.

DEUS ACUSA ISRAEL

4 [1] Filhos de Israel, escutem
a palavra do SENHOR.
Porque o SENHOR tem
uma controvérsia
com os moradores da terra:

"Não há verdade, nem amor,
nem conhecimento de Deus na terra,
[2] mas apenas juramento falso,
mentira e assassinato,
roubo e adultério.
Há violência e homicídios
sobre homicídios.
[3] Por isso, a terra está de luto,
e todos os seus moradores desfalecem,
juntamente com os animais do campo
e com as aves do céu;
e até os peixes do mar estão morrendo."

DEUS ACUSA OS SACERDOTES

[4] "Todavia, que ninguém acuse,
nem repreenda,
porque a minha acusação
é contra vocês, sacerdotes.
[5] Por isso, vocês tropeçarão de dia,
e os profetas, juntamente com vocês,
tropeçarão de noite;
e eu destruirei a mãe de vocês.
[6] O meu povo está sendo destruído,
pois lhe falta o conhecimento.
Pelo fato de vocês, sacerdotes,
rejeitarem o conhecimento,
também eu os rejeitarei,
para que não sejam mais
sacerdotes diante de mim;
visto que se esqueceram
da lei do seu Deus,
também eu me esquecerei
dos seus filhos."

[7] "Quanto mais estes se multiplicaram,
tanto mais contra mim pecaram;
eu mudarei a sua honra em vergonha.
[8] Alimentam-se do pecado
do meu povo
e o seu maior desejo
é que o povo continue a pecar.
[9] Por isso, tal povo, tal sacerdote;
eu os castigarei pela sua conduta
e lhes darei o que merecem
por seus atos.
[10] Comerão, mas não ficarão satisfeitos;
eles se entregarão à prostituição,
mas não se multiplicarão,
porque deixaram de adorar
o SENHOR."

[11] "A prostituição, o vinho envelhecido
e o vinho novo
tiram o entendimento.
[12] O meu povo consulta
os seus ídolos de madeira,
e um pedaço de pau
lhes dá resposta.
Porque um espírito de prostituição
os enganou,
e eles, prostituindo-se,
abandonaram o seu Deus.
[13] Sacrificam no alto dos montes
e queimam incenso
sobre as colinas,
debaixo dos carvalhos,
dos álamos e dos terebintos,
porque é boa a sua sombra.
Por isso, as filhas de vocês
se prostituem,
e as suas noras adulteram."

[14] "Não castigarei as filhas de vocês,
que se prostituem,
nem as suas noras,
quando adulteram,
porque os próprios homens
se retiram com as meretrizes
e oferecem sacrifícios
com as prostitutas cultuais.
E um povo que não tem
entendimento
corre para a sua perdição."

15 "Se você, Israel,
quer se prostituir,
pelo menos não faça
com que Judá se torne culpado.
Não venham a Gilgal,
nem subam a Bete-Áven.
E não jurem, dizendo:
'Tão certo como vive o SENHOR.'
16 Como vaca rebelde,
Israel se rebelou.
Será que o SENHOR
pode apascentá-los
num lugar espaçoso
como se fossem cordeiros?"

17 "Efraim está entregue aos ídolos;
é deixá-lo.
18 Tendo acabado de beber,
eles se entregam à prostituição;
os seus príncipes amam
apaixonadamente a desonra.
19 O vento os envolveu nas suas asas,
e eles ficarão envergonhados
por causa dos seus sacrifícios."

SENTENÇA CONTRA ISRAEL E JUDÁ

5 1 "Ouçam isto, sacerdotes!
Fique atenta, ó casa de Israel!
Dê ouvidos, ó casa do rei!
Porque a sentença é contra vocês!
Pois vocês foram um laço em Mispa
e uma rede estendida
sobre o Tabor.
2 Os rebeldes se aprofundaram
na matança,
mas eu castigarei todos eles."

3 "Eu conheço Efraim,
e Israel não me está oculto.
Porque você, Efraim, se prostituiu,
e Israel está contaminado.
4 O que eles fazem
não lhes permite
voltar para o seu Deus,
porque um espírito
de prostituição
está no meio deles,
e não conhecem o SENHOR."

5 "A arrogância de Israel
abertamente dá testemunho
contra eles;
Israel e Efraim cairão
por causa da sua iniquidade,
e Judá cairá juntamente com eles.
6 Com os seus rebanhos e o seu gado
irão em busca do SENHOR,
mas não o acharão;
ele se afastou deles.
7 Foram infiéis ao SENHOR,
porque tiveram filhos bastardos;
agora a Festa da Lua Nova os consumirá
com as suas plantações."

8 "Toquem a trombeta em Gibeá
e façam soar o alarme em Ramá!
Comecem a gritar em Bete-Áven!
Cuidado, Benjamim!
9 Efraim se tornará em desolação
no dia do castigo;
entre as tribos de Israel,
tornei conhecido o que se cumprirá.
10 Os príncipes de Judá são como
os que mudam os marcos;
derramarei o meu furor
sobre eles como água.
11 Efraim está oprimido
e esmagado pelo juízo,
porque preferiu seguir a vaidade.
12 Portanto, para Efraim eu serei
como a traça
e para a casa de Judá, como a podridão."

13 "Quando Efraim viu a sua
enfermidade
e Judá notou a sua ferida,
Efraim se dirigiu à Assíria
e enviou mensageiros ao grande rei.
Mas ele não tem condições de curá-los,
nem de sarar a sua ferida.
14 Porque para Efraim
eu serei como um leão,
e para a casa de Judá, como
um leãozinho.
Eu, eu mesmo, os despedaçarei
e depois irei embora;
vou arrastá-los comigo,
e não haverá quem possa livrá-los."

15 "Irei e voltarei para o meu lugar,
até que se reconheçam culpados
e busquem a minha face;
estando angustiados,
eles me buscarão ansiosamente."

ARREPENDIMENTO FINGIDO

6 1 "Venham e voltemos para o SENHOR!
Porque ele nos despedaçou,
mas vai nos curar;
ele nos feriu, mas vai atar as feridas.
2 Depois de dois dias, nos dará vida;
ao terceiro dia, nos ressuscitará,
e viveremos diante dele.
3 Conheçamos e prossigamos
em conhecer o SENHOR!
Como o amanhecer,
a sua vinda é certa;
ele descerá sobre nós como a chuva,
como chuva fora de época
que rega a terra."

4 "Que farei com você, Efraim?
Que farei com você, Judá?
Porque o amor de vocês é
como a névoa da manhã
e como o orvalho da madrugada,
que logo desaparece.
5 Por isso, os abati por meio
dos profetas;
pela palavra da minha boca, os matei;
e os meus juízos sairão como a luz.
6 Pois quero misericórdia, e
não sacrifício;
conhecimento de Deus,
mais do que holocaustos."

7 "Mas eles transgrediram
a aliança, como Adão;
eles foram infiéis a mim.
8 Gileade é a cidade
dos que praticam a injustiça,
manchada de sangue.
9 Como bandos de assaltantes
que espreitam alguém,
assim é a companhia dos sacerdotes,
pois matam no caminho
para Siquém;
praticam perversidades.
10 Vejo uma coisa horrenda
na casa de Israel:
ali está a prostituição
de Efraim;
Israel se contaminou."
11 "Também você, Judá,
será ceifado,
quando eu remover o cativeiro
do meu povo.

7 1 Quando tento sarar Israel,
se descobre a iniquidade
de Efraim
e a maldade de Samaria,
porque praticam a falsidade;
ladrões invadem as casas
e bandos assaltam nas ruas.
2 Não se dão conta de que
eu me lembro de todas
as suas maldades.
Agora estão rodeados
pelas suas más ações,
que estão sempre diante de mim.
3 Alegram o rei com as suas maldades,
e os príncipes, com as suas mentiras.
4 Todos eles são adúlteros.
São semelhantes ao forno
aceso pelo padeiro,
que não precisa atiçar o fogo
desde que sovou a massa
até que seja levedada.
5 No dia da festa do nosso rei,
os príncipes adoeceram
de tanto beber vinho,
e o rei estendeu a mão
aos zombadores.
6 Enquanto estão à espreita,
preparam o coração
como um forno:
durante a noite
o seu furor se abranda,
mas, pela manhã, queima
como um fogo abrasador.
7 Todos eles são quentes
como um forno
e consomem os seus juízes.
Todos os seus reis caem,
mas não há ninguém entre eles
que me invoque."

8 "Efraim se mistura com os povos
e é um pão que não foi virado
na hora de assar.
9 Estrangeiros sugam as suas forças,
mas ele não percebe;
cabelos brancos
se espalham pela cabeça,
mas ele não o sabe.
10 A arrogância de Israel
abertamente dá testemunho
contra eles,
mas eles não voltam
para o Senhor, seu Deus,
nem o buscam em tudo isso."

11 "Porque Efraim é como
uma pomba ingênua,
sem entendimento:
chamam o Egito
e se voltam para a Assíria.
12 Quando forem,
estenderei a minha rede sobre eles
e farei com que desçam
como as aves do céu.
Eu os castigarei de acordo
com o que ouviram
na sua congregação.
13 — Ai deles!
Porque fugiram de mim.
Destruição sobre eles,
porque se rebelaram contra mim!
Eu os remiria,
mas eles falam mentiras
contra mim."

14 "Não clamam a mim de coração,
mas dão uivos nas suas camas.
Eles se ajuntam para o trigo
e para o vinho,
mas se rebelam contra mim.
15 Eu treinei e fortaleci os seus braços,
mas eles planejam o mal
contra mim.
16 Eles voltam,
mas não para o Altíssimo.
Fizeram-se como um
arco defeituoso.
Os seus príncipes serão mortos
à espada,
por causa da insolência
da sua língua.
Serão motivo de zombaria
na terra do Egito."

O CASTIGO ESTÁ PRÓXIMO

8 1 "Toque a trombeta!
Ele vem como a águia
contra a casa do Senhor,
porque transgrediram
a minha aliança
e se rebelaram contra a minha lei.
2 Eles me invocam, dizendo:
'Nosso Deus!
Nós, Israel, te conhecemos.'
3 Mas Israel rejeitou o que é bom;
o inimigo o perseguirá."

4 "Eles estabeleceram reis,
mas não da minha parte;
constituíram príncipes,
mas eu não o soube.
Com a sua prata e com o seu ouro
fizeram ídolos para si,
para a sua própria destruição.
5 O seu bezerro, ó Samaria, é rejeitado.
A minha ira se acende contra eles.
Até quando eles serão incapazes
da inocência?
6 Porque esse bezerro vem de Israel;
é obra de artífice, não é Deus.
Esse bezerro de Samaria
será quebrado em pedaços."

7 "Porque semeiam ventos
e colherão tempestades.
O cereal que estiver por ser colhido
não terá espigas,
e não haverá farinha;
e, se houver, os estrangeiros
a comerão.
8 Israel foi devorado.
Agora está entre as nações
como coisa de que ninguém se agrada.
9 Porque foram pedir ajuda
à Assíria,
como um jumento selvagem
que segue o seu próprio rumo.
Efraim contratou amantes.

O lugar secreto é onde você pode estender as suas raízes com segurança, porque ali é exatamente a origem de tudo.

10 Todavia, ainda que contratem
amantes entre as nações
para socorrê-los,
eu os reunirei para juízo.
Já começaram a definhar
sob a opressão do poderoso rei."

11 "Visto que Efraim multiplicou
altares para pecar,
estes altares lhe serviram para pecar.
12 Embora eu lhe escreva
a minha lei em dez mil preceitos,
estes seriam tidos
como coisa estranha.
13 Amam o sacrifício;
por isso, sacrificam,
pois gostam de carne e a comem,
mas o SENHOR não os aceita.
Agora ele se lembrará
da iniquidade deles
e castigará os pecados
que cometeram.
Vou mandá-los de volta
para o Egito!
14 Porque Israel se esqueceu
do seu Criador
e edificou palácios,
e Judá multiplicou
cidades fortificadas;
mas eu enviarei fogo
contra as suas cidades,
fogo que consumirá
os seus palácios."

O CASTIGO DE ISRAEL

9 1 "Não se alegre, Israel,
nem exulte como os outros povos.
Porque você se prostituiu,
abandonando o seu Deus.
Você gostou de receber
o pagamento de prostituta
em todas as eiras de cereais.
2 A eira e o lagar
não os alimentarão;
e o vinho novo lhes faltará.
3 Não permanecerão na
terra do SENHOR;
Efraim voltará para o Egito,
e na Assíria comerão comida impura."

4 "Não oferecerão
libações de vinho ao SENHOR,
nem os seus sacrifícios
lhe serão agradáveis.
O pão que comerem será
como pão de pranteadores,
e todos os que dele comerem
ficarão impuros.
Esse pão será exclusivamente para eles;
não entrará na Casa do SENHOR."

5 "O que vocês farão
no dia da solenidade
e no dia da festa do SENHOR?
6 Porque eis que eles fugiram
por causa da destruição.
O Egito os reunirá,
e Mênfis os sepultará.
Os seus tesouros de prata
ficarão para as urtigas;
espinhos tomarão conta
das suas moradas."

7 "Chegaram os dias do castigo,
chegaram os dias da retribuição.
Israel ficará sabendo.
O profeta é um tolo,
e o homem de espírito é um louco,
por causa da abundância
da sua iniquidade,
ó Israel, e do seu imenso ódio.
8 O profeta é sentinela contra Efraim,
ao lado de meu Deus,
mas o laço do passarinheiro se encontra
em todos os seus caminhos,
e inimizade no templo do seu Deus.
9 Eles se afundaram na corrupção,
como nos dias de Gibeá.
O SENHOR se lembrará
das suas injustiças
e castigará os pecados
que eles cometeram."

10 "Encontrei Israel
como uvas no deserto;
vi os pais de vocês como
as primícias da figueira nova.
Mas eles foram para Baal-Peor,
consagraram-se à vergonhosa idolatria

e se tornaram tão abomináveis
como aquilo que amaram.
11 Quanto a Efraim,
a sua glória voará como ave;
não haverá nascimento,
nem gravidez, nem concepção.
12 Ainda que venham
a criar os seus filhos,
eu os privarei deles,
para que não fique nem um sequer.
Ai deles, quando deles eu me afastar!
13 Aos meus olhos, Efraim era
como Tiro,
plantado num lugar agradável;
mas Efraim levará os seus filhos
ao matador.
14 Dá-lhes, ó SENHOR!
O que lhes darás?
Dá-lhes um ventre estéril
e seios sem leite."

15 "Toda a maldade deles se acha
em Gilgal;
foi ali que comecei a odiá-los.
Por causa da maldade das suas ações,
eu os expulsarei da minha casa.
Não os amarei mais.
Todos os seus príncipes
são rebeldes."

16 "Efraim está ferido.
Secaram-se as suas raízes;
não dará fruto.
E mesmo que as mulheres
voltem a dar à luz,
eu matarei esses filhos queridos.
17 O meu Deus os rejeitará,
porque não lhe dão ouvidos;
e andarão sem rumo
entre as nações."

ISRAEL SEMEOU MALDADE E COLHERÁ DESTRUIÇÃO

10 1 "Israel era uma videira
de ramagem viçosa,
que dava o seu fruto.
Quanto mais abundantes os frutos,
maior o número de altares;
quanto mais a terra produzia,
tanto mais embelezavam
as colunas sagradas.
2 O coração deles está dividido
e agora terão de pagar por isso.
O SENHOR quebrará os altares deles
e destruirá as colunas sagradas."

3 "Agora eles vão dizer:
'Não temos rei,
porque não tememos o SENHOR.
E o rei, que poderia fazer por nós?'
4 Falam palavras vãs,
juram falsamente e fazem alianças;
por isso, o juízo brota
como erva venenosa
nos sulcos dos campos.
5 Os moradores de Samaria
ficarão com medo
por causa do bezerro de Bete-Áven;
o seu povo se lamentará
por causa dele,
e os sacerdotes idólatras tremerão
por causa da sua glória, que já se foi.
6 Também o bezerro
será levado à Assíria
como presente para o grande rei.
Efraim se cobrirá de vexame,
e Israel ficará com vergonha
do seu ídolo de madeira."

7 "O rei de Samaria será
como lasca de madeira
na superfície da água.
8 Os lugares altos de Áven,
que são o pecado de Israel,
serão destruídos;
espinhos e ervas daninhas
crescerão sobre os seus altares.
E o povo dirá aos montes: 'Cubram-nos!'
E às colinas: 'Caiam em cima de nós!'"

DEUS DÁ A SENTENÇA CONTRA ISRAEL

9 "Desde os dias de Gibeá,
você pecou, ó Israel,
e nesse pecado você permaneceu.
Será que a batalha
contra os filhos da perversidade
não há de alcançá-los em Gibeá?

[10] Eu os castigarei na medida do
meu desejo.
Os povos se ajuntarão contra eles,
quando eu os punir por causa
de sua dupla transgressão.
[11] Porque Efraim era uma
bezerra domada,
que gostava de pisar o
trigo na eira.
Coloquei o jugo
sobre o seu belo pescoço;
atrelei Efraim ao carro.
Judá lavrará,
Jacó lhe desfará os torrões.
[12] Então eu disse:
'Semeiem a justiça
e colham a misericórdia.
Lavrem o campo não cultivado,
porque é tempo
de buscar o Senhor,
até que ele venha,
e chova a justiça sobre vocês.'"
[13] "Vocês lavraram para a maldade,
colheram a injustiça
e comeram os frutos da mentira.
Vocês confiaram
nos seus carros de guerra
e na multidão dos seus valentes,
[14] e por isso entre o seu povo
se levantará o tumulto de guerra,
e todas as suas fortalezas
serão destruídas,
como Salmã destruiu Bete-Arbel
no dia da batalha.
As mães foram despedaçadas
com os seus filhos.
[15] Assim se fará com você, ó Betel,
por causa da sua grande maldade.
Ao amanhecer, o rei de Israel
será totalmente destruído."

O AMOR DE DEUS E A INGRATIDÃO DE ISRAEL

11 [1] "Quando Israel era menino,
eu o amei;
e do Egito chamei o meu filho.
[2] Quanto mais eu os chamava,
tanto mais se afastavam de mim;
sacrificavam a baalins
e queimavam incenso
às imagens de escultura.
[3] Mas fui eu que ensinei
Efraim a andar;
tomei-os nos meus braços,
mas eles não entenderam
que era eu que os curava.
[4] Atraí-os com cordas humanas,
com laços de amor;
fui para eles como quem alivia
o jugo de sobre o pescoço
e me inclinei
para dar-lhes de comer."
[5] "Não voltarão para a terra do Egito,
mas o assírio será o seu rei,
porque se recusam a voltar para mim.
[6] A espada cairá sobre as suas cidades,
consumirá os seus ferrolhos,
e as devorará,
por causa dos seus caprichos.
[7] Porque o meu povo é inclinado
a rebelar-se contra mim;
se são chamados a dirigir-se
para o alto, ninguém o faz.

[8] Como poderia eu
abandoná-lo, Efraim?
Como poderia entregá-lo, Israel?
Como faria com você
o que fiz com Admá?
Como poderia fazer de você
outra Zeboim?
Meu coração se comove
dentro de mim;
toda a minha compaixão
se manifesta.
[9] Não executarei o furor
da minha ira;
não voltarei para destruir Efraim.
Porque eu sou Deus e não homem;
sou o Santo no meio de vocês.
Não virei com ira."

[10] "Seguirão o Senhor,
que rugirá como leão.
E, quando ele rugir,
os filhos, tremendo, virão do Ocidente;

[11] tremendo, como passarinhos,
virão os do Egito,
e, como pombas, os da terra da Assíria.
Eu os farei habitar
em suas próprias casas", diz o SENHOR.

A CONDENAÇÃO DE ISRAEL E DE JUDÁ

[12] "Efraim me cercou com mentiras,
e a casa de Israel, com engano;
mas Judá ainda está
do lado de Deus
e permanece fiel ao Santo.

12 [1] Efraim apascenta o vento
e persegue o vento leste
o dia inteiro.
Multiplica mentiras e destruição.
Faz aliança com a Assíria,
mas o azeite é levado para o Egito."

A ACUSAÇÃO CONTRA JUDÁ

[2] "O SENHOR tem uma controvérsia
com Judá
e castigará Jacó
segundo a sua conduta;
ele lhe dará o que merece
por seus atos.
[3] No ventre, Jacó pegou
no calcanhar de seu irmão;
no vigor da sua idade,
lutou com Deus.
[4] Lutou com o anjo e venceu;
chorou e pediu que o abençoasse.
Em Betel, encontrou Deus,
e ali Deus falou com ele.
[5] O SENHOR, o Deus dos Exércitos,
o SENHOR é o seu nome.
[6] Quanto a você,
volte para o seu Deus,
siga o amor e a justiça,
e espere sempre no seu Deus."

[7] "Como mercador que tem nas mãos
uma balança desonesta
e ama a opressão,
[8] Efraim diz: 'Certamente fiquei rico!
Encontrei muitas riquezas!
Em todos esses meus esforços,
não encontrarão em mim
nenhum delito,
nada que seja pecado.'
[9] Mas eu sou o SENHOR,
seu Deus,
desde a terra do Egito;
eu ainda os farei habitar
em tendas,
como nos dias da festa."

[10] "Falei aos profetas
e multipliquei as visões;
e, pelo ministério dos profetas,
propus comparações.
[11] Será que há transgressão
em Gileade?
Eles são pura vaidade!
Em Gilgal sacrificam bois;
os seus altares serão
como montões de pedra
nos sulcos dos campos.
[12] Jacó fugiu para a terra da Síria;
ali Israel trabalhou
para conseguir uma esposa
e por ela guardou o gado.
[13] Mas o SENHOR,
por meio de um profeta,
tirou Israel do Egito
e, por um profeta,
cuidou do seu povo.
[14] Efraim amargamente
o provocou à ira;
por isso, o seu Senhor fará
com que ele pague
pelo sangue que derramou
e lhe retribuirá
pelas suas afrontas."

CASTIGO DEFINITIVO

13 [1] "Quando Efraim falava,
havia tremor;
foi exaltado em Israel.
Mas ele se fez culpado
por causa de Baal e morreu.
[2] Agora, pecam cada vez mais,
e da sua prata
fazem imagens de fundição,
ídolos segundo o seu conceito,
todos obra de artífices, e dizem:

Mulher, da mesma forma que Cristo investe em você, ele a chamou para amar e cuidar de outros.

'Ofereçam sacrifícios a eles.'
Chegam até a beijar esses bezerros!
3 Por isso, serão como a névoa da manhã,
como o orvalho da madrugada,
que logo desaparece,
como a palha que o vento leva da eira
e como a fumaça que sai
por uma janela."

4 "Mas eu sou o SENHOR, seu Deus,
desde a terra do Egito.
Portanto, vocês não conhecerão
outro deus além de mim,
porque não há salvador, a não ser eu.
5 Eu os conheci no deserto,
em terra muito seca.
6 Quando tinham comida, eles
se fartaram,
e, uma vez fartos,
seu coração se encheu de orgulho;
por isso, se esqueceram de mim.
7 Portanto, serei para eles
como um leão;
como um leopardo,
ficarei espreitando no caminho.
8 Como ursa, roubada dos seus filhotes,
eu os atacarei e lhes rasgarei o peito.
Como leão, eu os devorarei ali mesmo;
como um animal selvagem,
os farei em pedaços."

9 "A sua ruína, ó Israel, vem de você,
e só de mim, o seu socorro.
10 Onde está, agora, o seu rei,
para que o salve
em todas as suas cidades?
E os seus juízes, dos quais você disse:
'Dê-me um rei e príncipes'?
11 Eu lhe dei um rei na minha ira,
e o tirei de você no meu furor."

12 "As iniquidades de Efraim
estão atadas juntas;
o seu pecado está armazenado.
13 As dores de parto virão,
mas ele é filho insensato;
porque será tempo de nascer,
mas ele não estará no lugar
por onde deve vir ao mundo."

14 "Eu os remirei do poder
do inferno
e os resgatarei da morte.
Onde estão, ó morte,
as suas pragas?
Onde está, ó inferno,
a sua destruição?
Meus olhos estarão fechados
para a compaixão."

15 "Ainda que Efraim dê frutos
entre os irmãos,
virá o vento leste, vento do SENHOR,
subindo do deserto;
ele secará a sua nascente
e estancará a sua fonte;
ele saqueará o tesouro
de todas as coisas preciosas.
16 Samaria levará sobre si
a sua culpa,
porque se rebelou
contra o seu Deus;
cairá à espada,
seus filhos serão despedaçados,
e as suas mulheres grávidas
serão abertas pelo meio."

CHAMADO PARA VOLTAR AO SENHOR

14 1 "Israel, volte para o SENHOR,
seu Deus,
porque você caiu
por causa dos seus pecados.
2 Tragam palavras
de arrependimento
e convertam-se
ao SENHOR, dizendo:
'Perdoa toda a nossa iniquidade,
aceita o que é bom
e, em vez de novilhos,
os sacrifícios dos nossos lábios.
3 A Assíria não nos salvará.
Não iremos montados
em cavalos
e não mais diremos
às obras das nossas mãos
que elas são o nosso Deus.
Porque só em ti
o órfão encontra misericórdia.'"

4 "Vou curar a rebeldia deles.
Vou amá-los de boa vontade,
porque a minha ira se afastou deles.
5 Serei para Israel como orvalho;
ele florescerá como o lírio
e lançará as suas raízes
como o cedro do Líbano.
6 Os seus ramos se estenderão,
o seu esplendor
será como o da oliveira,
e a sua fragrância,
como a do cedro do Líbano.
7 Os que se assentavam
à sua sombra voltarão;
serão vivificados como o trigo
e florescerão como a videira;
a sua fama será
como a do vinho do Líbano."

8 "Ó Efraim, que tenho eu
a ver com os ídolos?
Sou eu que ouço as suas orações
e cuido de você!
Eu sou como o cipreste verde;
de mim procede
o seu fruto."

APELO FINAL

9 Quem é sábio, que entenda
estas coisas!
Quem é inteligente,
que as compreenda!
Porque os caminhos do SENHOR
são retos,
e os justos andarão neles,
mas os transgressores
neles cairão.

Profetas Menores

Joel

Livro 29 com

3

CAPÍTULOS

AUTORIA

O profeta Joel, filho de Petuel, conforme indicado no início do livro (Jl 1.1). Sua vida pessoal é pouco conhecida.

SIGNIFICADO DO TÍTULO

O nome "Joel" vem do hebraico *Yo'el*, que significa "*Yahweh* é Deus".

OBJETIVO DO LIVRO

Joel foi escrito para chamar o povo de Judá ao arrependimento diante de uma terrível praga de gafanhotos, que é usada como um símbolo do julgamento de Deus. Ele também profetiza sobre o derramamento do Espírito Santo e o dia do Senhor.

TEMAS DE JOEL

Joel destaca a soberania de Deus sobre a natureza e a história. O livro nos desafia a reconhecer os sinais de advertência de Deus em nossa vida e a responder com arrependimento genuíno. Ele nos lembra da promessa do Espírito Santo e da esperança segura no futuro dia da redenção e do julgamento.

JOEL E CRISTO

Joel aponta para Cristo por meio da profecia do derramamento do Espírito Santo, cumprida no Pentecostes (At 2.16-21). Além disso, o dia do Senhor que Joel descreve é um prenúncio do retorno de Cristo e do juízo final, quando Jesus estabelecerá seu reino eterno (Mt 24.29-31; Ap 19.11-16).

ESTRUTURA DO LIVRO

- Destruição pelos gafanhotos Jl 1
- O dia do Senhor e arrependimento Jl 2.1-17
- Promessa de restauração e derramamento do Espírito Jl 2.18—3

1

[1] Palavra do SENHOR que foi dirigida a Joel, filho de Petuel.

A PRAGA DE GAFANHOTOS E A SECA

[2] "Prestem atenção, velhos,
e escutem, todos os moradores da terra!
Aconteceu algo assim no tempo de vocês
ou nos dias de seus pais?
[3] Contem isto aos filhos de vocês;
que eles o contem aos filhos deles,
e que estes falem sobre isso
à geração seguinte."

[4] "O que o gafanhoto cortador deixou,
o gafanhoto migrador comeu;
o que o migrador deixou,
o gafanhoto devorador comeu;
o que o devorador deixou,
o gafanhoto destruidor comeu."

[5] "Acordem, beberrões, e chorem!
Lamentem, todos vocês
que gostam de vinho,
por causa do vinho novo,
pois foi tirado da boca de vocês.
[6] Porque veio um povo
contra a minha terra,
poderoso e inumerável,
com dentes como de leão
e presas como de leoa.
[7] Destruiu as minhas videiras
e destroçou as minhas figueiras.
Tirou as cascas das árvores
e as jogou fora;
os galhos ficaram brancos."

[8] "Lamentem,
assim como a virgem,
vestida de roupa feita
de pano de saco,
lamenta a morte do seu noivo.
[9] Na Casa do SENHOR,
foram cortadas
as ofertas de cereais
e as libações.
Os sacerdotes,
ministros do SENHOR,
estão enlutados.
[10] Os campos foram arrasados,
e a terra está de luto,
porque o cereal foi destruído,
o vinho novo acabou,
o azeite está no fim."

[11] "Fiquem envergonhados, lavradores;
lamentem, vinhateiros,
por causa do trigo e da cevada,
porque a colheita foi destruída.
[12] As videiras secaram,
as figueiras murcharam,
as romãzeiras, as palmeiras
e as macieiras também.
Todas as árvores do campo secaram,
e já não há alegria
entre os filhos dos homens."

CHAMADO AO ARREPENDIMENTO

[13] "Sacerdotes, vistam roupa
feita de pano de saco e pranteiem.
Ministros do altar, lamentem.
Ministros do meu Deus, venham
e passem a noite vestidos
de panos de saco.
Porque no templo de seu Deus
não há mais ofertas de cereais
e libações.
[14] Proclamem um santo jejum,
convoquem uma reunião solene.
Reúnam os anciãos
e todos os moradores desta terra
na Casa do SENHOR, seu Deus,
e clamem ao SENHOR."

[15] "Ah! Que dia!
Porque o Dia do SENHOR está perto
e ele vem como destruição
da parte do Todo-Poderoso."

[16] "Por acaso, o alimento
não foi destruído
diante dos nossos olhos?
E, do templo do nosso Deus,
não desapareceram
a alegria e o regozijo?
[17] As sementes secaram
debaixo dos seus torrões;
os celeiros foram destruídos,

os armazéns, derrubados,
porque o cereal se perdeu.
18 Como geme o gado!
As manadas de bois
estão inquietas,
porque não têm pasto;
também os rebanhos de ovelhas
estão sofrendo.

19 A ti, ó SENHOR, clamo,
porque o fogo devorou as pastagens,
e as chamas consumiram
todas as árvores do campo.
20 Também todos os animais selvagens
suspiram por ti,
porque os rios secaram,
e o fogo devorou as pastagens.

O DIA DO SENHOR

2 1 Toquem a trombeta em Sião
e deem o alarme no meu santo monte.
Que todos os moradores da
terra tremam,
porque o Dia do SENHOR está chegando;
já está próximo.
2 É dia de trevas e escuridão,
dia de nuvens e densas trevas!
Como a luz do amanhecer
sobre os montes,
assim se difunde um povo grande
e poderoso,
como nunca houve igual
desde os tempos antigos,
nem haverá outro depois dele
pelos anos seguintes,
de geração em geração.
3 À frente dele vai fogo devorador,
atrás dele vêm chamas destruidoras.
Diante desse povo,
a terra é como o jardim do Éden;
mas, atrás dele, fica devastada
como um deserto.
Nada lhe escapa.

4 A sua aparência é como
a de cavalos;
e, como cavaleiros, assim correm.
5 Com um estrondo semelhante
ao de carros de guerra,
eles vêm saltando
no alto dos montes,
crepitando como chamas de fogo
que devoram a palha,
como um povo poderoso
posto em ordem de combate.
6 Diante deles, os povos tremem;
todos os rostos empalidecem.
7 Correm como valentes;
como homens de guerra, sobem muros.
Cada um vai no seu caminho
e não se desvia da sua fileira.
8 Não empurram uns aos outros;
cada um segue o seu rumo.
Avançam entre as lanças
e não se detêm no seu caminho.
9 Invadem a cidade,
correm pelas muralhas,
sobem pelas paredes das casas,
entram pelas janelas como ladrões.
10 Diante deles, a terra treme
e os céus se abalam;
o sol e a lua se escurecem,
e as estrelas deixam de brilhar.
11 O SENHOR levanta a voz
diante do seu exército.
Porque o seu arraial é enorme,
e quem executa as suas ordens
é poderoso.
Sim, grande e mui terrível
é o Dia do SENHOR!
Quem o poderá suportar?

A MISERICÓRDIA DO SENHOR

12 Ainda assim, agora mesmo, diz
o SENHOR:
"Convertam-se a mim
de todo o coração;
com jejuns, com choro
e com pranto.
13 Rasguem o coração,
e não as suas roupas."

Convertam-se ao SENHOR, seu Deus,
porque ele é bondoso e compassivo,
tardio em irar-se
e grande em misericórdia,
e muda de ideia quanto ao mal
que havia anunciado.

14 Quem sabe se ele não se voltará
e mudará de ideia,
e, ao passar, deixe uma bênção,
para que vocês possam trazer
ofertas de cereais e libações
ao SENHOR, seu Deus?
15 Toquem a trombeta em Sião,
proclamem um santo jejum,
convoquem uma reunião solene.
16 Reúnam o povo,
santifiquem a congregação,
congreguem os anciãos,
reúnam as crianças
e os que mamam no peito.
Que o noivo saia do seu quarto,
e a noiva, dos seus aposentos.
17 Que os sacerdotes,
ministros do SENHOR,
chorem entre o pórtico e o altar,
e orem:
"Poupa o teu povo, ó SENHOR,
e não faças da tua herança
um objeto de deboche
e de zombaria entre as nações.
Por que hão de dizer
entre os povos:
'Onde está o Deus deles?'"

A COMPAIXÃO DE DEUS

18 Então o SENHOR
teve grande amor pela sua terra
e se compadeceu do seu povo.
19 O SENHOR respondeu
ao seu povo:
"Eis que lhes envio o cereal,
o vinho e o azeite,
e vocês ficarão satisfeitos.
Nunca mais farei de vocês
motivo de zombaria
entre as nações.
20 Mas o invasor que vem do Norte,
eu o removerei
para longe de vocês
e o lançarei para uma terra seca
e deserta.
Lançarei a sua vanguarda
para o mar oriental,
e a sua retaguarda,
para o mar ocidental.
Subirá o seu mau cheiro,
e subirá a sua podridão;
porque agiu poderosamente."

21 "Não tenha medo, ó terra;
alegre-se e exulte,
porque o SENHOR faz grandes coisas.
22 Não tenham medo, animais selvagens,
porque os pastos do deserto
reverdecerão,
porque as árvores
darão os seus frutos,
as figueiras e as videiras
produzirão com vigor.
23 Filhos de Sião, alegrem-se
e exultem no SENHOR, seu Deus,
porque ele lhes dará as chuvas
em justa medida;
fará descer, como no passado,
as primeiras e as últimas chuvas.
24 As eiras se encherão de trigo,
e os lagares transbordarão
de vinho e de azeite.
25 Restituirei os anos
que foram consumidos
pelos gafanhotos
— o migrador, o devorador
e o destruidor —,
o meu grande exército
que enviei contra vocês.
26 Vocês terão comida em abundância
e ficarão satisfeitos,
e louvarão o nome do SENHOR, seu Deus,
que fez maravilhas em favor de vocês.
E nunca mais o meu povo
será envergonhado.
27 Vocês saberão que eu estou
no meio de Israel,
e que eu sou o SENHOR,
o Deus de vocês,
e que não há outro.
E nunca mais o meu povo
será envergonhado."

A PROMESSA DO DERRAMAMENTO DO ESPÍRITO

28 "E acontecerá, depois disso,
que derramarei o meu Espírito
sobre toda a humanidade.

Não devemos nem precisamos divulgar o nosso plantio quando estamos no secreto.

Os filhos e as filhas de vocês
profetizarão,
os seus velhos sonharão,
e os seus jovens terão visões.
29 Até sobre os servos
e sobre as servas
derramarei o meu Espírito
naqueles dias.
30 Mostrarei prodígios no céu
e na terra:
sangue, fogo e colunas de fumaça.
31 O sol se transformará em trevas,
e a lua, em sangue,
antes que venha o grande
e terrível Dia do Senhor."

32 E acontecerá que todo aquele que invo-
car o nome do Senhor será salvo. Porque,
no monte Sião e em Jerusalém, estarão os
que forem salvos, como o Senhor prome-
teu; e, entre os sobreviventes, aqueles que
o Senhor chamar.

OS JUÍZOS DE DEUS SOBRE AS NAÇÕES INIMIGAS

3 1 — Eis que, naqueles dias e naquele
tempo, em que mudarei a sorte de
Judá e de Jerusalém, 2 congregarei todas as
nações e as farei descer ao vale de Josafá.
E ali entrarei em juízo contra elas por causa
do meu povo e da minha herança, Israel,
a quem elas espalharam entre os povos,
repartindo a minha terra entre si. 3 Lançaram
sortes sobre o meu povo, e deram meninos
em troca de prostitutas, e venderam meni-
nas por vinho, que beberam. 4 O que vocês
têm contra mim, Tiro, Sidom, e todas as
regiões da Filístia? Estão querendo se vin-
gar de mim? Se é isso que vocês querem,
sem demora farei com que essa vingança
caia sobre a cabeça de vocês. 5 Visto que
vocês levaram a minha prata e o meu ouro, e
puseram as minhas joias preciosas nos seus
templos, 6 e venderam os filhos de Judá e
os filhos de Jerusalém aos filhos dos gregos,
para afastá-los da sua terra, 7 eis que eu os
trarei desse lugar para onde vocês os vende-
ram e farei com que a vingança caia sobre a
própria cabeça de vocês. 8 Venderei os filhos
e as filhas de vocês aos filhos de Judá, e estes
os venderão aos sabeus, que são uma nação
distante, porque o Senhor o disse.

9 — Proclamem isto
entre as nações:
"Declarem guerra santa
e convoquem os valentes.
Que todos os homens de guerra
se apresentem e se preparem.
10 Transformem as suas lâminas
de arado em espadas,
e as suas foices, em lanças.
Que o fraco diga: 'Eu sou forte.'"

11 "Todos vocês, povos vizinhos,
apressem-se e venham depressa,
e reúnam-se ali."

Faze descer os teus valentes,
ó Senhor!

12 "Que todas as nações
se levantem
e sigam para o vale de Josafá,
porque ali me assentarei
para julgar todas
as nações vizinhas.
13 Peguem a foice
e comecem a colher,
porque a plantação está madura.
Venham, pisem as uvas,
porque o lagar está cheio,
os seus compartimentos
transbordam.
Porque é grande a maldade
dessas nações!"

14 "Multidões, multidões
no vale da Decisão!
Porque o Dia do Senhor
está perto,
no vale da Decisão.
15 O sol e a lua se escurecem,
e as estrelas deixam
de brilhar.
16 O Senhor rugirá de Sião
e de Jerusalém fará ouvir
a sua voz.

Os céus e a terra tremerão,
mas o Senhor será o refúgio
do seu povo
e a fortaleza dos filhos de Israel."

A RESTAURAÇÃO DE ISRAEL

17 "Assim vocês saberão
que eu sou o Senhor,
o Deus de vocês,
que habito em Sião,
o meu santo monte.
Jerusalém será santa;
estranhos não passarão
mais por ela.
18 E acontecerá que, naquele dia,
os montes destilarão vinho,
e as colinas manarão leite,
e todos os rios de Judá
estarão cheios de água.
Uma fonte sairá
da Casa do Senhor
e regará o vale de Sitim.
19 O Egito se tornará
uma desolação,
e Edom se fará
um deserto abandonado,
por causa da violência que fizeram
aos filhos de Judá,
em cuja terra derramaram
sangue inocente.
20 Judá, porém, será habitada
para sempre,
e Jerusalém,
de geração em geração.
21 Eu vingarei o sangue deles,
que ainda não foi vingado."

E o Senhor habitará em Sião.

Profetas Menores

Amós

Livro 30 com

9

CAPÍTULOS

AUTORIA

O profeta Amós, como indicado no primeiro versículo do livro (Am 1.1). Ele era um pastor de ovelhas e cultivador de sicômoros em Tecoa, cidade de Judá. Amós não pertencia a uma família profética, mas foi chamado por Deus para profetizar no século 8 a.C.

SIGNIFICADO DO TÍTULO

"Amós" vem do hebraico *Amos*, que significa "carregador" ou "portador de fardos".

OBJETIVO DO LIVRO

Amós denuncia as injustiças sociais, a corrupção e a hipocrisia religiosa. Seu objetivo é chamar o povo ao arrependimento e advertir sobre o iminente julgamento divino caso não mudassem seus caminhos.

ESTRUTURA DO LIVRO

- ★ Pronunciamentos contra as nações Am 1—2
- ★ Advertências e visões de juízo Am 3—6
- ★ Visões de destruição e promessa de restauração Am 7—9

TEMAS DE AMÓS

Amós enfatiza a justiça de Deus e a necessidade de retidão social. Ele destaca que a verdadeira adoração deve ser acompanhada por uma vida justa e compassiva.

O livro reforça a ideia de que o Senhor é o juiz supremo que defende os oprimidos e julga os opressores. Com isso, desafia-nos a examinar nossa vida e sociedade em termos de justiça e retidão.

AMÓS E CRISTO

Amós aponta para Cristo ao enfatizar a justiça e a retidão que Jesus personificou em seu ministério. A promessa de restauração em Amós é uma antecipação do Reino de Deus estabelecido por Cristo, onde justiça e paz prevalecerão (Am 9.11-15; Lc 4.18-19).

1 [1]Palavras que, em visão, vieram a Amós,
um pastor da cidade de Tecoa, a respeito
de Israel. Isso aconteceu nos dias de Uzias,
rei de Judá, e nos dias de Jeroboão, filho de
Joás, rei de Israel, dois anos antes do terre-
moto. [2]Amós disse:

"O Senhor rugirá de Sião
e de Jerusalém fará ouvir a sua voz.
Os campos dos pastores estarão de luto,
e o alto do Carmelo secará."

AMEAÇAS CONTRA DIVERSAS NAÇÕES

SÍRIA

[3]Assim diz o Senhor:

"Por três transgressões de Damasco,
sim, por causa de quatro,
não suspenderei o castigo.
Porque passaram
um instrumento de trilhar
com pontas de ferro sobre Gileade.
[4]Por isso, porei fogo à casa de Hazael,
fogo que consumirá
as fortalezas de Ben-Hadade.
[5]Quebrarei os ferrolhos
de Damasco
e eliminarei o morador
de Biqueate-Áven
e o que tem o cetro de Bete-Éden.
O povo da Síria será levado
em cativeiro a Quir",
diz o Senhor.

FILÍSTIA

[6]Assim diz o Senhor:

"Por três transgressões de Gaza,
sim, por causa de quatro,
não suspenderei o castigo.
Porque levaram em cativeiro
todo um povo,
para entregá-lo a Edom.
[7]Por isso, porei fogo
nas muralhas de Gaza,
fogo que consumirá
as suas fortalezas.
[8]Eliminarei o morador de Asdode
e o que tem o cetro de Asquelom.
Voltarei a minha mão
contra Ecrom,
e o resto dos filisteus perecerá",
diz o Senhor Deus.

TIRO

[9]Assim diz o Senhor:

"Por três transgressões de Tiro,
sim, por causa de quatro,
não suspenderei o castigo.
Porque levaram em cativeiro
todo um povo,
para entregá-lo a Edom
e não se lembraram da aliança
de irmãos.
[10]Por isso, porei fogo nas
muralhas de Tiro,
fogo que consumirá as
suas fortalezas."

EDOM

[11]Assim diz o Senhor:

"Por três transgressões de Edom,
sim, por causa de quatro,
não suspenderei o castigo.
Porque perseguiu o seu irmão
com a espada
e não teve nenhuma compaixão dele.
A sua ira não cessou de despedaçar,
e conservou a sua indignação
para sempre.
[12]Por isso, porei fogo em Temã,
fogo que consumirá
as fortalezas de Bozra."

AMOM

[13]Assim diz o Senhor:

"Por três transgressões
dos filhos de Amom,
sim, por causa de quatro,
não suspenderei o castigo.
Porque rasgaram o ventre
das grávidas da região de Gileade,
para ampliarem as suas fronteiras.

[14] Por isso, porei fogo
nas muralhas de Rabá,
fogo que consumirá
as suas fortalezas,
com alarido no dia
da batalha,
com turbilhão
no dia da tempestade.
[15] O seu rei irá para o cativeiro,
ele e os seus príncipes com ele",
diz o SENHOR.

MOABE

2 [1] Assim diz o SENHOR:

"Por três transgressões
de Moabe,
sim, por causa de quatro,
não suspenderei o castigo.
Porque queimou os ossos
do rei de Edom,
até reduzi-los a cinza.
[2] Por isso, porei fogo
em Moabe,
fogo que consumirá
as fortalezas de Queriote.
Moabe morrerá
entre grande estrondo,
alarido e som de trombeta.
[3] Eliminarei do meio dele o juiz,
e juntamente com ele
matarei todos os seus príncipes",
diz o SENHOR.

JUDÁ

[4] Assim diz o SENHOR:

"Por três transgressões de Judá,
sim, por causa de quatro,
não suspenderei o castigo.
Porque rejeitaram a
lei do SENHOR
e não guardaram os seus estatutos.
Os falsos deuses os enganaram,
deuses que os pais deles
haviam seguido.
[5] Por isso, porei fogo em Judá,
fogo que consumirá
as fortalezas de Jerusalém."

ISRAEL

[6] Assim diz o SENHOR:

"Por três transgressões de Israel,
sim, por causa de quatro,
não suspenderei o castigo.
Porque vendem o justo
por dinheiro
e condenam o necessitado
por causa de um par de sandálias.
[7] Esmagam no pó da terra
a cabeça dos pobres
e pervertem o caminho
dos necessitados.
Um homem e seu pai têm relações
com a mesma jovem
e, assim, profanam
o meu santo nome.
[8] Eles se deitam ao lado
de qualquer altar
sobre roupas
recebidas como penhor
e, no templo do seu deus,
bebem o vinho
dos que foram multados."
[9] "Todavia, fui eu que destruí
diante deles os amorreus,
que eram tão altos
como os cedros
e tão fortes como os carvalhos;
destruí os seus frutos por cima
e as suas raízes por baixo.
[10] Também fui eu que tirei vocês
da terra do Egito
e durante quarenta anos
os conduzi pelo deserto,
para que vocês pudessem tomar
posse da terra dos amorreus.
[11] Escolhi alguns dos seus filhos
para serem profetas
e alguns dos seus jovens
para serem nazireus.
Não é isto assim, filhos de Israel?" —
diz o SENHOR.
[12] "Mas vocês deram vinho
aos nazireus
e ordenaram aos profetas
que não profetizassem."

13 “Como faz um carro carregado
de feixes,
eu os esmagarei ali
onde vocês se encontram.
14 Os mais ágeis não encontrarão
refúgio,
os fortes não poderão usar
a sua força,
e os valentes não conseguirão
salvar a sua vida.
15 Os que manejam o arco
não resistirão,
os mais velozes
não conseguirão fugir,
e os que vão montados a cavalo
não conseguirão salvar a sua vida.
16 Até mesmo os mais corajosos
entre os valentes
fugirão nus naquele dia”,
diz o Senhor.

O CASTIGO CONTRA A MALDADE DE ISRAEL

3 1 Ouçam a palavra que o Senhor fala
contra vocês, filhos de Israel, contra to-
da a família que ele tirou da terra do Egito.
Ele diz:

2 “De todas as famílias da terra,
somente a vocês eu escolhi;
portanto, eu os punirei
por todas as suas iniquidades.
3 Será que dois andarão juntos,
se não estiverem de acordo?
4 Será que o leão
vai rugir na floresta,
sem que tenha encontrado presa?
Será que o leãozinho
fará ouvir a sua voz no covil,
se não tiver apanhado nada?
5 Será que a ave
cairá na armadilha,
se o laço não estiver armado?
Será que o laço se levanta do chão,
sem que tenha apanhado
alguma coisa?
6 Será possível tocar a trombeta
na cidade,
sem que o povo comece a tremer?
Será que sobrevirá algum mal
à cidade,
sem que o Senhor o tenha feito?”

7 “Certamente o Senhor Deus
não fará coisa alguma,
sem primeiro revelar o seu segredo
aos seus servos, os profetas.
8 O leão rugiu,
quem não ficará com medo?
O Senhor Deus falou,
quem não profetizará?”

9 “Proclamem nas fortalezas
de Asdode
e nos palácios
da terra do Egito o seguinte:
‘Reúnam-se nos montes
de Samaria
e vejam que grandes tumultos
lá existem
e que opressões há no meio dela.’
10 Porque o povo de Samaria
não sabe fazer o que é reto”,
diz o Senhor,
“e entesoura nos seus palácios
a violência e a devastação.”

11 Portanto, assim diz o Senhor Deus:

“Um inimigo cercará a sua terra,
destruirá o seu poder,
e os seus palácios
serão saqueados.”

12 Assim diz o Senhor:
— Como o pastor livra da boca do leão
as duas pernas ou um pedacinho da ore-
lha de um animal, assim serão salvos os fi-
lhos de Israel que vivem em Samaria com
apenas o canto da cama e parte do leito.

13 “Ouçam e deem testemunho
contra a casa de Jacó”,
diz o Senhor Deus,
o Deus dos Exércitos:
14 “No dia em que eu punir Israel,
por causa das suas transgressões,
visitarei também os altares de Betel;

e as pontas do altar serão cortadas
  e cairão por terra.
15 Derrubarei a casa de inverno
  com a casa de verão;
as casas de marfim
  ficarão em ruínas,
e as grandes casas
  serão destruídas",
  diz o SENHOR.

AMEAÇAS CONTRA AS MULHERES DE SAMARIA

4 1 "Ouçam esta palavra, vacas de Basã,
vocês que estão no monte de Samaria,
que oprimem os pobres,
esmagam os necessitados
e dizem aos maridos:
'Tragam vinho, e vamos beber!'
2 O Senhor DEUS jurou
  pela sua santidade
que virão dias em que vocês
  serão arrastadas com ganchos;
até as últimas de vocês
  serão levadas com anzóis de pesca.
3 Vocês sairão em fila pelas brechas
e serão lançadas
  na direção do monte Hermom",
  diz o SENHOR.

A CEGUEIRA ESPIRITUAL DE ISRAEL

4 "Venham a Betel e pequem!
Venham a Gilgal
  e pequem ainda mais!
Cada manhã,
  tragam os seus sacrifícios
e, de três em três dias,
  os seus dízimos!
5 Ofereçam sacrifícios de louvor
  com pão levedado
e proclamem ofertas voluntárias!
Tornem isso público,
porque é disso que vocês gostam,
ó filhos de Israel",
  diz o Senhor DEUS.

6 "Também deixei
  que vocês ficassem
sem ter o que mastigar
  em todas as suas cidades
e com falta de pão
  em todos os lugares,
mas vocês não se converteram
  a mim", diz o SENHOR.
7 "Além disso, retive a chuva,
faltando ainda três meses
  para a colheita.
Fiz chover sobre uma cidade
  e sobre a outra, não;
um campo teve chuva,
mas o outro, que ficou sem chuva,
  secou.
8 Pessoas de duas ou três cidades
se dirigiram a outra cidade
  para beber água,
sem conseguirem matar a sede,
mas vocês não se converteram
  a mim",
  diz o SENHOR.
9 "Eu os castiguei
  com o crestamento
  e a ferrugem.
Os gafanhotos devoraram
  as hortas e as vinhas,
  as figueiras e as oliveiras,
mas vocês não se converteram
  a mim",
  diz o SENHOR.
10 "Enviei a peste contra vocês,
assim como havia feito no Egito.
Matei os seus jovens
  à espada,
deixei que os seus cavalos
  fossem capturados,
e fiz com que o mau cheiro
  dos acampamentos
  chegasse aos seus narizes,
mas vocês não se converteram
  a mim", diz o SENHOR.
11 "Destruí alguns de vocês,
como Deus destruiu Sodoma
  e Gomorra.
Vocês foram como um toco de lenha
  tirado do fogo,
mas não se converteram a mim",
  diz o SENHOR.

12 "Portanto, assim farei
  com você, Israel!

E, porque farei isso com você,
prepare-se, ó Israel,
para se encontrar com
o seu Deus!
13 Porque é ele
quem forma os montes,
cria o vento
e declara aos seres humanos
qual é o seu pensamento;
ele faz da manhã trevas
e anda sobre os altos da terra;
Senhor, Deus dos Exércitos,
é o seu nome."

BUSQUEM O SENHOR E VOCÊS VIVERÃO

5 1 Ouçam esta palavra que falo contra vo-
cês, ó casa de Israel. É uma lamentação.

2 "Caiu a virgem de Israel,
para nunca mais se levantar!
Está estendida na sua
própria terra,
e não há quem a levante."

3 Porque assim diz o Senhor Deus:

"A cidade da qual saem mil
conservará apenas cem,
e aquela da qual saem cem
conservará apenas dez
para a casa de Israel."

4 Pois assim diz o Senhor à casa de Israel:

"Busquem a mim e vocês viverão.
5 Porém não busquem Betel,
nem venham a Gilgal,
nem passem a Berseba.
Porque Gilgal certamente
será levada cativa,
e Betel será reduzida a nada.
6 Busquem o Senhor
e vocês viverão.
Do contrário, ele irromperá
na casa de José
como um fogo que a consome,
e não haverá em Betel
quem consiga apagá-lo.
7 Vocês que transformam
o juízo em veneno
e lançam por terra a justiça,
8 busquem aquele que fez
o Sete-estrelo e o Órion;
aquele que torna
as densas trevas em manhã
e muda o dia em noite;
aquele que chama as
águas do mar
e as derrama sobre a terra;
Senhor é o seu nome.
9 É ele que faz vir
súbita destruição sobre o forte
e ruína contra a fortaleza."

10 "Vocês odeiam
quem os repreende no tribunal
e detestam quem fala
com sinceridade.
11 Portanto, visto que pisam
os pobres
e deles exigem tributo de trigo,
vocês não habitarão nas casas
de pedras lavradas
que construíram,
nem beberão o vinho
das belas videiras
que plantaram.
12 Porque sei que são muitas
as suas transgressões
e que são graves os pecados
que vocês cometem.
Vocês afligem os justos,
aceitam suborno
e rejeitam as causas
dos necessitados no tribunal.
13 Por isso, numa época
de tanta corrupção,
quem é prudente
prefere ficar calado."

14 "Busquem o bem
e não o mal,
para que vocês vivam.
E assim o Senhor,
o Deus dos Exércitos,
estará com vocês,
como vocês dizem.

15 Odeiem o mal e amem o bem.
Promovam a justiça nos tribunais.
Talvez o SENHOR,
o Deus dos Exércitos,
se compadeça do remanescente
de José."

16 Portanto, assim diz o Senhor, o SENHOR,
Deus dos Exércitos:

"Em todas as praças haverá pranto,
e em todas as ruas dirão: 'Ai! Ai!'
Chamarão os lavradores
para o pranto
e, para o choro,
os que sabem prantear.
17 Em todas as vinhas
haverá pranto,
porque passarei
pelo meio de vocês", diz o SENHOR.

O DIA DO SENHOR

18 "Ai dos que desejam
o Dia do SENHOR!
Para que vocês desejam
o Dia do SENHOR?
Será um dia de trevas
e não de luz.
19 Será como se um homem
fugisse de um leão
e lhe saísse ao encontro um urso;
ou como se, entrando em casa
e encostando a mão na parede,
fosse mordido por uma cobra.
20 O dia do SENHOR será
um dia de trevas e não de luz!
Será um dia
de completa escuridão,
sem nenhuma claridade!"

DEUS EXIGE JUSTIÇA E NÃO SACRIFÍCIOS

21 "Eu odeio e desprezo
as suas festas
e com as suas reuniões solenes
não tenho nenhum prazer.
22 Mesmo que vocês me ofereçam
holocaustos e ofertas de cereais,
não me agradarei deles.
Quanto às suas ofertas pacíficas
de animais gordos,
nem sequer olharei para elas.
23 Afastem de mim
o barulho dos seus cânticos,
porque não ouvirei
as melodias das suas liras.
24 Em vez disso,
corra o juízo como as águas,
e a justiça,
como um ribeiro perene."

25 — Casa de Israel, por acaso vocês me
apresentaram sacrifícios e ofertas de cereais
durante os quarenta anos no deserto? 26 Pelo
contrário, levaram o seu rei Sicute e Quium,
o seu deus-estrela, imagens que vocês fize-
ram para si mesmos. 27 Por isso, vou mandar
vocês ao exílio para além de Damasco, diz
o SENHOR, cujo nome é Deus dos Exércitos.

A CORRUPÇÃO E A DESTRUIÇÃO DE ISRAEL

6 1 "Ai dos que andam
à vontade em Sião
e dos que vivem sem receio
no monte de Samaria,
homens notáveis
da principal das nações,
aos quais se dirige a casa de Israel!
2 Vão à cidade de Calné e olhem.
Dali, vão à grande cidade de Hamate
e, depois, desçam até
Gate dos filisteus.
Será que eles são melhores
do que os reinos de vocês?
Ou será que o território deles
é maior do que o de vocês?
3 Vocês imaginam que o dia mau
está longe,
mas estão fazendo com que
o trono da violência
se aproxime.
4 Vocês dormem
em camas de marfim
e se espreguiçam
sobre os seus leitos.
Comem os cordeiros
do rebanho

É nossa responsabilidade cultivar o lugar secreto. Neste bom solo, plantaremos as sementes que Deus tem confirmado e confiado a nós.

e os bezerros
 que estão na engorda.
5 Ficam cantando à toa
 ao som da lira
e, como Davi, inventam
 instrumentos musicais.
6 Bebem vinho em taças
e se ungem
 com o mais excelente óleo,
mas não se afligem
 com a ruína de José.
7 Portanto, vocês estarão
 entre os primeiros que serão
 levados para o cativeiro,
e cessarão as festanças
 dos que gostam
 de se espreguiçar."

8 O Senhor Deus jurou por si mesmo. O Senhor, o Deus dos Exércitos, diz:

"Eu detesto o orgulho de Jacó
e odeio os seus palácios.
Abandonarei a cidade
e tudo o que nela há."

9 Se numa casa ficarem dez homens, também esses morrerão. 10 E, se um parente chegado, o qual os há de queimar, pega os cadáveres para os levar para fora da casa e pergunta ao que estiver lá dentro: "Há mais alguém com você?" E este responder: "Não, não há"; então lhe dirá: "Cale-se! Não mencione o nome do Senhor."

11 Pois eis que o Senhor ordena,
e será destroçada
 a casa grande,
e a pequena será feita
 em pedaços.

12 "Será que os cavalos podem
 correr sobre as rochas?
Será que é possível lavrá-las
 com bois?
No entanto, vocês transformaram
 o juízo em veneno
e o fruto da justiça,
 em alosna.
13 Vocês se alegram por terem
 conquistado Lo-Debar, e dizem:
'Não é fato que,
 com as nossas próprias forças,
nos apoderamos de Carnaim?'
14 Pois eis que trarei contra vocês,
ó casa de Israel, uma nação
 que os oprimirá,
desde a entrada de Hamate
 até o ribeiro da Arabá",
diz o Senhor,
 o Deus dos Exércitos.

A VISÃO DO GAFANHOTO, DO FOGO E DO PRUMO

7 1 O Senhor Deus me mostrou o seguinte:
eis que ele formava uma nuvem de gafanhotos no momento em que começavam a brotar as plantas da entressafra, ou seja, a cultura tardia que vinha depois de concluída a colheita reservada ao rei. 2 Quando tinham acabado de comer toda a plantação, eu disse:

— Senhor Deus, perdoa, por favor! Como poderá Jacó sobreviver? Pois ele é pequeno.

3 Então o Senhor mudou de ideia em relação a isso e falou:

— Isso não vai acontecer.

4 Depois, o Senhor Deus me mostrou o seguinte: eis que o Senhor Deus chamou o fogo para exercer a sua justiça. Este fogo consumiu o grande abismo e começava a devorar a terra. 5 Então eu disse:

— Senhor Deus, para, por favor! Como poderá Jacó sobreviver? Pois ele é pequeno.

6 E o Senhor mudou de ideia em relação a isso e falou:

— Também isso não vai acontecer, diz o Senhor Deus.

7 Mostrou-me também isto: eis que o Senhor estava sobre um muro levantado a prumo, e tinha um prumo na mão. 8 O Senhor me perguntou:

— O que você está vendo, Amós?

Respondi:

— Um prumo.

Então o Senhor disse:

— Eis que eu porei o prumo no meio do meu povo de Israel; não posso mais ignorar

o que fazem. 9 Os lugares altos de Isaque se-
rão assolados, e os santuários de Israel serão
destruídos. E eu me levantarei com a espada
contra a casa de Jeroboão.

AMÓS E O SACERDOTE AMAZIAS

10 Então Amazias, o sacerdote de Betel,
mandou dizer a Jeroboão, rei de Israel:
— Amós está conspirando contra o rei
no meio da casa de Israel. A terra não pode
suportar todas as suas palavras. 11 Porque
assim diz Amós: "Jeroboão morrerá à espada,
e Israel certamente será levado para fora de
sua terra, em cativeiro."
12 Depois Amazias disse a Amós:
— Saia daqui, vidente! Fuja para a terra de
Judá e vá ganhar a vida por lá. Em Judá você
pode profetizar. 13 Mas em Betel, daqui em
diante, você não poderá profetizar, porque
este é o santuário do rei e o templo do reino.
14 Amós respondeu e disse a Amazias:
— Eu não sou profeta nem discípulo de
profeta. Eu cuido de gado e colho sicômo-
ros. 15 Mas o SENHOR me tirou do trabalho de
andar atrás do gado e me disse: "Vá e profe-
tize ao meu povo de Israel." 16 Portanto, agora
ouça a palavra do SENHOR. Você diz: "Não pro-
fetize contra Israel nem fale contra a casa
de Isaque." 17 Pois bem, assim diz o SENHOR:

"A sua mulher se prostituirá na cidade,
e os seus filhos e as suas filhas
cairão à espada.
A sua terra será repartida a cordel,
e você morrerá numa terra impura.
E Israel certamente será levado cativo
para fora da sua terra."

A VISÃO DE UM CESTO DE FRUTOS

8 1 O Senhor DEUS também me mostrou o
seguinte: um cesto de frutos de verão.
2 E perguntou:
— O que você está vendo, Amós?
E eu respondi:
— Um cesto de frutos de verão.
Então o SENHOR me disse:

"Chegou o fim para o meu povo
de Israel;
não posso mais ignorar
o que fazem.
3 Naquele dia", diz o Senhor DEUS,
"os cânticos do templo
serão gritos de dor.
Muitos cadáveres!
Cadáveres jogados por toda parte!
Silêncio!"

A RUÍNA DE ISRAEL ESTÁ PERTO

4 Ouçam isto, vocês que pisam
os necessitados
e destroem os miseráveis da terra,
5 dizendo: "Quando passará
a Festa da Lua Nova,
para vendermos os cereais?
E o sábado, para abrirmos
os celeiros de trigo,
diminuindo a quantidade,
aumentando o peso
e enganando com balanças
desonestas,
6 para comprarmos os pobres
por dinheiro
e os necessitados
por um par de sandálias
e vendermos o refugo do trigo?"

7 O SENHOR jurou
pela glória de Jacó, dizendo:
"Nunca me esquecerei
de nenhuma das suas obras!
8 Por causa disto, será que
a terra não vai tremer?
E não estarão enlutados
todos os seus moradores?
Toda a terra se levantará
como o Nilo,
será agitada e abaixará
como o rio do Egito."

9 "Naquele dia",
diz o Senhor DEUS,
"farei com que o sol
se ponha ao meio-dia
e com que a terra se cubra
de trevas em pleno dia.
10 Transformarei as suas festas
em luto

e todos os seus cânticos
em lamentações.
Vou fazer com que todos vistam
roupas feitas de pano de saco
e rapem a cabeça.
Farei com que isso seja
como luto por um filho único,
luto cujo fim será
como dia de amargura."

11 "Eis que vêm dias",
diz o Senhor Deus,
"em que enviarei sobre a terra
fome — não de pão,
e sede — não de água,
mas de ouvir as palavras
do Senhor.
12 Andarão de mar a mar
e do Norte até o Oriente;
correrão por toda parte,
procurando a palavra do Senhor,
mas não a acharão.
13 Naquele dia, as moças bonitas
e os jovens desmaiarão de sede,
14 os que agora juram
pelo ídolo de Samaria
e dizem: 'Tão certo como vive
o seu deus, ó Dã!'
E: 'Tão certo como vive
o culto de Berseba!'
Esses mesmos cairão
e nunca mais se levantarão."

OS JUÍZOS DE DEUS SÃO INEVITÁVEIS

9 1 Vi o Senhor, que estava em pé junto ao
altar. Ele me disse:

"Bata nos capitéis das colunas,
para que os umbrais
comecem a tremer
e os pedaços caiam
sobre a cabeça de todos eles.
Matarei à espada os que restarem.
Nenhum deles fugirá,
e nenhum escapará.
2 Ainda que cavem para chegar
ao mais profundo abismo,
a minha mão os tirará de lá.
Se subirem ao céu,
de lá os farei descer.
3 Se eles se esconderem no alto
do Carmelo,
irei atrás deles e de lá os tirarei.
E, caso se ocultarem
dos meus olhos no fundo do mar,
ali darei ordem à serpente,
e ela os morderá.
4 Se forem levados para o cativeiro
pelos seus inimigos,
ali darei ordem à espada,
e ela os matará;
porei os meus olhos sobre eles
para o mal e não para o bem."
5 Porque o Senhor,
o Senhor dos Exércitos,
é o que toca na terra,
e ela se derrete,
e todos os seus moradores
estarão de luto.
Toda a terra subirá
como o Nilo
e abaixará como o rio do Egito.
6 Deus é o que edifica
as suas câmaras no céu
e firmou a sua abóbada
sobre a terra.
Ele é o que chama as
águas do mar
e as derrama sobre a terra;
Senhor é o seu nome.

7 "Filhos de Israel,
não é verdade que vocês
são para mim
como os filhos dos etíopes?" —
diz o Senhor.
"Não é fato que eu tirei Israel
da terra do Egito,
os filisteus de Caftor,
e os sírios de Quir?
8 Eis que os olhos do Senhor Deus
estão contra este reino pecador,
e eu o destruirei da face da terra.
Mas não destruirei por completo
a casa de Jacó",
diz o Senhor.

9 "Porque eis que darei ordens
e sacudirei a casa de Israel
entre todas as nações,
assim como se sacode trigo
na peneira,
sem que um só grão
caia na terra.
10 Todos os pecadores do meu povo
morrerão à espada,
os que dizem:
'O mal não nos alcançará
nem nos encontrará.'"

RESTAURAÇÃO DO ISRAEL ESPIRITUAL

11 "Naquele dia, levantarei
o tabernáculo caído de Davi.
Vou reparar as suas brechas
e levantá-lo das suas ruínas.
Vou restaurá-lo,
para que volte a ser como era
nos dias da antiguidade,
12 para que o meu povo tome posse
do restante de Edom
e de todas as nações
que são chamadas pelo meu nome",
diz o SENHOR,
que faz estas coisas.

13 "Eis que vêm dias",
diz o SENHOR,
"em que o que lavra
virá logo após o que colhe,
e o que pisa as uvas
virá logo após
o que lança semente.
Os montes destilarão vinho,
e todas as colinas se derreterão.
14 Mudarei a sorte
do meu povo de Israel.
Eles reedificarão as cidades destruídas
e nelas habitarão.
Plantarão vinhas
e beberão o seu vinho;
farão pomares
e comerão dos seus frutos.
15 Eu os plantarei na sua terra,
e, dessa terra que lhes dei,
nunca mais serão arrancados",
diz o SENHOR, seu Deus.

Profetas Menores

Obadias

Livro 31 com

1

CAPÍTULO

AUTORIA

Obadias (cf. Ob 1.1), cujo nome em hebraico significa "Servo de Javé". Pouco se sabe sobre ele, além do que é registrado em seu livro.

OBJETIVO DO LIVRO

Condenar Edom por sua traição e proclamar vindicação. Localizada a sudeste de Judá, a nação era habitada pelos descendentes de Esaú. Existia um ódio mútuo entre edomitas e israelitas desde o Êxodo, quando Edom se recusou a deixar seus parentes passarem por sua terra (Nm 20.14-21).

TEMAS DO LIVRO

Obadias destaca a justiça retributiva de Deus e sua fidelidade às promessas que faz. A mensagem do livro encoraja os cristãos a confiar no justo Senhor e naquilo que ele diz. Também é um alerta contra a arrogância e o pecado, pois mostra que nenhuma desobediência ficará impune.

ESTRUTURA DO LIVRO

- ★ Orgulho de Edom Ob 1.1-4
- ★ Destruição de Edom Ob 1.5-9
- ★ Traição de Edom contra Judá Ob 1.10-14
- ★ O dia do Senhor e o julgamento das nações Ob 1.15-16
- ★ Restauração de Israel Ob 1.17-21

CURIOSIDADES

- ★ É o menor livro do Antigo Testamento
- ★ A vingança do Senhor contra Edom
- ★ Obadias profetizou a destruição de Edom por conta da falta de amor dos edomitas

OBADIAS E CRISTO

Obadias aponta para Cristo como o juiz final e o redentor que restaurará todas as coisas. A vitória final de Israel sobre seus inimigos prenuncia a vitória de Cristo sobre o pecado e a morte.

Aceite o alinhamento de Deus e, se tiver um direcionamento divino, pare o que está fazendo e permita-se ser reposicionada pelo Senhor.

1 [1] Visão de Obadias.

DEUS CASTIGARÁ EDOM

Jr 49.14-16

Assim diz o Senhor DEUS a respeito de Edom:

"Ouvimos uma notícia
vinda do SENHOR,
e um mensageiro foi enviado
às nações para dizer:
'Preparem-se! Preparem-se
para a guerra contra Edom!'
[2] Eis que fiz de você uma nação
pequena entre as outras,
muito desprezada.
[3] O orgulho do seu coração
o enganou.
Você vive nas fendas
das rochas,
num lugar elevado,
e diz em seu íntimo:
'Quem poderá me jogar
lá para baixo?'
[4] Ainda que você suba
como a águia
e faça o seu ninho
entre as estrelas,
de lá eu o derrubarei",
diz o SENHOR.

[5] "Se ladrões o atacassem
ou assaltantes viessem de noite
— como você está destruído! —
não levariam só
o que lhes bastasse?
Se fossem até você
os que colhem uvas,
não deixariam
pelo menos alguns cachos?
[6] Como foram saqueados
os bens de Esaú!
Como foram vasculhados
os seus tesouros escondidos!
[7] Todos os seus aliados, ó Edom,
o empurraram para fora
do seu território.
Aqueles que estavam em paz
com você
o enganaram e prevaleceram
contra você.
Aqueles que sentam à sua mesa
prepararam uma armadilha
para os seus pés.
E não há em Edom entendimento."

[8] "Naquele dia",
diz o SENHOR,
"destruirei os sábios de Edom
e o entendimento
do monte de Esaú.
[9] Os seus valentes, ó Temã,
ficarão apavorados,
para que, do monte de Esaú,
todos sejam exterminados
pela matança."

A VIOLÊNCIA DE EDOM CONTRA JACÓ

[10] "Por causa da violência feita
ao seu irmão Jacó,
você ficará coberto
de vergonha
e será exterminado para sempre.
[11] No dia em que estranhos
levaram os bens de seu irmão Jacó,
você estava presente;
quando estrangeiros entraram
pelos portões
e lançaram sortes sobre Jerusalém,
você mesmo era um deles.
[12] Você não devia ter olhado
com prazer
para o dia do seu irmão,
o dia da sua calamidade.
Você não devia ter-se alegrado
pelo que aconteceu
com os filhos de Judá,
no dia da sua ruína.
Você não devia ter falado
de boca cheia,
no dia da angústia.
[13] Você não devia ter entrado
pelo portão do meu povo,
no dia da sua calamidade.
Você não devia ter olhado
com prazer para o seu mal,
no dia da sua calamidade.

Você não devia ter posto as mãos
sobre os seus bens,
no dia da sua calamidade.
14 Você não devia ter parado
nas encruzilhadas,
para exterminar
os que escapassem.
Você não devia ter entregado
ao inimigo
os que escaparam com vida,
no dia da angústia."

A RESTAURAÇÃO E A FELICIDADE DE ISRAEL

15 "Porque o Dia do SENHOR
está prestes a vir
sobre todas as nações.
Você será tratado da mesma forma
como tratou os outros;
o mal que você fez
cairá sobre a sua cabeça.
16 Porque, assim como vocês
beberam no meu santo monte,
assim todas as nações
beberão sem parar;
irão beber, engolir,
e serão como se
nunca tivessem existido."

17 "Mas, no monte Sião,
haverá livramento.
O monte será santo,
e os da casa de Jacó tomarão posse
de sua herança.
18 A casa de Jacó será fogo
e a casa de José será chama,
mas a casa de Esaú será a palha.
O fogo e a chama incendiarão
a palha
e a consumirão;
e ninguém mais restará
da casa de Esaú,
porque o SENHOR o falou."

19 "Os de Neguebe tomarão posse
do monte de Esaú,
e os da Sefelá ocuparão
o território dos filisteus;
tomarão posse também
dos campos de Efraim
e dos campos de Samaria;
e Benjamim tomará posse
de Gileade.
20 Os cativos do exército
dos filhos de Israel
tomarão posse do território
dos cananeus até Sarepta,
e os cativos de Jerusalém,
que estão em Sefarade,
tomarão posse das cidades do Sul.
21 Salvadores hão de subir
ao monte Sião,
para julgarem o monte de Esaú;
e o reino será do SENHOR."

Profetas Menores

Jonas

Livro 32 com

4

CAPÍTULOS

AUTORIA

Segundo a tradição judaica e cristã, Jonas, filho de Amitai (Jn 1.1). O nome Jonas significa “pomba”.

OBJETIVO DO LIVRO

Mostrar a amplitude da misericórdia de Deus, inclusive com os pagãos, e ensinar sobre a importância da obediência ao chamado divino.

A MISERICÓRDIA DE DEUS COM TODOS

ESTRUTURA DO LIVRO

- ★ A fuga de Jonas e a tempestade Jn 1
- ★ A oração de Jonas no ventre do peixe Jn 2
- ★ Jonas em Nínive e o arrependimento do povo Jn 3
- ★ A frustração de Jonas e a lição da planta Jn 4

TEMAS DO LIVRO

Jonas revela a misericórdia e a compaixão de Deus para com todas as pessoas, não apenas seu povo. O livro demonstra que o Senhor deseja que todos se arrependam e voltem para ele.

Jonas nos desafia a refletir sobre a própria obediência ao chamado de Deus e nossa disposição de mostrar misericórdia para com os outros, inclusive os inimigos.

JONAS E CRISTO

A experiência de Jonas no ventre do peixe é uma prefiguração de Cristo, que usou essa história para ilustrar a própria morte e ressurreição (Mt 12.40). A missão de Jonas em Nínive prefigura a missão de Cristo de levar salvação a todas as nações.

NÃO SE SABE QUE TIPO DE PEIXE ENGOLIU JONAS.

O CHAMADO DE JONAS, A SUA FUGA E O SEU CASTIGO

1 1 A palavra do SENHOR veio a Jonas, filho
de Amitai, dizendo:
2 — Levante-se, vá à grande cidade de Níni-
ve e pregue contra ela, porque a sua maldade
subiu até a minha presença.

3 Jonas se levantou, mas para fugir da pre-
sença do SENHOR, para Társis. Desceu a Jope,
e encontrou um navio que ia para Társis. Pa-
gou a passagem e embarcou no navio, para
ir com eles para Társis, para longe da pre-
sença do SENHOR.

4 Mas o SENHOR lançou sobre o mar um forte
vento, e levantou-se uma tempestade tão vio-
lenta, que parecia que o navio estava a ponto
de se despedaçar. 5 Então os marinheiros fica-
ram com medo e clamavam cada um ao seu
deus. Lançaram no mar a carga que estava no
navio, para que ele ficasse mais leve. Jonas,
porém, havia descido ao porão do navio; ali
havia se deitado, e dormia profundamente.

6 O capitão do navio se aproximou de Jo-
nas e lhe disse:

— O que está acontecendo com você? Agar-
rado no sono? Levante-se, invoque o seu
deus! Talvez assim esse deus se lembre de
nós, para que não pereçamos.

7 Os marinheiros diziam uns aos outros:

— Vamos lançar sortes para descobrir quem
é o culpado desse mal que caiu sobre nós.

Lançaram sortes, e a sorte caiu sobre Jonas.
8 Então lhe disseram:

— Agora nos diga: Quem é o culpado por
este mal que nos aconteceu? Qual é a sua
ocupação? De onde você vem? Qual a sua ter-
ra? E de que povo você é?

9 Jonas respondeu:

— Eu sou hebreu e temo o SENHOR, o Deus
do céu, que fez o mar e a terra.

10 Então os homens ficaram com muito me-
do e lhe perguntaram:

— O que é isso que você fez?

Pois aqueles homens sabiam que Jonas es-
tava fugindo da presença do SENHOR, porque
ele lhes havia contado.

11 Então lhe perguntaram:

— O que devemos fazer com você, para que
o mar se acalme?

Disseram isto porque o mar ia se tor-
nando cada vez mais tempestuoso. 12 Jo-
nas respondeu:

— Peguem-me e me lancem no mar; então
o mar ficará calmo. Porque eu sei que, por
minha causa, esta grande tempestade caiu
sobre vocês.

13 Em vez disso, os homens remavam, es-
forçando-se por alcançar a terra, mas não
podiam, porque o mar ia se tornando cada
vez mais tempestuoso contra eles. 14 Então
clamaram ao SENHOR e disseram:

— Ah! SENHOR! Rogamos-te que não nos
deixes perecer por causa da vida deste ho-
mem, e não faças cair sobre nós este sangue
inocente. Porque tu, SENHOR, fizeste o que foi
do teu agrado.

15 Em seguida, os marinheiros pegaram Jo-
nas e o lançaram no mar; e a fúria do mar se
acalmou. 16 Então esses homens temeram
muito o SENHOR; ofereceram sacrifícios ao
SENHOR e fizeram votos.

17 O SENHOR ordenou que um grande peixe
engolisse Jonas. E Jonas esteve três dias e três
noites no ventre do peixe.

A ORAÇÃO DE JONAS

2 1 Então Jonas, do ventre do peixe, orou ao
SENHOR, seu Deus, 2 e disse:

"Na minha angústia,
clamei ao SENHOR,
e ele me respondeu;
do ventre do abismo, gritei,
e tu ouviste a minha voz.
3 Pois me lançaste
nas profundezas,
no coração dos mares,
e a corrente das águas me cercou;
todas as tuas ondas e as tuas vagas
passaram sobre mim.
4 Então eu disse:
'Estou excluído da tua presença;
será que tornarei a ver
o teu santo templo?'"

5 "As águas me cercaram
até a alma,
o abismo me rodeou;

e as algas se enrolaram
na minha cabeça.
6 Desci até os fundamentos
dos montes;
desci até a terra,
cujos ferrolhos se fecharam
atrás de mim para sempre.
Tu, porém, fizeste a minha vida
subir da sepultura,
ó Senhor, meu Deus!
7 Quando, dentro de mim,
desfalecia a minha alma,
eu me lembrei do Senhor;
e subiu a ti a minha oração,
no teu santo templo.
8 Os que adoram ídolos vãos
abandonam aquele
que lhes é misericordioso.
9 Mas, com a voz
do agradecimento,
eu te oferecerei sacrifício;
o que prometi cumprirei.
Ao Senhor pertence a salvação!"

10 E o Senhor falou ao peixe, e este vomitou
Jonas na terra.

JONAS PREGA EM NÍNIVE

3 1 A palavra do Senhor veio a Jonas pela
segunda vez, dizendo:
2 — Levante-se, vá à grande cidade de Ní-
nive e pregue contra ela a mensagem que
eu lhe darei.
3 Jonas se levantou e foi a Nínive, segun-
do a palavra do Senhor. Ora, Nínive era uma
cidade muito importante diante de Deus;
eram necessários três dias para percorrê-la.
4 Jonas começou a percorrer a cidade cami-
nho de um dia, e pregava, dizendo:
— Ainda quarenta dias, e Nínive será des-
truída.

O ARREPENDIMENTO DOS NINIVITAS

5 Os ninivitas creram em Deus. Proclama-
ram um jejum e vestiram roupa feita de pano
de saco, desde o maior até o menor.
6 Quando esta notícia chegou ao rei de Ní-
nive, ele se levantou do seu trono, tirou os
trajes reais, cobriu-se de pano de saco e sen-
tou-se sobre cinzas. 7 E mandou proclamar
e divulgar em Nínive o seguinte:
— Por mandado do rei e dos seus nobres,
ninguém — nem mesmo os animais, bois
e ovelhas — pode comer coisa alguma; não
lhes deem pasto, nem deixem que bebam
água. 8 Todos devem ser cobertos de pano
de saco, tanto as pessoas como os animais.
Então clamarão fortemente a Deus e se con-
verterão, cada um do seu mau caminho e da
violência que há nas suas mãos. 9 Quem sa-
be? Talvez Deus se volte e mude de ideia, e
então se afaste do furor da sua ira, para que
não pereçamos.
10 Deus viu o que fizeram, como se conver-
teram do seu mau caminho; e Deus mudou
de ideia quanto ao mal que tinha dito que
lhes faria e não o fez.

A RAIVA DE JONAS E A MISERICÓRDIA DE DEUS

4 1 Mas Jonas ficou muito aborrecido e
com raiva. 2 Ele orou ao Senhor e disse:
— Ah! Senhor! Não foi isso que eu dis-
se, estando ainda na minha terra? Por isso,
me adiantei, fugindo para Társis, pois sabia
que tu és Deus bondoso e compassivo, tardio
em irar-se e grande em misericórdia, e que
mudas de ideia quanto ao mal que anun-
ciaste. 3 Agora, Senhor, peço que me tires a
vida, porque para mim é melhor morrer do
que viver.
4 E o Senhor disse:
— Você acha que é razoável essa sua raiva?
5 Então Jonas saiu da cidade e sentou-se
num lugar a leste da mesma. Ali construiu
um abrigo, sentou-se na sombra, para ver
o que aconteceria com a cidade.
6 Então o Senhor Deus fez crescer uma
planta por cima de Jonas, para que fizesse
sombra sobre a sua cabeça, a fim de o li-
vrar do seu desconforto. E Jonas ficou mui-
to contente por causa da planta. 7 Mas no
dia seguinte, ao amanhecer, Deus enviou
um verme, que atacou a planta, e ela se-
cou. 8 Quando o sol nasceu, Deus fez so-
prar um vento leste muito quente. O sol
bateu na cabeça de Jonas, de maneira que

ele quase desmaiou. Então pediu para morrer, dizendo:
— Para mim é melhor morrer do que viver!
9 Então Deus perguntou a Jonas:
— Você acha que é razoável essa sua raiva por causa da planta?
Jonas respondeu:
— É tão razoável que até quero morrer!
10 E o SENHOR disse:
— Você tem compaixão da planta que não lhe custou nenhum trabalho. Você não a fez crescer. Numa noite ela nasceu e na noite
seguinte desapareceu.
11 E você não acha que eu deveria ter muito mais compaixão da grande cidade de Nínive, em que há mais de cento e vinte mil pessoas, que não sabem distinguir entre a mão direita e a mão esquerda, e também muitos animais?

Quando percebemos um movimento de Deus em nos barrar ou parar, devemos confiar, obedecer e nos sujeitar ao tempo e modo dele.

Profetas Menores

Livro 33 com

Miqueias

7 CAPÍTULOS

SIGNIFICADO DO TÍTULO

O nome "Miqueias" vem do hebraico *Micha'yahu*, que significa "Quem é como Javé?".

AUTORIA

Miqueias, de Moresete (Mq 1.1), é o autor do livro que leva seu nome. Ele foi contemporâneo de Isaías, Amós e Oseias, e sua atividade profética ocorreu durante os reinados de Jotão, Acaz e Ezequias, reis de Judá.

OBJETIVO DO LIVRO

Denunciar a injustiça social e a corrupção em Judá e Israel, proclamar a justiça e a misericórdia de Deus e anunciar o juízo iminente — junto com a promessa de restauração.

MIQUEIAS E CRISTO

Miqueias aponta diretamente para Cristo ao prever seu nascimento em Belém (Mq 5.2). Além disso, Jesus é a encarnação perfeita da justiça e misericórdia proclamadas por Miqueias, e sua vida e obra cumprem a esperança de redenção anunciada pelo profeta.

ESTRUTURA DO LIVRO

- ★ Juízo contra Samaria e Jerusalém Mq 1
- ★ Condenação dos líderes injustos Mq 2—3
- ★ Promessa de redenção Mq 4—5
- ★ Controvérsia do Senhor com seu povo Mq 6.1-8
- ★ Lamento e esperança Mq 6.9—7

TEMAS DO LIVRO

Miqueias destaca a necessidade de justiça, misericórdia e humildade diante de Deus (Mq 6.8). A soberania do Senhor é afirmada, tanto em juízo quanto em restauração. O livro nos lembra de que a verdadeira fé se manifesta em ações justas e amorosas.

1 [1] Palavra do SENHOR que em visão veio a Miqueias, de Moresete, a respeito de Samaria e Jerusalém. Isso aconteceu nos dias de Jotão, Acaz e Ezequias, reis de Judá.

AMEAÇAS CONTRA SAMARIA E JERUSALÉM

2 "Escutem, todos os povos!
Prestem atenção, ó terra
e todos os seus moradores!
O Senhor DEUS será testemunha
contra vocês;
do seu santo templo,
o Senhor falará.
3 Porque eis que o SENHOR
sai do seu lugar;
ele desce e anda
sobre os altos da terra.
4 Os montes debaixo dele
se derretem,
e os vales se fendem;
são como a cera diante do fogo,
como as águas que se precipitam
num abismo."

5 "Tudo isso por causa
da transgressão de Jacó
e dos pecados da casa de Israel.
Qual é a transgressão de Jacó?
Será que não é Samaria?
E quais são os lugares altos
de Judá?
Será que não é Jerusalém?
6 Por isso, farei de Samaria
um montão de pedras
no campo,
uma terra de plantar vinhas.
Farei com que as pedras rolem
para o vale
e deixarei descobertos
os seus alicerces.
7 Todas as suas imagens
de escultura
serão despedaçadas,
e tudo o que ela ganhou
com a sua impureza
será queimado.
De todos os seus ídolos eu farei
uma ruína.
Visto que ela os ajuntou
com pagamento por prostituição,
em pagamento por prostituição
eles serão transformados."

8 "Por isso, lamento e choro;
ando descalço e nu;
faço lamentações como os chacais
e pranteio como os avestruzes.
9 Porque as feridas de Samaria
são incuráveis;
o mal chegou até Judá;
estendeu-se até a porta
do meu povo,
até Jerusalém.
10 Não anunciem isso em Gate,
nem chorem;
rolem no pó, em Bete-Leafra.
11 Moradores de Safir,
sigam para o exílio
em vergonhosa nudez.
Os moradores de Zaanã
não podem sair da cidade;
o pranto do povo de Bete-Ezel
tira de vocês o lugar de refúgio.
12 Os moradores de Marote
suspiram pelo bem,
porque o SENHOR fez o mal chegar
até as portas de Jerusalém.
13 Moradores de Laquis,
atrelem os ginetes aos carros!
Com vocês teve início
o pecado da filha de Sião;
entre vocês se encontraram
as transgressões de Israel.
14 Portanto, vocês darão presentes
de despedida a Moresete-Gate;
as casas de Aczibe serão algo
enganoso para os reis de Israel.
15 Enviarei ainda quem tomará
posse de vocês,
moradores de Maressa;
a glória de Israel chegará
até Adulão.
16 Cortem os cabelos e rapem a cabeça
por causa dos seus filhos queridos;
alarguem a sua calva como a águia,
porque esses filhos serão levados
para o cativeiro."

AI DOS OPRESSORES GANANCIOSOS

2 [1]"Ai daqueles que, ainda no seu leito,
imaginam a iniquidade
e planejam o mal!
Ao amanhecer, eles o praticam,
porque têm poder para tanto.
[2]Cobiçam campos e se apossam deles;
cobiçam casas e as tomam;
assim, fazem violência
a um homem e à sua casa,
a uma pessoa e à sua herança."

[3]Portanto, assim diz o Senhor:
"Eis que estou forjando
uma calamidade contra esta família,
da qual vocês não livrarão
o seu pescoço.
Vocês não andarão mais
de cabeça erguida,
porque será um tempo
de calamidade.
[4]Naquele dia, se criará
um provérbio
a respeito de vocês
e se entoará
a seguinte lamentação:
'Estamos completamente
arruinados!
A porção do meu povo,
Deus a trocou!
Como ele tirou o que era nosso!
Entregou os nossos campos
aos rebeldes!'
[5]Portanto, na congregação
do Senhor,
quando a terra for dividida
por sorteio,
vocês não receberão
nem uma parte dela."

CONTRA OS FALSOS PROFETAS

[6]"Eles dizem:
'Não profetizem.
Não profetizem tais coisas,
porque a desgraça
não cairá sobre nós.
[7]Tais coisas anunciadas
não alcançarão a casa de Jacó.
Estaria o Espírito
do Senhor irritado?
Será que ele agiria assim?'"

"De fato, as minhas palavras
fazem o bem
ao que anda retamente.
[8]Mas, há pouco, o meu povo
se levantou como um inimigo.
Além da roupa,
vocês arrancam a capa
daqueles que passam seguros,
sem pensar em guerra.
[9]Vocês expulsam
do seu lar querido
as mulheres de meu povo;
dos filhinhos delas vocês tiram
a minha glória, para sempre.
[10]Levantem-se e vão embora!
Porque este não é
o lugar de descanso.
Vão embora
por causa da impureza
que traz destruição,
sim, destruição enorme.
[11]Se alguém, seguindo o vento
e a falsidade,
inventar uma mentira do tipo:
'Eu lhes profetizarei
a respeito de vinho
e de bebida forte',
esse tal será o profeta deste povo."

O SENHOR CONGREGA O REMANESCENTE DE ISRAEL

[12]"Certamente eu ajuntarei
todos vocês, casa de Jacó;
certamente congregarei
o remanescente de Israel.
Eu os porei todos juntos,
como ovelhas no aprisco,
como rebanho no meio de
sua pastagem;
farão muito barulho,
por causa da multidão
de pessoas.
[13]Diante deles virá
o que abre caminho;
eles abrirão caminho,

entrarão pelo portão
e sairão por ele;
e o seu Rei irá adiante deles;
sim, o SENHOR irá à frente deles."

AMEAÇAS CONTRA OS MAUS GOVERNANTES E OS FALSOS PROFETAS

3 1 Eu disse:
Escutem agora,
governantes de Jacó
e chefes da casa de Israel:
Por acaso não é a vocês
que compete conhecer a justiça?
2 Mas vocês odeiam o bem
e amam o mal;
arrancam a pele do meu povo
e a carne de cima dos seus ossos.
3 Vocês comem a carne do meu povo
e lhes arrancam a pele;
quebram os seus ossos,
e os repartem em pedaços
que vão para a panela
e em carne que vai para o caldeirão.
4 Um dia eles hão de invocar
o SENHOR,
mas ele não os ouvirá;
naquele tempo, esconderá deles
a sua face,
por causa do mal que praticaram.

5 Assim diz o SENHOR
a respeito dos profetas
que fazem o meu povo
andar errante
e que clamam: "Paz",
quando têm o que mastigar,
mas apregoam guerra santa
contra aqueles
que não lhes dão nada para comer:
6 "Por isso, vocês terão noites sem visões;
vocês terão trevas sem adivinhações.
O sol se porá sobre os profetas,
e o dia se transformará em escuridão.
7 Os videntes serão envergonhados,
e os adivinhos serão humilhados.
Todos eles colocarão
a mão sobre a boca,
porque não haverá resposta de Deus."
8 Quanto a mim, estou cheio
do poder do Espírito do SENHOR,
cheio de justiça e de força,
para declarar a Jacó
a sua transgressão
e a Israel, o seu pecado.

9 Escutem agora isto,
governantes da casa de Jacó
e chefes da casa de Israel,
vocês que detestam a justiça
e pervertem tudo o que é correto,
10 que edificam Sião com sangue
e Jerusalém, com iniquidade.
11 Os seus cabeças dão
as sentenças por suborno,
os seus sacerdotes ensinam
por interesse,
e os seus profetas adivinham
por dinheiro.
E ainda se apoiam no SENHOR,
dizendo:
"Não está o SENHOR
no meio de nós?
Nenhum mal nos sobrevirá."
12 Portanto, por causa de vocês,
Sião será lavrada como um campo,
e Jerusalém se tornará
um montão de ruínas,
e o monte do templo,
numa colina coberta de mato.

O MONTE DO SENHOR

Is 2.1-4

4 1 Nos últimos dias,
o monte do templo do SENHOR
será estabelecido no alto dos montes
e se elevará sobre as colinas,
e para ele afluirão os povos.
2 Muitas nações virão e dirão:
"Venham, subamos
ao monte do Senhor
e ao templo do Deus de Jacó,
para que nos ensine
os seus caminhos,
e andemos nas suas veredas."
Porque de Sião sairá a lei,
e a palavra do SENHOR,
de Jerusalém.

Temos muita facilidade em desejar uma porção de coisas, mas nem sempre estamos dispostas a pagar o preço pelo que almejamos.

[3] Ele julgará entre muitos povos
e corrigirá nações poderosas
e distantes.
Estas transformarão as suas espadas
em lâminas de arados
e as suas lanças, em foices.
Nação não levantará a espada
contra nação,
nem aprenderão mais a guerra.
[4] Mas cada um se assentará
debaixo da sua videira
e debaixo da sua figueira,
e não haverá quem os atemorize,
porque a boca do
Senhor dos Exércitos o disse.
[5] Porque todos os povos andam,
cada um em nome do seu deus;
mas, quanto a nós, andaremos
em nome do Senhor, nosso Deus,
para todo o sempre.

DEUS SALVARÁ O SEU POVO

[6] "Naquele dia",
diz o Senhor,
"congregarei os que coxeiam
e recolherei
os que foram expulsos
e os que eu tinha afligido.
[7] Dos que coxeiam
farei um remanescente
e dos que foram lançados
para longe,
uma nação poderosa;
e o Senhor reinará sobre eles
no monte Sião,
desde agora e para sempre.
[8] A você, ó torre do rebanho,
monte da filha de Sião,
a você virá, sim,
virá o primeiro domínio,
o reino da filha de Jerusalém."

[9] Agora, por que você está
gritando tão alto?
Será porque você não tem rei?
Morreram os seus conselheiros?
Apoderou-se de você a dor
como da mulher
que está dando à luz?
[10] Suporte as dores e faça força,
filha de Sião,
como a mulher que está dando à luz.
Porque agora vocês terão
de sair da cidade
e morar nos campos;
vocês irão para a Babilônia.
Ali, porém, vocês serão libertados;
ali, o Senhor os remirá
das mãos dos inimigos.

[11] Agora muitas nações se reuniram
contra você, dizendo:
"Que Jerusalém seja profanada!
Que os nossos olhos se deliciem
com a ruína de Sião!"
[12] Mas essas nações não conhecem
os pensamentos do Senhor,
nem entendem o seu plano:
ele as ajuntou como feixes
a serem batidos na eira.
[13] Levante-se e comece a debulhar,
ó filha de Sião,
porque eu lhe darei chifres de ferro
e cascos de bronze.
Você esmagará muitos povos,
e as riquezas que eles adquiriram
serão dedicadas ao Senhor,
e os bens que eles conquistaram
pela força
serão consagrados ao Senhor
de toda a terra.

5 [1] Agora ajunte-se em tropas,
ó filha de tropas,
porque fomos sitiados,
e ferirão com uma vara
a face do juiz de Israel.

O NASCIMENTO DO MESSIAS E O SEU REINADO

[2] "E você, Belém-Efrata,
que é pequena demais para figurar
como grupo de milhares de Judá,
de você me sairá aquele
que há de reinar em Israel,
e cujas origens são
desde os tempos antigos,
desde os dias da eternidade."

[3] Portanto, o SENHOR os entregará
até o tempo em que
a que está em dores tiver dado à luz;
então o restante de seus irmãos
voltará aos filhos de Israel.
[4] Ele se manterá firme
e apascentará o povo
na força do SENHOR,
na majestade do nome do SENHOR,
seu Deus;
e eles habitarão seguros,
porque, agora, ele será engrandecido
até os confins da terra.
[5] E ele será a nossa paz.

Quando a Assíria vier à nossa terra
e quando entrar em nossas fortalezas,
levantaremos contra ela sete pastores
e oito chefes do povo.
[6] Estes dominarão a terra da Assíria
com a espada,
e a terra de Ninrode,
dentro de suas próprias portas.
Assim, nos livrará da Assíria,
quando esta vier à nossa terra
e invadir as nossas fronteiras.

[7] O remanescente de Jacó estará
no meio de muitos povos
como orvalho do SENHOR,
como chuvisco sobre a relva,
que não espera pelo homem,
nem depende
dos filhos de homens.
[8] O remanescente de Jacó
estará entre as nações,
no meio de muitos povos,
como um leão entre
os animais da floresta,
como um leãozinho
entre os rebanhos de ovelhas,
o qual, se passar,
ataca e despedaça a presa,
sem que ninguém
a possa livrar.
[9] A sua mão se exaltará
sobre os seus adversários,
e todos os seus inimigos
serão eliminados.

[10] "Naquele dia", diz o SENHOR,
"eliminarei do meio de vocês os cavalos
e destruirei os carros de guerra;
[11] destruirei as cidades da sua terra
e derrubarei todas as fortalezas
de vocês;
[12] arrancarei as feitiçarias das suas mãos,
e vocês não mais terão adivinhos;
[13] do meio de vocês eliminarei
as imagens de escultura e as colunas,
e vocês não mais se inclinarão
diante do que fizeram
com as suas próprias mãos;
[14] eliminarei do meio de vocês
os postes da deusa Aserá
e destruirei as cidades de vocês.
[15] Com ira e furor,
eu me vingarei das nações
que não me obedeceram."

DEUS ENTRARÁ EM JUÍZO COM O SEU POVO

6 [1] Escutem agora o que diz o SENHOR:
"Levante-se, defenda a sua causa
diante dos montes,
e que as colinas ouçam a sua voz.
[2] Ó montes, escutem
a controvérsia do SENHOR,
e vocês, duráveis fundamentos da terra,
prestem atenção, porque o SENHOR
tem uma controvérsia com o seu povo
e entrará em juízo com Israel."

[3] "Meu povo, o que foi que eu lhe fiz?
E como foi que eu
o levei a ficar cansado?
Responda!
[4] Pois eu o tirei da terra do Egito
e o resgatei da casa da servidão,
e enviei adiante de você
Moisés, Arão e Miriã.
[5] Meu povo, lembre-se do que Balaque,
rei de Moabe, havia planejado
e do que Balaão, filho de Beor,
lhe respondeu.
Lembre-se também do que aconteceu
desde Sitim até Gilgal,
para que você conheça
os atos de justiça do SENHOR."

O QUE DEUS EXIGE

6 Com que me apresentarei ao Senhor
e me inclinarei diante
do Deus excelso?
Virei diante dele com holocaustos,
com bezerros de um ano?
7 Será que o Senhor se agrada
com milhares de carneiros,
com dez mil ribeiros de azeite?
Darei o meu primogênito
pela minha transgressão,
o fruto do meu corpo,
pelo pecado da minha alma?
8 Ele já mostrou a você o que é bom;
e o que o Senhor pede de você?
Que pratique a justiça,
ame a misericórdia
e ande humildemente
com o seu Deus.

A INJUSTIÇA TERÁ SEU CASTIGO

9 A voz do Senhor
se dirige à cidade,
e é verdadeira sabedoria
temer o seu nome.
"Escutem, ó tribo
e todos os moradores!
10 Ainda se encontram,
na casa dos ímpios,
os tesouros da impiedade
e a medida falsa que eu detesto?
11 Poderei eu inocentar
balanças desonestas
e uma bolsa
com pesos adulterados?
12 Porque os ricos da cidade
estão cheios de violência;
os seus habitantes falam mentiras
e a língua deles é enganosa.
13 Assim, também
eu passarei a feri-los
e os destruirei
por causa dos seus pecados.
14 Vocês comerão,
mas não ficarão satisfeitos;
a fome continuará
nas suas entranhas.
Tentarão pôr os seus bens a salvo,
mas não conseguirão preservá-los;
e aquilo que preservarem,
eu entregarei à espada.
15 Vocês irão semear,
mas não colherão nada;
vocês esmagarão as azeitonas,
mas não se ungirão com o azeite;
pisarão as uvas,
mas não beberão o vinho.
16 Vocês observaram
os estatutos de Onri
e todas as obras da casa de Acabe
e andaram nos conselhos deles.
Por isso, farei de Jerusalém
um lugar desolado,
e dos seus moradores
um objeto de vaias.
E vocês terão de suportar
a zombaria dos povos."

A CORRUPÇÃO MORAL DE ISRAEL

7 1 Ai de mim!
Porque estou como quando
são colhidas as frutas do verão,
como quando se procuram uvas
depois da vindima:
não há cacho de uvas para chupar,
nem figos temporãos
que eu gostaria de comer.
2 Desapareceram da terra os piedosos,
e não há entre todos
um só que seja reto.
Todos ficam à espreita
para derramar sangue;
cada um caça o seu irmão
com rede.
3 As suas mãos são hábeis
na prática do mal.
As autoridades exigem,
os juízes aceitam suborno,
os poderosos manifestam
os seus maus desejos
e, assim, em conjunto
tramam os seus projetos.
4 O melhor deles
é como um espinheiro;
o mais reto é pior
do que uma cerca de espinhos.
É chegado o dia anunciado
por suas sentinelas,

o dia em que vocês
serão castigados;
agora começará a confusão deles.
5 Não acredite em seu amigo,
nem confie no seu companheiro.
Não compartilhe os seus segredos
nem mesmo com a sua mulher.
6 Porque o filho despreza o pai,
a filha se levanta contra a mãe,
a nora, contra a sogra;
os inimigos de uma pessoa
são os da sua própria casa.

7 Eu, porém, olharei para o SENHOR
e esperarei no Deus
da minha salvação;
o meu Deus me ouvirá.

DEUS SE COMPADECE DE ISRAEL

8 Minha inimiga, não se alegre
a respeito de mim;
ainda que tenha caído,
eu tornarei a me levantar;
se morar nas trevas,
o SENHOR será a minha luz.
9 Sofrerei a ira do SENHOR,
porque pequei contra ele,
até que julgue a minha causa
e execute o meu direito;
ele me levará para a luz,
e eu verei a sua justiça.
10 A minha inimiga verá isso;
ficará coberta de vergonha
aquela que me disse:
"Onde está o SENHOR, seu Deus?"
Os meus olhos a contemplarão;
agora ela será pisada
como a lama das ruas.

11 No dia da reedificação
das suas muralhas, ó Jerusalém,
nesse dia, os seus limites
serão ampliados.
12 Nesse dia, virão a você
desde a Assíria até o Egito,
e do Egito até o Eufrates,
e do mar até o mar,
e da montanha até
a montanha.
13 Mas a terra se tornará em desolação,
por causa dos seus moradores,
por causa do fruto das suas ações.

14 Ó SENHOR, apascenta o teu povo
com o teu bordão,
o rebanho da tua herança,
que mora a sós numa floresta,
no meio da terra fértil;
que ele seja apascentado
em Basã e Gileade,
como nos dias da antiguidade.

15 Eu lhe mostrarei maravilhas,
como nos dias em que você saiu
da terra do Egito.

16 As nações verão isso
e se envergonharão de todo o seu poder;
porão a mão sobre a boca,
e os seus ouvidos ficarão surdos.
17 Lamberão o pó como serpentes;
como animais que se arrastam
pelo chão,
tremendo, sairão dos seus esconderijos
e, tremendo, virão ao SENHOR,
nosso Deus;
e terão medo de ti.
18 Quem é semelhante a ti, ó Deus,
que perdoas a iniquidade
e te esqueces da transgressão
do remanescente
da tua herança?

O SENHOR não retém
a sua ira para sempre,
porque tem prazer
na misericórdia.
19 Ele voltará a ter
compaixão de nós;
pisará aos pés
as nossas iniquidades
e lançará todos os nossos pecados
nas profundezas do mar.

20 Mostrarás a Jacó a fidelidade
e a Abraão, a misericórdia,
as quais juraste aos nossos pais,
desde os dias antigos.

Profetas Menores

Naum

Livro 34 com 3 CAPÍTULOS

A JUSTIÇA DE DEUS NOS JULGAMENTOS

AUTORIA

O livro é atribuído ao profeta Naum, cujo nome significa "conforto" ou "consolação". Pouco se sabe sobre sua vida pessoal, exceto o que pode ser inferido de seu próprio livro, que sugere uma origem em Elcós, cidade localizada na região da Assíria.

Naum profetizou provavelmente pouco antes da destruição de Nínive, capital do Império Assírio, por volta de 612 a.C. Sua mensagem é uma proclamação poderosa da justiça de Deus sobre as nações ímpias, especialmente a Assíria.

OBJETIVO DO LIVRO

Anunciar o juízo iminente sobre Nínive, capital do Império Assírio, como punição pelos pecados e pela opressão sobre os povos vizinhos, incluindo Judá.

TEMAS DO LIVRO

Naum apresenta um retrato vívido da justiça divina que se cumprirá na história, lembrando os leitores da soberania absoluta de Deus sobre as nações.

O juízo sobre Nínive não é apenas uma punição por seus pecados, mas também uma demonstração do cuidado de Deus pelo seu povo. Naum 1.7 destaca a confiança na proteção divina: "O Senhor é bom, é fortaleza no dia da angústia e conhece os que nele se refugiam".

Para os cristãos, Naum serve como um lembrete da santidade de Deus e da certeza do juízo sobre o mal.

NAUM E CRISTO

Naum 1.15 proclama: "Eis sobre os montes os pés do que anuncia boas-novas, do que anuncia a paz! [...]". Esse versículo é tido como uma prefiguração da chegada de Jesus, o Messias, que trouxe paz e salvação ao mundo.

Assim como Naum anunciou a queda de Nínive e a justiça de Deus, Jesus revelou o plano divino de redimir a humanidade do pecado e restaurar a comunhão com o Senhor.

ESTRUTURA DO LIVRO

- ★ A sentença contra Nínive Na 1.1
- ★ A ira de Deus contra Nínive Na 1.2-15
- ★ A destruição de Nínive Na 2
- ★ O julgamento de Nínive Na 3

1 [1] Sentença contra Nínive. Livro da visão de Naum, da cidade de Elcos.

A IRA E A MISERICÓRDIA DE DEUS

[2] O SENHOR é Deus zeloso e vingador,
o SENHOR é vingador e cheio de ira;
o SENHOR toma vingança
contra os seus adversários
e reserva indignação para os
seus inimigos.
[3] O SENHOR é tardio em irar-se,
mas grande em poder
e jamais inocenta o culpado.

O SENHOR tem o seu caminho
na tormenta e na tempestade,
e as nuvens são a poeira dos seus pés.
[4] Repreende o mar, e ele seca;
faz com que todos os rios
fiquem secos.
Basã e o Carmelo desfalecem,
e as flores do Líbano murcham.
[5] Os montes tremem diante dele,
e as colinas se derretem.
A terra se levanta diante dele,
sim, o mundo e todos os seus moradores.
[6] Quem pode suportar a sua indignação?
E quem subsistirá diante do furor
da sua ira?
A sua cólera se derrama como fogo,
e as rochas são por ele demolidas.

[7] O SENHOR é bom,
é fortaleza no dia da angústia
e conhece os que nele se refugiam.
[8] Mas, com inundação transbordante,
acabará de uma vez
com o lugar dessa cidade;
com trevas, o SENHOR perseguirá
os seus inimigos.
[9] O que é que vocês estão
planejando contra o SENHOR?
Ele mesmo os
consumirá completamente;
a angústia não se levantará
duas vezes!
[10] Porque, ainda que eles se entrelacem
como os espinhos
e se saturem de vinho como bêbados,
serão inteiramente consumidos
como palha seca.

[11] De você, Nínive, saiu um
que planeja o mal contra o SENHOR,
alguém que aconselha a maldade.

[12] Assim diz o SENHOR:
"Por mais seguros que estejam
e por mais numerosos que eles sejam,
ainda assim serão exterminados
e passarão.
Meu povo, embora eu o tenha afligido,
não o afligirei mais.
[13] Quebrarei o jugo deles
que pesa sobre você
e romperei os laços que o prendem."

[14] Porém contra você, Assíria,
o SENHOR deu ordem
para que não haja posteridade
que leve o seu nome;
do templo dos seus deuses
exterminarei as imagens de escultura
e de fundição.
Farei a sua sepultura,
porque você é desprezível.

[15] Eis sobre os montes
os pés do que anuncia boas-novas,
do que anuncia a paz!
Celebre as suas festas, ó Judá,
cumpra os seus votos,
porque o ímpio
não mais passará por você;
ele foi inteiramente exterminado.

A QUEDA DE NÍNIVE

2 [1] O destruidor avança
contra você, Nínive!
Guarde a fortaleza,
vigie o caminho,
prepare-se para lutar,
reúna todas as suas forças!
[2] Porque o SENHOR restaurará
a glória de Jacó,
como a glória de Israel;
porque saqueadores os saquearam
e destruíram os seus ramos.

[3] Os escudos dos seus heróis
são vermelhos;
os homens valentes
vestem escarlate.
Os carros de guerra
brilham como fogo
no dia da sua preparação,
e as lanças são agitadas.
[4] Os carros de guerra passam
furiosamente pelas ruas
e se cruzam velozes pelas praças;
parecem tochas,
correm como relâmpago.

[5] Os nobres são chamados,
mas tropeçam no seu caminho;
apressam-se para chegar à muralha
e preparam a defesa.
[6] As comportas dos rios se abrem,
e o palácio é destruído.
[7] Está decretado:
a cidade-rainha está despida,
levada em cativeiro;
as suas servas gemem
como pombas
e batem no peito.
[8] Nínive, desde que existe,
tem sido como um tanque de águas;
mas, agora, o seu povo foge.
Alguém grita: "Parem! Parem!",
mas ninguém se volta.
[9] Saqueiem a prata,
saqueiem o ouro,
porque os tesouros não têm fim;
a cidade está repleta de
objetos de valor.

[10] Vazio, desolação, ruína!
O coração se derrete,
os joelhos tremem,
acabam-se as forças,
e o rosto de todos empalidece.

[11] Onde está, agora, o covil dos leões
e o lugar onde os leõezinhos
se alimentavam,
onde passeavam o leão,
a leoa e o filhote do leão,
sem que ninguém os espantasse?
[12] O leão arrebatava o bastante
para os seus filhotes,
estrangulava a presa
para as suas leoas,
e enchia de vítimas
as suas cavernas,
e os seus covis, de rapina.

[13] "Eis que eu estou contra você",
diz o SENHOR dos Exércitos;
"queimarei os seus carros de guerra,
a espada devorará os seus leõezinhos,
arrancarei da terra a sua presa,
e nunca mais se ouvirá a voz
dos seus embaixadores."

A RUÍNA COMPLETA DE NÍNIVE

3 [1] Ai da cidade sanguinária,
toda cheia de mentiras e de roubo
e que não solta a sua presa!
[2] Eis o estalo dos açoites,
o estrondo das rodas,
o galope dos cavalos
e os carros que vão saltando!
[3] Os cavaleiros que esporeiam,
as espadas brilhantes,
as lanças reluzentes,
uma multidão de feridos,
massa de cadáveres,
mortos sem fim
— chegam a tropeçar
sobre os mortos.
[4] Tudo isso por causa
da grande prostituição
da bela e encantadora prostituta,
da mestra de feitiçarias,
que seduzia as nações
com a sua prostituição
e os povos, com as suas feitiçarias.

[5] "Eis que eu estou contra você",
diz o SENHOR dos Exércitos.
"Levantarei as abas de sua saia
sobre o seu rosto,
e mostrarei às nações a sua nudez,
e aos reinos, as suas vergonhas.
[6] Vou jogar sujeira sobre você,
tratá-la com desprezo
e transformá-la em espetáculo.

[7] Todos os que a virem fugirão de você
e dirão: 'Nínive está destruída!'
Quem terá compaixão dela?
De onde buscarei quem a console?"

[8] Será que você é melhor do que Tebas,
que estava situada junto ao Nilo,
cercada de águas, protegida pelo mar
e tendo as águas por muralha?
[9] A Etiópia e o Egito
eram a sua força,
força sem limites;
Pute e Líbia eram seus aliados.
[10] Todavia, ela foi levada ao exílio,
foi para o cativeiro.
Também os seus filhos
foram despedaçados
nas esquinas de todas as ruas.
Sobre os seus nobres
lançaram sortes,
e todos os seus grandes
foram presos com correntes.

[11] Também você, Nínive,
será embriagada e se esconderá.
Também você procurará
um refúgio contra o inimigo.
[12] Todas as suas fortalezas
são como figueiras
com figos prematuros:
é só sacudir a figueira,
que os figos caem na boca
de quem os há de comer.
[13] Eis que os seus soldados
são como mulheres.
Os portões do seu país estão
completamente abertos
para os seus inimigos;
o fogo destruiu as trancas.
[14] Tire água para o tempo do cerco,
reforce as suas fortalezas,
entre no lodo e pise o barro,
pegue as formas para fazer tijolos.
[15] No entanto, você será
consumida pelo fogo
e exterminada pela espada
como folhas devoradas
pelos gafanhotos.
Multipliquem-se como os gafanhotos!
Tornem-se tão numerosos como eles!
[16] Os seus negociantes eram
mais numerosos
do que as estrelas do céu,
mas como gafanhotos
bateram asas e voaram.
[17] Os seus príncipes eram
como gafanhotos,
e os seus chefes,
como gafanhotos grandes,
que pousam nos muros em dias de frio;
quando o sol aparece,
voam embora,
e não se sabe para onde vão.

[18] Os seus pastores dormem,
ó rei da Assíria;
os seus nobres cochilam.
O seu povo está espalhado
pelos montes,
e não há quem possa ajuntá-lo.

[19] Não há remédio para o seu mal;
o seu ferimento é grave.
Todos os que ouvirem falar
do que aconteceu com você
baterão palmas.
Pois quem não foi vítima
da sua crueldade sem fim?

Se você deseja avançar para o nível seguinte do seu crescimento, é fundamental que peça a Deus que arranque a procrastinação, preguiça, medo e indecisão da sua vida.

Profetas Menores

Livro 35 com

Habacuque

3 CAPÍTULOS

AUTORIA

Habacuque é tradicionalmente considerado o autor desse livro, embora haja poucas informações sobre sua vida. O nome "Habacuque" significa "abraço" ou "acolhimento".

Habacuque profetizou durante um período crítico de injustiça e corrupção em Judá, por volta de 600 a.C., pouco antes da queda de Jerusalém para os babilônios. Ele confronta Deus com perguntas sobre a aparente inação diante do mal que aflige o povo escolhido.

OBJETIVO DO LIVRO

Registrar os questionamentos do profeta a Deus sobre a injustiça e o sofrimento dos justos diante da prosperidade dos ímpios, revelando que o Senhor é soberano sobre todas as circunstâncias.

TEMAS DE HABACUQUE

Habacuque destaca a soberania de Deus e a necessidade de viver pela fé. O profeta questiona Deus sobre o mal e a injustiça, e Deus responde que, mesmo quando as circunstâncias são incompreensíveis, os justos devem confiar nele.

A PREOCUPAÇÃO DIVINA COM A INJUSTIÇA

ESTRUTURA DO LIVRO

- ★ Primeira queixa de Habacuque Hc 1.1-4
- ★ Resposta de Deus Hc 1.5-11
- ★ Segunda queixa de Habacuque Hc 1.12—2.1
- ★ Resposta de Deus: o justo viverá pela fé Hc 2.2-5
- ★ Cinco ais contra os iníquos Hc 2.6-20
- ★ Oração de Habacuque Hc 3

HABACUQUE E CRISTO

A mensagem de que o justo viverá por sua fé (cf. Hc 2.4) é fundamental para a doutrina da justificação pela fé em Cristo (Rm 1.17; Gl 3.11; Hb 10.38).

Além disso, o livro mostra Deus como soberano sobre os eventos históricos, preparando o caminho para a vinda de Cristo, que cumpre o plano soberano de redenção.

Habacuque fala, ainda, do julgamento dos ímpios e da salvação dos justos, temas plenamente realizados em Cristo.

1 [1] Sentença revelada ao profeta Habacuque.

A QUEIXA DE HABACUQUE

[2] Até quando, SENHOR,
clamarei pedindo ajuda,
e tu não me ouvirás?
Até quando gritarei:
"Violência!",
e tu não salvarás?
[3] Por que me fazes ver
a iniquidade?
Por que toleras a opressão?
Pois a destruição e a violência
estão diante de mim;
há litígios e surgem discórdias.
[4] Por isso, a lei se afrouxa
e a justiça nunca se manifesta.
Porque os ímpios cercam os justos,
e assim a justiça é torcida.

A RESPOSTA DE DEUS

[5] "Olhem entre as nações e vejam;
fiquem maravilhados e admirados.
Porque, no tempo de vocês,
eu realizo obra tal
que vocês não acreditarão
se alguém lhes contar.
[6] Pois eis que trago os caldeus,
nação cruel e impetuosa,
que marcham pela largura da terra,
para apoderar-se de moradas
que não são suas.
[7] Eles são pavorosos e terríveis;
fazem as suas próprias leis
e impõem a sua dignidade.
[8] Os seus cavalos são mais ligeiros
do que os leopardos,
mais ferozes do que
os lobos ao anoitecer.
Os seus cavaleiros se espalham
por toda parte;
sim, os seus cavaleiros
chegam de longe,
voam como a águia
que se precipita para devorar.
[9] Eles todos vêm
para fazer violência.
Estão determinados
a seguir em frente.
Reúnem os cativos
como se ajunta areia.
[10] Zombam dos reis;
os príncipes são motivo de riso
para eles.
Riem de todas as fortalezas,
porque, amontoando terra,
as conquistam.
[11] Então passam
como passa o vento
e seguem adiante.
Tornam-se culpados estes
cujo deus é a própria força."

HABACUQUE SE QUEIXA DE NOVO

[12] Não és tu desde a eternidade,
ó SENHOR, meu Deus,
ó meu Santo?
Não morreremos.
Ó SENHOR, puseste aquele povo
para executar juízo;
tu, ó Rocha, o estabeleceste
para servir de disciplina.
[13] Tu és tão puro de olhos,
que não podes suportar o mal
nem tolerar a opressão.
Por que, então, toleras os traidores
e te calas quando
os perversos devoram
aqueles que são mais justos
do que eles?
[14] Por que tratas as pessoas
como se fossem peixes do mar,
como se fossem animais que rastejam,
que não têm quem os governe?
[15] O inimigo pesca todos
com o anzol,
apanha-os na sua rede
e os ajunta na sua rede de arrastão;
então ele se alegra e fica contente.
[16] Por isso, ele oferece sacrifício à sua rede
e queima incenso à sua rede de arrastão,
pois é por meio delas
que aumentou as suas riquezas
e tem abundância de comida.
[17] Mas será que ele continuará
a esvaziar a sua rede?
Será que continuará a matar
os povos sem dó nem piedade?

2 [1] Estarei na minha torre de vigia,
ficarei na fortaleza
e vigiarei para ver o que Deus me dirá
e que resposta eu terei
à minha queixa.

NOVA RESPOSTA DE DEUS

[2] O Senhor me respondeu e disse:

"Escreva a visão,
torne-a bem legível sobre tábuas,
para que possa ser lida
até por quem passa correndo.
[3] Porque a visão ainda está
para se cumprir
no tempo determinado;
ela se apressa para o fim
e não falhará.
Mesmo que pareça demorar,
espere,
porque certamente virá;
não tardará."

[4] "Eis que a sua alma
está orgulhosa!
A sua alma não é reta nele;
mas o justo viverá pela sua fé.
[5] Assim como o vinho é enganoso,
também o arrogante
não se contém.
O seu apetite é como a sepultura;
ele é como a morte,
que nunca se farta.
Ele ajunta para si todas as nações
e congrega todos os povos."

CINCO AIS SOBRE OS CALDEUS

[6] Não é fato que todos esses povos proferirão contra ele um provérbio, um dito em tom de zombaria? Eles dirão:

"Ai daquele que acumula
o que não é seu
— até quando? —,
e daquele que se enche
de coisas penhoradas!
[7] Será que não se levantarão
de repente contra você
os seus credores?
E não despertarão aqueles
que farão você tremer?
Você lhes servirá de despojo.
[8] Visto que você despojou
muitas nações,
todos os povos que restaram
virão despojá-lo.
Porque você derramou
muito sangue
e cometeu violência contra a terra,
contra as cidades
e contra todos os seus moradores."

[9] "Ai daquele que ajunta
em sua casa
bens mal-adquiridos,
para pôr o seu ninho
num lugar bem alto,
a fim de livrar-se
das garras do mal!
[10] Os seus planos resultarão
em vergonha para a sua casa.
Ao destruir muitos povos,
você pecou contra a sua
própria vida.
[11] Porque as pedras das paredes
clamarão contra você,
e as vigas do madeiramento
farão eco."

[12] "Ai daquele que edifica
uma cidade com sangue
e a fundamenta na iniquidade!
[13] Será que não é a vontade
do Senhor dos Exércitos
que os povos trabalhem
para o fogo
e que as nações se fatiguem
em vão?
[14] Porque a terra se encherá
do conhecimento
da glória do Senhor,
como as águas cobrem o mar."

[15] "Ai daquele que dá
ao seu companheiro
vinho misturado com o seu furor,
e que o embebeda
para lhe contemplar a nudez!

O melhor lugar para você revelar todas as suas dificuldades, medos, aflições, tristezas e pecados, bem como as suas alegrias e gratidão, é aos pés de Cristo, no lugar secreto.

16 Você ficará coberto de vergonha
em vez de honra.
Beba você também
e mostre a sua incircuncisão!
Chegará a sua vez de pegar o cálice
da mão direita do Senhor,
e a sua glória se transformará
em vergonha.
17 Porque a violência
contra o Líbano
cairá sobre você,
e você ficará apavorado
por ter destruído os animais.
Porque você derramou
muito sangue
e cometeu violência
contra a terra,
contra as cidades
e contra todos os seus moradores."

18 "Para que serve o ídolo,
visto que o seu artífice o esculpiu?
E de que serve a
imagem de fundição,
mestra de mentiras,
para que o artífice
confie na sua obra,
fazendo ídolos mudos?"

19 "Ai daquele que diz à madeira:
'Acorde!'
E à pedra muda: 'Levante-se!'
Pode o ídolo ensinar?
Eis que está coberto de ouro
e de prata,
mas, no seu interior,
não há fôlego nenhum.
20 O Senhor, porém,
está no seu santo templo;
cale-se diante dele toda a terra."

A ORAÇÃO DE HABACUQUE

3 1 Oração do profeta Habacuque sob a forma de canto.

2 Senhor, tenho ouvido a tua fama,
e me sinto alarmado.
Aviva a tua obra, ó Senhor,
no decorrer dos anos,
e, no decurso dos anos,
faze-a conhecida.
Na tua ira, lembra-te
da misericórdia.

3 Deus vem de Temã,
o Santo vem do monte Parã.
A sua glória cobre os céus,
e a terra se enche do seu louvor.
4 O seu resplendor é como a luz,
e raios brilham da sua mão;
o seu poder se esconde ali.
5 Adiante dele vai a peste,
e a pestilência
segue os seus passos.
6 Ele para e faz a terra tremer;
olha e sacode as nações.
Esmigalham-se
os montes primitivos;
as colinas antigas se abatem.
Os caminhos de Deus são eternos.
7 Vejo as tendas de Cusã em aflição;
os acampamentos
da terra de Midiã tremem.

8 Acaso é contra os rios, Senhor,
que estás irado?
É contra os ribeiros a tua ira
ou contra o mar, o teu furor,
já que andas montado nos teus cavalos,
nos teus carros de vitória?
9 Preparas o teu arco;
a tua aljava está cheia de flechas.
Tu fendes a terra com rios.
10 Os montes te veem
e se contorcem;
torrentes de água passam.
As profundezas do mar
fazem ouvir a sua voz
e levantam bem alto as suas mãos.
11 O sol e a lua param
nas suas moradas,
ao resplandecer a luz
das tuas flechas sibilantes,
ao fulgor do relâmpago
da tua lança.
12 Na tua indignação,
marchas pela terra;
na tua ira, pisas as nações.

[13] Tu sais para salvar o teu povo,
para salvar o teu ungido.
Feres o chefe da casa dos ímpios,
deixando-o descoberto
dos pés à cabeça.
[14] Traspassas a cabeça
dos guerreiros do inimigo
com as suas próprias lanças,
os quais, como tempestade,
avançam para me destruir;
alegram-se, como se estivessem
para devorar o pobre
em segredo.
[15] Marchas com os teus cavalos
pelo mar,
pela massa de grandes águas.

[16] Ouvi isso, e o meu íntimo
se comoveu;
os meus lábios tremeram
ao ouvir a sua voz.
A podridão entrou
nos meus ossos,
e os meus joelhos vacilaram,
pois, em silêncio, devo esperar
o dia da angústia,
que virá contra o povo
que nos ataca.

[17] Ainda que a figueira
não floresça,
nem haja fruto na videira;
ainda que a colheita da oliveira
decepcione,
e os campos não produzam
mantimento;
ainda que as ovelhas
desapareçam do aprisco,
e nos currais não haja mais gado,
[18] mesmo assim
eu me alegro no SENHOR,
e exulto no Deus
da minha salvação.
[19] DEUS, o Senhor,
é a minha fortaleza.
Ele dá aos meus pés
a ligeireza das corças,
e me faz andar
nas minhas alturas.

Ao mestre de canto. Para instrumentos
de cordas.

Profetas Menores

Livro 36 com

Sofonias

3 CAPÍTULOS

AUTORIA

Sofonias, cujo nome significa "Javé esconde". Ele profetizou durante o reinado do rei Josias de Judá, por volta de 640 a.C. Sofonias era descendente do rei Ezequias, o que lhe conferia posição privilegiada. Ele denunciou a corrupção religiosa e a injustiça social e advertiu sobre o iminente juízo de Deus sobre Judá e as nações.

OBJETIVO DO LIVRO

Anunciar a vinda do "dia do Senhor", um tempo de julgamento divino sobre Judá e as nações vizinhas por sua idolatria, injustiça social e rebelião contra Deus.

Sofonias também oferece esperança de restauração para os fiéis que se voltarem para o Senhor.

ESTRUTURA DO LIVRO

- ★ Juízo iminente sobre Judá Sf 1
- ★ Exortação ao arrependimento Sf 2
- ★ Condenação de Jerusalém Sf 3.1-8
- ★ Promessa de restauração e bênçãos Sf 3.9-20

TEMAS DO LIVRO

Sofonias enfatiza o juízo santo de Deus contra o pecado e a rebelião, tanto do seu povo quanto das nações ao redor. Ele proclama a santidade do Senhor e sua justiça inflexível, que demanda arrependimento genuíno e retorno à obediência.

Apesar do severo juízo anunciado, o livro também oferece esperança por meio da promessa de restauração para um remanescente fiel, destacando a fidelidade de Deus em cumprir suas promessas de redenção e bênçãos futuras para o seu povo.

SOFONIAS E CRISTO

Sofonias aponta para Cristo principalmente por meio de suas profecias sobre juízo e restauração. Jesus é o cumprimento da promessa de restauração para o remanescente fiel de Deus. Ele é o Messias prometido que traz não apenas juízo sobre o pecado, mas também salvação e restauração para todos os que se arrependem e confiam nele, tornando-o o centro da esperança messiânica e redentora.

1 [1] Palavra do SENHOR que veio a Sofonias, filho de Cusi, filho de Gedalias, filho de Amarias, filho de Ezequias, nos dias de Josias, filho de Amom, rei de Judá.

AMEAÇAS CONTRA JUDÁ E JERUSALÉM

2 "Certamente consumirei
todas as coisas sobre a face da terra",
diz o SENHOR.
3 "Consumirei as pessoas
e os animais,
consumirei as aves do céu,
os peixes do mar,
e as ofensas com os ímpios.
E exterminarei os seres humanos
da face da terra", diz o SENHOR.
4 "Estenderei a mão contra Judá
e contra todos os moradores
de Jerusalém.
Exterminarei deste lugar
o resto de Baal
e a lembrança dos ministros dos ídolos
e seus sacerdotes.
5 Exterminarei os que
sobre os terraços adoram
o exército do céu
e os que adoram o SENHOR
e juram por ele
e também por Milcom.
6 Farei desaparecer também
os que deixam de seguir o SENHOR
e os que não buscam o SENHOR,
nem perguntam por ele."

O DIA DA IRA DO SENHOR

7 "Calem-se diante
do Senhor DEUS,
porque o Dia do SENHOR está perto.
O SENHOR preparou o sacrifício
e santificou os seus convidados.
8 No dia do sacrifício do SENHOR,
hei de castigar as autoridades,
e os filhos do rei,
e todos os que se vestem
como estrangeiros.
9 Castigarei também, naquele dia,
todos aqueles que sobem
o pedestal dos ídolos
e enchem de violência e engano
a casa dos seus senhores."

10 "Naquele dia", diz o SENHOR,
"se ouvirá um grito
desde o Portão dos Peixes,
e um uivo desde a parte nova da cidade,
e grande lamento desde as colinas.
11 Lamentem, moradores da
cidade baixa,
porque todos os comerciantes
serão mortos
e todos os que pesam prata
serão destruídos.
12 Naquele tempo, vasculharei
Jerusalém com lanternas
e castigarei aqueles
que estão apegados à borra do vinho
e dizem no seu coração:
'O SENHOR não faz bem nem faz mal.'
13 Por isso, os bens deles
serão saqueados,
e as suas casas serão destruídas.
Eles construirão casas,
mas não habitarão nelas;
plantarão vinhas,
mas não beberão o vinho."

14 "Está perto o grande Dia do SENHOR;
está perto
e vem chegando depressa.
Atenção!
O Dia do SENHOR é amargo,
e nele clamarão até os poderosos.
15 Aquele dia será um dia de ira,
dia de angústia e tribulação,
dia de ruína e destruição,
dia de trevas e escuridão,
dia de nuvens e densas trevas,
16 dia de toque de trombeta
e gritos de guerra
contra as cidades fortificadas
e contra as torres altas.
17 Trarei angústia sobre as pessoas,
e elas andarão como se
estivessem cegas,
porque pecaram contra o SENHOR.
O sangue dessas pessoas
será derramado como pó,

e a sua carne será espalhada
como esterco.
18 Nem a prata nem o ouro
poderão livrá-las
no dia da ira do SENHOR,
mas, pelo fogo do seu zelo,
a terra será consumida.
Porque ele certamente fará
destruição total e repentina
de todos os moradores da terra."

CONVITE AO ARREPENDIMENTO

2 [1] Reúna-se e concentre-se,
ó nação sem pudor,
[2] antes que saia o decreto
e o dia se vá como a palha,
antes que venha sobre você
o furor da ira do SENHOR,
sim, antes que venha sobre você
o dia da ira do SENHOR.
[3] Busquem o SENHOR,
todos vocês, os humildes da terra,
que cumprem os seus mandamentos.
Busquem a justiça,
busquem a humildade.
Talvez assim vocês sejam poupados
no dia da ira do SENHOR.

AMEAÇAS CONTRA OS FILISTEUS

[4] Porque Gaza será abandonada,
e Asquelom ficará deserta;
Asdode, ao meio-dia, será expulsa,
e Ecrom será desarraigada.
[5] Ai dos que habitam no litoral,
do povo dos queretitas!
A palavra do SENHOR será contra você,
Canaã, terra dos filisteus.
"Farei com que você
seja destruída,
até que não reste
um morador sequer."
[6] O litoral será de pastagens,
com refúgios para os pastores
e currais para os rebanhos.
[7] O litoral pertencerá ao remanescente
da casa de Judá.
Ali apascentarão os seus rebanhos
e, ao anoitecer, se deitarão
nas casas de Asquelom;
porque o SENHOR, seu Deus,
os visitará
e mudará a sorte deles.

AMEAÇAS CONTRA MOABE E AMOM

[8] "Ouvi a zombaria de Moabe
e as palavras injuriosas
dos filhos de Amom,
que zombaram do meu povo
e se gabaram
contra o seu território.
[9] Portanto, tão certo como eu vivo",
diz o SENHOR dos Exércitos,
o Deus de Israel,
"Moabe será como Sodoma,
e os filhos de Amom,
como Gomorra,
campo de urtigas, poços de sal
e desolação perpétua.
O remanescente do meu povo
os saqueará,
e os sobreviventes da minha nação
tomarão posse dos seus territórios."
[10] Isso lhes sobrevirá
por causa do seu orgulho,
porque zombaram e se gabaram
contra o povo do SENHOR dos Exércitos.
[11] O SENHOR será terrível
contra eles,
porque aniquilará
todos os deuses da terra.
E todos os povos das nações,
cada um do seu lugar,
o adorarão.

AMEAÇAS CONTRA A ETIÓPIA E A ASSÍRIA

[12] Também vocês, ó etíopes,
serão mortos pela
espada do SENHOR.
[13] Ele estenderá também
a mão contra o Norte
e destruirá a Assíria;
e fará de Nínive uma desolação
e terra seca como o deserto.
[14] No meio dessa cidade,
repousarão os rebanhos
e todo tipo de animais.

Mudar pode ser assustador. Mas deveríamos ter medo de permanecermos estagnadas.

Nos capitéis das colunas
se alojarão
tanto o pelicano como o ouriço.
A voz das aves ressoará nas janelas.
Haverá escombros
nos umbrais das portas,
porque o madeiramento de cedro
será arrancado.
15 Esta é a cidade
alegre e confiante,
que dizia consigo mesma:
"Eu sou a única,
e não há outra além de mim."
Como se tornou em desolação,
em pousada de animais!
Todos os que passarem por ela
hão de vaiar
e farão gestos de desprezo.

AMEAÇAS CONTRA JERUSALÉM

3 1 Ai da cidade opressora,
rebelde e manchada!
2 Não atende ninguém,
não aceita disciplina,
não confia no SENHOR,
nem se aproxima do seu Deus.
3 Os seus príncipes
são leões rugidores no meio dela,
os seus juízes
são lobos do anoitecer,
que não deixam os ossos
para serem roídos no dia seguinte.
4 Os seus profetas
são levianos e falsos.
Os seus sacerdotes
profanam o santuário
e fazem violência à lei.
5 O SENHOR é justo,
no meio da cidade;
ele não comete injustiça.
Manhã após manhã,
ele traz o seu juízo à luz;
não falha.
Mas o injusto não sabe o que
é vergonha.

6 "Exterminei nações.
As suas torres estão destruídas.
Tornei desertas as suas praças,
a ponto de não haver
quem passe por elas.
As suas cidades foram destruídas,
de maneira que não há ninguém,
ninguém que as habite.
7 Eu dizia:
'Certamente você, Jerusalém,
viverá em temor diante de mim
e aceitará a disciplina,
e, assim, a sua morada
não seria destruída,
segundo o que eu
havia determinado.'
Mas eles se tornaram
cada vez mais corruptos
em todos os seus atos."

A SALVAÇÃO DA FILHA DE JERUSALÉM

8 "Portanto, esperem por mim",
diz o SENHOR,
"esperem pelo dia em que eu me levantar
para tomar o despojo.
Porque a minha resolução
é ajuntar as nações
e congregar os reinos,
para fazer cair sobre eles
a minha indignação
e todo o furor da minha ira.
Porque toda esta terra será consumida
pelo fogo do meu zelo."

9 "Então darei lábios puros
aos povos,
para que todos invoquem
o nome do SENHOR
e o sirvam de comum acordo.
10 Dalém dos rios da Etiópia,
os meus adoradores,
que constituem
a filha da minha dispersão,
me trarão sacrifícios.
11 Naquele dia, você não terá
de se envergonhar
de nenhuma das suas rebeliões
contra mim,
porque tirarei do meio de você,
Jerusalém,
os que exultam no seu orgulho,

e você nunca mais se orgulhará
no meu santo monte.
12 Mas deixarei no meio de você
um povo modesto e humilde,
que confia no nome do Senhor.
13 O remanescente de Israel
não cometerá injustiça.
Eles não proferirão mentira,
e da sua boca não sairão palavras
enganosas,
porque serão apascentados,
se deitarão,
e não haverá quem os atemorize."

14 Cante, ó filha de Sião!
Grite de alegria, ó Israel!
Alegre-se e exulte
de todo o coração,
ó filha de Jerusalém.
15 O Senhor retirou as sentenças
que eram contra você
e afastou os seus inimigos.
O Rei de Israel, o Senhor,
está no meio de você;
você não precisa mais temer
nenhum mal.
16 Naquele dia, se dirá a Jerusalém:
"Não tenha medo, ó Sião,
não desfaleçam as suas mãos."
17 O Senhor, seu Deus,
está no meio de você,
poderoso para salvar.
Ele ficará muito contente
com você.
Ele a renovará no seu amor,
e se encherá de júbilo
por causa de você.

18 "Congregarei
os que estão entristecidos
por se acharem afastados
das festas solenes,
estes que são do seu meio
e sobre os quais pesam afrontas.
19 Eis que, naquele tempo,
agirei contra todos
os que a afligem.
Salvarei os que coxeiam
e recolherei os que foram expulsos.
Farei deles um louvor
e um nome
em toda a terra
em que foram envergonhados.
20 Naquele tempo,
farei com que vocês voltem
e os recolherei.
Certamente farei de vocês
um nome e um louvor
entre todos os povos
da terra,
quando eu restaurar
a sorte de vocês
diante dos seus próprios olhos",
diz o Senhor.

Profetas Menores

Livro 37 com

Ageu

2 CAPÍTULOS

AUTORIA

Ageu (Ag 1.1), cujo nome significa “festivo” ou “festividade”. Ele foi um dos profetas pós-exílicos e exortou o povo a reconstruir o templo de Jerusalém após o retorno do exílio na Babilônia.

OBJETIVO DO LIVRO

Incentivar o povo de Judá a reconstruir o templo de Jerusalém, priorizando a adoração a Deus e a restauração da comunhão com ele.

ESTRUTURA DO LIVRO

- ★ Chamado à reconstrução do templo Ag 1
- ★ Encorajamento divino Ag 2.1-9
- ★ Promessas de bênção Ag 2.10-19
- ★ Promessa para Zorobabel Ag 2.20-23

TEMAS DO LIVRO

Ageu enfatiza a importância da prioridade espiritual sobre as preocupações materiais e a necessidade de obediência a Deus. A mensagem central é a restauração do culto verdadeiro ao Senhor no templo reconstruído, simbolizando a restauração do relacionamento do povo com o Eterno.

Ageu direciona o povo a pôr Deus em primeiro lugar, prometendo que sua bênção é condicional à obediência e devoção.

AGEU E CRISTO

Cristo é identificado como o verdadeiro templo de Deus (Jo 2.19-21), que cumpre e supera o templo físico reconstruído em Jerusalém. Ele também é o centro da adoração verdadeira e o mediador entre Deus e os homens.

Além disso, Ageu profetiza sobre a glória do segundo templo, que excede a do primeiro (Ag 2.9), prefigurando o reino superior de Cristo sobre todos os reinos terrenos.

Cristo é também o cumprimento da promessa feita a Zorobabel (Ag 2.23), sendo o Messias prometido que traz salvação e estabelece seu reino eterno.

AGEU EXORTA O POVO A RECONSTRUIR O TEMPLO

1 1 No segundo ano do reinado de Dario, no sexto mês, no primeiro dia do mês, por meio do profeta Ageu, a palavra do SENHOR veio a Zorobabel, filho de Salatiel, governador de Judá, e a Josué, filho de Jozadaque, o sumo sacerdote, dizendo:

2 — Assim diz o SENHOR dos Exércitos: Este povo diz: "Ainda não chegou o tempo, o tempo em que a Casa do SENHOR deve ser reconstruída."

3 Por isso, a palavra do SENHOR veio por meio do profeta Ageu, dizendo:

4 — Acaso é tempo de vocês morarem em casas luxuosas, enquanto este templo permanece em ruínas? 5 Portanto, assim diz o SENHOR dos Exércitos: Considerem o que tem acontecido com vocês. 6 Vocês semearam muito e colheram pouco; comem, mas isso não chega para matar a fome; bebem, mas isso não dá para ficarem satisfeitos; põem roupa, mas ninguém se aquece; e o que recebe salário, recebe-o para colocá-lo numa sacola furada.

7 — Assim diz o SENHOR dos Exércitos: Considerem o que tem acontecido com vocês. 8 Vão até o monte, tragam madeira e reconstruam o templo. Dele me agradarei e serei glorificado, diz o SENHOR. 9 Vocês esperavam que fosse muito, mas o que veio foi pouco, e esse pouco, quando o levaram para casa, eu o dissipei com um sopro. E por quê? — pergunta o SENHOR dos Exércitos. Porque o meu templo permanece em ruínas, enquanto cada um de vocês corre por causa de sua própria casa. 10 Por isso, os céus retêm o seu orvalho, e a terra não produz os seus frutos. 11 Fiz vir a seca sobre a terra e sobre os montes, sobre o cereal, sobre o vinho, sobre o azeite, sobre o que o solo produz, sobre as pessoas, sobre os animais e sobre todo trabalho das mãos.

O POVO ATENDE AO SENHOR

12 Então Zorobabel, filho de Salatiel, e Josué, filho de Jozadaque, o sumo sacerdote, e todo o remanescente do povo atenderam à voz do SENHOR, seu Deus, e às palavras do profeta Ageu, as quais o SENHOR, seu Deus, havia ordenado que ele dissesse. E o povo temeu diante do SENHOR. 13 Então Ageu, o enviado do SENHOR, falou ao povo, segundo a mensagem do SENHOR, dizendo:

— Eu estou com vocês, diz o SENHOR.

14 O SENHOR despertou o espírito de Zorobabel, filho de Salatiel, governador de Judá, e o espírito de Josué, filho de Jozadaque, o sumo sacerdote, e o espírito de todo o remanescente do povo; eles vieram e começaram a trabalhar no templo do SENHOR dos Exércitos, seu Deus. 15 Era o vigésimo quarto dia do sexto mês do segundo ano do reinado de Dario.

A GLÓRIA DO NOVO TEMPLO

2 1 No segundo ano do reinado de Dario, no sétimo mês, no vigésimo primeiro dia do mês, a palavra do SENHOR veio por meio do profeta Ageu, dizendo:

2 — Fale agora a Zorobabel, filho de Salatiel, governador de Judá, e a Josué, filho de Jozadaque, o sumo sacerdote, e ao remanescente do povo, dizendo: 3 Quem de vocês, que tenha sobrevivido, contemplou este templo na sua primeira glória? E como vocês o veem agora? Por acaso não é como nada aos olhos de vocês? 4 Mas agora o SENHOR diz: Seja forte, Zorobabel! Seja forte, Josué, filho de Jozadaque, o sumo sacerdote! E vocês, todo o povo da terra, sejam fortes, diz o SENHOR, e trabalhem, porque eu estou com vocês, diz o SENHOR dos Exércitos. 5 Segundo a aliança que fiz com vocês, quando saíram do Egito, o meu Espírito habita no meio de vocês. Não tenham medo.

6 — Pois assim diz o SENHOR dos Exércitos: Daqui a pouco, mais uma vez eu farei tremer o céu, a terra, o mar e a terra seca. 7 Farei tremer todas as nações, e serão trazidas as coisas preciosas de todas as nações, e encherei este templo de glória, diz o SENHOR dos Exércitos. 8 Minha é a prata, meu é o ouro, diz o SENHOR dos Exércitos. 9 A glória deste novo templo será maior do que a do primeiro, diz o SENHOR dos Exércitos; e neste lugar darei a paz, diz o SENHOR dos Exércitos.

A INFIDELIDADE DO POVO É REPREENDIDA

10 No vigésimo quarto dia do nono mês,
no segundo ano do reinado de Dario, a pa-
lavra do SENHOR veio ao profeta Ageu, di-
zendo:

11 — Assim diz o SENHOR dos Exércitos: Peça
aos sacerdotes que decidam a seguinte ques-
tão relacionada com a lei: 12 Se alguém leva
carne santificada na borda de sua roupa, e
ela vier a tocar no pão, ou no cozido, ou no
vinho, ou no azeite, ou em qualquer outro
mantimento, isso ficará santificado?

E os sacerdotes responderam:

— Não.

13 Então Ageu perguntou:

— Se alguém que se tornou impuro pelo
contato com um cadáver tocar em qualquer
dessas coisas, ficará ela impura?

E os sacerdotes responderam:

— Sim, ficará impura.

14 Então Ageu continuou:

— Assim é este povo, e assim é esta nação
diante de mim, diz o SENHOR. Assim é toda
a obra das suas mãos, e o que ali oferecem:
tudo é impuro. 15 Agora considerem tudo o
que aconteceu desde aquele dia. Antes de
vocês terem começado a colocar pedra so-
bre pedra no templo do SENHOR, 16 antes da-
quele tempo, alguém vinha a um monte de
trigo esperando encontrar vinte medidas,
e havia somente dez; vinha ao lagar para
tirar cinquenta medidas, e havia somente
vinte. 17 Eu os feri com queimaduras, com
ferrugem, com granizo, em tudo o que vocês
fizeram; mas não houve, entre vocês, quem
voltasse para mim, diz o SENHOR.

18 — Por isso, desde o dia de hoje, desde o
vigésimo quarto dia do nono mês, desde
o dia em que foram lançados os alicerces do
templo do SENHOR, considerem no seguinte:
19 Ainda há sementes no celeiro? Além disso,
a videira, a figueira, a romãzeira e a oliveira
não têm dado os seus frutos. Mas, de hoje
em diante, eu abençoarei vocês.

A PROMESSA DO SENHOR A ZOROBABEL

20 A palavra do SENHOR veio pela segunda
vez a Ageu, no vigésimo quarto dia do mês,
dizendo:

21 — Fale a Zorobabel, o governador de Ju-
dá: "Farei tremer o céu e a terra. 22 Derruba-
rei o trono dos reinos e destruirei a força
dos reinos das nações. Destruirei os carros
de guerra e os que andam neles; os cavalos
morrerão e os seus cavaleiros matarão uns
aos outros. 23 Naquele dia, diz o SENHOR dos
Exércitos, tomarei você, Zorobabel, filho de
Salatiel, você que é meu servo, diz o SENHOR,
e farei de você um anel de selar, porque eu o
escolhi", diz o SENHOR dos Exércitos.

Profetas Menores

Zacarias

Livro 38 com

14 CAPÍTULOS

AUTORIA

O livro é atribuído ao profeta Zacarias, filho de Berequias (Zc 1.1), contemporâneo de Ageu, durante o período de reconstrução do templo em Jerusalém após o exílio babilônico.

SIGNIFICADO DO TÍTULO

O nome "Zacarias" vem do hebraico *Zekharyah*, que significa "Javé lembra" ou "Javé recorda". O nome reflete a ênfase no papel de Zacarias como profeta, lembrando ao povo as promessas e a fidelidade de Deus.

ESTRUTURA DO LIVRO

- ★ Chamado ao arrependimento Zc 1.1-6
- ★ Oito visões noturnas Zc 1.7—6
- ★ Jejuns e a vinda do Reino de Deus Zc 7—8
- ★ Julgamento das nações e a restauração de Sião Zc 9—14
- ★ Conclusão e perspectiva escatológica Zc 12 — 14

TEMAS DO LIVRO

Zacarias enfatiza a soberania de Deus na história e na redenção de Israel. O profeta proclama a fidelidade do Senhor em cumprir suas promessas mesmo diante da desobediência e do juízo do povo. As profecias de Zacarias mostram como Deus é o agente ativo que traz salvação e restauração ao seu povo por meio do Messias prometido.

OBJETIVO DO LIVRO

Zacarias foi comissionado por Deus para encorajar o povo de Jerusalém a continuar a reconstrução do templo e renovar seu compromisso com ele. O profeta também trouxe mensagens sobre o futuro glorioso de Jerusalém e o advento do Messias.

ZACARIAS E CRISTO

Zacarias contém várias profecias messiânicas que foram cumpridas em Jesus, incluindo:

- ★ A entrada triunfal do Rei messiânico em Jerusalém montado num jumento (Zc 9.9; Mt 21.1-5);
- ★ A traição de Jesus por trinta moedas de prata (Zc 11.12-13; Mt 26.14-16; 27.3-10);
- ★ A descrição daquele que será transpassado, um claro paralelo com a crucificação de Cristo (Zc 12.10; Jo 19.34-37).

Portanto, Zacarias não apenas antecipa a vinda do Messias, mas também revela aspectos cruciais de sua missão redentora e do cumprimento das promessas de Deus por seu intermédio.

EXORTAÇÃO AO ARREPENDIMENTO

1 1 No oitavo mês do segundo ano do rei-
nado de Dario, a palavra do Senhor veio
ao profeta Zacarias, filho de Baraquias, filho
de Ido, dizendo:

2 — O Senhor ficou muito irado com os pais
de vocês. 3 Portanto, diga-lhes: Assim diz o
Senhor dos Exércitos: "Voltem para mim,
diz o Senhor dos Exércitos, e eu voltarei pa-
ra vocês, diz o Senhor dos Exércitos. 4 Não
sejam como os seus pais. Quando os primei-
ros profetas clamavam: 'Assim diz o Senhor
dos Exércitos: Convertam-se dos seus maus
caminhos e das suas obras más', eles não ou-
viram nem me deram atenção, diz o Senhor.
5 Os pais de vocês, onde estão? E os profe-
tas, será que ainda estão vivos? 6 E não é
fato que as minhas palavras e os meus es-
tatutos, que eu prescrevi aos profetas, meus
servos, alcançaram os pais de vocês? Sim,
estes se arrependeram e disseram: 'Como o
Senhor dos Exércitos tinha intenção de nos
tratar, segundo os nossos caminhos e segun-
do as nossas obras, assim ele nos tratou.'"

A PRIMEIRA VISÃO: OS CAVALOS

7 No vigésimo quarto dia do décimo primei-
ro mês, que é o mês de sebate, no segundo
ano do reinado de Dario, a palavra do Senhor
veio ao profeta Zacarias, filho de Baraquias, fi-
lho de Ido. 8 Tive de noite uma visão, e eis um
homem montado num cavalo vermelho. Ele
estava parado entre as murtas que havia num
vale profundo. Atrás dele se achavam cavalos
vermelhos, baios e brancos. 9 Então perguntei:

— Meu senhor, quem são estes?

E o anjo que falava comigo respondeu:

— Eu lhe mostrarei quem são eles.

10 Então o homem que estava entre as mur-
tas disse:

— Eles são os que o Senhor enviou para
percorrerem a terra.

11 Eles responderam ao anjo do Senhor, que
estava entre as murtas, e disseram:

— Nós já percorremos a terra, e eis que
toda a terra está, agora, calma e tranquila.

12 Então o anjo do Senhor disse:

— Ó Senhor dos Exércitos, até quando não
terás compaixão de Jerusalém e das cidades
de Judá, contra as quais estás indignado há
setenta anos?

13 E o Senhor respondeu com palavras boas,
palavras consoladoras, ao anjo que falava
comigo. 14 E este me disse:

— Proclame: "Assim diz o Senhor dos Exér-
citos: Tenho grande amor por Jerusalém e
Sião. 15 E, com grande indignação, estou ira-
do contra as nações que vivem confiantes.
Porque eu estava um pouco indignado, mas
elas agravaram o mal. 16 Portanto, assim diz
o Senhor: Voltei-me para Jerusalém com mi-
sericórdia, e nela será reconstruído o meu
templo, diz o Senhor dos Exércitos. E o cordel
será estendido sobre Jerusalém."

17 — Proclame outra vez, dizendo: Assim
diz o Senhor dos Exércitos: "As minhas cida-
des voltarão a transbordar de bens; o Senhor
voltará a consolar Sião e voltará a esco-
lher Jerusalém."

A SEGUNDA VISÃO: OS CHIFRES E OS FERREIROS

18 Levantei os olhos e vi, e eis quatro chi-
fres. 19 Perguntei ao anjo que falava comigo:

— O que é isto?

Ele me respondeu:

— São os chifres que dispersaram Judá,
Israel e Jerusalém.

20 O Senhor me mostrou quatro ferreiros.

21 Então perguntei:

— O que é que eles vêm fazer?

Ele respondeu:

— Aqueles são os chifres que dispersaram
Judá, de maneira que ninguém pode levan-
tar a cabeça. Mas estes ferreiros vieram para
os amedrontar, para derrubar os chifres das
nações que levantaram o seu poder contra
a terra de Judá, para a espalhar.

A TERCEIRA VISÃO: JERUSALÉM É MEDIDA

2 1 Levantei os olhos e vi, e eis um homem
que tinha na mão um cordel de medir.
2 Então perguntei:

— Para onde você vai?

Ele me respondeu:

— Vou medir Jerusalém, para saber a sua
largura e o seu comprimento.

3 Eis que o anjo que falava comigo se afas-
tou, e outro anjo veio se encontrar com ele.
4 E lhe disse:
— Corra e diga àquele jovem: "Jerusalém
será habitada como as aldeias sem mura-
lhas, por causa do grande número de pes-
soas e de animais que haverá nela. 5 Pois eu
serei uma muralha de fogo ao redor dela,
diz o SENHOR, eu mesmo serei, no meio de-
la, a sua glória."

ISRAEL É EXORTADO A VOLTAR PARA SIÃO

6 — Vamos! Vamos! Fujam da terra do Nor-
te, diz o SENHOR, porque eu espalhei vocês
como os quatro ventos do céu, diz o SENHOR.
7 Vamos! Fuja, Sião, você que habita com a
filha da Babilônia.
8 — Pois assim diz o SENHOR dos Exércitos:
Para obter a glória, ele me enviou às nações
que saquearam os bens de vocês. Porque
aquele que tocar em vocês toca na meni-
na dos meus olhos. 9 Porque eis que agitarei
a mão contra eles, e eles virão a ser a presa da-
queles que os serviram. Assim vocês saberão
que o SENHOR dos Exércitos é quem me enviou.
10 — Alegre-se e cante, ó filha de Sião, por-
que eis que venho e habitarei no meio de
você, diz o SENHOR. 11 Naquele dia, muitas
nações se juntarão ao SENHOR e serão o meu
povo. Habitarei em seu meio, e vocês sabe-
rão que o SENHOR dos Exércitos é quem me
enviou a vocês. 12 Então o SENHOR herdará a
terra de Judá como a sua porção na terra san-
ta e voltará a escolher Jerusalém. 13 Calem-
-se todos diante do SENHOR, porque ele se
levantou da sua santa morada.

A QUARTA VISÃO: O SUMO SACERDOTE JOSUÉ

3 1 Deus me mostrou o sumo sacerdote Jo-
sué, que estava diante do Anjo do SENHOR;
mostrou também Satanás, que estava à di-
reita de Josué, para o acusar. 2 Mas o SENHOR
disse a Satanás:
— Que o SENHOR o repreenda, Satanás! Sim,
que o SENHOR, que escolheu Jerusalém, o re-
preenda! Não é este um toco de lenha tira-
do do fogo?
3 Ora, Josué estava diante do Anjo vestido
com roupas muito sujas. 4 O Anjo tomou a
palavra e disse aos que estavam diante dele:
— Tirem as roupas sujas que ele está
usando.
E a Josué ele disse:
— Eis que tirei de você a sua iniquidade e
agora o vestirei com roupas finas.
5 Então eu disse:
— Ponham um turbante limpo na cabe-
ça dele.
Puseram um turbante limpo na cabeça
dele e o vestiram, na presença do Anjo do
SENHOR, 6 que disse a Josué:
7 — Assim diz o SENHOR dos Exércitos: Se vo-
cê andar nos meus caminhos e observar os
meus preceitos, você julgará o meu templo
e guardará os meus átrios. Eu lhe darei livre
acesso entre estes que aqui se encontram.
8 Portanto, escute, Josué, sumo sacerdote, vo-
cê e os seus companheiros que estão senta-
dos diante de você, porque estes homens são
um sinal do que há de vir: eis que eu farei
vir o meu servo, o Renovo. 9 Porque eis aqui
a pedra que pus diante de Josué; sobre es-
ta pedra única estão sete olhos. Eis que eu
gravarei nela uma inscrição, diz o SENHOR dos
Exércitos, e tirarei a iniquidade desta terra
num só dia. 10 Naquele dia, diz o SENHOR dos
Exércitos, cada um de vocês convidará o seu
próximo para sentar-se debaixo da videira
e debaixo da figueira.

A QUINTA VISÃO: O CANDELABRO DE OURO

4 1 O anjo que falava comigo voltou e me
despertou, como se desperta alguém do
sono. 2 Ele me perguntou:
— O que você está vendo?
Respondi:
— Vejo um candelabro todo de ouro e um
vaso de azeite em cima com as suas sete
lâmpadas e sete tubos, um para cada uma
das lâmpadas que estão em cima do cande-
labro. 3 Junto ao candelabro vejo duas olivei-
ras, uma à direita do vaso de azeite, e a outra
à sua esquerda.
4 Então perguntei ao anjo que falava comigo:
— Meu senhor, o que é isto?

5 O anjo que falava comigo disse:
— Você não sabe o que é isto?
Respondi:
— Não, meu senhor.
6 Ele prosseguiu e me disse:
— Esta é a palavra do Senhor a Zorobabel:
"Não por força nem por poder, mas pelo meu
Espírito", diz o Senhor dos Exércitos.
7 — "Quem é você, ó grande monte? Diante
de Zorobabel você será uma planície. Por-
que ele colocará a pedra de remate do tem-
plo, em meio a aclamações: 'Haja graça e
graça para ela!'"
8 Novamente a palavra do Senhor veio a
mim, dizendo:
9 — As mãos de Zorobabel lançaram os
alicerces deste templo, e as mãos dele vão
terminar a construção, para que vocês sai-
bam que o Senhor dos Exércitos é quem me
enviou a vocês. 10 Pois quem despreza o dia
dos humildes começos, esse ficará alegre ao
ver o prumo nas mãos de Zorobabel. Aque-
les sete olhos são os olhos do Senhor, que
percorrem toda a terra.
11 Então perguntei ao anjo:
— O que são as duas oliveiras à direita e à
esquerda do candelabro?
12 E acrescentei uma segunda pergunta:
— O que são aqueles dois ramos de oliveira
que estão junto aos dois tubos de ouro, que
vertem azeite dourado?
13 Ele me respondeu:
— Você não sabe o que é isto?
Eu respondi:
— Não, meu senhor.
14 Então ele disse:
— São os dois ungidos, que estão a serviço
do Senhor de toda a terra.

A SEXTA VISÃO: O ROLO QUE VOAVA

5 1 Tornei a levantar os olhos e vi, e eis
um livro em forma de rolo que voava.
2 O anjo me perguntou:
— O que você está vendo?
Eu respondi:
— Vejo um rolo voando, que tem nove me-
tros de comprimento e quatro metros e meio
de largura.
3 Então ele me disse:
— Esta é a maldição que sai pela face de
toda a terra. Porque quem roubar será ex-
pulso segundo a maldição, e quem jurar
falsamente será expulso também segun-
do a mesma maldição. 4 Enviarei essa mal-
dição, diz o Senhor dos Exércitos, e a farei
entrar na casa do ladrão e na casa do que
jurar falsamente pelo meu nome; ela ficará
nessas casas e consumirá a sua madeira e
as suas pedras.

A SÉTIMA VISÃO: A MULHER E O CESTO

5 O anjo que falava comigo saiu e me disse:
— Levante os olhos e veja o que é isto que
está saindo.
6 Eu perguntei:
— O que é isto?
Ele me respondeu:
— É um cesto que serve para medir.
E acrescentou:
— Isto é a iniquidade em toda a terra.
7 Então foi levantada a tampa de chumbo
que cobria o cesto, e eis que uma mulher esta-
va sentada dentro do cesto. 8 O anjo explicou:
— Isto é a maldade.
E a empurrou para o fundo do cesto, sobre
cuja boca pôs o peso de chumbo.
9 Levantei os olhos e vi, e eis que saíram
duas mulheres. Havia vento em suas asas,
que eram como de cegonha; e levantaram o
cesto entre a terra e o céu. 10 Então perguntei
ao anjo que falava comigo:
— Para onde elas estão levando o cesto?
11 Ele respondeu:
— Para a terra de Sinar, onde edificarão
um templo para aquela mulher. Quando o
templo estiver concluído, ela será posta ali
em seu próprio lugar.

A OITAVA VISÃO: AS QUATRO CARRUAGENS

6 1 Outra vez levantei os olhos e vi, e eis
que quatro carruagens saíam do meio de
dois montes, e estes montes eram de bron-
ze. 2 Na primeira carruagem, os cavalos eram
vermelhos; na segunda, eram pretos; 3 na ter-
ceira, eram brancos; e na quarta, eram baios.

Todos eram fortes. 4 Então perguntei ao anjo que falava comigo:

— Meu senhor, o que é isto?

5 O anjo respondeu:

— São os quatro ventos do céu, que saem de onde estavam diante do Senhor de toda a terra. 6 A carruagem em que estão os cavalos pretos sai para a terra do Norte. Os cavalos brancos saem após eles, e os cavalos baios vão para a terra do Sul. 7 Assim, os cavalos fortes saem, forcejando para seguir adiante, para percorrerem a terra.

O SENHOR lhes disse:

— Vão e percorram a terra.

E eles percorriam a terra. 8 Então ele me chamou e me disse:

— Eis que aqueles que saíram para a terra do Norte fazem o meu Espírito repousar na terra do Norte.

A COROAÇÃO DE JOSUÉ. O RENOVO

9 A palavra do SENHOR veio a mim, dizendo:

10 — Receba o que foi trazido pelos exilados Heldai, Tobias e Jedaías, que voltaram da Babilônia, e no mesmo dia entre na casa de Josias, filho de Sofonias. 11 Receba a prata e o ouro, faça uma coroa e coloque-a na cabeça do sumo sacerdote Josué, filho de Jozadaque. 12 E diga-lhe: Assim diz o SENHOR dos Exércitos: "Eis aqui o homem cujo nome é Renovo. Ele brotará do seu lugar e edificará o templo do SENHOR. 13 Ele mesmo edificará o templo do SENHOR e será revestido de glória. Ele se assentará no seu trono, e dominará, e será sacerdote no seu trono; e reinará perfeita união entre ambos os ofícios. 14 A coroa será para Helém, para Tobias, para Jedaías e para Hem, filho de Sofonias, como memorial no templo do SENHOR. 15 Aqueles que estão longe virão e ajudarão a edificar o templo do SENHOR, e vocês saberão que o SENHOR dos Exércitos me enviou a vocês. Isto acontecerá se vocês ouvirem atentamente a voz do SENHOR, seu Deus."

O JEJUM QUE NÃO AGRADA A DEUS

7 1 No quarto ano do reinado de Dario, no quarto dia do nono mês, que é o mês de quisleu, a palavra do SENHOR veio a Zacarias. 2 Ora, o povo de Betel tinha enviado Sarezer, Regém-Meleque e seus companheiros, para suplicarem o favor do SENHOR, 3 perguntando aos sacerdotes, que estavam na Casa do SENHOR dos Exércitos, e aos profetas: "Devemos nós continuar a chorar, com jejum, no quinto mês, como temos feito por tantos anos?" 4 Então a palavra do SENHOR dos Exércitos veio a mim, dizendo:

5 — Pergunte a todo o povo desta terra e aos sacerdotes: Quando vocês jejuaram e prantearam, no quinto e no sétimo mês, durante estes setenta anos, será que foi realmente para mim que vocês jejuaram? 6 Quando vocês comem e bebem, não é para vocês mesmos que comem e bebem? 7 Será que vocês não ouviram as palavras que o SENHOR pregou pelo ministério dos profetas que nos precederam, quando Jerusalém estava habitada e em paz com as suas cidades ao redor dela, e o Sul e a Sefelá eram habitados?

A DESOBEDIÊNCIA FOI A CAUSA DO CATIVEIRO

8 A palavra do SENHOR veio a Zacarias, dizendo:

9 — Assim falou o SENHOR dos Exércitos: "Julguem segundo a verdade e sejam bondosos e misericordiosos uns com os outros. 10 Não oprimam a viúva, nem o órfão, nem o estrangeiro, nem o pobre, e que ninguém faça planos para prejudicar o seu próximo." 11 Porém eles não quiseram atender e, rebeldes, me viraram as costas e taparam os ouvidos, para que não ouvissem. 12 Sim, fizeram o seu coração duro como diamante, para que não ouvissem a lei, nem as palavras que o SENHOR dos Exércitos tinha enviado pelo seu Espírito, mediante os profetas que nos precederam; daí veio a grande ira do SENHOR dos Exércitos. 13 Visto que eu clamei, e eles não me ouviram, eles também clamaram, e eu não os ouvi, diz o SENHOR dos Exércitos. 14 Com uma tempestade, eu os espalhei por todas as nações que eles não conheciam. E a terra foi devastada atrás deles, de modo que ninguém passava por ela, nem voltava; porque da terra desejável fizeram uma desolação.

A verdade é que você precisará escolher o que cultivar, porque isso certamente crescerá e se tornará enorme.

SIÃO RESTAURADA

8 1 A palavra do SENHOR dos Exércitos veio a mim, dizendo:

2 — Assim diz o SENHOR dos Exércitos: Tenho grande amor por Sião. É um amor tão grande que me leva à indignação contra os seus inimigos.

3 — Assim diz o SENHOR: Voltarei para Sião e habitarei no meio de Jerusalém. E Jerusalém será chamada de "Cidade Fiel", e o monte do SENHOR dos Exércitos será chamado de "Monte Santo".

4 — Assim diz o SENHOR dos Exércitos: Os velhos e as velhas voltarão a sentar-se nas praças de Jerusalém, levando cada um na mão a sua bengala, por causa da sua muita idade. 5 As praças da cidade se encherão de meninos e meninas, que nelas brincarão.

6 — Assim diz o SENHOR dos Exércitos: Isso pode parecer impossível aos olhos do remanescente deste povo naqueles dias, mas não será impossível para mim, diz o SENHOR dos Exércitos.

7 — Assim diz o SENHOR dos Exércitos: Eis que salvarei o meu povo, tirando-o da terra do Oriente e da terra do Ocidente. 8 Eu os trarei, e habitarão em Jerusalém. Eles serão o meu povo, e eu serei o seu Deus, em verdade e em justiça.

9 — Assim diz o SENHOR dos Exércitos: Sejam fortes, todos vocês que nestes dias estão ouvindo estas palavras da boca dos profetas, a saber, nos dias em que foram lançados os alicerces da Casa do SENHOR dos Exércitos, para que o templo fosse construído. 10 Porque, antes daqueles dias, não havia salário para os trabalhadores, nem pagamento pelo trabalho dos animais. Não havia paz para o que entrava, nem para o que saía, por causa dos inimigos, porque eu incitei cada um contra o seu próximo. 11 Mas, agora, não tratarei o remanescente deste povo como tratei o povo no passado, diz o SENHOR dos Exércitos. 12 Porque haverá semeadura em paz, as videiras darão o seu fruto, a terra, as suas colheitas, e os céus, o seu orvalho. E farei com que o remanescente deste povo herde tudo isso. 13 Casa de Judá e casa de Israel, assim como vocês foram uma maldição entre as nações, assim agora eu os salvarei, e vocês serão uma bênção. Não tenham medo! Pelo contrário, sejam fortes!

14 — Porque assim diz o SENHOR dos Exércitos: Assim como eu havia decidido castigar vocês, quando os seus pais me provocaram à ira, diz o SENHOR dos Exércitos, e não mudei de ideia, 15 também decidi agora fazer bem a Jerusalém e à casa de Judá nestes dias. Não tenham medo! 16 Eis as coisas que vocês devem fazer: Que cada um fale a verdade com o seu próximo. Nos tribunais, julguem com justiça, segundo a verdade, em favor da paz. 17 Que ninguém faça planos para prejudicar o seu próximo, nem ame o juramento falso, porque eu odeio todas estas coisas, diz o SENHOR.

18 A palavra do SENHOR dos Exércitos veio a mim, dizendo:

19 — Assim diz o SENHOR dos Exércitos: O jejum do quarto mês, o do quinto, o do sétimo e o do décimo serão para a casa de Judá um dia de júbilo, alegria e festividades solenes. Portanto, amem a verdade e a paz.

20 — Assim diz o SENHOR dos Exércitos: Ainda virão povos e moradores de muitas cidades, 21 e os moradores de uma cidade irão à outra, dizendo: "Vamos depressa suplicar o favor do SENHOR e buscar o SENHOR dos Exércitos; eu também irei." 22 Muitos povos e nações poderosas virão a Jerusalém buscar o SENHOR dos Exércitos e suplicar o favor do SENHOR.

23 — Assim diz o SENHOR dos Exércitos: Naqueles dias, dez homens, de todas as línguas das nações, pegarão, sim, pegarão na borda da roupa de um judeu e lhe dirão: "Queremos ir com vocês, porque ouvimos que Deus está com vocês."

O CASTIGO DE DIVERSOS POVOS

9 1 A sentença pronunciada pelo SENHOR
é contra a terra de Hadraque
e repousa sobre Damasco,
porque o SENHOR põe os olhos
sobre a humanidade
e sobre todas as tribos de Israel.
2 Também repousa sobre Hamate,
que faz fronteira com Damasco,

e sobre Tiro e Sidom,
cuja sabedoria é grande.
3 Tiro edificou para si uma fortaleza
e amontoou prata como pó,
e ouro como lama das ruas.
4 Eis que o Senhor tomará posse
da cidade
e jogará as riquezas dela no mar;
e Tiro será consumida pelo fogo.
5 Asquelom verá isso
e ficará com medo.
Também Gaza ficará com medo
e terá grande dor.
Igualmente Ecrom,
porque a sua esperança
estará perdida.
O rei de Gaza perecerá,
e Asquelom não será habitada.
6 Um povo bastardo
habitará em Asdode,
e exterminarei o orgulho
dos filisteus.
7 Da boca destes
tirarei a carne com sangue
e, dos seus dentes,
as suas abominações.
Então eles ficarão como um resto
para o nosso Deus,
e serão como chefes em Judá;
e Ecrom será como os jebuseus.
8 Eu me acamparei ao redor
da minha casa
para defendê-la contra forças invasoras,
para que ninguém passe, nem volte.
Nunca mais passará sobre eles
o opressor,
porque agora vejo isso
com os meus próprios olhos.

O REI VEM DE SIÃO

9 Alegre-se muito, ó filha de Sião!
Exulte, ó filha de Jerusalém!
Eis que o seu rei vem até você,
justo e salvador,
humilde, montado em jumento,
num jumentinho, cria de jumenta.
10 Destruirei os carros de guerra
de Efraim
e os cavalos de Jerusalém;
os arcos de guerra
serão destruídos.
Ele anunciará paz às nações;
o seu domínio se estenderá
de mar a mar
e desde o Eufrates
até os confins da terra.
11 Quanto a você, Sião,
por causa do sangue
da minha aliança com você,
tirei os seus cativos da cova
em que não havia água.
12 Voltem para a fortaleza,
ó prisioneiros da esperança!
Também hoje anuncio
que lhes restituirei
tudo em dobro.
13 Porque entesei Judá
como meu arco de guerra
e fiz de Efraim a minha flecha.
Levantarei os seus filhos, ó Sião,
contra os filhos da Grécia,
e farei você semelhante à espada
de um valente.
14 O SENHOR será visto sobre
os filhos de Sião,
e as suas flechas sairão como o relâmpago.
O Senhor DEUS fará soar a trombeta
e irá com os redemoinhos do Sul.
15 O SENHOR dos Exércitos
protegerá o seu povo.
Eles engolirão os inimigos
e pisarão nas pedras
atiradas com as fundas.
Também beberão o sangue deles
como se fosse vinho;
eles se encherão
como as bacias do sacrifício
e ficarão ensopados
como os cantos do altar.
16 Naquele dia, o SENHOR,
seu Deus, os salvará,
como o rebanho do seu povo;
porque eles são pedras de uma coroa
e resplandecem na terra dele.
17 Pois quão grande é a sua bondade!
E quão grande é a sua formosura!
O trigo fará florescer os jovens,
e o vinho, as moças.

DEUS ABENÇOARÁ JUDÁ E ISRAEL

10 [1] Peçam ao SENHOR chuva
no tempo das últimas chuvas;
peçam ao SENHOR,
que faz as nuvens de chuva,
e ele lhes dará chuva abundante
e a cada um, a vegetação no campo.
[2] Porque os ídolos do lar falam coisas vãs
e os adivinhos veem mentiras
e contam sonhos enganadores;
oferecem consolações vazias.
Por isso, o povo anda como ovelhas,
aflito por não ter pastor.

[3] "É contra os pastores
que se acendeu a minha ira;
castigarei os bodes
que vão adiante do rebanho.
Mas o SENHOR dos Exércitos cuidará
do seu rebanho, a casa de Judá,
e fará dela o seu majestoso cavalo
na batalha.
[4] De Judá sairá a pedra angular;
dele, a estaca da tenda;
dele, o arco de guerra;
dele sairão todos os chefes juntos.
[5] E serão como valentes que, na batalha,
pisam aos pés os seus inimigos
na lama das ruas.
Lutarão, porque o SENHOR está com eles,
e envergonharão os que andam
montados em cavalos."

[6] "Fortalecerei a casa de Judá
e salvarei a casa de José.
Eu os farei voltar,
porque me compadeço deles;
e serão como se eu
não os tivesse rejeitado,
porque eu sou o SENHOR,
seu Deus, e os ouvirei.
[7] Os de Efraim serão como um valente,
e o seu coração se alegrará
como se tivessem bebido vinho;
os seus filhos verão isso e se alegrarão;
o seu coração exultará no SENHOR.
[8] Eu lhes assobiarei e os reunirei,
porque já os remi;
eles se multiplicarão
como antes
tinham se multiplicado.
[9] Embora eu os tenha espalhado
entre os povos,
eles se lembram de mim
em lugares distantes;
continuarão vivos
com os seus filhos e voltarão.
[10] Porque eu os farei voltar
da terra do Egito
e os congregarei da Assíria.
Eu os trarei à terra de Gileade
e ao Líbano,
e não haverá lugar para todos.
[11] Passarão pelo mar de angústia,
serão feridas as ondas do mar,
e todas as profundezas do Nilo
se secarão.
Então será derrubado
o orgulho da Assíria,
e o cetro do Egito será removido.
[12] Eu os fortalecerei no SENHOR,
e eles andarão no meu nome",
diz o SENHOR.

11 [1] Abra as suas portas, ó Líbano,
para que o fogo consuma
os seus cedros.
[2] Chorem, ciprestes,
porque os cedros caíram,
porque as mais excelentes árvores
foram destruídas.
Chorem, carvalhos de Basã,
porque a densa floresta
foi derrubada.
[3] Eis a voz de choro
dos pastores,
porque a sua glória
foi destruída!
Eis o rugido dos leõezinhos,
porque o orgulho do Jordão
foi destruído!

A PARÁBOLA DO BOM PASTOR

[4] — Assim diz o SENHOR, meu Deus: Apas-
cente as ovelhas destinadas para o matadou-
ro. [5] Aqueles que as compram matam-nas e
não são punidos; os que as vendem dizem:
"Louvado seja o SENHOR! Ficamos ricos!"

E os pastores das ovelhas não se compa-
decem delas. 6 Certamente não terei mais
compaixão dos moradores desta terra, diz
o SENHOR. Eis que eu entregarei cada um nas
mãos do seu próximo e nas mãos do seu rei.
Eles destruirão o país, e eu não os livrarei
das mãos deles.
7 Apascentei as ovelhas destinadas para o
matadouro pelos negociantes das ovelhas.
Peguei dois cajados: a um chamei "Graça",
e a outro, "União". E apascentei as ovelhas.
8 Em um mês destruí três pastores. Perdi a
paciência com eles, e também eles se can-
saram de mim. 9 Então eu disse:
— Não serei mais o pastor de vocês. Quem
tiver de morrer, que morra! Quem tiver de
ser destruído, que seja! E os que restarem,
que cada um coma a carne do seu próximo.
10 Peguei o cajado chamado Graça e o que-
brei, para anular a minha aliança, que eu ha-
via feito com todos os povos. 11 Portanto, a
aliança foi anulada naquele dia. E os nego-
ciantes de ovelhas, que estavam me obser-
vando, reconheceram que isto era palavra
do SENHOR. 12 Eu lhes disse:
— Se estiverem de acordo, paguem o meu
salário; se não, deixem por isso mesmo.
Então pesaram o meu salário: trinta moe-
das de prata.
13 Então o SENHOR me disse:
— Pegue esse dinheiro, esse magnífico
preço em que fui avaliado por eles, e jogue
para o oleiro.
Peguei as trinta moedas de prata e as jo-
guei para o oleiro, na Casa do SENHOR. 14 De-
pois, quebrei o segundo cajado, chamado
União, para romper a irmandade entre Ju-
dá e Israel.

A PARÁBOLA DO PASTOR INSENSATO

15 O SENHOR me disse:
— Agora pegue os apetrechos de um pastor
insensato. 16 Porque eis que eu levantarei na
terra um pastor que não cuidará das ovelhas
que estão perecendo, não buscará a desgar-
rada, não curará a que foi ferida, nem apas-
centará a sã, mas comerá a carne das ovelhas
gordas e arrancará até os cascos delas.

17 Ai do pastor inútil,
que abandona o rebanho!
A espada cairá sobre o seu braço
e sobre o seu olho direito;
o braço ficará completamente seco,
e o olho direito totalmente cego.

A SALVAÇÃO DE JERUSALÉM

12 1 Sentença pronunciada pelo SENHOR
a respeito de Israel. O SENHOR, que es-
tendeu o céu, fundou a terra e formou o espí-
rito do ser humano dentro dele, diz:
2 — Eis que eu farei de Jerusalém um cá-
lice de atordoamento para todos os povos
vizinhos e também para Judá, durante o sí-
tio contra Jerusalém. 3 Naquele dia, farei de
Jerusalém uma pedra pesada para todos os
povos. Todos os que tentarem erguê-la fica-
rão gravemente feridos. E todas as nações
da terra se ajuntarão contra ela. 4 Naquele
dia, diz o SENHOR, farei com que todos os ca-
valos fiquem espantados e os seus cavalei-
ros fiquem loucos. Manterei os meus olhos
abertos sobre a casa de Judá e farei com que
todos os cavalos dos povos fiquem cegos.
5 Então os chefes de Judá pensarão assim:
"Os moradores de Jerusalém têm a força do
SENHOR dos Exércitos, seu Deus." 6 Naquele
dia, porei os chefes de Judá como um brasei-
ro aceso debaixo da lenha e como uma tocha
acesa entre os feixes de trigo. Eles destruirão
à direita e à esquerda todos os povos ao re-
dor, e Jerusalém será habitada outra vez no
seu lugar, na própria Jerusalém. 7 O SENHOR
salvará primeiramente as tendas de Judá,
para que a glória da casa de Davi e a gló-
ria dos moradores de Jerusalém não sejam
exaltadas acima de Judá. 8 Naquele dia, o
SENHOR protegerá os moradores de Jerusa-
lém. O mais fraco dentre eles, naquele dia,
será como Davi, e a casa de Davi será como
Deus, como o Anjo do SENHOR diante deles.
9 Naquele dia, procurarei destruir todas as
nações que vierem contra Jerusalém.

O ARREPENDIMENTO DOS HABITANTES DE JERUSALÉM

10 — E sobre a casa de Davi e sobre os mo-
radores de Jerusalém derramarei o espírito

da graça e de súplicas. Olharão para aque-
le a quem traspassaram. Prantearão por ele
como quem pranteia por um filho único
e chorarão por ele como se chora amarga-
mente pelo primogênito. 11 Naquele dia, o
pranto em Jerusalém será tão grande co-
mo o pranto de Hadade-Rimom, no vale
de Megido. 12 A terra pranteará, cada família
à parte: a família da casa de Davi à parte,
e suas mulheres à parte; a família da casa
de Natã à parte, e suas mulheres à parte;
13 a família da casa de Levi à parte, e suas
mulheres à parte; a família dos simeítas à
parte, e suas mulheres à parte. 14 Todas as
outras famílias prantearão, cada família à
parte, e suas mulheres à parte.

13 1 — Naquele dia, haverá uma fonte
aberta para a casa de Davi e para os
moradores de Jerusalém, para remover o pe-
cado e a impureza.

A ELIMINAÇÃO DA IDOLATRIA

2 — Naquele dia, diz o Senhor dos Exércitos,
eliminarei da terra os nomes dos ídolos, e
não haverá mais memória deles. Também
removerei da terra os profetas e o espírito
da impureza. 3 Se alguém ainda profetizar,
seu pai e sua mãe, que o geraram, lhe di-
rão: "Você será morto, porque está falando
mentiras em nome do Senhor." E seu pai e
sua mãe, que o geraram, o matarão à espa-
da, quando ele profetizar. 4 Naquele dia, os
profetas terão vergonha de suas visões pro-
féticas, e nunca mais vestirão um manto de
pelos, para enganar as pessoas. 5 Pelo contrá-
rio, cada um dirá: "Eu não sou profeta; sou
lavrador. Trabalho no campo desde a minha
juventude." 6 Se alguém lhe perguntar: "Que
feridas são essas nas suas mãos?", ele res-
ponderá: "São as feridas com que fui ferido
na casa dos meus amigos."

O PASTOR DE DEUS É FERIDO

7 "Levante-se, ó espada,
e ataque o meu pastor
e aquele que é o meu
companheiro",
diz o Senhor dos Exércitos.
"Fira o pastor,
e as ovelhas ficarão dispersas.
E voltarei a minha mão
para os pequeninos.
8 Em toda a terra", diz o Senhor,
"dois terços dela serão eliminados
e morrerão;
mas uma terça parte irá sobreviver.
9 Farei essa terça parte
passar pelo fogo,
e a purificarei como se
purifica a prata,
e a provarei como se prova o ouro.
Eles invocarão o meu nome,
e eu os atenderei.
Direi: 'Vocês são o meu povo',
e eles responderão:
'O Senhor é o nosso Deus.'"

O JUÍZO SOBRE JERUSALÉM E SEUS OPRESSORES

14 1 Eis que vem o Dia do Senhor, em
que o seu despojo será repartido
dentro de você, ó Jerusalém. 2 Porque eu
ajuntarei todas as nações para a batalha
contra Jerusalém. A cidade será tomada, as
casas serão saqueadas e as mulheres, vio-
lentadas. Metade da cidade será levada para
o cativeiro, mas o restante do povo não será
expulso da cidade. 3 Então o Senhor sairá e
lutará contra essas nações, como ele cos-
tumava lutar no dia da batalha. 4 Naquele
dia, os seus pés estarão sobre o monte das
Oliveiras, que está em frente de Jerusalém,
para o leste. O monte das Oliveiras será fen-
dido pelo meio, do leste ao oeste, formando
um grande vale. Metade do monte se afas-
tará para o norte, e a outra metade, para o
sul. 5 Vocês fugirão pelo meu vale entre os
montes, porque esse vale chegará até Azal.
Sim, vocês fugirão como fugiram do terremo-
to nos dias de Uzias, rei de Judá. Então virá
o Senhor, meu Deus, e todos os santos vi-
rão com ele.
6 Naquele dia, não haverá luz, mas frio e
gelo. 7 Mas será um dia singular, um dia co-
nhecido do Senhor. Não haverá separação
entre dia e noite, pois mesmo depois de
anoitecer ainda será dia claro.

8 Naquele dia, águas vivas correrão de Jerusalém, metade delas para o mar oriental, e a outra metade para o mar ocidental; isso acontecerá tanto no verão como no inverno. 9 O Senhor será Rei sobre toda a terra. Naquele dia, um só será o Senhor, e um só será o seu nome.

10 Toda a terra se tornará em planície, desde Geba até Rimom, ao sul de Jerusalém. Mas Jerusalém será exaltada e habitada no seu lugar, desde o Portão de Benjamim até o lugar do primeiro portão, até o Portão da Esquina e desde a Torre de Hananel até os lagares do rei. 11 Será habitada, e já não haverá maldição; Jerusalém habitará segura.

12 Esta será a praga com que o Senhor castigará todos os povos que guerrearem contra Jerusalém: a carne deles apodrecerá, estando eles em pé, os seus olhos apodrecerão nas suas órbitas, e a língua deles apodrecerá na boca. 13 Naquele dia, também haverá da parte do Senhor grande confusão entre eles; cada um agarrará a mão do seu próximo, cada um levantará a mão contra o seu próximo. 14 Também Judá irá lutar em Jerusalém. E se ajuntarão as riquezas de todas as nações vizinhas: ouro, prata e roupas em grande abundância. 15 Como esta praga, assim será a praga dos cavalos, das mulas, dos camelos, dos jumentos e de todos os animais que estiverem naqueles arraiais.

A GLÓRIA FUTURA DA CIDADE DE DEUS

16 Todos os que restarem de todas as nações que vieram contra Jerusalém subirão de ano em ano para adorar o Rei, o Senhor dos Exércitos, e para celebrar a Festa dos Tabernáculos. 17 Se algum dos povos da terra não subir a Jerusalém, para adorar o Rei, o Senhor dos Exércitos, esse povo ficará sem chuva. 18 Se os egípcios não subirem, nem vierem, ficarão sem chuva; virá sobre eles a praga com que o Senhor castigará as nações que não subirem para celebrar a Festa dos Tabernáculos. 19 Este será o castigo dos egípcios e o castigo de todas as nações que não subirem para celebrar a Festa dos Tabernáculos.

20 Naquele dia, será gravado nas campainhas dos cavalos: "Santo ao Senhor", e as panelas do templo do Senhor serão como as bacias diante do altar; 21 sim, todas as panelas em Jerusalém e em Judá serão santas ao Senhor dos Exércitos. Todos os que oferecerem sacrifícios usarão essas panelas para cozinhar a carne do sacrifício. Naquele dia, não haverá mais comerciantes no templo do Senhor dos Exércitos.

Profetas Menores

Malaquias

Livro 39 com

4

CAPÍTULOS

AUTORIA

Embora o autor do livro não seja explicitamente mencionado, a tradição e a linguagem do texto sugerem que Malaquias é o próprio mensageiro de Deus que proferiu as profecias. O profeta é conhecido por sua mensagem de repreensão e exortação ao povo de Israel no período pós-exílico, aproximadamente entre 460 e 430 a.C. Ele foi contemporâneo de Esdras, Neemias e possivelmente do sumo sacerdote Joiada.

SIGNIFICADO DO TÍTULO

O nome "Malaquias", do hebraico *Mal'ākhî*, significa "meu mensageiro".

O SILÊNCIO PROFÉTICO

Malaquias é o último livro do Antigo Testamento na tradição judaica e cristã. Ele marca o início de um período de silêncio profético, que duraria até a vinda de Jesus.

ESTRUTURA DO LIVRO

- ★ Repreensão à infidelidade de Israel Ml 1.1-5
- ★ O desdém pelo nome do Senhor Ml 1.6—2.9
- ★ Os pecados dos sacerdotes Ml 2.10-16
- ★ O juízo contra os maus Ml 2.17—3.5
- ★ O dízimo Ml 3.6-12
- ★ O dia do Senhor Ml 3.13—4.3
- ★ Arrependimento e restauração Ml 4.4-6

MALAQUIAS E CRISTO

Malaquias profetiza sobre o "mensageiro" que preparará o caminho do Senhor (Ml 3.1), cumprido em João Batista (Mt 11.10). Além disso, as profecias sobre o dia do Senhor (Ml 3.2-3; 4.1) apontam para a segunda vinda de Jesus, quando ele virá como juiz para estabelecer a justiça plena. A promessa de um remanescente fiel (Ml 3.16-18) remete à comunidade dos crentes em Cristo. Malaquias aponta para o dia do Senhor como um evento de julgamento e salvação (Ml 4.1).

Portanto, Malaquias não apenas prediz eventos históricos e juízos imediatos, mas também aponta para a vinda e o papel redentor de Cristo na consumação da história da salvação.

TEMAS DO LIVRO

Malaquias enfatiza a fidelidade de Deus em manter sua aliança com Israel apesar da infidelidade do povo. Ele confronta as práticas religiosas negligentes e hipócritas, chamando o povo ao arrependimento genuíno e à restauração da aliança com Deus.

A mensagem central é a santidade do Eterno, sua justiça em lidar com o pecado e a promessa de um futuro dia do Senhor, quando os fiéis serão recompensados e os ímpios, julgados.

1 1 Sentença pronunciada pelo SENHOR contra Israel, por meio de Malaquias.

O AMOR DO SENHOR POR JACÓ

2 O SENHOR diz:

— Eu sempre os amei.

Mas vocês perguntam:

— Como é que nos amaste?

E o SENHOR responde:

— Esaú era irmão de Jacó, mas eu amei Jacó 3 e desprezei Esaú. Fiz dos montes de Edom uma desolação e dei a sua herança aos chacais do deserto.

4 Se Edom disser: "Fomos destruídos, mas vamos reconstruir o que está em ruínas", o SENHOR dos Exércitos responderá: "Eles podem até reconstruir, mas eu vou derrubar outra vez. E a terra deles será chamada de 'Terra Da Maldade' e 'Povo Contra Quem O SENHOR Está Irado Para Sempre'."

5 Vocês verão isso com os seus olhos e dirão:

— O SENHOR é grande também fora das fronteiras de Israel.

O SENHOR REPROVA OS SACERDOTES

6 — O filho honra o pai, e o servo respeita o seu senhor. Se eu sou pai, onde está a minha honra? E, se eu sou senhor, onde está o respeito para comigo? Eu, o SENHOR dos Exércitos, pergunto isso a vocês, sacerdotes que desprezam o meu nome. Mas vocês perguntam: "Como desprezamos o teu nome?" 7 Vocês oferecem pão impuro sobre o meu altar e ainda perguntam: "Em que te havemos profanado?" Nisso de pensarem que a mesa do SENHOR pode ser desprezada. 8 Quando vocês oferecem em sacrifício um animal cego, será que isso não está errado? E, quando trazem um animal coxo ou doente, será que isso não está errado? Ora, experimentem oferecer um animal desses ao seu governador! Será que ele se agradará de vocês ou será favorável a vocês? — diz o SENHOR dos Exércitos.

9 — E agora, sacerdotes, supliquem o favor de Deus, para que nos conceda a sua graça. Mas, com tais ofertas nas mãos, será que ele será favorável a vocês? — diz o SENHOR dos Exércitos. 10 Quem dera houvesse entre vocês alguém que fechasse as portas do templo, para que não acendessem em vão o fogo do meu altar! Eu não tenho prazer em vocês, diz o SENHOR dos Exércitos, nem aceitarei as suas ofertas. 11 Mas, desde o nascente do sol até o poente, é grande o meu nome entre as nações. Em todos os lugares lhe é queimado incenso e são trazidas ofertas puras, porque é grande o meu nome entre as nações, diz o SENHOR dos Exércitos. 12 Mas vocês estão profanando o meu nome, quando pensam que a mesa do SENHOR é impura, e que a comida que é oferecida sobre ela pode ser desprezada. 13 E vocês dizem ainda: "Que canseira!" E torcem o nariz para isso, diz o SENHOR dos Exércitos. Oferecem animais roubados, coxos ou doentes. Vocês acham que eu vou aceitar isso? — diz o SENHOR. 14 Maldito seja o enganador, que, tendo um animal sadio no seu rebanho, promete e oferece ao SENHOR um defeituoso! Porque eu sou grande Rei, diz o SENHOR dos Exércitos, e o meu nome é terrível entre as nações.

O CASTIGO DOS SACERDOTES

2 1 — E agora, sacerdotes, este mandamento é para vocês. 2 Se não ouvirem e não se importarem com a necessidade de honrar o meu nome, diz o SENHOR dos Exércitos, enviarei sobre vocês a maldição e amaldiçoarei as suas bênçãos. Aliás, já as amaldiçoei, porque vocês não se importaram com a honra devida ao meu nome. 3 Eis que reprovarei a sua descendência, passarei no rosto de vocês o esterco dos animais sacrificados nas suas festas, e vocês serão levados embora com esse esterco. 4 Então vocês saberão que eu lhes enviei este mandamento, para que se mantenha a minha aliança com Levi, diz o SENHOR dos Exércitos.

5 — Minha aliança com ele foi de vida e de paz, e foi isso que eu lhe dei, para que me temesse; e, de fato, ele me temeu e tremeu por causa do meu nome. 6 A verdadeira instrução esteve na sua boca, e nenhuma injustiça se achou em seus lábios. Ele andou comigo em paz e em retidão, e afastou muitos da iniquidade. 7 Porque os lábios do sacerdote devem

guardar o conhecimento, e da sua boca to-
dos devem buscar a instrução, porque ele é
mensageiro do SENHOR dos Exércitos.
8 — Mas vocês se desviaram do caminho
e, por meio de sua instrução, levaram mui-
tos a tropeçar; vocês violaram a aliança de
Levi, diz o SENHOR dos Exércitos. 9 Por isso,
também eu os fiz desprezíveis e indignos
diante de todo o povo, na medida em que
vocês não guardaram os meus caminhos e
se mostraram parciais na aplicação da lei.

ADVERTÊNCIA CONTRA A INFIDELIDADE CONJUGAL

10 Não temos nós todos o mesmo Pai? Não
nos criou o mesmo Deus? Por que, então, se-
remos desleais uns para com os outros, pro-
fanando a aliança de nossos pais? 11 Judá
tem sido infiel, e abominação foi cometi-
da em Israel e em Jerusalém. Porque Judá
profanou o santuário do SENHOR, o qual ele
ama, e se casou com a adoradora de deus
estranho. 12 O SENHOR eliminará das tendas
de Jacó aquele que fizer isso, seja ele quem
for, mesmo que apresente ofertas ao SENHOR
dos Exércitos.
13 Há outra coisa que vocês fazem: cobrem
de lágrimas o altar do SENHOR, com choro e
gemidos, porque ele já não olha para a oferta
nem a aceita com prazer. 14 E vocês pergun-
tam: "Por quê?" Porque o SENHOR foi testemu-
nha da aliança entre você e a mulher da sua
mocidade, a quem você foi infiel, sendo ela
a sua companheira e a mulher da sua alian-
ça. 15 Não fez o SENHOR somente um, mesmo
que lhe sobrasse o espírito? E por que so-
mente um? Porque buscava uma descendên-
cia piedosa. Portanto, tenham cuidado para
que ninguém seja infiel para com a mulher
da sua mocidade. 16 Porque o SENHOR, o Deus
de Israel, diz que odeia o divórcio e também
aquele que cobre de violência as suas rou-
pas, diz o SENHOR dos Exércitos. Portanto, te-
nham cuidado e não sejam infiéis.

O MENSAGEIRO DO SENHOR

17 Vocês estão cansando o SENHOR com as
suas palavras, e ainda perguntam: "Em que nós
o cansamos?" Nisso de dizerem: "Aqueles que
fazem o mal passam por bons aos olhos do
SENHOR, e é desses que ele se agrada." Ou:
"Onde está o Deus da justiça?"

3 1 — Eis que eu envio o meu mensageiro,
que preparará o caminho diante de mim.
De repente, o Senhor, a quem vocês buscam,
virá ao seu templo; e o mensageiro da aliança,
a quem vocês desejam, eis que ele vem, diz o
SENHOR dos Exércitos.
2 Mas quem poderá suportar o dia da sua
vinda? E quem poderá subsistir quando ele
aparecer? Porque ele é como o fogo do ouri-
ves e como o sabão dos lavandeiros. 3 Ele se
assentará como derretedor e purificador de
prata. Purificará os filhos de Levi e os refi-
nará como ouro e como prata. E eles trarão
ao SENHOR as ofertas justas. 4 Então a oferta
de Judá e de Jerusalém será agradável ao
SENHOR, como nos dias da antiguidade e co-
mo nos primeiros anos.
5 — Virei até vocês para juízo. Terei pressa
em testemunhar contra os feiticeiros, contra
os adúlteros, contra os que juram falsamen-
te, contra os que oprimem os trabalhadores,
as viúvas e os órfãos, torcem o direito dos
estrangeiros, e não me temem, diz o SENHOR
dos Exércitos.

O ROUBO CONTRA DEUS

6 — Porque eu, o SENHOR, não mudo; por is-
so, vocês, filhos de Jacó, não foram destruí-
dos. 7 Desde os dias dos seus pais, vocês se
afastaram dos meus estatutos e não os guar-
daram. Voltem para mim, e eu voltarei para
vocês, diz o SENHOR dos Exércitos. Mas vocês
perguntam: "Como havemos de voltar?" 8 Se-
rá que alguém pode roubar a Deus? Mas vo-
cês estão me roubando e ainda perguntam:
"Em que te roubamos?" Nos dízimos e nas
ofertas. 9 Com maldição vocês são amaldi-
çoados, porque estão me roubando, vocês,
a nação toda. 10 Tragam todos os dízimos à
casa do Tesouro, para que haja mantimen-
to na minha casa. Ponham-me à prova nisto,
diz o SENHOR dos Exércitos, se eu não lhes
abrir as janelas do céu e não derramar so-
bre vocês bênção sem medida. 11 Por causa
de vocês, repreenderei o devorador, para que

não consuma os produtos da terra, e não
deixarei que as suas videiras nos campos
fiquem sem frutos, diz o Senhor dos Exérci-
tos. [12] Todas as nações dirão que vocês são
felizes, porque vocês serão uma terra de de-
lícias, diz o Senhor dos Exércitos.

A DIFERENÇA ENTRE O JUSTO E O PERVERSO

[13] — Vocês disseram palavras duras con-
tra mim, diz o Senhor, e ainda perguntam:
"O que falamos contra ti?" [14] Vocês dizem:
"É inútil servir a Deus. De que nos adian-
ta guardar os seus preceitos e andar de lu-
to diante do Senhor dos Exércitos? [15] Agora,
pois, nós vamos dizer que os soberbos é
que são felizes. Também os que praticam o
mal prosperam; sim, eles tentam o Senhor
e escapam."

[16] Então os que temiam o Senhor falavam
uns aos outros. O Senhor escutou com aten-
ção o que diziam. Havia um memorial escri-
to diante dele para os que temem o Senhor e
para os que se lembram do seu nome.

[17] — Eles serão a minha propriedade
peculiar, naquele dia que prepararei, diz o
Senhor dos Exércitos. Eu os pouparei como
um homem poupa seu filho que o serve.
[18] Então vocês verão mais uma vez a dife-
rença entre o justo e o ímpio, entre o que
serve a Deus e o que não o serve.

O SOL DA JUSTIÇA E SEU PRECURSOR

4 [1] — Pois eis que vem o dia, queiman-
do como fornalha. Todos os soberbos
e todos os que praticam o mal serão como
a palha; o dia que vem os queimará, diz o
Senhor dos Exércitos, de modo que não lhes
deixará nem raiz nem ramo. [2] Mas para vo-
cês que temem o meu nome nascerá o sol
da justiça, trazendo salvação nas suas asas.
Vocês sairão e saltarão como bezerros sol-
tos da estrebaria. [3] Vocês pisarão os ímpios,
pois eles se farão cinzas debaixo das plantas
dos pés de vocês, naquele dia que prepara-
rei, diz o Senhor dos Exércitos.

[4] — Lembrem-se da Lei de Moisés, meu
servo, a qual lhe prescrevi em Horebe pa-
ra todo o Israel, a saber, estatutos e juízos.

[5] — Eis que eu lhes enviarei o profeta Elias,
antes que venha o grande e terrível Dia do
Senhor. [6] Ele converterá o coração dos pais
aos seus filhos e o coração dos filhos aos
seus pais, para que eu não venha e castigue
a terra com maldição.

Quando Deus quer nos transformar, ele não se contenta em arranhar a superfície, mas deseja nos tratar profundamente, em nossas raízes.

NOVO TESTAMENTO

Introdução ao Novo Testamento

O Novo Testamento, composto por 27 livros, é a segunda parte da Bíblia e a chave para entendermos o coração da mensagem cristã. Ele narra os eventos que cercam a vida de Cristo e o início da Igreja, revelando a obra de salvação realizada por Deus por meio de seu Filho. Esses escritos, gerados no contexto do Império Romano no primeiro século, não só descrevem a vida, a morte e a ressurreição de Jesus, mas também orientam os cristãos sobre como viver à luz do Evangelho e esperar a consumação do Reino de Deus.

A estrutura do Novo Testamento é marcada por quatro grandes blocos: os Evangelhos, Atos, as epístolas e Apocalipse. Cada uma dessas seções contribui de maneira única para o entendimento da fé cristã.

Os Evangelhos — Mateus, Marcos, Lucas e João — são o núcleo das Escrituras, pois narram a vida de Jesus. Embora cada evangelista tenha um enfoque distinto, todos concordam na mensagem central: Jesus é o Messias prometido, o Filho de Deus, que veio ao mundo para oferecer perdão e vida eterna por meio de sua morte na cruz e ressurreição. O Evangelho de João, de maneira particular, apresenta-nos uma visão profunda da identidade de Jesus, destacando-o não apenas como o Salvador, mas como o Verbo eterno de Deus que se fez carne.

Após os Evangelhos, encontramos o livro de Atos, que descreve o nascimento e a expansão da Igreja. Escrito por Lucas, Atos nos apresenta as primeiras viagens missionárias, a conversão de Paulo e a propagação do Evangelho além das fronteiras de Israel, alcançando os gentios. Esse livro nos ensina que a missão de Jesus continua por meio da Igreja, chamada a levar a Boa-Nova ao mundo.

Seguindo os Atos, as epístolas — cartas escritas por discípulos, especialmente por Paulo — abordam questões práticas e teológicas da vida cristã. Elas são cartas de aconselhamento e instrução, e tratam da salvação pela graça, da vida em comunidade, da ética cristã e da esperança na volta de Cristo. As epístolas de Paulo, como Romanos, 1 e 2Coríntios e Efésios, são profundamente teológicas, e explicam o significado da morte de Jesus, a justificação pela fé e a nova identidade do cristão.

Por fim, o Apocalipse, escrito por João, oferece uma visão simbólica do fim dos tempos, revelando a vitória definitiva de Cristo sobre o mal. Em meio a imagens poderosas e muitas vezes desafiadoras, o Apocalipse assegura aos cristãos que, embora enfrentemos tribulações, a vitória final pertence a Cristo e sua Igreja, e o Reino de Deus será plenamente estabelecido.

A mensagem central do Novo Testamento é clara e transformadora: Jesus Cristo é o Salvador do mundo. Ele veio para revelar o amor de Deus, oferecer perdão para os pecados e restaurar a relação entre o Criador e a humanidade. Por meio de sua morte na cruz e ressurreição, Jesus oferece a oportunidade de serem reconciliados com Deus e receberem a vida eterna. Como está escrito em João 3.16: "Porque Deus amou o mundo de tal maneira que deu o seu Filho unigênito, para que todo o que nele crê não pereça, mas tenha a vida eterna".

Outro aspecto fundamental do Novo Testamento é a doutrina da graça e da fé. A salvação não é conquistada por méritos próprios, mas é um presente gratuito de Deus, recebido pela fé. Esse é o coração da mensagem paulina: "O justo viverá por fé" (Romanos 1.17). Não há espaço para orgulho humano; a salvação é unicamente pela graça de Deus, e a fé é o meio pelo qual nos apropriamos dessa graça.

O Novo Testamento também destaca a vida no Reino de Deus. Jesus falou incessantemente sobre ele, que está presente entre nós, mas ainda será plenamente revelado no futuro. Os cristãos são chamados a viver de acordo com os valores desse Reino, como amor, misericórdia, perdão e justiça. A Igreja, como corpo de Cristo, é a comunidade onde esses valores devem ser vividos, sendo luz para o mundo e sal da Terra.

Finalmente, a esperança na volta de Cristo permeia as páginas do Novo Testamento. A promessa de que Jesus retornará em glória para estabelecer seu Reino definitivo é uma fonte de consolo e motivação para os cristãos. Essa esperança nos impulsiona a viver com perseverança, sabedoria e fé, aguardando a consumação da obra redentora de Cristo.

Em resumo, o Novo Testamento não é apenas um conjunto de escritos antigos; ele é a revelação viva de Deus em Jesus Cristo, e sua mensagem continua a transformar vidas. Ao estudá-lo, somos convidados a conhecer o amor imensurável do Eterno, a entender o significado profundo da salvação e a viver com a esperança de que, em Cristo, todas as coisas serão restauradas.

Evangelhos

Livro 40 com

Mateus

28

CAPÍTULOS

AUTORIA

Mateus, conhecido como Levi, filho de Alfeu e um dos 12 apóstolos de Jesus (Mt 9.9; 10.3). Era cobrador de impostos, e seu nome significa "dom de Deus".

O EVANGELHO DO REI

OBJETIVO DO LIVRO

Mateus escreveu o Evangelho principalmente para um público judeu, com o objetivo de mostrar que Jesus é o Messias prometido no Antigo Testamento. Ele faz isso conectando a vida e o ministério de Cristo às profecias e às escrituras judaicas, demonstrando que ele é o cumprimento da Lei e dos Profetas.

ÉPOCA DA ESCRITA

Há debates, mas acredita-se que foi escrito entre 60 e 85 d.C.

TEMAS DO LIVRO

Mateus enfatiza a realeza de Jesus, apresentando-o como o "Filho de Davi" e o "Rei dos judeus" (Mt 1.1; 27.11). Ele destaca a autoridade de Cristo sobre a Lei (Mt 5.17-18) e sua missão de salvar "seu povo dos pecados deles" (Mt 1.21).

A importância do Reino de Deus é um tema central: Mateus apresenta Jesus como o cumprimento das promessas do Antigo Testamento e o inaugurador de uma nova era de salvação e justiça.

ESTRUTURA DO LIVRO

- ★ Genealogia e nascimento de Jesus Mt 1—2
- ★ Início do ministério Mt 3—4
- ★ Sermão do Monte Mt 5—7
- ★ Milagres e parábolas Mt 8—13
- ★ Instruções aos discípulos Mt 14—20
- ★ A semana da Paixão Mt 21—27
- ★ Ressurreição e Grande Comissão Mt 28

CURIOSIDADES

Mateus contém mais citações e alusões ao Antigo Testamento do que qualquer outro Evangelho.

Mateus é o único Evangelho que menciona explicitamente a "igreja" (Mt 16.18; 18.17).

MATEUS E CRISTO

Mateus destaca o papel de Jesus como o Messias, desde seu nascimento, que cumpre as profecias (Mt 1.23; Is 7.14), até sua morte e ressurreição, que asseguram a salvação (Mt 27.46; Sl 22.1). Também mostra Jesus como o novo Moisés, dando a nova lei no Sermão do Monte (Mt 5—7), e como o Emanuel, "Deus conosco" (Mt 1.23).

A GENEALOGIA DE JESUS CRISTO

Lc 3.23-38

1 1 Livro da genealogia de Jesus Cristo, filho de Davi, filho de Abraão.

2 Abraão gerou Isaque; Isaque gerou Jacó; Jacó gerou Judá e os seus irmãos; 3 Judá gerou Perez e Zera, cuja mãe foi Tamar; Perez gerou Esrom; Esrom gerou Arão; 4 Arão gerou Aminadabe; Aminadabe gerou Naassom; Naassom gerou Salmom; 5 Salmom gerou Boaz, cuja mãe foi Raabe; Boaz gerou Obede, cuja mãe foi Rute; e Obede gerou Jessé; 6 Jessé gerou o rei Davi; e o rei Davi gerou Salomão, cuja mãe foi aquela que tinha sido mulher de Urias; 7 Salomão gerou Roboão; Roboão gerou Abias; Abias gerou Asa; 8 Asa gerou Josafá; Josafá gerou Jorão; Jorão gerou Uzias; 9 Uzias gerou Jotão; Jotão gerou Acaz; Acaz gerou Ezequias; 10 Ezequias gerou Manassés; Manassés gerou Amom; Amom gerou Josias; 11 Josias gerou Jeconias e os seus irmãos, no tempo do exílio na Babilônia.

12 Depois do exílio na Babilônia, Jeconias gerou Salatiel; e Salatiel gerou Zorobabel; 13 Zorobabel gerou Abiúde; Abiúde gerou Eliaquim; Eliaquim gerou Azor; 14 Azor gerou Sadoque; Sadoque gerou Aquim; Aquim gerou Eliúde; 15 Eliúde gerou Eleazar; Eleazar gerou Matã; Matã gerou Jacó. 16 E Jacó gerou José, marido de Maria, da qual nasceu Jesus, que se chama o Cristo.

17 Assim, todas as gerações, desde Abraão até Davi, são catorze; desde Davi até o exílio na Babilônia, catorze gerações; e desde o exílio na Babilônia até Cristo, catorze gerações.

O NASCIMENTO DE JESUS CRISTO

Lc 2.1-7

18 O nascimento de Jesus Cristo foi assim: Maria, a sua mãe, estava comprometida para casar com José. Mas, antes de se unirem, ela se achou grávida pelo Espírito Santo. 19 José, com quem Maria estava para casar, sendo um homem justo e não querendo envergonhá-la em público, resolveu deixá-la sem que ninguém soubesse. 20 Enquanto ele refletia sobre isso, eis que lhe apareceu em sonho um anjo do Senhor, dizendo:

— José, filho de Davi, não tenha medo de receber Maria como esposa, porque o que nela foi gerado é do Espírito Santo. 21 Ela dará à luz um filho e você porá nele o nome de Jesus, porque ele salvará o seu povo dos pecados deles.

22 Ora, tudo isto aconteceu para se cumprir o que foi dito pelo Senhor por meio do profeta:

23 "Eis que a virgem conceberá
e dará à luz um filho,
e ele será chamado pelo nome
de Emanuel."

("Emanuel" significa: "Deus conosco".)

24 Quando José despertou do sono, fez como o anjo do Senhor lhe havia ordenado e recebeu Maria por esposa. 25 Porém não teve relações com ela enquanto ela não deu à luz um filho, a quem pôs o nome de Jesus.

A VISITA DOS MAGOS

2 1 Tendo Jesus nascido em Belém da Judeia, nos dias do rei Herodes, eis que vieram uns magos do Oriente a Jerusalém. 2 E perguntavam:

— Onde está o recém-nascido Rei dos judeus? Porque vimos a sua estrela no Oriente e viemos para adorá-lo.

3 Ao ouvir isso, o rei Herodes ficou alarmado, e, com ele, toda a Jerusalém. 4 Então Herodes convocou todos os principais sacerdotes e escribas do povo e lhes perguntou onde o Cristo deveria nascer. 5 Eles responderam:

— Em Belém da Judeia, porque assim está escrito por meio do profeta:

6 "E você, Belém, terra de Judá,
de modo nenhum é a menor
entre as principais de Judá;
porque de você sairá o Guia
que apascentará
o meu povo, Israel."

7 Com isto, Herodes, tendo chamado os magos para uma reunião secreta, perguntou-lhes sobre o tempo exato em que a estrela

havia aparecido. 8 E, enviando-os a Belém,
disse-lhes:

— Vão e busquem informações precisas
a respeito do menino; e, quando o tiverem
encontrado, avisem-me, para eu também
ir adorá-lo.

9 Depois de ouvirem o rei, os magos parti-
ram; e eis que a estrela que viram no Oriente
ia adiante deles, até que, chegando, parou
sobre onde o menino estava. 10 E, vendo
eles a estrela, alegraram-se com grande e
intenso júbilo. 11 Entrando na casa, viram o
menino com Maria, sua mãe. Prostrando-se, o
adoraram; e, abrindo os seus tesouros, entre-
garam-lhe suas ofertas: ouro, incenso e mirra.
12 E, tendo sido avisados por Deus em
sonho para não voltarem à presença de
Herodes, os magos seguiram por outro cami-
nho para a sua terra.

A FUGA PARA O EGITO

13 Depois que os magos foram embora, um anjo
do Senhor apareceu em sonho a José e disse:

— Levante-se, tome o menino e a sua mãe e
fuja para o Egito. Fique por lá até que eu avise
você; porque Herodes há de procurar o menino
para matá-lo.

14 Levantando-se José, tomou de noite o
menino e a sua mãe e partiu para o Egito,
15 onde ficou até a morte de Herodes. Isso
aconteceu para se cumprir o que foi dito pelo
Senhor, por meio do profeta: "Do Egito cha-
mei o meu Filho."

A MATANÇA DOS MENINOS DE BELÉM

16 Vendo-se iludido pelos magos, Herodes
ficou muito furioso e mandou matar todos
os meninos de Belém e de todos os seus
arredores, de dois anos para baixo, con-
forme as informações que havia recebido
dos magos a respeito do tempo em que a
estrela havia aparecido. 17 Então se cumpriu
o que foi dito por meio do profeta Jeremias:

18 "Ouviu-se um clamor em Ramá,
pranto e grande lamento;
era Raquel chorando por seus filhos
e inconsolável porque eles já não existem."

A VOLTA DO EGITO

19 Depois da morte de Herodes, um anjo do
Senhor apareceu em sonho a José, no Egito,
e lhe disse:

20 — Levante-se, tome o menino e a sua
mãe e vá para a terra de Israel, porque os
que queriam matar o menino já morreram.
21 Levantando-se José, tomou o menino
e a sua mãe e voltou para a terra de Israel.
22 Porém, ouvindo que Arquelau reinava na
Judeia em lugar de seu pai Herodes, teve
medo de ir para lá. E, tendo sido avisado
por Deus em sonho, José foi para a região
da Galileia. 23 E foi morar numa cidade
chamada Nazaré, para se cumprir o que
foi dito por meio dos profetas: "Ele será
chamado Nazareno."

A PREGAÇÃO DE JOÃO BATISTA

Mc 1.1-8; Lc 3.1-9,15-17; Jo 1.19-28

3 1 Naqueles dias, apareceu João Batista
pregando no deserto da Judeia. 2 Ele dizia:
— Arrependam-se, porque está próximo
o Reino dos Céus.

3 Pois é a João que se refere o que foi dito
por meio do profeta Isaías:

"Voz do que clama no deserto:
Preparem o caminho do Senhor,
endireitem as suas veredas."

4 João usava uma roupa feita de pelos de
camelo e um cinto de couro. O seu alimento
eram gafanhotos e mel silvestre. 5 Então os
moradores de Jerusalém, de toda a Judeia
e de toda a região em volta do Jordão iam
até onde ele estava. 6 E, confessando os
seus pecados, eram batizados por ele no
rio Jordão.

7 Quando João viu que muitos fari-
seus e saduceus vinham ao seu batismo,
disse-lhes:

— Raça de víboras! Quem deu a entender
que vocês podem fugir da ira que está por
vir? 8 Produzam fruto digno de arrependi-
mento! 9 E não pensem que podem dizer
uns aos outros: "Temos por pai Abraão",
porque eu afirmo a vocês que Deus pode

fazer com que destas pedras surjam filhos a Abraão. 10 E o machado já está posto à raiz das árvores. Portanto, toda árvore que não produz bom fruto é cortada e lançada ao fogo. 11 Eu batizo vocês com água, para arrependimento; mas aquele que vem depois de mim é mais poderoso do que eu, do qual não sou digno de carregar as sandálias. Ele os batizará com o Espírito Santo e com fogo. 12 Ele tem a pá em suas mãos, limpará a sua eira e recolherá o seu trigo no celeiro; porém queimará a palha num fogo que nunca se apaga.

O BATISMO DE JESUS

Mc 1.9-11; Lc 3.21-22

13 Por esse tempo, Jesus foi da Galileia para o rio Jordão, a fim de que João o batizasse. 14 João, porém, quis convencê-lo a mudar de ideia, dizendo:

— Eu é que preciso ser batizado por você, e é você que vem a mim?

15 Mas Jesus respondeu:

— Deixe por enquanto, porque assim nos convém cumprir toda a justiça.

Então ele concordou. 16 Depois de batizado, Jesus logo saiu da água. E eis que os céus se abriram e ele viu o Espírito de Deus descendo como pomba, vindo sobre ele. 17 E eis que uma voz dos céus dizia:

— Este é o meu Filho amado, em quem me agrado.

A TENTAÇÃO DE JESUS

Mc 1.12-13; Lc 4.1-13

4 1 A seguir, Jesus foi levado pelo Espírito ao deserto, para ser tentado pelo diabo. 2 E, depois de jejuar quarenta dias e quarenta noites, teve fome. 3 Então o tentador, aproximando-se, disse a Jesus:

— Se você é o Filho de Deus, mande que estas pedras se transformem em pães.

4 Jesus, porém, respondeu:

— Está escrito:

"O ser humano
não viverá só de pão,
mas de toda palavra que procede
da boca de Deus."

5 Então o diabo levou Jesus à Cidade Santa, colocou-o sobre o pináculo do templo 6 e disse:

— Se você é o Filho de Deus, jogue-se para baixo, porque está escrito:

"Aos seus anjos ele dará ordens
a seu respeito.
E eles o sustentarão nas suas mãos,
para que você não tropece
em alguma pedra."

7 Jesus respondeu:

— Também está escrito: "Não ponha à prova o Senhor, seu Deus."

8 O diabo ainda levou Jesus a um monte muito alto, mostrou-lhe todos os reinos do mundo e a glória deles 9 e disse:

— Tudo isso lhe darei se, prostrado, você me adorar.

10 Então Jesus lhe ordenou:

— Vá embora, Satanás, porque está escrito:

"Adore o Senhor, seu Deus,
e preste culto somente a ele."

11 Com isto, o diabo deixou Jesus, e eis que vieram anjos e o serviram.

O COMEÇO DO MINISTÉRIO NA GALILEIA

Mc 1.14-15; Lc 4.14-15

12 Ao ouvir que João tinha sido preso, Jesus voltou para a Galileia. 13 E, deixando Nazaré, foi morar em Cafarnaum, situada à beira-mar, na região de Zebulom e Naftali. 14 Isso aconteceu para se cumprir o que tinha sido dito por meio do profeta Isaías:

15 "Terra de Zebulom,
terra de Naftali,
caminho do mar,
além do Jordão,
Galileia dos gentios!
16 O povo que vivia em trevas
viu grande luz,
e aos que viviam na região e sombra
da morte
resplandeceu-lhes a luz."

17 Daí em diante Jesus começou a pregar e a dizer:

— Arrependam-se, porque está próximo o Reino dos Céus.

JESUS CHAMA QUATRO PESCADORES

Mc 1.16-20; Lc 5.1-11

18 Caminhando junto ao mar da Galileia, Jesus viu dois irmãos, Simão, chamado Pedro, e André. Eles lançavam as redes ao mar, porque eram pescadores. 19 Jesus lhes disse:

— Venham comigo, e eu os farei pescadores de gente.

20 Então eles deixaram imediatamente as redes e o seguiram.

21 Pouco mais adiante, Jesus viu outros dois irmãos, Tiago, filho de Zebedeu, e João, o irmão dele. Eles estavam no barco em companhia de seu pai, consertando as redes; e Jesus os chamou. 22 Então eles, no mesmo instante, deixaram o barco e seu pai e seguiram Jesus.

JESUS ENSINA E CURA MUITAS PESSOAS

Lc 6.17-19

23 Jesus percorria toda a Galileia, ensinando nas sinagogas, pregando o evangelho do Reino e curando todo tipo de doenças e enfermidades entre o povo. 24 E a sua fama correu por toda a Síria. Trouxeram-lhe, então, todos os doentes, acometidos de várias enfermidades e tormentos: endemoniados, epilépticos e paralíticos. E ele os curou. 25 E da Galileia, de Decápolis, de Jerusalém, da Judeia e do outro lado do Jordão numerosas multidões o seguiam.

O SERMÃO DO MONTE

Caps. 5—7

5 1 Ao ver as multidões, Jesus subiu ao monte. Ele se assentou e os seus discípulos se aproximaram dele. 2 Então ele passou a ensiná-los.

AS BEM-AVENTURANÇAS

Lc 6.20-23

Jesus disse:

3 — Bem-aventurados os pobres
em espírito,
porque deles é o Reino dos Céus.
4 — Bem-aventurados os que choram,
porque serão consolados.
5 — Bem-aventurados os mansos,
porque herdarão a terra.
6 — Bem-aventurados os que têm fome
e sede de justiça,
porque serão saciados.
7 — Bem-aventurados os misericordiosos,
porque alcançarão misericórdia.
8 — Bem-aventurados os limpos
de coração,
porque verão a Deus.
9 — Bem-aventurados os pacificadores,
porque serão chamados filhos de Deus.
10 — Bem-aventurados os perseguidos
por causa da justiça,
porque deles é o Reino dos Céus.

11 — Bem-aventurados são vocês quando, por minha causa, os insultarem e os perseguirem, e, mentindo, disserem todo mal contra vocês. 12 Alegrem-se e exultem, porque é grande a sua recompensa nos céus; pois assim perseguiram os profetas que viveram antes de vocês.

SAL E LUZ

Mc 9.50; Lc 14.34-35

13 — Vocês são o sal da terra; ora, se o sal vier a ser insípido, como lhe restaurar o sabor? Para nada mais presta senão para, lançado fora, ser pisado pelos homens.

14 — Vocês são a luz do mundo. Não se pode esconder uma cidade situada no alto de um monte. 15 Nem se acende uma lamparina para colocá-la debaixo de um cesto, mas num lugar adequado onde ilumina bem todos os que estão na casa. 16 Assim brilhe também a luz de vocês diante dos outros, para que vejam as boas obras que vocês fazem e glorifiquem o Pai de vocês, que está nos céus.

ENSINO A RESPEITO DA LEI

17 — Não pensem que vim revogar a Lei ou os Profetas; não vim para revogar, mas para cumprir. 18 Porque em verdade lhes digo: até que o céu e a terra passem, nem um i ou um til jamais passará da Lei, até que

tudo se cumpra. 19 Aquele, pois, que desres-
peitar um destes mandamentos, ainda que
dos menores, e ensinar os outros a fazer o
mesmo, será considerado mínimo no Reino
dos Céus; aquele, porém, que os observar
e ensinar, esse será considerado grande no
Reino dos Céus. 20 Porque eu afirmo que,
se a justiça de vocês não exceder em muito
a dos escribas e fariseus, jamais entrarão no
Reino dos Céus.

ENSINO A RESPEITO DA IRA

21 — Vocês ouviram o que foi dito aos
antigos: "Não mate." E ainda: "Quem matar
estará sujeito a julgamento." 22 Eu, porém,
lhes digo que todo aquele que se irar contra
o seu irmão estará sujeito a julgamento; e
quem insultar o seu irmão estará sujeito a
julgamento do tribunal; e quem o chamar de
tolo estará sujeito ao inferno de fogo. 23 Por-
tanto, se você estiver trazendo a sua oferta
ao altar e lá se lembrar que o seu irmão tem
alguma coisa contra você, 24 deixe diante
do altar a sua oferta e vá primeiro recon-
ciliar-se com o seu irmão; e então volte e
faça a sua oferta.

25 — Entre em acordo sem demora com
o seu adversário, enquanto você está com
ele a caminho, para que o adversário não
entregue você ao juiz, o juiz entregue você
ao oficial de justiça, e você seja jogado
na prisão. 26 Em verdade lhe digo que
você não sairá dali enquanto não pagar o
último centavo.

ENSINO A RESPEITO DO ADULTÉRIO

27 — Vocês ouviram o que foi dito: "Não
cometa adultério." 28 Eu, porém, lhes digo:
todo o que olhar para uma mulher com
intenção impura, já cometeu adultério com
ela no seu coração.

29 — Se o seu olho direito leva você a tro-
peçar, arranque-o e jogue-o fora. Pois é
preferível você perder uma parte do seu
corpo do que ter o corpo inteiro lançado no
inferno. 30 E, se a sua mão direita leva você a
tropeçar, corte-a e jogue-a fora. Pois é prefe-
rível você perder uma parte do seu corpo do
que o corpo inteiro ir para o inferno.

ENSINO A RESPEITO DO DIVÓRCIO

Mt 19.1-9; Mc 10.1-12; Lc 16.18

31 — Também foi dito: "Aquele que repudiar a
sua mulher deve dar-lhe uma carta de divórcio."
32 Eu, porém, lhes digo: quem repudiar a sua
mulher, exceto em caso de relações sexuais
ilícitas, a expõe a se tornar adúltera; e aquele
que casar com a repudiada comete adultério.

ENSINO A RESPEITO DE JURAMENTOS

33 — Vocês também ouviram o que foi dito
aos antigos: "Não faça juramento falso, mas
cumpra rigorosamente para com o Senhor o
que você jurou." 34 Eu, porém, lhes digo: não
jurem de modo nenhum; nem pelo céu, por
ser o trono de Deus; 35 nem pela terra, por
ser estrado de seus pés; nem por Jerusalém,
por ser a cidade do grande Rei. 36 Não jure
pela sua cabeça, porque você não pode fazer
com que um só cabelo fique branco ou preto.
37 Que a palavra de vocês seja: Sim, sim; não,
não. O que passar disto vem do Maligno.

ENSINO A RESPEITO DA VINGANÇA

Lc 6.29-30

38 — Vocês ouviram o que foi dito: "Olho
por olho, dente por dente." 39 Eu, porém, lhes
digo: Não resistam ao perverso. Se alguém
lhe der um tapa na face direita, ofereça-lhe
também a face esquerda. 40 Se alguém quer
processar você e tirar-lhe a túnica, deixe que
leve também a capa. 41 Se alguém obrigar
você a andar uma milha, vá com ele duas.
42 Dê a quem lhe pede e não volte as costas
ao que quer lhe pedir emprestado.

O AMOR AOS INIMIGOS

Lc 6.27-28,32-36

43 — Vocês ouviram o que foi dito: "Ame
o seu próximo e odeie o seu inimigo." 44 Eu,
porém, lhes digo: amem os seus inimigos
e orem pelos que perseguem vocês, 45 para
demonstrarem que são filhos do Pai de vocês,
que está nos céus. Porque ele faz o seu sol
nascer sobre maus e bons e vir chuvas sobre
justos e injustos. 46 Porque, se vocês amam
aqueles que os amam, que recompensa
terão? Os publicanos também não fazem o

mesmo? 47 E, se saudarem somente os seus
irmãos, o que é que estão fazendo de mais?
Os gentios também não fazem o mesmo?
48 Portanto, sejam perfeitos como é perfeito
o Pai de vocês, que está no céu.

ENSINO A RESPEITO DAS ESMOLAS

6 1 — Evitem praticar as suas obras de jus-
tiça diante dos outros para serem vistos
por eles; porque, sendo assim, vocês já não
terão nenhuma recompensa junto do Pai de
vocês, que está nos céus.
2 — Quando, pois, você der esmola, não
fique tocando trombeta nas sinagogas e nas
ruas, como fazem os hipócritas, para serem
elogiados pelos outros. Em verdade lhes digo
que eles já receberam a sua recompensa.
3 Mas, ao dar esmola, que a sua mão esquerda
ignore o que a mão direita está fazendo, 4 para
que a sua esmola fique em secreto. E o seu
Pai, que vê em secreto, lhe dará a recompensa.

ENSINO A RESPEITO DA ORAÇÃO

Lc 11.2-4

5 — E, quando orarem, não sejam como os
hipócritas, que gostam de orar em pé nas sina-
gogas e nos cantos das praças, para serem
vistos pelos outros. Em verdade lhes digo que
eles já receberam a sua recompensa. 6 Mas, ao
orar, entre no seu quarto e, fechada a porta,
ore ao seu Pai, que está em secreto. E o seu
Pai, que vê em secreto, lhe dará a recompensa.
7 E, orando, não usem vãs repetições, como os
gentios; porque eles pensam que por muito
falar serão ouvidos. 8 Não sejam, portanto,
como eles; porque o Pai de vocês sabe o que
vocês precisam, antes mesmo de lhe pedirem.
9 — Portanto, orem assim:

"Pai nosso, que estás nos céus,
santificado seja o teu nome;
10 venha o teu Reino;
seja feita a tua vontade,
assim na terra como no céu;
11 o pão nosso de cada dia
nos dá hoje;
12 e perdoa-nos as nossas dívidas,
assim como nós também perdoamos
aos nossos devedores;
13 e não nos deixes cair em tentação;
mas livra-nos do mal
[pois teu é o Reino, o poder e a glória
para sempre. Amém]!"

14 — Porque, se perdoarem aos outros as
ofensas deles, também o Pai de vocês, que
está no céu, perdoará vocês; 15 se, porém, não
perdoarem aos outros as ofensas deles, tam-
bém o Pai de vocês não perdoará as ofensas
de vocês.

ENSINO A RESPEITO DO JEJUM

16 — Quando vocês jejuarem, não fiquem
com uma aparência triste, como os hipó-
critas; porque desfiguram o rosto a fim de
parecer aos outros que estão jejuando. Em
verdade lhes digo que eles já receberam a
sua recompensa. 17 Mas você, quando jejuar,
unja a cabeça e lave o rosto, 18 a fim de não
parecer aos outros que você está jejuando,
e sim ao seu Pai, em secreto. E o seu Pai,
que vê em secreto, lhe dará a recompensa.

OS TESOUROS NO CÉU

Lc 12.33-34

19 — Não acumulem tesouros sobre a terra,
onde as traças e a ferrugem corroem e onde
ladrões escavam e roubam; 20 mas ajuntem
tesouros no céu, onde as traças e a ferrugem
não corroem, e onde ladrões não escavam,
nem roubam. 21 Porque, onde estiver o seu
tesouro, aí estará também o seu coração.

A LUZ DO CORPO

Lc 11.34-36

22 — Os olhos são a lâmpada do corpo. Se
os seus olhos forem bons, todo o seu corpo
será cheio de luz; 23 se, porém, os seus olhos
forem maus, todo o seu corpo estará em tre-
vas. Portanto, se a luz que existe em você são
trevas, que grandes trevas serão!

OS DOIS SENHORES

Lc 16.13

24 — Ninguém pode servir a dois senho-
res; porque ou irá odiar um e amar o outro,
ou irá se dedicar a um e desprezar o outro.
Vocês não podem servir a Deus e às riquezas.

O Sermão do Monte nos ensina o padrão de caráter que devemos perseguir: Cristo.

AS PREOCUPAÇÕES
Lc 12.22-34

25 — Por isso, digo a vocês: não se preocupem com a sua vida, quanto ao que irão comer ou beber; nem com o corpo, quanto ao que irão vestir. Não é a vida mais do que o alimento, e não é o corpo mais do que as roupas? 26 Observem as aves do céu, que não semeiam, não colhem, nem ajuntam em celeiros. No entanto, o Pai de vocês, que está no céu, as sustenta. Será que vocês não valem muito mais do que as aves? 27 Quem de vocês, por mais que se preocupe, pode acrescentar um côvado ao curso da sua vida?

28 — E por que se preocupam com o que vão vestir? Observem como crescem os lírios do campo: eles não trabalham, nem fiam. 29 Eu, porém, afirmo a vocês que nem Salomão, em toda a sua glória, se vestiu como qualquer deles. 30 Ora, se Deus veste assim a erva do campo, que hoje existe e amanhã é lançada no forno, não fará muito mais por vocês, homens de pequena fé? 31 Portanto, não se preocupem, dizendo: "Que comeremos?", "Que beberemos?" ou "Com que nos vestiremos?" 32 Porque os gentios é que procuram todas estas coisas. O Pai de vocês, que está no céu, sabe que vocês precisam de todas elas. 33 Mas busquem em primeiro lugar o Reino de Deus e a sua justiça, e todas estas coisas lhes serão acrescentadas.

34 — Portanto, não se preocupem com o dia de amanhã, pois o amanhã trará os seus cuidados; basta ao dia o seu próprio mal.

O HÁBITO DE JULGAR OS OUTROS
Lc 6.37-38,41-42

7 1 — Não julguem, para que vocês não sejam julgados. 2 Pois com o critério com que vocês julgarem vocês serão julgados; e com a medida com que vocês tiverem medido vocês também serão medidos.

3 — Por que você vê o cisco no olho do seu irmão, mas não repara na trave que está no seu próprio? 4 Ou como você dirá a seu irmão: "Deixe que eu tire o cisco do seu olho", quando você tem uma trave no seu próprio? 5 Hipócrita! Tire primeiro a trave do seu olho e então você verá claramente para tirar o cisco do olho do seu irmão.

6 — Não deem aos cães o que é santo, nem joguem as suas pérolas diante dos porcos, para que estes não as pisem com os pés e aqueles, voltando-se, não estraçalhem vocês.

JESUS ENCORAJA A ORAÇÃO
Lc 11.9-13

7 — Peçam e lhes será dado; busquem e acharão; batam, e a porta será aberta para vocês. 8 Pois todo o que pede recebe; o que busca encontra; e, a quem bate, a porta será aberta. 9 Ou quem de vocês, se o filho pedir pão, lhe dará uma pedra? 10 Ou, se pedir um peixe, lhe dará uma cobra? 11 Ora, se vocês, que são maus, sabem dar coisas boas aos seus filhos, quanto mais o Pai de vocês, que está nos céus, dará coisas boas aos que lhe pedirem?

12 — Portanto, tudo o que vocês querem que os outros façam a vocês, façam também vocês a eles; porque esta é a Lei e os Profetas.

A PORTA ESTREITA
Lc 13.24

13 — Entrem pela porta estreita! Porque larga é a porta e espaçoso é o caminho que conduz para a perdição, e são muitos os que entram por ela. 14 Estreita é a porta e apertado é o caminho que conduz para a vida, e são poucos os que o encontram.

OS FALSOS PROFETAS
Lc 6.43-44

15 — Cuidado com os falsos profetas, que se apresentam a vocês disfarçados de ovelhas, mas por dentro são lobos vorazes. 16 Pelos seus frutos vocês os conhecerão. Por acaso se colhem uvas de espinheiros ou figos de ervas daninhas? 17 Assim, toda árvore boa produz frutos bons, porém a árvore má produz frutos maus. 18 A árvore boa não pode produzir frutos maus, e a árvore má não pode produzir frutos bons. 19 Toda árvore que não produz bom fruto é cortada e jogada no fogo. 20 Assim, pois, pelos seus frutos vocês os conhecerão.

QUEM ENTRA NO REINO DOS CÉUS
Lc 13.25-27

21 — Nem todo o que me diz: "Senhor, Senhor!" entrará no Reino dos Céus, mas

aquele que faz a vontade de meu Pai, que
está nos céus. 22 Muitos, naquele dia, vão me
dizer: "Senhor, Senhor, nós não profetizamos
em seu nome? E em seu nome não expulsa-
mos demônios? E em seu nome não fizemos
muitos milagres?" 23 Então lhes direi clara-
mente: "Eu nunca conheci vocês. Afastem-se
de mim, vocês que praticam o mal."

OS DOIS FUNDAMENTOS

Lc 6.47-49

24 — Todo aquele, pois, que ouve estas
minhas palavras e as pratica será compa-
rado a um homem prudente que construiu
a sua casa sobre a rocha. 25 Caiu a chuva,
transbordaram os rios, sopraram os ventos
e bateram com força contra aquela casa, e
ela não desabou, porque tinha sido cons-
truída sobre a rocha. 26 E todo aquele que
ouve estas minhas palavras e não as pratica
será comparado a um homem insensato que
construiu a sua casa sobre a areia. 27 Caiu
a chuva, transbordaram os rios, sopra-
ram os ventos e bateram com força contra
aquela casa, e ela desabou, sendo grande
a sua ruína.

O FIM DO SERMÃO DO MONTE

28 Quando Jesus acabou de proferir estas
palavras, as multidões estavam maravi-
lhadas com a sua doutrina, 29 porque ele
as ensinava como quem tem autoridade, e
não como os escribas.

A CURA DE UM LEPROSO

Mc 1.40-45; Lc 5.12-16

8 1 Quando Jesus desceu do monte, gran-
des multidões o seguiram. 2 E eis que um
leproso aproximou-se e o adorou, dizendo:
— Senhor, se quiser, pode me purificar.
3 E Jesus, estendendo a mão, tocou nele,
dizendo:
— Quero, sim. Fique limpo!
E, no mesmo instante, ele ficou limpo da
sua lepra. 4 Então Jesus lhe disse:
— Olhe, não conte isso a ninguém, mas
vá, apresente-se ao sacerdote e faça a oferta
que Moisés ordenou, para servir de teste-
munho ao povo.

A CURA DO SERVO DE UM CENTURIÃO

Lc 7.1-10

5 Tendo Jesus entrado em Cafarnaum, um
centurião se aproximou dele, implorando:
6 — Senhor, o meu servo está na minha casa,
de cama, paralítico, sofrendo horrivelmente.
7 Jesus lhe disse:
— Eu vou lá curá-lo.
8 Mas o centurião respondeu:
— Senhor, não sou digno de recebê-lo em
minha casa. Mas apenas mande com uma
palavra, e o meu servo será curado. 9 Porque
também eu sou homem sujeito à autoridade,
tenho soldados às minhas ordens e digo a
este: "Vá", e ele vai; e a outro: "Venha", e ele
vem; e ao meu servo: "Faça isto", e ele o faz.
10 Ao ouvir isso, Jesus ficou admirado e
disse aos que o acompanhavam:
— Em verdade lhes digo que nem mesmo
em Israel encontrei fé como esta. 11 Digo a
vocês que muitos virão do Oriente e do Oci-
dente e tomarão lugar à mesa com Abraão,
Isaque e Jacó no Reino dos Céus. 12 Mas os
filhos do Reino serão lançados para fora, nas
trevas; ali haverá choro e ranger de dentes.
13 Então Jesus disse ao centurião:
— Vá! E seja feito conforme você crê.
E, naquela mesma hora, o servo do centu-
rião foi curado.

A CURA DA SOGRA DE PEDRO

Mc 1.29-31; Lc 4.38-39

14 Tendo Jesus chegado à casa de Pedro,
viu a sogra deste acamada, com febre. 15 Mas
Jesus tomou-a pela mão, e a febre a deixou.
Ela se levantou e passou a servi-lo.

MUITAS OUTRAS CURAS

Mc 1.32-34; Lc 4.40-41

16 Ao cair da tarde, trouxeram a Jesus mui-
tos endemoniados. E apenas com a palavra
expulsou os espíritos e curou todos os que
estavam doentes, 17 para se cumprir o que
foi dito por meio do profeta Isaías:

"Ele mesmo tomou as
nossas enfermidades
e carregou as nossas doenças."

JESUS PÕE À PROVA OS QUE QUEREM SEGUI-LO

Lc 9.57-62

18 Vendo Jesus muita gente ao seu redor, ordenou que passassem para a outra margem. 19 Então, aproximando-se dele um escriba, disse a Jesus:

— Mestre, vou segui-lo para onde quer que o senhor for.

20 Mas Jesus lhe respondeu:

— As raposas têm as suas tocas e as aves do céu têm os seus ninhos, mas o Filho do Homem não tem onde reclinar a cabeça.

21 E outro dos discípulos lhe disse:

— Senhor, deixe-me ir primeiro sepultar o meu pai.

22 Mas Jesus respondeu:

— Siga-me e deixe que os mortos sepultem os seus mortos.

JESUS ACALMA UMA TEMPESTADE

Mc 4.35-41; Lc 8.22-25

23 Jesus entrou no barco e os seus discípulos o seguiram. 24 E eis que levantou-se no mar uma grande tempestade, de modo que as ondas cobriam o barco. Jesus, porém, estava dormindo. 25 Mas os discípulos foram acordá-lo, dizendo:

— Senhor, salve-nos! Estamos perecendo!

26 Então Jesus perguntou:

— Por que vocês são tão medrosos, homens de pequena fé?

E, levantando-se, repreendeu os ventos e o mar; e tudo ficou bem calmo. 27 E aqueles homens ficaram admirados, dizendo:

— Quem é este que até os ventos e o mar lhe obedecem?

A CURA DE DOIS ENDEMONIADOS GADARENOS

Mc 5.1-20; Lc 8.26-39

28 Quando Jesus chegou à outra margem, à terra dos gadarenos, dois endemoniados foram ao seu encontro, saindo dentre os túmulos. Eles eram tão furiosos, que ninguém podia passar por aquele caminho. 29 E eis que gritaram:

— O que você quer conosco, Filho de Deus? Você veio aqui nos atormentar antes do tempo?

30 Ora, uma grande manada de porcos estava pastando não longe deles. 31 Então os demônios pediram a Jesus com insistência:

— Se você vai nos expulsar, mande-nos para a manada de porcos.

32 Jesus disse:

— Pois vão.

E eles, saindo, entraram nos porcos; e eis que toda a manada se precipitou, despenhadeiro abaixo, para dentro do mar, e morreram nas águas.

33 Os que tratavam dos porcos fugiram e, chegando à cidade, anunciaram todas estas coisas e o que tinha acontecido com os endemoniados. 34 Então a cidade toda saiu para encontrar-se com Jesus. E, ao vê-lo, pediram-lhe com insistência que se retirasse da terra deles.

A CURA DE UM PARALÍTICO EM CAFARNAUM

Mc 2.1-12; Lc 5.17-26

9 1 Entrando num barco, Jesus passou para o outro lado do mar e foi para a sua própria cidade. 2 E eis que lhe trouxeram um paralítico deitado num leito. Jesus, vendo a fé que eles tinham, disse ao paralítico:

— Coragem, filho; os seus pecados estão perdoados.

3 Mas alguns escribas diziam entre si:

— Ele está blasfemando.

4 Jesus, porém, conhecendo os pensamentos deles, disse:

— Por que vocês estão pensando o mal em seu coração? 5 Pois o que é mais fácil? Dizer: "Os seus pecados estão perdoados", ou dizer: "Levante-se e ande"? 6 Mas isto é para que vocês saibam que o Filho do Homem tem autoridade sobre a terra para perdoar pecados.

Então disse ao paralítico:

— Levante-se, pegue o seu leito e vá para casa.

7 E o homem se levantou e voltou para casa. 8 Vendo isto, as multidões, possuídas de temor, deram glória a Deus, que tinha dado tal autoridade aos homens.

O CHAMADO DE MATEUS

Mc 2.13-17; Lc 5.27-32

9 Quando Jesus saiu dali, viu um homem chamado Mateus sentado na coletoria e lhe disse:

— Siga-me!

Ele se levantou e o seguiu.

10 Estando Jesus à mesa, na casa de Mateus, muitos publicanos e pecadores vieram e tomaram lugares com Jesus e os seus discípulos.
11 Vendo isto, os fariseus perguntavam aos discípulos de Jesus:

— Por que o Mestre de vocês come com os publicanos e pecadores?

12 Mas Jesus, ouvindo, disse:

— Os sãos não precisam de médico, e sim os doentes.
13 Vão e aprendam o que significa: "Quero misericórdia, e não sacrifício." Pois não vim chamar justos, e sim pecadores.

A QUESTÃO DO JEJUM

Mc 2.18-22; Lc 5.33-39

14 Vieram, depois, os discípulos de João e perguntaram a Jesus:

— Por que nós e os fariseus jejuamos muitas vezes, mas os seus discípulos não jejuam?

15 Jesus respondeu:

— Como podem os convidados para o casamento estar tristes enquanto o noivo está com eles? No entanto, virão dias em que o noivo lhes será tirado, e então eles
vão jejuar.
16 Ninguém põe remendo de pano novo em roupa velha; porque o remendo tira um pedaço da roupa, e o buraco fica ainda
maior.
17 Nem se põe vinho novo em odres velhos, porque, se alguém fizer isso, os odres se rompem, o vinho se derrama, e os odres se perdem. Mas põe-se vinho novo em odres novos, e ambos se conservam.

O PEDIDO DO CHEFE DA SINAGOGA

Mc 5.21-24a; Lc 8.40-42a

18 Enquanto Jesus lhes dizia estas coisas, eis que um chefe da sinagoga, aproximando-se, o adorou e disse:

— Minha filha morreu agora mesmo; mas venha impor a mão sobre ela, e ela viverá.

19 E Jesus se levantou e o seguiu, juntamente com os seus discípulos.

A CURA DE UMA MULHER ENFERMA

Mc 5.24b-34; Lc 8.42b-48

20 E eis que uma mulher, que durante doze anos vinha sofrendo de uma hemorragia, veio por trás de Jesus e tocou na borda da
capa dele.
21 Porque dizia consigo mesma: "Se eu apenas tocar na capa dele, ficarei curada."
22 Então Jesus, voltando-se e vendo-a, disse:

— Coragem, filha, a sua fé salvou você.

E, desde aquele instante, a mulher ficou sã.

A RESSURREIÇÃO DA FILHA DO CHEFE DA SINAGOGA

Mc 5.35-43; Lc 8.49-56

23 Tendo Jesus chegado à casa do chefe e vendo os tocadores de flauta e o povo em alvoroço, disse:

24 — Saiam daqui! Porque a menina não está morta, mas dorme.

E riam-se dele.
25 Mas, quando o povo tinha sido colocado para fora, Jesus entrou, tomou a menina pela mão, e ela se levantou.
26 E a notícia deste acontecimento se espalhou por toda aquela terra.

A CURA DE DOIS CEGOS

27 Saindo Jesus dali, dois cegos o seguiram, gritando:

— Tenha compaixão de nós, Filho de Davi!

28 Quando ele entrou em casa, os cegos se aproximaram, e Jesus lhes perguntou:

— Vocês creem que eu posso fazer isso?

Eles responderam:

— Sim, Senhor!

29 Então Jesus tocou nos olhos deles, dizendo:

— Que se faça com vocês conforme a fé que vocês têm.

30 E os olhos deles se abriram. Jesus, porém, os advertiu severamente, dizendo:

— Tenham cuidado para que ninguém fique sabendo disto.

31 Eles, porém, saíram e espalharam a notícia a respeito de Jesus por toda aquela terra.

A CURA DE UM MUDO ENDEMONIADO

32 Quando eles saíram, eis que trouxeram
a Jesus um mudo endemoniado.
33 E, assim

que o demônio foi expulso, o mudo passou a falar. E as multidões se admiravam, dizendo:

— Jamais se viu tal coisa em Israel!

34 Mas os fariseus diziam:

— Ele expulsa os demônios pelo poder do maioral dos demônios.

A COMPAIXÃO DE JESUS

35 E Jesus percorria todas as cidades e aldeias, ensinando nas sinagogas, pregando o evangelho do Reino e curando todo tipo de doenças e enfermidades. 36 Ao ver as multidões, Jesus se compadeceu delas, porque estavam aflitas e exaustas como ovelhas que não têm pastor. 37 Então Jesus disse aos seus discípulos:

— A seara é grande, mas os trabalhadores são poucos. 38 Por isso, peçam ao Senhor da seara que mande trabalhadores para a sua seara.

OS DOZE APÓSTOLOS

OS SEUS NOMES

Mc 3.13-19; Lc 6.12-16

10 1 Tendo Jesus chamado os seus doze discípulos, deu-lhes autoridade sobre espíritos imundos para os expulsar e para curar todo tipo de doenças e enfermidades. 2 Ora, os nomes dos doze apóstolos são estes: primeiro, Simão, chamado Pedro, e André, seu irmão; Tiago, filho de Zebedeu, e João, seu irmão; 3 Filipe e Bartolomeu; Tomé e Mateus, o publicano; Tiago, filho de Alfeu, e Tadeu; 4 Simão, o Zelote, e Judas Iscariotes, que foi quem o traiu.

AS INSTRUÇÕES PARA OS DOZE

Mc 6.7-13; Lc 9.1-6

5 Jesus enviou esses doze, dando-lhes as seguintes instruções:

— Não tomem o caminho que leva aos gentios, nem entrem nas cidades dos samaritanos, 6 mas, de preferência, procurem as ovelhas perdidas da casa de Israel. 7 Pelo caminho, preguem que está próximo o Reino dos Céus. 8 Curem enfermos, ressuscitem mortos, purifiquem leprosos, expulsem demônios. Vocês receberam de graça; portanto, deem de graça. 9 Não levem ouro, nem prata, nem cobre em seus cintos; 10 nem sacola para o caminho, nem duas túnicas, nem sandálias, nem bordão; porque o trabalhador é digno do seu alimento.

11 — E, em qualquer cidade ou aldeia em que vocês entrarem, perguntem quem nelas é digno; e fiquem ali até saírem daquele lugar. 12 Ao entrarem na casa, saúdem-na. 13 Se a casa for digna, que a paz de vocês venha sobre ela; se, porém, não for digna, a paz voltará para vocês. 14 Se alguém não quiser recebê-los nem ouvir as palavras de vocês, ao saírem daquela casa ou daquela cidade, sacudam o pó dos pés. 15 Em verdade lhes digo que haverá menos rigor para Sodoma e Gomorra, no Dia do Juízo, do que para aquela cidade.

AS ADMOESTAÇÕES

Mc 13.9-13; Lc 21.12-17

16 — Eis que eu os envio como ovelhas para o meio de lobos. Portanto, sejam prudentes como as serpentes e simples como as pombas. 17 Tenham cuidado com os homens, porque eles os entregarão aos tribunais e os açoitarão nas suas sinagogas. 18 Por minha causa vocês serão levados à presença de governadores e de reis, para lhes servir de testemunho, a eles e aos gentios. 19 E, quando entregarem vocês, não se preocupem quanto a como ou o que irão falar, porque, naquela hora, lhes será concedido o que vocês dirão. 20 Afinal, não são vocês que estão falando, mas o Espírito do Pai de vocês é quem fala por meio de vocês.

21 — Um irmão entregará à morte outro irmão, e o pai entregará o filho. Haverá filhos que se levantarão contra os seus pais e os matarão. 22 Todos odiarão vocês por causa do meu nome; aquele, porém, que ficar firme até o fim, esse será salvo. 23 Quando, porém, perseguirem vocês numa cidade, fujam para outra. Porque em verdade lhes digo que não terão percorrido as cidades de Israel, até que venha o Filho do Homem.

24 — O discípulo não está acima do seu mestre, nem o servo está acima do seu senhor. 25 Basta ao discípulo ser como o seu mestre, e ao servo ser como o seu senhor. Se chamaram o dono da casa de Belzebu, quanto mais os membros da sua casa!

A QUEM TEMER

Lc 12.2-7

26 — Portanto, não tenham medo deles. Pois não há nada encoberto que não venha a ser revelado, nem oculto que não venha a ser conhecido. 27 O que lhes digo às escuras, repitam a plena luz; e o que é dito para vocês ao pé do ouvido, proclamem dos telhados. 28 Não temam os que matam o corpo, mas não podem matar a alma; pelo contrário, temam aquele que pode fazer perecer no inferno tanto a alma como o corpo.

29 — Não se vendem dois pardais por uma moedinha? Entretanto, nenhum deles cairá no chão sem o consentimento do Pai de vocês. 30 E, quanto a vocês, até os cabelos da cabeça de vocês estão todos contados. 31 Portanto, não temam! Vocês valem bem mais do que muitos pardais.

CONFESSAR E NEGAR A CRISTO

Lc 12.8-9

32 — Portanto, todo aquele que me confessar diante dos outros, também eu o confessarei diante de meu Pai, que está nos céus; 33 mas aquele que me negar diante das pessoas, também eu o negarei diante de meu Pai, que está nos céus.

AS DIFICULDADES

Lc 12.51-53; 14.26-27

34 — Não pensem que eu vim trazer paz à terra; não vim trazer paz, mas espada. 35 Pois vim causar divisão entre o homem e o seu pai; entre a filha e a sua mãe e entre a nora e a sua sogra. 36 Assim, os inimigos de uma pessoa serão os da sua própria casa.

37 — Quem ama o seu pai ou a sua mãe mais do que a mim não é digno de mim; quem ama o seu filho ou a sua filha mais do que a mim não é digno de mim; 38 e quem não toma a sua cruz e vem após mim não é digno de mim. 39 Quem acha a sua vida a perderá; e quem perde a vida por minha causa, esse a achará.

AS RECOMPENSAS

Mc 9.41

40 — Quem recebe vocês é a mim que recebe; e quem recebe a mim recebe aquele que me enviou. 41 Quem recebe um profeta, no caráter de profeta, receberá a recompensa de profeta; quem recebe um justo, no caráter de justo, receberá a recompensa de justo. 42 E quem der de beber, ainda que seja um copo de água fria, a um destes pequeninos, por ser este meu discípulo, em verdade lhes digo que de modo nenhum perderá a sua recompensa.

JESUS PREGA NAS CIDADES

11 1 Quando Jesus acabou de dar estas instruções a seus doze discípulos, saiu dali para ir ensinar e pregar nas cidades deles.

OS MENSAGEIROS DE JOÃO BATISTA

Lc 7.18-35

2 Quando João, no cárcere, ouviu falar das obras de Cristo, mandou que seus discípulos fossem perguntar:

3 — Você é aquele que estava para vir ou devemos esperar outro?

4 Então Jesus lhes respondeu:

— Voltem e anunciem a João o que estão ouvindo e vendo: 5 os cegos veem, os coxos andam, os leprosos são purificados, os surdos ouvem, os mortos são ressuscitados e aos pobres está sendo pregado o evangelho. 6 E bem-aventurado é aquele que não achar em mim motivo de tropeço.

7 Quando os discípulos de João foram embora, Jesus começou a dizer ao povo a respeito de João:

— O que vocês foram ver no deserto? Um caniço agitado pelo vento? 8 O que vocês foram ver? Um homem vestido de roupas finas? Os que vestem roupas finas moram nos palácios reais. 9 Sim, o que foram ver? Um profeta? Sim, eu lhes digo, e muito mais do que um profeta. 10 Este é aquele de quem está escrito:

"Eis que eu envio adiante de você
o meu mensageiro,
que preparará o caminho diante de você."

11 — Em verdade lhes digo: entre os nascidos de mulher, não apareceu ninguém maior do que João Batista; mas o menor no Reino

dos Céus é maior do que ele. 12 Desde os dias de João Batista até agora, o Reino dos Céus sofre violência, e os que usam de força se apoderam dele. 13 Porque todos os Profetas e a Lei profetizaram até João. 14 E, se vocês o querem reconhecer, ele mesmo é Elias, que estava para vir. 15 Quem tem ouvidos para ouvir, ouça.

16 — Mas a que compararei esta geração? É semelhante a meninos que, sentados nas praças, gritam aos companheiros:

17 "Nós tocamos flauta,
mas vocês não dançaram;
entoamos lamentações,
mas vocês não prantearam."

18 — Pois veio João, que não comia nem bebia, e as pessoas dizem: "Ele tem demônio!" 19 Veio o Filho do Homem, comendo e bebendo, e as pessoas dizem: "Eis aí um glutão e bebedor de vinho, amigo de publicanos e pecadores!" Mas a sabedoria é justificada por suas obras.

AI DAS CIDADES IMPENITENTES!

Lc 10.13-15

20 Então Jesus começou a repreender as cidades nas quais ele tinha feito muitos milagres, pelo fato de não terem se arrependido:

21 — Ai de você, Corazim! Ai de você, Betsaida! Porque, se em Tiro e em Sidom se tivessem operado os milagres que foram feitos em vocês, há muito que elas teriam se arrependido com pano de saco e cinza. 22 Mas eu digo a vocês que, no Dia do Juízo, haverá menos rigor para Tiro e Sidom do que para vocês.

23 — E você, Cafarnaum, pensa que será elevada até o céu? Será jogada no inferno! Porque, se em Sodoma se tivessem operado os milagres que foram feitos em você, ela teria permanecido até o dia de hoje. 24 Mas eu digo a vocês que, no Dia do Juízo, haverá menos rigor para a terra de Sodoma do que para você.

JESUS, SALVADOR DOS HUMILDES

Lc 10.21-22

25 Por aquele tempo, Jesus exclamou:

— Graças te dou, ó Pai, Senhor do céu e da terra, porque escondeste estas coisas dos sábios e instruídos e as revelaste aos pequeninos. 26 Sim, ó Pai, porque assim foi do teu agrado. 27 Tudo me foi entregue por meu Pai. Ninguém conhece o Filho, a não ser o Pai; e ninguém conhece o Pai, a não ser o Filho e aquele a quem o Filho o quiser revelar.

VENHAM A MIM

28 — Venham a mim todos vocês que estão cansados e sobrecarregados, e eu os aliviarei. 29 Tomem sobre vocês o meu jugo e aprendam de mim, porque sou manso e humilde de coração; e vocês acharão descanso para a sua alma. 30 Porque o meu jugo é suave, e o meu fardo é leve.

JESUS É SENHOR DO SÁBADO

Mc 2.23-28; Lc 6.1-5

12 1 Por aquele tempo, num sábado, Jesus passou pelas searas. Estando os seus discípulos com fome, começaram a colher espigas e a comer. 2 Os fariseus, vendo isso, disseram a Jesus:

— Olhe! Os seus discípulos estão fazendo o que não é lícito fazer num sábado.

3 Mas Jesus lhes disse:

— Vocês não leram o que Davi fez quando ele e os seus companheiros tiveram fome? 4 Como entrou na Casa de Deus, e comeram os pães da proposição, os quais não era lícito comer, nem a ele nem aos que estavam com ele, mas exclusivamente aos sacerdotes? 5 Ou vocês não leram na Lei que, aos sábados, os sacerdotes no templo profanam o sábado e ficam sem culpa? 6 Pois eu lhes digo que aqui está quem é maior do que o templo. 7 Mas, se vocês soubessem o que significa: "Quero misericórdia, e não sacrifício", não teriam condenado inocentes. 8 Porque o Filho do Homem é senhor do sábado.

O HOMEM DA MÃO RESSEQUIDA

Mc 3.1-6; Lc 6.6-11

9 Tendo Jesus saído dali, entrou na sinagoga deles. 10 Achava-se ali um homem que tinha uma das mãos ressequida. Então, a fim de o acusar, perguntaram a Jesus:

— É lícito curar no sábado?

11 Ao que lhes respondeu:
— Quem de vocês será o homem que,
tendo uma ovelha, e, num sábado, esta cair
numa cova, não fará todo o esforço para tirá-
-la dali? 12 Ora, quanto mais vale um homem
do que uma ovelha! Logo, é lícito nos sába-
dos fazer o bem.
13 Então Jesus disse ao homem:
— Estenda a mão.

O homem estendeu a mão, e ela foi res-
taurada e ficou sã como a outra. 14 Mas os
fariseus, saindo dali, conspiravam contra ele,
procurando ver como o matariam.

O SERVO ESCOLHIDO DE DEUS

15 Mas Jesus, sabendo disto, afastou-se
dali. Muitos o seguiram, e a todos ele curou,
16 advertindo-lhes, porém, que não o expu-
sessem à publicidade. 17 Isso aconteceu para
se cumprir o que foi dito por meio do pro-
feta Isaías:

18 "Eis aqui o meu servo,
que escolhi,
o meu amado, em quem
a minha alma se agrada.
Farei repousar sobre ele o meu Espírito,
e ele anunciará juízo aos gentios.
19 Não entrará em discussões,
nem gritará,
nem fará ouvir nas praças
a sua voz.
20 Não esmagará a cana quebrada,
nem apagará o pavio que fumega,
até que faça vencedor o juízo.
21 E no seu nome os gentios
colocarão a sua esperança."

JESUS E BELZEBU

Mc 3.20-30; Lc 11.14-23

22 Então trouxeram a Jesus um ende-
moniado, cego e mudo. Jesus o curou, e o
homem passou a falar e a ver. 23 E toda a
multidão se admirava e dizia:
— Não seria este, por acaso, o Filho de
Davi?
24 Mas os fariseus, ouvindo isto, diziam:
— Este não expulsa demônios senão pelo
poder de Belzebu, o maioral dos demônios.
25 Mas Jesus, sabendo o que eles pensa-
vam, disse-lhes:
— Todo reino dividido contra si mesmo
ficará deserto, e toda cidade ou casa divi-
dida contra si mesma não subsistirá. 26 Se
Satanás expulsa Satanás, está dividido
contra si mesmo; como, então, o seu reino
subsistirá? 27 E, se eu expulso os demônios
por Belzebu, por quem os filhos de vocês os
expulsam? Por isso, eles mesmos serão os
juízes de vocês. 28 Se, porém, eu expulso os
demônios pelo Espírito de Deus, certamente
é chegado o Reino de Deus sobre vocês.
29 Ou como pode alguém entrar na casa do
valente e roubar-lhe os bens sem primeiro
amarrá-lo? E só então saqueará a casa dele.
30 — Quem não é por mim é contra mim; e
quem comigo não ajunta espalha. 31 Por isso,
digo a vocês que todo pecado e blasfêmia
serão perdoados aos homens; mas a blasfê-
mia contra o Espírito não será perdoada. 32 Se
alguém disser alguma palavra contra o Filho
do Homem, isso lhe será perdoado; mas, se
alguém falar contra o Espírito Santo, isso
não lhe será perdoado, nem neste mundo
nem no porvir.

AS ÁRVORES E OS SEUS FRUTOS

Lc 6.43-45

33 — Tornem a árvore boa e o seu fruto será
bom, ou tornem a árvore má e o seu fruto será
mau; porque pelo fruto se conhece a árvore.
34 Raça de víboras! Como vocês podem falar
coisas boas, sendo maus? Porque a boca fala
do que está cheio o coração. 35 A pessoa boa
tira do tesouro bom coisas boas; mas a pes-
soa má do mau tesouro tira coisas más.
36 — Digo a vocês que, no Dia do Juízo, as
pessoas darão conta de toda palavra inú-
til que proferirem; 37 porque, pelas suas
palavras, você será justificado e, pelas suas
palavras, você será condenado.

O SINAL DE JONAS

Mc 8.11-12; Lc 11.29-32

38 Então alguns escribas e fariseus disse-
ram a Jesus:
— Mestre, queremos ver algum sinal feito
pelo senhor.

39 Mas ele respondeu:

— Uma geração perversa e adúltera pede um sinal, mas nenhum sinal lhe será dado, senão o do profeta Jonas. 40 Porque assim como Jonas esteve três dias e três noites no ventre do grande peixe, assim o Filho do Homem estará três dias e três noites no coração da terra. 41 Ninivitas se levantarão, no Juízo, com esta geração e a condenarão, porque se arrependeram com a pregação de Jonas. E aqui está quem é maior do que Jonas. 42 A rainha do Sul se levantará, no Juízo, com esta geração e a condenará, porque veio dos confins da terra para ouvir a sabedoria de Salomão. E aqui está quem é maior do que Salomão.

A VOLTA DO ESPÍRITO IMUNDO

Lc 11.24-26

43 — Quando o espírito imundo sai de uma pessoa, anda por lugares áridos procurando repouso, porém não encontra. 44 Por isso, diz: "Voltarei para a minha casa, de onde saí." E, voltando, ele a encontra vazia, varrida e arrumada. 45 Então vai e leva consigo outros sete espíritos, piores do que ele, e, entrando, habitam ali. E o último estado daquela pessoa se torna pior do que o primeiro. Assim também acontecerá a esta geração perversa.

A MÃE E OS IRMÃOS DE JESUS

Mc 3.31-35; Lc 8.19-21

46 Enquanto Jesus ainda falava ao povo, eis que a mãe e os irmãos dele estavam do lado de fora, procurando falar com ele. 47 E alguém lhe disse:

— A sua mãe e os seus irmãos estão lá fora e querem falar com o senhor.

48 Porém Jesus respondeu ao que lhe trouxe o aviso:

— Quem é a minha mãe e quem são os meus irmãos?

49 E, estendendo a mão para os discípulos, disse:

— Eis minha mãe e meus irmãos. 50 Portanto, aquele que fizer a vontade de meu Pai celeste, esse é meu irmão, minha irmã e minha mãe.

A PARÁBOLA DO SEMEADOR

Mc 4.1-9; Lc 8.4-8

13 1 Naquele mesmo dia, Jesus saiu de casa e se assentou à beira-mar. 2 E grandes multidões se reuniram em volta dele, de modo que entrou num barco e se assentou. E toda a multidão estava em pé na praia. 3 E de muitas coisas lhes falou por parábolas, dizendo:

— Eis que o semeador saiu a semear. 4 E, ao semear, uma parte caiu à beira do caminho, e, vindo as aves, a comeram. 5 Outra parte caiu em solo rochoso, onde a terra era pouca, e logo nasceu, visto não ser profunda a terra. 6 Saindo, porém, o sol, a queimou; e, porque não tinha raiz, secou-se. 7 Outra parte caiu entre os espinhos; e os espinhos cresceram e a sufocaram. 8 Outra, enfim, caiu em boa terra e deu fruto: a cem, a sessenta e a trinta por um. 9 Quem tem ouvidos para ouvir, ouça.

POR QUE JESUS USAVA PARÁBOLAS

Mc 4.10-12; Lc 8.9-10

10 Então os discípulos se aproximaram de Jesus e lhe perguntaram:

— Por que o senhor fala com eles por meio de parábolas?

11 Ao que Jesus respondeu:

— Porque a vocês é dado conhecer os mistérios do Reino dos Céus, mas àqueles isso não é concedido. 12 Pois ao que tem, mais será dado, e terá em abundância; mas, ao que não tem, até o que tem lhe será tirado. 13 Por isso, falo com eles por meio de parábolas: porque, vendo, não veem; e, ouvindo, não ouvem, nem entendem. 14 Assim, neles se cumpre a profecia de Isaías:

"Ouvindo, vocês ouvirão
e de modo nenhum
entenderão;vendo, vocês verão
e de modo nenhum perceberão.
15 Porque o coração deste povo
está endurecido;
ouviram com os ouvidos tapados
e fecharam os olhos;
para não acontecer que
vejam com os olhos,
ouçam com os ouvidos,

entendam com o coração, se convertam
e sejam por mim curados."

16 — Bem-aventurados, porém, são os olhos
de vocês, porque veem; e bem-aventurados
são os ouvidos de vocês, porque ouvem.
17 Pois em verdade lhes digo que muitos pro-
fetas e justos desejaram ver o que vocês estão
vendo, mas não viram; e quiseram ouvir o
que vocês estão ouvindo, mas não ouviram.

A EXPLICAÇÃO DA PARÁBOLA

Mc 4.13-20; Lc 8.11-15

18 — Ouçam, portanto, o que significa a pará-
bola do semeador. 19 A todos os que ouvem a
palavra do Reino e não a compreendem, vem
o Maligno e arrebata o que lhes foi semeado
no coração. Este é o que foi semeado à beira
do caminho. 20 O que foi semeado em solo
rochoso, esse é o que ouve a palavra e logo
a recebe com alegria. 21 Mas ele não tem
raiz em si mesmo, sendo de pouca duração.
Quando chega a angústia ou a perseguição
por causa da palavra, logo se escandaliza. 22 O
que foi semeado entre os espinhos é o que
ouve a palavra, porém as preocupações deste
mundo e a fascinação das riquezas sufocam a
palavra, e ela fica infrutífera. 23 Mas o que foi
semeado em boa terra é o que ouve a pala-
vra e a compreende; este frutifica e produz a
cem, a sessenta e a trinta por um.

A PARÁBOLA DO JOIO

24 Jesus lhes propôs outra parábola, di-
zendo:
— O Reino dos Céus é semelhante a um
homem que semeou boa semente no seu
campo. 25 Mas, enquanto todos estavam dor-
mindo, veio o inimigo dele, semeou o joio
no meio do trigo e foi embora. 26 E, quando
as plantas cresceram e produziram fruto,
apareceu também o joio. 27 Então os ser-
vos do dono da casa chegaram e disseram:
"Patrão, o senhor não semeou boa semente
no seu campo? De onde, então, vem o joio?"
28 Ele, porém, lhes respondeu: "Um inimigo
fez isso." Mas os servos lhe perguntaram: "O
senhor quer que a gente vá e arranque o joio?"
29 O dono da casa respondeu: "Não! Porque,
ao separar o joio, vocês poderão arrancar tam-
bém com ele o trigo. 30 Deixem que cresçam
juntos até a colheita. E, no tempo da colheita,
direi aos ceifeiros: 'Ajuntem primeiro o joio
e amarrem-no em feixes para ser queimado;
mas recolham o trigo no meu celeiro.'"

A PARÁBOLA DO GRÃO DE MOSTARDA

Mc 4.30-32; Lc 13.18-19

31 Jesus lhes propôs outra parábola, di-
zendo:
— O Reino dos Céus é semelhante a um
grão de mostarda, que um homem pegou e
plantou no seu campo. 32 Esse grão é, na ver-
dade, a menor de todas as sementes, mas,
quando cresce, é maior do que as hortaliças,
e chega a ser uma árvore, de modo que as
aves do céu vêm se aninhar nos seus ramos.

A PARÁBOLA DO FERMENTO

Lc 13.20-21

33 Jesus lhes contou ainda outra parábola:
— O Reino dos Céus é semelhante ao
fermento que uma mulher pegou e mis-
turou em três medidas de farinha, até ficar
tudo levedado.

O USO DAS PARÁBOLAS

Mc 4.33-34

34 Jesus disse todas estas coisas às multi-
dões por parábolas e sem parábolas nada
lhes dizia. 35 Isso aconteceu para se cumprir
o que foi dito por meio do profeta:

"Abrirei a minha boca em parábolas;
publicarei coisas ocultas
desde a criação do mundo."

A EXPLICAÇÃO DA PARÁBOLA DO JOIO

36 Então, despedindo as multidões, Jesus
foi para casa. E, aproximando-se dele os
seus discípulos, disseram:
— Explique-nos a parábola do joio do
campo.
37 E Jesus respondeu:
— O que semeia a boa semente é o Filho do
Homem. 38 O campo é o mundo. A boa semente

Escolher se fundamentar na Rocha é o que fará total diferença na sua vida e em tudo o que você edificar.

são os filhos do Reino; o joio são os filhos do
Maligno. 39 O inimigo que o semeou é o diabo.
A colheita é o fim dos tempos, e os ceifeiros são
os anjos. 40 Pois, assim como o joio é colhido e
jogado no fogo, assim será no fim dos tempos.
41 O Filho do Homem mandará os seus anjos,
que ajuntarão do seu Reino todos os que ser-
vem de pedra de tropeço e os que praticam
o mal 42 e os lançarão na fornalha acesa; ali
haverá choro e ranger de dentes. 43 Então os
justos resplandecerão como o sol, no Reino de
seu Pai. Quem tem ouvidos para ouvir, ouça.

A PARÁBOLA DO TESOURO ESCONDIDO

44 — O Reino dos Céus é semelhante a
um tesouro escondido no campo, que um
homem achou e escondeu. Então, transbor-
dante de alegria, vai, vende tudo o que tem
e compra aquele campo.

A PARÁBOLA DA PÉROLA

45 — O Reino dos Céus é também seme-
lhante a um homem que negocia e procura
boas pérolas. 46 Quando encontrou uma
pérola de grande valor, ele foi, vendeu tudo
o que tinha e comprou a pérola.

A PARÁBOLA DA REDE

47 — O Reino dos Céus é ainda semelhante
a uma rede que foi lançada ao mar e apanhou
peixes de toda espécie. 48 E, quando já estava
cheia, os pescadores a arrastaram para a praia
e, assentados, escolheram os bons para os ces-
tos e jogaram fora os ruins. 49 Assim será no
fim dos tempos: os anjos sairão, separarão os
maus dentre os justos 50 e os lançarão na forna-
lha acesa; ali haverá choro e ranger de dentes.

COISAS NOVAS E VELHAS

51 Então Jesus perguntou:

— Vocês entenderam todas estas coisas?

Eles responderam:

— Sim!

52 Então Jesus lhes disse:

— Por isso, todo escriba instruído no Reino
dos Céus é semelhante a um pai de famí-
lia que tira do seu depósito coisas novas e
coisas velhas.

JESUS É REJEITADO EM NAZARÉ

Mc 6.1-6; Lc 4.16-30

53 Quando Jesus acabou de contar essas
parábolas, retirou-se dali. 54 E, chegando à
sua terra, ensinava-os na sinagoga, de modo
que se maravilhavam e diziam:

— De onde lhe vêm esta sabedoria e estes
poderes miraculosos? 55 Não é este o filho do
carpinteiro? A sua mãe não se chama Maria,
e seus irmãos não são Tiago, José, Simão
e Judas? 56 Todas as suas irmãs não vivem
entre nós? Então, de onde lhe vem tudo isto?
57 E escandalizavam-se por causa dele.
Jesus, porém, lhes disse:

— Nenhum profeta é desprezado, a não
ser na sua terra e na sua casa.

58 E não fez ali muitos milagres, por causa
da incredulidade deles.

A MORTE DE JOÃO BATISTA

Mc 6.14-29; Lc 9.7-9

14 1 Por aquele tempo, o tetrarca Hero-
des soube da fama de Jesus 2 e disse
aos que o serviam:

— Este é João Batista. Ele ressuscitou dos mor-
tos, e, por isso, forças miraculosas operam nele.
3 Porque Herodes, havendo prendido João,
o amarrou e pôs na prisão, por causa de Hero-
dias, mulher do seu irmão Filipe. 4 Pois João
lhe dizia: "Você não tem o direito de viver
com ela." 5 Embora Herodes quisesse matá-lo,
tinha medo do povo, porque consideravam João
como profeta.

6 Mas, quando chegou o dia do aniversário
de Herodes, a filha de Herodias dançou diante
de todos e agradou a Herodes. 7 Este prome-
teu, com juramento, dar-lhe o que ela pedisse.
8 Então ela, instigada por sua mãe, disse:

— Dê-me, aqui, num prato, a cabeça de
João Batista.

9 O rei ficou triste, mas, por causa do jura-
mento e dos que estavam com ele à mesa,
ordenou que o pedido fosse atendido.
10 Assim, deu ordens para que João fosse
decapitado na prisão. 11 A cabeça foi tra-
zida num prato e dada à jovem, que a levou
à sua mãe. 12 Então vieram os discípulos de
João, levaram o corpo e o sepultaram; depois,
foram e anunciaram isso a Jesus.

A PRIMEIRA MULTIPLICAÇÃO DE PÃES E PEIXES

Mc 6.30-44; Lc 9.10-17; Jo 6.1-14

13 Jesus, ouvindo isto, retirou-se dali num barco para um lugar deserto, à parte. Ao saberem disso, as multidões vieram das cidades seguindo-o por terra. 14 Ao desembarcar, Jesus viu uma grande multidão, compadeceu-se dela e curou os seus enfermos.

15 Ao cair da tarde, os discípulos se aproximaram de Jesus e disseram:

— Este lugar é deserto, e já é tarde. Mande as multidões embora, para que, indo pelas aldeias, comprem para si o que comer.

16 Jesus, porém, lhes disse:

— Não precisam ir embora; deem vocês mesmos de comer a eles.

17 Mas eles responderam:

— Não temos aqui senão cinco pães e dois peixes.

18 Então Jesus disse:

— Tragam esses pães e peixes aqui para mim.

19 E, tendo mandado que a multidão se assentasse sobre a relva, pegando os cinco pães e os dois peixes, erguendo os olhos para o céu, os abençoou. Depois, tendo partido os pães, deu-os aos discípulos, e estes deram às multidões. 20 Todos comeram e se fartaram, e ainda recolheram doze cestos cheios dos pedaços que sobraram. 21 E os que comeram eram cerca de cinco mil homens, além de mulheres e crianças.

JESUS ANDA SOBRE O MAR

Mc 6.45-52; Jo 6.15-21

22 Logo a seguir, Jesus fez com que os discípulos entrassem no barco e fossem adiante dele para o outro lado, enquanto ele despedia as multidões. 23 E, tendo despedido as multidões, ele subiu ao monte, a fim de orar sozinho. Ao cair da tarde, lá estava ele, só. 24 Entretanto, o barco já estava longe, a uma boa distância da terra, açoitado pelas ondas; porque o vento era contrário. 25 De madrugada, Jesus foi até onde eles estavam, andando sobre o mar. 26 Os discípulos, porém, vendo-o andar sobre o mar, ficaram apavorados e disseram:

— É um fantasma!

E, tomados de medo, gritaram. 27 Mas Jesus imediatamente lhes disse:

— Coragem! Sou eu. Não tenham medo!

28 Então Pedro disse:

— Se é o Senhor mesmo, mande que eu vá até aí, andando sobre as águas.

29 Jesus disse:

— Venha!

E Pedro, descendo do barco, andou sobre as águas e foi até Jesus. 30 Reparando, porém, na força do vento, teve medo; e, começando a afundar, gritou:

— Salve-me, Senhor!

31 E, prontamente, Jesus, estendendo a mão, o segurou e disse:

— Homem de pequena fé, por que você duvidou?

32 Subindo ambos para o barco, o vento cessou. 33 E os que estavam no barco o adoraram, dizendo:

— Verdadeiramente o senhor é o Filho de Deus!

JESUS CURA EM GENESARÉ

Mc 6.53-56

34 Estando já no outro lado, chegaram à terra de Genesaré. 35 Quando as pessoas daquela terra o reconheceram, mandaram avisar em todos aqueles arredores e lhe trouxeram todos os enfermos. 36 E pediam-lhe que ao menos pudessem tocar na borda da sua roupa. E todos os que tocaram nela ficaram curados.

JESUS E A TRADIÇÃO DOS ANCIÃOS

Mc 7.1-23

15 1 Então alguns fariseus e escribas vieram de Jerusalém até Jesus e perguntaram:

2 — Por que os seus discípulos transgridem a tradição dos anciãos? Pois não lavam as mãos, quando comem.

3 Jesus, porém, lhes respondeu:

— Por que também vocês transgridem o mandamento de Deus, por causa da tradição de vocês? 4 Porque Deus disse: "Honre o seu pai e a sua mãe." E: "Quem maldisser o seu pai ou a sua mãe seja punido de morte." 5 Vocês, porém, dizem que, se alguém disser ao seu pai ou à sua mãe: "A ajuda que você poderia receber de mim é oferta ao Senhor", 6 esse não precisará mais honrar os seus pais. E, assim, vocês invalidam a palavra de Deus, por causa da tradição de vocês. 7 Hipócritas! Bem profetizou Isaías a respeito de vocês, dizendo:

8 "Este povo me honra com os lábios,
mas o seu coração está longe de mim.
9 E em vão me adoram,
ensinando doutrinas
que são preceitos humanos."

10 E, convocando a multidão, Jesus disse:

— Escutem e entendam: 11 o que contamina a pessoa não é o que entra pela boca, mas o que sai da boca; isto, sim, contamina a pessoa.

12 Então, aproximando-se dele os discípulos, disseram:

— Sabia que os fariseus, ouvindo o que o senhor disse, ficaram escandalizados?

13 Mas ele respondeu:

— Toda planta que meu Pai celeste não plantou será arrancada. 14 Esqueçam os fariseus; são cegos, guias de cegos. Ora, se um cego guiar outro cego, ambos cairão num buraco.

15 Então Pedro disse a Jesus:

— Explique-nos esta parábola.

16 Jesus, porém, disse:

— Também vocês ainda não entenderam? 17 Não compreendem que tudo o que entra pela boca desce para o estômago e depois é eliminado? 18 Mas o que sai da boca vem do coração, e é isso que contamina a pessoa. 19 Porque do coração procedem maus pensamentos, homicídios, adultérios, imoralidade sexual, furtos, falsos testemunhos, blasfêmias. 20 São estas as coisas que contaminam a pessoa; mas o comer sem lavar as mãos não a contamina.

A MULHER CANANEIA

Mc 7.24-30

21 Saindo dali, Jesus foi para a região de Tiro e Sidom. 22 E eis que uma mulher cananeia, que tinha vindo daqueles lados, clamava:

— Senhor, Filho de Davi, tenha compaixão de mim! Minha filha está horrivelmente endemoniada.

23 Jesus, porém, não lhe respondeu palavra. Então os seus discípulos, aproximando-se, disseram:

— Mande-a embora, pois vem gritando atrás de nós.

24 Mas Jesus respondeu:

— Não fui enviado senão às ovelhas perdidas da casa de Israel.

25 Ela, porém, veio e o adorou, dizendo:

— Senhor, me ajude!

26 Jesus respondeu:

— Não é correto pegar o pão dos filhos e jogá-lo aos cachorrinhos.

27 A mulher disse:

— É verdade, Senhor, pois os cachorrinhos comem das migalhas que caem da mesa dos seus donos.

28 Então Jesus exclamou:

— Mulher, que grande fé você tem! Que seja feito como você quer.

E, desde aquele momento, a filha dela ficou curada.

JESUS CURA MUITOS ENFERMOS

29 Saindo dali, Jesus foi para junto do mar da Galileia; e, subindo ao monte, assentou-se ali. 30 E vieram a ele muitas multidões trazendo consigo coxos, cegos, aleijados, mudos e muitos outros e os deixaram junto aos pés de Jesus; e ele os curou. 31 O povo ficou maravilhado ao ver que os mudos falavam, os aleijados recuperavam a saúde, os coxos andavam e os cegos viam. E glorificavam o Deus de Israel.

A SEGUNDA MULTIPLICAÇÃO DE PÃES E PEIXES

Mc 8.1-10

32 Então Jesus chamou os seus discípulos e disse:

— Tenho compaixão desta gente, porque já faz três dias que eles estão comigo e não têm o que comer. E não quero mandá-los para casa em jejum, para que não desfaleçam pelo caminho.

33 Mas os discípulos lhe disseram:

— Onde haverá neste deserto pão suficiente para saciar tão grande multidão?

34 Jesus perguntou:

— Quantos pães vocês têm?

Eles responderam:
— Sete pães e alguns peixinhos.
35 Então, tendo mandado o povo assen-
tar-se no chão, 36 pegou os sete pães e os
peixes e, tendo dado graças, os partiu e
deu aos discípulos, e estes distribuíram
ao povo. 37 Todos comeram e se fartaram;
e, dos pedaços que sobraram, recolheram
sete cestos cheios. 38 Ora, os que comeram
eram quatro mil homens, além de mulheres
e crianças. 39 E, tendo despedido as multi-
dões, Jesus entrou no barco e foi para o
território de Magadã.

O PEDIDO POR UM SINAL

Mc 8.11-13; Lc 12.54-56

16 1 Os fariseus e os saduceus se apro-
ximaram de Jesus e, tentando-o,
pediram-lhe que lhes mostrasse um sinal
vindo do céu. 2 Mas Jesus respondeu:
— Chegada a tarde, vocês dizem: "Teremos
tempo bom, porque o céu está avermelhado."
3 E, pela manhã, vocês dizem: "Hoje teremos
tempestade, porque o céu está de um ver-
melho sombrio." Na verdade, vocês sabem
interpretar a aparência do céu. Então como
não são capazes de interpretar os sinais dos
tempos? 4 Uma geração perversa e adúltera
pede um sinal, mas nenhum sinal lhe será
dado, senão o de Jonas.
E, deixando-os, Jesus se retirou.

O FERMENTO DOS FARISEUS E DOS SADUCEUS

Mc 8.14-21

5 Ora, tendo os discípulos passado para a
outra margem do lago, esqueceram-se de
levar pão. 6 E Jesus lhes disse:
— Fiquem atentos e tenham cuidado com
o fermento dos fariseus e dos saduceus.
7 Eles, porém, começaram a discutir entre
si, dizendo:
— Ele diz isso porque não trouxemos pão.
8 Jesus percebeu isso e perguntou:
— Por que estão discutindo entre vocês,
homens de pequena fé, sobre o fato de
não terem pão? 9 Vocês ainda não perce-
bem, nem se lembram dos cinco pães para
cinco mil homens e de quantos cestos vocês
recolheram? 10 Nem dos sete pães para os
quatro mil e de quantos cestos vocês reco-
lheram? 11 Como não compreendem que eu
não estava falando com vocês a respeito de
pães? Tenham cuidado com o fermento dos
fariseus e dos saduceus.
12 Então entenderam que Jesus lhes tinha
dito que tivessem cuidado não com o fer-
mento usado no pão, mas com a doutrina
dos fariseus e saduceus.

A CONFISSÃO DE PEDRO

Mc 8.27-30; Lc 9.18-21

13 Indo Jesus para a região de Cesareia de
Filipe, perguntou a seus discípulos:
— Quem os outros dizem que é o Filho
do Homem?
14 E eles responderam:
— Uns dizem que é João Batista; outros
dizem que é Elias; e outros dizem que é Jere-
mias ou um dos profetas.
15 Ao que Jesus perguntou:
— E vocês, quem dizem que eu sou?
16 Respondendo, Simão Pedro disse:
— O senhor é o Cristo, o Filho do Deus vivo.
17 Então Jesus lhe afirmou:
— Bem-aventurado é você, Simão Bar-
jonas, porque não foi carne e sangue que
revelaram isso a você, mas meu Pai, que está
nos céus. 18 Também eu lhe digo que você é
Pedro, e sobre esta pedra edificarei a minha
igreja, e as portas do inferno não prevalece-
rão contra ela. 19 Eu lhe darei as chaves do
Reino dos Céus; o que você ligar na terra terá
sido ligado nos céus; e o que você desligar na
terra terá sido desligado nos céus.
20 Então Jesus ordenou aos discípulos
que não dissessem a ninguém que ele era
o Cristo.

JESUS PREDIZ A SUA MORTE E RESSURREIÇÃO

Mc 8.31-33; Lc 9.22

21 Desde esse tempo, Jesus começou a
mostrar aos seus discípulos que era neces-
sário que ele fosse para Jerusalém, sofresse
muitas coisas nas mãos dos anciãos, dos
principais sacerdotes e dos escribas, fosse
morto e, no terceiro dia, ressuscitasse.

22 Então Pedro, chamando-o à parte, começou a repreendê-lo, dizendo:

— Que Deus não permita, Senhor! Isso de modo nenhum irá lhe acontecer.

23 Mas Jesus, voltando-se, disse a Pedro:

— Saia da minha frente, Satanás! Você é para mim uma pedra de tropeço, porque não leva em consideração as coisas de Deus, e sim as dos homens.

TOME A SUA CRUZ

Mc 8.34—9.1; Lc 9.23-27

24 Então Jesus disse aos seus discípulos:

— Se alguém quer vir após mim, negue a si mesmo, tome a sua cruz e siga-me. 25 Pois quem quiser salvar a sua vida a perderá; e quem perder a vida por minha causa, esse a achará. 26 De que adiantará uma pessoa ganhar o mundo inteiro e perder a sua alma? Ou que dará uma pessoa em troca de sua alma? 27 Porque o Filho do Homem há de vir na glória de seu Pai, com os seus anjos, e então retribuirá a cada um conforme as suas obras. 28 Em verdade lhes digo que, dos que aqui se encontram, existem alguns que não passarão pela morte até que vejam o Filho do Homem vir no seu Reino.

A TRANSFIGURAÇÃO DE JESUS

Mc 9.2-8; Lc 9.28-36

17 1 Seis dias depois, Jesus tomou consigo Pedro e os irmãos Tiago e João e os levou, em particular, a um alto monte. 2 E Jesus foi transfigurado diante deles. O seu rosto resplandecia como o sol, e as suas roupas se tornaram brancas como a luz. 3 E eis que lhes apareceram Moisés e Elias, falando com Jesus. 4 Então Pedro, tomando a palavra, disse a Jesus:

— Senhor, bom é estarmos aqui. Se o senhor quiser, farei aqui três tendas: uma para o senhor, outra para Moisés e outra para Elias.

5 Falava ele ainda, quando uma nuvem luminosa os envolveu; e eis, vindo da nuvem, uma voz que dizia:

— Este é o meu Filho amado, em quem me agrado; escutem o que ele diz!

6 Ao ouvirem aquela voz, os discípulos caíram de bruços, tomados de grande medo. 7 Jesus aproximou-se e tocou neles, dizendo:

— Levantem-se e não tenham medo!

8 Então eles, levantando os olhos, não viram mais ninguém, a não ser Jesus.

A VINDA DE ELIAS

Mc 9.9-13

9 Ao descerem do monte, Jesus lhes ordenou:

— Não contem a ninguém o que vocês viram, até que o Filho do Homem ressuscite dentre os mortos.

10 Mas os discípulos perguntaram a Jesus:

— Por que, então, os escribas dizem ser necessário que Elias venha primeiro?

11 Jesus respondeu:

— De fato, Elias virá e restaurará todas as coisas. 12 Eu, porém, lhes digo que Elias já veio, e não o reconheceram; pelo contrário, fizeram com ele tudo o que quiseram. Assim também o Filho do Homem irá sofrer nas mãos deles.

13 Então os discípulos entenderam que ele estava se referindo a João Batista.

A CURA DE UM MENINO

Mc 9.14-29; Lc 9.37-43a

14 Quando eles chegaram para junto da multidão, um homem se aproximou de Jesus, ajoelhou-se e disse:

15 — Senhor, tenha compaixão do meu filho, porque ele tem convulsões e sofre muito; pois muitas vezes cai no fogo e outras tantas cai na água. 16 Apresentei-o aos seus discípulos, mas eles não puderam curá-lo.

17 Jesus exclamou:

— Ó geração incrédula e perversa! Até quando estarei com vocês? Até quando terei de suportá-los? Tragam o menino até aqui.

18 E Jesus repreendeu o demônio, e este saiu do menino; e, desde aquela hora, o menino ficou curado.

19 Então os discípulos, aproximando-se de Jesus, perguntaram em particular:

— Por que motivo nós não pudemos expulsá-lo?

20 Jesus respondeu:

— Por causa da pequenez da fé que vocês têm. Pois em verdade lhes digo que,

se tiverem fé como um grão de mostarda,
dirão a este monte: "Mude-se daqui para lá",
e ele se mudará. Nada lhes será impossível.
21 [Mas esse tipo de demônio só pode ser
expulso por meio de oração e jejum.]

DE NOVO JESUS PREDIZ A SUA MORTE E RESSURREIÇÃO

Mc 9.30-32; Lc 9.43b-45

22 Quando eles estavam reunidos na Gali-
leia, Jesus lhes disse:
— O Filho do Homem está para ser entre-
gue nas mãos dos homens, 23 e estes o
matarão; mas, ao terceiro dia, ressuscitará.
Então os discípulos ficaram muito tristes.

JESUS PAGA IMPOSTO

24 Quando Jesus e os discípulos chegaram
a Cafarnaum, os que cobravam o imposto
das duas dracmas se dirigiram a Pedro
e perguntaram:
— O Mestre de vocês não paga as duas
dracmas?
25 Pedro respondeu:
— Claro que paga!
Quando Pedro estava entrando em casa,
Jesus se adiantou, dizendo:
— Simão, o que você acha? De quem os
reis da terra cobram impostos ou tributo:
dos seus filhos ou dos estranhos?
26 Quando Pedro respondeu: "Dos estra-
nhos", Jesus lhe disse:
— Logo, os filhos estão isentos. 27 Mas, para
que não os escandalizemos, vá ao mar, jogue
o anzol e puxe o primeiro peixe que fisgar. Ao
abrir a boca do peixe, você encontrará uma
moeda. Pegue essa moeda e entregue aos
cobradores, para pagar o meu imposto e o seu.

O MAIOR NO REINO DOS CÉUS

Mc 9.33-37; Lc 9.46-48

18 1 Naquela hora, os discípulos se apro-
ximaram de Jesus e perguntaram:
— Quem é o maior no Reino dos Céus?
2 E Jesus, chamando uma criança, colo-
cou-a no meio deles 3 e disse:
— Em verdade lhes digo: se vocês não se
converterem e não se tornarem como crian-
ças, de maneira nenhuma entrarão no Reino
dos Céus. 4 Portanto, aquele que se humi-
lhar como esta criança, esse é o maior no
Reino dos Céus. 5 E quem receber uma
criança, tal como esta, em meu nome, é a
mim que recebe.

OS TROPEÇOS

Mc 9.42-48; Lc 17.1-2

6 — E, se alguém fizer tropeçar um des-
tes pequeninos que creem em mim, seria
melhor para esse que uma grande pedra de
moinho fosse pendurada ao seu pescoço e
fosse afogado na profundeza do mar.
7 — Ai do mundo por causa das pedras de
tropeço! Porque é inevitável que elas exis-
tam, mas ai de quem é responsável por elas!
8 — Se a sua mão ou o seu pé leva você a
tropeçar, corte-o e jogue fora; pois é melhor
você entrar na vida manco ou aleijado do
que, tendo duas mãos ou dois pés, ser lan-
çado no fogo eterno. 9 E, se um dos seus
olhos leva você a tropeçar, arranque-o e
jogue fora; pois é melhor você entrar na vida
com um só dos seus olhos do que, tendo os
dois, ser lançado no inferno de fogo.

A OVELHA DESGARRADA

Lc 15.3-7

10 — Fiquem atentos, para não despreza-
rem nenhum destes pequeninos! Porque eu
afirmo a vocês que os anjos deles, lá nos
céus, veem incessantemente a face de meu
Pai celeste. 11 Porque o Filho do Homem veio
salvar o que estava perdido.
12 — O que vocês acham? Se um homem
tiver cem ovelhas, e uma delas se desgar-
rar, não deixará ele nos montes as noventa
e nove, indo procurar a que se desgarrou?
13 E, se consegue encontrá-la, em verdade
lhes digo que ficará mais alegre por causa
desta do que pelas noventa e nove que não
se desgarraram. 14 Assim, não é da vontade
do Pai de vocês, que está nos céus, que se
perca um só destes pequeninos.

COMO TRATAR UM IRMÃO QUE PECA

Lc 17.3

15 — Se o seu irmão pecar contra você, vá e
repreenda-o em particular. Se ele ouvir, você

> *É a presença de Cristo unida aos ensinos divinos que proporciona as mudanças mais radicais e profundas em nosso interior.*

ganhou o seu irmão. 16 Mas, se não ouvir, leve ainda com você uma ou duas pessoas, para que, pelo depoimento de duas ou três testemunhas, toda questão seja decidida. 17 E, se ele se recusar a ouvir essas pessoas, exponha o assunto à igreja; e, se ele se recusar a ouvir também a igreja, considere-o como gentio e publicano.

18 — Em verdade lhes digo que tudo o que ligarem na terra terá sido ligado nos céus, e tudo o que desligarem na terra terá sido desligado nos céus. 19 Em verdade também lhes digo que, se dois de vocês, sobre a terra, concordarem a respeito de qualquer coisa que vierem a pedir, isso lhes será concedido por meu Pai, que está nos céus. 20 Porque, onde estiverem dois ou três reunidos em meu nome, ali estou no meio deles.

A PARÁBOLA DO SERVO QUE NÃO QUERIA PERDOAR

Lc 17.4

21 Então Pedro, aproximando-se, perguntou a Jesus:

— Senhor, até quantas vezes meu irmão pecará contra mim, que eu lhe perdoe? Até sete vezes?

22 Jesus respondeu:

— Não digo a você que perdoe até sete vezes, mas até setenta vezes sete.

23 — Por isso, o Reino dos Céus é semelhante a um rei que resolveu ajustar contas com os seus servos. 24 E, passando a fazê-lo, trouxeram-lhe um que lhe devia dez mil talentos. 25 Não tendo ele, porém, com que pagar, o senhor desse servo ordenou que fossem vendidos ele, a mulher, os filhos e tudo o que possuía e que, assim, a dívida fosse paga. 26 Então o servo, caindo aos pés dele, implorava: "Tenha paciência comigo, e pagarei tudo ao senhor." 27 E o senhor daquele servo, compadecendo-se, mandou-o embora e perdoou-lhe a dívida.

28 — Saindo, porém, aquele servo, encontrou um dos seus conservos que lhe devia cem denários. Agarrando-o, começou a sufocá-lo, dizendo: "Pague-me o que você me deve." 29 Então o seu conservo, caindo aos pés dele, pedia: "Tenha paciência comigo, e pagarei tudo a você." 30 Ele, porém, não quis. Pelo contrário, foi e o lançou na prisão, até que saldasse a dívida.

31 — Vendo os seus companheiros o que havia acontecido, ficaram muito tristes e foram relatar ao seu senhor tudo o que havia acontecido. 32 Então o senhor, chamando aquele servo, lhe disse: "Servo malvado, eu lhe perdoei aquela dívida toda porque você me implorou. 33 Será que você também não devia ter compaixão do seu conservo, assim como eu tive compaixão de você?" 34 E, indignando-se, o senhor entregou aquele servo aos carrascos, até que lhe pagasse toda a dívida. 35 Assim também o meu Pai, que está no céu, fará com vocês, se do íntimo não perdoarem cada um a seu irmão.

A QUESTÃO DO DIVÓRCIO

Mc 10.1-12

19 1 Quando Jesus acabou de proferir estas palavras, deixou a Galileia e foi para o território da Judeia, além do Jordão. 2 Grandes multidões o seguiram, e ele as curou ali.

3 Alguns fariseus se aproximaram de Jesus e, testando-o, perguntaram:

— É lícito ao homem repudiar a sua mulher por qualquer motivo?

4 Jesus respondeu:

— Vocês não leram que o Criador, desde o princípio, os fez homem e mulher 5 e que disse: "Por isso o homem deixará o seu pai e a sua mãe e se unirá à sua mulher, tornando-se os dois uma só carne"? 6 De modo que já não são mais dois, porém uma só carne. Portanto, que ninguém separe o que Deus ajuntou.

7 Os fariseus perguntaram:

— Então por que Moisés ordenou dar uma carta de divórcio e repudiar a mulher?

8 Jesus respondeu:

— Foi por causa da dureza do coração de vocês que Moisés permitiu que vocês repudiassem a mulher, mas não foi assim desde o princípio. 9 Eu, porém, lhes digo: quem repudiar a sua mulher, não sendo por causa de relações sexuais ilícitas, e casar com outra comete adultério.

10 Os discípulos de Jesus disseram:
— Se essa é a situação do homem em rela-
ção à sua mulher, não convém casar.
11 Jesus, porém, lhes respondeu:
— Nem todos são aptos para aceitar este
ensinamento, mas apenas aqueles a quem
isso é dado. 12 Porque há eunucos de nas-
cença; há outros a quem os homens fizeram
tais; e há outros que se fizeram eunucos, por
causa do Reino dos Céus. Quem é apto para
aceitar isto, que aceite.

JESUS ABENÇOA AS CRIANÇAS

Mc 10.13-16; Lc 18.15-17

13 Então trouxeram algumas crianças a
Jesus para que ele lhes impusesse as mãos
e orasse, mas os discípulos os repreendiam.
14 Jesus, porém, disse:
— Deixem os pequeninos e não os impe-
çam de vir a mim, porque dos tais é o Reino
dos Céus.
15 E, tendo-lhes imposto as mãos, retirou-
-se dali.

O JOVEM RICO

Mc 10.17-22; Lc 18.18-23

16 E eis que alguém, aproximando-se de
Jesus, lhe perguntou:
— Mestre, que farei de bom para alcançar
a vida eterna?
17 Jesus respondeu:
— Por que você me pergunta a respeito do
que é bom? Bom só existe um. Mas, se você
quer entrar na vida, guarde os mandamentos.
18 E ele lhe perguntou:
— Quais?
Jesus respondeu:
— "Não mate, não cometa adultério, não
furte, não dê falso testemunho; 19 honre o
seu pai e a sua mãe e ame o seu próximo
como você ama a si mesmo."
20 O jovem disse:
— Tudo isso tenho observado. O que me
falta ainda?
21 Jesus respondeu:
— Se você quer ser perfeito, vá, venda os
seus bens, dê o dinheiro aos pobres e você
terá um tesouro nos céus; depois, venha
e siga-me.
22 Mas o jovem, ouvindo esta palavra,
retirou-se triste, porque era dono de mui-
tas propriedades.

O PERIGO DAS RIQUEZAS

Mc 10.23-31; Lc 18.24-30

23 Então Jesus disse aos seus discípulos:
— Em verdade lhes digo que um rico difi-
cilmente entrará no Reino dos Céus. 24 E
ainda lhes digo que é mais fácil um camelo
passar pelo fundo de uma agulha do que
um rico entrar no Reino de Deus.
25 Ouvindo isto, os discípulos ficaram
muito admirados e perguntaram:
— Sendo assim, quem pode ser salvo?
26 Jesus, olhando para eles, disse:
— Para os seres humanos isto é impossí-
vel, mas para Deus tudo é possível.
27 Então Pedro, tomando a palavra, disse:
— Eis que nós deixamos tudo e seguimos
o senhor; que será, pois, de nós?
28 Jesus lhes respondeu:
— Em verdade lhes digo que, na regenera-
ção, quando o Filho do Homem se assentar
no trono da sua glória, vocês que me segui-
ram também se assentarão em doze tronos
para julgar as doze tribos de Israel. 29 E todo
aquele que tiver deixado casas, irmãos, irmãs,
pai, mãe, filhos ou campos, por causa do meu
nome, receberá muitas vezes mais e herdará a
vida eterna. 30 Porém muitos primeiros serão
últimos; e os últimos serão primeiros.

A PARÁBOLA DOS TRABALHADORES NA VINHA

20 1 — Porque o Reino dos Céus é
semelhante a um homem, dono de
terras, que saiu de madrugada para contra-
tar trabalhadores para a sua vinha. 2 E, tendo
combinado com os trabalhadores o paga-
mento de um denário por dia, mandou-os
para a vinha. 3 Saindo por volta de nove horas
da manhã, viu, na praça, outros que estavam
desocupados 4 e lhes disse: "Vão vocês tam-
bém trabalhar na vinha, e eu lhes pagarei o
que for justo." 5 Eles foram. Tendo saído de
novo, perto do meio-dia e às três horas da
tarde, fez a mesma coisa. 6 E, saindo por volta
de cinco horas da tarde, encontrou outros que

estavam desocupados e lhes perguntou: "Por
que vocês ficaram desocupados o dia todo?"
7 Eles responderam: "Porque ninguém nos
contratou." Então ele lhes disse: "Vão vocês
também trabalhar na vinha."

8 — Ao cair da tarde, o dono da vinha disse
ao seu administrador: "Chame os trabalhado-
res e pague-lhes o salário, começando pelos
últimos, indo até os primeiros." 9 Chegando os
que foram contratados às cinco da tarde, cada
um deles recebeu um denário. 10 Ao chega-
rem os primeiros, pensaram que receberiam
mais; porém também estes receberam um
denário cada um. 11 Mas, tendo-o recebido,
começaram a murmurar contra o dono das
terras, 12 dizendo: "Estes últimos trabalharam
apenas uma hora, mas você os igualou a nós,
que suportamos a fadiga e o calor do dia."

13 — Então o dono disse a um deles: "Amigo,
não estou sendo injusto com você. Você não
combinou comigo trabalhar por um dená-
rio? 14 Pegue o que é seu e saia daqui. Pois
quero dar a este último tanto quanto dei a
você. 15 Será que não me é lícito fazer o que
quero com o que é meu? Ou você ficou com
inveja porque eu sou bom?"

16 — Assim, os últimos serão primeiros, e
os primeiros serão últimos.

JESUS AINDA OUTRA VEZ PREDIZ SUA MORTE E RESSURREIÇÃO

Mc 10.32-34; Lc 18.31-34

17 Estando Jesus para subir a Jerusalém,
chamou os doze discípulos para um lado e,
no caminho, lhes disse:

18 — Eis que subimos para Jerusalém, e
o Filho do Homem será entregue aos prin-
cipais sacerdotes e aos escribas. Eles vão
condená-lo à morte 19 e entregá-lo aos
gentios para ser zombado, açoitado e cru-
cificado; mas, ao terceiro dia, ressuscitará.

O PEDIDO DA MÃE DE TIAGO E JOÃO

Mc 10.35-45

20 Então se aproximou de Jesus a mulher
de Zebedeu, com seus filhos, e, adorando-o,
pediu-lhe um favor. 21 Jesus lhe perguntou:

— O que você quer?

Ela respondeu:

— Mande que, no seu reino, estes meus
dois filhos se assentem um à sua direita e
o outro à sua esquerda.

22 Mas Jesus disse:

— Vocês não sabem o que estão pedindo.
Será que podem beber o cálice que eu estou
para beber?

Eles responderam:

— Podemos.

23 Então Jesus lhes disse:

— Vocês beberão o meu cálice. Quanto a
sentar à minha direita e à minha esquerda,
não me compete concedê-lo, pois é para
aqueles a quem está preparado por meu Pai.

24 Quando os outros dez discípulos ouvi-
ram isso, ficaram indignados com os dois
irmãos. 25 Então Jesus, chamando-os para
junto de si, disse:

— Vocês sabem que os governadores dos
povos os dominam e que os maiorais exer-
cem autoridade sobre eles. 26 Mas entre
vocês não será assim; pelo contrário, quem
quiser tornar-se grande entre vocês, que se
coloque a serviço dos outros; 27 e quem qui-
ser ser o primeiro entre vocês, que seja servo
de vocês; 28 tal como o Filho do Homem, que
não veio para ser servido, mas para servir e
dar a sua vida em resgate por muitos.

A CURA DE DOIS CEGOS DE JERICÓ

Mc 10.46-52; Lc 18.35-43

29 Saindo eles de Jericó, uma grande mul-
tidão seguia Jesus. 30 E eis que dois cegos,
sentados à beira do caminho, tendo ouvido
que Jesus passava, começaram a gritar:

— Senhor, Filho de Davi, tenha compaixão
de nós!

31 Mas a multidão os repreendia para que se
calassem. Eles, porém, gritavam cada vez mais:

— Senhor, Filho de Davi, tenha compaixão
de nós!

32 Jesus parou, chamou-os e perguntou:

— O que vocês querem que eu lhes faça?

33 Eles responderam:

— Senhor, que se abram os nossos olhos.

34 Profundamente compadecido, Jesus
tocou nos olhos deles. E imediatamente
recuperaram a vista e o seguiram.

JESUS ENTRA EM JERUSALÉM

Mc 11.1-11; Lc 19.28-40; Jo 12.12-19

21 [1] Quando se aproximaram de Jerusa-
lém e chegaram a Betfagé, ao monte
das Oliveiras, Jesus enviou dois discípulos,
[2] dizendo-lhes:

— Vão até a aldeia que está diante de vocês e logo encontrarão presa uma jumenta e, com ela, um jumentinho. Desprendam
e tragam para mim. [3] E, se alguém disser
alguma coisa, respondam: "O Senhor precisa deles." E logo ele deixará que vocês tragam os animais.

[4] Ora, isto aconteceu para se cumprir o que
foi dito por meio do profeta:

[5] "Digam à filha de Sião:
Eis que o seu Rei vem até você, humilde,
montado em jumenta,
e num jumentinho,
cria de animal de carga."

[6] Indo os discípulos e tendo feito como
Jesus lhes havia ordenado, [7] trouxeram a
jumenta e o jumentinho. Então puseram em cima deles as suas capas, e sobre elas
Jesus montou. [8] E a maior parte da multi-
dão estendeu as suas capas no caminho, e outros cortavam ramos de árvores, espalhando-os pelo caminho. [9] E as multidões,
tanto as que iam adiante dele como as que o seguiam, clamavam:

"Hosana ao Filho de Davi!
Bendito o que vem
em nome do Senhor!
Hosana nas maiores alturas!"

[10] E, quando Jesus entrou em Jerusalém,
toda a cidade se alvoroçou. E perguntavam:

— Quem é este?

[11] E as multidões respondiam:

— Este é o profeta Jesus, de Nazaré da Galileia!

A PURIFICAÇÃO DO TEMPLO

Mc 11.15-19; Lc 19.45-48; Jo 2.13-22

[12] Jesus entrou no templo e expulsou todos
os que ali vendiam e compravam. Derrubou as mesas dos cambistas e as cadeiras dos
que vendiam pombas. [13] E disse-lhes:

— Está escrito: "A minha casa será chamada 'Casa de Oração'." Mas vocês estão fazendo dela um covil de salteadores.

[14] Cegos e coxos se aproximaram de Jesus,
no templo, e ele os curou. [15] Mas, quando
os principais sacerdotes e os escribas viram as maravilhas que Jesus fazia e as crianças que gritavam no templo: "Hosana ao Filho de Davi!", ficaram indignados e perguntaram a Jesus:

[16] — Você está ouvindo o que estão dizendo?

Jesus respondeu:

— Sim! Vocês nunca leram: "Da boca de pequeninos e crianças de peito tiraste o perfeito louvor"?

[17] E, deixando-os, saiu da cidade e foi para
Betânia, onde passou a noite.

A FIGUEIRA SEM FRUTO

Mc 11.12-14,20-24

[18] Cedo de manhã, ao voltar para a cidade,
Jesus teve fome. [19] E, vendo uma figueira à
beira do caminho, aproximou-se dela, mas não encontrou nada, a não ser folhas. Então Jesus disse à figueira:

— Nunca mais nasça fruto de você!

E a figueira secou imediatamente.
[20] Quando os discípulos viram isso, ficaram admirados e disseram:

— Como a figueira secou depressa!

[21] Ao que Jesus lhes disse:

— Em verdade lhes digo que, se tiverem fé e não duvidarem, não somente farão o que foi feito à figueira, mas até mesmo, se disserem a este monte: "Levante-se e jogue-se no mar", assim será feito. [22] E tudo o que
pedirem em oração, crendo, vocês receberão.

A AUTORIDADE DE JESUS

Mc 11.27-33; Lc 20.1-8

[23] Jesus entrou no templo e, quando já
estava ensinando, os principais sacerdotes e os anciãos do povo se aproximaram dele e perguntaram:

— Com que autoridade você faz estas coisas? E quem lhe deu esta autoridade?

24 Jesus respondeu:

— Eu também vou fazer uma pergunta a vocês. Se me responderem, também eu lhes direi com que autoridade faço estas coisas. 25 De onde era o batismo de João: do céu ou dos homens?

E eles discutiam entre si:

— Se dissermos: "Do céu", ele nos dirá: "Então por que não acreditaram nele?" 26 Mas, se dissermos: "Dos homens", é de temer o povo. Porque todos consideram João um profeta.

27 Então responderam a Jesus:

— Não sabemos.

E ele, por sua vez, lhes disse:

— Então eu também não lhes digo com que autoridade faço estas coisas.

A PARÁBOLA DOS DOIS FILHOS

28 — O que vocês acham? Um homem tinha dois filhos. Chegando-se ao primeiro, disse: "Filho, vá hoje trabalhar na vinha." 29 Ele respondeu: "Não quero ir." Mas depois, arrependido, foi. 30 Dirigindo-se ao outro filho, o pai disse a mesma coisa. Ele respondeu: "Sim, senhor." Mas não foi. 31 Qual dos dois fez a vontade do pai?

Eles responderam:

— O primeiro.

Então Jesus disse:

— Em verdade lhes digo que os publicanos e as prostitutas estão entrando no Reino de Deus primeiro que vocês. 32 Porque João veio até vocês no caminho da justiça, e vocês não acreditaram nele; no entanto, os publicanos e as prostitutas acreditaram. Vocês, porém, mesmo vendo isso, não se arrependeram depois para acreditar nele.

A PARÁBOLA DOS LAVRADORES MAUS

Mc 12.1-12; Lc 20.9-19

33 — Escutem outra parábola. Havia um homem, dono de terras, que plantou uma vinha. Pôs uma cerca em volta dela, construiu nela um lagar, edificou uma torre e arrendou a vinha a uns lavradores. Depois, ausentou-se do país. 34 Quando chegou o tempo da colheita, o dono da vinha mandou os seus servos aos lavradores, para receber os frutos que cabiam a ele. 35 Mas os lavradores, agarrando os servos, espancaram um, mataram outro e apedrejaram ainda outro. 36 O dono enviou ainda outros servos em maior número; e os lavradores fizeram a mesma coisa com eles. 37 Por último, o dono da vinha enviou-lhes o seu próprio filho, pensando: "O meu filho eles respeitarão." 38 Mas os lavradores, vendo o filho, disseram uns aos outros: "Este é o herdeiro; venham, vamos matá-lo e ficar com a herança dele para nós." 39 E, agarrando-o, lançaram-no fora da vinha e o mataram. 40 Quando, pois, vier o dono da vinha, que fará àqueles lavradores?

41 Eles responderam:

— Fará perecer horrivelmente aqueles malvados e arrendará a vinha a outros lavradores que lhe entregarão os frutos no tempo certo.

42 Então Jesus perguntou:

— Vocês nunca leram nas Escrituras:

"A pedra que os construtores
rejeitaram,
essa veio a ser a pedra angular.
Isto procede do Senhor
e é maravilhoso
aos nossos olhos"?

43 — Portanto, eu lhes digo que o Reino de Deus será tirado de vocês e entregue a um povo que lhe produza os respectivos frutos. 44 Todo o que cair sobre esta pedra ficará em pedaços; e aquele sobre quem ela cair ficará reduzido a pó.

45 Os principais sacerdotes e os fariseus, ouvindo estas parábolas, entenderam que Jesus falava a respeito deles; 46 e, embora quisessem prendê-lo, tinham medo das multidões, porque estas o consideravam como profeta.

A PARÁBOLA DA FESTA DE CASAMENTO

Lc 14.15-24

22 1 De novo Jesus lhes falou por parábolas, dizendo:

2 — O Reino dos Céus é semelhante a um rei que preparou uma festa de casamento para

seu filho. [3] Enviou os seus servos a chamar os
convidados para a festa, mas estes não quise-
ram vir. [4] Enviou ainda outros servos, dizendo:
"Digam aos convidados: Eis que já preparei
o meu banquete; os meus bois e animais da
engorda já foram abatidos, e tudo está pronto;
venham para a festa." [5] Mas os convidados
não se importaram e se foram, um para o seu
campo, outro para o seu negócio. [6] Outros, agar-
rando os servos, os maltrataram e mataram.
[7] — O rei ficou furioso e, enviando as suas
tropas, exterminou aqueles assassinos e
incendiou a cidade deles. [8] Então disse aos
seus servos: "A festa está pronta, mas os con-
vidados não eram dignos. [9] Vão, pois, para
as encruzilhadas dos caminhos e convidem
para o banquete todos os que vocês encon-
trarem." [10] E, saindo aqueles servos pelas
estradas, reuniram todos os que encontraram,
maus e bons; e a sala do banquete ficou cheia
de convidados.
[11] — Mas, quando o rei entrou para ver os
que estavam à mesa, notou ali um homem que
não trazia veste nupcial [12] e perguntou-lhe:
"Amigo, como você entrou aqui sem veste nup-
cial?" E ele emudeceu. [13] Então o rei ordenou
aos serventes: "Amarrem os pés e as mãos dele
e atirem-no para fora, nas trevas; ali haverá
choro e ranger de dentes." [14] Porque muitos
são chamados, mas poucos são escolhidos.

A QUESTÃO DO IMPOSTO

Mc 12.13-17; Lc 20.20-26

[15] Então os fariseus se retiraram e consulta-
ram entre si como surpreenderiam Jesus em
alguma palavra. [16] E enviaram-lhe discípulos,
juntamente com os herodianos, para lhe dizer:
— Mestre, sabemos que o senhor é verda-
deiro e que ensina o caminho de Deus de
acordo com a verdade, sem se importar com
a opinião dos outros, porque não olha para
a aparência das pessoas. [17] Assim sendo,
diga-nos o que o senhor acha: é lícito pagar
imposto a César ou não?
[18] Mas Jesus, percebendo a maldade deles,
respondeu:
— Hipócritas, por que vocês estão me
pondo à prova? [19] Mostrem-me a moeda
do imposto.
Trouxeram-lhe um denário. [20] E Jesus
lhes perguntou:
— De quem é esta figura e esta inscrição?
[21] Eles responderam:
— De César.
Então Jesus lhes disse:
— Deem, pois, a César o que é de César e
a Deus o que é de Deus.
[22] Ouvindo isto, se admiraram e, deixan-
do-o, foram embora.

OS SADUCEUS E A RESSURREIÇÃO

Mc 12.18-27; Lc 20.27-40

[23] Naquele dia, alguns saduceus, que dizem
não haver ressurreição, aproximaram-se de
Jesus e lhe perguntaram:
[24] — Mestre, Moisés disse: "Se alguém mor-
rer, não tendo filhos, o irmão desse homem
deve casar com a viúva e gerar descenden-
tes para o falecido." [25] Ora, havia entre nós
sete irmãos. O primeiro, tendo casado, mor-
reu e, não tendo descendência, deixou sua
mulher para seu irmão. [26] O mesmo acon-
teceu com o segundo, com o terceiro, até o
sétimo. [27] Por fim, depois de todos, morreu
também a mulher. [28] Portanto, na ressurrei-
ção, de qual dos sete ela será esposa? Porque
todos casaram com ela.
[29] Jesus respondeu:
— O erro de vocês está no fato de não
conhecerem as Escrituras nem o poder de
Deus. [30] Porque, na ressurreição, nem casam,
nem se dão em casamento, mas são como
os anjos no céu. [31] Quanto à ressurreição dos
mortos, vocês nunca leram o que Deus disse
a vocês: [32] "Eu sou o Deus de Abraão, o Deus
de Isaque e o Deus de Jacó"? Ele não é Deus
de mortos, e sim de vivos.
[33] Ouvindo isto, as multidões se maravi-
lhavam da sua doutrina.

O GRANDE MANDAMENTO

Mc 12.28-34; Lc 10.25-28

[34] Entretanto, os fariseus, sabendo que Jesus
havia silenciado os saduceus, reuniram-se
em conselho. [35] E um deles, intérprete da Lei,
querendo pôr Jesus à prova, perguntou-lhe:
[36] — Mestre, qual é o grande mandamento
na Lei?

37 Jesus respondeu:

— "Ame o Senhor, seu Deus, de todo o seu coração, de toda a sua alma e de todo o seu entendimento." 38 Este é o grande e primeiro mandamento. 39 E o segundo, semelhante a este, é: "Ame o seu próximo como você ama a si mesmo." 40 Destes dois mandamentos dependem toda a Lei e os Profetas.

O CRISTO, FILHO DE DAVI

Mc 12.35-37; Lc 20.41-44

41 Estando reunidos os fariseus, Jesus lhes perguntou:

42 — O que vocês pensam do Cristo? De quem é filho?

Eles responderam:

— De Davi.

43 E Jesus perguntou:

— Então, como é que Davi, pelo Espírito, chama o Cristo de Senhor, dizendo:

44 "Disse o Senhor ao meu Senhor:
'Sente-se à minha direita,
até que eu ponha os seus inimigos
debaixo dos seus pés'"?

45 — Portanto, se Davi o chama de Senhor, como ele pode ser filho de Davi?

46 E ninguém podia lhe responder uma palavra; e a partir daquele dia ninguém mais ousou fazer perguntas.

JESUS CENSURA OS ESCRIBAS E OS FARISEUS

Mc 12.38-40; Lc 11.37-52; 20.45-47

23 1 Então Jesus falou às multidões e aos seus discípulos:

2 — Na cadeira de Moisés se assentaram os escribas e os fariseus. 3 Portanto, façam e observem tudo o que eles disserem a vocês, mas não os imitem em suas obras; porque dizem e não fazem. 4 Atam fardos pesados, difíceis de carregar, e os põem sobre os ombros dos outros, mas eles mesmos nem com o dedo querem movê-los. 5 Praticam todas as suas obras a fim de serem vistos pelos outros; pois alargam os seus filactérios e alongam as franjas de suas capas. 6 Gostam do primeiro lugar nos banquetes e das primeiras cadeiras nas sinagogas, 7 das saudações nas praças e de serem chamados de "mestre". 8 Mas vocês não serão chamados de "mestre", porque um só é Mestre de vocês, e todos vocês são irmãos. 9 Aqui na terra, não chamem ninguém de "pai", porque só um é o Pai de vocês, aquele que está nos céus. 10 Nem queiram ser chamados de "guias", porque um só é o Guia de vocês, o Cristo. 11 Mas o maior entre vocês será o servo de vocês. 12 Quem se exaltar será humilhado; e quem se humilhar será exaltado.

13 — Ai de vocês, escribas e fariseus, hipócritas, porque vocês fecham o Reino dos Céus diante das pessoas; pois vocês mesmos não entram, nem deixam entrar os que estão entrando!

14 [— Ai de vocês, escribas e fariseus, hipócritas, porque vocês devoram as casas das viúvas e, para o justificar, fazem longas orações; por isso, vocês sofrerão juízo muito mais severo!]

15 — Ai de vocês, escribas e fariseus, hipócritas, porque vocês percorrem o mar e a terra para fazer um prosélito; e, uma vez feito, o tornam filho do inferno duas vezes mais do que vocês!

16 — Ai de vocês, guias cegos, que dizem: "Se alguém jurar pelo santuário, isso não tem importância; mas, se alguém jurar pelo ouro do santuário, fica obrigado pelo que jurou!" 17 Seus tolos e cegos! Qual é mais importante: o ouro ou o santuário que santifica o ouro? 18 E vocês dizem: "Se alguém jurar pelo altar, isso não tem importância; mas, se alguém jurar pela oferta que está sobre o altar, fica obrigado pelo que jurou." 19 Cegos! Qual é mais importante: a oferta ou o altar que santifica a oferta? 20 Portanto, quem jurar pelo altar jura por ele e por tudo o que está sobre ele. 21 Quem jurar pelo santuário jura por ele e por aquele que nele habita; 22 e quem jurar pelo céu jura pelo trono de Deus e por aquele que está sentado no trono.

23 — Ai de vocês, escribas e fariseus, hipócritas, porque vocês dão o dízimo da hortelã, do endro e do cominho e desprezam os preceitos mais importantes da Lei: a justiça, a misericórdia e a fé. Mas vocês deviam fazer estas coisas, sem omitir aquelas! 24 Guias cegos! Coam um mosquito, mas engolem um camelo!

[25]— Ai de vocês, escribas e fariseus, hipó-
critas, porque vocês limpam o exterior do
copo e do prato, mas estes, por dentro, estão
cheios de roubo e de glutonaria! [26] Fariseu
cego! Limpe primeiro o interior do copo,
para que também o seu exterior fique limpo!
[27]— Ai de vocês, escribas e fariseus, hipó-
critas, porque vocês são semelhantes aos
sepulcros pintados de branco, que, por fora,
se mostram belos, mas interiormente estão
cheios de ossos de mortos e de toda podridão!
[28] Assim também vocês, por fora, parecem
justos aos olhos dos outros, mas, por den-
tro, estão cheios de hipocrisia e de maldade.
[29]— Ai de vocês, escribas e fariseus, hipó-
critas, porque vocês edificam os sepulcros
dos profetas, enfeitam os túmulos dos jus-
tos [30] e dizem: "Se nós tivéssemos vivido nos
dias de nossos pais, não teríamos sido seus
cúmplices, quando mataram os profetas!"
[31] Assim, vocês dão testemunho contra si
mesmos de que são filhos dos que mataram
os profetas. [32] Portanto, tratem de terminar
aquilo que os pais de vocês começaram.
[33] — Serpentes, raça de víboras! Como
esperam escapar da condenação do inferno?
[34] Por isso, eis que eu lhes envio profetas,
sábios e escribas. A uns vocês matarão e a
outros crucificarão; a outros ainda vocês
açoitarão nas sinagogas e perseguirão de
cidade em cidade; [35] para que recaia sobre
vocês todo o sangue justo derramado sobre
a terra, desde o sangue do justo Abel até o
sangue de Zacarias, filho de Baraquias, a
quem vocês mataram entre o santuário e o
altar. [36] Em verdade lhes digo que todas estas
coisas hão de vir sobre a presente geração.

O LAMENTO SOBRE JERUSALÉM

Lc 13.34-35

[37]— Jerusalém, Jerusalém! Você mata os
profetas e apedreja os que lhe são enviados!
Quantas vezes eu quis reunir os seus filhos,
como a galinha ajunta os seus pintinhos
debaixo das asas, mas vocês não quise-
ram! [38] Eis que a casa de vocês ficará deserta.
[39] Pois eu lhes afirmo que, desde agora, não
me verão mais, até que venham a dizer:
"Bendito o que vem em nome do Senhor!"

O SERMÃO PROFÉTICO

A DESTRUIÇÃO DO TEMPLO

Mc 13.1-2; Lc 21.5-6

24 [1] Jesus saiu do templo e, enquanto
caminhava, os seus discípulos se
aproximaram para lhe mostrar as constru-
ções do templo. [2] Ele, porém, lhes disse:
— Vocês estão vendo todas estas coisas?
Em verdade lhes digo que não ficará aqui
pedra sobre pedra que não seja derrubada.

O PRINCÍPIO DAS DORES

Mc 13.3-13; Lc 21.7-19

[3] Jesus estava sentado no monte das Olivei-
ras quando os discípulos se aproximaram
dele e, em particular, lhe pediram:
— Diga-nos quando essas coisas vão acon-
tecer e que sinal haverá da sua vinda e do
fim dos tempos.
[4] E Jesus respondeu:
— Tenham cuidado para que ninguém
os engane. [5] Porque muitos virão em meu
nome, dizendo: "Eu sou o Cristo"; e enga-
narão a muitos. [6] E vocês ouvirão falar de
guerras e rumores de guerras. Fiquem aten-
tos e não se assustem, porque é necessário
que isso aconteça, mas ainda não é o fim.
[7] Porque nação se levantará contra nação, e
reino, contra reino. Haverá fomes e terremo-
tos em vários lugares. [8] Porém todas essas
coisas são o princípio das dores.
[9]— Vocês serão entregues para serem
maltratados e eles os matarão. Vocês serão
odiados por todas as nações por causa do
meu nome. [10] Nesse tempo, muitos hão de
se escandalizar, trair e odiar uns aos outros.
[11] Muitos falsos profetas se levantarão e
enganarão a muitos. [12] E, por se multipli-
car a maldade, o amor de muitos se esfriará.
[13] Aquele, porém, que ficar firme até o fim, esse
será salvo. [14] E será pregado este evangelho
do Reino por todo o mundo, para teste-
munho a todas as nações. Então virá o fim.

A GRANDE TRIBULAÇÃO

Mc 13.14-24; Lc 21.20-23

[15]— Quando, pois, vocês virem, situado no
lugar santo, o abominável da desolação de

que falou o profeta Daniel (quem lê entenda), 16 então os que estiverem na Judeia fujam para os montes. 17 Quem estiver no terraço não desça para tirar de casa alguma coisa. 18 E quem estiver no campo não volte atrás para buscar a sua capa. 19 Ai das que estiverem grávidas e das que amamentarem naqueles dias! 20 Orem para que a fuga de vocês não aconteça no inverno, nem no sábado. 21 Porque nesse tempo haverá grande tribulação, como nunca houve desde o princípio do mundo até agora e nunca jamais haverá. 22 Não tivessem aqueles dias sido abreviados, ninguém seria salvo; mas, por causa dos escolhidos, tais dias serão abreviados.

23 — Então, se alguém disser a vocês: "Olhem! Aqui está o Cristo!" ou: "Ali está ele!", não acreditem. 24 Porque surgirão falsos cristos e falsos profetas, operando grandes sinais e prodígios, para enganar, se possível, os próprios eleitos. 25 Eis que tenho predito isso a vocês. 26 Portanto, se disserem a vocês: "Eis que ele está no deserto!", não vão lá. Ou, se disserem: "Eis que ele está no interior da casa!", não acreditem. 27 Porque, assim como o relâmpago sai do Oriente e brilha até o Ocidente, assim será a vinda do Filho do Homem. 28 Onde estiver o cadáver, aí se ajuntarão os abutres.

A VINDA DO FILHO DO HOMEM

Mc 13.24-27; Lc 21.25-28

29 — Logo em seguida à tribulação daqueles dias, o sol escurecerá, a lua não dará a sua claridade, as estrelas cairão do firmamento e os poderes dos céus serão abalados. 30 Então aparecerá no céu o sinal do Filho do Homem. Todos os povos da terra se lamentarão e verão o Filho do Homem vindo sobre as nuvens do céu, com poder e grande glória. 31 E ele enviará os seus anjos, com grande som de trombeta, os quais reunirão os seus escolhidos dos quatro ventos, de uma a outra extremidade dos céus.

A PARÁBOLA DA FIGUEIRA

Mc 13.28-31; Lc 21.29-33

32 — Aprendam a parábola da figueira: quando já os seus ramos se renovam e as folhas brotam, vocês sabem que o verão está próximo. 33 Assim, também vocês, quando virem todas estas coisas, saibam que está próximo, às portas. 34 Em verdade lhes digo que não passará esta geração sem que tudo isto aconteça. 35 Passará o céu e a terra, porém as minhas palavras não passarão.

EXORTAÇÃO À VIGILÂNCIA

Mc 13.32-37; Lc 17.26-30,34-36

36 — Mas a respeito daquele dia e hora ninguém sabe, nem os anjos dos céus, nem o Filho, senão o Pai. 37 Pois assim como foi nos dias de Noé, assim será também a vinda do Filho do Homem. 38 Pois assim como nos dias anteriores ao dilúvio comiam e bebiam, casavam e davam-se em casamento, até o dia em que Noé entrou na arca, 39 e não o perceberam, até que veio o dilúvio e os levou a todos, assim será também a vinda do Filho do Homem. 40 Então dois estarão no campo: um será levado, e o outro será deixado; 41 duas mulheres estarão trabalhando num moinho: uma será levada, e a outra será deixada.

42 — Portanto, vigiem, porque vocês não sabem em que dia virá o Senhor de vocês. 43 Porém, considerem isto: se o pai de família soubesse a que hora viria o ladrão, vigiaria e não deixaria que a sua casa fosse arrombada. 44 Por isso, estejam também vocês preparados, porque o Filho do Homem virá à hora em que vocês menos esperam.

A PARÁBOLA DO SERVO FIEL E DO SERVO MAU

Lc 12.41-48

45 — Quem é, pois, o servo fiel e prudente, a quem o senhor deixou encarregado dos demais servos, para lhes dar o sustento a seu tempo? 46 Bem-aventurado aquele servo a quem seu senhor, quando vier, achar fazendo assim. 47 Em verdade lhes digo que lhe confiará todos os seus bens. 48 Mas o que acontecerá se aquele servo, sendo mau, disser consigo mesmo: "Meu senhor demora para vir", 49 e começar a espancar os seus companheiros e a comer e beber com os bêbados? 50 Virá o senhor daquele servo, em dia em que não o espera e em hora que não sabe, 51 e irá aplicar-lhe um castigo severo,

condenando-o com os hipócritas. Ali haverá
choro e ranger de dentes.

A PARÁBOLA DAS DEZ VIRGENS

25 1 — Então o Reino dos Céus será
semelhante a dez virgens que,
pegando as suas lamparinas, saíram a
encontrar-se com o noivo. 2 Cinco delas eram
imprudentes, e cinco, prudentes. 3 As impru-
dentes, ao pegar as suas lamparinas, não
levaram óleo consigo, 4 mas as prudentes,
além das lamparinas, levaram óleo nas vasi-
lhas. 5 E, como o noivo estava demorando,
todas ficaram sonolentas e adormeceram.
6 Mas, à meia-noite, ouviu-se um grito: "Eis
o noivo! Saiam ao encontro dele!"
7 — Então todas aquelas virgens se levanta-
ram e prepararam as suas lamparinas. 8 E as
imprudentes disseram às prudentes: "Deem
a nós um pouco do óleo que vocês trouxe-
ram, porque as nossas lamparinas estão
se apagando." 9 Mas as prudentes respon-
deram: "Não! Porque então vai faltar tanto
para nós como para vocês! Vão aos que o
vendem e comprem óleo para vocês." 10 E,
saindo elas para comprar, chegou o noivo,
e as que estavam preparadas entraram com
ele para a festa do casamento. E fechou-se
a porta. 11 Mais tarde, chegaram as virgens
imprudentes, dizendo: "Senhor, senhor, abra
a porta para nós!" 12 Mas o noivo respondeu:
"Em verdade lhes digo que não as conheço."
13 Portanto, vigiem, porque vocês não sabem
o dia nem a hora.

A PARÁBOLA DOS TALENTOS

Lc 19.11-27

14 — Pois será como um homem que, ausen-
tando-se do país, chamou os seus servos e
lhes confiou os seus bens. 15 A um deu cinco
talentos, a outro deu dois e a outro deu um,
de acordo com a capacidade de cada um
deles; e então partiu. 16 O servo que tinha
recebido cinco talentos saiu imediatamente
a negociar com eles e ganhou outros cinco.
17 Do mesmo modo, o que tinha recebido dois
ganhou outros dois. 18 Mas o servo que tinha
recebido um talento, saindo, fez um buraco
na terra e escondeu o dinheiro do seu senhor.
19 — Depois de muito tempo, o senhor
daqueles servos voltou e fez um ajuste de
contas com eles. 20 Aproximando-se o que
tinha recebido cinco talentos, entregou
outros cinco, dizendo: "O senhor me con-
fiou cinco talentos; eis aqui outros cinco que
ganhei." 21 O senhor disse: "Muito bem, servo
bom e fiel; você foi fiel no pouco, sobre o
muito o colocarei; venha participar da ale-
gria do seu senhor."
22 — E, aproximando-se também o que
tinha recebido dois talentos, disse: "O
senhor me confiou dois talentos; eis aqui
outros dois que ganhei." 23 Então o senhor
disse: "Muito bem, servo bom e fiel; você
foi fiel no pouco, sobre o muito o colocarei;
venha participar da alegria do seu senhor."
24 — Chegando, por fim, o que tinha recebido
um talento, disse: "Sabendo que o senhor é
um homem severo, que colhe onde não plan-
tou e ajunta onde não espalhou, 25 fiquei com
medo e escondi o seu talento na terra; aqui
está o que é seu." 26 Mas o senhor respondeu:
"Servo mau e preguiçoso! Você sabia que eu
colho onde não plantei e ajunto onde não
espalhei? 27 Então você devia ter entregado o
meu dinheiro aos banqueiros, e eu, ao voltar,
receberia com juros o que é meu."
28 — "Portanto, tirem dele o talento e deem
ao que tem dez. 29 Porque a todo o que tem,
mais será dado, e terá em abundância; mas
ao que não tem, até o que tem lhe será tirado.
30 Quanto ao servo inútil, lancem-no para fora,
nas trevas. Ali haverá choro e ranger de dentes."

O GRANDE JULGAMENTO

31 — Quando o Filho do Homem vier na sua
majestade e todos os anjos com ele, então
se assentará no trono da sua glória. 32 Todas
as nações serão reunidas em sua presença,
e ele separará uns dos outros, como o pastor
separa as ovelhas dos cabritos: 33 porá as ove-
lhas à sua direita e os cabritos, à sua esquerda.
34 — Então o Rei dirá aos que estiverem à
sua direita: "Venham, benditos de meu Pai!
Venham herdar o Reino que está preparado
para vocês desde a fundação do mundo.
35 Porque tive fome, e vocês me deram de
comer; tive sede, e vocês me deram de beber;

As palavras de Jesus aos discípulos, antes de partir para estar ao lado do Pai, serviram justamente para enfatizar a necessidade de produzir frutos que permaneçam.

eu era forasteiro, e vocês me hospedaram;
36 eu estava nu, e vocês me vestiram; enfermo,
e me visitaram; preso, e foram me ver."
37 — Então os justos perguntarão: "Quando
foi que vimos o senhor com fome e lhe
demos de comer? Ou com sede e lhe demos
de beber? 38 E quando foi que vimos o senhor
como forasteiro e o hospedamos? Ou nu e
o vestimos? 39 E quando foi que vimos o
senhor enfermo ou preso e fomos visitá-lo?"
40 — O Rei, respondendo, lhes dirá: "Em
verdade lhes digo que, sempre que o fize-
ram a um destes meus pequeninos irmãos,
foi a mim que o fizeram."
41 — Então o Rei dirá também aos que esti-
verem à sua esquerda: "Afastem-se de mim,
malditos, para o fogo eterno, preparado para
o diabo e seus anjos. 42 Porque tive fome, e
vocês não me deram de comer; tive sede, e
vocês não me deram de beber; 43 sendo foras-
teiro, vocês não me hospedaram; estando
nu, vocês não me vestiram; achando-me
enfermo e preso, vocês não foram me ver."
44 — E eles lhe perguntarão: "Quando foi
que vimos o senhor com fome, com sede,
forasteiro, nu, enfermo ou preso e não o
socorremos?"
45 — Então o Rei responderá: "Em verdade
lhes digo que, sempre que o deixaram de
fazer a um destes mais pequeninos, foi a
mim que o deixaram de fazer." 46 E estes irão
para o castigo eterno, porém os justos irão
para a vida eterna.

O PLANO PARA MATAR JESUS

Mc 14.1-2; Lc 22.1-2; Jo 11.45-53

26 1 Quando Jesus acabou de profe-
rir estas palavras, disse aos seus
discípulos:
2 — Vocês sabem que, daqui a dois dias,
será celebrada a Páscoa, e o Filho do Homem
será entregue para ser crucificado.
3 Então os principais sacerdotes e os
anciãos do povo se reuniram no palácio do
sumo sacerdote, chamado Caifás, 4 e deli-
beraram prender Jesus, à traição, e matá-lo.
5 Mas diziam:
— Não durante a festa, para que não haja
tumulto entre o povo.

JESUS É UNGIDO EM BETÂNIA

Mc 14.3-9; Jo 12.1-8

6 Quando Jesus estava em Betânia, na casa
de Simão, o leproso, 7 aproximou-se dele
uma mulher, trazendo um frasco feito de
alabastro com um perfume precioso, que ela
derramou sobre a cabeça de Jesus, estando
ele à mesa. 8 Vendo isto, os discípulos fica-
ram indignados e disseram:
— Para que este desperdício? 9 Este per-
fume poderia ter sido vendido por muito
dinheiro, para ser dado aos pobres.
10 Mas Jesus, sabendo disto, lhes disse:
— Por que vocês estão incomodando esta
mulher? Ela praticou uma boa ação para
comigo. 11 Porque os pobres estarão sempre
com vocês, mas a mim vocês nem sempre terão.
12 Porque, derramando este perfume sobre o
meu corpo, ela o fez para o meu sepultamento.
13 Em verdade lhes digo que, onde for pregado
em todo o mundo este evangelho, também será
contado o que ela fez, para memória dela.

O PACTO DA TRAIÇÃO

Mc 14.10-11; Lc 22.3-6

14 Então um dos doze, chamado Judas Isca-
riotes, foi falar com os principais sacerdotes.
15 Ele disse:
— Quanto me darão para que eu o entre-
gue a vocês?
E pagaram-lhe trinta moedas de prata. 16 E,
desse momento em diante, Judas buscava
uma boa ocasião para entregar Jesus.

OS DISCÍPULOS PREPARAM A PÁSCOA

Mc 14.12-16; Lc 22.7-13

17 No primeiro dia da Festa dos Pães sem
Fermento, os discípulos vieram a Jesus e
lhe perguntaram:
— Onde quer que façamos os preparativos
para que o senhor possa comer a Páscoa?
18 E ele lhes respondeu:
— Vão até a cidade, procurem certo homem
e digam: "O Mestre diz: O meu tempo está
próximo. É em sua casa que celebrarei a Pás-
coa com os meus discípulos."
19 E eles fizeram como Jesus lhes havia
ordenado e prepararam a Páscoa.

O TRAIDOR É INDICADO

Mc 14.17-21; Lc 22.21-23; Jo 13.21-30

20 Ao cair da tarde, Jesus pôs-se à mesa com
os doze discípulos. 21 E, enquanto comiam,
Jesus disse:

— Em verdade lhes digo que um de vocês
vai me trair.

22 E eles, muito entristecidos, começaram
um por um a perguntar-lhe:

— Por acaso seria eu, Senhor?

23 Jesus respondeu:

— O que comigo põe a mão no prato, esse
vai me trair. 24 O Filho do Homem vai, como
está escrito a seu respeito; mas ai daquele
por quem o Filho do Homem está sendo
traído! Melhor seria para ele se nunca
tivesse nascido!

25 Então Judas, que o traía, perguntou:

— Por acaso sou eu, Mestre?

Jesus respondeu:

— Você acabou de dizer isso.

A CEIA DO SENHOR

Mc 14.22-26; Lc 22.14-20; 1Co 11.23-25

26 Enquanto comiam, Jesus pegou um pão,
e, abençoando-o, o partiu e deu aos discí-
pulos, dizendo:

— Tomem, comam; isto é o meu corpo.

27 A seguir, Jesus pegou um cálice e, tendo
dado graças, o deu aos seus discípulos,
dizendo:

— Bebam todos dele; 28 porque isto é o meu
sangue, o sangue da aliança, derramado em
favor de muitos, para remissão de pecados.
29 E digo a vocês que, desta hora em diante,
nunca mais beberei deste fruto da videira,
até aquele dia em que beberei com vocês o
vinho novo, no Reino de meu Pai.

30 E, tendo cantado um hino, saíram para
o monte das Oliveiras.

PEDRO É AVISADO

Mc 14.27-31; Lc 22.31-34; Jo 13.36-38

31 Então Jesus disse aos discípulos:

— Esta noite serei uma pedra de tropeço
para todos vocês, porque está escrito: "Feri-
rei o pastor, e as ovelhas do rebanho ficarão
dispersas." 32 Mas, depois da minha ressur-
reição, irei adiante de vocês para a Galileia.

33 Mas Pedro, tomando a palavra, disse
a Jesus:

— Ainda que o senhor venha a ser um tro-
peço para todos, nunca o será para mim.

34 Mas Jesus lhe disse:

— Em verdade lhe digo que, nesta noite,
antes que o galo cante, você me negará
três vezes.

35 Pedro insistiu:

— Ainda que me seja necessário morrer
com o senhor, de modo nenhum o negarei.
E todos os discípulos disseram o mesmo.

JESUS NO GETSÊMANI

Mc 14.32-42; Lc 22.39-46

36 Em seguida, Jesus foi com eles a um lugar
chamado Getsêmani. E disse aos discípulos:

— Sentem-se aqui, enquanto eu vou ali
orar.

37 E, levando consigo Pedro e os dois filhos
de Zebedeu, começou a sentir-se tomado de
tristeza e de angústia. 38 Então lhes disse:

— A minha alma está profundamente triste
até a morte; fiquem aqui e vigiem comigo.

39 E, adiantando-se um pouco, prostrou-se
sobre o seu rosto, orando e dizendo:

— Meu Pai, se é possível, que passe de
mim este cálice! Contudo, não seja como
eu quero, e sim como tu queres.

40 E, voltando para os discípulos, achou-os
dormindo. E disse a Pedro:

— Então nem uma hora vocês puderam
vigiar comigo? 41 Vigiem e orem, para que
não caiam em tentação; o espírito, na ver-
dade, está pronto, mas a carne é fraca.

42 Retirando-se pela segunda vez, orou de
novo, dizendo:

— Meu Pai, se não é possível que este
cálice passe de mim sem que eu o beba,
faça-se a tua vontade.

43 E, voltando, achou-os outra vez dor-
mindo; porque os olhos deles estavam
pesados. 44 Deixando-os novamente, foi
orar pela terceira vez, repetindo as mesmas
palavras. 45 Então voltou para os discípulos
e lhes disse:

— Vocês ainda estão dormindo e descan-
sando! Eis que é chegada a hora, e o Filho do
Homem está sendo entregue nas mãos de

pecadores. 46 Levantem-se, vamos embora! Eis que o traidor se aproxima.

JESUS É PRESO

Mc 14.43-50; Lc 22.47-53; Jo 18.1-11

47 E enquanto Jesus ainda falava, eis que chegou Judas, um dos doze, e, com ele, grande multidão com espadas e porretes, vinda da parte dos principais sacerdotes e dos anciãos do povo. 48 Ora, o traidor tinha dado a eles um sinal: "Aquele que eu beijar, é esse; prendam-no." 49 E logo, aproximando-se de Jesus, Judas disse:

— Salve, Mestre!

E o beijou. 50 Jesus, porém, lhe disse:

— Amigo, o que você veio fazer?

Nisto, aproximando-se eles, agarraram Jesus e o prenderam. 51 E eis que um dos que estavam com Jesus, estendendo a mão, sacou da espada e, golpeando o servo do sumo sacerdote, cortou-lhe a orelha. 52 Então Jesus lhe disse:

— Coloque a espada de volta no seu lugar, pois todos os que lançam mão da espada à espada perecerão. 53 Ou você acha que não posso pedir a meu Pai, e ele me mandaria neste momento mais de doze legiões de anjos? 54 Mas como, então, se cumpririam as Escrituras, que dizem que assim deve acontecer?

55 Naquele momento, Jesus disse às multidões:

— Vocês vieram com espadas e porretes para prender-me, como se eu fosse um salteador? Todos os dias, no templo, eu me assentava ensinando, e vocês não me prenderam. 56 Tudo isto, porém, aconteceu para que se cumprissem as Escrituras dos profetas.

Então todos os discípulos o deixaram e fugiram.

JESUS DIANTE DO SINÉDRIO

Mc 14.53-65; Lc 22.63-71; Jo 18.12-14,19-24

57 E os que prenderam Jesus o levaram à casa de Caifás, o sumo sacerdote, onde se haviam reunido os escribas e os anciãos. 58 Pedro o seguia de longe até o pátio do sumo sacerdote. E, tendo entrado, assentou-se entre os servos, para ver como aquilo ia terminar. 59 E os principais sacerdotes e todo o Sinédrio procuravam algum testemunho falso contra Jesus, a fim de o condenarem à morte. 60 E não acharam, apesar de terem sido apresentadas muitas testemunhas falsas. Mas, afinal, compareceram duas, afirmando:

61 — Este disse: "Posso destruir o santuário de Deus e reconstruí-lo em três dias."

62 E, levantando-se o sumo sacerdote, perguntou a Jesus:

— Você não diz nada em resposta ao que estes depõem contra você?

63 Jesus, porém, guardou silêncio. E o sumo sacerdote lhe disse:

— Eu exijo que nos diga, tendo o Deus vivo por testemunha, se você é o Cristo, o Filho de Deus.

64 Jesus respondeu:

— É o senhor mesmo quem está dizendo isso. Mas eu lhes digo que, desde agora, vocês verão o Filho do Homem sentado à direita do Todo-Poderoso e vindo sobre as nuvens do céu.

65 Então o sumo sacerdote rasgou as suas vestes e disse:

— Blasfemou! Por que ainda precisamos de testemunhas? Eis que agora mesmo vocês ouviram a blasfêmia! 66 O que vocês acham?

E eles responderam:

— É réu de morte.

67 Então alguns cuspiram no rosto de Jesus e bateram nele. E outros o esbofeteavam, dizendo:

68 — Profetize para nós, ó Cristo! Quem foi que bateu em você?

PEDRO NEGA JESUS

Mc 14.66-72; Lc 22.55-62; Jo 18.15-18,25-27

69 Pedro estava sentado fora no pátio. Uma empregada se aproximou e lhe disse:

— Você também estava com Jesus, o galileu.

70 Mas ele negou diante de todos e disse:

— Não sei o que você está dizendo.

71 Quando se dirigia para a porta, Pedro foi visto por outra empregada, que disse aos que estavam ali:

— Este também estava com Jesus, o Nazareno.

72 E ele negou outra vez, com juramento:

— Não conheço esse homem.

73 Pouco depois, aproximando-se os que
estavam ali, disseram a Pedro:
— Com certeza você também é um deles,
porque o seu modo de falar o denuncia.
74 Então ele começou a praguejar e a jurar:
— Não conheço esse homem!
E no mesmo instante o galo cantou.
75 Então Pedro se lembrou da palavra que
Jesus lhe tinha dito: "Antes que o galo cante,
você me negará três vezes." E Pedro, saindo
dali, chorou amargamente.

JESUS ENTREGUE A PILATOS

Mc 15.1; Lc 23.1-2; Jo 18.28-32

27 1 Ao romper o dia, todos os princi-
pais sacerdotes e os anciãos do povo
entraram em conselho contra Jesus, para o
matarem; 2 e, amarrando-o, levaram-no e o
entregaram ao governador Pilatos.

A MORTE DE JUDAS

3 Então Judas, que o traiu, vendo que Jesus
havia sido condenado, tocado de remorso,
devolveu as trinta moedas de prata aos prin-
cipais sacerdotes e aos anciãos, dizendo:
4 — Pequei, traindo sangue inocente.
Eles, porém, responderam:
— Que nos importa? Isso é com você.
5 Então Judas, atirando as moedas de prata
para dentro do templo, retirou-se e se enfor-
cou. 6 E os principais sacerdotes, pegando as
moedas, disseram:
— Não é lícito colocá-las no cofre das ofer-
tas, porque é preço de sangue.
7 E, tendo deliberado, compraram com elas o
campo do oleiro, para cemitério de forasteiros.
8 Por isso, aquele campo é chamado, até o dia
de hoje, Campo de Sangue. 9 Então se cumpriu o
que foi dito por meio do profeta Jeremias: "Pega-
ram as trinta moedas de prata, preço em que
foi estimado aquele a quem alguns dos filhos
de Israel avaliaram, 10 e as deram pelo campo
do oleiro, assim como me ordenou o Senhor."

JESUS DIANTE DE PILATOS

Mc 15.2-5; Lc 23.3-5; Jo 18.33-38a

11 Jesus estava em pé diante do governador,
e este o interrogou, dizendo:
— Você é o rei dos judeus?
Jesus respondeu:
— O senhor está dizendo isso.
12 E, sendo acusado pelos principais sacer-
dotes e pelos anciãos, Jesus nada respondeu.
13 Então Pilatos perguntou:
— Não está ouvindo quantas acusações
fazem contra você?
14 Mas Jesus não respondeu nem uma pala-
vra, a ponto de o governador ficar muito
admirado.

JESUS É CONDENADO À MORTE

Mc 15.6-15; Lc 23.13-25; Jo 18.38b—19.16

15 Ora, por ocasião da festa, o governador
costumava soltar ao povo um preso, con-
forme eles quisessem. 16 Naquela ocasião,
eles tinham um preso muito conhecido,
chamado Barrabás. 17 Estando, pois, o povo
reunido, Pilatos lhes perguntou:
— Quem vocês querem que eu solte: Bar-
rabás ou Jesus, chamado Cristo?
18 Porque sabia que era por inveja que eles
tinham entregado Jesus.
19 E, estando Pilatos sentado no tribunal,
a mulher dele mandou dizer-lhe:
— Não se envolva com esse justo, porque
hoje, em sonho, sofri muito por causa dele.
20 Mas os principais sacerdotes e os anciãos
persuadiram o povo a que pedisse Barrabás e
condenasse Jesus à morte. 21 De novo, o gover-
nador perguntou:
— Qual dos dois vocês querem que eu solte?
Eles responderam:
— Barrabás!
22 Pilatos lhes perguntou:
— Que farei, então, com Jesus, cha-
mado Cristo?
Todos responderam:
— Que seja crucificado!
23 Pilatos continuou:
— Que mal ele fez?
Porém eles gritavam cada vez mais:
— Que seja crucificado!
24 Vendo Pilatos que nada conseguia e que,
ao contrário, o tumulto aumentava, man-
dou trazer água e lavou as mãos diante do
povo, dizendo:
— Estou inocente do sangue deste homem;
fique o caso com vocês!

25 E o povo todo respondeu:

— Que o sangue dele caia sobre nós e sobre os nossos filhos!

26 Então Pilatos lhes soltou Barrabás. E, depois de mandar açoitar Jesus, entregou-o para ser crucificado.

OS SOLDADOS ZOMBAM DE JESUS

Mc 15.16-20; Jo 19.2-3

27 Logo a seguir, os soldados do governador, levando Jesus para o Pretório, reuniram em torno dele toda a tropa. 28 Tiraram a roupa de Jesus e o vestiram com um manto escarlate. 29 E, tecendo uma coroa de espinhos, a puseram na cabeça dele, e colocaram um caniço na sua mão direita. E, ajoelhando-se diante dele, zombavam, dizendo:

— Salve, rei dos judeus!

30 E, cuspindo nele, pegaram o caniço e batiam na sua cabeça. 31 Depois de terem zombado dele, tiraram-lhe o manto e o vestiram com as suas próprias roupas. Então o levaram para ser crucificado.

A CRUCIFICAÇÃO DE JESUS

Mc 15.21-32; Lc 23.26-43; Jo 19.17-27

32 Ao saírem, encontraram um cireneu, chamado Simão, a quem obrigaram a carregar a cruz de Jesus. 33 E, chegando a um lugar chamado Gólgota, que significa "Lugar da Caveira", 34 deram vinho com fel para Jesus beber; mas ele, provando-o, não quis beber. 35 Depois de o crucificarem, repartiram entre si as roupas dele, tirando a sorte. 36 E, assentados ali, o guardavam. 37 Por cima da cabeça de Jesus puseram por escrito a acusação contra ele: "Este é Jesus, o Rei dos Judeus". 38 E dois ladrões foram crucificados com ele, um à sua direita e outro à sua esquerda. 39 Os que iam passando blasfemavam contra ele, balançando a cabeça e dizendo:

40 — Ei, você que destrói o santuário e em três dias o reedifica! Salve a si mesmo, se você é o Filho de Deus, e desça da cruz!

41 De igual modo, os principais sacerdotes com os escribas e anciãos, zombando, diziam:

42 — Salvou os outros, a si mesmo não pode salvar. É rei de Israel! Que ele desça da cruz, e então creremos nele. 43 Confiou em Deus; pois que Deus venha livrá-lo agora, se, de fato, lhe quer bem; porque ele disse: "Sou Filho de Deus."

44 Também os ladrões que haviam sido crucificados com ele o insultavam.

A MORTE DE JESUS

Mc 15.33-41; Lc 23.44-49; Jo 19.28-30

45 A partir do meio-dia, houve trevas sobre toda a terra até as três horas da tarde. 46 Por volta de três horas da tarde, Jesus clamou em alta voz, dizendo:

— Eli, Eli, lemá sabactani? — Isso quer dizer: "Deus meu, Deus meu, por que me desamparaste?"

47 Alguns dos que estavam ali, ouvindo isto, diziam:

— Ele chama por Elias.

48 E, logo, um deles correu a buscar uma esponja e, tendo-a embebido em vinagre e colocado na ponta de um caniço, deu-lhe de beber. 49 Os outros, porém, diziam:

— Espere! Vejamos se Elias vem salvá-lo.

50 E Jesus, clamando outra vez em alta voz, entregou o espírito.

51 Eis que o véu do santuário se rasgou em duas partes, de alto a baixo; a terra tremeu e as rochas se partiram; 52 os túmulos se abriram, e muitos corpos de santos já falecidos ressuscitaram; 53 e, saindo dos túmulos depois da ressurreição de Jesus, entraram na cidade santa e apareceram a muitos. 54 O centurião e os que com ele guardavam Jesus, vendo o terremoto e tudo o que se passava, ficaram possuídos de grande temor e disseram:

— Verdadeiramente este era o Filho de Deus.

55 Estavam ali muitas mulheres, observando de longe. Eram as que vinham seguindo Jesus desde a Galileia, para o servir. 56 Entre elas estavam Maria Madalena, Maria, mãe de Tiago e de José, e a mulher de Zebedeu.

O SEPULTAMENTO DE JESUS

Mc 15.42-47; Lc 23.50-56; Jo 19.38-42

57 Ao cair da tarde, veio um homem rico de Arimateia, chamado José, que era também discípulo de Jesus. 58 Este foi até Pilatos e lhe pediu o corpo de Jesus. Então Pilatos mandou que o corpo lhe fosse entregue. 59 E José, levando o

corpo, envolveu-o num lençol limpo de linho
60 e o depositou no seu túmulo novo, que ele
tinha mandado abrir na rocha; e, rolando uma
grande pedra para a entrada do túmulo, foi
embora. 61 Estavam ali, sentadas em frente do
túmulo, Maria Madalena e a outra Maria.

A GUARDA DO TÚMULO

62 No dia seguinte, que é o dia depois da pre-
paração, os principais sacerdotes e os fariseus
se reuniram com Pilatos 63 e lhe disseram:
— Senhor, nós lembramos que aquele enga-
nador, enquanto vivia, disse: "Depois de três
dias ressuscitarei." 64 Portanto, mande que o
túmulo seja guardado com segurança até o
terceiro dia, para que não aconteça que, vindo
os discípulos dele, o roubem e depois digam
ao povo: "Ressuscitou dos mortos." E este
último engano será pior do que o primeiro.
65 Pilatos respondeu:
— Uma escolta está à disposição de
vocês. Vão e guardem o túmulo como bem
entenderem.
66 Indo eles, montaram guarda ao túmulo,
selando a pedra e deixando ali a escolta.

A RESSURREIÇÃO DE JESUS

Mc 16.1-8; Lc 24.1-12; Jo 20.1-10

28 1 Passado o sábado, no começo
do primeiro dia da semana, Maria
Madalena e a outra Maria foram ver o túmulo.
2 E eis que houve um grande terremoto; por-
que um anjo do Senhor desceu do céu e,
aproximando-se, removeu a pedra e sen-
tou sobre ela. 3 O aspecto dele era como um
relâmpago, e a sua roupa era branca como a
neve. 4 E os guardas, com medo do anjo, tre-
meram e ficaram como se estivessem mortos.
5 Mas o anjo, dirigindo-se às mulheres, disse:
— Não tenham medo! Sei que vocês
procuram Jesus, que foi crucificado. 6 Ele
não está aqui; ressuscitou, como tinha
dito. Venham ver onde ele jazia. 7 Agora
vão depressa e digam aos seus discípulos
que ele ressuscitou dos mortos e vai adiante
de vocês para a Galileia; lá vocês o verão.
É como acabei de dizer a vocês.
8 E, retirando-se elas apressadamente
do sepulcro, tomadas de medo e grande
alegria, correram para anunciar isso aos
discípulos. 9 E eis que Jesus veio ao encon-
tro delas e disse:
— Salve!
E elas, aproximando-se, abraçaram os pés
dele e o adoraram. 10 Então Jesus lhes disse:
— Não tenham medo! Vão dizer aos meus
irmãos que se dirijam à Galileia e lá eles
me verão.

OS JUDEUS SUBORNAM OS GUARDAS

11 E, enquanto elas iam, eis que alguns
da guarda foram à cidade e contaram aos
principais sacerdotes tudo o que havia acon-
tecido. 12 Reunindo-se eles em conselho com
os anciãos, deram grande soma de dinheiro
aos soldados, 13 recomendando-lhes:
— Digam isto: "Os discípulos dele vieram
de noite, enquanto estávamos dormindo,
e roubaram o corpo." 14 E, se isto chegar ao
conhecimento do governador, nós o con-
venceremos e faremos com que vocês não
tenham maiores preocupações.
15 Os soldados receberam o dinheiro e
fizeram como tinham sido instruídos. Esta
versão se espalhou entre os judeus até o dia
de hoje.

A GRANDE COMISSÃO

Mc 16.14-18; Lc 24.36-49;
Jo 20.19-23; At 1.6-8

16 Os onze discípulos partiram para a
Galileia, para o monte que Jesus lhes havia
designado. 17 E, quando viram Jesus, o ado-
raram; mas alguns duvidaram. 18 Jesus,
aproximando-se, falou-lhes, dizendo:
— Toda a autoridade me foi dada no céu
e na terra. 19 Portanto, vão e façam discí-
pulos de todas as nações, batizando-os
em nome do Pai, do Filho e do Espírito
Santo, 20 ensinando-os a guardar todas as
coisas que tenho ordenado a vocês. E eis
que estou com vocês todos os dias até o
fim dos tempos.

Evangelhos

Marcos

Livro 41 com

16

CAPÍTULOS

AUTORIA

João Marcos, parente de Barnabé e colaborador de Paulo e Pedro (Cl 4.10; 1Pe 5.13). Ele não foi um dos 12 apóstolos, mas sua associação próxima com Pedro e Paulo dá credibilidade ao seu relato.

O nome "Marcos" deriva do latim *Mars*, que significa "Marte", em referência ao deus romano da guerra. Por extensão, Marcos significa "relativo a Marte" ou "guerreiro".

O EVANGELHO DO SERVO

ÉPOCA DA ESCRITA

Estima-se que tenha sido escrito entre 55 e 65 d.C., possivelmente em Roma, durante ou pouco depois da perseguição de Nero.

OBJETIVO DO LIVRO

Apresentar Jesus como o Filho de Deus e o Servo Sofredor, enfatizando suas ações mais que seus ensinamentos. Marcos buscava fortalecer a fé dos cristãos sob perseguição, mostrando a autoridade de Jesus sobre todas as forças e destacando seu sacrifício.

TEMAS DO LIVRO

Marcos destaca a humanidade e a divindade de Jesus, focando sua compaixão e seu poder. Ele mostra Jesus como o Servo de Deus que não veio "para ser servido, mas para servir e dar a sua vida em resgate por muitos" (Mc 10.45).

Outros temas incluem a fé e a falta de fé, o mistério do Reino de Deus, e o sofrimento e a morte de Jesus como o caminho para a glória.

ESTRUTURA DO LIVRO

- ★ Preparação e início do ministério de Jesus Mc 1.1-13
- ★ Ministério na Galileia Mc 1.14—9
- ★ Jornada a Jerusalém Mc 10
- ★ Semana da Paixão Mc 11—15
- ★ Ressurreição Mc 16

MARCOS E CRISTO

Marcos retrata Jesus como o Servo Sofredor, cujo sofrimento e morte são centrais para sua missão redentora (Mc 8.31; 9.31; 10.33-34). Também destaca a autoridade de Jesus sobre demônios, doenças e a natureza, afirmando sua divindade (Mc 4.39-41; 5.1-20).

A PREGAÇÃO DE JOÃO BATISTA

Mt 3.1-12; Lc 3.1-9,15-17; Jo 1.19-28

1 1 Princípio do evangelho de Jesus Cristo, Filho de Deus. 2 Como está escrito na profecia de Isaías:

"Eis que envio o meu mensageiro
 adiante de você,
o qual preparará
 o seu caminho.
3 Voz do que clama
 no deserto:
Preparem o caminho
 do Senhor,
endireitem as suas veredas."

4 E foi assim que João Batista apareceu no deserto, pregando batismo de arrependimento para remissão de pecados. 5 E toda a região da Judeia e todos os moradores de Jerusalém iam até ele. E, confessando os seus pecados, eram batizados por ele no rio Jordão. 6 A roupa de João era feita de pelos de camelo. Ele usava um cinto de couro e se alimentava de gafanhotos e mel silvestre.

7 E João pregava, dizendo:

— Depois de mim vem aquele que é mais poderoso do que eu, do qual não sou digno de, curvando-me, desamarrar as correias das suas sandálias. 8 Eu batizei vocês com água; ele, porém, os batizará com o Espírito Santo.

O BATISMO DE JESUS

Mt 3.13-17; Lc 3.21-22

9 Naqueles dias, Jesus veio de Nazaré da Galileia e foi batizado por João no rio Jordão. 10 Logo ao sair da água, Jesus viu os céus se abrindo e o Espírito descendo como pomba sobre ele. 11 Então veio uma voz dos céus, que dizia:

— Você é o meu Filho amado; em você me agrado.

A TENTAÇÃO DE JESUS

Mt 4.1-11; Lc 4.1-13

12 E logo o Espírito conduziu Jesus ao deserto, 13 onde ficou durante quarenta dias, sendo tentado por Satanás. Estava com as feras, e os anjos o serviam.

O COMEÇO DO MINISTÉRIO NA GALILEIA

Mt 4.12-17; Lc 4.14-15

14 Depois de João ter sido preso, Jesus foi para a Galileia, pregando o evangelho de Deus. 15 Ele dizia:

— O tempo está cumprido, e o Reino de Deus está próximo; arrependam-se e creiam no evangelho.

JESUS CHAMA QUATRO PESCADORES

Mt 4.18-22; Lc 5.1-11

16 Caminhando junto ao mar da Galileia, Jesus viu os irmãos Simão e André, que lançavam a rede ao mar, porque eram pescadores. 17 Jesus lhes disse:

— Venham comigo, e eu farei com que sejam pescadores de gente.

18 Então eles deixaram imediatamente as redes e o seguiram. 19 Pouco mais adiante, Jesus viu Tiago, filho de Zebedeu, e João, seu irmão, que estavam no barco consertando as redes, 20 e logo os chamou. E eles seguiram Jesus, deixando o seu pai Zebedeu no barco com os empregados.

A CURA DE UM ENDEMONIADO EM CAFARNAUM

Lc 4.31-37

21 Depois, entraram em Cafarnaum, e, logo no sábado, Jesus foi ensinar na sinagoga. 22 E maravilhavam-se com a sua doutrina, porque os ensinava como alguém que tem autoridade e não como os escribas. 23 E logo apareceu na sinagoga um homem possuído de espírito imundo, o qual gritou:

24 — O que você quer conosco, Jesus Nazareno? Você veio para nos destruir? Sei muito bem quem você é: o Santo de Deus!

25 Mas Jesus o repreendeu, dizendo:

— Cale-se e saia desse homem.

26 Então o espírito imundo, agitando-o violentamente e gritando em alta voz, saiu dele. 27 Todos se admiraram, a ponto de perguntarem entre si:

— Que é isto? Uma nova doutrina! Com autoridade ele ordena aos espíritos imundos, e eles lhe obedecem!

28 E a fama de Jesus se espalhou depressa
em todas as direções, por toda a região
da Galileia.

A CURA DA SOGRA DE PEDRO

Mt 8.14-15; Lc 4.38-39

29 E, saindo da sinagoga, foram, com Tiago
e João, para a casa de Simão e André. 30 A
sogra de Simão estava de cama, com febre;
e logo deram essa notícia a Jesus. 31 Então,
aproximando-se, Jesus pegou na mão dela
e fez com que ela se levantasse. A febre a
deixou, e ela passou a servi-los.

MUITAS OUTRAS CURAS

Mt 8.16-17; Lc 4.40-41

32 À tarde, depois do pôr do sol, trouxeram
a Jesus todos os enfermos e endemoniados.
33 Toda a cidade estava reunida à porta da casa.
34 E ele curou muitos que se achavam doentes
de todo tipo de enfermidades. Também expul-
sou muitos demônios, não lhes permitindo
que falassem, porque sabiam quem ele era.

JESUS PREGA NAS SINAGOGAS

Lc 4.42-44

35 Tendo-se levantado de madrugada,
quando ainda estava escuro, Jesus saiu e foi
para um lugar deserto, e ali orava. 36 Simão
e os que estavam com ele procuraram Jesus
por toda parte. 37 Quando o encontraram,
lhe disseram:

— Todos estão à sua procura.

38 Jesus, porém, lhes disse:

— Vamos a outros lugares, aos povoados
vizinhos, a fim de que eu pregue também
ali, pois foi para isso que eu vim.

39 Então ele foi por toda a Galileia, pre-
gando nas sinagogas deles e expulsando
os demônios.

A CURA DE UM LEPROSO

Mt 8.1-4; Lc 5.12-16

40 Um leproso se aproximou de Jesus e lhe
pediu, de joelhos:

— Se o senhor quiser, pode me purificar.

41 E Jesus, profundamente compadecido,
estendeu a mão, tocou nele e disse:

— Quero, sim. Fique limpo!

42 No mesmo instante, a lepra desapare-
ceu dele, e ele ficou limpo. 43 E, advertindo-o
severamente, logo o despediu. 44 E lhe disse:

— Olhe! Não conte nada a ninguém, mas
vá, apresente-se ao sacerdote e ofereça, pela
sua purificação, o sacrifício que Moisés orde-
nou, para servir de testemunho ao povo.

45 Mas, tendo ele saído, começou a procla-
mar muitas coisas e a divulgar a notícia, a
ponto de Jesus não poder mais entrar publi-
camente em nenhuma cidade. Por isso,
permanecia fora, em lugares desertos. E de
toda parte vinham ao encontro dele.

A CURA DE UM PARALÍTICO EM CAFARNAUM

Mt 9.1-8; Lc 5.17-26

2 1 Dias depois, Jesus entrou de novo
em Cafarnaum, e logo se ouviu dizer
que ele estava em casa. 2 Muitos se reuni-
ram ali, a ponto de não haver lugar nem
mesmo junto à porta. E Jesus anunciava-
-lhes a palavra. 3 Trouxeram-lhe, então, um
paralítico, carregado por quatro homens. 4 E,
não podendo aproximar-se de Jesus, por
causa da multidão, removeram o telhado no
ponto correspondente ao lugar onde Jesus se
encontrava e, pela abertura, desceram o leito
em que o paralítico estava deitado. 5 Vendo-
-lhes a fé, Jesus disse ao paralítico:

— Filho, os seus pecados estão perdoados.

6 Alguns escribas estavam sentados ali e
pensavam em seu coração:

7 — Como ele se atreve a falar assim? Isto
é blasfêmia! Quem pode perdoar pecados,
a não ser um, que é Deus?

8 E Jesus, percebendo imediatamente
em seu espírito que eles assim pensavam,
disse-lhes:

— Por que vocês estão pensando essas coi-
sas em seu coração? 9 O que é mais fácil?
Dizer ao paralítico: "Os seus pecados estão
perdoados", ou dizer: "Levante-se, tome o
seu leito e ande"? 10 Mas isto é para que vocês
saibam que o Filho do Homem tem auto-
ridade sobre a terra para perdoar pecados.

E disse ao paralítico:

11 — Eu digo a você: Levante-se, pegue o
seu leito e vá para casa.

12 Ele se levantou e, no mesmo instante, pegando o leito, retirou-se à vista de todos, a ponto de todos se admirarem e darem glória a Deus, dizendo:

— Jamais vimos coisa assim!

O CHAMADO DE LEVI

Mt 9.9-13; Lc 5.27-32

13 De novo, Jesus foi para junto do mar, e toda a multidão vinha ao encontro dele, e ele os ensinava. 14 Quando ia passando, viu Levi, filho de Alfeu, sentado na coletoria e lhe disse:

— Siga-me!

Ele se levantou e o seguiu.

15 Achando-se Jesus à mesa, na casa de Levi, estavam junto com ele e com os seus discípulos muitos publicanos e pecadores; porque estes eram muitos e também o seguiam. 16 Os escribas dos fariseus, vendo Jesus comer em companhia dos pecadores e publicanos, perguntavam aos discípulos dele:

— Por que ele come e bebe com os publicanos e pecadores?

17 Tendo ouvido isto, Jesus lhes respondeu:

— Os sãos não precisam de médico, e sim os doentes; eu não vim chamar justos, e sim pecadores.

A QUESTÃO DO JEJUM

Mt 9.14-17; Lc 5.33-39

18 Ora, os discípulos de João e os fariseus estavam jejuando. Algumas pessoas foram perguntar a Jesus:

— Por que os discípulos de João e os discípulos dos fariseus jejuam, mas os seus discípulos não jejuam?

19 Jesus respondeu:

— Como podem os convidados para o casamento jejuar enquanto o noivo está com eles? Durante o tempo em que o noivo estiver presente, não podem jejuar. 20 No entanto, virão dias em que o noivo lhes será tirado, e então, naquele dia, eles vão jejuar. 21 Ninguém costura um remendo de pano novo em roupa velha; porque o remendo novo tira um pedaço da roupa velha, e o buraco fica ainda maior. 22 E ninguém põe vinho novo em odres velhos, porque, se fizer isso, o vinho romperá os odres e se perdem tanto o vinho como os odres. Mas põe-se vinho novo em odres novos.

JESUS É SENHOR DO SÁBADO

Mt 12.1-8; Lc 6.1-5

23 Aconteceu que, num sábado, Jesus atravessava as searas, e os seus discípulos, ao passar, começaram a colher espigas. 24 Então os fariseus disseram a Jesus:

— Olhe! Por que eles estão fazendo o que não é lícito aos sábados?

25 Ele lhes respondeu:

— Vocês nunca leram o que Davi fez quando se viu em necessidade e teve fome, ele e os seus companheiros? 26 Como entrou na Casa de Deus, no tempo do sumo sacerdote Abiatar, e comeu os pães da proposição, os quais só aos sacerdotes era lícito comer, e ainda deu esses pães aos seus companheiros?

27 E Jesus acrescentou:

— O sábado foi estabelecido por causa do homem, e não o homem por causa do sábado. 28 Assim, o Filho do Homem é senhor também do sábado.

O HOMEM DA MÃO RESSEQUIDA

Mt 12.9-14; Lc 6.6-11

3 1 De novo, Jesus entrou na sinagoga. E estava ali um homem que tinha uma das mãos ressequida. 2 E estavam observando Jesus para ver se curaria aquele homem no sábado, a fim de o acusarem. 3 Jesus disse ao homem da mão ressequida:

— Venha aqui para o meio!

4 Então lhes perguntou:

— É lícito nos sábados fazer o bem ou fazer o mal? Salvar uma vida ou deixar morrer?

Mas eles ficaram em silêncio. 5 Então Jesus, olhando em volta, indignado e entristecido com a dureza de coração daquelas pessoas, disse ao homem:

— Estenda a mão.

O homem estendeu a mão, e ela lhe foi restaurada. 6 Os fariseus saíram dali e, com os herodianos, logo começaram a conspirar contra Jesus, procurando ver como o matariam.

JESUS CURA MUITOS À BEIRA-MAR

7 Jesus se retirou com os seus discípulos para o mar. Uma grande multidão o seguia. Eram pessoas que tinham vindo da Galileia, da Judeia, 8 de Jerusalém, da Idumeia, do outro lado do Jordão e dos arredores de Tiro e de Sidom, porque ouviam falar das coisas que Jesus fazia. 9 Então recomendou aos seus discípulos que sempre lhe tivessem pronto um barquinho, por causa da multidão, a fim de não o apertarem. 10 Pois curava muitas pessoas, de modo que todos os que tinham alguma enfermidade se esforçavam para chegar perto, a fim de poderem tocar nele. 11 Também os espíritos imundos, quando o viam, prostravam-se diante dele e gritavam:

— Você é o Filho de Deus!

12 Mas Jesus lhes advertia severamente que não o expusessem à publicidade.

OS DOZE APÓSTOLOS

Mt 10.1-4; Lc 6.12-16

13 Depois, Jesus subiu ao monte e chamou os que ele quis, e vieram para junto dele. 14 Então designou doze, aos quais chamou de apóstolos, para estarem com ele e para os enviar a pregar 15 e a exercer a autoridade de expulsar demônios. 16 Eis os doze que designou: Simão, a quem acrescentou o nome de Pedro; 17 Tiago, filho de Zebedeu, e João, irmão de Tiago, aos quais deu o nome de Boanerges, que quer dizer "filhos do trovão"; 18 André, Filipe, Bartolomeu, Mateus e Tomé; Tiago, filho de Alfeu; Tadeu; Simão, o Zelote; 19 e Judas Iscariotes, que foi quem o traiu.

JESUS E BELZEBU

Mt 12.22-32; Lc 11.14-23; 12.10

20 Então Jesus foi para casa. E outra vez se ajuntou uma multidão, de tal modo que nem podiam comer. 21 E, quando os parentes de Jesus ouviram isto, saíram para prendê-lo, porque diziam:

— Está fora de si.

22 Os escribas, que tinham vindo de Jerusalém, diziam:

— Ele está possuído de Belzebu. Ele expulsa os demônios pelo poder do maioral dos demônios.

23 Então, convocando-os, Jesus lhes disse, por meio de parábolas:

— Como pode Satanás expulsar Satanás? 24 Se um reino estiver dividido contra si mesmo, tal reino não pode subsistir. 25 Se uma casa estiver dividida contra si mesma, tal casa não poderá subsistir. 26 Se Satanás se levantou contra si mesmo e está dividido, não pode subsistir; é o seu fim. 27 Ninguém pode entrar na casa do valente para roubar-lhe os bens, sem primeiro amarrá-lo; e só então saqueará a casa dele. 28 Em verdade lhes digo que tudo será perdoado aos filhos dos homens: os pecados e as blasfêmias que proferirem. 29 Mas aquele que blasfemar contra o Espírito Santo nunca terá perdão, visto que é réu de pecado eterno.

30 Jesus disse isto porque diziam: "Está possuído de um espírito imundo."

A MÃE E OS IRMÃOS DE JESUS

Mt 12.46-50; Lc 8.19-21

31 Nisto, chegaram a mãe e os irmãos de Jesus e, tendo ficado do lado de fora, mandaram chamá-lo. 32 Muita gente estava sentada ao redor de Jesus, e alguns lhe disseram:

— Olhe, a sua mãe, os seus irmãos e as suas irmãs estão lá fora, procurando o senhor.

33 Então Jesus perguntou:

— Quem é a minha mãe e quem são os meus irmãos?

34 E, olhando em volta para os que estavam sentados ao seu redor, disse:

— Eis minha mãe e meus irmãos. 35 Portanto, aquele que fizer a vontade de Deus, esse é meu irmão, minha irmã e minha mãe.

A PARÁBOLA DO SEMEADOR

Mt 13.1-9; Lc 8.4-8

4 1 Jesus começou a ensinar outra vez à beira-mar. E uma numerosa multidão se reuniu em volta dele, de modo que entrou num barco, onde se assentou, afastando-se da praia. E todo o povo estava à beira-mar, na praia. 2 Assim, ensinava-lhes muitas coisas por parábolas e, durante o seu ensino, dizia:

3 — Escutem! Eis que o semeador saiu a semear. 4 E, ao semear, uma parte caiu à beira do caminho, e vieram as aves e a comeram.

5 Outra parte caiu em solo rochoso, onde a
terra era pouca, e logo nasceu, visto não ser
profunda a terra. 6 Saindo, porém, o sol, a
queimou; e, porque não tinha raiz, secou-
-se. 7 Outra parte caiu entre os espinhos; e
os espinhos cresceram e a sufocaram, e não
deu fruto. 8 Outra, enfim, caiu em boa terra e
deu fruto; a semente brotou, cresceu e pro-
duziu a trinta, a sessenta e a cem por um.
9 E Jesus acrescentou:
— Quem tem ouvidos para ouvir, ouça.

POR QUE JESUS USAVA PARÁBOLAS

Mt 13.10-17; Lc 8.9-10

10 Quando Jesus ficou só, os que estavam
junto dele com os doze começaram a lhe
fazer perguntas a respeito das parábolas.
11 Jesus disse a eles:
— A vocês é dado conhecer o mistério
do Reino de Deus, mas aos de fora tudo se
ensina por meio de parábolas, 12 para que,
vendo, vejam e não percebam; e, ouvindo,
ouçam e não entendam; para que não
venham a converter-se e sejam perdoados.

A EXPLICAÇÃO DA PARÁBOLA

Mt 13.18-23; Lc 8.11-15

13 Então Jesus lhes perguntou:
— Se vocês não entendem esta parábola,
como compreenderão todas as outras? 14 O
semeador semeia a palavra. 15 Estes são
os da beira do caminho, onde a palavra é
semeada: quando a ouvem, logo Satanás
vem e tira a palavra semeada neles. 16 E estes
são os semeados em solo rochoso, os quais,
ouvindo a palavra, logo a recebem com ale-
gria. 17 Mas eles não têm raiz em si mesmos,
sendo de pouca duração. Quando chega a
angústia ou a perseguição por causa da
palavra, logo se escandalizam. 18 Os outros,
os semeados entre os espinhos, são os
que ouvem a palavra, 19 mas as preocupa-
ções deste mundo, a fascinação da riqueza
e outras ambições aparecem e sufocam a
palavra, e ela fica infrutífera. 20 Os que foram
semeados em boa terra são aqueles que
ouvem a palavra e a recebem, frutificando
a trinta, a sessenta e a cem por um.

A LUZ

Lc 8.16-18

21 Jesus também lhes disse:
— Será que alguém traz uma lamparina
para que seja colocada debaixo de um cesto
ou da cama? Por acaso não a coloca num
lugar em que ilumine bem? 22 Porque não
há nada oculto, senão para ser manifesto;
e nada escondido, senão para ser revelado.
23 Se alguém tem ouvidos para ouvir, ouça.
24 Então lhes disse:
— Prestem bem atenção no que vocês
ouvem. Com a medida com que tiverem
medido vocês serão medidos, e mais ainda
lhes será acrescentado. 25 Pois ao que tem,
mais será dado; e, ao que não tem, até o que
tem lhe será tirado.

A PARÁBOLA DA SEMENTE

26 Jesus disse ainda:
— O Reino de Deus é como um homem que
lança a semente na terra. 27 Ele dorme e acorda,
de noite e de dia, e a semente germina e cresce,
sem que ele saiba como. 28 A terra por si mesma
frutifica: primeiro aparece a planta, depois, a
espiga, e, por fim, o grão cheio na espiga. 29 E,
quando o fruto já está maduro, logo manda
cortar com a foice, porque chegou a colheita.

A PARÁBOLA DO GRÃO DE MOSTARDA

Mt 13.31-32; Lc 13.18-19

30 Disse mais:
— Com que poderemos comparar o Reino
de Deus? Ou com que parábola o apresenta-
remos? 31 Ele é como um grão de mostarda,
que, quando semeado, é a menor de todas
as sementes sobre a terra; 32 mas, uma vez
semeada, cresce e se torna maior do que todas
as hortaliças; cria ramos tão grandes, que as
aves do céu podem se aninhar à sua sombra.

O USO DAS PARÁBOLAS

Mt 13.34-35

33 E com muitas parábolas semelhantes
Jesus lhes expunha a palavra, conforme
podiam compreendê-la. 34 E sem parábo-
las não lhes falava; tudo, porém, explicava
em particular aos seus próprios discípulos.

JESUS ACALMA UMA TEMPESTADE

Mt 8.23-27; Lc 8.22-25

35 Naquele dia, sendo já tarde, Jesus disse
aos discípulos:

— Vamos passar para a outra margem.

36 E eles, despedindo a multidão, o leva-
ram assim como estava, no barco; e outros
barcos o seguiam. 37 Ora, levantou-se grande
temporal de vento, e as ondas se arre-
messavam contra o barco, de modo que
o mesmo já estava se enchendo de água.
38 E Jesus estava na popa, dormindo sobre
o travesseiro. Os discípulos o acordaram e
lhe disseram:

— Mestre, o senhor não se importa que
pereçamos?

39 E ele, despertando, repreendeu o vento
e disse ao mar:

— Acalme-se! Fique quieto!

O vento se aquietou, e tudo ficou bem
calmo. 40 Então Jesus lhes perguntou:

— Por que vocês são tão medrosos? Como
é que ainda não têm fé?

41 E eles, possuídos de grande temor,
diziam uns aos outros:

— Quem é este que até o vento e o mar
lhe obedecem?

A CURA DO ENDEMONIADO GERASENO

Mt 8.28-34; Lc 8.26-39

5 1 Jesus e os discípulos chegaram à outra
margem do mar, à terra dos gerasenos.
2 Ao desembarcar, logo um homem possuído
de espírito imundo veio dos túmulos ao
encontro de Jesus. 3 Esse homem vivia nos
túmulos, e ninguém podia prendê-lo, nem
mesmo com correntes. 4 Porque, tendo sido
muitas vezes preso com correntes e cadeias,
as cadeias foram quebradas por ele, e as
correntes foram despedaçadas. E ninguém
conseguia dominá-lo. 5 Andava sempre, de
noite e de dia, gritando por entre os túmu-
los e pelos montes, ferindo-se com pedras.
6 Quando, de longe, viu Jesus, correu e pros-
trou-se diante dele, 7 gritando em alta voz:

— O que você quer comigo, Jesus, Filho
do Deus Altíssimo? Por Deus, peço-lhe que
não me atormente!

8 Ele disse isto, porque Jesus tinha dito a
ele: "Espírito imundo, saia desse homem!"
9 Então Jesus lhe perguntou:

— Qual é o seu nome?

Ele respondeu:

— Legião é o meu nome, porque somos
muitos.

10 E pediu-lhe com insistência que não os
mandasse para fora do país.

11 Ora, uma grande manada de porcos
estava pastando ali pelo monte. 12 E os espí-
ritos imundos pediram a Jesus:

— Mande-nos para os porcos, para que
entremos neles.

13 E Jesus o permitiu. Então, saindo os
espíritos imundos, entraram nos porcos. E
a manada, que era cerca de dois mil, preci-
pitou-se despenhadeiro abaixo, para dentro
do mar, onde se afogaram. 14 Os que tratavam
dos porcos fugiram e foram anunciá-lo na
cidade e pelos campos.

Então o povo saiu para ver o que tinha
acontecido. 15 Aproximando-se de Jesus,
viram o endemoniado, o que antes estava
dominado pela legião, assentado, vestido,
em perfeito juízo; e temeram. 16 Os que
haviam presenciado os fatos contaram-lhes
o que tinha acontecido ao endemoniado e
também falaram a respeito dos porcos. 17 E
começaram a pedir com insistência que
Jesus se retirasse da terra deles.

18 Quando Jesus estava entrando no barco,
aquele que antes estava possuído pelos
demônios pediu com insistência que Jesus
o deixasse ficar com ele. 19 Jesus, porém, não
o permitiu; ao contrário, ordenou-lhe:

— Vá para a sua casa, para os seus paren-
tes, e conte-lhes tudo o que o Senhor fez
por você e como teve compaixão de você.

20 Então ele foi e começou a proclamar em
Decápolis tudo o que Jesus lhe tinha feito; e
todos se admiravam.

O PEDIDO DE JAIRO

Mt 9.18-19; Lc 8.40-42a

21 Tendo Jesus voltado de barco para o
outro lado, reuniu-se em volta dele uma
grande multidão; e ele estava junto do mar.
22 Então chegou um dos chefes da sinagoga,

Mulher, não permita que as sementes que Deus lançou na sua vida caiam no solo errado.

chamado Jairo, e, vendo-o, prostrou-se aos pés de Jesus 23 e lhe pediu com insistência:

— Minha filhinha está morrendo; venha impor as mãos sobre ela, para que seja salva e viva.

24 Jesus foi com ele.

A CURA DE UMA MULHER ENFERMA

Mt 9.20-22; Lc 8.42b-48

Uma grande multidão seguia Jesus, apertando-o de todos os lados.

25 Estava ali certa mulher, que, havia doze anos, vinha sofrendo de uma hemorragia. 26 Ela havia padecido muito nas mãos de vários médicos e gastado tudo o que tinha, sem, contudo, melhorar de saúde; pelo contrário, piorava cada vez mais. 27 Tendo ouvido a fama de Jesus, a mulher chegou por trás, no meio da multidão, e tocou na capa dele. 28 Porque dizia: "Se eu apenas tocar na roupa dele, ficarei curada." 29 E logo a hemorragia estancou, e ela sentiu no corpo que estava curada daquele mal. 30 Jesus, reconhecendo imediatamente que dele havia saído poder, virando-se no meio da multidão, perguntou:

— Quem tocou na minha roupa?

31 Os discípulos responderam:

— O senhor está vendo que a multidão o aperta e ainda pergunta: "Quem me tocou?"

32 Ele, porém, olhava ao redor para ver quem tinha feito aquilo. 33 Então a mulher, amedrontada e trêmula, ciente do que lhe havia acontecido, veio, prostrou-se diante de Jesus e declarou-lhe toda a verdade. 34 Então Jesus lhe disse:

— Filha, a sua fé salvou você. Vá em paz e fique livre desse mal.

A RESSURREIÇÃO DA FILHA DE JAIRO

Mt 9.23-26; Lc 8.49-56

35 Enquanto Jesus ainda falava, chegaram alguns da casa do chefe da sinagoga, dizendo:

— A sua filha já morreu; por que você ainda incomoda o Mestre?

36 Mas Jesus, sem levar em conta tais palavras, disse ao chefe da sinagoga:

— Não tenha medo; apenas creia!

37 Jesus não permitiu que ninguém o acompanhasse, a não ser Pedro e os irmãos Tiago e João. 38 Chegando à casa do chefe da sinagoga, Jesus viu o alvoroço, os que choravam e os que pranteavam muito. 39 Ao entrar, disse:

— Por que vocês estão alvoroçados e chorando? A criança não está morta, mas dorme.

40 E riam-se dele. Mas Jesus, mandando que todos saíssem, levou consigo o pai e a mãe da criança e os que vieram com ele e entrou onde ela estava. 41 Tomando a criança pela mão, disse:

— Talitá cumi! — que quer dizer: "Menina, eu digo a você: Levante-se!"

42 Imediatamente a menina, que tinha doze anos, se levantou e começou a andar. Então todos ficaram muito admirados. 43 Mas Jesus ordenou-lhes expressamente que ninguém o soubesse. E mandou que dessem de comer à menina.

JESUS É REJEITADO EM NAZARÉ

Mt 13.53-58; Lc 4.16-30

6 1 Tendo saído dali, Jesus foi para a sua terra, e os seus discípulos o acompanharam. 2 Chegando o sábado, começou a ensinar na sinagoga, e muitos, ouvindo-o, se maravilhavam, dizendo:

— De onde lhe vem tudo isso? Que sabedoria é esta que lhe foi dada? E como se fazem tais maravilhas por suas mãos? 3 Não é este o carpinteiro, o filho de Maria e irmão de Tiago, José, Judas e Simão? As suas irmãs não vivem aqui entre nós?

E escandalizavam-se por causa dele. 4 Jesus, porém, lhes disse:

— Nenhum profeta é desprezado, a não ser na sua terra, entre os seus parentes e na sua casa.

5 Não pôde fazer ali nenhum milagre, a não ser curar uns poucos doentes, impondo-lhes as mãos. 6 E admirava-se da incredulidade deles.

AS INSTRUÇÕES PARA OS DOZE

Mt 10.1,5-15; Lc 9.1-6

Jesus percorria as aldeias vizinhas, ensinando. 7 Chamou os doze e passou a enviá-los de dois em dois, dando-lhes autoridade sobre os espíritos imundos. 8 Ordenou-lhes que não levassem nada

para o caminho, exceto um bordão; nem
pão, nem sacola, nem dinheiro; 9 e que fos-
sem calçados de sandálias e não usassem
duas túnicas. 10 E recomendou-lhes:
— Quando vocês entrarem numa casa,
fiquem ali até saírem daquele lugar. 11 Se
em algum lugar não quiserem recebê-los
nem ouvi-los, ao saírem dali sacudam o pó
dos pés, em testemunho contra eles.
12 Então, saindo eles, pregavam ao povo
que se arrependesse. 13 Expulsavam muitos
demônios e curavam numerosos enfermos,
ungindo-os com óleo.

A MORTE DE JOÃO BATISTA

Mt 14.1-12; Lc 9.7-9

14 Isto chegou aos ouvidos do rei Herodes,
porque o nome de Jesus havia se tornado
conhecido. E alguns diziam: "João Batista
ressuscitou dentre os mortos e, por isso,
forças miraculosas operam nele." 15 Outros
diziam: "É Elias." Ainda outros diziam: "É
profeta como um dos antigos profetas."
16 Herodes, porém, ouvindo isto, disse:
— É João, a quem eu mandei decapitar,
que ressuscitou.
17 Porque o próprio Herodes havia man-
dado prender João e amarrá-lo na prisão,
por causa de Herodias, mulher do seu irmão
Filipe, com a qual Herodes havia casado.
18 Pois João lhe dizia: "Você não tem o direito
de viver com a mulher do seu irmão."
19 Herodias odiava João Batista e queria
matá-lo, mas não conseguia fazer isso. 20 Por-
que Herodes temia João, sabendo que era
homem justo e santo, e o mantinha em segu-
rança. E, quando o ouvia, ficava perplexo,
embora gostasse de escutá-lo.
21 Chegando uma ocasião favorável, em
que Herodes, no dia do seu aniversário, deu
um banquete às autoridades, aos oficiais
militares e às pessoas importantes da Gali-
leia, 22 a filha de Herodias entrou no salão
e, dançando, agradou a Herodes e aos seus
convidados. Então o rei disse à jovem:
— Peça o que quiser, e eu lhe darei.
23 E fez este juramento:
— O que você me pedir eu lhe darei, mes-
mo que seja a metade do meu reino.
24 Ela saiu e foi perguntar à mãe:
— O que pedirei?
A mãe respondeu:
— A cabeça de João Batista.
25 No mesmo instante, voltando apressa-
damente para junto do rei, disse:
— Quero que, sem demora, o senhor me dê
num prato a cabeça de João Batista.
26 O rei ficou muito triste, mas, por causa
do juramento e dos que estavam com ele à
mesa, não quis negar o pedido da jovem. 27 E,
enviando logo o executor, mandou que lhe
trouxessem a cabeça de João. Ele foi e o deca-
pitou na prisão, 28 e, trazendo a cabeça num
prato, a entregou à jovem, e esta, por sua vez,
a entregou à sua mãe. 29 Os discípulos de
João, logo que souberam disto, vieram, leva-
ram o corpo dele e o colocaram num túmulo.

A PRIMEIRA MULTIPLICAÇÃO DE PÃES E PEIXES

Mt 14.13-21; Lc 9.10-17; Jo 6.1-14

30 Os apóstolos voltaram à presença de
Jesus e lhe relataram tudo o que tinham
feito e ensinado. 31 E ele lhes disse:
— Venham repousar um pouco, à parte,
num lugar deserto.
Isto porque eles não tinham tempo nem
para comer, visto serem muitos os que iam
e vinham. 32 Então foram de barco para um
lugar deserto, à parte. 33 Muitos, porém, os
viram sair e, reconhecendo-os, correram
para lá, a pé, de todas as cidades, e chega-
ram antes deles. 34 Ao desembarcar, Jesus
viu uma grande multidão e compadeceu-
-se dela, porque eram como ovelhas que
não têm pastor. E começou a ensinar-lhes
muitas coisas.
35 Como já era bastante tarde, os discípulos
se aproximaram de Jesus e disseram:
— Este lugar é deserto, e já é bastante tarde.
36 Mande essas pessoas embora, para que,
indo pelos campos ao redor e pelas aldeias,
comprem para si o que comer.
37 Jesus, porém, lhes disse:
— Deem vocês mesmos de comer a eles.
Mas eles disseram:
— Iremos comprar duzentos denários de
pão para lhes dar de comer?

38 E Jesus lhes disse:

— Quantos pães vocês têm? Tratem de descobrir!

Eles foram se informar e responderam:

— Cinco pães e dois peixes.

39 Então Jesus lhes ordenou que todos se assentassem, em grupos, sobre a relva verde. 40 E eles o fizeram, repartindo-se em grupos de cem e de cinquenta. 41 Jesus, pegando os cinco pães e os dois peixes, erguendo os olhos para o céu, os abençoou. Depois partiu os pães e os deu aos seus discípulos para que os distribuíssem. E também repartiu os dois peixes entre todos. 42 Todos comeram e se fartaram, 43 e ainda recolheram doze cestos cheios de pedaços de pão e de peixe. 44 Os que comeram os pães eram cinco mil homens.

JESUS ANDA SOBRE O MAR

Mt 14.22-33; Jo 6.15-21

45 Logo a seguir, Jesus fez com que os seus discípulos entrassem no barco e fossem adiante dele para o outro lado, para Betsaida, enquanto ele despedia a multidão. 46 E, tendo-os despedido, ele subiu ao monte para orar. 47 Ao cair da tarde, o barco estava no meio do mar, e Jesus estava sozinho em terra. 48 De madrugada, vendo que os discípulos remavam com dificuldade, porque o vento lhes era contrário, Jesus foi até onde eles estavam, andando sobre o mar; e queria passar adiante deles. 49 Eles, porém, vendo-o andar sobre o mar, pensaram tratar-se de um fantasma e gritaram. 50 Pois todos viram Jesus e ficaram apavorados. Mas Jesus imediatamente falou com eles e disse:

— Coragem! Sou eu. Não tenham medo!

51 Então subiu no barco para estar com eles, e o vento cessou. Ficaram totalmente perplexos, 52 porque não haviam compreendido o milagre dos pães, pois o coração deles estava endurecido.

JESUS CURA EM GENESARÉ

Mt 14.34-36

53 Estando já no outro lado, chegaram à terra de Genesaré, onde atracaram. 54 Saindo eles do barco, o povo logo reconheceu Jesus. 55 E eles, percorrendo toda aquela região, começaram a trazer em leitos os enfermos e os levavam para onde ouviam que ele estava. 56 Onde quer que ele entrasse, nas aldeias, cidades ou campos, punham os enfermos nas praças, pedindo-lhe que os deixasse tocar ao menos na borda da sua roupa. E todos os que tocavam nela ficavam curados.

JESUS E A TRADIÇÃO DOS ANCIÃOS

Mt 15.1-20

7 1 Os fariseus e alguns escribas, vindos de Jerusalém, reuniram-se em volta de Jesus. 2 Eles viram que alguns dos discípulos de Jesus comiam pão com as mãos impuras, isto é, sem lavar. 3 Porque os fariseus e todos os judeus, observando a tradição dos anciãos, não comem sem lavar cuidadosamente as mãos. 4 Quando voltam da praça, não comem sem se lavar. E há muitas outras coisas que receberam para observar, como a lavagem de copos, jarros e vasos de metal e camas. 5 Os fariseus e os escribas perguntaram a Jesus:

— Por que os seus discípulos não vivem conforme a tradição dos anciãos, mas comem com as mãos impuras?

6 Jesus respondeu:

— Bem profetizou Isaías a respeito de vocês, hipócritas, como está escrito:

"Este povo me honra com os lábios,
mas o seu coração
está longe de mim.
7 E em vão me adoram,
ensinando doutrinas
que são preceitos humanos."

8 — Rejeitando o mandamento de Deus, vocês guardam a tradição humana.

9 E disse-lhes ainda:

— Vocês sempre encontram uma maneira de rejeitar o mandamento de Deus para guardarem a própria tradição. 10 Pois Moisés disse: "Honre o seu pai e a sua mãe." E: "Quem maldisser o seu pai ou a sua mãe seja punido de morte." 11 Vocês, porém, dizem que, se alguém disser ao seu pai ou à sua mãe: "A ajuda que você poderia receber de mim é Corbã, isto é,

oferta ao Senhor", 12 então vocês o dispensam
de fazer qualquer coisa em favor do seu pai ou
da sua mãe, 13 invalidando a palavra de Deus
por meio da tradição que vocês mesmos pas-
sam de pai para filho. E fazem muitas outras
coisas semelhantes.

14 E, convocando outra vez a multidão,
Jesus disse:

— Escutem todos e entendam: 15 Não
existe nada fora da pessoa que, entrando
nela, possa contaminá-la; mas o que sai da
pessoa é o que a contamina. 16 [Se alguém
tem ouvidos para ouvir, ouça.]

17 Quando entrou em casa, deixando a mul-
tidão, os seus discípulos o interrogaram a
respeito da parábola. 18 Jesus lhes disse:

— Então vocês também não entendem?
Não compreendem que tudo o que está fora
da pessoa, entrando nela, não a pode conta-
minar, 19 porque não entra no coração dela,
mas no estômago, e depois é eliminado?

E, assim, Jesus considerou puros todos os
alimentos. 20 E dizia:

— O que sai da pessoa, isso é o que a con-
tamina. 21 Porque de dentro, do coração das
pessoas, é que procedem os maus pensa-
mentos, as imoralidades sexuais, os furtos,
os homicídios, 22 os adultérios, a avareza,
as maldades, o engano, a libertinagem, a
inveja, a blasfêmia, o orgulho, a falta de
juízo. 23 Todos estes males vêm de dentro
e contaminam a pessoa.

A MULHER SIRO-FENÍCIA

Mt 15.21-28

24 Levantando-se Jesus, saiu dali e foi para
as terras de Tiro e Sidom. Tendo entrado
numa casa, não queria que ninguém sou-
besse onde ele estava. No entanto, não pôde
ocultar-se, 25 porque uma mulher, cuja filhi-
nha estava possuída de espírito imundo,
logo ouviu falar a respeito de Jesus. Ela veio
e se ajoelhou aos pés dele. 26 Essa mulher era
estrangeira, de origem siro-fenícia, e pedia
a Jesus que expulsasse o demônio da sua
filha. 27 Mas Jesus lhe disse:

— Deixe primeiro que os filhos se fartem,
porque não é correto pegar o pão dos filhos
e jogá-lo aos cachorrinhos.

28 A mulher respondeu a ele:

— Senhor, os cachorrinhos, debaixo da
mesa, comem das migalhas das crianças.

29 Então Jesus disse à mulher:

— Por causa desta palavra, você pode ir; o
demônio já saiu da sua filha.

30 Quando a mulher voltou para casa,
achou a menina sobre a cama, pois o demô-
nio tinha saído dela.

A CURA DE UM SURDO E GAGO

31 De novo, Jesus se retirou das terras de
Tiro e foi por Sidom até o mar da Galileia,
através do território de Decápolis. 32 Então
lhe trouxeram um surdo e gago e lhe supli-
caram que impusesse as mãos sobre ele.
33 Jesus, tirando-o da multidão, à parte, pôs
os dedos nos ouvidos dele; depois, cuspindo,
aplicou saliva na língua do homem. 34 Então,
erguendo os olhos ao céu, suspirou e disse:
— Efatá! — que quer dizer: "Abra-se!"

35 E logo os ouvidos do homem se abriram,
e o empecilho da língua se soltou, e ele falava
sem dificuldade. 36 Jesus lhes ordenou que não
contassem isso a ninguém; porém, quanto
mais recomendava, tanto mais eles o divul-
gavam. 37 Ficavam muito admirados, dizendo:

— Tudo ele tem feito muito bem; faz até os
surdos ouvirem e os mudos falarem.

A SEGUNDA MULTIPLICAÇÃO DE PÃES E PEIXES

Mt 15.32-39

8 1 Naqueles dias, quando outra vez se
reuniu grande multidão, e não tendo o
que comer, Jesus chamou os discípulos e
lhes disse:

2 — Tenho compaixão desta gente, porque
já faz três dias que eles estão comigo e não
têm o que comer. 3 Se eu os mandar para
casa em jejum, desfalecerão pelo caminho;
e alguns deles vieram de longe.

4 Mas os discípulos lhe responderam:

— Como poderá alguém saciá-los de pão
neste deserto?

5 Então Jesus perguntou:

— Quantos pães vocês têm?

Eles responderam:

— Sete.

6 Então mandou o povo assentar-se no chão. E, pegando os sete pães, partiu-os, após ter dado graças, e os deu aos seus discípulos, para que estes os distribuíssem, repartindo entre o povo. 7 Tinham também alguns peixinhos. E, abençoando-os, mandou que estes igualmente fossem distribuídos. 8 Comeram e se fartaram; e dos pedaços restantes recolheram sete cestos. 9 Eram cerca de quatro mil homens. Então Jesus os despediu. 10 Logo a seguir, tendo entrado no barco juntamente com os seus discípulos, foi para a região de Dalmanuta.

O PEDIDO POR UM SINAL

Mt 16.1-4

11 Os fariseus chegaram e começaram a discutir com Jesus. E, tentando-o, pediram-lhe um sinal vindo do céu. 12 Jesus, porém, arrancou do íntimo do seu espírito um gemido e disse:

— Por que esta geração pede um sinal? Em verdade lhes digo que nenhum sinal será dado a esta geração.

13 E, deixando-os, tornou a embarcar e foi para o outro lado.

O FERMENTO DOS FARISEUS E O FERMENTO DE HERODES

Mt 16.5-12

14 Ora, os discípulos se esqueceram de levar pão e, no barco, não tinham consigo senão um só. 15 Jesus os preveniu, dizendo:

— Fiquem atentos e tomem cuidado com o fermento dos fariseus e com o fermento de Herodes.

16 E eles começaram a discutir entre si, dizendo:

— Ele diz isso porque não temos pão.

17 Jesus percebeu isso e perguntou:

— Por que vocês estão discutindo sobre o fato de não terem pão? Vocês ainda não percebem nem compreendem? Têm o coração endurecido? 18 Tendo olhos, não veem? E, tendo ouvidos, não ouvem? Não se lembram 19 de quando parti os cinco pães para os cinco mil, quantos cestos cheios de pedaços vocês recolheram?

Eles responderam:

— Doze!

20 — E de quando parti os sete pães para os quatro mil, quantos cestos cheios de pedaços vocês recolheram?

Responderam:

— Sete!

21 Ao que Jesus lhes disse:

— Vocês ainda não compreendem?

A CURA DE UM CEGO EM BETSAIDA

22 Então chegaram a Betsaida. E lhe trouxeram um cego e pediram a Jesus que tocasse nele. 23 Jesus, tomando o cego pela mão, levou-o para fora da aldeia. Então cuspiu nos olhos do homem e, impondo-lhe as mãos, perguntou:

— Você vê alguma coisa?

24 O homem, recuperando a visão, respondeu:

— Vejo pessoas, mas elas parecem árvores que andam.

25 Então Jesus novamente pôs as mãos sobre os olhos dele. E o homem, passando a ver claramente, ficou restabelecido; e distinguia tudo de modo perfeito. 26 E Jesus o mandou para casa, recomendando-lhe:

— Não entre na aldeia.

A CONFISSÃO DE PEDRO

Mt 16.13-20; Lc 9.18-21

27 Então Jesus e os seus discípulos foram para as aldeias de Cesareia de Filipe. No caminho, perguntou-lhes:

— Quem os outros dizem que eu sou?

28 Os discípulos responderam:

— Uns dizem que é João Batista; outros dizem que é Elias; e ainda outros dizem que é um dos profetas.

29 Então Jesus perguntou:

— E vocês, quem dizem que eu sou?

Respondendo, Pedro lhe disse:

— O senhor é o Cristo.

30 Então Jesus os advertiu de que a ninguém dissessem tal coisa a seu respeito.

JESUS PREDIZ A SUA MORTE E RESSURREIÇÃO

Mt 16.21-23; Lc 9.22

31 Então Jesus começou a ensinar-lhes que era necessário que o Filho do Homem sofresse muitas coisas, fosse rejeitado pelos anciãos,

pelos principais sacerdotes e pelos escribas,
fosse morto e que, depois de três dias, res-
suscitasse. 32 E isto ele expunha claramente.
Então Pedro, chamando-o à parte, começou a
repreendê-lo. 33 Mas Jesus, voltando-se e vendo
os seus discípulos, repreendeu Pedro e disse:
— Saia da minha frente, Satanás! Porque
você não leva em consideração as coisas de
Deus, e sim as dos homens.

TOME A SUA CRUZ

Mt 16.24-28; Lc 9.23-27

34 Então, convocando a multidão e junta-
mente os seus discípulos, Jesus lhes disse:
— Se alguém quer vir após mim, negue a
si mesmo, tome a sua cruz e siga-me. 35 Pois
quem quiser salvar a sua vida a perderá; e
quem perder a vida por minha causa e por
causa do evangelho, esse a salvará. 36 De que
adianta uma pessoa ganhar o mundo inteiro
e perder a sua alma? 37 Que daria uma pessoa
em troca de sua alma? 38 Pois quem, nesta gera-
ção adúltera e pecadora, se envergonhar de
mim e das minhas palavras, também o Filho
do Homem se envergonhará dele, quando vier
na glória do seu Pai com os santos anjos.

9 1 Dizia-lhes ainda:
— Em verdade lhes digo que, dos que
aqui se encontram, existem alguns que não
passarão pela morte até que vejam ter che-
gado com poder o Reino de Deus.

A TRANSFIGURAÇÃO DE JESUS

Mt 17.1-8; Lc 9.28-36

2 Seis dias depois, Jesus tomou consigo
Pedro, Tiago e João e os levou, em particular, a
sós, a um alto monte. E Jesus foi transfigurado
diante deles. 3 As suas roupas se tornaram res-
plandecentes, de um branco muito intenso,
como nenhum lavandeiro no mundo as pode-
ria alvejar. 4 E lhes apareceu Elias com Moisés,
e estavam falando com Jesus. 5 Então Pedro,
tomando a palavra, disse a Jesus:
— Mestre, bom é estarmos aqui. Façamos
três tendas: uma para o senhor, outra para
Moisés e outra para Elias.
6 Pois não sabia o que dizer, por esta-
rem eles apavorados. 7 A seguir, veio uma
nuvem que os envolveu; e dela veio uma
voz que dizia:
— Este é o meu Filho amado; escutem o
que ele diz!
8 E, de repente, olhando ao redor, não viram
mais ninguém com eles, a não ser Jesus.

A VINDA DE ELIAS

Mt 17.9-13

9 Ao descerem do monte, Jesus lhes orde-
nou que não divulgassem as coisas que
tinham visto, até o dia em que o Filho do
Homem ressuscitasse dentre os mortos.
10 Eles guardaram a recomendação, per-
guntando uns aos outros o que seria esse
ressuscitar dentre os mortos. 11 Então per-
guntaram a Jesus:
— Por que os escribas dizem ser necessá-
rio que Elias venha primeiro?
12 Jesus respondeu:
— Elias, vindo primeiro, restaurará todas
as coisas. Como, então, está escrito sobre o
Filho do Homem que sofrerá muito e será
desprezado? 13 Eu, porém, lhes digo que Elias
já veio, e fizeram com ele tudo o que quise-
ram, como está escrito a respeito dele.

A CURA DE UM MENINO

Mt 17.14-21; Lc 9.37-43a

14 Quando eles se aproximaram dos outros
discípulos, viram numerosa multidão ao
redor deles e os escribas discutindo com
eles. 15 E logo toda a multidão, ao ver Jesus,
ficou surpresa e, correndo até ele, o saudava.
16 Então Jesus perguntou:
— O que é que vocês estão discutindo
com eles?
17 E um, do meio da multidão, respondeu:
— Mestre, eu trouxe até o senhor o meu
filho, que está possuído de um espírito
mudo; 18 e este, sempre que se apossa dele,
lança-o por terra, e ele espuma, range os
dentes e vai definhando. Pedi aos seus
discípulos que o expulsassem, mas eles
não puderam.
19 Então Jesus exclamou:
— Ó geração incrédula, até quando estarei
com vocês? Até quando terei de suportá-los?
Tragam o menino até aqui.

Exercer influência é importante, mas ser uma boa referência, servir de parâmetro para outros e gerar crescimento saudável é muito melhor.

20 E eles o trouxeram. Quando ele viu Jesus,
o espírito imediatamente agitou o menino
com violência, e, caindo ele por terra, revol-
via-se espumando. 21 Jesus perguntou ao pai
do menino:

— Há quanto tempo isso está acontecendo com ele?

O pai respondeu:

— Desde a infância; 22 e muitas vezes o tem
lançado no fogo e na água, para o matar. Mas,
se o senhor pode fazer alguma coisa, tenha
compaixão de nós e ajude-nos.

23 Ao que Jesus respondeu:

— "Se o senhor pode"? Tudo é possível ao que crê.

24 E imediatamente o pai do menino exclamou:

— Eu creio! Ajude-me na minha falta de fé!

25 Vendo Jesus que muita gente estava se reunindo, repreendeu o espírito imundo, dizendo-lhe:

— Espírito mudo e surdo, eu ordeno a você: Saia deste menino e nunca mais entre nele.

26 E ele, gritando e agitando-o muito, saiu, deixando-o como se estivesse morto, a ponto de muitos dizerem:

— Morreu.

27 Mas Jesus, tomando-o pela mão, o ergueu, e ele se levantou.

28 Quando Jesus entrou em casa, os seus discípulos lhe perguntaram em particular:

— Por que nós não pudemos expulsá-lo?

29 Jesus respondeu:

— Esse tipo de espírito só pode ser expulso por meio de oração.

DE NOVO JESUS PREDIZ A SUA MORTE E RESSURREIÇÃO

Mt 17.22-23; Lc 9.43b-45

30 E, tendo saído dali, passavam pela Gali-
leia, e Jesus não queria que ninguém o
soubesse, 31 porque ensinava os seus discí-
pulos e lhes dizia:

— O Filho do Homem será entregue nas mãos dos homens, e estes o matarão; mas, três dias depois da sua morte, ressuscitará.

32 Eles, porém, não compreendiam isto e tinham medo de perguntar.

O MAIOR NO REINO DOS CÉUS

Mt 18.1-5; Lc 9.46-48

33 Chegaram, então, a Cafarnaum. Estando em casa, Jesus perguntou aos discípulos:

— Sobre o que vocês estavam discutindo no caminho?

34 Mas eles se calaram, porque, no cami-
nho, tinham discutido entre si sobre quem
era o maior. 35 E Jesus, assentando-se, cha-
mou os doze e lhes disse:

— Se alguém quer ser o primeiro, será o último e servo de todos.

36 Trazendo uma criança, colocou-a no meio deles e, tomando-a nos braços, disse-lhes:

37 — Quem receber uma criança, tal como esta, em meu nome, recebe a mim; e quem receber a mim, não é a mim que recebe, mas aquele que me enviou.

QUEM NÃO É CONTRA NÓS É POR NÓS

Lc 9.49-50

38 João disse a Jesus:

— Mestre, vimos um homem que expulsava demônios em seu nome, mas nós o proibimos de fazer isso, porque não nos seguia.

39 Mas Jesus respondeu:

— Não o proíbam, porque não há ninguém
que faça milagre em meu nome e, logo a
seguir, possa falar mal de mim. 40 Pois quem
não é contra nós é a favor de nós. 41 Pois
aquele que lhes der de beber um copo de
água, em meu nome, porque vocês são de
Cristo, em verdade lhes digo que de modo
nenhum perderá a sua recompensa.

OS TROPEÇOS

Mt 18.6-9; Lc 17.1-2

42 — E, se alguém fizer tropeçar um des-
tes pequeninos que creem em mim, seria
melhor para esse que uma grande pedra de
moinho fosse pendurada ao seu pescoço e
fosse jogado no mar. 43 E, se a sua mão leva
você a tropeçar, corte-a; pois é melhor você
entrar aleijado na vida do que, tendo as duas
mãos, ir para o inferno, para o fogo que nunca
se apaga 44 [onde não lhes morre o verme,
nem o fogo se apaga]. 45 E, se o seu pé leva
você a tropeçar, corte-o; pois é melhor você
entrar na vida aleijado do que, tendo os dois

pés, ser lançado no inferno 46 [onde não lhes morre o verme, nem o fogo se apaga]. 47 E, se um dos seus olhos leva você a tropeçar, arranque-o; pois é melhor você entrar no Reino de Deus com um olho só do que, tendo os dois, ser lançado no inferno, 48 onde não lhes morre o verme, nem o fogo se apaga.

49 — Porque cada um será salgado com fogo. 50 O sal é bom; mas, se o sal vier a se tornar insípido, como lhe restaurar o sabor? Tenham sal em vocês mesmos e paz uns com os outros.

A RESPEITO DO DIVÓRCIO

Mt 19.1-12

10 1 Saindo dali, Jesus foi para o território da Judeia e para além do Jordão. E outra vez as multidões se reuniram junto a ele, e, de novo, ele as ensinava, segundo o seu costume.

2 E, aproximando-se alguns fariseus, o puseram à prova, perguntando:

— É lícito ao marido repudiar a sua mulher?

3 Jesus respondeu:

— O que foi que Moisés ordenou a vocês?

4 Eles disseram:

— Moisés permitiu escrever uma carta de divórcio e repudiar.

5 Mas Jesus lhes disse:

— Foi por causa da dureza do coração de vocês que Moisés deixou escrito esse mandamento. 6 Porém, desde o princípio da criação, Deus os fez homem e mulher. 7 "Por isso o homem deixará o seu pai e a sua mãe e se unirá à sua mulher, 8 tornando-se os dois uma só carne." De modo que já não são mais dois, porém uma só carne. 9 Portanto, que ninguém separe o que Deus ajuntou.

10 Em casa, os discípulos voltaram a fazer perguntas sobre esse assunto. 11 E Jesus lhes disse:

— Quem repudiar a sua mulher e casar com outra comete adultério contra aquela. 12 E, se ela repudiar o seu marido e casar com outro, comete adultério.

JESUS ABENÇOA AS CRIANÇAS

Mt 19.13-15; Lc 18.15-17

13 Então trouxeram algumas crianças a Jesus para que as abençoasse, mas os discípulos os repreendiam. 14 Jesus, porém, vendo isto, indignou-se e disse-lhes:

— Deixem que os pequeninos venham a mim; não os impeçam, porque dos tais é o Reino de Deus. 15 Em verdade lhes digo: Quem não receber o Reino de Deus como uma criança de maneira nenhuma entrará nele.

16 Então, tomando as crianças nos braços e impondo-lhes as mãos, as abençoava.

O JOVEM RICO

Mt 19.16-22; Lc 18.18-23

17 Pondo-se Jesus a caminho, um homem correu ao seu encontro e, ajoelhando-se diante dele, perguntou-lhe:

— Bom Mestre, que farei para herdar a vida eterna?

18 Jesus respondeu:

— Por que você me chama de bom? Ninguém é bom, a não ser um, que é Deus. 19 Você conhece os mandamentos: "Não mate, não cometa adultério, não furte, não dê falso testemunho, não defraude ninguém, honre o seu pai e a sua mãe."

20 Então o homem respondeu:

— Mestre, tudo isso tenho observado desde a minha juventude.

21 E Jesus, olhando para ele com amor, disse:

— Só uma coisa falta a você: vá, venda tudo o que tem, dê o dinheiro aos pobres e você terá um tesouro no céu; depois, venha e siga-me.

22 Ele, porém, contrariado com esta palavra, retirou-se triste, porque era dono de muitas propriedades.

O PERIGO DAS RIQUEZAS

Mt 19.23-30; Lc 18.24-30

23 Então Jesus, olhando ao redor, disse aos seus discípulos:

— Como é difícil para os que têm riquezas entrar no Reino de Deus!

24 Os discípulos estranharam estas palavras, mas Jesus insistiu em dizer-lhes:

— Filhos, como é difícil entrar no Reino de Deus! 25 É mais fácil um camelo passar pelo fundo de uma agulha do que um rico entrar no Reino de Deus.

26 Eles ficaram muito admirados, dizendo entre si:

— Sendo assim, quem pode ser salvo?

27 Jesus, olhando para eles, disse:

— Para os seres humanos é impossível; contudo, não para Deus, porque para Deus tudo é possível.

28 Então Pedro começou a dizer-lhe:

— Eis que nós deixamos tudo e seguimos o senhor.

29 Jesus respondeu:

— Em verdade lhes digo que não há ninguém que tenha deixado casa, irmãos, irmãs, mãe, pai, filhos ou campos por minha causa e por causa do evangelho, 30 que não receba, já no presente, cem vezes mais casas, irmãos, irmãs, mães, filhos e campos, com perseguições; e, no mundo por vir, receberá a vida eterna. 31 Porém muitos primeiros serão últimos, e os últimos serão primeiros.

JESUS AINDA OUTRA VEZ PREDIZ SUA MORTE E RESSURREIÇÃO

Mt 20.17-19; Lc 18.31-34

32 Estavam a caminho, subindo para Jerusalém, e Jesus ia adiante dos seus discípulos. Estes se admiravam e o seguiam tomados de apreensões. E Jesus, chamando outra vez os doze para um lado, começou a revelar-lhes as coisas que deviam acontecer com ele, dizendo: 33 — Eis que subimos para Jerusalém, e o Filho do Homem será entregue aos principais sacerdotes e aos escribas. Eles vão condená-lo à morte e entregá-lo aos gentios. 34 Vão zombar dele, cuspir nele, açoitá-lo e matá-lo; mas, depois de três dias, ressuscitará.

O PEDIDO DE TIAGO E JOÃO

Mt 20.20-28

35 Então se aproximaram dele Tiago e João, filhos de Zebedeu, dizendo:

— Mestre, queremos que o senhor nos conceda o que vamos pedir.

36 E Jesus lhes perguntou:

— O que querem que eu lhes faça?

37 Eles responderam:

— Permite-nos que, na sua glória, nos assentemos um à sua direita e o outro à sua esquerda.

38 Mas Jesus lhes disse:

— Vocês não sabem o que estão pedindo. Será que podem beber o cálice que eu bebo ou receber o batismo com que eu sou batizado?

39 Eles responderam:

— Podemos.

Então Jesus lhes disse:

— Vocês beberão o cálice que eu bebo e receberão o batismo com que eu sou batizado. 40 Quanto a sentar à minha direita ou à minha esquerda, não me compete concedê-lo, pois é para aqueles a quem está preparado.

41 Quando os outros dez discípulos ouviram isso, começaram a ficar indignados com Tiago e João. 42 Mas Jesus, chamando todos para junto de si, disse:

— Vocês sabem que os que são considerados governadores dos povos os dominam e que os seus maiorais exercem autoridade sobre eles. 43 Mas entre vocês não é assim; pelo contrário, quem quiser tornar-se grande entre vocês, que se coloque a serviço dos outros; 44 e quem quiser ser o primeiro entre vocês, que seja servo de todos. 45 Pois o próprio Filho do Homem não veio para ser servido, mas para servir e dar a sua vida em resgate por muitos.

A CURA DO CEGO DE JERICÓ

Mt 20.29-34; Lc 18.35-43

46 E foram para Jericó. Quando Jesus saía de Jericó, juntamente com os discípulos e numerosa multidão, Bartimeu, um cego mendigo, filho de Timeu, estava sentado à beira do caminho 47 e, ouvindo que era Jesus, o Nazareno, começou a gritar:

— Jesus, Filho de Davi, tenha compaixão de mim!

48 E muitos o repreendiam para que se calasse, mas ele gritava cada vez mais:

— Filho de Davi, tenha compaixão de mim!

49 Jesus parou e disse:

— Chamem o cego.

Chamaram, então, o cego, dizendo-lhe:

— Coragem! Levante-se, porque ele está chamando você.

50 Atirando a capa para o lado, o cego levantou-se de um salto e foi até onde estava Jesus, 51 que lhe perguntou:

— O que você quer que eu lhe faça?

O cego respondeu:

— Mestre, que eu possa ver de novo.

52 Então Jesus lhe disse:

— Vá, a sua fé salvou você.

E imediatamente passou a ver e foi seguindo Jesus estrada afora.

JESUS ENTRA EM JERUSALÉM

Mt 21.1-11; Lc 19.28-40; Jo 12.12-19

11 1 Quando se aproximavam de Jerusalém, de Betfagé e Betânia, junto ao monte das Oliveiras, Jesus enviou dois dos seus discípulos 2 e disse-lhes:

— Vão até a aldeia que está diante de vocês e logo, ao entrar, encontrarão preso um jumentinho, o qual ainda ninguém montou; desprendam o jumentinho e tragam aqui. 3 Se alguém perguntar: "Por que estão fazendo isso?", respondam: "O Senhor precisa dele e logo o mandará de volta para cá."

4 Então foram e acharam o jumentinho preso, junto ao portão, do lado de fora, na rua, e o desprenderam. 5 Alguns dos que ali estavam reclamaram:

— O que estão fazendo, soltando o jumentinho?

6 Eles, porém, responderam conforme as instruções de Jesus. Então os deixaram ir. 7 Levaram o jumentinho a Jesus, puseram as suas capas sobre o animal, e Jesus montou nele. 8 Muitos estenderam as suas capas no caminho, e outros espalharam ramos que tinham cortado nos campos. 9 Tanto os que iam adiante dele como os que o seguiam clamavam:

"Hosana!
Bendito o que vem em nome do Senhor!
10 Bendito o Reino que vem,
o reino de Davi, nosso pai!
Hosana nas maiores alturas!"

11 E Jesus entrou em Jerusalém, no templo. E, tendo observado tudo, como já era tarde, saiu para Betânia com os doze.

A FIGUEIRA SEM FRUTO

Mt 21.18-19

12 No dia seguinte, quando saíram de Betânia, Jesus teve fome. 13 E, vendo de longe uma figueira com folhas, foi ver se nela acharia alguma coisa. Aproximando-se dela, nada achou, a não ser folhas; porque não era tempo de figos. 14 Então Jesus disse à figueira:

— Nunca mais alguém coma dos seus frutos!

E os discípulos de Jesus ouviram isto.

JESUS NO TEMPLO

Mt 21.12-17; Lc 19.45-48; Jo 2.13-22

15 E foram para Jerusalém. Quando Jesus entrou no templo, começou a expulsar os que ali vendiam e compravam. Derrubou as mesas dos cambistas e as cadeiras dos que vendiam pombas, 16 e não permitia que alguém atravessasse o templo carregando algum objeto. 17 Também os ensinava e dizia:

— Não é isso que está escrito: "A minha casa será chamada 'Casa de Oração' para todas as nações"? Mas vocês fizeram dela um covil de salteadores.

18 E os principais sacerdotes e escribas ouviram isso e procuravam uma maneira de matar Jesus, pois o temiam, porque toda a multidão se maravilhava de sua doutrina.

19 Em vindo a tarde, Jesus e os discípulos saíram da cidade.

A LIÇÃO DA FIGUEIRA

Mt 21.20-22

20 E, passando eles pela manhã, viram que a figueira estava seca desde a raiz. 21 Então Pedro, lembrando-se, falou:

— Mestre, eis que a figueira que o senhor amaldiçoou ficou seca.

22 Ao que Jesus lhes disse:

— Tenham fé em Deus. 23 Porque em verdade lhes digo que, se alguém disser a este monte: "Levante-se e jogue-se no mar", e não duvidar no seu coração, mas crer que se fará o que diz, assim será com ele. 24 Por isso digo a vocês que tudo o que pedirem em oração, creiam que já o receberam, e assim será com vocês. 25 E, quando estiverem orando, se tiverem alguma coisa contra alguém, perdoem, para que o Pai de vocês, que está nos céus, perdoe as ofensas de vocês. 26 [Mas, se vocês não perdoarem, também o Pai de vocês, que está nos céus, não perdoará as ofensas de vocês.]

A AUTORIDADE DE JESUS

Mt 21.23-27; Lc 20.1-8

27 Então regressaram para Jerusalém. E
enquanto Jesus andava pelo templo, os prin-
cipais sacerdotes, os escribas e os anciãos
vieram ao seu encontro 28 e lhe perguntaram:
— Com que autoridade você faz estas coi-
sas? Ou quem lhe deu esta autoridade para
fazer isto?
29 Jesus respondeu:
— Eu vou fazer uma pergunta a vocês. Res-
pondam, e eu lhes direi com que autoridade
faço estas coisas. 30 O batismo de João era do
céu ou dos homens? Respondam!
31 E eles discutiam entre si:
— Se dissermos: "Do céu", ele dirá: "Então
por que não acreditaram nele?" 32 Se, porém,
dissermos: "Dos homens", é de temer o povo.
Porque todos pensavam que João era real-
mente um profeta.
33 Então responderam a Jesus:
— Não sabemos.
E Jesus, por sua vez, lhes disse:
— Então eu também não lhes digo com
que autoridade faço estas coisas.

A PARÁBOLA DOS LAVRADORES MAUS

Mt 21.33-46; Lc 20.9-19

12 1 Depois Jesus começou a falar-lhes
por parábola:
— Um homem plantou uma vinha. Pôs
uma cerca em volta dela, construiu um lagar,
edificou uma torre e arrendou a vinha a uns
lavradores. Depois, ausentou-se do país. 2 No
tempo da colheita, mandou um servo para
que recebesse dos lavradores a sua parte dos
frutos da vinha. 3 Mas os lavradores o agarra-
ram, espancaram e o despacharam de mãos
vazias. 4 De novo, enviou-lhes outro servo, e
eles bateram na cabeça dele e o insultaram.
5 Mandou ainda outro servo, e a este mata-
ram. Muitos outros lhes enviou, dos quais
espancaram uns e mataram outros.
6 — Restava-lhe ainda um: o seu filho
amado. Por fim, mandou o filho, pensando:
"O meu filho eles respeitarão." 7 Mas os tais
lavradores disseram entre si: "Este é o her-
deiro; venham, vamos matá-lo, e a herança
será nossa." 8 E, agarrando o filho, mataram-
-no e o lançaram fora da vinha.
9 — Que fará, pois, o dono da vinha? Virá,
exterminará aqueles lavradores e entregará
a vinha a outros. 10 Vocês ainda não leram
este trecho da Escritura:

"A pedra que os construtores rejeitaram,
essa veio a ser a pedra angular.
11 Isto procede do Senhor
e é maravilhoso
aos nossos olhos"?

12 E procuravam prender Jesus, porque
entenderam que ele havia contado essa
parábola contra eles; mas temiam o povo.
Então eles o deixaram e foram embora.

A QUESTÃO DO IMPOSTO

Mt 22.15-22; Lc 20.20-26

13 E enviaram a Jesus alguns dos fariseus e
dos herodianos, para que o apanhassem em
alguma palavra. 14 Chegando, disseram-lhe:
— Mestre, sabemos que o senhor é verda-
deiro e não se importa com a opinião dos
outros, porque não olha a aparência das
pessoas, mas, segundo a verdade, ensina o ca-
minho de Deus; é lícito pagar imposto a César
ou não? Devemos ou não devemos pagar?
15 Mas Jesus, percebendo a hipocrisia deles,
respondeu:
— Por que vocês estão me pondo à prova?
Tragam-me um denário para que eu o veja.
16 Eles trouxeram. E Jesus lhes perguntou:
— De quem é esta figura e esta inscrição?
Eles responderam:
— De César.
17 Então Jesus disse:
— Deem a César o que é de César e a Deus
o que é de Deus.
E muito se admiraram dele.

OS SADUCEUS E A RESSURREIÇÃO

Mt 22.23-33; Lc 20.27-40

18 Então alguns saduceus, que dizem não
haver ressurreição, aproximaram-se de Jesus
e lhe perguntaram:
19 — Mestre, Moisés nos deixou escrito que,
se um homem morrer e deixar mulher sem

filhos, o irmão desse homem deve casar com
a viúva e gerar descendentes para o falecido.
20 Havia sete irmãos. O primeiro casou e mor-
reu sem deixar filhos; 21 o segundo casou
com a viúva e morreu, também sem dei-
xar descendência; e o terceiro, da mesma
forma. 22 E, assim, os sete não deixaram des-
cendência. Por fim, depois de todos, morreu
também a mulher. 23 Na ressurreição, quando
eles ressuscitarem, de qual deles ela será
a esposa? Porque os sete casaram com ela.

24 Jesus respondeu:

— Será que o erro de vocês não está no
fato de não conhecerem as Escrituras nem
o poder de Deus? 25 Pois, quando ressusci-
tarem dentre os mortos, nem casarão, nem
se darão em casamento, mas serão como
os anjos nos céus. 26 Quanto aos mortos,
que eles de fato ressuscitam, vocês nunca
leram no Livro de Moisés, no trecho refe-
rente à sarça, como Deus lhe falou: "Eu
sou o Deus de Abraão, o Deus de Isaque
e o Deus de Jacó"? 27 Ele não é Deus de
mortos, e sim de vivos. Vocês estão com-
pletamente enganados.

O GRANDE MANDAMENTO

Mt 22.34-40; Lc 10.25-28

28 Chegando um dos escribas, que ouviu
a discussão entre eles e viu que Jesus tinha
dado uma boa resposta, perguntou-lhe:

— Qual é o principal de todos os mandamentos?

29 Jesus respondeu:

— O principal é: "Escute, ó Israel, o Senhor,
nosso Deus, é o único Senhor! 30 Ame o
Senhor, seu Deus, de todo o seu coração, de
toda a sua alma, de todo o seu entendimento
e com toda a sua força." 31 O segundo é: "Ame o
seu próximo como você ama a si mesmo." Não
há outro mandamento maior do que estes.

32 Então o escriba disse:

— Muito bem, Mestre! E com verdade o
senhor disse que ele é o único, e não há outro
além dele, 33 e que amar a Deus de todo o
coração e de todo o entendimento e com
todas as forças e amar o próximo como a si
mesmo é mais do que todos os holocaus-
tos e sacrifícios.

34 Vendo Jesus que o escriba havia respon-
dido sabiamente, declarou-lhe:

— Você não está longe do Reino de Deus.

E ninguém mais ousava fazer perguntas
a Jesus.

O CRISTO, FILHO DE DAVI

Mt 22.41-46; Lc 20.41-44

35 Jesus, ensinando no templo, perguntou:

— Como dizem os escribas que o Cristo é
filho de Davi? 36 O próprio Davi falou, pelo
Espírito Santo:

"Disse o Senhor
ao meu Senhor:
'Sente-se à minha direita,
até que eu ponha
os seus inimigos debaixo dos seus
pés.'"

37 — O próprio Davi chama o Cristo de
Senhor; então como ele pode ser filho de
Davi?

E a grande multidão o ouvia com prazer.

JESUS CENSURA OS ESCRIBAS

Mt 23.1-36; Lc 20.45-47

38 E, ao ensinar, Jesus dizia:

— Cuidado com os escribas, que gostam
de andar com vestes talares e das saudações
nas praças; 39 buscam as primeiras cadeiras
nas sinagogas e os primeiros lugares nos
banquetes; 40 devoram as casas das viúvas e,
para o justificar, fazem longas orações. Estes
sofrerão juízo muito mais severo.

A OFERTA DA VIÚVA POBRE

Lc 21.1-4

41 Sentado diante da caixa de ofertas,
Jesus observava como o povo lançava ali
o dinheiro. Ora, muitos ricos depositavam
grandes quantias. 42 Vindo, porém, uma
viúva pobre, lançou duas pequenas moe-
das correspondentes a um quadrante. 43 E,
chamando os seus discípulos, Jesus disse:

— Em verdade lhes digo que esta viúva
pobre lançou na caixa de ofertas mais do
que todos os ofertantes. 44 Porque todos eles
deram daquilo que lhes sobrava; ela, porém,
da sua pobreza deu tudo o que possuía, todo
o seu sustento.

O SERMÃO PROFÉTICO

A DESTRUIÇÃO DO TEMPLO

Mt 24.1-2; Lc 21.5-6

13 1 Quando Jesus estava saindo do
templo, um dos seus discípulos lhe
disse:

— Mestre! Que pedras, que construções!
2 Mas Jesus respondeu:
— Você está vendo estas grandes construções? Não ficará aqui pedra sobre pedra que não seja derrubada.

O PRINCÍPIO DAS DORES

Mt 24.3-14; Lc 21.7-19

3 Jesus estava sentado no monte das Oliveiras, diante do templo, quando Pedro, Tiago, João e André lhe perguntaram em particular:
4 — Diga-nos quando essas coisas vão acontecer e que sinal haverá quando todas elas estiverem para se cumprir.
5 Então Jesus começou a dizer-lhes:
— Tenham cuidado para que ninguém
os engane. 6 Muitos virão em meu nome,
dizendo: "Sou eu"; e enganarão a muitos.
7 Quando vocês ouvirem falar de guerras
e rumores de guerras, não se assustem; é
necessário que isso aconteça, mas ainda não
é o fim. 8 Porque nação se levantará contra
nação, e reino, contra reino. Haverá terremotos em vários lugares e também fomes. Essas coisas são o princípio das dores.
9 — Estejam de sobreaviso, porque as
pessoas os entregarão aos tribunais e às
sinagogas. Vocês serão açoitados e, por
minha causa, serão levados à presença de
governadores e reis, para lhes servir de tes-
temunho. 10 Mas é necessário que primeiro
o evangelho seja pregado a todas as nações.
11 — Quando, pois, levarem vocês para os
entregar, não se preocupem com o que irão
dizer, mas digam o que lhes for concedido
naquela hora. Porque não são vocês que
estão falando, mas o Espírito Santo. 12 Um
irmão entregará à morte outro irmão, e o pai
entregará o filho. Haverá filhos que se levanta-
rão contra os seus pais e os matarão. 13 Todos
odiarão vocês por causa do meu nome; aquele,
porém, que ficar firme até o fim, esse será salvo.

A GRANDE TRIBULAÇÃO

Mt 24.15-28; Lc 21.20-24

14 — Quando, pois, vocês virem o abomi-
nável da desolação situado onde não deve
estar (quem lê entenda), então os que esti-
verem na Judeia fujam para os montes.
15 Quem estiver no terraço não desça nem
entre para tirar de casa alguma coisa. 16 E
quem estiver no campo não volte atrás para
buscar a sua capa. 17 Ai das que estiverem
grávidas e das que amamentarem naque-
les dias! 18 Orem para que isso não aconteça
no inverno. 19 Porque aqueles dias serão de
tamanha tribulação, como nunca houve
desde o princípio do mundo criado por
Deus até agora e nunca jamais haverá. 20 Se
o Senhor não tivesse abreviado aqueles dias,
ninguém seria salvo. Mas, por causa dos elei-
tos que ele escolheu, Deus abreviou tais dias.
21 Então, se alguém disser a vocês: "Olhem!
Aqui está o Cristo!" ou: "Olhem! Ali está
ele!", não acreditem. 22 Porque surgirão fal-
sos cristos e falsos profetas, operando sinais
e prodígios, para enganar, se possível, os pró-
prios eleitos. 23 Estejam de sobreaviso; tudo
isso tenho predito a vocês.

A VINDA DO FILHO DO HOMEM

Mt 24.29-31; Lc 21.25-28

24 — Mas, naqueles dias, após a referida
tribulação, o sol escurecerá, a lua não dará
a sua claridade, 25 as estrelas cairão do firma-
mento e os poderes dos céus serão abalados.
26 Então verão o Filho do Homem vindo nas
nuvens, com grande poder e glória. 27 E então
ele enviará os anjos e reunirá os seus esco-
lhidos dos quatro ventos, da extremidade
da terra até a extremidade do céu.

A PARÁBOLA DA FIGUEIRA

Mt 24.32-35; Lc 21.29-33

28 — Aprendam, pois, a parábola da
figueira: quando já os seus ramos se reno-
vam e as folhas brotam, vocês sabem que
o verão está próximo. 29 Assim, também
vocês, quando virem acontecer essas coi-
sas, saibam que está próximo, às portas.
30 Em verdade lhes digo que não passará
esta geração sem que tudo isto aconteça.

31 Passará o céu e a terra, porém as minhas
palavras não passarão.

EXORTAÇÃO À VIGILÂNCIA

Mt 24.36-44; Lc 17.26-30,34-36

32 — Mas a respeito daquele dia ou da hora
ninguém sabe, nem os anjos no céu, nem o
Filho, senão o Pai.

33 — Estejam de sobreaviso e vigiem, por-
que vocês não sabem quando será o tempo.
34 É como um homem que, ausentando-se
do país, deixa a sua casa, dá autoridade aos
seus servos, a cada um a sua obrigação, e
ao porteiro ordena que vigie. 35 Portanto,
vigiem, porque vocês não sabem quando
virá o dono da casa: se à tarde, se à meia-
-noite, se ao cantar do galo, se pela manhã;
36 para que, vindo ele inesperadamente, não
encontre vocês dormindo. 37 O que, porém,
digo a vocês, digo a todos: vigiem!

O PLANO PARA MATAR JESUS

Mt 26.1-5; Lc 22.1-2; Jo 11.45-53

14 1 Dois dias depois seria celebrada
a Páscoa e a Festa dos Pães sem
Fermento. Os principais sacerdotes e os
escribas procuravam uma forma de prender
Jesus, à traição, para matá-lo. 2 Pois diziam:

— Não durante a festa, para que não haja
tumulto entre o povo.

JESUS É UNGIDO EM BETÂNIA

Mt 26.6-13; Jo 12.1-8

3 Quando Jesus estava em Betânia, fazendo
uma refeição na casa de Simão, o leproso, veio
uma mulher, trazendo um frasco feito de ala-
bastro com um perfume muito valioso, de nardo
puro; e, quebrando o frasco, derramou o perfume
sobre a cabeça de Jesus. 4 Alguns dos que esta-
vam ali ficaram indignados e diziam entre si:

— Para que este desperdício de perfume? 5 Este
perfume poderia ter sido vendido por mais de
trezentos denários, para ser dado aos pobres.

E murmuravam contra ela. 6 Mas Jesus disse:
— Deixem a mulher em paz! Por que vocês
a estão incomodando? Ela praticou uma boa
ação para comigo. 7 Porque os pobres esta-
rão sempre com vocês, e, quando quiserem,
podem fazer-lhes o bem, mas a mim vocês
nem sempre terão. 8 Ela fez o que pôde: ungiu o
meu corpo antecipadamente para a sepultura.
9 Em verdade lhes digo que, onde for pregado
em todo o mundo o evangelho, também será
contado o que ela fez, para memória dela.

O PACTO DA TRAIÇÃO

Mt 26.14-16; Lc 22.3-6

10 E Judas Iscariotes, um dos doze, foi falar
com os principais sacerdotes, para lhes entre-
gar Jesus. 11 Eles, ouvindo isto, se alegraram e
prometeram dar dinheiro a ele; nesse meio-
-tempo, Judas buscava uma boa ocasião para
entregar Jesus.

OS DISCÍPULOS PREPARAM A PÁSCOA

Mt 26.17-19; Lc 22.7-13

12 E, no primeiro dia da Festa dos Pães
sem Fermento, quando se fazia o sacrifício
do cordeiro pascal, os discípulos de Jesus
lhe perguntaram:

— Onde quer que façamos os preparativos
para que o senhor possa comer a Páscoa?

13 Então Jesus enviou dois dos seus discí-
pulos, dizendo-lhes:

— Vão até a cidade. Ali, um homem tra-
zendo um cântaro de água sairá ao encontro
de vocês. 14 Sigam esse homem e digam ao
dono da casa em que ele entrar que o Mestre
pergunta: "Onde fica o meu aposento no qual
comerei a Páscoa com os meus discípulos?"
15 E ele lhes mostrará um espaçoso cenáculo
mobiliado e pronto; ali façam os preparativos.

16 Os discípulos saíram, foram à cidade e,
achando tudo como Jesus lhes tinha dito,
prepararam a Páscoa.

O TRAIDOR É INDICADO

Mt 26.20-25; Lc 22.21-23; Jo 13.21-30

17 Ao cair da tarde, Jesus chegou com os doze.
18 Quando estavam à mesa e comiam, Jesus disse:
— Em verdade lhes digo que um de vocês,
o que come comigo, vai me trair.

19 E eles começaram a entristecer-se e a
perguntar-lhe, um por um:

— Por acaso seria eu?

20 Jesus respondeu:

— É um dos doze, o que comigo põe a mão
no prato. 21 Pois o Filho do Homem vai, como

está escrito a seu respeito; mas ai daquele por
quem o Filho do Homem está sendo traído!
Melhor seria para ele se nunca tivesse nascido!

A CEIA DO SENHOR

Mt 26.26-30; Lc 22.14-20; 1Co 11.23-25

22 E, enquanto comiam, Jesus pegou um pão
e, abençoando-o, o partiu e lhes deu, dizendo:
— Tomem; isto é o meu corpo.
23 A seguir, Jesus pegou um cálice e, tendo
dado graças, o deu aos seus discípulos; e
todos beberam dele. 24 Então lhes disse:
— Isto é o meu sangue, o sangue da
aliança, derramado em favor de muitos.
25 Em verdade lhes digo que nunca mais
beberei do fruto da videira, até aquele dia em
que beberei o vinho novo, no Reino de Deus.
26 E, tendo cantado um hino, saíram para
o monte das Oliveiras.

PEDRO É AVISADO

Mt 26.31-35; Lc 22.31-34; Jo 13.36-38

27 E Jesus disse aos discípulos:
— Serei uma pedra de tropeço para todos vocês,
porque está escrito: "Ferirei o pastor, e as ovelhas
ficarão dispersas." 28 Mas, depois da minha res-
surreição, irei adiante de vocês para a Galileia.
29 Então Pedro disse a Jesus:
— Ainda que o senhor venha a ser um tro-
peço para todos, não o será para mim!
30 Mas Jesus lhe disse:
— Em verdade lhe digo que hoje, nesta
noite, antes que o galo cante duas vezes, você
me negará três vezes.
31 Mas Pedro insistia com mais veemência:
— Ainda que me seja necessário morrer
com o senhor, de modo nenhum o negarei.
E todos os outros diziam a mesma coisa.

JESUS NO GETSÊMANI

Mt 26.36-46; Lc 22.39-46

32 Então foram a um lugar chamado Get-
sêmani. Ali, Jesus disse aos seus discípulos:
— Sentem-se aqui, enquanto eu vou orar.
33 E, levando consigo Pedro, Tiago e João,
começou a sentir-se tomado de pavor e de
angústia. 34 E lhes disse:
— A minha alma está profundamente triste
até a morte; fiquem aqui e vigiem.
35 E, adiantando-se um pouco, prostrou-
-se em terra; e orava para que, se possível,
lhe fosse poupada aquela hora. 36 E dizia:
— Aba, Pai, tudo te é possível; passa de
mim este cálice! Porém não seja o que eu
quero, e sim o que tu queres.
37 E, voltando, achou-os dormindo. E disse
a Pedro:
— Simão, você está dormindo? Não conse-
guiu vigiar nem uma hora? 38 Vigiem e orem,
para que não caiam em tentação; o espírito,
na verdade, está pronto, mas a carne é fraca.
39 Retirando-se de novo, orou repetindo as
mesmas palavras. 40 E voltando, achou-os outra
vez dormindo, porque os olhos deles estavam
pesados; e não sabiam o que lhe responder. 41 E,
quando voltou pela terceira vez, Jesus lhes disse:
— Vocês ainda estão dormindo e descan-
sando! Basta! Chegou a hora; o Filho do
Homem está sendo entregue nas mãos dos
pecadores. 42 Levantem-se, vamos embora!
Eis que o traidor se aproxima.

JESUS É PRESO

Mt 26.47-56; Lc 22.47-53; Jo 18.1-12

43 E logo, enquanto Jesus ainda falava, che-
gou Judas, um dos doze, e, com ele, uma
multidão com espadas e porretes, vinda da
parte dos principais sacerdotes, escribas e
anciãos. 44 Ora, o traidor tinha dado a eles um
sinal: "Aquele que eu beijar, é esse; prendam e
levem-no com segurança." 45 E logo que che-
gou, aproximando-se de Jesus, Judas disse:
— Mestre!
E o beijou. 46 Então eles agarraram Jesus e o
prenderam. 47 Nisto, um dos que estavam ali,
sacando da espada, feriu o servo do sumo sacer-
dote e cortou-lhe a orelha. 48 Jesus lhes disse:
— Vocês vieram com espadas e porretes para
prender-me, como se eu fosse um salteador?
49 Todos os dias eu estava com vocês no templo,
ensinando, e vocês não me prenderam; mas
isto é para que se cumprissem as Escrituras.
50 Então todos o deixaram e fugiram.

JESUS SEGUIDO POR UM JOVEM

51 Um jovem, coberto unicamente com um
lençol, seguia Jesus. Eles o agarraram, 52 mas
ele largou o lençol e fugiu nu.

JESUS DIANTE DO SINÉDRIO

Mt 26.57-68; Lc 22.54-55,63-71; Jo 18.12-14,19-24

53 E levaram Jesus ao sumo sacerdote, e
então se reuniram todos os principais sacer-
dotes, os anciãos e os escribas.
54 Pedro seguiu Jesus de longe até o interior
do pátio do sumo sacerdote e estava assen-
tado entre os servos, aquentando-se ao fogo.
55 E os principais sacerdotes e todo o Sinédrio
procuravam algum testemunho contra Jesus
para o condenar à morte, mas não achavam
nada. 56 Pois muitos testemunhavam falsa-
mente contra Jesus, mas os depoimentos não
eram coerentes. 57 E, levantando-se alguns,
testemunhavam falsamente, dizendo:
58 — Nós o ouvimos declarar: "Eu destruirei
este santuário edificado por mãos humanas
e, em três dias, construirei outro, não por
mãos humanas."
59 Nem assim o testemunho deles era coe-
rente. 60 E, levantando-se o sumo sacerdote,
no meio, perguntou a Jesus:

— Você não diz nada em resposta ao que estes depõem contra você?

61 Jesus, porém, guardou silêncio e nada
respondeu. O sumo sacerdote tornou a
interrogá-lo:

— Você é o Cristo, o Filho do Deus Bendito?

62 Jesus respondeu:

— Eu sou, e vocês verão o Filho do Homem sentado à direita do Todo-Poderoso e vindo com as nuvens do céu.

63 O sumo sacerdote, rasgando as suas ves-
tes, disse:

— Por que ainda precisamos de testemu-
nhas? 64 Vocês ouviram a blasfêmia. Qual é
o parecer de vocês?

E todos o julgaram réu de morte. 65 Alguns
começaram a cuspir nele, a cobrir-lhe o rosto,
a bater nele e a dizer-lhe:

— Profetize!

E os guardas davam-lhe bofetadas.

PEDRO NEGA JESUS

Mt 26.69-75; Lc 22.55-62; Jo 18.15-18,25-27

66 Estando Pedro embaixo no pátio, veio
uma das empregadas do sumo sacerdote
67 e, vendo Pedro, que se aquecia, fixou os
olhos nele e disse:

— Você também estava com Jesus, o Nazareno.

68 Mas ele negou, dizendo:

— Não o conheço, nem compreendo o que você está falando.

E saiu para o pórtico. E o galo cantou. 69 E
a empregada, vendo-o, tornou a dizer aos
que estavam ali:

— Este é um deles.

70 Mas ele negou outra vez. E, pouco depois,
os que estavam ali disseram outra vez a Pedro:

— Com certeza você é um deles, porque também é galileu.

71 Ele, porém, começou a praguejar e a jurar:

— Não conheço esse homem de quem vocês estão falando!

72 E no mesmo instante o galo cantou pela
segunda vez. Então Pedro se lembrou da
palavra que Jesus lhe tinha dito: "Antes que
o galo cante duas vezes, você me negará três
vezes." E, caindo em si, começou a chorar.

JESUS DIANTE DE PILATOS

Mt 27.1-2,11-14; Lc 23.1-5; Jo 18.28-38a

15 1 Logo pela manhã, os principais
sacerdotes entraram em conselho
com os anciãos, os escribas e todo o Siné-
drio; e, amarrando Jesus, levaram-no e o
entregaram a Pilatos. 2 Pilatos perguntou:

— Você é o rei dos judeus?

Jesus respondeu:

— O senhor está dizendo isso.

3 E os principais sacerdotes o acusavam de
muitas coisas. 4 Então Pilatos tornou a perguntar:

— Você não vai responder nada? Veja quantas acusações fazem contra você!

5 Jesus, porém, não disse mais nada, a
ponto de Pilatos muito se admirar.

JESUS É CONDENADO À MORTE

Mt 27.15-26; Lc 23.13-25; Jo 18.38b—19.16

6 Ora, por ocasião da festa, era costume
soltar ao povo um dos presos, aquele que
eles pedissem. 7 Havia um, chamado Bar-
rabás, preso com rebeldes, os quais em
um tumulto haviam cometido homicídio.

Maria demonstrou com a própria vida o que realmente importava.

8 Vindo a multidão, começou a pedir que Pilatos lhes fizesse como de costume. 9 E Pilatos lhes respondeu, dizendo:

— Vocês querem que eu lhes solte o rei dos judeus?

10 Pois ele bem percebia que era por inveja que os principais sacerdotes lhe haviam entregado Jesus. 11 Mas os principais sacerdotes incitaram a multidão no sentido de que lhes soltasse, de preferência, Barrabás. 12 E Pilatos lhes perguntou:

— O que, então, vocês querem que eu faça com este a quem vocês chamam de rei dos judeus?

13 Eles gritaram:

— Crucifique-o!

14 Mas Pilatos lhes disse:

— Que mal fez ele?

Porém eles gritavam cada vez mais:

— Crucifique-o!

15 Então Pilatos, querendo contentar a multidão, lhes soltou Barrabás. E, depois de mandar açoitar Jesus, entregou-o para ser crucificado.

OS SOLDADOS ZOMBAM DE JESUS

Mt 27.27-31; Jo 19.2-3

16 Então os soldados levaram Jesus para dentro do palácio, que é o Pretório, e reuniram toda a tropa. 17 Vestiram Jesus com um manto púrpura e, tecendo uma coroa de espinhos, a puseram na cabeça dele. 18 E o saudavam, dizendo:

— Salve, rei dos judeus!

19 Batiam na cabeça dele com um caniço, cuspiam nele e, pondo-se de joelhos, o adoravam. 20 Depois de terem zombado dele, tiraram-lhe o manto púrpura e o vestiram com as suas próprias roupas. Então conduziram Jesus para fora a fim de o crucificarem.

A CRUCIFICAÇÃO DE JESUS

Mt 27.32-44; Lc 23.26-43; Jo 19.17-27

21 E obrigaram Simão Cireneu, que passava, vindo do campo, pai de Alexandre e de Rufo, a carregar a cruz de Jesus.

22 E levaram Jesus para o Gólgota, que quer dizer "Lugar da Caveira". 23 Quiseram dar-lhe para beber vinho misturado com mirra, mas Jesus não aceitou. 24 Então o crucificaram e repartiram entre si as roupas dele, tirando a sorte, para ver o que cada um levaria. 25 Eram nove horas da manhã quando o crucificaram. 26 E a inscrição com a acusação contra ele dizia: "O Rei dos Judeus". 27 Com ele crucificaram dois ladrões, um à sua direita e outro à sua esquerda. 28 [E cumpriu-se a Escritura que diz: "Com malfeitores foi contado."]

29 Os que iam passando blasfemavam contra ele, balançando a cabeça e dizendo:

— Ah! Você que destrói o santuário e em três dias o reedifica! 30 Salve a si mesmo, descendo da cruz!

31 De igual modo, os principais sacerdotes com os escribas, zombando, diziam entre si:

— Salvou os outros, a si mesmo não pode salvar. 32 Que o Cristo, o rei de Israel, desça agora da cruz para que vejamos e creiamos.

Também os que com ele foram crucificados o insultavam.

A MORTE DE JESUS

Mt 27.45-56; Lc 23.44-49; Jo 19.28-30

33 Chegado o meio-dia, houve trevas sobre toda a terra até as três horas da tarde. 34 E às três horas, Jesus clamou em alta voz:

— Eloí, Eloí, lemá sabactani? — Isso quer dizer: "Deus meu, Deus meu, por que me desamparaste?"

35 E alguns dos que estavam ali, ouvindo isto, diziam:

— Vejam! Ele chama por Elias!

36 E um deles correu para embeber uma esponja em vinagre e, colocando-a na ponta de um caniço, deu-lhe de beber, dizendo:

— Esperem! Vejamos se Elias vem tirá-lo!

37 Mas Jesus, dando um forte grito, expirou. 38 E o véu do santuário se rasgou em duas partes, de alto a baixo. 39 O centurião que estava em frente de Jesus, vendo que assim havia expirado, disse:

— Verdadeiramente este homem era o Filho de Deus.

40 Estavam também ali algumas mulheres, observando de longe. Entre elas estavam Maria Madalena, Maria, mãe de Tiago, o Menor, e de José, e ainda Salomé. 41 Quando Jesus estava na Galileia, essas mulheres o acompanhavam e serviam. E, além destas, havia muitas outras que tinham ido com ele para Jerusalém.

O SEPULTAMENTO DE JESUS

Mt 27.57-61; Lc 23.50-56; Jo 19.38-42

42 Ao cair da tarde, por ser o dia da preparação, isto é, a véspera do sábado, 43 José de Arimateia, ilustre membro do Sinédrio, que também esperava o Reino de Deus, dirigiu-se ousadamente a Pilatos e pediu o corpo de Jesus. 44 Mas Pilatos admirou-se de que ele já tivesse morrido. E, tendo chamado o centurião, perguntou-lhe se havia muito que Jesus tinha morrido. 45 Após certificar-se, pela informação do comandante, cedeu o corpo a José. 46 Este, baixando o corpo da cruz, envolveu-o num lençol que tinha comprado e o depositou num túmulo que tinha sido aberto numa rocha; e rolou uma pedra para a entrada do túmulo. 47 Maria Madalena e Maria, mãe de José, observaram onde ele foi posto.

A RESSURREIÇÃO DE JESUS

Mt 28.1-8; Lc 24.1-12; Jo 20.1-10

16 1 Passado o sábado, Maria Madalena, Maria, mãe de Tiago, e Salomé compraram óleos aromáticos para ungir o corpo de Jesus. 2 E, bem cedo, no primeiro dia da semana, ao nascer do sol, foram ao túmulo. 3 Diziam umas às outras:

— Quem nos removerá a pedra da entrada do túmulo?

4 E, olhando, viram que a pedra já estava removida. É que a pedra era muito grande. 5 Entrando no túmulo, viram um jovem sentado ao lado direito, vestido de branco, e ficaram atemorizadas. 6 Ele, porém, lhes disse:

— Não tenham medo! Vocês procuram Jesus, o Nazareno, que foi crucificado; ele ressuscitou, não está aqui; vejam o lugar onde o tinham colocado. 7 Mas vão e digam aos discípulos dele e a Pedro que ele vai adiante de vocês para a Galileia; lá vocês o verão, como ele disse.

8 E, saindo elas, fugiram do sepulcro, porque estavam tomadas de temor e assombro. E não contaram nada a ninguém, porque estavam com medo.

JESUS APARECE A MARIA MADALENA

Mt 28.9-10; Jo 20.11-18

9 [Havendo Jesus ressuscitado de manhã cedo no primeiro dia da semana, apareceu primeiro a Maria Madalena, da qual tinha expulsado sete demônios. 10 E, partindo ela, foi anunciá-lo àqueles que, tendo sido companheiros de Jesus, estavam tristes e choravam.

11 Estes, ouvindo que ele vivia e que tinha sido visto por ela, não acreditaram.

JESUS APARECE A DOIS DISCÍPULOS

Lc 24.13-35

12 Depois disso, Jesus manifestou-se em outra forma a dois deles que estavam a caminho do campo. 13 E, indo, eles o anunciaram aos demais, mas também a estes dois eles não deram crédito.

A ORDEM PARA A EVANGELIZAÇÃO

Mt 28.16-20; Lc 24.36-49; Jo 20.19-23; At 1.6-8

14 Finalmente, Jesus apareceu aos onze, quando estavam à mesa, e censurou-lhes a incredulidade e a dureza de coração, porque não deram crédito aos que o tinham visto já ressuscitado. 15 E disse-lhes:

— Vão por todo o mundo e preguem o evangelho a toda criatura. 16 Quem crer e for batizado será salvo; quem, porém, não crer será condenado. 17 Estes sinais acompanharão aqueles que creem: em meu nome, expulsarão demônios; falarão novas línguas; 18 pegarão em serpentes; e, se beberem alguma coisa mortífera, não lhes fará mal; se impuserem as mãos sobre enfermos, eles ficarão curados.

A ASCENSÃO DE JESUS

Lc 24.50-53; At 1.9-11

19 De fato, o Senhor Jesus, depois de lhes ter falado, foi recebido no céu e sentou-se à direita de Deus. 20 E eles foram e pregaram por toda parte, cooperando com eles o Senhor e confirmando a palavra por meio de sinais, que se seguiam.]

Evangelhos

Lucas

Livro 42 com **24** CAPÍTULOS

AUTORIA

Lucas, médico colaborador de Paulo (Cl 4.14; 2Tm 4.11). Ele não foi um dos 12 apóstolos, mas sua pesquisa cuidadosa e entrevistas com testemunhas oculares lhe permitiram compilar um relato dos eventos da vida de Jesus (Lc 1.1-4). Seu nome é de origem latina e significa "portador de luz".

O EVANGELHO DO SALVADOR

ÉPOCA DA ESCRITA

Provavelmente, entre 60 e 70 d.C., antes da destruição do templo de Jerusalém.

OBJETIVO DO LIVRO

Lucas escreveu o Evangelho para gentios, especialmente Teófilo, com o objetivo de fazer um relato confiável da vida e do ministério de Jesus. Ele se preocupa em mostrar que a salvação é universal, disponível a todas as pessoas, independentemente de origem ou status.

ESTRUTURA DO LIVRO

★ Prólogo e nascimento de Jesus Lc 1—2

★ Preparação para o ministério Lc 3—4.13

★ Ministério na Galileia Lc 4.14—9.50

★ Viagem a Jerusalém Lc 9.51—19.27

★ Semana da Paixão Lc 19.28—23

★ Ressurreição e ascensão Lc 24

TEMAS DO LIVRO

Lucas enfatiza a compaixão e a misericórdia de Jesus, especialmente para com os marginalizados, incluindo mulheres, crianças, pobres e pecadores. Ele também destaca a importância da oração, do Espírito Santo e do cumprimento das promessas de Deus. Lucas apresenta Jesus como o Salvador de toda a humanidade, não apenas dos judeus (Lc 2.30-32).

LUCAS E CRISTO

Lucas apresenta Jesus como o Filho do homem, sublinhando sua humanidade e divindade.

Ele mostra Jesus como o Salvador que busca e salva o perdido (Lc 19.10) e o grande médico que cura o corpo e a alma (Lc 5.31-32).

A narrativa do nascimento de Jesus destaca sua missão universal e o cumprimento das promessas messiânicas (Lc 2.11,29-32).

PREFÁCIO

1 ¹Visto que muitos já empreenderam uma
narração coordenada dos fatos que entre
nós se realizaram, ²conforme nos transmi-
tiram os que desde o princípio foram deles
testemunhas oculares e ministros da pala-
vra, ³igualmente a mim pareceu bem, depois
de cuidadosa investigação de tudo desde
a sua origem, dar-lhe por escrito, excelen-
tíssimo Teófilo, uma exposição em ordem,
⁴para que você tenha plena certeza das ver-
dades em que foi instruído.

O NASCIMENTO DE JOÃO BATISTA É ANUNCIADO

5 Nos dias de Herodes, rei da Judeia, houve
um sacerdote chamado Zacarias, do turno de
Abias. A mulher dele era das filhas de Arão e
se chamava Isabel. 6 Ambos eram justos diante
de Deus, vivendo de forma irrepreensível em
todos os preceitos e mandamentos do Senhor.
7 Eles não tinham filhos, porque Isabel era
estéril, e os dois já tinham idade avançada.

8 E aconteceu que, enquanto Zacarias exer-
cia o sacerdócio diante de Deus na ordem do
seu turno, coube-lhe por sorteio, 9 segundo o
costume sacerdotal, entrar no santuário do
Senhor para queimar o incenso. 10 Durante
esse tempo, toda a multidão do povo perma-
necia na parte de fora, orando. 11 E eis que
apareceu a Zacarias um anjo do Senhor, em
pé, à direita do altar do incenso. 12 Ao vê-lo,
Zacarias ficou assustado, e o temor se apo-
derou dele. 13 O anjo, porém, lhe disse:

— Não tenha medo, Zacarias, porque a sua
oração foi ouvida. Isabel, sua esposa, dará
à luz um filho, a quem você dará o nome de
João. 14 Você ficará alegre e feliz, e muitos
ficarão contentes com o nascimento dele.
15 Pois ele será grande diante do Senhor,
não beberá vinho nem bebida forte, e será
cheio do Espírito Santo, já desde o ven-
tre materno. 16 Ele converterá muitos dos
filhos de Israel ao Senhor, seu Deus. 17 E irá
adiante do Senhor no espírito e poder de
Elias, para converter o coração dos pais aos
filhos, converter os desobedientes à prudên-
cia dos justos e habilitar para o Senhor um
povo preparado.

18 Então Zacarias perguntou ao anjo:

— Como terei certeza disso? Pois eu sou
velho, e a minha mulher também já tem
idade avançada.

19 O anjo respondeu:

— Eu sou Gabriel, que estou a serviço de
Deus, e fui enviado para falar com você e
lhe trazer esta boa notícia. 20 Todavia, você
ficará mudo e não poderá falar até o dia em
que estas coisas vierem a acontecer, porque
você não acreditou nas minhas palavras, as
quais, no devido tempo, se cumprirão.

21 O povo estava esperando Zacarias e
admirava-se com a demora dele no santuá-
rio. 22 Quando Zacarias saiu, não lhes podia
falar. Então entenderam que ele havia tido
uma visão no santuário. E expressava-se por
sinais e permanecia mudo. 23 Aconteceu que,
terminados os dias do seu ministério, Zaca-
rias voltou para casa.

24 Passados esses dias, Isabel, a mulher de
Zacarias, ficou grávida. E ela não saiu de casa
durante cinco meses, dizendo:

25 — Foi isto o que o Senhor me fez, ao
contemplar-me, para acabar com a minha
vergonha diante das pessoas.

O NASCIMENTO DE JESUS É ANUNCIADO

26 No sexto mês, o anjo Gabriel foi enviado
por Deus a uma cidade da Galileia, chamada
Nazaré, 27 a uma virgem que estava compro-
metida a casar com um homem da casa de
Davi, cujo nome era José. A virgem se chamava
Maria. 28 E, aproximando-se dela, o anjo disse:

— Salve, agraciada! O Senhor está com
você.

29 Ela, porém, ao ouvir esta palavra, per-
turbou-se muito e pôs-se a pensar no que
poderia significar esta saudação. 30 Mas o
anjo lhe disse:

— Não tenha medo, Maria; porque você
foi abençoada por Deus. 31 Você ficará grá-
vida e dará à luz um filho, a quem chamará
pelo nome de Jesus. 32 Este será grande e
será chamado Filho do Altíssimo. Deus, o
Senhor, lhe dará o trono de Davi, seu pai.
33 Ele reinará para sempre sobre a casa de
Jacó, e o seu reinado não terá fim.

34 Então Maria disse ao anjo:

— Como será isto, se eu nunca tive relações com homem algum?

35 O anjo respondeu:

— O Espírito Santo virá sobre você, e o poder do Altíssimo a envolverá com a sua sombra; por isso, também o ente santo que há de nascer será chamado Filho de Deus. 36 E Isabel, sua parenta, igualmente está grávida, apesar de sua idade avançada, sendo este já o sexto mês de gestação para aquela que diziam ser estéril. 37 Porque para Deus não há nada impossível.

38 Então Maria disse:

— Aqui está a serva do Senhor; que aconteça comigo conforme a sua palavra.

Então o anjo foi embora.

MARIA VISITA ISABEL

39 Naqueles dias, Maria se aprontou e foi depressa à região montanhosa, a uma cidade de Judá. 40 Entrou na casa de Zacarias e saudou Isabel. 41 Quando Isabel ouviu a saudação de Maria, a criança lhe estremeceu no ventre. Então Isabel ficou cheia do Espírito Santo. 42 E exclamou em alta voz:

— Bendita é você entre as mulheres, e bendito o fruto do seu ventre! 43 E que grande honra é para mim receber a visita da mãe do meu Senhor! 44 Pois, logo que me chegou aos ouvidos a voz da saudação que você fez, a criança estremeceu de alegria dentro de mim. 45 Bem-aventurada a que creu, porque serão cumpridas as palavras que lhe foram ditas da parte do Senhor.

O CÂNTICO DE MARIA

46 Então Maria disse:

"A minha alma engrandece ao Senhor,
47 e o meu espírito se alegrou
em Deus, meu Salvador,
48 porque ele atentou
para a humildade da sua serva.
Pois, desde agora, todas as gerações
me considerarão
bem-aventurada,
49 porque o Poderoso me fez
grandes coisas.
Santo é o seu nome.
50 A sua misericórdia vai
de geração em geração
sobre os que o temem.
51 Agiu com o seu braço
valorosamente;
dispersou os que, no coração,
alimentavam pensamentos soberbos.
52 Derrubou dos seus tronos
os poderosos
e exaltou os humildes.
53 Encheu de bens os famintos
e despediu vazios os ricos.
54 Amparou Israel, seu servo,
a fim de lembrar-se
da sua misericórdia
55 a favor de Abraão
e de sua descendência,
para sempre,
como havia prometido
aos nossos pais."

56 Maria permaneceu cerca de três meses com Isabel e voltou para casa.

O NASCIMENTO DE JOÃO BATISTA

57 Quando chegou o tempo de Isabel dar à luz, ela teve um filho. 58 Os vizinhos e parentes ouviram que o Senhor tinha usado de grande misericórdia para com Isabel e se alegraram com ela. 59 Aconteceu que, no oitavo dia, foram circuncidar o menino e queriam dar-lhe o nome de seu pai, Zacarias. 60 Mas a mãe do menino disse:

— De modo nenhum! Ele será chamado João.

61 Disseram-lhe:

— Mas você não tem nenhum parente com esse nome!

62 Fizeram sinais, perguntando ao pai do menino que nome queria que lhe dessem. 63 Então, pedindo uma tabuinha, ele escreveu:

— O nome dele é João.

E todos se admiraram. 64 Imediatamente a boca de Zacarias se abriu e a língua se soltou. Então começou a falar, louvando a Deus. 65 Todos os vizinhos deles ficaram possuídos de temor, e essas coisas foram divulgadas por toda a região montanhosa da Judeia.

Conhecemos o Deus de milagres, que tudo pode realizar. Ele é capaz de criar, restaurar, trazer vida e até abrir a madre.

[66]Todos os que as ouviram guardavam-nas no coração, dizendo:

— O que virá a ser este menino?

E a mão do Senhor estava com ele.

O CÂNTICO DE ZACARIAS

[67]Zacarias, o pai de João, cheio do Espírito Santo, profetizou, dizendo:

[68]"Bendito seja o Senhor,
Deus de Israel,
porque visitou
e redimiu o seu povo,
[69]e nos suscitou plena
e poderosa salvação
na casa de Davi, seu servo,
[70]como havia prometido,
desde a antiguidade,
por boca dos seus
santos profetas,
[71]para nos libertar
dos nossos inimigos
e das mãos de todos
os que nos odeiam;
[72]para usar de misericórdia
com os nossos pais
e lembrar-se da sua santa aliança
[73]e do juramento que fez
a nosso pai Abraão,
[74]de conceder-nos que,
livres das mãos de inimigos,
o adorássemos sem temor,
[75]em santidade e justiça
diante dele,
todos os nossos dias.
[76]E você, menino, será chamado
profeta do Altíssimo,
porque precederá o Senhor,
preparando-lhe os caminhos,
[77]para dar ao seu povo
conhecimento da salvação,
por meio da remissão
dos seus pecados,
[78]graças à profunda misericórdia
de nosso Deus,
pela qual nos visitará
o sol nascente das alturas,
[79]para iluminar os que jazem nas trevas
e na sombra da morte,
e dirigir os nossos pés
pelo caminho da paz."

[80]O menino crescia e se fortalecia em espírito. E viveu nos desertos até o dia em que havia de manifestar-se a Israel.

O NASCIMENTO DE JESUS CRISTO

Mt 1.18-25

2 [1]Naqueles dias, foi publicado um decreto
de César Augusto, convocando toda a
população do Império para recensear-se.
[2]Este, o primeiro recenseamento, foi feito
quando Quirino era governador da Síria.
[3]Todos iam alistar-se, cada um à sua pró-
pria cidade. [4]José também saiu da Galileia,
da cidade de Nazaré, e foi para a Judeia, até a
cidade de Davi, chamada Belém, por ser ele
da casa e família de Davi, [5]a fim de alistar-se
com Maria, sua esposa, que estava grávida.
[6]E aconteceu que, estando eles ali, chegou
o tempo de ela ter a criança. [7]Então Maria
deu à luz o seu filho primogênito, enfaixou
o menino e o deitou numa manjedoura, porque não havia lugar para eles na hospedaria.

OS PASTORES E OS ANJOS

[8]Havia, naquela mesma região, pastores
que viviam nos campos e guardavam os seus
rebanhos durante as vigílias da noite. [9]E um
anjo do Senhor desceu aonde eles estavam,
e a glória do Senhor brilhou ao redor deles; e
ficaram tomados de grande temor. [10]O anjo,
porém, lhes disse:

— Não tenham medo! Estou aqui para lhes
trazer boa-nova de grande alegria, que será
para todo o povo: [11]é que hoje, na cidade de
Davi, lhes nasceu o Salvador, que é Cristo,
o Senhor. [12]E isto servirá a vocês de sinal:
vocês encontrarão uma criança envolta em
faixas e deitada em manjedoura.

[13]E, de repente, apareceu com o anjo uma multidão do exército celestial, louvando a Deus e dizendo:

[14]"Glória a Deus
nas maiores alturas,
e paz na terra entre os homens,
a quem ele quer bem."

15 Quando os anjos se afastaram deles e
voltaram para o céu, os pastores disseram
uns aos outros:
— Vamos até Belém e vejamos os aconte-
cimentos que o Senhor nos deu a conhecer.
16 Foram depressa e encontraram Maria e
José, e a criança deitada na manjedoura. 17 E,
vendo isso, divulgaram o que lhes tinha sido
dito a respeito deste menino. 18 Todos os que
ouviram se admiraram das coisas relatadas
pelos pastores. 19 Maria, porém, guardava todas
estas palavras, meditando-as no coração. 20 E
os pastores voltaram, glorificando e louvando
a Deus por tudo o que tinham ouvido e visto,
como lhes tinha sido anunciado.

A CIRCUNCISÃO DE JESUS

21 E ao se completarem oito dias, quando
o menino foi circuncidado, deram-lhe o
nome de Jesus. Esse nome tinha sido dado
pelo anjo, antes de o menino ser concebido.

A APRESENTAÇÃO DE JESUS NO TEMPLO

22 Passados os dias da purificação deles
segundo a Lei de Moisés, levaram o menino a
Jerusalém para o apresentar ao Senhor, 23 con-
forme o que está escrito na Lei do Senhor:
"Todo primogênito será consagrado ao Senhor."
24 E também foram para oferecer um sacri-
fício, segundo o que está escrito na referida
Lei: "Um par de rolinhas ou dois pombinhos."

O CÂNTICO DE SIMEÃO

25 Em Jerusalém havia um homem cha-
mado Simeão. Este homem era justo e
piedoso e esperava a consolação de Israel;
e o Espírito Santo estava sobre ele. 26 Ele
tinha recebido uma revelação do Espírito
Santo de que não morreria antes de ver o
Cristo do Senhor. 27 Movido pelo Espírito, ele
foi ao templo. Quando os pais trouxeram o
menino Jesus para fazerem com ele o que a
Lei ordenava, 28 Simeão o tomou nos braços
e louvou a Deus, dizendo:

29 "Agora, Senhor, podes despedir
em paz o teu servo,
segundo a tua palavra;
30 porque os meus olhos já viram
a tua salvação,
31 a qual preparaste
diante de todos os povos:
32 luz para revelação aos gentios,
e para glória do teu povo
de Israel."

33 E o pai e a mãe do menino estavam admi-
rados com o que se dizia a respeito dele.
34 Simeão os abençoou e disse a Maria, mãe
do menino:
— Eis que este menino está destinado
tanto para ruína como para elevação de mui-
tos em Israel e para ser alvo de contradição,
35 para que se manifestem os pensamentos
de muitos corações. Quanto a você, Maria,
uma espada atravessará a sua alma.

A PROFETISA ANA

36 Havia uma profetisa, chamada Ana,
filha de Fanuel, da tribo de Aser. Ela era bem
idosa, tendo vivido com o marido sete anos
desde que tinha se casado. 37 Agora era viúva
de oitenta e quatro anos. Ela não deixava o
templo, mas adorava noite e dia, com jejuns
e orações. 38 E, chegando naquela hora,
dava graças a Deus e falava a respeito do
menino a todos os que esperavam a reden-
ção de Jerusalém.

A VOLTA PARA NAZARÉ

39 Depois de terem cumprido tudo con-
forme a Lei do Senhor, voltaram para a
Galileia, para a sua cidade de Nazaré. 40 O
menino crescia e se fortalecia, enchendo-
-se de sabedoria; e a graça de Deus estava
sobre ele.

O MENINO JESUS NO TEMPLO

41 Todos os anos os pais de Jesus iam a
Jerusalém, para a Festa da Páscoa. 42 Quando
ele atingiu os doze anos, foram a Jerusalém,
segundo o costume da festa. 43 Terminados
os dias da festa, ao regressarem, o menino
Jesus ficou em Jerusalém, sem que os pais
dele o soubessem. 44 Pensando, porém,
que ele estava entre os companheiros de
viagem, andaram um dia inteiro e, então,

começaram a procurá-lo entre os parentes e
os conhecidos. 45 E, como não o encontraram,
voltaram a Jerusalém à sua procura. 46 Três
dias depois, o acharam no templo, assen-
tado no meio dos doutores, ouvindo-os e
fazendo-lhes perguntas. 47 E todos os que
ouviam o menino se admiravam muito da
sua inteligência e das suas respostas. 48 Logo
que os pais o viram, ficaram maravilhados.
E a sua mãe lhe disse:
— Filho, por que você fez isso conosco?
Seu pai e eu estávamos aflitos à sua procura.
49 Ele respondeu:
— Por que me procuravam? Não sabiam
que eu tinha de estar na casa de meu Pai?
50 Não compreenderam, porém, as pala-
vras que lhes disse. 51 E voltou com eles
para Nazaré e era submisso a eles. E a mãe
dele guardava todas estas coisas no coração.
52 E Jesus crescia em sabedoria, estatura e
graça, diante de Deus e dos homens.

A PREGAÇÃO DE JOÃO BATISTA

Mt 3.1-12; Mc 1.1-8; Jo 1.19-28

3 1 No décimo quinto ano do reinado de
Tibério César, sendo Pôncio Pilatos
governador da Judeia, Herodes, tetrarca da
Galileia, seu irmão Filipe, tetrarca da região
da Itureia e Traconites, e Lisânias, tetrarca
de Abilene, 2 sendo sumos sacerdotes Anás
e Caifás, a palavra de Deus veio a João, filho
de Zacarias, no deserto. 3 Ele percorreu toda
a região nas imediações do rio Jordão, pre-
gando batismo de arrependimento para
remissão de pecados, 4 conforme está escrito
no livro das palavras do profeta Isaías:

"Voz do que clama no deserto:
Preparem o caminho do Senhor,
endireitem as suas veredas.
5 Todos os vales serão aterrados,
e todos os montes e colinas
serão nivelados;
os caminhos tortuosos serão retificados,
e as estradas irregulares
serão aplanadas;
6 e toda a humanidade verá
a salvação que vem de Deus."

7 João dizia às multidões que saíam para
ser batizadas:
— Raça de víboras! Quem deu a enten-
der que vocês podem fugir da ira vindoura?
8 Produzam frutos dignos de arrependi-
mento! E não comecem a dizer uns aos
outros: "Temos por pai Abraão", porque eu
afirmo a vocês que Deus pode fazer com
que destas pedras surjam filhos a Abraão.
9 E também o machado já está posto à raiz
das árvores. Portanto, toda árvore que
não produz bom fruto é cortada e lançada
ao fogo.
10 Então as multidões perguntaram a João:
— O que é que devemos fazer?
11 Ele respondeu:
— Quem tiver duas túnicas reparta com
quem não tem, e quem tiver comida faça
o mesmo.
12 Também alguns publicanos chegaram
para ser batizados e perguntaram a João:
— Mestre, o que devemos fazer?
13 Ele respondeu:
— Não cobrem mais do que o estipulado.
14 Também soldados lhe perguntaram:
— E nós, o que devemos fazer?
E ele lhes disse:
— Não pratiquem extorsão, não façam
denúncias falsas e contentem-se com o
salário que vocês recebem.
15 Estando o povo na expectativa, e pen-
sando todos em seu íntimo a respeito de
João, se por acaso ele não seria o próprio
Cristo, 16 João tratou de explicar a todos:
— Eu, na verdade, batizo vocês com água,
mas vem aquele que é mais poderoso do que
eu, do qual não sou digno de desamarrar as
correias das suas sandálias; ele os batizará
com o Espírito Santo e com fogo. 17 Ele tem
a pá em suas mãos, para limpar a sua eira e
recolher o trigo no seu celeiro; porém quei-
mará a palha num fogo que nunca se apaga.
18 E assim, com muitas outras exortações,
João anunciava o evangelho ao povo. 19 Mas
Herodes, o tetrarca, sendo repreendido por
João por causa de Herodias, mulher de seu
irmão, e por todas as maldades que o mesmo
Herodes havia feito, 20 acrescentou a todas
as outras ainda esta: mandou prender João.

O BATISMO DE JESUS

Mt 3.13-17; Mc 1.9-11

21 Ao ser todo o povo batizado, Jesus também foi batizado. E aconteceu que, enquanto ele orava, o céu se abriu,
22 o Espírito Santo desceu sobre ele em forma corpórea como pomba, e do céu veio uma voz, que dizia:

— Você é o meu Filho amado; em você me agrado.

A GENEALOGIA DE JESUS CRISTO

Mt 1.1-17

23 Ora, Jesus tinha cerca de trinta anos quando começou o seu ministério. Era, conforme se pensava, filho de José, filho de Eli,
24 filho de Matate, filho de Levi, filho de Melqui, filho de Janai, filho de José,
25 filho de Matatias, filho de Amós, filho de Naum, filho de Esli, filho de Nagai,
26 filho de Maate, filho de Matatias, filho de Semei, filho de José, filho de Jodá,
27 filho de Joanã, filho de Resa, filho de Zorobabel, filho de Salatiel, filho de Neri,
28 filho de Melqui, filho de Adi, filho de Cosã, filho de Elmadã, filho de Er,
29 filho de Josué, filho de Eliézer, filho de Jorim, filho de Matate, filho de Levi,
30 filho de Simeão, filho de Judá, filho de José, filho de Jonã, filho de Eliaquim,
31 filho de Meleá, filho de Mená, filho de Matatá, filho de Natã, filho de Davi,
32 filho de Jessé, filho de Obede, filho de Boaz, filho de Salá, filho de Naassom,
33 filho de Aminadabe, filho de Admim, filho de Arni, filho de Esrom, filho de Perez, filho de Judá,
34 filho de Jacó, filho de Isaque, filho de Abraão, filho de Tera, filho de Naor,
35 filho de Serugue, filho de Ragaú, filho de Faleque, filho de Éber, filho de Salá,
36 filho de Cainã, filho de Arfaxade, filho de Sem, filho de Noé, filho de Lameque,
37 filho de Metusalém, filho de Enoque, filho de Jarede, filho de Maalalel, filho de Cainã,
38 filho de Enos, filho de Sete, filho de Adão, filho de Deus.

A TENTAÇÃO DE JESUS

Mt 4.1-11; Mc 1.12-13

4 1 Jesus, cheio do Espírito Santo, voltou do Jordão e foi guiado pelo mesmo Espírito, no deserto,
2 durante quarenta dias, sendo tentado pelo diabo. Nada comeu naqueles dias, ao fim dos quais teve fome.
3 Então o diabo disse a Jesus:

— Se você é o Filho de Deus, mande que esta pedra se transforme em pão.

4 Mas Jesus lhe respondeu:

— Está escrito: "O ser humano não viverá só de pão."

5 Então o diabo o levou para um lugar mais alto e num instante lhe mostrou todos os reinos do mundo.
6 E disse:

— Eu lhe darei todo este poder e a glória destes reinos, porque isso me foi entregue, e posso dar a quem eu quiser.
7 Portanto, se você me adorar, tudo isso será seu.

8 Mas Jesus respondeu:

— Está escrito:

"Adore o Senhor, seu Deus,
e preste culto somente a ele."

9 Então o diabo levou Jesus a Jerusalém, colocou-o sobre o pináculo do templo e disse:

— Se você é o Filho de Deus, jogue-se daqui para baixo,
10 porque está escrito:

"Aos seus anjos ele dará ordens
a seu respeito,
para que o guardem."

11 E:

"Eles o sustentarão nas suas mãos,
para que você não tropece
em alguma pedra."

12 Jesus respondeu ao diabo:

— Também foi dito: "Não ponha à prova o Senhor, seu Deus."

13 Tendo concluído todas as tentações, o diabo afastou-se de Jesus, até momento oportuno.

JESUS INICIA A SUA MISSÃO NA GALILEIA

Mt 4.12-17; Mc 1.14-15

14 Então Jesus, no poder do Espírito, voltou para a Galileia, e a sua fama correu por toda aquela região.
15 E ensinava nas sinagogas, sendo elogiado por todos.

JESUS É REJEITADO EM NAZARÉ

Mt 13.53-58; Mc 6.1-6

16 Jesus foi para Nazaré, onde havia sido
criado. Num sábado, entrou na sinagoga,
segundo o seu costume, e levantou-se
para ler. 17 Então lhe deram o livro do pro-
feta Isaías. E, abrindo o livro, achou o lugar
onde está escrito:

18 "O Espírito do Senhor
está sobre mim,
porque ele me ungiu
para evangelizar os pobres;
enviou-me para proclamar
libertação aos cativos
e restauração da vista aos cegos,
para pôr em liberdade os oprimidos,
19 e proclamar o ano aceitável do Senhor."

20 Tendo fechado o livro, Jesus o devolveu
ao assistente e sentou-se. Todos na sinagoga
tinham os olhos fixos nele. 21 Então Jesus
começou a dizer:

— Hoje se cumpriu a Escritura que vocês acabam de ouvir.

22 Todos davam testemunho dele e se
maravilhavam das palavras cheias de graça
que lhe saíam dos lábios. E perguntavam:

— Não é este o filho de José?

23 Então Jesus disse:

— Sem dúvida, vocês citarão para mim o provérbio: "Médico, cure-se a si mesmo." Dirão: "Tudo o que ouvimos que você fez em Cafarnaum, faça-o também aqui na sua terra."

24 E Jesus prosseguiu:

— De fato, afirmo a vocês que nenhum
profeta é bem recebido na sua própria terra.
25 Na verdade lhes digo que havia muitas viú-
vas em Israel no tempo de Elias, quando o
céu se fechou por três anos e seis meses, rei-
nando grande fome em toda a terra, 26 e Elias
não foi enviado a nenhuma delas, a não ser
a uma viúva de Sarepta de Sidom. 27 Havia
também muitos leprosos em Israel nos dias
do profeta Eliseu, e nenhum deles foi puri-
ficado, a não ser Naamã, o sírio.

28 Todos na sinagoga, ouvindo estas coi-
sas, se encheram de ira. 29 E, levantando-se,
expulsaram Jesus da cidade e o levaram até
o alto do monte sobre o qual a cidade estava
edificada, para que, de lá, pudessem atirá-lo
abaixo. 30 Jesus, porém, passando pelo meio
deles, foi embora.

A CURA DE UM ENDEMONIADO EM CAFARNAUM

Mc 1.21-28

31 E Jesus foi a Cafarnaum, cidade da
Galileia, e os ensinava no sábado. 32 E mara-
vilhavam-se com a sua doutrina, porque a
sua palavra era com autoridade.

33 E apareceu na sinagoga um homem pos-
suído de um espírito de demônio imundo,
o qual gritou em alta voz:

34 — Ah! O que você quer conosco, Jesus
Nazareno? Você veio para nos destruir? Sei
muito bem quem você é: o Santo de Deus!

35 Mas Jesus o repreendeu, dizendo:

— Cale-se e saia desse homem.

O demônio, depois de o ter jogado no chão
no meio de todos, saiu daquele homem sem
lhe fazer mal. 36 Todos ficaram admirados e
comentavam entre si:

— Que palavra é esta? Pois, com autoridade e poder, ele ordena aos espíritos imundos, e eles saem.

37 E a fama de Jesus se espalhava por todos
os lugares daquela região.

A CURA DA SOGRA DE PEDRO

Mt 8.14-15; Mc 1.29-31

38 Deixando a sinagoga, Jesus foi para a casa
de Simão. A sogra de Simão estava doente,
com febre muito alta, e pediram a Jesus em
favor dela. 39 E inclinando-se para ela, Jesus
repreendeu a febre, e esta a deixou. E imedia-
tamente ela se levantou e passou a servi-los.

MUITAS OUTRAS CURAS

Mt 8.16-17; Mc 1.32-34

40 Ao pôr do sol, todos os que tinham enfer-
mos, com diferentes tipos de doença, os
trouxeram a Jesus. E ele os curava, impondo
as mãos sobre cada um deles. 41 Também de
muitos saíam demônios, gritando e dizendo:

— Você é o Filho de Deus!

Ele, porém, os repreendia para que não falassem, pois sabiam que ele era o Cristo.

JESUS PREGA NAS SINAGOGAS

Mc 1.35-39

42 Quando amanheceu, Jesus saiu e foi
para um lugar deserto. As multidões o
procuravam, foram até junto dele e não que-
riam deixar que ele fosse embora. 43 Jesus,
porém, lhes disse:

— É necessário que eu anuncie o evange-
lho do Reino de Deus também nas outras
cidades, pois é para isso que fui enviado.

44 E pregava nas sinagogas da Judeia.

A PESCA MARAVILHOSA. OS PRIMEIROS DISCÍPULOS

Mt 4.18-22; Mc 1.16-20

5 1 Aconteceu que Jesus estava junto ao lago
de Genesaré, e a multidão o apertava para
ouvir a palavra de Deus. 2 Então ele viu dois
barcos junto à praia do lago. Os pescadores
tinham desembarcado e estavam lavando as
redes. 3 Entrando num dos barcos, que era o
de Simão, Jesus pediu-lhe que o afastasse um
pouco da praia; e, assentando-se, do barco
ensinava as multidões. 4 Quando acabou de
falar, Jesus disse a Simão:

— Leve o barco para o lugar mais fundo
do lago e então lancem as redes de vocês
para pescar.

5 Em resposta, Simão disse:

— Mestre, havendo trabalhado toda a
noite, nada apanhamos; mas, sob esta sua
palavra, lançarei as redes.

6 Fazendo isso, apanharam grande quanti-
dade de peixes; e as redes deles começaram
a se romper. 7 Então fizeram sinais aos
companheiros do outro barco, para que fos-
sem ajudá-los. E foram e encheram ambos
os barcos, a ponto de quase afundarem.
8 Vendo isto, Simão Pedro prostrou-se aos
pés de Jesus, dizendo:

— Senhor, afaste-se de mim, porque sou
pecador.

9 Pois, à vista da pesca que fizeram, a
admiração se apoderou dele e de todos os
seus companheiros, 10 bem como de Tiago
e João, filhos de Zebedeu, que eram seus
sócios. Então Jesus disse a Simão:

— Não tenha medo! De agora em diante
você será pescador de gente.

11 E, arrastando eles os barcos para a praia,
deixando tudo, o seguiram.

A CURA DE UM LEPROSO

Mt 8.1-4; Mc 1.40-45

12 Aconteceu que, estando Jesus numa das
cidades, um homem coberto de lepra veio
à sua presença. Quando ele viu Jesus, pros-
trou-se com o rosto em terra e pediu:

— Senhor, se quiser, pode purificar-me.

13 E Jesus, estendendo a mão, tocou nele,
dizendo:

— Quero, sim. Fique limpo!

E, no mesmo instante, a lepra daquele
homem desapareceu. 14 Jesus ordenou-
-lhe que não contasse isso a ninguém.
E acrescentou:

— Mas vá, apresente-se ao sacerdote e ofe-
reça pela purificação o sacrifício que Moisés
ordenou, para servir de testemunho ao povo.

15 Porém o que se dizia a respeito de Jesus se
espalhava cada vez mais, e grandes multidões
afluíam para o ouvir e para serem curadas de
suas enfermidades. 16 Jesus, porém, se retirava
para lugares solitários e orava.

A CURA DE UM PARALÍTICO EM CAFARNAUM

Mt 9.1-8; Mc 2.1-12

17 E aconteceu que, num daqueles dias, Jesus
estava ensinando, e achavam-se ali assenta-
dos fariseus e mestres da Lei, vindos de todas
as aldeias da Galileia, da Judeia e de Jerusa-
lém. E o poder do Senhor estava com ele para
curar. 18 Vieram, então, alguns homens tra-
zendo um paralítico deitado num leito. Eles
procuravam levá-lo para dentro e colocá-lo
diante de Jesus. 19 E, não encontrando uma
forma de fazer isso por causa da multidão,
subiram ao telhado e, por entre as telhas, des-
ceram o paralítico no seu leito, deixando-o no
meio das pessoas, diante de Jesus. 20 Vendo-
-lhes a fé, Jesus disse ao paralítico:

— Homem, os seus pecados estão perdoados.

21 E os escribas e fariseus começaram a
pensar:

— Quem é este que diz blasfêmias? Quem
pode perdoar pecados, a não ser um, que
é Deus?

Encare os momentos difíceis, vá no seu ritmo, mas esteja sempre e constantemente avançando em direção à profundidade com Deus.

[22]Jesus, porém, conhecendo os pensamentos deles, disse-lhes:

— O que vocês estão pensando em seu coração? [23]O que é mais fácil? Dizer: "Os seus pecados estão perdoados", ou dizer: "Levante-se e ande"? [24]Mas isto é para que vocês saibam que o Filho do Homem tem autoridade sobre a terra para perdoar pecados.

E disse ao paralítico:

— Eu digo a você: Levante-se, pegue o seu leito e vá para casa.

[25]E imediatamente ele se levantou diante de todos e, pegando o leito em que até então estava deitado, voltou para casa, glorificando a Deus. [26]Todos ficaram muito admirados, davam glória a Deus e, cheios de temor, diziam:

— Hoje vimos coisas extraordinárias!

O CHAMADO DE LEVI

Mt 9.9-13; Mc 2.13-17

[27]Depois disso, Jesus saiu e viu um publicano, chamado Levi, sentado na coletoria. E lhe disse:

— Siga-me!

[28]Ele se levantou e, deixando tudo, o seguiu.

[29]Então Levi lhe ofereceu um grande banquete em sua casa; e era grande o número de publicanos e outras pessoas que estavam com eles à mesa. [30]Os fariseus e seus escribas murmuravam contra os discípulos de Jesus, perguntando:

— Por que vocês comem e bebem com os publicanos e pecadores?

[31]Jesus tomou a palavra e disse:

— Os sãos não precisam de médico, e sim os doentes. [32]Não vim chamar justos, e sim pecadores, ao arrependimento.

A QUESTÃO DO JEJUM

Mt 9.14-17; Mc 2.18-22

[33]Então eles disseram a Jesus:

— Os discípulos de João frequentemente jejuam e fazem orações, e os discípulos dos fariseus fazem o mesmo; mas os seus discípulos comem e bebem.

[34]Jesus, porém, lhes disse:

— Será que vocês podem fazer com que os convidados para o casamento jejuem enquanto o noivo está com eles? [35]No entanto, virão dias em que o noivo lhes será tirado, e então, naqueles dias, eles vão jejuar.

[36]Também lhes contou uma parábola:

— Ninguém tira um pedaço de uma roupa nova para colocar sobre roupa velha; pois, se o fizer, rasgará a roupa nova, e, além disso, o remendo da roupa nova não combinará com a roupa velha. [37]E ninguém põe vinho novo em odres velhos, porque, se fizer isso, o vinho novo romperá os odres, o vinho se derramará, e os odres se estragarão. [38]Pelo contrário, vinho novo deve ser posto em odres novos. [39]E ninguém, tendo bebido o vinho velho, prefere o novo, porque diz: "O velho é excelente."

JESUS É SENHOR DO SÁBADO

Mt 12.1-8; Mc 2.23-28

6 [1]Aconteceu que, num sábado, Jesus passava pelas searas, e os seus discípulos colhiam e comiam espigas, debulhando-as com as mãos. [2]E alguns dos fariseus lhes disseram:

— Por que vocês fazem o que não é lícito aos sábados?

[3]Jesus tomou a palavra e disse:

— Vocês nem ao menos leram o que Davi fez quando teve fome, ele e os seus companheiros? [4]Como entrou na casa de Deus e, pegando os pães da proposição, comeu e deu também aos que estavam com ele, pães que não lhes era lícito comer, mas exclusivamente aos sacerdotes?

[5]Então Jesus lhes disse:

— O Filho do Homem é senhor do sábado.

O HOMEM DA MÃO RESSEQUIDA

Mt 12.9-14; Mc 3.1-6

[6]Aconteceu que, em outro sábado, Jesus entrou na sinagoga e começou a ensinar. Estava ali um homem que tinha a mão direita ressequida. [7]Os escribas e os fariseus observavam Jesus, procurando ver se ele faria uma cura no sábado, a fim de acharem de que o acusar. [8]Mas Jesus, conhecendo os pensamentos deles, disse ao homem da mão ressequida:

— Levante-se e venha para o meio.

E ele, levantando-se, ficou em pé. 9 Então Jesus disse a eles:

— Vou fazer uma pergunta a vocês: é lícito no sábado fazer o bem ou fazer o mal? Salvar uma vida ou deixar que se perca?

10 Então Jesus, olhando para todos que estavam ao seu redor, disse ao homem:

— Estenda a mão!

Ele assim o fez, e a mão lhe foi restaurada. 11 Mas eles se encheram de furor e discutiam entre si quanto ao que fariam contra Jesus.

OS DOZE APÓSTOLOS

Mt 10.1-4; Mc 3.13-19

12 Naqueles dias, Jesus se retirou para o monte, a fim de orar, e passou a noite orando a Deus. 13 E, quando amanheceu, chamou a si os seus discípulos e escolheu doze dentre eles, aos quais deu também o nome de apóstolos: 14 Simão, a quem acrescentou o nome de Pedro, e André, seu irmão; Tiago e João; Filipe e Bartolomeu; 15 Mateus e Tomé; Tiago, filho de Alfeu, e Simão, chamado Zelote; 16 Judas, filho de Tiago, e Judas Iscariotes, que se tornou traidor.

JESUS ENSINA E CURA MUITAS PESSOAS

Mt 4.23-25

17 E, descendo com eles do monte, Jesus parou num lugar plano onde se encontravam muitos discípulos seus e grande multidão do povo, de toda a Judeia, de Jerusalém e do litoral de Tiro e de Sidom, 18 que vieram para o ouvir e para ser curados de suas doenças. Também os atormentados por espíritos imundos eram curados. 19 E todos da multidão procuravam tocar em Jesus, porque dele saía poder; e curava todos.

AS BEM-AVENTURANÇAS E OS AIS

Mt 5.1-12

20 Então, olhando para os seus discípulos, Jesus lhes disse:

— Bem-aventurados são vocês, os pobres,
porque o Reino de Deus é de vocês.
21 — Bem-aventurados são vocês
que agora têm fome,
porque serão saciados.
— Bem-aventurados são vocês
que agora choram,
porque vocês hão de rir.

22 — Bem-aventurados são vocês quando as pessoas os odiarem, expulsarem da sua companhia, insultarem e rejeitarem o nome de vocês como indigno, por causa do Filho do Homem. 23 Alegrem-se naquele dia e exultem, porque grande é a recompensa de vocês no céu; porque os pais dessas pessoas fizeram o mesmo com os profetas.

24 — Mas ai de vocês, os ricos,
porque vocês já receberam
a consolação!
25 — Ai de vocês que agora estão fartos,
porque vocês vão passar fome!
— Ai de vocês
que agora estão rindo,
porque vocês vão lamentar
e chorar!

26 — Ai de vocês, quando todos os elogiarem, porque os pais dessas pessoas fizeram o mesmo com os falsos profetas!

O AMOR AOS INIMIGOS

Mt 5.38-48

27 — Digo, porém, a vocês que me ouvem: amem os seus inimigos, façam o bem aos que odeiam vocês. 28 Abençoem aqueles que os amaldiçoam, orem pelos que maltratam vocês. 29 Ao que lhe bate numa face, ofereça também a outra; e, ao que lhe tirar a capa, deixe que leve também a túnica. 30 Dê a todo o que lhe pedir alguma coisa; e, se alguém levar o que é seu, não exija que seja devolvido. 31 Façam aos outros o mesmo que vocês querem que eles façam a vocês.

32 — Se vocês amam aqueles que os amam, que recompensa terão? Porque até os pecadores amam aqueles que os amam. 33 Se fizerem o bem aos que lhes fazem o bem, que recompensa terão? Até os pecadores fazem isso. 34 E, se emprestam àqueles de quem esperam receber, que recompensa terão? Também os pecadores emprestam aos pecadores, para

receberem outro tanto. 35 Vocês, porém, amem
os seus inimigos, façam o bem e emprestem,
sem esperar nada em troca; vocês terão uma
grande recompensa e serão filhos do Altís-
simo. Pois ele é bondoso até para os ingratos
e maus. 36 Sejam misericordiosos, como tam-
bém é misericordioso o Pai de vocês.

O HÁBITO DE JULGAR OS OUTROS

Mt 7.1-5

37 — Não julguem e vocês não serão jul-
gados; não condenem e vocês não serão
condenados; perdoem e serão perdoados;
38 deem e lhes será dado; boa medida, pren-
sada, sacudida e transbordante será dada a
vocês; porque com a medida com que tive-
rem medido vocês serão medidos também.

39 Jesus lhes contou também uma parábola:
— Será que um cego pode guiar outro cego?
Não é fato que ambos cairão num buraco?

40 — O discípulo não está acima do seu
mestre; todo aquele, porém, que for bem-
-instruído será como o seu mestre.

41 — Por que você vê o cisco no olho do
seu irmão, mas não repara na trave que está
no seu próprio olho? 42 Como você poderá
dizer a seu irmão: "Deixe, irmão, que eu tire
o cisco que está no seu olho", se você não
repara na trave que está no seu próprio olho?
Hipócrita! Tire primeiro a trave do seu olho e
então você verá claramente para tirar o cisco
que está no olho do seu irmão.

AS ÁRVORES E OS SEUS FRUTOS

Mt 7.17-20; 12.33-35

43 — Não há árvore boa que dê mau fruto,
nem árvore má que dê bom fruto. 44 Porque
cada árvore é conhecida pelos frutos que
produz. Porque não se colhem figos de ervas
daninhas, nem se apanham uvas dos espi-
nheiros. 45 A pessoa boa tira o bem do bom
tesouro do coração, e a pessoa má tira o mal
do mau tesouro; porque a boca fala do que
está cheio o coração.

OS DOIS FUNDAMENTOS

Mt 7.24-27

46 — Por que vocês me chamam "Senhor,
Senhor!", e não fazem o que eu mando? 47 Eu
vou mostrar a vocês a quem é semelhante
todo aquele que vem a mim, ouve as minhas
palavras e as pratica. 48 Esse é semelhante a
um homem que, ao construir uma casa,
cavou, abriu profunda vala e lançou o ali-
cerce sobre a rocha. Quando veio a enchente,
as águas bateram contra aquela casa e não a
puderam abalar, por ter sido bem-construída.
49 Mas o que ouve e não pratica é semelhante
a um homem que construiu uma casa sobre a
terra, sem alicerces, e, quando as águas bate-
ram contra ela, logo desabou; e aconteceu que
foi grande a ruína daquela casa.

A CURA DO SERVO DE UM CENTURIÃO

Mt 8.5-13

7 1 Tendo Jesus concluído todas as suas
palavras dirigidas ao povo, entrou em
Cafarnaum. 2 E o servo de um centurião, a
quem este muito estimava, estava doente,
quase à morte. 3 Quando o centurião ouviu
falar a respeito de Jesus, enviou-lhe alguns
anciãos dos judeus, pedindo-lhe que viesse
curar o seu servo. 4 Estes, aproximando-se de
Jesus, lhe pediram com insistência:

— Ele merece a sua ajuda, 5 porque é amigo
do nosso povo, e ele mesmo construiu a
nossa sinagoga.

6 Então Jesus foi com eles. Quando Jesus já
estava perto da casa, o centurião enviou-lhe
alguns amigos, dizendo:

— Senhor, não se incomode, porque não
sou digno de recebê-lo em minha casa. 7 Por
isso, não me julguei digno de ir falar pes-
soalmente com o senhor; porém diga uma
palavra, e o meu servo será curado. 8 Porque
também eu sou homem sujeito à autoridade,
tenho soldados às minhas ordens e digo a
este: "Vá", e ele vai; e a outro: "Venha", e ele
vem; e ao meu servo: "Faça isto", e ele o faz.

9 Ao ouvir estas palavras, Jesus ficou admi-
rado com aquele homem e, voltando-se para
o povo que o acompanhava, disse:

— Eu lhes digo que nem mesmo em Israel
encontrei fé como esta.

10 E, quando os que tinham sido enviados
voltaram para casa, encontraram o servo
curado.

A RESSURREIÇÃO DO FILHO DE UMA VIÚVA

11 Pouco depois, Jesus foi para uma cidade chamada Naim, e os seus discípulos e numerosa multidão iam com ele. 12 Ao aproximar-se do portão da cidade, eis que saía o enterro do filho único de uma viúva; e grande multidão da cidade ia com ela. 13 Ao vê-la, o Senhor se compadeceu dela e lhe disse:

— Não chore!

14 Chegando-se, tocou no caixão e os que o estavam carregando pararam. Então Jesus disse:

— Jovem, eu ordeno a você: levante-se!

15 O que estava morto sentou-se e passou a falar; e Jesus o restituiu à sua mãe. 16 Todos ficaram possuídos de temor e glorificavam a Deus, dizendo:

— Grande profeta se levantou entre nós. Deus visitou o seu povo.

17 Esta notícia a respeito de Jesus se espalhou por toda a Judeia e por toda aquela região.

OS MENSAGEIROS DE JOÃO BATISTA

Mt 11.2-19

18 Todas estas coisas foram relatadas a João pelos seus discípulos. E João, chamando dois deles, 19 enviou-os ao Senhor para perguntar:

— Você é aquele que estava para vir ou devemos esperar outro?

20 Quando os homens chegaram a Jesus, disseram:

— João Batista nos enviou para perguntar: O senhor é aquele que estava para vir ou devemos esperar outro?

21 Naquela mesma hora, Jesus curou muitas pessoas de doenças, de sofrimentos e de espíritos malignos; e deu vista a muitos cegos. 22 Então Jesus lhes respondeu:

— Voltem e anunciem a João o que vocês viram e ouviram: os cegos veem, os coxos andam, os leprosos são purificados, os surdos ouvem, os mortos são ressuscitados e aos pobres está sendo pregado o evangelho. 23 E bem-aventurado é aquele que não achar em mim motivo de tropeço.

24 Quando os mensageiros de João se retiraram, Jesus começou a dizer ao povo a respeito de João:

— O que vocês foram ver no deserto? Um caniço agitado pelo vento? 25 O que vocês foram ver? Um homem vestido de roupas finas? Os que se vestem bem e vivem no luxo moram nos palácios reais. 26 Sim, o que foram ver? Um profeta? Sim, eu lhes digo, e muito mais do que um profeta. 27 Este é aquele de quem está escrito: "Eis que envio adiante de você o meu mensageiro, o qual preparará o caminho diante de você."

28 — E eu lhes digo: entre os nascidos de mulher, ninguém é maior do que João; mas o menor no Reino de Deus é maior do que ele.

29 Todo o povo que o ouviu e até os publicanos reconheceram a justiça de Deus, tendo sido batizados com o batismo de João; 30 mas os fariseus e os intérpretes da Lei rejeitaram, quanto a si mesmos, o plano de Deus, não tendo sido batizados por ele.

31 E Jesus continuou:

— A que, pois, compararei as pessoas desta geração? A que são semelhantes? 32 São semelhantes a meninos que, sentados na praça, gritam uns para os outros:

"Nós tocamos flauta,
mas vocês não dançaram;
entoamos lamentações,
mas vocês não choraram."

33 — Pois veio João Batista, não comendo pão nem bebendo vinho, e vocês dizem: "Ele tem demônio!" 34 Veio o Filho do Homem, comendo e bebendo, e vocês dizem: "Eis aí um glutão e bebedor de vinho, amigo de publicanos e pecadores!" 35 Mas a sabedoria é justificada por todos os seus filhos.

A PECADORA QUE UNGIU OS PÉS DE JESUS

36 Um dos fariseus convidou Jesus para que fosse jantar com ele. Jesus, entrando na casa do fariseu, tomou lugar à mesa. 37 E eis que uma mulher da cidade, pecadora, sabendo que ele estava jantando na casa do fariseu,

foi até lá com um frasco feito de alabastro
cheio de perfume. 38 E, estando por detrás,
aos pés de Jesus, chorando, molhava-os
com as suas lágrimas e os enxugava com
os próprios cabelos. Ela beijava os pés de
Jesus e os ungia com o perfume. 39 Ao ver
isto, o fariseu que o havia convidado disse
consigo mesmo:

— Se este fosse profeta, bem saberia quem
e que tipo de mulher é esta que está tocando
nele, porque é uma pecadora.

40 Jesus se dirigiu ao fariseu e lhe disse:

— Simão, tenho uma coisa para lhe dizer.

Ele respondeu:

— Diga, Mestre.

41 Jesus continuou:

— Certo credor tinha dois devedores:
um lhe devia quinhentos denários, e o
outro devia cinquenta. 42 E, como eles não
tinham com que pagar, o credor perdoou
a dívida de ambos. Qual deles, portanto, o
amará mais?

43 Simão respondeu:

— Penso que é aquele a quem mais perdoou.

Jesus disse:

— Você julgou bem.

44 E, voltando-se para a mulher, Jesus
disse a Simão:

— Você está vendo esta mulher? Quando
entrei aqui em sua casa, você não me ofereceu água para lavar os pés; esta, porém,
molhou os meus pés com lágrimas e os
enxugou com os seus cabelos. 45 Você não
me recebeu com um beijo na face; ela,
porém, desde que entrei, não deixou de me
beijar os pés. 46 Você não ungiu a minha
cabeça com óleo, mas esta, com perfume,
ungiu os meus pés. 47 Por isso, afirmo a você
que os muitos pecados dela foram perdoados, porque ela muito amou; mas aquele a
quem pouco se perdoa, pouco ama.

48 Então Jesus disse à mulher:

— Os seus pecados estão perdoados.

49 Os que estavam com ele à mesa começaram a dizer entre si:

— Quem é este que até perdoa pecados?

50 Mas Jesus disse à mulher:

— A sua fé salvou você; vá em paz.

AS MULHERES QUE SEGUIAM JESUS

8 1 Aconteceu, depois disso, que Jesus
andava de cidade em cidade e de aldeia
em aldeia, pregando e anunciando o evangelho do Reino de Deus. Iam com ele os doze
discípulos, 2 e também algumas mulheres
que haviam sido curadas de espíritos malignos e de enfermidades: Maria, chamada
Madalena, da qual saíram sete demônios;
3 Joana, mulher de Cuza, procurador de
Herodes; Suzana e muitas outras, as quais,
com os seus bens, ajudavam Jesus e os
seus discípulos.

A PARÁBOLA DO SEMEADOR

Mt 13.1-9; Mc 4.1-9

4 Quando uma grande multidão se reuniu
e pessoas de todas as cidades vieram até
Jesus, ele disse por parábola:

5 — Um semeador saiu a semear. E, ao
semear, uma parte caiu à beira do caminho, foi pisada, e as aves do céu a comeram.
6 Outra parte caiu sobre a pedra e, tendo crescido, secou por falta de umidade. 7 Outra
caiu no meio dos espinhos; e os espinhos,
ao crescerem com ela, a sufocaram. 8 Outra,
enfim, caiu em boa terra; cresceu e produziu a cem por um.

Dizendo isto, Jesus clamou:

— Quem tem ouvidos para ouvir, ouça.

POR QUE JESUS USAVA PARÁBOLAS

Mt 13.10-17; Mc 4.10-12

9 Então os discípulos de Jesus lhe perguntaram o que significava essa parábola.
10 Jesus respondeu:

— A vocês é dado conhecer os mistérios
do Reino de Deus, mas aos demais fala-se
por parábolas, para que, vendo, não vejam
e, ouvindo, não entendam.

A EXPLICAÇÃO DA PARÁBOLA

Mt 13.18-23; Mc 4.13-20

11 — Este é o significado da parábola: a
semente é a palavra de Deus. 12 Os que estão
à beira do caminho são os que a ouviram;
depois vem o diabo e tira-lhes a palavra do
coração, para não acontecer que, crendo,

sejam salvos. 13 Os que estão sobre a pedra
são os que, ouvindo a palavra, a recebem
com alegria. Estes não têm raiz, creem ape-
nas por algum tempo e, na hora da provação,
se desviam. 14 A parte que caiu entre espi-
nhos, estes são os que ouviram e, no decorrer
dos dias, foram sufocados com as preocupa-
ções, as riquezas e os prazeres desta vida; os
seus frutos não chegam a amadurecer. 15 A
parte que caiu na terra boa, estes são os que,
tendo ouvido de bom e reto coração, retêm a
palavra; estes frutificam com perseverança.

A LUZ

Mc 4.21-25

16 — Ninguém, depois de acender uma
lamparina, a cobre com um vaso ou a põe
debaixo de uma cama; pelo contrário, colo-
ca-a num lugar em que ilumina bem, a fim
de que os que entram vejam a luz. 17 Não há
nada oculto que não venha a ser manifesto,
nem escondido que não venha a ser conhe-
cido e revelado. 18 Portanto, vejam como
vocês ouvem. Porque ao que tiver, mais será
dado; e ao que não tiver, até aquilo que julga
ter lhe será tirado.

A MÃE E OS IRMÃOS DE JESUS

Mt 12.46-50; Mc 3.31-35

19 A mãe e os irmãos de Jesus chega-
ram até onde ele estava, mas não podiam
aproximar-se por causa da multidão. 20 E
lhe comunicaram:

— A sua mãe e os seus irmãos estão lá
fora e querem vê-lo.

21 Jesus, porém, lhes respondeu:

— Minha mãe e meus irmãos são aqueles
que ouvem a palavra de Deus e a praticam.

JESUS ACALMA UMA TEMPESTADE

Mt 8.23-27; Mc 4.35-41

22 Aconteceu que, num daqueles dias,
Jesus entrou num barco em companhia
dos seus discípulos e lhes disse:

— Vamos passar para a outra margem
do lago.

E partiram. 23 Enquanto navegavam, ele
adormeceu. E sobreveio uma tempestade
de vento no lago, e eles corriam perigo.
24 Chegando-se a Jesus, os discípulos o des-
pertaram, dizendo:

— Mestre, Mestre, estamos perecendo!

Levantando-se, Jesus repreendeu o vento
e a fúria da água. Tudo cessou e ficou bem
calmo. 25 Então Jesus lhes perguntou:

— Vocês não têm fé?

Eles, possuídos de temor e admiração,
diziam uns aos outros:

— Quem é este que até manda nos ventos
e nas ondas, e lhe obedecem?

A CURA DO ENDEMONIADO GERASENO

Mt 8.28-34; Mc 5.1-20

26 Então rumaram para a terra dos gerase-
nos, que fica de frente para a Galileia. 27 Logo
que Jesus desembarcou, veio da cidade ao
seu encontro um homem possuído de demô-
nios que, havia muito, não se vestia, nem
habitava em casa alguma, porém vivia nos
túmulos. 28 Quando ele viu Jesus, prostrou-se
diante dele, dizendo com voz forte:

— O que você quer comigo, Jesus, Filho
do Deus Altíssimo? Peço-lhe que não me
atormente.

29 Porque Jesus havia ordenado ao espírito
imundo que saísse do homem, pois muitas
vezes se havia apoderado dele. E, embora
procurassem conservá-lo preso com cadeias
e correntes, despedaçava tudo e era impe-
lido pelo demônio para o deserto. 30 Jesus
perguntou a ele:

— Qual é o seu nome?

Ele respondeu:

— Legião.

Isto porque muitos demônios tinham
entrado nele. 31 Estes pediram a Jesus que
não os mandasse para o abismo. 32 Ora, uma
grande manada de porcos estava pastando
ali no monte. E os demônios pediram a Jesus
que os deixasse entrar naqueles porcos. E
Jesus o permitiu. 33 Tendo os demônios saído
do homem, entraram nos porcos, e a manada
precipitou-se despenhadeiro abaixo, para
dentro do lago, e se afogou. 34 Vendo o que
tinha acontecido, os que tratavam dos por-
cos fugiram e foram anunciá-lo na cidade e
pelos campos.

35 Então o povo saiu para ver o que tinha acontecido. Aproximando-se de Jesus, encontraram o homem de quem tinham saído os demônios, vestido, em perfeito juízo, sentado aos pés de Jesus; e temeram. 36 E algumas pessoas que tinham presenciado os fatos contaram-lhes também como o endemoniado tinha sido salvo. 37 Todo o povo da terra dos gerasenos pediu a Jesus que se retirasse, pois ficaram com muito medo. E Jesus, entrando de novo no barco, voltou. 38 O homem de quem tinham saído os demônios lhe pediu que o deixasse estar com ele. Jesus, porém, o despediu, dizendo:

39 — Volte para a sua casa e conte tudo o que Deus fez por você.

Então ele foi, proclamando por toda a cidade o que Jesus lhe tinha feito.

O PEDIDO DE JAIRO

Mt 9.18-19; Mc 5.21-24a

40 Quando Jesus voltou, a multidão o recebeu com alegria, porque todos o estavam esperando. 41 Eis que veio um homem chamado Jairo, que era chefe da sinagoga, e, prostrando-se aos pés de Jesus, suplicou-lhe que fosse até a sua casa. 42 Pois tinha uma filha única de uns doze anos, que estava morrendo.

A CURA DE UMA MULHER ENFERMA

Mt 9.20-22; Mc 5.24b-34

Enquanto Jesus caminhava, as multidões o apertavam. 43 Certa mulher que, havia doze anos, vinha sofrendo de uma hemorragia e que havia gastado todos os seus bens com os médicos, sem que ninguém a pudesse curar, 44 veio por trás de Jesus e tocou na borda da capa dele. E logo a hemorragia dela estancou. 45 Mas Jesus perguntou:

— Quem me tocou?

Como todos negassem, Pedro disse:

— Mestre, é a multidão que o rodeia e aperta!

46 Mas Jesus insistiu:

— Alguém me tocou, porque senti que de mim saiu poder.

47 A mulher, vendo que não podia passar despercebida, aproximou-se trêmula e, prostrando-se diante de Jesus, declarou, à vista de todo o povo, o motivo por que havia tocado nele e como imediatamente tinha sido curada. 48 Então Jesus lhe disse:

— Filha, a sua fé salvou você. Vá em paz.

A RESSURREIÇÃO DA FILHA DE JAIRO

Mt 9.23-26; Mc 5.35-43

49 Enquanto Jesus ainda falava, veio uma pessoa da casa do chefe da sinagoga, dizendo:

— A sua filha já morreu; não incomode mais o Mestre.

50 Mas Jesus, ouvindo isto, lhe disse:

— Não tenha medo; apenas creia, e ela será salva.

51 Tendo chegado à casa, Jesus não permitiu que ninguém entrasse com ele, a não ser Pedro, João e Tiago, além do pai e da mãe da menina. 52 E todos choravam e a pranteavam. Mas Jesus disse:

— Não chorem; ela não está morta, mas dorme.

53 E riam-se dele, porque sabiam que ela estava morta. 54 Mas Jesus, tomando-a pela mão, disse em voz alta:

— Menina, levante-se!

55 Voltou-lhe o espírito, ela imediatamente se levantou, e Jesus mandou que lhe dessem de comer. 56 Seus pais ficaram maravilhados, mas ele lhes advertiu que a ninguém contassem o que havia acontecido.

AS INSTRUÇÕES PARA OS DOZE

Mt 10.5-15; Mc 6.7-13

9 1 Tendo Jesus convocado os doze, deu-lhes poder e autoridade sobre todos os demônios e para curar doenças. 2 Também os enviou a pregar o Reino de Deus e a curar os enfermos. 3 E disse-lhes:

— Não levem nada para o caminho: nem bordão, nem sacola, nem pão, nem dinheiro; vocês também não devem ter duas túnicas. 4 Na casa em que vocês entrarem, fiquem ali até saírem daquele lugar. 5 E onde quer que não receberem vocês, ao saírem daquela cidade sacudam o pó dos pés em testemunho contra eles.

6 Então, saindo, percorriam todas as aldeias, anunciando o evangelho e fazendo curas por toda parte.

A DÚVIDA DE HERODES

Mt 14.1-12; Mc 6.14-29

7 Ora, o tetrarca Herodes soube de tudo
o que se passava e ficou perplexo, porque
alguns diziam: "João ressuscitou dentre
os mortos." 8 Outros diziam: "Elias apa-
receu." E ainda outros diziam: "Um dos
antigos profetas ressuscitou." 9 Herodes,
porém, disse:

— Eu mandei decapitar João. Quem, então, é este a respeito do qual tenho ouvido tais coisas?

E se esforçava para vê-lo.

A PRIMEIRA MULTIPLICAÇÃO DE PÃES E PEIXES

Mt 14.13-21; Mc 6.30-44; Jo 6.1-14

10 Ao regressarem, os apóstolos relata-
ram a Jesus tudo o que tinham feito. Ele,
levando-os consigo, retirou-se à parte para
uma cidade chamada Betsaida. 11 Mas as
multidões souberam disso e o seguiram.
Acolhendo-as, Jesus lhes falava a respeito
do Reino de Deus e socorria os que tinham
necessidade de cura. 12 Mas o dia estava che-
gando ao fim. Então os doze se aproximaram
de Jesus e disseram:

— Despeça a multidão, para que, indo às aldeias e campos ao redor, se hospedem e encontrem alimento; pois estamos aqui em lugar deserto.

13 Jesus, porém, lhes disse:

— Deem vocês mesmos de comer a eles.

Os discípulos responderam:

— Não temos mais que cinco pães e dois peixes, a não ser que nós mesmos vamos e compremos comida para todo este povo.

14 Porque estavam ali cerca de cinco mil homens. Então Jesus disse aos seus discípulos:

— Façam com que se assentem em grupos de cinquenta.

15 Eles atenderam, fazendo com que todos
se assentassem. 16 E Jesus, pegando os cinco
pães e os dois peixes, erguendo os olhos
para o céu, os abençoou, partiu e deu aos
discípulos para que os distribuíssem entre
o povo. 17 Todos comeram e se fartaram; e
dos pedaços que sobraram foram recolhi-
dos doze cestos.

A CONFISSÃO DE PEDRO. JESUS PREDIZ A PRÓPRIA MORTE

Mt 16.13-21; Mc 8.27-31

18 E aconteceu que, enquanto Jesus estava orando em particular, achavam-se presentes os discípulos, a quem perguntou:

— Quem as multidões dizem que eu sou?

19 Eles responderam:

— Uns dizem que é João Batista; outros dizem que é Elias; e ainda outros dizem que um dos antigos profetas ressuscitou.

20 Então Jesus perguntou:

— E vocês, quem dizem que eu sou?

Respondendo, Pedro disse:

— O Cristo de Deus.

21 Jesus, porém, advertindo-os, man-
dou que a ninguém declarassem tal coisa,
22 dizendo:

— É necessário que o Filho do Homem sofra muitas coisas, seja rejeitado pelos anciãos, pelos principais sacerdotes e pelos escribas, seja morto e, no terceiro dia, ressuscite.

TOME A SUA CRUZ

Mt 16.24-28; Mc 8.34—9.1

23 Jesus dizia a todos:

— Se alguém quer vir após mim, negue a
si mesmo, dia a dia tome a sua cruz e siga-
-me. 24 Pois quem quiser salvar a sua vida
a perderá; e quem perder a vida por minha
causa, esse a salvará. 25 De que adianta uma
pessoa ganhar o mundo inteiro, se vier a
perder-se ou causar dano a si mesma?
26 Pois quem se envergonhar de mim e das
minhas palavras, dele se envergonhará o
Filho do Homem, quando vier na sua glória
e na glória do Pai e dos santos anjos. 27 Em
verdade lhes digo que alguns dos que aqui

se encontram não passarão pela morte até que vejam o Reino de Deus.

A TRANSFIGURAÇÃO DE JESUS

Mt 17.1-13; Mc 9.2-8

28 Cerca de oito dias depois de proferidas estas palavras, Jesus levou consigo Pedro, João e Tiago e subiu ao monte com o propósito de orar. 29 E aconteceu que, enquanto ele orava, a aparência do seu rosto se transfigurou e a roupa dele ficou de um branco brilhante. 30 E eis que dois homens falavam com ele: eram Moisés e Elias, 31 que apareceram em glória e falavam da morte de Jesus, que ele estava para cumprir em Jerusalém. 32 Pedro e seus companheiros estavam caindo de sono; mas, conservando-se acordados, viram a glória de Jesus e os dois homens que estavam com ele. 33 Quando estes começaram a se afastar de Jesus, Pedro lhe disse:

— Mestre, bom é estarmos aqui. Façamos três tendas: uma para o senhor, outra para Moisés e outra para Elias.

Porém, Pedro não sabia o que estava dizendo. 34 Enquanto assim falava, veio uma nuvem e os envolveu. E ficaram com medo ao entrar na nuvem. 35 E dela veio uma voz que dizia:

— Este é o meu Filho, o meu eleito; escutem o que ele diz!

36 Depois daquela voz, perceberam que Jesus estava sozinho. Eles ficaram calados e, naqueles dias, não contaram nada a ninguém a respeito do que tinham visto.

A CURA DE UM JOVEM

Mt 17.14-21; Mc 9.14-29

37 No dia seguinte, quando eles desceram do monte, uma grande multidão veio ao encontro de Jesus. 38 E eis que, do meio da multidão, surgiu um homem, dizendo em alta voz:

— Mestre, peço que o senhor olhe o meu filho, porque é o único que tenho. 39 Um espírito se apodera dele, e, de repente, o menino grita, e o espírito o convulsiona até espumar; e dificilmente o deixa, depois de o ter maltratado. 40 Pedi aos seus discípulos que o expulsassem, mas eles não puderam.

41 Jesus exclamou:

— Ó geração incrédula e perversa! Até quando estarei com vocês e terei de suportá-los? Traga o seu filho aqui.

42 Quando o menino estava se aproximando, o demônio o atirou no chão e o convulsionou; mas Jesus repreendeu o espírito imundo, curou o menino e o entregou ao pai. 43 E todos ficaram maravilhados com a majestade de Deus.

DE NOVO JESUS PREDIZ A SUA MORTE

Mt 17.22-23; Mc 9.30-32

Como todos estavam admirados com tudo o que Jesus fazia, ele disse aos seus discípulos:

44 — Prestem bem atenção nas seguintes palavras: o Filho do Homem está para ser entregue nas mãos dos homens.

45 Eles, porém, não entendiam isso, e lhes foi encoberto para que não o compreendessem. E temiam fazer perguntas a Jesus a respeito deste assunto.

O MAIOR NO REINO DE DEUS

Mt 18.1-5; Mc 9.33-37

46 Surgiu entre os discípulos uma discussão sobre qual deles seria o maior. 47 Mas Jesus, sabendo o que se passava no coração deles, pegou uma criança, colocou-a junto de si 48 e lhes disse:

— Quem receber esta criança em meu nome é a mim que recebe; e quem receber a mim recebe aquele que me enviou; porque aquele que for o menor de todos entre vocês, esse é que é grande.

QUEM NÃO É CONTRA VOCÊS É A FAVOR DE VOCÊS

Mc 9.38-40

49 João tomou a palavra e disse:

— Mestre, vimos certo homem que expulsava demônios em seu nome, mas nós o proibimos de fazer isso, porque não segue conosco.

[50] Mas Jesus lhe disse:
— Não proíbam, pois quem não é contra
vocês é a favor de vocês.

OS SAMARITANOS NÃO RECEBEM JESUS

[51] E aconteceu que, ao se completarem
os dias em que seria elevado ao céu, Jesus
manifestou, no semblante, a firme reso-
lução de ir para Jerusalém. [52] E enviou
mensageiros que fossem na frente. Indo
eles, entraram numa aldeia de samarita-
nos para lhe preparar pousada. [53] Mas não
o receberam, porque o aspecto dele era
de quem, decisivamente, ia para Jerusa-
lém. [54] Vendo isto, os discípulos Tiago e
João perguntaram:

— Senhor, quer que mandemos descer
fogo do céu para os consumir?

[55] Mas Jesus, voltando-se, os repreendeu.
[56] E seguiram para outra aldeia.

JESUS PÕE À PROVA OS QUE QUEREM SEGUI-LO

Mt 8.19-22

[57] Enquanto seguiam pelo caminho,
alguém disse a Jesus:

— Vou segui-lo para onde quer que o senhor
for.

[58] Mas Jesus lhe respondeu:

— As raposas têm as suas tocas e as aves
do céu têm os seus ninhos, mas o Filho do
Homem não tem onde reclinar a cabeça.

[59] A outro Jesus disse:

— Siga-me!

Mas ele respondeu:

— Senhor, deixe-me ir primeiro sepultar
o meu pai.

[60] Mas Jesus insistiu:

— Deixe que os mortos sepultem os seus
mortos. Você, porém, vá e anuncie o Reino
de Deus.

[61] Outro lhe disse:

— Senhor, quero segui-lo, mas permita que
antes disso eu me despeça das pessoas da
minha casa.

[62] Mas Jesus lhe respondeu:

— Ninguém que põe a mão no arado e olha
para trás é apto para o Reino de Deus.

A MISSÃO DOS SETENTA

10 [1] Depois disso, o Senhor escolheu
outros setenta e os enviou de dois
em dois, para que fossem adiante dele a cada
cidade e lugar onde ele haveria de passar.
[2] E lhes disse:

— A seara é grande, mas os trabalhadores
são poucos. Por isso, peçam ao Senhor da
seara que mande trabalhadores para a sua
seara. [3] Vão! Eis que eu os envio como cordei-
ros para o meio de lobos. [4] Não levem bolsa,
nem sacola, nem sandálias; e não saúdem
ninguém pelo caminho. [5] Ao entrarem numa
casa, digam primeiro: "Paz seja nesta casa!"
[6] Se houver ali uma pessoa que ama a paz,
sobre ela repousará a paz de vocês; se não
houver, a paz voltará sobre vocês. [7] Fiquem
na mesma casa, comendo e bebendo do que
eles tiverem; porque o trabalhador é digno
do seu salário. Não fiquem mudando de casa
em casa. [8] Quando entrarem numa cidade
e ali forem bem-recebidos, comam do que
lhes for oferecido. [9] Curem os doentes que
nela houver e digam ao povo dali: "O Reino
de Deus se aproximou de vocês." [10] Porém,
quando entrarem numa cidade e não forem
bem-recebidos, saiam pelas ruas, dizendo:
[11] "Até o pó desta cidade, que grudou nos
nossos pés, sacudimos contra vocês! No
entanto, saibam que está próximo o Reino
de Deus." [12] Eu digo a vocês que, naquele
dia, haverá menos rigor para Sodoma do que
para aquela cidade.

AI DAS CIDADES IMPENITENTES!

Mt 11.20-24

[13] — Ai de você, Corazim! Ai de você, Bet-
saida! Porque, se em Tiro e em Sidom se
tivessem operado os milagres que foram fei-
tos em vocês, há muito que elas teriam se
arrependido, assentadas em pano de saco
e cinza. [14] Mas, no Juízo, haverá menos rigor
para Tiro e Sidom do que para vocês.

[15] — E você, Cafarnaum, pensa que será
elevada até o céu? Será jogada no inferno!

[16] — Quem ouve vocês ouve a mim; e
quem rejeita vocês é a mim que rejeita;
quem, porém, me rejeita está rejeitando
aquele que me enviou.

> Jesus não é o tipo de convidado que fica conversando à soleira da porta: a intenção dele é entrar, sentar-se à mesa, encarar o anfitrião nos olhos e desenvolver um relacionamento com ele.

O REGRESSO DOS SETENTA

17 Então os setenta voltaram, cheios de alegria, dizendo:

— Senhor, em seu nome os próprios demônios se submetem a nós!

18 Jesus lhes disse:

— Eu via Satanás caindo do céu como um relâmpago. 19 Eis que eu dei a vocês autoridade para pisarem cobras e escorpiões e sobre todo o poder do inimigo, e nada, absolutamente, lhes causará dano. 20 No entanto, alegrem-se, não porque os espíritos se submetem a vocês, e sim porque o nome de cada um de vocês está registrado no céu.

JESUS, O SALVADOR DOS HUMILDES

Mt 11.25-27; 13.16-17

21 Naquela hora, Jesus exultou no Espírito Santo e exclamou:

— Graças te dou, ó Pai, Senhor do céu e da terra, porque escondeste estas coisas dos sábios e instruídos e as revelaste aos pequeninos. Sim, ó Pai, porque assim foi do teu agrado.

22 — Tudo me foi entregue por meu Pai. Ninguém sabe quem é o Filho, a não ser o Pai; e também ninguém sabe quem é o Pai, a não ser o Filho e aquele a quem o Filho o quiser revelar.

23 E, voltando-se para os seus discípulos, Jesus lhes disse em particular:

— Bem-aventurados os olhos que veem as coisas que vocês estão vendo. 24 Pois eu lhes digo que muitos profetas e reis quiseram ver o que vocês estão vendo, mas não viram; e quiseram ouvir o que vocês estão ouvindo, mas não ouviram.

O BOM SAMARITANO

25 E eis que certo homem, intérprete da Lei, se levantou com o objetivo de pôr Jesus à prova e lhe perguntou:

— Mestre, que farei para herdar a vida eterna?

26 Então Jesus lhe perguntou:

— O que está escrito na Lei? Como você a entende?

27 A isto ele respondeu:

— "Ame o Senhor, seu Deus, de todo o seu coração, de toda a sua alma, com todas as suas forças e todo o seu entendimento." E: "Ame o seu próximo como você ama a si mesmo."

28 Então Jesus lhe disse:

— Você respondeu corretamente. Faça isto e você viverá.

29 Mas ele, querendo justificar-se, perguntou a Jesus:

— Quem é o meu próximo?

30 Jesus prosseguiu, dizendo:

— Um homem descia de Jerusalém para Jericó e caiu nas mãos de alguns ladrões. Estes, depois de lhe tirar a roupa e lhe causar muitos ferimentos, retiraram-se, deixando-o semimorto. 31 Por casualidade, um sacerdote estava descendo por aquele mesmo caminho e, vendo aquele homem, passou de largo. 32 De igual modo, um levita descia por aquele lugar e, vendo-o, passou de largo. 33 Certo samaritano, que seguia o seu caminho, passou perto do homem e, vendo-o, compadeceu-se dele. 34 E, aproximando-se, fez curativos nos ferimentos dele, aplicando-lhes óleo e vinho. Depois, colocou aquele homem sobre o seu próprio animal, levou-o para uma hospedaria e tratou dele. 35 No dia seguinte, separou dois denários e os entregou ao hospedeiro, dizendo: "Cuide deste homem. E, se você gastar algo a mais, farei o reembolso quando eu voltar."

36 Então Jesus perguntou:

— Qual destes três lhe parece ter sido o próximo do homem que caiu nas mãos dos ladrões?

37 O intérprete da Lei respondeu:

— O que usou de misericórdia para com ele.

Então Jesus lhe disse:

— Vá e faça o mesmo.

MARTA E MARIA

38 Quando eles seguiam viagem, Jesus entrou numa aldeia. E certa mulher, chamada Marta, hospedou-o na sua casa. 39 Marta tinha uma irmã, chamada Maria, que, assentada aos pés do Senhor, ouvia o

seu ensino. 40 Marta agitava-se de um lado
para outro, ocupada em muitos serviços.
Então se aproximou de Jesus e disse:

— O Senhor não se importa com o fato de
minha irmã ter deixado que eu fique sozinha
para servir? Diga-lhe que venha me ajudar.
41 Mas o Senhor respondeu:

— Marta! Marta! Você anda inquieta e se
preocupa com muitas coisas, 42 mas apenas uma é necessária. Maria escolheu a boa
parte, e esta não lhe será tirada.

JESUS ENSINA A ORAR

Mt 6.9-15

11 1 Jesus estava orando em certo lugar e,
quando terminou, um dos seus discípulos lhe pediu:

— Senhor, ensine-nos a orar como também
João ensinou os discípulos dele.

2 Então Jesus disse:

— Quando vocês orarem, digam:

"Pai,
santificado
seja o teu nome;
venha o teu Reino;
3 o pão nosso
de cada dia
dá-nos diariamente;
4 perdoa-nos
os nossos pecados,
pois também
nós perdoamos
a todo o que nos deve;
e não nos deixes
cair em tentação."

A PARÁBOLA DO AMIGO QUE INCOMODA

5 Jesus disse ainda:

— Se um de vocês tiver um amigo e for
procurá-lo à meia-noite, dizendo: "Amigo,
me empreste três pães, 6 porque outro
amigo meu chegou de viagem e eu não
tenho nada para lhe oferecer"; 7 e se o
outro lhe responder lá de dentro: "Deixe-me em paz! A porta já está fechada, e eu
e os meus filhos já estamos deitados. Não
posso me levantar para lhe dar os pães",
8 digo a vocês que, se ele não se levantar
para dar esses pães por ser seu amigo, ele
o fará por causa do incômodo e lhe dará
tudo de que tiver necessidade.

JESUS ENCORAJA A ORAÇÃO

Mt 7.7-11

9 — Por isso, digo a vocês: Peçam e lhes
será dado; busquem e acharão; batam, e a
porta será aberta para vocês. 10 Pois todo o
que pede recebe; o que busca encontra; e a
quem bate, a porta será aberta. 11 Quem de
vocês, sendo pai, daria uma cobra ao filho
que lhe pede um peixe? 12 Ou daria um escorpião ao filho que lhe pede um ovo? 13 Ora, se
vocês, que são maus, sabem dar coisas boas
aos seus filhos, quanto mais o Pai celeste
dará o Espírito Santo aos que lhe pedirem!

JESUS E BELZEBU

Mt 12.22-32; Mc 3.20-30

14 Certo dia, Jesus estava expulsando um
demônio que era mudo. E aconteceu que,
ao sair o demônio, o mudo passou a falar. E
as multidões se admiravam. 15 Mas alguns
deles diziam:

— Ele expulsa os demônios pelo poder de
Belzebu, o maioral dos demônios.

16 E outros, tentando-o, pediam dele um
sinal vindo do céu. 17 Mas Jesus, sabendo o
que passava pela mente deles, disse-lhes:

— Todo reino dividido contra si mesmo
ficará deserto, e casa sobre casa cairá. 18 Se
também Satanás estiver dividido contra si
mesmo, como o seu reino subsistirá? Isto
porque vocês dizem que eu expulso os
demônios por Belzebu. 19 E, se eu expulso
os demônios por Belzebu, por quem os
filhos de vocês os expulsam? Por isso, eles
mesmos serão os juízes de vocês. 20 Se,
porém, eu expulso os demônios pelo dedo
de Deus, certamente é chegado o Reino de
Deus sobre vocês. 21 Quando o valente, bem-armado, guarda a sua própria casa, todos
os seus bens ficam em segurança. 22 Mas,
se aparece alguém mais valente do que ele,
vence-o, tira-lhe a armadura em que confiava e reparte os seus despojos. 23 Quem não

é por mim é contra mim; e quem comigo não
ajunta espalha.

A VOLTA DO ESPÍRITO IMUNDO

Mt 12.43-45

24 — Quando o espírito imundo sai de uma
pessoa, anda por lugares áridos, procurando
repouso. E, não o achando, diz: "Voltarei para
a minha casa, de onde saí." 25 E, voltando, a
encontra varrida e arrumada. 26 Então vai e
leva consigo outros sete espíritos, piores do
que ele, e, entrando, habitam ali. E o último
estado daquela pessoa se torna pior do que
o primeiro.

A EXCLAMAÇÃO DE UMA MULHER

27 Aconteceu que, ao dizer Jesus estas pala-
vras, uma mulher, que estava no meio da
multidão, disse a ele, erguendo a voz:

— Bem-aventurado o ventre que conce-
beu você e os seios que o amamentaram!
28 Jesus, porém, respondeu:

— Pelo contrário! Mais bem-aventura-
dos são os que ouvem a palavra de Deus
e a guardam!

O SINAL DE JONAS

Mt 12.38-42; Mc 8.12

29 Visto que aumentavam as multidões em
volta dele, Jesus começou a dizer:

— Esta é uma geração perversa! Pede sinal;
mas nenhum sinal lhe será dado, senão o de
Jonas. 30 Porque, assim como Jonas foi sinal
para os ninivitas, o Filho do Homem o será
para esta geração. 31 A rainha do Sul se levan-
tará, no Juízo, com os homens desta geração
e os condenará, porque veio dos confins da
terra para ouvir a sabedoria de Salomão. E
aqui está quem é maior do que Salomão.
32 Ninivitas se levantarão, no Juízo, com esta
geração e a condenarão, porque se arrepen-
deram com a pregação de Jonas. E aqui está
quem é maior do que Jonas.

A LUZ DO CORPO

Mt 5.15; 6.22-23

33 — Ninguém, depois de acender uma
lamparina, a coloca em lugar escondido,
nem debaixo de um cesto, mas num lugar
em que ilumina bem, a fim de que os que
entram vejam a luz. 34 Os olhos são a lâm-
pada do corpo. Se os seus olhos forem bons,
todo o seu corpo será cheio de luz; mas, se
forem maus, o seu corpo ficará em trevas.
35 Portanto, tenha cuidado para que a luz
que está em você não sejam trevas. 36 Pois,
se todo o seu corpo for luminoso, sem ter
qualquer parte em trevas, será todo resplan-
decente como a lamparina quando ilumina
você em plena luz.

JESUS CENSURA OS FARISEUS E OS ESCRIBAS

Mt 23.1-36; Mc 12.38-40; Lc 20.45-47

37 Ao falar Jesus estas palavras, um fari-
seu o convidou para uma refeição na sua
casa. Entrando na casa, Jesus tomou lugar
à mesa. 38 O fariseu admirou-se ao ver que
Jesus não tinha se lavado antes de comer.
39 Então o Senhor lhe disse:

— Vocês, fariseus, limpam o exterior do
copo e do prato; mas o interior de vocês está
cheio de roubo e de maldade. 40 Seus tolos!
Quem fez o exterior não é o mesmo que fez
o interior? 41 Mas deem como esmola o que
está dentro do copo e do prato, e tudo lhes
será limpo. 42 Ai de vocês, fariseus! Porque
vocês dão o dízimo da hortelã, da arruda e
de todas as hortaliças, e desprezam a justiça
e o amor de Deus. Vocês deveriam fazer estas
coisas, sem omitir aquelas. 43 Ai de vocês,
fariseus! Porque gostam da primeira cadeira
nas sinagogas e das saudações nas praças.
44 Ai de vocês que são como as sepulturas
invisíveis, sobre as quais as pessoas passam
sem perceber!

45 Então, tomando a palavra, um dos intér-
pretes da Lei disse a Jesus:

— Mestre, ao dizer estas coisas o senhor
está ofendendo também a nós!

46 Mas Jesus respondeu:

— Ai de vocês também, intérpretes da Lei!
Porque sobrecarregam os outros com far-
dos superiores às suas forças, mas vocês
nem sequer com um dedo tocam nesses
fardos. 47 Ai de vocês! Porque edificam os
túmulos dos profetas que os pais de vocês

assassinaram. 48 Assim, são testemunhas e
aprovam com cumplicidade as obras dos
pais de vocês; porque eles mataram os pro-
fetas, e vocês edificam túmulos para eles.
49 Por isso, também disse a sabedoria de
Deus: "Mandarei para eles profetas e após-
tolos, e a alguns deles matarão e a outros
perseguirão", 50 para que desta geração
se peçam contas do sangue dos profetas,
derramado desde a fundação do mundo,
51 desde o sangue de Abel até o sangue de
Zacarias, que foi assassinado entre o altar
e o santuário. Sim, eu afirmo a vocês que se
pedirão contas a esta geração. 52 Ai de vocês,
intérpretes da Lei! Porque vocês pegaram a
chave do conhecimento. No entanto, vocês
mesmos não entraram e impediram os que
estavam entrando.

53 Quando Jesus saiu dali, os escribas
e fariseus começaram a contestá-lo com
veemência, fazendo perguntas a respeito
de muitos assuntos, 54 com o objetivo de
tirar daquilo que ele dizia um motivo para
o acusar.

JESUS ADVERTE CONTRA A HIPOCRISIA

12 1 Visto que milhares de pessoas se
aglomeraram, a ponto de se atrope-
larem umas às outras, Jesus começou a dizer,
antes de tudo, aos seus discípulos:

— Cuidado com o fermento dos fariseus,
que é a hipocrisia. 2 Não há nada encoberto
que não venha a ser revelado, nem oculto
que não venha a ser conhecido. 3 Porque
tudo o que vocês disseram às escuras será
ouvido em plena luz; e o que disseram ao
pé do ouvido no interior da casa será pro-
clamado dos telhados.

A QUEM TEMER

Mt 10.28-31

4 — Digo a vocês, meus amigos: não temam
os que matam o corpo e, depois disso, nada
mais podem fazer. 5 Eu, porém, vou mostrar
a quem vocês devem temer: temam aquele
que, depois de matar, tem poder para lan-
çar no inferno. Sim, digo que a esse vocês
devem temer.
6 — Não se vendem cinco pardais por
duas moedinhas? Entretanto, Deus não se
esquece de nenhum deles. 7 Até os cabelos
da cabeça de vocês estão todos contados.
Não temam! Vocês valem bem mais do que
muitos pardais.

CONFESSAR E NEGAR CRISTO

Mt 10.32-33; 10.19-20

8 — Digo mais a vocês: todo aquele que me
confessar diante dos outros, também o Filho
do Homem o confessará diante dos anjos de
Deus; 9 mas o que me negar diante das pes-
soas será negado diante dos anjos de Deus.
10 Todo aquele que disser uma palavra contra
o Filho do Homem, isso lhe será perdoado;
mas, para o que blasfemar contra o Espírito
Santo, não haverá perdão.

11 — Quando levarem vocês às sinagogas
ou à presença de governadores e autorida-
des, não se preocupem quanto à maneira
como irão responder, nem quanto às coi-
sas que tiverem de falar. 12 Porque o Espírito
Santo lhes ensinará, naquela mesma hora,
as coisas que vocês devem dizer.

A PARÁBOLA DO RICO TOLO

13 Nesse ponto, um homem que estava no
meio da multidão disse a Jesus:

— Mestre, diga a meu irmão que reparta
comigo a herança.

14 Mas Jesus lhe respondeu:

— Homem, quem me nomeou juiz ou
repartidor entre vocês?

15 Então lhes recomendou:

— Tenham cuidado e não se deixem domi-
nar por qualquer tipo de avareza, porque a
vida de uma pessoa não consiste na abun-
dância dos bens que ela tem.

16 E Jesus lhes contou ainda uma parábola,
dizendo:

— O campo de um homem rico produ-
ziu com abundância. 17 Então ele começou
a pensar: "Que farei, pois não tenho onde
armazenar a minha colheita?" 18 Até que
disse: "Já sei! Destruirei os meus celeiros,
construirei outros maiores e aí armazenarei
todo o meu produto e todos os meus bens.
19 Então direi à minha alma: 'Você tem em

depósito muitos bens para muitos anos;
descanse, coma, beba e aproveite a vida.'"
20 Mas Deus lhe disse: "Louco! Esta noite
lhe pedirão a sua alma; e o que você tem
preparado, para quem será?"
21 — Assim é o que ajunta tesouros para
si mesmo, mas não é rico para com Deus.

AS PREOCUPAÇÕES

Mt 6.25-34

22 A seguir, Jesus se dirigiu aos seus discí-
pulos, dizendo:

— Por isso, digo a vocês: não se preocupem
com a sua vida, quanto ao que irão comer,
nem com o corpo, quanto ao que irão vestir.
23 Porque a vida é mais do que o alimento, e
o corpo, mais do que as roupas. 24 Observem
os corvos, que não semeiam, não colhem,
não têm despensa nem celeiros; contudo,
Deus os sustenta. Vocês valem muito mais
do que as aves! 25 Quem de vocês, por mais
que se preocupe, pode acrescentar um
côvado ao curso da sua vida? 26 Portanto,
se não podem fazer nada quanto às coi-
sas mínimas, por que se preocupam com
as outras? 27 Observem como crescem os
lírios: eles não trabalham, nem fiam. Eu,
porém, afirmo a vocês que nem Salomão,
em toda a sua glória, se vestiu como qual-
quer deles. 28 Ora, se Deus veste assim a erva
que hoje está no campo e amanhã é lançada
no forno, muito mais fará por vocês, homens
de pequena fé! 29 Portanto, não fiquem per-
guntando o que irão comer ou beber e não
fiquem preocupados com isso. 30 Porque os
gentios de todo o mundo é que procuram
estas coisas; mas o Pai de vocês sabe que
vocês precisam delas. 31 Busquem, antes
de tudo, o seu Reino, e estas coisas lhes
serão acrescentadas.

32 — Não tenha medo, ó pequenino reba-
nho; porque o Pai de vocês se agradou em
dar-lhes o seu Reino. 33 Vendam os seus
bens e deem esmola; façam para vocês
mesmos bolsas que não desgastem, tesouro
inesgotável nos céus, onde o ladrão não
chega, nem a traça corrói, 34 porque, onde
estiver o tesouro de vocês, aí estará tam-
bém o seu coração.

A PARÁBOLA DO SERVO VIGILANTE

Mt 24.45-51

35 — Estejam preparados, com o corpo cin-
gido e as lamparinas acesas. 36 Façam como
os homens que esperam pelo seu senhor,
ao voltar ele das festas de casamento; para
que logo abram a porta, quando vier e bater.
37 Bem-aventurados aqueles servos a quem
o senhor, quando vier, encontrar vigilantes.
Em verdade lhes digo que ele há de cingir-se,
dar-lhes lugar à mesa e, aproximando-se,
os servirá. 38 Quer ele venha à meia-noite ou
de madrugada, bem-aventurados serão eles,
se os encontrar vigilantes. 39 Porém, conside-
rem isto: se o pai de família soubesse a que
hora viria o ladrão, não deixaria que a sua
casa fosse arrombada. 40 Estejam também
vocês preparados, porque o Filho do Homem
virá à hora em que vocês menos esperam.

41 Então Pedro perguntou:

— Senhor, esta parábola é só para nós ou
também para todos?

42 O Senhor respondeu:

— Quem é, pois, o mordomo fiel e
prudente, a quem o senhor deixará encar-
regado dos demais servos da casa, para lhes
dar o sustento no devido tempo? 43 Bem-
-aventurado aquele servo a quem seu
senhor, quando vier, achar fazendo assim.
44 Em verdade lhes digo que lhe confiará
todos os seus bens. 45 Mas o que aconte-
cerá se aquele servo disser consigo mesmo:
"Meu senhor demora para vir", e começar a
espancar os empregados e as empregadas,
a comer, a beber e a embriagar-se? 46 Virá o
senhor daquele servo, em dia em que não
o espera e em hora que não sabe, e irá apli-
car-lhe um castigo severo, condenando-o
com os infiéis.

47 — Aquele servo que conheceu a vontade
de seu senhor e não se aprontou, nem fez
segundo a sua vontade, será punido com
muitos açoites. 48 Aquele, porém, que não
soube a vontade do seu senhor e fez coisas
dignas de reprovação levará poucos açoites.
Mas àquele a quem muito foi dado, muito
lhe será exigido; e àquele a quem muito se
confia, muito mais lhe pedirão.

JESUS TRAZ FOGO E DIVISÃO À TERRA

Mt 10.34-36

49 — Eu vim para lançar fogo sobre a terra,
e bem que eu gostaria que já estivesse aceso.
50 Mas existe um batismo pelo qual tenho de
passar, e como me angustio até que o mesmo
se cumpra! 51 Vocês pensam que vim para dar
paz à terra? Eu afirmo a vocês que não; pelo
contrário, vim para trazer divisão. 52 Porque,
daqui em diante, estarão cinco divididos
numa casa: três contra dois e dois contra
três. 53 Estarão divididos: pai contra filho,
filho contra pai; mãe contra filha, filha contra mãe; sogra contra nora e nora contra sogra.

OS SINAIS DOS TEMPOS

Mt 16.2-3

54 Jesus disse ainda às multidões:
— Quando vocês veem uma nuvem
subindo no oeste, logo dizem que vai chover, e assim acontece. 55 E, quando notam
que sopra o vento sul, dizem que fará calor,
e assim acontece. 56 Hipócritas! Vocês sabem
interpretar a aparência da terra e do céu, mas
não sabem discernir esta época?

O ACORDO COM O ADVERSÁRIO

Mt 5.25-26

57 — E por que não julgam também por
vocês mesmos o que é justo? 58 Quando você
for com o seu adversário ao magistrado, faça
o possível para chegar a um acordo com ele
enquanto vocês estão a caminho, para não
acontecer que ele arraste você ao juiz, o juiz
entregue você ao oficial de justiça e o oficial
de justiça ponha você na prisão. 59 Digo-lhe
que você não sairá dali enquanto não pagar
o último centavo.

ARREPENDER-SE OU PERECER

13 1 Naquela mesma ocasião, estavam ali
algumas pessoas que falaram para
Jesus a respeito dos galileus cujo sangue
Pilatos havia misturado com os sacrifícios
que os mesmos realizavam. 2 Então Jesus
lhes disse:
— Vocês pensam que esses galileus eram
mais pecadores do que todos os outros
galileus, por terem padecido estas coisas?
3 Digo a vocês que não eram; se, porém, não
se arrependerem, todos vocês também perecerão. 4 E, quanto àqueles dezoito sobre os
quais desabou a torre de Siloé e os matou,
vocês pensam que eles eram mais culpados
do que todos os outros moradores de Jerusalém? 5 Digo a vocês que não eram; mas,
se não se arrependerem, todos vocês também perecerão.

A PARÁBOLA DA FIGUEIRA ESTÉRIL

6 E Jesus contou a seguinte parábola:
— Certo homem tinha uma figueira plantada na sua vinha e, vindo procurar fruto
nela, não achou. 7 Então disse ao homem que
cuidava da vinha: "Já faz três anos que venho
procurar fruto nesta figueira e não encontro
nada. Portanto, corte-a! Por que ela ainda
está ocupando inutilmente a terra?" 8 Mas
o homem que cuidava da vinha respondeu:
"Senhor, deixe-a ainda este ano, até que eu
escave ao redor dela e ponha estrume. 9 Se
vier a dar fruto, muito bem. Se não der fruto,
o senhor poderá cortá-la."

A CURA DE UMA MULHER ENFERMA NUM SÁBADO

10 Num sábado, Jesus estava ensinando
numa das sinagogas. 11 E chegou ali uma
mulher possuída de um espírito de enfermidade, havia já dezoito anos; ela andava
encurvada, sem poder se endireitar de
modo nenhum. 12 Ao vê-la, Jesus a chamou
e lhe disse:
— Mulher, você está livre da sua enfermidade.
13 E, impondo-lhe as mãos, ela imediatamente se endireitou e dava glória a
Deus. 14 O chefe da sinagoga, indignado
por ver que Jesus curava no sábado, disse
à multidão:
— Há seis dias em que se deve trabalhar.
Venham nesses dias para serem curados,
mas não no sábado.
15 Porém o Senhor lhe respondeu:
— Hipócritas! Cada um de vocês não desprende da manjedoura, no sábado, o seu boi
ou o seu jumento, para levá-lo a beber? 16 Por

Ainda que o mundo a tenha rejeitado e sentenciado o seu futuro, o Senhor lhe presenteia com uma família e uma nova história.

que motivo não se devia livrar deste cativeiro, em dia de sábado, esta filha de Abraão, a quem Satanás trazia presa há dezoito anos?

17 Tendo Jesus dito estas palavras, todos os seus adversários ficaram envergonhados. Entretanto, o povo se alegrava por todos os feitos gloriosos que Jesus realizava.

A PARÁBOLA DO GRÃO DE MOSTARDA

Mt 13.31-32; Mc 4.30-32

18 Jesus disse:

— A que é semelhante o Reino de Deus, e a que o compararei? 19 É semelhante a um grão de mostarda, que um homem plantou na sua horta; e cresceu e fez-se árvore; e as aves do céu se aninharam nos seus ramos.

A PARÁBOLA DO FERMENTO

Mt 13.33

20 Disse mais:

— A que compararei o Reino de Deus? 21 É semelhante ao fermento que uma mulher pegou e misturou em três medidas de farinha, até ficar tudo levedado.

A PORTA ESTREITA

Mt 7.13-14,21-23

22 Jesus passava por cidades e aldeias, ensinando e caminhando para Jerusalém. 23 E alguém lhe perguntou:

— Senhor, são poucos os que são salvos?

24 Jesus respondeu:

— Esforcem-se por entrar pela porta estreita! Pois eu afirmo a vocês que muitos procurarão entrar, mas não conseguirão. 25 Quando o dono da casa se tiver levantado e fechado a porta, e vocês, do lado de fora, começarem a bater, dizendo: "Senhor, abra a porta para nós", ele responderá: "Não sei de onde vocês são." 26 Então vocês dirão: "Comíamos e bebíamos com o senhor. Além disso, o senhor ensinava em nossas ruas." 27 Mas ele dirá a vocês: "Não sei de onde vocês são; afastem-se de mim, vocês todos que praticam o mal." 28 Ali haverá choro e ranger de dentes, quando vocês virem Abraão, Isaque, Jacó e todos os profetas no Reino de Deus, mas vocês lançados fora. 29 Muitos virão do Oriente e do Ocidente, do Norte e do Sul e tomarão lugar à mesa no Reino de Deus. 30 Porém, de fato, há últimos que serão primeiros, e primeiros que serão últimos.

O LAMENTO SOBRE JERUSALÉM

Mt 23.37-39

31 Naquela mesma hora, alguns fariseus vieram para dizer a Jesus:

— Vá embora daqui, porque Herodes quer matá-lo.

32 Ele, porém, lhes respondeu:

— Vão e digam a essa raposa que hoje e amanhã expulso demônios e curo doentes, e no terceiro dia terminarei. 33 Porém, preciso caminhar hoje, amanhã e depois, porque não se espera que um profeta morra fora de Jerusalém.

34 — Jerusalém, Jerusalém! Você mata os profetas e apedreja os que lhe são enviados! Quantas vezes eu quis reunir os seus filhos, como a galinha ajunta os do seu próprio ninho debaixo das asas, mas vocês não quiseram! 35 Eis que a casa de vocês ficará deserta. E eu afirmo a vocês que não me verão mais, até que venham a dizer: "Bendito o que vem em nome do Senhor!"

A CURA DE UM HIDRÓPICO

14 1 Num sábado, ao entrar Jesus na casa de um dos principais fariseus para tomar uma refeição, eles o estavam observando. 2 E eis que diante dele se achava um homem hidrópico. 3 Então Jesus, dirigindo-se aos intérpretes da Lei e aos fariseus, perguntou:

— É ou não é lícito curar no sábado?

4 Eles, porém, não disseram nada. Então Jesus pegou na mão daquele homem, curou-o e o mandou embora. 5 A seguir, Jesus lhes perguntou:

— Quem de vocês, se o filho ou o boi cair num poço, não irá tirá-lo imediatamente, mesmo em dia de sábado?

6 A isto nada puderam responder.

OS PRIMEIROS LUGARES

7 Reparando como os convidados escolhiam os primeiros lugares, Jesus contou-lhes uma parábola:

8 — Quando alguém convidá-lo para um
casamento, não sente no lugar de honra,
pois pode haver um convidado mais
importante do que você. 9 Então aquele
que convidou os dois dirá a você: "Dê o
lugar a este aqui." Então você irá, enver-
gonhado, ocupar o último lugar. 10 Pelo
contrário, quando alguém convidá-lo, vá
sentar no último lugar, para que, quando
vier aquele que o convidou, diga a você:
"Amigo, venha sentar num lugar melhor."
Isso será uma honra para você diante de
todos os demais convidados. 11 Porque todo
o que se exalta será humilhado; e o que se
humilha será exaltado.

12 Depois Jesus disse ao que o havia con-
vidado:

— Quando você der um jantar ou uma
ceia, não convide os seus amigos, nem os
seus irmãos, nem os seus parentes, nem os
vizinhos ricos; para não acontecer que eles
retribuam o convite e você seja recompen-
sado. 13 Pelo contrário, ao dar um banquete,
convide os pobres, os aleijados, os coxos e os
cegos, 14 e você será bem-aventurado, pelo
fato de não terem eles com que recompen-
sá-lo. A sua recompensa você receberá na
ressurreição dos justos.

A PARÁBOLA DA GRANDE CEIA

Mt 22.1-10

15 Ao ouvir tais palavras, um dos que esta-
vam à mesa com Jesus lhe disse:

— Bem-aventurado aquele que participar
do banquete no Reino de Deus.

16 Jesus, porém, respondeu:

— Certo homem deu uma grande ceia e
convidou muitos. 17 À hora da ceia, enviou
o seu servo para avisar aos convidados:
"Venham, porque tudo já está preparado."
18 Mas todos eles, um por um, começaram
a apresentar desculpas. O primeiro disse:
"Comprei um campo e preciso ir vê-lo; peço
que me desculpe." 19 Outro disse: "Comprei
cinco juntas de bois e vou experimentá-las;
peço que me desculpe." 20 E outro disse:
"Casei-me e, por isso, não posso ir."

21 — O servo voltou e contou tudo ao
seu senhor. Então, irado, o dono da casa
disse ao seu servo: "Saia depressa para as
ruas e becos da cidade e traga para cá os
pobres, os aleijados, os cegos e os coxos."
22 Mais tarde, o servo lhe disse: "Patrão,
já fiz o que o senhor mandou, e ainda há
lugar." 23 Então o senhor disse ao servo:
"Saia pelos caminhos e atalhos e obrigue
todos a entrar, para que a minha casa fique
cheia. 24 Porque digo a vocês que nenhum
daqueles homens que foram convidados
provará a minha ceia."

AS CONDIÇÕES PARA SER SEGUIDOR DE JESUS

Mt 10.37-38

25 Grandes multidões acompanhavam
Jesus, e ele, voltando-se, lhes disse:

26 — Se alguém vem a mim e não me ama
mais do que ama o seu pai, a sua mãe, a sua
mulher, os seus filhos, os seus irmãos, as
suas irmãs e até a sua própria vida, não
pode ser meu discípulo. 27 E quem não
tomar a sua cruz e vier após mim não pode
ser meu discípulo. 28 Pois qual de vocês,
pretendendo construir uma torre, não se
assenta primeiro para calcular a despesa
e verificar se tem os meios para a concluir?
29 Para não acontecer que, tendo lançado os
alicerces e não podendo terminar a cons-
trução, todos os que a virem zombem dele,
30 dizendo: "Este homem começou a cons-
truir e não pôde acabar." 31 Ou qual é o rei
que, indo para combater outro rei, não se
assenta primeiro para calcular se com dez
mil homens poderá enfrentar o que vem
contra ele com vinte mil? 32 Caso contrário,
estando o outro ainda longe, envia-lhe uma
embaixada, pedindo condições de paz.
33 Assim, pois, qualquer um de vocês que
não renuncia a tudo o que tem não pode
ser meu discípulo.

SAL INSÍPIDO

Mt 5.13; Mc 9.50

34 — O sal é certamente bom; mas, se o
sal se tornar insípido, como lhe restaurar o
sabor? 35 Não presta mais nem para a terra
nem para o monte de estrume; lançam-no
fora. Quem tem ouvidos para ouvir, ouça.

A PARÁBOLA DA OVELHA PERDIDA

Mt 18.12-14

15 1 Aproximavam-se de Jesus todos os publicanos e pecadores para o ouvir. 2 Os fariseus e os escribas murmuravam, dizendo:

— Este recebe pecadores e come com eles.

3 Então Jesus lhes contou esta parábola:

4 — Qual de vocês é o homem que, possuindo cem ovelhas e perdendo uma delas, não deixa no deserto as noventa e nove e vai em busca da que se perdeu, até encontrá-la? 5 E, quando a encontra, põe-na sobre os ombros, cheio de alegria. 6 E, indo para casa, reúne os amigos e vizinhos, dizendo-lhes: "Alegrem-se comigo, porque já achei a minha ovelha perdida." 7 Digo a vocês que, assim, haverá mais alegria no céu por um pecador que se arrepende do que por noventa e nove justos que não necessitam de arrependimento.

A PARÁBOLA DA DRACMA PERDIDA

8 — Ou qual é a mulher que, tendo dez dracmas, se perder uma delas, não acende a lamparina, varre a casa e a procura com muito empenho até encontrá-la? 9 E, quando a encontra, reúne as amigas e vizinhas, dizendo: "Alegrem-se comigo, porque achei a dracma que eu tinha perdido." 10 Eu afirmo a vocês que a mesma alegria existe diante dos anjos de Deus por um pecador que se arrepende.

A PARÁBOLA DO FILHO PERDIDO

11 Jesus continuou:

— Certo homem tinha dois filhos. 12 O mais moço deles disse ao pai: "Pai, quero que o senhor me dê a parte dos bens que me cabe." E o pai repartiu os bens entre eles.

13 — Passados não muitos dias, o filho mais moço, ajuntando tudo o que era seu, partiu para uma terra distante e lá desperdiçou todos os seus bens, vivendo de forma desenfreada.

14 — Depois de ter consumido tudo, sobreveio àquele país uma grande fome, e ele começou a passar necessidade. 15 Então foi pedir trabalho a um dos cidadãos daquela terra, e este o mandou para os seus campos a fim de cuidar dos porcos. 16 Ali, ele desejava alimentar-se das alfarrobas que os porcos comiam, mas ninguém lhe dava nada. 17 Então, caindo em si, disse: "Quantos trabalhadores de meu pai têm pão com fartura, e eu aqui estou morrendo de fome! 18 Vou me arrumar, voltar para o meu pai e lhe dizer: 'Pai, pequei contra Deus e diante do senhor; 19 já não sou digno de ser chamado de seu filho; trate-me como um dos seus trabalhadores.'" 20 E, arrumando-se, foi para o seu pai.

— Vinha ele ainda longe, quando seu pai o avistou e, compadecido dele, correndo, o abraçou e beijou. 21 E o filho lhe disse: "Pai, pequei contra Deus e diante do senhor; já não sou digno de ser chamado de seu filho." 22 O pai, porém, disse aos servos: "Tragam depressa a melhor roupa e vistam nele. Ponham um anel no dedo dele e sandálias nos pés. 23 Tragam e matem o bezerro gordo. Vamos comer e festejar, 24 porque este meu filho estava morto e reviveu, estava perdido e foi achado." E começaram a festejar.

25 — Ora, o filho mais velho estava no campo. Quando voltava, ao aproximar-se da casa, ouviu a música e as danças. 26 Chamou um dos empregados e perguntou o que era aquilo. 27 E ele informou: "O seu irmão voltou e, por tê-lo recuperado com saúde, o seu pai mandou matar o bezerro gordo."

28 — O filho mais velho se indignou e não queria entrar. Saindo, porém, o pai, procurava convencê-lo a entrar. 29 Mas ele respondeu ao seu pai: "Faz tantos anos que sirvo o senhor e nunca transgredi um mandamento seu. Mas o senhor nunca me deu um cabrito sequer para fazer uma festa com os meus amigos. 30 Mas, quando veio esse seu filho, que sumiu com os bens do senhor, gastando tudo com prostitutas, o senhor mandou matar o bezerro gordo para ele!"

31 — Então o pai respondeu: "Meu filho, você está sempre comigo; tudo o que eu tenho é seu. 32 Mas era preciso festejar e alegrar-se, porque este seu irmão estava morto e reviveu, estava perdido e foi achado."

A PARÁBOLA DO ADMINISTRADOR INFIEL

16 1 Jesus disse também aos seus dis-
cípulos:
— Certo homem rico tinha um adminis-
trador. Um dia, ele recebeu uma denúncia
de que esse administrador estava desper-
diçando os bens dele. 2 Então, chamando-o,
lhe disse: "Que é isto que ouço a seu
respeito? Preste contas da sua adminis-
tração, porque você não pode mais ser o
meu administrador."
3 — O administrador, então, se pôs a
pensar: "Que farei, agora que estou sendo
demitido pelo meu patrão? Trabalhar na
terra, não posso. De mendigar, tenho ver-
gonha. 4 Já sei o que vou fazer, para que,
quando for demitido, as pessoas me rece-
bam em suas casas."
5 — Tendo chamado cada um dos devedo-
res do seu patrão, perguntou ao primeiro:
"Quanto você deve ao meu patrão?" 6 Ele
respondeu: "Cem barris de azeite." Então
o administrador disse: "Pegue a sua
conta, sente-se depressa e escreva cin-
quenta." 7 Depois, perguntou a outro: "E
você, quanto deve?" Ele respondeu: "Cem
sacos de trigo." O administrador lhe disse:
"Pegue a sua conta e escreva oitenta." 8 E o
patrão elogiou o administrador infiel por
sua esperteza. Porque os filhos do mundo
são mais espertos na sua própria geração
do que os filhos da luz.
9 — E eu recomendo a vocês: usem a
riqueza injusta para fazer amigos, para que,
quando a riqueza faltar, vocês sejam rece-
bidos nos tabernáculos eternos.
10 — Quem é fiel no pouco também é fiel
no muito; e quem é injusto no pouco tam-
bém é injusto no muito. 11 Portanto, se vocês
não forem fiéis na aplicação da riqueza
injusta, quem lhes confiará a verdadeira
riqueza? 12 Se vocês não são fiéis na apli-
cação do que é dos outros, quem lhes dará
o que é de vocês? 13 Nenhum servo pode
servir a dois senhores; porque irá odiar um
e amar o outro ou irá se dedicar a um e des-
prezar o outro. Vocês não podem servir a
Deus e à riqueza.

A LEI E O REINO DE DEUS

Mt 11.12-13

14 Os fariseus, que eram avarentos, ouviam
tudo isto e zombavam de Jesus. 15 Mas Jesus
lhes disse:
— Vocês são os que se justificam diante
dos homens, mas Deus conhece o coração
de vocês; pois aquilo que é elevado entre
homens é abominação diante de Deus.
16 — A Lei e os Profetas duraram até João;
desde esse tempo o evangelho do Reino
de Deus vem sendo anunciado, e todos se
esforçam para entrar nele. 17 E é mais fácil
passar o céu e a terra do que cair um til
sequer da Lei.

A RESPEITO DO DIVÓRCIO

Mt 5.31-32; 19.9; Mc 10.10-12

18 — Quem repudiar a sua mulher e casar
com outra comete adultério; e aquele que
casa com a mulher repudiada pelo marido
também comete adultério.

O RICO E O MENDIGO

19 — Ora, havia certo homem rico que se
vestia de púrpura e de linho finíssimo e
que se alegrava todos os dias com grande
ostentação. 20 Havia também certo men-
digo, chamado Lázaro, coberto de feridas,
que ficava deitado à porta da casa do rico.
21 Ele desejava alimentar-se das migalhas
que caíam da mesa do rico, e até os cães
vinham lamber-lhe as feridas. 22 E aconte-
ceu que o mendigo morreu e foi levado pelos
anjos para junto de Abraão. Morreu também
o rico e foi sepultado.
23 — No inferno, estando em tormentos, o
rico levantou os olhos e viu ao longe Abraão,
e Lázaro junto dele. 24 Então, gritando, disse:
"Pai Abraão, tenha misericórdia de mim! E
mande que Lázaro molhe a ponta do dedo
em água e me refresque a língua, porque
estou atormentado neste fogo." 25 Mas
Abraão disse: "Filho, lembre-se de que
você recebeu os seus bens durante a sua
vida, enquanto Lázaro só teve males. Agora,
porém, ele está consolado aqui, enquanto
você está em tormentos. 26 E, além de tudo,
há um grande abismo entre nós e vocês, de

modo que os que querem passar daqui até
vocês não podem, nem os de lá passar para
cá." 27 Então o rico disse: "Pai, eu peço que
mande Lázaro à minha casa paterna, 28 por-
que tenho cinco irmãos; para que lhes dê
testemunho, a fim de que não venham tam-
bém para este lugar de tormento." 29 Abraão
respondeu: "Eles têm Moisés e os Profetas;
ouçam-nos." 30 Mas ele insistiu: "Não, pai
Abraão; se alguém dentre os mortos for até
lá, eles irão se arrepender." 31 Abraão, porém,
lhe respondeu: "Se não ouvem Moisés e os
Profetas, também não se deixarão conven-
cer, mesmo que ressuscite alguém dentre
os mortos."

OS TROPEÇOS

Mt 18.6-7; Mc 9.42-50

17 1 Jesus disse aos seus discípulos:
— É inevitável que existam pedras
de tropeço, mas ai de quem é responsável
por elas! 2 Seria melhor para esse que uma
pedra de moinho fosse pendurada ao seu
pescoço e fosse atirado no mar do que fazer
tropeçar um destes pequeninos.

O PERDÃO E A FÉ

Mt 18.21-22

3 — Tenham cuidado. Se o seu irmão pecar,
repreenda-o; se ele se arrepender, perdoe-
-lhe. 4 Se pecar contra você sete vezes num
dia e sete vezes vier para lhe dizer: "Estou
arrependido", perdoe-lhe.

5 Então os apóstolos disseram ao Senhor:
— Aumente-nos a fé.

6 Ao que o Senhor respondeu:
— Se vocês tivessem fé como um grão
de mostarda, diriam a esta amoreira:
"Arranque-se e transplante-se no mar." E
ela obedeceria.

7 — Qual de vocês, tendo um servo
ocupado na lavoura ou em guardar o
gado, lhe dirá quando ele voltar do campo:
"Venha agora mesmo e sente-se à mesa"?
8 Não é verdade que, ao contrário, lhe dirá:
"Prepare o meu jantar. Apronte-se e sir-
va-me enquanto eu como e bebo. Depois,
você pode comer e beber"? 9 Será que ele
terá de agradecer ao servo por ter feito o
que lhe havia ordenado? 10 Assim tam-
bém vocês, depois de terem feito tudo o
que lhes foi ordenado, digam: "Somos ser-
vos inúteis, porque fizemos apenas o que
devíamos fazer."

A CURA DE DEZ LEPROSOS

11 De caminho para Jerusalém, Jesus pas-
sava pelo meio de Samaria e da Galileia.
12 Ao entrar numa aldeia, saíram-lhe ao
encontro dez leprosos, 13 que ficaram de
longe e gritaram:
— Jesus, Mestre, tenha compaixão de nós!
14 Ao vê-los, Jesus disse:
— Vão e apresentem-se aos sacerdotes.
Aconteceu que, indo eles, foram purifica-
dos. 15 Um dos dez, vendo que estava curado,
voltou dando glória a Deus em alta voz 16 e
prostrou-se com o rosto em terra aos pés de
Jesus, agradecendo-lhe. E este era samari-
tano. 17 Então Jesus perguntou:
— Não eram dez os que foram curados?
Onde estão os nove? 18 Não se achou quem
voltasse para dar glória a Deus, a não ser
este estrangeiro?
19 E lhe disse:
— Levante-se e vá; a sua fé salvou você.

A VINDA DO REINO DE DEUS

Mt 24.23-28,37-41

20 Indagado pelos fariseus sobre quando
viria o Reino de Deus, Jesus lhes respondeu:
— O Reino de Deus não vem com visível
aparência. 21 Nem dirão: "Ele está aqui!" Ou:
"Lá está ele!" Porque o Reino de Deus está
entre vocês.

22 A seguir, Jesus disse aos seus discípulos:
— Virá o tempo em que vocês desejarão
ver um dos dias do Filho do Homem, mas
não verão. 23 E dirão a vocês: "Ele está aqui!"
Ou: "Lá está ele!" Não saiam nem sigam essa
gente. 24 Porque assim como o relâmpago,
que resplandece e brilha de uma extremi-
dade do céu até a outra, assim será, no seu
dia, o Filho do Homem. 25 Mas é necessá-
rio que primeiro ele padeça muitas coisas
e seja rejeitado por esta geração. 26 Assim
como foi nos dias de Noé, será também nos
dias do Filho do Homem: 27 comiam, bebiam,

casavam e davam-se em casamento, até o
dia em que Noé entrou na arca, veio o dilú-
vio e destruiu todos. 28 O mesmo aconteceu
nos dias de Ló: comiam, bebiam, compra-
vam, vendiam, plantavam e edificavam;
29 mas, no dia em que Ló saiu de Sodoma,
choveu do céu fogo e enxofre e destruiu
todos. 30 Assim será no dia em que o Filho
do Homem se manifestar.

31 — Naquele dia, quem estiver no terraço
e tiver os seus bens em casa não desça para
tirá-los; e, de igual modo, quem estiver no
campo não volte para trás. 32 Lembrem-se
da mulher de Ló. 33 Quem tentar preservar
a sua vida a perderá; e quem a perder, esse
a salvará. 34 Digo a vocês que, naquela noite,
duas pessoas estarão numa cama: uma será
levada, e a outra será deixada. 35 Duas mulhe-
res estarão juntas moendo trigo: uma será
tomada, e a outra será deixada. 36 [Dois esta-
rão no campo: um será tomado, e o outro
será deixado.]

37 Então perguntaram a Jesus:

— Onde será isso, Senhor?

Ele respondeu:

— Onde estiver o corpo, aí se ajuntarão
também os abutres.

A PARÁBOLA DO JUIZ INÍQUO

18 1 Jesus lhes contou uma parábola
para mostrar que deviam orar sem-
pre e nunca desanimar:

2 — Em certa cidade havia um juiz que
não temia a Deus, nem respeitava nin-
guém. 3 Havia também, naquela mesma
cidade, uma viúva que sempre o procurava,
dizendo: "Julgue a minha causa contra o meu
adversário." 4 Por algum tempo, ele não a
quis atender, mas depois pensou assim:
"É bem verdade que eu não temo a Deus,
nem respeito ninguém. 5 Porém, como esta
viúva fica me incomodando, vou julgar a
sua causa, para não acontecer que, por fim,
venha a molestar-me."

6 Então o Senhor disse:

— Ouçam bem o que diz este juiz iníquo.
7 Será que Deus não fará justiça aos seus
escolhidos, que a ele clamam dia e noite,
embora pareça demorado em defendê-los?
8 Digo a vocês que, depressa, lhes fará jus-
tiça. Contudo, quando o Filho do Homem
vier, será que ainda encontrará fé sobre
a terra?

A PARÁBOLA DO FARISEU E DO PUBLICANO

9 Jesus também contou esta parábola para
alguns que confiavam em si mesmos, por
se considerarem justos, e desprezavam
os outros:

10 — Dois homens foram ao templo para
orar: um era fariseu e o outro era publicano.
11 O fariseu ficou em pé e orava de si para si
mesmo, desta forma: "Ó Deus, graças te dou
porque não sou como os demais homens,
roubadores, injustos e adúlteros, nem ainda
como este publicano. 12 Jejuo duas vezes
por semana e dou o dízimo de tudo o que
ganho." 13 O publicano, estando em pé, longe,
nem mesmo ousava levantar os olhos para
o céu, mas batia no peito, dizendo: "Ó Deus,
tem pena de mim, que sou pecador!" 14 Digo
a vocês que este desceu justificado para a
sua casa, e não aquele. Porque todo o que se
exalta será humilhado; mas o que se humi-
lha será exaltado.

JESUS ABENÇOA AS CRIANÇAS

Mt 19.13-15; Mc 10.13-16

15 Traziam também as crianças a Jesus para
que ele as abençoasse, mas os discípulos, ao
verem isso, os repreendiam. 16 Jesus, porém,
chamando as crianças para junto de si, disse:

— Deixem que os pequeninos venham a
mim e não os impeçam, porque dos tais é o
Reino de Deus. 17 Em verdade lhes digo: Quem
não receber o Reino de Deus como uma
criança de maneira nenhuma entrará nele.

O JOVEM RICO

Mt 19.16-22; Mc 10.17-22

18 Certo homem de destaque perguntou
a Jesus:

— Bom Mestre, que farei para herdar a
vida eterna?

19 Jesus respondeu:

— Por que você me chama de bom? Nin-
guém é bom, a não ser um, que é Deus. 20 Você

conhece os mandamentos: "Não cometa adultério", "não mate", "não furte", "não dê falso testemunho", "honre o seu pai e a sua mãe".

21 Então o homem disse:

— Tudo isso tenho observado desde a minha juventude.

22 Ouvindo isso, Jesus lhe disse:

— Uma coisa ainda falta a você: venda tudo o que tem, dê o dinheiro aos pobres e você terá um tesouro nos céus; depois, venha e siga-me.

23 Mas, ouvindo ele estas palavras, ficou muito triste, porque era riquíssimo.

O PERIGO DAS RIQUEZAS

Mt 19.23-30; Mc 10.23-31

24 Jesus, vendo-o assim triste, disse:

— Como é difícil para os que têm riquezas entrar no Reino de Deus! 25 Porque é mais fácil um camelo passar pelo fundo de uma agulha do que um rico entrar no Reino de Deus.

26 Os que ouviram isto perguntaram:

— Sendo assim, quem pode ser salvo?

27 Mas Jesus respondeu:

— O que é impossível para o ser humano é possível para Deus.

28 Então Pedro disse:

— Eis que nós deixamos nossa casa e seguimos o senhor.

29 Jesus lhes respondeu:

— Em verdade lhes digo que não há ninguém que tenha deixado casa, mulher, irmãos, pais ou filhos, por causa do Reino de Deus, 30 que não receba, no presente, muitas vezes mais e, no mundo por vir, receberá a vida eterna.

JESUS OUTRA VEZ PREDIZ SUA MORTE E RESSURREIÇÃO

Mt 20.17-19; Mc 10.32-34

31 Chamando os doze para um lado, Jesus lhes disse:

— Eis que subimos para Jerusalém, onde se cumprirá tudo o que está escrito por meio dos profetas a respeito do Filho do Homem. 32 Ele será entregue aos gentios, que vão zombar dele, insultá-lo e cuspir nele. 33 Depois de açoitá-lo, eles o matarão, mas, ao terceiro dia, ressuscitará.

34 Eles, porém, não entenderam nada disso. O significado dessas palavras lhes era encoberto, e eles não sabiam do que Jesus estava falando.

A CURA DO CEGO DE JERICÓ

Mt 20.29-34; Mc 10.46-52

35 Aconteceu que, quando Jesus se aproximava de Jericó, um cego estava sentado à beira do caminho, pedindo esmolas. 36 E, ouvindo o barulho da multidão que passava, perguntou o que era aquilo. 37 Anunciaram-lhe que Jesus, o Nazareno, estava passando. 38 Então ele gritou:

— Jesus, Filho de Davi, tenha compaixão de mim!

39 E os que iam na frente o repreendiam para que se calasse. Mas ele gritava cada vez mais:

— Filho de Davi, tenha compaixão de mim!

40 Jesus parou e mandou que trouxessem o cego. E, tendo ele chegado, Jesus perguntou:

41 — O que você quer que eu lhe faça?

Ele respondeu:

— Senhor, que eu possa ver de novo.

42 Jesus lhe disse:

— Pois, então, veja! A sua fé salvou você.

43 Imediatamente ele passou a ver de novo e seguia Jesus, glorificando a Deus. Também todo o povo, vendo isto, dava louvores a Deus.

ZAQUEU, O PUBLICANO

19 1 Entrando em Jericó, Jesus atravessava a cidade. 2 Eis que um homem rico, chamado Zaqueu, chefe dos publicanos, 3 procurava ver quem era Jesus, mas não podia, por causa da multidão, por ser ele de pequena estatura. 4 Então, correndo adiante, subiu num sicômoro a fim de ver Jesus, porque ele havia de passar por ali. 5 Quando Jesus chegou àquele lugar, olhando para cima, disse:

— Zaqueu, desça depressa, porque hoje preciso ficar na sua casa.

6 Zaqueu desceu depressa e o recebeu com alegria. 7 Todos os que viram isto murmuravam, dizendo que Jesus tinha se hospedado

com um homem pecador. 8 Zaqueu, por sua
vez, se levantou e disse ao Senhor:

— Senhor, vou dar a metade dos meus
bens aos pobres. E, se extorqui alguma coisa
de alguém, vou restituir quatro vezes mais.

9 Então Jesus lhe disse:

— Hoje houve salvação nesta casa, pois
também este é filho de Abraão. 10 Porque
o Filho do Homem veio buscar e salvar
o perdido.

A PARÁBOLA DAS DEZ MINAS

Mt 25.14-30

11 Ouvindo eles estas coisas, Jesus contou
uma parábola, visto estar perto de Jerusalém
e lhes parecer que o Reino de Deus havia de
manifestar-se imediatamente. 12 Por isso,
Jesus disse:

— Certo homem nobre partiu para uma
terra distante, a fim de tomar posse de um
reino e voltar. 13 Chamou dez dos seus ser-
vos, confiou-lhes dez minas e disse-lhes:
"Negociem até que eu volte." 14 Mas os seus
concidadãos o odiavam e enviaram após ele
uma embaixada, dizendo: "Não queremos
que este reine sobre nós."

15 — Quando ele voltou, depois de ter
tomado posse do reino, mandou chamar os
servos a quem tinha dado o dinheiro, a fim
de saber quanto tinham conseguido ganhar
em seus negócios.

16 — O primeiro se apresentou e disse:
"Senhor, a sua mina rendeu dez." 17 O senhor
lhe disse: "Muito bem, servo bom! E porque
você foi fiel no pouco, terá autoridade sobre
dez cidades."

18 — O segundo servo veio e disse: "Senhor,
a sua mina rendeu cinco." 19 A este o senhor
disse: "Você terá autoridade sobre cinco
cidades."

20 — Então veio outro servo, dizendo:
"Senhor, aqui está a sua mina, que eu guar-
dei embrulhada num lenço. 21 Porque tive
medo do senhor, que é homem rigoroso. O
senhor retira o que não depositou e colhe
o que não semeou." 22 Mas o senhor res-
pondeu: "Servo mau, eu o julgarei usando
as suas próprias palavras. Você sabia que
eu sou homem rigoroso, que retiro o que
não depositei e colho o que não semeei.
23 Por que você não pôs o meu dinheiro no
banco? E, então, na minha vinda, eu o rece-
beria com juros."

24 — E disse aos que estavam ali: "Tirem
dele a mina e deem ao que tem as dez."
25 Eles ponderaram: "Senhor, ele já tem
dez." 26 Ao que o senhor respondeu: "Pois
eu declaro a vocês que a todo o que tem
será dado ainda mais; mas ao que não tem,
até o que tem lhe será tirado. 27 Mas quanto
a esses meus inimigos, que não quiseram
que eu reinasse sobre eles, tragam-nos
aqui e os matem na minha presença."

JESUS ENTRA EM JERUSALÉM

Mt 21.1-11; Mc 11.1-11; Jo 12.12-19

28 E, depois de dizer isto, Jesus prosseguia
a sua viagem para Jerusalém. 29 E acon-
teceu que, ao aproximar-se de Betfagé e
de Betânia, junto ao monte das Oliveiras,
Jesus enviou dois dos seus discípulos,
30 dizendo-lhes:

— Vão até a aldeia que fica ali adiante
e, ao entrar, encontrarão preso um jumen-
tinho, o qual ainda ninguém montou;
desprendam o jumentinho e tragam aqui.
31 Se alguém perguntar: "Por que o estão
desprendendo?", respondam assim: "Por-
que o Senhor precisa dele."

32 E, indo os que foram mandados, acha-
ram tudo conforme Jesus lhes tinha dito.
33 Quando eles estavam soltando o jumen-
tinho, os donos do animal disseram:

— Por que estão desprendendo o jumen-
tinho?

34 Eles responderam:

— Porque o Senhor precisa dele.

35 Então trouxeram o jumentinho até
Jesus e, pondo as suas capas sobre o ani-
mal, ajudaram Jesus a montar.

36 À medida que Jesus avançava, as pes-
soas estendiam as suas capas no caminho.
37 E, quando Jesus se aproximava da descida
do monte das Oliveiras, toda a multidão
dos discípulos começou, com muita ale-
gria, a louvar a Deus em alta voz, por todos
os milagres que tinham visto. 38 Diziam:

"Bendito é o Rei que vem
em nome do Senhor!
Paz no céu e glória nas maiores alturas!"

39 Alguns dos fariseus lhe disseram em meio à multidão:

— Mestre, repreenda os seus discípulos!

40 Mas Jesus respondeu:

— Eu afirmo a vocês que, se eles se calarem, as próprias pedras clamarão.

JESUS CHORA AO VER JERUSALÉM

41 Quando Jesus ia chegando a Jerusalém, vendo a cidade, chorou por ela, 42 dizendo:

— Ah! Se você soubesse, ainda hoje, o que é preciso para conseguir a paz! Mas isto está agora oculto aos seus olhos. 43 Pois virão dias em que os seus inimigos cercarão você de trincheiras e apertarão o cerco por todos os lados; 44 e vão arrasar você e matar todos os seus moradores. Não deixarão pedra sobre pedra, porque você não reconheceu o tempo em que Deus veio visitá-la.

A PURIFICAÇÃO DO TEMPLO

Mt 21.12-17; Mc 11.15-19; Jo 2.13-22

45 Depois, entrando no templo, Jesus começou a expulsar os que ali vendiam, 46 dizendo-lhes:

— Está escrito: "A minha casa será 'Casa de Oração'." Mas vocês fizeram dela um covil de salteadores.

47 Diariamente, Jesus ensinava no templo. Os principais sacerdotes, os escribas e os maiorais do povo procuravam tirar-lhe a vida, 48 mas não achavam uma forma de fazer isso, porque todo o povo, ao ouvi-lo, era cativado por ele.

A AUTORIDADE DE JESUS

Mt 21.23-27; Mc 11.27-33

20 1 Aconteceu que, num daqueles dias, estando Jesus a ensinar o povo no templo e a evangelizar, chegaram os principais sacerdotes e os escribas, juntamente com os anciãos, 2 e lhe perguntaram:

— Diga-nos com que autoridade você faz estas coisas? Ou quem lhe deu esta autoridade?

3 Jesus respondeu:

— Eu também vou fazer uma pergunta a vocês. Digam: 4 O batismo de João era do céu ou dos homens?

5 Então discutiram entre si:

— Se dissermos: "Do céu", ele dirá: "Por que não acreditaram nele?" 6 Mas, se dissermos: "Dos homens", o povo todo nos apedrejará, porque está convicto de que João era profeta.

7 Por fim, responderam que não sabiam de onde era. 8 E Jesus lhes disse:

— Então eu também não lhes digo com que autoridade faço estas coisas.

A PARÁBOLA DOS LAVRADORES MAUS

Mt 21.33-46; Mc 12.1-12

9 A seguir, Jesus passou a contar ao povo esta parábola:

— Certo homem plantou uma vinha, arrendou-a para uns lavradores e ausentou-se do país por prazo considerável. 10 No devido tempo, mandou um servo aos lavradores para que lhe dessem do fruto da vinha. Mas os lavradores, depois de espancá-lo, o despacharam de mãos vazias. 11 Em vista disso, enviou-lhes outro servo, mas também a este espancaram e, depois de insultá-lo, despacharam de mãos vazias. 12 Mandou ainda um terceiro; também a este, depois de feri-lo, expulsaram. 13 Então o dono da vinha disse: "Que farei? Enviarei o meu filho amado; talvez o respeitem."

14 — Mas, quando os lavradores viram o filho, começaram a discutir entre si: "Este é o herdeiro; vamos matá-lo, para que a herança seja nossa." 15 E, lançando-o fora da vinha, o mataram.

— Que lhes fará, pois, o dono da vinha? 16 Virá, exterminará aqueles lavradores e entregará a vinha a outros.

Ao ouvir isto, disseram:

— Que tal não aconteça!

17 Mas Jesus, com o olhar fixo neles, disse:

— Que quer dizer então o que está escrito: "A pedra que os construtores rejeitaram, essa veio a ser a pedra angular"? 18 Todo o que cair sobre esta pedra ficará em pedaços; e aquele sobre quem ela cair ficará reduzido a pó.

19 Naquela mesma hora, os escribas e os
principais sacerdotes procuravam prender
Jesus, porque entenderam que ele havia con-
tado essa parábola contra eles; mas temiam
o povo.

A QUESTÃO DO IMPOSTO

Mt 22.15-22; Mc 12.13-17

20 Eles passaram a vigiar Jesus. Enviaram
espiões que se fingiam de justos para ver
se o apanhavam em alguma palavra, a fim
de entregá-lo à jurisdição e à autoridade do
governador. 21 Então lhe perguntaram:

— Mestre, sabemos que o senhor fala e
ensina corretamente e não se deixa levar
pela aparência das pessoas, mas ensina o
caminho de Deus segundo a verdade. 22 É
lícito pagar imposto a César ou não?

23 Mas Jesus, percebendo a artimanha
deles, respondeu:

24 — Mostrem-me um denário. De quem é
a figura e a inscrição?

Eles responderam:

— De César.

Então Jesus lhes disse:

25 — Pois deem a César o que é de César e
a Deus o que é de Deus.

26 Não puderam apanhá-lo em palavra
alguma diante do povo; e, admirados da
sua resposta, calaram-se.

OS SADUCEUS E A RESSURREIÇÃO

Mt 22.23-33; Mc 12.18-27

27 Chegando alguns dos saduceus, que
dizem não haver ressurreição, 28 pergunta-
ram a Jesus:

— Mestre, Moisés nos deixou escrito que,
se um homem casado morrer sem deixar
filhos, o irmão desse homem deve casar com
a viúva e gerar descendentes para o falecido.
29 Ora, havia sete irmãos: o primeiro casou
e morreu sem filhos; 30 o segundo 31 e o ter-
ceiro também casaram com a viúva, e assim
foi com os sete. Todos morreram sem deixar
filhos. 32 Por fim, morreu também a mulher.
33 Portanto, na ressurreição, de qual deles a
mulher será esposa? Porque os sete casa-
ram com ela.

34 Jesus respondeu:

— Os filhos deste mundo casam e se dão
em casamento, 35 mas os que são conside-
rados dignos de alcançar a era vindoura
e a ressurreição dentre os mortos não
casam, nem se dão em casamento. 36 Pois
não podem mais morrer, porque são iguais
aos anjos e são filhos de Deus, sendo filhos
da ressurreição. 37 E que os mortos ressus-
citam, Moisés o indicou no trecho referente
à sarça, quando afirma que o Senhor é o
Deus de Abraão, o Deus de Isaque e o
Deus de Jacó. 38 Ora, Deus não é Deus de
mortos, e sim de vivos; porque para ele
todos vivem.

39 Então alguns dos escribas disseram:

— Boa resposta, Mestre!

40 E não ousaram mais fazer perguntas
a Jesus.

O CRISTO, FILHO DE DAVI

Mt 22.41-46; Mc 12.35-37

41 Mas Jesus lhes perguntou:

— Como se pode dizer que o Cristo é filho
de Davi? 42 Pois o próprio Davi afirma no
Livro dos Salmos:

"Disse o Senhor
ao meu Senhor:
'Sente-se à minha direita,
43 até que eu ponha
os seus inimigos
por estrado dos seus pés.'"

44 — Portanto, Davi o chama de Senhor.
Então como ele pode ser filho de Davi?

JESUS CENSURA OS ESCRIBAS

Mt 23.1-36; Mc 12.38-40; Lc 11.37-54

45 Quando todo o povo estava ouvindo,
Jesus disse aos seus discípulos:

46 — Cuidado com os escribas, que gos-
tam de andar com vestes talares e muito
apreciam as saudações nas praças, as pri-
meiras cadeiras nas sinagogas e os primeiros
lugares nos banquetes. 47 Eles devoram as
casas das viúvas e, para o justificar, fazem
longas orações. Estes sofrerão juízo muito
mais severo.

Mulher, você é a guardiã da essência que Deus lhe confiou.

A OFERTA DA VIÚVA POBRE

Mc 12.41-44

21 1 Jesus estava observando e viu os
ricos que lançavam seu dinheiro na
caixa de ofertas. 2 Viu também certa viúva
pobre lançar ali duas pequenas moedas.
3 Então Jesus disse:

— Em verdade lhes digo que esta viúva
pobre deu mais do que todos. 4 Porque todos
esses deram como oferta daquilo que lhes
sobrava; esta, porém, da sua pobreza deu
tudo o que possuía, todo o seu sustento.

A DESTRUIÇÃO DO TEMPLO

Mt 24.1-2; Mc 13.1-2

5 Alguns falavam a respeito do templo,
como estava ornado de belas pedras e de
dádivas. 6 Então Jesus disse:

— Vocês estão vendo estas coisas? Virão
dias em que não ficará pedra sobre pedra
que não seja derrubada.

O PRINCÍPIO DAS DORES

Mt 24.3-14; Mc 13.3-13

7 Perguntaram a Jesus:

— Mestre, quando será isto? E que sinal haverá
quando estas coisas estiverem para acontecer?

8 Jesus respondeu:

— Tenham cuidado para não serem enga-
nados. Porque muitos virão em meu nome,
dizendo: "Sou eu!" E também: "Chegou a
hora!" Porém não vão atrás deles. 9 Quando
vocês ouvirem falar de guerras e revoluções,
não fiquem assustados; pois é necessário que
primeiro aconteçam estas coisas, mas o fim
não será logo.

10 Então Jesus lhes disse:

— Nação se levantará contra nação, e reino,
contra reino. 11 Haverá grandes terremotos,
epidemias e fome em vários lugares, coisas
espantosas e também grandes sinais vindos
do céu. 12 Antes, porém, de todas estas coi-
sas, vocês serão presos e perseguidos. Vocês
serão entregues às sinagogas e lançados nas
prisões; serão levados à presença de reis e de
governadores, por causa do meu nome. 13 Isto
acontecerá para que vocês deem testemunho.
14 Tomem, pois, a decisão de não se preocupar
com o que irão responder, 15 porque eu lhes
darei palavras e sabedoria a que não pode-
rão resistir nem contradizer todos os que se
opuserem a vocês. 16 E vocês serão entre-
gues até por seus próprios pais, irmãos,
parentes e amigos; e eles matarão alguns de
vocês. 17 Todos odiarão vocês por causa do
meu nome. 18 Mas não se perderá um só fio
de cabelo da cabeça de vocês. 19 É pela per-
severança que vocês ganharão a sua alma.

JERUSALÉM SITIADA

Mt 24.15-28; Mc 13.14-23

20 — Quando, porém, vocês virem Jerusa-
lém sitiada de exércitos, saibam que está
próxima a sua devastação. 21 Então os que
estiverem na Judeia fujam para os montes;
os que se encontrarem dentro da cidade
saiam dela; e os que estiverem nos campos
não entrem na cidade. 22 Porque esses dias
são de vingança, para se cumprir tudo o que
está escrito. 23 Ai das que estiverem grávi-
das e das que amamentarem naqueles dias!
Porque haverá grande aflição na terra e ira
contra este povo. 24 Cairão a fio de espada e
serão levados cativos para todas as nações;
e, até que os tempos dos gentios se comple-
tem, Jerusalém será pisada por eles.

A VINDA DO FILHO DO HOMEM

Mt 24.29-31; Mc 13.24-27

25 — Haverá sinais no sol, na lua e nas
estrelas; sobre a terra, angústia entre as
nações em perplexidade por causa do bra-
mido do mar e das ondas. 26 Haverá pessoas
que desmaiarão de terror e pela expectativa
das coisas que sobrevirão ao mundo, pois
os poderes dos céus serão abalados. 27 Então
verão o Filho do Homem vindo numa
nuvem, com poder e grande glória. 28 Ora,
quando estas coisas começarem a aconte-
cer, levantem-se e fiquem de cabeça erguida,
porque a redenção de vocês se aproxima.

A PARÁBOLA DA FIGUEIRA

Mt 24.32-35; Mc 13.28-31

29 Jesus ainda lhes contou uma parábola,
dizendo:

— Olhem para a figueira e todas as árvo-
res. 30 Quando veem que começam a brotar,

vocês mesmos sabem que o verão está pró-
ximo. 31 Assim também, quando virem
acontecer essas coisas, saibam que está pró-
ximo o Reino de Deus. 32 Em verdade lhes
digo que não passará esta geração sem que
tudo isto aconteça. 33 Passará o céu e a terra,
porém as minhas palavras não passarão.

EXORTAÇÃO À VIGILÂNCIA

34 — Tenham cuidado para não acontecer que
o coração de vocês fique sobrecarregado com
as consequências da orgia, da embriaguez e
das preocupações deste mundo, e para que
aquele dia não venha sobre vocês repentina-
mente, 35 como uma armadilha. Pois sobrevirá a
todos os que vivem sobre a face de toda a terra.
36 Portanto, vigiem o tempo todo, orando, para
que vocês possam escapar de todas essas coi-
sas que têm de acontecer e para que possam
estar em pé na presença do Filho do Homem.
37 Jesus ensinava todos os dias no templo,
mas à noite saía e ficava no monte chamado
das Oliveiras. 38 E todo o povo madrugava
para ir ao encontro dele no templo, a fim
de ouvi-lo.

O PLANO PARA MATAR JESUS

Mt 26.1-5; Mc 14.1-2; Jo 11.45-53

22 1 Estava próxima a Festa dos Pães
sem Fermento, chamada Páscoa.
2 Os principais sacerdotes e os escribas
procuravam uma forma de matar Jesus;
porque temiam o povo.

O PACTO DA TRAIÇÃO

Mt 26.14-16; Mc 14.10-11

3 Ora, Satanás entrou em Judas, chamado
Iscariotes, que era um dos doze. 4 Judas foi
entender-se com os principais sacerdotes e
os capitães sobre como lhes entregaria Jesus.
5 Eles se alegraram e combinaram em lhe
dar dinheiro. 6 Judas concordou e buscava
uma boa ocasião para lhes entregar Jesus,
longe da multidão.

OS DISCÍPULOS PREPARAM A PÁSCOA

Mt 26.17-25; Mc 14.12-21; Jo 13.21-30

7 Chegou o dia da Festa dos Pães sem
Fermento, em que era necessário fazer o
sacrifício do cordeiro pascal. 8 Então Jesus
enviou Pedro e João, dizendo:

— Vão e preparem a Páscoa para que a
comamos.

9 Eles lhe perguntaram:

— Onde o senhor quer que a preparemos?

10 Jesus lhes explicou:

— Ao entrar na cidade, vocês encontrarão
um homem com um cântaro de água; sigam
esse homem até a casa em que ele entrar 11 e
digam ao dono da casa: "O Mestre pergunta:
'Onde fica o aposento no qual comerei a Pás-
coa com os meus discípulos?'" 12 Ele lhes
mostrará um espaçoso cenáculo mobiliado;
ali façam os preparativos.

13 E, indo, acharam tudo como Jesus lhes
tinha dito e prepararam a Páscoa.

A CEIA DO SENHOR

Mt 26.26-30; Mc 14.22-26; 1Co 11.23-25

14 Chegada a hora, Jesus se pôs à mesa, e
os apóstolos estavam com ele. 15 Então Jesus
lhes disse:

— Tenho desejado ansiosamente comer
esta Páscoa com vocês, antes do meu sofri-
mento. 16 Pois eu lhes digo que nunca mais
a comerei, até que ela se cumpra no Reino
de Deus.

17 E, pegando um cálice, depois de ter dado
graças, disse:

— Peguem e repartam entre vocês. 18 Pois
eu digo a vocês que, de agora em diante,
não mais beberei do fruto da videira, até
que venha o Reino de Deus.

19 E, pegando um pão, tendo dado graças,
o partiu e lhes deu, dizendo:

— Isto é o meu corpo, que é dado por
vocês; façam isto em memória de mim.

20 Do mesmo modo, depois da ceia, pegou
o cálice, dizendo:

— Este cálice é a nova aliança no meu san-
gue derramado por vocês.

21 — Mas eis que a mão do traidor está
comigo à mesa. 22 Pois o Filho do Homem
vai segundo o que está determinado, mas
ai daquele por quem ele está sendo traído!

23 Então começaram a perguntar entre si
qual deles seria o que estava para fazer isso.

QUEM É O MAIOR

24 Houve também entre eles uma discussão sobre qual deles parecia ser o maior. 25 Mas Jesus lhes disse:

— Os reis dos povos dominam sobre eles, e os que exercem autoridade são chamados de benfeitores. 26 Mas vocês não são assim; pelo contrário, o maior entre vocês seja como o menor; e aquele que dirige seja como o que serve. 27 Pois qual é maior: aquele que está à mesa ou aquele que serve? Não é verdade que é aquele que está à mesa? Pois, no meio de vocês, eu sou como quem serve. 28 Vocês são os que têm permanecido comigo nas minhas tentações. 29 E eu confio a vocês um reino, assim como o meu Pai confiou a mim, 30 para que comam e bebam à minha mesa no meu Reino; e vocês se assentarão em tronos para julgar as doze tribos de Israel.

PEDRO É AVISADO

Mt 26.31-35; Mc 14.27-31; Jo 13.36-38

31 — Simão, Simão, eis que Satanás pediu para peneirar vocês como trigo! 32 Eu, porém, orei por você, para que a sua fé não desfaleça. E você, quando voltar para mim, fortaleça os seus irmãos.

33 Porém Pedro respondeu:

— Estou pronto para ir com o Senhor, tanto para a prisão como para a morte.

34 Mas Jesus lhe disse:

— Eu lhe digo, Pedro, que hoje, antes que o galo cante, você negará três vezes que me conhece.

AS DUAS ESPADAS

35 A seguir, Jesus perguntou aos discípulos:

— Quando eu os enviei sem bolsa, sem sacola e sem sandálias, por acaso faltou-lhes alguma coisa?

Eles responderam:

— Não faltou nada!

36 Então Jesus lhes disse:

— Agora, porém, quem tem bolsa, pegue-a, e faça o mesmo com a sacola; e o que não tem espada, venda a sua capa e compre uma. 37 Pois eu lhes digo que é preciso que se cumpra em mim o que está escrito: "Ele foi contado com os malfeitores." Pois o que a mim se refere está sendo cumprido.

38 Então lhe disseram:

— Senhor, aqui estão duas espadas!

Jesus lhes respondeu:

— Basta!

JESUS NO MONTE DAS OLIVEIRAS

Mt 26.36-46; Mc 14.32-42

39 E, saindo, Jesus foi, como de costume, para o monte das Oliveiras; e os discípulos o acompanharam. 40 Chegando ao lugar escolhido, Jesus lhes disse:

— Orem, para que vocês não caiam em tentação.

41 Ele, por sua vez, se afastou um pouco, e, de joelhos, orava, 42 dizendo:

— Pai, se queres, afasta de mim este cálice! Contudo, não se faça a minha vontade, e sim a tua.

43 Então lhe apareceu um anjo do céu que o confortava. 44 E, estando em agonia, orava mais intensamente. E aconteceu que o suor dele se tornou como gotas de sangue caindo sobre a terra. 45 Levantando-se da oração, Jesus foi até onde os discípulos estavam, e os encontrou dormindo de tristeza. 46 E disse:

— Por que vocês estão dormindo? Levantem-se e orem, para que não caiam em tentação.

JESUS É PRESO

Mt 26.47-56; Mc 14.43-50; Jo 18.1-11

47 Enquanto Jesus ainda falava, eis que chegou uma multidão. E um dos doze, que se chamava Judas, vinha à frente deles e se aproximou de Jesus para o beijar. 48 Jesus, porém, lhe disse:

— Judas, com um beijo você trai o Filho do Homem?

49 Os que estavam ao redor de Jesus, vendo o que estava por acontecer, perguntaram:

— Senhor, devemos atacar com as espadas?

[50] Um deles golpeou o servo do sumo
sacerdote e cortou-lhe a orelha direita.
[51] Mas Jesus interveio, dizendo:

— Deixem! Basta!

E, tocando na orelha do homem, o curou.
[52] Então Jesus disse aos principais sacer-
dotes, capitães do templo e anciãos que
vieram prendê-lo:

— Vocês vieram com espadas e porre-
tes como para prender um salteador?
[53] Todos os dias, estando eu com vocês no
templo, vocês não tentaram me prender.
Esta, porém, é a hora de vocês e a hora do
poder das trevas.

PEDRO NEGA JESUS

Mt 26.57-58,69-75; Mc 14.53-54,66-72; Jo 18.12-18,25-27

[54] Então, prendendo Jesus, levaram-no
e o introduziram na casa do sumo sacer-
dote. Pedro seguia de longe. [55] Quando
acenderam um fogo no meio do pátio e
se assentaram juntos, Pedro tomou lugar
entre eles. [56] Uma empregada, vendo-o
sentado perto do fogo, fixou os olhos nele
e disse:

— Este também estava com ele.

[57] Mas Pedro negou, dizendo:

— Mulher, não o conheço.

[58] Pouco depois, outro homem, ao ver
Pedro, disse:

— Você também é um deles.

Mas Pedro disse:

— Homem, eu não sou um deles.

[59] E, tendo passado cerca de uma hora,
outro afirmou, dizendo:

— Com certeza este também estava com
ele, porque também é galileu.

[60] Mas Pedro insistiu:

— Homem, não sei do que você está
falando.

E logo, enquanto Pedro ainda falava, o
galo cantou. [61] Então, o Senhor voltou-se e
fixou os olhos em Pedro. E Pedro se lem-
brou da palavra do Senhor, como lhe tinha
dito: "Hoje, antes que o galo cante, você me
negará três vezes." [62] E Pedro, saindo dali,
chorou amargamente.

OS GUARDAS ZOMBAM DE JESUS

Mt 26.67-68; Mc 14.65

[63] Os homens que detinham Jesus zom-
bavam dele, davam-lhe pancadas e,
[64] colocando uma venda sobre os olhos
dele, diziam:

— Profetize! Quem foi que bateu em você?

[65] E muitas outras coisas diziam contra ele,
blasfemando.

JESUS DIANTE DO SINÉDRIO

Mt 26.63-65; 27.1; Mc 14.61-64; 15.1

[66] Logo que amanheceu, reuniu-se a
assembleia dos anciãos do povo, tanto os
principais sacerdotes como os escribas, e o
conduziram ao Sinédrio, onde lhe disseram:
[67] — Se você é o Cristo, diga-nos.

Então Jesus lhes respondeu:

— Se disser, vocês não vão acreditar. [68] E, se
eu perguntar, vocês não me darão resposta.
[69] Desde agora, o Filho do Homem estará
sentado à direita do Deus Todo-Poderoso.

[70] Todos perguntaram:

— Então você é o Filho de Deus?

Jesus respondeu:

— Vocês dizem que eu sou.

[71] Eles disseram:

— Que necessidade ainda temos de tes-
temunho? Porque nós mesmos ouvimos o
que ele falou.

JESUS DIANTE DE PILATOS

Mt 27.2,11-14; Mc 15.2-5; Jo 18.28-38

23 [1] Levantando-se toda a assembleia,
levaram Jesus a Pilatos. [2] E ali come-
çaram a acusá-lo, dizendo:

— Encontramos este homem perver-
tendo a nossa nação, impedindo que se
pague imposto a César e afirmando ser ele
o Cristo, o Rei.

[3] Então Pilatos perguntou a Jesus:

— Você é o rei dos judeus?

Jesus respondeu:

— O senhor está dizendo isso.

[4] Então Pilatos disse aos principais sacer-
dotes e às multidões:

— Não vejo neste homem crime algum.

[5] Mas eles insistiam cada vez mais, dizendo:

— Ele agita o povo, ensinando por toda a Judeia. Começou na Galileia e agora chegou aqui.

JESUS DIANTE DE HERODES

[6] Quando Pilatos ouviu isso, perguntou se o homem era galileu. [7] Ao saber que Jesus era da região governada por Herodes, e estando este em Jerusalém naqueles dias, Pilatos enviou Jesus a Herodes.

[8] Quando Herodes viu Jesus, ficou muito contente, pois havia muito queria vê-lo, por ter ouvido falar a respeito dele. Esperava também vê-lo fazer algum sinal. [9] E de muitas maneiras o interrogava, mas Jesus não lhe respondia nada. [10] Os principais sacerdotes e os escribas ali presentes o acusavam com veemência. [11] Mas Herodes, juntamente com os seus soldados, tratou Jesus com desprezo. E, para zombar de Jesus, mandou que o vestissem com um manto luxuoso, e o devolveu a Pilatos. [12] Naquele mesmo dia, Herodes e Pilatos se reconciliaram, pois antes eram inimigos.

JESUS É CONDENADO À MORTE

Mt 27.15-26; Mc 15.6-15; Jo 18.39b—19.16

[13] Pilatos, então, reuniu os principais sacerdotes, as autoridades e o povo [14] e lhes disse:

— Vocês me apresentaram este homem como sendo um agitador do povo. Mas, tendo-o interrogado na presença de vocês, nada verifiquei contra ele dos crimes de que vocês o acusam. [15] Nem mesmo Herodes, pois o mandou de volta para cá. Assim, é claro que ele não fez nada que mereça a pena de morte. [16] Portanto, após castigá-lo, ordenarei que seja solto.

[17] [E ele era obrigado a soltar-lhes um detento por ocasião da festa.] [18] Toda a multidão, porém, gritava:

— Fora com este! Solte-nos Barrabás!

[19] Barrabás estava preso por causa de uma revolta na cidade e também por homicídio.

[20] Pilatos, querendo soltar Jesus, falou outra vez ao povo. [21] Eles, porém, gritavam mais ainda:

— Crucifique! Crucifique-o!

[22] Então, pela terceira vez, Pilatos lhes perguntou:

— Que mal fez este? De fato, não achei nada contra ele para condená-lo à morte. Portanto, depois de o castigar, mandarei soltá-lo.

[23] Mas eles insistiam com grandes gritos, pedindo que fosse crucificado. E o clamor deles prevaleceu.

[24] Então Pilatos decidiu atender-lhes o pedido. [25] Soltou aquele que estava encarcerado por causa da revolta e do homicídio, a quem eles pediam; e, quanto a Jesus, entregou-o à vontade deles.

A CRUCIFICAÇÃO DE JESUS

Mt 27.32-44; Mc 15.21-32; Jo 19.17-27

[26] E, enquanto o conduziam, eles agarraram um cireneu, chamado Simão, que vinha do campo, e puseram-lhe a cruz sobre os ombros, para que a levasse após Jesus.

[27] Uma grande multidão de povo o seguia, e também mulheres que batiam no peito e o lamentavam. [28] Porém Jesus, voltando-se para elas, disse:

— Filhas de Jerusalém, não chorem por mim; chorem antes por vocês mesmas e por seus filhos! [29] Porque virão dias em que se dirá: "Bem-aventuradas as estéreis, que não geraram, nem amamentaram." [30] Nesses dias, dirão aos montes: "Caiam em cima de nós!" E às colinas: "Cubram-nos!" [31] Porque, se isto é feito com a madeira verde, o que será da madeira seca?

[32] E também eram levados outros dois, que eram malfeitores, para serem executados com Jesus.

[33] Quando chegaram ao lugar chamado Calvário, ali o crucificaram, bem como aos malfeitores, um à sua direita, outro à sua esquerda. [34] Mas Jesus dizia:

— Pai, perdoa-lhes, porque não sabem o que fazem.

Então, para repartir as roupas dele, lançaram sortes. [35] O povo estava ali e observava

tudo. Também as autoridades zombavam
e diziam:
— Salvou os outros. Que salve a si mesmo,
se é, de fato, o Cristo de Deus, o escolhido.
36 Igualmente os soldados zombavam dele
e, aproximando-se, trouxeram-lhe vinagre,
dizendo:
37 — Se você é o rei dos judeus, salve a
si mesmo.
38 Acima de Jesus estava a seguinte inscri-
ção: "ESTE É O REI DOS JUDEUS".

OS DOIS MALFEITORES

39 Um dos malfeitores crucificados blasfe-
mava contra Jesus, dizendo:
— Você não é o Cristo? Salve a si mesmo
e a nós também.
40 Porém o outro malfeitor o repreendeu,
dizendo:
— Você nem ao menos teme a Deus,
estando sob igual sentença? 41 A nossa
punição é justa, porque estamos recebendo
o castigo que os nossos atos merecem; mas
este não fez mal nenhum.
42 E acrescentou:
— Jesus, lembre-se de mim quando você
vier no seu Reino.
43 Jesus lhe respondeu:
— Em verdade lhe digo que hoje você
estará comigo no paraíso.

A MORTE DE JESUS

Mt 27.45-56; Mc 15.33-41; Jo 19.28-30

44 Já era quase meio-dia, e, escurecendo-se
o sol, houve trevas sobre toda a terra até as
três horas da tarde. 45 E o véu do santuário
se rasgou pelo meio. 46 Então Jesus clamou
em alta voz:
— Pai, nas tuas mãos entrego o meu
espírito!
E, dito isto, expirou.
47 O centurião, vendo o que tinha aconte-
cido, deu glória a Deus, dizendo:
— Verdadeiramente este homem era justo.
48 E todas as multidões reunidas para
aquele espetáculo, vendo o que havia
acontecido, retiraram-se, batendo no peito.
49 Entretanto, todos os conhecidos de Jesus
e as mulheres que o tinham seguido desde
a Galileia ficaram de longe, contemplando
estas coisas.

O SEPULTAMENTO DE JESUS

Mt 27.57-61; Mc 15.42-47; Jo 19.38-42

50 E eis que havia um homem, chamado
José, membro do Sinédrio, homem bom e
justo, 51 que não tinha concordado com o
plano e a ação dos outros; era natural de
Arimateia, cidade dos judeus, e esperava
o Reino de Deus. 52 Ele foi até Pilatos e lhe
pediu o corpo de Jesus. 53 E, tirando-o da
cruz, envolveu-o num lençol de linho e o
depositou num túmulo aberto numa rocha,
onde ninguém havia sido sepultado ainda.
54 Era o dia da preparação, e o sábado estava
para começar. 55 As mulheres que tinham
vindo com Jesus desde a Galileia seguiram
José e viram o túmulo e como o corpo foi
colocado ali. 56 Então se retiraram para pre-
parar óleos aromáticos e perfumes.
E, no sábado, descansaram, segundo o
mandamento.

A RESSURREIÇÃO DE JESUS

Mt 28.1-10; Mc 16.1-8; Jo 20.1-10

24 1 Mas, no primeiro dia da semana,
alta madrugada, as mulheres foram
ao túmulo, levando os óleos aromáticos que
haviam preparado. 2 Encontraram a pedra
removida do túmulo, 3 mas, ao entrar, não
acharam o corpo do Senhor Jesus. 4 Acon-
teceu que, perplexas a esse respeito,
apareceram-lhes dois homens com roupas
resplandecentes. 5 Estando elas com muito
medo e baixando os olhos para o chão,
eles disseram:
— Por que vocês estão procurando entre
os mortos aquele que vive? 6 Ele não está
aqui, mas ressuscitou. Lembrem-se do que
ele falou para vocês, estando ainda na Gali-
leia: 7 "É necessário que o Filho do Homem
seja entregue nas mãos de pecadores, seja
crucificado e ressuscite no terceiro dia."
8 Então elas se lembraram das palavras
de Jesus. 9 E, voltando do túmulo, anuncia-
ram todas estas coisas aos onze e a todos
os outros que estavam com eles. 10 Essas
mulheres eram Maria Madalena, Joana e

> *A postura de Jesus nos ensina que devemos nos retirar quando os homens desejam nos posicionar em algum lugar que não seja o lugar que Deus tem para nós.*

Maria, mãe de Tiago; também as demais que estavam com elas confirmaram estas coisas aos apóstolos. 11 Mas para eles tais palavras pareciam um delírio; eles não acreditaram no que as mulheres diziam. 12 Pedro, porém, levantando-se, correu ao túmulo. E, abaixando-se, viu somente os lençóis de linho e nada mais; e retirou-se para casa, admirado com o que tinha acontecido.

OS DISCÍPULOS NO CAMINHO DE EMAÚS

Mc 16.12-13

13 Naquele mesmo dia, dois discípulos estavam indo para uma aldeia chamada Emaús, que ficava a uns dez quilômetros de Jerusalém. 14 E iam conversando a respeito de tudo o que tinha acontecido. 15 Enquanto conversavam e discutiam, o próprio Jesus se aproximou e ia com eles. 16 Porém os olhos deles estavam como que impedidos de o reconhecer. 17 Então ele lhes perguntou:

— O que é que vocês estão discutindo pelo caminho?

E eles pararam entristecidos. 18 Um, porém, chamado Cleopas, respondeu:

— Será que você é o único que esteve em Jerusalém e não sabe o que aconteceu lá, nestes últimos dias?

19 Ele lhes perguntou:

— Do que se trata?

Eles explicaram:

— Aquilo que aconteceu com Jesus, o Nazareno, que era profeta, poderoso em obras e palavras, diante de Deus e de todo o povo, 20 e como os principais sacerdotes e as nossas autoridades o entregaram para ser condenado à morte e o crucificaram. 21 Nós esperávamos que fosse ele quem havia de redimir Israel. Mas, depois de tudo isto, já estamos no terceiro dia desde que essas coisas aconteceram. 22 É verdade também que algumas mulheres do nosso grupo nos surpreenderam. Indo de madrugada ao túmulo 23 e não achando o corpo de Jesus, voltaram dizendo que tinham tido uma visão de anjos, os quais afirmam que ele vive. 24 De fato, alguns dos nossos foram ao túmulo e verificaram a exatidão do que as mulheres disseram; mas não o viram.

25 Então ele lhes disse:

— Como vocês são insensatos e demoram para crer em tudo o que os profetas disseram! 26 Não é verdade que o Cristo tinha de sofrer e entrar na sua glória?

27 E, começando por Moisés e todos os Profetas, explicou-lhes o que constava a respeito dele em todas as Escrituras.

28 Quando se aproximavam da aldeia para onde iam, ele fez menção de passar adiante. 29 Mas eles o convenceram a ficar, dizendo:

— Fique conosco, porque é tarde, e o dia já está chegando ao fim.

E entrou para ficar com eles. 30 E aconteceu que, quando estavam à mesa, ele pegou o pão e o abençoou; depois, partiu o pão e o deu a eles. 31 Então os olhos deles se abriram, e eles reconheceram Jesus; mas ele desapareceu da presença deles. 32 E disseram um ao outro:

— Não é verdade que o coração nos ardia no peito, quando ele nos falava pelo caminho, quando nos explicava as Escrituras?

33 E, na mesma hora, levantando-se, voltaram para Jerusalém, onde acharam reunidos os onze e outros com eles, 34 os quais diziam:

— De fato, o Senhor ressuscitou e já apareceu a Simão!

35 Então os dois contaram o que lhes tinha acontecido no caminho e como tinham reconhecido o Senhor no partir do pão.

JESUS APARECE AOS DISCÍPULOS

Mt 28.16-20; Mc 16.14-18; Jo 20.19-23; At 1.6-8

36 Falavam eles ainda estas coisas quando Jesus apareceu no meio deles e lhes disse:

— Que a paz esteja com vocês!

37 Eles, porém, ficaram assustados e com medo, pensando que estavam vendo um espírito. 38 Mas ele lhes disse:

— Por que vocês estão assustados? E por que surgem dúvidas no coração de vocês? 39 Vejam as minhas mãos e os meus pés, que sou eu mesmo. Toquem em mim e vejam que é verdade, porque um espírito não tem carne nem ossos, como vocês estão vendo que eu tenho.

40 Dizendo isto, mostrou-lhes as mãos e os
pés. 41 E, por não acreditarem eles ainda, por causa da alegria, e como estavam admirados, Jesus lhes disse:

— Vocês têm aqui alguma coisa para comer?

42 Então lhe apresentaram um pedaço
de peixe assado, 43 e ele comeu na presença deles.

44 A seguir, Jesus lhes disse:

— São estas as palavras que eu lhes falei, estando ainda com vocês: era necessário que se cumprisse tudo o que está escrito a respeito de mim na Lei de Moisés, nos Profetas e nos Salmos.

45 Então lhes abriu o entendimento para
compreenderem as Escrituras. 46 E disse-lhes:

— Assim está escrito que o Cristo tinha de sofrer, ressuscitar dentre os mortos no terceiro dia, 47 e que em seu nome se pregasse
arrependimento para remissão de pecados a todas as nações, começando em Jerusalém.
48 Vocês são testemunhas destas coisas. 49 Eis
que envio sobre vocês a promessa de meu Pai; permaneçam, pois, na cidade, até que vocês sejam revestidos do poder que vem do alto.

A ASCENSÃO DE JESUS

Mc 16.19-20; At 1.9-11

50 Então Jesus os levou para fora, até Betânia. E, erguendo as mãos, os abençoou.
51 Aconteceu que, enquanto os abençoava,
ia-se retirando deles, sendo elevado para
o céu. 52 Então eles, adorando-o, voltaram
para Jerusalém cheios de alegria. 53 E esta-
vam sempre no templo, louvando a Deus.

Evangelhos

João

Livro 43 com

21

CAPÍTULOS

AUTORIA

João, filho de Zebedeu e irmão de Tiago, conhecido como "o discípulo a quem Jesus amava" (Jo 13.23; 21.20). Foi um dos 12 apóstolos e testemunha ocular dos eventos que descreve. O nome João significa "Deus é gracioso" ou "agraciado por Deus".

O EVANGELHO DO FILHO DE DEUS

ÉPOCA DA ESCRITA

Estima-se que o Evangelho de João foi escrito entre 85 e 95 d.C., possivelmente em Éfeso.

OBJETIVO DO LIVRO

João escreveu o Evangelho para um público amplo, com o objetivo de mostrar que Jesus é o Cristo, o Filho de Deus, e que, crendo, os leitores possam ter vida em seu nome (Jo 20.31). Ele complementa os outros Evangelhos com uma perspectiva teológica mais profunda sobre a identidade de Jesus.

ESTRUTURA DO LIVRO

- ★ Prólogo: a Palavra encarnada Jo 1.1-18
- ★ Ministério público de Jesus Jo 1.19—12
- ★ Ministério particular aos discípulos Jo 13—17
- ★ Paixão e ressurreição Jo 18—20
- ★ Aparições pós-ressurreição Jo 21

TEMAS DO LIVRO

João enfatiza a divindade de Jesus, apresentando-o como o Verbo que se fez carne, revela a glória de Deus e traz salvação (Jo 1.1,14).

São centrais na narrativa a soberania de Deus e a graça na justificação por meio da fé (Jo 3.16; 6.37-40).

João enfatiza a Trindade, mostrando a íntima união entre o Pai e o Filho, a missão redentora de Jesus (Jo 1.29; 10.30) e a obra crucial do Espírito Santo (Jo 14.16-17; 16.13).

JOÃO E CRISTO

João apresenta Jesus como o Verbo, a luz do mundo e o bom pastor que dá a vida por suas ovelhas (Jo 1.1-4; 8.12; 10.11-14).

Ele sublinha a preexistência de Cristo e sua plena divindade, bem como sua íntima relação com o Pai (Jo 1.18; 10.30).

As declarações "Eu sou" revelam a identidade e missão redentora de Jesus (Jo 6.35; 8.12; 10.9; 11.25; 14.6; 15.1).

A ENCARNAÇÃO DO VERBO

1 1 No princípio era o Verbo, e o Verbo estava com Deus, e o Verbo era Deus. 2 Ele estava no princípio com Deus. 3 Todas as coisas foram feitas por ele, e, sem ele, nada do que foi feito se fez. 4 A vida estava nele e a vida era a luz dos homens. 5 A luz resplandece nas trevas, e as trevas não prevaleceram contra ela.

6 Houve um homem enviado por Deus, e o nome dele era João. 7 Este veio como testemunha para testificar a respeito da luz, para que todos viessem a crer por meio dele. 8 Ele não era a luz, mas veio para dar testemunho da luz, 9 a verdadeira luz, que, vinda ao mundo, ilumina toda a humanidade.

10 O Verbo estava no mundo, o mundo foi feito por meio dele, mas o mundo não o conheceu. 11 Veio para o que era seu, e os seus não o receberam. 12 Mas, a todos quantos o receberam, deu-lhes o poder de serem feitos filhos de Deus, a saber, aos que creem no seu nome, 13 os quais não nasceram do sangue, nem da vontade da carne, nem da vontade do homem, mas de Deus. 14 E o Verbo se fez carne e habitou entre nós, cheio de graça e de verdade, e vimos a sua glória, glória como do unigênito do Pai.

15 João dá testemunho a respeito dele e exclama:

— Este é aquele de quem eu dizia: "Ele vem depois de mim, mas é mais importante do que eu, pois já existia antes de mim."

16 Porque todos nós temos recebido da sua plenitude e graça sobre graça. 17 Porque a lei foi dada por meio de Moisés; a graça e a verdade vieram por meio de Jesus Cristo. 18 Ninguém jamais viu Deus; o Deus unigênito, que está junto do Pai, é quem o revelou.

O TESTEMUNHO DE JOÃO BATISTA

Mt 3.1-12; Mc 1.2-8; Lc 3.1-18

19 Este foi o testemunho de João, quando os judeus lhe enviaram de Jerusalém sacerdotes e levitas para perguntar: "Quem é você?" 20 Ele confessou e não negou; confessou:

— Eu não sou o Cristo.

21 Diante disso, lhe perguntaram:

— Quem é você, então? Você é Elias?

Ele disse:

— Não sou.

Então perguntaram:

— Você é o profeta?

Ele respondeu:

— Não, não sou.

22 Disseram-lhe, então:

— Diga quem é você, para podermos dar uma resposta àqueles que nos enviaram. O que é que você diz a respeito de si mesmo?

23 Então ele respondeu:

— Eu sou "a voz do que clama no deserto: Endireitem o caminho do Senhor", como disse o profeta Isaías.

24 Ora, os que haviam sido enviados eram do grupo dos fariseus. 25 E perguntaram a João:

— Então por que você batiza, se não é o Cristo, nem Elias, nem o profeta?

26 João respondeu:

— Eu batizo com água, mas no meio de vocês está alguém que vocês não conhecem. 27 Ele vem depois de mim, mas não sou digno de desamarrar as correias das suas sandálias.

28 Essas coisas aconteceram em Betânia, do outro lado do Jordão, onde João estava batizando.

O CORDEIRO DE DEUS

29 No dia seguinte, vendo que Jesus vinha em sua direção, João disse:

— Eis o Cordeiro de Deus, que tira o pecado do mundo! 30 Este é aquele a respeito de quem eu falava, quando disse: "Depois de mim vem um homem que é mais importante do que eu, porque já existia antes de mim." 31 Eu mesmo não o conhecia, mas vim batizando com água a fim de que ele fosse manifestado a Israel.

32 E João testemunhou, dizendo:

— Vi o Espírito descer do céu como pomba e pousar sobre ele. 33 Eu não o conhecia; aquele, porém, que me enviou a batizar com água me disse: "Aquele sobre quem você vir descer e pousar o Espírito, esse é o que batiza com o Espírito Santo." 34 Pois eu mesmo vi e dou testemunho de que ele é o Filho de Deus.

OS PRIMEIROS DISCÍPULOS DE JESUS

35 No dia seguinte, João estava outra vez na companhia de dois dos seus discípulos 36 e, vendo Jesus passar, disse:

— Eis o Cordeiro de Deus!

37 Os dois discípulos, ouvindo-o dizer isso, seguiram Jesus. 38 E Jesus, voltando-se e vendo que o seguiam, disse-lhes:

— O que vocês estão procurando?

Eles disseram:

— Rabi, onde o senhor mora? ("Rabi" quer dizer "Mestre".)

39 Jesus respondeu:

— Venham ver!

Então eles foram, viram onde Jesus estava morando e ficaram com ele aquele dia. Eram mais ou menos quatro horas da tarde.

40 André, o irmão de Simão Pedro, era um dos dois que tinham ouvido o testemunho de João e seguido Jesus. 41 Ele encontrou primeiro o seu próprio irmão, Simão, a quem disse:

— Achamos o Messias! ("Messias" quer dizer "Cristo".)

42 E o levou a Jesus. Jesus olhou para ele e disse:

— Você é Simão, filho de João, mas agora será chamado Cefas. ("Cefas" quer dizer "Pedro".)

FILIPE E NATANAEL

43 No dia seguinte, Jesus resolveu ir para a Galileia e encontrou Filipe, a quem disse:

— Siga-me.

44 Esse Filipe era de Betsaida, cidade de André e de Pedro. 45 Filipe encontrou Natanael e lhe disse:

— Achamos aquele de quem Moisés escreveu na Lei, e a quem se referiram os profetas: Jesus, o Nazareno, filho de José.

46 Então Natanael perguntou:

— De Nazaré pode sair alguma coisa boa?

Filipe respondeu:

— Venha ver!

47 Jesus viu Natanael se aproximar e disse a respeito dele:

— Eis um verdadeiro israelita, em quem não existe fingimento algum!

48 Natanael perguntou a Jesus:

— De onde o senhor me conhece?

Jesus respondeu:

— Antes de Filipe chamá-lo, eu já tinha visto você debaixo da figueira.

49 Então Natanael exclamou:

— Mestre, o senhor é o Filho de Deus! O senhor é o Rei de Israel!

50 Ao que Jesus lhe respondeu:

— Você crê porque eu disse que tinha visto você debaixo da figueira? Pois você verá coisas maiores do que estas.

51 E acrescentou:

— Em verdade, em verdade lhes digo que vocês verão o céu aberto e os anjos de Deus subindo e descendo sobre o Filho do Homem.

O CASAMENTO EM CANÁ DA GALILEIA

2 1 Três dias depois, houve um casamento em Caná da Galileia, e a mãe de Jesus estava ali. 2 Jesus também foi convidado, com os seus discípulos, para o casamento. 3 Tendo acabado o vinho, a mãe de Jesus lhe disse:

— Eles não têm mais vinho.

4 Mas Jesus respondeu:

— Por que a senhora está me dizendo isso? Ainda não é chegada a minha hora.

5 Então ela falou aos serventes:

— Façam tudo o que ele disser.

6 Estavam ali seis potes de pedra, que os judeus usavam para as purificações, e em cada um cabiam cerca de cem litros. 7 Jesus lhes disse:

— Encham de água esses potes.

E eles os encheram totalmente. 8 Então lhes disse:

— Agora tirem um pouco e levem ao responsável pela festa.

Eles o fizeram. 9 Quando o responsável pela festa provou a água transformada em vinho — ele não sabia de onde tinha vindo, por mais que os serventes que haviam tirado a água soubessem —, chamou o noivo 10 e lhe disse:

— Todos costumam servir primeiro o vinho bom e, quando já beberam muito, servem o vinho inferior; você, porém, guardou o melhor vinho até agora!

11 Assim, em Caná da Galileia, Jesus deu início a seus sinais. Ele manifestou a sua glória, e os seus discípulos creram nele.

12 Depois disso, ele foi a Cafarnaum, com sua mãe, seus irmãos e seus discípulos; e ficaram ali não muitos dias.

JESUS PURIFICA O TEMPLO

Mt 21.12-13; Mc 11.15-17; Lc 19.45-48

13 Estando próxima a Páscoa dos judeus, Jesus foi para Jerusalém. 14 E encontrou no templo os que vendiam bois, ovelhas e pombas e também os cambistas assentados. 15 Tendo feito um chicote de cordas, expulsou todos do templo, com as ovelhas e os bois. Derramou o dinheiro dos cambistas pelo chão, virou as mesas 16 e disse aos que vendiam as pombas:

— Tirem estas coisas daqui! Não façam da casa de meu Pai uma casa de negócio!

17 Os seus discípulos se lembraram que está escrito: "O zelo da tua casa me consumirá."

18 Então os judeus lhe perguntaram:

— Que sinal você nos mostra para fazer essas coisas?

19 Jesus lhes respondeu:

— Destruam este santuário, e em três dias eu o levantarei.

20 Os judeus responderam:

— Este santuário foi edificado em quarenta e seis anos, e você quer levantá-lo em três dias?

21 Ele, porém, se referia ao santuário do seu corpo. 22 Quando, pois, Jesus ressuscitou dentre os mortos, os discípulos dele se lembraram que ele tinha dito isso e creram na Escritura e na palavra de Jesus.

JESUS CONHECE TODAS AS PESSOAS

23 Estando Jesus em Jerusalém, durante a Festa da Páscoa, muitos creram no seu nome quando viram os sinais que ele fazia. 24 Mas o próprio Jesus não confiava neles, porque conhecia a todos. 25 E não precisava que alguém lhe desse testemunho a respeito das pessoas, porque ele mesmo sabia o que era a natureza humana.

NICODEMOS VISITA JESUS

3 1 Havia entre os fariseus um homem chamado Nicodemos, um dos principais dos judeus. 2 Este, de noite, foi até Jesus e lhe disse:

— Rabi, sabemos que o senhor é Mestre vindo da parte de Deus, porque ninguém pode fazer estes sinais que o senhor faz, se Deus não estiver com ele.

3 Jesus respondeu:

— Em verdade, em verdade lhe digo que, se alguém não nascer de novo, não pode ver o Reino de Deus.

4 Nicodemos perguntou:

— Como pode um homem nascer, sendo velho? Será que pode voltar ao ventre materno e nascer uma segunda vez?

5 Jesus respondeu:

— Em verdade, em verdade lhe digo: quem não nascer da água e do Espírito não pode entrar no Reino de Deus. 6 O que é nascido da carne é carne, e o que é nascido do Espírito é espírito. 7 Não fique admirado por eu dizer: "Vocês precisam nascer de novo." 8 O vento sopra onde quer, você ouve o barulho que ele faz, mas não sabe de onde ele vem, nem para onde vai; assim é todo o que é nascido do Espírito.

9 Então Nicodemos perguntou:

— Como pode ser isso?

Jesus respondeu:

10 — Você é mestre em Israel e não compreende estas coisas? 11 Em verdade, em verdade lhe digo que nós falamos do que sabemos e damos testemunho do que vimos, mas vocês não aceitam o nosso testemunho. 12 Se vocês não creem quando falo sobre coisas terrenas, como crerão se eu lhes falar sobre as celestiais? 13 Ora, ninguém subiu ao céu, a não ser aquele que de lá desceu, o Filho do Homem.

14 — E assim como Moisés levantou a serpente no deserto, assim também é necessário que o Filho do Homem seja levantado, 15 para que todo o que nele crê tenha a vida eterna.

A MISSÃO DO FILHO

16 — Porque Deus amou o mundo de tal maneira que deu o seu Filho unigênito, para

que todo o que nele crê não pereça, mas
tenha a vida eterna. 17 Porque Deus enviou
o seu Filho ao mundo, não para que conde-
nasse o mundo, mas para que o mundo fosse
salvo por ele. 18 Quem nele crê não é conde-
nado; mas o que não crê já está condenado,
porque não crê no nome do unigênito Filho
de Deus. 19 A condenação é esta: a luz veio
ao mundo, mas os homens amaram mais
as trevas do que a luz, porque as suas obras
eram más. 20 Pois todo aquele que pratica o
mal detesta a luz e não se aproxima da luz,
para que as suas obras não sejam reprova-
das. 21 Quem pratica a verdade se aproxima
da luz, para que as suas obras sejam mani-
festas, porque são feitas em Deus.

JESUS E JOÃO BATISTA

22 Depois disso, Jesus foi com os seus
discípulos para a terra da Judeia; ali per-
maneceu com eles e batizava. 23 Ora, João
também estava batizando em Enom, perto
de Salim, porque ali havia muitas águas, e o
povo se dirigia para lá e era batizado. 24 Pois
João ainda não havia sido preso.

25 Então surgiu uma discussão entre os
discípulos de João e um judeu a respeito
da purificação. 26 E foram até João e lhe
disseram:

— Mestre, aquele que estava com o senhor
no outro lado do Jordão, do qual o senhor
deu testemunho, está batizando, e todos
vão até ele.

27 João respondeu:

— Ninguém pode receber coisa alguma se
não lhe for dada do céu. 28 Vocês mesmos são
testemunhas de que eu disse: "Eu não sou o
Cristo, mas fui enviado como o seu precur-
sor." 29 O que tem a noiva é o noivo; o amigo
do noivo que está presente e o escuta se ale-
gra muito por causa da voz do noivo. Pois
essa alegria já se cumpriu em mim. 30 Con-
vém que ele cresça e que eu diminua.

AQUELE QUE VEM DO CÉU

31 Quem vem das alturas certamente está
acima de todos; quem vem da terra é terreno
e fala da terra. Quem veio do céu está acima
de todos 32 e dá testemunho daquilo que viu
e ouviu, mas ninguém aceita o seu testemu-
nho. 33 Quem, porém, aceita o testemunho
que ele dá certifica que Deus é verdadeiro.
34 Pois aquele que Deus enviou fala as pala-
vras de Deus, porque Deus não dá o Espírito
por medida. 35 O Pai ama o Filho e entregou
todas as coisas nas mãos dele. 36 Por isso,
quem crê no Filho tem a vida eterna; quem
se mantém rebelde contra o Filho não verá a
vida, mas sobre ele permanece a ira de Deus.

JESUS E A MULHER SAMARITANA

4 1 Quando Jesus soube que os fariseus
tinham ouvido dizer que ele fazia e bati-
zava mais discípulos do que João 2 — se bem
que Jesus mesmo não batizava, e sim os seus
discípulos —, 3 deixou a Judeia, retirando-se
outra vez para a Galileia. 4 E era-lhe necessá-
rio passar pela região da Samaria.

5 Assim, Jesus chegou a uma cidade sama-
ritana, chamada Sicar, perto das terras que
Jacó tinha dado a seu filho José. 6 Ali ficava
o poço de Jacó. Cansado da viagem, Jesus
sentou-se junto ao poço. Era por volta do
meio-dia.

7 Nisso veio uma mulher samaritana tirar
água. Jesus lhe disse:

— Dê-me um pouco de água.

8 Pois os seus discípulos tinham ido à
cidade comprar alimentos. 9 Então a mulher
samaritana perguntou a Jesus:

— Como, sendo o senhor um judeu, pede
água a mim, que sou mulher samaritana?

Ela disse isso porque os judeus não se dão
com os samaritanos. 10 Jesus respondeu:

— Se você conhecesse o dom de Deus
e quem é que está lhe pedindo água para
beber, você pediria, e ele lhe daria água viva.

11 Ao que a mulher respondeu:

— O senhor não tem balde e o poço é
fundo. De onde vai conseguir essa água viva?
12 Por acaso o senhor é maior do que Jacó, o
nosso pai, que nos deu o poço, do qual ele
mesmo bebeu, assim como os seus filhos
e o seu gado?

13 Jesus respondeu:

— Quem beber desta água voltará a ter
sede, 14 mas aquele que beber da água que eu
lhe der nunca mais terá sede. Pelo contrário,

São as samaritanas dos dias atuais, mulheres envolvidas em afazeres comuns junto aos poços da vida, mulheres improváveis, que estão sendo encontradas por Jesus neste tempo.

a água que eu lhe der será nele uma fonte a
jorrar para a vida eterna.
15 A mulher lhe disse:
— Senhor, quero que me dê essa água para
que eu não mais tenha sede, nem precise vir
aqui buscá-la.
16 Jesus disse:
— Vá, chame o seu marido e volte aqui.
17 Ao que a mulher respondeu:
— Não tenho marido.
Então Jesus disse:
— Você tem razão ao dizer que não tem
marido. 18 Porque já teve cinco, e esse que
agora tem não é seu marido. O que você
disse é verdade.
19 A mulher então lhe disse:
— Agora eu sei que o senhor é um pro-
feta! 20 Nossos pais adoravam neste monte,
mas vocês dizem que em Jerusalém é o lugar
onde se deve adorar.
21 Jesus respondeu:
— Mulher, acredite no que digo: vem a hora
em que nem neste monte nem em Jerusalém
vocês adorarão o Pai. 22 Vocês adoram o que
não conhecem; nós adoramos o que conhe-
cemos, porque a salvação vem dos judeus.
23 Mas vem a hora — e já chegou — em que
os verdadeiros adoradores adorarão o Pai em
espírito e em verdade. Porque são esses que
o Pai procura para seus adoradores. 24 Deus
é Espírito, e é necessário que os seus adora-
dores o adorem em espírito e em verdade.
25 A mulher respondeu:
— Eu sei que virá o Messias, chamado
Cristo. Quando ele vier, nos anunciará todas
as coisas.
26 Então Jesus disse:
— Eu sou o Messias, eu que estou falando
com você.
27 Naquele momento, chegaram os discípu-
los de Jesus e se admiraram ao vê-lo falando
com uma mulher. Mas nenhum deles per-
guntou: "O que você está querendo?" Ou:
"Por que o senhor está falando com ela?"
28 Quanto à mulher, deixou o seu cântaro,
foi à cidade e disse ao povo:
29 — Venham comigo e vejam um homem
que me disse tudo o que eu já fiz. Não seria
ele, por acaso, o Cristo?
30 Então saíram da cidade e foram até onde
Jesus estava.
31 Enquanto isso, os discípulos pediam a
Jesus, dizendo:
— Mestre, coma!
32 Mas ele lhes disse:
— Tenho para comer uma comida que
vocês não conhecem.
33 Então os discípulos começaram a dizer
entre si:
— Será que alguém lhe trouxe algo para
comer?
34 Jesus lhes declarou:
— A minha comida consiste em fazer
a vontade daquele que me enviou e rea-
lizar a sua obra. 35 Vocês não dizem que
ainda faltam quatro meses até a colheita?
Eu, porém, lhes digo: Levantem os olhos e
vejam os campos, pois estão maduros para
a colheita. 36 Quem colhe recebe desde já
a recompensa e ajunta o seu fruto para a
vida eterna, para que se alegrem ao mesmo
tempo o que semeia e o que colhe. 37 Pois,
no caso, é verdadeiro o ditado: "Um é o que
semeia, outro é o que colhe." 38 Eu os enviei
a colher o que vocês não semearam; outros
trabalharam, e vocês aproveitaram o traba-
lho deles.
39 Muitos samaritanos daquela cidade cre-
ram em Jesus, por causa do testemunho da
mulher, que tinha dito: "Ele me disse tudo o
que eu já fiz." 40 Quando, pois, os samaritanos
foram até Jesus, pediram-lhe que permane-
cesse com eles; e Jesus ficou ali dois dias.
41 Muitos outros creram nele, por causa da
palavra de Jesus. 42 E diziam à mulher:
— Agora não é mais por causa do que
você falou que nós cremos, mas porque
nós mesmos ouvimos, e sabemos que este
é verdadeiramente o Salvador do mundo.

A CURA DO FILHO DE UM OFICIAL DO REI

43 Passados dois dias, Jesus saiu dali e foi
para a Galileia. 44 Porque o próprio Jesus tes-
temunhou que um profeta não tem honra na
sua própria terra. 45 Assim, quando chegou
à Galileia, os galileus o receberam, porque
viram todas as coisas que Jesus tinha feito

em Jerusalém, por ocasião da festa, à qual eles também tinham comparecido.

46 Jesus foi outra vez a Caná da Galileia, onde tinha transformado água em vinho. E havia ali um oficial do rei, cujo filho estava doente em Cafarnaum. 47 Quando ouviu dizer que Jesus tinha vindo da Judeia para a Galileia, foi até ele e pediu-lhe que fosse curar o seu filho, que estava morrendo. 48 Então Jesus lhe disse:

— Se vocês não virem sinais e prodígios, de modo nenhum crerão.

49 O oficial pediu mais uma vez:

— Senhor, venha, antes que o meu filho morra!

50 Jesus respondeu:

— Vá, o seu filho vai viver.

O homem creu na palavra de Jesus e partiu. 51 Quando já estava a caminho, os seus servos vieram ao encontro dele, anunciando-lhe que o seu filho estava vivo. 52 Então perguntou a que horas o seu filho havia se sentido melhor. Informaram:

— Ontem, à uma hora da tarde a febre o deixou.

53 Com isso, o pai reconheceu que aquela era precisamente a hora em que Jesus tinha dito a ele: "O seu filho vai viver." E ele e toda a sua casa creram.

54 Este foi o segundo sinal que Jesus fez, depois de ir da Judeia para a Galileia.

A CURA DE UM PARALÍTICO

5 1 Passadas essas coisas, havia uma festa dos judeus, e Jesus foi para Jerusalém. 2 Existe ali, junto ao Portão das Ovelhas, um tanque, chamado em hebraico Betesda, o qual tem cinco pórticos. 3 Nestes jazia uma multidão de enfermos, cegos, coxos, paralíticos 4 [esperando que a água se movesse. Porque um anjo descia de tempos em tempos, agitando-a; e o primeiro a entrar no tanque, uma vez agitada a água, sarava de qualquer doença que tivesse]. 5 Estava ali um homem enfermo havia trinta e oito anos. 6 Jesus, vendo-o deitado e sabendo que estava assim havia muito tempo, perguntou:

— Você quer ser curado?

7 O enfermo respondeu:

— Senhor, não tenho ninguém que me ponha no tanque, quando a água é agitada. Quando tento entrar, outro enfermo chega antes de mim.

8 Então Jesus lhe disse:

— Levante-se, pegue o seu leito e ande.

9 Imediatamente o homem se viu curado e, pegando o leito, começou a andar. E aquele dia era sábado. 10 Por isso, os judeus disseram ao que tinha sido curado:

— É sábado, e neste dia você não tem permissão para carregar o seu leito.

11 Ao que ele lhes respondeu:

— O mesmo que me curou me disse: "Pegue o seu leito e ande."

12 Perguntaram-lhe:

— Quem é o homem que disse a você: "Pegue o seu leito e ande"?

13 Aquele que tinha sido curado não soube responder, porque Jesus tinha se retirado, por haver muita gente naquele lugar.

14 Mais tarde, Jesus o encontrou no templo e lhe disse:

— Olhe, você foi curado. Não peque mais, para que não lhe aconteça coisa pior.

15 O homem se retirou e disse aos judeus que tinha sido Jesus quem o havia curado. 16 E por isso os judeus perseguiam Jesus, porque fazia essas coisas no sábado. 17 Mas Jesus lhes disse:

— Meu Pai trabalha até agora, e eu trabalho também.

18 Por isso, os judeus cada vez mais queriam matá-lo, porque além de desrespeitar o sábado, também dizia que Deus era seu próprio Pai, fazendo-se igual a Deus.

A AUTORIDADE DO FILHO DE DEUS

19 Então Jesus lhes disse:

— Em verdade, em verdade lhes digo que o Filho nada pode fazer por si mesmo, senão somente aquilo que vê o Pai fazer; porque tudo o que este fizer, o Filho também faz. 20 Porque o Pai ama o Filho e lhe mostra tudo o que faz; e maiores obras do que estas lhe mostrará, para que vocês fiquem maravilhados. 21 Pois assim como o Pai ressuscita e vivifica os mortos, assim também o Filho vivifica aqueles a quem quer. 22 E o Pai não julga ninguém, mas confiou todo julgamento ao Filho, 23 para que todos honrem o Filho assim como honram o Pai. Quem não honra o Filho não honra o Pai que o enviou.

24 — Em verdade, em verdade lhes digo: quem ouve a minha palavra e crê naquele que me enviou tem a vida eterna, não entra em juízo, mas passou da morte para a vida. 25 Em verdade, em verdade lhes digo que vem a hora — e já chegou — em que os mortos ouvirão a voz do Filho de Deus; e os que a ouvirem viverão. 26 Porque assim como o Pai tem vida em si mesmo, também concedeu ao Filho ter vida em si mesmo. 27 E lhe deu autoridade para julgar, porque é o Filho do Homem. 28 Não fiquem maravilhados com isso, porque vem a hora em que todos os que se acham nos túmulos ouvirão a voz dele e sairão: 29 os que tiverem feito o bem, para a ressurreição da vida; e os que tiverem praticado o mal, para a ressurreição do juízo.

30 — Eu nada posso fazer por mim mesmo; assim como ouço, julgo. O meu juízo é justo, porque não procuro a minha própria vontade, e sim a daquele que me enviou. 31 Se eu dou testemunho a respeito de mim mesmo, o meu testemunho não é verdadeiro. 32 Outro é o que dá testemunho a respeito de mim, e sei que o testemunho que ele dá a respeito de mim é verdadeiro. 33 Vocês mandaram mensageiros a João, e ele deu testemunho da verdade. 34 Eu, porém, não recebo testemunho humano, mas digo essas coisas para que vocês sejam salvos.

35 — João era a lâmpada que estava acesa e iluminava, e, por algum tempo, vocês quiseram se alegrar com a sua luz. 36 Mas eu tenho maior testemunho que o de João; porque as obras que o Pai me confiou para que eu as realizasse, essas que eu faço testemunham a meu respeito de que o Pai me enviou. 37 O Pai, que me enviou, esse mesmo é que tem dado testemunho de mim. Vocês nunca ouviram a voz dele, nem viram a sua forma. 38 Também não têm a palavra dele permanente em vocês, porque não creem naquele a quem ele enviou. 39 Vocês examinam as Escrituras, porque julgam ter nelas a vida eterna, e são elas mesmas que testificam de mim. 40 Contudo, vocês não querem vir a mim para ter vida. 41 Eu não aceito glória que vem de pessoas; 42 sei, entretanto, que vocês não têm o amor de Deus em vocês. 43 Eu vim em nome de meu Pai, e vocês não me recebem; se outro vier em seu próprio nome, vocês certamente o receberão. 44 Como podem crer, vocês que aceitam glória uns dos outros e não procuram a glória que vem do Deus único? 45 Não pensem que eu os acusarei diante do Pai; quem acusa vocês é Moisés, em quem puseram a sua esperança. 46 Porque, se vocês, de fato, cressem em Moisés, também creriam em mim; pois ele escreveu a meu respeito. 47 Se, porém, não creem nos escritos dele, como crerão nas minhas palavras?

A MULTIPLICAÇÃO DE PÃES E PEIXES

Mt 14.13-21; Mc 6.30-44; Lc 9.10-17

6 1 Depois dessas coisas, Jesus atravessou o mar da Galileia, que é o de Tiberíades. 2 Uma grande multidão o seguia, porque tinham visto os sinais que ele fazia na cura dos enfermos. 3 Então Jesus subiu ao monte e sentou-se ali com os seus discípulos. 4 Ora, a Páscoa, festa dos judeus, estava próxima. 5 Então Jesus, erguendo os olhos e vendo que uma grande multidão se aproximava, disse a Filipe:

— Onde compraremos pão para lhes dar de comer?

6 Mas Jesus dizia isto para testá-lo, porque sabia o que estava para fazer. 7 Filipe respondeu:

— Nem mesmo duzentos denários de pão seriam suficientes para que cada um recebesse um pedaço.

8 Um dos discípulos, chamado André, irmão de Simão Pedro, disse a Jesus:

9 — Aqui está um menino que tem cinco pães de cevada e dois peixinhos. Mas o que é isto para tanta gente?

10 Jesus disse:

— Façam com que todos se assentem no chão.

Havia muita relva naquele lugar. Assim,
os homens se assentaram, e eram quase
cinco mil. 11 Então Jesus pegou os pães e,
tendo dado graças, distribuiu-os entre eles; e
também igualmente os peixes, tanto quanto
queriam. 12 E, quando já estavam satisfeitos,
Jesus disse aos seus discípulos:

— Recolham os pedaços que sobraram,
para que nada se perca.

13 Assim, pois, o fizeram e encheram
doze cestos de pedaços dos cinco pães de
cevada, que sobraram depois que todos
tinham comido.

14 Quando as pessoas viram o sinal que
Jesus havia feito, disseram:

— Este é verdadeiramente o profeta que
devia vir ao mundo.

15 Jesus ficou sabendo que estavam para
vir com a intenção de fazê-lo rei à força.
Então ele se retirou outra vez, sozinho, para
o monte.

JESUS ANDA SOBRE O MAR

Mt 14.22-33; Mc 6.45-52

16 Ao final do dia, os discípulos de Jesus
desceram para o mar. 17 E, entrando num
barco, passaram para o outro lado, rumo a
Cafarnaum. Já estava escuro, e Jesus ainda
não tinha ido até onde eles estavam. 18 E
o mar começava a ficar agitado, porque
soprava um vento forte. 19 Os discípulos já
tinham navegado uns cinco ou seis quilô-
metros, quando viram Jesus andando sobre
o mar, aproximando-se do barco; e ficaram
com medo. 20 Mas Jesus lhes disse:

— Sou eu. Não tenham medo!

21 Então eles o receberam com alegria, e
logo o barco chegou ao seu destino.

JESUS, O PÃO DA VIDA

22 No dia seguinte, a multidão que tinha
ficado do outro lado do mar notou que
ali havia apenas um pequeno barco e que
Jesus não tinha entrado nele com os seus
discípulos, tendo estes partido sozinhos.
23 Entretanto, outros barquinhos de Tibe-
ríades se aproximaram do lugar onde a
multidão havia comido o pão depois que
o Senhor deu graças. 24 Quando aquela
multidão viu que Jesus não estava ali nem
os seus discípulos, entraram nos barcos e
partiram para Cafarnaum à procura de Jesus.
25 E, tendo-o encontrado no outro lado do
mar, lhe perguntaram:

— Mestre, quando o senhor chegou aqui?

26 Jesus respondeu:

— Em verdade, em verdade lhes digo que
vocês estão me procurando não porque
viram sinais, mas porque comeram os pães
e ficaram satisfeitos. 27 Trabalhem, não pela
comida que se estraga, mas pela que perma-
nece para a vida eterna, a qual o Filho do
Homem dará a vocês; porque Deus, o Pai, o
confirmou com o seu selo.

28 Então lhe perguntaram:

— Que faremos para realizar as obras
de Deus?

29 Jesus respondeu:

— A obra de Deus é esta: que vocês creiam
naquele que ele enviou.

30 Então eles disseram:

— Que sinal o senhor fará para que veja-
mos e creiamos no senhor? O que o senhor
pode fazer? 31 Nossos pais comeram o maná
no deserto, como está escrito: "Deu-lhes a
comer pão do céu."

32 Jesus lhes disse:

— Em verdade, em verdade lhes digo que
não foi Moisés quem deu o pão do céu para
vocês; quem lhes dá o verdadeiro pão do céu
é meu Pai. 33 Porque o pão de Deus é o que
desce do céu e dá vida ao mundo.

34 Então lhe disseram:

— Senhor, dê-nos sempre desse pão.

35 Jesus respondeu:

— Eu sou o pão da vida. Quem vem
a mim jamais terá fome, e quem crê em
mim jamais terá sede. 36 Porém eu já disse
que vocês não creem, embora estejam me
vendo. 37 Todo aquele que o Pai me dá,
esse virá a mim; e o que vem a mim, de
modo nenhum o lançarei fora. 38 Porque
eu desci do céu, não para fazer a minha
própria vontade, mas a vontade daquele
que me enviou. 39 E a vontade de quem me
enviou é esta: que eu não perca nenhum de
todos os que ele me deu; pelo contrário, eu
o ressuscitarei no último dia. 40 De fato, a

vontade de meu Pai é que todo aquele que
vir o Filho e nele crer tenha a vida eterna;
e eu o ressuscitarei no último dia.
41 Então os judeus começaram a murmu-
rar contra ele, porque tinha dito: "Eu sou o
pão que desceu do céu." 42 E diziam:
— Este não é Jesus, o filho de José? Por
acaso não conhecemos o pai e a mãe dele?
Como é que ele agora diz: "Desci do céu"?
43 Jesus respondeu:
— Não fiquem murmurando entre vocês.
44 Ninguém pode vir a mim se o Pai, que me
enviou, não o trouxer; e eu o ressuscitarei
no último dia. 45 Está escrito nos Profetas:
"E todos serão ensinados por Deus." Por-
tanto, todo aquele que ouviu e aprendeu
do Pai, esse vem a mim. 46 Não que alguém
tenha visto o Pai, a não ser aquele que vem
de Deus; este já viu o Pai.
47 — Em verdade, em verdade lhes digo:
quem crê em mim tem a vida eterna. 48 Eu
sou o pão da vida. 49 Os pais de vocês come-
ram o maná no deserto e morreram. 50 Este é
o pão que desce do céu, para que todo o que
dele comer não pereça. 51 Eu sou o pão vivo
que desceu do céu; se alguém comer deste
pão, viverá eternamente. E o pão que eu
darei pela vida do mundo é a minha carne.
52 Então os judeus começaram a discutir
entre si, dizendo:
— Como é que este pode nos dar a sua
própria carne para comer?
53 Jesus respondeu:
— Em verdade, em verdade lhes digo que,
se vocês não comerem a carne do Filho do
Homem e não beberem o seu sangue, não
terão vida em vocês mesmos. 54 Quem
come a minha carne e bebe o meu sangue
tem a vida eterna, e eu o ressuscitarei no
último dia. 55 Pois a minha carne é verda-
deira comida, e o meu sangue é verdadeira
bebida. 56 Quem come a minha carne e bebe
o meu sangue permanece em mim, e eu
permaneço nele. 57 Assim como o Pai, que
vive, me enviou, e igualmente eu vivo por
causa do Pai, também quem de mim se ali-
menta viverá por mim. 58 Este é o pão que
desceu do céu, em nada semelhante àquele
que os pais de vocês comeram e, mesmo
assim, morreram; quem comer este pão
viverá eternamente.
59 Jesus disse essas coisas quando ensi-
nava na sinagoga de Cafarnaum.

AS PALAVRAS DA VIDA ETERNA

60 Muitos dos seus discípulos, tendo
ouvido tais palavras, disseram:
— Duro é este discurso; quem pode
suportá-lo?
61 Mas Jesus, sabendo por si mesmo que
os seus discípulos murmuravam a respeito
do que ele havia falado, disse-lhes:
— Isto escandaliza vocês? 62 Que acon-
tecerá, então, se virem o Filho do Homem
subir para o lugar onde primeiro estava?
63 O Espírito é o que vivifica; a carne para
nada aproveita. As palavras que eu lhes
tenho falado são espírito e são vida. 64 Mas
há descrentes entre vocês.
Ora, Jesus sabia, desde o princípio, quais
eram os que não criam e quem iria traí-lo.
65 E prosseguiu:
— Por causa disto é que falei para vocês
que ninguém poderá vir a mim, se não lhe
for concedido pelo Pai.
66 Diante disso, muitos dos seus discípulos
o abandonaram e já não andavam com ele.
67 Então Jesus perguntou aos doze:
— Será que vocês também querem se
retirar?
68 Simão Pedro respondeu:
— Senhor, para quem iremos? O senhor
tem as palavras da vida eterna, 69 e nós temos
crido e conhecido que o senhor é o Santo
de Deus.
70 Então Jesus lhes disse:
— Não é fato que eu escolhi vocês, os doze?
Mas um de vocês é um diabo.
71 Ele se referia a Judas, filho de Simão Isca-
riotes, porque este, sendo um dos doze, era
quem o haveria de trair.

A INCREDULIDADE DOS IRMÃOS DE JESUS

7 1 Passadas essas coisas, Jesus andava
pela Galileia, porque não desejava
andar pela Judeia, visto que os judeus
queriam matá-lo. 2 E a festa dos judeus,

chamada de Festa dos Tabernáculos, estava
próxima. 3 Então os irmãos de Jesus se diri-
giram a ele e disseram:
— Deixe este lugar e vá para a Judeia, para
que também os seus discípulos vejam as
obras que você faz. 4 Porque, se alguém quer
ser conhecido, não pode realizar os seus fei-
tos em segredo. Já que você faz essas coisas,
manifeste-se ao mundo.
5 Acontece que nem mesmo os irmãos de
Jesus criam nele.
6 Então Jesus lhes disse:
— O meu tempo ainda não chegou, mas
para vocês qualquer tempo é oportuno. 7 O
mundo não pode odiar vocês, mas a mim ele
odeia, porque eu dou testemunho a respeito
dele, dizendo que as suas obras são más.
8 Vão vocês para a festa. Eu não vou, porque
o meu tempo ainda não se cumpriu.
9 Tendo dito isso, Jesus continuou na
Galileia.

JESUS NA FESTA DOS TABERNÁCULOS

10 Depois que seus irmãos tinham ido à
festa, Jesus também foi, não publicamente,
mas em segredo. 11 Ora, os judeus o procura-
vam na festa e perguntavam:
— Onde estará ele?
12 E havia grande murmuração a respeito
de Jesus entre as multidões. Uns diziam:
— Ele é bom.
E outros afirmavam:
— Não, não é! Ele engana o povo.
13 Entretanto, ninguém falava dele aberta-
mente, por ter medo dos judeus.

A CONTROVÉRSIA ENTRE JESUS E OS JUDEUS

14 Quando a festa já estava na metade,
Jesus foi ao templo e começou a ensinar.
15 Então os judeus se maravilhavam e diziam:
— Como é que ele pode ser letrado, se não
chegou a estudar?
16 Jesus lhes respondeu:
— O meu ensino não é meu, mas daquele
que me enviou. 17 Se alguém quiser fazer a
vontade de Deus, conhecerá a respeito da
doutrina, se ela é de Deus ou se eu falo por
mim mesmo. 18 Quem fala por si mesmo está
buscando a sua própria glória; mas o que
busca a glória de quem o enviou, esse é ver-
dadeiro, e nele não há falsidade. 19 Não é fato
que Moisés deu a Lei para vocês? Contudo,
nenhum de vocês a cumpre. Por que estão
querendo me matar?
20 A multidão respondeu:
— Você tem demônio. Quem é que está
querendo matá-lo?
21 Jesus respondeu:
— Um só feito realizei, e todos vocês
ficaram admirados. 22 Moisés lhes deu a
circuncisão — se bem que ela não vem de
Moisés, mas dos patriarcas —, e vocês fazem
a circuncisão de um menino até mesmo
no sábado. 23 E, se um menino pode ser
circuncidado em dia de sábado, para que
a Lei de Moisés não seja desrespeitada, por
que vocês ficam indignados contra mim,
pelo fato de eu ter curado por completo
um homem num sábado? 24 Não julguem
segundo a aparência, mas julguem pela
reta justiça.

É JESUS O CRISTO?

25 Alguns de Jerusalém diziam:
— Não é este o homem que estão querendo
matar? 26 Eis que ele fala abertamente, e nin-
guém lhe diz nada. Será que as autoridades
reconhecem de fato que este é o Cristo?
27 Mas nós sabemos de onde este homem
vem. Quando, porém, o Cristo vier, ninguém
saberá de onde ele é.
28 Enquanto ensinava no templo, Jesus
disse em voz alta:
— Vocês não somente me conhecem, mas
também sabem de onde eu sou. Eu não vim
porque eu, de mim mesmo, o quisesse, mas
aquele que me enviou é verdadeiro, aquele a
quem vocês não conhecem. 29 Eu o conheço,
porque venho da parte dele e ele me enviou.
30 Então quiseram prendê-lo, mas ninguém
lhe pôs as mãos, porque a sua hora ainda
não havia chegado. 31 Porém muitos dentre
a multidão creram nele e diziam:
— Quando o Cristo vier, será que vai
fazer maiores sinais do que este homem
tem feito?

A mulher cujas raízes foram curadas e estão agarradas em Cristo dá espaço ao Espírito em vez das emoções, a fim de que ele conduza o barco.

OS GUARDAS MANDADOS PARA PRENDER JESUS

32 Os fariseus, ouvindo a multidão mur-
murar essas coisas a respeito de Jesus,
juntamente com os principais sacerdo-
tes enviaram guardas para o prender.
33 Jesus disse:

— Ainda por um pouco de tempo estou
com vocês e depois irei para junto daquele
que me enviou. 34 Vocês irão me procurar,
mas não me acharão; vocês também não
podem ir para onde eu estou.

35 Então os judeus disseram uns aos
outros:

— Para onde ele irá que não o possamos
achar? Será que pretende ir para a diás-
pora entre os gregos, a fim de ensinar os
gregos? 36 Que significa isso que ele diz:
"Vocês irão me procurar, mas não me acha-
rão; vocês também não podem ir para onde
eu estou?"

JESUS, A FONTE DA ÁGUA VIVA

37 No último dia, o grande dia da festa,
Jesus se levantou e disse em voz alta:

— Se alguém tem sede, venha a mim e
beba. 38 Quem crer em mim, como diz a
Escritura, do seu interior fluirão rios de
água viva.

39 Isso ele disse a respeito do Espírito
que os que nele cressem haviam de rece-
ber; pois o Espírito até aquele momento
não tinha sido dado, porque Jesus ainda
não havia sido glorificado.

O POVO SE DIVIDE

40 Quando ouviram essas palavras, alguns
do meio do povo diziam:

— Este é verdadeiramente o profeta.

41 Outros diziam:

— Ele é o Cristo.

Outros, porém, perguntavam:

— Por acaso o Cristo virá da Galileia?
42 Não diz a Escritura que o Cristo vem da
descendência de Davi e da aldeia de Belém,
de onde era Davi?

43 Assim, houve divisão entre o povo por
causa dele. 44 Alguns queriam prendê-lo,
mas ninguém lhe pôs as mãos.

AS AUTORIDADES NÃO CREEM

45 Os guardas voltaram à presença dos
principais sacerdotes e fariseus, e estes
lhes perguntaram:

— Por que vocês não o trouxeram?

46 Eles responderam:

— Jamais alguém falou como este homem.

47 Os fariseus disseram aos guardas:

— Será que também vocês foram engana-
dos? 48 Por acaso alguma das autoridades ou
algum dos fariseus creu nele? 49 Mas esse
povo que nada sabe da lei é maldito.

50 Nicodemos, um deles, que antes tinha
ido conversar com Jesus, perguntou-lhes:

51 — Será que a nossa lei condena um
homem sem primeiro ouvi-lo e saber o que
ele fez?

52 Eles responderam:

— Por acaso também você é da Galileia?
Examine e verá que da Galileia não se
levanta profeta.

A MULHER ADÚLTERA

53 E cada um foi para a sua casa.

8 1 Jesus, no entanto, foi para o monte
das Oliveiras. 2 De madrugada, voltou
novamente para o templo, e todo o povo
se reuniu em volta dele; e Jesus, assentado,
os ensinava. 3 Então os escribas e fariseus
trouxeram à presença dele uma mulher
surpreendida em adultério e, fazendo-a
ficar em pé no meio de todos, 4 disse-
ram a Jesus:

— Mestre, esta mulher foi surpreendida
em flagrante adultério. 5 Na Lei, Moisés nos
ordenou que tais mulheres sejam apedreja-
das. E o senhor, o que tem a dizer?

6 Eles diziam isso tentando-o, para terem
de que o acusar. Mas Jesus, inclinando-se,
escrevia na terra com o dedo. 7 Como eles
insistiam na pergunta, Jesus se levantou
e lhes disse:

— Quem de vocês estiver sem pecado seja
o primeiro a atirar uma pedra nela.

8 E, inclinando-se novamente, continuou
a escrever no chão. 9 Mas eles, ouvindo
essa resposta, foram saindo um por um,
a começar pelos mais velhos até os últi-
mos, ficando só Jesus e a mulher em pé

diante dele. 10 Levantando-se, Jesus perguntou a ela:

— Mulher, onde estão eles? Ninguém condenou você?

11 Ela respondeu:

— Ninguém, Senhor!

Então Jesus disse:

— Também eu não a condeno; vá e não peque mais.

JESUS, A LUZ DO MUNDO

12 De novo, Jesus lhes falou, dizendo:

— Eu sou a luz do mundo. Quem me segue não andará nas trevas; pelo contrário, terá a luz da vida.

13 Então os fariseus lhe disseram:

— Você dá testemunho de si mesmo. O testemunho que você dá não é verdadeiro.

14 Jesus respondeu:

— Ainda que eu dê testemunho a respeito de mim mesmo, o meu testemunho é verdadeiro, porque sei de onde vim e para onde vou; mas vocês não sabem de onde venho, nem para onde vou. 15 Vocês julgam segundo a carne; eu não julgo ninguém. 16 E, se eu julgo, o meu juízo é verdadeiro, porque não sou só eu que julgo, mas eu e o Pai, que me enviou. 17 Também na Lei de vocês está escrito que o testemunho de duas pessoas é verdadeiro. 18 Eu dou testemunho de mim mesmo, e o Pai, que me enviou, também dá testemunho de mim.

19 Então eles lhe perguntaram:

— Onde está o seu Pai?

Jesus respondeu:

— Vocês não conhecem a mim e não conhecem o meu Pai; se conhecessem a mim, também conheceriam o meu Pai.

20 Jesus proferiu essas palavras perto da caixa de ofertas, quando ensinava no templo. Ninguém o prendeu, porque ainda não havia chegado a sua hora.

JESUS DEFENDE A SUA MISSÃO E AUTORIDADE

21 Outra vez Jesus lhes falou, dizendo:

— Eu vou embora, e vocês vão me procurar, mas perecerão no seu pecado. Para onde eu vou vocês não podem ir.

22 Então os judeus diziam:

— Será que ele tem a intenção de se suicidar? Porque diz: "Para onde eu vou vocês não podem ir."

23 Jesus lhes disse:

— Vocês são daqui de baixo, eu sou lá de cima. Vocês são deste mundo, eu deste mundo não sou. 24 Por isso, eu lhes disse que vocês morrerão em seus pecados. Porque, se não crerem que Eu Sou, vocês morrerão nos seus pecados.

25 Então lhe perguntaram:

— Quem é você?

Jesus respondeu:

— O que é que eu tenho dito a vocês desde o princípio? 26 Muitas coisas tenho para falar e julgar a respeito de vocês. Porém aquele que me enviou é verdadeiro, de modo que as coisas que dele ouvi, essas digo ao mundo.

27 Eles não entenderam que Jesus lhes falava do Pai. 28 Então Jesus disse:

— Quando vocês levantarem o Filho do Homem, então saberão que Eu Sou e que nada faço por mim mesmo; mas falo como o Pai me ensinou. 29 E aquele que me enviou está comigo, não me deixou só, porque eu faço sempre o que lhe agrada.

30 Quando Jesus disse isto, muitos creram nele.

A VERDADE LIBERTA

31 Então Jesus disse aos judeus que haviam crido nele:

— Se vocês permanecerem na minha palavra, são verdadeiramente meus discípulos, 32 conhecerão a verdade, e a verdade os libertará.

33 Eles responderam:

— Somos descendência de Abraão e jamais fomos escravos de ninguém. Como você pode dizer que seremos livres?

34 Jesus respondeu:

— Em verdade, em verdade lhes digo que todo o que comete pecado é escravo do pecado. 35 O escravo não fica sempre na casa; o filho, sim, fica para sempre. 36 Se, pois, o Filho os libertar, vocês serão verdadeiramente livres. 37 Bem sei que vocês são descendência de Abraão; no entanto, estão querendo me matar, porque a minha palavra não está em vocês. 38 Eu falo das coisas que vi junto de meu Pai; vocês, porém, fazem o que ouviram do pai de vocês.

39 Então lhe disseram:

— Nosso pai é Abraão.

Mas Jesus respondeu:

— Se vocês fossem filhos de Abraão, fariam as obras que ele fez. 40 Mas agora vocês estão querendo me matar, a mim que lhes falei a verdade que ouvi de Deus; Abraão não fez isso. 41 Vocês fazem as obras do pai de vocês.

Eles responderam:

— Nós não somos filhos ilegítimos. Temos um pai, que é Deus.

42 Jesus disse:

— Se Deus fosse, de fato, o pai de vocês, certamente me amariam, porque eu vim de Deus e aqui estou; pois não vim de mim mesmo, mas ele me enviou. 43 Por que vocês não compreendem a minha linguagem? É porque vocês são incapazes de ouvir a minha palavra. 44 Vocês são do diabo, que é o pai de vocês, e querem satisfazer os desejos dele. Ele foi assassino desde o princípio e jamais se firmou na verdade, porque nele não há verdade. Quando ele profere mentira, fala do que lhe é próprio, porque é mentiroso e pai da mentira. 45 Mas, porque eu digo a verdade, vocês não creem em mim. 46 Quem de vocês me convence de pecado? Se digo a verdade, por que não creem em mim? 47 Quem é de Deus ouve as palavras de Deus; por isso, vocês não me ouvem, porque não são de Deus.

JESUS E ABRAÃO

48 Os judeus disseram a Jesus:

— Será que não temos razão em dizer que você é samaritano e tem demônio?

49 Jesus respondeu:

— Eu não tenho demônio; pelo contrário, honro o meu Pai, mas vocês me desonram. 50 Eu não procuro a minha própria glória; há quem a busque e julgue. 51 Em verdade, em verdade lhes digo que, se alguém guardar a minha palavra, não verá a morte eternamente.

52 Então os judeus disseram:

— Agora estamos certos de que você tem demônio. Abraão morreu, e também os profetas, e você diz: "Se alguém guardar a minha palavra, não provará a morte eternamente." 53 Você não está querendo dizer que é maior do que Abraão, o nosso pai, que morreu? Também os profetas morreram. Quem você pensa que é?

54 Jesus respondeu:

— Se eu glorifico a mim mesmo, a minha glória não é nada. Quem me glorifica é o meu Pai, o qual vocês dizem que é o Deus de vocês. 55 Entretanto, vocês não o conhecem; eu, porém, o conheço. Se eu disser que não o conheço, serei como vocês: mentiroso; mas eu o conheço e guardo a sua palavra. 56 Abraão, o pai de vocês, alegrou-se por ver o meu dia; e ele viu esse dia e ficou alegre.

57 Então os judeus lhe perguntaram:

— Você não tem nem cinquenta anos e viu Abraão?

58 Jesus respondeu:

— Em verdade, em verdade lhes digo que, antes que Abraão existisse, Eu Sou.

59 Então pegaram pedras para atirar nele, mas Jesus se ocultou e saiu do templo.

A CURA DE UM CEGO DE NASCENÇA

9 1 Enquanto Jesus caminhava, viu um homem cego de nascença. 2 E os seus discípulos perguntaram:

— Mestre, quem pecou para que este homem nascesse cego? Ele ou os pais dele?

3 Jesus respondeu:

— Nem ele pecou, nem os pais dele; mas isso aconteceu para que nele se manifestem as obras de Deus. 4 É necessário que façamos as obras daquele que me enviou enquanto é dia; a noite vem, quando ninguém pode trabalhar. 5 Enquanto estou no mundo, sou a luz do mundo.

6 Depois de dizer isso, Jesus cuspiu na terra, fez lama com a saliva e com a lama untou os olhos do cego. 7 Então disse ao cego:

— Vá lavar-se no tanque de Siloé.

Siloé quer dizer "Enviado".

O cego foi, lavou-se e voltou vendo. 8 Então os vizinhos e os que antes o conheciam de vista, como mendigo, perguntavam:

— Não é este o que ficava sentado pedindo esmolas?

9 Uns diziam:

— É ele.

Outros:

— Não, mas se parece com ele.

O homem dizia:

— Sou eu.

10 Então lhe perguntaram:

— Como foram abertos os seus olhos?

11 Ele respondeu:

— O homem chamado Jesus fez lama, passou nos meus olhos e disse: "Vá ao tanque de Siloé e lave-se." Então fui, lavei-me e estou vendo.

12 Eles perguntaram:

— Onde está ele?

Respondeu:

— Não sei.

OS FARISEUS INTERROGAM O CEGO

13 Levaram aos fariseus aquele que antes era cego. 14 E era sábado o dia em que Jesus fez a lama e lhe abriu os olhos. 15 Então os fariseus lhe perguntaram outra vez como podia ver. Ele respondeu:

— Ele pôs lama sobre os meus olhos, lavei-me e estou vendo.

16 Por isso, alguns dos fariseus diziam:

— Esse homem não é de Deus, porque não guarda o sábado.

Mas outros diziam:

— Como pode um homem pecador fazer sinais como estes?

E houve divisão entre eles.

17 De novo perguntaram ao cego:

— O que você diz a respeito dele, uma vez que lhe abriu os olhos?

Ele respondeu:

— É um profeta.

18 Os judeus não acreditaram que ele tinha sido cego e que agora podia ver, enquanto não chamaram os pais dele 19 e lhes perguntaram:

— É este o filho de vocês, que vocês dizem que nasceu cego? Como é que agora ele está vendo?

20 Então os pais responderam:

— Sabemos que este é o nosso filho e que nasceu cego, 21 mas não sabemos como agora está vendo. E também não sabemos quem lhe abriu os olhos. Perguntem a ele, pois já tem idade e poderá falar por si mesmo.

22 Os pais dele disseram isso porque estavam com medo dos judeus, pois estes já tinham combinado que, se alguém confessasse que Jesus era o Cristo, seria expulso da sinagoga. 23 Foi por isso que os pais dele disseram: "Ele já tem idade e poderá falar por si mesmo."

24 Então chamaram, pela segunda vez, o homem que tinha sido cego e lhe disseram:

— Diga a verdade diante de Deus; nós sabemos que esse homem é pecador.

25 Ele respondeu:

— Se é pecador, não sei. Uma coisa sei: eu era cego e agora vejo.

26 Perguntaram-lhe outra vez:

— O que ele fez a você? Como lhe abriu os olhos?

27 Ele respondeu:

— Já lhes disse, mas vocês não ouviram. Por que querem ouvir outra vez? Por acaso vocês também querem se tornar discípulos dele?

28 Então o insultaram e lhe disseram:

— Discípulo dele é você! Nós somos discípulos de Moisés. 29 Sabemos que Deus falou a Moisés, mas este nem sabemos de onde é.

30 O homem respondeu:

— É estranho que vocês não saibam de onde ele é, mas ele me abriu os olhos. 31 Sabemos que Deus não atende a pecadores. Pelo contrário, se alguém teme a Deus e pratica a sua vontade, a este atende. 32 Desde que o mundo existe, jamais se ouviu que alguém tenha aberto os olhos a um cego de nascença. 33 Se este homem não fosse de Deus, não poderia ter feito nada.

34 Mas eles disseram:

— Você nasceu cheio de pecado e quer nos ensinar?

E o expulsaram.

A CEGUEIRA ESPIRITUAL

35 Jesus ouviu que eles tinham expulsado o homem. Ao encontrá-lo, perguntou:

— Você crê no Filho do Homem?

36 Ele respondeu:

— Quem é, Senhor, para que eu creia nele?

37 E Jesus lhe disse:

— Você já o tem visto, e é aquele que está falando com você.

38 Então ele afirmou:

— Eu creio, Senhor!

E o adorou.

39 Jesus continuou:

— Eu vim a este mundo para juízo, a fim de que os que não veem vejam, e os que veem se tornem cegos.

40 Alguns dos fariseus que estavam perto dele perguntaram-lhe:

— Por acaso também nós somos cegos?

41 Jesus respondeu:

— Se vocês fossem cegos, não teriam pecado algum. Mas, porque agora dizem: "Nós vemos", o pecado de vocês permanece.

O PASTOR DAS OVELHAS

10 1 — Em verdade, em verdade lhes digo: quem não entra no curral das ovelhas pela porta, mas sobe por outro lugar, esse é ladrão e salteador. 2 Aquele, porém, que entra pela porta, esse é o pastor das ovelhas. 3 Para este o porteiro abre, as ovelhas ouvem a sua voz, ele chama as suas próprias ovelhas pelo nome e as conduz para fora. 4 Depois de levar para fora todas as que lhe pertencem, vai na frente delas, e elas o seguem, porque reconhecem a voz dele. 5 Mas de modo nenhum seguirão o estranho; pelo contrário, fugirão dele, porque não conhecem a voz dos estranhos.

6 Jesus fez esta comparação, mas eles não compreenderam o sentido daquilo que ele falava.

JESUS, A PORTA

7 Então Jesus disse mais uma vez:

— Em verdade, em verdade lhes digo que eu sou a porta das ovelhas. 8 Todos os que vieram antes de mim são ladrões e salteadores, mas as ovelhas não lhes deram ouvidos. 9 Eu sou a porta. Se alguém entrar por mim, será salvo; entrará, sairá e achará pastagem. 10 O ladrão vem somente para roubar, matar e destruir; eu vim para que tenham vida e a tenham em abundância.

JESUS, O BOM PASTOR

11 — Eu sou o bom pastor. O bom pastor dá a vida pelas ovelhas. 12 O mercenário, que não é pastor, a quem não pertencem as ovelhas, vê o lobo chegando, abandona as ovelhas e foge; então o lobo as arrebata e dispersa. 13 O mercenário foge, porque é mercenário e não se importa com as ovelhas. 14 Eu sou o bom pastor. Conheço as minhas ovelhas, e elas me conhecem, 15 assim como o Pai me conhece, e eu conheço o Pai; e dou a minha vida pelas ovelhas. 16 Ainda tenho outras ovelhas, não deste aprisco. Preciso trazer também estas. Elas ouvirão a minha voz e, então, haverá um só rebanho e um só pastor. 17 Por isso, o Pai me ama, porque eu dou a minha vida para recebê-la outra vez. 18 Ninguém tira a minha vida; pelo contrário, eu espontaneamente a dou. Tenho autoridade para entregá-la e também para reavê-la. Este mandato recebi de meu Pai.

19 Por causa dessas palavras, houve nova divisão entre os judeus. 20 Muitos deles diziam:

— Ele tem demônio e enlouqueceu. Por que vocês ouvem o que ele diz?

21 Outros diziam:

— Este modo de falar não é de endemoniado. Será que um demônio pode abrir os olhos aos cegos?

A FESTA DA DEDICAÇÃO. O POVO REJEITA JESUS

22 Celebrava-se em Jerusalém a Festa da Dedicação. Era inverno. 23 Jesus passeava no templo, no Pórtico de Salomão. 24 Então os judeus o rodearam e disseram:

— Até quando você nos deixará nesse suspense? Se você é o Cristo, diga francamente.

25 Jesus respondeu:

— Já falei, mas vocês não acreditam. As obras que eu faço em nome do meu Pai dão testemunho de mim. 26 Mas vocês não creem,

porque não são das minhas ovelhas. 27 As
minhas ovelhas ouvem a minha voz; eu as
conheço, e elas me seguem. 28 Eu lhes dou
a vida eterna; jamais perecerão, e ninguém
as arrebatará da minha mão. 29 Aquilo que
meu Pai me deu é maior do que tudo, e da
mão do Pai ninguém pode arrebatar. 30 Eu e
o Pai somos um.

31 Os judeus mais uma vez pegaram pedras
com a intenção de apedrejá-lo.

32 Mas Jesus lhes disse:

— Tenho mostrado a vocês muitas obras
boas da parte do Pai. Por qual delas querem
me apedrejar?

33 Os judeus responderam:

— Não é por obra boa que queremos
apedrejá-lo, e sim por causa da blasfêmia.
Pois, sendo você apenas um homem, está
se fazendo de Deus.

34 Jesus disse:

— Não está escrito na Lei de vocês: "Eu
disse: vocês são deuses"? 35 Se ele chamou
deuses àqueles a quem foi dirigida a pala-
vra de Deus — e a Escritura não pode falhar
—, 36 então como vocês dizem que aquele
que o Pai santificou e enviou ao mundo
está blasfemando, só porque declarei que
sou Filho de Deus? 37 Se não faço as obras
do meu Pai, não acreditem em mim. 38 Mas,
se faço, e vocês não creem em mim, creiam
pelo menos nas obras, para que vocês pos-
sam saber e compreender que o Pai está em
mim e que eu estou no Pai.

39 Então tentaram outra vez prendê-lo, mas
ele se livrou das mãos deles.

40 Novamente Jesus se retirou para além
do Jordão, para o lugar onde João batizava
no início; e ali permaneceu. 41 E muitos iam
até ele e diziam:

— João não fez nenhum sinal, mas tudo
o que ele disse a respeito deste homem
era verdade.

42 E naquele lugar muitos creram nele.

A MORTE DE LÁZARO

11 1 Um homem chamado Lázaro estava
doente. Ele era de Betânia, da aldeia
de Maria e de sua irmã Marta. 2 Esta Maria,
cujo irmão Lázaro estava doente, era a
mesma que ungiu o Senhor com perfume
e lhe enxugou os pés com os seus cabelos.
3 Por isso, as irmãs de Lázaro mandaram
dizer a Jesus:

— Aquele que o Senhor ama está doente.

4 Ao receber a notícia, Jesus disse:

— Essa doença não é para morte, mas para
a glória de Deus, a fim de que o Filho de Deus
seja glorificado por meio dela.

5 Ora, Jesus amava Marta e a irmã dela, e
também Lázaro. 6 Quando soube que Lázaro
estava doente, ainda se demorou dois dias
no lugar onde estava. 7 Depois, disse aos
seus discípulos:

— Vamos outra vez para a Judeia.

8 Os discípulos disseram:

— Mestre, ainda há pouco os judeus que-
riam apedrejá-lo! E o senhor quer voltar
para lá?

9 Jesus respondeu:

— Não é verdade que o dia tem doze horas?
Se alguém andar de dia, não tropeça, por-
que vê a luz deste mundo. 10 Mas, se andar
de noite, tropeça, porque nele não há luz.

11 Tendo dito isso, acrescentou:

— Nosso amigo Lázaro adormeceu, mas
vou para despertá-lo.

12 Então os discípulos disseram:

— Senhor, se dorme, estará salvo.

13 Jesus falava da morte de Lázaro, mas eles
pensavam que tivesse falado do repouso do
sono. 14 Então Jesus lhes disse claramente:

— Lázaro morreu. 15 Por causa de vocês
me alegro de que não estivesse lá, para que
vocês possam crer. Mas vamos até ele.

16 Então Tomé, chamado Dídimo, disse aos
outros discípulos:

— Vamos também nós para morrer com
o Mestre!

JESUS É A RESSURREIÇÃO E A VIDA

17 Quando Jesus chegou, encontrou
Lázaro já sepultado havia quatro dias.
18 Ora, Betânia ficava a mais ou menos
três quilômetros de Jerusalém. 19 Muitos
dos judeus vieram visitar Marta e Maria,
a fim de consolá-las por causa do irmão.
20 Marta, quando soube que Jesus estava
chegando, foi encontrar-se com ele; Maria,

porém, ficou sentada em casa. 21 Então
Marta disse a Jesus:
— Se o Senhor estivesse aqui, o meu irmão
não teria morrido. 22 Mas também sei que,
mesmo agora, tudo o que o senhor pedir a
Deus, ele concederá.
23 Jesus disse a ela:
— O seu irmão há de ressurgir.
24 Ao que Marta respondeu:
— Eu sei que ele há de ressurgir na ressur-
reição, no último dia.
25 Então Jesus declarou:
— Eu sou a ressurreição e a vida. Quem
crê em mim, ainda que morra, viverá. 26 E
todo o que vive e crê em mim não morrerá
eternamente. Você crê nisto?
27 Marta respondeu:
— Sim, Senhor! Eu creio que o senhor
é o Cristo, o Filho de Deus que devia vir
ao mundo.

JESUS CHORA

28 Depois de dizer isto, Marta foi chamar
Maria, a sua irmã, e lhe disse em particular:
— O Mestre chegou e está chamando você.
29 Quando Maria ouviu isso, levantou-se
depressa e foi até ele, 30 pois Jesus ainda
não tinha entrado na aldeia, mas perma-
necia onde Marta o havia encontrado. 31 Os
judeus que estavam com Maria em casa e a
consolavam, vendo-a levantar-se depressa
e sair, seguiram-na, pensando que ela ia ao
túmulo para chorar. 32 Quando Maria chegou
ao lugar onde Jesus estava, ao vê-lo, lançou-
-se aos seus pés, dizendo:
— Se o Senhor estivesse aqui, o meu irmão
não teria morrido.
33 Quando Jesus viu que ela chorava, e que
os judeus que a acompanhavam também
choravam, agitou-se no espírito e se como-
veu. 34 E perguntou:
— Onde vocês o puseram?
Eles responderam:
— Senhor, venha ver!
35 Jesus chorou. 36 Então os judeus disseram:
— Vejam o quanto ele o amava.
37 Mas alguns disseram:
— Será que ele, que abriu os olhos ao cego,
não podia fazer com que Lázaro não morresse?

A RESSURREIÇÃO DE LÁZARO

38 Jesus, agitando-se novamente em si
mesmo, foi até o túmulo, que era uma
gruta em cuja entrada tinham colocado uma
pedra. 39 Então Jesus ordenou:
— Tirem a pedra.
Marta, irmã do falecido, disse a Jesus:
— Senhor, já cheira mal, porque está morto
há quatro dias.
40 Jesus respondeu:
— Eu não disse a você que, se cresse, veria
a glória de Deus?
41 Então tiraram a pedra. E Jesus, levan-
tando os olhos para o céu, disse:
— Pai, graças te dou porque me ouviste.
42 Eu sei que sempre me ouves, mas falei
isso por causa da multidão presente, para
que creiam que tu me enviaste.
43 E, depois de dizer isso, clamou em
alta voz:
— Lázaro, venha para fora!
44 Aquele que tinha morrido saiu, tendo
os pés e as mãos amarrados com ataduras
e o rosto envolto num lenço. Então Jesus
lhes ordenou:
— Desamarrem-no e deixem que ele vá.

O PLANO PARA MATAR JESUS

Mt 26.1-5; Mc 14.1-2; Lc 22.1-2

45 Muitos dos judeus que tinham vindo
visitar Maria, vendo o que Jesus havia
feito, creram nele. 46 Outros, porém, foram
até os fariseus e lhes contaram o que Jesus
havia feito.
47 Então os principais sacerdotes e os fari-
seus convocaram o Sinédrio e disseram:
— O que estamos fazendo, uma vez que
este homem opera muitos sinais? 48 Se o
deixarmos assim, todos crerão nele; depois,
virão os romanos e tomarão não só o nosso
lugar, mas a própria nação.
49 Mas um deles, Caifás, que era sumo
sacerdote naquele ano, advertiu-os, dizendo:
— Vocês não sabem nada, 50 nem enten-
dem que é melhor para vocês que morra
um só homem pelo povo e que não venha
a perecer toda a nação.

51 Ora, Caifás não disse isto por conta própria, mas, sendo sumo sacerdote naquele ano, profetizou que Jesus estava para morrer pela nação. 52 E não somente pela nação, mas também para reunir em um só corpo os filhos de Deus, que andam dispersos.

53 Desde aquele dia, resolveram matar Jesus. 54 Assim sendo, Jesus já não andava publicamente entre os judeus, mas retirou-se para uma região vizinha ao deserto, para uma cidade chamada Efraim, onde permaneceu com os discípulos.

55 Estava próxima a Páscoa dos judeus, e muitos daquela região foram a Jerusalém antes da Páscoa para se purificar. 56 Lá, procuravam Jesus e, estando eles no templo, diziam uns aos outros:

— O que vocês acham? Ele não virá à festa?

57 Ora, os principais sacerdotes e os fariseus haviam ordenado que, se alguém soubesse onde ele estava, o denunciasse, para que pudessem prendê-lo.

JESUS É UNGIDO EM BETÂNIA

Mt 26.6-13; Mc 14.3-9

12 1 Seis dias antes da Páscoa, Jesus foi para Betânia, onde estava Lázaro, a quem ele tinha ressuscitado dentre os mortos. 2 Prepararam-lhe, ali, uma ceia. Marta servia, e Lázaro era um dos que estavam à mesa com Jesus. 3 Então Maria, pegando um frasco de perfume de nardo puro, muito precioso, ungiu os pés de Jesus e os enxugou com os seus cabelos. E toda a casa se encheu com o cheiro do perfume. 4 Mas Judas Iscariotes, um dos seus discípulos, aquele que estava para trair Jesus, disse:

5 — Por que este perfume não foi vendido por trezentos denários e o valor não foi dado aos pobres?

6 Ele disse isso não porque se preocupava com os pobres, mas porque era ladrão e, tendo a bolsa do dinheiro, tirava o que era colocado nela. 7 Mas Jesus disse:

— Deixe-a! Que ela guarde isto para o dia do meu sepultamento. 8 Porque os pobres estão sempre com vocês, mas a mim vocês nem sempre terão.

O PLANO PARA MATAR LÁZARO

9 Uma numerosa multidão dos judeus ficou sabendo que Jesus estava em Betânia. Eles foram até lá não só por causa dele, mas também para ver Lázaro, a quem ele tinha ressuscitado dentre os mortos. 10 Mas os principais sacerdotes resolveram matar também Lázaro, 11 porque muitos dos judeus, por causa dele, voltavam crendo em Jesus.

JESUS ENTRA EM JERUSALÉM

Mt 21.1-11; Mc 11.1-11; Lc 19.28-40

12 No dia seguinte, a numerosa multidão que tinha vindo à festa, tendo ouvido que Jesus estava a caminho de Jerusalém, 13 pegou ramos de palmeiras e saiu ao encontro dele, clamando:

"Hosana!
Bendito o que vem em nome do Senhor
e que é Rei de Israel!"

14 E Jesus, tendo conseguido um jumentinho, montou-o, segundo está escrito:

15 "Não tema, filha de Sião,
eis que o seu Rei está vindo,
montado num filho de jumenta."

16 Seus discípulos a princípio não compreenderam isso. Mas, quando Jesus foi glorificado, então eles se lembraram de que essas coisas estavam escritas a respeito dele e também de que tinham feito isso com ele. 17 A multidão que estava com Jesus quando ele chamou Lázaro do túmulo e o levantou dentre os mortos dava testemunho. 18 Por causa disso, também, a multidão saiu ao encontro de Jesus, pois ouviu que ele tinha feito esse sinal. 19 Então os fariseus disseram entre si:

— Vocês podem ver que não estão conseguindo nada! Eis que o mundo vai atrás dele.

ALGUNS GREGOS DESEJAM VER JESUS

20 Ora, entre os que foram para adorar durante a festa, havia alguns gregos. 21 Estes se dirigiram a Filipe, que era de Betsaida da Galileia, e lhe pediram:

— Senhor, queremos ver Jesus.

22 Filipe foi dizê-lo a André, e André e Filipe o comunicaram a Jesus. 23 Então Jesus se dirigiu a eles, dizendo:

— É chegada a hora de ser glorificado o Filho do Homem. 24 Em verdade, em verdade lhes digo: se o grão de trigo, caindo na terra, não morrer, fica ele só; mas, se morrer, produz muito fruto. 25 Quem ama a sua vida perde-a; mas aquele que odeia a sua vida neste mundo irá preservá-la para a vida eterna. 26 Se alguém me serve, siga-me, e, onde eu estou, ali estará também o meu servo. E, se alguém me servir, meu Pai o honrará.

JESUS FALA DA SUA MORTE

27 — Agora a minha alma está angustiada, e o que direi? "Pai, salva-me desta hora"? Não, pois foi precisamente com este propósito que eu vim para esta hora. 28 Pai, glorifica o teu nome.

Então veio uma voz do céu:

— Eu já o glorifiquei e ainda o glorificarei.

29 A multidão que ali estava e que ouviu aquela voz dizia ter havido um trovão. Outros diziam:

— Foi um anjo que lhe falou.

30 Então Jesus explicou:

— Não foi por minha causa que veio esta voz, e sim por causa de vocês. 31 Chegou o momento de este mundo ser julgado, e agora o seu príncipe será expulso. 32 E eu, quando for levantado da terra, atrairei todos a mim.

33 Ele dizia isto, significando com que tipo de morte estava para morrer. 34 A multidão disse:

— Nós ouvimos da Lei que o Cristo permanece para sempre. Como, então, você diz que é necessário que o Filho do Homem seja levantado? Quem é esse Filho do Homem?

35 Jesus respondeu:

— Ainda por um pouco a luz está com vocês. Andem enquanto vocês têm a luz, para que não sejam surpreendidos pelas trevas. E quem anda nas trevas não sabe para onde vai. 36 Enquanto vocês têm a luz, creiam na luz, para que se tornem filhos da luz.

A INCREDULIDADE DOS JUDEUS

Depois de dizer isso, Jesus foi embora e ocultou-se deles. 37 E, embora tivesse feito tantos sinais na presença deles, não creram nele, 38 para se cumprir a palavra do profeta Isaías, que diz:

"Senhor, quem creu
em nossa pregação?
E a quem foi revelado
o braço do Senhor?"

39 Por isso, não podiam crer, porque Isaías disse ainda:

40 "Cegou os olhos deles
e endureceu-lhes o coração,
para que não vejam com os olhos,
nem entendam com o coração,
e se convertam,
e sejam por mim curados."

41 Isaías disse isso porque viu a glória dele e falou a respeito dele. 42 No entanto, muitos dentre as próprias autoridades creram em Jesus, mas, por causa dos fariseus, não o confessavam, para não serem expulsos da sinagoga. 43 Porque amaram mais a glória dos homens do que a glória de Deus.

O RESUMO DO ENSINO DE JESUS

44 E Jesus clamou, dizendo:

— Quem crê em mim crê não em mim, mas naquele que me enviou. 45 E quem vê a mim vê aquele que me enviou. 46 Eu vim como luz para o mundo, a fim de que todo aquele que crê em mim não permaneça nas trevas. 47 Se alguém ouvir as minhas palavras e não as guardar, eu não o julgo. Porque eu não vim para julgar o mundo, e sim para salvá-lo. 48 Quem me rejeita e não recebe as minhas palavras tem quem o julgue; a própria palavra que falei, essa o julgará no último dia. 49 Porque eu não falei por mim mesmo, mas o Pai, que me enviou, esse me ordenou o que dizer e o que anunciar. 50 E sei que o seu mandamento é a vida eterna. Portanto, as coisas que eu digo, digo exatamente assim como o Pai me falou.

JESUS LAVA OS PÉS DOS DISCÍPULOS

13 1 Antes da Festa da Páscoa, sabendo Jesus que era chegada a sua hora de passar deste mundo para o Pai, tendo amado os seus que estavam no mundo, amou-os até o fim. 2 Durante a ceia, tendo já o diabo posto no coração de Judas, filho de Simão Iscariotes, que traísse Jesus, 3 sabendo este que o Pai tinha confiado tudo às suas mãos, e que ele tinha vindo de Deus e voltava para Deus, 4 levantou-se da ceia, tirou a vestimenta de cima e, pegando uma toalha, cingiu-se com ela. 5 Em seguida Jesus pôs água numa bacia e começou a lavar os pés dos discípulos e a enxugá-los com a toalha com que estava cingido. 6 Quando se aproximou de Simão Pedro, este lhe perguntou:

— Vai lavar os meus pés, Senhor?

7 Jesus respondeu:

— O que eu faço você não compreende agora, mas vai entender depois.

8 Então Pedro disse:

— O senhor nunca lavará os meus pés!

Ao que Jesus respondeu:

— Se eu não lavar, você não terá parte comigo.

9 Então Pedro lhe pediu:

— Senhor, não somente os pés, mas também as mãos e a cabeça.

10 Jesus respondeu:

— Quem já se banhou não precisa lavar nada, a não ser os pés, pois, quanto ao mais, está todo limpo. E vocês estão limpos, mas não todos.

11 Pois ele sabia quem era o traidor. Foi por isso que disse: "Nem todos estão limpos."

12 Depois de lhes ter lavado os pés, Jesus pôs de novo as suas vestimentas e, voltando à mesa, perguntou-lhes:

— Vocês compreendem o que eu lhes fiz? 13 Vocês me chamam de Mestre e de Senhor e fazem bem, porque eu o sou. 14 Ora, se eu, sendo Senhor e Mestre, lavei os pés de vocês, também vocês devem lavar os pés uns dos outros. 15 Porque eu lhes dei o exemplo, para que, como eu fiz, vocês façam também. 16 Em verdade, em verdade lhes digo que o servo não é maior do que seu senhor, nem o enviado é maior do que aquele que o enviou. 17 Se vocês sabem estas coisas, bem-aventurados serão se as praticarem. 18 Não falo a respeito de todos vocês, pois eu conheço aqueles que escolhi. Mas é para que se cumpra a Escritura: "Aquele que come do meu pão levantou contra mim o seu calcanhar." 19 Desde já lhes digo isso, antes que aconteça, para que, quando acontecer, vocês creiam que Eu Sou. 20 Em verdade, em verdade lhes digo: quem recebe aquele que eu enviar recebe a mim; e quem recebe a mim recebe aquele que me enviou.

O TRAIDOR É INDICADO

Mt 26.20-25; Mc 14.17-21; Lc 22.21-23

21 Depois de dizer isso, Jesus se angustiou em espírito e afirmou:

— Em verdade, em verdade lhes digo que um de vocês vai me trair.

22 Então os discípulos olharam uns para os outros, sem saber a quem ele se referia.

23 Ao lado de Jesus estava reclinado um dos seus discípulos, aquele a quem ele amava. 24 Simão Pedro fez um sinal a esse, para que perguntasse a quem Jesus se referia. 25 Então aquele discípulo, reclinando-se sobre o peito de Jesus, perguntou:

— Senhor, quem é?

26 Jesus respondeu:

— É aquele a quem eu der o pedaço de pão molhado.

Então Jesus pegou um pedaço de pão e, tendo-o molhado, deu-o a Judas, filho de Simão Iscariotes. 27 E, depois que Judas recebeu o pedaço de pão, imediatamente Satanás entrou nele. Então Jesus disse a Judas:

— O que você pretende fazer, faça-o depressa.

28 Nenhum dos que estavam à mesa entendeu por que Jesus tinha dito isso. 29 Pois, como Judas era quem trazia a bolsa do dinheiro, alguns pensaram que Jesus tinha dito a ele: "Compre o que precisamos para a festa" ou, então, que havia solicitado que desse alguma coisa aos pobres. 30 Assim, tendo recebido o pedaço de pão, Judas logo saiu. E era noite.

Deus não tem interesse em designar guardiãs de fragrâncias baratas ou de uma essência corrompida, mas quer dispor de pessoas que reconhecem o que é valioso.

O NOVO MANDAMENTO

31 Quando Judas saiu, Jesus disse:

— Agora foi glorificado o Filho do Homem, e Deus foi glorificado nele. 32 Se Deus foi glorificado nele, também Deus o glorificará nele mesmo; e ele o glorificará imediatamente. 33 Filhinhos, ainda por um pouco estou com vocês. Vocês vão me procurar, mas o que eu disse aos judeus também agora digo a vocês: para onde eu vou vocês não podem ir. 34 Eu lhes dou um novo mandamento: que vocês amem uns aos outros. Assim como eu os amei, que também vocês amem uns aos outros. 35 Nisto todos conhecerão que vocês são meus discípulos: se tiverem amor uns aos outros.

PEDRO É AVISADO

Mt 26.31-35; Mc 14.27-31; Lc 22.31-34

36 Simão Pedro perguntou a Jesus:

— Para onde o Senhor vai?

Jesus respondeu:

— Para onde eu vou você não poderá me seguir agora; mais tarde, porém, me seguirá.

37 Pedro disse:

— Senhor, por que não posso segui-lo agora? Darei a minha vida pelo senhor.

38 Jesus respondeu:

— Você dará a sua vida por mim? Em verdade, em verdade lhe digo: antes que o galo cante, três vezes você me negará.

JESUS, O CAMINHO PARA O PAI

14 1 — Que o coração de vocês não fique angustiado; vocês creem em Deus, creiam também em mim. 2 Na casa de meu Pai há muitas moradas. Se não fosse assim, eu já lhes teria dito. Pois vou preparar um lugar para vocês. 3 E, quando eu for e preparar um lugar, voltarei e os receberei para mim mesmo, para que, onde eu estou, vocês estejam também. 4 E vocês conhecem o caminho para onde eu vou.

5 Então Tomé disse a Jesus:

— Não sabemos para onde o Senhor vai. Como podemos saber o caminho?

6 Jesus respondeu:

— Eu sou o caminho, a verdade e a vida; ninguém vem ao Pai senão por mim. 7 Se vocês me conheceram, conhecerão também o meu Pai. E desde agora vocês o conhecem e têm visto.

8 Filipe disse a Jesus:

— Senhor, mostre-nos o Pai, e isso nos basta.

9 Jesus respondeu:

— Há tanto tempo estou com vocês, Filipe, e você ainda não me conhece? Quem vê a mim vê o Pai. Como é que você diz: "Mostre-nos o Pai"? 10 Você não crê que eu estou no Pai e que o Pai está em mim? As palavras que eu digo a vocês não as digo por mim mesmo, mas o Pai, que permanece em mim, faz as suas obras. 11 Creiam que eu estou no Pai e que o Pai está em mim; creiam ao menos por causa das mesmas obras. 12 Em verdade, em verdade lhes digo que aquele que crê em mim fará também as obras que eu faço e outras maiores fará, porque eu vou para junto do Pai. 13 E tudo o que vocês pedirem em meu nome, isso farei, a fim de que o Pai seja glorificado no Filho. 14 Se me pedirem alguma coisa em meu nome, eu o farei.

JESUS PROMETE O ESPÍRITO SANTO

15 — Se vocês me amam, guardarão os meus mandamentos. 16 E eu pedirei ao Pai, e ele lhes dará outro Consolador, a fim de que esteja com vocês para sempre: 17 é o Espírito da verdade, que o mundo não pode receber, porque não o vê, nem o conhece. Vocês o conhecem, porque ele habita com vocês e estará em vocês.

18 — Não deixarei que fiquem órfãos; voltarei para junto de vocês. 19 Mais um pouco e o mundo não me verá mais; vocês, no entanto, me verão. Porque eu vivo, vocês também viverão. 20 Naquele dia vocês saberão que eu estou em meu Pai, que vocês estão em mim e que eu estou em vocês. 21 Aquele que tem os meus mandamentos e os guarda, esse é o que me ama; e aquele que me ama será amado por meu Pai, e eu também o amarei e me manifestarei a ele.

22 Então Judas, não o Iscariotes, disse a Jesus:

— Por que razão o Senhor se manifestará a nós e não ao mundo?

23 Jesus respondeu:
— Se alguém me ama, guardará a minha
palavra; e o meu Pai o amará, e viremos
para ele e faremos nele morada. 24 Quem
não me ama não guarda as minhas pala-
vras. E a palavra que vocês estão ouvindo
não é minha, mas do Pai, que me enviou.

25 — Tenho dito isso enquanto ainda
estou com vocês. 26 Mas o Consolador, o
Espírito Santo, que o Pai enviará em meu
nome, esse ensinará a vocês todas as coi-
sas e fará com que se lembrem de tudo o
que eu lhes disse. 27 Deixo com vocês a
paz, a minha paz lhes dou; não lhes dou
a paz como o mundo a dá. Que o coração
de vocês não fique angustiado nem com
medo. 28 Vocês ouviram que eu disse: "Vou
e volto para junto de vocês." Se vocês me
amassem, ficariam alegres com a minha ida
para o Pai, porque o Pai é maior do que eu.
29 Isso eu falei agora, antes que aconteça,
para que, quando acontecer, vocês creiam.
30 Já não falarei muito com vocês, porque
aí vem o príncipe do mundo, e ele não tem
poder sobre mim. 31 No entanto, faço isso
para que o mundo saiba que eu amo o Pai
e que faço como o Pai me ordenou.
— Levantem-se, vamos sair daqui.

A VIDEIRA E OS RAMOS

15 1 — Eu sou a videira verdadeira, e o
meu Pai é o lavrador. 2 Todo ramo
que, estando em mim, não der fruto, ele
o corta; e todo o que dá fruto ele limpa,
para que produza mais fruto ainda. 3 Vocês
já estão limpos por causa da palavra que
lhes tenho falado. 4 Permaneçam em mim,
e eu permanecerei em vocês. Como o ramo
não pode produzir fruto de si mesmo se
não permanecer na videira, assim vocês
não podem dar fruto se não permanece-
rem em mim.

5 — Eu sou a videira, vocês são os ramos.
Quem permanece em mim, e eu, nele, esse
dá muito fruto; porque sem mim vocês
não podem fazer nada. 6 Se alguém não
permanecer em mim, será lançado fora,
à semelhança do ramo, e secará; e o apa-
nham, lançam no fogo e o queimam. 7 Se
permanecerem em mim, e as minhas pala-
vras permanecerem em vocês, pedirão o
que quiserem, e lhes será feito. 8 Nisto é glo-
rificado o meu Pai: que vocês deem muito
fruto; e assim mostrarão que são meus
discípulos. 9 Como o Pai me amou, tam-
bém eu amei vocês; permaneçam no meu
amor. 10 Se vocês guardarem os meus man-
damentos, permanecerão no meu amor,
assim como também eu tenho guardado
os mandamentos de meu Pai e no seu amor
permaneço. 11 Tenho lhes dito estas coisas
para que a minha alegria esteja em vocês, e
a alegria de vocês seja completa.

12 — O meu mandamento é este: que
vocês amem uns aos outros, assim como
eu os amei. 13 Ninguém tem amor maior do
que este: de alguém dar a própria vida pelos
seus amigos. 14 Vocês são meus amigos se
fazem o que eu lhes ordeno. 15 Já não chamo
vocês de servos, porque o servo não sabe o
que o seu senhor faz; mas tenho chamado
vocês de amigos, porque tudo o que ouvi
de meu Pai eu lhes dei a conhecer. 16 Não
foram vocês que me escolheram; pelo con-
trário, eu os escolhi e os designei para que
vão e deem fruto, e o fruto de vocês perma-
neça, a fim de que tudo o que pedirem ao
Pai em meu nome, ele lhes conceda. 17 O
que eu lhes ordeno é isto: que vocês amem
uns aos outros.

ODIADOS PELO MUNDO

18 — Se o mundo odeia vocês, saibam que,
antes de odiar vocês, odiou a mim. 19 Se
vocês fossem do mundo, o mundo ama-
ria o que era seu; mas vocês não são do
mundo — pelo contrário, eu dele os escolhi
— e, por isso, o mundo odeia vocês. 20 Lem-
brem-se da palavra que eu disse a vocês:
"O servo não é maior do que seu senhor."
Se perseguiram a mim, também persegui-
rão vocês; se guardaram a minha palavra,
também guardarão a de vocês. 21 Tudo isso,
porém, farão com vocês por causa do meu
nome, porque não conhecem aquele que
me enviou. 22 Se eu não tivesse vindo e lhes
falado, eles não teriam nenhum pecado;
mas, agora, não têm desculpa do seu

pecado. 23 Quem odeia a mim odeia tam-
bém o meu Pai. 24 Se eu não tivesse feito
entre eles as obras que nenhum outro fez,
eles não teriam nenhum pecado; mas,
agora, não somente viram como tam-
bém odiaram tanto a mim como o meu
Pai. 25 Isso, porém, é para que se cumpra a
palavra escrita na Lei deles: "Odiaram-me
sem motivo."

26 — Quando, porém, vier o Consolador,
que eu enviarei a vocês da parte do Pai, o
Espírito da verdade, que dele procede, esse
dará testemunho de mim. 27 E vocês tam-
bém testemunharão, porque estão comigo
desde o princípio.

16 1 — Falo essas coisas para que vocês
não se escandalizem. 2 Eles expul-
sarão vocês das sinagogas, e até chegará a
hora em que todo aquele que os matar pen-
sará que, com isso, está prestando culto a
Deus. 3 Isso farão porque não conhecem o
Pai nem a mim. 4 Mas estou falando essas
coisas para que, quando chegar a hora,
vocês se lembrem de que eu já tinha dito
isto para vocês.

A OBRA DO ESPÍRITO SANTO

— Eu não lhes falei isso desde o princípio,
porque eu estava com vocês. 5 Mas, agora,
vou para junto daquele que me enviou, e
nenhum de vocês me pergunta: "Para onde
o senhor vai?" 6 Pelo contrário, porque eu
lhes disse essas coisas, a tristeza encheu o
coração de vocês. 7 Mas eu lhes digo a ver-
dade: é melhor para vocês que eu vá, porque,
se eu não for, o Consolador não virá para
vocês; mas, se eu for, eu o enviarei a vocês.
8 Quando ele vier, convencerá o mundo do
pecado, da justiça e do juízo: 9 do pecado,
porque eles não creem em mim; 10 da jus-
tiça, porque vou para o Pai, e vocês não me
verão mais; 11 do juízo, porque o príncipe
deste mundo já está julgado.

12 — Tenho ainda muito para lhes dizer,
mas vocês não o podem suportar agora.
13 Porém, quando vier o Espírito da verdade,
ele os guiará em toda a verdade. Ele não
falará por si mesmo, mas dirá tudo o que
ouvir e anunciará a vocês as coisas que estão
para acontecer. 14 Ele me glorificará, porque
vai receber do que é meu e anunciará isso a
vocês. 15 Tudo o que o Pai tem é meu. Por isso
eu disse que o Espírito vai receber do que é
meu e anunciar isso a vocês.

A TRISTEZA SE TRANSFORMARÁ EM ALEGRIA

16 — Um pouco, e vocês não me verão mais;
outra vez um pouco, e me verão de novo.

17 Então alguns dos seus discípulos disse-
ram uns aos outros:

— Que vem a ser isto que ele está nos
dizendo: "Um pouco, e vocês não me verão
mais, e outra vez um pouco, e me verão de
novo"; e: "Vou para o Pai"?

18 E diziam:

— Que vem a ser esse "um pouco"? Não
compreendemos o que ele está dizendo.

19 Jesus, percebendo que queriam lhe fazer
perguntas, disse:

— Vocês estão discutindo a respeito disto
que eu acabo de falar: "Um pouco, e vocês
não me verão mais, e outra vez um pouco, e
me verão de novo"? 20 Em verdade, em ver-
dade lhes digo que vocês vão chorar e se
lamentar, mas o mundo se alegrará. Vocês
ficarão tristes, mas a tristeza de vocês se
transformará em alegria. 21 A mulher, quando
está para dar à luz, fica triste, porque chegou
a sua hora; mas, depois de nascida a criança,
já não se lembra da aflição, pela alegria de
ter trazido alguém ao mundo. 22 Assim tam-
bém agora vocês estão tristes. Mas eu os
verei outra vez, e o coração de vocês ficará
cheio de alegria, e ninguém poderá tirar essa
alegria de vocês.

23 — Naquele dia vocês não me pergun-
tarão nada. Em verdade, em verdade lhes
digo: se pedirem ao Pai alguma coisa em
meu nome, ele lhes concederá. 24 Até agora
vocês não pediram nada em meu nome;
peçam e receberão, para que a alegria de
vocês seja completa.

PALAVRAS DE DESPEDIDA

25 — Essas coisas eu falei a vocês por
meio de figuras. Vem a hora em que não

falarei mais por meio de figuras, mas fala-
rei a vocês claramente a respeito do Pai.
26 Naquele dia vocês pedirão em meu nome.
E não lhes digo que pedirei ao Pai em favor
de vocês, 27 porque o próprio Pai os ama,
visto que vocês me amam e creem que eu
vim da parte de Deus. 28 Vim do Pai e entrei
no mundo, mas agora deixo o mundo e vou
para o Pai.

29 Então os seus discípulos disseram:

— Agora o senhor fala claramente e não
emprega nenhuma figura. 30 Agora vemos
que o senhor sabe todas as coisas e não
precisa que alguém lhe pergunte. Por isso,
cremos que o senhor veio de Deus.

31 Jesus respondeu:

— Vocês creem agora? 32 Eis que vem a
hora — e já chegou — em que vocês serão
dispersos, cada um para a sua casa, e vocês
me deixarão sozinho. Mas não estou sozi-
nho, porque o Pai está comigo. 33 Falei essas
coisas para que em mim vocês tenham paz.
No mundo, vocês passam por aflições; mas
tenham coragem: eu venci o mundo.

A ORAÇÃO SACERDOTAL DE JESUS

17 1 Depois de dizer essas coisas, Jesus
levantou os olhos ao céu e disse:

— Pai, é chegada a hora. Glorifica o teu
Filho, para que o Filho glorifique a ti, 2 assim
como lhe deste autoridade sobre toda a
humanidade, a fim de que ele conceda a
vida eterna a todos os que lhe deste. 3 E a
vida eterna é esta: que conheçam a ti, o
único Deus verdadeiro, e a Jesus Cristo, a
quem enviaste. 4 Eu te glorifiquei na terra,
realizando a obra que me deste para fazer.
5 E agora, ó Pai, glorifica-me contigo mesmo
com a glória que eu tive junto de ti, antes que
houvesse mundo. 6 Manifestei o teu nome
àqueles que me deste do mundo. Eram teus,
tu os deste a mim, e eles têm guardado a
tua palavra. 7 Agora eles reconhecem que
todas as coisas que me tens dado provêm
de ti, 8 porque eu lhes tenho transmitido as
palavras que me deste, e eles as receberam,
verdadeiramente reconheceram que saí de
ti e creram que tu me enviaste.

9 — É por eles que eu peço; não peço pelo
mundo, mas por aqueles que me deste, por-
que são teus. 10 Todas as minhas coisas são
tuas, e as tuas coisas são minhas; e, neles,
eu sou glorificado. 11 Já não estou no mundo,
mas eles continuam no mundo, enquanto
eu vou para junto de ti. Pai santo, guarda-
-os em teu nome, que me deste, para que
eles sejam um, assim como nós somos um.
12 Quando eu estava com eles, guardava-os
no teu nome, que me deste; eu os protegi e
nenhum deles se perdeu, exceto o filho da
perdição, para que se cumprisse a Escritura.
13 Mas agora vou para junto de ti e isto falo
no mundo para que eles tenham a minha
alegria completa em si mesmos. 14 Eu lhes
tenho dado a tua palavra, e o mundo os
odiou, porque eles não são do mundo,
como também eu não sou. 15 Não peço que
os tires do mundo, mas que os guardes do
mal. 16 Eles não são do mundo, como tam-
bém eu não sou. 17 Santifica-os na verdade;
a tua palavra é a verdade. 18 Assim como tu
me enviaste ao mundo, também eu os enviei
ao mundo. 19 E a favor deles eu me santifico,
para que eles também sejam santificados
na verdade.

20 — Não peço somente por estes, mas tam-
bém por aqueles que vierem a crer em mim,
por meio da palavra que eles falarem, 21 a
fim de que todos sejam um. E como tu, ó
Pai, estás em mim e eu em ti, também eles
estejam em nós, para que o mundo creia que
tu me enviaste. 22 Eu lhes transmiti a glória
que me deste, para que sejam um, como nós
o somos; 23 eu neles, e tu em mim, a fim de
que sejam aperfeiçoados na unidade, para
que o mundo conheça que tu me enviaste
e os amaste, como também amaste a mim.

24 — Pai, a minha vontade é que, onde eu
estou, também estejam comigo os que me
deste, para que vejam a minha glória que me
conferiste, porque me amaste antes da fun-
dação do mundo. 25 Pai justo, o mundo não
te conheceu. Eu, porém, te conheci, e tam-
bém estes reconheceram que tu me enviaste.
26 Eu lhes fiz conhecer o teu nome e ainda o
farei conhecer, a fim de que o amor com que
me amaste esteja neles, e eu neles esteja.

JESUS É PRESO

Mt 26.47-56; Mc 14.43-50; Lc 22.47-53

18 1 Depois de dizer isso, Jesus saiu
juntamente com os seus discípu-
los para o outro lado do ribeiro de Cedrom,
onde havia um jardim; e aí entrou com eles.
2 Judas, o traidor, também conhecia aquele
lugar, porque Jesus muitas vezes havia se
reunido ali com os seus discípulos. 3 Tendo,
pois, Judas recebido a escolta e alguns guar-
das da parte dos principais sacerdotes e
fariseus, chegou a esse lugar com lanternas,
tochas e armas. 4 Então Jesus, sabendo de
tudo o que ia acontecer com ele, adiantou-
-se e perguntou-lhes:

— A quem vocês estão procurando?

5 Eles responderam:

— A Jesus, o Nazareno.

Então Jesus lhes disse:

— Sou eu.

Ora, Judas, o traidor, também estava com
eles. 6 Quando Jesus lhes disse: "Sou eu",
recuaram e caíram por terra. 7 Jesus, de
novo, lhes perguntou:

— A quem vocês estão procurando?

Responderam:

— A Jesus, o Nazareno.

8 Então Jesus disse:

— Já lhes falei que sou eu. Se é a mim
que vocês estão procurando, deixem que
estes vão embora.

9 Ele disse isso para se cumprir a palavra
que tinha dito anteriormente: "Não perdi
nenhum dos que me deste."

10 Então Simão Pedro puxou da espada
que trazia e feriu o servo do sumo sacer-
dote, cortando-lhe a orelha direita. E o
nome do servo era Malco. 11 Mas Jesus
disse a Pedro:

— Guarde a espada na bainha! Por acaso
não beberei o cálice que o Pai me deu?

JESUS DIANTE DE ANÁS

Mt 26.57-58; Mc 14.53-54; Lc 22.54

12 Assim, a escolta, o comandante e os
guardas dos judeus prenderam Jesus e
o amarraram. 13 Então o levaram primei-
ramente a Anás, sogro de Caifás, sumo
sacerdote naquele ano. 14 Ora, Caifás era
quem havia declarado aos judeus ser con-
veniente morrer um homem pelo povo.

PEDRO NEGA JESUS

Mt 26.69-75; Mc 14.66-72; Lc 22.55-62

15 Simão Pedro e outro discípulo seguiam
Jesus. Esse discípulo era conhecido do
sumo sacerdote e, por isso, conseguiu
entrar no pátio da casa deste com Jesus.
16 Pedro, porém, ficou de fora, junto à porta.
O outro discípulo, que era conhecido do
sumo sacerdote, saiu, falou com a encar-
regada da porta e levou Pedro para dentro.
17 Então a empregada, encarregada da porta,
perguntou a Pedro:

— Você também não é um dos discípulos
desse homem?

Ele respondeu:

— Não, não sou.

18 Os servos e os guardas estavam ali,
tendo acendido uma fogueira por causa do
frio, e se aqueciam. Pedro estava no meio
deles, aquecendo-se também.

ANÁS INTERROGA JESUS

Mt 26.59-66; Mc 14.55-64; Lc 22.66-71

19 Então o sumo sacerdote interrogou
Jesus a respeito dos seus discípulos e da
sua doutrina. 20 Jesus lhe respondeu:

— Eu tenho falado francamente ao
mundo. Sempre ensinei, tanto nas sinago-
gas como no templo, onde todos os judeus
se reúnem, e não disse nada em segredo.
21 Por que o senhor está perguntando
para mim? Pergunte aos que ouviram o
que lhes falei. Eles sabem muito bem o
que eu disse.

22 Quando Jesus disse isto, um dos guar-
das que estavam ali deu-lhe uma bofetada,
dizendo:

— É assim que você fala com o sumo
sacerdote?

23 Jesus lhe respondeu:

— Se falei mal, dê testemunho do mal.
Mas, se falei bem, por que você está me
batendo?

24 Então Anás o enviou, amarrado, à pre-
sença de Caifás, o sumo sacerdote.

DE NOVO, PEDRO NEGA JESUS

Mt 26.71-75; Mc 14.69-72; Lc 22.58-62

25 Simão Pedro estava em pé, aquecendo-se. Então lhe perguntaram:

— Você também não é um dos discípulos dele?

Ele negou e disse:

— Não, não sou.

26 Um dos servos do sumo sacerdote, parente daquele a quem Pedro tinha decepado a orelha, perguntou:

— Não é verdade que eu vi você no jardim com ele?

27 De novo, Pedro negou. E no mesmo instante o galo cantou.

JESUS DIANTE DE PILATOS

Mt 27.1-2,11-14; Mc 15.1-5; Lc 23.1-5

28 Depois, levaram Jesus da casa de Caifás para o Pretório. Era cedo de manhã. Eles não entraram no Pretório para não se contaminar, pois somente assim poderiam comer a Páscoa. 29 Então Pilatos saiu para falar com eles e perguntou:

— Que acusação vocês trazem contra este homem?

30 Eles responderam:

— Se este não fosse malfeitor, não o teríamos entregue ao senhor.

31 Então Pilatos disse:

— Levem-no daqui e julguem-no segundo a lei de vocês.

Ao que os judeus responderam:

— Não nos é lícito matar ninguém.

32 Isso aconteceu para que se cumprisse a palavra de Jesus, significando com que tipo de morte estava para morrer.

33 Pilatos entrou novamente no Pretório, chamou Jesus e lhe perguntou:

— Você é o rei dos judeus?

34 Jesus respondeu:

— Esta pergunta vem do senhor mesmo ou foram outros que lhe falaram a meu respeito?

35 Pilatos respondeu:

— Por acaso sou judeu? A sua própria gente e os principais sacerdotes é que o entregaram a mim. Que foi que você fez?

36 Jesus respondeu:

— O meu Reino não é deste mundo. Se o meu Reino fosse deste mundo, os meus ministros se empenhariam por mim, para que eu não fosse entregue aos judeus. Mas agora o meu Reino não é daqui.

37 Pilatos perguntou:

— Então você é rei?

Jesus respondeu:

— O senhor está dizendo que sou rei. Eu para isso nasci e para isso vim ao mundo, a fim de dar testemunho da verdade. Todo aquele que é da verdade ouve a minha voz.

38 Pilatos perguntou:

— O que é a verdade?

JESUS É CONDENADO À MORTE

Mt 27.15-31; Mc 15.6-20; Lc 23.13-25

Depois de dizer isso, Pilatos voltou aos judeus e lhes disse:

— Eu não acho nele crime algum. 39 Mas é costume entre vocês que eu solte alguém por ocasião da Páscoa. Vocês querem que eu lhes solte o rei dos judeus?

40 Então todos gritaram, novamente:

— Não este, mas Barrabás!

Ora, Barrabás era salteador.

19 1 Por isso, Pilatos tomou Jesus e mandou açoitá-lo. 2 Os soldados teceram uma coroa de espinhos e a puseram na cabeça de Jesus. Também o vestiram com um manto de púrpura. 3 Chegavam-se a ele e diziam:

— Salve, rei dos judeus!

E davam-lhe bofetadas.

4 Pilatos saiu outra vez e disse aos judeus:

— Eis que eu o apresento a vocês, para que saibam que não encontro nele crime algum.

5 Então Jesus saiu, trazendo a coroa de espinhos e o manto de púrpura. E Pilatos lhes disse:

— Eis o homem!

6 Quando viram Jesus, os principais sacerdotes e os seus guardas gritaram:

— Crucifique! Crucifique!

Pilatos repetiu:

— Levem-no daqui vocês mesmos e o crucifiquem, porque eu não encontro nele crime algum.

Todas as transformações que ocorrem em nossa vida estão intimamente relacionadas às posturas que assumimos.

7 Os judeus responderam:
— Temos uma lei e, segundo essa lei, ele
deve morrer, porque se fez Filho de Deus.
8 Pilatos, ouvindo tal declaração, ficou
ainda mais atemorizado 9 e, entrando outra
vez no Pretório, perguntou a Jesus:
— De onde você é?
Mas Jesus não lhe deu resposta. 10 Então
Pilatos o advertiu:
— Você não me responde? Não sabe que
tenho autoridade tanto para soltar você
como para crucificá-lo?
11 Jesus respondeu:
— O senhor não teria nenhuma autoridade sobre mim se de cima não lhe fosse dada. Por isso, quem me entregou ao senhor tem maior pecado.
12 A partir desse momento, Pilatos queria
soltá-lo, mas os judeus gritavam:
— Se você soltar este homem, não é amigo de César! Todo aquele que se faz rei é contra César!
13 Quando Pilatos ouviu essas palavras,
trouxe Jesus para fora e sentou-se no tribunal, no lugar chamado Pavimento, em
hebraico Gabatá. 14 E era a preparação da
Páscoa, por volta do meio-dia. E Pilatos
disse aos judeus:
— Eis aqui o rei de vocês.
15 Eles, porém, clamavam:
— Fora! Fora! Crucifique-o!
Então Pilatos perguntou:
— Devo crucificar o rei de vocês?
Os principais sacerdotes responderam:
— Não temos rei, senão César!
16 Então Pilatos entregou Jesus para ser
crucificado, e eles o levaram.

A CRUCIFICAÇÃO DE JESUS

Mt 27.32-44; Mc 15.21-32; Lc 23.33-43

17 Jesus, carregando ele mesmo a sua
cruz, saiu para o lugar chamado Calvário,
Gólgota em hebraico. 18 Ali o crucificaram
e com ele outros dois, um de cada lado, e
Jesus no meio. 19 Pilatos escreveu também
um título e o colocou no alto da cruz. E
o que estava escrito era: "Jesus Nazareno, o Rei dos Judeus". 20 Muitos judeus leram
este título, porque o lugar em que Jesus havia sido crucificado era perto da cidade;
e estava escrito em hebraico, latim e grego.
21 Os principais sacerdotes dos judeus disseram a Pilatos:
— Não escreva: "Rei dos judeus", e sim:
"Ele disse: Sou o rei dos judeus."
22 Pilatos respondeu:
— O que escrevi escrevi.
23 Os soldados, pois, quando crucificaram
Jesus, pegaram as roupas dele e dividiram
em quatro partes, uma parte para cada soldado; e pegaram também a túnica. A túnica,
porém, era sem costura, toda tecida de alto
a baixo. 24 Por isso, os soldados disseram
uns aos outros:
— Não a rasguemos, mas vamos tirar a sorte para ver quem ficará com ela.
Isso aconteceu para que se cumprisse a Escritura, que diz:

"Repartiram entre si
as minhas roupas
e sobre a minha túnica
lançaram sortes."

E foi isso que os soldados fizeram.
25 E junto à cruz estavam a mãe de Jesus, a
irmã dela, Maria, mulher de Clopas, e Maria
Madalena. 26 Vendo Jesus a sua mãe e junto
dela o discípulo amado, disse:
— Mulher, eis aí o seu filho.
27 Depois, disse ao discípulo:
— Eis aí a sua mãe.
Dessa hora em diante, o discípulo a tomou para casa.

A MORTE DE JESUS

Mt 27.45-56; Mc 15.33-41; Lc 23.44-49

28 Depois, vendo Jesus que tudo já estava
consumado, para que se cumprisse a Escritura, disse:
— Tenho sede!
29 Estava ali um vaso cheio de vinagre.
Embeberam de vinagre uma esponja e, fixando-a num caniço de hissopo, aproximaram a esponja da boca de Jesus.
30 Quando Jesus tomou o vinagre, disse:
— Está consumado!
E, inclinando a cabeça, entregou o espírito.

UM SOLDADO ABRE O LADO DE JESUS COM UMA LANÇA

31 Então, para que os corpos não ficas-
sem na cruz durante o sábado, visto que
era o dia da preparação e era grande o dia
daquele sábado, os judeus pediram a Pila-
tos que fossem quebradas as pernas dos
crucificados e fossem tirados das cruzes.
32 Os soldados quebraram as pernas dos
homens que tinham sido crucificados com
Jesus, primeiro de um, depois do outro.
33 Quando, porém, chegaram a Jesus, vendo
que já estava morto, não lhe quebraram as
pernas. 34 Mas um dos soldados lhe abriu
o lado com uma lança, e logo saiu sangue e
água. 35 Aquele que viu isso dá testemunho,
e o testemunho dele é verdadeiro. E ele sabe
que diz a verdade, para que também vocês
creiam. 36 E isso aconteceu para que se cum-
prisse a Escritura: "Nenhum dos seus ossos
será quebrado." 37 E outra vez diz a Escritura:
"Olharão para aquele a quem traspassaram."

O SEPULTAMENTO DE JESUS

Mt 27.57-61; Mc 15.42-47; Lc 23.50-56

38 Depois disso, José de Arimateia, que era
discípulo de Jesus — ainda que em segredo,
porque tinha medo dos judeus —, pediu a
Pilatos permissão para tirar o corpo de
Jesus. E Pilatos deu permissão. Então José
de Arimateia foi e retirou o corpo de Jesus.
39 E Nicodemos, aquele que anteriormente
tinha ido falar com Jesus à noite, também
foi, levando cerca de trinta e cinco quilos
de um composto de mirra e aloés. 40 Toma-
ram, pois, o corpo de Jesus e o envolveram
em lençóis com os óleos aromáticos, como é
costume entre os judeus na preparação para
o sepultamento. 41 No lugar onde Jesus foi
crucificado havia um jardim; neste jardim
havia um túmulo novo, no qual ninguém
ainda tinha sido colocado. 42 Ali, por causa
da preparação dos judeus e porque o túmulo
ficava perto, colocaram o corpo de Jesus.

A RESSURREIÇÃO DE JESUS

Mt 28.1-10; Mc 16.1-8; Lc 24.1-12

20 1 No primeiro dia da semana, de
madrugada, quando ainda estava
escuro, Maria Madalena foi ao túmulo e viu
que a pedra da entrada tinha sido remo-
vida. 2 Então correu e foi até onde estavam
Simão Pedro e o outro discípulo, a quem
Jesus amava, e disse-lhes:

— Tiraram o Senhor do túmulo, e não
sabemos onde o colocaram.

3 Com isso, Pedro e o outro discípulo saíram
e foram até o túmulo. 4 Ambos corriam juntos,
mas o outro discípulo correu mais depressa
do que Pedro e chegou primeiro ao túmulo.
5 E, abaixando-se, viu os lençóis de linho, mas
não entrou. 6 Simão Pedro, seguindo-o, che-
gou e entrou no túmulo. Ele também viu os
lençóis 7 e o lenço que tinha estado sobre a
cabeça de Jesus, e que não estava com os len-
çóis, mas enrolado num lugar à parte. 8 Então
o outro discípulo, que havia chegado primeiro
ao túmulo, também entrou. Ele viu e creu.
9 Pois ainda não tinham compreendido a
Escritura, que era necessário que ele ressus-
citasse dentre os mortos. 10 E os discípulos
voltaram outra vez para casa.

JESUS APARECE A MARIA MADALENA

Mc 16.9-11

11 Maria, no entanto, permanecia junto
à entrada do túmulo, chorando. Enquanto
chorava, abaixou-se e olhou para dentro
do túmulo. 12 Ela viu dois anjos vestidos
de branco, sentados onde o corpo de Jesus
tinha sido colocado, um à cabeceira e outro
aos pés. 13 Então eles perguntaram:

— Mulher, por que você está chorando?

Ela respondeu:

— Porque levaram o meu Senhor, e não
sei onde o puseram.

14 Depois de dizer isso, ela se virou para
trás e viu Jesus em pé, mas não reconhe-
ceu que era Jesus. 15 Jesus lhe perguntou:

— Mulher, por que você está chorando?
A quem você procura?

Ela, supondo que ele fosse o jardineiro,
respondeu:

— Se o senhor o tirou daqui, diga-me onde
o colocou, e eu o levarei.

16 Jesus disse:

— Maria!

Ela, voltando-se, lhe disse, em hebraico:

— Raboni! ("Raboni" quer dizer "Mestre".)

17 Jesus continuou:

— Não me detenha, porque ainda não subi para o meu Pai. Mas vá até os meus irmãos e diga a eles: "Subo para o meu Pai e o Pai de vocês, para o meu Deus e o Deus de vocês."

18 Então Maria Madalena foi e anunciou aos discípulos:

— Eu vi o Senhor!

E contava que Jesus lhe tinha dito essas coisas.

JESUS APARECE AOS DISCÍPULOS

Mt 28.16-20; Mc 16.14-18; Lc 24.36-49

19 Ao cair da tarde daquele dia, o primeiro da semana, estando trancadas as portas da casa onde estavam os discípulos, com medo dos judeus, Jesus veio e se pôs no meio deles, dizendo:

— Que a paz esteja com vocês!

20 E, dizendo isso, lhes mostrou as mãos e o lado. Então os discípulos se alegraram ao ver o Senhor. 21 E Jesus lhes disse outra vez:

— Que a paz esteja com vocês! Assim como o Pai me enviou, eu também envio vocês.

22 E, havendo dito isso, soprou sobre eles e disse-lhes:

— Recebam o Espírito Santo. 23 Se de alguns vocês perdoarem os pecados, são-lhes perdoados; mas, se os retiverem, são retidos.

JESUS E TOMÉ

24 Tomé, um dos doze, chamado Dídimo, não estava com eles quando Jesus veio. 25 Então os outros discípulos disseram a Tomé:

— Vimos o Senhor.

Mas ele respondeu:

— Se eu não vir o sinal dos pregos nas mãos dele, ali não puser o dedo e não puser a minha mão no lado dele, de modo nenhum acreditarei.

26 Passados oito dias, os discípulos de Jesus estavam outra vez reunidos, e Tomé estava com eles. Estando as portas trancadas, Jesus veio, pôs-se no meio deles e disse:

— Que a paz esteja com vocês!

27 E logo disse a Tomé:

— Ponha aqui o seu dedo e veja as minhas mãos. Estenda também a sua mão e ponha no meu lado. Não seja incrédulo, mas crente.

28 Ao que Tomé lhe respondeu:

— Senhor meu e Deus meu!

29 Jesus lhe disse:

— Você creu porque me viu? Bem-aventurados são os que não viram e creram.

O OBJETIVO DESTE EVANGELHO

30 Na verdade, Jesus fez diante dos seus discípulos muitos outros sinais que não estão escritos neste livro. 31 Estes, porém, foram registrados para que vocês creiam que Jesus é o Cristo, o Filho de Deus, e para que, crendo, tenham vida em seu nome.

JESUS APARECE A SETE DISCÍPULOS

21 1 Depois disso, Jesus se manifestou outra vez aos discípulos junto ao mar de Tiberíades. Foi assim que ele se manifestou: 2 Estavam juntos Simão Pedro, Tomé, chamado Dídimo, Natanael, que era de Caná da Galileia, os filhos de Zebedeu e mais dois discípulos de Jesus. 3 Simão Pedro disse aos outros:

— Vou pescar.

Os outros responderam:

— Nós também vamos com você.

Foram e entraram no barco, mas, naquela noite, não pegaram nada.

4 Ao romper o dia, Jesus estava na praia, mas os discípulos não reconheceram que era ele. 5 Jesus lhes perguntou:

— Filhos, será que vocês têm aí alguma coisa para comer?

Eles responderam:

— Não.

6 Então Jesus disse:

— Joguem a rede à direita do barco e vocês acharão.

Assim fizeram e já não podiam puxar a rede, tão grande era a quantidade de peixes. 7 E o discípulo a quem Jesus amava disse a Pedro:

— É o Senhor!

Simão Pedro, ouvindo que era o Senhor, cingiu-se com a sua túnica, porque tinha

tirado a roupa, e lançou-se ao mar. 8 Os
outros discípulos vieram no barquinho
puxando a rede com os peixes, porque
estavam somente a uns noventa metros
da margem.
9 Ao saltarem em terra, viram ali umas bra-
sas com peixe por cima; e também havia
pão. 10 Jesus lhes disse:

— Tragam alguns dos peixes que vocês acabaram de pegar.

11 Simão Pedro entrou no barco e arrastou
a rede para a terra. A rede estava cheia, com
cento e cinquenta e três grandes peixes. E,
mesmo sendo tantos peixes, a rede não se
rompeu. 12 Jesus disse a eles:

— Venham comer.

Nenhum dos discípulos ousava pergun-
tar: "Quem é você?" Porque sabiam que era
o Senhor. 13 Jesus veio, pegou o pão e deu a
eles. Depois fez a mesma coisa com o peixe.
14 E esta já era a terceira vez que Jesus se
manifestava aos seus discípulos depois de
ressuscitado dentre os mortos.

JESUS E PEDRO

15 Depois de terem comido, Jesus pergun-
tou a Simão Pedro:

— Simão, filho de João, você me ama mais do que estes outros me amam?

Ele respondeu:

— Sim, o Senhor sabe que eu o amo.

Jesus lhe disse:

— Apascente os meus cordeiros.

16 Jesus perguntou pela segunda vez:

— Simão, filho de João, você me ama?

Ele respondeu:

— Sim, o Senhor sabe que eu o amo.

Jesus lhe disse:

— Pastoreie as minhas ovelhas.

17 Pela terceira vez Jesus lhe perguntou:

— Simão, filho de João, você me ama?

Pedro ficou triste por Jesus ter perguntado pela terceira vez: "Você me ama?" E respondeu:

— O Senhor sabe todas as coisas; sabe que eu o amo.

Jesus lhe disse:

— Apascente as minhas ovelhas. 18 Em ver-
dade, em verdade lhe digo que, quando era
mais moço, você se cingia e andava por onde
queria. Mas, quando você for velho, esten-
derá as mãos, e outro o cingirá e o levará
para onde você não quer ir.

19 Jesus disse isso para significar com
que tipo de morte Pedro havia de glori-
ficar a Deus. Depois de falar assim, Jesus
acrescentou:

— Siga-me.

JESUS E O OUTRO DISCÍPULO

20 Então Pedro, voltando-se, viu que o dis-
cípulo a quem Jesus amava vinha seguindo;
era o mesmo que na ceia havia se reclinado
sobre o peito de Jesus para perguntar:
"Senhor, quem é o traidor?" 21 Ao vê-lo, Pedro
perguntou a Jesus:

— Senhor, e quanto a este?

22 Jesus respondeu:

— Se eu quero que ele permaneça até que eu venha, o que você tem com isso? Quanto a você, siga-me.

23 Então se espalhou entre os irmãos a notí-
cia de que aquele discípulo não morreria.
Ora, Jesus não tinha dito que tal discípulo
não morreria, mas: "Se eu quero que ele per-
maneça até que eu venha, o que você tem
com isso?"

O TESTEMUNHO DE JOÃO

24 Este é o discípulo que dá testemunho
a respeito destas coisas e que as escre-
veu; e sabemos que o seu testemunho
é verdadeiro.
25 Há, porém, ainda muitas outras coi-
sas que Jesus fez. Se todas elas fossem
relatadas uma por uma, penso que nem
no mundo inteiro caberiam os livros que
seriam escritos.

Atos

Livro 44 com 28 CAPÍTULOS

AUTORIA

Atos é tradicionalmente atribuído a Lucas, o médico amado e companheiro de Paulo (Cl 4.14; Fm 24).

ÉPOCA DA ESCRITA

Provavelmente, entre 62 e 70 d.C., antes da morte de Paulo.

A EXPANSÃO DO EVANGELHO

OBJETIVO DO LIVRO

Fornecer um relato detalhado e preciso da expansão da igreja primitiva, desde a ascensão de Jesus até a chegada de Paulo a Roma. O objetivo principal é mostrar como o Espírito Santo trabalhou para cumprir a Grande Comissão, levando o Evangelho de Jerusalém até os confins da Terra (At 1.8).

ESTRUTURA DO LIVRO

- ★ Preparação para a missão At 1—2
- ★ Missão em Jerusalém At 3—7
- ★ Missão na Judeia e em Samaria At 8—12
- ★ Missão aos gentios At 13—21
- ★ Viagens e prisões de Paulo At 21—28

TEMAS DO LIVRO

Atos enfatiza a obra contínua de Jesus por meio do Espírito Santo, que capacita os discípulos para a missão (At 1.8). Mostra a soberania de Deus na expansão do Evangelho e a inclusão dos gentios no plano de salvação.

ATOS E CRISTO

Cristo é apresentado como o Senhor ressuscitado que continua a operar por meio do Espírito Santo.

A ascensão de Jesus marca o início da nova era da Igreja (At 1.9-11), e o discurso de Pedro no Pentecostes conecta a ressurreição de Jesus às promessas messiânicas (At 2.22-36).

Paulo prega Cristo crucificado e ressuscitado, apontando para Jesus como o cumprimento das Escrituras (At 17.2-3; 26.22-23).

O Pentecostes marca o início da Igreja com o derramamento do Espírito Santo.

A Conversão de Paulo muda a história da Igreja.

Lucas usa a primeira pessoa do plural ("nós"), indicando estar presente nos eventos descritos (At 16.10-17; 20.5-15; 21.1-18; 27.1—28.16).

A PROMESSA DO ESPÍRITO SANTO

1 [1] Escrevi o primeiro livro, ó Teófilo, relatando todas as coisas que Jesus começou a fazer e a ensinar [2] até o dia em que foi elevado às alturas, depois de haver dado mandamentos por meio do Espírito Santo aos apóstolos que tinha escolhido. [3] Depois de ter padecido, Jesus se apresentou vivo a seus apóstolos, com muitas provas incontestáveis, aparecendo-lhes durante quarenta dias e falando das coisas relacionadas com o Reino de Deus. [4] E, comendo com eles, deu-lhes esta ordem:

— Não se afastem de Jerusalém, mas esperem a promessa do Pai, a qual vocês ouviram de mim. [5] Porque João, na verdade, batizou com água, mas vocês serão batizados com o Espírito Santo, dentro de poucos dias.

A ASCENSÃO DE JESUS

[6] Então os que estavam reunidos com Jesus lhe perguntaram:

— Será este o tempo em que o Senhor irá restaurar o reino a Israel?

[7] Jesus respondeu:

— Não cabe a vocês conhecer tempos ou épocas que o Pai fixou pela sua própria autoridade. [8] Mas vocês receberão poder, ao descer sobre vocês o Espírito Santo, e serão minhas testemunhas tanto em Jerusalém como em toda a Judeia e Samaria e até os confins da terra.

[9] Depois de ter dito isso, Jesus foi elevado às alturas, à vista deles, e uma nuvem o encobriu dos seus olhos. [10] E, estando eles com os olhos fixos no céu, enquanto Jesus subia, eis que dois homens vestidos de branco se puseram ao lado deles [11] e lhes disseram:

— Homens da Galileia, por que vocês estão olhando para as alturas? Esse Jesus que foi levado do meio de vocês para o céu virá do modo como vocês o viram subir.

A ESCOLHA DE MATIAS

[12] Então os apóstolos voltaram do monte das Oliveiras para Jerusalém. A distância até a cidade é de cerca de um quilômetro. [13] Quando entraram na cidade, subiram para o cenáculo onde se reuniam Pedro, João, Tiago, André, Filipe, Tomé, Bartolomeu, Mateus, Tiago, filho de Alfeu, Simão, o Zelote, e Judas, filho de Tiago. [14] Todos estes perseveravam unânimes em oração, com as mulheres, com Maria, mãe de Jesus, e com os irmãos dele.

[15] Naqueles dias, Pedro se levantou no meio dos irmãos, que formavam um grupo de mais ou menos cento e vinte pessoas, e disse:

[16] — Irmãos, era necessário que se cumprisse a Escritura que o Espírito Santo predisse pela boca de Davi, a respeito de Judas, que foi o guia daqueles que prenderam Jesus. [17] Ele era um dos nossos e teve parte neste ministério.

[18] Ora, este homem adquiriu um campo com o preço da iniquidade e, caindo de cabeça, rompeu-se pelo meio, e todos os seus intestinos se derramaram. [19] Isto chegou ao conhecimento de todos os moradores de Jerusalém, de maneira que em sua própria língua esse campo era chamado Aceldama, isto é, Campo de Sangue.

E Pedro continuou:

[20] — Porque está escrito no Livro dos Salmos:

"Fique deserta a sua morada,
e não haja quem nela habite."

— E:

"Que outro tome o seu encargo."

[21] — Portanto, é necessário que, dos homens que nos acompanharam todo o tempo em que o Senhor Jesus andou entre nós, [22] começando no batismo de João, até o dia em que foi tirado do nosso meio e levado às alturas, um destes se torne testemunha conosco da sua ressurreição.

[23] Então propuseram dois: José, chamado Barsabás, também conhecido como Justo, e Matias. [24] E, orando, disseram:

— Tu, Senhor, que conheces o coração de todos, revela-nos qual dos dois escolheste [25] para preencher a vaga neste ministério e apostolado, do qual Judas se desviou, indo para o seu próprio lugar.

26 Depois fizeram um sorteio, e a sorte caiu
sobre Matias, que foi acrescentado ao grupo
dos onze apóstolos.

A VINDA DO ESPÍRITO SANTO

2 1 Ao cumprir-se o dia de Pentecostes,
estavam todos reunidos no mesmo
lugar. 2 De repente, veio do céu um som,
como de um vento impetuoso, e encheu toda
a casa onde estavam sentados. 3 E aparece-
ram, distribuídas entre eles, línguas, como
de fogo, as quais pousaram sobre cada
um deles. 4 Todos ficaram cheios do Espí-
rito Santo e começaram a falar em outras
línguas, segundo o Espírito lhes concedia
que falassem.

5 Estavam morando em Jerusalém judeus,
homens piedosos, vindos de todas as nações
debaixo do céu. 6 Assim, quando se fez
ouvir aquela voz, afluiu a multidão, que foi
tomada de perplexidade, porque cada um os
ouvia falar na sua própria língua. 7 Estavam
atônitos e se admiravam, dizendo:

— Vejam! Não são galileus todos esses
que aí estão falando? 8 Então como os ouvi-
mos falar, cada um em nossa própria língua
materna? 9 Somos partos, medos, elamitas e
os naturais da Mesopotâmia, Judeia, Capa-
dócia, Ponto e Ásia, 10 da Frígia, da Panfília,
do Egito e das regiões da Líbia, nas ime-
diações de Cirene, e romanos que aqui
residem, 11 tanto judeus como prosélitos,
cretenses e árabes. Como os ouvimos falar
sobre as grandezas de Deus em nossas pró-
prias línguas?

12 Todos, atônitos e perplexos, pergunta-
vam uns aos outros:

— O que será que isso quer dizer?

13 Outros, porém, zombando, diziam:

— Estão bêbados!

A PREGAÇÃO DE PEDRO

14 Então Pedro se levantou, junto com os
onze, e, erguendo a voz, dirigiu-se à multi-
dão nestes termos:

— Homens da Judeia e todos vocês que
moram em Jerusalém, tomem conheci-
mento disto e prestem atenção no que vou
dizer. 15 Estes homens não estão bêbados,
como vocês estão pensando, porque são
apenas nove horas da manhã. 16 Mas o que
está acontecendo é o que foi dito por meio
do profeta Joel:

17 "E acontecerá nos últimos dias,
diz Deus,
que derramarei o meu Espírito
sobre toda a humanidade.
Os filhos e as filhas de
vocês profetizarão,
os seus jovens terão visões,
e os seus velhos sonharão.
18 Até sobre os meus servos
e sobre as minhas servas
derramarei o meu Espírito
naqueles dias,
e profetizarão.
19 Mostrarei prodígios
em cima no céu
e sinais embaixo na terra:
sangue, fogo e nuvens de fumaça.
20 O sol se transformará
em trevas,
e a lua, em sangue,
antes que venha o grande
e glorioso Dia do Senhor.
21 E acontecerá que todo aquele
que invocar o nome do Senhor
será salvo."

22 — Israelitas, escutem o que vou dizer:
Jesus, o Nazareno, homem aprovado por
Deus diante de vocês com milagres, pro-
dígios e sinais, os quais o próprio Deus
realizou entre vocês por meio dele, como
vocês mesmos sabem, 23 a este, entre-
gue conforme o plano determinado e a
presciência de Deus, vocês mataram, cru-
cificando-o por meio de homens maus.
24 Porém Deus o ressuscitou, livrando-o
da agonia da morte, porque não era possí-
vel que fosse retido por ela. 25 Porque Davi
fala a respeito dele, dizendo:

"Eu sempre via o Senhor
diante de mim,
porque ele está à minha direita,
para que eu não seja abalado.

26 Por isso, o meu coração
se alegra
e a minha língua exulta;
além disto, também
a minha própria carne
repousará em esperança,
27 porque não deixarás
a minha alma na morte,
nem permitirás que
o teu Santo veja corrupção.
28 Fizeste-me conhecer
os caminhos da vida,
e me encherás de alegria
na tua presença."

29 — Irmãos, permitam-me falar-lhes claramente a respeito do patriarca Davi: ele morreu e foi sepultado, e o seu túmulo permanece entre nós até hoje. 30 Sendo, pois, profeta e sabendo que Deus lhe havia jurado que um dos seus descendentes se assentaria no seu trono, 31 prevendo isto, referiu-se à ressurreição de Cristo, que nem foi deixado na morte, nem o seu corpo experimentou corrupção. 32 Deus ressuscitou este Jesus, e disto todos nós somos testemunhas. 33 Exaltado, pois, à direita de Deus, tendo recebido do Pai a promessa do Espírito Santo, derramou isto que vocês estão vendo e ouvindo. 34 Porque Davi não subiu aos céus, mas ele mesmo afirma:

"Disse o Senhor ao meu Senhor:
'Sente-se à minha direita,
35 até que eu ponha os seus inimigos
por estrado dos seus pés.'"

36 — Portanto, toda a casa de Israel esteja absolutamente certa de que a este Jesus, que vocês crucificaram, Deus o fez Senhor e Cristo.

TRÊS MIL BATIZADOS

37 Quando ouviram isso, ficaram muito comovidos e perguntaram a Pedro e aos demais apóstolos:

— Que faremos, irmãos?

38 Pedro respondeu:

— Arrependam-se, e cada um de vocês seja batizado em nome de Jesus Cristo para remissão dos seus pecados, e vocês receberão o dom do Espírito Santo. 39 Porque a promessa é para vocês e para os seus filhos, e para todos os que ainda estão longe, isto é, para todos aqueles que o Senhor, nosso Deus, chamar.

40 Com muitas outras palavras deu testemunho e exortava-os, dizendo:

— Salvem-se desta geração perversa.

41 Então os que aceitaram a palavra de Pedro foram batizados, havendo um acréscimo naquele dia de quase três mil pessoas.

COMO VIVIAM OS CONVERTIDOS

42 E perseveravam na doutrina dos apóstolos e na comunhão, no partir do pão e nas orações. 43 Em cada alma havia temor; e muitos prodígios e sinais eram feitos por meio dos apóstolos. 44 Todos os que criam estavam juntos e tinham tudo em comum. 45 Vendiam as suas propriedades e bens, distribuindo entre todos, à medida que alguém tinha necessidade. 46 Diariamente perseveravam unânimes no templo, partiam pão de casa em casa e tomavam as suas refeições com alegria e singeleza de coração, 47 louvando a Deus e contando com a simpatia de todo o povo. Enquanto isso, o Senhor lhes acrescentava, dia a dia, os que iam sendo salvos.

A CURA DE UM COXO EM JERUSALÉM

3 1 Pedro e João estavam se dirigindo ao templo para a oração das três horas da tarde. 2 Estava sendo levado um homem, coxo de nascença, que diariamente era colocado à porta do templo chamada Formosa, para pedir esmolas aos que entravam. 3 Quando ele viu Pedro e João, que iam entrar no templo, pediu que lhe dessem uma esmola. 4 Pedro, fitando-o, juntamente com João, disse:

— Olhe para nós!

5 Ele os olhava atentamente, esperando receber alguma coisa. 6 Pedro, porém, lhe disse:

— Não possuo nem prata nem ouro, mas o que tenho, isso lhe dou: em nome de Jesus Cristo, o Nazareno, levante-se e ande!

7 E, pegando na mão direita do homem, aju-
dou-o a se levantar. Imediatamente os seus
pés e tornozelos se firmaram; 8 e, dando um
salto, ficou em pé, começou a andar e entrou
com eles no templo, pulando e louvando a
Deus. 9 Todo o povo viu o homem andando
e louvando a Deus, 10 e reconheceram que
ele era o mesmo que pedia esmolas, assen-
tado à Porta Formosa do templo; e ficaram
muito admirados e espantados com o que
lhe tinha acontecido.

A PREGAÇÃO DE PEDRO NO TEMPLO

11 Enquanto aquele homem ainda se man-
tinha ao lado de Pedro e João, todo o povo,
perplexo, correu para junto deles no pórtico
chamado de Salomão. 12 Quando Pedro viu
isso, dirigiu-se ao povo, dizendo:

— Israelitas, por que vocês estão admirados
com isto ou por que estão com os olhos fixos
em nós como se pelo nosso próprio poder
ou piedade tivéssemos feito este homem
andar? 13 O Deus de Abraão, o Deus de Isa-
que e o Deus de Jacó, o Deus dos nossos pais,
glorificou o seu Servo Jesus, a quem vocês
traíram e negaram diante de Pilatos, quando
este já havia decidido soltá-lo. 14 Vocês nega-
ram o Santo e o Justo e pediram que fosse
solto um assassino. 15 Vocês mataram o
Autor da vida, a quem Deus ressuscitou
dentre os mortos, do que nós somos teste-
munhas. 16 Pela fé no nome de Jesus é que
esse mesmo nome fortaleceu a este homem
que vocês estão vendo e bem conhecem.
Sim, a fé que vem por meio de Jesus deu
a este homem saúde perfeita na presença
de todos vocês.

17 — E agora, irmãos, eu sei que vocês fize-
ram isso por ignorância, como também as
suas autoridades o fizeram. 18 Mas Deus,
assim, cumpriu o que tinha anunciado
anteriormente pela boca de todos os pro-
fetas: que o seu Cristo havia de padecer.
19 Portanto, arrependam-se e se convertam,
para que sejam cancelados os seus peca-
dos, 20 a fim de que, da presença do Senhor,
venham tempos de refrigério, e que ele envie
o Cristo, que já foi designado para vocês,
a saber, Jesus, 21 ao qual é necessário que
o céu receba até os tempos da restauração
de todas as coisas, de que Deus falou por
boca dos seus santos profetas desde a anti-
guidade. 22 Porque Moisés disse: "O Senhor
Deus fará com que, do meio dos irmãos de
vocês, se levante um profeta semelhante a
mim; a esse vocês ouvirão em tudo o que ele
lhes disser. 23 Quem não der ouvidos a esse
profeta será exterminado do meio do povo."

24 — E todos os profetas, a começar com
Samuel, assim como todos os que falaram
depois dele, também anunciaram estes
dias. 25 Vocês são os filhos dos profetas
e da aliança que Deus estabeleceu com os
pais de vocês, dizendo a Abraão: "Na sua
descendência, serão abençoadas todas as
nações da terra."

26 — Tendo Deus ressuscitado o seu
Servo, enviou-o primeiramente a vocês
para abençoá-los, no sentido de que cada
um abandone as suas maldades.

PEDRO E JOÃO DIANTE DO SINÉDRIO

4 1 Enquanto Pedro e João ainda falavam
ao povo, chegaram os sacerdotes, o capi-
tão do templo e os saduceus, 2 ressentidos
porque os apóstolos estavam ensinando o
povo e anunciando, em Jesus, a ressurrei-
ção dentre os mortos. 3 Prenderam Pedro e
João e os recolheram ao cárcere até o dia
seguinte, pois já era tarde. 4 Porém muitos
dos que ouviram a palavra creram, subindo
o número desses homens a quase cinco mil.

5 No dia seguinte, as autoridades, os
anciãos e os escribas se reuniram em Jeru-
salém 6 com o sumo sacerdote Anás, com
Caifás, João, Alexandre e todos os que
eram da linhagem do sumo sacerdote.
7 E, colocando os apóstolos diante deles,
perguntaram:

— Com que poder ou em nome de quem
vocês fizeram isso?

8 Então Pedro, cheio do Espírito Santo,
lhes disse:

— Autoridades do povo e anciãos, 9 visto
que hoje somos interrogados a propósito
do benefício feito a um homem enfermo e

Se você chegou até aqui, é porque as suas raízes querem se aprofundar e já estão a caminho da Rocha. Permaneça!

do modo como ele foi curado, 10 saibam os
senhores todos e todo o povo de Israel que,
em nome de Jesus Cristo, o Nazareno, a quem
vocês crucificaram e a quem Deus ressuscitou dentre os mortos, sim, em seu nome é que
este está curado na presença de vocês. 11 Este
Jesus é a pedra que vocês, os construtores,
rejeitaram, mas ele veio a ser a pedra angular. 12 E não há salvação em nenhum outro,
porque debaixo do céu não existe nenhum
outro nome, dado entre os homens, pelo
qual importa que sejamos salvos.

13 Ao verem a ousadia de Pedro e João,
sabendo que eram homens iletrados e
incultos, ficaram admirados; e reconheceram que eles haviam estado com Jesus.
14 Vendo que o homem que havia sido
curado estava com eles, nada tinham a dizer
em contrário. 15 E, mandando-os sair do Sinédrio, discutiam entre si, 16 dizendo:

— Que faremos com estes homens? Pois
todos os moradores de Jerusalém sabem que
um sinal notório foi feito por eles, e não o
podemos negar. 17 Mas, para que não haja
maior divulgação entre o povo, vamos ameaçá-los para não falarem mais neste nome a
quem quer que seja.

18 Chamando-os, ordenaram-lhes que
de modo nenhum falassem nem ensinassem no nome de Jesus. 19 Mas Pedro e
João responderam:

— Os senhores mesmos julguem se é justo
diante de Deus ouvirmos antes aos senhores
do que a Deus; 20 pois nós não podemos deixar de falar das coisas que vimos e ouvimos.

21 Depois, ameaçando-os mais ainda,
os soltaram, não tendo achado como os
castigar, por causa do povo, porque todos
glorificavam a Deus pelo que tinha acontecido. 22 Ora, o homem em quem tinha sido
operado esse milagre de cura tinha mais de
quarenta anos de idade.

A IGREJA EM ORAÇÃO

23 Uma vez soltos, Pedro e João procuraram os irmãos e lhes contaram tudo o que
os principais sacerdotes e os anciãos lhes
tinham falado. 24 Ouvindo isto, unânimes,
levantaram a voz a Deus e disseram:

— Tu, Soberano Senhor, fizeste o céu, a
terra, o mar e tudo o que neles há! 25 Disseste por meio do Espírito Santo, por boca
de Davi, nosso pai, teu servo:

"Por que se enfureceram
os gentios,
e os povos imaginaram
coisas vãs?
26 Os reis da terra se levantaram,
e as autoridades se juntaram
contra o Senhor
e contra o seu Ungido."

27 — Porque de fato, nesta cidade, Herodes e Pôncio Pilatos, com gentios e gente de
Israel, se juntaram contra o teu santo Servo
Jesus, a quem ungiste, 28 para fazerem tudo
o que a tua mão e o teu propósito predeterminaram. 29 Agora, Senhor, olha para as
ameaças deles e concede aos teus servos que
anunciem a tua palavra com toda a ousadia,
30 enquanto estendes a tua mão para fazer
curas, sinais e prodígios por meio do nome
do teu santo Servo Jesus.

31 Tendo eles orado, tremeu o lugar onde
estavam reunidos. Todos ficaram cheios do
Espírito Santo e, com ousadia, anunciavam
a palavra de Deus.

A COMUNIDADE CRISTÃ

32 Da multidão dos que creram era um o
coração e a alma. Ninguém considerava
exclusivamente sua nem uma das coisas
que possuía; tudo, porém, lhes era comum.
33 Com grande poder, os apóstolos davam
testemunho da ressurreição do Senhor
Jesus, e em todos eles havia abundante
graça. 34 Não havia nenhum necessitado
entre eles, porque os que possuíam terras
ou casas, vendendo-as, traziam os valores
correspondentes 35 e os depositavam aos pés
dos apóstolos; então se distribuía a cada um
conforme a sua necessidade.

A OFERTA DE BARNABÉ

36 Então José, a quem os apóstolos chamavam de Barnabé, que quer dizer filho
da consolação, um levita natural de Chipre,

37 vendeu um campo que possuía, trouxe o
dinheiro e o depositou aos pés dos apóstolos.

ANANIAS E SAFIRA

5 1 Entretanto, certo homem chamado
Ananias, com sua mulher Safira, ven-
deu uma propriedade, 2 mas reteve uma
parte do dinheiro. E Safira estava ciente
disso. Levando o restante, depositou-o aos
pés dos apóstolos.
3 Então Pedro disse:
— Ananias, por que você permitiu que
Satanás enchesse o seu coração, para
que você mentisse ao Espírito Santo, retendo
parte do valor do campo? 4 Não é verdade
que, conservando a propriedade, seria sua?
E, depois de vendida, o dinheiro não estaria
em seu poder? Por que você decidiu fazer
uma coisa dessas? Você não mentiu para os
homens, mas para Deus.
5 Ouvindo estas palavras, Ananias caiu
morto. E sobreveio grande temor a todos
os que souberam do que tinha acontecido.
6 Levantando-se os moços, cobriram o
corpo de Ananias e, levando-o para fora,
o sepultaram.
7 Quase três horas depois, entrou a mulher
de Ananias, sem saber o que tinha acontecido.
8 Então Pedro, dirigindo-se a ela, perguntou:
— Diga-me: foi por este valor que vocês
venderam aquela terra?
Ela respondeu:
— Sim, foi por esse valor.
9 Então Pedro disse:
— Por que vocês entraram em acordo para
tentar o Espírito do Senhor? Eis aí à porta os
pés dos que sepultaram o seu marido, e eles
levarão você também.
10 No mesmo instante, ela caiu aos pés
de Pedro e morreu. Entrando os moços,
viram que ela estava morta e, levando-a,
sepultaram-na ao lado do marido. 11 E
sobreveio grande temor a toda a igreja e
a todos aqueles que ouviram falar destes
acontecimentos.

SINAIS E PRODÍGIOS

12 Muitos sinais e prodígios eram feitos
entre o povo pelas mãos dos apóstolos.
E todos costumavam se reunir, de comum
acordo, no Pórtico de Salomão. 13 Mas,
dos restantes, ninguém ousava juntar-se
a eles; porém o povo tinha grande admira-
ção por eles. 14 E aumentava sempre mais o
número de crentes no Senhor, uma multidão
de homens e mulheres, 15 a ponto de levarem
os enfermos até pelas ruas e os colocarem
sobre leitos e macas, para que, ao passar
Pedro, ao menos a sua sombra se proje-
tasse sobre alguns deles. 16 Vinha também
muita gente das cidades vizinhas de Jerusa-
lém, levando doentes e atormentados por
espíritos imundos, e todos eram curados.

A PERSEGUIÇÃO AOS APÓSTOLOS

17 Levantando-se, porém, o sumo sacer-
dote e todos os que estavam com ele, isto é,
o partido dos saduceus, ficaram com muita
inveja, 18 prenderam os apóstolos e os reco-
lheram à prisão pública. 19 Mas, de noite, um
anjo do Senhor abriu as portas da prisão e,
levando-os para fora, lhes disse:
20 — Vão ao templo e digam ao povo todas
as palavras desta Vida.
21 Tendo ouvido isto, logo ao amanhecer
entraram no templo e ensinavam.
Quando chegaram o sumo sacerdote e os
que estavam com ele, convocaram o Siné-
drio e todo o conselho dos anciãos do povo
de Israel e mandaram buscar os apóstolos
na prisão. 22 Mas, quando os guardas che-
garam lá, não os encontraram no cárcere.
E, voltando, relataram, 23 dizendo:
— Encontramos a prisão fechada com toda
a segurança e as sentinelas nos seus pos-
tos junto às portas; mas, abrindo as portas,
não encontramos ninguém dentro.
24 Quando o capitão do templo e os princi-
pais sacerdotes ouviram estas informações,
ficaram perplexos a respeito deles e do que
viria a ser isto. 25 Nesse momento, alguém
chegou e lhes comunicou:
— Vejam! Os homens que os senhores pren-
deram estão no templo ensinando o povo.
26 Então o capitão e os guardas foram e os
trouxeram sem violência, porque temiam
ser apedrejados pelo povo. 27 Trouxeram os

apóstolos, apresentando-os ao Sinédrio. E o sumo sacerdote os interrogou, 28 dizendo:

— Não é verdade que ordenamos expressamente que vocês não ensinassem nesse nome? No entanto, vocês encheram Jerusalém com a doutrina de vocês e ainda querem lançar sobre nós o sangue desse homem.

29 Então Pedro e os demais apóstolos afirmaram:

— É mais importante obedecer a Deus do que aos homens. 30 O Deus de nossos pais ressuscitou Jesus, a quem vocês mataram, pendurando-o num madeiro. 31 Deus, porém, com a sua mão direita, o exaltou a Príncipe e Salvador, a fim de conceder a Israel o arrependimento e a remissão de pecados. 32 E nós somos testemunhas destes fatos — nós e o Espírito Santo, que Deus deu aos que lhe obedecem.

33 Eles, porém, ouvindo isso, se enfureceram e queriam matá-los.

O PARECER DE GAMALIEL

34 Mas, levantando-se no Sinédrio um fariseu chamado Gamaliel, mestre da lei, respeitado por todo o povo, mandou que os apóstolos fossem levados para fora, por um momento. 35 Então disse ao Sinédrio:

— Israelitas, tenham cuidado com o que vão fazer a estes homens. 36 Porque algum tempo atrás se levantou Teudas, dizendo ser alguém muito importante, ao qual se juntaram cerca de quatrocentos homens. Mas ele foi morto, e todos os que lhe obedeciam se dispersaram e foram reduzidos a nada. 37 Depois desse, levantou-se Judas, o galileu, nos dias do recenseamento, e levou muitos consigo. Também este foi morto, e todos os que lhe obedeciam foram dispersos. 38 Neste caso de agora, digo a vocês: Não façam nada contra esses homens. Deixem que vão embora, porque, se este plano ou esta obra vem de homens, será destruído; 39 mas, se vem de Deus, vocês não poderão destruí-los e correm o risco de estar lutando contra Deus.

E os membros do Sinédrio concordaram com Gamaliel. 40 Então chamaram os apóstolos e os açoitaram. E, ordenando-lhes que não falassem no nome de Jesus, os soltaram. 41 E eles se retiraram do Sinédrio muito alegres por terem sido considerados dignos de sofrer afrontas por esse Nome. 42 E todos os dias, no templo e de casa em casa, não cessavam de ensinar e de pregar que Jesus é o Cristo.

A ESCOLHA DOS SETE

6 1 Naqueles dias, aumentando o número dos discípulos, houve murmuração dos helenistas contra os hebreus, porque as viúvas deles estavam sendo esquecidas na distribuição diária. 2 Então os doze convocaram a comunidade dos discípulos e disseram:

— Não é correto que nós abandonemos a palavra de Deus para servir às mesas. 3 Por isso, irmãos, escolham entre vocês sete homens de boa reputação, cheios do Espírito e de sabedoria, para os encarregarmos desse serviço. 4 Quanto a nós, nos consagraremos à oração e ao ministério da palavra.

5 O parecer agradou a todos. Então elegeram Estêvão, homem cheio de fé e do Espírito Santo, Filipe, Prócoro, Nicanor, Timão, Pármenas e Nicolau, prosélito de Antioquia. 6 Apresentaram estes homens aos apóstolos, que, orando, lhes impuseram as mãos.

7 A palavra de Deus crescia e, em Jerusalém, o número dos discípulos aumentava. Também um grande grupo de sacerdotes obedecia à fé.

ESTÊVÃO DIANTE DO SINÉDRIO

8 Estêvão, cheio de graça e de poder, fazia prodígios e grandes sinais entre o povo. 9 Então alguns dos que eram da sinagoga chamada dos Libertos, dos cireneus, dos alexandrinos e dos da Cilícia e da província da Ásia se levantaram e discutiam com Estêvão. 10 Mas eles não podiam resistir à sabedoria e ao Espírito, pelo qual ele falava. 11 Então subornaram alguns homens para que dissessem:

— Ouvimos este homem proferir blasfêmias contra Moisés e contra Deus.

12 Atiçaram o povo, os anciãos e os escribas
e, investindo contra Estêvão, o agarraram e
levaram ao Sinédrio. 13 Apresentaram teste-
munhas falsas, que disseram:
— Este homem não para de falar contra o
lugar santo e contra a lei. 14 Nós o ouvimos
dizer que esse Jesus, o Nazareno, destruirá
este lugar e mudará os costumes que Moisés
nos deu.
15 Todos os que estavam sentados no Siné-
drio, fitando os olhos em Estêvão, viram o
seu rosto como se fosse rosto de anjo.

A DEFESA DE ESTÊVÃO

7 1 Então o sumo sacerdote perguntou a
Estêvão:
— Isso de fato é assim?
2 Estêvão respondeu:
— Irmãos e pais, escutem. O Deus da gló-
ria apareceu a Abraão, nosso pai, quando
este estava na Mesopotâmia, antes de morar
em Harã, 3 e lhe disse: "Saia da sua terra e
do meio da sua parentela e vá para a terra
que eu lhe mostrarei." 4 Então Abraão saiu
da terra dos caldeus e foi morar em Harã.
E dali, com a morte de seu pai, Deus o trouxe
para esta terra em que vocês agora estão
morando. 5 Nela, não lhe deu herança, nem
sequer o espaço de um pé; mas prometeu
dar-lhe a posse dela e, depois dele, à sua des-
cendência, embora Abraão ainda não tivesse
filhos. 6 E Deus falou que a descendência
dele seria peregrina em terra estrangeira,
onde seriam escravizados e maltratados
durante quatrocentos anos.
7 — Deus disse ainda: "Castigarei a nação
da qual forem escravos; e, depois disso, sai-
rão daí e me servirão neste lugar." 8 Então
lhe deu a aliança da circuncisão. Assim,
Abraão gerou Isaque e o circuncidou no
oitavo dia; e Isaque gerou Jacó, e Jacó gerou
os doze patriarcas.
9 — Os patriarcas, invejosos de José, ven-
deram-no para ser levado para o Egito. Mas
Deus estava com ele 10 e o livrou de todas
as suas aflições, concedendo-lhe também
graça e sabedoria diante de Faraó, rei do
Egito, que o constituiu governador daquela
nação e de toda a casa real. 11 Depois houve
fome e grande sofrimento em todo o Egito
e em Canaã, e nossos pais não achavam o
que comer. 12 Mas, quando Jacó ouviu que
no Egito havia trigo, mandou, pela primeira
vez, os nossos pais até lá. 13 Na segunda vez,
José se fez reconhecer pelos seus irmãos, e
o Faraó veio a conhecer a família de José.
14 Então José mandou chamar Jacó, seu pai,
e toda a sua parentela, isto é, setenta e cinco
pessoas. 15 Jacó foi para o Egito, e ali morreu
ele e também os nossos pais. 16 Depois eles
foram transportados para Siquém e postos
no túmulo que Abraão tinha comprado dos
filhos de Hamor, em Siquém, pagando um
certo preço.
17 — E, quando já estava próximo o tempo
em que Deus cumpriria a promessa feita a
Abraão, o povo cresceu e se multiplicou no
Egito, 18 até que se levantou ali outro rei,
que não conhecia José. 19 Este outro rei tra-
tou com astúcia a nossa gente e torturou
os nossos pais, a ponto de forçá-los a aban-
donar seus meninos recém-nascidos, para
que não sobrevivessem. 20 Por esse tempo
nasceu Moisés, que era formoso aos olhos
de Deus. Durante três meses ele foi man-
tido na casa de seu pai. 21 Quando tiveram
de abandoná-lo, a filha de Faraó o recolheu
e criou como seu próprio filho. 22 E Moisés
foi educado em toda a ciência dos egípcios
e era poderoso em palavras e obras.
23 — Quando completou quarenta anos,
Moisés teve a ideia de visitar os seus irmãos,
os filhos de Israel. 24 Vendo um homem ser
maltratado, saiu em defesa dele e vingou o
oprimido, matando o egípcio. 25 Ora, Moisés
pensava que seus irmãos entenderiam que
Deus queria salvá-los por meio dele; eles,
porém, não entenderam. 26 No dia seguinte,
Moisés aproximou-se de uns que brigavam
e procurou reconduzi-los à paz, dizendo:
"Homens, vocês são irmãos; por que estão
maltratando um ao outro?" 27 Mas o que agre-
dia o seu próximo repeliu Moisés, dizendo:
"Quem colocou você como chefe e juiz sobre
nós? 28 Será que quer me matar, assim como
ontem matou o egípcio?" 29 Ao ouvir isto,
Moisés fugiu e se tornou peregrino na terra
de Midiã, onde lhe nasceram dois filhos.

30 — Passados quarenta anos, apareceu-lhe, no deserto do monte Sinai, um anjo, por entre as chamas de uma sarça que estava queimando. 31 Moisés ficou maravilhado diante daquela visão e, aproximando-se para contemplá-la, ouviu-se a voz do Senhor, que disse: 32 "Eu sou o Deus dos seus pais, o Deus de Abraão, de Isaque e de Jacó." Moisés, tremendo de medo, não ousava contemplar a sarça. 33 Então o Senhor disse: "Tire as sandálias dos pés, porque o lugar em que você está é terra santa. 34 Certamente vi o sofrimento do meu povo no Egito, ouvi o seu gemido e desci para libertá-lo. Venha, agora; vou mandar você para o Egito."

35 — A este Moisés, a quem tinham rejeitado, dizendo: "Quem colocou você como chefe e juiz?", Deus enviou como chefe e libertador, com a assistência do anjo que lhe apareceu na sarça. 36 Foi Moisés quem os tirou de lá, fazendo prodígios e sinais na terra do Egito, no mar Vermelho e no deserto, durante quarenta anos. 37 Foi ainda Moisés quem disse aos filhos de Israel: "Deus fará com que, do meio dos irmãos de vocês, se levante um profeta semelhante a mim." 38 É este Moisés quem esteve na congregação no deserto, com o anjo que lhe falava no monte Sinai e com os nossos pais. Foi ele quem recebeu palavras vivas para nos transmitir.

39 — Nossos pais não quiseram obedecer a Moisés, mas o rejeitaram e, no seu coração, voltaram para o Egito, 40 dizendo a Arão: "Faça para nós deuses que vão adiante de nós; porque, quanto a este Moisés, que nos tirou da terra do Egito, não sabemos o que lhe aconteceu." 41 Naqueles dias, fizeram um bezerro e ofereceram sacrifício ao ídolo, alegrando-se com as obras das suas mãos. 42 Mas Deus se afastou e os entregou à adoração das estrelas do céu, como está escrito no Livro dos Profetas:

"Ó casa de Israel,
será que foi para mim
que vocês ofereceram vítimas
e sacrifícios no deserto,
durante quarenta anos?
43 Não é verdade
que vocês levantaram
o tabernáculo de Moloque
e a estrela de Renfã,
o deus de vocês,
imagens que vocês fizeram
para as adorar?
Por isso, vou mandar vocês
ao exílio
para além da Babilônia."

44 — O tabernáculo do testemunho estava entre nossos pais no deserto, como havia ordenado aquele que disse a Moisés que o fizesse segundo o modelo que tinha visto. 45 Também nossos pais, com Josué, tendo recebido o tabernáculo, o levaram, quando tomaram posse das nações que Deus expulsou da presença deles. Foi assim até os dias de Davi, 46 que obteve o favor de Deus e pediu autorização para construir uma casa para o Deus de Jacó. 47 Mas foi Salomão quem lhe edificou a casa. 48 Entretanto, o Altíssimo não habita em casas feitas por mãos humanas. Como diz o profeta:

49 "O céu é o meu trono,
e a terra é o estrado
dos meus pés.
Que casa vocês edificarão
para mim, diz o Senhor,
ou qual é o lugar do meu repouso?
50 Não é fato que a minha mão
fez todas estas coisas?"

51 — Homens teimosos e incircuncisos de coração e de ouvidos, vocês sempre resistem ao Espírito Santo. Vocês fazem exatamente o mesmo que fizeram os seus pais. 52 Qual dos profetas os pais de vocês não perseguiram? Eles mataram os que anteriormente anunciavam a vinda do Justo, do qual vocês agora se tornaram traidores e assassinos, 53 vocês que receberam a lei por ministério de anjos e não a guardaram.

A MORTE DE ESTÊVÃO

54 Ao ouvirem isto, ficaram com o coração cheio de raiva e rangiam os dentes

contra ele. 55 Mas Estêvão, cheio do Espírito
Santo, fitou os olhos no céu e viu a glória de
Deus e Jesus, que estava à direita de Deus.
56 Então disse:
— Eis que vejo os céus abertos e o Filho do
Homem, em pé à direita de Deus.
57 Eles, porém, gritando bem alto, tapa-
ram os ouvidos e, unânimes, avançaram
contra ele. 58 E, expulsando-o da cidade, o
apedrejaram. As testemunhas deixaram as
capas deles aos pés de um jovem chamado
Saulo. 59 E enquanto o apedrejavam, Estê-
vão orava, dizendo:
— Senhor Jesus, recebe o meu espírito!
60 Então, ajoelhando-se, gritou bem alto:
— Senhor, não os condenes por causa
deste pecado!
E, depois que ele disse isso, morreu.

8 1 E Saulo consentia na morte de Estêvão.

SAULO PERSEGUE A IGREJA

Naquele dia, teve início uma grande per-
seguição contra a igreja em Jerusalém.
Todos, exceto os apóstolos, foram disper-
sos pelas regiões da Judeia e da Samaria.
2 Alguns homens piedosos sepultaram
Estêvão e fizeram grande lamentação por
ele. 3 Saulo, porém, queria destruir a igreja.
Indo de casa em casa, arrastava homens e
mulheres, lançando-os na prisão.

FILIPE PREGA EM SAMARIA

4 Enquanto isso, os que foram dispersos
iam por toda parte pregando a palavra.
5 Filipe foi à cidade de Samaria e anun-
ciava Cristo ao povo dali. 6 As multidões,
unânimes, davam atenção às coisas que
Filipe dizia, ouvindo-as e vendo os sinais
que ele fazia. 7 Pois os espíritos imundos,
gritando em alta voz, saíam de muitos que
estavam possuídos por eles; e muitos paralí-
ticos e coxos foram curados. 8 E houve grande
alegria naquela cidade.

SIMÃO, O MAGO

9 Havia naquela cidade um homem cha-
mado Simão, que praticava artes mágicas e
deixava o povo de Samaria admirado. Dizia
ser alguém muito importante, 10 e todos lhe
davam ouvidos, do menor ao maior, dizendo:
— Este homem é o poder de Deus, chamado
"o Grande Poder".
11 Davam atenção a ele porque durante
muito tempo os havia impressionado com
as suas artes mágicas. 12 Quando, porém,
deram crédito a Filipe, que os evange-
lizava a respeito do Reino de Deus e do
nome de Jesus Cristo, iam sendo batiza-
dos, tanto homens como mulheres. 13 O
próprio Simão abraçou a fé e, tendo sido
batizado, acompanhava Filipe de perto,
observando extasiado os sinais e grandes
milagres praticados.

PEDRO E JOÃO EM SAMARIA

14 Quando os apóstolos, que estavam em
Jerusalém, ouviram que o povo de Samaria
tinha recebido a palavra de Deus, enviaram-
-lhes Pedro e João. 15 Chegando ali, oraram
por eles para que recebessem o Espírito
Santo, 16 pois o Espírito ainda não havia des-
cido sobre nenhum deles. Tinham apenas
sido batizados em nome do Senhor Jesus.
17 Então lhes impuseram as mãos, e eles rece-
beram o Espírito Santo.
18 Quando Simão viu que, pelo fato de
os apóstolos imporem as mãos, era conce-
dido o Espírito Santo, ofereceu-lhes dinheiro,
19 dizendo:
— Deem também a mim este poder, para
que a pessoa sobre a qual eu impuser as
mãos receba o Espírito Santo.
20 Mas Pedro respondeu:
— Que o seu dinheiro seja destruído junto
com você, pois você pensou que com ele
poderia adquirir o dom de Deus! 21 Não
existe porção nem parte para você neste
ministério, porque o seu coração não é reto
diante de Deus. 22 Portanto, arrependa-se
desse mal e ore ao Senhor. Talvez ele o per-
doe por esse intento do seu coração. 23 Pois
vejo que você está cheio de inveja e preso
em sua maldade.
24 Simão disse aos apóstolos:
— Peço que vocês orem ao Senhor por
mim, para que não me sobrevenha nada
do que vocês disseram.

Quanto mais nos achegamos ao Senhor e investimos tempo no relacionamento com ele, mais a nossa mente é renovada, nossas intenções purificadas e nossa identidade restaurada.

25 Eles, porém, tendo dado o seu testemunho e pregado a palavra do Senhor, voltaram para Jerusalém e evangelizavam muitas aldeias dos samaritanos.

FILIPE E O EUNUCO

26 Um anjo do Senhor disse a Filipe:

— Levante-se e vá para o Sul, no caminho que desce de Jerusalém a Gaza; este se acha deserto.

27 Filipe se levantou e foi.

Havia um etíope, eunuco, alto oficial de Candace, rainha dos etíopes, o qual era superintendente de todo o seu tesouro. Ele tinha vindo adorar em Jerusalém 28 e estava regressando ao seu país. E, assentado na sua carruagem, vinha lendo o profeta Isaías. 29 Então o Espírito disse a Filipe:

— Aproxime-se dessa carruagem e acompanhe-a.

30 Correndo para lá, Filipe ouviu que o homem estava lendo o profeta Isaías. Então perguntou:

— O senhor entende o que está lendo?

31 Ele respondeu:

— Como poderei entender, se ninguém me explicar?

E convidou Filipe a subir e sentar-se ao seu lado. 32 Ora, a passagem da Escritura que ele estava lendo era esta:

"Foi levado como ovelha
ao matadouro;
e, como um cordeiro mudo
diante do
seu tosquiador,
ele não abriu a boca.
33 Na sua humilhação,
lhe negaram justiça;
quem poderá falar
da sua descendência?
Porque a vida dele
é tirada da terra."

34 Então o eunuco disse a Filipe:

— Peço que você me explique a quem se refere o profeta. Fala de si mesmo ou de outra pessoa?

35 Então Filipe explicou. E, começando com esta passagem da Escritura, anunciou-lhe a mensagem de Jesus.

36 Seguindo pelo caminho, chegaram a certo lugar onde havia água. Então o eunuco disse:

— Eis aqui água. O que impede que eu seja batizado?

37 [Filipe respondeu:

— É lícito, se você crê de todo o coração.

Então ele disse:

— Creio que Jesus Cristo é o Filho de Deus.]

38 Então mandou parar a carruagem, ambos desceram à água, e Filipe batizou o eunuco. 39 Quando saíram da água, o Espírito do Senhor arrebatou Filipe, e o eunuco não o viu mais; e este foi seguindo o seu caminho, cheio de alegria. 40 Mas Filipe foi visto outra vez em Azoto; e, seguindo viagem, evangelizava todas as cidades até chegar a Cesareia.

A CONVERSÃO DE SAULO

At 22.4-11; 26.9-18

9 1 Saulo, respirando ainda ameaças e morte contra os discípulos do Senhor, dirigiu-se ao sumo sacerdote 2 e lhe pediu cartas para as sinagogas de Damasco, a fim de que, caso achasse alguns que eram do Caminho, tanto homens como mulheres, os levasse presos para Jerusalém. 3 Enquanto seguia pelo caminho, ao aproximar-se de Damasco, subitamente uma luz do céu brilhou ao seu redor. 4 Ele caiu por terra e ouviu uma voz que lhe dizia:

— Saulo, Saulo, por que você me persegue?

5 Ele perguntou:

— Senhor, quem é você?

E a resposta foi:

— Eu sou Jesus, a quem você persegue. 6 Mas levante-se e entre na cidade, onde lhe dirão o que você deve fazer.

7 Os homens que viajavam com Saulo pararam emudecidos, ouvindo a voz, mas não vendo ninguém. 8 Então Saulo se levantou do chão e, abrindo os olhos, nada podia ver. E, guiando-o pela mão, levaram-no para Damasco. 9 Esteve três dias sem ver, durante os quais nada comeu, nem bebeu.

A VISITA DE ANANIAS

At 22.12-16

10 Havia em Damasco um discípulo cha-
mado Ananias. O Senhor lhe apareceu numa
visão e disse:

— Ananias!

Ao que ele respondeu:

— Eis-me aqui, Senhor!

11 Então o Senhor lhe disse:

— Levante-se e vá à rua que se chama
Direita e, na casa de Judas, procure um
homem de Tarso chamado Saulo. Ele está
orando 12 e, numa visão, viu entrar um
homem, chamado Ananias, e impor-lhe as
mãos, para que recuperasse a vista.

13 Ananias, porém, respondeu:

— Senhor, de muitos tenho ouvido a
respeito desse homem, quanto mal tem feito
aos teus santos em Jerusalém. 14 E aqui em
Damasco ele tem autorização dos principais
sacerdotes para prender todos os que invo-
cam o teu nome.

15 Mas o Senhor disse a Ananias:

— Vá, porque este é para mim um instru-
mento escolhido para levar o meu nome
diante dos gentios e reis, bem como diante
dos filhos de Israel. 16 Pois eu mesmo vou
mostrar a ele quanto deve sofrer pelo
meu nome.

17 Então Ananias foi e, entrando na casa,
impôs as mãos sobre Saulo, dizendo:

— Saulo, irmão, o Senhor Jesus, que apa-
receu a você no caminho para cá, me enviou
para que você volte a ver e fique cheio do
Espírito Santo.

18 Imediatamente caíram dos olhos de
Saulo umas coisas parecidas com escamas,
e ele voltou a ver. A seguir, levantou-se e
foi batizado. 19 E, depois de comer, sentiu-
-se fortalecido.

SAULO EM DAMASCO

Saulo permaneceu alguns dias com os
discípulos em Damasco. 20 E logo, nas sina-
gogas, proclamava Jesus, afirmando que ele
é o Filho de Deus. 21 Todos os que ouviam
Saulo estavam atônitos e diziam:

— Não é este o que exterminava em Jeru-
salém os que invocam o nome de Jesus e
veio para cá precisamente para prender e
levá-los aos principais sacerdotes?

22 Saulo, porém, mais e mais se fortale-
cia e confundia os judeus que moravam
em Damasco, demonstrando que Jesus é
o Cristo.

SAULO ESCAPA DOS JUDEUS

23 Decorridos muitos dias, os judeus resol-
veram matar Saulo, 24 mas ele ficou sabendo
do plano deles. Dia e noite guardavam tam-
bém os portões da cidade, para o matar.
25 Mas os discípulos de Saulo tomaram-no
de noite e, colocando-o num cesto, desce-
ram-no pela muralha.

SAULO EM JERUSALÉM E EM TARSO

26 Quando chegou a Jerusalém, Saulo
procurou juntar-se aos discípulos de Jesus.
Porém todos tinham medo dele, não acre-
ditando que ele fosse discípulo. 27 Mas
Barnabé, tomando-o consigo, levou-o aos
apóstolos. Contou-lhes como Saulo tinha
visto o Senhor no caminho, e que o Senhor
tinha falado com ele. Também contou como,
em Damasco, Saulo tinha pregado ousada-
mente em nome de Jesus. 28 E Saulo ficou
com eles em Jerusalém, entrando e saindo,
pregando ousadamente em nome do
Senhor. 29 Falava e discutia com os helenis-
tas, mas eles procuravam matá-lo. 30 Quando
isto chegou ao conhecimento dos irmãos,
levaram Saulo até Cesareia e dali o envia-
ram para Tarso.

A IGREJA CRESCE

31 Assim, a igreja tinha paz por toda a
Judeia, Galileia e Samaria, edificando-se e
caminhando no temor do Senhor; e, no con-
solo do Espírito Santo, crescia em número.

A CURA DE ENEIAS

32 Passando Pedro por toda parte, foi tam-
bém visitar os santos que moravam em Lida.
33 Encontrou ali certo homem, chamado
Eneias, que havia oito anos jazia de cama,
pois era paralítico. 34 Pedro lhe disse:

— Eneias, Jesus Cristo cura você! Levante-
-se e arrume a sua cama.

Ele imediatamente se levantou. 35 Todos os habitantes de Lida e da região de Sarom viram Eneias e se converteram ao Senhor.

A RESSURREIÇÃO DE DORCAS

36 Em Jope havia uma discípula chamada Tabita, nome este que, traduzido, é Dorcas. Ela era notável pelas boas obras e esmolas que fazia. 37 Aconteceu que, naqueles dias, ela adoeceu e veio a morrer. Depois de a lavarem, puseram o corpo num quarto do andar superior. 38 Como Lida ficava perto de Jope, os discípulos, ouvindo que Pedro estava ali, enviaram-lhe dois homens com o seguinte pedido:

— Não se demore em vir até nós.

39 Pedro se aprontou e foi com eles. Quando chegou lá, eles o levaram ao quarto do andar superior. Todas as viúvas o cercaram, chorando e mostrando-lhe túnicas e vestidos que Dorcas tinha feito enquanto estava com elas. 40 Mas Pedro mandou que todos saíssem, ajoelhou-se e orou; depois, voltando-se para o corpo, disse:

— Tabita, levante-se!

Ela abriu os olhos e, vendo Pedro, sentou-se. 41 Ele, dando-lhe a mão, ajudou-a a ficar em pé; e, chamando os santos, especialmente as viúvas, apresentou-a viva. 42 Isto se tornou conhecido em toda a cidade de Jope, e muitos creram no Senhor. 43 Pedro ficou em Jope muitos dias, na casa de um curtidor chamado Simão.

O CENTURIÃO CORNÉLIO

10 1 Em Cesareia morava um homem chamado Cornélio, que era centurião de uma companhia do exército chamada Italiana. 2 Era piedoso e temente a Deus com toda a sua casa, fazendo muitas esmolas ao povo e orando sempre a Deus. 3 Um dia, por volta das três horas da tarde, durante uma visão, esse homem viu claramente um anjo de Deus que se aproximou dele e lhe disse:

4 — Cornélio!

Este, fixando nele os olhos e possuído de temor, perguntou:

— O que é, Senhor?

E o anjo lhe disse:

— As suas orações e as suas esmolas subiram para memória diante de Deus. 5 Agora envie mensageiros a Jope e mande chamar Simão, que também é chamado de Pedro. 6 Ele está hospedado com Simão, curtidor, cuja residência está situada à beira-mar.

7 Logo que o anjo que lhe falava se retirou, Cornélio chamou dois dos seus servos e um soldado piedoso dos que estavam a seu serviço 8 e, depois de lhes explicar tudo, mandou que fossem a Jope.

PEDRO TEM UMA VISÃO

9 No dia seguinte, enquanto eles viajavam e já estavam perto da cidade de Jope, Pedro subiu ao terraço, por volta do meio-dia, a fim de orar. 10 Estando com fome, quis comer; mas, enquanto lhe preparavam a comida, sobreveio-lhe um êxtase. 11 Viu o céu aberto e um objeto como se fosse um grande lençol, que descia do céu e era baixado à terra pelas quatro pontas, 12 contendo todo tipo de quadrúpedes, répteis da terra e aves do céu. 13 E ouviu-se uma voz que se dirigia a ele:

— Levante-se, Pedro! Mate e coma.

14 Mas Pedro respondeu:

— De modo nenhum, Senhor! Porque nunca comi nada que fosse impuro ou imundo.

15 Pela segunda vez, a voz lhe falou:

— Não considere impuro aquilo que Deus purificou.

16 Isso aconteceu três vezes, e, em seguida, aquele objeto foi levado de volta para o céu.

OS ENVIADOS DE CORNÉLIO CHEGAM A JOPE

17 Enquanto Pedro estava perplexo sobre qual seria o significado da visão, eis que os homens enviados por Cornélio, tendo perguntado pela casa de Simão, pararam junto à porta. 18 Chamando, perguntaram se ali estava hospedado Simão, que também é chamado de Pedro.

19 Enquanto Pedro meditava a respeito da visão, o Espírito lhe disse:

— Estão aí três homens à sua procura. 20 Portanto, levante-se, desça e vá com eles, sem hesitar; porque eu os enviei.

21 Então Pedro desceu e disse àqueles
homens:
— Eu sou a pessoa que vocês estão
procurando. O que os traz até aqui?
22 Então disseram:
— O centurião Cornélio, homem reto e
temente a Deus e tendo bom testemunho
de toda a nação judaica, foi instruído por
um santo anjo a mandar chamar você para
a casa dele e ouvir o que você tem a dizer.
23 Pedro, então, convidando-os a entrar,
hospedou-os.
No dia seguinte, Pedro se aprontou e foi
com eles. Também alguns irmãos dos que
moravam em Jope foram com ele. 24 No dia
seguinte, Pedro chegou a Cesareia. Cornélio
estava esperando por eles, tendo reunido
os seus parentes e os amigos mais íntimos.
25 Quando Pedro estava por entrar, Cornélio foi
ao seu encontro e, prostrando-se aos pés dele,
o adorou. 26 Mas Pedro o levantou, dizendo:
— Levante-se, porque eu também sou ape-
nas um homem.
27 Falando com ele, Pedro entrou, encon-
trando muitos reunidos ali, 28 a quem se
dirigiu, dizendo:
— Vocês bem sabem que um judeu está
proibido de se juntar a um gentio ou de
entrar na casa dele. Mas Deus me mostrou
que não devo considerar ninguém impuro
ou imundo. 29 Por isso, uma vez chamado,
vim sem vacilar. E agora pergunto: Por que
motivo vocês mandaram me chamar?
30 Cornélio respondeu:
— Faz hoje quatro dias que, mais ou menos
por esta hora, às três da tarde, eu estava
orando em minha casa. De repente, se apre-
sentou diante de mim um homem vestido
com roupas resplandecentes 31 que disse:
"Cornélio, a sua oração foi ouvida e as suas
esmolas foram lembradas na presença de
Deus. 32 Envie, pois, alguém a Jope e mande
chamar Simão, que também é chamado
de Pedro; ele está hospedado na casa de
Simão, curtidor, à beira-mar." 33 Portanto, sem
demora, mandei chamá-lo, e você fez muito
bem em vir. Agora estamos todos aqui, na
presença de Deus, prontos para ouvir tudo
o que o Senhor ordenou a você.

PEDRO PREGA NA CASA DE CORNÉLIO

34 Então Pedro começou a falar. Ele disse:
— Reconheço por verdade que Deus
não trata as pessoas com parcialidade;
35 pelo contrário, em qualquer nação, aquele
que o teme e faz o que é justo lhe é aceitá-
vel. 36 Esta é a palavra que Deus enviou aos
filhos de Israel, anunciando-lhes o evange-
lho da paz, por meio de Jesus Cristo. Este é o
Senhor de todos. 37 Vocês sabem o que acon-
teceu em toda a Judeia, tendo começado na
Galileia depois do batismo que João pregou,
38 como Deus ungiu a Jesus de Nazaré com
o Espírito Santo e com poder. Jesus andou
por toda parte, fazendo o bem e curando
todos os oprimidos do diabo, porque Deus
estava com ele. 39 E nós somos testemunhas
de tudo o que ele fez na terra dos judeus
e em Jerusalém. Depois eles o mataram,
pendurando-o num madeiro. 40 Mas Deus
o ressuscitou no terceiro dia e concedeu
que fosse manifesto, 41 não a todo o povo,
mas às testemunhas que foram anterior-
mente escolhidas por Deus, isto é, a nós
que comemos e bebemos com ele, depois
que ressurgiu dentre os mortos. 42 Jesus nos
mandou pregar ao povo e testemunhar que
ele foi constituído por Deus como Juiz de
vivos e de mortos. 43 Dele todos os profetas
dão testemunho de que, por meio do seu
nome, todo o que nele crê recebe remissão
dos pecados.

O ESPÍRITO SANTO DESCE SOBRE OS GENTIOS

44 Enquanto Pedro falava estas palavras,
o Espírito Santo caiu sobre todos os que
ouviam a mensagem. 45 E os fiéis que eram
da circuncisão, que tinham vindo com Pedro,
admiraram-se, porque também sobre os
gentios foi derramado o dom do Espírito
Santo. 46 Pois eles os ouviam falando em
línguas e engrandecendo a Deus. Então
Pedro disse:
47 — Será que alguém poderia recusar
a água e impedir que sejam batizados
estes que, assim como nós, receberam o
Espírito Santo?

48 E ordenou que fossem batizados em nome de Jesus Cristo. Então lhe pediram que permanecesse com eles por alguns dias.

A DEFESA DE PEDRO

11 1 Chegou ao conhecimento dos apóstolos e dos irmãos que estavam na Judeia que também os gentios haviam recebido a palavra de Deus. 2 Quando Pedro voltou para Jerusalém, os que eram da circuncisão começaram a questioná-lo, dizendo:

3 — Você entrou na casa de homens incircuncisos e comeu com eles.

4 Então Pedro passou a fazer-lhes uma exposição por ordem, dizendo:

5 — Eu estava na cidade de Jope orando e, num êxtase, tive uma visão em que observei descer um objeto como se fosse um grande lençol baixado do céu pelas quatro pontas e vindo até perto de mim. 6 E, olhando atentamente para dentro daquilo, vi quadrúpedes da terra, feras, répteis e aves do céu. 7 Ouvi também uma voz que me dizia: "Levante-se, Pedro! Mate e coma." 8 Ao que eu respondi: "De modo nenhum, Senhor; porque em minha boca nunca entrou nada que fosse impuro ou imundo." 9 Pela segunda vez, a voz do céu falou: "Não considere impuro aquilo que Deus purificou." 10 Isso se repetiu três vezes, e, de novo, tudo foi recolhido para o céu. 11 E eis que, na mesma hora, pararam diante da casa em que estávamos três homens enviados de Cesareia para se encontrar comigo. 12 Então o Espírito me disse que eu fosse com eles, sem hesitar. Foram comigo também estes seis irmãos; e entramos na casa daquele homem. 13 E ele nos contou como tinha visto na casa dele um anjo, em pé, que lhe disse: "Envie alguém a Jope e mande chamar Simão, que também é chamado de Pedro, 14 o qual lhe dirá palavras mediante as quais você e toda a sua casa serão salvos."

15 — Quando comecei a falar, o Espírito Santo caiu sobre eles, como também sobre nós, no princípio. 16 Então me lembrei da palavra do Senhor, quando disse: "João, na verdade, batizou com água, mas vocês serão batizados com o Espírito Santo." 17 Pois, se Deus deu a eles o mesmo dom que tinha dado a nós quando cremos no Senhor Jesus, quem era eu para que pudesse resistir a Deus?

18 Quando os demais ouviram isso, acalmaram-se e glorificaram a Deus, dizendo:

— Então também aos gentios Deus concedeu o arrependimento para a vida!

OS DISCÍPULOS SÃO CHAMADOS DE CRISTÃOS EM ANTIOQUIA

19 Os que foram dispersos a partir da perseguição que começou com a morte de Estêvão se espalharam até a Fenícia, Chipre e Antioquia, não anunciando a palavra a ninguém que não fosse judeu. 20 Alguns deles, porém, que eram de Chipre e de Cirene e que foram até Antioquia, falavam também aos gregos, anunciando-lhes o evangelho do Senhor Jesus. 21 A mão do Senhor estava com eles, e muitos, crendo, se converteram ao Senhor.

22 A notícia a respeito deles chegou aos ouvidos da igreja que estava em Jerusalém; e enviaram Barnabé até Antioquia. 23 Quando ele chegou e viu a graça de Deus, ficou muito alegre. E exortava todos a que, com firmeza de coração, permanecessem no Senhor. 24 Porque era homem bom, cheio do Espírito Santo e de fé. E muita gente se uniu ao Senhor.

25 Depois Barnabé foi a Tarso à procura de Saulo. 26 E, quando o encontrou, levou-o para Antioquia. E, durante um ano inteiro, se reuniram naquela igreja e ensinaram numerosa multidão. Em Antioquia, os discípulos foram, pela primeira vez, chamados de cristãos.

ÁGABO PREDIZ GRANDE FOME

27 Naqueles dias, alguns profetas foram de Jerusalém para Antioquia. 28 E, apresentando-se um deles, chamado Ágabo, dava a entender, pelo Espírito, que haveria uma grande fome em todo o mundo. Essa fome veio nos dias do imperador Cláudio. 29 Os discípulos, cada um conforme as suas posses, resolveram mandar uma ajuda aos irmãos que moravam na Judeia. 30 E eles o fizeram, enviando essa ajuda aos presbíteros por meio de Barnabé e Saulo.

HERODES PERSEGUE TIAGO E PEDRO

12 1 Por aquele tempo, o rei Herodes mandou prender alguns da igreja para os maltratar. 2 Mandou matar à espada Tiago, irmão de João. 3 Vendo que isto agradava aos judeus, prosseguiu, mandando prender também Pedro. E eram os dias dos pães sem fermento. 4 Depois de prendê-lo, lançou-o na prisão, entregando-o a quatro escoltas de quatro soldados cada uma, para o guardarem. A intenção de Herodes era apresentá-lo ao povo depois da Páscoa. 5 E assim Pedro era mantido na prisão; mas havia oração incessante a Deus por parte da igreja a favor dele.

PEDRO É LIBERTADO

6 Na noite anterior ao dia em que Herodes ia apresentá-lo ao povo, Pedro dormia entre dois soldados, preso com duas correntes. Sentinelas, junto à porta, guardavam a prisão. 7 Eis, porém, que sobreveio um anjo do Senhor, e uma luz iluminou a prisão. O anjo tocou no lado de Pedro e o despertou, dizendo:

— Levante-se depressa!

Então as correntes caíram das mãos dele. 8 E o anjo continuou:

— Coloque o cinto e calce as sandálias.

E ele assim o fez.

O anjo lhe disse mais:

— Ponha a capa e siga-me.

9 Então, saindo, Pedro o seguia, não sabendo que era real o que estava sendo feito pelo anjo; ele pensava que era uma visão. 10 Depois de terem passado a primeira e a segunda sentinela, chegaram ao portão de ferro que dava para a cidade, o qual se abriu automaticamente; e, saindo, enveredaram por uma rua, e logo adiante o anjo se afastou dele. 11 Então Pedro, caindo em si, disse:

— Agora sei que, de fato, o Senhor enviou o seu anjo e me livrou da mão de Herodes e de toda a expectativa do povo judeu.

12 Ao se dar conta disso, Pedro resolveu ir à casa de Maria, mãe de João, também chamado Marcos, onde muitas pessoas estavam congregadas e oravam. 13 Quando ele bateu à porta da frente, uma empregada, chamada Rode, foi ver quem era. 14 Reconhecendo a voz de Pedro, ficou tão alegre que nem o fez entrar, mas voltou correndo para anunciar que Pedro estava à porta. 15 Então os outros disseram:

— Você ficou louca!

Ela, porém, persistia em afirmar que era verdade. Então disseram:

— É o anjo dele.

16 Enquanto isso, Pedro continuava batendo. Quando abriram a porta, viram-no e ficaram admirados. 17 Ele, porém, fazendo-lhes sinal com a mão para que se calassem, contou-lhes como o Senhor o tinha tirado da prisão. E acrescentou:

— Anunciem isto a Tiago e aos irmãos.

E, saindo, foi para outro lugar.

18 Quando amanheceu, houve grande alvoroço entre os soldados sobre o que teria acontecido com Pedro. 19 Herodes, tendo-o procurado e não o achando, submetendo as sentinelas a interrogatório, ordenou que se aplicasse a pena de morte. E, descendo da Judeia para Cesareia, Herodes passou ali algum tempo.

A MORTE DE HERODES

20 Havia uma séria divergência entre Herodes e os moradores de Tiro e de Sidom. Estes, porém, de comum acordo, se apresentaram a ele e, depois de obter o apoio de Blasto, que era assessor do rei, pediram paz, porque a terra deles recebia alimentos do país do rei. 21 Em dia designado, Herodes, vestido de traje real, assentado no trono, dirigiu-lhes a palavra. 22 E o povo gritava:

— É voz de um deus, e não de um homem!

23 No mesmo instante, um anjo do Senhor feriu Herodes, por ele não haver dado glória a Deus; e, comido de vermes, morreu.

24 Entretanto, a palavra de Deus crescia e se multiplicava.

25 Barnabé e Saulo, cumprida a sua missão, voltaram de Jerusalém, trazendo consigo João, também chamado Marcos.

BARNABÉ E SAULO. A PRIMEIRA VIAGEM MISSIONÁRIA

13 1 Havia na igreja de Antioquia profetas e mestres: Barnabé; Simeão, chamado Níger; Lúcio, de Cirene; Manaém, que tinha sido criado com Herodes, o tetrarca; e Saulo. 2 Enquanto eles estavam adorando o Senhor e jejuando, o Espírito Santo disse:

— Separem-me, agora, Barnabé e Saulo para a obra a que os tenho chamado.

3 Então, jejuando e orando, e impondo as mãos sobre eles, os despediram.

A MISSÃO EM CHIPRE

4 Barnabé e Saulo, enviados pelo Espírito Santo, foram até Selêucia e dali navegaram para Chipre. 5 Quando chegaram a Salamina, começaram a anunciar a palavra de Deus nas sinagogas judaicas. Tinham também João como auxiliar. 6 Havendo atravessado toda a ilha até Pafos, encontraram certo judeu, de nome Barjesus, que praticava magia e era falso profeta. 7 Ele estava com o procônsul Sérgio Paulo, que era um homem inteligente. O procônsul, tendo chamado Barnabé e Saulo, desejava ouvir a palavra de Deus. 8 Porém o mago Elimas — e é assim que se traduz o nome dele — se opunha a eles, procurando afastar da fé o procônsul. 9 Mas Saulo, também chamado Paulo, cheio do Espírito Santo, olhando firmemente para Elimas, disse:

10 — Ó filho do diabo, cheio de todo o engano e de toda a maldade, inimigo de toda a justiça, por que você não deixa de perverter os retos caminhos do Senhor? 11 Eis que, agora, a mão do Senhor está contra você, e você ficará cego, não vendo o sol por algum tempo.

No mesmo instante, caiu sobre ele névoa e escuridão, e, andando em círculos, procurava quem o guiasse pela mão. 12 Então o procônsul, vendo o que havia acontecido, creu, maravilhado com a doutrina do Senhor.

JOÃO MARCOS VOLTA A JERUSALÉM

13 E, navegando de Pafos, Paulo e seus companheiros viajaram a Perge da Panfília. João, porém, deixando-os, voltou para Jerusalém. 14 Mas eles, saindo de Perge, chegaram a Antioquia da Pisídia. No sábado, entraram na sinagoga e sentaram-se. 15 Depois da leitura da Lei e dos Profetas, os chefes da sinagoga mandaram dizer-lhes:

— Irmãos, se vocês têm alguma palavra de consolo para o povo, falem.

O TESTEMUNHO DE PAULO EM ANTIOQUIA

16 Paulo, levantando-se e fazendo com a mão sinal de silêncio, disse:

— Israelitas e todos vocês que temem a Deus, escutem! 17 O Deus do povo de Israel escolheu os nossos pais e exaltou o povo durante a sua peregrinação na terra do Egito, de onde os tirou com braço poderoso. 18 Suportou os maus costumes do povo durante uns quarenta anos no deserto. 19 E, havendo destruído sete nações em Canaã, deu essas terras como herança ao seu povo. 20 Tudo isso levou cerca de quatrocentos e cinquenta anos. Depois disso, lhes deu juízes, até o profeta Samuel. 21 Então eles pediram um rei, e Deus lhes deu Saul, filho de Quis, da tribo de Benjamim, e isto durante quarenta anos. 22 E, tendo tirado Saul, levantou-lhes o rei Davi, do qual também, dando testemunho, disse: "Achei Davi, filho de Jessé, homem segundo o meu coração, que fará toda a minha vontade." 23 Da descendência deste, conforme a promessa, Deus trouxe a Israel o Salvador, que é Jesus. 24 Antes da manifestação dele, João pregou um batismo de arrependimento a todo o povo de Israel. 25 Quando João estava completando a sua carreira, disse: "Quem vocês pensam que sou? Não sou aquele que vocês esperam. Mas depois de mim vem aquele de cujos pés não sou digno de desamarrar as sandálias."

26 — Irmãos, descendência de Abraão e todos vocês que temem a Deus, a nós foi enviada a palavra desta salvação. 27 Pois os moradores e as autoridades de Jerusalém, não conhecendo Jesus nem as palavras dos profetas que são lidas todos os sábados, cumpriram as profecias, quando condenaram Jesus. 28 E, embora não achassem nenhuma causa de morte, pediram a Pilatos que ele fosse morto. 29 Depois de cumprirem

tudo o que estava escrito a respeito dele,
tirando-o do madeiro, puseram-no em um
túmulo. 30 Mas Deus o ressuscitou dentre
os mortos, 31 e durante muitos dias ele foi
visto pelos que o tinham acompanhado da
Galileia para Jerusalém, os quais são agora
as suas testemunhas diante do povo. 32 E nós
anunciamos a vocês o evangelho da pro-
messa feita aos nossos pais, 33 como Deus
a cumpriu plenamente a nós, seus filhos, res-
suscitando Jesus, como também está escrito
no Salmo número dois:

"Você é meu Filho;
hoje eu gerei você."

34 — E quanto ao fato de que o ressuscitaria
dentre os mortos para que jamais voltasse à
corrupção, Deus o expressou desta maneira:

"E cumprirei a favor de vocês
as santas e fiéis promessas
feitas a Davi."

35 — Por isso, também diz em outro Salmo:

"Não permitirás
que o teu Santo veja corrupção."

36 — Porque tendo Davi, no seu tempo,
servido conforme o plano de Deus, mor-
reu, foi sepultado ao lado de seus pais e viu
corrupção. 37 Porém aquele a quem Deus res-
suscitou não viu corrupção. 38 Portanto, meus
irmãos, saibam que é por meio de Jesus que
a remissão dos pecados é anunciada a vocês;
39 e, por meio dele, todo o que crê é justifi-
cado de todas as coisas das quais vocês não
puderam ser justificados pela lei de Moisés.
40 Portanto, tenham cuidado para que não
lhes aconteça o que os profetas disseram:

41 "Vejam, ó desprezadores!
Fiquem maravilhados
e desapareçam,
porque, no tempo de vocês,
eu realizo obra tal
que vocês não acreditarão
se alguém lhes contar."

42 Quando Paulo e Barnabé estavam
saindo, as pessoas pediram que, no sábado
seguinte, lhes falassem estas mesmas pala-
vras. 43 Terminada a reunião na sinagoga,
muitos dos judeus e dos prosélitos piedosos
seguiram Paulo e Barnabé, e estes, falando
com eles, os persuadiam a continuar firmes
na graça de Deus.
44 No sábado seguinte, quase toda a cidade
se reuniu para ouvir a palavra do Senhor.
45 Mas os judeus, vendo as multidões, ficaram
com muita inveja e, blasfemando, contradi-
ziam o que Paulo falava. 46 Então Paulo e
Barnabé, falando ousadamente, disseram:
— Era necessário pregar a palavra de Deus
primeiro a vocês. Mas, como vocês a rejei-
tam e se julgam indignos da vida eterna, eis
que nos voltamos para os gentios. 47 Porque
o Senhor assim nos determinou:

"Eu coloquei você
como luz dos gentios,
a fim de que você
seja para salvação
até os confins da terra."

48 Os gentios, ouvindo isto, se alegravam e
glorificavam a palavra do Senhor. E creram
todos os que haviam sido destinados para a
vida eterna. 49 E a palavra do Senhor se espa-
lhou por toda aquela região. 50 Mas os judeus
instigaram as mulheres piedosas de alta
posição e os principais da cidade e levan-
taram perseguição contra Paulo e Barnabé,
expulsando-os do seu território. 51 E estes,
sacudindo contra eles o pó dos pés, foram
para Icônio. 52 Os discípulos, porém, esta-
vam cheios de alegria e do Espírito Santo.

PAULO E BARNABÉ EM ICÔNIO

14 1 Em Icônio, Paulo e Barnabé entra-
ram juntos na sinagoga judaica e
falaram de tal modo, que veio a crer grande
multidão, tanto de judeus como de gregos.
2 Mas os judeus que não tinham crido inci-
taram e irritaram os ânimos dos gentios
contra os irmãos. 3 Entretanto, Paulo e Bar-
nabé ficaram bastante tempo em Icônio,
falando ousadamente no Senhor, o qual

confirmava a palavra da sua graça, concedendo que, por mão deles, se fizessem sinais e prodígios. 4 Mas o povo da cidade se dividiu: uns eram pelos judeus; outros, pelos apóstolos. 5 Então surgiu um movimento entre os gentios e os judeus, com o apoio das suas autoridades, para os maltratar e apedrejar. 6 Quando Paulo e Barnabé souberam disso, fugiram para Listra e Derbe, cidades da Licaônia, e para as regiões vizinhas, 7 onde anunciaram o evangelho.

A CURA DE UM PARALÍTICO EM LISTRA

8 Em Listra, costumava estar sentado certo homem aleijado, paralítico desde o seu nascimento, e que nunca tinha conseguido andar. 9 Esse homem ouviu Paulo falar. Quando Paulo fixou nele os olhos e viu que ele tinha fé para ser curado, 10 disse a ele em voz alta:

— Levante-se direito sobre os pés!

O homem saltou e começou a andar. 11 Quando as multidões viram o que Paulo tinha feito, gritaram em língua licaônica:

— Os deuses, em forma de homens, desceram até nós.

12 A Barnabé chamavam Júpiter, e a Paulo, Mercúrio, porque este era o principal portador da palavra. 13 O sacerdote de Júpiter, cujo templo estava em frente da cidade, trazendo touros e grinaldas para junto dos portões da cidade, queria oferecer um sacrifício juntamente com a multidão. 14 Porém, ouvindo isto, os apóstolos Barnabé e Paulo, rasgando as suas roupas, saltaram para o meio da multidão, gritando:

15 — Senhores, por que estão fazendo isto? Nós também somos seres humanos como vocês, sujeitos aos mesmos sentimentos, e anunciamos o evangelho a vocês para que se convertam destas coisas vãs ao Deus vivo, que fez o céu, a terra, o mar e tudo o que neles há. 16 Nas gerações passadas, Deus permitiu que todos os povos andassem nos seus próprios caminhos. 17 Contudo, não deixou de dar testemunho de si mesmo, fazendo o bem, dando a vocês chuvas do céu e estações frutíferas, enchendo o coração de vocês de fartura e de alegria.

18 Dizendo isto, foi ainda com dificuldade que impediram a multidão de lhes oferecer sacrifícios.

PAULO É APEDREJADO

19 Entretanto, chegaram judeus de Antioquia e Icônio e, instigando as multidões, apedrejaram Paulo e o arrastaram para fora da cidade, dando-o por morto. 20 Mas, quando os discípulos o rodearam, ele se levantou e entrou na cidade. No dia seguinte, foi com Barnabé para Derbe.

A VOLTA PARA ANTIOQUIA DA SÍRIA

21 E, tendo anunciado o evangelho naquela cidade e feito muitos discípulos, Paulo e Barnabé voltaram para Listra, Icônio e Antioquia, 22 fortalecendo o ânimo dos discípulos, exortando-os a permanecerem firmes na fé e mostrando que, através de muitas tribulações, nos importa entrar no Reino de Deus. 23 E, promovendo-lhes, em cada igreja, a eleição de presbíteros, depois de orar com jejuns, os encomendaram ao Senhor, em quem haviam crido.

24 Atravessando a Pisídia, Paulo e Barnabé se dirigiram à Panfília. 25 E, tendo anunciado a palavra em Perge, foram para Atália 26 e dali navegaram para Antioquia, onde tinham sido recomendados à graça de Deus para a obra que agora tinham terminado. 27 Quando chegaram a Antioquia, reuniram a igreja e relataram tudo o que Deus havia feito com eles e como tinha aberto aos gentios a porta da fé. 28 E permaneceram muito tempo com os discípulos.

A CONTROVÉRSIA SOBRE A CIRCUNCISÃO DE GENTIOS

15 1 Alguns indivíduos que foram da Judeia para Antioquia ensinavam aos irmãos:

— Se vocês não forem circuncidados segundo o costume de Moisés, não podem ser salvos.

2 Tendo surgido um conflito e grande discussão de Paulo e Barnabé com eles, foi resolvido que esses dois e mais alguns fossem a Jerusalém, aos apóstolos e

presbíteros, para tratar desta questão. 3 Enca-
minhados, pois, pela igreja, atravessaram as
províncias da Fenícia e Samaria e, narrando
a conversão dos gentios, causaram grande
alegria a todos os irmãos. 4 Quando chega-
ram a Jerusalém, foram bem-recebidos pela
igreja, pelos apóstolos e pelos presbíteros, a
quem relataram tudo o que Deus havia feito
com eles. 5 Mas alguns membros do partido
dos fariseus que haviam crido se insurgi-
ram, dizendo:

— É necessário circuncidá-los e ordenar-
-lhes que observem a lei de Moisés.

A REUNIÃO DOS APÓSTOLOS E PRESBÍTEROS EM JERUSALÉM

6 Então os apóstolos e os presbíteros se reu-
niram para examinar a questão. 7 Havendo
grande debate, Pedro tomou a palavra
e disse:

— Irmãos, vocês sabem que, desde há
muito, Deus me escolheu entre vocês para
que da minha boca os gentios ouvissem a
palavra do evangelho e cressem. 8 E Deus,
que conhece os corações, lhes deu teste-
munho, concedendo o Espírito Santo a
eles, como também o havia concedido a nós.
9 E não estabeleceu distinção alguma entre
nós e eles, purificando-lhes o coração por
meio da fé. 10 Agora, pois, por que vocês que-
rem tentar a Deus, pondo sobre o pescoço
dos discípulos um jugo que nem os nossos
pais puderam suportar, nem nós? 11 Mas cre-
mos que somos salvos pela graça do Senhor
Jesus, assim como eles.

O PARECER DE TIAGO

12 E toda a multidão silenciou, passando a
ouvir Barnabé e Paulo, que contavam quan-
tos sinais e prodígios Deus tinha feito por
meio deles entre os gentios. 13 Depois que
eles terminaram, Tiago tomou a palavra
e disse:

— Irmãos, ouçam o que tenho a dizer.
14 Simão acaba de relatar como, primei-
ramente, Deus visitou os gentios, a fim
de constituir entre eles um povo para o
seu nome. 15 Com isso concordam as pala-
vras dos profetas, como está escrito:

16 "Depois disso,
voltarei e reedificarei
o tabernáculo caído de Davi;
reedificarei as suas ruínas
e o restaurarei.
17 Para que o restante da humanidade
busque o Senhor,
juntamente com todos os gentios
sobre os quais tem sido invocado
o meu nome,
18 diz o Senhor,
que faz estas coisas conhecidas
desde os tempos antigos."

19 — Por isso, julgo que não devemos
perturbar aqueles que, entre os gentios,
se convertem a Deus, 20 mas escrever-lhes que
se abstenham das contaminações dos ídolos,
bem como da imoralidade sexual, da carne
de animais sufocados e do sangue. 21 Porque
Moisés tem, em cada cidade, desde tempos
antigos, os que o pregam nas sinagogas, onde
é lido todos os sábados.

A DECISÃO ENVIADA A ANTIOQUIA

22 Então pareceu bem aos apóstolos e aos
presbíteros, com toda a igreja, eleger alguns
homens dentre eles e enviá-los a Antioquia,
juntamente com Paulo e Barnabé. Foram
eleitos Judas, chamado Barsabás, e Silas,
que eram líderes entre os irmãos. 23 Man-
daram por eles a seguinte carta:

"Os irmãos, tanto os apóstolos como os
presbíteros, aos irmãos gentios em
Antioquia, Síria e Cilícia, saudações.
24 Visto sabermos que alguns que saíram
de nosso meio, sem nenhuma autoriza-
ção, perturbaram vocês com palavras,
transtornando a mente de vocês, 25 pare-
ceu-nos bem, chegados a pleno acordo,
eleger alguns homens e enviá-los a vocês
com os nossos amados Barnabé e Paulo,
26 homens que têm arriscado a vida
pelo nome de nosso Senhor Jesus Cristo.
27 Portanto, estamos enviando Judas e
Silas, os quais pessoalmente lhes dirão
as mesmas coisas. 28 Pois pareceu bem
ao Espírito Santo e a nós não impor a

Quando o Senhor começar a tratar e nutrir as suas raízes, ele também mexerá em sua cosmovisão e redefinirá todos os seus conceitos equivocados a respeito de sucesso, casamento, liderança, maternidade.

vocês maior encargo além destas coisas
essenciais: 29 que vocês se abstenham
das coisas sacrificadas a ídolos, bem
como do sangue, da carne de animais
sufocados e da imoralidade sexual; se
evitarem essas coisas, farão bem.
Passem bem."

A LEITURA DA MENSAGEM

30 Os que foram enviados partiram para
Antioquia e, tendo reunido a comunidade,
entregaram a carta. 31 Quando a leram, fica-
ram muito alegres pelo consolo recebido.
32 Judas e Silas, que eram também profetas,
consolaram os irmãos com muitos conselhos
e os fortaleceram. 33 Tendo-se demorado ali
por algum tempo, os irmãos deixaram que
voltassem em paz aos que os enviaram.
34 [Mas pareceu bem a Silas permanecer
ali.] 35 Paulo e Barnabé demoraram-se em
Antioquia, ensinando e pregando, com mui-
tos outros, a palavra do Senhor.

A SEGUNDA VIAGEM MISSIONÁRIA. PAULO E BARNABÉ SE SEPARAM

36 Alguns dias depois, Paulo disse a
Barnabé:

— Vamos voltar e visitar os irmãos em
todas as cidades nas quais anunciamos a
palavra do Senhor, para ver como estão.

37 Barnabé queria levar também João, cha-
mado Marcos. 38 Mas Paulo não achava justo
levar aquele que tinha se afastado deles
desde a Panfília, não os acompanhando
no trabalho. 39 Houve tal desavença entre
eles, que vieram a separar-se. Então Bar-
nabé, levando consigo Marcos, navegou
para Chipre. 40 Mas Paulo, tendo escolhido
Silas, partiu, encomendado pelos irmãos à
graça do Senhor. 41 E passou pela Síria e Cilí-
cia, fortalecendo as igrejas.

PAULO LEVA TIMÓTEO CONSIGO

16 1 Paulo chegou também a Derbe e a
Listra. Havia ali um discípulo cha-
mado Timóteo, filho de uma judia crente,
mas de pai grego. 2 Os irmãos em Listra e
Icônio davam bom testemunho dele. 3 Paulo
queria que Timóteo fosse em sua companhia
e, por isso, circuncidou-o por causa dos
judeus daqueles lugares; pois todos sabiam
que o pai dele era grego. 4 Ao passar pelas
cidades, entregavam aos irmãos as decisões
tomadas pelos apóstolos e presbíteros de
Jerusalém, para que as observassem. 5 Assim,
as igrejas eram fortalecidas na fé e, dia a dia,
aumentavam em número.

A VISÃO EM TRÔADE

6 E percorreram a região frígio-gálata, tendo
sido impedidos pelo Espírito Santo de pre-
gar a palavra na província da Ásia. 7 Chegando
perto de Mísia, tentaram ir para Bitínia, mas
o Espírito de Jesus não o permitiu. 8 E, tendo
contornado Mísia, foram a Trôade. 9 À noite,
Paulo teve uma visão na qual um homem da
Macedônia estava em pé e lhe rogava, dizendo:

— Passe à Macedônia e ajude-nos.

10 Assim que Paulo teve a visão, imedia-
tamente procuramos partir para aquele
destino, concluindo que Deus nos havia
chamado para lhes anunciar o evangelho.

PAULO EM FILIPOS. A CONVERSÃO DE LÍDIA

11 Tendo, pois, navegado de Trôade, fomos
diretamente para Samotrácia e, no dia
seguinte, a Neápolis. 12 Dali fomos a Filipos,
cidade da Macedônia, primeira do distrito
e colônia romana. Nesta cidade, permane-
cemos alguns dias. 13 No sábado, saímos da
cidade para a beira do rio, onde nos pareceu
haver um lugar de oração; e, assentando-
-nos, falamos às mulheres que haviam se
reunido ali. 14 Certa mulher, chamada Lídia,
da cidade de Tiatira, vendedora de púrpura,
temente a Deus, nos escutava; o Senhor lhe
abriu o coração para que estivesse atenta ao
que Paulo dizia. 15 Depois de ser batizada,
ela e toda a sua casa, nos fez este pedido:

— Se julgam que eu sou fiel ao Senhor,
venham ficar na minha casa.

E nos constrangeu a isso.

A CURA DE UMA JOVEM ADIVINHADORA

16 Aconteceu que, indo nós para o lugar de
oração, veio ao nosso encontro uma jovem

possuída de espírito adivinhador, a qual, adi-
vinhando, dava grande lucro aos seus donos.
17 Seguindo a Paulo e a nós, gritava, dizendo:
— Estes homens são servos do Deus
Altíssimo e anunciam a vocês o caminho
da salvação.
18 Isto se repetiu por muitos dias. Então
Paulo, já indignado, voltando-se, disse
ao espírito:
— Em nome de Jesus Cristo, eu ordeno que
você saia dela.
E, na mesma hora, o espírito saiu.

PAULO E SILAS SÃO AÇOITADOS E PRESOS

19 Quando os donos da jovem viram que
se havia desfeito a esperança do lucro, agar-
raram Paulo e Silas e os arrastaram para
a praça, à presença das autoridades. 20 E,
levando-os aos magistrados, disseram:
— Estes homens, sendo judeus, pertur-
bam a nossa cidade, 21 propagando costumes
que não podemos aceitar, nem praticar,
porque somos romanos.
22 Então a multidão se levantou unida con-
tra eles, e os magistrados, rasgando-lhes as
roupas, mandaram açoitá-los com varas.
23 E, depois de lhes darem muitos açoites,
os lançaram na prisão, ordenando ao carce-
reiro que os guardasse com toda a segurança.
24 Este, recebendo tal ordem, levou-os para
o cárcere interior e prendeu os pés deles
no tronco.
25 Por volta da meia-noite, Paulo e Silas
oravam e cantavam louvores a Deus, e os
demais companheiros de prisão escutavam.
26 De repente, sobreveio tamanho terre-
moto, que sacudiu os alicerces da prisão;
todas as portas se abriram e as correntes
de todos os presos se soltaram.

A CONVERSÃO DO CARCEREIRO

27 O carcereiro despertou do sono e, vendo
abertas as portas da prisão, puxando da
espada, ia suicidar-se, pois pensou que os
presos tinham fugido. 28 Mas Paulo gritou
bem alto:
— Não faça nenhum mal a si mesmo!
Estamos todos aqui.
29 Então o carcereiro, tendo pedido uma
luz, entrou correndo e, trêmulo, prostrou-se
diante de Paulo e Silas. 30 Depois, trazen-
do-os para fora, disse:
— Senhores, que devo fazer para que
seja salvo?
31 Eles responderam:
— Creia no Senhor Jesus e você será salvo
— você e toda a sua casa.
32 E pregaram a palavra de Deus ao
carcereiro e a todos os que faziam parte
da casa dele. 33 Naquela mesma hora da
noite, cuidando deles, lavou-lhes as feri-
das dos açoites. Logo a seguir, ele e todos
os membros da casa dele foram batizados.
34 Então, levando-os para a sua própria casa,
deu-lhes de comer; e, com todos os seus,
manifestava grande alegria por ter crido
em Deus.

PAULO E SILAS LIVRES DA PRISÃO

35 Quando amanheceu, os magistrados
enviaram oficiais de justiça, com a seguinte
ordem para o carcereiro:
— Ponha aqueles homens em liberdade.
36 Então o carcereiro comunicou isso a
Paulo, dizendo:
— Os magistrados ordenaram que vocês
fossem postos em liberdade. Portanto,
vocês podem sair. Vão em paz.
37 Paulo, porém, lhes disse:
— Sem ter havido processo formal con-
tra nós, nos açoitaram publicamente e
nos jogaram na cadeia, sendo nós cida-
dãos romanos. Querem agora nos mandar
embora sem maior alarde? Nada disso!
Pelo contrário, que eles venham e, pessoal-
mente, nos ponham em liberdade.
38 Os oficiais de justiça comunicaram
isso aos magistrados. Quando estes sou-
beram que Paulo e Silas eram cidadãos
romanos, ficaram com medo. 39 Então
foram até eles e lhes pediram desculpas;
e, relaxando-lhes a prisão, pediram que se
retirassem da cidade. 40 Tendo saído da pri-
são, Paulo e Silas dirigiram-se para a casa
de Lídia e, vendo os irmãos, os animaram.
Depois partiram.

PAULO E SILAS EM TESSALÔNICA

17 1 Tendo passado por Anfípolis e Apolônia, Paulo e Silas chegaram a Tessalônica, onde havia uma sinagoga dos judeus. 2 Paulo, segundo o seu costume, foi procurá-los e, por três sábados, discutiu com eles a respeito das Escrituras, 3 expondo e demonstrando ter sido necessário que o Cristo padecesse e ressuscitasse dos mortos. Paulo dizia:

— Este Jesus, que eu anuncio a vocês, é o Cristo.

4 Alguns deles foram persuadidos e se juntaram a Paulo e Silas. O mesmo aconteceu com numerosa multidão de gregos piedosos e muitas mulheres importantes. 5 Os judeus, porém, movidos de inveja, trazendo consigo alguns homens maus dentre a malandragem, reuniram uma multidão e provocaram um tumulto na cidade. E, atacando de surpresa a casa de Jasom, procuravam trazer Paulo e Silas para o meio do povo. 6 Porém, não os encontrando, arrastaram Jasom e alguns irmãos diante das autoridades, gritando:

— Estes que promovem tumulto em todo o mundo chegaram também aqui, 7 e Jasom os hospedou na casa dele. Todos estes agem contra os decretos de César, dizendo que existe outro rei, chamado Jesus.

8 Tanto a multidão como as autoridades ficaram agitadas ao ouvir estas palavras. 9 Porém, depois de terem recebido deles a fiança estipulada, as autoridades soltaram Jasom e os outros.

PAULO E SILAS EM BEREIA

10 E logo, durante a noite, os irmãos enviaram Paulo e Silas para Bereia. Ali chegados, dirigiram-se à sinagoga dos judeus. 11 Ora, estes de Bereia eram mais nobres do que os de Tessalônica, pois receberam a palavra com toda a avidez, examinando as Escrituras todos os dias para ver se as coisas eram, de fato, assim. 12 Com isso, muitos deles creram, mulheres gregas de alta posição social e muitos homens. 13 Mas, logo que os judeus de Tessalônica souberam que a palavra de Deus era anunciada por Paulo também em Bereia, foram lá agitar e perturbar o povo. 14 Então os irmãos fizeram com que Paulo fosse imediatamente para os lados do mar. Porém Silas e Timóteo continuaram em Bereia. 15 Os responsáveis por Paulo levaram-no até Atenas e regressaram trazendo ordem a Silas e Timóteo para que fossem encontrá-lo o mais depressa possível.

O DISCURSO DE PAULO EM ATENAS

16 Enquanto Paulo os esperava em Atenas, o seu espírito se revoltava em face da idolatria dominante na cidade. 17 Por isso, falava na sinagoga com os judeus e os gentios piedosos; também na praça, todos os dias, com os que se encontravam ali. 18 E alguns dos filósofos epicureus e estoicos discutiam com ele, havendo quem perguntasse:

— Que quer dizer esse tagarela?

Outros diziam:

— Parece pregador de deuses estranhos.

Diziam isso porque Paulo pregava Jesus e a ressurreição.

19 Então, tomando-o consigo, levaram-no ao Areópago, dizendo:

— Podemos saber que nova doutrina é essa que você ensina? 20 Pois você nos traz aos ouvidos coisas estranhas e queremos saber o que vem a ser isso.

21 Acontece que todos os de Atenas e os estrangeiros residentes não se ocupavam com outra coisa senão dizer ou ouvir as últimas novidades. 22 Então Paulo, levantando-se no meio do Areópago, disse:

— Senhores atenienses! Percebo que em tudo vocês são bastante religiosos, 23 porque, andando pela cidade e observando os objetos de culto que vocês têm, encontrei também um altar no qual aparece a seguinte inscrição: "AO DEUS DESCONHECIDO". Pois esse que vocês adoram sem conhecer é precisamente aquele que eu lhes anuncio.

24 — O Deus que fez o mundo e tudo o que nele existe, sendo ele Senhor do céu e da terra, não habita em santuários feitos por mãos humanas; 25 nem é servido por mãos humanas, como se precisasse de alguma coisa, pois ele mesmo é quem a todos dá vida, respiração e tudo mais. 26 De um só homem fez todas as nações para habitarem

sobre a face da terra, havendo fixado os tem-
pos previamente estabelecidos e os limites
da sua habitação; 27 para buscarem Deus se,
porventura, tateando, o possam achar, ainda
que não esteja longe de cada um de nós;
28 pois nele vivemos, nos movemos e exis-
timos, como alguns dos poetas de vocês
disseram: "Porque dele também somos gera-
ção." 29 Portanto, visto que somos geração de
Deus, não devemos pensar que a divindade
é semelhante ao ouro, à prata ou à pedra, tra-
balhados pela arte e imaginação do homem.
30 Deus não levou em conta os tempos da
ignorância, mas agora ele ordena a todas as
pessoas, em todos os lugares, que se arre-
pendam. 31 Porque Deus estabeleceu um dia
em que julgará o mundo com justiça, por
meio de um homem que escolheu. E deu
certeza disso a todos, ressuscitando-o den-
tre os mortos.

UNS ZOMBAM, OUTROS CREEM

32 Quando ouviram falar de ressurreição de
mortos, uns zombaram, e outros disseram:
— A respeito disso ouviremos você em
outra ocasião.
33 A essa altura, Paulo se retirou do meio
deles. 34 Houve, porém, alguns homens
que se juntaram a ele e creram; entre eles
estava Dionísio, o areopagita, uma mulher
chamada Dâmaris e, com eles, mais algu-
mas pessoas.

PAULO EM CORINTO

18 1 Depois disso, deixando Atenas,
Paulo foi a Corinto. 2 Lá, encontrou
um judeu chamado Áquila, natural do Ponto,
recentemente chegado da Itália, com Pris-
cila, sua mulher, porque o imperador
Cláudio havia decretado que todos os judeus
deviam sair de Roma. Paulo aproximou-se
deles. 3 E, como tinham o mesmo ofício,
passou a morar com eles e ali trabalhava.
O ofício deles era fazer tendas. 4 E todos os
sábados Paulo falava na sinagoga, persua-
dindo tanto judeus como gregos.
5 Quando Silas e Timóteo chegaram da
Macedônia, Paulo se entregou totalmente
à palavra, testemunhando aos judeus que
Jesus é o Cristo. 6 Como eles se opuseram
e blasfemaram, Paulo sacudiu as roupas e
disse-lhes:
— Que o sangue de vocês caia sobre a
cabeça de vocês! Eu estou limpo dele e,
a partir de agora, vou para os gentios.
7 Saindo dali, entrou na casa de um homem
chamado Tício Justo, que era temente a
Deus; a casa dele ficava ao lado da sinagoga.
8 Crispo, o chefe da sinagoga, creu no Senhor,
com toda a sua casa; também muitos dos
coríntios, ouvindo, creram e foram batizados.
9 Certa noite Paulo teve uma visão em que
o Senhor lhe disse:
— Não tenha medo! Pelo contrário, fale
e não fique calado, 10 porque eu estou com
você, e ninguém ousará lhe fazer mal, pois
tenho muito povo nesta cidade.
11 Assim, Paulo permaneceu em Corinto
um ano e seis meses, ensinando entre eles
a palavra de Deus.

PAULO DIANTE DE GÁLIO

12 Quando Gálio era procônsul da Acaia,
os judeus, de comum acordo, se levanta-
ram contra Paulo e o levaram ao tribunal,
13 dizendo:
— Este homem quer persuadir as pessoas
a adorar a Deus de um modo contrário à lei.
14 Quando Paulo ia falar, Gálio disse aos
judeus:
— Se fosse, de fato, alguma injustiça ou
crime de maior gravidade, ó judeus, eu teria
motivo para acolher a queixa que vocês
estão trazendo. 15 Mas como é uma questão
de palavras, de nomes e da própria lei de
vocês, resolvam isso vocês mesmos; eu não
quero ser juiz dessas coisas!
16 E os expulsou do tribunal. 17 Então todos
agarraram Sóstenes, o chefe da sinagoga, e
começaram a espancá-lo diante do tribu-
nal; Gálio, todavia, não se incomodava com
estas coisas.

O FINAL DA SEGUNDA VIAGEM MISSIONÁRIA DE PAULO

18 Paulo ficou ainda muitos dias em
Corinto. Por fim, despedindo-se dos irmãos,

navegou para a Síria, levando em sua companhia Priscila e Áquila. Antes de embarcar, rapou a cabeça em Cencreia, porque tinha feito um voto. 19 Quando chegaram a Éfeso, Paulo deixou ali Priscila e Áquila. Ele, porém, entrando na sinagoga, pregava aos judeus. 20 Pediram-lhe que ficasse mais algum tempo, mas Paulo não quis. 21 Ao se despedir, disse:

— Se Deus quiser, virei visitá-los outra vez.

E, embarcando, partiu de Éfeso. 22 Chegando a Cesareia, foi logo para Jerusalém. E, tendo saudado a igreja, seguiu para Antioquia. 23 Havendo passado ali algum tempo, saiu, atravessando sucessivamente a região da Galácia e Frígia, fortalecendo todos os discípulos.

A TERCEIRA VIAGEM MISSIONÁRIA DE PAULO. APOLO EM ÉFESO

24 Nesse meio-tempo, chegou a Éfeso um judeu, natural de Alexandria, chamado Apolo, homem eloquente e poderoso nas Escrituras. 25 Ele era instruído no caminho do Senhor; e, sendo fervoroso de espírito, falava e ensinava com precisão a respeito de Jesus, conhecendo apenas o batismo de João. 26 Apolo começou a falar ousadamente na sinagoga. Quando Priscila e Áquila o ouviram falar, levaram-no consigo e, com mais exatidão, lhe expuseram o caminho de Deus. 27 Quando ele resolveu percorrer a Acaia, os irmãos o animaram e escreveram aos discípulos para que o recebessem bem. Tendo chegado, Apolo auxiliou muito aqueles que, mediante a graça, haviam crido; 28 porque, com grande poder, convencia publicamente os judeus, provando, por meio das Escrituras, que Jesus é o Cristo.

PAULO EM ÉFESO

19 1 Aconteceu que, enquanto Apolo estava em Corinto, Paulo, tendo passado pelas regiões mais altas, chegou a Éfeso. Encontrando ali alguns discípulos, 2 perguntou-lhes:

— Vocês receberam o Espírito Santo quando creram?

Ao que eles responderam:

— Pelo contrário, nem mesmo ouvimos que existe o Espírito Santo.

3 Paulo perguntou:

— Então que batismo vocês receberam?

Eles responderam:

— O batismo de João.

4 Paulo explicou:

— João realizou batismo de arrependimento, dizendo ao povo que cresse naquele que viria depois dele, a saber, em Jesus.

5 Eles, tendo ouvido isto, foram batizados no nome do Senhor Jesus. 6 E, quando Paulo lhes impôs as mãos, o Espírito Santo veio sobre eles, e tanto falavam em línguas como profetizavam. 7 Eram, ao todo, uns doze homens.

8 Durante três meses, Paulo frequentou a sinagoga, onde falava ousadamente, discutindo e persuadindo a respeito do Reino de Deus. 9 Mas como alguns deles se mostravam teimosos e descrentes, falando mal do Caminho diante da multidão, Paulo se afastou deles. E, levando consigo os discípulos, passou a falar diariamente na escola de Tirano. 10 Paulo fez isso durante dois anos, de modo que todos os habitantes da província da Ásia ouviram a palavra do Senhor, tanto judeus como gregos.

OS FILHOS DE CEVA

11 Deus, pelas mãos de Paulo, fazia milagres extraordinários, 12 a ponto de levarem aos enfermos lenços e aventais do seu uso pessoal, diante dos quais as enfermidades fugiam das suas vítimas, e os espíritos malignos se retiravam. 13 E alguns judeus, exorcistas ambulantes, tentaram invocar o nome do Senhor Jesus sobre pessoas possuídas de espíritos malignos, dizendo:

— Ordeno que saiam pelo poder de Jesus, a quem Paulo prega.

14 Os que faziam isto eram sete filhos de um judeu chamado Ceva, sumo sacerdote. 15 Mas o espírito maligno lhes respondeu:

— Conheço Jesus e sei quem é Paulo; mas vocês, quem são?

16 E o possuído do espírito maligno saltou sobre eles, dominando a todos e, de

tal modo prevaleceu contra eles, que, nus e feridos, fugiram daquela casa. 17 Este fato chegou ao conhecimento de todos os moradores de Éfeso, tanto judeus como gregos. Veio temor sobre todos eles, e o nome do Senhor Jesus era engrandecido. 18 Muitos dos que creram vieram confessando e denunciando publicamente as suas próprias obras. 19 Também muitos dos que haviam praticado magia, reunindo os seus livros, os queimaram diante de todos. Calculado o valor dos livros, verificaram que chegava a cinquenta mil denários. 20 Assim, a palavra do Senhor crescia e prevalecia poderosamente.

PAULO ENVIA TIMÓTEO E ERASTO PARA A MACEDÔNIA

21 Depois destas coisas, Paulo resolveu, no seu espírito, ir a Jerusalém, passando pela Macedônia e Acaia. Ele dizia:

— Depois de passar por Jerusalém, preciso ir também a Roma.

22 Tendo enviado à Macedônia dois daqueles que o ajudavam, a saber, Timóteo e Erasto, permaneceu algum tempo na província da Ásia.

O TUMULTO EM ÉFESO

23 Por esse tempo, houve grande tumulto em Éfeso por causa do Caminho. 24 Pois um ourives, chamado Demétrio, que fazia modelos de prata do templo de Diana e que dava muito lucro aos artífices, 25 convocando-os juntamente com outros do mesmo ofício, disse-lhes:

— Senhores, vocês sabem que a nossa prosperidade vem deste ofício. 26 E agora vocês estão vendo e ouvindo que não só em Éfeso, mas em quase toda a província da Ásia, este Paulo tem persuadido e desencaminhado muita gente, afirmando que os deuses feitos por mãos humanas não são deuses de verdade. 27 Não somente há o perigo de que o nosso negócio caia em descrédito, como também de que o próprio templo da grande deusa Diana seja considerado sem valor, e que até venha a ser destruída a majestade daquela que toda a província da Ásia e o mundo adoram.

28 Ouvindo isto, ficaram furiosos e começaram a gritar:

— Grande é a Diana dos efésios!

29 A confusão se espalhou pela cidade, e todos juntos foram correndo para o teatro, arrastando consigo os macedônios Gaio e Aristarco, companheiros de Paulo. 30 Quando Paulo quis apresentar-se ao povo, os discípulos não o permitiram. 31 Também algumas autoridades da província, que eram amigos de Paulo, mandaram um recado, pedindo que ele não se arriscasse indo ao teatro. 32 Uns, pois, gritavam de uma forma; outros, de outra; porque a assembleia tinha virado uma confusão. E, na sua maior parte, nem sabiam por que motivo estavam reunidos. 33 Então tiraram Alexandre do meio da multidão, e os judeus o empurraram para a frente. Este, acenando com a mão, queria falar ao povo. 34 Quando, porém, reconheceram que ele era judeu, todos, a uma voz, gritaram durante quase duas horas:

— Grande é a Diana dos efésios!

35 O escrivão da cidade, tendo apaziguado o povo, disse:

— Senhores efésios, quem não sabe que a cidade de Éfeso é a guardiã do templo da grande Diana e da imagem que caiu do céu? 36 Ora, não podendo isto ser contestado, convém que vocês se mantenham calmos e não façam nada de forma precipitada; 37 porque estes homens que vocês trouxeram para cá não profanaram o templo, nem blasfemam contra a nossa deusa. 38 Portanto, se Demétrio e os artífices que o acompanham têm alguma queixa contra alguém, saibam que existem os tribunais e os procônsules; que se acusem uns aos outros ali. 39 Mas, se vocês estão pleiteando alguma outra coisa, isso será decidido em assembleia regular. 40 Porque também corremos o risco de sermos, hoje, acusados de revolta, não havendo motivo algum que possamos alegar para justificar este ajuntamento.

41 E, havendo dito isto, dissolveu a assembleia

Deixe-o lavar seus pés para que você tenha parte com ele e aprenda a fazer o mesmo pelos outros também.

DE NOVO, PAULO VISITA A MACEDÔNIA E A GRÉCIA

20 1 Cessado o tumulto, Paulo mandou
chamar os discípulos e, tendo-os
encorajado, despediu-se e foi para a Mace-
dônia. 2 Havendo atravessado aquelas terras,
fortalecendo os discípulos com muitas exor-
tações, dirigiu-se para a Grécia, 3 onde se
demorou três meses. Quando estava para
embarcar rumo à Síria, houve uma conspi-
ração por parte dos judeus contra ele. Então
decidiu voltar pela Macedônia. 4 Acompa-
nharam-no Sópatro, de Bereia, filho de Pirro;
Aristarco e Secundo, de Tessalônica; Gaio,
de Derbe; Timóteo; e também Tíquico e
Trófimo, da província da Ásia. 5 Estes nos
precederam, ficando à nossa espera em
Trôade. 6 Depois dos dias dos pães sem fer-
mento, navegamos de Filipos e, em cinco
dias, nos encontramos com eles em Trôade,
onde passamos uma semana.

PAULO EM TRÔADE

7 No primeiro dia da semana, nós nos
reunimos a fim de partir o pão. Paulo, que
pretendia viajar no dia seguinte, falava
aos irmãos e prolongou a mensagem até
a meia-noite. 8 Havia muitas lâmpadas no
cenáculo onde estávamos reunidos. 9 Um
jovem, chamado Êutico, que estava sentado
numa janela, adormecendo profundamente
durante a prolongada mensagem de Paulo,
vencido pelo sono, caiu do terceiro andar
abaixo. Quando o levantaram, estava morto.
10 Mas Paulo desceu, inclinou-se sobre ele
e, abraçando-o, disse:

— Não fiquem alvoroçados, pois ele
está vivo.

11 Subindo de novo, Paulo partiu o pão e
comeu. E lhes falou ainda muito tempo até
o amanhecer. E, assim, partiu. 12 Então
conduziram vivo o rapaz e sentiram-se
grandemente confortados.

PAULO EMBARCA EM ASSÔS E VAI PARA MILETO

13 Nós, porém, prosseguindo, embarcamos
e navegamos para Assôs, onde devíamos
receber Paulo, porque assim nos havia
sido determinado, devendo ele ir por terra.
14 Quando se reuniu conosco em Assôs, nós
o recebemos a bordo e fomos a Mitilene.
15 Dali, navegando, no dia seguinte passamos
diante de Quios. Levamos mais um dia até
Samos e, um dia depois, chegamos a Mileto.
16 Paulo já tinha resolvido não aportar em
Éfeso, pois não queria demorar-se na pro-
víncia da Ásia. Ele tinha pressa, pois queria,
caso lhe fosse possível, passar o dia de Pen-
tecostes em Jerusalém.

EM MILETO, PAULO FALA AOS PRESBÍTEROS DA IGREJA DE ÉFESO

17 De Mileto, Paulo enviou uma mensagem
a Éfeso, pedindo aos presbíteros da igreja
que se encontrassem com ele. 18 E, quando
chegaram, Paulo lhes disse:

— Vocês sabem como me conduzi entre
vocês em todo o tempo, desde o primeiro dia
em que entrei na província da Ásia, 19 ser-
vindo o Senhor com toda a humildade, com
lágrimas e com as provações que me sobre-
vieram pelas ciladas dos judeus. 20 Vocês
sabem que jamais deixei de anunciar o que
fosse proveitoso e de ensinar isso a vocês
publicamente e também de casa em casa,
21 testemunhando tanto a judeus como a gre-
gos o arrependimento para com Deus e a fé
em nosso Senhor Jesus Cristo. 22 E, agora,
impelido pelo Espírito, vou para Jerusalém,
não sabendo o que ali vai me acontecer,
23 exceto que o Espírito Santo, de cidade em
cidade, me assegura que prisões e sofrimen-
tos estão à minha espera. 24 Porém em nada
considero a vida preciosa para mim mesmo,
desde que eu complete a minha carreira e o
ministério que recebi do Senhor Jesus para
testemunhar o evangelho da graça de Deus.

25 — E agora eu sei que todos vocês, em
cujo meio passei pregando o Reino, não mais
verão o meu rosto. 26 Portanto, no dia de hoje
testifico diante de vocês que estou limpo do
sangue de todos, 27 porque jamais deixei de
lhes anunciar todo o plano de Deus. 28 Cui-
dem de vocês mesmos e de todo o rebanho
no qual o Espírito Santo os colocou como
bispos, para pastorearem a igreja de Deus, a
qual ele comprou com o seu próprio sangue.

29 Eu sei que, depois da minha partida, apa-
recerão no meio de vocês lobos vorazes,
que não pouparão o rebanho. 30 E que até
mesmo entre vocês se levantarão homens
falando coisas pervertidas para arrastar os
discípulos atrás de si. 31 Portanto, vigiem,
lembrando que, durante três anos, noite e
dia, não cessei de admoestar, com lágrimas,
cada um de vocês.

32 — Agora, pois, eu os entrego aos cuida-
dos de Deus e à palavra da sua graça, que tem
poder para edificá-los e dar herança entre
todos os que são santificados. 33 De ninguém
cobicei prata, nem ouro, nem roupas; 34 vocês
mesmos sabem que estas minhas mãos ser-
viram para o que era necessário a mim e
aos que estavam comigo. 35 Em tudo tenho
mostrado a vocês que, trabalhando assim, é
preciso socorrer os necessitados e lembrar
das palavras do próprio Senhor Jesus: "Mais
bem-aventurado é dar do que receber."

PAULO ORA COM ELES

36 Tendo dito isso, ajoelhando-se, Paulo
orou com todos eles. 37 Então houve grande
pranto entre todos, e, abraçando Paulo, o bei-
javam, 38 entristecidos especialmente pela
palavra que ele tinha dito: que não mais
veriam o seu rosto. E eles o acompanha-
ram até o navio.

PAULO CHEGA A TIRO

21 1 Depois de nos separarmos deles,
navegamos diretamente para a ilha
de Cós. No dia seguinte, chegamos a Rodes, e
dali fomos a Pátara. 2 Encontrando um navio
que ia para a Fenícia, embarcamos nele,
seguindo viagem. 3 Quando a ilha de Chi-
pre já estava à vista, deixando-a à esquerda,
navegamos para a Síria e chegamos a Tiro,
pois o navio devia ser descarregado ali.
4 Encontrando os discípulos, permanece-
mos lá durante sete dias. Movidos pelo
Espírito, eles recomendavam a Paulo que
não fosse a Jerusalém. 5 Passados aqueles
dias, saímos para continuar a viagem. Todos
os discípulos, cada um com a sua mulher
e os seus filhos, nos acompanharam até fora
da cidade; e, ajoelhados na praia, oramos.
6 Despedindo-nos uns dos outros, embar-
camos; e eles voltaram para casa.

PAULO EM CESAREIA

7 Quanto a nós, concluindo a viagem ini-
ciada em Tiro, chegamos a Ptolemaida, onde
saudamos os irmãos, passando um dia com
eles. 8 No dia seguinte, partimos e fomos
para Cesareia. E, entrando na casa de Filipe,
o evangelista, que era um dos sete, ficamos
com ele. 9 Filipe tinha quatro filhas soltei-
ras, que profetizavam. 10 Demorando-nos ali
alguns dias, veio da Judeia um profeta cha-
mado Ágabo, 11 que, aproximando-se de nós,
pegou o cinto de Paulo e, amarrando com ele
os próprios pés e mãos, declarou:

— Assim diz o Espírito Santo: É isto que
os judeus em Jerusalém farão ao dono deste
cinto para entregá-lo nas mãos dos gentios.

12 Quando ouvimos estas palavras, tanto
nós como os daquele lugar rogamos a
Paulo que não fosse a Jerusalém. 13 Mas
ele respondeu:

— O que estão fazendo, ao chorar assim
e partir o meu coração? Pois estou pronto
não só para ser preso, mas até para morrer
em Jerusalém pelo nome do Senhor Jesus.

14 Como Paulo não se deixou persuadir,
conformados, dissemos:

— Seja feita a vontade do Senhor!

15 Passados aqueles dias, tendo feito os pre-
parativos, fomos para Jerusalém. 16 Alguns
dos discípulos também vieram de Cesareia
conosco, trazendo consigo Mnasom, natural
de Chipre, velho discípulo, com quem nos
deveríamos hospedar.

PAULO CHEGA A JERUSALÉM

17 Quando chegamos a Jerusalém, os
irmãos nos receberam com alegria. 18 No
dia seguinte, Paulo foi conosco encontrar-
-se com Tiago, e todos os presbíteros se
reuniram. 19 E, tendo-os saudado, contou
em detalhes o que Deus tinha feito entre
os gentios por seu ministério. 20 Ouvindo
isso, eles deram glória a Deus e lhe disseram:

— Você percebe, irmão, que há milhares
de judeus que creram, e todos são zelosos
da Lei. 21 Eles foram informados que você

ensina todos os judeus entre os gentios a
apostatarem de Moisés, dizendo-lhes que
não devem circuncidar os filhos, nem andar
segundo os costumes da Lei. 22 Que faremos,
então? Certamente saberão que você já che-
gou. 23 Faça, portanto, o que vamos dizer:
Estão entre nós quatro homens que, volun-
tariamente, fizeram um voto. 24 Leve esses
homens, participe da cerimônia de purifica-
ção com eles e pague a despesa deles, para
que rapem a cabeça. Assim todos saberão
que não procede a informação que recebe-
ram a respeito de você e que, pelo contrário,
você mesmo vive de conformidade com a
lei. 25 Quanto aos gentios que creram, já lhes
transmitimos decisões para que se abste-
nham das coisas sacrificadas a ídolos, do
sangue, da carne de animais sufocados e
da imoralidade sexual.

26 Então Paulo, levando aqueles homens,
no dia seguinte, tendo-se purificado com
eles, entrou no templo, acertando o cum-
primento dos dias da purificação, até que se
fizesse a oferta em favor de cada um deles.

PAULO É PRESO NO TEMPLO

27 Quando já estavam por findar os sete
dias, os judeus que tinham vindo da pro-
víncia da Ásia, ao verem Paulo no templo,
alvoroçaram todo o povo e o agarraram,
28 gritando:

— Israelitas, socorro! Este é o homem que
por toda parte anda ensinando todos a serem
contra o povo, contra a Lei e contra este lugar.
E mais ainda: introduziu até gregos no tem-
plo e profanou este recinto sagrado.

29 Disseram isso, pois antes tinham visto
Trófimo, o efésio, em sua companhia na
cidade e pensavam que Paulo o havia
levado para dentro do templo. 30 Toda a
cidade ficou em grande alvoroço, e o povo
veio correndo. Agarraram Paulo e o arrasta-
ram para fora do templo; e imediatamente
as portas foram fechadas. 31 Procurando
eles matá-lo, chegou ao conhecimento do
comandante das tropas romanas que toda a
Jerusalém estava amotinada. 32 Então este,
levando logo soldados e centuriões, cor-
reu para o meio do povo. Ao verem chegar
o comandante e os soldados, pararam de
espancar Paulo. 33 O comandante se apro-
ximou e ordenou que Paulo fosse preso e
amarrado com duas correntes. Então per-
guntou quem era e o que havia feito. 34 Na
multidão, uns gritavam uma coisa, outros
gritavam outra. Não podendo ele, porém,
saber a verdade por causa do tumulto, orde-
nou que Paulo fosse recolhido à fortaleza.
35 Ao chegar às escadas, foi preciso que os
soldados o carregassem, por causa da vio-
lência da multidão, 36 pois a massa de povo
o seguia gritando:

— Mate-o!

37 E, quando Paulo ia sendo recolhido à
fortaleza, disse ao comandante:

— Seria possível dizer algo para o senhor?

O comandante respondeu:

— Você sabe grego? 38 Você não é, por
acaso, aquele egípcio que algum tempo
atrás começou uma revolta e levou quatro
mil guerrilheiros para o deserto?

39 Paulo respondeu:

— Eu sou judeu, natural de Tarso, uma
importante cidade da Cilícia. E peço ao
senhor que me permita falar ao povo.

40 Obtida a permissão, Paulo, em pé na
escadaria, fez com a mão sinal ao povo.
Fez-se grande silêncio, e ele falou em lín-
gua hebraica, dizendo:

PAULO APRESENTA A SUA DEFESA

22 1 — Irmãos e pais, escutem agora o
que tenho a dizer em minha defesa.
2 Quando ouviram que Paulo lhes falava
em língua hebraica, fizeram mais silêncio
ainda. Paulo continuou:

3 — Eu sou judeu, nasci em Tarso da Cilí-
cia, mas fui criado nesta cidade e aqui fui
instruído aos pés de Gamaliel, segundo o
rigor da Lei de nossos antepassados, sendo
zeloso para com Deus, assim como todos
vocês o são no dia de hoje. 4 Persegui este
Caminho até a morte, prendendo homens
e mulheres e lançando-os na cadeia.
5 Disto são testemunhas o sumo sacer-
dote e todos os anciãos. Deles eu recebi
cartas para os irmãos judeus de Damasco,

e fui até lá para trazer amarrados a Jeru-
salém os que também lá estivessem, para
serem punidos.
6 — Ora, aconteceu que, enquanto eu
viajava, já perto de Damasco, quase ao
meio-dia, repentinamente, uma grande luz
do céu brilhou ao redor de mim. 7 Então caí
por terra, ouvindo uma voz que me dizia:
"Saulo, Saulo, por que você me persegue?"
8 Perguntei: "Senhor, quem é você?" Ao que
me respondeu: "Eu sou Jesus, o Nazareno,
a quem você persegue."
9 — Os que estavam comigo viram a luz,
sem, contudo, perceber o sentido da voz
de quem falava comigo. 10 Então perguntei:
"Senhor, o que devo fazer?" E o Senhor me
disse: "Levante-se, entre em Damasco,
onde lhe dirão tudo o que você precisa
fazer." 11 Tendo ficado cego por causa da
intensidade daquela luz, guiado pela
mão dos que estavam comigo, cheguei
a Damasco.
12 — Um homem chamado Ananias,
piedoso conforme a Lei, tendo bom tes-
temunho de todos os judeus que ali
moravam, 13 veio procurar-me e, chegando
perto de mim, disse: "Irmão Saulo, recupere
a visão!" Nessa mesma hora, recuperei a
visão e olhei para ele. 14 Então ele disse:
"O Deus de nossos pais escolheu você de
antemão para conhecer a vontade dele, ver
o Justo e ouvir a voz dele. 15 Porque você terá
de ser testemunha dele diante de todos,
anunciando as coisas que você tem visto
e ouvido. 16 E agora, o que está esperando?
Levante-se, receba o batismo e lave os seus
pecados, invocando o nome dele."
17 — Quando voltei para Jerusalém, en-
quanto orava no templo, sobreveio-me um
êxtase, 18 e vi o Senhor. Ele me disse: "Ande
logo e saia imediatamente de Jerusalém,
porque não aceitarão o seu testemunho a
meu respeito." 19 Eu respondi: "Senhor, eles
bem sabem que eu ia de sinagoga em sina-
goga, prendendo e açoitando os que criam
em ti. 20 Quando se derramava o sangue de
Estêvão, tua testemunha, eu também estava
presente, consentia nisso e até guardei as
capas dos que o matavam." 21 Mas ele me
disse: "Vá, porque eu o enviarei para longe,
aos gentios."

PAULO LIVRA-SE DE SER AÇOITADO

22 Até este ponto a multidão ficou ouvindo.
Mas, quando Paulo disse isso, começaram
a gritar bem alto:
— Fora com ele! Mate-o, porque ele não
merece viver!
23 Enquanto eles gritavam, tiravam as suas
capas e jogavam poeira para o ar, 24 o coman-
dante ordenou que Paulo fosse recolhido à
fortaleza e que, sob açoite, fosse interrogado
para saber por que motivo estavam gritando
assim contra ele. 25 Quando o estavam amar-
rando com correias, Paulo perguntou ao
centurião que ali estava:
— Será que vocês têm o direito de açoi-
tar um cidadão romano, sem que ele tenha
sido condenado?
26 Ouvindo isto, o centurião procurou o
comandante e lhe disse:
— Que é isso que o senhor está prestes
a fazer? Saiba que aquele homem é cida-
dão romano.
27 Então o comandante veio e perguntou
a Paulo:
— Diga-me uma coisa: você é romano?
Paulo respondeu:
— Sou.
28 E o comandante disse:
— Eu tive de gastar muito dinheiro para
conseguir essa cidadania.
Ao que Paulo respondeu:
— Pois eu a tenho de nascença.
29 Imediatamente se afastaram os que iam
interrogá-lo com açoites. O próprio coman-
dante ficou com medo quando soube que
Paulo era romano, porque tinha manda-
do amarrá-lo.

PAULO DIANTE DO SINÉDRIO

30 No dia seguinte, querendo certificar-se
dos motivos por que Paulo vinha sendo
acusado pelos judeus, o comandante o
soltou e ordenou que se reunissem os
principais sacerdotes e todo o Sinédrio.
E, mandando trazer Paulo, apresentou-o
diante deles.

23 1 Paulo, fixando os olhos no Sinédrio, disse:

— Meus irmãos, tenho vivido até o dia de hoje com a consciência limpa diante de Deus.

2 Mas Ananias, o sumo sacerdote, mandou aos que estavam perto de Paulo que lhe batessem na boca. 3 Então Paulo lhe disse:

— Deus há de ferir você, parede branqueada! Você está aí sentado para me julgar de acordo com a Lei e, contra a Lei, ordena que eu seja agredido?

4 Os que estavam ali perguntaram a Paulo:

— Você está insultando o sumo sacerdote de Deus?

5 Paulo respondeu:

— Eu não sabia, irmãos, que ele é sumo sacerdote. Porque está escrito: "Não fale mal de uma autoridade do seu povo."

6 Como Paulo sabia que uma parte do Sinédrio se compunha de saduceus e outra, de fariseus, exclamou:

— Irmãos, eu sou fariseu, filho de fariseus. Estou sendo julgado por causa da esperança e da ressurreição dos mortos!

7 Ditas estas palavras, começou uma grande discussão entre fariseus e saduceus, e o Sinédrio se dividiu. 8 Pois os saduceus dizem que não há ressurreição, nem anjo, nem espírito, ao passo que os fariseus admitem todas essas coisas. 9 Houve, pois, muita gritaria no Sinédrio. E, levantando-se alguns escribas que eram do partido dos fariseus, discutiam, dizendo:

— Não achamos neste homem mal algum. E se, de fato, algum espírito ou anjo falou com ele?

10 Como a discussão ficava cada vez mais intensa, o comandante, temendo que Paulo fosse despedaçado por eles, mandou descer a guarda para que o retirassem dali e o levassem para a fortaleza.

O SENHOR APARECE A PAULO

11 Na noite seguinte, o Senhor, pondo-se ao lado de Paulo, disse:

— Coragem! Pois assim como você deu testemunho a meu respeito em Jerusalém, é necessário que você testemunhe também em Roma.

A EMBOSCADA DOS JUDEUS

12 Quando amanheceu, os judeus se reuniram e juraram que não haviam de comer, nem beber, enquanto não matassem Paulo. 13 Eram mais de quarenta os que se envolveram nessa conspiração. 14 Estes foram falar com os principais sacerdotes e os anciãos e disseram:

— Juramos, sob pena de maldição, não comer coisa alguma, enquanto não matarmos Paulo. 15 Por isso, agora, juntamente com o Sinédrio, mandem um recado ao comandante para que ele o apresente a vocês, sob o pretexto de que desejam investigar mais acuradamente o caso dele; e nós, antes que ele chegue, estaremos prontos para matá-lo.

16 Mas o filho da irmã de Paulo, tendo ouvido a respeito da trama, foi, entrou na fortaleza e contou tudo a Paulo. 17 Então este, chamando um dos centuriões, disse:

— Leve este rapaz ao comandante, porque tem algo a dizer.

18 O centurião levou o rapaz ao comandante e disse:

— O prisioneiro Paulo me chamou e pediu que eu trouxesse à sua presença este rapaz, pois tem algo a dizer ao senhor.

19 O comandante pegou o rapaz pela mão e, levando-o para um lado, perguntou-lhe:

— O que você tem para me dizer?

20 Ele respondeu:

— Os judeus decidiram pedir ao senhor que, amanhã, apresente Paulo ao Sinédrio, sob o pretexto de que desejam fazer uma investigação mais acurada a respeito dele. 21 Não se deixe persuadir, porque mais de quarenta deles armaram uma emboscada. Fizeram um pacto de, sob pena de maldição, não comer, nem beber, enquanto não matarem Paulo; e agora estão prontos, esperando que o senhor prometa atender o pedido deles.

22 Então o comandante despediu o rapaz, recomendando-lhe que não dissesse a

ninguém ter lhe trazido estas informações.
23 Chamando dois centuriões, ordenou:
— Tenham de prontidão duzentos solda-
dos, setenta cavaleiros e duzentos lanceiros
para irem até Cesareia a partir das nove
horas da noite. 24 Preparem também ani-
mais para fazer Paulo montar e levem-no
com segurança ao governador Félix.

A CARTA DE CLÁUDIO A FÉLIX

25 O comandante escreveu uma carta
nestes termos:

26 "Cláudio Lísias ao excelentíssimo gover-
nador Félix. Saudações.
27 Este homem foi preso pelos judeus
e estava prestes a ser morto por eles,
quando eu, sobrevindo com a guarda,
o livrei, por saber que ele era romano.
28 Querendo certificar-me do motivo por
que o acusavam, levei-o ao Sinédrio
deles. 29 Descobri que ele era acusado
de coisas referentes à lei que os rege,
mas nada que justificasse morte ou
mesmo prisão. 30 Sendo eu informado
de que ia haver uma emboscada contra
o homem, tratei de enviá-lo imediata-
mente ao senhor, intimando também os
acusadores a irem dizer, na sua presença,
o que eles têm contra ele.
Passe bem."

PAULO NO PRETÓRIO DE HERODES

31 Então os soldados, conforme lhes foi
ordenado, pegaram Paulo e, durante a
noite, o conduziram até Antipátride. 32 No
dia seguinte, voltaram para a fortaleza,
tendo deixado os cavaleiros encarregados
de seguir viagem com ele. 33 Quando estes
chegaram a Cesareia, entregaram a carta ao
governador e também lhe apresentaram
Paulo. 34 Lida a carta, o governador pergun-
tou de que província Paulo era. E, quando
soube que era da Cilícia, 35 disse:
— Ouvirei você quando chegarem os
seus acusadores.
E mandou que ele ficasse preso no Pretó-
rio de Herodes.

PAULO É ACUSADO DIANTE DE FÉLIX

24 1 Cinco dias depois, o sumo sacer-
dote Ananias foi até Cesareia com
alguns anciãos e com certo orador, cha-
mado Tértulo, os quais apresentaram ao
governador a sua acusação contra Paulo.
2 Depois que Paulo foi chamado, Tértulo
passou a acusá-lo, dizendo:
— Excelentíssimo Félix, tendo nós des-
frutado de paz perene por meio do senhor
e tendo sido feitas, por seu providente cui-
dado, notáveis reformas em benefício deste
povo, 3 sempre e em todos os lugares, reco-
nhecemos isto com profunda gratidão.
4 Entretanto, para não deter o senhor por
muito tempo, peço que, de acordo com a
sua clemência, nos ouça por alguns instan-
tes. 5 Porque, tendo nós verificado que este
homem é uma peste e promove desordens
entre os judeus do mundo inteiro, sendo
também o principal agitador da seita dos
nazarenos, 6 o qual também tentou profanar
o templo, nós o prendemos com o intuito de
julgá-lo segundo a nossa Lei. 7 Mas, sobre-
vindo o comandante Lísias, o arrebatou
das nossas mãos com grande violência,
8 ordenando que os seus acusadores vies-
sem à presença do senhor. Se o interrogar, o
senhor mesmo poderá tomar conhecimento
de todas as coisas de que nós o acusamos.
9 Os judeus também concordaram na
acusação, afirmando que estas coisas
eram assim.

PAULO APRESENTA A SUA DEFESA

10 Quando o governador fez sinal para que
Paulo falasse, ele disse:
— Sabendo que há muitos anos o senhor
é juiz desta nação, sinto-me à vontade para
me defender. 11 O senhor mesmo pode veri-
ficar que não se passaram mais de doze
dias desde que fui a Jerusalém para adorar
a Deus; 12 e que não me acharam no tem-
plo discutindo com ninguém, nem agitando
o povo, fosse nas sinagogas ou na cidade;
13 nem podem provar diante do senhor as
acusações que agora fazem contra mim.
14 Porém confesso ao senhor que, segundo

o Caminho, a que chamam seita, assim eu
sirvo ao Deus de nossos pais, acreditando
em todas as coisas que concordam com a
lei e os escritos dos profetas, 15 tendo espe-
rança em Deus, como também estes a têm,
de que haverá ressurreição, tanto de justos
como de injustos. 16 Por isso, também me
esforço por ter sempre uma consciência pura
diante de Deus e dos homens.

17 — Depois de anos, vim trazer donativos
para o meu povo e também fazer ofertas,
18 e foi nesta prática que alguns judeus da
província da Ásia me encontraram já puri-
ficado no templo, sem ajuntamento de povo
e sem tumulto, 19 os quais deviam compare-
cer diante do senhor e fazer as acusações,
se tivessem alguma coisa contra mim. 20 Ou
então que estes homens que estão aqui
digam que crime acharam em mim, por
ocasião do meu comparecimento diante
do Sinédrio, 21 salvo estas palavras que cla-
mei, estando entre eles: "Hoje estou sendo
julgado por vocês por causa da ressurreição
dos mortos."

22 Então Félix, conhecendo mais acura-
damente as coisas relacionadas com o
Caminho, adiou a causa, dizendo:

— Quando chegar o comandante Lísias,
tomarei uma decisão a respeito do caso
de vocês.

23 E ordenou ao centurião que conservasse
Paulo na prisão, tratando-o com tolerân-
cia e não impedindo que os seus próprios
o servissem.

PAULO DIANTE DE FÉLIX E DRUSILA

24 Passados alguns dias, Félix veio com
Drusila, sua mulher, que era judia. Mandou
chamar Paulo e passou a ouvi-lo a respeito
da fé em Cristo Jesus. 25 Quando Paulo come-
çou a falar sobre a justiça, o domínio próprio
e o Juízo vindouro, Félix ficou amedrontado
e disse:

— Por agora, você pode retirar-se, e,
quando eu tiver oportunidade, mandarei
chamá-lo.

26 Ao mesmo tempo, esperava que Paulo
lhe desse dinheiro. Por isso, chamando-o
mais frequentemente, conversava com ele.

27 Dois anos mais tarde, Félix teve por
sucessor Pórcio Festo. E, como Félix que-
ria assegurar o apoio dos judeus, manteve
Paulo encarcerado.

PAULO É LEVADO A FESTO E APELA PARA CÉSAR

25 1 Três dias depois de ter assumido
o governo da província, Festo saiu
de Cesareia e foi para Jerusalém. 2 E, logo,
os principais sacerdotes e os maiorais dos
judeus lhe apresentaram queixa a respeito
de Paulo. 3 Contra ele, pediram a Festo o favor
de mandar que ele fosse trazido a Jerusalém.
É que eles tinham armado uma emboscada
para matar Paulo no caminho. 4 Festo, porém,
respondeu que Paulo continuaria preso em
Cesareia e que ele mesmo, muito em breve,
partiria para lá. 5 E concluiu:

— Aqueles de vocês que estiverem
habilitados me acompanhem; e, havendo
contra este homem qualquer crime, acusem-
-no.

6 E, não se demorando entre eles mais de
oito ou dez dias, foi para Cesareia. No dia
seguinte, assentando-se no tribunal, orde-
nou que Paulo fosse trazido. 7 Quando Paulo
chegou, os judeus que tinham vindo de Jeru-
salém ficaram em volta dele, fazendo muitas
e graves acusações contra ele, as quais, entre-
tanto, não podiam provar. 8 Então Paulo,
defendendo-se, disse:

— Nenhum pecado cometi contra a lei
dos judeus, nem contra o templo, nem con-
tra César.

9 Então Festo, querendo assegurar o apoio
dos judeus, perguntou a Paulo:

— Você gostaria de ir a Jerusalém e ser
ali julgado por mim a respeito destas
coisas?

10 Paulo respondeu:

— Estou diante do tribunal de César,
onde convém que eu seja julgado. Não fiz
mal nenhum aos judeus, como o senhor
sabe muito bem. 11 Se de fato pratiquei algum
mal ou crime digno de morte, estou pronto
para morrer. Se, pelo contrário, não são verda-
deiras as coisas de que me acusam, ninguém
pode me entregar a eles. Apelo para César.

12 Então Festo, tendo falado com o conse-
lho, respondeu:
— Já que apelou para César, para César
você irá.

FESTO EXPÕE A AGRIPA O CASO DE PAULO

13 Passados alguns dias, o rei Agripa e
Berenice chegaram a Cesareia a fim de saudar
Festo. 14 Como se demorassem ali alguns dias,
Festo expôs ao rei o caso de Paulo, dizendo:
— Félix deixou aqui preso certo homem, 15 a
respeito de quem os principais sacerdotes e
os anciãos dos judeus apresentaram queixa,
quando eu estive em Jerusalém, pedindo
que o condenasse. 16 Eu lhes disse que não é
costume dos romanos condenar quem quer
que seja, sem que o acusado tenha presentes
os seus acusadores e possa defender-se da
acusação. 17 Assim, quando eles vieram para
cá, sem nenhuma demora, no dia seguinte,
assentando-me no tribunal, determinei que
o homem fosse trazido. 18 Levantando-se os
acusadores, não mencionaram nenhum dos
crimes de que eu suspeitava. 19 Traziam contra
ele algumas questões referentes à sua pró-
pria religião e particularmente a certo morto,
chamado Jesus, que Paulo afirma estar vivo.
20 Estando eu perplexo quanto ao modo de
investigar estas coisas, perguntei-lhe se queria
ir a Jerusalém para ali ser julgado a respeito
disso. 21 Mas, havendo Paulo apelado para
que ficasse em custódia para o julgamento
de César, ordenei que o acusado continuasse
detido até que eu o enviasse a César.
22 Então Agripa disse a Festo:
— Eu também gostaria de ouvir este homem.
Festo respondeu:
— Amanhã você poderá ouvi-lo.

FESTO, DE NOVO, FALA A AGRIPA

23 De fato, no dia seguinte, vindo Agripa
e Berenice, com grande pompa, tendo eles
entrado na sala de audiência juntamente
com oficiais superiores e homens eminen-
tes da cidade, Paulo foi trazido por ordem
de Festo. 24 Então Festo disse:
— Rei Agripa e todos os senhores aqui
presentes, vejam este homem, por causa
de quem toda a multidão dos judeus recor-
reu a mim tanto em Jerusalém como aqui,
clamando que não convinha que ele vivesse
mais. 25 Porém eu achei que ele não tinha
feito nada que fosse passível de morte;
entretanto, tendo ele apelado para o impe-
rador, resolvi mandá-lo para lá. 26 No entanto,
a respeito dele, nada tenho de mais con-
creto que possa escrever ao imperador. Por
isso, eu o trouxe à presença dos senhores e,
especialmente, à sua presença, ó rei Agripa,
para que, feita a arguição, eu tenha alguma
coisa que escrever. 27 Porque não me parece
razoável enviar um preso sem mencionar,
ao mesmo tempo, as acusações que exis-
tem contra ele.

PAULO SE DEFENDE DIANTE DO REI AGRIPA

26 1 A seguir, Agripa, dirigindo-se a
Paulo, disse:
— Você está autorizado a falar em sua
defesa.
Então Paulo, estendendo a mão, passou a
defender-se nestes termos:
2 — Tenho-me por feliz, ó rei Agripa, pelo
privilégio de, hoje, na presença do senhor,
poder produzir a minha defesa de todas
as acusações que os judeus fazem contra
mim, 3 especialmente porque o senhor é
versado em todos os costumes e questões
que há entre os judeus. Por isso, peço que o
senhor me ouça com paciência.
4 — Quanto à minha vida, desde a moci-
dade, como decorreu desde o princípio
entre o meu povo e em Jerusalém, todos os
judeus a conhecem; 5 pois, na verdade, eu era
conhecido deles desde o princípio, se assim
o quiserem testemunhar, porque, na condi-
ção de fariseu, vivi conforme o partido mais
rigoroso da nossa religião. 6 E agora estou
sendo julgado por causa da esperança da
promessa feita por Deus aos nossos pais,
7 a qual as nossas doze tribos, servindo a
Deus fervorosamente, noite e dia, almejam
alcançar. É por causa dessa esperança, ó rei,
que eu sou acusado pelos judeus. 8 Por que
se julga incrível entre vocês que Deus res-
suscite os mortos?

9 — Na verdade, eu pensava que devia
fazer muitas coisas contra o nome de Jesus,
o Nazareno; 10 e foi exatamente o que fiz em
Jerusalém. Havendo eu recebido autorização
dos principais sacerdotes, encerrei muitos
dos santos na prisão; e, quando os conde-
navam à morte, eu dava o meu voto contra
eles. 11 Muitas vezes, os castiguei por todas
as sinagogas, obrigando-os até a blasfemar.
E, demasiadamente enfurecido contra eles,
eu os perseguia até em cidades estrangeiras.

PAULO CONTA A SUA CONVERSÃO

12 — Com isto em mente, parti para Da-
masco, levando autorização dos principais
sacerdotes e por eles comissionado. 13 Ao
meio-dia, ó rei, enquanto eu seguia pelo
caminho, vi uma luz no céu, mais resplan-
decente que o sol, que brilhou ao redor de
mim e dos que iam comigo. 14 E, caindo todos
nós por terra, ouvi uma voz que me falava
em língua hebraica: "Saulo, Saulo, por que
você me persegue? É duro para você ficar
dando coices contra os aguilhões!" 15 Então
eu perguntei: "Senhor, quem é você?" Ao que
o Senhor respondeu: "Eu sou Jesus, a quem
você persegue. 16 Mas levante-se e fique
em pé. Eu apareci a você para constituí-lo
ministro e testemunha, tanto das coisas em
que você me viu como daquelas pelas quais
ainda lhe aparecerei. 17 Vou livrar você do
seu próprio povo e dos gentios, para os quais
eu o envio, 18 para abrir os olhos deles e con-
vertê-los das trevas para a luz e do poder de
Satanás para Deus, a fim de que eles rece-
bam remissão de pecados e herança entre
os que são santificados pela fé em mim."

O TESTEMUNHO DE PAULO DIANTE DOS JUDEUS E GENTIOS

19 — Assim, ó rei Agripa, não fui desobe-
diente à visão celestial, 20 mas anunciei
primeiramente aos de Damasco e em Jeru-
salém, por toda a região da Judeia, e também
aos gentios, que se arrependessem e se
convertessem a Deus, praticando obras dig-
nas de arrependimento. 21 Por causa disto,
alguns judeus me prenderam, quando eu
estava no templo, e tentaram me matar.
22 Mas, com a ajuda de Deus, permaneço até
o dia de hoje, dando testemunho, tanto a
pequenos como a grandes, nada dizendo, a
não ser o que os profetas e Moisés disseram
que ia acontecer, 23 isto é, que o Cristo devia
padecer e, sendo o primeiro da ressurreição
dos mortos, anunciaria a luz ao seu próprio
povo e aos gentios.

PAULO É INTERROMPIDO POR FESTO

24 Quando Paulo estava dizendo estas
coisas em sua defesa, Festo o interrompeu,
gritando:

— Você está louco, Paulo! Ficou louco de
tanto estudar!

25 Paulo, porém, respondeu:

— Não estou louco, ó excelentíssimo
Festo! Pelo contrário, digo palavras de ver-
dade e de bom senso. 26 Porque tudo isto é
do conhecimento do rei, a quem me dirijo
com franqueza, pois estou persuadido de
que nenhuma destas coisas lhe é oculta, pois
nada se passou em algum lugar escondido.

27 — Por isso, pergunto: Rei Agripa, o
senhor acredita nos profetas? Eu sei que
o senhor acredita.

28 Então Agripa se dirigiu a Paulo e disse:

— Por pouco você me convence a me
tornar cristão.

29 Paulo respondeu:

— Peço a Deus que faça com que, por
pouco ou por muito, não apenas o senhor,
ó rei, mas todos os que hoje me ouvem
venham a ser alguém como eu, mas sem
estas correntes.

30 A essa altura, levantou-se o rei, e tam-
bém o governador, e Berenice, bem como os
que estavam assentados com eles. 31 E, ao
saírem, falavam uns com os outros, dizendo:

— Este homem não fez nada passível de
morte ou de prisão.

32 Então Agripa se dirigiu a Festo e disse:

— Este homem bem podia ser solto, se não
tivesse apelado para César.

PAULO É ENVIADO PARA A ITÁLIA

27 1 Quando foi decidido que devíamos
navegar para a Itália, entregaram

Paulo e alguns outros presos a um centu-
rião chamado Júlio, do Batalhão Imperial.
2 Embarcando num navio de Adramítio, que
estava de partida para costear a província
da Ásia, fizemo-nos ao mar, indo conosco
Aristarco, um macedônio de Tessalônica.
3 No dia seguinte, chegamos a Sidom. Júlio,
tratando Paulo com humanidade, permitiu
que ele fosse ver os amigos e obter assistên-
cia. 4 Partindo dali, navegamos ao abrigo da
ilha de Chipre, porque os ventos eram con-
trários. 5 E, tendo atravessado o mar ao longo
da Cilícia e Panfília, chegamos a Mirra, na
Lícia. 6 Nesse porto, o centurião encontrou
um navio de Alexandria, que estava de par-
tida para a Itália, e nos fez embarcar nele.

7 Navegando vagarosamente muitos
dias, foi com dificuldade que chegamos
às imediações de Cnido. Não nos sendo
permitido prosseguir, por causa do vento
contrário, navegamos ao abrigo de Creta, na
altura de Salmona. 8 Costeando a ilha com
dificuldade, chegamos a um lugar chamado
Bons Portos, perto do qual estava a cidade
de Laseia.

OS PERIGOS DA VIAGEM

9 Depois de muito tempo, tendo-se tor-
nado a navegação perigosa, e já passado o
tempo do Dia do Jejum, Paulo os aconse-
lhou, 10 dizendo:

— Senhores, vejo que a viagem vai ser
trabalhosa, com dano e muito prejuízo,
não só da carga e do navio, mas também
da nossa vida.

11 Porém o centurião dava mais crédito ao
piloto e ao mestre do navio do que ao que
Paulo dizia. 12 Não sendo o porto próprio
para invernar, a maioria deles era de opinião
que deviam partir dali, para ver se podiam
chegar a Fenice e aí passar o inverno,
visto ser um porto de Creta, que olha para
o noroeste e para o sudoeste.

13 Soprando brandamente o vento
sul, e pensando eles ter alcançado o que
desejavam, levantaram âncora e foram
costeando mais de perto a ilha de Creta.
14 Entretanto, não muito depois, desenca-
deou-se, do lado da ilha, um tufão de vento,
chamado Euroaquilão. 15 O navio foi arras-
tado com violência e, sem poder resistir ao
vento, cessamos a manobra e nos fomos dei-
xando levar. 16 Passando ao abrigo de uma
ilhota chamada Cauda, com dificuldade con-
seguimos recolher o bote. 17 Tendo içado o
bote, os marinheiros usaram de todos os
meios para reforçar o navio com cabos de
segurança. E, temendo que fossem enca-
lhar nos bancos de areia de Sirte, desceram
as velas e foram à deriva. 18 Açoitados seve-
ramente pela tormenta, no dia seguinte
começaram a jogar a carga no mar. 19 E, no
terceiro dia, nós mesmos, com as próprias
mãos, lançamos ao mar a armação do navio.
20 E, não aparecendo, havia já alguns dias,
nem sol nem estrelas, caindo sobre nós
grande tempestade, dissipou-se, afinal,
toda a esperança de salvamento.

21 Havendo todos estado muito tempo
sem comer, Paulo, pondo-se em pé no meio
deles, disse:

— Senhores, na verdade, era preciso
terem-me atendido e não partir de Creta,
para evitar este dano e perda. 22 Mas agora
aconselho que tenham coragem, porque
nenhuma vida se perderá, mas somente
o navio. 23 Porque, esta mesma noite, um
anjo do Deus a quem pertenço e a quem
sirvo, esteve comigo, 24 dizendo: "Paulo, não
tenha medo! É preciso que você compareça
diante de César, e eis que Deus, por sua graça,
lhe deu todos os que navegam com você."
25 Portanto, senhores, tenham coragem! Pois
eu confio em Deus que tudo vai acontecer
conforme me foi dito. 26 Porém é necessário
que sejamos arrastados para alguma ilha.

O NAUFRÁGIO

27 Quando chegou a décima quarta noite,
sendo nós batidos de um lado para outro
no mar Adriático, por volta da meia-noite os
marinheiros pressentiram que se aproxima-
vam de alguma terra. 28 E, lançando a sonda,
viram que a profundidade era de trinta e seis
metros. Passando um pouco mais adiante,
tornando a lançar a sonda, viram que a pro-
fundidade era de vinte e sete metros. 29 E,
receosos de que fôssemos atirados contra

A coragem e a iniciativa surgem quando descobrimos quem somos, entendemos o propósito para o qual fomos chamadas e andamos de maneira reta diante de Deus.

lugares rochosos, lançaram da popa quatro
âncoras e oravam para que rompesse o dia.
30 Nisto os marinheiros tentaram escapar do
navio. Arriaram o bote no mar, a pretexto de
que iam largar âncoras da proa. 31 Paulo disse
ao centurião e aos soldados:

— Se estes não permanecerem a bordo,
vocês não poderão se salvar.

32 Então os soldados cortaram os cabos do
bote e o deixaram afastar-se. 33 Enquanto
amanhecia, Paulo rogava a todos que se ali-
mentassem, dizendo:

— Hoje é o décimo quarto dia em que,
esperando, vocês estão sem comer, não
tendo provado nada. 34 Por isso peço que
comam alguma coisa, pois disto depende
a sobrevivência de vocês. Porque nenhum
de vocês perderá nem mesmo um fio de
cabelo.

35 Tendo dito isto, pegando um pão, deu
graças a Deus na presença de todos e, depois
de o partir, começou a comer. 36 Todos fica-
ram mais animados e se puseram também
a comer. 37 Estávamos no navio duzentas e
setenta e seis pessoas ao todo. 38 Refeitos
com a comida, aliviaram o navio, jogando
o trigo no mar.

39 Quando amanheceu, não reconheceram a
terra, mas avistaram uma enseada, onde havia
uma praia. Então consultaram entre si se não
podiam encalhar ali o navio. 40 Cortando os
cabos das âncoras, deixaram que ficassem no
mar. Soltaram também as amarras do leme.
E, alçando a vela de proa ao vento, dirigiram-
-se para a praia. 41 Dando, porém, num lugar
onde duas correntes se encontravam, enca-
lharam ali o navio; a proa encravou-se e ficou
imóvel, mas a popa se despedaçava pela vio-
lência das ondas.

42 O parecer dos soldados era que os pre-
sos deviam ser mortos, para que nenhum
deles fugisse nadando. 43 Mas o centurião,
querendo salvar Paulo, impediu-os de fazer
isso. Ordenou que os que soubessem nadar
fossem os primeiros a lançar-se ao mar e
alcançar a terra. 44 Quanto aos demais, que
se salvassem, uns, em tábuas, e outros, em
destroços do navio. E foi assim que todos se
salvaram em terra.

A ILHA DE MALTA

28 1 Uma vez em terra, verificamos que
a ilha se chamava Malta. 2 Os nativos
nos trataram com singular humanidade, por-
que, acendendo uma fogueira, acolheram
a todos nós por causa da chuva que caía e
por causa do frio. 3 Tendo Paulo ajuntado
e atirado à fogueira um feixe de gravetos,
uma víbora, fugindo do calor, prendeu-se
na mão dele. 4 Quando os nativos viram a
víbora pendurada na mão de Paulo, disse-
ram uns aos outros:

— Certamente este homem é assassino,
porque, salvo do mar, a Justiça não o deixa
viver.

5 Porém ele, sacudindo a víbora no fogo,
não sofreu mal nenhum. 6 Mas eles espe-
ravam que Paulo viesse a inchar ou a cair
morto de repente. Depois de muito esperar,
vendo que nada de anormal lhe acontecia,
mudando de opinião, diziam que ele era
um deus.

PÚBLIO HOSPEDA PAULO

7 Perto daquele lugar havia um sítio que
pertencia ao homem principal da ilha,
chamado Públio, o qual nos recebeu e hos-
pedou com muita bondade durante três
dias. 8 Aconteceu que o pai de Públio estava
enfermo de disenteria, ardendo em febre.
Paulo foi visitá-lo e, orando, impôs-lhe as
mãos, e o curou. 9 À vista deste aconteci-
mento, os demais enfermos da ilha vieram
e foram curados, 10 os quais nos distinguiram
com muitas honrarias; e, tendo nós de pros-
seguir viagem, nos puseram a bordo tudo o
que era necessário.

A CONTINUAÇÃO DA VIAGEM

11 Três meses depois, embarcamos num
navio de Alexandria, que tinha passado o
inverno na ilha. O navio tinha por emblema
os deuses gêmeos Castor e Pólux. 12 Che-
gando a Siracusa, ficamos ali três dias.
13 Dali, navegando ao longo da costa, che-
gamos a Régio. No dia seguinte começou
a soprar o vento sul e, em dois dias, chega-
mos a Putéoli, 14 onde encontramos alguns
irmãos que nos pediram que ficássemos

com eles sete dias; e foi assim que nos diri-
gimos a Roma. 15 Tendo ali os irmãos ouvido
notícias nossas, vieram ao nosso encon-
tro até a Praça de Ápio e as Três Vendas.
Ao vê-los, Paulo deu graças a Deus e sentiu-
-se mais animado.

PAULO EM ROMA

16 Uma vez em Roma, Paulo recebeu per-
missão para morar por sua conta, tendo em
sua companhia o soldado que o guardava.
17 Três dias depois, ele convocou os princi-
pais dos judeus. Quando estavam reunidos,
Paulo disse:
— Meus irmãos, apesar de nada ter feito
contra o povo ou contra os costumes pater-
nos, vim preso desde Jerusalém, entregue
nas mãos dos romanos. 18 Estes, depois de
me interrogarem, quiseram soltar-me, por-
que não encontraram em mim nenhum crime
passível de morte. 19 Diante da oposição dos
judeus, fui obrigado a apelar para César, não
tendo eu, porém, nada de que acusar o meu
povo. 20 Foi por isto que pedi para vê-los e
para falar com vocês; porque é pela esperança
de Israel que estou preso com esta corrente.
21 Então eles lhe disseram:
— Nós não recebemos da Judeia nenhuma
carta que falasse a respeito de você. Tam-
bém não veio qualquer dos irmãos que nos
anunciasse ou dissesse algo de mau a seu
respeito. 22 Mas gostaríamos de ouvir o que
você pensa, porque sabemos que em todos
os lugares essa seita é contestada.

PAULO PREGA EM ROMA

23 Tendo eles marcado um dia, foram em
grande número ao encontro de Paulo no
lugar onde ele residia. Então, desde a manhã
até a tarde, lhes fez uma exposição em tes-
temunho do Reino de Deus, procurando
persuadi-los a respeito de Jesus, tanto pela
Lei de Moisés como pelos Profetas. 24 Houve
alguns que ficaram persuadidos pelo que
Paulo dizia; outros, porém, continuaram
incrédulos. 25 E, havendo discordância entre
eles, começaram a ir embora. Mas, antes
que saíssem, Paulo disse estas palavras:
— Bem falou o Espírito Santo aos pais de
vocês, por meio do profeta Isaías, quando
disse:

26 "Vá a este povo e diga:
Ouvindo, vocês ouvirão
  e de modo nenhum
  entenderão;
vendo, vocês verão
  e de modo nenhum perceberão.
27 Porque o coração deste povo
  está endurecido;
ouviram com os ouvidos tapados
  e fecharam os olhos;
para não acontecer que
  vejam com os olhos,
  ouçam com os ouvidos,
  entendam com o coração,
  se convertam
  e sejam por mim curados."

28 E Paulo concluiu:
— Portanto, fiquem sabendo que esta
salvação que Deus oferece foi enviada aos
gentios. E eles a ouvirão.
29 [Ditas estas palavras, os judeus foram
embora, tendo entre si grande discussão.]

PAULO PRISIONEIRO DURANTE DOIS ANOS

30 Durante dois anos, Paulo permaneceu
na sua própria casa, que tinha alugado, onde
recebia todos os que o procuravam. 31 Pregava
o Reino de Deus, e, com toda a ousadia, ensi-
nava as coisas referentes ao Senhor Jesus
Cristo, sem impedimento algum.

Cartas de Paulo

Romanos

Livro 45 com

16

CAPÍTULOS

AUTORIA

Paulo (Rm 1.1), ou Saulo, de Tarso, era um ferrenho perseguidor dos cristãos antes de sua conversão (At 9).

ÉPOCA DA ESCRITA

Escrito por volta de 57-58 d.C., durante a terceira viagem missionária de Paulo, possivelmente em Corinto.

A JUSTIFICAÇÃO PELA FÉ

TEMAS DO LIVRO

Romanos aborda a justificação pela fé (Rm 1.17), a depravação universal da humanidade (Rm 3.23) e a redenção em Cristo (Rm 3.24).

Paulo discute a vida no Espírito (Rm 8), a eleição soberana de Deus (Rm 9—11) e as implicações práticas da fé cristã (Rm 12—15).

A justiça de Deus é um tema central, mostrando como ele é justo e justificador (Rm 3.26).

OBJETIVO DO LIVRO

Paulo escreveu aos cristãos em Roma para apresentar uma exposição sistemática do Evangelho. Seu objetivo era preparar o caminho para sua visita a Roma e possivelmente obter apoio para sua futura missão na Espanha (Rm 15.24). Ele também desejava fortalecer a fé dos romanos e resolver possíveis conflitos entre judeus e gentios.

ESTRUTURA DO LIVRO

- ★ Introdução e tese Rm 1.1-17
- ★ A necessidade de justiça Rm 1.18—3.20
- ★ A provisão de justiça Rm 3.21—5
- ★ A vida na justiça Rm 6—8
- ★ A soberania de Deus na salvação Rm 9—11
- ★ Vida prática de justiça Rm 12—15.13
- ★ Conclusão e saudações Rm 15.14—16

ROMANOS E CRISTO

Cristo é o centro do evangelho que Paulo apresenta. A carta enfatiza que a salvação só é possível por meio de Jesus (Rm 5.1), o segundo Adão, cuja obediência traz justificação e vida (Rm 5.12-21).

A morte e a ressurreição de Jesus garantem a salvação e a nova vida para aqueles que creem (Rm 6.4-5). Jesus é também o propósito para o qual a Lei foi dada para a justiça de todo aquele que crê (Rm 10.4).

PREFÁCIO E SAUDAÇÃO

1 1 Paulo, servo de Cristo Jesus, chamado para ser apóstolo, separado para o evangelho de Deus, 2 que ele, no passado, prometeu por meio dos seus profetas nas Escrituras Sagradas. 3 Este evangelho diz respeito a seu Filho, o qual, segundo a carne, veio da descendência de Davi 4 e foi designado Filho de Deus com poder, segundo o Espírito de santidade, pela ressurreição dos mortos, a saber, Jesus Cristo, nosso Senhor. 5 Por meio dele viemos a receber graça e apostolado por amor do seu nome, para a obediência da fé, entre todos os gentios. 6 Entre esses se encontram também vocês que foram chamados para pertencerem a Jesus Cristo. 7 A todos os amados de Deus que estão em Roma, chamados para ser santos.

Que a graça e a paz de Deus, nosso Pai, e do Senhor Jesus Cristo estejam com vocês.

PAULO ORA PELOS CRISTÃOS DE ROMA E DESEJA VÊ-LOS

8 Em primeiro lugar, por meio de Jesus Cristo, dou graças ao meu Deus por todos vocês, porque a fé que vocês têm é proclamada no mundo inteiro. 9 Pois Deus, a quem sirvo em meu espírito, no evangelho de seu Filho, é minha testemunha de como nunca deixo de fazer menção de vocês 10 em todas as minhas orações, pedindo que, em algum momento, pela vontade de Deus, surja uma oportunidade de visitá-los. 11 Porque desejo muito vê-los, a fim de repartir com vocês algum dom espiritual, para que vocês sejam fortalecidos, 12 isto é, para que nos consolemos uns aos outros por meio da fé mútua: a de vocês e a minha.

13 Quero que vocês saibam, irmãos, que muitas vezes me propus a ir visitá-los — no que tenho sido, até agora, impedido —, para conseguir algum fruto igualmente entre vocês, assim como também tenho conseguido entre os outros gentios. 14 Pois sou devedor tanto a gregos como a bárbaros, tanto a sábios como a insensatos. 15 Por isso, quanto a mim, estou pronto a anunciar o evangelho também a vocês que estão em Roma.

O PODER DO EVANGELHO

16 Pois não me envergonho do evangelho, porque é o poder de Deus para a salvação de todo aquele que crê, primeiro do judeu e também do grego. 17 Porque a justiça de Deus se revela no evangelho, de fé em fé, como está escrito: "O justo viverá por fé."

A INJUSTIÇA E A IMPUREZA DOS SERES HUMANOS

18 A ira de Deus se revela do céu contra toda impiedade e injustiça dos seres humanos que, por meio da sua injustiça, suprimem a verdade. 19 Pois o que se pode conhecer a respeito de Deus é manifesto entre eles, porque Deus lhes manifestou. 20 Porque os atributos invisíveis de Deus, isto é, o seu eterno poder e a sua divindade, claramente se reconhecem, desde a criação do mundo, sendo percebidos por meio das coisas que Deus fez. Por isso, os seres humanos são indesculpáveis. 21 Porque, tendo conhecimento de Deus, não o glorificaram como Deus, nem lhe deram graças. Pelo contrário, se tornaram nulos em seus próprios raciocínios, e o coração insensato deles se obscureceu. 22 Dizendo que eram sábios, se tornaram tolos 23 e trocaram a glória do Deus incorruptível por imagens semelhantes ao ser humano corruptível, às aves, aos quadrúpedes e aos répteis.

24 Por isso, Deus os entregou à impureza, pelos desejos do coração deles, para desonrarem o seu corpo entre si. 25 Eles trocaram a verdade de Deus pela mentira, adorando e servindo a criatura em lugar do Criador, o qual é bendito para sempre. Amém!

26 Por causa disso, Deus os entregou a paixões vergonhosas. Porque até as mulheres trocaram o modo natural das relações íntimas por outro, contrário à natureza. 27 Da mesma forma, também os homens, deixando o contato natural da mulher, se inflamaram mutuamente em sua sensualidade, cometendo indecência, homens com homens, e recebendo, em si mesmos, a merecida punição do seu erro.

28 E, por haverem desprezado o conhecimento de Deus, o próprio Deus os entregou a

um modo de pensar reprovável, para praticarem coisas que não convêm. 29 Estão cheios de todo tipo de injustiça, perversidade, avareza e maldade. Estão cheios de inveja, homicídio, discórdia, engano e malícia. São difamadores, 30 caluniadores, inimigos de Deus, insolentes, arrogantes, orgulhosos, inventores de males, desobedientes aos pais, 31 insensatos, desleais, sem afeição natural e sem misericórdia. 32 Embora conheçam a sentença de Deus, de que os que praticam tais coisas são passíveis de morte, eles não somente as fazem, mas também aprovam os que as praticam.

O JUSTO JUÍZO DE DEUS

2 1 Por isso, você é indesculpável quando julga os outros, não importando quem você é. Pois, naquilo que julga o outro, você está condenando a si mesmo, porque pratica as mesmas coisas que condena. 2 Bem sabemos que o juízo de Deus é segundo a verdade contra os que praticam tais coisas. 3 E você, que condena os que praticam tais coisas, mas faz o mesmo que eles fazem, pensa que conseguirá se livrar do juízo de Deus? 4 Ou será que você despreza a riqueza da bondade, da tolerância e da paciência de Deus, ignorando que a bondade de Deus é que leva você ao arrependimento? 5 Mas, por ser teimoso e ter um coração impenitente, você acumula contra si mesmo ira para o dia da ira e da revelação do justo juízo de Deus, 6 que retribuirá a cada um segundo as suas obras: 7 a vida eterna aos que, perseverando em fazer o bem, procuram glória, honra e incorruptibilidade; 8 mas ira e indignação para os egoístas, que desobedecem à verdade e obedecem à injustiça. 9 Tribulação e angústia virão sobre todo aquele que faz o mal, ao judeu primeiro e também ao grego; 10 mas haverá glória, honra e paz a todo aquele que pratica o bem, ao judeu primeiro e também ao grego. 11 Porque Deus não trata as pessoas com parcialidade.

12 Assim, todos os que pecaram sem lei também sem lei perecerão; e todos os que pecaram sob a lei serão julgados pela lei. 13 Porque justos diante de Deus não são aqueles que somente ouvem a lei, mas os que praticam a lei é que serão justificados. 14 Quando, pois, os gentios, que não têm a lei, fazem, por natureza, o que a lei ordena, eles se tornam lei para si mesmos, embora não tenham a lei. 15 Estes mostram a obra da lei gravada no seu coração, o que é confirmado pela consciência deles e pelos seus pensamentos conflitantes, que às vezes os acusam e às vezes os defendem, 16 no dia em que Deus, por meio de Cristo Jesus, julgar os segredos das pessoas, de acordo com o meu evangelho.

OS JUDEUS E A LEI

17 Mas, se você diz que é judeu, confia na lei e se gloria em Deus; 18 se você conhece a vontade de Deus e aprova as coisas excelentes, sendo instruído na lei; 19 se você está convencido de que é guia dos cegos, luz dos que se encontram em trevas, 20 instrutor de insensatos, mestre de crianças, tendo na lei a forma da sabedoria e da verdade — 21 você, pois, que ensina os outros, não ensina a si mesmo? Você, que prega que não se deve roubar, rouba? 22 Você, que diz que não se deve cometer adultério, adultera? Você, que detesta ídolos, rouba os templos? 23 Você, que se gloria na lei, desonra a Deus pela transgressão da lei? 24 Pois, como está escrito: "O nome de Deus é blasfemado entre os gentios por causa de vocês."

25 A circuncisão tem valor se você pratica a lei; mas, se você é transgressor da lei, a sua circuncisão já se tornou incircuncisão. 26 Portanto, se a incircuncisão observa os preceitos da lei, não será essa incircuncisão considerada como circuncisão? 27 E, se aquele que é incircunciso por natureza cumpre a lei, certamente ele julgará você, que, embora tenha a letra da lei e a circuncisão, é transgressor da lei. 28 Porque não é judeu quem o é apenas exteriormente, nem é circuncisão a que é somente na carne. 29 Porém judeu é aquele que o é interiormente, e circuncisão é a do coração, pelo Espírito, não segundo a letra, e cujo louvor não procede de seres humanos, mas de Deus.

PAULO RESPONDE A OBJEÇÕES

3 [1] Qual é, então, a vantagem do judeu? Ou
qual a utilidade da circuncisão? [2] Muita,
sob todos os aspectos. Principalmente por-
que aos judeus foram confiados os oráculos
de Deus. [3] E então? Se alguns não creram,
será que a incredulidade deles anulará a
fidelidade de Deus? [4] De modo nenhum!
Seja Deus verdadeiro, e todo ser humano,
mentiroso, como está escrito:

"Para que sejas justificado
nas tuas palavras
e venhas a vencer
quando fores julgado."

[5] Mas, se a nossa injustiça evidencia a
justiça de Deus, que diremos? Seria Deus
injusto por aplicar a sua ira? Falo em termos
humanos. [6] É claro que não. Do contrário,
como Deus julgará o mundo? [7] E, se a minha
mentira faz com que aumente a verdade de
Deus para a sua glória, por que ainda sou
condenado como pecador? [8] E por que não
dizemos, como alguns caluniosamente afir-
mam que o fazemos: "Pratiquemos o que
é mau, para que nos venha o que é bom"?
A condenação destes é justa.

TODOS SOMOS PECADORES

[9] Que se conclui? Temos nós alguma van-
tagem? Não, de forma nenhuma. Pois já
temos demonstrado que todos, tanto judeus
como gregos, estão debaixo do pecado.
[10] Como está escrito:

"Não há justo, nem um sequer,
[11] não há quem entenda,
não há quem busque a Deus.
[12] Todos se desviaram
e juntamente se tornaram
inúteis;
não há quem faça o bem,
não há nem um sequer.
[13] A garganta deles
é sepulcro aberto;
com a língua enganam,
veneno de víbora
está nos seus lábios.
[14] A boca, eles a têm cheia
de maldição e amargura;
[15] os seus pés são velozes
para derramar sangue.
[16] Nos seus caminhos,
há destruição e miséria;
[17] eles não conhecem
o caminho da paz.
[18] Não há temor de Deus
diante de seus olhos."

[19] Ora, sabemos que tudo o que a lei diz é
dito aos que vivem sob a lei, para que toda
boca se cale, e todo o mundo seja culpável
diante de Deus. [20] Porque ninguém será
justificado diante de Deus por obras da lei,
pois pela lei vem o pleno conhecimento
do pecado.

A JUSTIFICAÇÃO PELA FÉ EM JESUS CRISTO

[21] Mas, agora, sem lei, a justiça de Deus
se manifestou, sendo testemunhada pela
Lei e pelos Profetas. [22] É a justiça de Deus
mediante a fé em Jesus Cristo, para todos
e sobre todos os que creem. Porque não
há distinção, [23] pois todos pecaram e care-
cem da glória de Deus, [24] sendo justificados
gratuitamente, por sua graça, mediante a
redenção que há em Cristo Jesus, [25] a quem
Deus apresentou como propiciação, no
seu sangue, mediante a fé. Deus fez isso
para manifestar a sua justiça, por ter ele, na
sua tolerância, deixado impunes os peca-
dos anteriormente cometidos, [26] tendo
em vista a manifestação da sua justiça no
tempo presente, a fim de que o próprio Deus
seja justo e o justificador daquele que tem
fé em Jesus.

[27] Onde fica, então, o orgulho? Foi total-
mente excluído. Por meio de que lei? A lei
das obras? Não! Pelo contrário, por meio
da lei da fé. [28] Concluímos, pois, que o ser
humano é justificado pela fé, indepen-
dentemente das obras da lei. [29] Ou seria
Deus apenas Deus dos judeus? Será que
não é também Deus dos gentios? Sim, tam-
bém dos gentios, [30] visto que Deus é um só,
o qual justificará o circunciso a partir da

fé e o incircunciso por meio da fé. 31 Anulamos, então, a lei por meio da fé? De modo nenhum! Pelo contrário, confirmamos a lei.

ABRAÃO FOI JUSTIFICADO PELA FÉ

4 1 Que diremos, então, a respeito de Abraão, nosso pai segundo a carne? O que foi que ele conseguiu? 2 Porque, se Abraão foi justificado por obras, tem do que se orgulhar, porém não diante de Deus. 3 Pois o que diz a Escritura? Ela diz: "Abraão creu em Deus, e isso lhe foi atribuído para justiça." 4 Ora, para quem trabalha, o salário não é considerado como favor, mas como dívida. 5 Mas, para quem não trabalha, porém crê naquele que justifica o ímpio, a sua fé lhe é atribuída como justiça. 6 E é assim também que Davi declara ser bem-aventurado aquele a quem Deus atribui justiça, independentemente de obras. 7 Davi disse:

"Bem-aventurados aqueles cujas
 transgressões são perdoadas,
e cujos pecados são cobertos;
8 bem-aventurado aquele
 a quem o Senhor
 jamais atribuir pecado."

9 Esta bem-aventurança vem apenas sobre os circuncisos ou será que ela vem também sobre os incircuncisos? Porque dizemos: "A fé foi atribuída a Abraão para justiça." 10 Como, pois, lhe foi atribuída? Estando ele já circuncidado ou sendo ainda incircunciso? Não foi no regime da circuncisão, mas quando ele ainda não havia sido circuncidado. 11 E Abraão recebeu o sinal da circuncisão como selo da justiça da fé que teve quando ainda não havia sido circuncidado. E isto para que ele viesse a ser o pai de todos os que creem, embora não circuncidados, a fim de que a justiça fosse atribuída também a eles. 12 Ele é também pai da circuncisão, isto é, daqueles que não são apenas circuncisos, mas também andam nas pisadas da fé que teve Abraão, nosso pai, antes de ser circuncidado.

PROMESSA E FÉ

13 A promessa de que seria herdeiro do mundo não veio a Abraão ou à sua descendência por meio da lei, e sim por meio da justiça da fé. 14 Pois, se os da lei é que são os herdeiros, anula-se a fé e cancela-se a promessa. 15 Porque a lei suscita a ira; mas onde não há lei, também não há transgressão.

16 Essa é a razão por que provém da fé, para que seja segundo a graça, a fim de que a promessa seja garantida para toda a descendência, não somente à descendência que está no regime da lei, mas também à descendência que tem a fé que Abraão teve — porque Abraão é pai de todos nós, 17 como está escrito: "Eu o constituí por pai de muitas nações" — diante daquele em quem Abraão creu, o Deus que vivifica os mortos e chama à existência as coisas que não existem.

18 Abraão, esperando contra a esperança, creu, para vir a ser pai de muitas nações, segundo lhe havia sido dito: "Assim será a sua descendência." 19 E, sem enfraquecer na fé, levou em conta o seu próprio corpo já amortecido, tendo ele quase cem anos, e a esterilidade do ventre de Sara. 20 Não duvidou, por incredulidade, da promessa de Deus; mas, pela fé, se fortaleceu, dando glória a Deus, 21 estando plenamente convicto de que Deus era poderoso para cumprir o que havia prometido. 22 Assim, também isso lhe foi atribuído para justiça. 23 E as palavras "lhe foi atribuído" foram escritas não somente por causa dele, 24 mas também por nossa causa, visto que a nós igualmente nos será atribuído, a saber, a nós que cremos naquele que ressuscitou dentre os mortos a Jesus, nosso Senhor, 25 o qual foi entregue por causa das nossas transgressões e ressuscitou para a nossa justificação.

JUSTIFICAÇÃO PELA FÉ E PAZ COM DEUS

5 1 Justificados, pois, mediante a fé, temos paz com Deus por meio do nosso Senhor Jesus Cristo, 2 pelo qual obtivemos também acesso, pela fé, a esta graça na qual estamos firmes; e nos gloriamos na esperança

da glória de Deus. 3 E não somente isto,
mas também nos gloriamos nas tribula-
ções, sabendo que a tribulação produz
perseverança, 4 a perseverança produz expe-
riência e a experiência produz esperança.
5 Ora, a esperança não nos deixa decepciona-
dos, porque o amor de Deus é derramado
em nosso coração pelo Espírito Santo, que
nos foi dado.

6 Porque Cristo, quando nós ainda éra-
mos fracos, morreu a seu tempo pelos
ímpios. 7 Dificilmente alguém morreria
por um justo, embora por uma pessoa boa
alguém talvez tenha coragem para morrer.
8 Mas Deus prova o seu próprio amor para
conosco pelo fato de Cristo ter morrido por
nós quando ainda éramos pecadores. 9 Logo,
muito mais agora, sendo justificados pelo
seu sangue, seremos por ele salvos da ira.
10 Porque, se nós, quando inimigos, fomos
reconciliados com Deus mediante a morte
do seu Filho, muito mais, estando já reconci-
liados, seremos salvos pela sua vida! 11 E não
apenas isto, mas também nos gloriamos
em Deus por meio do nosso Senhor Jesus
Cristo, mediante o qual recebemos, agora,
a reconciliação.

ADÃO E CRISTO

12 Portanto, assim como por um só homem
entrou o pecado no mundo, e pelo pecado
veio a morte, assim também a morte pas-
sou a toda a humanidade, porque todos
pecaram. 13 Porque antes de a lei ser dada
havia pecado no mundo, mas o pecado
não é levado em conta quando não há lei.
14 No entanto, a morte reinou desde Adão
até Moisés, mesmo sobre aqueles que
não pecaram à semelhança da transgres-
são de Adão, o qual prefigurava aquele que
havia de vir.

15 Mas o dom gratuito não é como a ofensa.
Porque, se muitos morreram pela ofensa
de um só, muito mais a graça de Deus e
o dom pela graça de um só homem, Jesus
Cristo, foram abundantes sobre muitos!
16 O dom, entretanto, não é como no caso
em que somente um pecou. Porque o jul-
gamento derivou de uma só ofensa, para a
condenação; mas a graça deriva de muitas
ofensas, para a justificação. 17 Se a morte rei-
nou pela ofensa de um e por meio de um
só, muito mais os que recebem a abundân-
cia da graça e o dom da justiça reinarão em
vida por meio de um só, a saber, Jesus Cristo.

18 Portanto, assim como, por uma só
ofensa, veio o juízo sobre todos os seres
humanos para condenação, assim tam-
bém, por um só ato de justiça, veio a graça
sobre todos para a justificação que dá vida.
19 Porque, como, pela desobediência de um
só homem, muitos se tornaram pecadores,
assim também, por meio da obediência de
um só, muitos se tornarão justos.

20 A lei veio para que aumentasse a ofensa.
Mas onde aumentou o pecado, aumentou
muito mais ainda a graça, 21 a fim de que,
como o pecado reinou pela morte, assim
também a graça reinasse pela justiça que
conduz à vida eterna, por meio de Jesus
Cristo, nosso Senhor.

LIVRES DO PECADO PELA GRAÇA

6 1 Que diremos, então? Continuaremos
no pecado, para que a graça aumente
ainda mais? 2 De modo nenhum! Como
viveremos ainda no pecado, nós, que já
morremos para ele? 3 Ou será que vocês
ignoram que todos nós que fomos batiza-
dos em Cristo Jesus fomos batizados na sua
morte? 4 Fomos sepultados com ele na morte
pelo batismo, para que, como Cristo foi res-
suscitado dentre os mortos pela glória do
Pai, assim também nós andemos em novi-
dade de vida.

5 Porque, se fomos unidos com ele na
semelhança da sua morte, certamente o
seremos também na semelhança da sua res-
surreição, 6 sabendo isto: que a nossa velha
natureza foi crucificada com ele, para que o
corpo do pecado seja destruído, e não seja-
mos mais escravos do pecado. 7 Pois quem
morreu está justificado do pecado. 8 Ora, se já
morremos com Cristo, cremos que também
viveremos com ele. 9 Sabemos que, havendo
Cristo ressuscitado dentre os mortos, já não
morre; a morte já não tem domínio sobre ele.
10 Pois, quanto a ter morrido, de uma vez para

sempre morreu para o pecado; mas, quanto a viver, vive para Deus. 11 Assim também vocês considerem-se mortos para o pecado, mas vivos para Deus, em Cristo Jesus.

12 Portanto, não permitam que o pecado reine em seu corpo mortal, fazendo com que vocês obedeçam às suas paixões. 13 Também não ofereçam os membros do corpo ao pecado, como instrumentos de injustiça, mas, como pessoas que passaram da morte para a vida, ofereçam a si mesmos a Deus e ofereçam os seus membros a Deus, como instrumentos de justiça. 14 Porque o pecado não terá domínio sobre vocês, pois vocês não estão debaixo da lei, e sim da graça.

SERVOS DA JUSTIÇA

15 E então? Havemos de pecar porque não estamos debaixo da lei, e sim da graça? De modo nenhum! 16 Será que vocês não sabem que, ao se oferecerem como servos para obediência, vocês são servos daquele a quem obedecem, seja do pecado, que leva à morte, ou da obediência, que conduz à justiça? 17 Mas graças a Deus que, tendo sido escravos do pecado, vocês vieram a obedecer de coração à forma de doutrina a que foram entregues. 18 E, uma vez libertados do pecado, foram feitos servos da justiça. 19 Falo em termos humanos, por causa das limitações de vocês. Assim como ofereceram os seus membros para que fossem escravos da impureza e da maldade que leva à maldade, assim ofereçam agora os seus membros para que sejam servos da justiça para a santificação.

20 Porque, quando vocês eram escravos do pecado, estavam livres em relação à justiça. 21 Naquele tempo, que frutos vocês colheram? Somente as coisas de que agora vocês se envergonham. Porque o fim delas é morte. 22 Agora, porém, libertados do pecado, transformados em servos de Deus, o fruto que vocês colhem é para a santificação. E o fim, neste caso, é a vida eterna. 23 Porque o salário do pecado é a morte, mas o dom gratuito de Deus é a vida eterna em Cristo Jesus, nosso Senhor.

UMA COMPARAÇÃO COM O CASAMENTO

7 1 Ou vocês não sabem, irmãos — pois falo aos que conhecem a lei —, que a lei tem domínio sobre uma pessoa apenas enquanto ela está viva? 2 Por exemplo, a mulher casada está ligada pela lei a seu marido, enquanto ele vive; mas, se o marido morrer, ela ficará livre da lei conjugal. 3 De modo que será considerada adúltera se, enquanto o marido estiver vivo, ela se unir com outro homem. Mas, se o marido morrer, ela estará livre da lei e não será adúltera se casar com outro homem. 4 Assim, meus irmãos, também vocês morreram para a lei, por meio do corpo de Cristo, para que pertençam a outro, a saber, àquele que ressuscitou dentre os mortos, a fim de que frutifiquemos para Deus. 5 Porque, quando vivíamos segundo a carne, as paixões pecaminosas despertadas pela lei operavam em nossos membros, a fim de frutificarem para a morte. 6 Agora, porém, estamos livres da lei, pois morremos para aquilo a que estávamos sujeitos, para que sirvamos da maneira nova, segundo o Espírito, e não da maneira antiga, segundo a letra.

A LEI E O PECADO

7 Que diremos, então? Que a lei é pecado? De modo nenhum! Mas eu não teria conhecido o pecado, a não ser por meio da lei. Porque eu não teria conhecido a cobiça, se a lei não tivesse dito: "Não cobice." 8 Mas o pecado, aproveitando a ocasião dada pelo mandamento, despertou em mim todo tipo de cobiça. Porque, sem lei, o pecado está morto. 9 Houve um tempo em que, sem a lei, eu vivia. Mas, quando veio o mandamento, o pecado reviveu, e eu morri. 10 E verifiquei que o mandamento que me havia sido dado para vida, esse se tornou mandamento para morte. 11 Porque o pecado, aproveitando a ocasião dada pelo mandamento, me enganou e, por meio do mandamento, me matou.

12 Assim, a lei é santa e o mandamento é santo, justo e bom. 13 Então, aquilo que é bom se tornou morte para mim? De modo nenhum! Pelo contrário, o pecado,

> *Deus tem um propósito nas tribulações. Ele sempre encontra um caminho para que as nossas tribulações e fraquezas contribuam para o nosso benefício.*

para mostrar-se como pecado, por meio de uma coisa boa causou-me a morte, a fim de que, pelo mandamento, o pecado mostrasse toda a sua força de pecado.

14 Porque bem sabemos que a lei é espiritual. Eu, porém, sou carnal, vendido à escravidão do pecado. 15 Porque nem mesmo compreendo o meu próprio modo de agir, pois não faço o que prefiro, e sim o que detesto. 16 Ora, se faço o que não quero, concordo com a lei, que é boa. 17 Neste caso, quem faz isso já não sou eu, mas o pecado que habita em mim. 18 Porque eu sei que em mim, isto é, na minha carne, não habita bem nenhum, pois o querer o bem está em mim, mas não o realizá-lo. 19 Porque não faço o bem que eu quero, mas o mal que não quero, esse faço. 20 Mas, se eu faço o que não quero, já não sou eu quem o faz, e sim o pecado que habita em mim.

21 Assim, encontro esta lei: quando quero fazer o bem, o mal reside em mim. 22 Porque, segundo o homem interior, tenho prazer na lei de Deus. 23 Mas vejo nos meus membros outra lei que, guerreando contra a lei da minha mente, me faz prisioneiro da lei do pecado que está nos meus membros. 24 Miserável homem que sou! Quem me livrará do corpo desta morte? 25 Graças a Deus por Jesus Cristo, nosso Senhor! De maneira que eu, de mim mesmo, com a mente, sou escravo da lei de Deus, mas, segundo a carne, sou escravo da lei do pecado.

A VIDA NO ESPÍRITO

8 1 Agora, pois, já não existe nenhuma condenação para os que estão em Cristo Jesus. 2 Porque a lei do Espírito da vida, em Cristo Jesus, livrou você da lei do pecado e da morte. 3 Porque aquilo que a lei não podia fazer, por causa da fraqueza da carne, isso Deus fez, enviando o seu próprio Filho em semelhança de carne pecaminosa e no que diz respeito ao pecado. E assim Deus condenou o pecado na carne, 4 a fim de que a exigência da lei se cumprisse em nós, que não vivemos segundo a carne, mas segundo o Espírito. 5 Os que vivem segundo a carne se inclinam para as coisas da carne, mas os que vivem segundo o Espírito se inclinam para as coisas do Espírito. 6 Pois a inclinação da carne é morte, mas a do Espírito é vida e paz. 7 Porque a inclinação da carne é inimizade contra Deus, pois não está sujeita à lei de Deus, nem mesmo pode estar. 8 Portanto, os que estão na carne não podem agradar a Deus.

9 Vocês, porém, não estão na carne, mas no Espírito, se de fato o Espírito de Deus habita em vocês. E, se alguém não tem o Espírito de Cristo, esse tal não é dele. 10 Se, porém, Cristo está em vocês, o corpo, na verdade, está morto por causa do pecado, mas o Espírito é vida, por causa da justiça. 11 Se em vocês habita o Espírito daquele que ressuscitou Jesus dentre os mortos, esse mesmo que ressuscitou Cristo dentre os mortos vivificará também o corpo mortal de vocês, por meio do seu Espírito, que habita em vocês.

FILHOS E HERDEIROS

12 Assim, pois, irmãos, somos devedores, não à carne, como se estivéssemos obrigados a viver segundo a carne. 13 Porque, se vocês viverem segundo a carne, caminharão para a morte; mas, se, pelo Espírito, mortificarem os feitos do corpo, certamente viverão. 14 Pois todos os que são guiados pelo Espírito de Deus são filhos de Deus. 15 Porque vocês não receberam um espírito de escravidão, para viverem outra vez atemorizados, mas receberam o Espírito de adoção, por meio do qual clamamos: "Aba, Pai." 16 O próprio Espírito confirma ao nosso espírito que somos filhos de Deus. 17 E, se somos filhos, somos também herdeiros; herdeiros de Deus e coerdeiros com Cristo, se com ele sofremos, para que também com ele sejamos glorificados.

OS SOFRIMENTOS DO PRESENTE E A GLÓRIA FUTURA

18 Porque para mim tenho por certo que os sofrimentos do tempo presente não podem ser comparados com a glória a ser revelada em nós. 19 A ardente expectativa da criação aguarda a revelação dos filhos de Deus. 20 Pois a criação está sujeita à vaidade, não por sua própria vontade, mas por causa

daquele que a sujeitou, 21 na esperança de que a própria criação será libertada do cativeiro da corrupção, para a liberdade da glória dos filhos de Deus. 22 Porque sabemos que toda a criação a um só tempo geme e suporta angústias até agora. 23 E não somente ela, mas também nós, que temos as primícias do Espírito, igualmente gememos em nosso íntimo, aguardando a adoção de filhos, a redenção do nosso corpo. 24 Porque na esperança fomos salvos. Ora, esperança que se vê não é esperança. Pois quem espera o que está vendo? 25 Mas, se esperamos o que não vemos, com paciência o aguardamos.

A INTERCESSÃO DO ESPÍRITO

26 Da mesma maneira, também o Espírito nos ajuda em nossa fraqueza. Porque não sabemos orar como convém, mas o próprio Espírito intercede por nós com gemidos inexprimíveis. 27 E aquele que sonda os corações sabe qual é a mente do Espírito, porque intercede pelos santos de acordo com a vontade de Deus.

28 Sabemos que todas as coisas cooperam para o bem daqueles que amam a Deus, daqueles que são chamados segundo o seu propósito. 29 Pois aqueles que Deus de antemão conheceu ele também predestinou para serem conformes à imagem de seu Filho, a fim de que ele seja o primogênito entre muitos irmãos. 30 E aos que predestinou, a esses também chamou; e aos que chamou, a esses também justificou; e aos que justificou, a esses também glorificou.

NADA NOS SEPARA DO AMOR DE DEUS

31 Que diremos, então, à vista destas coisas? Se Deus é por nós, quem será contra nós? 32 Aquele que não poupou o seu próprio Filho, mas por todos nós o entregou, será que não nos dará graciosamente com ele todas as coisas? 33 Quem intentará acusação contra os eleitos de Deus? É Deus quem os justifica. 34 Quem os condenará? É Cristo Jesus quem morreu, ou melhor, quem ressuscitou, o qual está à direita de Deus e também intercede por nós. 35 Quem nos separará do amor de Cristo? Será a tribulação, ou a angústia, ou a perseguição, ou a fome, ou a nudez, ou o perigo ou a espada? 36 Como está escrito:

"Por amor de ti, somos entregues
à morte continuamente;
fomos considerados como
ovelhas para o matadouro."

37 Em todas estas coisas, porém, somos mais que vencedores, por meio daquele que nos amou. 38 Porque eu estou bem certo de que nem a morte, nem a vida, nem os anjos, nem os principados, nem as coisas do presente, nem do porvir, nem os poderes, 39 nem a altura, nem a profundidade, nem qualquer outra criatura poderá nos separar do amor de Deus, que está em Cristo Jesus, nosso Senhor.

DEUS E O SEU POVO

9 1 Digo a verdade em Cristo, não minto, e a minha consciência confirma isso por meio do Espírito Santo: 2 sinto grande tristeza e tenho incessante dor no coração. 3 Porque eu mesmo desejaria ser amaldiçoado, separado de Cristo, por amor de meus irmãos, meus compatriotas segundo a carne. 4 São israelitas. A eles pertence a adoção, assim como a glória, as alianças, a promulgação da Lei, o culto e as promessas. 5 Deles são os patriarcas, e também deles descende o Cristo, segundo a carne, o qual é sobre todos, Deus bendito para sempre. Amém!

6 E não pensemos que a palavra de Deus falhou. Porque nem todos os de Israel são, de fato, israelitas, 7 nem por serem descendentes de Abraão são todos filhos. Pelo contrário: "Por meio de Isaque será chamada a sua descendência." 8 Isto é, não são os filhos da carne que são filhos de Deus, mas os filhos da promessa é que são contados como descendência. 9 Porque a palavra da promessa é esta: "Por esse tempo voltarei, e Sara terá um filho."

10 E isto não aconteceu somente com ela, mas também com Rebeca, ao conceber de um só, de Isaque, nosso pai. 11 E os gêmeos

ainda não eram nascidos, nem tinham
feito o bem ou o mal — para que o propó-
sito de Deus, quanto à eleição, prevalecesse,
não por obras, mas por aquele que chama
—, 12 quando foi dito a Rebeca: "O mais
velho será servo do mais moço." 13 Como
está escrito:

"Amei Jacó,
porém desprezei Esaú."

14 Que diremos, então? Que Deus é injusto?
De modo nenhum! 15 Pois ele diz a Moisés:

"Terei misericórdia de quem
eu tiver misericórdia
e terei compaixão de quem
eu tiver compaixão."

16 Assim, pois, isto não depende de quem
quer ou de quem corre, mas de Deus, que
tem misericórdia. 17 Porque a Escritura diz a
Faraó: "Foi para isto mesmo que eu o levan-
tei, para mostrar em você o meu poder e
para que o meu nome seja anunciado em
toda a terra." 18 Logo, Deus tem misericórdia
de quem quer e também endurece a quem
ele quer.

A SOBERANIA DE DEUS

19 Mas você vai me dizer: "Por que Deus
ainda se queixa? Pois quem pode resis-
tir à sua vontade?" 20 Mas quem é você,
caro amigo, para discutir com Deus? Será
que o objeto pode perguntar a quem o fez:
"Por que você me fez assim?" 21 Será que
o oleiro não tem direito sobre a massa,
para do mesmo barro fazer um vaso para
honra e outro para desonra?
22 Que diremos, se Deus, querendo mostrar
a sua ira e dar a conhecer o seu poder, supor-
tou com muita paciência os vasos de ira,
preparados para a destruição, 23 a fim de que
também desse a conhecer as riquezas da
sua glória nos vasos de misericórdia, que
de antemão preparou para glória? 24 Estes
vasos somos nós, a quem também chamou,
não só dentre os judeus, mas também dentre
os gentios, 25 como também diz em Oseias:

"Chamarei de 'meu povo'
ao que não era meu povo;
e de 'amada' à que não era amada.
26 E no lugar em que lhes foi dito:
'Vocês não são o meu povo',
ali mesmo serão chamados
'filhos do Deus vivo'."

27 Mas Isaías clama a respeito de Israel:

"Ainda que o número
dos filhos de Israel
seja como a areia do mar,
o remanescente é que
será salvo.
28 Porque o Senhor cumprirá
a sua palavra sobre a terra,
de forma plena e em breve."

29 Como Isaías já disse:

"Se o Senhor dos Exércitos
não nos tivesse deixado
descendência,
nós nos teríamos tornado
como Sodoma
e semelhantes a Gomorra."

30 Que diremos, então? Que os gentios,
que não buscavam a justificação, vieram a
alcançá-la, a saber, a justificação que decorre
da fé, 31 e que Israel, que buscava a lei de jus-
tiça, não chegou a atingir essa lei. 32 Por quê?
Porque não a buscou pela fé, mas como que
por obras. Tropeçaram na pedra de tropeço,
33 como está escrito:

"Eis que ponho em Sião
uma pedra de tropeço
e rocha de ofensa,
e aquele que nela crê
não será envergonhado."

10 1 Irmãos, o desejo do meu coração
e a minha súplica a Deus em favor
deles é para que sejam salvos. 2 Porque
dou testemunho a favor deles de que têm
zelo por Deus, porém não com entendi-
mento. 3 Desconhecendo a justiça de Deus

e procurando estabelecer a sua própria jus-
tiça, não se sujeitaram à justiça que vem de
Deus. 4 Porque o fim da lei é Cristo, para jus-
tiça de todo aquele que crê.
5 Ora, Moisés descreve assim a justiça
que procede da lei: "Aquele que observar
os seus preceitos por eles viverá." 6 Mas a
justiça que procede da fé afirma o seguinte:
"Não pergunte em seu coração: Quem subirá
ao céu?", isto é, para trazer Cristo lá do alto;
7 ou: "Quem descerá ao abismo?", isto é, para
levantar Cristo dentre os mortos. 8 Porém, o
que se diz? "A palavra está perto de você,
na sua boca e no seu coração", isto é, a pala-
vra da fé que pregamos. 9 Se com a boca
você confessar Jesus como Senhor e em
seu coração crer que Deus o ressuscitou
dentre os mortos, você será salvo. 10 Porque
com o coração se crê para a justiça e com
a boca se confessa para a salvação. 11 Pois
a Escritura diz: "Todo aquele que nele crê
não será envergonhado." 12 Porque não há
distinção entre judeu e grego, uma vez que
o mesmo é o Senhor de todos, rico para com
todos os que o invocam. 13 Porque: "Todo
aquele que invocar o nome do Senhor
será salvo."

14 Como, porém, invocarão aquele em
quem não creram? E como crerão naquele
de quem nada ouviram? E como ouvirão, se
não há quem pregue? 15 E como pregarão,
se não forem enviados? Como está escrito:
"Quão formosos são os pés dos que anun-
ciam coisas boas!"

16 Mas nem todos obedeceram ao evan-
gelho. Pois Isaías diz: "Senhor, quem creu
em nossa pregação?" 17 E, assim, a fé vem
pelo ouvir, e o ouvir, pela palavra de Cristo.
18 Mas pergunto: Será que eles não ouvi-
ram? É claro que sim!

"A voz deles se espalhou
por toda a terra,
e as palavras deles alcançaram
os confins do mundo."

19 Pergunto mais: será que isso não
chegou ao conhecimento de Israel? Moisés
já dizia:

"Eu farei com que vocês
fiquem com ciúmes
de um povo que não é nação;
por meio de gente insensata
eu os provocarei à ira."

20 E Isaías é tão ousado que diz:

"Fui achado pelos
que não me procuravam,
revelei-me aos que
não perguntavam por mim."

21 Quanto a Israel, porém, diz:

"Todo o dia estendi as mãos
a um povo desobediente
e rebelde."

O FUTURO DE ISRAEL

11 1 Então eu pergunto: será que Deus
rejeitou o seu povo? De modo
nenhum! Porque eu também sou israelita,
da descendência de Abraão, da tribo de
Benjamim. 2 Deus não rejeitou o seu povo,
a quem de antemão conheceu. Ou vocês não
sabem o que a Escritura diz a respeito de
Elias, como pediu com insistência diante
de Deus contra Israel, dizendo: 3 "Senhor,
mataram os teus profetas, derrubaram
os teus altares. Sou o único que sobrou, e
procuram tirar-me a vida." 4 Mas qual foi a
resposta divina? Foi esta: "Reservei para mim
sete mil homens que não dobraram os joe-
lhos diante de Baal." 5 Assim também nos
dias de hoje sobrevive um remanescente
segundo a eleição da graça. 6 E, se é pela
graça, já não é pelas obras; do contrário, a
graça já não é graça.

7 Que diremos, então? O que Israel buscava,
isso não alcançou; mas a eleição conseguiu
isso. Os demais foram endurecidos, 8 como
está escrito:

"Deus lhes deu um espírito
de profundo sono,
olhos para não ver
e ouvidos para não ouvir,
até o dia de hoje."

9 E Davi disse:

"Que a mesa deles se transforme
em laço e armadilha,
em tropeço e punição;
10 que os olhos deles se escureçam,
para que não vejam,
e fiquem para sempre encurvadas
as suas costas."

11 Então eu pergunto: será que eles tropeçaram para que caíssem? De modo nenhum! Mas, pela transgressão deles, a salvação chegou aos gentios, para fazer com que os judeus ficassem com ciúmes. 12 Ora, se a transgressão deles resultou em riqueza para o mundo, e a diminuição deles resultou em riqueza para os gentios, quanto mais a plenitude deles!

13 Dirijo-me a vocês que são gentios. Visto que eu sou apóstolo dos gentios, glorifico o meu ministério, 14 para ver se de algum modo posso fazer com que os do meu povo fiquem com ciúmes e alguns deles se salvem. 15 Porque, se o fato de eles terem sido rejeitados trouxe reconciliação ao mundo, que será o seu restabelecimento, senão vida dentre os mortos? 16 E, se forem santas as primícias da massa, igualmente será santa a sua totalidade; se for santa a raiz, também os ramos o serão.

17 Se, porém, alguns dos ramos foram quebrados, e você, sendo oliveira brava, foi enxertado no meio deles e se tornou participante da raiz e da seiva da oliveira, 18 não se glorie contra os ramos. Mas, se você se gloriar, lembre que não é você que sustenta a raiz, mas é a raiz que sustenta você.

19 Então você dirá: "Alguns ramos foram quebrados, para que eu fosse enxertado." 20 Correto! Eles foram quebrados por causa da incredulidade, mas você continua firme mediante a fé. Não fique orgulhoso, mas tema. 21 Porque, se Deus não poupou os ramos naturais, também não poupará você.

22 Considere, pois, a bondade e a severidade de Deus: para com os que caíram, severidade; mas, para com você, a bondade de Deus, desde que você permaneça nessa bondade. Do contrário, também você será cortado. 23 Eles também, se não permanecerem na incredulidade, serão enxertados; pois Deus é poderoso para os enxertar de novo. 24 Pois, se você foi cortado daquela que, por natureza, era uma oliveira brava e, contra a natureza, foi enxertado numa oliveira boa, quanto mais esses, que são ramos naturais, serão enxertados na sua própria oliveira!

A BONDADE DE DEUS PARA COM TODOS

25 Porque não quero, irmãos, que vocês ignorem este mistério, para que não fiquem pensando que são sábios: veio um endurecimento em parte a Israel, até que tenha entrado a plenitude dos gentios. 26 E, assim, todo o Israel será salvo, como está escrito:

"O Libertador virá de Sião
e afastará de Jacó as impiedades.
27 Esta é a minha aliança com eles,
quando eu tirar os seus pecados."

28 Quanto ao evangelho, eles são inimigos por causa de vocês; mas quanto à eleição, amados por causa dos patriarcas; 29 porque os dons e a vocação de Deus são irrevogáveis. 30 Porque assim como no passado vocês foram desobedientes a Deus, mas agora alcançaram misericórdia à vista da desobediência deles, 31 assim também estes agora foram desobedientes, para que também eles alcancem misericórdia, à vista da que foi concedida a vocês. 32 Porque Deus encerrou todos na desobediência, a fim de mostrar a sua misericórdia a todos.

LOUVOR A DEUS

33 Ó profundidade da riqueza,
tanto da sabedoria como
do conhecimento de Deus!
Quão inexplicáveis são os seus juízos,
e quão insondáveis são
os seus caminhos!

34 "Pois quem conheceu
a mente do Senhor?
Ou quem foi o seu conselheiro?

35 Ou quem primeiro deu
alguma coisa a Deus
para que isso lhe seja restituído?"

36 Porque dele, e por meio dele, e para ele
são todas as coisas. A ele seja a glória para
sempre. Amém!

A NOVA VIDA

12 1 Portanto, irmãos, pelas misericór-
dias de Deus, peço que ofereçam o
seu corpo como sacrifício vivo, santo e agra-
dável a Deus. Este é o culto racional de vocês.
2 E não vivam conforme os padrões deste
mundo, mas deixem que Deus os transforme
pela renovação da mente, para que possam
experimentar qual é a boa, agradável e per-
feita vontade de Deus.

O DEVIDO USO DE DONS ESPIRITUAIS

3 Porque, pela graça que me foi dada, digo
a cada um de vocês que não pense de si
mesmo além do que convém. Pelo con-
trário, pense com moderação, segundo a
medida da fé que Deus repartiu a cada um.
4 Porque assim como num só corpo temos
muitos membros, mas nem todos os mem-
bros têm a mesma função, 5 assim também
nós, embora sejamos muitos, somos um só
corpo em Cristo e membros uns dos outros.
6 Temos, porém, diferentes dons segundo a
graça que nos foi dada: se é profecia, seja
segundo a proporção da fé; 7 se é ministério,
dediquemo-nos ao ministério; o que ensina
dedique-se ao ensino; 8 o que exorta faça-o
com dedicação; o que contribui, com genero-
sidade; o que preside, com zelo; quem exerce
misericórdia, com alegria.

AS VIRTUDES RECOMENDADAS

9 O amor seja sem hipocrisia. Odeiem o
mal e apeguem-se ao bem. 10 Amem uns
aos outros com amor fraternal. Quanto à
honra, deem sempre preferência aos outros.
11 Quanto ao zelo, não sejam preguiçosos.
Sejam fervorosos de espírito, servindo
o Senhor. 12 Alegrem-se na esperança,
sejam pacientes na tribulação e perseverem
na oração. 13 Ajudem a suprir as necessida-
des dos santos. Pratiquem a hospitalidade.
14 Abençoem aqueles que perseguem
vocês; abençoem e não amaldiçoem.
15 Alegrem-se com os que se alegram e cho-
rem com os que choram. 16 Tenham o mesmo
modo de pensar de uns para com os outros.
Em vez de serem orgulhosos, sejam solidá-
rios com os humildes. Não sejam sábios aos
seus próprios olhos.
17 Não paguem a ninguém mal por mal;
procurem fazer o bem diante de todos.
18 Se possível, no que depender de vocês,
vivam em paz com todas as pessoas. 19 Meus
amados, não façam justiça com as pró-
prias mãos, mas deem lugar à ira de Deus,
pois está escrito:

"A mim pertence a vingança;
eu é que retribuirei,
diz o Senhor."

20 Façam o contrário:

"Se o seu inimigo tiver fome,
dê-lhe de comer;
se tiver sede,
dê-lhe de beber;
porque, fazendo isto,
você amontoará brasas vivas
sobre a cabeça dele."

21 Não se deixe vencer pelo mal, mas vença
o mal com o bem.

A OBEDIÊNCIA ÀS AUTORIDADES

13 1 Que todos estejam sujeitos às auto-
ridades superiores. Porque não há
autoridade que não proceda de Deus, e
as autoridades que existem foram por ele
instituídas. 2 Assim, aquele que se opõe à
autoridade resiste à ordenação de Deus, e os
que resistem trarão sobre si mesmos conde-
nação. 3 Porque os magistrados não são para
temor, quando se faz o bem, e sim quando se
faz o mal. Você quer viver sem medo da auto-
ridade? Faça o bem e você terá louvor dela,
4 pois a autoridade é ministro de Deus para o
seu bem. Mas, se você fizer o mal, então tenha

medo, porque não é sem motivo que a autoridade traz a espada; pois é ministro de Deus, vingador, para castigar quem pratica o mal. 5 Portanto, é necessário que vocês se sujeitem à autoridade, não somente por causa do temor da punição, mas também por dever de consciência.

6 É por isso também que vocês pagam impostos, porque as autoridades são ministros de Deus, atendendo constantemente a este serviço. 7 Paguem a todos o que lhes é devido: a quem tributo, tributo; a quem imposto, imposto; a quem respeito, respeito; a quem honra, honra.

O AMOR AO PRÓXIMO É O CUMPRIMENTO DA LEI

8 Não fiquem devendo nada a ninguém, exceto o amor de uns para com os outros. Pois quem ama o próximo cumpre a lei. 9 Pois estes mandamentos: "Não cometa adultério", "não mate", "não furte", "não cobice", e qualquer outro mandamento que houver, todos se resumem nesta palavra: "Ame o seu próximo como você ama a si mesmo." 10 O amor não pratica o mal contra o próximo. Portanto, o cumprimento da lei é o amor.

O DIA ESTÁ PRÓXIMO

11 E digo isto a vocês que conhecem o tempo: já é hora de despertarem do sono, porque a nossa salvação está agora mais perto do que quando no princípio cremos. 12 Vai alta a noite, e o dia vem chegando. Deixemos, pois, as obras das trevas e revistamo-nos das armas da luz. 13 Vivamos dignamente, como em pleno dia, não em orgias e bebedeiras, não em imoralidades e libertinagem, não em discórdias e ciúmes. 14 Mas revistam-se do Senhor Jesus Cristo e não façam nada que venha a satisfazer os desejos da carne.

TOLERÂNCIA COM OS FRACOS NA FÉ

14 1 Acolham quem é fraco na fé, não, porém, para discutir opiniões. 2 Um crê que pode comer de tudo, mas quem é fraco na fé come legumes. 3 Quem come de tudo não deve desprezar o que não come; e o que não come não deve julgar o que come de tudo, porque Deus o acolheu. 4 Quem é você para julgar o servo alheio? Para o seu próprio dono é que ele está em pé ou cai; mas ficará em pé, porque o Senhor é poderoso para o manter em pé.

5 Alguns pensam que certos dias são mais importantes do que os demais, mas outros pensam que todos os dias são iguais. Cada um tenha opinião bem-definida em sua própria mente. 6 Quem pensa que certos dias são mais importantes faz isso para o Senhor. Quem come de tudo faz isso para o Senhor, porque dá graças a Deus. E quem não come de tudo é para o Senhor que não come e dá graças a Deus. 7 Porque nenhum de nós vive para si mesmo, nem morre para si. 8 Porque, se vivemos, é para o Senhor que vivemos; se morremos, é para o Senhor que morremos. Quer, pois, vivamos ou morramos, somos do Senhor.

9 Foi precisamente para esse fim que Cristo morreu e tornou a viver: para ser Senhor tanto de mortos como de vivos. 10 Você, porém, por que julga o seu irmão? E você, por que despreza o seu irmão? Pois todos temos de comparecer diante do tribunal de Deus. 11 Como está escrito:

"Por minha vida, diz o Senhor,
diante de mim
se dobrará todo joelho,
e toda língua
dará louvores a Deus."

12 Assim, pois, cada um de nós prestará contas de si mesmo diante de Deus.

A LIBERDADE E O AMOR

13 Portanto, deixemos de julgar uns aos outros. Pelo contrário, tomem a decisão de não pôr tropeço ou escândalo diante do irmão. 14 Eu sei e estou persuadido, no Senhor Jesus, de que nada é impuro em si mesmo, a não ser para aquele que pensa que alguma coisa é impura; para esse é impura. 15 Se o seu irmão fica triste por causa do

que você come, você já não anda segundo o amor. Não faça perecer, por causa daquilo que você come, aquele por quem Cristo morreu. 16 Não seja, pois, difamado aquilo que vocês consideram bom. 17 Porque o Reino de Deus não é comida nem bebida, mas justiça, paz e alegria no Espírito Santo. 18 Aquele que deste modo serve a Cristo é agradável a Deus e aprovado pelas pessoas.

19 Assim, pois, sigamos as coisas que contribuem para a paz e também as que são para a edificação mútua. 20 Não destrua a obra de Deus por causa da comida. Todas as coisas, na verdade, são puras, mas não é bom quando alguém come algo que causa escândalo. 21 É bom não comer carne, nem beber vinho, nem fazer qualquer outra coisa que leve um irmão a tropeçar. 22 A fé que você tem, guarde-a para você mesmo diante de Deus. Bem-aventurado é aquele que não se condena naquilo que aprova. 23 Mas aquele que tem dúvidas é condenado se comer, pois o que ele faz não provém de fé; e tudo o que não provém de fé é pecado.

AGRADAR AO PRÓXIMO E NÃO A SI MESMO

15 1 Ora, nós que somos fortes na fé temos de suportar as debilidades dos fracos e não agradar a nós mesmos. 2 Portanto, cada um de nós agrade ao próximo no que é bom para edificação. 3 Porque também Cristo não agradou a si mesmo; pelo contrário, como está escrito: "Os insultos dos que te insultavam caíram sobre mim." 4 Pois tudo o que no passado foi escrito, para o nosso ensino foi escrito, a fim de que, pela paciência e pela consolação das Escrituras, tenhamos esperança. 5 Ora, o Deus da paciência e da consolação lhes conceda o mesmo modo de pensar de uns para com os outros, segundo Cristo Jesus, 6 para que vocês, unânimes e a uma só voz, glorifiquem o Deus e Pai de nosso Senhor Jesus Cristo.

7 Portanto, acolham uns aos outros, como também Cristo acolheu vocês para a glória de Deus. 8 Pois digo que Cristo foi constituído ministro da circuncisão, em prol da verdade de Deus, para confirmar as promessas feitas aos nossos pais 9 e para que os gentios glorifiquem a Deus por causa da sua misericórdia, como está escrito:

"Por isso, eu te glorificarei
entre os gentios
e cantarei louvores
ao teu nome."

10 E também diz:

"Alegrem-se, ó gentios,
com o povo de Deus."

11 E ainda:

"Louvem o Senhor,
todos vocês, gentios,
e todos os povos o louvem."

12 Também Isaías diz:

"Virá a raiz de Jessé,
aquele que se levanta
para governar os gentios;
nele os gentios esperarão."

13 E o Deus da esperança encha vocês de toda alegria e paz na fé que vocês têm, para que sejam ricos de esperança no poder do Espírito Santo.

A EXPLICAÇÃO DE PAULO

14 E eu mesmo, meus irmãos, estou certo de que vocês estão cheios de bondade, têm todo o conhecimento e são aptos para admoestar uns aos outros. 15 Entretanto, eu lhes escrevi, em parte mais ousadamente, como para fazer com que vocês se lembrem disso outra vez, por causa da graça que me foi dada por Deus, 16 para que eu seja ministro de Cristo Jesus entre os gentios, no sagrado encargo de anunciar o evangelho de Deus, de modo que a oferta deles seja aceitável, uma vez santificada pelo Espírito Santo. 17 Tenho, pois, motivo de gloriar-me em Cristo Jesus nas coisas concernentes a Deus. 18 Porque não ousarei falar sobre coisa alguma, a não ser sobre aquelas que Cristo

fez por meio de mim, para conduzir os gentios à obediência, por palavra e por obras, 19 por força de sinais e prodígios, pelo poder do Espírito de Deus. Assim, desde Jerusalém e arredores até o Ilírico, tenho divulgado o evangelho de Cristo, 20 esforçando-me, deste modo, por pregar o evangelho, não onde Cristo já foi anunciado, para não edificar sobre alicerce alheio. 21 Pelo contrário, como está escrito:

"Aqueles que não tiveram
  notícia dele o verão,
e os que nada tinham ouvido
  a respeito dele o entenderão."

OS PLANOS DE PAULO

22 Essa foi a razão por que também, muitas vezes, fui impedido de visitá-los. 23 Mas, agora, não tendo mais campo de atividade nestas regiões e desejando há muitos anos visitá-los, 24 penso em fazê-lo quando em viagem para a Espanha. Pois espero que, de passagem, eu possa vê-los e que vocês me encaminhem para lá, depois de haver primeiro desfrutado um pouco a companhia de vocês. 25 Mas agora estou de partida para Jerusalém, a serviço dos santos. 26 Porque a Macedônia e a Acaia resolveram levantar uma coleta em benefício dos pobres dentre os santos que vivem em Jerusalém. 27 Isto lhes pareceu bem, e de fato lhes são devedores. Porque, se os gentios têm sido participantes dos valores espirituais dos judeus, devem também servi-los com bens materiais. 28 Tendo, pois, concluído isto e havendo-lhes consignado este fruto, irei à Espanha, passando por aí. 29 E bem sei que, ao visitá-los, irei na plenitude da bênção de Cristo.

PAULO PEDE AS ORAÇÕES

30 Irmãos, por nosso Senhor Jesus Cristo e também pelo amor do Espírito, peço que lutem juntamente comigo nas orações a Deus a meu favor, 31 para que eu me veja livre dos rebeldes que vivem na Judeia, e que este meu serviço em Jerusalém seja bem-aceito pelos santos. 32 Isto para que, pela vontade de Deus, eu chegue à presença de vocês com alegria e possa ter algum descanso na companhia de vocês. 33 E o Deus da paz esteja com todos vocês. Amém!

PAULO RECOMENDA FEBE

16 1 Recomendo-lhes a nossa irmã Febe, que está servindo na igreja de Cencreia, 2 para que vocês a recebam no Senhor como convém aos santos e a ajudem em tudo o que de vocês vier a precisar; porque ela tem sido protetora de muitos, inclusive de mim.

SAUDAÇÕES PESSOAIS

3 Saúdem Priscila e Áquila, meus cooperadores em Cristo Jesus, 4 os quais pela minha vida arriscaram a sua própria cabeça; e isto lhes agradeço, não somente eu, mas também todas as igrejas dos gentios. 5 Saúdem igualmente a igreja que se reúne na casa deles. Saúdem meu querido Epêneto, primeiro fruto da fé em Cristo na província da Ásia. 6 Saúdem Maria, que muito trabalhou por vocês. 7 Saúdem Andrônico e Júnias, meus parentes e companheiros de prisão, os quais são bem conhecidos entre os apóstolos e estavam em Cristo antes de mim.

8 Saúdem Amplíato, meu querido amigo no Senhor. 9 Saúdem Urbano, que é nosso cooperador em Cristo, e também meu amado Estáquis. 10 Saúdem Apeles, aprovado em Cristo. Saúdem os da casa de Aristóbulo. 11 Saúdem meu parente Herodião. Saúdem os da casa de Narciso, que estão no Senhor. 12 Saúdem Trifena e Trifosa, as quais trabalham no Senhor. Saúdem a querida Pérside, que também muito trabalhou no Senhor. 13 Saúdem Rufo, eleito no Senhor, e igualmente a mãe dele, que também tem sido mãe para mim. 14 Saúdem Asíncrito, Flegonte, Hermes, Pátrobas, Hermas e os irmãos que se reúnem com eles. 15 Saúdem Filólogo, Júlia, Nereu e sua irmã, e também Olimpas e todos os santos que se reúnem com eles. 16 Saúdem uns aos outros com um beijo santo. Todas as igrejas de Cristo mandam saudações.

CONSELHOS FINAIS

17 Irmãos, peço que notem bem aqueles que provocam divisões e escândalos, em desacordo com a doutrina que vocês aprenderam. Afastem-se deles, 18 porque esses tais não servem a Cristo, nosso Senhor, e sim a seu próprio ventre. Com suaves palavras e lisonjas, enganam o coração das pessoas simples. 19 Pois a obediência de vocês é conhecida por todos; por isso, me alegro por causa de vocês. Quero que sejam sábios no que diz respeito ao bem e simples no que diz respeito ao mal. 20 E o Deus da paz, em breve, esmagará Satanás debaixo dos pés de vocês. A graça de nosso Senhor Jesus esteja com vocês.

21 Timóteo, meu cooperador, manda saudações, assim como Lúcio, Jasom e Sosípatro, meus parentes.

22 Eu, Tércio, que escrevi esta carta, mando saudações no Senhor.

23 Gaio, meu hospedeiro e de toda a igreja, manda saudações. Também mandam saudações Erasto, tesoureiro da cidade, e o irmão Quarto. 24 [A graça de nosso Senhor Jesus Cristo esteja com todos vocês. Amém!]

DOXOLOGIA

25 Ora, ao Deus que é poderoso para confirmar vocês segundo o meu evangelho e a pregação de Jesus Cristo, conforme a revelação do mistério guardado em silêncio desde os tempos eternos, 26 e que, agora, tornou-se manifesto e foi dado a conhecer por meio das Escrituras proféticas, segundo o mandamento do Deus eterno, para a obediência da fé, entre todas as nações, 27 a este Deus único e sábio seja dada glória, por meio de Jesus Cristo, para sempre. Amém!

Somos revestidas de autoridade para cumprir a função específica que o Senhor reserva para a nossa vida.

Cartas de Paulo

1Coríntios

Livro 46 com **16** CAPÍTULOS

ÉPOCA DA ESCRITA

Acredita-se que 1Coríntios foi escrito por volta de 54-55 d.C., durante a terceira viagem missionária de Paulo, enquanto ele estava em Éfeso (1Co 16.8).

AUTORIA

O apóstolo Paulo (1Co 1.1).

OBJETIVO DO LIVRO

Lidar com problemas na igreja de Corinto, incluindo divisões, imoralidade, questões relativas a casamento e dons espirituais, e para responder às perguntas dos coríntios sobre vários assuntos (1Co 1.10; 5.1; 7.1).

Corinto era uma metrópole próspera e cosmopolita da Grécia, conhecida por sua riqueza e pela imoralidade, o que apresentava grandes desafios para a jovem comunidade cristã dali.

ESTRUTURA DO LIVRO

- ★ Introdução e agradecimento 1Co 1.1-9
- ★ Problemas de divisão e sabedoria 1Co 1.10—4
- ★ Questões de moralidade e disciplina 1Co 5—6
- ★ Questões sobre casamento e liberdade cristã 1Co 7—10
- ★ Instruções sobre adoração e dons espirituais 1Co 11—14
- ★ A ressurreição dos mortos 1Co 15
- ★ Instruções finais e saudações 1Co 16

TEOLOGIA DO LIVRO

A teologia de 1Coríntios enfatiza a centralidade da cruz de Cristo como a base da sabedoria e do poder de Deus (1Co 1.18-25).

Paulo destaca a santidade e a unidade do corpo de Cristo, exortando os crentes a viverem em pureza e amor (1Co 6.19-20; 12.12-27). A importância do amor, especialmente em 1Coríntios 13, é fundamental, sendo descrito como "um caminho ainda mais excelente" (1Co 12.31).

1CORÍNTIOS E CRISTO

UMA IGREJA DIVIDIDA E A SABEDORIA DA CRUZ

Paulo apresenta Cristo como a sabedoria e o poder de Deus que desafia a sabedoria do mundo (1Co 1.24). Jesus é o fundamento da Igreja (1Co 3.11) e o exemplo supremo de humildade e serviço (1Co 11.1). A ressurreição de Cristo é central para a esperança cristã, assegurando a ressurreição dos crentes (1Co 15.20-22).

PREFÁCIO E SAUDAÇÃO

1 1 Paulo, chamado pela vontade de Deus para ser apóstolo de Cristo Jesus, e o irmão Sóstenes, 2 à igreja de Deus que está em Corinto, aos santificados em Cristo Jesus, chamados para ser santos, com todos os que em todos os lugares invocam o nome de nosso Senhor Jesus Cristo, Senhor deles e nosso.

3 Que a graça e a paz de Deus, nosso Pai, e do Senhor Jesus Cristo estejam com vocês.

AÇÃO DE GRAÇAS

4 Sempre dou graças ao meu Deus por vocês, por causa da graça de Deus que foi dada a vocês em Cristo Jesus. 5 Porque em tudo vocês foram enriquecidos nele, em toda a palavra e em todo o conhecimento, 6 assim como o testemunho de Cristo tem sido confirmado em vocês, 7 de maneira que não lhes falta nenhum dom, enquanto aguardam a revelação de nosso Senhor Jesus Cristo. 8 Ele também os confirmará até o fim, para que vocês sejam irrepreensíveis no Dia de nosso Senhor Jesus Cristo. 9 Fiel é Deus, pelo qual vocês foram chamados à comunhão de seu Filho Jesus Cristo, nosso Senhor.

EXORTAÇÃO À UNIDADE

10 Irmãos, pelo nome de nosso Senhor Jesus Cristo, peço-lhes que todos estejam de acordo naquilo que falam e que não haja divisões entre vocês; pelo contrário, que vocês sejam unidos no mesmo modo de pensar e num mesmo propósito. 11 Pois, meus irmãos, fui informado a respeito de vocês por alguns membros da casa de Cloe de que há brigas entre vocês. 12 Refiro-me ao fato de cada um de vocês dizer: "Eu sou de Paulo", "Eu sou de Apolo", "Eu sou de Cefas", "Eu sou de Cristo". 13 Será que Cristo está dividido? Será que Paulo foi crucificado por vocês ou será que vocês foram batizados em nome de Paulo?

14 Dou graças a Deus por não ter batizado nenhum de vocês, exceto Crispo e Gaio, 15 para que ninguém diga que vocês foram batizados em meu nome. 16 Batizei também a casa de Estéfanas. Além destes, não me lembro se batizei algum outro. 17 Afinal, Cristo não me enviou para batizar, mas para pregar o evangelho, não com sabedoria de palavra, para que não se anule a cruz de Cristo.

A MENSAGEM DA CRUZ

18 Certamente a palavra da cruz é loucura para os que se perdem, mas para nós, que somos salvos, ela é poder de Deus. 19 Pois está escrito:

"Destruirei a sabedoria
dos sábios
e aniquilarei a inteligência
dos inteligentes."

20 Onde está o sábio? Onde está o escriba? Onde está o questionador deste mundo? Não é fato que Deus tornou louca a sabedoria deste mundo? 21 Visto que, na sabedoria de Deus, o mundo não o conheceu por sua própria sabedoria, Deus achou por bem salvar os que creem por meio da loucura da pregação. 22 Porque os judeus pedem sinais e os gregos buscam sabedoria, 23 mas nós pregamos o Cristo crucificado, escândalo para os judeus, loucura para os gentios. 24 Mas, para os que foram chamados, tanto judeus como gregos, Cristo é o poder de Deus e a sabedoria de Deus. 25 Porque a loucura de Deus é mais sábia do que a sabedoria humana, e a fraqueza de Deus é mais forte do que a força humana.

A VOCAÇÃO DOS SANTOS

26 Irmãos, considerem a vocação de vocês. Não foram chamados muitos sábios segundo a carne, nem muitos poderosos, nem muitos de nobre nascimento. 27 Pelo contrário, Deus escolheu as coisas loucas do mundo para envergonhar os sábios e escolheu as coisas fracas do mundo para envergonhar as fortes. 28 E Deus escolheu as coisas humildes do mundo, e as desprezadas, e aquelas que não são, para reduzir a nada as que são, 29 a fim de que ninguém se glorie na presença de Deus.

30 Mas vocês são dele, em Cristo Jesus, o qual se tornou para nós, da parte de Deus,

sabedoria, justiça, santificação e redenção,
31 para que, como está escrito, "aquele que
se gloria, glorie-se no Senhor".

A MENSAGEM A RESPEITO DO CRISTO CRUCIFICADO

2 1 Irmãos, quando estive com vocês,
anunciando-lhes o mistério de Deus,
não o fiz com ostentação de linguagem ou de
sabedoria. 2 Porque decidi nada saber entre
vocês, a não ser Jesus Cristo, e este, cruci-
ficado. 3 E foi em fraqueza, temor e grande
tremor que eu estive entre vocês. 4 A minha
palavra e a minha pregação não consisti-
ram em linguagem persuasiva de sabedoria,
mas em demonstração do Espírito e de
poder, 5 para que a fé que vocês têm não se
apoiasse em sabedoria humana, mas no
poder de Deus.

A SABEDORIA DE DEUS

6 No entanto, transmitimos sabedoria entre
os que são maduros. Não, porém, a sabe-
doria deste mundo, nem a dos poderosos
desta época, que são reduzidos a nada.
7 Pelo contrário, transmitimos a sabedoria
de Deus em mistério, a sabedoria que estava
oculta e que Deus predeterminou desde a
eternidade para a nossa glória. 8 Nenhum
dos poderosos deste mundo conheceu essa
sabedoria. Porque, se a tivessem conhecido,
jamais teriam crucificado o Senhor da glória.
9 Mas, como está escrito:

"Nem olhos viram,
  nem ouvidos ouviram,
nem jamais penetrou
  em coração humano
o que Deus tem preparado
  para aqueles que o amam."

10 Deus, porém, revelou isso a nós por
meio do Espírito. Porque o Espírito sonda
todas as coisas, até mesmo as profundezas
de Deus. 11 Pois quem conhece as coisas do
ser humano, a não ser o próprio espírito
humano, que nele está? Assim, ninguém
conhece as coisas de Deus, a não ser o Espí-
rito de Deus. 12 E nós não temos recebido o
espírito do mundo, e sim o Espírito que vem
de Deus, para que conheçamos o que por
Deus nos foi dado gratuitamente.

13 Disto também falamos, não em pala-
vras ensinadas pela sabedoria humana,
mas ensinadas pelo Espírito, conferindo
coisas espirituais com espirituais. 14 Ora,
a pessoa natural não aceita as coisas do
Espírito de Deus, porque lhe são loucura.
E ela não pode entendê-las, porque elas
se discernem espiritualmente. 15 Porém a
pessoa espiritual julga todas as coisas, mas
ela não é julgada por ninguém. 16 Pois quem
conheceu a mente do Senhor, para que o
possa instruir? Nós, porém, temos a mente
de Cristo.

COOPERADORES DE DEUS

3 1 Eu, porém, irmãos, não pude falar a
vocês como a pessoas espirituais, e sim
como a pessoas carnais, como a crianças em
Cristo. 2 Eu lhes dei leite para beber; não
pude alimentá-los com comida sólida, por-
que vocês ainda não podiam suportar. Nem
ainda agora podem, porque vocês ainda são
carnais. 3 Porque, se há ciúmes e brigas entre
vocês, será que isso não mostra que são car-
nais e andam segundo os padrões humanos?
4 Quando alguém diz: "Eu sou de Paulo", e
outro diz: "Eu sou de Apolo", não é evidente
que vocês andam segundo padrões huma-
nos? 5 Quem é Apolo? E quem é Paulo? São
servos por meio de quem vocês creram, e
isto conforme o Senhor concedeu a cada
um. 6 Eu plantei, Apolo regou, mas o cresci-
mento veio de Deus. 7 De modo que nem o
que planta é alguma coisa, nem o que rega,
mas Deus, que dá o crescimento. 8 Ora, o que
planta e o que rega são um, e cada um rece-
berá a sua recompensa de acordo com o seu
próprio trabalho. 9 Porque nós somos coo-
peradores de Deus, e vocês são lavoura de
Deus e edifício de Deus.

10 Segundo a graça de Deus que me foi
dada, lancei o fundamento como sábio
construtor, e outro edifica sobre ele. Porém
cada um veja como edifica. 11 Porque nin-
guém pode lançar outro fundamento,
além do que foi posto, o qual é Jesus Cristo.

12 E, se o que alguém edifica sobre o fundamento é ouro, prata, pedras preciosas, madeira, feno ou palha, 13 a obra de cada um se tornará manifesta, pois o Dia a demonstrará. Porque será revelada pelo fogo, e o fogo provará qual é a obra de cada um. 14 Se aquilo que alguém edificou sobre o fundamento permanecer, esse receberá recompensa. 15 Se a obra de alguém se queimar, esse sofrerá uma perda. Porém ele mesmo será salvo, mas como que através do fogo.

16 Vocês não sabem que são santuário de Deus e que o Espírito de Deus habita em vocês? 17 Se alguém destruir o santuário de Deus, Deus o destruirá. Porque o santuário de Deus, que são vocês, é sagrado.

A SABEDORIA HUMANA SEM VALOR

18 Que ninguém engane a si mesmo! Se algum de vocês pensa que é sábio neste mundo, faça-se louco para se tornar sábio. 19 Porque a sabedoria deste mundo é loucura diante de Deus. Pois está escrito:

"Ele apanha os sábios
na própria astúcia deles."

20 E também:

"O Senhor conhece
os pensamentos dos sábios,
e sabe que são
pensamentos vãos."

21 Portanto, ninguém se glorie nos homens. Porque tudo é de vocês: 22 seja Paulo, seja Apolo, seja Cefas, seja o mundo, seja a vida, seja a morte, sejam as coisas presentes, sejam as futuras, tudo é de vocês, 23 e vocês são de Cristo, e Cristo é de Deus.

MINISTROS DE CRISTO

4 1 Assim, pois, importa que todos nos considerem como ministros de Cristo e encarregados dos mistérios de Deus. 2 Ora, além disso, o que se requer destes encarregados é que cada um deles seja encontrado fiel. 3 Mas a mim pouco importa ser julgado por vocês ou por um tribunal humano; nem eu julgo a mim mesmo. 4 Porque a consciência não me acusa de nada. Mas nem por isso me dou por justificado, pois quem me julga é o Senhor. 5 Portanto, não julguem nada antes do tempo, até que venha o Senhor, o qual não somente trará à plena luz as coisas ocultas das trevas, mas também manifestará os desígnios dos corações. E então cada um receberá o seu louvor da parte de Deus.

6 Meus irmãos, apliquei estas coisas figuradamente a mim mesmo e a Apolo, por causa de vocês, para que por nosso exemplo vocês aprendam isto: "Não ultrapassem o que está escrito", para que ninguém se encha de orgulho a favor de um em prejuízo de outro. 7 Pois quem é que faz com que você sobressaia? E o que é que você tem que não tenha recebido? E, se o recebeu, por que se gloria, como se não o tivesse recebido?

8 Vocês já estão fartos! Já são ricos! Chegaram a reinar sem nós! Sim, quem dera que vocês fossem reis, para que também nós viéssemos a reinar com vocês! 9 Porque me parece que Deus pôs a nós, os apóstolos, em último lugar, como se fôssemos condenados à morte. Porque nos tornamos espetáculo para o mundo, tanto para os anjos como para os seres humanos. 10 Nós somos loucos por causa de Cristo, e vocês são sábios em Cristo. Nós somos fracos, e vocês são fortes; vocês são honrados, e nós somos desprezados. 11 Até a presente hora, sofremos fome, sede e nudez; somos esbofeteados e não temos morada certa; 12 e nos afadigamos, trabalhando com as nossas próprias mãos. Quando somos insultados, bendizemos; quando somos perseguidos, suportamos; 13 quando somos caluniados, procuramos conciliação. Até agora, temos chegado a ser considerados lixo do mundo, escória de todos.

14 Não escrevo estas coisas para que vocês fiquem envergonhados; pelo contrário, para admoestá-los como a meus filhos amados. 15 Porque, ainda que vocês tivessem milhares de instrutores em Cristo, não teriam muitos pais, pois eu gerei vocês em

Cristo Jesus, pelo evangelho. 16 Portanto, eu
peço a vocês que sejam meus imitadores.
17 Por esta causa, eu enviei até vocês Timó-
teo, que é meu filho amado e fiel no Senhor,
o qual fará com que vocês se lembrem dos
meus caminhos em Cristo Jesus, como, por
toda parte, ensino em cada igreja.

18 Alguns de vocês se encheram de orgu-
lho, como se eu não fosse mais visitá-los.
19 Mas, em breve, se o Senhor quiser, irei
visitá-los, e então conhecerei não a palavra,
mas o poder desses orgulhosos. 20 Porque o
Reino de Deus consiste não em palavra, mas
em poder. 21 O que vocês preferem? Que eu
vá até aí com um chicote ou com amor e
espírito de mansidão?

IMORALIDADE NA IGREJA DE CORINTO

5 1 Ouve-se por aí que entre vocês existe
imoralidade, e imoralidade tal como
não existe nem mesmo entre os gentios,
isto é, que alguém se atreva a possuir a
mulher de seu próprio pai. 2 E vocês andam
cheios de orgulho, quando deveriam ter
lamentado e tirado do meio de vocês quem
fez uma coisa dessas. 3 Eu, na verdade, ainda
que fisicamente ausente, mas presente em
espírito, já sentenciei, como se estivesse pre-
sente, o autor de tal infâmia. 4 Em nome de
nosso Senhor Jesus, reunidos vocês e o meu
espírito, com o poder de Jesus, nosso Senhor,
5 que esse tal seja entregue a Satanás para a
destruição da carne, a fim de que o espírito
seja salvo no Dia do Senhor.

6 Não é bom esse orgulho que vocês têm.
Por acaso vocês não sabem que um pouco
de fermento leveda toda a massa? 7 Joguem
fora o velho fermento, para que vocês
sejam nova massa, como, de fato, já são,
sem fermento. Pois também Cristo, nosso
Cordeiro pascal, foi sacrificado. 8 Por isso,
celebremos a festa não com o velho fer-
mento, nem com o fermento do mal e da
maldade, mas com o pão sem fermento, o
pão da sinceridade e da verdade.

9 Na outra carta, já escrevi a vocês que
não se associassem com os impuros.
10 Refiro-me, com isto, não propriamente
aos impuros deste mundo, aos avaren-
tos, ladrões ou idólatras, pois, neste caso,
vocês teriam de sair do mundo. 11 Mas,
agora, escrevo a vocês que não se asso-
ciem com alguém que, dizendo-se irmão,
for devasso, avarento, idólatra, maldizente,
bêbado ou ladrão; nem mesmo comam
com alguém assim. 12 Pois com que direito
haveria eu de julgar os de fora? Mas será que
vocês não devem julgar os de dentro? 13 Os
de fora, esses Deus julgará. Expulsem o mal-
feitor do meio de vocês.

PAULO CENSURA O LITÍGIO ENTRE OS IRMÃOS

6 1 Quando algum de vocês tem uma
questão contra outro, como se atreve a
submeter isso a juízo diante dos injustos e
não diante dos santos? 2 Ou vocês não sabem
que os santos hão de julgar o mundo? Ora,
se o mundo deverá ser julgado por vocês,
será que vocês não são competentes para
julgar as coisas mínimas? 3 Por acaso vocês
não sabem que havemos de julgar os pró-
prios anjos? Quanto mais as coisas desta
vida! 4 Portanto, quando precisam julgar
negócios terrenos, por que vocês constituem
como juízes aqueles que não têm nenhuma
aceitação na igreja? 5 Digo isso para a ver-
gonha de vocês. Será que não existe nem
ao menos um sábio entre vocês, que possa
julgar entre seus irmãos? 6 Mas um irmão
vai a juízo contra outro irmão, e isto diante
de não crentes!

7 O simples fato de moverem ações uns
contra os outros já é completa derrota
para vocês. Por que não preferem sofrer a
injustiça? Por que não preferem ficar com
o prejuízo? 8 Mas vocês mesmos cometem
injustiça e causam prejuízo, e isto aos pró-
prios irmãos! 9 Ou vocês não sabem que os
injustos não herdarão o Reino de Deus?
Não se enganem: nem imorais, nem idó-
latras, nem adúlteros, nem afeminados,
nem homossexuais, 10 nem ladrões, nem
avarentos, nem bêbados, nem maldizen-
tes, nem roubadores herdarão o Reino de
Deus. 11 Alguns de vocês eram assim. Mas
vocês foram lavados, foram santificados,

foram justificados no nome do Senhor Jesus
Cristo e no Espírito do nosso Deus.

FUGIR DA IMORALIDADE

12 "Todas as coisas me são lícitas", mas
nem todas convêm. "Todas as coisas me
são lícitas", mas eu não me deixarei domi-
nar por nenhuma delas. 13 "Os alimentos
são para o estômago, e o estômago existe
para os alimentos." Mas Deus destruirá tanto
o estômago quanto os alimentos. Porém o
corpo não é para a imoralidade, mas para
o Senhor, e o Senhor, para o corpo. 14 Deus
ressuscitou o Senhor e também nos ressus-
citará pelo seu poder.

15 Vocês não sabem que o corpo de cada
um de vocês é membro de Cristo? E será
que eu tomaria os membros de Cristo e os
faria membros de uma prostituta? De modo
nenhum! 16 Ou não sabem que o homem que
se une à prostituta forma um só corpo com
ela? Porque, como se diz, "os dois se tornarão
uma só carne". 17 Mas aquele que se une ao
Senhor é um só espírito com ele.

18 Fujam da imoralidade sexual! Qualquer
outro pecado que uma pessoa cometer é fora
do corpo; mas aquele que pratica imorali-
dade sexual peca contra o próprio corpo.
19 Será que vocês não sabem que o corpo de
vocês é santuário do Espírito Santo, que está
em vocês e que vocês receberam de Deus, e
que vocês não pertencem a vocês mesmos?
20 Porque vocês foram comprados por preço.
Agora, pois, glorifiquem a Deus no corpo
de vocês.

QUESTÕES SOBRE O CASAMENTO

7 1 Quanto ao que vocês me escreveram
— "é bom que o homem não toque em
mulher" —, 2 digo que, por causa da imora-
lidade, cada homem tenha a sua esposa, e
cada mulher tenha o seu próprio marido.
3 Que o marido conceda à esposa o que lhe é
devido, e também, de igual modo, a esposa,
ao seu marido. 4 A esposa não tem poder
sobre o seu próprio corpo, e sim o marido; e
também, de igual modo, o marido não tem
poder sobre o seu próprio corpo, e sim a
esposa. 5 Não se privem um ao outro, a não
ser talvez por mútuo consentimento, por
algum tempo, para se dedicarem à oração.
Depois, retomem a vida conjugal, para que
Satanás não tente vocês por não terem domí-
nio próprio. 6 E digo isto como concessão
e não como mandamento. 7 Gostaria que
todos os homens fossem como eu. No
entanto, cada um tem de Deus o seu pró-
prio dom; um, na verdade, de um modo;
outro, de outro.

8 E aos solteiros e às viúvas, digo que lhes
seria bom se permanecessem no estado em
que também eu vivo. 9 Mas, se não conse-
guem se dominar, que se casem; porque é
melhor casar do que arder em desejos.

10 Aos casados, ordeno, não eu, mas
o Senhor, que a mulher não se separe do
marido. 11 Mas, se ela se separar, que não
se case de novo ou que se reconcilie com
o seu marido. E que o marido não se divor-
cie da sua esposa.

12 Aos outros, digo eu, não o Senhor:
se algum irmão estiver casado com uma
mulher não crente, e esta concorda em
morar com ele, não se divorcie dela. 13 E se
uma mulher estiver casada com um homem
não crente, e este concorda em viver com ela,
que ela não se divorcie do marido. 14 Por-
que o marido não crente é santificado no
convívio da esposa, e a esposa não crente
é santificada no convívio do marido crente.
Se não fosse assim, os filhos de vocês seriam
impuros; porém, agora, são santos. 15 Mas,
se o não crente quiser separar-se, que se
separe. Em tais casos, não fica sujeito à
servidão nem o irmão, nem a irmã; Deus
chamou vocês para viverem em paz. 16 Pois
você, ó mulher, como sabe se salvará o seu
marido? Ou você, ó marido, como sabe se
salvará a sua mulher?

UMA VIDA CONFORME O CHAMADO DE DEUS

17 No mais, que cada um ande segundo o
que o Senhor lhe concedeu, conforme Deus
o chamou. É isto que ordeno em todas as
igrejas. 18 Foi alguém chamado, estando
circunciso? Não desfaça a circuncisão.
Foi alguém chamado, estando incircunciso?

Não tema a força dos ventos ou o que eles são capazes de fazer com a sua estrutura. O seu Deus é maior.

Não se faça circuncidar. 19 A circuncisão,
em si, não é nada; a incircuncisão tam-
bém nada é, mas o que vale é guardar os
mandamentos de Deus. 20 Cada um per-
maneça na vocação em que foi chamado.
21 Você foi chamado, sendo escravo? Não se
preocupe com isso. Mas, se você ainda pode
tornar-se livre, aproveite a oportunidade.
22 Pois quem foi chamado no Senhor, sendo
escravo, é liberto que pertence ao Senhor.
Do mesmo modo, quem foi chamado, sendo
livre, é escravo de Cristo. 23 Vocês foram com-
prados por preço; não se tornem escravos
de homens. 24 Irmãos, cada um perma-
neça diante de Deus na condição em que
foi chamado.

SOBRE AS PESSOAS SOLTEIRAS OU VIÚVAS

25 Com respeito às virgens, não tenho
mandamento do Senhor, mas dou a minha
opinião, como alguém que recebeu do
Senhor a misericórdia de ser fiel. 26 Por
causa da angustiosa situação presente,
penso ser bom para o homem permane-
cer assim como está. 27 Você tem esposa?
Não procure separar-se. Você está sol-
teiro? Não procure esposa. 28 Mas, se você
casar, não estará pecando. E também, se a
virgem se casar, não estará pecando. Ainda
assim, tais pessoas sofrerão angústia na
carne, e eu gostaria de poupar vocês disso.

29 Mas isto digo, irmãos: o tempo se abre-
via. Por isso, de agora em diante, não só os
casados sejam como se não fossem casa-
dos, 30 mas também os que choram, como se
não chorassem; os que se alegram, como se
não se alegrassem; os que compram, como
se nada possuíssem; 31 e os que se utilizam
deste mundo, como se não fizessem uso
dele. Porque a aparência deste mundo passa.

32 O que eu realmente quero é que vocês
fiquem livres de preocupações. Quem não é
casado cuida das coisas do Senhor, de como
agradar ao Senhor. 33 Mas o que se casou
cuida das coisas do mundo, de como agradar
à esposa, 34 e assim está dividido.

Também a mulher, tanto a viúva como
a virgem, cuida das coisas do Senhor,
para ser santa, assim no corpo como no
espírito. Mas a mulher casada se preocupa
com as coisas do mundo, de como agradar
ao marido.

35 Digo isto para o próprio bem de vocês,
não para impor limitações, mas tendo em
vista o que é decente e para que vocês
possam se consagrar ao Senhor, sem dis-
tração alguma.

36 Mas, se alguém julga que trata de modo
impróprio a sua virgem, se ela tiver pas-
sado a flor da idade, e se as circunstâncias
o exigem, faça o que quiser; não peca; que
casem. 37 Contudo, aquele que está firme
em seu coração e não se sente obrigado,
mas tem domínio sobre a sua própria von-
tade e resolveu em seu coração conservar
virgem a jovem, fará bem. 38 Por isso, quem
casa com a sua virgem faz bem; quem não
casa faz melhor.

39 A mulher está ligada ao seu marido
enquanto ele viver. Mas, se o marido mor-
rer, ela fica livre para casar com quem quiser,
mas somente no Senhor. 40 Porém, ela será
mais feliz se permanecer viúva, segundo
a minha opinião; e penso que também eu
tenho o Espírito de Deus.

SOBRE AS COISAS SACRIFICADAS A ÍDOLOS

8 1 No que se refere às coisas sacrifica-
das a ídolos, sabemos que todos temos
conhecimento. O conhecimento leva ao
orgulho, mas o amor edifica. 2 Se alguém julga
conhecer alguma coisa, ainda não conhece
como deveria conhecer. 3 Mas, se alguém
ama a Deus, esse é conhecido por ele.

4 Quanto a comer alimentos sacrificados a
ídolos, sabemos que o ídolo, por si mesmo,
nada é no mundo e que não há senão um
só Deus. 5 Porque, ainda que existam alguns
que são chamados de deuses, quer no céu
ou sobre a terra — como há muitos "deuses"
e muitos "senhores" —, 6 para nós, porém,
há um só Deus, o Pai, de quem são todas
as coisas e para quem existimos, e um só
Senhor, Jesus Cristo, por meio de quem todas
as coisas existem e por meio de quem tam-
bém nós existimos. 7 Entretanto, nem todos

têm esse conhecimento. Alguns, acostumados até agora com o ídolo, ainda comem desses alimentos como se fossem sacrificados a ídolos; e a consciência destes, por ser fraca, vem a contaminar-se. 8 Não é a comida que nos torna agradáveis a Deus, pois nada perderemos, se não comermos, e nada ganharemos, se comermos.

9 Mas tenham cuidado para que essa liberdade de vocês não venha, de algum modo, a ser tropeço para os fracos. 10 Porque, se alguém enxergar você, que tem conhecimento, sentado à mesa no templo de um ídolo, será que a consciência do que é fraco não vai ser induzida a participar de comidas sacrificadas a ídolos? 11 E, assim, por causa do conhecimento que você tem, perde-se o irmão fraco, pelo qual Cristo morreu. 12 E, deste modo, pecando contra os irmãos, ferindo a consciência fraca que eles têm, é contra Cristo que vocês estão pecando. 13 E, por isso, se a comida serve de escândalo ao meu irmão, nunca mais comerei carne, para que não venha a escandalizá-lo.

A LIBERDADE E OS DIREITOS DO APÓSTOLO PAULO

9 1 Será que eu não sou um homem livre? Não sou apóstolo? Não vi Jesus, nosso Senhor? Por acaso vocês não são fruto do meu trabalho no Senhor? 2 Se não sou apóstolo para outros, certamente o sou para vocês! Porque vocês são o selo do meu apostolado no Senhor.

3 A minha defesa diante dos que me questionam é esta: 4 será que nós não temos o direito de comer e beber? 5 Será que não temos o direito de levar conosco uma esposa crente, como fazem os demais apóstolos, os irmãos do Senhor e Cefas? 6 Ou será que somente eu e Barnabé temos de trabalhar para viver? 7 Quem é que vai à guerra às suas próprias custas? Quem planta uma vinha e não come do seu fruto? Ou quem apascenta um rebanho e não se alimenta do leite do rebanho?

8 Será que eu digo isso apenas como homem? Não é verdade que a lei também o diz? 9 Porque na Lei de Moisés está escrito: "Não amarre a boca do boi quando ele pisa o trigo." Por acaso Deus está preocupado com bois? 10 Será que não é certamente por nossa causa que ele está dizendo isso? É claro que é por nossa causa que isso está escrito. Pois quem lavra deve fazê-lo com esperança e o que colhe deve fazê-lo na esperança de receber a parte que lhe é devida. 11 Se nós semeamos entre vocês as coisas espirituais, será muito recolhermos de vocês bens materiais? 12 Se outros participam desse direito sobre vocês, não o temos nós em maior medida?

Entretanto, não fizemos uso desse direito. Pelo contrário, suportamos tudo, para não criarmos qualquer obstáculo ao evangelho de Cristo. 13 Vocês não sabem que os que prestam serviços sagrados se alimentam do próprio templo e que os que servem ao altar participam do que é oferecido sobre o altar? 14 Assim também o Senhor ordenou aos que pregam o evangelho que vivam do evangelho.

15 Eu, porém, não tenho feito uso de nenhuma destas coisas e não escrevo isto para que assim se faça comigo. Preferiria morrer a deixar que alguém me tire esta glória. 16 Se anuncio o evangelho, não tenho de que me gloriar, pois sobre mim pesa essa obrigação; porque ai de mim se não pregar o evangelho! 17 Se o faço de livre vontade, tenho recompensa; mas, se o faço por obrigação, é porque uma responsabilidade me foi confiada. 18 Nesse caso, qual é a minha recompensa? É que, anunciando o evangelho, eu o apresente de graça, para não me valer do direito que ele me dá.

19 Porque, sendo livre de todos, fiz-me escravo de todos, a fim de ganhar o maior número possível. 20 Para com os judeus, fiz-me como judeu, a fim de ganhar os judeus; para os que vivem sob o regime da Lei, como se eu mesmo assim vivesse, para ganhar os que vivem debaixo da Lei, embora eu não esteja debaixo da Lei. 21 Aos sem lei, como se eu mesmo o fosse, não estando sem lei para com Deus, mas debaixo da lei de Cristo, para ganhar os que vivem fora do regime da lei. 22 Fiz-me fraco para com os fracos,

a fim de ganhar os fracos. Fiz-me tudo para
com todos, a fim de, por todos os modos,
salvar alguns.
23 Tudo faço por causa do evangelho, para
ser também participante dele. 24 Vocês não
sabem que os que correm no estádio, todos,
na verdade, correm, mas um só leva o prê-
mio? Corram de tal maneira que ganhem o
prêmio. 25 Todo atleta em tudo se domina;
aqueles, para alcançar uma coroa corrup-
tível; nós, porém, a incorruptível. 26 Assim
corro também eu, não sem meta; assim luto,
não como desferindo golpes no ar. 27 Mas
esmurro o meu corpo e o reduzo à escravi-
dão, para que, tendo pregado a outros, não
venha eu mesmo a ser desqualificado.

CONSELHOS CONTRA A IDOLATRIA

10 1 Ora, irmãos, não quero que vocês
ignorem que os nossos pais estive-
ram todos sob a nuvem, e todos passaram
pelo mar, 2 e todos, em Moisés, foram batiza-
dos, tanto na nuvem como no mar. 3 Todos
eles comeram do mesmo alimento espiritual
4 e beberam da mesma bebida espiritual.
Porque bebiam de uma pedra espiritual que
os seguia; e a pedra era Cristo. 5 Mas Deus
não se agradou da maioria deles, razão pela
qual ficaram prostrados no deserto. 6 Ora,
estas coisas se tornaram exemplos para
nós, a fim de que não cobicemos as coisas
más, como eles cobiçaram.
7 Não sejam idólatras, como alguns deles
foram, conforme está escrito: "O povo
assentou-se para comer e beber e levantou-
-se para se divertir." 8 E não pratiquemos
imoralidade, como alguns deles o fizeram
e caíram mortos, num só dia, vinte e três
mil. 9 Não ponhamos Cristo à prova, como
alguns deles fizeram e foram mortos pelas
serpentes. 10 Não fiquem murmurando,
como alguns deles murmuraram e foram
destruídos pelo exterminador.
11 Estas coisas aconteceram com eles para
servir de exemplo e foram escritas como
advertência a nós, para quem o fim dos
tempos tem chegado.
12 Por isso, aquele que pensa estar em pé
veja que não caia. 13 Não sobreveio a vocês
nenhuma tentação que não fosse humana;
mas Deus é fiel e não permitirá que vocês
sejam tentados além do que podem supor-
tar; pelo contrário, juntamente com a
tentação proverá livramento, para que vocês
a possam suportar.
14 Portanto, meus amados, fujam da idola-
tria. 15 Falo como a pessoas sábias; julguem
vocês mesmos o que digo. 16 Não é fato que o
cálice da bênção que abençoamos é a comu-
nhão do sangue de Cristo? E não é fato que o
pão que partimos é a comunhão do corpo de
Cristo? 17 Porque nós, embora muitos, somos
unicamente um pão, um só corpo; porque
todos participamos do único pão.
18 Considerem o Israel segundo a carne.
Não é verdade que aqueles que se ali-
mentam dos sacrifícios são participantes
do altar? 19 O que quero dizer com isto?
Que o que é sacrificado ao ídolo é alguma
coisa? Ou que o próprio ídolo tem algum
valor? 20 Não! Digo que as coisas que eles
sacrificam são sacrificadas a demônios e não
a Deus; e eu não quero que vocês estejam em
comunhão com os demônios. 21 Vocês não
podem beber o cálice do Senhor e o cálice
dos demônios; não podem ser participantes
da mesa do Senhor e da mesa dos demô-
nios. 22 Ou provocaremos ciúmes no Senhor?
Somos, por acaso, mais fortes do que ele?

OS LIMITES DA LIBERDADE CRISTÃ

23 "Todas as coisas são lícitas", mas nem
todas convêm; "todas as coisas são líci-
tas", mas nem todas edificam. 24 Ninguém
busque o seu próprio interesse, e sim o de
seu próximo. 25 Comam de tudo o que se
vende no mercado, sem questionamento
algum por motivo de consciência. 26 Porque
do Senhor é a terra e a sua plenitude. 27 Se
alguém que não é crente convidá-los para
comer, e vocês quiserem ir, comam de tudo
o que for posto diante de vocês, sem questio-
namento algum por motivo de consciência.
28 Porém, se alguém disser a vocês: "Isto é
coisa sacrificada a ídolo", não comam, por
causa daquele que deu a informação e por
motivo de consciência; 29 consciência, digo,
não a sua propriamente, mas a do outro.

"Pois, por que a minha liberdade deve ser
julgada pela consciência de outra pessoa?
30 Se eu participo com gratidão, por que
sou criticado por causa daquilo por que
dou graças?"

31 Portanto, se vocês comem, ou bebem ou
fazem qualquer outra coisa, façam tudo para
a glória de Deus. 32 Não se tornem motivo de
tropeço nem para judeus, nem para gentios,
nem para a igreja de Deus, 33 assim como
também eu procuro, em tudo, ser agradável
a todos, não buscando o meu próprio inte-
resse, mas o de muitos, para que sejam salvos.

11 1 Sejam meus imitadores, como tam-
bém eu sou imitador de Cristo.

AS MULHERES NA IGREJA

2 Eu os elogio porque em tudo vocês se
lembram de mim e retêm as tradições assim
como eu as transmiti a vocês. 3 Quero, porém,
que saibam que Cristo é o cabeça de todo
homem, e o homem é o cabeça da mulher,
e Deus é o cabeça de Cristo. 4 Todo homem
que ora ou profetiza com a cabeça coberta
desonra a sua própria cabeça. 5 Toda mulher,
porém, que ora ou profetiza com a cabeça
descoberta desonra a sua própria cabeça,
porque é como se a tivesse rapada. 6 Por-
tanto, se a mulher não cobre a cabeça, nesse
caso, que rape o cabelo. Mas, se é vergonhoso
para a mulher cortar rente ou rapar o cabelo,
que ela cubra a cabeça. 7 Porque o homem
não deve cobrir a cabeça, por ser ele imagem
e glória de Deus, mas a mulher é glória do
homem. 8 Porque o homem não foi feito da
mulher, mas a mulher foi feita do homem.
9 Porque também o homem não foi criado
por causa da mulher, e sim a mulher por
causa do homem. 10 Portanto, por causa
dos anjos, a mulher deve trazer um sinal de
autoridade na cabeça. 11 No Senhor, todavia,
nem a mulher é independente do homem,
nem o homem é independente da mulher.
12 Porque, assim como a mulher foi feita do
homem, assim também o homem nasce da
mulher; e tudo vem de Deus.

13 Julguem entre vocês mesmos: é pró-
prio que a mulher ore a Deus com a cabeça
descoberta? 14 Ou a própria natureza não
lhes ensina que é desonroso para o homem
usar cabelo comprido? 15 E que, tratando-
-se da mulher, é para ela uma glória? Pois o
cabelo lhe foi dado em lugar de véu. 16 Mas,
se alguém quiser discutir essa questão, saiba
que nós não temos tal costume, nem as igre-
jas de Deus.

INSTRUÇÃO QUANTO À CELEBRAÇÃO DA CEIA DO SENHOR

17 Mas nisto que agora prescrevo, não
posso elogiá-los, porque vocês se reúnem
não para melhor, e sim para pior. 18 Porque,
antes de tudo, estou informado de que,
quando se reúnem na igreja, existem divi-
sões entre vocês, e eu, em parte, acredito
que isso é verdade. 19 E é até necessário que
haja partidos entre vocês, para que tam-
bém os aprovados se tornem conhecidos
entre vocês. 20 Quando, pois, se reúnem no
mesmo lugar, não é a ceia do Senhor que
vocês comem. 21 Porque, quando comem,
cada um toma antecipadamente a sua pró-
pria ceia, e enquanto um fica com fome
outro fica embriagado. 22 Será que vocês não
têm casas onde podem comer e beber? Ou
menosprezam a igreja de Deus e envergo-
nham os que nada têm? Que posso dizer a
vocês? Devo elogiá-los? Nisto certamente
não posso elogiá-los.

23 Porque eu recebi do Senhor o que tam-
bém lhes entreguei: que o Senhor Jesus, na
noite em que foi traído, pegou um pão 24 e,
tendo dado graças, o partiu e disse: "Isto é
o meu corpo, que é dado por vocês; façam
isto em memória de mim." 25 Do mesmo
modo, depois da ceia, pegou também o
cálice, dizendo: "Este cálice é a nova aliança
no meu sangue; façam isto, todas as vezes
que o beberem, em memória de mim." 26 Por-
que, todas as vezes que comerem este pão e
beberem o cálice, vocês anunciam a morte
do Senhor, até que ele venha.

27 Por isso, aquele que comer o pão ou
beber o cálice do Senhor indignamente
será réu do corpo e do sangue do Senhor.
28 Que cada um examine a si mesmo e,
assim, coma do pão e beba do cálice. 29 Pois

quem come e bebe sem discernir o corpo, come e bebe juízo para si. 30 É por isso que há entre vocês muitos fracos e doentes e não poucos que dormem. 31 Porque, se julgássemos a nós mesmos, não seríamos julgados. 32 Mas, quando julgados, somos disciplinados pelo Senhor, para não sermos condenados com o mundo.

33 Assim, meus irmãos, quando vocês se reúnem para comer, esperem uns pelos outros. 34 Se alguém tem fome, que coma em casa, a fim de que vocês não se reúnam para juízo.

Quanto às demais coisas, eu as ordenarei quando for aí.

SOBRE OS DONS ESPIRITUAIS

12 1 Irmãos, não quero que vocês estejam desinformados a respeito dos dons espirituais. 2 Vocês sabem que, quando eram gentios, se deixavam conduzir aos ídolos mudos, conforme vocês eram guiados. 3 Por isso, quero que entendam que ninguém que fala pelo Espírito de Deus afirma: "Anátema, Jesus!" Por outro lado, ninguém pode dizer: "Senhor Jesus!", senão pelo Espírito Santo.

4 Ora, os dons são diversos, mas o Espírito é o mesmo. 5 E também há diversidade nos serviços, mas o Senhor é o mesmo. 6 E há diversidade nas realizações, mas o mesmo Deus é quem opera tudo em todos. 7 A manifestação do Espírito é concedida a cada um visando um fim proveitoso. 8 Porque a um é dada, mediante o Espírito, a palavra da sabedoria; a outro, segundo o mesmo Espírito, a palavra do conhecimento. 9 A um é dada, no mesmo Espírito, a fé; a outro, no mesmo Espírito, dons de curar; 10 a outro, operações de milagres; a outro, profecia; a outro, discernimento de espíritos. A um é dada a variedade de línguas e a outro, capacidade para interpretá-las. 11 Mas um só e o mesmo Espírito realiza todas essas coisas, distribuindo-as a cada um, individualmente, conforme ele quer.

A UNIDADE DA IGREJA

12 Porque, assim como o corpo é um e tem muitos membros, e todos os membros, mesmo sendo muitos, constituem um só corpo, assim também é com respeito a Cristo. 13 Pois, em um só Espírito, todos nós fomos batizados em um só corpo, quer judeus, quer gregos, quer escravos, quer livres. E a todos nós foi dado beber de um só Espírito.

14 Porque também o corpo não é um só membro, mas muitos. 15 Se o pé disser: "Porque não sou mão, não sou do corpo", nem por isso deixa de ser do corpo. 16 Se o ouvido disser: "Porque não sou olho, não sou do corpo", nem por isso deixa de ser do corpo. 17 Se todo o corpo fosse olho, onde estaria o ouvido? Se todo ele fosse ouvido, onde estaria o olfato? 18 Mas Deus dispôs os membros, colocando cada um deles no corpo, como ele quis. 19 Se todos, porém, fossem um só membro, onde estaria o corpo? 20 O certo é que há muitos membros, mas um só corpo.

21 Os olhos não podem dizer à mão: "Não precisamos de você." E a cabeça não pode dizer aos pés: "Não preciso de vocês." 22 Pelo contrário, os membros do corpo que parecem ser mais fracos são necessários, 23 e os que nos parecem menos dignos no corpo, a estes damos muito maior honra. Também os que em nós não são decorosos revestimos de especial honra, 24 ao passo que os nossos membros nobres não têm necessidade disso. Contudo, Deus coordenou o corpo, concedendo muito mais honra àquilo que menos tinha, 25 para que não haja divisão no corpo, mas para que os membros cooperem, com igual cuidado, em favor uns dos outros. 26 De maneira que, se um membro sofre, todos sofrem com ele; e, se um deles é honrado, todos os outros se alegram com ele.

27 Ora, vocês são o corpo de Cristo e, individualmente, membros desse corpo. 28 A uns Deus estabeleceu na igreja, primeiramente, apóstolos; em segundo lugar, profetas; em terceiro lugar, mestres; depois, operadores de milagres; depois, os que têm dons de curar, ou de ajudar, ou de administrar, ou de falar em variedade de línguas. 29 Será que são todos apóstolos? Será que são todos profetas? Será que são todos mestres? São todos operadores de milagres? 30 Todos

têm dons de curar? Todos falam em línguas? Todos têm o dom de interpretar essas línguas? 31 Entretanto, procurem, com zelo, os melhores dons.

O AMOR É O DOM SUPREMO

E eu passo a mostrar-lhes um caminho ainda mais excelente.

13 1 Ainda que eu fale as línguas dos homens e dos anjos, se não tiver amor, serei como o bronze que soa ou como o címbalo que retine.

2 Ainda que eu tenha o dom de profetizar e conheça todos os mistérios e toda a ciência; ainda que eu tenha tamanha fé, a ponto de transportar montes, se não tiver amor, nada serei.

3 E ainda que eu distribua todos os meus bens entre os pobres e ainda que entregue o meu próprio corpo para ser queimado, se não tiver amor, isso de nada me adiantará.

4 O amor é paciente e bondoso. O amor não arde em ciúmes, não se envaidece, não é orgulhoso, 5 não se conduz de forma inconveniente, não busca os seus interesses, não se irrita, não se ressente do mal. 6 O amor não se alegra com a injustiça, mas se alegra com a verdade. 7 O amor tudo sofre, tudo crê, tudo espera, tudo suporta.

8 O amor jamais acaba. Havendo profecias, desaparecerão; havendo línguas, cessarão; havendo ciência, passará. 9 Pois o nosso conhecimento é incompleto e a nossa profecia é incompleta. 10 Mas, quando vier o que é completo, então o que é incompleto será aniquilado.

11 Quando eu era menino, falava como menino, sentia como menino, pensava como menino; quando cheguei a ser homem, desisti das coisas próprias de menino. 12 Porque agora vemos como num espelho, de forma obscura; depois veremos face a face. Agora meu conhecimento é incompleto; depois conhecerei como também sou conhecido.

13 Agora, pois, permanecem a fé, a esperança e o amor, estes três; porém o maior deles é o amor.

O DOM DE PROFECIA É SUPERIOR AO DE LÍNGUAS

14 1 Sigam o amor e procurem com zelo os dons espirituais, principalmente o de profetizar. 2 Pois quem fala em línguas não fala para as pessoas, mas fala para Deus; ninguém o entende, pois, por meio do Espírito, fala mistérios. 3 Mas o que profetiza fala para as pessoas, edificando, exortando e consolando. 4 O que fala em línguas a si mesmo edifica, mas o que profetiza edifica a igreja. 5 Eu quero que vocês todos falem em línguas, mas muito mais que profetizem. Pois quem profetiza é superior ao que fala em línguas, a não ser que as interprete, para que a igreja receba edificação.

6 E, agora, irmãos, se eu for até aí falando em línguas, que proveito vocês terão, se eu não falar por meio de revelação, de conhecimento, de profecia ou de doutrina? 7 É assim com instrumentos inanimados, como a flauta ou a harpa, quando emitem sons. Se não emitirem sons bem distintos, como se poderá reconhecer o que se toca na flauta ou na harpa? 8 Pois também se a trombeta der som incerto, quem se preparará para a batalha? 9 Assim também vocês, se com a língua não disserem palavra compreensível, como se entenderá o que é dito? Porque vocês estarão como que falando ao vento. 10 Há, sem dúvida, muitos tipos de vozes no mundo, e nenhuma delas é sem sentido. 11 Mas, se eu não entender o significado da voz, serei estrangeiro para aquele que fala, e ele será estrangeiro para mim. 12 Assim, também vocês, visto que desejam dons espirituais, procurem progredir, para a edificação da igreja.

13 Por isso, quem fala em línguas, ore para que as possa interpretar. 14 Porque, se eu orar em línguas, o meu espírito, de fato, ora, mas a minha mente fica infrutífera. 15 Que farei, então? Vou orar com o espírito, mas também vou orar com a mente; vou cantar com o espírito, mas também vou cantar com a mente. 16 Se você louvar apenas em espírito, como o não instruído poderá dizer o "amém" depois da oração de agradecimento que você fez? Porque ele não entende o que você diz.

17 A sua oração de agradecimento pode ser muito boa, mas o outro não é edificado. 18 Dou graças a Deus, porque falo em línguas mais do que todos vocês. 19 Contudo, na igreja prefiro falar cinco palavras com o meu entendimento, para instruir os outros, do que falar dez mil palavras em línguas.

20 Irmãos, não sejam meninos no entendimento. Quanto à maldade, sim, sejam crianças; mas, quanto ao entendimento, sejam pessoas maduras. 21 Na lei está escrito:

"Falarei a este povo
por meio de homens
de outras línguas
e por meio de lábios
de outros povos,
e nem assim me ouvirão,
diz o Senhor."

22 Portanto, as línguas constituem um sinal não para os que creem, mas para os que não creem; a profecia, no entanto, não é para os que não creem, e sim para os que creem. 23 Assim, se toda a igreja se reunir no mesmo lugar e todos se puserem a falar em línguas, no caso de entrarem pessoas não instruídas ou não crentes, será que não vão dizer que vocês estão loucos? 24 Porém, se todos profetizarem, e entrar ali um não crente ou não instruído, ele será convencido por todos e julgado por todos. 25 Os segredos que ele tem no coração se tornarão manifestos, e, assim, prostrando-se com o rosto em terra, adorará a Deus, testemunhando que Deus está, de fato, no meio de vocês.

A NECESSIDADE DE ORDEM NO CULTO

26 Que fazer, então, irmãos? Quando vocês se reúnem, um tem um salmo, outro tem um ensino, este traz uma revelação, aquele fala em línguas, e ainda outro faz a interpretação. Que tudo seja feito para edificação. 27 No caso de alguém falar em línguas, que não sejam mais do que dois ou, quando muito, três, e isto sucessivamente, e haja alguém que interprete. 28 Mas, não havendo quem interprete, fique calado na igreja, falando consigo mesmo e com Deus. 29 Tratando-se de profetas, falem apenas dois ou três, e os outros julguem. 30 Se, porém, vier uma revelação a alguém que esteja sentado, cale-se o primeiro. 31 Porque todos poderão profetizar, um após outro, para que todos aprendam e sejam consolados. 32 Os espíritos dos profetas estão sujeitos aos próprios profetas, 33 porque Deus não é Deus de confusão, e sim de paz.

Como em todas as igrejas dos santos, 34 que as mulheres se conservem caladas nas igrejas, porque não lhes é permitido falar; mas estejam submissas, como também a lei o determina. 35 Se, porém, querem aprender alguma coisa, perguntem em casa ao seu próprio marido; porque para a mulher é vergonhoso falar na igreja. 36 Por acaso a palavra de Deus se originou no meio de vocês? Ou será que ela veio exclusivamente para vocês?

37 Se alguém se considera profeta ou espiritual, reconheça que é mandamento do Senhor o que estou escrevendo para vocês. 38 E, se alguém o ignorar, será ignorado.

39 Portanto, meus irmãos, procurem com zelo o dom de profetizar e não proíbam que se fale em línguas. 40 Tudo, porém, seja feito com decência e ordem.

A RESSURREIÇÃO DE CRISTO

15 1 Irmãos, venho lembrar-lhes o evangelho que anunciei a vocês, o qual vocês receberam e no qual continuam firmes. 2 Por meio dele vocês também são salvos, se retiverem a palavra assim tal como a preguei a vocês, a menos que tenham crido em vão.

3 Antes de tudo, entreguei a vocês o que também recebi: que Cristo morreu pelos nossos pecados, segundo as Escrituras, 4 e que foi sepultado e ressuscitou ao terceiro dia, segundo as Escrituras. 5 E apareceu a Cefas e, depois, aos doze. 6 Depois, foi visto por mais de quinhentos irmãos de uma só vez, dos quais a maioria ainda vive; porém alguns já dormem. 7 Depois, foi visto por Tiago e, mais tarde, por todos os apóstolos.

8 Por último, depois de todos, foi visto também por mim, como por um nascido fora

de tempo. 9 Porque eu sou o menor dos apóstolos, e nem mesmo sou digno de ser chamado apóstolo, pois persegui a igreja de Deus. 10 Mas, pela graça de Deus, sou o que sou. E a sua graça, que me foi concedida, não se tornou vã. Pelo contrário, trabalhei muito mais do que todos eles; todavia, não eu, mas a graça de Deus comigo. 11 Portanto, seja eu ou sejam eles, assim pregamos e assim vocês creram.

A NOSSA RESSURREIÇÃO

12 Ora, se o que se prega é que Cristo ressuscitou dentre os mortos, como alguns de vocês afirmam que não há ressurreição de mortos? 13 E, se não há ressurreição de mortos, então Cristo não ressuscitou. 14 E, se Cristo não ressuscitou, é vã a nossa pregação, e é vã a fé que vocês têm. 15 Além disso, somos tidos por falsas testemunhas de Deus, porque temos testemunhado contra Deus que ele ressuscitou a Cristo, ao qual ele não ressuscitou, se é certo que os mortos não ressuscitam. 16 Porque, se os mortos não ressuscitam, também Cristo não ressuscitou. 17 E, se Cristo não ressuscitou, é vã a fé que vocês têm, e vocês ainda permanecem nos seus pecados. 18 E ainda mais: os que adormeceram em Cristo estão perdidos. 19 Se a nossa esperança em Cristo se limita apenas a esta vida, somos as pessoas mais infelizes deste mundo.

20 Mas, de fato, Cristo ressuscitou dentre os mortos, sendo ele as primícias dos que dormem. 21 Visto que a morte veio por um homem, também por um homem veio a ressurreição dos mortos. 22 Porque, assim como, em Adão, todos morrem, assim também todos serão vivificados em Cristo. 23 Cada um, porém, na sua ordem: Cristo, as primícias; depois, os que são de Cristo, na sua vinda. 24 E então virá o fim, quando ele entregar o Reino ao Deus e Pai, quando houver destruído todo principado, bem como toda potestade e poder. 25 Porque é necessário que ele reine até que tenha posto todos os inimigos debaixo dos seus pés. 26 O último inimigo a ser destruído é a morte. 27 Porque "ele sujeitou todas as coisas debaixo dos seus pés". E, quando diz que todas as coisas lhe estão sujeitas, certamente exclui aquele que tudo lhe sujeitou. 28 Quando, porém, todas as coisas lhe estiverem sujeitas, então o próprio Filho também se sujeitará àquele que todas as coisas lhe sujeitou, para que Deus seja tudo em todos. 29 De outra maneira, que farão os que se batizam por causa dos mortos? Se de fato os mortos não ressuscitam, por que se batizam por causa deles? 30 E por que também nós nos expomos a perigos a toda hora? 31 Dia após dia, morro! Eu afirmo isso, irmãos, pelo orgulho que tenho de vocês, em Cristo Jesus, nosso Senhor. 32 Se, como homem, lutei em Éfeso contra feras, qual foi o meu proveito? Se os mortos não ressuscitam, "comamos e bebamos, porque amanhã morreremos". 33 Não se enganem: "As más companhias corrompem os bons costumes." 34 Voltem à sobriedade, como convém, e não pequem. Porque alguns ainda não têm conhecimento de Deus. Digo isto para vergonha de vocês.

A RESSURREIÇÃO DO CORPO

35 Mas alguém dirá: "Como é que os mortos ressuscitam? E com que corpo virão?" 36 Insensato! O que você semeia não nasce, se primeiro não morrer. 37 E, quando semeia, você não semeia o corpo que há de ser, mas o simples grão, como de trigo ou de qualquer outra semente. 38 Mas Deus lhe dá corpo como ele quer dar e a cada uma das sementes dá o seu corpo apropriado.

39 Nem toda carne é a mesma; porém uma é a carne dos seres humanos; outra, a dos animais; outra, a das aves; e outra, a dos peixes. 40 Também há corpos celestiais e corpos terrestres; e, sem dúvida, uma é a glória dos celestiais, e outra, a dos terrestres. 41 Uma é a glória do sol; outra, a glória da lua; e outra, a das estrelas. Porque até entre estrela e estrela há diferenças de glória.

42 Pois assim também é a ressurreição dos mortos. Semeia-se o corpo na corrupção, ressuscita na incorrupção. Semeia-se em desonra, ressuscita em glória. 43 Semeia-se

em fraqueza, ressuscita em poder. 44 Semeia-
-se corpo natural, ressuscita corpo espiritual.
Se há corpo natural, há também corpo espi-
ritual. 45 Pois assim está escrito: "O primeiro
homem, Adão, se tornou um ser vivente."
Mas o último Adão é espírito vivificante.
46 O que vem primeiro não é o espiritual, e
sim o natural; depois vem o espiritual. 47 O
primeiro homem, formado do pó da terra, é
terreno; o segundo homem é do céu. 48 Como
foi o homem terreno, assim também são os
demais que são feitos do pó da terra; e, como
é o homem celestial, assim também são os
celestiais. 49 E, assim como trouxemos a ima-
gem do homem terreno, traremos também
a imagem do homem celestial.

50 Com isto quero dizer, irmãos, que a carne
e o sangue não podem herdar o Reino de
Deus, nem a corrupção herdar a incorrupção.

51 Eis que vou lhes revelar um mistério:
nem todos dormiremos, mas todos sere-
mos transformados 52 num momento, num
abrir e fechar de olhos, ao ressoar da última
trombeta. A trombeta soará, os mortos res-
suscitarão incorruptíveis, e nós seremos
transformados. 53 Porque é necessário
que este corpo corruptível se revista da
incorruptibilidade, e que o corpo mortal se
revista da imortalidade. 54 E, quando este
corpo corruptível se revestir de incorrup-
tibilidade e o que é mortal se revestir de
imortalidade, então se cumprirá a palavra
que está escrita:

"Tragada foi a morte
pela vitória."
55 "Onde está, ó morte,
a sua vitória?
Onde está, ó morte,
o seu aguilhão?"

56 O aguilhão da morte é o pecado, e a força
do pecado é a lei. 57 Graças a Deus, que
nos dá a vitória por meio de nosso Senhor
Jesus Cristo.

58 Portanto, meus amados irmãos, sejam
firmes, inabaláveis e sempre abundantes
na obra do Senhor, sabendo que, no Senhor,
o trabalho de vocês não é vão.

A OFERTA PARA OS CRISTÃOS DA JUDEIA

16 1 Quanto à coleta para os santos,
façam também vocês como orde-
nei às igrejas da Galácia. 2 No primeiro dia
da semana, cada um de vocês separe uma
quantia, conforme a sua prosperidade, e
vá juntando, para que não seja necessário
fazer coletas quando eu for. 3 E, quando eu
tiver chegado, enviarei, com cartas, aque-
les que vocês aprovarem, para que levem a
oferta de vocês a Jerusalém. 4 Se for conve-
niente que eu também vá, eles irão comigo.

OS PLANOS DE PAULO

5 Irei visitar vocês por ocasião da minha
passagem pela Macedônia, porque devo
passar pela Macedônia. 6 E bem pode ser
que eu me demore ou mesmo passe o
inverno com vocês, para que vocês me
encaminhem nas viagens que eu tenha
de fazer. 7 Porque não quero, agora, ver
vocês apenas de passagem, pois espero
permanecer algum tempo com vocês,
se o Senhor o permitir. 8 Mas ficarei em
Éfeso até o Pentecostes, 9 porque uma porta
grande e oportuna para o trabalho se abriu
para mim; e há muitos adversários.

10 E, se Timóteo for, façam tudo para que
não tenha nada a temer enquanto estiver
entre vocês, porque trabalha na obra do
Senhor, como também eu. 11 Portanto, que
ninguém o despreze. Ajudem-no a continuar
a viagem em paz, para que venha até aqui,
visto que o espero com os irmãos.

12 Quanto ao irmão Apolo, muito lhe tenho
recomendado que fosse visitar vocês em
companhia dos irmãos, mas ele não quis
de jeito nenhum ir agora; irá, porém, quando
tiver oportunidade.

CONSELHOS FINAIS

13 Fiquem alertas, permaneçam firmes na
fé, mostrem coragem, sejam fortes. 14 Façam
todas as coisas com amor.

15 E agora, irmãos, eu peço a vocês o
seguinte: os membros da casa de Estéfanas
são as primícias da Acaia e eles se consa-
graram ao serviço dos santos. 16 Portanto,

sujeitem-se a pessoas como eles, bem como
a todo aquele que é cooperador e obreiro.
17 Alegro-me com a vinda de Estéfanas, de
Fortunato e de Acaico, porque eles supriram
o que faltava da parte de vocês. 18 Porque
trouxeram refrigério ao meu espírito e ao
de vocês também. Deem o devido reconhe-
cimento a homens como esses.

SAUDAÇÕES

19 As igrejas da província da Ásia man-
dam saudações. Também Áquila e Priscila
mandam cordiais saudações no Senhor,
juntamente com a igreja que se reúne na
casa deles. 20 Todos os irmãos mandam
saudações. Saúdem uns aos outros com
um beijo santo.
21 Eu, Paulo, escrevo a saudação de pró-
prio punho.
22 Se alguém não ama o Senhor, seja
anátema. Maranata!

BÊNÇÃO

23 A graça do Senhor Jesus esteja com
vocês. 24 O meu amor esteja com todos
vocês, em Cristo Jesus.

O que temos hoje será obsoleto amanhã, pode desaparecer ou até ser destruído, mas o que é divino dura eternamente.

Cartas de Paulo

2Coríntios

Livro 47 com

13

CAPÍTULOS

AUTORIA

O apóstolo Paulo é o autor dessa carta (2Co 1.1). Ele a escreveu como uma continuação de seu relacionamento pastoral com a igreja de Corinto.

A DEFESA DO APOSTOLADO DE PAULO E A GLÓRIA NO SOFRIMENTO

OBJETIVO DO LIVRO

Paulo escreveu 2Coríntios para defender seu apostolado contra críticos e falsos apóstolos, confortar a igreja e encorajar a generosidade na coleta para os santos em Jerusalém (2Co 2.1-4; 8.1-7).

ÉPOCA DA ESCRITA

2Coríntios foi escrito em torno de 56 d.C., provavelmente da Macedônia, após Tito trazer notícias sobre a recepção da primeira carta (2Co 7.6-7).

ESTRUTURA DO LIVRO

★ Introdução e bênção 2Co 1.1-11

★ Defesa do ministério de Paulo 2Co 1.12—7

★ Coleta para os santos 2Co 8—9

★ Defesa contra falsos apóstolos 2Co 10—13

TEMAS DO LIVRO

2Coríntios enfatiza a teologia do sofrimento e a glória que vem por meio das fraquezas humanas (2Co 12.9-10). Paulo fala da nova aliança em Cristo que traz justiça e reconciliação com Deus (2Co 3.6-9; 5.18-21). Ele também destaca a generosidade e o serviço cristão como reflexos da graça de Deus (2Co 8.7-9).

2CORÍNTIOS E CRISTO

Paulo destaca Cristo como aquele que nos consola em toda nossa tribulação (2Co 1.3-5) e o exemplo supremo de humildade e serviço (2Co 8.9). A glória de Cristo é revelada na fraqueza humana, mostrando o poder de Deus aperfeiçoado na fraqueza (2Co 12.9).

PREFÁCIO E SAUDAÇÃO

1 1 Paulo, apóstolo de Cristo Jesus pela vontade de Deus, e o irmão Timóteo, à igreja de Deus que está em Corinto e a todos os santos em toda a Acaia.

2 Que a graça e a paz de Deus, nosso Pai, e do Senhor Jesus Cristo estejam com vocês.

AÇÃO DE GRAÇAS

3 Bendito seja o Deus e Pai de nosso Senhor Jesus Cristo, o Pai de misericórdias e Deus de toda consolação! 4 É ele que nos consola em toda a nossa tribulação, para que, pela consolação que nós mesmos recebemos de Deus, possamos consolar os que estiverem em qualquer espécie de tribulação. 5 Porque, assim como transbordam sobre nós os sofrimentos de Cristo, assim também por meio de Cristo transborda o nosso consolo. 6 Se somos atribulados, é para o consolo e a salvação de vocês; se somos consolados, é também para o consolo de vocês. Esse consolo se torna eficaz na medida em que vocês suportam com paciência os mesmos sofrimentos que nós também suportamos. 7 A nossa esperança em relação a vocês é sólida, sabendo que, assim como vocês são participantes dos sofrimentos, assim também serão participantes da consolação.

8 Porque não queremos, irmãos, que vocês fiquem sem saber que tipo de tribulação nos sobreveio na província da Ásia. Foi algo acima das nossas forças, a ponto de perdermos a esperança até da própria vida. 9 De fato, tivemos em nós mesmos a sentença de morte, para que não confiássemos em nós mesmos, e sim no Deus que ressuscita os mortos, 10 o qual nos livrou e ainda livrará de tão grande morte. Nele temos esperado que ainda continuará a nos livrar, 11 enquanto vocês nos ajudam com orações a nosso favor, para que, por muitos, sejam dadas graças a Deus a nosso respeito, pelo benefício que nos foi concedido por meio da súplica de muitos.

A SINCERIDADE DE PAULO

12 Porque a nossa glória é esta: o testemunho da nossa consciência de que com simplicidade e sinceridade de Deus, não com sabedoria humana, mas na graça divina, temos vivido no mundo, especialmente em relação a vocês. 13 Porque nenhuma outra coisa escrevemos para vocês, a não ser aquilo que vocês leem e entendem. E espero que vocês entendam completamente, 14 como também já nos entenderam em parte, que seremos a glória de vocês, assim como vocês também serão a nossa glória no Dia de Jesus, nosso Senhor.

PAULO EXPLICA A SUA DEMORA EM IR A CORINTO

15 Com esta confiança, eu queria primeiro ir encontrar-me com vocês, para que tivessem um segundo benefício. 16 Queria, ao passar por aí, dirigir-me à Macedônia, e da Macedônia voltar a encontrar-me com vocês, sendo então encaminhado por vocês para a Judeia. 17 Ora, ao querer isso, será que agi com leviandade? Ou, ao tomar decisões, será que decido segundo a carne, de modo que haja em mim, simultaneamente, o "sim, sim" e o "não, não"? 18 Mas, como Deus é fiel, a nossa palavra, dirigida a vocês, não é "sim e não". 19 Porque o Filho de Deus, Jesus Cristo, que foi anunciado entre vocês por nós, isto é, por mim, Silvano e Timóteo, não foi "sim e não"; pelo contrário, nele sempre houve o "sim". 20 Porque todas as promessas de Deus têm nele o "sim". Por isso, também por meio dele se diz o "amém" para glória de Deus, por meio de nós. 21 Mas aquele que nos confirma juntamente com vocês em Cristo e que nos ungiu é Deus, 22 que também pôs o seu selo em nós e nos deu o penhor do Espírito em nosso coração.

23 Eu, porém, por minha vida, tomo Deus por testemunha de que foi para poupar vocês que ainda não voltei a Corinto. 24 Não que tenhamos domínio sobre a fé que vocês têm, mas porque somos cooperadores da alegria de vocês. Porque, pela fé, vocês estão firmes.

2 1 Porque decidi por mim mesmo o seguinte: não voltar a me encontrar com vocês em tristeza. 2 Porque, se eu entristeço vocês, quem me alegrará, senão aquele a quem tenho entristecido? 3 E escrevi isso para que, quando eu for, não seja entristecido por aqueles que deveriam me alegrar, confiando em todos vocês de que a minha alegria é também a alegria de vocês. 4 Porque lhes escrevi no meio de muitos sofrimentos e angústia de coração, com muitas lágrimas, não para que vocês ficassem tristes, mas para que soubessem do amor que tenho por vocês.

O PERDÃO PARA O ARREPENDIDO

5 Ora, se alguém causou tristeza, não o fez a mim, mas, para que eu não seja demasiadamente áspero, digo que em parte causou tristeza a todos vocês. 6 Basta-lhe a punição imposta pela maioria. 7 De modo que, agora, pelo contrário, vocês devem perdoar e consolar, para que esse indivíduo não seja consumido por excessiva tristeza. 8 Por isso, peço que vocês confirmem o amor de vocês para com ele. 9 E foi por isso também que eu lhes escrevi, para ter prova de que, em tudo, vocês são obedientes. 10 A quem vocês perdoam alguma coisa, eu também perdoo. Pois o que perdoei, se é que perdoei alguma coisa, eu o fiz por causa de vocês na presença de Cristo, 11 para que Satanás não alcance vantagem sobre nós, pois não ignoramos quais são as intenções dele.

A INTRANQUILIDADE DE PAULO EM TRÔADE

12 Quando cheguei a Trôade para pregar o evangelho de Cristo, vi que uma porta se havia aberto para mim, no Senhor. 13 No entanto, não tive tranquilidade no meu espírito, porque não encontrei o meu irmão Tito. Por isso, despedindo-me deles, parti para a Macedônia.

A VITÓRIA EM CRISTO

14 Graças, porém, a Deus, que, em Cristo, sempre nos conduz em triunfo e, por meio de nós, manifesta a fragrância do seu conhecimento em todos os lugares. 15 Porque nós somos para com Deus o bom perfume de Cristo, tanto entre os que estão sendo salvos como entre os que estão se perdendo. 16 Para com estes, cheiro de morte para morte; para com aqueles, aroma de vida para vida. Quem, porém, é capaz de fazer estas coisas? 17 Porque nós não estamos, como tantos outros, mercadejando a palavra de Deus. Pelo contrário, em Cristo é que falamos na presença de Deus, com sinceridade e da parte do próprio Deus.

O MINISTÉRIO DA NOVA ALIANÇA

3 1 Estamos começando outra vez a recomendar a nós mesmos? Ou será que temos necessidade, como alguns, de entregar cartas de recomendação para vocês ou pedi-las a vocês? 2 Vocês são a nossa carta, escrita em nosso coração, conhecida e lida por todos. 3 Vocês manifestam que são carta de Cristo, produzida pelo nosso ministério, escrita não com tinta, mas com o Espírito do Deus vivo, não em tábuas de pedra, mas em tábuas de carne, isto é, nos corações.

4 E é por meio de Cristo que temos tal confiança em Deus. 5 Não que, por nós mesmos, sejamos capazes de pensar alguma coisa, como se partisse de nós; pelo contrário, a nossa capacidade vem de Deus, 6 o qual nos capacitou para sermos ministros de uma nova aliança, não da letra, mas do Espírito; porque a letra mata, mas o Espírito vivifica.

7 E, se o ministério da morte, gravado com letras em pedras, se revestiu de glória, a ponto de os filhos de Israel não poderem fixar os olhos na face de Moisés, por causa da glória do seu rosto, ainda que fosse uma glória que estava desaparecendo, 8 como não será de maior glória o ministério do Espírito? 9 Porque, se o ministério da condenação teve glória, em muito maior proporção será glorioso o ministério da justiça. 10 Pois, neste particular, o que era glorioso já não tem mais glória diante da glória atual, que é muito maior. 11 Porque, se o que estava desaparecendo teve a sua glória, muito mais glória tem o que é permanente.

12 Tendo, pois, tal esperança, agimos com muita ousadia. 13 E não somos como Moisés, que punha um véu sobre o rosto, para que os filhos de Israel não pudessem fixar

os olhos no fim daquilo que estava desaparecendo. 14 Mas a mente deles se endureceu. Pois, até o dia de hoje, o mesmo véu permanece sobre a leitura da antiga aliança; não foi tirado, pois só em Cristo ele é removido. 15 Mas, até hoje, quando Moisés é lido, o véu está posto sobre o coração deles. 16 Quando, porém, alguém se converte ao Senhor, o véu é tirado. 17 Ora, este Senhor é o Espírito; e onde está o Espírito do Senhor, aí há liberdade. 18 E todos nós, com o rosto descoberto, contemplando a glória do Senhor, somos transformados, de glória em glória, na sua própria imagem, como pelo Senhor, que é o Espírito.

TESOURO EM VASOS DE BARRO

4 1 Por isso, tendo este ministério, segundo a misericórdia que nos foi dada, não desanimamos. 2 Pelo contrário, rejeitamos as coisas ocultas que trazem vergonha, não agindo com astúcia, nem adulterando a palavra de Deus. E assim, pela manifestação da verdade, nos recomendamos à consciência de todos na presença de Deus. 3 Mas, se o nosso evangelho ainda está encoberto, é para os que se perdem que ele está encoberto, 4 nos quais o deus deste mundo cegou o entendimento dos descrentes, para que não lhes resplandeça a luz do evangelho da glória de Cristo, o qual é a imagem de Deus. 5 Porque não pregamos a nós mesmos, mas a Jesus Cristo como Senhor e a nós mesmos como servos de vocês, por causa de Jesus. 6 Porque Deus, que disse: "Das trevas resplandeça a luz", ele mesmo resplandeceu em nosso coração, para iluminação do conhecimento da glória de Deus na face de Jesus Cristo.

7 Temos, porém, este tesouro em vasos de barro, para que se veja que a excelência do poder provém de Deus, não de nós. 8 Em tudo somos atribulados, porém não angustiados; ficamos perplexos, porém não desanimados; 9 somos perseguidos, porém não abandonados; somos derrubados, porém não destruídos. 10 Levamos sempre no corpo o morrer de Jesus, para que também a vida dele se manifeste em nosso corpo. 11 Porque nós, que vivemos, somos sempre entregues à morte por causa de Jesus, para que também a vida de Jesus se manifeste em nossa carne mortal. 12 De modo que em nós opera a morte; em vocês, a vida.

13 Tendo, porém, o mesmo espírito de fé, como está escrito: "Eu cri, por isso falei", também nós cremos e, por isso, também falamos, 14 sabendo que aquele que ressuscitou o Senhor Jesus também nos ressuscitará com Jesus e nos apresentará juntamente com vocês. 15 Porque tudo isso é para o bem de vocês, para que a graça, multiplicando-se, torne abundantes as ações de graças por meio de muitos, para a glória de Deus.

VIVER PELA FÉ

16 Por isso não desanimamos. Pelo contrário, mesmo que o nosso ser exterior se desgaste, o nosso ser interior se renova dia a dia. 17 Porque a nossa leve e momentânea tribulação produz para nós um eterno peso de glória, acima de toda comparação, 18 na medida em que não olhamos para as coisas que se veem, mas para as que não se veem. Porque as coisas que se veem são temporais, mas as que não se veem são eternas.

AUSENTES DO CORPO E PRESENTES COM O SENHOR

5 1 Pois sabemos que, se a nossa casa terrestre deste tabernáculo se desfizer, temos da parte de Deus um edifício, uma casa não feita por mãos humanas, eterna, nos céus. 2 E, por isso, neste tabernáculo gememos, desejando muito ser revestidos da nossa habitação celestial; 3 se, de fato, formos encontrados vestidos e não nus. 4 Pois nós, os que estamos neste tabernáculo, gememos angustiados, não por querermos ser despidos, mas revestidos, para que o mortal seja absorvido pela vida. 5 Ora, foi o próprio Deus quem nos preparou para isto, dando-nos o penhor do Espírito.

6 Por isso, temos sempre confiança e sabemos que, enquanto no corpo, estamos ausentes do Senhor. 7 Porque andamos por

fé e não pelo que vemos. 8 Sim, temos tal confiança e preferimos deixar o corpo e habitar com o Senhor. 9 É por isso que também nos esforçamos para ser agradáveis a ele, quer presentes, quer ausentes. 10 Porque é necessário que todos nós compareçamos diante do tribunal de Cristo, para que cada um receba segundo o bem ou o mal que tiver feito por meio do corpo.

O ZELO APOSTÓLICO DE PAULO

11 E assim, conhecendo o temor do Senhor, procuramos persuadir as pessoas, mas somos plenamente conhecidos por Deus. E espero que também sejamos reconhecidos na consciência de vocês. 12 Não queremos novamente nos recomendar a vocês; pelo contrário, estamos dando uma oportunidade para vocês se orgulharem por nossa causa, para que tenham o que responder aos que se gloriam na aparência e não no coração. 13 Porque, se enlouquecemos, é para Deus, e, se conservamos o juízo, é para vocês. 14 Pois o amor de Cristo nos domina, porque reconhecemos isto: um morreu por todos; logo, todos morreram. 15 E ele morreu por todos, para que os que vivem não vivam mais para si mesmos, mas para aquele que por eles morreu e ressuscitou. 16 Assim que, nós, daqui por diante, a ninguém conhecemos segundo a carne; e, se antes conhecemos Cristo segundo a carne, já agora não o conhecemos deste modo. 17 E, assim, se alguém está em Cristo, é nova criatura; as coisas antigas já passaram; eis que se fizeram novas.

O MINISTÉRIO DA RECONCILIAÇÃO

18 Ora, tudo isso provém de Deus, que nos reconciliou consigo mesmo por meio de Cristo e nos deu o ministério da reconciliação, 19 a saber, que Deus estava em Cristo reconciliando consigo o mundo, não levando em conta os pecados dos seres humanos e nos confiando a palavra da reconciliação.

20 Portanto, somos embaixadores em nome de Cristo, como se Deus exortasse por meio de nós. Em nome de Cristo, pois, pedimos que vocês se reconciliem com Deus. 21 Aquele que não conheceu pecado, Deus o fez pecado por nós, para que, nele, fôssemos feitos justiça de Deus.

6 1 E nós, na qualidade de cooperadores com ele, também exortamos a que vocês não recebam em vão a graça de Deus. 2 Porque ele diz:

> "No tempo aceitável escutei você
> e no dia da salvação eu o socorri."

Eis agora o tempo oportuno! Eis agora o dia da salvação!

3 Não queremos dar nenhum motivo de escândalo em coisa alguma, para que o ministério não seja censurado. 4 Pelo contrário, em tudo nos recomendamos como ministros de Deus: na muita paciência, nas aflições, nas privações, nas angústias, 5 nos açoites, nas prisões, nos tumultos, nos trabalhos, nas vigílias, nos jejuns, 6 na pureza, no saber, na paciência, na bondade, no Espírito Santo, no amor não fingido, 7 na palavra da verdade, no poder de Deus; pelas armas da justiça, tanto para atacar como para defender; 8 por honra e por desonra, por infâmia e por boa fama; como enganadores e sendo verdadeiros; 9 como desconhecidos, mas sendo bem-conhecidos; como se estivéssemos morrendo, mas eis que vivemos; como castigados, porém não mortos; 10 como entristecidos, mas sempre alegres; como pobres, mas enriquecendo a muitos; como nada tendo, mas possuindo tudo.

11 Ó coríntios, temos falado com toda a franqueza e estamos de coração aberto para vocês. 12 Nosso afeto por vocês não tem limites; vocês é que estão limitados em seu afeto por nós. 13 Ora, como justa retribuição — e falo a vocês como a filhos — peço que também vocês abram o seu coração para nós.

NENHUMA COMUNHÃO COM OS DESCRENTES

14 Não se ponham em jugo desigual com os descrentes. Pois que sociedade pode haver entre a justiça e a iniquidade? Ou

que comunhão existe entre a luz e as tre-
vas? 15 Que harmonia pode haver entre Cristo
e o Maligno? Ou que união existe entre o
crente e o descrente? 16 Que ligação há entre
o santuário de Deus e os ídolos? Porque nós
somos santuário do Deus vivo, como ele pró-
prio disse:

"Habitarei e andarei entre eles;
serei o seu Deus,
e eles serão o meu povo."

17 Por isso, o Senhor diz:

"Saiam do meio deles
e separem-se deles.
Não toquem em coisa impura,
e eu os receberei."
18 "Serei o Pai de vocês,
e vocês serão meus filhos
e minhas filhas",

diz o Senhor Todo-Poderoso.

7 1 Portanto, meus amados, tendo tais
promessas, purifiquemo-nos de toda
impureza, tanto da carne como do espírito,
aperfeiçoando a nossa santidade no temor
de Deus.

A ALEGRIA DE PAULO PELOS CORÍNTIOS

2 Pedimos que vocês nos acolham em
seu coração. Não tratamos ninguém com
injustiça, não prejudicamos ninguém, não
exploramos ninguém. 3 Não falo para con-
denar vocês. Porque eu já disse que vocês
estão em nosso coração para, juntos, mor-
rermos e vivermos. 4 Estou sendo bem
franco com vocês e tenho muito orgulho de
vocês. Sinto-me grandemente confortado
e transbordo de alegria em meio a toda a
nossa tribulação.

A CHEGADA DE TITO

5 Porque, quando chegamos à Macedônia,
não tivemos nenhum alívio. Pelo contrário,
em tudo fomos atribulados: lutas por fora,
temores por dentro. 6 Porém Deus, que
consola os abatidos, nos consolou com a che-
gada de Tito. 7 E não somente com a chegada
dele, mas também pelo consolo que recebeu
de vocês. Ele nos falou da saudade, do pranto
e do zelo que vocês têm por mim, aumen-
tando, assim, a minha alegria.
8 Porque, mesmo que eu tenha entristecido
vocês com a minha carta, não me arrependo
— embora já tenha me arrependido, pois
vi que aquela carta os deixou tristes, ainda
que por breve tempo. 9 Mas agora me ale-
gro, não porque vocês ficaram tristes, mas
porque essa tristeza os levou ao arrepen-
dimento. Pois vocês foram entristecidos
segundo Deus, para que, de nossa parte, não
sofressem nenhum dano. 10 Porque a tris-
teza segundo Deus produz arrependimento
para a salvação, que a ninguém traz pesar;
mas a tristeza do mundo produz morte.
11 Vejam quanto cuidado produziu em vocês
o fato de serem entristecidos segundo Deus!
Que defesa, que indignação, que temor, que
saudade, que zelo, que desejo de punir o
culpado! Em tudo vocês se mostraram ino-
centes neste assunto.
12 Portanto, embora eu tenha escrito aquela
carta, não foi por causa daquele que fez o
mal, nem por causa daquele que sofreu a
afronta, mas para que fosse manifesto entre
vocês, diante de Deus, o cuidado que vocês
têm por nós. 13 Foi por isso que nos senti-
mos consolados.
E, acima desta nossa consolação, muito
mais nos alegramos pelo contentamento de
Tito, porque todos vocês trouxeram refrigé-
rio ao espírito dele. 14 Porque, se falei a ele
com certo orgulho a respeito de vocês, não
fiquei envergonhado. Pelo contrário, como
tudo que falamos a vocês era verdade, tam-
bém os elogios que, na presença de Tito,
fizemos a respeito de vocês se mostraram
verdadeiros. 15 E o grande afeto que ele tem
por vocês aumenta cada vez mais, quando
ele se lembra da obediência de todos vocês,
de como o receberam com temor e tremor.
16 Alegro-me porque, em tudo, posso con-
fiar em vocês.

GENEROSIDADE NAS OFERTAS

8 1 Também, irmãos, queremos que
estejam informados a respeito da
graça de Deus que foi concedida às igre-
jas da Macedônia. 2 Porque, no meio de
muita prova de tribulação, manifestaram
abundância de alegria, e a profunda pobreza
deles transbordou em grande riqueza de
generosidade. 3 Porque posso testemunhar
que, na medida de suas posses e mesmo
acima delas, eles contribuíram de forma
voluntária, 4 pedindo-nos, com insistência, a
graça de participarem dessa assistência aos
santos. 5 E não somente fizeram como nós
esperávamos, mas, pela vontade de Deus,
deram a si mesmos, primeiro ao Senhor,
depois a nós. 6 Isto nos levou a recomen-
dar a Tito que, assim como havia começado,
também completasse esta graça entre vocês.
7 Mas como em tudo vocês manifestam
abundância — na fé, na palavra, no saber,
em toda dedicação e em nosso amor
por vocês —, esperamos que também nesta
graça vocês manifestem abundância.

8 Não digo isto na forma de mandamento,
mas para provar se o amor de vocês é sincero,
comparando-o com a dedicação de outros.
9 Pois vocês conhecem a graça do nosso
Senhor Jesus Cristo, que, sendo rico, se fez
pobre por amor de vocês, para que, por meio
da pobreza dele, vocês se tornassem ricos.

10 E nisto dou a minha opinião: convém
que vocês façam isto, vocês que, desde o
ano passado, começaram não só a fazer,
mas também a querer. 11 Terminem, agora,
a obra começada, para que, assim como
mostraram boa vontade no querer, assim
também completem essa obra, dando de
acordo com o que vocês têm. 12 Porque, se
há boa vontade, a oferta será aceita con-
forme o que a pessoa tem e não segundo o
que ela não tem. 13 Não se trata de fazer com
que os outros tenham alívio e vocês tenham
sobrecarga, mas para que haja igualdade.
14 Neste momento, a abundância que vocês
têm supre a necessidade deles, para que a
abundância deles venha a suprir a neces-
sidade que vocês vierem a ter. Assim, haverá
igualdade, 15 como está escrito:

"Quem recolheu muito
não teve demais;
e o que recolheu pouco
não teve falta."

A MISSÃO DE TITO

16 Mas graças a Deus, que pôs no cora-
ção de Tito a mesma dedicação que temos
por vocês. 17 Ele atendeu ao nosso apelo
e, mostrando ser muito dedicado, partiu
voluntariamente para encontrar-se com
vocês. 18 E, com ele, estamos enviando o
irmão cujo louvor no evangelho está espa-
lhado por todas as igrejas. 19 E não só isto,
mas ele também foi eleito pelas igrejas para
ser nosso companheiro no desempenho
desta graça ministrada por nós, para a glória
do próprio Senhor e para mostrar a nossa
boa vontade.

20 Queremos evitar, assim, que alguém
nos acuse por causa desta generosa dádiva
administrada por nós; 21 pois cuidamos
para fazer o que é correto, não só diante
do Senhor, mas também diante das pes-
soas. 22 Com eles, estamos enviando nosso
irmão, cujo zelo já pusemos à prova em mui-
tas ocasiões e de muitas maneiras, e que
agora se mostra ainda mais zeloso pela
grande confiança que deposita em vocês.
23 Quanto a Tito, é meu companheiro e coo-
perador entre vocês; quanto aos nossos
irmãos, são mensageiros das igrejas e gló-
ria de Cristo. 24 Por isso, diante das igrejas,
comprovem o amor de vocês e confirmem
o orgulho que temos de vocês, na presença
desses homens.

INSTRUÇÕES DE PAULO QUANTO À OFERTA

9 1 Ora, quanto à assistência a favor dos
santos, não é necessário que eu escreva
a vocês. 2 Porque conheço a boa vontade de
vocês, da qual me orgulho diante dos mace-
dônios, dizendo que os irmãos da Acaia
estão preparados desde o ano passado.
E o zelo de vocês tem estimulado muitos
deles. 3 Mas enviei estes irmãos, para que o
nosso louvor a respeito de vocês neste
particular não se desminta, a fim de que,

Deus é especialista em guardar tesouros em vasos de barro para que a excelência não seja do vaso, e sim do conteúdo.

como venho dizendo, vocês estivessem
preparados. 4 Do contrário, se alguns mace-
dônios forem comigo e descobrirem que
vocês não estão preparados, isso será uma
vergonha para nós — para não dizer que
será para vocês também — por toda essa
confiança que tivemos em vocês. 5 Portanto,
julguei necessário recomendar aos irmãos
que me precedessem na visita a vocês e pre-
parassem de antemão a oferta que vocês
prometeram, para que esteja pronta como
expressão de generosidade e não de avareza.

A SEMENTEIRA E A COLHEITA

6 E isto afirmo: aquele que semeia pouco
também colherá pouco; e o que semeia
com fartura também colherá com fartura.
7 Cada um contribua segundo tiver pro-
posto no coração, não com tristeza ou por
necessidade, porque Deus ama quem dá
com alegria. 8 Deus pode tornar abundante
em vocês toda graça, a fim de que, tendo
sempre, em tudo, ampla suficiência, vocês
sejam abundantes em toda boa obra, 9 como
está escrito:

"Distribuiu, deu aos pobres,
a sua justiça permanece
para sempre."

10 E Deus, que dá semente ao que semeia
e pão para alimento, também suprirá e
aumentará as sementes e multiplicará os
frutos da justiça de vocês. 11 Assim, vocês
serão enriquecidos em tudo para toda gene-
rosidade, a qual, por meio de nós, resulta
em orações de gratidão a Deus. 12 Porque
o serviço desta assistência não só supre
a necessidade dos santos, mas também
transborda em muitas orações de gratidão
a Deus. 13 Na prova deste serviço, eles glori-
ficam a Deus pela obediência da confissão
que vocês fazem do evangelho de Cristo e
pela generosidade com que vocês contri-
buem para eles e para todos, 14 enquanto
eles oram por vocês, com grande afeto, por
causa da extraordinária graça de Deus que
foi dada a vocês. 15 Graças a Deus pelo seu
dom indescritível!

PAULO DEFENDE A SUA AUTORIDADE APOSTÓLICA

10 1 E eu mesmo, Paulo, peço a vocês,
pela mansidão e bondade de Cristo
— eu que, na verdade, quando estou com
vocês, sou humilde, mas, quando ausente,
sou ousado para com vocês —, 2 sim, eu
peço que não me obriguem a ser ousado,
quando estiver com vocês, servindo-me
daquela firmeza com que penso que devo
tratar alguns que nos julgam como se andás-
semos segundo a carne. 3 Porque, embora
andemos na carne, não lutamos segundo a
carne. 4 Porque as armas da nossa luta não
são carnais, mas poderosas em Deus, para
destruir fortalezas. Destruímos raciocínios
falaciosos 5 e toda arrogância que se levanta
contra o conhecimento de Deus, e leva-
mos cativo todo pensamento à obediência
de Cristo. 6 E estaremos prontos para punir
qualquer desobediência, quando a obediên-
cia de vocês estiver completa.

7 Observem o que está evidente. Se alguém
confia em si que é de Cristo, pense outra
vez consigo mesmo que, assim como ele é
de Cristo, também nós o somos. 8 Porque,
se eu me gloriar um pouco mais a respeito
da nossa autoridade, a qual o Senhor nos
conferiu para edificação e não para destrui-
ção de vocês, não me envergonharei. 9 Não
quero que pareça ser meu objetivo inti-
midar vocês por meio de cartas. 10 Alguns
dizem: "As cartas são graves e fortes, mas a
presença pessoal dele é fraca e a sua pala-
vra é desprezível." 11 Que tal pessoa leve em
conta o seguinte: o que somos na palavra
por cartas, estando ausentes, seremos tam-
bém em ações, quando presentes. 12 Porque
não ousamos nos classificar ou compa-
rar com alguns que louvam a si mesmos.
Mas eles, medindo-se consigo mesmos e
comparando-se consigo mesmos, revelam
falta de entendimento.

13 Nós, porém, não nos gloriaremos além
da medida, mas respeitamos o limite da
esfera de ação que Deus nos demarcou
e que se estende até vocês. 14 Porque não
ultrapassamos os nossos limites como se
não devêssemos chegar até vocês, pois já

chegamos até vocês com o evangelho de
Cristo. 15 Não nos gloriamos além da medida
no trabalho que outros fizeram, mas temos
a esperança de que, à medida que cresce a
fé que vocês têm, seremos cada vez mais
engrandecidos entre vocês, dentro da
nossa esfera de ação, 16 a fim de anunciar
o evangelho para além das fronteiras em
que vocês se encontram, sem com isto nos
gloriarmos de coisas já realizadas na esfera
de ação de outros.
17 Aquele, porém, que se gloria, glorie-se
no Senhor. 18 Porque não é aprovado quem
recomenda a si mesmo, e sim aquele que o
Senhor recomenda.

PAULO CONTINUA A SUA DEFESA

11 1 Eu gostaria que vocês me supor-
tassem um pouco mais na minha
loucura. Portanto, suportem-me. 2 Tenho
zelo por vocês com um zelo que vem de
Deus, pois eu preparei vocês para apresentá-
-los como virgem pura a um só esposo, que
é Cristo. 3 Temo que, assim como a serpente,
com a sua astúcia, enganou Eva, assim tam-
bém a mente de vocês seja corrompida e se
afaste da simplicidade e pureza devidas a
Cristo. 4 Pois, se vem alguém que prega outro
Jesus, diferente daquele que nós pregamos,
ou se vocês aceitam um espírito diferente
daquele que já receberam ou um evangelho
diferente do que já aceitaram, vocês tole-
ram isso muito bem. 5 Porque suponho em
nada ter sido inferior a esses "superapós-
tolos". 6 E, embora seja fraco no falar, não o
sou no conhecimento. Em tudo e por todos
os modos temos manifestado isto a vocês.
7 Será que cometi algum pecado pelo fato
de viver humildemente, para que vocês
fossem exaltados, visto que lhes anunciei
o evangelho de Deus sem cobrar nada?
8 Tirei de outras igrejas, recebendo salá-
rio, para poder servir a vocês. 9 E, estando
entre vocês, ao passar privações, não me fiz
pesado a ninguém; pois os irmãos, quando
vieram da Macedônia, supriram o que me
faltava. Em tudo, me guardei e me guarda-
rei de ser pesado a vocês. 10 Pela verdade
de Cristo que está em mim, garanto que
esta glória não me será tirada nas regiões
da Acaia. 11 Por quê? Será que é porque não
amo vocês? Deus o sabe.
12 Mas o que faço, isso continuarei a fazer,
para não dar oportunidade àqueles que a
buscam com o objetivo de serem considera-
dos iguais a nós, naquilo em que se gloriam.
13 Porque esses tais são falsos apóstolos,
obreiros fraudulentos, disfarçando-se em
apóstolos de Cristo. 14 E não é de admirar,
porque o próprio Satanás se disfarça de anjo
de luz. 15 Portanto, não deveria surpreender
que os seus próprios ministros se disfarcem
em ministros de justiça. O fim deles será con-
forme as suas obras.

OS SOFRIMENTOS DE PAULO POR AMOR DO EVANGELHO

16 Outra vez digo: ninguém pense que
estou louco. Mas, se vocês pensam que sim,
recebam-me como um louco, para que tam-
bém eu me glorie por um instante. 17 O que
falo nesta confiança de gloriar-me, não o falo
segundo o Senhor, mas como por loucura.
18 E, visto que muitos se gloriam segundo a
carne, também eu me gloriarei. 19 Porque,
sendo tão sábios, de boa vontade vocês
toleram os loucos. 20 Vocês toleram quem os
escravize, quem os explore, quem os engane,
quem se exalte, quem lhes dê bofetadas no
rosto. 21 Para minha vergonha, confesso que
fomos fracos demais para isso!
Mas, naquilo em que outros têm ousa-
dia — e volto a falar como se fosse louco
— também eu a tenho. 22 São hebreus? Eu
também! São israelitas? Eu também! São da
descendência de Abraão? Eu também! 23 São
ministros de Cristo? Falando como se esti-
vesse fora de mim, afirmo que sou ainda
mais: em trabalhos, muito mais; em pri-
sões, muito mais; em açoites, sem medida;
em perigos de morte, muitas vezes. 24 Cinco
vezes recebi dos judeus quarenta açoites
menos um. 25 Três vezes fui açoitado com
varas. Uma vez fui apedrejado. Três vezes
naufraguei. Fiquei uma noite e um dia
boiando em alto mar. 26 Em viagens, mui-
tas vezes; em perigos de rios, em perigos
de assaltantes, em perigos entre patrícios,

em perigos entre gentios, em perigos na cidade, em perigos no deserto, em perigos no mar, em perigos entre falsos irmãos; 27 em trabalhos e fadigas, em vigílias, muitas vezes; em fome e sede, em jejuns, muitas vezes; em frio e nudez. 28 Além das coisas exteriores, ainda pesa sobre mim diariamente a preocupação com todas as igrejas. 29 Quem enfraquece, que eu também não enfraqueça? Quem se escandaliza, que eu não fique indignado?

30 Se tenho de me gloriar, vou me gloriar no que diz respeito à minha fraqueza. 31 O Deus e Pai do Senhor Jesus, que é bendito para sempre, sabe que não minto. 32 Em Damasco, o governador nomeado pelo rei Aretas montou guarda na cidade dos damascenos, para me prender, 33 mas, num grande cesto, me desceram por uma janela da muralha, e assim me livrei das mãos dele.

AS VISÕES E REVELAÇÕES DO SENHOR

12 1 Se é necessário que eu me glorie, ainda que não seja conveniente, vou falar a respeito das visões e revelações do Senhor. 2 Conheço um homem em Cristo que, há catorze anos, foi arrebatado até o terceiro céu. Se isso foi no corpo ou fora do corpo, não sei; Deus o sabe. 3 E sei que esse homem — se no corpo ou sem o corpo, não sei; Deus o sabe — 4 foi arrebatado ao paraíso e ouviu palavras indizíveis, que homem nenhum tem permissão para repetir. 5 Desse eu me gloriarei; não, porém, de mim mesmo, a não ser nas minhas fraquezas. 6 Pois, se eu vier a gloriar-me, não serei louco, porque estarei falando a verdade. Mas evito fazer isso para que ninguém se preocupe comigo mais do que vê em mim ou do que ouve de mim.

O ESPINHO NA CARNE

7 E, para que eu não ficasse orgulhoso com a grandeza das revelações, foi-me posto um espinho na carne, mensageiro de Satanás, para me esbofetear, a fim de que eu não me exalte. 8 Três vezes pedi ao Senhor que o afastasse de mim. 9 Então ele me disse: "A minha graça é o que basta para você, porque o poder se aperfeiçoa na fraqueza." De boa vontade, pois, mais me gloriarei nas fraquezas, para que sobre mim repouse o poder de Cristo. 10 Por isso, sinto prazer nas fraquezas, nos insultos, nas privações, nas perseguições, nas angústias, por amor de Cristo. Porque, quando sou fraco, então é que sou forte.

AS CREDENCIAIS DE UM APÓSTOLO

11 Fiz-me louco, mas vocês me obrigaram a isso. Eu devia ter sido recomendado por vocês, pois em nada fui inferior a esses "superapóstolos", ainda que nada sou. 12 Pois as minhas credenciais de apóstolo foram apresentadas no meio de vocês, com toda a paciência, por sinais, prodígios e maravilhas. 13 Pois em que vocês foram inferiores às demais igrejas, senão no fato de eu não ter sido pesado a vocês? Perdoem-me esta injustiça.

PAULO DESEJA VISITÁ-LOS

14 Eis que, pela terceira vez, estou pronto para visitá-los e não serei um peso para vocês. Pois não estou interessado nos bens de vocês, e sim em vocês mesmos. Não são os filhos que devem juntar riquezas para os pais, mas os pais, para os filhos. 15 Eu de boa vontade gastarei e me deixarei gastar em favor de vocês. Se eu os amo cada vez mais, será que vou ser amado cada vez menos? 16 Seja como for, eu não fui um peso para vocês. No entanto, sendo astuto, eu os prendi com astúcia. 17 Será que eu explorei vocês por meio de alguém que lhes enviei? 18 Pedi a Tito que fosse até aí e mandei com ele outro irmão. Será que Tito explorou vocês? Não é verdade que temos andado no mesmo espírito? Não seguimos nas mesmas pisadas?

O RECEIO DE PAULO

19 Há muito vocês podem estar pensando que queremos nos defender diante de vocês. Falamos em Cristo diante de Deus, e tudo isto, meus amados, é para a edificação de vocês. 20 Pois tenho receio de que, indo até aí, eu não os encontre na forma em

que gostaria de encontrá-los, e que também
vocês me achem diferente do que espera-
vam, e que haja entre vocês briga, inveja,
ira, egoísmo, difamação, intriga, orgulho e
tumulto. 21 Tenho receio de que, indo outra
vez, o meu Deus me humilhe diante de
vocês, e eu venha a chorar por muitos que,
no passado, pecaram e não se arrependeram
da impureza, da imoralidade sexual e da
libertinagem que praticaram.

CONSELHOS FINAIS

13 1 Esta é a terceira vez que vou visi-
tá-los. Por boca de duas ou três
testemunhas, toda questão será decidida. 2 Já
o disse anteriormente e digo de novo, como
fiz quando estive presente pela segunda vez.
Mas, agora, estando ausente, digo aos que,
no passado, pecaram e a todos os demais:
se eu for outra vez, não os pouparei, 3 visto
que vocês buscam provas de que Cristo fala
em mim. Ele não é fraco quando trata com
vocês; pelo contrário, é poderoso entre vocês.
4 Porque, de fato, foi crucificado em fraqueza,
mas vive pelo poder de Deus. Porque nós
também somos fracos nele, mas viveremos
com ele, pelo poder de Deus, para o bem
de vocês.

5 Examinem-se para ver se realmente estão
na fé; provem a si mesmos. Ou não reco-
nhecem que Jesus Cristo está em vocês?
A não ser que já tenham sido reprovados.
6 Mas espero que reconheçam que nós não
fomos reprovados. 7 Estamos orando a Deus
para que vocês não façam mal algum, não
para que, simplesmente, pareça que nós
fomos aprovados, mas que vocês façam o
bem, mesmo que pareça que nós fomos
reprovados. 8 Porque nada podemos con-
tra a verdade, senão a favor da verdade.
9 Porque nos alegramos quando nós esta-
mos fracos e vocês estão fortes; e a nossa
oração é esta: que vocês sejam aperfeiçoa-
dos. 10 Portanto, escrevo estas coisas, estando
ausente, para que, estando presente, não
venha a usar de rigor segundo a autoridade
que o Senhor me deu para edificação e não
para destruição.

SAUDAÇÕES

11 Quanto ao mais, irmãos, adeus! Procurem
aperfeiçoar-se, consolem uns aos outros,
tenham o mesmo modo de pensar, vivam
em paz. E o Deus de amor e de paz estará
com vocês. 12 Saúdem uns aos outros com
um beijo santo. Todos os santos man-
dam saudações.

BÊNÇÃO

13 A graça do Senhor Jesus Cristo, e o amor
de Deus, e a comunhão do Espírito Santo
estejam com todos vocês.

Cartas de Paulo

Gálatas

Livro 48 com 6 CAPÍTULOS

AUTORIA

O apóstolo Paulo (Gl 1.1,11-12).

ÉPOCA DA ESCRITA

Entre 48 e 55 d.C., provavelmente após a primeira viagem missionária de Paulo e antes do Concílio de Jerusalém (At 15).

SIGNIFICADO DO TÍTULO

"Gálatas" refere-se aos habitantes da região da Galácia, na Ásia Menor (moderna Turquia), para quem a carta foi destinada (Gl 1.2).

TEMAS DO LIVRO

A teologia central de Gálatas é a justificação pela fé (Gl 2.16), destacando que a salvação é um dom gratuito de Deus, não baseada em obras humanas (Gl 5.1; 3.11). Paulo enfatiza a liberdade cristã, afirmando que os crentes não estão mais sob a escravidão da Lei, mas são chamados a viver pelo Espírito (Gl 5.1,16-18).

A carta também destaca a igualdade de todos os cristãos em Cristo, a despeito de suas origens étnicas ou sociais (Gl 3.28).

OBJETIVO DO LIVRO

Combater falsos ensinamentos dos judaizantes, que insistiam em que os gentios deveriam seguir as leis judaicas para serem salvos. Paulo reafirma que a salvação é pela graça, por meio da fé em Jesus Cristo, não pelas obras da Lei (Gl 2.16; 5.1).

A LIBERDADE EM CRISTO

ESTRUTURA DO LIVRO

- ★ Introdução e saudação Gl 1.1-10
- ★ Defesa do evangelho de Paulo Gl 1.11—2
- ★ A doutrina da justificação pela fé Gl 3—4
- ★ A vida cristã na liberdade Gl 5—6.10
- ★ Conclusão e bênção Gl 6.11-18

GÁLATAS E CRISTO

Paulo apresenta Cristo como o Redentor que liberta os cristãos da maldição da Lei (Gl 3.13). Ele é o centro da fé e o meio pelo qual os crentes recebem o Espírito Santo e a promessa de Abraão (Gl 3.14). A carta também enfatiza que a verdadeira identidade dos cristãos está em Cristo, não em ritos ou tradições religiosas (Gl 2.20).

PREFÁCIO E SAUDAÇÃO

1 1 Paulo, apóstolo — não da parte de pes-
soas, nem por meio de homem algum,
mas por Jesus Cristo e por Deus Pai, que o
ressuscitou dos mortos —, 2 e todos os irmãos
que estão comigo, às igrejas da Galácia.
3 Que a graça e a paz estejam com vocês, da
parte de Deus, nosso Pai, e do Senhor Jesus
Cristo, 4 o qual entregou a si mesmo pelos
nossos pecados, para nos livrar deste mundo
perverso, segundo a vontade de nosso Deus
e Pai, 5 a quem seja a glória para todo o sem-
pre. Amém!

NÃO HÁ OUTRO EVANGELHO

6 Estou muito surpreso em ver que vocês
estão passando tão depressa daquele que
os chamou na graça de Cristo para outro
evangelho, 7 o qual, na verdade, não é
outro. Porém, há alguns que estão pertur-
bando vocês e querem perverter o evangelho
de Cristo. 8 Mas, ainda que nós ou mesmo um
anjo vindo do céu pregue a vocês um evan-
gelho diferente daquele que temos pregado,
que esse seja anátema. 9 Como já dissemos,
e agora repito, se alguém está pregando a
vocês um evangelho diferente daquele que
já receberam, que esse seja anátema.
10 Por acaso eu procuro, agora, o favor das
pessoas ou o favor de Deus? Ou procuro agra-
dar pessoas? Se ainda estivesse procurando
agradar pessoas, eu não seria servo de Cristo.

COMO PAULO SE TORNOU APÓSTOLO

11 Mas informo a vocês, irmãos, que o
evangelho por mim anunciado não é men-
sagem humana, 12 porque eu não o recebi de
ser humano algum, nem me foi ensinado,
mas eu o recebi mediante revelação de
Jesus Cristo.
13 Porque vocês ouviram qual foi, no pas-
sado, o meu modo de agir no judaísmo,
como, de forma violenta, eu perseguia a
igreja de Deus e procurava destruí-la. 14 E, na
minha nação, quanto ao judaísmo, levava
vantagem sobre muitos da minha idade,
sendo extremamente zeloso das tradições
dos meus pais.
15 Mas, quando Deus, que me separou
antes de eu nascer e me chamou pela sua
graça, achou por bem 16 revelar seu Filho
em mim, para que eu o pregasse entre os
gentios, não fui imediatamente consultar
outras pessoas, 17 nem fui a Jerusalém para
me encontrar com os que já eram apósto-
los antes de mim, mas fui para as regiões
da Arábia e voltei, outra vez, para Damasco.
18 Passados três anos, fui a Jerusalém para
me encontrar com Cefas e fiquei quinze dias
com ele. 19 E não vi outro dos apóstolos, a não
ser Tiago, o irmão do Senhor. 20 Ora, a respeito
do que estou escrevendo a vocês, afirmo
diante de Deus que não estou mentindo.
21 Depois, fui para as regiões da Síria e da
Cilícia. 22 E eu não era conhecido pessoal-
mente pelas igrejas da Judeia, que estão em
Cristo. 23 Ouviam somente dizer: "Aquele
que antes nos perseguia, agora prega a fé
que no passado procurava destruir." 24 E glo-
rificavam a Deus a meu respeito.

O APOSTOLADO AOS JUDEUS E AOS GENTIOS

2 1 Catorze anos depois, fui outra vez
a Jerusalém com Barnabé, levando
também Tito. 2 Fui em obediência a uma
revelação. E lhes apresentei o evangelho
que prego entre os gentios — mas fiz isso
em particular aos que pareciam de maior
influência —, para não correr ou ter cor-
rido em vão. 3 Mas, nem mesmo Tito, que
estava comigo, sendo grego, foi obrigado a
submeter-se à circuncisão. 4 E isto surgiu
por causa dos falsos irmãos que se haviam
infiltrado para espreitar a liberdade que
temos em Cristo Jesus e nos reduzir à escra-
vidão. 5 A esses não nos submetemos por
um instante sequer, para que a verdade do
evangelho permanecesse entre vocês.
6 E, quanto àqueles que pareciam ser
alguma coisa — o que eles foram, no pas-
sado, não me interessa; Deus não aceita a
aparência do homem —, esses, digo, que
pareciam ser de maior influência, nada me
acrescentaram. 7 Pelo contrário, quando
viram que me havia sido confiado o evan-
gelho da incircuncisão, assim como a Pedro

Você, mulher, é amada por Deus. É filha do Altíssimo.

foi confiado o evangelho da circuncisão
8 — pois aquele que operou eficazmente
em Pedro para o apostolado da circunci-
são também operou eficazmente em mim
para com os gentios — 9 e, quando reconhe-
ceram a graça que me foi dada, Tiago, Cefas
e João, que eram reputados colunas, esten-
deram a mim e a Barnabé a mão direita da
comunhão, a fim de que nós fôssemos para
os gentios e eles fossem para a circuncisão.
10 Somente recomendaram que nos lem-
brássemos dos pobres, o que também me
esforcei por fazer.

PAULO REPREENDE PEDRO

11 Quando, porém, Cefas veio a Antio-
quia, resisti-lhe face a face, porque havia se
tornado repreensível. 12 De fato, antes de che-
garem alguns da parte de Tiago, ele comia
com os gentios; quando, porém, chegaram,
começou a afastar-se e, por fim, separou-se,
temendo os da circuncisão. 13 E também os
demais judeus se fizeram hipócritas junta-
mente com ele, a ponto de o próprio Barnabé
ter-se deixado levar pela hipocrisia deles.
14 Quando, porém, vi que não procediam cor-
retamente segundo a verdade do evangelho,
eu disse a Cefas, na presença de todos: "Se
você, que é judeu, vive como gentio e não
como judeu, por que quer obrigar os gentios
a viverem como judeus?"

A JUSTIFICAÇÃO PELA FÉ EM CRISTO JESUS

15 Nós, judeus por natureza e não pecado-
res dentre os gentios, 16 sabendo, contudo,
que o homem não é justificado por obras
da lei, e sim mediante a fé em Jesus Cristo,
também temos crido em Cristo Jesus, para
que fôssemos justificados pela fé em Cristo
e não por obras da lei, pois por obras da lei
ninguém será justificado. 17 Mas, se nós,
procurando ser justificados em Cristo,
fomos também achados pecadores, será
que isto significa que Cristo é ministro do
pecado? De modo nenhum! 18 Porque, se
volto a edificar aquilo que destruí, a mim
mesmo constituo transgressor. 19 Porque
eu, mediante a própria lei, morri para a lei,
a fim de viver para Deus. Estou crucificado
com Cristo; 20 logo, já não sou eu quem vive,
mas Cristo vive em mim. E esse viver que
agora tenho na carne, vivo pela fé no Filho
de Deus, que me amou e se entregou por
mim. 21 Não anulo a graça de Deus; pois, se a
justiça é mediante a lei, segue-se que Cristo
morreu em vão.

PAULO APELA PARA A EXPERIÊNCIA DOS GÁLATAS

3 1 Ó gálatas insensatos! Quem foi que os
enfeitiçou? Não foi diante dos olhos de
vocês que Jesus Cristo foi exposto como cru-
cificado? 2 Quero apenas saber isto: vocês
receberam o Espírito pelas obras da lei ou
pela pregação da fé? 3 Será que vocês são tão
insensatos que, tendo começado no Espí-
rito, agora querem se aperfeiçoar na carne?
4 Será que vocês sofreram tantas coisas em
vão? Se é que, na verdade, foram em vão.
5 Aquele que lhes concede o Espírito e que
opera milagres entre vocês, será que ele o
faz pelas obras da lei ou pela pregação da fé?

O EXEMPLO DE ABRAÃO

6 É o caso de Abraão, que "creu em Deus,
e isso lhe foi atribuído para justiça". 7 Sai-
bam, portanto, que os que têm fé é que são
filhos de Abraão. 8 Ora, tendo a Escritura pre-
visto que Deus justificaria os gentios pela fé,
preanunciou o evangelho a Abraão, dizendo:
"Em você serão abençoados todos os povos."
9 De modo que os que têm fé são abençoa-
dos com o crente Abraão.
10 Pois todos os que são das obras da lei
estão debaixo de maldição, porque está
escrito: "Maldito todo aquele que não per-
manece em todas as coisas escritas no Livro
da Lei, para praticá-las." 11 E é evidente que,
pela lei, ninguém é justificado diante de
Deus, porque "o justo viverá pela fé". 12 Ora,
a lei não procede de fé, mas "aquele que
observar os seus preceitos por eles viverá".
13 Cristo nos resgatou da maldição da lei,
fazendo-se ele próprio maldição em nosso
lugar — porque está escrito: "Maldito todo
aquele que for pendurado em madeiro" —,
14 para que a bênção de Abraão chegasse

aos gentios, em Cristo Jesus, a fim de que recebêssemos, pela fé, o Espírito prometido.

A LEI NÃO PODE INVALIDAR A PROMESSA

15 Irmãos, falo em termos humanos. Ainda que uma aliança seja meramente humana, uma vez ratificada, ninguém a revoga ou lhe acrescenta coisa alguma. 16 Ora, as promessas foram feitas a Abraão e ao seu descendente. Não diz: "e aos descendentes", como falando de muitos, porém como falando de um só: "e ao seu descendente", que é Cristo. 17 E digo isto: uma aliança já anteriormente confirmada por Deus não pode ser revogada pela lei, que veio quatrocentos e trinta anos depois, a ponto de anular a promessa. 18 Porque, se a herança provém de lei, já não decorre de promessa. Mas foi pela promessa que Deus a concedeu gratuitamente a Abraão.

19 Logo, para que é a lei? Ela foi acrescentada por causa das transgressões, até que viesse o descendente a quem se fez a promessa, e foi promulgada por meio de anjos, pela mão de um mediador. 20 Ora, o mediador não é de um só, mas Deus é um só.

21 Seria, então, a lei contrária às promessas de Deus? De modo nenhum! Porque, se fosse promulgada uma lei que pudesse dar vida, então a justiça seria, de fato, procedente de lei. 22 Mas a Escritura encerrou tudo sob o pecado, para que, mediante a fé em Jesus Cristo, a promessa fosse concedida aos que creem.

A TUTELA DA LEI PARA NOS CONDUZIR A CRISTO

23 Mas, antes que viesse a fé, estávamos sob a tutela da lei e nela encerrados, para essa fé que, no futuro, haveria de ser revelada. 24 De maneira que a lei se tornou nosso guardião para nos conduzir a Cristo, a fim de que fôssemos justificados pela fé. 25 Mas, agora que veio a fé, já não permanecemos subordinados ao guardião. 26 Pois todos vocês são filhos de Deus mediante a fé em Cristo Jesus; 27 porque todos vocês que foram batizados em Cristo de Cristo se revestiram. 28 Assim sendo, não pode haver judeu nem grego; nem escravo nem liberto; nem homem nem mulher; porque todos vocês são um em Cristo Jesus. 29 E, se vocês são de Cristo, são também descendentes de Abraão e herdeiros segundo a promessa.

A NOSSA FILIAÇÃO EM CRISTO

4 1 Digo, porém, o seguinte: durante o tempo em que o herdeiro é menor de idade, em nada difere de um escravo, mesmo sendo senhor de tudo. 2 Mas está sob tutores e curadores até o tempo predeterminado pelo pai. 3 Assim, também nós, quando éramos menores, estávamos escravizados aos rudimentos do mundo. 4 Mas, quando chegou a plenitude do tempo, Deus enviou o seu Filho, nascido de mulher, nascido sob a lei, 5 para resgatar os que estavam sob a lei, a fim de que recebêssemos a adoção de filhos. 6 E, porque vocês são filhos, Deus enviou o Espírito de seu Filho ao nosso coração, e esse Espírito clama: "Aba, Pai!" 7 Assim, você já não é mais escravo, porém filho; e, sendo filho, também é herdeiro por Deus.

A PREOCUPAÇÃO DE PAULO PELOS GÁLATAS

8 Mas, no passado, quando não conheciam a Deus, vocês eram escravos de deuses que, por natureza, não são deuses. 9 Mas agora que vocês conhecem a Deus, ou melhor, agora que vocês são conhecidos por Deus, como é que estão voltando outra vez aos rudimentos fracos e pobres, aos quais de novo querem servir como escravos? 10 Vocês guardam dias, meses, tempos e anos. 11 Receio que o meu trabalho por vocês tenha sido em vão.

12 Sejam como eu sou, porque também eu sou como vocês. Isto é o que lhes peço, irmãos. Vocês não me ofenderam em nada. 13 E vocês sabem que eu lhes preguei o evangelho a primeira vez por causa de uma enfermidade física. 14 E, por mais que a minha enfermidade na carne lhes tenha sido uma provação, vocês não me trataram com desprezo nem desgosto. Pelo contrário, me receberam como anjo de Deus, como o

próprio Cristo Jesus. 15 O que aconteceu com a felicidade que vocês tinham? Porque posso dar testemunho de que, se fosse possível, vocês teriam arrancado os próprios olhos para me dar! 16 Será que, por dizer a verdade, me tornei inimigo de vocês?

17 Esses que se mostram tão zelosos em relação a vocês não estão sendo sinceros. O que eles querem é afastar vocês de mim, para que vocês se interessem por eles. 18 É bom ser sempre zeloso pelo bem e não apenas quando estou com vocês, 19 meus filhos, por quem, de novo, estou sofrendo as dores de parto, até que Cristo seja formado em vocês. 20 Bem que eu gostaria de estar agora aí com vocês e falar em outro tom de voz, porque estou perplexo com vocês.

SARA E AGAR, ALEGORIA DAS DUAS ALIANÇAS

21 Digam-me vocês, os que querem estar sob a lei: será que vocês não ouvem o que a lei diz? 22 Pois está escrito que Abraão teve dois filhos: um da mulher escrava e outro da mulher livre. 23 O filho da escrava nasceu segundo a carne; o filho da mulher livre nasceu mediante a promessa. 24 Estas coisas são alegóricas, porque essas mulheres são duas alianças. Uma se refere ao monte Sinai, que gera para a escravidão; esta é Agar. 25 Ora, Agar é o monte Sinai, na Arábia, e corresponde à Jerusalém atual, que está em escravidão com os seus filhos. 26 Mas a Jerusalém lá de cima é livre e ela é a nossa mãe. 27 Porque está escrito:

"Alegre-se, ó estéril,
  você que não dá à luz;
exulte e grite,
  você que não sente
  dores de parto;
porque os filhos
  da mulher abandonada
são mais numerosos do que
  os filhos da que tem marido."

28 Mas vocês, irmãos, são filhos da promessa, como Isaque. 29 Como, porém, no passado, aquele que nasceu segundo a carne perseguia o que nasceu segundo o Espírito, assim também acontece agora. 30 Mas o que diz a Escritura? Ela diz: "Mande embora a escrava e seu filho, porque de modo nenhum o filho da escrava será herdeiro com o filho da mulher livre." 31 Portanto, irmãos, somos filhos não da escrava, mas da livre.

A LIBERDADE CRISTÃ

5 1 Para a liberdade foi que Cristo nos libertou. Por isso, permaneçam firmes e não se submetam, de novo, a jugo de escravidão.

2 Eu, Paulo, lhes digo que, se vocês se deixarem circuncidar, Cristo não terá valor nenhum para vocês. 3 De novo, testifico a todo homem que se deixa circuncidar que o mesmo está obrigado a guardar toda a lei. 4 Vocês que procuram justificar-se pela lei estão separados de Cristo; vocês caíram da graça de Deus. 5 Porque nós, pelo Espírito, aguardamos a esperança da justiça que provém da fé. 6 Porque, em Cristo Jesus, nem a circuncisão, nem a incircuncisão têm valor algum, mas a fé que atua pelo amor.

7 Vocês vinham correndo bem! Quem foi que os impediu de continuar a obedecer à verdade? 8 Esta persuasão não vem daquele que os chamou. 9 Um pouco de fermento leveda toda a massa. 10 Tenho confiança no Senhor de que vocês não mudarão a sua forma de pensar. Mas aquele que está perturbando vocês, seja ele quem for, sofrerá a condenação.

11 Mas, irmãos, se ainda prego a circuncisão, por que continuo sendo perseguido? Nesse caso, estaria desfeito o escândalo da cruz. 12 Quem dera até se mutilassem aqueles que estão perturbando vocês.

A LIBERDADE É LIMITADA PELO AMOR

13 Porque vocês, irmãos, foram chamados à liberdade. Mas não usem a liberdade para dar ocasião à carne; pelo contrário, sejam servos uns dos outros, pelo amor. 14 Porque toda a lei se cumpre em um só preceito, a saber: "Ame o seu próximo como a você mesmo." 15 Mas, se vocês ficam mordendo e devorando uns aos outros,

tenham cuidado para que não sejam mutua-
mente destruídos.

AS OBRAS DA CARNE E O FRUTO DO ESPÍRITO

16 Digo, porém, o seguinte: vivam no
Espírito e vocês jamais satisfarão os desejos
da carne. 17 Porque a carne luta contra o Espí-
rito, e o Espírito luta contra a carne, porque
são opostos entre si, para que vocês não
façam o que querem. 18 Mas, se são guiados
pelo Espírito, vocês não estão debaixo da lei.

19 Ora, as obras da carne são conhecidas e
são: imoralidade sexual, impureza, liberti-
nagem, 20 idolatria, feitiçarias, inimizades,
rixas, ciúmes, iras, discórdias, divisões, fac-
ções, 21 invejas, bebedeiras, orgias e coisas
semelhantes a estas. Declaro a vocês, como
antes já os preveni, que os que praticam tais
coisas não herdarão o Reino de Deus.

22 Mas o fruto do Espírito é: amor, alegria,
paz, longanimidade, benignidade, bondade,
fidelidade, 23 mansidão, domínio próprio.
Contra estas coisas não há lei. 24 E os que são
de Cristo Jesus crucificaram a carne, com as
suas paixões e os seus desejos.

25 Se vivemos no Espírito, andemos tam-
bém no Espírito. 26 Não nos deixemos
possuir de vanglória, provocando uns aos
outros, tendo inveja uns dos outros.

O AUXÍLIO MÚTUO E A RESPONSABILIDADE PESSOAL

6 1 Irmãos, se alguém for surpreendido em
alguma falta, vocês, que são espirituais,
restaurem essa pessoa com espírito de bran-
dura. E que cada um tenha cuidado para que
não seja também tentado. 2 Levem as cargas
uns dos outros e, assim, estarão cumprindo
a lei de Cristo. 3 Porque, se alguém julga ser
alguma coisa, não sendo nada, engana a si
mesmo. 4 Mas que cada um examine o seu
próprio modo de agir e, então, terá motivo de
gloriar-se unicamente em si e não em outro.
5 Porque cada um levará o seu próprio fardo.

O QUE A PESSOA SEMEAR, ISSO TAMBÉM COLHERÁ

6 Mas aquele que está sendo instruído na
palavra compartilhe todas as coisas boas
com aquele que o instrui.

7 Não se enganem: de Deus não se zomba.
Pois aquilo que a pessoa semear, isso tam-
bém colherá. 8 Quem semeia para a sua
própria carne, da carne colherá corrupção;
mas quem semeia para o Espírito, do Espírito
colherá vida eterna. 9 E não nos cansemos de
fazer o bem, porque no tempo certo faremos
a colheita, se não desanimarmos. 10 Por isso,
enquanto tivermos oportunidade, façamos
o bem a todos, mas principalmente aos da
família da fé.

CONSELHOS FINAIS E SAUDAÇÕES

11 Vejam com que letras grandes escrevi
a vocês de próprio punho. 12 Todos os que
querem ostentar-se na carne, esses querem
obrigar vocês a se deixarem circuncidar,
e agem assim somente para não serem
perseguidos por causa da cruz de Cristo.
13 Pois nem mesmo os que se deixam
circuncidar guardam a lei, mas querem
apenas que vocês se submetam à circun-
cisão para que eles possam se gloriar na
carne de vocês. 14 Mas longe de mim gloriar-
-me, senão na cruz de nosso Senhor Jesus
Cristo, pela qual o mundo está crucificado
para mim, e eu estou crucificado para o
mundo. 15 Pois nem a circuncisão é coisa
alguma, nem a incircuncisão, mas o ser nova
criatura. 16 E, a todos os que andarem em
conformidade com esta regra, paz e mise-
ricórdia sejam sobre eles e sobre o Israel
de Deus.

17 Quanto ao mais, ninguém me moleste;
porque eu trago no corpo as marcas de Jesus.

BÊNÇÃO

18 A graça de nosso Senhor Jesus Cristo
esteja com o espírito de vocês, irmãos.
Amém!

Cartas de Paulo

Efésios

Livro 49 com 6 CAPÍTULOS

ÉPOCA DA ESCRITA

Por volta de 60-62 d.C., durante a primeira prisão de Paulo em Roma.

SIGNIFICADO DO TÍTULO

Refere-se aos cristãos da cidade de Éfeso, uma das principais da Ásia Menor e um centro de cultura e comércio.

AUTORIA

O apóstolo Paulo (Ef 1.1).

OBJETIVO DO LIVRO

Fortalecer e encorajar os cristãos de Éfeso, destacando a unidade e a identidade da Igreja como Corpo de Cristo (Ef 1.22-23). Ele também instrui sobre a conduta cristã, tanto individualmente quanto em comunidade (Ef 4.1-3).

ESTRUTURA DO LIVRO

- ★ Bênçãos espirituais em Cristo Ef 1
- ★ A salvação pela graça Ef 2
- ★ O mistério da Igreja revelado Ef 3
- ★ A unidade e a nova vida em Cristo Ef 4—5.20
- ★ Relações domésticas e batalha espiritual Ef 5.21—6.20
- ★ Conclusão e saudação Ef 6.21-24

CURIOSIDADES

É possivelmente uma carta circular, destinada a várias igrejas, pois não tem saudações pessoais.

Seu estilo literário é sofisticado, com vocabulário único e estrutura poética, incluindo doxologias profundas e possivelmente hinos primitivos (Ef 1.3-14).

TEMAS DO LIVRO

Efésios enfatiza a soberania de Deus na salvação (Ef 1.3-14), a unidade da Igreja como Corpo de Cristo (Ef 4.4-6) e a nova vida em Cristo (Ef 4.22-24).

Paulo descreve a Igreja como um edifício espiritual, um corpo e uma noiva, destacando a unidade e diversidade dos cristãos (Ef 2.19-22; 4.12-13).

A epístola também enfatiza a vida transformada pelo Espírito, destacando a importância da santidade e do amor na vida cristã (Ef 5.1-2).

EFÉSIOS E CRISTO

Cristo é central em Efésios como a cabeça da Igreja, que é seu corpo (Ef 1.22-23). A carta enfatiza que a salvação e a reconciliação são realizadas por meio de Jesus (Ef 2.13-16). Paulo também destaca o amor sacrificial de Cristo pela Igreja, que serve como modelo para todas as relações (Ef 5.25-27).

PREFÁCIO E SAUDAÇÃO

1 1 Paulo, apóstolo de Cristo Jesus pela vontade de Deus, aos santos que vivem em Éfeso e são fiéis em Cristo Jesus.

2 Que a graça e a paz de Deus, nosso Pai, e do Senhor Jesus Cristo estejam com vocês.

AS BÊNÇÃOS ESPIRITUAIS EM CRISTO

3 Bendito seja o Deus e Pai de nosso Senhor Jesus Cristo, que nos abençoou com todas as bênçãos espirituais nas regiões celestiais em Cristo. 4 Antes da fundação do mundo, Deus nos escolheu, nele, para sermos santos e irrepreensíveis diante dele. Em amor 5 nos predestinou para ele, para sermos adotados como seus filhos, por meio de Jesus Cristo, segundo o propósito de sua vontade, 6 para louvor da glória de sua graça, que ele nos concedeu gratuitamente no Amado. 7 Nele temos a redenção, pelo seu sangue, a remissão dos pecados, segundo a riqueza da sua graça, 8 que Deus derramou abundantemente sobre nós em toda a sabedoria e entendimento. 9 Ele nos revelou o mistério da sua vontade, segundo o seu propósito, que ele apresentou em Cristo, 10 de fazer convergir nele, na dispensação da plenitude dos tempos, todas as coisas, tanto as do céu como as da terra. 11 Em Cristo fomos também feitos herança, predestinados segundo o propósito daquele que faz todas as coisas conforme o conselho da sua vontade, 12 a fim de sermos para louvor da sua glória, nós, os que de antemão esperamos em Cristo. 13 Nele também vocês, depois que ouviram a palavra da verdade, o evangelho da salvação, tendo nele também crido, receberam o selo do Espírito Santo da promessa. 14 O Espírito é o penhor da nossa herança, até o resgate da sua propriedade, em louvor da sua glória.

A ORAÇÃO DE PAULO

15 Por isso, também eu, tendo ouvido a respeito da fé que vocês têm no Senhor Jesus e do amor para com todos os santos, 16 não cesso de dar graças por vocês, mencionando-os nas minhas orações. 17 Peço ao Deus de nosso Senhor Jesus Cristo, o Pai da glória, que conceda a vocês espírito de sabedoria e de revelação no pleno conhecimento dele. 18 Peço que ele ilumine os olhos do coração de vocês, para que saibam qual é a esperança da vocação de vocês, qual é a riqueza da glória da sua herança nos santos 19 e qual é a suprema grandeza do seu poder sobre nós, os que cremos, segundo a eficácia da força do seu poder. 20 Ele exerceu esse poder em Cristo, ressuscitando-o dentre os mortos e fazendo-o sentar à sua direita nas regiões celestiais, 21 acima de todo principado, potestade, poder, domínio e de todo nome que se possa mencionar, não só no presente século, mas também no vindouro. 22 E sujeitou todas as coisas debaixo dos pés de Cristo e, para ser o cabeça sobre todas as coisas, o deu à igreja, 23 a qual é o seu corpo, a plenitude daquele que a tudo enche em todas as coisas.

DO PECADO PARA A SALVAÇÃO PELA GRAÇA

2 1 Ele lhes deu vida, quando vocês estavam mortos em suas transgressões e pecados, 2 nos quais vocês andaram noutro tempo, segundo o curso deste mundo, segundo o príncipe da potestade do ar, do espírito que agora atua nos filhos da desobediência. 3 Entre eles também nós todos andamos no passado, segundo as inclinações da nossa carne, fazendo a vontade da carne e dos pensamentos; e éramos por natureza filhos da ira, como também os demais.

4 Mas Deus, sendo rico em misericórdia, por causa do grande amor com que nos amou, 5 e estando nós mortos em nossas transgressões, nos deu vida juntamente com Cristo — pela graça vocês são salvos — 6 e juntamente com ele nos ressuscitou e com ele nos fez assentar nas regiões celestiais em Cristo Jesus. 7 Deus fez isso para mostrar nos tempos vindouros a suprema riqueza da sua graça, em bondade para conosco, em Cristo Jesus.

8 Porque pela graça vocês são salvos, mediante a fé; e isto não vem de vocês, é dom de Deus; 9 não de obras, para que

ninguém se glorie. 10 Pois somos feitura dele,
criados em Cristo Jesus para boas obras, as
quais Deus de antemão preparou para que
andássemos nelas.

OS GENTIOS E OS JUDEUS SÃO UNIDOS PELA CRUZ DE CRISTO

11 Portanto, lembrem-se de que no pas-
sado vocês eram gentios na carne, chamados
incircuncisão por aqueles que se intitulam
circuncisão, que é feita na carne por mãos
humanas. 12 Naquele tempo vocês estavam
sem Cristo, separados da comunidade de
Israel e estranhos às alianças da promessa,
não tendo esperança e sem Deus no mundo.
13 Mas agora, em Cristo Jesus, vocês, que
antes estavam longe, foram aproximados
pelo sangue de Cristo. 14 Porque ele é a nossa
paz. De dois povos ele fez um só e, na sua
carne, derrubou a parede de separação que
estava no meio, a inimizade. 15 Cristo aboliu a
lei dos mandamentos na forma de ordenan-
ças, para que dos dois criasse em si mesmo
uma nova humanidade, fazendo a paz, 16 e
reconciliasse ambos em um só corpo com
Deus, por meio da cruz, destruindo a inimi-
zade por meio dela. 17 E, quando veio, Cristo
evangelizou paz a vocês que estavam longe
e paz também aos que estavam perto; 18 por-
que, por meio dele, ambos temos acesso ao
Pai em um só Espírito.
19 Assim, vocês não são mais estrangeiros
e peregrinos, mas concidadãos dos santos
e membros da família de Deus, 20 edifica-
dos sobre o fundamento dos apóstolos e
profetas, sendo ele mesmo, Cristo Jesus, a
pedra angular. 21 Nele, todo o edifício, bem-
-ajustado, cresce para ser um santuário
dedicado ao Senhor. 22 Nele também vocês
estão sendo edificados, junto com os outros,
para serem morada de Deus no Espírito.

A VOCAÇÃO DOS GENTIOS E O APOSTOLADO DE PAULO

3 1 Por essa razão eu, Paulo, o prisioneiro
de Cristo Jesus, por amor de vocês, os
gentios — 2 se é que vocês ouviram falar a
respeito da dispensação da graça de Deus
a mim confiada em favor de vocês, 3 pois,
segundo uma revelação, me foi dado a
conhecer o mistério, conforme escrevi há
pouco, resumidamente. 4 Ao lerem o que
escrevi, poderão entender a minha com-
preensão do mistério de Cristo, 5 o qual,
em outras gerações, não foi dado a conhe-
cer aos filhos dos homens, como agora foi
revelado aos seus santos apóstolos e profe-
tas, pelo Espírito.
6 O mistério é que os gentios são coer-
deiros, membros do mesmo corpo e
coparticipantes da promessa em Cristo Jesus
por meio do evangelho, 7 do qual fui cons-
tituído ministro conforme o dom da graça
de Deus a mim concedida segundo a força
operante do seu poder. 8 A mim, o menor de
todos os santos, foi dada esta graça de pre-
gar aos gentios o evangelho das insondáveis
riquezas de Cristo 9 e manifestar a todos qual
é a dispensação do mistério que, durante
tempos passados, esteve oculto em Deus,
que criou todas as coisas. 10 E isso para que
agora, pela igreja, a multiforme sabedoria
de Deus se torne conhecida dos principa-
dos e das potestades nas regiões celestiais,
11 segundo o eterno propósito que Deus esta-
beleceu em Cristo Jesus, nosso Senhor. 12 Em
Cristo, temos ousadia e acesso a Deus com
confiança, mediante a fé nele. 13 Portanto,
eu peço que não desanimem por causa das
minhas tribulações em favor de vocês, pois
isso é motivo de honra para vocês.

PAULO ORA NOVAMENTE

14 Por essa razão, eu me ponho de joelhos
diante do Pai, 15 de quem toda a família, nos
céus e na terra, recebe o nome. 16 Peço a Deus
que, segundo a riqueza da sua glória, con-
ceda a vocês que sejam fortalecidos com
poder, mediante o seu Espírito, no íntimo de
cada um. 17 E assim, pela fé, que Cristo habite
no coração de vocês, estando vocês enraiza-
dos e alicerçados em amor. 18 Isto para que,
com todos os santos, vocês possam com-
preender qual é a largura, o comprimento, a
altura e a profundidade 19 e conhecer o amor
de Cristo, que excede todo entendimento,
para que vocês fiquem cheios de toda a ple-
nitude de Deus.

20 Ora, àquele que é poderoso para fazer
infinitamente mais do que tudo o que pedi-
mos ou pensamos, conforme o seu poder
que opera em nós, 21 a ele seja a glória, na
igreja e em Cristo Jesus, por todas as gera-
ções, para todo o sempre. Amém!

A UNIDADE DA FÉ

4 1 Por isso eu, o prisioneiro no Senhor,
peço que vocês vivam de maneira digna
da vocação a que foram chamados, 2 com
toda a humildade e mansidão, com longa-
nimidade, suportando uns aos outros em
amor, 3 fazendo tudo para preservar a uni-
dade do Espírito no vínculo da paz. 4 Há
somente um corpo e um só Espírito, como
também é uma só a esperança para a qual
vocês foram chamados. 5 Há um só Senhor,
uma só fé, um só batismo, 6 um só Deus e
Pai de todos, o qual é sobre todos, age por
meio de todos e está em todos.

O SANTO MINISTÉRIO E O SERVIÇO DOS SANTOS

7 E a graça foi concedida a cada um de nós
segundo a medida do dom de Cristo. 8 Por
isso diz:

"Quando ele subiu às alturas,
levou cativo o cativeiro
e concedeu dons aos homens."

9 Ora, o que quer dizer "ele subiu", senão que
também havia descido até as regiões inferio-
res da terra? 10 Aquele que desceu é também
o mesmo que subiu acima de todos os céus,
para encher todas as coisas. 11 E ele mesmo
concedeu uns para apóstolos, outros para
profetas, outros para evangelistas e outros
para pastores e mestres, 12 com vistas ao
aperfeiçoamento dos santos para o desem-
penho do seu serviço, para a edificação do
corpo de Cristo, 13 até que todos cheguemos
à unidade da fé e do pleno conhecimento do
Filho de Deus, ao estado de pessoa madura,
à medida da estatura da plenitude de Cristo,
14 para que não mais sejamos como crianças,
arrastados pelas ondas e levados de um lado
para outro por qualquer vento de doutrina,
pela artimanha das pessoas, pela astúcia
com que induzem ao erro. 15 Mas, seguindo
a verdade em amor, cresçamos em tudo
naquele que é a cabeça, Cristo, 16 de quem
todo o corpo, bem-ajustado e consolidado
pelo auxílio de todas as juntas, segundo a
justa cooperação de cada parte, efetua o seu
próprio crescimento para a edificação de si
mesmo em amor.

A NOVA NATUREZA

17 Isto, portanto, digo e no Senhor testifico:
não vivam mais como os gentios, que vivem
na vaidade dos seus próprios pensamentos,
18 tendo o seu entendimento obscurecido,
separados da vida que Deus concede, por
causa da ignorância em que vivem, pela
dureza do seu coração. 19 Tendo-se tornado
insensíveis, eles se entregaram à libertina-
gem para, de forma desenfreada, cometer
todo tipo de impureza.

20 Mas não foi assim que vocês aprende-
ram de Cristo, 21 se é que, de fato, ouviram
falar dele e nele foram instruídos, segundo
é a verdade em Jesus. 22 Quanto à maneira
antiga de viver, vocês foram instruídos a
deixar de lado a velha natureza, que se cor-
rompe segundo desejos enganosos, 23 a se
deixar renovar no espírito do entendimento
de vocês, 24 e a se revestir da nova natureza,
criada segundo Deus, em justiça e retidão
procedentes da verdade.

EXORTAÇÕES À SANTIDADE

25 Por isso, deixando a mentira, que cada
um fale a verdade com o seu próximo, por-
que somos membros do mesmo corpo.
26 Fiquem irados e não pequem. Não dei-
xem que o sol se ponha sobre a ira de vocês,
27 nem deem lugar ao diabo.

28 Aquele que roubava não roube mais;
pelo contrário, trabalhe, fazendo com as
próprias mãos o que é bom, para que tenha
o que repartir com o necessitado.

29 Não saia da boca de vocês nenhuma
palavra suja, mas unicamente a que for boa
para edificação, conforme a necessidade,
e, assim, transmita graça aos que ouvem.
30 E não entristeçam o Espírito Santo de

Por meio da adoção divina, eu e você também recebemos um novo nome, que está ligado à nossa identidade. Um deles é "Filha Amada".

Deus, no qual vocês foram selados para o
dia da redenção. 31 Que não haja no meio de
vocês qualquer amargura, indignação, ira,
gritaria e blasfêmia, bem como qualquer
maldade. 32 Pelo contrário, sejam bondo-
sos e compassivos uns para com os outros,
perdoando uns aos outros, como também
Deus, em Cristo, perdoou vocês.

5 1 Portanto, sejam imitadores de Deus,
como filhos amados. 2 E vivam em amor,
como também Cristo nos amou e se entre-
gou por nós, como oferta e sacrifício de
aroma agradável a Deus.

O FRUTO DA LUZ E AS OBRAS DAS TREVAS

3 Que a imoralidade sexual e toda impu-
reza ou avareza não sejam nem sequer
mencionadas entre vocês, como convém
a santos. 4 Não usem linguagem grosseira,
não digam coisas tolas nem indecentes, pois
isso não convém; pelo contrário, digam pala-
vras de ação de graças. 5 Fiquem sabendo
disto: nenhuma pessoa imoral, impura ou
avarenta — porque a avareza é idolatria —
tem herança no Reino de Cristo e de Deus.
6 Não se deixem enganar com palavras
vazias, porque a ira de Deus vem sobre os
filhos da desobediência por causa dessas
coisas. 7 Portanto, não participem daquilo
que eles fazem. 8 Porque no passado vocês
eram trevas, mas agora são luz no Senhor.
Vivam como filhos da luz 9 — porque o
fruto da luz consiste em toda bondade, jus-
tiça e verdade —, 10 tratando de descobrir o
que é agradável ao Senhor. 11 E não sejam
cúmplices nas obras infrutíferas das tre-
vas; pelo contrário, tratem de reprová-las.
12 Pois aquilo que eles fazem em segredo
é vergonhoso até mencionar. 13 Mas todas
as coisas, quando reprovadas pela luz, se
tornam manifestas; porque tudo o que se
manifesta é luz. 14 Por isso é que se diz:

"Desperte,
você que está dormindo,
levante-se dentre os mortos,
e Cristo o iluminará."

15 Portanto, tenham cuidado com a maneira
como vocês vivem, e vivam não como tolos,
mas como sábios, 16 aproveitando bem o
tempo, porque os dias são maus. 17 Por esta
razão, não sejam insensatos, mas procurem
compreender qual é a vontade do Senhor.
18 E não se embriaguem com vinho, pois
isso leva à devassidão, mas deixem-se
encher do Espírito, 19 falando entre vocês
com salmos, hinos e cânticos espirituais,
cantando e louvando com o coração ao
Senhor, 20 dando sempre graças por tudo a
nosso Deus e Pai, em nome de nosso Senhor
Jesus Cristo.

O LAR CRISTÃO: MARIDO E MULHER

21 Sujeitem-se uns aos outros no temor
de Cristo.
22 Esposas, que cada uma de vocês se
sujeite a seu próprio marido, como ao
Senhor; 23 porque o marido é o cabeça da
esposa, como também Cristo é o cabeça
da igreja, sendo ele próprio o salvador do
corpo. 24 Como, porém, a igreja está sujeita a
Cristo, assim também a esposa se sujeite
em tudo ao seu próprio marido.
25 Maridos, que cada um de vocês ame
a sua esposa, como também Cristo amou a
igreja e se entregou por ela, 26 para que a san-
tificasse, tendo-a purificado por meio da
lavagem de água pela palavra, 27 para a apre-
sentar a si mesmo como igreja gloriosa, sem
mancha, nem ruga, nem coisa semelhante,
porém santa e sem defeito. 28 Assim também
o marido deve amar a sua esposa como
ama o próprio corpo. Quem ama a esposa
ama a si mesmo. 29 Porque ninguém jamais
odiou o seu próprio corpo. Ao contrário, o
alimenta e cuida dele, como também Cristo
faz com a igreja; 30 porque somos membros
do seu corpo. 31 Eis por que "o homem dei-
xará o seu pai e a sua mãe e se unirá à sua
mulher, tornando-se os dois uma só carne".
32 Grande é este mistério, mas eu me refiro
a Cristo e à igreja. 33 No entanto, também
quanto a vocês, que cada um ame a própria
esposa como a si mesmo, e que a esposa res-
peite o seu marido.

O LAR CRISTÃO: FILHOS E PAIS

6 1 Filhos, obedeçam a seus pais no Senhor,
pois isto é justo. 2 "Honre o seu pai e a sua
mãe", que é o primeiro mandamento com pro-
messa, 3 "para que tudo corra bem com você,
e você tenha uma longa vida sobre a terra".
4 E vocês, pais, não provoquem os seus
filhos à ira, mas tratem de criá-los na disci-
plina e na admoestação do Senhor.

O LAR CRISTÃO: SERVOS E SENHORES

5 Quanto a vocês, servos, obedeçam a
seus senhores aqui na terra com temor e
tremor, com sinceridade de coração, como
a Cristo, 6 não servindo apenas quando estão
sendo vigiados, somente para agradar pes-
soas, mas como servos de Cristo, fazendo
de coração a vontade de Deus. 7 Sirvam de
boa vontade, como se estivessem traba-
lhando para o Senhor e não para pessoas,
8 sabendo que cada um, se fizer alguma
coisa boa, receberá isso outra vez do Senhor,
seja servo, seja livre.
9 E vocês, senhores, façam o mesmo com
os servos, deixando as ameaças, sabendo
que o Senhor, tanto deles como de vocês,
está nos céus, e que ele não trata as pessoas
com parcialidade.

A ARMADURA DE DEUS

10 Quanto ao mais, sejam fortalecidos no
Senhor e na força do seu poder. 11 Vistam-
-se com toda a armadura de Deus, para
poderem ficar firmes contra as ciladas do
diabo. 12 Porque a nossa luta não é contra
o sangue e a carne, mas contra os principa-
dos e as potestades, contra os dominadores
deste mundo tenebroso, contra as forças
espirituais do mal, nas regiões celestiais.
13 Por isso, peguem toda a armadura de Deus,
para que vocês possam resistir no dia mau
e, depois de terem vencido tudo, permane-
cer inabaláveis.
14 Portanto, fiquem firmes, cingindo-se
com a verdade e vestindo a couraça da
justiça. 15 Tenham os pés calçados com a pre-
paração do evangelho da paz, 16 segurando
sempre o escudo da fé, com o qual pode-
rão apagar todos os dardos inflamados do
Maligno. 17 Usem também o capacete da sal-
vação e a espada do Espírito, que é a palavra
de Deus. 18 Orem em todo tempo no Espírito,
com todo tipo de oração e súplica, e para
isto vigiem com toda perseverança e súplica
por todos os santos. 19 E orem também por
mim, para que, no abrir da minha boca, me
seja dada a palavra, para com ousadia tornar
conhecido o mistério do evangelho, 20 pelo
qual sou embaixador em cadeias, para que,
em Cristo, eu seja ousado para falar, como
me cumpre fazer.

SAUDAÇÕES

21 E, para que saibam como estou e o que
estou fazendo, Tíquico, o irmão amado e fiel
ministro do Senhor, lhes dará todas as infor-
mações. 22 Eu o estou enviando a vocês com
esta finalidade: para que conheçam a nossa
situação e para que ele console o coração
de vocês.

BÊNÇÃO

23 Paz seja com os irmãos e amor com fé, da
parte de Deus Pai e do Senhor Jesus Cristo.
24 A graça esteja com todos os que amam
sinceramente o nosso Senhor Jesus Cristo.

Cartas de Paulo

Filipenses

Livro 50 com 4 CAPÍTULOS

A ALEGRIA EM CRISTO

AUTORIA

Apóstolo Paulo, com a possível colaboração de Timóteo (Fp 1.1), durante sua prisão em Roma, por volta de 61 d.C. (Fp 1.7,13,17).

SIGNIFICADO DO TÍTULO

"Filipenses" se refere aos habitantes da cidade de Filipos, então pertencente ao Império Romano, na Grécia, onde Paulo estabeleceu uma igreja durante sua segunda viagem missionária (At 16.12-40).

OBJETIVO DO LIVRO

Agradecer o apoio financeiro que os filipenses enviaram a Paulo (Fp 4.10-18), encorajar a unidade e a humildade entre os cristãos (Fp 2.1-4) e exortá-los a se alegrar no Senhor em toda e qualquer circunstância (Fp 4.4).

ESTRUTURA DO LIVRO

- ★ Agradecimento e oração Fp 1.1-11
- ★ A situação de Paulo e a pregação Fp 1.12-30
- ★ Exortação a unidade e humildade Fp 2.1-18
- ★ Timóteo e Epafrodito Fp 2.19-30
- ★ Advertências contra falsos ensinos e testemunho de Paulo Fp 3
- ★ Exortações e agradecimentos Fp 4

TEMAS DE FILIPENSES

Filipenses se concentra na alegria em Cristo, na unidade na Igreja e na humildade como expressão do Evangelho. Paulo destaca a supremacia de Jesus e a importância de conhecê-lo em todas as circunstâncias (Fp 3.8-10). Ele também enfatiza a participação no sofrimento de Cristo como um caminho para a ressurreição e a glória futura (Fp 3.10-11).

FILIPENSES E CRISTO

Cristo é o centro de Filipenses. Paulo apresenta Jesus como o exemplo supremo de humildade e obediência (Fp 2.5-11) e como a fonte de alegria e força para os cristãos (Fp 4.13).

A carta aponta para a esperança futura na ressurreição e na glória eterna com Cristo (Fp 3.20-21).

CURIOSIDADES

A carta aos Filipenses é conhecida como a "epístola da alegria" por causa das referências de Paulo ao regozijo, apesar de sua prisão (Fp 1.4,18; 2.2,17-18; 3.1; 4.4).

Filipenses 2.5-11 é considerado um dos hinos cristológicos mais antigos, pois exalta a humilhação e glorificação de Cristo.

PREFÁCIO E SAUDAÇÃO

1 1 Paulo e Timóteo, servos de Cristo Jesus, a todos os santos em Cristo Jesus, inclusive bispos e diáconos que vivem em Filipos.

2 Que a graça e a paz de Deus, nosso Pai, e do Senhor Jesus Cristo estejam com vocês.

ORAÇÃO DE PAULO PELOS FILIPENSES

3 Dou graças ao meu Deus por tudo o que lembro de vocês, 4 fazendo sempre, com alegria, súplicas por todos vocês, em todas as minhas orações. 5 Dou graças pela maneira como vocês têm participado na proclamação do evangelho, desde o primeiro dia até agora. 6 Estou certo de que aquele que começou boa obra em vocês há de completá-la até o Dia de Cristo Jesus. 7 Aliás, é justo que eu assim pense de todos vocês, porque os trago no coração, seja nas minhas algemas, seja na defesa e confirmação do evangelho, pois todos vocês são participantes da graça comigo. 8 Pois Deus é testemunha da saudade que tenho de todos vocês, no profundo afeto de Cristo Jesus.

9 E também faço esta oração: que o amor de vocês aumente mais e mais em conhecimento e toda a percepção, 10 para que vocês aprovem as coisas excelentes e sejam sinceros e inculpáveis para o Dia de Cristo, 11 cheios do fruto de justiça que vem por meio de Jesus Cristo, para glória e louvor de Deus.

A SITUAÇÃO DO APÓSTOLO E O PROGRESSO DO EVANGELHO

12 Quero ainda, irmãos, que saibam que as coisas que me aconteceram têm até contribuído para o progresso do evangelho, 13 de maneira que toda a guarda pretoriana e todos os demais sabem que estou preso por causa de Cristo. 14 E os irmãos, em sua maioria, estimulados no Senhor por minhas algemas, ousam falar a palavra com mais coragem. 15 É verdade que alguns proclamam Cristo por inveja e rivalidade, mas outros o fazem de boa vontade. 16 Estes o fazem por amor, sabendo que estou incumbido da defesa do evangelho; 17 aqueles, porém, pregam Cristo por interesse pessoal, não de forma sincera, pensando que assim podem aumentar meu sofrimento na prisão. 18 Mas que importa? Uma vez que, de uma forma ou de outra, Cristo está sendo pregado, seja com fingimento, seja com sinceridade, também com isto me alegro; sim, sempre me alegrarei.

19 Porque estou certo de que, pela súplica de vocês e com a ajuda do Espírito de Jesus Cristo, isso resultará em minha libertação. 20 Minha ardente expectativa e esperança é que em nada serei envergonhado, mas que, com toda a ousadia, como sempre, também agora, Cristo será engrandecido no meu corpo, quer pela vida, quer pela morte. 21 Porque para mim o viver é Cristo, e o morrer é lucro. 22 Entretanto, se eu continuar vivendo, poderei ainda fazer algum trabalho frutífero. Assim, não sei o que devo escolher. 23 Estou cercado pelos dois lados, tendo o desejo de partir e estar com Cristo, o que é incomparavelmente melhor. 24 Mas, por causa de vocês, é mais necessário que eu continue a viver. 25 E, convencido disto, estou certo de que ficarei e permanecerei com todos vocês, para que progridam e tenham alegria na fé. 26 Desse modo, vocês terão mais motivo para se gloriarem em Cristo Jesus por minha causa, pela minha presença, de novo, no meio de vocês.

A UNIDADE CRISTÃ NA LUTA PELA FÉ DO EVANGELHO

27 Acima de tudo, vivam de modo digno do evangelho de Cristo, para que, ou indo até aí para vê-los ou estando ausente, eu ouça a respeito de vocês que estão firmes em um só espírito, como uma só alma, lutando juntos pela fé do evangelho; 28 e que em nada se sentem intimidados pelos adversários. Pois o que para eles é prova evidente de perdição para vocês é sinal de salvação, e isto da parte de Deus. 29 Porque vocês receberam a graça de sofrer por Cristo, e não somente de crer nele, 30 pois vocês têm o mesmo combate que viram em mim e que agora estão ouvindo que continuo a ter.

EXORTAÇÃO AO AMOR FRATERNAL E À HUMILDADE

2 1 Portanto, se existe alguma exortação em Cristo, alguma consolação de amor, alguma comunhão do Espírito, se há profundo afeto e sentimento de compaixão, 2 então completem a minha alegria, tendo o mesmo modo de pensar, tendo o mesmo amor e sendo unidos de alma e mente. 3 Não façam nada por interesse pessoal ou vaidade, mas por humildade, cada um considerando os outros superiores a si mesmo, 4 não tendo em vista somente os seus próprios interesses, mas também os dos outros.

O EXEMPLO DE CRISTO NA HUMILHAÇÃO

5 Tenham entre vocês o mesmo modo de pensar de Cristo Jesus, 6 que, mesmo existindo na forma de Deus, não considerou o ser igual a Deus algo que deveria ser retido a qualquer custo. 7 Pelo contrário, ele se esvaziou, assumindo a forma de servo, tornando-se semelhante aos seres humanos. E, reconhecido em figura humana, 8 ele se humilhou, tornando-se obediente até a morte, e morte de cruz. 9 Por isso também Deus o exaltou sobremaneira e lhe deu o nome que está acima de todo nome, 10 para que ao nome de Jesus se dobre todo joelho, nos céus, na terra e debaixo da terra, 11 e toda língua confesse que Jesus Cristo é Senhor, para glória de Deus Pai.

O DESENVOLVIMENTO DA SALVAÇÃO

12 Assim, meus amados, como vocês sempre obedeceram, não só na minha presença, porém, muito mais agora, na minha ausência, desenvolvam a sua salvação com temor e tremor, 13 porque Deus é quem efetua em vocês tanto o querer como o realizar, segundo a sua boa vontade. 14 Façam tudo sem murmurações nem discussões, 15 para que sejam irrepreensíveis e puros, filhos de Deus inculpáveis no meio de uma geração pervertida e corrupta, na qual vocês brilham como luzeiros no mundo, 16 preservando a palavra da vida. Assim, no Dia de Cristo, poderei me gloriar de que não corri em vão, nem me esforcei inutilmente. 17 Entretanto, mesmo que eu seja oferecido como libação sobre o sacrifício e serviço da fé que vocês têm, fico contente e me alegro com todos vocês. 18 Assim, também vocês, pela mesma razão, fiquem contentes e se alegrem comigo.

PAULO E SEUS COMPANHEIROS TIMÓTEO E EPAFRODITO

19 Espero no Senhor Jesus enviar-lhes Timóteo o mais breve possível, a fim de que eu me sinta animado também ao receber notícias de vocês. 20 Porque não tenho ninguém com esse mesmo sentimento e que se preocupe tão sinceramente por vocês. 21 Todos os outros buscam os seus próprios interesses e não os de Jesus Cristo. 22 Quanto a Timóteo, vocês conhecem o seu caráter provado, pois serviu ao evangelho, junto comigo, como um filho trabalha ao lado do pai. 23 Portanto, este é quem espero enviar, tão logo eu saiba como vai ficar a minha situação. 24 Mas confio no Senhor que também eu mesmo em breve irei até aí.

25 No entanto, julguei necessário enviar-lhes Epafrodito, meu irmão, cooperador e companheiro de lutas, e, da parte de vocês, mensageiro e auxiliar nas minhas necessidades. 26 Ele tinha muita saudade de todos vocês e estava angustiado porque vocês ficaram sabendo que ele adoeceu. 27 De fato, adoeceu e estava à beira da morte. Mas Deus se compadeceu dele — e não somente dele, mas também de mim —, para que eu não tivesse tristeza sobre tristeza. 28 Por isso, tanto mais me apresso em mandá-lo, para que, vendo-o novamente, vocês fiquem alegres e eu tenha menos tristeza. 29 Recebam-no, pois, no Senhor, com toda a alegria, e honrem sempre os que são como ele. 30 Porque, por causa da obra de Cristo, ele quase morreu, arriscando a própria vida, para suprir a ajuda que vocês não podiam me dar pessoalmente.

A VERDADEIRA JUSTIÇA

3 1 Quanto ao mais, meus irmãos, alegrem-se no Senhor. Escrever de novo as mesmas coisas não é um problema para mim e é segurança para vocês.

2 Cuidado com os cães! Cuidado com os maus obreiros! Cuidado com a falsa circuncisão! 3 Porque nós é que somos a circuncisão, nós, que adoramos a Deus no Espírito e nos gloriamos em Cristo Jesus, em vez de confiarmos na carne. 4 É verdade que eu também poderia confiar na carne. Se alguém pensa que pode confiar na carne, eu ainda mais: 5 fui circuncidado no oitavo dia, sou da linhagem de Israel, da tribo de Benjamim, hebreu de hebreus; quanto à lei, eu era fariseu; 6 quanto ao zelo, perseguidor da igreja; quanto à justiça que há na lei, irrepreensível.

7 Mas o que para mim era lucro, isto considerei perda por causa de Cristo. 8 Na verdade, considero tudo como perda, por causa da sublimidade do conhecimento de Cristo Jesus, meu Senhor. Por causa dele perdi todas as coisas e as considero como lixo, para ganhar a Cristo 9 e ser achado nele, não tendo justiça própria, que procede de lei, mas aquela que é mediante a fé em Cristo, a justiça que procede de Deus, baseada na fé. 10 O que eu quero é conhecer Cristo e o poder da sua ressurreição, tomar parte nos seus sofrimentos e me tornar como ele na sua morte, 11 para, de algum modo, alcançar a ressurreição dentre os mortos.

A SOBERANA VOCAÇÃO

12 Não que eu já tenha recebido isso ou já tenha obtido a perfeição, mas prossigo para conquistar aquilo para o que também fui conquistado por Cristo Jesus. 13 Irmãos, quanto a mim, não julgo havê-lo alcançado, mas uma coisa faço: esquecendo-me das coisas que ficam para trás e avançando para as que estão diante de mim, 14 prossigo para o alvo, para o prêmio da soberana vocação de Deus em Cristo Jesus.

15 Todos, pois, que somos maduros, tenhamos este modo de pensar; e, se em alguma coisa vocês pensam de modo diferente, também isto Deus revelará para vocês. 16 Seja como for, andemos de acordo com o que já alcançamos.

OS INIMIGOS DA CRUZ DE CRISTO

17 Irmãos, sejam meus imitadores e observem os que vivem segundo o exemplo que temos dado a vocês. 18 Pois muitos andam entre nós, dos quais repetidas vezes eu lhes dizia e agora digo, até chorando, que são inimigos da cruz de Cristo. 19 O destino deles é a perdição, o deus deles é o ventre, e a glória deles está naquilo de que deviam se envergonhar, visto que só pensam nas coisas terrenas. 20 Pois a nossa pátria está nos céus, de onde também aguardamos o Salvador, o Senhor Jesus Cristo, 21 o qual transformará o nosso corpo de humilhação, para ser igual ao corpo da sua glória, segundo a eficácia do poder que ele tem de até subordinar a si todas as coisas.

4 1 Portanto, meus amados irmãos, de quem tenho muita saudade, vocês que são a minha alegria e coroa, sim, meus amados, permaneçam, deste modo, firmes no Senhor.

APELO DE PAULO PARA EVÓDIA E SÍNTIQUE. REGOZIJO E ORAÇÃO

2 Peço a Evódia e peço a Síntique que, no Senhor, tenham o mesmo modo de pensar. 3 E peço também a você, fiel companheiro de jugo, que auxilie essas mulheres, pois juntas se esforçaram comigo no evangelho, juntamente com Clemente e com os demais cooperadores meus, cujos nomes se encontram no Livro da Vida.

4 Alegrem-se sempre no Senhor; outra vez digo: alegrem-se!

5 Que a moderação de vocês seja conhecida por todos. Perto está o Senhor. 6 Não fiquem preocupados com coisa alguma, mas, em tudo, sejam conhecidos diante de Deus os pedidos de vocês, pela oração e pela súplica, com ações de graças. 7 E a paz de Deus, que excede todo entendimento, guardará o coração e a mente de vocês em Cristo Jesus.

EM QUE PENSAR

8 Finalmente, irmãos, tudo o que é verda-
deiro, tudo o que é respeitável, tudo o que é
justo, tudo o que é puro, tudo o que é amável,
tudo o que é de boa fama, se alguma virtude
há e se algum louvor existe, seja isso o que
ocupe o pensamento de vocês. 9 O que tam-
bém aprenderam, receberam e ouviram de
mim, e o que viram em mim, isso ponham
em prática; e o Deus da paz estará com vocês.

PAULO AGRADECE AOS FILIPENSES

10 Fiquei muito alegre no Senhor porque,
agora, uma vez mais, renasceu o cuidado
que vocês têm por mim. Na verdade, vocês
já tinham esse cuidado antes, só que lhes
faltava oportunidade. 11 Digo isto, não por-
que esteja necessitado, porque aprendi a
viver contente em toda e qualquer situa-
ção. 12 Sei o que é passar necessidade e sei
também o que é ter em abundância; aprendi
o segredo de toda e qualquer circunstância,
tanto de estar alimentado como de ter fome,
tanto de ter em abundância como de pas-
sar necessidade. 13 Tudo posso naquele que
me fortalece.

14 No entanto, vocês fizeram bem, associan-
do-se comigo nas aflições. 15 E como vocês,
filipenses, sabem muito bem, no início da
pregação do evangelho, quando parti da
Macedônia, nenhuma igreja se associou
comigo nessa questão de dar e receber,
exceto vocês, somente. 16 Porque até quando
eu estava em Tessalônica, por mais de uma
vez vocês mandaram o bastante para as
minhas necessidades. 17 Não que eu esteja
pedindo ajuda, pois o que realmente me
interessa é o fruto que aumente o crédito na
conta de vocês. 18 Recebi tudo e tenho até de
sobra. Estou suprido, desde que Epafrodito
me entregou o que vocês me mandaram, que
é uma oferta de aroma agradável, um sacri-
fício que Deus aceita e que lhe agrada. 19 E o
meu Deus, segundo a sua riqueza em glória,
há de suprir, em Cristo Jesus, tudo aquilo de
que vocês precisam. 20 A nosso Deus e Pai seja
a glória para todo o sempre. Amém!

SAUDAÇÕES

21 Saúdem cada um dos santos em Cristo
Jesus. Os irmãos que estão comigo mandam
saudações. 22 Todos os santos mandam sau-
dações, especialmente os da casa de César.

BÊNÇÃO

23 A graça do Senhor Jesus Cristo esteja com
o espírito de vocês.

Cartas de Paulo

Livro 51 com

4

CAPÍTULOS

Colossenses

A SUPREMACIA DE CRISTO

AUTORIA

O apóstolo Paulo, provavelmente com a ajuda de Timóteo (Cl 1.1), durante sua prisão em Roma, aproximadamente em 60-61 d.C. (Cl 4.3,18).

SIGNIFICADO DO TÍTULO

"Colossenses" refere-se aos habitantes de Colossos, cidade na região da Frígia, na Ásia Menor. A igreja em Colossos provavelmente foi fundada por Epafras, um colaborador de Paulo (Cl 1.7-8).

OBJETIVO DO LIVRO

Paulo escreveu aos colossenses para combater heresias que ameaçavam a igreja, incluindo práticas judaizantes e filosofias pagãs (Cl 2.8,16-23). Ele exalta a supremacia e a suficiência de Cristo em todas as coisas e encoraja os cristãos a viver de acordo com a nova identidade em Cristo (Cl 3.1-17).

TEMAS DE COLOSSENSES

A teologia de Colossenses enfatiza a supremacia e a suficiência de Cristo em todas as áreas da vida (Cl 1.18; 2.9).

A carta também aborda a transformação ética e moral que resulta da união com Cristo (Cl 3.1-17).

COLOSSENSES E CRISTO

Cristo é exaltado como o Criador e Redentor, em quem todas as coisas são reconciliadas (Cl 1.16-20).

A carta destaca a obra de Jesus na cruz, que despojou os principados e as potestades (Cl 2.15), e enfatiza a nova vida dos cristãos, que deve refletir o caráter e o senhorio do Mestre (Cl 3.1-4).

ESTRUTURA DO LIVRO

★ Saudações e ação de graças Cl 1.1-14
★ A supremacia de Cristo Cl 1.15-23
★ O ministério de Paulo Cl 1.24—2.5
★ Advertências contra heresias Cl 2.6-23
★ Vida cristã prática Cl 3.1—4.6
★ Saudações finais e instruções Cl 4.7-18

PREFÁCIO E SAUDAÇÃO

1 1 Paulo, apóstolo de Cristo Jesus, pela von-
tade de Deus, e o irmão Timóteo, 2 aos
santos e fiéis irmãos em Cristo que estão
em Colossos.

Que a graça e a paz de Deus, nosso Pai,
estejam com vocês.

AÇÃO DE GRAÇAS

3 Damos sempre graças a Deus, Pai de
nosso Senhor Jesus Cristo, quando ora-
mos por vocês, 4 desde que ouvimos da
fé que vocês têm em Cristo Jesus e do amor
que vocês têm por todos os santos, 5 por
causa da esperança que está guardada
para vocês nos céus. Desta esperança vocês
ouviram falar anteriormente por meio da
palavra da verdade do evangelho, 6 que
chegou até vocês. Esse evangelho está pro-
duzindo fruto e crescendo em todo o mundo,
assim como acontece entre vocês, desde o
dia em que ouviram e entenderam a graça
de Deus na verdade. 7 Isso vocês aprende-
ram de Epafras, nosso amado conservo e,
em relação a vocês, fiel ministro de Cristo,
8 o qual também nos contou do amor que
vocês têm no Espírito.

PAULO ORA PELOS COLOSSENSES

9 Por esta razão, também nós, desde o dia
em que soubemos disso, não deixamos
de orar por vocês e de pedir que transbor-
dem do pleno conhecimento da vontade
de Deus, em toda a sabedoria e entendi-
mento espiritual. 10 Dessa maneira, poderão
viver de modo digno do Senhor, para o seu
inteiro agrado, frutificando em toda boa
obra e crescendo no conhecimento de
Deus. 11 Assim, vocês serão fortalecidos
com todo o poder, segundo a força da sua
glória, em toda a perseverança e paciência,
com alegria, 12 dando graças ao Pai, que os
capacitou a participar da herança dos san-
tos na luz.

A EXCELÊNCIA DA PESSOA E DA OBRA DE CRISTO

13 Ele nos libertou do poder das trevas e
nos transportou para o Reino do seu Filho
amado, 14 em quem temos a redenção, a
remissão dos pecados.

15 Ele é a imagem do Deus invisível, o
primogênito de toda a criação. 16 Pois nele
foram criadas todas as coisas, nos céus e
sobre a terra, as visíveis e as invisíveis, sejam
tronos, sejam soberanias, quer principados,
quer potestades. Tudo foi criado por meio
dele e para ele. 17 Ele é antes de todas as
coisas. Nele tudo subsiste. 18 Ele é a cabeça
do corpo, que é a igreja. Ele é o princípio,
o primogênito dentre os mortos, para ter a
primazia em todas as coisas. 19 Porque Deus
achou por bem que, nele, residisse toda a
plenitude 20 e que, havendo feito a paz pelo
sangue da sua cruz, por meio dele, reconci-
liasse consigo mesmo todas as coisas, quer
sobre a terra, quer nos céus.

21 E vocês que, no passado, eram estranhos
e inimigos no entendimento pelas obras
más que praticavam, 22 agora, porém, ele os
reconciliou no corpo da sua carne, mediante
a sua morte, para apresentá-los diante dele
santos, inculpáveis e irrepreensíveis, 23 se é
que vocês permanecem na fé, alicerçados
e firmes, não se deixando afastar da espe-
rança do evangelho que vocês ouviram e
que foi pregado a toda criatura debaixo do
céu, e do qual eu, Paulo, me tornei ministro.

A MISSÃO DE PAULO. O MISTÉRIO DO EVANGELHO

24 Agora me alegro nos meus sofrimentos
por vocês e preencho o que resta das afli-
ções de Cristo, na minha carne, a favor do
seu corpo, que é a igreja, 25 da qual me tor-
nei ministro de acordo com a dispensação
da parte de Deus, que me foi confiada em
favor de vocês, para dar pleno cumprimento
à palavra de Deus: 26 o mistério que esteve
escondido durante séculos e gerações, mas
que agora foi manifestado aos seus santos.
27 A estes Deus quis dar a conhecer a riqueza
da glória deste mistério entre os gentios, que
é Cristo em vocês, a esperança da glória.

28 Este Cristo nós anunciamos, advertindo
a todos e ensinando a cada um em toda a
sabedoria, a fim de que apresentemos cada
pessoa perfeita em Cristo. 29 É para esse fim

que eu me empenho, esforçando-me o mais possível, segundo o poder de Cristo que opera poderosamente em mim.

O INTERESSE DE PAULO PELOS COLOSSENSES

2 1 Quero que saibam quão grande tem sido a nossa luta por vocês, pelos que moram em Laodiceia e por muitos outros que não me viram face a face. 2 Faço isto para que o coração deles seja consolado e para que eles, vinculados em amor, tenham toda a riqueza da plena convicção do entendimento, para conhecimento do mistério de Deus, que é Cristo, 3 em quem estão ocultos todos os tesouros da sabedoria e do conhecimento. 4 Digo isso a vocês para que ninguém os engane com argumentos falaciosos. 5 Porque, embora ausente em pessoa, em espírito estou com vocês, alegrando-me e verificando a boa ordem de vocês e a firmeza da fé que têm em Cristo.

A PLENITUDE DA VIDA EM CRISTO

6 Portanto, assim como vocês receberam Cristo Jesus, o Senhor, continuem a viver nele, 7 estando enraizados e edificados nele, e confirmados na fé, como foi ensinado a vocês, crescendo em ação de graças.

8 Tenham cuidado para que ninguém venha a enredá-los com sua filosofia e vãs sutilezas, conforme a tradição dos homens, conforme os rudimentos do mundo e não segundo Cristo. 9 Porque nele habita corporalmente toda a plenitude da divindade. 10 Também, nele, vocês receberam a plenitude. Ele é o cabeça de todo principado e potestade. 11 Nele também vocês foram circuncidados, não com uma circuncisão feita por mãos humanas, mas pela remoção do corpo da carne, que é a circuncisão de Cristo, 12 tendo sido sepultados juntamente com ele no batismo, no qual vocês também foram ressuscitados por meio da fé no poder de Deus que o ressuscitou dentre os mortos. 13 E quando vocês estavam mortos nos seus pecados e na incircuncisão da carne, ele lhes deu vida juntamente com Cristo, perdoando todos os nossos pecados. 14 Cancelando o escrito de dívida que era contra nós e que constava de ordenanças, o qual nos era prejudicial, removeu-o inteiramente, cravando-o na cruz. 15 E, despojando os principados e as potestades, publicamente os expôs ao desprezo, triunfando sobre eles na cruz.

16 Portanto, que ninguém julgue vocês por causa de comida e bebida, ou dia de festa, ou lua nova, ou sábados, 17 porque tudo isso tem sido sombra das coisas que haviam de vir; porém o corpo é de Cristo. 18 Não deixem que ninguém se faça de árbitro para desqualificar vocês, com pretexto de humildade e culto de anjos, baseando-se em visões, estando cheio de orgulho, sem motivo algum, na sua mente carnal, 19 e não retendo a cabeça, a partir da qual todo o corpo, suprido e bem-vinculado por suas juntas e ligamentos, cresce o crescimento que vem de Deus.

A NOVA VIDA EM CRISTO

20 Se vocês morreram com Cristo para os rudimentos do mundo, por que se sujeitam a regras, como se ainda vivessem no mundo? 21 "Não toque nisto", "não coma disso", "não pegue naquilo". 22 Todas estas coisas se destroem com o uso; são preceitos e doutrinas dos homens. 23 De fato, essas coisas têm aparência de sabedoria, ao promoverem um culto que as pessoas inventam, falsa humildade e tratamento austero do corpo. Mas elas não têm valor algum na luta contra as inclinações da carne.

AS COISAS DO ALTO

3 1 Portanto, se vocês foram ressuscitados juntamente com Cristo, busquem as coisas lá do alto, onde Cristo vive, assentado à direita de Deus. 2 Pensem nas coisas lá do alto, e não nas que são aqui da terra. 3 Porque vocês morreram, e a vida de vocês está oculta juntamente com Cristo, em Deus. 4 Quando Cristo, que é a vida de vocês, se manifestar, então vocês também serão manifestados com ele, em glória.

A cura nos habilita a realizarmos o que nunca fomos capazes, e nos possibilita contagiar os demais.

A VELHA NATUREZA E A NOVA NATUREZA

5 Portanto, façam morrer tudo o que pertence à natureza terrena: imoralidade sexual, impureza, paixões, maus desejos e a avareza, que é idolatria; 6 por causa destas coisas é que vem a ira de Deus sobre os filhos da desobediência. 7 Vocês também andaram nessas mesmas coisas, no passado, quando viviam nelas. 8 Agora, porém, abandonem igualmente todas estas coisas: ira, indignação, maldade, blasfêmia, linguagem obscena no falar. 9 Não mintam uns aos outros, uma vez que vocês se despiram da velha natureza com as suas práticas 10 e se revestiram da nova natureza que se renova para o pleno conhecimento, segundo a imagem daquele que a criou. 11 Aqui não pode haver mais grego e judeu, circuncisão e incircuncisão, bárbaro, cita, escravo, livre, mas Cristo é tudo e está em todos.

12 Portanto, como eleitos de Deus, santos e amados, revistam-se de profunda compaixão, de bondade, de humildade, de mansidão, de paciência. 13 Suportem-se uns aos outros e perdoem-se mutuamente, caso alguém tenha motivo de queixa contra outra pessoa. Assim como o Senhor perdoou vocês, perdoem também uns aos outros. 14 Acima de tudo isto, porém, esteja o amor, que é o vínculo da perfeição. 15 Que a paz de Cristo seja o árbitro no coração de vocês, pois foi para essa paz que vocês foram chamados em um só corpo. E sejam agradecidos. 16 Que a palavra de Cristo habite ricamente em vocês. Instruam e aconselhem-se mutuamente em toda a sabedoria, louvando a Deus com salmos, hinos e cânticos espirituais, com gratidão no coração. 17 E tudo o que fizerem, seja em palavra, seja em ação, façam em nome do Senhor Jesus, dando por ele graças a Deus Pai.

OS DEVERES EM CASA

18 Esposas, que cada uma de vocês se sujeite a seu próprio marido, como convém no Senhor.

19 Maridos, que cada um de vocês ame a sua esposa e não a trate com amargura.

20 Filhos, em tudo obedeçam a seus pais, pois fazer isso é agradável diante do Senhor.

21 Pais, não irritem os seus filhos, para que eles não fiquem desanimados.

22 Servos, obedeçam em tudo a seus senhores aqui na terra, não servindo apenas quando estão sendo vigiados, visando somente agradar pessoas, mas com sinceridade de coração, temendo o Senhor. 23 Tudo o que fizerem, façam de todo o coração, como para o Senhor e não para as pessoas, 24 sabendo que receberão do Senhor a recompensa da herança. É a Cristo, o Senhor, que vocês estão servindo. 25 E quem fizer injustiça receberá em troca a injustiça feita. E nisto ninguém será tratado com parcialidade.

4 1 Senhores, tratem os seus servos com justiça e igualdade, sabendo que também vocês têm um Senhor no céu.

CONSELHOS FINAIS

2 Continuem a orar, vigiando em oração com ação de graças. 3 Ao mesmo tempo, orem também por nós, para que Deus nos abra uma porta à palavra, a fim de falarmos do mistério de Cristo, pelo qual também estou algemado. 4 Orem para que eu torne esse mistério conhecido, como me cumpre fazer.

5 Sejam sábios no modo de agir com os que são de fora e aproveitem bem o tempo. 6 Que a palavra dita por vocês seja sempre agradável, temperada com sal, para que saibam como devem responder a cada um.

SAUDAÇÕES

7 Quanto à minha situação, Tíquico, irmão amado, fiel ministro e conservo no Senhor, lhes dará todas as informações. 8 Eu o estou enviando com o expresso propósito de lhes dar conhecimento da nossa situação e de alentar o coração de vocês. 9 Com ele estou enviando Onésimo, o fiel e amado irmão, que é da igreja de vocês. Eles contarão a vocês tudo o que está acontecendo aqui.

10 Aristarco, que está preso comigo, manda saudações; e também Marcos,

primo de Barnabé. A respeito dele vocês
já receberam instruções; se ele for até aí,
recebam-no bem.
11 Também Jesus, conhecido por Justo,
manda saudações. Estes são os únicos da
circuncisão que cooperam pessoalmente
comigo pelo Reino de Deus. Eles têm sido
o meu consolo.
12 Epafras, que é da igreja de vocês, manda
saudações. Ele é um servo de Cristo Jesus
que está sempre lutando por vocês em ora-
ção, para que vocês se conservem maduros
e plenamente convictos em toda a vontade
de Deus. 13 E posso testemunhar a respeito de
Epafras de que muito se empenha por vocês,
pelos de Laodiceia e pelos de Hierápolis.
14 Lucas, o médico amado, e também
Demas mandam saudações.
15 Saúdem os irmãos de Laodiceia, bem
como Ninfa e a igreja que se reúne na casa
dela. 16 E, depois que esta carta tiver sido
lida entre vocês, façam com que seja lida
também na igreja dos laodicenses. E vocês,
leiam também a carta que vier de Laodiceia.
17 E digam a Arquipo: "Atente para o ministé-
rio que você recebeu no Senhor, cumprindo
bem a sua tarefa."
18 A saudação é de próprio punho: Paulo.
Lembrem-se das minhas algemas.

BÊNÇÃO

A graça esteja com vocês.

Cartas de Paulo

1 Tessalonicenses

Livro 52 com 5 CAPÍTULOS

AUTORIA

O apóstolo Paulo, com a provável colaboração de Silvano e Timóteo (1 Ts 1.1). É possivelmente uma das primeiras cartas paulinas, escrita por volta de 50-51 d.C.

SIGNIFICADO DO TÍTULO

"1 Tessalonicenses" se refere à primeira carta de Paulo à igreja em Tessalônica, importante metrópole da Macedônia.

OBJETIVO DO LIVRO

Paulo escreveu 1 Tessalonicenses para encorajar, confortar e instruir os cristãos de Tessalônica sobre como viver uma vida santa, especialmente em vista da iminente volta de Cristo (1 Ts 4.13-18).

ESPERANÇA EM CRISTO E A VIDA CRISTÃ

ESTRUTURA DO LIVRO

- ★ Introdução e ação de graças 1Ts 1
- ★ Defesa do ministério de Paulo 1Ts 2
- ★ Exortação à santidade 1Ts 3—4.12
- ★ A segunda vinda de Cristo 1Ts 4.13—5.11
- ★ Instruções finais e bênção 1Ts 5.12-28

TEMAS DO LIVRO

A teologia de 1Tessalonicenses enfatiza a esperança na volta de Cristo, a necessidade de santificação e pureza moral, e a importância de uma vida cristã exemplar. Paulo também destaca a fidelidade de Deus em santificar e guardar seu povo (1Ts 5.23-24).

1TESSALONICENSES E CRISTO

1Tessalonicenses aponta para Cristo como o Senhor ressuscitado que voltará para buscar a sua igreja (1Ts 4.16-17). A expectativa da vinda de Jesus motiva os cristãos a ter uma vida santa e a se consolar mutuamente com essa esperança (1Ts 5.11).

PREFÁCIO E SAUDAÇÃO

1 1 Paulo, Silvano e Timóteo, à igreja dos tessalonicenses, em Deus Pai e no Senhor Jesus Cristo.

Que a graça e a paz estejam com vocês.

AÇÃO DE GRAÇAS

2 Sempre damos graças a Deus por todos vocês, fazendo menção de vocês em nossas orações e, sem cessar, 3 lembrando-nos, diante do nosso Deus e Pai, da operosidade da fé que vocês têm, da dedicação do amor de vocês e da firmeza da esperança que têm em nosso Senhor Jesus Cristo. 4 Sabemos, irmãos amados por Deus, que ele os escolheu, 5 porque o nosso evangelho não chegou a vocês somente em palavra, mas também em poder, no Espírito Santo e em plena convicção. E vocês sabem muito bem qual foi o nosso modo de agir entre vocês, para o próprio bem de vocês. 6 E vocês se tornaram nossos imitadores e do Senhor, recebendo a palavra com a alegria que vem do Espírito Santo, apesar dos muitos sofrimentos.

7 Assim, vocês se tornaram modelo para todos os crentes na Macedônia e na Acaia. 8 Porque a partir de vocês a palavra do Senhor repercutiu não só na Macedônia e na Acaia, mas a fé que vocês têm em Deus repercutiu em todos os lugares, a ponto de não termos necessidade de dizer mais nada a respeito disso. 9 Porque, no que se refere a nós, as pessoas desses lugares falam sobre como foi a nossa chegada no meio de vocês e como, deixando os ídolos, vocês se converteram a Deus, para servir o Deus vivo e verdadeiro 10 e para aguardar dos céus o seu Filho, a quem ele ressuscitou dentre os mortos, a saber, Jesus, que nos livra da ira vindoura.

O TRABALHO DE PAULO EM TESSALÔNICA

2 1 Irmãos, vocês sabem muito bem que a nossa chegada no meio de vocês não foi em vão. 2 Pelo contrário, apesar de maltratados e insultados em Filipos, como vocês sabem, tivemos ousada confiança em nosso Deus para anunciar a vocês o evangelho de Deus, em meio a muita luta. 3 Pois a nossa exortação não procede de erro ou de intenções impuras, nem se baseia no engano. 4 Pelo contrário, visto que fomos aprovados por Deus, a ponto de ele nos confiar o evangelho, assim falamos, não para agradar as pessoas, e sim para agradar a Deus, que prova o nosso coração.

5 A verdade, como vocês sabem, é que nunca usamos de linguagem de bajulação, nem de pretextos gananciosos. Deus é testemunha disso. 6 Também jamais andamos buscando elogios das pessoas, nem de vocês, nem de outros. 7 Embora, como apóstolos de Cristo, pudéssemos ter feito exigências, preferimos ser carinhosos quando estivemos aí com vocês, assim como uma mãe que acaricia os próprios filhos. 8 Assim, com muito afeto, estávamos prontos a lhes oferecer não somente o evangelho de Deus, mas até mesmo a própria vida, porque vocês se tornaram muito amados por nós. 9 Pois vocês com certeza se lembram, irmãos, do nosso esforço e fadiga, e de como, trabalhando de noite e de dia para não vivermos à custa de nenhum de vocês, proclamamos a vocês o evangelho de Deus.

10 Vocês e Deus são testemunhas de como nos portamos de maneira piedosa, justa e irrepreensível em relação a vocês, os que creem. 11 E vocês sabem muito bem que tratamos cada um de vocês como um pai trata os seus filhos, 12 exortando, consolando e admoestando vocês a viverem de uma maneira digna de Deus, que os chama para o seu Reino e a sua glória.

PERSEGUIÇÃO POR CAUSA DO EVANGELHO

13 Temos mais uma razão para, incessantemente, dar graças a Deus: é que, ao receberem a palavra que de nós ouviram, que é de Deus, vocês a acolheram não como palavra humana, e sim como, em verdade é, a palavra de Deus, a qual está atuando eficazmente em vocês, os que creem. 14 Tanto é assim, irmãos, que vocês

se tornaram imitadores das igrejas de Deus
que se encontram na Judeia e que estão em
Cristo Jesus; porque também vocês sofre-
ram, da parte de seus patrícios, as mesmas
coisas que eles, por sua vez, sofreram dos
judeus, 15 os quais não somente mataram o
Senhor Jesus e os profetas, como também
nos perseguiram, não agradam a Deus e
são adversários de todos, 16 a ponto de nos
impedirem de falar aos gentios para que
estes sejam salvos, a fim de encherem sem-
pre a medida de seus pecados. A ira, porém,
caiu sobre eles, definitivamente.

O INTERESSE DE PAULO PELOS TESSALONICENSES

17 E nós, irmãos, estando separados de
vocês por breve tempo, ficando longe dos
olhos, mas perto do coração, com muito
mais empenho e com grande desejo
procuramos ir vê-los pessoalmente. 18 Por
isso, quisemos ir até vocês — pelo menos
eu, Paulo, por mais de uma vez —, porém
Satanás nos barrou o caminho. 19 Pois quem
é a nossa esperança, ou alegria, ou a coroa
em que nos gloriamos na presença de nosso
Senhor Jesus em sua vinda? Não é verdade
que são vocês? 20 Sim, vocês são realmente
a nossa glória e a nossa alegria!

AS BOAS NOTÍCIAS TRAZIDAS POR TIMÓTEO

3 1 Por isso, não podendo esperar mais,
achamos por bem ficar sozinhos em
Atenas 2 e enviar o nosso irmão Timóteo,
ministro de Deus no evangelho de Cristo,
para fortalecer e animá-los na fé, 3 a fim
de que ninguém se inquiete com essas
tribulações. Porque vocês mesmos sabem
que fomos designados para isto. 4 Pois,
quando ainda estávamos com vocês,
predissemos que íamos passar por afli-
ções, o que de fato aconteceu e é do
conhecimento de vocês. 5 Foi por isso que,
já não me sendo possível continuar espe-
rando, mandei perguntar a respeito da fé
que vocês têm, temendo que vocês fossem
provados pelo tentador e o nosso trabalho
se tornasse inútil.
6 Agora, porém, com o regresso de Timó-
teo, vindo do meio de vocês, trazendo-nos
boas notícias a respeito da fé e do amor que
vocês têm, e, ainda, de que sempre guardam
grata lembrança de nós, desejando muito
nos ver, como, aliás, também nós temos
vontade de ver vocês, 7 sim, irmãos, por isso,
ficamos animados a respeito de vocês, pela
fé que vocês têm, apesar de toda a nossa
necessidade e tribulação. 8 Porque, agora,
vivemos, se vocês estão firmes no Senhor.
9 Pois que ação de graças podemos render
a Deus no que se refere a vocês, por toda a
alegria com que nos regozijamos por causa
de vocês, diante do nosso Deus? 10 Oramos
noite e dia, com máximo empenho, para que
possamos ir vê-los pessoalmente e suprir o
que ainda falta à fé que vocês têm.

PAULO ORA PELOS TESSALONICENSES

11 Que o próprio Deus, o nosso Pai, e Jesus,
o nosso Senhor, preparem o nosso caminho
para podermos ir visitar vocês. 12 E o Senhor
faça com que cresça e aumente o amor de
uns para com os outros e para com todos,
como também o nosso amor por vocês,
13 a fim de que o coração de vocês seja for-
talecido em santidade, isento de culpa, na
presença de nosso Deus e Pai, na vinda
de nosso Senhor Jesus, com todos os
seus santos.

A VIDA QUE AGRADA A DEUS

4 1 Finalmente, irmãos, pedimos a vocês
e os exortamos no Senhor Jesus que,
assim como aprenderam de nós a maneira
como devem viver e agradar a Deus, e
efetivamente o estão fazendo, vocês conti-
nuem progredindo cada vez mais. 2 Porque
vocês sabem quantas instruções demos
a vocês da parte do Senhor Jesus. 3 Pois a
vontade de Deus é a santificação de vocês:
que se abstenham da imoralidade sexual;
4 que cada um de vocês saiba controlar o
seu próprio corpo em santificação e honra,
5 não com desejos imorais, como os gentios
que não conhecem a Deus. 6 E que, nesta
matéria, ninguém ofenda nem defraude

o seu irmão. Porque, contra todas estas coisas, como antes já avisamos e testificamos, o Senhor é o vingador. 7 Pois Deus não nos chamou para a impureza, e sim para a santificação. 8 Portanto, quem rejeita estas coisas não rejeita uma pessoa, mas rejeita Deus, que também dá o seu Espírito Santo a vocês.

EXORTAÇÃO AO AMOR FRATERNAL

9 Quanto ao amor fraternal, não há necessidade de que eu lhes escreva, porque vocês mesmos foram instruídos por Deus a amar uns aos outros. 10 E, na verdade, vocês já estão fazendo isso em relação a todos os irmãos em toda a Macedônia. Porém, irmãos, exortamos vocês a que progridam cada vez mais 11 e se empenhem por viver tranquilamente, cuidar do que é de vocês e trabalhar com as próprias mãos, como ordenamos, 12 para que vocês vivam com dignidade à vista dos de fora, e não venham a precisar de nada.

A SITUAÇÃO DOS MORTOS EM CRISTO E A VINDA DO SENHOR

13 Irmãos, não queremos que vocês ignorem a verdade a respeito dos que dormem, para que não fiquem tristes como os demais, que não têm esperança. 14 Pois, se cremos que Jesus morreu e ressuscitou, assim também Deus, mediante Jesus, trará, na companhia dele, os que dormem.

15 E, pela palavra do Senhor, ainda lhes declaramos o seguinte: nós, os vivos, os que ficarmos até a vinda do Senhor, de modo nenhum precederemos os que dormem. 16 Porque o Senhor mesmo, dada a sua palavra de ordem, ouvida a voz do arcanjo e ressoada a trombeta de Deus, descerá dos céus, e os mortos em Cristo ressuscitarão primeiro; 17 depois, nós, os vivos, os que ficarmos, seremos arrebatados juntamente com eles, entre nuvens, para o encontro com o Senhor nos ares, e, assim, estaremos para sempre com o Senhor. 18 Portanto, consolem uns aos outros com estas palavras.

A VINDA DO SENHOR É CERTA E REPENTINA

5 1 Irmãos, no que se refere aos tempos e às épocas, não há necessidade de que eu lhes escreva. 2 Porque vocês sabem perfeitamente que o Dia do Senhor vem como ladrão à noite. 3 Quando andarem dizendo: "Paz e segurança", eis que lhes sobrevirá repentina destruição, como vêm as dores de parto à mulher que está para dar à luz; e de modo nenhum escaparão.

A NECESSIDADE DE VIGILÂNCIA

4 Mas vocês, irmãos, não estão em trevas, para que esse Dia os apanhe de surpresa como ladrão. 5 Porque vocês todos são filhos da luz e filhos do dia; nós não somos da noite, nem das trevas. 6 Assim, pois, não durmamos como os demais; pelo contrário, vigiemos e sejamos sóbrios. 7 Ora, os que dormem é de noite que dormem, e os que se embriagam é de noite que se embriagam. 8 Nós, porém, que somos do dia, sejamos sóbrios, revestindo-nos da couraça da fé e do amor e tomando como capacete a esperança da salvação. 9 Porque Deus não nos destinou para a ira, mas para alcançar a salvação mediante nosso Senhor Jesus Cristo, 10 que morreu por nós para que, quer vigiemos, quer durmamos, vivamos em união com ele. 11 Portanto, consolem uns aos outros e edifiquem-se mutuamente, como vocês têm feito até agora.

CONSELHOS FINAIS

12 Irmãos, pedimos que vocês tenham em grande apreço os que trabalham entre vocês, que os presidem no Senhor e os admoestam. 13 Tenham essas pessoas em máxima consideração, com amor, por causa do trabalho que realizam. Vivam em paz uns com os outros.

14 Também exortamos vocês, irmãos, a que admoestem os que vivem de forma desordenada, consolem os desanimados, amparem os fracos e sejam pacientes com todos. 15 Tenham cuidado para que ninguém retribua aos outros mal por mal;

pelo contrário, procurem sempre o bem
uns dos outros e o bem de todos. 16 Estejam
sempre alegres. 17 Orem sem cessar. 18 Em
tudo, deem graças, porque esta é a vontade
de Deus para vocês em Cristo Jesus.
19 Não apaguem o Espírito. 20 Não despre-
zem as profecias. 21 Examinem todas as
coisas, retenham o que é bom. 22 Abstenham-
-se de toda forma de mal.
23 O mesmo Deus da paz os santifique
em tudo. E que o espírito, a alma e o corpo
de vocês sejam conservados íntegros e
irrepreensíveis na vinda de nosso Senhor
Jesus Cristo. 24 Fiel é aquele que os chama,
o qual também o fará.

SAUDAÇÕES

25 Irmãos, orem também por nós.
26 Saúdem todos os irmãos com um beijo
santo. 27 Peço, com insistência, em nome
do Senhor, que esta carta seja lida para
todos os irmãos.

BÊNÇÃO

28 A graça de nosso Senhor Jesus Cristo
esteja com vocês!

Cartas de Paulo

2 Tessalonicenses

Livro 53 com 3 CAPÍTULOS

AUTORIA

O apóstolo Paulo, com a provável colaboração de Silvano e Timóteo (2Ts 1.1).

SIGNIFICADO DO TÍTULO

"2 Tessalonicenses" se refere à segunda carta do apóstolo Paulo à igreja em Tessalônica, importante metrópole na Macedônia.

CORREÇÕES SOBRE O RETORNO DE CRISTO

OBJETIVO DO LIVRO

Corrigir mal-entendidos sobre a segunda vinda de Cristo e exortar os cristãos a perseverar na fé e no trabalho, mesmo em meio à perseguição (2Ts 2.1-2; 3.6-12).

Paulo dá instruções para corrigir equívocos de entendimento.

A POSSIBILIDADE DA VOLTA DE JESUS GEROU ANSIEDADE

ESTRUTURA DO LIVRO

- ★ Saudação e ação de graças 2Ts 1
- ★ Correção de mal-entendidos 2Ts 2
- ★ Exortação à disciplina e ao trabalho 2Ts 3

2TESSALONICENSES E CRISTO

2Tessalonicenses aponta para Jesus como o juiz final que derrotará o mal e recompensará os justos (2Ts 1.7-10). A certeza da vitória de Cristo sobre o "iníquo", oferece conforto e esperança aos cristãos (2Ts 2.8).

TEMAS DO LIVRO

A teologia de 2Tessalonicenses destaca a soberania de Deus no controle dos eventos futuros, a importância de um entendimento escatológico correto e a necessidade de uma vida cristã disciplinada e diligente. Paulo também sublinha a necessidade de perseverança em face de perseguição e tribulação (2Ts 1.4-7).

NO CURTO ESPAÇO ENTRE A PRIMEIRA E A SEGUNDA CARTAS, A IGREJA SOFREU PERSEGUIÇÃO

PREFÁCIO E SAUDAÇÃO

1 1 Paulo, Silvano e Timóteo, à igreja dos tessalonicenses, em Deus, nosso Pai, e no Senhor Jesus Cristo.

2 Que a graça e a paz de Deus, nosso Pai, e do Senhor Jesus Cristo estejam com vocês.

O JUÍZO DE DEUS

3 Irmãos, devemos sempre dar graças a Deus por vocês, como convém, pois a fé que vocês têm cresce cada vez mais, e o amor que todos vocês têm uns pelos outros vai aumentando. 4 É por isso que nós mesmos nos orgulhamos de vocês nas igrejas de Deus, por causa da perseverança e da fé que vocês demonstram em todas as perseguições e tribulações que estão suportando. 5 Isso é sinal evidente do justo juízo de Deus, para que vocês sejam considerados dignos do Reino de Deus, pelo qual vocês também estão sofrendo. 6 Pois, de fato, é justo para com Deus que ele retribua com tribulação aos que causam tribulação a vocês 7 e que dê a vocês, que estão sendo atribulados, alívio juntamente conosco, quando do céu se manifestar o Senhor Jesus com os anjos do seu poder, 8 em chama de fogo, tomando vingança contra os que não conhecem a Deus e contra os que não obedecem ao evangelho de nosso Senhor Jesus. 9 Estes sofrerão penalidade de eterna destruição, banidos da face do Senhor e da glória do seu poder, 10 quando ele vier, naquele Dia, para ser glorificado nos seus santos e ser admirado em todos os que creram. Isto inclui vocês, que creram em nosso testemunho. 11 Por isso, também não cessamos de orar por vocês, pedindo que o nosso Deus os torne dignos da sua vocação e cumpra com poder todo propósito de bondade e obra de fé, 12 a fim de que o nome de nosso Senhor Jesus seja glorificado em vocês e vocês sejam glorificados nele, segundo a graça do nosso Deus e do Senhor Jesus Cristo.

O HOMEM DA INIQUIDADE E A VINDA DO SENHOR

2 1 Irmãos, no que diz respeito à vinda de nosso Senhor Jesus Cristo e à nossa reunião com ele, pedimos 2 que vocês não se deixem demover facilmente de seu modo de pensar, nem fiquem perturbados, quer por espírito, quer por palavra, quer por carta, como se procedesse de nós, dando a entender que o Dia do Senhor já chegou. 3 Ninguém, de modo nenhum, os engane, porque isto não acontecerá sem que primeiro venha a apostasia e seja revelado o homem da iniquidade, o filho da perdição, 4 o qual se opõe e se levanta contra tudo o que se chama Deus ou é objeto de culto, a ponto de assentar-se no santuário de Deus, apresentando-se como se fosse o próprio Deus. 5 Vocês não lembram que eu costumava lhes dizer estas coisas, quando ainda estava com vocês? 6 E, agora, vocês sabem o que o detém, para que ele seja revelado a seu tempo.

7 Porque o mistério da iniquidade já opera e aguarda somente que seja afastado aquele que agora o detém. 8 Então será revelado o iníquo, a quem o Senhor Jesus matará com o sopro de sua boca e destruirá pela manifestação de sua vinda. 9 Ora, o aparecimento do iníquo é segundo a ação de Satanás, com todo poder, sinais e prodígios da mentira, 10 e com todo engano de injustiça aos que estão perecendo, porque não acolheram o amor da verdade para serem salvos. 11 É por este motivo que Deus lhes envia a operação do erro, para darem crédito à mentira, 12 a fim de serem condenados todos os que não creram na verdade, mas tiveram prazer na injustiça.

CHAMADOS PARA A SALVAÇÃO

13 Mas devemos sempre dar graças a Deus por vocês, irmãos amados pelo Senhor, porque Deus os escolheu desde o princípio para a salvação, pela santificação do Espírito e fé na verdade. 14 Foi para isso que também Deus os chamou mediante o nosso evangelho, para que vocês alcancem a glória de nosso Senhor Jesus Cristo. 15 Assim, pois, irmãos, fiquem firmes e guardem as tradições que lhes foram ensinadas, seja por palavra, seja por carta nossa.

16 Que o próprio Jesus Cristo, nosso Senhor, e Deus, o nosso Pai, que nos amou e nos

deu eterna consolação e boa esperança, pela
graça, 17 console o coração de vocês e os for-
taleça em toda boa obra e boa palavra.

PAULO PEDE AS ORAÇÕES DOS TESSALONICENSES

3 1 Finalmente, irmãos, orem por nós,
para que a palavra do Senhor se propa-
gue e seja glorificada, como aconteceu entre
vocês. 2 Orem também para que sejamos
livres das pessoas perversas e más; porque
a fé não é de todos.
3 Mas o Senhor é fiel. Ele os fortalecerá
e os guardará do Maligno. 4 Temos con-
fiança no Senhor quanto a vocês, de que
não só estão praticando as coisas que lhes
ordenamos, como também continuarão a
fazê-las. 5 Que o Senhor conduza o coração
de vocês ao amor de Deus e à perseve-
rança de Cristo.

CONSELHOS FINAIS

6 Irmãos, em nome do nosso Senhor Jesus
Cristo, ordenamos a vocês que se afastem de
todo irmão que vive de forma desordenada
e não segundo a tradição que vocês recebe-
ram de nós. 7 Porque vocês mesmos sabem
como devem nos imitar, visto que nunca
vivemos de forma desordenada quando
estivemos entre vocês, 8 nem jamais come-
mos pão à custa dos outros. Pelo contrário,
trabalhamos com esforço e fadiga, de noite
e de dia, a fim de não sermos pesados a
nenhum de vocês. 9 Não que não tivésse-
mos o direito de receber algo, mas porque
tínhamos em vista apresentar a nós mesmos
como exemplo, para que vocês nos imitas-
sem. 10 Porque, quando ainda estávamos
com vocês, ordenamos isto: "Se alguém não
quer trabalhar, também não coma."
11 Pois, de fato, ouvimos que há entre
vocês algumas pessoas que vivem de forma
desordenada. Não trabalham, mas se intro-
metem na vida dos outros. 12 A essas pessoas
determinamos e exortamos, no Senhor Jesus
Cristo, que, trabalhando tranquilamente,
comam o seu próprio pão. 13 Quanto a vocês,
irmãos, não se cansem de fazer o bem.
14 Caso alguém não obedeça à nossa pala-
vra dada por esta carta, vejam de quem se
trata e não se associem com ele, para que
fique envergonhado. 15 Contudo, não o
tratem como inimigo, mas admoestem-
-no como irmão.

SAUDAÇÕES

16 Que o Senhor da paz, ele mesmo, dê a
vocês a paz, sempre e de todas as maneiras.
O Senhor esteja com todos vocês.
17 A saudação é de próprio punho: Paulo.
Este é o sinal em cada carta; é assim que
eu assino.

BÊNÇÃO

18 A graça de nosso Senhor Jesus Cristo
esteja com todos vocês.

Reconheça que o poder de mudar as situações está dentro de você, não apenas por meio de escolhas conscientes e sábias, mas, principalmente, pela presença do Espírito Santo em sua vida.

Cartas de Paulo

1 Timóteo

Livro 54 com

6

CAPÍTULOS

AUTORIA

O apóstolo Paulo (1Tm 1.1).

SIGNIFICADO DO TÍTULO

"Timóteo" vem do grego Timótheos, "aquele que honra a Deus" ou "honrado por Deus". A carta é dirigida a Timóteo, jovem pastor e discípulo de Paulo, com instruções específicas para a liderança e a organização da igreja em Éfeso.

OBJETIVO DO LIVRO

Dar instruções práticas sobre: organização da igreja, combate a heresias e fortalecimento da fé e moral dos líderes e membros da comunidade cristã (1Tm 1.3-7).

CARTAS PASTORAIS

1Timóteo é uma das cartas pastorais, junto com 2Timóteo e Tito, focadas em questões de liderança eclesiástica e prática pastoral.

GUIA PARA A IGREJA E SEUS LÍDERES

ESTRUTURA DO LIVRO

- ★ Introdução e saudação 1Tm 1.1-2
- ★ Combate às falsas doutrinas 1Tm 1.3-20
- ★ Instruções sobre adoração e liderança 1Tm 2—3
- ★ Advertências contra a apostasia 1Tm 4
- ★ Instruções sobre o pastoreio 1Tm 5—6.2
- ★ Exortações finais e advertências 1Tm 6.3-21

TEMAS DO LIVRO

A teologia de 1Timóteo enfatiza a importância da sã doutrina e a necessidade de uma liderança piedosa e uma conduta ética dos membros da Igreja. Paulo destaca a centralidade do Evangelho de Cristo como o fundamento da fé cristã e a base para combater falsas doutrinas (1Tm 1.15; 3.16).

1TIMÓTEO E CRISTO

1Timóteo aponta para Cristo de várias maneiras, destacando sua obra redentora e sua divindade.

Paulo exalta Jesus como o único "mediador entre Deus e os homens" (1Tm 2.5) e ressalta que o Messias "veio ao mundo para salvar os pecadores" (1Tm 1.15).

A carta também celebra o mistério da piedade, em que Deus se manifestou em carne na pessoa de Jesus Cristo (1Tm 3.16).

PREFÁCIO E SAUDAÇÃO

1 1 Paulo, apóstolo de Cristo Jesus, por ordem de Deus, nosso Salvador, e de Cristo Jesus, nossa esperança, 2 a Timóteo, verdadeiro filho na fé.

Que a graça, a misericórdia e a paz, da parte de Deus Pai e de Cristo Jesus, nosso Senhor, estejam com você.

ADVERTÊNCIA CONTRA FALSAS DOUTRINAS

3 Quando eu estava de viagem, rumo à Macedônia, pedi a você que ainda permanecesse em Éfeso para admoestar certas pessoas, a fim de que não ensinem outra doutrina, 4 nem se ocupem com fábulas e genealogias sem fim. Essas coisas mais promovem discussões do que o serviço de Deus, na fé. 5 O objetivo desta admoestação é o amor que procede de um coração puro, de uma boa consciência e de uma fé sem hipocrisia. 6 Algumas pessoas se desviaram destas coisas e se perderam em discussões inúteis, 7 pretendendo passar por mestres da lei, não compreendendo, porém, nem o que dizem, nem os assuntos sobre os quais falam com tanta ousadia.

A LEI E OS SEUS OBJETIVOS

8 Sabemos que a lei é boa, se alguém se utiliza dela de modo legítimo, 9 tendo em vista que não se promulga lei para quem é justo, mas para os transgressores e rebeldes, para os ímpios e pecadores, para os iníquos e profanos, para os que matam o pai ou a mãe, para os homicidas, 10 para os que praticam a imoralidade, para os que se entregam a práticas homossexuais, para os sequestradores, para os mentirosos, para os que fazem juramento falso e para tudo o que se opõe à sã doutrina, 11 segundo o evangelho da glória do Deus bendito, do qual fui encarregado.

A GRAÇA NA VIDA DE PAULO

12 Dou graças a Cristo Jesus, nosso Senhor, que me fortaleceu e me considerou fiel, designando-me para o ministério, 13 a mim, que, no passado, era blasfemo, perseguidor e insolente. Mas alcancei misericórdia, pois fiz isso na ignorância, na incredulidade. 14 Transbordou, porém, a graça de nosso Senhor com a fé e o amor que há em Cristo Jesus. 15 Esta palavra é fiel e digna de toda aceitação: que Cristo Jesus veio ao mundo para salvar os pecadores, dos quais eu sou o principal. 16 Mas, por esta mesma razão, me foi concedida misericórdia, para que, em mim, que sou o principal pecador, Cristo Jesus pudesse mostrar a sua completa longanimidade, e eu servisse de modelo para todos os que hão de crer nele para a vida eterna. 17 Assim, ao Rei eterno, imortal, invisível, Deus único, honra e glória para todo o sempre. Amém!

O BOM COMBATE

18 Esta é a admoestação que faço a você, meu filho Timóteo, segundo as profecias que anteriormente foram feitas a seu respeito: que, firmado nelas, você combata o bom combate, 19 mantendo a fé e a boa consciência, porque alguns, tendo rejeitado a boa consciência, vieram a naufragar na fé. 20 Entre esses estão Himeneu e Alexandre, os quais entreguei a Satanás para serem castigados, a fim de que aprendam a não blasfemar.

A PRÁTICA DA ORAÇÃO. UM SÓ MEDIADOR

2 1 Antes de tudo, peço que se façam súplicas, orações, intercessões e ações de graças em favor de todas as pessoas. 2 Orem em favor dos reis e de todos os que exercem autoridade, para que vivamos vida mansa e tranquila, com toda piedade e respeito. 3 Isto é bom e aceitável diante de Deus, nosso Salvador, 4 que deseja que todos sejam salvos e cheguem ao pleno conhecimento da verdade.

5 Porque há um só Deus e um só Mediador entre Deus e a humanidade, Cristo Jesus, homem, 6 que deu a si mesmo em resgate por todos, testemunho que se deve dar em tempos oportunos. 7 Para isto fui designado pregador e apóstolo — afirmo a verdade, não minto —, mestre dos gentios na fé e na verdade.

INSTRUÇÕES PARA HOMENS E MULHERES

8 Quero, pois, que os homens orem em to-
dos os lugares, levantando mãos santas, sem
ira e sem animosidade.

9 Da mesma forma, que as mulheres, em
traje decente, se enfeitem com modéstia e
bom senso, não com tranças no cabelo, ouro,
pérolas ou roupas caras, 10 porém com boas
obras, como convém a mulheres que profes-
sam ser piedosas. 11 A mulher aprenda em
silêncio, com toda a submissão. 12 E não per-
mito que a mulher ensine, nem que exerça
autoridade sobre o homem; esteja, porém,
em silêncio. 13 Porque primeiro foi forma-
do Adão, depois Eva. 14 E Adão não foi ilu-
dido, mas a mulher, sendo enganada, caiu
em transgressão. 15 Mas ela será salva tendo
filhos, se permanecer em fé, amor e santifi-
cação, com bom senso.

AS QUALIFICAÇÕES DOS BISPOS E DOS DIÁCONOS

3 1 Fiel é a palavra: se alguém deseja o epis-
copado, excelente obra almeja. 2 É neces-
sário, pois, que o bispo seja irrepreensível,
esposo de uma só mulher, moderado, sensa-
to, modesto, hospitaleiro, apto para ensinar;
3 não dado ao vinho, nem violento, porém
cordial, inimigo de conflitos, não avarento;
4 e que governe bem a própria casa, crian-
do os filhos sob disciplina, com todo o
respeito. 5 Pois, se alguém não sabe gover-
nar a própria casa, como cuidará da igreja de
Deus? 6 Que o bispo não seja recém-conver-
tido, para não acontecer que fique cheio de
orgulho e incorra na condenação do diabo.
7 É necessário, também, que ele tenha bom
testemunho dos de fora, a fim de não cair
na desonra e no laço do diabo.

8 Do mesmo modo, quanto a diáconos, é
necessário que sejam respeitáveis, de uma
só palavra, não inclinados a muito vinho,
não gananciosos, 9 conservando o mistério
da fé com a consciência limpa. 10 Também
estes devem ser primeiramente experimen-
tados; e, caso se mostrem irrepreensíveis,
que exerçam o diaconato. 11 Do mesmo mo-
do, quanto a mulheres, é necessário que elas
sejam respeitáveis, não maldizentes, mode-
radas e fiéis em tudo. 12 O diácono seja mari-
do de uma só mulher e governe bem os seus
filhos e a própria casa. 13 Pois os que desem-
penharem bem o diaconato alcançarão para
si mesmos uma posição de honra e muita
ousadia na fé em Cristo Jesus.

A IGREJA DE DEUS E O MISTÉRIO DA PIEDADE

14 Escrevo estas coisas a você, esperando
ir vê-lo em breve. 15 Mas, se eu demorar, vo-
cê saberá como se deve proceder na casa
de Deus, que é a igreja do Deus vivo, colu-
na e fundamento da verdade. 16 Sem dúvida,
grande é o mistério da piedade:

"Aquele que foi manifestado
na carne
foi justificado em espírito,
visto pelos anjos,
pregado entre os gentios,
crido no mundo,
recebido na glória."

A APOSTASIA NOS ÚLTIMOS TEMPOS

4 1 Ora, o Espírito afirma expressamente
que, nos últimos tempos, alguns apos-
tatarão da fé, por obedecerem a espíritos en-
ganadores e a ensinos de demônios, 2 pela
hipocrisia dos que falam mentiras e que
têm a consciência cauterizada, 3 que proí-
bem o casamento e exigem abstinência de
alimentos que Deus criou para serem recebi-
dos com gratidão pelos que creem e conhe-
cem a verdade. 4 Pois tudo o que Deus criou
é bom, e, se recebido com gratidão, nada é
recusável, 5 porque é santificado pela pala-
vra de Deus e pela oração.

EXORTAÇÃO À FIDELIDADE NO MINISTÉRIO

6 Expondo estas coisas aos irmãos, você
será um bom ministro de Cristo Jesus, ali-
mentado com as palavras da fé e da boa dou-
trina que você tem seguido. 7 Mas rejeite as
fábulas profanas e de velhas caducas. Exer-
cite-se, pessoalmente, na piedade. 8 Pois o

exercício físico tem algum valor, mas a piedade tem valor para tudo, porque tem a promessa da vida que agora é e da que há de vir. 9 Fiel é esta palavra e digna de inteira aceitação. 10 Pois é para esse fim que trabalhamos e nos esforçamos, porque temos posto a nossa esperança no Deus vivo, Salvador de todos, especialmente dos que creem.

11 Ordene estas coisas e ensine-as. 12 Ninguém o despreze por você ser jovem; pelo contrário, seja um exemplo para os fiéis, na palavra, na conduta, no amor, na fé, na pureza. 13 Até a minha chegada, dedique-se à leitura pública das Escrituras, à exortação, ao ensino. 14 Não seja negligente para com o dom que você recebeu, o qual lhe foi dado mediante profecia, com a imposição das mãos do presbitério. 15 Medite estas coisas e dedique-se a elas, para que o seu progresso seja visto por todos. 16 Cuide de você mesmo e da doutrina. Continue nestes deveres, porque, fazendo assim, você salvará tanto a si mesmo como aos que o ouvem.

COMO TRATAR OS QUE CREEM

5 1 Não repreenda um homem mais velho; pelo contrário, exorte-o como você faria com o seu pai. Trate os mais jovens como irmãos, 2 as mulheres mais velhas, como mães, e as mais jovens, como irmãs, com toda a pureza.

AS VIÚVAS

3 Honre as viúvas que não têm ninguém para cuidar delas. 4 Mas, se alguma viúva tem filhos ou netos, que estes aprendam primeiro a exercer piedade para com a própria casa e a recompensar os seus pais, pois isto é aceitável diante de Deus. 5 Aquela que é viúva de fato e não tem ninguém para cuidar dela espera em Deus e persevera em súplicas e orações, noite e dia. 6 Entretanto, a que se entrega aos prazeres, mesmo viva, está morta. 7 Ordene estas coisas, para que sejam irrepreensíveis. 8 Se alguém não tem cuidado dos seus e, especialmente, dos da própria casa, esse negou a fé e é pior do que o descrente.

9 Somente poderá ser incluída na lista de viúvas aquela que tiver mais de sessenta anos, que tiver sido esposa de um só marido 10 e que seja recomendada pelo testemunho de boas obras: se criou filhos, se exercitou hospitalidade, se lavou os pés dos santos, se socorreu os atribulados, se viveu na prática zelosa de todo tipo de boa obra.

11 Mas não inclua na lista viúvas mais novas, porque, quando seus desejos fazem com que se afastem de Cristo, querem casar, 12 tornando-se condenáveis por anularem o seu primeiro compromisso. 13 Além do mais, elas aprendem também a viver ociosas, andando de casa em casa; e não somente ficam ociosas, mas ainda se tornam fofoqueiras e intrometidas, falando o que não devem. 14 Por isso, quero que as viúvas mais novas casem, criem filhos, sejam boas donas de casa e não deem ao adversário motivo algum para falar mal de nós. 15 Pois algumas já se desviaram, seguindo Satanás.

16 Se alguma mulher crente tem viúvas em sua família, socorra-as, para que a igreja não fique sobrecarregada e possa socorrer as viúvas que não têm ninguém.

OS PRESBÍTEROS

17 Devem ser considerados merecedores de pagamento em dobro os presbíteros que presidem bem, especialmente os que se esforçam na pregação da palavra e no ensino. 18 Pois a Escritura declara: "Não amordace o boi quando ele pisa o trigo." E, ainda: "O trabalhador é digno do seu salário."

19 Não aceite denúncia contra presbítero, a não ser exclusivamente sob o depoimento de duas ou três testemunhas.

VÁRIOS CONSELHOS

20 Quanto aos que vivem no pecado, repreenda-os na presença de todos, para que também os demais temam.

21 Diante de Deus, de Cristo Jesus e dos anjos eleitos, peço com insistência que você guarde estes conselhos, sem discriminação, nada fazendo com espírito de parcialidade. 22 Não tenha pressa para impor as mãos

sobre alguém. Não seja cúmplice dos peca-
dos dos outros. Conserve-se puro.
23 Não beba somente água; beba também
um pouco de vinho, por causa do seu estô-
mago e das suas frequentes enfermidades.
24 Os pecados de alguns são notórios, mes-
mo antes do juízo, mas os de outros só se
manifestam mais tarde. 25 Do mesmo mo-
do também as boas obras se evidenciam e
aquelas que ainda não são manifestas não
poderão ficar escondidas.

OS SENHORES E OS SERVOS

6 1 Todos os servos que estão debaixo de
jugo considerem dignos de toda honra o
próprio senhor, para que o nome de Deus e
a doutrina não sejam difamados. 2 Também
os que têm senhor crente não o tratem com
desrespeito, porque é irmão; pelo contrário,
trabalhem ainda mais, pois ele, que partilha
do seu bom serviço, é crente e amado. Ensi-
ne e recomende estas coisas.

OS FALSOS MESTRES E OS PERIGOS DA RIQUEZA

3 Se alguém ensina outra doutrina e não
concorda com as sãs palavras de nosso
Senhor Jesus Cristo e com o ensino segun-
do a piedade, 4 esse é orgulhoso e não en-
tende nada, mas tem um desejo doentio por
discussões e brigas a respeito de palavras.
É daí que nascem a inveja, a provocação, as
difamações, as suspeitas malignas 5 e as po-
lêmicas sem fim da parte de pessoas cuja
mente é pervertida e que estão privadas
da verdade, supondo que a piedade é fon-
te de lucro.
6 De fato, grande fonte de lucro é a pie-
dade com o contentamento. 7 Porque nada
trouxemos para o mundo, nem coisa algu-
ma podemos levar dele. 8 Tendo sustento
e com que nos vestir, estejamos contentes.
9 Mas os que querem ficar ricos caem em ten-
tação, em armadilhas e em muitos desejos
insensatos e nocivos, que levam as pessoas
a se afundar na ruína e na perdição. 10 Por-
que o amor ao dinheiro é a raiz de todos
os males; e alguns, nessa cobiça, se desvia-
ram da fé e atormentaram a si mesmos com
muitas dores.

O BOM COMBATE DA FÉ

11 Mas você, homem de Deus, fuja de tudo
isso. Siga a justiça, a piedade, a fé, o amor, a
perseverança, a mansidão. 12 Combata o bom
combate da fé. Tome posse da vida eterna,
para a qual você também foi chamado e da
qual fez a boa confissão diante de muitas
testemunhas. 13 Diante de Deus, que pre-
serva a vida de todas as coisas, e diante de
Cristo Jesus, que, na presença de Pôncio
Pilatos, fez a boa confissão, eu exorto vo-
cê 14 a guardar este mandato imaculado, ir-
repreensível, até a manifestação de nosso
Senhor Jesus Cristo, 15 a qual, no tempo cer-
to, há de ser revelada pelo bendito e único
Soberano, o Rei dos reis e Senhor dos senho-
res, 16 o único que possui imortalidade, que
habita em luz inacessível, a quem ninguém
jamais viu, nem é capaz de ver. A ele honra
e poder eterno. Amém!

OS RICOS

17 Exorte os ricos deste mundo a que não
sejam orgulhosos, nem depositem a sua es-
perança na instabilidade da riqueza, mas em
Deus, que tudo nos proporciona ricamen-
te para o nosso prazer. 18 Que eles façam o
bem, sejam ricos em boas obras, generosos
em dar e prontos a repartir; 19 ajuntando pa-
ra si mesmos um tesouro que é sólido fun-
damento para o futuro, a fim de tomarem
posse da verdadeira vida.

CONSELHO FINAL

20 E você, ó Timóteo, guarde o que lhe foi
confiado, evitando os falatórios inúteis e
profanos e as contradições daquilo que
falsamente chamam de "conhecimento",
21 pois alguns, professando-o, se desvia-
ram da fé.

BÊNÇÃO

A graça esteja com vocês.

Cartas de Paulo

2Timóteo

Livro 55 com

4

CAPÍTULOS

AUTORIA

O apóstolo Paulo, enquanto estava preso em Roma pela segunda vez, pouco antes de sua execução (2Tm 1.1; 4.6-8).

SIGNIFICADO DO TÍTULO

"Timóteo" vem do grego Timótheos, "aquele que honra a Deus" ou "honrado por Deus". A carta é dirigida a Timóteo, com um tom mais pessoal e urgente, refletindo as circunstâncias finais da vida de Paulo.

OBJETIVO DO LIVRO

Encorajar Timóteo a permanecer firme na fé, suportar o sofrimento pelo Evangelho e continuar seu ministério com coragem e fidelidade (2Tm 1.6-8).

TEMAS DO LIVRO

A teologia de 2Timóteo enfatiza a perseverança na fé e no ministério, a centralidade das Escrituras para a vida cristã e a importância de transmitir fielmente a mensagem do Evangelho (2Tm 3.16-17).

Paulo também destaca a iminência da volta de Cristo e a necessidade de viver em retidão e vigilância.

ESTRUTURA DO LIVRO

- ★ Saudação e encorajamento pessoal 2Tm 1
- ★ Instruções sobre fidelidade e perseverança 2Tm 2
- ★ Dificuldades dos últimos dias 2Tm 3
- ★ Exortações finais e instruções pessoais 2Tm 4

2TIMÓTEO E CRISTO

2Timóteo aponta para Cristo como o centro da fé cristã, o modelo de fidelidade e o fundamento da esperança futura.

Paulo exorta Timóteo a "[suportar] comigo os sofrimentos, como bom soldado de Cristo Jesus" (2Tm 2.3) e enfatiza que "o Senhor conhece os que pertencem a ele" (2Tm 2.19).

A carta também destaca a suficiência das Escrituras, que são capazes de "torná-lo sábio para a salvação por meio da fé em Cristo Jesus" (2Tm 3.15).

"Toda a Escritura é inspirada por Deus e útil para o ensino, para a repreensão, para a correção e para a instrução na justiça." (2Tm 3.16)

PREFÁCIO E SAUDAÇÃO

1 1 Paulo, apóstolo de Cristo Jesus pela vontade de Deus, conforme a promessa da vida em Cristo Jesus, 2 ao amado filho Timóteo.

Que a graça, a misericórdia e a paz, da parte de Deus Pai e de Cristo Jesus, nosso Senhor, estejam com você.

AÇÃO DE GRAÇAS

3 Dou graças a Deus, a quem, desde os meus antepassados, sirvo com a consciência limpa, porque, sem cessar, lembro de você nas minhas orações, noite e dia. 4 Lembro das suas lágrimas e estou ansioso por ver você, para que eu transborde de alegria. 5 Lembro da sua fé sem fingimento, a mesma que, primeiramente, habitou em sua avó Loide e em sua mãe Eunice, e estou certo de que habita também em você.

CONSELHOS

6 Por esta razão, venho lembrar-lhe que reavive o dom de Deus que está em você pela imposição das minhas mãos. 7 Porque Deus não nos deu espírito de covardia, mas de poder, de amor e de moderação.

8 Portanto, não se envergonhe do testemunho de nosso Senhor, nem do seu prisioneiro, que sou eu. Pelo contrário, participe comigo dos sofrimentos a favor do evangelho, segundo o poder de Deus, 9 que nos salvou e nos chamou com santa vocação, não segundo as nossas obras, mas conforme a sua própria determinação e graça que nos foi dada em Cristo Jesus, antes dos tempos eternos, 10 e manifestada agora pelo aparecimento de nosso Salvador Cristo Jesus. Ele não só destruiu a morte, como trouxe à luz a vida e a imortalidade, mediante o evangelho.

11 Para este evangelho eu fui designado pregador, apóstolo e mestre 12 e, por isso, estou sofrendo estas coisas. Mas não me envergonho, porque sei em quem tenho crido e estou certo de que ele é poderoso para guardar aquilo que me foi confiado até aquele Dia. 13 Mantenha o padrão das sãs palavras que de mim você ouviu com fé e com o amor que há em Cristo Jesus. 14 Por meio do Espírito Santo, que habita em nós, guarde o bom tesouro que lhe foi confiado.

A SITUAÇÃO DO APÓSTOLO PRESO

15 Você já deve estar ciente de que todos os da província da Ásia me abandonaram. Entre eles estão Fígelo e Hermógenes. 16 Que o Senhor conceda misericórdia à casa de Onesíforo, porque, muitas vezes, me deu ânimo e nunca se envergonhou das minhas algemas. 17 Pelo contrário, quando chegou a Roma, me procurou com persistência até me encontrar. 18 O Senhor lhe conceda que, naquele Dia, ache misericórdia da parte do Senhor. Você sabe, melhor do que eu, quantos serviços ele me prestou em Éfeso.

O BOM SOLDADO DE CRISTO

2 1 Quanto a você, meu filho, fortifique-se na graça que há em Cristo Jesus. 2 E o que você ouviu de mim na presença de muitas testemunhas, isso mesmo transmita a homens fiéis, idôneos para instruir a outros.

3 Participe dos meus sofrimentos como bom soldado de Cristo Jesus. 4 Nenhum soldado em serviço se envolve em negócios desta vida, porque o seu objetivo é agradar aquele que o recrutou. 5 Igualmente, o atleta não é coroado se não competir segundo as regras. 6 O lavrador que trabalha deve ser o primeiro a participar dos frutos. 7 Pense bem no que acabo de dizer, porque o Senhor dará a você compreensão em todas as coisas.

8 Lembre-se de Jesus Cristo, ressuscitado dentre os mortos, descendente de Davi, segundo o meu evangelho. 9 É por ele que estou sofrendo até algemas, como malfeitor. Mas a palavra de Deus não está algemada. 10 Por esta razão, tudo suporto por causa dos eleitos, para que também eles obtenham a salvação que está em Cristo Jesus, com glória eterna. 11 Fiel é esta palavra:

"Se já morremos com ele,
também viveremos com ele;
12 se perseveramos,
também com ele reinaremos;
se o negamos,
ele, por sua vez, nos negará;

Em todas as gerações, o Senhor chama e convoca mulheres que levem transformação às suas próprias casas e às pessoas ao redor.

13 se somos infiéis,
ele permanece fiel,
pois de maneira nenhuma
pode negar a si mesmo."

UM OBREIRO APROVADO

14 Relembre a todos essas coisas, dando
testemunho solene diante de Deus, para que
evitem brigas a respeito de palavras, pois is-
so não serve para nada, a não ser para preju-
dicar os ouvintes. 15 Procure apresentar-se a
Deus aprovado, como obreiro que não tem
de que se envergonhar, que maneja bem a
palavra da verdade. 16 Evite, igualmente, os
falatórios inúteis e profanos, pois os que se
entregam a isso avançarão cada vez mais
na impiedade. 17 Além disso, a linguagem
deles corrói como câncer. Entre esses estão
Himeneu e Fileto, 18 que se desviaram da ver-
dade, dizendo que a ressurreição já aconte-
ceu, e estão pervertendo alguns em sua fé.
19 Entretanto, o firme fundamento de Deus
permanece, tendo este selo: "O Senhor co-
nhece os que lhe pertencem." E mais: "Afaste-
-se da injustiça todo aquele que professa o
nome do Senhor."

20 Ora, numa grande casa não há somente
utensílios de ouro e de prata; há também
de madeira e de barro. Alguns, para hon-
ra; outros, porém, para desonra. 21 Assim,
pois, se alguém se purificar destes erros,
será utensílio para honra, santificado e útil
ao seu senhor, estando preparado para to-
da boa obra.

22 Fuja das paixões da mocidade. Siga a
justiça, a fé, o amor e a paz com os que, de
coração puro, invocam o Senhor. 23 Evite as
discussões insensatas e absurdas, pois você
sabe que elas só provocam brigas. 24 O servo
do Senhor não deve andar metido em bri-
gas, mas deve ser brando para com todos,
apto para ensinar, paciente, 25 disciplinan-
do com mansidão os que se opõem a ele,
na expectativa de que Deus lhes conceda
não só o arrependimento para conhece-
rem a verdade, 26 mas também o retorno à
sensatez, a fim de que se livrem dos laços
do diabo, que os prendeu para fazerem o
que ele quer.

OS MALES E AS CORRUPÇÕES DOS ÚLTIMOS DIAS

3 1 Mas você precisa saber disto: nos úl-
timos dias sobrevirão tempos difíceis.
2 Pois os seres humanos serão egoístas, ava-
rentos, orgulhosos, arrogantes, blasfemado-
res, desobedientes aos pais, ingratos, ímpios,
3 sem afeição natural, implacáveis, calunia-
dores, sem domínio de si, cruéis, inimigos do
bem, 4 traidores, atrevidos, convencidos,
mais amigos dos prazeres do que amigos de
Deus, 5 tendo forma de piedade, mas negan-
do o poder dela. Fique longe também des-
tes. 6 Pois entre estes se encontram os que
se infiltram nas casas e conseguem cativar
mulheres tolas, sobrecarregadas de peca-
dos, que são levadas por todo tipo de dese-
jos, 7 que estão sempre aprendendo e nunca
conseguem chegar ao conhecimento da ver-
dade. 8 E do mesmo modo que Janes e Jam-
bres resistiram a Moisés, também estes
resistem à verdade. São homens que têm
a mente totalmente corrompida, reprova-
dos quanto à fé. 9 Mas esses não irão longe,
porque a insensatez deles ficará evidente a
todos, como também aconteceu com a in-
sensatez de Janes e Jambres.

PAULO ELOGIA E EXORTA TIMÓTEO

10 Mas você tem seguido de perto o meu
ensino, a minha conduta, o meu propósito,
a minha fé, a minha paciência, o meu amor,
a minha perseverança, 11 as minhas perse-
guições e os meus sofrimentos, os quais tive
de enfrentar em Antioquia, Icônio e Listra.
Quantas perseguições sofri! Porém o Senhor
me livrou de todas elas. 12 Na verdade, to-
dos os que querem viver piedosamente em
Cristo Jesus serão perseguidos. 13 Mas os per-
versos e impostores irão de mal a pior, en-
ganando e sendo enganados.

INSPIRAÇÃO, VALOR E UTILIDADE DA ESCRITURA

14 Quanto a você, permaneça naquilo que
aprendeu e em que acredita firmemente, sa-
bendo de quem você o aprendeu 15 e que,
desde a infância, você conhece as sagra-
das letras, que podem torná-lo sábio para

a salvação pela fé em Cristo Jesus. 16 Toda a Escritura é inspirada por Deus e útil para o ensino, para a repreensão, para a correção, para a educação na justiça, 17 a fim de que o servo de Deus seja perfeito e perfeitamente habilitado para toda boa obra.

A FIDELIDADE NA PREGAÇÃO

4 1 Diante de Deus e de Cristo Jesus, que há de julgar vivos e mortos, pela sua manifestação e pelo seu Reino, peço a você com insistência 2 que pregue a palavra, insista, quer seja oportuno, quer não, corrija, repreenda, exorte com toda a paciência e doutrina. 3 Pois virá o tempo em que não suportarão a sã doutrina; pelo contrário, se rodearão de mestres segundo as suas próprias cobiças, como que sentindo coceira nos ouvidos. 4 Eles se recusarão a dar ouvidos à verdade, entregando-se às fábulas. 5 Mas você seja sóbrio em todas as coisas, suporte as aflições, faça o trabalho de um evangelista, cumpra plenamente o seu ministério.

6 Quanto a mim, já estou sendo oferecido por libação, e o tempo da minha partida chegou. 7 Combati o bom combate, completei a carreira, guardei a fé. 8 Desde agora me está guardada a coroa da justiça, que o Senhor, reto juiz, me dará naquele Dia; e não somente a mim, mas também a todos os que amam a sua vinda.

O APÓSTOLO ABANDONADO POR TODOS, NÃO POR DEUS

9 Empenhe-se por vir até aqui o mais depressa possível. 10 Porque Demas, tendo amado o presente século, me abandonou e se foi para Tessalônica. Crescente foi para a Galácia. Tito foi para a Dalmácia. 11 Somente Lucas está comigo. Encontre Marcos e traga-o junto com você, pois me é útil para o ministério. 12 Quanto a Tíquico, mandei-o para Éfeso. 13 Quando você vier, traga a capa que deixei em Trôade, na casa de Carpo. Traga também os livros, especialmente os pergaminhos. 14 Alexandre, o ferreiro, me causou muitos males; o Senhor dará a retribuição de acordo com o que ele fez. 15 Tome cuidado com ele também você, porque resistiu fortemente às nossas palavras.

16 Na minha primeira defesa, ninguém foi a meu favor; todos me abandonaram. Que isto não lhes seja posto na conta! 17 Mas o Senhor esteve ao meu lado e me revestiu de forças, para que, através de mim, a pregação fosse plenamente cumprida, e todos os gentios a ouvissem. E fui libertado da boca do leão. 18 O Senhor me livrará também de toda obra maligna e me levará salvo para o seu Reino celestial. A ele, glória para todo o sempre. Amém!

SAUDAÇÕES

19 Dê saudações a Prisca e Áquila, e à casa de Onesíforo. 20 Erasto ficou em Corinto. Quanto a Trófimo, deixei-o doente em Mileto. 21 Faça o possível para vir antes do inverno. Êubulo manda saudações; o mesmo fazem Prudente, Lino, Cláudia e todos os irmãos.

BÊNÇÃO

22 O Senhor esteja com o seu espírito. A graça esteja com vocês.

Cartas de Paulo

Tito

Livro 56 com 3 CAPÍTULOS

A ORDEM NA IGREJA E A VIDA PIEDOSA

AUTORIA

O apóstolo Paulo (Tt 1.1).

SIGNIFICADO DO TÍTULO

"Tito" significa "honrado" ou "valioso". Ele era um colaborador próximo de Paulo e um líder importante na igreja primitiva.

TITO E CRISTO

- Tito aponta para Cristo como a fonte da graça que transforma vidas.
- Paulo descreve Jesus como nosso Salvador, cuja vinda trouxe a esperança da vida eterna e a purificação de um povo dedicado à prática de boas obras (Tt 2.13-14).
- A obra redentora de Cristo é apresentada como o fundamento da fé e da conduta cristã (Tt 3.4-6).

TEMAS DO LIVRO

A importância da sã doutrina e das boas obras como evidência de uma fé autêntica (Tt 2.7-8,14; 3.8). Paulo enfatiza a transformação moral e ética que o evangelho deve produzir. Ele também aborda a graça de Deus como a base para a salvação e a vida piedosa (Tt 2.11-12; 3.4-7).

OBJETIVO DO LIVRO

Orientar Tito na organização da igreja em Creta, enfatizando a necessidade de líderes piedosos e a importância da sã doutrina. Paulo também aborda a conduta cristã adequada e a transformação que a graça de Deus traz à vida dos cristãos (Tt 1.5; 2.1; 3.8).

ESTRUTURA DO LIVRO

★ Introdução e instruções para líderes Tt 1.1-16

★ Instruções sobre o comportamento cristão Tt 2.1-15

★ A importância das boas obras Tt 3.1-15

PREFÁCIO E SAUDAÇÃO

1 1 Paulo, servo de Deus e apóstolo de
Jesus Cristo, para promover a fé que é
dos eleitos de Deus e o pleno conhecimen-
to da verdade segundo a piedade. 2 Escre-
vo na esperança da vida eterna que o Deus
que não pode mentir prometeu antes dos
tempos eternos 3 e, no momento oportuno,
manifestou a sua palavra mediante a prega-
ção que me foi confiada por ordem de Deus,
nosso Salvador, 4 a Tito, verdadeiro filho, se-
gundo a fé comum.

Que a graça e a paz, da parte de Deus Pai
e de Cristo Jesus, nosso Salvador, estejam
com você.

DEVERES E QUALIFICAÇÕES DOS MINISTROS

5 Foi por esta causa que deixei você em
Creta: para que pusesse em ordem as coisas
restantes, bem como, em cada cidade, cons-
tituísse presbíteros, conforme prescrevi a vo-
cê: 6 alguém que seja irrepreensível, marido
de uma só mulher, que tenha filhos crentes
que não são acusados de devassidão, nem
são insubordinados.

7 Porque é indispensável que o bispo, por
ser encarregado das coisas de Deus, seja ir-
repreensível, não arrogante, alguém que não
se irrita facilmente, não apegado ao vinho,
não violento, nem ganancioso. 8 Pelo contrá-
rio, o bispo deve ser hospitaleiro, amigo do
bem, sensato, justo, piedoso, deve ter domí-
nio de si, 9 ser apegado à palavra fiel, que es-
tá de acordo com a doutrina, para que possa
exortar pelo reto ensino e convencer os que
contradizem este ensino.

OS FALSOS MESTRES E AS FALSAS DOUTRINAS

10 Porque existem muitos, especialmen-
te os da circuncisão, que são insubordina-
dos, falam coisas sem sentido e enganam
os outros. 11 É preciso fazer com que se ca-
lem, porque andam pervertendo casas intei-
ras, ensinando o que não devem, movidos
por vergonhosa ganância. 12 Foi um dos cre-
tenses, um próprio profeta deles, que dis-
se: "Os cretenses são sempre mentirosos,
feras terríveis, comilões preguiçosos." 13 Este
testemunho é verdadeiro. Portanto, repreen-
da-os severamente, para que sejam sadios
na fé 14 e não se ocupem com fábulas judai-
cas, nem com mandamentos de gente que
se desvia da verdade. 15 Todas as coisas são
puras para os puros; mas, para os impuros
e descrentes, nada é puro. Porque tanto a
mente como a consciência deles estão cor-
rompidas. 16 Afirmam que conhecem a Deus,
mas o negam por meio do que fazem; é por
isso que são abomináveis, desobedientes e
reprovados para qualquer boa obra.

INSTRUÇÕES PARA VÁRIAS CLASSES DE PESSOAS CRENTES

2 1 Mas você ensine o que está de acordo
com a sã doutrina.

2 Quanto aos homens idosos, que sejam
moderados, respeitáveis, sensatos, sadios
na fé, no amor e na perseverança.

3 Do mesmo modo, quanto às mulheres
idosas, que tenham conduta reverente,
não sejam caluniadoras, nem escravizadas
a muito vinho. Que sejam mestras do bem,
4 a fim de instruírem as jovens recém-casa-
das a amar o marido e os filhos, 5 a serem
sensatas, puras, boas donas de casa, bondo-
sas, sujeitas ao marido, para que a palavra
de Deus não seja difamada.

6 Do mesmo modo, quanto aos mais jo-
vens, exorte-os para que, em todas as coi-
sas, sejam moderados.

7 Seja você mesmo um exemplo de boas
obras. No ensino, mostre integridade, reve-
rência, 8 linguagem sadia e irrepreensível, pa-
ra que o adversário seja envergonhado, não
tendo nada de mau a dizer a nosso respeito.

9 Quanto aos servos, que sejam, em tudo,
obedientes ao seu senhor, dando-lhe moti-
vo de satisfação. Que não sejam respondões,
10 nem furtem, mas que deem prova de toda a
fidelidade, a fim de que, em todas as coisas,
manifestem a beleza da doutrina de Deus,
nosso Salvador.

A GRAÇA SALVADORA DE DEUS

11 Porque a graça de Deus se manifestou,
trazendo salvação a todos. 12 Ela nos educa

para que, renegadas a impiedade e as paixões mundanas, vivamos neste mundo de forma sensata, justa e piedosa, 13 aguardando a bendita esperança e a manifestação da glória do nosso grande Deus e Salvador Jesus Cristo. 14 Ele deu a si mesmo por nós, a fim de nos remir de toda iniquidade e purificar, para si mesmo, um povo exclusivamente seu, dedicado à prática de boas obras.

15 Ensine estas coisas. Também exorte e repreenda com toda a autoridade. Que ninguém despreze você.

A SALVAÇÃO PELA GRAÇA LEVA ÀS BOAS OBRAS

3 1 Lembre a todos que se sujeitem aos governantes e às autoridades, que sejam obedientes e estejam prontos para toda boa obra. 2 Que não difamem ninguém. Que sejam pacíficos, cordiais, dando provas de toda cortesia para com todos. 3 Pois nós também, no passado, éramos insensatos, desobedientes, desgarrados, escravos de todo tipo de paixões e prazeres, vivendo em maldade e inveja, sendo odiados e odiando-nos uns aos outros. 4 Mas quando se manifestou a bondade de Deus, nosso Salvador, e o seu amor por todos, 5 ele nos salvou, não por obras de justiça praticadas por nós, mas segundo a sua misericórdia. Ele nos salvou mediante o lavar regenerador e renovador do Espírito Santo, 6 que ele derramou sobre nós ricamente, por meio de Jesus Cristo, nosso Salvador, 7 a fim de que, justificados por graça, nos tornemos seus herdeiros, segundo a esperança da vida eterna.

8 Fiel é esta palavra, e quero que você fale ousadamente a respeito dessas coisas, para que os que creem em Deus se empenhem na prática de boas obras. Estas coisas são excelentes e proveitosas para todas as pessoas. 9 Evite discussões tolas, genealogias, controvérsias e debates sobre a lei; porque são inúteis e sem valor. 10 Evite a pessoa que provoca divisões, depois de admoestá-la uma ou duas vezes, 11 pois você sabe que tal pessoa está pervertida, vive pecando e por si mesma está condenada.

RECOMENDAÇÕES PARTICULARES

12 Quando eu lhe enviar Ártemas ou Tíquico, faça o possível para vir ao meu encontro em Nicópolis. Estou resolvido a passar o inverno ali. 13 Ajude, da melhor maneira possível, Zenas, o intérprete da lei, e também Apolo, para que não lhes falte nada para a viagem. 14 E, quanto aos nossos, que aprendam também a se empenhar na prática de boas obras a favor dos necessitados, para não se tornarem infrutíferos.

SAUDAÇÕES

15 Todos os que estão comigo mandam saudações a você. Dê saudações àqueles que nos amam na fé.

BÊNÇÃO

A graça esteja com todos vocês.

Cartas de Paulo

Filemom

Livro 57 com

1

CAPÍTULO

AUTORIA

O apóstolo Paulo. A carta foi escrita enquanto ele estava preso (Fm 1.9).

OBJETIVO DO LIVRO

Interceder por Onésimo, escravo fugitivo que havia se convertido ao cristianismo. Paulo pede a Filemom que receba Onésimo não apenas como um escravo, mas como um irmão em Cristo (Fm 1.10-16).

SIGNIFICADO DO TÍTULO

"Filemom" significa "amável" ou "carinhoso". Filemom era um cristão colossense, provavelmente convertido pela pregação de Paulo.

ESTRUTURA DO LIVRO

- ★ Saudação e ação de graças Fm 1.1-7
- ★ Intercessão por Onésimo Fm 1.8-21
- ★ Conclusão e bênção final Fm 1.22-25

TEMAS DO LIVRO

Filemom destaca temas como perdão, reconciliação e igualdade em Cristo. Paulo apresenta a transformação do relacionamento entre senhor e escravo à luz do Evangelho, mostrando que, em Cristo, todos são irmãos (Fm 1.16).

A carta também exemplifica a intercessão e o amor cristãos, conforme Paulo pede que Filemom perdoe e aceite Onésimo de volta com um coração renovado.

FILEMOM E CRISTO

Filemom aponta para Cristo como o grande reconciliador. A intercessão de Paulo por Onésimo é um reflexo da intercessão de Cristo por nós, que, embora fôssemos escravos do pecado, fomos aceitos como filhos e irmãos em Cristo (Fm 1.15-16; Hb 7.25). A carta ilustra a graça transformadora do Evangelho na vida cotidiana.

Onésimo se tornou um ajudante valioso para Paulo durante seu encarceramento (Fm 1.11-13).

A igreja em Colossos se reunia na casa de Filemom, indicando seu papel significativo na comunidade cristã local (Fm 1.2).

PREFÁCIO E SAUDAÇÃO

1 1 Paulo, prisioneiro de Cristo Jesus, e o ir-
mão Timóteo, ao amado Filemom, que é
também nosso colaborador, 2 à igreja que se
reúne em sua casa, à irmã Áfia e a Arquipo,
nosso companheiro de lutas.
3 Que a graça e a paz de Deus, nosso Pai, e
do Senhor Jesus Cristo estejam com vocês.

AÇÃO DE GRAÇAS

4 Dou graças ao meu Deus, lembrando
sempre de você nas minhas orações, 5 por-
que tenho ouvido falar da fé que você tem
no Senhor Jesus e do seu amor por todos os
santos. 6 Oro para que a comunhão da sua fé
se torne eficaz no pleno conhecimento de
todo o bem que há em nós, para com Cristo.
7 Pois, irmão, o seu amor me trouxe grande
alegria e consolo, visto que o coração dos
santos tem sido reanimado por você.

PAULO INTERCEDE EM FAVOR DE ONÉSIMO

8 Pois bem, ainda que eu sinta plena liber-
dade em Cristo para ordenar a você o que
convém ser feito, 9 prefiro, no entanto, pedir
em nome do amor, sendo o que sou, Paulo, o
velho, e agora também prisioneiro de Cristo
Jesus. 10 Faço um pedido em favor de meu
filho Onésimo, que gerei entre algemas.
11 Antes, ele era inútil para você; atualmen-
te, porém, é útil, para você e para mim.
12 Eu o estou mandando de volta a você
— ele, quero dizer, o meu próprio coração.
13 Eu queria conservá-lo comigo, para que ele
me servisse em seu lugar nas algemas que
carrego por causa do evangelho. 14 Mas não
quis fazer nada sem o seu consentimento,
para que a sua bondade não venha a ser
como que uma obrigação, mas algo que é
feito de livre vontade. 15 Talvez ele tenha si-
do afastado de você temporariamente, a fim
de que você o receba para sempre, 16 não co-
mo escravo, mas, muito mais do que escra-
vo, como irmão caríssimo, especialmente de
mim e, com maior razão, de você, quer como
ser humano, quer como irmão no Senhor.
17 Portanto, se você me considera com-
panheiro, receba-o como receberia a mim.
18 E, se ele causou algum dano a você ou lhe
deve alguma coisa, ponha tudo na minha
conta. 19 Eu, Paulo, de próprio punho, escrevo
isto: Eu pagarei. É claro que não preciso di-
zer que você me deve a própria vida. 20 Sim,
irmão, que eu receba de você, no Senhor, este
benefício. Reanime o meu coração em Cristo.
21 Certo, como estou, da sua obediência,
eu escrevo a você, sabendo que fará mais
do que estou pedindo. 22 E, ao mesmo tempo,
prepare-me também pousada, pois espero
que, por meio das orações de vocês, eu lhes
seja restituído.

SAUDAÇÕES

23 Epafras, prisioneiro comigo, em Cristo
Jesus, 24 Marcos, Aristarco, Demas e Lucas,
meus colaboradores, mandam saudações
a você.

BÊNÇÃO

25 A graça do Senhor Jesus Cristo esteja com
o espírito de todos vocês.

Permaneça firmada nas verdades do Pai, plantada à beira de sua presença.

Cartas Gerais

Livro 58 com

Hebreus

13

CAPÍTULOS

A SUPREMACIA DE CRISTO E A NOVA ALIANÇA

AUTORIA

Não se sabe. As teorias apontam para o apóstolo Paulo, Apolo, Barnabé ou até mesmo Priscila. O autor era claramente um cristão influente e bem instruído nas Escrituras.

SIGNIFICADO DO TÍTULO

O título "Hebreus" indica que a carta foi dirigida a cristãos convertidos do judaísmo. A epístola visa fortalecer a fé desses judeus cristãos, que enfrentavam perseguições e eram tentados a retornar à antiga religião.

OBJETIVO DO LIVRO

Exortar os cristãos a perseverar na fé em Jesus, demonstrando que ele é superior a todos os sistemas e figuras do Antigo Testamento. O autor enfatiza que Cristo é o cumprimento de todas as promessas e a revelação definitiva de Deus.

ESTRUTURA DO LIVRO

- ★ A superioridade de Cristo Hb 1—10.18
- ★ Chamado à perseverança Hb 10.19—12
- ★ Exortações finais e conclusão Hb 13

TEMAS DE HEBREUS

Hebreus apresenta uma rica teologia centrada na supremacia e suficiência de Cristo. Enfatiza a superioridade do sacerdócio de Jesus (Hb 7.26-28), seu sacrifício perfeito (Hb 10.10-14) e a nova aliança que ele estabeleceu (Hb 8.6-13). A carta também discute a perseverança na fé e a importância da fé ativa (Hb 11.1-40).

HEBREUS E CRISTO

Hebreus destaca que Jesus é o sumo sacerdote perfeito e o sacrifício final pelos pecados. A carta liga a obra de Cristo aos elementos do Antigo Testamento, mostrando como ele é o cumprimento de promessas e tipos, especialmente por meio da nova aliança (Hb 8.6-13) e seu sacrifício único e definitivo (Hb 10.10-14).

A REVELAÇÃO DE DEUS

1 1 Antigamente, Deus falou, muitas vezes
e de muitas maneiras, aos pais, pelos pro-
fetas, 2 mas, nestes últimos dias, nos falou
pelo Filho, a quem constituiu herdeiro de
todas as coisas e pelo qual também fez o
universo. 3 O Filho, que é o resplendor da
glória de Deus e a expressão exata do seu
Ser, sustentando todas as coisas pela sua
palavra poderosa, depois de ter feito a pu-
rificação dos pecados, assentou-se à direita
da Majestade, nas alturas, 4 tendo-se tornado
tão superior aos anjos quanto herdou mais
excelente nome do que eles.

O FILHO E OS ANJOS

5 Pois a qual dos anjos Deus em algum mo-
mento disse:

"Você é meu Filho,
hoje eu gerei você"?

E, outra vez:

"Eu lhe serei Pai,
e ele me será Filho"?

6 E, novamente, ao introduzir o Primogê-
nito no mundo, diz:

"E todos os anjos de Deus o adorem."

7 Ainda, quanto aos anjos, diz:

"Aquele que a seus anjos faz ventos,
e a seus ministros,
labareda de fogo."

8 Mas, a respeito do Filho, diz:

"O teu trono, ó Deus,
é para todo o sempre;
cetro de justiça
é o cetro do teu reino.
9 Amaste a justiça
e odiaste a iniquidade;
por isso, Deus, o teu Deus,
te ungiu com o óleo de alegria
como a nenhum dos teus companheiros."

10 Diz ainda:

"No princípio, Senhor, lançaste
os fundamentos da terra,
e os céus são obra das
tuas mãos.
11 Eles perecerão,
mas tu permaneces;
todos eles envelhecerão
como veste;
12 como manto tu os enrolarás,
e, como roupas,
serão igualmente mudados.
Tu, porém, és o mesmo,
e os teus anos jamais terão fim."

13 Ora, a qual dos anjos Deus em algum
momento disse:

"Sente-se à minha direita,
até que eu ponha os seus inimigos
por estrado dos seus pés"?

14 Não são todos eles espíritos ministrado-
res, enviados para serviço a favor dos que
hão de herdar a salvação?

O PERIGO DA NEGLIGÊNCIA

2 1 Por esta razão, importa que nos apegue-
mos, com mais firmeza, às verdades ou-
vidas, para que delas jamais nos desviemos.
2 Porque, se a palavra falada por meio de an-
jos se tornou firme, e toda transgressão ou
desobediência recebeu justo castigo, 3 como
escaparemos nós, se não levarmos a sério
tão grande salvação? Esta, tendo sido anun-
ciada inicialmente pelo Senhor, depois nos
foi confirmada pelos que a ouviram. 4 Tam-
bém Deus testemunhou juntamente com
eles, por meio de sinais, prodígios, vários
milagres e a distribuição do Espírito Santo,
segundo a sua vontade.

JESUS, SUMO SACERDOTE MISERICORDIOSO E FIEL

5 Pois não foi a anjos que Deus sujeitou o
mundo que há de vir, sobre o qual estamos
falando. 6 Pelo contrário, alguém, em certo
lugar, deu testemunho, dizendo:

"Que é o homem,
que dele te lembres?
Ou o filho do homem,
que o visites?
7 Fizeste-o, por um pouco,
menor do que os anjos
e de glória e de honra o coroaste.
8 Todas as coisas sujeitaste
debaixo dos seus pés."

Ora, ao lhe sujeitar todas as coisas, nada
deixou fora do seu domínio. Neste momen-
to, porém, ainda não vemos todas as coisas
a ele sujeitas. 9 Vemos, porém, aquele que,
por um pouco, foi feito menor do que os an-
jos, Jesus, que, por causa do sofrimento da
morte, foi coroado de glória e de honra, pa-
ra que, pela graça de Deus, provasse a mor-
te por todos.
10 Porque convinha que Deus, por cau-
sa de quem e por meio de quem todas as
coisas existem, conduzindo muitos filhos
à glória, aperfeiçoasse, por meio de sofri-
mentos, o Autor da salvação deles. 11 Pois,
tanto o que santifica como os que são santi-
ficados, todos vêm de um só. É por isso que
Jesus não se envergonha de chamá-los de
irmãos, 12 dizendo:

"A meus irmãos
declararei o teu nome,
no meio da congregação
eu te louvarei."

13 E, outra vez:

"Eu porei nele a minha confiança."

E, ainda:

"Eis aqui estou eu
e os filhos que Deus me deu."

14 Visto, pois, que os filhos têm participação
comum de carne e sangue, também Jesus,
igualmente, participou dessas coisas, para
que, por sua morte, destruísse aquele que
tem o poder da morte, a saber, o diabo, 15 e li-
vrasse todos os que, pelo pavor da morte,
estavam sujeitos à escravidão por toda a
vida. 16 Pois ele, evidentemente, não so-
corre anjos, mas socorre a descendência
de Abraão. 17 Por isso mesmo, era neces-
sário que, em todas as coisas, ele se tor-
nasse semelhante aos irmãos, para ser
misericordioso e fiel sumo sacerdote nas
coisas referentes a Deus e para fazer pro-
piciação pelos pecados do povo. 18 Pois, na-
quilo que ele mesmo sofreu, quando foi
tentado, é poderoso para socorrer os que
são tentados.

CRISTO É SUPERIOR A MOISÉS

3 1 Por isso, santos irmãos, vocês que são
participantes da vocação celestial, con-
siderem atentamente o Apóstolo e Sumo
Sacerdote da nossa confissão, Jesus, 2 o qual
é fiel àquele que o constituiu, como tam-
bém Moisés foi fiel em toda a casa de Deus.
3 No entanto, assim como aquele que edifica
uma casa tem maior honra do que a casa em
si, também Jesus tem sido considerado dig-
no de maior glória do que Moisés. 4 Pois toda
casa é edificada por alguém, mas aquele que
edificou todas as coisas é Deus. 5 E Moisés
foi fiel, em toda a casa de Deus, como servo,
para testemunho das coisas que haviam de
ser anunciadas. 6 Cristo, porém, como Filho,
é fiel em sua casa. Esta casa somos nós, se
guardarmos firme a ousadia e a exultação
da esperança.

O PERIGO DA INCREDULIDADE E DA DESOBEDIÊNCIA

7 Por isso, como diz o Espírito Santo:

"Hoje, se ouvirem a sua voz,
8 não endureçam o coração
como foi na rebelião,
no dia da tentação no deserto,
9 onde os pais de vocês me tentaram,
pondo-me à prova,
e viram as minhas obras
durante quarenta anos.
10 Por isso, me indignei
contra essa geração e disse:
'O coração deles
sempre se afasta de mim;

e eles não conheceram os
meus caminhos.'
11 Assim, jurei na minha ira:
'Não entrarão no meu descanso.'"

12 Tenham cuidado, irmãos, para que ne-
nhum de vocês tenha um coração mau e des-
crente, que se afaste do Deus vivo. 13 Pelo
contrário, animem uns aos outros todos os
dias, durante o tempo que se chama "ho-
je", a fim de que nenhum de vocês seja en-
durecido pelo engano do pecado. 14 Porque
temos nos tornado participantes de Cristo,
se, de fato, guardarmos firme, até o fim, a
confiança que, desde o princípio, tivemos.
15 Como se diz:

"Hoje, se ouvirem a sua voz,
não endureçam o coração,
como foi na rebelião."

16 E quem foram os que ouviram e, mesmo
assim, se rebelaram? Não foram todos os
que saíram do Egito por meio de Moisés?
17 E contra quem Deus se indignou durante
quarenta anos? Não foi contra os que pe-
caram, cujos cadáveres caíram no deser-
to? 18 E a quem jurou que não entrariam
no seu descanso, senão aos que foram de-
sobedientes? 19 Assim, vemos que não pu-
deram entrar por causa da incredulidade.

A ENTRADA NO DESCANSO DE DEUS PELA FÉ

4 1 Portanto, visto que nos foi deixada
a promessa de entrar no descanso de
Deus, tenhamos cuidado para não parecer
que algum de vocês deixou de alcançá-la.
2 Porque também a nós foram anunciadas
as boas-novas, exatamente como aconte-
ceu com eles. Mas a palavra que eles ouvi-
ram não lhes trouxe proveito, porque não
foram unidos por meio da fé com aque-
les que a ouviram. 3 Nós, porém, que cre-
mos, entramos no descanso, conforme
Deus disse:

"Assim, jurei na minha ira:
'Não entrarão no meu descanso.'"

Ele disse isso, mesmo que as obras já es-
tivessem concluídas desde a fundação do
mundo. 4 Porque, em certo lugar, assim dis-
se a respeito do sétimo dia: "No sétimo dia,
Deus descansou de todas as obras que tinha
feito." 5 E, novamente, no mesmo lugar: "Não
entrarão no meu descanso." 6 Visto, portanto,
que resta entrarem alguns naquele descan-
so e que, por causa da desobediência, não
entraram aqueles aos quais anteriormente
foram anunciadas as boas-novas, 7 de novo,
determina certo dia, "hoje", falando por Davi,
muito tempo depois, segundo antes tinha
sido declarado:

"Hoje, se ouvirem a sua voz,
não endureçam o coração."

8 Ora, se Josué lhes tivesse dado descanso,
não falaria, posteriormente, a respeito de
outro dia. 9 Portanto, resta um repouso sa-
bático para o povo de Deus. 10 Porque aquele
que entrou no descanso de Deus, também
ele mesmo descansou de suas obras, como
Deus descansou das suas.

11 Portanto, esforcemo-nos por entrar na-
quele descanso, a fim de que ninguém caia,
segundo aquele exemplo de desobediên-
cia. 12 Porque a palavra de Deus é viva e
eficaz, e mais cortante do que qualquer es-
pada de dois gumes, e penetra até o ponto
de dividir alma e espírito, juntas e medu-
las, e é apta para julgar os pensamentos e
propósitos do coração. 13 E não há criatura
que não seja manifesta na sua presença;
pelo contrário, todas as coisas estão des-
cobertas e expostas aos olhos daquele a
quem temos de prestar contas.

JESUS, O SUMO SACERDOTE ETERNO

14 Tendo, pois, Jesus, o Filho de Deus, co-
mo grande sumo sacerdote que adentrou
os céus, conservemos firmes a nossa con-
fissão. 15 Porque não temos sumo sacerdote
que não possa se compadecer das nossas
fraquezas; pelo contrário, ele foi tentado em
todas as coisas, à nossa semelhança, mas
sem pecado. 16 Portanto, aproximemo-nos

do trono da graça com confiança, a fim de
recebermos misericórdia e encontrarmos
graça para ajuda em momento oportuno.

5 1 Cada sumo sacerdote, sendo esco-
lhido dentre os homens, é constituído
nas coisas relacionadas com Deus, a favor
dos homens, para oferecer dons e sacrifícios
pelos pecados. 2 Ele é capaz de se compa-
decer dos ignorantes e dos que se desviam
do caminho, pois também ele mesmo está
rodeado de fraquezas. 3 Por esta razão, de-
ve oferecer sacrifícios pelos pecados, tan-
to do povo como de si mesmo. 4 E ninguém
toma esta honra para si mesmo, a não ser
quando chamado por Deus, como aconte-
ceu com Arão.

5 Assim, também Cristo não glorificou a si
mesmo para se tornar sumo sacerdote, mas
quem o glorificou foi aquele que lhe disse:

"Você é meu Filho,
hoje eu gerei você."

6 E em outro lugar também diz:

"Você é sacerdote para sempre,
segundo a ordem de Melquisedeque."

7 Ele, Jesus, nos dias da sua carne, tendo
oferecido, com forte clamor e lágrimas, ora-
ções e súplicas a quem o podia livrar da mor-
te, foi ouvido por causa da sua reverência.
8 Embora fosse Filho, aprendeu a obediên-
cia pelas coisas que sofreu 9 e, tendo sido
aperfeiçoado, tornou-se o Autor da salva-
ção eterna para todos os que lhe obedecem.
10 E Deus o nomeou sumo sacerdote, segun-
do a ordem de Melquisedeque.

EXORTAÇÃO AO PROGRESSO NA FÉ

11 A esse respeito temos muitas coisas a
dizer, coisas difíceis de explicar, porque vo-
cês ficaram com preguiça de ouvir. 12 Pois,
quando já deviam ser mestres, levando em
conta o tempo decorrido, vocês têm, nova-
mente, necessidade de alguém que lhes en-
sine quais são os princípios elementares
dos oráculos de Deus. Passaram a ter ne-
cessidade de leite e não de alimento sólido.
13 Ora, todo aquele que se alimenta de leite é
inexperiente na palavra da justiça, porque
é criança. 14 Mas o alimento sólido é para os
adultos, para aqueles que, pela prática, têm
as suas faculdades exercitadas para discer-
nir não somente o bem, mas também o mal.

6 1 Por isso, deixando os princípios ele-
mentares da doutrina de Cristo, avan-
cemos para o que é perfeito, não lançando
de novo a base do arrependimento de obras
mortas e da fé em Deus, 2 o ensino de ba-
tismos e da imposição de mãos, da ressur-
reição dos mortos e do juízo eterno. 3 Isso
faremos, se Deus o permitir.

4 É impossível, pois, que aqueles que uma
vez foram iluminados, provaram o dom ce-
lestial, se tornaram participantes do Espírito
Santo, 5 provaram a boa palavra de Deus e
os poderes do mundo vindouro 6 e caíram,
sim, é impossível outra vez renová-los pa-
ra arrependimento, visto que, de novo, es-
tão crucificando para si mesmos o Filho de
Deus e expondo-o à zombaria. 7 Porque a
terra que absorve a chuva que frequente-
mente cai sobre ela e produz plantas úteis
para aqueles que a cultivam recebe bênção
da parte de Deus; 8 mas, se produz espinhos
e ervas daninhas, é rejeitada e está perto da
maldição; e o seu fim é ser queimada.

9 Quanto a vocês, meus amados, ainda que
falemos desta maneira, estamos certos de
que coisas melhores os esperam, coisas re-
lacionadas com a salvação. 10 Porque Deus
não é injusto para se esquecer do trabalho que
vocês fizeram e do amor que mostraram para
com o seu nome, pois vocês serviram e ainda
estão servindo aos santos. 11 Desejamos que
cada um de vocês continue mostrando, até o
fim, o mesmo empenho para a plena certeza
da esperança, 12 para que não se tornem pre-
guiçosos, mas imitadores daqueles que, pe-
la fé e pela paciência, herdam as promessas.

A PROMESSA DE DEUS É IMUTÁVEL

13 Pois, quando Deus fez a promessa a
Abraão, visto que não tinha ninguém superior
por quem jurar, jurou por si mesmo, 14 dizen-
do: "Certamente eu o abençoarei e multi-
plicarei os seus descendentes." 15 E assim,

É a nossa vida íntima com Deus que deve sustentar a vida pública, não o contrário.

depois de esperar com paciência, Abraão
obteve a promessa. 16 Porque as pessoas ju-
ram pelo que lhes é superior, e o juramento,
servindo de garantia, põe fim a toda discus-
são. 17 Por isso, Deus, quando quis mostrar
com mais clareza aos herdeiros da promessa
que o seu propósito era imutável, confirmou-
-o com um juramento. 18 Ele fez isso para que,
mediante duas coisas imutáveis, nas quais é
impossível que Deus minta, nós, que já cor-
remos para o refúgio, tenhamos forte alento,
para tomar posse da esperança que nos foi
proposta. 19 Temos esta esperança por âncora
da alma, segura e firme e que entra no santuá-
rio que fica atrás do véu, 20 onde Jesus, como
precursor, entrou por nós, tendo-se tornado
sumo sacerdote para sempre, segundo a or-
dem de Melquisedeque.

MELQUISEDEQUE, TIPO DE CRISTO

7 1 Porque este Melquisedeque, rei de Sa-
lém, sacerdote do Deus Altíssimo, foi ao
encontro de Abraão, quando este voltava da
matança dos reis, e o abençoou. 2 Foi para ele
que Abraão separou o dízimo de tudo. Pri-
meiramente o nome dele significa "rei da jus-
tiça"; depois também é "rei de Salém", ou seja,
"rei da paz". 3 Sem pai, sem mãe, sem genea-
logia, ele não teve princípio de dias nem fim
de existência, mas, feito semelhante ao Filho
de Deus, permanece sacerdote para sempre.

O SACERDÓCIO DE CRISTO É SUPERIOR AO LEVÍTICO

4 Vejam como era grande esse a quem
Abraão, o patriarca, pagou o dízimo tirado
dos melhores despojos. 5 Ora, os que dentre
os filhos de Levi recebem o sacerdócio têm
ordem, de acordo com a lei, de recolher os dí-
zimos do povo, ou seja, dos seus irmãos, em-
bora estes sejam descendentes de Abraão.
6 Entretanto, aquele cuja genealogia não se
inclui entre os filhos de Levi recebeu dízimos
de Abraão e abençoou aquele que havia rece-
bido as promessas. 7 Evidentemente, não há
dúvida de que o inferior é abençoado pelo
superior. 8 Aliás, aqui os que recebem dízi-
mos são homens mortais, porém ali o dízimo
foi recebido por aquele de quem se testifica
que vive. 9 E, por assim dizer, também Levi,
que recebe dízimos, pagou-os na pessoa de
Abraão. 10 Porque Levi, por assim dizer, já
estava no corpo de seu pai Abraão, quando
Melquisedeque foi ao encontro deste.

O SACERDÓCIO DE CRISTO É ETERNO

11 Portanto, se a perfeição fosse possível
por meio do sacerdócio levítico — pois foi
com base nele que o povo recebeu a lei —,
que necessidade haveria ainda de que se
levantasse outro sacerdote, segundo a or-
dem de Melquisedeque, e não segundo a
ordem de Arão? 12 Pois, quando se muda o
sacerdócio, necessariamente muda também
a lei. 13 Porque aquele de quem são ditas es-
tas coisas pertence a outra tribo, da qual nin-
guém prestou serviço diante do altar. 14 Pois
é evidente que nosso Senhor procedeu de
Judá, tribo à qual Moisés nunca falou na-
da a respeito de sacerdócio. 15 E isto é ainda
muito mais evidente, quando, à semelhan-
ça de Melquisedeque, surge outro sacerdote,
16 constituído não conforme a lei de manda-
mento carnal, mas segundo o poder de vida
que não tem fim. 17 Porque dele se testifica:

"Você é sacerdote para sempre,
segundo a ordem
de Melquisedeque."

18 Portanto, por um lado, se revoga a orde-
nança anterior, por causa de sua fraqueza e
inutilidade, 19 pois a lei nunca aperfeiçoou
coisa alguma; e, por outro lado, se introduz
esperança superior, pela qual nos chega-
mos a Deus.

20 E isto não se deu sem juramento. Porque
os outros são feitos sacerdotes sem juramen-
to, 21 mas este foi feito sacerdote com jura-
mento, por aquele que lhe disse:

"O Senhor jurou
e não se arrependerá:
'Você é sacerdote para sempre.'"

22 Por isso mesmo, Jesus se tornou fiador
de superior aliança.

23 Ora, os outros são feitos sacerdotes em maior número, porque a morte os impede de continuar; 24 Jesus, no entanto, porque continua para sempre, tem o seu sacerdócio imutável. 25 Por isso, também pode salvar totalmente os que por ele se aproximam de Deus, vivendo sempre para interceder por eles.

26 Porque nos convinha um sumo sacerdote como este, santo, inculpável, sem mácula, separado dos pecadores e exaltado acima dos céus, 27 que não tem necessidade, como os outros sumos sacerdotes, de oferecer sacrifícios todos os dias, primeiro, por seus próprios pecados, depois, pelos do povo; porque fez isto uma vez por todas, quando a si mesmo ofereceu. 28 Porque a lei constitui homens sujeitos a fraquezas como sumos sacerdotes, mas a palavra do juramento, que foi posterior à lei, constitui o Filho, perfeito para sempre.

JESUS, MEDIADOR DA NOVA ALIANÇA

8 1 Ora, o essencial das coisas que estamos dizendo é que temos tal sumo sacerdote, que se assentou à direita do trono da Majestade nos céus, 2 como ministro do santuário e do verdadeiro tabernáculo que o Senhor erigiu, e não o homem.

3 Pois todo sumo sacerdote é constituído para oferecer dons e sacrifícios; por isso, era necessário que também esse sumo sacerdote tivesse o que oferecer. 4 Se ele estivesse na terra, nem mesmo sacerdote seria, visto existirem aqueles que oferecem os dons segundo a lei. 5 Estes ministram em figura e sombra das coisas celestiais, assim como Moisés foi divinamente instruído, quando estava para construir o tabernáculo. Pois Deus disse: "Tenha cuidado para fazer tudo de acordo com o modelo que foi mostrado a você no monte." 6 Mas agora Jesus obteve um ministério tanto mais excelente, quanto é também Mediador de superior aliança instituída com base em superiores promessas.

7 Porque, se aquela primeira aliança tivesse sido sem defeito, de maneira alguma estaria sendo buscado lugar para uma segunda aliança. 8 E, de fato, repreendendo-os, diz:

"Eis aí vêm dias, diz o Senhor,
e firmarei nova aliança
com a casa de Israel
e com a casa de Judá,
9 não segundo a aliança
que fiz com os seus pais,
no dia em que os tomei pela mão,
para os tirar da terra do Egito;
pois eles não continuaram
na minha aliança,
e eu não dei atenção a eles,
diz o Senhor.
10 Porque esta é a aliança que farei
com a casa de Israel,
depois daqueles dias,
diz o Senhor:
Imprimirei as minhas leis
na mente deles
e as inscreverei
sobre o seu coração;
e eu serei o seu Deus,
e eles serão o meu povo.
11 E não ensinará jamais
cada um ao seu próximo,
nem cada um ao seu irmão,
dizendo: 'Conheça o Senhor';
porque todos me conhecerão,
desde o menor até o maior deles.
12 Pois, para com as suas iniquidades,
usarei de misericórdia
e dos seus pecados
jamais me lembrarei."

13 Quando ele diz "nova aliança", torna antiquada a primeira. Ora, aquilo que se torna antiquado e envelhecido está prestes a desaparecer.

O SANTUÁRIO TERRESTRE

9 1 Ora, a primeira aliança também tinha preceitos de culto divino e o seu santuário terrestre. 2 Porque foi edificado um tabernáculo, cuja parte da frente, onde estavam o candelabro, a mesa e os pães da proposição, se chama o Santo Lugar. 3 Por trás do segundo véu se encontrava o tabernáculo que se chama o Santo dos Santos, 4 ao qual pertencia um altar de ouro para o incenso e a arca da aliança totalmente coberta de ouro, na qual estava uma urna de ouro contendo o maná, o bordão de Arão, que floresceu, e as tábuas da aliança. 5 Sobre a arca estavam os querubins de glória, que, com a sua sombra, cobriam o propiciatório. Mas dessas coisas não falaremos, agora, com mais detalhes.

6 Ora, depois que foram feitos todos esses preparativos, os sacerdotes entram continuamente no primeiro tabernáculo para realizar os serviços sagrados. 7 Mas, no segundo, o sumo sacerdote entra sozinho uma vez por ano, não sem sangue, que oferece por si e pelos pecados de ignorância do povo. 8 Com isto o Espírito Santo quer dar a entender que o caminho do Santuário ainda não se manifestou, enquanto o primeiro tabernáculo continua erguido. 9 Isso é uma parábola para a época presente, na qual se oferecem dons e sacrifícios, embora estes, no que diz respeito à consciência, sejam ineficazes para aperfeiçoar aquele que presta culto, 10 pois não passam de ordenanças da carne, baseadas somente em comidas, bebidas e diversas cerimônias de purificação, impostas até o tempo oportuno de reforma.

O SACRIFÍCIO DE CRISTO É PERFEITO E EFICAZ

11 Quando, porém, Cristo veio como sumo sacerdote dos bens já realizados, mediante o maior e mais perfeito tabernáculo, não feito por mãos humanas, quer dizer, não desta criação, 12 e não pelo sangue de bodes e de bezerros, mas pelo seu próprio sangue, ele entrou no Santuário, uma vez por todas, e obteve uma eterna redenção. 13 Portanto, se o sangue de bodes e de touros e a cinza de uma novilha, aspergidos sobre os contaminados, os santificam quanto à purificação da carne, 14 muito mais o sangue de Cristo, que, pelo Espírito eterno, a si mesmo ofereceu sem mácula a Deus, purificará a nossa consciência de obras mortas, para servirmos ao Deus vivo!

15 Por isso mesmo, ele é o Mediador da nova aliança, a fim de que os que foram chamados recebam a promessa da herança eterna, visto que houve uma morte para remissão das transgressões que foram cometidas sob a primeira aliança. 16 Porque, onde há um testamento, é necessário constatar a morte de quem o fez. 17 Sim, porque um testamento só é confirmado depois da morte de quem o fez, pois de maneira nenhuma um testamento tem força de lei enquanto ainda vive quem o fez. 18 Por isso, nem a primeira aliança foi estabelecida sem sangue. 19 Porque, havendo Moisés proclamado a todo o povo todos os mandamentos conforme a lei, pegou o sangue dos bezerros e dos bodes, com água, lã tingida de escarlate e hissopo e aspergiu não só o próprio livro, como também todo o povo, 20 dizendo: "Este é o sangue da aliança que Deus ordenou para vocês." 21 Igualmente também aspergiu com sangue o tabernáculo e todos os utensílios do serviço sagrado. 22 De fato, segundo a lei, quase todas as coisas são purificadas com sangue; e sem derramamento de sangue não há remissão.

23 Era necessário, portanto, que as figuras das coisas que estão nos céus fossem purificadas com tais sacrifícios, mas as próprias coisas celestiais requerem sacrifícios superiores àqueles. 24 Porque Cristo não entrou em santuário feito por mãos humanas, figura do verdadeiro Santuário, porém no próprio céu, para comparecer, agora, por nós, diante de Deus. 25 Ele não entrou para oferecer a si mesmo muitas vezes, como o sumo sacerdote entra todos os anos no Santo dos Santos com sangue alheio. 26 Se fosse assim, ele precisaria ter sofrido muitas vezes desde a fundação do mundo; agora, porém, ao chegar o fim dos tempos, ele se manifestou uma vez por todas, para aniquilar o pecado por meio do sacrifício de si mesmo. 27 E, assim como aos homens está ordenado morrerem uma só vez, vindo, depois disso, o juízo, 28 assim também Cristo, tendo-se oferecido uma vez por todas para tirar os pecados de muitos, aparecerá segunda vez, não para tirar pecados, mas para salvar aqueles que esperam por ele.

O SACRIFÍCIO DE CRISTO É ÚNICO E PARA SEMPRE

10 1 Ora, visto que a lei é apenas uma sombra dos bens vindouros, não a imagem real das coisas, nunca consegue aperfeiçoar aqueles que se aproximam de Deus com os mesmos sacrifícios que, ano após ano, continuamente, eles oferecem. 2 Se isto fosse possível, será que os sacrifícios não teriam deixado de ser oferecidos? Porque os que prestam culto, tendo sido purificados uma vez por todas, não mais teriam consciência de pecados! 3 Entretanto, nesses sacrifícios ocorre recordação de pecados todos os anos, 4 porque é impossível que o sangue de touros e de bodes remova pecados. 5 Por isso, ao entrar no mundo, Cristo disse:

"Sacrifício e oferta não quiseste,
mas preparaste um corpo para mim;
6 não te agradaste de holocaustos
e ofertas pelo pecado.
7 Então eu disse:
'Eis aqui estou!
No rolo do livro está escrito
a meu respeito.
Estou aqui para fazer, ó Deus,
a tua vontade.'"

8 Depois de dizer, como acima: "Sacrifícios, ofertas, holocaustos e ofertas pelo pecado não quiseste, nem deles te agradaste" — coisas que se oferecem segundo a lei —, 9 num segundo momento acrescentou: "Eis aqui estou para fazer, ó Deus, a tua vontade." Ele remove o primeiro para estabelecer o segundo. 10 Nessa vontade é que temos sido santificados, mediante a oferta do corpo de Jesus Cristo, uma vez por todas.

11 Ora, todo sacerdote se apresenta, dia após dia, para exercer o serviço sagrado e oferecer muitas vezes os mesmos sacrifícios, que nunca jamais podem remover pecados. 12 Jesus, porém, tendo oferecido, para sempre, um único sacrifício pelos pecados, assentou-se à direita de Deus, 13 aguardando, daí em diante, até que os seus inimigos sejam postos por estrado dos seus pés. 14 Porque, com uma única oferta, aperfeiçoou para sempre os que estão sendo santificados. 15 E disto nos dá testemunho também o Espírito Santo. Porque, após ter dito:

16 "Esta é a aliança
que farei com eles,
depois daqueles dias,
diz o Senhor:
Imprimirei as minhas leis
no coração deles
e as inscreverei
sobre a sua mente",

17 acrescenta:

"Também dos seus pecados
e das suas iniquidades
jamais me lembrarei."

18 Ora, onde há remissão de pecados, não existe mais necessidade de sacrifício pelo pecado.

O ACESSO À PRESENÇA DE DEUS

19 Portanto, meus irmãos, tendo ousadia para entrar no Santuário, pelo sangue de Jesus, 20 pelo novo e vivo caminho que ele nos abriu por meio do véu, isto é, pela sua carne, 21 e tendo um grande sacerdote sobre a casa de Deus, 22 aproximemo-nos com um coração sincero, em plena certeza de fé, tendo o coração purificado de má consciência e o corpo lavado com água pura. 23 Guardemos firme a confissão da esperança, sem vacilar, pois quem fez a promessa é fiel. 24 Cuidemos também de nos animar uns aos outros no amor e na prática de boas obras. 25 Não deixemos de nos congregar, como é costume de alguns. Pelo contrário, façamos admoestações, ainda mais agora que vocês veem que o Dia se aproxima.

26 Porque, se continuarmos a pecar de propósito, depois de termos recebido o conhecimento da verdade, já não resta sacrifício pelos pecados. 27 Pelo contrário, resta apenas uma terrível expectativa de juízo e fogo vingador prestes a consumir os adversários. 28 Quem tiver rejeitado a lei de Moisés morre sem misericórdia, pelo depoimento de duas ou três testemunhas. 29 Imaginem quanto mais

severo deve ser o castigo daquele que pisou o
Filho de Deus, profanou o sangue da aliança
com o qual foi santificado e insultou o Espírito
da graça! 30 Pois conhecemos aquele que disse:

"A mim pertence a vingança;
eu retribuirei."

E outra vez:

"O Senhor julgará o seu povo."

31 Horrível coisa é cair nas mãos do Deus vivo.

APELO PARA O PASSADO. A RECOMPENSA NÃO TARDA

32 Lembrem-se dos dias passados, quando,
depois que foram iluminados, vocês supor-
taram grande luta e sofrimentos. 33 Em certos
momentos vocês foram transformados em es-
petáculo, tanto para serem insultados quanto
para serem maltratados; em outros vocês se
tornaram coparticipantes com aqueles que fo-
ram tratados assim. 34 Porque vocês não ape-
nas se compadeceram dos encarcerados, mas
também aceitaram com alegria a espoliação
dos seus bens, porque sabiam que tinham
um patrimônio superior e durável. 35 Portanto,
não percam a confiança de vocês, porque ela
tem grande recompensa. 36 Vocês precisam
perseverar, para que, havendo feito a vonta-
de de Deus, alcancem a promessa.

37 "Porque, ainda dentro
de pouco tempo,
aquele que vem virá
e não irá demorar;
38 mas o meu justo viverá pela fé;
e, se retroceder, dele a minha alma
não se agradará."

39 Nós, porém, não somos dos que retroce-
dem para a perdição, mas somos da fé, para
a preservação da alma.

A NATUREZA DA FÉ

11 1 Ora, a fé é a certeza de coisas que se
esperam, a convicção de fatos que não
se veem. 2 Pois, pela fé, os antigos obtiveram
bom testemunho. 3 Pela fé, entendemos que
o universo foi formado pela palavra de Deus,
de maneira que o visível veio a existir das coi-
sas que não são visíveis.

EXEMPLOS DE FÉ

OS PRIMEIROS HERÓIS

4 Pela fé, Abel ofereceu a Deus um sacrifício
mais excelente do que Caim, pelo qual obte-
ve testemunho de ser justo, tendo a aprova-
ção de Deus quanto às suas ofertas. Por meio
da fé, mesmo depois de morto, ainda fala.
5 Pela fé, Enoque foi levado a fim de não
passar pela morte; não foi achado, porque
Deus o havia levado. Pois, antes de ser levado,
obteve testemunho de que havia agradado a
Deus. 6 De fato, sem fé é impossível agradar
a Deus, porque é necessário que aquele que
se aproxima de Deus creia que ele existe e
que recompensa os que o buscam.

7 Pela fé, Noé, divinamente instruído a
respeito de acontecimentos que ainda não
se viam e sendo temente a Deus, construiu
uma arca para a salvação de sua família. As-
sim, ele condenou o mundo e se tornou her-
deiro da justiça que vem da fé.

OS PATRIARCAS

8 Pela fé, Abraão, quando chamado, obe-
deceu, a fim de ir para um lugar que devia
receber como herança; e partiu sem saber pa-
ra onde ia. 9 Pela fé, peregrinou na terra da
promessa como em terra alheia, habitando
em tendas com Isaque e Jacó, herdeiros com
ele da mesma promessa. 10 Porque Abraão
aguardava a cidade que tem fundamentos, da
qual Deus é o arquiteto e construtor.

11 Pela fé, também, a própria Sara, apesar
de não poder ter filhos e já ser idosa, rece-
beu poder para ser mãe, pois considerou fiel
aquele que lhe havia feito a promessa. 12 Por
isso, também de um só homem, praticamen-
te morto, saiu uma posteridade tão numerosa
como as estrelas do céu e inumerável como
a areia que está na praia do mar.

13 Todos estes morreram na fé. Não obtive-
ram as promessas, mas viram-nas de longe
e se alegraram com elas, confessando que

eram estrangeiros e peregrinos na terra.
14 Porque os que falam desse modo mani-
festam estar procurando uma pátria. 15 E, se,
na verdade, se lembrassem daquela de on-
de saíram, teriam oportunidade de voltar.
16 Mas, agora, desejam uma pátria superior,
isto é, celestial. Por isso, Deus não se en-
vergonha deles, de ser chamado o seu Deus,
porque lhes preparou uma cidade.

17 Pela fé, Abraão, quando posto à pro-
va, ofereceu Isaque. Aquele que acolheu
as promessas de Deus estava a ponto de
sacrificar o seu único filho, 18 do qual ha-
via sido dito: "A sua descendência virá por
meio de Isaque." 19 Abraão considerou que
Deus era poderoso até para ressuscitar Isa-
que dentre os mortos, de onde também fi-
guradamente o recebeu de volta.

20 Pela fé, igualmente Isaque abençoou
Jacó e Esaú, a respeito de coisas que ainda
estavam para vir.

21 Pela fé, Jacó, quando estava para mor-
rer, abençoou cada um dos filhos de José e,
apoiado sobre a extremidade do seu bor-
dão, adorou a Deus.

22 Pela fé, José, próximo do seu fim, fez
menção do êxodo dos filhos de Israel, bem
como deu ordens a respeito de seus pró-
prios ossos.

MOISÉS

23 Pela fé, Moisés, depois de nascer, foi
escondido por seus pais durante três me-
ses, porque viram que era um menino bo-
nito e não temeram o decreto do rei.

24 Pela fé, Moisés, sendo homem feito, re-
cusou ser chamado filho da filha de Faraó,
25 preferindo ser maltratado junto com o
povo de Deus a usufruir prazeres transi-
tórios do pecado. 26 Ele entendeu que ser
desprezado por causa de Cristo era uma ri-
queza maior do que os tesouros do Egito,
porque contemplava a recompensa.

27 Pela fé, Moisés abandonou o Egito, não
ficando amedrontado com a ira do rei, pois
permaneceu firme como quem vê aquele
que é invisível. 28 Pela fé, celebrou a Pás-
coa e o derramamento do sangue, pa-
ra que o exterminador não tocasse nos
primogênitos dos israelitas. 29 Pela fé, os
israelitas atravessaram o mar Vermelho co-
mo por terra seca. Quando os egípcios ten-
taram fazer o mesmo, foram engolidos
pelo mar.

OS ISRAELITAS EM CANAÃ

30 Pela fé, ruíram as muralhas de Jericó,
depois de rodeadas por sete dias. 31 Pela
fé, Raabe, a prostituta, não foi destruída
com os desobedientes, porque acolheu os
espias com paz.

32 E que mais direi? Certamente me faltará
o tempo necessário para falar de Gideão, de
Baraque, de Sansão, de Jefté, de Davi, de Sa-
muel e dos profetas, 33 os quais, por meio da
fé, conquistaram reinos, praticaram a justi-
ça, obtiveram promessas, fecharam a boca
de leões, 34 extinguiram a violência do fo-
go, escaparam de ser mortos à espada, da
fraqueza tiraram força, fizeram-se podero-
sos na guerra, puseram em fuga exércitos
estrangeiros. 35 Mulheres receberam, pela
ressurreição, os seus mortos.

Alguns foram torturados, não aceitando
seu resgate, para obterem superior ressur-
reição; 36 outros, por sua vez, passaram pela
prova de zombarias e açoites, sim, até de
algemas e prisões. 37 Foram apedrejados,
serrados ao meio, mortos ao fio da espada.
Andaram como peregrinos, vestidos de pe-
les de ovelhas e de cabras; passaram por
necessidades, foram afligidos e maltrata-
dos. 38 O mundo não era digno deles. Anda-
ram errantes pelos desertos, pelos montes,
pelas covas, pelos antros da terra.

39 Todos estes, mesmo tendo obtido bom
testemunho por meio da fé, não obtiveram a
concretização da promessa, 40 porque Deus
tinha previsto algo melhor para nós, para que
eles, sem nós, não fossem aperfeiçoados.

JESUS, AUTOR E CONSUMADOR DA FÉ

12 1 Portanto, também nós, visto que
temos a rodear-nos tão grande nu-
vem de testemunhas, livremo-nos de todo
peso e do pecado que tão firmemente se
apega a nós e corramos com perseverança

a carreira que nos está proposta, 2 olhando firmemente para o Autor e Consumador da fé, Jesus, o qual, em troca da alegria que lhe estava proposta, suportou a cruz, sem se importar com a vergonha, e agora está sentado à direita do trono de Deus. 3 Portanto, pensem naquele que suportou tamanha oposição dos pecadores contra si mesmo, para que vocês não se cansem nem desanimem.

A DISCIPLINA DE DEUS É PARA O NOSSO BEM

4 Na luta contra o pecado, vocês ainda não resistiram até o sangue. 5 E vocês se esqueceram da exortação que lhes é dirigida, como a filhos:

"Filho meu, não despreze
a correção que vem do Senhor,
nem desanime quando
você é repreendido por ele;
6 porque o Senhor corrige
a quem ama
e castiga todo filho
a quem aceita."

7 É para disciplina que vocês perseveram. Deus os trata como filhos. E qual é o filho a quem o pai não corrige? 8 Mas, se estão sem essa correção, da qual todos se tornaram participantes, então vocês são bastardos e não filhos. 9 Além disso, tínhamos os nossos pais humanos, que nos corrigiam, e nós os respeitávamos. Será que, então, não nos sujeitaremos muito mais ao Pai espiritual, para vivermos? 10 Pois eles nos corrigiam por pouco tempo, segundo melhor lhes parecia; Deus, porém, nos disciplina para o nosso próprio bem, a fim de sermos participantes da sua santidade. 11 Na verdade, toda disciplina, ao ser aplicada, não parece ser motivo de alegria, mas de tristeza. Porém, mais tarde, produz fruto pacífico aos que têm sido por ela exercitados, fruto de justiça.

12 Por isso, levantem as mãos cansadas e fortaleçam os joelhos vacilantes. 13 Façam caminhos retos para os seus pés, para que o manco não se desvie, mas seja curado.

FIRMES NA GRAÇA DE DEUS

14 Procurem viver em paz com todos e busquem a santificação, sem a qual ninguém verá o Senhor. 15 Cuidem para que ninguém fique afastado da graça de Deus, e que nenhuma raiz de amargura, brotando, cause perturbação, e, por meio dela, muitos sejam contaminados. 16 E cuidem para que não haja nenhum impuro ou profano, como foi Esaú, o qual, por um prato de comida, vendeu o seu direito de primogenitura. 17 Vocês sabem também que, posteriormente, querendo herdar a bênção, foi rejeitado, pois não achou lugar de arrependimento, embora, com lágrimas, o tivesse buscado.

18 Ora, vocês não chegaram ao fogo palpável e aceso, à escuridão, às trevas, à tempestade, 19 ao toque da trombeta e ao som de palavras tais, que aqueles que ouviram isso pediram que não lhes fosse dito mais nada, 20 pois já não suportavam o que lhes era ordenado: "Até um animal, se tocar o monte, será apedrejado." 21 Na verdade, o espetáculo era tão horrível, que Moisés disse: "Estou apavorado e trêmulo!" 22 Pelo contrário, vocês chegaram ao monte Sião e à cidade do Deus vivo, a Jerusalém celestial, e a milhares de anjos. Vocês chegaram à assembleia festiva, 23 a igreja dos primogênitos arrolados nos céus. Vocês chegaram a Deus, o Juiz de todos, e aos espíritos dos justos aperfeiçoados, 24 e a Jesus, o Mediador da nova aliança, e ao sangue da aspersão, que fala melhor do que o sangue de Abel.

25 Tenham cuidado e não se recusem a ouvir aquele que fala. Pois, se os que se recusaram a ouvir quem divinamente os advertia na terra não escaparam, muito menos escaparemos nós, se nos desviarmos daquele que dos céus nos adverte. 26 Naquele tempo, a voz dele abalou a terra, mas agora ele prometeu, dizendo: "Mais uma vez eu farei tremer não só a terra, mas também o céu." 27 Ora, as palavras "mais uma vez" significam a remoção dessas coisas abaladas, ou seja, das coisas criadas, para que permaneçam as coisas que não podem ser abaladas.

28 Por isso, recebendo nós um Reino inabalável, retenhamos a graça, pela qual sirvamos

a Deus de modo agradável, com reverên-
cia e temor. 29 Porque o nosso Deus é fo-
go consumidor.

OS DEVERES SOCIAIS

13 1 Seja constante o amor fraternal.
2 Não se esqueçam da hospitalida-
de, pois alguns, praticando-a, sem o saber
acolheram anjos.
3 Lembrem-se dos presos, como se esti-
vessem na cadeia com eles; dos que sofrem
maus-tratos, como se vocês mesmos fos-
sem os maltratados.
4 Digno de honra entre todos seja o ma-
trimônio, bem como o leito conjugal sem
mácula; porque Deus julgará os impuros e
os adúlteros.
5 Que a vida de vocês seja isenta de avare-
za. Contentem-se com as coisas que vocês
têm, porque Deus disse: "De maneira algu-
ma deixarei você, nunca jamais o abando-
narei." 6 Assim, afirmemos confiantemente:

"O Senhor é o meu auxílio,
não temerei.
O que é que alguém
pode me fazer?"

OS DEVERES ESPIRITUAIS

7 Lembrem-se dos seus líderes, os quais
pregaram a palavra de Deus a vocês; e, con-
siderando atentamente o fim da vida deles,
imitem a fé que tiveram. 8 Jesus Cristo é o
mesmo ontem, hoje e para sempre. 9 Não
se deixem levar por doutrinas diferentes e
estranhas, porque o que vale é ter o coração
confirmado com graça e não com alimentos,
que nunca trouxeram proveito aos que se
preocupam com isso.
10 Temos um altar do qual os que minis-
tram no tabernáculo não têm o direito de
comer. 11 Pois aqueles animais cujo sangue
é trazido pelo sumo sacerdote para dentro
do Santo dos Santos, como sacrifício pe-
lo pecado, têm o corpo queimado fora do
acampamento. 12 Por isso, também Jesus, pa-
ra santificar o povo, pelo seu próprio sangue,
sofreu fora da cidade. 13 Saiamos, pois, a ele,
fora do acampamento, levando a mesma de-
sonra que ele suportou. 14 De fato, não temos
aqui cidade permanente, mas buscamos a
que há de vir. 15 Por meio de Jesus, pois, ofe-
reçamos a Deus, sempre, sacrifício de lou-
vor, que é o fruto de lábios que confessam
o seu nome. 16 Não se esqueçam da prática
do bem e da mútua cooperação, pois de tais
sacrifícios Deus se agrada.
17 Obedeçam aos seus líderes e sejam sub-
missos a eles, pois zelam pela alma de vo-
cês, como quem deve prestar contas. Que
eles possam fazer isto com alegria e não ge-
mendo; do contrário, isso não trará proveito
nenhum para vocês.

RECOMENDAÇÕES PESSOAIS

18 Orem por nós, pois estamos certos de
que temos a consciência limpa, querendo
em todas as circunstâncias fazer o que é cor-
reto. 19 Peço, com insistência, que vocês fa-
çam isto, para que eu lhes seja restituído o
mais depressa possível.

DOXOLOGIA

20 Ora, o Deus da paz, que tornou a trazer
dentre os mortos o nosso Senhor Jesus, o
grande Pastor das ovelhas, pelo sangue da
eterna aliança, 21 aperfeiçoe vocês em to-
do o bem, para que possam fazer a von-
tade dele. Que ele opere em nós o que é
agradável diante dele, por meio de Jesus
Cristo, a quem seja a glória para todo o sem-
pre. Amém!

SAUDAÇÕES

22 Irmãos, peço que escutem com paciên-
cia esta palavra de exortação, porque, na
verdade, escrevi de forma bem resumida.
23 Saibam que o irmão Timóteo foi posto
em liberdade. Se ele vier logo, irei vê-los na
companhia dele.
24 Saúdem todos os seus líderes, bem
como todos os santos. Os da Itália man-
dam saudações.

BÊNÇÃO

25 A graça esteja com todos vocês.

Cartas Gerais

Livro 59 com

Tiago

5 CAPÍTULOS

AUTORIA

É tradicionalmente atribuída a Tiago, irmão de Jesus e líder da igreja em Jerusalém (At 15.13; Gl 1.19). Outras teorias sugerem os apóstolos Tiago, filho de Zebedeu e irmão de João, ou Tiago, filho de Alfeu. Estudiosos consideram ser ele um cristão desconhecido chamado Tiago, ou um discípulo que compilou os ensinamentos de Tiago após sua morte.

SIGNIFICADO DO TÍTULO

"Tiago" vem do hebraico *Ya'akov*, que significa "suplantador" ou "aquele que segura o calcanhar". A epístola é uma carta prática dirigida a cristãos convertidos do judaísmo dispersos entre as nações (Tg 1.1).

OBJETIVO DO LIVRO

O objetivo de Tiago é encorajar os crentes a demonstrarem a autenticidade de sua fé por meio de boas obras. Ele enfatiza a importância de uma fé prática e viva, que se manifesta em ações justas e amorosas.

ESTRUTURA DO LIVRO

- ★ Perseverança e sabedoria Tg 1.1-18
- ★ A prática da palavra Tg 1.19-27
- ★ Favoritismo e fé Tg 2.1-26
- ★ Domínio da língua Tg 3.1-12
- ★ Sabedoria e submissão Tg 3.13-5.20

TEMAS DE TIAGO

Tiago enfatiza que a fé verdadeira se manifesta em ações justas e amorosas. Ele aborda temas como a justiça social (Tg 2.1-7), a necessidade de controlar a língua (Tg 3.1-12) e a sabedoria que vem de Deus (Tg 3.13-18). A carta destaca a importância de uma vida cristã prática e autêntica.

A FÉ SEM OBRAS É MORTA

TIAGO E CRISTO

Tiago aponta para Cristo ao enfatizar a fé que age. Ele ecoa os ensinamentos de Jesus, especialmente no Sermão do Monte, ao falar sobre a misericórdia, a justiça e a necessidade de uma fé viva. A exortação a ser praticantes da Palavra reflete os ensinamentos de Cristo sobre a obediência (Mt 7.24-27).

PREFÁCIO E SAUDAÇÃO

1 [1] Tiago, servo de Deus e do Senhor Jesus Cristo, às doze tribos que se encontram na Diáspora.

Saudações.

OS BENEFÍCIOS DAS PROVAÇÕES

[2] Meus irmãos, tenham por motivo de grande alegria o fato de passarem por várias provações, [3] sabendo que a provação da fé que vocês têm produz perseverança. [4] Ora, a perseverança deve ter ação completa, para que vocês sejam perfeitos e íntegros, sem que lhes falte nada.

COMO OBTER A SABEDORIA

[5] Se, porém, algum de vocês necessita de sabedoria, peça a Deus, que a todos dá com generosidade e sem reprovações, e ela lhe será concedida. [6] Peça-a, porém, com fé, em nada duvidando, pois o que duvida é semelhante à onda do mar, impelida e agitada pelo vento. [7] Que uma pessoa dessas não pense que alcançará do Senhor alguma coisa, [8] sendo indecisa e inconstante em todos os seus caminhos.

POBREZA E RIQUEZA

[9] O irmão de condição humilde glorie-se na sua exaltação, [10] e o rico, na sua humilhação, porque ele passará como a flor do campo. [11] Porque o sol se levanta com seu calor ardente, a planta seca, a sua flor cai e a formosura do seu aspecto desaparece. Assim também o rico murchará em seus caminhos.

PROVAÇÃO E TENTAÇÃO

[12] Bem-aventurado é aquele que suporta com perseverança a provação. Porque, depois de ter sido aprovado, receberá a coroa da vida, a qual o Senhor prometeu aos que o amam. [13] Ninguém, ao ser tentado, diga: "Sou tentado por Deus." Porque Deus não pode ser tentado pelo mal e ele mesmo não tenta ninguém. [14] Ao contrário, cada um é tentado pela sua própria cobiça, quando esta o atrai e seduz. [15] Então a cobiça, depois de haver concebido, dá à luz o pecado; e o pecado, uma vez consumado, gera a morte.

[16] Não se enganem, meus amados irmãos. [17] Toda boa dádiva e todo dom perfeito vêm lá do alto, descendo do Pai das luzes, em quem não pode existir variação ou sombra de mudança. [18] Pois, segundo o seu querer, ele nos gerou pela palavra da verdade, para que fôssemos como que primícias das suas criaturas.

A PRÁTICA DA PALAVRA DE DEUS

[19] Vocês sabem estas coisas, meus amados irmãos. Cada um esteja pronto para ouvir, mas seja tardio para falar e tardio para ficar irado. [20] Porque a ira humana não produz a justiça de Deus. [21] Portanto, deixando toda impureza e acúmulo de maldade, acolham com mansidão a palavra implantada em vocês, a qual é poderosa para salvá-los.

[22] Sejam praticantes da palavra e não somente ouvintes, enganando a vocês mesmos. [23] Porque, se alguém é ouvinte da palavra e não praticante, assemelha-se àquele que contempla o seu rosto natural num espelho; [24] pois contempla a si mesmo, se retira e logo esquece como era a sua aparência. [25] Mas aquele que atenta bem para a lei perfeita, lei da liberdade, e nela persevera, não sendo ouvinte que logo se esquece, mas operoso praticante, esse será bem-aventurado no que realizar.

[26] Se alguém supõe ser religioso, mas não refreia a sua língua, está enganando a si mesmo; a sua religião é vã. [27] A religião pura e sem mácula para com o nosso Deus e Pai é esta: visitar os órfãos e as viúvas nas suas aflições e guardar-se incontaminado do mundo.

NÃO DEVE HAVER PARCIALIDADE

2 [1] Meus irmãos, vocês não podem ter fé em nosso Senhor Jesus Cristo, o Senhor da glória, e ao mesmo tempo tratar as pessoas com parcialidade. [2] Porque, se entrar na sinagoga de vocês um homem com anéis de ouro nos dedos, vestindo roupa luxuosa, e entrar também um pobre muito malvestido, [3] e vocês derem um tratamento especial ao que está vestido com a roupa luxuosa, dizendo: "Você, sente-se aqui no lugar de honra",

e disserem ao pobre: "Você, fique em pé" ou
"Sente-se ali, abaixo do estrado dos meus
pés", 4 será que vocês não estarão fazendo
distinção entre vocês mesmos e julgando as
pessoas com critérios errados?
5 Escutem, meus amados irmãos. Por acaso
Deus não escolheu os que para o mundo são
pobres para serem ricos em fé e herdeiros
do Reino que ele prometeu aos que o amam?
6 No entanto, vocês desprezam os pobres. Por
acaso não são os ricos que oprimem vocês
e não são eles que os arrastam para os tri-
bunais? 7 Não são eles os que blasfemam o
bom nome que foi invocado sobre vocês?
8 Se vocês, de fato, observam a lei do Rei-
no, conforme está na Escritura: "Ame o seu
próximo como a si mesmo", fazem bem. 9 Se,
no entanto, vocês tratam as pessoas com par-
cialidade, cometem pecado, sendo conde-
nados pela lei como transgressores. 10 Pois
quem guarda toda a lei, mas tropeça em um
só ponto, se torna culpado de todos. 11 Por-
que, aquele que disse: "Não cometa adulté-
rio", também ordenou: "Não mate." Ora, se
você não comete adultério, porém mata, aca-
ba sendo transgressor da lei. 12 Assim, falem
e vivam como pessoas que serão julgadas
pela lei da liberdade. 13 Porque o juízo é sem
misericórdia sobre quem não usou de mise-
ricórdia. A misericórdia triunfa sobre o juízo.

A FÉ SEM OBRAS É MORTA

14 Meus irmãos, qual é o proveito, se al-
guém disser que tem fé, mas não tiver obras?
Será que essa fé pode salvá-lo? 15 Se um ir-
mão ou uma irmã estiverem com falta de
roupa e necessitando do alimento diário,
16 e um de vocês lhes disser: "Vão em paz!
Tratem de se aquecer e de se alimentar bem",
mas não lhes dão o necessário para o corpo,
qual é o proveito disso? 17 Assim, também a
fé, se não tiver obras, por si só está morta.
18 Mas alguém dirá: "Você tem fé, e eu te-
nho obras." Mostre-me essa sua fé sem as
obras, e eu, com as obras, lhe mostrarei a
minha fé. 19 Você crê que Deus é um só? Faz
muito bem! Até os demônios creem e tre-
mem. 20 Seu tolo, você quer ter certeza de
que a fé sem as obras é inútil? 21 Por acaso
não foi pelas obras que Abraão, o nosso pai,
foi justificado, quando ofereceu o seu filho
Isaque sobre o altar? 22 Você percebe que a
fé operava juntamente com as suas obras e
que foi pelas obras que a fé se consumou.
23 E se cumpriu a Escritura, que diz: "Abraão
creu em Deus, e isso lhe foi atribuído para
justiça", e ele foi chamado amigo de Deus.
24 Assim, vocês percebem que uma pessoa é
justificada pelas obras e não somente pela fé.
25 De igual modo, será que não foi também
pelas obras que a prostituta Raabe foi jus-
tificada, quando acolheu os emissários e
os fez partir por outro caminho? 26 Porque,
assim como o corpo sem espírito é mor-
to, assim também a fé sem obras é morta.

DOMINAR A LÍNGUA

3 1 Meus irmãos, não sejam, muitos de
vocês, mestres, sabendo que seremos
julgados com mais rigor. 2 Porque todos tro-
peçamos em muitas coisas. Se alguém não
tropeça no falar, é um indivíduo perfeito, ca-
paz de refrear também todo o corpo. 3 Ora,
se colocamos um freio na boca dos cavalos,
para que nos obedeçam, também lhes dirigi-
mos o corpo inteiro. 4 Observem, igualmente,
os navios que, sendo tão grandes e impeli-
dos por fortes ventos, são dirigidos por um
pequeníssimo leme, e levados para onde o
piloto quer. 5 Assim, também a língua, peque-
no órgão, se gaba de grandes coisas. Vejam
como uma fagulha incendeia uma grande
floresta! 6 Ora, a língua é um fogo; é um mun-
do de maldade. A língua está situada entre
os membros do nosso corpo e contamina o
corpo inteiro, e não só põe em chamas toda
a carreira da existência humana, como tam-
bém ela mesma é posta em chamas pelo in-
ferno. 7 Pois toda espécie de animais, de aves,
de répteis e de seres marinhos se doma e
tem sido domada pelo gênero humano, 8 mas
a língua ninguém é capaz de domar; é mal
incontido, cheio de veneno mortal. 9 Com
ela, bendizemos o Senhor e Pai; também,
com ela, amaldiçoamos as pessoas, criadas
à semelhança de Deus. 10 De uma só boca
procede bênção e maldição. Meus irmãos,
isso não deveria ser assim. 11 Por acaso pode

Antes de fazer, Deus nos convida a ser! As nossas habilidades e dons não estão à frente de quem somos.

a fonte jorrar do mesmo lugar água doce e água amarga? 12 Meus irmãos, será que a figueira pode produzir azeitonas ou a videira, figos? Assim, também, uma fonte de água salgada não pode dar água doce.

A SABEDORIA LÁ DO ALTO

13 Quem entre vocês é sábio e inteligente? Mostre as suas obras em mansidão de sabedoria, mediante a sua boa conduta. 14 Se, pelo contrário, vocês têm em seu coração inveja amargurada e sentimento de rivalidade, não se gloriem disso, nem mintam contra a verdade. 15 Esta não é a sabedoria que desce lá do alto; pelo contrário, é terrena, animal e demoníaca. 16 Pois, onde há inveja e rivalidade, aí há confusão e toda espécie de coisas ruins. 17 Mas a sabedoria lá do alto é, primeiramente, pura; depois, pacífica, gentil, amigável, cheia de misericórdia e de bons frutos, imparcial, sem fingimento. 18 Ora, é em paz que se semeia o fruto da justiça, para os que promovem a paz.

AMIZADE COM O MUNDO

4 1 De onde procedem as guerras e brigas que há entre vocês? De onde, senão dos prazeres que estão em conflito dentro de vocês? 2 Vocês cobiçam e nada têm; matam e sentem inveja, mas nada podem obter; vivem a lutar e a fazer guerras. Nada têm, porque não pedem; 3 pedem e não recebem, porque pedem mal, para esbanjarem em seus prazeres.

4 Gente infiel! Vocês não sabem que a amizade do mundo é inimizade contra Deus? Aquele, pois, que quiser ser amigo do mundo se torna inimigo de Deus. 5 Ou vocês pensam que é em vão que a Escritura diz: "É com ciúme que por nós anseia o Espírito, que ele fez habitar em nós?" 6 Mas ele nos dá cada vez mais graça. Por isso diz: "Deus resiste aos soberbos, mas dá graça aos humildes."

7 Portanto, sujeitem-se a Deus, mas resistam ao diabo, e ele fugirá de vocês. 8 Cheguem perto de Deus, e ele se chegará a vocês. Limpem as mãos, pecadores! E vocês que são indecisos, purifiquem o coração. 9 Reconheçam a sua miséria, lamentem e chorem. Que o riso de vocês se transforme em pranto, e que a alegria de vocês se transforme em tristeza. 10 Humilhem-se diante do Senhor, e ele os exaltará.

NÃO JULGUEM OS OUTROS

11 Irmãos, não falem mal uns dos outros. Aquele que fala mal do irmão ou julga o seu irmão fala mal da lei e julga a lei; ora, se você julga a lei, não é observador da lei, mas juiz. 12 Um só é Legislador e Juiz, aquele que pode salvar e fazer perecer. Mas quem é você para julgar o seu próximo?

A INCERTEZA DA VIDA

13 Escutem, agora, vocês que dizem: "Hoje ou amanhã, iremos para a cidade tal, e lá passaremos um ano, e faremos negócios, e teremos lucros." 14 Vocês não sabem o que acontecerá amanhã. O que é a vida de vocês? Vocês não passam de neblina que aparece por um instante e logo se dissipa. 15 Em vez disso, deveriam dizer: "Se Deus quiser, não só viveremos, como também faremos isto ou aquilo." 16 Agora, entretanto, vocês se orgulham das suas arrogantes pretensões. Todo orgulho semelhante a esse é mau. 17 Portanto, aquele que sabe que deve fazer o bem e não o faz, nisso está pecando.

AVISO AOS RICOS

5 1 Escutem, agora, ricos! Chorem e lamentem, por causa das desgraças que virão sobre vocês. 2 As suas riquezas apodreceram, e as suas roupas foram comidas pelas traças. 3 O seu ouro e a sua prata estão enferrujados, e essa ferrugem será testemunha contra vocês e há de devorar, como fogo, o corpo de vocês. Nestes tempos do fim, vocês ajuntaram tesouros. 4 Eis que o salário dos trabalhadores que fizeram a colheita nos campos de vocês e que foi retido com fraude está clamando; e o clamor dos que fizeram a colheita chegou aos ouvidos do Senhor dos Exércitos. 5 Vocês têm tido uma vida de luxo e de prazeres sobre a terra; têm engordado em dia de matança. 6 Vocês têm condenado e matado o justo, sem que ele ofereça resistência.

EXORTAÇÃO À PACIÊNCIA

7 Portanto, irmãos, sejam pacientes até a
vinda do Senhor. Eis que o lavrador aguarda
com paciência o precioso fruto da terra, até
receber as primeiras e as últimas chuvas.
8 Sejam também vocês pacientes e fortale-
çam o seu coração, pois a vinda do Senhor
está próxima.

9 Irmãos, não se queixem uns dos outros,
para que vocês não sejam julgados. Eis que
o juiz está às portas. 10 Irmãos, tomem co-
mo exemplo de sofrimento e de paciên-
cia os profetas, que falaram em nome do
Senhor. 11 Eis que consideramos felizes os
que foram perseverantes. Vocês ouviram a
respeito da paciência de Jó e sabem como
o Senhor fez com que tudo acabasse bem;
porque o Senhor é cheio de misericórdia
e compaixão.

CONSELHOS DIVERSOS

12 Acima de tudo, meus irmãos, não ju-
rem nem pelo céu, nem pela terra, nem
por outra coisa qualquer, mas que o "sim"
de vocês seja "sim", e que o "não" de vocês
seja "não", para que vocês não incorram
em condenação.

13 Alguém de vocês está sofrendo? Faça
oração. Alguém está alegre? Cante louvores.
14 Alguém de vocês está doente? Chame os
presbíteros da igreja, e estes façam oração
sobre ele, ungindo-o com óleo, em nome do
Senhor. 15 E a oração da fé salvará o enfermo, e
o Senhor o levantará. E, se houver cometido
pecados, estes lhe serão perdoados. 16 Portan-
to, confessem os seus pecados uns aos ou-
tros e orem uns pelos outros, para que vocês
sejam curados. Muito pode, por sua eficácia,
a súplica do justo. 17 Elias era homem seme-
lhante a nós, sujeito aos mesmos sentimen-
tos, e orou com fervor para que não chovesse
sobre a terra, e, por três anos e seis meses, não
choveu. 18 Depois, orou de novo, e então o céu
deu chuva, e a terra produziu os seus frutos.

19 Meus irmãos, se alguém entre vocês se
desviar da verdade, e alguém o converter,
20 saibam que aquele que converte o pe-
cador do seu caminho errado salvará da
morte a alma dele e cobrirá uma multidão
de pecados.

Cartas Gerais

1 Pedro

Livro 60 com 5 CAPÍTULOS

AUTORIA

O apóstolo Pedro, também conhecido como Simão Pedro (1Pe 1.1).

SIGNIFICADO DO TÍTULO

Simão vem do hebraico *Shim'on*, que significa "ouvido" ou "aquele que ouve". Já Pedro vem do grego Petros, que significa "pedra" ou "rocha".

OBJETIVO DO LIVRO

A carta foi escrita para encorajar os cristãos dispersos na Ásia Menor (atual Turquia), que estavam sofrendo perseguições, fortalecendo-os a permanecer firmes na fé. Pedro os exorta a viver de forma santa e a se apegar à esperança em Cristo, lembrando-lhes da herança incorruptível que os aguarda.

ESTRUTURA DO LIVRO

- ★ Saudação e esperança viva 1Pe 1.1-12
- ★ Santidade e amor fraternal 1Pe 1.13—2.10
- ★ Submissão e sofrimento 1Pe 2.11—3.12
- ★ Vida cristã e sofrimento 1Pe 3.13—4
- ★ Exortações finais 1Pe 5

TEMAS DE 1 PEDRO

1Pedro enfatiza a esperança em meio ao sofrimento e a importância de uma vida exemplar. O apóstolo destaca a identidade dos cristãos como povo escolhido de Deus (1Pe 2.9), a necessidade de submissão (1Pe 2.13-17) e a alegria futura que aguarda os fiéis (1Pe 1.3-9).

1PEDRO E CRISTO

Pedro aponta para Cristo como o exemplo supremo de sofrimento e submissão. Ele relembra aos cristãos que Jesus sofreu por eles, deixando um exemplo para que sigam seus passos (1Pe 2.21-24). A ressurreição de Cristo é a base da esperança viva dos crentes (1Pe 1.3).

ESPERANÇA VIVA EM TEMPOS DE SOFRIMENTO

PREFÁCIO E SAUDAÇÃO

1 1 Pedro, apóstolo de Jesus Cristo, aos eleitos que são forasteiros da Diáspora no Ponto, na Galácia, na Capadócia, na Ásia e na Bitínia, 2 eleitos, segundo a presciência de Deus Pai, em santificação do Espírito, para a obediência e a aspersão do sangue de Jesus Cristo.

Que a graça e a paz lhes sejam multiplicadas.

UMA VIVA ESPERANÇA

3 Bendito seja o Deus e Pai de nosso Senhor Jesus Cristo, que, segundo a sua grande misericórdia, nos regenerou para uma viva esperança, mediante a ressurreição de Jesus Cristo dentre os mortos, 4 para uma herança que não pode ser destruída, que não fica manchada, que não murcha e que está reservada nos céus para vocês, 5 que são guardados pelo poder de Deus, mediante a fé, para a salvação preparada para ser revelada no último tempo. 6 Nisso vocês exultam, embora, no presente, por breve tempo, se necessário, sejam contristados por várias provações, 7 para que, uma vez confirmado o valor da fé que vocês têm, muito mais preciosa do que o ouro perecível, mesmo apurado pelo fogo, resulte em louvor, glória e honra na revelação de Jesus Cristo. 8 Mesmo sem tê-lo visto vocês o amam. Mesmo não o vendo agora, mas crendo nele, exultam com uma alegria indescritível e cheia de glória, 9 obtendo o alvo dessa fé: a salvação da alma.

10 Foi a respeito desta salvação que os profetas indagaram e investigaram. Eles profetizaram a respeito da graça destinada a vocês, 11 investigando qual a ocasião ou quais as circunstâncias oportunas que eram indicadas pelo Espírito de Cristo, que neles estava, ao predizer os sofrimentos que Cristo teria de suportar e as glórias que viriam depois desses sofrimentos. 12 A eles foi revelado que, não para si mesmos, mas para vocês, ministravam as coisas que, agora, foram anunciadas a vocês por aqueles que, pelo Espírito Santo enviado do céu, lhes pregaram o evangelho, coisas essas que anjos desejam contemplar.

A SANTIDADE NA VIDA

13 Por isso, preparando o seu entendimento, sejam sóbrios e esperem inteiramente na graça que lhes está sendo trazida na revelação de Jesus Cristo. 14 Como filhos obedientes, não vivam conforme as paixões que vocês tinham anteriormente, quando ainda estavam na ignorância. 15 Pelo contrário, assim como é santo aquele que os chamou, sejam santos vocês também em tudo o que fizerem, 16 porque está escrito: "Sejam santos, porque eu sou santo."

17 E, se vocês invocam como Pai aquele que, sem parcialidade, julga segundo as obras de cada um, vivam em temor durante o tempo da peregrinação de vocês, 18 sabendo que não foi mediante coisas perecíveis, como prata ou ouro, que vocês foram resgatados da vida inútil que seus pais lhes legaram, 19 mas pelo precioso sangue de Cristo, como de um cordeiro sem defeito e sem mácula. 20 Ele foi conhecido antes da fundação do mundo, mas foi manifestado nestes últimos tempos, em favor de vocês. 21 Por meio dele, vocês creem em Deus, o qual o ressuscitou dentre os mortos e lhe deu glória, para que a fé e a esperança de vocês estejam em Deus.

22 Tendo purificado a alma pela obediência à verdade, e com vistas ao amor fraternal não fingido, amem intensamente uns aos outros de coração puro. 23 Porque vocês foram regenerados não de semente corruptível, mas de semente incorruptível, mediante a palavra de Deus, a qual vive e é permanente. 24 Porque

"toda a humanidade
  é como a erva do campo,
e toda a sua glória é como a flor da erva.
A erva seca, e a flor cai;
25 mas a palavra do Senhor
  permanece para sempre."

Esta palavra é o evangelho que foi anunciado a vocês.

A PEDRA VIVA E A NAÇÃO SANTA

2 1 Portanto, abandonem toda maldade, todo engano, hipocrisia e inveja, bem como todo tipo de maledicência. 2 Como crianças recém-nascidas, desejem o genuíno leite espiritual, para que, por ele, lhes seja dado crescimento para a salvação, 3 se é que vocês já têm a experiência de que o Senhor é bondoso.

[4]Chegando-se a ele, a pedra que vive, rejeitada, sim, pelos homens, mas para com Deus eleita e preciosa, [5]também vocês, como pedras que vivem, são edificados casa espiritual para serem sacerdócio santo, a fim de oferecerem sacrifícios espirituais agradáveis a Deus por meio de Jesus Cristo. [6]Pois isso está na Escritura:

"Eis que ponho em Sião
uma pedra angular, eleita e preciosa;
e quem nela crer
não será envergonhado."

[7]Portanto, para vocês, os que creem, esta pedra é preciosa. Mas, para os descrentes,

"A pedra que
os construtores rejeitaram,
essa veio a ser a pedra angular."

[8]E:

"Pedra de tropeço
e rocha de ofensa."

São estes os que tropeçam na palavra, sendo desobedientes, para o que também foram destinados.

[9]Vocês, porém, são geração eleita, sacerdócio real, nação santa, povo de propriedade exclusiva de Deus, a fim de proclamar as virtudes daquele que os chamou das trevas para a sua maravilhosa luz. [10]Antes, vocês nem eram povo, mas agora são povo de Deus; antes, não tinham alcançado misericórdia, mas agora alcançaram misericórdia.

A VIDA CRISTÃ EXEMPLAR

[11]Amados, peço a vocês, como peregrinos e forasteiros que são, que se abstenham das paixões carnais, que fazem guerra contra a alma, [12]tendo conduta exemplar no meio dos gentios, para que, quando eles os acusarem de malfeitores, observando as boas obras que vocês praticam, glorifiquem a Deus no dia da visitação.

[13]Por causa do Senhor, estejam sujeitos a toda instituição humana, quer seja ao rei, como soberano, [14]quer seja às autoridades, como enviadas por ele, tanto para castigo dos malfeitores como para louvor dos que praticam o bem. [15]Porque assim é a vontade de Deus, que, pela prática do bem, vocês silenciem a ignorância dos insensatos. [16]Como pessoas livres que são, não usem a liberdade como desculpa para fazer o mal; pelo contrário, vivam como servos de Deus. [17]Tratem todos com honra, amem os irmãos na fé, temam a Deus e honrem o rei.

OS SERVOS CRISTÃOS E O EXEMPLO DE CRISTO

[18]Servos, sejam obedientes ao senhor de vocês, com todo o temor. E não somente se ele for bom e cordial, mas também se for mau. [19]Porque isto é agradável a Deus, que alguém suporte tristezas, sofrendo injustamente, por motivo de sua consciência para com Deus. [20]Pois que glória há, se, pecando e sendo castigados por isso, vocês o suportam com paciência? Se, entretanto, quando praticam o bem, vocês são igualmente afligidos e o suportam com paciência, isto é agradável a Deus. [21]Porque para isto mesmo vocês foram chamados, pois também Cristo sofreu no lugar de vocês, deixando exemplo para que vocês sigam os seus passos. [22]Ele não cometeu pecado, nem foi encontrado engano em sua boca. [23]Pois ele, quando insultado, não revidava com insultos; quando maltratado, não fazia ameaças, mas se entregava àquele que julga retamente, [24]carregando ele mesmo, em seu corpo, sobre o madeiro, os nossos pecados, para que nós, mortos para os pecados, vivamos para a justiça. Pelas feridas dele vocês foram sarados. [25]Porque vocês estavam desgarrados como ovelhas; agora, porém, se converteram ao Pastor e Bispo da alma de vocês.

DEVERES DOS CASADOS

3 [1]Igualmente vocês, esposas, estejam sujeitas, cada uma a seu próprio marido, para que, se ele ainda não obedece à palavra, seja ganho sem palavra alguma, por meio da conduta de sua esposa, [2]ao observar o comportamento honesto e cheio de temor que vocês têm. [3]Que a beleza de vocês não seja exterior, como tranças nos cabelos, joias de

Sua fidelidade às coisas pequenas do dia a dia calibra seu coração para estar arraigado no lugar certo.

ouro e vestidos finos, 4 mas que ela esteja no
ser interior, uma beleza permanente de um
espírito manso e tranquilo, que é de grande
valor diante de Deus. 5 Pois foi assim também
que, no passado, costumavam se enfeitar as
santas mulheres que esperavam em Deus, es-
tando cada qual sujeita a seu próprio marido.
6 Foi o que fez Sara, que obedeceu a Abraão,
chamando-o de "senhor", da qual vocês se
tornaram filhas, praticando o bem e não te-
mendo perturbação alguma.

7 Maridos, vocês, igualmente, vivam a vi-
da comum do lar com discernimento, dando
honra à esposa, por ser a parte mais frágil e
por ser coerdeira da mesma graça da vida.
Agindo assim, as orações de vocês não se-
rão interrompidas.

O AMOR FRATERNAL

8 Finalmente, tenham todos o mesmo mo-
do de pensar, sejam compassivos, fraternal-
mente amigos, misericordiosos, humildes.
9 Não paguem mal com mal, nem ofensa com
ofensa. Pelo contrário, respondam com pala-
vras de bênção, pois para isto mesmo vocês
foram chamados, a fim de receberem bênção
por herança. 10 Pois:

"Aquele que quer amar a vida
e ter dias felizes
refreie a língua do mal
e evite que os seus lábios
falem palavras enganosas;
11 afaste-se do mal
e pratique o bem,
busque a paz e empenhe-se
por alcançá-la.
12 Porque os olhos do Senhor
repousam sobre os justos,
e os seus ouvidos
estão abertos às suas súplicas,
mas o rosto do Senhor
está contra aqueles que praticam o mal."

SOFRENDO COMO SEGUIDORES DE CRISTO

13 Ora, quem há de maltratá-los, se vocês fo-
rem zelosos na prática do bem? 14 Mas, mes-
mo que venham a sofrer por causa da justiça,
vocês são bem-aventurados. Não tenham me-
do das ameaças, nem fiquem angustiados;
15 pelo contrário, santifiquem a Cristo, como
Senhor, no seu coração, estando sempre pre-
parados para responder a todo aquele que pe-
dir razão da esperança que vocês têm. 16 Mas
façam isso com mansidão e temor, com boa
consciência, de modo que, naquilo em que fa-
lam mal de vocês, fiquem envergonhados es-
ses que difamam a boa conduta que vocês têm
em Cristo. 17 Porque, se for da vontade de Deus,
é melhor que vocês sofram por praticarem o
bem do que praticando o mal. 18 Pois também
Cristo padeceu, uma única vez, pelos pecados,
o justo pelos injustos, para conduzir vocês a
Deus; morto, sim, na carne, mas vivificado no
espírito, 19 no qual também foi e pregou aos
espíritos em prisão, 20 os quais, noutro tempo,
foram desobedientes, quando Deus aguarda-
va com paciência nos dias de Noé, enquanto
se preparava a arca, na qual poucas pessoas,
apenas oito, foram salvas através da água.
21 O batismo, que corresponde a isso, agora
também salva vocês, não sendo a remoção
das impurezas do corpo, mas o apelo por uma
boa consciência para com Deus, por meio da
ressurreição de Jesus Cristo, 22 que, depois de ir
para o céu, está à direita de Deus, ficando-lhe
subordinados anjos, potestades e poderes.

VIDA SEGUNDO A VONTADE DE DEUS

4 1 Ora, tendo Cristo sofrido na carne, es-
tejam também vocês armados do mes-
mo pensamento. Pois aquele que sofreu na
carne rompeu com o pecado, 2 para que, no
tempo que lhes resta na carne, vocês não vi-
vam mais de acordo com as paixões huma-
nas, mas segundo a vontade de Deus. 3 Porque
basta que, no passado, vocês tenham feito a
vontade dos gentios, tendo andado em práti-
cas libertinas, desejos carnais, bebedeiras, or-
gias, embriaguez e em detestáveis idolatrias.
4 Por isso, falando mal de vocês, estranham
que vocês não se juntam com eles no mes-
mo excesso de devassidão, 5 eles que terão de
prestar contas àquele que é competente pa-
ra julgar vivos e mortos. 6 Pois, para este fim,
o evangelho foi pregado também a mortos,

para que, mesmo julgados na carne segundo os homens, vivam em espírito segundo Deus.

BONS ADMINISTRADORES DA GRAÇA DE DEUS

7 O fim de todas as coisas está próximo; portanto, sejam criteriosos e sóbrios para poderem orar. 8 Acima de tudo, porém, tenham muito amor uns para com os outros, porque o amor cobre a multidão de pecados. 9 Sejam mutuamente hospitaleiros, sem murmuração. 10 Sirvam uns aos outros, cada um conforme o dom que recebeu, como encarregados de administrar bem a multiforme graça de Deus. 11 Se alguém fala, fale de acordo com os oráculos de Deus; se alguém serve, faça-o na força que Deus lhe dá, para que, em todas as coisas, Deus seja glorificado, por meio de Jesus Cristo, a quem pertence a glória e o domínio para todo o sempre. Amém!

COPARTICIPANTES DOS SOFRIMENTOS DE CRISTO

12 Amados, não estranhem o fogo que surge no meio de vocês, destinado a pô-los à prova, como se alguma coisa extraordinária estivesse acontecendo. 13 Pelo contrário, alegrem-se na medida em que são coparticipantes dos sofrimentos de Cristo, para que também, na revelação de sua glória, vocês se alegrem, exultando. 14 Se são insultados por causa do nome de Cristo, vocês são bem-aventurados, porque o Espírito da glória, que é o Espírito de Deus, repousa sobre vocês. 15 Que nenhum de vocês sofra como assassino, ou ladrão, ou malfeitor, ou como quem se mete na vida dos outros. 16 Mas, se sofrer como cristão, não se envergonhe; pelo contrário, glorifique a Deus por causa disso.

17 Porque chegou o tempo de começar o juízo pela casa de Deus; e, se começa por nós, qual será o fim daqueles que não obedecem ao evangelho de Deus? 18 E, "se é com dificuldade que o justo é salvo, que será do ímpio e do pecador?"

19 Por isso, também os que sofrem segundo a vontade de Deus entreguem a sua alma ao fiel Criador, na prática do bem.

CONSELHOS PARA O POVO DE DEUS

5 1 Aos presbíteros que há entre vocês, eu, presbítero como eles, testemunha dos sofrimentos de Cristo e, ainda, coparticipante da glória que há de ser revelada, peço 2 que pastoreiem o rebanho de Deus que há entre vocês, não por obrigação, mas espontaneamente, como Deus quer; não por ganância, mas de boa vontade; 3 não como dominadores dos que lhes foram confiados, mas sendo exemplos para o rebanho. 4 E, quando o Supremo Pastor se manifestar, vocês receberão a coroa da glória, que nunca perde o seu brilho.

5 Peço igualmente aos jovens: estejam sujeitos aos que são mais velhos. Que todos se revistam de humildade no trato de uns com os outros, porque "Deus resiste aos soberbos, mas dá graça aos humildes."

6 Portanto, humilhem-se debaixo da poderosa mão de Deus, para que ele, em tempo oportuno, os exalte. 7 Lancem sobre ele todas as suas ansiedades, porque ele cuida de vocês. 8 Sejam sóbrios e vigilantes. O inimigo de vocês, o diabo, anda em derredor, como leão que ruge procurando alguém para devorar. 9 Resistam-lhe, firmes na fé, certos de que os irmãos de vocês, espalhados pelo mundo, estão passando por sofrimentos iguais aos de vocês. 10 E o Deus de toda a graça, que em Cristo os chamou à sua eterna glória, depois de vocês terem sofrido por um pouco, ele mesmo irá aperfeiçoar, firmar, fortificar e fundamentar vocês. 11 A ele seja o domínio para sempre. Amém!

SAUDAÇÕES

12 Por meio de Silvano, que considero um irmão fiel, escrevo para vocês de forma resumida, exortando e testemunhando que esta é a genuína graça de Deus. Continuem firmes nessa graça.

13 Aquela que se encontra na Babilônia, também eleita, manda saudações, e o mesmo faz o meu filho Marcos. 14 Saúdem uns aos outros com um beijo fraterno.

BÊNÇÃO

Paz a todos vocês que estão em Cristo.

Cartas Gerais

2Pedro

Livro 61 com **3** CAPÍTULOS

AUTORIA

O apóstolo Pedro, também conhecido como Simão Pedro (2Pe 1.1).

ESTRUTURA DO LIVRO

- ★ Crescimento espiritual e chamado à santidade 2Pe 1
- ★ Advertência contra falsos mestres 2Pe 2
- ★ O dia do Senhor e exortação final 2Pe 3

SIGNIFICADO DO TÍTULO

Simão vem do hebraico *Shim'on*, que significa "ouvido" ou "aquele que ouve". Já Pedro vem do grego *Petros*, que significa "pedra" ou "rocha".

CURIOSIDADES

Pedro afirma ser testemunha ocular da majestade de Cristo, referindo-se à transfiguração (2Pe 1.16-18).

2Pedro menciona as cartas de Paulo, reconhecendo-as como Escrituras (2Pe 3.15-16).

TEMAS DO LIVRO

2Pedro destaca a necessidade de crescimento espiritual contínuo, a importância da verdade revelada nas Escrituras e a certeza do julgamento divino. Pedro enfatiza que as promessas de Deus são confiáveis e que o retorno de Cristo é certo (2Pe 1.19-21; 3.9-10).

2PEDRO E CRISTO

Pedro aponta para Jesus como a fonte de todas as promessas divinas e o exemplo supremo de vida santa. Ele relembra os crentes da transfiguração, em que a majestade de Cristo foi revelada (2Pe 1.16-18), e destaca a paciência de Deus em relação à segunda vinda do Messias, oferecendo oportunidade para o arrependimento (2Pe 3.9).

OBJETIVO DO LIVRO

Encorajar os cristãos a crescer na fé, combater falsos mestres e heresias, e lembrar aos leitores das promessas de Deus, especialmente a volta de Cristo (2Pe 3.1-3).

Pedro exorta os crentes a viverem de maneira santa e piedosa enquanto aguardam o dia do Senhor (2Pe 3.11-14).

PREFÁCIO E SAUDAÇÃO

1 1 Simão Pedro, servo e apóstolo de Jesus
Cristo, aos que conosco obtiveram fé
igualmente preciosa na justiça do nosso
Deus e Salvador Jesus Cristo.
2 Que a graça e a paz lhes sejam multipli-
cadas, no pleno conhecimento de Deus e de
Jesus, nosso Senhor.

A PRÁTICA DAS VIRTUDES CRISTÃS E SEUS RESULTADOS

3 Pelo poder de Deus nos foram concedi-
das todas as coisas que conduzem à vida e à
piedade, pelo pleno conhecimento daquele
que nos chamou para a sua própria glória
e virtude. 4 Por meio delas, ele nos conce-
deu as suas preciosas e mui grandes pro-
messas, para que por elas vocês se tornem
coparticipantes da natureza divina, tendo
escapado da corrupção das paixões que há
no mundo. 5 Por causa disso, concentran-
do todos os seus esforços, acrescentem à fé
que vocês têm a virtude; à virtude, o conhe-
cimento; 6 ao conhecimento, o domínio pró-
prio; ao domínio próprio, a perseverança; à
perseverança, a piedade; 7 à piedade, a fra-
ternidade; à fraternidade, o amor. 8 Porque
essas qualidades, estando presentes e au-
mentando cada vez mais, farão com que vo-
cês não sejam nem inativos, nem infrutíferos
no pleno conhecimento do nosso Senhor
Jesus Cristo. 9 Pois aquele que não tem es-
tas coisas é cego, vendo só o que está perto,
e se esqueceu da purificação dos seus anti-
gos pecados. 10 Por isso, irmãos, procurem,
com empenho cada vez maior, confirmar a
vocação e a eleição de vocês; porque, fazen-
do assim, vocês jamais tropeçarão. 11 Pois
desta maneira é que lhes será amplamente
suprida a entrada no Reino eterno do nosso
Senhor e Salvador Jesus Cristo.
12 Por esta razão, sempre estarei pron-
to para fazer com que vocês se lembrem
destas coisas, embora já as conheçam e
tenham sido confirmados na verdade que
receberam. 13 Também considero justo, en-
quanto estou neste tabernáculo, despertar
essas lembranças em vocês, 14 certo de que
estou prestes a deixar o meu tabernáculo,
como efetivamente nosso Senhor Jesus Cristo
me revelou. 15 Mas, de minha parte, me esfor-
çarei ao máximo para que sempre, mesmo
depois da minha partida, vocês se lembrem
dessas coisas.

A SUPERIORIDADE DA PALAVRA DE DEUS

16 Porque não lhes demos a conhecer o po-
der e a vinda do nosso Senhor Jesus Cristo
seguindo fábulas engenhosamente inven-
tadas, mas nós mesmos fomos testemu-
nhas oculares da sua majestade. 17 Porque
ele recebeu honra e glória da parte de Deus
Pai, quando, pela Suprema Glória, lhe foi
enviada a seguinte voz: "Este é o meu Filho
amado, em quem me agrado." 18 Ora, nós ou-
vimos esta voz vinda do céu quando está-
vamos com ele no monte santo. 19 Assim,
temos ainda mais segura a palavra profét-
ica, e vocês fazem bem em dar atenção a ela,
como a uma luz que brilha em lugar escuro,
até que o dia clareie e a estrela da alva nas-
ça no coração de vocês. 20 Primeiramente,
porém, saibam que nenhuma profecia da
Escritura provém de interpretação pessoal;
21 porque nunca jamais qualquer profecia
foi dada por vontade humana; entretanto,
homens falaram da parte de Deus, movidos
pelo Espírito Santo.

OS FALSOS MESTRES

2 1 Assim como surgiram falsos profetas
no meio do povo, também haverá fal-
sos mestres entre vocês. Eles introduzirão
heresias destruidoras, chegando a renegar
o Soberano Senhor que os resgatou, trazen-
do sobre si mesmos repentina destruição.
2 E muitos seguirão as suas práticas liberti-
nas, e, por causa deles, o caminho da ver-
dade será difamado. 3 Movidos por avareza,
eles explorarão vocês com palavras fictícias.
Mas, para eles, a condenação decretada há
muito tempo não tarda, e a destruição deles
não caiu no esquecimento.
4 Pois Deus não poupou anjos quando
pecaram, mas, lançando-os no inferno,
prendeu-os com correntes de escuridão, re-
servando-os para o juízo. 5 E ele não poupou

o mundo antigo, mas preservou Noé, prega-
dor da justiça, e mais sete pessoas, quando
fez vir o dilúvio sobre o mundo de ímpios.
6 E, reduzindo a cinzas as cidades de Sodo-
ma e Gomorra, condenou-as à ruína com-
pleta, tendo-as posto como exemplo do que
viria a acontecer com os que vivessem im-
piamente; 7 mas livrou o justo Ló, que ficava
aflito com a conduta libertina daqueles in-
subordinados. 8 Porque esse homem justo,
pelo que via e ouvia ao morar entre eles,
atormentava a sua alma justa, dia após dia,
por causa das obras iníquas que aqueles pra-
ticavam. 9 Assim, o Senhor sabe livrar da pro-
vação os piedosos e manter os injustos sob
castigo, para o Dia do Juízo, 10 especialmente
aqueles que, seguindo a carne, andam em
desejos impuros e desprezam qualquer au-
toridade. Atrevidos, arrogantes, não temem
difamar os gloriosos seres celestiais, 11 ao
passo que anjos, embora maiores em força
e poder, não proferem contra essas autori-
dades sentença difamatória na presença do
Senhor. 12 Esses, porém, como animais ir-
racionais, seres guiados pelo instinto e que
nascem para serem capturados e mortos,
falando mal daquilo que não entendem, na
sua destruição também hão de ser destruí-
dos, 13 recebendo injustiça como pagamen-
to pela injustiça que praticam. Encontram
prazer na satisfação de seus desejos liber-
tinos em pleno dia. Como manchas e defei-
tos, encontram satisfação nas suas próprias
mentiras, enquanto se banqueteiam com
vocês. 14 Eles têm os olhos cheios de adul-
tério e são insaciáveis no pecado. Enganam
almas inconstantes e têm o coração exercita-
do na avareza, essa gente maldita. 15 Tendo
abandonado o reto caminho, desviaram-se
e seguiram pelo caminho de Balaão, filho
de Beor, que amou o pagamento pela in-
justiça. 16 Mas ele foi repreendido pela sua
transgressão: um animal de carga mudo,
falando com voz humana, refreou a insen-
satez do profeta.

17 Esses tais são fontes sem água, névoas
levadas pela tempestade, para os quais es-
tá reservada a mais profunda escuridão.
18 Porque, falando com arrogância palavras
sem conteúdo, enganam com desejos liber-
tinos de natureza carnal aqueles que de fa-
to estavam se afastando dos que vivem no
erro. 19 Prometem-lhes a liberdade, quan-
do eles mesmos são escravos da corrup-
ção, pois aquele que é vencido fica escravo
do vencedor. 20 Portanto, se, depois de te-
rem escapado das contaminações do mun-
do mediante o conhecimento do Senhor e
Salvador Jesus Cristo, se deixam enredar
de novo e são vencidos, o seu último esta-
do se tornou pior do que o primeiro. 21 Pois
teria sido melhor que eles nunca tivessem
conhecido o caminho da justiça do que,
após conhecê-lo, voltar atrás e se afastar
do santo mandamento que lhes havia sido
dado. 22 Com eles aconteceu o que diz cer-
to provérbio muito verdadeiro: "O cão volta
ao seu próprio vômito." E: "A porca lavada
volta a rolar na lama."

A VINDA DO SENHOR

3 1 Amados, esta é, agora, a segunda carta
que escrevo a vocês. Em ambas, procuro,
com lembranças, despertar a mente escla-
recida de vocês, 2 para que se lembrem das
palavras que, anteriormente, foram ditas pe-
los santos profetas, e também se lembrem
do mandamento do Senhor e Salvador, que
os apóstolos de vocês lhes ensinaram. 3 An-
tes de tudo, saibam que, nos últimos dias,
virão escarnecedores com as suas zomba-
rias, andando segundo as próprias paixões
4 e dizendo: "Onde está a promessa da sua
vinda? Porque, desde que os pais morreram,
todas as coisas permanecem como desde o
princípio da criação."

5 Acontece que, de propósito, esquecem
que os céus existem desde muito tempo,
e que a terra surgiu da água e através da água
pela palavra de Deus. 6 Com base nesta pa-
lavra também o mundo daquele tempo foi
destruído, afogado em água. 7 Pela mesma
palavra, os céus e a terra que agora existem
têm sido guardados para o fogo, estando re-
servados para o Dia do Juízo e da destruição
dos ímpios.

8 Mas há uma coisa, amados, que vocês não
devem esquecer: que, para o Senhor, um dia

é como mil anos, e mil anos são como um
dia. [9] O Senhor não retarda a sua promessa,
ainda que alguns a julguem demorada. Pe-
lo contrário, ele é paciente com vocês, não
querendo que ninguém pereça, mas que
todos cheguem ao arrependimento. [10] Po-
rém, o Dia do Senhor virá como um ladrão.
Naquele dia os céus passarão com grande
estrondo, e os elementos se desfarão pelo
fogo. Também a terra e as obras que nela
existem desaparecerão.

COMO ESPERAR O SENHOR

[11] Uma vez que tudo será assim desfeito,
vocês devem ser pessoas que vivem de ma-
neira santa e piedosa, [12] esperando e apres-
sando a vinda do Dia de Deus. Por causa
desse dia, os céus, incendiados, serão des-
feitos, e os elementos se derreterão pelo ca-
lor. [13] Nós, porém, segundo a promessa de
Deus, esperamos novos céus e nova terra,
nos quais habita a justiça.

[14] Por essa razão, amados, esperando es-
tas coisas, esforcem-se para que Deus os
encontre sem mácula, sem culpa e em paz.
[15] E considerem a longanimidade do nosso
Senhor como oportunidade de salvação, co-
mo também o nosso amado irmão Paulo es-
creveu a vocês, segundo a sabedoria que lhe
foi dada, [16] ao falar a respeito destes assun-
tos, como, de fato, costuma fazer em todas
as suas cartas. Nelas há certas coisas difí-
ceis de entender, que aqueles que não têm
instrução e são instáveis deturparão, como
também deturparão as demais Escrituras,
para a própria destruição deles.

[17] Portanto, vocês, meus amados, visto
que já sabem disso, tenham cuidado para
que não sejam arrastados pelo erro desses
insubordinados e caiam da posição segura
em que se encontram. [18] Pelo contrário, cres-
çam na graça e no conhecimento de nosso
Senhor e Salvador Jesus Cristo. A ele seja a
glória, tanto agora como no dia eterno.

Cartas Gerais

Livro 62 com 5 CAPÍTULOS

1 João

SIGNIFICADO DO TÍTULO

"João" vem do hebraico *Yohanan*, que significa "o Senhor é gracioso".

AUTORIA

O apóstolo João (1Jo 1.1).

OBJETIVO DO LIVRO

Dar segurança aos cristãos em sua fé, exortar à obediência e ao amor fraternal, e combater heresias, especialmente o gnosticismo, que negava a encarnação de Cristo (1Jo 1.3-4; 2.1,26).

TEMAS DO LIVRO

1 João enfatiza a realidade da encarnação de Cristo, a necessidade do amor fraternal e a importância da obediência aos mandamentos de Deus. A carta também aborda a segurança da salvação e a vitória dos cristãos sobre o mundo por meio da fé (1Jo 5.4-5).

ESTRUTURA DO LIVRO

- ★ Introdução e propósito da carta 1Jo 1.1-4
- ★ A natureza de Deus e a vida em comunhão 1Jo 1.5—2.17
- ★ O amor de Deus e a prática do amor fraternal 1Jo 2.18—3
- ★ A fé em Cristo e a vitória sobre o mundo 1Jo 4
- ★ O conhecimento de Deus e a certeza da vida eterna 1Jo 5

1JOÃO E CRISTO

João apresenta Jesus como o Verbo da vida manifestado em carne (1Jo 1.1-2), o sacrifício para perdão de nossos pecados (1Jo 2.2; 4.10) e o Filho de Deus que dá vida eterna aos que nele creem (1Jo 5.11-13). O amor de Cristo é o modelo supremo para o amor entre os cristãos (1Jo 3.16).

GNOSTICISMO

Corrente de pensamento que promovia a obtenção de conhecimento secreto como meio de salvação, muitas vezes negando a importância da encarnação de Cristo e a moralidade cristã.

Em 1João, o apóstolo confronta essas ideias, defendendo a encarnação do Filho de Deus, enfatizando a necessidade de viver em verdade e amor, e rejeitando a dualidade entre espírito e matéria característica do gnosticismo.

João enfatiza que a verdadeira comunhão com Deus vem por meio de Jesus, chamando os cristãos a permanecer firme na fé apostólica.

PRÓLOGO. O VERBO DA VIDA E A COMUNHÃO COM DEUS

1 1 O que era desde o princípio, o que ouvimos, o que vimos com os nossos próprios olhos, o que contemplamos e as nossas mãos apalparam, a respeito do Verbo da vida 2 — e a vida se manifestou, e nós a vimos e dela damos testemunho, e anunciamos a vocês a vida eterna, que estava com o Pai e nos foi manifestada —, 3 o que vimos e ouvimos anunciamos também a vocês, para que também vocês tenham comunhão conosco. Ora, a nossa comunhão é com o Pai e com o seu Filho, Jesus Cristo. 4 E escrevemos estas coisas para que a nossa alegria seja completa.

DEUS É LUZ

5 A mensagem que dele ouvimos e que anunciamos a vocês é esta: Deus é luz, e não há nele treva nenhuma. 6 Se dissermos que mantemos comunhão com ele e andarmos nas trevas, mentimos e não praticamos a verdade. 7 Se andarmos na luz, como ele está na luz, mantemos comunhão uns com os outros, e o sangue de Jesus, seu Filho, nos purifica de todo pecado.

O PECADO, A CONFISSÃO, O PERDÃO

8 Se dissermos que não temos pecado nenhum, a nós mesmos enganamos, e a verdade não está em nós. 9 Se confessarmos os nossos pecados, ele é fiel e justo para nos perdoar os pecados e nos purificar de toda injustiça. 10 Se dissermos que não cometemos pecado, fazemos dele um mentiroso, e a sua palavra não está em nós.

JESUS, NOSSO ADVOGADO

2 1 Meus filhinhos, escrevo-lhes estas coisas para que vocês não pequem. Mas, se alguém pecar, temos Advogado junto ao Pai, Jesus Cristo, o Justo. 2 E ele é a propiciação pelos nossos pecados — e não somente pelos nossos próprios, mas também pelos do mundo inteiro. 3 E nisto sabemos que o temos conhecido: se guardamos os seus mandamentos. 4 Aquele que diz: "Eu o conheço", mas não guarda os seus mandamentos, esse é mentiroso, e a verdade não está nele. 5 Mas quem guarda a sua palavra, nele verdadeiramente tem sido aperfeiçoado o amor de Deus. Nisto sabemos que estamos nele: 6 quem diz que permanece nele, esse deve também andar assim como ele andou.

O NOVO MANDAMENTO

7 Amados, não lhes escrevo um mandamento novo, mas um mandamento antigo, que vocês tiveram desde o princípio. Esse mandamento antigo é a palavra que vocês ouviram. 8 Por outro lado, o que lhes escrevo é um mandamento novo, aquilo que é verdadeiro nele e em vocês, porque as trevas vão se dissipando, e a verdadeira luz já brilha. 9 Quem diz estar na luz, mas odeia o seu irmão, está nas trevas até agora. 10 Quem ama o seu irmão permanece na luz, e nele não há nenhum tropeço. 11 Mas quem odeia o seu irmão está nas trevas, anda nas trevas e não sabe para onde vai, porque as trevas lhe cegaram os olhos.

A VITÓRIA SOBRE O MALIGNO

12 Filhinhos, escrevo a vocês,
porque os seus pecados
são perdoados
por causa do nome de Jesus.
13 Pais, escrevo a vocês,
porque conhecem
aquele que existe
desde o princípio.
Jovens, escrevo a vocês,
porque vocês têm vencido o Maligno.
14 Filhinhos, escrevi a vocês,
porque conhecem o Pai.
Pais, escrevi a vocês,
porque conhecem
aquele que existe
desde o princípio.
Jovens, escrevi a vocês,
porque são fortes,
e a palavra de Deus
permanece em vocês,
e vocês já venceram o Maligno.

NÃO SE DEVE AMAR O MUNDO

15 Não amem o mundo nem as coisas que há no mundo. Se alguém amar o mundo,

o amor do Pai não está nele. 16 Porque tudo o que há no mundo — os desejos da carne, os desejos dos olhos e a soberba da vida — não procede do Pai, mas procede do mundo. 17 Ora, o mundo passa, bem como os seus desejos; mas aquele que faz a vontade de Deus permanece para sempre.

OS ANTICRISTOS

18 Filhinhos, esta é a última hora. E, como vocês ouviram que o anticristo vem, também agora muitos anticristos têm surgido; por isso sabemos que é a última hora. 19 Eles saíram do nosso meio, mas não eram dos nossos. Porque, se tivessem sido dos nossos, teriam permanecido conosco. Mas eles se foram para que ficasse manifesto que nenhum deles é dos nossos.

20 Mas vocês têm a unção que vem do Santo e todos têm conhecimento. 21 Não escrevi a vocês porque não conhecem a verdade, mas porque vocês a conhecem, e porque nenhuma mentira procede da verdade. 22 Quem é o mentiroso, senão aquele que nega que Jesus é o Cristo? Este é o anticristo, o que nega o Pai e o Filho. 23 Todo aquele que nega o Filho, esse não tem o Pai; e aquele que confessa o Filho tem igualmente o Pai.

24 Permaneça em vocês o que vocês ouviram desde o princípio. Se o que ouviram desde o princípio permanecer em vocês, também vocês permanecerão no Filho e no Pai. 25 E esta é a promessa que ele mesmo nos fez: a vida eterna.

26 Isto que acabo de escrever para vocês é a respeito dos que estão tentando enganá-los. 27 Quanto a vocês, a unção que receberam dele permanece em vocês, e não precisam que alguém os ensine. Mas, como a unção dele os ensina a respeito de todas as coisas, e é verdadeira, e não é falsa, permaneçam nele, como também ela ensinou a vocês.

FILHOS DE DEUS

28 E agora, filhinhos, permaneçam nele, para que, quando ele se manifestar, tenhamos confiança e não sejamos envergonhados, tendo de nos afastar dele no dia da sua vinda. 29 Se sabem que ele é justo, reconheçam também que todo aquele que pratica a justiça é nascido de Deus.

3

1 Vejam que grande amor o Pai nos tem concedido, a ponto de sermos chamados filhos de Deus; e, de fato, somos filhos de Deus. Por essa razão, o mundo não nos conhece, porque não o conheceu. 2 Amados, agora somos filhos de Deus, mas ainda não se manifestou o que haveremos de ser. Sabemos que, quando ele se manifestar, seremos semelhantes a ele, porque haveremos de vê-lo como ele é. 3 E todo o que tem essa esperança nele purifica a si mesmo, assim como ele é puro. 4 Todo aquele que pratica o pecado também transgride a lei, porque o pecado é a transgressão da lei. 5 E vocês sabem que ele se manifestou para tirar os pecados, e nele não existe pecado. 6 Todo aquele que permanece nele não vive pecando; todo aquele que vive pecando não o viu, nem o conheceu.

OS FILHOS DE DEUS E OS FILHOS DO DIABO

7 Filhinhos, não se deixem enganar por ninguém. Aquele que pratica a justiça é justo, assim como ele é justo. 8 Aquele que pratica o pecado procede do diabo, porque o diabo vive pecando desde o princípio. Para isto se manifestou o Filho de Deus: para destruir as obras do diabo.

9 Todo aquele que é nascido de Deus não vive na prática de pecado, porque nele permanece a semente divina; esse não pode viver pecando, porque é nascido de Deus. 10 Nisto são manifestos os filhos de Deus e os filhos do diabo: todo aquele que não pratica a justiça não procede de Deus, e o mesmo vale para aquele que não ama o seu irmão.

O AMOR AOS IRMÃOS

11 Porque a mensagem que vocês ouviram desde o princípio é esta: que nos amemos uns aos outros. 12 Não sejamos como Caim, que era do Maligno e matou o seu irmão. E por que o matou? Porque as suas obras eram más, e as de seu irmão eram justas.

> *O amor não diz sim a tudo; o amor exorta, porque amar é corrigir. Deus sabe disso e aplica essa equação com frequência para o nosso crescimento.*

13 Irmãos, não se admirem se o mundo odeia vocês. 14 Nós sabemos que já passamos da morte para a vida, porque amamos os irmãos. Quem não ama permanece na morte. 15 Todo aquele que odeia o seu irmão é assassino, e vocês sabem que todo assassino não tem a vida eterna permanente em si. 16 Nisto conhecemos o amor: que Cristo deu a sua vida por nós; portanto, também nós devemos dar a nossa vida pelos irmãos. 17 Ora, se alguém possui recursos deste mundo e vê seu irmão passar necessidade, mas fecha o coração para essa pessoa, como pode permanecer nele o amor de Deus? 18 Filhinhos, não amemos de palavra, nem da boca para fora, mas de fato e de verdade.

19 E nisto conheceremos que somos da verdade, bem como, diante dele, tranquilizaremos o nosso coração. 20 Pois, se o nosso coração nos acusar, Deus é maior do que o nosso coração e conhece todas as coisas. 21 Amados, se o coração não nos acusar, temos confiança diante de Deus; 22 e aquilo que pedimos dele recebemos, porque guardamos os seus mandamentos e fazemos diante dele o que lhe é agradável. 23 E o seu mandamento é este: que creiamos no nome de seu Filho, Jesus Cristo, e nos amemos uns aos outros, segundo o mandamento que nos ordenou. 24 Quem guarda os seus mandamentos permanece em Deus, e Deus permanece nele. E nisto conhecemos que ele permanece em nós, pelo Espírito que nos deu.

O ESPÍRITO DA VERDADE E O ESPÍRITO DO ERRO

4 1 Amados, não deem crédito a qualquer espírito, mas provem os espíritos para ver se procedem de Deus; porque muitos falsos profetas têm saído mundo afora. 2 Nisto vocês reconhecem o Espírito de Deus: todo espírito que confessa que Jesus Cristo veio em carne é de Deus; 3 e todo espírito que não confessa isso a respeito de Jesus não procede de Deus; pelo contrário, este é o espírito do anticristo, a respeito do qual vocês ouviram dizer que viria e que agora já está no mundo.

4 Filhinhos, vocês são de Deus e venceram os falsos profetas, porque aquele que está em vocês é maior do que aquele que está no mundo. 5 Eles procedem do mundo; por essa razão, falam da parte do mundo, e o mundo os ouve. 6 Nós somos de Deus. Quem conhece a Deus nos ouve; quem não é de Deus não nos ouve. Nisto reconhecemos o espírito da verdade e o espírito do erro.

DEUS É AMOR

7 Amados, amemo-nos uns aos outros, porque o amor procede de Deus, e todo aquele que ama é nascido de Deus e conhece a Deus. 8 Quem não ama não conhece a Deus, pois Deus é amor. 9 Nisto se manifestou o amor de Deus em nós: em haver Deus enviado o seu Filho unigênito ao mundo, para vivermos por meio dele. 10 Nisto consiste o amor: não em que nós tenhamos amado a Deus, mas em que ele nos amou e enviou o seu Filho como propiciação pelos nossos pecados.

11 Amados, se Deus nos amou de tal maneira, nós também devemos amar uns aos outros. 12 Nunca ninguém viu Deus. Se amarmos uns aos outros, Deus permanece em nós, e o seu amor é, em nós, aperfeiçoado.

13 Nisto conhecemos que permanecemos nele e que ele permanece em nós: pelo fato de nos ter dado do seu Espírito. 14 E nós temos visto e damos testemunho de que o Pai enviou o seu Filho como Salvador do mundo. 15 Aquele que confessar que Jesus é o Filho de Deus, Deus permanece nele, e ele permanece em Deus. 16 E nós conhecemos o amor e cremos neste amor que Deus tem por nós.

Deus é amor, e aquele que permanece no amor permanece em Deus, e Deus permanece nele. 17 Nisto o amor é aperfeiçoado em nós, para que, no Dia do Juízo, mantenhamos confiança; pois, assim como ele é, também nós somos neste mundo. 18 No amor não existe medo; pelo contrário, o perfeito amor lança fora o medo. Porque o medo envolve castigo, e quem teme não é aperfeiçoado no amor.

19 Nós amamos porque ele nos amou primeiro. 20 Se alguém disser: "Amo a Deus",

mas odiar o seu irmão, esse é mentiroso.
Pois quem não ama o seu irmão, a quem vê,
não pode amar a Deus, a quem não vê. 21 E o
mandamento que dele temos é este: quem
ama a Deus, que ame também o seu irmão.

A FÉ QUE VENCE O MUNDO

5 1 Todo aquele que crê que Jesus é o Cristo
é nascido de Deus, e quem ama aque-
le que o gerou ama também o que dele é
nascido. 2 Nisto sabemos que amamos os
filhos de Deus: quando amamos a Deus e
praticamos os seus mandamentos. 3 Porque
este é o amor de Deus: que guardemos os
seus mandamentos. E os seus mandamen-
tos não são difíceis de guardar. 4 Porque to-
do o que é nascido de Deus vence o mundo.
E esta é a vitória que vence o mundo: a nos-
sa fé. 5 Quem é o que vence o mundo, senão
aquele que crê que Jesus é o Filho de Deus?

O TRÍPLICE TESTEMUNHO SOBRE CRISTO

6 Este é aquele que veio por meio de água
e sangue, Jesus Cristo. Ele não veio somente
com a água, mas com a água e com o sangue.
E o Espírito é o que dá testemunho, porque
o Espírito é a verdade. 7 Pois há três que dão
testemunho: 8 o Espírito, a água e o sangue,
e os três são unânimes num só propósito.
9 Se aceitamos o testemunho dos homens, o
testemunho de Deus é maior. E este é o tes-
temunho de Deus, que ele dá a respeito do
seu Filho. 10 Aquele que crê no Filho de Deus
tem, nele, esse testemunho. Aquele que não
dá crédito a Deus faz de Deus um mentiroso,
porque não crê no testemunho que Deus dá
a respeito do seu Filho. 11 E o testemunho é
este: que Deus nos deu a vida eterna, e esta
vida está no seu Filho. 12 Quem tem o Filho
tem a vida; quem não tem o Filho de Deus
não tem a vida.

O PODER DA INTERCESSÃO

13 Estas coisas escrevi a vocês que creem no
nome do Filho de Deus para que saibam que
têm a vida eterna. 14 E esta é a confiança
que temos para com ele: que, se pedirmos al-
guma coisa segundo a sua vontade, ele nos
ouve. 15 E, se sabemos que ele nos ouve quan-
to ao que lhe pedimos, estamos certos de que
obtemos os pedidos que lhe temos feito.

16 Se alguém vê o seu irmão cometer peca-
do que não leva à morte, pedirá, e Deus da-
rá vida a esse irmão. Isso aos que cometem
pecados que não levam à morte. Há pecado
que leva à morte, e por esse não digo que se
deva pedir. 17 Toda injustiça é pecado, e há
pecado que não leva à morte.

18 Sabemos que todo aquele que é nascido
de Deus não vive em pecado, porque quem
é nascido de Deus guarda a si mesmo, e o
Maligno não pode tocar nele. 19 Sabemos
que somos de Deus e que o mundo inteiro
jaz no Maligno.

CRISTO É VERDADEIRO DEUS

20 Também sabemos que o Filho de Deus
já veio e nos tem dado entendimento para
reconhecermos aquele que é o Verdadeiro.
E nós estamos naquele que é o Verdadei-
ro, em seu Filho, Jesus Cristo. Este é o ver-
dadeiro Deus e a vida eterna. 21 Filhinhos,
cuidado com os ídolos!

Cartas Gerais

2João

Livro 64 com

1

CAPÍTULO

AMOR E VERDADE NA COMUNIDADE CRISTÃ

AUTORIA

O apóstolo João (2Jo 1.1).

OBJETIVO DO LIVRO

2João adverte contra a hospitalidade para com os falsos mestres e encoraja a permanência na doutrina de Cristo (2Jo 1.7-11). A carta destaca a importância do amor e da verdade na vida cristã.

SIGNIFICADO DO TÍTULO

"João" vem do hebraico *Yohanan*, que significa "o Senhor é gracioso".

TEMAS DO LIVRO

2João enfatiza a verdade e o amor como fundamentos da vida cristã. A carta também trata da necessidade de discernimento espiritual e da rejeição de doutrinas heréticas que negam a encarnação de Cristo (2Jo 1.7-9).

2JOÃO E CRISTO

João destaca a importância de reconhecer que Jesus Cristo veio em carne (2Jo 1.7), reafirmando a verdade da encarnação e sua centralidade na fé cristã. Ele exorta os cristãos a permanecer no ensino de Cristo como prova de seu relacionamento com Deus (2Jo 1.9).

ESTRUTURA DO LIVRO

- Saudações e exortação ao amor 2Jo 1.1-6
- Advertência contra falsos mestres 2Jo 1.7-13

PREFÁCIO E SAUDAÇÃO

1 1 O presbítero à senhora eleita e aos seus
filhos, a quem eu amo na verdade —
e não somente eu, mas também todos os
que conhecem a verdade —, 2 por causa da
verdade que permanece em nós e conosco
estará para sempre.
3 Que a graça, a misericórdia e a paz, da
parte de Deus Pai e de Jesus Cristo, o Fi-
lho do Pai, estejam conosco em verdade
e amor.

O AMOR FRATERNAL

4 Fiquei muito alegre por ter encontrado
alguns de seus filhos que andam na verda-
de, de acordo com o mandamento que rece-
bemos do Pai. 5 E agora, senhora, peço-lhe,
não como se escrevesse mandamento novo,
mas o mesmo que temos tido desde o prin-
cípio: que nos amemos uns aos outros. 6 E o
amor é este: que andemos segundo os man-
damentos de Deus. Este mandamento, co-
mo vocês ouviram desde o princípio, é que
vocês vivam nesse amor.

OS ENGANADORES E COMO TRATÁ-LOS

7 Porque muitos enganadores têm saído
mundo afora, os quais não confessam que
Jesus Cristo veio em carne; este é o engana-
dor e o anticristo. 8 Tenham cuidado para que
não percam aquilo que temos realizado com
esforço, mas recebam plena recompensa.
9 Todo aquele que vai além da doutrina de
Cristo e nela não permanece não tem Deus;
o que permanece na doutrina, esse tem tan-
to o Pai como o Filho. 10 Se alguém for até
vocês e não levar esta doutrina, não o rece-
bam em casa, nem lhe deem as boas-vindas.
11 Porque aquele que lhe dá boas-vindas se
faz cúmplice das suas obras más.

SAUDAÇÕES FINAIS

12 Ainda tinha muitas coisas a lhes escrever,
mas não quis fazê-lo com papel e tinta, pois
espero ir visitá-los, e conversaremos pessoal-
mente, para que a nossa alegria seja completa.
13 Os filhos da sua irmã eleita mandam sau-
dações.

Cartas Gerais

3João

Livro 64 com

1

CAPÍTULO

COMUNHÃO NA VERDADE E NO AMOR

AUTORIA

O apóstolo João (3Jo 1.1).

SIGNIFICADO DO TÍTULO

"João" vem do hebraico *Yohanan*, que significa "o Senhor é gracioso".

OBJETIVO DO LIVRO

Encorajar a prática da hospitalidade entre os cristãos, especialmente com os missionários itinerantes, e denunciar a má conduta de líderes autoritários que rejeitam essa prática. João elogia Gaio por sua hospitalidade (3Jo 1.5-8) e reprova Diótrefes por sua arrogância e resistência (3Jo 1.9-10).

ESTRUTURA DO LIVRO

- ★ Saudações e elogios a Gaio 3Jo 1.1-8
- ★ Condenação de Diótrefes 3Jo 1.9-10
- ★ Recomendações finais e saudações 3Jo 1.11-14

TEMAS DE 3JOÃO

A teologia de 3João enfatiza a importância da verdade, do amor e da hospitalidade na vida cristã. A carta destaca o contraste entre o comportamento piedoso, exemplificado por Gaio, e o comportamento reprovável de Diótrefes, que representa arrogância e falta de amor cristão (3Jo 1.11).

3JOÃO E CRISTO

3João reflete a importância de viver de acordo com a verdade de Cristo (3Jo 1.4). João exorta os cristãos a imitarem apenas o que é bom (3Jo 1.11), lembrando as palavras de Jesus sobre o amor e o serviço aos outros como um reflexo do próprio ministério (Jo 13.34-35).

PREFÁCIO E SAUDAÇÃO

1 1 O presbítero ao amado Gaio, a quem eu
amo na verdade.

O BOM EXEMPLO DE GAIO

2 Amado, peço a Deus que tudo corra bem
com você e que esteja com boa saúde, as-
sim como vai bem a sua alma. 3 Pois fiquei
muito alegre quando os irmãos vieram e
deram testemunho de que você é fiel à ver-
dade e vive de acordo com a verdade. 4 Não
tenho maior alegria do que esta, a de ouvir
que os meus filhos vivem de acordo com
a verdade.

5 Amado, você tem sido fiel no que faz pe-
los irmãos, mesmo quando são estrangei-
ros. 6 Estes deram testemunho, diante da
igreja, do amor que você tem. Você fará bem
encaminhando-os em sua jornada de um
modo que agrada a Deus. 7 Pois foi por cau-
sa do Nome que eles saíram, sem receber
nada dos gentios. 8 Portanto, devemos aco-
lher esses irmãos, para que nos tornemos
cooperadores com eles na proclamação
da verdade.

DIÓTREFES E DEMÉTRIO

9 Escrevi algumas palavras à igreja, mas
Diótrefes, que gosta de exercer a primazia
entre eles, não nos dá acolhida. 10 Por isso,
quando eu for aí, farei com que se lembre das
obras que ele pratica, proferindo contra nós
palavras caluniosas. E, não satisfeito com is-
so, ele não recebe os irmãos, impede os que
querem recebê-los e os expulsa da igreja.

11 Amado, não imite o que é mau, e sim o
que é bom. Quem pratica o bem procede de
Deus; quem pratica o mal jamais viu a Deus.

12 Quanto a Demétrio, todos dão bom tes-
temunho dele, até a própria verdade. E nós
também damos testemunho, e você sabe
que o nosso testemunho é verdadeiro.

SAUDAÇÕES FINAIS

13 Muitas coisas tinha para lhe escrever,
mas não quis fazê-lo com tinta e pena, 14 pois
espero vê-lo em breve. Então conversare-
mos pessoalmente.

15 A paz esteja com você. Os amigos man-
dam saudações. Dê saudações aos amigos,
um por um.

Judas

Livro 65 com 1 CAPÍTULO

AUTORIA

Provavelmente, Judas, irmão de Tiago, também chamado Judas Tadeu. Ele é mencionado nos Evangelhos como um dos irmãos de Jesus, e é presumido ter sido um líder na igreja primitiva em Jerusalém (Jd 1.1; Mt 13.55).

OBJETIVO DO LIVRO

Judas escreve para advertir os cristãos sobre os falsos mestres que se infiltraram na comunidade cristã, distorcendo a graça de Deus em libertinagem e negando Jesus Cristo (Jd 1.4). Ele encoraja os fiéis a defender a fé entregue aos santos (Jd 1.3).

SIGNIFICADO DO TÍTULO

"Judas" vem do hebraico *Yehudah*, que significa "louvor".

A LUTA PELA FÉ

ESTRUTURA DO LIVRO

- ★ Saudação inicial Jd 1.1-2
- ★ Advertência contra os falsos mestres Jd 1.3-16
- ★ Exortação aos fiéis Jd 1.17-23
- ★ Doxologia final Jd 1.24-25

TEMAS DE JUDAS

A teologia de Judas enfatiza a necessidade de defender a fé contra a corrupção e a falsidade. O texto destaca a segurança dos cristãos em Cristo (Jd 1.24) e a importância de permanecer na verdade e na santidade.

JUDAS E CRISTO

Judas aponta para Cristo como o único soberano e Senhor (Jd 1.4) e exalta sua capacidade de proteger os cristãos de tropeçar e apresentá-los irrepreensíveis (Jd 1.24). A carta reflete a seriedade de seguir a verdadeira doutrina de Jesus e rejeitar qualquer distorção dela.

PREFÁCIO E SAUDAÇÃO

1 1 Judas, servo de Jesus Cristo e irmão de Tiago, aos que foram chamados, são amados em Deus Pai e guardados em Jesus Cristo.

2 Que a misericórdia, a paz e o amor lhes sejam multiplicados.

O JUÍZO SOBRE OS FALSOS MESTRES

3 Amados, quando eu me empenhava para escrever-lhes a respeito da salvação que temos em comum, senti que era necessário corresponder-me com vocês, para exortá-los a lutar pela fé que uma vez por todas foi entregue aos santos. 4 Pois certos indivíduos, cuja sentença de condenação foi promulgada há muito tempo, se infiltraram no meio de vocês sem serem notados. São pessoas ímpias, que transformam em libertinagem a graça do nosso Deus e negam o nosso único Soberano e Senhor, Jesus Cristo.

5 Embora vocês já estejam cientes de tudo de uma vez por todas, quero lembrar-lhes que Jesus, tendo libertado um povo, tirando-o da terra do Egito, destruiu, depois, os que não creram. 6 E a anjos — os que não guardaram o seu estado original, mas abandonaram o seu próprio lugar — ele tem guardado sob trevas, em algemas eternas, para o juízo do grande Dia. 7 Igualmente Sodoma, Gomorra e as cidades vizinhas, que também se entregaram à imoralidade e adotaram práticas contrárias à natureza, foram postas como exemplo do castigo de um fogo eterno.

8 Do mesmo modo também esses, quais sonhadores, contaminam a carne, rejeitam a autoridade e insultam os gloriosos seres celestiais. 9 Contudo, nem mesmo o arcanjo Miguel, quando entrou em conflito com o diabo e discutia a respeito do corpo de Moisés, ousou pronunciar sentença difamatória contra ele. Pelo contrário, disse: "O Senhor repreenda você!" 10 Esses, porém, quanto a tudo o que não entendem, difamam; e, quanto a tudo o que compreendem por instinto natural, como animais irracionais, até nessas coisas se corrompem. 11 Ai deles! Porque seguiram o mesmo caminho de Caim e, movidos por ganância, caíram no erro de Balaão, e foram destruídos na revolta de Corá. 12 Esses são como rochas submersas nas festas de fraternidade que vocês fazem, banqueteando-se com vocês sem qualquer receio. São pastores que apascentam a si mesmos; são nuvens sem água impelidas pelos ventos; são árvores que, em plena estação dos frutos, continuam sem frutos, duplamente mortas e arrancadas pela raiz; 13 são ondas bravias do mar, que espumam as suas próprias sujeiras; são estrelas sem rumo, para as quais está reservada a mais profunda escuridão, para sempre.

14 Foi a respeito deles que também profetizou Enoque, o sétimo depois de Adão, dizendo: "Eis que o Senhor vem com milhares de seus santos, 15 para exercer juízo contra todos e para convencer todos os ímpios a respeito de todas as obras ímpias que praticaram e a respeito de todas as palavras insolentes que ímpios pecadores proferiram contra ele." 16 Esses tais são murmuradores, pessoas descontentes que andam segundo as suas paixões. A sua boca vive falando grandes arrogâncias; adulam os outros por motivos interesseiros.

A PALAVRA DOS APÓSTOLOS

17 Mas vocês, meus amados, lembrem-se das palavras anteriormente proferidas pelos apóstolos de nosso Senhor Jesus Cristo. 18 Eles diziam a vocês: "Nos últimos tempos, haverá zombadores, andando segundo suas ímpias paixões." 19 São estes os que promovem divisões, seguem os seus próprios instintos e não têm o Espírito.

CONSELHOS FINAIS

20 Mas vocês, meus amados, edificando-se na fé santíssima que vocês têm, orando no Espírito Santo, 21 mantenham-se no amor de Deus, esperando a misericórdia do nosso Senhor Jesus Cristo, que conduz para a vida eterna. 22 E tenham compaixão de alguns que estão em dúvida; 23 salvem outros, arrebatando-os do fogo; quanto a

outros, sejam também compassivos, mas
com temor, detestando até a roupa conta-
minada pela carne.

DOXOLOGIA

24 E ao Deus que é poderoso para evitar
que vocês tropecem e que pode apresentá-
-los irrepreensíveis diante da sua glória,
com grande alegria, 25 a este que é o úni-
co Deus, nosso Salvador, mediante Jesus
Cristo, Senhor nosso, sejam a glória, a ma-
jestade, o poder e a autoridade, antes de
todas as eras, agora, e por toda a eterni-
dade. Amém!

Profecia

Apocalipse

Livro 66 com

22

CAPÍTULOS

AUTORIA

O apóstolo João, identificado como "servo de Jesus Cristo" (Ap 1.1) e exilado na ilha de Patmos "por causa da palavra de Deus e do testemunho de Jesus" (Ap 1.9).

OBJETIVO DO LIVRO

Encorajar os cristãos a permanecer fiéis em meio à perseguição e revelar os eventos que precederão a segunda vinda de Cristo, culminando no estabelecimento definitivo do Reino de Deus.

SIGNIFICADO DO TÍTULO

"Apocalipse" vem do grego *apokalypsis*, que significa "revelação". O livro revela os eventos futuros e o triunfo final de Deus sobre o mal.

TEMAS DE APOCALIPSE

A teologia de Apocalipse centra-se na soberania de Deus, no senhorio de Cristo e na esperança escatológica. O livro enfatiza a vitória definitiva de Jesus sobre o mal, a justiça divina e a criação de novos céus e nova terra.

ESTRUTURA DO LIVRO

Visão de Cristo glorificado Ap 1

Cartas às sete igrejas Ap 2—3

- ★ Visões do trono de Deus e do Cordeiro Ap 4—5
- ★ Os sete selos Ap 6—8.5
- ★ As sete trombetas Ap 8.6—11
- ★ Os conflitos cósmicos Ap 12—14
- ★ As sete taças da ira de Deus Ap 15—16
- ★ A queda da Babilônia Ap 17—18
- ★ A segunda vinda de Cristo Ap 19
- ★ O reino milenar e o juízo final Ap 20
- ★ Novos céus e nova terra Ap 21—22

A REVELAÇÃO DE JESUS CRISTO

APOCALIPSE E CRISTO

Cristo é o centro de Apocalipse. Ele é apresentado como o Cordeiro de Deus que foi morto, mas vive para sempre (Ap 5.6), o Alfa e o Ômega, o Princípio e o Fim (Ap 22.13). A segunda vinda de Jesus é o clímax do livro, quando ele julga os ímpios e estabelece seu reino eterno (Ap 19.11-16).

PREFÁCIO

1 1 Revelação de Jesus Cristo, a qual Deus
lhe deu para mostrar aos seus servos
as coisas que em breve devem aconte-
cer e que ele, enviando o seu anjo, deu
a conhecer ao seu servo João, 2 que ates-
tou a palavra de Deus e o testemunho
de Jesus Cristo, quanto a tudo o que viu.
3 Bem-aventurado aquele que lê, e bem-
-aventurados aqueles que ouvem as pa-
lavras da profecia e guardam as coisas nela
escritas, pois o tempo está próximo.

SAUDAÇÃO ÀS SETE IGREJAS DA ÁSIA

4 João, às sete igrejas que estão na pro-
víncia da Ásia:

Que a graça e a paz estejam com vocês,
da parte daquele que é, que era e que há
de vir, da parte dos sete espíritos que estão
diante do seu trono 5 e da parte de Jesus
Cristo, a Fiel Testemunha, o Primogênito
dos mortos e o Soberano dos reis da terra.

Àquele que nos ama e, pelo seu sangue,
nos libertou dos nossos pecados, 6 e nos
constituiu reino, sacerdotes para o seu
Deus e Pai, a ele a glória e o domínio para
todo o sempre. Amém!

7 Eis que ele vem com as nuvens, e todo
olho o verá, até mesmo aqueles que o
traspassaram. E todas as tribos da terra
se lamentarão por causa dele. Certamen-
te. Amém!

8 "Eu sou o Alfa e o Ômega", diz o Senhor
Deus, "aquele que é, que era e que há de vir,
o Todo-Poderoso."

A VISÃO DE JESUS GLORIFICADO

9 Eu, João, irmão e companheiro de vocês
na tribulação, no reino e na perseverança
em Jesus, estava na ilha chamada Patmos,
por causa da palavra de Deus e do teste-
munho de Jesus. 10 Achei-me no Espírito,
no dia do Senhor, e ouvi atrás de mim uma
voz forte, como de trombeta, 11 dizendo:

— Escreva num livro o que você vê e
mande-o às sete igrejas: Éfeso, Esmir-
na, Pérgamo, Tiatira, Sardes, Filadélfia
e Laodiceia.

12 Voltei-me para ver quem falava comigo
e, ao me voltar, vi sete candelabros de ouro
13 e, no meio dos candelabros, um seme-
lhante a um filho de homem, com vestes
talares e cingido, à altura do peito, com
um cinto de ouro. 14 A cabeça e os cabe-
los dele eram brancos como alva lã, como
neve. Os olhos eram como chama de fogo.
15 Os seus pés eram semelhantes ao bron-
ze polido, como que refinado numa forna-
lha. A voz era como som de muitas águas.
16 Na mão direita ele tinha sete estrelas,
e da sua boca saía uma afiada espada de
dois gumes. O seu rosto brilhava como o
sol na sua força.

17 Ao vê-lo, caí aos seus pés como morto.
Porém ele pôs sobre mim a mão direita,
dizendo:

— Não tenha medo. Eu sou o primeiro e
o último 18 e aquele que vive. Estive morto,
mas eis que estou vivo para todo o sem-
pre e tenho as chaves da morte e do in-
ferno. 19 Escreva, pois, as coisas que você
viu, as que são e as que hão de aconte-
cer depois destas. 20 Quanto ao mistério
das sete estrelas que você viu na minha
mão direita e quanto aos sete candela-
bros de ouro, as sete estrelas são os anjos
das sete igrejas, e os sete candelabros são
as sete igrejas.

CARTA À IGREJA EM ÉFESO

2 1 — Ao anjo da igreja em Éfeso escreva:
"Estas coisas diz aquele que conserva
na mão direita as sete estrelas e que
anda no meio dos sete candelabros
de ouro:

2 Conheço as obras que você realiza, tan-
to o seu esforço como a sua perseve-
rança. Sei que você não pode suportar
os maus e que pôs à prova os que se
declaram apóstolos e não são, e des-
cobriu que são mentirosos. 3 Você tem
perseverança e suportou provas por
causa do meu nome, sem esmorecer.

4 Tenho, porém, contra você o seguinte:
você abandonou o seu primeiro amor.

5 Lembre-se, pois, de onde você caiu.
Arrependa-se e volte à prática das

primeiras obras. Se você não se arre-
pender, virei até você e tirarei o seu
candelabro do lugar dele. 6 Mas você
tem a seu favor o fato de que odeia as
obras dos nicolaítas, as quais eu tam-
bém odeio.
7 Quem tem ouvidos, ouça o que o
Espírito diz às igrejas: 'Ao vencedor,
darei o direito de se alimentar da árvo-
re da vida, que se encontra no paraíso
de Deus.'"

CARTA À IGREJA EM ESMIRNA

8 — Ao anjo da igreja em Esmirna escreva:
"Estas coisas diz o primeiro e o último,
que esteve morto e tornou a viver.
9 Conheço a tribulação pela qual você
está passando, a sua pobreza — embo-
ra você seja rico — e a blasfêmia dos
que se declaram judeus e não são, sen-
do, isto sim, sinagoga de Satanás.
10 Não tenha medo das coisas que você
vai sofrer. Eis que o diabo está para lan-
çar alguns de vocês na prisão, para que
vocês sejam postos à prova, e passem
por uma tribulação de dez dias. Seja
fiel até a morte, e eu lhe darei a coroa
da vida.
11 Quem tem ouvidos, ouça o que o
Espírito diz às igrejas: 'O vencedor de
modo nenhum sofrerá o dano da se-
gunda morte.'"

CARTA À IGREJA EM PÉRGAMO

12 — Ao anjo da igreja em Pérgamo
escreva:
"Estas coisas diz aquele que tem a espa-
da afiada de dois gumes.
13 Conheço o lugar onde você mora, que
é o lugar onde está o trono de Satanás.
Sei que você conserva o meu nome
e não negou a fé que tem em mim,
mesmo nos dias de Antipas, minha
testemunha, meu fiel, que foi mor-
to na cidade de vocês, aí onde Sata-
nás habita.
14 Tenho, porém, contra você algumas
coisas: estão aí em seu meio os que
sustentam a doutrina de Balaão, o
qual ensinava Balaque a armar ciladas
diante dos filhos de Israel para que co-
messem coisas sacrificadas aos ídolos
e praticassem a prostituição. 15 Além
disso, estão também aí em seu meio os
que seguem a doutrina dos nicolaítas.
16 Portanto, arrependa-se! Se não, irei
até aí sem demora e lutarei contra eles
com a espada da minha boca.
17 Quem tem ouvidos, ouça o que o
Espírito diz às igrejas: 'Ao vencedor,
darei do maná escondido. Também
lhe darei uma pedrinha branca, e, so-
bre essa pedrinha, um novo nome es-
crito, o qual ninguém conhece, exceto
aquele que o recebe.'"

CARTA À IGREJA EM TIATIRA

18 — Ao anjo da igreja em Tiatira escreva:
"Estas coisas diz o Filho de Deus, que
tem os olhos como chama de fogo e os
pés semelhantes ao bronze polido.
19 Conheço as obras que você realiza, o seu
amor, a sua fé, o seu serviço, a sua per-
severança e as suas últimas obras, mais
numerosas do que as primeiras.
20 Tenho, porém, contra você o fato de você
tolerar que essa mulher, Jezabel, que se
declara profetisa, não somente ensine,
mas ainda seduza os meus servos a pra-
ticar a prostituição e a comer coisas sa-
crificadas aos ídolos. 21 Dei-lhe tempo
para que se arrependesse, porém ela
não quer se arrepender da sua imorali-
dade. 22 Eis que farei com que fique aca-
mada, e trarei grande tribulação aos que
com ela adulteram, caso não se arrepen-
dam das obras que ela incita. 23 Matarei
os seus filhos, e todas as igrejas saberão
que eu sou aquele que sonda mentes e
corações, e retribuirei a cada um de vo-
cês segundo as suas obras.
24 Digo, porém, aos demais de Tiatira, a
todos aqueles que não seguem essa
doutrina e que não conheceram, como
eles dizem, as coisas profundas de
Satanás: Não porei outra carga sobre
vocês; 25 tão somente conservem o
que vocês têm, até que eu venha.

Que a esperança de Deus seja o seu combustível para enfrentar todas as estações da vida.

26 Ao vencedor, que guardar até o fim as
minhas obras, eu lhe darei autorida-
de sobre as nações, 27 e com cetro de
ferro as governará e as reduzirá a pe-
daços como se fossem objetos de bar-
ro, 28 assim como também eu recebi
autoridade de meu Pai. E eu lhe da-
rei ainda a estrela da manhã. 29 Quem
tem ouvidos, ouça o que o Espírito diz
às igrejas."

CARTA À IGREJA EM SARDES

3 1 — Ao anjo da igreja em Sardes escreva:
"Estas coisas diz aquele que tem os sete
espíritos de Deus e as sete estrelas:
Conheço as obras que você realiza,
que você tem fama de estar vivo, mas
está morto.
2 Fique vigiando e fortaleça o restante
que estava para morrer, porque verifi-
quei que as obras que você realiza não
são íntegras na presença do meu Deus.
3 Lembre-se, pois, do que você rece-
beu e ouviu; guarde-o e arrependa-se.
Se você não vigiar, virei como ladrão,
e você de modo nenhum saberá em
que hora virei contra você.
4 Mas você tem aí em Sardes umas pou-
cas pessoas que não contaminaram as
suas vestes. Elas andarão comigo, ves-
tidas de branco, pois são dignas.
5 O vencedor será assim vestido de bran-
co, e de modo nenhum apagarei o seu
nome do Livro da Vida. Pelo contrário,
confessarei o seu nome diante de meu
Pai e diante dos seus anjos. 6 Quem
tem ouvidos, ouça o que o Espírito diz
às igrejas."

CARTA À IGREJA EM FILADÉLFIA

7 — Ao anjo da igreja em Filadélfia es-
creva:
"Estas coisas diz o santo, o verdadeiro,
aquele que tem a chave de Davi, que
abre, e ninguém fechará, e que fecha, e
ninguém abrirá.
8 Conheço as obras que você realiza. Eis
que tenho posto diante de você uma
porta aberta, a qual ninguém pode
fechar. Sei que você tem pouca força,
mas guardou a minha palavra e não ne-
gou o meu nome.
9 Eis o que eu farei com alguns dos que
são da sinagoga de Satanás, desses
que se declaram judeus e não são, mas
mentem. Eis que farei com que ve-
nham até você, prostrem-se aos seus
pés e reconheçam que eu amo você.
10 Você guardou a palavra da minha per-
severança. Por isso, também eu o guar-
darei da hora da provação que há de vir
sobre o mundo inteiro, para pôr à prova
os que habitam sobre a terra. 11 Venho
sem demora. Conserve o que você tem,
para que ninguém tome a sua coroa.
12 Ao vencedor, farei com que seja uma
coluna no santuário do meu Deus, e
dali jamais sairá. Gravarei sobre ele o
nome do meu Deus, o nome da cida-
de do meu Deus, a nova Jerusalém que
desce do céu, vinda da parte do meu
Deus, e o meu novo nome. 13 Quem
tem ouvidos, ouça o que o Espírito diz
às igrejas."

CARTA À IGREJA EM LAODICEIA

14 — Ao anjo da igreja em Laodiceia
escreva:
"Estas coisas diz o Amém, a testemunha
fiel e verdadeira, o princípio da criação
de Deus.
15 Conheço as obras que você realiza,
que você não é nem frio nem quente.
Quem dera você fosse frio ou quente!
16 Assim, porque você é morno, e não
é nem quente nem frio, estou a ponto
de vomitá-lo da minha boca. 17 Você
diz: 'Sou rico, estou bem de vida e não
preciso de nada.' Mas você não sabe
que é infeliz, sim, miserável, pobre,
cego e nu.
18 Aconselho que você compre de mim
ouro refinado pelo fogo, para que você
seja, de fato, rico. Compre vestes bran-
cas para se vestir, a fim de que a vergo-
nha de sua nudez não fique evidente,
e colírio para ungir os olhos, a fim de
que você possa ver. 19 Eu repreendo e

disciplino aqueles que amo. Portanto,
seja zeloso e arrependa-se.
[20] Eis que estou à porta e bato; se alguém
ouvir a minha voz e abrir a porta, en-
trarei em sua casa e cearei com ele, e
ele, comigo.
[21] Ao vencedor, darei o direito de sentar-
-se comigo no meu trono, assim como
também eu venci e me sentei com o meu
Pai no seu trono. [22] Quem tem ouvidos,
ouça o que o Espírito diz às igrejas."

A VISÃO DO TRONO DE DEUS

4 [1] Depois destas coisas, olhei, e eis que
havia uma porta aberta no céu. E a pri-
meira voz que ouvi, que era como de trom-
beta ao falar comigo, disse:
— Suba até aqui, e eu lhe mostrarei o
que deve acontecer depois destas coisas.
[2] Imediatamente eu me achei no Espírito,
e eis que havia um trono armado no céu,
e alguém estava sentado no trono. [3] E esse
que estava sentado era semelhante, no as-
pecto, à pedra de jaspe e ao sardônio, e ao
redor do trono havia um arco-íris seme-
lhante, no aspecto, à esmeralda. [4] Ao re-
dor do trono havia também vinte e quatro
tronos, e neles estavam sentados vinte e
quatro anciãos, vestidos de branco e com
coroas de ouro na cabeça. [5] Do trono saíam
relâmpagos, vozes e trovões, e, diante do
trono, estavam acesas sete tochas de fogo,
que são os sete espíritos de Deus. [6] Diante
do trono havia algo como um mar de vidro,
semelhante ao cristal.
No meio do trono e à volta do trono ha-
via também quatro seres viventes cheios
de olhos por diante e por detrás. [7] O pri-
meiro ser vivente era semelhante a um
leão, o segundo era semelhante a um no-
vilho, o terceiro tinha o rosto semelhante
ao de ser humano e o quarto ser vivente
era semelhante à águia quando está voan-
do. [8] E os quatro seres viventes, tendo cada
um deles, respectivamente, seis asas, esta-
vam cheios de olhos, ao redor e por dentro.
Não tinham descanso, nem de dia nem de
noite, proclamando:

"Santo, santo, santo
é o Senhor Deus,
o Todo-Poderoso,
aquele que era, que é
e que há de vir."

[9] Sempre que esses seres viventes davam
glória, honra e ações de graças ao que está
sentado no trono, ao que vive para todo
o sempre, [10] os vinte e quatro anciãos se
prostravam diante daquele que está sen-
tado no trono, adoravam o que vive para
todo o sempre e depositavam as suas co-
roas diante do trono, proclamando:

[11] "Tu és digno,
Senhor e Deus nosso,
de receber a glória,
a honra e o poder,
porque criaste todas as coisas
e por tua vontade
elas vieram a existir
e foram criadas."

O LIVRO E O CORDEIRO

5 [1] Vi, na mão direita daquele que estava
sentado no trono, um livro em forma
de rolo escrito por dentro e por fora, e se-
lado com sete selos. [2] Vi, também, um anjo
forte, que proclamava com voz forte:
— Quem é digno de quebrar os selos e
abrir o livro?
[3] Ora, nem no céu, nem sobre a terra, nem
debaixo da terra, ninguém podia abrir o li-
vro, nem mesmo olhar para ele. [4] E eu chora-
va muito, porque ninguém foi achado digno
de abrir o livro, nem mesmo de olhar para
ele. [5] Então um dos anciãos me disse:
— Não chore! Eis que o Leão da tribo de
Judá, a Raiz de Davi, venceu para quebrar
os sete selos e abrir o livro.
[6] Então vi, no meio do trono e dos quatro
seres viventes e entre os anciãos, em pé,
um Cordeiro que parecia que tinha sido
morto. Ele tinha sete chifres, bem como
sete olhos, que são os sete espíritos de
Deus enviados por toda a terra. [7] O Cordei-
ro foi e pegou o livro da mão direita daque-
le que estava sentado no trono. [8] E, quando

ele pegou o livro, os quatro seres viventes e os vinte e quatro anciãos se prostraram diante do Cordeiro, tendo cada um deles uma harpa e taças de ouro cheias de incenso, que são as orações dos santos, [9] e cantavam um cântico novo, dizendo:

"Digno és de pegar o livro
e de quebrar os selos,
porque foste morto
e com o teu sangue
compraste para Deus
os que procedem de toda tribo,
língua, povo e nação
[10] e para o nosso Deus
os constituíste reino e sacerdotes;
e eles reinarão sobre a terra."

[11] Vi e ouvi uma voz de muitos anjos ao redor do trono, dos seres viventes e dos anciãos, cujo número era de milhões de milhões e milhares de milhares, [12] proclamando com voz forte:

"Digno é o Cordeiro que foi morto
de receber o poder, a riqueza,
a sabedoria, a força,
a honra, a glória e o louvor."

[13] Então ouvi que toda criatura que há no céu e sobre a terra, debaixo da terra e sobre o mar, e tudo o que neles há, estava dizendo:

"Àquele que está sentado no trono
e ao Cordeiro
sejam o louvor, a honra,
a glória e o domínio
para todo o sempre."

[14] E os quatro seres viventes respondiam: "Amém!" Também os anciãos se prostraram e adoraram.

O CORDEIRO QUEBRA OS SELOS

O PRIMEIRO SELO

6 [1] Vi quando o Cordeiro quebrou o primeiro dos sete selos e ouvi um dos quatro seres viventes dizendo, como se fosse som de trovão:

— Venha!

[2] Vi, então, e eis um cavalo branco. O seu cavaleiro tinha um arco, e foi-lhe dada uma coroa. E ele saiu vencendo e para vencer.

O SEGUNDO SELO

[3] Quando o Cordeiro quebrou o segundo selo, ouvi o segundo ser vivente dizendo:

— Venha!

[4] E saiu outro cavalo, que era vermelho. E ao seu cavaleiro foi dado poder para tirar a paz da terra e fazer com que os homens matassem uns aos outros. Também lhe foi dada uma grande espada.

O TERCEIRO SELO

[5] Quando o Cordeiro quebrou o terceiro selo, ouvi o terceiro ser vivente dizendo:

— Venha!

Então olhei, e eis um cavalo preto e o seu cavaleiro com uma balança na mão. [6] E ouvi o que parecia uma voz no meio dos quatro seres viventes dizendo:

— Uma medida de trigo por um denário; três medidas de cevada por um denário; e não danifique o azeite e o vinho.

O QUARTO SELO

[7] Quando o Cordeiro quebrou o quarto selo, ouvi a voz do quarto ser vivente dizendo:

— Venha!

[8] Vi, então, e eis um cavalo amarelo. O seu cavaleiro se chamava Morte, e o inferno o estava seguindo. E lhes foi dada autoridade sobre a quarta parte da terra para matar à espada, pela fome, com a mortandade e por meio dos animais selvagens da terra.

O QUINTO SELO

[9] Quando o Cordeiro quebrou o quinto selo, vi, debaixo do altar, as almas daqueles que tinham sido mortos por causa da palavra de Deus e por causa do testemunho que deram. [10] Clamaram com voz forte, dizendo:

— Até quando, ó Soberano Senhor, santo e verdadeiro, não julgas, nem vingas

o nosso sangue dos que habitam sobre
a terra?
11 Então a cada um deles foi dada uma
veste branca, e lhes foi pedido que repou-
sassem ainda por pouco tempo, até que
também se completasse o número dos
seus conservos e seus irmãos que iam ser
mortos como eles tinham sido.

O SEXTO SELO

12 Vi quando o Cordeiro quebrou o sexto
selo. Houve um grande terremoto, o sol
se tornou negro como pano de saco feito
de crina, a lua ficou toda vermelha como
sangue, 13 as estrelas do céu caíram sobre
a terra, como a figueira deixa cair os seus
figos verdes quando sacudida por um ven-
to forte, 14 e o céu recolheu-se como um
pergaminho quando se enrola. Então todos
os montes e as ilhas foram movidos do seu
lugar. 15 Os reis da terra, os grandes, os co-
mandantes, os ricos, os poderosos e todo
escravo e todo livre se esconderam nas ca-
vernas e nos penhascos dos montes 16 e dis-
seram aos montes e aos rochedos:
— Caiam sobre nós e nos escondam
da face daquele que está sentado no tro-
no e da ira do Cordeiro! 17 Porque chegou
o grande Dia da ira deles, e quem pode-
rá subsistir?

OS CENTO E QUARENTA E QUATRO MIL SELADOS DE ISRAEL

7 1 Depois disso, vi quatro anjos em pé
nos quatro cantos da terra, segurando
os quatro ventos da terra, para que ne-
nhum vento soprasse sobre a terra, nem
sobre o mar, nem sobre árvore alguma. 2 Vi
outro anjo que subia do nascente do sol,
tendo o selo do Deus vivo. Ele gritou com
voz bem forte aos quatro anjos, aqueles
que tinham recebido poder para causar
dano à terra e ao mar, 3 dizendo:
— Não danifiquem nem a terra, nem o
mar, nem as árvores, até marcarmos com
um selo a testa dos servos do nosso Deus.
4 Então ouvi o número dos que foram
marcados com selo. Eram cento e quarenta
e quatro mil, de todas as tribos dos filhos
de Israel. 5 Da tribo de Judá foram marca-
dos com selo doze mil; da tribo de Rúben,
doze mil; da tribo de Gade, doze mil; 6 da
tribo de Aser, doze mil; da tribo de Naftali,
doze mil; da tribo de Manassés, doze mil;
7 da tribo de Simeão, doze mil; da tribo de
Levi, doze mil; da tribo de Issacar, doze
mil; 8 da tribo de Zebulom, doze mil; da
tribo de José, doze mil; da tribo de Benja-
mim foram marcados com selo doze mil.

A VISÃO DOS GLORIFICADOS

9 Depois destas coisas, vi, e eis grande
multidão que ninguém podia contar, de
todas as nações, tribos, povos e línguas,
em pé diante do trono e diante do Cordei-
ro, vestidos de vestes brancas, com ramos
de palmeira nas mãos. 10 E clamavam com
voz forte, dizendo:

"Ao nosso Deus,
que está sentado no trono,
e ao Cordeiro,
pertence a salvação."

11 Todos os anjos estavam em pé rodean-
do o trono, os anciãos e os quatro seres
viventes, e diante do trono se prostraram
sobre o seu rosto, e adoraram a Deus,
12 dizendo:

"Amém! O louvor, a glória,
a sabedoria, as ações de graças,
a honra, o poder e a força
sejam ao nosso Deus,
para todo o sempre. Amém!"

13 Um dos anciãos tomou a palavra e
me perguntou:
— Quem são e de onde vieram estes que
estão vestidos de branco?
14 Respondi:
— O senhor sabe.
Então ele me disse:
— Estes são os que vêm da grande tribu-
lação, que lavaram suas vestes e as alve-
jaram no sangue do Cordeiro. 15 Por isso,
estão diante do trono de Deus e o adoram

de dia e de noite no seu santuário. E aque-
le que está sentado no trono estenderá so-
bre eles o seu tabernáculo. 16 Jamais terão
fome, nunca mais terão sede, não cairá so-
bre eles o sol, nem qualquer outro calor
forte, 17 pois o Cordeiro que está no meio
do trono os apascentará e os guiará para
as fontes da água da vida. E Deus lhes en-
xugará dos olhos toda lágrima.

O SÉTIMO SELO E O INCENSÁRIO DE OURO

8 1 Quando o Cordeiro quebrou o séti-
mo selo, houve silêncio no céu duran-
te quase meia hora. 2 Então vi os sete anjos
que estão em pé diante de Deus, e lhes
foram dadas sete trombetas.

3 Veio outro anjo e ficou em pé junto ao
altar, com um incensário de ouro, e lhe foi
dado muito incenso para oferecê-lo com
as orações de todos os santos sobre o al-
tar de ouro que está diante do trono. 4 E da
mão do anjo subiu à presença de Deus a
fumaça do incenso, com as orações dos
santos. 5 Então o anjo pegou o incensário,
encheu-o do fogo do altar e o atirou à ter-
ra. E houve trovões, vozes, relâmpagos e
terremoto.

AS SETE TROMBETAS

6 Então os sete anjos que tinham as sete
trombetas se prepararam para tocar.

A PRIMEIRA TROMBETA

7 O primeiro anjo tocou a trombeta, e
houve granizo e fogo misturados com
sangue, e foram atirados à terra. Então foi
queimada a terça parte da terra, foi quei-
mada a terça parte das árvores, e também
toda a erva verde foi queimada.

A SEGUNDA TROMBETA

8 O segundo anjo tocou a trombeta, e
uma espécie de grande montanha em
chamas foi atirada ao mar. Uma terça
parte do mar se transformou em san-
gue, 9 e morreu a terça parte das criatu-
ras do mar, e foi destruída a terça parte
das embarcações.

A TERCEIRA TROMBETA

10 O terceiro anjo tocou a trombeta, e uma
grande estrela, queimando como uma to-
cha, caiu do céu sobre a terça parte dos rios
e sobre as fontes das águas. 11 O nome da
estrela é Absinto. E a terça parte das águas
se transformou em absinto, e muitas pes-
soas morreram por causa dessas águas,
porque se tornaram amargas.

A QUARTA TROMBETA

12 O quarto anjo tocou a trombeta, e foi
ferida a terça parte do sol, da lua e das es-
trelas, para que a terça parte deles escure-
cesse e uma terça parte do dia, e também
da noite, ficasse sem luz. 13 Então vi e ouvi
uma águia que, voando pelo meio do céu,
dizia com voz forte:

— Ai! Ai! Ai dos que moram na terra, por
causa do som das outras trombetas que os
três anjos ainda vão tocar!

A QUINTA TROMBETA

9 1 O quinto anjo tocou a trombeta, e vi
uma estrela que tinha caído do céu so-
bre a terra. E lhe foi dada a chave do poço
do abismo. 2 Ela abriu o poço do abismo, e
dele saiu fumaça como a fumaça de uma
grande fornalha. E o sol e o ar se escure-
ceram com a fumaça saída do poço. 3 Tam-
bém da fumaça saíram gafanhotos para a
terra; e lhes foi dado poder como o poder
que têm os escorpiões da terra. 4 E lhes foi
dito que não causassem dano à erva da
terra, nem a qualquer coisa verde, nem
a árvore alguma, e tão somente às pes-
soas que não têm o selo de Deus na tes-
ta. 5 Também não lhes foi permitido que
os matassem, mas que os atormentassem
durante cinco meses. E o seu tormento era
como tormento de escorpião quando fere
alguém. 6 Naqueles dias, as pessoas bus-
carão a morte e não a encontrarão; tam-
bém terão desejo de morrer, mas a morte
fugirá delas.

7 O aspecto dos gafanhotos era seme-
lhante a cavalos preparados para a ba-
talha. Na cabeça deles havia como que
coroas parecendo de ouro, e o rosto deles

era como rosto de um ser humano. 8 Ti-
nham também cabelos, como cabelos de
mulher; e os dentes eram como dentes de
leão. 9 Tinham couraças, como couraças de
ferro. O barulho que as suas asas faziam
era como o barulho de carros puxados por
muitos cavalos, quando correm para a ba-
talha. 10 Tinham ainda cauda, como escor-
piões, e um ferrão. Na cauda tinham poder
para causar dano às pessoas, por cinco me-
ses. 11 Tinham por rei sobre eles o anjo do
abismo, cujo nome em hebraico é Abadom,
e em grego, Apoliom.

12 O primeiro ai passou. Eis que, depois
destas coisas, vêm ainda dois ais.

A SEXTA TROMBETA

13 O sexto anjo tocou a trombeta, e ouvi
uma voz que vinha das quatro pontas do
altar de ouro que se encontra na presença
de Deus, 14 dizendo ao sexto anjo, o mesmo
que tem a trombeta:

— Solte os quatro anjos que estão amar-
rados junto ao grande rio Eufrates.

15 Então foram soltos os quatro anjos
que se achavam preparados para a hora,
o dia, o mês e o ano, para que matassem
a terça parte da humanidade. 16 O número
dos exércitos da cavalaria era de vinte mil
vezes dez milhares; eu ouvi o seu núme-
ro. 17 Assim, nesta visão, pude ver que os
cavalos e os seus cavaleiros tinham cou-
raças cor de fogo, de jacinto e de enxofre.
A cabeça dos cavalos era como cabeça de
leão, e de sua boca saíam fogo, fumaça e
enxofre. 18 Por meio destes três flagelos, a
saber, pelo fogo, pela fumaça e pelo en-
xofre que saíam da boca dos cavalos, foi
morta a terça parte da humanidade. 19 Pois
a força dos cavalos estava na boca e na cau-
da deles. As caudas deles eram semelhan-
tes a serpentes, com cabeças, e com elas
causavam dano.

20 O resto da humanidade, isto é, aque-
les que não foram mortos por esses fla-
gelos, não se arrependeu das obras das
suas mãos: eles não deixaram de ado-
rar os demônios e os ídolos de ouro, de
prata, de bronze, de pedra e de madeira,
que não podem ver, nem ouvir, nem an-
dar. 21 Também não se arrependeram dos
seus homicídios, nem das suas feitiçarias,
nem da sua imoralidade sexual, nem dos
seus furtos.

O ANJO E O LIVRINHO

10 1 Vi outro anjo forte descendo do
céu, envolto em nuvem, com o ar-
co-íris por cima de sua cabeça. O rosto dele
era como o sol, e as pernas eram como co-
lunas de fogo. 2 O anjo tinha na mão um
livrinho aberto. Pôs o pé direito sobre o
mar e o pé esquerdo sobre a terra 3 e gri-
tou com voz forte, como ruge um leão. E,
quando ele gritou, os sete trovões fizeram
soar as suas próprias vozes. 4 Logo que os
sete trovões falaram, eu ia escrever, mas
ouvi uma voz do céu, dizendo:

— Guarde em segredo as coisas que os
sete trovões falaram. Não escreva nada.

5 Então o anjo que vi em pé sobre o mar
e sobre a terra levantou a mão direita
para o céu 6 e jurou por aquele que vive
para todo o sempre, o mesmo que criou
o céu, a terra, o mar e tudo o que neles há,
dizendo:

— Já não haverá demora, 7 mas, nos dias
da voz do sétimo anjo, quando ele estiver
para tocar a trombeta, então se cumprirá o
mistério de Deus, como ele anunciou aos
seus servos, os profetas.

8 A voz que ouvi, vinda do céu, estava de
novo falando comigo e dizendo:

— Vá e pegue o livro que se acha aberto
na mão do anjo que está em pé sobre o
mar e sobre a terra.

9 Então fui ao anjo, pedindo-lhe que me
desse o livrinho. Ele, então, me falou:

— Pegue o livrinho e devore-o. No seu es-
tômago ele será amargo, mas na sua boca
será doce como mel.

10 Peguei o livrinho da mão do anjo e
o devorei. Na minha boca, era doce como
mel; quando, porém, o comi, o meu estô-
mago ficou amargo. 11 Então me disseram:

— É necessário que você ainda profe-
tize a respeito de muitos povos, nações,
línguas e reis.

> Precisamos de pequenos cuidados diários e constantes para atingirmos maturidade emocional e espiritual, essenciais para o aprofundamento de nossas raízes.

AS DUAS TESTEMUNHAS

11 1 Foi-me dado um caniço semelhante a uma vara, e também me foi dito:

— Levante-se e vá medir o santuário de Deus, o altar, e os que adoram no santuário. 2 Mas deixe de lado o átrio exterior do santuário e não o meça, porque esse átrio foi dado aos gentios, que, por quarenta e dois meses, pisarão a cidade santa. 3 Darei autoridade às minhas duas testemunhas para que profetizem durante mil duzentos e sessenta dias, vestidas de pano de saco.

4 São estas as duas oliveiras e os dois candelabros que estão em pé diante do Senhor da terra. 5 Se alguém pretende causar-lhes dano, da boca dessas testemunhas sai fogo e devora os inimigos; sim, se alguém pretender causar-lhes dano, certamente deve morrer. 6 Elas têm autoridade para fechar o céu, para que não chova durante os dias em que profetizarem. Têm autoridade também sobre as águas, para transformá-las em sangue, bem como para ferir a terra com todo tipo de flagelos, tantas vezes quantas quiserem.

7 Quando tiverem, então, concluído o testemunho que devem dar, a besta que surge do abismo fará guerra contra elas; a besta vencerá e matará as testemunhas. 8 E os seus cadáveres ficarão estirados na praça da grande cidade que, espiritualmente, se chama Sodoma e Egito, onde também o seu Senhor foi crucificado. 9 Então, muitos dentre os povos, tribos, línguas e nações contemplarão os cadáveres das duas testemunhas, por três dias e meio, e não permitirão que esses cadáveres sejam sepultados. 10 Os que habitam sobre a terra se alegrarão por causa da morte dessas duas testemunhas, realizarão festas e enviarão presentes uns aos outros, porque esses dois profetas atormentaram os que moram sobre a terra.

11 Mas, depois dos três dias e meio, entrou neles um espírito de vida vindo da parte de Deus, e eles se ergueram sobre os pés, e aqueles que os viram ficaram com muito medo. 12 E as duas testemunhas ouviram uma voz forte vinda do céu, dizendo-lhes:

— Subam para cá.

E subiram ao céu numa nuvem, e os seus inimigos as contemplaram. 13 Naquela hora, houve grande terremoto, e ruiu a décima parte da cidade. Nesse terremoto, morreram sete mil pessoas. As outras pessoas ficaram aterrorizadas e deram glória ao Deus do céu.

14 Passou o segundo ai. Eis que, sem demora, vem o terceiro ai.

A SÉTIMA TROMBETA

15 O sétimo anjo tocou a trombeta, e houve no céu vozes fortes, dizendo:

"O reino do mundo se tornou
 de nosso Senhor
 e do seu Cristo,
e ele reinará
 para todo o sempre."

16 E os vinte e quatro anciãos que estavam sentados no seu trono, diante de Deus, prostraram-se sobre o seu rosto e adoraram a Deus, 17 dizendo:

"Graças te damos,
 Senhor Deus,
 Todo-Poderoso,
que és e que eras,
porque assumiste
 o teu grande poder
e passaste a reinar.
18 Na verdade, as nações
 se enfureceram;
chegou, porém, a tua ira,
e o tempo determinado
 para serem julgados os mortos,
para se dar o galardão
 aos teus servos, os profetas,
aos santos e aos que temem
 o teu nome,
tanto aos pequenos
 como aos grandes,
e para destruíres
 os que destroem a terra."

[19] Abriu-se, então, o santuário de Deus,
que se acha no céu, e foi vista a arca da sua
aliança no seu santuário, e sobrevieram re-
lâmpagos, vozes, trovões, terremoto e forte
chuva de granizo.

A MULHER E O DRAGÃO

12 [1] Viu-se grande sinal no céu: uma
mulher vestida do sol com a lua de-
baixo dos pés e uma coroa de doze estre-
las na cabeça. [2] A mulher estava grávida e
gritava com dores de parto, sofrendo tor-
mentos para dar à luz. [3] Viu-se, também,
outro sinal no céu, e eis um dragão, grande,
vermelho, com sete cabeças e dez chifres,
e, nas cabeças, sete diademas. [4] A sua cau-
da arrastou a terça parte das estrelas do
céu, as quais lançou para a terra. E o dra-
gão se deteve diante da mulher que estava
para dar à luz, a fim de devorar o filho dela
quando nascesse. [5] Ela deu à luz um filho
homem, que há de governar todas as na-
ções com cetro de ferro. E o filho da mulher
foi arrebatado para junto de Deus e do seu
trono. [6] A mulher, porém, fugiu para o de-
serto, onde Deus lhe havia preparado um
lugar, para que nele a sustentem durante
mil duzentos e sessenta dias.

[7] Então estourou a guerra no céu. Miguel
e os seus anjos lutaram contra o dragão.
Também o dragão e os seus anjos luta-
ram, [8] mas não conseguiram sair vitorio-
sos e não havia mais lugar para eles no
céu. [9] E foi expulso o grande dragão, a an-
tiga serpente, que se chama diabo e Sata-
nás, o sedutor de todo o mundo. Ele foi
atirado para a terra, e, com ele, os seus
anjos. [10] Então ouvi uma voz forte no céu,
proclamando:

"Agora veio a salvação,
o poder,
o reino do nosso Deus
e a autoridade do seu Cristo,
pois foi expulso o acusador
de nossos irmãos,
o mesmo que os acusa
de dia e de noite
diante do nosso Deus.
[11] Eles o venceram
por causa do sangue
do Cordeiro
e por causa da palavra
do testemunho que deram
e, mesmo diante da morte,
não amaram a própria vida.
[12] Por isso, alegrem-se, ó céus,
e vocês que neles habitam.
Ai da terra e do mar,
pois o diabo desceu até vocês,
cheio de fúria,
sabendo que pouco tempo
lhe resta."

[13] Quando o dragão viu que tinha sido
atirado para a terra, perseguiu a mulher
que tinha dado à luz o filho homem.
[14] Mas foram dadas à mulher as duas asas
da grande águia, para que voasse para o
deserto, para o seu lugar, aí onde é sus-
tentada durante um tempo, tempos e
metade de um tempo, fora do alcance da
serpente. [15] Então, a serpente lançou da
boca água como um rio atrás da mulher,
a fim de fazer com que ela fosse arrastada
pelas águas. [16] A terra, porém, socorreu a
mulher: abriu a sua boca e engoliu o rio
que o dragão tinha lançado de sua boca.
[17] O dragão ficou irado com a mulher e foi
travar guerra com o restante da descendên-
cia dela, ou seja, os que guardam os man-
damentos de Deus e têm o testemunho de
Jesus. [18] E o dragão se pôs em pé sobre a
areia do mar.

A BESTA QUE EMERGE DO MAR

13 [1] Vi emergir do mar uma besta que
tinha dez chifres e sete cabeças, e,
sobre os chifres, dez diademas, e, sobre
as cabeças, nomes de blasfêmia. [2] A bes-
ta que vi era semelhante a leopardo, com
pés como de urso e boca como de leão.
E o dragão deu à besta o seu poder, o seu
trono e grande autoridade. [3] Uma das ca-
beças da besta parecia ter sido golpeada
de morte, mas essa ferida mortal foi cura-
da. E toda a terra se maravilhou, seguindo
a besta; [4] e adoraram o dragão porque deu

a sua autoridade à besta. Também adoraram a besta, dizendo:

— Quem é semelhante à besta? Quem pode lutar contra ela?

5 Foi-lhe dada uma boca que proferia arrogâncias e blasfêmias e foi-lhe dada autoridade para agir durante quarenta e dois meses. 6 A besta abriu a boca em blasfêmias contra Deus, para lhe difamar o nome e difamar o tabernáculo, a saber, os que habitam no céu. 7 Foi-lhe permitido, também, que lutasse contra os santos e os vencesse. Foi-lhe dada, ainda, autoridade sobre cada tribo, povo, língua e nação. 8 E ela será adorada por todos os que habitam sobre a terra, aqueles que, desde a fundação do mundo, não tiveram os seus nomes escritos no Livro da Vida do Cordeiro que foi morto.

9 Se alguém tem ouvidos, ouça.

10 "Se alguém tiver de ir
para o cativeiro,
para o cativeiro irá.
Se alguém tiver de ser morto
pela espada,
pela espada morto será."

Aqui está a perseverança e a fidelidade dos santos.

A BESTA QUE EMERGE DA TERRA

11 Vi ainda outra besta emergir da terra. Tinha dois chifres, parecendo cordeiro, mas falava como dragão. 12 Ela exerce toda a autoridade da primeira besta na sua presença e faz com que a terra e os seus habitantes adorem a primeira besta, cuja ferida mortal havia sido curada. 13 Também opera grandes sinais, de maneira que até faz descer fogo do céu sobre a terra, diante de todas as pessoas. 14 Seduz aqueles que habitam sobre a terra por causa dos sinais que lhe foi permitido realizar diante da besta, dizendo aos que habitam sobre a terra que façam uma imagem à besta, àquela que foi ferida à espada e sobreviveu. 15 E lhe foi concedido poder para dar vida à imagem da besta, para que também a imagem da besta falasse e fizesse morrer todos os que não adorassem a imagem da besta. 16 A todos, os pequenos e os grandes, os ricos e os pobres, os livres e os escravos, faz com que lhes seja dada certa marca na mão direita ou na testa, 17 para que ninguém possa comprar ou vender, senão aquele que tem a marca, o nome da besta ou o número do seu nome.

18 Aqui está a sabedoria. Aquele que tem entendimento calcule o número da besta, pois é número de ser humano. E esse número é seiscentos e sessenta e seis.

O CÂNTICO DOS CENTO E QUARENTA E QUATRO MIL

14 1 Olhei, e eis que o Cordeiro estava em pé sobre o monte Sião. Com ele estavam cento e quarenta e quatro mil, que tinham escrito na testa o nome do Cordeiro e o nome de seu Pai. 2 Ouvi uma voz do céu como som de muitas águas, como som de um forte trovão. A voz que ouvi era como de harpistas quando tocam as suas harpas. 3 Entoavam um cântico novo diante do trono, diante dos quatro seres viventes e dos anciãos. E ninguém podia aprender o cântico, senão os cento e quarenta e quatro mil que foram comprados da terra. 4 Estes são os que não se macularam com mulheres, porque são virgens. Eles seguem o Cordeiro por onde quer que ele vá. São os que foram comprados dentre todos os seres humanos, primícias para Deus e para o Cordeiro; 5 e não se achou mentira na sua boca; não têm mácula.

AS MENSAGENS DOS TRÊS ANJOS

6 Vi outro anjo voando pelo meio do céu, tendo um evangelho eterno para pregar aos que habitam na terra, e a cada nação, tribo, língua e povo, 7 dizendo com voz forte:

— Temam a Deus e deem glória a ele, pois é chegada a hora em que ele vai julgar. E adorem aquele que fez o céu, a terra, o mar e as fontes das águas.

8 Seguiu-se outro anjo, o segundo, dizendo:

— Caiu! Caiu a grande Babilônia que fez com que todas as nações bebessem o vinho do furor da sua prostituição.

9 Seguiu-se a estes outro anjo, o terceiro,
dizendo com voz forte:

— Se alguém adora a besta e a sua ima-
gem e recebe a sua marca na testa ou na
mão, 10 também esse beberá do vinho do
furor de Deus, preparado, sem mistura,
no cálice da sua ira, e será atormentado
com fogo e enxofre, diante dos santos
anjos e na presença do Cordeiro. 11 A fu-
maça do seu tormento sobe para todo o
sempre. E os adoradores da besta e da sua
imagem e quem quer que receba a mar-
ca do nome da besta não têm descanso
algum, nem de dia nem de noite. 12 Aqui
está a perseverança dos santos, os que
guardam os mandamentos de Deus e a fé
em Jesus.

UMA VOZ DO CÉU

13 Então ouvi uma voz do céu, dizendo:

— Escreva: "Bem-aventurados os mor-
tos que, desde agora, morrem no Senhor."

— Sim — diz o Espírito —, para que des-
cansem das suas fadigas, pois as suas
obras os acompanham.

A COLHEITA DO FIM DOS TEMPOS

14 Olhei, e eis uma nuvem branca, e sen-
tado sobre a nuvem um semelhante a filho
de homem, tendo na cabeça uma coroa de
ouro e na mão uma foice afiada. 15 Outro
anjo saiu do santuário, gritando com voz
forte para aquele que estava sentado so-
bre a nuvem:

— Pegue a sua foice e comece a colher,
pois chegou a hora da colheita, visto que
os campos da terra já amadureceram!

16 E aquele que estava sentado sobre a
nuvem passou a sua foice sobre a terra e
fez a colheita.

17 Então outro anjo saiu do santuário que
se encontra no céu, tendo também ele uma
foice afiada. 18 Ainda outro anjo saiu do al-
tar, o anjo que tem autoridade sobre o fogo,
e clamou com voz forte ao que tinha a foice
afiada, dizendo:

— Pegue a sua foice afiada e ajunte os
cachos da videira da terra, porque as suas
uvas estão maduras!

19 Então o anjo passou a sua foice na ter-
ra, ajuntou os cachos da videira da terra e
os lançou no grande lagar da ira de Deus.
20 O lagar foi pisado fora da cidade. E cor-
reu sangue do lagar, chegando até a altura
dos freios dos cavalos, numa extensão de
cerca de trezentos quilômetros.

OS ANJOS COM OS ÚLTIMOS FLAGELOS

15 1 Vi no céu outro sinal grande e ma-
ravilhoso: sete anjos que tinham os
sete últimos flagelos, pois com estes se
consumou a ira de Deus.

2 Vi como que um mar de vidro, mistura-
do com fogo, e também os que venceram
a besta, a sua imagem e o número do seu
nome. Eles estavam em pé junto ao mar
de vidro, tendo harpas que lhes foram
dadas por Deus. 3 E entoavam o cântico
de Moisés, servo de Deus, e o cântico do
Cordeiro, dizendo:

"Grandes e admiráveis
 são as tuas obras,
Senhor Deus, Todo-Poderoso!
Justos e verdadeiros
 são os teus caminhos,
ó Rei das nações!
4 Quem não temerá
e não glorificará o teu nome,
 ó Senhor?
Pois só tu és santo.
Por isso, todas as nações virão
e se prostrarão diante de ti,
porque os teus atos de justiça
 se fizeram manifestos."

5 Depois destas coisas, olhei, e abriu-
-se no céu o santuário do tabernáculo do
testemunho. 6 E os sete anjos que tinham
os sete flagelos saíram do santuário, ves-
tidos de linho puro e resplandecente e
cingidos, à altura do peito, com cintos de
ouro. 7 Então um dos quatro seres viven-
tes deu aos sete anjos sete taças de ouro,
cheias da ira de Deus, que vive para todo
o sempre. 8 O santuário se encheu da fu-
maça da glória de Deus e do seu poder,

e ninguém podia entrar no santuário, enquanto não se cumprissem os sete flagelos dos sete anjos.

16 1 Ouvi uma voz forte, vinda do santuário, dizendo aos sete anjos:

— Vão e derramem sobre a terra as sete taças da ira de Deus.

O PRIMEIRO FLAGELO

2 O primeiro anjo foi e derramou a sua taça sobre a terra, e apareceram úlceras malignas e dolorosas nas pessoas que tinham a marca da besta e que adoravam a sua imagem.

O SEGUNDO FLAGELO

3 O segundo anjo derramou a sua taça no mar, e o mar se transformou em sangue, como de um morto, e morreu todo ser vivo que havia no mar.

O TERCEIRO FLAGELO

4 O terceiro anjo derramou a sua taça nos rios e nas fontes de água, e eles se transformaram em sangue. 5 Então ouvi o anjo das águas dizendo:

"Tu és justo, tu que és
  e que eras, o Santo,
pois julgaste estas coisas.
6 Porque derramaram sangue
  de santos e de profetas,
também lhes deste sangue
  para beber.
É o que merecem."

7 Ouvi uma voz do altar, que dizia:

"Certamente, ó Senhor Deus,
  Todo-Poderoso,
verdadeiros e justos
  são os teus juízos."

O QUARTO FLAGELO

8 O quarto anjo derramou a sua taça sobre o sol, e lhe foi dado queimar a humanidade com fogo. 9 As pessoas se queimaram com o intenso calor e blasfemaram contra o nome de Deus, que tem autoridade sobre estes flagelos. Porém, não se arrependeram para darem glória a Deus.

O QUINTO FLAGELO

10 O quinto anjo derramou a sua taça sobre o trono da besta. O reino da besta ficou em trevas, e as pessoas mordiam a língua por causa da dor que sentiam 11 e blasfemavam contra o Deus do céu por causa das angústias e das úlceras que sofriam. Porém, não se arrependeram de suas obras.

O SEXTO FLAGELO

12 O sexto anjo derramou a sua taça sobre o grande rio Eufrates. As águas do rio secaram, para que se preparasse o caminho dos reis que vêm do Oriente. 13 Então vi sair da boca do dragão, da boca da besta e da boca do falso profeta três espíritos imundos semelhantes a rãs. 14 São espíritos de demônios, operadores de sinais, e se dirigem aos reis do mundo inteiro a fim de ajuntá-los para a batalha do grande Dia do Deus Todo-Poderoso.

15 "Eis que venho como vem o ladrão. Bem-aventurado aquele que vigia e guarda as suas vestes, para que não ande nu, e não se veja a sua vergonha."

16 Então ajuntaram os reis no lugar que em hebraico se chama Armagedom.

O SÉTIMO FLAGELO

17 Então o sétimo anjo derramou a sua taça pelo ar. E uma voz forte saiu do santuário, do lado do trono, dizendo:

— Está feito!

18 E sobrevieram relâmpagos, vozes e trovões, e ocorreu um grande terremoto, como nunca houve igual desde que há gente sobre a terra, tal foi o terremoto, forte e grande. 19 E a grande cidade se dividiu em três partes, e caíram as cidades das nações. E Deus se lembrou da grande Babilônia para dar-lhe o cálice do vinho do furor da sua ira. 20 Todas as ilhas fugiram, e os montes não foram achados. 21 Também desabou do céu sobre as pessoas uma grande chuva de granizo, com pedras que

pesavam mais de trinta quilos. E, por causa do flagelo da chuva de pedras, as pessoas blasfemaram contra Deus, porque esse flagelo do granizo era terrível.

A GRANDE PROSTITUTA E A BESTA

17 1 Um dos sete anjos que tinham as sete taças veio e falou comigo, dizendo:

— Venha! Vou lhe mostrar o julgamento da grande prostituta que está sentada sobre muitas águas. 2 Os reis da terra se prostituíram com ela, e os que habitam na terra se embriagaram com o vinho da sua prostituição.

3 O anjo me transportou, no Espírito, a um deserto, e vi uma mulher montada numa besta escarlate, besta repleta de nomes de blasfêmia, com sete cabeças e dez chifres. 4 A mulher estava vestida de púrpura e de escarlate, enfeitada com ouro, pedras preciosas e pérolas, tendo na mão um cálice de ouro transbordante de abominações e das imundícias da sua prostituição. 5 Na sua testa estava escrito um nome, um mistério: "BABILÔNIA, A GRANDE, A MÃE DAS PROSTITUTAS E DAS ABOMINAÇÕES DA TERRA". 6 Então vi a mulher embriagada com o sangue dos santos e com o sangue das testemunhas de Jesus. E, quando a vi, admirei-me com grande espanto. 7 O anjo, porém, me disse:

— Por que você ficou admirado? Vou lhe explicar o mistério da mulher e da besta que tem as sete cabeças e os dez chifres e que leva a mulher: 8 a besta que você viu era e não é mais, e está para emergir do abismo, e caminha para a destruição. E aqueles que habitam sobre a terra, cujos nomes não foram escritos no Livro da Vida desde a fundação do mundo, se admirarão, vendo a besta que era e não é mais, mas tornará a aparecer.

9 — Aqui está a mente que tem sabedoria: as sete cabeças são sete montes, nos quais a mulher está sentada. São também sete reis, 10 dos quais cinco caíram, um existe e o outro ainda não chegou; e, quando chegar, tem de durar pouco tempo. 11 E a besta, que era e não é mais, é também o oitavo rei, mas faz parte dos sete, e caminha para a destruição.

12 — Os dez chifres que você viu são dez reis, que ainda não receberam reino, mas recebem autoridade como reis, com a besta, durante uma hora. 13 Estes têm um mesmo propósito e oferecem à besta o poder e a autoridade que possuem. 14 Lutarão contra o Cordeiro, e o Cordeiro os vencerá, pois é o Senhor dos senhores e o Rei dos reis; serão vencedores também os chamados, eleitos e fiéis que estão com o Cordeiro.

15 O anjo disse ainda:

— As águas que você viu, onde a prostituta está sentada, são povos, multidões, nações e línguas. 16 Os dez chifres que você viu e a besta, esses odiarão a prostituta. Eles a deixarão devastada e nua, comerão as carnes dela, e a queimarão no fogo. 17 Porque Deus incutiu no coração deles que realizem o seu propósito, executem-no de comum acordo e deem à besta o reino que possuem, até que se cumpram as palavras de Deus.

18 — A mulher que você viu é a grande cidade que domina sobre os reis da terra.

O ANÚNCIO DA QUEDA DA BABILÔNIA

18 1 Depois destas coisas, vi descer do céu outro anjo, que tinha grande autoridade, e a terra se iluminou com a sua glória. 2 Então exclamou com potente voz, dizendo:

— Caiu! Caiu a grande Babilônia! Ela se tornou morada de demônios, refúgio de toda espécie de espírito imundo e esconderijo de todo tipo de ave imunda e detestável, 3 pois todas as nações beberam do vinho do furor da sua prostituição. Com ela se prostituíram os reis da terra. Também os mercadores da terra se enriqueceram à custa da sua luxúria.

4 Ouvi outra voz do céu, dizendo:

"Saiam dela, povo meu,
para que vocês não sejam
cúmplices em seus pecados

e para que os seus flagelos
não caiam sobre vocês.
[5] Porque os pecados dela
se acumularam até o céu,
e Deus se lembrou das injustiças
que ela praticou.
[6] Retribuam-lhe
como também ela retribuiu,
paguem-lhe em dobro
segundo as suas obras
e, no cálice em que
ela misturou bebidas,
misturem dobrado para ela.
[7] O quanto a si mesma
glorificou e viveu em luxúria,
deem a ela
em igual medida
tormento e pranto.
Porque ela pensa assim:
'Estou sentada como rainha.
Não sou viúva.
Nunca saberei
o que é pranto!'
[8] Por isso, em um só dia
sobrevirão os seus flagelos:
morte, pranto e fome;
e será queimada no fogo,
porque poderoso
é o Senhor Deus,
que a julga."

OS LAMENTOS DOS ADMIRADORES DA BABILÔNIA

[9] Os reis da terra, que com ela se prostituíram e viveram em luxúria, vão chorar e se lamentar por causa dela, quando virem a fumaça do seu incêndio. [10] E, conservando-se de longe, com medo do seu tormento, dizem:

"Ai! Ai de você, grande cidade,
Babilônia, cidade poderosa!
Pois em uma só hora chegou
o seu juízo."

[11] E, por causa dela, choram e pranteiam os mercadores da terra, porque ninguém mais compra a sua mercadoria, [12] mercadoria de ouro, de prata, de pedras preciosas, de pérolas, de linho finíssimo, de púrpura, de seda, de escarlate; e toda espécie de madeira odorífera, todo gênero de objeto de marfim, toda qualidade de móvel de madeira cara, de bronze, de ferro e de mármore; [13] e canela de cheiro, especiarias, incenso, perfume, mirra, vinho, azeite, boa farinha, trigo, gado e ovelhas; e de cavalos, de carruagens, de escravos e até almas humanas. [14] Eles dizem:

"O fruto que tanto lhe apeteceu
se afastou de você,
e para você se extinguiu
tudo o que é delicado e esplêndido,
e nunca mais serão achados."

[15] Os mercadores destas coisas, que, por meio dela, se enriqueceram, ficarão de longe, com medo do seu tormento, chorando e pranteando, [16] dizendo:

"Ai! Ai da grande cidade,
que estava vestida
de linho finíssimo,
de púrpura e de escarlate,
enfeitada com ouro,
pedras preciosas e pérolas,
[17] porque em uma só hora
ficou devastada tamanha
riqueza!"

E todos os pilotos, e todos aqueles que viajam pelo mar, e marinheiros, e os que ganham a vida no mar ficaram de longe. [18] Então, vendo a fumaça do seu incêndio, gritavam:

— Que cidade se compara à grande cidade?

[19] Lançaram pó sobre a cabeça e, chorando e pranteando, gritavam:

"Ai! Ai da grande cidade,
na qual se enriqueceram todos
os que possuíam
navios no mar,
à custa da sua riqueza,
porque em uma só hora
foi devastada!

20 Alegrem-se por causa dela,
ó céus,
e também vocês, santos,
apóstolos e profetas,
porque Deus julgou
a causa de vocês contra ela."

A RUÍNA DA BABILÔNIA É COMPLETA E DEFINITIVA

21 Então um anjo forte levantou uma pe-
dra do tamanho de uma grande pedra de
moinho e lançou-a no mar, dizendo:

"Assim, com ímpeto,
será lançada Babilônia,
a grande cidade,
e nunca mais será achada.
22 Em você nunca mais será ouvido
o som de harpistas,
de músicos, de tocadores de flauta e
de trombeta.
Em você nunca mais se achará
artífice nenhum
de qualquer arte que seja,
e nunca jamais se ouvirá em você
o ruído de pedra de moinho.
23 Também nunca mais brilhará em
você a luz
de uma lamparina,
e nunca mais se ouvirá em você
uma voz de noivo ou de noiva,
pois os seus mercadores
foram os grandes da terra,
porque com a sua feitiçaria
você seduziu todas as nações.
24 E nela foi encontrado
sangue de profetas,
de santos e de todos os que
foram mortos sobre a terra."

19 1 Depois destas coisas, ouvi no céu
o que parecia ser a voz forte de
uma grande multidão, dizendo:

"Aleluia!
A salvação, a glória e o poder
são do nosso Deus,
2 porque verdadeiros e justos
são os seus juízos,
pois julgou a grande prostituta
que corrompia a terra
com a sua prostituição
e das mãos dela vingou
o sangue dos seus servos."

3 E disseram pela segunda vez:

"Aleluia!
E a sua fumaça sobe
para todo o sempre."

4 Os vinte e quatro anciãos e os quatro
seres viventes se prostraram e adoraram a
Deus, que está sentado no trono, dizendo:

"Amém! Aleluia!"

AS BODAS DO CORDEIRO

5 E do trono saiu uma voz, que dizia:

"Louvem o nosso Deus,
todos vocês, os seus servos,
todos os que o temem,
os pequenos e os grandes."

6 Então ouvi o que parecia ser a voz de
uma grande multidão, uma voz como de
muitas águas e como de fortes trovões,
dizendo:

"Aleluia!
Pois reina o Senhor,
nosso Deus, o Todo-Poderoso.
7 Alegremo-nos, exultemos
e demos-lhe a glória,
porque chegou a hora
das bodas do Cordeiro,
e a noiva dele já se preparou.
8 A ela foi permitido vestir-se
de linho finíssimo,
resplandecente e puro."

Porque o linho finíssimo são os atos de
justiça dos santos.
9 Então o anjo me disse:
— Escreva: "Bem-aventurados aqueles
que são chamados à ceia das bodas do
Cordeiro."

E acrescentou:

— São estas as verdadeiras palavras de Deus.

10 Prostrei-me diante dos seus pés para adorá-lo. O anjo, porém, me disse:

— Não faça isso! Sou um servo de Deus, assim como são você e os seus irmãos que guardam o testemunho de Jesus. Adore a Deus!

Pois o testemunho de Jesus é o espírito da profecia.

CRISTO, O VENCEDOR DA BESTA E DO FALSO PROFETA

11 Vi o céu aberto, e eis um cavalo branco. O seu cavaleiro se chama Fiel e Verdadeiro e julga e combate com justiça. 12 Os seus olhos são como chama de fogo; na cabeça dele há muitos diademas; tem um nome escrito que ninguém conhece, a não ser ele mesmo. 13 Está vestido com um manto encharcado de sangue, e o seu nome é "Verbo de Deus". 14 Os exércitos do céu o seguiam, montados em cavalos brancos e vestidos de linho finíssimo, branco e puro. 15 Da sua boca sai uma espada afiada, para com ela ferir as nações. Ele mesmo as regerá com cetro de ferro e ele mesmo é o que pisa o lagar do vinho do furor da ira do Deus Todo-Poderoso. 16 No seu manto e na sua coxa está escrito um nome: "Rei dos reis e Senhor dos senhores".

17 Então vi um anjo posto em pé no sol. Ele gritou com voz forte, dizendo a todas as aves que voam pelo meio do céu:

— Venham, reúnam-se para a grande ceia de Deus, 18 para comer carne de reis, carne de comandantes, carne de poderosos, carne de cavalos e seus cavaleiros, carne de todos, quer livres, quer escravos, tanto pequenos como grandes.

19 E vi a besta e os reis da terra, com os seus exércitos, reunidos para fazer guerra contra aquele que estava montado no cavalo e contra o seu exército. 20 Mas a besta foi presa, e com ela foi preso o falso profeta que, com os sinais feitos diante da besta, seduziu aqueles que receberam a marca da besta e eram os adoradores da sua imagem. Os dois foram lançados vivos dentro do lago de fogo que queima com enxofre. 21 Os outros foram mortos com a espada que saía da boca daquele que estava montado no cavalo. E todas as aves se fartaram das suas carnes.

OS MIL ANOS. A PRIMEIRA RESSURREIÇÃO

20 1 Então vi descer do céu um anjo que tinha na mão a chave do abismo e uma grande corrente. 2 Ele segurou o dragão, a antiga serpente, que é o diabo, Satanás, e o prendeu por mil anos. 3 Lançou-o no abismo, fechou-o e pôs selo sobre ele, para que não mais enganasse as nações até se completarem os mil anos. Depois disso, é necessário que ele seja solto por um pouco de tempo.

4 Vi também tronos, e nestes sentaram-se aqueles aos quais foi dada autoridade para julgar. Vi ainda as almas dos que foram decapitados por terem dado testemunho de Jesus e proclamado a palavra de Deus. Estes são os que não adoraram a besta nem a sua imagem, e não receberam a sua marca na testa e na mão; e viveram e reinaram com Cristo durante mil anos. 5 Os restantes dos mortos não reviveram até que se completassem os mil anos. Esta é a primeira ressurreição. 6 Bem-aventurado e santo é aquele que tem parte na primeira ressurreição. Sobre esses a segunda morte não tem poder; pelo contrário, serão sacerdotes de Deus e de Cristo e reinarão com ele os mil anos.

SATANÁS É SOLTO E DERROTADO

7 Quando, porém, se completarem os mil anos, Satanás será solto da sua prisão 8 e sairá para enganar as nações que estão nos quatro cantos da terra, Gogue e Magogue, a fim de reuni-las para a batalha. O número dessas é como a areia do mar.

9 Marcharam, então, pela superfície da terra e cercaram o acampamento dos

santos e a cidade amada. Porém, desceu
fogo do céu e os consumiu. 10 O diabo, que
os tinha enganado, foi lançado no lago de
fogo e enxofre, onde já se encontram a bes-
ta e o falso profeta; e serão atormentados
de dia e de noite, para todo o sempre.

O JUÍZO DE DEUS

11 Vi um grande trono branco e aquele
que está sentado nele. A terra e o céu fu-
giram da presença dele, e não se achou lu-
gar para eles. 12 Vi também os mortos, os
grandes e os pequenos, que estavam em
pé diante do trono. Então foram abertos
livros. Ainda outro livro, o Livro da Vida,
foi aberto. E os mortos foram julgados,
segundo as suas obras, conforme o que
estava escrito nos livros. 13 O mar entre-
gou os mortos que nele estavam. A morte
e o inferno entregaram os mortos que ne-
les havia. E foram julgados, um por um,
segundo as suas obras. 14 Então a morte
e o inferno foram lançados no lago de
fogo. Esta é a segunda morte, o lago de
fogo. 15 E, se alguém não foi achado ins-
crito no Livro da Vida, esse foi lançado no
lago de fogo.

O NOVO CÉU E A NOVA TERRA

21 1 E vi novo céu e nova terra, pois
o primeiro céu e a primeira terra
passaram, e o mar já não existe. 2 Vi tam-
bém a cidade santa, a nova Jerusalém, que
descia do céu, da parte de Deus, preparada
como uma noiva enfeitada para o seu noi-
vo. 3 Então ouvi uma voz forte que vinha
do trono e dizia:

— Eis o tabernáculo de Deus com os se-
res humanos. Deus habitará com eles. Eles
serão povos de Deus, e Deus mesmo estará
com eles e será o Deus deles. 4 E lhes en-
xugará dos olhos toda lágrima. E já não
existirá mais morte, já não haverá luto,
nem pranto, nem dor, porque as primei-
ras coisas passaram.

5 E aquele que estava sentado no tro-
no disse:

— Eis que faço novas todas as coisas.

E acrescentou:

— Escreva, porque estas palavras são
fiéis e verdadeiras.

6 Disse-me ainda:

— Tudo está feito! Eu sou o Alfa e o
Ômega, o Princípio e o Fim. Eu, a quem
tem sede, darei de graça da fonte da água
da vida. 7 O vencedor herdará estas coi-
sas, e eu serei o Deus dele e ele será o
meu filho. 8 Quanto, porém, aos covardes,
aos incrédulos, aos abomináveis, aos as-
sassinos, aos imorais, aos feiticeiros, aos
idólatras e a todos os mentirosos, a parte
que lhes cabe será no lago que está quei-
mando com fogo e enxofre, a saber, a se-
gunda morte.

A NOVA JERUSALÉM

9 Então veio um dos sete anjos que ti-
nham as sete taças cheias dos últimos sete
flagelos e falou comigo, dizendo:

— Venha, vou mostrar-lhe a noiva, a es-
posa do Cordeiro.

10 E ele me levou, no Espírito, a uma gran-
de e elevada montanha e me mostrou a ci-
dade santa, Jerusalém, que descia do céu,
da parte de Deus, 11 a qual tem a glória de
Deus. O seu brilho era semelhante a uma
pedra preciosíssima, como pedra de jaspe
cristalina. 12 Tinha uma muralha grande e
alta, com doze portões, e, junto aos por-
tões, doze anjos. Sobre os portões estavam
escritos nomes, a saber, os nomes das doze
tribos dos filhos de Israel. 13 Três portões
se achavam a leste, três, ao norte, três, ao
sul, e três, a oeste. 14 A muralha da cidade
tinha doze fundamentos, e sobre estes es-
tavam os doze nomes dos doze apóstolos
do Cordeiro.

15 Aquele que falava comigo tinha por
medida uma vara de ouro para medir
a cidade, os seus portões e a sua mura-
lha. 16 A cidade tinha a forma de um qua-
drado, de comprimento e largura iguais.
E mediu a cidade com a vara, e tinha doze
mil estádios. O seu comprimento, largu-
ra e altura são iguais. 17 Mediu também
a sua muralha, e tinha cento e quarenta

Carregue seu legado e abençoe as pessoas com o que aprendeu enquanto permanece em Cristo.

e quatro côvados, pela medida humana
que o anjo usava. 18 A muralha é feita de
jaspe e a cidade é de ouro puro, semelhan-
te a vidro límpido. 19 Os alicerces da mu-
ralha da cidade estão enfeitados de todo
tipo de pedras preciosas. O primeiro ali-
cerce é de jaspe; o segundo, de safira; o
terceiro, de calcedônia; o quarto, de es-
meralda; 20 o quinto, de sardônio; o sexto,
de sárdio; o sétimo, de crisólito; o oitavo,
de berilo; o nono, de topázio; o décimo,
de crisópraso; o décimo primeiro, de ja-
cinto; e o décimo segundo, de ametista.
21 Os doze portões são doze pérolas, e
cada um desses portões é feito de uma só
pérola. A praça da cidade é de ouro puro,
como vidro transparente.

22 Não vi nenhum santuário na cidade,
porque o seu santuário é o Senhor, o Deus
Todo-Poderoso, e o Cordeiro. 23 A cidade
não precisa do sol nem da lua para lhe
dar claridade, pois a glória de Deus a
ilumina, e o Cordeiro é a sua lâmpada.
24 As nações andarão mediante a sua luz,
e os reis da terra lhe trazem a sua glória.
25 Os seus portões jamais se fecharão de
dia, pois nela não haverá noite. 26 E lhe
trarão a glória e a honra das nações.
27 Nela não entrará nada que seja impu-
ro, nem o que pratica abominação e men-
tira, mas somente os inscritos no Livro da
Vida do Cordeiro.

22 1 Então o anjo me mostrou o rio da
água da vida, brilhante como cris-
tal, que sai do trono de Deus e do Cordeiro.
2 No meio da praça da cidade, e de um e
de outro lado do rio, está a árvore da vida,
que produz doze frutos, dando o seu fruto
de mês em mês. E as folhas da árvore são
para a cura dos povos. 3 Nunca mais haverá
qualquer maldição. Nela estará o trono de
Deus e do Cordeiro. Os seus servos o ado-
rarão, 4 contemplarão a sua face, e na sua
testa terão gravado o nome dele. 5 Então já
não haverá noite, e não precisarão de luz
de lamparina, nem da luz do sol, porque o
Senhor Deus brilhará sobre eles, e reinarão
para todo o sempre.

A CERTEZA DO CUMPRIMENTO DA PROFECIA DESTE LIVRO

6 Então o anjo me disse:

— Estas palavras são fiéis e verdadei-
ras. O Senhor, o Deus dos espíritos dos
profetas, enviou o seu anjo para mostrar
aos seus servos as coisas que em breve
devem acontecer.

7 — Eis que venho sem demora. Bem-a-
venturado aquele que guarda as palavras
da profecia deste livro.

CONSELHOS E PROMESSAS FINAIS

8 Eu, João, sou quem ouviu e viu estas
coisas. E, depois de ter ouvido e visto,
prostrei-me diante dos pés do anjo que
me mostrou essas coisas, para adorá-lo.
9 Mas ele me disse:

— Não faça isso! Sou um servo de Deus,
assim como são você e os seus irmãos, os
profetas, e como são os que guardam as
palavras deste livro. Adore a Deus!

10 Disse-me ainda:

— Não sele as palavras da profecia deste
livro, porque o tempo está próximo. 11 Con-
tinue o injusto a fazer injustiça, e continue
o imundo a ser imundo. O justo continue
na prática da justiça, e o santo continue a
santificar-se.

12 — Eis que venho sem demora, e comi-
go está a recompensa que tenho para dar
a cada um segundo as suas obras. 13 Eu sou
o Alfa e o Ômega, o Primeiro e o Último, o
Princípio e o Fim.

14 Bem-aventurados aqueles que lavam
as suas vestes, para que tenham direito à
árvore da vida e entrem na cidade pelos
portões. 15 Fora ficam os cães, os feiticeiros,
os impuros, os assassinos, os idólatras e
todo aquele que ama e pratica a mentira.

16 — Eu, Jesus, enviei o meu anjo para
dar testemunho destas coisas a vocês nas
igrejas. Eu sou a Raiz e a Geração de Davi,
a brilhante Estrela da Manhã.

17 O Espírito e a noiva dizem:

— Vem!

Aquele que ouve, diga:

— Vem!

Aquele que tem sede venha, e quem quiser receba de graça a água da vida.

CONCLUSÃO DO LIVRO

18 Eu, a todo aquele que ouve as palavras
da profecia deste livro, testifico: Se alguém
lhes fizer qualquer acréscimo, Deus lhe
acrescentará os flagelos escritos neste livro.
19 E, se alguém tirar qualquer coisa das pa-
lavras do livro desta profecia, Deus tirará a
sua parte da árvore da vida, da cidade santa
e das coisas que estão escritas neste livro.
20 Aquele que dá testemunho destas
coisas diz:

— Certamente venho sem demora.

Amém! Vem, Senhor Jesus!

BÊNÇÃO

21 A graça do Senhor Jesus esteja com
todos.

Impresso na China | *Printed in China*